Responsabilité des gestionnaires publics devant le juge financier

DALLOZ ACTION

RESPONSABILITÉ DES GESTIONNAIRES PUBLICS DEVANT LE JUGE FINANCIER

DEUXIÈME ÉDITION
FÉVRIER 2025

NICOLAS GROPER
Premier avocat général près la Cour des comptes
et près la Cour d'appel financière,
ancien secrétaire général de la CDBF

CHRISTIAN MICHAUT
Conseiller-maître à la Cour des comptes,
ancien avocat général à la Cour des comptes,
ancien président de chambre régionale des comptes

Lefebvre Dalloz

ISBN 978-2-247-21888-2

Tour Lefebvre Dalloz
CS 90358
10, Place des Vosges
92072 Paris La Défense Cedex

SERVICE CLIENTÈLE
+33 (0)1 83 10 10 10
src@lefebvre-dalloz.fr

www.lefebvre-dalloz.fr

Avant-propos de la 2e édition

S'il est sans doute rare qu'une période aussi longue sépare deux éditions d'un même ouvrage, il faut souligner que peu de branches du droit public ont connu, ces quinze dernières années, des bouleversements aussi profonds, précédés de réflexions nombreuses et de projets de réforme, critiqués voire controversés. En effet, l'accélération de la modernisation de la gestion financière publique, depuis plusieurs décennies, qui se traduit par des évolutions du droit matériel régissant les finances publiques ainsi que de l'organisation de la fonction financière, rendait nécessaire d'adapter les contrôles qui s'exercent sur elle, ainsi que les régimes de responsabilité associés.

L'intervention de l'ordonnance du 23 mars 2022 relative à la responsabilité financière des gestionnaires publics (RFGP) a dessiné un cadre nouveau : cette réforme, entrée en vigueur le 1er janvier 2023, a d'une part transféré le contentieux financier répressif jusque-là attribué à la Cour de discipline budgétaire et financière (CDBF) - supprimée - à la Cour des comptes, avec quelques modifications concernant les infractions, les sanctions et la procédure, mais qui ne remettent pas en cause la continuité entre l'ancienne CDBF et l'actuelle RFGP ; et d'autre part, rupture fondamentale, le régime de responsabilité personnelle et pécuniaire (RPP) des comptables publics a été supprimé, sauf exception.

Une réédition de l'ouvrage de 2009/2010 ne pouvait donc être sérieusement envisagée avant l'aboutissement de cette réforme majeure, qui a donné compétence juridictionnelle à la Cour des comptes sur les gestionnaires publics, qu'ils soient ordonnateurs - rupture historique - comptables ou autres.

Parallèlement, les auteurs ont souhaité enrichir la première édition, consacrée exclusivement à la CDBF, aux amendes pour retard et pour gestion de fait, en consacrant un livre à la RPP et à l'ancienne procédure de gestion de fait, ces dernières demeurant en vigueur, certes de façon résiduelle, dans certains territoires d'outre-mer, les infractions en la matière pouvant d'ailleurs, en particulier pour les comptables publics, être appréhendées dans le cadre du nouveau régime.

En outre, certaines parties, déjà présentes dans la 1re édition, ont été enrichies de façon significative, s'agissant en particulier des fondements conceptuels de la RFGP ainsi que de l'histoire des juridictions financières et de leurs fonctions juridictionnelles.

Enfin, un livre est entièrement consacré aux fonctions de contrôle de régularité des juridictions financières (contrôle des comptes et de la gestion, contrôle budgétaire...), en tant qu'elles alimentent le contentieux financier.

Si la 2e édition a donc élargi le champ de l'ouvrage, et si, surtout, elle a entièrement actualisé son contenu pour tenir compte des réformes fondamentales intervenues, son ambition est demeurée la même.

L'ouvrage a avant tout pour objectif de mettre à la disposition du public intéressé - administrateurs publics, magistrats, membres de corps de contrôle, avocats, universitaires et étudiants - l'ensemble des informations dont les praticiens ont besoin pour traiter ce domaine, à partir d'une exploitation exhaustive des textes, des articles de doctrine et surtout de la jurisprudence naissante de la Cour des comptes ainsi que de celle de la CDBF (et du Conseil d'État, juge de cassation) qui, en plus de 70 ans d'existence, a permis de répondre à de nombreuses questions juridiques et de traiter nombre des irrégularités qui peuvent se rencontrer dans la gestion publique.

À cette fin, un index très détaillé, doublé de multiples renvois au sein même du texte, permet de naviguer aisément dans l'ouvrage, qui peut ainsi être abordé comme un dictionnaire, en permettant de donner réponse à toute question théorique ou concrète - ou presque - qui peut se poser dans l'encadrement de la gestion publique et le système de sanction afférent.

Nicolas GROPER Christian MICHAUT

Sommaire

Table des matières

LIVRE

0. INTRODUCTION GÉNÉRALE : LA RESPONSABILITÉ DES GESTIONNAIRES DEVANT LE JUGE FINANCIER

SECTION 0
ORIENTEUR

0.00 Sommaire du livre.

TITRE

01. Bibliographie générale

SECTION 1

SOURCES ÉDITÉES

01.11 Codes.

CABANNES X., CONAN M., POUJADE B., RENOUARD L., VACHIA, J.-Ph. et VALLERNAUD L., *Code des juridictions financières*, éd. du Moniteur, 4e éd., 2018.

LASCOMBE M. et VANDENDRIESSCHE X., *Code de justice administrative - Code des juridictions financières*, Dalloz, 9e éd., 2025.

01.12 Recueils de jurisprudence.

FABRE F.-J., FROMENT-MEURICE A., BERTUCCI, J.-Y. et GROPER N., *Les Grands arrêts de la jurisprudence financière*, Dalloz, coll. Grands arrêts, 5e éd., 2007.

FROMENT-MEURICE A., BERTUCCI J.-Y., MICHAUT C. ET HAUPTMANN N., *Les Grands arrêts de la jurisprudence financière*, Dalloz, coll. Grands arrêts, 7e éd., 2019.

SECTION 2

ENCYCLOPÉDIES ET DICTIONNAIRES

01.21 Régime de responsabilité financière des gestionnaires publics.

CHARRIER J., « Cour de discipline budgétaire et financière », *Rép. cont. adm.*, sept. 2005.

DAMAREY S., « Chambres régionales des comptes », *Rép. cont. adm.*, mai 2017.

DAMAREY S., « Cour de discipline budgétaire et financière », *Rép. cont. adm.*, mars 2015 [actu. 2017].

DESCHEEMAEKER C., « Cour de discipline budgétaire et financière », *J.-Cl. Adm.*, fasc. 1270, 31 déc. 2017.

GASTINEL J.-P., « Cour de discipline budgétaire et financière », *J.-Cl. Adm.*, 1996.

VANDENDRIESSCHE X., « Cour des comptes », *Encycl. Dalloz*, 2020.

01.22 Régime de responsabilité personnelle et pécuniaire des comptables publics et procédure traditionnelle de gestion de fait devant le juge des comptes.

DESCHEEMAEKER C., « Gestion de fait », *J.-Cl. Adm.*, fasc. 1265, 2017.

SAÏDJ L., « Responsabilité des comptables (en titre) et des régisseurs », *Encycl. Dalloz Coll. locales*, 2014.

01.23 Gestion et finances publiques.

GOURDOU J. et GARCIA A., « Exécution des décisions de la juridiction administrative », *Rép. cont. adm.*, janv. 2009.

HERNU P., « Contrôles externes », *J.-Cl. Coll. Terr.*, fasc. 2100, 2024.

LE FOLL J. ET HEINTZ S., « Contrôle des budgets locaux par les chambres régionales des comptes », *J.-Cl. Adm.*, fasc. 1260, 2018.

ORSONI G. (dir.), *Finances publiques, Dictionnaire encyclopédique*, Économica, 2e éd., 2017.

SAÏDJ L., « Budgets et comptes locaux : contrôle budgétaire », *Encycl. Dalloz Coll. locales*, n° 7140.

COLLECTIF, « Le contrôle des actes budgétaires », *Lamy Gestion et finances des collectivités territoriales*, ét. 236, 2021.

COLLECTIF, « Contrôle budgétaire », *Le dirigeant territorial*, fasc. 124-3, mise à jour 2024.

01.24 Contentieux administratif.

STAHL J.-H., « Recours en cassation », *Rép. cont. adm.*, 2019.

VANDERMEEREN R., « Appel : effet de l'appel », *Rép. cont. adm.*, 2022.

SECTION 3
THÈSES

01.31 Thèses sur le régime de responsabilité financière des gestionnaires publics et sur le contentieux financier.

DAMAREY S., *Le juge administratif, juge financier*, Dalloz, « Nouvelle bibliothèque de thèses », 2001.

GAULLIER-CAMUS F., *La responsabilité financière des gestionnaires publics*, LGDJ, « Thèses », vol. 69, 2020.

KUREK A., *Le juge financier, juge administratif*, thèse, Lille II, 2010.

LACHÈZE A., *Le ministère public près les juridictions financières depuis 1807. Paradigmes juridictionnels, paradoxe institutionnel*, thèse, Université de Paris I Panthéon-Sorbonne, 2011.

PIERUCCI C., *Une responsabilité à raison de la gestion publique, la responsabilité devant la Cour de discipline budgétaire et financière*, thèse, Université Robert Schuman - Strasbourg III, 2003.

SELLE DE BEAUCHAMP (de) C., *De la responsabilité des ordonnateurs des finances de l'État*, thèse, Librairie de la société du recueil générale des lois et des arrêts, 1900.

THÉBAULT S., *L'ordonnateur en droit public financier*, LGDJ, « Bibliothèque de finances publiques et fiscalité », t. 47, 2007.

01.32 Thèses sur la gestion ou les finances publiques intéressant la responsabilité financière.

KOTT S., *Le contrôle des dépenses engagées, évolutions d'une fonction*, Comité pour l'histoire économique et financière de la France, 2004.

MAZZOCCHI V., *Exécution du contrat administratif et comptabilité publique*, thèse, Université Paris X-Nanterre, 2017.

NEURISSE A., *Le Trésorier-payeur général*, LGDJ, « Thèses », vol. 26, 1988.

SECTION 4
OUVRAGES

01.41 Traité.

MARQUÈS DI BRAGA P. et LYON C., *Traité des obligations et de la responsabilité des comptables publics : de la comptabilité de fait*, Répertoire du droit administratif s[s] dir. L. Béquet, P. Dupont, 1890-1892, 6 vol.

01.42 Monographies.

ALBERT J.-L.et LAMBERT T., *La Cour des comptes, un pouvoir rédempteur ?* LGDJ, coll. Forum, 2017.

BELLOT M., *La Cour des comptes*, Nane éd., 2014.

BERTUCCI J.-Y. et MOATI S., *La Cour des comptes « Ouvrez et voyez »*, Gallimard, coll. Découvertes Gallimard, 2007.

BOYER B. ET CASTELNAU (DE) R., *Portrait des chambres régionales des comptes*, LGDJ, coll. Décentralisation et développement local, 1997.

CONGARD, *Corentin, Responsabilité des élus et des agents publics devant les juridictions financières*, Voiron : Territorial, 2005.

CRÉPEY A. (dir.), *La Cour des comptes*, CNRS, coll. Histoire de l'Administration française, 1984.

CRUCIS H.-M., *Droit des contrôles financiers des collectivités territoriales, AJDA*-Le Moniteur, 1998.

DAMAREY S. (dir.), *Responsabilité financière des gestionnaires publics : approches internationales*, Mare & Martin, 2023.

DAMAREY S. et GROPER N. (dir.), *Responsabilité financière des gestionnaires publics*, Dalloz, 2024.

DEGOFFE M., *Droit de la sanction non pénale*, Economica, 2000.

DESCHEEMAEKER C., *La Cour des comptes*, La Documentation française, coll. Les études de la documentation française, 3e éd., 2005.

KOTT S. (dir.), *Droit et comptabilité. La spécificité des comptes publics*, Economica, 2017.

MAGNET J., *Comptabilité publique*, Puf, coll. Thémis, 1978.

MAGNET J., *Les comptables publics*, LGDJ, 1995.

MAGNET J., *Les gestions de fait*, « Systèmes », LGDJ, 2e éd., 2001.

MAGNET J., VALLERNAUD L. et VUGHT T., *La Cour des comptes, les institutions associées et les chambres régionales des comptes*, Berger-Levrault, coll. Les indispensables, 6e éd., 2007.

MAESTRE J.-Cl., *La responsabilité pécuniaire des agents publics en droit français*, LGDJ, coll. Bibliothèque de droit public, vol. 50, 1962.

MATTRET J.-B., *La comptabilité publique*, Bruylant, 2016.

MILLER G., *Un juge pour les comptes publics à Rouen hier et aujourd'hui. La Chambre régionale des comptes de Haute-Normandie*, PTC, 2007.

ORSONI G. et PICHON A. (dir.), *Les chambres régionales et territoriales des comptes. XXe anniversaire*, LGDJ, 2004 (deuxième partie : Le contrôle juridic tionnel des comptes).

PELLET R., *La Cour des comptes*, La Découverte, coll. Repères, 1998.

PIOLÉ G., *Les chambres régionales et territoriales des comptes*, Dexia-LGDJ, coll. Politiques locales, 2e éd., 2007.

POMME DE MIRIMONDE A., *La Cour des comptes, historique, organisation, apurement des comptes, contentieux, voies de recours, contrôle administratif*, Sirey, 1947.

RAYNAUD J. et BERTUCCI J.-Y., *Les juridictions financières*, coll. Que sais-je ?, Puf, 2003.

RAYNAUD J. et DOYELLE A., *Les contrôles des chambres régionales et territoriales des comptes*, Sorman, 7e éd., 2007.

01.43 Manuels et cours dactylographiés.

AMSELEK P., *La Cour de discipline budgétaire et financière*, cours dactylographié pour le DEA de finances publiques, Université de Paris II Panthéon-Assas, 1993-1994.

BAHOUGNE L. ET CAMUS A., *Droit de la comptabilité publique*, Puf, coll. Thémis, 2020.

BAUDU A., *Droit des finances publiques*, Dalloz, 3e éd., 2021.

BOUDET J.-F., *Institutions financières publiques*, 2013.

BOUVIER M., ESCLASSAN M.-C. et LASSALE J.-P., *Finances publiques*, LGDJ, coll. Manuel, 23e éd., 2024.

COLLET M., *Finances publiques*, LGDJ, 9e éd., 2024.

CONAN M. et MUZELLEC R., *Finances publiques*, Dalloz, 16e éd., 2013.

DAMAREY S., *Droit public financier*, Lefebvre Dalloz, 3e éd., 2024.

DEVAUX G., *La comptabilité publique*, t. I, *Les principes*, Puf, 1957.

LASCOMBE M. et VANDENDRIESSCHE X., *Les finances publiques*, Dalloz, coll. Connaissance du droit, 9e éd., 2017.

ORSONI G., *Science et législations financières*, Économica, 2005.

PIERUCCI C. et SUTTER G., *Manuel de finances publiques*, Puf, coll. Droit fondamental, 3e éd., 2024.

PRADA M. et BARBERYE R., *La comptabilité publique*, 3e éd., 1988.

01.44 Actes de colloques.

HIRSCH C. (dir.), *Le temps des responsabilités financières 1822-2022*, Actes du colloque du Comité d'histoire des juridictions financières, La Documentation française, 2023.

HUSSON-ROCHCONGAR C. ET KOTT S. (dir.), *La responsabilité financière des gestionnaires publics*, Actes du colloque du 8 novembre 2023 co-organisé par le Parquet général près la Cour des comptes et la Direction de la recherche de l'Institut national du service public, La Documentation française, 2024.

MICHAUT C. ET JEAN-ANTOINE B. (dir.), *Le quarantième anniversaire des CRC et la décentralisation – l'exemple normand*, Actes du colloque de la Chambre régionale des comptes de Normandie et de l'Université de Rouen (Rouen, 22-23 juin 2023), *BJCL* n° 7-8 juillet-août 2023.

COLLECTIF, *60 ans d'exécution des décisions du juge administratif*, Actes du colloque du Conseil d'État et du Comité d'histoire du Conseil d'État (24 octobre 2023), La Documentation française, 2024.

COLLECTIF, *La Cour des comptes d'hier à demain*, Actes du colloque (Strasbourg, 1977), LGDJ, 1979.

COLLECTIF, *Les cours des comptes en action*, Actes du colloque (Marseille, 2008), *RFFP* n° 101, mars 2008.

COLLECTIF, *Philippe Séguin. Un Premier président dans la République. Discours 2004-2009*, La Documentation française, 2011.

COLLECTIF, *Philippe Séguin à la Cour des comptes*, Comité d'histoire de la Cour des comptes, La Documentation française, 2012.

DOUAT E. (dir.), *Réforme des procédures des juridictions financières et Convention européenne des droits de l'homme*, Actes du colloque (Montpellier, 30-31 octobre 2008), *RFFP* 2009, n° 106, p. 11-267.

LE PAGE D. (dir.), *Contrôler les finances de l'Ancien Régime. Regards d'aujourd'hui sur les Chambres des comptes*, Actes du colloque (28-30 novembre 2007), Comité pour l'histoire économique et financière de la France, 2011.

COLLECTIF, *La comptabilité publique. Continuité et modernité*, Actes du colloque (Bercy, 25-26 nov. 1993), Comité pour l'histoire économique et financière de la France, 1995.

RASERA M. (dir.), *La responsabilité du gestionnaire public local*, Actes du colloque franco-algérien de la chambre régionale des comptes de Bretagne (Rennes, 25-26 octobre 2007), PUR, 2008.

COLLECTIF, *La place et le rôle des juridictions financières au plan international*, Actes du colloque de la Société française de finances publiques (Rouen, 6 octobre 2021), *Gestion & Finances publiques*, n° 6-2021, p. 9 s.

SECTION 5
ARTICLES ET CONTRIBUTIONS

01.51 Régime de responsabilité financière des gestionnaires publics.

ALBERT J.-L., « Faute grave et préjudice financier significatif », *in* S. Damarey et N. Groper, *Responsabilité financière des gestionnaires publics*, Dalloz, 2024, p. 111.

AYRAULT L., « Évolution de la responsabilité des gestionnaires locaux », *in* M. Rasera (dir.), *La responsabilité du gestionnaire public local*, Actes du colloque franco-algérien de la chambre régionale des comptes de Bretagne (Rennes, 25-26 oct. 2007), PUR, 2008, p. 63.

BAHOUGNE L., « Les voies de recours », *in* S. Damarey et N. Groper, *Responsabilité financière des gestionnaires publics*, Dalloz, 2024, p. 227.

BARICHARD S., « Les justiciables », *in* S. Damarey et N. Groper, *Responsabilité financière des gestionnaires publics*, Dalloz, 2024, p. 91.

BARICHARD S., « L'activité contentieuse de la Cour des comptes. Décisions d'octobre 2023 à mars 2024 », *JCP Adm.* 2024. 2174.

BASSÈRES J. et PACAUD M., « La refonte des régimes de responsabilité financière des gestionnaires publics », *in* S. Damarey et N. Groper, *Responsabilité financière des gestionnaires publics*, Dalloz, 2024, p. 47.

BERTRAND L., « La Cour de discipline budgétaire », *Rev. banque et bourse* déc. 1948, n° 48, p. 337.

BERTUCCI J.-Y., « Les garanties accordées aux justiciables de la chambre du contentieux », *in* C. Husson-Rochcongar et S. Kott (dir.), *La responsabilité financière des gestionnaires publics*, Actes du colloque du 8 novembre 2023 co-organisé par le Parquet général près la Cour des comptes et la Direction de la recherche de l'Institut national du service public, La Documentation française, 2024, p. 173.

BERTUCCI J.-Y., « L'instruction contentieuse », *in* S. Damarey et N. Groper, *Responsabilité financière des gestionnaires publics*, Dalloz, 2024, p. 209.

BISCAÏNO C., « Du pragmatisme de la CDBF en matière de faute de gestion », *AJDA* 2007. 697.

BOHNERT J.-F., « L'union des juridictions pour l'ordre public financier », *in* C. Husson-Rochcongar et S. Kott (dir.), *La responsabilité financière des gestionnaires publics*, Actes du colloque du 8 novembre 2023 co-organisé par le Parquet général près la Cour des comptes et la Direction de la recherche de l'Institut national du service public, La Documentation française, 2024, p. 129.

BON P., « Un progrès de l'État de droit : la loi du 16 juillet 1980 relative aux astreintes en matière administrative et à l'exécution des jugements par la puissance publique », *RD publ.* 1981. 5.

BOSSIÈRE A., « L'orientation des dossiers et le rôle du ministère public », *in* C. Husson-Rochcongar et S. Kott (dir.), *La responsabilité financière des gestionnaires publics*, Actes du colloque du 8 novembre 2023 co-organisé par le Parquet général près la Cour des comptes et la Direction de la recherche de l'Institut national du service public, La Documentation française, 2024, p. 149.

BOSSIÈRE A., « Les autorités de déféré », *in* S. Damarey et N. Groper, *Responsabilité financière des gestionnaires publics*, Dalloz, 2024, p. 201.

BOUDINE J., « La responsabilité directe des élus locaux devant la CDBF », *LPA* août 1993, n° 97, p. 7.

BOUVIER M., « La responsabilité financière des ordonnateurs et des comptables publics confrontée à un monde en transition », *in* S. Damarey et N. Groper, *Responsabilité financière des gestionnaires publics*, Dalloz, 2024, p. 249.

BREDIN S., « Un élu qui a utilisé irrégulièrement son pouvoir de réquisition sur le comptable engage-t-il sa responsabilité devant la CDBF ? », *BJCL* 2006, n° 10, p. 710.

CAMBY J.-P., « Droit administratif et droit financier », *RD publ.* 1998. 953.

CAMUS A., « Les infractions budgétaires et comptables », *in* S. Damarey et N. Groper, *Responsabilité financière des gestionnaires publics*, Dalloz, 2024, p. 147.

CASTÉRA P., « Un pas de moins vers la responsabilité financière des ministres et des élus locaux ordonnateurs », *JCP Adm.* 2017. 2329.

CHAPUS R., « La Cour des comptes et le juge judiciaire », *in L'administration et son juge*, Puf, 1999 [première parution *in La Cour des comptes d'hier à demain*, Actes du colloque (Strasbourg, 1977), LGDJ, 1979].

COLLIARD C.-A., « Les irrégularités budgétaires et leurs sanctions », *D.* 1949. 65.

CRUCIS H. M., « Faute de gestion locale et Cour de discipline budgétaire et financière : le temps de la réforme ? », *in* M. Rasera (dir.), *La responsabilité du gestionnaire public local*, Actes du colloque franco-algérien de la chambre régionale des comptes de Bretagne (Rennes, 25-26 octobre 2007), PUR, 2008, p. 63.

DAMAREY S., « Réforme des juridictions financières, évolutions d'un texte », *JCP Adm.* 2010, n° 41, act. 740.

DAMAREY S., « L'Arlésienne de la responsabilité des gestionnaires publics », *AJDA* 2019. 1537.

DAMAREY S., « Réforme de la responsabilité des gestionnaires publics : les dés sont jetés », *AJDA* 2022. 920.

DAMAREY S., « Nouveau régime de responsabilité financière des gestionnaires publics : focus sur la faute grave ayant entraîné un préjudice financier significatif », *AJCT* 2023, 339.

DAMAREY S., « Que peut-on attendre du nouveau régime de responsabilité financière des gestionnaires publics ? », *JCP Adm.* 2023. 2209.

DAMAREY S., « Responsabilité financière des gestionnaires publics : entre questions de compétences et respect des règles de la commande publique », note sous C. comptes 21 juin 2024, *France Médias Monde (FMM)*, n° 860, S-2024-0793 ; *JCP Adm.* 2024. 2207.

DAMAREY S., « Responsabilité financière des gestionnaires publics : entre questions de compétences et obligation de production des comptes », note sous C. comptes 25 juin 2024, *Régie Gazélec de Péronne (Somme)*, n° 871, S-2024-0943 ; *JCP Adm.* 2024. 2228.

DAMAREY S., « Responsabilité financière des gestionnaires publics : à la recherche de la significativité du préjudice financier », note sous C. comptes 5 juill. 2024, *Régie métropolitaine PARCUB, devenue METPARK*, n° 869, S-2024-1038 ; *JCP Adm.* 2024. 2264.

DAMAREY S., « Responsabilité financière des gestionnaires publics : la sanction des irrégularités dans la gestion d'une délégation de service public », note sous C. comptes 23 juill. 2024, *Société anonyme d'économie mixte pour la gestion et pour l'animation du parc de loisirs de Saint-Cyr (SAEM SAGA)*, n° 904, S-2024-1128 ; *JCP Adm.* 2024. 2321.

DAMAREY S., « Responsabilité financière des gestionnaires publics : condamnation d'une secrétaire de mairie pour négligence », note sous C. comptes 7 oct. 2024, *Commune de Saine-Eulalie-en-Born (Landes)*, n° 40, S-2024-1305 ; *JCP Adm.* 2024. 2339.

DAMAREY S., « Responsabilité financière des gestionnaires publics : première condamnation pour gestion de fait », note sous C. comptes 10 oct. 2024, *Commune de Felleries*, n° 12, S-2024-1311 ; *JCP Adm.* 2025. 2012.

DAMAREY S., « La responsabilité financière des gestionnaires publics mise en perspective », *in* S. Damarey et N. Groper, *Responsabilité financière des gestionnaires publics*, Dalloz, 2024, p. 257.

DANTONEL-COR N., « La responsabilité civile et pénale des élus locaux et des agents publics territoriaux », *GFP* 2012, n° 12, p. 54.

DEGOFFE M., « L'extension de la faute de gestion », *AJDA* 1996. 206.

DEGOFFE M., « La responsabilité pénale du ministre du Fait de son administration », *RD publ.* 1998. 433.

DELAUNAY B., « L'impartialité du juge financier », *RFDA* 2008. 381.

DELPECH, J., « De la responsabilité envers l'État des fonctionnaires autres que les comptables », *Mélanges Hauriou*, Sirey, 1929.

DESCHEEMAEKER C., « Les procédures d'exécution des décisions de justice : la menace de déféré en CDBF », *Courrier juridique des finances*, mai-juin 1992, n°s 24 et 25.

DESCHEEMAEKER C., « La responsabilité des ordonnateurs devant la CDBF », *RFFP* 1993, n° 43, p. 55.

DESCHEEMAEKER C., « La CDBF face aux fautes de gestion », *Rev. Trésor* 1994. 319.

DESCHEEMAEKER C., « Le Conseil d'État et la Cour de discipline budgétaire et financière », *RFFP* 2000, n° 70, p. 71.

DESCHEEMAEKER C., « Un élu peut-il être condamné par la CDBF pour ne pas avoir exécuté une décision de justice ? », *BJCL* 2002. 155.

DESCHEEMAEKER C., « Finances publiques et responsabilité : l'autre réforme. Colloque des 5 et 6 avril 2005 », *Rev. Trésor* 2005. 347.

DIAKITÉ A., « Le rôle du citoyen dans la réforme », *in* S. Damarey et N. Groper, *Responsabilité financière des gestionnaires publics*, Dalloz, 2024, p. 77.

DISTEL M., « Les personnes publiques et l'exécution des décisions de justice », *Mon. TP* sept. 1980, p. 71.

DURAND G., « La responsabilité financière des élus locaux, administrateurs de sociétés d'économie mixte locales », *RD publ.* 1996. 241.

FABRE F.-J., « La réforme de la Cour de discipline budgétaire et financière », *Rev. adm.* oct. 1971, n° 143, p. 539 ; *Rev. adm.* nov.-déc. 1971, n° 144, p. 662.

FLIZOT S., « La responsabilité financière des gestionnaires publics en Europe », *AJDA* 2005. 708.

FLIZOT S., « La mise en jeu de la responsabilité financière des gestionnaires publics en Espagne, en Grèce, en Italie et au Portugal : un exemple pour la France ? » *RFFP* n° 92, 2005, 215.

FLIZOT S., « Le contrôle des gestionnaires publics par la Cour des comptes », *Politiques et management public* n° 4, 2007, p. 141.

FLIZOT S., « La création de la CDBF : enjeux et débats », *in* Collectif, *L'invention de la gestion publique*, Comité pour l'histoire économique et financière de la France, 2013, p. 347.

FOUQUET O., « La Cour de discipline budgétaire et financière et l'évolution de la gestion publique », *RFFP* n° 92, 2005, 237.

FROMENT-MEURICE A. ET GROPER N., « La responsabilité des acteurs de la gestion publique en matière budgétaire, financière et comptable : l'heure du bilan », *AJDA* 2005. 714.

GAULLIER-CAMUS F., « Le rôle de l'avocat : de sa saisine à l'ouverture de la phase d'audiencement », *in* C. Husson-Rochcongar et S. Kott (dir.), *La responsabilité financière des gestionnaires publics*, Actes du colloque du 8 novembre 2023 co-organisé par le Parquet général près la Cour des comptes et la Direction de la recherche de l'Institut national du service public, La Documentation française, 2024, p. 205.

GAULLIER-CAMUS F., « Le régime de responsabilité financière des gestionnaires publics est-il entièrement et uniquement répressif ? », *in* S. Damarey et N. Groper, *Responsabilité financière des gestionnaires publics*, Dalloz, 2024, p. 191.

GAUTIER L., « Discours de clôture du colloque – L'avenir des activités contentieuses des juridictions financières », *Gestion & Finances Publiques*, 2023/4, p. 81-84.

GAUTIER L., « Préambule. La responsabilité financière des gestionnaires publics : enjeux d'une réforme », *in* S. Damarey et N. Groper, *Responsabilité financière des gestionnaires publics*, Dalloz, 2024, p. 1.

GENEVOIS B., « Les immunités prévues par la Constitution et le contrôle juridictionnel », *RFDA* 2000. 511.

GISSEROT H., « Finances publiques et responsabilité : l'autre réforme », Discours d'ouverture du colloque (avr. 2005), *RFFP* nov. 2005, n° 92, p. 13.

GRIFFATON-SONNET L., « Quelle portée pour l'article 15 de la Déclaration des droits de l'Homme et du citoyen ? », *RFDC* 2017/4, n° 112, p. 899.

GROPER N., « La réforme de la CDBF : une opportunité à saisir », *Rev. Trésor* 2005. 692.

GROPER N., « Les sanctions de droit public financier et la réforme de la gestion publique, ou : La CDBF et la LOLF », *Rev. Trésor* 2008. 95.

GROPER N., « Qui connaît la Cour de discipline budgétaire et financière (CDBF) ? », *Courrier juridique des finances et de l'industrie* n° 49, janv.-févr. 2008, p. 1.

GROPER N., « La Cour de discipline budgétaire et financière et les hôpitaux », *Cah. hosp.* avr. 2008, p. 6.

GROPER N. et FRENTZ R., « 10 minutes pour convaincre : "De l'utilité de la CDBF" ou "De la modernité des sanctions juridictionnelles en matière de finances publiques" », *in* M. Rasera (dir.), *La responsabilité du gestionnaire public local*, Actes du colloque franco-algérien de la chambre régionale des comptes de Bretagne (Rennes, 25-26 octobre 2007), PUR, 2008, p. 227.

GROPER N., « La Cour de discipline budgétaire et financière – singularités et paradoxes d'une juridiction qui mérite mieux que d'être méconnue », *in* Collectif, *Réformes des finances publiques et modernisation de l'administration. Mélanges en l'honneur de Robert Hertzog*, Économica, 2011.

GROPER N., « "Disciplinaire", la Cour de discipline budgétaire et financière ? » *in* Collectif, *Écrits de droit public, financier et constitutionnel. Mélanges en l'honneur de Michel Lascombe*, Dalloz, 2020, p. 201.

GROPER N., « Réflexions autour du contrôle répressif des ordonnateurs », Actes du séminaire itinérant de la Société Française de Finances Publiques (16 décembre 2021), *GFP* 2022, n° 2, p. 22.

GROPER N., « "La société a le droit de demander compte à tout agent public de son administration" : le long chemin vers la responsabilité des gestionnaires en droit public en France », *in* S. Damarey (dir.), *Responsabilité financière des gestionnaires publics. Approches internationales*, Mare & Martin, 2023, p. 177.

GROPER N., « La longue quête d'une responsabilité des gestionnaires publics », *in* C. Hirsch (dir.), *Le temps des responsabilités financières 1822-2022*, La Documentation française, 2023, p. 33.

GROPER N., « Qui est justiciable de la Cour des comptes de France ? Contribution à l'analyse de la notion de gestionnaire public en droit public financier français », *Revue gestion et contrôle des finances publiques* [Maroc], n° 2, 2023, p. 23.

GROPER N., intervention au colloque « 60 ans d'exécution des décisions du juge administratif », *in* Collectif, *60 ans d'exécution des décisions du juge administratif*, Actes du Conseil d'État et du Comité d'histoire du Conseil d'État (24 octobre 2023), La Documentation française, 2024, p. 125.

GROPER N., « Le comptable public dans le régime de responsabilité financière des gestionnaires publics – Propos d'un parquetier », *GFP* n° 1-2024, p. 55.

GROPER N., « Management et responsabilité », *in* C. Husson-Rochcongar et S. Kott (dir.), *La responsabilité financière des gestionnaires publics*, Actes du colloque du 8 novembre 2023 co-organisé par le Parquet général près la Cour des comptes et la Direction de la recherche de l'Institut national du service public, La Documentation française, 2024, p. 93.

GROPER N., « Le juge financier et la bonne exécution des décisions de justice par les organismes publics », *in* S. Damarey et N. Groper, *Responsabilité financière des gestionnaires publics*, Dalloz, 2024, p. 133.

HABCHI H. et PICHOT-DELAHAYE L., « Quelle responsabilité des élus locaux devant la CDBF ? État des lieux et perspectives d'évolution », *JCP Adm.* 2018, n° 24, ét. 2182, p. 1.

HEINTZ S. et SIMON Y., « Le rôle des magistrats des CRTC dans le régime de responsabilité des gestionnaires publics », *in* S. Damarey et N. Groper, *Responsabilité financière des gestionnaires publics*, Dalloz, 2024, p. 317.

HERNU P., « La séparation des fonctions et la nouvelle responsabilité partagée de l'ordonnateur et du comptable public », *RFFP* n° 162 (2023), p. 79.

HERTZOG R., « La responsabilité politique des ordonnateurs », *in* Collectif, *La comptabilité publique. Continuité et modernité*, Actes du colloque (Bercy, 25-26 nov. 1993), IGPDE, 1995, p. 301.

HERTZOG R., « Définir les obligations de l'administrateur moderne pour rénover la responsabilité des ordonnateurs », *RFFP* n° 92, 2005, 138.

HIRSCH C. (collab. de N. Groper), « La responsabilité des gestionnaires publics », *Archives de philosophie du droit*, t. 63, 2022, p. 165.

HIRSCH C. et GROPER N., « Le projet inabouti d'un visionnaire : la réforme de la responsabilité des gestionnaires publics voulue par Philippe Séguin », *in* S. Damarey et N. Groper, *Responsabilité financière des gestionnaires publics*, Dalloz, 2024, p. 31.

HUSSON-ROCHCONGAR C., « La Société, l'Administration et le "gestionnaire public". Ou comment l'étude d'une notion saisie par le droit permet d'éclairer les évolutions contemporaines de l'action publique », *in* C. Husson-Rochcongar et S. Kott (dir.), *La responsabilité financière des gestionnaires publics*,

Actes du colloque du 8 novembre 2023 co-organisé par le Parquet général près la Cour des comptes et la Direction de la recherche de l'Institut national du service public, La Documentation française, 2024, p. 9.

JACOMET R., « Discipline budgétaire », *Rev. pol. parl.* n° 192-193, juill.-déc. 1947, p. 35.

KAMBIA Z., « La réforme de la responsabilité financière des gestionnaires publics », *RFDA* 2023. 181.

DE KERSAUSON C. [HIRSCH C.], « La réforme des juridictions financières », *in* Collectif, *Philippe Séguin à la Cour des comptes*, La Documentation française, 2012, p. 208.

KOTT S., « L'obligation de production des comptes de l'article L. 131-13 du CJF », *in* S. Damarey et N. Groper, *Responsabilité financière des gestionnaires publics*, Dalloz, 2024, p. 159.

LALUMIÈRE P., « Cour des comptes et Cour de discipline budgétaire et financière », *in* Collectif, *La Cour des comptes, d'hier à demain*, Actes du colloque (Strasbourg), LGDJ, 1979, p. 85.

LANDOT É., « L'intervention de l'avocat », *in* S. Damarey et N. Groper, *Responsabilité financière des gestionnaires publics*, Dalloz, 2024, p. 233.

LASCOMBE M. et VANDENDRIESSCHE X., « Plaidoyer pour assurer le succès d'une réforme : la LOLF et la nécessaire refonte de la responsabilité des ordonnateurs et des comptables », *RFDA* 2004. 398.

LASCOMBE M. et VANDENDRIESSCHE X., « Un second souffle pour la CDBF ? », *AJDA* 2005. 1672.

LASSERRE J. et MASEREAU G., « Les risques du métier ou la responsabilité personnelle du directeur d'hôpital », *Gestions hospitalières* 1977, n° 169, p. 683.

LE BRIS G., « Opportunité des poursuites par le procureur financier : du mythe à la réalité. Au lendemain de la réforme du régime de responsabilité », *AJCT* 2024. 234.

LE CLAINCHE M. ET GAULLIER-CAMUS F., « La responsabilité des gestionnaires publics : quelles réformes ? » *GFP* 2020/3, p. 46.

LEFEBVRE R., « Extension de compétence de la Cour de discipline budgétaire », *Rev. Trésor* févr. 1964, vol. 44, n° 2, p. 47.

LION C., « Les sanctions de la RFGP », *in* S. Damarey et N. Groper, *Responsabilité financière des gestionnaires publics*, Dalloz, 2024, p. 183.

MAGNET J., « La réforme de la CDBF », *Les notes bleues* 1990, n° 481.

MAITROT J.-C., « Jouvence pour une inconnue ? La réforme de la Cour de discipline budgétaire et financière », *AJDA* 1971. 507.

MAJEROWICZ S., « La responsabilité des élus locaux au sein des sociétés d'économie mixte locales après la loi du 2 janvier 2002 », *CJEG* n° 594, 2003, p. 1.

MARTIN P., « La responsabilité des ordonnateurs vue par un membre de la CDBF », *RFFP* nov. 2005, n° 92, p. 115.

MATTRET J.-B., « L'ordonnance n° 2022-408 du 23 mars 2022 relative au régime de responsabilité financière des gestionnaires publics : l'application aux hôpitaux. De minimis non curat praetor », *Finances hospitalières* 196, juin 2022.

MAUCOUR-ISABELLE A., « La CDBF a-t-elle raison de se dessaisir de son propre contentieux ? », *AJDA* 2004. 1602.

MAUCOUR-ISABELLE A., « La modernisation de la responsabilité des ordonnateurs et des comptables publics à l'entrée dans la nouvelle ère budgétaire et comptable », *RFDA* 2006. 393.

MAUPAS D., « Quelles pistes d'interrogations ? » *RFFP* 2017, n° 139, p. 55.

MAZZOCCHI V., « Principe *non bis in idem*, que faut-il entendre par *bis* ? Droit administratif et droit public financier », *Dr. adm.* 2018, n° 3, chron. 1.

MELLE É., BABUSIAUX C. ET MONDON D., « Responsabilité et mise en cause personnelle des agents publics », *Pouvoirs locaux* n° 126 – 12/2024, 67.

MEYNAUD-ZÉROUAL A., « De la juridictionnalisation de la procédure à la modélisation du procès », *in* C. Husson-Rochcongar et S. Kott (dir.), *La responsabilité financière des gestionnaires publics*, Actes du colloque du 8 novembre 2023 co-organisé par le Parquet général près la Cour des comptes et la Direction de la recherche de l'Institut national du service public, La Documentation française, 2024, p. 183.

MILLER G., « Les relations entre les juridictions financières et judiciaires », *Rev. Trésor* 1995. 357.

MILLER G., « Qui est justiciable ? », *in* C. Husson-Rochcongar et S. Kott (dir.), *La responsabilité financière des gestionnaires publics*, Actes du colloque du 8 novembre 2023 co-organisé par le Parquet général près la Cour des comptes et la Direction de la recherche de l'Institut national du service public, La Documentation française, 2024, p. 43.

MOISAN É., « Entre désillusions et réalité juridique : l'article L. 131-12 du Code des juridictions financières », *in* S. Damarey et N. Groper, *Responsabilité financière des gestionnaires publics*, Dalloz, 2024, p. 125.

MOLINIÉ F., « Les droits des justiciables : le rôle de l'avocat auprès des gestionnaires publics dans le cadre de l'audience puis de l'exercice des voies de recours », *in* C. Husson-Rochcongar et S. Kott (dir.), *La responsabilité financière des gestionnaires publics*, Actes du colloque du 8 novembre 2023 co-organisé par le Parquet général près la Cour des comptes et la Direction de la recherche de l'Institut national du service public, La Documentation française, 2024, p. 219.

MOUZET P., La « responsabilité financière » existe-t-elle ?, *AJDA* 2014. 2497.

MOUZET P., « La responsabilité financière, rencontre du cinquième type », *JCP Adm.* 9 mars 2015, n°s 10-11, 2079.

MOUZET P., « Le précepte *non bis in idem* », *in* S. Damarey et N. Groper, *Responsabilité financière des gestionnaires publics*, Dalloz, 2024, p. 215.

PÉHAU N. et VERGALLO L., « Des infractions financières pour que force reste à la loi ? », *AJDA* 2023. 1832.

PÉHAU N. et VERGALLO L., « Le juge financier peut retenir l'importance de l'enjeu financier pour qualifier la gravité de la faute », *AJDA* 2023. 2381.

PÉHAU N. et VERGALLO L., « Anatomie d'une chute ? », *AJDA* 2024. 895.

PÉHAU N. et VERGALLO L., « À la recherche de l'intérêt personnel », *AJDA* 2024. 1327.

PÉHAU N. et VERGALLO L., « Infractions formelles : retour vers le futur », *AJDA* 2024. 1859.

PÉHAU N. et VERGALLO L., « Faute grave et préjudice significatif : peur sur la ville », *AJDA* 2024. 2258.

PELJAK D., « Le directeur d'hôpital face à la CDBF », *Revue hospitalière de France* 2005, n° 507, p. 50.

PELLET R., « La responsabilité des gestionnaires publics et la Cour des comptes », *in* S. Damarey et N. Groper, *Responsabilité financière des gestionnaires publics*, Dalloz, 2024, p. 19.

PHILIP L., « La Cour de discipline budgétaire et financière », *Rev. sc. fin.* vol. 56, oct.-déc. 1964, p. 744.

PIERUCCI C., « Pour une réforme efficace de la responsabilité des gestionnaires en droit public financier », *RFDA* 2008. 165.

PIERUCCI C., « Réforme de la responsabilité des gestionnaires : la voie méconnue de la responsabilité pécuniaire », *AJDA* 2009. 1169.

PIERUCCI C., « "Faire vivre une responsabilité financière des ordonnateurs (1948-2022)" : la Cour de discipline budgétaire et financière », *in* C. Hirsch (dir.), *Le temps des responsabilités financières 1822-2022*, La Documentation française, 2023, p. 88.

PIERUCCI C., « La faute de gestion dans le cadre de la responsabilité financière des gestionnaires publics », *in* C. Husson-Rochcongar et S. Kott (dir.), *La responsabilité financière des gestionnaires publics*, Actes du colloque du 8 novembre 2023 co-organisé par le Parquet général près la Cour des comptes et la Direction de la recherche de l'Institut national du service public, La Documentation française, 2024, p. 65.

PIERUCCI C., « L'imputation des infractions financières », *in* S. Damarey et N. Groper, *Responsabilité financière des gestionnaires publics*, Dalloz, 2024, p. 103.

POUJADE B., « La responsabilité des ordonnateurs en droit public financier : état des lieux », *AJDA* 2005. 703.

POUJADE B., « État des lieux de la responsabilité des ordonnateurs en droit public financier aujourd'hui », *RFFP* nov. 2005, n° 92, p. 101.

QUINART É., « L'application dans le temps de la réforme de la responsabilité financière des gestionnaires publics », *RFDA* 2024. 789.

QUINART É., « Le régime de la gestion de fait », *in* S. Damarey et N. Groper, *Responsabilité financière des gestionnaires publics*, Dalloz, 2024, p. 171.

ROBERT G. et CHOUVELON E., « Une opportunité historique pour moderniser la gestion financière publique », *in* S. Damarey et N. Groper, *Responsabilité financière des gestionnaires publics*, Dalloz, 2024, p. 67.

ROSSIGNOL J., « Le nouveau visage de la CDBF », *Rev. sc. fin.* 1972, p. 725.

SAÏDJ L., « Réflexions sur le statut du ministre en droit public financier », *GFP* 2010, n° 10, p. 692.

SAUNIER P., « La faute de gestion dans la jurisprudence de la CDBF », *RFDA* 1992. 105.

SAVINEAU J.-C., « La responsabilité budgétaire des ordonnateurs d'établissements publics nationaux : règle toujours nécessaire ou régime obsolète ? », *RFFP* 2016, n° 133, p. 253.

SAVY T., « La Cour de discipline budgétaire et financière, histoire d'un paradoxe », *in* C. Hirsch (dir.), *Le temps des responsabilités financières 1822-2022*, La Documentation française, 2023, p. 109.

SAVY T., « Les infractions, entre continuité et changement », *in* C. Husson-Rochcongar et S. Kott (dir.), *La responsabilité financière des gestionnaires publics*, Actes du colloque du 8 novembre 2023 co-organisé par le Parquet général près la Cour des comptes et la Direction de la recherche de l'Institut national du service public, La Documentation française, 2024, p. 57.

SÉGUIN P., « Finances publiques et responsabilité : l'autre réforme », Discours d'introduction au colloque (avr. 2005), *RFFP* nov. 2005, n° 92, p. 9.

SÉGUIN P., « Finances publiques et responsabilité : l'autre réforme », Discours de clôture du colloque (avr. 2005), *RFFP* nov. 2005, n° 92, p. 253.

SÉGUIN P., « Les sanctions de la Cour des comptes sont inadaptées », *Le cri du contribuable* 2006, n° 16, p. 5.

SÈVE R., « Juger la responsabilité des gestionnaires publics », Archives de la philosophie du droit, t. 64, 2023, 591.

SÈVE R., « Assurer la défense des gestionnaires publics », *in* C. Husson-Rochcongar et S. Kott (dir.), *La responsabilité financière des gestionnaires publics*, Actes du colloque du 8 novembre 2023 co-organisé par le Parquet général près la Cour des comptes et la Direction de la recherche de l'Institut national du service public, La Documentation française, 2024, p. 193.

THÉBAULT S., « L'impérieuse réforme de la Cour de discipline budgétaire et financière », *RFFP* 2002, n° 78, p. 171.

THÉBAULT S., « Cour de discipline budgétaire et financière 2008 », *RFFP* 2009, n° 105, p. 209.

THÉBAULT S., « Le comptable public, un gestionnaire responsable ? De la réforme de la responsabilité personnelle et pécuniaire au "projet de loi Séguin" », *RFFP* 2010, n° 111, p. 275.

VACHIA J.-Ph., « Les évolutions de la Cour de discipline budgétaire et financière », *in Philippe Séguin à la Cour des comptes*, La Documentation française, 2012, p. 193.

VANDENDRIESSCHE X., « Une réforme d'ensemble est indispensable », *RFFP n° 92*, nov. 2005, p. 191.

VANDENDRIESSCHE X., « L'insondable responsabilité des gestionnaires publics locaux », *RFDA* 2020. 1013.

VAUDEY C., « CDBF : les conséquences d'un déféré », *Les Cahiers juridiques* n° 99, 2006, p. 18.

VEDEL G., « La responsabilité des administrateurs devant la CDBF », *Rev. sc. législ. fin.* 1949, p. 115.

WALINE M., « De l'irresponsabilité des fonctionnaires pour leurs fautes personnelles, et des moyens d'y remédier », *RD publ.* 1948. 5.

WIRGIN M., « Un projet stratégique pour les juridictions financières », *in* S. Damarey et N. Groper, *Responsabilité financière des gestionnaires publics*, Dalloz, 2024, p. 59.

01.52 Régime de responsabilité personnelle et pécuniaire des comptables publics et procédure traditionnelle de gestion de fait devant le juge des comptes.

ADANS B., « Quel avenir pour le comptable public », *Cahier de l'Académie des sciences et techniques comptables et financières*, nov. 2016, n° 32.

ASSOULINE G., « La responsabilité démocratique des comptables publics dans un contrôle de plus en plus automatisé », *GFP* 2019/5, p. 64 à 69.

AUGÉ Ph., « Les remises gracieuses accordées par le ministre des Finances », *RFFP* n° 106, 2009, p. 231.

BASSÈRES J., « L'avenir du régime de responsabilité personnelle et pécuniaire des comptables publics : le point de vue du directeur général de la comptabilité publique », *Rev. Trésor* 2006. 174.

BERTUCCI J.-Y., « Philippe Séguin et la responsabilité des comptables publics », *in* Collectif, *Philippe Séguin à la Cour des comptes*, La documentation française, 2012, p. 198.

CALMETTE J.-F., « Le juge des comptes, juge des comportements personnels », *RFFP n° 88*, 2004, p. 159.

CALMETTE J.-F., « La responsabilité du comptable public : une évolution sans fin ? », *JCP Adm.* 2020. 2141.

CATTEAU D., « Le principe de séparation des ordonnateurs et des comptables structure-t-il toujours le système de comptabilité publique française ? », *in* S. Kott (dir.), *Droit et comptabilité. La spécificité des comptes publics*, Economica, 2017, p. 79.

COLLET M. et ECKERT G., « Le contrôle juridictionnel des comptes publics : réformer ou supprimer ? Chronique de droit administratif et finances publiques », *RFDA* 2014. 1015.

CRUCIS H. M., « Les justes milieux », *RFFP* 2017, n° 139, p. 87.

DAMAREY S., « L'acte (II) manqué de la réforme des juridictions financières », *AJDA* 2012. 317.

DAMAREY S., « La réforme de la responsabilité du comptable public et ses conséquences jurisprudentielles », *GFP* n° 2016-2, p. 42.

DAMAREY S., « Le préjudice financier, nouveau critère de la responsabilité du comptable public », *AJDA* 2017. 1435.

DAMAREY S., « La lente subjectivisation de l'office du juge des comptes », *in* C. Hirsch (dir.), *Le temps des responsabilités financières 1822-2022*, La Documentation française, 2023, p. 70.

DESCHEEMAEKER C., « La réforme des procédures de la Cour », *in* Collectif, *Philippe Séguin à la Cour des comptes*, La documentation française, 2012, p. 188.

DIOUKHANÉ A., « La responsabilité des comptables publics devant le juge des comptes », *Rev. Trésor* 2007. 797.

DOUAT É., « Fin des compétences juridictionnelles des chambres régionales des comptes : attention à ne pas jeter le bébé avec l'eau du bain », *GFP n° 2*-2022, p. 34.

FABRE F., « Réflexions sur le régime particulier de responsabilité des comptables publics », *Rev. adm.* n°s 133 et 134, 1970, p. 32 et 181.

FABRE F., « *Débets in solidum* de plusieurs comptables successifs à raison du non-recouvrement des créances », *Rev. adm.* 1974, p. 33 ;

FRENTZ R., « Contrôle des comptes et comptables publics », *J.-Cl. Adm.*, fasc. 1240.

GIRARDI J.-L., « Le régime de responsabilité personnelle et pécuniaire des comptables publics après "La" réforme », *GFP* nov. 2012, p. 35.

GIRARDI J.-L., « Les incertitudes nées de l'application de la réforme du régime de responsabilité personnelle et pécuniaire des comptables publics », GFP n° 2017-2, p. 89.

GIRARDI J.-L. et RENOUARD L., « Évolutions de la responsabilité personnelle et pécuniaire des comptables publics », *AJDA* 2012. 536.

GISSEROT H., « Où va le juge des comptes ? » *Rev. adm.* n° 302, mars-avril 1998, p. 245.

HIRSCH C., « Les comptables publics et l'ordre public financier », *RFFP* n° 159, 2022, p. 165.

KERNÉIS-CARDINET M., « Le nouveau régime de responsabilité du comptable public, un régime qui ne veut pas révéler son nom », *RFDA* 2014. 393.

LASCOMBE M., « Le juge des comptes, juge administratif ? », *Mélanges Jean Waline*, Dalloz, 2008, p. 639.

LASCOMBE M., « La responsabilité comptable en devenir », *GFP* 2012, n° spéc. « L'évolution des juridictions financières », p. 68.

LUDWIG R., « L'effectivité de la responsabilité des comptables publics et assimilés », Actes des journées de la Cour des comptes et de l'Université, Toulouse (13-14 févr. 1978), p. 145.

LUDWIG R., « Essai sur la réquisition de paiement », *Rev. Sc. Légis. Fi.* 1967, p. 659.

MAGNET J., « La notion de deniers publics en droit financier français », *RSF* 1974, p. 129.

MAGNET J., « Que juge le juge des comptes ? », *RFFP* 1989, n° 28, p. 117.

MBOUHOU M., « Les gestions de fait à coloration pénale », *AJDA* 2003. 1478.

MICHAUT C., « Pavane pour un principe d'avenir. Actualité du principe de séparation entre l'ordonnateur et le comptable public », *AJDA* 2019. 1382.

MICHAUT C., « Le juge des comptes à la recherche d'un nouvel ordre public financier », *Mélanges en l'honneur de Michel Lascombe*, Dalloz, 2020, p. 235.

MILLER G., « Les comptes publics face à leur juge : des questions qui ont traversé le temps », *in* C. Hirsch (dir.), *Le temps des responsabilités financières 1822-2022*, La Documentation française, 2023, p. 50.

MONTAGNIER G., « Le juge financier, juge des comptes et des comptables », *RFFP* n° 41, 1993, p. 46.

ORSONI G., « Le juge des comptes. Que juge-t-il ? Et doit-il même encore juger ? », Actes du colloque « L'office du juge » (Sénat, 10 sept. 2006) [en ligne : https://www.senat.fr/colloques/office_-du_juge.html].

QUINART É., « Que reste-t-il de la gestion de fait ? », *RFFP* 2021, n° 153, p. 193.

THÉBAULT S., « Le pas de plus vers la responsabilité pour faute du comptable ou comment tout changer en préservant l'essentiel », *RFFP* n° 121/2013, p. 233.

WEIL P., « La règle de la double juridiction en matière de responsabilité des comptables publics », *Rev. de sc. et légis. fi.* 1954, p. 574.

01.53 Articles sur les juridictions financières, les institutions et leurs compétences.

ANDRÉANI G., « La Cour des comptes et la séparation des pouvoirs », *Commentaire* n° 33, 1986, p. 93.

BERTUCCI J.-Y., « Le droit de contrôle des juridictions financières », *RFFP* n° 75, 2001, p. 100.

BUISSON J., « Le Code des juridictions financières », *AJDA* 1996. 435.

DEGRON R., « Les anciennes chambres des comptes de province : des origines floues et une étonnante résilience », *Rev. Trésor* 2008. 252.

DEGRON R., « La suppression tardive de la Chambre des comptes de Blois », *Rev. Trésor* 2007. 139.

DESCAMPS F., « La Cour des comptes et le contrôle financier des administrations : histoire d'une tentation, histoire d'une tentative (1914-1940) », *RFAP* 2007/4, n° 124, p. 659 ; ici p. 662.

DESCHEEMAEKER C., « Un passé oublié : les premiers contrôles d'entreprises publiques par la Cour des comptes », *in* Collectif, *Écrits de droit public, financier et constitutionnel, Mélanges en l'honneur du professeur Michel Lascombe*, Dalloz, 2020, p. 165.

DUFFY-MEUNIER A., « La Cour des comptes : une institution sous double influence », *RFFP* 2010, n° 109, p. 125.

ESCLASSAN M.-C., « La Cour des comptes informateur des citoyens : une fonction en pleine évolution », *RFFP* 2016, n° 135, p. 49.

FLIZOT S., « Aux origines de la loi du 16 septembre 1807 créant la Cour des comptes : le contrôle des comptes publics de 1790 à 1807 », *Rev. Trésor* 2005. 658.

GAUTIER L., « Interview de Louis Gautier, Procureur général près la Cour des comptes », *Gestion & Finances Publiques*, 2023/4, p. 5-11.

GAUTIER L., « Entretien avec Monsieur Louis Gautier, Procureur général près la Cour des comptes », *Les Cahiers Portalis*, n° 13, 2024/1, p. 95.

HIRSCH de KERSAUSON C., BARICHARD S., MANIEN T., « Le ministère public près les juridictions financières au service de l'ordre public financier », *RFFP* 2021, n° 154, p. 213.

LELONG P., « La Cour des comptes en 2005 : tradition et modernité », *RFFP* 2005, n° 89, p. 263.

MICHAUT C., « Les finances publiques et les juridictions financières : quelles interactions aujourd'hui ? », *Gestion & Finances Publiques* n° 1/2016, p. 22.

OCHOA N., « La Cour des comptes, autorité administrative indépendante. Pour une lecture administrativiste du droit de la comptabilité publique », *RFDA* 2015. 83.

01.54 Articles sur la gestion ou les finances publiques intéressant la responsabilité financière.

AMSELEK P., « Peut-il y avoir un État sans finances ? », *RDP* 1983. 267.

AMSELEK P., « Sur le particularisme de la légalité budgétaire », *Rev. Adm.* 1970, nov.-déc. 1970, p. 653.

BARILARI A., « La réforme de la gestion publique, quel impact sur la responsabilité des acteurs ? », *RFFP* 2005, n° 92, p. 25.

BIROSTE D., « Les fonds spéciaux. Contribution à l'étude des marges du droit. Première partie », *RFFP* 2002, n° 80, p. 151.

BOUVIER M., « L'âge de la nouvelle gouvernance financière et de la responsabilisation généralisée des acteurs publics : un autre contrat social, un autre État », *RFFP* 2005, n° 92, p. 39.

BOUVIER M., « La responsabilité financière publique confrontée à un système budgétaire en transition », *RFFP* 2017, n° 139, p. 17.

BUISSON J. ET CABANNES X., « Les fonds spéciaux et le droit public financier », *LPA* 3 août 2001, n° 154, p. 15.

CABANNES X., « Cabinets ministériels et finances publiques : quelques brefs rappels historiques et lieux communs en guise d'ouverture », *GFP* 2020, n° 1, p. 8.

DÉNIEL A., « Les règles de la comptabilité publique. Des mythes à la réalité », *Rev. Trésor*, juin 1993, p. 339.

DESCAMPS F., « Une réforme structurelle au ministère des Finances en temps de crise : la partition de la direction de la comptabilité publique en 1919 », *RFDA* 2022/3, n° 183, p. 707.

DREYFUS F., « Rendre des comptes - rendre compte : des notions ambigües », *RFAP* 2016, n° 160, p. 999.

ESCLASSAN M.-C., « Sincérité et gouvernance financière publique : Y a-t-il une sincérité financière publique spécifique ? », *RFFP* 2010, n° 111, p. 47.

FLIZOT S., « *L'ordre public financier* », *RDP* 2017. 1677.

GLOUX O., « Décret sur la gestion budgétaire et comptable publique : la prospérité d'un héritage », *GFP* 2013, n° 2-3, p. 23.

HERTZOG R., « Le droit public financier : un conquérant en attente de reconnaissance », *RFFP* n° 133, 2016, p. 83.

HERTZOG R., « Propos sur la décision financière : légitimer et optimiser le pouvoir financier ! », *in* C. Delon Desmoulin et G. Desmoulin (dir.), *La décision financière publique*, LGDJ 2013, p. 199.

HERTZOG R., « Réflexions sur l'indépendance des organes publics », *RFAP* 1999, n° 90, p. 215.

JÈZE G., « Aspect politique des problèmes financiers », *RSLF* 1928, p. 41.

KOTT S., « La construction du droit de la comptabilité publique 1817-1962 », *GFP* 2013, n° 2-3, p. 19.

KOTT S., « Le rôle de la comptabilité en droit public financier », *in* S. Kott (dir.), *Droit et comptabilité. La spécificité des comptes publics*, Economica, 2017, p. 155.

KOTT S., « Comptable donc responsable : la formalisation de l'obligation comptable de l'État », *in* C. Hirsch (dir.), *Le temps des responsabilités financières 1822-2022*, La Documentation française, 2023, p. 20.

KOTT S., « La finalisation de l'obligation comptable de l'État », *in* C. Husson-Rochcongar et S. Kott (dir.), *La responsabilité financière des gestionnaires publics*, Actes du colloque du 8 novembre 2023 co-organisé par le Parquet général près la Cour des comptes et la Direction de la recherche de l'Institut national du service public, La Documentation française, 2024, p. 83.

LABETOULLE D., « De l'astreinte à l'injonction : retour sur une évolution », *RFDA* 2015. 456.

LE CLAINCHE M., « Redevabilité financière et redevabilité managériale : séparation, concurrence ou complémentarité ? », *RFAP* 2016, n° 160, p. 1093.

MASQUELIER Ph., « Usages et finalités comptables et non comptables de la comptabilité publique selon Gilbert Devaux (1949-1956) », *in* Kott (dir.), *Droit et comptabilité. La spécificité des comptes publics*, Economica, 2017, p. 167.

MAZZOCCHI V., « La légalité administrative et la régularité comptable dans les différentes phases de l'exécution de la dépense publique », *in* S. Kott (dir.), *Droit et comptabilité. La spécificité des comptes publics*, Economica, 2017, p. 309.

MICHAUT C., « La réforme comptable publique locale : vers la simplification annoncée ou une complexité accrue ? », *RFDA* 2020. 1006.

NGAMPIO-OBÉLÉ-BÉLÉ U., « Retour sur une procédure exceptionnelle et méconnue des administrés : l'autorisation reconnue au contribuable de plaider en lieu et place de sa collectivité territoriale », *RDP* 2010. 1327.

PELLET R., « L'enseignement des finances publiques à l'Université », *RDP* 2013. 957.

PELLET R., « Principes pour une refondation », *RFFP* 2016, n° 133, p. 121.

PHILIP L., « Les problèmes constitutionnels posés par la réforme de la comptabilité publique », *in La comptabilité publique, continuité et modernité*, CHEFF, 1995, p. 125.

SAÏDJ L., « Les principes fondamentaux du nouveau règlement général », *GFP* 2013, n° 2-3, p. 31.

VACHIA J.-PH., « L'ordre public financier », *Archives de philosophie du droit*, t. 58, 2015, p. 85.

01.55 Articles sur le contentieux administratif et intéressant le contentieux financier.

BOUCHER J. et CRÉPEY É., « Le Conseil d'État juge de cassation et la qualification juridique des faits », *in Mélanges Labetoulle, Juger l'administration, administrer la justice*, Dalloz, 2007, p. 97.

DAGBOE D., « La cassation administrative et la bonne administration de la justice », *Dr. Adm.* 2007. 17.

DELVOLVÉ P., « Le Conseil d'État, régulateur de l'ordre juridictionnel administratif », *in Mélanges Labetoulle, Juger l'administration, administrer la justice*, Dalloz, 2007, p. 259.

GABARDA O., « L'intérêt d'une bonne administration de la justice », *RDP* 2006. 153.

GILTARD D., « L'office du juge d'appel et le double degré de juridiction », *Mélanges Labetoulle, Juger l'administration, administrer la justice*, Dalloz, 2007, p. 425.

GROULIER C., « Remarques sur la notion de mesure d'administration de la justice », *RDP* 2011. 404.

GUYOMAR M., « Le principe *Ne bis in idem* devant la Cour européenne des droits de l'homme », *in* C. Husson-Rochcongar et S. Kott (dir.), *La responsabilité financière des gestionnaires publics*, Actes du colloque du 8 novembre 2023 co-organisé par le Parquet général près la Cour des comptes et la Direction de la recherche de l'Institut national du service public, La Documentation française, 2024, p. 143.

JAEHNERT G., « La jonction : le point sur une technique contentieuse », *AJDA* 2003. 2363.

LE BOT O., « Le juge administratif et l'injonction : une montée en puissance », *in* F. Lombard et J. B. d'Onorio (dir.), *Grandeur et servitudes du bien commun. Mélanges en l'honneur de Jean-Claude Ricci*, Dalloz, 2023, p. 303.

LEBRUN G., « La jonction de requêtes en droit administratif », *RDP* 2018. 85.

ODENT B., « Cassation civile et cassation administrative », *in Mélanges Labetoulle, Juger l'administration, administrer la justice*, Dalloz, 2007, p. 683.

PACTEAU B., « La récusation des juges administratifs », *RDP* 2012. 543.

ROBERT J., « La bonne administration de la justice », *AJDA* 1995. 117.

SECTION 6
RAPPORTS PUBLIÉS

01.61 Rapports intéressant la responsabilité financière des gestionnaires publics.

BASSÈRES J. et PACAUD M., *Responsabilisation des gestionnaires publics*, Rapport remis au ministre de l'Action et des comptes publics, 2020.

Conseil d'État, *La prise en compte du risque dans la décision publique. Pour une action publique plus audacieuse*, 2018.

DE COURSON C., *Rapport n° 2790 de l'Assemblée nationale sur le projet de loi n° 2001 portant réforme des juridictions financières* (projet de loi du 28 octobre 2009 issu du « projet Séguin »).

MASSOT J., *Rapport au Garde des Sceaux du 16 nov. 1999 du Groupe d'étude sur la responsabilité pénale des décideurs publics*.

NADAL J.-L., *Renouer la confiance publique, Rapport au Président de la République sur l'exemplarité des responsables publics*, janvier 2015.

TAILHADES E., SÉNAT, *Rapport n° 299 fait au nom de la Commission des lois constitutionnelles, de législation, du suffrage universel, du règlement et d'administration générale sur le projet de loi relatif aux astreintes prononcées en matière administrative*, 1977.

WARSMANN J.-L., *Rapport n° 2710 fait au nom de la commission des lois constitutionnelles, de la législation et de l'administration générale de la République sur le projet de loi (n° 2001) portant réforme des juridictions financières déposé le 15 septembre 2010*.

WOERTH É., *Décentralisation : Le temps de la confiance. Rapport au Président de la République*, mai 2024.

Rapport au Président de la République relatif à l'ordonnance n° 2022-408 du 23 mars 2022 relative au régime de responsabilité financière des gestionnaires publics, *JO* 24 mars 2022, n° 3.

01.62 Rapports intéressant la gestion et les finances publiques en lien avec la responsabilité financière.

Cour des comptes, *Le contrôle budgétaire au ministère des Armées : premier bilan de l'expérimentation*, 2024 [en ligne].

TITRE

02. Fondements conceptuels des régimes de responsabilité de droit public financier

SECTION 0
ORIENTEUR

02.00 Sommaire du titre.

CHAPITRE

021. Bases constitutionnelles de la responsabilité financière : rendre des comptes, contrôler et sanctionner

SECTION 0
ORIENTEUR

021.00 Sommaire du chapitre.

021.03 Bibliographie indicative.

Articles. R. Chapus, « Les fondements de l'organisation de l'État définis par la Déclaration de 1789 et leurs prolongements dans la jurisprudence du Conseil constitutionnel et du Conseil d'État », *in* Conseil constitutionnel, *La Déclaration des droits de l'homme et du citoyen et la jurisprudence*, Actes du colloque au Conseil constitutionnel (Paris, 25-26 mai 1989), Puf, 1989, p. 181 – L. Griffaton-Sonnet, « Quelle portée pour l'article 15 de la Déclaration des droits de l'homme et du citoyen ? », *RFDC* 2017, n° 112, p. 899 – C. Hirsch (collab. de N. Groper), « La responsabilité des gestionnaires publics », *Archives de philosophie du droit*, t. 63, 2022, p. 165 – M. Le Clainche, « Redevabilité financière et redevabilité managériale : séparation, concurrence ou complémentarité ? », *RFAP* 2016, n° 160, p. 1093.

SECTION 1
FINANCES PUBLIQUES ET NÉCESSITÉ DE RENDRE DES COMPTES

021.11 Maniement d'argent, dépense et gestion des biens : de la nécessité de rendre des comptes. Même si l'on peut théoriquement concevoir un État fonctionnant sans exercer lui-même aucune activité financière[1], l'Histoire nous montre qu'une telle hypothèse n'est guère réaliste ; en tout cas, elle n'a jamais, dans les systèmes politiques quelque peu structurés, existé. Certes un État peut ne pas avoir sa propre monnaie, ni s'occuper lui-même du recouvrement de ses ressources ; il peut certes déléguer même une partie de ses dépenses à des personnes privées ; mais il ne s'agit là que des choix de modes de gestion, qui ne remettent pas en cause le lien entre action publique et moyens financiers pour réaliser cette action.

Pour reprendre la formule de Louis XIV[2], « les finances [...] donnent le mouvement et l'action »[3] à l'État, car sans argent, pas d'action, et sans action, pas de politique ; dès lors, toujours selon le Roi-Soleil, « de toutes les fonctions souveraines, celle dont un prince doit être le plus jaloux, est le maniement des finances »[4]. Car maîtriser les finances, directement ou indirectement, c'est le préalable et le moteur de l'action, donc du pouvoir.

Or dans toute organisation, qu'elle soit privée ou publique, l'argent est doublement sensible. D'une part, nous venons de le voir, l'argent lui permet de fonctionner et, surtout, de mener à bien les missions qui lui sont confiées ; sans ressources, toute organisation sera en situation précaire. D'autre part, cet argent – ou les autres ressources et valeurs – peuvent être mal utilisés, ou pire, être détournés à des fins privées.

D'où la nécessité d'instaurer des contrôles et d'établir des comptes[5], les deux notions étant d'ailleurs intrinsèquement liées.

1. P. Amselek, « Peut-il y avoir un État sans finances ? », *RD Publ.* 1983. 267.

2. Louis XIV (1638-1715), roi de France et de Navarre (1643-1715).
3. Louis XIV, *Mémoires pour l'instruction du dauphin*, éd. par P. Goubert, Imprimerie nationale, coll. Acteurs de l'Histoire, 1992, p. 90.
4. Louis XIV, *Mémoires pour l'instruction du dauphin*, préc., p. 46.
5. Sur la définition de ces différentes notions, v. ss nos 021.12, 022.34 et 031.41.

021.12 Contrôler et rendre compte. À l'origine, la notion de contrôle vient de contre-rôle, ce qui « suppose la préexistence du rôle ou plus généralement, de l'acte ou de l'activité à contrôler »[1]. Le rôle, au Moyen Âge, désignait un document retraçant les recettes et les dépenses du Roi ; le contrerôle est donc la vérification de ce rôle, vérification de la véracité des informations du rôle.

L'exigence de disposer de documents permettant de retracer de façon fiable et sincère les opérations financières et, plus largement, les biens, s'est imposée très tôt dans l'histoire, bien avant la naissance de l'État moderne : en témoigne l'ancienneté des chambres des comptes dans l'histoire des institutions, nées dès le Moyen Âge[2].

Louis XIV, qui avait pourtant hérité d'un État déjà très structuré, souligne dans ses *Mémoires pour l'instruction du dauphin* l'importance d'une bonne documentation financière : « Je commandai [...] qu'il ne se fît rien aux finances sans être enregistré dans un livre qui me devait demeurer, avec un extrait fort abrégé, où je pusse voir à tous moments et d'un coup d'œil, l'état des fonds et des dépenses faites ou à faire »[3].

D'ailleurs, si l'expression *rendre des comptes* est très ancienne, expliquant la dénomination des chambres *des comptes* de l'Ancien Régime et qui s'est maintenue jusqu'à nos jours, le terme comptabilité, désignant d'abord l'obligation de rendre des comptes, puis un ensemble de comptes et des techniques d'enregistrement comptables, voire une administration spécialisée, est relativement récent (XVIIIe-XIXe siècles)[4].

Être comptable, historiquement, c'est d'abord rendre des comptes. Il existe de ce fait une différence importante, sémantique, entre comptable privé et comptable public : le premier est dérivé de *compte* (donc de comptabilité, de l'information financière, terme que nous avons vu assez tardif), alors que le second est dérivé de *rendre des comptes*, de *compter* devant la chambre des comptes, acception bien plus ancienne[5]. Le premier est comptable parce qu'il comptabilise, le second parce que, du moins à l'origine, il rend des comptes.

Il ne s'agit donc pas seulement de subir des contrôles sur ce que l'on a fait, mais également de rendre compte activement de son action financière.

Il convient de préciser que *rendre des comptes*, c'était à l'origine avant tout l'obligation des agents se trouvant dans une situation hiérarchique, à l'égard du Roi ou du seigneur. Il n'était pas question que ce dernier à son tour rende des comptes, du moins pas devant le peuple : selon la vision de Louis XIV, les rois « doivent, pour ainsi dire, un compte public de toutes leurs actions à tout l'univers et à tous les siècles, et ne peuvent toutefois le rendre à qui que ce soit dans le temps même »[6], et son grand-père Henri IV a écrit, dans un style plus direct, que « les souverains ne rendent qu'à Dieu seul compte de leur sceptre »[7].

Le contrôle sur les agents maniant directement des fonds ou sur des personnes habilitées à gérer – donc à prendre des décisions à dimension financière – reste d'actualité, et cela quel que soit le régime politique, car les risques liés à l'argent ont existé de tout temps et continuent à exister, partout. La discipline financière est indispensable à toute structure qui veut exister dans la durée, ce qui impose surveillance et contrôle[8].

Toutefois, en démocratie, l'obligation de redevabilité et la nécessité de contrôle revêtent une tout autre dimension.

SECTION 2
RENDRE DES COMPTES EN DÉMOCRATIE

021.21 Article 15 de la DDHC. En démocratie, la responsabilité de ceux qui gèrent les affaires publiques revêt un surcroît d'importance[9], car « le principe de responsabilité est une condition de la confiance que peuvent avoir les citoyens dans leurs institutions et bien sûr en ceux qui en ont la charge, décideurs politiques et gestionnaires »[10].

En France, les fondements de la redevabilité des agents publics se retrouvent dès la Déclaration des droits de l'homme et du citoyen (DDHC) de 1789, qui fait aujourd'hui partie du bloc de constitutionnalité.

1. J. Magnet, *Les comptables publics*, LGDJ, 1995, p. 45.
2. Sur l'histoire des juridictions financières, v. s^s^ n°s 041.11 s.
3. Louis XIV, *Mémoires pour l'instruction du dauphin*, préc., p. 53.
4. J.-F. Boudet, « Le droit de la comptabilité publique. Un droit sans (n)ombre(s) ? », in *Écrits de droit public, financier et constitutionnel. Mélanges en l'honneur de Michel Lascombe*, Dalloz, 2020, p. 135.
5. S. Kott, « Le rôle de la comptabilité en droit public financier », *in* S. Kott (dir.), *Droit et comptabilité. La spécificité des comptes publics*, Economica, 2017, p. 155.
6. Louis XIV, *Mémoires pour l'instruction du dauphin*, préc., p. 44.
7. *Lettre du 22 mai 1589 du roi Henri IV au duc de Luxembourg*, repr. *in* G. Boissy, *Les pensées des rois de France. Recueil général établi, annoté et commenté*, Albin Michel, 1949, p. 124.
8. Cela se traduit, en droit public financier, par les notions de défaut de contrôle et de défaut de surveillance, tous deux considérés comme des fautes de gestion ; v. s^s^ n° 432.241.
9. Les développements qui suivent s'inspirent très largement de l'article de C. Hirsch (collab. de N. Groper), « La responsabilité des gestionnaires publics », *Archives de philosophie du droit*, t. 63, 2022, p. 165.
10. M. Bouvier, « La responsabilité financière publique confrontée à un système budgétaire en transition », *RFFP* 2017, n° 139, p. 17.

L'article central est, à cet égard, l'article 15 de la DDHC, selon lequel « la société a le droit de demander compte à tout agent public de son administration ».

Cette disposition, globalement peu appliquée en droit, n'est pas seulement financière, mais concerne la transparence de toute activité administrative [1] : on peut y rattacher par exemple l'accès aux archives administratives, l'obligation de motivation des actes, ou encore l'accès aux documents administratifs. C'est d'ailleurs pour ce motif que l'article 15 de la DDHC n'a pas été réuni avec l'article 14 qui le précède, et qui est spécifiquement financier comme on le verra plus loin : l'idée était bien celle d'une obligation de rendre compte assez large, au-delà des seules finances publiques.

Sur le plan juridique, selon René Chapus, l'art. 15 de la DDHC « donne un fondement constitutionnel à la compétence des juridictions financières à l'égard des comptables et des ordonnateurs » [2], et le Conseil constitutionnel a pu être amené à en discuter l'application au contentieux financier [3]. Mais il s'agit à ce stade d'un cas d'application isolé et circonscrit. Notons aussi que si le Procureur général près la Cour des comptes vise ce fondement constitutionnel dans nombre de ses actes, ni la CDBF, ni la Cour des comptes n'y ont fait, à ce jour, directement référence, alors même qu'il se trouve inscrit en toutes lettres au fronton de la Grand'chambre du Palais-Cambon, à Paris.

Le Conseil constitutionnel a pourtant dégagé de l'article 15 de la DDHC un objectif à valeur constitutionnelle, le bon emploi des deniers publics [4], notion ancienne [5] et intéressante [6] que l'on peut même retrouver dans le code des juridictions financières [7], mais qui concerne les seuls contrôles administratifs, donc davantage les rapports publics de la Cour des comptes, et la « bonne gestion », que son contentieux financier qui, lui, porte sur des fautes de gestion entrant dans des infractions bien déterminées.

Il faut souligner que les rédacteurs de l'article 15 de la DDHC ont clairement voulu, en exigeant des administrateurs de rendre compte, instituer un principe de responsabilité de ces derniers [8], insuffisamment développé sous l'Ancien Régime malgré l'existence des chambres des comptes.

Enfin, l'article 15 de la DDHC (« rendre compte ») peut également être considéré comme « l'ancêtre » de la notion de redevabilité (*acountabiliy*), au sens des sciences de gestion, dont le *New Public Management* ; à ce titre, il ne recouvre pas seulement la responsabilité au sens juridique, mais aussi la « redevabilité managériale » [9].

L'article 15 n'a guère été, à ce stade, sollicité en jurisprudence constitutionnelle ou financière ; pourtant, si l'on considère cet article dans son contexte, dans l'ordre logique des articles de la DDHC, alors apparaît son véritable potentiel pour fonder la responsabilité financière des gestionnaires publics et la fonction contentieuse de la juridiction financière.

021.22 Contexte et portée potentielle de l'article 15 de la DDHC. Il convient d'apprécier l'article 15 de la DDHC dans son contexte pour en déduire sa portée potentielle [10].

En effet, tout d'abord, l'article 14 de la DDHC, qui le précède, prévoit que « tous les citoyens ont le droit de constater, par eux-mêmes ou par leurs représentants, la nécessité de la contribution publique, de la consentir librement, d'en suivre l'emploi et d'en déterminer la quotité, l'assiette, le recouvrement et la durée ».

Ce volet « d'en suivre l'emploi » fonde la jurisprudence du Conseil constitutionnel sur le rapport public annuel de la Cour des comptes, ainsi que sur la loi de règlement et l'ancienne déclaration générale de conformité. Cette dernière avait pour objet d'attester la concordance entre les comptes indivi-

1. L. Griffaton-Sonnet, « Quelle portée pour l'article 15 de la Déclaration des droits de l'homme et du citoyen ? », *RFDC* 2017, n° 112, p. 899.
2. R. Chapus, « Les fondements de l'organisation de l'État définis par la Déclaration de 1789 et leurs prolongements dans la jurisprudence du Conseil constitutionnel et du Conseil d'État », *in* Conseil constitutionnel, *La Déclaration des droits de l'homme et du citoyen et la jurisprudence*, Actes du colloque au Conseil constitutionnel (Paris, 25-26 mai 1989), Puf, 1989, p. 181.
3. PAR EX. : Cons. const. 2 déc. 2016, *Mme Sandrine A.*, n° 2016-599 QPC ; *Rec.* 205 ; *AJDA* 2016. 2349 ; *Dr. adm.* 2017, n° 5, chron. 3, note A. Camus ; – V. aussi l'étude de P. Castéra, « Un pas de moins vers la responsabilité financière des ministres et des élus locaux ordonnateurs », *JCP Adm.* 2017. 2329 – Décision qui déclare compatible avec la Constitution l'exclusion des ministres et des élus locaux du champ des justiciables de la CDBF (et désormais de la Cour des comptes, sauf exceptions).
4. Cons. const. 28 déc. 2006, n° 2006-545 DC.
5. La notion de deniers apparaît par exemple dans les enseignements que prodigua Louis IX (1214-1270), roi de France (1226-1270), à son fils ; voir dans G. Boissy, *Les pensées des rois de France. Recueil général établi, annoté et commenté*, Albin Michel, 1949, p. 40 : « Cher fils, je t'enseigne que tu mettes grande entente à ce que les deniers que tu dépenseras, soient dépensés en bons usages et qu'ils soient justement reçus [...] ».
6. D. Boiteux, « Le bon usage des deniers publics », *RDP* 2001. 1099.
7. CJF, art. L. 111-2 : « Par ses contrôles, la Cour des comptes vérifie sur pièces et sur place la régularité des recettes et des dépenses décrites dans les comptes et s'assure du bon emploi des crédits, fonds et valeurs gérés par les services et organismes relevant de sa compétence ».
8. F. Dreyfus, « Rendre des comptes – rendre compte : des notions ambigües », *RFAP* 2016, n° 160, p. 999.
9. M. Le Clainche, « Redevabilité financière et redevabilité managériale : séparation, concurrence ou complémentarité ? », *RFAP* 2016, n° 160, p. 1093 – Sur la responsabilité managériale, v. ss n° 033.61.
10. Les développements qui suivent s'inspirent très largement de l'article de C. Hirsch (collab. de N. Groper), « La responsabilité des gestionnaires publics », préc., p. 165.

duels des comptables et les comptes généraux de l'État. Apparue en 1826, elle était établie par la Cour des comptes et adressée chaque année au ministère des Finances pour être communiquée au Parlement. Délibérée en chambre du conseil, lue en audience solennelle[1], la déclaration générale de conformité est tombée en désuétude depuis la certification des comptes de l'État[2].

Le Conseil constitutionnel a bâti notamment sur l'article 14 le principe de sincérité des lois de règlement[3] ; mais on pourrait imaginer que d'autres formes de contrôle financier pourraient également se fonder sur cette disposition, même s'il ne semble à ce stade pas exister de jurisprudence précise sur ce point.

La responsabilité, prévue par l'article 15 qui suit, apparaît donc comme la suite logique - et indispensable - des contrôles qui doivent s'exercer sur la gestion publique : pas de consentement à l'impôt (art. 13) sans suivi de l'utilisation des fonds publics (art. 14), et pas de suivi - ou contrôle - sans redevabilité ni responsabilité (art. 15).

Il convient de souligner d'ailleurs que la question du consentement à l'impôt sous-tend l'ensemble des finances publiques, donc, en démocratie, celle de la légitimité des prélèvements obligatoires, et dans les régimes qui le sont moins, de la supportabilité des impôts ou tributs.

Or si le consentement à l'impôt constitue le cœur de la démocratie parlementaire, l'article 13 de la DDHC qui l'affirme et qui fait partie du bloc de constitutionnalité indique lui-même que la nécessité des dépenses et des recettes publiques précède la question du consentement : la contribution publique doit être « indispensable », dit l'article 13 ; c'est vrai quel que soit le régime politique, car les finances publiques sont antérieures à l'avènement de la démocratie ; elles sont liées à toute forme d'organisation quelque peu sophistiquée du pouvoir, en particulier à l'État moderne. Ce qui change en démocratie, c'est que ce consentement est un principe fondamental des finances publiques et qu'il est strictement organisé : il fait d'ailleurs partie des éléments de l'ordre public financier, comme on le verra plus loin[4].

Enfin, il est intéressant de rappeler que les rédacteurs de 1789 avaient envisagé un temps de fusionner l'article 15 avec le suivant, l'article 16 de la DDHC, qui proclame le principe de séparation des pouvoirs, illustrant par là le lien qu'entretiennent l'obligation de redevabilité et la séparation entre administration et instance de contrôle (voire instance de sanction). On pourrait en déduire que le contrôle (externe), en lui-même, est une sorte de « pouvoir » séparé des autres, ou encore que le contrôle fait partie d'un pouvoir doté d'une forme d'indépendance, en l'occurrence garantie, en France, par la nature juridictionnelle de l'institution supérieure de contrôle externe, en tant que juridiction administrative spécialisée[5] dotée, précisément, également d'un pouvoir de sanction.

021.23 Fondements constitutionnels des missions non juridictionnelles de la Cour des comptes. Il peut paraître paradoxal qu'à la lecture de la Constitution apparaisse directement l'ancrage constitutionnel d'un certain nombre de missions de la Cour des comptes, mais pas celle de juger, qui pourtant est la plus ancienne, comme on vient de le voir.

La Constitution mentionne ainsi explicitement, dans ses dispositions concernant la Cour des comptes, sa mission d'assistance au Parlement dans le contrôle de l'action du Gouvernement, la mission de contrôle de l'exécution des lois de finances et des lois de financement de la sécurité sociale, ou encore l'évaluation des politiques publiques (art. 47-2).

Pourtant, ces missions sont plus récentes que la fonction de juger - ce qui a justifié sans doute qu'elles soient explicitement mentionnées dans la Constitution de 1958 et dans les modifications constitutionnelles récentes (2008), puisque ces missions, historiquement nouvelles, « n'allaient pas de soi », et qu'il fallait les affirmer explicitement pour les faire exister. L'article 47-2 constitutionnalise même les « rapports publics », par lesquels la Cour des comptes « contribue à l'information du citoyen »[6].

Inversement, le code des juridictions financières, lui, a toujours placé la fonction de jugement au premier rang[7], dans l'ordre des missions, les fonctions de contrôle, d'évaluation et de certification n'arrivant qu'ensuite[8].

Mais si ces missions non juridictionnelles semblent aujourd'hui « dominer » en apparence dans les textes constitutionnels, puisque la Constitution ne mentionne pas directement les missions juridictionnelles de la Cour des comptes, elles ne doivent pas faire oublier que la responsabilité des gestionnaires publics, et sa mise en jeu par le juge financier, historiquement première, connaît des fondements, y compris constitutionnels, autrement plus permanents, même si l'on peut regretter que ceux-ci soient désormais moins « visibles », dans le texte de la Constitution, que les missions nouvelles.

1. C. Descheemaeker, *La Cour des comptes*, La Documentation française, 2005, p. 103 s.
2. La déclaration générale de conformité est cependant toujours mentionnée au CJF, art. LO 132-1, al. 2.
3. Cons. const. 13 juill. 2006, n° 2006-538 DC.
4. Sur l'ordre public financier, v. s^s^ n° 022.11.
5. L. Griffaton-Sonnet, « Quelle portée pour l'article 15 de la Déclaration des droits de l'homme et du citoyen ? », préc.
6. Indirectement, la mission de certification est constitutionnalisée par l'alinéa 2 de ce même article 47-2 de la Constitution issu de la révision de 2008.
7. CJF, art. L. 111-1.
8. CJF, art. L. 111-2 s.

CHAPITRE

022. L'ordre public financier et ses exigences

SECTION 0
ORIENTEUR

022.00 **Sommaire du chapitre.**

SECTION 1
NÉCESSITÉ D'UN ORDRE PUBLIC FINANCIER ET SES CARACTÉRISTIQUES

022.11 **Nécessité d'un ordre public financier.** Qui dit argent, on l'a vu plus haut, dit risques, surtout lorsque cet argent est « collectif » et donc géré par des personnes qui n'en sont pas propriétaires.

Il est nécessaire, au nom de l'intérêt général (ou intérêt public[1]), de limiter les dommages qui peuvent l'atteindre ; à cet égard, la gestion publique entendue au sens large, y compris dans son volet législatif et réglementaire, est en elle-même une action publique de gestion des risques[2].

Pour maîtriser ces risques, de la discipline est nécessaire, ce qui passe par des règles - internalisées par les acteurs de la gestion - et le contrôle du respect de ceux-ci.

La discipline - au sens du fait d'être discipliné - doit agir, idéalement, avant la déviance et donc avant une éventuelle sanction : en ce sens, la discipline budgétaire et financière, c'est ce qui peut empêcher la dérive et donc éviter la sanction. La discipline doit empêcher le désordre, mais s'il apparaît néanmoins, la discipline doit également pouvoir rétablir l'ordre.

L'inclusion de la notion de discipline budgétaire et financière dans l'appellation de l'ancienne CDBF n'était donc pas fortuite, mais bien délibérément programmatique ; elle était de ce fait particulièrement bien choisie, et on ne peut que regretter que cette terminologie ait disparu dans les institutions actuelles.

L'ordre public est une notion polysémique ; ensemble avec les notions de bien public et d'intérêt général, « ces trois notions sont cardinales pour l'action publique, à laquelle elles donnent des finalités, et qu'elles limitent »[3]. L'ordre public, notion qui n'est pas définie dans les textes, peut être considéré comme une composante essentielle de l'intérêt général ; cette notion est liée à la nécessité d'un « bon ordre » qui doit être maintenu par le biais d'une forme de police administrative. À cet égard, « l'ordre public, comme le bien commun ou l'intérêt général, est une notion qui encadre et légitime l'action publique »[4].

Chaque branche du droit connaît sa notion d'ordre public. Le champ de l'ordre public financier, notion fondamentale du régime de responsabilité financière des gestionnaires publics et donc du contentieux financier, « est en réalité plus large » que le seul droit public financier, et « ne peut, en effet, se résumer au jugement des comptes publics et à la répression des infractions financières »[5]. Certains auteurs insistent d'ailleurs davantage sur les aspects

1. P. Joxe, « La protection de l'intérêt public, Les missions des juridictions financières », *RFFP* 1996. 26.
2. J.-P. Vachia, « L'ordre public financier », *Archives de philosophie du droit*, t. 58 « L'ordre public », 2015, p. 85.
3. M. Ollivier, « Bien commun, intérêt général, ordre public », *in* F. Lombard et J. B. d'Onorio (dir.), *Grandeur et servitudes du bien commun. Mélanges en l'honneur de Jean-Claude Ricci*, Dalloz 2023, p. 457.
4. M. Ollivier, « Bien commun, intérêt général, ordre public », préc.
5. S. Flizot, « L'ordre public financier », *RD Publ.* 2017. 1677.

économiques de l'ordre public financier[1] : pensons aux limitations du déficit budgétaire par des normes européennes, par exemple. Une notion comme celle du bon emploi des fonds (ou deniers) publics[2], consacrée par le Conseil constitutionnel, s'y rattache, même si elle est moins pertinente en contentieux financier.

Dans le domaine ici traité, celui de la responsabilité financière et du contentieux financier, la notion d'ordre public financier justifie l'ensemble des dispositifs destinés à limiter les risques pesant sur les finances et la gestion publiques, en fonction des finalités qui lui sont propres, et avec des outils permettant d'atteindre ces dernières, notamment de contrôle et de sanction.

Si l'ordre public financier doit être défendu – et tel est bien l'objectif du contentieux financier – c'est parce qu'il est précaire ; or cette précarité, si elle est excessive, remet en question la confiance du citoyen et du contribuable, et donc finalement le lien social.

Rappelons que le contraire de l'ordre, c'est le désordre, donc la ruine des finances publiques, ce qui est contraire à l'intérêt général et détruit le bien commun ; le désordre met en péril non seulement l'État, mais présente un risque pour la survie de la société elle-même.

022.12 Nature et caractéristiques de l'ordre public financier. L'ordre financier public est un ordre public de protection qui se traduit en droit par des règles de fond et de procédure s'imposant aux gestionnaires ; les contrôles internes et externes, qu'ils exercent et/ou qui s'exercent sur eux, en font partie, tout comme les infractions financières elles-mêmes.

Comme indiqué, l'ordre public financier n'est défini par aucun texte ; en particulier, il faut le souligner, le Conseil constitutionnel n'a jamais consacré cette notion, à la différence de l'ordre public économique[3] ou de l'objectif du bon emploi des deniers publics[4]. Si le Conseil constitutionnel a pu mentionner la notion d'ordre public financier dans une décision rendue sur la responsabilité personnelle et pécuniaire des comptables publics, qui avait été, selon lui, instaurée dans l'intérêt de l'ordre public financier[5], il n'a jamais voulu entrer dans un contrôle de la régularité des textes financiers au regard d'un tel principe.

Ainsi, si l'ordre public financier recouvre en son sein des éléments à valeur constitutionnelle, dont la protection de l'autorisation démocratique des recettes et dépenses ou la sincérité budgétaire[6], il ne revêt lui-même pas de valeur constitutionnelle.

En revanche, l'ordre public financier est bien présent dans la jurisprudence du juge financier et du Conseil d'État.

Ainsi, le Conseil d'État a-t-il pu rattacher l'ancienne responsabilité personnelle et pécuniaire des comptables publics à cette notion : les règles prévoyant ce régime « instituent, dans l'intérêt de l'ordre public financier, un régime légal de responsabilité pécuniaire et personnelle des comptables publics distinct de la responsabilité de droit commun »[7], formule qui a été reprise plus tard par la Conseil constitutionnel dans sa seule décision, précitée, mentionnant cette notion.

L'ordre public a également été invoqué dans un arrêt récent de la Cour des comptes rendu dans le cadre du régime de responsabilité financière des gestionnaires publics : « dès lors que [l'organisme en cause] était financé majoritairement sur fonds publics, le respect des règles gouvernant l'ordre public financier et tout particulièrement celles relatives à l'engagement des dépenses, indispensables au contrôle du respect des autorisations budgétaires, s'imposait au directeur... »[8], et l'atteinte à l'ordre public financier a du coup été retenue comme circonstance aggravante.

Dans le même sens, la Cour a explicitement eu recours à cette notion pour retenir des circonstances aggravantes à l'égard d'un maire ayant « commis des irrégularités répétées sur une durée longue, dans des conditions qui ont porté une atteinte grave à l'ordre public financier », notamment parce qu'une gestion de fait s'était accompagnée de la violation d'autres règles budgétaires[9].

SECTION 2

FINALITÉS DE L'ORDRE PUBLIC FINANCIER

022.21 Aperçu des finalités de l'ordre financier public. Les finalités de l'ordre public financier sont :

– *Le respect de l'encadrement démocratique des finances publiques et de la gestion publique :* c'est l'autorisation parlementaire sur la contribution publique et sur la dépense publique, qui reflète le principe du consentement à l'impôt.

1. J.-P. Vachia, « L'ordre public financier », *Archives de philosophie du droit*, t. 58 « L'ordre public », 2015, p. 85.
2. Sur cette notion, v. s^s n° 021.21.
3. Cons. const. 13 mai 2011, n° 2011-126 QPC.
4. S. Flizot, « L'ordre public financier », *RD Publ.* 2017. 1677.
5. Cons. const. 5 juill. 2019, *Commune de Sainte-Rose*, n° 2019-795 QPC ; *Rec.* 231 ; *AJDA* 2019. 1425.
6. Cons. const. 6 août 2009, Loi de règlement pour 2008, n° 2009-585 DC.
7. CE 30 déc. 2015, *Centre culturel français de Lagos*, req. n° 385176 ; *Lebon* 191.
8. C. comptes 2 juill. 2024, *Office du tourisme de Strasbourg et de sa région (OTSR)*, n° 5, S-2024-1006 ; *AJDA* 2024. 1859, chron. N. Péhau et L. Vergallo.
9. C. comptes 10 oct. 2024, *Commune de Felleries*, n° 12, S-2024-1311 ; *JCP Adm.* 2025. 2012, note S. Damarey ; ici § 39.

– *La protection des intérêts financiers et patrimoniaux de l'État et de ses satellites :* cela inclut la soutenabilité des grands équilibres budgétaires et financiers, le respect des engagements européens de la France en matière de finances publiques, jusqu'à l'intégrité de la caisse publique.

– *La confiance du citoyen :* cela couvre en particulier la probité des gestionnaires publics, ainsi que la confiance en l'efficacité de la gestion publique dans la poursuite de l'intérêt général.

Ces finalités seront maintenant traitées en détail.

022.22 Respect de l'autorisation démocratique des recettes et des dépenses. En démocratie, l'autorisation de recouvrer les recettes publiques et de dépenser, par les représentants du peuple, constitue un principe constitutionnel.

Comme le souligne Sébastien Kott, « le droit de voter le budget est l'une des principales prérogatives du Parlement, des collectivités territoriales et des établissements disposant d'une autonomie financière. S'agissant de l'État, ce pouvoir est issu des longues luttes politiques qui se sont développées en France au cours des XVIIIe et XIXe siècles et il constitue l'un des principaux aspects du contrôle parlementaire »[1].

Ce principe se prolonge en droit public financier par des contrôles.

Selon Philippe Séguin, « l'histoire de la comptabilité publique est indissociable de celle de la démocratie. Elle s'est d'ailleurs logiquement développée à la faveur de l'essor du parlementarisme. En France, elle a son héros, un homme passionné et brillant, malheureusement très peu connu, même dans nos rangs : le marquis d'Audiffret. C'est lui qui, au début du XIXe siècle, à force de persévérance, fit accepter l'idée que les dépenses de l'État devaient être autorisées par le Parlement dans une loi de finances et ensuite contrôlées par lui avec l'aide de la Cour des comptes »[2].

Le respect de l'autorisation budgétaire – donc du consentement à l'impôt et du suivi des dépenses – constituait un élément important, à l'origine, de la répression financière, au sein de laquelle la sanction des dépassements de crédits – du payement en dépassement des crédits démocratiquement autorisés – avait une place importante qui, toutefois, s'est progressivement étiolée, jusqu'à la suppression de l'infraction financière dédiée[3].

022.23 Protection des intérêts financiers et patrimoniaux de l'État et des organismes publics ou assimilés. Cette finalité de l'ordre public financier, préservé par le droit public financier répressif, est évidente : elle se reflète clairement dans la jurisprudence de la CDBF, puis désormais de la Cour des comptes, par exemple à travers la référence à l'intérêt financier et patrimonial dans le cadre de la faute grave de gestion[4].

Elle se reflète surtout dans l'exigence, parmi les éléments constitutifs de deux infractions, de la survenance d'un préjudice[5] ; pour les autres infractions financières, l'existence d'un préjudice est forcément un facteur de gravité[6], voire de circonstances aggravantes[7].

022.24 Probité et confiance. Le système répressif de droit public financier vise avant tout le respect des règles ; certains arrêts ont même précisé expressément que l'intégrité ou la probité d'une personne n'était pas en cause : « la responsabilité du requérant, dont l'intégrité personnelle n'a nullement été mise en cause, en raison des irrégularités commises par lui »[8].

Toutefois, au moins l'une des infractions financières actuelles, celle réprimant l'avantage injustifié octroyé par intérêt personnel direct ou indirect[9], coïncide avec un manquement à la probité[10].

D'une façon générale, on peut rattacher le contentieux financier à cette finalité de l'ordre public financier dans la mesure où il vise précisément à protéger le respect des règles qui doivent empêcher que des atteintes au devoir de probité puissent survenir.

L'existence d'un régime de responsabilité des gestionnaires en droit public financier, avec des infractions et sanctions répressives mais non pénales, et mises en œuvre par des juridictions financières, constitue l'une des particularités du modèle juridictionnel d'institution supérieure de contrôle (ISC).

Selon le *Rapport public de la CDBF* 2006, deux évolutions récentes, sur le plan international, méritent d'être relevées : « premièrement, les systèmes de sanction spécifiques aux finances publiques connaissent aujourd'hui une nouvelle actualité sur le plan international, en lien avec les efforts entrepris, notam-

1. S. Kott, « Autorisation budgétaire (Principe de l') », *in* G. Orsini (dir.), *Finances publiques, Dictionnaire encyclopédique*, Économica, 2e éd., 2017, p. 71.
2. Philippe Séguin, discours prononcé à Lyon le 6 avril 2007, à l'occasion du parrainage de la promotion 2006 des experts-comptables de la région Rhône-Alpes, repr. *in* Cour des comptes, *Philippe Séguin. Un Premier président dans la République. Discours 2004-2009*, La Documentation française, 2011, p. 35.
3. Sur la suppression de l'infraction sanctionnant le payement en dépassement de crédits, v. s^s^ n° 426.11.
4. V. s^s^ n° 432.212.
5. CJF, art. L. 131-9 et L. 131-10.
6. Sur le préjudice comme facteur de gravité, v. s^s^ n°s 223.23, 432.281.
7. Sur le préjudice comme circonstance aggravante, v. s^s^ n° 463.41.
8. CE 26 mai 1999, *Reynard*, req. n° 195767 ; *Lebon* 120.
9. CJF, art. L. 131-12.
10. Sur cette infraction et son articulation avec le pénal, v. s^s^ n°s 212.34 et 441.32.

ment par les organisations internationales compétentes, pour promouvoir la bonne gouvernance des structures publiques d'une part, et pour améliorer la lutte contre la corruption d'autre part. Ce thème a d'ailleurs donné lieu au printemps 2006 à une communication du Président de la Cour de discipline budgétaire et financière à l'attention des cadres de la Banque mondiale à l'occasion d'un séminaire consacré aux ISC »[1]. De larges extraits de cette communication, axée sur les deux atouts du système de répression de droit public financier que sont l'appui à la bonne gouvernance et la complémentarité avec le pénal dans le cadre de la lutte contre la corruption, figurent dans le *Rapport annuel* 2006 de la CDBF précité.

Ainsi, Philippe Séguin indique-t-il que « la discipline budgétaire et financière apparaît alors comme le complément naturel de la répression pénale, et même comme le niveau premier de lutte contre la corruption, qui est l'un des cas les plus graves parmi les nombreuses irrégularités qui peuvent se présenter à l'occasion de la gestion publique. En effet, l'existence de règles spécifiques en matière de finances publiques constitue précisément un moyen pour éviter, en amont, que des fraudes puissent être commises, par le biais de procédures et de contrôles particuliers. Le fait que le non-respect de ces règles puisse être sanctionné en amont du pénal, donc y compris dans des cas dans lesquels des faits de corruption ou de détournement de fonds n'existent pas ou ne sont pas établis, représente à cet égard une garantie de sécurité supplémentaire. Les sanctions en matière de discipline budgétaire et financière, et l'existence de juridictions financières comme la CDBF, jouent donc un rôle important de dissuasion et de prévention, grâce à la culture de rigueur dans l'utilisation des fonds publics et de bonne gestion qu'elles diffusent dans la sphère publique »[2].

Fort de ce constat, de nombreux partenaires bi- et multilatéraux, comme la Banque mondiale, soutiennent dans les pays en voie de développement la création de Cours des comptes et, avec elles, d'un volet répressif dans leurs compétences.

Enfin, on note, ces dernières décennies, une augmentation des exigences en matière de déontologie et de prévention des conflits d'intérêts, elles aussi destinées à garantir la probité et l'exemplarité des gestionnaires publics, et prévenir des atteintes à la probité. Ces nouvelles règles, souvent formelles (déclarations...), visent à renforcer la confiance des citoyens à l'égard des décideurs publics[3] ; à ce titre on peut les rattacher à l'ordre public financier, même si les sanctions de la méconnaissance de ces règles – à la différence de ce qui prévaut dans d'autres législations, et on peut le regretter – n'ont pas été confiées au juge financier.

1. *Rapport public de la CDBF* 2006, p. 8 s. [en ligne]
2. CDBF, *Rapport d'activité de l'année 2006*, p. 11 [en ligne].

SECTION 3
MOYENS DE L'ORDRE PUBLIC FINANCIER

022.31 **Règles.** Les exigences de l'ordre public financier se traduisent par des règles : la réglementation, dans la gestion publique comme dans d'autres domaines, est l'un des moyens pour atteindre les finalités supérieures poursuivies par l'ordre financier public.

Ainsi, la régularité, qui constitue l'état de conformité à la réglementation, ne constitue pas une fin en elle-même ; l'encadrement de la gestion publique par des règles contraignantes (de procédure ou de fond) participe à la protection de l'ordre public financier, et l'observation de ces règles par les gestionnaires publics constitue une obligation spécifique qui leur incombe.

Louis XVI[4] a eu cette formule élégante qui demeure pertinente : « Partout où la loi parle et peut être entendue, l'administrateur n'a que le pouvoir et le mérite de l'exécuter »[5].

Si la gestion publique ressemble à maints égards à la gestion privée, elle revêt toutefois des spécificités, parfois de par la nature de son activité, toujours en raison de la finalité d'intérêt général (ou d'intérêt public) qui est la sienne.

Ces spécificités se traduisent en amont par de multiples règles particulières encadrant l'activité gestionnaire dans la sphère publique ; pendant la gestion, elles se traduisent par l'existence, parfois, de contraintes procédurales (visa du contrôleur financier ; intervention d'un comptable public...) ; enfin, en aval, elles donnent lieu à des contrôles spécifiques (inspections ministérielles, Cour des comptes...).

L'essentiel paraît à cet égard être l'existence de règles propres à la gestion publique – règles d'ailleurs nombreuses et fort variables selon les structures publiques concernées, elles-mêmes très diverses dans leur statut juridique et dans leur activité. Une partie de ces règles, du moins lorsqu'elles s'appliquent au cœur de la sphère publique que sont l'État et les collectivités territoriales, sont la traduction de la

3. À cet égard, le rapport de J.-L. Nadal, *Renouer la confiance publique*, Rapport au Président de la République sur l'exemplarité des responsables publics, janv. 2015 [en ligne].
4. Louis XVI (1754-1793), roi de France et de Navarre (1774-1791) ; roi des Français (1791-1792).
5. G. Boissy, *Les pensées des rois de France. Recueil général établi, annoté et commenté*, Albin Michel, 1949, p. 317 (citation empruntée à la partie consacrée à Louis XVI).

légitimité démocratique de nos institutions et reflètent les précautions nécessaires pour encadrer l'utilisation de l'argent du contribuable.

Or, comme a pu le rappeler le député Guy Sabatier, président de la commission des finances, au moment de l'examen de ce qu'allait devenir la loi de 1971 renforçant le régime de responsabilité des gestionnaires publics, « l'humanité est ainsi faite qu'il ne peut pas y avoir de règle sans sanction ni de responsable sans juge »[1].

C'est du constat que l'existence de règles requiert, le cas échéant, de pouvoir en sanctionner la méconnaissance, sans toutefois recourir dans tous les cas au droit pénal, souvent d'une dureté excessive s'agissant d'irrégularités ne mettant pas en doute l'honnêteté des personnes, mais seulement le non-respect de règles de gestion, qu'est né le régime de responsabilité des gestionnaires publics en droit public financier, et partant la création d'une juridiction administrative spécialisée, la Cour de discipline budgétaire et financière (CDBF), dont le contentieux est désormais absorbé par la chambre du contentieux de la Cour des comptes.

L'objectif du droit public financier répressif peut ainsi se résumer - un peu hâtivement peut-être - de la façon suivante : il lui incombe de protéger les règles qui elles-mêmes encadrent la gestion publique, qui protègent l'argent public ; « que les bons se rassurent et que les méchants tremblent »[2].

De ce fait, la notion de règle[3] est structurante pour fonder les infractions financières, et pas seulement l'infraction générale réprimant les violations de règles de gestion.

022.32 **Sincérité et fiabilité.** L'exigence de sincérité budgétaire[4] et de fiabilité de l'information financière constitue un autre moyen pour atteindre certaines finalités de l'ordre public financier.

Ces notions, qui structurent également la gouvernance des organisations, se diffusent fortement, depuis le début des années 2000, dans la gestion publique, sous l'influence de la gestion et de la comptabilité privées, et conduisent à s'interroger sur la place qu'y tient traditionnellement la réglementation, ou renouvellent certaines réglementations.

La qualité des comptes publics gagne en importance depuis la loi organique relative aux lois de finances (LOLF) de 2001[5], et l'alinéa 2 de l'art. 47-2 de la Constitution, issu de la réforme constitutionnelle de 2008[6], prévoit que « les comptes des administrations publiques sont réguliers et sincères. Ils donnent une image fidèle du résultat de leur gestion, de leur patrimoine et de leur situation financière ».

Si la CDBF a toujours sanctionné les comptes insincères, ce cas de figure a également pris de l'importance au sein du contentieux financier avec la création, au 1er janvier 2023, d'une infraction spéciale réprimant la non-production de comptes[7], ce qui peut recouvrer les comptes insincères[8].

022.33 **Séparation des fonctions et rôle exclusif du comptable public.** La séparation des fonctions constitue un principe de bonne gestion dans toute organisation[9].

Pour l'État et les organismes soumis au champ de la comptabilité publique, donc dotés d'un poste comptable public, ce principe se traduit traditionnellement par la stricte séparation entre ordonnateurs et comptables[10], et son corollaire, l'infraction sanctionnant la violation de ce principe, la gestion de fait[11]. Cette dernière infraction revêt une gravité particulière expliquant son régime dérogatoire par rapport aux autres infraction (prescription ; justiciabilité des ministres et des élus...).

La séparation entre ordonnateur et comptable n'a d'ailleurs pas été remise en cause par la réforme de 2022[12].

Elle présuppose un champ de compétence exclusif réservé au comptable public : or la compétence exclusive du comptable public pour recouvrer les recettes et payer les dépenses constitue, selon le Conseil d'État, un principe général des finances

1. Ass. nat., séance 22 avr. 1971, p. 1322.
2. Valéry Giscard d'Estaing, alors ministre de l'Économie et des Finances, Ass. nat., séance 22 avr. 1971, p. 1322.
3. Sur ce point, fondamental, v. ss nos 411.11 et 432.11 s.
4. M.-C. Esclassan, « Sincérité et gouvernance financière publique : Y a-t-il une sincérité financière publique spécifique ? », *RFFP* 2010, no 111, p. 47.
5. L. org. no 2001-692, 1er août 2001 relative aux lois de finances, *JO* du 2 août.
6. L. const. no 2008-724, 23 juill. 2008 de modernisation des institutions de la Ve République, *JO* du 24 juill.
7. CJF, art. L. 131-13, 1°.
8. C. comptes 25 juin 2024, *Régie Gazélec de Péronne (Somme)*, no 871, S-2024-0943 ; *JCP Adm.* 2024. 2228, note S. Damarey ; *AJDA* 2024. 1859, chron. N. Péhau et L. Vergallo.
9. Sur ce sujet, v. ss no 424.13.
10. Décr. no 2012-1246, 7 nov. 2012 relatif à la gestion budgétaire et comptable publique, dit GBCP, *JO* du 10 nov., art. 9 ; – Aussi : C. Michaut, « Pavane pour un principe d'avenir. Actualité du principe de séparation entre l'ordonnateur et le comptable public », *AJDA* 2019. 1382. – D. Catteau, « Le principe de séparation des ordonnateurs et des comptables structure-t-il toujours le système de comptabilité publique française ? », *in* S. Kott (dir.), *Droit et comptabilité. La spécificité des comptes publics*, Économica, 2017, p. 79.
11. CJF, art. L. 131-15 – Sur cette infraction, et sa justification, v. ss nos 424.12 s.
12. P. Hernu, « La séparation des fonctions et la nouvelle responsabilité partagée de l'ordonnateur et du comptable public », *RFFP* 2023. 79.

publiques[1] auquel seule la loi peut déroger, au moins pour les collectivités territoriales[2].

Le principe de séparation est lié à la tension entre gestion et droit, entre liberté de gestion (qui est le principe, dans un objectif d'efficacité) et encadrement juridique, qui nécessite un équilibre : « cet équilibre trouve son expression dans le procédé de séparation entre les fonctions d'ordonnateur et de comptable »[3].

Principe cardinal de notre droit public, selon l'expression des professeurs Michel Lascombe et Xavier Vandendriessche, la séparation des ordonnateurs et des comptables repose sur la reconnaissance d'attributions distinctes, dans l'exécution du budget, à deux autorités indépendantes l'une de l'autre. Les ordonnateurs disposent de la direction administrative d'un service et d'un pouvoir de décision en matière financière. Ils prescrivent l'exécution des recettes et des dépenses[4], tandis que les comptables ont « la charge exclusive de manier les fonds et de tenir les comptes » des personnes publiques[5].

Ces fonctions sont incompatibles, l'incompatibilité s'étendant aux conjoints et aux partenaires liés par un pacte civil de solidarité[6]. Pour remédier aux inconvénients qui pourraient s'attacher à une distinction trop rigide des tâches, des aménagements existent de longue date, dont les deux plus importants sont :

– les régies de recettes et d'avances, qui remontent à l'ordonnance de 1822[7] et qui permettent à des agents relevant de l'ordonnateur de procéder à des encaissements et des décaissements avec l'agrément et sous la responsabilité des comptables assignataires. Le régime juridique de ces services est défini en termes différents pour l'État[8] et les collectivités locales[9] ;

– les dépenses payées sans ordonnancement ou sans ordonnancement préalable : « dès lors que la liquidation est une opération mécanique dont le résultat commande nécessairement et exactement le payement, l'émission d'ordres de dépense, qui dans la procédure classique [...] intervient entre l'une et l'autre, devient une formalité inutile et peut être sans inconvénient supprimée »[10]. De nombreuses dépenses, dont la liste est fixée par l'ordonnateur, relèvent de ce dispositif, en particulier les dépenses résultant d'une décision de justice[11], les remboursements d'emprunts, les locations et les abonnements[12].

La séparation de ces fonctions, qui aboutit à une dyarchie financière (le comptable est tenu de ne pas déférer aux « ordres » de payer et de recouvrer émanant de l'ordonnateur s'il détecte une irrégularité susceptible d'engager sa responsabilité), est périodiquement contestée, notamment en raison de la lourdeur et des délais que représente cette double intervention. Cette critique ne tient pas, au regard du raccourcissement sensible des délais de paiement observés par les comptables, notamment du secteur public local. Elle s'est donc déplacée sur un terrain *a priori* plus convaincant mais très difficile à mesurer : l'existence de contrôles en aval effectués par une autorité indépendante n'encouragerait pas le développement des contrôles internes.

Des tentatives de remise en cause du principe, dans le sens d'un aménagement, voire d'une suppression, sont régulièrement présentées au nom du Gouvernement et du Parlement[13]. La seule disposition de droit positif en ce sens, introduite par la loi de finances pour 2019 et relative à l'expérimentation d'agences comptables au sein des collectivités territoriales, des établissements publics locaux et des

1. CE, avis n° 373-788, 13 févr. 2007 : « [...] le principe de l'exclusivité de compétence du comptable public pour procéder au recouvrement des recettes et au paiement des dépenses publiques doit être regardé comme un principe général des finances publiques applicable à l'ensemble des collectivités territoriales et de leurs établissements publics. »
2. CE, sect., 6 nov. 2009, *Société Prest'action, Lebon* 445 ; *AJDA* 2009. 2401, note M. Lascombe et X. Vandendriescche ; *BJCP* 2010. 28, concl. N. Boulouis.
3. N. Ochoa, « La Cour des comptes, autorité administrative indépendante. Pour une lecture administrativiste du droit de la comptabilité publique », *RFDA* 2015. 83.
4. Décr. n° 2012-1246, 7 nov. 2012, art. 10.
5. GBCP art. 13.
6. GBCP, art. 9.
7. Sur cette ordonnance de Louis XVIII fondatrice du droit public financier : M. Bottin, « Villèle et le contrôle des dépenses publiques. L'ordonnance du 14 sept. 1822 », *in* Collectif, *La comptabilité publique. Continuité et modernité*, Actes du colloque (Bercy, 25-26 nov. 1993), Comité pour l'histoire économique et financière de la France, Imprimerie nationale, 1995, p. 7.
8. Décr. n° 2019-798, 26 juill. 2019 relatif aux régies de recettes et d'avances des organismes publics, *JO* 28 juill., n° 36.
9. CGCT, art. R. 1617-1 s.
10. J. Magnet, *La comptabilité publique*, Puf, coll. Thémis, 1978, p. 85.
11. Sur les condamnations pécuniaires, v. s^s n° 452.11.
12. Arr. 30 déc. 2013 portant détermination des dépenses de l'État payées sans ordonnancement, sans ordonnancement préalable et avant service fait, *JO* 14 janv. 2014 ; – Arr. 16 févr. 2015 fixant les dépenses des collectivités territoriales, de leurs établissements publics et des établissements publics de santé pouvant être payées sans ordonnancement, sans ordonnancement préalable ou avant service fait, *JO* 24 févr., NOR : FCPE1430400A.
13. Sur la période récente : Action publique 2022, *Service public. Se réinventer pour mieux servir. Nos 22 propositions pour changer de modèle*, juin 2018. – Prop. L. n° 1279 relative à la suppression de la séparation entre l'ordonnateur et le comptable dans les collectivités territoriales, Ass. nat. 3 oct. 2018. – L. n° 2018-1317, 28 déc. 2018 de finances pour 2019, *JO* 30 déc., n° 1, art. 243 (agence comptable) – B. Ravignon, *Coûts des normes et de l'enchevêtrement des compétences entre l'État et les collectivités : évaluation, constats et propositions*, Rapport, mai 2024 [en ligne].

hôpitaux, a été abrogée au bout d'un an[1], au vu de l'échec de la formule. Et les grands « rendez-vous » qui auraient permis de reconsidérer cette disposition pluriséculaire (nouvelle loi organique relative aux lois de finances en 2001, mise à jour du règlement général sur la comptabilité publique en 2012, définition d'un nouveau régime de responsabilité des gestionnaires publics en 2022) ont, au contraire, conduit à le renforcer et à consacrer sa valeur législative, démentant la jurisprudence récente du Conseil d'État qui n'y voyait qu'un principe réglementaire[2].

Il est vrai que, au-delà de sa rigidité apparente, le principe de séparation a fait la preuve de sa plasticité. Ainsi que le faisait observer une ancienne présidente de l'AFCM à propos de la responsabilité des comptables, il « n'a empêché ni l'informatisation, ni la décentralisation, ni la dématérialisation, ni la sélectivité des contrôles, ni la mise en place de la LOLF, ni la fusion DGI/DGCP, ni la certification des comptes publics (bien au contraire les comptables principaux ont joué un rôle central), ni le partenariat avec les ordonnateurs, ni les regroupements de gestions comptables, ni le prélèvement de l'impôt sur le revenu à la source »[3]. Et ses meilleurs défenseurs se situent du côté des ordonnateurs, et plus particulièrement des élus locaux qui, lorsque leur a été offerte la possibilité de mettre en place des agences comptables, sur lesquelles ils auraient pourtant pu exercer leur autorité, ont émis « les plus vives réserves » quant à la perspective d'une suppression de la séparation entre l'ordonnateur et le comptable, ce principe constituant « une garantie d'efficacité et de protection pour les élus et les finances des collectivités »[4].

Dans un cadre qui ne cesse de s'adapter et qui permet aux comptables de s'inscrire dans une relation de coopération avec l'ordonnateur, en particulier dans la chaîne de la dépense au stade de la liquidation, le principe de séparation demeure un garde-fou trouvant sa sanction dans la théorie de la gestion de fait[5].

022.34 **Contrôle.** Le contrôle constitue le corollaire de l'ensemble des moyens déployés pour atteindre les finalités de l'ordre public financier : qu'il s'agisse de réglementation, de maîtrise des risques, notamment d'atteinte à la probité, ou de fiabilité de l'information produite, seul le contrôle permet de vérifier l'efficacité des moyens mis en œuvre et l'atteinte effective des objectifs.

Le contrôle est aussi un moyen de mise sous tension du système, et de dissuasion à l'égard de ceux qui perdraient de vue les finalités de la gestion publique.

Le contrôle peut s'exercer *a priori* ou *a posteriori*, de manière interne (le contrôle fait alors partie intégrante de la gestion elle-même) ou externe (il s'apparente alors, surtout lorsqu'il s'exerce sur le respect des règles, à une forme de police administrative spéciale).

Le contrôle est donc une forme de police administrative, qui doit donc être, comme les autres, sanctionnée par un juge.

022.35 **Sanction des atteintes à l'ordre public financier.** Si le respect de l'ordre public financier implique un contrôle sur les gestionnaires publics, ce dernier ne saurait se limiter à la dénonciation, fût-elle publique comme le fait le fameux *Rapport public annuel de la Cour des comptes* – étant précisé que désormais tous les rapports administratifs des juridictions financières sont publics, sauf rares exceptions. Dans certains cas, il faut pouvoir sanctionner des errements, faute de quoi l'ensemble du dispositif législatif et réglementaire entourant la gestion publique resterait un vœu pieux.

Les sanctions financières de droit public répondent ainsi « aux préoccupations de l'opinion française tout entière qui souhaite qu'une suite soit donnée aux rapports annuels de la Cour des comptes chaque fois que ceux-ci font apparaître des responsabilités dans la gestion des deniers publics »[6].

Les sanctions sont donc complémentaires des activités de contrôle des juridictions financières, Cour des comptes et chambres régionales et territoriales des comptes, dont elles peuvent constituer une suite. Sans la menace de sanction, ainsi que sa mise en œuvre effective mais sans excès de zèle, la crédibilité même du travail de ces institutions se trouverait affaiblie.

Comme le soulignait le Premier président Séguin en 2005, « l'opinion publique ne supporte plus que la mauvaise gestion et les irrégularités dans l'utilisation de l'argent public demeurent, le plus souvent, sans sanctions personnalisées »[7].

1. L. n° 2019-1479, 28 déc. 2019 de finances pour 2020, *JO* 29 déc. 2019, n° 1, art. 237.
2. Sur les débats autour de la valeur du principe : C. Michaut, « Pavane pour un principe d'avenir. Actualité de la séparation entre l'ordonnateur et le comptable public », *AJDA* 2019. 1382.
3. G. Assouline, « La responsabilité démocratique des comptables publics dans un contrôle de plus en plus automatisé », *GFP* 2019/5, p. 64-69.
4. AMF, Communiqué de presse du 4 avril 2019.
5. V. s^s n° 424.11.
6. J. Taittinger, secrétaire d'État au Budget, lors de la discussion au Sénat du projet de loi de 1971 préc., Ass. nat., séance 27 mai 1971, p. 555.
7. Discours de clôture prononcé le 6 avril 2005 par Philippe Séguin lors du colloque de la Cour des comptes sur *Finances publiques et responsabilité : l'autre réforme*. Publié dans *RFFP* 2005, n° 92, p. 253.

Cette idée a été rappelée par le Président de la République, Nicolas Sarkozy, à l'occasion de la célébration du Bicentenaire de la Cour des comptes en 2007 : « L'argent public, c'est l'argent de tous, c'est l'argent durement gagné par le travail, l'effort, la peine de chacun. Cet argent est doublement sacré. Il l'est parce qu'il est pris au travailleur et à l'épargnant, parce qu'il est le sacrifice qui est demandé à chacun pour que la République puisse vivre, parce que le paiement de l'impôt c'est l'acte civique par lequel la solidarité cesse d'être un vœu pieux pour devenir une réalité. Sacré, l'argent public l'est aussi parce que les besoins sont toujours plus grands que les ressources, parce qu'il y a trop de détresse, de misère, de souffrances à soulager, parce qu'il y a trop d'injustices à réparer, parce qu'il y a trop d'inégalités à corriger et trop peu de moyens pour qu'un seul centime soit gaspillé, pour qu'un seul centime soit détourné. Qu'on gaspille de l'argent public, qu'on le détourne, et c'est autant qui manquera pour venir en aide à ceux qui en ont besoin, à ceux qui sont les plus vulnérables, à ceux que les accidents de la vie ont brisés [...]. Trop longtemps les enquêtes, les rapports et les observations de la Cour des comptes sont restés sans conséquence. Trop longtemps on a considéré que le manque de rigueur dans la gestion des deniers publics au fond n'était pas si grave – parce que l'argent public ce n'était pas l'argent de tous, mais l'argent de personne. Trop longtemps on a considéré que le propre de l'argent public était d'être dépensé sans compter, qu'il était dans la nature du service public que son efficacité ne soit pas mesurable et que si l'on devait demander des comptes au comptable il n'était pas légitime d'en demander à l'ordonnateur »[1].

La réforme opérée par l'ordonnance du 23 mars 2022, en affirmant le régime de responsabilité financière des gestionnaires publics, désormais pris en charge par la Cour des comptes avec des moyens dont la CDBF – supprimée – ne disposait pas, s'inscrit dans cette logique.

022.36 **Action publique et poursuites.** Comme l'ordre public en matière pénale, l'ordre public financier en droit public répressif fonde l'action publique[2] ; c'est le trouble à l'ordre public financier qui fonde les poursuites engagées par le ministère public.

1. Extraits du discours prononcé par le Président de la République le 5 nov. 2007 à la Cour des comptes, *in* CDBF, *Rapport pour 2007*, févr. 2008.
2. M. Ollivier, « Bien commun, intérêt général, ordre public », préc., p. 457.

TITRE

03. Cadre de la gestion publique et de la responsabilité des gestionnaires publics

SECTION 0

ORIENTEUR

03.00 **Sommaire du titre.**

CHAPITRE

031. Cadre juridique des finances publiques et de la gestion publique

SECTION 0

ORIENTEUR

031.00 Sommaire du chapitre.

031.03 Bibliographie indicative.

Ouvrages. L. Bahougne et A. Camus, *Droit de la comptabilité publique*, Puf 2020 – A. Baudu, *Droit des finances publiques*, Dalloz, 4e éd., 2023 – M. Bouvier, M.-C. Esclassan et J.-P. Lassale, *Finances publiques*, coll. « Manuel », LGDJ, 23e éd., 2024 – M. Collet, *Finances publiques*, LGDJ, 9e éd. 2024 – S. Damarey, *Droit public financier*, Dalloz, 3e éd., 2024 – J. Magnet, *Éléments de comptabilité publique*, LGDJ, coll. Systèmes, 2001, 5e éd. – G. Orsoni, *Science et législations financières*, Économica, 2005.

Articles. P. Amselek, « Sur le particularisme de la légalité budgétaire », *Rev. Adm.* 1970, nov.-déc. 1970, p. 653 ; « Peut-il y avoir un État sans finances ? » *RDP* 1983. 267 – O. Gloux, « Décret sur la gestion budgétaire et comptable publique : la prospérité d'un héritage », *GFP* 2013, n° 2-3, p. 23 – R. Hertzog, « Le droit public financier : un conquérant en attente de reconnaissance », *RFFP*, n° 133, 2016, p. 83 – S. Kott, « La construction du droit de la comptabilité publique 1817-1962 », *GFP* 2013, n° 2-3, p. 19 – R. Pellet, « L'enseignement des finances publiques à l'Université », *RDP* 2013. 957 – R. Pellet, « Principes pour une refondation », *RFFP* 2016, n° 133, p. 121.

Contributions. R. Hertzog, « Propos sur la décision financière : légitimer et optimiser le pouvoir financier ! », *in* C. Delon Desmoulin et G. Desmoulin (dir.), *La décision financière publique*, LGDJ, 2013, p. 199 – S. Kott, « Le rôle de la comptabilité en droit public financier », *in* S. Kott (dir.), *Droit et comptabilité. La spécificité des comptes publics*, 2017, p. 155.

SECTION 1

FINANCES PUBLIQUES ET GESTION PUBLIQUE

031.11 Finances publiques, matière universitaire. Avec Martin Collet, on peut dire que « l'étude des finances publiques consiste à observer les flux d'argent public »[1], incluant les recettes comme les dépenses. « Les finances publiques, ce ne sont pas les fonds publics, mais les activités par lesquelles l'État et les autres personnes publiques se procurent de l'argent, des ressources, et les dépensent, les emploient »[2].

La matière des finances publiques, hétérogène et complexe, revêt de nombreux aspects relevant de différentes disciplines (économique, politique, sociologique, juridique) ; l'une des originalités de la matière « est la forte interdépendance entre les composantes des finances publiques »[3].

À l'origine, cette matière intéressait plutôt les économistes[4] ; en France, c'est sous l'impulsion d'éminents juristes comme Gaston Jèze que les finances publiques ont reçu une forte connotation juridique au début du XXe siècle, considérées comme une branche importante du droit public sans devenir pour autant centrales au sein des études de droit.

Après la Seconde Guerre Mondiale, l'enseignement du droit et celui de l'économie se séparent définitivement, laissant les finances publiques rattachées aux facultés de droit. De ce fait, on pourrait penser que finances publiques et droit des finances publiques, en tant qu'objet d'étude, finissent par

1. M. Collet, *Finances publiques 2021-2022*, LGDJ, 6e éd., 2021, p. 15.
2. P. Amselek, « Peut-il y avoir un État sans finances ? », *RDP* 1983. 272.
3. R. Hertzog, « Le droit public financier : un conquérant en attente de reconnaissance », *RFFP* n° 133, 2016, p. 83.
4. R. Pellet, « L'enseignement des finances publiques à l'Université », *RDP* 2013. 957.

coïncider ; l'étude de cet « ensemble de règles de droit spécifiques »[1], c'est ce qu'est devenue la matière des finances publiques, même si « cette analyse du cadre juridique des flux d'argent public ne peut cependant se détourner de considérations extra-juridiques. Difficile, en effet, de comprendre la signification des règles en faisant abstraction des objectifs (économiques, politiques, sociaux) qu'elles poursuivent »[2].

Le droit dans le domaine des finances publiques recouvre l'ensemble du droit applicable aux finances publiques entendues au sens large, incluant en particulier les finances locales, les finances sociales et les règles européennes et internationales en matière financière applicables aux administrations publiques (APU) : le périmètre de ces dernières est défini par l'INSEE[3], la notion d'administration publique étant même citée dans la Constitution[4].

Cet ensemble de normes (et institutions) financières de droit public était, jusqu'au milieu du XXe siècle, souvent désigné, dans le domaine universitaire, comme « science des finances et de législation financière »[5] ou « science et législation financières », formule qui d'ailleurs n'a pas complètement disparu[6] ; désormais, la désignation « droit public financier »[7] semble la plus répandue pour couvrir les différentes branches du droit public s'appliquant aux finances publiques[8] : « l'étude juridique des finances publiques ne se faisant pas dans les différents compartiments du droit public, il faut donc établir la discipline droit public financier qui assure une présentation consolidée du régime juridique des finances publiques »[9].

1. M. Collet, *Finances publiques 2021-2022*, préc., p. 16.
2. M. Collet, *Finances publiques 2021-2022*, préc., p. 16.
3. Au sens de l'INSEE, les administrations publiques se définissent comme suit : « Le secteur des administrations publiques (S.13) est l'ensemble des unités institutionnelles dont la fonction principale est de produire des biens et services non marchands ou d'effectuer des opérations de redistribution du revenu et des richesses nationales et dont les ressources proviennent majoritairement de contributions obligatoires versées par des unités appartenant à d'autres secteurs institutionnels. Le secteur des administrations publiques comprend les entités juridiques investies des pouvoirs exécutif, législatif et judiciaire. Le secteur des administrations publiques comprend l'administration centrale (S.1311), l'administration locale (S.1313) et les caisses de sécurité sociale (S.1314) » [en ligne : https://www.insee.fr/fr/metadonnees/definition/c1244].
4. Constitution, art. 47-2.
5. Voir l'ouvrage de G. Jèze, *Cours élémentaire de science des finances et de législation financière française*, M. Giard, 1931.
6. V. le titre de l'ouvrage de G. Orsoni, *Science et législation financières*, Économica, 2005.
7. PAR EX. : S. Damarey, *Droit public financier*, Dalloz, 3e éd., 2024 – V. ss no 031.21.
8. V. ss no 031.22.
9. R. Hertzog, « Le droit public financier : un conquérant en attente de reconnaissance », préc., p. 83.

Le présent ouvrage, consacré au contentieux financier[10], donc le contentieux de droit public financier mis en œuvre par le juge financier, s'inscrit dans la matière universitaire des finances publiques ; toutefois, pour saisir le champ et comprendre l'office du contentieux financier, la notion de finances publiques est moins féconde que celle de gestion publique.

031.12 **Gestion publique.** La notion de gestion publique, quant à elle, est englobante ; elle désigne toute action mise en œuvre par l'État, les collectivités territoriales et les organismes du secteur public, quel que soit leur statut juridique, public ou privé, ainsi que des organismes assimilés.

Dans le domaine des finances publiques, le mot *gestion* apparaît régulièrement, sans être forcément précisément défini : la gestion des crédits budgétaires, par exemple, signifie tout simplement *utilisation* de ces crédits[11] ; le budget lui-même est un outil de gestion prévisionnelle des recettes et des dépenses[12]. Les spécialistes distinguent différents modes de gestion des services publics (gestion directe, gestion par un établissement public, gestion dans le cadre d'une délégation de service public...), et distinguent la gestion du service public proprement dit de la gestion financière[13].

En matière fiscale, on retrouve également le terme gestion, comme l'acte anormal de gestion (qui est une « théorie purement prétorienne élaborée par l'administration fiscale [...] [visant] essentiellement les entreprises et [qui] a pour objectif de lutter contre l'érosion de leur matière imposable »[14]) ou encore l'erreur de gestion, qui désigne une « décision de gestion préjudiciable mais non anormale car non contraire à l'intérêt de l'exploitation »[15].

À noter que « la gestion publique ne comporte généralement pas la sanction économique du marché et [... donc] la manipulation des deniers publics requiert une vigilance toute particulière »[16].

10. V. ss no 031.51.
11. G. Orsoni, « Gestion de crédits », *in* G. Orsoni (dir.), *Finances publiques, Dictionnaire encyclopédique*, Économica, 2e éd., 2017, p. 513.
12. M. Bottin, « Budget (historique et notion politique) », *in* G. Orsoni (dir.), *Finances publiques, Dictionnaire encyclopédique*, Économica, 2e éd., 2017, p. 94.
13. M. Amilhat, « Services publics (gestion financière des) », *in* G. Orsoni (dir.), *Finances publiques, Dictionnaire encyclopédique*, Économica, 2e éd., 2017, p. 815.
14. N.-B. Avillaneda, « Acte anormal de gestion (L') », *in* G. Orsoni (dir.), *Finances publiques, Dictionnaire encyclopédique*, Économica, 2e éd., 2017, p. 14.
15. V. Varnerot, « Erreur de gestion », *in* G. Orsoni (dir.), *Finances publiques, Dictionnaire encyclopédique*, Économica, 2e éd., 2017, p. 408.
16. M. Prada et R. Barberye, *La comptabilité publique*, 3e éd. 1988, p. 11.

De ce fait, il est évident que, dans un État de droit, la gestion publique se trouve encadrée par des règles démocratiquement légitimées qui concourent au maintien de l'ordre public financier[1] et qu'il convient donc de protéger. C'est précisément l'objectif du régime de responsabilité des gestionnaires publics étudié dans le présent ouvrage que de s'assurer du respect des règles[2] du droit public financier.

Il n'est pas un hasard que le terme *gestion* apparaisse dès la loi du 25 septembre 1948[3] qui a créé le contentieux financier qui nous intéresse ici. En effet, c'est bien sur les fautes commises dans des actes de gestion que porte le régime de responsabilité financière, y compris en cas de gestion de fait, et au-delà sur les fautes (graves) de gestion[4].

Il est donc également cohérent qu'on regroupe les justiciables de ce régime sous la notion de *gestionnaires publics*[5].

SECTION 2
DROIT PUBLIC FINANCIER, DROIT FINANCIER PUBLIC

031.21 Définition du droit public financier et sa place dans les finances publiques. Si le droit administratif constitue l'encadrement juridique de l'administration, le droit public financier est l'encadrement juridique des finances publiques[6] ; ou plus précisément, le droit public financier recouvre les règles juridiques applicables à la fonction financière dans la sphère publique.

Pour Robert Hertzog, le droit public financier serait même une « marque à promouvoir » pour remplacer la « dénomination historique » de « finances publiques »[7]. Cette approche est pertinente si l'on définit les finances publiques par les seules règles juridiques qui régissent la gestion publique ; mais si l'on considère que la notion de finances publiques englobe également d'autres dimensions, on peut dire que le droit public financier est précisément l'aspect juridique des finances publiques.

Certains auteurs privilégient d'ailleurs la notion de droit des finances publiques[8], ou de droit financier public[9], ce qui permettrait d'élargir le champ étudié au-delà du droit budgétaire, comptable et fiscal, pour inclure d'autres dimensions, en particulier le droit régissant les institutions financières publiques et appliqué par celles-ci, y compris à l'encadrement, par des règles de droit public et par des structures publiques, d'activités financières privées. Cela inclut en particulier le droit public monétaire et financier[10], aujourd'hui d'ailleurs largement codifié au code monétaire et financier (COMOFI)[11]. Une telle approche engloberait également le droit public économique et le droit public des affaires.

Le professeur Rémi Pellet suggère même que « le droit financier public devrait nécessairement comprendre le droit de la répression des infractions financières dans toutes leurs dimensions, administrative, certes, mais aussi et surtout pénale »[12], donc d'intégrer dans l'enseignement des finances publiques, outre le contentieux financier au sens strict[13], également « le droit pénal de la répression des atteintes portées aux fonds publics ».

D'autres auteurs récusent l'idée d'un « vaste droit financier à deux faces, privée et publique. [...] Ce n'est que dans une acception limitée que s'est imposé le droit financier privé », qui couvre par exemple le droit bancaire s'appliquant aux établissements de crédit privés ; « mais il n'y a aucun gain scientifique à les présenter comme la face inverse des finances publiques »[14].

Au sein des juridictions financières, la notion de droit public financier est plutôt appréhendée à partir de son office traditionnel, donc le droit de la comptabilité publique et le droit fiscal ; les autres branches sont plus éloignées de la mission juridictionnelle historique du juge des comptes, qui était focalisée sur la comptabilité publique et le droit budgétaire.

En revanche, le juge financier répressif, hier la CDBF et aujourd'hui la Cour des comptes, est amené à appliquer toutes sortes de règles, de droit public comme de droit privé, en fonction de la nature de l'organisme dont les gestionnaires sont en cause[15]. Par exemple, le droit public monétaire et financier

1. Sur cette notion, v. s^s n° 022.11.
2. Sur la centralité de la notion de règle en contentieux financier, v. s^s n°s 022.12, 411.11, 432.11.
3. L. n° 48-1484, 25 sept. 1948 tendant à sanctionner les fautes de gestion commises à l'égard de l'État et de diverses collectivités et portant création d'une Cour de discipline budgétaire.
4. Sur la notion de faute de gestion, v. s^s n°s 033.33, 411.11 s.
5. Sur cette notion, v. s^s n° 032.11.
6. Sur la notion de finances publiques, v. s^s n° 031.11.
7. R. Hertzog, « Le droit public financier : un conquérant en attente de reconnaissance », préc., p. 83.
8. Notion utilisée PAR EX. : par A. Baudu, *Droit des finances publiques*, Dalloz, 3e éd., 2021.
9. R. Pellet, « L'enseignement des finances publiques à l'Université », *RD Publ.* 2013. 957.
10. R. Pellet, « L'enseignement des finances publiques à l'Université », *RD Publ.* 2013. 957.
11. Voir le titre du chapitre I, A : « Esquisse d'un droit public monétaire et financier », choisi par J.-F. Boudet, *Institutions financières publiques*, Éd. Larcier, 2013.
12. R. Pellet, « L'enseignement des finances publiques à l'Université », *RD Publ.* 2013. 957 (II. B. 6).
13. V. s^s n° 031.51.
14. R. Hertzog, « Le droit public financier : un conquérant en attente de reconnaissance », préc., p. 83.
15. Sur la plasticité de la notion de règle, v. s^s n°s 432.11 s. et 432.21.

sera appliqué lorsqu'il s'agit de juger des infractions aux règles de gestion propres aux institutions financières publiques régies par le COMOFI [1], ou le code de commerce lorsqu'est en cause la gestion d'une société anonyme contrôlée par l'État.

Enfin, le droit public financier ne vise pas seulement les actes directement financiers, liés au formalisme et à la procédure financière ; il comporte également « des décisions financières dont l'objet direct n'est pas d'ordre financier (recrutement d'un fonctionnaire, signature d'un marché public) [mais qui] ont un contenu monétaire » [2]. Toute décision de gestion, individuelle et collective, et tout acte juridique à portée financière font partie du champ de la responsabilité de droit public financier étudiée ici.

031.22 Droit public financier et sa place au sein du droit public. « La diversité des matières qui composent le droit public financier (droit budgétaire, comptable, monétaire, social, des ressources et des contrôles) et l'originalité des règles dans chacune en font la branche la plus riche du droit public... » [3], une « branche essentielle du droit public » [4].

Le droit financier a toujours entretenu des liens étroits avec le droit administratif général et le droit constitutionnel ; corrélativement, juge constitutionnel et juge administratif général exercent des fonctions importantes en matière financière, notamment budgétaire [5].

C'est « la place indéniable de ce droit au sein du Droit public » qui a motivé Stéphanie Damarey de retenir la notion de droit public financier pour son ouvrage de référence éponyme, ainsi que « la nécessité de porter l'accent sur la dimension juridique de la matière – y compris dans ses implications contentieuses » [6].

Le contentieux financier répressif, tel qu'appréhendé dans le cadre du présent ouvrage, épouse le champ du droit public financier dans son ensemble ; une définition qui ne mentionnerait que les dépenses publiques ou les deniers publics paraît donc trop restrictive pour désigner le contentieux de la responsabilité financière des gestionnaires publics [7].

031.23 Caractéristiques du droit public financier. « Le droit financier est traditionnellement un droit de formes et de procédures. Les dispositions matérielles, longtemps générales et peu nombreuses, n'ont été étoffées qu'à partir de la dernière décennie du XXe siècle » [8], en particulier à travers les règles budgétaires européennes.

Ensuite, le droit public financier est politique : il l'est parce que le droit public, en général, est politique ; il l'est, parce qu'il découle d'idées et de principes politiques (l'État, la puissance publique, le consentement à l'impôt, etc.) ; il l'est encore, parce qu'il est largement l'expression du pouvoir politique : c'est le cas en particulier du droit budgétaire, parce qu'il relève d'une autorisation parlementaire annuelle ; mais c'est également le cas du droit fiscal et même du contentieux financier.

Enfin, selon les professeurs Michel Bouvier, Marie-Christine Esclassan et Jean-Pierre Lassale, le droit public financier est un droit économique, dans la mesure où il entretient une « grande proximité avec les enjeux et les mutations économiques » ; à ce titre, le droit public financier « a été aux avant-postes de la forte poussée du droit privé et des transformations du droit public » [9].

031.24 Composantes du droit public financier. Le droit public financier est composé de plusieurs branches, en particulier le droit budgétaire [10], le droit de la comptabilité publique [11] et les contrôles portés sur les finances publiques [12], ainsi que le droit fiscal, ce dernier disposant d'une autonomie plus ou moins affirmée selon les auteurs et acteurs des finances publiques [13].

1. C. comptes 24 nov. 2023, *Caisse de crédit municipal de Bordeaux (CCMB)*, n° 868, S-2023-1382 ; *Rec.* 38 ; *AJDA* 2023. 2381, chron. N. Péhau et L. Vergallo ; *JCP Adm.* 2024, n° 1, 2005 chron. S. Damarey ; *AJCT* 2024. 175, note C. Pierucci ; *Gaz. Pal.* 2024, n° 2, p. 70, note T. Dogan – CDBF 9 mars 2021, *CDC Entreprises, Plan d'attributions gratuites d'actions*, n° 248-767 ; *Rec.* 165.
2. R. Hertzog, « Propos sur la décision financière : légitimer et optimiser le pouvoir financier ! », *in* C. Delon-Desmoulin et G. Desmoulin (dir.), *La décision financière publique*, LGDJ, 2013, p. 199.
3. R. Hertzog, « Le droit public financier : un conquérant en attente de reconnaissance », préc., p. 83.
4. S. Damarey, *Droit public financier*, préc., p. 12.
5. J.-P. Camby, « Droit administratif et droit financier », *RD Publ.* 1998. 953.
6. S. Damarey, *Droit public financier*, préc., p. 18.
7. Pourtant, « Considérant que le législateur a institué [...] une Cour de discipline budgétaire et financière qui a pour mission d'assurer le respect des règles applicables à la dépense publique et de protéger les deniers publics... » : CE 17 oct. 2016, *Parquet général près la Cour des comptes* [affaire CDBF *Assistance publique – Hôpitaux de Marseille*], req. n° 393519 ; *AJDA* 2016. 1956, note D. Poupeau ; *GFP* 2017, n° 2, p. 148, chon. S. Damarey, M. Lascombe et X. Vandendriessche ; formule, bien qu'inadéquate, reprise de : CE 14 sept. 2016, *Mme Andréani*, n° 400864 QPC, NP.
8. R. Hertzog, « Propos sur la décision financière : légitimer et optimiser le pouvoir financier ! », préc., p. 201.
9. M. Bouvier, M.-C. Esclassan et J.-P. Lassale, *Finances publiques*, LGDJ, coll. Manuel, 20e éd., 2021, p. 23.
10. V. s^s^ n° 031.31.
11. V. s^s^ n°s 031.41 s.
12. S. Damarey, *Droit public financier*, préc., p. 21 : « Sous leurs aspects juridiques, les finances publiques se dévoilent au travers de trois dimensions... ».
13. T. Lambert, « Droit public financier et droit fiscal : une famille à recomposer ? », *RFFP* n° 133, 2016. 111 – R. Hertzog, « Le droit public financier : un conquérant en attente de reconnaissance », préc., p. 83 (point II, A, 8).

Il inclut également les règles de droit privé régissant les finances publiques, en particulier lorsqu'il est appliqué par des administrations, organismes de protection sociale ou des entreprises du secteur public.

SECTION 3
DROIT BUDGÉTAIRE

031.31 **Droit budgétaire.** Le mot *budget* lui-même n'est utilisé en France qu'à partir du XIXe siècle, sur le modèle britannique[1] ; le *droit budgétaire* proprement dit est donc relativement récent, lié au développement du parlementarisme, ce qui ne signifie pas pour autant qu'il n'existait pas de gestion prévisionnelle des recettes et dépenses dans la période antérieure. Par ailleurs, même si la question de l'autorisation des recettes et des dépenses, à travers le vote du budget, a été historiquement un élément important dans la construction de l'État constitutionnel moderne, elle n'en est que l'un des aspects[2].

Il n'en demeure pas moins que « le budget est, avant tout, un acte politique. C'est le plan d'action gouvernementale pour une période à venir »[3].

Au sens large, « le droit budgétaire est souvent assimilé au droit des finances publiques et à ce titre pourrait être défini comme l'ensemble des règles juridiques applicables aux budgets des institutions publiques [...]. Dans un sens plus étroit, le droit budgétaire est constitué par l'ensemble des règles juridiques relatives à l'élaboration et à l'adoption des budgets des institutions publiques, excluant par là même l'exécution et, pour partie, le contrôle dans la mesure où ils relèvent du droit de la comptabilité publique »[4]. Le présent ouvrage appréhende le droit budgétaire comme une partie, certes importante, mais une partie seulement d'un droit public financier nettement plus vaste.

Il doit être regretté, avec le professeur Rémi Pellet, que dans la formation juridique universitaire, l'étude des finances publiques se limite souvent au seul droit budgétaire national[5], en particulier celui issu de la loi organique relative aux lois de finances (LOLF)[6]. Et avec le professeur Martin Collet, il convient de considérer que l'étude du seul droit budgétaire est trop étroite pour appréhender les finances publiques : « une compréhension globale de la gestion de l'argent public impose de scruter également les multiples décisions de gestion qui, au quotidien, réalisent les prévisions des budgets publics [...] ainsi que les opérations comptables qui conduisent à les retracer après coup »[7]. C'est pour cette raison que le présent ouvrage privilégie plutôt les notions de gestion publique[8] et de gestionnaire public.

031.32 **Légalité budgétaire.** Au sein du droit budgétaire, le particularisme de la légalité budgétaire a pu être discuté[9].

Au sens strict, et pour l'État, les lois de finances constituent en effet des règles d'une nature et d'une portée particulières ; mais même entendu au sens large, en n'incluant « pas seulement [les] autorisations budgétaires de dépenses, mais plus largement l'ensemble de la légalité budgétaire et comptable à laquelle sont soumis les actes de l'administration en matière de dépenses », le droit budgétaire revêt des spécificités.

Il s'agit d'abord de règles internes à l'administration, qui n'intéressent pas toujours les tiers. De ce fait, souvent, la légalité de ces actes financiers internes à l'administration ne peut pas être attaquée par les particuliers : il s'agit alors d'une « illustration de la théorie plus générale des mesures administratives d'ordre intérieur, le juge ne voyant dans les actes financiers en question que des mesures de contrôle interne insusceptibles de recours en annulation devant lui »[10]. On peut relier la nature « interne » du contentieux financier à cette spécificité : en effet, ni les citoyens[11], ni les contribuables, ni même les organismes publics[12] ne peuvent saisir la Cour des comptes ou son parquet[13], ni se constituer partie civile. Le contentieux financier reste un contentieux que l'État fait aux gestionnaires publics dans l'intérêt de l'ordre public financier ; ils peuvent seulement signaler des irrégularités.

Par ailleurs, il doit être souligné que les opérations financières – en dépenses comme en recettes – sont toujours complexes, faisant intervenir différentes phases (et souvent plusieurs acteurs, ce qui, dans

1. M. Bottin, « Budget (historique et notion politique) », *in* G. Orsoni (dir.), *Finances publiques, Dictionnaire encyclopédique*, Économica, 2e éd., 2017, p. 93.
2. É. Weil, *Philosophie politique*, J. Vrin, 6e éd., 1996, p. 165.
3. G. Jèze, « Aspect politique des problèmes financiers », *RSLF* 1928. 41.
4. J. Buisson, « Droit budgétaire (définition et sources) », *in* G. Orsoni (dir.), *Finances publiques, Dictionnaire encyclopédique*, Économica, 2e éd., 2017, p. 354.
5. R. Pellet, « Principes pour une refondation », *RFFP* no 133, 2016, p. 121.
6. L. org. no 2001-692, 1er août 2001 relative aux lois de finances, *JO* 2 août 2001, no 1.
7. M. Collet, *Finances publiques 2021-2022*, préc., p. 83-84 (no 100).
8. V. ss no 031.12.
9. P. Amselek, « Sur le particularisme de la légalité budgétaire », *Rev. Adm.* 1970. 653.
10. P. Amselek, « Sur le particularisme de la légalité budgétaire », préc., p. 661.
11. V. ss no 512.31.– Sur le déféré de créanciers, exception : ss no 452.31.
12. À l'exception des ordonnateurs locaux (CJF, art. L. 142-1-1, 11o).
13. Sur l'exclusion des citoyens et contribuables du champ des autorités habilitées à déférer, v. ss no 512.31.

un régime de responsabilité fondé sur la faute personnelle, n'est pas anodin), différents actes dont le régime et la portée juridiques ne sont pas forcément identiques. Ces différents actes sont en principe indépendants les uns des autres et l'irrégularité de l'un n'entraîne pas forcément la nullité de l'ensemble. Le droit administratif donne en effet la primauté à l'engagement juridique – notamment pour protéger les tiers créanciers, qui ne peuvent pas savoir ce qui se passe au sein de l'administration – sur la légalité budgétaire et comptable, qui est une question interne : « l'administration et les administrés ne peuvent se prévaloir de la légalité budgétaire et comptable pour priver d'effet les actes administratifs de nature mixte conformes à la légalité administrative ordinaire » [1].

Par exemple, un marché passé selon des procédures irrégulières n'est pas forcément nul pour autant : l'obligation pécuniaire qui en résulte, soumise au régime des dettes et obligations, n'est pas affectée par une irrégularité purement budgétaire, comme par exemple l'insuffisance des crédits budgétaires. Car « si l'on admettait que l'administration puisse refuser d'accomplir un acte mixte que lui impose le régime des dettes et obligations publiques, sous prétexte que cet acte serait irrégulier sur le plan de la comptabilité publique, cela reviendrait de faire dépendre la création, la reconnaissance ou la liquidation des obligations pécuniaires de l'administration du respect des prescriptions de la légalité budgétaire et comptable relatives à l'engagement et à la liquidation des dépenses. Précisément, le juge administratif se refuse à consacrer une pareille conséquence qui serait tout à fait insolite dans le régime général des droits et obligations » [2].

Toutefois, dans le régime répressif de droit public financier étudié ici, cette différenciation des actes au sein d'une opération financière complexe n'empêche pas « d'accrocher » une responsabilité individuelle d'un gestionnaire public à une irrégularité budgétaire ou comptable. Autrement dit, le fait qu'un acte, contractuel ou unilatéral, ne soit pas nul du fait d'une irrégularité budgétaire ou comptable n'empêche pas de sanctionner les gestionnaires qui ont commis ces irrégularités : au contraire, c'est bien l'office du juge financier de réprimer les violations de règles budgétaires – et plus généralement les règles financières internes à la sphère publique ; c'est ce qui le distingue du juge de l'excès de pouvoir ou du juge du contrat.

Un autre sujet est l'impact de l'évolution des règles budgétaires sur le principe de légalité budgétaire et partant sur le contentieux financier [3]. La LOLF [4], pour l'État, met en avant la performance, ce qui constitue d'une certaine façon une rupture avec la priorité donnée jusque-là au principe de légalité budgétaire qui revêtait depuis la Restauration un rôle central [5]. Ce relatif déclin de la régularité budgétaire se traduit aussi par un effacement progressif des questions de régularité dans les travaux de la Cour des comptes dans le cadre de l'exécution des lois de finances (alors que la fonction d'évaluation et le Haut Conseil des finances publiques ont « le vent en poupe »).

Toutefois, cette évolution doit être doublement relativisée : d'une part, la démarche de performance introduite par la LOLF est dans les faits nettement plus limitée que ce qui avait été annoncé ou espéré au moment de la réforme de 2001 ; d'autre part, la régularité demeure structurante en matière budgétaire : même si certaines règles ont pu évoluer, l'exigence de régularité des recettes et dépenses demeure et la régularité – point essentiel pour le contentieux financier qui est fondé sur la violation de règles [6] – n'a fait que se déplacer.

Ainsi, l'accroissement de la fongibilité des crédits, qui donne davantage de marges de manœuvre aux gestionnaires de l'État [7], a modifié très nettement le contenu du principe de spécialité budgétaire, sans toutefois l'avoir fait disparaître complètement.

Mais, selon Henri Bouillon, « ce respect formel de la légalité ne masque-t-il pas le profond changement qui s'est opéré à l'aube du XXIe siècle : la légalité n'est plus la transcription d'options politiques, mais le vecteur juridique de la performance et de l'efficacité. Une telle démarche propose en effet une lecture technique des finances publiques. L'objectif en est très clair : par rapprochement avec le comportement d'une entreprise privée à l'égard de ses fonds, il s'agit de rationaliser l'usage des deniers publics et de procéder à leur gestion efficace et économe » [8]. Pour le régime de responsabilité financière des gestionnaires publics étudié ici, dont les infractions ont la plasticité nécessaire pour s'adapter aux évolutions de la chaîne financière et notamment des règles budgétaires, cela signifie moins d'affaires de violation de règles formelles budgétaires, et davantage de fautes de gestion globales [9] avec la violation d'obliga-

1. P. Amselek, « Sur le particularisme de la légalité budgétaire », préc., p. 660-661.
2. P. Amselek, « Sur le particularisme de la légalité budgétaire », préc., p. 658.
3. Outre l'évolution des règles, la généralisation des systèmes informatiques de gestion financière, qui « embarquent » des verrous budgétaires, a un impact sur le contrôle de régularité budgétaire humain.
4. L. org. n° 2001-692, 1er août 2011, préc.
5. H. Bouillon, *Le droit administratif à l'ère de la gouvernance. Les idées politiques du droit administratif*, Mare & Martin, 2021, p. 152 s.
6. V. ss n° 432.11.
7. En particulier aux responsables de programme (RPROG), v. ss n° 032.26.
8. H. Bouillon, préc., p. 153-154.
9. Sur la faute (grave) de gestion, élément central du contentieux financier, v. ss n° 411.11.

tions plus générales – et on pourrait dire managériales – comme les devoirs d'organisation, de surveillance et de contrôle[1]. Dans le même sens, on assiste à une évolution du contrôle *a priori* à l'acte vers le contrôle interne[2].

SECTION 4
DROIT DE LA COMPTABILITÉ PUBLIQUE

031.41 Comptabilité publique. En France, la comptabilité publique est traditionnellement « tout à la fois droit financier, système comptable, administration chargée de l'application de ce droit et du fonctionnement de ce système »[3].

Mais, comme l'indiquent Louis Bahougne et Aurélien Camus, « la comptabilité publique forme un domaine hautement juridique d'où il est possible d'inférer un Droit de la comptabilité publique entendu comme *corpus* normatif spécial, autonome et logique »[4].

Vu sous cet angle juridique, la comptabilité publique est définie par Jacques Magnet de façon large, comme « l'ensemble des règles juridiques et techniques applicables à l'exécution, à la description et au contrôle des opérations financières des organismes publics »[5]. Une telle définition, qui vise en réalité le *droit* de la comptabilité publique, inclut le droit budgétaire dans celui de la comptabilité publique, du moins lorsqu'il commande directement des opérations financières.

La notion de comptabilité publique est, surtout, historiquement liée au comptable public, fonction ancienne et dont l'appellation a précédé celle de *comptabilité*.

Aux termes de l'article 121-1 du plan comptable général, « la comptabilité est un système d'organisation de l'information financière permettant de saisir, classer, enregistrer des données de base chiffrées et présenter des états reflétant une image fidèle du patrimoine, de la situation financière et du résultat de l'entité à la date de clôture ». La comptabilité publique ne constitue cependant pas, pour les administrations publiques, le pendant de la comptabilité générale pour les entreprises.

Comme souligné dans les développements consacrés aux fondements du régime de responsabilité financière, il existe une différence importante, sémantique, entre comptable privé et comptable public : le premier est dérivé de *compte* (donc de comptabilité, de l'information financière), alors que le second est dérivé de *rendre des comptes*, de *compter* devant la chambre des comptes[6]. Le premier est comptable parce qu'il comptabilise, le second parce qu'il rend des comptes. L'ancêtre du comptable public, c'est celui qui manie les fonds, qui ouvre une caisse publique, et sa responsabilité est associée à cette fonction, et moins à celle d'élaborer des informations financières. Cette différence historique a des répercussions jusqu'à ce jour, en créant un lien entre comptable public, contrôle et responsabilité de l'information financière, là où le comptable privé se borne à tenir la comptabilité.

La forte dimension juridique de la comptabilité publique française s'explique par le fait que si la comptabilité privée a pour but de servir d'instrument de preuve des transactions commerciales, la comptabilité publique résulte non pas d'une activité commerciale, mais de décisions politiques qu'il convient de retracer pour prouver le respect, par les recettes et dépenses, de la décision politique. « Dès lors la fonction probatoire de la comptabilité des personnes publiques vise avant tout le contrôle de la régularité de l'exécution des décisions politiques »[7]. Autrement dit, « il y avait donc une approche essentiellement juridique de la comptabilité envisagée comme un droit administratif procédural permettant d'encadrer la dépense publique »[8]. La comptabilité publique était essentiellement budgétaire, donc juridique, et non patrimoniale, donc moins centrée sur l'information financière.

La comptabilité publique *à la française*, notion plus juridique, va au-delà de techniques d'enregistrement, et inclut aussi des obligations de contrôle et même des responsabilités associées. D'où l'existence d'un droit de la comptabilité publique, branche du droit public financier, qui ne se réduit pas à des normes comptables. D'ailleurs, pour cette raison, le contrôle dit juridictionnel qu'exerçait jusqu'à récemment le juge des comptes sur les comptes des comptables publics n'a jamais été seulement matériel, « mais bien juridique. C'est pourquoi ses membres sont des juges, alors que s'ils ne faisaient que constater, sans qualifier, ils ne seraient que des commissaires aux comptes »[9].

1. Sur ces obligations, v. s[s] n° 432.241.
2. V. s[s] n° 051.21.
3. M. Prada et R. Barberye, *La comptabilité publique*, Berger-Levrault, 3e éd., 1988, p. 10.
4. L. Bahougne et A. Camus, *Droit de la comptabilité publique*, Puf, 2020, p. 1.
5. J. Magnet, *Éléments de comptabilité publique*, LGDJ, 5e éd., coll. Systèmes, p. 9.
6. S. Kott, « Le rôle de la comptabilité en droit public financier », *in* S. Kott (dir.), *Droit et comptabilité. La spécificité des comptes publics*, Economica, 2017, p. 155.
7. S. Kott, préc., p. 155.
8. V. Mazzocchi, « La légalité administrative et la régularité comptable dans les différentes phases de l'exécution de la dépense publique », *in* S. Kott (dir.), *Droit et comptabilité. La spécificité des comptes publics*, Economica, 2017, p. 309.
9. J. Magnet, « Que juge le juge des comptes ? », *RFFP* 1989, n° 28, p. 117.

Notons que, pendant longtemps, la « comptabilité publique » désignait aussi, en France, une administration particulière du ministère des Finances ; celle-ci est désormais incluse dans la direction générale des finances publiques [1].

Enfin, la notion de comptabilité publique ne doit pas être confondue avec celle de comptabilité nationale : cette dernière, établie en droits constatés et intégrant l'ensemble des administrations publiques, est utilisée notamment pour l'application des règles budgétaires européennes et l'appréciation de la situation et des perspectives des finances publiques.

031.42 Droit de la comptabilité publique, droit des comptes publics. Si la notion de comptabilité, nous l'avons vu, dépasse le seul champ du droit, étant également une méthode, une technique de traitement de l'information financière, le droit de la comptabilité publique [2] désigne plus précisément cet ensemble de règles qui s'applique à la comptabilité publique, dont les racines remontent essentiellement à la Restauration et la période qui a suivi [3].

Au sens étroit, le droit de la comptabilité publique peut être défini « comme la branche du droit public qui régit l'exécution, le contrôle et la description, dans les comptes, d'opérations financières retranscrites dans des états financiers de synthèse principalement tenus par des administrations publiques » [4]. Dans cette optique, le droit de la comptabilité publique s'inscrit en continuité avec le droit budgétaire [5] dont il régit l'exécution et le contrôle.

D'ailleurs, le décret du 7 novembre 2012, dit GBCP [6], s'il « n'est pas ce *Code de la comptabilité publique* qu'on imagine parfois, car il ne rassemble qu'une partie limitée des règles de la matière » [7], en constitue néanmoins le cœur ; et ce texte couvre à la fois des questions comptables et budgétaires, comme le contrôle budgétaire par exemple, et plus largement toutes les opérations financières des personnes morales de droit public. Ce texte s'inscrit d'ailleurs dans une tradition française ancienne [8].

Le droit de la comptabilité publique est un « droit administratif spécial » [9] qui dispose d'une certaine autonomie vis-à-vis du droit administratif général (ou droit administratif « ordinaire »).

Le droit des comptes publics est un aspect du droit de la comptabilité publique ; il « entend saisir, dans une perspective strictement juridique, l'objet comptable que sont les comptes publics » ; autrement dit, « l'étude du droit des comptes publics appréhende les normes comptables régissant l'organisation et le fonctionnement des comptes publics, leur présentation formalisée ainsi que leur diffusion » [10].

En ce sens, l'article 53 du décret GBCP tente une définition de la comptabilité publique, au sens matériel :

« La comptabilité publique est un système d'organisation de l'information financière permettant : 1° De saisir, de classer, d'enregistrer et de contrôler les données des opérations budgétaires, comptables et de trésorerie afin d'établir des comptes réguliers et sincères ; 2° De présenter des états financiers reflétant une image fidèle du patrimoine, de la situation financière et du résultat à la date de clôture de l'exercice ; 3° De contribuer au calcul du coût des actions ou des services ainsi qu'à l'évaluation de leur performance.

Elle est également organisée en vue de permettre le traitement de ces opérations par la comptabilité nationale ».

De fait, « l'objet de l'information financière est d'aider à la décision et de vérifier le respect des engagements budgétaires et comptables » [11]. Elle est indispensable à la mise en œuvre des dispositifs de régulation tels que la certification des comptes publics et évidemment la responsabilité financière des gestionnaires publics.

Au sens plus large toutefois, le droit de la comptabilité publique ne recouvre pas seulement les questions juridiques purement comptables, au sens des comptes (l'enregistrement dans un système d'information), mais également les règles applicables à toutes les opérations financières (et leurs faits générateurs), dans ce secteur particulier qu'est celui de la comptabilité publique.

031.43 Principales étapes historiques de la comptabilité publique. Le droit de la comptabilité publique, lié aux nécessités de la gestion de l'État, s'est organisé historiquement avant le droit budgétaire, qui est lié à la Restauration et à la naissance du régime parlementaire. Certains de ses éléments remontent très loin, en particulier la séparation de

1. V. s^{s} n° 031.43.
2. V. le titre de l'ouvrage de L. Bahougne et A. Camus, *Droit de la comptabilité publique*, Puf, 2020.
3. S. Kott, « La construction du droit de la comptabilité publique 1817-1962 », *GFP* 2013, n° 2-3, p. 19.
4. L. Bahougne et A. Camus, *Droit de la comptabilité publique*, Puf, 2020, p. 5.
5. V. s^{s} n° 031.31.
6. Décr. n° 2012-1246, 7 nov. 2012 relatif à la gestion budgétaire et comptable publique, *JO* 10 nov.
7. L. Bahougne et A. Camus, *Droit de la comptabilité publique*, préc., p. 83.
8. O. Gloux, « Décret sur la gestion budgétaire et comptable publique : la prospérité d'un héritage », *GFP* 2013, n° 2-3, p. 23.
9. L. Bahougne et A. Camus, *Droit de la comptabilité publique*, préc., p. 25 – 29.
10. L. Bahougne et A. Camus, *Droit de la comptabilité publique*, préc., p. 36.
11. J.-B. Mattret, *La comptabilité publique*, Bruylant, 2016, p. 14.

l'ordonnateur et du comptable, dont l'origine est parfois située bien avant notre Ancien droit[1].

C'est toutefois l'époque révolutionnaire qui a posé les premiers jalons d'une organisation « centralisée », avec des projets d'ampleur au moins dans leur conception. Ainsi, dans le projet de Constitution « girondine » de 1793, la Trésorerie, chargée d'ordonnancer les dépenses publiques votées par l'assemblée, est érigée en pouvoir indépendant du législatif comme de l'exécutif, et ses membres sont élus par le peuple. La Constitution « montagnarde » du 24 juin 1793 prévoit au contraire que les commissaires sont « nommés par le corps législatif, pris hors de son sein, et responsables des abus qu'ils ne dénoncent pas »[2], tandis que la trésorerie nationale, « point central des recettes et des dépenses de la République »[3], est administrée par des agents comptables nommés par le conseil exécutif[4]. Elle n'a pas davantage été appliquée.

Le Directoire maintient la matière au niveau constitutionnel. La Constitution de l'an III consacre pas moins de onze articles (art. 315 à 325) à la trésorerie nationale et à la comptabilité. De même que pour la comptabilité nationale[5], ce texte met en place cinq commissaires de la trésorerie nationale, élus pour cinq ans par le Conseil des Anciens et chargés notamment de surveiller les recettes et d'ordonner les mouvements de fonds et les dépenses consenties par le corps législatif[6]. L'échec de cette expérience conduit le Consulat à transférer au ministère des Finances les attributions des commissaires et à placer les receveurs des finances et les percepteurs sous l'autorité du gouvernement.

Le regroupement des ministères du trésor et des finances est organisé en 1814. La Restauration affirme, entre autres, le monopole des comptables principaux pour le maniement des fonds et la tenue des comptabilités, ainsi que la séparation des ordonnateurs et des comptables[7], les textes ultérieurs (ordonnance du 31 mai 1838, décret du 31 mai 1862, décret du 29 décembre 1962[8], décret du 7 novembre 2012[9]) étant caractérisés par une remarquable continuité, au-delà d'un effort constant de codification et de modernisation des textes.

Au terme de nombreuses réorganisations, l'ancienne direction de la comptabilité générale des finances, rebaptisée direction générale de la comptabilité publique (1862) puis direction de la comptabilité publique (1946), puis à nouveau direction générale de la comptabilité publique (1998), a fusionné en 2008 avec la direction générale des impôts pour se transformer en direction générale des finances publiques[10].

031.44 Comptabilité publique et comptabilité générale. La comptabilité générale s'applique aux entreprises mais aussi aux nombreux organismes à but non lucratif, telles les associations et les fondations, qui peuvent relever du plan comptable général. Traditionnellement, les organismes publics échappaient à ces règles dans la mesure où la bonne mise en œuvre de celles-ci présentait un double enjeu, essentiellement fiscal (impôt sur les sociétés) mais aussi de distribution des dividendes aux actionnaires, qui ne concernait pas les administrations publiques. S'y ajoutait la circonstance que la comptabilisation de certains actifs immatériels, tel le pouvoir de lever l'impôt, est particulièrement malaisée.

En sens inverse, il n'existait pas non plus de raison décisive pour faire échapper les personnes publiques à certaines règles de nature comptable, et l'air du temps, de même que les thèmes de la « nouvelle gestion publique » ont milité en faveur d'un rapprochement avec la comptabilité privée. Cette orientation, marquée dès le règlement général de 1962, a été affirmée à un niveau très élevé dans la hiérarchie des normes par l'article 30, alinéa 2, de la loi organique du 1er août 2001[11], aux termes duquel « les règles applicables à la comptabilité générale de l'État ne se distinguent de celles applicables aux entreprises qu'en raison des spécificités de son action ».

Les états financiers relevant de la comptabilité générale de l'État sont soumis à certification par la Cour des comptes. L'État tient également une comptabilité des recettes et des dépenses budgétaires, appelée comptabilité budgétaire, et « met en œuvre » une comptabilité analytique[12], soit le retour à la solution retenue en 1962 (en 2001, le législateur organique avait imaginé de remplacer la comptabilité analytique par une comptabilité d'analyse des coûts).

S'agissant de l'État, la comptabilité budgétaire porte sur l'ouverture (en prévision) et la consommation (en exécution) des autorisations d'engagement et de payement des dépenses, l'enregistrement des recettes,

1. C. Michaut, « Pavane pour un principe d'avenir. Actualité de la séparation entre l'ordonnateur et le comptable public », *AJDA* 2019. 1382.
2. Constitution 24 juin 1793, art. 104.
3. Constitution, 24 juin 1793, art. 102.
4. Constitution, 24 juin 1793, art. 103.
5. V. s^s n° 041.22.
6. Constitution, 22 août 1795, art. 317.
7. Ord. 14 sept. 1822 – V. sur cette importante ordonnance : M. Bottin, « Villèle et le contrôle des dépenses publiques. L'ordonnance du 14 septembre 1822 », *in* Collectif, *La comptabilité publique. Continuité et modernité*, Actes du colloque (Bercy, 25-26 nov. 1993), Comité pour l'histoire économique et financière de la France – Imprimerie nationale, 1995, p. 7.
8. A. Déniel, « Les règles de la comptabilité publique. Des mythes à la réalité », *Rev. Trésor*, juin 1993, p. 339.
9. L. Saïdj, « Les principes fondamentaux du nouveau règlement général », *GFP* 2013, n° 2-3, p. 31.
10. Décr. n° 2008-310, 3 avr. 2008 relatif à la direction générale des finances publiques, *JO* 4 avr. 2008, n° 92.
11. L. org. n° 2001-692, 1er août 2001, préc.
12. L. org. n° 2001-692, 1er août 2001, préc., art. 27.

l'utilisation des crédits et des emplois, dans la limite des plafonds votés par le Parlement[1].

Les collectivités locales sont au contraire caractérisées par un « monisme budgétaro-comptable », leur comptabilité budgétaire s'inscrivant depuis 1994, moyennant quelques aménagements, dans un cadre très proche de celui de la comptabilité générale.

031.45 Champ ou périmètre de la comptabilité publique. Le champ de la comptabilité publique au sens du décret relatif à la gestion budgétaire et comptable publique, dit GBCP[2], se limite à l'ensemble constitué par l'État, les collectivités territoriales et une partie de leurs établissements publics, en l'occurrence ceux dotés d'un comptable public - et donc d'un ordonnateur[3] et d'un contrôleur budgétaire.

Le régime de responsabilité des gestionnaires publics va au-delà du champ strict de la comptabilité publique, pour embrasser la gestion publique dans son ensemble, couvrant donc les gestionnaires d'organismes très variés, publics sans poste comptable public, et même des organismes de droit privé.

Néanmoins, bien saisir le champ de la comptabilité publique est important pour l'application de certaines infractions financières, en particulier budgétaires et comptables, qui sont entièrement ou partiellement déterminées par celui-ci.

Or ce champ est évolutif, dans sa conception même : comme le souligne Stéphanie Flizot, « le bel ordonnancement qui prévalut jadis et liait personnes publiques, service public et comptabilité publique a depuis disparu [...] »[4] ; il existe aujourd'hui de nombreux organismes de droit public qui, pourtant, n'ont pas (ou n'ont plus) de comptable public.

Mais, si l'on définit la comptabilité publique comme « l'ensemble des prescriptions qui gouvernent l'exécution des recettes et des dépenses réalisées par les comptables publics »[5], le champ de la comptabilité publique correspond aux comptes des comptables publics.

Ce n'est ainsi pas le statut juridique (de droit public ou non) et/ou la vocation d'un organisme (service public ou non) qui emporte l'application de ces règles, mais l'existence ou non d'un comptable public : « ainsi, le statut du comptable gouverne-t-il l'emprise des règles de la comptabilité publique. Le même regard peut mesurer l'ampleur et la fragilité de cette emprise. Il suffit pour l'accroître ou pour l'amputer de modifier la situation d'un seul agent ou groupe d'agents »[6].

1. Décr. n° 2012-1246, 7 nov. 2012, préc., art. 58.
2. Décr. n° 2012-1246, 7 nov. 2012, préc.
3. V. s^s n°s 032.21 s.
4. S. Flizot, « L'ordre public financier », *RD Publ.* 2017, n° 6, p. 1677.
5. P. Guerrier, « La quatrième partie du décret du 29 décembre 1962 a disparu », *Rev. Trésor* 1987. 712.
6. S. Flizot, « L'ordre public financier », préc.

Comme on le verra ci-après, la notion de deniers publics est directement liée à celle de comptable public, donc de comptabilité publique.

031.46 Notions de fonds publics et de deniers publics. La notion de deniers publics, ou de fonds publics, qui s'oppose à celle de deniers ou fonds privés, était déjà connue sous l'Ancien Régime[7] ; elle a joué, historiquement, un rôle important dans le droit de la comptabilité publique[8], pour délimiter le champ de la comptabilité publique (et donc du comptable public) ; partant, la distinction entre deniers publics et deniers privés a largement structuré la gestion de fait[9].

Sont à considérer comme deniers publics les fonds et valeurs appartenant à des organismes publics disposant d'un comptable public, donc faisant partie du champ de la comptabilité publique[10].

Jadis mentionnée dans les textes ayant précédé[11] l'actuel décret du 7 novembre 2012 dit GBCP[12], la notion de deniers publics - ou de fonds publics - a décliné depuis les années 1960, en lien avec la diversification croissante des modes d'intervention publique et le développement du secteur public en-dehors de la comptabilité publique. Si, à l'origine, la notion de fonds publics allait de pair avec celle de personne publique, de plus en plus de personnes morales de droit public (certains établissements publics industriels et commerciaux - EPIC, et certains groupements d'intérêt public - GIP) n'ont plus de comptable public, donc ne gèrent plus des fonds publics au sens strict du terme ; de l'autre côté, il existe de nombreux organismes de toute nature qui gèrent des services publics ou participent aux politiques publiques sans être des personnes morales de droit public et sans disposer de comptables publics... ce qui ne les empêche pas, dans certains cas, de manier des fonds issus de prélèvements obligatoires.

D'ailleurs, le régime de responsabilité financière des gestionnaires publics, contrairement à l'ancien jugement des comptes des comptables publics, couvre l'ensemble du champ de la gestion publique au sens large, et pas seulement l'utilisation des deniers maniés par les comptables publics. La justiciabilité des gestionnaires publics devant le juge financier n'est pas liée au caractère public ou non

7. J. Magnet, « La notion de deniers publics en droit financier français », *RSF* 1974, p. 129.
8. L. Bahougne et A. Camus, Droit de la comptabilité publique, PUF 2020, p. 16 – 19.
9. V. s^s n° 424.11.
10. J. Magnet, « La notion de deniers publics en droit financier français », *RSF* 1974, p. 129 ; ici p. 131 et 138.
11. Décr. 31 mai 1862 portant règlement général sur la comptabilité publique ; L. 22 juin 1967 relative à la Cour des comptes ; textes abrogés.
12. Décr. n° 2012-1246, 7 nov. 2012, préc.

des fonds gérés[1]. Et au sein de la gestion d'un gestionnaire public, le juge financier répressif ne distinguera pas entre fonds publics et fonds privés, la faute de gestion pouvant couvrir les deux.

La répression de droit public financier a été dès l'origine conçue pour « coller » à la gestion, quel que soit le mode d'organisation retenu pour mener une politique publique : son champ des justiciables large et la plasticité de ses infractions, qui ne sont pas déterminées par la nature des fonds ou par la nature d'une personne morale, permettent au contentieux financier de s'adapter à toute forme d'évolution de l'action publique. À cet égard, la loi de 1948 créant la Cour de discipline budgétaire[2] était, de par sa souplesse intrinsèque, en quelque sorte visionnaire, et il n'est pas étonnant dès lors que le contentieux des fautes de gestion ait perduré jusqu'à ce jour, alors que le caractère rigide de la responsabilité personnelle et pécuniaire des comptables, focalisée sur les seuls deniers publics, a contribué à la disparition de ce régime.

Malgré ces évolutions, la distinction entre fonds publics et fonds privés demeure toutefois importante pour déterminer le champ de la comptabilité publique et la sphère de compétence exclusive du comptable public, et partant pour l'infraction financière sanctionnant la gestion de fait[3].

La terminologie actuelle retient plutôt la notion de « fonds et valeurs »[4] ou encore de « fonds de personnes publiques »[5], sans doute parce que le mot « deniers » a pris progressivement une connotation archaïque. Néanmoins, le Conseil constitutionnel y a encore recours, à travers l'objectif à valeur constitutionnelle de « bon emploi des deniers publics »[6], fondé sur les articles 14 et 15 de la DDHC[7]. Même le Conseil d'État a utilisé la notion de deniers publics dans le cadre de la description du contentieux de la CDBF[8], certes avant la réforme de 2022.

031.47 Argent public, une notion d'un autre ordre. La notion d'argent public est pour certains équivalente, ou presque, à celle de fonds (ou de deniers) publics, et structurante dans l'étude des finances publiques[9].

Toutefois, autant le mot *denier* renvoie à une terminologie de spécialistes, autant *l'argent* est un mot populaire, et la notion d'argent public épouse, dans la conscience populaire, non seulement le fruit des impôts (dont le maniement est le monopole des comptables), mais l'ensemble des finances liées à l'action publique, donc un champ plus large.

Adoptant le point de vue du contentieux financier, le présent ouvrage s'appuiera moins sur l'approche, restrictive, de deniers publics (bien que celle-ci demeure nécessaire pour l'infraction financière réprimant la gestion de fait)[10], que sur celle, plus ouverte, d'argent public, davantage en phase avec les notions d'action publique et de gestion publique qui fondent le droit public financier répressif.

SECTION 5
DROIT DU CONTENTIEUX FINANCIER

031.51 Contentieux financier. Le droit du contentieux financier désigne les règles applicables au

1. CDBF 6 mai 2009, *Assoc. Union interprofession enseignement [UNIPE-PE] et Union interprofession insertion professionnelle [UNIPE-IP], Rec.* p. 75 ; *AJDA* 2009. 2456, note N. Groper et C. Michaut ; *Gestion & finances publiques* 2011, n° 7, p. 500, note M. Lascombe et X. Vandendriessche.
2. V. s[s] n° 044.11.
3. CJF, art. L. 131-15.
4. CJF, art. L. 111-2 : « [...] bon emploi des crédits, fonds et valeurs [...] » ; art. L. 131-15, al. 3 : « [...] fonds ou valeurs extraits irrégulièrement de la caisse d'un organisme public [...] » – Décr. n° 2012-1246, 7 nov. 2012, préc., art. 18 : « Dans le poste comptable qu'il dirige, le comptable public est seul chargé : [...] 9° De la garde et de la conservation des fonds et valeurs appartenant ou confiés aux personnes morales mentionnées à l'article 1er [...] » ; art. 22-1 : « Sans préjudice des dispositions du code général des collectivités territoriales, les régisseurs chargés pour le compte des comptables publics d'opérations d'encaissement ou de paiement sont en charge de la garde et de la conservation des fonds et valeurs qu'ils recueillent ou qui leur sont avancés par les comptables publics [...] ».
5. Décr. n° 2012-1246, 7 nov. 2012, préc., art. 13, al. 1er : « Les comptables publics sont des agents de droit public ayant, dans les conditions définies par le présent décret, la charge exclusive de manier les fonds et de tenir les comptes des personnes morales mentionnées à l'article 1er ».
6. Cons. const. 28 déc. 2006, *Loi pour le développement de la participation et de l'actionnariat salarié et portant diverses dispositions d'ordre économique et social*, n° 2006-545 DC, cons. 24 : « [...] qu'en l'espèce, il lui appartient, sous le contrôle du juge administratif, de fixer les modalités d'indemnisation des conseillers prud'hommes dans l'intérêt du bon emploi des deniers publics et d'une bonne administration de la justice, qui découlent des articles 14 et 15 de la Déclaration de 1789, sans porter atteinte à l'impartialité et à l'indépendance de la juridiction garanties par son article 16 ».
7. V. s[s] n° 021.21.
8. « Considérant que le législateur a institué, à l'article L. 311-1 du code des juridictions financières, une Cour de discipline budgétaire et financière qui a pour mission d'assurer le respect des règles applicables à la dépense publique et de protéger les deniers publics... » : CE 17 oct. 2016, *Parquet général près la Cour des comptes* [affaire CDBF *Assistance publique – Hôpitaux de Marseille*], req. n° 393519 ; *AJDA* 2016. 1956, note D. Poupeau ; *GFP* 2017, n° 2, p. 148, chon. S. Damarey, M. Lascombe et X. Vandendriessche ; formule, bien qu'inadéquate, reprise de CE 14 sept. 2016, *Mme Andréani*, n° 400864 QPC, NP.
9. Dans ce sens : M. Collet, *Finances publiques 2021-2022*, préc., p. 15.
10. Sur l'infraction réprimant la gestion de fait, v. s[s] n° 424.11.

contentieux de droit public répressif devant la Cour des comptes, tel qu'issu de l'ordonnance du 23 mars 2022 qui régit le régime de responsabilité financière des gestionnaires publics en vigueur, et auparavant, celui de la CDBF.

CHAPITRE

032. Acteurs de la gestion publique

SECTION 0
ORIENTEUR

032.00 Sommaire du chapitre.

032.03 Bibliographie indicative.

Thèses. F. Gaullier-Camus, *La responsabilité financière des gestionnaires publics*, coll. Thèses, vol. 69, LGDJ, 2020 – S. Thébault, *L'ordonnateur en droit public financier*, coll. Bibliothèque de finances publiques et fiscalité, t. 47, LGDJ, 2007.

Ouvrages. L. Bahougne, A. Camus, *Le droit de la comptabilité publique*, Puf, *Thémis*, 2020 – G. Devaux, *La comptabilité publique*, t. I, *Les principes*, Puf, 1957 – J. Magnet, *Comptabilité publique*, Puf, *Thémis*, 1978 – J.-B. Mattret, *La comptabilité publique*, Bruylant, 2016.

Contributions. R. Hertzog, « Définir les obligations de l'administrateur moderne pour rénover la responsabilité des ordonnateurs », *RFFP* n° 92, 2005, 138. – L. Saïdj, « Ordonnateurs », *in* G. Orsoni (dir.), *Finances publiques, Dictionnaire encyclopédique*, Économica, 2e éd., 2017, p. 640. – C. Husson-Rochcongar, « La Société, l'Administration et le "gestionnaire public". Ou comment l'étude d'une notion saisie par le droit permet d'éclairer les évolutions contemporaines de l'action publique », *in* C. Husson-Rochcongar et S. Kott (dir.), *La responsabilité financière des gestionnaires publics*, Actes du colloque du 8 novembre 2023 co-organisé par le Parquet général près la Cour des comptes et la Direction de la recherche de l'Institut national du service public, La Documentation française, 2024, p. 9.

032.05 Introduction. La notion la plus englobante des acteurs de la gestion publique est naturellement celle de gestionnaire public, utilisée par la 1re édition du présent ouvrage bien avant qu'elle ne soit consacrée par les textes (l'ordonnance du 23 mars 2022 la porte dans son titre[1]) : elle recouvre toutes les personnes qui interviennent, à un titre ou un autre, dans la gestion publique[2].

Il est utile néanmoins d'affiner : en particulier dans la sphère régie par la comptabilité publique[3], les fonctions et attributions sont assez précisément définies, en particulier la séparation des fonctions d'ordonnateur et de comptable public[4].

SECTION 1
NOTION DE GESTIONNAIRE PUBLIC, SA CONSÉCRATION ET SES LIMITES

032.11 Gestionnaire public. Pour désigner le champ des responsables du système répressif étudié ici, le terme de gestionnaire public avait été retenu dès la première édition du présent ouvrage.

Ce terme a l'avantage d'englober l'ensemble des personnes qui participent à la gestion des personnes morales et des organismes liés qui forment la sphère publique. Cet ensemble correspond mieux au champ de compétence de la Cour de discipline budgétaire et financière hier et de la Cour des comptes aujourd'hui, qui inclut les responsables d'entreprises publiques, de leurs filiales, et même de structures, y compris

1. Ord. n° 2022-408, 23 mars 2022 relative au régime de responsabilité financière des gestionnaires publics, *JO* 24 mars, n° 4.
2. Sur cette notion, v. ss nos 032.11, 311.11 et 311.21.
3. Sur cette notion, v. ss nos 031.41 s.
4. Sur le principe de séparation des fonctions, et en particulier la séparation entre ordonnateurs et comptables, v. ss nos 022.33 et 424.13.

associatives, bénéficiant de financements publics. La notion de « gestionnaire » évoque par ailleurs, au-delà de la procédure juridique des recettes et des dépenses, l'aspect économique que comporte toute activité de gestion.

La loi de 1948 créant le régime de responsabilité financière [1] constituait une rupture historique non seulement parce qu'elle rompait avec l'irresponsabilité financière des ordonnateurs, mais aussi parce qu'elle dépassait la notion même d'ordonnateur au sens strict de la comptabilité publique. Il n'est pas anodin que le titre de la loi ait utilisé le mot « gestion », qui préfigurait en quelque sorte celui de gestionnaire public introduit *expressis verbis* en 2022 : en effet, la Cour de discipline, dès le départ, ne visait pas seulement les ordonnateurs, mais tous ceux qui interviennent dans une gestion publique dont le champ s'élargit de plus en plus en dehors de la comptabilité publique (entreprises publiques ; Sécurité sociale ; associations subventionnées...).

L'ordonnance du 23 mars 2022, en employant explicitement le terme, a consacré cette approche large des fautes de gestion couvertes par le droit public financier répressif, et partant des personnes justiciables.

Mais cette notion subit également des critiques. Selon X. Vandendriessche, « la notion de gestionnaire public (local ou national d'ailleurs) ne constitue pas un concept juridique mais une commodité de langage pour tenter d'appréhender une réalité complexe ; si l'on veut revenir au droit, et au droit public financier en particulier, le gestionnaire public est celui qui manie (régulièrement si possible) des fonds [...], autrement dit l'ordonnateur (celui qui décide) et le comptable (celui qui exécute et qui contrôle) [2] ».

Toutefois, si cette notion constitue en effet une facilité de langage, désormais consacrée en droit, bien que les textes ne la définissent pas précisément, c'est surtout, premièrement, à cause de l'adjectif « public », puisque le champ des justiciables englobe *de facto* des gestionnaires d'organismes de droit privé [3], et deuxièmement parce que le régime de responsabilité ne concerne pas seulement les personnes qui, elles-mêmes, gèrent des biens ou de l'argent, mais également celles qui surveillent et contrôlent.

1. L. n° 48-1484, 25 sept. 1948 tendant à sanctionner les fautes de gestion commises à l'égard de l'État et de diverses collectivités et portant création d'une Cour de discipline budgétaire – Sur cette loi, en détail, v. s[s] n°s 041.11 s.
2. X. Vandendriessche, « L'insondable responsabilité des gestionnaires publics locaux », *RFDA* 2020. 1013.
3. Sur le champ des justiciables, v. s[s] n° 311.11.

SECTION 2
ORDONNATEURS ET AUTRES ACTEURS DE LA GESTION DANS LE CHAMP DE LA COMPTABILITÉ PUBLIQUE

032.21 Ordonnateur : définition d'une fonction. La notion d'ordonnateur, complexe et non définie par les textes, ne constitue ni un titre, ni un emploi [4], mais une qualité ; elle est liée à celle de comptable public – auquel elle s'oppose – et concerne le même champ, en termes de structures, que ce dernier, le champ des structures soumises à la comptabilité publique [5].

L'ordonnateur est *l'unique* autorité habilitée, dans le champ des organismes soumis à la comptabilité publique, à décider de l'exécution les budgets des structures publiques [6], et on pourrait élargir l'observation aux recettes : un ordonnateur est une personne « ayant qualité pour émettre des ordres de dépense ou de recette » [7]. Une fois l'exécution des dépenses ou recettes décidée par lui, l'ordonnateur en partage la mise en œuvre avec le comptable public.

L'ordonnateur est donc défini par ses attributions financières, par ses fonctions au sein de la chaîne des recettes et des dépenses : en application de l'article 10 du décret relatif à la gestion budgétaire et comptable publique (GBCP) [8], les ordonnateurs prescrivent l'exécution des recettes et des dépenses publiques (autrement dit, « donnent l'ordre », comme l'indique le mot « ordonnateur ») ; à cet effet, ils constatent les droits des organismes publics, engagent les dépenses et liquident les recettes et les dépenses [9], alors que les comptables publics ont le monopole du payement des dépenses et du

4. S. Thébault, *L'ordonnateur en droit public financier*, coll. Bibliothèque de finances publiques et fiscalité, t. 47, LGDJ, 2007, not. p. 2-14.
5. Sur la définition de la comptabilité publique, v. s[s] n° 031.41.
6. Décr. n° 2012-1246, 7 nov. 2012 relatif à la gestion budgétaire et comptable publique, dit décret GBCP, *JO* 10 nov., art. 8 : « Les opérations relatives à l'exécution du budget relèvent exclusivement des ordonnateurs et des comptables publics ».
7. L. Saïdj, « Ordonnateurs », *in* G. Orsoni (dir.), *Finances publiques, Dictionnaire encyclopédique*, Économica, 2e éd., 2017, p. 640.
8. Décr. n° 2012-1246, 7 nov. 2012, dit décret GBCP, préc.
9. Décr. n° 2012-1246, 7 nov. 2012, dit décret GBCP, préc., art. 11 : « Les ordonnateurs constatent les droits et les obligations, liquident les recettes et émettent les ordres de recouvrer. Ils engagent, liquident et ordonnancent les dépenses. Le cas échéant, ils assurent la programmation, la répartition et la mise à disposition des crédits. Ils transmettent au comptable public compétent les ordres de recouvrer et de payer assortis des pièces justificatives requises, ainsi que les certifications qu'ils délivrent. Ils établissent les documents nécessaires à la tenue, par les comptables publics, des comptabilités dont la charge incombe à ces derniers ».

recouvrement des recettes ; leurs fonctions sont strictement séparées et incompatibles [1].

C'est d'ailleurs le non-respect de cette séparation qui a donné lieu à une procédure juridictionnelle originale, l'instance en comptabilité de fait, appelée aussi procédure de gestion de fait [2].

032.22 Ordonnateurs : historique. Le terme d'ordonnateur peut « être rapproché de celui d'ordonnance, précisément d'ordonnance royale. L'ordonnancement désigne l'ordre d'une autorité unique » [3].

D'ailleurs, lorsque le jeune Louis XIV prend en mains la gestion de l'État, il recentralise en premier lieu les fonctions d'ordonnateur (entre ses mains) et impose de justifier les dépenses : « La chose que j'eus le plus d'impatience de corriger dans cet abus général, fut l'usage des ordonnances de comptant [4], parce qu'elles avaient assurément plus servi qu'aucune autre à la dissipation de mes deniers, car en cette forme on donnait sans cesse et sans mesure à telle personne qu'on voulait, et on faisait sans honte et sans peur une dépense qui ne devait jamais être connue. Pour éviter à l'avenir cette confusion, je résolus de libeller et d'enregistrer moi-même toutes les ordonnances que je signerais, en sorte qu'il ne s'est fait ni pu faire depuis aucune dépense dont je n'aie su la raison » [5]. On voit que l'organisation de l'ordonnancement, de l'habilitation à engager des dépenses, va de pair avec la justification de la dépense, ce qui demeure vrai aujourd'hui [6].

La spécialisation des différentes fonctions financières, au cours de l'Ancien Régime, a été une évolution lente, qui avait commencé bien avant Louis XIV. La fonction d'ordonnateur trouve son origine sans doute au XIVe siècle [7] : l'ordonnance royale du 1er mars 1388 utilise ainsi les termes « ordonnancement et mandatement » pour expliciter la « distribution des deniers de notre dit domaine ».

La notion d'ordonnateur n'est définitivement stabilisée que sous la Restauration [8], l'ordonnance du 14 septembre 1822 [9] évoquant explicitement l'ordonnancement des dépenses dans un titre distinct, et indiquant qu'une dépense ne pouvait être payée que si elle avait été préalablement ordonnancée par un ministre, ou par un ordonnateur secondaire dûment habilité [10].

Les différents textes financiers qui se sont succédé depuis le XIXe siècle ont maintenu cette terminologie [11], jusqu'au décret dit GBCP en vigueur depuis 2012 [12].

032.23 Typologie des ordonnateurs. Selon S. Thébault [13], l'ordonnateur relève d'une « catégorie juridique d'essence politique » : en effet, l'importance politique du droit de dépenser n'est pas à démontrer, aucune action politique n'étant concevable sans engager des dépenses ; par ailleurs, dans les structures publiques d'essence démocratique, les ordonnateurs principaux restent politiques (ministres et élus locaux), catégorie qui se distingue des ordonnateurs non politiques (administrateurs [14]).

On distingue donc entre ordonnateurs politiques, d'une part, et ordonnateurs non politiques (on pourrait dire aussi « ordonnateurs administratifs » ou « administrateurs ») d'autre part.

Les textes distinguent ensuite entre ordonnateurs principaux et ordonnateurs secondaires ; en outre, ces ordonnateurs pouvant déléguer leurs pouvoirs, il existe également des ordonnateurs délégués.

La notion d'ordonnateur étant particulièrement importante pour l'infraction financière qui réprime l'engagement sans être habilité ou sans avoir reçu délégation [15], il sera renvoyé aux développements complets proposés, sur les différents types d'ordonnateurs et de délégations, dans le chapitre consacré à cette infraction [16].

1. GBCP, art. 9 : « Les fonctions d'ordonnateur et de comptable public sont incompatibles. Les conjoints des ordonnateurs, ou les partenaires avec lesquels ils sont liés par un pacte civil de solidarité, ne peuvent être comptables des personnes morales auprès desquelles ces ordonnateurs exercent leurs fonctions ».
2. V. ss no 621.11. – Pour l'infraction financière réprimant la gestion de fait dans le cadre du régime issu de la réforme de 2022, ss no 424.11.
3. L. Bahougne, A. Camus, *Droit de la comptabilité publique*, Puf, 2020, no 579.
4. Les « ordonnances au comptant » correspondent aux fonds secrets, ou fonds spéciaux, d'aujourd'hui ; sur ce type de fonds, v. ss nos 311.22 s.
5. Louis XIV, *Mémoires pour l'instruction du dauphin*, éd. par P. Goubert, Imprimerie nationale, coll. Acteurs de l'Histoire, 1992, p. 92.
6. Décr. no 2012-1246, 7 nov. 2012, dit décret GBCP, préc., art. 11, al. 3 : Les ordonnateurs « transmettent au comptable public compétent les ordres de recouvrer et de payer assortis des pièces justificatives requises [...] ».
7. C. de Selle de Beauchamp, *De la responsabilité des ordonnateurs des finances de l'État*, thèse, Librairie de la société du recueil générale des lois et des arrêts, 1900, p. 5 s.
8. C. de Selle de Beauchamp, *De la responsabilité des ordonnateurs des finances de l'État*, préc., p. 10.
9. Sur cette ordonnance de Louis XVIII fondatrice du droit public financier moderne : M. Bottin, « Villèle et le contrôle des dépenses publiques. L'ordonnance du 14 septembre 1822 », *in* Collectif, *La comptabilité publique.*, Actes du colloque (Bercy, 25-26 nov. 1993), Comité pour l'histoire économique et financière de la France – Imprimerie nationale, 1995, p. 7.
10. Ord. du Roi, 14 sept. 1822 concernant la Comptabilité et la Justification des Dépenses publiques, art. 7.
11. L. Saïdj, « Ordonnateurs », préc. p. 640.
12. Décr. no 2012-1246, 7 nov. 2012, décret dit GBCP, préc.
13. S. Thébault, *L'ordonnateur en droit public financier*, préc., p. 15 s.
14. V. ss no 032.25.
15. CJF, art. L. 131-13, 3°.
16. V. ss no 422.26.

032.24 Ordonnateurs et régime de responsabilité financière des gestionnaires publics. Si le décret GBCP précité comporte une disposition prévoyant une responsabilité associée aux fonctions d'ordonnateur [1] – il s'agit précisément du régime de responsabilité financière prévu par le code des juridictions financières –, cette notion, au sens strict que lui donnent les textes, est réductrice au regard du champ bien plus vaste qui est celui de la gestion publique et du régime de responsabilité étudié ici ; les textes qui fixent le champ des justiciables de la Cour des comptes ne mentionnent d'ailleurs à aucun moment cette notion, qui est liée à la comptabilité publique, qui elle-même ne s'applique qu'à une partie des structures publiques : or le champ du régime de responsabilité étudié ici est bien plus large, englobant par exemple aussi les entreprises publiques non soumises à la comptabilité publique, et qui ne disposent donc pas « d'ordonnateur » au sens strict du terme (ni de comptable public) ; et même au sein du champ de la comptabilité publique, la Cour des comptes peut sanctionner toute personne, qu'elle soit ordonnateur ou non, ce qui inclut en particulier les comptables publics eux-mêmes.

Stéphane Thébault, dans sa thèse consacrée à l'ordonnateur en droit public financier [2], a clairement montré que le champ de la répression de droit public financier, conceptuellement, ne devait pas se limiter aux seuls ordonnateurs, et symétriquement que la mise en place d'une responsabilité spécifique aux seuls ordonnateurs ne serait pas souhaitable : « L'ordonnateur ne constitue pas une fonction à part entière et ne peut, à ce titre, faire l'objet d'une responsabilité spécifique. À travers lui, le droit doit viser les autorités qui participent à la gestion financière publique et qui sont, au titre de cette qualité, soumises au respect d'une réglementation spécifique. Mais la catégorie doit, aux yeux du juge, rester transparente. Aussi, ce n'est pas tant la responsabilité des ordonnateurs qu'il faut à tout prix mettre en œuvre mais un système de responsabilité spécifique [...] en matière financière et c'est bien là que réside la limite de la catégorie d'ordonnateur » [3]. Cette responsabilité financière spécifique est précisément celle généralisée par l'ordonnance de 2022 [4] faisant l'objet du présent ouvrage.

C'est donc le terme *gestionnaire public* qui est celui qui décrit le mieux le champ des personnes visées par le régime de responsabilité de droit public financier sanctionné par la Cour des comptes [5]. Certes, ce régime a souvent été vu comme « contre-point » par rapport au régime, préexistant, de responsabilité spécifique aux comptables publics [6], et les ordonnateurs sont en effet particulièrement visés par ce régime, au point que dans l'avant-projet de la future loi de 1948 créant la Cour de discipline budgétaire, celle-ci avait été appelée provisoirement « Cour de contrôle des ordonnateurs » [7], dénomination réductrice car dès le départ le régime ainsi créé devait également couvrir des agents qui ne sont pas ordonnateurs, en particulier les comptables publics.

Dans les organismes qui ne font pas partie du champ de la comptabilité publique, dans les entreprises publiques par exemple, il n'existe certes pas d'ordonnateur au sens du décret GBCP (ni de comptable public), mais il y a toujours des fonctions équivalentes, de décision d'engager financièrement la structure, qui, quelle que soit l'appellation, relèvent bien du régime de responsabilité financière des gestionnaires publics. En témoigne le fait que l'infraction financière protégeant l'engagement des dépenses par personne habilitée [8] s'applique aux ordonnateurs ou autres gestionnaires, quel que soit le statut pour l'organisation interne de l'organisme en question.

032.25 Administrateur. Si, pour désigner les justiciables du régime de responsabilité financière, le terme « gestionnaire public » a été préféré au terme « administrateur », c'est que ce dernier est ambigu, désignant différentes réalités au fil du temps.

D'abord, le terme « administrateur », au sens général, est proche du terme « administration » (au sens d'administration publique), et s'applique de ce fait difficilement aux sociétés de droit privé contrôlées par les personnes publiques ou aux associations bénéficiant de subventions, qui entrent pourtant dans le champ du régime de responsabilité ici étudié.

Ensuite, dans certaines structures, l'administrateur est une fonction particulière (membre du conseil d'administration), définition toutefois restrictive.

Car initialement, l'administrateur, c'est tout agent public, quel que soit son statut (fonctionnaire ou non), à l'exclusion des gouvernants, c'est-à-dire certainement des ministres, et sans doute également

1. Décr. n° 2012-1246, 7 nov. 2012, préc., art. 12 : « À raison de l'exercice de leurs attributions et en particulier des certifications qu'ils délivrent, les ordonnateurs encourent une responsabilité dans les conditions fixées par la loi ». Les textes ayant précédé le décret GBCP comportaient une disposition similaire.
2. S. Thébault, *L'ordonnateur en droit public financier*, préc.
3. S. Thébault, *L'ordonnateur en droit public financier*, préc., p. 14.
4. Ord. n° 2022-408, 23 mars 2022, préc.
5. V. s[s] n°s 032.11 et 311.11.
6. V. s[s] n° 611.11.
7. S. Flizot, « La création de la CDBF : enjeux et débats », *in* Collectif, *L'invention de la gestion des finances publiques : du contrôle de la dépense à la gestion des services publics*, Comité pour l'histoire économique et financière de la France, 2013, p. 368.
8. CJF, art. L. 131-13, 3° ; v. s[s] n° 422.11.

des élus, qui ne sont *a priori* pas administrateurs, comme on verra plus loin.

C'est ainsi qu'il faut sans doute comprendre le recours au terme « administration » dans l'article 15 DDHC qui postule que « la société a le droit de demander compte à tout agent public de son administration » : en ce sens, tout agent est administrateur.

Ce terme large, qui inclut les ordonnateurs (mais pas tous), figure d'ailleurs toujours dans le code des juridictions financières, au 3° de l'article L. 131-1, pour désigner les responsables des autres organismes soumis au contrôle de la Cour des comptes et des chambres régionales et territoriales des comptes et qui de ce fait relèvent de la compétence contentieuse de la Cour [1]. C'est donc toute la sphère publique qui est visée, que l'organisme soit une personne morale de droit public ou de droit privé, qu'il soit soumis à la comptabilité publique ou non.

La présence du terme « administrateur » dans les textes régissant le régime de responsabilité financière est un héritage du passé. La notion d'administrateur a en effet existé en droit positif (dans le règlement général sur la comptabilité publique de 1862), visant les gestionnaires plus largement que ceux assurant les fonctions d'ordonnateur, avant d'être supprimée par le décret de 1962 portant règlement général sur la comptabilité publique (RGCP), qui ne parlait plus que d'ordonnateurs.

La présence du terme administrateur dans le code des juridictions financières aujourd'hui s'explique par le fait que la loi qui en 1948 a créé le régime de responsabilité en droit public financier est antérieure au RGCP de 1962 [2], et cette notion [3] était alors tout à fait courante.

On considère habituellement que dans le champ de la comptabilité publique, un ordonnateur est un « administrateur ayant qualité pour émettre des ordres de dépense ou de recette [4] », ce qui toutefois omet le fait d'importance que les ordonnateurs principaux de l'État et des collectivités territoriales ne sont pas des administrateurs, mais des élus. Il serait donc plus correct de dire que, pour l'État et pour les collectivités territoriales, tout ordonnateur *secondaire* [5] est un administrateur, mais tout administrateur n'est pas forcément ordonnateur : il ne l'est que s'il a reçu l'habilitation requise.

Même s'il ne figure plus dans le décret relatif à la gestion budgétaire et comptable publique (GBCP) aujourd'hui en vigueur [6] – et on pourrait même dire précisément *parce qu'*il n'y figure plus – la distinction entre administrateur et ordonnateur semble garder quelque utilité.

En effet, premièrement, la différence entre décideurs politiques et administrateurs reste pertinente [7], puisque les seconds sont justiciables sans réserve de la Cour des comptes, alors que les premiers ne le sont que dans certains cas limités, ce qui se fonde sur la distinction entre responsables politiques et administration [8] ; de ce fait, on peut dire que tous les ordonnateurs ne sont pas forcément administrateurs (c'est le cas des ministres, ordonnateurs principaux qui justement disposent de l'administration [9]), et tous les administrateurs – au sens de « fonctionnaires ou agents de l'administration » [10] – ne sont pas forcément ordonnateurs, sauf s'ils ont reçu délégation à cet effet.

Deuxièmement, la notion d'administrateur, dans le code des juridictions financières, n'étant pas utilisée pour le « noyau dur » du secteur public [11], mais au contraire pour la sphère au-delà de la comptabilité publique visée par le 3° de son article L. 131-1 [12], elle permet de couvrir, de façon large et générique, tous ceux qui administrent quelque chose dans un organisme quelle qu'en soit la nature juridique.

Dans ce contexte, la loi distingue l'administrateur, d'une part, du représentant – représentant légal de l'organisme – et d'autre part, du simple agent, qui peut ne pas être ordonnateur des dépenses, ni même chargé d'administrer. Cette énumération renvoie, finalement, à la possibilité pour la Cour d'appréhender toute personne étant intervenue dans la gestion publique, quelle que soit sa fonction officielle ou sa position hiérarchique [13], et illustre la pertinence de la notion englobante de gestionnaire public [14].

1. CJF, art. L. 131-13, 3° : « 3° Tout représentant, administrateur ou agent des autres organismes qui sont soumis soit au contrôle de la Cour des comptes, soit au contrôle d'une chambre régionale des comptes ou d'une chambre territoriale des comptes ».
2. V. s^s n° 044.11.
3. PAR EX. : G. Vedel, « La responsabilité des administrateurs devant la Cour de discipline budgétaire », *Rev. sc. législ. fin.* 1949. 121.
4. L. Saïdj, « Ordonnateurs », préc., p. 640.
5. V. s^s n° 032.23.
6. Décr. n° 2012-1246, 7 nov. 2012, préc.
7. Constitution, art. 23 : « Les fonctions de membre du Gouvernement sont incompatibles avec [...] tout emploi public [...] ».
8. V. s^s n°s 312.31 s., en particulier s^s n° 312.37.
9. Constitution, art. 20 : « Le Gouvernement détermine et conduit la politique de la Nation. Il dispose de l'administration et de la force armée [...] ».
10. À rapprocher du terme administrateur dans « administrateur de l'État » ou « administrateur territorial ».
11. CJF, art. L. 131-1, 2° : « Tout fonctionnaire ou agent civil ou militaire de l'État, des collectivités territoriales, de leurs établissements publics ainsi que des groupements des collectivités territoriales ».
12. CJF, art. L. 131-1, 3° : « Tout représentant, administrateur ou agent des autres organismes qui sont soumis soit au contrôle de la Cour des comptes, soit au contrôle d'une chambre régionale des comptes ou d'une chambre territoriale des comptes ».
13. V. s^s n°s 461.24 s.
14. V. s^s n°s 032.11, 311.11 et 311.21.

À noter enfin que si la notion d'administrateur, dans le CJF, ne voulait pas se limiter au seul administrateur au sens étroit - et aujourd'hui courant - de membre d'un conseil d'administration, ces derniers y sont en toute hypothèse inclus.

032.26 Autres responsables financiers. La loi organique relative aux lois de finances (LOLF)[1] et le décret relatif à la gestion budgétaire et comptable publique (GBCP)[2] régissent l'exécution du budget de l'État ; dans ce cadre, les textes prévoient un certain nombre de fonctions spécifiques.

Tout d'abord, chaque ministère dispose d'un responsable de la fonction financière ministérielle, qui est chargé de coordonner la préparation, la présentation et l'exécution du budget au sein d'un ministère :

« Pour chaque ministère, un responsable de la fonction financière ministérielle est désigné par le ministre. Ce responsable coordonne la préparation, la présentation et l'exécution du budget. À ce titre et sans préjudice des autres fonctions que ce ministre peut lui confier : 1° Il collecte les informations budgétaires et comptables et en opère la synthèse ; 2° Il s'assure de la mise en œuvre des règles de gestion budgétaire et comptable et veille à leur correcte prise en compte dans les systèmes d'information propres à son ministère et dans le système d'information financière de l'État ; 3° Il valide la programmation effectuée par les responsables de programme et il en suit la réalisation ; 4° Il établit, en liaison avec les responsables de programme, le document de répartition initiale des crédits et des emplois [...]et le document prévisionnel de gestion des emplois et des crédits de personnel [...] ; 5° Il propose au ministre, le cas échéant, les mesures nécessaires au respect du plafond des dépenses et des autorisations d'emplois ainsi que les mouvements de crédits entre programmes ; 6° Il coordonne l'élaboration des projets et rapports annuels de performances [...] ; 7° Il veille, en liaison avec les responsables de programme, à la transmission au ministre chargé du budget des informations relatives au périmètre des budgets opérationnels de programme et des unités opérationnelles ; 8° Il s'assure de la mise en œuvre des dispositifs de contrôle interne budgétaire et comptable ainsi que, le cas échéant, de comptabilité analytique ; 9° Il veille à faciliter la mise en œuvre territoriale des politiques publiques concourant aux mêmes objectifs et à favoriser une gestion efficace et mutualisée des dépenses au niveau déconcentré ; 10° Il s'assure que les responsables de programme conduisent avec les responsables des budgets opérationnels de programme le dialogue de gestion [...] »[3].

1. L. org. n° 2001-692, 1er août 2001 relative aux lois de finances, *JO* 2 août, n° 1.
2. Décr. n° 2012-1246, 7 nov. 2012, préc.

Le plus souvent, c'est au secrétaire général du ministère qu'est attribuée cette charge, qu'il cumule avec d'autres fonctions.

Ensuite, le décret GBCP prévoit, en cohérence avec les découpages budgétaires, l'existence de responsables de programmes budgétaires (RPROG) désignés par le ministre[4], des responsables de budgets opérationnels de programme (RBOP)[5], dont le nombre dépasse les 1 900[6], et des responsables d'unités opérationnelles (UO)[7].

Tous ces acteurs budgétaires ministériels sont par définition des administrateurs[8] ; les textes prévoient en outre qu'ils sont obligatoirement ordonnateurs des dépenses[9] ; en toute hypothèse, ils sont des gestionnaires publics de l'État, et, à ce titre, justiciables de la Cour des comptes.

Notons enfin qu'il n'existe pas de responsable de mission budgétaire[10], qui engloberait les programmes budgétaires ; si certains auteurs regrettent cette absence, le caractère interministériel des missions en fait nécessairement une responsabilité gouvernementale, donc politique.

SECTION 3
COMPTABLES PUBLICS

§ 1
Définitions et missions

032.31 Définition du comptable public. Les comptables publics sont des agents chargés de l'exécution financière des budgets et/ou de la tenue de la comptabilité des personnes publiques.

3. Décr. n° 2012-1246, 7 nov. 2012, dit décret GBCP, préc., art. 69.
4. Décr. n° 2012-1246, 7 nov. 2012, préc., art. 70.
5. Décr. n° 2012-1246, 7 nov. 2012, préc., art. 71.
6. F. Chouvel, « Budget opérationnel de programme », *in* G. Orsoni (dir.), *Finances publiques, Dictionnaire encyclopédique*, Économica, 2e éd., 2017, p. 115.
7. Décr. n° 2012-1246, 7 nov. 2012, préc., art. 72 : « Sans préjudice des compétences des préfets de région et de département mentionnées aux articles 1er et 21 du décret du 29 avril 2004, le responsable d'unité opérationnelle prescrit l'exécution des recettes et des dépenses de cette dernière et en rend compte au responsable du budget opérationnel de programme ».
8. V. ss n° 032.25.
9. Décr. n° 2012-1246, 7 nov. 2012, préc., art. 73 : « Le responsable de la fonction financière ministérielle, le responsable de programme, le responsable de budget opérationnel de programme et le responsable d'unité opérationnelle doivent avoir la qualité d'ordonnateur ou être bénéficiaires de la délégation de signature d'un ordonnateur principal ou secondaire ».
10. L. Bahougne et A. Camus, préc., n° 591.

Ils ne constituent pas un corps de la fonction publique mais se caractérisent par un statut, des attributions et un régime de responsabilité spécifique. Ils sont dénommés « comptables » lorsqu'ils tiennent les comptes des collectivités publiques (État[1], collectivités territoriales), des établissements publics locaux à caractère administratif et des établissements publics de santé, et « agents comptables » dans la plupart des autres cas (établissements publics nationaux[2], établissements publics locaux à caractère industriel ou commercial, établissements publics locaux d'enseignement, groupements d'intérêt public, groupements de coopération sanitaire, groupements de coopération sociale ou médico-sociale...). Cette distinction emporte quelques différences quant à la nomination des intéressés[3], à leur place dans l'organisation des instances de la personne publique[4], mais pas quant à leur régime de responsabilité.

Pendant longtemps, il n'existait pas de définition formelle du comptable public. La définition la plus complète en avait été donnée par l'article 1er du décret du 9 août 1953[5], texte qui présente la particularité de n'être jamais entré en application : « est comptable public tout fonctionnaire ou agent ayant qualité pour exercer, au nom de l'État, d'une collectivité ou d'un établissement public, des opérations de recettes, de dépenses ou de maniement de titres, soit au moyen de fonds et valeurs dont il a la garde, soit par virements internes d'écritures, soit encore par l'intermédiaire d'autres comptables publics, ou de comptes externes de disponibilités, dont il ordonne ou surveille les mouvements ».

Cette définition, malgré sa précision, ne satisfaisait pas nécessairement la doctrine autorisée. Le président Magnet la qualifiait ainsi de « inutilement longue, [...] pourtant incomplète [et] sans valeur juridique »[6]. Se fondant sur les règlements généraux sur la comptabilité publique successifs, il proposait la formule suivante : « Le comptable public peut ainsi être défini comme le fonctionnaire ou agent public régulièrement autorisé au maniement des deniers publics ou des deniers privés réglementés »[7].

Cette approche a, en substance, été consacrée par le décret GBCP de 2012, dans son article 13 : « les comptables publics sont des agents de droit public ayant, dans les conditions définies par le présent décret, la charge exclusive de manier les fonds et de tenir les comptes des personnes morales mentionnées à l'article 1er »[8], c'est-à-dire en particulier les comptes des personnes publiques. C'est donc essentiellement par ses prérogatives que se définit le comptable public[9].

Il se définit également par son statut d'agent public conformément à la jurisprudence administrative, qui reconnaît la qualité d'agent public, y compris au sein des services publics à caractère industriel ou commercial (SPIC), « au chef de la comptabilité, lorsque ce dernier possède la qualité de comptable public »[10]. Ce principe, clair en droit de la fonction publique, l'est moins en droit de la comptabilité publique car il semble énoncer une évidence : tout comptable public est un agent relevant d'un régime de droit public. Or certains agents comptables, en particulier dans les régies locales à caractère industriel ou commercial (qui sont des SPIC) ou les associations syndicales autorisées (qui sont des services publics administratifs), peuvent être des salariés ne relevant pas de la fonction publique, parfois des experts-comptables, donc apparemment des agents contractuels de droit privé.

Jusqu'à nouvel ordre, et malgré une tentative récente[11] pour faire évoluer cette situation, le comptable public local est un fonctionnaire non pas de la collectivité locale, mais de l'État : « ainsi, le comptable local n'a de local que son domaine de compétence, ce qui peut conduire à une forme de schizophrénie, le comptable ayant à la fois à cœur de tenir compte des contraintes propres à la collectivité dont il a la charge, mais également le devoir de respecter les consignes de sa hiérarchie, laquelle reste responsable de son évolution de carrière... »[12].

032.32 Attributions des comptables publics. Les attributions des comptables sont plus largement et précisément définies par l'article 60 de la loi du 23 février 1963[13], dans son I, qui n'est plus en vigueur, depuis le 1er janvier 2023, que dans les collectivités relevant des chambres territoriales des comptes[14] : « les comptables publics sont personnelle-

1. À l'exception des budgets annexes, dont les comptes sont tenus par des agents comptables.
2. Décr. n° 2012-1246, préc., art. 188.
3. V. ss n° 032.42.
4. V. ss n° 022.33.
5. Décr. n° 53-714, 9 août 1953 sur la responsabilité des comptables publics, *JO* 10 août, p. 7058.
6. J. Magnet, *Les comptables publics*, LGDJ, coll. Systèmes, 1995.
7. J. Magnet, *Les comptables publics*, préc., p. 11.
8. Décr. n° 2012-1246, 7 nov. 2012, préc.
9. C'est également par référence aux prérogatives des comptables publics que se définit la gestion de fait depuis la L. n° 63-156, 23 févr. 1963 – V. ss nos 424.11 s.
10. CE, sect., 8 mars 1957, *Jalenques de Labeau*, req. n° 15219 ; *Rec.* 158 ; *D.* 1957. 378, concl. Mosset, note de Laubadère.
11. V. ss n° 022.33.
12. X. Vandendriessche, « L'insondable responsabilité des gestionnaires publics locaux », *RFDA* 2020. 1013.
13. L. n° 63-156, 23 févr. 1963 de finances pour 1963, *JO* 24 févr., p. 1818 ; abrogée au 31 déc. 2022, elle demeure en vigueur, de façon résiduelle, dans certaines collectivités d'outre-mer, celles relevant des chambres territoriales des comptes.
14. Saint-Barthélemy, Saint-Martin, Saint-Pierre-et-Miquelon, Nouvelle-Calédonie, Polynésie française.

ment et pécuniairement responsables du recouvrement des recettes, du paiement des dépenses, de la garde et de la conservation des fonds et valeurs appartenant ou confiés aux différentes personnes morales de droit public dotées d'un comptable public, désignées ci-après par le terme d'organismes publics, du maniement des fonds et des mouvements de comptes de disponibilités, de la conservation des pièces justificatives des opérations et documents de comptabilité ainsi que de la tenue de la comptabilité du poste comptable qu'ils dirigent ».

Si cette disposition est aujourd'hui, pour l'essentiel, abrogée, l'article 18 du décret GBCP charge les comptables :

« 1° De la tenue de la comptabilité générale ;

2° Sous réserve des compétences de l'ordonnateur, de la tenue de la comptabilité budgétaire ;

3° De la comptabilisation des valeurs inactives ;

4° De la prise en charge des ordres de recouvrer et de payer qui lui sont remis par les ordonnateurs ;

5° Du recouvrement des ordres de recouvrer et des créances constatées par un contrat, un titre de propriété ou tout autre titre exécutoire ;

6° De l'encaissement des droits au comptant et des recettes liées à l'exécution des ordres de recouvrer ;

7° Du paiement des dépenses, soit sur ordre émanant des ordonnateurs, soit au vu des titres présentés par les créanciers, soit de leur propre initiative ;

8° De la suite à donner aux oppositions à paiement et autres significations ;

9° De la garde et de la conservation des fonds et valeurs appartenant ou confiés aux personnes morales mentionnées à l'article 1er ;

10° Du maniement des fonds et des mouvements de comptes de disponibilités ;

11° De la conservation des pièces justificatives des opérations transmises par les ordonnateurs et des documents de comptabilité. »

Le comptable public exerce en conséquence une double fonction de « caissier » et de « payeur ». En qualité de caissier, il est chargé de procéder au maniement des deniers publics et il dispose à cette fin d'un monopole légal, dont la méconnaissance est sanctionnée par la théorie de la gestion de fait[1]. La portée de ce principe a été rappelée par le Conseil d'État dans une affaire au demeurant étrangère au contentieux de la comptabilité publique puisqu'elle concernait le droit des contrats : le comptable est investi par la loi du monopole du payement des dépenses publiques et du recouvrement des recettes publiques, et il ne peut être dérogé à ce « principe général des finances publiques » que par une disposition législative, au moins s'agissant des collectivités locales[2].

La période récente a été marquée par l'intervention de plusieurs textes dont l'objet était de faciliter le recours à des tiers pour exécuter des opérations budgétaires. Ainsi l'article 40 de la loi du 20 décembre 2014 relative à la simplification de la vie des entreprises[3] a permis à la plupart des personnes publiques de confier à un organisme public ou privé un mandat aux fins d'encaisser des recettes non fiscales ou de régler leurs dépenses.

De même, l'article 201 de la loi de finances du 28 décembre 2018[4] a reconnu à l'État la possibilité de déléguer à des organismes privés des opérations d'encaissement et de décaissement en numéraire. Il sera toutefois observé que ces dispositions n'ont pas connu un grand succès, tant les gestionnaires, en particulier locaux, demeurent attachés à la sécurité que procure l'intervention des comptables publics, et tant demeurent présents, dans l'inconscient collectif, les abus et les risques liés au mécanisme de l'affermage.

En sa qualité de « payeur », le comptable est chargé de vérifier la régularité des opérations décidées par l'ordonnateur, pour lesquelles il est susceptible d'engager sa responsabilité. En vertu des dispositions des règlements généraux sur la comptabilité publique, le payement est l'acte par lequel la personne publique se libère de sa dette[5]. Il obéit à un régime juridique différent de celui de l'article 1342 du code civil[6].

§ 2
Statut des comptables publics

032.41 **Classification des comptables publics.** Pour se limiter aux comptables « en deniers », c'est-à-dire ceux qui contribuent effectivement à l'exécution du budget des personnes publiques en maniant des fonds ou des valeurs, trois catégories sont à distinguer :

• Les comptables directs du trésor, qui comprennent traditionnellement les comptables supérieurs (ancien-

1. V. ss no 424.11.

2. CE, sect., 6 nov. 2009, *Société Prest'Action*, req. no 297877 ; *Lebon* 445 ; *AJDA* 2009. 2401, note M. Lascombe et X. Vandendriesсhe ; *BJCP* 2010. 28, concl. N. Boulouis.

3. L. no 2014-1545, 20 déc. 2014 relative à la simplification de la vie des entreprises et portant diverses dispositions de simplification et de clarification du droit et des procédures administratives, *JO* 21 déc., no 1.

4. L. no 2018-1317, 28 déc. 2018 de finances pour 2019, *JO* 30 déc.

5. Décr. no 62-1587, 29 déc. 1962 portant règlement général sur la comptabilité publique, *JO* 30 déc., p. 12828, art. 33 ; et : Décr. no 2012-1246, 7 nov. 2012, préc., art. 33.

6. V. ss no 613.11.

nement trésoriers-payeurs généraux et receveurs particuliers des finances [1], aujourd'hui directeurs régionaux et départementaux des finances publiques) et les comptables subordonnés : le directeur départemental des finances publiques (DDFiP) procède à l'exécution de la loi de finances dans son département en payant les dépenses de l'État et en percevant certaines recettes (impôts directs, amendes) ; jusqu'à la réforme entrée en vigueur le 1er janvier 2023, il disposait de la possibilité de mettre en jeu la responsabilité des comptables subordonnés, soit directement par le prononcé d'un débet administratif [2], soit par le prononcé d'un arrêté de charge provisoire ou d'un arrêté conservatoire de débet [3] ; les comptables subordonnés de l'État, qui sont aussi comptables principaux des collectivités locales. À la faveur d'une nouvelle réorganisation du réseau de la DGFiP, qui a substitué une logique « transversale » à la logique territoriale qui prévalait jusque-là, les anciens percepteurs ou receveurs-percepteurs sont devenus responsables de services de gestion comptable (SGC) ou « conseillers aux décideurs locaux » (CDL) ;

• Les comptables des administrations financières : depuis la disparition des receveurs des impôts [4], cette catégorie se résume aux receveurs des douanes ;

• Les comptables spécialisés, agents comptables de certains budgets annexes de l'État, d'établissements publics nationaux et locaux ou d'autres personnes publiques (autorités publiques indépendantes, groupements d'intérêt public, groupements de coopération sanitaire...).

Le décret GBCP s'en tient à une classification plus formelle, qui distingue, dans son art. 15, les comptables principaux et secondaires [5].

Les comptables principaux produisaient traditionnellement leurs comptes au juge des comptes. Depuis le décret du 22 décembre 2022 [6], « les comptables principaux sont ceux dont les opérations sont retranscrites dans des comptes mis à disposition ou quérables par la Cour des comptes ou par les chambres régionales ou territoriales des comptes ». Il s'agit des contrôleurs budgétaires et comptables ministériels, des directeurs départementaux des finances publiques et des comptables des collectivités locales, tandis que « les comptables secondaires sont ceux dont les opérations sont centralisées dans les comptes d'un comptable principal ».

Aux termes de l'article 14 du décret GBCP, « les comptables publics assument la direction des postes comptables. Un même poste comptable est confié à un seul comptable public ». Le poste comprend également d'autres agents, qui sont les préposés du comptable et agissent pour son compte et sous sa responsabilité. Il en va de même des mandataires qu'il peut désigner en application de l'article 16 du décret.

Lorsque la taille de l'organisme ne justifie pas un emploi à plein temps, le comptable ou l'agent comptable peut se voir chargé de la gestion d'un autre organisme ou d'un poste comptable par adjonction de service.

032.42 Nomination des comptables publics. La plupart des comptables publics sont des fonctionnaires du ministère des Finances qui relèvent, pour l'essentiel, de la direction générale des finances publiques [7]. Ils sont nommés, en conséquence, par arrêté du ministre des Finances, parmi les agents de catégorie A, à l'exception des directeurs départementaux des finances publiques, nommés par décret. Les agents comptables relèvent de règles propres à chaque catégorie de personnes publiques. En principe, les agents comptables des établissements publics nationaux à caractère administratif sont nommés par arrêté conjoint du ministre des Finances et du ministre de tutelle ; les agents comptables des établissements publics locaux d'enseignement (EPLE : lycées et collèges [8]) sont des fonctionnaires du ministère de l'Éducation nationale ; les agents comptables des groupements (GIP, GCS, GCSMS) sont nommés par le préfet du département où le groupement a son siège [9] ; les receveurs spéciaux de certaines personnes publiques, qui n'ont pas toujours la qualité de fonctionnaires (associations syndicales, établissements publics locaux à caractère industriel ou commercial...), sont désignés par le préfet sur proposition des organes délibérants.

La mise en œuvre de ces dispositions est dominée par le souci d'assurer la continuité d'un service qui ne souffre aucune exception : de même qu'il y a toujours un ordonnateur à la tête d'un organisme public, de même il y a toujours et nécessairement un comptable public habilité à manier les deniers publics,

1. Il subsiste quelques postes de receveurs des finances, dans les arrondissements les plus importants, mais leurs titulaires n'exercent plus des fonctions de comptable supérieur.
2. V. ss no 114.21.
3. V. ss no 114.23.
4. Les services des impôts des entreprises comme des particuliers sont inclus dans les postes de la direction générale des finances publiques.
5. Décr. no 2012-1246, 7 nov. 2012, préc.
6. Décr. no 2022-1605, 22 déc. 2022 portant application de l'ord. no 2022-408 du 23 mars 2022 relative au régime de responsabilité financière des gestionnaires publics et modifiant diverses dispositions relatives aux comptables publics, *JO* 23 déc.
7. Jusqu'en 1941, les communes avaient la possibilité d'avoir un comptable propre (L. 14 sept. 1941, art. 8). Sur l'évolution des textes : J. Magnet, *Les comptables publics*, LGDJ, 1995, p. 28.
8. Les écoles communales n'ont pas la personnalité morale et leurs opérations financières sont retracées dans les comptes de la commune.
9. Circ. BOFIP-GCP no 23-0033, 22 mai 2023.

y compris en cas d'événement imprévu (décès, maladie...), avec en particulier des mécanismes d'intérim. Pour les mêmes raisons, si le comptable, quoique présent, est défaillant et n'est notamment pas en mesure de produire ses comptes, les textes prévoient la possibilité de désigner un agent commis d'office [1].

En pratique, pour éviter l'interruption du service, les comptables sont souvent installés avant leur nomination, qui prend effet à la date effective de leur prise de fonction, c'est-à-dire au jour de la remise de service [2].

Ces pratiques administratives ne sont pas sans risque : la jurisprudence financière, à la différence de la jurisprudence administrative, traite avec sévérité les situations dans lesquelles un comptable a été irrégulièrement nommé ou installé, en faisant application de la théorie de la gestion de fait [3], comme le montre l'affaire de l'université française du Pacifique [4].

032.43 Constitution de garanties. Outre une nomination régulière, la qualité de comptable public suppose, pour ceux qui demeurent soumis à la loi de 1963 et donc à la responsabilité personnelle et pécuniaire, la constitution de garanties et une prestation de serment, de façon à permettre leur installation.

La première de ces garanties est le cautionnement [5], dont le montant est fixé par arrêté du ministre des Finances et qui est destiné à garantir le versement des sommes dont le comptable pourrait être déclaré débiteur au titre de sa gestion. Le cautionnement est déposé à la Caisse des dépôts et consignations jusqu'au *quitus* du comptable. À l'origine, le cautionnement était réel [6]. Depuis 1908, ces dépôts en numéraire peuvent être remplacés par la preuve de l'affiliation du comptable à l'Association française de cautionnement mutuel (AFCM).

Outre le cautionnement, le patrimoine du comptable est soumis à divers privilèges, dont l'hypothèque légale [7] grevant tous les immeubles, ainsi que ceux du conjoint même séparé de biens, même lorsqu'ils ont été acquis à titre gratuit avant l'installation.

Un comptable qui aurait négligé de constituer ces garanties ne serait pas dépouillé de son titre légal (il ne serait pas considéré comme comptable de fait et devrait répondre de sa gestion) mais il ne serait pas admis à prêter serment. Les opérations qu'il prendrait en charge ne seraient pas nécessairement irrégulières pour autant mais sa responsabilité pécuniaire ne serait pas garantie par le mécanisme du cautionnement.

Ces diverses sûretés avaient été introduites pour permettre la mise en jeu effective de la responsabilité personnelle et pécuniaire des comptables. Elles ont logiquement vocation à disparaître avec la suppression de ce régime à compter du 1er janvier 2023, sauf pour les comptables qui continuent d'en relever, dans le ressort des chambres territoriales des comptes.

032.44 Prestation de serment. Le serment professionnel est l'acte par lequel les comptables publics jurent de s'acquitter de leurs fonctions avec probité et fidélité et de se conformer aux lois et règlements qui ont pour objet d'assurer l'inviolabilité et l'emploi régulier des fonds publics.

Il résulte du décret GBCP, tel qu'issu de la réforme de 2022 [8], que « les comptables publics prêtent serment devant l'autorité compétente » [9]. Jusqu'alors et sauf cas particulier, le serment était prêté devant la juridiction dont le comptable public relevait à l'occasion de sa première installation. Désormais, l'autorité compétente pour recevoir le serment varie selon les cas (le décret prévoit huit situations différentes), mais il s'agit toujours d'une autorité administrative, le plus souvent de la direction générale des finances publiques.

Ce serment n'est prêté qu'une fois. L'article 14-1 précise que lors d'un changement d'affectation, les comptables publics justifient de leur prestation de serment auprès de l'autorité compétente, et qu'à défaut, ils prêtent de nouveau serment.

Un sort particulier est fait aux comptables de la direction générale des douanes et droits indirects, pour lesquels le serment prêté lors de leur entrée dans l'administration des douanes en application de l'article 54 du code des douanes vaut satisfaction de l'obligation de prêter serment à la date de leur première installation dans ces fonctions.

Pour des raisons pratiques, le décret prévoit que les personnes assurant l'intérim d'un poste comptable ainsi que les comptables commis d'office chargés de l'établissement des comptes en lieu et place du comptable titulaire ne prêtent pas serment.

1. V. ss no 614.22.
2. V. ss no 611.35.
3. Sur la gestion de fait, infraction financière, v. ss no 424.11 ; sur la procédure traditionnelle de gestion de fait, v. ss no 621.11.
4. C. comptes 10 déc. 2001, *Université française du Pacifique*, no 28324 ; *AJDA* 2003. 1220, chron. N. Groper.
5. Dont est dispensé le comptable intérimaire.
6. L. finances, 28 avr. 1816, art. 97.
7. Prise en pratique lorsque la responsabilité personnelle et pécuniaire du comptable est susceptible d'être mise en jeu.
8. Décr. no 2022-1605, 22 déc. 2022 portant application de l'ordonnance no 2022-408 du 23 mars 2022 relative au régime de responsabilité financière des gestionnaires publics et modifiant diverses dispositions relatives aux comptables publics, *JO* du 23 déc.
9. Décr. no 2012-1246, 7 nov. 2012, préc., art. 14-1, disposition issue du décr. no 2022-1605 précité.

Rien n'est prévu pour les comptables justiciables des chambres territoriales des comptes. Dans la pureté des principes et dans la mesure où ils relèvent du régime de responsabilité antérieur à l'ordonnance du 23 mars 2022, ils doivent continuer de prêter serment devant le juge des comptes.

La portée de cette formalité a pu être discutée à la suite d'un arrêt d'appel de la Cour des comptes, aux termes duquel « le défaut de prestation de serment devant la juridiction financière n'est pas de nature à priver [le comptable], qui a néanmoins fait l'objet d'une nomination régulière et a constitué des garanties, de tout titre légal en vue du maniement des deniers publics »[1]. Loin d'affirmer l'inutilité de la prestation de serment, la Cour s'est bornée à répondre à un moyen dilatoire de l'appelant qui soutenait qu'il aurait dû être traité comme un comptable de fait, ce qui aurait exigé une déclaration avant l'éventuel jugement de ses comptes.

Le comptable qui n'a pas prêté serment ne saurait, de ce seul fait, échapper à sa responsabilité. Dans le régime antérieur à la loi du 28 octobre 2008, la sanction de l'inaccomplissement de cette formalité substantielle résidait dans le prononcé d'une réserve, qui faisait obstacle à la décharge du comptable. Cette solution demeure d'actualité pour les comptables publics qui relèvent encore du régime de responsabilité personnelle et pécuniaire, quelle que soit d'ailleurs l'autorité regardée comme compétente pour recevoir le serment.

SECTION 4
ACTEURS EN DEHORS DU CHAMP DE LA COMPTABILITÉ PUBLIQUE

032.51 **Autres acteurs de la gestion publique.** La notion de gestionnaire public englobe tous ceux qui participent à la gestion d'organismes soumis au contrôle des juridictions financières[2] ; de ce fait, leur nature et qualité est très variable.

Dans le champ de la comptabilité publique, notamment de l'État et des établissements publics avec comptable, cela recouvre, outre les ordonnateurs et les comptables présentés plus haut, les tutelles et les contrôleurs financiers par exemple, ainsi que les agents de fait.

En dehors de ce champ, il peut s'agir de dirigeants ou de salariés d'entreprises publiques ou d'associations, quel que soit leur statut.

1. C. comptes 25 mai 2000, *Lycée professionnel Boutet de Monvel à Lunéville*, n° 25948 ; *Revue du Trésor* janv. 2001, p. 39.

2. Sur le champ des justiciables, v. s[s] n° 311.11.

CHAPITRE

033. Régimes de responsabilité pesant sur les gestionnaires publics

SECTION 0
ORIENTEUR

033.00 Sommaire du chapitre.

033.03 Bibliographie indicative.

Articles et contributions. M. Bouvier, « La responsabilité financière des ordonnateurs et des comptables publics confrontée à un monde en transition », *in* S. Damarey et N. Groper, *Responsabilité financière des gestionnaires publics*, Dalloz, 2024, p. 249. – M. Le Clainche, « Redevabilité financière et redevabilité managériale : séparation, concurrence ou complémentarité ? », *RFAP* 2016, nº 160, p. 1093. – É. Melle, C. Babusiaux et D. Mondon, « Responsabilité et mise en cause personnelle des agents publics », *Pouvoirs locaux* nº 126 – 12/2024, 67.

033.05 Pluralité de modes d'engagement de la responsabilité en matière de gestion publique. La notion de responsabilité est l'une des plus complexes de notre droit. En termes généraux, elle peut se définir comme « l'obligation de « répondre » d'une personne ou d'un fait, c'est-à-dire d'en assumer les actes ou les conséquences »[1]. Il s'agit donc, conformément à l'étymologie, d'une « réponse », donnée nécessairement à un tiers à raison d'un acte positif ou d'une abstention, et des conséquences qu'ils ont pu entraîner, qu'ils aient été commis par l'intéressé (responsabilité du fait personnel) ou par une personne dont il doit « répondre » (responsabilité du fait d'autrui).

Au sens du présent chapitre, la notion de responsabilité repose sur la possibilité d'une « sanction », qui ne prend pas nécessairement la forme d'une peine mais qui suppose la possibilité qu'une autorité extérieure modifie le sort ou le statut du gestionnaire, au-delà des comptes que celui-ci rend à sa propre conscience. Elle est parfois remplacée par le néologisme de « redevabilité », qui n'est pas nécessairement son équivalent dans la mesure où la redevabilité suppose en principe une dette préexistante, voire par le terme anglo-saxon « accountability », dont la portée juridique est réduite.

Cette notion renvoie aux différents régimes de responsabilité dont les principaux, s'agissant des gestionnaires publics, sont – outre la responsabilité financière objet du présent ouvrage – la responsabilité politique, la responsabilité pénale et la responsabilité civile. La responsabilité disciplinaire et celle dite « managériale » seront également traitées ici.

La multiplicité des responsabilités peut d'ailleurs susciter interrogation : « Peut-on impunément empiler sur la tête des gestionnaires et des comptables publics des responsabilités administrative, politique, pécuniaire, parfois pénale et à l'avenir managériale, sans omettre désormais la certification des comptes ? »[2]. La réponse se trouve dans la définition de chacune d'entre elles, et la répartition, autant que possible, des champs respectifs.

SECTION 1
RESPONSABILITÉ POLITIQUE

033.11 Aperçu de la responsabilité politique des gestionnaires publics. Il n'existe pas de régime com-

1. A. Bénabent et Y. Gaudemet, *Dictionnaire juridique*, LGDJ, 2025, p. 409.

2. O. Gloux, « Décret sur la gestion budgétaire et comptable publique : la prospérité d'un héritage », *GFP* 2013, nº 2-3, p. 23.

mun de responsabilité politique des gestionnaires publics mais des règles différentes selon les catégories de personnes publiques, dont certaines relèvent de la Constitution et d'autres de la loi ordinaire.

Qu'il s'agisse de celle des ministres ou de celle des élus locaux, deux cas de figure qu'il faut distinguer comme proposé ci-après, la responsabilité politique est mise en avant pour limiter la justiciabilité de ces deux catégories devant le juge financier répressif[1].

033.12 Responsabilité politique des ministres. La question concerne la responsabilité du Premier ministre et des ministres (toutes catégories confondues, y compris les secrétaires d'État mais à l'exclusion des collaborateurs de cabinet)[2].

L'évolution des régimes politiques occidentaux est marquée par le passage d'une responsabilité pénale, individuelle et *a posteriori*, à une responsabilité politique, collective et *a priori*. Cette responsabilité collégiale a été acquise en Angleterre dès le XVIIIe siècle. La responsabilité politique du gouvernement est considérée comme « la pièce maîtresse du régime parlementaire »[3]. Elle permet de vérifier la cohésion entre l'exécutif et sa majorité[4] ou, au contraire, « d'apporter une solution aux conflits susceptibles de survenir entre le Gouvernement et la majorité parlementaire, dont pourtant il est issu »[5]. Dans cette dernière optique, par le refus de la confiance ou le vote d'une motion de censure, l'Assemblée nationale peut obliger le Gouvernement à démissionner.

Dans une vision plus large, les représentants doivent rendre des comptes aux représentés. « Le principe de *responsabilité* oblige les représentants à répondre de l'exercice de leurs fonctions devant les citoyens »[6]. Cette responsabilité dégradée ne se traduit par aucune conséquence en cours de mandat et se limite à la non-réélection du gouvernant.

Quelle que soit l'acception retenue et sous réserve de l'interprétation adoptée par le Conseil constitutionnel[7], il n'existe pas de responsabilité politique individuelle pour les ministres, qui ne répondent pas personnellement de leurs actes devant le Parlement et qui, n'étant pas élus, ne sont pas exposés au risque de non-réélection. Il reste qu'il peut être mis un terme à leurs fonctions par le Président de la République, sur proposition du Premier ministre, mais il s'agit moins d'une « responsabilité » que de la traduction de la précarité de la situation de l'ensemble des dirigeants de l'État (préfets, ambassadeurs, directeurs d'administration centrale, recteurs...), dont les ministres sont les premiers et qui n'ont aucun droit acquis au maintien dans leurs fonctions.

033.13 Responsabilité politique des élus locaux. La situation des élus locaux est différente de celle des ministres à un triple titre.

En premier lieu, qu'il s'agisse de l'ordonnateur ou des membres de l'assemblée délibérante des collectivités territoriales, ils procèdent d'une élection au suffrage universel.

En deuxième lieu, à l'inverse du Gouvernement, ce qui est improprement qualifié « d'exécutif »[8] ne constitue pas un organe collégial.

En troisième lieu et surtout, il n'existe pas de dispositif permettant à l'assemblée délibérante de mettre un terme au mandat de l'ordonnateur, même si ce dernier ne dispose plus ni de la confiance ni de la majorité du conseil, et peut même se retrouver seul jusqu'au terme de son mandat, sauf dissolution du conseil[9]. Il n'y a donc pas de responsabilité de l'élu local devant son assemblée délibérante, l'un et l'autre ayant vocation à demeurer en fonction jusqu'au terme du mandat. Or « la responsabilité politique suppose que les représentés (les citoyens) puissent mettre un terme (directement ou indirectement par d'autres représentants) au mandat de l'élu »[10].

Ces éléments n'ont pas empêché le Conseil constitutionnel, dans sa décision du 2 décembre 2016[11], de fonder la différence de traitement dont font l'objet les élus locaux par rapport aux personnes justiciables de la Cour de discipline budgétaire et financière sur l'existence d'un « contrôle » de l'assemblée délibé-

1. Sur la limitation de la responsabilité des ministres et des élus devant le juge financier, et ses justifications, v. ss nos 033.13, 312.13 et 312.36.
2. Sur la non-justiciabilité des membres du Gouvernement, v. ss nos 312.13 et 312.31 s., en particulier ss nos 312.36 et 312.37 ; sur la justiciabilité exceptionnelle des ministres en cas de gestion de fait : v. ss no 312.32 ; sur les collaborateurs de cabinet, justiciables, v. ss no 313.12.
3. F. Mélin-Soucramanien et P. Pactet, *Droit constitutionnel*, Lefebvre-Dalloz, 42e éd., 2024.
4. Sous la forme d'une question de confiance (art. 49, al. 1er, de la Constitution, selon un mécanisme à distinguer de la *verifica di governo* italienne, qui se limite à une confirmation de la majorité gouvernementale entre les partis qui la composent) ou de l'engagement de responsabilité du gouvernement (art. 49, al. 3).
5. F. Mélin-Soucramanien et P. Pactet, *Droit constitutionnel*, préc., § 345.
6. A. Haquet, *Droit constitutionnel*, Dalloz, 4e éd., 2024, p. 401.
7. V. ss no 312.13.
8. Il n'y a pas de pouvoir législatif local, sauf dans certaines collectivités à statut spécial d'outre-mer.
9. Procédure à caractère exceptionnel et qui ne peut être justifiée par des dissensions politiques, mais par une impossibilité de fonctionnement des organes de la collectivité. En sens inverse, l'ordonnateur ne dispose pas du pouvoir de dissolution de son conseil.
10. A. Haquet, *Droit constitutionnel*, préc., p. 281.
11. Cons. const., no 2016-599 QPC, 2 déc. 2016, *Sandrine A* ; *Rec.* 205 ; *AJDA* 2016. 2349 ; *Dr. adm.* 2017, no 5, chron. 3, note A. Camus ; v. aussi l'étude de P. Castéra, « Un pas de moins vers la responsabilité financière des ministres et des élus locaux ordonnateurs », *JCP Adm.* 2017. 2329. – V. ss no 312.13.

rante. Sans employer le terme de responsabilité, le Conseil constitutionnel s'inspire manifestement de cette idée, sans d'ailleurs préciser en quoi pourrait consister un tel « contrôle », pour justifier le fait qu'à l'inverse des autres gestionnaires publics, les élus locaux et les ministres n'aient pas à répondre de leur gestion devant la juridiction spécialisée.

La décision du Conseil constitutionnel est loin d'avoir emporté la conviction de la doctrine [1]. Comme le note le professeur Haquet à propos du chef de l'État, mais le raisonnement vaut en termes identiques pour les élus locaux, « la responsabilité politique suppose que les représentés (les citoyens) puissent mettre un terme (directement ou indirectement par d'autres représentants) au mandat du président. Ce n'est pas le cas si l'on se contente d'attendre la fin du mandat. Le non-renouvellement n'est pas une sanction politique infligée à une action en cours » [2].

Il paraît dès lors difficile d'évoquer une responsabilité politique des élus locaux, dont l'éventuelle non-réélection, qui n'est pas une sanction, peut revêtir bien d'autres causes que les conditions dans lesquelles ils ont exercé leurs fonctions.

SECTION 2
RESPONSABILITÉ PÉNALE

033.21 Responsabilité pénale des gestionnaires publics et sa relation avec la répression de droit public financier. À l'inverse de la responsabilité politique, la responsabilité pénale des gestionnaires publics se définit aisément par la possibilité de les poursuivre devant les juridictions répressives de droit commun ou d'exception.

À côté du droit public financier (qui inclut le droit budgétaire, le droit de la comptabilité publique, le droit de la commande publique, etc.), l'ordre financier public est protégé également par certaines dispositions du droit pénal [3].

Toutefois, le droit pénal n'intervient que dans un champ très limité, celui des atteintes au devoir de probité, terme que le code pénal a mis explicitement en exergue dans la partie consacrée aux délits correspondants (« *Section 3 : Des manquements au devoir de probité, Articles 432-10 à 432-16* »), comme la concussion [4], le détournement de fonds publics [5] et autres délits (corruption, prise illégale d'intérêts...).

Surtout, la protection de l'ordre financier public n'est pas, au sens strict, la finalité recherchée par le droit pénal ; il ne s'agit pas non plus d'une simple gradation liée à une gravité particulière entachant une atteinte à cet ordre public, même si le pénal n'intervient normalement que dans les cas revêtant une certaine gravité qui se traduit par une intentionnalité particulière. Le droit pénal a pour finalité, dans le champ de la gestion publique, de sanctionner les atteintes à la probité, ce qui suppose une intention dolosive, donc un élément intentionnel fort de malhonnêteté ou de mauvaise foi que les notions principales des finances publiques – rendre compte, régularité, préjudice... – ne comportent pas nécessairement.

Autrement dit, le droit pénal n'a pas vocation à protéger tous les aspects de l'ordre public financier, malgré une tendance vers une certaine pénalisation de l'action publique depuis une trentaine d'années, phénomène d'ailleurs régulièrement critiqué.

L'existence d'une sanction pénale pour les cas d'atteinte au devoir de probité, exigence fondamentale pour la confiance des citoyens, laisse donc une place pour des sanctions juridictionnelles *infra*-pénales, pour des sanctions de droit public financier mises en œuvre par les juridictions financières (pour réprimer les irrégularités budgétaires, financières et comptables, ainsi que les « fautes de gestion »).

Ce *corpus* de sanctions de droit public, liées à des règles et des contrôles spécifiques, permet précisément, grâce à la vigilance qu'ils exercent sur la gestion publique, d'éviter que des dérives qualifiables d'infractions pénales puissent être commises, ce qui protège les individus comme le système dans son ensemble ; et parallèlement, la répression de droit public financier, lorsqu'elle joue son rôle, contribue à limiter le risque de pénalisation excessive de l'action publique.

C'est en ce sens que la possibilité de déclasser certaines infractions pénales en faveur du juge administratif financier est régulièrement évoquée, s'agissant de la part non intentionnelle du délit de favoritisme prévu à l'art. 432-14 du code pénal, compte tenu de sa proximité avec les finalités poursuivies par la répression de droit public financier et du degré limité d'intentionnalité exigé par ce délit ; le projet de réforme des juridictions financières de 2009 prévoyait d'ailleurs une telle évolution [6], qui demeure d'actualité [7].

Quoi qu'il en soit, les textes prévoient la possibilité de cumuler poursuites pénales et financières sur les mêmes faits, sauf exception, et même le cumul de sanctions, dans certaines limites toutefois [8].

1. V. s^s n°s 312.36 et 312.37 (ministres) ; et s^s n° 312.53 (élus locaux).
2. A. Haquet, *Droit constitutionnel*, préc., p. 281.
3. Sur les relations entre pénal et financier, v. s^s n° 231.21.
4. C. pén., art. 432-10.
5. C. pén., art. 432-15.
6. Sur ce projet, inabouti, v. s^s n°s 046.31 s. ; en particulier v. s^s n°s 046.35 et 046.36.
7. PAR EX. : Éric Woerth *Décentralisation : Le temps de la confiance. Rapport au Président de la République*, mai 2024, prop. n° 28.
8. Sur le cumul pénal/financier et ses limites, v. s^s n°s 212.21 s.

033.22 **Responsabilité pénale des ministres.** Si l'on met à part le président de la République, qui bénéficie depuis la révision constitutionnelle du 23 février 2007 d'une immunité complète durant son mandat [1], le régime de responsabilité des membres du Gouvernement a profondément évolué dans le sens d'une extension, au moins théorique, des possibilités de poursuite et de condamnation.

Jusqu'en 1993, les ministres bénéficiaient d'un privilège de juridiction pour les infractions pénales commises dans l'exercice de leurs fonctions, dont ils répondaient devant la Haute Cour de justice.

Depuis la loi du 27 juillet 1993 [2], cette responsabilité peut être recherchée devant la Cour de justice de la République (CJR), saisie par toute personne y ayant intérêt. La plainte est alors examinée par la commission des requêtes, composée de sept magistrats (trois membres de la Cour de cassation, deux du Conseil d'État et deux de la Cour des comptes), qui décide de classer l'affaire ou de la transmettre au procureur général près la Cour de cassation. Dans ce dernier cas, la commission d'instruction, au terme de ses auditions, peut décider le renvoi des personnes poursuivies devant la CJR, composée de quinze membres, trois magistrats et douze parlementaires, et dont les décisions sont susceptibles de faire l'objet d'un pourvoi en cassation.

Depuis sa création, la CJR a été saisie à huit reprises. Aucune des dix personnes poursuivies devant elle n'a été condamnée à une peine d'emprisonnement ferme (trois à une peine de prison assortie du sursis [3]), deux ont bénéficié d'une dispense de peine et cinq d'une relaxe. Si les peines d'amende qu'elle prononce ne sont pas toujours symboliques [4], elle est néanmoins regardée souvent comme l'instrument d'une justice d'exception et peu exemplaire, et différents projets ont visé à la supprimer, en particulier en 2013, 2018 et 2019, sans succès à ce jour.

Pour les faits commis en dehors de l'exercice de leurs fonctions, les ministres relèvent des juridictions répressives de droit commun : tribunal de police, tribunal correctionnel, cour d'assises.

033.23 **Responsabilité pénale des autres gestionnaires publics.** En dehors des ministres, les gestionnaires publics relèvent des règles et des procédures du droit pénal général, que leurs actes soient commis dans le cadre ou hors de leurs fonctions.

S'agissant des actes commis dans l'exercice de leurs fonctions, les incriminations le plus souvent retenues peuvent relever d'infractions d'ordre général (atteintes à la liberté individuelle, mise en danger des personnes, faits d'imprudence et de négligence) ou de manquements à la probité comme la corruption, le trafic d'influence, la prise illégale d'intérêt ou le délit de favoritisme.

S'agissant des élus locaux, le « risque pénal », sans être anecdotique, demeure contenu : pour un total de 572 817 élus au 1er janvier 2022 [5], 2036 ont été poursuivis sur l'ensemble de la mandature 2014-2020, soit un taux de mise en cause pénale de 0,35 % (2,80 % pour les seuls maires). 524 d'entre eux ont fait l'objet d'une condamnation [6], dont environ la moitié pour atteinte à la probité.

Les réflexions concernant le statut de l'élu local et les responsabilités qui s'y attachent font souvent le lien avec la CDBF et désormais la Cour des comptes, dont l'intervention peut être présentée comme une alternative lorsque les manquements sont commis de bonne foi, ce qui pourrait être de nature à éviter une « pénalisation » excessive de la gestion publique [7].

SECTION 3
RESPONSABILITÉ FINANCIÈRE

033.31 **Définition et place du régime de responsabilité de droit public financier.** Le régime de responsabilité financière des gestionnaires publics est un régime de responsabilité de droit public financier qui permet au juge financier, juge administratif spécialisé, de sanctionner, par des amendes, les acteurs qui interviennent dans la gestion des organismes faisant partie de la sphère publique lorsqu'ils ont commis des infractions prévues par le code des juridictions financières.

Ce régime est purement répressif [8], dans la mesure où il ne prévoit pas de réparation ; la responsabilité qu'il engage est celle d'une faute personnelle, individuelle. Elle est appelée « financière » non parce qu'elle conduit à des amendes financières, mais parce que son domaine est celui des finances.

Les notions de « discipline budgétaire et financière » et de « fautes de gestion » constituent d'autres appellations pour ce même régime. D'autres termes,

1. Constitution, art. 67.
2. L. const. n° 93-952, 27 juill. 1993 portant révision de la Constitution du 4 oct. 1958 et modifiant ses titres VIII, IX, X et XVI, *JO* 28 juill.
3. Dans un cas pour une affaire d'escroquerie au préjudice de l'État.
4. Dans un cas, 100 000 euros et dans un autre, 20 000 euros.
5. DGCL, *Les collectivités locales en chiffres 2022*, août 2022 [en ligne].
6. SMACL, *Rapport 2023. Observatoire SMACL des risques de la vie territoriale et associative*, févr. 2024 [en ligne].
7. Voir l'exposé des motifs du projet de réforme porté par le premier président Séguin, adopté en conseil des ministres le 28 oct. 2009, ou le groupe de travail « CDBF – pénal ». – V. respectivement ss nos 046.35 et 046.34.
8. Sur la nature incontestablement répressive du régime, v. ss n° 211.31.

comme contentieux financier[1] et répression financière (ou de droit public financier) y sont associés.

Le régime de responsabilité financière des gestionnaires publics est de nature particulière, autonome ; il peut se rapprocher de certains des autres régimes de responsabilité décrits ici (pénal, disciplinaire), sans se confondre avec aucun d'entre eux.

033.32 **« Discipline budgétaire et financière ».** La notion de « discipline budgétaire et financière », qui a donné son nom à la Cour de discipline budgétaire et financière en France (et que l'on retrouve dans d'autres pays pour nommer certaines juridictions spécialisées dans les finances publiques), mais qui n'a jamais été définie officiellement, revêt une signification générale avant d'être juridique.

Ainsi, dans un article datant de 1947 et intitulé « Discipline budgétaire », R. Jacomet[2] voyait dans la discipline budgétaire d'abord la nécessité d'équilibrer le budget de l'État, et donc d'éviter qu'au cours de l'exécution des lois de finances, des dépenses puissent être engagées sans que les crédits aient été préalablement ouverts : « de telles erreurs ne peuvent se perpétuer sans mener le pays à l'abîme. Il faut, à tout prix, imposer une stricte discipline dans l'élaboration et l'exécution du budget ».

Il s'agit donc d'une appellation programmatique, d'un objectif affiché, d'un résultat espéré, plutôt qu'un élément permettant de comprendre la nature juridique de cette dernière. D'ailleurs, le nom donné à la CDBF a souvent prêté à confusion : il ne s'agissait pas d'une « Cour de discipline », d'une instance disciplinaire, mais d'une véritable juridiction administrative répressive ; ce qui doit être « discipliné », c'est le budget, ce sont les finances des structures publiques. On peut même dire que la discipline budgétaire et financière constitue l'un des objectifs du régime de responsabilité des gestionnaires publics, car la « discipline financière »[3] c'est en quelque sorte l'objet même des « finances publiques », entendues comme matière universitaire à part entière.

L'essor du droit européen et les limites fixées aux déficits budgétaires ont d'ailleurs mis à la mode, dans les années 1990, l'expression « discipline budgétaire », indépendamment de la CDBF.

Sous le titre « discipline budgétaire », certains auteurs ont pu voir « un principe de responsabilité complexe, à la fois pénale, disciplinaire et civile destiné à sanctionner les irrégularités budgétaires »[4].

1. V. s[s] n° 031.51.
2. R. Jacomet, « Discipline budgétaire », *Rev. pol. parl.* 1947, n° 192-193, p. 35.
3. Terme utilisé par G. Orsoni dans l'avant-propos de son ouvrage, *Science et législation financières*, Économica, 2005, p. IX.
4. C.-A. Colliard, « Les irrégularités budgétaires et leurs sanctions », *D.* 1949. 66.

La « discipline budgétaire et financière » peut donc parfois désigner le système de responsabilité des gestionnaires publics lui-même, qui a été instauré par la loi de 1948, et réformé par l'ordonnance du 23 mars 2022, et qui est l'objet du présent ouvrage ; dans la plupart des pays, on lui préfère toutefois, à juste titre, la terminologie « fautes de gestion », qui se réfère davantage à l'objet sanctionné (la faute) qu'à l'objectif recherché.

033.33 **« Faute de gestion ».** La notion apparaît dès le titre de la loi de 1948 qui établit le régime de responsabilité de droit public financier (loi « tendant à sanctionner les fautes de gestion commises à l'égard de l'État et de diverses collectivités et portant création d'une Cour de discipline budgétaire »), mais elle était absente du projet de loi ; « l'introduction, dans le titre, des termes de « gestion » et de « fautes », dénotait une certaine ambiguïté qui n'affectait pas seulement le vocabulaire[5] ».

Il existe certes un débat sur la question de savoir si la juridiction financière répressive sanctionne bien des fautes de gestion ; la réponse est indéniablement positive, sous certaines conditions juridiques. D'ailleurs, la Cour de discipline budgétaire et financière elle-même avait recours à la notion de faute de gestion sous forme générique, c'est-à-dire englobant l'ensemble des infractions financières[6], tout comme le Conseil d'État[7]. Ce terme sera donc utilisé ici pour désigner le corps des infractions sanctionnables par la CDBF hier, et par la chambre du contentieux de la Cour des comptes aujourd'hui.

La référence à la notion de « faute » paraît importante pour comprendre le mécanisme de responsabilité de droit public financier, qui est fondé précisément sur l'existence d'une faute sanctionnable commise dans la gestion[8].

Notons enfin que de nombreux pays étrangers désignent précisément par « fautes de gestion » l'ensemble du régime de responsabilité des gestionnaires publics[9].

5. A. Crépey (dir.), *La Cour des comptes*, CNRS, 1984, p. 907.
6. PAR EX. : CDBF 20 avr. 1988, *Caisse interprofessionnelle de retraite des commerçants détaillants de la région parisienne (CIRCD)* ; CCP, n° 3, p. 138 ; *Lebon* 546 : dans cet arrêt, la Cour considère que l'engagement de procédures disciplinaires « ne saurait priver la Cour de discipline budgétaire et financière du pouvoir de sanctionner les fautes de gestion commises par cet agent ».
7. CE 16 janv. 2008, *M. Haberer*, req. n° 292790 ; *Rev. Trésor* 2008. 380 ; *Rev. Trésor* 2008. 409, note N. Groper ; *AJDA* 2008. 1000, note M. Collet ; *RFAP* 2008. 431, note A.-G. Delion et M. Durupty ; *RJEP* août-sept. 2008, p. 12, note M. Lascombe et X. Vandendriessche ; *JCP Adm.* 2008, n° 29, p. 20, note J. Gaté.
8. Sur ce point, la notion de faute de gestion de façon plus détaillée, s[s] n° 411.12.
9. N. Groper, *Responsabilité des gestionnaires publics devant le juge financier*, Dalloz, 1re éd., 2009, p. 409.

SECTION 4
RESPONSABILITÉ CIVILE, RESPONSABILITÉ PÉCUNIAIRE

033.41 Responsabilité civile des gestionnaires publics. « L'obligation de répondre d'un dommage causé »[1], caractéristique de la responsabilité civile, constitue un principe général applicable en principe à l'ensemble des gestionnaires publics.

Si l'on met à part le président de la République, qui est irresponsable à raison des actes commis dans l'exercice de ses fonctions et qui « ne peut faire l'objet d'une action »[2] durant son mandat, y compris au plan civil, les ministres, les autres ordonnateurs et gestionnaires publics engagent leur responsabilité civile dans les conditions du droit commun. Ils répondent donc, en matière extracontractuelle, de leur fait personnel, du fait d'autrui et du fait des choses dont ils ont la garde[3].

Deux précisions sont à apporter pour certaines catégories de gestionnaires publics.

En premier lieu, lorsque le gestionnaire relève du statut général des fonctionnaires (directeur d'administration centrale, fonctionnaire territorial, directeur d'hôpital...), il se voit appliquer les règles du droit administratif, qui consacrent une distinction entre faute personnelle et faute de service. La victime d'un dommage causé par un fonctionnaire peut demander à l'administration de réparer le préjudice qu'elle a subi dès lors que l'agissement de l'agent constitue une faute de service ou une faute personnelle non dépourvue de tout lien avec le service[4]. Elle peut également agir simultanément contre l'agent et l'administration, cette dernière pouvant alors exercer une action récursoire contre l'auteur de l'acte, possibilité qui n'est presque jamais mise en œuvre. En pratique, le fonctionnaire n'est donc responsable que de ses fautes personnelles dépourvues de tout lien avec le service.

Il en va autrement, en second lieu, de cette catégorie particulière de fonctionnaires que sont les comptables publics[5]. Jusqu'au 31 décembre 2022, l'ensemble des comptables publics étaient soumis à un régime de responsabilité personnelle et pécuniaire qui ne ressemblait ni à la responsabilité civile ou pénale ni à la responsabilité administrative, et qui distinguait radicalement ces agents du reste de la fonction publique. Ce régime, qui ne s'applique plus désormais qu'aux comptables de certaines collectivités d'outre-mer, se cumulait avec la responsabilité civile. En vertu d'un ajout entré en vigueur le 1er juillet 2012, le texte de la loi du 23 février 1963 disposait explicitement que la responsabilité propre aux comptables publics était engagée « outre la responsabilité attachée à leur qualité d'agent public »[6], ce qui soulignait que les comptables publics relevaient également des régimes de responsabilité de droit commun (civil, pénal, CDBF...).

La question a évolué récemment à la faveur de deux circonstances : d'une part, la suppression, sauf exception, du régime de responsabilité personnelle et pécuniaire des comptables publics ; d'autre part, les précisions apportées par le Conseil constitutionnel en 2019 lorsqu'il a été saisi du monopole de poursuites du ministère public devant les juridictions financières. À cette occasion, le juge constitutionnel a considéré que l'impossibilité, pour la personne morale concernée, de formuler des griefs à l'encontre de son comptable ne portait pas une atteinte excessive « au droit des collectivités publiques victimes d'obtenir réparation de leur préjudice ni au droit à un recours juridictionnel effectif »[7]. Mais il a ajouté : « les collectivités publiques victimes d'une faute du comptable ont la possibilité, si le ministère public près les juridictions financières n'a pas entendu saisir la chambre régionale des comptes de cette faute et de toutes ses conséquences, d'agir en responsabilité, selon les voies du droit commun, contre l'État ou contre le comptable lui-même ».

Une telle précision pouvait s'apparenter à une clause de style dans la mesure où le régime de responsabilité des comptables, ouvert sans faute dès le premier euro, garantissait très largement les droits des personnes publiques, même si ces dernières n'avaient pas l'assurance que les comptes seraient contrôlés ni qu'en cas de contrôle, le ministère public retiendrait l'ensemble des charges qu'elles auraient estimées fondées. La suppression de ce dispositif a pour effet de supprimer cette garantie puisque, quand bien même des manquements seraient poursuivis devant la Cour des comptes, le remplacement du débet, qui avait pour objet, depuis 2011, de couvrir le préjudice subi par la personne morale, par une simple amende ne permet plus de les désintéresser. Elles pourraient en conséquence envisager de mettre en jeu la responsabilité administrative de la puissance publique ou, si les conditions en sont réunies, la responsabilité civile du comptable.

La circonstance que la mention « outre la responsabilité attachée à leur qualité d'agent public » ait

1. Collectif, *Dictionnaire du vocabulaire juridique*, LexisNexis, 15e éd., 2024, p. 469.
2. Constitution, art. 67.
3. C. civ., art. 1240 s.
4. CE 3 févr. 1911, *Anguet*, req. no 34922 ; – CE 26 juill. 1918, *Époux Lemonnier*, req. nos 49595 et 55240 ; – CE, ass., 18 nov. 1949, *Dlle Mimeur*, req. no 91864.
5. V. ss nos 032.31 s.
6. L. no 2011-1978, 28 déc. 2011 de finances rectificative pour 2011, *JO* 29 déc., art. 90.
7. Cons. const. 5 juill. 2019, *Commune de Sainte-Rose et autres*, no 2019-795 QPC ; *Rec.* 231 ; *AJDA* 2019. 1425.

disparu dans la loi ne change rien au fait que les comptables doivent répondre de leurs agissements, selon les cas, seuls (mais tout dépend en la matière de la façon dont le juge appréciera la notion de faute dépourvue de tout lien avec le service) ou avec la personne publique. Lorsque, et ce sera le plus souvent le cas, c'est la personne publique qui se présente comme la victime du dommage causé par le comptable – par exemple lorsque, du fait de l'inaction de ce dernier, une créance n'a pu être recouvrée – cette responsabilité du comptable pourra recouvrir une réalité, en lieu et place de l'ancienne responsabilité personnelle et pécuniaire, sans que puisse désormais jouer au profit de ce dernier le mécanisme de remise gracieuse par le ministre.

En revanche, l'ordonnance du 23 mars 2022 a prévu un mécanisme pour protéger les comptables publics des effets d'une action civile à leur encontre [1] : en effet, « dans les conditions prévues par décret, l'État prend en charge les déficits résultant exclusivement des fautes ou des erreurs des comptables publics de l'État » [2].

SECTION 5
RESPONSABILITÉ DISCIPLINAIRE

033.51 Indépendance des poursuites disciplinaires. Les sanctions disciplinaires s'appliquent à la gestion publique financière comme dans les autres domaines de l'action administrative. Pour les agents publics, elles sont prévues par le code général de la fonction publique.

Les textes prévoient explicitement l'indépendance des poursuites disciplinaires par rapport aux poursuites financières (et pénales) [3], et même leur cumul possible [4].

Contrairement à certains indices contraires, et malgré les termes ambigus utilisés par le Conseil constitutionnel, le régime de responsabilité financière des gestionnaires publics n'est pas une forme de responsabilité disciplinaire [5], mais un régime *sui generis.*

033.52 Pratique des sanctions disciplinaires. En matière financière, les sanctions disciplinaires sont peu utilisées, sauf cas très graves (révocation en cas de manquement à la probité et à l'intégrité comme le détournement, la conservation de fonds, la malversation, le vol, les dégradations, les chèques sans provision).

Un rapport de 2020 sur la responsabilité des gestionnaires publics indique d'ailleurs que des progrès sont à faire dans ce domaine et que « en matière disciplinaire les blocages sont essentiellement culturels » [6]. Il recommande que soient mis en place des mécanismes qui obligent les autorités hiérarchiques à examiner et prendre position sur des « situations sensibles ne justifiant pas une éventuelle sanction juridictionnelle ». De tels mécanismes pourraient déjà être mis en œuvre, notamment pour sanctionner des dérives sans attendre l'intervention des juridictions qui arrivent par définition tardivement.

Le même rapport propose aussi que le ministre du Budget puisse saisir ses homologues de faits dans l'exercice des fonctions de gestionnaires qui pourraient être passibles de sanctions disciplinaires ou susceptibles d'avoir des conséquences sur la carrière des intéressés. Pourtant, aucun texte n'empêche le ministre du Budget de faire une telle saisine et d'ainsi signaler à ses homologues des comportements répréhensibles.

SECTION 6
RESPONSABILITÉ « MANAGÉRIALE »

033.61 Notion de « responsabilité managériale ». Notion parfois difficile à cerner, la « responsabilité managériale » peut être définie par l'ensemble des moyens de gestion permettant d'inciter à la performance dans la gestion, ou au contraire de « sanctionner » les contre-performances.

Ainsi, pour reprendre les termes de M. Le Clainche, à la différence des autres formes de responsabilité, « la redevabilité managériale, plus récente, concerne l'obligation de rendre des comptes sur la qualité de la gestion publique. Elle est souvent moins formalisée et davantage tournée vers la performance ou le contrôle démocratique [...] » [7].

Stéphanie Damarey souligne que « la concrétisation de cette responsabilité managériale s'apparente,

1. Sur ce mécanisme, v. en détail s[s] n° 462.44.
2. Ord. n° 2022-408, 23 mars 2022 relative au régime de responsabilité financière des gestionnaires publics, art. 32.
3. CGFP, art. L. 125-2 : « Sans préjudice de l'action pénale ou disciplinaire, la responsabilité financière d'un agent public peut être mise en cause devant la Cour des comptes à raison des actes accomplis dans l'exercice de ses fonctions, dans les conditions et selon les modalités définies au chapitre Ier du titre III du livre Ier du code des juridictions financières ».
4. Sur le cumul disciplinaire/financier, prévu au CJF, art. L. 142-1-12, al. 1er, v. s[s] n° 212.21.
5. Sur le débat sur la nature disciplinaire ou non du contentieux financier, v. s[s] n° 211.22. – V. aussi N. Groper, « "Disciplinaire", la Cour de discipline budgétaire et financière ? », *in Écrits de droit public, financier et constitutionnel. Mélanges en l'honneur de Michel Lascombe*, Dalloz, 2020, p. 201.
6. J. Bassères et M. Pacaud, *Responsabilisation des gestionnaires publics*, Rapport remis au ministre de l'Action et des comptes publics, 2020, p. 7.
7. M. Le Clainche, « Redevabilité financière et redevabilité managériale : séparation, concurrence ou complémentarité ? », *RFAP* 2016, n° 160, p. 1093.

dans ses modalités, à un dispositif de contrôle hiérarchique avec des possibilités d'avancement de carrière, d'augmentation de la rémunération, de primes ou à l'inverse, lorsque les résultats ne sont pas au rendez-vous, des conséquences négatives en termes de progression de carrière voire de retrait des fonctions managériales »[1].

Il s'agit donc d'une forme de « responsabilité » interne, hiérarchique, moins tournée vers la régularité (auquel cas on glisserait vers la responsabilité disciplinaire, voire financière) que vers la performance, avec des instruments moins juridiques (encore moins juridictionnels) que de pure gestion.

Cette forme de redevabilité, habituelle dans la gestion du secteur privé, a pris de l'importance – du moins dans les discours – depuis une trentaine d'années, notamment dans le sillage de la loi organique relative aux lois de finances (LOLF) de 2001[2], avec comme conséquence, notamment, de susciter une interrogation quant à la place de ces outils par rapport à la responsabilité financière.

En effet, la LOLF avait pour ambition de porter une logique nouvelle reposant sur le pari de la plus grande liberté des gestionnaires et donc de leur « responsabilité »[3].

Mais assez vite s'est posée la question de la manière d'engager cette responsabilité, qui supposait notamment de s'interroger sur les conséquences à tirer pour les gestionnaires publics de la non-atteinte des objectifs fixés dans les projets annuels de performances, ce qui s'est révélé bien difficile en pratique. Ainsi, alors que la LOLF donne un rôle prééminent aux responsables de programme en matière budgétaire, « ceux-ci sont supposés exercer la pleine responsabilité de leur gestion devant le Parlement et notamment rendre compte sur les résultats obtenus. En réalité, leur responsabilité s'arrête là où commence celle du ministre lorsque certains aléas de gestion ou des risques d'insoutenabilité ne peuvent être traités qu'au niveau ministériel »[4].

Selon le Professeur Michel Bouvier, « il faut bien constater que le législateur peine à intégrer ce qu'il est convenu de qualifier de responsabilité managériale alors même que celle-ci constitue pourtant le cœur de la LOLF, un texte, on le sait, fondé sur la responsabilisation des acteurs publics, politiques et administratifs, sur leur autonomie d'action... »[5].

Or les outils permettant d'ores et déjà de mettre en œuvre une responsabilité managériale ne sont guère utilisés. La portée des mécanismes d'incitation à la performance est ainsi jugée, par la doctrine et les praticiens, globalement faible : « faiblesse des mécanismes d'intéressement aux économies, modestie de la place réservée à l'examen des performances, existence de contrats d'objectifs dépourvus de volet "moyens" »[6], faible encouragement à la prise de risque, marges de manœuvre réduites des gestionnaires dans la gestion de leurs moyens. Ce qui vaut pour les instruments incitatifs vaut aussi pour les « sanctions managériales », moins aisées à déployer que dans le secteur privé (en particulier le licenciement).

033.62 Articulation entre « responsabilité managériale » et responsabilité financière. La notion de « responsabilité managériale » est parfois présentée comme une alternative à la responsabilité juridictionnelle de droit public financier.

Ce mode de responsabilisation, par les outils du management, des acteurs de la chaîne financière permettrait, selon ses adeptes, d'encourager la performance du comptable public et de l'ordonnateur.

C'est d'ailleurs sur cette base que certains ont pu préconiser la suppression du jugement des comptes et de la responsabilité personnelle et pécuniaire (RPP) des comptables[7] : ce régime, désormais abrogé[8] sauf pour quelques collectivités particulières, « est sans grands rapports avec le management. [...] En d'autres termes, la redevabilité financière qu'il incarne n'a pas de rapports avec la redevabilité managériale »[9]. D'ailleurs, la RPP n'a pas été conçue pour cela à l'origine et « les réformes dont elle a récemment fait l'objet l'ont éloignée encore plus des préoccupations gestionnaires », alors que rendre les deux branches

1. Rapport de S. Damarey (comparaisons internationales) annexé à : J. Bassères et M. Pacaud, *Responsabilisation des gestionnaires publics*, préc.
2. L. org. n° 2001-692, 1er août 2001 relative aux lois de finances (LOLF).
3. S. Mahieux, « Mettre en œuvre la réforme – le pari de la responsabilité », *RFFP* 2001, n° 76. 123. V. aussi le colloque organisé par la Cour des comptes sur « L'autre réforme », en 2005 : *RFFP* 2005, n° 92. 9 – Sur ce colloque, v. ss n° 046.33.
4. H. Bied-Charreton, « La LOLF : dix ans après au ministère de la Défense. Le regard du directeur des affaires financières », *GFP* 2016, n° 6. 66.
5. M. Bouvier, « La responsabilité financière publique confrontée à un système budgétaire en transition », *RFFP* 2017, n° 139. 17. Discours de clôture d'un colloque conjoint de la FONDAFIP et de l'Association française de cautionnement mutuel (2017).
6. F. Tanguy, « Du "décret GBCP" à l'Action publique 2022 : cinq ans de modernisation de la gestion budgétaire et comptable », *GFP* 2019, n° 2. 64.
7. J. Bassères et M. Pacaud, *Responsabilisation des gestionnaires publics*, préc. V. également M. Collet et G. Eckert, « Le contrôle juridictionnel des comptes publics : réformer ou supprimer ? Chronique de droit administratif et finances publiques », *RFDA* 2014. 1015.
8. Par la réforme entrée en vigueur le 1er janv. 2023 ; v. ss n° 052.21.
9. M. Le Clainche, « Redevabilité financière et redevabilité managériale : séparation, concurrence ou complémentarité ? », *RFAP* 2016, n° 160, p. 1093.

de la redevabilité complémentaires devrait être un objectif à rechercher[1].

A contrario, la responsabilité managériale n'a guère aujourd'hui de rapport avec des mécanismes de garantie de la régularité et de sécurité des opérations de dépenses et de recettes.

Ainsi cette responsabilité est davantage liée à l'évaluation d'une action publique qu'au contrôle (juridique) de régularité. Par ailleurs, son champ dépasse le seul aspect financier de la gestion.

Ainsi, ce type de responsabilité managériale, qui « laisse interrogatif ou sceptique », semble difficile à juridictionnaliser : « le vrai problème reste celui de déterminer s'il est possible de sanctionner par la voie juridictionnelle les "contre-performances" des administrations. La voie du progrès est peut-être ailleurs », dans l'évaluation plutôt que dans les contrôles classiques[2].

En somme, la question de l'articulation entre sanctions managériales et juridictionnelles ne se résout ni par l'alternative ni par son emboîtement (la juridictionnalisation du management), mais par la clarification de leurs champs respectifs : chaque régime poursuit en effet des finalités différentes, et chaque régime a dès lors sa place et sa légitimité.

De fait, la responsabilité managériale, quoique largement dépourvue de fondements juridiques précis, constitue un levier important d'efficacité et d'efficience de l'action publique.

Mais, même pleinement effective et étendue à l'ensemble des acteurs, la responsabilité managériale ne saurait, à elle seule, garantir la régularité et la sécurité des opérations comptables et protéger l'ordre public financier, ni répondre aux exigences des citoyens. Car « la mise en place de sanctions managériales n'est pas ce qu'attend l'opinion publique en cas de mauvaise gestion des deniers publics [...]. La perte de primes ou le simple "ralentissement" de la carrière d'un fonctionnaire n'apparaissent pas comme des sanctions mais, au contraire, comme un moyen de les éviter »[3].

En définitive, la question posée est celle de l'appréciation de la qualité avec laquelle les fonds publics ont été utilisés – en termes d'efficience et d'efficacité notamment. En tout état de cause, la responsabilité managériale telle qu'elle est conceptualisée et mise en œuvre aujourd'hui ne peut en aucun cas garantir à elle seule la régularité des opérations de dépenses et de recettes, ce qui est l'objet de la responsabilité financière.

1. M. Le Clainche, préc.
2. J.-R. Alventosa, « L'évolution de la nature des contrôles », *in* Bouvier (dir.), *Innovations, créations et transformations en finances publiques*, Actes de la IIe Université de printemps du GERFIP, LGDJ, 2006, p. 139.
3. M. Lascombe et X. Vandendriessche, « Les rapports "droit-gestion" à travers la responsabilité des acteurs de l'exécution budgétaire », *in* M. Bouvier (dir.), *Innovations, créations et transformations en finances publiques*, Actes de la IIe Université de printemps du GERFIP, LGDJ, 2006, p. 169.

CHAPITRE

034. Nécessité d'une juridiction spécialisée pour la responsabilité des gestionnaires publics

SECTION 0
ORIENTEUR

034.00 Sommaire du chapitre.

034.03 Bibliographie indicative.

Articles. A. Duffy-Meunier, « La Cour des comptes : une institution sous double influence », *RFFP* 2010, n° 109, p. 125. – N. Ochoa, « La Cour des comptes, autorité administrative indépendante. Pour une lecture administrativiste du droit de la comptabilité publique », *RFDA* 2015. 831. – R. Pellet, « La responsabilité des gestionnaires publics et la Cour des comptes », *in* S. Damarey et N. Groper, *Responsabilité financière des gestionnaires publics*, Dalloz, 2024, p. 19.

034.05 Régime de responsabilité financière et juridiction spécialisée. À partir du moment où l'on admet l'idée d'un régime de responsabilité fondé sur des règles propres, avec des infractions financières qui sont autonomes vis-à-vis des infractions pénales et d'autres régimes de responsabilité, se pose la question de l'institution qui doit être chargée d'en sanctionner la violation.

Cette question revêt plusieurs dimensions :

– premièrement, faut-il une juridiction ?

– deuxièmement, si oui, faut-il une juridiction spécialisée, donc une juridiction financière ?

– troisièmement, quelle est cette juridiction spécialisée, et peut-elle être en même temps l'institution supérieure de contrôle (ISC) externe des finances publiques ?

– quatrièmement, qui est le juge naturel des finances publiques ?

SECTION 1
RESPONSABILITÉ DES GESTIONNAIRES PUBLICS DEVANT UNE JURIDICTION

034.11 Responsabilité juridictionnelle. Un pouvoir de sanction n'implique pas forcément l'existence d'une juridiction pour en infliger, comme le démontrent de nombreuses administrations, émanations de l'administration ou autorités administratives indépendantes (AAI) dotées de pouvoirs de sanction.

D'ailleurs, comme détaillé plus loin[1], la Révolution avait un temps aboli la juridiction financière, avant que Napoléon en recrée une – la Cour des comptes – en 1807. On parla au XIXe siècle de rétablissement de la juridiction financière, illustrant la continuité avec l'Ancien Régime[2]. En réalité, la nécessité de recréer une juridiction apparut régulièrement tout au long de la Révolution, le bilan du Bureau de comptabilité rattaché au Parlement n'étant pas jugé satisfaisant.

Aujourd'hui, le statut juridictionnel de la Cour des comptes, bien que renforcé par le Conseil constitutionnel par sa décision sur la loi organique relative aux lois de finances[3], semble de nouveau faire l'objet

1. Sur l'histoire des juridictions financières en général, v. ss n° 041.11 ; sur la période révolutionnaire et la suppression temporaire de la juridiction financière, v. ss nos 041.21 s.
2. G. Andréani, « La Cour des comptes et la séparation des pouvoirs », *Commentaire* n° 33, 1986, p. 93.
3. Cons. const. 25 juill. 2001, n° 2001-448 DC, décision sur la loi organique relative aux lois de finances ; *GAJF* 7e éd., n° 1, p. 5.

d'interrogations : « le contexte dans lequel une telle qualification de juridiction se justifiait pleinement a évolué, rendant du même coup cette qualification théoriquement dépassable », à travers le recours à la notion d'AAI [1].

Et la loi organique relative aux lois de finances (LOLF) [2] puis la réforme constitutionnelle de 2008 ont mis l'accent sur les activités non juridictionnelles de la Cour des comptes [3], créant un déséquilibre en faveur de ces dernières [4].

Dans le cadre des réflexions qui ont précédé l'ordonnance du 23 mars 2022, la question du statut juridictionnel de la Cour des comptes a également été abordée [5].

Toutefois, il semble dans l'intérêt même des justiciables de disposer d'un tribunal indépendant et impartial, le mieux à même de garantir les droits de la défense.

Même si une structure peut être indépendante sans être une juridiction (exemple des AAI), une structure à caractère juridictionnel dispose d'une indépendance plus « solide », surtout si ce statut est constitutionnellement garanti, même par la seule jurisprudence du Conseil constitutionnel, qui intègre l'indépendance de la juridiction financière dans le cadre du principe d'indépendance de la justice administrative, dont les juridictions financières font partie, qui est un Principe fondamental reconnu par les lois de la République [6].

Une AAI ne dispose pas d'une telle protection juridique suprême.

Or l'indépendance est « une des formes par lesquelles la démocratie moderne tente de concilier liberté et efficacité » [7] ; elle se développe, alors qu'elle est en principe contraire aux principes traditionnels de la démocratie politique, où tout procède de la souveraineté du peuple, à travers le parlement élu : « dans la conception traditionnelle de la démocratie politique, l'assemblée, qui exerce le pouvoir législatif et contrôle le gouvernement, responsable devant elle, ne peut avoir en face d'elle des autorités indépendantes, autres en tout cas que les juridictions auxquelles les constitutions confèrent depuis longtemps une place à part ». Elle est également contraire au principe d'unité de l'État [8].

« Dans un État de droit, le statut de juridiction accordé à l'organe de contrôle des fonds publics est rendu nécessaire lorsque le Parlement est faible » ; par ailleurs, la France se caractérise, du moins depuis la Révolution, moins par « l'alternance parlementaire que des changements de régime et de Constitution », et dans ce cadre l'indépendance d'une institution supérieure de contrôle juridictionnelle a permis une stabilité au-delà des nombreuses ruptures [9].

Enfin, un autre argument milite en faveur d'une autorité de sanction sous forme juridictionnelle pour la responsabilité financière : c'est l'importance que revêt la protection de l'ordre public financier. Cette importance se trouve mieux soulignée par les attributs solennels d'une juridiction. En ce sens, déjà, l'appellation et la composition de la Cour de discipline budgétaire et financière avaient notamment eu pour objectif de souligner le caractère solennel de la sanction.

SECTION 2
RESPONSABILITÉ FINANCIÈRE DEVANT UNE JURIDICTION SPÉCIALISÉE

034.21 Responsabilité devant la juridiction financière. Le contentieux financier aurait certes pu être confié à une – ou plusieurs – juridictions pénales ou administratives générales ; si tel n'a pas été le cas, et si la voie d'une juridiction spécialisée a été préférée, c'est essentiellement pour deux raisons, l'une historique, l'autre d'efficacité.

Si l'on adopte une vision historique longue et qu'on y inclut l'Ancien Régime, on s'aperçoit que la capacité de sanction a, dès les origines, fait partie des attributions des juridictions financières, à côté de la fonction de contrôle ou de vérification des opérations financières ; et on sait que les chambres des comptes figurent parmi les institutions françaises les plus anciennes.

Toutefois, « si les gens des comptes ont bien fait leur travail de vérification, leur pouvoir de suivi et de sanction apparaît en revanche moins efficace ou, à tout le moins, limité dans son application » [10] ; les sanctions étaient, comme aujourd'hui, des amendes, d'ail-

1. N. Ochoa, « La Cour des comptes, autorité administrative indépendante. Pour une lecture administrativiste du droit de la comptabilité publique », *RFDA* 2015. 831.
2. L. org. n° 2001-692, 1er août 2001 relative aux lois de finances, *JO* du 2 août, texte n° 1.
3. Sur les fondements constitutionnels de la Cour des comptes, v. ss n° 021.23.
4. A. Duffy-Meunier, « La Cour des comptes : une institution sous double influence », *RFFP* 2010, n° 109, p. 125.
5. J. Bassères et M. Pacaud, *Responsabilisation des gestionnaires publics*, Rapport remis au ministre de l'Action et des Comptes publics, 2020. Mais ce rapport n'était, d'une façon générale, guère favorable aux sanctions juridictionnelles.
6. Constitution de la IVe République, 1946, Préambule, al. 1er ; – Cons. const. 22 juill. 1980, n° 80-119 DC.
7. R. Hertzog, « Réflexions sur l'indépendance des organes publics », *RFAP* 1999, n° 90, p. 215.
8. R. Hertzog, « Réflexions sur l'indépendance des organes publics », préc.
9. R. Pellet, *La Cour des comptes*, La Découverte, 1998, p. 6.
10. O. Mattéoni, « Vérifier, corriger, juger. Les Chambres des comptes et le contrôle des officiers en France à la fin du Moyen Âge », *Revue historique* 2007/1, n° 641, p. 61.

leurs pas toujours très élevées[1]. La fonction contentieuse a plutôt régressé au fil du temps, à partir de la fin du Moyen Âge, « avec l'apparition de cours et de chambres concurrentes (Chambre des monnaies, Cour du Trésor, Cour des aides), sans oublier la rivalité conquérante du Parlement qui, en matière domaniale, réussit à prendre le pas sur ses attributions initiales »[2].

De ce point de vue, on peut penser que la compétence répressive aujourd'hui retrouvée de la Cour des comptes s'inscrit dans une tradition – certes heurtée, puisqu'elle était dépourvue, ou presque, de pouvoirs de répression entre 1807 et 2022.

En réalité, d'une part, il a existé une juridiction financière répressive spéciale entre 1948 et 2022, la Cour de discipline budgétaire et financière (CDBF), dont les compétences épousaient précisément le régime de responsabilité financière ; et d'autre part, même si la Cour des comptes, entre 1807 et 2022, n'avait que des pouvoirs de sanction limités[3], elle avait néanmoins un statut juridictionnel, comme d'ailleurs les chambres régionales et territoriales des comptes, et elle était dotée de compétences juridictionnelles non répressives.

Dès lors qu'il a existé, au moins depuis le Moyen Âge, des juridictions financières, il semble logique de poursuivre cette tradition.

Le deuxième argument en faveur d'une juridiction spécialisée pour juger les gestionnaires publics est celui de l'efficacité et de la bonne justice : s'agissant – beaucoup – de la gestion de l'administration, ce pouvoir de sanction, qui demande une bonne connaissance des contraintes de l'administration, devait, dans la logique même de la dualité des ordres de juridiction, relever d'une juridiction administrative ; et s'agissant d'une matière – les finances – particulièrement technique, l'existence d'un juge spécialisé dans ce domaine constitue un facteur de sécurité pour les justiciables.

SECTION 3
RESPONSABILITÉ FINANCIÈRE DEVANT L'INSTITUTION SUPÉRIEURE DE CONTRÔLE EXTERNE DES FINANCES PUBLIQUES

034.31 Cour des comptes, institution supérieure de contrôle (ISC) externe des finances publiques. Le fait de confier ce contentieux répressif à la Cour des comptes n'allait pas de soi : sa fonction juridictionnelle a longtemps été limitée au jugement des comptes des comptables publics[4], et la loi du 16 septembre 1807 créant la Cour moderne avait pris soin d'exclure explicitement qu'elle puisse juger les ordonnateurs[5]. La volonté de ne pas remettre en cause cette limitation de l'office juridictionnel des juridictions financières a encore prévalu dans la loi de 1922, qui a créé un régime de responsabilité des ordonnateurs sans désigner de juridiction pour en appliquer le volet non pénal[6], et surtout dans la loi de 1948[7] qui a créé une juridiction spécialisée nouvelle, la Cour de discipline budgétaire et financière (CDBF), distincte de la Cour des comptes tout en étant proche de cette dernière[8].

Pourtant, bien avant que l'ordonnance du 23 mars 2022 ne confie le régime de responsabilité financière des gestionnaires publics à la Cour des comptes, dotée d'une chambre du contentieux, plusieurs projets ou réflexions l'avaient déjà envisagé (1840, 1895)[9], et la question avait été débattue au moment de la loi de 1948[10].

Le choix de ne plus avoir d'institution propre au contentieux financier répressif – c'était le cas de l'ancienne CDBF supprimée en 2022 – et de confier celui-ci à une institution qui a, en tant qu'institution supérieure de contrôle (ISC), bien d'autres missions (de nature non juridictionnelle : contrôler, certifier, évaluer) peut étonner, d'autant que de nombreuses ISC étrangères ne disposent ni de statut juridictionnel, ni de pouvoirs de sanctions (étant précisé que, comme vu plus haut, ces deux éléments sont dissociables).

Certains auteurs français envisagent d'ailleurs ce cas de figure – un *audit office* ne suffirait-il pas ?[11] –,

1. O. Mattéoni, « Vérifier, corriger, juger. Les Chambres des comptes et le contrôle des officiers en France à la fin du Moyen Âge », préc., p. 62.
2. O. Mattéoni, « Vérifier, corriger, juger. Les Chambres des comptes et le contrôle des officiers en France à la fin du Moyen Âge », préc., p. 64.
3. En matière de prononcé d'amendes pour retard (v. s^s^ n° 614.23), mais surtout pour la procédure de gestion de fait, v. s^s^ n° 624.11.
4. Sur l'histoire du jugement des comptes des comptables publics, v. s^s^ n°s 042.11 s.
5. Sur cette limitation, qui s'est pendant longtemps imposée à la Cour des comptes, v. s^s^ n° 043.14.
6. Sur la loi du 10 août 1922 relative à l'organisation du contrôle des dépenses engagées, v. s^s^ n°s 043.21, 044.22, 312.37 et 426.11.
7. Sur la loi n° 48-1484 du 25 septembre 1948 tendant à sanctionner les fautes de gestion commises à l'égard de l'État et de diverses collectivités et portant création d'une Cour de discipline budgétaire et financière, v. s^s^ n°s 044.11 et 044.21 s.
8. Sur l'ancienne CDBF et ses relations avec la Cour des comptes, v. s^s^ n° 151.14.
9. S. Flizot, « La création de la CDBF : enjeux et débats », *in* Collectif, *L'invention de la gestion des finances publiques : du contrôle de la dépense à la gestion des services publics*, Comité pour l'histoire économique et financière de la France, 2013, p. 367.
10. V. s^s^ n° 044.24.
11. N. Ochoa, « La Cour des comptes, autorité administrative indépendante. Pour une lecture administrativiste du droit de la comptabilité publique », *RFDA* 2015. 831.

pour permettre de concentrer les attributions de l'ISC sur le contrôle de la gestion et l'évaluation des politiques publiques, sans pour autant forcément ôter à la Cour son statut formellement juridictionnel ni les garanties associées [1], mais sans pouvoir de sanction, comme c'est aujourd'hui le cas en Allemagne du Bundesrechnungshof.

L'histoire a cependant montré, en France, que des solutions alternatives à l'existence d'une juridiction financière sont moins performantes. Ainsi en fut-il du remplacement, en 1791, des chambres des comptes par un bureau de la comptabilité rattaché au parlement ; mais, pour reprendre les termes de Philippe Séguin, défendant l'indépendance de la juridiction financière à l'occasion de son discours d'installation comme Premier président en 2004 : « Quinze ans après s'imposait l'évidence que le jugement des comptes ne pouvait être confié qu'à une Cour souveraine [...]. L'Empereur se résolut donc à rétablir l'institution juridictionnelle. Pour ma part, je souhaite avec force que l'erreur de 1791 ne soit jamais renouvelée, même si la tentation en existe parfois » [2].

Toutefois, dans le cas français, on peut faire valoir, en faveur de cette évolution qui fait coïncider ISC et institution chargée du pouvoir de sanction en matière de finances publiques, la tradition historique mentionnée ci-dessus, ainsi que l'idée selon laquelle la compétence de contrôle nourrit le contentieux, et que réciproquement, l'existence d'un pouvoir de sanction renforce la crédibilité des missions non juridictionnelles de l'ISC.

SECTION 4
JURIDICTIONS EN MATIÈRE DE FINANCES PUBLIQUES

034.41 Finances publiques, juge des finances publiques. « Le droit des finances publiques n'a pas bénéficié du même engouement que d'autres branches du droit public. Cela tient, pour une part, à l'absence de juridiction et de jurisprudence qui animent les débats. Le Conseil constitutionnel n'a pas produit une œuvre jurisprudentielle qui structure la matière et l'activité juridictionnelle de la Cour des comptes est très cantonnée » [3].

On notera en effet qu'il existe, outre les juridictions financières, plusieurs juges en matière de finances publiques, avant tout le Conseil constitutionnel et le Conseil d'État (en matière fiscale surtout, et en tant que juge de cassation des juridictions financières), là où dans d'autres branches du droit il peut exister une juridiction - ou un ordre de juridiction - unique.

Cette situation s'explique sans doute par le fait que « la fonction financière, qui participe d'une fonction économique plus large, se rencontre dans tout organisme social. Elle n'est pas, en tant que telle, productrice de normes d'une nature particulière. Dans un organisme public elle est soumise au droit qui le régit et qui est, pour l'essentiel, public. Mais ce droit n'a pas un juge attitré » [4].

À côté du Conseil constitutionnel, notamment, en matière financière, gardien des principes budgétaires, la Cour des comptes, grâce au régime de responsabilité financière réformé, pourrait toutefois prétendre à devenir le « juge attitré » du droit public financier, sous le contrôle du Conseil d'État.

1. PAR EX. : M. Collet et G. Eckert, « Le contrôle juridictionnel des comptes publics : réformer ou supprimer ? Chronique de droit administratif et finances publiques », *RFDA* 2014. 1015 – On retrouve cette idée également dans J. Bassères et M. Pacaud, *Responsabilisation des gestionnaires publics*, préc.
2. Séance solennelle de la Cour des comptes du 6 sept. 2004, installation de Philippe Séguin comme Premier président ; discours reproduit *in* Cour des comptes, *Philippe Séguin. Un Premier président dans la République. Discours 2004-2009*, La Documentation française, 2011, p. 19.
3. R. Hertzog, « Le droit public financier : un conquérant en attente de reconnaissance », *RFFP* n° 133, 2016, p. 83.
4. R. Hertzog, « Le droit public financier : un conquérant en attente de reconnaissance », préc., p. 83.

TITRE

04. Histoire de la responsabilité des acteurs de la gestion publique devant le juge financier

SECTION 0 ORIENTEUR

04.00 **Sommaire du titre.**

CHAPITRE

041. Histoire institutionnelle des juridictions financières françaises

SECTION 0 ORIENTEUR

041.00 Sommaire du chapitre.

041.03 Bibliographie indicative.

Ouvrages. J.-Y. Bertucci et S. Moati, *La Cour des comptes : ouvrez et voyez*, Gallimard, 2006 – P. Contamine et O. Mattéoni (dir.), *La France des principautés. Les Chambres des comptes XIVe et XVe siècles*, Actes du colloque (Archives départementales de l'Allier, 6, 7 et 8 avril 1995), Comité pour l'histoire économique et financière de la France, 1996 – A. Crépey [éd.], « *La Cour des comptes* ». Collection « Histoire de l'Administration française ». Éd. du CNRS, 1984 – G. Miller, *Un juge pour les comptes publics à Rouen hier et aujourd'hui. La Chambre régionale des comptes de Haute-Normandie*, PTC, 2007.

Articles. R. Degron, « Les anciennes chambres des comptes de province : des origines floues et une étonnante résilience », *Rev. Trésor* 2008. 252. – S. Flizot, « Aux origines de la loi du 16 septembre 1807 créant la Cour des comptes : le contrôle des comptes publics de 1790 à 1807 », *Rev. Trésor* 2005. 658.

SECTION 1 CHAMBRES DES COMPTES DE L'ANCIEN RÉGIME

041.11 Introduction. L'idée de spécialiser des magistrats dans le contrôle de l'emploi des deniers publics est très ancienne en France. D'abord conçue pour protéger les finances royales, cette juridiction a aussi été regardée, surtout à partir du XIXe siècle, comme destinée à permettre aux citoyens et à leurs représentants d'être informés, conformément au principe de consentement à l'impôt, sur la gestion des ressources publiques. Au terme d'un développement accidenté, la Cour des comptes, désormais à la tête d'un ordre de juridictions, apparaît au cœur de l'équilibre des pouvoirs, à égale distance du Parlement et du Gouvernement.

041.12 Création de la juridiction des comptes. Le fameux axiome du procureur général Moinot[1] : « Tout pouvoir exige un Trésor, tout Trésor exige un compte et tout compte exige un juge désintéressé »[2], semble établir un lien nécessaire entre l'impératif de contrôle des deniers publics et la reconnaissance d'attributions dans ce domaine à un juge spécialisé. Pourtant l'existence d'une juridiction financière, si elle a connu une grande fortune, n'est pas de tous les lieux ni de toutes les époques. Elle n'en caractérise pas moins la gestion publique en France depuis près d'un millénaire, les rares interruptions qu'a connues notre pays ayant confirmé à l'évidence la pertinence de ce modèle « juridictionnel ».

Ce n'est pourtant pas au sein du domaine royal que le jugement des comptes est apparu. Sans remonter jusqu'à l'illustre précédent de l'abbaye de Cluny, le premier prince d'Occident à se doter d'un tribunal spécialisé est le duc de Normandie, devenu roi d'Angleterre, qui a mis en place une assemblée dont l'origine est contestée mais dont il est établi qu'elle se réunissait régulièrement dans la salle de l'Échi-

1. Pierre Moinot (1920-2007), Procureur général près la Cour des comptes (1983-1986) ; membre de l'Académie française (1982-2007).
2. Discours prononcé lors de l'audience solennelle de la Cour des comptes, le 23 oct. 1985 ; cité par J.-Y. Bertucci et S. Moati, *La Cour des comptes : ouvrez et voyez*, Gallimard, 2006.

quier du château de Caen au plus tard à partir de 1176[1].

À cet égard, la royauté capétienne accusait près d'un siècle de retard sur les Normands[2]. Jusqu'au XIIIe siècle, en l'absence d'impôt régulier, les revenus du domaine royal étaient affermés aux prévôts, sous le contrôle des baillis. La séparation de la caisse du roi et de celle du royaume intervient sous Philippe Auguste[3]. Sans doute, dès 1256, est attestée l'existence d'une formation spécialisée de la *curia regis* dans laquelle les gens habilités à manier les deniers publics doivent présenter leurs comptes, bientôt qualifiée de *curia in compotis*, composée de grands et de clercs, chargée de veiller à la conversion en numéraire des redevances en nature et du change entre des monnaies de lieux et d'époques différents, qui avaient toutes cours.

La chambre des comptes de Paris est installée au palais de la Cité en 1303. Elle y restera jusqu'à la Révolution malgré des vicissitudes (en 1422, après l'invasion anglaise, Charles VII[4] installa sa chambre à Bourges, tandis qu'Henri VI d'Angleterre maintenait celle de Paris ; cette dualité subsista jusqu'en 1436), comme les troubles liés à la Ligue ou le grand incendie de 1737.

041.13 Organisation et attributions de la chambre des comptes de Paris. La nouvelle juridiction[5] est organisée par l'ordonnance du Vivier-en-Brie prise en janvier 1320[6] par Philippe V le Long[7].

Composée de maîtres des comptes et de clercs, elle se recrute au départ dans les milieux des receveurs et des marchands. Elle acquiert en moins d'un siècle ses traits caractéristiques, qui ont traversé les siècles : la répartition des magistrats en trois grades (maîtres, correcteurs auditeurs) sous l'autorité des présidents (« maîtres souverains ») ; l'autonomie complète à l'égard du pouvoir, avec l'inamovibilité des magistrats ; la constitution d'un parquet, composé d'avocats généraux et de procureurs généraux (les « gens du roi »), chargés de défendre les intérêts du souverain et de faire exécuter les lois et les arrêts ; une technique de contrôle des comptes, une procédure contradictoire et un vocabulaire (« débets ») qui ont défié les siècles.

Les véritables lignages n'apparaissent qu'à partir du XVe siècle, avec la vénalité des charges, introduite sous la régence des Beaujeu[8] dans un but d'ailleurs moins financier que politique, car elle permettait d'éviter la tutelle des états-généraux mais, en retour, elle renforçait encore l'indépendance des chambres des comptes à l'égard du roi.

Deux séries d'attributions sont reconnues à la chambre : veiller à la conservation du domaine et procéder au contrôle général des comptes. Cette dualité annonce la dualité des fonctions, administratives et juridictionnelles, qui caractérisera toujours l'institution.

Au titre de la conservation du domaine royal, la chambre des comptes dispose du pouvoir d'enregistrer les actes qui modifient le domaine (apanages, douaires, dons aux favoris, aliénations, échanges), quelle qu'en soit la nature (ordonnance, lettre patente, reconnaissance de foi ou d'hommage, serment de fidélité des prélats pour leur temporel...), au regard de leur exactitude et de leur conformité à la jurisprudence. La chambre exerce aussi la juridiction des régales, le droit de conservation des joyaux de la couronne et la surveillance du trésor des chartes. La chambre des comptes finit par se considérer comme « la clé de tout le domaine », ce pouvoir d'enregistrement constituant le fondement du droit de remontrance.

Elle reçoit aussi le serment des plus hauts ministres du roi – l'ordonnance du Vivier-en-Brie précitée imposait déjà la prestation de serment des « sénéchaux, baillis, receveurs et commissaires » devant la chambre des comptes[9] – et notamment du contrôleur général des finances, cérémonie au cours de laquelle le premier président adressait un « compliment-remontrances » auquel l'intéressé répondait par une « réponse-programme ».

Sur un registre plus politique et symbolique, la chambre des comptes de Paris était responsable des archives du royaume, des symboles de la légitimité monarchique et de la relique suprême conservée dans la Sainte-Chapelle.

1. Charte de donation à l'abbaye d'Ardenne, v. le catalogue de l'exposition *Le contrôle des comptes publics en Normandie – De l'Échiquier à la chambre régionale des comptes*, Chambre régionale des comptes Normandie, 2023.
2. C. Descheemaeker, *La Cour des comptes*, La Documentation française, coll. Les études de la documentation française, 3e éd., 2005, p. 7-8.
3. Philippe II Auguste (1165-1223), roi de France (1180-1223).
4. Charles VII (1403-1461), roi de France (1422-1461).
5. Sur la chambre des comptes de Paris : É. Lalou, « La Chambre des comptes de Paris : sa mise en place et son fonctionnement (fin XIIIe-XIVe siècle) », *in* P. Contamine et O. Mattéoni (dir.), *La France des principautés. Les Chambres des comptes XIVe et XVe siècles*, Actes du colloque (Archives départementales de l'Allier, 6, 7 et 8 avr. 1995), Comité pour l'histoire économique et financière de la France, 1996, p. 3.
6. Le texte de l'ordonnance mentionne « l'an mil trois cens dix neuf » mais l'année commençait alors à Pâques et l'usage constant date ce texte de 1320.
7. Philippe V le Long (v. 1293-1322), régent, puis roi de France et de Navarre (1316-1322).
8. Anne (1461-1522), fille du roi Louis XI, elle a été régente de France (1483-1491), avec son mari Pierre II (1438-1503), duc de Bourbon et sire de Beaujeu.
9. Ord. royale du Vivier-en-Brie, janv. 1320, art. 22.

041.14 Diffusion du modèle des chambres des comptes, victime de son succès. Ce « modèle » de chambre des comptes, né en France et en Angleterre, s'est « exporté » dans toute l'Europe, en particulier dans les territoires conquis par les Normands (Sicile, royaume de Naples) ou appartenant à des princes apanagistes (Navarre, dont la chambre des comptes avait été instituée par Charles le Mauvais [1]), mais aussi, entre autres, en Provence, dans le Brabant et en Savoie.

Et si le ressort de la chambre des comptes de Paris était appelé à s'agrandir, en principe, à mesure que s'agrandissait le domaine royal, le roi conservait néanmoins, le plus souvent, les chambres des principautés territoriales qu'il venait d'unir au domaine royal (celle d'Aix, créée au XIIIe siècle, celles de Grenoble et Dijon, créées au XIVe) ; mais cette règle supportait des exceptions (par exemple celle de Bar, supprimée par Louis XIV [2] puis rétablie en 1698 après le traité de Ryswick, ou celle de Lille, supprimée en 1667), la carte des juridictions connaissant des fluctuations liées aux vicissitudes militaires, voire politiques pouvant tenir à des circonstances locales ou à des mesures d'ensemble, puisque les chambres s'inscrivaient dans un équilibre mouvant avec le pouvoir royal et les autres cours souveraines, en particulier les parlements.

Ainsi de l'Échiquier de Normandie, dont les fonctions de jugement des comptes ont été transférées à Paris après la conquête de la province par Philippe Auguste [3] (1204), avant la création en 1543, par François Ier [4], d'une chambre des comptes supprimée dès l'année suivante puis rétablie par Henri III [5] en 1580, avant d'être transformée en Cour des comptes, aides et finances de Normandie en 1705, elle-même supprimée en 1771 (réforme Maupeou [6]) puis rétablie en 1774 lors de l'avènement de Louis XVI [7].

C'est dans ce contexte qu'a également été décidée la suppression de l'ensemble des chambres des comptes à l'exception de celles de Paris et de Dijon par l'ordonnance de Moulins de 1566 préparée par Michel de L'Hospital [8] qui, avant de devenir chancelier, avait été premier président de la chambre des comptes de Paris.

De leur côté, les princes apanagistes pouvaient établir une Cour des comptes pour contrôler leurs receveurs. En principe, ces chambres étaient réunies à celle de Paris lorsque l'apanage prenait fin, avec des délais parfois élevés : ainsi la chambre des comptes de Blois, créée par Louis d'Orléans [9], frère du roi Charles VI [10], ne fut rattachée à celle de Paris qu'en 1775 alors que le comté de Blois avait été réuni à la couronne deux siècles plus tôt, par Charles IX [11].

Le ressort de la chambre de Paris a aussi été réduit, à plusieurs reprises, afin de rapprocher la justice des comptables et de favoriser une meilleure connaissance des coutumes par les juges (Montpellier au XVIe siècle, Metz au XVIIIe). Les chambres de province, de toutes tailles, étaient dotées d'attributions variées [12], sans subordination à la chambre de Paris, même si leurs décisions pouvaient faire l'objet d'un recours devant le conseil du roi, statuant alors en chambre du conseil, composée à parité de maîtres des comptes et de membres du parlement.

Au cours des trois derniers siècles de l'Ancien Régime, les chambres des comptes, en particulier celle de Paris, ont connu une désorganisation complète, liée à la vénalité et au doublement des charges : à la fin du XVIIIe siècle, les effectifs des magistrats de la chambre de Paris étaient à peu près comparables aux effectifs actuels de la Cour des comptes, mais les fonctions de président, de maître, de correcteur et d'auditeur étaient assurées par roulement semestriel entre deux titulaires [13]. La chambre des comptes de Paris négligeait le jugement des comptes, qui connaissait en 1789 un retard de plusieurs dizaines d'années [14].

Comme les autres compagnies judiciaires, la chambre de Paris s'épuisait dans des combats parfois douteux d'obstruction politique aux réformes royales, du moins jusqu'à la Fronde [15], dans de vaines querelles de préséance avec le parlement, voire dans de graves divisions internes entre maîtres d'un côté, réviseurs et auditeurs de l'autre.

1. Charles II le Mauvais (1332-1387) ; prince capétien par son père comme par sa mère, il fut comte d'Évreux (1343-1387) et roi de Navarre (1349-1387).
2. Louis XIV (1638-1715), roi de France et de Navarre (1643-1715).
3. Philippe II Auguste (1165-1223), roi de France (1180-1223).
4. François Ier (1494-1547), roi de France (1515-1547).
5. Henri III (1551-1589), roi de France (1574-1589).
6. René V (René-Nicolas-Charles-Augustin) de Maupeou (1714-1792), Premier président du Parlement de Paris (1763-1768), Garde des Sceaux (1768-1774) sous Louis XV, chancelier titulaire de France (1768-1790).
7. Louis XVI (1754-1793), roi de France et de Navarre (1774-1791), roi des Français (1791-1792).
8. Michel de L'Hospital, chancelier de France de 1560 jusqu'à sa démission, en 1573 ; il meurt peu de temps après.
9. Louis Ier d'Orléans (1372-1407), duc d'Orléans et, notamment, comte de Blois (1397-1407).
10. Charles VI (1368-1422), roi de France (1380-1422).
11. Charles IX (1550-1574), roi de France (1560-1574). – V. R. Degron, « La suppression tardive de la Chambre des comptes de Blois », *Rev. Trésor* 2007. 139.
12. Jusqu'à la fabrication des monnaies et à l'exploitation des mines pour la chambre de Lorraine, qui se distingua ainsi par son zèle à l'égard des sorciers.
13. J. Raynaud et J.-Y. Bertucci, *Les juridictions financières*, Puf, coll. Que sais-je ?, 2003, p. 9.
14. J. Raynaud et J.-Y. Bertucci, *Les juridictions financières*, Puf, coll. Que sais-je ?, 2003, p. 9.
15. Au début du règne de Louis XIV.

S'y ajoute le fait que ces juridictions se trouvaient en concurrence croissante, voire en conflits de compétences, soit entre elles (Bar et Lorraine), soit surtout avec d'autres administrations financières, comme les cours des aides ou les cours des monnaies, voire les parlements, dont la création était presque toujours postérieure et auxquelles elles disputaient les attributions criminelles, en vertu d'une plénitude de juridiction remontant aux origines de ces juridictions mais qui se heurtait aux prérogatives des parlements.

Ces différentes institutions n'avaient qu'une proximité apparente : alors que les chambres des comptes sont toujours apparues comme un démembrement de la cour du roi ou du prince, les cours des aides constituaient une émanation des états-généraux, même si leurs membres étaient nommés par le roi. Or les finances « extraordinaires », relevant de ces dernières, ont progressivement pris le pas sur les revenus domaniaux. Certaines chambres des comptes, ayant fusionné avec la cour des aides, pouvaient s'intituler « cours des comptes, aides et finances » (Montpellier, Normandie, Provence, ces deux dernières étant les héritières plus ou moins lointaines de l'échiquier des Plantegenêts et du « maître rational » du royaume de Naples).

Elles étaient pourtant, notamment à Paris, les moins contestées des compagnies judiciaires de l'Ancien Régime : par leur ancienneté, leur proximité avec le pouvoir royal (comme dans l'affaire de la Régale, où les positions de la chambre avaient été favorables aux intérêts du roi et opposées aux prétentions du pape et du clergé) [1], par la relative prudence politique qu'elles observèrent après la Fronde malgré leur solidarité avec les autres corps et un certain courage à l'égard des réformes menaçant l'institution ou les principes fiscaux (qui valut au premier président d'être exilé d'octobre 1668 à janvier 1672), les chambres des comptes semblent largement à l'abri des reproches de conservatisme que les historiens du XVIIIe siècle ont pu adresser aux parlements.

Il est également à noter les relations étroites qu'entretenait avec la Cour la famille de Nicolaÿ, qui a occupé depuis 1506 sans discontinuer la charge de premier président de la chambre des comptes de Paris. Le premier président Aymard de Nicolaÿ [2] était ainsi le seul membre de la noblesse de robe à être invité à Marly, lieu où Louis XIV n'invitait que ses proches. Cette famille subira d'ailleurs, comme bien d'autres, les effets de la Terreur : entre avril et juillet 1794, le tribunal révolutionnaire condamna à mort le premier président, son frère, premier président du grand conseil, et son fils, âgé de vingt-quatre ans. Le neuvième et dernier premier président de cette illustre lignée ne manquait ni de style, ni de sens politique, comme le montre sa réponse adressée en septembre 1791 à la lettre de Monsieur de la Rochefoucauld, président du département de Paris, sur la fermeture de la chambre de Paris : « nous irons gémir sur les ruines de la religion et de la monarchie et nous attendrir sur les malheurs de la famille royale ».

De fait, les chambres des comptes ont été les seules cours souveraines à être, pour la plupart, épargnées par la réforme judiciaire de Maupeou [3], que certaines d'entre elles n'en dénoncèrent pas moins : la Cour des comptes, aides et finances de Normandie et la Cour des comptes de Provence, à la suite de nombreuses remontrances, furent ainsi supprimées en 1771, avant d'être rétablies par Louis XVI [4].

Il est vrai qu'en dépit de la relative faveur dont elles jouissaient, elles ne bénéficiaient plus de la création d'offices depuis 1704 et leur activité s'en ressentait d'autant plus que leurs modalités d'organisation ne favorisaient pas la productivité : il résulte par exemple de la « déclaration des fêtes de la chambre des comptes à Lille » que, outre les périodes de « vacances », celle-ci bénéficiait de 208 jours de congé par an. Une ordonnance de Charles-Quint [5] de 1541 prescrivait pourtant aux maîtres des comptes une assiduité quotidienne.

SECTION 2

SUPPRESSION DES CHAMBRES DES COMPTES PAR LA RÉVOLUTION ET ÉCHEC DES RÉGIMES INTERMÉDIAIRES

041.21 Suppression des chambres des comptes. La suppression des chambres des comptes est décidée en 1790 [6], les palais des chambres des comptes étant vendus comme biens nationaux. Cette décision semble inspirée par trois considérations : la

1. Affaire de la Régale, conflit fiscal qui opposa Louis XIV au pape.
2. Jean-Aymard de Nicolaÿ (1658-1737), Premier président de la chambre des comptes de Paris (1686-1734).
3. René V (René-Nicolas-Charles-Augustin) de Maupeou (1714-1792), Premier président du Parlement de Paris (1763-1768), Garde des Sceaux (1768-1774) sous Louis XV, chancelier titulaire de France (1768-1790).
4. Louis XVI (1754-1793), roi de France et de Navarre (1774-1791), roi des Français (1791-1792).
5. Charles (1500-1558), roi d'Espagne (1516-1556) sous le nom de Charles Ier, empereur romain-germanique sous le nom de Charles V, dit Charles-Quint ; Lille faisait alors partie des Pays-Bas espagnols.
6. Décr. 2 sept. 1790. La loi des 17-29 sept. 1791 ordonne l'apposition des scellés sur les greffes, dépôts et archives des chambres des comptes. Ces dernières eurent du moins la satisfaction de survivre, certes de peu, aux parlements, placés « en vacances indéfinies » par le Décr. du 3 nov. 1789, puis dissous par la loi des 16-24 août 1790.

volonté politique de supprimer toutes les compagnies d'Ancien Régime, l'échec technique de ces juridictions durant la dernière période, mais aussi, révélatrice des préoccupations du temps, l'idée selon laquelle l'apurement des gestions publiques n'est pas l'objet d'un procès en la forme judiciaire mais l'examen d'un compte produit de fermier à maître, et donc une affaire qui ne se résout pas dans un prétoire mais devant le souverain lui-même.

Dans cette perspective, seule l'Assemblée nationale pouvait donner aux comptables publics *quitus* de leur gestion. Les juridictions financières ont donc été remplacées en 1791 par un bureau de comptabilité[1] composé de quinze commissaires, dont deux seulement avaient appartenu, comme auditeurs, à la chambre des comptes de Paris.

Placé sous l'autorité de l'Assemblée, le bureau, qui siégeait dès 1792 dans les locaux de l'ancienne chambre des comptes de Paris, ne disposait pas d'un pouvoir juridictionnel puisqu'il était chargé de la seule vérification des comptes. Si cette instruction révélait des irrégularités, celles-ci étaient traitées par les tribunaux civils, étant entendu que l'Assemblée nationale statuait définitivement sur les comptes en accordant décharge aux comptables.

041.22 Échec du bureau de comptabilité et de la commission de la comptabilité. Si elle comportait des innovations intéressantes en termes de séparation des fonctions d'instruction et de jugement, cette tentative ne s'est pas révélée concluante : quatre ans après sa création, le bureau n'avait examiné ou jugé aucun compte. Les causes de cet échec sont nombreuses : faiblesse des effectifs, inexpérience des agents, arriérés des anciennes chambres des comptes, mauvaise volonté des comptables (les comptes des trésoriers de la marine n'étaient, par exemple, pas déposés depuis dix-huit ans). S'y ajoute, en dépit d'une cohérence théorique incontestable, la double impuissance des deux organes essentiels qu'étaient le bureau, privé de pouvoir de sanction, et l'Assemblée, dont l'intervention était toute formelle, tandis que les tribunaux ordinaires étaient peu rompus à ce contentieux bien particulier. À défaut de jugement des comptes, la Convention pourvoyait aux affaires sérieuses en exigeant des commissaires du bureau de comptabilité la prestation d'un serment de fidélité à la République et de « haine éternelle à la Royauté ».

Lui a succédé, en 1795, une commission de la comptabilité, composée de cinq puis sept commissaires et dotée du pouvoir de rendre des décisions exécutoires et d'accorder décharge et *quitus* aux comptables[2].

Si le dispositif de contrôle était simplifié, la question des délais demeurait lancinante : le jugement des comptes d'Ancien Régime, auquel était donnée par nécessité la priorité, était d'autant plus inutile que ces comptes étaient en général très fidèles, alors que la gestion de la Convention, sans parler de celle du Directoire, avait été marquée par de graves défaillances et qu'en tout état de cause, la dépréciation monétaire rendait largement illusoire le prononcé de débets. La loi du 28 pluviôse an III a interdit en conséquence toutes recherches ou poursuites pour les comptes antérieurs à 1759. La commission n'obtenait pas pour autant de comptes plus contemporains : jusqu'à l'an VIII, aucun compte postérieur à 1790 ne lui sera produit. Elle réussira néanmoins, en cinq ans, à apurer plus de la moitié des comptes arriérés de l'Ancien Régime.

Après cette parenthèse peu convaincante, l'idée d'un retour au contrôle judiciaire des comptes publics finit par s'imposer, non sans débats.

SECTION 3

RÉTABLISSEMENT DE LA JURIDICTION FINANCIÈRE ET ÉVOLUTION JUSQU'À LA COUR DES COMPTES CONTEMPORAINE

041.31 Rétablissement de la juridiction financière : la Cour impériale. La position de l'empereur était ambiguë : si, selon les mémoires de Mollien[3], qui était ministre du Trésor depuis 1806, Napoléon[4] avait « exprimé le désir de voir se rétablir avec son ancien nom et ses anciennes attributions, la magistrature spéciale qui sous le nom de chambre des comptes jugeait en dernier ressort [...] tous les comptables, justiciables autrefois de plusieurs tribunaux », il se heurtait aux résistances de l'administration des finances et de Gaudin[5], son ministre. Se prononçant en sens inverse, Lebrun[6] et surtout

1. Sur cette période, voir S. Flizot, « Aux origines de la loi du 16 septembre 1807 créant la Cour des comptes : le contrôle des comptes publics de 1790 à 1807 », *Rev. Trésor* 2005. 658.

2. L. 18 frimaire an IV [9 déc. 1795], qui charge les cinq commissaires nommés en vertu de la Constitution, des opérations relatives à la comptabilité.
3. Nicolas-François, comte Mollien (1758-1850), ministre du Trésor sous l'Empire (1804-1814, et 1815), fonction dans laquelle il succéda à Barbé-Marbois, futur Premier président de la Cour des comptes.
4. Napoléon Bonaparte (1769-1821), notamment empereur des Français (1804-1814 ; 1815).
5. Martin Michel Charles Gaudin, duc de Gaëte (1756-1841), ministre des Finances de Napoléon (1799-1814, puis 1815), puis gouverneur de la Banque de France (1820-1834).
6. Charles-François Lebrun (1739-1824) a été notamment député, puis Troisième Consul (1799-1804) ; en tant qu'Architrésorier de l'Empire (1805-1814), il a contribué au rétablissement de la juridiction financière.

Cambacérès[1], ancien maître des comptes de la Cour des comptes, aides et finances de Montpellier, finirent par emporter la décision.

Le premier projet, préparé par Gaudin, a été écarté par l'empereur : il demeurait d'inspiration trop « administrative », conformément aux vues du ministre des Finances, qui refusait d'employer le terme de « cour » pour désigner l'institution (proposant « commission » ou « chambre » de comptabilité) et qui ne prévoyait pas de ministère public (cependant, ses membres, appelés « commissaires-juges », auraient été inamovibles) : selon Gaudin, « il n'y a à proprement parler rien de judiciaire dans les fonctions d'un tribunal de comptabilité ; régler des comptes est une affaire de simple administration »[2]. L'idée de réduire, voire de supprimer les fonctions juridictionnelles de la Cour des comptes n'a d'ailleurs jamais disparu, y compris dans la période contemporaine, au sein de l'administration des finances[3] comme d'une partie de la doctrine[4].

Conformément au second projet et malgré les critiques de Gaudin, la Cour des comptes a été créée par la loi du 16 septembre 1807, tandis que les chambres des comptes de province attendront près de deux siècles avant d'être recréées par la loi du 2 mars 1982[5].

Juridiction unique, la Cour était alors composée de trois chambres comprenant dix-huit maîtres aux comptes nommés à vie, avec un greffe et un procureur impérial ; elle disposait en outre de 80 conseillers référendaires, nommés après cinq ans d'exercice. Il est cependant à noter que les présidents de chambre pouvaient être changés chaque année[6].

Napoléon a placé à sa tête Barbé-Marbois, ancien ministre du Trésor[7] en disgrâce depuis l'affaire des Négociants réunis et dont la nomination est une surprise[8].

Si la Cour ne pouvait se prononcer sur la légalité des dépenses, elle était appelée à formuler des observations sur la gestion des ordonnateurs mais dans une perspective assez différente du droit de remontrance des anciennes chambres des comptes.

En effet, tirant à sa manière les conclusions de l'éparpillement institutionnel de l'Ancien Régime et du chaos révolutionnaire, l'empereur concevait la Cour des comptes comme un instrument au service de l'exécutif. La Cour n'avait qu'une compétence d'attribution sur les comptes de l'État et des collectivités locales les plus importantes. La loi de 1807 lui déniait toute juridiction à l'égard des ordonnateurs[9] et les observations qu'elle pouvait faire sur la gestion étaient réservées au seul exécutif.

041.32 Évolution progressive du modèle napoléonien : la Cour des comptes contemporaine. L'évolution ultérieure a, en partie, contredit cette volonté initiale, tant pour l'exercice des attributions administratives que pour les missions juridictionnelles.

S'agissant de son activité de contrôle de la gestion, la Cour des comptes a connu une extension presque illimitée de son champ de compétences, qui a caractérisé tous les régimes politiques sans exception depuis 1807. Au-delà de l'État et des collectivités locales, les étapes les plus marquantes de cet élargissement de compétences concernent les organismes privés bénéficiant d'une subvention de l'État (1939[10]), dont évidemment un grand nombre d'associations ou d'organismes aux statuts divers participant à la mise en œuvre des politiques publiques, puis les organismes de sécurité sociale (1950[11]), les entreprises publiques (1977[12]) et les comptes des délégations de service public (1995[13]).

1. Jean-Jacques-Régis de Cambacérès (1753-1824), magistrat à la chambre des comptes de Languedoc sous l'Ancien Régime, il a été notamment député, président de la Convention (1794), président du Conseil des Cinq-Cents (1796), Deuxième Consul (1799-1804), ministre de la Justice pendant les Cent-Jours (1815). En tant qu'Archichancelier de l'Empire (1804-1814), il a contribué au rétablissement de la juridiction financière en 1807.
2. Cité par N. Hermann-Mascard lors de la conférence, tenue à la Cour des comptes le 20 juin 2011, de présentation du *Dictionnaire du personnel de la Cour des comptes de Napoléon*, éd. SPM, coll. Kronos, n° 52.
3. V. en dernier lieu : J. Bassères et M. Pacaud, *Responsabilisation des gestionnaires publics*, Rapport remis au ministre de l'Action et des comptes publics, 2020, p. 10 et 54.
4. M. Collet et G. Eckert, « Le contrôle juridictionnel des comptes publics : réformer ou supprimer ? Chronique de droit administratif et finances publiques », *RFDA* 2014. 1015.
5. L. n° 82-213, 2 mars 1982 relative aux droits et libertés des communes des départements et des régions, *JO* 3 mars, p. 730.
6. L. 16 sept. 1807, art. 6.
7. Mais aussi ancien consul général aux États-Unis d'Amérique et intendant de Saint-Domingue sous l'Ancien Régime, éphémère président du conseil des Anciens sous le Directoire, conseiller d'État et directeur du trésor sous le Consulat. Parallèlement à ses fonctions de Premier président (1807-1815), François de Barbé-Marbois (1745-1837) sera notamment, par la suite, sénateur de l'Empire, garde des Sceaux de la Restauration (1815-1816) et pair de France jusqu'à sa mort en 1837, sous la Monarchie de Juillet.
8. J.-F. Potton, *Barbé-Marbois – La justice et les comptes*, éd. Michalon, 2007, p. 45.
9. Limitation importante traitée plus loin, v. s[s] n°s 043.14 et 044.24.
10. Décr. 20 mars 1939 relatif à la réorganisation et à la suppression des offices, *JO* 21 mars, p. 3677.
11. L. n° 49-1650, 31 déc. 1949 étendant le contrôle de la Cour des comptes aux organismes de sécurité sociale, *JO* 4 janv. 1950, p. 115 – R. Ruellan, *L'attribution à la Cour des comptes du contrôle de la sécurité sociale en 1950*, La Documentation française, 2015.
12. L. n° 76-539, 22 juin 1976 de finances rectificative pour 1976, *JO* 23 juin, p. 3739. – C. Descheemaeker et J.-F. Potton, *La Cour des comptes et les entreprises publiques – La réforme de 1976*, La Documentation française, 2016.
13. L. n° 95-127, 8 févr. 1995 relative aux marchés publics et délégations de service public, *JO* 9 févr.

Ce mouvement s'est ensuite étendu à des organismes dépourvus de tout lien direct avec la gestion publique, comme ceux bénéficiant de fonds tirés de la générosité publique (1991 [1]), du mécénat (2003) [2] et finalement à tous ceux qui bénéficient de ressources ouvrant droit à un avantage fiscal (2009) [3].

En sens inverse, la création des chambres régionales et territoriales des comptes (CRTC) a eu pour effet de retirer à la Cour des comptes le contrôle des collectivités locales, de leurs établissements publics (lycées, collèges, hôpitaux [4], OPH) et du secteur public local (SEM locales...).

Parallèlement, les observations de la Cour des comptes, initialement réservées à l'empereur puis au roi, ont connu une publicité institutionnelle puisque dès 1832, une loi [5] a décidé que le rapport annuel de la Cour des comptes, prévu par l'article 22 de la loi de 1807, serait imprimé et distribué aux chambres, avec les réponses des ministères mis en cause. En vertu d'un décret-loi du 2 mai 1938, ce rapport, devenu « public », est publié au *Journal officiel*, même si, en fait, le rythme annuel de publication n'a été observé qu'à partir de 1963 [6]. C'est en 1991 que la Cour prit l'initiative, d'abord *contra legem*, de publier des rapports distincts, bientôt qualifiés de « particuliers » puis de « thématiques », avant que le principe de ces publications ne soit repris dans le code des juridictions financières [7]. Depuis le 1er janvier 2023, l'ensemble des travaux de la Cour font l'objet d'une publication, sauf ceux à caractère confidentiel, en particulier lorsqu'ils donnent lieu à des suites contentieuses, ainsi que les communications du Procureur général.

En matière juridictionnelle, l'évolution est plus sinusoïdale : juridiction d'exception en 1807 (elle n'avait alors compétence qu'à l'égard des plus grandes collectivités, les autres relevant des conseils de préfecture et des conseils locaux d'outre-mer, la Cour étant juge d'appel), la Cour des comptes est devenue juge financier de droit commun en 1935, qualité qu'elle a conservée après 1982 et la création des chambres régionales des comptes, celles-ci ayant cependant compétence à l'égard de l'immense majorité des comptes publics. Quarante ans plus tard, la réforme du régime de responsabilité financière a transformé la Cour en juge presque unique des gestionnaires publics [8]. À la faveur de l'ordonnance du 23 mars 2022 [9], la Cour a ainsi absorbé les attributions de la Cour de discipline budgétaire et financière, comme elle avait précédemment absorbé deux autres « institutions associées » qui avaient été instituées à la Libération : le comité central d'enquête sur le coût et le rendement des services publics [10] et la commission de vérification des comptes des entreprises publiques [11].

041.33 La consécration constitutionnelle de la Cour des comptes. La Constitution comporte diverses dispositions intéressant la Cour des comptes [12]. L'article 13 prévoit que les conseillers-maîtres sont nommés en conseil des ministres. Surtout, le nouvel article 47-2, créé par la loi constitutionnelle du 23 juillet 2008 [13], non seulement regroupe diverses dispositions éparses antérieures [14], mais y ajoute trois innovations : « La Cour des comptes assiste le Parlement dans le contrôle de l'action du Gouvernement. Elle assiste le Parlement et le Gouvernement dans le contrôle de l'exécution des lois de finances et de l'application des lois de financement de la sécurité sociale ainsi que dans l'évaluation des politiques publiques. Par ses rapports publics, elle contribue à l'information des citoyens » [15].

Il en résulte que la Cour des comptes ne peut être supprimée par le législateur. Il s'agit d'ailleurs du

1. L. n° 91-772, 7 août 1991 relative au congé de représentation en faveur des associations et des mutuelles et au contrôle des comptes des organismes faisant appel à la générosité publique, *JO* 10 août.
2. L. n° 2003-709, 1er août 2003 relative au mécénat, aux associations et aux fondations, *JO* 2 août.
3. L. n° 2009-1674, 30 déc. 2009 de finances rectificative pour 2009, *JO* 31 déc.
4. Devenus établissements publics de l'État en vertu de la L. n° 2009-879, 21 juill. 2009 portant réforme de l'hôpital et relative aux patients, à la santé et aux territoires, *JO* 22 juill. 2009, mais demeurés de la compétence des CRTC en vertu d'une délégation de la Cour des comptes.
5. L. 21 avr. 1832 portant fixation du budget des dépenses de l'exercice 1832.
6. C. Descheemaeker, *La Cour des comptes*, La documentation française, 2016, 3e éd., p. 135.
7. CJF, art. R. 143-11. Depuis le 1er juillet 2023, l'expression a disparu du code, qui mentionne désormais « les rapports qui sont rendus publics en application de l'art. L. 143-6 ».
8. Subsistent les compétences des chambres territoriales des comptes, dans le cadre pour elles inchangé du régime de responsabilité personnelle et pécuniaire des comptables publics ; v. ss nos 112.12 s.
9. Ord. n° 2022-408 relative au régime de responsabilité financière des gestionnaires publics, *JO* 24 mars.
10. Créé en 1946 et supprimé en 2017.
11. Créée en 1948 et supprimée en 1976.
12. Ne couvrant toutefois que les fonctions non juridictionnelles de la Cour : v. ss n° 021.23.
13. L. const. n° 2008-724 de modernisation des institutions de la Ve République, *JO* 24 juill. 2008, n° 2.
14. Ancien alinéa 6 de l'article 47 de la Constitution dans sa version de 1958 (« La Cour des comptes assiste le Parlement et le Gouvernement dans le contrôle de l'exécution des lois de finances ») et ancien article 47-1, issu d'une révision de 1996 (« La Cour des comptes assiste le Parlement et le Gouvernement dans le contrôle de l'application des lois de financement de la sécurité sociale »).
15. Sur la fonction d'information des citoyens affirmée par l'art. 47-2 de la Constitution, et son histoire : M.-C. Esclassan, « La Cour des comptes informateur des citoyens : une fonction en pleine évolution », *RFFP* 2016, n° 135, p. 49.

seul corps constitué auquel est consacré un article de la Constitution.

L'indépendance de la Cour des comptes repose traditionnellement sur le statut de ses membres, et plus précisément sur le principe d'inamovibilité, qui remonte presque aux origines des juridictions financières [1] et qui est aujourd'hui affirmé à l'article L. 120-1 du CJF [2].

Elle se traduit dans la liberté de programmation de ses travaux [3], conformément à une tradition immémoriale qui a été consacrée en 2001 par le Conseil constitutionnel à l'occasion de l'examen de la nouvelle loi organique relative aux lois de finances.

Le Parlement avait imaginé de soumettre le projet de programme annuel de la Cour des comptes à l'avis des présidents et des rapporteurs généraux des commissions des finances des deux assemblées, en leur donnant un délai de quinze jours « pour formuler leurs avis ». Il ne s'agissait donc pas de soumettre le programme de la Cour à l'accord du Parlement. Dans sa décision du 25 juillet 2001, le Conseil constitutionnel a néanmoins déclaré cette disposition contraire à la Constitution au motif qu'elle portait atteinte à l'indépendance de la juridiction, alors même qu'elle ne portait que sur les attributions administratives de la Cour :

« [...] 105. Considérant qu'il résulte des dispositions de l'article 64 de la Constitution en ce qui concerne l'autorité judiciaire et des principes fondamentaux reconnus par les lois de la République en ce qui concerne, depuis la loi du 24 mai 1872, la juridiction administrative, que l'indépendance des juridictions est garantie ainsi que le caractère spécifique de leurs fonctions ;

106. Considérant qu'en vertu du code des juridictions financières, la Cour des comptes est une juridiction administrative ; qu'ainsi qu'il a été dit ci-dessus, la Constitution garantit son indépendance par rapport au pouvoir législatif et au pouvoir exécutif ; que, si certaines de ses missions, notamment de vérification des comptes et de la gestion, ne revêtent pas un caractère juridictionnel, elles peuvent révéler des irrégularités appelant la mise en œuvre d'une procédure juridictionnelle ; que, par suite, l'obligation qui est faite à la Cour des comptes par le premier alinéa de l'article 58 de la loi organique de communiquer le projet de son programme de contrôles aux présidents et aux rapporteurs généraux des commissions de l'Assemblée nationale et du Sénat chargées des finances ainsi que la possibilité qui est offerte à ces derniers de présenter leurs avis sur ce projet sont de nature à porter atteinte à son indépendance ; qu'il s'ensuit que le premier alinéa de l'article 58 n'est pas conforme à la Constitution [...] » [4].

Indépendante dans sa composition compte tenu du statut des magistrats du siège, libre dans sa programmation, la Cour des comptes est également autonome dans la gestion de ses moyens : pendant longtemps rattachée au ministère des Finances, elle relève depuis 2006, avec les autres juridictions financières, du programme budgétaire 164 dont le responsable est le Premier président, au sein de la mission Conseil et contrôle de l'État, qui échappe traditionnellement aux dispositifs de régulation et de « gel » budgétaire.

1. V. s[s] n°s 041.13 et 041.31.
2. Mêmes dispositions pour les chambres régionales et territoriales : CJF, art. L. 220-1, L. 262-23 et L. 272-25.
3. V. s[s] n°s 111.111, 111.112 et 111.115. Participait également de cette liberté, en matière juridictionnelle, la règle de l'autosaisine qui reconnaissait au juge (sauf en matière d'amende et de gestion de fait) l'exclusivité de la formulation des griefs dont devaient répondre les comptables publics. Cette règle a disparu avec la L. n° 2008-1091, 28 oct. 2008 relative à la Cour des comptes et aux chambres régionales des comptes, *JO* 29 oct.
4. Cons. const. n° 2001-248 DC, 25 juill. 2001, *JO* 2 août ; *GAJF*, 7e éd., n° 1.

CHAPITRE

042. Tradition du jugement des comptes et singularité du régime de responsabilité personnelle et pécuniaire des comptables publics

SECTION 0
ORIENTEUR

042.00 **Sommaire du chapitre.**

042.03 **Bibliographie indicative.**

Monographies. C. Descheemaeker, *La Cour des comptes*, La Documentation française, 3e éd., 2005, p. 7 – C. Hirsch (dir.), *Le temps des responsabilités financières 1822-2022*, La Documentation française, 2023.

Articles. J. Magnet, « Que juge le juge des comptes ? », *RFFP* 1989, n° 28. 119 – G. Orsoni, « Le juge des comptes. Que juge-t-il ? Et doit-il même encore juger ? », *L'office du juge*, Actes du colloque (Sénat, 10 sept. 2006). 337.

SECTION 1
CONTINUITÉ HISTORIQUE

042.11 **Ancien Droit.** Très vraisemblablement inspirée par l'exemple de l'Échiquier de Normandie, la création de la chambre des comptes de Paris, qui est installée à partir du XIIIe siècle[1], est caractérisée d'emblée par l'articulation entre des missions de nature administrative et des attributions juridictionnelles. Ces dernières consistent[2] dans le jugement des comptes présentés par les comptables publics au terme d'une procédure contradictoire tant orale qu'écrite comportant les deux phases de l'audition et de la correction[3].

Dès l'origine, le dispositif repose sur l'obligation de production périodique des comptes[4] et sur un dialogue formalisé entre un agent spécialisé, le comptable public, et un juge spécialisé, la chambre des comptes, susceptible de mettre à la charge du justiciable, dans le cadre du débet, toute somme non justifiée en recettes comme en dépenses.

042.12 **Droit moderne.** Après la parenthèse désastreuse, en matière de contrôle des comptes, constituée par la Révolution française, Napoléon institue une Cour des comptes qui, si l'on met à part sa nature juridictionnelle, est relativement éloignée des caractéristiques des chambres des comptes de l'Ancien Régime. L'élément de continuité le plus marquant réside cependant dans le jugement des comptes publics, qui en est l'attribution principale.

En contrepartie, l'article 18 de la loi du 16 septembre 1807 lui dénie toute juridiction à l'égard des ordonnateurs[5], ce qui était de nature à dissiper les

1. V. ss n° 041.12.

2. Principalement mais non exclusivement puisque la chambre des comptes de Paris revendiquait une plénitude de juridiction, et notamment compétence en matière criminelle, en matière d'atteintes aux deniers publics et au domaine royal. Elle se heurtait fréquemment aux prétentions concurrentes du parlement de Paris.
3. C. Descheemaeker, *La Cour des comptes*, La documentation française, 3e éd., p. 11.
4. Sur les notions de « tenir des comptes », « rendre compte », « présenter des comptes » : S. Kott, « Comptable donc responsable : la formalisation de l'obligation comptable de l'État », *in* C. Hirsch (dir.), *Le temps des responsabilités financières 1822-2022*, La Documentation française, 2023, p. 20.
5. Sur cette limitation importante, v. ss nos 043.14 et 044.24.

craintes à la fois du ministre des Finances Gaudin et du Conseil d'État. Pendant deux siècles, l'administration des finances et le juge de cassation veilleront, pour des raisons différentes, au respect scrupuleux de « l'arbitrage » de 1807, pour interdire à la Cour toute immixtion, même très indirecte, sur le terrain de la légalité. Curieusement, même lors de la « querelle des nomenclatures »[1], le parlement ne vient pas au soutien des efforts de la Cour pour exercer un contrôle plus actif des pièces justificatives présentées à l'appui des dépenses publiques.

Ces limitations n'ont toutefois pas empêché la Cour de développer, avec la gestion de fait, une jurisprudence originale, soucieuse de la protection des deniers publics, y compris dans leur maniement extraréglementaire. Dégagée avec prudence, cette construction prétorienne, dont les premières traces contemporaines remontent à l'arrêt de la Cour des comptes du 23 août 1834, *Ville de Roubaix*[2], a été enrichie, à la fin du XXe siècle, par l'apport des chambres régionales et territoriales des comptes, en particulier avec l'extension, au départ audacieuse, de la théorie du mandat fictif aux associations transparentes et aux emplois fictifs[3].

SECTION 2

DÉVELOPPEMENT ET CONTESTATION DU MODÈLE JURIDICTIONNEL FRANÇAIS DE JUGEMENT DES COMPTES PUBLICS

042.21 Institutions supérieures de contrôle : un modèle juridictionnel largement répandu. Si l'architecture française arrêtée en 1807 et confirmée en 1948, avec une Cour des comptes dont la juridiction était limitée au jugement des comptes des comptables publics, ne connaissait plus guère d'équivalent à l'étranger au début du XXIe siècle, en revanche l'existence d'institutions de contrôle indépendantes et dotées d'attributions juridictionnelles en matière de finances publiques est largement répandue et tend même à se développer. Qu'elles se rattachent au « modèle » français ou qu'elles relèvent d'autres inspirations, des « cours des comptes » se rencontrent aujourd'hui dans une cinquantaine de pays situés sur tous les continents.

1. N. Groper, « La longue quête d'une responsabilité des gestionnaires publics », *in* C. Hirsch (dir.), *Le temps des responsabilités financières 1822-2022*, La Documentation française, 2023, p. 33 – V. s[s] n° 043.14.
2. A. Froment-Meurice, J.-Y. Bertucci, N. Hauptmann, C. Michaut, *Les grands arrêts de la jurisprudence financière*, 7e éd., 2019, n° 35.
3. V. s[s] n° 424.26. – Sur la gestion de fait qui subsiste en tant qu'infraction financière dans le cadre du régime de responsabilité des gestionnaires publics, v. s[s] n°s 424.11 s.

Selon les cas, leur rôle vise plutôt, conformément à la tradition française du « débet », à réparer le dommage causé par les gestionnaires publics aux deniers publics, ou au contraire à sanctionner les administrateurs en cas d'infraction aux règles qui s'imposent à eux, certains dispositifs existant à l'étranger juxtaposant ces deux objectifs[4].

042.22 Contestation de l'efficacité du jugement des comptes. Dans sa conception classique, le droit français visait à concilier efficacité et équité.

L'efficacité du régime était garantie par une triple obligation, découlant de la notion d'ordre public financier : la première reposait sur le comptable, il s'agissait de l'obligation de production du compte de sa gestion ; les deux autres incombaient au juge, consistant dans l'obligation de juger le compte et dans celle de sanctionner, dans le cadre du débet, le payement irrégulier de « toute dépense » ou le défaut de recouvrement de « toute recette » publique.

Ce dispositif reposait donc sur son caractère systématique et exhaustif, qui n'a sans doute jamais correspondu exactement à la pratique. D'une certaine façon, la Cour des comptes était le juge de droit commun de la gestion publique[5], en tout cas de l'ensemble des actes d'exécution des recettes et des dépenses publiques, dont elle était saisie par l'effet de la loi. L'efficacité du contrôle était également garantie par son caractère objectif résultant à la fois de la nature patrimoniale de la responsabilité du comptable (dont les obligations se transmettaient à ses ayants droit) et de l'absence de toute circonstance exonératoire ou limitative de responsabilité.

En contrepartie, le ministre des Finances se voyait reconnaître une « juridiction » non pas sur les comptes mais sur les comptables dont il pouvait apprécier le comportement et auxquels il avait la possibilité d'accorder remise partielle ou totale du débet, sous le contrôle du juge de l'excès de pouvoir, le « ministre-juge » pouvant voir ses décisions d'octroi ou de refus de remise gracieuse contestées. Grâce à cette distinction entre le jugement du compte (par le juge des comptes) et l'appréciation de la responsabilité du comptable (par le ministre), et contrairement aux présentations souvent faites de ce régime, l'autorité de la chose jugée par le juge des comptes était juridiquement respectée, le ministre ne pouvant revenir sur la ligne de compte fixée par voie d'arrêt. En revanche, il avait la faculté de substituer l'État (ou la personne publique elle-même si elle y consentait) au

4. Sur les comparaisons internationales, d'une façon générale : S. Damarey (dir.), *Responsabilité financière des gestionnaires publics : approches internationales*, Mare & Martin, 2023 ; G. Miller, *Le juge des comptes calcule-t-il ?*, Archives de philosophie du droit, tome 65, Dalloz, 2024. 519.
5. Toutefois, seulement dans le champ limité des organismes dotés d'un poste comptable public.

comptable pour procéder à la reconstitution de la caisse. Son rôle n'était donc pas fondamentalement différent de celui de l'autorité administrative en matière d'application des décisions contentieuses : dans toutes les branches de notre droit, l'exécution des décisions de justice relève du pouvoir exécutif et bien des décisions, en matière civile, pénale et administrative, reçoivent une application plus ou moins éloignée de ce que prescrit le jugement. La double singularité du droit de la comptabilité publique tenait au fait que le ministre des Finances était le supérieur hiérarchique de la grande majorité des justiciables (les comptables du Trésor) et que son pouvoir d'appréciation s'exerçait de façon quasiment discrétionnaire, du moins jusqu'en 2008 [1].

Ainsi la caisse publique était « rétablie » dans tous les cas mais, si le comptable n'avait rien à se reprocher, il n'en supportait pas personnellement la charge ; de même, les dépenses irrégulières se trouvaient sanctionnées sans méconnaître l'interdiction faite à la Cour des comptes de juger les ordonnateurs.

Cette construction grandiose dans sa conception, même si elle a pu sembler bornée dans ses ambitions [2] et s'est trouvée qualifiée « d'intégriste » [3], a perdu de sa cohérence en raison de l'attitude de l'administration des finances et des positions restrictives du Conseil d'État, mais aussi de modifications législatives qui ont fini par ébranler les colonnes du temple.

En premier lieu, le ministre des Finances a fait un usage de plus en plus extensif de son pouvoir de remise gracieuse (au profit du moins des comptables du Trésor, ceux des autres ministères – éducation nationale et agriculture, principalement – se voyant réserver un sort différent, de même que les comptables de fait), y compris en cas de faute manifeste des comptables, même si les avis rendus par la Cour des comptes sur les projets de remise gracieuse des débets, en vertu du décret du 5 mars 2008, ont contribué à redonner – tardivement – une réelle effectivité à la responsabilité des comptables [4].

En deuxième lieu, le juge de cassation a réduit progressivement le champ des contrôles du juge des comptes au nom de la prohibition du contrôle de légalité [5], condamnant ainsi, non sans quelques hésitations et repentirs [6], les tentatives visant à donner aux comptables publics, et donc à la juridiction financière, un rôle moins formel.

En troisième lieu, le législateur est intervenu à plusieurs reprises, au cours des dernières années, pour « rénover » les règles de fond ou de procédure de ce régime particulier de responsabilité.

Sollicité tantôt par la direction de la comptabilité publique (devenue direction générale des finances publiques), tantôt par la Cour des comptes elle-même, cette dernière agissant de sa propre initiative ou en raison de constructions jurisprudentielles du Conseil d'État ou de la Cour européenne des droits de l'homme qui imposaient une mise à jour des textes, le Parlement a d'abord mis en place un dispositif de prescription acquisitive de décharge (2004) [7] : dans son application par la Cour des comptes, cette loi a mis fin à l'obligation de juger, ce qui revenait à s'attribuer une prérogative tout à fait exorbitante pour une juridiction.

Puis la force majeure a été introduite dans les textes comme circonstance exonératoire (2006) [8] : cette loi a permis au juge financier, comme à tous les juges de la responsabilité, de ne pas mettre en jeu la responsabilité du comptable en cas de force majeure, mais elle lui a, ce faisant, permis pour la première fois d'apprécier le comportement de son justiciable. Il est toutefois à noter que le caractère purement objectif du contentieux, dont l'objet se limitait aux « éléments matériels du compte », ne résultait pas jusqu'alors de la loi mais de la jurisprudence du Conseil d'État.

Par la suite, les textes ont consacré la fin du mécanisme d'autosaisine (2008) [9], réservant l'ini-

1. Décr. n° 2008-228, 5 mars 2008 relatif à la constatation et à l'apurement des débets des comptables publics et assimilés ; abrogé le 31 déc. 2022 avec la fin du régime de responsabilité propre aux comptables publics.
2. S. Damarey, « La lente subjectivisation de l'office du juge des comptes », *in* C. Hirsch (dir.), *Le temps des responsabilités financières 1822-2022*, La Documentation française, 2023, p. 70 ; l'auteur évoquant même « une juridiction impassible ».
3. G. Orsoni, « Le juge des comptes. Que juge-t-il ? Et doit-il même encore juger ? », *in L'office du juge*, Actes du colloque (Sénat, 10 sept. 2006), p. 337 [en ligne] : « On conçoit que pareille approche, quelque peu intégriste, du jugement du compte (et du seul compte), renvoyant au ministre le soin d'apprécier le comportement personnel du comptable et de le décharger de sa responsabilité (remise gracieuse voire situation de force majeure) n'alla pas sans réticences ou résistances : la réaffirmation, par le Conseil d'État, dans les années quatre-vingt/quatre-vingt-dix, de la jurisprudence Nicolle répondait à une volonté de la Cour des comptes, fortement exprimée par certains de ses membres (J. Magnet, F. Fabre) d'une (re)appropriation d'un examen du comportement personnel du comptable ».
4. Cour des comptes, *Rapport public annuel 2012*, t. III, p. 27-28. Il a été mis fin à cette procédure originale par le Décr. n° 2012-1387, 10 déc. 2012.
5. N. Groper et C. Michaut, « La responsabilité du comptable à raison du payement de dépenses dépourvues de tout lien avec l'intérêt du service », *AJDA* 2009. 2449.
6. V. s[s] n° 613.56.
7. L. n° 2004-1485, 30 déc. 2004 de finances rectificative pour 2004, *JO* 31 déc.
8. L. n° 2006-1771, 30 déc. 2006 de finances rectificative pour 2006, *JO* 31 déc.
9. L. n° 2008-1091, 28 oct. 2008 relative à la Cour des comptes et aux chambres régionales des comptes, *JO* 29 oct.

tiative des poursuites au ministère public, ce qui a mis un terme à l'obligation de sanctionner toute irrégularité (y compris à la demande de la personne publique, même par la voie de l'appel) lorsque la juridiction n'en était pas saisie par un réquisitoire. La dernière étape législative a été marquée par la réduction du champ du débet aux manquements ayant causé un préjudice financier (2011). La loi du 28 décembre 2011[1] a reconnu au juge la possibilité de moduler, en fonction des circonstances de l'espèce, la « somme » mise à la charge du comptable lorsque le manquement n'a pas causé de préjudice.

En sept ans, c'est toute l'économie, et même toute la logique du dispositif de jugement des comptes, qui s'est trouvée remise en cause[2].

Dans le même temps, les réflexions des pouvoirs publics[3] comme celles de la Cour des comptes[4] convergeaient pour remettre en cause le dispositif séculaire de jugement des comptes publics. Le Gouvernement en a décidé la suppression par l'ordonnance du 23 mars 2022[5] au profit d'un régime « unifié » de responsabilité financière des gestionnaires publics[6].

1. L. n° 2011-1978, 28 déc. 2011 de finances rectificative pour 2011, *JO* 29 déc.

2. C. Michaut, « Le juge des comptes à la recherche d'un nouvel ordre public financier », *in Mélanges en l'honneur de Michel Lascombe*, Dalloz, 2020, p. 235.
3. Action publique 2022, *Service public. Se réinventer pour mieux servir. Nos 22 propositions pour changer de modèle*, juin 2018, p. 34 : « L'allègement des contrôles passe par la suppression de la responsabilité personnelle et pécuniaire des comptables ».
4. Cour des comptes, *JF2025. Construire ensemble l'avenir des juridictions financières*, 2021, p. 21 [en ligne] : « Le dispositif en vigueur concernant la responsabilité personnelle et pécuniaire des comptables ne répond plus aux réalités de la gestion publique, qui se caractérise par une imbrication de plus en plus poussée des fonctions de comptable et d'ordonnateur. »
5. Ord. n° 2022-408, 23 mars 2022 relative au régime de responsabilité financière des gestionnaires publics, *JO* 24 mars.
6. V. s[s] n° 052.21.

CHAPITRE

043. Tradition d'irresponsabilité financière des ordonnateurs en France et ses critiques

SECTION 0
ORIENTEUR

043.00 Sommaire du chapitre.

043.03 Bibliographie indicative.

Articles. F. Descamps, « La Cour des comptes et le contrôle financier des administrations : histoire d'une tentation, histoire d'une tentative (1914-1940) », *RFAP* 2007/4, nº 124. – S. Flizot, « Aux origines de la loi du 16 septembre 1807 créant la Cour des comptes : le contrôle des comptes publics de 1790 à 1807 », *Rev. Trésor* 2005. 658. – C. Hirsch (collab. avec N. Groper), « La responsabilité des gestionnaires publics », *Arch. phil. droit* 2022, nº 63, p. 165. – S. Kott, « La construction du droit de la comptabilité publique 1817-1962 », *GFP* 2013, nº 2-3, p. 19.

Contributions. R. Chapus, « Les fondements de l'organisation de l'État définis par la Déclaration de 1789 et leurs prolongements dans la jurisprudence du Conseil constitutionnel et du Conseil d'État », *in* Conseil constitutionnel, *La Déclaration des droits de l'homme et du citoyen et la jurisprudence*, Puf, 1989, p. 181. – S. Flizot, « La création de la CDBF : enjeux et débats », *in* Collectif, *L'invention de la gestion des finances publiques : du contrôle de la dépense à la gestion des services publics*, Comité pour l'histoire économique et financière de la France, 2013, p. 347. – N. Groper, « La société a le droit de demander compte à tout agent public de son administration : le long chemin vers la responsabilité des gestionnaires en droit public en France », *in* S. Damarey (dir.), *Responsabilité financière des gestionnaires publics. Approches internationales*, Mare & Martin, 2023, p. 177. – N. Groper, « La longue quête d'une responsabilité des gestionnaires publics », *in* C. Hirsch (dir.), *Le temps des responsabilités financières 1822-2022*, La Documentation française, 2023, p. 33. – C. Pierucci, « "Faire vivre une responsabilité financière des ordonnateurs (1948-2022)" : la Cour de discipline budgétaire et financière », *in* C. Hirsch (dir.), *Le temps des responsabilités financières 1822-2022*, La Documentation française, 2023, p. 88.

SECTION 1
PRINCIPES CONTRADICTOIRES RÉGISSANT LA RESPONSABILITÉ DES DÉCIDEURS ET AGENTS PUBLICS

043.11 Choix structurants contradictoires. En France, la responsabilité financière des décideurs et agents publics, telle que nous la connaissons aujourd'hui, issue de l'ordonnance du 23 mars 2022[1], a mis deux siècles à s'installer[2].

L'Ancien Régime a légué à la France deux grands principes qui ont continué à produire leurs effets jusqu'à nos jours : premièrement, en France, le contrôle externe des finances publiques relève d'une juridiction ; deuxièmement, la responsabilité du pouvoir exécutif, de l'administration, est traditionnellement limitée.

Deux textes importants ont par ailleurs marqué la fin de l'Ancien Régime, au moment de la Révolution : l'affirmation d'une nécessité pour les agents publics de rendre compte, par l'art. 15 de la Déclaration des droits de l'homme et du citoyen (DDHC),

1. Sur cette ordonnance et la réforme qu'elle introduit, v. s[s] nº 052.21.
2. N. Groper, « La société a le droit de demander compte à tout agent public de son administration : le long chemin vers la responsabilité des gestionnaires en droit public en France », *in* S. Damarey (dir.), *Responsabilité financière des gestionnaires publics. Approches internationales*, Mare & Martin, 2023, p. 177 – N. Groper, « La longue quête d'une responsabilité des gestionnaires publics », *in* C. Hirsch (dir.), *Le temps des responsabilités financières 1822-2022*, La Documentation française, 2023, p. 33.

mais aussi l'interdiction faite au juge (judiciaire) de connaître de l'administration (v. ci-après).

Ces principes sont tenaces : ils structurent l'évolution très limitée, au cours des XIXe et XXe siècles, de la responsabilité des gestionnaires publics. Car comment donner corps à l'obligation de rendre compte s'il n'existe pas de responsabilité associée ? À qui confier le contrôle des finances publiques, et la sanction éventuelle des agents ayant commis des irrégularités financières ? S'il est défendu au juge judiciaire de connaître, *a priori*, de l'administration, pourquoi limiter aussi longtemps les compétences juridictionnelles du juge financier, qui est un juge administratif spécialisé ?

043.12 Article 15 de la DDHC, le principe fondateur de la responsabilité des agents et gestionnaires publics. L'affirmation, par l'article 15 de la Déclaration des droits de l'Homme et du citoyen (DDHC) de 1789 [1], de l'obligation des agents publics de rendre compte de leur administration fonde directement la nécessité d'une responsabilité des administrateurs [2], aujourd'hui on dirait des gestionnaires publics, responsabilité découlant naturellement de l'obligation pour ceux-ci de rendre compte non seulement devant leur supérieur hiérarchique, mais aussi devant la société. Il s'agit du corollaire du principe de consentement à l'impôt [3] et une rupture, souhaitée et affirmée, avec la tradition d'irresponsabilité des agents publics qui prévalait largement jusque-là [4] et dont la critique s'était retrouvée dans nombre de cahiers de doléances.

Une rupture du moins dans son principe, car la portée en a longtemps été des plus réduites, faute de régime de responsabilité associé.

Pourtant, avant même la journée symbolique du 14 juillet 1789, un système de responsabilité des administrateurs avait été décidé, comme suite aux Cahiers de doléances [5], responsabilité qui devait être mise en œuvre devant les juridictions ordinaires.

043.13 Interdiction faite au juge (judiciaire) de connaître de l'action de l'administration. La loi des 16 et 24 août 1790, en interdisant au juge (judiciaire) de connaître de l'action de l'administration, limite *de facto* la possibilité d'engager la responsabilité, alors, de l'administration en général et des administrateurs publics en particulier, du moins sur le plan juridictionnel.

Née de la défiance à l'égard des parlements d'Ancien régime, cette loi s'inscrit également dans la continuité de la tradition mentionnée ci-dessus d'un exécutif fort et peu responsable, du moins devant le juge ordinaire.

Il peut néanmoins paraître paradoxal qu'au moment même où la DDHC proclamait la responsabilité des agents publics en matière de gestion publique, la Révolution ait supprimé toutes les institutions qui auraient pu donner une traduction concrète, et en premier lieu les chambres des comptes [6].

043.14 Émergence progressive d'une responsabilité administrative devant le juge administratif, mais interdiction faite à la juridiction financière de juger les ordonnateurs. Si la déconnection entre administration et justice, en France, a permis tout au long des XIXe et XXe siècles le développement du juge administratif, et progressivement, grâce à l'audace du Conseil d'État, d'un régime de responsabilité de l'administration elle-même, mis en œuvre par ce juge administratif, ni la juridiction financière, ni la responsabilité des agents et décideurs publics n'ont profité de cette évolution.

D'une part, le rétablissement de la juridiction financière en 1807 [7] n'a pas donné corps au principe affirmé par l'article 15 de la DDHC, du moins pas immédiatement.

En effet, en créant la Cour des comptes moderne en 1807, Napoléon cherchait à établir une structure de contrôle qui l'informe lui, en tant que chef suprême de l'administration [8] ; mais, tout en affirmant explicitement l'objectif de recherche de la probité et de la régularité dans la gestion publique [9], il ne souhaitait

1. La Cour des comptes y a consacré la Nuit du droit en 2023 [Actes à paraître].
2. Sur les fondements conceptuels de la responsabilité financière des gestionnaires publics, v. ss no 021.11.
3. Le principe de consentement à l'impôt est affirmé à l'art. 14 de la DDHC, auquel l'article 15 fait donc logiquement suite.
4. Sur l'importance de cet article 15 de la DDHC, v. N. Groper, « La société a le droit de demander compte à tout agent public de son administration. » Le long chemin vers la responsabilité des gestionnaires publics en France », préc., p. 177 – C. Hirsch (collab. avec N. Groper), « *La responsabilité des gestionnaires publics* », *Arch. phil. droit* 2022, no 63, p. 165 – R. Chapus, « Les fondements de l'organisation de l'État définis par la Déclaration de 1789 et leurs prolongements dans la jurisprudence du Conseil constitutionnel et du Conseil d'État », *in* Conseil constitutionnel, *La Déclaration des droits de l'homme et du citoyen et la jurisprudence*, Puf, 1989, p. 181.
5. S. Flizot, « La création de la CDBF : enjeux et débats », *in* Collectif, *L'invention de la gestion des finances publiques : du contrôle de la dépense à la gestion des services publics*, Comité pour l'histoire économique et financière de la France, 2013, p. 360.
6. Sur la suppression des chambres des comptes, v. ss no 041.21.
7. V. ss no 041.31.
8. Pour un hommage rendu par Philippe Séguin à Napoléon, fondateur de la Cour des comptes moderne, v. son discours prononcé à Ajaccio le 4 juill. 2007, repr *in* Cour des comptes, *Philippe Séguin. Un Premier président dans la République. Discours 2004-2009*, La Documentation française, 2011, p. 25.
9. En témoigne l'inscription, aux Invalides qui abritent le tombeau de Napoléon, rappelant la création de la Cour des comptes en 1807 : « Je veux que par une surveillance active l'infidélité soit réprimée et l'emploi légal des fonds publics garanti ».

pas de responsabilité, ni politique, ni juridictionnelle des ordonnateurs, qui ne devaient rendre compte qu'à lui seul.

Comme le résumait fort bien Philippe Séguin, la Cour de 1807 « est d'abord et avant tout au service de l'Empereur, elle ne rend compte qu'à lui, et ne saurait le gêner dans son administration. Il n'est pas question, en particulier, qu'elle s'attribue juridiction sur les ordonnateurs. Le pouvoir peut bien tolérer une juridiction de contrôle, mais elle ne doit pas outrepasser la limite du raisonnable... »[1].

Ce qui a emporté la décision de rétablir une juridiction financière, ce n'est donc pas l'idée de responsabilité financière sanctionnée par un juge, mais l'idée selon laquelle la forme juridictionnelle de l'institution constitue un facteur de crédibilité du contrôleur. La responsabilité des trésoriers est certes prévue, mais elle n'est, alors, pas fondamentale dans le choix de la forme juridictionnelle de l'institution supérieure de contrôle.

Au contraire, l'article 18 de la loi du 16 septembre 1807 précise explicitement - pour limiter le rôle du juge financier - que « la Cour ne pourra en aucun cas s'attribuer juridiction sur les ordonnateurs... ». Cette règle a été reprise pendant deux siècles dans la législation concernant la Cour des comptes ; elle figurait en dernier lieu à l'article L. 131-2 du code des juridictions financières, jusqu'à son abrogation le 31 décembre 2022, et ce n'est que cette abrogation qui a rendu possible, plus de deux siècles après, que la Cour des comptes dispose d'un pouvoir de sanction juridictionnel sur les ordonnateurs, et au-delà sur tous les gestionnaires publics.

D'autre part, la fonction juridictionnelle du juge des comptes, déjà limitée aux seuls comptes des comptables publics[2], s'est trouvée, dès le départ et malgré les progrès significatifs de la Restauration par rapport à l'Empire (Louis XVIII[3] s'est entouré de spécialistes reconnus des finances publiques, comme le baron Louis[4], et c'est également de cette époque que date la discipline, intellectuelle et universitaire, des finances publiques), fortement contrainte par la jurisprudence du Conseil d'État : en témoigne notamment la fameuse « querelle des nomenclatures »[5], dans laquelle la Cour avait essayé de fixer elle-même les pièces justificatives que les comptables devaient exiger des ordonnateurs, du moins lorsque les nomenclatures n'étaient pas complètes ou explicites, ce que ni le Conseil d'État[6] ni le pouvoir législatif[7], appelé à trancher le conflit, n'ont accepté. Or sans ces limitations, le juge des comptes aurait peut-être pu élargir la prise indirecte sur les ordonnateurs *via* la responsabilité personnelle et pécuniaire des comptables publics.

En outre, nous l'avons vu[8], les ministres des finances ont obtenu de fortes atténuations des effets de la responsabilité des comptables[9], à travers notamment le pouvoir de remise gracieuse, à sa discrétion, le ministre devenant alors le « vrai » juge des comptables (« ministre-juge »).

La fonction de jugement donnée au juge des comptes s'est donc limitée au jugement objectif des comptes, un apurement des comptes prenant la forme juridictionnelle, principe que confirmera la jurisprudence du Conseil d'État tout au long du XXe siècle et qui bloquera toute possibilité d'évolution majeure de cette fonction juridictionnelle limitée[10], du moins par voie prétorienne.

1. Discours du 18 déc. 2006 à l'Académie des sciences morales et politiques, repr. *in* Cour des comptes, *Philippe Séguin. Un Premier président dans la République. Discours 2004-2009*, La Documentation française, 2011, p. 47.
2. V. s^s^ n°s 042.12 et 042.22.
3. Louis XVIII (1755-1824), roi de France (1814-1824).
4. Le baron Joseph-Dominique Louis (1755-1837) a été à cinq reprises ministre des Finances sous la Restauration puis la Monarchie de Juillet. On lui doit aussi la création de l'Inspection générale des finances (IGF).
5. V. s^s^ n° 041.13 – A. Crépey (dir.), *La Cour des comptes*, Coll. Histoire de l'Administration française, CNRS, 1984, p. 470. – S. Kott, « La construction du droit de la comptabilité publique 1817-1962 », *GFP* 2013, n° 2-3, p. 19 : « La Cour, voulue apolitique, devient destinataire des pièces justificative et tente d'encadrer plus précisément les nomenclatures [...]. Or, ces pièces justificatives constituent un élément central d'appréciation, non seulement de la régularité, mais aussi de la qualité de la dépense publique. Entre 1837 et 1842, le Conseil d'État, soucieux de préserver l'autonomie des ministres et des administrations, s'oppose à cette immixtion lors de la "querelle des nomenclatures". Si la tutelle technique de l'administration financière sur la dépense publique [par l'intermédiaire du comptable public] constitue un compromis permettant aux administrations d'échapper au contrôle beaucoup plus gênant du Parlement, ce n'est certainement pas pour que le contrôle politique se déplace » vers la Cour.
6. CE 8 sept. 1839, *Ministre des Travaux publics*, req. n° 14,223 ; Rec. Conseil d'État 495 : « excès de pouvoir de la Cour [...] » ; – CE 22 mars 1841, *Ministre des Finances*, req. n° 15,292 ; Rec. Conseil d'État. 123.
7. Selon le rapport parlementaire de l'époque, la Cour « veut [...] en un mot, étendre sa juridiction sur les ordonnateurs en prescrivant les pièces que les comptables auront le droit d'exiger d'eux... », ce qui ferait craindre que « l'Administration passerait tout entière dans la main des comptables ; ce serait peut-être organiser la résistance et le désordre... » ; car étendre le pouvoir juridictionnel de la Cour « porterait atteinte aux principes qui règlent les relations entre l'ordonnateur et le payeur ; il causerait une véritable perturbation dans le service des Finances... » [cité dans A. Crépey (dir.), *La Cour des comptes*, Coll. Histoire de l'Administration française, préc., p. 471].
8. V. s^s^ n° 042.22.
9. P. Lelong, « La Cour des comptes en 2005 : tradition et modernité », *RFFP* 2005, n° 89, p. 263 – J.-P. Camby, « Droit administratif et droit financier », *RDP* 1998. 953.
10. J.-P. Camby, « Droit administratif et droit financier », *RDP* 1998. 953 : « [...] alors que le Conseil d'État apprécie sa propre compétence, et que celle-ci s'étend au fil du temps, il a, avec le célèbre arrêt Nicolle du 12 juillet 1907, cantonné celle de la Cour aux seules exigences prévues par la loi [...] ».

Ce cantonnement de la responsabilité des comptables, de l'office du juge des comptes, et l'absence de responsabilité des ordonnateurs peuvent surprendre, car au cours du XIXᵉ siècle, trois grandes évolutions se font jour : le développement de la responsabilité politique, en lien avec le renforcement du parlementarisme, d'abord sous la Restauration (débuts du parlementarisme budgétaire ; mise en place de la déclaration générale de conformité, ancêtre lointain de la certification des comptes de l'État) puis surtout sous la IIIᵉ République ; l'avènement d'une opinion publique de plus en plus informée, et intéressée par la bonne gestion de l'argent public (émergence du rapport public, qui ancre le rôle de la Cour à l'égard du citoyen, sous la Monarchie de Juillet) : l'opinion publique est désireuse de responsabilité – et ce jusqu'à ce jour ; enfin, le développement du droit administratif général déjà évoqué, essentiellement autour de la responsabilité administrative : c'est le fameux « miracle » dont parlait Prosper Weil [1]. Non seulement l'administration s'impose à elle-même des règles qu'elle doit respecter, mais l'administration peut même être responsable. C'est là une rupture historique, mais il s'agit d'une responsabilité victimo-centrée. Dans cette conception, il faut à tout prix réparer un dommage, et l'administration en a les moyens ; la question des responsabilités individuelles est, du moins au départ, secondaire.

Ces évolutions auraient pu ou dû conduire à donner pleinement son sens à l'art. 15 DDHC ; mais cela n'a pas été, alors, le cas. Ceci peut paraître curieux : alors qu'émerge un véritable juge de l'administration, qui à la suite de la loi de 1790 précitée est distinct du juge ordinaire, le plus ancien des juges administratifs, le juge des comptes, piétine avec un régime de responsabilité limité aux comptables, et encore, limité à certaines opérations ou certains contrôles qui sont dévolus à ces derniers, le tout sous le couperet d'un ministre-juge.

Faute de pouvoir nourrir l'activité juridictionnelle, c'est donc l'activité non juridictionnelle que la Cour des comptes a essentiellement développée au XIXᵉ, puis au XXᵉ siècle.

Quant à la responsabilité personnelle des ordonnateurs, on doit constater avec le professeur Christophe Pierucci qu'elle « est restée en France relativement étrangère à la pensée financière et au droit positif jusqu'aux années 1947-1948 » [2], et la création de la Cour de discipline budgétaire [3].

1. V. l'ouvrage classique du Professeur Prosper Weil, *Droit administratif*, Puf, coll. Que sais-je ?, 27ᵉ éd., 2024.
2. C. Pierucci, « "Faire vivre une responsabilité financière des ordonnateurs (1948-2022)" : la Cour de discipline budgétaire et financière », *in* C. Hirsch (dir.), *Le temps des responsabilités financières 1822-2022*, La Documentation française, 2023, p. 88.

043.15 Échec des tentatives d'établir une responsabilité des agents publics devant ou enclenchée par le pouvoir législatif. Plusieurs textes de la période révolutionnaire et des régimes qui se sont succédé au cours du XIXᵉ siècle ont affirmé la responsabilité théorique (et politique et/ou pénale) des ordonnateurs, notamment en cas de dépassement de crédits, sans que toutefois la mise en jeu de cette responsabilité soit véritablement organisée.

La Révolution a tenté un renforcement du pouvoir législatif parlementaire en matière financière. Cela s'est traduit à la fois dans le contrôle de l'action publique : la juridiction financière, supprimée par la Révolution, a été remplacée par un Bureau de la comptabilité rattachée au Parlement [4]. C'est également l'Assemblée nationale qui devait mettre en jeu la responsabilité des comptables [5] et des administrateurs, y compris des ordonnateurs politiques.

Mais ces tentatives ont échoué, ce dont témoigne d'ailleurs le rétablissement de la juridiction financière en 1807, avec la création de la Cour des comptes moderne [6]. Quant à la responsabilité des ordonnateurs sur initiative du Parlement, elle n'a jamais été effective.

La Constitution de 1791 prévoyait par exemple une forme de responsabilité pécuniaire des ordonnateurs ; mais le système mis en place ne pouvait guère trouver application [7]. Pour l'anecdote, la Constitution visait notamment le cas de « dissipation des deniers destinés aux dépenses de leur département » (ministériel), donc le gaspillage (qui n'est pas sanctionnable aujourd'hui en droit public financier sauf si on peut prouver une infraction), mais de toutes les façons, la Constitution renvoyait au code pénal.

Plus tard, la Charte de Louis XVIII [8], combinée avec d'autres textes, donnait à la Chambre des pairs la charge de juger les ministres, sorte *d'impeachment* sur le modèle anglais (où Louis XVIII avait vécu en exil). La Charte de la Monarchie de juillet annonçait également un mécanisme de responsabilité des ordonnateurs principaux « et des autres agents du pouvoir » [9], et un projet de loi fut en effet discuté par la

3. V. sˢ nᵒ 044.21.
4. S. Flizot, « Aux origines de la loi du 16 septembre 1807 créant la Cour des comptes : le contrôle des comptes publics de 1790 à 1807 », *Rev. Trésor* 2005. 658.
5. Sur le jugement des comptes sous la Révolution, v. sˢ nᵒ 041.22.
6. L. 16 sept. 1807 relative à l'organisation de la Cour des comptes ; – v. sˢ nᵒ 041.31.
7. F. Dreyfus, « Rendre des comptes – rendre compte : des notions ambigües », *RFAP* 2016, nᵒ 160, p. 999.
8. Louis XVIII (1755-1824), roi de France (1814-1824).
9. Charte const., 14 août 1830, art. 69 : « Il sera pourvu successivement par des lois séparées et dans le plus court délai possible aux objets qui suivent : [...] 2° La responsabilité des ministres et des autres agents du pouvoir [...] ».

suite, qui envisageait une responsabilité des ordonnateurs – certes toujours civile – mais même sans préjudice, en cas de faute lourde. La commission parlementaire chargée de ce projet a même envisagé, peut-être pour la première fois, un régime de sanctions clairement distinct des sanctions pénales[1], ouvrant ainsi la voie aux infractions autonomes, de droit public financier, qui existent aujourd'hui.

La Constitution de l'éphémère Deuxième République envisageait également la responsabilité des ministres, y compris civilement[2], et une loi de 1850 prévoyait en effet de mettre à la charge du ministre les dépenses effectuées en dépassement de crédits[3], loi qui devait être élargie aux ordonnateurs fonctionnaires en 1851, réforme toutefois interrompue par le coup d'État du 2 décembre[4].

Au début de la IIIe République, le sujet de la responsabilité civile des ministres a également été examiné (1883), avec toujours la difficulté que dans un tel scénario, la responsabilité ne peut être engagée qu'en cas de préjudice pour le Trésor, mais pas lorsqu'une faute même grave n'en a pas causé[5].

SECTION 2

VERS UNE MEILLEURE DISCIPLINE BUDGÉTAIRE DES ORDONNATEURS : LA CRISE DES FINANCES PUBLIQUES ET LE CONTRÔLE DES DÉPENSES ENGAGÉES (1918-1948)

043.21 Après la Grande Guerre : création du contrôle des dépenses engagées et tentative de mise en place d'une responsabilité pécuniaire des ordonnateurs. À partir de la 1re Guerre Mondiale, l'extension du secteur public et la diversification de l'action publique (dans sa gestion) ont eu un impact important sur les contrôles, et partant sur les responsabilités des gestionnaires.

Les deux Guerres Mondiales ont d'ailleurs des effets budgétaires comparables : les caisses sont vides, alors que le champ d'intervention de l'État s'étend : il faut donc discipliner les dépenses.

Cela va avoir un effet sur la responsabilité des gestionnaires, mais après bien des tâtonnements.

Après la 1re Guerre Mondiale, les finances publiques ont enregistré plusieurs progrès.

Ainsi la création, en 1919, de la direction du Budget, issue d'une « scission de la fonction comptable et de la fonction budgétaire, jusqu'alors intriquées dans la même direction matricielle et centralisatrice au sein du ministère des Finances, peut être lue comme l'une des conséquences directes de la crise des finances publiques engendrée par la Grande Guerre »[6].

Surtout, l'importante loi du 10 août 1922[7] a mis en place le contrôle des dépenses engagées[8], rebaptisé plus tard « contrôle financier », puis désormais « contrôle budgétaire »[9], destiné à encadrer les dépenses des « ministères dépensiers » à travers un mécanisme de surveillance des ordonnateurs imposé par l'administration des finances, précisément la direction du Budget nouvellement créée. Cette loi « articule pour la première fois de façon explicite les contrôles administratif, juridictionnel et parlementaire »[10] sur les ordonnateurs.

L'instauration du contrôle budgétaire par cette loi avait été précédée de réflexions et de plusieurs projets inaboutis, comme le projet de loi Caillaux[11] (1914) qui envisageait de confier à la Cour des comptes un rôle central en la matière (mais il devait revenir au Parlement de tirer les conséquences administratives et politiques en cas de dérapage), projet de loi dont l'examen avait toutefois été interrompu par la guerre, ou comme les travaux – inaboutis – de la commission Selves (1918), qui préfigurait un contrôle budgétaire ministériel centralisé par le ministère des Finances[12].

1. S. Flizot, « La création de la CDBF : enjeux et débats », préc., p. 366.
2. Constitution de 1848, art. 68, al. 1er : « Le président de la République, les ministres, les agents et dépositaires de l'autorité publique, sont responsables, chacun en ce qui le concerne, de tous les actes du gouvernement et de l'administration » – Surtout article 98 : « Dans tous les cas de responsabilités des ministres, l'Assemblée nationale peut, selon les circonstances, renvoyer le ministre inculpé, soit devant la Haute Cour de justice, soit devant les tribunaux ordinaires, pour les réparations civiles ».
3. L. 15 mai 1850 portant fixation du budget des dépenses de l'exercice 1850.
4. S. Flizot, « La création de la CDBF : enjeux et débats », préc., p. 355.
5. S. Flizot, « La création de la CDBF : enjeux et débats », préc., p. 354.
6. F. Descamps, « Une réforme structurelle au ministère des Finances en temps de crise : la partition de la direction de la comptabilité publique en 1919 », *RFDA* 2022/3, n° 183, p. 707.
7. L. 10 août 1922 relative à l'organisation du contrôle des dépenses engagées (d'ailleurs partiellement encore en vigueur aujourd'hui) – Sur ce texte, v. ss nos 034.21, 044.22, 312.37 et 426.11.
8. Sur le contrôle des dépenses engagées, v. la thèse de S. Kott, *Le contrôle des dépenses engagées. Évolutions d'une fonction*, CHEFF, Ministère de l'Économie, des finances et de l'industrie, 2004.
9. Sur le contrôle budgétaire et l'infraction financière associée, v. ss n° 421.11.
10. F. Descamps, « La Cour des comptes et le contrôle financier des administrations : histoire d'une tentation, histoire d'une tentative (1914-1940) », *RFAP* 2007/4, n° 124, p. 662.
11. Joseph Caillaux (1863-1944) a été notamment plusieurs fois ministre des Finances sous la IIIe République.
12. F. Descamps, « La Cour des comptes et le contrôle financier des administrations : histoire d'une tentation, histoire d'une tentative (1914-1940) », préc., p. 659.

La Cour elle-même appelait alors de ses vœux un renforcement du contrôle des ordonnateurs par divers moyens, mais, prudente, visait davantage le rôle de la Cour en amont de la dépense dans le cadre de sa compétence de jugement des comptes des comptables (nomenclatures des pièces des dépenses par exemple), et ne cherchait pas à intervenir dans les « sanctions » éventuelles, plutôt envisagées comme politiques ou administratives[1]. Si la Cour souhaitait renforcer le contrôle juridictionnel sur les comptes des comptables[2], elle préférait laisser le contrôle administratif des dépenses au ministère des Finances - ce qui fut effectivement le choix finalement fait, et qui perdure jusqu'à ce jour à travers le contrôle budgétaire.

Si le contrôle des dépenses engagées, aujourd'hui contrôle budgétaire, a donc représenté un acquis durable de la loi de 1922, celle-ci prévoyait également une forme de responsabilité personnelle et pécuniaire des ordonnateurs[3], disposition qui est tombée en désuétude avant d'avoir joué. La responsabilité civile des ministres et des administrateurs à l'égard de l'administration s'y trouvait affirmée, tout en y ajoutant un mécanisme pénal (forfaiture) trop lourd et sévère, inapplicable tel quel en pratique « en raison de sa rigueur même, excessive dans bien des cas d'espèce », comme le souligne l'exposé des motifs du texte qui allait devenir la loi de 1948 créant la Cour de discipline budgétaire[4]. Cette combinaison remarquable entre responsabilité pénale et responsabilité civile, toutes deux excessives, avait été sujet de débats au cours de la préparation de la loi[5]. Quoi qu'il en soit, la responsabilité proclamée par la loi de 1922, dont le volet civil demeure théoriquement en vigueur, ne pouvait pas - et ne peut toujours pas - être sanctionnée en pratique, faute de juridiction désignée pour l'appliquer.

Rappelons que cette tentative d'une responsabilité civile, personnelle et pécuniaire, des ordonnateurs faisait suite à des tentatives précédentes[6], toutes demeurées sans effet.

D'autres projets n'ont pas davantage abouti : par exemple, une proposition de loi d'un député, en 1920, envisageait non seulement de renforcer les contrôles exercés sur les ordonnateurs, mais également un « système de répression et de sanction » confié à la Cour des comptes[7].

043.22 Après la Seconde Guerre Mondiale : renforcement des sanctions disciplinaires des ordonnateurs, puis création de la Cour de discipline budgétaire. Après la Seconde Guerre Mondiale, la situation budgétaire de la France était encore plus difficile : il fallait impérativement réduire les dépenses et discipliner les ordonnateurs. Le régime de Vichy, puis la Libération, avaient été marqués par de graves irrégularités financières auxquelles il fallait mettre un terme[8].

Deux actions intéressent directement la responsabilité des gestionnaires publics.

D'une part, le renforcement, en 1946, de l'effectivité des sanctions disciplinaires en matière financière, permettant à la Cour des comptes de demander aux ministres d'engager des poursuites disciplinaires[9] ; cette disposition subsiste, d'ailleurs, sous forme modifiée, dans l'actuel code des juridictions financières[10]. En bientôt quatre-vingts ans d'existence, elle n'a toutefois guère trouvé application en pratique.

D'autre part et surtout, la loi de 1948 « tendant à sanctionner les fautes de gestion commises à l'égard de l'État et de diverses collectivités et portant création d'une Cour de discipline budgétaire »[11] est une suite directe des dérives budgétaires de la guerre : l'objectif de faire des économies apparaît clairement dans les documents préparatoires de la loi[12].

Elle avait été précédée d'intenses réflexions au cours de la première moitié du XXe siècle : ainsi, dès 1904, une résolution de la chambre des députés

1. Sous-commission du « contrôle judiciaire », au sein de la commission Selves, présidée par le Premier président de la Cour des comptes ; – F. Descamps, « La Cour des comptes et le contrôle financier des administrations : histoire d'une tentation, histoire d'une tentative (1914-1940) », préc., p. 659.
2. V. s^s n° 042.22.
3. Sur cette loi, qui demeure partiellement en vigueur sans trouver application, v. en détail v. s^s n°s 034.21, 044.22, 312.37 et 426.11.
4. Exposé des motifs, Ass. nat., session 1947, n° 1653, p. 3.
5. S. Flizot, « La création de la CDBF : enjeux et débats », préc., p. 360-361.
6. V. s^s n° 043.15.
7. Proposition de loi du député M. Géo-Gérald ; cité par S. Flizot, « La création de la CDBF : enjeux et débats », préc., p. 357.
8. J. Rossignol, « Le nouveau visage de la Cour de discipline budgétaire et financière (la loi du 13 juillet 1971) », *RSF* 1972. 733.
9. L. n° 46-2154 7 oct. 1946 portant ouverture et annulation de crédits sur l'exercice 1946, art. 126, *JO* 8 oct., ici p. 8512 : « les ministres sont tenus, sous leur responsabilité personnelle, d'engager l'action disciplinaire contre les fonctionnaires civils ou militaires et agents des services publics dont la Cour [des comptes] leur aurait signalé, par référé ou par voie de son rapport annuel, la faute ou la négligence, chaque fois que cette faute aura entraîné un dépassement de crédits ou compromis les intérêts financiers ou domaniaux de l'État, d'une société nationale ou d'une entreprise nationalisée ».
10. CJF, art. L. 142-1-12, al. 2.
11. L. n° 48-1484, 25 sept. 1948 tendant à sanctionner les fautes de gestion commises à l'égard de l'État et de diverses collectivités et portant création d'une Cour de discipline budgétaire.
12. S. Flizot, « La création de la CDBF : enjeux et débats », préc., p. 347.

avait demandé qu'un projet de loi crée un régime de responsabilité des ordonnateurs, même si le président de la commission du Budget de l'époque, Paul Doumer[1], invoquait à cet égard la nécessité de séparer ordonnateurs politiques et ordonnateurs fonctionnaires[2] ; et le rapport Selves commandé par le ministère des Finances (1918) avait préconisé la création d'un Conseil de discipline budgétaire rattaché audit ministère[3], idée alors demeurée sans suite, la Cour elle-même n'y étant point favorable : « le contrôle des ordonnateurs reste la pierre d'achoppement pour la Cour des comptes qui ne parvient pas à imaginer quelles sanctions crédibles elle pourrait appliquer aux ordonnateurs et aux administrateurs défaillants ! »[4].

La loi de 1948, fondatrice du régime de responsabilité de droit public financier objet du présent ouvrage, constitue, comme nous le verrons maintenant, une rupture historique majeure, dans notre domaine, car pour la première fois a été créé en France un régime général, juridictionnel, de responsabilité financière couvrant tous les gestionnaires publics (ou presque[5]).

1. Paul Doumer (1857-1932) a été notamment député et ministre des Finances sous la IIIe République ; président de la Chambre des députés puis du Sénat, il a été Président de la République (1931-1932).
2. S. Flizot, « La création de la CDBF : enjeux et débats », préc., p. 364.
3. F. Descamps, « La Cour des comptes et le contrôle financier des administrations : histoire d'une tentation, histoire d'une tentative (1914-1940) », préc., p. 659.
4. F. Descamps, « La Cour des comptes et le contrôle financier des administrations : histoire d'une tentation, histoire d'une tentative (1914-1940) », préc., p. 663.
5. Exclusion des ministres et, en partie, des élus locaux – Sur cette question, toujours d'actualité, v. s^s^ n°s 312.33 s. et 312.52 s.

CHAPITRE

044. Création du régime de responsabilité des gestionnaires publics mis en œuvre par la Cour de discipline budgétaire (1948) : une rupture salutaire

SECTION 0
ORIENTEUR

044.00 **Sommaire du chapitre.**

044.03 **Bibliographie indicative.**

Ouvrage. A. Crépey (dir.), *La Cour des comptes*, CNRS, coll. Histoire de l'Administration française, 1984, p. 897 (chapitre IX consacré à *La Cour de discipline budgétaire et financière*).

Articles. L. Bertrand, « La Cour de discipline budgétaire », *Rev. banque et bourse* n° 48, déc. 1948, p. 341. – C.-A. Colliard, « Les irrégularités budgétaires et leurs sanctions », *D.* 1949. 66. – R. Jacomet, « Discipline budgétaire », *Rev. pol. parl.* n° 192-193, juill.-déc. 1947, p. 38. – J.-C. Maitrot, « Jouvence pour une inconnue ? La réforme de la Cour de discipline budgétaire et financière », *AJDA* 1971. 508. – G. Vedel, « La responsabilité des administrateurs devant la Cour de discipline budgétaire », *Rev. sc. législ. fin.* 1949. 123.

Contributions. S. Flizot, « La création de la CDBF : enjeux et débats », *in* Collectif, *L'invention de la gestion des finances publiques : du contrôle de la dépense à la gestion des services publics*, Comité pour l'histoire économique et financière de la France, 2013, p. 347. – P. Lalumière, « Cour des comptes et Cour de discipline budgétaire et financière », *in La Cour des comptes, d'hier à demain*, Actes du colloque de Strasbourg, LGDJ, 1979, p. 85.

SECTION 1
RAISONS D'UNE RÉFORME (1948)

044.11 **Origine d'une réforme : un compromis réaliste.** C'est Charles Henri Frappart[1], plus tard magistrat à la Cour des comptes qui, en tant que conseiller au cabinet de Robert Schuman[2], a rédigé

1. Charles Henri Frappart (1920-1983), chargé de mission au cabinet du ministre des Finances Robert Schuman du 2 juill. 1946 au 24 janv. 1947, chargé de mission au cabinet du ministre de l'Économie Nationale André Philip le 19 déc. 1946, puis chargé de mission au cabinet du président du Conseil Robert Schumann le 4 déc. 1947, où il prépare la future loi de 1948 sur la Cour de discipline budgétaire. Plus tard, il sera nommé magistrat à la Cour des comptes (1950). Il a également été directeur de l'Institut d'émission du Cambodge, du Laos et du Vietnam (1953-1955), directeur de cabinet du ministre des Finances Robert Lacoste (1956), puis enfin banquier – Collectif, *Dictionnaire biographique des magistrats de la Cour des comptes 1807-2007*, La Documentation française, 2008, p. 215.
2. Robert Schuman (1886-1963), plusieurs fois ministre, a été ministre des Finances (janv. à nov. 1947) puis président du Conseil à deux reprises (nov. 1947 à juill. 1948, puis sept. 1948), au moment de l'élaboration de la future loi créant la Cour de discipline budgétaire.

en 1947-1948 l'avant-projet de ce qui allait devenir la loi de 1948 créant la Cour de discipline budgétaire[1].

Il s'agit d'une rupture historique, car jusque-là, la responsabilité des ordonnateurs en France était d'une part essentiellement considérée comme de nature politique, non juridictionnelle ; et d'autre part, la référence en matière de responsabilité restait l'idée de réparation ; or toutes les tentatives d'aligner les ordonnateurs sur la responsabilité pécuniaire des comptables ne pouvaient qu'échouer, se révélant impraticables comme l'avait montré encore la loi de 1922 précitée[2].

La situation a été débloquée en contournant ces deux écueils : premièrement, Frappart a abandonné l'idée d'une réparation civile des dommages, peu réaliste même si conceptuellement la doctrine restait alors encore focalisée sur ce modèle, au bénéfice d'une amende, donc d'un régime purement répressif ; deuxièmement il a contourné le problème de la responsabilité politique en scindant en deux la catégorie des ordonnateurs[3], les fonctionnaires étant soumis au nouveau régime répressif de droit public, mais les politiques non : souvent critiqué aujourd'hui, ce partage – et l'exclusion des ministres et des élus du régime[4] – était pourtant le prix à payer pour mettre fin, du moins en partie, au principe d'irresponsabilité des ordonnateurs en France.

Il n'est pas un hasard que cette conception moderne soit le fruit des réflexions d'un homme qui a essentiellement mené une carrière de fonctionnaire – de gestionnaire – et de conseiller politique, comme membre de cabinets ministériels, puis comme banquier. Bon juriste et magistrat, c'était surtout un connaisseur avisé du monde de la gestion publique, un praticien.

SECTION 2
LOI DE 1948 : UNE RUPTURE SALUTAIRE MAIS PEU EFFICACE

§ 1
Innovations de la loi de 1948 : une révolution limitée

044.21 Loi du 25 septembre 1948 : affirmation d'une responsabilité financière des gestionnaires publics, immédiatement limitée dans sa portée réelle. La loi du 25 septembre 1948[5] a indéniablement constitué une rupture dans l'histoire de la responsabilité des gestionnaires publics en France, compte tenu de l'échec des tentatives et des dispositions antérieures.

La création d'une juridiction spéciale et d'infractions répressives de type administratif était une nouveauté de taille ; Georges Vedel considérait ainsi que la création de certaines infractions financières[6] était « en un certain sens révolutionnaire »[7].

Toutefois, cette révolution était *ab initio* limitée, à plusieurs égards, et ce par réalisme :

– une partie des infractions nouvellement créées s'inscrivait dans la continuité de réflexions antérieures (1832, 1894...)[8] et d'efforts précédents, formulés notamment par la loi de 1922[9] ; cela valait en particulier pour celle réprimant les dépassements de crédits, d'ailleurs aujourd'hui supprimée[10], ou encore l'infraction sanctionnant le non-respect du contrôle financier, qui demeure dans le régime actuel, mais dont les conditions d'application ont beaucoup changé[11] ;

– le nouveau système de responsabilité ne se substituait pas aux régimes existants (pénal, disciplinaire, gestion de fait, responsabilité spécifique des comptables publics...) mais s'y ajoutait[12] ;

– la loi de 1948 ne réglait en rien la question de la responsabilité des ministres, ni celle des élus locaux[13].

1. Sur l'histoire de la Cour de discipline budgétaire et financière, v. l'excellente étude, très documentée, de S. Flizot, « La création de la CDBF : enjeux et débats », *in* Collectif, *L'invention de la gestion des finances publiques : du contrôle de la dépense à la gestion des services publics*, Comité pour l'histoire économique et financière de la France, 2013, p. 347 – Ou encore : A. Crépey (dir.), *La Cour des comptes*, CNRS, coll. Histoire de l'Administration française, 1984, chapitre IX, *La Cour de discipline budgétaire et financière*, p. 897.
2. V. s[s] n° 043.21 ; v. aussi v. s[s] n°s 034.21, 044.22, 312.37 et 426.11.
3. Sur la notion d'ordonnateur, v. s[s] n°s 033.21 s.
4. Sur les fondements conceptuels et les critiques de l'irresponsabilité des ministres et des élus devant le juge financier, v. s[s] n°s 312.33 s. et 312.52 s.
5. L. n° 48-1484, 25 sept. 1948 tendant à sanctionner les fautes de gestion commises à l'égard de l'État et de diverses collectivités et portant création d'une Cour de discipline budgétaire.
6. Celles aujourd'hui codifiées aux articles L. 131-9 et L. 131-12 du CJF.
7. G. Vedel, « La responsabilité des administrateurs devant la Cour de discipline budgétaire », *Rev. sc. législ. fin.* 1949. 123.
8. S'agissant des infractions financières créées en 1948, v. s[s] n° 044.25.
9. Même si cette loi se « raccrochait » encore à une infraction pénale ; – v. s[s] n°s 043.21, 312.37 et 426.11.
10. V. s[s] n° 426.11.
11. V. s[s] n° 421.11.
12. Hormis s'agissant du volet civil de la loi de 1922 précitée.
13. Sur ce sujet sensible, v. s[s] n°s 044.26 et 312.33 s., ainsi que s[s] n° 312.52.

Nombreux furent ceux, en effet, qui considéraient que, si les tentatives de mise en place de systèmes de responsabilité avaient jusque-là échoué, c'est parce qu'on y avait mélangé les ministres avec les autres agents publics [1] ; les exclure apparaissait donc, à l'époque, comme une condition sans laquelle la création de la responsabilité des gestionnaires n'aurait pas pu se réaliser.

044.22 **Répression plutôt que réparation : une rupture voulue.** Le choix a été fait de créer une juridiction de répression plutôt que de réparation [2] : « le législateur écartait délibérément toute référence à la notion de réparation du dommage, référence qui eût été vaine, aucune commune mesure n'existant, le plus souvent, entre l'incidence financière d'une irrégularité budgétaire et le patrimoine du fonctionnaire reconnu coupable » [3].

Le Gouvernement avait d'ailleurs précisé dès l'exposé des motifs du projet de loi qu'il n'entendait pas revenir « sur le principe traditionnel de l'irresponsabilité des ordonnateurs : abandonner ce principe essentiel de notre droit public amènerait à prévoir le remboursement des sommes indûment dépensées ou la réparation du préjudice subi... » [4]. Selon le doyen Georges Vedel [5], un tel choix avait pour effet de rendre inapplicable le régime civil de réparation mis en place par la loi du 10 août 1922 [6], du moins pour les fonctionnaires et agents devenus justiciables de la Cour de discipline budgétaire. On pourrait ajouter que le mécanisme d'amende a précisément été adopté parce que la responsabilité civile de la loi de 1922 était inapplicable.

En tout cas, le choix répressif constituait une rupture avec la philosophie jusque-là dominante, qui avait plutôt recherché une responsabilité pécuniaire plus ou moins axée sur la notion de préjudice : il en était ainsi du régime de responsabilité propre aux comptables publics [7].

Le terrain de la répression avait en réalité déjà été préparé par la création d'un système d'amendes pour retard dans la production des comptes des comptables publics, ainsi que des comptes des comptables de fait [8], deux innovations qui rompaient déjà avec la logique purement réparatrice, au grand dam d'ailleurs d'Émile Labeyrie [9], successivement Procureur général puis Premier président de la Cour des comptes, qui avait vivement critiqué ces évolutions [10]. Les amendes du régime de responsabilité financière des gestionnaires publics ont été, en 1948, clairement calquées sur les amendes que pouvait déjà, à l'époque, prononcer la Cour des comptes ; que ces amendes, relevant pendant des décennies de la CDBF, puissent l'être aujourd'hui par la Cour des comptes semble donc n'être qu'un juste retour des choses...

En réalité, le choix fait en 1948 est la conséquence des réflexions qui eurent lieu entre la loi de 1922 et celle de 1948 : il apparut rapidement à la suite de la loi de 1922 qu'une responsabilité civile intégrale était inapplicable, car dépassant de loin les capacités contributives des ordonnateurs ; d'où d'ailleurs d'abord des réflexions sur la possibilité de plafonner la réparation, ou de combiner le montant du préjudice et le montant des émoluments des agents publics concernés. Le pas vers une amende décidée en fonction de la gravité des irrégularités et du traitement de l'agent n'était plus très éloigné. L'exemple de la Cour des comptes belge semble également avoir joué à l'époque [11], cette dernière pouvant alors, et ce dès sa création au XIXe siècle, prononcer des amendes plafonnées.

Un autre argument a joué en faveur du choix d'une amende répressive plutôt qu'une réparation, même encadrée : c'est le fait qu'une sanction répressive ne peut pas être assurée, ce qui correspond mieux à la recherche d'une discipline des ordonnateurs [12].

Comme le soulignait Léon Bertrand dès 1948, « la loi du 25 septembre 1948 peut être appliquée même si la collectivité publique n'a subi aucun dommage, mais par contre, à la condition formelle qu'une infraction ait été commise » [13]. Or ce choix, né du réalisme (les tentatives d'imposer une responsabilité civile des gestionnaires ayant échoué), est structu-

1. L. Bertrand, « La Cour de discipline budgétaire », *Rev. banque et bourse* n° 48, déc. 1948, p. 341.
2. Cela vise la responsabilité du gestionnaire public vis-à-vis de l'administration; en revanche, pour la responsabilité civile des agents publics et la distinction entre faute personnelle et faute de service, v. s^{s} n° 033.41.
3. A. Crépey (dir.), *La Cour des comptes*, préc., p. 908.
4. Exposé des motifs de la loi de 1948, Ass. nat., session de 1947, n° 1653, p. 3.
5. G. Vedel, « La responsabilité des administrateurs devant la Cour de discipline budgétaire », préc., p. 126.
6. V. s^{s} n°s 034.21, 043.21, 312.37 et 426.11.
7. V. s^{s} n°s 042.12 et 042.22.
8. Décr. 23 oct. 1935 concernant les gestions de fait, *JO* 24 oct., p. 11208. Ce décret étend les amendes pour retard aux comptabilités de fait. En revanche, l'amende pour gestion de fait en tant que telle date des années 1950 pour la Cour des comptes [L. n° 54-1306, 31 déc. 1954 relative au développement des crédits affectés aux dépenses du ministère des Finances, des Affaires économiques et du Plan pour l'exercice 1955 (II Services financiers), art. 9 ; *JO* du 1er janv. 1955, p. 3].
9. Émile Sosthène Labeyrie (1877-1966), Procureur général (1933), puis Premier président de la Cour des comptes 1937-1940.
10. S. Flizot, « La création de la CDBF : enjeux et débats », préc., p. 356.
11. S. Flizot, « La création de la CDBF : enjeux et débats », préc., p. 367.
12. S. Flizot, « La création de la CDBF : enjeux et débats », préc., p. 363.
13. L. Bertrand, « La Cour de discipline budgétaire », préc., p. 338 – Sur la question du dommage et du préjudice, dont la présence n'est pas un élément constitutif de toutes les infractions, v. la partie relative aux infractions actuellement applicables, s^{s} n°s 419.11, 42.05 et 432.291.

rant pour l'ensemble du système de responsabilité mis en œuvre d'abord par la CDBF, et depuis 2023 par la Cour des comptes. D'autres auteurs ont, sans nier son caractère répressif, pu considérer que l'amende, certes d'apparence pénale, s'apparentait « plutôt à une réparation forfaitaire »[1], car elle se trouvait balisée par un plancher et un plafond entre lesquels la CDBF devait fixer un montant en fonction de la gravité des faits, gravité qui peut découler du préjudice subi par l'organisme public, mais pas seulement. Si le plancher a disparu dans le régime de responsabilité en vigueur aujourd'hui, le plafond demeure[2], et demeurent surtout les modalités de fixation du montant des amendes en fonction de la gravité et des circonstances de l'espèce[3].

Dans le cadre des projets de réforme des années 2000 et même 2020, certains ont tenté de remettre en cause le choix d'un système répressif, en avançant de nouveau l'idée, délibérément écartée en 1948, d'une responsabilité pécuniaire des gestionnaires publics[4].

044.23 Objectif prévention ? L'objectif principal de la loi du 25 septembre 1948 était certainement la prévention, d'où d'ailleurs la création d'une juridiction spéciale solennellement composée : selon Georges Vedel, « la loi du 25 septembre 1948 vise à prévenir, par la menace de sanctions, le retour d'errements condamnables. D'un point de vue psychologique, le texte produit un effet d'avertissement et d'intimidation plus puissant s'il s'accompagne de la mise en place d'un organe nouveau dont le seul nom fait impression »[5]. Cet auteur de poursuivre : « L'objet réel de la loi n'est évidemment pas la répression, mais, à travers la répression, la prévention »[6]. Ceci doit être gardé à l'esprit de ceux qui regrettaient le faible nombre d'arrêts rendus par la CDBF et qui voudraient « banaliser » le contentieux financier, alors que ce dernier, même dans le régime issu de la réforme de 2022, ne vise pas tous les cas d'irrégularités, ni même tous les cas de commission d'infractions financières, mais seulement les affaires revêtant une certaine gravité, un caractère d'exemplarité.

044.24 Pourquoi avoir créé une juridiction spéciale ? Ce point a été dès le départ contesté, certains estimant, comme le doyen Vedel, qu'il « n'était pas certain qu'il fût nécessaire de créer une nouvelle juridiction »[7], la Cour des comptes pouvant légitimement prétendre à exercer cette nouvelle compétence. Dans le même sens, « il semble donc possible, dans l'orientation nouvelle de notre législation, de faire l'économie d'une nouvelle juridiction en conférant à la Cour des comptes le soin d'appliquer les sanctions » : dans la vision de Jacomet, les sanctions du régime de responsabilité confié à la Cour de discipline budgétaire constituaient un prolongement du volet répressif de la gestion de fait, alors déjà compétence de la Cour des comptes[8]. Des projets antérieurs avaient en effet envisagé un tel scénario (1840, 1895)[9], qui prévalait – et prévaut encore – dans d'autres pays comme en Italie.

En sens inverse, le Conseil supérieur de la fonction publique avait, dans un avis du 21 mai 1947, recommandé qu'aucun magistrat de la Cour des comptes ne fasse partie de la nouvelle juridiction[10].

En réalité, il semble que les concepteurs de la Cour de discipline budgétaire n'aient pas voulu remettre en cause le principe fondateur de la Cour des comptes moderne qui interdisait à celle-ci de juger les ordonnateurs[11]. L'idée d'une juridiction particulière pour juger des infractions financières n'était d'ailleurs pas nouvelle : on peut à cet égard remonter à la proposition, sous le Consulat, de créer une Haute Cour des finances[12].

Tout au long des décennies qui ont suivi la création de la juridiction nouvelle, des voix se sont élevées pour suggérer d'intégrer les compétences dévolues à la CDBF au sein de la Cour des comptes[13], idée reprise dans le projet de réforme de 2009[14], et enfin réalisée en 2022[15].

044.25 Choix d'infractions larges et large pouvoir d'appréciation du juge. Le choix fait en 1948 de créer des infractions financières nouvelles, autonomes par rapport aux infractions pénales, n'allait pas de soi ; il s'inscrit néanmoins dans le prolongement de réflexions antérieures : celles de la commission parlementaire qui devait, sous la Monarchie de Juillet, élaborer une loi sur la responsabilité des

1. C.-A. Colliard, « Les irrégularités budgétaires et leurs sanctions », *D.* 1949. 66.
2. Sur les amendes et leurs plafonds, v. s[s] n°s 472.11 s.
3. V. s[s] n° 472.31.
4. C. Pierucci, « Réforme de la responsabilité des gestionnaires : la voie méconnue de la responsabilité pécuniaire », *AJDA* 2009. 1169.
5. G. Vedel, « La responsabilité des administrateurs devant la Cour de discipline budgétaire », préc., p. 128-129.
6. G. Vedel, « La responsabilité des administrateurs devant la Cour de discipline budgétaire », préc., p. 133.
7. G. Vedel, « La responsabilité des administrateurs devant la Cour de discipline budgétaire », préc., p. 128.
8. R. Jacomet, « Discipline budgétaire », *Rev. pol. parl.* n° 192-193, juill.-déc. 1947, p. 38.
9. S. Flizot, « La création de la CDBF : enjeux et débats », préc., p. 367.
10. A. Crépey (dir.), *La Cour des comptes*, préc., p. 905.
11. Sur ce point, fondamental, v. s[s] n° 043.14.
12. S. Flizot, « La création de la CDBF : enjeux et débats », préc., p. 367.
13. PAR EX. : F.-J. Fabre, « Jurisprudence financière. La Cour de discipline budgétaire et financière », *Rev. adm.* 1970, n° 137, p. 533 : « unification du contentieux financier ».
14. V. s[s] n° 046.35.
15. V. s[s] n° 052.21.

ministres et des agents publics et qui a envisagé plusieurs infractions de nature budgétaire et financière[1] ; celles d'une proposition de loi déposée en 1894[2] ; celles également de la loi de 1922[3].

La loi du 25 septembre 1948, bien que ciblée dans ses intentions affichées sur quelques infractions budgétaires (dépassements de crédits) ou procédurales (non-respect du contrôle financier), a en réalité instauré un système de répression large : en effet, une infraction, qui s'est dans la pratique ultérieure révélée comme centrale, permettait de sanctionner tout non-respect des règles en matière de recettes, de dépenses et de gestion des biens[4] ; « raboter » cette infraction, en lui ajoutant des éléments constitutifs destinés à en réduire le champ[5], a dès lors été l'une des innovations les plus controversées de la réforme de 2022.

La faute sanctionnable réprimée par la CDBF n'était pas forcément une faute lourde, ce qualificatif limitatif qui figurait dans le projet gouvernemental ayant finalement été abandonné par les parlementaires en 1948 ; l'ordonnance de 2022 a instauré la notion de faute grave – et non lourde – et pas pour toutes les infractions financières[6].

La notion de « faute de gestion », toujours pertinente aujourd'hui[7], figurait expressément dans le titre de la loi.

Une infraction spécifique a été créée d'emblée, sur amendement parlementaire, sanctionnant, au-delà des irrégularités budgétaires et financières formelles, l'octroi d'un avantage injustifié[8], notamment pour couvrir les organismes ne relevant pas du strict périmètre de la comptabilité publique[9].

Enfin, l'exposé des motifs de la loi expliquait que « dans la qualification des fautes et dans le choix de l'amende, le projet entend laisser à la Cour de discipline budgétaire une large liberté d'appréciation, afin qu'elle puisse tenir compte, sans être liée par les textes, des circonstances particulières à chaque affaire »[10]. La Cour de discipline budgétaire elle-même, dans son premier *Rapport public*, a reconnu que « le caractère très général des infractions prévues à ces deux articles constitue la véritable originalité de la législation nouvelle et implique, de la part des autorités chargées de les appliquer, un pouvoir d'appréciation extrêmement large, dont l'exercice ne va pas sans poser problème »[11].

044.26 Exclusion des membres du Gouvernement et des élus locaux. Il doit être souligné que la loi de 1948 a tenté de régler la question de la responsabilité des administrateurs sans toucher à celle des ministres (ni à celle des élus locaux), alors qu'au XIXe siècle cette dernière constituait la préoccupation principale.

Ce glissement s'explique en partie par l'évolution qu'ont connue les États au XXe siècle, qui sont devenus des États Providence gérant des masses financières croissantes et dans lesquels l'administration, la « bureaucratie », prend une importance et un pouvoir croissants. Il s'explique aussi par un souci de réalisme, car vouloir inclure les ministres (et les élus) dans le dispositif aurait rendu l'adoption d'un tel texte politiquement plus difficile, voire impossible : « l'examen attentif des précédents historiques conduit à penser que si les efforts méritoires tentés dans le passé, en 1791 comme sous la Seconde République, pour établir un système de responsabilité pécuniaire des administrateurs, ont finalement échoué, c'est essentiellement parce que le législateur avait malencontreusement confondu, dans les mêmes procédures, la responsabilité ministérielle et celle "des agents secondaires du pouvoir" »[12]. Cette difficulté s'est exprimée de nouveau en 2010 au moment de l'échec du projet de réforme porté par Philippe Séguin[13] : lorsque des amendements parlementaires ont voulu élargir le régime de responsabilité financière aux membres du Gouvernement, ce dernier a décidé de ne plus inscrire ce projet de loi à l'ordre du jour. Et la réforme de 2022 a maintenu l'exclusion des ministres et des élus, sauf exceptions limitées, du régime de responsabilité financière des gestionnaires publics[14], dans la continuité des choix faits en 1948.

§ 2
Rupture saluée

044.31 Moment historique propice aux réformes. Il convient d'insister sur l'espoir qu'a suscité en doctrine la création du nouveau régime de responsabilité en matière de finances publiques. Il

1. S. Flizot, « La création de la CDBF : enjeux et débats », préc., p. 366.
2. S. Flizot, « La création de la CDBF : enjeux et débats », préc., p. 366.
3. V. s^s n°s 034.21, 043.21, 312.37 et 426.11.
4. CJF, anc. art. L. 313-4, abrogé le 31 déc. 2022.
5. Désormais CJF, art. L. 131-9 – V. s^s n°s 431.11 s.
6. Sur la faute et sa gravité, v. s^s n° 223.11. – Sur la faute grave dans l'infraction prévue aujourd'hui à l'article L. 131-9 du CJF, v. s^s n° 432.281.
7. V. s^s n°s 411.11, 411.12 s., et 431.14 ; également s^s n° 033.33.
8. CJF, anc. art. L. 313-6, abrogé le 31 déc. 2022 ; – Désormais : CJF, art. L. 131-12.
9. S. Flizot, « La création de la CDBF : enjeux et débats », préc., p. 378.
10. Exposé des motifs, Ass. nat., session de 1947, n° 1653, p. 4.
11. Rapport public de la Cour de discipline budgétaire 1955, *JO* 1er mars 1955, p. 101, publié in *Rev. Trésor* mai 1955, repris *in Rev. Trésor* 2006. 84.
12. L. Bertrand, « La Cour de discipline budgétaire », préc., p. 341 – Pour la non-justiciabilité des ministres, v. s^s n°s 312.21 s., et celle, limitée, des élus, s^s n°s 312.51 s.
13. V. s^s n° 046.36.
14. V. s^s n°s 052.11 et 052.21 s.

est vrai que les critiques formulées par la doctrine en amont du projet de loi, en plus des publications de la Cour des comptes sur les errements budgétaires des années 1940, ont certainement préparé les esprits et ont convaincu le Gouvernement de proposer le projet de texte qui deviendra ensuite la loi de 1948.

D'une façon générale, notons que la création de la Cour de discipline budgétaire (CDB) intervient à un moment propice aux réformes touchant à la gestion publique, avec en arrière-plan l'expérience de la guerre et les nécessités de la reconstruction. Ainsi voient le jour à la même époque la Commission de vérification des comptes des entreprises publiques et le Comité central d'enquête sur le coût et le rendement des services publics.

Comme l'a souligné le Professeur Ludwig, « l'adoption alors de ces dispositions représentait le vif espoir d'un appareil de sanction plus efficient, devant l'inanité des responsabilités classiques envisagées jusqu'alors... »[1].

Ainsi, Georges Vedel écrivait-il en 1949 que cette loi « est donc un texte, techniquement très étudié, qui apporte une solution originale et vraisemblablement efficace à un problème jusqu'alors irrésolu »[2].

D'autres ont salué « une étape importante sur la route du redressement financier » tout en regrettant que le débat au Parlement n'ait pas été plus riche, « comme il eût été convenable » pour une juridiction « dont le succès serait susceptible de transformer profondément nos mœurs administratives »[3]. Dans le même sens, Francis Fabre, en 1970, tout en précisant que « le vote de cette loi [la loi de 1948] a représenté un effort méritoire pour remédier à l'irresponsabilité des administrateurs et au relâchement des mœurs administratives »[4], a déploré l'insuffisance des études préalables à l'élaboration de cette loi et s'estimait « frappé par le caractère sommaire des déclarations gouvernementales et de la discussion » au Parlement.

SECTION 3
CRITIQUES ÉMISES CONTRE LA CRÉATION DE LA COUR DE DISCIPLINE BUDGÉTAIRE

044.41 Critiques générales concernant la mise en place de la Cour de discipline budgétaire et de son régime répressif. Certains ont pu considérer que « la réforme de 1948 est certainement intervenue trop tardivement, à une époque où le simple contrôle de régularité à l'égard des ordonnateurs était déjà considéré comme insuffisant. Inspirée d'un modèle appliqué au contrôle des comptables publics, elle apparaît inadaptée aux réalités administratives actuelles »[5], mais cette critique doit être nuancée : la création de la CDBF a précisément rompu avec la tradition de jugement objectif et formaliste des comptes des comptables, pour fonder un système réprimant le comportement individuel des gestionnaires publics.

La création du système répressif nouveau était motivée, nous l'avons vu, par l'insuffisance des régimes existants ; mais, comme l'a fait remarquer un chroniqueur, « le législateur n'a pas fait pour autant disparaître les autres formes de responsabilité, il a surajouté cette responsabilité spécifique aux autres de telle sorte qu'au lieu de les compléter elle a fourni un prétexte pour n'en utiliser aucune »[6]. D'aucuns d'en conclure que la loi de 1948 n'aurait fait qu'« ajouter à des textes restés lettres mortes une institution demeurée en sommeil »[7].

Pour d'autres, la fragilité du système créé en 1948, se traduisant par la faiblesse de l'activité de la CDBF, s'expliquait notamment par un élément sociologique ignoré par les concepteurs de ce régime de responsabilité. En effet, la « tradition de solidarité » qui domine les administrations françaises ferait que les autorités seraient tentées de couvrir une grande partie des irrégularités : « l'administration des Finances elle-même, renommée pour sa férocité, éprouve, quand on lui demande de dénoncer à la Cour des comptes [et à la CDBF, puisque la présente citation figure dans la partie consacrée à cette dernière] l'agent d'une autre administration, un sentiment comparable à celui du lycéen que l'on veut contraindre à "rapporter" », écrit ainsi Devaux, lui-même membre de l'Inspection générale des finances et un temps directeur du budget.

Dans le même sens : « On constate dans l'ensemble des corps de la fonction publique un refus de tous les mécanismes de responsabilité et de sanction : toutes les procédures tendant à faire supporter par les agents publics les conséquences de leurs actes fonctionnent mal (procédure disciplinaire, procédure de mise en jeu de la responsabilité personnelle) [...] Au niveau des ordonnateurs, la tradition d'irresponsabilité est restée extrêmement vivace. [...] L'hostilité générale manifes-

1. R. Ludwig, « Avant-propos », *in* R. Ludwig (dir.), La Cour de discipline budgétaire et financière. Recueil des arrêts (1954-1984), *Cah. comptabilité publ.* t. II, p. VII.
2. G. Vedel, « La responsabilité des administrateurs devant la Cour de discipline budgétaire », préc., p. 120.
3. L. Bertrand, « La Cour de discipline budgétaire », préc., p. 337.
4. F.-J. Fabre, « Jurisprudence financière. La Cour de discipline budgétaire et financière », préc., p. 532.
5. P. Lalumière, « Cour des comptes et Cour de discipline budgétaire et financière », *in* Collectif, *La Cour des comptes, d'hier à demain*, Actes du colloque de Strasbourg, LGDJ, 1979, p. 85.
6. J.-C. Maitrot, « Jouvence pour une inconnue ? La réforme de la Cour de discipline budgétaire et financière », *AJDA* 1971. 508.
7. M. Duverger, *Institutions financières*, Puf, Thémis, 1960, p. 397, cité par L. Philip, « La Cour de discipline budgétaire et financière », *Rev. sc. fin.* oct.-déc. 1964, vol. 56, p. 748.

tée à l'égard d'une responsabilité pécuniaire rend peu probable le développement futur de l'activité de la Cour de discipline budgétaire et financière »[1].

Et Devaux d'expliciter : « L'échec au moins partiel de la Cour de discipline budgétaire est un exemple caractéristique des résultats que l'on obtient lorsqu'on prétend implanter dans notre système administratif une institution qui ne correspond pas aux traditions de celui-ci. Certes, il était souhaitable d'imposer aux ordonnateurs et à leurs mandataires une responsabilité pécuniaire arbitrée par des juges indépendants ; mais au lieu de créer de toutes pièces un mécanisme inédit, il eût été prudent de se fier à cent cinquante années d'expérience sur la responsabilité pécuniaire des comptables et d'essayer d'étendre celle-ci à une nouvelle catégorie de fonctionnaires. On eût été amené d'abord à retenir l'idée d'une responsabilité civile fondée sur la réparation d'un dommage, au lieu d'une responsabilité pénale fondée sur la répression d'un "délit administratif". On eût évité ainsi à la fois les difficultés psychologiques que comporte la dénonciation d'un fonctionnaire par ses chefs ou par ses pairs devant un tribunal pénal... »[2].

Cependant, les critiques émises par Devaux revenaient à privilégier un régime de responsabilité pécuniaire des ordonnateurs complémentaire et proche de celui des comptables au régime répressif. Or le moins que l'on puisse dire c'est que le régime de responsabilité propre aux comptables a été lui-même la cible de nombreuses critiques, ce système étant jugé peu satisfaisant car aveugle (mise en débet sans possibilité d'apprécier la responsabilité à partir du comportement comptable face aux circonstances, d'où le mécanisme de remise gracieuse ministérielle) : on voit mal comment il pourrait être transposé aux ordonnateurs, et aux gestionnaires publics en général (en particulier dans les grandes entreprises publiques), sans parler de la difficulté de chiffrer les « préjudices » et plus encore d'en demander le remboursement. D'ailleurs, c'est pour ces raisons-là que la réforme de 2022 instaurant le régime de responsabilité financière aujourd'hui applicable a exclu tout volet « réparation » du contentieux financier.

044.42 Critiques ayant trait à la proximité de la nouvelle juridiction avec la Cour des comptes. Certains auteurs ont insisté sur la référence, lors de la création de la Cour de discipline budgétaire, au modèle « Cour des comptes » (par exemple Lalumière : « l'esprit de symétrie prévalut ; ce qui était bon pour les comptables devait l'être pour les ordonnateurs »[3]), parfois en critiquant la proximité des deux institutions et des régimes de responsabilité qu'elles étaient chargées d'appliquer.

Au contraire, la symétrie « Cour des comptes, juge des comptables/Cour de discipline budgétaire, juge des ordonnateurs » a toujours été trompeuse, notamment parce que le champ des justiciables de la CDBF était bien plus large[4]. Les deux juridictions étaient de nature profondément différente, la Cour des comptes étant d'ailleurs dans son activité d'abord une institution de contrôle, ses activités juridictionnelles étant minoritaires, et, avant la réforme de 2022, principalement non répressives.

Il est exact cependant que la dépendance, matérielle et humaine, de la CDBF à l'égard de la Cour des comptes a sans doute constitué l'un des freins à son épanouissement, ce qui explique notamment la décision, prise en 2022, de purement et simplement intégrer les compétences de la CDBF au sein de la Cour des comptes[5].

044.43 Responsabilité financière des gestionnaires publics, responsabilités disciplinaire et pénale : critiques initiales. La création du système répressif de droit public financier a-t-il affaibli les autres régimes de responsabilité pesant sur les gestionnaires publics[6] ? Certains ont pu le penser, comme le Professeur Lalumière[7] : selon lui, la Cour de discipline budgétaire « intervient dans un domaine où existent déjà des mécanismes de responsabilité sur le plan pénal et disciplinaire. Sa création fait double emploi avec ceux-ci », tout en admettant plus loin que d'une façon générale les différents régimes de responsabilité ne fonctionnent guère en raison d'une tradition d'irresponsabilité des gestionnaires fortement ancrée.

De fait, il ne semble pas que le régime répressif du juge financier ait affaibli les sanctions disciplinaires – au contraire, ce dispositif a été créé précisément parce que ces dernières n'avaient jamais vraiment fonctionné.

En revanche, la question de l'articulation entre le champ du contentieux financier répressif et le champ pénal se pose depuis l'origine et demeure un sujet d'actualité, de réforme possible et même souhaitable[8].

1. P. Lalumière, « Cour des comptes et Cour de discipline budgétaire et financière », *in* Collectif, *La Cour des comptes, d'hier à demain*, préc., p. 84 et 85.
2. G. Devaux, *La comptabilité publique*, t. I, Les principes, Puf, 1957.
3. P. Lalumière, « Cour des comptes et Cour de discipline budgétaire et financière », *in* Collectif, *La Cour des comptes, d'hier à demain*, préc., p. 79 s.
4. Et cela est toujours le cas dans le régime actuel, v. ss nos 311.11 et 311.21 s.
5. Sur les relations entre CDBF et Cour des comptes, v. ss no 151.14.
6. Sur ces autres régimes, v. ss no 033.05.
7. P. Lalumière, « Cour des comptes et Cour de discipline budgétaire et financière », *in* Collectif, *La Cour des comptes, d'hier à demain*, préc., p. 80.
8. Concernant les projets de réforme, v. ss nos 046.34, 231.21 s.

044.44 Difficultés de démarrage de l'activité de la Cour de discipline budgétaire (1948-1954). Le premier rapport d'activité de la Cour de discipline budgétaire (CDB), rendu public en 1955, a longuement détaillé les problèmes matériels et financiers qu'a rencontrés la nouvelle juridiction à ses débuts (crédits budgétaires ouverts en 1950 seulement ; le recrutement des membres, rapporteurs et parquetiers s'est étalé jusqu'en 1952) [1].

Cette situation permet de comprendre les retards pris dans l'examen des premières affaires portées devant elle (premier arrêt rendu en 1954) ; par ailleurs, parmi les premières affaires déférées, rares sont celles qui ont abouti à une condamnation, bilan qui n'a guère suscité l'optimisme quant à la capacité de la Cour à répondre aux enjeux, ce qui explique sans doute la faiblesse du nombre de déférés enregistrés par la suite.

La CDB semblait elle-même peu enthousiaste, à en juger par les formulations employées dans le rapport de 1955 précité : « la loi du 25 septembre 1948 a institué un mécanisme à la fois délicat et lourd à manier dont la complexité nuit au rendement de la nouvelle juridiction ». On ne peut que s'interroger sur un tel état d'esprit, doublé d'ailleurs de considérations franchement *contra legem* [2]. Avec de tels constats jetés en pâture au public, la CDB – et derrière elle la Cour des comptes – ont contribué au pessimisme ambiant et donc à la faiblesse de l'activité de cette juridiction à ses débuts.

Les rapports suivants ont d'ailleurs été plus prudents ou, lorsque des critiques sont formulées, elles apparaissent plus constructives.

Ainsi le rapport de 1963 tentait-il de tempérer la déception née du faible nombre d'arrêts rendus : « C'est essentiellement l'exemplarité de la sanction qui est souhaitée. Il n'est donc pas nécessaire que les affaires qui lui sont soumises soient particulièrement nombreuses, il suffit qu'elles soient suffisantes pour tenir constamment en éveil l'attention des administrations. Au total, après dix ans d'expérience, si la Cour [de discipline budgétaire] n'a peut-être pas complètement répondu aux vues qui l'avaient fait naître, elle a pu néanmoins marquer heureusement sa place dans nos institutions » [3].

1. Rapport public de la Cour de discipline budgétaire 1955, *JO* 1er mars 1955, p. 101 ; publié *in Rev. Trésor* mai 1955 et repris *in Rev. Trésor* 2006. 85.

2. Ainsi, le rapport de 1955 explique-t-il que l'application de la notion de « faute lourde » par le Parquet justifie des classements nombreux, alors que les parlementaires avaient précisément supprimé le qualificatif « lourde » du texte qui leur était soumis pour ne retenir que la faute simple. Cela ne veut cependant pas dire qu'il n'existe pas de critère de gravité (v. ss no 223.11).

3. Citation reprise de P. Amselek, *La Cour de discipline budgétaire et financière*, cours dactylographié pour le DEA de finances publiques, Université de Paris II Panthéon-Assas, 1993-1994, p. 22-23.

CHAPITRE

045. Responsabilité des gestionnaires publics devant la CDBF : la réforme permanente (1948-2022)

SECTION 0
ORIENTEUR

045.00 Sommaire du chapitre.

045.03 Bibliographie indicative.

Articles. J. Buisson, « Le Code des juridictions financières », *AJDA* 1996. 435. – F.-J. Fabre, « La réforme de la Cour de discipline budgétaire et financière », *Rev. adm.* nov.-déc. 1971, n° 144, p. 663. – M. Lascombe et X. Vandendriessche, « Un second souffle pour la CDBF ? », *AJDA* 2005. 1672. – R. Lefebvre, « Extension de compétence de la Cour de discipline budgétaire », *Rev. Trésor* févr. 1964, vol. 44, n° 2, p. 47. – J.-C. Maitrot, « Jouvence pour une inconnue ? La réforme de la Cour de discipline budgétaire et financière », *AJDA* 1971. 508. – L. Philip, « La Cour de discipline budgétaire et financière », *Rev. sc. fin.* oct.-déc. 1964, vol. 56, p. 749. – J. Rossignol, « Le nouveau visage de la Cour de discipline budgétaire et financière (la loi du 13 juillet 1971) », *RSF* 1972, p. 725.

Contributions. J.-P. Vachia, « Les évolutions de la Cour de discipline budgétaire et financière », *in* Comité d'histoire de la Cour des comptes, *Philippe Séguin à la Cour des comptes*, La documentation française, 2012, p. 193.

045.05 Réforme permanente de la CDBF : tentative d'explication. De nombreuses réformes, d'ampleur il est vrai variable, se sont succédé depuis la création du système répressif de droit public financier en 1948. Cette permanence de la réforme peut s'expliquer de diverses manières. Certes, la matière (la gestion publique) est en évolution, tout comme les structures publiques (décentralisation, multiplication des opérateurs de l'État...), et un régime de responsabilité doit nécessairement s'y adapter, ce qui requiert de modifier les textes, sur un plan « technique ».

Mais la réforme permanente de la CDBF et de son contentieux semble avant tout témoigner d'une certaine insatisfaction entourant le fonctionnement du dispositif issu de la loi de 1948. Ce n'est pas tant son principe même qui était critiqué, principe d'ailleurs repris par le régime de responsabilité des gestionnaires publics en vigueur aujourd'hui, que sa mise en œuvre réelle (champ des justiciables trop restreint ; nombre d'arrêts rendus trop faible ; procédure trop lourde...), d'où une volonté quasi constante de réformer le dispositif afin d'en améliorer la performance et la visibilité.

Mais dans les faits, compte tenu de son caractère politiquement délicat, les réformes successives ont souvent été *in fine* d'ampleur limitée – sans parler des projets qui n'ont jamais abouti [1]. Pour reprendre les termes d'un commentateur : la loi de 1948 a été modifiée, « mais modifiée à l'image de la Belle au bois dormant dont on l'avait naguère qualifiée, c'est-

1. Sur les projets de réformes, v. s^{s} n°s 046.11 s.

à-dire... sans la réveiller »[1]. De même, du côté du Parlement : « la Cour de discipline budgétaire et financière n'a pas eu plus d'efficacité qu'un sabre de bois »[2].

Les réformes abouties constituaient donc pour la plupart des aménagements techniques plutôt que des réformes d'importance, sauf peut-être celles réalisées en 1963, 1971 et en 2005 ; cette dernière, en rationalisant le fonctionnement de la CDBF et en mettant sa procédure en harmonie avec les exigences de la Convention européenne des droits de l'Homme (Conv. EDH), a permis à cette juridiction de reprendre sa place dans le paysage de la gestion publique au moment où la question de la responsabilité des gestionnaires publics connaissait une actualité nouvelle[3].

D'une façon générale, notons que les réformes successives de la CDBF et de son contentieux sont toujours allées dans le sens d'un renforcement du régime répressif de droit public financier, ce qui montre que sa pertinence en soi n'a jamais été mise en doute, seulement son fonctionnement effectif. Mais cette « expansion » permanente, qui montre rétrospectivement que la loi initiale de 1948 n'avait pas été suffisamment « pensée » (« la loi de 1948 contenait de graves lacunes », selon Loïc Philip[4]), s'est faite par « petites touches », souvent à l'initiative de la Cour elle-même, sans jamais donner entièrement satisfaction ; ce constat explique la suppression de la CDBF en 2022, parallèlement au maintien de son contentieux, transféré à la Cour des comptes[5].

SECTION 1

LOIS DES ANNÉES 1950

045.11 Création d'une nouvelle infraction jamais appliquée et tombée dans l'oubli. Une première loi du 31 janvier 1950, qui est en fait la loi de finances initiale pour 1950[6], dans l'alinéa 2 de son article 34, a rendu passibles de la Cour de discipline budgétaire les auteurs de nomination de fonctionnaires de catégorie A et B sans passer par une publication au *JO*, ce qui pouvait être obligatoire selon les textes portant sur la fonction publique. La loi de 1950 renvoyait à la peine prévue à l'article 1er de la loi de 1948 (infraction concernant le contrôle financier).

Ainsi a été créée ce qu'il faut bien appeler une nouvelle infraction spéciale, ce qui inspire plusieurs commentaires. Cette nouvelle incrimination était superfétatoire, car elle aurait pu être couverte par l'infraction générale réprimant toute violation de textes en matière de dépenses publiques, qui existait déjà[7]. D'ailleurs, elle ne semble n'avoir jamais trouvé d'application concrète. Il s'agissait donc avant tout d'une « menace » que le législateur a jugé bon de formuler à l'égard du pouvoir de nomination des fonctionnaires, à un moment où cette question lui semblait cruciale. Ce choix illustre le rôle de prévention qui a été donné à la CDB dès ses débuts, moins sans doute pour sanctionner effectivement que de servir de « repoussoir ». La technique choisie est toutefois discutable : la nouvelle infraction aurait dû être intégrée à la loi de 1948 plutôt que figurer dans une loi isolée, où elle ne pouvait que sombrer dans l'oubli.

En résumé, on ne peut que souscrire aux termes de Loïc Philip pour qualifier cette nouvelle infraction : « La Cour reçoit ainsi compétence pour juger des fautes qui ne se rattachent pas directement au droit budgétaire, ce qui paraît assez surprenant. En fait, il y a peu de chance pour que ce texte soit un jour appliqué. Il s'agit là d'une faute administrative qui relève plutôt du droit disciplinaire »[8].

Cette infraction, qui n'a pas été codifiée au sein du code des juridictions financières dans les années 1990, était en réalité complètement ignorée ; elle est désormais abrogée[9].

045.12 Loi du 8 août 1950. La loi du 8 août 1950[10], dans ses articles 62 et 76, et son décret d'application du 13 novembre 1950[11], ont d'une part institué le greffe de la Cour de discipline budgétaire (la loi de 1948 avait omis cette dimension fondamentale du fonctionnement d'une juridiction répressive) et d'autre part étendu la compétence de

1. J. Buisson, « Le Code des juridictions financières », *AJDA* 1996. 435.
2. C. de Courson, Rapport n° 2790 de l'Assemblée nationale sur le projet de loi n° 2001 portant réforme des juridictions financières.
3. V. ss n° 045.92.
4. L. Philip, « La Cour de discipline budgétaire et financière », *Rev. sc. fin.* oct.-déc. 1964, vol. 56, p. 749.
5. V. ss n° 052.21.
6. L. n° 50-135, 31 janv. 1950, Exercice 1950 : Loi de finances, dite « des maxima », *JO* 1er févr. *D.* 1950. 37.
7. L. n° 48-1484, 25 sept. 1948 tendant à sanctionner les fautes de gestion commises à l'égard de l'État et de diverses collectivités et portant création d'une Cour de discipline budgétaire, art. 4 ; codifiée dans le CJF (art. L. 313-4), elle a été abrogée le 31 déc. 2022, et remplacée par une infraction plus restrictive, figurant dans l'actuel CJF, art. L. 131-9.
8. L. Philip, « La Cour de discipline budgétaire et financière », *Rev. sc. fin.* oct.-déc. 1964, préc., p. 753.
9. Sur cette infraction, v. ss n° 426.31.
10. L. n° 50-928, 8 août 1950 relative aux dépenses de fonctionnement des services civils pour l'exercice 1950 et à diverses dispositions d'ordre financier, *JO* 12 août ; *D.* 1950. 179.
11. Décr. d'application n° 50-1413, 13 nov. 1950 portant règlement d'administration publique relatif au régime financier de l'Algérie, *JO* 15 nov.

cette dernière aux départements français d'Algérie existant alors.

Notons au passage que selon le dispositif mis en place, le Gouverneur général de l'Algérie était doté d'un pouvoir de déféré, recevait copie des arrêts concernant ce territoire et devait en tenir informée l'assemblée algérienne. L'instruction des affaires pouvait être confiée au contrôleur financier de l'Algérie. Inutile de préciser que ces dernières règles sont d'un intérêt purement historique ; notons seulement que l'Algérie dispose de nos jours d'un système répressif de droit public financier fort intéressant, mis en œuvre par sa Cour des comptes.

045.13 **Loi du 7 février 1953.** La loi du 7 février 1953[1] (loi de finances pour 1953) avait institué un dispositif pour protéger les recettes fiscales de l'État (art. 31[2]) qui, jamais appliqué, a finalement été supprimé et remplacé par une infraction nouvelle, l'omission de déclarations fiscales, elle-même supprimée en 2022[3].

045.14 **Loi du 6 août 1955.** La loi du 6 août 1955[4] a premièrement, dans son article 12, modifié les règles de prescription, en précisant la règle générale de l'article 30 de la loi de 1948 pour les irrégularités concernant le budget de l'État : « Toutefois, pour les opérations relevant de l'exécution du budget général, ce délai [de prescription, qui était alors de quatre ans, aujourd'hui de cinq ans] est prorogé jusqu'à la date de promulgation de la loi de règlement concernant l'exercice au titre duquel les irrégularités auront été commises, lorsque cette promulgation intervient après l'expiration du délai de quatre ans susvisé ». Devenue sans objet – puisque les lois de règlement interviennent depuis l'ordonnance organique de 1959 plus rapidement que sous la IVe République –, cette précision ne figure plus aujourd'hui dans le code des juridictions financières, ayant été supprimée en 1995 au moment de la codification[5].

Deuxièmement, l'article 13 de la loi de 1955 a précisé les modalités de l'avis ministériel et des commissions paritaires, en modifiant l'article 19 de la loi de 1948. D'une part, la nouvelle règle précisait qu'en cas d'absence d'avis donné dans les délais, la Cour pouvait statuer. D'autre part, la nouvelle règle précise que « les ministres et commissions paritaires intéressées pourront toutefois présenter leurs observations au cours de l'audience », innovation non sans intérêt pour le déroulement du procès, mais supprimée depuis[6].

045.15 **Décret du 14 novembre 1955.** Le décret du 14 novembre 1955[7] pris en application d'une loi du 11 juillet 1953[8] « et portant application du système de la gestion »[9], dans son article 8 fait obligation au ministre des Finances de saisir le Parquet près la Cour dans deux cas : premièrement lorsque certains ordonnances ou mandats sur crédits limitatifs n'ont pas fait l'objet d'une inscription dans une comptabilité administrative spéciale prévue par ce même décret ; deuxièmement en cas de réimputation d'engagements au-delà du montant d'annulations consenties par la loi de règlement. Au-delà de l'aspect technique de ces innovations, on peut en saluer l'idée, même si elle n'est pas conforme au caractère facultatif du pouvoir de déféré[10].

Ce même décret ouvrait également la possibilité au Procureur général de « demander au ministre des Finances de confier l'exécution de ces enquêtes à l'inspection générale des finances ». Texte apparemment jamais appliqué, et abrogé depuis, comme dit plus haut.

045.16 **Loi du 26 novembre 1956.** La loi du 26 novembre 1956[11], en son article 16, a créé la sanction complémentaire de la publication des arrêts de la Cour de discipline budgétaire au *Journal officiel*, en en faisant une obligation pour tout arrêt de condamnation, toutefois sous simple forme de mention. Aujourd'hui, cette règle subsiste sous forme moins impérative, la publication d'un arrêt de condamnation étant une simple possibilité pour la Cour[12].

1. L. nº 53-79, 7 févr. 1953 de finances pour l'exercice 1953, *JO* 8 févr.
2. L. nº 53-79, 7 févr. 1953, art. 31 : « Tous contrats, accords ou conventions passés par les administrations publiques et prévoyant l'exonération d'impôts, droits ou taxes perçus par l'État pour son propre compte ou pour celui de collectivités publiques seront de nul effet en ce qui concerne ces exonérations, lorsqu'ils n'auront pas reçu l'agrément préalable du ministre des Finances et des Affaires économiques ou de ses représentants et pour autant qu'ils n'auront pas été ratifiés par le Parlement. Les dispositions des articles 5 à 9 de la loi nº 48-1484 du 25 septembre 1948 seront éventuellement applicables en ce cas ». Notons qu'il ne s'agissait là non d'une nouvelle infraction, mais d'un renvoi aux infractions existantes (soulignons l'emploi, par la loi, de l'adverbe « éventuellement »).
3. Figurant à l'ancien article L. 313-5 du code des juridictions financières, abrogé au 31 décembre 2022 – Sur cette ancienne infraction, v. ss nº 426.11.
4. L. nº 55-1069, 6 août 1955 portant ouverture de crédits spéciaux d'exercices clos et périmés, *JO* 11 août ; *D.* 1955. 384.
5. CJF, art. L. 314-2 – Pour les règles actuelles de prescription, v. ss nos 321.11 s.
6. Sur l'avis des ministres, supprimé depuis 2016, v. ss nº 53.06.
7. Décr. nº 55-1487, 14 nov. 1955, Système de la gestion, *JO* 18 nov.
8. L. nº 53-611, 11 juill. 1953 portant redressement économique et financier, *JO* 11 juill.
9. L. nº 53-611, 11 juill. 1953, abrogé par le Décr. 14 mars 1986.
10. Sur le déféré en tant que faculté, v. ss nº 512.41.
11. L. nº 56-1193, 26 nov. 1956 portant ouverture de crédits spéciaux d'exercices clos et périmés, *JO* 27 nov. ; *D.* 1956. 493.
12. V. ss nº 473.22.

SECTION 2
RÉFORME DE 1963 : LA « COUR DE DISCIPLINE BUDGÉTAIRE » REBAPTISÉE « COUR DE DISCIPLINE BUDGÉTAIRE ET FINANCIÈRE », AUX COMPÉTENCES ÉLARGIES

045.21 Loi du 31 juillet 1963 : éléments généraux. La réforme opérée par la loi du 31 juillet 1963 [1] a été importante, puisqu'elle a modifié en même temps plusieurs dispositions de la loi de 1948, et ce dans des champs « sensibles » [2].

Cette réforme a fait suite au *Rapport public* rendu par la Cour de discipline budgétaire sur ses activités en 1961 et 1962, qui déplorait son activité réduite et sa faible publicité [3].

« L'extension remarquable » a été opérée par le législateur (« texte de la plus haute importance » [4]) dans plusieurs sens :

– le nom de la Cour a été modifié, la Cour de discipline budgétaire (CDB) devenant la Cour de discipline budgétaire et financière (CDBF) [5] ; selon l'exposé des motifs du projet de loi, « la compétence de la Cour n'est plus limitée aux seules opérations du budget de l'État. Il convient de donner à la Haute juridiction un titre correspondant davantage à ses attributions réelles » ;

– la durée des fonctions des membres de la CDBF a été portée de trois à cinq ans [6] ; l'exposé des motifs du projet de loi précisait : compte tenu de la solennité de la procédure de nomination (décret en conseil des ministres), « il est souhaitable que les nominations ou renouvellements de fonctions ne soient pas trop fréquentes » ;

– a été instaurée une sanction à l'égard de ceux qui ne répondent pas aux communications et convocations de la Cour en matière contentieuse, règle qui existe toujours [7].

Surtout, le champ des justiciables (gestionnaires des collectivités locales) [8] et des infractions a été élargi [9] ; enfin, la sanction complémentaire de la publication des arrêts au *Journal officiel* a été réformée par cette loi [10].

045.22 Extension du champ des justiciables aux gestionnaires locaux, avec exceptions. La loi de 1963 a marqué l'histoire du contentieux financier répressif en étendant le champ des justiciables aux agents des collectivités territoriales (à l'exclusion des élus) et de leurs établissements publics, des organismes de sécurité sociale et des organismes subventionnés sous certaines conditions [11].

Ce texte a fait l'objet de critiques et de débats au sein de l'Assemblée nationale, surtout en ce qui concerne les collectivités locales, d'aucuns voyant dans le projet de texte qui leur était soumis un moyen de réduire l'autonomie de ces dernières.

D'autres soulignaient avant tout que la menace de la CDBF risquerait d'altérer les relations entre élus et fonctionnaires locaux : notons en particulier l'intervention hostile de M. André Chandernagor [12], alors député, mais futur Premier président de la Cour des comptes, et à ce titre plus tard Président de la Cour de discipline budgétaire et financière : « À partir du moment où les agents locaux [...] seront responsables devant la Cour de discipline budgétaire, il n'est pas douteux que pour nombre d'actes, dans la crainte de voir leur responsabilité engagée, ils vont demander systématiquement à leurs élus de les couvrir en leur signant des décharges. Cela risque d'entraîner des discussions à n'en plus finir et je crois que trois tutelles sur un seul responsable, c'est tout de même beaucoup. De plus, comme le pouvoir a tendance à aller de pair avec les responsabilités, il est évident que nous risquons de voir le pouvoir se transférer peu à peu de l'élu au fonctionnaire local qui lui est subordonné... » [13].

Mais le progrès permis par la loi de 1963 a tout de même été important : comme l'a remarqué Loïc Philip, « pratiquement, toutes les personnes qui sont amenées, d'une manière quelconque, à participer à la gestion des deniers publics sont désormais justiciables de la Cour » [14], même s'il regrette plus loin qu'il reste « évidemment qu'une catégorie de personnes, et non des moindres, continue à échapper à la juridiction de la Cour. Ce sont les ordonnateurs qui sont soumis au contrôle d'une assemblée, c'est-à-dire les ministres et les maires » [15].

La loi de 1963 a corrélativement procédé à l'extension de l'excuse tirée de l'ordre écrit aux agents des

1. L. n° 63-778, 31 juill. 1963 de finances rectificative pour 1963, *JO* 2 août ; *D.* 1963. 255 ; *AJDA* 1963. 585.
2. Pour une étude d'ensemble concernant la réforme de 1963, et plus généralement le rôle et les insuffisances de la CDBF : L. Philip, « La Cour de discipline budgétaire et financière », préc., p. 744.
3. À ce sujet : R. Lefebvre, « Extension de compétence de la Cour de discipline budgétaire », *Rev. Trésor* févr. 1964, vol. 44, n° 2, p. 47.
4. Ces deux citations proviennent de R. Lefebvre, « Extension de compétence de la Cour de discipline budgétaire », *préc.*, p. 48.
5. L. n° 63-778, 31 juill. 1963, art. 1er.
6. L. n° 63-778, 31 juill. 1963, art. 2.
7. CJF, art. L. 141-5.
8. V. ss nos 045.22 et 313.22.
9. V. ss n° 045.23.
10. V. ss n° 045.24.
11. L. n° 63-778, 31 juill. 1963, art. 4.
12. André Chandernagor, né en 1921, a été d'abord membre du Conseil d'État, puis homme politique, ministre délégué aux affaires européennes (1981-1983), avant d'être nommé Premier président de la Cour des comptes (1983-1990).
13. Ass. nat., 2e séance 19 juill. 1963, p. 4355.
14. L. Philip, « La Cour de discipline budgétaire et financière », préc., p. 760.
15. L. Philip, « La Cour de discipline budgétaire et financière », préc., p. 761.

collectivités locales[1]. Cette règle, toujours aujourd'hui en vigueur[2], ne figurait pas dans le projet de loi, mais a été rajoutée sur demande de la commission des finances, qui d'après son rapporteur général, « s'est préoccupée des modalités de l'extension des compétences de la cour aux fonctionnaires et agents nommés par les collectivités locales ».

045.23 Création de deux nouvelles infractions : gestion de fait et omission de déclarations fiscales. La loi de 1963 a également innové en créant deux nouvelles infractions :

- les agissements constitutifs de gestion de fait sont explicitement incriminés au titre des infractions CDBF[3] ; cette infraction existe toujours[4] ;

- création d'une nouvelle infraction sanctionnant l'omission de déclarations fiscales, article 7 de la loi de 1963 (créant un article 5 *bis* au sein de la loi de 1948[5]). Il convient de noter que cette règle a suscité débat à l'Assemblée, la commission des finances ayant demandé le retrait de cet article, et n'a été adoptée qu'après intervention du ministre des Finances, Valéry Giscard d'Estaing ; cette infraction a été supprimée en 2022[6].

045.24 Renforcement de la sanction complémentaire de publication des arrêts au Journal officiel. Si la mention au Journal officiel date de la réforme de 1956[7], la loi de 1963 a imposé la publication intégrale des arrêts de la CDBF au *Journal officiel*, quel qu'en soit le sens[8].

Cette règle a été le fruit d'un amendement parlementaire ; elle a été de nouveau modifiée quelques années plus tard, en 1971[9], et elle subsiste aujourd'hui, mais sous une forme atténuée[10].

SECTION 3

LOI DE 1971, UNE RÉFORME SANS RÉVOLUTION

045.31 Fondements de la réforme de 1971. Une importante réforme de la CDBF, sans toutefois toucher aux principes généraux du système, a vu le jour en 1971 ; elle a été le fruit, d'une part, de critiques émises par la doctrine sur la faiblesse persistante de l'activité de cette juridiction en dépit de la réforme de 1963[11] et, d'autre part, de la volonté du Gouvernement d'étendre le champ des sanctions et d'accroître l'efficacité de la Cour. Des affaires « scandaleuses » apparues à cette époque ont également pu convaincre les autorités de s'engager dans le sens d'une réforme d'ampleur pour accroître le champ d'une répression financière alors considérée comme pertinente (telle l'affaire de l'abattoir de La Villette, qui avait suscité un déféré formulé par le ministre des Finances, Valéry Giscard d'Estaing[12]). S'agissait-il, pour reprendre le titre d'une étude de l'époque[13], de redonner jouvence à une inconnue ?

Toujours est-il qu'un projet de loi daté du 17 novembre 1970 et signé conjointement par le garde des Sceaux, le ministre de l'Économie et des Finances et deux secrétaires d'État (fonction publique ; économie et finances), a été déposé et examiné par le Parlement dès le printemps 1971. Les débats ont été vifs et les désaccords réels (v. plus loin), illustrant la sensibilité de la matière traitée, et la loi n'a été adoptée qu'après passage en commission mixte paritaire. Deux points d'achoppement : la question de la publication des arrêts de la CDBF au *JO* (faculté *versus* obligation, sur initiative du Parquet ou non, en publiant en totalité ou non) et l'assimilation (ou non) des administrateurs élus d'organismes de protection sociale à des dirigeants d'associations de bienfaisance.

Le rapporteur général de la commission des finances, Guy Sabatier, expliquait le projet de loi ainsi, au cours de la séance du 22 avril 1971 à l'Assemblée nationale : « La conception [de la CDBF] fut aussi claire que la réalisation fut médiocre, parce que le cadre [de la loi de 1948] fut finalement mal défini. La Cour de discipline, limitée dans sa compétence, bridée dans sa procédure, fut, en fait, peu saisie et, pourtant, elle répond à une nécessité. Il convient donc de lui donner les moyens de son action et tel est le but du texte qui nous est proposé. La réforme ne se traduit sans doute pas par une révolution dans les principes, que certains auraient peut-être souhaitée ; elle apporte une transformation qui se révélait indispensable et qui, espérons-le, sera suffisante »[14].

1. L. n° 63-778, 31 juill. 1963, art. 5.
2. CJF, art. L. 131-6.
3. L. n° 63-778, 31 juill. 1963, art. 6.
4. CJF, art. L. 131-15 – Jusqu'au 31 déc. 2022, cette infraction figurait à l'ancien article L. 313-4 du CJF.
5. L. n° 48-1484, 25 sept. 1948 préc., art. 5 *bis* ; devenu CJF, ancien art. L. 313-5, jusqu'à son abrogation au 31 déc. 2022.
6. Sur cette infraction, en général v. s[s] n° 426.21.
7. V. s[s] n° 045.16.
8. L. n° 63-778, 31 juill. 1963, art. 8.
9. V. ci-après, s[s] n° 045.32.
10. V. s[s] n° 473.11.
11. PAR EX. : F.-J. Fabre, « Jurisprudence financière. La Cour de discipline budgétaire et financière », *Rev. adm.* juill.-août 1970, n° 136, p. 429 s.
12. Cette affaire a donné lieu à l'arrêt CDBF 19 juill. 1974, *S[té] d'économie mixte d'aménagement et de gestion du marché d'intérêt national de Paris-La Villette (Semvi), CCP* n° 2, p. 103 ; *Lebon* 803 (extraits anonymisés) ; *Le Monde* 16 janv. 1971.
13. J.-C. Maitrot, « Jouvence pour une inconnue ? La réforme de la Cour de discipline budgétaire et financière », *AJDA* 1971. 507.
14. Ass. nat., séance 22 avr. 1971, p. 1321.

Profonde, cette loi de 1971 a suscité l'optimisme des commentateurs [1], qui ont salué l'accroissement de l'efficacité de la Cour potentiellement attaché à cette réforme ; toutefois, Francis Fabre soulignait que « demeurent les plus sérieux écueils » [2], c'est-à-dire l'immunité des ministres et élus locaux.

S'agissant également du champ des justiciables, le professeur Maitrot regrettait que « sur ce point, la réforme [paraisse] assez limitée » [3]. Le rapporteur général de la commission des finances, Guy Sabatier, avait à cet égard d'emblée précisé que la réforme de la CDBF entreprise ne se voulait pas une révolution : « une modification profonde de la compétence serait, en l'occurrence, une atteinte à l'autorité des responsables politiques de la nation » [4].

045.32 Modifications apportées par la loi du 13 juillet 1971 : justiciables, déféré et saisine, publication des arrêts au *JO*. La loi du 13 juillet 1971 [5] a finalement prévu les modifications suivantes, intervenant à la fois dans le champ des justiciables, les infractions, la saisine et la procédure d'instruction :

– élargissement du champ des justiciables aux « organismes qui constituent des démantèlements de l'action administrative » [6], en particulier aux gestionnaires des entreprises publiques et de leurs filiales ainsi que des organismes bénéficiant de financements publics, tout en maintenant l'immunité exceptionnelle des membres du Gouvernement et des élus locaux, en dehors des cas où ces derniers agissent dans le cadre d'attributions ne constituant pas l'accessoire de leurs fonctions électives ; sont également soumis à la compétence répressive de droit public financier les gestionnaires, même élus, d'organismes sociaux, mais avec des restrictions ajoutées par amendement sénatorial auxquelles le Gouvernement était hostile (seuls les administrateurs élus, et non les présidents, sont exclus de la justiciabilité). En fait, le champ des justiciables est calqué sur celui de la Cour des comptes – c'est toujours le cas aujourd'hui, en y ajoutant le champ des CRTC qui en 1971 n'existaient pas encore – et de la Commission de vérification des comptes des entreprises publiques, aujourd'hui disparue [7]. Cette extension du champ des justiciables est l'aspect de la réforme qui a le plus suscité débat [8] ;

– s'agissant des infractions, la loi de 1971 a fusionné deux infractions [9] portant sur le non-respect de règles en matière de contrôle financier [10] ; les tutelles ont été incluses dans l'infraction aujourd'hui codifiée à l'article L. 131-9 du CJF [11] ; l'infraction visant l'octroi d'un avantage injustifié à autrui [12], jusque-là difficilement applicable car prévoyant des critères excessivement stricts, a été modernisée [13] ;

– la durée de la prescription a été portée de quatre à cinq ans, règle toujours applicable aujourd'hui [14] ;

– amélioration et extension des « passerelles » entre poursuites devant la CDBF et poursuites disciplinaires [15] ;

– création d'un nouveau mode de saisine de la Cour, directement par le Procureur général sans déféré préalable ; cette extension, toujours en vigueur [16], est logique compte tenu de son rôle d'autorité de saisine, puis de poursuite ; elle était aussi censée pallier l'impossibilité matérielle d'étendre le pouvoir de déféré aux représentants des collectivités territoriales dont les gestionnaires étaient désormais justiciables, certes de façon limitée [17]. Le pouvoir de déféré n'a été accordé aux chefs d'exécutifs locaux (et aux préfets) qu'avec la réforme de 2022 [18] ;

– création d'un pouvoir de classement supplémentaire du Procureur général, avant la transmission du rapport de l'instruction aux ministres ; ce qui a été considéré comme une modernisation permettant d'alléger la procédure (le Parquet pouvait classer sans être obligé de saisir le ministre) a ensuite été considéré comme une contrainte supplémentaire, désormais supprimée ;

– le rôle du Parquet dans la procédure d'instruction a été précisé (il « suit l'instruction »), règle supprimée

1. J. Rossignol, « Le nouveau visage de la Cour de discipline budgétaire et financière (la loi du 13 juillet 1971) », *RSF* 1972, p. 725.
2. F.-J. Fabre, « La réforme de la Cour de discipline budgétaire et financière », *Rev. adm.* nov.-déc. 1971, n° 144, p. 663.
3. J.-C. Maitrot, « Jouvence pour une inconnue ? La réforme de la Cour de discipline budgétaire et financière », préc.
4. Ass. nat., séance 22 avr. 1971, p. 1321.
5. L. n° 71-564, 13 juill. 1971 modification de la loi n° 48-1484 du 25 septembre 1948, *JO* 14 juill., p. 6944 – Pour deux commentaires complets sur la réforme de 1971 : F.-J. Fabre, « La réforme de la Cour de discipline budgétaire et financière », *Rev. adm.* oct. 1971, n° 143, p. 539 ; *Rev. adm.* nov.-déc. 1971, n° 144, p. 662 ; – J.-C. Maitrot, « Jouvence pour une inconnue ? La réforme de la Cour de discipline budgétaire et financière », préc., p. 507.
6. V. Giscard d'Estaing, ministre de l'Économie et des Finances, Ass. nat., séance 22 avr. 1971, p. 1322.
7. Sur cette commission, v. C. Descheemaeker, Un passé oublié : les premiers contrôles d'entreprises publiques par la Cour des comptes, *in* [coll.] Écrits de droit public, financier et constitutionnel, Mélanges en l'honneur du professeur Michel Lascombe, Dalloz 2020, p. 165.
8. Rapport fait au nom de la commission des finances du Sénat par Marcel Pellenc, Doc. Sénat, n° 217, session 1970-1971.
9. L. n° 48-1484, 25 sept. 1948, art. 1er et 3
10. Désormais CJF, art. L. 131-13, 2°.
11. V. ss nos 431.11 s.
12. L. n° 48-1484, 25 sept. 1948, art. 6 ; désormais CJF, art. L. 131-12.
13. V. ss nos 441.11 s.
14. V. ss n° 321.13.
15. Désormais CJF, art. L. 142-1-12 ; – Sur les relations avec les autorités chargées du pouvoir de sanction disciplinaire, v. ss n° 232.21.
16. Aujourd'hui CJF, art. L. 142-1-1.
17. Rapport fait au nom de la commission des finances du Sénat par Marcel Pellenc, Doc. Sénat, n° 217, session 1970-1971, p. 17.
18. V. ss n° 512.11.

en 2016, le ministère public n'intervenant désormais plus dans l'instruction contentieuse ;

- l'instruction peut être ouverte contre une personne non dénommée, comme au pénal ; cette règle subsiste aujourd'hui [1] ;

- le magistrat rapporteur peut désormais auditionner des témoins, règle également encore en vigueur [2] ;

- la possibilité créée en 1963 pour les ministres et commissions administratives paritaires de présenter leur avis à l'audience a été supprimée ; « le législateur a voulu mettre un terme à la pratique consistant pour le ministre ou la commission administrative à attendre l'audience pour fournir les éléments d'information dont ils disposent », soulignait à juste titre Francis Fabre [3] ;

- modification du régime de publication au *JO* des arrêts, comme en 1956 et 1963 : la publication des arrêts de condamnation - en tout ou partie - devient une simple faculté pour le juge ; c'est cette règle, amplement discutée par les parlementaires, qui demeure aujourd'hui en vigueur [4] ;

- suppression du monopole des avocats aux Conseils (sur amendement des députés).

SECTION 4
Lois du 30 décembre 1975 et du 22 juin 1976

045.41 Lois du 30 décembre 1975 et du 22 juin 1976. Purement techniques s'agissant de la CDBF, les lois du 30 décembre 1975 et du 22 juin 1976 [5], supprimant la Commission de vérification des comptes des entreprises publiques, qui était habilitée à déférer des faits à la CDBF, ont transféré ces compétences à la Cour des comptes.

SECTION 5
Création des infractions en matière d'inexécution des décisions de justice : les lois du 16 juillet 1980 et du 30 juillet 1987

045.51 Deux infractions nouvelles en matière d'inexécution des décisions de justice. La loi du 16 juillet 1980 [6] relative aux astreintes prononcées en matière administrative et à l'exécution des jugements par les personnes morales de droit public [7] a créé deux infractions nouvelles, figurant aujourd'hui aux 1° et 2° de l'article L. 131-14 du CJF. Innovation importante dans son principe, l'intervention de la juridiction financière répressive en matière d'inexécution des décisions de justice par les personnes publiques n'est toutefois qu'un élément accessoire dans un dispositif de protection plus vaste ; cette compétence, qui se fonde sur un rôle de « menace » plutôt que de sanction, donne lieu à fort peu de jurisprudence, ce qui ne signifie d'ailleurs pas que le Ministère public près la Cour des comptes serait inactif dans ce domaine, bien au contraire [8].

La loi du 30 juillet 1987 [9] portant diverses mesures d'ordre social (art. 90) a élargi les cas de sanction, en matière d'inexécution de décisions de justice, aux astreintes mises à la charge, au-delà des personnes morales de droit public, des personnes privées chargées de la gestion d'un service public [10].

SECTION 6
Décentralisation et question de la justiciabilité des élus locaux devant la CDBF : les réformes des années 1980 et 1990

045.61 Loi du 5 janvier 1988 d'amélioration de la décentralisation. La loi du 5 janvier 1988 d'amélioration de la décentralisation [11] a commencé à intégrer dans la loi de 1948 les conséquences de la création des chambres régionales des comptes (CRC) sur la CDBF [12].

En effet, lors de la création des CRC, la loi de 1948 n'avait pas été immédiatement modifiée pour s'y adapter, omission à laquelle il a donc été remédié en 1988 ; mais s'agissant du champ de compétence

1. Désormais CJF, art. R. 142-1-1, 1°.
2. V. s[s] n° 524.11.
3. F.-J. Fabre, « La réforme de la Cour de discipline budgétaire et financière », préc., p. 662.
4. Sur cette question, v. s[s] n° 473.22.
5. L. n° 75-1278, 30 déc. 1975 de finances pour 1976, *JO* 31 déc. et n° 76-539, 22 juin 1976, de finances rectificative pour 1976, *JO* 23 juin.
6. L. n° 80-539, 16 juill. 1980 relative aux astreintes prononcées en matière administrative et à l'exécution des jugements par les personnes morales de droit public, *JO* 17 juill.
7. Décr. n° 81-501, 12 mai 1981 pris pour l'application de la loi n° 80539 du 16 juillet 1980 relative aux astreintes prononcées en matière administrative et à l'exécution des jugements par les personnes morales de droit public, et relatif à la commission du rapport et des études du Conseil d'État, *JO* 14 mai.
8. Sur le rôle de la CDBF et désormais de la Cour des comptes en matière d'inexécution de décisions de condamnations pécuniaires, en détail v. s[s] n° 452.33.
9. L. n° 87-588, 30 juill. 1987 portant diverses mesures d'ordre social, *JO* 31 juill.
10. Désormais CJF, art. L. 131-14, 1°.
11. L. n° 88-13, 5 janv. 1988 d'amélioration de la décentralisation, *JO* 6 janv. ; *D.* 1988. 83.
12. L. n° 48-1484, 25 sept. 1948, art. 24.

de la CDBF qui est conçu en référence à celui des juridictions financières (Cour des comptes et désormais CRTC), la CDBF a toujours considéré que le transfert, aux CRTC, de compétences de contrôle dévolues jusque-là à la Cour des comptes n'avait pas pour effet de soustraire les agents des organismes concernés à la CDBF. Ceci a été clairement confirmé par le juge de cassation [1].

Pour les personnes relevant du contrôle des chambres territoriales des comptes (collectivités d'outre-mer), cet oubli n'a été réparé que par la loi du 7 décembre 2007 [2].

En revanche, si elle avait été évoquée en 1982 dans le cadre du projet de loi sur la décentralisation, la justiciabilité des élus locaux devant la CDBF, « contrepartie en quelque sorte de leurs nouvelles compétences » [3], n'a pas été retenue à l'époque, et ce principe de non-justiciabilité des élus devant la juridiction financière répressive n'a guère été remis en cause depuis, sauf pour créer des exceptions [4].

045.62 Loi du 29 janvier 1993 élargissant les cas de justiciabilité des élus locaux. L'article 78 de la loi n° 93-122 du 29 janvier 1993 relative à la prévention de la corruption et à la transparence de la vie économique et des procédures publiques [5] a introduit dans le droit positif de nouveaux cas exceptionnels de justiciabilité des élus locaux ; ces extensions demeurent aujourd'hui (inexécution des décisions de justice ; réquisition du comptable et infraction d'octroi à autrui d'un avantage injustifié) [6].

SECTION 7
AMENDEMENT DIT « CRÉDIT LYONNAIS » (1995)

045.71 Faute grave de gestion dans les entreprises publiques. La loi du 28 novembre 1995 [7] relative à l'action de l'État dans les plans de redressement du Crédit Lyonnais et du Comptoir des entrepreneurs (art. 21) a créé une nouvelle infraction souvent appelée « faute grave de gestion dans les entreprises publiques », qui, bien qu'ayant rarement trouvé application jusque-là du fait de l'existence d'une jurisprudence couvrant déjà les mêmes faits [8], existe toujours en droit positif, sous forme d'ailleurs élargie [9].

SECTION 8
CODIFICATION DE 1995 : DES ENTORSES AU DROIT CONSTANT

045.81 Codification dont l'objectif devait être de rester à droit constant. Par la loi du 24 juillet 1995 [10], la loi de 1948 modifiée relative à la CDBF a été codifiée au sein du livre III du Code des juridictions financières (partie législative).

Menée essentiellement à droit constant, cette opération de codification concernant l'ensemble des textes relatifs aux juridictions financières a néanmoins donné lieu, s'agissant de la CDBF, à quelques réformes techniques ou de fond ; elle a suscité d'importantes contestations [11], surtout dans son livre III précisément consacré à la CDBF. Les critiques ont rapidement laissé la place à une « fronde » [12].

045.82 Critiques et modifications de textes significatives s'agissant de la CDBF dans le cadre de la codification. La codification aurait pu être l'occasion d'un toilettage généralisé de la loi de 1948, notamment en matière procédurale [13], et même d'une réforme de plus grande ampleur.

Ainsi, le président de la CDBF de l'époque a-t-il pu écrire qu'il avait « fait connaître [ses] réticences sur l'opportunité d'élever la loi du 25 septembre 1948 au rang du livre III du Code parce qu'un simple toilettage de cette loi n'apparaît pas suffisant, une

1. CE 30 nov. 1994, *Georges*, n° 120116, *Lebon* 520 : « la création des chambres régionales des comptes et la dévolution à ces chambres de compétences antérieurement attribuées à la Cour des comptes n'ont pas eu pour effet de soustraire à la juridiction de la Cour de discipline budgétaire et financière les représentants, administrateurs et agents des organismes qui, avant la loi du 2 mars 1982, relevaient du contrôle de la Cour des comptes... », et le juge de cassation a précisé que la loi de 1988 ne conférait donc pas de nouvelles compétences à la CDBF – puisqu'elle ne les avait jamais perdues, ayant appartenu auparavant au champ de contrôle de la Cour des comptes.
2. L. n° 2007-1720, 7 déc. 2007 tendant à renforcer la stabilité des institutions et la transparence de la vie politique en Polynésie française, *JO* 8 déc. – V. s^s n° 045.94.
3. Selon les termes de Philippe Séguin, lors du colloque organisé à l'occasion du 25e anniversaire des chambres régionales et territoriales des comptes au Musée d'Orsay. Cour des comptes, *Philippe Séguin. Un Premier président dans la République. Discours 2004-2009*, La Documentation française 2011, p. 114.
4. Sur cette question, v. s^s n°s 312.51 s.
5. *D.* 1993. 209.
6. Sur la justiciabilité des élus locaux, v. s^s n°s 312.54 et 313.141 s.
7. L. n° 95-1251, 28 nov. 1995 relative à l'action de l'État dans les plans de redressement du Crédit lyonnais et du Comptoir des entrepreneurs, *JO* 30 nov.
8. Sur la faute grave de gestion jurisprudentielle, v. s^s n° 432.201.
9. Désormais CJF, art. L. 131-10.
10. L. n° 95-851, 24 juill. 1995 relative à la partie législative du livre III du code des juridictions financières, *JO* 26 juill. – *D.* 1995. 397.
11. J. Buisson, « Le Code des juridictions financières », préc., 433.
12. J. Buisson, « Le Code des juridictions financières », préc., 436.
13. J. Charrier, *Rép. cont. adm.*, « Cour de discipline budgétaire et financière », 2005, n° 13.

véritable révision méthodique et profonde était au contraire nécessaire »[1].

Le Parlement n'était pas en reste. Si le Sénat déplorait la codification d'un texte que, quelques années auparavant, le Gouvernement avait cherché à modifier, en accord avec la juridiction, projet auquel le Parlement n'avait pas donné suite[2], l'Assemblée nationale a déposé des amendements dont cinq, adoptés, allaient bien au-delà de ce qui est habituel en matière de codification :

– le président de la section des finances du Conseil d'État est devenu de droit vice-président de la CDBF (auparavant le texte disait : « un » président de section au Conseil d'État) ; et la règle selon laquelle en cas d'empêchement du Premier président de la Cour des comptes, la CDBF était présidée par le doyen des présidents de chambre à la Cour des comptes a été supprimée ; c'est le vice-président qui remplaçait dorénavant le président empêché de la CDBF ; la place du Conseil d'État au sein de la CDBF s'en trouvait donc renforcée, situation qui a perduré jusqu'en 2022 et l'absorption du contentieux financier répressif par la Cour des comptes en premier ressort ;

– allégement de la règle de l'ordre écrit préalable[3] ;

– inclusion des chambres régionales des comptes parmi les autorités habilitées à déférer[4] ;

– en cas de découverte de faits susceptibles d'être poursuivis pénalement, ces éléments sont transmis au procureur de la République judiciaire, et non plus au ministre de la Justice ;

– le rapport annuel de la CDBF devait désormais être annexé à celui de la Cour des comptes, afin d'en garantir une bonne diffusion et publicité. Le rapport annuel de la CDBF ayant disparu avec la suppression de cette Cour[5], les activités contentieuses de la juridiction financière sont désormais retracées dans une partie dédiée du rapport d'analyse des suites de la Cour des comptes[6].

Enfin, d'autres amendements, plus techniques, ont également été adoptés : augmentation des planchers des amendes, dont les montants n'avaient pas été ajustés depuis 1971 ; suppression de la règle spécifique de prescription pour les opérations portant sur le budget de l'État, règle qui avait été créée en 1955, sous la IVe République, et qui avait perdu tout sens sous l'empire de l'ordonnance organique relative aux lois de finances de 1959 ; inclusion, aux côtés des élus présidents de groupements de collectivités, de leurs vice-présidents ou administrateurs lorsqu'ils agissent par délégation, parmi les personnes non justiciables (règle qui perdure[7]).

D'autres modifications techniques étaient issues du projet gouvernemental : l'extension des règles de justiciabilité des élus locaux au chef de l'exécutif de la Corse (réparation d'un oubli) ; l'extension de l'ordre écrit émanant des présidents de conseils généraux et régionaux (oubli également).

Opération ambiguë s'agissant de la CDBF, ni menée à droit constant comme le souhaitait le Gouvernement, ni réforme profonde comme le souhaitait la juridiction elle-même, la codification de 1995 apparaît rétrospectivement comme une occasion perdue pour mener une réforme plus ambitieuse. Elle montre également – la réaction parlementaire, non prévue par le Gouvernement, l'illustre – la sensibilité politique de la matière, leçon qui s'est renouvelée en 2009/2010 au moment de l'échec du projet de réforme poussé par Philippe Séguin[8], et qui a sans doute conduit le Gouvernement en 2021/2022 à privilégier une réforme par ordonnance[9].

On aurait à l'époque au moins pu faire le tri entre dispositions à valeur législative et dispositions à valeur réglementaire au sein de la loi de 1948, adoptée antérieurement à l'avènement de la Ve République, ce qui eût facilité les réformes ultérieures[10].

SECTION 9
ENTRE 2000 ET 2016 : RECHERCHE D'EFFICACITÉ CROISSANTE DE LA CDBF À TRAVERS PLUSIEURS RÉFORMES

045.91 Loi du 12 avril 2000. La loi du 12 avril 2000[11] a créé une disposition sur la transmission, par le juge pénal, de copies de pièces d'une procédure pénale à la CDBF[12].

1. P. Joxe, « La protection de l'intérêt public, Les missions des juridictions financières », *RFFP* 1996, p. 26.
2. Projet de réforme de 1990, v. ss no 046.21.
3. Aujourd'hui CJF, art. L. 131-6.
4. Aujourd'hui CJF, art. L. 142-1-1, 7°.
5. Pour le dernier rapport annuel de la CDBF, couvrant l'exercice 2022 et publié début 2023 [en ligne : https://www.ccomptes/fr/publications/rapport-dactivite-2023].
6. CJF, art. L. 143-9 : « La Cour des comptes publie chaque année un rapport présentant les suites données à ses observations et recommandations ainsi qu'à celles des chambres régionales et territoriales des comptes. Ce rapport est établi sur la base des comptes rendus que les destinataires de ces observations et recommandations ont l'obligation de fournir. Ce rapport dresse également le bilan des poursuites engagées à l'encontre des personnes justiciables de la Cour des comptes et des transmissions adressées à l'autorité judiciaire ».
7. Aujourd'hui, CJF, art. L. 131-2.
8. V. ss no 046.36.
9. Sur l'ordonnance de 2022, v. ss nos 051.11 s. et 052.11 s.
10. Ce tri n'a été fait qu'en 2005, v. ss no 045.92.
11. L. no 2000-321, 12 avr. 2000 relative aux droits des citoyens dans leurs relations avec les administrations, *JO* 13 avril. ; *D.* 2000. 221.
12. Cette règle se trouve aujourd'hui à, CJF, art. L. 142-1-12.

045.92 Réforme accroissant les capacités d'instruction et de jugement de la CDBF : décret du 17 juin 2005. Le Rapport public de la CDBF 2004 avait fait état d'un projet de réforme réglementaire destiné à remédier aux difficultés constatées dans le fonctionnement de la Cour par des dispositions visant à élargir sa composition et à améliorer son organisation. Cette réforme était devenue urgente, après plusieurs tentatives infructueuses de réformes dans les années 1990, en raison notamment des blocages qu'entraînait l'application de l'article 6, § 1 de la Convention EDH à la procédure CDBF (règles de partialité des membres de la Cour). Mais il semble excessif de dire que la réforme de 2005 serait « moins due à une volonté de « doper » l'activité de la CDBF qu'à la nécessité de pallier les inconvénients qui résultent de la jurisprudence relative à la partialité éventuelle des membres de la Cour »[1] ; la volonté de redynamiser la CDBF, dont l'activité avait dangereusement baissé au début des années 2000, a également joué en faveur de l'adoption de ce décret.

Engagée à l'initiative de François Logerot, Premier président de la Cour des comptes, Hélène Gisserot, Procureur général, et Olivier Fouquet, président de la section des finances du Conseil d'État, poursuivie ensuite par Philippe Séguin à partir de 2004[2], la réforme par décret a nécessité le déclassement préalable de certaines dispositions législatives du Code des juridictions financières. Le projet de réforme réglementaire n'a donc abouti en juin 2005 qu'après déclassement par le Conseil constitutionnel d'une partie des dispositions du code des juridictions financières concernant la Cour de discipline budgétaire et financière[3].

À cette occasion, le Conseil constitutionnel a indiqué que la CDBF constituait à elle seule un ordre de juridiction au sens de l'article 34 de la Constitution, ses règles constitutives relevant dès lors du pouvoir législatif. La règle de mixité des membres de la CDBF, issus du Conseil d'État et de la Cour des comptes, faisait partie de ces règles constitutives ; il n'en allait pas de même de leur nombre, des règles de suppléance, de la nomination des rapporteurs et commissaires du gouvernement, et des autres règles comparables, qui relevaient du pouvoir réglementaire en vertu de la règle générale posée par l'article 34, alinéa 1er, de la Constitution.

S'agissant de la procédure, la Constitution prévoit la compétence du législateur seulement pour les règles de procédure pénale ; le Conseil constitutionnel n'a pas inclus la CDBF parmi les juridictions pénales au sens du droit français, bien qu'il s'agisse d'une juridiction répressive au sens de l'article 6, § 1 de la Convention européenne de sauvegarde des droits de l'Homme et des libertés fondamentales[4] ; il en découlait que les règles de procédure applicables à la CDBF étaient de nature réglementaire dès lors qu'elles ne concernaient pas la procédure pénale ni ne mettaient en cause des principes fondamentaux que la Constitution attribue au domaine du législateur. Cette logique dégagée par le Conseil constitutionnel demeure d'actualité s'agissant de la chambre du contentieux de la Cour des comptes, qui se trouve à cet égard dans une situation proche de celle de l'ancienne CDBF.

Cette décision du Conseil constitutionnel a rendu possible une réforme réglementaire concernant le fonctionnement de la CDBF et la procédure, qui est intervenue par le décret du 17 juin 2005[5] portant réforme de la Cour de discipline budgétaire et financière[6].

La plupart des nouvelles mesures[7] mises en place par ce décret tendaient à améliorer le fonctionnement de la CDBF et la procédure suivie devant elle, en lui conférant des capacités d'instruction et de jugement accrues, avec notamment la création de deux sections ; d'autres dispositions avaient pour objectif de mettre en cohérence les textes avec des pratiques adoptées par la Cour, dans l'optique d'un meilleur respect des droits du justiciable affirmés notamment par l'article 6, § 1 de la Convention européenne de sauvegarde des droits de l'Homme et des libertés fondamentales (notamment suppression de l'ancienne disposition qui prévoyait que les audiences n'étaient pas publiques ; suppression de la participation du rapporteur au délibéré). Enfin, l'avis des commissions administratives paritaires, qui était purement consultatif et dont le silence n'entravait pas la poursuite de la procédure, a été supprimé[8].

Une simple « réformette », comme l'ont qualifiée certains[9] ? Si les modifications apportées par le

1. M. Lascombe et X. Vandendriessche, « Un second souffle pour la CDBF ? », *AJDA* 2005. 1672.
2. J.-P. Vachia, « Les évolutions de la Cour de discipline budgétaire et financière », *in* [Comité d'histoire de la Cour des comptes], Philippe Séguin à la Cour des comptes, La documentation française 2012, p. 193.
3. Cons. const. 3 mars 2005, nº 2005-198 L, *Nature juridique de dispositions du Code des juridictions financières concernant la Cour de discipline budgétaire et financière, JO* 9 mars 2005, p. 3950 ; *LPA* 24 mars 2005, nº 59, p. 7, note J.-É. Schoettl ; A. Froment-Meurice, J.-Y. Bertucci, N. Hauptmann et Chr. Michaut, *GAJF*, 7e éd. 2019, nº 18, p. 206.
4. Sur la nature du contentieux répressif financier mis en œuvre par la CDBF jusqu'en 2022, et désormais par la Cour des comptes, v. ss nos 21.05 et 211.11 s.
5. Décr. nº 2005-677, 17 juin 2005 modifiant le livre III du code des juridictions financières, *JO* 18 juin.
6. Pour un commentaire complet du Décr. de 2005 : M. Lascombe et X. Vandendriessche, « Un second souffle pour la CDBF ? », préc., p. 1672.
7. Présentation en détail dans le *Rapport annuel de la CDBF* publié en 2006.
8. Modification de CJF, art. L. 314-8.
9. M. Lascombe et X. Vandendriessche, « Un second souffle pour la CDBF ? », préc., p. 1672.

décret du 17 juin 2005 paraissent pragmatiques, techniques, et n'ont certes pas pu résoudre les principales difficultés de fond que connaissait la CDBF (question de la justiciabilité des élus locaux et des ministres ; articulation avec les infractions pénales ; liens institutionnels avec la Cour des comptes) – il eût alors fallu passer par la loi – elles ont néanmoins permis à la CDBF d'augmenter quelque peu son activité [1] et d'enclencher une dynamique positive qui a conduit à l'ambitieux projet de réforme de 2009 [2], puis à la réforme de 2022 qui a intégré le contentieux financier répressif au sein de la Cour des comptes [3].

045.93 Décret du 16 octobre 2006. L'article 15 du décret n° 2006-1262 du 16 octobre 2006 [4] a modifié la partie réglementaire du Code des juridictions financières, afin de tirer les conséquences du nouveau rattachement budgétaire des juridictions financières, ce qui a eu un impact sur l'autorité de nomination des rapporteurs [5].

045.94 Adaptation aux évolutions outre-mer en 2007. S'agissant des collectivités situées outre-mer (hors départements d'outre-mer), une première loi du 21 février 2007 [6] (article 13) a conféré aux chambres territoriales des comptes la possibilité, non prévue jusqu'alors, de déférer des affaires au ministère public près la CDBF. Parallèlement, les règles concernant la limitation de la justiciabilité des élus locaux [7] ont été étendues aux élus des six collectivités concernées (Nouvelle-Calédonie, Polynésie française, Mayotte, Saint-Barthélemy, Saint-Martin, Saint Pierre-et-Miquelon).

Une deuxième loi [8] a, en complément logique, inclus dans le champ des justiciables les représentants, administrateurs ou agents des organismes qui sont soumis au contrôle d'une chambre territoriale des comptes, comme c'était déjà le cas des organismes contrôlés par la Cour des comptes et les chambres régionales des comptes de métropole et des départements d'outre-mer [9]. Jusque-là, la compétence de la CDBF sur ces personnes avait une assise jurisprudentielle [10].

045.95 Décret du 12 avril 2007. Enfin, le décret du 12 avril 2007 [11], en son article 23, a modifié l'ancien article R. 314-4 du Code des juridictions financières, pour préciser que la publication au *Journal officiel* d'un arrêt de la Cour était effectuée à la fois sur support papier et sous forme électronique [12].

045.96 Ultime réforme (2016-2017) avant la suppression de la CDBF. Dernière réforme de la CDBF avant sa disparition en 2022, l'ordonnance du 13 octobre 2016 [13] et son décret d'application du 28 avril 2017, qui ne portaient qu'accessoirement sur le livre III du code des juridictions financières [14], ont fait suite à un groupe de travail réunissant des membres du Conseil d'État et de la Cour des comptes réuni à l'initiative des chefs de la CDBF, y compris du parquet général ; elle a, après l'échec en 2010 du projet de réforme poussé par Philippe Séguin, repris quelques éléments – certes mineurs mais néanmoins structurants pour la CDBF – des tentatives de réforme envisagées dans les années 2000 [15].

L'ordonnance de 2016 a ainsi opéré des modifications dans la procédure financière répressive, dont certaines dispositions demeurent d'actualité dans le régime de responsabilité en vigueur. Voici les points saillants de cette réforme :

• Ajout des procureurs de la République judiciaires à la liste des autorités de déféré ; cette extension avait été souhaitée par le groupe de travail pénal/CDBF dès 2006 [16] ; les premiers déférés issus du judiciaire ne sont toutefois intervenus qu'à partir de 2023 [17].

• Séparation plus claire entre parquet et siège au cours de l'instruction, avec notamment la suppression d'une disposition ancienne qui prévoyait que le Procureur général « suivait » le déroulement de l'instruction [18].

• Suppression de la présentation de son rapport par le rapporteur à l'audience ; il a été jugé que cette présentation allongeait inutilement l'audience, ce résumé faisant souvent doublon avec la lecture du résumé de la décision de renvoi par le représentant du parquet général.

• Mise en place de règles d'incompatibilités et de récusation des membres et des rapporteurs ; jusque-là, la CDBF se fondait sur les principes généraux du contentieux administratif en la matière.

1. V. les rapports publics de la CDBF depuis 2006.
2. V. s^s n°s 046.31 et 046.35.
3. V. s^s n°s 051.11 s. et 052.11 s.
4. Décr. n° 2006-1262, 16 oct. 2006 modifiant le code des juridictions financières, *JO* 17 oct.
5. *Rapport annuel de la CDBF* publié en 2007.
6. L. n° 2007-224, 21 févr. 2007 portant dispositions statutaires et institutionnelles relatives à l'outre-mer, *JO* 22 févr.
7. CJF, art. L. 312-1-II.
8. L. n° 2007-1720, 7 déc. 2007, art. 4.
9. CJF, art. L. 312-1-I-c ; *Rapport annuel de la CDBF*, publié en 2008.
10. CE 30 nov. 1994, *Georges*, *Lebon* 520.
11. Décr. n° 2007-543, 12 avr. 2007 modifiant le code des juridictions financières, *JO* 13 avril.
12. Sur le droit actuel, v. s^s n° 473.21.
13. Ord. n° 2016-1360, 13 oct. 2016 modifiant la partie législative du code des juridictions financières, *JO* du 14 oct.
14. Livre III du code des juridictions financières, qui portait sur la CDBF : ces dispositions ont été abrogées la 31 déc. 2022.
15. V. s^s n°s 046.31 s.
16. V. s^s n° 046.34.
17. Sur les procureurs judiciaires, autorités de déféré, v. s^s n° 512.16.
18. CJF, ancien art. L. 314-1, alinéa 4, abrogé par l'ordonnance n° 2016-1360 du 13 oct. 2016 précitée.

• A été inscrite dans la loi une pratique déjà ancienne permettant l'accès au dossier dès la mise en cause de la personne, et non plus seulement après la décision de renvoi devant la juridiction répressive.

• La phase de dépôt du rapport au greffe et les suites données au dossier ont également été précisées, alors que jusque-là cette phase était régie essentiellement par des pratiques qui n'étaient pas détaillées dans le code.

• Enfin, quelques modifications de pure forme, comme notamment le remplacement du terme « conseil général » par celui, nouveau, de « conseil départemental ».

À noter qu'un décret du 28 avril 2017, pris à la suite de l'ordonnance de 2016, a complété cette ultime réforme de la CDBF[1], notamment en ce qui concerne les règles de récusation.

1. Décr. n° 2017-671, 28 avr. 2017 modifiant la partie réglementaire du code des juridictions financières, *JO* du 30 avril.

CHAPITRE

046. Vers un régime de responsabilité financière modernisé : « projet de réforme Séguin » et autres tentatives de réforme avortées (1990-2010)

SECTION 0
ORIENTEUR

046.00 **Sommaire du chapitre.**

046.03 **Bibliographie indicative.**

Articles. S. Damarey, « L'acte (II) manqué de la réforme des juridictions financières », *AJDA* 2012. 317. – S. Damarey, « L'Arlésienne de la responsabilité des gestionnaires publics », *AJDA* 2019. 1537. – C. Descheemaeker, « Finances publiques et responsabilité : l'autre réforme. Colloque des 5 et 6 avril 2005 », *Rev. Trésor* 2005. 347. – A. Froment-Meurice et N. Groper, « La responsabilité des acteurs de la gestion publique en matière budgétaire, financière et comptable : l'heure du bilan », *AJDA* 2005. 714. – M. Le Clainche et Gaullier-Camus, « La responsabilité des gestionnaires publics : quelles réformes ? », *GFP* 2020/3, p. 46. – S. Thébault, Le comptable public, un gestionnaire responsable ? De la réforme de la responsabilité personnelle et pécuniaire au « projet de loi Séguin », *RFFP* 2010, n° 111, p. 275.

Contributions. C. Hirsch et N. Groper, « Le projet inabouti d'un visionnaire : la réforme de la responsabilité des gestionnaires publics voulue par Philippe Séguin », *in* S. Damarey et N. Groper, *Responsabilité financière des gestionnaires publics*, Dalloz, 2024, p. 31. – F. Logerot, « Dans la mémoire du prédécesseur », *in* Comité d'histoire de la Cour des comptes, *Philippe Séguin à la Cour des comptes*, La documentation française, 2012, p. 18. – T. Savy, « La Cour de discipline budgétaire et financière, histoire d'un paradoxe », *in* C. Hirsch (dir.), *Le temps des responsabilités financières 1822-2022*, La Documentation française, 2023, p. 109. – J.-P. Vachia, « Les évolutions de la Cour de discipline budgétaire et financière », *in* Comité d'histoire de la Cour des comptes, *Philippe Séguin à la Cour des comptes*, La documentation française, 2012, p. 193.

SECTION 1
FONDEMENTS D'UNE RÉFORME INDISPENSABLE DE LA RÉPRESSION FINANCIÈRE

046.11 **Nécessité d'une réforme et échec des tentatives.** À compter des années 1990 est clairement apparue, chez divers acteurs, la nécessité de faire évoluer le régime de répression financière : en témoignent plusieurs projets de réforme, qui cependant ont tous échoué[1].

La nécessité d'une réforme des régimes de responsabilité – la responsabilité personnelle et pécuniaire des comptables publics comme le régime de responsabilité porté par la CDBF – est vite apparue comme la conséquence logique de la modernisation de la gestion publique, entamée dès la fin du XXe siècle et qui s'est fortement accélérée dans les années 2000 dans le sillage de la loi organique relative aux lois de finances[2].

Ainsi, la chaîne financière de l'État s'est trouvée largement intégrée à travers la mise en place de

1. Sur ce sujet : C. Hirsch et N. Groper, « Le projet inabouti d'un visionnaire : la réforme de la responsabilité des gestionnaires publics voulue par Philippe Séguin », *in* S. Damarey et N. Groper, *Responsabilité financière des gestionnaires publics*, Dalloz, 2024, p. 31.
2. L. org. n° 2001-692, 1er août 2001 relative aux lois de finances, *JO* 2 août, n° 1.

l'application informatique *Chorus*, de services facturiers et de centres de gestion, conduisant à une redéfinition progressive du rôle des acteurs de cette chaîne. En outre, de nombreuses « briques » de la gestion publique ont connu des évolutions réglementaires et pratiques [fongibilité accrue des crédits ; service fait présumé (SFP) [1] ; ordre périodique de payer (OPP) [2]...]. Des évolutions similaires ont eu lieu dans d'autres organismes publics.

Le cadre de la gestion évoluant fortement sur le plan organisationnel et technologique, les conséquences se devaient d'en être tirées s'agissant des contrôles internes et externes (contrôle hiérarchisé de la dépense [3] ; contrôle allégé en partenariat [4] ; allègement du contrôle financier), ainsi que sur les responsabilités associées des acteurs de la gestion, qu'ils soient comptables publics, ordonnateurs ou autres.

Si le jugement des comptes des comptables publics et le régime de responsabilité personnelle et pécuniaire se sont trouvés fondamentalement remis en cause par ces évolutions, jusqu'à être supprimés [5], le régime de responsabilité financière mis en œuvre alors par la CDBF s'est au contraire trouvé conforté, du fait de la plasticité de ses infractions et de sa capacité à embrasser l'ensemble des gestionnaires publics, au point de devenir le régime unique et de droit commun en 2023. Toutefois, la CDBF elle-même connaissait des difficultés qui appelaient des réformes en profondeur, donnant lieu à plusieurs projets d'envergure dans les années 1990 et 2000, qui toutefois n'ont pas abouti, avant la réforme réalisée par l'ordonnance du 23 mars 2022.

SECTION 2
PROJETS DE RÉFORME AVORTÉS DES ANNÉES 1990

046.21 Projet de réforme de 1990. Une importante réforme a été envisagée par le Gouvernement en 1990, se traduisant par le dépôt, à l'Assemblée nationale, d'un projet de loi de modification de la loi de 1948 [6].

Ce projet de réforme, l'un des plus ambitieux avant 2009, entendait « réviser en profondeur les règles qui la régissent [la CDBF], notamment dans trois directions : 1° permettre à la Cour de mieux prendre en compte la nécessité d'une gestion plus responsable du secteur public ; 2° remédier aux insuffisances de son fonctionnement ; 3° contribuer à assurer l'application des décisions des juridictions administratives ».

Plus particulièrement, considérant la volonté et la nécessité de renforcer la responsabilisation des ordonnateurs, le projet proposait la création de deux nouvelles infractions, visant « des fautes plus graves affectant la qualité de la gestion du secteur public » : la faute grave de gestion d'une part, la « co-responsabilité » du supérieur hiérarchique ayant laissé se commettre une infraction d'autre part [7].

À cette occasion, l'ensemble de la rédaction des infractions devait être revu. Par ailleurs, le projet entendait améliorer le fonctionnement de la Cour (publicité des audiences, augmentation du nombre de membres...) et envisageait une extension du pouvoir de déféré au vice-président du Conseil d'État pour les affaires d'inexécution des décisions de justice. Enfin, sans rendre les élus locaux systématiquement justiciables de la CDBF [8], le projet prévoyait l'extension de la justiciabilité des élus aux cas d'inexécution des décisions de justice et un système original de « recommandations » adressées aux élus ayant « commis » les autres types d'infractions sanctionnables par la CDBF.

Ce projet de loi de 1990, qui a été, une fois déposé au Parlement, « oublié » (sujet sans doute jugé trop « brûlant », surtout en raison de la question des élus), a néanmoins inspiré plusieurs modifications de textes ultérieures : notamment la création de l'infraction « faute de gestion dans les entreprises publiques », l'extension de la compétence de la CDBF aux élus dans le domaine de l'inexécution des décisions de justice [9], puis le décret de 2000, avec la publicité de l'audience de jugement notamment.

046.22 Courrier des chefs de la CDBF adressé au Gouvernement en 1996. En 1996, par lettre adressée au Premier ministre et aux ministres chargés de la justice et des finances, les chefs de la CDBF ont

1. Décr. n° 2012-1246, 7 nov. 2012 relatif à la gestion budgétaire et comptable publique (dit GBCP), art. 31-1° : cet article permet, depuis le 1er janvier 2019, la mise en place d'un système de « service fait présumé », dans les conditions et selon les modalités arrêtées par arrêté du ministre chargé du budget, « au regard de la nature de la dépense ou de l'évaluation des risques résultant notamment des dispositifs de contrôle interne ».
2. Décr. n° 2012-1246, préc., art. 32.
3. Décr. n° 2012-1246, préc., art. 42.
4. Décr. n° 2012-1246, préc., art. 42, al. 2.
5. V. ss nos 051.22 et 052.21.
6. « Projet de loi portant réforme de la Cour de discipline budgétaire et financière », présenté par le ministre de l'Économie, des Finances et du Budget de l'époque, Pierre Bérégovoy, et son ministre délégué, Michel Charasse, enregistré à l'Assemblée le 14 mars 1990, Doc. parl., n° 1189.
7. Sur la question de la faute grave de gestion, v. ss nos 431.11 s. et 432.201 ; sur le supérieur hiérarchique, v. ss n° 432.241.
8. Sur la justiciabilité très limitée des élus locaux, v. ss nos 312.51 s.
9. Désormais CJF, art. L. 131-14.

proposé au Gouvernement de mettre en œuvre une réforme d'ampleur[1].

Le projet de réforme fait suite à « l'occasion perdue » de remise à plat des textes au moment de la codification, intervenue peu de temps avant[2]. Trois objectifs ont été mis en avant pour justifier une modification des textes : augmenter l'efficacité de la CDBF, accélérer la procédure et accroître la clarté et l'équité de cette juridiction. Outre des modifications d'ordre technique, le projet proposait de rendre justiciables de la CDBF les élus locaux et même les membres du Gouvernement (avec toutefois pour ces derniers une hypothèse envisageant le *statu quo*), de modifier et d'élargir les infractions (regrouper toutes les infractions aux règles des finances publiques en une seule ; incrimination explicite de l'avantage injustifié à soi-même[3] ; inclusion du défaut de payement de cotisation et de taxes dans l'infraction existante « non déclaration fiscale »[4]), de moderniser l'audience et d'élargir la liste des autorités de déféré aux présidents des juridictions administratives pour l'inexécution des décisions de justice.

Cette lettre, proposant une réforme soigneusement argumentée et étayée d'annexes et de projets de textes, n'a semble-t-il jamais reçu de réponse. Certaines propositions ont pu trouver réalisation à l'occasion de la réforme réglementaire de 2005[5], puis en 2022[6], d'autres demeurent d'actualité.

SECTION 3

« Projet de réforme Séguin » de 2009/2010 et réflexions préalables

046.31 Fondements du « projet de réforme Séguin ». Philippe Séguin[7], Premier président à partir de 2004 et à ce titre président de la CDBF, avait très vite compris l'importance cruciale d'une réforme des régimes de responsabilité des gestionnaires publics, ordonnateurs et comptables compris[8] : « Nous savons tous que [...] la CDBF est une institution méconnue des justiciables, trop peu fréquemment saisie et, surtout, que son champ de compétences est limité »[9].

Plusieurs facteurs expliquent la volonté, au cours de la deuxième moitié des années 2000, d'accélérer et d'approfondir la réforme du système de responsabilité des gestionnaires publics, et partant de la CDBF :

– le contexte général de modernisation de la gestion budgétaire et financière du secteur public, se traduisant emblématiquement par la fameuse « LOLF », la nouvelle loi organique relative aux lois de finances du 1er août 2001, était propice à un renforcement de la responsabilité des gestionnaires ; surtout, la modernisation de la gestion publique, et en particulier l'évolution radicale de la chaîne de la dépense, a remis en question les fondements de l'apurement juridictionnel des comptes et partant de la responsabilité des comptables publics, rendant inévitable une réforme d'ampleur des contrôles et régimes de responsabilité associés[10] ;

– la pression exercée par la Cour européenne des droits de l'Homme sur les procédures juridictionnelles françaises avait entraîné la nécessité de réformer en profondeur la procédure de jugement des comptes des comptables et la procédure de gestion de fait ; si la procédure menée devant la CDBF a été touchée à la fois plus précocement et de façon moins radicale (les adaptations nécessaires avaient été effectuées lors de la réforme de 2005), la revue de ces procédures a également eu un effet d'entraînement sur la CDBF ;

– la volonté de moderniser les juridictions financières, sur le plan institutionnel notamment (question de la place des chambres régionales des comptes) et s'agissant des fonctions exercées (renforcement des liens avec le Parlement ; nouvelle activité de certification des comptes de l'État ; commissariat aux comptes d'organisations internationales...), tout en gardant une dimension juridictionnelle forte et efficace qui, à défaut d'être prépondérante, permet aussi à la Cour des comptes de garder son statut de juridiction et à ses membres la qualité de magistrats ;

– la volonté de limiter le risque de pénalisation de la gestion publique, étant précisé que la juridiction financière peut constituer une alternative à ce phénomène ; selon les termes de Philippe Séguin, « entre l'absence de sanctions, peu acceptable par l'opinion

1. Lettre du 16 juill. 1996 signée par Pierre Joxe, Premier président de la Cour des comptes et Président de la CDBF, Hélène Gisserot, Procureur général, ainsi que par Jean Massot, président de la section des finances du Conseil d'État et vice-président de la CDBF.
2. V. ss no 045.81.
3. Aujourd'hui CJF, art. L. 131-12. Sur cette incrimination, v. ss no 441.11.
4. Infraction hélas désormais supprimée, v. ss no 426.21.
5. V. ss no 045.92.
6. V. ss nos 051.11 s. et 052.21.
7. Philippe Séguin (1943-2010) a été Premier président de la Cour des comptes (2004-2010), après avoir été notamment ministre et président de l'Assemblée nationale.
8. Voir C. Hirsch et N. Groper, « Le projet inabouti d'un visionnaire : la réforme de la responsabilité des gestionnaires publics voulue par Philippe Séguin », *in* S. Damarey et N. Groper, *Quelle responsabilité financière pour les gestionnaires publics ?*, préc.
9. Philippe Séguin, discours prononcé à l'occasion du 25e anniversaire des chambres régionales et territoriales des comptes au Musée d'Orsay le 14 mai 2007 ; repr. *in* Cour des comptes, *Philippe Séguin. Un Premier président dans la République. Discours 2004-2009*, La Documentation française, 2011, p. 114.
10. V. ss nos 051.21 et 051.22.

publique, et les sanctions pénales, trop souvent traumatisantes, une voie médiane existe, offerte par la Cour de discipline budgétaire et financière, qui réserve aux infractions commises par des agents publics en matière de finances publiques des sanctions spécifiques et adaptées »[1] ;

- enfin, l'échec des tentatives de réformes dans les années 1990 n'avait pas fait disparaître la conviction des chefs de la CDBF qu'une évolution de la responsabilité des gestionnaires était nécessaire.

Surtout, Philippe Séguin, personnellement convaincu par le caractère indispensable d'une réforme des juridictions financières en général et du régime de responsabilité des gestionnaires publics en particulier, a donné une impulsion très forte en la matière[2], aboutissant à un projet de loi qui toutefois n'a jamais été adopté.

046.32 Cadres de réflexion ayant préparé le « projet de réforme Séguin ». La recherche d'un régime de responsabilité plus efficace a pris, entre 2005 et 2009, essentiellement deux formes : d'une part l'organisation d'un colloque organisé par la Cour des comptes au Palais d'Iéna en 2005 sur le thème de la responsabilité des gestionnaires publics, d'autre part la mise en place d'un groupe de travail conjoint entre les juridictions financières et les juridictions pénales. Ces deux événements ont abouti au projet de réforme de 2009.

Ceux-ci font suite aux réflexions engagées par les juridictions financières dans le cadre des orientations stratégiques engagées par le prédécesseur de Philippe Séguin, le Premier président François Logerot, en 2003 et dont un groupe était consacré à l'avenir des fonctions contentieuses des juridictions financières ; ce dossier a fait partie de ceux transmis par François Logerot à son successeur en juillet 2004[3]. Ensuite, Philippe Séguin a fait montre de son « ardeur réformatrice, animée par la haute idée qu'il se faisait de la responsabilité des décideurs et gestionnaires publics »[4].

046.33 Colloque « Finances publiques et responsabilité : l'autre réforme » (avril 2005). À l'initiative de Philippe Séguin, Premier président de la Cour des comptes et à ce titre Président de la CDBF depuis juillet 2004, a eu lieu au Palais d'Iéna en avril 2005 un important colloque qui a fait le point sur la question de la responsabilité des gestionnaires publics dans le contexte dynamique de la réforme en cours de la gestion publique[5]. Ce colloque s'inscrivait dans la continuité directe des orientations stratégiques des juridictions financières menées en 2003 par son prédécesseur François Logerot[6].

Le *Rapport public* de la CDBF 2007, publié en février 2008, a parfaitement résumé les principales conclusions que l'on peut tirer des interventions et débats de ce colloque de 2005 ; ce sont ces réflexions qui ont nourri le projet de réforme de 2009.

Selon le rapport, « la réforme de la gestion publique, notamment engagée par la loi organique relative aux lois de finances du 1er août 2001, pose avec une acuité nouvelle la question de la responsabilité des gestionnaires, et renforce ainsi potentiellement le rôle de la CDBF, juridiction financière spécialisée dans la répression des irrégularités commises dans la gestion publique ». C'est donc bien la dynamique de la modernisation de la gestion en général qui a posé la question d'une adaptation, dans un sens constructif, des systèmes de responsabilité afférents, et celui de droit public financier, dont traite le présent ouvrage, est particulièrement bien placé pour y jouer un rôle clef.

Le renforcement du régime de responsabilité des gestionnaires publics a donc été perçu comme le corollaire de la modernisation des procédures budgétaires, financières et comptables de l'État. Ce lien entre modernité, amélioration de l'efficacité de la gestion publique et responsabilisation des gestionnaires n'est pas nouveau. Ainsi, Guy Sabatier, président de la commission des finances, au moment de l'examen du projet qui allait devenir la loi de 1971, signalait déjà, en parlant de la CDBF, que « cette juridiction était nécessaire ; elle devient indispensable, en raison de la politique de déconcentration qui entraîne l'allégement du contrôle *a priori* »[7]... Dans le même sens abondait Valéry Giscard d'Estaing, alors ministre de l'Économie et des Finances : « Cette liberté plus grande donnée, grâce à la déconcentration, aux gestionnaires de crédits implique, en contrepartie, une plus grande responsabilité »[8].

1. Philippe Séguin, discours prononcé à l'occasion du 25e anniversaire des chambres régionales et territoriales des comptes au Musée d'Orsay le 14 mai 2007 ; repr. *in* Cour des comptes, *Philippe Séguin. Un Premier président dans la République. Discours 2004-2009*, La Documentation française, 2011, p. 114.
2. J.-P. Vachia, « Les évolutions de la Cour de discipline budgétaire et financière », *in* Comité d'histoire de la Cour des comptes, *Philippe Séguin à la Cour des comptes*, La documentation française, 2012, p. 193.
3. F. Logerot, « Dans la mémoire du prédécesseur », *in* Comité d'histoire de la Cour des comptes, *Philippe Séguin à la Cour des comptes*, La documentation française, 2012, p. 18.
4. J.-P. Vachia, « Les évolutions de la Cour de discipline budgétaire et financière », préc., p. 193.
5. V. les actes du colloque : *RFFP* nov. 2005, n° 92 ; pour un résumé de ses conclusions : C. Descheemaeker, « Finances publiques et responsabilité : l'autre réforme. Colloque des 5 et 6 avril 2005 », *Rev. Trésor* 2005. 347 ; sur les réflexions préalables : A. Froment-Meurice et N. Groper, « La responsabilité des acteurs de la gestion publique en matière budgétaire, financière et comptable : l'heure du bilan », *AJDA* 2005. 714.
6. V. ci-dessus, ss n° 046.32.
7. Ass. nat., séance 22 avr. 1971, p. 1322.
8. Ass. nat., séance 22 avr. 1971, p. 1322.

Le *Rapport public* précité énumère de façon détaillée les arguments suivants en faveur d'un renforcement de la CDBF, arguments issus du colloque de 2005 :

- la réduction progressive des contrôles *a priori et* des contraintes réglementaires pesant en amont sur la décision[1] renforce la nécessité de sanctions *a posteriori* [...] ; or la CDBF, seule juridiction spécialisée à remplir cette fonction à l'époque, avait des moyens trop réduits pour faire face à une croissance significative de son contentieux ;

- l'affaiblissement de la spécificité des comptables publics et du principe de séparation entre ordonnateur et comptable : l'idée d'une juridiction unique compétente pour l'ensemble des gestionnaires publics répond à cette évolution ;

- bien que d'un volume limité, la jurisprudence de la CDBF a très largement couvert l'ensemble de la gestion publique, et son contentieux constituait donc matériellement la référence d'un régime rénové. La CDBF avait en particulier précisé les notions clefs de l'engagement de la responsabilité des gestionnaires : défaut d'organisation d'un service, défaut de surveillance, violation de principes non écrits de gestion, faute grave de gestion. Ainsi, elle apportait dès cette époque une réponse à certaines des exigences nouvelles en matière de gestion publique. Si la mesure de la performance des gestionnaires relève en première ligne de la responsabilité managériale, le contentieux financier répressif n'a pour sa part jamais été suspendu exclusivement à l'existence de règles de contrôle *a priori*. Au contraire, en sanctionnant par exemple les responsables d'un défaut d'organisation, il a anticipé le cas, qui sera de plus en plus fréquent, du gestionnaire libre, sans entraves juridiques majeures pesant sur lui *a priori*, mais qui se doit néanmoins d'organiser convenablement son service, par exemple en créant un contrôle interne apte à prévenir les dérives dont la survenance est susceptible d'appeler une décision de condamnation ;

- l'évolution même de la notion « d'ordonnateur »[2] est sans conséquence directe sur le champ de compétence de la CDBF, puisque celle-ci n'a jamais été, contrairement à la compétence relative au jugement des comptes, liée à la distinction entre ordonnateur et comptable[3] : elle juge tous les gestionnaires publics, et même plus largement tous ceux qui interviennent dans la gestion publique (contrôleurs financiers, comptables, services chargés du contrôle de légalité, tutelles, responsables de programme, dirigeants d'entreprises publiques, dirigeants d'association faisant appel à la générosité publique...) ;

- « l'existence d'un système répressif propre aux finances publiques constitue une alternative à la pénalisation de la gestion publique [...] » ; cette idée s'est matérialisée ensuite par la création d'un groupe de travail dont les travaux sont détaillés ci-après[4] ;

- toujours selon le rapport public précité de la CDBF, « l'opinion publique supporte mal que des irrégularités et fautes graves de gestion demeurent sans sanction appropriée, quels que puissent être les responsables de ces errements » ;

- « s'agissant plus spécifiquement des élus locaux, l'existence de la tutelle peut expliquer historiquement qu'ils n'aient pas été inclus dans le champ des justiciables de la CDBF, sauf quelques cas exceptionnels. Or les différentes phases de décentralisation ont modifié cette situation et ont fait des élus des gestionnaires de plein exercice aux compétences particulièrement étendues. L'opinion publique admet de moins en moins qu'un traitement particulier leur soit réservé par rapport aux autres gestionnaires (agents de l'État et des établissements publics). Une plus large justiciabilité des élus devant la CDBF permettrait pourtant d'éviter qu'ils soient excessivement exposés au risque pénal ».

046.34 Groupe de travail CDBF/autorités judiciaires (2006). Comme le signale le *Rapport public de la CDBF* publié début 2007, « dans le domaine de la gestion publique, la répression pénale et la répression assurée par la CDBF ne poursuivent pas les mêmes objectifs. Si les infractions prévues par le Code pénal ont pour objet de sanctionner les manquements au devoir de probité, la CDBF, juridiction administrative à caractère répressif, a pour objet, par des sanctions purement pécuniaires, de protéger l'ordre public financier qui se traduit par des règles particulières. Les rôles assumés par ces deux ordres de juridiction sont donc complémentaires ».

Philippe Séguin était pour sa part convaincu de la nécessité de mieux articuler poursuites pénales et financières, et de donner une place significative à la CDBF, devenue désormais la RFGP. Lors du colloque de 2005 précité[5], il avait déjà insisté sur sa conviction qu'entre l'absence de sanction « inacceptable par l'opinion publique et le « tout pénal », il y a une place pour les juridictions financières »[6].

La mise en place du groupe de travail mixte CDBF/autorités judiciaires est décrit ainsi par le rapport précité de la CDBF : « Afin de développer une meil-

1. Nouvelle loi organique relative aux lois de finances (LOLF), réforme du contrôle financier pour l'État et les établissements publics administratifs, réduction du champ de la comptabilité publique, révision générale des politiques publiques.
2. Sur cette notion, v. s[s] n° 032.21.
3. Ce constat est toujours valable aujourd'hui : v. s[s] n° 311.11.
4. V. s[s] n° 046.34.
5. V. s[s] n° 046.33.
6. P. Séguin, « Discours de clôture du colloque "Finances publiques et responsabilité : l'autre réforme" », *RFFP* n° 92, 2005, 255.

leure connaissance réciproque entre les juridictions pénales et la CDBF et de réfléchir à une meilleure articulation entre elles, le Président de la Cour de discipline budgétaire et financière a pris l'initiative de réunir à la Cour, début avril 2006, le Directeur des affaires criminelles et des grâces (ministère de la Justice), le Premier président de la Cour de cassation et le Procureur général près la Cour de cassation, en présence du Président de la section des finances du Conseil d'État (Vice-président de la CDBF), du Procureur général près la Cour des comptes, qui assure le ministère public près la CDBF, et de plusieurs membres de la Cour. À cette occasion a été mis en place un groupe de travail mixte chargé de formuler des propositions concrètes en vue d'une amélioration de l'articulation entre juridictions pénales et la CDBF ».

Le *Rapport public* suivant (2007, publié en février 2008) a donné les grandes lignes des conclusions du groupe de travail : ce dernier « a notamment formulé des propositions sur le délit de favoritisme. Leur mise en œuvre conduirait à un transfert, au profit de la Cour de discipline budgétaire et financière, d'une partie du contentieux répressif lié à l'achat public dès lors que ne serait relevée, en l'absence de mauvaise foi, qu'une violation formelle des règles budgétaires et financières »[1].

Par ailleurs, « la création de deux nouvelles infractions devant la Cour de discipline budgétaire et financière portant sur la tenue et la sincérité des comptes publics[2] [...], a également été suggérée, dans la mesure où les incriminations pénales actuelles, qui répriment l'écrit public argué de faux commis par une personne dépositaire de l'autorité publique ou chargée d'une mission de service public[3], apparaissent peu adaptées pour appréhender les dérives comptables des gestionnaires publics puisque ces manquements relèvent juridiquement aujourd'hui de la Cour d'assises. En corollaire à cet élargissement *ratione materiae* du champ d'intervention de la CDBF, substituée en partie au juge pénal, le groupe de travail a souhaité que soit envisagée l'atténuation, voire la suppression devant la Cour de discipline budgétaire et financière du principe de non-justiciabilité des élus locaux, du moins pour les cas les plus graves. Par ailleurs, un certain nombre de propositions complémentaires visent à améliorer la coopération entre les parquets judiciaires et le ministère public devant la Cour de discipline budgétaire et financière ».

1. Sur la relation entre le délit pénal de favoritisme et les infractions CDBF, en particulier celle réprimant l'octroi à autrui d'un avantage injustifié, v. s[s] n° 212.34.
2. Ces infractions n'ont jamais vu le jour, mais a été créée en 2022 une infraction de non-production des comptes (v. s[s] n° 423.11).
3. C. pén., art. 441-1 s.

En dépit du caractère sensible de certaines propositions, et notamment de celles touchant au délit pénal de favoritisme ou à la question récurrente de la justiciabilité des élus locaux, une partie des recommandations a été reprise par le projet de réforme de 2009, et, compte tenu de l'échec de celui-ci, demeurent d'actualité. Seul l'élargissement de la compétence de déféré aux procureurs de la République judiciaires a été réalisé en 2016[4].

046.35 **Genèse du « projet de réforme Séguin » (2006-2009) : une révolution annoncée.** Une fois les conclusions du groupe de travail pénal/CDBF remises, Philippe Séguin a mené une consultation auprès des ministres concernés en vue d'une réforme législative (octobre 2006) ; un avant-projet de loi a été élaboré au tournant des années 2006 et 2007, et en juin 2007 la ministre de la Justice signalait son intérêt pour le sujet[5].

Le Président de la République, lors du discours prononcé au Palais Cambon à l'occasion du Bicentenaire de la Cour des comptes le 5 novembre 2007[6], a lui-même repris l'idée d'une réforme de la CDBF, à la suite des propositions formulées par le groupe de travail conjoint CDBF/autorités judiciaires[7] : « Vous m'avez fait parvenir, Monsieur le Premier président, un avant-projet de texte visant à réformer la Cour de discipline budgétaire et financière, et je vous en remercie tant les propositions qu'il contient sont stimulantes et novatrices. Sachez qu'elles vont à mes yeux dans la bonne direction. J'en approuve les principes et les grandes lignes. Elles viendront nourrir une réforme plus large à laquelle j'ai demandé au gouvernement de travailler. Elle touchera tout à la fois aux principes de notre comptabilité publique, au contrôle et à la mise en jeu de la responsabilité des ordonnateurs, au contrôle de légalité et aux pouvoirs et à l'organisation des juridictions financières »[8].

L'année 2008 a été mise à profit pour élaborer et transmettre au Président de la République le rapport qu'il avait demandé à Philippe Séguin en vue d'expliciter une réforme, rapport transmis le 6 février 2008 et recevant une réponse favorable en avril sous réserve d'une large concertation qui, s'agissant des juridictions financières, fut menée au printemps-été 2008[9]. L'objectif partagé par le Gouvernement et le Premier

4. V. s[s] n° 045.96.
5. J.-P. Vachia, « Les évolutions de la Cour de discipline budgétaire et financière », préc., p. 193.
6. M.-C. de Montecler, « Nicolas Sarkozy annonce une réforme des juridictions financières », *AJDA* 2007. 2108.
7. V. s[s] n° 046.34.
8. Extraits du discours du Président Nicolas Sarkozy, repris du Rapport public de la CDBF de 2007, publié début 2008.
9. J.-L. Lebuy, « Avec l'Association des magistrats : deux périodes contrastées », *in* Comité d'histoire de la Cour des comptes, *Philippe Séguin à la Cour des comptes*, La documentation française, 2012, p. 124, ici p. 127.

président était alors d'aboutir à un projet de loi à l'automne 2008[1]. En réalité, il a fallu un an de plus pour aboutir à l'adoption du projet de loi en conseil des ministres (28 oct. 2009).

Parallèlement, Philippe Séguin avait également engagé – et fait aboutir – une réforme des procédures concernant le jugement des comptes des comptables, rendue nécessaire par les pressions de la CEDH. Cette réforme des procédures juridictionnelles sur les comptes des comptables publics, entrée en vigueur en 2009 et inspirée par la « procédure applicable à la Cour de discipline budgétaire et financière (CDBF) qu'il présidait »[2] a, avec quelques autres réformes (2006, 2011), permis au régime de responsabilité personnelle et pécuniaire (RPP) de subsister encore quelques années[3] ; mais « la réforme des procédures juridictionnelles ne saurait tenir lieu de cette réforme de la responsabilité des gestionnaires publics que Philippe Séguin réclamait »[4].

Cette dernière, Philippe Séguin la jugeait autrement plus urgente : dans un discours tenu à l'université de Nantes en octobre 2008, il rappelait que c'était « une question d'efficacité comme d'équité »[5].

Le projet de réforme imaginé par Philippe Séguin dépassait en réalité la seule question de la responsabilité des gestionnaires publics, à cause des conséquences institutionnelles qu'il impliquait, en particulier la fusion des corps des magistrats de la Cour des comptes et des CRTC et la fusion des juridictions. Si la réforme du contentieux financier a été à la base de ce projet, ce dernier a fini par concerner l'ensemble des métiers des juridictions financières, de la certification à l'évaluation des politiques publiques, et redessiner complètement le paysage institutionnel.

Une concertation interministérielle menée en 2008/2009 par le Gouvernement a abouti à un avant-projet de loi officiellement transmis par le Premier ministre au Premier président de la Cour des comptes.

Selon un document semi-public diffusé le 22 avril 2009 par le Premier président de la Cour des comptes, et repris dans des discours officiels, la réforme projetée des juridictions financières englobait donc à ce moment-là, parmi de nombreuses autres dispositions, un volet concernant la responsabilité des gestionnaires publics.

Il était notamment prévu d'attribuer la compétence dévolue à la CDBF à la Cour des comptes en premier ressort, évolution majeure, sans toucher pour l'essentiel aux infractions, sanctions et au champ des justiciables de la CDBF d'alors, sauf pour les élargir.

En effet, le champ des justiciables devait être étendu aux membres du Gouvernement et aux élus locaux en cas de réquisition du comptable public ou d'ordre écrit donné à un subordonné, ordre écrit dont l'infraction constituerait l'effet.

La définition des infractions devait également être élargie : incrimination de l'octroi à soi-même d'un avantage injustifié[6] ; extension de la faute de gestion ayant causé un préjudice grave à tous les organismes publics[7] ; incrimination de l'avantage injustifié résultant de la méconnaissance des règles sur la liberté d'accès et l'égalité des candidats dans tous les contrats publics, afin de limiter le risque pénal des décideurs et gestionnaires publics.

Enfin, la CDBF, dans cet avant-projet, devait être transformée en juridiction d'appel, en élargissant sa composition mixte à des membres de la Cour de cassation (devenant ainsi tripartite[8]), et en lui attribuant l'ensemble du contentieux financier d'appel (y compris les appels sur les procédures de gestion de fait dans leurs différentes composantes, les appels rendus en matière d'amendes pour retard et les appels sur les arrêts rendus dans le cadre du jugement des comptes des comptables publics).

Une deuxième phase de concertation interne aux juridictions financières a été effectuée sur cette base (mai 2009) et a abouti à une nouvelle version de l'avant-projet (29 mai 2009), ensuite soumis au Conseil d'État (septembre) et adopté par le Conseil des ministres le 28 octobre 2009.

L'exposé des motifs du projet de loi n° 2001 portant réforme des juridictions financières[9] insistait sur la nécessité de « rendre possible une gestion publique modernisée et responsable » et considérait que « l'accent qui doit être mis sur la responsabilité des gestionnaires et sur la mesure de leurs résultats pose [...] de manière pressante la question des contrôles et de leur organisation, et notamment du

1. C. de Kersauson [C. Hirsch], « La réforme des juridictions financières », *in* Comité d'histoire de la Cour des comptes, *Philippe Séguin à la Cour des comptes*, La documentation française, 2012, p. 208.
2. C. Descheemaeker, « La réforme des procédures de la Cour », *in* Comité d'histoire de la Cour des comptes, *Philippe Séguin à la Cour des comptes*, La documentation française, 2012, p. 188.
3. Sur la fin de la RPP, v. s^s n°s 042.22 et 051.22.
4. C. Descheemaeker, « La réforme des procédures de la Cour », préc., p. 192.
5. Cité par J.-P. Vachia, « Les évolutions de la Cour de discipline budgétaire et financière », préc., p. 196.
6. Réforme d'ailleurs réalisée en 2022/2023 ; v. s^s n° 441.23.
7. Il s'agissait de figer dans le texte une jurisprudence établie et d'élargir une infraction spécifique aux entreprises publiques nationales, v. s^s n° 432.201.
8. Ceci avait été d'ailleurs déjà été envisagé en 1948 lors de la création de la Cour de discipline budgétaire, mais écarté ; v. s^s n° 152.12.
9. Consultable en ligne, ainsi que le dossier législatif, sur le site de l'Assemblée nationale. V. aussi l'étude d'impact : https://www.assemblee-nationale.fr/13/pdf/ET2001.pdffr.

contrôle externe, exercé par l'institution supérieure de contrôle ».

Le chapitre 1er du projet de loi (« Dispositions applicables au jugement des ordonnateurs et des gestionnaires publics ») était consacré à la responsabilité financière. Selon l'exposé des motifs : « Il s'agit de mettre en place un véritable dispositif de responsabilité des ordonnateurs et des gestionnaires publics. [....] La recherche de la performance, aussi légitime soit elle, ne saurait faire oublier le premier impératif qui s'impose au gestionnaire : celui du respect de la règle de droit. La sanction des irrégularités et des fautes de gestion constitue à cet égard une dimension clé d'une bonne gestion publique. Elle en conditionne tant l'efficacité que la probité. Une réforme du régime de responsabilité juridictionnelle des gestionnaires, pour en faire un système efficace et effectif, apparaît aujourd'hui plus urgente que jamais. Elle conditionne la légitimité de la démarche de la loi organique relative aux lois de finances (LOLF). Il ne saurait en effet y avoir plus de liberté sans responsabilité véritable. [...] Le mécanisme de sanction des irrégularités et des fautes de gestion devant la Cour de discipline budgétaire et financière (CDBF) – mécanisme pourtant original et adapté aux spécificités de la gestion publique – est singulièrement limité. Aussi, l'alternative joue-t-elle actuellement entre l'absence de sanction, inacceptable pour nos concitoyens, ou la sanction pénale, souvent disproportionnée. Il est donc nécessaire de mettre en place un système satisfaisant de contrôle et de responsabilité *a posteriori* ».

Sur les dix-sept articles du projet de loi, les cinq premiers portaient directement sur le régime de responsabilité, un autre sur la création d'une cour d'appel, et deux dispositions finales sur la disparition de la CDBF et ses conséquences sur les affaires en cours.

La continuité avec le régime de responsabilité porté alors par CDBF était clairement assumée par le projet de loi, mais le contentieux était confié à la Cour des comptes en premier ressort (art. 1er du projet de loi – ce qui a d'ailleurs été réalisé en 2023).

Le champ des justiciables devait demeurer proche de celui de la CDBF, excluant toutefois, à la différence de l'avant-projet, les ministres, mais étendant les cas de justiciabilité des élus locaux lorsqu'ils auraient donné un ordre écrit.

Les infractions devaient être élargies dans le sens de l'avant-projet. Le projet de loi prévoyait ainsi les évolutions suivantes : précision, dans le sens de l'élargissement, de l'infraction réprimant l'engagement de dépenses sans être habilité[1] ; mention explicite dans l'infraction générale réprimant le non-respect des règles[2] du fait de violer « de façon grave ou répétée, les règles de comptabilisation des produits et des charges » ; incrimination de l'omission de déclarations sociales[3] ; création d'une infraction sanctionnant les « actes, enfreignant de façon grave ou répétée les dispositions législatives ou réglementaires destinées à garantir la liberté d'accès et l'égalité des candidats dans les contrats de commande publique, auront eu pour effet de procurer à autrui ou à soi-même un avantage injustifié, pécuniaire ou en nature, entraînant un préjudice pour le Trésor, la collectivité ou l'organisme intéressé », disposition visant à réduire le risque pénal en matière de favoritisme[4] ; élargissement de la faute grave de gestion[5] dans les entreprises publiques aux autres organismes publics et mention expresse de l'obligation de contrôle ; mention expresse de l'avantage à soi-même[6] ; création d'une nouvelle infraction réprimant tout « manquement grave ou répété dans l'exécution des mesures de redressement prévues par les articles L. 1612-5 et L. 1612-14 du code général des collectivités territoriales, ayant pour effet de porter atteinte au fonctionnement normal de la collectivité, ou d'altérer durablement sa situation budgétaire, fiscale ou financière ».

La procédure contentieuse, y compris devant la cour d'appel, devait être fixée par ordonnance (art. 16 du projet de loi).

046.36 Raisons d'un échec (2010/2011). « Philippe Séguin a disparu[7] avant que le Parlement ait commencé à examiner le projet »[8], et « sa disparition brutale et prématurée a eu raison du projet »[9]. À cette époque-là, face à l'hostilité tant interne aux juridictions financières qu'externe, une réforme aussi ambitieuse et visionnaire ne pouvait, sans son inspirateur, qu'échouer. Pourtant, la plupart de ses fondements demeurent pertinents, et certaines dispositions restent d'actualité : ils sont régulièrement évoqués, voire repris depuis[10], inspirant en particulier la réforme de la responsabilité financière des gestionnaires publics adoptée en 2022 et entrée en vigueur le 1er janvier 2023[11].

Certains, comme son prédécesseur François Logerot, avaient mis en garde Philippe Séguin contre le

1. Sur cette infraction (CJF, art. L. 131-13, 3°), v. ss no 422.11.
2. Sur cette infraction générale et ses évolutions, v. ss no 431.12.
3. Sur ce projet, qui devait élargir une infraction alors existante, mais aujourd'hui disparue, v. ss no 426.22.
4. Sur cette question récurrente, v. ss no 441.32.
5. V. ss no 431.21.
6. Réforme d'ailleurs réalisée, finalement, en 2022/2023 : v. ss no 441.23.
7. Décédé le 7 janv. 2010.
8. J.-P. Vachia, « Les évolutions de la Cour de discipline budgétaire et financière », préc., p. 197.
9. C. de Kersauson [C. Hirsch], « La réforme des juridictions financières », préc., p. 216.
10. V. ss no 046.37
11. V. ss no 051.11

risque d'un échec du projet de réforme si ambitieux porté par lui : « Lorsque, en 2008 et 2009, prirent forme les lignes directrices de la réforme des juridictions financières qui était son [Philippe Séguin] "grand œuvre" et au service de laquelle il déploya toute son énergie, j'eus l'occasion [...] de lui faire part de mon appréciation positive sur les objectifs poursuivis, mais aussi de mon expresse réserve sur certains aspects du projet : la réorganisation radicale du réseau des chambres régionales sous l'autorité centralisatrice de la Cour [...]. Je ne fus pas surpris de voir le projet se heurter à de grandes difficultés, déjà du vivant de son auteur, peut-être parce que la barre avait été mise trop haut »[1].

Au sein des juridictions financières, le projet a en effet été fortement combattu : dans les CRC à cause du regroupement envisagé de celles-ci et de la perte d'autonomie liée à leur absorption par la Cour des comptes, à la Cour surtout à cause de la fusion, à terme, des corps des magistrats de la Cour et des CRC, suscitant un conflit ouvert avec l'association des magistrats[2]. En effet, « les orientations du projet et la méthode retenue [ont] suscit[é] des oppositions internes qui [se sont] exacerb[ées] et exprim[ées] lors de la cérémonie des vœux à la Cour, par la voix du président de l'association des magistrats de la Cour, le 16 janvier 2009, tandis que le 10 mars 2009, le syndicat des juridictions financières organis[ait] une journée d'action auprès des élus locaux et de la presse régionale »[3].

Ces oppositions, qui peuvent s'expliquer par des difficultés objectives posées par certains aspects de la réforme, mais dont la dureté semble rétrospectivement difficile à justifier, n'avaient que fort peu de liens avec la question de la responsabilité financière des gestionnaires publics, qui pourtant s'en est trouvée bloquée pendant plus de dix ans, au détriment de la justice financière et de l'ordre public financier. Certaines des ambitions les plus combattues de ce projet ont d'ailleurs été, malgré tout, réalisées par la suite, comme le regroupement des CRC ; d'autres, comme le rapprochement entre Cour des comptes et CRC, ont beaucoup progressé dans les faits ces dernières années, en particulier grâce à l'évolution de la matière contentieuse (création d'une chambre du contentieux mixte Cour/CRC[4] ; intégration fonctionnelle des procureurs financiers au sein de la fonction contentieuse du procureur général[5]), mais également en matière de contrôle et d'évaluation des politiques publiques.

À l'extérieur des juridictions financières, les oppositions étaient également significatives, portant beaucoup sur le renforcement de la responsabilité des gestionnaires publics devant les juridictions financières, avec les mêmes réticences et arguments qui ont historiquement toujours freiné le développement de la compétence juridictionnelle de la Cour[6]. Ils se sont traduits dans le projet de loi d'octobre 2009, qui ne comportait pas tous les éléments que Philippe Séguin aurait bien voulu y voir : « Le jour même [de l'adoption du projet de loi], le Premier président [a] publi[é] une déclaration [...] dans laquelle il souligne la timidité du projet en ce qui concerne le régime de responsabilité des comptables et celui des gestionnaires et en appelle aux parlementaires qui sont désormais en charge du projet »[7].

En effet, le projet de loi n° 2001 n'évoquait nulle part le régime de responsabilité personnelle et pécuniaire (RPP) des comptables publics, qui donc devait à ce stade demeurer inchangé, ce qui revenait à ce que le même juge financier mette en œuvre deux régimes distincts. Surtout, si Philippe Séguin a réussi à moderniser le jugement des comptes des comptables à la marge (procédure ; prise en compte de la force majeure)[8], il regrettait de voir « subsister des dispositions anachroniques qui [étaient] autant d'obstacles à l'efficacité et à l'indépendance de la juridiction financière »[9], en visant l'institution du débet et surtout de la remise gracieuse ministérielle[10]. Mais si la réforme des juridictions financières prévue par le projet de loi n° 2001 avait vu le jour, il est probable que le régime de responsabilité spécifique aux comptables aurait été progressivement soit réformé (des amendements parlementaires ont d'ailleurs été déposés portant sur la RPP), soit mis en extinction : en effet, il eût suffi au juge financier de ne plus l'appliquer, et de sanctionner les comptables sur la base du régime de responsabilité général, dont ils ont toujours été justiciables. Cet « oubli » de la RPP dans le

1. F. Logerot, « Dans la mémoire du prédécesseur », *in* [Comité d'histoire de la Cour des comptes], Philippe Séguin à la Cour des comptes, préc., p. 18 ; ici p. 23.
2. J.-L. Lebuy, « Avec l'Association des magistrats : deux périodes contrastées », préc., p. 127-133.
3. C. de Kersauson [C. Hirsch], « La réforme des juridictions financières », préc., p. 209-210.
4. V. s^s n° 121.13.
5. V. s^s n° 122.21.
6. V. s^s n° 043.14.
7. C. de Kersauson [C. Hirsch], « La réforme des juridictions financières », préc., p. 211.
8. Voir sur ce sujet : J.-Y. Bertucci, « Philippe Séguin et la responsabilité des comptables publics », *in* Comité d'histoire de la Cour des comptes, *Philippe Séguin à la Cour des comptes*, La documentation française, 2012, p. 198 – S. Thébault, Le comptable public, un gestionnaire responsable ? De la réforme de la responsabilité personnelle et pécuniaire au « projet de loi Séguin », *RFFP* 2010, n° 111, p. 275.
9. Déclaration du Premier président de la Cour des comptes du 28 oct. 2009, jour de l'adoption du projet de L. n° 2001 par le conseil des ministres ; cité par J.-Y. Bertucci, « Philippe Séguin et la responsabilité des comptables publics », préc., p. 201.
10. V. s^s n° 042.22.

projet de loi, qui préoccupait beaucoup certains magistrats des comptes à l'époque, n'aurait donc pas eu réellement de conséquences à long terme. Ce sujet est d'ailleurs clos depuis la suppression de la RPP dans le cadre de la réforme de 2022 [1].

Si Philippe Séguin avait vécu, il est fort à parier que la réforme aurait fini par être adoptée, malgré les oppositions ; si elle ne l'a pas été, c'est que le Parlement, en se saisissant du projet de loi, l'a très largement amendé et élargi [2], notamment en prévoyant une justiciabilité assez large des ministres [3] ; c'est surtout ce point-là qui semble avoir conduit le Gouvernement à ne pas poursuivre l'examen de ce projet de loi, et Philippe Séguin, figure écoutée dans le monde politique et par les citoyens, n'était plus là pour s'opposer à cet abandon pur et simple. C'est d'ailleurs cette expérience législative malheureuse qui a pu conduire le Gouvernement, en 2021/2022, à réformer la responsabilité des gestionnaires publics par ordonnance.

046.37 **Permanence, en ce qui concerne la responsabilité financière, de la référence au projet de réforme de Philippe Séguin après son échec.** L'échec, en 2010/2011, du projet de loi de 2009 n'a pas pour autant fait disparaître les fondements conceptuels qui rendaient la réforme nécessaire.

S'il a fallu une dizaine d'années pour que finalement une réforme d'ampleur voie le jour, avec l'ordonnance du 23 mars 2022 [4], celle-ci a été largement inspirée par le projet dit Séguin ; car entre-temps, les références au projet avorté ont été fréquentes en doctrine et même dans des rapports officiels.

Tout d'abord, deux réformes réalisées dans les années 2010 – pour ne reprendre que celles portant directement sur la responsabilité de droit public financier – constituent des « sous-produits » du projet Séguin : il en va ainsi surtout de l'ordonnance du 13 octobre 2016 et de son décret d'application du 28 avril 2017, qui ont modernisé à la marge le contentieux devant la CDBF, traités plus haut [5]. Parallèlement, le fonctionnement de la CDBF a été amélioré, ce qui s'est traduit par une activité plus importante que par le passé [6].

Surtout, faute d'avoir pu réformer le régime général de responsabilité de la CDBF, une réforme de la responsabilité des comptables publics (RPP) a été tentée en 2011 [7], avec une certaine ambition affichée, mais aux conséquences juridiquement complexes [8] et dont le résultat a été globalement décevant [9].

L'ultime tentative visant à revitaliser la RPP des comptables n'a pas fait disparaître les voix appelant à une réforme plus globale de la responsabilité des décideurs et des gestionnaires publics, incluant donc les ordonnateurs [10]. On citera dans ce sens le rapport commandé par le Président de la République à Jean-Louis Nadal [11] de 2015 sur l'exemplarité des responsables publics [12] ou encore l'étude consacrée par le Conseil d'État à *La prise en compte du risque dans la décision publique* en 2018 [13], tous deux appelant de leurs vœux une évolution de la CDBF.

La doctrine a également joué un rôle très important, dans les années qui ont suivi l'échec du projet Séguin, pour débattre de l'ensemble des arguments en présence, contribuant ainsi à créer une forme de consensus non pas sur les modalités d'une réforme, mais sur son principe [14].

1. V. s^s^ n° 051.22.
2. Sur les très nombreux amendements adoptés en commission, v. en détail : https://www.assemblee-nationale.fr/13/pdf/amendements_commissions/cloi/2001-01.pdf ; v. aussi le rapport du député Jean-Luc Warsmann, rapporteur du projet de loi, déposé le 15 sept. 2010 : https://www.assemblee-nationale.fr/13/rapports/r2790.asp – Sur le regard de la doctrine : S. Damarey, « Réforme des juridictions financières, évolutions d'un texte », *JCP Adm.* 2010, n° 41, act. 740.
3. Sur la non-justiciabilité des ministres en contentieux financier et sa justification, v. s^s^ n°s 312.33 s.
4. V. s^s^ n° 052.21.
5. Sur la réforme 2016/2017, v. s^s^ n° 045.96.
6. T. Savy, « La Cour de discipline budgétaire et financière, histoire d'un paradoxe », *in* C. Hirsch (dir.), *Le temps des responsabilités financières 1822-2022*, La Documentation française, 2023, p. 109.
7. S. Damarey, « L'acte (II) manqué de la réforme des juridictions financières », *AJDA* 2012. 317.
8. PAR EX. : M. Kernéis-Cardinet, « Le nouveau régime de responsabilité du comptable public, un régime qui ne veut pas révéler son nom », *RFDA* 2014. 393.
9. H. M. Crucis, « Les justes milieux », *RFFP* 2017, n° 139, p. 87.
10. PAR EX. : D. Migaud, Conférence prononcée le 14 juin 2018 à l'Université Paris 1 Panthéon-Sorbonne, à l'invitation de FONDAFIP (Association pour la fondation internationale de finances publiques) ; repr. *in RFFP* sept. 2018, n° 143, p. 129 – D. Migaud, « Les propositions du Premier président de la Cour des comptes pour une rénovation du système de responsabilité financière », *GFP* 2018, n° 4, p. 51. Il s'agit d'une intervention du Premier président de l'époque devant l'assemblée générale de l'Association française de cautionnement mutuel (AFCM) en juin 2018.
11. Jean-Louis Nadal, alors Procureur général près la Cour de cassation, avait été, avec Philippe Séguin, à l'initiative du groupe de travail pénal/CDBF de 2006 ; v. s^s^ n° 046.34.
12. *Renouer la confiance publique. Rapport au Président de la République sur l'exemplarité des responsables publics*, 2015.
13. Conseil d'État, *La prise en compte du risque dans la décision publique. Pour une action publique plus audacieuse*, 2018.
14. PAR EX. : M. Collet et G. Eckert, « Le contrôle juridictionnel des comptes publics : réformer ou supprimer ? », *RFDA* 2014. 1015 – S. Damarey, « L'acte (II) manqué de la réforme des juridictions financières », *AJDA* 2012. 317 – S. Damarey, « L'Arlésienne de la responsabilité des gestionnaires publics », *AJDA* 2019. 1537 – F. Gaullier-Camus, *La responsabilité financière des gestionnaires publics*, LGDJ, coll. Thèses, vol. 69, 2020 – M. Le Clainche et Gaullier-Camus, « La responsabilité des gestionnaires publics : quelles réformes ? », *GFP* 2020/3, p. 46 – D. Maupas, « Quelles pistes d'interrogations ? », *RFFP* 2017, n° 139, p. 55.

Un colloque organisé par la Cour des comptes et le Conseil d'État en 2019[1], peu conclusif concernant la CDBF, a au moins permis de remettre le sujet de la responsabilité des gestionnaires publics en haut de la liste des préoccupations ; surtout, le propos de la Procureure générale Catherine Hirsch sur le fait que la responsabilité personnelle et pécuniaire des comptables publics (RPP) était « à bout de souffle », a aussi, d'une certaine façon, permis aux juridictions financières de commencer, malgré de fortes réticences internes, à envisager de tourner la page du jugement des comptes des comptables, ce qui a ouvert la voie à la réforme de 2022[2].

1. Interventions consultables en ligne : https://www.ccomptes/fr/communiques-presse/colloque-sur-la-responsabilite-des-gestionnaires-publics.

2. C. Hirsch et N. Groper, « Le projet inabouti d'un visionnaire : la réforme de la responsabilité des gestionnaires publics voulue par Philippe Séguin », *in* S. Damarey et N. Groper (dir.), *Responsabilité financière des gestionnaires publics*, préc.

TITRE

05. Ordonnance du 23 mars 2022 relative à la responsabilité financière des gestionnaires publics (RFGP)

SECTION 0

ORIENTEUR

05.00 **Sommaire du titre.**

CHAPITRE

051. Réforme de 2021-2023 : indispensable, trop longtemps repoussée

SECTION 0 ORIENTEUR

051.00 **Sommaire du chapitre.**

051.03 **Bibliographie indicative.**

Articles. M.-C. Esclassan, « La Cour des comptes informateur des citoyens : une fonction en pleine évolution », *RFFP* 2016, n° 135, p. 49. – Z. Kambia, « La réforme de la responsabilité financière des gestionnaires publics », *RFDA* 2023. 181.

Contributions. J. Bassères et M. Pacaud, « La refonte des régimes de responsabilité financière des gestionnaires publics », *in* S. Damarey et N. Groper, *Responsabilité financière des gestionnaires publics*, Dalloz, 2024, p. 47. – C. Hirsch et N. Groper, « Le projet inabouti d'un visionnaire : la réforme de la responsabilité des gestionnaires publics voulue par Philippe Séguin », *in* S. Damarey et N. Groper, *Responsabilité financière des gestionnaires publics*, Dalloz, 2024, p. 31. – P. Moscovici, « JF 2025 : La réforme des juridictions financières », Discours d'ouverture au colloque Séminaire itinérant de la Société Française de Finances Publiques, *GFP* 2022, n° 2, p. 10. – G. Robert et E. Chouvelon, « Une opportunité historique pour moderniser la gestion financière publique », *in* S. Damarey et N. Groper, *Responsabilité financière des gestionnaires publics*, Dalloz, 2024, p. 67. – M. Wirgin, « Un projet stratégique pour les juridictions financières », *in* S. Damarey et N. Groper, *Responsabilité financière des gestionnaires publics*, Dalloz, 2024, p. 59.

SECTION 1 ÉLÉMENTS GÉNÉRAUX SUR L'ABOUTISSEMENT DE LA RÉFORME ENTRÉE EN VIGUEUR LE 1ER JANVIER 2023

051.11 **Gésine de la réforme : rôle d'impulsion du Gouvernement.** Si les fondements et l'histoire des deux régimes de responsabilité de droit public financier – celui des comptables publics[1] et celui de la CDBF[2] – ont été présentés en détail plus haut, y compris jusqu'au projet de réforme porté par Philippe Séguin et jusqu'aux réflexions menées après l'échec de celui-ci, on laissera aux historiens futurs le soin d'écrire et d'analyser la gésine précise de l'ordonnance de 2022.

Il convient de noter simplement que contrairement aux années 2000 et en particulier au projet de réforme Séguin[3], les juridictions financières, si elles ont été fortement impliquées et qu'elles ont joué un rôle actif, n'ont pas été directement à l'origine de la réforme des années 2021-2023.

En effet, c'est d'abord l'impulsion gouvernementale qui a conduit à l'importante réforme entrée en vigueur le 1er janvier 2023, sur laquelle s'est greffée la volonté ferme du Premier président de la Cour des comptes, et président de la CDBF, Pierre Moscovici, de maintenir une responsabilité financière des gestionnaires publics et de la confier à la Cour des comptes.

Si donc une réforme était jugée nécessaire depuis longtemps, c'est le Gouvernement qui en a pris l'initiative, après l'échec du projet Séguin (2009/2010).

Ainsi, le Gouvernement a-t-il commandé un rapport sur la question, rendu en décembre 2020[4], sur

1. V. ss nos 042.11 s.
2. V. ss nos 043.11 s.
3. V. ss nos 046.31 s.
4. J. Bassères et M. Pacaud, *Responsabilisation des gestionnaires publics*, rapport remis au ministre de l'Action et des comptes publics, 2020.

la base duquel le comité interministériel de la transformation publique (CITP) a pris des orientations générales, le 5 février 2021, quant à l'évolution envisagée des régimes de responsabilité : « un travail commun avec les associations de représentants des collectivités territoriales, la Cour des comptes et le Conseil d'État sera engagé pour faire évoluer le régime de responsabilité personnelle et pécuniaire des comptables publics vers un régime unifié de responsabilité des ordonnateurs et des comptables »[1].

051.12 Rôle des juridictions financières. De leur côté, les juridictions financières[2], qui n'avaient jamais cessé, depuis l'échec du projet de réforme Séguin[3], de remettre le sujet dans le débat, y compris public (*cf.* le colloque organisé par la Cour des comptes et le Conseil d'État en 2019[4]), mais sans succès, ont mené plusieurs travaux internes qui ont permis de contribuer à la réflexion, et donc de préparer la réforme du point de vue des juridictions financières : le groupe de travail animé par Michèle Pappalardo (2019) ; la formation interjuridictions Cour/CRC relative au contrôle de la sécurité et de la régularité des recettes et dépenses publiques et de tenue des comptes (2020/2021)[5] ; puis les orientations stratégiques des juridictions financières (« JF 2025 »)[6].

En effet, la réforme du contentieux financier a été un élément important de ces orientations stratégiques (2021)[7] : en témoignent l'orientation n° 6 (« Garantir le respect des règles de responsabilité applicables aux gestionnaires publics et mieux sanctionner leurs manquements », avec maintien du statut de juridiction de la Cour des comptes et des CRTC), l'action n° 17 (« Aller vers un régime unifié de responsabilité des gestionnaires publics, comptables comme ordonnateurs. Cette responsabilité serait engagée au cours de la même instance et devant le même juge de plein contentieux... ») et l'action n° 18 (« Créer une chambre du contentieux à la Cour des comptes et des sections contentieuses dans les CRTC ayant une activité importante pour juger... »).

C'est sur la base de l'ensemble de ces réflexions et décisions des différents acteurs que, fin 2021, le Gouvernement a été habilité à légiférer par ordonnance sur le sujet[8], ordonnance ensuite élaborée début 2022 et adoptée le 23 mars 2022[9].

SECTION 2
RAISONS DE FOND DE LA RÉFORME

051.21 Évolution de la gestion publique et obsolescence croissante des régimes de responsabilité hérités du passé. Dès les années 2000, les acteurs et observateurs de la gestion publique, tout comme les juridictions financières, avaient souligné à quel point l'évolution des modes de gestion, l'informatisation et l'allègement des contrôles - surtout *a priori* - avaient nécessairement un impact sur les régimes de responsabilité des gestionnaires publics[10] : ce constat avait déjà présidé au colloque « Finances publiques et responsabilité : l'autre réforme » (avril 2005)[11], puis au projet de réforme législative porté par Philippe Séguin[12].

Au fil du temps, le décalage entre l'évolution de la gestion publique et les contrôles et régimes de responsabilité associés s'est encore creusé : à cet égard, Marie-Christine Esclassan soulignait à juste titre en 2016 « le fort contraste entre [la] fonction d'information de la Cour [des comptes] au service de la citoyenneté en pleine évolution et son champ d'attribution qui rest[ait] limité voire atrophié en ce qui concerne la responsabilité des gestionnaires publics »[13].

Gestion (mode et cadre juridique), contrôle interne et externe sur la gestion, et responsabilité associée

1. CITP du 5 févr. 2021, p. 31 du dossier de presse.
2. M. Wirgin, « Un projet stratégique pour les juridictions financières », *in* S. Damarey et N. Groper, *Responsabilité financière des gestionnaires publics*, Dalloz, 2024, p. 59.
3. C. Hirsch et N. Groper, « Le projet inabouti d'un visionnaire : la réforme de la responsabilité des gestionnaires publics voulue par Philippe Séguin », *in* S. Damarey et N. Groper, *Responsabilité financière des gestionnaires publics*, Dalloz, 2024, p. 31.
4. Interventions consultables en ligne : https://www.ccomptes.fr/fr/communiques-presse/colloque-sur-la-responsabilite-des-gestionnaires-publics
5. Rapporteurs Nicolas Groper, Maïa Wirgin et Sophie Thibault ; contre-rapporteur Jean-Yves Bertucci. Les travaux ayant été interrompus par le rapport de Jean Bassères et de Muriel Pacaud précité et les décisions prises par le CITP du 5 févr. 2021, ils n'ont finalement pas été rendus publics.
6. S. Damarey, « Programme Juridictions financières 2025 : une feuille de route audacieuse », *AJDA* 2021. 718 – Bruno Botella, « Pierre Moscovici ouvre un chantier ultrasensible sur les juridictions financières », *Acteurs publics* 22 octobre 2020 [article en ligne].
7. P. Moscovici, « JF 2025 : La réforme des juridictions financières », Discours d'ouverture au colloque Séminaire itinérant de la Société Française de Finances Publiques, *GFP* 2022, n° 2, p. 10.
8. Sur la loi d'habilitation, v. s^{s} n° 052.11.
9. Sur l'ordonnance du 23 mars 2023, sa genèse et son économie, v. s^{s} n°s 051.11 s.
10. M. Bouvier, « L'âge de la nouvelle gouvernance financière et de la responsabilisation généralisée des acteurs publics : un autre contrat social, un autre État », *RFFP* 2005, n° 92, p. 39. – A. Barilari, « La réforme de la gestion publique, quel impact sur la responsabilité des acteurs ? », *RFFP* 2005, n° 92, p. 25.
11. Sur ce colloque, fondateur : v. s^{s} n° 046.33.
12. Sur les réflexions et projets de réforme des années 2000, v. s^{s} n° 046.32.
13. M.-C. Esclassan, « La Cour des comptes informateur des citoyens : une fonction en pleine évolution », *RFFP* 2016, n° 135, p. 49.

des acteurs de la gestion publique constituent trois éléments intrinsèquement liés ; l'évolution de l'un a forcément des répercussions sur les deux autres.

Or depuis l'entrée en vigueur de la LOLF en 2001, les contrôles sur les finances et la gestion publique ont connu une triple rupture, sur le plan organisationnel, technologique et conceptuel, et pas seulement pour la gestion de l'État[1].

La rationalisation des fonctions budgétaires et comptables, à l'œuvre depuis une trentaine d'années maintenant et qui se poursuit, tend à une intégration de plus en plus poussée de la chaîne des dépenses et des recettes et à une diminution des contrôles *a priori* au profit du contrôle interne, qui fait porter la sécurisation des opérations sur la maîtrise de l'ensemble de la chaîne financière.

Ainsi, le contrôle interne financier se développe comme une démarche globale de sécurisation de la gestion publique et a vocation à permettre l'allègement voire la suppression progressive des contrôles *a priori* de la régularité (comptable, budgétaire, juridique). Ce développement fait également évoluer la notion de contrôle, du « contre-rôle », supposant l'existence d'un rôle et d'un contrôle distincts et une « séparation » stricte entre ordonnateur et comptable, vers le contrôle comme « maîtrise des risques » au sein d'une chaîne financière de plus en plus intégrée dans laquelle les rôles des acteurs peuvent être différents de par le passé. Des contrôles *a priori* et *a posteriori* demeurent toutefois encore justifiés, ainsi qu'un contrôle de la robustesse du contrôle interne lui-même.

Le contrôle de la régularité a également été marqué, dans les années 2000 puis 2010, par le rôle désormais structurant des systèmes d'information financière dans la gestion financière et son contrôle. Ceux-ci connaissent des innovations de plusieurs natures : déploiement de progiciels de gestion intégrés ou interfaçage d'applications et de données auparavant isolées les unes des autres, dématérialisation des procédures, automatisation des tâches et des contrôles, et, pour la période la plus récente, recours croissant au traitement des données en masse et des algorithmes pour optimiser les activités de gestion comme de contrôle.

Le développement des systèmes d'information financière est, lui aussi, encore inégal selon les structures (très fort au sein de l'État et des organismes de sécurité sociale, plus hétérogène au sein des collectivités territoriales), mais il constitue partout une rupture quantitative et qualitative en matière de sécurisation et d'intégration de la chaîne financière : par la revue des processus de gestion et la structuration des tâches et rôles qu'il suppose, par l'automatisation de certaines activités et points de contrôle paramétrés directement dans l'outil, par la fiabilisation des données financières et la limitation des ruptures applicatives, et par le développement d'outils d'analyse des données permettant d'identifier les anomalies, de déterminer les zones de risques selon des critères objectifs et de cibler les contrôles.

Les contrôles financiers ont également connu des évolutions ambivalentes au cours de la décennie écoulée, la régularité comptable évoluant vers la qualité comptable, la régularité budgétaire vers la soutenabilité budgétaire[2], et la notion de régularité incluant de nouveaux risques notamment dans le domaine de l'exemplarité voire de la probité, où les contraintes ont plutôt augmenté.

Les changements profonds que connaissent la gestion publique en général et les contrôles de régularité et de sécurité en particulier, ainsi que l'évolution des rôles des acteurs de la chaîne financière (ordonnateurs, comptables, contrôleurs budgétaires…) qu'ils entraînent, justifient très largement la réforme intervenue en 2022/2023, avec la création d'un régime unifié de responsabilité financière des gestionnaires publics.

051.22 Obsolescence croissante du régime de responsabilité des comptables publics et nécessité de réforme du régime général de responsabilité financière. Ces évolutions de la gestion publique ont surtout fragilisé le régime de responsabilité personnelle et pécuniaire des comptables, et ce à plusieurs titres : dans son principe même, l'existence d'un régime asymétrique touchant prioritairement les comptables et non l'ensemble des acteurs de la chaîne financière, par sa mise en œuvre quasi automatique et à l'acte et non proportionnée aux risques et aux circonstances de la gestion, et par son champ organique et matériel limité. Ainsi Catherine Hirsch, alors Procureure générale près la Cour des comptes, avait-elle en 2019 déclaré ce régime « à bout de souffle »[3].

À l'inverse, le régime de responsabilité de droit commun des gestionnaires et des comptables, qui existait depuis 1948 devant la CDBF, juridiquement adapté pour sanctionner les manquements des acteurs à ces nouvelles obligations de contrôle, n'a jamais

1. Les développements qui suivent ont été largement nourris par les travaux, non publics, de la formation interjudiction Cour des comptes/CRC relative au contrôle de la sécurité et de la régularité des recettes et dépenses publiques et de tenue des comptes (2020/2021). Rapporteurs Nicolas Groper (rapporteur général), Maïa Wirgin et Sophie Thibault ; contre-rapporteur Jean-Yves Bertucci.

2. Sur le contrôle budgétaire, v. s[s] nº 421.13.

3. Colloque organisé par la Cour des comptes et le Conseil d'État en 2019, dont les interventions sont consultables en ligne : https://www.ccomptes.fr/fr/communiques-presse/colloque-sur-la-responsabilite-des-gestionnaires-publics.

suffisamment fonctionné, faute de moyens [1] ; mais la plasticité de ses infractions, le champ large de ses justiciables et la qualité de sa jurisprudence le qualifiaient pour être le modèle du régime de responsabilité financière des gestionnaires publics aujourd'hui en vigueur, qui s'inscrit dans la continuité directe avec la CDBF.

Comme indiqué plus haut, ce régime unifié pouvait se fonder sur celui mis en œuvre par la CDBF depuis des décennies ; en effet, visant les fautes fondées sur des règles et des obligations de gestion et de contrôle, il « colle » ainsi aux évolutions que connaissent ces dernières, fautes appréciées à la lumière des circonstances de cette gestion. C'est sur la base de la faute de gestion d'une certaine gravité, alliant non-respect de règles et/ou d'obligations précises et appréciation plus large des conditions de la gestion, qu'on peut en effet juger de façon juste de la responsabilité d'un gestionnaire, ordonnateur ou comptable, dans une situation donnée.

1. Sur le bilan historique de la CDBF, v. s[s] n° 153.11.

CHAPITRE

052. Genèse et économie de l'ordonnance du 23 mars 2022 créant l'actuel régime de responsabilité financière des gestionnaires publics

SECTION 0
ORIENTEUR

052.00 **Sommaire du chapitre.**

052.03 **Bibliographie indicative.**

Articles. S. Damarey, « Réforme de la responsabilité des gestionnaires publics : les dés sont jetés », *AJDA* 2022. 920. – Z. Kambia, « La réforme de la responsabilité financière des gestionnaires publics », *RFDA* 2023. 181.

Contributions. L. Gautier, « Préambule. La responsabilité financière des gestionnaires publics : enjeux d'une réforme », *in* S. Damarey et N. Groper, *Responsabilité financière des gestionnaires publics*, Dalloz, 2024, p. 1. – C. Hirsch et N. Groper, « Le projet inabouti d'un visionnaire : la réforme de la responsabilité des gestionnaires publics voulue par Philippe Séguin », *in* S. Damarey et N. Groper (dir.), *Responsabilité financière des gestionnaires publics*, Dalloz, 2024, p. 31. – G. Robert et E. Chouvelon, « Une opportunité historique pour moderniser la gestion financière publique », *in* S. Damarey et N. Groper, *Responsabilité financière des gestionnaires publics*, Dalloz, 2024, p. 67. – M. Wirgin, « Un projet stratégique pour les juridictions financières », *in* S. Damarey et N. Groper, *Responsabilité financière des gestionnaires publics*, Dalloz, 2024, p. 59.

SECTION 1
LOI D'HABILITATION DE 2021

052.11 **Loi d'habilitation à réformer par ordonnance (2021).** La loi de finances du 30 décembre 2021, dans son article 168 [1], a autorisé le Gouvernement à réformer le contentieux financier par ordonnance.

Le choix de réformer – voire de refonder – la responsabilité financière des gestionnaires publics sans passer par un débat parlementaire, alors que ce sujet est sensible pour les citoyens, peut étonner, pas seulement de la part d'étrangers peu familiers du régime français de la Vᵉ République.

Mais au vu de l'expérience historique, lointaine [2] comme plus récente (échec du projet de loi portant le projet de réforme de Philippe Séguin [3]), ce choix est sans doute défendable au titre de l'efficacité.

Le législateur, dans son habilitation, a tout de même bien encadré l'ordonnance : l'objectif était de « créer un régime juridictionnel unifié de responsabilité des gestionnaires publics et des gestionnaires des organismes relevant du code de la sécurité sociale », sans toucher au champ des justiciables, et « 1° Sans préjudice des dispositions du code pénal, de définir un régime d'infractions financières sanctionnant la faute grave relative à l'exécution des recettes ou des dépenses ou à la gestion des biens des entités publiques ou des organismes relevant du code de la sécurité sociale leur ayant causé un préjudice financier significatif, ainsi que de réformer le régime des autres infractions prévues par le code des juridictions financières et celui de la gestion de fait ».

1. L. n° 2021-1900, 30 déc. 2021 de finances pour 2022.
2. V. partie historique, v. sˢ n° 045.82, sur les difficultés rencontrées lors de la codification des textes régissant la CDBF en 1995.
3. V. sˢ n° 046.36 ; – C. Hirsch et N. Groper, « Le projet inabouti d'un visionnaire : la réforme de la responsabilité des gestionnaires publics voulue par Philippe Séguin », *in* S. Damarey et N. Groper (dir.), *Responsabilité financière des gestionnaires publics*, Dalloz, 2024.

De manière explicite, le régime de responsabilité personnelle et pécuniaire (RPP) des comptables devait être supprimé [1].

Sur le plan de l'organisation juridictionnelle, les choix structurants étaient également clairs : « 2° [...] a) Au sein de la Cour des comptes, une chambre composée de magistrats de la Cour des comptes et des chambres régionales et territoriales des comptes, compétente en première instance ; b) Une Cour d'appel financière, présidée par le premier président de la Cour des comptes et composée de quatre membres du Conseil d'État, de quatre membres de la Cour des comptes et de deux personnalités qualifiées désignées par le Premier ministre en raison de leur expérience dans le domaine de la gestion publique ; c) Le Conseil d'État comme juge de cassation ». La loi d'habilitation allait donc assez loin, déjà, dans les détails de l'organisation des juridictions chargées de la mise en œuvre du régime.

La procédure régissant le contentieux financier devait garantir « [...] les droits des justiciables, le caractère suspensif de l'appel ainsi que la célérité des procédures », l'ordonnance à venir devant « adapter le rôle du ministère public et la liste des autorités ou des personnes habilitées à lui déférer des faits ressortissant à ce nouveau régime » [2].

S'agissant des sanctions, le Gouvernement était habilité à « définir le régime des amendes applicables à ces infractions, dont le montant sera fixé en fonction de la rémunération des agents concernés et plafonné au plus à six mois de rémunération, et [à] définir une peine complémentaire d'interdiction d'exercer les fonctions de comptable ou d'avoir la qualité d'ordonnateur pour une durée déterminée » [3]. La possibilité de créer des interdictions professionnelles n'a toutefois pas été mise en pratique.

Enfin, et c'est important, la loi d'habilitation exigeait « de garantir la séparation des ordonnateurs et des comptables et l'effectivité de la vérification par ces derniers de la régularité des opérations de recettes et de dépenses » [4].

SECTION 2
ORDONNANCE DU 23 MARS 2022 ET SES TEXTES D'APPLICATION

052.21 Ordonnance du 23 mars 2022 relative au régime de responsabilité financière des gestionnaires publics : présentation des dispositions. Prise sur la base de la loi d'habilitation du 30 décembre 2021, l'ordonnance du 23 mars 2022 [5] marque une rupture majeure dans l'histoire de la responsabilité des gestionnaires publics, et dans l'histoire pluriséculaire des juridictions financières.

En effet, elle met fin à l'interdiction faite à la Cour des comptes de juger les ordonnateurs [6], tout en supprimant le jugement des comptes des comptables et la mise en jeu de la responsabilité personnelle et pécuniaire des comptables publics, qui constituait traditionnellement le cœur des fonctions juridictionnelles du juge des comptes.

La réforme a aussi conduit à établir un régime de responsabilité unifié aux ordonnateurs et aux comptables – en vérité, nettement au-delà de ces deux catégories [7] – fortement inspiré de celui de la CDBF (infractions, nature des sanctions, procédure), tout en le transférant à la Cour des comptes, dont la chambre du contentieux dispose d'une compétence nationale : de ce point de vue, l'ordonnance innove nettement moins.

À regarder de près, en effet, la continuité avec le régime issu de la loi de 1948 est très forte dans tous les domaines, et le transfert du contentieux figure même expressément dans les règles transitoires [8].

On notera seulement que, par rapport à la CDBF :

– les infractions, si elles demeurent largement inchangées, connaissent deux modifications significatives dans leur portée, s'agissant de l'infraction réprimant l'avantage injustifié [9], à la fois élargie et rétrécie, et surtout en ce qui concerne l'infraction générale réprimant les violations de règles, très fortement réduite dans son champ [10]. La réforme importante qu'a subie cette dernière emporte en effet des conséquences majeures : d'une part, elle affecte les relations des infractions financières entre elles, se traduisant par une montée en puissance des infractions spéciales au détriment de l'infraction générale, désormais limitée aux cas de préjudice financier significatif ; d'autre part et surtout, elle conduit à réduire de façon importante le champ de la répression financière, en particulier dans des domaines délicats (cas des irrégularités commises dans la commande publique) ;

1. L. n° 2021-1900, 30 déc. 2021, art. 168, 5°.
2. L. n° 2021-1900, 30 déc. 2021, art. 168, 3°.
3. L. n° 2021-1900, 30 déc. 2021, art. 168, 4°.
4. L. n° 2021-1900, 30 déc. 2021, art. 168, 6°.
5. Ord. n° 2022-408, 23 mars 2022 relative au régime de responsabilité financière des gestionnaires publics, *JO* 24 mars – Parmi les nombreuses publications parues à l'occasion de cette ordonnance : S. Damarey, « Réforme de la responsabilité des gestionnaires publics : les dés sont jetés », *AJDA* 2022. 920.
6. Sur cette règle historiquement structurante, v. ss n° 043.14.
7. Sur le champ, étendu, des justiciables, v. ss n° 311.11.
8. Ord. n° 2022-408, 23 mars 2022 relative au régime de responsabilité financière des gestionnaires publics, art. 30, II.
9. Sur l'évolution de cette infraction, v. ss nos 441.21, 441.22 et 441.23.
10. Sur cette infraction, v. ss n° 431.12.

– les sanctions restent limitées aux amendes et à la publication au Journal officiel, mais les plafonds d'amendes ont été très nettement réduits [1] ;

– le champ des justiciables est resté très proche de celui qui prévalait devant la CDBF ; le seul changement a été apporté en matière de gestion de fait (ministres et élus justiciables) ;

– la liste des autorités de déféré, reprise de la CDBF, a été élargie de façon significative [2].

Si la rupture historique est donc réelle, elle est à relativiser sur le fond. Finalement, le changement le plus important a été apporté non par le droit, mais par les moyens humains désormais consacrés au régime de responsabilité financière et qui ont toujours fait défaut à l'ancienne CDBF.

Ce « nouveau régime » est entré en vigueur le 1er janvier 2023.

L'ordonnance du 23 mars 2022 a été ratifiée en novembre 2023 [3].

052.22 Décrets d'application (décembre 2022). Deux décrets d'application sont intervenus en décembre 2022 [4], donc à la veille de l'entrée en vigueur de l'ordonnance du 23 mars 2022, d'une part pour adapter la partie réglementaire du code des juridictions financières, et d'autre part pour adapter les conséquences de la réforme sur les autres textes, comme le décret du 7 novembre 2012 relatif à la gestion budgétaire et comptable publique (GBCP) [5].

1. Sur les plafonds d'amendes, v. ss nos 472.11 s.
2. Sur le déféré, v. ss no 512.11.
3. L. no 2023-1059, 20 nov. 2023 d'orientation et de programmation de la justice, art. 54 ; *JO* 21 nov.
4. Décr. no 2022-1604, 22 déc. 2022 relatif à la chambre du contentieux de la Cour des comptes et à la Cour d'appel financière et modifiant le code des juridictions financières, *JO* 23 déc. ; Décr. no 2022-1605, 22 déc. 2022 portant application de l'ordonnance no 2022-408 du 23 mars 2022 relative au régime de responsabilité financière des gestionnaires publics et modifiant diverses dispositions relatives aux comptables publics, *JO* 23 déc.
5. Décr. no 2012-1246, 7 nov. 2012 relatif à la gestion budgétaire et comptable publique.

LIVRE

1. LE JUGE FINANCIER

SECTION 0

ORIENTEUR

1.00 Sommaire du livre.

1.03 Bibliographie indicative.

Thèses. S. Damarey, *Le juge administratif, juge financier*, « Nouvelle bibliothèque de thèses », Dalloz, 2001 – A. Lachèze, *Le ministère public près les juridictions financières depuis 1807. Paradigmes juridictionnels, paradoxe institutionnel*, thèse non publiée, Université de Paris I Panthéon-Sorbonne, 2011 – C. Pierucci, *Une responsabilité à raison de la gestion publique, la responsabilité devant la Cour de discipline budgétaire et financière*, thèse non publiée, Université Robert Schuman – Strasbourg III, 2003.

Monographies. Collectif, *La Cour des comptes d'hier à demain, actes du colloque de Strasbourg de 1977*, LGDJ, 1979 – J.-L. Albert et T. Lambert, *La Cour des comptes, un pouvoir rédempteur ?* LGDJ, coll. Forum, 2017 – J.-Y. Bertucci et S. Moati, *La Cour des comptes « Ouvrez et voyez »*, Gallimard, coll. Découvertes Gallimard, 2007 – A. Crépey [éd.], « *La Cour des comptes* ». Collection « Histoire de l'Administration française ». Éd. du CNRS, 1984 – C. Descheemaeker, *La Cour des comptes*, La Documentation française, 3e éd., 2005 – J. Magnet, L. Vallernaud et T. Vught, *La Cour des comptes, les institutions associées et les chambres régionales des comptes*, 6e éd., « Les indispensables », Berger-Levrault, 2007 – R. Pellet, *La Cour des comptes*, « Repères », La Découverte, 1998 – J. Raynaud et J.-Y. Bertucci, *Les juridictions financières*, coll. *Que sais-je ?*, PUF, 2003.

Contributions. N. Groper, « La Cour de discipline budgétaire et financière – singularités et paradoxes d'une juridiction qui mérite mieux que d'être méconnue », *in* Collectif, *Réformes des finances publiques et modernisation de l'administration. Mélanges en l'honneur de Robert Hertzog*, Économica, 2011 ; « "Disciplinaire", la Cour de discipline budgétaire et financière ? », *in* Collectif, *Écrits de droit public, financier et constitutionnel. Mélanges en l'honneur de Michel Lascombe*, Dalloz,

2020, p. 201 ; « Réflexions autour du contrôle répressif des ordonnateurs », Séminaire itinérant de la Société Française de Finances Publiques. « JF 2025 : La réforme des juridictions financières », colloque du 16 décembre 2021. Première table ronde : « Être une juridiction financière à l'horizon 2025 ». GFP 2022, n° 2, p. 22 – C. Pierucci, « "Faire vivre une responsabilité financière des ordonnateurs (1948-2022)" : la Cour de discipline budgétaire et financière », *in* C. Hirsch (éd.), *Le temps des responsabilités financières 1822-2022*, La Documentation française 202), p. 88 – T. Savy, « La Cour de discipline budgétaire et financière, histoire d'un paradoxe », *in* C. Hirsch (éd.), *Le temps des responsabilités financières 1822-2022*, La Documentation française, 2023, p. 109.

Articles. G. Andréani, « La Cour des comptes et la séparation des pouvoirs », *Commentaire* n° 33, 1986, p. 93 – A. Duffy-Meunier, « La Cour des comptes : une institution sous double influence », *RFFP* 2010, n° 109, p. 125 – P. Lelong, « La Cour des comptes en 2005 : tradition et modernité », *RFFP* 2005, n° 89, p. 263 – C. Hirsch de Kersauson, S. Barichard, T. Manien, « Le ministère public près les juridictions financières au service de l'ordre public financier », *RFFP* n° 154, 2021, p. 213 – N. Ochoa, « La Cour des comptes, autorité administrative indépendante. Pour une lecture administrativiste du droit de la comptabilité publique, Revue française de droit administratif », *RFDA* 2015, n° 4, p. 831.

TITRE

10. Typologie des juridictions financières

SECTION 0

Orienteur

10.00 Sommaire du titre.

SECTION UNIQUE

Typologie

10.11 Les différentes juridictions financières. La catégorie des juridictions financières, qui font partie des plus anciennes institutions de la France[1], comprend tout d'abord les chambres des comptes de l'Ancien Régime, dont la Chambre des comptes de Paris qui a fonctionné jusqu'à la Révolution. Il est admis aujourd'hui que les chambres des comptes de l'Ancien Régime, diverses et évolutives dans leurs compétences, ont indéniablement joué un rôle important dans la construction de l'État moderne[2] ; leur compétence technique a été un facteur de rationalisation de la gestion financière.

Parmi les juridictions financières contemporaines, la Cour des comptes[3] est à la fois la plus ancienne et la plus connue ; créée en 1807 sous sa forme moderne, ses attributions ont toutefois, en plus de 200 ans, fortement évolué, et elles sont aujourd'hui très diversifées[4].

Composée de sept chambres, dont une chambre du contentieux et six autres chambres « administratives », la Cour des comptes se trouve aujourd'hui à la tête d'un réseau de chambres régionales et territoriales des comptes (CRTC)[5] qui, bien qu'elles n'exercent plus d'attributions juridictionnelles depuis le 31 décembre 2022, n'en demeurent pas moins composées de magistrats. À noter que certains magistrats de CRTC siègent à la chambre du contentieux de la Cour des comptes, cette chambre étant composée de façon mixte de magistrats des CRTC et de la Cour des comptes.

À la même date a disparu la Cour de discipline budgétaire et financière (CDBF)[6], juridiction spéciale qui existait depuis 1948, et qui avait la particularité d'être composée de façon mixte par des membres du Conseil d'État et de la Cour des comptes. Dépendant de la Cour des comptes dans son fonctionnement, la CDBF était la juridiction de droit commun du régime de responsabilité financière des gestionnaires publics jusqu'au transfert de ce contentieux financier répressif à la chambre du contentieux de la Cour des comptes.

À cet égard, on peut distinguer la notion de « juridiction financière » de celle de « juridiction des comptes », ou « juge des comptes » : la première notion est plus englobante (d'où l'appellation de « code des juridictions financières »), la seconde faisant référence à la fonction de jugement des comptes, longtemps la plus importante, voire la seule, mais désormais résiduelle[7].

1. Sur l'histoire des juridictions financières, v. s^{s} n°s 041.11 s.
2. J.-P. Genet, Chambres des comptes des principautés et genèse de l'État moderne, *in* P. Contamine et O. Mattéoni (dir.) *La France des principautés. Les Chambres des comptes XIVe et XVe siècles*, Colloque tenu aux archives départementales de l'Allier les 6, 7 et 8 avril 1995, CHEFF 1996, p. 267.
3. V. plus loin, v. s^{s} n° 121.11.
4. Sur les attributions de la Cour des comptes, v. s^{s} n° 111.11.
5. Sur les chambres régionales et territoriales des comptes, v. s^{s} n° 141.11.
6. Sur la CDBF, v. s^{s} n° 151.11.
7. Sur le champ résiduel du jugement des comptes, depuis la réforme entrée en vigueur le 1er janvier 2023, et du régime de responsabilité personnelle et pécuniaire des comptables publics, v. s^{s} n°s 112.11 s., 611.11 s.

La CDBF n'a jamais été une juridiction des comptes, n'ayant toujours eu qu'une fonction purement répressive. Si la notion de « juge des comptes » demeure sans doute la plus « populaire », c'est sans doute à cause de l'appellation historique de la Cour des comptes.

Si avec la réforme entrée en vigueur le 1er janvier 2023 une juridiction financière a disparu (la CDBF), une autre a vu le jour : la Cour d'appel financière (CAF) [1]. Si cette juridiction financière la plus récente présente quelques ressemblances avec l'ancienne CDBF (mixité des membres issus du Conseil d'État et de la Cour des comptes ; dépendance matérielle de la Cour des comptes), elle assure toutefois des fonctions différentes : là où la CDBF était juge en premier et dernier ressort, la CAF ne s'occupe que des appels [2].

Enfin, on peut, avec Stéphanie Damarey qui y a consacré sa thèse [3], ranger le Conseil d'État parmi les juridictions financières dans la mesure où il intervient beaucoup dans la matière financière publique, surtout (mais pas seulement) en tant que juge de cassation des arrêts des autres juridictions financières.

10.12 La diversité des attributions des juridictions financières. Les juridictions financières se distinguent entre elles par la diversité de leurs attributions ; en outre, celles-ci ont fortement évolué dans le temps [4], y compris récemment (réforme entrée en vigueur le 1er janvier 2023).

On peut distinguer les juridictions financières mono-attribution des juridictions ayant plusieurs attributions : la Cour des comptes et les chambres régionales et territoriales des comptes (CRTC) disposent de plusieurs attributions exercées en même temps ; la Cour d'appel financière (CAF) n'assure qu'une seule fonction, contentieuse, celle de juge d'appel, comme l'ancienne Cour de discipline budgétaire et financière (CDBF), purement contentieuse, mais en premier et dernier ressort.

La Cour des comptes en revanche cumule de nombreuses fonctions différentes en son sein : des attributions contentieuses (l'une de ses chambres exerce la fonction contentieuse : la chambre du contentieux de la Cour des comptes, les autres chambres ayant perdu leurs fonctions juridictionnelles, de jugement des comptes des comptables, au 31 déc. 2022) ainsi que des attributions non contentieuses, donc administratives, parmi lesquelles il faut encore distinguer le contrôle des comptes et de la gestion [5], le contrôle de l'exécution budgétaire de l'État, l'évaluation des politiques publiques ainsi que la certification [6] des comptes de l'État et du régime général de la Sécurité sociale.

Du côté des CRTC, diversité également, mais avec des attributions en partie identiques, en partie différentes de celles de la Cour des comptes : examen des comptes et de la gestion, évaluation des politiques publiques, mais aussi contrôle des actes budgétaires [7], spécificité importante des CRTC ; en revanche, les chambres régionales ont perdu leurs compétences juridictionnelles, de jugement des comptes, dans le cadre de la récente réforme entrée en vigueur le 1er janvier 2023, fonction que désormais seules les chambres territoriales des comptes assurent encore [8].

1. Sur la CAF, v. ss no 131.11.
2. Sur les appels formés contre les arrêts de la chambre du contentieux de la Cour des comptes, v. procédure, v. ss no.
3. S. Damarey, *Le juge administratif, juge financier*, Dalloz, coll. Nouvelle bibliothèque de thèses, 2001.
4. Sur l'histoire des juridictions financières, v. ss no 041.11.
5. Sur le contrôle des comptes et de la gestion, v. ss no 111.11.
6. Sur la certification de certains comptes par la Cour des comptes, v. ss no 114.11.
7. Sur le contrôle des actes budgétaires, v. ss no 113.11.
8. Sur la fonction juridictionnelle de jugement des comptes, devenue résiduelle, v. ss no 112.11.

TITRE

11. Contrôle de la régularité des gestions publiques et mise en évidence d'irrégularités

SECTION 0
ORIENTEUR

11.00 Sommaire du titre.

CHAPITRE

111. Contrôle des comptes et de la gestion, source du contentieux financier

SECTION 0
ORIENTEUR

111.00 **Sommaire du chapitre.**

111.01 **Textes applicables.**

> Cour des comptes

• **CJF,** art. L. 111-2 à L. 111-12, L. 141-1 à L. 141-12, L. 143-0-1 à L. 143-9 ; R. 111-3, R. 133-1 à R. 134-1, R. 141-1 à R. 141-9, R. 143-1 à R. 143-18, R. 143-27 à R. 143-30

> Chambres régionales des comptes

• **CJF,** art. L. 211-3 à L. 211-10, L. 241-1 à L. 241-12, L. 243-1 à L. 243-11, R. 241-1 à R. 241-11, R. 243-1 à R. 243-23

> Chambres territoriales des comptes

• **CJF,** art. LO 252-5 à L. 252-9-6, LO 254-1 à L. 254-7 [Saint-Barthélemy, Saint-Martin, Saint-Pierre-et-Miquelon], LO 262-5 à L. 262-11-2, LO 262-42 à L. 262-54, L. 262-63 à L. 262-74 [Nouvelle-Calédonie], L. 272-3-1 à L. 272-13, LO 272-40 à L. 272-52, L. 272-61 à L. 272-71 [Polynésie française]

111.02 **Jurisprudence de référence.**

• **Cons. const. 25 juill. 2001,** *Loi organique relative aux lois de finances*, déc. n° 2001-448 DC ; *GAJF*, 7e éd., n° 1

• **CE 8 févr. 1999,** *Commune de La Ciotat*, req. n° 169047

• **CE 19 janv. 2000,** *Société Distribleu*, req. nos 177914 et 177915

111.03 **Bibliographie indicative.**

Ouvrages. C. Descheemaeker, *La Cour des comptes*, Documentation française, 3e éd., 2005 – J. Magnet, L. Vallernaud, T. Vught, *La Cour des comptes, les institutions associées et les chambres régionales des comptes*, Berger-Levrault, 2e éd., 2007.

SECTION 1
EXTENSION DES COMPÉTENCES DE CONTRÔLE DE LA COUR DES COMPTES

§ 1
Principes généraux – compétence par détermination de la loi

111.11 **Présentation générale du champ de compétence de contrôle des juridictions financières.** La dualité de leurs attributions – contentieuses et non contentieuses – est consubstantielle aux juridictions financières.

Dès l'origine, la chambre des comptes de Paris avait été chargée de veiller à la conservation du domaine et avait été dotée à cet effet d'un pouvoir d'enregistrement et d'un droit de remontrance[1]. Si le pouvoir d'enregistrement a disparu à la Révolution, le droit de remontrance n'a cessé de s'étendre, sous une forme renouvelée, au XIXe et au XXe siècle. Initialement destinées au seul chef de l'État, les observations de la Cour des comptes ont été communiquées au Parlement dès 1832, puis mises à la disposition des citoyens depuis la publication du rapport public annuel (1939). La révision constitutionnelle de 2008 a placé cette mission au niveau suprême dans l'ordonnancement juridique : aux termes de l'article 47-2 de la Constitution, la Cour des comptes, « par ses rapports publics, [...] contribue à l'information des citoyens ». Ses attributions dans ce domaine n'ont cessé de s'étendre très au-delà de l'État et des personnes morales de droit public. Quant aux chambres régionales et territoriales des comptes (CRTC), leurs observations ont un caractère public et sont arrêtées au terme d'une procédure longue et complexe.

Au-delà de la formulation d'observations, les juridictions financières sont susceptibles de porter les irrégularités qu'elles constatent dans le cadre de leurs contrôles (budgétaires, de gestion, juridictionnels des comptes) à la connaissance des autorités de poursuite, par exemple les parquets judiciaires en cas d'infraction pénale[2] et le ministère public près la Cour des comptes pour les irrégularités relevant du régime de responsabilité financière des gestionnaires publics objet du présent ouvrage[3]. Les déférés qu'elles décident à cette occasion constituent une part très significative de ce contentieux et les décisions les plus célèbres de la CDBF font presque toutes suite à une transmission par la Cour des comptes ou une chambre régionale ou territoriale des comptes.

Si le jugement des comptes[4] est d'ordre public[5], si la certification des comptes[6] doit être conduite chaque année et si le contrôle des actes budgétaires[7] intervient sur saisine, le contrôle de la gestion, également appelé « examen de la gestion » ou « contrôle des comptes et de la gestion », est exercé de façon facultative[8]. Dans ce cadre, les juridictions financières contrôlent les comptes, les actes et la gestion d'organismes, dotés ou non de la personnalité morale. En revanche, elles ne contrôlent pas des personnes physiques (ordonnateurs, dirigeants, agents...). Si leurs interlocuteurs sont nécessairement des personnes physiques, et notamment les représentants légaux de l'organisme, celles-ci ne répondent pas de leurs seuls actes mais de l'ensemble de la gestion du service, y compris lorsque les actes en cause émanent de leurs prédécesseurs, de leurs subordonnés ou de l'organe délibérant.

Toutefois, les constats effectués dans ce cadre peuvent mettre en évidence des irrégularités susceptibles d'engager la responsabilité personnelle de leurs auteurs, en particulier devant la Cour des comptes dans le cadre du régime de responsabilité financière des gestionnaires publics. En pratique, la majorité des déférés adressés au ministère public près la Cour des comptes sont issus de contrôles de la gestion de la Cour ou des CRTC[9].

Notons enfin que le champ des justiciables de la Cour des comptes, pour le régime de responsabilité financière des gestionnaires publics, est directement lié à la compétence de contrôle des juridictions financières sur les organismes[10].

111.12 Compétence de contrôle de droit commun à l'égard des personnes publiques. Juge de droit commun des comptes publics depuis 1935[11] et désormais seul juge des gestionnaires publics, la Cour des comptes dispose aussi d'une compétence très large, mais non illimitée, en matière d'examen de la gestion.

L'article L. 111-3 du code des juridictions financières dispose que « la Cour des comptes contrôle les services de l'État et les autres personnes morales de droit public, sous réserve de la compétence attribuée aux chambres régionales et territoriales des comptes. » En principe, la Cour est donc compétente pour contrôler la gestion de l'ensemble des personnes publiques : État (services centraux, services déconcentrés, autorités administratives indépendantes, juridictions administratives et judiciaires), établissements publics nationaux, groupements d'intérêt public, autorités publiques indépendantes, personnes publiques *sui generis* (Banque de France...).

1. V. ss no 041.13.
2. CJF, art. L. 111-1, L. 211-1, L. 252-4-1, L. 262-4-1 et L. 272-3-1 A.
3. CJF, art. L. 142-1-1, L. 211-1, L. 252-4-1, L. 262-4-1 et L. 272-3-1 A.
4. Sur le jugement des comptes, qui a disparu sauf de façon résiduelle, le 31 déc. 2022, v. ss nos 042.11 s.
5. Même si le champ du jugement des comptes a été fortement réduit, aux seules chambres territoriales des comptes.
6. Sur la certification des comptes publics, v. plus loin ss nos 114.11 s.
7. Sur le contrôle des actes budgétaires, v. ss nos 113.11 s.
8. V. ss nos 111.114 et 111.115.
9. Entre le 1er janvier 2023 et le 30 juin 2024, sur les 103 déférés reçus par le Parquet général près la Cour des comptes, 65 provenaient des juridictions financières (dont 50 issus des CRTC, et 15 issus de la Cour des comptes), 28 étaient le fait de créanciers et 10 déférés provenaient d'autorités extérieures de déféré (inspections générales, directeurs départementaux de finances publiques...).
10. Sur le champ des justiciables, au contentieux, v. ss nos 311.11 et 311.21.
11. Pour la situation avant 1935, v. ss no 041.32.

Les interventions de la Cour des comptes, avec les suites administratives ou contentieuses qui s'y attachent, s'étendent aux cabinets des ministres [1], à des assemblées comme le conseil économique, social et environnemental [2], voire aux pouvoirs publics comme la présidence de la République, depuis 2009 [3], et le Parlement, l'usage subordonnant de tels contrôles à l'accord des assemblées [4].

Certaines dispositions législatives prévoient que des organismes relèvent du contrôle de la Cour des comptes [5], alors que de telles précisions apparaissent inutiles lorsqu'elles visent des personnes publiques, compte tenu des termes de l'article L. 111-3 du code des juridictions financières. Tel était le cas pour la caisse des dépôts et consignations jusqu'en 2019 [6] ; tel est encore le cas pour les établissements publics à caractère industriel ou commercial [7] et certains groupements d'intérêt public ou groupements de coopération sanitaire, pour lesquels le contrôle de la Cour peut être prévu par les textes les instituant.

Le champ des justiciables de la Cour, au contentieux, est directement lié au champ de compétence des juridictions financières en matière de contrôle de la gestion des organismes [8].

111.13 Contrôle des collectivités locales par la Cour des comptes. La compétence de la Cour des comptes à l'égard des collectivités relevant du contrôle des chambres régionales des comptes semble exclue par les termes de l'article L. 111-3, dont l'expression « sous réserve » [9] a institué une compétence d'exception au profit des CRTC. De fait, depuis l'exercice 1983, la Cour n'a jamais procédé au contrôle de collectivités locales, à l'exception des cas particuliers prévus par la loi. Il s'agit de la commission des comptes de la questure du conseil de Paris [10] et du centre national de la fonction publique territoriale, établissement public à caractère spécifique régi par les règles relatives à la comptabilité des établissements publics locaux à caractère administratif et relevant, pour le contrôle de ses actes budgétaires, de la chambre des comptes d'Île-de-France [11] mais soumis à la Cour des comptes pour l'examen de sa gestion.

Deux considérations amènent toutefois à nuancer l'affirmation de l'incompétence de principe de la Cour. En premier lieu, l'article L. 136-3 du code des juridictions financières, qui traite du rapport public annuel, évoquait dans son ancienne rédaction la partie du rapport « établie notamment sur la base des observations des chambres régionales des comptes et consacrée aux collectivités territoriales ». Cette formule, qui a disparu dans le nouvel article L. 143-8, subsiste pour les collectivités relevant des chambres territoriales des comptes [12]. L'adverbe « notamment » paraît laisser entendre que des observations intéressant les collectivités locales pourraient ne pas émaner des chambres territoriales, ce qui réserverait une place à la Cour des comptes. Mais il pourrait aussi être soutenu que l'expression viserait les décisions des chambres contenues dans d'autres documents que les rapports d'observations (jugements, avis, communications diverses).

En deuxième lieu et plus largement, la loi du 13 décembre 2011 [13] a habilité les commissions des finances et les commissions d'enquête du Parlement (article L. 132-5), ainsi que le Premier ministre (article L. 132-7), à lui demander « toute enquête sur la gestion des services ou organismes soumis à son contrôle ou à celui des chambres régionales ou territoriales des comptes » [14]. Ces dispositions ouvrent à la Cour un champ potentiellement très large mais qu'elle ne peut explorer qu'à la demande du Gouvernement ou du Parlement. Les pouvoirs publics n'ont cependant fait, jusqu'à présent, qu'un usage limité de ces dispositions.

1. PAR EX. : CDBF 13 juill. 2011, *Rectorat de Paris – Inspecteurs de l'académie de Paris (IAP)*, n° 177-684 ; *Rec.* 158 ; *AJDA* 2011. 2466, chron. C. Michaut et P. Sitbon ; *GFP* 2013, n° 5, p. 74, note S. Damarey, M. Lascombe et X. Vandendriessche.
2. CDBF 23 avr. 2012, *Conseil économique et social*, n° 182-682 ; *Rec.* 193 ; *AJDA* 2012. 1277, chron. C. Michaut et P. Sitbon ; *GFP* 2013, n° 5, p. 83, note S. Damarey, M. Lascombe et X. Vandendriessche.
3. V. les rapports annuels de la Cour des comptes sur les comptes et la gestion des services de la présidence de la République, publiés par la DILA.
4. Ainsi du contrôle des services de l'Assemblée nationale à la demande du président B. Accoyer (rapport non publié). Ces contrôles sont à distinguer de la mission contractuelle de certification des comptes des deux assemblées, confiée à la Cour depuis 2013.
5. PAR EX., l'art. 29 de la L. n° 2018-202, 26 mars 2018 relative à l'organisation des jeux Olympiques et Paralympiques de 2024.
6. CJF, anc. art. L. 131-3.
7. CJF, art. L. 133-1.
8. Sur le lien entre compétence de contrôle sur des organismes (personnes morales) et compétence sur leurs gestionnaires (personnes physiques), au contentieux, v. s[s] n°s 311.21 s.
9. CJF, art. L. 111-3 : « La Cour des comptes contrôle les services de l'État et les autres personnes morales de droit public, sous réserve de la compétence attribuée aux chambres régionales et territoriales des comptes. »
10. CJF, art. L. 231-6, jusqu'à son abrogation par la L. n° 2008-1091, 28 oct., *JO* 29 oct.
11. CJF, art. L. 232-7.
12. CJF, art. L. 251-2, applicable à Saint-Barthélemy, Saint-Martin et Saint-Pierre-et-Miquelon, L. 261-2, applicable en Nouvelle-Calédonie, et L. 271-2, applicable en Polynésie française.
13. L. n° 2011-1862, 13 déc. 2011 relative à la répartition des contentieux et à l'allègement de certaines procédures juridictionnelles, *JO* 14 déc.
14. V. s[s] n° 111.115.

Il reste enfin que les collectivités et les établissements publics locaux qui, par exception, ne ressortiraient pas à la compétence d'une chambre régionale ou territoriale des comptes, relèvent du contrôle de la Cour des comptes. Initialement importante, cette catégorie est désormais restreinte aux Terres australes et antarctiques françaises (TAAF), au territoire de Wallis et Futuna et aux collectivités et établissements publics qui le composent[1].

111.14 Compétence de contrôle de la Cour des comptes à l'égard des personnes morales de droit privé par détermination de la loi. À l'inverse des personnes publiques, à l'égard desquelles elle dispose d'une compétence de droit commun, c'est par exception que la Cour des comptes sera compétente pour contrôler la gestion d'une personne privée. Cette exception peut résulter de la loi (désignation directe : est ainsi visée la Fondation du patrimoine[2]) ou de l'application de critères fixés par les textes et appelant une interprétation éclairée par le ministère public, qui donne un avis de compétence[3].

En pratique, la Cour des comptes ne s'estime pas tenue de procéder à de tels contrôles[4]. Elle ne les lance qu'à la condition que soient remplis les critères de droit commun qui régissent sa compétence facultative et que ce contrôle prenne place dans sa politique de programmation.

§ 2
Entreprises publiques et filiales

111.21 Contrôle de la gestion des entreprises publiques. L'article L. 111-4 du code des juridictions financières dispose que la Cour des comptes « contrôle les entreprises publiques ». Il s'agit d'une attribution héritée de la commission de vérification des entreprises publiques (CVCEP), créée en 1948 et dont les attributions ont été dévolues à la Cour des comptes en 1976.

La notion d'entreprise publique ne constitue pas une catégorie juridique homogène. Toutefois, si, traditionnellement, le Conseil d'État pouvait évoquer dans sa jurisprudence « l'absence de toute définition générale de l'entreprise publique »[5], cette affirmation mérite aujourd'hui d'être sérieusement nuancée à la lumière du code des juridictions financières, qui procède par énumération pour déterminer le périmètre de compétence de la Cour des comptes à l'égard de cette catégorie d'organismes. La liste du code demeure proche de celle retenue par des textes comme l'ordonnance du 17 août 1967[6] ou le décret du 22 octobre 1984[7].

Les entreprises publiques soumises au contrôle de la Cour des comptes sont mentionnées aux articles L. 133-1 et L. 133-2 du code des juridictions financières.

L'article L. 133-1, dans sa version actuelle[8], vise les établissements publics de l'État à caractère industriel et commercial[9] et les sociétés dans lesquelles l'État détient la majorité du capital social ou des voix dans les organes délibérants ou sur lesquelles il exerce, directement ou indirectement, un pouvoir prépondérant de décision ou de gestion.

L'article L. 133-2 concerne, sous réserve de la compétence des CRTC, les autres organismes et établissements publics qui exercent une activité industrielle ou commerciale.

111.22 Contrôle de la gestion des filiales. L'article L. 133-5 du code des juridictions financières soumet au contrôle de la Cour des comptes :

– les sociétés et organismes, quel que soit leur statut juridique, dans lesquels des organismes déjà soumis au contrôle de la Cour détiennent plus de la moitié du capital ou des voix dans les organes délibérants, ou exercent, directement ou indirectement, un pouvoir de décision ou de gestion (*a*) ;

– les filiales des organismes visés au *a* lorsque ces organismes détiennent dans lesdites filiales, séparément, ensemble ou conjointement avec des organismes déjà soumis au contrôle de la Cour des comptes, plus de la moitié du capital ou des voix ou exercent, directement ou indirectement, un pouvoir prépondérant de décision ou de gestion (*b*).

Ces différents organismes relèvent du contrôle facultatif de la Cour des comptes, et leurs gestionnaires sont justiciables de la Cour[10]. Les conditions précitées sont alternatives et non cumulatives, la

1. L. n° 61-814, 29 juill. 1961 conférant aux îles Wallis et Futuna le statut de territoire d'outre-mer, art. 33, *JO* 30 juill., p. 7019.
2. CJF, art. L. 111-12, issu de la L. n° 96-590, 2 juill. 1996.
3. V. s[s] n° 111.122.
4. À noter que même si la Cour n'exerce pas sa faculté de contrôle sur la personne morale, les gestionnaires sont justiciables au contentieux : V. s[s] n° 311.26.
5. CE 10 juill. 1972, *Compagnie Air Inter*, req. n° 77961 ; *Lebon* 537.
6. Ord. n° 67-693, relative à la participation des salariés au fruit de l'expansion des entreprises, *JO* 18 août, p. 8288.
7. Décr. n° 84-966, instituant un répertoire des entreprises contrôlées majoritairement par l'État, *JO* 28 oct., p. 3380.
8. Issue de l'Ord. n° 2016-1360, 13 oct. 2016 modifiant la partie législative du code des juridictions financières, *JO* 14 oct.
9. Lorsqu'une entreprise publique a la forme d'un EPIC, il s'agit certes d'une personne morale de droit public au sens de la compétence générale donnée par l'article L. 111-3 du code des juridictions financières, mais les règles spéciales, notamment de procédure, régissant les entreprises publiques s'appliquent également aux EPIC (p. ex. CJF, art. L. 143-3).
10. Sur la justiciabilité des gestionnaires ou agents d'entreprises publiques, v. s[s] n°s 311.21, 313.72 s.

satisfaction d'un seul critère, par exemple la détention de la majorité des voix, suffisant à assurer la compétence de la Cour quand bien même l'autre ne serait pas rempli. La détention de la majorité du capital s'apprécie par application du principe de « transparence des relations de pouvoir » : « la détention par une société A de la majorité dans une société B qui détient la majorité d'une société C donne à la société A le contrôle majoritaire de la société C »[1]. Dans une telle configuration, la compétence de la Cour pour contrôler la société A lui permet de contrôler les sociétés B (au titre du *a*) *et* C (au titre du *b*).

La notion de pouvoir prépondérant de décision ou de gestion relève d'une appréciation au cas par cas prenant notamment en compte l'existence d'une minorité de blocage au profit du seul actionnaire public, la consolidation des comptes par intégration globale ou des prérogatives particulières comme la désignation de la majorité des membres des organes d'administration, de direction ou de surveillance, voire du seul directeur général par l'État ou sur proposition d'un organisme soumis au contrôle de la Cour des comptes.

Cette compétence de la Cour des comptes à l'égard des entreprises publiques a représenté, en 1976, une extension importante des prérogatives de la juridiction. Son importance relative au sein des travaux de la Cour, qui suit exactement l'évolution du périmètre du secteur public, a connu un effacement progressif à mesure des modifications intervenues dans la structure du capital de ces entreprises. Elle a cependant permis de mettre en évidence nombre d'affaires ayant donné lieu à des poursuites devant la CDBF puis la chambre du contentieux de la Cour des comptes, par exemple dans les dossiers France Télécom[2] et Crédit Lyonnais[3], ou plus récemment France Media Monde[4].

1. C. Descheemaeker *La Cour des comptes*, Documentation française, 3e éd., 2005.
2. CDBF 25 juill. 2008, *France Télécom ; Rec.* p. 82 ; *AJDA* 2008. 2435, note N. Groper et C. Michaut ; *GFP* 2011, p. 388, note M. Lascombe et X. Vandendriessche ; A. Froment-Meurice, J.-Y. Bertucci, N. Hauptmann et C. Michaut, *GAJF*, Dalloz, 7e éd. 2019, n° 51, p. 595 ; M. Degoffe, « La Cour de discipline budgétaire et financière réprime les infractions aux règles d'exécution des dépenses commises par le président de France Télécom », *Revue des sociétés* 2008, p. 858.
3. CDBF 24 févr. 2006, *Sté Altus Finance*, 2e arrêt ; *AJDA* 2006. 1249, note N. Groper et C. Michaut ; *JCP* 2006, n° 38, II, 10152, note J.-P. Gastinel ; *Rev. Trésor* 2006. 910, note M. Lascombe et X. Vandendriessche ; *RFDA* 2006. 624, note M. Lascombe et X. Vandendriessche ; *Lebon* 650 ; *Rec.* 74.
4. C. comptes 21 juin 2024, *France Médias Monde (FMM)*, n° 860, S-2024-0793 ; *JCP Adm.* 2024. 2207, note S. Damarey ; *AJDA* 2024. 1859, chron. N. Péhau et L. Vergallo.

§ 3
Sécurité sociale, secteur social et médico-social

111.31 Contrôle de la gestion des institutions de la sécurité sociale. Aux termes de l'article L. 111-5 du code des juridictions financières, « la Cour des comptes contrôle les institutions de la sécurité sociale ». Cette compétence de contrôle, qui remonte à 1950[5] et qui emporte la justiciabilité des gestionnaires de ces organismes au contentieux[6], prend plusieurs formes.

Il convient de placer à part les établissements publics nationaux « têtes de réseau », dotés d'un comptable public et qui relèvent du contrôle de la Cour des comptes en application de l'article L. 111-3 du code. Il s'agit, pour l'essentiel, des caisses nationales de l'assurance maladie (CNAMTS), des allocations familiales (CNAF), de l'assurance vieillesse (CNAVTS) et de l'agence centrale des organismes de sécurité sociale (ACOSS, devenue en 2021 URSSAF Caisse nationale), qui en assure le financement. Cette catégorie comprend également des établissements à l'objet plus spécialisé comme la caisse nationale militaire de sécurité sociale ou l'établissement national des invalides de la marine.

À côté de ces établissements publics, sont concernés, en vertu de l'article L. 134-1, les organismes privés jouissant de la personnalité civile ou dotés de l'autonomie financière et gérant en tout ou en partie un régime légalement obligatoire de prestations familiales ou d'assurance contre certains risques. Ces risques sont énumérés par la loi : maladie, maternité, vieillesse, invalidité, décès, accidents du travail et maladies professionnelles. Ils ne comprennent donc pas l'assurance chômage. La liste des organismes en cause est beaucoup plus longue, qui inclut entre autres les caisses « de base » du régime général (caisses primaires d'assurance maladie, caisses d'allocations familiales, CARSAT, URSSAF...), l'ensemble des organismes de mutualité sociale agricole, du régime social des indépendants ou des régimes spéciaux.

Cette compétence s'étend à divers organismes liés aux services précités comme les centres régionaux de formation et de perfectionnement professionnel (CRFP), les unions immobilières des organismes de sécurité sociale (UIOSS), les unions pour la gestion des établissements des caisses d'assurance maladie (UGECAM), les centres de traitement informatique

5. En vertu de la L. n° 49-1650, 31 déc. 1949 étendant le contrôle de la Cour des comptes aux organismes de sécurité sociale, *JO* 4 janv., p. 115. – Collectif, *L'attribution à la Cour des comptes du contrôle de la sécurité sociale en 1950*, La Documentation française, 2015.
6. Sur la justiciabilité des gestionnaires d'organismes de la sécurité sociale, v. ss n° 313.91.

(CTI, branche maladie) et les fédérations ou unions de caisses.

Les dispositifs d'assurance maladie et d'assurance vieillesse font également place, à côté du régime de base, à des régimes complémentaires et supplémentaires qui peuvent être à caractère facultatif ou obligatoire. Dans un premier temps, la Cour des comptes, se fondant notamment sur un avis du Conseil d'État du 20 mars 1956, a considéré que les régimes complémentaires de retraite des salariés du secteur privé, quoique revêtant un caractère obligatoire depuis la loi du 29 décembre 1972, ne relevaient pas, sauf exception, de son contrôle. Cette position, exprimée notamment dans le rapport public de 1980, a évolué à la faveur d'une évolution des textes applicables à la Cour des comptes, et en particulier de la loi constitutionnelle du 22 février 1996, des dispositions applicables aux régimes et institutions de retraite complémentaire ou de prévoyance [1] et de la jurisprudence tant de la Cour de cassation que de la Cour de justice des Communautés européennes à l'égard des régimes complémentaires obligatoires. Dans un référé adressé le 31 octobre 1997 au ministre de l'Emploi et de la solidarité, le premier président de la Cour des comptes a affirmé la compétence de la Cour à l'égard des régimes de retraite complémentaire des salariés du secteur privé, ce qui permet en particulier le contrôle des régimes gérés par l'association générale des institutions de retraite des cadres (AGIRC) et l'association des régimes de retraites complémentaires (ARRCO).

111.32 Secteur sanitaire, social et médico-social. La Cour des comptes peut contrôler les personnes morales de droit privé à caractère sanitaire, social ou médico-social mentionnées à l'article L. 312-1 du code de l'action sociale et des familles et à l'article L. 6111-1 du code de la santé publique et financées par l'État, ses établissements publics ou l'un des organismes mentionnés à l'article L. 134-1 du code des juridictions financières [2]. Depuis une loi de 2023 [3], la compétence de la Cour s'étend également aux personnes morales qui exercent un contrôle, au sens de l'article L. 233-3 du code de commerce, sur ces mêmes établissements et services, ainsi que sur celles qui détiennent plus de la moitié des voix dans les organes délibérants ou qui exercent, directement ou indirectement, un pouvoir prépondérant de décision ou de gestion sur ces mêmes établissements et services [4].

Il s'agit de la plus récente des attributions de contrôle de la Cour des comptes. Elle s'exerce en concurrence avec celles des CRTC, qui sont définies en termes rigoureusement identiques par les articles L. 211-7, L. 252-9-1, L. 262-10 et L. 272-8 du CJF [5]. Elle vient confirmer, *a contrario*, l'interprétation constante de la Cour des comptes, dictée par son parquet général, selon laquelle les sommes versées aux établissements sociaux et médico-sociaux par l'assurance maladie ou les collectivités locales ne constituent pas des concours financiers publics [6]. L'enjeu de cette disposition nouvelle est de taille puisqu'elle permet à la Cour comme aux chambres de contrôler désormais, entre autres, les cliniques privées.

La disposition initiale avait été soumise à l'examen du Conseil constitutionnel qui, en 2016, l'avait déclarée conforme à la Constitution sous la réserve suivante :

« Considérant [...] que les personnes morales de droit privé à caractère sanitaire, social ou médico-social mentionnées à l'article L. 312-1 du code de l'action sociale et des familles et à l'article L. 6111-1 du code de la santé publique sont régies par des statuts législatifs particuliers et participent à la mise en œuvre de la politique de santé publique ; que, d'une part, celles mentionnées à l'article L. 312-1 du code de l'action sociale et des familles sont soumises à un régime d'autorisation et, d'autre part, celles mentionnées à l'article L. 6111-1 du code de la santé publique sont soumises à une procédure de certification ; que ces personnes morales de droit privé perçoivent des ressources publiques provenant de personnes ou d'organismes eux-mêmes soumis au contrôle de la Cour des comptes ou des chambres régionales des comptes ; qu'ainsi, la nécessité pour l'État de contrôler l'emploi des ressources que ces personnes morales de droit privé perçoivent est de nature à justifier l'instauration d'un régime spécifique de contrôle ; qu'il appartiendra toutefois au pouvoir réglementaire de veiller, en fixant les modalités de mise en œuvre de ces contrôles, au respect des principes constitutionnels de la liberté d'entreprendre ou de la liberté d'association des personnes morales de droit privé concernées ; que les dispositions de l'article 109 doivent être déclarées conformes à la Constitution » [7].

1. L. n° 89-474, 10 juill. 1989, portant dispositions relatives à la sécurité sociale et à la formation continue des personnels hospitaliers, *JO* 12 juill., p. 8759 ; – L. n° 89-1009, 31 déc. 1989, renforçant les garanties offertes aux personnes assurées contre certains risques, *JO* 2 janv. ; – L. n° 94-678, 8 août 1994, relative à la protection sociale complémentaire des salariés et portant transposition des directives n°s 92-49 et 92-96 des 18 juin et 10 novembre 1992 du Conseil des communautés européennes, *JO* 10 août.
2. CJF, art. L. 111-7.
3. L. n° 2023-1268, 27 déc. 2023 visant à améliorer l'accès aux soins par l'engagement territorial des professionnels, art. 34, *JO* 28 déc.
4. CJF, art. L. 111-7.
5. V. s^s n° 111.75.
6. V. s^s n°s 111.41 s.
7. Cons. const. 21 janv. 2016, Loi de modernisation de notre système de santé, n° 2015-727 DC ; § 71.

Les dispositions réglementaires d'application de ce texte sont très peu contraignantes. Elles prévoient tout d'abord que le contrôle peut porter sur les comptes et la gestion des personnes morales concernées ou sur ceux d'un ou plusieurs de leurs établissements, services ou activités[1]. Elles précisent aussi que lorsque la personne morale contrôlée poursuit des activités distinctes de celles présentant un caractère sanitaire, social ou médico-social, le contrôle porte sur les seuls établissements, services ou activités entrant dans le champ des articles L. 312-1 du code de l'action sociale et des familles et L. 6111-1 du code de la santé publique[2].

§ 4
Concours financier

111.41 Organismes bénéficiant d'un concours financier public. L'article L. 111-6 du code des juridictions financières permet le contrôle, par la Cour des comptes, des organismes qui bénéficient du concours financier de l'État, d'une autre personne soumise au contrôle de la Cour ou de l'Union européenne[3].

C'est donc la notion de concours financier, aux contours juridiques incertains, qui détermine la mise en œuvre de cette disposition. Or cette notion propre aux juridictions financières n'est pas définie par le code. Il est en conséquence revenu à la Cour elle-même et à son parquet, qui doit se prononcer systématiquement sur ce point, d'en préciser le champ exact, en théorie sous le contrôle du juge administratif.

Il est cependant à noter que, si la juridiction financière a eu parfois une conception extensive de ses prérogatives, son interprétation n'a, à ce jour, jamais suscité de contentieux.

Par exception, certaines dispositions spécifiques viennent interdire à la Cour des comptes de contrôler des organismes destinataires de concours financiers publics. De telles dérogations exigent une loi. Tel est par exemple le cas de la loi du 11 mars 1988[4], dont l'article 10 soustrait expressément au contrôle de la Cour les partis et groupements politiques bénéficiaires des financements de l'État.

111.42 Forme et objet du concours financier. La forme du concours financier est indifférente, l'intervention de la puissance publique pouvant être exprimée en espèces, le plus souvent par le biais d'une subvention, ou en nature, par exemple par la mise à disposition de locaux ou de personnel ou par la prise en charge de dépenses ; elle peut être directe et résulter d'un flux financier, ou indirecte et liée à une amélioration de la situation de son bénéficiaire. Elle doit cependant constituer un « avantage économique » selon les termes de la jurisprudence, et en particulier pouvoir être évaluée, lorsque la compétence des juridictions financières est subordonnée au franchissement de seuils[5]. La notion de concours financier s'apparente à la notion d'aide d'État au sens de l'article 107, § 1 du traité sur le fonctionnement de l'Union européenne (TFUE), sans s'y assimiler exactement.

Tout flux financier ne saurait, à cet égard, être regardé comme un concours financier. Tel n'est en particulier pas le cas des sommes versées par l'État ou par d'autres organismes publics au titre de l'aide sociale, du financement des hôpitaux ou de l'enseignement privé[6] ; il ne s'agit pas de subventions mais de la rétribution ou au moins de la contrepartie d'une prestation offerte par l'organisme, dans une logique proche de l'achat public, ou d'une aide au bénéficiaire final (l'élève, le malade, la personne aidée) mais non au profit de l'organisme gestionnaire du service. Cette interprétation est conforme à la jurisprudence du Conseil d'État sur la nature des prix de journée consentis aux établissements à caractère sanitaire et social[7]. Elle a parfois été contestée, parce que la prestation délivrée par l'organisme n'est pas directement destinée au financeur, et parce qu'il s'agit moins d'une aide tarifée à la personne que du résultat d'une discussion budgétaire entre l'État et l'organisme en question. Il sera néanmoins observé que la personne publique peut alors être regardée comme souscrivant à une logique de prescription au profit d'un tiers (le bénéficiaire final). De plus, les versements imposés par la loi selon des règles tarifaires arrêtées dans des conditions fixées par les textes ne revêtent pas le caractère discrétionnaire, dans leur principe ou leur montant, qui caractérise en général les subventions.

111.43 Concours financier et prix. Plus généralement, le concours financier se distingue du prix, c'est-à-dire de l'achat de prestations. L'achat ne pourra être regardé comme un concours financier que si ce versement aboutit, par son importance, à accorder à son bénéficiaire une rémunération hors de proportion avec le service rendu[8].

1. CJF, art. R. 143-25.
2. CJF, art. R. 143-26.
3. Cette compétence de contrôle emporte également la justiciabilité des gestionnaires de ces organismes dans le cadre du régime de responsabilité des gestionnaires publics : V. s[s] n° 311.26.
4. L. n° 88-227, 11 mars 1988 relative à la transparence financière de la vie politique (art. 10, al. 2), *JO* 12 mars, p. 3290.
5. CJF, art. L. 211-8. – V. s[s] n° 111.74.
6. V. cependant s[s] n° 111.43.
7. CE 6 juill. 1994, *Comité mosellan de sauvegarde de l'enfance, de l'adolescence et des adultes*, req. n° 110494, *Lebon*.
8. CE, avis n° 352-155, 23 mars 1993 sur la compétence de la Cour à l'égard du Crédit foncier et du Crédit national, Consiliaweb.

Au-delà des quelques exemples que la jurisprudence administrative offre sur la distinction entre subvention et rémunération pour service rendu, la qualification à retenir résulte d'un faisceau d'indices permettant d'appréhender la nature de la dépense publique à partir d'un certain nombre de critères tant formels que substantiels : modalités du choix des partenaires, relations entre le donneur d'ordre et le bénéficiaire de la prestation, degré de précision dans la définition de la prestation, modalités de détermination de la somme acquittée par le donneur d'ordre, niveau de couverture des coûts affichés, modalités de règlement, imputation de la dépense, etc.

L'approche prudente ainsi retenue par la Cour des comptes ne la prive pas de tout contrôle : s'agissant par exemple des établissements d'enseignement privés placés sous contrat d'association, elle pourra procéder à des vérifications sur les justifications présentées en vue de la rétribution des enseignants, dont la rémunération et les charges sociales correspondantes sont prises en charge par l'État, ainsi que les subventions d'investissement qui pourraient leur être accordées. Ces diverses sommes représentent une partie importante des ressources des établissements mais leur contrôle ne permet pas de conduire des investigations sur l'ensemble de leur gestion. Dans des conclusions récentes [1], le parquet général a toutefois annoncé une évolution de sa position classique concernant l'incompétence de la Cour à l'égard des établissements de l'enseignement privé sous contrat et des organismes de gestion de l'enseignement catholique (OGEC). On ne saurait, à ce stade, en déduire une évolution de la notion de concours financier au-delà de ce cas spécifique.

111.44 Garanties d'emprunt. Parmi les différentes formes d'interventions économiques en faveur des entreprises, les garanties d'emprunt présentent des particularités au regard de la mise en œuvre de l'article L. 111-6. Si les garanties d'emprunt relèvent du régime des aides d'État au sens de l'article 107 du TFUE lorsqu'elles répondent aux conditions dégagées par la jurisprudence communautaire, elles ne sont traditionnellement réputées constituer un concours financer au sens du code des juridictions financières que lorsqu'elles ont joué [2] ou que, eu égard à la situation du débiteur principal, elles apparaissent comme un transfert de risques à la charge de la collectivité publique [3] : le mécanisme de défaisance et le report complet des risques de l'organisme de défaisance sur l'organisme public auquel il était adossé avaient alors justifié, en raison de la perspective probable de pertes, de qualifier de concours financiers les garanties à première demande et cautions apportées par le GAN à Bâticrédit.

Cette position traditionnelle, relativement restrictive, a subi une forte inflexion lorsque la Cour des comptes a été sollicitée par le président de la République, lors de la crise financière de 2008-2009, pour procéder à un contrôle de l'emploi des concours financiers accordés par l'État à différents établissements de crédit. Pour procéder à ces investigations, qui ont fait l'objet d'un rapport public publié en 2009, la Cour a d'abord dû s'assurer de sa compétence à l'égard de la société pour le financement de l'économie française (SFEF), en considérant que la garantie illimitée et à première demande que l'État apportait à cette société pour tous les titres de créances qu'elle émettait était un concours financier dans les conditions du marché, dont les liquidités n'auraient vraisemblablement pas permis une levée de fonds en l'absence d'intervention de la puissance publique [4].

Une autre difficulté portait sur les établissements refinancés par la SFEF : en principe, un prêt ne saurait en lui-même constituer un concours financier, sauf à établir que l'emprunteur a bénéficié de conditions privilégiées par rapport à celles qu'offrirait le marché, ce qui pouvait là encore être soutenu dans un contexte de tarissement général du crédit qui aurait pu exposer les établissements emprunteurs à une impossibilité de refinancement. C'est donc au terme d'une démarche *in concreto*, et dans une situation exceptionnelle, que la compétence de la Cour a pu être affirmée dans des conditions moins strictes que celles qui sont habituellement admises.

§ 5
Prélèvements obligatoires

111.51 Organismes bénéficiant d'un prélèvement obligatoire. Aux termes de l'article L. 111-6 du code des juridictions financières, la Cour des comptes peut contrôler les organismes qui bénéficient d'un prélèvement obligatoire au sens de l'article L. 133-4 du code. Ce dernier article prévoit trois catégories de prélèvements : les impositions de toute nature, les cotisations légalement obligatoires et les versements libératoires d'une obligation légale de faire.

1. Concl. nº C-2022-0133, 29 mars 2022, *Rec.* 176.
2. CDBF 25 mars 1987, *Mission laïque française*, CCP nº 3, p. 55. – En revanche, en droit communautaire, la mise en jeu de la garantie n'est pas regardée comme une aide nouvelle, et elle ne constitue donc pas un concours financier, sauf si le garant renonce à ses droits contre le bénéficiaire (TPI 19 oct. 2005, *Freistaat Thüringen c/ Commission*, p. II-4179, § 135).
3. Avis du procureur général, 30 oct. 1996 sur la société Bâticrédit, *Rec. p.* 286.
4. Avis du procureur général, 30 mars et 17 juill. 2009, *Rec.* 117 et 148.

111.52 Cotisations légalement obligatoires. Introduite en 1985, la notion de cotisation légalement obligatoire concerne des organismes auxquels la loi reconnaît la possibilité de prélever sur un secteur, en général professionnel, une contribution obligatoire : organismes gérant le régime d'assurance chômage, fédérations de chasseurs, ordres professionnels...

C'est à ce titre que la Cour des comptes a pu contrôler, au terme d'une longue résistance opposée par les représentants de la profession, les caisses de règlement pécuniaire des avocats (CARPA) et les barreaux, qui reçoivent des cotisations dont les conseils de l'ordre fixent le montant et dont le défaut de payement est sanctionné, en vertu de la loi du 31 décembre 1971, par des sanctions disciplinaires et l'interdiction d'exercer leur profession, ce qui a permis à la Cour des comptes d'y voir une cotisation légalement obligatoire au sens de l'article L. 111-6. Cette qualification a été confirmée par le Conseil d'État dans un avis non publié. Il en va de même des ordres médicaux, dont le contrôle a également donné lieu à une saisine de la Cour de discipline budgétaire et financière [1].

111.53 Versements libératoires d'une obligation légale de faire. Les organismes privés habilités à percevoir des versements libératoires constituent la dernière catégorie d'organismes mentionnée par l'article L. 133-4, introduite à l'occasion du vote de la loi du 12 avril 2000 [2]. Sont ici visées les sommes mises à la charge d'entreprises à défaut du respect d'une obligation légale et qui peuvent concerner des secteurs d'activité importants : « 1 % logement », emploi de travailleurs handicapés, formation professionnelle... C'est également à ce titre que la Cour des comptes a pu entreprendre le contrôle des « éco-organismes » à raison des contributions que leur versent les entreprises en application de l'article L. 541-10, II, du code de l'environnement.

Il est à noter que la compétence de la juridiction financière est fondée, en matière de prélèvements libératoires comme de cotisations légalement obligatoires, sur le fait que l'organisme en question est « habilité » à les percevoir ; la circonstance qu'il s'en abstienne ne saurait en conséquence faire obstacle au contrôle de la Cour des comptes [3].

1. CDBF 29 nov. 2018, *Ordre national des chirurgiens-dentistes*, n° 224-880 ; *Rec.* p. 190.
2. L. n° 2000-321, 12 avr. 2000 relative aux droits des citoyens dans leurs relations avec les administrations, *JO* 13 avr.
3. Il en va de même pour les organismes auxquels la loi reconnaît la possibilité de percevoir des cotisations légalement obligatoires. La Cour des comptes a ainsi pu procéder au contrôle de la gestion d'un ordre des avocats qui avait fixé à 0 le taux de cotisation de ses membres.

SECTION 2
COMPÉTENCES LIMITÉES DANS LE CHAMP DU CONTRÔLE

111.61 Trois cas de limitation du champ du contrôle. En principe, le droit de contrôle de la Cour des comptes s'étend à l'ensemble de la gestion de l'organisme contrôlé, cette compétence s'appréciant exercice par exercice. Il en va autrement dans trois cas, pour lesquels le champ du contrôle est limité [4] :

– l'existence d'un compte d'emploi en cas de concours financiers publics ;

– les délégations de service public ;

– le contrôle des ressources collectées en matière de générosité publique.

111.62 Compte d'emploi de recettes affectées et de concours financiers publics (CJF, article R. 133-1). Pour les organismes visés aux articles L. 133-3 et L. 133-4, lorsque le concours financier ou les recettes attribuées sont affectés à des dépenses déterminées et que leur montant ne dépasse pas 50 % des ressources totales de l'organisme bénéficiaire, le contrôle se limite au compte d'emploi du concours financier que l'organisme établit. Si ce compte d'emploi n'est pas produit, le contrôle porte sur l'ensemble des comptes et de la gestion [5].

La seconde phrase de cet article ne doit pas être interprétée *a contrario*. Pour justifier un contrôle limité au compte d'emploi, les trois conditions sont cumulatives : production d'un compte d'emploi (y compris s'il est établi pour les besoins du contrôle), affectation du concours financier, part inférieure à 50 % des recettes de l'organisme. Si l'une des trois vient à manquer, le contrôle porte sur la totalité de la gestion.

Lorsqu'elle joue, cette restriction porte sur le périmètre des investigations mais l'organisme doit bien être considéré comme « soumis au contrôle de la Cour des comptes » au sens du code des juridictions financières, à la différence du cas suivant.

111.63 Délégations de service public. Depuis une loi du 8 février 1995 [6], la Cour des comptes peut vérifier le rapport produit par le délégataire en application de l'article 40-1 de la loi dite Sapin du 29 janvier 1993. Ces dispositions ont été complétées en 2016, la compétence de la Cour portant désormais sur « les comptes que les délégataires de service public ont produits aux autorités délégantes » [7].

4. Cette limitation est toutefois sans incidence sur la justiciabilité des gestionnaires en matière contentieuse, s[s] n° 313.82.
5. CJF, art. R. 133-1.
6. L. n° 95-127, 8 févr. 1995 relative aux marchés publics et délégations de service public, *JO* 9 févr.
7. CJF, art. L. 111-11.

Le contrôle portera en conséquence sur le compte de la délégation et non sur les comptes du délégataire ou la gestion de ce dernier. Jusqu'en 2016, ce contrôle devait intervenir « dans le cadre du contrôle des comptes de l'autorité délégante ». Désormais, il n'est plus nécessaire qu'un examen de la gestion de la personne publique délégante ait été préalablement notifié.

111.64 Organismes faisant appel à la générosité publique. Depuis 1991, la Cour des comptes peut contrôler le compte d'emploi des ressources collectées auprès du public par les organismes faisant appel à la générosité publique[1].

Le contrôle ne porte pas, aux termes de la loi, sur la gestion de ces organismes mais sur « la conformité des dépenses engagées aux objectifs poursuivis par l'appel à la générosité publique ». Pourtant, en pratique, par une interprétation extensive de la notion de « conformité », la Cour s'est reconnu la possibilité de porter une appréciation sur la régularité du fonctionnement des instances ou de la gestion de ces organismes.

La Cour est également habilitée à exercer un « droit de suite » en procédant à « des vérifications » auprès des organismes qui recevraient des ressources collectées par les organismes soumis à son contrôle[2].

111.65 Organismes bénéficiant de dons ouvrant droit à un avantage fiscal. La loi du 1er août 2003[3] a confié à la Cour des comptes le contrôle de la conformité entre les objectifs affichés par les organismes faisant appel au mécénat et les dépenses réalisées par ceux-ci. Faute de décret d'application, cette disposition n'a pas été mise en œuvre. Elle a été remplacée, en vertu de la loi du 30 déc. 2009[4], par un texte de portée plus vaste qui habilite la Cour à contrôler la conformité entre les objectifs des organismes bénéficiant de dons ouvrant droit à un avantage fiscal et les dépenses financées par ces dons dès lors que les dons excèdent un seuil fixé à 153 000 euros[5].

En évoquant un contrôle de la conformité des dépenses aux « objectifs » poursuivis par l'organisme, le texte ne semble pas envisager que la Cour des comptes s'assure du fait que ce dernier est bien d'intérêt général au sens de la jurisprudence fiscale, au regard des trois critères du caractère « ouvert » de l'action, du caractère non lucratif de l'activité et du caractère désintéressé de la gestion, une telle vérification relevant d'un contrôle de la gestion de l'organisme lui-même ; il ne permet pas davantage de vérifier que le don a un caractère désintéressé, à partir d'une analyse des éventuelles contreparties obtenues par le donateur.

En cas de discordance entre les dépenses et les objectifs de l'appel à la générosité publique ou au mécénat, la Cour des comptes doit, aux termes du quatrième alinéa de l'article L. 143-2, assortir son rapport d'une déclaration de non-conformité, transmise au ministre chargé du budget et aux présidents des commissions des finances des deux assemblées, sans préjudice d'un éventuel déféré si a été commise l'une des infractions mentionnées au livre Ier du code des juridictions financières.

111.66 Perspectives d'évolution du champ de compétence de contrôle. Le champ de compétence de la Cour des comptes n'a donc cessé de s'étendre à l'égard des personnes privées depuis le décret-loi du 30 octobre 1935[6] qui soumettait à son contrôle les associations et fondations subventionnées. Encore l'intervention de la juridiction financière pouvait-elle alors s'expliquer par l'engagement de fonds publics en faveur d'organismes privés souvent associés à la mise en œuvre de l'action du gouvernement. Tel n'est plus le cas pour les délégations de service public, l'appel à la générosité publique et le mécénat, sinon indirectement sous la forme de dépenses fiscales.

Le choix du législateur paraît davantage éclairé par des considérations d'ordre public liées aux désordres et aux abus constatés dans ces domaines, en particulier dans les affaires de l'ARC et de la SPA, qui ont donné lieu à des interventions administratives de la Cour[7], et au constat de la faiblesse des contrôles administratifs classiques sur de telles structures. Le caractère plus ténu du lien avec les finances publiques explique, dans ces dernières hypothèses, que la Cour des comptes se soit vu attribuer une compétence non sur les organismes en cause mais sur les opérations qu'ils conduisent.

La récente extension de la compétence de la Cour d'abord à l'égard des cliniques puis des écoles privées sous contrat montre que ce mouvement n'est peut-être pas terminé ; en témoignent également les pouvoirs qui lui ont été attribués, en 2023, dans le domaine des maisons de retraite[8]. S'il n'existe pas de « frontière naturelle » en ce domaine, il est toutefois vraisemblable que les interventions des juridic-

1. CJF, art. L. 111-9.
2. CJF, art. L. 111-9, al. 2.
3. L. n° 2003-709, 1er août 2003 relative au mécénat, aux associations et aux fondations, *JO* 2 août.
4. L. n° 2009-1674, 30 déc. 2009 de finances rectificative pour 2009, *JO* 31 déc.
5. Décr. n° 2010 -1121, 23 sept. 2010 portant application de l'article L. 111-8 du code des juridictions financières (CJF, art. L. 111-10 et R. 143-27).
6. Décr.-L. 30 oct. 1935 organisant le contrôle de l'État sur les sociétés, syndicats et associations ou entreprises de toute nature ayant fait appel au concours financier de l'État, *JO* 31 oct., p. 11706. – Sur le contrôle d'État dans les infractions financières, v. ss n° 421.35.
7. NOT. : G. Capdeboscq et M.-P. Prat, *La Cour des comptes et le contrôle de l'ARC*, La Documentation française, 2010.
8. V. ss nos 111.32 et 313.81.

tions financières, pour des raisons de principe mais aussi au regard des moyens qui leur sont alloués, ne peuvent s'étendre indéfiniment à tous les bénéficiaires de fonds publics, en particulier aux entreprises de travaux publics (si l'on met à part le cas particulier des concessions).

SECTION 3
ÉVOLUTION DE LA COMPÉTENCE ORGANIQUE DES CHAMBRES RÉGIONALES ET TERRITORIALES DES COMPTES (CRTC)

111.71 Évolution du champ de compétences de contrôle des CRTC. Les attributions des chambres régionales des comptes ont connu de nombreuses évolutions, dont les plus importantes sont liées à trois lois du 5 janvier 1988[1], du 21 décembre 2001[2] et du 13 décembre 2011[3].

111.72 Compétence à l'égard des collectivités locales. Le champ des contrôles organiques des différentes chambres à l'égard des collectivités territoriales est pratiquement resté inchangé depuis 1982, aux quelques ajustements près nés de la création de juridictions (par exemple, la chambre territoriale de Polynésie française en 2000) ou à des transferts de compétences (par exemple, l'attribution à la CRC d'Île-de-France, en 1986, des collectivités de Saint-Pierre-et-Miquelon, qui relevaient jusqu'alors de la CRC d'Aquitaine).

Toutefois, le rétablissement de l'apurement administratif, d'abord pour les collectivités les moins importantes (loi du 5 janvier 1988[4]) puis pour la grande majorité du secteur public local (loi du 13 décembre 2011[5]), a eu pour effet indirect de réduire les interventions des chambres régionales dans les collectivités de taille petite ou moyenne[6] (celles de 5 000 habitants pour les communes, soit l'immense majorité d'entre elles, ou 10 000 habitants pour les établissements publics de coopération intercommunale, ce critère démographique étant à combiner avec les seuils financiers fixés par l'article L. 211-2 du code des juridictions financières), les chambres privilégiant, pour des raisons pratiques, le contrôle des collectivités dont elles pouvaient concomitamment juger les comptes. Si juridiquement, l'examen de la gestion de collectivités soumises à l'apurement administratif de leurs comptes demeurait possible, son exercice pratique en était rendu malaisé en l'absence des documents généraux permettant de prendre connaissance de la situation financière de l'organisme public (compte de gestion, documents budgétaires, pièces de dépenses et de recettes...).

Cette situation est appelée à prendre fin avec la suppression des contrôles juridictionnels, qui place l'ensemble des collectivités dans une situation identique[7].

111.73 Compétence à l'égard des autres personnes publiques. Les CRTC peuvent contrôler la gestion des établissements publics constitués par les collectivités de leur ressort, qu'ils soient communaux comme les centres communaux d'action sociale et les caisses des écoles, départementaux, régionaux ou intercommunaux comme les métropoles, les communautés urbaines, les communautés d'agglomération, les communautés de communes ou les syndicats intercommunaux, ainsi que les syndicats mixtes. La nature administrative ou industrielle et commerciale de ces organismes est indifférente. À côté de ces personnes publiques « généralistes », la compétence des CRTC s'étend aussi aux établissements publics spécialisés, dont les lycées et les collèges, les offices publics de l'habitat, les caisses de crédit municipal ou les régies dotées de la personnalité morale. S'y ajoutent des établissements spécifiques, qui peuvent être régis par des textes nationaux, telles les associations syndicales et foncières[8], ou relever du droit local[9].

Les autres personnes publiques composées majoritairement de collectivités ou d'organismes relevant

1. L. n° 88-13, 5 janv. 1988 d'amélioration de la décentralisation, *JO* 6 janv., p. 208.
2. L. n° 2001-1248, 21 déc. 2001 relative aux chambres régionales des comptes et à la Cour des comptes, *JO* 26 déc.
3. L. n° 2011-1862, 13 déc. 2011 relative à la répartition des contentieux et à l'allègement de certaines procédures juridictionnelles, *JO* 14 déc.
4. L. n° 88-13, 5 janv. 1988 d'amélioration de la décentralisation, *JO* 6 janv., p. 208.
5. L. n° 2011-1862, 13 déc. 2011 relative à la répartition des contentieux et à l'allègement de certaines procédures juridictionnelles, *JO* 14 déc. 2011, n° 1.
6. Ce qui n'empêchait pas l'apurement administratif de révéler des irrégularités qui ont pu motiver la mise en jeu de la responsabilité des gestionnaires publics : ainsi le cas d'irrégularités révélées par le Pôle national d'apurement administratif de la direction générale des finances publiques, motivant le refus de payement du comptable, sa réquisition par l'ordonnateur puis la condamnation de ce dernier par la Cour des comptes sur réquisitoire d'initiative du Procureur général : v. C. comptes 16 déc. 2024, *Commune de Richwiller (Haut-Rhin)*, n° 44, S-2024-1528.
7. CJF, art. L. 131-1. – Sur la justiciabilité, limitée, des élus locaux, et générale des agents locaux devant la Cour des comptes dans le cadre du régime de responsabilité des gestionnaires publics, v. ss nos 312.51 et 313.141 (élus) et 313.22 (fonctionnaires et agents).
8. C. comptes 10 mai 1990, *ASA « Le Terminus » à Bobigny*, *Rec.* p. 114, *Rev. Trésor* 1990. 801.
9. Pour un exemple d'organisme dont la nature de personne publique et d'établissement local a pu susciter des interrogations, v. C. comptes 28 sept. 1989 *Corporation des parts-prenants de la fontaine salée de Salies-de-Béarn, Rev. du Trésor* 1990, p. 294.

de la compétence de la chambre sont également soumises à ses examens de la gestion. Tel est en particulier le cas, sous la réserve qui précède, des groupements d'intérêt public, des groupements de coopération sanitaire[1] ou des groupements de coopération sociale et médico-sociale.

De plus, à compter de l'exercice 1989, la Cour des comptes a pris l'initiative de déléguer aux chambres régionales des comptes le contrôle d'établissements publics nationaux : universités et établissements publics du secteur de l'enseignement supérieur (chancelleries, centres régionaux de documentation pédagogique, centres régionaux des œuvres universitaires...), chambres régionales et départementales d'agriculture. Alors que les textes ne permettaient que de déléguer le jugement des comptes, les chambres régionales ont été conduites à procéder, sans texte, à l'examen de la gestion de ces organismes.

La loi du 21 décembre 2001 a clarifié les règles relatives à la délégation de compétences en prévoyant que la liste des catégories d'organismes susceptibles de relever d'une telle décision était fixée par voie réglementaire[2], tout en laissant subsister une ambiguïté. La loi indique en effet que la Cour peut déléguer « le jugement des comptes et le contrôle de la gestion », ce qui pouvait sembler réserver la délégation aux organismes dotés d'un comptable public. La pratique constante a néanmoins admis la délégation du contrôle du seul examen de la gestion de certains établissements publics non soumis aux règles de la comptabilité publique tels les organismes consulaires (chambres de commerce et d'industrie, chambres de métiers et de l'artisanat).

111.74 Compétence à l'égard des personnes morales de droit privé. La compétence des chambres régionales des comptes pour examiner la gestion des organismes de droit privé est déterminée par l'article L. 211-8 du code des juridictions financières, en termes plus simples que pour la Cour des comptes. La chambre régionale des comptes peut contrôler les organismes auxquels les collectivités, établissements publics locaux ou les autres organismes relevant de sa compétence apportent un concours financier supérieur à 1 500 euros ou dans lesquels ils détiennent plus de la moitié du capital ou des voix dans les organes délibérants, ou un pouvoir prépondérant de décision ou de gestion. Cette compétence s'exerce également à l'égard des filiales desdits organismes[3].

Les notions de concours financier ou de pouvoir prépondérant s'interprètent dans les mêmes conditions que pour la Cour des comptes[4], de même que les restrictions lorsque le concours financier donne lieu à la production d'un compte d'emploi[5].

Le seuil de 1 500 euros s'apprécie, comme chacun des critères de compétence, exercice par exercice. Sa vérification peut susciter des difficultés lorsque le concours financier ne prend pas la forme d'une subvention en numéraire ou d'un avantage aisément quantifiable, comme la mise à disposition d'un local. Le cas des garanties d'emprunt, lorsque celles-ci n'ont pas joué, a pu donner lieu à des approches subtiles. Certaines chambres régionales ont ainsi considéré que, par principe, l'octroi d'une garantie d'emprunt constituait un soutien susceptible d'être regardé comme un concours financier[6] dont le montant ne pouvait être estimé à moins de 1 % du capital restant dû au 1er janvier de chaque exercice, par analogie avec la rémunération servie aux établissements de crédit en échange de leur cautionnement ou de leur garantie[7].

À mesure que se développent le secteur public et parapublic ainsi que l'interventionnisme économique des collectivités locales, les possibilités de contrôle facultatif des CRC s'en trouvent renforcées : sociétés d'économie mixte locales et autres entreprises publiques locales (SPL, SPLA, SEMOP, SASU, SAOS...), associations subventionnées, jusqu'aux organismes de gestion des écoles et collèges privés (OGEC) en cas de versement de subventions d'investissement. L'article L. 211-8 peut également servir de fondement au contrôle par une chambre régionale d'un organisme relevant en principe de la compétence de la Cour, par exemple un établissement public national s'il reçoit des subventions de collectivités locales ou si ces dernières y détiennent la majorité des sièges dans les organes délibérants. Cette situation, relativement rare mais non interdite par les textes, se règle dans le cadre des dispositions relatives aux compétences concurrentes[8].

111.75 Secteur sanitaire, social et médico-social. Sans préjudice de sa compétence à l'égard des établissements publics intervenant dans le secteur sanitaire ou social (hôpitaux, EHPAD, GCS, etc.), la chambre régionale ou territoriale des comptes peut contrôler les personnes morales de droit privé à caractère sanitaire, social ou médico-social men-

1. En vertu d'une délégation accordée par la Cour des comptes.
2. CJF, art. L. 111-15 à L. 111-17 et R. 111-1.
3. CJF, art. L. 211-9.
4. V. ss nos 111.41 s. – Cette limitation est toutefois sans incidence sur la justiciabilité des gestionnaires en matière contentieuse, v. ss no 313.82.
5. V. ss no 313.82.
6. Ce qui n'est plus la position du parquet général.
7. CRC Provence-Alpes-Côte d'Azur, avis de compétence du ministère public, 20 avr. 2000, *Association Clinique Fallen, commune d'Aubagne*, *Rec.* 178.
8. V. avis du ministère public près la CRC Normandie du 25 nov. 2022 sur le projet de contrôle du haras national du Pin, *Rec.* 190. V. aussi, dans un cas proche mais différent, v. ss no 111.76.

tionnées à l'article L. 312-1 du code de l'action sociale et des familles et à l'article L. 6111-1 du code de la santé publique et financées par une collectivité, un établissement public ou un groupement d'intérêt public relevant de sa compétence, ou par l'un des organismes mentionnés à l'article L. 134-1 du code des juridictions financières[1].

Cette compétence est définie en termes strictement identiques pour les CRTC et la Cour, y compris dans son extension récente concernant les maisons de retraite[2]. Le régime juridique et la réserve d'interprétation formulée par le Conseil constitutionnel s'appliquent dans les mêmes conditions[3].

111.76 Conflits de compétences Cour des comptes/CRTC. Lorsque des organismes relèvent de la compétence de plusieurs chambres régionales ou territoriales, la Cour des comptes est compétente pour en assurer l'examen de la gestion (conflits « positifs »[4]).

Il en va de même des conflits « négatifs » : lorsqu'aucune chambre régionale ou territoriale n'est compétente à elle seule pour assurer le contrôle d'un organisme privé[5] mais que l'ensemble des concours financiers reçus d'organismes situés dans plusieurs régions dépasse les seuils précités (1 500 euros ou la majorité du capital ou des voix), la Cour des comptes est compétente pour assurer la vérification de ses comptes. Cette disposition, introduite en 2016, est venue consacrer une pratique antérieure fondée sur des arguments de bon sens mais difficile à soutenir dans le silence des textes, les compétences étant d'interprétation stricte.

Les filiales des organismes mentionnés à ces deux alinéas relèvent des mêmes dispositions (CJF, art. L. 111-8, al. 3).

La Cour peut « confier », c'est-à-dire déléguer, le contrôle à l'une des chambres régionales ou territoriales concernées, après avis du procureur général et des présidents intéressés[6].

Plus généralement, si les textes n'organisent pas la prééminence de la Cour des comptes, en pratique, en cas de compétences concurrentes, le procureur financier près la chambre régionale ou territoriale s'assure auprès du parquet général des intentions de la Cour avant de se prononcer, par voie d'avis, sur le contrôle de l'organisme par la chambre.

SECTION 4
COMPÉTENCE MATÉRIELLE DE CONTRÔLE DES CRTC

111.81 Situation initiale : absence de définition de l'examen de la gestion par les CRTC. En donnant une définition à l'examen de la gestion, la loi du 21 décembre 2001[7] a marqué une rupture avec la tradition des juridictions financières, qui était muette sur ce point.

L'article 87 de la loi du 2 mars 1982[8] qui instituait les chambres régionales des comptes confiait à ces dernières la vérification de la régularité des recettes et des dépenses publiques, ainsi que la vérification des comptes et de la gestion des entreprises publiques et des organismes bénéficiant d'un concours financier. Il prévoyait également que la chambre régionale s'assurait du « bon emploi des crédits, fonds et valeurs », soit rigoureusement la même formule que celle applicable aux contrôles de la Cour des comptes, dont les pouvoirs servaient de référence aux toutes jeunes CRC. Cependant, en 1982, la notion d'examen de la gestion n'existait pas.

La loi du 5 janvier 1988[9] a introduit trois modifications importantes au texte de 1982. En premier lieu, elle a limité les possibilités de vérification sur pièces et sur place de la régularité des recettes et dépenses publiques aux seules collectivités dont la chambre assurait le jugement effectif des comptes, ce qui interdisait tout « découplage » entre activités juridictionnelles et administratives. En deuxième lieu, elle a substitué au « bon emploi » des crédits, fonds et valeurs leur « emploi régulier », notion censée éviter toute appréciation d'opportunité. En troisième lieu, elle a ajouté que la chambre régionale des comptes « examin[ait] la gestion » des organismes publics et privés dont elle assurait le contrôle. Sans définir ce concept, qui n'a pas d'équivalent pour la Cour des comptes, elle l'a introduit en droit positif.

Au cours des années 1990, les chambres régionales des comptes ont continué de formuler des observations relatives tant à la régularité de la gestion, en se fondant sur la disposition devenue l'article L. 211-3 après la codification de 1994, qu'à la qualité de cette même gestion, dans le cadre d'un « examen » global. Peu satisfaits de cette pratique, les élus locaux, notamment lorsqu'ils étaient également parlementaires, ont présenté plusieurs projets tendant à en modifier le contenu. Une première proposition

1. CJF, art. L. 211-7, L. 252-9-1, L. 262-10 et L. 272-8.
2. V. s[s] n° 313.82.
3. V. s[s] n° 111.32.
4. CJF, art. L. 111-8, al. 1.
5. CJF, art. L. 111-8, al. 2. Cette situation est à distinguer du cas dans lequel la Cour et une ou plusieurs CRTC sont simultanément compétentes, v. s[s] n° 111.74.
6. CJF, art. L. 111-17.
7. L. n° 2001-1248, 21 déc. 2001 relative aux chambres régionales des comptes et à la Cour des comptes, *JO* 26 déc. (CJF, art. L. 211-3).
8. L. n° 82-213, 2 mars 1982 relative aux droits et libertés des communes, des départements et des régions, *JO* 3 mars.
9. L. n° 88-13, 5 janv. 1988 d'amélioration de la décentralisation, *JO* 6 janv.

de loi, dite Gélard-Courtois du nom de ses deux premiers signataires, a été déposée en 1997[1] : elle visait à exclure de l'examen de la gestion d'une collectivité locale « les choix de gestion qui résultent de délibérations prises par l'assemblée délibérante de cette collectivité ».

L'adoption d'une telle proposition aurait pu signifier la suppression de l'examen de la gestion. Il en allait de même des diverses initiatives tendant alternativement à empêcher la formulation d'observations sur la régularité d'actes précédemment transmis au contrôle de légalité, ou au contraire à confiner les interventions des chambres régionales aux seules observations de légalité. S'il n'a pas été donné suite à ces différents projets, les juridictions financières n'en veillaient pas moins à assurer le cadre le plus rigoureux à leurs contrôles en adoptant des normes internes de présentation des lettres d'observations édictées par un « texte de référence » approuvé en 1997 par le conseil supérieur des chambres régionales des comptes.

111.82 Loi du 21 décembre 2001 : définition de l'examen de la gestion. La loi du 21 décembre 2001[2] consacre la définition de l'examen de la gestion contenue dans le « texte de référence » appliqué depuis quelques années par les CRTC : « l'examen de la gestion porte sur la régularité des actes de gestion, sur l'économie des moyens mis en œuvre et sur l'évaluation des résultats atteints par rapport aux objectifs fixés par l'assemblée délibérante ou par l'organe délibérant. L'opportunité de ces objectifs ne peut faire l'objet d'observations » (CJF, art. L. 211-3, al. 3).

Depuis la refonte du code en 2016, cette définition vient immédiatement à la suite d'une autre disposition, qui était précédemment située dans un article différent et qui indique que la chambre régionale des comptes « vérifie sur pièces et sur place la régularité des recettes et dépenses décrites dans les comptabilités des organismes relevant de sa compétence. Elle s'assure de l'emploi régulier des crédits, fonds et valeurs » (CJF, art. L. 211-3, al. 2).

Outre la prohibition du contrôle d'opportunité, l'examen de la gestion porte donc sur la régularité et la qualité de la gestion sous ses deux volets d'économie (rapprochement des moyens et des objectifs) et d'efficacité (rapprochement des résultats et des objectifs). Il est généralement admis que cette définition, si elle ne prévoit pas explicitement de rapprocher les moyens et les résultats, permet néanmoins de formuler des observations sur l'efficience des gestions locales. La définition retenue par la loi, à laquelle les CRTC ont eu d'autant moins de mal à se conformer qu'elles l'observaient déjà en pratique, semble répondre aux attentes des élus locaux. Elle n'a pas été réellement contestée depuis 2001.

La définition du contrôle de la gestion par la Cour des comptes demeure différente : elle est plus large que celle de l'examen de la gestion de l'article L. 211-3 puisqu'elle porte sur le « bon emploi des crédits, fonds et valeurs » des organismes contrôlés, ainsi que sur « la régularité des recettes et des dépenses décrites dans les comptes », sans aucune limitation, en particulier quant à l'opportunité des objectifs ou des moyens.

SECTION 5
PROCÉDURE DU CONTRÔLE DE LA GESTION

111.91 Présentation générale de la procédure du contrôle de la gestion. Pendant longtemps considéré comme l'accessoire du jugement des comptes, l'examen de la gestion n'était soumis à aucune règle particulière de procédure. Les observations de la Cour des comptes ne connaissaient, sauf pour le rapport public annuel, qu'une diffusion très discrète. La situation n'a évolué que partiellement et tardivement pour la Cour elle-même. En revanche, les contrôles des chambres régionales et territoriales n'ont pas la même portée, d'abord parce qu'ils concernent des élus et non des fonctionnaires, et d'autre part, parce qu'ils donnent lieu à des communications revêtant un caractère public depuis la loi du 15 janvier 1990[3].

Le retentissement des lettres d'observations des chambres régionales des comptes a conduit les élus locaux à souhaiter un encadrement de la procédure d'examen de la gestion. Les dispositions successivement introduites par le législateur constituent un cadre exceptionnellement contraignant - bien plus que pour les procédures juridictionnelles - notamment au stade de la contradiction.

§ 1
Appel au contrôle

111.101 Éléments généraux sur le contrôle. L'examen de la gestion est une forme de contrôle *a posteriori*, en principe sur exercices clos. Il porte le plus souvent sur plusieurs exercices mais rien n'interdit de le limiter à une période très courte. En toute hypothèse, il importe que la période contrôlée, sou-

1. Prop. L. n° 229, déposée le 25 févr. 1997 et renvoyée pour examen devant la commission des finances du Sénat.
2. L. n° 2001-1248, 21 déc. 2001 relative aux chambres régionales des comptes et à la Cour des comptes, *JO* 26 déc.
3. L. n° 90-55, 15 janv. 1990 relative à la limitation des dépenses électorales et à la clarification du financement des activités politiques, *JO* 16 janv.

vent dénommée période « sous revue », soit déterminée avec précision, pour la bonne information du contrôlé mais aussi parce que ce point emporte des effets de droit.

En particulier, le contrôle doit être notifié à chacun des ordonnateurs ou dirigeants en fonction au cours de la période[1] et, dans le cas des organismes non soumis aux règles de la comptabilité publique, la lettre de notification doit préciser les exercices sur lesquels le contrôle portera[2]. Et il va de soi que la chambre ne pourra formuler une observation que si elle porte sur l'un des exercices ayant donné lieu à notification[3].

Ces règles impliquent que le premier et le dernier exercice soient mentionnés dans le courrier d'ouverture du contrôle[4], quitte à ce que cette mention soit complétée par une notification complémentaire en cours de procédure. Cette contrainte, très relative, ne saurait faire obstacle à la pratique consistant, pour les chambres, à « actualiser » leurs observations par référence à la situation la plus récente (par exemple en matière d'analyse financière, de gestion du personnel, de relations contractuelles, etc.), pourvu qu'elles veillent à ne pas porter d'appréciation critique sur un acte de gestion postérieur au dernier exercice ayant fait l'objet de la notification[5].

S'agissant d'une attribution administrative, il n'existe pas de règles de prescription et le contrôle peut porter sur des faits très anciens ; il est néanmoins admis que la clôture d'un examen de la gestion sur une période donnée épuise la compétence de la juridiction sur l'ensemble des exercices de la période, le contrôle suivant ne pouvant porter qu'à compter du premier exercice suivant le dernier exercice contrôlé.

Certaines CRTC procèdent cependant à des contrôles successifs des mêmes collectivités, à visée thématique (le personnel, la voirie, les investissements, la politique culturelle...), sur des exercices identiques. Une telle pratique, si elle n'a jusqu'à présent suscité aucun contentieux, n'est pas conforme à la nature de l'examen de la gestion, qui est par essence insécable (le contrôle est notifié pour une période donnée et réputé porter sur la gestion de l'organisme, même si son objet est toujours limité) et peu respectueux des préoccupations des ordonnateurs, qui peuvent légitimement espérer que la chambre ne « reviendra » plus sur des exercices déjà examinés. En revanche, dans le cadre d'enquêtes transversales ou thématiques, une telle récurrence des contrôles peut se rencontrer.

Cette question est à distinguer de la pratique qui consiste, notamment pour les grandes collectivités, à découper un même examen de la gestion en plusieurs volets, traités simultanément et pouvant éventuellement donner lieu à des rapports d'instruction, voire à des rapports d'observations (« cahiers ») différents. Parfois imposée par des considérations pratiques, cette façon de procéder ne heurte aucun principe.

§ 2
Principe de l'autosaisine en matière de contrôle de la gestion

111.111 **Principe de l'autosaisine.** De même que les procédures juridictionnelles sont engagées librement par la juridiction financière, de même celle-ci décide de sa propre initiative d'inscrire l'examen de la gestion d'un organisme à son programme.

Pour qu'un organisme soit appelé au contrôle, il doit figurer au programme annuel de vérification de la juridiction. L'inscription au programme est caractérisée par le principe de l'autosaisine, auquel quelques atténuations ont été apportées sur la période récente.

111.112 **Programmation des contrôles.** L'inscription d'un organisme au programme de travail de la juridiction, qui constitue un préalable au contrôle, est très peu encadrée par les textes. Pour la Cour des comptes, le premier président « arrête le programme annuel des travaux au vu des propositions des présidents de chambre » et après avis du procureur général (CJF, art. R. 112-2, al. 1). Ce programme ne peut être soumis à l'avis d'aucune autorité administrative ou politique[6].

Dans des termes légèrement différents, le code prévoit que le président de la chambre régionale des comptes « définit l'organisation et le programme

1. Pour la Cour : CJF, art. R. 143-1 : notification par le président (de la chambre, de la formation interchambres ou commune à des juridictions) « aux dirigeants des services et organismes contrôlés », et le cas échéant à leur tutelle ; – Pour les CRC : CJF, art. R. 243-1, al. 1 et 2.
2. Pour les CRC : CJF, art. R. 243-2. Les normes professionnelles (III.14) prévoient que cette information soit portée dans toutes les lettres de notification.
3. Règle dégagée en matière de contrôle juridictionnel : CE 5 avr. 2013, *Parquet général près la Cour des comptes*, req. n° 349755 [Agence nationale de la recherche], *Rec.* 228, et qui vaut *a fortiori* en matière d'examen de la gestion.
4. Ce dont ne saurait tenir lieu l'indication « exercices X et suivants », qui ne renseigne pas son destinataire sur le terminus *ad quem* (lequel pourrait être reporté indéfiniment, jusqu'à l'envoi des observations provisoires, voire définitives).
5. Sauf à ce que cet élément postérieur ait été introduit dans le cadre de la contradiction, la chambre étant alors fondée à (et même, tenue de) l'examiner pour le discuter et, éventuellement, modifier la position qu'elle avait exprimée au stade provisoire.
6. Cons. const. 25 juill. 2001, *Loi organique relative aux lois de finances*, n° 2001-448 DC ; *GDCC* n° 48, *GAJF*, Dalloz, 7e éd. 2019, n° 1, p. 5.

annuel des travaux après consultation de la chambre et avis du ministère public »[1].

L'inscription au programme constitue un pouvoir propre du chef de juridiction, qui s'inscrit dans un cadre procédural précis. Dans les CRTC, la consultation de la chambre peut donner lieu à des débats mais ne constitue pas une délibération. Elle ne se matérialise par aucune décision.

En pratique, le programme des travaux d'une juridiction est arrêté pour une année civile mais peut faire l'objet de modifications en cours d'année. Ce document constitue une mesure de fonctionnement interne de la juridiction et ne fait pas par lui-même grief. En conséquence, il ne revêt pas un caractère public ; il est néanmoins susceptible d'être communiqué, sous forme d'extraits, à une personne qui aurait un intérêt à s'assurer de l'inscription d'un organisme au programme de contrôles de la Cour ou de la chambre.

111.113 **Nature de l'appel au contrôle.** L'examen de la gestion conduit par une juridiction financière relève, le plus souvent, d'une compétence facultative. La Cour des comptes estime être en présence d'une compétence obligatoire dans un cas : le contrôle des entreprises publiques dans lesquelles l'État détient directement la majorité du capital ainsi que les établissements publics à caractère industriel et commercial (CJF, art. L. 133-1 : « la Cour des comptes contrôle... »). En revanche, les autres entreprises publiques et les organismes relevant de l'un des cas prévus par les articles L. 111-6 à L. 111-11 font l'objet de contrôles facultatifs (« la Cour des comptes peut contrôler... »).

La même interprétation vaut, paradoxalement, pour les contrôles sur les personnes publiques. Malgré l'emploi par le code de l'indicatif (« la Cour des comptes contrôle les services de l'État et les autres personnes morales de droit public », CJF, art. L. 111-2 ; « la chambre régionale des comptes contrôle les collectivités territoriales et les établissements publics locaux », CJF, art. L. 211-4), les juridictions financières ne s'estiment pas tenues de procéder à un examen de la gestion périodique de l'ensemble des personnes publiques.

De même, l'exercice, par une juridiction financière, de sa compétence - facultative - de contrôle à l'égard d'un organisme privé ne conditionne pas la possibilité, pour celle-ci, d'ouvrir une procédure de gestion de fait impliquant cette personne morale[2], ni plus largement d'engager des poursuites contentieuses[3].

1. CJF, art. R. 212-4, al. 2.
2. C. comptes 15 oct. 1996, *Association des œuvres sociales des agents des collectivités locales de la ville d'Istres, Rec.* 148.

111.114 **Demandes motivées.** La loi ATR du 6 février 1992[4] a introduit, dans son article 47, I, la possibilité pour des tiers de demander à la chambre régionale des comptes d'examiner la gestion d'un organisme relevant de sa compétence. Cette possibilité est reconnue au préfet et à « l'autorité territoriale ». La notion d'autorité territoriale n'est pas définie par les textes. Elle désigne sans aucun doute le représentant de la collectivité dont l'examen est demandé, mais non ses autres organes (assemblée délibérante, commissions, élus, *a fortiori* le directeur des services). Il serait logique d'admettre la recevabilité d'une demande présentée par l'ordonnateur d'une collectivité et concernant un établissement public de cette collectivité (par exemple, CCAS ou caisse des écoles pour un maire) ou un organisme privé auquel celle-ci apporterait un concours financier ou dans lequel elle exercerait un pouvoir prépondérant de gestion. L'article L. 243-7 prévoit en effet, en cas de contrôle sur demande motivée, la communication des observations définitives « aux représentants des établissements, sociétés, groupements et organismes concernés ».

En toute hypothèse, la demande doit être « motivée »[5]. Cette motivation peut résulter d'une situation financière dégradée, comme le prévoit une circulaire du ministre de l'Intérieur du 31 mars 1992, mais elle peut plus généralement porter sur tout aspect de la gestion susceptible d'être appréhendé par la chambre régionale (régularité des actes, organisation des services, conduite des politiques publiques...). Les chambres régionales des comptes n'y voient pas une saisine mais une simple demande, à laquelle elles sont libres de donner ou non suite sous la forme d'une décision prise par le président et portée à la connaissance de l'auteur de la demande. Le président ne peut donner suite à la demande, si l'organisme n'était pas déjà inscrit au programme, que dans les conditions de procédure prévues à l'article R. 212-4 du code des juridictions financières[6].

111.115 **Demandes d'enquête.** Dans son article 58, 2°, la loi organique du 1er août 2001 relative aux lois de finances[7] a donné aux commissions des finances des deux assemblées le droit de demander à la Cour des comptes « la réalisation de toute enquête » sur les services ou organismes qu'elle contrôle, les conclusions devant être obligatoirement communiquées dans un délai de huit mois.

3. V. ss no 311.26, la compétence contentieuse de la Cour des comptes n'est pas soumise à l'exercice effectif de sa compétence de contrôle.
4. L. no 92-125, 6 févr. 1992 relative à l'administration territoriale de la République, *JO* 8 févr.
5. CJF, art. L. 211-3.
6. V. ss no 111.112.
7. L. org. no 2001-692 1er août 2001, *JO* 2 août.

Il s'agit là d'une exception au principe de liberté de programmation des travaux de la Cour des comptes. Dans sa décision du 25 juillet 2001 [1], le Conseil constitutionnel a indiqué qu'il appartiendrait aux autorités compétentes de la Cour des comptes de faire en sorte que l'équilibre voulu par le constituant, tel que traduit dans l'article 47 (aujourd'hui, l'article 47-2) de la Constitution, ne soit pas faussé au détriment de l'un de ces deux pouvoirs, par exemple par une multiplication abusive des demandes adressées à la Cour. Le délai de huit mois est donc considéré comme indicatif.

La même possibilité a ensuite été reconnue aux commissions des affaires sociales des deux assemblées pour « toute question relative à l'application des lois de financement de la sécurité sociale » [2]. Dans sa décision du 29 juillet 2005, le Conseil constitutionnel a repris les termes de la réserve qu'il avait formulée en 2001 : « il appartiendra aux autorités compétentes de la Cour des comptes de faire en sorte que l'équilibre voulu par le constituant ne soit pas faussé au détriment de l'un de ces deux pouvoirs » (§ 36) [3].

Plus récemment, la loi ordinaire a élargi considérablement le champ de ces demandes. Depuis la loi du 13 décembre 2011 [4], l'article L. 132-5 du code des juridictions financières dispose que « la Cour des comptes procède aux enquêtes qui lui sont demandées par les commissions des finances et par les commissions d'enquête du Parlement sur la gestion des services ou organismes soumis à son contrôle ou à celui des chambres régionales ou territoriales des comptes », ce qui lui permet au passage de méconnaître le partage opéré par l'article L. 111-3 [5], à condition de se borner à des « enquêtes » et de ne pas procéder à des « contrôles », la distinction entre ces deux notions apparaissant ténue.

L'article L. 132-7, également issu de la loi du 13 déc. 2011, prévoit que « le Premier ministre peut demander à la Cour des comptes la réalisation de toute enquête relative à l'exécution des lois de finances, à l'application des lois de financement de la sécurité sociale ainsi que de toute enquête sur la gestion des services ou organismes soumis à son contrôle ou à celui des chambres régionales ou territoriales des comptes ». Cette disposition, parfois qualifiée de « 58-2 gouvernemental », constitue une innovation majeure dont toutes les conséquences institutionnelles n'ont pas encore été mesurées. Elle n'a en particulier pas donné lieu à une nouvelle prise de position du Conseil constitutionnel sur le principe de « l'équidistance » de la Cour des comptes entre les pouvoirs publics [6]. Il sera néanmoins observé qu'en dix ans, l'exécutif n'a fait qu'un usage très modéré de cette possibilité.

SECTION 6
DÉROULEMENT DU CONTRÔLE

111.121 Désignation du rapporteur. Le rapporteur est désigné dans le cadre de la programmation des travaux, soit dans le programme annuel, soit dans un arrêté annexé au programme. Son choix relève respectivement d'une prérogative propre du premier président de la Cour ou du président de la chambre régionale ou territoriale [7], qui peut désigner un rapporteur ou une équipe de rapporteurs parmi les magistrats ou, pour la Cour, les rapporteurs (conseillers maîtres en service extraordinaire, conseillers référendaires en service extraordinaire, auditeurs). Les autres catégories d'agents (vérificateurs, experts, stagiaires), quelle que soit la contribution qu'ils apportent au contrôle, n'ont pas la qualité de rapporteur et ne peuvent en exercer les prérogatives.

Le même acte procède à la désignation du contre-rapporteur, dont l'intervention est obligatoire à la Cour des comptes et plus rare dans les chambres régionales et territoriales. Rien n'interdit cependant que cette désignation intervienne plus tard, à tout moment jusqu'au délibéré.

Le contre-rapporteur participe de plein droit à la formation de délibéré [8], au cours de laquelle il donne son « avis » [9].

111.122 Notification du contrôle. La notification du contrôle ne constitue pas le premier stade de la contradiction, qui ne commencera formellement qu'avec l'envoi des observations provisoires. Elle fait cependant l'objet de dispositions éparses dans le code des juridictions financières, destinées à garantir les droits et la bonne information des organismes contrôlés.

Pour la Cour des comptes, le président de la chambre « notifie l'engagement du contrôle aux dirigeants des services et organismes concernés, ainsi que le cas échéant à leurs autorités de tutelle » [10]. Cette for-

1. Cons. const. 25 juill. 2001, déc. n° 2001-448 DC, *GAJF* 7e édition, 2019, n° 1, p. 5 ; *GDCC*, n° 48.
2. CJF, art. LO 132-3-1, issu de la L. org. 2 août 2005.
3. Cons. const. 29 juill. 2005, Loi organique relative aux lois de financement de la sécurité sociale, n° 2005-519 DC.
4. L. n° 2011-1862, 13 déc. 2011 relative à la répartition des contentieux et à l'allègement de certaines procédures juridictionnelles, *JO* 14 déc.
5. V. ss n° 111.13.
6. Sur la notion d'équidistance, v. ss nos 041.33 et 111.115.
7. CJF, art. R. 212-4.
8. CJF, art. R. 212-30, R. 262-26 et R. 272-26.
9. Avis soumis au délibéré dans les mêmes conditions que les « propositions » du rapporteur et les conclusions du ministère public : CJF, art. R. 143-5, R. 243-3, R. 245-2-6, R. 262-115 et R. 272-98.
10. CJF, art. R. 143-1.

mule, à la rédaction ambiguë, est comprise comme exigeant d'adresser le courrier de notification à l'ordonnateur ou au représentant légal de l'organisme. Pour les organismes bénéficiant de concours financiers ou assimilés (cotisations légalement obligatoires, appel à la générosité publique, entreprises publiques...), il est notifié aux dirigeants de l'organisme en précisant les exercices sur lesquels portera le contrôle[1].

Dans les chambres régionales des comptes, l'article R. 243-1 dispose que le président informe l'ordonnateur de la collectivité ou le dirigeant de l'organisme concerné, ainsi que ses prédécesseurs, de l'engagement de la procédure d'examen de la gestion.

Dans certains cas, la procédure fait également intervenir le ministère public, qui doit rendre un avis préalable sur la décision de la Cour ou de la chambre de contrôler une entreprise publique ou un organisme non soumis aux règles de la comptabilité publique[2]. Dans le cadre de cet avis, le ministère public se prononce sur le principe et l'étendue de la compétence de la juridiction, notamment lorsque le contrôle est susceptible de se limiter au compte d'emploi des sommes perçues ; il peut également formuler toute observation qu'il estimerait opportune, par exemple sur la faisabilité du contrôle ou son défaut d'inscription au programme des travaux. Si les textes ne précisent pas que l'avis du procureur général ou du procureur financier est conforme, un usage constant tend à considérer que cet avis lie le siège, tant parce que le ministère public est regardé comme le gardien des compétences de la juridiction financière qu'en considération des risques contentieux que pourrait entraîner un contrôle notifié à un organisme qui ne relèverait pas de ses attributions. Cet avis n'est en conséquence pas sollicité lorsque cette compétence ne fait aucun doute, par exemple pour les entreprises publiques dans lesquelles l'État est majoritaire[3] ou pour les organismes privés chargés de la gestion d'un régime obligatoire de sécurité sociale.

Lorsque le contrôle a fait l'objet d'un avis du ministère public, la lettre de notification doit préciser les exercices sur lesquels il portera[4].

1. CJF, art. R. 143-2.
2. CJF, art. R. 143-2 et R. 243-2.
3. Toutefois, dans les CRC, le texte de l'article R. 243-2 (et des dispositions identiques pour les CTC) ne permet pas de se dispenser de l'avis du procureur financier même dans ce cas, par exemple pour le contrôle des sociétés d'économie mixte locales, dans lesquelles les collectivités locales disposent par construction d'une participation majoritaire. L'intervention du ministère public peut d'ailleurs être utile, la composition du capital d'une société pouvant évoluer au cours de la période dont le contrôle est envisagé.
4. CJF, art. R. 143-2 et 243-2. En pratique, cette mention figure sur tous les courriers de notification, quelle que soit la nature de l'organisme.

111.123 Déroulement de l'instruction du contrôle de la gestion. Comme en matière de contrôle juridictionnel, l'instruction est confiée au rapporteur qui détermine lui-même, dans un cadre inquisitoire, l'objet de ses investigations. Celles-ci peuvent porter sur les mêmes pièces que pour le jugement des comptes (compte de gestion, pièces générales, pièces justificatives), mais aussi sur d'autres documents, obtenus sur place ou auprès de tiers.

111.124 Secret des investigations. Comme toutes les procédures devant les juridictions financières, la procédure d'examen de la gestion est secrète, ce qui se justifie, au-delà de considérations historiques, par son caractère non juridictionnel et par les atteintes qu'une divulgation intempestive des investigations ou d'observations non définitives pourrait porter au bon fonctionnement du service ou aux droits des tiers. Au stade de l'instruction, la Cour ou la chambre « prend toutes dispositions pour garantir le secret de ses investigations »[5]. Les mesures d'instruction ne sont pas communicables dans la mesure où elles relèvent du secret de l'instruction. Quant aux rapports d'instruction déposés par les rapporteurs, ils relèvent à la fois du secret de l'instruction et du secret du délibéré[6].

Ce secret est opposable aux tiers, mais non aux personnes contrôlées ou mises en cause. Celles-ci doivent être rendues destinataires des observations les concernant lorsqu'elles sont susceptibles de devenir publiques. Elles disposent, pour les chambres régionales des comptes, d'un droit d'accès aux pièces sur lesquelles sont fondées ces observations[7]. Il n'existe pas de disposition équivalente pour la Cour des comptes.

111.125 Droit de communication. Aux termes de l'article L. 141-5 du code des juridictions financières, la Cour des comptes est « habilitée à accéder à tous documents, données et traitements, de quelque nature que ce soit, relatifs à la gestion des services et organismes soumis à son contrôle [...] et à se les faire communiquer ». Cette règle est commune aux compétences de contrôle comme à l'activité juridictionnelle[8].

Ce droit peut s'exercer auprès de l'organisme contrôlé – on parle alors de droit ou de pouvoir d'enquête –, mais aussi des autorités de tutelle ou des tiers – on parle alors de droit de communication. Il est complété par l'article L. 141-9, I, alinéa 2, qui reconnaît aux membres et personnels de la Cour des comptes la possibilité d'exercer pour les besoins du contrôle, auprès des tiers, le droit de communica-

5. CJF, art. L. 141-2 et L. 241-2.
6. CJF, art. L. 141-3 et L. 241-4.
7. CJF, art. R. 243-6.
8. Sur le droit de communication dans le cadre du contentieux financier, v. s[s] n°s 222.22 et 521.21.

tion que les agents des services financiers tiennent de la loi, par exemple à l'article L. 83 du livre des procédures fiscales ou à l'article 64 A du code des douanes, sans toutefois disposer d'un pouvoir de coercition.

Les mêmes dispositions, qui s'appliquent aux CRTC[1], appellent trois précisions.

En premier lieu, ce droit de communication est reconnu à « la Cour des comptes » ou à « la chambre régionale des comptes ». Il peut donc être en pratique exercé par les rapporteurs dans le cadre des contrôles qui leur ont été confiés ; la question se pose également pour des demandes d'un président ou du ministère public, qui s'interrogeraient par exemple sur l'opportunité d'un contrôle à programmer ou sur la compétence de la chambre.

En deuxième lieu, les services à l'égard desquels la Cour exerce son droit de communication ne sauraient opposer le secret professionnel qui s'impose à eux, sous réserve de l'intervention d'un décret en Conseil d'État non publié à ce jour[2] : secret des affaires, y compris celui des avocats, secret bancaire concernant l'organisme contrôlé mais aussi certains tiers, par exemple les fournisseurs de ce dernier[3], secret de la défense nationale... Si certaines autorités font l'objet de dispositions spécifiques, en particulier les autorités administratives indépendantes[4], les agents des services financiers[5] et les commissaires aux comptes[6], l'obligation de déférer aux demandes des rapporteurs est de portée générale. Y font exception le secret de l'instruction, qui peut cependant être levé par le procureur de la République[7] et aussi, en vertu d'une interprétation constante, le secret médical.

En troisième lieu, si les rapporteurs ne se voient pas reconnaître un pouvoir de contrainte directe, toute entrave à l'exercice de leurs attributions est susceptible d'être punie pénalement : les articles L. 141-5, al. 2, et L. 241-5, al. 2, du code des juridictions financières prévoient une amende de 15 000 euros pour toute personne qui aura fait obstacle, de quelque façon que ce soit, à l'exercice des pouvoirs des magistrats et rapporteurs des juridictions financières. Introduite par la loi Sapin, cette incrimination est suffisamment dissuasive pour que la seule menace de mise en œuvre de cette disposition suffise à mettre un terme à la mauvaise volonté des destinataires des demandes de communication. Les cas de poursuite sont demeurés rarissimes et la jurisprudence de la chambre criminelle, qui a retenu une acception large de la notion « d'obstacle »[8], a interdit toute interprétation restrictive des prérogatives des rapporteurs.

111.126 Accès aux données informatisées des organismes contrôlés. Les magistrats financiers sont appelés à traiter des données numérisées, ce qui suscite diverses questions relatives à l'accès, à l'exploitation et à la conservation de ces données par les juridictions financières.

La demande du rapporteur intervient en principe dans le cadre de l'exercice de son droit d'enquête et de communication qui, aux termes des articles R. 141-4 et R. 241-6 du code des juridictions financières, comprend trois éléments : la communication, par tout moyen numérique ou sous format papier, des documents, données et traitements qu'il juge nécessaires ; leur transcription par tout traitement approprié sous une forme directement utilisable pour les besoins du contrôle ou de l'évaluation ; la mise à disposition d'un accès direct au système d'information de l'organisme, à ses bases de données, à ses applications numériques, à leur architecture et à sa documentation.

L'exercice de ce droit peut susciter des difficultés lorsqu'il entre dans le champ d'application de la loi « informatique et libertés »[9] du fait de la présence de données nominatives intéressant des personnes physiques (agents d'une collectivité, malades dans un hôpital, locataires d'un OPH...).

La commission nationale de l'informatique et des libertés, dans une lettre du 13 avril 1999 adressée au secrétaire d'État au Budget, a reconnu à la Cour et, par extension, à l'ensemble des juridictions financières, la qualité de « tiers autorisé » au sens de l'article 29 de la loi de 1978. Le magistrat rapporteur a donc accès à toutes les données, y compris nominatives, et peut en obtenir copie ou transcription, éventuellement après avoir demandé un retraitement utile à son contrôle.

SECTION 7
CONTRADICTION DANS LE CONTRÔLE DE LA GESTION

111.131 Contradiction dans le contrôle de la gestion. Le principe du contradictoire, affirmé d'une façon générale, pour la Cour des comptes, par l'article

1. CJF, art. L. 241-5, L. 241-11, al. 2, LO 254-1, LO 262-42, L. 262-44, LO 272-40 et LO 272-42.
2. CJF, art. 141-5, modifié par la L. n° 2022-1726, 30 déc. 2022 de finances pour 2023.
3. CE 19 janv. 2000, *Société Distribleu*, req. n°s 177914 et 177915 ; *Lebon* 20.
4. CJF, art. L. 141-7 et L. 241-9.
5. CJF, art. L. 141-9 et L. 241-11.
6. CJF, art. L. 141-10 et L. 241-12.
7. CJF, art. L. 141-8 et L. 241-10.
8. Crim. 20 juin 2002, *Tirmarche*, n° 01-82.705, *BJCL* n° 1-2003, p. 15.
9. L. n° 78-17, 6 janv. 1978 relative à l'informatique, aux fichiers et aux libertés, *JO* 7 janv., p. 227.

L. 141-1 du CJF[1], s'applique aussi au contrôle de la gestion[2]. Pour les CRC, il existe une règle similaire[3].

Pour l'essentiel, dans le principe, l'instruction relève du rapporteur et la contradiction relève de la collégialité. Ce partage n'est toutefois pas rigoureusement respecté : durant la phase d'instruction, le rapporteur conduit quelques éléments qui relèvent d'une logique de pré-contradiction, tels les questionnaires de validation et l'entretien de fin de contrôle.

La partie essentielle incombe cependant à la collégialité tant pour le déroulement de la contradiction que pour les suites à apporter au contrôle.

111.132 Déroulement de la contradiction. La Cour des comptes a découvert les nécessités de la contradiction à partir de 1976 lorsque lui a été confié le contrôle des entreprises publiques, pour lequel elle a dû se conformer aux règles de procédure exigeantes jusqu'alors en usage devant la commission de vérification des comptes des entreprises publiques. Les chambres régionales des comptes connaissaient à l'origine un régime très souple de contradiction, dont le contenu s'est considérablement enrichi, pour ne pas dire alourdi, à partir de 1988.

Il n'existe pas de régime unique de contrôle pour la Cour des comptes. Le code des juridictions financières demeure très discret sur les conditions de contrôle des organismes publics, qui sont en pratique largement régies par des règles internes émanant du premier président. Le dispositif législatif le plus complet concerne les entreprises publiques. Les chambres régionales et territoriales des comptes connaissent en revanche une seule procédure d'examen de la gestion, très complètement encadrée par les textes et applicable quelle que soit la nature de l'organisme.

111.133 Procédure propre aux CRTC en matière de contrôle de la gestion. Au terme de l'instruction, qu'il a conduite « sur pièces et sur place »[4], le rapporteur a un entretien avec l'ordonnateur et avec chacun de ses prédécesseurs pour ce qui le concerne[5]. Les articles L. 243-1, L. 262-63 et L. 272-61 du code des juridictions financières prévoient également que cet entretien se tienne en présence, « s'il y a lieu », du président de la chambre. Cette expression particulièrement vague est en général comprise comme réservant la participation du chef de juridiction à la seule appréciation de ce dernier. Il ne peut être fait qu'une application parcimonieuse de cette possibilité, tant l'intervention du président est susceptible d'introduire, aux yeux de l'ordonnateur, une confusion avec les observations provisoires émanant de la chambre, alors que celles-ci n'ont pas encore été délibérées.

L'entretien est facultatif pour les organismes ne relevant pas des règles de la comptabilité publique[6]. La pratique des chambres régionales et territoriales tend cependant à le rendre systématique, quel que soit le statut de l'organisme[7]. Même lorsqu'il est obligatoire, l'entretien peut ne pas avoir lieu si l'ordonnateur ne donne pas suite à la demande que le rapporteur doit lui adresser. Il s'agit en effet, pour lui, d'un droit mais il ne saurait retarder indéfiniment la poursuite de la contradiction par son inertie ou en proposant une date déraisonnablement éloignée. Il convient alors que, par un échange de correspondance, le rapporteur puisse apporter la preuve du fait que, par sa mauvaise volonté, l'ordonnateur a empêché l'organisation de l'entretien préalable dans un délai décent.

Après examen collégial du rapport d'instruction déposé par le rapporteur, qui peut être communiqué au ministère public à fin des conclusions, un rapport d'observations provisoires est adressé aux ordonnateurs ou aux dirigeants de l'organisme contrôlé, qui

1. CJF, art. 141-1 : « Sous réserve des dispositions du présent code, les arrêts, observations et opinions de la Cour des comptes sont délibérés et adoptés collégialement, après une procédure contradictoire ».
2. La contradiction dans le cadre du contentieux financier se déroule dans un cadre spécifique, renforcé par rapport à l'activité administrative des juridictions financières ; – v. s[s] n°s 502.21 s., 514.22 s., 523.11 s. – Pour la contradiction dans le cadre de la procédure de jugement des comptes publics, v. s[s] n° 112.31.
3. CJF, art. L. 241-1.
4. CJF, art. R. 141-2 et R. 241-2.
5. Entretien improprement qualifié de « fin de contrôle » depuis 2016, alors que le contrôle n'est pas terminé (il le sera au moment de l'envoi du rapport d'observations définitives accompagné des réponses) et que l'instruction elle-même ne l'est pas davantage puisque le rapport peut, et c'est la situation la plus fréquente, n'être pas encore déposé. Jusqu'à l'ord. n° 2016-1360, 13 oct. 2016, les textes mentionnaient de façon plus rigoureuse un « entretien préalable », qui intervenait certes en fin d'instruction (même si le rapporteur peut, à l'inverse des procédures juridictionnelles, poursuivre son instruction jusqu'à la séance d'examen de son rapport) mais dont la raison d'être était de se situer avant l'envoi des observations provisoires. Les textes n'imposent pas que l'entretien ait lieu avant la séance mais il s'agit évidemment de la situation la plus souhaitable.
6. CJF, art. L. 243-1, L. 262-64 et L. 272-62.
7. En sens inverse, alors que la loi avait rendu facultative la mention des exercices sous revue pour les organismes publics (qui n'est obligatoire que pour les organismes privés), la pratique des chambres a étendu cette formalité à l'ensemble des procédures d'examen de la gestion. À supposer que l'intention du législateur ait été de réserver un sort différent aux organismes contrôlés en fonction de leur statut, le traitement identique qui leur est appliqué s'explique par un souci de simplification mais surtout par la volonté des juridictions financières d'assurer dans les meilleures conditions l'exercice des droits de la défense et de la contradiction.

disposent d'un délai qui ne peut être inférieur à un mois[1] pour y apporter une réponse écrite et demander à être entendus par la chambre[2]. De même, les personnes « nominativement ou explicitement mises en cause »[3] doivent être rendues destinataires des observations provisoires qui les concernent, y apporter une réponse dans le même délai que les ordonnateurs et peuvent demander à être entendues par la chambre. Leur audition leur permet de compléter et préciser les observations qu'ils ont déjà fournies par écrit[4], formule ambiguë que les chambres régionales et territoriales comprennent comme limitant le champ de l'audition aux éléments figurant dans la contradiction écrite, tout élément nouveau n'étant pas irrecevable mais exigeant alors la production d'un écrit complémentaire.

La chambre peut également décider d'entendre tout représentant ou agent de l'organisme contrôlé, mais aussi tout agent de l'État (y compris le préfet) ou tout membre des services d'inspection ou corps de contrôle « dont l'audition est jugée nécessaire »[5]. On parle alors « d'audition-convocation », à distinguer des auditions « à la demande ». Les intéressés, qui ne doivent pas dans ce cadre être regardés comme des tiers mis en cause[6], sont tenus de répondre en personne à la demande de la chambre, même s'ils ne sont plus en fonction. Dans ce cas, la convocation précise les points sur lesquels la chambre les entendra[7].

La chambre, après examen des réponses et auditions éventuelles, arrête un rapport d'observations définitives au vu d'un rapport d'analyse des réponses présenté par le rapporteur et délibéré collégialement, sur conclusions, le cas échéant, du ministère public[8]. Les ordonnateurs ou dirigeants de l'organisme contrôlé disposent d'un nouveau délai d'un mois pour adresser à la chambre régionale des comptes une réponse écrite qui sera jointe au rapport d'observations définitives, lequel est communiqué par l'ordonnateur à son assemblée délibérante dès sa plus proche réunion. S'agissant des organismes privés, le rapport d'observations est adressé au dirigeant de l'organisme mais aussi à l'exécutif de la collectivité territoriale qui leur a apporté un concours financier ou qui détient une partie du capital ou des voix dans les instances de décision.

C'est le caractère public de cette communication, introduit par la loi du 15 janvier 1990[9], à l'inverse du principe de confidentialité qui était alors la règle pour les observations des juridictions financières, qui explique le luxe pour ne pas dire l'excès de précautions caractérisant cet empilement de stades de contradiction.

Depuis la loi du 21 décembre 2001, le « dernier mot » revient donc aux élus puisque leurs réponses – mais non celles des tiers mis en cause, qui pourraient pourtant être éclairantes – sont jointes au rapport. Les précautions vont même plus loin puisque, en vertu du sixième alinéa de l'article L. 243-5 du code des juridictions financières, les rapports d'observations définitives ne peuvent plus être publiés ou communiqués à des tiers dans les trois mois qui précèdent une élection[10]. Compte tenu de la généralité des termes de la loi, cette période de « réserve » semble concerner tous les rapports d'observations intéressant l'organisme, y compris les plus anciens, ce qui ne semble guère compatible avec les exigences de l'information des citoyens, ni d'ailleurs avec les pratiques des CRTC, qui placent et conservent en ligne l'ensemble de leurs documents à caractère public, même à l'approche d'une élection.

Il appartient donc à l'ordonnateur en fonction de communiquer le rapport à son assemblée délibérante. Pour éviter toute manœuvre dilatoire, la loi de 1990 a prévu que le rapport deviendrait communicable dès la première réunion de l'assemblée délibérante, même s'il n'avait pas été inscrit à l'ordre du jour. En conséquence, certains ordonnateurs ont pu imaginer de ne plus réunir leur assemblée délibérante[11], ce qui avait pour effet de retarder indéfiniment, ou en tout cas durablement[12], la diffusion du

1. Depuis l'ord. n° 2022-408, 23 mars 2022. Précédemment, le délai minimum était de deux mois. Il est loisible à la chambre de fixer un délai de réponse plus long, d'office ou à la demande de l'ordonnateur ou du tiers mis en cause.
2. CJF, art. L. 243-3, L. 262-66 et L. 272-64.
3. CJF, art. L. 243-3, L. 262-66, avec une rédaction légèrement différente (« personne explicitement mise en cause ») mais dont la portée est identique, et L. 272-64.
4. CJF, art. R. 243-8, R. 262-120 et R. 272-103 (qui renvoie par erreur à l'art. L. 272-67 alors que la disposition de référence est l'art. L. 272-64).
5. CJF, art. L. 241-7, L. 262-51 et L. 272-44. Les mêmes dispositions s'appliquent à la Cour des comptes (CJF, art. L. 143-0-1).
6. Si tel était le cas, ils seraient associés à la contradiction et devraient recevoir l'extrait des observations provisoires les concernant (CJF, art. L. 243-6), de façon à pouvoir y apporter une réponse écrite et, éventuellement, demander une audition qui devrait leur être accordée, indépendamment de leur convocation par la chambre. Dans ces situations, qui demeurent rares, le président de la chambre demande en principe à l'intéressé s'il maintient une demande d'audition séparée ou s'il accepte que les deux auditions se tiennent au cours d'une même séance.
7. CJF, art. R. 243-7, R. 262-119 et R. 272-102.
8. CJF, art. L. 243-5, L. 262-66 et L. 272-64.
9. L. n° 90-55, 15 janv. 1990 relative à la limitation des dépenses électorales et à la clarification du financement des activités politiques, *JO* 16 janv.
10. Mêmes dispositions en Nouvelle-Calédonie (CJF, art. L. 262-69) et en Polynésie française (CJF, art. L. 272-67).
11. Pratique difficilement concevable dans une collectivité territoriale mais envisageable dans certains établissements publics lorsque la sensibilité politique des débats est moins nette.
12. Car il est tout de même nécessaire d'adopter au moins le budget annuel.

rapport. Dans un souci de clarification et d'accélération des procédures, l'art. L. 243-6 du CJF a été à nouveau modifié : il prévoit, depuis le 1er janvier 2023, que le rapport d'observations définitives est publié à l'issue du débat devant l'assemblée délibérante « et, au plus tard, dans un délai de deux mois suivant sa communication par la chambre régionale des comptes à l'exécutif de la collectivité territoriale ou de l'établissement public ».

111.134 Intervention possible des avocats en matière de contrôle de la gestion. Dans le cadre de la procédure contradictoire propre aux chambres régionales et territoriales des comptes, il est fait application du principe général selon lequel « les parties peuvent se faire représenter par un avocat »[1]. Une telle formulation, qui a toute sa raison d'être en matière juridictionnelle[2], peut surprendre s'agissant de l'examen de la gestion, qui ne constitue pas une instance contentieuse et ne connaît pas, à proprement parler, de partie. La représentation par un avocat est néanmoins admise, en règle générale, pour l'exercice des droits des intéressés, en particulier l'entretien préalable, l'audition à la demande du destinataire des observations provisoires (ordonnateur, ancien ordonnateur, tiers mis en cause) et l'envoi d'une réponse aux observations provisoires ou définitives. En revanche, cette possibilité ne saurait être mise en œuvre pour faire échec aux prérogatives de la juridiction[3].

La loi prévoit également que « lorsque l'ordonnateur ou le dirigeant n'est plus en fonctions au moment où l'exercice est examiné par la chambre régionale des comptes, les honoraires de l'avocat demeurent à la charge de la collectivité territoriale ou de l'établissement public concerné dans la limite d'un plafond fixé par décret »[4]. Cette disposition[5] est conforme au principe selon lequel le contrôle porte sur la gestion d'un organisme et non sur les actes d'une personne physique. Il arrive cependant qu'elle permette la prise en charge, par la collectivité, de la défense d'élus auxquels sont reprochés des agissements de nature à engager leur responsabilité et qui ont pu préjudicier à l'organisme public[6].

111.135 Règles communes à l'ensemble des juridictions financières en matière de contrôle de la gestion. La procédure d'examen de la gestion obéit aux principes généraux de procédure devant la juridiction financière : elle est écrite, secrète, inquisitoire et, au plus haut point, contradictoire. Elle demeure dominée par le principe de collégialité, qui est un principe absolu : nulle décision, nulle observation ne peut être prise par un magistrat statuant seul.

Deux séries de dispositions visent à assurer plus particulièrement les droits de la « défense » : le secret[7] et le droit à audition, qui a été introduit en 1977 pour le contrôle des entreprises publiques, ensuite pour les chambres régionales des comptes d'abord en contrôle budgétaire (loi du 2 mars 1982)[8] puis en examen de la gestion (loi du 29 janvier 1993) et, pour la Cour des comptes, par la même loi Sapin. Le droit à audition des dirigeants des organismes contrôlés et des tiers mis en cause est désormais généralisé en cas de publication des observations, et la Cour des comptes fait application des mêmes principes que les CRTC : ce droit (auditions « à la demande »[9]) s'exerce sans préjudice de la possibilité, pour la juridiction, d'entendre tout fonctionnaire dont l'audition est jugée nécessaire (« auditions-convocations »[10]). Il ne s'agit pas alors d'un entretien avec le rapporteur mais d'un élément de la contradiction conduite par la collégialité. À ce titre, la convocation précise les points sur lesquels la chambre entendra cette personne[11].

SECTION 8
SUITES DU CONTRÔLE DE LA GESTION

111.141 Diversité des suites publiques. La liste des suites arrêtées par la Cour des comptes fait l'objet d'un article du code des juridictions financières[12] qui n'a pas d'équivalent pour les chambres régionales et territoriales des comptes. La distinction la plus pertinente a été longtemps fondée sur le caractère public ou non public des suites, mais elle tend désormais à s'estomper.

1. CJF, art. L. 241-8, L. 262-54 et L. 272-52. Ces articles prévoient également une possibilité de représentation propre aux anciens ordonnateurs, qui peuvent se faire assister ou représenter par la personne de leur choix, désignée à leur demande par le président de la chambre et habilitée à se faire communiquer « tout document [...] relatif à la gestion de l'exercice examiné ». Cette dernière disposition, à la rédaction peu heureuse, ne paraît guère mise en œuvre.
2. Sur la possibilité de faire appel à un avocat dans le cadre du contentieux financier, v. ss nos 524.12, 533.11, 542.12, 544.24, 561.25 s., 571.25, 631.25.
3. Par exemple, pour un ordonnateur dont l'audition est décidée par la chambre dans le cadre de l'art. L. 241-7.
4. CJF, art. L. 241-8, al. 3, L. 262-54, al. 3, et L. 272-52, al. 3.
5. Dont on ne saurait déduire, *a contrario*, qu'elle ne vaudrait pas également pour les ordonnateurs en fonction. Il convient au contraire de raisonner ici *a fortiori*.
6. Par exemple en cas de gestion de fait ou d'infraction de l'article L. 131-9.
7. V. ss no 111.124.
8. V. ss no 113.93 (contrôle des actes budgétaires).
9. CJF, art. L. 143-0-2.
10. CJF, art. L. 143-0-1.
11. CJF, art. R. 143-8.
12. CJF, art. R. 143-11.

Dans sa rédaction issue du décret du 29 juin 2023 [1], l'article R. 143-11 du CJF a mis à jour la liste des vecteurs susceptibles de porter les observations et recommandations de la Cour des comptes. Quatre catégories peuvent être distinguées :

– les rapports publics de la Cour des comptes, soit le rapport public annuel et les rapports publics particuliers, qui ont trouvé un fondement textuel avec l'ordonnance du 6 juin 2005 [2] sous la dénomination de rapports publics « thématiques » ;

– les nombreux rapports destinés au Parlement et au Gouvernement, dont le rapport sur le projet de loi relative aux résultats de la gestion et portant approbation des comptes de l'année (ancien rapport sur la loi de règlement), les différents rapports prévus par la loi organique du 1er août 2001 (rapport sur les résultats de l'exécution du budget, rapport sur la situation des finances publiques, rapport de certification des comptes de l'État), le rapport sur l'application des lois de financement de la sécurité sociale [3], le rapport de certification des comptes du régime général [4] et les rapports à la demande du Parlement ou du Gouvernement [5] ;

– les référés du premier président : longtemps confidentielles car destinées au seul ministre, ces communications du premier président aux ministres sont également adressées, depuis une loi du 30 décembre 2000 [6], aux commissions des finances des deux assemblées. Les référés « peuvent être rendus publics » [7], ce qui est désormais la pratique systématique, sauf secret protégé ;

– les lettres des présidents de chambre [8], prévues par l'article R. 143-11 (4°) du CJF : à l'origine strictement confidentielles, elles sont susceptibles d'être rendues publiques, depuis une loi du 1er août 2008. Désormais appelées « observations définitives » [9], en vertu du décret n° 2023-520 du 29 juin 2023 [10], leur publication est désormais de droit, « sous réserve des secrets protégés par la loi ». De même, les lettres d'observations définitives des chambres régionales des comptes, dénommées rapports d'observations depuis la loi du 21 décembre 2001 [11], constituent depuis 1990 des suites publiques, dès leur communication à l'assemblée délibérante ou dans les deux mois de leur notification [12] ;

– les « synthèses » du 5° de l'art. R. 143-11 [13], qui constituent une catégorie récente, née de la pratique (notes sur les enjeux structurels de 2021 et notes thématiques de 2023). Elles ont leur équivalent pour les chambres régionales et territoriales et sont également dénommées « rapports thématiques [14] ». Reprenant des constats et recommandations de rapports déjà publiés par la Cour ou les CRTC, elles sont rendues publiques sous réserve des secrets protégés par la loi.

111.142 Suites administratives non publiques. Il s'agit de toutes les autres suites, qui sont énumérées par le code des juridictions financières. Cette catégorie tend à se restreindre à mesure que le caractère confidentiel des communications de la Cour des comptes, qui était la règle, devient l'exception. L'effet qui s'attache à cette qualification tient au fait que les suites non publiques ne sont communicables ni aux contrôlés ni, sous réserve de la jurisprudence *Mme Gaillard* [15], aux autres personnes mises en cause.

Seules demeurent donc absolument revêtues de confidentialité les communications du procureur général. Cette dénomination recouvre deux types d'interventions à distinguer : en premier lieu, les correspondances décidées de sa propre initiative par le procureur général en application de l'article R. 112-12, qui lui permet de communiquer « avec les administrations », expression qui englobe les administrations centrales, les services déconcentrés de l'État, les autorités administratives indépendantes et organismes assimilés et, plus largement, l'ensemble des administrations publiques et les juridictions, à l'exception des ministres, auxquels la Cour des comptes s'adresse par voie de référé ; en second lieu, les observations transmises par le procureur général aux « auto-

1. Décr. n° 2023-520, *JO* 30 juin 2023.
2. Ord. n° 2005-647, *JO* 7 juin 2005.
3. CJF, art. LO 132-3.
4. CJF, art. LO 132-2-1.
5. La liste complète de l'art. R. 143-11 comprend les rapports établis en application des 2° à 6° de l'article 58 de la L. org. n° 2001-692, 1er août 2001 relative aux lois de finances et des articles LO 132-1, LO 132-2-1, LO 132-3, LO 132-3-1, L. 132-5, L. 132-6, L. 132-7 et L. 132-8 du CJF.
6. L. n° 2000-1352, 30 déc. 2000 de finances pour 2001 (art. 93), *JO* 31 déc., n° 1.
7. CJF, art. R. 143-11, 3°.
8. Présidents de chambre de la Cour, présidents de formations inter-chambres ou de formations communes aux juridictions (Cour/CRTC ou entre CRTC).
9. Les rapports publics, comme les référés et les « synthèses » mentionnées au 5° de l'art. R. 143-11 du CJF, ont également un caractère définitif.
10. Décr. n° 2023-520, 29 juin 2023 portant application des mesures de simplification et d'harmonisation des procédures de l'ordonnance n° 2022-408 du 23 mars 2022 relative au régime de responsabilité financière des gestionnaires publics et diverses dispositions d'actualisation du code des juridictions financières, *JO* 30 juin 2023.
11. L. n° 2001-1248, 21 déc. 2001 relative aux chambres régionales des comptes et à la Cour des comptes *JO* 26 déc. 2001.
12. V. ss n° 111.133.
13. « Synthèses reprenant des constats et recommandations de rapports déjà publiés par la Cour ».
14. CJF, art. R. 243-15-1, R. 262-127-1 et R. 272-110-1.
15. CE, sect., 12 févr. 1993, Mme Gaillard, (req. n° 83814, *Lebon* 28), à propos d'observations provisoires de la Cour des comptes qui, en dépit de leur caractère confidentiel, avaient été rendues publiques sous la forme d'un article paru dans la presse.

rités compétentes », à la demande de la Cour des comptes, visées à l'article R. 143-12. Par ces communications, longtemps dénommées « notes du parquet », la Cour des comptes peut notamment appeler l'attention des services contrôlés, de la tutelle ou des autorités de contrôle sur des irrégularités ou des inadaptations du cadre législatif et réglementaire.

111.143 Suites contentieuses. Le code des juridictions financières prévoit deux autres suites à caractère non public. Il s'agit, d'une part, de l'information des autorités judiciaires lorsque la Cour découvre des faits de nature à motiver l'ouverture d'une action pénale [1], d'autre part, de la saisine de la Cour de discipline budgétaire et financière ou, depuis le 1er janvier 2023, de la chambre du contentieux de la Cour des comptes. Dans les deux cas, des conclusions du ministère public avant délibéré sur les rapports de gestion qui proposent des suites contentieuses sont obligatoires [2].

Cette décision de déféré ou de transmission pénale prend, pour la Cour, la forme d'une lettre au procureur général, ce dernier disposant par ailleurs d'un pouvoir propre tant de dénonciation d'infractions pénales sur le fondement de l'article 40 du code de procédure pénale que de saisine de la Cour des comptes [3].

Le dispositif est légèrement différent pour les chambres régionales et territoriales des comptes. L'article R. 241-24 du code des juridictions financières permet au président de la chambre et au ministère public d'adresser, sur décision de la chambre, des communications aux comptables publics, au représentant de l'État et aux chefs des services déconcentrés [4]. Les observations de la chambre intéressant les services centraux de l'État sont transmises à la Cour des comptes, en vue d'un référé, ou au procureur général dans tous les autres cas. Dans les CRTC, le procureur financier dispose également d'un pouvoir propre de communication « avec toutes autorités, administrations et juridictions » dans le ressort de la chambre [5]. Il s'agit d'un pouvoir très vaste, qui peut trouver à s'exercer à l'occasion ou en dehors d'un contrôle, y compris avec les ordonnateurs et le représentant de l'État. Comme la Cour des comptes, la chambre peut, par l'intermédiaire du ministère public – qui dispose là encore d'un pouvoir d'action propre – dénoncer des infractions pénales auprès du procureur de la République et des irrégularités relevant du régime de responsabilité financière des gestionnaires publics au procureur général près la Cour des comptes [6].

SECTION 9
VOIES DE RECOURS

111.151 Statut des observations de gestion. Il a longtemps semblé inconcevable de contester, par la voie contentieuse, les observations formulées par la Cour des comptes dans son rapport public ou, *a fortiori*, dans des communications non publiques. La création des chambres régionales des comptes, les contrôles exercés sur des collectivités à l'égard desquelles la tutelle avait été jusque-là peu présente et surtout la décision de rendre publiques leurs lettres d'observations définitives [7] ont suscité à ce propos un débat et une revendication.

Le débat sur la nature des observations de gestion des chambres régionales a duré une dizaine d'années. Il a pris naissance à l'occasion de la sortie du rapport public 1991 de la Cour des comptes, dont l'insertion consacrée aux Girondins de Bordeaux a été contestée par la ville de Bordeaux qui évoquait dans sa réponse la possibilité d'un recours devant le tribunal administratif. Tout en reconnaissant que ces lettres ne constituaient pas des décisions administratives modifiant l'ordonnancement juridique, certains élus locaux ont souhaité que leur soit ouvert un recours contre les observations, dont ils estimaient qu'elles leur faisaient grief du fait de leur caractère public. Les propositions en ce sens hésitaient, selon leurs auteurs, entre un recours pour excès de pouvoir devant le juge administratif de droit commun et un recours en appel devant la Cour des comptes.

La position de ces élus s'est trouvée alimentée indirectement par la jurisprudence administrative, qui a reconnu de longue date un droit de demander la rectification d'observations à toute personne mise en cause par une observation rendue publique [8]. Cette décision semblait ouvrir la possibilité de contester au contentieux une communication administrative devenue de fait publique. Il n'y aurait guère de raison pour qu'il n'en aille pas de même pour les observations définitives qui sont, de droit, publiques, tels les rapports d'observations des CRTC et, désormais, la plupart des travaux de la Cour des comptes.

1. Pendant longtemps, le procureur général près la Cour des comptes s'adressait directement au garde des Sceaux. L'art. L. 111-1 du CJF prévoit désormais qu'il « informe » le procureur de la République et en « avise » le garde des Sceaux. Des dispositions identiques régissent les transmissions du procureur général près la Cour des comptes concernant les signalements émanant des CRTC. Ce nouveau mode opératoire, plus conforme à la logique de l'art. 40 CPP, est également de nature à accélérer la transmission auprès de l'autorité de poursuite, qui est le procureur.
2. CJF, art. R. 112-10, al. 2, pour la Cour des comptes ; CJF, art. R. 212-16, art. R. 262-14 et R. 272-14 pour les CRTC.
3. V. ss no 323.13.
4. CJF, art. R. 243-18.
5. *Ibid.*
6. CJF, art. L. 142-1-1, L. 211-1, L. 262-4-1 et L. 272-3-1 A.
7. L. no 90-55, 15 janv. 1990 relative à la limitation des dépenses électorales et à la clarification du financement des activités politiques, *JO* 16 janv. – V. ss nos 111.133.
8. CE, sect., 12 févr. 1993, *Mme Gaillard*, req no 83814, *Lebon* 28.

111.152 Recours ouverts en matière d'observations de gestion. Il est revenu d'abord à la juridiction administrative de fixer le régime des recours contre les observations définitives des chambres régionales des comptes. Les principes applicables en la matière ont été dégagés par le Conseil d'État dans une décision du 8 février 1999, *Commune de La Ciotat*[1] : les observations formulées, même définitivement, par une chambre régionale des comptes sur la gestion d'une collectivité locale ou d'un organisme privé ne présentent pas le caractère de décisions susceptibles de faire l'objet d'un recours devant le juge administratif.

Toutefois, conformément à la jurisprudence *Mme Gaillard*[2], les personnes concernées par ces observations peuvent en demander la rectification, un refus de rectification par la chambre pouvant faire l'objet d'un recours pour excès de pouvoir. En effet, le refus de rectification constitue une décision faisant grief susceptible de recours[3]. Le juge administratif exerce alors un contrôle réduit à la régularité de la procédure et à l'exactitude des faits, sans se prononcer sur la qualification des faits, même sous la forme de l'erreur manifeste d'appréciation. Dans ce cadre, il s'abstient donc de se prononcer sur le bien-fondé de la position prise par la chambre sur la gestion de la collectivité ou de l'organisme en cause.

Ce droit à demander la rectification d'observations a ensuite été consacré par le législateur à l'occasion du vote de la loi du 21 décembre 2001[4]. L'article L. 243-10 du code des juridictions financières ouvre aux « dirigeants des personnes morales contrôlées » et aux personnes « nominativement ou explicitement » mises en cause la possibilité de présenter des demandes en « rectification d'observations définitives sur la gestion ».

Ce droit peut être exercé, aux termes de l'article R. 243-21 du CJF, qui vise les erreurs et les omissions matérielles, dans un délai d'un an à compter de la communication du rapport à l'assemblée délibérante[5]. Le texte du code organise une contradiction entre les différentes personnes intéressées, l'auteur de la demande pouvant solliciter son audition par la chambre. La décision sur la demande en rectification est annexée au rapport d'observations.

Il n'existe pas de dispositions équivalentes pour la Cour des comptes, qui demeure régie par les principes dégagés dans l'arrêt *Mme Gaillard*.

L'examen de la gestion par la Cour des comptes ou les chambres régionales des comptes peut également fonder un recours en indemnisation dont le principe a été admis implicitement par le Conseil d'État dans sa décision du 19 janvier 2000 *Distribleu*[6]. Cette décision précise également que « la Cour des comptes, lorsqu'elle contrôle le compte d'emploi des ressources collectées auprès du public [...], ne statue pas en matière pénale et ne tranche pas de contestation portant sur des droits et obligations de caractère civil » et que les dispositions de l'article 6, I, de la convention européenne de sauvegarde des droits de l'homme et des libertés fondamentales ne sont donc pas applicables en matière d'examen de la gestion.

111.153 Portée des recommandations. Les principes précédemment rappelés ont été dégagés il y a un quart de siècle, dans un contexte radicalement différent puisqu'à l'époque la grande majorité des travaux de la Cour des comptes revêtait un caractère non public, les chambres régionales et territoriales ne publiaient pas leurs observations, qui étaient seulement communicables, en principe, et surtout que les juridictions financières ne formulaient pas de recommandations.

Ce dernier point pourrait ne pas être sans incidence sur une éventuelle évolution du droit positif, en particulier pour les chambres régionales et territoriales. Si le législateur n'a pas modifié sa définition de l'examen de la gestion[7], il a consacré le pouvoir de formuler des recommandations tant pour la Cour[8] que pour les chambres régionales[9] et territoriales[10].

Désormais, la Cour publie « chaque année un rapport présentant les suites données à ses observations et recommandations ainsi qu'à celles des chambres régionales et territoriales des comptes. Ce rapport est établi sur la base des comptes rendus que les destinataires de ces observations et recommandations ont l'obligation de fournir »[11]. Notons que « ce rapport dresse également le bilan des poursuites

1. CE 8 févr. 1999, *Commune de La Ciotat*, req. n° 169047, *Rec.* 115, *Lebon* 658 et 934.
2. V. ss nos 111.142 et 111.151.
3. CE avis n° 26741515 juill. 2004, *Rec.* 151.
4. L. n° 2001-1248, 21 déc. 2001 relative aux chambres régionales des comptes et à la Cour des comptes, *JO* 26 déc. 2001.
5. Ce délai court, à l'égard des tiers, à compter de la réunion de l'assemblée délibérante et non de la date à laquelle ils ont pris connaissance de l'information les concernant. Cette solution, qui peut sembler sévère, est destinée à éviter les remises en cause exagérément tardives des rapports d'observations définitives. Il est vrai que le tiers a été nécessairement associé à la contradiction, en application de l'art. L. 243-6 du CJF (v. ss n° 111.133) et il sait donc qu'un rapport d'observations définitives, qui ne lui sera pas notifié, est sur le point d'être adressé à l'organisme contrôlé et d'être rendu public.
6. CE 19 janv. 2000, *Société International development communication et société Distribleu*, req. nos 177914 et 177915, *Lebon* 20.
7. L'art. L. 211-3 du CJF ne parle que « d'observations ».
8. CJF, art. L. 143-1.
9. CJF, art. L. 243-3 et L. 243-4.
10. CJF, art. L. 262-66, L. 262-67, L. 272-64 et L. 272-65.
11. CJF, art. L. 143-9, al. 1er.

engagées à l'encontre des personnes justiciables de la Cour des comptes et des transmissions adressées à l'autorité judiciaire »[1].

En outre, s'agissant des CRTC, l'article L. 243-9, issu de la loi NOTRé[2] prévoit : « Dans un délai d'un an à compter de la présentation du rapport d'observations définitives à l'assemblée délibérante, l'ordonnateur de la collectivité territoriale ou le président de l'établissement public de coopération intercommunale à fiscalité propre présente, dans un rapport devant cette même assemblée, les actions qu'il a entreprises à la suite des observations de la chambre régionale des comptes. Ce rapport est communiqué à la chambre régionale des comptes, qui fait une synthèse annuelle des rapports qui lui sont communiqués. Cette synthèse est présentée par le président de la chambre régionale des comptes devant la conférence territoriale de l'action publique. Chaque chambre régionale des comptes transmet cette synthèse à la Cour des comptes en vue de la présentation prescrite à l'article L. 143-9 ».

Un dispositif de suivi est également prévu pour les chambres territoriales de Nouvelle-Calédonie[3] et de Polynésie française[4]. En l'absence de conférence territoriale de l'action publique, chacune de ces chambres adresse directement sa synthèse annuelle à la Cour des comptes.

De même, depuis 2022, les sociétés d'économie mixte locales (SEML) sont tenues d'adresser à la chambre régionale, dans un délai d'un an, un rapport sur les actions qu'elles ont entreprises à la suite des observations de la chambre[5].

Sans doute, pas plus que les observations, les recommandations formulées par les juridictions financières ne modifient-elles pas directement l'ordonnancement juridique. Cependant, outre l'autorité morale qui s'y attache[6], ces recommandations emportent des effets de droit, et en tout cas de procédure : s'agissant des observations et recommandations formulées par les CRTC, elles contraignent l'ordonnateur de la collectivité ou le représentant de la SEML à présenter un « rapport » à son assemblée délibérante ou au conseil d'administration sur les suites qu'il a données au contrôle, l'assemblée ou le conseil à en délibérer, l'organisme à adresser le rapport ou la délibération à la chambre régionale des comptes, la chambre à établir une synthèse des rapports des collectivités, à la présenter devant la conférence territoriale de l'action publique et à la transmettre à la Cour des comptes, et la Cour des comptes à publier le rapport prévu à l'article L. 143-9, al. 1, du CJF.

S'y ajoutent, pour les SEML, l'envoi du rapport établi par le représentant de la SEML aux ordonnateurs des collectivités actionnaires, une délibération de chacune des collectivités et l'envoi de ces délibérations à la chambre régionale ou territoriale[7].

En conclusion, par leur nature, leur objet et leur régime juridique, les observations et surtout les recommandations des juridictions financières pourraient, le cas échéant, être regardées comme présentant certains traits du « droit souple »[8], même si les premières décisions rendues à ce propos ont écarté cet argument[9].

1. CJF, art. L. 143-9, al. 2.
2. L. n° 2015-991, 7 août 2015 portant nouvelle organisation territoriale de la République, *JO* 8 août.
3. CJF, art. L. 262-72.
4. CJF, art. L. 272-69.
5. Cette obligation ne s'applique pas aux autres sociétés commerciales, notamment les sociétés publiques locales (CJF, art. L. 243-9-1).
6. Portée qu'atteste le taux élevé de mise en œuvre de ces recommandations puisque les administrations destinataires s'y conforment à hauteur de près de 80 %, et de 76 % pour les seules CRTC (source : Cour des comptes, *Le suivi des recommandations des juridictions financières*, juin 2023).
7. CJF, art. L. 243-9-1, L. 262-72-1 et L. 272-69-1.
8. Au sens du rapport publié par le Conseil d'État, *Le droit souple* – étude annuelle, n° 64, 2013.
9. CAA Toulouse, 10 oct. 2024, n° 23TL02829 : les rapports d'observations définitives « ne sont pas susceptibles d'un recours pour excès de pouvoir devant le juge administratif, eu égard notamment à l'office de ce dernier, alors même qu'ils seraient susceptibles de produire des effets notables ou d'influer de manière significative sur les comportements de quelque personne que ce soit. »

CHAPITRE

112. Contrôle juridictionnel des comptes publics en tant que source du contentieux financier

SECTION 0
ORIENTEUR

112.00 **Sommaire du chapitre.**

SECTION 1
ORIGINE, CHAMP D'APPLICATION ET CONTRIBUTION AU CONTENTIEUX FINANCIER

112.11 **Jugement des comptes, contrôle juridictionnel.** L'exercice, par les juridictions financières, de missions contentieuses remonte aux origines de l'institution, et lui est consubstantiel. De tout temps, les chambres des comptes ont participé à l'œuvre de justice, même s'il s'agit d'une forme de justice très particulière, essentiellement tournée vers la protection des intérêts du souverain (à l'origine, le prince, puis la nation).

Ces institutions, et en particulier la chambre des comptes de Paris, se sont également vu confier très tôt des attributions administratives non détachables des premières et qui concouraient à la même fin [1]. Ces activités n'ont cessé de se développer, dans le domaine de l'examen de la gestion [2], du contrôle des actes budgétaires [3], de la certification des comptes [4] ou de l'évaluation des politiques publiques [5]. Si l'exercice d'attributions non juridictionnelles par des magistrats de l'ordre administratif ou judiciaire, et depuis plus longtemps encore pour le juge des comptes, constitue une réalité de longue date, il n'en demeure pas moins que l'existence d'activités juridictionnelles semble indispensable pour caractériser une juridiction, au point que des doutes ont pu être émis sur le maintien de ce statut, pour les chambres régionales des comptes, après l'ordonnance du 23 mars 2022 qui a supprimé leurs missions contentieuses [6].

Ce lien entre la nature de l'institution et l'objet premier de sa mission est tellement fort - voire tautologique - que l'expression « contrôle juridictionnel » était quasiment inusitée, jusqu'à une période très récente : l'ouvrage classique du président Descheemaeker sur la Cour des comptes [7] ne parle pas de « contrôle juridictionnel » mais place très logiquement « le jugement des comptes des comptables publics », de même que « le contrôle des comptes des organismes soumis aux règles de la comptabilité privée » et « le contrôle de la gestion », dans un chapitre intitulé « Contrôle des comptes et contrôle de la gestion ». Le code des juridictions financières ne connaît pas davantage ce terme. De même, le recueil des *Grands arrêts de la jurisprudence financière* [8] comporte deux « entrées » consacrées au contrôle des actes budgétaires et au contrôle de la gestion, mais pas au contrôle juridictionnel. En revanche, trouvent leur place dans la littérature consacrée à la Cour et aux chambres régionales et territoriales des comptes les expressions « jugement des comptes » (ou des comptes publics [9]), « compétences juridictionnelles », « activités juridiction-

1. V. s^s n° 041.13.
2. V. s^s n°s 041.32, 111.11 s.
3. V. s^s n°s 113.11 s.
4. V. s^s n° 114.12.
5. CJF, art. L. 111-13 et L. 211-15.
6. É. Douat, « Fin des compétences juridictionnelles des chambres régionales des comptes : attention à ne pas jeter le bébé avec l'eau du bain », *GFP* n° 2-2022, p. 34.
7. C. Descheemaeker, *La Cour des comptes*, La Documentation française, 3e éd., 2005.
8. A. Froment-Meurice, J.-Y. Bertucci, C. Michaut et N. Hauptmann, *Grands arrêts de la jurisprudence financière*, Dalloz, 7e éd., 2019.
9. Il n'y a pas de jugement des comptes privés.

nelles », ainsi bien sûr que « décisions » et « procédures juridictionnelles ».

En effet, dans l'approche traditionnelle, il n'y avait pas de « contrôle juridictionnel » mais le contrôle d'un organisme, procédure unique qui pouvait déboucher (dans tous les cas) sur des suites administratives [1], mais aussi, si l'organisme était doté d'un comptable public, sur des suites juridictionnelles, souvent de nature gracieuse [2], parfois de nature contentieuse [3], certaines suites revêtant un caractère mixte, de portée contentieuse mais ne comportant pas, par elles-mêmes, de charge [4].

La notion de contrôle juridictionnel s'est diffusée lorsque, pour des raisons purement formelles [5], il est devenu nécessaire de distinguer deux rapports d'instruction, l'un désormais consacré au seul jugement des comptes et l'autre à l'ensemble des comptes et de la gestion, à l'exception des suites juridictionnelles. Suite aussi fâcheuse qu'inévitable, cette dissociation a conduit à l'appauvrissement à la fois de l'examen de la gestion et du jugement des comptes, qui pouvaient d'ailleurs ne pas être conduits simultanément, et même être confiés à deux rapporteurs différents.

112.12 Champ d'application. Cette expérience peu concluante aura été de brève durée puisque, fin 2022, le contrôle juridictionnel a été supprimé pour la Cour des comptes et les chambres régionales, et n'existe plus que pour les chambres territoriales [6].

Il subsiste cependant des affaires nées sous l'empire des anciennes dispositions, pour lesquelles un réquisitoire introductif d'instance avait été pris avant le 1er janvier 2023, et qui ne sont pas encore jugées définitivement. Ces dossiers, en nombre très limité, concernent surtout la Cour des comptes statuant en premier ressort.

112.13 Contribution au contentieux financier. Pourtant, la vérification des comptes publics et des pièces qui y sont jointes constitue une source très précieuse d'informations :

– pour s'assurer du respect des règles élémentaires de l'ordre public financier (présence d'un comptable régulièrement investi, production du compte), exigence qui n'a pas disparu, et bien sûr régler la situation des comptables qui demeurent justiciables des juridictions financières ;

– pour alimenter l'examen de la gestion dans ses deux volets « régularité » et « économie », à la faveur d'une exploitation judicieuse des pièces justificatives ;

– pour contribuer à la mise en œuvre du régime de responsabilité des gestionnaires publics, et en premier lieu des ordonnateurs et des comptables, le contrôle des dépenses, des recettes et de la tenue de la comptabilité permettant de mettre en évidence des irrégularités concernant la quasi-totalité des infractions édictées par le code des juridictions financières, au-delà de l'article L. 131-9.

Au-delà de ces considérations générales, le contrôle juridictionnel permet également de régler la situation des comptables encore soumis aux dispositions de la loi de 1963, qui demeurent tenus de produire leurs comptes à la juridiction et qui peuvent légitimement aspirer à être déchargés de leur gestion et surtout à obtenir leur *quitus*, en particulier lorsqu'ils sont retraités [7], sans attendre l'expiration du délai de prescription, avec les incertitudes qui s'y attachent [8].

SECTION 2
RÈGLES DE COMPÉTENCE

112.21 Droit transitoire. L'ordonnance du 23 mars 2022 [9] a réglé un certain nombre de questions touchant au point très délicat de l'application de la loi dans le temps et de la succession de deux régimes d'une nature très différente mais concernant, en partie, les mêmes justiciables et les mêmes organismes.

S'agissant du jugement des comptes publics, ce texte prévoit que les affaires ayant donné lieu, avant le 1er janvier 2023, à un réquisitoire introductif devant une chambre régionale des comptes sont transmises à la Cour des comptes [10], qui les juge en faisant application des dispositions antérieures [11], à une réserve près : si, en cas de manquement ayant causé un préjudice financier à l'organisme public, la

1. Lettre d'observations, référé, rapport public, note du parquet, communication aux autorités judiciaires, déféré…
2. Jusqu'en 2008 : jugement ou arrêt de décharge ; depuis 2009 et jusqu'au 31 déc. 2022 : jugement, arrêt ou ordonnance.
3. Injonction (réquisitoire depuis 2009), débet, amende, déclaration de gestion de fait, jugement ou arrêt de non-lieu.
4. Réserve, sursis, jugement avant dire droit.
5. À la suite de l'arrêt *Martinie* puis de la L. n° 2008-1091, 28 oct. 2008 relative à la Cour des comptes et aux chambres régionales des comptes (v. ss n° 611.23), le rapporteur de la partie juridictionnelle a été exclu du délibéré. Son rapport devait donc être disjoint des éléments intéressant le reste de la gestion, toujours couverts par le secret du délibéré et donc non communicables.
6. V. ss nos 112.22 s., 141.14 et 143.11.
7. Et, *a fortiori*, leurs ayants droit lorsque le comptable est décédé.
8. V. ss n° 611.16.
9. Ord. n° 2022-408, 23 mars 2022 relative au régime de responsabilité financière des gestionnaires publics, *JO* 24 mars texte n° 4.
10. Ord. n° 2022-408, 23 mars 2022, art. 30.
11. Sur le fond ; en revanche, les règles nouvelles de procédure sont d'application immédiate (Ord. n° 2022-408, 23 mars 2022, art. 29, I).

Cour peut constituer le comptable en débet[1], rien n'est dit du cas inverse. La jurisprudence en a déduit qu'en l'absence de préjudice, le juge ne pouvait plus mettre une somme irrémissible à la charge du comptable[2].

L'appel des jugements des chambres régionales et territoriales des comptes est jugé, à partir du 1er janvier 2023, non par la Cour d'appel financière mais par la Cour des comptes, tandis que les arrêts rendus par la Cour des comptes après le 1er janvier 2023 peuvent, même lorsqu'ils font suite à un réquisitoire pris avant cette date, être contestés devant la Cour d'appel financière.

112.22 Maintien de la compétence juridictionnelle des chambres territoriales des comptes. S'agissant de l'outre-mer, l'ordonnance du 23 mars 2022 emporte deux conséquences. En premier lieu, le texte est applicable, dès le 1er janvier 2023, dans les Terres australes et antarctiques françaises (TAAF) et dans les îles Wallis et Futuna[3], c'est-à-dire dans les territoires qui relevaient de la compétence de la Cour des comptes en premier et dernier ressort. Il n'est donc pas applicable en Nouvelle-Calédonie, en Polynésie française, à Saint-Barthélemy, à Saint-Martin et à Saint-Pierre-et-Miquelon, en l'absence de loi organique nécessaire dans ces territoires. En deuxième lieu, le régime de responsabilité personnelle et pécuniaire est maintenu pour les comptables relevant des chambres territoriales des comptes (Nouvelle-Calédonie, Polynésie française, Saint-Barthélemy, Saint-Martin, Saint-Pierre-et-Miquelon) et pour ceux de Wallis et Futuna, qui relèvent de la Cour des comptes[4].

112.23 Compétence *ratione materiae et ratione temporis* des chambres territoriales des comptes. Les attributions des chambres territoriales varient selon les ressorts. Le cœur de leurs compétences juridictionnelles est toutefois identique et concerne les collectivités et établissements publics locaux : la chambre territoriale des comptes juge l'ensemble des comptes des comptables publics des communes, des provinces, du territoire ou de la collectivité d'outre-mer, ainsi que ceux de leurs établissements publics[5]. En Polynésie française, cette compétence s'exerce à partir des comptes de gestion de l'exercice 1991[6].

Toutefois, en Nouvelle-Calédonie, les comptes des communes ou groupements de communes dont la population n'excède pas 2 000 habitants et dont le montant des recettes ordinaires figurant au dernier compte administratif est inférieur à 305 000 euros ainsi que ceux de leurs établissements publics relèvent de l'apurement administratif, sous réserve du droit d'évocation de la CTC[7]. Seule la chambre peut prononcer des débets sur les organismes relevant de l'apurement administratif[8].

Les chambres territoriales de Saint-Barthélemy, Saint-Martin et Saint-Pierre-et-Miquelon jugent également les comptes des groupements d'intérêt public dotés d'un comptable public dès lors que les collectivités et organismes soumis au contrôle de la chambre territoriale des comptes y détiennent séparément ou ensemble plus de la moitié des voix dans les organes délibérants ou du capital ou y exercent un pouvoir prépondérant de décision ou de gestion[9].

Les chambres territoriales peuvent également procéder au jugement de comptes publics par délégation de la Cour des comptes tant que les arrêtés pris par le Premier président sur le fondement de l'article L. 111-15 du code des juridictions financières n'ont pas épuisé leurs effets. Ces délégations concernent notamment les établissements publics de santé.

À l'exception des gestions de fait[10], les chambres territoriales exercent les attributions classiques du juge des comptes, et peuvent en particulier prononcer des amendes à l'encontre des comptables ou des commis d'office qui ne produisent pas leurs comptes[11]. Elles reçoivent le serment des comptables de leur ressort[12].

SECTION 3 PROCÉDURE

112.31 Conduite de l'instruction et de la contradiction. Les règles relatives au déroulement de la procédure juridictionnelle ne présentent pas de spécificité par rapport à celles qui étaient en usage dans les chambres régionales des comptes jusqu'à l'entrée en vigueur de l'ordonnance du 23 mars 2022 et qui résultaient de la loi du 28 octobre 2008[13] et des décrets du 19 décembre 2008[14].

1. Ord. n° 2022-408, 23 mars 2022, art. 29, II.
2. C. comptes 29 juin 2023, *Hôpital local de Saint-James*, n° S-2023-0823.
3. Ord. n° 2022-408, 23 mars 2022, art. 28, I.
4. Ord. n° 2022-408 23 mars 2022, art. 28, II.
5. CJF, art. LO 252-2 et L. 252-3 (Saint-Barthélemy, Saint-Martin, Saint-Pierre-et-Miquelon), LO 262-2 et L. 262-3 (Nouvelle-Calédonie), LO 272-2 et L. 272-3 (Polynésie française).
6. CJF, art. LO 272-2, al. 2.
7. CJF, art. L. 262-4.
8. CJF, art. L. 262-36.
9. CJF, art. L. 252-4.
10. V. ss nos 424.11 s.
11. CJF, art. L. 253-6, L. 262-39, L. 262-40 et L. 272-37.
12. CJF, art. L. 255-2, L. 264-3 et L. 272-4.
13. L. n° 2008-1091, 28 oct. 2008 relative à la Cour des comptes et aux chambres régionales des comptes, *JO* 29 oct., n° 1.
14. Décr. n° 2008-1397 et n° 2008-1398, 19 déc. 2008 portant réforme des procédures juridictionnelles devant la Cour des comptes, les chambres régionales des comptes et la chambre territoriale des comptes de Nouvelle-Calédonie.

Certaines dispositions se contentent, au demeurant, de renvoyer aux textes applicables (précédemment) à la Cour des comptes ou aux chambres régionales [1]. Il n'y a pas de disposition particulière pour les chambres de Saint-Barthélemy, Saint-Martin et Saint-Pierre-et-Miquelon.

La notification du contrôle intervient à la seule diligence de la juridiction, auprès du comptable et de l'ordonnateur en fonction [2]. Cette première phase, de nature gracieuse, n'appelle pas de contradiction [3].

La conduite de l'instruction respecte les principes généraux de secret des travaux et de liberté d'investigation du rapporteur, qui instruit à charge et à décharge [4] et dispose pour la conduite de sa mission des pouvoirs les plus étendus (droit d'enquête auprès du comptable et de la personne publique, droit de communication auprès des tiers), dont la méconnaissance est constitutive du délit d'obstacle défini à l'article L. 241-1 du code des juridictions financières [5].

Au terme de son instruction, le rapporteur dépose son rapport d'examen des comptes à fin de jugement [6], qui est communiqué au procureur financier. Si ce dernier conclut à la décharge du comptable, le président de la formation doit rendre une ordonnance de décharge [7], sauf à demander au rapporteur un rapport complémentaire dans un délai d'un mois. Le président se trouve en situation de compétence liée, ne pouvant rendre une ordonnance de décharge que sur conclusions conformes du ministère public [8].

Si le ministère public estime qu'un fait est de nature à engager la responsabilité personnelle et pécuniaire du comptable, il en saisit la chambre par un réquisitoire [9]. Alors même que la loi reconnaît au procureur financier la possibilité de saisir la juridiction au vu du rapport « ou au vu des autres informations dont il dispose », le Conseil d'État a considéré que le réquisitoire ne pouvait porter que sur un exercice dont le contrôle avait été notifié (et, donc, dont l'instruction avait été conduite par le rapporteur) [10].

Le réquisitoire ouvre une seconde phase, de nature contentieuse, donnant lieu à une contradiction avec le comptable, l'ordonnateur et le ministère public [11], au terme de laquelle l'affaire est débattue en audience publique, le comptable ayant la parole en dernier [12].

112.32 Voies de recours. Les jugements et ordonnances rendus par les chambres territoriales des comptes sont susceptibles de faire l'objet d'un appel [13] devant la Cour des comptes de la part du comptable concerné, de la collectivité ou de l'établissement public (ou du groupement d'intérêt public à Saint-Barthélemy, Saint-Martin et Saint-Pierre-et-Miquelon), du procureur financier près la chambre ou du procureur général près la Cour des comptes [14].

L'arrêt de la Cour est lui-même susceptible d'un pourvoi non devant la Cour d'appel financière, mais devant le Conseil d'État.

112.33 Révision en matière de jugement des comptes. Le code des juridictions financières aménage traditionnellement deux voies de révision :

– la première, ouverte aux comptables (ou à leurs ayants droit) lorsqu'ils peuvent produire « des justifications recouvrées depuis le jugement ou l'ordonnance » [15] ;

– la seconde, permettant à la juridiction de réviser une décision d'office, ou à la demande du ministère public, « pour cause d'erreur, omission, faux ou double emploi » [16], le ministère public pouvant lui-même agir à la demande de la personne publique ou du haut-commissaire [17].

Le président désigne un magistrat chargé d'instruire la demande en révision, qui donne lieu à une contradiction simplifiée, chaque partie disposant d'un délai de quinze jours pour déposer un mémoire. Le texte prévoit que la formation statue, « par un arrêt unique » [18], sur la recevabilité de la demande et, s'il y a lieu, sur le fond de l'affaire.

1. CJF, art. L. 254-5, LO 262-43 et L. 262-45.
2. CJF, art. R. 262-69 et R. 272-56. En cas de dissolution, la notification se fera, dans la mesure du possible, auprès des gestionnaires de l'organisme successeur : C. comptes 27 sept. 2012, *OPHLM de Pierrefitte-sur-Seine*, *Rec.* 141.
3. CE 5 avr. 2013, *Parquet général près la Cour des comptes (Centre hospitalier de Compiègne)* ; *GAJF*, 7e éd., 2019, no 16.
4. CJF, art. R. 262-70 et R. 272-57.
5. V. ss no 524.23.
6. CJF, art. L. 262-55 et L. 272-53.
7. CJF, art. L. 262-56 et L. 272-54.
8. C. comptes 28 oct. 2010, *Commune de Bourg-sur-Gironde*, *Rec.* 91 ; *AJDA* 2010. 2489, chron. N. Groper et C. Michaut.
9. CJF, art. L. 262-57 et L. 272-55.
10. CE 5 avr. 2013, *Parquet général près la Cour des comptes*, préc.
11. CJF, art. R. 262-72 s., R. 272-59 s.
12. CJF, art. R. 262-77 et R. 272-64.
13. Sur les conditions de recevabilité de l'appel, v. ss no 631.11.
14. CJF, art. L. 262-59 et L. 272-57. – Sur les conditions de jugement de ces appels, v. ss no 632.11.
15. CJF, art. R. 262-97, I, et R. 272-84, I.
16. Sur ces différentes notions, v. *GAJF*, 7e éd., comm. no 56.
17. CJF, art. R. 262-97, II, et R. 272-84, II.
18. En fait, par un « jugement » : CJF, art. R. 262-97, III, al. 3 et R. 272-84, III, al. 3.

CHAPITRE

113. Contrôle des actes budgétaires des collectivités territoriales et établissements publics locaux et saisines assimilées

SECTION 0
ORIENTEUR

113.00 **Sommaire du chapitre.**

113.01 **Textes applicables.**

> Pour les chambres régionales des comptes

• **CJF,** art. L. 211-11 à L. 211-14 ; L. 232-1 à L. 232-7 ; L. 244-1 à L. 244-3 ; R. 232-1 à R. 232-3 ; R. 234-1 à R. 235-1 ; R. 244-1 à R. 244-4

> Pour les chambres territoriales des comptes

• **CJF,** art. LO 252-10 à L. 252-16 ; LO 253-9 à L. 253-17 ; LO 262-12 à L. 262-13 ; LO 262-40-1 à L. 262-41 ; LO 263-7 à L. 263-27 ; LO 272-14 à L. 272-15 ; LO 272-38-1 à L. 272-39 ; LO 273-4 à L. 273-7 ; R. 253-3 à R. 253-16 ; R. 262-53 à R. 262-56 ; R. 263-1 à R. 263-49 ; R. 272-41 à R. 272-44 ; R. 273-1 à R. 273-32

• **CGCT,** art. L. 1411-18, L. 1612-1 à L. 1612-19 ; R. 1411-6, R. 1612-8 à R. 1612-14, R. 1612-16 à R. 1612-38

• **CSP,** art. L. 6143-3-1

• **C. éduc.,** art. L. 421-11 à L. 421-13

• **CCH,** art. L. 421-21

113.02 **Jurisprudence de référence.**

• **CE 23 mars 1984,** *Organisme de gestion des écoles catholiques de Couëron*, req. n° 56053 ; *Lebon* 643, *Rec.* 401

• **C. comptes 29 mars 1984,** *Institut Notre-Dame de la Providence à Thionville*, req. n° 37306 ; *Rec.* 355

• **CE 10 févr. 1988,** *Commune de Brives-Charensac*, req. n°s 78230, 78805 et 78806 ; *AJDA* 1988. 279

• **CE 21 déc. 1994,** *Département de la Marne*, req. n° 101923 Lebon 567

113.03 **Bibliographie indicative.**

Thèse. E. Douat, *La chambre régionale des comptes et l'ordre juridictionnel administratif*, Bordeaux-I, 1991.

Encyclopédies et actualisables. P. Hernu, « Contrôles externes », *J.-Cl. Coll. terr.*, 2024, fasc. 2100, § 32-49 – J. Le Foll, S. Heintz, « Contrôle des budgets locaux par les chambres régionales des comptes », *J.-Cl. Adm.*, 2018, fasc. 1260 – L. Saïdj, « Budgets et comptes locaux : contrôle budgétaire », *Encycl. coll. locales*, n° 7140.

Codes. X. Cabannes, M. Conan, B. Poujade, L. Renouard, J.-Ph. Vachia, L. Vallernaud, *Code des juridictions financières*, Moniteur, 4e éd., 2018.

Recueils de jurisprudence. A. Froment-Meurice, J.-Y. Bertucci, N. Hauptmann et Ch. Michaut, *Les grands arrêts de la jurisprudence financière*, Dalloz, 7e éd. 2019, n° 4.

Monographies. G. Piolé, *Les chambres régionales et territoriales des comptes*, Dexia-LGDJ, coll. Politiques locales, 2e éd., 2007 – J. Raynaud, A. Doyelle, *Les contrôles des chambres régionales et territoriales des comptes*, Sorman, 7e éd., 2007.

SECTION 1
PRÉSENTATION GÉNÉRALE DU DISPOSITIF

113.11 **Origine et objet du contrôle des actes budgétaires des collectivités territoriales et des établissements publics locaux.** Aux termes de l'article 7 du décret GBCP[1], « le budget est l'acte par lequel sont prévues et autorisées les recettes et les dépenses ».

Si toute personne physique ou morale peut se doter d'un budget, ce terme[2] revêt une importance particulière pour les personnes publiques : même s'il a un caractère prévisionnel, le budget est un document qui permet de prendre connaissance assez précisément de la situation financière de la collectivité en termes d'équilibre, d'autofinancement, d'investissement et d'endettement ; au plan politique, son vote, par une loi de finances pour l'État et par délibération pour les autres personnes publiques, constitue un acte majeur qui permet notamment d'identifier majorité et opposition ; au plan juridique, l'adoption du budget revêt une nécessité absolue puisqu'il autorise les recettes comme les dépenses. À défaut, l'administration ne peut fonctionner, ce qui explique que des mécanismes contraignants aient été mis en place pour en doter l'État, quelles que soient les vicissitudes politiques[3], comme les collectivités territoriales, pendant longtemps dans le cadre de la tutelle administrative.

La loi du 2 mars 1982[4] a supprimé la tutelle administrative et financière sur les collectivités locales et confié l'ensemble des contrôles financiers aux chambres régionales des comptes.

La loi du 5 janvier 1988[5], qui a rétabli l'apurement administratif pour les plus petits comptes, a maintenu la pleine compétence des CRC en matière de contrôle budgétaire.

Ces principes n'ont pas été remis en cause par les principales modifications législatives intervenues depuis lors (loi du 21 déc. 2001[6] et ordonnance du 23 mars 2022[7]). Bien au contraire, les chambres territoriales des comptes, initialement dépourvues de compétences en ce domaine, se sont vu progressivement reconnaître des attributions qui les rapprochent désormais du droit commun.

Ces mécanismes dérogatoires, qui peuvent être mis en œuvre en temps réel ou *a posteriori*, sont destinés à permettre aux collectivités territoriales de retrouver un fonctionnement budgétaire normal. À cet effet, la loi a prévu deux types d'interventions : dans certains cas, l'exercice des compétences budgétaires de la collectivité est défaillant ; il faut alors prévoir des mécanismes de substitution. Dans d'autres cas, l'équilibre financier est compromis ; il faut alors le rétablir.

Souvent présenté – à tort – comme une atteinte au principe de libre administration des collectivités territoriales, affirmé par les articles 34 et 72 de la Constitution, le dispositif de contrôle des actes budgétaires et de l'exécution des budgets de ces collectivités, tel qu'il est prévu, pour l'essentiel, par les articles L. 1612-1 et suivants du code général des collectivités territoriales financières, est d'interprétation stricte.

113.12 Contrôle des actes budgétaires : cas d'ouverture. Une première série de dispositifs a été introduite pour faire face aux cas dans lesquels la collectivité néglige d'exercer normalement ses compétences ou ses obligations, qui exigent qu'elle se dote d'un budget et règle ses dettes. À ces hypothèses classiques de tutelle, qui préexistaient à la décentralisation, a été ajoutée une hypothèse de saisine atypique, relative au défaut d'adoption du compte administratif.

Le législateur a également prévu des mécanismes permettant de rétablir l'équilibre financier de la collectivité, soit *a priori*, lors du vote du budget, soit *a posteriori*, lors de l'adoption du compte administratif.

SECTION 2
DÉFAUT D'ADOPTION DU BUDGET

113.21 Héritage de l'ancienne tutelle. Conformément au principe d'antériorité, qui constitue un des volets du principe d'annualité, le budget d'une collectivité locale devrait normalement être adopté avant le 31 décembre précédant l'exercice. Des raisons pratiques ont cependant conduit le législateur à fixer la date limite de vote du budget au 15 avril de l'exercice (ou au 30 avril les années d'élections)[8]. Une telle licence se justifie mal dans la mesure où le niveau des dotations attendues de l'État évolue relativement peu lors de la discussion de la loi de finances initiale, dans la mesure aussi où les budgets supplémentaires et les décisions modificatives permettent de corriger les inscriptions initiales et où, en toute hypothèse, il est préférable de disposer d'une période d'exécution du budget la plus longue possible.

1. Décr. n° 2012-1246, 7 nov. 2012 relatif à la gestion budgétaire et comptable publique, *JO* 10 nov.
2. D'apparence anglo-saxonne mais en réalité issu de l'ancien français « bougette », petit sac ou bourse de cuir.
3. Constitution, art. 47 ; – L. org. n° 2001-692, 1er août 2001 relative aux lois de finances, *JO* 2 août, art. 40.
4. L. n° 82-213, 2 mars 1982 relative aux droits et libertés des communes, des départements et des régions, *JO* 3 mars, p. 730.
5. L. n° 88-13, 5 janv. 1988 d'amélioration de la décentralisation, *JO* 6 janv., p. 208.
6. L. n° 2001-1248, 21 déc. 2001 relative aux chambres régionales des comptes et à la Cour des comptes, *JO* 26 déc. 2001.
7. Ord. n° 2022-408, 23 mars 2022 relative au régime de responsabilité financière des gestionnaires publics, *JO* 24 mars 2022.
8. L. n° 2012-1510, 29 déc. 2012 de finances rectificative pour 2012, *JO* 30 déc. – Auparavant, la date limite était fixée au 31 mars.

Conscient de ces contraintes, le législateur a multiplié les dispositions permettant d'assurer la continuité des services dans l'attente d'un budget[1] mais, ce faisant, il a affaibli la portée symbolique et juridique du budget.

Lorsqu'une collectivité n'a pas adopté son budget dans les délais légaux, le préfet saisit la chambre régionale des comptes, qui formule des propositions permettant au représentant de l'État de régler d'office le budget (article L. 1612-2 du code général des collectivités territoriales).

113.22 **« Budget ».** La mise en œuvre de ces dispositions suppose la réunion de trois conditions, qui peuvent susciter des difficultés.

La première porte sur la notion de « budget » et sur l'attitude qu'il convient d'observer en cas d'adoption incomplète du document budgétaire.

Conformément au principe d'unité, le budget transmis au représentant de l'État doit retracer l'ensemble des opérations d'une personne publique. La collectivité ne saurait, par exemple, se borner à voter les seules recettes ou les seules dépenses, ou adopter le budget principal mais non les budgets annexes[2]. Elle peut, en revanche, avoir négligé d'inscrire les crédits afférents à telle dépense dont elle contesterait le principe. Une telle abstention ne justifierait pas la saisine au titre de l'article L. 1612-2 du CGCT mais elle permettrait la mise en œuvre de l'article L. 1612-15 du même code[3]. Il en va autrement du défaut d'adoption d'un budget annexe obligatoire (exemple : transports, lotissement[4]), qui permet la saisine, même si les dépenses et les recettes de ce service sont retracées dans le budget principal.

113.23 **Budget « non adopté ».** La deuxième interrogation concerne la notion d'adoption du budget : il ne peut y avoir saisine dès lors que le budget a été adopté, même au vu d'une délibération illégale[5], sauf le cas où cet acte serait regardé comme inexistant[6]. Si l'on excepte une telle situation, nécessairement exceptionnelle, le préfet qui regarderait le vote comme irrégulièrement intervenu ne pourrait en saisir la chambre régionale mais devrait déférer la délibération au tribunal administratif.

113.24 **Pouvoirs respectifs de la collectivité, du préfet et de la chambre.** Trois situations particulières sont à envisager.

En premier lieu, lorsque le budget est adopté hors des délais légaux, l'article L. 1612-8 du code général des collectivités territoriales assimile le budget non transmis dans les quinze jours après la date limite au budget non voté. L'assemblée délibérante conserve donc son pouvoir budgétaire jusqu'à la saisine effective, qui peut intervenir à tout moment, mais perd ce pouvoir dès la saisine de la chambre régionale.

Il est des situations encore plus délicates dans lesquelles le vote du budget a lieu après le terme légal mais avant la réception par la chambre régionale des comptes de la saisine du représentant de l'État, tenu dans l'ignorance de cette délibération. La « jurisprudence »[7] considère qu'il n'appartient pas à la chambre de formuler des propositions si le budget a été adopté avant la saisine du préfet mais transmis à ce dernier après cette date[8].

En deuxième lieu, lorsque le budget d'un exercice a été réglé d'office par le préfet, le budget suivant ne peut, en vertu des dispositions de l'article L. 1612-9 du code général des collectivités territoriales, donner lieu à saisine avant le 1er juin[9].

En troisième lieu, la saisine doit intervenir, selon la loi, « sans délai », c'est-à-dire après le 15 avril (faute de quoi elle sera déclarée irrecevable) et avant le 31 décembre de l'exercice (même solution). L'avis de la chambre régionale est en effet destiné à permettre l'ouverture de crédits en cours d'exercice ; une telle demande aurait peu de sens une fois épuisées les possibilités d'ordonnancement des recettes et des dépenses.

Il en va autrement, à titre exceptionnel, en cas d'annulation par le juge administratif du budget d'un exercice antérieur, la « jurisprudence » dominante reconnaissant alors au préfet le pouvoir de saisir la chambre[10]. Cette dernière solution mérite d'être discutée. La saisine sur exercice clos paraît certes respectueuse de la chose jugée : l'acte déclaré illégal étant censé n'être jamais intervenu, le préfet peut saisir la chambre du défaut d'adoption du budget. En réalité, elle s'explique beaucoup moins

1. CGCT, art. L. 1612-1 : possibilité, en particulier, d'émettre les titres de recettes, d'ordonnancer les dépenses de fonctionnement, le remboursement de la dette en capital et jusqu'au quart des crédits afférents aux autres dépenses d'investissement.
2. Jurisprudence constante : par ex. : CRC Auvergne-Rhône-Alpes, avis 19 juin 2015, *Commune de Vergezac*, *Rec.* 232.
3. V. s^s n°s 113.31 s.
4. Pour un exemple récent : CRC Occitanie, avis, 11 juill. 2018, *Commune de Treilles*, *Rec.* 213.
5. CRC Île-de-France, avis, 10 juin 2002, *Caisse des écoles de Condé-Sainte-Libiaire*, *Rec.* 206.
6. CAA Marseille, 5 janv. 2005, *ministre* de l'*Intérieur*, n° 01MA00413 ; *AJDA* 2005. 565.
7. Terme à mettre entre guillemets, les avis rendus par les chambres régionales des comptes ne constituant pas des décisions juridictionnelles (v. s^s n°s 113.101 s.).
8. CRC Aquitaine, avis n° 89-028, 12 juill. 1989, *Syndicat intercommunal pour les travaux d'améliorations foncières du canton de Castillon-la-Bataille*, NP.
9. CRC Basse-Normandie, avis, 18 mai 1995, *CCAS de Le Mesnil-Auzouf*, *Rec.* 225.
10. CRC Picardie, avis, 8 oct. 1996, *Lycée Louis Thuillier à Amiens*, *Rec.* 281.

par des considérations juridiques que par le souci de protéger la collectivité de contestations ultérieures portant sur les actes d'exécution du budget annulé, notamment le recouvrement des impôts locaux. Elle éloigne donc singulièrement la juridiction financière de la raison d'être du contrôle des actes budgétaires : pour qu'il en soit fait usage, le pouvoir de substitution suppose que la collectivité soit encore en mesure d'adopter son budget. Or, sauf exception, l'annulation est prononcée par le juge après la fin de l'exercice ; le principe de non-rétroactivité des actes administratifs fait interdiction à l'assemblée délibérante de statuer sur le budget d'un exercice clos et il peut paraître contestable que l'autorité de « tutelle » prenne une décision que, à la date à laquelle elle intervient, la collectivité en cause ne pourrait prendre.

Sur le fond, dans un tel cas, certaines CRC se réfèrent aux résultats de l'exécution comptable, tels qu'ils ressortent du compte administratif, tandis que d'autres s'en tiennent aux termes du budget annulé[1].

113.25 Effets de la saisine. L'organe délibérant de la collectivité est dessaisi de son pouvoir budgétaire à compter de la saisine de la chambre régionale des comptes et jusqu'au règlement du budget par le représentant de l'État[2]. La procédure porte donc directement atteinte à l'autonomie de gestion de la collectivité. Le préfet a en conséquence l'obligation d'aviser cette dernière de la saisine de la chambre[3]. La collectivité peut cependant prendre des décisions budgétaires intéressant d'autres exercices, par exemple en adoptant le compte administratif de l'année précédente.

Il convient aussi de préciser que la collectivité peut recouvrer son pouvoir budgétaire dans d'autres circonstances que le règlement d'office par le préfet, seul prévu par le code, et notamment par l'effet de l'avis rendu par la chambre si cet avis conclut à l'irrecevabilité de la saisine ou constate que le budget a été adopté avant la saisine.

Se prononçant en cours d'année, et parfois fort tardivement, la chambre régionale des comptes doit prendre en compte les opérations déjà réalisées depuis le début de l'année. Or ces dernières peuvent représenter, du fait des dispositions de l'article L. 1612-1 du CGCT, la totalité des dépenses et des recettes de la section de fonctionnement du budget précédent et jusqu'au quart des dépenses d'investissement, sans préjudice du remboursement de la dette en capital. La CRC devra nécessairement les prendre en compte dans ses propositions de règlement du budget.

De plus, les chambres régionales ont adopté une attitude prudente, pour ne pas dire restrictive, quant aux propositions qu'il leur revient de formuler dans leurs avis. Elles se bornent, le plus souvent, à préconiser des mesures permettant d'assurer la continuité des services publics, en considérant, implicitement ou explicitement, que l'assemblée délibérante avait seule la possibilité d'engager la collectivité au-delà. En particulier en matière d'investissements, les chambres ne prennent généralement en compte que les dépenses engagées nécessaires à la sécurité ou au bon fonctionnement du service public[4]. Une telle position de principe n'est en rien imposée par les textes, qui ne fixent nulle limite au pouvoir de proposition des chambres régionales. Elle peut néanmoins s'autoriser d'un certain pragmatisme : on voit mal une chambre régionale fixer un niveau de dépenses – et par conséquent de recettes – allant au-delà des décisions déjà prises par la collectivité ou imposées par des contraintes impérieuses ; d'autre part, la suppression de postes de dépenses comme les subventions aux associations constitue une puissante incitation à ce que la collectivité retrouve un fonctionnement normal et exerce elle-même les attributions que lui reconnaît la loi.

Les circonstances peuvent cependant conduire la chambre régionale des comptes à formuler des propositions originales, y compris en recettes, lorsque les conditions prévues par les textes sont réunies. Une chambre a ainsi pu proposer le versement par le budget principal d'une avance remboursable au profit d'un budget annexe déficitaire[5].

Sous les réserves précédentes, ce pouvoir de substitution confère à la chambre régionale un pouvoir important puisqu'elle a l'obligation de proposer un budget en équilibre, incluant l'ensemble des dépenses obligatoires. En ce sens, l'article L. 1612-2 absorbe les articles L. 1612-5 et L. 1612-15.

113.26 Cas particulier des établissements d'enseignement. L'adoption du budget des lycées et collèges publics est régie par l'article L. 421-11 du code de l'éducation.

Le budget est adopté par le conseil d'administration de l'établissement dans les trente jours suivant la notification de la participation de la collectivité (respectivement la région ou le département), et transmis à celle-ci, ainsi qu'à l'autorité académique, dans les cinq jours du vote.

En cas de désaccord de ces autorités, le budget est réglé par ces dernières. À défaut d'accord entre le

1. CRC Auvergne-Rhône-Alpes, avis, 24 juill. 2018, *Région Auvergne-Rhône-Alpes*, n° 2018-0233.
2. CGCT, art. R. 1612-2, al. 2.
3. CGCT, art. R. 1612-17.
4. Position réaffirmée très régulièrement depuis CRC Centre, avis 18 mai 1992, *Syndicat intercommunal du Gué-de-Longroi-Levainille ; Rec.* 209.
5. CRC Occitanie, avis, 11 juill. 2018, *Commune de Treilles ; Rec.* 213.

rectorat et la collectivité de rattachement, le budget est réglé par le préfet après avis de la chambre régionale des comptes. Lorsqu'elle est saisie, cette dernière fait application des dispositions du code de l'éducation, en particulier sur l'imputation des dépenses pédagogiques entre l'État et la collectivité de rattachement, et les conditions d'utilisation du fonds de réserve des établissements[1].

Ces dispositions, introduites lors de la mise en œuvre de la décentralisation en matière scolaire (1986), ne trouvent que rarement à s'appliquer[2].

SECTION 3
DÉFAUT D'INSCRIPTION D'UNE DÉPENSE OBLIGATOIRE

113.31 Défaut d'inscription d'une dépense obligatoire et mise en demeure. L'article L. 1612-15 du CGCT prévoit que lorsque le budget d'une collectivité ne comporte pas des crédits suffisants pour le règlement d'une dépense obligatoire, la chambre met la collectivité en demeure d'inscrire les crédits à son budget et, à défaut, demande au préfet d'y procéder d'office.

§ 1
Conditions de recevabilité

113.41 Conditions de recevabilité : la qualité du demandeur. Le code général des collectivités territoriales évoque, parmi les personnes susceptibles de saisir la chambre pour constater le caractère obligatoire d'une dépense, voire pour obtenir une mise en demeure d'inscrire une dépense obligatoire dans un budget, le représentant de l'État dans le département, le « comptable public concerné » et « toute personne y ayant intérêt ». Les deux premières catégories posent peu de difficultés. Par représentant de l'État dans le département, le code doit être compris comme désignant le seul préfet du département dans lequel se situe la collectivité débitrice, chargé du respect des lois dans sa circonscription, et non, par exemple, un sous-préfet[3] ou le préfet d'un département dans lequel se trouverait telle ou telle personne physique ou morale qui invoquerait une créance sur la collectivité, même si ce demandeur était une collectivité territoriale. La situation serait différente si la collectivité située dans un autre département demandait le mandatement d'office, mais la procédure à observer serait alors celle de l'article L. 1612-16 du CGCT[4].

Quant au comptable public concerné, le législateur de 1982 visait essentiellement le comptable tenant les comptes de la collectivité objet de la saisine, au titre de la participation de cet agent à l'ordre public financier. La « jurisprudence », à laquelle s'est ralliée la direction de la comptabilité publique dans une instruction du 24 février 1998, ne s'en est pas tenue à cette intention mais a examiné la recevabilité à la lumière de la question de l'intérêt à agir du demandeur. Elle a donc considéré, malgré quelques décisions en sens contraire, que la saisine ne pouvait émaner du comptable de la collectivité débitrice – il ne saurait en effet justifier d'aucun intérêt personnel[5] – ni du trésorier-payeur général (aujourd'hui, le directeur départemental des finances publiques) alerté par son comptable[6], et encore moins du chef du service des collectivités et établissements publics locaux au sein de la direction départementale des finances publiques[7].

Il n'en irait autrement que si le comptable supérieur était lui-même susceptible d'engager sa responsabilité personnelle et pécuniaire, par exemple en matière de recouvrement de recettes de l'État. À l'inverse, est recevable une demande émanant du comptable de la collectivité créancière[8], qui vient alors exercer une diligence susceptible de dégager sa responsabilité en matière de recouvrement des recettes.

113.42 Personne ayant intérêt. La notion de *personne y ayant intérêt* est interprétée strictement par la « jurisprudence » : il s'agira, le plus souvent, du créancier[9] (cocontractant de la personne publique, cessionnaire de créance...) mais non, par exemple, de l'entreprise titulaire d'un marché au nom de ses

1. CRC Champagne-Ardenne, avis, 12 sept. 2006, *Collège Aristide Briand à Revin ; Rec.* 193.
2. PAR EX. : CRC Picardie, avis, 8 oct. 1996, *Lycée Louis Thuillier à Amiens ; Rec.* 281 ; – CRC Picardie, avis, 1er avr. 1999, *Lycée Gérard de Nerval à Soissons ; Rec.* 151 ; – CRC Grand Est, avis, 23 avr. 2018, *Rec.* 209.
3. Néanmoins, le secrétaire général de la préfecture peut avoir qualité pour agir s'il a reçu délégation à cette fin : CRC Normandie, avis n° 2020-05, 16 sept. 2020, *Commune de Dieppe*. Cette situation est à distinguer du cas particulier d'une saisine intervenant après la nomination du préfet mais avant son installation (application des règles de l'intérim par le secrétaire général), v. CRC Normandie, avis n° 2019-02, 16 mai 2019, *Commune d'Ocqueville*.
4. V. s^s n° 113.55.
5. Puisque sa responsabilité ne saurait être engagée au motif que la collectivité dont il tient les comptes ne s'acquitte pas de ses dettes.
6. CRC Nord-Pas-de-Calais, 3 juill. 1997, *Commune de Bruille-Saint-Amand, Rec.* 293.
7. CRC Pays de la Loire, avis, 17 juin 2021, *Commune de Saint-Rémy-de-Sillé, Rec.* 222.
8. CRC Midi-Pyrénées, avis, 25 nov. 1997, *Commune de Causse-et-Diège, Rec.* 335.
9. Sur le créancier comme autorité de déféré en matière d'inexécution d'une décision de justice ayant condamné une personne morale de droit public au payement d'une somme d'argent, v. s^s n° 452.31.

sous-traitants, sauf à pouvoir justifier d'un mandat de ces derniers [1].

Un cas délicat a été réglé, dans le sens de la recevabilité, concernant le titulaire d'un marché public qui a été regardé comme ayant intérêt à agir alors même qu'il avait cédé sa créance à un tiers, dans la mesure où le code monétaire et financier rend « le signataire de l'acte de cession garant solidaire du payement des créances cédées » [2].

L'action peut être introduite par le créancier lui-même, un avocat (la jurisprudence, particulièrement libérale, n'exige pas que l'avocat soit inscrit au barreau du siège de la chambre ou du demandeur), précédemment un avoué, ou encore un huissier, au bénéfice des dispositions du décret n° 56-222 du 29 février 1956 [3]. Elle peut aussi émaner d'un mandataire du créancier, pour autant qu'il soit habilité à agir en matière contentieuse [4]. Cette dernière restriction ne va pas de soi, dans la mesure où la mise en œuvre de l'article L. 1612-15 ne relève pas de la procédure contentieuse.

Les chambres régionales et territoriales des comptes sont très attentives à la validité de la délégation :

- vérification de la délégation du signataire de la saisine lorsque celui-ci n'est pas le représentant légal [5] ;
- vérification de l'existence d'une délégation régulière lorsque les statuts réservent au conseil d'administration le soin de représenter une association dans les actes de la vie civile [6].

De même, seul le représentant d'une collectivité créancière, c'est-à-dire le plus souvent l'ordonnateur, peut agir, à l'exclusion de son directeur général des services [7].

La situation des élus est traitée en vertu des mêmes critères, appréciés de façon le plus souvent restrictive : le membre d'une assemblée délibérante ne peut, d'une façon générale, demander l'inscription d'une dépense, même obligatoire, au budget de la collectivité dont il est l'élu, sauf s'il peut justifier d'un intérêt personnel et direct à la dépense [8], essentiellement parce qu'il en serait le créancier. Il doit donc pouvoir invoquer un intérêt matériel, par exemple lié à ses indemnités de fonction, et non un intérêt politique lié à l'inscription des crédits en cause.

En revanche, s'il se trouve également être le représentant d'un organisme, telle une association ou une société commerciale, détentrice d'une créance sur l'administration [9], il sera recevable, en cette dernière qualité, à saisir la chambre au titre de l'article L. 1612-15.

La situation est encore différente s'agissant des groupes politiques, qui sont susceptibles de recevoir des subventions, par exemple au titre des frais de personnel : s'il est constitué en association, le groupe a évidemment qualité pour agir ; mais à défaut d'avoir démontré l'existence d'une association et son habilitation à le représenter, l'auteur de la saisine est réputé agir en son nom propre et sa seule qualité d'élu ne lui confère pas un intérêt personnel et direct à agir [10].

Même si de telles situations sont rarissimes, il peut également se produire que l'ordonnateur lui-même saisisse la chambre en vue de l'inscription d'office de crédits. Le raisonnement qui lui est applicable diffère quelque peu de celui concernant les autres élus, compte tenu des pouvoirs propres et des responsabilités qui s'attachent à l'exercice de ses fonctions. S'il peut, bien sûr, demander l'inscription de crédits afférents à ses indemnités de fonction, la « jurisprudence » lui a récemment reconnu un large pouvoir de saisine : « Considérant que l'article L. 2122-21 du code général des collectivités territoriales, dans son alinéa 8, confie au maire la mission « de représenter la commune, soit en demandant, soit en défendant » ; [...] qu'il résulte des dispositions des articles L. 2122-18 et L. 2342-1 du code général des collectivités territoriales, que le maire est chargé d'assurer la gestion administrative de la commune et qu'il en est l'ordonnateur ; [...] que, dès lors, en cette qualité propre de représentant légal de la commune, le maire justifie d'un intérêt à l'ouverture de crédits permettant le règlement de dépenses que la loi met à la charge de la collectivité, ou présentant le caractère de dépenses exigibles » [11].

113.43 Conditions de recevabilité : insuffisance des crédits (non). Longtemps les chambres régionales des comptes se sont partagées entre deux courants dont le premier, majoritaire, faisait de la présence de crédits suffisants au budget de la collectivité une cause d'irrecevabilité de la saisine – celle-ci ne

1. CRC Nord-Pas-de-Calais, avis, 27 janv. 1998, *Syndicat intercommunal de la région de Somain-Aniche, Rec.* 163.
2. CRC Île-de-France, avis, 2 juill. 2020, *Commune d'Épinay-sous-Sénart, Rec.* 230.
3. CRC Auvergne-Rhône-Alpes, avis, 18 oct. 2018, *Communauté d'agglomération Arlysère, Rec.* 220.
4. CRC Bourgogne, Franche-Comté, avis, 28 mai 2015, *Commune de Brienon-sur-Armançon, Rec.* 224.
5. CRC Midi-Pyrénées, avis, 12 mai 2005, *Commune de Bardigues, Rec.* 129.
6. CRC Basse-Normandie, avis, 4 févr. 2003, *Commune de Pontorson, Rec.* 218.
7. CRC Champagne-Ardenne, avis 30 mars 2001, *Communauté de communes de l'Argonne ardennaise, Rec.* 177.
8. CRC Picardie, avis, 6 oct. 2006, *Région Picardie, Rec.* 202 (non-inscription d'une autorisation de programme au profit d'un organisme dont le conseiller régional assurait la présidence : absence d'intérêt à agir).
9. Situation qui peut ne pas être sans danger au regard de la loi pénale.
10. CRC Hauts-de-France, avis, 20 avr. 2016, *Région Nord-Pas-de-Calais-Picardie, Rec.* 252.
11. CRC Normandie, avis n° 2022-21, 22 sept. 2022, *Commune d'Aure-sur-Mer.*

pouvant, en toute hypothèse, aboutir – tandis qu'un second courant examinait le caractère obligatoire de la dépense avant de s'interroger sur la poursuite de la procédure.

Le décret n° 95-945 du 23 août 1995 a tranché en faveur de cette dernière interprétation en faisant obligation à la chambre de se prononcer sur le caractère obligatoire de la dépense avant de constater, le cas échéant, l'insuffisance des crédits et d'adresser une mise en demeure à la collectivité (art. R. 1612-35 CGCT).

Une telle disposition éloigne la procédure de son objet, qui est essentiellement budgétaire. La sollicitation de la chambre vise en effet, aux termes de la loi, à inscrire au budget d'une collectivité locale des crédits permettant le règlement d'une dépense jusque-là impayée et non à demander une expertise juridique à la juridiction financière, qui n'est en tout état de cause pas juge du fond des relations contractuelles ou extracontractuelles de l'organisme public.

Le texte de l'article R. 1612-35 contient d'ailleurs un risque de détournement de procédure, certaines parties pouvant être tentées de s'adresser à la chambre régionale des comptes sur le seul point de droit, sans même demander l'inscription de crédits. Des préfets ont ainsi pu saisir des chambres à seule fin que celles-ci se prononcent sur le caractère obligatoire d'une dépense que des créanciers leur avaient demandé de mandater d'office. Constatant que la saisine ne portait pas sur l'insuffisance des crédits, certaines CRC ont logiquement déclaré la saisine irrecevable[1]. Si la jurisprudence est désormais moins exigeante, il convient de veiller à conserver au dispositif de l'article L. 1612-15 sa finalité, qui ne relève ni de l'expertise juridique ni de la médiation contractuelle.

Quoi qu'il en soit, ces saisines portant sur des dépenses obligatoires, recevables ou non, et quelles que soient les suites qui leur seront réservées, peuvent permettre à une CRC d'être informée de faits susceptibles de constituer des infractions financières, en particulier celles réprimant l'inexécution de décisions de justice[2] condamnant une personne morale au payement d'une somme d'argent dont le montant a été fixé par la décision de justice elle-même[3], et ainsi motiver un déféré au Procureur général sur ce fondement[4].

1. CRC Nord-Pas-de-Calais, avis, 15 janv. 1998, *Centre de gestion de la fonction publique territoriale du Nord, Rec.* 161.
2. Sur la procédure suivie devant la CRC dans le cas particulier de dépense obligatoire résultant d'une décision de justice, v. ci-après, s[s] n° 113.44.
3. CJF, art. L. 131-14, 2° ; v. s[s] n° 452.11.
4. Exemple : C. comptes 31 mai 2023, *Commune d'Ajaccio*, n° 876, S-2023-0667 ; *AJCT* 2023 juill.-août, p. 418, note T. Dogan ; *AJDA* 2023. 1832, note N. Péhau et L. Vergallo ; *JCP Adm.* 2023, n° 34, 2252, note S. Damarey.

113.44 Conditions de recevabilité : décision passée en force de chose jugée. Cette troisième condition relève moins de la recevabilité que de la compétence : le caractère obligatoire de la dépense ne doit pas résulter d'une décision juridictionnelle passée en force de la chose jugée (article L. 1612-17 du CGCT).

Dans un tel cas, il convient de mettre en œuvre une autre procédure, prévue par la loi du 16 juillet 1980, c'est-à-dire de demander au préfet de procéder à un mandatement d'office. L'appréciation de cette circonstance conduira la chambre à se prononcer sur l'existence ou non d'une force de chose jugée à la lumière des dispositions de l'article 500 du code de procédure civile[5]. Est ainsi recevable :

– une demande concernant l'exécution d'un jugement frappé d'appel, même si en l'espèce la contestation de ladite décision par la collectivité a été regardée au fond comme non sérieuse en l'absence de motivation précise du recours[6] ;

– une saisine concernant une dépense résultant d'un jugement assorti d'une exécution provisoire, même si la cour d'appel avait rejeté la requête de la collectivité contre l'exécution provisoire du jugement (qui n'était pas passé en force de chose jugée sur le fond)[7].

En revanche, doivent être déclarées irrecevables des saisines afférentes à des jugements ou arrêts frappés d'un pourvoi en cassation[8], l'exercice d'une telle voie de recours n'ayant pas de caractère suspensif.

Il est rappelé enfin que l'inexécution d'une décision de justice ayant condamné une collectivité locale ou un établissement public au payement d'une somme d'argent est susceptible d'être constitutive d'une infraction financière[9] ; il en va de même du fait de faire obstacle au mandatement d'office[10].

113.45 Conditions de recevabilité : intérêts moratoires. En vertu de l'article L. 1612-18 du CGCT, si les sommes dues au titre des intérêts moratoires et de l'indemnité forfaitaire pour frais de recouvrement mentionnés aux articles L. 2192-8 et L. 3133-8 du code de la commande publique ne sont pas mandatées dans les trente jours suivant la date de paiement

5. CRC Corse, avis, 28 févr. 2020, *Commune d'Ajaccio, Rec.* 222.
6. CRC Île-de-France, avis, 26 mai 1994, *Commune du Chesnay, Rec.* 224.
7. CRC Île-de-France, avis, 29 nov. 2017, *Commune de Sainte-Geneviève-des-Bois, Rec.* 278.
8. Y compris lorsque le pourvoi porte sur l'ordonnance confirmant l'exécution provisoire d'un jugement frappé d'appel : CRC Pays de la Loire, avis, 21 janv. 2010, *Communauté urbaine de Nantes métropole (CUNM), Rec.* 151. En sens contraire (recevabilité) : CRC Aquitaine, avis, 13 déc. 2007, *X, directeur des abattoirs de Bergerac c/ commune de Bergerac, Rec.* 216.
9. CJF, art. L. 131-14, 2° ; sur cette infraction, v. s[s] n°s 452.11 s.
10. CJF, art. L. 131-11 ; sur cette infraction, v. s[s] n° 454.11.

du principal, le représentant de l'État dans le département adresse à l'ordonnateur une mise en demeure de mandatement.

À défaut d'exécution dans un délai d'un mois, le représentant de l'État procède d'office, dans un délai de dix jours, au mandatement de la dépense.

Toutefois, en cas d'insuffisance de crédits, le préfet saisit la chambre régionale des comptes dans le cadre de l'article L. 1612-15 [1]. Il procède ensuite au mandatement d'office dans les quinze jours suivant la réception de la délibération inscrivant les crédits ou sa décision réglant le budget rectifié.

Une décision récente a déduit de cette disposition que le créancier était irrecevable à saisir la chambre en vue de l'inscription des crédits au budget de la collectivité, la procédure en matière d'intérêts moratoires relevant de l'article L. 1612-18, qui réserve la saisine au représentant de l'État [2]. Cette solution isolée [3] peut se discuter dans la mesure où la raison d'être de l'article L. 1612-18, qui remonte à 1996, était de faciliter le règlement des intérêts moratoires, en associant le préfet et le comptable public dans le cadre d'une procédure d'urgence, et non de priver le créancier d'une voie commode de règlement en cas d'inaction des services de l'État.

§ 2
Conditions de fond

113.51 Conditions de fond. Aux termes de l'article L. 1612-15, alinéa 1er, du CGCT, « ne sont obligatoires pour les collectivités et établissements visés par ces articles que les dépenses nécessaires à l'acquittement des dettes exigibles et les dépenses pour lesquelles la loi l'a expressément décidé ». Pour apprécier le caractère obligatoire de la dépense, les chambres régionales des comptes s'en sont tenues à la définition qu'en donnait le juge administratif sous le régime de la tutelle [4] et qu'il a confirmée dans le cadre des lois de décentralisation [5] : ne peuvent être inscrites d'office au budget d'une collectivité que des dépenses « obligatoires dans leur principe, liquides et non sérieusement contestées ».

113.52 Dépense certaine. En premier lieu, la créance doit être certaine dans son principe, ce qui renvoie à deux hypothèses : les dettes exigibles et les dépenses imposées par la loi.

La loi met à la charge des organismes publics locaux un grand nombre de dépenses, et notamment des impôts, des charges sociales ou des contributions [6], les dépenses de personnel et les cotisations aux régimes de retraite, y compris des élus [7], ou les dépenses d'entretien des cimetières [8].

Mais toute dépense obligatoire au sens de la loi ne relève pas de la procédure de l'article L. 1612-15 : ainsi, le créancier d'une commune n'est pas recevable à demander l'inscription d'office d'une dotation aux provisions destinée à couvrir le contentieux qui l'oppose à la collectivité, quoique l'article L. 2321-2 du CGCT en fasse une dépense obligatoire [9]. Il en va de même de la prise en charge de titres irrécouvrables, et notamment de créances effacées par décision judiciaire [10]. Ces solutions se justifient aisément par l'absence en réalité de toute dette, le mécanisme de l'article L. 1612-15 ayant été institué pour permettre le désintéressement des créanciers et non pour assurer la sincérité des comptes par la correcte passation des écritures d'ordre.

Si le code général des collectivités territoriales fournit des listes de dépenses obligatoires, ces listes n'ont pas un caractère exhaustif. La « jurisprudence », à la suite du juge administratif, considère d'ailleurs qu'il n'est pas nécessaire que le législateur ait expressément consacré le caractère obligatoire de la dépense et la charge qui en résulte pour la collectivité.

Encore convient-il que son principe se déduise d'un texte. Tel n'est pas le cas :

– des dépenses relatives au réseau d'adduction d'eau, non mentionnées à l'article L. 2321-2 [11] ;

– de dépenses résultant d'actes inapplicables à la personne publique, même lorsqu'il s'agit d'une décision de justice : a été ainsi rejetée la demande tendant à l'inscription, au budget d'une commune, de frais d'injonction de payer qui avaient été engagés par l'entreprise créancière devant le juge de proximité, cette procédure, prévue aux articles 1405 à 1424 du

1. Sur la vérification de l'exigibilité des intérêts moratoires, CRC Centre, avis, 30 août 2011, *Communauté de communes du Val d'Amboise, Rec.* 217.
2. CRC Hauts-de-France, avis, 15 avr. 2021, *Commune de Béthune, Rec.* 219.
3. En sens inverse : CRC Centre, avis, 30 août 2011, *Communauté de communes du Val d'Amboise*, préc. ; – CRC Mayotte, avis, 16 mars 2015, *Syndicat mixte d'investissement pour l'aménagement de Mayotte (SMIAM), Rec.* 217.
4. CE 11 déc. 1987, *Commune de Pointe-à-Pitre*, req. n° 26246 ; *Lebon T* 626.
5. CE 18 sept. 1988, *Chambre de commerce et d'industrie de Dunkerque*, req. n° 171087, *Lebon T.*
6. CRC Aquitaine, Poitou-Charentes, avis, 15 janv. 2013, *Commune d'Étauliers, Rec.* 255 (fonds national de péréquation des ressources intercommunales et communales, FPIC).
7. CRC Lorraine, avis, 8 déc. 2006, *Commune de Damas-aux-Bois, Rec.* 214.
8. CRC Rhône-Alpes, avis, 2 mars 2006, *Commune de Saint-Étienne, Rec.* 159.
9. CRC Île-de-France, avis, 31 juill. 2015, *Commune de Bussy-Saint-Georges, Rec.* 236.
10. CRC Grand Est, avis, 22 août 2019, *Commune de Reynel, Rec.* 264.
11. CRC Rhône-Alpes, avis, 28 juin 2006, *Syndicat des eaux de la Basse-Ardèche, Rec.* 181.

code de procédure civile, régissant exclusivement les différends entre personnes privées [1] ;

– des frais d'actes de recouvrement effectués par un huissier de justice, les personnes publiques ne relevant pas des dispositions du code de procédure civile et leurs biens étant insaisissables [2].

Le caractère exigible de la dette peut également résulter de toute autre cause, et notamment d'un contrat, d'un quasi-contrat, d'un quasi-délit ou d'une décision de justice, voire d'un acte unilatéral ou de la mise en œuvre de la théorie de l'obligation naturelle, parfois largement entendue [3].

Encore convient-il que le demandeur parvienne à établir le caractère certain de l'obligation. Tel n'est par exemple pas le cas du supplément de travaux effectué par un entrepreneur pour la commune, que le maire affirme n'avoir pas commandé et qui a été exécuté en l'absence de commande ou de devis [4].

De même, ne revêt pas nécessairement un caractère exigible une créance découlant d'un acte authentique, pourtant conforme à une délibération du comité syndical, dès lors que la dépense en cause pouvait être regardée comme sérieusement contestée en raison, d'une part, de l'absence sur l'acte notarié de la mention de la formule exécutoire prévue par le code de procédure civile et, d'autre part, d'une erreur patente de liquidation du montant de l'indemnité [5].

En sens inverse, le remboursement d'un acompte de subvention d'investissement versé à tort revêt un caractère obligatoire dès lors que les conditions prévues par les textes sont réunies et que la créance n'est pas prescrite [6].

D'une façon générale, les dépenses à caractère discrétionnaire (libéralité, subvention...) ne sont pas regardées comme revêtant un caractère obligatoire. Il en va toutefois autrement si leur octroi a été notifié par lettre précisant les justificatifs à produire à l'appui des demandes de paiement ou si une délibération a décidé d'accorder cette subvention, la jurisprudence du Conseil d'État y voyant alors un acte individuel créateur de droit, pourvu que les conditions éventuelles de versement des sommes en cause fussent respectées [7]. Tel n'est pas le cas, et la dépense n'est alors pas regardée comme obligatoire, de subventions que la délibération du conseil municipal subordonnait à l'établissement de conventions financières qui avaient, en l'espèce, été signées par une personne qui n'avait plus la qualité de représentant légal de l'association [8].

Les conditions d'engagement de la dépense, de la part de la personne publique comme du créancier allégué, constituent en effet une condition pour reconnaître le caractère obligatoire de la dépense. Il en va notamment ainsi pour les membres de l'assemblée délibérante : ne revêt pas un caractère obligatoire le règlement de dépenses de formation intéressant des conseillers municipaux qui avaient commandé directement ces prestations à l'association agréée de formation, alors même que la formation entrait dans le champ des dispositions du CGCT relatives au droit à la formation des élus, dans la mesure où seul le maire ou une personne ayant reçu délégation peut engager une telle dépense [9].

Le règlement des dépenses de personnel constitue également un domaine fréquent de saisine des chambres régionales, qui peuvent être confrontées à des situations délicates, notamment en cas de révocation illégale des agents [10] ou de licenciement [11], la collectivité employeur devant alors verser au centre de gestion une participation pour la prise en charge du fonctionnaire [12].

L'intercommunalité offre de nombreux exemples de litiges qui peuvent révéler des oppositions politiques, en particulier s'agissant des dépenses liées à la scolarisation d'enfants dans des communes voisines, mais qui peuvent aussi être la conséquence de la complexité objective qui résulte des dispositifs légaux ou conventionnels de coopération :

– est ainsi dépourvu de caractère obligatoire le remboursement de la dette réclamé par un syndicat « à la carte » à une commune au titre d'un équipement transféré au syndicat par une communauté de communes (dont était membre la commune mais qui avait été ensuite dissoute) concernant une compétence du syndicat à laquelle la commune n'avait pas adhéré [13] ;

1. CRC La Réunion, avis, 15 mars 2018, *Commune de Sainte-Suzanne, Rec.* 209.
2. CRC Auvergne-Rhône-Alpes, avis, 11 oct. 2018, *Communauté d'agglomération Arlysère, Rec.* 220.
3. CRC Franche-Comté, avis n° 90.027, 14 févr. 1991, *Commune de Luxeuil-les-Bains.*
4. CRC Aquitaine, avis, 19 mai 1988, *Commune de Saint-Pardoux-la-Rivière*, NP ; solution discutable, si l'on songe à la théorie de l'enrichissement sans cause.
5. CRC Basse-Normandie, Haute-Normandie, avis, 12 mars 2015, *Syndicat intercommunal d'adduction en eau potable et d'assainissement de la région de Fécamp sud-ouest, Rec.* 210.
6. CRC Nord-Pas-de-Calais, avis, 11 juill. 2006, *Commune de Liévin, Rec.* 185.
7. CRC Lorraine, avis, 2 mars 2000, *Association Maison de la culture d'Hagondange, Rec.* 165.
8. CRC Grand Est, avis, 16 juill. 2019, *Commune de Florange, Rec.* 260.
9. CRC Provence-Alpes-Côte d'Azur, avis, 25 sept. 2018, *Commune de Lamanon, Rec.* 218.
10. CRC Centre, avis, 25 juin 1991, *Commune de Chartres, Rec.* 224.
11. CRC Aquitaine, avis, 13 déc. 2007, *X, directeur des abattoirs de Bergerac c/ commune de Bergerac*, préc.
12. CRC Provence-Alpes-Côte d'Azur, avis, 27 nov. 2017, *Commune de La Ciotat*, préc.
13. CRC Grand Est, avis, 6 mars 2020, *Commune d'Andolsheim, Rec.* 218.

– est également dépourvue de caractère obligatoire la dépense d'une commune se rattachant à l'exercice d'une compétence transférée en vertu de la loi à une communauté d'agglomération alors même que, postérieurement au transfert de compétence, l'établissement public de coopération intercommunale (EPCI) en avait délégué l'exercice à la commune, dès lors qu'était en cause le règlement de dépenses postérieures au transfert mais antérieures à la délégation de compétence, elle-même dépourvue de caractère rétroactif[1] ;

– n'est pas davantage obligatoire le versement à un nouvel EPCI des excédents résultant de la dissolution d'un syndicat dont il a repris les compétences, au regard des dispositions des articles L. 1321-1 (les excédents n'étant pas des « biens meubles »), L. 5211-25-1 et L. 5211-26 du CGCT, sauf délibération en ce sens[2] ;

– en revanche, la dépense a été déclarée obligatoire pour une commune dès lors que le fait générateur de la créance était antérieur au transfert de compétence à l'EPCI[3] ;

– de même, et sans qu'il soit besoin de s'assurer de l'effectivité des services du demandeur, est obligatoire la dépense afférente à la rémunération de l'agent d'un syndicat mixte dissous en l'absence de mise en œuvre la procédure de reclassement prévue dans le cadre d'une suppression de poste[4].

113.53 Dépense liquide. En deuxième lieu, la dépense doit être liquide, c'est-à-dire déterminée avec certitude dans son montant ou susceptible d'être déterminée sans difficulté. Il appartient au demandeur de produire tous éléments permettant de s'assurer de la liquidité de la somme réclamée.

A en conséquence été rejetée la demande d'une agence de l'eau qui ne permettait pas de reconstituer le montant de la redevance et des moins-perçus réclamés par celle-ci à l'encontre d'un établissement public, alors que le montant de la redevance doit correspondre à l'application d'un montant de contre-valeur, exprimé en euro par mètre cube, à une assiette, exprimée en mètres cubes d'eau[5].

De même, a été regardée comme non liquide une dépense d'entretien de la voie communale en l'absence de devis engageant la commune, le seul devis produit l'ayant été à la demande du requérant[6]. Une telle solution peut sembler décevante mais elle traduit bien l'objet de l'article L. 1612-15, qui est de contraindre la collectivité à régler une somme due et non de la forcer à agir pour s'acquitter de ses obligations, démarche qui relève d'autres voies.

La dépense doit en outre répondre à la condition d'exigibilité, précédemment évoquée, ce qui suppose notamment que son terme soit échu[7]. Cette condition peut susciter des difficultés dans les contrats à exécution successive, notamment les emprunts. Seule la partie déjà échue pourra être réclamée et non la totalité de l'annuité. De même, en matière d'intérêts moratoires, seuls les intérêts moratoires correspondant à des paiements déjà effectués constituent des dépenses obligatoires. Ceux portant sur des paiements non effectués à la date de la demande ne sont pas liquides et ne constituent donc pas une dépense obligatoire au sens de l'article L. 1612-15[8].

Lorsqu'une dépense n'est que partiellement liquide ou exigible, la chambre ne pourra vérifier l'existence de crédits disponibles qu'à hauteur de cette fraction.

113.54 Dépense non sérieusement contestée. En troisième lieu, pour être obligatoire, la dépense ne doit pas être sérieusement contestée.

En effet, dans le délai d'un mois qui lui est reconnu pour rendre son premier avis, la chambre régionale n'est pas en mesure de statuer au fond sur la dépense. Elle n'a pas vocation à se substituer au juge de l'application de la loi ou du contrat.

Procédure d'urgence, la demande d'inscription ne sera pas reçue si elle fait l'objet d'une opposition qui ne paraîtrait pas purement dilatoire ou de mauvaise foi.

Il appartient à la chambre de s'assurer du caractère sérieux de la contestation sans qu'il y ait cependant lieu pour elle de s'interroger sur le bien-fondé de la contestation[9]. Sans doute sera-t-elle davantage portée à rejeter la demande en cas de litige pendant devant une autre juridiction[10] mais l'absence de recours pendant ne constitue pas une cause péremptoire de rejet, la loi lui faisant seulement interdiction de mettre en œuvre la procédure en cas de

1. CRC Provence-Alpes-Côte d'Azur, avis, 20 janv. 2022, *Commune de Sigoyer, Rec.* 173.
2. CRC Haute-Normandie, avis, 24 nov. 2011, *Commune de Villers-sur-le-Roule, Rec.* 219.
3. CRC Guadeloupe, avis n° 2022-0015, 17 mars 2022, *Commune de Sainte-Rose.*
4. CRC Nouvelle-Aquitaine, avis, 25 mai 2016, *Syndicat mixte « Mission nutrition et alimentation de Poitou-Charentes », Rec.* 256.
5. CRC Pays de la Loire, avis, 31 mars 2016, *Communauté urbaine du Mans métropole, Rec.* 249.
6. CRC Auvergne, avis, 22 juin 2006, *Commune de Pignols, Rec.* 177.
7. En prenant en considération, le cas échéant, la signature d'avenants ou de protocoles ayant eu pour effet de reporter la date d'échéance : CRC Île-de-France, avis, 18 nov. 2016, *Département de l'Essonne, Rec.* 277.
8. CRC Hauts-de-France, avis, 15 avr. 2021, *Commune de Béthune*, préc. – CRC Mayotte, avis, 16 mars 2015, *Syndicat mixte d'investissement pour l'aménagement de Mayotte (SMIAM)*, préc.
9. CE 21 mars 2007, *Commune de Plestin-les-Grèves*, req. n° 275167, *Rec.* 112.
10. L'introduction d'une instance pouvant être prise en considération, parmi d'autres circonstances : CRC Languedoc-Roussillon, avis, 12 févr. 2009, *Commune de Fleury d'Aude, Rec.* 105.

contestation sérieuse, ce qui suppose qu'elle s'assure du caractère sérieux des moyens invoqués, le tout sans préjuger de la décision qu'aura à rendre le juge du fond.

De même, la chambre pourra estimer que la dépense est sérieusement contestée à la lumière des arguments de la collectivité alors même que cette dernière n'aurait présenté aucun recours contentieux à l'encontre de la décision fondant la dépense[1]. C'est donc au vu de chaque dossier, dans un cadre qui mêle souvent argumentation juridique, éléments de fait parfois contradictoires et considérations de plus ou moins bonne foi, que se forge une « jurisprudence » nuancée.

Ne constituent pas, en soi, une contestation sérieuse :

– la complexité de la situation contractuelle : ainsi du versement de loyers prévus par une convention de mise à disposition mais placés sous séquestre au motif de l'existence alléguée d'une dette de sens contraire, alors que les parties n'ont pas souhaité porter devant le tribunal compétent leur litige après l'échec d'une procédure de conciliation amiable[2] ;

– la circonstance que la prise en charge d'un fonctionnaire licencié soit longue et coûteuse, dès lors que la dette à l'égard du centre de gestion est échue et correctement liquidée[3] ;

– l'allégation, pour refuser d'acquitter la redevance d'archéologie préventive, que le terrain en cause aurait déjà fait l'objet d'études archéologiques, cette affirmation n'étant appuyée d'aucune pièce et se trouvant démentie par les services compétents de l'État[4] ;

– l'invocation, pour refuser le règlement d'honoraires d'un avocat, du caractère inopérant de la stratégie suivie par ce conseil, dès lors que la collectivité, qui avait préalablement donné son accord à cette stratégie, n'a pas fait appel de la décision d'arbitrage rendue par le bâtonnier[5] ;

– l'absence de conclusion d'une convention pour régler la participation du département aux dépenses d'utilisation des équipements sportifs des collèges[6].

La question est parfois complexe et, en l'absence d'une régulation par la voie de l'appel, peut donner lieu à des positions divergentes des chambres régionales et territoriales.

Il en est notamment allé ainsi de la question des garanties d'emprunt, dont la mise en jeu a pu exposer nombre de collectivités à de sérieuses difficultés financières au début des années 1990 ou, plus récemment, des emprunts dits toxiques. Deux questions ont notamment fait débat.

La première portait sur la répartition des compétences entre l'assemblée délibérante et le représentant légal de la collectivité. Au terme de longues hésitations et d'un revirement, le Conseil d'État a fini par se rallier à la position de la Cour de cassation, compétente à l'égard des litiges relatifs aux garanties d'emprunt relevant du droit privé, en considérant que la dépense n'était pas obligatoire lorsque l'ordonnateur avait signé une convention méconnaissant les termes de la délibération du conseil municipal[7].

La seconde difficulté porte sur la possibilité, pour la collectivité garante, d'exciper à l'égard de l'établissement prêteur des propres fautes de celui-ci, voire du comportement de la personne garantie, et notamment du défaut de respect des engagements qu'elle avait pris à l'égard de la personne publique en échange de l'octroi de sa sûreté. Pour la jurisprudence dominante, les circonstances qui relèvent des relations entre le débiteur principal et le garant ne sauraient être opposées au prêteur. Une autre jurisprudence considère que la mise en cause par le garant de l'emploi des fonds constitue une contestation sérieuse.

En revanche, le comportement de la banque créancière, notamment ses négligences ou la méconnaissance de son devoir d'information, est susceptible d'être opposé par la collectivité, tout particulièrement pour les conventions de cautionnement.

En matière d'emprunts structurés, les chambres ont également connu des hésitations, liées à l'existence de litiges pendants devant les juridictions judiciaires, certains avis se fondant sur le comportement des établissements prêteurs pour estimer la créance sérieusement contestée[8], d'autres déclarant au contraire la dépense obligatoire[9].

113.55 Défaut de mandatement d'une dépense obligatoire. À défaut de mandatement d'une dépense obligatoire, le préfet adresse une mise en demeure à l'exécutif de la collectivité. Si cette mise en demeure est sans effet, le préfet mandate la dépense d'office au terme d'un délai d'un mois[10].

1. CE 7 juin 2004, *Syndicat intercommunal du Val de Sambre*, req. n° 229042 ; *Rec.* 43.
2. CRC Nouvelle-Aquitaine, avis, 27 avr. 2018, *département de la Corrèze, Rec.* 211.
3. CRC Provence-Alpes-Côte d'Azur, avis, 27 nov. 2017, *Commune de La Ciotat*, préc.
4. CRC Champagne-Ardenne, Lorraine, avis, 30 sept. 2015, *Commune de Retonfey, Rec.* 242.
5. CRC Midi-Pyrénées, avis, 23 janv. 2014, *Commune de Saint-Marcel Paulel, Rec.* 197.
6. CRC Languedoc-Roussillon, avis, 10 févr. 2006, *Département de l'Hérault, Rec.* 153.
7. CE 15 juin 1994, req. n° 137690, *Commune de Longueau, Lebon* 318.
8. CRC Auvergne-Rhône-Alpes, avis n° 2012-115, 31 mai 2012, *Commune de Sassenage*.
9. CRC Île-de-France, avis, 29 nov. 2017, *Commune de Sainte-Geneviève-des-Bois, Rec.* 278.
10. CGCT, art. L. 1612-16.

Cette procédure suppose que des crédits suffisants soient inscrits au budget mais que l'ordonnateur néglige ou refuse d'ordonnancer la dépense. Si tel n'est pas le cas, il convient au préalable de procéder à l'inscription d'office du crédit, dans le cadre de la procédure de l'article L. 1612-15 [1].

Le délai de mise en demeure est porté à deux mois lorsque la dépense excède 5 % de la section de fonctionnement du budget primitif.

Cette procédure constitue une survivance de la tutelle financière telle qu'elle existait avant 1982 puisqu'elle ne fait en principe pas intervenir la chambre régionale des comptes. En pratique, cependant, pour « couvrir » leur appréciation, certains préfets se tournent vers la chambre régionale des comptes, alors même que les crédits sont suffisants, afin que celle-ci se prononce sur le seul caractère obligatoire de la dépense. Après avoir tenté d'écarter ces saisines, qu'elles pouvaient à bon droit considérer comme un détournement de procédure, les CRC les regardent comme recevables, même si elles ne répondent pas à l'esprit, et pas tout à fait non plus à la lettre, de l'article L. 1612-15.

Rappelons enfin que le fait de faire obstacle au mandatement d'office est susceptible d'être sanctionné par le juge financier, y compris sur déféré d'une CRC qui aurait été informée de ce type de fait [2].

SECTION 4
DÉSÉQUILIBRE DU BUDGET

113.61 **Déséquilibre du budget.** Les mécanismes de contrôle budgétaire visent à remédier aux carences de la collectivité lorsque celle-ci n'exerce pas ses attributions ou ne fait pas face à ses obligations, mais ils tendent aussi à permettre à celle-ci de rétablir un équilibre financier compromis par des décisions budgétaires inadaptées.

Cette deuxième finalité, qui correspond au « rôle curatif » du contrôle budgétaire évoqué par le procureur général Raynaud et le président Bertucci [3], prend deux voies décrites par le code général des collectivités territoriales : une intervention *ex ante*, qui permet de s'assurer de l'équilibre du budget ; une intervention *ex post*, en cas de déficit des comptes.

En vertu de l'article L. 1612-5 du CGCT, lorsque le budget d'une collectivité n'est pas adopté en équilibre réel, le préfet saisit la chambre régionale des comptes afin que celle-ci formule des propositions en vue du rétablissement de l'équilibre. La collectivité, dont les pouvoirs budgétaires sont alors suspendus jusqu'au terme de la procédure, a l'obligation de délibérer sur ces propositions, au vu desquelles la chambre rend un second avis qui constate le caractère suffisant des mesures ou demande au préfet de modifier le budget.

En cas de défaut d'adoption d'un budget annexe, le préfet ne peut faire application de l'article L. 1612-5, même si *de facto* le budget de la collectivité n'est pas alors en équilibre réel. Seule une saisine de l'article L. 1612-2 est dans un tel cas recevable [4]. La même solution s'applique si le conseil municipal n'a voté que les budgets annexes et non le budget principal [5].

113.62 **Conséquences du principe d'unité budgétaire : le cas des services publics industriels et commerciaux (SPIC).** La question est dominée par les principes d'unité et d'universalité budgétaire, en vertu desquels l'ensemble des recettes d'un organisme public vient couvrir l'ensemble de ses dépenses, qui sont retracées dans un document unique.

Il en va autrement lorsque les collectivités gèrent et retracent dans leur budget les activités d'un service public industriel ou commercial (SPIC), compte tenu des règles de l'article L. 2224-2 du CGCT.

Dans un tel cas, l'équilibre global du budget ne suffit pas : chaque budget annexe de nature industrielle ou commerciale doit être en équilibre, son déficit ne pouvant être financé par l'excédent d'un autre budget annexe ou du budget principal. La chambre pourra être saisie par le préfet, même en cas d'équilibre global, pour défaut d'équilibre d'un seul budget annexe à caractère industriel ou commercial.

Si, par exception, les opérations du SPIC ne sont pas individualisées dans un budget annexe, la chambre apprécie l'équilibre d'ensemble. En cas de déséquilibre lié aux opérations du SPIC, les propositions de redressement porteront en priorité sur les dépenses et les recettes de ce dernier.

En principe, les opérations d'un SPIC doivent se financer sur ses ressources propres, sans contribution du budget général [6]. Dans un cas de déficit structurel du budget annexe, en raison des clauses déséquilibrées d'un contrat, une chambre régionale a cru pouvoir proposer une dérogation au principe d'équilibre, faute de pouvoir augmenter les recettes du service [7]. Cette solution est cependant demeurée isolée.

1. Voir *supra*, s[s] n°s 113.31 s.
2. CJF, art. L. 131-11 ; sur cette infraction financière consacrée au mandatement d'office, v. s[s] n° 454.11.
3. J. Raynaud, J.-Y. Bertucci, *Les juridictions financières*, PUF, coll. Que sais-je ?, 2003.
4. CRC Auvergne, Rhône-Alpes, avis, 19 juin 2015, *Commune de Vergezac*, *Rec.* 232.
5. CRC Île-de-France, avis, 24 juin 2013, *Commune de Saint-Maur-des-Fossés*, *Rec.* 268.
6. CGCT, art. L. 2224-2.
7. CRC Normandie, avis, 10 juin 2016, *Syndicat mixte pour l'étude et le traitement des ordures ménagères de l'Eure (SETOM)*, *Rec.* 260.

113.63 **Notion d'équilibre réel.** La notion d'équilibre réel est propre au secteur public local. Particulièrement exigeante, elle n'a pas d'équivalent pour l'État ou pour les sociétés commerciales. Introduite en 1982, elle est définie par l'article L. 1612-4 du CGCT, qui énonce trois conditions.

Pour être en équilibre réel, un budget doit tout d'abord être en équilibre « apparent », ce qui suppose que chaque section (fonctionnement et investissement) de chaque budget (principal et annexe) soit présentée en équilibre.

Une recette d'investissement comme un prêt (en l'espèce constitué « d'avances » versées par les conseillers municipaux pour éviter l'augmentation des impôts proposée par la chambre dans son premier avis) ne peut contribuer à rétablir l'équilibre de la section de fonctionnement[1].

Cette dernière notion a évolué. En 1982, l'équilibre s'entendait de l'égalité stricte entre recettes et dépenses, à l'exclusion de tout déficit ou excédent. La loi du 5 janvier 1988 a admis les excédents de fonctionnement, à condition que la section d'investissement soit en équilibre après reprise des résultats de l'exercice précédent[2]. La loi du 22 juin 1994 admet aussi l'excédent de la section d'investissement (même disposition).

Ces exceptions ont été introduites par le législateur pour éviter des pratiques contestables, comme celles qui consistaient dans un gonflement artificiel des dépenses à seule fin de présenter un total correspondant à celui des recettes (pratique qui pourrait, au demeurant, être sanctionnée par la voie de l'article L. 1612-5 du CGCT dans la mesure où elle constitue une insincérité). Elles peuvent néanmoins être discutées, tant la notion de surplus est étrangère à la conception – et à la pratique – française des finances publiques : l'excédent d'un budget de fonctionnement contredit le principe de consentement à l'impôt ; l'excédent d'un budget d'investissement n'est pas de bonne gestion s'il est financé par l'emprunt[3].

113.64 **Principe de sincérité budgétaire.** En deuxième lieu, les recettes et les dépenses et les dépenses doivent être évaluées de façon sincère.

Il s'agit d'une question de fait, qui s'apprécie au jour de la délibération[4].

Cette dernière précision est importante au plan contentieux lorsque le juge administratif est appelé à se prononcer sur la légalité du budget, le plus souvent au terme d'un délai qui a pu être marqué par une évolution de la situation financière de la collectivité ou de son environnement ; mais elle est sans portée s'agissant du contrôle budgétaire à proprement parler, qui s'exerce en temps réel puisque le préfet dispose d'un mois pour saisir la chambre à compter de la réception de la délibération et que celle-ci dispose d'un autre mois pour rendre son premier avis. L'examen est d'autant plus délicat que le budget est essentiellement un acte de prévision[5], ce qui permet un certain degré d'approximation pourvu que les données générales de l'équilibre ne soient pas faussées.

L'insincérité consiste dans la sous-évaluation délibérée des dépenses, notamment des dépenses obligatoires, ou dans la surestimation manifeste des recettes, au terme d'une « manœuvre destinée à équilibrer de manière fictive le budget, qui est, par nature, un document prévisionnel et aléatoire »[6].

À distinguer du faux, elle renvoie non à l'authenticité de la pièce mais au caractère délibérément peu vraisemblable de la prévision. On peut la rencontrer en recettes, notamment sous la forme de subventions ou d'emprunts dont il est patent qu'ils ne seront pas accordés ou qu'ils n'ont même pas été sollicités[7], voire, dans des cas particulièrement caractérisés et répréhensibles, sous la forme de recettes fictives (par exemple, le produit de la vente d'un bien déjà aliéné). On peut également la rencontrer en dépenses, notamment par l'omission de dépenses obligatoires[8], par exemple l'omission de la TVA pour l'évaluation des loyers financiers d'un contrat de partenariat public-privé[9].

L'insincérité peut porter aussi bien sur des opérations donnant lieu à encaissement ou décaissement qu'à des opérations « d'ordre » budgétaires, qui ne se traduisent par aucun flux financier, par exemple l'insuffisance des crédits afférents à des admissions en non-valeur[10] ou à des provisions[11]. La solution est ici différente de celle qui prévaut en matière de

1. CRC Champagne-Ardenne, Lorraine, avis, 4 août 2015, *Commune d'Onville*, *Rec.* 237.
2. CGCT, art. L. 1612-6.
3. D'autant qu'il est possible, dans certaines conditions, de reprendre les excédents d'investissement pour assurer l'équilibre de la section de fonctionnement (CRC Nord-Pas-de-Calais, avis, 9 juin 2006, *Syndicat intercommunal de gestion du centre de secours de Laventie*, *Rec.* 171).
4. CE 27 mai 1994, *Braun-Ortega et Buisson*, req. n° 112026, *Lebon* 264.
5. Décr. n° 2012-1246, 7 nov. 2012 relatif à la gestion budgétaire et comptable publique, art. 7, *JO* 10 nov.
6. CE 27 mai 1994, *Braun-Ortega et Buisson*, req. n° 112026, préc.
7. CE 16 mars 2001, *Commune de Rennes-les-Bains*, req. n° 160257, *Rec.* 133.
8. V. ss n° 113.51 à 113.54.
9. CRC Île-de-France, avis, 20 juin 2013, *Commune de Bussy-Saint-Georges*, *Rec.* 266.
10. CRC Provence-Alpes-Côte d'Azur, 14 mai 2001, *Commune du Luc-en-Provence*, *Rec.* 200 – V. ss n° 612.51.
11. CRC Auvergne, avis, 22 juin 2006, *Commune de Buxières-les-Mines*, *Rec.* 179 (qui limite l'obligation de provisionnement aux faits générateurs postérieurs à l'entrée en vigueur des dispositions rendant la provision obligatoire).

dépense obligatoire, la procédure de l'article L. 1612-15 ne pouvant être actionnée que pour des dépenses réelles [1].

La seule erreur d'appréciation dans le montant d'une recette ou d'une dépense n'est pas constitutive d'insincérité dès lors qu'elle a été commise de bonne foi et ne repose pas sur des paramètres dépourvus de toute vraisemblance.

Il n'existe pas de « seuil » et l'insincérité peut être caractérisée, en théorie, dès le premier euro. Les saisines n'interviennent cependant que lorsque l'insincérité présumée revêt un caractère significatif et de nature à compromettre l'exécution normale du budget.

Enfin si, en toute logique, rien n'interdit de regarder comme insincères des dépenses surestimées ou des recettes sous-estimées, de telles pratiques, qui relèvent parfois d'un souci de prudence mal compris, parfois aussi d'une volonté de dissimulation trahissant des motivations politiques, ne sont que rarement appréhendées dans le cadre du dispositif de l'article L. 1612-5 du CGCT, qui a été conçu et fonctionne pour appréhender les situations inverses et éviter l'exécution des budgets qui conduiraient à un déficit.

113.65 Remboursement de la dette en capital. Pour être en équilibre réel, le budget doit permettre d'assurer par des ressources propres le remboursement de la dette en capital : à l'inverse de l'État, des particuliers ou des entreprises, les collectivités locales doivent parvenir au « petit équilibre ». Il leur est interdit de financer par l'emprunt l'amortissement de la dette.

La notion de ressources propres au sens de l'article L. 1612-5 du CGCT n'obéit pas à une définition précise. Elle est très différente de celle qu'en donnent l'article 72-2 de la Constitution relatif à l'autonomie financière des collectivités territoriales, et l'article LO 1114-2 du CGCT issu de la loi organique du 29 juillet 2004 [2], dans lesquelles cette même expression est employée. Selon la « jurisprudence », elle inclut les ressources internes (autofinancement, cessions d'immobilisations) et certaines ressources externes (FCTVA, dons et legs non grevés de charges, subventions d'investissement globales).

Une difficulté est apparue concernant la prise en considération des restes à réaliser dans la détermination des ressources propres disponibles. Selon l'interprétation majoritaire des chambres, qui rejoint la doctrine du ministère de l'Intérieur, il convient de tenir compte des ressources des exercices antérieurs qui sont libres d'emploi. Si la différence entre le montant des excédents de fonctionnement capitalisés et le besoin de financement de la section d'investissement est positif, l'autofinancement dégagé par l'exercice précédent doit être regardé comme une recette propre, libre d'emploi. Dans le cas inverse, la part du déficit d'investissement reporté qui trouve son origine dans des dépenses de remboursement d'emprunt non financées doit être déduite du montant des ressources propres [3].

La règle de l'article L. 1612-5 vise à la couverture du remboursement en capital des emprunts budgétaires, à l'exclusion des avances de trésorerie et en particulier d'avances consenties par les banques en contrepartie de cessions de créances liées à des subventions et au FCTVA (loi « Dailly ») [4].

113.66 Portée de la procédure. La procédure de l'article L. 1612-5 du CGCT vaut pour tous les actes budgétaires, budget primitif, budgets supplémentaires et décisions modificatives.

Elle est encadrée par certains délais : le préfet dispose d'un délai de trente jours pour saisir la chambre.

À défaut, la chambre peut déclarer la saisine irrecevable [5]. Cette solution, à laquelle ne se rallient pas toutes les chambres, peut paraître exagérément rigoureuse. Elle s'explique néanmoins par trois considérations : en premier lieu, au-delà du délai d'action reconnu au préfet, tout intéressé peut contester devant le juge administratif la légalité du budget, notamment pour défaut d'équilibre réel ; il serait donc fâcheux que deux procédures, l'une à caractère administratif devant la chambre régionale des comptes et l'autre à caractère juridictionnel devant le tribunal administratif, mais portant sur le même objet même si elles ne peuvent aboutir au même résultat, soient portées simultanément devant deux juridictions à l'encontre d'un même acte ; en deuxième lieu, la saisine de la chambre emportant non seulement dessaisissement du pouvoir délibérant de la collectivité mais aussi suspension de l'exécution du budget, un impératif de sécurité juridique commande que la période de « précarité » du budget soit aussi courte que possible et même enserrée dans un délai préfix ; enfin et surtout, les mécanismes de contrôle des actes budgétaires étant susceptibles de porter atteinte à la libre administration des collectivités locales, leurs règles de mise en œuvre doivent être interprétées de manière stricte.

1. V. s[s] n° 113.52.
2. L. org. n° 2004-758, 29 juill. 2004 prise en application de l'article 72-2 de la Constitution relative à l'autonomie financière des collectivités territoriales, *JO* 30 juill.
3. CRC Normandie, avis, 23 mai 2019, *Commune de Saint-Pierre-Bénouville, Rec.* 258.
4. CRC Occitanie, avis, 7 août 2019, *Commune du Port, Rec.* 262.
5. CRC Rhône-Alpes, avis, 7 juill. 2004, *Commune de Pont-de-Chéruy, Rec.* 265.

Compte tenu de la complexité de la procédure, qui peut exiger jusqu'à deux avis de la chambre[1], une délibération de la collectivité et un arrêté préfectoral, la saisine doit intervenir avant le 31 décembre de l'exercice, et si possible bien plus tôt dans l'année, faute de quoi la chambre rendra un avis de non-lieu à statuer : elle constatera l'existence du déséquilibre, l'impossibilité de proposer en temps utile des mesures de rétablissement au cours de l'exercice et elle invitera le préfet à lui transmettre le budget primitif de l'exercice suivant.

Amenée à formuler des propositions de redressement, la chambre doit se limiter aux « mesures relevant de la seule responsabilité de la collectivité ou de l'établissement public concerné, propres à apurer le déficit constaté »[2]. Si elle peut, dans ce cadre, préconiser une augmentation de la fiscalité locale[3], elle ne peut notamment pas proposer le versement d'une subvention, qui dépend pour l'essentiel de la décision de la partie versante.

En matière d'emprunts, les positions des chambres sont partagées, certaines se refusant à proposer une telle recette (qui relève de l'appréciation du prêteur) tandis que d'autres l'envisagent.

Dans certains cas, confrontées à des difficultés structurelles, les CRTC renoncent à proposer des mesures. Dans un cas extrême, la chambre d'Aquitaine, alors compétente à l'égard du territoire de Saint-Pierre-et-Miquelon, n'avait pu que constater le déséquilibre lié au défaut de versement d'une subvention d'État représentant la moitié des recettes ordinaires[4].

De telles situations montrent moins les limites du contrôle budgétaire que le caractère fictif de l'autonomie financière de certaines collectivités. L'impossibilité de rétablir l'équilibre peut également résulter de causes structurelles liées à l'impossibilité d'augmenter les recettes d'un SPIC en raison de la conclusion d'un contrat déséquilibré, d'où le recours à une subvention du budget principal[5].

En sens inverse, lorsqu'elles n'étaient pas en mesure de proposer des mesures permettant le rétablissement financier dès la première année, les chambres se sont reconnu *praeter legem* la possibilité d'étaler ce redressement dans le cadre d'un plan pluriannuel[6]. De telles solutions ne peuvent s'envisager qu'en cas de réelle impossibilité matérielle d'atteindre l'équilibre budgétaire au cours de l'exercice (faute de pouvoir agir sur les taux d'imposition ou parce que les crédits en dépenses correspondent à des charges incompressibles ou obligatoires, au regard de la date de la saisine, par exemple) et non par le souci « d'adoucir » les mesures d'assainissement en les rendant politiquement acceptables, ces considérations relevant légitimement de l'appréciation du représentant de l'État, appelé à régler le budget en cas de résistance de la collectivité, mais non de la juridiction financière.

SECTION 5
DÉFICIT DU COMPTE ADMINISTRATIF – DÉFAUT D'ADOPTION OU DE TRANSMISSION DU COMPTE ADMINISTRATIF

113.71 **Déficit du compte administratif.** Lorsque le compte administratif d'une collectivité fait apparaître un déficit important, le préfet saisit la CRC[7], qui formule dans le délai d'un mois des propositions tendant au rétablissement des comptes. La CRC est ensuite saisie du budget primitif de l'exercice suivant et peut, si elle estime que ce document ne permet pas de résorber le déficit antérieur, proposer au préfet les mesures nécessaires[8]. Cette deuxième saisine entraîne la suspension des pouvoirs budgétaires de l'assemblée délibérante jusqu'au terme de la procédure.

113.72 **Calcul du déficit.** Le résultat se calcule en rapportant le déficit (solde des opérations réalisées ou restant à réaliser) aux recettes de fonctionnement (réalisées et restant à réaliser), y compris l'excédent ou le déficit antérieur reporté.

Pour permettre la saisine de la chambre, le déficit, en premier lieu, doit excéder un certain seuil : 10 % des recettes de fonctionnement pour les communes de moins de 20 000 habitants, 5 % dans les autres cas. Pour les établissements publics de coopération intercommunale, est prise en compte la population totale des communes membres.

1. Pour un exemple de rejet, par la chambre, des mesures retenues par l'assemblée délibérante au vu du premier avis : CRC Normandie, avis 21 juin 2016, *Commune de Poses, Rec.* p. 264 ; pour un exemple d'acceptation de mesures dérogatoires et conduisant à une aggravation de l'endettement de la collectivité : CRC Auvergne, Rhône-Alpes, avis, 5 août 2016, *Commune de Manigod, Rec.* 269.
2. CGCT, art. R. 1612-28.
3. CRC Île-de-France, avis, 24 juill. 2013, *Commune de Bussy-Saint-Georges, Rec.* 283.
4. CRC Aquitaine, avis, 21 févr. 1985, *Commune de Miquelon-Langlade*, NP.
5. CRC Normandie, avis, 10 juin 2016, *Syndicat mixte pour l'étude et le traitement des ordures ménagères de l'Eure (SETOM)*, préc. (solution isolée et abandonnée ultérieurement par la même chambre).
6. PAR EX. : CRC Île-de-France, avis, 24 juill. 2013, *Commune de Bussy-Saint-Georges*, préc. ; CRC Auvergne, Rhône-Alpes, avis, 21 juin 2016, *Commune de Manigod, Rec.* 262 (sur la même affaire : avis préc., 5 août 2016, *Rec.* 269) ; CRC Guadeloupe, avis, 17 juill. 2018, *Commune de Pointe-Noire, Rec.* 214.
7. La saisine est réservée au représentant de l'État : CRC Picardie, avis, 6 oct. 2006, *Région Picardie, Rec.* 202 (invocation de l'insincérité du compte administratif par un conseiller régional : absence de qualité pour agir).
8. CGCT, art. L. 1612-14.

Il doit, en second lieu, être réel et pas seulement apparent. Il y a donc lieu de s'assurer, au-delà des mandats et des titres de recette émis, qui font apparaître le résultat d'exécution du budget, de l'existence de mouvements non encore dénoués (dépense à venir, recette attendue mais déjà justifiée) dont le principe a été acquis au cours de l'exercice.

Dans certains cas, l'absence d'émission d'un titre de recette, par prudence excessive ou par négligence, fera apparaître un déficit factice puisque cette recette est certaine dans son principe. Pour pouvoir appréhender complètement la réalité de l'exécution du budget, il est nécessaire de corriger le résultat de l'exercice par ces « restes à réaliser », en recettes comme en dépenses. Les restes à réaliser sont votés en fin d'exercice, en même temps que le compte administratif.

Les chambres régionales des comptes s'appliquent à vérifier la sincérité des restes à réaliser qui, selon les textes, s'analysent en dépenses comme des dépenses engagées non mandatées et, en recettes, comme des recettes certaines mais n'ayant pas donné lieu à l'émission d'un titre[1]. Elles s'attachent non seulement aux restes figurant au compte administratif mais aussi à des opérations qui n'y sont pas mentionnées mais qui pourraient constituer un engagement de dépenses ou de recettes à rattacher à l'exercice.

Plus généralement, dans l'examen du compte administratif, les chambres accorderont la plus grande attention à la sincérité des dépenses et surtout des recettes, en particulier lorsqu'elles sont inscrites plusieurs années de suite.

113.73 **Prise en compte du déficit des SPIC.** À l'inverse de l'article L. 1612-5 du CGCT, le déficit d'un budget annexe de nature industrielle ou commerciale ne justifie pas la mise en œuvre de l'article L. 1612-14 si le résultat global est inférieur au seuil. En d'autres termes, l'excédent du budget principal ou des autres budgets annexes permet de compenser le déficit d'un SPIC.

La « jurisprudence » est longtemps demeurée partagée sur ce point qui met en cause l'application de deux principes contradictoires : l'unité budgétaire et l'équilibre propre aux SPIC.

Certaines chambres se sont fondées sur le principe d'unité budgétaire en agrégeant les résultats du compte principal et des comptes annexes, quelle que soit la nature des services en cause. D'autres décisions, faisant prévaloir le principe d'équilibre propre aux services publics industriels et commerciaux, examinaient distinctement le compte principal et les comptes annexes et proposaient des mesures de redressement lorsqu'un service à caractère industriel ou commercial présentait un déficit supérieur au seuil légal.

1. CGCT, art. R. 2311-11.

Ces deux interprétations pouvaient d'ailleurs se fonder sur les dispositions contradictoires des règles propres au contrôle budgétaire d'un côté (l'alinéa 1er de l'article L. 1612-14 du CGCT évoque un déficit global au regard de l'ensemble des recettes de fonctionnement de la collectivité), et de la loi générale de l'autre (l'article L. 2224-2 du CGCT interdit la prise en charge des dépenses d'un SPIC par le budget général, cette disposition pouvant se comprendre au stade de la prévision comme de l'exécution). Cette dernière interprétation a succombé, les chambres se ralliant désormais au principe selon lequel l'équilibre des comptes s'apprécie par sommation pure et simple des résultats de l'ensemble des services, après prise en compte des restes à réaliser, sans qu'il soit besoin de neutraliser d'éventuels excédents des services administratifs[2].

Doit en conséquence être déclarée irrecevable une saisine portant sur le seul déficit du budget annexe d'un service public industriel ou commercial lorsque les soldes cumulés de l'ensemble des comptes de la collectivité présentent un excédent (ou un déficit inférieur au seuil légal) puisque ledit budget annexe ne peut être, au stade de l'exécution, dissocié du budget principal. Toutefois, en cas de dégradation des comptes au-delà du seuil, la chambre procédera à un examen attentif des services industriels et commerciaux et, dans l'hypothèse où ceux-ci dégageraient des résultats déficitaires, formulera en priorité des propositions en vue de leur redressement financier. Cette solution a été reprise par le ministère de l'Intérieur dans une circulaire du ministre délégué aux libertés locales du 3 janvier 2003[3].

113.74 **Mesures de redressement.** Lorsqu'elle est appelée à rendre son premier avis, après avoir constaté que le déficit du compte excédait la limite fixée par les textes, la chambre « propose à la collectivité territoriale les mesures nécessaires au rétablissement de l'équilibre budgétaire »[4]. Ces mesures sont donc de même nature que celles susceptibles d'être formulées dans le cadre de l'article L. 1612-5[5]. Elles doivent notamment relever de la seule responsabilité de la personne publique concernée et, en vertu d'une disposition explicite, « elles précisent la période au cours de laquelle l'apurement doit intervenir »[6], ce qui donne un fondement aux plans pluriannuels[7].

2. CRC Picardie 14 févr. 1995, *Commune de Longueau, Rec.* 204.
3. NOR/LBL/B/03/10001/C.
4. CGCT, art. L. 1612-14, al. 1er.
5. V. ss no 113.61.
6. CGCT, art. R. 1612-28.
7. F. Advielle et P. Van Herzele, « Les plans de redressement dans le contrôle des actes budgétaires par les chambres régionales et territoriales des comptes », *AJDA* 2019. 2177.

Dans son second avis, rendu sur le budget primitif afférent à l'exercice suivant (soit deux ans après l'exercice dont l'arrêté des comptes a fait apparaître un déficit), la chambre s'assure du caractère suffisant des mesures prises par la collectivité en vue de résorber le déficit, et confronte le cas échéant la trajectoire financière de la collectivité avec celle qui aurait dû résulter de la mise en œuvre du plan de redressement[1].

113.75 Défaut d'adoption du compte administratif. Toute personne publique doit disposer d'un budget, qui vient autoriser ses dépenses et ses recettes. Elle peut en revanche fonctionner sans compte administratif, document qui vient constater *a posteriori* l'exécution des opérations budgétaires. Cette situation emporte néanmoins diverses conséquences financières et comptables, comme l'impossibilité de procéder aux reports ou de percevoir les dotations du fonds de compensation pour la taxe sur la valeur ajoutée (FCTVA).

Afin d'éviter de tels inconvénients, la loi n° 98-546 du 2 juill. 1998 a prévu que le projet de compte administratif puisse être substitué au compte administratif, après avis de la chambre, pour la mise en œuvre des dispositions prévues aux articles L. 1424-35 (contributions au service départemental d'incendie et de secours), L. 2531-13 (fonds de solidarité des communes de la région d'Île-de-France) et L. 4434-9 du CGCT (dotation de péréquation des régions d'outre-mer), ainsi que pour la liquidation des attributions au titre du FCTVA[2].

Le compte administratif doit en principe être adopté avant le 30 juin de l'année suivant l'exercice[3]. Si le projet de compte présenté par l'ordonnateur est rejeté, la chambre, saisie par le préfet sans délai particulier, constatera la conformité (ou non) du projet de compte administratif au compte de gestion établi par le comptable public et transmis au plus tard le 1er juin suivant la fin de l'exercice.

La mise en œuvre de cette procédure suppose donc la présentation par l'ordonnateur d'un projet de compte administratif, un vote et l'expression d'une majorité de voix contre son adoption[4], dont s'assure la chambre, ce qui suppose que soit précisé le décompte des voix dans la délibération à l'appui de la saisine[5]. En revanche, peu importe que le projet de compte soit entaché d'inexactitudes, voire d'erreurs de calcul, la chambre procédant alors aux rectifications permettant de s'assurer de la concordance avec le compte de gestion[6].

La procédure est applicable aux établissements publics de coopération intercommunale en cours de dissolution, pourvu qu'il ait été fait application des dispositions de l'article L. 5211-26 du CGCT, lorsque la personne publique conserve sa personnalité morale pour les seuls besoins de sa dissolution. À défaut, la saisine est irrecevable[7]. Il en va de même s'il n'est pas démontré qu'il existe un obstacle à la liquidation de l'EPCI et avant le prononcé de l'arrêté de dissolution[8].

À l'inverse des dispositions relatives à l'adoption du budget, au déficit du compte administratif et au règlement des dépenses obligatoires, l'article L. 1612-12 du CGCT ne relève ni de la logique de la tutelle ni de celle de l'équilibre financier. Conçue pour éviter aux collectivités de supporter les conséquences des décisions de l'assemblée délibérante, cette mesure de pure commodité politique fait intervenir sans justification particulière une juridiction alors même qu'elle n'exige aucune appréciation en régularité et aucun jugement professionnel puisque la vérification demandée se borne à une simple identité matérielle des deux documents. La mise en place d'un compte financier unique au sein des organismes soumis au référentiel M57, soit la grande majorité des collectivités et établissements publics locaux, ne permettra plus de procéder à un rapprochement entre compte administratif et compte de gestion, ce qui risque de priver d'objet cette procédure.

113.76 Notion de compte administratif. L'existence d'un compte administratif distinct du compte de gestion présenté par le comptable public constitue une caractéristique des collectivités territoriales : les ordonnateurs de l'État ne tiennent pas, à proprement parler, un compte, et la plupart des établissements publics et des autres personnes morales de droit public ont un compte financier regroupant les informations produites tant par l'ordonnateur que par l'agent comptable (universités, hôpitaux, offices publics de l'habitat, groupements d'intérêt public, etc.).

1. CRC Guadeloupe, avis, 13 sept. 2016, *Commune de Baillif, Rec.* 271 ; – CRC Guadeloupe, avis, 15 févr. 2019, *Commune de Pointe-à-Pitre, Rec.* 255.
2. CGCT, art. L. 1612-12, al. 3.
3. CGCT, art. L. 1612-12, al. 1er.
4. CGCT, art. L. 1612-12, al. 2.
5. CRC Aquitaine, avis, 25 juill. 2006, *Syndicat mixte du Pays du Libournais, Rec.* 188 (décision d'irrecevabilité en l'absence de cette précision, alors que la chambre aurait pu rejeter la saisine au fond).
6. CRC Champagne-Ardenne, avis, 16 mai 2006, *Commune de Doulevant-le-Château, Rec.* 165.
7. CRC Centre-Val de Loire, avis, 2 août 2018, *Syndicat intercommunal de regroupement pédagogique Saint-Aoustrille – Saint-Valentin, Rec.* 216. Sur l'application dans le temps de la rédaction de l'article L. 5211-26 issue de la loi du 16 déc. 2010 : CRC Haute-Normandie, avis, 12 janv. 2012, *Syndicat intercommunal pour le développement économique et l'emploi de la région d'Offranville (SIDEE), Rec.* 220.
8. CRC Aquitaine, Poitou-Charentes, avis, 9 janv. 2013, *Syndicat intercommunal d'études et de travaux d'aménagement hydraulique (SIVU) du Mâble, Rec.* 253.

Cette dualité, propre aux collectivités locales, est liée à la séparation entre ordonnateur et comptable, plus stricte que pour les autres personnes publiques, et à une certaine conception de la démocratie locale, l'ordonnateur devant présenter des comptes à son assemblée délibérante et obtenir un vote sur les résultats de sa gestion. Elle est appelée à disparaître, conformément aux préconisations formulées tant par la Cour des comptes [1] que par les corps d'inspection [2]. Après une période d'expérimentation ouverte par l'article 242 de la loi du 28 décembre 2018 [3], la généralisation du « compte financier unique » [4] est prévue à compter de l'exercice 2026 [5]. Il ne devrait en résulter aucune incidence quant aux dispositifs de contrôle des actes budgétaires relatifs tant au rejet qu'au déficit du compte administratif, les dispositions du code général des collectivités territoriales n'ayant pas été modifiées. L'article 242, II, de la loi du 28 décembre 2018, dans sa version modifiée en 2023, n'est cependant pas limpide à cet égard puisqu'il prévoit que le compte financier unique « se substitue au compte administratif ainsi qu'au compte de gestion, par dérogation aux dispositions régissant ces documents », sans davantage de précisions.

113.77 **Défaut de transmission du compte administratif.** D'autres dispositions sont prévues en cas de défaut de transmission du compte administratif au préfet, qui saisit alors la chambre du plus prochain budget de la collectivité, la procédure étant alors celle de l'article L. 1612-5 [6].

Ces saisines demeurent rares et ne présentent d'intérêt pratique que si le représentant de l'État nourrit des doutes quant à l'équilibre du budget de la collectivité.

1. Cour des comptes, rapport public thématique *Les finances publiques locales*, 2013, p. 142.
2. Mise en place d'un compte financier unique dans le cadre budgétaire et comptable des collectivités territoriales, rapport conjoint de l'inspection générale des finances et de l'inspection générale de l'administration, août 2017.
3. L. n° 2018-1317, 28 déc. 2018 de finances pour 2019, *JO* 30 déc. 2018.
4. Selon l'expression, en forme de pléonasme, désormais consacrée mais qui ne sera pas étendue aux organismes disposant déjà d'un compte financier. Sur l'apport et les limites de cette innovation : L. Héritier, « Le compte financier unique et les juridictions financières », *RFFP* 2018, n° 144, p. 49 ; J.-D. Heckmann, « Le compte financier unique : quel apport pour la gestion financière locale ? » *RFFP* 2018, n° 144, p. 69 ; E. Gérard, « Compte financier unique : qu'en attendre ? » *RFFP* 2018, n° 144, p. 111 ; P. Van Herzele, « La certification des comptes publics locaux : vers un compte financier unique (CFU) pour quel objectif ? » *RFFP* 2019, n° 145, p. 75 ; C. Michaut, « La réforme comptable publique locale : vers la simplification annoncée ou une complexité accrue ? » *RFDA* 2020. 1006.
5. L. n° 2023-1322, 29 déc. 2023 de finances pour 2024, art. 205, *JO* 30 déc.
6. CGCT, art. L. 1612-13. Sur la procédure de l'art. L. 1612-5, v. s^s n° 113.61 s.

Elles supposent l'adoption d'un budget, à défaut de quoi la demande ne sera pas recevable, même dans le cas d'un établissement public dissous [7].

SECTION 6
QUESTIONS DE COMPÉTENCE

113.81 **Organismes exclus.** Les mécanismes de contrôle des actes budgétaires ne s'appliquent pas à la totalité des collectivités et établissements publics locaux.

Ces règles ne s'appliquent pas, en premier lieu, aux organismes qui ne relèvent de la compétence des CRC qu'en application des articles L. 111-15 et L. 111-16 du code des juridictions financières, c'est-à-dire par délégation de la Cour des comptes, par exemple les chambres de commerce et d'industrie et les établissements publics fonciers.

Ces règles ne s'appliquent pas davantage aux établissements sanitaires et sociaux, qui demeurent soumis aux mécanismes de tutelle prévus par les lois du 31 décembre 1970 et du 30 juin 1975 [8]. Des dispositions spécifiques, sans intervention de la CRC, existent en matière de budget non adopté [9] et de mandatement de dépenses obligatoires [10], qui relèvent du directeur général de l'agence régionale de santé (ARS). Il existe une possibilité de saisine, dans le cadre du dispositif d'administration provisoire, qui ne relève pas à proprement parler du contrôle des actes budgétaires [11].

De même, en l'absence de tout rattachement à une collectivité locale, les associations syndicales de propriétaires et les associations foncières de remembrement sont exclues du contrôle budgétaire.

S'il va de soi que les services de l'État ne relèvent pas des dispositions du CGCT en matière de contrôle des actes budgétaires [12], les chambres régionales des comptes peuvent être confrontées à des situations complexes, comme celle des centres académiques de formation continue (CAFOC), organismes d'État rattachés pour leur gestion financière et comptable à un établissement public local d'enseignement [13].

7. CRC Auvergne, Rhône-Alpes, avis, 3 mars 2015, *Syndicat intercommunal de télévision dans les cantons de Chatillon-en-Diois, Luc-en-Diois et Die, Rec.* 207.
8. CRC Champagne-Ardenne, avis, 8 janv. 2010, *Centre hospitalier de Chaumont, Rec.* 149 (inapplicabilité de l'article L. 1612-15).
9. CSP, art. L. 6145-2.
10. CSP, art. L. 6145-3 et R. 6145-42. En matière d'intérêts moratoires et d'indemnités forfaitaires de frais de recouvrement : CSP, art. L. 6145-6 et D. 6145-42-1.
11. CSP, art. L. 6143-3-1, al. 2. – V. s^s n° 113.114.
12. Sur le contrôle budgétaire de l'État et des établissements publics nationaux, v. s^s n°s 421.32 s.
13. CRC Provence-Alpes-Côte d'Azur, avis, 31 août 1998, *Lycée du Parc impérial à Nice, Rec.* 223.

113.82 **Organismes soumis.** Les offices publics de l'habitat relèvent des dispositions des articles L. 1612-2 (budget non voté), L. 1612-5 (budget en déséquilibre) et L. 1612-15 (dépense obligatoire) du code général des collectivités territoriales en matière de contrôle des actes budgétaires[1].

Traditionnellement, les groupements d'intérêt public (GIP) de l'article L. 211-6 du code des juridictions financières étaient exclus de ces dispositifs[2]. À cet égard, l'ordonnance n° 2016-1360 du 13 octobre 2016, en introduisant dans le CJF un article L. 211-11, a renversé le principe, en rendant le contrôle des actes budgétaires applicable aux groupements d'intérêt public dotés d'un comptable public dès lors que les collectivités et organismes soumis au contrôle de la chambre y détiennent séparément ou ensemble plus de la moitié du capital ou des voix dans les organes délibérants ou y exercent un pouvoir prépondérant de décision et de gestion. Ce texte a donné lieu à un nombre extrêmement réduit de saisines[3]. Il n'a pas son équivalent pour les groupements de coopération sanitaire (GCS) ni pour les groupements de coopération sociale et médico-sociale (GCSMS).

En revanche, les communes et les établissements publics locaux qui sont soumis au régime de l'apurement administratif relèvent, en principe, du contrôle des actes budgétaires.

SECTION 7
QUESTIONS DE PROCÉDURE

113.91 **Conditions de la saisine.** La saisine est toujours ouverte au représentant de l'État. Elle l'est également à des tiers en matière de dépenses obligatoires[4], ainsi qu'à la chambre elle-même en cas de déficit du compte administratif. Les textes permettent en effet à la chambre régionale des comptes de déclencher de sa propre initiative la procédure de rétablissement du compte lorsque, « dans l'exercice de ses missions »[5], c'est-à-dire d'un contrôle des comptes et de la gestion[6], d'un autre contrôle budgétaire, voire d'une évaluation de politique publique, même si cette dernière hypothèse apparaît moins vraisemblable, elle constate que l'exécution du budget s'est traduite par un résultat négatif justifiant la mise en œuvre de telles mesures. Il s'agit du seul cas où la juridiction peut se saisir d'office en matière de contrôle budgétaire.

La saisine est parfois insérée dans des délais : trente jours à compter de la date limite de transmission du budget pour l'article L. 1612-5 du CGCT, saisine « sans délai », c'est-à-dire immédiatement, pour les articles L. 1612-2, L. 1612-12 et L. 1612-14 (deuxième avis) du même code. Aucun délai n'est fixé pour les articles L. 1612-14 (premier avis) et L. 1612-15 du CGCT. La « jurisprudence » considère ce délai, lorsqu'il est fixé par les textes, comme impératif et sanctionne sa méconnaissance par une décision d'irrecevabilité[7]. Cette solution se justifie par le caractère dérogatoire des mécanismes de contrôle budgétaire qui, portant atteinte au principe de libre administration des collectivités locales, doivent être interprétés strictement.

Dans les circonstances exceptionnelles liées à la crise sanitaire des années 2020-2021, les chambres ont fait application des dispositions de l'ordonnance n° 2020-306 du 25 mars 2020 pour considérer que les délais échus pendant la période d'urgence sanitaire se trouvaient prorogés, tant pour l'autorité de saisine[8] que pour la chambre régionale des comptes, dont le délai d'un mois s'en était trouvé suspendu[9].

113.92 **Effets de la saisine.** La saisine emporte deux effets. Elle impose tout d'abord à la chambre de rendre un avis. Un délai lui est imparti à cette fin, qui est le plus souvent d'un mois, sauf dans le cas de l'article L. 1612-5 du CGCT (trente jours pour le premier avis, quinze jours pour le second).

À l'inverse des délais de saisine, les délais pour rendre l'avis ne sont pas d'ordre public et leur dépassement n'est pas de nature à vicier la procédure[10]. Cette solution a été dégagée en matière de dépenses obligatoires et peut se justifier par le fait que la saisine de l'article L. 1612-15 du CGCT est sans effet sur l'exécution du budget. Les inconvénients d'une décision tardive de la chambre régionale des comptes seraient beaucoup plus marqués lorsque les pouvoirs de l'assemblée délibérante sont suspendus, par exemple en cas de budget adopté en déséquilibre. Il est cependant inévitable que les délais soient excédés en présence de manœuvres de la collectivité destinées à masquer le déséquilibre, qui appellent des

1. Code de la construction et de l'habitation, art. L. 421-21.
2. CRC Provence-Alpes-Côte d'Azur, avis 30 mai 2002, *Groupement d'intérêt public du pays de Seyne, Rec.* p. 201.
3. CRC Corse, avis n° 2017-0006, 20 juill. 2017, *GIP Corse Compétences*, la chambre se déclarant incompétente en l'espèce, les conditions de l'article L. 211-11 n'étant pas réunies.
4. CGCT, art. L. 1612-15. – V. s^{s} n° 113.31.
5. CGCT, art. R. 1612-30.
6. V. s^{s} n° 111.11.
7. CRC Champagne-Ardenne, avis, 17 déc. 1993, *Commune d'Arcis-sur-Aube, Rec.* 237.
8. CRC Auvergne-Rhône-Alpes, avis, 22 sep. 2020, *Établissement public industriel et commercial (EPIC) du domaine skiable du Cœur de Chartreuse, Rec.* 220.
9. CRC Auvergne-Rhône-Alpes, avis, 8 juin 2020, *Syndicat mixte de Sioule et Morge, Rec.* 224.
10. CE 21 déc. 1994, *Département de la Marne*, req. n° 101923, *Lebon* 567.

investigations approfondies, ou lorsque la situation de la collectivité est profondément et durablement détériorée.

Le cas échéant, la chambre pourra se borner à donner acte au demandeur du désistement et devra le faire par un avis motivé collégialement délibéré[1]. Encore convient-il que le désistement soit fondé sur la circonstance que la demande est désormais privée d'objet, par exemple parce que le préfet constate que le budget avait en réalité été adopté avant la saisine ou dispose d'informations nouvelles permettant de démontrer l'équilibre réel du budget ou parce que le créancier a été désintéressé. La procédure étant d'ordre public, la chambre n'est pas tenue par d'éventuels revirements des parties ou du représentant de l'État. Si son intervention demeure justifiée, il lui appartient de donner suite à la saisine en dépit du désistement.

À l'égard de la collectivité, la saisine entraîne dans trois cas suspension des pouvoirs budgétaires de la collectivité : en cas d'absence de vote du budget primitif, en cas de déséquilibre du budget, en cas de transmission du budget après déficit des comptes. Dans ces hypothèses, l'assemblée délibérante se trouve privée jusqu'au terme de la procédure de la possibilité de modifier le budget, sauf pour statuer sur les propositions de la chambre. Si la collectivité décide cependant de passer outre et de délibérer sans attendre d'avoir reçu l'avis de la chambre, les décisions prises à cette occasion pourront être regardées comme inexistantes, quand bien même elles n'auraient pas été déférées par le préfet[2].

113.93 Caractère contradictoire de la procédure. La procédure en matière de contrôle budgétaire des collectivités locales et établissements locaux, quoiqu'elle ne soit pas de nature juridictionnelle, est inspirée des caractéristiques classiques de la procédure devant les juridictions financières : elle est contradictoire, écrite, et elle respecte la règle de la double décision, sous la forme de deux avis dont l'objet et la portée sont différents, sauf lorsque cette formalité est sans objet (défaut d'adoption du budget). Elle est également inquisitoire, la chambre pouvant se saisir d'office de tout moyen permettant d'accueillir une saisine mal formulée ou au contraire d'écarter une demande, par exemple en matière de dépenses obligatoires[3].

La collectivité est informée par le préfet de la saisine de la chambre[4]. Cette formalité, indispensable compte tenu des effets de la saisine sur le budget et les pouvoirs de l'assemblée délibérante, n'est logiquement pas prévue en matière de déficit du compte administratif ou de demande d'inscription d'une dépense obligatoire.

La collectivité est également informée par la chambre régionale des comptes[5]. En pratique, et même si les textes ne le prévoient pas, celle-ci avertit l'ordonnateur de la date limite jusqu'à laquelle il pourra faire valoir ses observations, étant rappelé que les délais pour rendre les avis sont très courts.

Les procédures de contrôle budgétaire des chambres régionales des comptes ont fait place dès 1982 à des éléments d'oralité. Il est en effet loisible à l'ordonnateur de la collectivité concernée de « présenter oralement ses observations », en étant éventuellement assisté d'une personne de son choix[6]. Pendant longtemps, la pratique des CRC a regardé cette possibilité comme pouvant prendre la forme d'un entretien avec le rapporteur de l'affaire. Il s'agit cependant d'un droit, pour l'ordonnateur, d'être entendu par la formation collégiale qui sera appelée à statuer sur la saisine.

SECTION 8
VOIES DE RECOURS

113.101 Nature de la procédure de contrôle des actes budgétaires. L'intervention d'une autorité juridictionnelle dans une procédure essentiellement administrative (l'adoption ou l'exécution d'un budget) conduit à s'interroger sur la nature des décisions rendues par la chambre régionale des comptes sur saisine du préfet ou d'un tiers.

Deux conceptions pouvaient à cet égard être soutenues, l'une de nature administrative, fondée sur l'objet de l'intervention de la juridiction financière, qui n'est pas de dire le droit, l'autre d'inspiration juridictionnelle, se référant aux particularités de la procédure (« instruction » par un magistrat indépendant, règles de contradiction et de délibéré, forme quasi-juridictionnelle des avis). La question se trouvait compliquée par le fait que, dans le cadre de cette mission, la chambre n'exerce pas des activités purement consultatives puisque, selon les cas (voir ci-après[7]), elle rend de véritables décisions. Le débat

1. CRC Île-de-France, avis, 25 mai 2004, *Commune de Noisy-le-Sec, Rec.* 241.
2. CRC Auvergne-Rhône-Alpes, avis 5 août 2020, *Commune de Bellenaves, Rec.* 227.
3. PAR EX. : CRC Pays de la Loire, avis, 31 mars 2016, *Communauté urbaine du Mans métropole*, préc. (caractère non liquide de la dépense).
4. CGCT, art. R. 1612-17, R. 1612-20 et R. 1612-26.
5. CJF, art. L. 244-1 ; – Et en matière de dépenses obligatoires : CGCT, art. R. 1612-32. Dans ce dernier cas, le président de la chambre doit également informer le ministère public de la saisine, le procureur financier étant nécessairement appelé à conclure sur le dossier (CJF, art. R. 212-16, al. 2). V. s^{s} n° 516.11.
6. CJF, art. L. 244-1.
7. V. s^{s} n°s 113.102 et 113.103.

n'était pas sans portée puisque de la réponse à cette interrogation dépendaient les voies de recours ouvertes contre les avis des chambres régionales.

La question a été réglée dès 1984, en termes concordants, par la Cour des comptes et le Conseil d'État.

La nature non juridictionnelle des avis budgétaires a été simultanément affirmée par la Cour, qui a déclaré irrecevable un appel interjeté contre un avis de mise en demeure, non pas à raison de son contenu mais à raison de la nature de l'avis[1], et par le Conseil, qui a rejeté le pourvoi en cassation dirigé contre un avis budgétaire en décidant que cet acte relevait du juge de droit commun du contentieux administratif[2] : « la décision par laquelle une CRC rejette une demande tendant à ce qu'elle constate qu'une dépense obligatoire n'a pas été inscrite au budget d'une commune, et à ce qu'elle adresse une mise en demeure à la commune concernée ne constitue ni un jugement sur les comptes, dont la Cour des comptes serait compétente pour connaître en vertu du premier alinéa de l'article 87 de la loi du 2 mars 1982 et de l'article 10 de la loi du 10 juillet 1982, ni une décision juridictionnelle à l'encontre de laquelle un recours en cassation pourrait être formé devant le Conseil d'État ; qu'elle constitue une décision administrative, dont le tribunal administratif, juge de droit commun du contentieux administratif, est compétent pour connaître en premier ressort ».

113.102 Nature des avis rendus par les chambres régionales des comptes. La nature des avis rendus par les chambres régionales et territoriales des comptes est double. Elle est liée au sens de l'avis.

Lorsque la chambre rend un avis « positif » qui permet la poursuite de la procédure, son intervention prend place dans le cadre d'une procédure administrative qui débouchera sur une décision du préfet[3]. Seule cette dernière constitue un acte administratif susceptible de recours. Cette solution s'impose d'autant plus qu'au stade de sa décision finale, le préfet dispose d'un pouvoir discrétionnaire et peut s'écarter des propositions de la chambre, comme le prévoit le code pour les cas de défaut d'adoption, de déséquilibre du budget ou de déficit des comptes et comme l'a affirmé la jurisprudence administrative pour l'inscription des dépenses obligatoires[4].

En revanche, les avis « négatifs » mettent un terme à la procédure. En rendant un avis de non-lieu, d'irrecevabilité, d'incompétence ou de rejet, la chambre empêche la collectivité ou le préfet d'agir (ce dernier ne peut, par exemple, procéder à une inscription d'office sans avis conforme de la chambre[5]). Son avis peut alors être regardé comme une décision.

113.103 Voies de recours ouvertes. Les possibilités de recours contre les avis rendus par les chambres découlent de cette nature : les avis « positifs » ne peuvent faire l'objet d'aucun recours, y compris les mises en demeure en matière de dépenses obligatoires, qui sont regardées comme ne faisant pas grief[6].

À l'inverse, les avis « négatifs » peuvent faire l'objet d'un recours en annulation devant le tribunal administratif : le représentant de l'État ne peut en effet agir que s'il y a été invité par la chambre régionale des comptes.

En conséquence, la décision par laquelle la chambre, après mise en demeure, renonce à demander au préfet d'inscrire d'office la dépense obligatoire au budget de la commune, fait grief et peut être déférée au juge administratif, car elle clôt la procédure[7].

SECTION 9
SAISINES MOTIVÉES DE LA CHAMBRE RÉGIONALE DES COMPTES

113.111 Extension des interventions des CRTC. De toutes les attributions des chambres régionales des comptes, le contrôle budgétaire est la moins contestée, notamment de la part des élus locaux, qui en perçoivent tout l'intérêt. Les quelques critiques qu'il suscite portent beaucoup moins sur son économie d'ensemble que sur les moyens consacrés par le ministère de l'Intérieur aux services des préfectures qui sont chargés de l'assurer[8].

Loin d'en réduire le champ, le législateur en a étendu les hypothèses et s'en est inspiré, à diverses reprises, pour créer de nouveaux mécanismes de contrôle des organismes du secteur public local, dont on peut cependant regretter qu'ils n'aient été que trop rarement mis en œuvre par les préfets. Certains

1. C. comptes 29 mars 1984, *Institut Notre-Dame de la Providence à Thionville, Rec.* 355.
2. CE 23 mars 1984, *Organisme de gestion des écoles catholiques de Couëron*, req. n° 56053 ; *Lebon* 643, *GAJF*, 7e éd., n° 4.
3. Ou sur une décision de la collectivité conforme à l'avis, ce qui évite alors l'intervention du représentant de l'État.
4. CE 10 févr. 1988, *Commune de Brives-Charensac*, req. nos 78230, 78805 et 78806 ; *AJDA* 1988. 279.
5. CE 4 nov. 1988, *Syndicat mixte du collège Val de Sarre*, req. n° 69847 ; *AJDA* 1988. 723.
6. CE 30 janv. 1987, *Département de la Moselle*, req. n° 702236 ; *AJDA* 1987. 217.
7. CE 18 nov. 1998, *Association OGEC de l'école privée catholique mixte Notre-Dame de Calais*, req. n° 143007 ; *Rec.* 153.
8. V., en dernier lieu : Cour des comptes, Lettre du président de la quatrième chambre du 21 nov. 2022.

de ces mécanismes, répondant à des besoins conjoncturels, sont aujourd'hui abrogés [1].

113.112 Contrôle des délibérations des sociétés d'économie mixte locales. Dès 1983, il est apparu que les sociétés d'économie mixte locales (SEML), qui constituent des outils puissants d'intervention pour les collectivités territoriales et leurs groupements, notamment dans le champ économique, étaient susceptibles d'engager leurs actionnaires publics dans des conditions dont ces derniers ne prenaient pas toujours la mesure.

Dans certains cas, ces organismes de droit privé pouvaient aussi prendre en charge plus discrètement des opérations que les élus locaux ne souhaitaient pas voir figurer directement dans le budget de la collectivité, mais que cette dernière était susceptible de supporter en fait.

La loi du 7 juillet 1983 [2] a en conséquence prévu la possibilité, pour le préfet, de saisir la chambre régionale des comptes s'il estimait qu'une délibération d'une SEML était « de nature à augmenter gravement la charge financière » d'une collectivité actionnaire ou le risque supporté par une collectivité qui a apporté sa garantie à un emprunt contracté par cette société.

En Polynésie française, l'assemblée du territoire ou, en dehors de ses sessions, la commission permanente peut saisir la chambre territoriale des comptes.

La saisine doit intervenir dans le délai d'un mois. La chambre dispose également d'un délai d'un mois pour rendre son avis qui est adressé, entre autres, aux collectivités actionnaires ou garantes. L'avis porte sur « l'incidence financière de la délibération sur la situation des collectivités concernées » [3].

La saisine de la chambre « entraîne une seconde lecture » de la délibération contestée par l'organe qui l'avait adoptée [4]. La loi n'exige pas que cette nouvelle lecture intervienne au vu de l'avis rendu par la chambre régionale des comptes mais cet enchaînement semble aller de soi, sauf à ôter tout intérêt à la procédure.

Les préfets n'ont fait qu'un usage très mesuré de cette possibilité de saisine, ce qui tient pour partie au champ limité du dispositif, qui exige une délibération (du conseil d'administration, du conseil de surveillance ou de l'assemblée générale) alors que l'acte susceptible de préjudicier aux intérêts de la collectivité peut aussi bien résulter d'une décision du président de la société ou d'un acte contractuel, ainsi qu'au fait que l'objet de l'intervention de la chambre est relativement étroit. La procédure peut cependant présenter un réel intérêt en cas de dégradation de la situation de la SEM et d'absence de réaction adaptée de ses actionnaires [5].

Il est à noter qu'elle n'a pas été étendue aux délibérations des autres sociétés commerciales auxquelles les collectivités apportent leur concours, et en particulier à celles des sociétés publiques locales.

113.113 Contrôle des conventions de marchés et de délégation de service public. La loi du 6 février 1992 relative à l'administration territoriale de la République [6] a introduit deux nouvelles possibilités de saisine de la chambre régionale des comptes par les préfets, concernant les marchés publics [7] et les conventions de délégation de service public [8], désormais rebaptisées « concessions ».

Les règles relatives à ces saisines des chambres régionales des comptes sont largement calquées sur les procédures de contrôle budgétaire, avec en particulier un droit à audition pour l'ordonnateur (mais non pour le cocontractant), sous la réserve qu'elles n'ont pas d'effet suspensif.

Ces dispositions sont d'interprétation stricte et ne permettent pas, par exemple, de saisir la chambre du protocole transactionnel relatif à l'exécution d'une convention de marché [9]. Si la loi prévoit que la chambre « formule ses observations dans un délai d'un mois à compter de sa saisine » [10], le décret précise la forme de ces observations, qui doivent prendre place dans un « avis motivé » [11].

Dans les deux cas, l'avis de la chambre a un champ très large puisqu'il porte « notamment » sur les modalités de passation, l'économie générale du contrat ainsi que son incidence financière sur la situation de la collectivité ou de l'établissement public concerné [12].

1. Ainsi des avis prévus par l'article 4 de la L. n° 2012-1510, 29 déc. 2012 de finances rectificative pour 2012, *JO* 30 déc., sur la capacité de la collectivité à prendre en charge financièrement le coût de refinancement de ses emprunts dans le cadre du fonds de soutien relatif aux emprunts structurés. Cette disposition, qui a donné lieu à un nombre de saisines limité (par ex. : CRC Bretagne, 1er juill. 2013, *Commune de Rostrenen, Rec.* 274), a été abrogée par la L. n° 2013-1278, 29 déc. 2013 de finances pour 2014, *JO* 30 déc.
2. L. n° 83-597, 7 juill. 1983 relative aux sociétés d'économie mixte locales, *JO* 8 juill., p. 2099.
3. CGCT, art. R. 1524-1, al. 2.
4. CGCT, art. L. 1524-2.
5. CRC Martinique, avis, 26 mai 2015, *Société d'économie mixte locale « SEMAVIL », Rec.* 222.
6. L. orient. n° 92-125, 6 févr. 1992 relative à l'administration territoriale de la République, *JO* 8 févr.
7. CJF, art. L. 211-13, L. 252-14, LO 262-40-1, L. 263-27, LO 272-38-1 et L. 272-38-2.
8. CGCT, art. L. 1411-18.
9. CRC Picardie, avis 19 oct. 2006, *Commune de Pont-Sainte-Maxence, Rec.* p. 208.
10. CJF, art. L. 211-13, LO 262-40-1, L. 263-27, LO 272-38-1 et L. 272-38-2.
11. CJF, art. R. 234-2, R. 253-14 (par renvoi), R. 262-53, R. 262-54, R. 272-41 et R. 272-42 ; CGCT, art. R. 1411-6.
12. CJF, art. R. 234-2, R. 262-54, R. 272-41 et R. 272-42 ; CGCT, art. R. 1411-6.

Si le délai d'un mois imparti à la chambre pour se prononcer peut être regardé comme – exagérément – bref, les avis rendus sont riches d'observations juridiques ou de gestion. La chambre peut ainsi se prononcer, par exemple :

– sur la nature exacte de la convention qui lui est soumise, par exemple en qualifiant de marché public de construction et d'exploitation de chauffage collectif un contrat abusivement présenté comme une délégation de service public du réseau de chaleur [1] ;

– sur la licéité d'une concession de service public d'une station thermale assortie d'un bail à construction entre le concessionnaire et une société immobilière chargée de financer et construire les immeubles sur des terrains relevant du domaine public, le bail à construction n'ayant pas à respecter les règles de la commande publique et le contrat de concession n'étant pas incompatible avec le code général de la propriété des personnes publiques [2] ;

– sur la régularité de la procédure de passation d'une convention relative à la valorisation et au traitement de déchets ménagers, en dépit des modifications apportées par l'établissement public aux documents de consultation, et sur l'existence d'un risque d'exploitation répondant à la définition de la délégation de service public [3] ;

– sur la régularité des conditions de conclusion du contrat relatif à l'exploitation d'un réseau de transport de voyageurs, la cohérence de son périmètre géographique et matériel, sa durée, notamment au regard des modalités d'amortissement des installations ou du matériel, les conditions d'encaissement des recettes et la réalité du transfert du risque d'exploitation en direction du délégataire [4].

Ces avis peuvent être sollicités à tout moment après la signature de la convention mais avant que le contrat soit arrivé à échéance [5]. Ils doivent permettre aux préfets de préparer d'éventuels déférés au tribunal administratif mais aussi, dans une perspective moins contentieuse, aux collectivités de procéder à une renégociation des clauses les plus défavorables.

Il peut arriver que le représentant de l'État saisisse simultanément le juge administratif de la légalité d'un marché et la chambre de l'économie générale de l'opération. Cette dernière reste néanmoins fondée à (et tenue de) se prononcer sur l'ensemble des items prévus par la loi, y compris la régularité de la passation du contrat, même dans le cas où le tribunal administratif s'est déjà prononcé sur ce point [6].

La saisine peut également faire apparaître des irrégularités justifiant, selon les cas, une transmission au procureur de la République ou un déféré au Procureur général près la Cour des comptes, ce dernier pouvant au demeurant s'en saisir d'office [7].

Ne modifiant pas l'ordonnancement juridique, les avis rendus par les chambres ne sont pas susceptibles de recours [8]. La même solution, en toute logique, serait à appliquer aux avis rendus sur les délibérations des sociétés d'économie mixte locales, ainsi qu'aux autres avis rendus sur saisine motivée.

113.114 Redressement de la situation financière des hôpitaux. En vertu de l'article L. 6143-3-1, alinéa 2, du code de la santé publique, le directeur général de l'agence régionale de santé (ARS) peut saisir la chambre régionale des comptes en vue de recueillir son avis sur la situation financière de l'établissement et, le cas échéant, ses propositions de mesures de redressement dans quatre cas : « lorsque, après qu'il a mis en œuvre la procédure prévue à l'article L. 6143-3, l'établissement ne présente pas de plan de redressement dans le délai requis, refuse de signer l'avenant au contrat pluriannuel d'objectifs et de moyens ou n'exécute pas le plan de redressement, ou lorsque le plan de redressement ne permet pas de redresser la situation de l'établissement » [9].

L'avis de la chambre régionale des comptes, qui se prononce dans un délai de deux mois après la saisine [10], est notifié à l'agence régionale de santé et à l'établissement [11].

113.115 Contributions des communes aux syndicats intercommunaux. Aux termes de l'article L. 232-3 du code des juridictions financières, le préfet peut saisir la chambre des « modifications suscepti-

1. CRC Nord-Pas-de-Calais, avis n° 97-0724, 10 déc. 1997, *Commune de Béthune*.
2. CRC Occitanie, avis, 4 févr. 2020, *Syndicat intercommunal à vocation unique (SIVU) « Pôle santé bien-être Alès-les-Fumades »*, *Rec.* 215.
3. CRC Nouvelle-Aquitaine, avis, 8 oct. 2020, *Bordeaux Métropole*, *Rec.* 228.
4. CRC Provence-Alpes-Côte d'Azur, avis, 30 août 2021, *Métropole Aix-Marseille-Provence*, *Rec.* 223.
5. CRC Nord-Pas-de-Calais, avis n° 98-0333, 21 oct. 1998, *SIVOM d'Étaples*.
6. CRC Île-de-France, avis, 16 avr. 2006, *Commune de Bussy-Saint-Georges*, *Rec.* 162.
7. Tel était le cas dans l'affaire du SIVOM d'Étaples, à la suite de l'avis précité du 21 oct. 1998 : CDBF 30 juin 2006, *Syndicat intercommunal à vocation multiple (SIVOM) de la région d'Étaples-sur-Mer*, n° 154-551, *Rec.* p. 98 ; *AJDA* 2006. 2445, chron. N. Groper et Michaut ; BJCL 2006, n° 10. 710, note S. Bredin.
8. CE 8 déc. 1995, *Département de La Réunion*, req. nos 154042 et 154894 ; *Rec.* 179.
9. Même si la rédaction de l'article L. 6143-3-1 rend également possible la saisine de la chambre « en cas de manquement grave portant atteinte à la sécurité des patients », qui constitue un autre motif de placement de l'établissement sous administration provisoire, l'esprit du texte et les compétences des juridictions financières invitent manifestement à limiter l'intervention des CRC aux cas de dégradation de la situation financière de l'hôpital.
10. Pour un exemple récent : CRC Grand Est, avis n° 23-0001, 31 mai 2023, *Groupe hospitalier Sud Ardennes*.
11. CSP, art. R. 6143-41.

bles d'être apportées aux règles fixant les modalités de répartition des contributions des communes au budget d'un syndicat dont elles sont membres »[1].

Cette saisine se situe dans le cadre des dispositions de l'article L. 5212-25 du CGCT, qui concerne les cas dans lesquels une commune qui a connu une augmentation ou une diminution de ses ressources de fonctionnement de plus de 10 % de ses recettes de fonctionnement (ou de plus de 5 % si elle compte plus de 20 000 habitants) demande une modification des règles de répartition des contributions financières.

En cas de désaccord du comité syndical ou des conseils municipaux, le préfet peut procéder à cette modification d'office après avis de la chambre régionale des comptes.

L'article R. 5212-7 du CGCT prévoit que la chambre se prononce sur la recevabilité de la saisine et propose au préfet une nouvelle modalité de répartition des contributions. En l'absence de disposition explicite permettant au représentant de l'État de s'en écarter, il pourrait être considéré que cet avis doive, par exception, être conforme.

113.116 Cas particulier des relations financières entre la métropole Aix-Marseille et ses communes membres. L'article 181, V, de la loi du 21 février 2022[2] a prévu que la chambre régionale des comptes devait rendre un avis, avant le 1er septembre suivant, « sur les relations financières entre la métropole et ses communes membres, notamment sur le niveau des attributions de compensation versées aux communes par la métropole et les établissements publics de coopération intercommunale à fiscalité propre préexistants. »

Cet avis est transmis au président du conseil de la métropole, aux maires des communes membres ainsi qu'au préfet. Le président du conseil de la métropole organise, dans un délai de deux mois à compter de la réception de l'avis de la chambre régionale des comptes, un débat au sein du conseil de la métropole. Le conseil de la métropole se prononce sur l'avis et les conséquences qu'il souhaite en tirer.

S'il ne s'agit pas, à proprement parler, d'une saisine motivée puisqu'elle ne repose pas sur le pouvoir d'appréciation d'une autorité mais qu'elle résulte de la loi, cette intervention donne lieu à un avis présenté comme un avis budgétaire, qui a permis à la chambre de se prononcer notamment sur l'irrégularité, en l'espèce, du calcul des attributions de compensation et des dotations de solidarité communautaire[3].

1. Pour l'outre-mer : CJF, art. L. 253-16.
2. L. n° 2022-217, 21 févr. 2022 relative à la différenciation, la décentralisation, la déconcentration et portant diverses mesures de simplification de l'action publique locale, *JO* 22 févr.

113.117 Saisines de l'assemblée de la Polynésie française et de la commission permanente. Des dispositions propres à la Polynésie française ont été introduites par la loi organique en 2007[4], qui permettent à l'assemblée de la Polynésie française de décider, par délibération, de saisir la chambre territoriale des comptes de tout projet de décision présenté par le président du territoire et relatif à des aides financières, garanties d'emprunt, participations, acquisitions et cessions[5], « si elle estime que le projet de décision est de nature à accroître gravement la charge financière de la Polynésie française ou le risque financier » que court le territoire.

En-dehors des périodes de session, cette saisine peut être décidée par la commission permanente de l'assemblée de la Polynésie française.

La chambre se prononce exclusivement sur « l'incidence financière de la délibération sur la situation financière de la collectivité »[6], dans un avis motivé qui est notifié au haut-commissaire et au territoire, et communiqué pour information « au commissaire aux comptes »[7], sans plus de précision.

113.118 Contrôle des fédérations départementales de chasseurs. Aux termes de l'article R. 421-11-1 du code de l'environnement, « en cas de mise en œuvre des dispositions du troisième alinéa de l'article L. 612-3 du code de commerce, ou de manquement grave et persistant d'une fédération départementale à ses missions d'indemnisation des dégâts de grand gibier, de gestion des associations communales et intercommunales de chasse agréées et d'organisation de la formation préparatoire à l'examen du permis de chasser constaté à l'issue d'une procédure contradictoire, le préfet transmet à la chambre régionale des comptes ses observations.

Si la chambre régionale des comptes constate que la fédération départementale n'a pas pris de mesures suffisantes pour rétablir des conditions normales de fonctionnement, elle demande au préfet d'assurer son administration ou la gestion d'office de son budget jusqu'à son exécution. »

Institué par une loi du 30 juillet 2003[8], ce dispositif appelle trois observations :

– il suppose soit la mise en œuvre de l'article L. 612-3 du code de commerce, c'est-à-dire la mise

3. CRC Provence-Alpes-Côte d'Azur, avis, 27 juin 2022, *Métropole Aix-Marseille et ses communes membres, Rec.* 182.
4. L. org. n° 2007-1719, 7 déc. 2007 tendant à renforcer la stabilité des institutions et la transparence de la vie politique en Polynésie française, *JO* 8 déc.
5. Conditions précisées à l'article 157-2 de la loi organique n° 2004-192, 27 févr. 2004.
6. CJF, art. R. 273-28.
7. *Ibid.*
8. L. n° 2003-698, 30 juill. 2003 relative à la chasse, *JO* 31 juill.

en œuvre de la procédure d'alerte par le commissaire aux comptes, soit des manquements graves et persistants de la fédération à ses missions de service public[1] ;

– dans ce dernier cas, la saisine doit être précédée d'une procédure contradictoire. À défaut, elle sera déclarée irrecevable[2] ;

– le législateur a prévu l'intervention de la chambre régionale des comptes alors que c'est la Cour des comptes qui est compétente pour contrôler les comptes et la gestion des fédérations de chasseurs en leur qualité de bénéficiaires de cotisations légalement obligatoires[3].

1. Sur ce dernier point, v. Cour des comptes, *Les soutiens publics aux fédérations de chasseurs*, rapport public juill. 2023.

2. CRC Provence-Alpes-Côte d'Azur, avis, 10 sept. 2015, *Fédération départementale des chasseurs des Bouches-du-Rhône, Rec.* 239.

3. V. s[s] nº 111.52.

CHAPITRE

114. Autres sources d'information en matière de régularité

SECTION 0
ORIENTEUR

114.00 **Sommaire du chapitre.**

SECTION 1
CERTIFICATION DES COMPTES PUBLICS

114.11 **Définition et cadre juridique.** La certification des comptes peut être définie comme « une assurance raisonnable donnée par une instance indépendante sur la conformité à un référentiel donné des comptes d'une entité », dont l'objet est de permettre d'émettre une opinion sur la régularité, la sincérité et la fidélité des états financiers[1]. Comme pour les sociétés commerciales et sous réserve de la terminologie propre au secteur public, la certification porte en général sur un bilan, un compte de résultat et une annexe.

Dans le cadre de cette mission, il est fait référence à des normes d'audit internationales définies par un organisme privé, la fédération internationale des comptables (IFAC), au sein d'un comité des normes comptables qui édicte des règles applicables au secteur public (IPSAS).

La méthode repose sur la prise en compte des risques auxquels est exposé l'organisme certifié, dans le cadre d'une planification initiale déclinée par cycles d'audit, puis d'une évaluation des dispositifs de contrôle interne et enfin de la réalisation de contrôles ciblés sur des opérations de l'exercice (missions « finales »).

114.12 **Développement du champ de la certification des comptes des organismes publics.** « Après la régularité des comptes au XIXe siècle et l'efficacité de la gestion publique au XXe siècle, la qualité de la comptabilité apparaît, à notre époque, comme la nouvelle frontière de la modernité en matière de contrôle des finances publiques »[2].

De fait, la période récente a été marquée par l'apparition et le déploiement rapide des dispositifs de certification des comptes des personnes publiques[3], ce qui distingue la France de la majorité des pays[4]. En moins de quinze ans, a ainsi été décidée, le plus souvent sans réelle discussion voire réflexion d'ensemble, la certification de :

– l'État depuis l'exercice 2006, en vertu de la loi organique du 1er août 2001[5] ;

– les organismes nationaux du régime général de sécurité sociale en vertu de la loi organique du 2 août 2005[6] ;

– les universités depuis la loi LRU du 10 août 2007[7] ;

1. J. Magnet, L. Vallernaud et T. Vught, *La Cour des comptes, les institutions associées et les chambres régionales des comptes*, Berger-Levrault, 6e éd., 2007.

2. J. Germain, « La certification des comptes publics depuis la LOLF : une méthode précurseuse ou un outil surévalué ? », Actes du colloque « La LOLF a vingt ans ! », 22 et 23 oct. 2021, Presses Université Toulouse 1 Capitole, 2022, p. 337.
3. N. Groper, « Les défis posés par la certification des comptes publics », *in* S. M. Ouédraogo, D. Ouédraogo et O. Kolié (dir.), *L'internalisation des directives UEMOA sur les finances publiques au Burkina Faso : bilan et perspectives*, L'Harmattan 2023, p. 161.
4. C. Michaut, « La réforme comptable publique locale : vers la simplification annoncée ou une complexité accrue ? », *RFDA* 2020. 1006.
5. L. org., 1er août 2001 relative aux lois de finances, art. 58, 5°.
6. CJF, art. LO 132-2-1.
7. C. éduc., art. L. 712-9.

– certains établissements publics, essentiellement à caractère industriel ou commercial [1] ;

– les établissements publics de santé (dont les recettes excèdent 100 millions d'euros), en vertu de la loi HPST du 21 juillet 2009 [2].

La Cour des comptes assure elle-même la certification des comptes de l'État et du régime général. Pour les autres organismes publics, la loi confie cette mission à des commissaires aux comptes.

S'agissant du secteur public local, la loi NOTRé du 7 août 2015 [3] a prévu une expérimentation de certification de collectivités volontaires, dont la période a été prolongée jusqu'au 31 décembre 2024. Chargée de conduire l'expérimentation durant la première phase, puis de coordonner l'action des commissaires aux comptes qui sont intervenus à compter de l'exercice 2020, la Cour des comptes a remis un bilan final en janvier 2023. Le Gouvernement a fait part de ses constats et de ses orientations en mai 2023 [4], en préconisant d'étendre les dispositifs de fiabilisation des comptes locaux sans créer de dispositif contraignant. Il appartiendra au législateur de se prononcer sur les suites à donner à ces travaux.

114.13 Certification des comptes et détection d'irrégularités. Réputée améliorer la qualité de l'information sur la situation financière d'un organisme, la certification ne porte pas sur la qualité et l'efficacité de sa gestion, même si elle peut indirectement y contribuer. Mais elle ne porte pas non plus véritablement sur la régularité des opérations, ni même sur celle des comptes de gestion des comptables publics, dans la mesure où elle a seulement vocation à donner une assurance raisonnable sur la sincérité des comptes, le certificateur n'intervenant qu'au-delà de seuils de travail et de signification.

Il n'en demeure pas moins que, lors de la conduite des missions finales qui constituent la troisième phase de la campagne, le certificateur peut détecter des anomalies, voire des infractions financières (ou même pénales) qui, selon les cas, sont ou non susceptibles d'être mentionnées dans l'opinion du certificateur, par exemple sous la forme d'une réserve.

1. Art. 30 de la L. n° 84-148 relative à la prévention et au règlement amiable des difficultés des entreprises tel qu'issu de la L. n° 2003-706 du 1er août 2003 de sécurité financière, elle-même modifiée par l'ordonnance n° 2009-80 du 22 janv. 2009.
2. CSP, art. L. 6145-16.
3. L. n° 2015-991, 7 août 2015 portant nouvelle organisation territoriale de la République, art. 110, *JO* 8 août, n° 1.
4. *Expérimentation de la certification des comptes des collectivités locales. Bilan définitif en application des dispositions de l'article 110 de la loi n° 2015-991 du 7 août 2015 portant nouvelle organisation territoriale de la République*, NOR noECOE2307366X [en ligne].

La situation ne semble pas s'être rencontrée à ce stade sous l'empire des dispositions relatives au nouveau régime de responsabilité des gestionnaires publics.

Néanmoins, les commissaires aux comptes sont devenus autorités de déféré [5] dans le cadre de la réforme entrée en vigueur le 1er janvier 2023, et, bien entendu, la Cour des comptes peut, dans le cadre de ses fonctions de certificateur, décider d'un déféré.

SECTION 2
APUREMENT ADMINISTRATIF

114.21 Apurement administratif : définitions. Dans la tradition française, qui s'est maintenue jusqu'au 31 décembre 2022, les comptables publics répondent de leur gestion dans le cadre d'un régime de responsabilité propre [6], qui peut être mis en œuvre devant le ministre, dans un cadre administratif (débet administratif), ou devant le juge, dans un cadre juridictionnel.

Indépendamment de cette répartition des attributions contentieuses, l'apurement du compte, c'est-à-dire sa vérification en vue d'accorder au comptable décharge de sa gestion, peut lui-même prendre deux formes, l'une administrative, l'autre juridictionnelle. Ces deux niveaux sont à distinguer. Ainsi un débet administratif peut être prononcé sur un compte relevant de l'apurement juridictionnel ou sur un compte relevant de l'apurement administratif.

Les comptes relevant de l'apurement administratif sont régis par une procédure mixte, tantôt administrative, tantôt juridictionnelle. Ils sont contrôlés par une autorité administrative qui décharge le comptable, sous réserve de voies de recours devant le juge des comptes. En cas d'irrégularité, l'autorité administrative saisit la juridiction, seule susceptible de prononcer une charge définitive. Cette dernière peut également évoquer les comptes.

114.22 Apurement administratif : évolution historique. En mettant fin aux attributions de juge des comptes qui étaient jusqu'alors confiées aux conseils de préfecture, le décret-loi du 8 août 1935 [7] a organisé l'apurement administratif des collectivités et établissements publics de moindre importance (organismes publics locaux, établissements d'enseignement, chambres d'agriculture, etc.) dont furent chargés les trésoriers-payeurs généraux et, à comp-

5. CJF, art. L. 142-1-1, 14°. – Sur les commissaires aux comptes, autorités de déféré en matière de contentieux financier, v. ss nos 512.11 et 512.23.
6. V. ss nos 042.11 s. et 112.22 s.
7. V. ss n° 041.32.

ter de la loi du 23 décembre 1972[1], les receveurs particuliers des finances.

Les lois de décentralisation ont entraîné, avec la création des chambres régionales des comptes, la suppression de l'apurement administratif sur les collectivités et établissements publics locaux, qui a été rétabli dès 1988[2] pour les comptes des communes et groupements de communes de moins de 2 000 habitants et de moins de 2 millions de francs de recettes ordinaires. Ces seuils ont ensuite été relevés par la loi du 21 décembre 2001[3] puis celle du 13 décembre 2011[4] à 5 000 habitants et 3 millions d'euros dans le cas général. S'agissant des organismes relevant du contrôle de la Cour des comptes, le régime de l'apurement administratif continuait de s'appliquer aux comptes des établissements et organismes culturels et d'enseignement à l'étranger (instituts français, écoles françaises, centres de coopération et d'action culturelle, etc.), sous l'autorité du directeur spécialisé des finances publiques pour l'étranger, cette activité de surveillance alimentant un contentieux relativement abondant[5].

Fin 2022, l'apurement administratif s'appliquait encore à la très grande majorité des comptes locaux. Depuis le 1er janvier 2023, il ne concerne plus, pour le secteur public local, que :

- les communes et groupements de communes de Nouvelle-Calédonie dont la population n'excède pas 2 000 habitants et dont le montant des recettes ordinaires ne dépasse pas 305 000 euros (soit des seuils identiques à ceux de la loi « Galland » de 1988), ainsi que leurs établissements publics[6] ;

- pour les collectivités de la Polynésie française, la chambre territoriale est compétente pour juger les comptes « sous réserve des dispositions relatives à l'apurement administratif des collectivités et établissements publics locaux »[7].

114.23 Apurement administratif : régime juridique. Il existait traditionnellement deux procédures différentes en matière d'apurement administratif, selon que la juridiction compétente pour mettre en jeu définitivement la responsabilité du comptable était la Cour des comptes ou une chambre régionale ou territoriale[8].

La question étant désormais circonscrite aux collectivités et établissements publics de Nouvelle-Calédonie, le code des juridictions financières aménage des dispositions relatives aux modalités de mise en jeu de la responsabilité du comptable, au droit d'évocation de la chambre territoriale des comptes et aux voies de recours contre les décisions d'apurement administratif.

L'autorité administrative (le directeur local des finances publiques) est tenue de relever d'office toute irrégularité ou anomalie affectant un compte relevant de l'apurement administratif. Elle adresse alors au comptable une injonction, avec un délai de réponse qui ne peut être inférieur à un mois[9]. À défaut de réponse satisfaisante, elle transmet à la chambre une décision appelée arrêté de charge provisoire, dont le traitement relève de la procédure de jugement ordinaire[10].

La jurisprudence a apporté deux précisions sur la phase contentieuse :

- pour respecter les exigences de la contradiction (et du VII de l'article 60 de la loi de 1963[11] dans la version alors en vigueur), le prononcé d'un débet doit avoir été précédé d'une injonction de reversement[12], obligation qui devrait en principe être satisfaite, dans les instances postérieures à la loi du 28 octobre 2008, par le contenu du réquisitoire ;

- lorsqu'il prend un réquisitoire au vu d'un arrêté de charge provisoire, le ministère public n'est pas tenu par le périmètre des manquements retenu par le comptable supérieur et peut saisir la chambre d'autres griefs au vu des éléments dont il dispose[13].

En l'absence d'irrégularité, l'autorité administrative prend un arrêté de décharge[14] qu'elle transmet à la chambre territoriale des comptes[15].

La juridiction financière peut, sur réquisition du ministère public, procéder à la réformation de l'arrêté de décharge dans un délai de six mois à compter de la notification de cet acte au comptable[16], ce qui

1. L. n° 72-1147, 23 déc. 1972 de finances rectificative pour 1972, art. 15, *JO* 27 déc., p. 13476.
2. L. n° 88-13, 5 janv. 1988 d'amélioration de la décentralisation, art. 23, *JO* 6 janv., p. 208.
3. L. n° 2001-1248, 21 déc. 2001 relative aux chambres régionales des comptes et à la Cour des comptes, art. 37, *JO* 26 déc.
4. L. n° 2011-1862, 13 déc. 2011 relative à la répartition des contentieux et à l'allègement de certaines procédures juridictionnelles, art. 39, *JO* 14 déc.
5. PAR EX., pour une collectivité territoriale, C. comptes 21 févr. 2019, *Commune de Bézu-Saint-Éloi, Rec.* 31 ; – Pour un établissement d'enseignement : CRC Île-de-France, 15 oct. 2020, *Collège Jean Macé à Fontenay-sous-Bois, Rec.* 133 ; – Pour un établissement culturel à l'étranger : C. comptes 13 déc. 2018, *Institut français d'Afghanistan, Rec.* 161.
6. CJF, art. R. 262-4.
7. CJF, art. R. 272-38.
8. V. commentaire sous l'arrêt : C. comptes 25 mars 2004, *ADRAF de Nouvelle-Calédonie, Grands arrêts de la jurisprudence financière*, 7e éd., n° 53.
9. CJF, art. D. 262-45.
10. CJF, art. D. 262-46. – V. ss nos 112.31 s.
11. L. n° 63-156, 23 févr. 1963 de finances pour 1963, *JO* 24 févr. 1963. Abrogée au 31 déc. 2022, elle demeure en vigueur, de façon résiduelle, dans certaines collectivités d'outre-mer, celles relevant des chambres territoriales des comptes.
12. C. comptes 29 juin 2000, *Syndicat intercommunal à vocation unique de Poyanne-Laurède, Rec.* 58 ; *Rev. Trésor* août-sept. 2001, p. 530.
13. C. comptes 21 févr. 2019, *Commune de Bézu-Saint-Éloi*, préc.
14. CJF, art. D. 262-47.
15. CJF, art. L. 262-37 et L. 262-38.
16. CJF, art. L. 262-38.

suppose que cet arrêté soit également adressé à la chambre dans ce délai. La réformation peut intervenir à la demande du comptable, de l'ordonnateur, du représentant de l'État, d'un contribuable dûment autorisé ou du ministère public [1].

La chambre peut également décider d'évoquer un compte relevant de l'apurement administratif, à tout moment et au plus tard dans les six mois qui suivent l'arrêté de décharge. La décision d'évocation, longtemps formalisée dans un jugement motivé [2], résulte depuis 2020 de l'arrêté de programme pris par le président de la chambre dans les conditions fixées à l'article R. 262-3 [3], c'est-à-dire après consultation de la chambre et avis du ministère public. L'inconvénient de cette nouvelle modalité est qu'à l'inverse d'un jugement, l'arrêté du président relatif au programme n'est pas notifié et donc que la décision d'évocation restera ignorée jusqu'à l'ouverture du contrôle juridictionnel.

Continuant de pouvoir exercer les prérogatives qui étaient les siennes avant l'ordonnance du 23 mars 2022, la chambre territoriale peut également statuer sur les gestions de fait des deniers de collectivités relevant de l'apurement administratif ou se prononcer sur les amendes encourues par les comptables qui n'ont pas produit leurs comptes.

SECTION 3
CONTRÔLES DE RÉGULARITÉ MENÉS PAR D'AUTRES AUTORITÉS

114.31 Diversité des autorités susceptibles de détecter des irrégularités financières. Le contentieux financier n'est pas seulement alimenté par les contrôles de régularité des juridictions financières elles-mêmes, mais il l'est également – et on peut même dire : de plus en plus – par d'autres autorités de contrôle ou de sanction.

Dans l'idéal, il serait logique, d'ailleurs, que toute autorité chargée de contrôles de régularité puisse être habilitée à déférer des faits au Procureur général près la Cour des comptes ; mais si la liste des autorités légalement habilitées à déférer de potentielles infractions financières ne cesse de s'allonger, il existe encore des autorités qui en sont dépourvues, ce qui constitue des pistes de réforme pour l'avenir [4].

Il en va de même de juridictions ou d'autorités de sanction.

Les autorités de déféré extérieures aux juridictions financières sont les suivantes, en application de l'article L. 142-1-1 du CJF :

– le président du Sénat et le président de l'Assemblée nationale ; les assemblées parlementaires en effet disposent, outre leur fonction législative, d'une fonction de contrôle de l'exécutif [5] ;

– le Premier ministre, le ministre chargé du budget et les autres membres du Gouvernement pour les faits relevés à l'encontre des fonctionnaires et agents placés sous leur autorité ainsi que des agents exerçant dans des organismes placés sous leur tutelle [6] ;

– les procureurs de la République [7] ;

– le représentant de l'État dans le département ainsi que le directeur régional, départemental ou local des finances publiques [8], pour les faits ne relevant pas des ordonnateurs de l'État [9] ;

– les chefs d'exécutifs locaux [10] ;

– les chefs de service de l'inspection générale de l'administration, l'inspection générale des affaires sociales, l'inspection générale des finances et des inspections ministérielles [11] ;

– les commissaires aux comptes des organismes soumis au contrôle de la Cour des comptes et des chambres régionales et territoriales des comptes [12] ;

– l'Agence française anticorruption (AFA) [13].

Ajoutons enfin que le Procureur général près la Cour des comptes, autorité nationale qui dispose du monopole de la mise en mouvement l'action publique en matière de responsabilité financière des gestionnaires publics, peut également saisir la Cour de sa propre initiative, même sans déféré [14], sur la base de toute information dont il peut avoir connaissance, par exemple d'un signalement formulé par un citoyen [15].

1. CJF, art. D. 262-43 et D. 262-98. Sur les conditions de recevabilité de la demande en réformation : CRC Champagne-Ardenne, 1er mars 2010, *Syndicat intercommunal d'assainissement du Vaudois Saint-Parres-lès-Vaudes, Rec.* 18.
2. PAR EX. : CRC Île-de-France 25 janv. 1995, *Commune de Puiseux-Pontoise, Rev. Trésor* 1996. 677 ; – CRC Basse-Normandie, Haute-Normandie 7 mai 2013, *Communauté de communes de la Saire, Rec.* 71.
3. CJF, art. D. 262-50.
4. Sur les possibilités d'élargissement de la liste des autorités de déféré, v. ss nos 512.31 s.
5. Sur le pouvoir de déféré des présidents des assemblées parlementaires, depuis 1948, v. ss no 512.15.
6. Sur le pouvoir de déféré du Chef de Gouvernement et des ministres, depuis 1948, v. ss nos 512.11 et 512.22.
7. Sur la compétence de déféré des procureurs de la République judiciaires, depuis 2016, v. ss no 512.16.
8. Pour un exemple d'arrêt rendu suite à un déféré de directeur régional des finances publiques : C. comptes 10 oct. 2024, *Commune de Felleries*, no 12, S-2024-1311 ; *JCP Adm.* 2025. 2012, note S. Damarey.
9. Sur la compétence de déféré des préfets et des responsables déconcentrés de la DGFiP, depuis début 2023, v. ss nos 232.11 et 512.11.
10. Sur cette catégorie, vaste, d'autorités de déféré, depuis début 2023 : V. ss no 512.18.
11. Sur cette catégorie d'autorités de déféré, depuis début 2023, v. ss no 512.17.
12. Sur les commissaires aux comptes, autorités de déféré, depuis début 2023, v. ss nos 512.11 et 512.23.
13. Sur l'ajout de l'AFA dans la liste des autorités de déféré, fin 2023, v. ss no 512.11.
14. CJF, art. L. 142-1-1, dernière phrase.
15. Sur la plateforme de signalement, v. ss no 514.22.

TITRE

12. Cour des comptes, juridiction de premier ressort

SECTION 0

ORIENTEUR

12.00 Sommaire du titre.

CHAPITRE

121. Formations de jugement

SECTION 0
ORIENTEUR

121.00 **Sommaire du chapitre.**

SECTION UNIQUE
ORGANISATION GÉNÉRALE DE LA FONCTION CONTENTIEUSE DE LA COUR DES COMPTES

121.11 **Compétences contentieuses de la Cour des comptes.** Les attributions juridictionnelles de la Cour des comptes sont définies par l'article L. 111-1 du code des juridictions financières. La Cour juge en premier ressort les gestionnaires publics « sous réserve de la compétence des chambres territoriales des comptes » (al. 1er) et elle « connaît de l'appel des arrêts rendus par les chambres territoriales des comptes » (al. 2) [1].

La « réserve » de l'alinéa premier constitue une clause de style : en réalité, la Cour juge l'ensemble des gestionnaires publics, y compris ceux des organismes situés dans le ressort d'une chambre territoriale, étant entendu que les chambres territoriales jugent les comptes de cette catégorie particulière de gestionnaires que sont les comptables publics [2].

121.12 **Participation à l'exercice des missions juridictionnelles.** Aux termes de l'article L. 112-1, al. 1, du code des juridictions financières, « la Cour des comptes est composée du premier président, des présidents de chambre, des conseillers maîtres et des conseillers référendaires ».

Traditionnellement, l'exercice des fonctions juridictionnelles était réservé aux magistrats membres de la Cour, ce qui excluait par exemple les conseillers maîtres en service extraordinaire et les rapporteurs extérieurs [3].

Cette exclusion a pris fin depuis le 1er janvier 2022. Désormais, les auditeurs, qui n'ont plus la qualité de magistrats depuis la réforme de la haute fonction publique, ainsi que les conseillers maîtres en service extraordinaire et les conseillers référendaires en service extraordinaire (nouvelle dénomination des rapporteurs extérieurs), qui ne l'ont jamais eue, « peuvent exercer une activité juridictionnelle » [4].

Cette contribution prend une forme particulière : les articles R. 112-24 et R. 142-2-8 du CJF réservent la possibilité de désigner des personnes n'ayant pas la qualité de magistrat « pour prêter leur concours au magistrat chargé de l'instruction ».

Relèvent d'un régime spécifique les magistrats de chambres régionales et territoriales des comptes, qui peuvent être affectés à la chambre du contentieux à temps complet ou à temps partiel, dans les conditions prévues à l'article L. 112-7-1.

Ce dernier point constitue l'une des innovations les plus importantes de l'ordonnance du 23 mars 2022 [5] et l'un des traits constitutifs de la chambre du contentieux.

Il est néanmoins à noter que d'autres dispositions du code, pourtant issues du même texte et entrées en vigueur le 1er janvier 2023, n'ont pas été mises à jour puisque l'article R. 141-1 du CJF continue de réserver les travaux juridictionnels aux seuls magistrats.

1. Sur cette deuxième fonction, v. ss nos 631.11 s.
2. V. ss nos 112.31 s.
3. Y compris lorsqu'ils appartenaient au corps des chambres régionales des comptes, des tribunaux administratifs ou des juridictions judiciaires.
4. CJF, art. L. 112-3-1, L. 112-4, L. 112-5 et L. 112-7.
5. Ord. n° 2022-408, 23 mars 2022 relative au régime de responsabilité financière des gestionnaires publics, *JO* 24 mars, n° 4.

121.13 Formations de délibéré de la chambre du contentieux. L'existence d'une chambre spécialisée en matière contentieuse est consacrée par la loi [1]. Il s'agit d'une innovation à un double titre : pendant longtemps, le code était demeuré muet sur la dévolution des fonctions juridictionnelles de la Cour et, en pratique, celles-ci étaient confiées à l'ensemble de ses chambres, selon des modalités qui ont varié dans le temps, en particulier en matière d'appel.

La chambre du contentieux est composée de magistrats de la Cour des comptes et des chambres régionales et territoriales des comptes [2], ce qui exclut les auditeurs et les conseillers maîtres et référendaires en service extraordinaire.

La présence de magistrats de la Cour des comptes et des chambres régionales et territoriales des comptes dans sa composition en fait la singularité, puisque ces magistrats relèvent de deux corps différents. La loi ne prévoit pas de parité, mais ce principe figure dans le décret [3]. La parité concerne la composition de la chambre du contentieux en tant que telle, mais ni la mixité [4], ni *a fortiori* la parité ne sont nécessaires lorsqu'il s'agit de composer une formation de jugement.

L'affectation à la chambre ne peut, en principe, excéder sept années consécutives [5].

La chambre du contentieux « statue en formation plénière ou en section » [6]. Sur proposition de la chambre et après avis du procureur général, le premier président fixe le nombre et la composition des sections et en désigne les présidents pour une durée de trois ans renouvelable une fois [7].

Le *quorum* est de six magistrats en formation plénière et de trois en section. S'il n'est pas atteint, le président de chambre peut faire appel à un magistrat d'une autre section [8].

1. CJF, art. L. 131-21, al. 1er, et R. 112-23.
2. CJF, art. L. 131-21.
3. CJF, art. R. 112-24, qui ne parle que de « magistrats ».
4. À la différence de l'ancienne CDBF et de l'actuelle Cour d'appel financière (CAF), où la mixité est obligatoire dans chaque formation de jugement.
5. CJF, art. R. 112-24, al. 3.
6. CJF, art. L. 132-21, al. 3.
7. CJF, art. R. 112-25, I.
8. CJF, art. R. 112-43.

CHAPITRE

122. Parquet général, ministère public près la Cour des comptes

SECTION 0
ORIENTEUR

122.00 **Sommaire du chapitre.**

SECTION 1
PRÉSENTATION GÉNÉRALE

122.11 **Origine et place du ministère public des juridictions financières.** L'existence d'un ministère public auprès de la Cour des comptes peut sembler aller de soi depuis que cette juridiction exerce des fonctions répressives, c'est-à-dire depuis le 1er janvier 2023. Dans ce domaine, le Procureur général « met en mouvement et exerce l'action publique »[1].

En réalité, cette fonction existe depuis la création de la Cour, et elle est consubstantielle au modèle français des juridictions financières, plongeant ses racines dans le Moyen Âge[2]. Les historiens notent l'apparition, concomitamment dans plusieurs chambres des comptes, de procureurs dans les années 1440-1450[3], ce qui pourrait être révélateur d'une extension, à cette époque, des compétences répressives de certaines juridictions financières.

En 1807, cette fonction n'était pas prévue dans le premier projet de Gaudin, d'inspiration « administrative », conformément aux vues du ministère des Finances et du Conseil d'État[4]. Dans la loi de 1807, le procureur général incarnait à lui seul le ministère public, qui ne deviendra « parquet » qu'avec l'apport d'avocats généraux puis réellement « parquet général » qu'après la création des chambres régionales et l'institution de commissaires du Gouvernement, rebaptisés procureurs financiers en 2009.

Il s'agit d'une originalité au sein des juridictions administratives, les commissaires du Gouvernement puis les rapporteurs publics auprès du Conseil d'État, des cours administratives d'appel et des tribunaux administratifs ne constituant pas un ministère public. La situation du parquet général de la Cour des comptes est également singulière par rapport à celle des parquets judiciaires dans la mesure où il ne dépend, en droit et en fait, d'aucun ministre qui serait susceptible de lui donner des instructions et auquel il devrait rendre compte.

Autre particularité, jusqu'à la réforme de 2008[5], l'action publique n'était mise en mouvement que rarement par le procureur général, lorsqu'il saisissait la Cour du retard dans la production d'un compte public, en vue du prononcé éventuel d'une amende[6], ou d'opérations susceptibles de constituer une gestion de fait[7]. Le Conseil d'État en avait déduit que le ministère public n'était partie à l'instance que par exception[8], même si la Cour des comptes avait une conception moins restrictive[9].

1. CJF, art. L. 112-2.
2. V. ss n° 041.13.
3. J.-P. Genet, « Chambres des comptes des principautés et genèse de l'État moderne », *in* P. Contamine et O. Mattéoni (dir.), *La France des principautés. Les Chambres des comptes XIVe et XVe siècles*, Actes du colloque (Archives départementales de l'Allier, 6-8 avr. 1995), CHEFF 1996, p. 276.
4. V. ss n° 041.31.
5. L. n° 2008-1091, 28 oct. 2008 relative à la Cour des comptes et aux chambres régionales des comptes, *JO* 29 oct., n° 1.
6. V. ss n° 614.23 (s'agissant des chambres territoriales disposant encore de cette attribution).
7. V. ss n° 622.33.
8. CE, ass., 14 déc. 2001, *Société Réflexions, Médiations, Ripostes (RMR), gestionnaire de fait des deniers de la région Alsace*, req. n° 222719 ; *Rec.* 146 ; *GAJF*, 5e éd., comm. n° 11.
9. C. comptes 24 janv. 2008, *Centre hospitalier de Thiers, Rec.* 6 ; *AJDA* 2008. 2442, chron. N. Groper et C. Michaut ; *GFP* 2009, n° 7, p. 610 ; *GAJF*, 6e éd., comm. n° 10.

Depuis 2008, toutes les instances contentieuses devant le juge des comptes sont ouvertes par un réquisitoire du ministère public, qui dispose du monopole des poursuites[1].

Il en va *a fortiori* de même s'agissant du nouveau régime de responsabilité des gestionnaires publics, comme c'était déjà le cas dans le contentieux devant la Cour de discipline budgétaire et financière[2].

SECTION 2

ORGANISATION ET FONCTIONNEMENT DU PARQUET GÉNÉRAL – STATUT DES MEMBRES DU MINISTÈRE PUBLIC

122.21 Composition du parquet général. Dans le régime antérieur, il n'y avait pas identité parfaite entre le parquet de la Cour des comptes et le ministère public près la CDBF. Les textes prévoyaient que ces fonctions étaient exercées par le procureur général près la Cour des comptes, assisté d'un avocat général et de commissaires du gouvernement[3]. En pratique, l'ensemble des avocats généraux contribuaient à cette mission et les commissaires du gouvernement pouvaient être aussi bien des magistrats chargés de mission au parquet général que des magistrats du siège de la Cour (pour leur activité principale) ou des procureurs financiers.

Depuis la suppression de la CDBF, le ministère public (près la Cour des comptes) est exercé par le procureur général, qui « peut être représenté ou assisté par un ou plusieurs magistrats du parquet général »[4]. Le parquet général « est constitué, sous l'autorité du procureur général, de magistrats délégués dans les fonctions de premier avocat général, d'avocat général et de substitut général »[5].

La catégorie des commissaires du gouvernement a disparu avec la CDBF. En revanche, l'article L. 112-2 du CJF prévoit désormais que les procureurs financiers « assistent le procureur général dans l'exercice de ses fonctions juridictionnelles », ce qui permet notamment de les associer aux activités contentieuses, sans qu'ils appartiennent pour autant formellement au parquet général, compte tenu des termes de l'article R*. 112-14[6].

122.22 Statut des membres du ministère public. Le statut du procureur général est très spécifique et peu précisé par les textes : nommé en conseil des ministres[7] sans condition particulière, comme pour tout emploi à la discrétion du Gouvernement, il a rang de chef de Cour avec le Premier président.

En droit, son inamovibilité peut se discuter : s'il figure désormais dans une section du code des juridictions financières consacrée aux « magistrats », il demeure placé dans une situation particulière puisqu'il n'est pas mentionné à l'article L. 112-1, al. 1, du code, aux termes duquel « la Cour des comptes est composée du premier président, de présidents de chambre, de conseillers-maîtres et de conseillers référendaires ». Or l'article L. 120-1 qui affirme le principe d'inamovibilité le réserve aux « membres de la Cour des comptes ». En pratique, l'indépendance très large reconnue aux procureurs généraux consacre une inamovibilité de fait, les rares exceptions au principe, qui correspondent aux périodes troublées, concernant autant les magistrats du siège que ceux du parquet.

La situation des avocats généraux au regard du principe d'inamovibilité est comparable, avec cette nuance qu'ils sont nécessairement choisis parmi les conseillers référendaires ou les conseillers-maîtres, sur proposition conjointe du premier président et du procureur général, et que la fin de leur délégation conduirait à les réintégrer au siège de la Cour.

Le premier avocat général est choisi parmi les avocats généraux[8], ce qui suppose qu'il ait été nommé dans ces fonctions précédemment, et au moins un instant de raison s'il ne les exerçait pas avant sa nomination en qualité de premier avocat général.

Les substituts généraux sont désignés parmi les magistrats des juridictions financières et parmi les conseillers référendaires en service extraordinaire en fonction à la Cour ainsi que les magistrats de l'ordre judiciaire, sur proposition du procureur général[9]. Dans son alinéa 2, l'article R. 112-14-1 prévoit la nomination d'au moins un magistrat du corps des chambres régionales et d'au moins un magistrat de l'ordre judiciaire dans ces fonctions, qui peuvent également être confiées à des magistrats de la Cour (conseillers maîtres et conseillers référendaires) et à des conseillers référendaires en service extraordi-

1. CE 5 avr. 2013, *Procureur général près la Cour des comptes*, req. n° 357938, *Rec.* 234.
2. V. s^s n° 511.12.
3. CJF, ancien art. L. 311-4, abrogé au 31 déc. 2022.
4. CJF, art. L. 112-2, al. 3.
5. CJF, art. R*. 112-1,4 al. 1er.
6. CJF, art. R*. 112-14 : « Le parquet général de la Cour des comptes est constitué, sous l'autorité du procureur général, de magistrats délégués dans les fonctions de premier avocat général, d'avocat général et de substitut général. Les avocats généraux sont désignés par décret parmi les conseillers maîtres ou les conseillers référendaires, sur proposition conjointe du premier président et du procureur général. Le premier avocat général est nommé par décret parmi les avocats généraux, sur proposition conjointe du premier président et du procureur général ».
7. Comme les conseillers-maîtres, les présidents de chambre et le premier président (art. 13 de la Constitution).
8. CJF, art. R* 112-14, al. 3.
9. CJF, art. R. 112-14-1.

naire, à l'exclusion donc des conseillers maîtres en service extraordinaire et des auditeurs.

122.23 Incompatibilités. Comme pour l'ensemble des magistrats intervenant dans le traitement des dossiers contentieux, en particulier les rapporteurs [1] et les membres délibérants, les membres du parquet doivent se départir d'intervenir dans des affaires qui seraient susceptibles de mettre en cause leur indépendance et leur impartialité, faute de quoi la régularité de la procédure pourrait s'en trouver affectée. Il sera, à cet égard, renvoyé aux règles de déport prévalant pour les membres [2].

122.24 Attributions et fonctionnement du parquet général. Les attributions contentieuses ne constituent qu'une partie de l'activité du ministère public [3], qui se trouve associé à l'ensemble des missions de la Cour des comptes ainsi qu'à son fonctionnement interne, dans le cadre d'une dyarchie qui peut être qualifiée d'imparfaite, car, s'agissant des missions du siège et des services de la Cour, comme le greffe, le dernier mot revient au premier président, à la différence des juridictions judiciaires.

Le procureur général exerce le ministère public par voie de réquisitions, de conclusions et d'avis [4]. Par ses conclusions [5] et ses avis [6], il fait connaître son point de vue, en principe non contraignant, sur les rapports d'instruction (en matière de gestion, de certification des comptes, d'évaluation des politiques publiques...) ou sur les projets, par exemple d'organisation des travaux de la Cour ou de contrôle des organismes non soumis aux règles de la comptabilité publique [7]. Au-delà du domaine juridictionnel, ses réquisitions sont nécessaires pour permettre l'installation des magistrats ou la prestation de serment des greffiers et des vérificateurs. Dans ces domaines, il dispose d'un pouvoir d'empêchement s'il estime que les intéressés ne répondent pas aux conditions fixées par les textes, nonobstant la décision de nomination.

Le procureur général communique avec les administrations [8], en particulier à travers les communications du Procureur général (CPG) qui peuvent constituer une alternative au contentieux ou un moyen pré-contentieux [9].

En cas d'absence, d'empêchement ou de vacance, le procureur général est remplacé par le premier avocat général ou, à défaut, par l'avocat général le plus ancien ou, à défaut, par le substitut général le plus ancien. [10] Dans son fonctionnement, comme tout ministère public, le parquet général de la Cour des comptes obéit au principe d'unité et d'indivisibilité [11].

Outre le ministère public près la Cour des comptes, le procureur général exerce les mêmes fonctions auprès de la Cour d'appel financière [12] et des formations communes aux juridictions, et il veille au bon exercice du ministère public près les chambres régionales et territoriales des comptes [13].

1. V. s[s] n° 123.11.
2. V. s[s] n° 541.24.
3. Sur le rôle du parquet général près la Cour des comptes, bien que cet article date d'avant la réforme entrée en vigueur le 1er janvier 2023 : C. Hirsch de Kersauson, S. Barichard, T. Manien, « Le ministère public près les juridictions financières au service de l'ordre public financier », *RFFP* n° 154, 2021, p. 213.
4. CJF, art. R. 112-9.
5. CJF, art. R. 112-10.
6. CJF, art. R. 112-11.
7. V. s[s] n° 111.122.
8. CJF, art. R. 112-12.
9. V. s[s] n°s 223.43, 515.11 s. ; – Sur ce pouvoir général de communication, v. s[s] n° 111.142.
10. CJF, art. R. 112-14-2.
11. C. comptes 27 sept. 2012, *OPHLM de Pierrefitte-sur-Seine, Rec.* 139.
12. CJF, art. L. 112-2, al. 1er. – V. s[s] n° 131.26.
13. CJF, art. L. 112-2, al. 1 et 2.

CHAPITRE

123. Magistrats chargés de l'instruction

SECTION 0
ORIENTEUR

123.00 Sommaire du chapitre.

SECTION UNIQUE
MAGISTRATS CHARGÉS DE L'INSTRUCTION

123.11 Rôle et place dans la procédure des magistrats chargés de l'instruction. À l'inverse de la Cour de discipline budgétaire et financière, la Cour des comptes dispose, pour l'exercice de ses missions contentieuses, d'un personnel propre. Le rapporteur, désormais désigné comme le magistrat chargé de l'instruction[1], y consacre la totalité de son activité[2].

Son rôle dans le nouveau régime de responsabilité financière des gestionnaires publics demeure très proche de celui qu'il était auprès de la CDBF. Il constitue la pierre angulaire et l'acteur principal de la phase d'instruction. S'agissant d'une procédure répressive, mise en branle par le ministère public, l'instruction incombe à un magistrat indépendant dans les investigations qu'il mène, tout en agissant dans le cadre du réquisitoire et en tenant informé le ministère public. Sa place dans l'instance se rapproche de celle d'un juge d'instruction, sous la réserve essentielle qu'il ne prend pas de décision juridictionnelle puisque ses travaux débouchent sur une « ordonnance de règlement », selon les termes de la loi[3], non susceptible de recours[4] et qui, comme le « rapport » sous l'empire des anciens textes, n'est destinée qu'à permettre au ministère public de prendre une décision de classement ou de renvoi. Il est toutefois inutile de souligner que son travail, conduit dans le cadre d'une enquête menée à charge et à décharge[5], constitue une étape décisive dans la procédure[6]. Une lourde responsabilité pèse en effet sur lui : d'un côté, une instruction incomplète ou peu probante ne pourra guère être rattrapée, sauf à la reprendre ou à la compléter, ce qui n'arrive que rarement, et compromettra la possibilité pour la Cour de sanctionner ; de l'autre côté, une instruction qui ne tiendrait pas suffisamment compte des arguments de « l'accusé » ou qui, pis encore, méconnaîtrait, fût-ce ponctuellement, les droits de la défense, risque également d'aller à l'échec (notamment risque d'annulation en appel ou de cassation, de condamnation de l'État pour dépassement du délai raisonnable de la procédure...).

123.12 Nomination des magistrats chargés de l'instruction. Les rapporteurs devant la CDBF pouvaient être choisis, sans distinction de grade, parmi les membres du Conseil d'État, les magistrats de la Cour des comptes et, depuis 2005, des cours administratives d'appel, des tribunaux administratifs et des chambres régionales et territoriales des comptes. Nommés à l'origine par décret, puis par arrêté du Premier ministre sur proposition du président de la CDBF, ils se voyaient confier l'instruction d'une affaire par décision du président de la Cour.

Le processus de nomination et de désignation des rapporteurs est simplifié depuis le 1er janvier 2023 : les membres de la chambre du contentieux sont nommés par le premier président parmi les magistrats de la Cour et des CRTC, qui y sont affectés à

1. CJF, art. L. 142-1-4.
2. Même si certains magistrats peuvent être affectés à la chambre du contentieux à temps partiel (20 % ou 50 %).
3. CJF, art. L. 142-1-3.
4. CJF, art. R. 142-2-12, al. 3.
5. CJF, art. L. 142-1-4.
6. Sur la procédure contentieuse, et en particulier la phase d'instruction par le rapporteur, v. ss n° 524.11.

temps complet ou à temps partiel[1]. La désignation du magistrat chargé de l'instruction relève du président de la chambre du contentieux[2], qui peut désigner plusieurs personnes[3]. Même si le texte ne le précise pas[4], le président de la chambre du contentieux doit choisir le rapporteur parmi les membres de cette chambre, sur lesquels il a autorité.

1. CJF, art. L. 112-7-1.
2. CJF, art. L. 142-1-4.
3. CJF, art. R. 142-2-1.
4. À la différence de l'article L. 142-1-8 en matière de supplément d'information.

CHAPITRE

124. Greffe contentieux

SECTION 0

ORIENTEUR

124.00 **Sommaire du chapitre.**

SECTION UNIQUE

SECRÉTARIAT GÉNÉRAL ET GREFFE CONTENTIEUX

124.11 **Secrétariat général.** Juridiction distincte, la CDBF ne disposait pas de moyens propres, les textes prévoyant que son secrétariat était « assuré par les services de la Cour des comptes »[1]. Dans la pratique, depuis les années 1990, un conseiller référendaire assurait, à mi-temps, ces fonctions, avec le titre de secrétaire général[2], avec des attributions étendues, si elles n'étaient pas précisées par les textes[3].

L'attribution à la Cour des comptes de la mission contentieuse issue de l'ordonnance du 23 mars 2022 a entraîné mécaniquement la suppression de la fonction de secrétaire général et de services administratifs distincts. Depuis le 1er janvier 2023, il est fait application des dispositions de l'article R. 112-7, al. 1er, du CJF, aux termes duquel « le secrétaire général et les secrétaires généraux adjoints assurent, sous l'autorité du premier président, le fonctionnement du greffe de la Cour des comptes et des services administratifs ».

1. CJF, anc. art. L. 311-7, abrogé le 31 déc. 2022.
2. Les textes parlaient de « magistrat responsable du secrétariat de la Cour de discipline budgétaire et financière » (Décr. n° 2007-1171, 2 août 2007 relatif aux indemnités susceptibles d'être allouées aux membres et aux personnes qui prêtent leur concours à la Cour de discipline budgétaire et financière, art. 5, *JO* 4 août, n° 1).
3. V. ss n° 152.15.

124.12 **Composition et organisation du greffe contentieux.** Si, historiquement, le greffier en chef de la Cour des comptes était le secrétaire général de la Cour, il existe désormais un chef du greffe, nommé par le premier président[4].

Le greffier de la chambre du contentieux est désigné par arrêté du premier président[5]. Il prête serment devant le premier président[6]. En cas d'empêchement, de vacance ou d'absence du titulaire du poste, le premier président désigne un fonctionnaire pour le suppléer, qui prêtera également serment[7].

Placé sous l'autorité du président de la chambre, le greffier dirige le service du greffe contentieux, qui comprend également un greffier adjoint et des « agents du greffe »[8].

124.13 **Rôle du greffe.** Les textes et la pratique consacrent le rôle clef du greffe, comme pour tout greffe de juridiction répressive, dans le fonctionnement de la chambre du contentieux et dans la conduite des procédures.

Il incombe en effet au greffe d'assister le président de chambre « dans l'administration de celle-ci », de veiller au bon déroulement des procédures et d'assister les rapporteurs dans la conduite de leur instruction[9].

S'agissant des procédures[10], il est notamment chargé de :

– coter les actes et pièces de la procédure[11] et informer les parties du dépôt de nouvelles pièces[12] ;

4. CJF, art. R. 112-27.
5. CJF, art. R. 112-28.
6. CJF, art. R. 112-32.
7. CJF, art. R. 112-33.
8. CJF, art. R. 112-33-3.
9. CJF, art. R. 112-33-2.
10. V. ss nos 501.11 s.
11. CJF, art. R. 142-2-7.
12. CJF, art. R. 142-2-5.

– notifier les actes de la procédure, notamment les ordonnances de mise en cause et de règlement[1], les décisions du président commettant un expert[2], les demandes de récusation[3] ;

– assister le magistrat chargé de l'instruction dans l'audition des personnes mises en cause et des témoins, et en tenir procès-verbal[4] ;

– préparer l'ordre du jour des séances, noter les décisions et tenir les registres[5].

1. CJF, art. R. 142-2-12.
2. CJF, art. R. 142-2-9.
3. CJF, art. R. 142-2-10 et R. 142-3-6.
4. Ce qui distingue les affaires de la chambre du contentieux des autres missions de la Cour des comptes, qui relèvent de procédures essentiellement écrites.
5. CJF, art. R. 133-1.

TITRE

13. Juridictions financières d'appel

SECTION 0

Orienteur

13.00 Sommaire du titre.

CHAPITRE

131. Cour d'appel financière (CAF)

SECTION 0
ORIENTEUR

131.00 **Sommaire du chapitre.**

SECTION 1
CRÉATION D'UNE JURIDICTION FINANCIÈRE D'APPEL

131.11 **Présentation générale.** La création d'une juridiction financière d'appel constitue l'une des innovations les plus marquantes de la réforme de 2022, en rupture avec la tradition qui, en France, s'appliquait tant à la Cour des comptes qu'au jugement des gestionnaires publics.

En effet, en 1807, le choix avait été fait de faire de la Cour des comptes un juge de premier et dernier ressort, conformément à la situation qui était celle des chambres des comptes de l'Ancien Régime, cours souveraines qui relevaient tout au plus d'un recours devant le Conseil du Roi statuant en chambre du conseil[1]. La place voulue pour cette institution, qui venait immédiatement après la Cour de cassation dans l'ordre protocolaire, n'aurait pu souffrir qu'elle fût placée sous l'autorité d'un juge d'appel.

Le même parti avait été retenu en 1948, lors de la création de la Cour de discipline budgétaire et financière. La composition de cette nouvelle juridiction, faisant intervenir à parité des conseillers d'État et des conseillers-maîtres, était de nature à lui assurer autorité technique et indépendance, et la jurisprudence y avait vu une garantie d'impartialité[2].

Contraire à la tradition française, l'appel contre les arrêts de la Cour des comptes ou de la CDBF ne semble pas davantage imposé par les principes généraux du droit ou les règles du procès équitable telles qu'interprétées par la cour européenne des droits de l'homme. L'introduction d'un double degré de juridiction figurait cependant dans le « projet Séguin », déposé en 2009[3], avec une formation d'appel à composition tripartite (Conseil d'État, Cour des comptes, Cour de cassation), selon une formule d'ailleurs envisagée en 1948[4].

La nouvelle architecture arrêtée en 2022 s'inspire directement de ce projet. D'une certaine façon, elle revient à transformer la CDBF en juridiction d'appel, sous une autre dénomination.

SECTION 2
ORGANISATION ET FONCTIONNEMENT

131.21 **Compétences de la Cour d'appel financière.** Les attributions de la Cour sont précisées à l'article L. 311-1 du code des juridictions financières : « La Cour d'appel financière connaît de l'appel des arrêts de la chambre du contentieux mentionnée à l'article L. 131-21, à l'exception des arrêts mentionnés au deuxième alinéa de l'article L. 111-1. »

1. V. s^s n° 041.13.

2. CDBF 23 avr. 2012, *Conseil économique et social*, n° 182-682 ; *Rec.* 193 ; *GFP* 2013, n° 5, p. 83, note S. Damarey, M. Lascombe et X. Vandendriessche – Cons. const. 24 oct. 2014, n° 2014-423 QPC, *M. Stéphane R. et autres*, *Rec.* 181 ; *Constitutions* 2014, p. 492, note O. Le Bot ; P. Mouzet, « La "responsabilité financière" existe-t-elle ? », *AJDA* 2014. 2497 ; *RFDA* 2014. 1218, chron. A. Roblot-Troizier et G. Tusseau ; *GAJF*, 7e éd., 2019, n° 20, p. 228.

3. V. s^s n° 046.35.

4. V. s^s n°s 044.21 s., 044.24 et 152.12.

Il s'agit donc d'une compétence limitée : la nouvelle Cour n'est pas juge d'appel de l'ensemble des décisions rendues par les juridictions financières et elle n'est même pas juge d'appel de l'ensemble des arrêts rendus par la Cour des comptes. Il existe, depuis le 1er janvier 2023, deux juges d'appel, la Cour d'appel financière et la Cour des comptes, cette dernière pour les jugements rendus par les chambres territoriales [1].

Le parti retenu en l'espèce peut surprendre. Il s'explique par la volonté de lier indissolublement la nouvelle juridiction au nouveau régime et de faire de la Cour d'appel financière le juge d'appel en matière de responsabilité financière des gestionnaires publics, et seulement dans cette matière.

131.22 Composition de la Cour d'appel financière. La composition de la Cour d'appel financière est très proche de celle de la CDBF, sans être identique puisqu'elle relève en partie de l'échevinage. Outre le Premier président de la Cour des comptes, qui la préside ès qualités, en sont membres quatre conseillers d'État, quatre conseillers-maîtres à la Cour des comptes et deux personnalités qualifiées [2], ainsi que dix membres suppléants nommés dans les mêmes conditions [3].

Les membres de la Cour sont nommés par décret du Premier ministre pour une durée de cinq ans [4]. Même si le texte ne le précise pas, les conseillers d'État et les conseillers-maîtres sont nommés sur proposition respectivement du vice-président du Conseil d'État et du Premier président de la Cour des comptes. Ils peuvent être honoraires.

Les premières nominations ont fait une place, en 2023, à la catégorie des conseillers d'État en service extraordinaire, ce qui est sans précédent pour la CDBF. La nomination d'un conseiller maître en service extraordinaire pourrait se heurter à l'exclusion traditionnelle de ces agents des activités juridictionnelles, qui n'a été levée récemment que pour leur permettre de « prêter leur concours au magistrat chargé de l'instruction » devant la chambre du contentieux de la Cour des comptes [5].

La CAF dispose de deux formations, appelées chambres [6], là où la CDBF disposait de sections [7].

Les présidents de chambre sont désignés par le président de la Cour parmi les membres titulaires, pour la durée de leur mandat [8].

S'agissant des personnalités qualifiées, dans le silence des textes, la proposition émane du président de la Cour. Le code des juridictions financières se borne à exiger qu'elles justifient « d'une expérience supérieure à dix ans dans le domaine de la gestion publique » [9]. Cette condition ne doit pas être comprise comme réservant ces fonctions à des fonctionnaires ou des élus, donc à des « gestionnaires publics » selon la nouvelle terminologie, ou à des « administrateurs » selon l'ancienne. Si les quatre premières personnalités qualifiées, nommées en 2023, sont toutes des membres de la haute fonction publique de l'État, il pourrait également être envisagé, dans l'avenir, de faire appel, par exemple, à des représentants des deux autres fonctions publiques, des organismes de sécurité sociale, mais aussi des universitaires spécialistes des finances publiques ou de la gestion publique.

Les membres de la Cour sont tenus de remettre au président, dès leur nomination, « une déclaration exhaustive, exacte et sincère de leurs intérêts ». La déclaration d'intérêts mentionne les liens et les intérêts détenus ou que le déclarant a eus pendant les cinq années précédant sa nomination et qui sont de nature à influencer ou à paraître influencer l'exercice indépendant, impartial et objectif de ses fonctions [10]. Le président de la Cour n'est pas assujetti à cette obligation, laquelle apparaît redondante pour les membres du Conseil d'État et de la Cour des comptes, qui y sont déjà soumis à raison de leurs fonctions principales.

131.23 Organisation de la Cour d'appel financière. La Cour d'appel financière siège à la Cour des comptes [11], dont les services assurent son secrétariat [12]. Ces deux dispositions montrent que l'organisation de la nouvelle cour d'appel est directement inspirée de celle de la CDBF, ce qui s'explique par son fonctionnement intermittent qui peut justifier qu'elle soit dépourvue de moyens propres.

Les textes ne prévoient pas la fonction de secrétaire général de la juridiction, que la pratique avait fini par imposer au sein de la CDBF [13]. L'activité présente (au 1er janvier 2025, la Cour avait rendu un arrêt, et un appel était pendant) ne justifie pas à ce stade la création d'un tel poste, qui pourrait se montrer utile en cas de développement de ce contentieux.

La Cour se réunit en formation plénière ou en formation de chambre, dont le nombre (deux) est fixé par décret [14]. Le président de la Cour, qui préside

1. V. ss nos 132.12 et 631.11 s.
2. CJF, art. L. 311-2.
3. CJF, art. R. 311-3.
4. CJF, art. L. 311-2, dern. al.
5. CJF, art. R. 112-24 et R. 142-2-8.
6. CJF, art. R. 311-5, al. 1er.
7. V. ss no 152.14.
8. CJF, art. R. 311-5, al. 3.
9. CJF, art. L. 311-2.
10. CJF, art. L. 311-3.
11. CJF, art. R. 311-1.
12. CJF, art. R. 311-2.
13. V. ss nos 124.11 et 152.15.
14. CJF, art. R. 311-5, al. 1er.

la formation plénière, peut aussi présider lorsqu'elle statue en chambre [1]. Il procède à la composition des deux chambres, en veillant à la « représentation équilibrée des différentes catégories de membres » [2].

131.24 Fonctionnement de la Cour d'appel financière. Le code prévoit que les affaires sont, en principe, délibérées en chambre, le renvoi en formation plénière pouvant être décidé par le président de la Cour ou de la chambre concernée [3].

Les dispositions relatives à l'empêchement sont dérogatoires par rapport aux principes en usage au sein des juridictions financières : en cas d'absence ou d'empêchement d'un président de chambre, la présidence de cette formation est assurée non pas par le membre le plus ancien dans le grade le plus élevé, condition difficile à apprécier compte tenu de l'hétérogénéité des statuts des membres de la Cour, mais par le président de l'autre chambre [4].

Le président de la Cour désigne le rapporteur, qui est chargé de procéder à un « supplément d'instruction » [5] avec l'assistance éventuelle de magistrats ou de fonctionnaires mentionnés, comme en première instance, à l'article L. 112-1 du CJF [6].

Le code fixe le *quorum* respectivement à trois membres en chambre et six en plénière, dont au moins un membre du Conseil d'État et un magistrat de la Cour des comptes [7].

131.25 Greffe de la Cour d'appel financière. Les greffiers sont nommés par le président de la Cour parmi les fonctionnaires de la Cour des comptes et prêtent serment devant lui [8].

Le rôle du greffe est précisé par les textes [9] et comparable à celui du greffe de première instance [10], dans le cadre d'une procédure plus simple [11] : le greffier est chargé du bon déroulement de la procédure contentieuse ; il assiste le rapporteur dans la conduite de l'instruction ; il prépare et organise les audiences et tient les rôles et les registres ; il notifie les arrêts et procède à leur publication.

131.26 Ministère public près la Cour d'appel financière. Le Procureur général près la Cour des comptes assure le ministère public près la Cour d'appel financière (CAF) [12].

À la différence de l'ancienne CDBF, le ministère public près la CAF ne connaît pas de nominations spécifiques de commissaires du Gouvernement ; le Procureur général peut, comme en première instance, être assisté ou représenté en appel par un ou plusieurs avocats et/ou substituts généraux, et assisté par un procureur financier [13].

1. CJF, art. R. 311-4.
2. CJF, art. R. 311-5, al. 2.
3. CJF, art. R. 311-7, dont l'al. 3 prévoit une seconde modalité de renvoi par le président de la Cour, dont l'objet ne se distingue pas clairement du mécanisme de l'al. 2.
4. CJF, art. R. 311-9.
5. CJF, art. L. 311-5.
6. CJF, art. R. 311-12.
7. CJF, art. R. 311-11.
8. CJF, art. R. 311-13, al. 1er.
9. CJF, art. R. 311-13, al. 2 à 5.
10. V. s^s^ n° 124.11.
11. Pour la procédure d'appel, v. s^s^ n°s 561.11 s.
12. CJF, art. L. 112-2, al. 1er.
13. CJF, art. L. 112-2, al. 3 et al. 5.

CHAPITRE

132. Cour des comptes, juge dans ses fonctions d'appel des jugements des chambres régionales et territoriales des comptes

SECTION 0

ORIENTEUR

132.00 Sommaire du chapitre.

SECTION UNIQUE

APPEL DEVANT LA COUR DES COMPTES

132.11 Historique de la fonction et des formations d'appel de la Cour des comptes. La mission de la Cour des comptes en qualité de juge d'appel remonte presque aux origines de la juridiction puisque, à partir de 1815 et jusqu'en 1935, la Cour a connu des appels formés contre les arrêtés des conseils de préfecture statuant en matière de jugement des comptes locaux[1], puis contre les décisions rendues par les conseils privés des colonies[2] et les conseils du contentieux administratif dans les territoires d'outre-mer[3].

Après la suppression de ces différentes juridictions, il a fallu attendre la loi du 2 mars 1982 et la création des chambres régionales des comptes pour voir rétablir cette fonction. Partagé à l'origine entre les différentes chambres de la Cour en considération de leur compétence sectorielle[4], le traitement des appels a ensuite été partagé entre la quatrième chambre, pour les collectivités locales, et différentes formations communes à plusieurs chambres en fonction de la nature de l'établissement public, avant d'être entièrement confié, à partir de 2004, à la quatrième chambre puis, après le décret du 18 mai 2021[5], à la septième chambre, chargée de l'ensemble du contentieux.

132.12 Appel devant la Cour des comptes : situation actuelle. La réforme du contentieux, à compter du 1er janvier 2023, a réduit la mission d'appel de la Cour des comptes à une activité résiduelle[6], d'une part contre les décisions des chambres régionales et territoriales des comptes rendues sous l'empire des anciennes dispositions (fonction transitoire) et désormais, d'autre part, contre les jugements rendus par les chambres territoriales des comptes (CTC), qui demeurent compétentes pour juger les comptes publics des comptables patents comme des comptables de fait[7].

1. J. Magnet, « Les pourvois à la Cour des comptes contre les arrêtés et jugements relatifs aux comptes des collectivités et établissements publics locaux », *Études de finances publiques offertes à P.-M. Gaudemet*, Économica, 1984, p. 503.
2. Décr. 30 déc. 1912 sur le régime financier des colonies, art. 403 – C. comptes 28 sept. 1945, *Laculle, hôtel touristique de Cilaos, Rec.* 6.
3. Décr. n° 58-54, 20 janv. 1958 donnant compétence aux conseils de contentieux administratif dans les territoires d'outre-mer pour juger les comptes des collectivités et établissements publics, art. 1er. Disposition abrogée par le Décr. n° 68-827, 20 sept. 1968 relatif à la Cour des comptes.
4. PAR EX. : la première chambre pour les caisses de crédit municipal, la troisième pour les collèges et les lycées, la cinquième pour les OPHLM et la sixième pour les hôpitaux.
5. Décr. n° 2021-604, 18 mai 2021 modifiant la partie réglementaire du code des juridictions financières.
6. Au cours de l'année 2023, la Cour a rendu six arrêts d'appel, qui concernaient tous l'ancien régime de responsabilité.
7. Sur la procédure d'appel devant la Cour des comptes contre les jugements des chambres territoriales des comptes, v. ss n° 632.11.

TITRE

14. Chambres régionales et territoriales des comptes

SECTION 0

ORIENTEUR

14.00 **Sommaire du titre.**

14.03 **Bibliographie indicative.**

Thèses. Ph. Bernard, *Les rapports d'observations définitives des chambres régionales des comptes*, Paris-II, 2005 – O. Benoit, *Les chambres régionales des comptes : étude d'une institutionnalisation*, Paris-X, 2001 – E. Douat, *La chambre régionale des comptes et l'ordre juridictionnel administratif*, Bordeaux-I, 1991.

Monographies. A. Chandernagor et P. Moinot (dir), *La Cour des comptes*, CNRS, 1984 – B. Boyer et R. de Castelnau, *Portrait des chambres régionales des comptes*, LGDJ, coll. Décentralisation et développement local, 1997 – C. Descheemaeker, *La Cour des comptes*, La Documentation française, 3e éd., 2005 – G. Miller, *Un juge pour les comptes publics à Rouen hier et aujourd'hui. La Chambre régionale des comptes de Haute-Normandie*, PTC, 2007 – G. Piolé, *Les chambres régionales et territoriales des comptes*, Dexia-LGDJ, coll. Politiques locales, 2e éd., 2007 – J. Raynaud et J.-Y. Bertucci, *Les juridictions financières*, coll. Que sais-je ?, PUF, 2003.

Articles. O. Benoit, « Les chambres régionales des comptes face aux élus locaux – Les effets inattendus d'une institution », *Rev. fr. sc. pol.* août 2003. 535 – F. J. Fabre, « Sur « l'encadrement » des Chambres régionales des comptes par la Cour des comptes », *Rev. adm. nº* 217, 1984. 51 – M.-C. Steckel Assouere, « L'histoire des chambres régionales des comptes de 1982 à 2012 : chronique de contrôleurs contrôlés », *in* La décentralisation, trente ans après [S. Regourd, J. Carles, D. Guignard], Presses de l'université Toulouse Capitole, 2018, p. 119.

Rapport. J. Oudin, *Chambres régionales des comptes et élus locaux : un dialogue indispensable au service de la démocratie locale*, Rapport d'information nº 520 (1997-1998), commission des finances du Sénat.

CHAPITRE

141. Création des chambres régionales et territoriales des comptes

SECTION 0
ORIENTEUR

141.00 **Sommaire du chapitre.**

SECTION 1
DÉCENTRALISATION ET CHAMBRES RÉGIONALES DES COMPTES

141.11 **Contrôle du secteur public local jusqu'aux lois de décentralisation.** Souhaitant se démarquer à la fois de l'héritage des chambres des comptes de l'Ancien Régime, illustres mais tombées en décadence au cours des deux derniers siècles, et des expériences révolutionnaires, qui avaient abouti à un échec complet, Napoléon fait le choix, en 1807, de créer une juridiction unique au ressort national mais aux compétences limitées[1].

Le XIXe siècle est marqué par la naissance du droit classique des finances publiques et par l'affirmation des grands principes du droit budgétaire, qui ont pour objet la définition d'un nouvel équilibre des pouvoirs dans le cadre des régimes parlementaires. Dans ce contexte politique, l'attention se porte essentiellement sur le budget de l'État et sur le contrôle de l'action du gouvernement, en particulier lors de l'examen des lois de règlement. Le contrôle de la gestion des collectivités locales apparaît de moindre enjeu, compte tenu de la taille modeste de leurs budgets mais aussi de la tutelle exercée par l'État, qui en garantit en principe la régularité et la prudence.

1. V. ss nos 041.31 s.

Dans cette perspective, la Cour des comptes n'avait compétence qu'à l'égard des collectivités les plus importantes. Pour les autres organismes locaux, l'apurement des comptes était assuré par les conseils de préfecture.

141.12 **Lois de décentralisation.** Dans sa version contemporaine, la décentralisation territoriale existe depuis la fin du XIXe siècle, avec la reconnaissance de pouvoirs et d'une certaine liberté de gestion au département et à la commune. Il s'agit toutefois d'une réalité beaucoup plus ancienne, antérieure même à la formation de l'État moderne et qui remonte aux chartes de communes et de franchises[2] accordées par les rois Louis VI[3] et Louis VII[4], non sans retours en arrière et contradictions[5], et surtout par Philippe Auguste[6], agissant en qualité de suzerain, l'institution de communes répondant à des mobiles politiques – elle était de nature à affaiblir le pouvoir seigneurial –, mais aussi à des raisons militaires et financières[7]. Plus tard, les paroisses devinrent la circonscription administrative de base du royaume, dotée d'organes propres (général de la paroisse) et de pouvoirs d'administration.

Si l'on met à part le parti brissotin (ou girondin), la Révolution française et les régimes qui se sont succédé jusque dans les années 1970 se sont montrés très défavorables à la décentralisation, pour des motifs à la fois idéologiques (par hostilité à l'égard

2. Ch. Petit-Dutaillis, « Les communes françaises au XIIe siècle – Chartes de commune et chartes de franchises », *Rev. historique de droit français et étranger*, vol. 22, 1944, p. 115 s.
3. Louis VI le Gros, roi de France (1108-1137).
4. Louis VII le Jeune, roi de France (1137-1180).
5. A. Luchaire, *Les communes françaises à l'époque des Capétiens directs*, Hachette, 1890.
6. Philippe II le Conquérant, dit Philippe Auguste, roi de France (1180-1223).
7. A. Luchaire, *Les communes françaises*, préc.

des corps intermédiaires) et politiques (la province étant réputée moins « sûre » que Paris). Les libertés concédées aux collectivités locales, notamment par les « grandes lois » de 1871 (départements) et de 1884 (communes), sont toujours placées sous la surveillance de l'État.

S'il est habituel de retenir la date de 1982 pour marquer le début d'une nouvelle étape de la décentralisation, il ne s'agit que d'une révolution partielle. Sans doute la tutelle de l'État a-t-elle été supprimée, mais le choix a été fait de placer trois fonctions, exercées par des administrations de l'État, au cœur de la gestion et du contrôle des entités décentralisées : le contrôle administratif au sens de l'article 72 de la Constitution, qui est exercé par le préfet (institué en 1800 et rebaptisé jusqu'en 1988 « commissaire de la République ») ; l'exécution du budget et la tenue de la comptabilité, qui incombent en grande partie au comptable public, fonctionnaire de l'État (imposé en 1941) ; le contrôle budgétaire et financier, confié aux chambres régionales des comptes, créées pour la circonstance.

L'examen et l'adoption des lois de décentralisation, et surtout de la loi du 2 mars 1982[1], ont suscité de longs débats de nature juridique et politique, avec une censure partielle par le Conseil constitutionnel[2]. La création des chambres régionales des comptes, qui constituait une rupture à la fois technique et institutionnelle, a également été âprement discutée.

141.13 Création débattue des chambres régionales des comptes. Si, selon les termes du député François Grussenmeyer, le projet qui allait devenir la loi du 2 mars 1982 consacre la « place prééminente accordée à la chambre régionale des comptes »[3], un tel choix est loin d'avoir fait consensus, y compris au sein de la chambre basse. La logique qui a inspiré le texte est exposée par le rapporteur, Alain Richard, au nom de la commission des lois de l'Assemblée nationale : « au centre du processus de redressement financier se trouve une chambre régionale des comptes, émanation de la Cour des comptes, autorité indépendante, dont les membres – ceux qui délibèrent – auront le statut de magistrat, chambre qui pourra par conséquent statuer avec toute la compétence technique, mais aussi toute l'autonomie politique désirables »[4].

Au-delà des oppositions au principe même de la décentralisation et de l'affaiblissement redouté de l'État, c'est la place réservée aux futures chambres qui est l'objet de discussions et nourrit des craintes multiples : celle d'un encombrement de la nouvelle juridiction[5], celle d'un juge « éloigné des réalités de la gestion »[6], celle aussi d'une institution plus intrusive que l'ancienne tutelle : « tribunal administratif, cour de discipline budgétaire, chambre régionale des comptes, ne craignez-vous pas qu'ils s'ingèrent dans la gestion même des affaires publiques et que leur tutelle soit en fait plus contraignante et même plus vexatoire que celle de l'administration préfectorale ? »[7]. Allant jusqu'à évoquer un risque de gouvernement des juges[8], certains députés appréhendaient la perspective de voir « les conseillers de la chambre régionale des comptes débarquer à l'improviste dans les mairies, comme les polyvalents des impôts »[9], et conduire un « contrôle inquisitorial »[10].

La critique porte également sur l'architecture retenue, qui dessaisit la Cour des comptes du contrôle des collectivités et établissements publics locaux et qui, selon Philippe Séguin, alors vice-président de l'Assemblée, ne présente pas toutes les garanties : « une chambre régionale des comptes, composée de magistrats ou de fonctionnaires de rang moyen, imposera difficilement son autorité aux hommes politiques influents qui seront généralement à la tête des régions, des départements et des communes les plus importantes. »[11] Anticipant sur la réforme qu'il allait concevoir vingt-cinq ans plus tard[12], il aurait estimé préférable de créer des chambres régionales au sein de la Cour des comptes, siégeant au chef-lieu de la région[13] mais non autonomes, ce qui aurait permis de garantir l'identité des pratiques et des interprétations sur l'ensemble du territoire.

Les parlementaires s'interrogeaient enfin sur une possible politisation des nominations de président de chambre régionale, dans le cadre d'un tour extérieur peu exigeant[14]. Dans un autre registre, l'impossibilité matérielle de constituer un nouveau corps de

1. L. n° 82-213, 2 mars 1982 relative aux droits et libertés des communes, des départements et des régions, *JO* 3 mars, p. 730.
2. Cons. const., n° 82-137 DC, 25 févr. 1982, *JO* 3 mars, p. 759 ; *GDCC* 20e éd., 2022.
3. Séance AN 27 juill. 1981, *JO*, Débats parl. 28 juill., p. 384.
4. Séance AN 27 juill. 1981, *JO*, Débats parl. 28 juill., p. 311.
5. Dont il avait été envisagé qu'elle se voie notifier la totalité des documents budgétaires et comptables des collectivités.
6. Ch. Millon, *JO*, Débats parl., AN, 27 juill. 1981, p. 342.
7. L. Bouvard, Séance AN 27 juill. 1981, *JO*, Débats parl., 28 juill., p. 369.
8. D'autant que, dans le projet débattu à l'Assemblée, les élus locaux devenaient justiciables de la Cour de discipline budgétaire et financière et que celle-ci pouvait les condamner à l'interdiction d'exercer un mandat.
9. J. Proriol, Séance AN, 27 juill. 1981, *JO*, Débats parl. 28 juill., p. 386.
10. Ch. Millon, Séance AN, 2 août 1981, *JO*, Débats parl. 3 août, p. 788.
11. Séance AN, 28 juill. 1981, *JO*, Débats parl. 29 juill., p. 426.
12. V. ss nos 046.35 s.
13. Séance AN, 11 sept. 1981, *JO*, Débats parl. 12 sept. 1981, p. 962.
14. F. d'Aubert, Séance AN, 27 juill. 1981, *JO*, Débats parl. 28 juill., p. 365.

magistrats et d'installer les chambres avant le 1er janvier 1983, date initialement prévue, a conduit à une proposition alternative de mettre en place des chambres interrégionales pendant une période transitoire[1].

Les débats au Sénat, dont la majorité n'était pas celle de l'Assemblée, ont confirmé les réticences des élus locaux, très clairement résumées par le rapporteur de la commission des lois, lors de la discussion générale : « en ce qui concerne les chambres régionales des comptes, votre commission n'en a pas contesté les principes, mais les modalités proposées ont inspiré ses plus grandes réserves compte tenu des risques de reconstitution d'une tutelle plus redoutable encore que la tutelle *a priori* existante. Elle ne veut pas d'un gouvernement des juges. [...] Aussi s'est-elle attachée à mieux définir et à limiter les pouvoirs des chambres régionales des comptes. »[2]

Cependant les nombreux amendements adoptés malgré l'opposition du gouvernement n'ont, pour la plupart, pas survécu à la navette et, pour l'essentiel, le texte finalement promulgué, le 2 mars 1982, était conforme à la version issue des débats à l'Assemblée.

141.14 Juridiction aux attributions administratives ; perte des fonctions juridictionnelles. Si elles ont été instituées comme des juridictions, et si elles sont donc des services de l'État, les chambres régionales des comptes sont indissolublement liées, depuis plus de quarante ans, à la décentralisation, dont elles ont accompagné toutes les étapes successives. Ce trait les distingue radicalement des tribunaux administratifs, dont le ressort est territorial et indépendant de la nature des administrations concernées. Les chambres régionales n'ont compétence qu'à l'égard des collectivités territoriales et du secteur public local[3].

En créant les chambres régionales des comptes, le législateur de 1982 a fait trois choix sur lesquels, malgré quelques tentatives de réforme, il n'est jamais revenu, au moins s'agissant du premier et du troisième.

Le premier choix a consisté à retirer les collectivités locales du champ de compétence de contrôle de la Cour des comptes. Si cette dernière a parfois été présentée comme n'ayant exercé, jusqu'en 1982, qu'un contrôle distant à l'égard de ces organismes, elle y affectait deux de ses sept chambres et, à l'exemple du service de la tournée pour les jeunes inspecteurs des finances, le contrôle des collectivités faisait partie des figures imposées de la formation de générations d'auditeurs. Et l'existence d'une chambre régionale en Île-de-France pouvait laisser planer la menace d'une concurrence inédite depuis le XIVe siècle[4]. À tous égards, la création des CRC pouvait être regardée comme une *deminutio capitis*. Près d'un demi-siècle plus tard, cette option ne s'est pas totalement imposée, comme le montre le « projet Séguin »[5] de 2009, qui tendait notamment à la transformation des chambres régionales en chambres de la Cour.

Le deuxième choix a été de faire des nouvelles chambres des juridictions chargées du jugement des comptes des comptables locaux. Il a été dicté par un souci de symétrie avec la Cour des comptes (à la Cour, le jugement et le contrôle des comptes de l'État, aux chambres le jugement et le contrôle des comptes des collectivités locales) et, au plan local, avec les tribunaux administratifs (au tribunal administratif, le contrôle juridictionnel des actes administratifs des collectivités sur déféré préfectoral, aux chambres le contrôle des actes budgétaires des collectivités sur saisine préfectorale).

Au surplus, la formule juridictionnelle permettait de maintenir à la Cour un rôle de régulateur à travers sa qualité de juge d'appel[6]. Elle n'était pas irréversible puisque l'ordonnance du 23 mars 2022[7] est, en conséquence de la suppression du régime de responsabilité personnelle et pécuniaire des comptables, venue priver les chambres régionales des comptes (mais non les chambres territoriales[8]) de l'ensemble de leurs activités juridictionnelles.

Le troisième choix structurant a consisté à doter les nouvelles chambres d'attributions administratives à côté de leurs missions juridictionnelles. Ces attributions constituaient même l'essentiel de leurs activités puisqu'y étaient consacrés cinq des six paragraphes du texte d'origine de l'article 87 de la loi du 2 mars 1982. Il s'agit en réalité de la raison d'être des chambres, dont la création n'a été imposée que par le souci de faire participer des institutions indépendantes au contrôle des actes budgétaires des collectivités locales[9].

S'y ajoute la possibilité, pour la chambre, de « présenter aux collectivités territoriales soumises à sa juridiction des observations sur leur gestion »[10], formule étrange dans la mesure où les chambres n'avaient

1. R. Marcellin, Séance AN, 11 sept. 1981, *JO*, Débats parl., p. 960.
2. M. Giraud, Séance Sénat, 28 oct. 1981, *JO Sénat* 29 oct., p. 2224.
3. À quelques nuances près (hôpitaux, chambres de commerce et d'industrie, etc.) qui, résultant de délégations de contrôle accordées par la Cour des comptes, ne font que confirmer le principe.
4. La fixation du siège de la chambre régionale ailleurs qu'à Paris s'expliquant par cette préoccupation.
5. V. ss nos 046.35 s.
6. L. no 82-213, 2 mars 1982, préc., art. 87, al. 1er.
7. Ord. no 2022-408 relative au régime de responsabilité financière des gestionnaires publics, *JO* 24 mars, no 4.
8. V. ss nos 112.22 s.
9. L. no 82-213, 2 mars 1982, préc., art. 87, al. 5.
10. L. no 82-213, 2 mars 1982, préc., art. 87, al. 6.

pas juridiction sur les collectivités mais seulement sur les comptes de leurs comptables publics, agents de l'État.

S'y ajoutent également diverses attributions, placées par le texte de la loi entre le jugement des comptes et le contrôle budgétaire et directement inspirées de la loi du 22 juin 1967 relative à la Cour des comptes [1] : vérification de la régularité des recettes et des dépenses des collectivités, contrôle des organismes privés liés aux collectivités [2], soit l'embryon de ce qui deviendra par la suite l'examen de la gestion, le cadre juridique et procédural de ces interventions étant à l'origine défini par simple renvoi aux textes applicables à la Cour des comptes.

SECTION 2

ÉVOLUTION DEPUIS 1982

141.21 Création des chambres territoriales des comptes. En 1982, le législateur a créé une chambre régionale des comptes par région, circonscription administrative de l'État [3]. La seule exception concernait les départements français d'Amérique (Guadeloupe, Guyane, Martinique), dont les trois chambres étaient composées des mêmes magistrats et des mêmes agents, avec un siège unique à Basse-Terre. Les autres collectivités d'outre-mer continuaient de relever soit de la Cour des comptes, soit d'une chambre régionale des comptes [4].

Les évolutions institutionnelles propres à chacune de ces collectivités ont conduit à l'adaptation progressive de la carte des juridictions financières :

- création d'une chambre territoriale des comptes de Nouvelle-Calédonie en 1988 [5] ;

- création d'une chambre territoriale des comptes de la Polynésie française en 1990 [6], installée à Papeete en application de la loi organique du 19 mars 1999 [7] ;

- création en 2011 des chambres territoriales de Saint-Barthélemy, Saint-Martin et Saint-Pierre-et-Miquelon [8], installées respectivement à la chambre Antilles-Guyane pour les deux premières et à la chambre d'Île-de-France pour la troisième ;

- création de la chambre régionale des comptes de Mayotte (qui était précédemment chambre territoriale) par le même texte, avec les mêmes magistrats que la chambre de La Réunion, selon le modèle « Antilles-Guyane ».

141.22 Fusion des chambres régionales des comptes. En métropole, le mouvement inverse s'est opéré : après l'échec du « projet Séguin » [9], qui visait notamment à regrouper et transformer les chambres régionales en un nombre réduit (et indéterminé) de chambres de la Cour des comptes, l'article 46 de la loi du 13 décembre 2011 [10] prévoit que le nombre des chambres régionales des comptes, dont le siège est à fixer par décret, « ne peut excéder vingt ». Il s'agit d'une rupture par rapport au modèle de 1982, qui assimilait le ressort des chambres aux régions. Le décret du 23 février 2012, pris en application de cette loi, procède à la suppression de sept chambres (Auvergne, Champagne-Ardenne, Franche-Comté, Limousin, Basse-Normandie, Picardie, Poitou-Charentes) et détermine la dénomination des nouvelles chambres regroupées [11].

Le lien entre chambres et régions sera restauré en 2016, du fait de la fusion de ces collectivités opérée par la loi [12], qui en réduit le nombre à treize en métropole, avec la suppression des chambres d'Alsace et de Midi-Pyrénées. Quant à la région Limousin, qui avait été rattachée à la chambre du Centre en 2012, elle rejoint la région (et la chambre régionale) Nouvelle-Aquitaine.

Depuis 2016, la carte des CRTC se compose de treize chambres régionales en métropole, cinq chambres régionales outre-mer (regroupées sur deux sièges, en Guadeloupe et à La Réunion), deux chambres territoriales disposant d'un siège propre et trois regroupées avec une chambre régionale, soit au total vingt-trois chambres.

1. L. n° 67-483, 22 juin 1967 relative à la Cour des comptes, *JO* 23 juin, p. 6211.
2. L. n° 82-213 2 mars 1982, préc., art. 87, al. 2 à 4.
3. Du fait des termes de la loi du 2 mars 1982, les régions ne deviendront collectivités territoriales qu'à compter de la première élection des conseillers régionaux au suffrage universel direct, c'est-à-dire en 1986.
4. PAR EX. : à l'époque, la CRC d'Aquitaine pour Saint-Pierre-et-Miquelon.
5. L. n° 88-1028, 9 nov. 1988 portant dispositions statutaires et préparatoires à l'autodétermination de la Nouvelle-Calédonie en 1998, art. 73, *JO* 10 nov., p. 14087. Les mêmes magistrats composent à l'époque la chambre de Polynésie française, selon le modèle « Antilles-Guyane ».
6. L. n° 90-612, 12 juill. 1990 modifiant la loi n° 84-820 du 6 sept. 1984 portant statut du territoire de la Polynésie française, *JO* 14 juill.
7. L. organ. n° 99-209, 19 mars 1999 relative à la Nouvelle-Calédonie, *JO* 21 mars.
8. Décr. n° 2011-736, 27 juin 2011 relatif à la chambre régionale des comptes de Mayotte et aux chambres territoriales des comptes de Saint-Barthélemy, Saint-Martin et Saint-Pierre-et-Miquelon, *JO* 29 juin, n° 3.
9. V. s[s] n° 046.36.
10. L. n° 2011-1862, 13 déc. 2011 relative à la répartition des contentieux et à l'allègement de certaines procédures juridictionnelles, *JO* 14 déc., n° 1.
11. Décr. n° 2012-255, 23 févr. 2012 relatif au siège et au ressort des chambres régionales des comptes, *JO* 24 févr., n° 2.
12. L. n° 2015-29, 16 janv. 2015 relative à la délimitation des régions, aux élections régionales et départementales et modifiant le calendrier électoral, *JO* 17 janv., n° 1.

CHAPITRE

142. Organisation des chambres régionales et territoriales des comptes (CRTC)

SECTION 0
ORIENTEUR

142.00 **Sommaire du chapitre.**

SECTION UNIQUE
ORGANISATION ET FONCTIONNEMENT DES CRTC

142.11 **Composition des CRTC.** Les lois de 1982[1], ainsi que l'important décret du 22 mars 1983[2] ont fixé d'emblée les grandes caractéristiques des chambres, qui diffèrent pour partie des règles applicables à la Cour des comptes.

La première différence, essentielle, tient dans la distinction, formulée à l'article 1er de la loi du 10 juillet 1982, entre les présidents et les « membres » des chambres régionales des comptes. Ces derniers constituent un corps de magistrats auquel n'appartiennent pas les présidents puisque ces derniers sont membres de la Cour des comptes[3].

Cette solution de « découplage », alors très originale et radicalement différente de la situation des tribunaux administratifs, a inspiré par la suite la création des cours administratives d'appel. Le découplage n'est cependant pas complet puisque, à côté des présidents issus de la Cour, les magistrats des chambres régionales des comptes devaient représenter entre un tiers et deux tiers des nominations. Si ce « quota » a aujourd'hui disparu, demeure le fait que la présidence de chambre est exercée par des magistrats de la Cour, « d'origine » ou au bénéfice de la nomination du magistrat de chambre régionale au grade de conseiller référendaire.

Lors de la création de la fonction de vice-président, en 2001 pour la chambre d'Île-de-France puis en 2012 pour les chambres comptant au moins quatre sections, il a également été décidé de la confier à des conseillers référendaires à la Cour des comptes, qui peuvent être déjà membres de celle-ci ou nommés parmi les conseillers présidents répondant aux conditions d'âge et d'ancienneté mentionnées à l'article L. 221-2 du code des juridictions financières.

Les membres du corps des chambres régionales et territoriales étaient initialement répartis en quatre grades (conseiller de deuxième classe, de première classe, hors classe, président de section), puis à partir de 2001 en trois (aujourd'hui dénommés conseiller, premier conseiller, conseiller président).

Un autre trait distinctif tient dans l'identité voulue entre le grade et l'emploi de président de section, à la différence, là encore, des tribunaux administratifs et de la Cour des comptes. Cette situation a pris fin en 2024 avec la création du nouveau grade de conseiller président, la présidence de section devenant un emploi fonctionnel[4].

De même, le législateur de 1982 n'a pas reproduit la dyarchie imparfaite qui caractérise la Cour des comptes : s'il a consacré l'existence d'un ministère public dans les chambres régionales, il n'a pas fait du chef du ministère public, alors appelé commissaire du Gouvernement et aujourd'hui procureur financier, un grade (à l'inverse du procureur général près la Cour des comptes, qui est titulaire d'un grade en même temps qu'il occupe un emploi), mais une

1. L. nº 82-213, 2 mars 1982 relative aux droits et libertés des communes, des départements et des régions, *JO* 3 mars 1982, p. 730 ; – L. nº 82-595, 10 juill. 1982 relative aux présidents des chambres régionales des comptes et au statut des membres des chambres régionales des comptes, *JO* 13 juill., p. 2201.
2. Décr. nº 83-224, 22 mars 1983 relatif aux chambres régionales des comptes, *JO* 25 mars, p. 910.
3. L. nº 82-595, 10 juill. 1982, préc., art. 21.

4. CJF, art. R. 212-8 s.

fonction dans laquelle sont délégués des magistrats du siège, qui peuvent au demeurant ne pas occuper le grade sommital du corps (président de section et désormais conseiller président). Le procureur financier, s'il ne dépend pas du président de la chambre, ne peut donc être regardé comme un chef de Cour. Il est incontestablement un membre de la chambre, ce qui n'est pas le cas à la Cour pour le procureur général.

142.12 **Nomination.** Les présidents de chambre sont nommés par décret du président de la République, sur proposition du premier président de la Cour des comptes et après avis du conseil supérieur de la Cour des comptes et du conseil supérieur des chambres régionales et territoriales des comptes[1], dans des conditions qui ont évolué. À l'origine, ils étaient issus pour un tiers au moins et pour la moitié au plus du corps des magistrats de chambre régionale[2]. Si ce « quota » a aujourd'hui disparu, les autorités de nomination veillent à respecter un équilibre entre les présidents issus du corps et ceux issus de la Cour.

Signe des temps, les règles entourant la durée de leurs fonctions ont profondément évolué. En 1982, les présidents étaient tenus d'exercer leurs fonctions pendant cinq ans au moins[3], disposition qui s'expliquait par le souci d'éviter des candidatures uniquement inspirées par le souci de rejoindre rapidement la Cour des comptes[4]. Une première limitation à l'exercice de leurs fonctions a été introduite en 2001, avec une durée de sept ans, réduite à cinq par la loi du 20 novembre 2023[5]. Ce mandat de cinq ans, non renouvelable, est plus court que celui des présidents des juridictions judiciaires et administratives de droit commun (sept ans), des présidents de section (neuf ans), tandis qu'il n'existe pas de disposition équivalente pour les présidents de chambre de la Cour des comptes, la présidence étant également un grade, ce qu'elle n'est pas en CRTC.

À côté du recrutement statutaire constitué depuis l'origine par l'école nationale d'administration et désormais l'institut national du service public[6], les magistrats sont recrutés selon quatre voies : le concours, le tour extérieur, l'intégration après détachement, la voie réservée aux officiers, sous réserve de satisfaire à des conditions définies par la loi[7].

Les procureurs financiers sont nommés, sur proposition du premier président et du procureur général, parmi les conseillers présidents ou, pour les chambres de moins de trois sections, les premiers conseillers[8]. Ils ne relèvent pas de l'autorité du président de la chambre mais de celle du procureur général, qui « oriente et coordonne » leur action et peut leur adresser des instructions[9] et qu'ils tiennent informé de l'exécution de leurs missions[10].

142.13 **Fonctionnement des CRTC.** Le président est chargé de la « direction générale » de la chambre[11]. Il en est l'ordonnateur secondaire des recettes et des dépenses[12]. En cas d'absence, d'empêchement ou de vacance, il est remplacé par le vice-président ou, à défaut, par le magistrat du siège le plus ancien dans le grade le plus élevé[13]. Il peut déléguer sa signature à un autre magistrat ou au secrétaire général de la chambre.

Le vice-président « assiste le président de la chambre dans la direction générale de la juridiction »[14]. Il siège en formation plénière, en formation restreinte, mais aussi en sections réunies, ce qui peut surprendre dans la mesure où il n'est membre d'aucune section[15]. Il peut présider des formations de délibéré et exercer les fonctions de rapporteur ou de contre-rapporteur (il va de soi qu'il ne peut alors présider la séance). L'alinéa 4 de l'article R. 212-7 définit en termes larges le champ de ses interventions : « Il peut, en outre, être chargé par le président de la chambre de toute mission relative à la coordination des enquêtes et des équipes d'investigation, à la formation des personnels, à l'organisation et aux méthodes de travail. Il peut aussi être chargé par le président de la chambre de participer aux travaux d'organismes et de commissions extérieurs. »

Le secrétaire général, nommé par le premier président sur proposition du président de la chambre, assure, sous l'autorité de ce dernier, le fonctionnement du greffe et des services administratifs de la chambre[16]. Il est également chargé de délivrer et certifier les copies et extraits des actes intéressant le

1. CJF, art. L. 221-2, al. 2.
2. L. n° 82-595, 10 juill. 1982, préc., art. 21, al. 1er.
3. L. n° 82-595, 10 juill. 1982, préc., art. 21, al. 3.
4. D'autant que les magistrats âgés de plus de cinquante ans étaient nommés directement conseillers-maîtres (L. n° 82-595, 10 juill. 1982, préc., art. 21, al. 2), disposition qui a été abrogée en 1988.
5. L. n° 2023-1059, 20 nov. 2023 d'orientation et de programmation du ministère de la Justice 2023-2027, *JO* 24 nov., n° 2.
6. À l'inverse de la Cour des comptes, pour laquelle cette voie d'accès direct a été supprimée dans le cadre de la réforme de la haute fonction publique.
7. CJF, art. L. 221-3-1, L. 221-4 et L. 221-9 ; C. défense, art. L. 4139-2.
8. CJF, art. R. 212-19, R. 262-17 et R. 272-17.
9. CJF, art. L. 112-2.
10. CJF, art. R. 212-14, R. 262-12 et R. 272-12.
11. CJF, art. R. 212-4, R. 262-3 et R. 272-3.
12. CJF, art. R. 212-5, R. 262-4 et R. 272-4.
13. CJF, art. R. 212-6, R. 262-5 et R. 272-5. Soit désormais le doyen des conseillers présidents, et non plus le doyen des présidents de section.
14. CJF, art. R. 212-7, al. 1er.
15. CJF, art. R. 212-7, al. 2.
16. CJF, art. R. 212-35, R. 262-30 et R. 272-30.

fonctionnement de la chambre, et peut déléguer à cet effet sa signature au greffier[1].

Pour la conduite de leurs travaux et à l'image de la Cour des comptes, les magistrats peuvent recourir à l'assistance de fonctionnaires, qui sont placés sous la direction et la responsabilité des rapporteurs[2] et qui ne disposent pas de pouvoirs d'investigation propres. Prévus dès la loi fondatrice du 2 mars 1982[3], les assistants de vérification, devenus vérificateurs des juridictions financières, sont notamment sollicités pour approfondir, dans le cadre du contrôle sur pièces, les éléments de régularité susceptibles de déboucher sur des observations de gestion, voire des déférés.

Les rapports, qui relèvent de la responsabilité des seuls magistrats rapporteurs, même si des vérificateurs ou des experts[4] peuvent y apporter un concours substantiel, sont examinés en formation plénière, en section, en sections réunies lorsque l'affaire relève de plusieurs sections, ou encore en formation restreinte de chambre[5]. À l'exception de la formation restreinte, le nombre de membres délibérants n'est pas déterminé par le code (à la différence des juridictions judiciaires et administratives), qui fixe pour seule règle un *quorum* de trois et le principe de l'imparité (à la différence de la Cour des comptes, pour laquelle le président de la formation dispose d'une voix prépondérante en cas de partage des voix[6]). À l'inverse, là encore, de la Cour des comptes, tous les magistrats prennent part au délibéré, sans égard à leur grade, pourvu qu'ils aient été installés et aient prêté serment, y compris les fonctionnaires détachés dans le corps des magistrats. Si plusieurs magistrats sont désignés comme rapporteurs, ils n'ont qu'une voix délibérative[7], qui sera exprimée, à défaut d'accord entre eux, par le magistrat « chef d'équipe ».

142.14 **Greffe des CRTC.** Malgré la suppression des attributions juridictionnelles des chambres régionales, le greffe a tendu à voir ses attributions s'élargir depuis quelques années. Les textes prévoient que le président de la chambre régionale des comptes, le vice-président et les présidents de section disposent du service du greffe de la chambre[8]. Le greffe prépare l'ordre du jour des séances de la chambre et des sections, note les décisions prises et assure la tenue des rôles, registres et dossiers. Il procède aux notifications, tient à la disposition des personnes intéressées la liste des rapports d'observations définitives, avis et décisions communicables de la chambre et procède, sous le contrôle du ministère public, à l'enregistrement et des actes, documents et requêtes dont la chambre est saisie[9].

Le greffier est nommé par le président parmi les vérificateurs de la chambre, ce qui n'interdit pas les candidatures extérieures mais fait de la nomination en tant que vérificateur un préalable, fût-ce un instant de raison, à la nomination en qualité de greffier.

Dans les chambres territoriales des comptes, le greffe exerce également toutes les tâches qui relèvent des procédures juridictionnelles, dans le cadre du régime de responsabilité personnelle et pécuniaire des comptables publics[10].

1. CJF, art. R. 212-36, R. 262-31 et R. 272-31.
2. CJF, art. R. 212-23, R. 262-20 et R. 272-20.
3. L. n° 82-213, 2 mars 1982, préc., art. 89.
4. CJF, art. L. 241-6, L. 262-52 et L. 272-50.
5. CJF, art. R. 212-27, R. 262-23 et R. 272-23.
6. CJF, art. R. 112-39 et R. 143-5 (cette voix prépondérante n'existe cependant pas au sein de la chambre du contentieux).
7. CJF, art. R. 212-30, R. 243-3, R. 245-2-6, R. 262-115 et R. 272-98.
8. CJF, art. R. 212-38, al. 1er.
9. CJF, art. R. 212-38, al. 3 et 4.
10. V. ss nos 112.31 s.

CHAPITRE

143. Missions des chambres régionales et territoriales des comptes

SECTION 0

ORIENTEUR

143.00 **Sommaire du chapitre.**

SECTION UNIQUE

MISSIONS DES CRTC

143.11 **Évolution des missions.** Depuis 1982, les missions des chambres régionales demeurent sensiblement différentes de celles de la Cour des comptes, mais la collaboration entre ces différentes juridictions s'est renforcée.

À titre liminaire, il sera observé que deux différences formelles distinguent les chambres régionales et territoriales des comptes : seule la Cour des comptes, en premier lieu, est inscrite dans la Constitution, et seule elle se voit reconnaître, dans la Loi fondamentale, une mission d'assistance aux pouvoirs publics, de contribution à l'évaluation des politiques publiques et d'information des citoyens. En second lieu, la Cour des comptes est une institution de l'État qui contrôle les services de l'État et le secteur public national, tandis que les CRTC sont une institution de l'État qui contrôle des collectivités décentralisées, à l'égard desquelles la distance est pour elles beaucoup plus grande que celle de la Cour à l'égard de son propre champ de compétence.

Les principales évolutions en la matière ont porté, tout d'abord, sur les missions juridictionnelles : disposant en 1982 d'une compétence de jugement à l'égard de l'ensemble des comptes produits par les comptables des collectivités et établissements publics locaux, les chambres régionales des comptes se sont vu retirer la grande majorité de ces comptes (mais les moins significatifs en termes budgétaires et de population) avec le rétablissement de l'apurement administratif en 1988 [1], tandis qu'elles recevaient de la Cour délégation pour juger les comptes de certains établissements publics nationaux, telles les universités ou les chambres d'agriculture, à partir de 1989. Cette mission juridictionnelle leur a été retirée depuis le 1er janvier 2023 [2], même si elle subsiste pour les chambres territoriales des comptes [3].

En 1982, la notion d'examen de la gestion [4] n'existait pas et les observations formulées par les chambres sur la gestion des collectivités constituaient un sous-produit du contrôle juridictionnel [5]. Ces observations revêtaient un caractère confidentiel en vertu de la loi « Galland » [6], qui a introduit la notion d'examen de la gestion sans la définir, avant que la loi du 15 janvier 1990 ne rende les lettres d'observations définitives publiques et communicables à compter de la première réunion de l'assemblée délibérante suivant leur envoi [7]. Les CRTC ne se sont toutefois pas vu reconnaître la possibilité de publier un rapport annuel, puisqu'elles doivent contribuer à celui de la Cour [8].

L'autre mission historique des chambres régionales résidait dans le contrôle des actes budgétaires [9], qui était inconnue de la Cour des comptes et avait constitué la raison d'être de leur création. C'est celle qui a connu le moins de modifications.

Alors que la Cour des comptes était chargée, par le législateur, de la certification des comptes de l'État

1. V. ss no 111.72.
2. V. ss nos 042.22 et 112.22.
3. V. ss no v. ss nos 112.22 s., 611.11.
4. V. ss nos 111.81 s.
5. V. ss no 112.11.
6. L. no 88-13, 5 janv. 1988 d'amélioration de la décentralisation, art. 23, IV, *JO* 6 janv., p. 213.
7. L. no 90-55, 15 janv. 1990 relative à la limitation des dépenses électorales et à la clarification du financement des activités politiques, art. 16, *JO* 16 janv.
8. CJF, art. L. 143-9, L. 251-2, L. 261-2 et L. 271-2.
9. V. ss nos 113.11 s.

et du régime général de sécurité sociale[1], les CRTC n'ont pas été investies d'une mission comparable s'agissant des collectivités locales et des hôpitaux. La loi NOTRé du 7 août 2015 a en effet confié la conduite de l'expérimentation de dispositifs destinés à assurer la régularité, la sincérité et la fidélité des comptes des collectivités territoriales et de leurs groupements à la Cour des comptes, « en liaison avec les chambres régionales des comptes »[2].

La dernière évolution marquante concerne l'évaluation des politiques publiques, à laquelle les chambres contribuent en vertu de la loi nº 2022-217 du 21 février 2022[3].

143.12 Collaboration entre les CRTC et la Cour des comptes. Au terme de ces ajustements, deux missions sont communes à l'ensemble des juridictions financières : le contrôle des comptes et de la gestion, activité prédominante des CRTC, et l'évaluation des politiques publiques. C'est dans ces domaines que la collaboration entre la Cour et les chambres s'exprime le mieux, à travers des « travaux communs » s'inscrivant dans le cadre d'une programmation concertée et conduits par des formations communes de délibéré[4]. Elle peut déboucher sur des rapports communs dont le régime de contradiction et de publication relève des dispositions propres à la Cour des comptes (examen par le comité du rapport public et des programmes, adoption par la chambre du conseil). Ceux de ces travaux qui se prêtent le mieux à la mise en évidence d'irrégularités susceptibles d'engager la responsabilité des gestionnaires publics sont incontestablement les examens de la gestion d'organismes publics ou privés (contrôles « organiques »), dont la place demeure significative dans les programmes de travaux des chambres régionales et territoriales.

Les autres missions sont conduites séparément par les juridictions : les CRTC ne contribuent que très marginalement, par la mise à disposition éventuelle de rapporteurs, aux travaux d'assistance au Parlement et au Gouvernement ainsi qu'à la certification des comptes publics, tandis qu'elles prennent intégralement en charge le contrôle des actes budgétaires.

Les attributions contentieuses sont dans une situation intermédiaire : si l'on met à part le cas des chambres territoriales et la fonction de juge d'appel de la Cour des comptes[5], qui tend à devenir marginale, seule la Cour exerce désormais une activité contentieuse, à laquelle contribuent néanmoins certains magistrats de CRTC qui y rapportent et y délibèrent[6].

Surtout, en tant qu'autorités de déféré, les CRTC constituent les principaux pourvoyeurs d'affaires contentieuses financières[7].

1. V. s[s] nº 114.12.
2. L. nº 2015-991, 7 août 2015 portant nouvelle organisation territoriale de la République, art. 110, *JO* 8 août, nº 1.
3. CJF, art. L. 211-15.
4. CJF, art. L. 141-13.
5. V. s[s] nº 132.11.
6. V. s[s] n°s 121.11 et 121.13.
7. Sur les CRTC, autorités de déféré, v. s[s] n°s 512.11, 512.52 s.

TITRE

15. Ancienne Cour de discipline budgétaire et financière (CDBF)

SECTION 0

Orienteur

15.00 **Sommaire du titre.**

CHAPITRE

151. Nature et fonction de l'ancienne CDBF

SECTION 0
ORIENTEUR

151.00 Sommaire du chapitre.

151.03 Bibliographie indicative.

Contributions. N. Groper, « La Cour de discipline budgétaire et financière – singularités et paradoxes d'une juridiction qui mérite mieux que d'être méconnue », *in* Collectif, *Réformes des finances publiques et modernisation de l'administration. Mélanges en l'honneur de Robert Hertzog*, Économica, 2011, p. 235 ; N. Groper, « "Disciplinaire", la Cour de discipline budgétaire et financière ? », *in* Collectif, *Écrits de droit public, financier et constitutionnel. Mélanges en l'honneur de Michel Lascombe*, Dalloz, 2020, p. 201 ; P. Lalumière, « La Cour des comptes et la Cour de discipline budgétaire et financière », *in La Cour des comptes d'hier à demain*, Actes du colloque de Strasbourg, LGDJ, 1979, p. 111.

SECTION UNIQUE
DÉFINITION ET PLACE INSTITUTIONNELLE DE LA CDBF

151.11 Définition de la CDBF. La Cour de discipline budgétaire et financière (CDBF) est une ancienne juridiction administrative spécialisée[1] dans la répression des fautes de gestion commises dans la sphère publique, créée en 1948 et supprimée en 2022.

Quoique juridiction, elle fut qualifiée d'« institution associée » à la Cour des comptes ; et elle faisait avec cette dernière, ainsi qu'avec les chambres régionales et territoriales des comptes, partie des juridictions financières[2], catégorie particulière des juridictions administratives, dont le tribunal suprême est le Conseil d'État.

Créée, d'abord, sous l'appellation de « Cour de discipline budgétaire » (CDB) par la loi du 25 septembre 1948[3], elle a été supprimée, après un peu plus de 70 ans d'existence, par l'ordonnance du 23 mars 2022 relative au régime de responsabilité financière des gestionnaires publics[4]. Elle a donc cessé d'exister le 31 décembre 2022, son contentieux ayant été repris par la Cour des comptes, juridiction qui désormais est chargée du contentieux financier répressif hérité de la CDBF.

151.12 CDBF, juridiction spécifique, juridiction unique. La Cour de discipline budgétaire et financière était une juridiction singulière[5] dont la particularité tenait notamment à son caractère unique.

Selon le Conseil constitutionnel, la CDBF constituait « un ordre de juridiction au sens de l'article 34 de la Constitution », ce qui signifie que ses règles constitutives relevaient du domaine de la loi[6].

1. « Juridiction administrative spéciale » (concl. A. Bernard s[s] CE, ass., 30 juin 1961, *Proc. gén. près la Cour des comptes c/ Mazer, Lebon* 451 ; *RD publ.* 1961. 845 ; A. Froment-Meurice, J.-Y. Bertucci, N. Hauptmann et C. Michaut, *GAJF*, 7e éd. 2019, n° 19, p. 217).

2. Sur cette notion, en général, et la typologie des juridictions financières, v. s[s] n° 10.11.
3. L. n° 48-1484, 25 sept. 1948 tendant à sanctionner les fautes de gestion commises à l'égard de l'État et de diverses collectivités et portant création d'une Cour de discipline budgétaire, *JO* 26 sept.
4. Ordonnance n° 2022-408 relative au régime de responsabilité financière des gestionnaires publics, entrée en vigueur le 1er janv. 2023. – Sur l'histoire de la CDBF, v. s[s] n° 044.11.
5. N. Groper, « La Cour de discipline budgétaire et financière – singularités et paradoxes d'une juridiction qui mérite mieux que d'être méconnue », *in* Collectif, *Réformes des finances publiques et modernisation de l'administration. Mélanges en l'honneur de Robert Hertzog*, Économica, 2011, p. 235.
6. Cons. const. 3 mars 2005, n° 2005-198 L, Nature juridique de dispositions du Code des juridictions financières concernant la Cour de discipline budgétaire et financière, *JO* 9 mars, p. 3950 ; *LPA* 24 mars 2005, n° 59, p. 7, note J.-É. Schoettl ; A. Froment-Meurice, J.-Y. Bertucci, N. Hauptmann et C. Michaut, *GAJF*, 7e éd. 2019, n° 18, p. 206.

La CDBF était une juridiction nationale unique en premier et dernier ressort, relevant en cassation du Conseil d'État.

En outre, la Cour était unique en son genre de par sa composition et par son positionnement : juridiction administrative spécialisée, composée de membres du Conseil d'État et de la Cour des comptes, elle était liée à cette dernière, tout en constituant cependant une juridiction financière distincte.

151.13 **Cour chargée de discipliner le budget et les finances.** « Cour de discipline budgétaire, quel beau nom pour une juridiction ! Quel programme pour un contrôle de gestion ! Quel avertissement pour les éventuels justiciables »[1].

Le nom que portait cette juridiction spécialisée chargée du contentieux des fautes de gestion (« Cour de discipline budgétaire », puis « Cour de discipline budgétaire et financière ») était en fait ambigu : il ne s'agissait pas d'une autorité disciplinaire[2] en matière budgétaire, mais d'un tribunal en matière de discipline budgétaire[3].

Autrement dit, l'institution n'était pas de nature disciplinaire, mais son objectif était de discipliner l'utilisation du budget et des finances ; ou encore, il s'agissait d'une institution de nature juridictionnelle chargée d'apprécier la discipline de ceux qui gèrent le budget et les finances, en sanctionnant des fautes de gestion. Une appellation programmatique, donc, dont on peut regretter la disparition, quoique son office soit désormais poursuivi par la Cour des comptes elle-même, mais sous des appellations plus descriptives (« responsabilité financière des gestionnaires publics » mise en œuvre par une « chambre du contentieux »).

Ce terme de « discipline budgétaire et financière » n'a pourtant pas perdu sa pertinence. Il peut prendre deux dimensions : d'une part, le mot « discipline » fait clairement référence à la régularité, c'est-à-dire au respect des règles qui existent en matière de finances publiques ; d'autre part, plus ou moins en lien avec la notion de respect des règles en matière de finances publiques, l'expression « discipline budgétaire et financière » évoque le fait d'éviter les excès de la dépense publique, et donc l'idée que des préjudices au détriment de la caisse publique doivent être sanctionnés. Cela renvoie à la question de la gravité[4], car bien que le préjudice ne fasse qu'exceptionnellement partie des éléments constitutifs des infractions de droit public financier, il est, et a toujours été, *de facto* pris en considération au titre de l'opportunité des poursuites ou au stade de l'appréciation de la responsabilité individuelle et de la fixation de la sanction à infliger.

Le nom idéal de la Cour aurait pu englober les trois volets budgétaire, financier et comptable[5]. Car les irrégularités comptables faisaient partie du champ répressif de la CDBF, et aujourd'hui de la Cour des comptes.

151.14 **Relations de la CDBF avec la Cour des comptes et les autres juridictions financières.** La CDBF faisait partie des juridictions financières, avec les juridictions des comptes, Cour des comptes et chambres régionales et territoriales des comptes[6].

Les relations qu'entretiennent les juridictions financières entre elles sont forcément étroites ; s'agissant de la relation entre la CDBF et la Cour des comptes, on a pu la décrire comme une « complémentarité dans la dépendance »[7], et ce à la fois pour des raisons historiques et pratiques.

Pour des raisons historiques d'abord, parce que la CDBF a été créée, d'une certaine façon, en référence à la juridiction des comptes (on juge les comptables, il faut donc créer aussi un système de jugement des ordonnateurs), et les amendes CDBF ont été calquées sur celles que le juge des comptes pouvait prononcer en matière de gestion de fait. Comme l'exprima le Professeur Lalumière en 1977, au sujet de la création de la CDBF : « l'esprit de symétrie prévalut : ce qui était bon pour les comptables devait l'être pour les ordonnateurs. C'est cette intuition fondamentale qui est à l'origine de la Cour de discipline budgétaire et financière »[8]. Selon Georges Vedel, la loi de 1948 était « au fond une nouvelle conquête de la Cour des comptes » qui recevait ainsi, même indirectement, le pouvoir de juger les ordonnateurs « malgré la vieille règle qui soustrait les ordonnateurs à sa juridiction »[9]. De fait, elle a été établie par le législateur sous la forme d'une institution asso-

1. Propos de G. Sabatier, rapporteur général de la commission des finances, lors du débat sur le projet de loi relatif à la Cour de discipline budgétaire, Ass. nat., séance 22 avr. 1971 ; *JO* 23 avr., p. 1321.
2. Sur le débat sur la nature disciplinaire ou non du contentieux financier, v. s[s] n°s 033.32, 211.21, 211.22, 471.13.
3. N. Groper, « "Disciplinaire", la Cour de discipline budgétaire et financière ? », *in* Collectif, *Écrits de droit public, financier et constitutionnel. Mélanges en l'honneur de Michel Lascombe*, Dalloz, 2020, p. 201.
4. V. s[s] n° 223.11.
5. V. l'utilisation de ce triptyque par la CDBF elle-même dans l'examen de la responsabilité d'une personne mise en cause : CDBF 13 juin 2003, *SEM Sarcelles Chaleur, Rev. Trésor* 2004. 57, note M. Lascombe et X. Vandendriessche ; *Rec.* 121 ; *AJDA* 2003. 2316, note N. Groper.
6. Sur la notion de juridiction financière, v. s[s] n° 10.11.
7. L'expression est du Professeur Lalumière : « La Cour des comptes et la Cour de discipline budgétaire et financière », *in La Cour des comptes d'hier à demain*, Actes du colloque de Strasbourg, LGDJ, 1979, p. 111.
8. P. Lalumière, « La Cour des comptes et la Cour de discipline budgétaire et financière », préc., p. 79.
9. G. Vedel, « La responsabilité des administrateurs devant la Cour de discipline budgétaire », *Rev. sc. législ. fin.* 1949. 133.

ciée à la Cour des comptes, ce qui a été le cas jusqu'à sa disparition fin 2022.

Cette proximité avec la Cour des comptes, sa dépendance envers cette dernière a d'ailleurs, depuis la création de la CDBF, suscité interrogations et critiques ; en effet, il eût été envisageable que la compétence juridictionnelle sur les ordonnateurs fût attribuée directement (1948) à la Cour des comptes[1], mais il a fallu plus de 70 ans pour y parvenir.

Il convient toutefois de relativiser d'emblée et fortement la proximité conceptuelle entre les deux juridictions, du moins à l'origine : en effet, la procédure de jugement des gestionnaires a été conçue de façon fondamentalement différente de la procédure de jugement des comptes des comptables – du moins telle qu'elle existait en 1948 –, plus proche finalement du procès répressif pénal que du jugement des comptes, qui visait davantage les comptes (« procès fait à des chiffres ») qu'à établir la responsabilité individuelle d'une personne. C'est notamment cette différence conceptuelle entre les procédures juridictionnelles qui a sans doute pu légitimer la création d'une juridiction distincte, bien qu'associée à la Cour des comptes.

La Cour des comptes, en outre, est d'abord, dans son activité, une institution supérieure de contrôle qui confectionne des rapports ; son activité juridictionnelle sur les comptes des comptables était devenue, au fil du temps, plus limitée (au regard des activités non juridictionnelles des juridictions financières), et de surplus, cette dernière n'était en principe pas répressive, mais plutôt civile (responsabilité personnelle et pécuniaire des comptables publics).

Comme l'a dit très clairement le président James Charrier, « la mission de ces deux organes juridictionnels est essentiellement différente »[2] : la Cour des comptes était – et est encore – avant tout une institution de contrôle ayant pris – en partie – une forme juridictionnelle du fait d'une tradition historique qui d'ailleurs n'existe pas partout dans le monde ; la Cour de discipline budgétaire et financière en revanche n'était pas une institution de contrôle, elle était exclusivement une juridiction, une juridiction « pure ». Si elle était saisie le plus souvent dans le prolongement de contrôles menés par la Cour des comptes ou les chambres régionales des comptes (*via* un déféré), elle n'intervenait jamais dans des contrôles passés ou en cours menés par ces dernières ; son instruction était entièrement juridictionnelle, à la différence des contrôles administratifs menés par l'institution supérieure de contrôle. De ce point de vue, la chambre du contentieux[3] s'est largement inspirée du modèle CDBF, tout en étant désormais intégrée dans la Cour des comptes.

Sur le plan pratique, la dépendance entre Cour de discipline budgétaire et financière et Cour des comptes a été en revanche très nette. La CDBF, pour durcir un peu le trait, n'existait que grâce à la Cour des comptes, à la fois sur le plan humain, matériel, financier et même pour ce qui est de son contentieux. En effet, la CDBF n'avait pas de bâtiment propre, ni de personnel ; elle siégeait à la Cour des comptes (Palais Cambon) et la plus grande partie des ressources humaines (parquetiers, rapporteurs, greffiers...) qui contribuaient au fonctionnement de cette juridiction venaient de la Cour des comptes (ou des CRTC)[4]. La très grande majorité des déférés, et donc des affaires, provenait également du contrôle de régularité[5] de la Cour des comptes et des CRTC.

Cette dépendance tous azimuts vis-à-vis de la Cour des comptes a d'ailleurs souvent été présentée comme l'une des causes fondamentales de la faiblesse du système répressif à l'égard des gestionnaires publics avant sa réforme profonde en 2022 : « Les liens étroits qui existent entre la Cour des comptes et la Cour de discipline budgétaire et financière, à la fois sur le plan de la conception de l'institution et sur celui de son fonctionnement, sont sans doute la cause fondamentale du relatif échec du contrôle juridictionnel des ordonnateurs »[6].

Il est indéniable que la relative discrétion de la Cour de discipline budgétaire et financière durant ses 70 ans d'existence s'explique du moins en partie par l'insuffisant effort qui lui a été consacré par la Cour des comptes, surtout en ce qui concerne la mise à disposition de rapporteurs pour instruire les affaires dans des délais acceptables, mais aussi en raison du faible nombre de déférés formulés.

1. Sur la loi de 1948 créant la Cour de discipline budgétaire, v. s^s n° 044.21 ; – Sur le rôle du modèle de la Cour des comptes au moment de la création de la Cour de discipline budgétaire, v. s^s n° 044.24.
2. J. Charrier dans le débat suite à l'exposé de P. Lalumière, « La Cour des comptes et la Cour de discipline budgétaire et financière » ; *in* Collectif, *La Cour des comptes d'hier à demain*, Actes du colloque (Strasbourg, 1977), LGDJ, 1979, p. 105
3. V. s^s n° 121.11.
4. Pour l'organisation de la CDBF, v. s^s n°s 152.11 s.
5. V. s^s n°s 111.11 s.
6. P. Lalumière, « La Cour des comptes et la Cour de discipline budgétaire et financière », préc., p. 79.

CHAPITRE

152. Organisation de l'ancienne CDBF

SECTION 0
ORIENTEUR

152.00 **Sommaire du chapitre.**

SECTION UNIQUE
ORGANISATION ET COMPOSITION DE LA CDBF, JURIDICTION DÉPENDANTE DE LA COUR DES COMPTES

152.11 **Organisation de l'ancienne CDBF : éléments généraux.** La Cour de discipline budgétaire et financière était à la fois très dépendante de la Cour des comptes, dont certains considèrent qu'elle n'était qu'un prolongement, et spécifique, unique dans son genre, disposant d'une identité propre.

L'organisation de la Cour de discipline budgétaire et financière découlait de sa nature *sui generis* : juridiction administrative – financière – spécialisée et répressive, un certain nombre de principes régissent son organisation : principe de mixité entre juridictions administratives générales et juridictions financières ; rattachement dans la gestion, et géographiquement, à la Cour des comptes, avec laquelle elle partageait le même Parquet.

152.12 **Mixité de la composition de la CDBF.** La mixité Cour des comptes/Conseil d'État a été un choix historique discuté. Le projet initial de ce qui allait devenir la loi de 1948 prévoyait une composition tripartite, incluant des conseillers de la Cour des comptes, du Conseil d'État et de la Cour de cassation ; la Cour de cassation a finalement été écartée de la nouvelle juridiction répressive par les parlementaires, la commission des finances de l'Assemblée considérant qu'il ne fallait pas mélanger juridictions administratives et juridictions judiciaires et ainsi enfreindre le traditionnel principe de séparation des pouvoirs entre administration et justice issu de la Révolution française[1]. Il ne semblait donc pas opportun, aux yeux du législateur de la IVe République, que des juges judiciaires puissent se prononcer sur les actes administratifs, et sur la gestion publique en général. Des considérations pratiques ont également pu jouer, car inclure une troisième institution dans le système aurait nécessairement alourdi un dispositif déjà complexe à faire fonctionner. Cette idée d'inclure la Cour de cassation dans le dispositif de répression des fautes de gestion, au stade de l'appel, a pourtant refait surface dans le projet de réforme de 2009[2].

L'inclusion de membres de l'Inspection générale des finances (IGF) dans la nouvelle Cour, un temps envisagée, a également été écartée[3] : il apparaissait sans doute plus cohérent que la juridiction administrative spécialisée nouvelle soit composée de magistrats et de membres du Conseil d'État, juridiction administrative suprême.

Un amendement communiste, qui proposait d'inclure parmi les membres de la Cour des syndicalistes, afin de souligner le caractère « professionnel » (ou disciplinaire) de la juridiction, fut également repoussé[4].

A été retenu un principe de mixité, plutôt que de parité : car même si le nombre de membres issus du

1. S. Flizot, « La création de la CDBF : enjeux et débats », *in* Collectif, *L'invention de la gestion des finances publiques : du contrôle de la dépense à la gestion des services publics*, Comité pour l'histoire économique et financière de la France, 2013, p. 374-375.
2. V. s[s] n° 046.35.
3. S. Flizot, « La création de la CDBF : enjeux et débats », préc., p. 375.
4. Sur l'historique : A. Crépey (dir.), *La Cour des comptes*, CNRS, coll. Histoire de l'Administration française, 1984, p. 909.

Conseil d'État et de la Cour des comptes était théoriquement égal, il était rare dans la pratique qu'à l'audience de jugement la parité soit vérifiée – la loi n'y obligeait d'ailleurs pas. En revanche, le code des juridictions financières rendait obligatoire, pour chaque séance de jugement, la présence d'au moins un membre de chacune des deux institutions.

Le principe de mixité concernait également les rapporteurs, puisque ces derniers pouvaient être recrutés parmi les membres du Conseil d'État, de la Cour des comptes, des tribunaux administratifs (TA), des cours administratives d'appel (CAA), qui sont des juridictions administratives générales, et des chambres régionales et territoriales des comptes (CRTC) qui sont des juridictions financières. Dans les faits toutefois, les rapporteurs issus des juridictions des comptes (Cour des comptes et CRTC) étaient les plus nombreux. Cette situation de fait, qui ne reposait sur aucune règle, semble découler d'un « partage des tâches » historique entre Cour des comptes et Conseil d'État au sein de la CDBF.

À noter que le rôle du Conseil d'État au sein de la CDBF s'était plutôt accru au cours des trente dernières années de l'existence de la CDBF ; d'une part, en cas d'empêchement du président, c'était le vice-président de la CDBF, donc le président de la section des finances au Conseil d'État, qui présidait la juridiction financière répressive, et ce depuis la loi de codification de 1995 ; d'autre part, avec la création de deux sections, en 2005, dont l'une avait à sa tête le vice-président de la CDBF, ce dernier présidait la séance de jugement d'environ une affaire sur deux.

152.13 Dépendance de la CDBF à l'égard de la Cour des comptes. La CDBF était, dans son fonctionnement, très dépendante de la Cour des comptes ; cela ne valait pas seulement pour les déférés et l'origine de son personnel, Parquet ou siège, mais également sur le plan de la gestion.

En effet, en application des textes en vigueur à l'époque, la CDBF siégeait à la Cour des comptes. Cela signifiait que la juridiction était obligée de se réunir, géographiquement, dans le bâtiment qui héberge la Cour des comptes, c'est-à-dire actuellement le Palais Cambon, rue Cambon dans le 1er arrondissement de Paris. Chaque arrêt précisait d'ailleurs que la CDBF s'était réunie au Palais Cambon : « La Cour de discipline budgétaire et financière, siégeant à la Cour des comptes... ».

Compte tenu de la mixité de la juridiction, on aurait pu penser que le législateur – puis le pouvoir réglementaire – prévoient une possibilité d'alternance, entre le Palais Cambon et le Palais-Royal, siège notamment du Conseil d'État : s'il n'en a pas été ainsi, c'est que le principe de mixité n'a jamais été un principe de parité entre ces deux institutions, la CDBF, en tant que juridiction financière, étant finalement plus proche de la Cour des comptes.

Pourquoi la CDBF ne disposait-elle pas d'un bâtiment consacré ? Parce que d'une part le législateur a voulu marquer y compris géographiquement dans les textes le rattachement de cette juridiction d'exception à la Cour des comptes, et d'autre part parce que son volume d'activité ne le justifiait point. À cet égard, d'autres juridictions spécialisées à faible activité qui disposent d'un bâtiment propre, comme par exemple la Cour de justice de la République, se trouvent dans des situations incomparables (la CJR est une institution constitutionnelle).

Le « rattachement » de la CDBF à la Cour des comptes se traduisait également dans la gestion. En effet, le secrétaire général et les greffiers étaient mis à sa disposition par la Cour des comptes, ainsi que leur « habillage » (salaires, locaux, équipements, frais postaux, fluides). Le « budget » de la CDBF, qui comprenait avant tout les indemnités versées aux collaborateurs de cette juridiction, était partie intégrante de celui de la Cour des comptes.

152.14 Composition de la CDBF. La Cour de discipline budgétaire et financière était composée d'un président, d'un vice-président et de membres répartis en deux sections. Le Premier président de la Cour des comptes était ès qualités président de la CDBF. Le président de la section des finances du Conseil d'État était ès qualités vice-président de la CDBF[1]. Les attributions de président et de vice-président étant légalement attachées à des fonctions déterminées dans d'autres institutions, en l'occurrence de Premier président de la Cour des comptes et de président de la section des finances, ces deux personnes n'avaient pas, contrairement à ce qui prévalait pour les membres, besoin d'être nommées, par un acte juridique distinct, dans leurs fonctions à la CDBF.

La CDBF comportait deux sections, depuis une réforme intervenue en 2005 ; chaque section était présidée respectivement par le président et par le vice-président de la CDBF.

Les membres de la CDBF étaient nommés par décret en conseil des ministres pour une durée de cinq ans[2]. Ils devaient être en nombre égal des conseillers d'État et des conseillers maîtres à la Cour des comptes ; soulignons au passage que cette règle de

1. Depuis la loi de codification de 1995 instaurant le code des juridictions financières ; auparavant, la loi de 1948 disait : « un » président de section au Conseil d'État.
2. Depuis une réforme de 1963 (v. ss nos 045.21 s) ; auparavant la durée était de trois ans. L'allongement du mandat a été justifié dans l'exposé des motifs par « la solennité de la procédure de nomination », rendant souhaitable que « les renouvellements de fonctions ne soient pas trop fréquents » (Doc. parl. AN, annexe no 449, 1963, p. 722) – CJF, anc. art. L. 311-3, abrogé au 31 déc. 2022.

parité entre Conseil d'État et Cour des comptes était consacrée par la loi.

La Cour de discipline budgétaire et financière comportait, depuis la réforme de 2005 qui avait élargi sa composition et créé les membres suppléants, dix membres titulaires et six membres suppléants.

La nomination des membres (titulaires et suppléants) se faisait dans la pratique sur proposition du président de la CDBF, après avis du ministère public, même si les textes étaient muets sur ce point ; s'agissant des membres issus du Conseil d'État, des propositions étaient formulées par le Vice-président du Conseil d'État au Président de la CDBF qui les reprenait à son compte pour les transmettre au Gouvernement ; aucun cas de différend entre la Cour des comptes, le Conseil d'État, le ministère public et le Gouvernement, concernant la nomination de membres, n'est connu des auteurs.

C'est le Président de la CDBF qui décidait de la composition des deux sections, cette décision donnant lieu à un acte écrit ; il est précisé que la règle de parité entre Cour des comptes et Conseil d'État, qui est non seulement de valeur législative, mais fait partie de l'identité même de la CDBF, se retrouvait également au niveau de chaque section, du moins dans leur composition théorique (*de facto*, l'empêchement d'un ou plusieurs membres pouvait engendrer un déséquilibre entre les deux corps, même s'il devait y avoir en toute hypothèse toujours au moins un conseiller d'État et un conseiller maître à la Cour des comptes dans toute formation).

La CDBF, qui n'avait quasiment pas de personnel propre ou entièrement affecté, fonctionnait grâce à des « emprunts » extérieurs. Cela valait aussi pour les rapporteurs auprès de la CDBF, qui provenaient de corps et institutions différents (juridictions administratives générales et juridictions financières).

152.15 Secrétaire général et greffe de la CDBF. La loi prévoyait, de façon lapidaire, que le secrétariat de la CDBF était « assuré par les services de la Cour des comptes »[1]. Dans la pratique, depuis les années 1990, un conseiller référendaire à la Cour des comptes assurait, à mi-temps, ces fonctions, avec le titre de secrétaire général. Il était nommé par décision du Premier président de la Cour des comptes (et non par décision du Président de la CDBF - même s'il s'agissait physiquement de la même personne), puisque d'après le texte susvisé il incombait à la Cour des comptes d'assurer le secrétariat de la CDBF associée.

Aucun texte, même interne à la Cour de discipline budgétaire et financière, ne venait préciser les attributions de ce secrétaire général de la CDBF. Les fonctions exercées étaient très variées ; il supervisait et mettait en œuvre, avec le greffe, l'ensemble de la gestion de la juridiction, sous l'autorité du président de la Cour et de son vice-président ; il préparait la programmation annuelle, suivait la nomination et la désignation des rapporteurs, préparait le rôle des audiences, supervisait la préparation matérielle des séances ; il suivait les délais d'instruction, veillait à la régularité de la procédure avec le greffe et le Parquet ; il préparait aussi le rapport annuel de la CDBF.

Enfin, le ou les greffiers étaient choisis parmi les fonctionnaires de la Cour des comptes et nommés par le Président de la Cour.

1. CJF, ancien art. L. 311-7, abrogé le 31 déc. 2022.

CHAPITRE

153. Bilan et apport historique de la CDBF

SECTION 0

ORIENTEUR

153.00 Sommaire du chapitre.

SECTION UNIQUE

IMPORTANCE DE L'APPORT DE LA CDBF À LA RESPONSABILITÉ FINANCIÈRE DES GESTIONNAIRES PUBLICS

153.11 Bilan et apport de la CDBF dans l'histoire des juridictions financières. Si la CDBF a disparu en tant que juridiction, son contentieux demeure, puisque matériellement, c'est le contentieux répressif de la CDBF qui a servi de modèle pour le régime de responsabilité financière des gestionnaires publics actuellement en vigueur[1] ; on peut donc soutenir que la réforme de 2022[2] a finalement consacré la « réussite » du contentieux financier répressif, pourtant plus récent historiquement que le jugement des comptes des comptables, en s'imposant à ce dernier. On peut affirmer avec Christophe Pierucci que « par ses enseignements, cette expérience [celle de la CDBF] a contribué à crédibiliser le modèle de responsabilité financière répressive »[3].

Inversement, pour la Cour des comptes, ses compétences juridictionnelles, limitées au jugement des comptes des comptables publics, ont disparu, mais l'institution a survécu en reprenant matériellement le contentieux répressif relevant jusque-là de la CDBF.

L'apport historique de la CDBF ne doit donc pas être sous-estimé.

Par ailleurs, la mixité de la composition de la CDBF peut, avec Thierry Savy, son dernier secrétaire général, être qualifié de « pari réussi d'une identité propre de la CDBF »[4] ; elle a forcément inspiré la composition actuelle de la Cour d'appel financière (CAF), donnant ainsi comme une « seconde vie » à la CDBF dans l'héritage de laquelle elle s'inscrit[5].

Ce qui a toujours posé problème à la CDBF, c'est son absence de moyens humains pour traiter les affaires. La responsabilité en incombe avant tout à la Cour des comptes, à laquelle la CDBF était « associée » et dont elle était essentiellement tributaire, au point qu'on a pu dire que la CDBF était plutôt une « juridiction dissociée » de la Cour des comptes[6]. La CDBF n'a jamais été la priorité de la Cour des comptes, ni en moyens adaptés ni en professionnalisation du siège et du parquet : le résultat a été un cercle vicieux se traduisant par un nombre trop limité de déférés et d'arrêts[7]. Dans le même sens, si la responsabilité devant la CDBF a pu être qualifiée de « mécanisme

1. N. Groper, *Réflexions autour du contrôle répressif des ordonnateurs*, Séminaire itinérant de la Société Française de Finances Publiques. « JF 2025 : La réforme des juridictions financières », colloque du 16 déc. 2021. Première table ronde : « Être une juridiction financière à l'horizon 2025 » *GFP* 2022, nº 2, p. 22.
2. V. s^{s} nº 051.11.
3. C. Pierucci, « "Faire vivre une responsabilité financière des ordonnateurs (1948-2022)" : la Cour de discipline budgétaire et financière », *in* C. Hirsch (dir.), *Le temps des responsabilités financières 1822-2022*, La Documentation française 2023, p. 89.
4. T. Savy, « La Cour de discipline budgétaire et financière, histoire d'un paradoxe », *in* C. Hirsch (dir.), *Le temps des responsabilités financières 1822-2022*, La Documentation française 2023, p. 109.
5. C. Pierucci, « "Faire vivre une responsabilité financière des ordonnateurs (1948-2022)" : la Cour de discipline budgétaire et financière », préc., p. 107.
6. T. Savy, « La Cour de discipline budgétaire et financière, histoire d'un paradoxe », préc., p. 117.
7. T. Savy, « La Cour de discipline budgétaire et financière, histoire d'un paradoxe », préc., p. 122-123.

de responsabilité empêchée »[1], ce constat se fonde non seulement sur les restrictions dans son champ (justiciables, infractions), mais aussi sur le manque de moyens de la juridiction censée l'appliquer.

Néanmoins, « les critiques que la CDBF a pu essuyer depuis sa création en 1948 ont été nombreuses, parfois contradictoires dans leurs justifications et pas toujours méritées »[2] : surtout, l'héritage de la CDBF détermine et structure quand même très fortement le régime de responsabilité financière des gestionnaires publics aujourd'hui en vigueur, et sa jurisprudence constitue la base de celle qu'élabore désormais la Cour des comptes. Le présent ouvrage en témoigne.

1. C. Pierucci, « "Faire vivre une responsabilité financière des ordonnateurs (1948-2022)" : la Cour de discipline budgétaire et financière », préc., p. 89.

2. T. Savy, « La Cour de discipline budgétaire et financière, histoire d'un paradoxe », préc., p. 123.

LIVRE

2. LE NOUVEAU RÉGIME DE RESPONSABILITÉ UNIFIÉ DE DROIT PUBLIC FINANCIER : PRINCIPES GÉNÉRAUX ET COMPÉTENCE

SECTION 0

ORIENTEUR

2.00 **Sommaire du livre.**

TITRE

21. Ni pénal ni disciplinaire : caractère *sui generis* des sanctions de droit public financier et ses conséquences

SECTION 0 ORIENTEUR

21.00 **Sommaire du titre.**

21.05 **Présentation.** Le régime de responsabilité financière des gestionnaires publics établi en droit public financier a une nature spécifique, ni pénale ni disciplinaire, même si, en tant que système répressif de sanction des fautes de gestion commises dans la sphère publique, il emprunte certes aux principes du contentieux pénal au sens large.

Ces caractéristiques se traduisent par une sanction (amende) particulière, qui ne s'assimile ni aux sanctions pénales[1] ni aux sanctions disciplinaires[2] avec lesquelles le cumul est en principe possible (dans certaines limites)[3] et qui ne sont pas effaçables dans le cadre de lois d'amnistie portant sur des sanctions pénales ou disciplinaires[4].

Dès lors, la juridiction financière, juridiction administrative spécialisée de nature financière chargée de la mise en œuvre de ce régime de responsabilité, revêt également une nature spécifique, ce qui a des conséquences sur les relations qu'elle entretient avec les autres juridictions et institutions.

1. CE 29 janv. 2025, *Société UGGC Avocats et Mme C.*, nº 497840, *Lebon* tables. Lire § 11.
2. Sur les sanctions de droit public financier et leur nature, v. s^s^ n°s 211.11 s. ; et sur les amendes plus spécifiquement v. s^s^ nº 471.12.
3. V. s^s^ nº 212.21.
4. V. s^s^ nº 213.11.

CHAPITRE

211. Régime de répression *sui generis*

SECTION 0
ORIENTEUR

211.00 Sommaire du chapitre.

211.03 Bibliographie indicative.

Articles. P. Mouzet, « La "responsabilité financière" existe-t-elle ? », *AJDA* 2014. 2497 ; L. Philip, « La Cour de discipline budgétaire et financière », *Rev. sc. fin.* oct.-déc. 1964, vol. 56, p. 780 ; G. Vedel, « La responsabilité des administrateurs devant la Cour de discipline budgétaire », *Rev. sc. législ. fin.* 1949, p. 127.

Contribution. N. Groper, « "Disciplinaire", la Cour de discipline budgétaire et financière ? », *in* Collectif, *Écrits de droit public, financier et constitutionnel. Mélanges en l'honneur de Michel Lascombe*, Dalloz 2020, p. 201

SECTION 1
AFFIRMATION DE LA NATURE *SUI GENERIS* DU DROIT PUBLIC RÉPRESSIF

211.11 Caractère spécifique du contentieux financier. Le caractère spécifique du système de répression des fautes de gestion en droit public financier ne fait aucun doute, malgré les débats en doctrine, et malgré les termes utilisés par la jurisprudence constitutionnelle discutée plus loin.

Cette spécificité du régime de responsabilité se traduit par une sanction spécifique et une juridiction spéciale, ces trois éléments étant étroitement liés.

« La création de la loi du 25 septembre 1948 d'une Cour de discipline budgétaire a répondu au vœu souvent exprimé par les corps de contrôle de voir instituer une procédure permettant de réprimer plus efficacement qu'il n'était possible de le faire sur le plan pénal ou disciplinaire les irrégularités commises par les ordonnateurs des dépenses publiques »[1]. Et la même personnalité du Conseil d'État de poursuivre : « pour briser la tradition d'irresponsabilité des ordonnateurs l'on a cru devoir créer une institution d'un genre tout nouveau en France, dont les traits sont empruntés à la fois au droit pénal et au droit disciplinaire, difficilement classable dans les catégories existantes ». Dans le même sens, un autre commissaire du Gouvernement pouvait affirmer : « la Cour de discipline budgétaire constitue une juridiction administrative créée pour réprimer plus efficacement qu'il n'était possible de le faire sur le plan pénal ou disciplinaire, les irrégularités commises par les ordonnateurs des dépenses publiques »[2].

Les représentants de la doctrine, comme Loïc Philip, ont abondé dans le même sens : « que l'on ait recours à des critères d'ordre formel ou d'ordre matériel, ces sanctions, qui se distinguent nettement de la réparation civile, ne se rattachent vraiment ni au droit disciplinaire, ni au droit pénal. Sans doute, du point de vue procédural, elles s'apparentent dans une large mesure aux sanctions pénales »[3].

D'autres auteurs, comme le doyen Colliard, ont pu prendre la question autrement, avec un résultat

1. Concl. A. Bernard s^s CE, ass., 30 juin 1961, *Procureur général près la Cour des comptes c/ Mazer*, req. n° 48190 ; *Lebon* 451 ; *RD publ.* 1961. 845 ; A. Froment-Meurice, J.-Y. Bertucci, N. Hauptmann et C. Michaut, *GAJF*, 7e éd. 2019, n° 19, p. 217.
2. Concl. M.-D. Hagelsteen s^s CE 16 mai 1980, *Sieur Melki*, req. n° 07016 ; *RD Publ.* 1981. 228.
3. L. Philip, « La Cour de discipline budgétaire et financière », *Rev. sc. fin.* oct.-déc. 1964, vol. 56, p. 780.

similaire, en considérant que le système répressif ainsi instauré par la loi de 1948 empruntait un peu au pénal (la répression, les amendes), à la procédure disciplinaire et même à la responsabilité civile (l'amende ressemblant à une « réparation forfaitaire » du fait de son enserrement dans un plancher et un plafond) [1].

211.12 Conséquences du caractère *sui generis* du contentieux financier. Le code des juridictions financières lui-même, en autorisant par principe le cumul des sanctions financières avec celles du droit pénal et les sanctions disciplinaires, abonde dans le sens d'un caractère *sui generis* du système répressif de droit public financier, puisque si tel n'était pas le cas, le cumul ne serait pas autorisé [2].

La nature particulière des sanctions de droit public financier entraîne principalement deux conséquences pratiques importantes traitées plus loin : premièrement, ces sanctions peuvent se cumuler avec les sanctions pénales et les sanctions disciplinaires [3] ; deuxièmement, elles ne sont pas affectées par des lois d'amnistie pénales ou disciplinaires [4].

SECTION 2
NATURE NON DISCIPLINAIRE DU CONTENTIEUX FINANCIER

211.21 Ressemblance avec la matière disciplinaire. Jusqu'à l'intervention d'une décision du Conseil constitutionnel, en 2014 [5], doctrine et jurisprudence s'accordaient, malgré des débats, à considérer que le contentieux financier répressif n'entrait pas dans la catégorie des sanctions disciplinaires, du moins pas au sens traditionnellement attaché à cette notion.

Le Conseil constitutionnel a pourtant expressément qualifié le contentieux financier de « matière disciplinaire » [6] et la CDBF de « juridiction disciplinaire spéciale » [7]. Cette position a été amplement débattue [8], même si sa portée pratique semble relativement limitée, comme on verra plus loin.

Certains auteurs ont en effet pu voir de fortes ressemblances avec les régimes de responsabilité disciplinaires. Ainsi selon J.-M. André [9], « certes la Cour est une juridiction à part entière ; cependant, elle se rapproche à bien des égards d'une instance disciplinaire. En effet, la sanction des infractions aux règles de la comptabilité publique apparaît comme un contentieux essentiellement interne à l'administration » ; il cite comme argument également le fait que les ministres et élus ne sont pas justiciables, alors que les ministres, autorités disciplinaires, font partie des autorités de déféré, ce qui soulignerait le « caractère disciplinaire de la fonction de la Cour ». Cet auteur introduit une distinction (possible en effet) entre la nature de l'institution (la CDBF serait de nature disciplinaire) et le caractère pénal de ses amendes au regard de la CEDH (cette dernière en effet a pu juger par exemple qu'une instance disciplinaire pouvait trancher des contestations de caractère civil [10]). P. Saunier va dans le même sens : « La faute de gestion est une faute disciplinaire. Il s'agit d'un manquement aux obligations professionnelles des agents engageant les finances publiques, dont la répression est juridictionnalisée » [11].

211.22 Arguments contre la nature disciplinaire du contentieux financier. Selon d'autres auteurs, « la norme transgressée ne concerne pas un groupe social précis » [12] ; la norme sanctionnée est bien générale dès lors qu'elle « s'applique à tous ceux, sans exception, qui peuvent objectivement se trouver en position de commettre l'infraction » [13].

C'est cette approche, qui évite un rapprochement trop serré avec les sanctions disciplinaires, qui doit être privilégiée, et ce malgré les termes utilisés par le Conseil constitutionnel.

Comme les anciennes amendes pour gestion de fait auxquelles les amendes prononcées par la CDBF ont été assimilées, les sanctions prononcées dans le cadre du régime de responsabilité financière des gestionnaires publics ne sont pas de nature disciplinaire au sens strict.

1. C.-A. Colliard, « Les irrégularités budgétaires et leurs sanctions », *D.* 1949. 66.
2. Sur le principe du *non bis in idem*, v. s[s] n° 212.11.
3. v. s[s] n° 212.21.
4. v. s[s] n° 213.11.
5. Cons. const. 24 oct. 2014, *Stéphane R. et autres*, n° 2014-423 QPC ; *Rec.* 181 ; *Constitutions* 2014, p. 492, note O. Le Bot ; P. Mouzet, « La "responsabilité financière" existe-t-elle ? », *AJDA* 2014. 2497 ; *RFDA* 2014. 1218, chron. A. Roblot-Troizier et G. Tusseau ; A. Froment-Meurice, J.-Y. Bertucci, N. Hauptmann et C. Michaut, *GAJF*, 7e éd. 2019, n° 20, p. 228.
6. Cons. const. 24 oct. 2014, *Stéphane R. et autres*, n° 2014-423 QPC, n° 32.
7. Cons. const. 24 oct. 2014, *Stéphane R. et autres*, n° 2014-423 QPC, n° 36.
8. Pour une critique détaillée de la décision du juge constitutionnel, v. N. Groper, *« Disciplinaire », la Cour de discipline budgétaire et financière ?* dans *Écrits de droit public, financier et constitutionnel. Mélanges en l'honneur de Michel Lascombe* (ouvrage collectif), Dalloz 2020, p. 201.
9. Note J.-M. André s[s] CE, sect., 30 oct. 1998, *Lorenzi* (req. n° 159444), *LPA* 1999, n° 11, p. 12 s.
10. CEDH 23 juin 1981, *Le Compte, Van Leuven et De Meyer.*
11. P. Saunier, « La faute de gestion dans la jurisprudence de la CDBF », *RFDA* 1992. 1057.
12. Note C. Pierucci s[s] CE, sect., 30 oct. 1998, *Lorenzi* (req. n° 159444) ; *RFFP* 1999, n° 66, p. 195.
13. Note G. Eckert s[s] CE, sect., 30 oct. 1998, *Lorenzi* (req. n° 159444) ; *RD publ.* 1999. 637 ; – *Contra* : concl. Mme Daussun s[s] le même arrêt.

Contrairement à ce que pourrait suggérer son nom, la Cour de discipline budgétaire et financière n'était pas une instance disciplinaire, même si elle y ressemblait à certains égards, notamment parce que son champ de répression était limité à certains « professionnels », ceux qui participent à la gestion publique entendue au sens large, et parce que sa procédure faisait initialement une place à un avis des commissions administratives paritaires (CAP).

Le système de répression des fautes de gestion est bien un véritable régime de responsabilité juridictionnel, contrairement à la procédure disciplinaire ; il aboutit à des sanctions quasi-pénales (amendes) et non pas à des sanctions « professionnelles » (blâme, mise à pied...).

Par ailleurs, comme nous l'avons vu plus haut, l'assimilation du champ du contentieux financier à un domaine professionnel déterminé paraît peu pertinente dans la mesure où le champ des justiciables de la Cour est au contraire fort étendu[1], recouvrant précisément des professions ou des fonctions fort différentes (élus locaux ; fonctionnaires de l'État ; dirigeants d'associations de bienfaisance ; PDG d'entreprises publiques ou privées subventionnées...). En témoigne d'ailleurs la diversité de la jurisprudence de la CDBF et désormais de la Cour des comptes, qui applique selon les structures concernées des normes professionnelles fort diverses. Parler dans ce contexte de sanctions disciplinaires, ce qui renverrait à l'existence d'une catégorie professionnelle précise soumise à des règles spécifiques, paraît donc peu pertinent.

Notons que l'adjectif « disciplinaire » dans son nom ne se référait pas à la nature de la Cour de discipline budgétaire et financière ni à celle de son contentieux ; ce n'est pas la juridiction qui est une instance « disciplinaire » : ce qui doit être discipliné, ce sont les budgets et les finances, et c'est dans cet objectif qu'a été créée une juridiction administrative particulière qui condamne à des amendes... L'objet du contentieux financier répressif n'est donc pas la sanction disciplinaire, mais la protection de l'ordre public financier, qui va au-delà des règles propres à une profession particulière, parce que son champ de compétence va nettement au-delà d'une seule profession.

« C'est précisément parce que la Cour [de discipline] n'est pas une juridiction disciplinaire *stricto sensu* et que les amendes n'ont pas le caractère disciplinaire que la loi nouvelle [celle de 1948] ne déroge pas au statut de la fonction publique »[2], contrairement à ce que soutenaient au Parlement certains députés hostiles au projet de la loi qui voyaient dans ce nouveau régime de responsabilité une version nouvelle du pouvoir disciplinaire et donc une remise en cause du statut du fonctionnaire[3].

Enfin, la CDBF comme le Conseil d'État ont toujours considéré que ses sanctions n'étaient pas de nature disciplinaire ou professionnelle, à l'instar des amendes pour gestion de fait qui lui ont servi de modèle[4].

En conclusion sur cette controverse, largement sémantique, on peut considérer que l'argument principal pour affirmer que la responsabilité financière des gestionnaires publics n'est pas une responsabilité disciplinaire est le fait que ces deux types de responsabilité ne poursuivent pas les mêmes finalités, et ne protègent pas les mêmes intérêts sociaux. C'est d'ailleurs pour cette raison que non seulement la loi affirme que le cumul des poursuites est possible sur le fondement des deux régimes, mais que la jurisprudence, y compris constitutionnelle, n'y applique aucun interdit, ni plafonnement - contrairement à ce qui se passe en cas de doubles poursuites avec le pénal.

Ce qui semble essentiel, ce n'est donc pas tant le fait que le Conseil constitutionnel ait recours, de façon discutable, à l'adjectif « disciplinaire », mais que la portée de cette qualification n'entrave pas les finalités et spécificités du contentieux financier, qui, elles, n'ont jamais été contestées : ainsi, ce même Conseil a-t-il jugé que « le principe de la nécessité des peines ne fait pas obstacle à ce que les mêmes faits commis par une même personne puissent faire l'objet de poursuites différentes aux fins de sanctions de nature disciplinaire ou pénale en application de corps de règles distincts devant leurs propres ordres de juridictions ; [...] que ce cumul de poursuites peut conduire à un cumul de sanctions prononcées, d'une part, par la Cour de discipline budgétaire et financière et, d'autre part, par une juridiction pénale ou une autorité disciplinaire »[5].

1. Sur le champ des justiciables, v. s^{s} n° 311.11.
2. G. Vedel, « La responsabilité des administrateurs devant la Cour de discipline budgétaire », *Rev. sc. législ. fin.* 1949, p. 127.
3. Le parallèle avec les sanctions disciplinaires a été poussé tellement loin (à tort), qu'il a même été proposé par un député d'inclure des syndicalistes parmi les membres de la Cour de discipline budgétaire.
4. PAR EX. : CDBF 22 janv. 1992, *Centre de formation des personnels communaux [CFPC], Rev. Trésor* 1993. 35 ; *Lebon* 627 ; *Rec.*, p. 127 – CDBF 4 déc. 2002, *Caisse centrale de la mutualité agricole [CCMSA] et SCI Mutualité Astorg, Rev Trésor* 2004. 48, note M. Lascombe et X. Vandendriessche ; *Rec.*, p. 112 ; *Lebon* 559 ; – Confirmé en cassation par CE 15 nov. 2006, M. *Gallet*, req. n° 253904 ; *Lebon* 466 ; *AJDA* 2007. 697, note C. Biscaïno ; *Rev. Trésor* 2007. 722, note M. Lascombe et X. Vandendriessche ; *LPA* 2007, n° 131, p. 11, note S. Petit ; *Rec.*, p. 130.
5. Cons. const. 24 oct. 2014, *Stéphane R. et autres*, n° 2014-423 QPC ; *Rec.* 181 ; *Constitutions* 2014. 492, note O. Le Bot ; P. Mouzet, « La "responsabilité financière" existe-t-elle ? », *AJDA* 2014. 2497 ; *RFDA* 2014. 1218, chron. A. Roblot-Troizier et G. Tusseau ; A. Froment-Meurice, J.-Y. Bertucci, N. Hauptmann et C. Michaut, *GAJF*, 7e éd. 2019, n° 20, p. 228. Ici § 35 de la décision.

Disciplinaire ou non, la responsabilité financière des gestionnaires publics occupe donc assurément une place spécifique, distincte de celle relevant des « autorités disciplinaires ».

SECTION 3
NATURE NON PÉNALE DU CONTENTIEUX FINANCIER

211.31 Régime répressif non pénal. La Cour de discipline budgétaire et financière elle-même a qualifié son contentieux de « répressif »[1]. Cette position de principe ne change pas avec le transfert de son contentieux à la Cour des comptes dans le cadre de la réforme entrée en vigueur le 1er janvier 2023[2].

Le Conseil d'État a toujours eu la même position depuis l'arrêt de section du 30 octobre 1998, *Lorenzi*[3], en décidant que la CDBF devait « être regardée comme décidant du bien-fondé d'"accusations en matière pénale" au sens des stipulations précitées de la Convention européenne de sauvegarde des droits de l'Homme et des libertés fondamentales » (Conv. EDH, art. 6, § 1). Ceci a été confirmé par la CEDH elle-même[4].

« Il est incontestable que la Cour de discipline budgétaire a été instituée dans un but répressif [...]. En témoigne d'ailleurs le vocabulaire employé par la loi du 25 septembre 1948 qui la crée (emploi des termes "infraction" ou "sanction") »[5].

Même si l'on a pu lire, de façon indirecte (car ce n'était pas directement la question posée à la juridiction[6]), le contraire[7], il ne paraît pas contestable que le contentieux financier n'est pas pénal[8] (au sens strict du droit français[9]), même s'il est répressif et qu'on lui applique donc certains principes de la procédure pénale[10]. En effet, les sanctions de droit public financier ne partagent pas un certain nombre de caractéristiques des sanctions pénales (pas de casier judiciaire ; pas de condamnation à une peine avec sursis).

Le contentieux des fautes de gestion est donc certes répressif (ou : de nature quasi-pénale), ce qui explique que nombre de règles issues de la procédure pénale s'appliquent à lui par analogie, mais il n'est pas pénal au sens strict (au sens du droit interne) ; une loi d'amnistie concernant le pénal ou le disciplinaire, mais qui ne vise pas directement les sanctions prononcées par le juge financier, ne s'appliquera donc pas à son contentieux[11]. Enfin, cette nature non pénale des sanctions de droit public financier leur permet de se cumuler avec des sanctions pénales.

Cette question de savoir si le contentieux devant la CDBF est de nature pénale ou non a été posée au Conseil constitutionnel, et elle a son importance, car dans l'affirmative, la procédure applicable devant elle doit être, en vertu de l'article 34 de la Constitution, obligatoirement législative, et dans la négative, elle est du ressort du pouvoir réglementaire.

Le juge constitutionnel a, sans surprise, dans une décision de principe importante[12], considéré que la CDBF, bien que son contentieux soit de nature répressive et tombe sous le volet pénal de la Convention européenne précitée, ne constituait pas pour autant, en droit français interne, une juridiction pénale ; sa procédure relève dès lors du pouvoir réglementaire, ce qui a d'ailleurs ouvert la voie à la réforme de 2005[13] améliorant le fonctionnement de cette Cour, puis d'autres réformes réglementaires concernant la CDBF d'abord, la Cour des comptes ensuite.

En effet, la Cour des comptes – et il en était de même de la CDBF – est une juridiction administrative spécialisée, dont les arrêts relèvent en cassation du Conseil d'État. En outre et logiquement, les pour-

1. CDBF 21 avr. 1959, *Direction technique et industrielle de l'aéronautique du secr. d'Ét. aux Forces Armées [air], CCP* nº 2, p. 28 ; *Lebon*, 897 ; – CDBF 4 avr. 2001, *OPIHLM de la région de Creil, Rev. Trésor* 2001. 799, note M. Lascombe et X. Vandendriessche.
2. V. toutefois les nuances apportées par F. Gaullier-Camus, « Le régime de responsabilité financière des gestionnaires publics est-il entièrement et uniquement répressif ? », *in* S. Damarey et N. Groper, *Responsabilité financière des gestionnaires publics*, Dalloz, 2024, p. 191.
3. *CE* 30 oct. 1998, *Lorenzi*, req. nº 159444 ; *Lebon* 374 ; *Rec.* 1998, p. 149 ; *AJDA* 1998. 1047 ; *RFDA* 1999. 1022, note H. Surrel ; *RD publ.* 1999. 633, note G. Eckert ; *LPA* 1999, nº 11, p. 12, note J.-M. André ; *RFFP* 1999, nº 66, p. 189, note C. Pierucci ; *Dr. adm.* 1998, nº 373.
4. CEDH 26 sept. 2000, *Guisset c/ France*, nº 33933/96 ; *AJDA* 1998. 988, note J.-F. Flauss.
5. Note H. Surrel s/s CE, sect., 30 oct. 1998, *Lorenzi (*req. nº 159444*), RFDA* 1999. 1025.
6. Le terme « pénal » apparaît dans les conclusions du commissaire du gouvernement, mais pas dans l'arrêt du Conseil d'État lui-même, qui d'ailleurs ne concerne pas la question de l'applicabilité des lois d'amnistie, mais la question de l'extinction de l'action publique en cas de décès d'une personne condamnée en CDBF.
7. Concl. E. Guillaume s/s CE 21 juill. 1989, *Aubert*, req. nº 99258 ; *Rev. Trésor* 1990. 213, note R. Ludwig.
8. Ce point a été clairement tranché par le Conseil d'État : CE 29 janv. 2025, *Société UGGC Avocats et Mme C.*, nº 497840, *Lebon* tables. Voir § 11 : « les amendes infligées par la Cour des comptes n'ont pas le caractère d'une sanction pénale ».
9. Il est toutefois « pénal » au sens de l'article 6, § 1 de la Convention EDH.
10. V. s/s nos 22.05 s.
11. V. s/s nos 213.11 s.
12. Cons. const. 3 mars 2005, nº 2005-198 L, *Nature juridique de dispositions du Code des juridictions financières concernant la Cour de discipline budgétaire et financière, JO* 9 mars, p. 3950 ; *LPA* 24 mars 2005, nº 59, p. 7, note J.-É. Schoettl ; *GAJF*, 5e éd., A. Froment-Meurice, J.-Y. Bertucci, N. Hauptmann et C. Michaut, *GAJF*, 7e éd. 2019, nº 18, p. 206.
13. Décr. nº 2005-677, 17 juin 2005 modifiant le livre III du code des juridictions financières, *JO* 18 juin, nº 5 ; – Sur l'histoire du contentieux financier, v. s/s nº 045.92.

suites devant la Cour ne font pas obstacle à l'exercice de l'action pénale[1], puisqu'elles sont de nature non pénale et que ces deux ordres de juridictions poursuivent des objectifs différents.

SECTION 4
DISTINCTION D'AVEC LES AUTRES SANCTIONS NON PÉNALES

211.41 **Sanctions administratives.** Les sanctions de droit public financier[2] n'entrent pas non plus dans d'autres catégories existantes, comme celles des amendes douanières, fiscales ou civiles.

Mais elles ont en commun avec ces dernières d'être des sanctions non pénales ; on peut également les ranger dans la catégorie des sanctions administratives, dans laquelle figurent aussi les sanctions des juridictions administratives dont la Cour des comptes fait partie[3].

1. Sur le cumul de poursuites et de sanctions, v. s^{s} n° 212.21.

2. Sur les sanctions et leur nature, v. spécifiquement, s^{s} n°s 471.12 s.

3. J. Bousquet, « Sanctions administratives et amendes infligées par les juridictions administratives », *in* P. Bourdon et L. Janicot (dir.), *Les sanctions administratives*, LEJEP, 2003, p. 41.

CHAPITRE

212. Possibilité de cumuler poursuites et sanctions et la question du *non bis in idem*

SECTION 0
ORIENTEUR

212.00 Sommaire du chapitre.

212.01 Texte applicable.

• **CJF,** art. L. 142-1-12

212.02 Jurisprudence de référence.

• **Cons. const. 24 oct. 2014,** *Stéphane R. et autres*, n° 2014-423 QPC ; *Rec.* p. 181

• **Cons. const. 1er juill. 2016,** *M. Stéphane R et autre*, n° 2016-550 QPC ; *Rec.* 203

212.03 Bibliographie indicative.

Articles. V. Mazzocchi, « Principe *non bis in idem*, que faut-il entendre par *bis* ? Droit administratif et droit public financier », *Dr. adm.* 2018, n° 3, chron. 1.

Contributions. M. Guyomar, « Le principe *Ne bis in idem* devant la Cour européenne des droits de l'homme », *in* C. Husson-Rochcongar et S. Kott (dir.), *La responsabilité financière des gestionnaires publics*, Actes du colloque du 8 novembre 2023 co-organisé par le Parquet général près la Cour des comptes et la Direction de la recherche de l'Institut national du service public, La Documentation française, 2024, p. 143 ; – P. Mouzet, « Le précepte *non bis in idem* », *in* S. Damarey et N. Groper, *Responsabilité financière des gestionnaires publics*, Dalloz, 2024, p. 215.

SECTION 1
DÉFINITION ET FONDEMENTS DU PRINCIPE DU *NON BIS IN IDEM*

212.11 Définition du principe du *non bis in idem*. Le principe du *non bis in idem* (ou *ne bis in idem*) « exprime l'autorité de la chose jugée au criminel sur le criminel. Il signifie qu'une décision pénale définitive empêche que les faits délictueux qui en ont fait l'objet ne donnent lieu à une nouvelle poursuite [...]. Le principe trouve sa meilleure justification dans la nécessité de donner au jugement pénal une autorité à l'abri de tout retour pour la bonne administration de la justice répressive et pour la sécurité des individus »[1].

Ce principe a deux facettes : l'une porte sur le cumul de poursuites, l'autre sur le cumul de sanctions[2] ; en droit administratif, il s'applique sous l'égide du Conseil constitutionnel et de la Cour européenne des droits de l'Homme.

212.12 Fondements du principe du *non bis in idem* et applicabilité aux sanctions administratives. Le principe du *non bis in idem*, adage ancien, est rattaché par le Conseil constitutionnel à l'article 8 de la DDHC selon lequel « la loi ne doit établir que des peines strictement et évidemment nécessaires, et nul ne peut être puni qu'en vertu d'une loi établie et promulguée antérieurement au délit, et légalement appliquée ». Le principe de nécessité des peines qu'il affirme englobe « toute sanction ayant le caractère d'une punition même si le législateur a laissé le soin

1. H. Roland et L. Boyer, *Adages du droit français*, 4e éd., Litec, 1999, n° 267, p. 534 ; – Sur la question du *non bis in idem*, v. aussi note S. Petit, ss CE 15 nov. 2006, M. *Gallet* (req. n° 253904), *LPA* 2007, n° 131, p. 11.
2. C. Malverti et C. Beaufils, « Sous des étoiles contraires : le juge administratif face au ne *bis in idem* », chronique de jurisprudence du Conseil d'État, *AJDA* 2019. 1150.

de la prononcer à une autorité de nature non juridictionnelle »[1], donc y compris les sanctions infligées par la Cour des comptes – et précédemment par la CDBF[2] – dans le cadre du régime de responsabilité financière des gestionnaires publics.

Ce même principe se trouve également affirmé par l'article 4 du Protocole additionnel n° 7 de la Convention européenne des droits de l'Homme, dont le juge a toutefois toujours écarté l'application, la France ayant émis une réserve qui précise que cette disposition ne joue qu'à l'intérieur de la procédure pénale[3].

L'article 14 du pacte international relatif aux droits civils et politiques[4] a également pu être invoqué devant la CDBF (mais écarté dans le cas d'espèce, car la violation affirmée du principe *non bis in idem* manquait en fait[5]).

Ce principe général se retrouve également dans plusieurs textes, comme à l'article 368 du Code de procédure pénale[6].

Ce principe s'applique au régime de responsabilité financière des gestionnaires publics car celui-ci est de nature répressive ; ce principe joue bien entendu à l'intérieur du contentieux financier (nul ne saurait être condamné deux fois pour les mêmes faits), mais aussi, et ce cas est plus délicat, dans la relation entre répression financière et d'autres régimes de responsabilité, comme on verra plus loin[7].

L'une des conséquences les plus tangibles à la fois de la nature *sui generis* de la responsabilité financière des gestionnaires publics et de sa nature répressive mais non pénale est la possibilité, par principe, de cumuler les poursuites et les sanctions avec les autorités pénales et le disciplinaire, avec toutefois des limites apportées principalement par la jurisprudence, et marginalement par les textes.

SECTION 2
INDÉPENDANCE ET CUMUL DES POURSUITES ET DES SANCTIONS PÉNALES, DISCIPLINAIRES ET FINANCIÈRES

212.21 Règle de principe : indépendance des poursuites et des sanctions pénales, disciplinaires et financières et possibilité de cumul. En vertu de l'article L. 142-1-12 du CJF, 1er alinéa, « les poursuites devant la Cour des comptes ne font pas obstacle à l'exercice de l'action pénale et de l'action disciplinaire ». Une règle similaire a toujours existé pour la CDBF[8]. En outre, l'indépendance de ces trois poursuites se trouve affirmée par le code général de la fonction publique[9].

Il en découle que ces trois types de poursuites peuvent s'exercer sur les mêmes faits, et que les trois types de sanctions auxquelles les procédures peuvent donner lieu sont susceptibles de se cumuler.

Cette possibilité légale de cumul a été explicitement validée par le Conseil constitutionnel : « le principe de la nécessité des peines ne fait pas obstacle à ce que les mêmes faits commis par une même personne puissent faire l'objet de poursuites différentes aux fins de sanctions de nature disciplinaire ou pénale en application de corps de règles distincts devant leurs propres ordres de juridictions ; 36. Considérant qu'en vertu du premier alinéa de l'article L. 314-18 du code des juridictions financières [alors en vigueur[10]], « les poursuites devant la Cour ne font pas obstacle à l'exercice de l'action pénale et de l'action disciplinaire » ; que ce cumul de poursuites peut conduire à un cumul de sanctions prononcées,

1. Cons. const. 13 août 1993, *Loi relative à la maîtrise de l'immigration et aux conditions d'entrée, d'accueil et de séjour des étrangers en France*, déc. n° 93-325 DC.
2. Cons. const. 24 oct. 2014, *Stéphane R. et autres*, n° 2014-423 QPC ; *Rec.* p. 181 ; Constitutions 2014, p. 492, note O. Le Bot ; P. Mouzet, « La "responsabilité financière" existe-t-elle ? », *AJDA* 2014. 2497 ; *RFDA* 2014. 1218, chron. A. Roblot-Troizier et G. Tusseau ; A. Froment-Meurice, J.-Y. Bertucci, N. Hauptmann et C. Michaut, *GAJF*, 7e éd. 2019, n° 20, p. 228.
3. CDBF 2 déc. 2019, *Direction régionale des entreprises, de la concurrence, de la consommation, du travail et de l'emploi (Direccte) d'Alsace*, n° 238-794 ; *Rec.* 225 ; *AJDA* 2020. 617, chron. N. Hauptmann et N. Péhau ; mentionné dans GFP 2020, p. 163, chron. S. Damarey et X. Vandendriessche – Déjà, dans le passé, s'agissant de la CDBF, v. PAR EX. : note G. Eckert ss CE 30 oct. 1998, *Lorenzi* (req. n° 159444), *RD publ.* 1999. 633 ; v. aussi, sur cet arrêt, *Lebon* 374 ; *Rec.* 1998, p. 149 ; *AJDA* 1998. 1047 ; *RFDA* 1999. 1022 ; *LPA* 1999, n° 11, p. 12 ; *RFFP* 1999, n° 66, p. 189, note C. Pierucci – Position générale du Conseil d'État : CE ass. 12 oct. 2018, *Société Super Coiffeur*, n° 408567, *AJDA* 2018. 2390, chron. C. Nicolas et Y. Faure.
4. Pacte international relatif aux droits civils et politiques, art. 14.7 : « Nul ne peut être poursuivi ou puni en raison d'une infraction pour laquelle il a déjà été acquitté ou condamné par un jugement définitif conformément à la loi et à la procédure pénale de chaque pays ».
5. CDBF 15 déc. 2017, *Office national de l'eau et des milieux aquatiques* (ONEMA), n° 217-730-II ; *Rec.* p. 247 ; *AJDA* 2018. 2493, chron. N. Hauptmann et N. Péhau ; v. également V. Mazzocchi, « Principe *non bis in idem*, que faut-il entendre par *bis* ? Droit administratif et droit public financier », *Dr. adm.* 2018, n° 3, chron. 1.
6. CPP, art. 368 : « Aucune personne acquittée légalement ne peut plus être reprise ou accusée à raison des mêmes faits, même sous une qualification différente » – V. également C. Pén, art. 132-2 s.
7. V. ss n° 212.21.
8. CJF, anc. art. L. 314-18, en vigueur jusqu'au 31 déc. 2022.
9. CGFP, art. L. 125-2 : « Sans préjudice de l'action pénale ou disciplinaire, la responsabilité financière d'un agent public peut être mise en cause devant la Cour des comptes à raison des actes accomplis dans l'exercice de ses fonctions, dans les conditions et selon les modalités définies au chapitre Ier du titre III du livre Ier du code des juridictions financières ».
10. Aujourd'hui, la règle similaire figure au CJF, art. L. 142-1-12.

d'une part, par la Cour de discipline budgétaire et financière et, d'autre part, par une juridiction pénale ou une autorité disciplinaire ».

Cette solution, dégagée pour le contentieux CDBF, est transposable au contentieux financier issu de la réforme entrée en vigueur le 1er janvier 2023.

Souvent le cumul porte sur deux sanctions ; mais un triple cumul (pénal, disciplinaire et financier) est possible. Une sanction disciplinaire et une condamnation pénale ne font ainsi pas obstacle à une condamnation à une amende par le juge financier (sorte de "triple" sanction) ; mais ce cas de figure est rarissime en pratique [1].

Si le cumul avec des poursuites et sanctions disciplinaires ne connaît pas de limitations, ni dans la loi ni dans la jurisprudence, il n'en va pas de même du cumul avec le pénal, qui se trouve partiellement encadré [2].

212.22 Cumul de sanctions et circonstances atténuantes. Même lorsqu'un cumul de sanctions est possible, donc qu'il ne contrevient pas au principe du *non bis in idem*, rien n'empêche le juge financier de néanmoins tenir compte, au titre de circonstances atténuantes, de sanctions disciplinaires [3] ou d'amendes pénales déjà intervenues [4].

Le juge financier prendra également en compte, dans le calcul de l'amende, outre les sanctions déjà prononcées par le juge pénal, une action civile en réparation parallèle (en cas de plainte avec constitution de partie civile) [5].

SECTION 3
INTERDICTION DE CUMUL POUR CERTAINES INFRACTIONS

212.31 Interdiction légale de cumul avec le pénal : cas de la gestion de fait et de l'usurpation de fonctions publiques. Une première limitation, légale [6], concerne l'interdiction de cumuler une sanction pour gestion de fait dans le cas où un gestionnaire a déjà fait l'objet pour les mêmes opérations des poursuites au titre du délit prévu par l'article 433-12 du code pénal, sujet traité en détail avec l'infraction financière réprimant la gestion de fait [7].

212.32 Interdictions jurisprudentielles de cumul sur le fondement du principe de nécessité des peines. La jurisprudence constitutionnelle accepte le principe d'un cumul légal de cumuler des poursuites et sanctions de même nature, mais seulement lorsque les règles dont le non-respect est sanctionné ne protègent pas les mêmes intérêts sociaux.

Ainsi, si le principe demeure que « le principe de nécessité des délits et des peines ne fait pas obstacle à ce que les mêmes faits commis par une même personne puissent faire l'objet de poursuites différentes aux fins de sanctions de nature différente en application de corps de règles distincts », les cumuls éventuels de sanctions « doivent respecter le principe de nécessité des délits et des peines, ce qui implique qu'une même personne ne puisse faire l'objet de poursuites différentes conduisant à des sanctions de même nature pour les mêmes faits, en application de corps de règles protégeant les mêmes intérêts sociaux » [8].

Cette règle conduit le juge financier, sous le contrôle du juge de cassation, à vérifier au cas par cas, en cas de doubles poursuites sur les mêmes faits, si une infraction financière et une infraction pénale ne protègent pas les mêmes intérêts sociaux ; dans l'affirmative, la juridiction financière renonce à sanctionner lorsque le juge pénal l'a déjà fait sur les mêmes faits.

Inversement, cette règle ne saurait jouer en cas de sanctions de nature différente : ainsi, la sanction disciplinaire consistant en l'exclusion temporaire de fonctions n'est pas de même nature que l'amende de droit public financier, ce qui exclut l'application de la règle du *non bis in idem* [9]. C'est d'ailleurs le cas de toutes les sanctions disciplinaires : la règle ici invoquée ne saurait donc jouer qu'en cas de doubles poursuites avec le pénal, qui prononce également des sanctions pécuniaires.

Bien entendu, pour que le principe *non bis in idem* puisse jouer, il doit s'agir de poursuites et de sanctions sur les mêmes faits : en revanche, la Cour

1. CDBF 17 févr. 1988, *Direction des services vétérinaires des Alpes de Haute-Provence et Assoc. Groupement de défense sanitaire [GDS]*, *CCP*, n° 3, p. 122 ; *Lebon* 538.
2. V. ss n° 212.35.
3. CDBF 17 mai 1977, *Inra, Centre de recherches zootechniques et vétérinaires [CRZV] de Theix [Puy-de-Dôme], Lebon 679 (extraits)* ; *CCP*, n° 2, p. 135.
4. CDBF 15 juill. 2013, *Office des Postes et télécommunications de la Polynésie française*, n° 190-661 ; *Rec.* 209 ; *AJDA* 2013. 2544, chron. C. Michaut et P. Sitbon.
5. CDBF 29 juin 1978, *Sté de crédit immobilier « Les Prévoyants de l'avenir de la Charente Maritime » et SA d'HLM « Le Foyer de la Charente Maritime »*, *CCP*, n° 2, p. 157 ; *Lebon* 663.
6. CJF, art. L. 131-15.
7. Articulation entre infraction financière réprimant la gestion de fait et le délit pénal d'usurpation de fonctions publiques, v. ss n° 424.24.
8. Cons. const. 1er juill. 2016, *M. Stéphane R et autre*, n° 2016-550 QPC ; *Rec.* 203 (extraits) ; *Constitutions* 2016, p. 456, note F. Waserman ; *Constitutions* 2016, p. 468, note O. Le Bot ; *GFP* 2016, n° 6, p. 151, chron. S. Damarey, M. Lascombe et X. Vandendriessche.
9. CDBF 2 déc. 2019, *Direction régionale des entreprises, de la concurrence, de la consommation, du travail et de l'emploi (Direccte) d'Alsace*, n° 238-794 ; *Rec.* 225 ; *AJDA* 2020. 617, chron. N. Hauptmann et N. Péhau ; mentionné dans *GFP* 2020, p. 163, chron. S. Damarey et X. Vandendriessche – Dans le même sens : CDBF 9 oct. 2020, *Fonds de solidarité*, n° 243-828 ; *Rec.* 187 ; *AJDA* 2021. 616, chron. D. Guilbaud et N. Péhau.

n'a pas besoin de statuer sur la question du *non bis in idem*, invoquée par la défense, lorsque « dans sa décision de renvoi, le ministère public exclut explicitement du champ des faits poursuivis dans la procédure pénale » engagée à l'encontre de la personne renvoyée, car dans un tel cas, la Cour n'est pas saisie des faits ayant donné lieu à la procédure pénale, et le moyen soulevé manque donc en fait[1]. Dans le même sens, a été écartée l'application du principe du *non bis* lorsque les faits sont distincts : « 25. Il ressort [...] des informations portées à la connaissance de la Cour que les poursuites pénales ayant entraîné la condamnation de M. X étaient fondées sur l'attribution de marchés à des commissaires-priseurs en méconnaissance des règles applicables à la commande publique et relevaient du délit de favoritisme. Cette prévention est étrangère à la présente cause »[2].

L'interdiction de cumul suppose qu'une condamnation pénale définitive soit intervenue sur les mêmes faits ; si tel n'est pas (encore) le cas, le moyen soulevé selon lequel la règle du *non bis in idem* aurait été méconnue manque en fait[3].

N'est pas recevable non plus l'argument tiré d'une procédure pénale devenue définitive sur les mêmes faits, mais n'ayant pas abouti à sanction : le classement sans suite après une procédure d'enquête préliminaire pénale n'est pas un acte juridictionnel et n'a pas autorité de chose jugée ; et l'enquête préliminaire n'est pas un acte de poursuite au sens des dispositions de l'article 75 du CPP, ce qui exclut d'appliquer la règle du *non bis in idem*[4].

En résumé, les trois conditions cumulatives interdisant le cumul des sanctions, selon la jurisprudence constitutionnelle, sont les suivantes :

– Les sanctions prévues tendent à réprimer des faits matériellement identiques et qualifiés juridiquement de manière identique[5].

– Les sanctions ne sont pas de nature différente.

– Les intérêts sociaux protégés sont identiques.

Le tableau ci-après[6] schématise la situation actuelle des interdictions de cumul de sanctions, étant précisé que la jurisprudence pourra encore évoluer.

212.33 Interdictions de cumul imposées par la jurisprudence sur la base du principe du *non bis in idem*. Outre l'interdiction légale de cumuler l'infraction financière réprimant la gestion de fait avec le délit pénal d'usurpation de fonctions publiques[7], la jurisprudence a traité les cas suivants d'interdiction de cumul de sanctions financières et pénales :

– Les personnes condamnées au pénal pour délit de favoritisme sur les mêmes faits « ne peuvent faire l'objet d'une nouvelle sanction [par la CDBF] à ce titre »[8] sur la base de l'infraction aujourd'hui prévue à l'article L. 131-9 du CJF, qui réprime les violations de règles en matière de dépenses, y compris dans le domaine des marchés publics, ce dernier champ étant visé également par l'infraction pénale. Il ne s'agit donc pas d'une incompatibilité générale entre les deux infractions, mais seulement dans le domaine de la commande publique qui est couvert par le délit pénal de favoritisme, alors que l'infraction financière est plus large, couvrant d'autres irrégularités. Autre facteur permettant de relativiser la portée de cette interdiction de cumul : le champ pratique dans lequel cette infraction financière peut encore jouer a été très nettement réduit, depuis la réforme entrée en vigueur le 1er janvier 2023, aux seules irrégularités (en matière de commande publique comme dans d'autres domaines) ayant causé, par faute grave, un préjudice financier significatif[9]. Cette évolution favorise le délit pénal, plus facile à documenter, au détriment de l'infraction financière, ce qui limitera mécaniquement les cas de doubles poursuites[10].

– Interdiction de cumul de l'infraction financière réprimant l'engagement sans être habilité et du délit pénal d'usurpation de fonctions publiques[11] : « au cas d'espèce, compte tenu de la nature des sanctions pénales déjà prononcées et des intérêts sociaux en jeu,

1. CDBF 5 juill. 2022, *Société publique locale de Mayotte (SPL 976)*, n° 259-816 ; *Rec.* 141 ; *AJDA* 2022. 1952, chron. M. Choquet et N. Péhau ; *AJCT* 2023. 55.
2. C. comptes 24 nov. 2023, *Caisse de crédit municipal de Bordeaux (CCMB)*, n° 868, S-2023-1382 ; *Rec.* 38 ; *AJDA* 2023. 2381, chron. N. Péhau et L. Vergallo ; *JCP Adm.* 2024, n° 1, 2005 chron. S. Damarey ; *AJCT* 2024. 175, note C. Pierucci ; *Gaz. Pal.* 2024, n° 2, p. 70, note T. Dogan.
3. CDBF 15 déc. 2017, *Office national de l'eau et des milieux aquatiques* (ONEMA), n° 217-730-II ; *Rec.* 247 ; *AJDA* 2018. 2493, chron. N. Hauptmann et N. Péhau ; – V. Mazzocchi, « Principe *non bis in idem*, que faut-il entendre par *bis* ? Droit administratif et droit public financier », *Dr. adm.* 2018, n° 3, chron. 1.
4. CDBF 2 déc. 2019, *Direction régionale des entreprises, de la concurrence, de la consommation, du travail et de l'emploi (Direccte) d'Alsace*, n° 238-794 ; *Rec.* p. 225 ; *AJDA* 2020. 617, chron. N. Hauptmann et N. Péhau ; mentionné dans *GFP* 2020, p. 163, chron. S. Damarey et X. Vandendriessche.
5. PAR EX. : Cons. Const. 18 mars 2015, *M. John L. et autres*, n° 2014-453/454 QPC et n° 2015-462 QPC.
6. V. ss n° 212.35.
7. V. ss nos 212.31 et 424.24.
8. CDBF 30 déc. 2016, *Caisse interprofessionnelle de prévoyance et d'assurance vieillesse (CIPAV)*, 2e arrêt, n° 212-735-II ; *Rec.* p. 189 ; *AJDA* 2017. 1940, chron. N. Péhau et N. Hauptmann.
9. Sur la réforme de cette infraction générale du contentieux financier, v. ss n° 431.12.
10. En revanche se pose la question du cumul du délit de favoritisme avec une autre infraction financière, elle aussi réformée, l'infraction réprimant l'avantage injustifié : v. ss nos 212.34 et 441.32.
11. C. pén., art. 433-12.

la Cour ne pourrait pas sanctionner M. X au titre de l'article L. 313-3 [du CJF en vigueur à l'époque[1]] sans méconnaître le principe *non bis in idem*. En revanche, il y a lieu d'engager sa responsabilité sur le fondement de l'article L. 313-1 [à l'époque en vigueur[2]] du code des juridictions financières »[3]. L'interdiction de cumul entre l'infraction réprimant l'engagement sans être habilité et le délit pénal d'usurpation de fonctions publiques pourrait toutefois ne pas être totale : la CDBF a pris soin de préciser qu'elle valait pour le cas d'espèce. On peut en effet imaginer des cas où les champs de ces deux infractions ne coïncident pas, en particulier dans les organismes de droit privé dont les gestionnaires sont justiciables de la Cour des comptes, alors qu'ils n'occupent pas de « fonction publique » au sens du code pénal.

– Interdiction de cumuler l'infraction sanctionnant l'avantage injustifié accordé avec intérêt personnel indirect[4] et le délit pénal de prise illégale d'intérêt[5].

212.34 Question spécifique pour l'infraction prévue à l'article L. 131-12 du CJF et délit pénal de favoritisme. La question de la possibilité de cumuler sanctions pénales et financières pourrait également se poser pour l'infraction financière réprimant l'octroi à autrui d'un avantage injustifié[6]. Car celle-ci est sans doute la plus proche, dans sa rédaction, d'une incrimination pénale déterminée (celle de l'article 432-14 du Code pénal, le délit de favoritisme), ce qui n'est pas surprenant puisque l'infraction financière a historiquement servi de modèle à l'infraction pénale dont la création lui est postérieure.

Ni la CDBF, ni la Cour des comptes n'ont été, à ce stade, amenées à se prononcer directement sur cette question précise, soit qu'en présence de deux procédures parallèles, avec délit de favoritisme, l'infraction financière réprimant l'avantage injustifié n'était pas concernée[7], soit qu'au contraire cette dernière était en jeu, mais les infractions pénales parallèlement sanctionnées n'incluaient pas le délit de favoritisme[8].

La réforme de l'infraction financière suite à l'ordonnance du 23 mars 2022 a partiellement changé la donne, en limitant le champ de cette infraction, côté Cour des comptes, aux seuls cas dans lesquels il existe un intérêt personnel (qui ne constitue pas un élément constitutif de l'infraction pénale), à l'exclusion également de la tentative qui n'est plus incriminée[9].

Il semble néanmoins subsister un doute quant à la possibilité de cumuler, dans certains cas (commande publique et présence d'un intérêt personnel), les deux infractions précitées, qui pourrait être dissipé par un meilleur partage des compétences entre les deux ordres de juridiction concernés s'agissant spécifiquement de l'octroi d'avantages injustifiés[10].

212.35 Tableau des interdictions de cumuls entre sanctions financières et pénales.

Cumul (mêmes faits et mêmes personnes)		Règle d'interdiction
Infractions financières	*Infractions pénales*	
Gestion de fait (immixtion dans les fonctions réservées aux comptables publics) Art. L. 131-15 CJF (entièrement)	**Usurpation de fonctions publiques** Art. 433-12 C. pén.	Cumul des poursuites et des sanctions interdit par la loi art. L. 131-15 CJF
Ordonnateur de fait (engagement de dépenses sans y être habilité) Art. L. 131-13, 3° CJF (en partie)		Cumul des sanctions interdit par la jurisprudence
Avantage injustifié procuré par intérêt personnel Art. L. 131-12 CJF (en partie : seulement commande publique)	**Prise illégale d'intérêts** Art. 432-12 C. pén.	
	Favoritisme Art. 432-14 C. pén.	Cumul des sanctions possiblement interdit (bien qu'aucun exemple en jurisprudence)
Non respect de règles de gestion Art. L. 131-9 CJF (en partie : seulement commande publique)		Cumul des sanctions interdit (jurisprudence)

1 Devenu CJF, art. L. 131-13, 3° – Sur cette infraction, v. s[s] n° 422.11.
2 Devenu CJF, art. L. 131-13, 2° – Sur cette infraction, v. s[s] n° 421.11.
3 CDBF 23 nov. 2022, *Établissement de communication et de production audiovisuelle de la défense (ECPAD)*, n° 263-796 ; *Rec.* 153.
4 Désormais CJF, art. L. 131-12.
5 CDBF 23 nov. 2022, *Établissement de communication et de production audiovisuelle de la défense (ECPAD)*, préc.
6 CJF, art. L. 131-12.
7 CDBF 29 nov. 1999, *min. de l'Intérieur et de l'Aménagement du territoire, Grand débat national sur l'aménagement du territoire en 1993 et 1994, Rev. Trésor* 2000. 32, note M. Lascombe et X. Vandendriessche ; *Rec.* 105 (extraits anonymisés). N'étaient en l'espèce concernées, côté contentieux financier, les actuelles infractions prévues aux articles L. 131-9, L. 131-13, 2° et L. 131-13, 3°.
8 CDBF 13 juin 2003, *SEM Sarcelles Chaleur, Rev. Trésor* 2004. 57, note M. Lascombe et X. Vandendriessche ; *Rec.* 121 ; *AJDA* 2003. 2316, note N. Groper ; *GAJF*, Dalloz, 7e éd., n° 49.
9 Sur la disparition de l'incrimination de la tentative dans l'infraction financière, v. s[s] n° 441.22.
10 V. s[s] n°s 231.21 s.

SECTION 4
PLAFONNEMENT DES AMENDES EN CAS DE CUMUL D'INFRACTIONS FINANCIÈRES ET PÉNALES

212.41 Plafonnement de l'amende en cas de cumul en vertu du principe de proportionnalité des peines. Outre la question des interdictions de cumul, le Conseil constitutionnel, en appliquant le principe de proportionnalité des peines fondé sur l'article 8 de la DDHC[1], impose un plafonnement des sanctions cumulées au niveau du montant le plus élevé de l'une des sanctions encourues.

En effet, si « le principe d'un [...] cumul des sanctions prononcées par [la juridiction financière] avec celles prononcées par une juridiction pénale ou une autorité disciplinaire n'est pas, en lui-même, contraire au principe de proportionnalité des peines garanti par l'article 8 de la Déclaration de 1789 », le Conseil constitutionnel considère « que, toutefois, lorsque plusieurs sanctions prononcées pour un même fait sont susceptibles de se cumuler, le principe de proportionnalité implique qu'en tout état de cause, le montant global des sanctions éventuellement prononcées ne dépasse pas le montant le plus élevé de l'une des sanctions encourues ; qu'il appartient donc aux autorités juridictionnelles et disciplinaires compétentes de veiller au respect de cette exigence et de tenir compte, lorsqu'elles se prononcent, des sanctions de même nature antérieurement infligées ; que, sous cette réserve, l'article L. 314-18 du code des juridictions financières [en vigueur au moment de cette décision[2]] n'est pas contraire aux principes de nécessité et de proportionnalité des peines »[3].

SECTION 5
AUTRES CUMULS : SANCTIONS MANAGÉRIALES ET ADMINISTRATIVES

212.51 Cumul avec d'autres sanctions administratives. Il peut arriver que le principe du *non bis in idem* soit invoqué devant le juge financier en cas de cumul avec d'autres sanctions administratives prononcées par d'autres juridictions ou autorités administratives (en plus des sanctions disciplinaires traitées plus haut[4]).

La loi est muette à cet égard (hormis pour les sanctions disciplinaires[5]), et l'on voit mal dans quel cas la question du cumul devrait se poser au regard de l'interdiction de cumul, étant donné que les sanctions sont le plus souvent de nature différente et/ou que les finalités de la sanction se distinguent.

Ainsi, la Cour des comptes a-t-elle, alors qu'une sanction prononcée par l'Autorité de contrôle prudentiel et de résolution (ACPR), qui est une autorité administrative indépendante (AAI), avait été invoquée par la défense, considéré d'une part que celle-ci « n'est pas un tribunal statuant en matière pénale » et que donc « une sanction de cette Autorité ne saurait exclure l'intervention de la Cour »[6], et que d'autre part la sanction infligée par l'ACPR visait la personne morale et non les personnes physiques : « 24. Si, parmi les griefs énumérés dans la décision de l'Autorité de contrôle prudentiel et de résolution du 3 juin 2021 qui porte condamnation [d'une caisse de crédit municipal, établissement public] à une amende de 120 000 €, certains correspondent à ceux formulés par le procureur général près la Cour des comptes à l'encontre de MM. X et Y, rien n'indique, dans cette décision, ni dans aucune autre pièce du dossier, que la responsabilité de MM. X et Y aurait, dans le cadre des possibilités de sanction des personnes physiques, été envisagée puis écartée par cette Autorité ; qu'ainsi M. X ne saurait se prévaloir d'une décision de l'Autorité de contrôle prudentiel et de résolution sur les faits en cause devant la Cour »[7].

212.52 Cumul avec des sanctions managériales. Il est arrivé qu'au titre du principe du *non bis in idem* ait été invoqué le cumul entre sanctions financières et sanctions managériales[8].

L'application de ce principe ne semble toutefois pas pouvoir jouer, la finalité des poursuites et la nature des sanctions étant radicalement distinctes.

Il est à préciser que les sanctions managériales peuvent se rapprocher des sanctions disciplinaires – qui, elles, sont visées par le principe de nécessité des peines – mais avec lesquelles elles ne se confondent pas.

1. DDHC, art. 8 : « La loi ne doit établir que des peines strictement et évidemment nécessaires, et nul ne peut être puni qu'en vertu d'une loi établie et promulguée antérieurement au délit, et légalement appliquée ».
2. Mais la solution est identique pour la disposition actuelle, CJF, art. L. 142-1-12.
3. Cons. const. 24 oct. 2014, *Stéphane R. et autres*, nº 2014-423 QPC ; *Rec.* 181 – Confirmé par : Cons. const. 1er juill. 2016, *M. Stéphane R et autre*, nº 2016-550 QPC ; *Rec.* 203 (extraits) ; *Constitutions* 2016, p. 456, note F. Waserman ; *Constitutions* 2016, p. 468, note O. Le Bot ; *GFP* 2016, nº 6, p. 151, chron. S. Damarey, M. Lascombe et X. Vandendriessche.
4. Cumul avec des sanctions disciplinaires, v. ss nº 212.21.
5. CJF, art. L. 142-1-12.
6. C. comptes 24 nov. 2023, *Caisse de crédit municipal de Bordeaux (CCMB)*, nº 868, S-2023-1382 ; *Rec.* p. 38 ; *AJDA* 2023. 2381, chron. N. Péhau et L. Vergallo ; *JCP Adm.* 2024, nº 1, 2005 chron. S. Damarey ; *AJCT* 2024, p. 175, note C. Pierucci ; *Gaz. Pal.* 2024, nº 2, p. 70, note T. Dogan. Ici § 23.
7. C. comptes 24 nov. 2023, *Caisse de crédit municipal de Bordeaux (CCMB)*, nº 868, S-2023-1382, préc.
8. Sur la responsabilité dite managériale, v. ss nos 033.61 s.

Ainsi l'exemple dans lequel était invoqué, au titre du *non bis in idem* avec une sanction disciplinaire, une décision ministérielle de ne pas attribuer une indemnité de responsabilité, dont la CDBF a toutefois considéré qu'elle ne constituait pas une sanction disciplinaire, mais un outil de responsabilité managériale : le moyen manquait donc en fait[1].

SECTION 6
CRITIQUES À L'ÉGARD DE DOUBLES POURSUITES

212.61 **Critiques émises à l'encontre de la possibilité du cumul des poursuites.** Même si le cumul des procédures pénale et financière reste juridiquement la règle, et pratiquement possible dans beaucoup de cas, il paraît préférable, ne serait-ce que pour des raisons d'efficacité et de coût de la justice, que les deux types de poursuite s'articulent au mieux[2].

1. CDBF 20 mars 2012, *Centre hospitalier de Marigot à Saint-Martin (Guadeloupe)*, n° 181-587 ; *AJDA* 2012. 1279, note C. Michaut et P. Sitbon ; *GFP* 2013, n° 5, p. 81, note S. Damarey, M. Lascombe et X. Vandendriessche.

2. Sur ce sujet de l'articulation entre pénal et financier, sous l'égide des parquets respectifs v. s[s] n° 231.24.

CHAPITRE

213. Non-application des lois d'amnistie portant sur des sanctions pénales ou disciplinaires

SECTION 0
ORIENTEUR

213.00 **Sommaire du chapitre.**

SECTION 1
INAPPLICABILITÉ AU CONTENTIEUX FINANCIER D'AMNISTIES PÉNALES OU DISCIPLINAIRES

213.11 **Principe de la non-application des lois d'amnistie pénales aux sanctions de droit public financier.** Le caractère *sui generis* du système répressif de droit public financier a été démontré plus haut[1], rejaillissant également sur la sanction qui en constitue le cœur et l'instrument[2].

Ceci exclut l'application de dispositions d'amnistie portant sur des sanctions pénales ou disciplinaires. À cet égard, la jurisprudence de la Cour de discipline budgétaire et financière, riche[3], a été immuable :

– Une loi d'amnistie qui ne concerne pas les faits qui sont à l'origine du renvoi d'une personne devant la Cour ne peut être invoquée par elle[4]. Dans le même sens, « les faits constitutifs des charges ayant motivé le renvoi des intéressés devant la Cour ne sont pas au nombre de ceux que visent » les deux lois d'amnistie invoquées par la défense[5].

– Moyen inopérant de ce que la loi d'amnistie invoquée « n'exclurait pas expressément du bénéfice de l'amnistie les infractions aux règles relatives à l'exécution des recettes et dépenses publiques », car les amendes prononcées par la CDBF ne sont pas des sanctions professionnelles, non plus que des sanctions pénales[6].

– Souvent, la juridiction se borne à constater qu'une loi d'amnistie invoquée est sans effet sur le renvoi d'une personne devant la Cour[7].

La même position a été clairement et à plusieurs reprises confirmée par le Conseil d'État, s'agissant des amendes prononcées par la CDBF[8].

1. V. s^s n° 211.11.
2. V. s^s n° 471.12.
3. Ex. : CDBF 22 janv. 1992, *Centre de formation des personnels communaux [CFPC] ; Rev. Trésor* 1993. 35 ; *Rec.*, p. 127 – CDBF 12 avr. 1995, *Ambassade de France auprès des Émirats Arabes Unis*, 2e arrêt ; *Rev. Trésor* 1996. 731 ; *Lebon* 595 ; *Rec.* 121 – CDBF 4 déc. 2002, *Caisse centrale de la mutualité agricole [CCMSA] et SCI Mutualité Astorg ; Rev. Trésor* 2004. 48, note M. Lascombe et X. Vandendriessche ; *Rec.* 112 – CDBF 24 févr. 2006, *CHS Paul Guiraud de Villejuif*, 3e arrêt ; *AJDA* 2006. 1255, note N. Groper et C. Michaut ; *Rev. Trésor* 2006. 918, note M. Lascombe et X. Vandendriessche ; *Lebon* 664 ; *Rec.* 95.
4. CDBF 4 avr. 1973, *Caisse de crédit municipal de Lyon, Lebon* 855 (extraits) ; *CCP*, n° 2, p. 78.
5. CDBF 22 avr. 1975, *Lycée technique d'État d'Albi, Lebon* 805 (extraits) ; *CCP*, n° 2, p. 112.
6. CDBF 30 oct. 1985, *Caisse nationale de l'assurance-maladie des travailleurs salariés [CNAMTS], Service du contrôle médical régional de Nancy, CCP*, n° 3, p. 20.
7. CDBF 20 avr. 1988, *Caisse interprofessionnelle de retraite des commerçants détaillants de la région parisienne [CIRCD], CCP*, n° 3, p. 138 ; *Lebon* 546 ; – Même rédaction : CDBF 30 nov. 1988, *Office national de la navigation [ONN] et GIE Bateliers artisans service commercial [BASC], CCP* n° 3, p. 143 ; *Lebon* 549 – CDBF 23 févr. 1994, *SEM A. ; Rev. Trésor* 1995. 680 ; *Lebon* 719 ; *Rec.*, p. 131 – CDBF 23 avr. 2003, *TGI de Marseille, Rev. Trésor* 2004. 54, note M. Lascombe et X. Vandendriessche ; *Rec.*, p. 111.
8. CE, ass., 30 juin 1961, *Procureur général près la Cour des comptes c/ Mazer*, req. n° 48190 ; *Lebon* 451 ; *RD publ.* 1961. 845, concl. A. Bernard ; A. Froment-Meurice, J.-Y. Bertucci, N. Hauptmann et C. Michaut, *GAJF*, 7e éd. 2019, n° 19, p. 217 – CE 1er oct. 1976, *Bouche*, req. n° 95.323 ; *Lebon* 385 – CE 7 juill. 1978, *Massip*, req. n° 94837 ; *Lebon* 301 ; *GAJF*, 4e éd., n° 54, p. 488 – CE 17 oct. 1984, *Contensou*, req. n° 37467 ; *Lebon* 333 – CE ▶

213.12 Irrecevabilité d'une « demande à fin de suspension d'exécution à raison de l'amnistie ». Dans une affaire particulière[1], l'ancien directeur d'un centre hospitalier spécialisé avait adressé au Président de la Cour de discipline budgétaire et financière une « demande à fin de suspension d'exécution à raison de l'amnistie » concernant l'exécution de l'arrêt de la CDBF par lequel cette juridiction l'avait condamné à une amende.

Habituellement, les lois d'amnistie se trouvent invoquées soit au moment de l'instruction et de l'audience, et se trouvent donc écartées par la Cour dans son arrêt, soit à l'appui d'un recours en cassation. En l'espèce, l'auteur de ce recours atypique se prévalait de l'article 16 de la loi du 3 août 1995[2] portant amnistie ; la Cour a rejeté cette demande au motif, en premier lieu, qu'en rendant son arrêt précité de condamnation, elle avait déjà épuisé sa compétence et ne pouvait, en principe, se saisir à nouveau du même litige. Elle a ensuite constaté que la requête n'entrait dans aucun des cas dans lesquels le recours en révision, prévu par l'article L. 315-3 du Code des juridictions financières, est ouvert. Enfin, la Cour a jugé que les sanctions prononcées par la CDBF n'étaient pas explicitement mentionnées par la loi d'amnistie invoquée à l'appui de la requête et qu'elles ne constituaient pas davantage des sanctions professionnelles ou disciplinaires au sens des articles 14 à 16 de cette loi, et que la procédure prévue par l'article 16 de la loi d'amnistie, sur lequel se fondait la requête, n'était donc pas applicable à la Cour. Cette requête de type particulier a dès lors été rejetée, dans la continuité de la jurisprudence traditionnelle de la CDBF et du Conseil d'État.

SECTION 2
CONDITIONS DE L'AMNISTIE DES SANCTIONS FINANCIÈRES

213.21 Possibilité d'amnistier spécifiquement les sanctions de droit public financier. Les sanctions prononcées dans le cadre du régime de responsabilité financière des gestionnaires publics revêtant un caractère personnel, elles sont intrinsèquement et théoriquement amnistiables, à condition qu'une loi portant amnistie le précise expressément (ce qui jusque-là n'a jamais été le cas).

C'est d'ailleurs à cet égard que le contentieux financier ressemble au contentieux pénal et que les principes de la procédure pénale s'appliquent en matière d'amnistie à lui ; c'est sans doute dans ce sens qu'il convient de comprendre la référence faite à l'amnistie dans les conclusions du commissaire du Gouvernement Guillaume sous l'arrêt du Conseil d'État du 21 juillet 1989, *Aubert*[3] : non pas que les amendes (jadis infligées par la CDBF, aujourd'hui par la Cour des comptes) soient automatiquement amnistiées avec les sanctions pénales qui le sont par une loi, mais qu'elles sont éventuellement amnistiables, au même titre que les amendes pénales, si une loi le prévoyait.

Dans le même sens, dans un arrêt, la CDBF a considéré comme inopérant le moyen tiré de ce qu'une loi d'amnistie invoquée par la défense « n'exclurait pas expressément du bénéfice de l'amnistie les infractions aux règles relatives à l'exécution des recettes et dépenses publiques »[4], ce qui sous-entend qu'elle aurait pu (dû ?) être appliquée si elle avait visé explicitement les sanctions prononcées par la CDBF.

Il ne semble d'ailleurs pas que des considérations d'ordre public s'y opposeraient, par exemple au nom de la protection des deniers publics, d'autant plus que le champ du contentieux financier ne couvre pas uniquement cette dernière catégorie. Mais tant qu'un tel cas n'a pas été traité par la jurisprudence, il peut exister une incertitude sur ce point.

► 17 oct. 1984, *Dumause*, n° 47363 – CE 15 nov. 2006, *M. Gallet*, req. n° 253904 ; *Lebon* 466 ; *AJDA* 2007. 697, note C. Biscaïno ; *Rev. Trésor* 2007. 722, note M. Lascombe et X. Vandendriessche ; *LPA* 2007, n° 131, p. 11, note S. Petit ; *Rec.*, p. 130.

1. CDBF 24 févr. 2006, *CHS Paul Guiraud de Villejuif*, 3e arrêt, *AJDA* 2006. 1255, note N. Groper et C. Michaut ; *Rev. Trésor* 2006. 918, note M. Lascombe et X. Vandendriessche ; *Lebon* 664 ; *Rec.*, p. 95.
2. L. n° 95-884, 3 août 1995 portant amnistie, *JO* 6 août.
3. *CE* 21 juill. 1989, *Aubert*, req. n° 99258 ; *Rev. Trésor* 1990. 213, note R. Ludwig.
4. CDBF du 30 oct. 1985, *Caisse nationale de l'assurance-maladie des travailleurs salariés [CNAMTS], Service du contrôle médical régional de Nancy* ; *CCP*, n° 3, p. 20.

TITRE

22. Application des principes généraux du procès répressif

SECTION 0
ORIENTEUR

22.00 **Sommaire du titre.**

22.05 **Application des principes généraux du droit répressif de façon adaptée à la nature spécifique de la répression de droit public financier.** S'il a été établi plus haut que ce régime de responsabilité n'était pas de nature pénale au sens strict[1] et que certains principes, comme celui du *non bis in idem* (du moins dans certains cas et dans certaines limites), pouvaient se trouver écartés lorsqu'il s'agit de connaître des sanctions de droit public financier en relation avec d'autres systèmes de sanction, les principes généraux du droit répressif s'appliquent néanmoins à l'intérieur même du régime de responsabilité financière des gestionnaires publics.

Il en existe de multiples preuves en jurisprudence.

Les principes du droit répressif à valeur constitutionnelle trouvent leurs fondements en particulier dans les articles 8 et 9 de la Déclaration des droits de l'Homme et du citoyen de 1789 (DDHC). L'applicabilité des principes constitutionnels en la matière aux juridictions non pénales, et en particulier administratives, a été reconnue par le juge constitutionnel[2]. Ils peuvent également découler de textes internationaux, comme la Convention européenne de sauvegarde des droits de l'Homme et des libertés fondamentales ou le Pacte international relatif aux droits civils et politiques.

Il ressort toutefois d'une décision importante du Conseil d'État que les principes du droit répressif, s'ils sont par principe applicables au contentieux régissant la responsabilité financière des gestionnaires publics, doivent tenir compte des spécificités inhérentes au système répressif de droit public financier[3].

1. V. s^{s} n° 211.31.
2. Cons. const. 23 janv. 1989, n° 88-248 DC.
3. CE 16 janv. 2008, *M. Haberer*, *Rev. Trésor* 2008. 380 ; *Rev. Trésor* 2008. 409, note N. Groper ; *AJDA* 2008. 1000, note M. Collet ; note A.-G. Delion et M. Durupty, *RFAP* 2008. 431 ; *RJEP* août-sept. 2008, p. 12, note M. Lascombe et X. Vandendriessche ; *JCP Adm.* 2008, n° 29, p. 20, note J. Gaté.

CHAPITRE

221. Application des lois dans le temps

SECTION 0
ORIENTEUR

221.00 **Sommaire du chapitre.**

221.03 **Bibliographie indicative.**

Article. É. Quinart, « L'application dans le temps de la réforme de la responsabilité financière des gestionnaires publics », *RFDA* 2024. 789.

SECTION 1
PRINCIPE DE NON-RÉTROACTIVITÉ DE LA LOI RÉPRESSIVE

221.11 **Application du principe de la non-rétroactivité de la loi répressive au contentieux financier.** Le principe de non-rétroactivité de la loi répressive[1] (plus sévère) découle notamment de l'article 8 de la DDHC, qui prévoit que « nul ne peut être puni qu'en vertu d'une loi établie et promulguée antérieurement au délit, et légalement appliquée »[2] ; il revêt ainsi une valeur constitutionnelle, et se retrouve aussi dans divers traités internationaux auxquels la France est partie, comme la Convention européenne de sauvegarde des droits de l'Homme et des libertés fondamentales (art. 7).

Le principe de non-rétroactivité s'applique en droit pénal[3], mais aussi sans conteste au contentieux répressif qu'est celui traitant du régime de responsabilité financière des gestionnaires publics[4], comme il s'applique également à d'autres sanctions de droit administratif[5].

221.12 **Distinction entre lois de fond et lois de forme.** Le principe s'applique classiquement aux seules lois de fond, et non aux lois de forme, lesquelles sont d'application immédiate[6] ; ces dernières concernent la procédure, l'organisation et la compétence des juridictions, ou encore la prescription.

Ainsi est d'application immédiate le transfert du contentieux d'une juridiction supprimée vers une autre juridiction, comme cela s'est fait au 1er janvier 2023 entre la CDBF et la Cour des comptes.

1. Sur ce principe et son application au contentieux financier, v. l'étude très complète de É. Quinart, « L'application dans le temps de la réforme de la responsabilité financière des gestionnaires publics », *RFDA* 2024. 789.
2. Ce même article 8 de la DDHC recouvre également d'autres principes, traités plus loin.
3. C. pén., art. 112-1, al. 1er et 2 : « Sont seuls punissables les faits constitutifs d'une infraction à la date à laquelle ils ont été commis. Peuvent seules être prononcées les peines légalement applicables à la même date ».
4. Jurisprudence constante, PAR EX. : CAF 12 janv. 2024, *Société ALPEXPO*, n° 2024-01 ; *Rec.* 49 ; *AJDA* 2024. 895, chron. N. Péhau et L. Vergallo.
5. Pour les sanctions prononcées par le Conseil supérieur de l'audiovisuel : Cons. const. 17 janv. 1989, n° 88-248 DC ; – pour les sanctions fiscales : Cons. const. 19 nov. 1997, n° 97-390 DC ; – pour les contraventions de grande voirie : CE 23 avr. 1997, *Préfet de la Manche c/ Sté nouvelle entreprise Henry*, avis n° 183689 ; *RFDA* 1997. 659.
6. C. pén., art. 112-2 : « Sont applicables immédiatement à la répression des infractions commises avant leur entrée en vigueur : 1° Les lois de compétence et d'organisation judiciaire, tant qu'un jugement au fond n'a pas été rendu en première instance ; 2° Les lois fixant les modalités des poursuites et les formes de la procédure ; 3° Les lois relatives au régime d'exécution et d'application des peines ; toutefois, ces lois, lorsqu'elles auraient pour résultat de rendre plus sévères les peines prononcées par la décision de condamnation, ne sont applicables qu'aux condamnations prononcées pour des faits commis postérieurement à leur entrée en vigueur ; 4° Lorsque les prescriptions ne sont pas acquises, les lois relatives à la prescription de l'action publique et à la prescription des peines ».

Dans la pratique, il n'est toutefois pas toujours évident de faire le départ entre les matières relevant de l'une ou l'autre catégorie.

Et toute loi de procédure ne peut pas, matériellement, donner lieu à application rétroactive sur une procédure close : ainsi la bonne administration de la justice, principe applicable au régime de responsabilité financière des gestionnaires publics, peut fixer une limite pratique à la rétroactivité d'une disposition, même favorable au justiciable (par exemple pour écarter l'application rétroactive du droit au silence) [1].

Une modification du champ des justiciables de la Cour des comptes – au contentieux – ne relève pas des lois de procédure : il ne s'agit pas d'une règle de compétence des juridictions, au sens de l'organisation du contentieux, mais d'une règle de fond, au même titre que les infractions. Cette question n'est pas théorique, tant le champ des justiciables de la Cour des comptes peut varier en fonction de sa compétence de contrôle, qui est d'attribution. Le champ des entreprises publiques par exemple a comme caractéristique d'évoluer fortement dans le temps, au gré des nationalisations et privatisations [2].

Si un élargissement des compétences de contrôle (compétence administrative, non juridictionnelle) de la Cour des comptes (ou d'une autre autorité de déféré) peut être d'application immédiate, la compétence répressive sur les personnes n'est effective que si celles-ci étaient, au moment des faits, justiciables du régime de responsabilité financière ; or la justiciabilité des gestionnaires publics dépend beaucoup du champ de contrôle de la Cour des comptes ou d'une chambre régionale des comptes [3] ; il en résulte que ne saurait être sanctionnée une personne relevant d'un organisme qui n'était pas, au moment des faits, contrôlable par la Cour des comptes [4], sauf en tant qu'agent de fait d'un organisme sous contrôle ou en tant que comptable de fait d'une caisse publique. Par exemple, il paraît impossible qu'un dirigeant d'entreprise nationalisée puisse être sanctionné par la Cour au titre d'agissements antérieurs à la nationalisation, car les infractions ne lui étaient alors pas applicables ; inversement on pourra sanctionner un chef d'entreprise privatisée pour des agissements commis lorsque cette structure était encore publique. Une solution différente remettrait en cause la nature même du contentieux financier, dont l'objet n'est pas de sanctionner n'importe quelles fautes de gestion, mais seulement celles intervenues dans un organisme qui, au moment des faits, relevait de la sphère publique.

221.13 Création d'une nouvelle infraction et continuité d'infractions successives. En principe, aucune infraction entièrement nouvelle ne saurait être appliquée rétroactivement dans cette matière répressive qu'est la responsabilité financière des gestionnaires publics.

Une question particulièrement subtile est celle de l'application d'infractions successives dans le temps, qui portent donc sur des incriminations partiellement ou entièrement déjà couvertes, qu'on ne peut donc pas qualifier de complètement nouvelles.

Avant l'entrée en vigueur de la réforme issue de l'ordonnance du 23 mars 2022, la question ne s'était posée qu'une seule fois, et encore, de façon indirecte.

En effet, dans une affaire jugée par la CDBF le 24 février 2006, qui était liée aux déconvenues qu'avait connues le Groupe Crédit Lyonnais au début des années 1990, les personnes renvoyées contestaient la compétence de celle-ci pour poursuivre des dirigeants d'entreprises commerciales et concurrentielles auxquelles seraient reprochées des fautes de gestion [5] ; selon elles, c'est précisément en raison de cette absence de compétence que le législateur aurait créé, en 1995 (donc postérieurement aux faits), une nouvelle infraction, aujourd'hui codifiée à l'article L. 131-10 du CJF [6] ; or cette infraction ne saurait, selon la défense, s'appliquer rétroactivement. Mais en l'espèce, ce n'est pas sur la base de cette infraction-là que les poursuites avaient été engagées, mais sur le fondement de l'infraction générale sanctionnant les violations de règles de gestion, qui continue à s'appliquer. La question de la succession des infractions ne se posait donc pas directement.

L'entrée en vigueur d'une réforme d'ampleur, le 1er janvier 2023, qui a impliqué la modification de certaines infractions financières, a toutefois conduit le juge à se prononcer sur plusieurs cas différents, donnant lieu à des solutions subtiles et discutables,

1. C. comptes 3 mai 2024, *Chambre régionale d'agriculture de Bretagne (CRAB) et Association pour la traçabilité et le développement d'outils pour l'identification et de logiciels d'élevage (e-toile)*, nos 856 et 870, S-2024-0696 ; *AJDA* 2024. 1327, chron. N. Péhau et L. Vergallo. Ici § 29.
2. Sur la justiciabilité des gestionnaires d'entreprises publiques, v. ss nos 313.71 s.
3. CJF, art. L. 131-1, en particulier le 3° ; v. ss nos 311.21 et 313.51.
4. Cela ressort d'ailleurs de l'arrêt CDBF du 29 juin 1978, *Sté de crédit immobilier « Les prévoyants de l'avenir de la Charente-Maritime » et SA d'HLM « Le foyer de la Charente-Maritime »*, CCP, n° 2, p. 157 ; *Lebon* 663.
5. CDBF 24 févr. 2006, *Sté Altus Finance*, 2e arrêt, *AJDA* 2006. 1249, note N. Groper et C. Michaut ; *JCP* 2006. II. 10152, note J.-P. Gastinel ; *Rev. Trésor* 2006. 910, note M. Lascombe et X. Vandendriessche ; *RFDA* 2006. 624, note M. Lascombe et X. Vandendriessche ; *Lebon* 650 ; *Rec.* 74.
6. Sur cette infraction et son historique, v. ss n° 431.21. – M. Degoffe, « L'extension de la faute de gestion », *AJDA* 1996. 206.

voire contestées. À la date de la rédaction du présent ouvrage, la jurisprudence n'a pas encore répondu définitivement à toutes les questions que soulève l'entrée en vigueur de la réforme sur le plan de l'application de la loi dans le temps.

D'un côté, la Cour des comptes a jugé que l'infraction réprimant la non-production de comptes [1], infraction spéciale formellement nouvelle, se situait dans la continuité de l'infraction générale qui incriminait les mêmes faits, dont elle avait en quelque sorte été détachée comme un cas particulier : « les mêmes faits étaient appréhendés » dans les deux régimes successifs, et l'infraction nouvelle était autrefois englobée dans l'ancien art. L. 313-4 du CJF [2]. Les faits pouvaient donc être appréhendés sur le fondement de l'infraction formellement nouvelle sans méconnaître le principe prohibant la rétroactivité des lois répressives, car il ne s'agissait pas d'une forme de rétroactivité de loi nouvelle, mais de continuité de la même incrimination dans le temps.

La Cour a suivi un raisonnement proche en matière de gestion de fait, où la succession des infractions a été très clairement admise [3].

De l'autre côté, la Cour des comptes a refusé de suivre la position défendue par le Parquet général consistant à considérer que l'avantage injustifié à soi-même, explicitement intégré depuis le 1er janvier 2023 dans l'infraction réprimant l'avantage injustifié [4], puisse être considéré comme se situant dans la continuité de l'infraction générale [5] : les faits antérieurs à la réforme, constitutifs d'avantages procurés à soi-même [6], ne pouvaient donc pas être sanctionnés sous l'empire des nouvelles règles, considérées comme une incrimination nouvelle et plus grave [7].

1. CJF, art. L. 131-13, 1°.
2. C. comptes 25 juin 2024, *Régie Gazélec de Péronne (Somme)*, n° 871, S-2024-0943 ; *JCP Adm.* 2024. 2228, note S. Damarey ; *AJDA* 2024. 1859, chron. N. Péhau et L. Vergallo. Ici §§ 43 et 44.
3. C. comptes 10 oct. 2024, *Commune de Felleries*, n° 12, S 2024-1311 ; *JCP Adm.* 2025. 2012, note S. Damarey.
4. CJF, art. L. 131-12.
5. CJF, ancien art. L. 313-4, en vigueur jusqu'au 31 déc. 2022 – Désormais, avec des éléments constitutifs différents, CJF, art. L. 131-9.
6. Que l'ancien art. L. 313-6 CJF ne couvrait pas.
7. C. comptes 11 mai 2023, *Société ALPEXPO*, n° 836, S-2023-0604 ; *Rec.* 17 ; *JCP Adm.* n° 25, 26 juin 2023, 2210, note S. Damarey ; *AJDA* 2023. 1511, note X. Vandendriessche – Confirmé en appel : CAF 12 janv. 2024, *Société ALPEXPO*, n° 2024-01 ; *Rec.* 49 ; *AJDA* 2024. 895, chron. N. Péhau et L. Vergallo – Dans le même sens : C. comptes 20 oct. 2023, *Régie régionale des transports des Landes (RRTL)*, n° 865, S-2023-1184 ; *Rec.* 34 – Pour une appréciation critique de cette jurisprudence restrictive qui entraîne des lacunes dans les poursuites, v. É. Quinart, « L'application dans le temps de la réforme de la responsabilité financière des gestionnaires publics », *RFDA* 2024. 789.

221.14 Règle de gestion à laquelle renvoient les infractions financières. L'une des spécificités du régime répressif de droit public financier consiste dans le fait que les infractions renvoient largement au corps des règles qui protègent les finances publiques, la notion de « règle » étant à cet égard interprétée largement [8].

Une nouvelle règle de gestion, par exemple en matière de commande publique, ne pourra être appliquée rétroactivement à des faits antérieurs comme source d'infraction. Dans ce cas comme dans les autres, l'objet de la répression de droit public financier ne doit pas être perdu de vue ; apprécier une faute de gestion suppose une faute par rapport à un référentiel d'obligations, et il ne peut que s'agir de juger un gestionnaire à l'aune d'obligations en vigueur au moment des faits. Cela signifie également que lorsqu'une modification des règles de gestion ultérieure est favorable au gestionnaire (un acte est irrégulier au moment des faits, mais ne l'est plus au moment du jugement), l'infraction ne disparaît pas pour autant, car il convient de se placer au moment des faits [9] ; mais le Parquet et le juge auront tendance admettre cet élément comme circonstance atténuante de responsabilité, voire renonceront à toute poursuite.

SECTION 2

PRINCIPE D'APPLICATION DE LA LOI RÉPRESSIVE PLUS DOUCE

221.21 Applicabilité du principe au contentieux financier. Le principe de l'application rétroactive de la loi répressive la plus douce, qui constitue une limite au principe de non-rétroactivité des lois pénales [10], reconnue en droit pénal [11], joue également pour la CDBF et pour la Cour des comptes dans le nouveau régime de responsabilité.

Ainsi le Conseil d'État a-t-il appliqué une disposition nouvelle relative au champ des justiciables qui était entrée en vigueur postérieurement aux faits sur lesquels portait la condamnation de la CDBF [12].

Une loi nouvelle plus douce doit être appliquée même d'office par le juge ; elle doit également être appliquée par le juge de cassation si la loi nouvelle

8. Sur la notion de « règle », v. ss nos 432.12 s.
9. V. ss nos 221.22, 223.41 et 416.11.
10. V. ss n° 221.11.
11. C. pén., art. 112-1, al. 3 : « Toutefois, les dispositions nouvelles s'appliquent aux infractions commises avant leur entrée en vigueur et n'ayant pas donné lieu à une condamnation passée en force de chose jugée lorsqu'elles sont moins sévères que les dispositions anciennes ».
12. CE 9 déc. 1977, *De Grailly*, req. n° 00100 ; *Lebon* 493.

est entrée en vigueur postérieurement à l'arrêt qui fait l'objet du pourvoi [1].

221.22 Modification des règles de gestion vers lesquelles renvoient les infractions financières. Comme pour le principe de non-rétroactivité de la loi pénale se pose, pour celui d'applicabilité de la loi plus douce en faveur du justiciable, la question des règles de gestion qui ne constituent pas des infractions de droit public financier à proprement parler, mais vers lesquelles ces infractions renvoient.

Dans une affaire, la défense avait invoqué à deux reprises le moyen de l'application du principe de la loi pénale plus douce à une règle de fond (et non de procédure, c'est-à-dire une « règle » au sens de l'article L. 313-4, en l'occurrence une disposition du Code de la construction et de l'habitation concernant la vente de logements HLM), mais la CDBF n'y a pas répondu, car dans le premier cas le grief en question était écarté pour un autre motif [2], et dans l'autre cas invoqué, le moyen manquait en fait. La juridiction financière ne manquera pas de trancher un jour explicitement la question, mais implicitement, elle y a déjà répondu maintes fois, en appliquant des textes abrogés ou modifiés le jour du jugement, mais qui étaient en vigueur au moment des faits.

C'est bien à l'aune des obligations qui lui étaient imposées au moment des faits qu'il convient d'apprécier la faute d'un gestionnaire, quitte à mentionner les modifications des règles de gestion intervenues postérieurement au stade des circonstances atténuantes [3].

Les autorités de déféré ou de poursuite peuvent également être amenées à renoncer à poursuivre un gestionnaire au titre d'un agissement qui, parce qu'aujourd'hui il n'est plus interdit, semble avoir perdu beaucoup de sa gravité [4]. Mais cette décision relève de l'opportunité, de l'appréciation de la gravité d'une affaire ; car en droit, c'est bien au moment des faits qu'il faut se placer pour apprécier la régularité d'un acte.

1. CE 30 avr. 2024, *Mme Isabelle G.*, n° 470749 [affaire CDBF 23 nov. 2022, *Établissement de communication et de production audiovisuelle de la défense (ECPAD)*, n° 263-796] ; *BJCL* 2024. 275, concl. N. Agnoux et obs. B. Poujade ; *JCP Adm.* 2024, veille V. Beaujard.
2. « [...] sans qu'il soit nécessaire de statuer sur le moyen, allégué par la défense, de l'application aux faits du principe de rétroactivité de la loi pénale moins sévère » : CDBF 20 déc. 2007, *S^té^ SCIC Habitat Île-de-France*, *AJDA* 2008. 12.
3. Sur les circonstances atténuantes liées à l'évolution du cadre juridique, v. s^s^ n° 463.151.
4. Pour des ex. de classement par le Procureur général fondé sur ce type de considération, v. s^s^ n° 223.41.

CHAPITRE

222. Autres principes du contentieux répressif

SECTION 0

ORIENTEUR

222.00 **Sommaire du chapitre.**

SECTION 1

PRINCIPE DE LÉGALITÉ DES DÉLITS ET DES PEINES ET PRINCIPES ASSOCIÉS

222.11 **Application du principe au contentieux financier.** Principe à valeur constitutionnelle découlant de l'article 8 de la DDHC[1], comme d'ailleurs le principe de non-rétroactivité auquel il est lié, le principe de légalité des délits et des peines implique notamment que les infractions et les sanctions – y compris non pénales[2] – doivent être fixées par la loi de façon claire ; ce point a été rappelé s'agissant de la CDBF par le Conseil constitutionnel dans le cadre du partage entre dispositions à valeur législative ou à valeur réglementaire[3].

L'article 7 de la Convention européenne de sauvegarde des droits de l'Homme et des libertés fondamentale formule des exigences proches.

Le Conseil constitutionnel a eu l'occasion d'appliquer ce principe à la législation encadrant le contentieux financier répressif, se prononçant plus précisément sur la compatibilité des infractions financières avec ce principe : « 27. Considérant que les requérants soutiennent qu'en prévoyant que les articles L. 313-1, L. 313-4, L. 313-6 et L. 313-7-1 [du code des juridictions financières tel qu'en vigueur à cette époque[4]], en définissant de manière trop imprécise les obligations dont la méconnaissance est réprimée, portent atteinte au principe de légalité des délits et des peines ; [...] ; 29. Considérant, en premier lieu, que l'exigence d'une définition des manquements réprimés se trouve satisfaite, en matière disciplinaire, dès lors que les textes applicables font référence aux obligations auxquelles les intéressés sont soumis en raison de l'activité qu'ils exercent, de la profession à laquelle ils appartiennent ou de l'institution dont ils relèvent [...][5] ».

1. DDHC, art. 8 : « La loi ne doit établir que des peines strictement et évidemment nécessaires, et nul ne peut être puni qu'en vertu d'une loi établie et promulguée antérieurement au délit, et légalement appliquée ».
2. « 28. [...] que les principes énoncés par cet article s'appliquent non seulement aux peines prononcées par les juridictions répressives mais aussi à toute sanction ayant le caractère d'une punition » : Cons. const. 24 oct. 2014, *Stéphane R. et autres*, n° 2014-423 QPC ; *Rec.* p. 181 ; *Constitutions* 2014, p. 492, note O. Le Bot ; P. Mouzet, « La "responsabilité financière" existe-t-elle ? », *AJDA* 2014. 2497 ; *RFDA* 2014. 1218, chron. A. Roblot-Troizier et G. Tusseau ; A. Froment-Meurice, J.-Y. Bertucci, N. Hauptmann et C. Michaut, *GAJF*, 7e éd. 2019, n° 20, p. 228.
3. Cons. const. 3 mars 2005, n° 2005-198 L, *Nature juridique de dispositions du Code des juridictions financières concernant la Cour de discipline budgétaire et financière, JO* 9 mars, p. 3950 ; *LPA* 24 mars 2005, n° 59, p. 7, note J.-É. Schoettl ; A. Froment-Meurice, J.-Y. Bertucci, N. Hauptmann et C. Michaut, *GAJF*, 7e éd. 2019, n° 18, p. 206.
4. Aujourd'hui, respectivement, CJF, art. L. 131-13, 2°, L. 131-9, L. 131-12 et L. 131-10.
5. Cons. const. 24 oct. 2014, *Stéphane R. et autres*, n° 2014-423 QPC, préc.

Le Conseil constitutionnel a donc jugé que les infractions financières, en tant que telles, en ce qu'elles renvoient à des règles de gestion qui varient dans le temps et selon les secteurs, ne méconnaissent pas le principe de légalité des incriminations.

Dans l'application de ce principe par la CDBF, celle-ci n'y a pas répondu de façon générale sur les infractions CDBF, ce qui est logique au regard de ce qu'avait jugé en 2014 le Conseil constitutionnel, mais « s'attachera à vérifier, lors de l'examen au fond des manquements relevés par la décision de renvoi, que les règles en cause dans chaque cas sont suffisamment claires pour que la sanction de leur méconnaissance soit prévisible »[1]. Dans le même sens, la CDBF a écarté le moyen tiré d'une méconnaissance du principe de légalité des délits et des peines, car « les manquements relevés par la décision de renvoi renvoient à des obligations énoncées de manière suffisamment claire pour que la sanction encourue du fait de leur méconnaissance soit prévisible »[2] ; ou encore, dans un autre cas, « l'obligation de compte rendu au conseil d'administration est contraire [à un article des statuts] qui, contrairement à ce qui est soutenu par la défense, est suffisamment clair sur ce point »[3].

Cette position du Conseil constitutionnel n'est pas, dans ses conséquences, différente de celle tenue par le Conseil d'État qui a toujours considéré que le principe de légalité des délits et des peines devait, s'agissant du contentieux financier, tenir compte des spécificités de ce dernier. Ainsi, a-t-il précisé, alors que le principe de légalité des infractions était invoqué devant lui à l'encontre de la jurisprudence de la CDBF en matière de faute grave de gestion[4], que « lorsqu'il est appliqué à des sanctions qui n'ont pas le caractère de sanctions pénales, le principe de légalité des délits et des peines ne fait pas obstacle à ce que les infractions soient définies par référence aux obligations auxquelles est soumise une personne en raison de l'activité qu'elle exerce, de la profession à laquelle elle appartient ou de l'institution dont elle relève »[5]. Sur cette base, le Conseil d'État avait refusé d'admettre des recours en cassation fondés sur la prétendue incompatibilité des infractions financières, et en particulier de l'infraction générale, avec le principe de légalité des délits (art. 8 DDHC et art. 7 CEDH) : absence de moyen sérieux[6]. Ensuite, le Conseil constitutionnel, saisi d'une QPC, a dégagé une solution proche en 2014 : les infractions financières, qui renvoient à des *corpus* de règles de gestion, ne sont pas en tant que telles incompatibles avec le principe de légalité des délits et des peines.

À noter enfin que, comme au pénal[7], l'interprétation de la loi financière répressive est stricte. D'ailleurs, pour justifier son interprétation stricte des textes régissant la saisine de la Cour de discipline budgétaire, le Conseil d'État avait considéré, il y a longtemps déjà, dans un arrêt important, que « les poursuites exercées devant cette Haute juridiction », en parlant de la CDBF, revêtaient un « caractère de particulière gravité »[8].

222.12 Principe de nécessité des peines. Comme présenté ailleurs, au sujet du cumul des sanctions financières, pénales et disciplinaires[9], le Conseil constitutionnel a eu l'occasion de se prononcer sur la compatibilité de ces règles légales de cumul avec le principe de nécessité des peines prévu notamment par l'article 8 de la DDHC : « le principe de la nécessité des peines ne fait pas obstacle à ce que les mêmes faits commis par une même personne puissent faire l'objet de poursuites différentes aux fins de sanctions de nature disciplinaire ou pénale en application de corps de règles distincts devant leurs propres ordres de juridictions »[10].

222.13 Principe de proportionnalité des peines. Le juge financier applique, depuis longtemps, le principe de proportionnalité des peines prévu à l'article 8 de la DDHC, qui implique une adéquation des sanctions aux infractions ; ceci ressort d'un arrêt rendu par la CDBF, même si en l'espèce elle n'a pas

1. CDBF 4 déc. 2015, *Fondation nationale des sciences politiques et Institut d'études politiques de Paris (FNSP-IEP de Paris)* ; *Rec.* 171 ; *AJDA* 2016. 198, note S. Gaillard et J. Goubault. Ici § 38 : « considérant qu'il résulte des règles claires précisées que… ».
2. CDBF 26 juin 2017, *Cité du cinéma*, n° 213-742, NP.
3. CDBF 20 juill. 2017, *Institut Curie*, n° 215-765 ; *Rec.* 244 ; A. Froment-Meurice, J.-Y. Bertucci, N. Hauptmann et C. Michaut, *GAJF*, 7e éd. 2019, n° 50, p. 585.
4. Sur cette jurisprudence, v. ss n° 432.201.
5. CE 16 janv. 2008, *M. Haberer, Rev. Trésor* 2008. 380 ; *Rev. Trésor* 2008. 409, note N. Groper ; *AJDA* 2008. 1000, note M. Collet ; note A.-G. Delion et M. Durupty, *RFAP* 2008. 431 ; *RJEP* août-sept. 2008, p. 12, note M. Lascombe et X. Vandendriessche ; *JCP Adm.* 2008, n° 29, p. 20, note J. Gaté.
6. CE 13 juin 2013, *M. Loumes*, n° 364732 [affaire CDBF *Port autonome de Marseille*] – Même jour, également non admis : CE 23 mai 2013, *M. Janin*, n° 364733 [affaire CDBF *Port autonome de Marseille*].
7. C. Pén, art. 111-4 : « La loi pénale est d'interprétation stricte ».
8. CE 30 juin 1961, *Procureur général près la Cour des comptes c/ Mazer*, n° 48190 ; A. Froment-Meurice, J.-Y. Bertucci, N. Hauptmann et C. Michaut, *GAJF*, 7e éd. 2019, n° 19, p. 217 ; *Lebon* 451 ; *RD publ.* 1961. 845, concl. A. Bernard.
9. V. ss n° 212.21.
10. Cons. const. 24 oct. 2014, *Stéphane R. et autres*, n° 2014-423 QPC ; *Rec.* 181 ; *Constitutions* 2014, p. 492, note O. Le Bot ; P. Mouzet, « La "responsabilité financière" existe-t-elle ? », *AJDA* 2014. 2497 ; *RFDA* 2014. 1218, chron. A. Roblot-Troizier et G. Tusseau ; A. Froment-Meurice, J.-Y. Bertucci, N. Hauptmann et C. Michaut, *GAJF*, 7e éd. 2019, n° 20, p. 228. Ici § 35 de la décision.

retenu l'argument que la défense tirait de ce principe, qui visait purement et simplement à empêcher la juridiction de statuer[1].

Le juge constitutionnel a fait application du principe de proportionnalité des peines au contentieux financier, sur la base duquel il a instauré un plafonnement des amendes en cas de cumul de sanctions pénales et financières[2] : « 36. Considérant qu'en vertu du premier alinéa de l'article L. 314-18 du code des juridictions financières, « les poursuites devant la Cour ne font pas obstacle à l'exercice de l'action pénale et de l'action disciplinaire » ; que ce cumul de poursuites peut conduire à un cumul de sanctions prononcées, d'une part, par la Cour de discipline budgétaire et financière et, d'autre part, par une juridiction pénale ou une autorité disciplinaire ; que le principe d'un tel cumul des sanctions prononcées par une juridiction disciplinaire spéciale avec celles prononcées par une juridiction pénale ou une autorité disciplinaire n'est pas, en lui-même, contraire au principe de proportionnalité des peines garanti par l'article 8 de la Déclaration de 1789 ; 37. Considérant que, toutefois, lorsque plusieurs sanctions prononcées pour un même fait sont susceptibles de se cumuler, le principe de proportionnalité implique qu'en tout état de cause, le montant global des sanctions éventuellement prononcées ne dépasse pas le montant le plus élevé de l'une des sanctions encourues ; qu'il appartient donc aux autorités juridictionnelles et disciplinaires compétentes de veiller au respect de cette exigence et de tenir compte, lorsqu'elles se prononcent, des sanctions de même nature antérieurement infligées ; que, sous cette réserve, l'article L. 314-18 du code des juridictions financières [alors applicable[3]] n'est pas contraire aux principes de nécessité et de proportionnalité des peines »[4].

SECTION 2

PRINCIPE DE LA PRÉSOMPTION D'INNOCENCE ET DE LA POSSIBILITÉ DE SE DÉFENDRE

222.21 Source et valeur du principe de présomption d'innocence. S'applique au régime de responsabilité de droit public financier la règle de valeur constitutionnelle qui découle de l'article 9 de la Déclaration des droits de l'Homme et du citoyen, selon laquelle tout homme est « présumé innocent jusqu'à ce qu'il ait été déclaré coupable », qui est applicable à toutes les branches du droit, et pas seulement au droit pénal au sens strict[5].

222.22 Effets de ce principe sur le droit public financier répressif. Ce principe implique notamment que la charge de la preuve incombe à la partie poursuivante, et non à la défense[6] ; il implique également que le doute profite à l'accusé[7] et que ce dernier puisse se défendre ; il implique enfin l'absence de préjugement (nul ne peut être juge et partie), principe qui se conjugue alors avec le principe constitutionnel d'impartialité des magistrats[8], et qui implique notamment la séparation entre fonctions de poursuite, d'instruction et de jugement (ce qui est le cas de la procédure suivie devant la chambre du contentieux de la Cour des comptes).

Le Conseil constitutionnel a pu appliquer le principe de présomption d'innocence, en combinaison avec la séparation des pouvoirs, pour déclarer conforme à ces deux principes constitutionnels tirés des articles 9 et 16 DDHC la procédure de saisine, d'instruction et de renvoi devant la CDBF, étant donné les séparations entre fonctions de poursuite, d'instruction et de jugement qu'elle prévoit, et parce qu'il existe un système de récusation[9]. Malgré les critiques sur la motivation de cette décision[10], qui traite la procédure financière de disciplinaire et l'instruction contentieuse de non juridictionnelle, la solution de fond – la compatibilité avec la Constitution de la procédure répressive financière devant la CDBF, notamment au regard de la présomption d'innocence – semble pouvoir être transposée à la procédure actuelle menée devant la chambre du contentieux.

Par ailleurs, la présomption d'innocence a pu être invoquée devant le juge financier répressif dans les cas suivants :

– Une simple erreur matérielle dans la décision de renvoi du Procureur général (en l'espèce, mention erronée d'une infraction, alors que les griefs en visaient d'autres) « ne peut être regardée comme ayant été de nature à porter atteinte à la présomption d'innocence ou aux droits de la défense »[11].

1. CDBF 6 nov. 1992, *CPAM de Seine-et-Marne, Rev. Trésor* 1993. 782 ; *Lebon* 644 ; *Rec.* 154.
2. Sur ce sujet, en détail, v. s^s^ n° 212.32.
3. Aujourd'hui, même règle figurant à CJF, art. L. 142-1-12.
4. Cons. const. 24 oct. 2014, *Stéphane R. et autres*, n° 2014-423 QPC, §§ 36 et 37.
5. Cons. const. 29 déc. 1999, n° 99-424 DC.
6. Sur la charge de la preuve, v. s^s^ n°s 413.11 s.
7. *In dubio pro reo* : v. s^s^ n° 413.13.
8. Voir plus loin, s^s^ n° 222.41 ; v. aussi s^s^ n°s 522.21 s.
9. Cons. const. 24 oct. 2014, *Stéphane R. et autres*, n° 2014-423 QPC, §§ 16 à 20.
10. N. Groper, *« Disciplinaire », la Cour de discipline budgétaire et financière ?* dans *Écrits de droit public, financier et constitutionnel. Mélanges en l'honneur de Michel Lascombe* (ouvrage collectif), Dalloz 2020, p. 201.
11. CDBF 17 juin 2011, *Institut géographique national (IGN)*, n° 176-655 ; *Rec.* 158 ; *GFP* 2013, n° 5, p. 73, note S. Damarey, M. Lascombe et X. Vandendriessche.

– « [...] pour très regrettable qu'il soit », le fait qu'il y ait eu des fuites dans la presse ne vicie pas la procédure[1].

– Le principe de présomption d'innocence implique le droit au silence[2] ; mais celui-ci est à concilier avec le droit de communication, qui oblige les contrôlés, comme les justiciables, à communiquer les pièces qui leur sont demandées dans le cadre de l'instruction[3].

SECTION 3
PRINCIPE DE PERSONNALITÉ DES PEINES

222.31 Principe de personnalité des peines. Il s'agit, selon le Conseil constitutionnel, du « principe, résultant des articles 8 et 9 de la Déclaration des droits de l'homme et du citoyen, selon lequel nul n'est punissable que de son propre fait »[4], qui figure également dans le code pénal[5].

222.32 Application du principe au cas du décès d'une personne. En raison du principe de la personnalité des peines qui s'applique au contentieux répressif, le décès d'un justiciable éteint l'action publique. Comme l'objectif de la responsabilité financière des gestionnaires publics est de réprimer un comportement individuel, la disparition de cette personne fait perdre à la procédure son objet : l'action publique s'éteint.

Comme le précise le commissaire du gouvernement Guillaume sous l'arrêt du Conseil d'État du 21 juillet 1989, *Aubert*[6], les amendes de droit public financier « ne visent nullement à réparer un préjudice causé à l'État ou aux personnes publiques [...] ; une des caractéristiques essentielles de la sanction pénale est sa personnalité : elle réprime les manquements commis par un individu. Ses ayants droit n'ont, le cas échéant, pas à en répondre, à la différence des condamnations à caractère patrimonial ».

En cas de décès, les règles de la procédure pénale sont donc applicables par analogie au contentieux financier, le Code de procédure pénale prévoyant alors l'extinction définitive de l'action publique[7].

Si le décès d'un gestionnaire intervient au cours de l'instruction d'une personne mise en cause, il « fait obstacle à l'exercice de poursuites à son égard »[8].

Si le décès intervient avant la décision de renvoi, cette dernière précisera le cas échéant que l'action publique à l'encontre de la personne entre-temps décédée est éteinte[9], ce qui se traduit par une décision de non-lieu du Procureur général[10].

Si le décès est connu seulement au moment du jugement, l'arrêt prononcera un non-lieu[11], ou en tout cas précisera que le décès de la personne « fait obstacle à l'exercice de poursuites à son égard »[12], que le décès « a éteint l'action publique » à l'égard de la personne décédée[13].

En revanche, rien n'empêchera la Cour de faire état du comportement de la personne décédée, notamment pour accorder des circonstances atténuantes voire absolutoires aux autres personnes renvoyées devant la Cour[14].

Si le décès de la personne se produit après sa condamnation, la décision elle-même ne s'en trouve pas fragilisée, ayant acquis autorité de la chose jugée. En revanche, si l'amende n'a pas encore été recouvrée avant le décès, elle ne pourra plus l'être, puisqu'elle ne peut être prise en charge que personnellement par la personne condamnée[15].

SECTION 4
PRINCIPES D'IMPARTIALITÉ ET D'INDÉPENDANCE

222.41 Application des principes d'impartialité et d'indépendance au contentieux financier. Les

1. CDBF 4 déc. 2015, *Fondation nationale des sciences politiques et Institut d'études politiques de Paris (FNSP-IEP de Paris)* ; *Rec.* p. 171 ; *AJDA* 2016. 198, note S. Gaillard et J. Goubault.
2. Sur le droit au silence, voir spécifiquement, s^s^ n° 502.23.
3. C. comptes 3 mai 2024, *Chambre régionale d'agriculture de Bretagne (CRAB) et Association pour la traçabilité et le développement d'outils pour l'identification et de logiciels d'élevage (e-toile)*, n°s 856 et 870, S-2024-0696 ; *AJDA* 2024. 1327, chron. N. Péhau et L. Vergallo. Ici §§ 25 et 31.
4. Cons. const. 16 juin 1999, n° 99-411 DC, Loi portant diverses mesures relatives à la sécurité routière et aux infractions sur les agents des exploitants de réseau de transport public de voyageurs, § 7.
5. C. pén., art. 121-1 : « Nul n'est responsable pénalement que de son propre fait ».
6. CE 21 juill. 1989, *Aubert*, req. n° 99258 ; *Rev. Trésor* 1990. 213, concl. E. Guillaume, note R. Ludwig.
7. C. proc. pén., art. 6.
8. CDBF 22 janv. 1992, *Centre de formation des personnels communaux [CFPC]*, *Rev. Trésor* 1993. 35 ; *Rec.* 127.
9. CDBF 14 et 16 janv. 1998, *min. des Affaires étrangères, service des immeubles et affaires générales [Siag]*, v. les visas ; *Rev. Trésor* 1999. 200.
10. Même si le jugement n'évoque pas explicitement la décision de non-lieu, cela s'est produit par exemple à l'occasion de l'affaire ayant donné lieu ensuite à l'arrêt C. comptes 2 juill. 2024, *Office du tourisme de Strasbourg et de sa région (OTSR)*, n° 5, S-2024-1006 ; *AJDA* 2024. 1859, chron. N. Péhau et L. Vergallo.
11. POUR UN EX. de non-lieu en cassation : CE 21 juill. 1989, *Aubert*, req. n° 99258 ; préc.
12. CDBF 20 déc. 1982, *Port autonome de Nantes-Saint-Nazaire*, CCP, n° 2, p. 211.
13. CDBF 19 juill. 1974, *SEM d'aménagement et de gestion du marché d'intérêt national de Paris-La Villette [Semvi]*, CCP, n° 2, p. 103.
14. CDBF 20 déc. 1982, *Port autonome de Nantes-Saint-Nazaire*, préc.
15. V. note R. Ludwig s^s^ CE 21 juill. 1989, *Aubert*, req. n° 99258 ; *Rev. Trésor* 1990. 213, concl. E. Guillaume.

principes posés par l'article 16 DDHC[1] s'appliquent également au contentieux financier ; cela recouvre en particulier « les principes d'impartialité et d'indépendance [qui] sont indissociables de l'exercice de fonctions juridictionnelles »[2]. Il s'agit d'éléments qui participent au caractère équitable d'un procès, affirmé par ailleurs par de nombreux textes internationaux.

Le Conseil constitutionnel, le Conseil d'État, la CDBF et désormais la Cour des comptes et la Cour d'appel financière (CAF) ont amplement répondu aux moyens, souvent invoqués, tirés de l'impartialité et de l'indépendance, dans leurs différentes facettes :

– Sur l'impartialité et l'indépendance des membres de la juridiction financière : « 10. Considérant, en premier lieu, que l'ensemble des membres nommés à la Cour de discipline budgétaire et financière sont soumis aux dispositions statutaires applicables aux membres du Conseil d'État ou aux membres de la Cour des comptes ; qu'ils bénéficient des garanties d'impartialité et d'indépendance attachées à leur statut respectif ; que, par suite, les dispositions [...] relatives à la composition de la Cour de discipline budgétaire et financière, ne portent atteinte ni aux principes d'impartialité et d'indépendance des juridictions ni à la séparation des pouvoirs »[3]. Cette solution, ensuite revendiquée par la CDBF[4], peut être transposée aux membres de la CAF et de la chambre du contentieux de la Cour des comptes.

– S'agissant de la nomination des rapporteurs, de leur impartialité et de leur indépendance, le Conseil constitutionnel, de façon contestable[5], a jugé que l'instruction « constitue une enquête administrative préalable à la saisine de la Cour ; qu'une fois cette instruction terminée, le dossier est soumis au procureur général qui décide du classement de l'affaire ou du renvoi devant la Cour ; que, par suite, est inopérant le grief tiré de la méconnaissance des principes d'impartialité et d'indépendance dans l'exercice de fonctions juridictionnelles [...] relatives à la nomination des rapporteurs à qui est confiée l'instruction des affaires avant que le ministère public ne décide s'il convient de saisir la Cour »[6].

– Mais une autre question est celle de l'appréciation *in concreto* de l'impartialité d'un rapporteur précis dans une affaire particulière : dans une affaire jugée par la CDBF, la défense considérait que le rapporteur n'avait instruit qu'à charge et qu'il n'aurait pas suffisamment approfondi l'instruction ; la Cour a rejeté l'argument, qui n'était étayé par aucun fait précis[7] ; cela signifie que dans d'autres espèces, si des éléments permettaient de l'établir, les insuffisances graves affectant une instruction pourraient sans doute vicier la procédure. Dans le même sens, au terme d'un examen *in concreto* de la contestation de l'impartialité d'une instruction menée par un rapporteur, le moyen a été écarté par la Cour des comptes comme n'étant pas établi : la défense aurait pu demander des auditions ou témoignages ; elle ne peut donc pas critiquer le fait que « ces productions [de l'organisme concerné] n'ont pas suffisamment compris d'éléments à sa décharge qui, selon lui, existaient à la Caisse. Il fait aussi valoir que, notamment, manquent des rapports du contrôle interne qui auraient démontré qu'aucune alerte sur les irrégularités qui lui sont reprochées [n'était remonté] jusqu'à lui qui lui aurait permis de réorienter son action ; que, de même, les présidents successifs du comité des risques n'ont pas été interrogés »[8].

– Impartialité en cas d'instruction complémentaire : le président peut confier l'instruction complémentaire au même rapporteur, ou à un autre (le président de la Cour a la liberté du choix du rapporteur) ; le rapporteur chargé du rapport complémentaire n'est nullement lié par la motivation qui a conduit le ministère public à demander une instruction complémentaire. Dans cette affaire, la défense demandait à ce que la Cour écarte une disposition réglementaire du code des juridictions financières[9] comme étant contraire à des principes supérieurs, contestant donc la légalité de cette disposition réglementaire par voie d'exception, une exception d'illégalité qui n'a pas été suivie par la CDBF[10]. Dans le

1. DDHC, art. 16 : « Toute société dans laquelle la garantie des droits n'est pas assurée, ni la séparation des pouvoirs déterminée, n'a point de Constitution ».
2. Cons. const. 24 oct. 2014, *Stéphane R. et autres*, n° 2014-423 QPC.
3. Cons. const. 24 oct. 2014, *Stéphane R. et autres*, n° 2014-423 QPC.
4. CDBF 21 juill. 2016, *Agrément dérogatoire donné à une opération de défiscalisation de la loi du 23 juill. 2003 dite « loi Girardin »*, n° 210-722 ; *Rec.* 185.
5. Sur la nature en vérité contentieuse de l'instruction menée devant la CDBF, puis désormais devant la Cour des comptes et la CAF, v. s^s^ n°s 501.21 s. – N. Groper, *« Disciplinaire », la Cour de discipline budgétaire et financière ?* dans *Écrits de droit public, financier et constitutionnel. Mélanges en l'honneur de Michel Lascombe* (ouvrage collectif), Dalloz 2020, p. 201.
6. Cons. const. 24 oct. 2014, *Stéphane R. et autres*, n° 2014-423 QPC, § 11.
7. CDBF 4 déc. 2015, *Fondation nationale des sciences politiques et Institut d'études politiques de Paris (FNSP-IEP de Paris)* ; *Rec.* 171 ; *AJDA* 2016. 198, note S. Gaillard et J. Goubault.
8. C. comptes 24 nov. 2023, *Caisse de crédit municipal de Bordeaux (CCMB)*, n° 868, S-2023-1382 ; *Rec.* p. 38 ; *AJDA* 2023. 2381, chron. N. Péhau et L. Vergallo ; *JCP Adm.* 2024, n° 1, 2005 chron. S. Damarey ; *AJCT* 2024, p. 175, note C. Pierucci ; *Gaz. Pal.* 2024, n° 2, p. 70, note T. Dogan.
9. CJF, ancien art. R. 314-4, en vigueur jusqu'au 31 déc. 2022.
10. CDBF 29 nov. 2018, *Ordre national des chirurgiens-dentistes (ONCD)*, n° 224-800 ; *Rec.* 190.

même sens, sous l'empire des règles actuelles issues de la réforme entrée en vigueur le 1er janvier 2023 : le principe de séparation des fonctions d'instruction et de jugement « n'interdit en rien qu'un même magistrat soit chargé des phases d'instructions successives ou relatives à des faits connexes », à la suite d'une demande de complément d'instruction [1].

– Sur la partialité du parquet, la CDBF n'a pas donné droit à un moyen soulevé par la défense selon lequel le ministère public ne se serait « pas affranchi de la partialité attachée à sa fonction d'organe de poursuite », ce qui contreviendrait au principe d'équilibre des droits des parties (art. 14 du Pacte international relatif aux droits civils et politiques ; art. 47 de la Charte des droits fondamentaux de l'Union européenne) ; la CDBF a jugé « que l'exercice, par le ministère public, des fonctions de poursuite, distinctes des fonctions d'instruction du rapporteur et des fonctions de jugement exercées par la Cour, ne méconnaît nullement le droit à un procès équitable et loyal » [2]. Dans le même sens : « l'impartialité à laquelle est tenue la juridiction ne s'applique pas au ministère public » [3].

– Dans une affaire où avait été mise en cause, en appel d'une affaire de gestion de fait sous l'empire des anciens textes, l'impartialité de la Procureure générale au motif qu'elle avait, dans ses fonctions antérieures, « présidé la formation de jugement à l'origine du jugement dont [...] appel », la Cour a écarté ce raisonnement comme « en tout état de cause inopérant », étant donné que « le ministère public ne participe pas à la fonction de juger » [4].

– Le Conseil d'État, de son côté, a rejeté comme non sérieux le moyen tiré du statut des avocats généraux : le fait que les avocats généraux « seraient magistrats de la Cour des comptes ne saurait mettre en cause leur indépendance et leur impartialité, dès lors que, d'une part, leur appartenance à la Cour des comptes, loin de susciter des difficultés au regard du principe d'impartialité, constitue une garantie d'indépendance eu égard à leur statut, et que, d'autre part, ils ne sont pas, en tout état de cause, soumis à l'autorité hiérarchique du premier président de la Cour des comptes dans l'exercice de leurs fonctions juridictionnelles » [5]. Le Conseil a donc décidé de ne pas transmettre la question à l'appui d'une QPC.

– Sur l'impartialité structurelle de l'ancienne CDBF, dont la situation pourrait être transposée à l'actuelle CAF : l'impartialité structurelle était contestée, au motif que la CDBF serait, « du fait de sa composition et de son fonctionnement, intimement liée à la Cour des comptes » ; mais la CDBF constitue « un ordre de juridiction distinct de la Cour des comptes » ; de plus, « aucune règle ni aucun principe ne s'opposent à ce que [...] soit institué un organe à compétence juridictionnelle qui comprenne des membres de la Cour des comptes » [6].

– Sur l'impartialité des membres de la CDBF, qui ont adopté un rapport public de la Cour des comptes sur l'organisme dont la gestion était en cause dans l'affaire contentieuse : ce moyen a été rejeté par la CDBF, car ledit rapport public « ne fait en aucune manière allusion aux présomptions d'infractions déférées à la Cour de discipline budgétaire et financière » [7].

– Le fait que Parquet et rapporteur aient disposé, en amont de la décision de renvoi, de davantage de temps que la défense après ce renvoi, n'affecte ni la régularité de la procédure, ni l'impartialité de celle-ci [8].

– Même l'impartialité des autorités de déféré a été soulevée : dans une demande de QPC, non accueillie sur ce point par le Conseil d'État, la défense soutenait que l'article prévoyant la liste des autorités habilitées à déférer méconnaîtrait le principe d'impartialité au motif que la possibilité pour la Cour de déférer et la faculté pour le parquet de la saisir d'initiative constitueraient des préjugements [9].

– Impartialité d'un témoin : la Cour des comptes, à juste titre semble-t-il, a écarté, sans y répondre spécifiquement, la contestation de l'impartialité d'un témoin cité par l'accusation : « 30. M. X souligne que le rôle de témoin que joue le directeur actuel de la CCMB est contestable puisqu'il est partie civile dans le cadre de la procédure pénale devant les juridictions correctionnelles de Bordeaux. Il conteste, en

1. C. comptes 3 mai 2024, *Chambre régionale d'agriculture de Bretagne (CRAB) et Association pour la traçabilité et le développement d'outils pour l'identification et de logiciels d'élevage (e-toile)*, nos 856 et 870, S-2024-0696 ; *AJDA* 2024. 1327, chron. N. Péhau et L. Vergallo. Ici § 31.
2. CDBF 17 juin 2011, *Institut géographique national (IGN)*, no 176-655 ; *Rec.* 158 ; *GFP* 2013, no 5, p. 73, note S. Damarey, M. Lascombe et X. Vandendriessche.
3. CDBF 23 avr. 2012, *Conseil économique et social*, no 182-682 ; *Rec.* 193 ; *GFP* 2013, no 5, p. 83, note S. Damarey, M. Lascombe et X. Vandendriessche.
4. C. comptes 15 oct. 2020, *Gestion de fait des deniers de l'office du tourisme de l'Alpe-d'Huez (Isère)*, no S-2020-1568 ; *Rec.* p. 124 ; voir §§ 7-8. La Cour, outre ce raisonnement, a souligné que les actes du parquet n'avaient pas été signés par la Procureure générale, mais par la première avocate générale : la Procureure générale s'était donc individuellement déportée de cette affaire.
5. CE 15 avr. 2016, *M. Stéphane Richard et autre*, no 2016-396696 QPC ; *Rec.* 218 ; *GFP* 2016, no 6, p. 151, chron. S. Damarey, M. Lascombe et X. Vandendriessche.
6. CDBF 23 avr. 2012, *Conseil économique et social*, no 182-682, préc.
7. CDBF 23 avr. 2012, *Conseil économique et social*, no 182-682 ; préc.
8. CDBF 4 déc. 2015, *Fondation nationale des sciences politiques et Institut d'études politiques de Paris (FNSP-IEP de Paris)* ; *Rec.* p. 171 ; *AJDA* 2016. 198, note S. Gaillard et J. Goubault.
9. CE 15 avr. 2016, *M. Stéphane Richard et autre*, no 2016-396696 QPC, préc.

conséquence, le caractère probant des éléments produits par la CCMB et regrette que n'ait pas été organisée une expertise contradictoire pour l'évaluation du préjudice »[1].

SECTION 5
AUTRES PRINCIPES DE DROIT RÉPRESSIF CONCERNANT LE CONTENTIEUX FINANCIER

222.51 Procès équitable et ses différentes composantes. L'exigence du procès équitable se fonde sur différents textes nationaux et internationaux, en particulier l'article 6, § 1 de la Convention européenne des droits de l'homme qui s'applique, selon la CEDH elle-même, au contentieux financier répressif[2], que la CDBF applique depuis longtemps et de façon régulière[3].

D'une façon générale, le contentieux financier est soumis, en tant que contentieux répressif, aux exigences du procès équitable, traitées essentiellement dans la partie « procédure » du présent ouvrage[4], et dont certaines composantes, comme l'impartialité[5] ou la présomption d'innocence[6], ont déjà été traitées de façon spécifique.

On notera néanmoins, à ce stade, quelques exemples concernant le contentieux financier :

– Le droit à un procès équitable implique le principe d'équilibre des droits des parties (art. 14 du Pacte international relatif aux droits civils et politiques ; art. 47 de la Charte des droits fondamentaux de l'Union européenne) ; la CDBF n'a pas donné droit à un moyen soulevé par la défense selon lequel le ministère public ne se serait « pas affranchi de la partialité attachée à sa fonction d'organe de poursuite », ce qui contrevenait, selon la défense, au principe d'équilibre des droits des parties ; la CDBF a jugé « que l'exercice, par le ministère public [...] des fonctions de poursuite, distinctes des fonctions d'instruction du rapporteur et des fonctions de jugement exercées par la Cour, ne méconnaît nullement le droit à un procès équitable et loyal »[7].

– « Considérant que M. X soutient que la décision de renvoi du Procureur général aurait dû comporter des éléments à décharge et qu'en leur absence, son droit à un procès équitable et le principe de l'égalité des armes ont été violés », moyen écarté par la CDBF : « l'instruction a été menée par un rapporteur devant lequel l'intéressé a pu faire valoir ses arguments en défense ; qu'après la décision du Procureur général de renvoyer l'affaire devant la Cour, l'intéressé a eu accès au dossier et a été mis en mesure de présenter ses observations en défense ; qu'au cours de l'audience publique, après le résumé du rapport et de la décision de renvoi, l'intéressé a été appelé à présenter ses observations ; qu'il a eu la parole en dernier ; que cette procédure [...] n'implique pas que la décision de renvoi prise par le ministère public doive intégrer les éléments à décharge produits par la défense avant l'audience »[8].

1. C. comptes 24 nov. 2023, *Caisse de crédit municipal de Bordeaux (CCMB)*, n° 868, S-2023-1382, préc.
2. CEDH 26 sept. 2000, *Guisset c/ France*, n° 33933/96 ; *AJDA* 1998. 988, note J.-F. Flauss.
3. PAR EX. : CDBF 17 juin 2011, *Institut géographique national (IGN)*, n° 176-655 ; *Rec.* 158 ; *GFP* 2013, n° 5, p. 73, note S. Damarey, M. Lascombe et X. Vandendriessche – CDBF 21 juill. 2016, *Agrément dérogatoire donné à une opération de défiscalisation de la loi du 23 juill. 2003 dite « loi Girardin »*, n° 210-722 ; *Rec.* p. 185.
4. Livre consacré à la procédure, v. s[s] n°s 502.11 s.
5. V. s[s] n° 222.41.
6. V. s[s] n° 222.21.
7. CDBF 17 juin 2011, *Institut géographique national (IGN)*, n° 176-655, préc.
8. CDBF 17 juin 2014, *Société de valorisation foncière et immobilière (SOVAFIM)*, n° 193-696 ; *Rec.* 169 ; *AJDA* 2014. 1603, note C. Michaut et J.-E. Picard ; *RLC* 2014, n° 41, p. 32, note S. Brameret.

CHAPITRE

223. Opportunité des poursuites et des sanctions : la « particulière gravité » de la répression de droit public financier

SECTION 0 ORIENTEUR

223.00 **Sommaire du chapitre.**

SECTION 1 ÉLÉMENTS GÉNÉRAUX SUR LA GRAVITÉ

223.11 **Facteur gravité, gravité suffisante.** Bien que ne figurant pas dans les éléments constitutifs de la plupart des infractions, le juge financier tient compte de la gravité de la faute commise, de la gravité des faits en général, et ce à tous les stades de la procédure.

Ceci est une conséquence de la nature répressive du régime de responsabilité financière des gestionnaires publics, qui interdit toute sanction automatique et implique une opportunité dans les poursuites fondée sur certains critères, ainsi qu'une personnalisation des peines.

Pour justifier son interprétation stricte des textes régissant la saisine de la Cour de discipline budgétaire, le Conseil d'État a considéré dans un arrêt important que « les poursuites exercées devant cette Haute juridiction », en parlant de la CDBF, revêtaient un « caractère de particulière gravité »[1].

Les infractions de droit public financier sont largement formelles, sanctionnant une faute appréciée au regard de la violation d'une règle ou d'une obligation. Sauf dans certains cas spécifiques[2], la faute exigée est une faute simple ; rappelons à cet égard l'abandon délibéré de la faute lourde au profit de la faute simple par le législateur, contrairement à la volonté initiale du Gouvernement, lors de la préparation de ce qui allait devenir la loi de 1948[3] : « La faute lourde a paru une notion trop restrictive, et avec raison. Selon la tradition la mieux reçue du droit civil elle est équipollente au dol, et selon le droit administratif elle est toujours faute personnelle. Le texte voté permet donc d'atteindre des négligences, des erreurs qui, si l'on était en matière de responsabilité envers les tiers, seraient qualifiées de faute de service »[4]. D'où d'ailleurs l'existence de fautes de négligence[5].

En même temps, il est apparu dès la création de la Cour de discipline budgétaire, institution solennelle, qu'elle n'avait pas vocation à sanctionner toutes les irrégularités formelles qui peuvent se présenter dans la gestion publique ; ce ne serait ni matériellement

1. CE 30 juin 1961, *Procureur général près la Cour des comptes c/ Mazer*, n° 48190 ; A. Froment-Meurice, J.-Y. Bertucci, N. Hauptmann et C. Michaut, *GAJF*, 7e éd. 2019, n° 19, p. 217 ; *Lebon* 451 ; *RD publ.* 1961. 845, concl. A. Bernard.
2. CJF, art. L. 131-9 et L. 131-10.
3. V. ss nos 044.11 s.
4. G. Vedel, « La responsabilité des administrateurs devant la Cour de discipline budgétaire », *Rev. sc. législ. fin.* 1949, p. 124.
5. V. ss n° 432.231.

faisable, ni souhaitable au regard des objectifs qui sont fixés à ce système répressif. La répression de droit public financier constitue en réalité un équilibre entre infractions formelles et la prise en compte de considérations plus larges, d'où d'ailleurs la possibilité de parler de « fautes de gestion »[1].

S'il ne faut donc pas, juridiquement, de faute grave pour être sanctionné (sauf, désormais, dans deux infractions[2]), il faut dans la pratique que la faute revête tout de même une certaine gravité. Mais, en dépit de certaines confusions y compris dans la jurisprudence, cette question de la gravité ne se pose pas au stade de la qualification juridique des faits, donc de l'établissement d'une infraction prévue par le code des juridictions financières ; la question de la gravité se pose à trois niveaux :

– premièrement au moment du choix de déférer une affaire ou non ;

– deuxièmement dans le cadre de l'opportunité des poursuites décidées par le Procureur général ;

– et enfin troisièmement, au juge au moment de l'appréciation de la responsabilité du gestionnaire (relaxe, sanction allégée en raison de circonstances atténuantes, sanction lourde si la faute est considérée comme grave). Ainsi, même dans une infraction dans laquelle aucun préjudice n'est exigé (en l'espèce, engagement de dépenses sans être habilité), la Cour a pu retenir la faiblesse du préjudice subi comme une circonstance atténuante, ce qui montre d'ailleurs que le facteur gravité est bien omniprésent dans la répression financière[3].

De nombreux arrêts ont clairement affirmé la nécessité d'une certaine gravité pour fonder une sanction :

– Le juge a parfois recours explicitement à la notion de « gravité suffisante » : est ainsi condamnée une personne qui « a commis des fautes d'une gravité suffisante pour motiver l'application des sanctions » aujourd'hui prévues par le Code des juridictions financières[4]. Dans le même sens : « considérant que, dans ces conditions, l'erreur commise par M. X dans la signature des mandats émis au nom d'un bénéficiaire autre que celui qui était désigné dans la décision d'attribution [de la prime agricole versée par l'État] ne peut être considérée comme constituant une faute d'une gravité suffisante pour tomber sous le coup des sanctions prévues par l'article 5 de la loi du 25 septembre 1948 modifiée »[5].

– Explicitation claire selon laquelle le juge ne se limite pas à la violation formelle d'une règle pour asseoir sa condamnation : « considérant que l'infraction en cause ne saurait être ramenée à la simple méconnaissance, sans autre conséquence, d'une règle formelle » (en l'occurrence, le non-respect d'un arrêté qui exigeait l'autorisation du ministre des Finances) : la Cour précise, pour expliciter sa condamnation, relativement lourde, que les irrégularités en question « n'ont pas été sans incidence sur la situation financière, commerciale et administrative de la Mutuelle générale française accidents »[6].

223.12 Gravité, facteur d'appréciation de la responsabilité, rarement élément constitutif d'infraction. L'on assiste parfois à une certaine confusion entre le raisonnement purement juridique sur l'infraction et ses éléments constitutifs d'une part, et l'appréciation des circonstances propres à l'affaire d'autre part, qui doivent relever de l'opportunité des poursuites ou de l'appréciation de la responsabilité, de la sanction à infliger. C'est comme si l'on intégrait des éléments de gravité dans les éléments constitutifs de l'infraction, même lorsque ces derniers ne le prévoient pas[7].

Dans une affaire, la CDBF a ainsi confondu infraction et responsabilité : après avoir constaté l'absence d'inventaire exhaustif et fiable, pourtant obligatoire en vertu des textes, la Cour a néanmoins considéré que l'infraction n'était pas constituée car des « efforts réels ont été faits par les différents responsables pour remédier à ces difficultés »[8]. Autant il est légitime de tenir compte de ces efforts au stade de la fixation des responsabilités et des sanctions, autant la formulation retenue en l'espèce, en laissant penser que l'irrégularité n'est pas constitutive d'infraction, devrait être prohibée.

Exemple de bonne rédaction : des rémunérations avaient été fixées irrégulièrement (sans approbation du conseil d'administration), mais la CDBF a jugé que « ces faits ne sont pas de nature dans les circonstances particulières de l'affaire et compte tenu notamment du caractère modéré de la rémunération perçue par X à entraîner à l'égard de celui-ci une sanction »[9].

1. Sur la notion de faute de gestion, v. s[s] n° 411.12.
2. Sur la faute grave dans l'infraction prévue au CJF, art. L. 131-9, v. s[s] n° 432.281.
3. C. comptes 5 juill. 2024, *Régie métropolitaine PARCUB, devenue METPARK*, n° 869, S-2024-1038 ; *JCP Adm.* 2024. 2264, note S. Damarey. Ici § 72.
4. CDBF 22 nov. 1977, *min. de l'Équipement, service régional de l'équipement de Rouen, CCP*, n° 2, p. 154.
5. CDBF 14 déc. 1984, *Direction départementale de l'agriculture du Finistère, CCP*, n° 2, p. 239.
6. CDBF 11 juin 1971, *Mutuelle générale française accidents, Lebon* 397 ; *CCP*, n° 2, p. 69.
7. Seulement dans deux cas, les infractions financières comportent légalement un critère de gravité de la faute : CJF, art. L. 131-9 et L. 131-10. Pour les autres infractions financières, tel n'est pas le cas.
8. CDBF 16 juin 1999, *Carrefour international de la communication [Cicom]*, 2e arrêt, *Rev. Trésor* 2000. 28, note M. Lascombe et X. Vandendriessche ; *Lebon* 565.
9. CDBF 24 oct. 1989, *Assoc. pour l'emploi des cadres, ingénieurs et techniciens de l'agriculture [Apecita], CCP*, n° 3, p. 180 ; *Lebon* 421.

223.13 Moment de la prise en compte de la nécessité de la gravité des fautes. Comme dit plus haut, la question de savoir si une affaire met en cause des fautes d'une gravité suffisante intervient à plusieurs moments d'une procédure :

- au moment du choix de décider d'un déféré ou non ;

- lors des actes que doit prendre le Procureur général pour amorcer une instruction, ou pour renvoyer une personne devant la Cour (ou au contraire, il décide du classement de l'affaire à l'un des deux stades) ;

- au moment du jugement de l'affaire par la Cour.

Deux aspects peuvent à cet égard guider le praticien : d'une part, les fautes mineures ne doivent en principe pas être soumises à la Cour [1] ; d'autre part, une certaine autolimitation est requise de la part des autorités compétentes, car seuls les cas faisant apparaître une certaine gravité sont dignes de poursuites.

SECTION 2
CRITÈRES DE LA GRAVITÉ

223.21 Gravité en tant qu'élément de l'opportunité des poursuites, mais aussi de l'appréciation des circonstances aggravantes, atténuantes et absolutoires. La notion de gravité, non définie par les textes, résulte essentiellement de la pratique jurisprudentielle ; elle se fonde sur des critères admis au fil du temps. Ces critères de la gravité sont – forcément – très proches de ceux retenus pour admettre, en cas de sanction, des circonstances aggravantes [2] ; inversement, les critères de l'absence de gravité rejoignent ceux retenus pour motiver une relaxe (circonstances absolutoires ou éléments exonératoires [3]) ou une dispense de peine [4]. On retrouve enfin ces mêmes critères, sous forme d'appréciation d'une faible gravité, dans l'octroi de circonstances atténuantes [5].

Très souvent, les différents critères dont la typologie qui suit se combinent, s'accumulent.

223.22 Gravité juridique des irrégularités commises. La gravité peut résulter de l'importance intrinsèque de la règle violée, ou de l'accumulation des irrégularités semblables ou différentes portant sur un ensemble de faits. Une telle série d'irrégularités révèle en réalité, sans que ce soit toujours affirmé aussi explicitement, une « mauvaise gestion » entendue au sens large.

Exemples dans lesquels la gravité d'une affaire résulte de la norme violée ou de l'accumulation d'irrégularités :

- Différentes irrégularités commises en matière de dépense, et en partie sur réquisition irrégulière du comptable par l'ordonnateur, ce qui est considéré comme particulièrement grave [6].

- Irrégularités nombreuses, délibérées et procurant des avantages personnels aux personnes responsables [7].

- Souvent, la gravité provient de l'effet cumulatif de plusieurs infractions sur les mêmes faits : les infractions ont entraîné une accumulation croissante de dépenses engagées mais non mandatées [8].

- Gravité de plusieurs séries de faits dont certains sont constitutifs de trois infractions financières à la fois, et qui ont également motivé des poursuites disciplinaires et pénales [9].

- Multitude d'irrégularités différentes (« le plus grand désordre régnait ») commises dans des conditions de gestion certes difficiles, mais qui avaient porté préjudice à l'organisme en cause et octroyé des avantages injustifiés à autrui [10].

- Multiples violations de différentes dispositions du code des marchés publics d'une part, et falsification des comptes de stocks d'autre part [11].

- Accumulation d'irrégularités dans la tenue de la comptabilité ; prise en charge de dépenses étrangères à l'organisme ; compléments de rémunération irréguliers ; subventions détournées de leur objet conventionnel... [12].

223.23 Conséquences financières, préjudice. Par ailleurs, l'existence d'un préjudice d'une certaine ampleur à la charge de l'organisme en cause sera considérée comme un élément de gravité, ce qui conférera à l'irrégularité commise une gravité suffisante pour motiver un déféré. Cela est vrai évidemment pour les deux infractions dont les éléments constitutifs exigent une faute grave avec préjudice [13] ;

1. *De minimis non curat praetor ;* v. ci-après, s^s n° 223.31.
2. Sur les circonstances aggravantes, v. s^s n° 463.21.
3. V. s^s n° 463.201.
4. V. s^s n°s 463.202 et 471.24.
5. V. s^s n° 463.111.

6. CDBF 20 avr. 1988, *Caisse interprofessionnelle de retraite des commerçants détaillants de la région parisienne [CIRCD], CCP*, n° 3, p. 138 ; *Lebon* 546.
7. CDBF 19 juin 2002, *Délégation à l'espace aérien [DEA], Rev. Trésor* 2004. 43, note M. Lascombe et X. Vandendriessche ; *Rec.*, p. 99.
8. CDBF 1er et 2 juill. 1987, *Université Paris XII Val de Marne, CCP*, n° 3, p. 89 ; *Lebon T.* 655.
9. CDBF 17 févr. 1988, *Direction des services vétérinaires des Alpes de Haute-Provence, Assoc. Groupement de défense sanitaire [GDS] et Assoc. Groupement vétérinaire pratique [GVP], CCP*, n° 3, p. 122 ; *Lebon* 538.
10. CDBF 5 juin 1989, *Hôpital d'Orange, CCP*, n° 3, p. 172 ; *Lebon* 417.
11. CDBF 22 mai 1990, *CHS de Saint-Venant, CCP*, n° 3, p. 204 ; *Lebon* 521.
12. CDBF 7 nov. 2003, *Assoc. L'Étape, Rec.*, p. 137 ; *AJDA* 2004. 1236, note N. Groper.
13. V. s^s n° 431.11.

mais cela vaut d'une façon générale, pour toutes les infractions financières, qui habituellement n'exigent pas ces critères. Ainsi, une infraction budgétaire et comptable isolée, sans conséquences, aura du mal à prospérer au contentieux. De façon sous-jacente, et même si la plupart des infractions ne l'exigent pas sur le plan juridique, l'existence d'un préjudice financier important du fait des irrégularités commises paraît très souvent motiver des déférés et, en cas de déféré, motiver la prise d'un réquisitoire.

Même si un dommage financier n'a pas été causé, les montants financiers en cause dans les irrégularités commises peuvent cependant constituer un facteur de gravité, notamment en raison des risques éventuellement associés, qui sont d'autant plus importants que la situation financière d'un organisme est délicate.

En intégrant plus ou moins ouvertement la notion d'intérêt de l'organisme en cause dans l'appréciation des irrégularités formelles, cette caractéristique aboutit également souvent à rapprocher la sanction d'irrégularités du concept de la faute de gestion[1] entendue au sens large, qui inclut une certaine forme de gravité.

Les exemples à cet égard sont nombreux :

– Le fait d'avoir « manqué de façon répétée aux obligations assignées aux régisseurs d'avances », les irrégularités ayant de surcroît porté « sur des montants importants »[2].

– Des infractions formelles (en l'occurrence, le non-respect d'un arrêté qui exigeait l'autorisation du ministre des Finances pour certaines opérations) « n'ont pas été sans incidence sur la situation financière, commerciale et administrative de la Mutuelle générale française accidents »[3].

– La substitution d'un garde-magasin à l'agent administratif compétent pour décider de l'attribution des prêts sur nantissements de gages corporels constitue une infraction aux règles de dépenses ; cette pratique a en outre, en supprimant les contrôles internes, permis à un agent de commettre des détournements, entraînant un préjudice financier important pour l'établissement[4].

– Pertes financières importantes[5].

À l'inverse, la modicité des montants financiers en jeu peut conduire le juge la CDBF à ne pas sanctionner certaines irrégularités[6].

D'une façon générale, il paraît de bonne justice et de bonne gestion des deniers publics de ne pas déférer des affaires qui concernent des montants financiers dérisoires[7], car il convient de prendre en considération le coût du traitement des affaires déférées, même si elles sont classées à un stade précoce de la procédure.

223.24 Répétition des irrégularités ou persistance en dépit d'avertissements antérieurs. La gravité peut également provenir de la répétition des irrégularités, du fait qu'elles aient été perpétrées sur une longue période, et surtout qu'elles aient été poursuivies en dépit d'avertissements clairs. Exemples :

– Une irrégularité concernant le versement d'une indemnité dans une école avait donné lieu successivement à une communication du Procureur général à l'administration de tutelle (demeurée sans réponse) puis à un référé de la Cour des comptes adressé au ministre de tutelle (à la suite duquel le ministre avait demandé à l'école de mettre fin à la pratique) ; ensuite l'école avait repris les versements irréguliers sous une autre forme, avant que la Cour des comptes n'intervienne de nouveau et ne défère l'affaire[8].

– Primes irrégulières qui ont continué à être versées alors que ces faits avaient fait l'objet d'une communication du Procureur général, qui était donc restée sans suite[9].

– Inaction de l'agent comptable en dépit d'injonctions pour l'avenir prononcées précédemment par la Cour des comptes[10].

SECTION 3
DE MINIMIS NON CURAT PRAETOR

223.31 Fautes vénielles. Le Procureur général renoncera à poursuivre, et la Cour hésitera à sanc-

1. Sur la faute de gestion, v. s[s] n°s 411.12 s., 431.11 s.
2. CDBF 10 déc. 2010, *Commune de Bandol*, n° 172-680 ; *Rec.* 132 ; *Contrats publics* 2011, n° 109, note L. Renouard ; *GFP* 2011, n° 8-9, p. 571, note M. Lascombe et X. Vandendriessche.
3. CDBF 11 juin 1971, *Mutuelle générale française accidents, Lebon* 397 ; *CCP*, n° 2, p. 69.
4. CDBF 4 avr. 1973, *Caisse de crédit municipal de Lyon ; Lebon* 855 (extraits) ; *CCP*, n° 2, p. 78.
5. PAR EX. : CDBF 2 juill. 1997, *Cie générale maritime [CGM] et CGM España ; Rev. Trésor* 1999. 191 ; *Rec.*, p. 206 : pertes financières très importantes (21,4 millions FRF) – CDBF 19 avr. 2000, *Banque du Crédit chimique ; Rev. Trésor* 2001. 796, note M. Lascombe et X. Vandendriessche ; *Rec.* 105 : pertes de plus de 170 millions FRF pour la banque.
6. CDBF 17 déc. 1976, *Caisse interprofessionnelle, commerciale et industrielle d'allocations vieillesse [Ciciav] de Béthune, CCP*, n° 2, p. 121 ; – CDBF 24 oct. 1989, *Assoc. pour l'emploi des cadres, ingénieurs et techniciens de l'agriculture [Apecita], CCP*, n° 3, p. 180 ; *Lebon* 421 ; – CDBF 7 déc. 1994, *Comité départemental du tourisme de la Gironde, Rev. Trésor* 1995. 685 ; *Lebon* 728 ; *Rec.* 147.
7. V. plus loin *De minimis non curat praetor*, s[s] n° 223.32.
8. CDBF 6 févr. 1968, *École régionale d'agriculture d'Ondes [Haute-Garonne], CCP*, n° 2, p. 65 ; *Lebon* 809 (extraits).
9. CDBF 20 mars 1996, *Établissement public E., Rev. Trésor* 1998. 728 (l'arrêt y est appelé « *Institut national A…* ») ; *Lebon* 647 ; *Rec.* 169 (extraits).
10. CDBF 18 juin 1997, *Musée Rodin, Rev. Trésor* 1999. 189 ; *Rec.* 203 ; A. Froment-Meurice, J.-Y. Bertucci, N. Hauptmann, C. Michaut, *GAJF*, 7e éd., Dalloz 2019, n° 48, p. 562.

tionner, des personnes coupables de fautes mineures, purement vénielles, d'un degré de gravité trop faible, en application de l'adage[1] *de minimis non curat praetor*. Il doit en être de même des autorités de déféré, qui hésiteront à transmettre au Parquet de telles affaires vénielles.

En effet, si la justice s'encombrait des affaires minimes, « la majesté de la justice en serait offensée »[2] et le coût du temps passé par la justice – qui elle-même est un service public soumis aux principes de bonne gestion – serait excessif.

Proche dans ses résultats des circonstances absolutoires, le *de minimis* s'en distingue toutefois dans la mesure où les circonstances atténuantes et absolutoires sont des facteurs extérieurs qui vont annihiler (cas d'irresponsabilité totale, ou de force majeure) ou contrebalancer (cumul de circonstances atténuantes, devenant ainsi absolutoires) une faute établie qui n'est pas vénielle en elle-même : ce n'est qu'en comparaison avec un ensemble de facteurs externes que le juge se décidera à accorder des circonstances absolutoires de responsabilité. Ici, c'est la gravité même des faits ou de leurs conséquences qui intrinsèquement va conduire à ne pas poursuivre ou à ne pas condamner.

223.32 ***De minimis non curat praetor* dans la politique de poursuite du Procureur général.** Le caractère minime des irrégularités relevées constitue un fréquent motif pour le Procureur général de ne pas poursuivre une personne, donc de classer une affaire, soit d'emblée, soit après l'instruction. Bien que la plupart des classements soient non motivés, les rapports publics de la CDBF contiennent de précieuses indications sur les affaires classées. Il en est de même des textes actuels, issus de la réforme entrée en vigueur le 1er janvier 2023, qui ont créé un rappel à la loi formel[3] accompagnant certains classements, susceptible d'être publié, ou des communications du Procureur général alternatives aux poursuites contentieuses[4].

Ainsi le Procureur général a-t-il classé *ab initio* un déféré portant sur des irrégularités commises dans une université : « les infractions paraissaient établies mais ne revêtaient pas une gravité suffisante, aux yeux du Procureur général, par rapport aux pratiques généralement constatées dans les universités, pour justifier des poursuites devant la CDBF »[5]. Dans le même sens a été classée une affaire de mise à disposition d'un fonctionnaire de l'État à une association subventionnée – en plus d'autres facteurs – parce que « les montants de rémunération non atteints par la prescription étaient limités »[6]. La « faiblesse des montants en jeu » a également convaincu le Parquet de renoncer à poursuivre un maire qui avait pourtant réquisitionné le comptable pour effectuer un payement irrégulier[7].

Notons aussi le classement avant instruction d'une affaire de détournement temporaire de 1 500 euros par le comptable public d'un GIP ; les faits ont toutefois été signalés à sa hiérarchie (direction générale des finances publiques) par le Procureur général[8]. Dans une autre affaire, complexe, concernant une université et où certains faits relevaient plutôt de la voie pénale, le Procureur général a considéré que « l'ensemble des autres faits n'a pas paru constituer un ensemble suffisant, sur le plan des enjeux financiers, pour entraîner l'ouverture d'une instruction »[9].

Sous l'empire des textes actuels : des montants financiers, même cumulés sur une longue période, faibles (prise en charge indue de repas d'une seule personne) motivant un classement, mais également un rappel à la loi[10].

223.33 ***De minimis non curat praetor* en jurisprudence.** La juridiction peut être amenée à écarter des griefs parce que l'irrégularité, sans doute théoriquement constituée, est jugée minime, purement formelle et/ou sans conséquence pratique. Elle retient alors des circonstances absolutoires (relaxe) ou prononce une dispense de peine[11].

Dans une affaire, il s'agissait de la méconnaissance, d'ailleurs non contestée, d'une règle de détail sur la personne qui doit transmettre les comptes d'un établissement public à la Cour des comptes ; cette violation était à vrai dire sans conséquence pratique[12].

En toute rigueur, le juge doit constater que l'infraction est constituée, mais qu'elle « ne présente pas un caractère de gravité justifiant l'application d'une sanction »[13].

1. V. le colloque « Les adages en droit public », en particulier : B. Plessix, « Les adages propres au droit public », *RFDA* 2014. 211 ; B. Sellier, « Propos conclusifs », *RFDA* 2014. 216.
2. H. Roland et L. Boyer, *Adages du droit français*, 4e éd., Litec, no 83, p. 150.
3. Sur le rappel à la loi, v. ss no 512.12.
4. Sur la CPG comme alternative au contentieux, v. ss no 516.31.
5. *Rapport annuel de la CDBF*, févr. 2007, p. 46.
6. *Rapport annuel de la CDBF*, févr. 2008, p. 31.
7. *Rapport annuel de la CDBF*, févr. 2008, p. 31 et 32.
8. *Rapport annuel de la CDBF*, févr. 2009, p. 31.
9. *Rapport annuel de la CDBF*, févr. 2009, p. 32.
10. Procureur général près la C. comptes 9 déc. 2023, *Caisse mutuelle complémentaire et d'action sociales de X*, Rappel à la loi, *Rec.*, p. 85.
11. Sur la dispense de peine et les circonstances absolutoires, v. ss nos 463.201 et 463.202 et 463.203.
12. CDBF 21 févr. 2008, *Agence nationale de valorisation de la recherche [Anvar]*, *AJDA* 2008. 1193, note N. Groper et C. Michaut ; *Rev. Trésor* 2008. 519, note N. Groper ; *GFP* 2011, p. 387, note M. Lascombe et X. Vandendriessche : v. point 3 des griefs à écarter.
13. CDBF 6 févr. 1968, *École régionale d'agriculture d'Ondes [Haute-Garonne]*, *CCP*, no 2, p. 65 ; *Lebon* 809 (extraits).

Dans le même sens, à l'occasion de la conclusion d'un contrat de prestations à fournir par un chantier naval : « s'il est indéniable que des irrégularités et imprudences ont été commises lors de la signature du contrat [par lequel le service de l'État s'engageait d'effectuer des travaux sur le navire « Galaxy Queen »], celles-ci ne constituent pas, compte tenu des circonstances particulières de l'affaire, des fautes d'une gravité suffisante pour motiver l'application des sanctions prévues »[1].

Dans une autre affaire, les avantages en nature que la personne renvoyée devant la Cour avait perçus irrégulièrement n'étaient que de faible importance[2]. Même si le préjudice n'est pas un élément constitutif des infractions formelles, sa survenance et son ampleur représentent forcément des indicateurs de gravité dont le juge tient compte.

Autre exemple[3], mais dont la rédaction est contestable : une indemnité de licenciement supérieure à la convention collective avait été versée ; selon la Cour, les éléments de l'infraction ne seraient pas réunis, en raison de la « modicité de l'écart ».

SECTION 4
AUTRES MOTIFS RÉDUISANT L'OPPORTUNITÉ DES POURSUITES

223.41 Régularisation ou disparition de l'infraction. La régularisation *ex post* d'une situation irrégulière ne fait en principe pas disparaître l'infraction[4].

Ainsi, un directeur d'école qui a pris des engagements juridiques (achats) alors qu'aucun crédit n'avait été ouvert, sera condamné, même si une ouverture ultérieure des crédits est intervenue[5]. Le Conseil d'État a également considéré que la régularisation plusieurs années après les faits d'une situation « n'a pu avoir pour effet de faire disparaître le caractère fautif du comportement » de l'intéressé[6].

Toutefois, le parquet peut être amené à classer une affaire notamment parce que l'irrégularité a entre-temps disparu ou a été régularisée. Ainsi, le Procureur général a préféré classer *ab initio* une affaire de perception par un établissement public de coopération intercommunale (EPCI) de versements indus de la part du fonds de compensation de la taxe sur la valeur ajoutée, le préfet ayant fait émettre un titre de recettes en vue du reversement de ces fonds, et le caractère intentionnel des déclarations erronées étant douteux (il s'agissait sans doute d'une erreur plutôt que d'une faute)[7].

Dans le même sens, dans deux affaires classées après instruction, « le Procureur général a notamment été sensible à l'intervention de faits nouveaux allant dans le sens de la régularisation des pratiques en cause, qui sont survenues concomitamment au déroulement de l'instruction »[8].

L'une concernait l'inexécution d'une décision de justice par une collectivité territoriale, étant précisé que pour l'infraction aujourd'hui prévue à l'article L. 131-14, 2°, du CJF, le classement après payement est la pratique très largement majoritaire du Parquet[9] ; l'autre concernait le versement d'une allocation sociale en méconnaissance d'un texte réglementaire (pendant deux ans) qui, au cours de l'instruction menée devant la CDBF, a été modifié pour donner une assise juridique aux versements : « la saisine de la CDBF n'a, semble-t-il, pas été étrangère au rétablissement d'une situation juridique conforme à l'état du droit » ; enfin, d'autres motifs ont également joué en faveur du classement de cette affaire.

Dans une autre affaire, les motifs de classement étaient nombreux, dont le fait que la situation statutaire et indemnitaire d'un fonctionnaire de l'État mis à la disposition d'une association subventionnée, qui était au cœur du déféré, avait été régularisée[10].

Dans une affaire ancienne mais moins évidente concernant un service de l'État, un classement a pu être expliqué notamment par l'absence d'élément intentionnel et « compte tenu des régularisations effectuées bien avant que l'affaire ne soit en l'état d'être présentée devant la Cour »[11].

Le Procureur général a, dans un cas concernant une pratique étendue de versement d'indemnités irrégulières, également préféré le classement après une « trop longue instruction », jugeant « inéquitable d'engager la responsabilité du haut fonctionnaire concerné alors que celui-ci avait décidé ensuite l'abandon de cet errement et, surtout, qu'il avait par ailleurs organisé et mené à bien une opération complète et ambitieuse de remise en ordre et de régulari-

1. CDBF 22 mars 1977, *min. de la Défense, direction des constructions et armes navales de Toulon, Lebon* 677 (extraits) ; *CCP*, n° 2, p. 130.
2. CDBF 17 déc. 1976, *Caisse interprofessionnelle, commerciale et industrielle d'allocations vieillesse [Ciciav] de Béthune, CCP*, n° 2, p. 121.
3. CDBF 7 déc. 1994, *Comité départemental du tourisme de la Gironde, Rev. Trésor* 1995. 685 ; *Lebon* 728 ; *Rec.* 147.
4. Sur cette règle générale, v. s^s n° 416.11.
5. CDB 22 févr. 1961, *Lycée de jeunes filles de Grenoble, CCP*, n° 2, p. 34 ; *Lebon* 898.
6. CE 6 juin 1973, *Sieur Crozes, Lebon* 397.
7. *Rapport annuel de la CDBF*, févr. 2007, p. 46.
8. *Rapport annuel de la CDBF*, févr. 2007, p. 46 et 47.
9. Sur le classement, par le Procureur général, après mise en garde du créancier et payement de la somme due par ce dernier, v. s^s n° 452.33.
10. *Rapport annuel de la CDBF*, févr. 2008, p. 31.
11. *Rapport annuel de la CDBF*, févr. 2008, p. 32.

sation de l'ensemble des régimes indemnitaires bénéficiant aux agents concernés »[1].

223.42 Ancienneté des faits. L'ancienneté des faits, bien que non couverts par la prescription, fait partie des critères qui peuvent être retenus par le Procureur général pour justifier un classement, surtout si une longue instruction a rallongé excessivement les délais, même si ce critère ne sera pas le seul à jouer en faveur d'un classement.

Ainsi, le Procureur général a-t-il classé une affaire concernant un établissement public local à cause « de l'ancienneté des faits et des évolutions connues depuis lors par le droit et la jurisprudence applicables »[2].

S'agissant d'irrégularités présumées dans le versement d'indemnités dans un établissement public national, le Procureur général a renoncé « par prudence » à poursuivre la procédure après instruction, notamment parce que les faits étaient très anciens « et leur traitement par la juridiction s'est avéré laborieux. Leur principal responsable est d'ailleurs décédé avant que ne commence l'instruction »[3].

223.43 Procédures alternatives judiciaires ou administratives. Pour mémoire, lorsqu'il s'agit de décider d'un déféré (ou, si le déféré a eu lieu, d'un réquisitoire ou d'un classement), l'existence d'autres voies juridictionnelles sera également prise en considération, en particulier la saisine du juge pénal, sans oublier la voie disciplinaire ; pour les affaires mineures, un simple signalement par voie administrative peut également être envisagé[4], sous forme de rappel à la loi[5] ou de communication du Procureur général (CPG)[6].

Le Procureur général peut ainsi être amené à classer une affaire qui était ancienne et surtout au sujet de laquelle il était « apparu, postérieurement à la clôture de l'instruction, qu'une partie notable des faits avait fait l'objet d'une condamnation judiciaire. Dans ces conditions, si la poursuite de la procédure devant la CDBF n'était pas juridiquement impossible, elle perdait malgré tout beaucoup de son intérêt »[7]. Dans le même sens, le Procureur général peut considérer, dans le cadre de sa compétence pour apprécier l'opportunité des poursuites, que lorsque les mêmes faits sont également soumis au juge pénal, et que l'affaire prospère devant ce dernier, que l'affaire peut être classée devant la CDBF[8], pour éviter les doublons inutiles et coûteux. On peut en déduire qu'inversement, si l'affaire n'avait pas été poursuivie pénalement, le Procureur général aurait demandé l'ouverture d'une instruction devant la juridiction financière.

SECTION 5
LIMITES DE L'OPPORTUNITÉ DES POURSUITES

223.51 Fondements et cadre de l'opportunité des poursuites. L'opportunité des poursuites existe au stade de la naissance d'une affaire : c'est le choix qui appartient à l'autorité de déféré, pour laquelle il s'agit d'une simple faculté ; c'est ensuite le choix appartenant au Procureur général.

L'opportunité des poursuites appartenant au Procureur, s'agissant du régime de responsabilité financière des gestionnaires publics, se fonde – comme au pénal[9] – sur la loi : d'une part, « le ministère public près la Cour des comptes apprécie les suites à donner aux déférés »[10], et d'autre part il peut directement saisir la Cour, même en l'absence de déféré[11]. Il dispose en outre d'un deuxième moment où il peut décider de classer une affaire, après la fin de l'instruction[12].

Mais ce pouvoir d'opportunité ne doit pas conduire à créer une rupture d'égalité devant la loi répressive, principe constitutionnel se fondant sur l'article 6 de la DDHC[13] ; voilà pourquoi il existe des critères de gravité, et qu'il apparaît sain que le parquet communique sur ces classements, comme il le faisait chaque année dans le Rapport d'activité de la CDBF.

Certains ont pu faire état de craintes, s'agissant de l'opportunité des poursuites[14] ; en réalité, ce pouvoir d'appréciation permet de réduire l'exposition au risque, pour les gestionnaires publics, d'être poursuivis pour des irrégularités vénielles ou peu graves, alors que des « déférés automatiques » ou des déférés saisissant directement la Cour, sans aucun filtre de la part du parquet, augmenteraient très fortement le volume du contentieux financier, donc le

1. *Rapport annuel de la CDBF*, févr. 2008, p. 32-33.
2. *Rapport annuel de la CDBF*, févr. 2007, p. 48.
3. *Rapport annuel de la CDBF*, févr. 2008, p. 32.
4. V. *Rapport annuel de la CDBF*, févr. 2009, p. 31 : le Procureur général a classé une affaire de détournement temporaire par le comptable d'un GIP d'une somme peu élevée, estimant « suffisant de signaler ces faits à la direction générale des finances publiques ».
5. Accompagnant un classement suite à déféré : v. s[s] n° 515.12.
6. V. s[s] n° 516.31.
7. *Rapport annuel de la CDBF*, févr. 2007, p. 48 – Sur les doubles poursuites, v. s[s] n°s 231.11 s., en particulier 231.24.
8. *Rapport annuel de la CDBF*, févr. 2009, p. 32 et 33.
9. C. proc. pén., art. 40-1.
10. CJF, art. L. 142-1-2.
11. CJF, art. L. 142-1-1, dernière phrase.
12. CJF, art. L. 142-1-5.
13. DDHC, art. 6 : la loi « doit être la même pour tous, soit qu'elle protège, soit qu'elle punisse ».
14. G. Le Bris, « Opportunité des poursuites par le procureur financier : du mythe à la réalité. Au lendemain de la réforme du régime de responsabilité », *AJCT* 2024. 234.

risque d'être sanctionné, y compris lorsque l'ordre public financier n'est pas réellement menacé.

Néanmoins, il est clair que l'opportunité doit être encadrée et ne doit pas aller jusqu'à rompre avec le principe d'égalité de traitement, ni jusqu'à trop censurer les décisions de déféré : que les classements soient trop rares ou au contraire trop fréquents, la crédibilité même du régime de responsabilité financière en prendrait un coup. D'une certaine façon, l'échec relatif de la CDBF venait aussi du fait qu'à cause d'un contentieux trop rare il pouvait être perçu comme injuste – tout comme, à l'autre extrémité, le jugement des comptes, dans sa prétention systématique et avec sa présomption de responsabilité, pouvait également être perçu comme injuste.

La pratique de l'opportunité des poursuites doit donc trouver un équilibre, se fonder sur des critères relativement transparents.

Autant il est nécessaire que l'autorité de déféré ou le Parquet se posent la question de l'opportunité des poursuites, et donc mettent en œuvre une forme d'autolimitation en ne faisant prospérer que les affaires présentant un certain degré de gravité, autant cela ne doit pas conduire ces autorités à trop empiéter sur l'instruction, et surtout sur le jugement lui-même.

Ainsi paraîtrait critiquable le fait de fonder un classement avant instruction sur une référence à des sanctions peu élevées infligées par la Cour dans des affaires qui présentent des caractéristiques proches [1], ou d'aller trop loin en amont (avant même avoir commencé l'instruction) dans l'anticipation de circonstances atténuantes de responsabilité (et même pas absolutoires). Cela reviendrait à dire qu'une condamnation modérée par le juge n'a pas de sens, et qu'il ne faudrait donc plus lui transmettre ce type d'affaires. Mais des considérations comme celles présentées à l'instant semblent demeurer rares, et les classements ainsi opérés se fondaient également sur d'autres éléments (faiblesse de sommes en jeu, par exemple).

1. *Rapport annuel de la CDBF*, févr. 2009, p. 31 et 32.

CHAPITRE

224. Interdiction de juger de l'opportunité des décisions de gestion

SECTION 0
ORIENTEUR

224.00 **Sommaire du chapitre.**

SECTION UNIQUE
INTERDICTION DE CONNAÎTRE DES CHOIX D'OPPORTUNITÉ

224.11 **Opportunité des décisions de gestion.** « La Cour n'est pas juge de l'opportunité des décisions [de gestion] [...] et doit seulement déterminer et apprécier les infractions [financières] qui auraient été commises dans l'opération entreprise »[1]. Cette solution s'impose au vu du principe de légalité des délits et des peines[2], et a été régulièrement rappelée par la juridiction financière répressive[3].

La simple mauvaise gestion ou le gaspillage ne sont pas incriminés en tant que tels.

Cela signifie également qu'une simple mauvaise gestion financière n'est pas sanctionnable s'il n'est pas établi que des infractions ont été commises[4].

Dans le même sens, la CDBF a pu juger que des transactions effectuées avec un sous-traitant ne tombaient pas sous l'infraction de l'ancien article L. 313-4 du CJF, même si des pertes financières importantes avaient été relevées ; on comprend indirectement qu'il s'agit d'un choix de gestion qui ne comporte pas de faute[5]. Dans le même arrêt, des baux sur cinq ans avaient été signés alors que les besoins de l'entreprise publique étaient bien plus courts ; la CDBF a jugé qu'aucune infraction n'était établie. Sans le préciser expressément, cette solution découle du fait qu'un bail inadapté ne méconnaît aucune règle, et qu'il s'agit là d'une simple mauvaise gestion.

Dès la création de la Cour de discipline budgétaire, la doctrine a relevé que les simples mauvaises gestions ou gaspillages n'entraient pas dans le champ de compétence de ce système répressif : « en effet, attribuer compétence à cet organisme juridictionnel lorsqu'aucune violation formelle de la législation ou de la réglementation en vigueur n'a pu être relevée à l'encontre du fonctionnaire ou de l'agent faisant l'objet de la poursuite, reviendrait à la faire juge de l'opportunité de l'acte administratif en litige au même titre que le ministre sous l'autorité duquel il a été accompli »[6]. Si la jurisprudence financière appréhende la faute de gestion[7], qui peut intégrer notamment la protection des intérêts financiers ou patrimoniaux[8] d'un organisme, ce qui peut sembler se rapprocher de la notion de gaspillage, une sanction suppose bien qu'une faute ait été commise, faute mesurée à l'aune de règles et obligations s'imposant aux gestionnaires en question.

1. CDBF 19 juill. 1974, *SEM d'aménagement et de gestion du marché d'intérêt national de Paris-La Villette [Semvi]*, CCP, n° 2, p. 103 ; *Lebon* 803 (extraits anonymisés) ; *GAJF*, Dalloz, 5e éd., n° 51.
2. Sur ce principe, v. ss n° 222.11.
3. CDBF 24 févr. 2006, *Sté Altus Finance*, 2e arrêt, *AJDA* 2006. 1249, note N. Groper et C. Michaut ; *JCP* 2006, n° 38, II, 10152, note J.-P. Gastinel ; *Rev. Trésor* 2006. 910, note M. Lascombe et X. Vandendriessche ; *RFDA* 2006. 624, note M. Lascombe et X. Vandendriessche ; *Lebon* 650 ; *Rec.* 74.
4. CDBF 28 oct. 2005, *min. de la Défense, Direction des constructions navales, contrat de vente de sous-marins Agosta 90 au Pakistan* [§ 3], *Lebon* 678 ; *Rev. Trésor* 2006. 902, note M. Lascombe et X. Vandendriessche.
5. CDBF 22 nov. 1989, *SA La Signalisation [LS]*, CCP, n° 3, p. 184 ; *Lebon* 423.
6. L. Bertrand, « La Cour de discipline budgétaire », Rev. banque et bourse n° 48, déc. 1948, p. 340.
7. Sur la faute de gestion, d'une façon générale, v. ss n° 411.12.
8. Sur la protection des intérêts financiers ou patrimoniaux, obligation de gestion, v. ss n° 432.212.

Dans d'autres législations, le gaspillage peut être spécifiquement incriminé[1].

Notons enfin qu'inversement, l'opportunité d'une mesure ne saurait légitimer son irrégularité[2] ; une irrégularité est *a priori* toujours une faute, mais il peut être tenu compte de l'opportunité au titre des circonstances de gravité.

1. PAR EX. : L. djiboutienne de 1997 sur les fautes de gestion, art. 19.
2. CDBF 28 juin 1995, *Direction générale et directions d'Île-de-France de la Poste, Rev. Trésor* 1996. 734 ; *Lebon* 600 ; *Rec.* 131.

TITRE

23. Relations entre la juridiction financière répressive et les autres institutions

SECTION 0 Orienteur

23.00 **Sommaire du titre.**

CHAPITRE

231. Relations avec les autres ordres de juridiction

SECTION 0
ORIENTEUR

231.00 **Sommaire du chapitre.**

SECTION 1
ÉLÉMENTS GÉNÉRAUX : MATÉRIALITÉ DES FAITS CONSTATÉE PAR D'AUTRES JURIDICTIONS ET QUESTION DE LA QUALIFICATION JURIDIQUE DES FAITS

231.11 **Constatation de faits et qualification juridique par une autre juridiction.** Prévaut le principe d'indépendance entre juridictions : elles ne sont pas, sauf si les textes le prévoient, liées les unes par les autres, sauf s'agissant de la constatation matérielle des faits [1].

La juridiction financière doit néanmoins prendre à son compte des jugements rendus par d'autres tribunaux s'agissant de la matérialité des faits, du moins lorsqu'il s'agit du juge pénal.

Elle se réfère également souvent à la qualification juridique des faits effectuée par d'autres juridictions.

Citons un exemple de cas où la CDBF a repris à son compte les constatations de fait et de droit faites par le juge pénal [2] : « MM. X et Y ont fait l'objet d'une condamnation pénale pour les faits relatés ci-dessus concernant les versements d'argent faits à leur profit » [3].

Par ailleurs, les fausses factures et pots de vin établis dans la procédure pénale menée parallèlement ont permis à la CDBF de déduire qu'au-delà des irrégularités au regard du Code des marchés publics constatées par le juge pénal, des avantages indus avaient été octroyés, avec préjudice établi au détriment de la structure publique, ce qui tombait sous l'infraction aujourd'hui prévue à l'article L. 131-12 du CJF [4].

231.12 **Qualifications faites par d'autres juridictions.** Toutefois, il ne semble pas que le juge financier, qui est chargé d'une procédure de répression *sui generis*, soit juridiquement lié par les qualifications données par d'autres juridictions. Plusieurs arrêts concernant ses relations avec des juridictions administratives ou civiles vont en ce sens [5], même si dans la pratique on voit mal la Cour en contredire ouvertement une autre. Symétriquement, la CDBF elle-même considère que les autres juridictions ne sont pas liées par ses propres qualifications [6].

La juridiction financière n'étant pas une juridiction civile, l'article 4 du code de procédure pénale, en vertu duquel il est sursis au jugement d'une action exercée devant une juridiction civile tant qu'il n'a

1. C. Malverti et C. Beaufils, « Sous des étoiles contraires : le juge administratif face au ne *bis in idem* », *AJDA* 2019. 1150, ici p. 1157.
2. Sur les relations avec le pénal, v. spécifiquement ci-après, s^s n° 231.21.
3. CDBF 6 nov. 1992, *CPAM de Seine-et-Marne, Rev. Trésor* 1993. 782 ; *Lebon* 644 ; *Rec.*, p. 154.
4. CDBF 6 nov. 1992, *CPAM de Seine-et-Marne*, préc.
5. Sur la relation avec les juridictions civiles et administratives, v. s^s n° 231.31.
6. CDBF 17 juin 2005, *Requête en tierce opposition de la S^{té} FIP-Auxifip*, *Rec.*, p. 125 ; *Rev. Trésor* 2005. 707, note M. Lascombe et X. Vandendriessche ; *AJDA* 2005. 2397, note N. Groper et E. Giannesini ; *Lebon* 673.

pas été prononcé sur l'action pénale, ne lui est pas applicable ; le juge financier ne peut donc pas surseoir à statuer sur ce fondement sans méconnaître sa propre compétence[1]. Mais une conciliation doit être établie entre ce principe et d'autres principes, comme celui du respect des droits de la défense[2].

231.13 Question préjudicielle. Le code des juridictions financières est muet quant à la possibilité, pour le juge financier répressif, de poser une question préjudicielle à une autre juridiction. Néanmoins, on doit penser que le juge financier dispose bien de cette possibilité, y compris d'office, tout comme le juge administratif général[3]. Une telle question préjudicielle ne devrait pas pouvoir être posée au juge administratif, puisque la Cour des comptes fait partie de ce même ordre de juridiction ; elle pourrait en revanche s'adresser au juge judiciaire en cas de difficulté sérieuse pour dégager la solution au litige dont est saisi le juge financier répressif. Il n'existe à ce stade aucun exemple en jurisprudence[4].

SECTION 2
RELATIONS AVEC LES JURIDICTIONS PÉNALES

231.21 Pénal/financier : relations denses et diversifiées. Parmi les relations qu'entretiennent les juridictions financières avec d'autres juridictions, celles avec les juridictions pénales sont les plus intenses et les plus diversifiées[5].

En effet, premièrement, les travaux de contrôle administratif externe réalisés par les chambres régionales et territoriales des comptes ainsi que par la Cour des comptes (par les chambres dites « thématiques », donc toutes les chambres sauf la chambre du contentieux) peuvent révéler des faits susceptibles d'être qualifiés d'infractions pénales : les transmissions pénales, décidées collégialement par les juridictions financières à l'issue de travaux de contrôle, sont fréquentes et régulières[6], surtout de la part des chambres régionales et territoriales des comptes, et constituent une source importante pour le contentieux pénal économique et financier.

En outre, le Procureur général près la Cour des comptes peut décider d'initiative de transmettre au pénal des faits dont il a connaissance – même en l'absence de décision collégiale en ce sens – notamment à la suite de déférés ou signalements dont il a été destinataire, comme alternative au contentieux financier. Il peut même décider cette transmission à l'issue d'une instruction contentieuse menée par la chambre du contentieux[7].

L'importance de cette relation avec le pénal se traduit dans les textes applicables aux juridictions financières, puisque dès son premier article, il est précisé que « lorsque la Cour des comptes découvre, à l'occasion de ses contrôles, des faits de nature à motiver l'ouverture d'une procédure judiciaire, elle en informe le procureur général près la Cour des comptes qui en informe le procureur de la République et en avise le garde des Sceaux, ministre de la Justice »[8]. Une règle similaire existe pour les chambres régionales des comptes, dans laquelle les procureurs financiers jouent un rôle d'interface important[9].

Deuxièmement, les procureurs de la République judiciaires sont, depuis 2016, autorité de déféré[10], pratique qui demeure encore peu connue mais qui se développe depuis 2023. Ils peuvent donc saisir le Procureur général près la Cour des comptes afin d'engager des poursuites financières devant la chambre du contentieux de la Cour des comptes.

Troisièmement, enfin, les modalités de transmission de pièces entre les deux ordres de juridiction sont également prévues par les textes. Ainsi, « le ministère public [près la juridiction financière] peut transmettre au procureur de la République, de sa propre initiative ou à la demande de ce dernier, la copie de toute pièce d'un dossier de procédure [de contentieux financier] qui intéresse une enquête

1. CDBF 29 sept. 1999, *S^té^ Altus Finance*, *Rev. Trésor* 2000. 30, note M. Lascombe et X. Vandendriessche.
2. CDBF 29 sept. 1999, *S^té^ Altus Finance* préc. ; – dans le même sens : CDBF 12 avr. 1995, *Ambassade de France auprès des Émirats Arabes Unis*, 2e arrêt, *Rev. Trésor* 1996. 731 ; *Lebon* 595 ; *Rec.* 121.
3. CJA, art. R. 771-2.
4. Sur la question préjudicielle dans l'ancienne procédure de gestion de fait, v. s^s^ n° 622.13.
5. PAR EX. J.-F. Bohnert, « L'union des juridictions pour l'ordre public financier », *in* C. Husson-Rochcongar et S. Kott (dir.), *La responsabilité financière des gestionnaires publics*, Actes du colloque du 8 novembre 2023 co-organisé par le Parquet général près la Cour des comptes et la Direction de la recherche de l'Institut national du service public, La Documentation française, 2024, p. 129.
6. Une cinquantaine par an en moyenne entre 2021 et 2023.
7. CJF, art. L. 142-1-12, al. 3 : « Si l'instruction fait apparaître des faits susceptibles de constituer des délits ou des crimes, le procureur général transmet le dossier au procureur de la République dans les conditions prévues à l'article 40 du code de procédure pénale et avise de cette transmission le ministre ou l'autorité dont relève la personne mise en cause ».
8. CJF, art. L. 111-1, al. 3.
9. CJF, art. L. 211-1, al. 2 : « Lorsque la chambre régionale des comptes découvre, à l'occasion de ses contrôles, des faits de nature à motiver l'ouverture d'une procédure judiciaire, le ministère public près la chambre régionale des comptes en informe le procureur de la République territorialement compétent ainsi que le procureur général près la Cour des comptes qui en avise le garde des Sceaux, ministre de la Justice ».
10. Sur les procureurs judiciaires, autorités de déféré, v. s^s^ n° 512.16.

pénale »[1] ; et réciproquement, « le procureur de la République peut transmettre au procureur général près la Cour des comptes, d'office ou à la demande de ce dernier, la copie de toute pièce d'une procédure judiciaire relative à des faits de nature à constituer des irrégularités dans les comptes ou dans la gestion de l'État, des établissements publics ou des organismes relevant de la compétence de la Cour des comptes »[2], que ce soit pour l'exercice des compétences administratives de contrôle de la Cour ou de ses compétences contentieuses. Il arrive ainsi que des pièces d'une procédure pénale alimentent une procédure contentieuse financière[3].

Ces relations intenses et permanentes donnent lieu, depuis plusieurs années, à une circulaire du Garde des Sceaux détaillant la mise en pratique de ces relations entre juridictions judiciaires et pénales, dont la version la plus récente date de 2023[4].

231.22 Champ d'intervention partagé ou concurrent. Tout fait relevant d'une infraction pénale financière, ou presque, sera toujours constitutif d'une infraction financière. Même si l'inverse n'est pas vrai, c'est pour cette raison qu'une meilleure articulation entre elles devrait être recherchée[5], notamment s'agissant du délit de favoritisme[6].

Le sujet de la dépénalisation de certaines infractions pénales au profit d'infractions financières relevant de la Cour des comptes, avec un élargissement concomitant de la justiciabilité des élus locaux devant la juridiction financière, souvent évoqué dans le passé[7] mais jamais réellement traité par le législateur, continue à se poser, en particulier pour le délit de favoritisme et le détournement de fonds par négligence[8].

La réforme du contentieux financier entrée en vigueur le 1er janvier 2023 a encore accru l'acuité d'une meilleure articulation entre les deux champs d'infraction : en effet, le recentrage de l'infraction réprimant la violation de règles sur les cas de préjudice significatif laisse le champ des irrégularités en matière de commande publique en quasi-totalité au juge pénal[9] ; et l'ajout de l'intérêt personnel comme élément constitutif de l'infraction financière réprimant l'avantage injustifié rapproche celle-ci de la prise illégale d'intérêt, du détournement de fonds publics et d'autres délits de droit pénal proches.

Le champ des justiciables des deux ordres de juridiction n'est toutefois pas le même, puisqu'il existe des limitations importantes du côté des juridictions financières que le droit pénal ignore, notamment s'agissant des élus locaux.

La loi prévoit la possibilité de cumuler les poursuites pénales et financières, et même les sanctions, mais avec des exceptions et des limitations déjà largement présentées ailleurs ; il y sera donc renvoyé[10].

231.23 Faits déjà pénalement qualifiés. Le juge financier n'a bien entendu pas compétence pour appliquer directement les infractions pénales ; mais il peut qualifier d'infractions financières des faits qui sont par ailleurs constitutifs d'infractions pénales.

Dans ses arrêts, le juge financier ne se bornera donc pas à relever l'existence par exemple d'un détournement de fonds ; la Cour indiquera en quoi ces agissements constituent une infraction aux règles régissant les finances publiques et/ou auront abouti à l'octroi d'un avantage injustifié à autrui, ou sanctionnera non pas directement les faits délictueux eux-mêmes, mais des faits liés (non-respect de procédures en amont de détournements...).

Ainsi, la CDBF[11], après avoir relevé qu'une personne avait « commis des escroqueries diverses et graves », a sanctionné non pas le résultat (les détournements), mais les infractions « administratives » qui avaient « préparé » les infractions pénales : « considérant que le sieur K n'a pu commettre la plupart des escroqueries dont il s'est rendu coupable qu'en recourant à des agissements administratifs frauduleux », en falsifiant des états de paye ou en établissant des fausses certifications de service fait.

Les exemples en jurisprudence sont nombreux.

– La CDBF a pu sanctionner un détournement de fonds publics, avec manquement à la probité évident et relevé par la Cour, au titre de l'infraction qui sanctionne le non-respect des règles en matière de dépenses[12].

1. CJF, art. L. 142-1-12, al. 4.
2. CJF, art. L. 141-8.
3. PAR EX. : CDBF 22 févr. 2018, *Société d'investissements de la filière pêche de l'archipel (SIFPA) de Saint-Pierre-et-Miquelon*, n° 218-749 ; *Rec.* 173 ; *AJDA* 2018. 1147.
4. Garde des Sceaux, ministre de la Justice, circulaire sur les relations entre l'autorité judiciaire et les juridictions financières, avec une annexe consacrée aux modalités de déféré auprès du procureur général près la Cour des comptes (29 juin 2023) ; n° NOR : JUSD2318112C ; Circ. n° CRIM2023-7/G3-29/06/2023.
5. V. projets de réforme, en particulier sur l'articulation pénal/financier, s^s n° 046.34.
6. Sur la relation du délit de favoritisme avec les infractions financières, v. s^s n°s 212.33, 212.34, 432.121, 432.123 et 441.32.
7. *Cf.* Rapport au Garde des Sceaux du 16 nov. 1999 du Groupe d'étude sur la responsabilité pénale des décideurs publics présidé par Jean Massot.
8. *Cf.* le rapport récent *Décentralisation : Le temps de la confiance. Rapport d'Éric Woerth au Président de la République*, mai 2024, proposition n° 28.
9. Sur l'infraction aujourd'hui prévue au CJF, art. L. 131-9, et le délit pénal de favoritisme, v. s^s n°s 212.33, 432.121et 432.123.
10. Sur le cumul et le *non bis in idem*, v. s^s n°s 212.31 s.
11. CDB 6 févr. 1962, *Bureau de recherches minières de l'Algérie [BRMA]*, CCP, n° 2, p. 39 ; *Lebon* 837.
12. Utilisation de crédits et de fonctionnaires pour construire une villa : CDB 30 juin 1954, *Direction des travaux du génie de Marseille, Lebon* 887 ; CCP, n° 2, p. 4.

– Condamnation du gérant d'un cinéma appartenant à une entreprise publique pour avoir encaissé à son profit personnel des recettes qui étaient destinées à l'entreprise (« atteinte répréhensible à la probité ») [1].

– Faits sanctionnés par la CDBF qui auraient sans doute pu être qualifiés pénalement, comme prise illégale d'intérêt [2].

– Détournement de fonds à des fins personnelles, ensuite partiellement récupérés. L'infraction réprimant la violation de règles était constituée, sans que la CDBF fasse référence à un délit pénal ; mais cet arrêt est particulièrement instructif dans la mesure où la CDBF ne mentionne aucune règle particulière qui aurait été violée : il s'agit d'une sorte de faute de gestion sans mise en avant d'une violation d'une règle particulière, la faute existant du simple fait d'un comportement frauduleux, pénalement qualifiable : « considérant qu'en prélevant à des fins personnelles des fonds appartenant à [l'organisme en cause], il a enfreint les règles d'exécution des dépenses » [3]. Autrement dit, il semble qu'on puisse en déduire que toute infraction pénale est automatiquement sanctionnable au titre de la CDBF, sans autre qualification particulière. Dans le même sens : « l'utilisation de fonds publics à des fins privées opérée au moyen de ce montage contrevient aux règles relatives à l'exécution des dépenses de l'État », sans que l'arrêt vise une règle particulière [4].

Enfin, le juge financier pourra utiliser, pour établir les faits et responsabilités portés devant lui, des éléments recueillis dans le cadre d'une instruction pénale ou tirés d'un jugement pénal, qui sera cité dans l'arrêt [5].

231.24 Articulation entre poursuites pénales et financières : le rôle des parquets. S'agissant de procédures distinctes, menées devant des ordres de juridiction différents, les procédures pénales et financières peuvent, en principe, se cumuler sur les mêmes faits [6] ; le principe du *non bis in idem* n'y fait pas obstacle, sauf exception [7].

Les procédures peuvent se poursuivre parallèlement, « sans que l'une soit suspendue en attendant le terme de l'autre » [8]. Le fait qu'une procédure pénale soit ouverte parallèlement sur les mêmes faits n'oblige pas la juridiction financière à surseoir à statuer [9].

La solution s'applique également dans l'autre sens, une juridiction pénale pouvant statuer sans attendre que la Cour des comptes, saisie en partie ou en tout des mêmes faits, ait jugé.

Toutefois, « des considérations de qualité de l'instruction ou de bonne administration de la justice peuvent inciter le juge à attendre » [10]. Dans le passé, la CDBF a ainsi souvent attendu l'issue d'une procédure pénale parallèle, ce qui a pu poser ensuite des difficultés pour le caractère raisonnable des délais.

Aujourd'hui, les parquets des deux ordres de juridictions, en contact continu, essayent de s'articuler au mieux afin de ne pas aller sur le même terrain, à la fois pour éviter une forme d'acharnement contre un justiciable, et pour des raisons de coût.

Dans les faits, les doubles poursuites sont très rares pour exactement les mêmes faits, et plus rares encore les condamnations ; en cas de poursuites parallèles devant les deux ordres de juridiction, le champ respectivement couvert ne se recoupe qu'en partie – ce qui s'explique logiquement par la différence d'objectif poursuivi par les deux ordres de juridiction. Dans la pratique, la juridiction financière sera rarement saisie exactement des mêmes faits que le pénal déjà saisi, mais plutôt de faits connexes, ou pas toujours des mêmes personnes au sein d'une même affaire. Ainsi dans une affaire de détournements de fonds, le juge pénal a pu sanctionner une personne ayant directement commis les faits, la CDBF pour sa part condamnant une autre personne dont le défaut de surveillance avait facilité ces détournements [11].

Lorsqu'une affaire qui a été transmise à la fois au juge pénal et à la chambre du contentieux de la Cour des comptes porte sur des faits identiques ou presque, la CDBF aura tendance à s'effacer devant la procédure pénale (la gravité prime), et le ministère public près la CDBF classera l'affaire avant ou après instruction, sauf si la procédure pénale ne se poursuivait pas.

1. CDB 18 févr. 1957, *S[té] nationale des entreprises de presse [Snep], cinéma des Champs-Élysées, Lebon* 888 ; CCP, n° 2, p. 7.
2. CDBF 21 oct. 1987, *Institut technique de la vigne et du vin [ITV]*, CCP, n° 3, p. 100 ; *Lebon T.* 656.
3. CDBF 19 févr. 1992, *Assoc. Franterm [recherche et applications de terminologie française], Rev. Trésor* 1993. 775 ; *Lebon* 630 ; *Rec.* 133.
4. CDBF 19 juin 2002, *Délégation à l'espace aérien [DEA], Rev. Trésor* 2004. 43, note M. Lascombe et X. Vandendriessche ; *Rec.* 99 ; *Lebon* 553.
5. PAR EX. : CDBF 13 juin 2003, *SEM Sarcelles Chaleur, Rev. Trésor* 2004. 57, note M. Lascombe et X. Vandendriessche ; *Rec.* 121 ; *AJDA* 2003. 2316, note N. Groper ; *GAJF*, Dalloz, 7e éd., n° 49.
6. CJF, art. L. 142-1-12, al. 1er.
7. V. s[s] n° 212.21.
8. C. Malverti et C. Beaufils, « Sous des étoiles contraires : le juge administratif face au ne *bis in idem* », chronique de jurisprudence du Conseil d'État, *AJDA* 2019. 1150, Ici p. 1157.
9. CDBF 12 avr. 1995, *Ambassade de France auprès des Émirats Arabes Unis*, 2e arrêt, *Rev. Trésor* 1996. 731 ; *Lebon* 595 ; *Rec.*, p. 121 – Sur ce sujet du sursis à statuer, qui existe en procédure pénale, v. déjà plus haut.
10. C. Malverti et C. Beaufils, préc.
11. CDBF 11 juill. 2007, *min. de la Défense, Service interarmées de liquidation des transports [Silt], AJDA* 2007. 2431, note N. Groper et C. Michaut ; *AJFP* 2008. 31 ; *Rev. Trésor* 2008. 367, note M. Lascombe et X. Vandendriessche.

Une procédure parallèle devant la CDBF peut toutefois se justifier lorsque les faits ou les personnes poursuivis dans une affaire ne sont pas (strictement) identiques.

Ce qui doit *in fine* dicter le partage entre pénal et financier, c'est le fait que les poursuites pénales et celles devant la CDBF n'ont pas le même objet. En effet, s'il appartient au droit pénal de réprimer les atteintes à la probité, le droit public financier a pour objet principal, conformément à l'exigence démocratique de la protection particulière des deniers publics à laquelle il participe, de veiller au respect des règles budgétaires et financières encadrant leur utilisation.

Si la répression pénale cherche à sanctionner les manquements au devoir de probité, la juridiction financière, dont le champ est *infra*-pénal (au sens de : d'une moindre gravité que le pénal), cherche à protéger l'ordre public financier se traduisant par des règles de gestion, et contribue donc à l'intérêt général d'une bonne gestion publique.

Souvent, lorsqu'une procédure pénale est ouverte parallèlement à une procédure devant la juridiction financière, il s'agit d'un ensemble de faits d'une affaire complexe dont certains aspects relèvent du pénal, d'autres de la répression de droit public financier.

Une ligne de partage semble donc pouvoir être tracée entre les deux champs, évitant naturellement les doublons. Ce partage se trouve facilité par la compétence donnée aux procureurs judiciaires, à la suite des recommandations formulées par le Groupe de travail pénal/CDBF (2006) [1], de déférer des faits au Procureur général près la Cour des comptes. Il a ainsi pu arriver qu'une transmission pénale faite par une chambre régionale des comptes au terme d'un contrôle ait été, ensuite, déférée par le parquet judiciaire au Procureur général près la Cour des comptes, qui a pris un réquisitoire dans le cadre du régime de responsabilité financière.

231.25 Choix entre transmission pénale et déféré financier par les autorités de déféré. Compte tenu de ce qui précède, une autorité de déféré qui se trouve face à des comportements irréguliers devrait, avant de choisir la voie appropriée (déféré et/ou transmission à l'autorité judiciaire), lorsque cela est possible compte tenu des moyens d'investigation dont elle dispose, approfondir les cas de figure, afin soit de choisir l'une ou l'autre des voies de répression, soit d'effectuer un partage, certains faits d'une même affaire pouvant relever plutôt de la voie pénale, les autres de la voie financière, en fonction de l'objectif respectif des deux voies répressives.

En principe, tout fait de malhonnêteté qualifiée devrait relever du juge pénal ; dans ce cas, la voie pénale devrait être prioritaire dans la mesure où c'est la répression la plus grave et qu'elle peut exiger des moyens d'enquête dont le juge financier ne dispose pas. Mais la transmission pénale exige surtout une gravité des faits supérieure, et une intentionnalité dolosive qualifiée. Les irrégularités *infra*-pénales – terme qui n'est pas consacré, mais qui signifie que la voie pénale est par définition plus grave, qu'il s'agisse des moyens d'instruction ou des sanctions – en revanche relèvent du juge financier.

Toutefois, dans la pratique, ce partage n'est pas toujours aisé à respecter : interviennent aussi les différences entre les deux procédures s'agissant de la durée de prescription ou du champ des justiciables, qui sont également des paramètres à prendre en considération par l'autorité en question. Certaines infractions pénales ont un degré d'intentionnalité faible, comme les infractions financières ; de l'autre côté, l'infraction financière réprimant l'avantage injustifié procuré par intérêt personnel est désormais proche, dans sa construction, de plusieurs délits de droit pénal.

Il faut souligner également que la réforme récente du contentieux financier, plutôt que de clarifier ce partage, l'a plutôt complexifié [2].

231.26 Parquet européen. La création d'un Parquet européen [3], en 2021, auquel la France participe, a pour objectif de protéger les intérêts financiers de l'Union européenne [4] ; tout naturellement, le Procureur général près la Cour des comptes entretient des relations de coopération avec le Parquet européen.

Notons que les règles européennes font partie des règles protégées par le contentieux financier français, et dont la violation est donc sanctionnable au titre des infractions financières [5].

SECTION 3
RELATIONS AVEC LES JURIDICTIONS NON RÉPRESSIVES (CIVILES ET ADMINISTRATIVES)

231.31 Qualifications faites par d'autres juridictions (hors pénal). La juridiction financière répressive, même si elle n'y est pas obligée, tient généralement compte des qualifications juridiques retenues par d'autres juridictions [6].

1. Sur les conclusions de ce groupe de travail, v. s[s] n° 046.34.
2. PAR EX. : v. s[s] n° 441.32.
3. Règl. (UE) 2017/1939, Conseil, 12 oct. 2017 mettant en œuvre une coopération renforcée en vue de l'établissement du Parquet européen.
4. Dir. (UE) 2017/1371, Parlement européen et du Conseil, 5 juill. 2017 relative à la lutte contre la fraude portant atteinte aux intérêts financiers de l'Union au moyen du droit pénal.
5. Sur le droit européen, règle au sens des infractions financières, v. s[s] n° 432.63.
6. Pour le pénal, v. s[s] n° 231.23.

Ainsi, la Cour a-t-elle repris, pour fonder une condamnation, une qualification donnée par le juge civil sur l'existence d'une obligation contractuelle [1].

Toutefois, le Conseil d'État a précisé que la CDBF n'était pas liée par les arrêts d'autres juridictions : « considérant que l'arrêt du 29 juin 1972, par lequel la cour d'appel d'Amiens a statué sur un litige né de la rupture du contrat de travail qui liait [la personne condamnée en CDBF à l'organisme qu'il dirigeait] ne s'imposait pas à la Cour de discipline budgétaire avec l'autorité de la chose jugée » [2].

Réciproquement, dans une affaire de recours en tierce opposition déposé devant elle, la CDBF a considéré que le juge du contrat (en l'occurrence le juge administratif) n'était « pas lié par l'appréciation des faits exposée dans les motifs de l'arrêt de la Cour de discipline budgétaire et financière » qui avait dû traiter cette question dans le cadre d'un arrêt de relaxe [3].

231.32 Question de l'articulation avec les juridictions prononçant des réparations. La lettre de la loi de 1948 et aujourd'hui du code des juridictions financières est muette à l'égard des relations avec les juridictions civiles et administratives en général, et la question des réparations - responsabilité contractuelle - en particulier, alors que les relations avec les juridictions répressives et avec les sanctions pénales et disciplinaires sont précisées.

Selon le Professeur Vedel, il découle de ce silence, ainsi que des travaux préparatoires de la loi de 1948, qui montrent qu'on n'a précisément pas voulu instaurer de système de réparation, mais seulement de répression (amende), que le régime de réparation civile issu de la loi de 1922 [4] - d'ailleurs jamais appliqué parce qu'inadapté - est devenu inapplicable [5], en tout cas pour les fonctionnaires et agents justiciables de la Cour des comptes.

Pour le reste, on doit considérer que les règles générales de la responsabilité civile s'appliquent dans la sphère de compétence de la Cour qui relève de la gestion de droit privé (associations subventionnées, par ex.). L'on peut également envisager des hypothèses dans lesquelles la responsabilité civile d'une personne morale (y compris de droit public) est engagée du fait d'une circonstance qui par ailleurs, imputable à un gestionnaire public, impliquera la sanction de ce dernier par la Cour (par exemple la violation d'un contrat engageant la personne morale). En revanche, le contentieux financier ne prévoit pas, contrairement à la procédure pénale, la possibilité pour une personne (physique ou morale) de se constituer partie civile et de demander des dommages-intérêts.

Quoi qu'il en soit : le régime de responsabilité financière des gestionnaires publics, contrairement à ce suggère la notion de « financière » dans son appellation, est un contentieux intenté par l'État dans l'intérêt de la sauvegarde de l'ordre public financier : il n'y a ni victime ni réparation, malgré que certaines infractions financières intègrent la notion de préjudice dans leurs éléments constitutifs. Il y a donc forcément la possibilité d'actions parallèles menées devant les juridictions administratives et civiles.

231.33 Relation avec les juridictions administratives et civiles en matière d'inexécution de décisions de justice. La juridiction financière dispose d'une compétence importante pour crédibiliser des décisions de justice qui demeurent inexécutées, avec dimension financière, à travers deux infractions spécifiques [6].

De ce fait, il existe des relations, dans ce domaine, essentiellement avec le Conseil d'État, les cours administratives d'appel et les tribunaux administratifs : les textes prévoient en effet que les jugements d'astreintes sont transmis, pour information, au Procureur général près la Cour des comptes [7].

En revanche, rien de tel pour les astreintes prononcées par des juridictions pénales ou civiles, ce que l'on peut regretter car cela prive le juge financier d'une information précieuse, même si les cas sont nettement plus rares, puisque c'est en principe le juge administratif qui est le juge naturel des organismes publics concernés par les infractions financières en question.

S'agissant des juridictions administratives, il a été régulièrement évoqué la possibilité de leur conférer un droit de déféré au Procureur général, ce qui leur permettrait, en cas grave d'inexécution, de saisir directement le parquet près la juridiction financière, ce qui obligerait ce dernier, dans un délai de deux mois, à mettre en œuvre des démarches précontentieuse, puis à prendre une décision sur la possibilité ou non d'ouvrir des poursuites contentieuses.

1. « [...] que plusieurs de ces factures ayant été contestées par [la société ayant bénéficié de prestations de la part d'un établissement public], l'affaire a dû être portée devant le tribunal de grande instance de Paris qui, sur expertise, a fait droit intégralement aux demandes de [l'établissement public lésé] » : CDBF 27 nov. 1973, *Institut géographique national [IGN]*, service des activités aériennes, *Lebon* 800 (extraits anonymisés) ; CCP, n° 2, p. 94.
2. CE 1er oct. 1976, *Bouche, Lebon* 385.
3. CDBF 17 juin 2005, *Requête en tierce opposition de la Sté FIP-Auxifip*, *Rec.* 125 ; *Rev. Trésor* 2005. 707, note M. Lascombe et X. Vandendriessche ; *AJDA* 2005. 2397, note N. Groper et E. Giannesini ; *Lebon* 673.
4. V. ss nos 043.21 et 044.22 ; v. également ss n° 312.37.
5. G. Vedel, « La responsabilité des administrateurs devant la Cour de discipline budgétaire », Rev. sc. législ. fin. 1949, p. 126.
6. V. ss nos 451.11 et 451.12.
7. Sur cette transmission, en vertu du code de la justice administrative, v. ss n° 453.32.

CHAPITRE

232. Relations avec les administrations, les autorités disciplinaires et les autorités de contrôle interne ou externe

SECTION 0
ORIENTEUR

232.00 **Sommaire du chapitre.**

SECTION 1
ADMINISTRATION, SOURCE DE CONTENTIEUX FINANCIER

232.11 **Pouvoir de déféré des chefs de l'administration comme source d'un procès financier.** Le régime de responsabilité des gestionnaires publics, interne à la sphère publique, ressemble à certains égards à un procès que livre la société[1], par le biais d'une juridiction administrative spécialisée, à un gestionnaire public, au nom de l'intérêt général financier.

Or l'administration pourra être elle-même à l'origine d'un tel procès. En effet, lorsque des irrégularités sont découvertes – par dénonciation interne, ou *via* le contrôle interne ou par un rapport d'inspection générale – le ministre concerné ou, dans tous les cas, le Premier ministre et le ministre des Finances, peuvent les déférer au ministère public près la Cour[2], tout comme des autorités déconcentrées de l'État chargées de contrôles internes à l'État ou externes (sur des organismes sous tutelle), qu'il s'agisse des préfets[3] ou des services déconcentrés de la DGFiP[4].

Il faut regretter qu'en pratique les déférés ministériels ne soient pas plus nombreux, la principale source du contentieux restant, outre les créanciers de condamnations pécuniaires inexécutées, le juge financier lui-même (Cour des comptes et CRTC), dans ses attributions de contrôle externe[5].

Notons aussi que les chefs d'exécutifs locaux disposent, depuis peu, également de la capacité de déféré, ce qui doit concerner avant tout des agents de leur administration, sur la base de contrôles internes effectués par leurs soins[6].

Sans être partie au procès répressif devant la juridiction financière, puisqu'il n'existe pas de partie civile, l'administration – au sens large, incluant tous organismes dont les gestionnaires sont justiciables de la Cour des comptes – peut donc être à son origine par un déféré, qui est une sorte de plainte administrative.

232.12 **Responsabilité financière : outil de pression sur les agents publics aux mains de l'administration, et donc de prévention.** Signalons un exemple de circulaire du ministre des Finances qui menaçait, en cas de non-respect de ses prescriptions, d'un déféré en CDBF[7]. Sans doute l'administration, et en

1. Représentée par l'État ; *cf.* la notion de « société » dans l'article 15 DDHC, texte fondateur de la responsabilité financière des gestionnaires publics ; sur les fondements, v. ss nos 021.21 et 021.22 ; v. également ss nos 512.31 sur la procédure.

2. Sur le pouvoir de déféré des membres du Gouvernement, v. ss no 512.73.

3. Sur le pouvoir de déféré des préfets, innovation entrée en vigueur le 1er janv. 2023, v. ss no 512.11.

4. Sur le pouvoir de déféré des directeurs régionaux, départementaux et locaux des finances publiques, innovation entrée en vigueur le 1er janv. 2023, v. ss no 512.11.

5. Sur la pratique du déféré, v. ss nos 512.71 s.

6. V. ss no 512.18, sur le droit de déféré conféré aux chefs d'exécutifs locaux, depuis le 1er janv. 2023.

7. CDBF 13 févr. 1985, *Direction départementale de l'agriculture de l'Oise*, CCP, no 3, p. 1.

particulier celle des finances, pourrait-elle plus souvent user de ce type de menaces, ce qui permettrait à la Cour des comptes de mieux jouer son rôle de prévention, qui fait partie de ses objectifs.

SECTION 2

RELATIONS AVEC LES AUTORITÉS CHARGÉES DE PRONONCER DES SANCTIONS DISCIPLINAIRES

232.21 Répression de droit public financier et poursuites disciplinaires. Ni la CDBF, ni aujourd'hui la chambre du contentieux de la Cour des comptes et la Cour d'appel financière qui l'ont remplacée ne sont des instances disciplinaires[1], malgré l'utilisation de cette terminologie par la Conseil constitutionnel, sujet de débats[2].

Le contentieux financier n'est pas non plus suspendu à l'intervention préalable d'une procédure disciplinaire[3].

232.22 Indépendance de l'action disciplinaire et des poursuites financières. L'engagement de procédures disciplinaires, qui au demeurant n'ont pas été menées à leur terme, « ne saurait priver la Cour de discipline budgétaire et financière du pouvoir de sanctionner les fautes de gestion commises par cet agent »[4].

Une mesure de suspension des fonctions confirmée par un conseil de discipline à travers une délibération ensuite annulée par le juge de l'excès de pouvoir est sans effet sur la compétence de la Cour (*même arrêt*). Il en est de même d'une décision de licenciement prise à l'encontre de l'agent mis en cause devant la Cour (*même arrêt*).

Symétriquement, le fait qu'une personne ait bénéficié d'un non-lieu à statuer de la part de la CDBF[5] (il en serait de même si elle avait fait l'objet d'un classement ou d'un arrêt de relaxe) « est sans influence sur la régularité de l'action disciplinaire fondée sur des faits dont ces juridictions [en l'occurrence, la CDBF et le juge pénal] n'ont nullement constaté l'inexactitude matérielle », et une requête en annulation d'une décision prononçant une sanction disciplinaire (en l'espèce, la révocation d'un agent d'un établissement public) ne pourra donc être que rejetée par le juge de l'excès de pouvoir[6].

Dans l'autre sens, l'action devant la CDBF n'est nullement suspendue à la mise en œuvre préalable d'une action disciplinaire : « l'absence de sanction disciplinaire n'exonère pas M. X de ses responsabilités devant la Cour »[7].

232.23 Cumul des poursuites et des sanctions financières et disciplinaires. Les deux procédures, financière et disciplinaire, peuvent se cumuler sur les mêmes faits[8] d'autant plus aisément que les sanctions n'ont pas la même nature.

Des exemples de cumul des deux procédures, et des conséquences qui peuvent en tirées, existent en jurisprudence :

- Prise en considération par la CDBF, dans la fixation du montant de l'amende, de sanctions administratives déjà intervenues[9].
- L'une des personnes renvoyées devant la CDBF avait fait l'objet de sanctions disciplinaires, « allégées, au demeurant, en appel » au titre des mêmes faits[10]. En l'espèce, à la lecture de l'arrêt, on ne comprend pas bien pourquoi la Cour mentionne ce point, car d'une part il ne semble pas soulevé par la défense, et d'autre part l'arrêt ne dit pas s'il s'agit d'un élément de gravité et/ou s'il faut en tenir compte dans la fixation de l'amende.
- Prise en considération par la CDBF, au titre des circonstances de gravité de la responsabilité, du non-remboursement, pour des raisons inexpliquées, des sommes perçues indûment alors qu'un blâme (sanction disciplinaire) avait été prononcé[11].

232.24 Articulation entre poursuites financières et sanctions disciplinaires. L'articulation avec les autorités disciplinaires a été recherchée dès la création de la Cour de discipline budgétaire, mais n'a jamais eu les résultats escomptés, en dépit des efforts pour renforcer les liens entre ces deux procédures de nature fort différente.

Ainsi Valéry Giscard d'Estaing, alors ministre de l'Économie et des Finances, déclarait-il à l'Assemblée nationale, pour défendre le projet de loi qui allait devenir la loi de 1971 sur la Cour de discipline budgétaire et financière : « Enfin, et ceci est important, le Gouvernement a prévu le renforcement de la

1. V. s^{s} n°s 211.11 s. et 211.21.
2. V. s^{s} n° 211.22.
3. CDBF 23 avr. 2003, *TGI de Marseille, Rev. Trésor* 2004. 54, note M. Lascombe et X. Vandendriessche ; *Lebon* 579 ; *Rec.* 111.
4. CDBF 20 avr. 1988, *Caisse interprofessionnelle de retraite des commerçants détaillants de la région parisienne [CIRCD], CCP* n° 3, p. 138 ; *Lebon* 546.
5. Il s'agit de l'affaire CDBF 3 déc. 1997, *Institut de France (appartement de la rue Monsieur-le-Prince), Rev. Trésor* 1999. 199 ; *Lebon* 621.
6. CAA Paris, 30 sept. 2004, *Mme Barthélémy*, n° 00PA00923.
7. CDBF 23 avr. 2003, *TGI de Marseille, Rev. Trésor* 2004. 54, note M. Lascombe et X. Vandendriessche ; *Rec.*, p. 111.
8. CJF, art. L. 142-1-12, al. 1er – Sur le cumul des poursuites et des sanctions, v. s^{s} n°s 212.21 s.
9. CDBF 28 sept. 1994, *CH d'Albi, Rev. Trésor* 1995. 683 ; *Lebon* 725 ; *Rec.* 142.
10. CDBF 11 déc. 1981, *Institut universitaire de technologie d'Orsay*, CCP, n° 2, p. 192.
11. CDBF 26 avr. 1982, *Institut universitaire de technologie de Belfort*, CCP, n° 2, p. 196.

liaison entre la Cour de discipline budgétaire et les instances hiérarchiques de l'administration »[1].

Aujourd'hui, on doit constater que les sanctions disciplinaires en matière financière sont peu fréquentes, et les relations entre la Cour et les autorités compétentes assez limitées, alors que les textes sont relativement précis en la matière.

En effet, en vertu du code des juridictions financières, le juge financier doit signaler à l'autorité disciplinaire compétente des faits qui pourraient justifier une sanction disciplinaire. La loi prévoit même deux cas de figure différents :

- La découverte de tels faits en cours d'instruction (avant la séance de jugement) doit donner lieu à transmission par le président de la chambre du contentieux à l'autorité concernée[2]. L'autorité doit répondre dans un délai de six mois par une « communication motivée », et préciser « les suites données à ce signalement ». Ce mode de transmission n'a, semble-t-il, jamais été utilisé.

- La Cour peut également, en statuant sur les poursuites, estimer qu'une sanction disciplinaire doit être prise[3] ; dans ce cas, elle transmet l'affaire à l'autorité disciplinaire compétente, qui doit, « par une communication motivée adressée à la chambre du contentieux dans un délai de six mois, [faire] connaître les mesures prises afin de prévenir la commission de nouvelles infractions par la personne mise en cause ». S'agissant de ce deuxième mode de transmission, il existe un cas en jurisprudence, mais qui n'est guère éclairant. En effet, dans un célèbre arrêt du 19 juillet 1974[4], la CDBF a mentionné dans un considérant justifiant la relaxe de deux des prévenus « qu'en dépit des manquements allégués ou établis dans l'exercice des fonctions de contrôle et pouvant constituer des fautes disciplinaires dont il appartiendrait aux ministres compétents d'apprécier éventuellement la gravité, il ne résulte pas de l'instruction que les intéressés aient commis des infractions... ». Toutefois, il ne ressort pas de la suite de l'arrêt, et surtout du dispositif, que la Cour ait réellement transmis l'affaire aux autorités disciplinaires compétentes, alors que la loi le prévoit.

Un troisième cas de figure, le plus ancien car issu d'une loi de 1946[5], ensuite inclus dans la loi de 1948 sur la Cour de discipline budgétaire, et longtemps codifié au sein du code des juridictions financières[6], a disparu dans le cadre de la réforme entrée en vigueur le 1er janvier 2023. Cette règle, qui obligeait les ministres ou autres autorités compétentes à engager l'action disciplinaire contre les personnes justiciables de la CDBF lorsque plusieurs conditions étaient réunies (dépassement de crédits, en particulier), ne semble jamais avoir été appliquée, du moins pas au cours de la période récente.

En revanche, même si les textes n'y insistent pas spécifiquement, il peut arriver au Parquet de signaler des faits susceptibles de sanctions disciplinaires à l'autorité hiérarchique, soit comme mesure accompagnant un classement, soit sous forme de communication du Procureur général.

SECTION 3

RELATIONS AVEC LES AUTORITÉS DE CONTRÔLE INTERNE OU EXTERNE

232.31 Complémentarité entre contrôle et sanction. L'action de la juridiction financière répressive s'inscrit en complémentarité avec les missions dévolues aux autorités de contrôle interne ou externe, et ce à plusieurs niveaux.

D'un côté, les autorités chargées de contrôles peuvent, en découvrant des irrégularités, être pourvoyeuses d'affaires contentieuses ; on peut même dire que sans contrôle préalable, pas de sanction : le contrôle interne évite les irrégularités, le contrôle externe les découvre et ouvre ainsi la voie à des sanctions.

De l'autre côté, la juridiction financière joue un rôle dans la protection du contrôle interne et de crédibilisation du contrôle externe.

De ce fait, les relations avec les autorités de contrôle – nombreuses – sont étroites, en particulier avec les inspections générales, les préfectures et les services du ministère des Finances.

Cela vaut également pour des structures spécialisées comme la Mission interministérielle d'inspection du logement social (Miilos)[7], devenue en 2015 l'agence nationale de contrôle du logement social (ANCOLS). Le Parquet général près la Cour des comptes a également signé un protocole d'accord avec TRACFIN.

Les contrôleurs budgétaires, contrôleurs d'État ou encore les comptables publics exercent une fonction de contrôle au sein des structures concernées.

1. Ass. nat., séance 22 avr. 1971, p. 1322.
2. CJF, art. L. 142-1-12, al. 2 – Une règle similaire existait du temps de la CDBF.
3. CJF, art. L. 142-1-12, al. 5 – Une règle similaire existait du temps de la CDBF.
4. CDBF 19 juill. 1974, *SEM d'aménagement et de gestion du marché d'intérêt national de Paris-La Villette [Semvi], CCP*, n° 2, p. 103 ; *Lebon* 803 (extraits anonymisés) ; *GAJF*, Dalloz, 5e éd., n° 51.
5. Cette disposition a été créée par l'article 126 de la loi du 7 oct. 1946.
6. CJF, anc. art. L. 314-19, abrogé le 31 déc. 2022.
7. POUR UN EX. de condamnation ayant suivi un déféré ministériel [finances] décidé sur la base d'un rapport de la Mission interministérielle d'inspection du logement social [Miilos] : CDBF 20 déc. 2007, *Sté SCIC Habitat Île-de-France, AJDA* 2008. 12.

Il en est de même des autorités chargées de la tutelle (ARS) ou de la surveillance d'autres structures de gestion.

Inutile de préciser que les autorités de contrôle externe sont de grands pourvoyeurs d'affaires pour la juridiction financière répressive ; cela vaut en particulier pour la Cour des comptes, institution supérieure de contrôle (ISC) externe en France qui, avec les chambres régionales et territoriales des comptes, représente la première source de déféré.

Souvent, ces contrôleurs externes sont, logiquement, de par la loi autorité de déféré ou du moins peuvent actionner une autorité de déféré (comme le ministre de tutelle). Dans l'idéal, toute autorité de contrôle de l'État devrait être autorité de déféré, ce qui n'est pas (encore) le cas [1].

Un rôle similaire de transmission par les autorités de contrôle existe également pour les organismes de droit privé dont les agents sont justiciables de la Cour. Ainsi, les commissaires aux comptes sont, depuis la réforme entrée en vigueur le 1er janvier 2023, incluses parmi les autorités de déféré [2] ; mais même avant cela, il existe des exemples dans lesquels un commissaire aux comptes avait découvert des irrégularités financières [3].

Inversement, la justice financière protège les compétences de ces autorités : ainsi, dans une affaire, la CDBF a sanctionné notamment la signature par les dirigeants d'une SEM d'une convention avec un tiers qui aurait dû être soumise à l'approbation préalable du conseil d'administration (en vertu du droit des sociétés) et communiquée au commissaire aux comptes en vue de la présentation d'un rapport spécial à l'assemblée générale [4].

Les infractions financières protègent également les autorités de contrôle internes à l'administration (ou externes internalisés), en sanctionnant le non-respect des règles qui régissent l'activité de ces derniers ; ainsi existe-t-il par exemple une infraction spécifique qui sanctionne le non-respect des règles en matière de contrôle budgétaire [5], ou une infraction réprimant les empiètements sur le champ exclusif des comptables publics [6].

En tant que conséquence éventuelle d'un contrôle interne et externe, la répression assurée par la juridiction financière constitue donc un élément complémentaire de ce contrôle, rendant crédible, voire protégeant ce dernier.

232.32 Qualité ou défaillance des contrôles internes et externes, facteur pour l'appréciation de la responsabilité des gestionnaires. L'existence d'un contrôle interne solide constitue en soi un facteur de bonne gestion, qui peut être relevé par le juge pour apprécier la responsabilité des gestionnaires, en particulier dans le cadre de leur obligation de surveillance et d'organisation [7].

Ainsi a été condamné un directeur d'un service de l'État pour avoir – notamment – négligé de mettre en place un contrôle interne adapté, l'existant étant lacunaire [8].

À l'inverse, le fait d'avoir pris l'initiative de recourir à un audit extérieur pour faire cesser les irrégularités constatées constitue, pour un dirigeant, une circonstance atténuante [9].

Enfin, il est de jurisprudence classique que les défaillances des mécanismes de contrôle ou de surveillance constituent pour le gestionnaire ayant commis une irrégularité une circonstance atténuante de responsabilité [10], sauf si ce gestionnaire est précisément responsable, au titre de son devoir d'organisation et de surveillance, de ne pas avoir mis en place une organisation ou un contrôle interne adaptés qui auraient pu empêcher des irrégularités commises par ses subordonnés.

1. Sur les possibilités d'élargir, encore, la liste des autorités de déféré, v. ss no 512.32.
2. Sur les commissaires aux comptes, autorités de déféré, v. ss no 512.11.
3. CDBF 7 nov. 2003, *Assoc. L'Étape*, *Rev. Trésor* 2005. 692, note M. Lascombe et X. Vandendriessche ; *AJDA* 2004. 1236, note N. Groper ; *Lebon* 592 ; *Rec.* 137.
4. CDBF 13 juin 2003, *SEM Sarcelles Chaleur*, *Rev. Trésor* 2004. 57, note M. Lascombe et X. Vandendriessche ; *AJDA* 2003. 2316, note N. Groper ; *Lebon* 584 ; *Rec.* 121 ; *GAJF*, Dalloz, 7e éd., no 49.
5. CJF, art. L. 131-13, 2°.
6. CJF, art. L. 131-15.
7. Sur ces obligations, v. ss nos 432.215, 432.241 s.
8. CDBF 11 juill. 2007, *min. de la Défense, Service interarmées de liquidation des transports [Silt]*, *AJDA* 2007. 2431, note N. Groper et C. Michaut ; *AJFP* 2008. 31.
9. CDBF 7 nov. 2003, *Assoc. L'Étape*, préc.
10. V. sur les circonstances atténuantes, ss nos 463.111 s.

LIVRE

3. LE DOMAINE DE COMPÉTENCE DE LA RÉPRESSION DE DROIT PUBLIC FINANCIER : LES PERSONNES JUSTICIABLES ET LES FAITS POURSUIVABLES

SECTION 0 ORIENTEUR

3.00 Sommaire du livre.

3.01 Textes applicables.

- **CJF,** art. L. 131-1 à L. 131-4 [Justiciables]
- **CJF,** art. L. 142-1-3 [Prescription]

3.03 Bibliographie indicative.

Articles. P. Castéra, « Un pas de moins vers la responsabilité financière des ministres et des élus locaux ordonnateurs », *JCP Adm.* 2017, n° 51-52, n° 2329 – N. Groper, « Qui est justiciable de la Cour des comptes de France ? Contribution à l'analyse de la notion de gestionnaire public en droit public financier français », *Revue gestion et contrôle des finances publiques* (Maroc), n° 2, 2023, p. 23 ; « Le comptable public dans le régime de responsabilité financière des gestionnaires publics. Propos d'un parquetier », *GFP* 2024/1, p. 55 – H. Habchi et L. Pichot-Delahaye, « Quelle responsabilité des élus locaux devant la CDBF ? État des lieux et perspectives d'évolution », *JCP Adm.* 2018, n° 24, ét. 2182, p. 1 – C. Hirsch, « Les comptables publics et l'ordre public financier », *RFFP* n° 159, 2022, p. 165 – L. Saïdj, « Réflexions sur le statut du ministre en droit public financier », *GFP* 2010, n° 10, p. 692 – J.-C. Savineau, « La responsabilité budgétaire des ordonnateurs d'établissements publics nationaux : règle toujours nécessaire ou régime obsolète ? », *RFFP* 2016, n° 133, p. 253 – X. Vandendriessche, « L'insondable responsabilité des gestionnaires publics locaux », *RFDA* 2020. 1013.

Contributions. S. Barichard, « Les justiciables », *in* S. Damarey et N. Groper, *Responsabilité financière des gestionnaires publics*, Dalloz, 2024, p. 91. – G. Miller, « Qui est justiciable ? », *in* C. Husson-Rochcongar et S. Kott (dir.), *La responsabilité financière des gestionnaires publics*, Actes du colloque du 8 novembre 2023 co-organisé par le Parquet général près la Cour des comptes et la Direction de la recherche de l'Institut national du service public, La Documentation française, 2024, p. 43.

TITRE

31. Personnes justiciables de la Cour des comptes : la compétence *ratione personae*

SECTION 0
ORIENTEUR

31.00 **Sommaire du titre.**

CHAPITRE

311. Principe de justiciabilité de tous les gestionnaires publics

SECTION 0 ORIENTEUR

311.00 Sommaire du chapitre.

311.01 Textes applicables.

• **CJF,** art. L. 111-1 et L. 131-1

SECTION 1 COUR DES COMPTES JUGE LES GESTIONNAIRES PUBLICS

311.11 Compétence juridictionnelle de la Cour des comptes. « La Cour des comptes juge en premier ressort les gestionnaires publics... »[1]. Dès les premiers mots du code des juridictions financières apparaît la notion de gestionnaire public[2], issue de la réforme portée par l'ordonnance du 23 mars 2022, qui la contient d'ailleurs dans son titre[3].

Cette affirmation inaugurale du code, selon laquelle la compétence juridictionnelle de la Cour englobe *a priori* tous les gestionnaires publics, remplace, depuis le 1er janvier 2023, l'ancienne compétence limitée au seul jugement des comptes des comptables publics[4].

Pour les missions juridictionnelles de la Cour des comptes, un tel champ des justiciables très large constitue une rupture historique majeure[5], car il renverse le principe cantonnant l'office du juge aux comptes des seuls comptables publics. Issu de la loi du 16 septembre 1807, dont l'article 18 prévoyait que « *la Cour ne pourra en aucun cas s'attribuer juridiction sur les ordonnateurs...* », cet interdit a été repris pendant plus de deux siècles par les lois régissant les juridictions des comptes[6].

En revanche, l'actuel périmètre des justiciables est quasiment identique à celui qui était, jusqu'en 2022, dévolu à la Cour de discipline budgétaire et financière (CDBF) ; même si les textes concernant cette juridiction n'avaient pas, jusque-là, eu explicitement recours à la notion de gestionnaire public, c'est bien de cela qu'il s'agissait. Les rédacteurs de l'ordonnance du 23 mars 2022 ont d'ailleurs, en ce qui concerne les justiciables de la responsabilité financière de droit public, clairement voulu maintenir le *statu quo ante*, donc ni en élargir ni en réduire le champ. Le rapport au Président de la République sur le projet d'ordonnance indique ainsi que « ce régime de responsabilité concernera l'ensemble des gestionnaires publics et des gestionnaires des organismes relevant du code de la sécurité sociale, qu'ils exercent des fonctions d'ordonnateur ou de comptable c'est-à-dire à la fois les ordonnateurs et les administrateurs actuelle-

1. CJF, art. L. 111-1 (version en vigueur depuis le 1er janvier 2023).
2. Sur l'émergence de cette notion, v. ss no 032.11.
3. Ord. no 2022-408, 23 mars 2022 relative au régime de responsabilité financière des gestionnaires publics, *JO* 24 mars 2022, no 4.
4. Dans le livre II du CJF, consacré aux chambres régionales et territoriales des comptes, la notion de gestionnaire public a également remplacé l'ancien jugement des comptes.
5. V. ss no 043.14.
6. Cette interdiction de juger les ordonnateurs figurait en dernier lieu aux anciens art. L. 131-2 et L. 231-3 CJF, jusqu'à leur abrogation le 31 décembre 2022.

ment justiciables de la CDBF, à l'exclusion des ministres et des élus locaux, mais y compris les membres de leurs cabinets et directeurs d'administrations »[1].

Le périmètre des personnes justiciables de la Cour des comptes s'inscrit donc en continuité immédiate avec celui de l'ancienne CDBF.

Il inclut tous les gestionnaires du secteur public, les fonctionnaires et agents publics au sens du statut de la fonction publique, pour lesquels une disposition du code général de la fonction publique prévoit d'ailleurs explicitement leur responsabilité financière[2].

Il englobe même, au-delà des agents publics, tous les responsables et agents d'organismes qui sont contrôlés par la Cour des comptes ou les chambres régionales et territoriales des comptes, quel qu'en soit le statut juridique, public ou privé, et quelle que soit la fonction ou la qualité de la personne physique concernée.

En particulier, le périmètre des justiciables dépasse les deux fonctions, certes centrales dans la sphère de la comptabilité publique, que sont les ordonnateurs et les comptables publics[3]. Un arrêt de la CDBF a clairement exprimé quel est le champ du régime général de responsabilité, qui ne s'arrête ni aux ordonnateurs, ni aux comptables : ainsi est justiciable le secrétaire général d'un service relevant d'une caisse de sécurité sociale, « nonobstant la circonstance qu'il n'en était ni ordonnateur ni comptable, et n'y a jamais disposé de délégations de signature »[4]. Certes, les ordonnateurs sont parmi les plus concernés – d'ailleurs, l'avant-projet de la loi qui devait devenir celle de 1948 créant la Cour de discipline budgétaire intitulait provisoirement la juridiction à créer « Cour de contrôle des ordonnateurs » – mais le régime de responsabilité a compris *ab initio* d'autres gestionnaires publics ; une note qui est sans doute de la plume du rédacteur de l'avant-projet précisant d'emblée que cette dénomination provisoire serait à revoir, car le régime avait dès le départ vocation à couvrir aussi des agents n'ayant pas la qualité d'ordonnateur[5].

Son champ va même au-delà des seuls gestionnaires au sens strict, car peuvent être sanctionnés également les autorités de contrôle comme les tutelles ou les contrôleurs budgétaires par exemple. Au-delà des gestionnaires sont donc susceptibles d'être condamnées par la Cour des personnes qui ne gèrent pas directement, mais qui interviennent néanmoins dans les décisions à incidence financière.

Dans sa conception logique, le périmètre des personnes justiciables du juge financier est en principe calqué sur le champ de compétence de contrôle – fonction alors administrative, et non contentieuse – de la Cour des comptes et des chambres régionales et territoriales des comptes sur des organismes.

Néanmoins, à partir du moment où la compétence de contrôle porte non pas sur des individus, mais sur des organismes ou leurs démembrements, mais que le champ des justiciables, au contentieux, porte sur des individus, et non sur des personnes morales, il n'est pas étonnant que les deux périmètres ne se superposent pas complètement.

En effet, d'un côté, le champ des justiciables sanctionnables par la Cour est un peu plus restreint que sa compétence de contrôle – y compris celle des CRTC – dans la mesure où certaines catégories de personnes peuvent être exclues partiellement ou totalement des sanctions financières, alors même que leurs organismes de rattachement sont tout à fait contrôlables par les juridictions financières. C'est en particulier le cas des ministres, ou partiellement des élus locaux[6].

Mais de l'autre côté, la Cour peut sanctionner des individus qui ne relèvent pas directement d'organismes contrôlés : cela concerne les agents de fait, et surtout les comptables de fait, qui forment la principale sous-catégorie des agents de fait. Dans ce cas, il est possible que le périmètre des personnes justiciables « déborde », en quelque sorte, de la sphère légale des organismes contrôlés : c'est précisément ce « débordement » des limites de la comptabilité publique que l'infraction « gestion de fait » tend à sanctionner[7].

Enfin, la compétence contentieuse de la Cour s'étend à tous les gestionnaires d'un organisme contrôlé, même si le contrôle est limité légalement à une partie seulement des comptes et de la gestion de ces derniers[8].

1. *Rapport au Président de la République relatif à l'ordonnance n° 2022-408 du 23 mars 2022 relative au régime de responsabilité financière des gestionnaires publics, JO* 24 mars 2022, n° 3.
2. CGFP, art. L. 125-2. Il s'agit d'une innovation issue de l'Ord. n° 2021-1574, 24 nov. 2021.
3. V. s^s n°s 032.31 s. sur la notion de comptable public, et s^s n°s 032.21 s. sur celle d'ordonnateur.
4. CDBF 30 oct. 1985, *Caisse nationale de l'assurance-maladie des travailleurs salariés [CNAMTS], Service du contrôle médical régional de Nancy, CCP*, n° 3, p. 20.
5. S. Flizot, « La création de la CDBF : enjeux et débats », *in* Collectif, *L'invention de la gestion publique*, 2013, p. 368.
6. Sur ces exceptions au principe de justiciabilité de tous les gestionnaires publics, v. s^s n°s 312.11 s.
7. Sur l'infraction réprimant la gestion de fait, v. s^s n°s 424.11 s.
8. Sur l'articulation entre compétence de contrôle partielle et justiciabilité, v. s^s n° 313.82.

SECTION 2

GESTIONNAIRE PUBLIC : UNE NOTION LARGE CALQUÉE SUR LA COMPÉTENCE DE CONTRÔLE DES JURIDICTIONS FINANCIÈRES, MAIS QUI LA DÉPASSE

311.21 Compétence en fonction des organismes contrôlés par les juridictions financières, et non de la nature des fonds. La définition des justiciables de la Cour relève d'une combinaison entre qualités individuelles (par exemple être membre d'un cabinet ministériel ; être fonctionnaire...) et le fait d'appartenir à une structure énumérée par la loi (par exemple une entreprise publique, une collectivité locale...). Sauf exception[1], c'est la structure dont une personne dépend qui emporte la réponse à la question de savoir si cette personne relève ou non de la justice financière répressive.

De ce fait, la juridiction financière, au début de chaque arrêt ou presque, vérifiera si la structure dont la gestion est en cause entre dans sa sphère de compétence, et n'en déduira qu'ensuite une réponse sur l'individu renvoyé devant elle. Ceci peut paraître étrange, mais s'explique aisément par le fait que le champ des justiciables de la Cour est calqué sur la sphère relevant du contrôle (obligatoire ou facultatif) de cette même Cour et sur la compétence de contrôle des chambres régionales et territoriales des comptes (CRTC)[2] ; or Cour et CRTC exercent avant tout un contrôle de régularité, des comptes et de la gestion, sur des structures publiques ; la compétence contentieuse sur les personnes n'en est, assez logiquement, qu'une des suites possibles.

Le champ des justiciables de la Cour est donc essentiellement défini en référence à la sphère de compétence de contrôle de l'ensemble formé par la Cour des comptes et les CRTC ; il va de soi que si cette dernière évolue, cela aura automatiquement un impact sur le champ des justiciables de la Cour.

Par exemple, la loi de financement de la Sécurité sociale pour 2023 a donné à la Cour et aux CRTC la compétence de contrôler les établissements et services de droit privé à caractère sanitaire, social ou médico-social, ainsi que les sociétés de droit privé assurant en tout ou partie la gestion d'un régime légalement obligatoire d'assurance autonomie[3] ; de ce fait, les gestionnaires de ces entreprises privées sont désormais inclus dans le champ des justiciables du régime de responsabilité financière sanctionné par la Cour.

D'ailleurs, il n'est pas nécessaire d'établir que des fonds sont de nature publique, au sens de la comptabilité publique[4], car le champ des justiciables n'est pas lié à la nature des fonds en cause[5] ; ce qui importe, c'est de savoir si une structure relève du champ de contrôle de la Cour des comptes ou des CRTC, peu importe sa nature juridique (État, collectivité locale, société anonyme contrôlée par l'État...). Si tel est le cas, alors leurs représentants et agents relèvent de la compétence de sanction de la Cour.

À noter enfin que cette construction du champ des justiciables par référence à la compétence organique de contrôle de la Cour et des CRTC s'est faite historiquement en plusieurs étapes[6]. À l'origine, chaque infraction prévue par la loi de 1948 énumérait son propre champ de justiciables, relativement limité pour les infractions budgétaires spéciales, et déjà très large pour les infractions aujourd'hui prévues aux articles L. 131-9 et L. 131-12 du CJF. Les principaux élargissements sont intervenus en 1963 et en 1971, et d'autres ultérieurement jusqu'en 2007[7].

311.22 Définition des fonds spéciaux. Les fonds spéciaux sont des fonds de l'État, prévus par son budget, qui sont gérés en-dehors de règles de la comptabilité publique habituellement applicables. Cette exception légale se justifie par la nature particulière des opérations financées par ce biais, qui sont secrètes – d'où l'appellation populaire de fonds secrets, pourtant imprécise. Sous l'Ancien Régime, il existait l'équivalent sous la forme des « acquits et ordonnances au comptant », et leur contestation date essentiellement de la Restauration et des débuts du parlementarisme budgétaire[8].

1. Agents de fait, v. s[s] n° 311.31 ; et plus particulièrement les comptables de fait, *cf.* v. s[s] n° 311.32.
2. Sauf exceptions, où les deux périmètres ne coïncident pas totalement : d'un côté, certains gestionnaires d'organismes contrôlables peuvent ne pas être justiciables (v. s[s] n° 312.11), et d'autre part, certains individus, relevant d'organismes échappant au contrôle des juridictions financières, peuvent néanmoins être justiciables (v. s[s] n° 311.31). Enfin, si sur certaines structures la compétence de contrôle peut être limitée à un champ restreint de la gestion, les gestionnaires sont néanmoins sanctionnables pour l'ensemble de leur gestion (v. s[s] n° 313.82).
3. CJF, art. L. 111-7, art. L. 211-7 et autres, issus de la L. n° 2022-1616, 23 déc. 2022 de financement de la Sécurité sociale, art. 62.
4. CDBF 6 mai 2009, *Assoc. Union interprofession enseignement [UNIPE-PE] et Union interprofession insertion professionnelle [UNIPE-IP], Rec.* 75 ; *AJDA* 2009. 2456, note N. Groper et C. Michaut ; *Gestion & finances publiques* 2011, n° 7, p. 500, note M. Lascombe et X. Vandendriessche.
5. Sur la notion de deniers publics, v. s[s] n° 031.46.
6. Pour un panorama historique des évolutions entre 1948 et 1971 : J.-C. Maitrot, « Jouvence pour une inconnue ? La réforme de la Cour de discipline budgétaire et financière », *AJDA* 1971. 512.
7. Sur les réformes successives, v. s[s] n°s 045.11 s.
8. J. Kissangoula, « Fonds secrets », *in* G. Orsoni, *Finances publiques. Dictionnaire encyclopédique*, Économica, 2e éd. 2017, p. 493.

311.23 Fonds secrets, fonds dont l'utilisation est secrète. Pour reprendre la formule de Jacques Magnet, « la dénomination courante de fonds secrets sollicite l'imagination. La réalité est moins excitante : le montant de ces fonds, imputés sur crédits budgétaires [...] n'a rien de secret [...] »[1]. Les fonds ne sont pas secrets dans la mesure où leur existence est prévue par des textes[2], et ce depuis la IVe République[3].

En revanche, c'est l'utilisation qui en est faite qui est secrète : « leur emploi n'est pas avouable »[4].

311.24 Fonds libres et raison d'État. Les fonds spéciaux étaient souvent appelés fonds libres, ce qui renvoie non pas à leur nature, mais à leur liberté d'utilisation. Selon les professeurs Jacques Buisson et Xavier Cabannes, « ces fonds ne sont pas secrets. Ils sont libres [...]. Le Gouvernement est libre de les utiliser à son gré, de façon totalement discrétionnaire [...]. Libres d'utilisation, ces fonds deviennent spéciaux car ils dérogent aux règles du droit budgétaire mais aussi et surtout [...] de la comptabilité publique. Ces fonds sont une manifestation de la "raison d'État" »[5]. Dans son étude très complète sur les fonds spéciaux, David Biroste définit ces derniers « comme des crédits votés par le Parlement dont seul le montant global apparaît dans la loi de finances » qui, « en raison de leur nature ont toujours dérogé au droit budgétaire classique. Créés afin que le Pouvoir puisse disposer rapidement et librement d'une manne financière pour garantir la sûreté intérieure et extérieure de l'État, ils ont été légitimés, dès leur création, par le concept de raison d'État. Ils sont principalement utilisés pour des dépenses qui doivent rester secrètes, c'est-à-dire, à l'origine, les opérations clandestines de l'État »[6]. Ces fonds sont donc spéciaux dans la mesure où, bien qu'étatiques, ils échappent aux règles du droit budgétaire et de la comptabilité publique, une fois ordonnancés de façon globale et ainsi sortis de la caisse publique.

311.25 Gestionnaires des fonds spéciaux et leur justiciabilité. Selon Stéphane Thébault, « comme celle de comptable public, la qualité d'ordonnateur des autorités amenées à utiliser les fonds spéciaux paraît devoir être exclue. [...] On peut estimer que la compétence d'ordonnateur concernant les fonds spéciaux s'arrête à l'ordonnancement global de ces fonds. Une fois remis en liquide leur nature les fait échapper aux règles du droit public financier et le responsable de leur maniement n'a plus, alors, à bénéficier de la qualité juridique d'ordonnateur »[7].

Néanmoins, comme indiqué ailleurs[8], si la notion d'ordonnateur comporte des implications importantes en droit de la comptabilité publique, elle ne détermine pas, ni ne limite, le champ de compétence du régime de responsabilité financière des gestionnaires publics.

Dès lors, à partir du moment où une personne est légalement justiciable de la Cour en matière répressive[9], elle pourra être sanctionnée même si sa gestion porte sur des fonds spéciaux. Simplement, le juge financier serait alors amené à appliquer les règles particulières encadrant – très légèrement, il est vrai, mais c'est lié à la nature même de ces fonds secrets – la gestion de ce type de fonds.

C'est du moins la conclusion que proposent les auteurs de cet ouvrage à la lecture des textes et de la jurisprudence passée. Il faut reconnaître que certains auteurs arrivent à une solution diamétralement opposée[10], et que ni la CDBF, ni la Cour des comptes ne se sont encore prononcé précisément sur des cas de gestion des fonds spéciaux.

Néanmoins, la CDBF a déjà jugé qu'il n'est pas nécessaire d'établir que des fonds maniés sont de nature publique, au sens de la comptabilité publique, pour qu'un agissement entre dans le champ du régime de responsabilité de droit public financier[11]

1. J. Magnet, *Comptabilité publique*, PUF, 1978, p. 411.
2. L. n° 2001-1275, 28 déc. 2001 de finances pour 2002, *JO* 29 déc., n° 1, art. 54.
3. L. n° 46-854, 27 avr. 1946 portant ouverture et annulation de crédits sur l'exercice 1946, *JO* 1er mai, p. 3630, art. 42 ; D. n° 47-2234, 19 nov. 1947 portant création d'une commission de vérification des dépenses faites sur les crédits affectés au service de documentation extérieure et de contre-espionnage, *JO* 22 nov., p. 11535.
4. J. Magnet, *Comptabilité publique*, PUF, 1978, p. 411.
5. J. Buisson et X. Cabannes, « Les fonds spéciaux et le droit public financier », *LPA* 3 août 2001, n° 154, p. 15.
6. D. Biroste, « Les fonds spéciaux. Contribution à l'étude des marges du droit. Première partie », *RFFP* n° 80, 2002, p. 151.
7. S. Thébault, *L'ordonnateur en droit public financier*, LGDJ, 2007, « Bibliothèque de finances publiques et fiscalité », t. 47, p. 125.
8. Sur la notion d'ordonnateur, v. ss n° 032.21.
9. CJF, art. L. 131-1 : « Est justiciable de la Cour des comptes au titre des infractions mentionnées à la section 2 du présent chapitre : 1° Toute personne appartenant au cabinet d'une personne mentionnée aux 1° à 15° de l'article L. 131-2 ; 2° Tout fonctionnaire ou agent civil ou militaire de l'État, des collectivités territoriales, de leurs établissements publics ainsi que des groupements des collectivités territoriale [...]. »
10. S. Thébault, *L'ordonnateur en droit public financier*, LGDJ, 2007, « Bibliothèque de finances publiques et fiscalité », t. 47, p. 125 : « L'usage des fonds spéciaux n'étant pas soumis aux règles de la comptabilité publique, la Cour de discipline budgétaire et financière comme la Cour des comptes [avant la réforme de 2022] sont privées de leur compétence juridictionnelle. »
11. CDBF 6 mai 2009, *Assoc. Union interprofession enseignement [UNIPE-PE] et Union interprofession insertion professionnelle [UNIPE-IP]*, *Rec.* 75 ; *AJDA* 2009. 2456, note N. Groper et C. Michaut ; *Gestion & finances publiques* 2011, n° 7, p. 500, note M. Lascombe et X. Vandendriessche.

ou que, dès lors qu'un gestionnaire est justiciable, on ne doit pas distinguer entre fonds publics maniés ou fonds privés [1]. Donc le fait que les fonds spéciaux soient traités comme des fonds privés n'empêche pas *a priori* la compétence répressive du juge financier.

Enfin, il a été démontré ailleurs que le fait qu'un pan de gestion échappe au *contrôle* des juridictions financières n'empêche pas forcément la justiciabilité des gestionnaires concernés en matière *contentieuse*, les deux champs n'étant pas superposables à 100 %. Si la compétence de la Cour des comptes pour *contrôler* l'utilisation des fonds spéciaux est débattue [2] – et dans les faits, la Cour s'en abstient [3] – cela n'ôte pas aux gestionnaires de ces fonds leur qualité de fonctionnaire ou d'agent public, et donc de justiciable, à ce titre, du régime de responsabilité financière des gestionnaires publics... à condition toutefois que le Procureur général près la Cour des comptes en soit saisi. En l'absence de déféré des juridictions financières issu de leurs fonctions de contrôle, un tel déféré pourrait venir des présidents des assemblées [4], nourries par la délégation parlementaire au renseignement (DPR) [5], précisément chargée de contrôler l'utilisation des fonds spéciaux [6].

Si un tel cas se présente un jour, la Cour devra appliquer elle-même, dans sa procédure et dans l'arrêt qu'elle rendra, les contraintes du secret de la défense nationale, ce qui n'est pas insurmontable.

Plus délicate serait la question du droit applicable à ces opérations secrètes – puisque toute infraction financière suppose quelque part une méconnaissance de règles ou d'obligations. Mais là aussi, rien d'insurmontable, car pour ténu qu'il soit, l'utilisation des fonds spéciaux fait bien l'objet d'un cadre juridique minimal, dont il est déjà arrivé à des parlementaires de regretter le non-respect [7]. Enfin, le fait que le juge civil et le juge administratif général – par le biais de la théorie de l'acte de Gouvernement – aient jusque-là décliné leur compétence pour connaître de telles opérations ne constitue pas davantage un argument définitif pour exclure de sanctionner un fonctionnaire ou un agent public dans la gestion des fonds spéciaux.

311.26 Compétence non suspendue à l'exercice effectif de la compétence de contrôle du juge des comptes. La compétence répressive de la Cour *ratione personae* est en principe réglée sur la compétence de contrôle que la loi attribue à la Cour des comptes et aux CRTC sur des personnes morales.

Peu importe que la Cour des comptes ait ou non procédé à un contrôle des comptes et de la gestion : la compétence de sanctionner les gestionnaires publics résulte « non de l'exercice effectif du contrôle de la Cour des comptes, mais seulement de la compétence légale que détient cette dernière juridiction pour exercer un tel contrôle » [8]. Et le raisonnement sera le même lorsqu'il s'agit du champ de contrôle des CRTC.

Un tel cas de figure n'est d'ailleurs pas si rare, notamment lorsqu'une affaire contentieuse est née d'un déféré d'une autorité extérieure aux juridictions financières (ministres, créanciers...) ou qu'elle est la conséquence d'un réquisitoire que le Procureur général a pris de sa propre initiative, sans déféré préalable. Autrement dit, un gestionnaire public est justiciable de la Cour même si l'organisme dont il relève n'a pas été préalablement contrôlé par celle-ci.

Il suffit ainsi d'établir qu'un organisme bénéficie de concours financiers de l'État et relève donc *potentiellement* du contrôle de la Cour des comptes, pour que ses représentants soient justiciables de la chambre du contentieux ; « en tout état de cause, la compétence de la [juridiction financière] n'est pas conditionnée par l'exercice effectif du contrôle de la Cour des comptes... » [9].

« Dès lors que la loi a défini le champ de compétence de la Cour des comptes, elle détermine par là même le champ de compétence de la Cour de discipline budgétaire et financière » (et désormais de la chambre du contentieux de la Cour des comptes), peu importe le fait de savoir si la Cour des comptes a exercé sa compétence, ou si la compétence de

1. V. s[s] n°s 031.46 et s[s] n° 311.21.
2. Une majorité de la doctrine semblant l'exclure : M. Degoffe, « Affaire Nucci : application à un ministre de la Déclaration de gestion de fait », *JCP* 21 févr. 1996. II. 22592.
3. J.-Y. Bertucci, « Le droit du contrôle des juridictions financières », *RFFP* n° 75, 2001, p. 100 (nbp 19).
4. Autorités de déféré : CJF, art. L. 142-1-1 ; sur les présidents des assemblées parlementaires, v. s[s] n° 512.15.
5. Ord. n° 58-1100, 17 nov. 1958 relative au fonctionnement des assemblées parlementaires, *JO* 18 nov., p. 10335, art. 6 *nonies*.
6. L. n° 2013-1168 relative à la programmation militaire pour les années 2014 à 2019 et portant diverses dispositions concernant la défense et la sécurité nationale, *JO* 19 déc., n° 1, art. 12.
7. AN, 1re lecture de la future loi n° 2001-1275 (session ordinaire de 2001-2002 – 26e jour de séance, 64e séance), intervention du député Tourret qui constate le non-respect de la loi de 1946 et du décret de 1947 précités et regrette l'absence de sanctions de ce non-respect des règles : « En ce qui concerne les *quitus* ministériels [prévus par les textes de la IVe République sur les fonds spéciaux], on n'en a retrouvé aucun. Soit ils ont été brûlés, soit ils n'ont jamais existé. [...] Autrement dit, le système mis en place par la loi de 1946 n'a jamais été respecté. Les sanctions sont d'ailleurs inexistantes » (v. le compte rendu analytique de la 3e séance du mercredi 14 nov. 2001, discussion après l'art. 76.
8. CDBF 22 et 29 nov. 1985, *Sté des autoroutes Rhône-Alpes [Area]* ; *CCP*, n° 3, p. 25.
9. CDBF 11 déc. 1980, *Caisse centrale de crédit coopératif [CCCC]* ; *CCP*, n° 2, p. 180.

contrôle de la Cour des comptes est suspendue à des conditions particulières, par exemple à l'accord d'un ministre [1].

SECTION 3
GESTIONNAIRES ET AGENTS DE FAIT

311.31 **Agents de fait.** Le dernier alinéa de l'article L. 131-1 du CJF permet de sanctionner toute personne qui *de fait* exerce les fonctions des gestionnaires publics justiciables de la Cour, ce qui constitue un espace potentiellement large [2].

Un cas flagrant d'agent de fait est celui d'un fonctionnaire qui a continué à intervenir dans la gestion de la collectivité publique après son départ à la retraite [3].

Dans la pratique toutefois, la juridiction financière s'appuie assez rarement sur cette base, parce que les personnes qui exercent de fait (et indûment) une fonction publique (par exemple comme ordonnateur de fait ou de comptable de fait, ce qui n'est pas rare) entrent le plus souvent déjà dans le champ de compétence de la Cour sur un autre fondement, par exemple en tant que fonctionnaire, ou de président d'une association subventionnée [4], personnes qui seraient de toutes les façons justiciables.

La notion d'agent de fait, au sens de la répression de droit public financier, va au-delà de la fonction publique au sens strict, et même au-delà des seuls agents des personnes morales de droit public, mais couvre également les autres organismes, même de droit privé, soumis au contrôle de la Cour des comptes et des CRTC.

Ainsi, dans l'un de derniers arrêts qu'elle a rendus, la CDBF a pu appréhender une personne qui, sans être agent de la fédération sportive dans laquelle des infractions financières avaient été commises, a été qualifiée de directeur financier de fait de celle-ci [5], et, dans le premier arrêt rendu par la Cour des comptes sur le fondement de sa nouvelle compétence répressive, a été sanctionnée une dirigeante de fait d'une société d'économie mixte [6].

Une telle qualification d'agent de fait doit être établie de façon précise, au vu d'un faisceau d'indices : « dès lors qu'il résulte de l'instruction que l'intéressé, quelle que soit la nature du lien juridique qui le liait à la fédération, intervenait, entre 2014 et 2017, directement et très largement dans la conduite de la gestion financière de celle-ci, que ce soit dans l'élaboration et le suivi du budget, la validation des dépenses, le suivi de la trésorerie, les relations avec les tiers comme l'administration fiscale, les organismes sociaux, les banques ou le commissaire aux comptes. Ce dernier, tant dans sa réponse au questionnaire d'instruction que dans les notes de son dossier de travail, le désigne d'ailleurs comme le directeur financier de la [fédération]. Il apparaît, en outre, que [l'intéressé], dont le nom figurait dans les organigrammes de la fédération [...], avait noué avec cette dernière, qui n'avait pas de directeur financier salarié, une relation devenue exclusive de toute autre collaboration. Dans ces conditions, [l'intéressé] doit être considéré comme ayant exercé, de fait, la fonction d'un directeur financier et est, par suite, [...] justiciable de la Cour... » [7].

La compétence contentieuse sur une dirigeante de fait, mise à la disposition d'un organisme public par un tiers dans le cadre d'un contrat de prestation de service, doit être établie en détail par la Cour : « la société M a conclu avec Mme C un contrat de travail à durée indéterminée [...] pour exercer « *les fonctions d'intervenant* » dans le cadre de la « *Mission de Direction Générale* » confiée par la société ALPEXPO. Ainsi que le détaillent les points 20 à 22 [qui précisent que la dirigeante de fait a signé de nombreux contrats engageant la société, alors qu'elle ne disposait d'aucun mandat], Mme C a agi, en fait, comme directrice générale de la société ALPEXPO, au sens des articles L. 312-1 et L. 131-1 du code des juridictions financières [...]. Il en résulte que Mme C était justiciable de la CDBF jusqu'au 31 décembre 2022, et est justiciable de la Cour des comptes depuis le 1er janvier 2023 » [8].

Les agents de fait sont susceptibles de commettre les mêmes infractions que les agents en titre.

Dans certains cas, le fait même de s'arroger des fonctions – et donc des compétences – pour lesquelles on n'a pas été régulièrement investi est constitutif d'une infraction. Cela vaut en particulier pour

1. CDBF 29 juin 1978, *S^té^ de crédit immobilier « Les prévoyants de l'avenir de la Charente-Maritime » et SA d'HLM « Le foyer de la Charente-Maritime » ; CCP*, n° 2, p. 157 ; *Lebon* 663.
2. La loi peut toutefois prévoir des exceptions à la justiciabilité d'un agent de fait devant la Cour des comptes : c'est le cas de l'art. L. 613-51, al. 2 du CMF, v. s^s^ n° 312.63.
3. C. comptes 14 nov. 2024, *Commune de Bantzenheim (Haut-Rhin)*, n° 29, S-2024-1396. Une directrice des services d'une commune avait poursuivi ses activités après son départ à la retraite (notamment pour obtenir des éléments de rémunérations indus à son bénéfice).
4. Sur le cas de comptables de fait dans des associations para-administratives, v. s^s^ n° 313.84.
5. CDBF 7 nov. 2022, *Fédération française d'athlétisme (FFA)*, n° 262-847 ; *Rec.* 148 ; *AJDA* 2023. 560, Chron. M. Choquet et N. Péhau.
6. C. comptes 11 mai 2023, *Société ALPEXPO*, n° 836, S-2023-0604 ; *JCP Adm.* 2023. 2210, note S. Damarey ; *AJDA* 2023. 1511, note X. Vandendriessche.
7. CDBF 7 nov. 2022, *Fédération française d'athlétisme (FFA)*, n° 262-847 ; *Rec.* 148 ; *AJDA* 2023. 560, Chron. M. Choquet et N. Péhau.
8. C. comptes 11 mai 2023, *Société ALPEXPO*, n° 836, S-2023-0604, préc. ; § 12 ; v. également §§ 20 à 22.

l'infraction sanctionnant l'engagement de dépenses sans y être habilité[1], ou encore pour la gestion de fait[2] (v. ci-après).

311.32 **Comptables de fait.** Sont justiciables non seulement les comptables publics régulièrement installés (« comptables patents ») [3], mais également ceux qui en fait exercent ces fonctions, c'est-à-dire les comptables de fait[4]. Est comptable de fait celui qui s'immisce dans les fonctions de comptable public.

Le comptable de fait constitue une catégorie particulière d'agent public de fait, puisqu'il existe même une infraction visant spécifiquement l'immixtion dans les fonctions de comptable public[5], qui sont tout particulièrement protégées par les textes[6].

1. CJF, art. L. 131-13, 3° ; – v. s^{s} n°s 422.11 s.
2. CJF, art. L. 131-15 ; – v. s^{s} n°s 424.11 s.
3. Sur la notion de comptable public, s^{s} n°s 032.31 s. ; – Sur la justiciabilité des comptables publics, v. spécifiquement ci-après s^{s} n°s 313.31 s.
4. CDBF 4 oct. 1984, *Université Louis Pasteur de Strasbourg, Laboratoire de physique corpusculaire et cosmique [LPCC], Assoc. pour le développement de la recherche en physique corpusculaire et cosmique [ADRPCC] ; CCP*, n° 2, p. 222.
5. CJF, art. L. 131-15 ; – v. s^{s} n°s 424.11 s.
6. Sur la partie spécifiquement dédiée aux comptables de fait, v. s^{s} n° 313.34.

CHAPITRE

312. Exclusions : personnes non justiciables

SECTION 0
ORIENTEUR

312.00 **Sommaire du chapitre.**

312.01 **Textes applicables.**

• **CJF,** art. L. 131-2 à L. 131-4

SECTION 1
CONSIDÉRATIONS GÉNÉRALES SUR LES EXCEPTIONS AU PRINCIPE DE JUSTICIABILITÉ DE TOUS LES GESTIONNAIRES PUBLICS

312.11 **Exceptions au principe général de justiciabilité des gestionnaires publics.** Si le principe est la responsabilité de tous les gestionnaires publics devant la juridiction financière, certaines personnes échappent toutefois à la juridiction de la Cour, en application de dispositions particulières prévues soit par le code des juridictions financières, soit par d'autres textes, en particulier la Constitution elle-même : c'est en particulier le cas des ministres, ordonnateurs principaux de l'État, et partiellement des élus locaux, deux catégories souvent traitées ensemble, mais qu'il convient de distinguer, à la fois du point de vue des fondements philosophiques de leur irresponsabilité, et aussi au regard du champ réel de leur immunité.

« Le terme immunité peut de façon générale être défini comme le droit de bénéficier d'une dérogation à la loi commune »[1] ; la doctrine distingue habituellement entre immunité de fond et immunité de procédure (inviolabilité).

Ces exceptions au principe général de justiciabilité sont d'étendue variable, selon les infractions concernées et selon les fonctions occupées par un gestionnaire. La non-justiciabilité d'une catégorie de gestionnaires publics n'est jamais absolue[2].

312.12 **Variabilité des champs des justiciables en fonction des infractions financières.** S'il existe une règle générale fixant le champ des justiciables de la Cour[3], qui s'applique à la plus grande partie des infractions – et surtout à celles prévues aux articles L. 131-9 et L. 131-12 du CJF –, il existe toutefois quelques infractions particulières qui disposent d'un domaine de compétence propre, soit plus large que celui défini par la règle générale, soit au contraire plus limité.

Ainsi, les élus locaux sont justiciables de la Cour pour les infractions réprimant l'inexécution de décisions de justice[4] et la gestion de fait[5], à l'exclusion des autres infractions ; ils peuvent également l'être pour l'infraction prévue à l'article L. 131-12 du CJF (avantage injustifié), mais seulement sous certaines conditions[6].

1. B. Genevois, « Les immunités prévues par la Constitution et le contrôle juridictionnel », *RFDA* 2000. 511.
2. Hormis l'exclusion des personnes morales, qui est générale et ne souffre pas d'exception : v. s^s n° 312.21.
3. CJF, art. L. 131-1.
4. CJF, art. L. 131-14, 1° et L. 131-14, 2° ; – V. s^s n°s 451.11 s.
5. CJF, art. L. 131-15 ; – V. s^s n°s 424.11 s.
6. En cas de réquisition du comptable public. V. s^s n°s 313.164 et 441.12.

En revanche, l'infraction fixée à l'article L. 131-10 du CJF (faute grave de gestion dans les entreprises publiques nationales ou locales) est organiquement limitée à un champ de justiciables plus étroit que la règle générale : *a priori*, seuls les dirigeants et agents de ces organismes sont justiciables pour cette infraction - ainsi que le cas échéant les tutelles et contrôleurs - ce qui, du moins pour cette infraction, exclut les gestionnaires des autres structures publiques[1].

Il en est de même, d'une certaine façon, de l'infraction budgétaire spéciale prévue à l'article L. 131-13, 2°, du CJF, qui sanctionne le non-respect des règles de contrôle budgétaire[2] : elle ne s'applique en pratique qu'aux personnes travaillant dans les structures publiques soumises à un tel contrôle budgétaire, donc l'État et certaines personnes morales de droit public, à l'exclusion des structures qui ne le sont point. Un raisonnement similaire peut être déployé pour l'infraction sanctionnant l'échec au mandatement d'office[3], qui par définition ne peut jouer qu'au sein d'organismes soumis à la possibilité d'un tel mécanisme, essentiellement les collectivités locales[4].

La limitation *de facto* du périmètre des justiciables s'applique enfin à l'infraction spéciale concernant les seuls parlementaires[5].

312.13 Constitutionnalité de l'exclusion des gestionnaires publics politiques. À la question, posée dans le cadre d'une question prioritaire de constitutionnalité, de savoir si les dispositions du code des juridictions financières qui « instaurent, pour la répression autre que pénale des manquements aux règles des finances publiques, une différence de traitement entre, d'une part, les membres du gouvernement et les élus locaux et, d'autre part, les personnes justiciables de la Cour [de discipline budgétaire et financière jusqu'en 2022, de la Cour des comptes ensuite] » étaient conformes au principe constitutionnel d'égalité devant la loi[6], le Conseil constitutionnel a répondu par l'affirmative[7] : « ces autorités sont [...] placées, eu égard à la nature du contrôle[8] auquel elles sont soumises, dans une situation différente. [...]. Dès lors, la différence de traitement qui résulte des dispositions contestées est justifiée par une différence de situation ».

Le Conseil constitutionnel a également considéré que ces cas d'irresponsabilité étaient conformes à l'article 15 de la DDHC : « compte tenu des obligations politiques, administratives ou pénales pesant par ailleurs sur les membres du gouvernement et les élus locaux pour les actes accomplis dans le cadre de leurs fonctions, le législateur n'a pas méconnu l'article 15 de la Déclaration de 1789 en les exemptant [...] des poursuites devant cette cour pour manquements aux règles des finances publiques »[9] ; cette position a toutefois été critiquée en doctrine[10].

312.14 Interprétation stricte des exceptions au principe de responsabilité des gestionnaires publics. Il découle des articles L. 111-1 et L. 131-1 du code des juridictions financières que dans le champ de la gestion publique qui est le sien, la justiciabilité de tous les acteurs de cette gestion publique constitue le principe.

Au regard de ce principe, les exceptions prévues par l'article L. 131-2 du CJF sont donc d'interprétation stricte.

Cette approche se traduit, en jurisprudence, par exemple par une appréhension stricte de la notion d'accessoire obligé des fonctions électives, permettant au juge financier de sanctionner un élu local lorsqu'il agit en tant que dirigeant d'une société publique locale[11].

SECTION 2
IMPOSSIBILITÉ DE SANCTIONNER LES PERSONNES MORALES

312.21 Non-justiciabilité des personnes morales. Dans le régime général de responsabilité des gestionnaires publics, seules les personnes physiques sont responsables, à l'exclusion des personnes morales[12]. Il ne saurait en être autrement dans un régime conçu non comme réparateur, mais visant à sanctionner des fautes personnelles[13].

1. Sur cette infraction spécifique, v. s[s] n°s 433.11 s.
2. V. s[s] n°s 421.11 s.
3. CJF, art. L. 131-11 – V. s[s] n°s 454.11 s.
4. V. s[s] n° 454.21.
5. Ord. n° 58-1210, 13 déc. 1958 portant loi organique relative à l'indemnité des membres du Parlement, *JO* 14 déc., p. 11247, art. 4 ; – V. s[s] n° 425.11.
6. Constitution 1958, art. 1er ; DDHC 1789, art. 6.
7. Cons. Const. 2 déc. 2016, *Sandrine A ; Rec.* 205 ; *AJDA* 2016. 2349 ; *DA* 2017, n° 5, Chron. 3, note A. Camus ; – V. aussi l'étude de : P. Castéra, « Un pas de moins vers la responsabilité financière des ministres et des élus locaux ordonnateurs », *JCP Adm.* 2017. 2329.
8. Le Conseil constitutionnel vise ici le contrôle politique du Parlement sur les membres du Gouvernement collectivement, et le contrôle politique des assemblées locales sur les élus locaux.
9. DDHC 1789, art. 15 : « La société a le droit de demander compte à tout agent public de son administration ».
10. V. s[s] n° 312.53.
11. CDBF 5 juill. 2022, *Société publique locale de Mayotte (SPL 976)*, n° 259-816 ; *Rec.* 141.
12. Pour mémoire, dans l'ancienne procédure de gestion de fait abrogée en 2022, les personnes morales pouvaient être déclarées comptables de fait par le juge des comptes et soumises à l'amende : v. s[s] n° 621.13.
13. Principe de personnalité : v. s[s] n° 222.31.

SECTION 3
PRÉSIDENT DE LA RÉPUBLIQUE ET MEMBRES DU GOUVERNEMENT

312.31 Exclusion des membres du Gouvernement. Conformément aux termes de l'article L. 131-2-1° du CJF, les membres du Gouvernement ne sont pas justiciables de la Cour à raison des actes accomplis dans l'exercice de leurs fonctions [1]. La dernière phrase de l'article L. 131-2 précise que cette immunité s'étend aussi aux faits commis dans le cadre de fonctions qui, « en raison de dispositions législatives ou réglementaires, sont l'accessoire obligé de leur fonction principale », en l'occurrence leur fonction de membre du Gouvernement.

La notion de membre du Gouvernement, qui inclut d'ailleurs le Premier ministre en tant que Chef du Gouvernement, doit être considérée indépendamment du titre qu'un tel membre peut porter : ainsi, les ministres délégués ou les secrétaires d'État sont bien membres du Gouvernement.

En revanche, d'autres fonctions publiques, même exercées expressément à la demande du Gouvernement, qu'il s'agisse par exemple de délégués interministériels ou de missions individuelles ponctuelles, ne sauraient être incluses dans cette catégorie de justiciables.

Précisons également que l'immunité des membres du Gouvernement pour les infractions financières, bien que quasi générale, doit être interprétée strictement, puisqu'il s'agit d'une exception à une règle générale qui soumet tous les gestionnaires à la juridiction financière ; cette immunité ne joue que dans le cadre de l'exercice de leurs fonctions gouvernementales. Cela veut dire qu'ils peuvent être appréhendés, bien que ministres, pour des infractions financières commises en dehors de ce cadre, par exemple dans leurs fonctions antérieures comme gestionnaire public, ou pour des irrégularités commises pendant qu'ils sont ministres, lorsqu'ils agissent dans le cadre de fonctions qui ne sont pas l'accessoire obligé de leur fonction ministérielle.

312.32 Justiciabilité des membres du Gouvernement en cas de gestion de fait. La loi prévoit une exception au principe d'exclusion des membres du Gouvernement : le premier alinéa de l'article L. 131-2 CJF précise en effet que le bénéfice de la non-justiciabilité est limité, qu'il ne s'applique que « sous réserve des articles L. 131-3 et L. 131-4 », ce qui signifie, s'agissant des membres du Gouvernement, qu'ils peuvent être appréhendés par le juge financier en cas de gestion de fait [2].

Cette « exception à l'exception », qui préexistait à la réforme de 2022, peut s'expliquer par la nature particulière de la gestion de fait qui présume, en quelque sorte, avoir agi en-dehors de ses fonctions ministérielles : lorsque l'on agit en tant que comptable de fait, on n'est plus considéré comme ayant agi comme ministre, les deux fonctions étant par définition incompatibles.

Avant même d'être expressément inscrite dans la loi, la jurisprudence avait depuis longtemps admis qu'un ministre pouvait, en cas de gestion de fait (ancienne procédure), être attrait devant la Cour des comptes, ce que le Conseil d'État avait eu l'occasion de confirmer [3].

312.33 Choix initial d'exclure les ministres du régime de responsabilité financière (1948). L'exposé des motifs de la loi de 1948 créant le régime de responsabilité de droit public financier en France avait clairement explicité le choix de ne pas inclure les ministres parmi les justiciables de la future CDBF : « les ministres ont une mission politique qui, sans les placer au-dessus des lois, interdit à aucune autre assemblée que le Parlement lui-même d'apprécier et de sanctionner éventuellement leurs actes, soit en engageant leur responsabilité politique, soit en les traduisant devant la Haute cour » [4]. On insistait donc beaucoup sur la différence de nature départageant les ministres des ordonnateurs fonctionnaires ou purement gestionnaires. N'oublions pas par ailleurs le contexte historique : la IVe République étant un régime parlementaire, la responsabilité politique du Gouvernement devant les élus de la nation était une réalité tangible (d'ailleurs source d'instabilité).

Selon Georges Vedel, « le cas des gouvernants a été distingué de celui des agents » [5], c'est-à-dire des fonctionnaires ou, pour reprendre la formule de cet éminent représentant de la doctrine, des administrateurs. Ce choix était sans doute dicté autant par conviction que par réalisme politique ; mais nombreux furent au moment de la création de la Cour de discipline budgétaire ceux qui approuvaient cette exclusion des ministres : « l'erreur perpétrée avec obstination sous tous les régimes qui se sont succédé en France depuis un siècle et demi jusqu'à la IIIe République inclusivement, est de n'avoir pas réalisé suffi-

1. Il en était de même dans le régime précédent, sanctionné par la CDBF jusqu'au 31 décembre 2022 (anc. art. L. 312-1, II, a CJF, abrogé le 31 décembre 2022).

2. CJF, art. L. 131-15 – V. aussi v. s^s n°s 424.11 s.
3. CE 6 janv. 1995, *Nucci, ancien ministre de la Coopération ; Lebon* 7 ; *Rec.* 147 ; A. Froment-Meurice, J.-Y. Bertucci, N. Hauptmann et C. Michaut, *GAJF*, 7e éd. 2019, n° 2.
4. Exposé des motifs, Ass. nat., session de 1947, n° 1653, p. 6.
5. G. Vedel, « La responsabilité des administrateurs devant la Cour de discipline budgétaire », *Rev. sc. législ. fin.* 1949, p. 121.

samment que les responsabilités encourues par les ministres dans l'exercice de leurs fonctions ne pouvaient être que politiques »[1].

Selon J.-C. Maitrot, l'immunité des ministres s'explique par leur situation particulière, « investis d'un certain pouvoir discrétionnaire, parfois contraints d'user de la raison d'État, toujours chargés d'une mission politique » ; il considère par ailleurs que les conséquences pratiques de la dissociation effectuée par la loi entre ministres d'une part et autres gestionnaires d'autre part sont limitées en pratique, « car le ministre est rarement l'auteur des infractions commises »[2]. On pourrait ajouter à cela que le régime répressif de droit public financier peut être mis en œuvre précisément à l'initiative des ministres, qui disposent d'un pouvoir de déféré ; le régime répressif de droit public financier apparaît alors plutôt comme un instrument aux mains du Gouvernement pour maintenir la discipline budgétaire et financière de l'administration que comme un outil devant s'attaquer également aux décisions politiques.

Les réformes successives de la CDBF, bien que le sujet ait été abordé régulièrement par les praticiens et la doctrine, n'ont d'ailleurs pas touché à cette immunité de principe (contrairement à la question des élus locaux, qui a lentement évolué[3]) ; ainsi, Guy Sabatier, président de la commission des finances, indiquait-il au moment de l'examen du projet qui allait devenir la loi de 1971 : « peut-on imaginer qu'un ministre comparaissant devant un aréopage de fonctionnaires, même s'ils s'appellent « magistrats » et qu'ils soient éminents, n'en subirait pas quelque atteinte dans son autorité ? Ce serait remettre en cause la notion de hiérarchie et sa valeur [...]. Au surplus, dans la mesure où la faute a une incidence sur la qualité de la gestion, la sanction politique ne manque pas d'intervenir. En effet, le ministre a son juge qui est le Parlement, et, à travers lui, le pays tout entier »[4].

La justification avancée pour l'irresponsabilité des membres du Gouvernement se fonde donc sur leur responsabilité politique et sur leur responsabilité pénale, qui s'exerce dans des conditions particulières fixées par la Constitution elle-même et devant une juridiction spéciale, la Cour de justice de la République (CJR)[5] ; mais cette responsabilité est pénale au sens strict, c'est-à-dire qu'elle n'englobe pas les infractions de droit public financier qui sont l'objet du présent ouvrage.

1. L. Bertrand, « La Cour de discipline budgétaire », *Rev. banque et bourse* n° 48, déc. 1948, p. 341.
2. J.-C. Maitrot, « Jouvence pour une inconnue ? La réforme de la Cour de discipline budgétaire et financière », *AJDA* 1971. 511.
3. V. s[s] n° 045.22.
4. Ass. nat., séance 22 avr. 1971, p. 1321.

312.34 Rôle budgétaire et financier des ministres, ordonnateurs des dépenses. Les ministres peuvent-ils être considérés, en droit public financier, comme des ordonnateurs « comme les autres » ? Jusqu'en 2012, le Règlement général sur la comptabilité publique de 1962 indiquait que « les ministres, ordonnateurs principaux de l'État, encourent, à raison de l'exercice de leurs attributions, les responsabilités que prévoit la Constitution »[6], ce qui renvoyait clairement à leur responsabilité politique. Le décret de 2012 relatif à la gestion budgétaire et comptable publique (GBCP)[7] qui l'a remplacé, bien que mentionnant les ministres en tant qu'ordonnateurs principaux de l'État, ne renvoie plus à cette responsabilité politique, ce qui pourrait être interprété comme une forme de « banalisation » de cet ordonnateur principal des dépenses qu'est chaque ministre. En effet, si l'on se place du seul point de vue de la notion d'ordonnateur au sens du droit public financier, Luc Saïdj avait raison d'écrire que « la différence avec les ordonnateurs qui ne sont pas ministres, notamment les fonctionnaires, est une différence de degré, non de nature : d'une part, des autorités administratives peuvent [...] être instituées ordonnateurs principaux de l'État [...] ; d'autre part, la fonction exercée (ou déléguée) à ce titre par le ministre ne diffère pas [...] de celle exercée par les ordonnateurs "non politiques"... »[8]. Or ce même décret GBCP prévoit, dans la continuité des textes qui l'ont précédé, qu'« à raison de l'exercice de leurs attributions et en particulier des certifications qu'ils délivrent, les ordonnateurs encourent une responsabilité dans les conditions fixées par la loi »[9], sans exclure explicitement les ministres de cette règle.

Vu sous cet angle, on peut comprendre les critiques récurrentes à l'égard du traitement particulier réservé au ministre-ordonnateur, reprises par exemple dans le « rapport Nadal » (2015)[10].

En réalité, on ne saurait réduire les ministres à leur seule fonction d'ordonnateurs principaux de l'État. En effet, le ministre est une « autorité financière politique » ; il « fait, en effet, partie du "pouvoir politique", qu'il s'agisse de ses prérogatives ou

5. Constitution 1958, article 68-1 : « Les membres du Gouvernement sont pénalement responsables des actes accomplis dans l'exercice de leurs fonctions et qualifiés crimes ou délits au moment où ils ont été commis. Ils sont jugés par la Cour de justice de la République [...] ».
6. Décr. n° 62-1587, 29 déc. 1962 portant règlement général sur la comptabilité publique, *JO* 30 déc., art. 9.
7. Décr. n° 2012-1246, 7 nov. 2012 relatif à la gestion budgétaire et comptable publique, *JO* 10 nov., n° 6.
8. L. Saïdj, « Réflexions sur le statut du ministre en droit public financier », *GFP* 2010, n° 10, p. 692 ; ici p. 693.
9. Décr. n° 2012-1246, 7 nov. 2012, art. 12.
10. J.-L. Nadal, *Renouer la confiance publique. Rapport au Président de la République sur l'exemplarité des responsables publics*, 2015, p. 151.

de sa responsabilité »[1], ce qui trouve son ancrage directement dans la Constitution. En France, moins qu'ailleurs, le Gouvernement n'est réduit à seulement exécuter les décisions du Parlement. Dans les faits, le « pouvoir exécutif » n'est pas seulement exécutant, mais, surtout sous la Ve République, il est la source politique principale, et même une source normative très large et protégée contre les « empiètements » du législateur, dont le champ de compétence est assez strictement cantonné[2].

Malgré les pouvoirs budgétaires constitutionnellement conférés au Parlement, « le Gouvernement détermine et conduit la politique de la Nation » (art. 20), et en matière financière, c'est lui qui est à l'initiative (art. 39 et 40), y compris concernant les lois de finances (art. 42, 47 et 49). « C'est à ce pouvoir politique supérieur qu'appartient le ministre, même celui qui n'est pas chargé des finances, ce qui explique, tout naturellement, que sa responsabilité soit politique »[3]. Gouverner, c'est autre chose qu'administrer ; or la notion d'ordonnateur se réfère plutôt à ce deuxième verbe qu'au premier. Et la Constitution, dans son titre III sur le Gouvernement, fait une distinction nette entre celui-ci et l'administration : ainsi, le Gouvernement « dispose de l'administration »[4], ce qui veut bien dire que les membres du Gouvernement ne font pas partie de l'administration ; dans le même sens, le Premier ministre « dirige l'action du Gouvernement », « assure l'exécution des lois »[5] et il peut déléguer certaines de ses compétences aux ministres ; ses actes sont contresignés par les ministres chargés de leur exécution[6]. Enfin, les membres du Gouvernement ne peuvent pas en même temps occuper d'emploi public[7].

La portée de la fonction d'ordonnateur ne doit d'ailleurs pas être surestimée : contrairement à la fonction de comptable public, celle d'ordonnateur n'est que l'accessoire d'un métier principal[8], et s'agissant des ministres, celui-ci est principalement politique.

Il découle de l'ensemble de ce qui précède qu'« un ministre ne peut pleinement se voir appliqué une responsabilité financière de droit commun qui a été conçue pour un pouvoir administratif qu'il dirige mais auquel il n'appartient pas »[9]. Il doit diriger et surveiller l'administration, d'où son pouvoir de déféré lorsqu'il a connaissance d'infractions financières commises dans son ministère ou dans les établissements sous sa tutelle[10].

La distinction entre pouvoir politique et administration, bien qu'évolutive, demeure fondamentale dans la conception philosophique et la réalité des États : l'administration « est organe subordonné. Elle remplit des tâches qu'elle ne détermine pas. Elle n'a pas le droit de décision, à moins qu'il ne lui soit délégué par le gouvernement, expressément et dans des limites déterminées par la loi »[11], ce qui vise d'ailleurs les règles de l'ordre public financier dont le non-respect est sanctionné par la responsabilité financière des gestionnaires publics. « C'est au gouvernement de choisir entre les possibilités hypothétiques que l'administration lui présente. La décision prise, l'administration exécute la volonté du gouvernement qu'elle n'a pas le droit de remettre en question [...]. À l'intérieur de ces limites, l'administration est *autonome* »[12] ; le gouvernement « n'intervient pas dans le travail courant de l'administration et se limite au contrôle de sa qualité et de son efficacité »[13], et, pourrait-on ajouter, sa régularité. « L'administration, conscience technique (rationnelle) de l'État et organe efficace d'exécution des ordres du gouvernement, est le serviteur autonome de celui-ci »[14].

C'est d'ailleurs sur la base de ce raisonnement que le Conseil constitutionnel a déclaré l'exclusion des ministres de la responsabilité financière conforme à la Constitution[15].

312.35 Responsabilité principalement politique ? La responsabilité politique des ministres se traduit en pratique par deux aspects : d'une part, la responsabilité individuelle des ministres devant le Président de la République, qui préside le Conseil des ministres et qui peut se séparer à tout moment de tout membre du Gouvernement ; d'autre part, la responsabilité collégiale du Gouvernement devant le Parlement.

En réalité, dans le régime politique de la Ve République, la responsabilité politique devant le Parlement ne peut qu'être collective, et elle donc est rarement mise en jeu. Toutefois, ce constat n'est pas une fatalité, et il dépend beaucoup du régime politique du moment.

1. L. Saïdj, « Réflexions sur le statut du ministre en droit public financier », préc., not. p. 694.
2. Constitution, art. 34.
3. L. Saïdj, « Réflexions sur le statut du ministre en droit public financier », préc., not. p. 694.
4. Constitution 1958, art. 20, al. 1er et al. 2.
5. Constitution 1958, art. 21.
6. Constitution 1958, art. 22.
7. Constitution 1958, art. 23.
8. P. Castéra, « Un pas de moins vers la responsabilité financière des ministres et des élus locaux ordonnateurs », *JCP Adm.* 2017, n° 51-52, n° 2329.
9. L. Saïdj, « Réflexions sur le statut du ministre en droit public financier », préc., not. p. 694.
10. CJF, art. L. 141-1-3°, 4° et 5° ; – Sur les autorités habilitées à déférer des faits constitutifs d'infractions financières, dont la liste est limitativement énumérée, v. s^s n°s 511.11 s.
11. É. Weil, *Philosophie politique*, J. Vrin, 6e éd., 1996, p. 149.
12. En italique dans le texte cité.
13. É. Weil, *Philosophie politique*, préc., p. 149 et 150.
14. É. Weil, *Philosophie politique*, préc., p. 150.
15. V. s^s n° 312.13.

Il a été noté à juste titre que la montée en puissance de la responsabilité pénale des ministres dans les années 1990, certes généralement dans des domaines autres que la gestion publique au sens financier, provenait de la faiblesse de leur responsabilité politique ; or « le meilleur remède à la pénalisation excessive, c'est la réactivation de la responsabilité politique »[1], constat qui demeure d'actualité.

312.36 Critiques avancées à l'encontre de l'immunité des membres du Gouvernement et tentatives de réforme. Si l'on ne peut que prendre acte des raisons - politiques - avancées pour défendre l'irresponsabilité des membres du Gouvernement, qui se trouvent en effet dans une situation objectivement différente des autres gestionnaires publics, ce traitement privilégié souffre toutefois un certain nombre de critiques.

D'une part, les spécificités avancées en 1948 et même encore ultérieurement sont de moins en moins crédibles aux yeux d'une opinion publique qui comprend mal qu'un même agissement puisse entraîner sanction pour les uns, mais pas pour les autres. La raison d'État, invoquée par certains[2], semble également une notion aujourd'hui moins populaire que jadis. Et l'argument tiré de l'existence d'autres formes de responsabilité (politique, pénale spéciale) n'est guère recevable au vu du bilan de ces derniers s'agissant de ministres, qui est faible, voire nul. Comme le souligne Stéphane Thébault dans sa thèse, le cadre constitutionnel a également changé depuis 1948 : en effet, s'il existait une responsabilité individuelle des ministres devant le Parlement sous la IVᵉ République, la responsabilité gouvernementale est aujourd'hui exclusivement collective[3].

Dans le même sens, Pierre Castéra considère que « sous la Vᵉ République, les données constitutionnelles en la matière ont largement évolué [...]. Dès lors, et contrairement à la Constitution de 1946, il n'existe aujourd'hui aucune procédure spécifique permettant qu'un ministre, dans sa fonction d'ordonnateur principal, soit individuellement mis en cause pour une faute dans la gestion financière de son ministère ou pour une atteinte à l'ordre public financier en dehors du cas de la gestion de fait »[4].

D'autre part, les ministres sont déjà justiciables de la Cour des comptes en cas de gestion de fait, sans que cela semble poser des questions excessivement délicates ou insurmontables.

Par ailleurs, le parallèle avec l'irresponsabilité des élus locaux, fondé à l'origine sur les mêmes considérations politiques, est de moins en moins pertinent, puisque l'histoire de la CDBF montre la multiplication progressive des dérogations à ce principe, c'est-à-dire des cas dans lesquels les élus sont néanmoins justiciables de la CDBF, et désormais de la Cour des comptes ; or ce « décrochage » progressif entre les élus locaux et les ministres affaiblit l'argumentaire commun sous-jacent lié à la « responsabilité politique ».

Surtout, l'inconvénient principal de ce système d'irresponsabilité des ministres est de faire échapper à la juridiction financière tout un pan d'irrégularités concernant la gestion de l'État, puisque la juridiction financière répressive ne peut sanctionner les agents lorsqu'ils disposent d'un ordre écrit préalable[5] ; si ce dernier émane d'un ministre, personne ne pourra être sanctionné !

De plus en nombreuses sont donc les voix qui appellent de leurs vœux la fin de l'irresponsabilité des membres du Gouvernement (comme des élus locaux) devant le juge financier[6], quitte d'ailleurs à l'enserrer dans des dispositions spécifiques. Ainsi, Francis Fabre, dès 1970, proposait-il qu'une justiciabilité de principe des ministres soit encadrée par la « possibilité de faire couvrir le ministre par une délibération du Conseil [des ministres], motif pris de l'intérêt public »[7]. J.-C. Maitrot a toutefois à juste titre mis en doute la faisabilité pratique d'une telle procédure, qui risquerait de se heurter à la solidarité gouvernementale[8].

312.37 Quelle responsabilité ministérielle en matière financière ? Si la notion d'ordonnancement de la dépense date du Moyen Âge[9], les membres du Gouvernement ne peuvent être qualifiés d'ordonnateurs principaux de l'État que depuis 1661, après la destitution de Nicolas Fouquet[10] par le « Soleil offus-

1. M. Degoffe, « La responsabilité pénale du ministre du fait de son administration », *RD publ.* 1998. 435 et 466.
2. PAR EX. : J.-C. Maitrot, « Jouvence pour une inconnue ? La réforme de la Cour de discipline budgétaire et financière », *AJDA* 1971. 511.
3. S. Thébault, *L'ordonnateur en droit public financier*, LGDJ, « Bibliothèque de finances publiques et fiscalité », t. 47, 2007, p. 327-328.
4. P. Castéra, « Un pas de moins vers la responsabilité financière des ministres et des élus locaux ordonnateurs », *JCP Adm.* 2017, n° 51-52, n° 2329.
5. Sur l'ordre écrit préalable, cause exonératoire, v. sˢ nᵒˢ 462.51 s.
6. Notamment lors du colloque de 2005 préc. ; – X. Vandendriessche, « Une réforme d'ensemble est indispensable », *RFFP* 2005, n° 92, p. 197 : « rien ne peut justifier qu'ils ne soient pas "sanctionnés" en cas d'irrégularité ou de faute de gestion ».
7. F.-J. Fabre, « Jurisprudence financière. La Cour de discipline budgétaire et financière », II, *Rev. adm.* 1970, n° 137, p. 533.
8. J.-C. Maitrot, « Jouvence pour une inconnue ? La réforme de la Cour de discipline budgétaire et financière », *AJDA* 1971. 511.
9. Définition de l'ordonnateur, v. sˢ nᵒˢ 032.21 s.
10. Nicolas Fouquet (1615-1680), marquis de Belle-Île, vicomte de Melun et de Vaux ; surintendant des finances (1653-1661). Destitué et jugé, il finit ses jours en prison.

qué »[1] et la suppression, par Louis XIV[2], de la fonction de surintendant des finances, qui était jusque-là ordonnateur unique[3]. Le contrôleur général des finances qui lui a succédé n'avait plus qu'un rôle de centralisation des gestions ministérielles, et depuis lors, la qualité d'ordonnateur principal constitue un accessoire obligé de la fonction ministérielle, malgré quelques tentatives d'organisation particulières pendant la période révolutionnaire. L'article 74 du décret GBCP[4], actuellement en vigueur, prévoit toujours que les « ministres sont les seuls ordonnateurs principaux des recettes et des dépenses du budget général, des budgets annexes et des comptes spéciaux » de l'État.

Si jusqu'en 1789, les membres du Gouvernement sont responsables devant le Roi, le changement de régime et le principe affiché par l'article 15 de la Déclaration des droits de l'homme et du citoyen posent la question de la responsabilité sous un nouvel angle, avec de nouveaux « acteurs » vis-à-vis desquels la redevabilité doit pouvoir jouer : d'une part « la société », ou le citoyen, selon la formule de l'article 15 ; d'autre part et surtout, le parlement, auquel revient un rôle crucial de l'amont de la chaîne financière jusqu'au contrôle de son exécution, comme l'illustre l'enchaînement logique des articles 13 à 16 de la DDHC[5]. Quant à la justice (judiciaire), son rôle reste, à l'égard de l'administration publique et donc des gestionnaires publics, strictement cantonné[6].

Ainsi, le décret du 30 mars 1791 confirme la qualité d'ordonnateur des ministres[7], mais un contrôle renforcé est exercé sur eux par l'Assemblée nationale, puisque les ordonnancements ne deviennent opérationnels qu'après la délivrance de mandats par un Comité de trésorerie rattaché à l'Assemblée. Système lourd remis en cause assez vite, avec la réunification de l'ordonnancement et du mandatement aux mains des ministres, mais dans la limite de la disponibilité des crédits.

Sous le Directoire, les ordonnateurs principaux sont étroitement encadrés d'une part par les Directeurs, et d'autre part par les Commissaires de la Trésorerie Nationale, au nombre de cinq, émanant du pouvoir législatif ; la Constitution du 5 fructidor An III prévoit même un mécanisme de sanction judiciaire, pénale (forfaiture), en cas de dépassement de crédits et qui préfigure des tentatives ultérieures similaires mais dont aucune n'a jamais été appliquée[8]. Cette « pénalisation », en affichage plus qu'en pratique, de l'action publique semble être le fruit des cahiers de doléances de 1789, qui ont inspiré non seulement l'article 15 de la DDHC, mais également les nombreuses infractions criminelles protégeant les fonds publics dans le code pénal du 6 octobre 1791[9]. La Constitution du 3 septembre 1791, puis celle du 24 juin 1793, prévoyaient également des dispositifs de répression pénale à l'égard des ministres, mais sur demande du parlement[10]. Un ministre des Finances sous la Révolution a ainsi été accusé de malversations et emprisonné, avant de se suicider[11].

Lors du rétablissement de la juridiction financière sous forme de la Cour des comptes moderne en 1807, il a été explicitement exclu que la Cour puisse disposer d'une compétence de sanction sur les ordonnateurs en général, et donc sur les ordonnateurs principaux de l'État que sont les ministres en particulier[12]. Bien que juridiction administrative, on lui applique en quelque sorte l'interdiction faite à l'autorité judiciaire, dont la Cour ne fait pourtant pas partie, de connaître de l'action de l'administration.

Toutefois, dès la Restauration, la question de la responsabilité financière, autre que pénale, des ministres a été posée, essentiellement sous l'angle budgétaire ; l'affirmation d'une responsabilité des minis-

1. Pour reprendre la formule de Paul Morand : *Fouquet ou Le Soleil offusqué*, Gallimard, 1961.
2. Louis XIV (1638-1715), roi de France et de Navarre (1643-1715).
3. C. de Selle de Beauchamp, *De la responsabilité des ordonnateurs des finances de l'État*, thèse, Librairie de la société du recueil général des lois et des arrêts (1900), p. 8.
4. Décr. n° 2012-1246, 7 nov. 2012.
5. C. Hirsch (avec la collaboration de N. Groper), « La responsabilité des gestionnaires publics », *Archives de philosophie du droit*, t. 63, 2022, p. 165.
6. L. 16 et 24 août 1790, art. 13, toujours en vigueur : « Les fonctions judiciaires sont distinctes et demeureront toujours séparées des fonctions administratives. Les juges ne pourront, à peine de forfaiture, troubler, de quelque manière que ce soit, les opérations des corps administratifs, ni citer devant eux les administrateurs pour raison de leurs fonctions ».
7. Décr. 30 mars 1791 qui confie l'administration du trésor public à un comité de trésorerie, art. 9 : « Chaque ministre adressera au commissaire de la trésorerie chargé de sa partie, les ordonnances des dépenses de son département ».
8. Constitution, 5 fructidor an III, art. 318 : « Ils ne peuvent rien faire payer, sous peine de forfaiture, qu'en vertu : 1° D'un décret du Corps législatif, et jusqu'à concurrence des fonds décrétés par lui sur chaque objet ; 2° D'une décision du Directoire ; 3° De la signature du ministre qui ordonne la dépense » ; art. 319 : « Ils ne peuvent, aussi sous peine de forfaiture, approuver aucun paiement, si le mandat, signé par le ministre que ce genre de dépense concerne, n'énonce pas la date, tant de la décision du Directoire exécutif, que des décrets du Corps législatif, qui autorisent le paiement ».
9. R. Pellet, *Droit financier public*, Puf, « Thémis », 2021, t. II, §§ 1806-1808.
10. R. Pellet, *Droit financier public*, préc., § 1831.
11. Étienne Clavière (1735-1793). Créateur des assignats, il a été à deux reprises chargé du portefeuille des finances (mars-juin 1792 ; puis août 1792 à juin 1793).
12. L. 16 sept. 1807, art. 18.

tres en cas de dépassements de l'autorisation budgétaire donnée par le Parlement figure ainsi dans plusieurs textes[1], mais sans jamais trouver d'application concrète, faute de juridiction qui aurait pu juger ces ministres. Parallèlement, la responsabilité « pénale » des ministres demeurait, mais elle était mise en jeu par le Parlement : on assiste donc, avec l'émergence du parlementarisme budgétaire sous la Restauration, à un glissement vers la responsabilité politique des ministres[2], qui a même trouvé application dans au moins un cas[3].

Louis XVIII a parfaitement explicité les raisons profondes de l'irresponsabilité des ministres : « Il est bien certain qu'au premier coup d'œil la responsabilité des ministres paraît être le frein le plus assuré contre les tentatives du despotisme et les désordres de l'administration. Mais c'est aussi le moyen le plus sûr d'énerver, d'annihiler même l'autorité royale [...]. Mais que les amis de la véritable liberté se tranquillisent, les états généraux de 1355 ont pourvu à tout en faisant commencer la responsabilité immédiatement au-dessous des ministres. De cette manière, l'action du gouvernement n'est point paralysée... »[4]. Il faut reconnaître que le régime actuel de responsabilité financière n'a, sur ce point, guère évolué.

Le projet le plus abouti de responsabilité financière incluant les ministres est celui de la loi du 10 août 1922[5] qui instaurait une responsabilité pénale et civile (donc réparatrice) en matière budgétaire, et en désignant le juge pénal de droit commun[6]. Mais en assimilant certaines méconnaissances de règles budgétaires au crime de forfaiture[7], relevant de la cour d'assises, la loi rendait la sanction disproportionnée, donc *de facto* inapplicable « en raison de sa rigueur même, excessive dans bien des cas d'espèce », comme le soulignait l'exposé des motifs du texte qui allait devenir la loi de 1948 créant la Cour de discipline budgétaire[8].

Pourtant, ce système de sanction pénale des ministres (et autres administrateurs) instauré en 1922 s'est, malgré son inapplicabilité de fait, maintenu longtemps en droit positif, jusqu'à ce qu'en 2011 la référence à la sanction pénale dans cette loi soit abrogée.

Néanmoins, certaines dispositions de la loi de 1922 demeurent en vigueur[9], elles comportent des obligations et des interdits en matière budgétaire, et

1. L. de finances pour 1817, art. 151, al. 2 (« Ils [les ministres] ne pourront, sous leur responsabilité, dépenser au-delà de ce crédit ») et 152 (« Le ministre des Finances ne pourra, sous la même responsabilité, autoriser les paiements excédants, que dans des cas extraordinaires et urgens, et en vertu des ordonnances du Roi... ») ; L. 15 mai 1850 de finances, art. 9, al. 1er et 2 (« Aucune dépense ne pourra être ordonnée ni liquidée sans qu'un crédit préalable ait été ouvert par une loi. Toute dépense non créditée ou portion de dépense dépassant le crédit sera laissée à la charge personnelle du ministre contrevenant »).
2. N. Havas, « De la manière de penser la responsabilité des ministres sous la Restauration », *Jus Politicum*, n° 1, 2008 [en ligne].
3. Condamnation pour corruption, par la Chambre des Pairs, de Jean-Baptiste Teste (1780-1852), ministre des Travaux publics (1840-1843) : c'est le « scandale Teste-Cubières ».
4. Gabriel Boissy, *Les pensées des rois de France. Recueil général établi, annoté et commenté*, Albin Michel, 1949.
5. L. 10 août 1922 relative à l'organisation du contrôle des dépenses engagées, modifiée récemment par décret n° 2005-54, puis la loi n° 2011-525.
6. V. ss nos 034.21, 043.21, 044.22 et 426.11.
7. Le Code pénal de 1810 qualifiait les crimes commis par les fonctionnaires dans leurs fonctions (mais pas les délits) de forfaiture (art. 166 et 168) ; et « toute forfaiture pour laquelle la loi ne prononce pas de peines plus graves est punie de dégradation civique » (art. 167). Le nouveau Code pénal de 1994 n'a pas repris cette notion, qui n'existe donc plus en droit pénal français.
8. Exposé des motifs, Ass. nat., session 1947, n° 1653, p. 3.
9. L. 10 août 1922 relative à l'organisation du contrôle des dépenses engagées, art. 5 (mod. par décr. n° 2005-54, 27 janv. 2005 puis la L. 17 mai 2011) : « Il ne peut être passé outre au refus du visa du contrôleur que sur avis conforme du ministre de l'Économie et des finances. Les ministres et administrateurs seront personnellement et civilement responsables des décisions prises sciemment à l'encontre de cette disposition. » ; art. 6 (mod. par décr. n° 2005-54) : « En aucun cas, il ne pourra être procédé au paiement des ordonnances visées avec observations qu'après autorisation du ministre de l'Économie et des finances. Les ministres ordonnateurs seront personnellement et civilement responsables des décisions prises sciemment à l'encontre des prescriptions du présent article. » ; art. 7 : « Chaque année, les contrôleurs des dépenses engagées établissent un rapport d'ensemble relatif au budget du dernier exercice écoulé, exposant les résultats de leurs opérations et les propositions qu'ils ont à présenter. Ces rapports sont dressés par chapitre budgétaire et par ligne de recettes. Ils sont, ainsi que les suites données aux observations et propositions qui y sont formulées, communiqués par les contrôleurs des dépenses engagées au ministre de l'Économie et des finances et aux ministres intéressés et, par l'intermédiaire du ministre de l'Économie et des finances, à la Cour des comptes et aux commissions financières des deux Chambres. » ; art. 9 (mod. par L. n° 2011-525, 17 mai 2011, art. 171) : « Il est interdit aux ministres et secrétaires d'État et à tous autres fonctionnaires publics, de prendre sciemment et en violation des formalités prescrites par les articles 5 et 6 de la présente loi, des mesures ayant pour objet d'engager des dépenses dépassant les crédits ouverts ou qui ne résulteraient pas de l'application des lois. Les ministres et secrétaires d'État et tous autres fonctionnaires publics seront civilement responsables des décisions prises sciemment à l'encontre des dispositions ci-dessus. Néanmoins si, en cours d'exercice, le Gouvernement juge indispensable et urgent, pour des nécessités extérieures ou pour des nécessités de défense nationale ou de sécurité intérieure, d'engager des dépenses au-delà et en dehors des crédits ouverts, il le pourra par délibération spéciale du conseil des ministres, mais sous réserve de présenter immédiatement une demande d'ouverture de crédit devant les chambres appelées à régulariser l'initiative du Gouvernement ou à refuser l'autorisation ». – V. ss nos 043.21, 044.22 et 426.11.

elles visent explicitement les ministres. On doit donc considérer que ces règles de responsabilité budgétaire et financière continuent théoriquement à s'appliquer aux ordonnateurs, y compris aux ministres.

Toutefois, ces règles sont, ne serait-ce que par le vocabulaire utilisé, de plus en plus éloignées de la réalité budgétaire contemporaine ; et surtout, si la loi prévoit une responsabilité, les « infractions » sont purement incantatoires, puisqu'aucune modalité de mise en jeu de cette responsabilité n'est prévue, ni aucun juge désigné pour la mettre en œuvre : car ne s'agissant pas d'infractions pénales, la Cour de justice de la République ne semble pas pouvoir s'y référer.

Il ne peut qu'être regretté que la réforme de 2022 n'ait pas tiré les conséquences de cette situation, soit en abrogeant ces dispositions anciennes, soit en leur donnant leur plein effet, *via* leur intégration dans le régime de responsabilité financière des gestionnaires publics.

Rappelons enfin que le projet de loi n° 2001 portant réforme des juridictions financières [1], tel qu'amendé par le Parlement (2010) [2], envisageait une extension du champ des justiciables de la juridiction financière notamment aux ministres. Pour reprendre l'analyse de Stéphanie Damarey, « non seulement cette proposition n'a pas trouvé à se concrétiser mais l'on peut supposer que, bien au contraire, elle a handicapé le projet, en ôtant au Gouvernement toute volonté de le voir inscrit à l'ordre du jour » [3].

312.38 Non-justiciabilité du Président de la République. Bien qu'aucune règle du code des juridictions financières ne le précise, il convient de considérer que la non-justiciabilité prévue pour les membres du Gouvernement [4] joue également, et *a fortiori*, pour le Président de la République, du moins dans le cadre de ses fonctions [5].

La responsabilité du Chef de l'État, qui préside le Conseil des ministres, est en effet régie par des règles spéciales dans la Constitution ; les fondements philosophiques et pratiques de cette solution sont proches de ceux justifiant l'exclusion des membres du Gouvernement [6], sans pour autant se confondre.

L'irresponsabilité du Chef de l'État, qui ressort clairement de l'alinéa 1er de l'article 67 de la Constitution [7], est générale et ne devrait *a priori* pas souffrir d'exception. À la différence des ministres, elle devrait donc également jouer pour le cas de gestion de fait.

Par ailleurs, le Président de la République bénéficie constitutionnellement d'une immunité de juridiction durant son mandat, y compris en tant que simple témoin [8].

La question de savoir si le Président de la République est un ordonnateur au sens du droit de la comptabilité publique, ou s'il existe à la Présidence un ordonnateur, reçoit généralement une réponse négative [9] ; mais, comme indiqué ailleurs [10], la qualité d'ordonnateur ne se confond pas avec le champ des justiciables de la Cour, ni ne limite ce dernier, puisqu'il couvre l'ensemble des gestionnaires publics, qu'ils soient ordonnateurs ou non.

Enfin, si le Président de la République en tant que personne bénéficie des immunités précitées, il n'en va pas de même des agents placés sous sa responsabilité. Or ceux-ci peuvent être justiciables de la Cour en tant que fonctionnaires ou agents de l'État [11], sans que le fait que les fonds maniés par la Présidence ne soient pas des fonds publics [12] au sens de la comptabilité publique [13] (il n'existe pas de comptable public à la Présidence), ne s'oppose à la justiciabilité des agents concernés au niveau répressif, puisqu'en tant qu'agents de l'État ils se trouvent légalement soumis au régime de responsabilité financière mis en œuvre par la Cour des comptes et, avant elle, par la Cour de discipline budgétaire et financière.

SECTION 4

LES PARLEMENTAIRES ET LES ADMINISTRATEURS DES ASSEMBLÉES PARLEMENTAIRES

312.41 Immunité des parlementaires. Le contentieux financier de droit public étant *infra*-pénal, il n'est pas concerné par la règle de l'inviolabilité des

1. Projet de loi portant réforme des juridictions financières, Ass. Nat., XIIIe législature, n° 2001.
2. J.-L. Warsmann, Rapport n° 2710 fait au nom de la commission des lois constitutionnelles, de la législation et de l'administration générale de la République sur le projet de loi (n° 2001) portant réforme des juridictions financières.
3. S. Damarey, *Droit public financier*, Dalloz, 1re éd., 2018, § 1906.
4. CJF, art. L. 131-2, 1° – V. ss n° 312.31.
5. Dans ce sens : C. Pierucci, *Une responsabilité à raison de la gestion publique, la responsabilité devant la Cour de discipline budgétaire et financière*, thèse université de Strasbourg, 2003, p. 281 s.
6. V. ss nos 312.33 s.
7. Constitution 1958, art. 67, alinéa 1er : « Le président de la République n'est pas responsable des actes accomplis en cette qualité… »
8. Constitution 1958, art. 67, alinéa 2.
9. S. Thébault, *L'ordonnateur en droit public financier*, LGDJ « Bibliothèque de finances publiques et fiscalité », t. 47, 2007, p. 133 s.
10. V. ss nos 032.24 et 311.11.
11. CJF, art. L. 131-1 : « Est justiciable de la Cour des comptes au titre des infractions mentionnées à la section 2 du présent chapitre : […] 2° tout fonctionnaire ou agent civil ou militaire de l'État, des collectivités territoriales, de leurs établissements publics… ».
12. V. ss nos 311.21 s.
13. Sur la notion de comptabilité publique, v. ss nos 031.41 s.

parlementaires prévu par la Constitution[1]. En effet, le régime de responsabilité financière des gestionnaires publics ne prévoit aucune mesure privative de liberté, et n'empêche donc pas le parlementaire d'exercer ses fonctions (principalement de voter les lois...).

Les parlementaires de l'Assemblée nationale et du Sénat, ne sont pas, dans l'exercice de leurs fonctions parlementaires, des gestionnaires proprement dit ; la question de leur responsabilité semble dès lors se poser avec moins d'acuité que pour les chefs du pouvoir exécutif, qui sont par définition *aussi* des ordonnateurs au sens de la comptabilité publique.

Surtout, le principe constitutionnel de séparation des pouvoirs semble placer *a priori* l'activité du Parlement en-dehors du champ de la gestion publique soumise aux contrôles et aux sanctions de droit commun. D'ailleurs, dans les faits, la Cour des comptes ne contrôle pas la gestion des assemblées ; si elle en certifie les comptes, c'est une pratique récente et fondée sur un accord *ad hoc*, parce que les assemblées l'ont demandé.

Il convient donc de considérer que les parlementaires ne sont *a priori* pas justiciables de la Cour des comptes lorsqu'ils agissent dans le cadre de leurs fonctions, qui ne sont pas des fonctions de gestion.

Toutefois, la Cour peut, dans le cadre de ses attributions contentieuses, mettre en cause un parlementaire au titre d'autres fonctions qu'il occupe ou a occupées dans le passé, donc en tant que gestionnaire public ayant exercé des fonctions non-parlementaires antérieurement à son mandat de député ou de sénateur, ou les exerçant parallèlement[2].

Rappelons aussi que le Conseil constitutionnel lui-même a une conception limitée de l'irresponsabilité des parlementaires, en considérant par exemple qu'une mission qu'exerce un député ou un sénateur à la demande du Gouvernement « ne s'inscrit pas dans l'exercice de sa fonction parlementaire »[3] ; dès lors, des fautes de gestion éventuellement commises à l'occasion d'une telle mission pour le pouvoir exécutif devraient pouvoir être appréhendées par le juge financier répressif.

312.42 Cas de justiciabilité des parlementaires. Le droit prévoit expressément un cas de justiciabilité des parlementaires, pour une seule infraction spécifique portant sur l'indemnité que perçoivent les membres des assemblées[4].

312.43 Administrateurs parlementaires. Une autre question est celle de la responsabilité éventuelle non pas des députés et sénateurs, mais des gestionnaires du Parlement, donc des administrateurs, question qui n'a jamais encore été posée et qui n'a donc pas encore reçu de réponse. Les présidents du Sénat ou de l'Assemblée nationale pourraient même déférer des faits concernant la gestion de leur propre chambre, puisqu'ils sont autorités de déféré.

On pourrait imaginer que le principe de séparation des pouvoirs ne saurait être invoqué à l'égard de la juridiction administrative spécialisée qu'est la Cour des comptes, s'agissant de simples actes de gestion ne touchant pas au cœur de l'activité législative elle-même, à la suite de l'arrêt du Conseil d'État du 5 mars 1999, *Président de l'Assemblée nationale*[5].

Il convient de noter que l'article L. 131-1 du CJF qui fixe le périmètre de compétence contentieux de la Cour, s'il ne mentionne pas les agents du Parlement, ne les exclut pas non plus explicitement, et les gestionnaires du Parlement sont bien *a priori* des « agents de l'État » au sens du 2° de cet article.

Par ailleurs, le fait que les comptes et la gestion des assemblées ne soient pas, dans les faits, contrôlés par la Cour des comptes dans le cadre de sa compétence de contrôle de régularité des comptes et de la gestion à laquelle est soumis, d'une façon générale, l'État et ses différentes composantes[6], ne devrait pas exclure, *a priori*, que les agents administratifs des assemblées fassent partie de ses justiciables. En effet, si la Cour se borne à une simple certification des comptes des assemblées sur une base contractuelle, le Procureur général près la Cour des comptes a toujours considéré qu'une telle limitation des pouvoirs de contrôle de la Cour sur la gestion des assemblées n'était pas conforme aux textes[7].

1. En vertu de l'art. 26 de la Constitution, « Aucun membre du Parlement ne peut être poursuivi, recherché, arrêté, détenu ou jugé à l'occasion des opinions ou votes émis par lui dans l'exercice de ses fonctions. Aucun membre du Parlement ne peut faire l'objet, en matière criminelle ou correctionnelle, d'une arrestation ou de toute autre mesure privative ou restrictive de liberté qu'avec l'autorisation du Bureau de l'assemblée dont il fait partie. Cette autorisation n'est pas requise en cas de crime ou délit flagrant ou de condamnation définitive. La détention, les mesures privatives ou restrictives de liberté ou la poursuite d'un membre du Parlement sont suspendues pour la durée de la session si l'assemblée dont il fait partie le requiert. L'assemblée intéressée est réunie de plein droit pour des séances supplémentaires pour permettre, le cas échéant, l'application de l'alinéa ci-dessus ».
2. C. comptes 31 mai 2023, *Commune d'Ajaccio*, n° 876, S-2023-0667 ; *Rec.* p. 26 ; *AJCT* 2023 juill.-août, p. 418, note T. Dogan ; *AJDA* 2023. 1832, note N. Péhau et L. Vergallo ; *JCPA* 2023, n° 34, 2252, note S. Damarey.
3. Cons. const. 7 nov. 1989, n° 89-262 *DC ; RFDC* 1990, n° 2, p. 239, note T.-S. Renoux.
4. Ord. n° 58-1210, 13 déc. 1958 portant loi organique relative à l'indemnité des membres du Parlement, *JO* 14 déc., p. 11247, art. 4 – Sur cette infraction, v. s[s] n° 425.11.
5. CE 5 mars 1999, *Président de l'Assemblée nationale ; AJDA* 1999. 409, Chron. F. Raynaud et P. Fombeur ; *RFDA* 1999. 333, concl. C. Bergeal.
6. CJF, art. L. 111-2 et L. 111-3.
7. Procureur général près la Cour des comptes, conclusions n° 228 du 11 juillet 2022, *Certification des comptes des assemblées parlementaires*, R-2023-0552-1 (non publié).

Enfin, précisions que les agents du Conseil économique, social et environnemental (CESE), qui ressemble aux chambres du parlement sans en faire partie, sont sans conteste justiciables de la Cour ; la CDBF avait d'ailleurs déjà eu l'occasion de se prononcer sur des fautes commises dans la gestion de cette « troisième chambre »[1].

SECTION 5
LES ÉLUS LOCAUX

312.51 Non-justiciabilité des élus locaux. Les 2° à 15° de l'article L. 131-2 du code des juridictions financières dressent la liste limitative des élus locaux qui, sauf exception, ne sont pas justiciables de la Cour des comptes au titre des infractions financières :

2° Les présidents de conseil régional et, quand ils agissent dans le cadre des dispositions des articles L. 4132-3 à L. 4132-10, L. 4132-13, L. 4132-15, L. 4132-21, L. 4132-22, L. 4132-25, L. 4133-1, L. 4133-2, L. 4133-4 à L. 4133-8, L. 4231-1 à L. 4231-5 du code général des collectivités territoriales, les vice-présidents et autres membres du conseil régional ;

3° Le président du conseil exécutif de Corse et, quand ils agissent dans le cadre des dispositions du dernier alinéa de l'article L. 4424-4 du code général des collectivités territoriales, les conseillers exécutifs ;

4° Le président de l'assemblée de Guyane et, quand ils agissent par délégation de celui-ci, les vice-présidents et autres membres de l'assemblée de Guyane ;

5° Le président du conseil exécutif de Martinique et, quand ils agissent dans le cadre des articles L. 7224-12 et L. 7224-21 du code général des collectivités territoriales, les conseillers exécutifs ;

6° Le président de toute autre collectivité à statut particulier régie par le premier alinéa de l'article 72 de la Constitution et, quand ils agissent par délégation du président, les vice-présidents et autres membres de l'organe délibérant de la collectivité ;

7° Les présidents de conseil départemental et, quand ils agissent dans le cadre des dispositions des articles L. 3221-3 et L. 3221-7 du code général des collectivités territoriales, les vice-présidents et autres membres du conseil départemental ;

8° Les maires et, quand ils agissent dans le cadre des dispositions des articles L. 2122-17 à L. 2122-20 et L. 2122-25 du code général des collectivités territoriales, les adjoints et autres membres du conseil municipal ;

9° Les présidents élus de groupements de collectivités territoriales et, quand ils agissent par délégation du président, les vice-présidents et autres membres de l'organe délibérant du groupement ; la catégorie des groupements de collectivités territoriales est définie par le code général des collectivités territoriale[2] comme recouvrant les établissements publics de coopération intercommunale (EPCI), les pôles métropolitains, les pôles d'équilibre territoriaux et ruraux, les agences départementales, les institutions ou organismes interdépartementaux et les ententes interrégionales ; elle recouvre également certains syndicats mixtes, lorsqu'ils sont composés exclusivement de communes et/ou d'établissements publics de coopération intercommunale (EPCI)[3], et lorsqu'ils sont composés exclusivement de collectivités territoriales de tout niveau (région, département...) et/ou d'EPCI[4]. Les cas d'application en jurisprudence sont rares[5]. En revanche, les syndicats mixtes qui n'entrent pas dans ces catégories, donc qui incluent une autre personne morale de droit public comme une CCI par exemple, ne sont pas des groupements de collectivités au sens des textes précités ;

10° Le président du congrès de la Nouvelle-Calédonie et, quand ils agissent dans le cadre des dispositions de l'article 70 de la loi organique n° 99-209 du 19 mars 1999 relative à la Nouvelle-Calédonie, les vice-présidents du congrès ; le président du gouvernement de la Nouvelle-Calédonie et, quand il agit dans le cadre des dispositions de l'article 134 de la même loi organique, le vice-président ; le président de l'assemblée de province et, quand ils agissent dans le cadre des dispositions de l'article 173 de la même loi organique, les vice-présidents ;

11° Le président de la Polynésie française et, quand ils agissent dans le cadre des dispositions de l'article 64 de la loi organique n° 2004-192 du 27 février 2004 portant statut d'autonomie de la Polynésie française, le vice-président et les ministres ; le président de l'assemblée de la Polynésie française et, quand ils agissent dans le cadre des dispositions de l'article 129 de la même loi organique, les vice-présidents ;

12° Le président du conseil départemental de Mayotte et, quand ils agissent dans le cadre des dispositions des articles L. 3221-3 et L. 3221-7 du code général des collectivités territoriales, les vice-présidents et autres membres du conseil départemental ;

1. CDBF 23 avr. 2012, *Conseil économique et social*, n° 182-682 ; *Rec.* 193 ; *GFP* 2013, n° 5, p. 83, note S. Damarey, M. Lascombe et X. Vandendriessche.

2. CGCT, art. L. 5111-1, al. 2.
3. CGCT, art. L. 5711-1.
4. CGCT, art. L. 5721-8.
5. Pour un syndicat intercommunal : CDBF 30 juin 2006, *Sivom de la région d'Étaples-sur-Mer*, *BJCL* 2006, n° 10, p. 710, note S. Bredin ; *AJDA* 2006. 2445, note N. Groper et C. Michaut ; *Rev. Trésor* 2006. 918, note M. Lascombe et X. Vandendriessche ; v. comm. Peyrical, *Dr. adm.* 2006, n° 12, p. 14 ; *Lebon* 665 ; *Rec.* 98.

13° Le président du conseil territorial de Saint-Barthélemy et, quand ils agissent dans le cadre des dispositions de l'article LO 6252-3 du même code, les vice-présidents et autres membres du conseil exécutif ;

14° Le président du conseil territorial de Saint-Martin et, quand ils agissent dans le cadre des dispositions de l'article LO 6352-3 du même code, les vice-présidents et autres membres du conseil exécutif ;

15° Le président du conseil territorial de Saint-Pierre-et-Miquelon et, quand ils agissent dans le cadre des dispositions de l'article LO 6462-8 du même code, les vice-présidents et autres membres du conseil territorial.

À préciser que s'agissant d'une exception au principe général de justiciabilité des gestionnaires publics, les dispositions précitées sont d'interprétation stricte ; par ailleurs, la loi prévoit plusieurs cas dans lesquels les élus visés ci-dessus peuvent néanmoins être appréhendés par la Cour des comptes [1].

312.52 Fondements de l'irresponsabilité des élus locaux devant la juridiction financière répressive. Comme pour les ministres [2], l'exclusion des élus locaux du régime de responsabilité général en matière de finances publiques a été voulue dès la création de la Cour de discipline budgétaire en 1948 ; elle se fonde sur la nature avant tout politique de leur mission et donc de leur responsabilité.

Pourtant, sous la IIIe République, le Conseil d'État était plutôt sévère avec les élus locaux : alors qu'en principe les fonctionnaires dans le cadre de leurs fonctions n'étaient pas responsables civilement devant l'État [3], sauf si une loi le prévoyait explicitement (comme pour les comptables publics) [4], il était alors considéré que le maire était titulaire d'un mandat, au sens du droit civil [5], impliquant donc une forme de responsabilité civile [6].

Depuis la loi de 1948, qui a instauré le régime répressif de droit public financier [7], les élus bénéficient de la dissociation entre d'une part ordonnateurs « politiques », en principe exclus du champ du juge financier, et d'autre part les autres ordonnateurs, qui entrent dans son champ.

Outre le fait que les élus, contrairement aux autres gestionnaires publics, bénéficient d'une légitimité démocratique dont la contrepartie serait la mise en jeu de leur responsabilité politique, a sans doute joué le fait qu'au moment de la création de la Cour de discipline budgétaire, en 1948, les volumes financiers gérés localement étaient moins importants qu'aujourd'hui, et que les marges de liberté des élus dans la gestion étaient plus faibles (forte tutelle de l'État ; absence de possibilité, à l'origine, pour les maires de réquisitionner le comptable public).

Comme l'indiquait Guy Sabatier, président de la commission des finances, au moment de l'examen de ce qu'allait devenir la loi du 13 juillet 1971 qui a clairement inscrit dans la loi l'exception en faveur des élus municipaux (jusque-là, la question ne se posait guère, du fait de la faible liberté financière des collectivités locales) [8], « le maire a son tribunal, qui est le corps électoral, et chacun sait à quel point l'action municipale est épluchée, disséquée, commentée et finalement jugée ». Pourtant, il est souvent considéré que « mettre sur le même plan responsabilité financière et responsabilité politique des élus est discutable. Ce sont deux responsabilités différentes qui répondent à des finalités distinctes » [9].

Il est également mis en avant le risque de l'exploitation politique par les adversaires « pour des fautes le plus souvent mineures qui ne justifient pas l'intervention de la justice de droit commun et ne soulèvent aucun problème d'honnêteté ou de morale... » [10] (argument qui toutefois peut être utilisé dans l'autre sens, puisque le droit public financier a précisément une autre finalité). « Si leur immunité [celle des élus locaux] se présentait à l'origine comme le moyen de les protéger de toute forme d'instrumentalisation politique d'une procédure contentieuse, cette justification semble désormais bien fragile » [11]. À cet égard, l'élargissement du

1. V. ss nos 313.141 s.
2. V. ss nos 312.11, 312.13 et 312.31 s.
3. PAR EX. : CE 28 mars 1924, *Poursines ; Lebon* p. 357 ; *RDP* 1924. 601, note G. Jèze : « Considérant que la responsabilité pécuniaire d'un fonctionnaire autre qu'un comptable public ne saurait être engagée envers l'État à raison des fautes par lui commises à l'occasion de ses fonctions, à moins d'une disposition législative spéciale qui autorise le ministre compétent à le déclarer débiteur... ». Jusqu'à l'admission de l'action récursoire de l'administration contre un agent public en cas de faute personnelle (CE 28 juill. 1951, *Laruelle et Delville ; Lebon* 464 ; M. Long, P. Weil, G. Braibant, P. Delvolvé, B. Genevois, *GAJA*, 19e éd. 2013, no 65, p. 431).
4. S. Flizot, « La création de la CDBF : enjeux et débats », *in* Collectif, *L'invention de la gestion publique*, Comité pour l'histoire économique et financière de la France, 2013, p. 347.
5. T. confl. 26 mars 1881, *Commune de Pézilla-la-Rivière ; Lebon* p. 351-353 : il était considéré alors que la détérioration d'un buste de Marianne par négligence par un maire était un « simple acte de gestion », et non un acte administratif, relevant dès lors des tribunaux judiciaires, et que sa responsabilité civile était dès lors engagée sur la base du mandat régi par le code civil.
6. V. ss no 033.41.
7. V. ss nos 044.21 s.
8. V. ss nos 045.31 s.
9. L. Bahougne, A. Camus et V. Mazzocchi, « Chronique de droit administratif et de droit public financier », *DA* mai 2017, p. 35.
10. Ass. nat., séance 22 avr. 1971, p. 1321.
11. L. Bahougne, A. Camus et V. Mazzocchi, « Chronique de droit administratif et de droit public financier », préc.

pouvoir de déféré aux élus locaux[1] depuis le 1er janvier 2023 constitue un premier pas vers une possible « politisation » du contentieux financier.

312.53 Critiques des cas d'irresponsabilité des élus locaux. L'exclusion des élus du champ des sanctions de droit public financier a toujours été fortement critiquée, surtout depuis une trentaine d'années (et l'avènement de la décentralisation), et a, plus que l'irresponsabilité des ministres, retenu l'attention des commentateurs, du pouvoir politique et même de l'opinion publique. En effet, au fur et à mesure que l'État transférait des compétences vers les collectivités locales, se posait avec une acuité croissante la question de la responsabilité associée.

Par ailleurs, l'irresponsabilité de principe des élus, et la difficulté de faire vivre les étroites entorses progressivement instillées dans le code des juridictions financières, est souvent considérée comme l'un des facteurs empêchant l'essor de la responsabilité de droit public financier.

Selon le président Christian Descheemaeker : « L'exonération des élus locaux [...] se justifie mal et ne trouve guère d'explication que dans la composition des assemblées parlementaires qui votent les lois »[2], faisant ainsi référence au fait que de nombreux parlementaires, qui seuls pourraient faire évoluer le droit actuel, exercent également une fonction élective locale, malgré les limitations récentes du cumul des mandats.

En effet, plusieurs projets de réforme ont été repoussés par le Parlement, en 1979 comme en 1982 au moment de la décentralisation[3], le projet initial de la future loi du 2 mars 1982[4] ayant comporté, non sans logique, compte tenu du transfert des compétences opérées aux collectivités locales, l'instauration de la justiciabilité des élus devant la CDBF. Cette disposition du projet de loi a cependant été supprimée par les Parlementaires.

On notera enfin que certains États disposant d'un système de responsabilité financière proche de la Cour française ignorent une telle exception en faveur des élus locaux[5].

Le parallèle fait entre ministres et élus locaux, dans leur traitement particulier en contentieux financier, fait également l'objet de critiques : « Concernant les élus locaux, l'assimilation au statut des ministres en matière de responsabilité politique est particulièrement difficile à comprendre. [...] il n'existe aucune procédure spéciale d'engagement de leur responsabilité politique sinon celle de l'élection », à la différence des ministres[6]. « Car la responsabilité politique implique la fin de l'exercice d'un mandat électif avant son terme, et ce, en-dehors de toute démission. Ne pas bénéficier de la confiance du corps électoral pour un deuxième mandat n'est en rien significatif de la mise en jeu de la responsabilité politique »[7].

Le projet de réforme de 2009[8] prévoyait également la généralisation de la justiciabilité des élus, avec de pertinents arguments à l'appui (sanctions de droit public financier permettant de limiter le risque de « pénalisation » de l'action publique locale...), mais il n'a jamais abouti[9]. « Entre une responsabilité pénale considérée comme insuffisante, une responsabilité politique presque inexistante dans les faits, et l'immunité devant la CDBF [et désormais, depuis 2023, la Cour des comptes], il y a un vide ; un vide qui n'a pas été comblé par les réformes récentes des juridictions financières »[10].

Or « ce constat d'un vide réel, dont la nature juridique a horreur, a conduit le juge pénal à s'engouffrer dans la brèche et à développer une jurisprudence nourrie vis-à-vis des élus locaux »[11]. On peut même affirmer sans se tromper que le délit pénal de favoritisme[12] a été créé, dans les années 1990, notamment à cause de la non-justiciabilité des élus locaux devant la CDBF d'alors, et du vide ainsi laissé.

Pourtant, le Conseil constitutionnel a considéré que le traitement particulier réservé aux élus locaux par rapport à d'autres gestionnaires publics était conforme à la Constitution[13], décision largement

1. V. s^s n° 512.18.
2. C. Descheemaeker, *La Cour des comptes*, La Documentation française, 2005, p. 189.
3. H. M. Crucis, « Faute de gestion locale et Cour de discipline budgétaire et financière : le temps de la réforme ? », *in* M. Raséra (dir.), *La responsabilité du gestionnaire public local*, Actes du colloque franco-algérien organisé à Rennes les 25 et 26 octobre 2007 par la chambre régionale des comptes de Bretagne, PUR, 2008, p. 63 ; ici p. 246.
4. L. n° 82-213, 2 mars 1982 relative aux droits et libertés des communes, des départements et des régions, *JO* 3 mars.
5. PAR EX. le Maroc ou le Portugal.
6. P. Castéra, « Un pas de moins vers la responsabilité financière des ministres et des élus locaux ordonnateurs », *JCP Adm.* 2017, n° 51-52, n° 2329.
7. L. Ayrault, « Évolution de la responsabilité des gestionnaires locaux », *in* M. Raséra (dir.), *La responsabilité du gestionnaire public local*, Actes du colloque franco-algérien (Rennes, 25-26 oct. 2007 par la chambre régionale des comptes de Bretagne), PUR, 2008, p. 63 ; ici p. 66. – v. s^s n° 033.13
8. Sur cette tentative de réforme, portée par Philippe Séguin, v. s^s n° 046.35. – Sur l'articulation entre infractions pénales et financières, v. s^s n°s 231.21 s.
9. V. s^s n° 046.36.
10. L. Bahougne, A. Camus et V. Mazzocchi, « Chronique de droit administratif et de droit public financier », préc.
11. X. Vandendriessche, « L'insondable responsabilité des gestionnaires publics locaux », *RFDA* 2020. 1013 – Sur la responsabilité pénale des élus : N. Dantonel-Cor, « La responsabilité civile et pénale des élus locaux et des agents publics territoriaux », *GFP* 2012, n° 12, p. 54.
12. C. pén., art. 432-14.
13. Tout comme pour les ministres, v. s^s n° 312.13.

commentée et critiquée en doctrine[1] ; enfin, l'ordonnance de 2022 réformant le régime de responsabilité financière n'a pas touché aux limitations de justiciabilité des élus locaux qui prévalait devant la CDBF.

312.54 Cas de justiciabilité des élus locaux : aperçu des cinq « exceptions d'exception ». Le code des juridictions financières prévoit cinq cas « d'exception de l'exception », donc de cas dans lesquels les élus locaux peuvent néanmoins être sanctionnés par la Cour des comptes :

1. Agissements en-dehors de leurs fonctions ou dans des fonctions qui ne sont pas l'accessoire obligé de leur fonction principale.

2. Agissements qui auront entraîné la condamnation d'une collectivité locale à une astreinte en raison de l'inexécution totale ou partielle ou de l'exécution tardive d'une décision de justice.

3. Manquement à l'obligation d'exécuter dans les délais une décision de justice ayant condamné une collectivité locale au payement d'une somme d'argent.

4. Gestion de fait.

5. Octroi d'un avantage injustifié à soi-même ou à autrui, en méconnaissance de ses obligations, par intérêt personnel direct ou indirect.

Ces cas seront traités en détail plus loin[2].

SECTION 6
AUTRES CAS DE NON-JUSTICIABILITÉ

312.61 Non-justiciabilité des administrateurs et conseillers non-rémunérés d'organismes de protection sociale. Ne sont pas justiciables de la Cour des comptes, « s'ils ne sont pas rémunérés et s'ils n'exercent pas, directement ou par délégation, les fonctions de président, les administrateurs ou conseillers élus ou non élus des organismes de protection sociale relevant du contrôle de la Cour des comptes et agissant dans le cadre des dispositions législatives ou réglementaires »[3]. La jurisprudence est rare sur la question de la non-justiciabilité des administrateurs élus ne percevant pas de rémunération[4].

312.62 Non-justiciabilité de certains bénévoles d'associations de bienfaisance. Ne sont pas justiciables de la Cour des comptes, « s'ils ne sont pas rémunérés et s'ils n'exercent pas les fonctions de président, les administrateurs ou agents des associations de bienfaisance assujetties au contrôle de la Cour des comptes ou d'une chambre régionale des comptes »[5].

La notion d'association de bienfaisance utilisée par le code des juridictions financières, issue de la rédaction qui prévalait antérieurement à la réforme de 2022 pour la CDBF, ne renvoie pas à une catégorie « fermée » qui serait précisée par d'autres textes ; il conviendra dès lors d'établir au cas par cas, sur la base d'un faisceau d'indices, si un organisme peut être qualifié d'association de bienfaisance[6].

Enfin, d'interprétation stricte, cette exception au principe général de justiciabilité ne joue pas pour les présidents d'associations contrôlées par les juridictions financières[7], même si le président est bénévole[8]. Le bénévolat dans un tel cas pourra toutefois être retenu comme circonstance atténuante de responsabilité[9].

312.63 Exception législative à la règle de justiciabilité d'un agent de fait dans certains cas. L'article L. 613-51, al. 2 du code monétaire et financier restreint expressément le champ des justiciables de la Cour des comptes en en excluant les dirigeants de fait dans le cadre de procédures de résolution des établissements de crédit : dans cette hypothèse, les administrateurs ne sont pas justiciables de la juridiction financière répressive.

312.64 Exception législative au contrôle du juge financier et son impact sur la capacité de juger certains gestionnaires publics. La loi n° 99-1174 du 30 décembre 1999 portant création de La Chaîne parlementaire (LCP) a explicitement exclu la com-

1. P. Castéra, « Un pas de moins vers la responsabilité financière des ministres et des élus locaux ordonnateurs », *JCP Adm.* 2017, n° 51-52, n° 2329 – H. Habchi et L. Pichot-Delahaye, « Quelle responsabilité des élus locaux devant la CDBF ? État des lieux et perspectives d'évolution », *JCP Adm.* 2018, n° 24, étude 2182, p. 1, ici p. 5.
2. V. s^s n°s 313.141 s.
3. CJF, art. L. 131-2, 16°.
4. CE 15 nov. 2006, *M. Gallet ; Lebon* 466 ; *AJDA* 2007. 697, note C. Biscaïno ; *Rev. Trésor* 2007. 722, note Lascombe et Vandendriessche ; *LPA* 2007, n° 131, p. 11, note Petit ; *Rec.* 130 ; – Arrêt rendu sur recours en cassation contre CDBF du 4 décembre 2002, *Caisse centrale de la mutualité agricole [CCMSA] et SCI Mutualité Astorg, Rev. Trésor* 2004. 48, note M. Lascombe et X. Vandendriessche ; *Rec.* 112 ; *Lebon* 559.
5. CJF, art. L. 131-2, 17°.
6. Pour un exemple dans lequel la CDBF a écarté la qualification d'association de bienfaisance, sans toutefois expliquer pourquoi : CDBF 20 juill. 2017, *Institut Curie ; Rec.* 244 ; A. Froment-Meurice, J.-Y. Bertucci, N. Hauptmann et C. Michaut, *GAJF*, 7e éd. 2019, n° 50, p. 585.
7. V. s^s n° 313.81.
8. C. comptes 8 janv. 2025, *Fondation Assistance aux animaux*, n° 874, S-2024-1612. – CDBF 3 mai 2021, *Association « OPCALIA »*, n° 250-845 ; *Rec.* 175. Dans cette affaire, il s'agissait d'un président bénévole, mais l'association n'était pas qualifiée « de bienfaisance ». Cette solution s'appliquerait néanmoins aux associations de bienfaisance.
9. Ex. pour un président d'association (bien qu'en l'espèce celle-ci ne fût pas une association de bienfaisance) : CDBF 20 juill. 2017, *Institut Curie ; Rec.* 244 ; A. Froment-Meurice, J.-Y. Bertucci, N. Hauptmann et C. Michaut, *GAJF*, 7e éd. 2019, n° 50, p. 585.

pétence de contrôle de la Cour des comptes sur les sociétés de production de l'Assemblée nationale et du Sénat[1]. Même si leurs capitaux sont entièrement publics, il s'agit bien de sociétés, et non de personnes morales de droit public ; la justiciabilité de leurs gestionnaires n'est donc établie que sur la base de l'art. L. 131-1, 3°, du code des juridictions financières, qui requiert que, pour que ses représentants ou agents puissent être sanctionnés par la Cour des comptes dans ses fonctions répressives, une structure de droit privé doit pouvoir être contrôlée par la Cour des comptes ou une CRTC. Or, dans une telle configuration, si une disposition législative exclut un organisme de la compétence de contrôle de la Cour, cela exclut aussi la justiciabilité de ses gestionnaires – même s'ils sont sans conteste des *gestionnaires publics*. Les représentants ou agents de LCP ne sont donc pas justiciables de la Cour des comptes au titre des fautes commises dans la gestion des deux sociétés de production qui forment LCP.

312.65 **Autres cas d'immunité liée à des fonctions particulièrement protégées.** Si certaines fonctions peuvent, en vertu de la loi, bénéficier d'immunités, celles-ci sont assez étroites et devraient avant tout porter sur les prises de positions attachées à ces fonctions ; la gestion ne devrait *a priori* pas être concernée, bien qu'on ne puisse pas toujours l'exclure.

Il en va ainsi des immunités octroyées au Défenseur des droits[2].

1. L. n° 99-1174, 30 déc. 1999 portant création de La Chaîne parlementaire, *JO* 31 déc., n° 3, modifiant la L. n° 86-1067, 30 sept. 1986 relative à la liberté de communication (Loi Léotard), dont le dernier alinéa de l'art. 47-2 prévoit : « L'article L. 133-1 du code des juridictions financières n'est pas applicable à ces sociétés, qui sont soumises aux dispositions du règlement de chacune des assemblées concernant le contrôle de leurs comptes ».

2. L. org. n° 2011-333, 29 mars 2011 relative au Défenseur des droit, *JO* 30 mars, n° 1, art. 2, al. 2 : « Le Défenseur des droits et ses adjoints ne peuvent être poursuivis, recherchés, arrêtés, détenus ou jugés à l'occasion des opinions qu'ils émettent ou des actes qu'ils accomplissent dans l'exercice de leurs fonctions ».

CHAPITRE

313. Catégories de justiciables

SECTION 0
ORIENTEUR

313.00 **Sommaire du chapitre.**

313.01 **Textes applicables.**

• **CJF,** art. L. 131-1, L. 131-3, L. 131-4

SECTION 1
MEMBRES DES CABINETS MINISTÉRIELS ET DES CABINETS DE CHEFS D'EXÉCUTIFS LOCAUX

313.11 **Membres des cabinets ministériels.** Sont justiciables de la Cour des comptes les membres des cabinets ministériels[1], catégorie d'ailleurs nommé-

1. V. le colloque de Lille du 20 septembre 2019 consacré aux cabinets ministériels, publié dans *GFP* 2020, n° 1 ; – PAR EX. : X. Cabannes, « Cabinets ministériels et finances publiques : quelques brefs rappels historiques et lieux communs en guise d'ouverture », *GFP* 2020, n° 1, p. 8.

ment citée dans la loi, et ce à la première place dans la liste des justiciables[1].

Dans la pratique, pour qu'un conseiller de cabinet, qui n'est pas forcément ordonnateur de par ses fonctions, soit appréhendé, encore faut-il qu'il ait reçu par délégation des marges de décision propres avec implications financières, ou qu'il intervienne d'une façon ou d'une autre dans la gestion publique ; et par ailleurs, l'ordre écrit préalable de son ministre est susceptible de l'exonérer de toute responsabilité[2], même si la notion d'ordre écrit préalable est d'interprétation stricte[3].

Néanmoins, la CDBF a eu à plusieurs reprises l'occasion de se pencher sur des infractions commises par des membres de cabinets ministériels[4] : c'est le cas par exemple d'un directeur de cabinet d'un ministre qui disposait d'une délégation générale de signature[5] ; ou encore d'un chef adjoint de cabinet du ministre, condamné notamment pour fausses certifications de service fait de frais de réception, dans une affaire où le chef de cabinet, ainsi que des fonctionnaires qui avaient également été mis en cause, ont finalement été relaxés[6].

A également été condamné un chargé de mission placé auprès d'un ministre[7] qui, bien que ne faisant pas partie de la fonction publique, ni n'étant rémunéré par l'État (on peut se demander par qui d'autre ? L'arrêt ne le dit pas), aurait dû observer et faire observer les règles en matière de dépenses de l'État.

Un membre de cabinet, qui, nous l'avons vu, n'est pas nécessairement, de par ses fonctions, ordonnateur des dépenses, sauf à avoir reçu délégation de la part de son ministre, peut précisément être sanctionné lorsqu'il engage des dépenses sans y être habilité (infraction désormais prévue à l'art. L. 131-13, 3°, du code des juridictions financières)[8] : il en va ainsi lorsqu'un directeur de cabinet commande des prestations sans y être habilité[9] ; il en va également ainsi lorsqu'un directeur de cabinet accorde un agrément fiscal sans avoir reçu délégation pour cela[10].

La CDBF est même allée jusqu'à condamner un directeur de cabinet pour n'avoir pas alerté son ministre sur les risques juridiques liés au projet de décision qui lui était présenté[11].

La responsabilité d'un membre de cabinet dépend bien entendu du rôle réel qu'il a pu jouer dans la gestion publique en général, et dans la commission d'une infraction en particulier. A ainsi été relaxé un agent qui « était placé au sein du cabinet de la secrétaire d'État sous les ordres directs [du directeur adjoint de cabinet], dont il a appliqué les instructions ; que ce lien étroit de subordination constitu[ait] au cas d'espèce une circonstance absolutoire »[12].

313.12 Membres des cabinets de chefs d'exécutifs locaux. Le code des juridictions financières mentionne désormais expressément, parmi les justiciables, les membres de cabinet des élus locaux[13]. Bien que l'absence de mention dans le régime CDBF précédent n'empêchait pas le juge de connaître des gestionnaires relevant de cette catégorie, la précision apportée par la réforme de 2022 est à saluer.

Comme pour les membres des cabinets ministériels, les personnes relevant de cette catégorie de justiciables, qui ne sont pas forcément ordonnateurs (sauf délégation) mais qui peuvent néanmoins intervenir dans la gestion publique, sont susceptibles d'être couvertes par un ordre écrit préalable[14], ou encore par une délibération préalable d'un organe délibérant d'une collectivité locale[15].

1. CJF, art. L. 131-1, 1°.
2. CJF, art. L. 131-6 ; v. s^s n° 462.51.
3. Ainsi, une attestation d'un ministre donnant instruction à son directeur de cabinet de préparer une décision finalement irrégulière ne constitue pas un ordre écrit préalable lorsqu'il n'est pas établi que le ministre était informé qu'il existait un doute sérieux quant à la légalité de l'acte litigieux : CDBF 13 juill. 2011, *Rectorat de Paris – Inspecteurs de l'académie de Paris (IAP)* ; *Rec.* 158 ; *GFP* 2013, n° 5, p. 74, note S. Damarey, M. Lascombe et X. Vandendriessche.
4. CDBF 26 mai 1987, *min. de l'Industrie, conventions signées avec le Bureau de recherches géologiques et minières [BRGM], CCP*, n° 3, p. 75 ; *Lebon* 508 ; – CDBF 26 juin 1992, *min. des PTT, Rev. Trésor* 1993. 777 ; *Lebon* 632 ; *Rec.* 137 ; – CDBF 26 juin 2017, *Cité du cinéma*, n° 213-742 (non publié au *Rec.*).
5. CDB 21 juin 1958, *S^té d'exploitation et des forges et ateliers de Lyon [Sefal], Lebon* 893 ; *CCP*, n° 2, p. 19.
6. CDBF 5 nov. 1997, *min. des Affaires étrangères [frais de réception], Rev. Trésor* 1999. 194 ; *Lebon* 615 ; *AJDA* 1997. 505, note S. Cendre-Malinas.
7. CDBF 29 nov. 1999, *min. de l'Intérieur et de l'Aménagement du territoire, Grand débat national sur l'aménagement du territoire en 1993 et 1994, Rev. Trésor* 2000. 32, note M. Lascombe et X. Vandendriessche ; *Rec.* 105 (extraits anonymisés).
8. V. s^s n°s 422.11 s.
9. CDBF 21 mars 2013, *Secrétariat d'État chargé des sports*, n° 188-712 ; *Rec.* 205.
10. CDBF 21 juill. 2016, *Agrément dérogatoire donné à une opération de défiscalisation de la loi du 23 juillet 2003 dite « loi Girardin »*, n° 210-722 ; *Rec.* 185.
11. CDBF 13 juill. 2011, *Rectorat de Paris – Inspecteurs de l'académie de Paris (IAP)*, n° 177-684 ; *Rec.* 158 ; GFP 2013, n° 5, p. 74, note S. Damarey, M. Lascombe et X. Vandendriessche.
12. CDBF 21 mars 2013, *Secrétariat d'État chargé des sports*, n° 188-712 ; *Rec.* 205 ; – Sur les circonstances absolutoires, v. s^s n°s 463.201 et s ; sur le lien de subordination, v. s^s n°s 461.31 s.
13. CJF, art. L. 131-1-1°, qui renvoie aux élus mentionnés aux articles L. 131-2-2° à L. 131-2-15°.
14. CJF, art. L. 131-6 ; – V. s^s n° 462.51.
15. V. s^s n° 462.61.

SECTION 2
FONCTIONNAIRES ET AGENTS CIVILS OU MILITAIRES DE L'ÉTAT, DES COLLECTIVITÉS LOCALES, DE LEURS ÉTABLISSEMENTS PUBLICS AINSI QUE DES GROUPEMENTS DE COLLECTIVITÉS LOCALES

313.21 Fonctionnaires et agents civils et militaires de l'État. Est justiciable de la Cour des comptes « tout fonctionnaire ou agent civil ou militaire de l'État »[1]. Le code général de la fonction publique affirme également la responsabilité financière des agents publics, renvoyant au code des juridictions financières[2].

La loi ne distingue ni le niveau hiérarchique (qui doit toutefois être *infra*-ministériel), ni le statut juridique de ces personnes, ni encore leur affectation.

La loi va au-delà des personnes fonctionnaires au sens du statut de la fonction publique, pour englober dans le champ des justiciables tous les « agents » de l'État, en particulier les agents contractuels.

Cette vaste catégorie comprend également les comptables publics lorsqu'ils sont fonctionnaires de l'État[3], par exemple lorsqu'ils sont placés auprès de collectivités locales[4], les contrôleurs budgétaires et autres agents de l'État chargés de surveillance ou de tutelle[5], même sans être gestionnaires au sens propre du terme : il suffit qu'ils participent à la gestion publique.

313.22 Fonctionnaires et agents des collectivités locales et des groupements de collectivités locales. Conformément à l'article L. 131-1, 2°, les fonctionnaires ou agents des collectivités territoriales sont justiciables de la Cour des comptes[6] ; il en va de même de ceux travaillant dans les groupements de collectivités locales, catégorie définie par le code général des collectivités territoriales[7]. Cette règle de justiciabilité constitue le pendant de la compétence de contrôle donnée aux juridictions financières sur les collectivités territoriales[8].

Les directeurs des services des collectivités locales et les autres fonctionnaires et agents territoriaux ne sont pas couverts par les règles de l'article L. 131-2 du CJF qui excluent les élus locaux - collectivités locales et leurs groupements - d'une bonne partie du domaine de compétence de la Cour. Ils sont donc justiciables au même titre que les autres personnes participant à la gestion publique[9].

Certes, dans beaucoup de petites collectivités territoriales, les fonctionnaires ne disposent pas de pouvoirs propres ou ne font qu'agir sur décision expresse d'un élu, et sont donc susceptibles d'exciper d'un ordre écrit préalable qui les fait échapper à toute mise en jeu de leur responsabilité en application de l'article L. 131-6 du CJF, la responsabilité de l'élu se substituant alors à celle du fonctionnaire, l'élu à son tour n'étant pas forcément justiciable de la Cour.

En revanche, dans certaines collectivités de taille plus importante, les fonctionnaires ou agents peuvent être amenés à disposer de compétences qui leur sont déléguées ou confiées (régisseur par exemple[10]), et commettre des agissements qui ne seraient pas couverts par un ordre écrit préalable d'un élu local.

313.23 Agents des établissements publics. Les agents des établissements publics, qu'ils soient nationaux[11] ou locaux, administratifs ou industriels et commerciaux, sont justiciables de la Cour[12].

La jurisprudence de la CDBF est particulièrement riche s'agissant d'établissements publics de l'État[13] ;

1. CJF, art. L. 131-1, 2°.
2. Code général de la fonction publique, art. L. 125-2.
3. V. s^s n° 313.31.
4. CDBF 10 déc. 2010, *Commune de Bandol ; Rec.* 132 ; *Contrats publics* 2011, n° 109, note Renouard ; *GFP* 2011, n° 8-9, p. 571, note M. Lascombe et X. Vandendriessche.
5. V. s^s n° 313.42 (tutelles) et 313.43 (contrôleurs budgétaires ou économiques et financiers).
6. Il en était de même dans le régime de responsabilité sanctionné par la Cour de discipline budgétaire et financière jusqu'au 31 décembre 2022 – PAR EX. : CDBF 27 sept. 2019, *Ville de Paris*, NP.
7. CGCT, art. L. 5111-1, al. 2 : « Forment la catégorie des groupements de collectivités territoriales les établissements publics de coopération intercommunale et les syndicats mixtes, mentionnés aux articles L. 5711-1 et L. 5721-8, les pôles métropolitains, les pôles d'équilibre territoriaux et ruraux, les agences départementales, les institutions ou organismes interdépartementaux et les ententes interrégionales ».
8. CJF, art. L. 211-4 : « La chambre régionale des comptes contrôle les collectivités territoriales [...] ».
9. Ex. de condamnation d'une directrice générale des services – secrétaire de mairie dans le cadre du régime actuel de responsabilité : C. comptes 7 oct. 2024, *Commune de Saine-Eulalie-en-Born (Landes)*, n° 40, S-2024-1305 ; voir la note sous cet arrêt par S. Damarey, « Responsabilité financière des gestionnaires publics : condamnation d'une secrétaire de mairie pour négligence » ; *JCP Adm.* 2024. 2339.
10. CDBF 10 déc. 2010, *Commune de Bandol*, n° 172-680 ; *Rec.* 132 ; *Contrats publics* 2011, n° 109, note L. Renouard ; *GFP* 2011, n° 8-9, p. 571, note M. Lascombe et X. Vandendriessche. – Régie de recettes : C. comptes 5 juill. 2024, *Régie métropolitaine PARCUB, devenue MET-PARK*, n° 869, S-2024-1038 ; *JCP Adm.* 2024. 2264, note S. Damarey.
11. J.-C. Savineau, « La responsabilité budgétaire des ordonnateurs d'établissements publics nationaux : règle toujours nécessaire ou régime obsolète ? », *RFFP* n° 133, 2016, p. 253.
12. CJF, art. L. 131-1, 2°.
13. Pour des ex. récents concernant des établissements publics nationaux : CDBF 23 nov. 2022, *Établissement de communication et de production audiovisuelle de la défense (ECPAD)*, n° 263-796 ; *Rec.* 153 ; – CDBF 20 juin 2022 *Institut national du sport, de l'expertise et de la performance (INSEP)*, n° 258-849 ; *Rec.* 136 ; *AJDA* 2022. 2527, Chron. N. Péhau et ▶

les établissements publics locaux, qui relèvent du contrôle des CRTC[1] mais, désormais, du pouvoir de sanction de la chambre du contentieux de la Cour des comptes, ne sont pas absentes de la jurisprudence[2].

Ainsi la CDBF a-t-elle, s'agissant des dirigeants d'établissements publics de santé[3], construit au fil des décennies une jurisprudence très nuancée qui a même pu inspirer les juridictions judiciaires[4]. Elle a également été fréquemment saisie de fautes commises dans la gestion de chambres de commerce et d'industrie (CCI)[5] ou de chambres d'agriculture[6].

La règle de justiciabilité des agents des établissements publics joue également pour les groupements d'établissements (GRETA), qui n'ont pas de personnalité juridique, mais dont un lycée – donc un établissement public – est toujours l'établissement support[7].

La Cour ne s'attachera pas à la dénomination formelle d'une structure, mais à sa nature juridique véritable ; par exemple, les « agences[8] » ou les « offices[9] » peuvent revêtir la forme juridique d'établissements publics – c'est même le plus souvent le cas – et leurs gestionnaires entrent alors dans la catégorie de justiciables ici traitée.

Les administrateurs des conseils des établissements publics, ainsi que les présidents des conseils, sont également justiciables, même si le texte cite les administrateurs, d'ailleurs notion plurivoque[10], seulement dans le 3° de l'article L. 131-1 du code des juridictions financières.

À noter enfin que cette catégorie inclut les agents comptables des établissements publics qui, s'ils ne sont pas déjà fonctionnaires de l'État (c'est le cas des établissements publics administratifs), sont des agents contractuels (établissements publics industriels et commerciaux).

▶ M. Choquet ; – CDBF 10 déc. 2020, *Office national d'indemnisation des accidents médicaux, des infections iatrogènes et des infections nosocomiales (ONIAM)*, n° 245-801 ; *Rec.* 195 ; – CDBF 19 nov. 2020, *Agence pour l'enseignement français à l'étranger (AEFE)*, n° 244-818 ; *Rec.* 190.

1. CJF, art. L. 211-4 : « La chambre régionale des comptes contrôle les collectivités territoriales et les établissements publics locaux ».
2. Ex. d'établissement public de coopération culturelle relevant des dispositions du titre III du livre IV de la première partie du code général des collectivités territoriales : CDBF 15 nov. 2021, *Commission du film d'Île-de-France* ; n° 253-834 ; *Rec.* 187.
3. CDBF 16 nov. 2016, *Centre hospitalier de Givors*, n° 211-739 ; *Rec.* 187 ; *AJDA* 2017. 932, Chron. N. Péhau et N. Hauptmann – V. aussi : N. Groper, « La Cour de discipline budgétaire et financière et les hôpitaux », *Cah. hosp.* avr. 2008, p. 6 ; D. Peljak, « Le directeur d'hôpital face à la CDBF », *Revue hospitalière de France* 2005, n° 507, p. 50 ; J. Lasserre et G. Masereau, « Les risques du métier ou la responsabilité personnelle du directeur d'hôpital », *Gestions hospitalières* n° 169, 1977, p. 683.
4. TJ Bourges, ch. corr., 2 févr. 2023, 118/2023, tenant compte de la continuité des soins.
5. Ex. : CDBF 27 nov. 2009, *Chambre de commerce et d'industrie (CCI) de Paris (CCIP)*, n° 169-570 ; *AJDA* 2010. 488, note N. Groper et C. Michaut ; *GFP* 2011, n° 7, p. 510, note M. Lascombe et X. Vandendriessche ; – CDBF 14 mars 2022, *Chambre de commerce et d'industrie (CCI) Seine Estuaire*, n° 256-853 ; NP *Rec.*
6. Ex. : CDBF 10 déc. 2010, *Chambre régionale d'agriculture de Midi-Pyrénées (CRAMP)*, n° 173-680 ; *Rec.* 123 ; *GFP* 2011, n° 8-9, p. 576, note M. Lascombe et X. Vandendriessche ; – CDBF 14 nov. 2019, *Chambre départementale d'agriculture du Finistère*, n° 237-772 ; *Rec.* 221.
7. CDBF 4 avr. 2011, *Lycée professionnel Vauvenargues et GRETA du pays d'Aix*, n° 174-647/667 ; *Rec.* 155 ; *GFP* 2013, n° 5, p. 69, note S. Damarey, M. Lascombe et X. Vandendriessche.
8. Ex. : CDBF 22 avr. 2016, *Agence nationale des titres sécurisés (ANTS)*, n° 207-745 ; *Rec.* 179 ; *AJDA* 2016. 2487, Chron. N. Péhau et N. Hauptmann.

SECTION 3
CAS PARTICULIER DES COMPTABLES PUBLICS ET DES COMPTABLES DE FAIT

313.31 Cadre légal de la justiciabilité des comptables publics et des agents comptables. Comme tout fonctionnaire ou agent de l'État ou d'une autre personne morale de droit public, les comptables publics, quel que soit leur rattachement hiérarchique (comptable du Trésor ou de l'éducation nationale), quel que soit leur statut ou encore leur affectation (établissement public, collectivité locale...), sont naturellement justiciables de la Cour pour les infractions financières.

Cela vaut donc pour les comptables publics qui sont fonctionnaires de l'État, quelle que soit la structure où ils exercent leurs fonctions (dans une collectivité territoriale par exemple), tout comme pour les agents comptables contractuels des établissements publics industriels et commerciaux.

Pourtant, les comptables publics ayant longtemps relevé d'un régime de responsabilité personnelle et pécuniaire spécifique[11] et antérieur à la loi de 1948 créant le régime général de responsabilité des gestionnaires ici étudié, on aurait pu hésiter à les y intégrer ; mais les textes sont à cet égard clairs, et dès la création de la Cour de discipline budgétaire, avant même qu'elle rende son premier arrêt, la doctrine avait, à la question de savoir si les comptables publics étaient justiciables de cette Cour, répondu sans hésiter par l'affirmative[12].

9. Ex. : CDBF 15 juill. 2013, *Office des Postes et télécommunications de la Polynésie française*, n° 190-661 ; *Rec.* 209 ; *AJDA* 2013. 2544, Chron. C. Michaut et P. Sitbon.
10. V. s^{s} n° 032.25.
11. V. s^{s} n°s 042.21 et 042.22 – V. livre 6, s^{s} n°s 611.11 s.
12. L. Bertrand, « La Cour de discipline budgétaire », *Rev. banque et bourse* n° 48, déc. 1948, p. 338.

313.32 Cas de figure de la justiciabilité des comptables publics : gestionnaire, payeur ou contrôleur. Les comptables peuvent être impliqués dans une irrégularité financière à plusieurs titres.

Un comptable public est également chef de son poste comptable, et à ce titre de gestionnaire d'un service public, il peut commettre des irrégularités. Dans certaines structures, le comptable public peut cumuler ces fonctions avec celles de chef des services financiers : dans le cadre de ces fonctions, exercées pour l'ordonnateur, le comptable-chef des services financiers peut engager sa responsabilité.

En outre, et c'est le cas le plus fréquent, le comptable public intervient dans les procédures financières publiques par le biais d'un certain nombre d'attributions en matière de recouvrement des recettes, d'exécution des dépenses publiques et de conservation des droits et valeurs ; sa responsabilité financière peut être recherchée dans ce contexte. En effet, les règles applicables aux comptables publics font partie des règles d'exécution des recettes, dépenses ou de gestion des biens au sens de l'article L. 131-9 du code des juridictions financières [1].

En principe, la fonction du comptable public, gardien des fonds publics, est d'empêcher les irrégularités commises par d'autres, et avant tout par les ordonnateurs, notamment par le biais du refus de payer lorsque les conditions juridiques prévues par le décret GBCP [2] ne sont pas réunies. À ce titre, l'institution des comptables publics contribue d'ailleurs, tout comme le régime général de responsabilité financière, à la régularité des finances publiques et, partant, à la bonne gestion des fonds publics.

Mais cette protection prise en charge par le comptable peut être défaillante ; dans ce cas, le dysfonctionnement du contrôle exercé par le comptable sur l'ordonnateur, ayant permis la commission d'une irrégularité, sera fréquemment invoqué par ce dernier comme circonstance atténuante de responsabilité [3]. Il doit d'ailleurs être rappelé qu'en vertu de la jurisprudence constante de la CDBF, un ordonnateur pourra être condamné sur la base d'une irrégularité en matière de dépense, « même si en définitive les paiements n'ont pas été effectués grâce à la vigilance et la prudence de l'agent comptable » [4].

Et en cas de refus de payement opposé par un comptable public à l'ordonnateur [5], ce dernier peut réquisitionner le comptable sous certaines conditions ; dans cette hypothèse, l'ordonnateur engage seul sa responsabilité [6], et le comptable peut être dégagé de toute responsabilité [7].

Il n'en demeure pas moins que la responsabilité du comptable pourra être directement recherchée au titre de ses fonctions de contrôle sur les ordonnateurs, ou au titre de son action propre (payement de dépenses, recouvrement de recettes, tenue de la comptabilité...) : dans un tel cas, le plus souvent en plus de celle du gestionnaire.

En toute hypothèse, il doit être souligné que la disparition, quasi-totale [8], du régime de responsabilité spécifique des comptables publics, la responsabilité personnelle et pécuniaire (RPP), au 1er janvier 2023, ne change rien au fait que tout comptable public doit répondre de ses différents actes devant la Cour des comptes.

313.33 Jurisprudence concernant les comptables publics et agents comptables. Exemples d'arrêts concernant des comptables publics ou agents comptables :

– condamnation d'un greffier-comptable qui s'est rendu coupable d'infractions à la réglementation relative à la prise en charge des titres de perception [9] ;

– condamnation d'un agent comptable, en même temps que des ordonnateurs d'un organisme public, pour irrégularités en matière de dépenses, étant précisé que la Cour peut, comme la CDBF et contrairement à l'office du juge des comptes dans l'ancien régime de responsabilité des comptables [10], prendre en considération le manque de moyens humains de l'agence comptable au titre des circonstances [11] ;

– condamnation par la CDBF d'un agent comptable d'établissement public pour n'avoir pas exercé les contrôles qui lui incombent en matière de dépenses [12]. Cette même personne est en outre

1. Exemple récent : C. comptes 3 mai 2024, *Département de l'Eure*, nº 907, S-2024-0715 ; chron. Y. Simon et S. Heintz dans *RGP* 2024, nº 03, p. 70 ; *JCP Adm.* 2024. 2278.
2. Décr. nº 2012-1246, 7 nov. 2012.
3. V. ss nos 463.121 s.
4. CDBF 13 oct. 1993, *Carrefour international de la communication [Cicom] ; Rev. Trésor* 1995. 677 ; *Rec.* 146.
5. CJF, art. L. 131-6.
6. Ex. de condamnation d'un ordonnateur élu pour des faits ayant donné lieu à réquisition du comptable public : C. comptes 3 mai 2024, *Département de la Haute-Saône*, nº 908, S-2024-0723 ; chron. Y. Simon et S. Heintz dans *RGP* 2024, nº 03, p. 70 ; *AJDA* 2024. 1327, chron. N. Péhau et L. Vergallo – CDBF 30 sept. 2021, *Commune de Saint-Denis de La Réunion* ; nº 251-826 ; *Rec.* 181 ; *RFFP* nº 157, févr. 2022, p. 181, note F. Lemaire ; *AJCT* 2022, p. 108, note Durand ; *AJDA* 2021. 2507 Chron. N. Péhau et M. Choquet.
7. Sur la réquisition de payement, v. ss nº 611.15 – Aussi : comm. dans *GAJF*, 7e éd., Dalloz 2019, nº 26, ss C. comptes 17 oct. 1916, *Masselot, comptable du Dpt de Constantine*.
8. V. ss nos 042.21 et 042.22 – V. ss nº 611.11.
9. CDB 28 juin 1954, *Maison centrale de Melun, CCP*, nº 2, p. 1.
10. V. ss nos 042.11 s., 611.11 s.
11. CDBF 3 déc. 1985, *Monnaies et médailles, CCP*, nº 3, p. 31.
12. CDBF 17 nov. 1987, *Université Paris IV Paris-Sorbonne, CCP*, nº 3, p. 105 ; *Lebon T.* 656.

condamnée, pour d'autres infractions, non pas en tant que comptable public, mais en tant que chef des services financiers de cet établissement public (*même arrêt*) ;

– condamnation de l'agent comptable d'un organisme de sécurité sociale parce que les conditions de fonctionnement des comptes bancaires de l'organisme étaient irrégulières, aboutissant ainsi à placer l'agent comptable « dans une position où il mêlait ses intérêts personnels ou professionnels propres et ceux de [l'organisme] » ; « son indépendance à l'égard du banquier de [l'organisme] se trouvait inévitablement affectée » ; le comptable avait de ce fait « manqué à la délicatesse et à la prudence que l'on peut exiger d'un agent maniant des fonds d'un organisme de sécurité sociale » [1] ;

– condamnation d'un comptable public et d'un ordonnateur pour défaillances dans la tenue de la comptabilité matière ; la Cour a pris certes en considération les difficultés qu'a connues l'agence comptable au moment des faits, mais a reproché à l'agent comptable de n'en avoir pas averti son administration centrale et de ne pas avoir tenu compte des injonctions pour l'avenir prononcées auparavant par la Cour des comptes [2]. Le comptable avait par ailleurs eu recours à un consultant pour effectuer des tâches relevant selon les textes d'un comptable public ;

– condamnation conjointe d'un ordonnateur, d'un ordonnateur délégué et d'un comptable public d'un établissement public industriel et commercial pour différentes irrégularités comptables graves, et pour méconnaissance des principes généraux portant sur la régularité, la sincérité et l'image fidèle des comptes [3] ;

– défaut de contrôle/défaut de surveillance d'un comptable public sur une régie d'avances, alors que les textes réglementaires et une instruction codificatrice du ministère en charge du budget lui font obligation d'intégrer les opérations de la régie dans leur comptabilité et de vérifier régulièrement les régies qui relèvent de sa responsabilité [4] ;

– un comptable a été sanctionné pour avoir empiété sur les compétences exclusives de l'ordonnateur (devenant ainsi ordonnateur de fait) : « un gestionnaire qui est également agent comptable de l'établissement ne peut recevoir de délégation de signature pour les actes relevant de l'ordonnateur » ; l'agent comptable avait « procédé aux payements correspondants sans que les mandats aient été signés de l'ordonnateur », et il s'était même « substitué à l'ordonnateur pour les signer » [5] ;

– absence de comptabilité des stocks dont la tenue est obligatoire selon les textes applicables aux centres hospitaliers publics, à la charge du comptable public [6] ;

– absence de production des comptes par le comptable [7] ;

– devoir d'alerte du comptable : « Eu égard à la nature des dépenses, à leur montant et, en l'espèce, au caractère répété de ces manquements, le comptable, qui aurait dû détecter cette anomalie, avait le devoir professionnel d'alerter l'ordonnateur » [8].

À noter que la mise en jeu – ou non [9] – de la responsabilité personnelle et pécuniaire (RPP) d'un comptable public n'empêche pas d'engager sa responsabilité, pour les mêmes faits, au titre de la répression de droit public financier [10] ; la RPP ayant très largement disparu au 31 décembre 2022, ce cas de figure deviendra toutefois de plus en plus rare en pratique.

313.34 **Comptables de fait.** Sont concernés non seulement les comptables publics régulièrement installés (comptables patents), mais également ceux

1. CDBF 28 nov. 1990, *Assoc. pour la gestion de la Sécurité sociale des artistes auteurs [Agessa], CCP*, n° 3, p. 217 ; *Lebon* 528.
2. CDBF 18 juin 1997, *Musée Rodin, Rev. Trésor* 1999. 189 ; *Rec.* 203 ; A. Froment-Meurice, J.-Y. Bertucci, N. Hauptmann, C. Michaut, *GAJF*, 7e éd., Dalloz 2019, n° 48, p. 562.
3. CDBF 21 févr. 2008, *Agence nationale de valorisation de la recherche [Anvar], AJDA* 2008. 1193, note N. Groper et C. Michaut ; *Rev. Trésor* 2008. 519, note N. Groper ; *GFP* 2011, p. 387, note M. Lascombe et X. Vandendriessche.
4. CDBF 10 déc. 2010, *Commune de Bandol*, n° 172-680 ; *Rec.* 132 ; *Contrats publics* 2011, n° 109, note L. Renouard ; *GFP* 2011, n° 8-9, p. 571, note M. Lascombe et X. Vandendriessche ; – Dans le même sens : CDBF 10 avr. 2015, *Établissement public de coopération culturelle « L'Autre Canal »*, n° 198-719 ; *Rec.* 159.
5. CDBF 4 avr. 2011, *Lycée professionnel Vauvenargues et GRETA du pays d'Aix*, n° 174-647/667 ; *Rec.* 155 ; *GFP* 2013, n° 5, p. 69, note S. Damarey, M. Lascombe et X. Vandendriessche.
6. CDBF 20 mars 2012, *Centre hospitalier de Marigot à Saint-Martin (Guadeloupe)*, n° 181-587 ; *AJDA* 2012. 1279, note C. Michaut et P. Sitbon ; *GFP* 2013, n° 5, p. 81, note S. Damarey, M. Lascombe et X. Vandendriessche.
7. C. comptes 25 juin 2024, *Régie Gazélec de Péronne (Somme)*, n° 871, S-2024-0943 – CDBF 8 déc. 2014, *Maison de retraite publique de Vertheuil*, n° 196-718 ; *Rec.* 175 ; *AJDA* 2015. 1536, Chron. J.-E. Picard et S. Gaillard.
8. CDBF 10 janv. 2022, *Établissements d'hébergement pour personnes âgées dépendantes (EHPAD) Saint-Luc de Castelnau-Montratier et Sainte-Marie de Montcuq*, n° 255-827 ; *Rec.* 129 ; *AJDA* 2022. 629, Chron. N. Péhau et M. Choquet.
9. Le fait, pour un comptable public, d'avoir été déchargé dans le cadre de la RPP « est sans effet » sur l'imputabilité de l'infraction financière réprimant la non-production des comptes : C. comptes 25 juin 2024, *Régie Gazélec de Péronne (Somme)*, n° 871, S-2024-0943, *JCP Adm.* 2024, 2228, note S. Damarey ; *AJDA* 2024, 1859, chron. N. Péhau et L. Vergallo.
10. PAR EX. : CDBF 10 avr. 2015, *Établissement public de coopération culturelle « L'Autre Canal »*, n° 198-719 ; *Rec.* 159.

qui en fait exercent ces fonctions, c'est-à-dire les comptables de fait[1].

Outre la règle générale de compétence régissant la Cour dans ses fonctions contentieuses, qui inclut les agents de fait[2], l'infraction prévue à l'article L. 131-15 du CJF vise explicitement les comptables de fait[3], car l'ingérence dans les opérations relevant légalement du monopole du comptable public constitue en soi une irrégularité sanctionnable ; il existe d'ailleurs des exemples dans la jurisprudence de la CDBF à cet égard[4].

Cette double base juridique fondant la compétence contentieuse de la Cour sur les comptables de fait est indépendante du champ de contrôle des juridictions financières sur les organismes. On peut dire que sur cet aspect, la matière contentieuse « déborde » le domaine de compétence organique des juridictions financières, en matière de contrôle administratif, sur lequel est en principe construit le périmètre des justiciables.

SECTION 4
AUTORITÉS DE TUTELLE, CONTRÔLEURS BUDGÉTAIRES ET AUTRES PERSONNES INTERVENANT DANS LA GESTION PUBLIQUE DANS LE CADRE DE LEURS FONCTIONS

313.41 Cadre légal et pratique de la justiciabilité des autorités de contrôle et de surveillance. Le champ des justiciables étant défini largement, il inclut non seulement les ordonnateurs, ou plus généralement les gestionnaires publics, mais également ceux qui prennent part, à raison de leurs fonctions ou *de facto*, à la gestion publique. Il en va ainsi des personnes chargées de la tutelle de structures publiques ou des contrôleurs budgétaires, même s'ils ne sont pas spécifiquement mentionnés dans le code des juridictions financières et qu'ils ne sont pas des agents rattachés à l'organisme dans lequel l'infraction a eu lieu.

L'infraction centrale du contentieux répressif financier vise quant à elle explicitement l'autorité de tutelle qui est passible de la même sanction que les personnes ayant commis directement une irrégularité en matière de recettes, de dépenses et de gestion des biens, si elle a « approuvé les faits[5] » ; cette rédaction, issue de loi de 1971[6], n'a que peu évolué lors de la réforme de 2022.

En réalité, la mise en jeu des tutelles ne se limite pas à l'infraction visée par l'alinéa 1er de l'article L. 131-9 CJF (approbation explicite, au sens de l'alinéa 2 du même article), mais à tous les faits couverts par les infractions financières, *via* la notion de défaut de contrôle[7], à condition que la tutelle ait commis une faute personnelle, sanctionnable sur la base de cette disposition[8] ; et le champ des justiciables ne concerne pas seulement les tutelles au sens strict, mais est susceptible de concerner l'ensemble des personnes qui sont chargées de contrôles ou de surveillance à l'intérieur ou à l'extérieur d'une structure (contrôleur économique et financier, comptable public...).

La mise en œuvre de la responsabilité des contrôleurs ou tutelles est cependant peu fréquente dans la pratique[9], car tout dépend du rôle qu'ils ont réellement joué dans la commission d'une infraction. Il convient d'établir une faute personnelle au regard de leurs obligations, notamment de contrôle, et plus généralement au regard des règles régissant la gestion publique. Une simple défaillance ponctuelle dans leurs fonctions de contrôle ne suffira pas à les conduire devant la Cour ; le juge prendra alors seulement en compte les défaillances dans l'exercice des contrôles comme circonstances atténuantes en faveur de ceux qui ont directement commis des irrégularités[10].

Il convient en effet de distinguer en matière de responsabilité devant la Cour le cas de l'agissement direct d'une part[11], et le défaut de contrôle d'autre part[12], plus difficile à établir à mesure que la personne en cause est éloignée de celle qui a directement commis l'irrégularité ; or les tutelles et contrôleurs budgétaires, en tant que contrôleurs des structures où les irrégularités sont commises, sont de ce fait plutôt extérieurs à la plupart des irrégularités. Il faut alors trouver des éléments probatoires permettant de leur imputer une responsabilité propre dans des irrégularités commises (par exemple une recommandation d'utiliser une procédure irrégulière), ce qui n'est pas aisé.

1. Première condamnation de personnes considérées comme comptables de fait sous l'empire des textes entrés en vigueur le 1er janv. 2023 : C. comptes 10 oct. 2024, *Commune de Felleries*, n° 12, S-2024-1311 ; *JCP Adm.* 2025. 2012, note S. Damarey.
2. CJF, art. L. 131-1 – v. ss n° 311.11.
3. Dans le régime de responsabilité sanctionné par la CDBF jusqu'au 31 décembre 2022, la gestion de fait était également expressément mentionnée comme infraction, à l'ancien art. L. 313-4 CJF.
4. V. ss n° 424.16.
5. CJF, art. L. 131-9, al. 2 : « Les autorités de tutelle de ces collectivités, établissements ou organismes, lorsqu'elles ont approuvé les faits mentionnés au premier alinéa, sont passibles des mêmes sanctions ».
6. V. ss nos 045.31 s.
7. V. ss n° 432.242.
8. Or l'art. L. 131-9 CJF exige désormais un préjudice financier significatif.
9. Sauf pour les comptables publics, catégorie traitée de façon spécifique, v. ss nos 313.31 s.
10. V. ss nos 463.121 s.
11. V. ss n° 461.12.
12. Pour les fautes de négligence, v. ss n° 432.231.

D'une façon générale, les infractions de droit public financier visent avant tout à protéger les fonctions de contrôle, comme le montre l'infraction sanctionnant le non-respect des prérogatives du contrôleur budgétaire [1] ; et de nombreuses autorités de contrôle, comme les préfets, sont plutôt dans la position de dénoncer les irrégularités détectées dans les organismes sous contrôle que de les commettre elles-mêmes. Ce n'est qu'en présence d'une faute personnelle d'une autorité de tutelle ou de contrôle que cette dernière pourra être appréhendée par le juge.

313.42 **Tutelles.** L'alinéa 2 de l'article L. 131-9 du CJF mentionne expressément les tutelles. C'était déjà le cas du temps de la CDBF [2], mais les exemples en jurisprudence sont peu fréquents.

Citons un exemple de condamnation d'un sous-préfet, en plus de responsables d'une direction départementale de l'agriculture [3]. Dans cette affaire, le sous-préfet a été condamné pour avoir agi directement (il avait encouragé les irrégularités commises par d'autres, ce qui était constitutif d'une infraction), et non pas pour avoir (simplement) approuvé un acte irrégulier.

Dans un dossier d'indemnités irrégulières versées dans un hôpital, le directeur départemental des affaires sanitaires et sociales (DDASS), chargé alors de la tutelle, ayant accepté la délibération du conseil d'administration de l'hôpital qui avait créé ces indemnités irrégulières, a pu être mis en cause [4], tout en bénéficiant d'une relaxe en l'espèce.

Dans une affaire proche [5], un DDASS a également été renvoyé devant la Cour, mais relaxé – tout comme d'ailleurs le directeur d'hôpital lui-même – mais la Cour n'a semble-t-il même pas retenu d'irrégularité commise spécifiquement par la tutelle, se bornant à évacuer sa responsabilité propre par un mélange de considérations de circonstances et d'imputabilité du dysfonctionnement (absence de défaut d'organisation établi dans le contrôle de légalité).

Pour un exemple d'approbation par les tutelles d'une irrégularité : « l'approbation par l'autorité de tutelle [en l'espèce un ministère] de ladite délibération du conseil d'administration, alors qu'elle ne pouvait ignorer que les membres élus présents lors de la séance [...] étaient ceux issus des élections [précédentes] et non ceux élus [lors de la dernière élection], constitue une infraction aux règles d'exécution des dépenses » [6].

D'une façon générale, la jurisprudence montre que les tutelles sont finalement rarement mises en cause.

313.43 **Contrôleurs budgétaires et contrôleurs économiques et financiers.** Les autorités chargées du contrôle budgétaire ou économique et financier ne figurent certes pas explicitement dans les textes parmi les justiciables, contrairement aux tutelles, et un amendement sénatorial qui souhaitait en 1971 y inclure les personnes chargées de contrôles avait été repoussé par le Gouvernement et l'Assemblée, au motif suivant, explicité par Jean Taittinger, alors secrétaire d'État au Budget, devant le Sénat : « il ne paraît pas souhaitable d'incriminer les contrôleurs. En effet ceux-ci doivent rester à l'extérieur des affaires qu'ils contrôlent. Ils ne doivent pas intervenir dans la gestion, mais apprécier celle-ci du dehors et en dénoncer les abus » [7]. Il a également souligné qu'il n'était pas souhaitable que les corps de contrôle, par peur de la mise en jeu de leur responsabilité au titre du contrôle, paralysent l'action administrative, et que si les « contrôleurs » étaient justiciables de la CDBF, cela inclurait les membres de la Cour des comptes elle-même. Le Sénat a donc abandonné son projet d'amendement.

Mais bien que ne figurant pas, contrairement aux tutelles, à l'article L. 131-9 du CJF précité, les contrôleurs budgétaires ou économiques et financiers relèvent pourtant bien du périmètre des justiciables de la Cour, ne serait-ce qu'en tant que fonctionnaires de l'État : cela ressort clairement de la jurisprudence de la Cour de discipline budgétaire et financière [8]. Ainsi, le fait de donner son visa à une proposition de dépense irrégulière est susceptible d'engager la responsabilité de l'autorité de contrôle, puisqu'elle a de ce fait participé à la gestion publique.

Notons enfin qu'il existe une infraction qui réprime spécifiquement l'engagement de dépenses sans respecter les règles applicables en matière de contrôle budgétaire [9], qui semble toutefois viser les seuls ordonnateurs, à l'exclusion des contrôleurs budgétaires eux-mêmes, dont ce texte a pour objectif précisément de protéger les compétences [10].

1. V. s^{s} n°s 421.11 s.
2. CJF, ancien art. L. 313-4, en vigueur jusqu'au 31 décembre 2022.
3. CDBF 13 févr. 1985, *Direction départementale de l'agriculture de l'Oise*, CCP, n° 3, p. 1.
4. CDBF 1er juill. 1991, *CH de Lorient*, CCP, n° 3, p. 229 ; *Lebon* 635 ; *Rec.* 128.
5. CDBF 16 avr. 2009, *Centre hospitalier de Fougères (Ille-et-Vilaine) ; Rec.* 71 ; *AJDA* 2009. 1194, note N. Groper et C. Michaut ; *GFP* 2011, n° 7, p. 497, note M. Lascombe et X. Vandendriessche.
6. CDBF 12 oct. 2018, *École nationale de formation agronomique (ENFA)*, n° 223-786 ; *Rec.* 188.
7. Séance, 27 mai 1971, p. 559.
8. CDBF 27 nov. 1996, *min. A., marchés de prestations informatiques, Rev. Trésor* 1998. 731, note R. Ludwig, p. 727 ; *Lebon* 653 ; *Rec.* 179.
9. CJF, art. L. 131-13, 2°.
10. Sur la complémentarité entre contrôle et sanction, et plus particulièrement le rôle de protection du contrôle joué par le système répressif, v. s^{s} n° 232.31.

SECTION 5
REPRÉSENTANTS, ADMINISTRATEURS ET AGENTS DES AUTRES ORGANISMES SOUMIS AU CONTRÔLE DES JURIDICTIONS FINANCIÈRES

§ 1
Cadre général

313.51 Justiciabilité de tout gestionnaire d'organismes contrôlés par les juridictions financières. En application du 3° de l'article L. 131-1 du CJF, est justiciable de la Cour « tout représentant, administrateur ou agent des autres organismes qui sont soumis soit au contrôle de la Cour des comptes, soit au contrôle d'une chambre régionale des comptes ou d'une chambre territoriale des comptes », la formule « autres organismes » voulant dire : ceux qui sont soumis au contrôle de la Cour des comptes ou des CRTC, mais qui ne sont pas déjà énumérés ailleurs [1].

Cette catégorie revêt deux caractéristiques.

Premièrement, elle est vaste, englobant si l'on peut dire le deuxième cercle de la sphère publique, les entreprises publiques nationales ou locales qui n'ont pas le statut d'établissements publics [2], les organismes de sécurité sociale et certaines structures bénéficiant de fonds publics ; elle vise également les organismes de droit public, mais, dans la mesure où les gestionnaires de ceux-ci relèvent souvent déjà d'autres catégories, elle vise surtout les organismes de droit privé qui font néanmoins partie du « secteur public » entendu au sens large.

Deuxièmement, elle est fluctuante, car ses frontières varient, d'une part, avec l'étendue du secteur public (une entreprise nationalisée entre dans le périmètre, une entreprise privatisée en sort...) et, d'autre part, selon le champ que le législateur souhaite soumettre au contrôle de la Cour des comptes et qui s'agrandit sans cesse (associations, fondations, contrôles ponctuels [3]...).

Finalement, il s'agit d'une « disposition-balai » qui inclut la plupart des autres catégories de justiciables, puisque ces derniers (fonctionnaires, membres des cabinets ministériels...) relèvent de personnes morales de droit public (État, établissements publics...) qui sont bien des « organismes [...] soumis soit au contrôle de la Cour des comptes, soit au contrôle d'une chambre régionale des comptes ou d'une chambre territoriale des comptes ».

Par ailleurs, la notion utilisée par la loi (« représentant, administrateur ou agent ») permet en fait de couvrir l'ensemble des personnes travaillant dans ces organismes, quels que soient leurs statuts, fonctions, positions hiérarchiques ou rôles réels.

Compte tenu de la diversité des organismes ainsi couverts, il convient d'établir des sous-catégories, qui seront traitées séparément ci-après, étant précisé que certaines peuvent se recouper : ainsi un organisme peut-il relever cumulativement de la compétence de contrôle des juridictions financières à plusieurs titres, et de ce fait un gestionnaire est-il susceptible d'être justiciable de la chambre du contentieux de la Cour sur la base de différentes dispositions.

313.52 Application dans le temps des changements de champ de compétence. Le champ des justiciables prévu au 3° de l'article L. 131-1 du CJF a comme caractéristique d'évoluer dans le temps, au gré des nationalisations et privatisations. La Cour doit donc, pour établir sa compétence contentieuse sur les personnes renvoyées devant elle, dans chaque affaire vérifier si l'organisme dont elles sont un agent, administrateur ou représentant, était bien, au moment des faits, soumis au contrôle de la Cour des comptes ou des chambres régionales ou territoriales des comptes.

Il convient en l'espèce d'appliquer le principe selon lequel la compétence contentieuse sur les personnes n'est effective que si l'organisme en cause, au moment des faits, entrait bien dans le domaine de contrôle de la Cour des comptes ou des CRTC [4].

Par exemple, il paraît impossible qu'un dirigeant d'entreprise nationalisée puisse être sanctionné par la Cour au titre d'agissements antérieurs à la nationalisation, car les infractions financières n'étaient alors pas applicables ; on doit considérer ce changement comme assimilable à un changement d'infraction tout autant qu'un changement de champ des justiciables, et donc comme une loi de fond non rétroactive [5]. Une solution différente remettrait en cause la nature même de la Cour, dont l'objet n'est pas de sanctionner n'importe quelle faute de gestion, mais seulement celles intervenues dans un organisme qui, au moment des faits, relevait de la sphère publique.

Inversement, on pourra appréhender un dirigeant d'entreprise pour des faits commis pendant qu'elle

1. Le « noyau dur » du secteur public figure en effet au 2° de ce même article : l'État lui-même et ses établissements publics ; les collectivités locales, leurs groupements et leurs établissements publics – V. s[s] n° 313.21.
2. Ces entreprises publiques ayant le statut d'établissement public industriel et commercial relèvent en toute rigueur du 2° de l'article L. 131-1 du CJF ; v. s[s] n° 313.23.
3. PAR EX. : L. n° 2018-202, 26 mars 2018 relative à l'organisation des jeux Olympiques et Paralympiques de 2024, art. 29 (*JO* du 27 mars, n° 1).
4. Cela ressort d'ailleurs de l'arrêt CDBF du 29 juin 1978, *S[té] de crédit immobilier « Les prévoyants de l'avenir de la Charente-Maritime » et SA d'HLM « Le foyer de la Charente-Maritime », CCP*, n° 2, p. 157 ; *Lebon* 663.
5. Sur l'applicabilité du principe de non-rétroactivité au présent contentieux, v. s[s] n° 221.11.

était nationalisée, même postérieurement à sa privatisation, à condition donc que les faits aient été commis avant la privatisation [1].

§ 2 Gestionnaires de personnes morales de droit public ne relevant pas de l'État, des collectivités locales, de leurs groupements ni de leurs établissements publics

313.61 Gestionnaires des GIP, GCS et GCSMS. Cette catégorie vise en particulier les groupements d'intérêt public (GIP), formule juridique originale créée en 1982, qui ne se confond pas avec la catégorie des établissements publics. Les GIP peuvent prendre plusieurs formes et obéir à des régimes juridiques différents ; partant, ils peuvent relever de différents niveaux de contrôle de la Cour des comptes ou des CRTC. Qu'un GIP soit doté d'un poste comptable ou non, la compétence de la Cour sur les agents et représentants des GIP, organismes majoritairement contrôlés par des structures publiques, est incontestable. Si aucun exemple de jugement d'agents ou de responsables d'un GIP n'est connu jusqu'à présent en jurisprudence, cette catégorie a pu être concernée par des déférés [2].

Entrent également dans cette classification les groupements de coopération sanitaire (GCS) lorsqu'ils sont des personnes morales de droit public [3], ainsi que les groupements de coopération sociale et médico-sociale (GCSMS).

§ 3 Gestionnaires des entreprises publiques

313.71 Cadre légal. Les dirigeants et agents d'entreprises publiques ont toujours été justiciables de la CDBF, même lorsqu'elles ne relevaient pas du champ de contrôle de la Cour des comptes, mais de la Commission de vérification des comptes des entreprises publiques (CVCEP) [4]. La suppression de cette Commission a entraîné l'intégration de ses compétences dans celles de la Cour des comptes, en l'élargissant par ailleurs aux filiales et sous-filiales [5] de ces entreprises [6].

Actuellement, les entreprises publiques, notion au demeurant hétérogène [7], relèvent de la compétence de la Cour soit en tant qu'établissements publics [8] (le 2° de l'article L. 131-1 du CJF), soit au titre de la catégorie des « autres organismes » au sens du 3° de ce même article, lorsqu'elles revêtent un statut de droit privé prévu par le Code de commerce (SA...). Seules les entreprises publiques de cette deuxième sous-catégorie seront traitées ici.

La compétence sur ces dernières est établie par référence au champ de contrôle de la Cour des comptes sur elles, prévu aux articles L. 133-1 et L. 133-2 du CJF [9], dont les dispositions sont détaillées maintenant.

313.72 Compétence sur les entreprises publiques relevant du contrôle obligatoire de la Cour des comptes [10]. L'article L. 133-1 du CJF couvre, outre les établissements publics industriels et commerciaux [11] dont la compétence contentieuse

1. PAR EX. : CDBF 25 juill. 2008, *France Télécom ; Rec.* 82 ; *AJDA* 2008. 2435, note N. Groper et C. Michaut ; *GFP* 2011, p. 388, note M. Lascombe et X. Vandendriessche ; A. Froment-Meurice, J.-Y. Bertucci, N. Hauptmann et C. Michaut, *GAJF*, Dalloz, 7e éd. 2019, n° 51, p. 595 ; M. Degoffe, « La Cour de discipline budgétaire et financière réprime les infractions aux règles d'exécution des dépenses commises par le président de France Télécom », *Rev. soc.* 2008, p. 858 ; A. Froment-Meurice, J.-Y. Bertucci, N. Hauptmann et C. Michaut, *GAJF*, 9e éd., Dalloz, 2019, n° 51.
2. Procureur général près la Cour des comptes 4 avril 2023, classement après déféré, *GIP Centre de santé de V.*, n° RFGP 13, NP.
3. Procureur général près la Cour des comptes 16 janvier 2023, classement avec rappel à la loi, *Groupement de coopération sanitaire (GCS) « Blanchisserie inter-établissement du P »*, n° 915, NP.
4. C. Descheemaeker, « Un passé oublié : les premiers contrôles d'entreprises publiques par la Cour des comptes », *in* Collectif, *Écrits de droit public, financier et constitutionnel, Mélanges en l'honneur du professeur Michel Lascombe*, Dalloz, 2020, p. 165.
5. La compétence de la CDBF était calquée sur le champ d'attribution de celle-ci, qui se limitait aux sociétés nationalisées, à l'exclusion de leurs filiales. Ainsi, les agents d'une société privée contrôlée par une entreprise publique n'étaient pas, contrairement à ce qui prévaut aujourd'hui, justiciables de la Cour : CDBF 17 juin 1971, *Sté Cie d'assurances générales c/ l'incendie et Sté La France maritime et continentale, Lebon* 897 (extraits anonymisés).
6. PAR EX., une affaire concernant des filiales du Crédit Lyonnais, alors banque publique : CDBF 24 févr. 2006, *Sté Altus Finance*, 2e arrêt, *AJDA* 2006. 1249, note N. Groper et C. Michaut ; *JCP* 2006. II. 10152, note J.-P. Gastinel ; *Rev. Trésor* 2006. 910, note M. Lascombe et X. Vandendriessche ; *RFDA* 2006. 624, note M. Lascombe et X. Vandendriessche ; *Lebon* 650 ; *Rec.* 74.
7. V. ss n° 111.21.
8. Ex. d'entreprise publique sous forme d'EPIC : CDBF 22 mai 2015, *Entreprise minière et chimique (EMC)*, n° 199-731 ; *Rec.* 162 ; *AJDA* 2016. 1570, note N. Hauptmann et N. Péhau – CDBF 4 juin 2019, *Gestion des sociétés EDF, ERDF et RTE*, n° 234-732 ; *Rec.* 214 ; *AJDA* 2019. 2606, Chron. N. Hauptmann et N. Péhau.
9. Dans leur version simplifiée issue de l'Ord. n° 2016-1360, 13 oct. 2016. Jusque-là, ces articles tentaient d'énumérer les différentes catégories d'entreprises publiques (sociétés nationales ; sociétés d'économie mixte contrôlées par l'État, etc.), sans y parvenir tout à fait.
10. CJF, art. L. 133-1.
11. CJF, art. L. 133-1, al. 1er.

a déjà été mentionnée ci-dessus[1], les sociétés nationales dans lesquelles l'État détient la majorité du capital social ou de voix dans les organes délibérants ou sur lesquelles il exerce, directement ou indirectement, un pouvoir prépondérant de décision ou de gestion[2], structures sur lesquelles la Cour exerce un contrôle obligatoire. Les exemples sont nombreux en jurisprudence[3].

313.73 Compétence sur les entreprises publiques relevant du contrôle facultatif de la Cour des comptes[4]. S'y ajoutent les entreprises sur lesquelles la Cour des comptes exerce un contrôle facultatif ; à cet égard, l'article L. 133-2 du CJF vise les « autres établissements ou organismes publics, quel que soit leur statut juridique, qui exercent une activité industrielle ou commerciale ». Cette catégorie semble fort résiduelle ; elle pourrait viser les établissements publics administratifs ayant une activité industrielle et commerciale, comme les CCI gérant un aéroport par exemple[5] ; mais les gestionnaires de ces structures sont, en toute hypothèse, déjà justiciables de la Cour à un autre titre.

313.74 Vérification de la nationalisation ou de la privatisation d'une entreprise. Lorsque cela est contesté par la défense, la Cour vérifie qu'une entreprise auparavant privée avait bien été nationalisée par un acte juridique approprié[6]. « Tout agent nommé d'une entreprise nationalisée qui a enfreint les règles relatives à l'exécution des recettes et des dépenses en vigueur dans cette entreprise est passible d'une amende infligée par la Cour de discipline budgétaire et financière »[7]. Symétriquement doit être procédé en cas de privatisation.

On note une nette décrue du nombre d'entreprises publiques nationales depuis la fin des années 1980, avec la vague continue de privatisations ; en revanche, le secteur public industriel et commercial demeure important au niveau local[8].

313.75 Entreprises publiques locales. En application du 3° de l'article L. 131-1 du CJF relèvent de la compétence contentieuse *ratione personae* de la Cour les représentants, administrateurs et agents des « autres organismes » soumis au contrôle des chambres régionales ou territoriales des comptes. Cette disposition vise en particulier les entreprises publiques locales, dont la Cour a d'ailleurs relevé, de façon critique, la multiplication des catégories[9] : les sociétés d'économie mixte locales (SEML)[10], les sociétés publiques locales (SPL)[11] et les sociétés d'économie mixte à opération unique (SEMOP)[12], ou encore les sociétés publiques locales d'aménagement d'intérêt national[13].

Les exemples d'arrêts portant sur des dirigeants d'une société d'économie mixte locale (SEML) sont nombreux[14]. La catégorie des sociétés publiques locales (SPL) a également donné lieu à jurisprudence[15].

1. V. s^s n° 313.23.
2. CJF, art. L. 133-1, al. 2.
3. PAR EX. : CDBF 17 juin 2014, *Société de valorisation foncière et immobilière (SOVAFIM)*, n° 193-696 ; *Rec.* 169 ; *AJDA* 2014. 1603, note C. Michaut et J.-E. Picard ; *RLC* 2014, n° 41, p. 32, note S. Brameret.
4. CJF, art. L. 133-2.
5. X. Cabannes, M. Conan, B. Poujade, L. Renouard, J.-P. Vachia, L. Vallernaud, *Code des juridictions financières*, 4e éd., Le Moniteur, 2018, comm. s^s art. L. 133-2.
6. CDBF 11 juin 1971, *Mutuelle générale française accidents, Lebon* 397 ; *CCP*, n° 2, p. 69 ; – Confirmé en cassation : CE 6 juin 1973, *Sieur Crozes, Lebon* 397.
7. CE 6 juin 1973, *Sieur Crozes.*
8. S. Bernard, « Les mutations de l'actionnariat public », *RFDA* 2019. 489.
9. Cour des comptes, référé du Premier président de la Cour des comptes au Premier ministre du 15 juin 2017 sur « les insuffisances du cadre juridique et comptable applicable aux entreprises publiques locales ». Accessible sur le site internet de la Cour des comptes.
10. CGCT, art. L. 1521-1, et L. 1522-1 s.
11. CGCT, art. L. 1531-1.
12. CGCT, art. L. 1541-1 s.
13. L. n° 2017-257, 28 févr. 2017 relative au statut de Paris et à l'aménagement métropolitain, *JO* 1er mars, n° 2.
14. PAR EX. : C. comptes 23 juill. 2024, *Société anonyme d'économie mixte pour la gestion et pour l'animation du parc de loisirs de Saint-Cyr (SAEM SAGA)*, n° 904, S-2024-1128 ; *JCP Adm.* 2024. 2321, note S. Damarey. – C. comptes 11 mai 2023, *Société ALPEXPO*, n° 836, S-2023-0604 ; *Rec.* p. 17 ; *JCP Adm.* 2023. 2210, note S. Damarey ; *AJDA* 2023. 1511, note X. Vandendriessche ; – CDBF 23 févr. 1994, *SEM A., Rev. Trésor* 1995. 680 ; *Lebon* 719 ; *Rec.* 131 ; – CDBF 13 juin 2003, *SEM Sarcelles Chaleur, Rev. Trésor* 2004. 57, note M. Lascombe et X. Vandendriessche ; *AJDA* 2003. 2316, note Groper ; *Lebon* 584 ; *Rec.* 121 ; *GAJF*, Dalloz 7e éd. 2019, n° 49 ; – CDBF 25 nov. 2010, *Société immobilière d'économie mixte de la ville de Paris (SIEMP)*, n° 171-603 ; *AJDA* 2011. 489, note N. Groper et C. Michaut ; *JCP* adm. et coll. terr. 2011, n° 20-21, p. 20, note S. Brameret ; *GFP* 2011, n° 8-9, p. 567, note M. Lascombe et X. Vandendriessche ; – CDBF 13 oct. 2015, *Société d'aménagement du Val-de-Marne et de développement des villes et du département du Val-de-Marne (SADEV 94)*, n° 202-725 ; *Rec.* 167 ; *AJDA* 2016. 652, note S. Gaillard et J. Goubault ; – CDBF 22 févr. 2018, *Société d'investissements de la filière pêche de l'archipel (SIFPA) de Saint-Pierre-et-Miquelon*, n° 218-749 ; *Rec.* 173 ; *AJDA* 2018. 1147 ; – CDBF 26 mars 2021, *Société d'économie mixte de construction du département de l'Ain (SEMCODA)*, n° 249-837 ; *AJDA* 2021. 1331, note D. Guilbaud et N. Péhau ; *Rec.* 171 ; – CDBF 3 déc. 2021, *Société anonyme d'économie mixte locale TERACTEM*, n° 254-861 ; *Rec.* 190 ; *DA* n° 4, avr. 2022, p. 28-32, note T. Dogan ; *Contrats et marchés publics* n° 2, févr. 2022, p. 1, note J. Dietenhoeffer ; – V. aussi : C. Devès, « Société d'économie mixte et pouvoir adjudicateur : mode d'emploi. À propos de l'arrêt TARACTEM de la CDBF du 3 décembre 2021 », *JCP* n° 16, 25 avr. 2022, p. 1.
15. CDBF 5 juill. 2022, *Société publique locale de Mayotte (SPL 976)*, n° 259-816 ; *Rec.* 141 ; – C. comptes 11 mai 2023, *Société ALPEXPO*, n° 836, S-2023-0604 ; *JCP Adm.* n° 25, 26 juin 2023, 2210, note S. Damarey ; *AJDA* 2023. 1511, note X. Vandendriessche.

Le poids important du secteur public industriel et commercial local justifie d'ailleurs l'élargissement, dans le cadre de la réforme entrée en vigueur le 1er janvier 2023, de l'infraction visant spécifiquement les entreprises publiques aux entreprises publiques locales[1], jusque-là exclues de cette infraction financière[2].

313.76 Compétence rattachable simultanément à différentes sources. Il peut arriver que la compétence contentieuse sur les agents d'une structure se rattache à plusieurs niveaux de compétence de contrôle de la Cour des comptes et/ou des chambres régionales et territoriales des comptes.

Dans ce cas, l'arrêt pourra les citer tous ; il doit en tout cas mentionner le minimum nécessaire pour établir sa compétence (économie de moyens), sans d'ailleurs forcément indiquer lequel est prédominant (ce qui, il faut le dire, importe au fond assez peu).

Ainsi, dans un cas où le capital d'une SEM locale était réparti entre une commune, majoritaire, et une filiale d'une personne morale de droit public soumise au contrôle de la Cour des comptes, en l'occurrence la Caisse des dépôts et consignations, la CDBF s'est bornée à indiquer que le capital social de la SEM « est majoritairement détenu par des organismes qui sont soumis au contrôle de la Cour des comptes ou de la chambre régionale des comptes d'Île-de-France »[3].

313.77 Filiales d'entreprises publiques. Les gestionnaires des filiales d'entreprises publiques, et de leurs sous-filiales, sont également justiciables de la Cour, qui peut exercer sa compétence de contrôle sur ces structures, sur le fondement de l'article L. 133-5 du CJF[4]. La même règle prévaut pour les filiales d'entreprises publiques locales contrôlées par les CRC (CJF, art. L. 211-9).

313.78 Entreprises non publiques, mais subventionnées. Des entreprises purement privées, que l'on n'inclurait donc pas parmi les entreprises publiques telles que définies ici, peuvent néanmoins se retrouver dans le champ de contrôle de la Cour des comptes ou des CRTC, mais sur une autre base juridique[5] ; leurs gestionnaires peuvent donc relever de la compétence contentieuse de la Cour. Il en est ainsi des entreprises privées concessionnaires d'autoroute : exemple d'une société ayant bénéficié d'avances et de garanties de l'État[6]. Autre exemple : des sociétés participant à la politique de l'habitat social, et recevant dans ce cadre des concours financiers de l'État[7].

313.79 Infraction particulière pour les gestionnaires des entreprises publiques. À noter enfin qu'il existe une infraction particulière dont le champ des justiciables est limité aux seuls gestionnaires des entreprises publiques – notion dans ce cas entendue au sens large, incluant les établissements publics de l'État et les entreprises publiques locales – et qui figure à l'article L. 131-10 du CJF[8]. L'infraction qui la précédait jusqu'à la réforme de 2022 ne visait expressément que les gestionnaires des entreprises publiques de l'État[9], par renvoi à deux articles de compétence de contrôle de la Cour sur les entreprises publiques que le dispositif actuel a maintenu[10] ; la réforme, en incluant le secteur local, a donc forte-

1. CJF, art. L. 131-10 ; ancien art. L. 313-7-1 du même code jusqu'au 31 décembre 2022.
2. V. ss no 433.11.
3. CDBF 13 juin 2003, *SEM Sarcelles Chaleur, Rev. Trésor* 2004. 57, note M. Lascombe et X. Vandendriessche ; *AJDA* 2003. 2316, note N. Groper ; *Lebon* 584 ; *Rec.* 121 ; *GAJF*, Dalloz 7e éd. 2019, no 49.
4. Parmi les nombreux exemples en jurisprudence financière répressive : CDBF 9 mars 2021, *CDC Entreprises – Plan d'attributions gratuites d'actions*, no 248-767 ; *Rec.* 165 ; – CDBF 22 mai 2015, *Entreprise minière et chimique (EMC)*, no 199-731 ; *Rec.* 162 ; *AJDA* 2016. 1570, note N. Hauptmann et N. Péhau ; – CDBF 24 févr. 2006, *Sté Altus Finance*, 2e arrêt, *AJDA* 2006. 1249, note N. Groper et C. Michaut ; *JCP* 2006. II. 10152, note J.-P. Gastinel ; *Rev. Trésor* 2006. 910, note M. Lascombe et X. Vandendriessche ; *RFDA* 2006. 624, note M. Lascombe et X. Vandendriessche ; *Lebon* 650 ; *Rec.* 74.
5. PAR EX. une entreprise ayant reçu des concours financiers publics, v. ss no 313.81.
6. CDBF 22 et 29 nov. 1985, *Sté des autoroutes Rhône-Alpes [Area], CCP*, no 3, p. 25 : « Considérant qu'aux termes d'une convention passée le 15 mars 1971 entre l'État d'une part et d'autre part sept entreprises de travaux publics et trois banques, [...] le groupement des entreprises et des banques a obtenu la concession de la construction et de l'exploitation de plusieurs autoroutes sous réserve qu'il constitue, dans les deux mois, une société chargée de l'exécution des opérations ; que la société AREA a, en conséquence, été créée le 6 mai 1971 par les entreprises et banques susmentionnées, qui détenaient respectivement 69 % et 13 % de son capital, auquel participaient également, pour le solde, des sociétés pétrolières et des sociétés de restauration ; qu'AREA [est une] société anonyme de droit privé [...]. Considérant qu'il n'est pas contesté que la société AREA a effectivement bénéficié du concours financier de l'État ; que dès lors le directeur général de cette société est justiciable de la Cour de discipline budgétaire et financière, dont la compétence résulte d'ailleurs non de l'exercice effectif du contrôle par la Cour des comptes, mais seulement de la compétence légale que détient cette dernière juridiction pour exercer un tel contrôle ».
7. CDBF 29 juin 1978, *Sté de crédit immobilier « Les prévoyants de l'avenir de la Charente-Maritime » et SA d'HLM « Le foyer de la Charente-Maritime », CCP*, no 2, p. 157 ; *Lebon* 663.
8. Sur cette infraction, v. ss no 433.11.
9. CJF, ancien art. L. 313-7-1, en vigueur jusqu'au 31 décembre 2022.
10. L'art. L. 131-10 du CJF, comme avant lui l'ancien article L. 313-7-1, renvoie au champ de compétence de contrôle de la Cour prévus par les articles L. 133-1 et L. 133-2 du même code.

ment élargi le périmètre des justiciables de cette infraction[1].

§ 4
Gestionnaires des organismes privés bénéficiant de concours financiers publics ou faisant appel à la générosité publique : fondations, associations et autres structures subventionnées

313.81 **Cadre légal.** Les personnels et dirigeants d'une structure de droit privé, par exemple d'une association, peuvent être sanctionnés par le juge financier, à condition que cette dernière relève du contrôle de la Cour des comptes ou des CRTC[2].

La compétence de contrôle sur les organismes de droit privé, notamment les associations, s'est progressivement élargie au bénéfice des juridictions financières, et partant, les gestionnaires de ces organismes privés peuvent tomber dans le champ des gestionnaires sanctionnables par la Cour.

Peuvent ainsi être contrôlés par les juridictions financières (et donc leurs gestionnaires appréhendés au contentieux) :

– les organismes de droit privé destinataires de concours financiers publics versés par l'État, l'Union européenne ou par une autre structure relevant de la compétence de contrôle de la Cour[3], ou versés par un organisme soumis au contrôle des CRC[4]. Ce fondement joue pour toutes les structures privées, pour les associations tout comme pour les sociétés commerciales, si elles reçoivent une aide financière de structures publiques[5]. Ce champ est potentiellement très large, incluant par exemple les établissements privés d'enseignement[6] ;

– les organismes de droit privé destinataires d'un prélèvement obligatoire[7], ce qui couvre trois volets, les impositions de toute nature, les cotisations légalement obligatoires ainsi que les versements libératoires d'une obligation légale de faire ;

– les établissements et services de droit privé à caractère sanitaire, social ou médico-social qui sont financés par l'État ou d'autres structures publiques, ou qui sont financés « par les usagers au titre du paiement de leur hébergement ou des prestations annexes ou suppléments qui leur sont facturés » ; cette compétence, qui a été ajoutée par le législateur en 2022 à la suite de dysfonctionnements dévoilés dans certaines maisons de retraite privées[8], s'étend jusqu'à leur société-mère lorsque ce type d'activité relève de filiales, ainsi qu'aux organismes de même type relevant de la compétence de contrôle des CRTC[9] ;

– les associations faisant appel à la générosité publique[10], y compris les organismes qui reçoivent des fonds ainsi collectés[11] ;

– les organismes bénéficiant de dons, legs ou versements ouvrant droit à un avantage fiscal au-delà d'un certain seuil[12] ;

– les organismes privés pour lesquels la loi prévoit une compétence ponctuelle de la Cour des comptes, liée à certaines subventions : ainsi, la loi est-elle intervenue pour soumettre, de façon exceptionnelle, au contrôle de la Cour, « lorsqu'elles concourent à l'organisation des jeux Olympiques et Paralympiques de 2024, les personnes ayant leur siège en France bénéficiant à ce titre, s'agissant des personnes morales de droit privé, d'un financement public »[13], sans fixer de montant minimum dans ce financement public ; la loi précise même que « ce contrôle est exercé dans les conditions et selon les procédures du code des juridictions financières applicables aux personnes de droit public » ;

1. CJF, art. L. 131-10 : « Le précédent alinéa est également applicable aux personnes occupant un emploi de direction au sein des organismes ou filiales, quel que soit leur statut juridique, dans lesquels les collectivités territoriales, les établissements publics locaux ou les autres organismes relevant de la compétence d'une chambre régionale des comptes, détiennent, séparément ou ensemble, plus de la moitié du capital ou des voix dans les organes délibérants, ou sur lesquels ils exercent un pouvoir prépondérant de décision ou de gestion ».
2. V. s[s] n° 111.11, partie sur la compétence de contrôle des juridictions financières. – V. s[s] n° 313.51.
3. CJF, art. L. 111-6, qui renvoie à l'art. L. 133-3 du même code.
4. CJF, art. L. 211-8.
5. PAR EX. : CDBF 25 mars 1987, *Assoc. X et Y*, *CCP*, n° 3, p. 55 : associations contrôlées par la Cour des comptes du fait de concours financiers apportés par l'État sous forme de subventions et de mise à disposition de personnel.
6. Procureur général près la Cour des comptes, avis de compétence du 29 mars 2022, *Les moyens budgétaires dédiés aux établissements d'enseignement privé sous contrat*, n° C-2022-0133 ; *Rec.* 175.
7. CJF, art. L. 111-6, qui renvoie à l'art. L. 133-4 du même code.
8. CJF, art. L. 111-7, issu de l'art. 62 de la loi n° 2022-1616, 23 déc. 2022.
9. CJF, art. L. 211-7.
10. L. n° 91-772, 7 août 1991 relative au congé de représentation en faveur des associations et des mutuelles et au contrôle des comptes des organismes faisant un appel public à la générosité, tel que modifié par la loi n° 2021-875 du 1er juillet 2021 visant à améliorer la trésorerie des associations, art. 3.
11. CJF, art. L. 111-9 – Contrôle précisé par CJF, art. R. 143-28.
12. CJF, art. L. 111-10 – Précisé par CJF, art. R. 143-27 CJF : « Le seuil prévu à l'article L. 111-10 est fixé à 153 000 € », et par CJF, art. R. 143-28 CJF.
13. L. n° 2018-202, 26 mars 2018 relative à l'organisation des jeux Olympiques et Paralympiques de 2024 (*JO* du 27 mars, texte n° 1), art. 29.

– le contrôle des actes budgétaires des collectivités locales, auquel contribuent les CRC[1], pourrait certes théoriquement être utilisé comme fondement pour asseoir la justiciabilité des gestionnaires locaux, mais cela serait surabondant par rapport aux autres fondements, plus directs[2], rendant justiciables ces personnes ; il en va de même du contrôle des actes des sociétés d'économie mixte locales[3], dont les gestionnaires sont, en toute hypothèse, justiciables du juge financier ;

– enfin, pour rappel, les sociétés commerciales détenues ou contrôlées par l'État[4] ou par les collectivités locales[5], qui font partie des entreprises publiques déjà traitées[6], ainsi que leurs filiales et sous-filiales[7], relèvent de la compétence de contrôle des juridictions financières et leurs gestionnaires sont dès lors justiciables de la Cour en matière contentieuse.

313.82 Articulation entre compétence de contrôle partielle et justiciabilité. La compétence contentieuse de la Cour n'est pas limitée par une compétence de contrôle partielle de la juridiction financière sur une partie seulement de la gestion d'un organisme, ou par une distinction entre fonds publics et fonds privés. Si le contrôle de la Cour des comptes ou des CRTC peut se limiter à l'utilisation de certains fonds par des organismes privés[8], cette limitation du champ de contrôle organique ne joue point pour le volet contentieux : en effet, la liste des justiciables, personnes physiques, est d'abord établie par l'article L. 131-1 du CJF, dont le 3° renvoie aux « organismes qui sont soumis au contrôle » de la Cour ou d'une CRTC ; une fois cette compétence sur l'organisme établie, même si elle n'est que partielle ou suspendue à des conditions préalables, les gestionnaires relèvent entièrement du pouvoir de sanction de la Cour.

Cette solution prévalait déjà dans le régime de responsabilité sanctionné par la CDBF avant la réforme de 2022 : « considérant que la compétence de la Cour de discipline budgétaire et financière est pleinement établie dès lors que [...] l'organisme en cause tombe sous le contrôle de la Cour des comptes, sans qu'il y ait lieu de rechercher si cette dernière est habilitée à contrôler tout ou partie de sa gestion »[9].

Autrement dit, le juge financier, à partir du moment où il est compétent sur les agents d'un organisme, ne distingue pas, parmi les actes de ces derniers, ceux portant sur des fonds publics et ceux portant sur des fonds privés, ou entre fonds contrôlables (ceux figurant dans un compte d'emploi d'un concours financier public par exemple) et ceux qui ne le sont pas.

Si la compétence administrative de la Cour des comptes sur les associations peut se limiter au contrôle du compte d'emploi des fonds d'origine publique, à l'exclusion des fonds d'origine privée, sa compétence contentieuse s'étend à l'ensemble de la gestion, l'action du juge financier répressif n'étant « pas tributaire d'une quelconque distinction entre fonds publics et fonds privés maniés par l'organisme subventionné », la Cour devant « seulement apprécier si les faits qui lui sont déférés constituent ou non des infractions aux règles d'exécution des recettes et dépenses de l'organisme considéré ; que, dès lors qu'il n'est pas contesté que les dirigeants des deux associations sont justiciables de ladite Cour, il n'y a pas lieu de s'arrêter à la distinction établie par la défense quant à la nature des fonds sur lesquels portent les irrégularités relevées »[10].

Cette solution extensive joue donc pour les gestionnaires des organismes bénéficiant de concours financiers publics, au-delà du seul compte d'emploi ; elle vaut aussi pour les gestionnaires des organismes bénéficiant de dons, legs ou versements ouvrant droit à un avantage fiscal, même au-delà du seul champ de contrôle qui ne peut alors porter sur la seule conformité entre les objectifs de ces organismes et les dépenses financées par ces ressources, lorsque

1. CJF, art. L. 211-11.
2. CJF, art. L. 131-1.
3. CJF, art. L. 211-14 : « La chambre régionale des comptes peut contrôler les actes des sociétés d'économie mixte locales dans les conditions prévues à l'article L. 1524-2 du code général des collectivités territoriales ». Cette disposition intéresse l'activité de contrôle des CRC, mais n'a aucun impact sur le champ des justiciables, dont les gestionnaires sont justiciables de toute façon.
4. CJF, art. 133-1, al. 2 : « Elle [la Cour des comptes] contrôle les sociétés dans lesquelles l'État détient la majorité du capital social ou des voix dans les organes délibérants ou sur lesquelles il exerce, directement ou indirectement, un pouvoir prépondérant de décision ou de gestion ». V. également art. L. 133-2 du même code.
5. CJF, art. L. 211-8 : « La chambre régionale des comptes peut contrôler les organismes, quel que soit leur statut juridique, [...] dans lesquels ils [les collectivités territoriales les établissements publics locaux ou les autres organismes relevant de sa compétence] détiennent, séparément ou ensemble, plus de la moitié du capital ou des voix dans les organes délibérants, ou sur lesquels ils exercent un pouvoir prépondérant de décision ou de gestion ».
6. V. s^s n°s 313.72 et 313.73.
7. CJF, art. L. 133-5 pour le périmètre de contrôle de la Cour des comptes ; pour le secteur local, art. L. 211-9 du même code : « La chambre régionale des comptes peut contrôler les filiales des établissements, sociétés, groupements et organismes visés à l'article L. 211-8, lorsque ces organismes détiennent dans lesdites filiales, séparément ou ensemble, plus de la moitié du capital ou des voix dans les organes délibérants, ou exercent un pouvoir prépondérant de décision ou de gestion » – V. s^s n° 313.75.
8. PAR EX. contrôle du compte d'emploi de certains fonds, au sens de l'article L. 111-6 CJF préc.
9. CDBF 25 mars 1987, *Assoc. X et Y*, *CCP*, n° 3, p. 55.
10. CDBF 25 mars 1987, *Assoc. X et Y*, préc.

le montant annuel de ceux-ci excède un seuil fixé par décret.

En revanche, lorsque l'intervention de la Cour ou de la CRTC, en matière administrative, n'est pas un « contrôle », ou lorsqu'il ne s'applique pas à un « organisme », au sens de l'art. L. 131-1-3° précité, mais à un seul acte (une convention, un marché...), alors les gestionnaires privés ne peuvent pas être justiciables de la fonction contentieuse de la Cour.

Ainsi, si la loi prévoit que les CRC peuvent, sur demande du préfet, *contrôler* les conventions de délégation [1], donc des actes isolés [2], l'impact de cette compétence sur le périmètre des justiciables au contentieux semble nul. En effet, les gestionnaires des organismes publics délégants sont forcément déjà justiciables à un autre titre, puisqu'il s'agit d'organismes publics ; et quant aux gestionnaires des entreprises délégataires, ils échappent en principe au champ des sanctions de droit public financier - sauf s'ils sont justiciables par ailleurs sur un autre fondement, par exemple parce qu'ils sont gestionnaires de fait [3] ou parce que leur entreprise bénéficie de concours financiers publics [4].

De même, la compétence donnée aux CRC sur les conventions de marchés publics transmises par le préfet ne saurait fonder une quelconque justiciabilité, étant donné que la loi ne désigne pas cette activité de « contrôle » d'un « organisme » [5]. Là aussi, les gestionnaires publics intervenant dans les marchés publics, leur conclusion et leur exécution, peuvent être appréhendés sur un autre fondement ; en revanche, les cocontractants privés ne sauraient l'être, sauf s'ils sont justiciables par ailleurs (par exemple gestion de fait).

313.83 Exemples et précisions jurisprudentielles. Il existe une riche jurisprudence de la CDBF concernant des associations, qu'elles soient de bienfaisance ou non :

- groupements de défense sanitaire, associations départementales d'éleveurs reconnues par l'État et chargées d'une mission de service public [6] ;
- association dont les ressources sont constituées à 85 % de contributions versées par une structure qui gère des fonds issus d'une taxe [7] ;
- exemple d'une association recevant des subventions en nature [8] ;
- cas d'un groupement d'intérêt économique (GIE) ayant bénéficié d'aides financières publiques [9] ;
- association qui recouvre des cotisations sociales et soumise de ce fait au contrôle de la Cour des comptes [10] ;
- association recevant une subvention annuelle d'un département et dirigée par un élu [11] ;
- association recevant des subventions publiques [12] ;
- association qui « gérait un centre d'hébergement et de réinsertion sociale (CHRS), un service d'orientation et de suite et un service de contrôle judiciaire, ainsi que diverses actions destinées à la réinsertion de personnes en difficulté ; qu'elle bénéficiait à ce titre de concours financiers de l'État ; qu'elle était ainsi soumise au contrôle de la Cour des comptes ; que ses dirigeants relèvent en conséquence de la compétence de la Cour de discipline budgétaire et financière » [13]. La Cour y a d'ailleurs signalé, par un important considérant de principe, que « la présidence d'une association, même assurée à titre bénévole, comporte en elle-même un devoir de surveil-

1. CJF, art. L. 211-12 : « La chambre régionale des comptes peut contrôler les conventions relatives à des délégations de service public dans les conditions prévues à l'article L. 1411-18 du code général des collectivités territoriales », ce dernier texte (CGCT, art. L. 1411-18) précisant ceci : « Les conventions relatives à des délégations de service public peuvent être transmises par le représentant de l'État dans le département à la chambre régionale des comptes. Il en informe l'autorité territoriale concernée. La chambre régionale des comptes examine cette convention. Elle formule ses observations dans un délai d'un mois à compter de sa saisine. L'avis de la chambre régionale des comptes est transmis à la collectivité territoriale ou à l'établissement public intéressé et au représentant de l'État ».
2. Ne pas confondre le contrôle de la convention de délégation avec la question du contrôle des comptes du délégataire : v. s[s] n° 313.131.
3. CJF, art. L. 131-15 ; – V. s[s] n° 311.32 (justiciabilité) et s[s] n°s 424.11 s. (infraction spécifique).
4. V. s[s] n° 313.81.
5. CJF, art. L. 211-13 : « Les conventions relatives aux marchés peuvent être transmises par le représentant de l'État dans le département à la chambre régionale des comptes. Il en informe l'autorité territoriale concernée. La chambre régionale des comptes examine cette convention. Elle formule ses observations dans un délai d'un mois à compter de sa saisine ».
6. CDBF 25 janv. 1977, *Direction départementale des services vétérinaires de la Lozère, CCP*, n° 2, p. 126 ; *Lebon* 657 (extraits).
7. CDBF 21 oct. 1987, *Institut technique de la vigne et du vin [ITV], CCP*, n° 3, p. 100 ; *Lebon T.* 656.
8. CDBF 17 févr. 1988, *Direction des services vétérinaires des Alpes de Haute-Provence, Assoc. Groupement de défense sanitaire [GDS] et Assoc. Groupement vétérinaire pratique [GVP], CCP*, n° 3, p. 122 ; *Lebon* 538.
9. CDBF 30 nov. 1988, *Office national de la navigation [ONN] et GIE Bateliers artisans service commercial [BASC], CCP*, n° 3, p. 143 ; *Lebon* 549.
10. CDBF 28 nov. 1990, *Assoc. pour la gestion de la Sécurité sociale des artistes auteurs [Agessa], CCP*, n° 3, p. 217 ; *Lebon* 528.
11. CDBF 7 déc. 1994, *Comité départemental du tourisme de la Gironde, Rev. Trésor* 1995. 685 ; *Lebon* 728 ; *Rec.* 147.
12. CDBF 31 mars 1999, *Assoc. pour le développement des images de la culture [Arcanal] et Centre national de la cinématographie [CNC], Rev. Trésor* 1999. 258 ; *Lebon* 563.
13. CDBF 7 nov. 2003, *Assoc. L'Étape, Rev. Trésor* 2005. 692, note M. Lascombe et X. Vandendriessche ; *AJDA* 2004. 1236, note N. Groper ; *Lebon* 592 ; *Rec.* 137.

lance, notamment en matière budgétaire et financière » ;

- structures associatives habilitées à percevoir des versements libératoires d'une obligation légale de faire[1] ;

- fondations faisant appel à la générosité publique[2]. La Cour doit en principe établir clairement sa compétence, et il doit être regretté que ce ne soit pas toujours le cas[3] ;

- les gestionnaires d'une fondation d'utilité publique peuvent relever de la compétence répressive du juge financier si la fondation relève du champ de contrôle de la Cour[4] ;

- association soumise au contrôle d'une chambre régionale des comptes parce qu'elle était contrôlée par les collectivités locales[5] ;

- association bénéficiant de versements libératoires d'une obligation légale de faire (participation des entreprises à la formation professionnelle)[6] ;

- fédération sportive, qui est en l'occurrence une association subventionnée[7].

313.84 Cas particulier des associations dites para-administratives, ou des associations transparentes (gestion de fait). Une association dite para-administrative est une structure nécessairement subventionnée par l'État ou une autre personne morale de droit public disposant d'un comptable public et soumise par conséquent, à un titre ou un autre, au contrôle des juridictions financières. Cela est vrai en particulier lorsque la structure est utilisée comme outil d'une gestion de fait.

En cas de gestion de fait en raison de la transparence de l'association[8], cette dernière n'est qu'un démembrement de l'administration. Dans de tels cas, les dirigeants de l'association sont, en toute hypothèse, justiciables de la Cour, indépendamment de la contrôlabilité de la structure privée, car ils ont agi comme fonctionnaires de l'État ou autre agent public de toutes les façons justiciable, l'association transparente n'étant alors pas sa structure de rattachement réelle[9]. Il y a donc une sorte de « double compétence contentieuse » de la Cour, d'une part parce que l'association est subventionnée, et d'autre part parce que le gestionnaire de fait est aussi gestionnaire public justiciable par ailleurs.

Le fondement de la justiciabilité peut même être triple. Ainsi, dans une affaire jugée par la CDBF, une personne était premièrement justiciable en sa qualité de professeur d'université, donc de fonctionnaire d'État travaillant dans un établissement public ; deuxièmement, en tant que président d'une association subventionnée, cette même personne était également justiciable de la Cour ; enfin, troisièmement, cette personne l'était en tant que comptable de fait. La CDBF s'est prononcée sur l'ensemble des faits, qu'ils concernent l'université ou l'association transparente, « sans qu'il y ait lieu d'établir de distinction » entre les deux gestions[10].

313.85 Cas exceptionnel de non-justiciabilité pour certains bénévoles d'associations de bienfaisance. Ne sont pas justiciables de la Cour des comptes, « s'ils ne sont pas rémunérés et s'ils n'exercent pas les fonctions de président, les administrateurs ou agents des associations de bienfaisance assujetties au contrôle de la Cour des comptes ou d'une chambre régionale des comptes »[11]. Cette exceptionnelle non-justiciabilité est limitée à certains bénévoles et elle est d'interprétation stricte[12] ; les présidents d'association, même de bienfaisance, et même s'ils sont bénévoles[13], demeurent justiciables de la Cour.

§ 5
Gestionnaires des organismes de protection sociale

313.91 Cadre légal – diversité des sources juridiques de la compétence de la Cour. Plusieurs textes font référence à la compétence de contrôle des juridic-

1. CDBF 6 mai 2009, *Assoc. Union interprofession enseignement [UNIPE-PE] et Union interprofession insertion professionnelle [UNIPE-IP], Rec.* 75 ; *AJDA* 2009. 2456, note N. Groper et C. Michaut ; *Gestion & finances publiques* 2011, n° 7, p. 500, note M. Lascombe et X. Vandendriessche.
2. C. comptes 8 janv. 2025, *Fondation Assistance aux animaux*, n° 874, S-2024-1612.
3. Ex. dans lequel l'arrêt reste muet sur la compétence : CDBF 4 déc. 2015, *Fondation nationale des sciences politiques et Institut d'études politiques de Paris (FNSP-IEP de Paris) ; Rec.* 171 ; *AJDA* 2016. 198, note S. Gaillard et J. Goubault.
4. CDBF 20 juill. 2017, *Institut Curie*, n° 215-765 ; *Rec.* 244 ; A. Froment-Meurice, J.-Y. Bertucci, N. Hauptmann et C. Michaut, *GAJF*, 7e éd. 2019, n° 50, p. 585.
5. CDBF 26 juill. 2018, *Association Marseille Provence 2013 – Capitale européenne de la culture (MP2013)*, n° 221-776 ; *Rec.* 185.
6. CDBF 3 mai 2021, *Association « OPCALIA »*, n° 250-845 ; *Rec.* 175.
7. CDBF 7 nov. 2022, *Fédération française d'athlétisme (FFA)*, n° 262-847 ; *Rec.* 148 ; *AJDA* 2023. 560, Chron. M. Choquet et N. Péhau.
8. V. ss nos 424.25 s.
9. CDBF 19 févr. 1992, *Assoc. Franterm [recherche et applications de terminologie française], Rev. Trésor* 1993. 775 ; *Lebon* 630 ; *Rec.* 133.
10. CDBF 4 oct. 1984, *Université Louis Pasteur de Strasbourg, Laboratoire de physique corpusculaire et cosmique [LPCC], Assoc. pour le développement de la recherche en physique corpusculaire et cosmique [ADRPCC], CCP*, n° 2, p. 222.
11. CJF, art. L. 131-2, 17°.
12. V. ss n° 312.62.
13. CDBF 3 mai 2021, *Association « OPCALIA »*, n° 250-845 ; *Rec.* 175.

tions financières sur les organismes de protection sociale ; de ce fait, les fondements de la justiciabilité des gestionnaires publics de ces organismes peuvent varier, et parfois même se cumuler.

Certains organismes de protection sociale ont le statut d'établissement public national [1], et leurs agents relèvent de la Cour à ce titre [2] ; c'est le cas en particulier des quatre caisses nationales les plus importantes que sont la Caisse nationale d'assurance-maladie des travailleurs salariés (CNAMTS), la Caisse nationale d'assurance vieillesse (CNAVTS), la Caisse nationale d'allocations familiales (CNAF) et l'Agence centrale des organismes de sécurité sociale (ACOSS, rebaptisée URSSAF Caisse nationale). Cette liste n'est toutefois pas exhaustive, puisqu'il existe également d'autres établissements publics nationaux dans le domaine de la protection sociale.

D'autres organismes de protection sociale ont un statut de droit privé, et la compétence contentieuse de la Cour sur les gestionnaires se fonde alors sur l'hypothèse prévue à l'article L. 131-1, 3° ici étudiée, visant les gestionnaires des « autres organismes » soumis au contrôle soit de la Cour des comptes, soit des CRTC. L'ancrage de la compétence de contrôle de la Cour des comptes sur les organismes de droit privé de la Sécurité sociale est détaillé à l'art. L. 134-1 du code des juridictions financières [3], mais cette compétence peut également se fonder sur l'existence d'un prélèvement obligatoire ou d'un concours financier public [4]. Cela concerne potentiellement de nombreux organismes sociaux de nature et de taille fort variables (par exemple les structures percevant le « 1 % logement »), pour lesquels la compétence de la Cour des comptes est à établir à chaque fois, non sans difficulté, comme le montre la jurisprudence [5].

La formule générale figurant à l'article L. 111-5 du CJF, selon laquelle « la Cour des comptes contrôle les institutions de sécurité sociale », résume ces compétences diverses de contrôle ; pourtant, en cas de doute sur la compétence de contrôle, le Parquet général s'appuiera plutôt sur les textes plus spécifiques, et pas sur la compétence générale [6]. Si l'on souhaitait néanmoins se fonder sur la compétence générale de l'article L. 111-5 du CJF, il conviendrait, pour savoir si l'on est en présence d'une institution de sécurité sociale, consulter la liste donnée par le code de la sécurité sociale [7].

313.92 **Exemples et précisions jurisprudentielles.** Il existe de nombreux arrêts rendus dans le domaine de la protection sociale, catégorie en réalité vaste et diverse :

- compétence sur les présidents de caisses de sécurité sociale : le fait que le directeur général d'une caisse « soit investi de compétences propres n'est pas de nature à faire échapper le président du Conseil d'administration d'un tel organisme à la juridiction de la Cour » [8] ;
- les directeurs de caisses d'assurance-maladie, même s'il s'agit de personnes morales de droit privé, sont justiciables de la Cour [9] ;
- condamnation d'un chef d'un service déconcentré d'une caisse nationale de sécurité sociale (établissement public) et son secrétaire général [10] ;
- cas du président, du directeur et du comptable d'un régime de protection sociale légalement obligatoire [11] ;

1. La compétence de contrôle de la Cour des comptes sur les établissements publics (de protection sociale ou non) se trouve à l'art. L. 111-3 du code des juridictions financières : « La Cour des comptes contrôle les services de l'État et les autres personnes morales de droit public, sous réserve de la compétence attribuée aux chambres régionales et territoriales des comptes ».
2. CJF, art. L. 131-1, 2°. v. s[s] n° 313.23.
3. CJF, art. L. 134-1 : « Sont soumis au contrôle de la Cour des comptes tous les organismes de droit privé jouissant de la personnalité civile ou de l'autonomie financière qui assurent en tout ou partie la gestion d'un régime légalement obligatoire : a) D'assurance couvrant la maladie, la maternité, l'autonomie, la vieillesse, l'invalidité, le décès, les accidents du travail et les maladies professionnelles ; b) De prestations familiales. Les unions, fédérations et autres formes de groupement desdits organismes sont soumises au même contrôle ».
4. CJF, art. L. 111-6 : « La Cour des comptes peut contrôler les organismes qui bénéficient d'un concours financier d'une personne visée à l'article L. 133-3 ou d'un prélèvement obligatoire au sens de l'article L. 133-4 ». Sur ce fondement, v. s[s] n° 313.81.
5. CDBF 6 mai 2009, *Assoc. Union interprofession enseignement [UNIPE-PE] et Union interprofession insertion professionnelle [UNIPE-IP], Rec.* 75 ; *AJDA* 2009. 2456, note N. Groper et C. Michaut ; *GFP* 2011, n° 7, p. 500, note M. Lascombe et X. Vandendriessche. La Cour fonde en l'espèce sa compétence sur l'ancien article L. 111-7 du CJF (actuel art. L. 111-6 CJF), s'agissant d'associations habilitées à percevoir un versement libératoire d'une obligation légale de faire (taxe d'apprentissage).
6. Procureur général près la Cour des comptes, avis de compétence du 14 avril 2004, *Comité de coordination des caisses mutuelles complémentaires d'action sociale (CMCAS)* ; *Rec.* 218. En l'espèce, le parquet s'appuie sur les articles L. 111-7, L. 134-1 et R. 133-4 du CJF ; – Procureur général près la Cour des comptes, avis de compétence du 15 juillet 2004, *Caisse mutuelle complémentaire d'action sociale de Toulouse* ; *Rec.* 272.
7. CSS, art. R. 111-1.
8. CDBF 17 déc. 1976, *Caisse interprofessionnelle, commerciale et industrielle d'allocations vieillesse [Ciciav] de Béthune, CCP*, n° 2, p. 121.
9. PAR EX. : CDBF 29 nov. 1984, *Caisse mutuelle régionale [CMR] de Bretagne, CCP*, n° 2, p. 232.
10. CDBF 30 oct. 1985, *Caisse nationale de l'assurance-maladie des travailleurs salariés [CNAMTS], Service du contrôle médical régional de Nancy, CCP*, n° 3, p. 20.
11. CDBF 16 mars 1988, *Caisse de retraite et de prévoyance de la boucherie, boucherie-charcuterie et boucherie hippophagique française [Carbof], CCP*, n° 3, p. 131 ; *Lebon* 543.

– gestionnaire d'une association qui recouvre des cotisations de protection sociale, soumise au contrôle de la Cour des comptes [1] ;

– cas du président du conseil d'administration d'un organisme de sécurité sociale (gérant un régime complémentaire obligatoire de retraite) [2] ;

– exemple d'une filiale d'un organisme de sécurité sociale et d'un groupement d'intérêt économique (GIE) créé entre l'organisme et sa filiale [3] ;

– compétence sur un gérant de société civile immobilière (SCI), filiale à 99,9 % d'une caisse de sécurité sociale obligatoire, dont il est directeur adjoint [4] ;

– signalons aussi un arrêt rendu sur pourvoi en cassation contre un arrêt de la CDBF, à la fois sur la question de la compétence sur un dirigeant d'organisme de sécurité sociale et sur la question de la non-justiciabilité des administrateurs élus ne percevant pas de rémunération [5] ;

– responsables d'organismes percevant des versements libératoires d'une obligation légale de faire [6] ;

– « association à caractère interprofessionnel agréée par l'État pour collecter la participation des employeurs à l'effort de construction », qualifiée « d'organisme habilité à percevoir des cotisations obligatoires soumis au contrôle de la Cour des comptes... » [7] (du fait de l'évolution des textes postérieurement à cet arrêt, ce type d'organisme peut être aujourd'hui rattaché à un fondement spécifique) [8] ;

– gestionnaires d'une association recevant des cotisations légalement obligatoires [9] ;

– gestionnaires d'un régime de protection sociale légalement obligatoire [10] ;

– responsables d'une association bénéficiant de versements libératoires d'une obligation légale de faire (participation des entreprises à la formation professionnelle) [11].

313.93 **Cas de non-justiciabilité des administrateurs élus d'organismes de protection sociale.** Ne sont pas justiciables de la Cour « s'ils ne sont pas rémunérés et s'ils n'exercent pas, directement ou par délégation, les fonctions de président, les administrateurs ou conseillers élus ou non élus des organismes de protection sociale relevant du contrôle de la Cour des comptes et agissant dans le cadre des dispositions législatives ou réglementaires » [12]. Ce cas exceptionnel d'irresponsabilité est d'interprétation stricte [13] ; autrement dit, si les différentes conditions précitées ne sont pas, cumulativement, données, le gestionnaire sera néanmoins justiciable du juge financier. C'est le cas par exemple d'un administrateur non rémunéré mais qui agit sur délégation du président.

§ 6
Gestionnaires des filiales et sous-filiales d'organismes contrôlés par les juridictions financières

313.101 **Cadre légal.** La Cour des comptes [14] et les chambres régionales et territoriales des comp-

1. CDBF 28 nov. 1990, *Assoc. pour la gestion de la Sécurité sociale des artistes auteurs [Agessa], CCP*, n° 3, p. 217 ; *Lebon* 528.
2. CDBF 17 déc. 1990, *Caisse de retraite du personnel navigant professionnel de l'aéronautique civile [CRPNPAC], CCP*, n° 3, p. 222 ; *Lebon* 531.
3. CDBF 17 déc. 1990, *Caisse de retraite du personnel navigant professionnel de l'aéronautique civile [CRPNPAC]*, préc.
4. CDBF 4 déc. 2002, *Caisse centrale de la mutualité agricole [CCMSA] et SCI Mutualité Astorg, Rev. Trésor* 2004. 48, note M. Lascombe et X. Vandendriessche ; *Rec.* 112 ; *Lebon* 559.
5. CE 15 nov. 2006, *M. Gallet, Lebon* 466 ; *AJDA* 2007. 697, note Biscaïno ; *Rev. Trésor* 2007. 722, note M. Lascombe et X. Vandendriessche ; *LPA* 2007, n° 131, p. 11, note Petit ; *Rec.* 130. Arrêt rendu sur recours en cassation contre CDBF du 4 décembre 2002, *Caisse centrale de la mutualité agricole [CCMSA] et SCI Mutualité Astorg, Rev. Trésor* 2004. 48, note M. Lascombe et X. Vandendriessche ; *Rec.* 112 ; *Lebon* 559.
6. CDBF 6 mai 2009, *Assoc. Union interprofession enseignement [UNIPE-PE] et Union interprofession insertion professionnelle [UNIPE-IP] ; Rec.* 75 ; *AJDA* 2009. 2456, note N. Groper et C. Michaut ; GFP 2011, n° 7, p. 500, note M. Lascombe et X. Vandendriessche.
7. CDBF 18 juill. 2014, *Comité interprofessionnel du logement Aliance 1 % Logement*, n° 194-685 ; NP.
8. V. s[s] n° 313.114.
9. CDBF 16 nov. 2015, *Association pour la gestion du régime d'assurance des créances des salariés (AGS) et Délégation UNEDIC-AGD (DUA)* ; n° 203-720 ; NP.
10. CDBF 30 déc. 2016, *Caisse interprofessionnelle de prévoyance et d'assurance vieillesse (CIPAV), 2e arrêt*, n° 212-735-II ; *Rec.* 189 ; *AJDA* 2017. 1940, Chron. N. Péhau et N. Hauptmann.
11. CDBF 3 mai 2021, *Association « OPCALIA »*, n° 250-845 ; *Rec.* 175.
12. CJF, art. L. 131-2,16°.
13. V. s[s] n° 312.61.
14. CJF, art. L. 133-5 : « La Cour des comptes peut contrôler, sous réserve de la compétence attribuée aux chambres régionales et territoriales des comptes : a) Les sociétés, groupements, services ou organismes, quel que soit leur statut juridique, dans lesquels les organismes relevant de sa compétence : – détiennent, séparément ou ensemble, plus de la moitié du capital ou des voix dans les organes délibérants ; – ou exercent, directement ou indirectement, un pouvoir prépondérant de décision ou de gestion ; b) Les filiales des organismes visés au a, lorsque ces organismes détiennent dans lesdites filiales, séparément, ensemble ou conjointement avec des organismes déjà soumis au contrôle de la Cour des comptes, plus de la moitié du capital ou des voix dans les organes délibérants ou exercent, directement ou indirectement, un pouvoir prépondérant de décision ou de gestion ».

tes[1] ont la faculté de contrôler les filiales et sous-filiales d'organismes relevant de leur compétence ; partant, leurs gestionnaires sont susceptibles d'être justiciables[2] de la Cour dans ses fonctions contentieuses. Il s'agira souvent de filiales d'entreprises publiques[3], mais pas seulement.

Les exemples en jurisprudence ne sont pas rares :

- société civile immobilière filiale d'une SEM[4] ;
- filiale d'une société commerciale elle-même détenue à plus de 99 % par l'État[5] ;
- filiale d'un organisme de sécurité sociale[6] ;
- groupement d'intérêt économique (GIE) créé entre un organisme de sécurité sociale et sa propre filiale[7] ;
- différentes sous-filiales d'une banque nationalisée[8] ;
- faits concernant une SA d'habitations à loyer modéré, contrôlée par une filiale de structures relevant elles-mêmes du champ de compétence de la Cour des comptes (en l'occurrence la Caisse des dépôts et consignations et ses filiales)[9] ;
- filiales d'un EPIC[10].

313.102 **Filiales étrangères.** La compétence contentieuse du juge financier a pu également jouer pour des gestionnaires de filiales étrangères d'entreprises publiques françaises[11]. Toutefois, la question de l'applicabilité des compétences de contrôle – et *a fortiori* des compétences de sanction – des juridictions financières aux gestionnaires de structures publiques françaises situées à l'étranger ou d'organismes binationaux, y compris situés en France, est délicate, et plus délicate encore est, même si la compétence du juge financier était établie, l'exercice pratique d'une telle compétence[12].

313.103 **Notion de groupe.** Le juge financier retient la notion de groupe (d'entreprises) et lui donne des applications nuancées, notamment pour établir la responsabilité individuelle de dirigeants d'entreprises sur des filiales dont ils ne sont ni directement un agent, ni un dirigeant, au titre du devoir de contrôle et du devoir de surveillance[13] ; les exemples en jurisprudence ne sont pas rares.

Ainsi ont pu être sanctionnés les rémunérations et avantages irréguliers perçus par un dirigeant d'entreprise publique *via* différentes filiales, y compris une filiale américaine[14].

Toutefois, une charte de groupe entre filiales, dont la violation était établie, ne saurait prévaloir sur le principe de séparation juridique entre des sociétés, qui sont des personnes morales distinctes. L'absence de présentation devant le conseil d'administration de la société mère d'un contrat d'une filiale ne constitue ainsi pas une violation de règle au sens de l'article L. 313-4 du CJF en vigueur à l'époque[15], a pu juger la CDBF[16]. Car encore aurait-il fallu qu'une règle de la société-mère eût été violée.

En revanche, la CDBF a condamné le directeur général délégué d'un groupe qui avait, en tant que supérieur hiérarchique, manqué de vigilance vis-à-vis des activités de sa filiale[17], ce qui constitue une extension de la notion de défaut de surveillance qui peut traverser les limites entre sociétés dans un groupe.

Le fait pour un supérieur hiérarchique de maison-mère de ne pas avoir siégé personnellement dans les conseils de surveillance des structures dans lesquel-

1. CJF, art. L. 211-9 : « La chambre régionale des comptes peut contrôler les filiales des établissements, sociétés, groupements et organismes visés à l'article L. 211-8, lorsque ces organismes détiennent dans lesdites filiales, séparément ou ensemble, plus de la moitié du capital ou des voix dans les organes délibérants, ou exercent un pouvoir prépondérant de décision ou de gestion ».
2. PAR EX. : CDBF 11 déc. 1980, *Caisse centrale de crédit coopératif [CCCC]*, CCP, n° 2, p. 180 ; – CDBF 20 mai 1998, *S^té de banque occidentale [SDBO], Rev. Trésor* 1999. 206 ; *Lebon* 656 ; *Rec.* 132 ; – CDBF 9 sept. 1998, *S^té des hôtels Méridien [SHM] et S^té Méridien Gestion [SMG], Rev. Trésor* 1999. 207 ; *Lebon* 658 ; *Rec.* 136.
3. Sur ce point précis, v. s^s n° 313.77.
4. C. comptes 23 déc. 2024, *Société anonyme d'économie mixte (SAEM) Marseille Habitat et Société civile immobilière (SCI) Protis Développement*, n° 24, S-2024-1604.
5. CDBF 22 nov. 1989, *SA La Signalisation [LS], CCP*, n° 3, p. 184 ; *Lebon* 423.
6. CDBF 17 déc. 1990, *Caisse de retraite du personnel navigant professionnel de l'aéronautique civile [CRPNPAC], CCP*, n° 3, p. 222 ; *Lebon* 531.
7. CDBF 17 déc. 1990, *Caisse de retraite du personnel navigant professionnel de l'aéronautique civile [CRPNPAC]*, préc.
8. CDBF 24 févr. 2006, *S^té Altus Finance*, 2e arrêt, *AJDA* 2006. 1249, note N. Groper et C. Michaut ; *JCP* 2006, n° 38, II, 10152, note J.-P. Gastinel ; *Rev. Trésor* 2006. 910, note M. Lascombe et X. Vandendriessche ; *RFDA* 2006. 624, note M. Lascombe et X. Vandendriessche ; *Lebon* 650 ; *Rec.* 74.
9. CDBF 20 déc. 2007, *S^té SCIC Habitat Île-de-France, AJDA* 2008. 12.
10. CDBF 22 mai 2015, *Entreprise minière et chimique (EMC)*, n° 199-731 ; *Rec.* 162 ; *AJDA* 2016. 1570, note N. Hauptmann et N. Péhau.
11. CDBF 2 juill. 1997, *Cie générale maritime [CGM] et CGM España, Rev. Trésor* 1999. 191 ; *Lebon* 612 ; *Rec.* 206 – Confirmé récemment par C. comptes 2 juill. 2024, *Office du tourisme de Strasbourg et de sa région (OTSR)*, n° 5, S-2024-1006 ; *AJDA* 2024. 1859, chron. N. Péhau et L. Vergallo.
12. Sur ce sujet complexe, v. Procureur général près la Cour des comptes, avis de compétence du 12 octobre 2022, *Pieux établissements de la France à Rome et à Lorette*, n°s 2022-0061 et 0062 ; *Rec.* 185 (anonymisé).
13. Sur le devoir de surveillance et de contrôle, v. s^s n°s 432.231 s.
14. CDBF 27 mars 1985, *S^té française d'équipements pour la navigation aérienne [Sfena], CCP*, n° 3, p. 7.
15. Désormais CJF, art. L. 131-9, solution transposable.
16. CDBF 6 mai 1993, *Société chimique des charbonnages (CdF Chimie SA) et Charbonnages de France Chimie éthylène et plastique (CdF Chimie E.P.), Rev. Trésor* 1994. 761 ; *Lebon* 529 ; *Rec.* 141.
17. CDBF 2 juill. 1997, *Cie générale maritime [CGM] et CGM España, Rev. Trésor* 1999. 191 ; *Lebon* 612 ; *Rec.* 206.

les les irrégularités ont été commises constitue une circonstance atténuante mais pas exonératoire ; *idem* pour les efforts déployés pour clarifier la situation juridique de ces structures[1].

Le devoir de contrôle et de surveillance des dirigeants d'un groupe ne se limite donc pas à la maison-mère, mais concerne aussi les opérations des filiales lorsque celles-ci présentent une importance économique et financière caractérisée pour l'ensemble du groupe et que ces filiales disposent *de facto* d'une autonomie réduite[2].

Dans un arrêt important, le Conseil d'État a validé la jurisprudence de la CDBF sur la notion de groupe dans l'affaire du Crédit Lyonnais, en considérant que « le devoir de contrôle et de surveillance qui incombe au dirigeant d'un groupe bancaire ne peut se limiter aux opérations de la maison mère, lorsque les opérations menées par les filiales revêtent une importance économique et financière caractérisée pour l'ensemble du groupe et que ces filiales disposent d'une autonomie réduite »[3].

§ 7 Gestionnaires des organismes soumis au contrôle des juridictions financières en vertu d'une disposition particulière

313.111 **Cadres légaux.** La justiciabilité des gestionnaires des « autres organismes » soumis au contrôle de la Cour et des CRTC, prévue au 3° de l'article L. 131-1 du CJF, inclut aussi les gestionnaires d'organismes qui n'entrent pas dans les différentes catégories générales précitées (entreprises publiques ; personnes morales de droit public...), mais pour lesquels la compétence de contrôle de la Cour est spécifiquement établie par une disposition particulière. La loi prévoit en effet, au-delà des règles générales établissant la compétence de contrôle de la Cour des comptes – et donc la compétence *ratione personae* de la Cour en matière contentieuse – des règles ponctuelles[4] visant nommément certains organismes à statut particulier ; parfois ces textes spécifiques sont d'utilité douteuse, voire superfétatoires, car l'application des règles générales aurait de toutes les façons conduit la Cour des comptes à exercer sa compétence sur ces structures.

313.112 **Caisse des dépôts et consignations.** La Caisse des dépôts et consignations (CDC) est soumise au contrôle de la Cour des comptes et ses agents sont justiciables dans le cadre du régime de responsabilité financière des gestionnaires publics. Le fait que le contrôle exercé par la Cour ait pu, dans le passé, se fonder sur des règles particulières, n'empêchait pas la compétence contentieuse sur les gestionnaires de la Caisse : « est à cet égard sans incidence que le contrôle de la Cour des comptes est adapté au statut spécial de la Caisse des dépôts et consignations »[5].

Cette compétence contentieuse s'étend également sur les filiales et sous-filiales de la CDC[6]. Certes l'article L. 131-3 du CJF ne les vise pas expressément, mais la Cour des comptes peut les appréhender *via* sa compétence sur les filiales des organismes publics déjà soumis à son contrôle[7].

313.113 **Fondation du patrimoine.** La Fondation du patrimoine est soumise au contrôle de la Cour des comptes[8] ; ses représentants, administrateurs et agents sont donc justiciables de la Cour au contentieux[9] ; précision d'utilité douteuse, dans la mesure où cette loi prévoit pour cette fondation des subventions publiques et la possibilité de faire appel à la générosité publique, ce qui permet d'établir, du moins le plus souvent, la compétence sur un autre fondement[10].

313.114 **« Groupe Action Logement ».** Il en est de même des gestionnaires des organismes collec-

1. CDBF 4 déc. 2002, *Caisse centrale de la mutualité agricole [CCMSA] et SCI Mutualité Astorg, Rev. Trésor* 2004. 48, note Lascombe et Vandendriessche ; *Rec.* 112 ; *Lebon* 559.
2. CDBF 24 févr. 2006, *Sté Altus Finance*, 2e arrêt, *AJDA* 2006. 1249, note N. Groper et C. Michaut ; *JCP* 2006, n° 38, II, 10152, note J.-P. Gastinel ; *Rev. Trésor* 2006. 910, note M. Lascombe et X. Vandendriessche ; *RFDA* 2006. 624, note M. Lascombe et X. Vandendriessche ; *Lebon* 650 ; *Rec.* 74.
3. CE 16 janv. 2008, *M. Haberer, AJDA* 2008. 118 ; *Rev. Trésor* 2008. 380 ; *Rev. Trésor* 2008. 409, note N. Groper ; *AJDA* 2008. 1000, note M. Collet ; note A.-G. Delion et M. Durupty, *RFAP* 2008. 431 ; *RJEP* août-sept. 2008, p. 12, note M. Lascombe et X. Vandendriessche ; *JCP Adm.* 2008, n° 29, p. 20, note J. Gaté.
4. Exemple récent : compétence de contrôle donnée à la Cour pour contrôler les organismes privés ayant reçu des financements publics dans le cadre des jeux Olympiques de Paris 2024 ; v. ss n° 313.81.
5. CDBF 26 juin 2017, *Cité du cinéma*, n° 213-742 (non publié au *Rec.*).
6. Ex. d'une SA d'habitations à loyer modéré, contrôlée par une filiale de la CDC et les filiales de cette dernière, et dont les agents sont justiciables de la CDBF : CDBF 20 déc. 2007, *Sté SCIC Habitat Île-de-France, AJDA* 2008. 12 – V. aussi CDBF 9 mars 2021, *CDC Entreprises – Plan d'attributions gratuites d'actions*, n° 248-767 ; *Rec.* 165.
7. CJF, art. L. 133-2 b ; v. ss n° 111.12 – Pour un ex. d'arrêt concernant une SEM locale dans laquelle une filiale majoritaire de la CDC possédait une participation minoritaire, aux côtés d'une commune, CDBF 13 juin 2003, *SEM Sarcelles Chaleur, Rev. Trésor* 2004. 57, note M. Lascombe et X. Vandendriessche ; *AJDA* 2003. 2316, note N. Groper ; *Lebon* 584 ; *Rec.* 121 ; *GAJF*, Dalloz 7e éd. 2019, n° 49.
8. CJF, art. L. 111-12, al. 2.
9. L. n° 96-590, 2 juill. 1996 relative à la « Fondation du patrimoine », *JO* 3 juill.
10. X. Cabannes, M. Conan, B. Poujade, L. Renouard, J.-P. Vachia, L. Vallernaud, Code des juridictions financières, 4e éd. Le Moniteur, 2018, p. 48-49.

teurs du « 1 % logement »[1], que le code de la construction et de l'habitation regroupe sous l'expression « groupe Action Logement »[2]. Bien que les textes concernant la collecte du « 1 % logement » aient changé à plusieurs reprises ces dernières années, on peut mentionner une application jurisprudentielle de la CDBF dans ce domaine : s'agissant d'une « association à caractère interprofessionnel agréée par l'État pour collecter la participation des employeurs à l'effort de construction, conformément aux dispositions des articles L. 313-1 et R. 313-22 du code de la construction et de l'habitation », la Cour a inclus ses gestionnaires parmi les justiciables, « Considérant que le CIL Aliance 1 % Logement est un organisme habilité à percevoir des cotisations obligatoires soumis au contrôle de la Cour des comptes... »[3].

§ 8 Gestionnaires des services dépourvus de personnalité juridique mais dépendant d'une structure entrant dans le champ de contrôle des juridictions financières

313.121 Démembrements sans personnalité juridique. La Cour est bien entendu compétente pour connaître des actes commis par des gestionnaires dans des services dépourvus de personnalité juridique propre, mais qui relèvent (et font en fait partie intégrante) de personnes morales de droit public ou d'un autre organisme soumis au contrôle des juridictions financières.

C'est le cas par exemple de services annexes ou d'un budget annexe d'un organisme public, par exemple d'un établissement public local d'enseignement[4].

§ 9 Comptes des délégations de service public

313.131 Cadre légal. La Cour des comptes et les chambres régionales des comptes peuvent *contrôler* les *comptes* produits par les délégataires de service public[5].

S'il est clair que la compétence de contrôle des juridictions financières sur un acte isolé, par exemple sur la *convention* de délégation de service public elle-même, ne saurait fonder la justiciabilité des gestionnaires de l'entreprise privée cocontractante, sauf s'ils le sont par ailleurs à un autre titre, on pourrait en revanche hésiter lorsqu'il s'agit de la compétence de contrôle du *compte* que le délégataire doit produire au délégant, compte qui retrace la gestion de cette délégation. En effet, il ne s'agit là non pas d'un acte isolé, mais bien d'une gestion d'ensemble sur laquelle la compétence de contrôle s'exerce.

Un parallèle pourrait en effet être fait avec le contrôle du compte d'emploi de certaines associations, qui constitue un contrôle limité, mais duquel le juge financier répressif déduit une justiciabilité générale : « considérant que la compétence de la Cour de discipline budgétaire et financière est pleinement établie dès lors que [...] l'organisme en cause tombe sous le contrôle de la Cour des comptes, sans qu'il y ait lieu de rechercher si cette dernière est habilitée à contrôler tout ou partie de sa gestion »[6]. Suivre un tel raisonnement aurait en particulier la conséquence de pouvoir sanctionner les gestionnaires de la société délégataire pour non-production du compte d'emploi.

Toutefois, tels que sont rédigés les textes, il semble que les gestionnaires des sociétés délégataires de service public ne soient pas justiciables de la Cour en matière contentieuse. En effet, l'article L. 131-1, 3° précité du code des juridictions financières exige qu'un *organisme* soit soumis au contrôle des juridictions financières ; or un *compte* de délégation de service public n'est pas un organisme au sens strict du terme ; dès lors, les gestionnaires de cette délégation ne sont pas, du moins pas à ce titre, justiciables de la Cour. Ils peuvent toutefois l'être à un autre titre.

SECTION 6 ÉLUS LOCAUX : LES CINQ CAS DE JUSTICIABILITÉ

§ 1 Cadre général de la justiciabilité des élus

313.141 Justiciabilité des élus possible pour certaines infractions financières ou dans certaines situations. Contrairement à une idée largement répandue, les élus locaux sont susceptibles d'être justiciables de la juridiction financière répressive.

1. L. n° 96-1237, 30 déc. 1996 ; – CJF, art. L. 111-12, al. 1er.
2. C. const. hab., art. L. 313-17 : « Au sens du présent chapitre, l'expression "groupe Action Logement" désigne l'ensemble constitué des organismes mentionnés aux articles L. 313-18, L. 313-19, L. 313-20, L. 313-33 et L. 313-34, et des entités sur lesquelles ils exercent un contrôle au sens de l'article L. 233-3 du code de commerce ».
3. CDBF 18 juill. 2014, *Comité interprofessionnel du logement Aliance 1 % Logement*, n° 194-685 (non publié au *Rec.*)
4. CDBF 3 juill. 2009, *École régionale des déficients visuels [ERDV] de Loos, Rec.* 77 ; *Gestion & finances publiques* 2011, n° 7, p. 504, note M. Lascombe et X. Vandendriessche.
5. CJF, art. L. 111-11 : « La Cour des comptes peut contrôler les comptes que les délégataires de service public ont produits aux autorités délégantes » ; – CJF, art. L. 211-10 : « La chambre régionale des comptes peut contrôler les comptes que les délégataires de service public ont produits aux autorités délégantes ».
6. CDBF 25 mars 1987, *Assoc. X et Y, CCP*, n° 3, p. 55.

Certes, il existe des règles qui excluent exceptionnellement leur justiciabilité[1], mais il convient de souligner avant tout les cas (« d'exception de l'exception »), dans lesquels les élus locaux peuvent être sanctionnés par la Cour des comptes. Il s'agit des cinq cas suivants :

1. Agissements en-dehors de leurs fonctions ou dans des fonctions qui ne sont pas l'accessoire obligé de leur fonction principale[2].

2. Agissements qui auront entraîné la condamnation d'une collectivité locale à une astreinte en raison de l'inexécution totale ou partielle ou de l'exécution tardive d'une décision de justice[3].

3. Manquement à l'obligation d'exécuter dans les délais une décision de justice ayant condamné une collectivité locale au payement d'une somme d'argent[4].

4. Gestion de fait[5].

5. Octroi d'un avantage injustifié à soi-même ou à autrui, en méconnaissance de ses obligations, par intérêt personnel direct ou indirect, en cas de réquisition du comptable public[6].

Ces cinq cas de justiciabilité des élus locaux seront traités maintenant en détail.

§ 2
Agissements en-dehors des fonctions électives locales, ou dans des fonctions qui ne sont pas l'accessoire obligé de leurs fonctions électives locales

313.151 Cadre légal. Les dispositions prévoyant l'immunité des élus doivent être interprétées restrictivement, vu qu'il s'agit d'une exception au principe selon lequel tous les gestionnaires publics sont jugés par la Cour[7]. Or la loi limite l'immunité des élus à certains actes commis par eux dans l'exercice de leurs fonctions ou à ces actes commis lorsqu'ils ont « agi dans des fonctions qui, en raison de dispositions législatives ou réglementaires, sont l'accessoire obligé de leur fonction principale »[8].

Il en découle *a contrario* que ces personnes redeviennent justiciables de la Cour lorsqu'elles agissent en-dehors des actes pour lesquels la loi prévoit une immunité, c'est-à-dire en-dehors de leur fonction élective ou en-dehors des fonctions visées par la loi pour conférer l'immunité, ou encore lorsqu'elles ont agi dans le cadre d'une fonction qui n'est pas l'accessoire obligé de leur fonction élective principale, comme par exemple dans la fonction de dirigeant de SEM[9] ou de responsable d'une association subventionnée.

Il convient donc de distinguer - au minimum - deux cas de figure principaux.

313.152 Fonctions électives : chef d'exécutifs locaux et autres élus. Le premier cas de figure est relativement simple : l'immunité des élus devant la Cour ne couvre que, d'une façon générale, leurs agissements - ou omissions - dans le cadre de leurs fonctions électives, et de façon plus précise ne couvre que les actes explicitement visés par les dispositions prévoyant cette non-justiciabilité exceptionnelle.

Les élus peuvent donc être, bien qu'en exercice d'un mandat électif, jugés par la Cour pour des actes commis dans d'autres fonctions, exercées par exemple *avant* qu'ils ne soient élus, ou *postérieurement*. Or la loi ne met pas exactement à la même enseigne les différents élus locaux, d'où une longue énumération dans les textes[10].

En effet, si les chefs d'exécutifs locaux, quelle que soit la collectivité, bénéficient d'une non-justiciabilité étendue à tous les actes commis dans le cadre de leur fonction élective, les vice-présidents de conseils ou les adjoints aux maires, ainsi que les autres membres de conseils locaux élus, ont un champ d'immunité plus encadré, visant des actes prévus par des dispositions plus limitées, le code des juridictions financières renvoyant alors à des textes spécifiques à chacune des catégories de collectivités territoriales[11].

Ces dispositions concernant les élus autres que les chefs d'exécutifs locaux visent des cas précis, strictement énumérés par les textes.

Ainsi, s'agissant des communes, il convient de retenir qu'un conseiller municipal est en principe justiciable de la Cour, sauf s'il a agi dans le cadre d'une fonction prévue par des textes précisément énumérés : remplacement d'un maire suspendu ou révoqué[12] ; délégation de pouvoirs donnée par le

1. V. s[s] n°s 312.51 s.
2. CJF, art. L. 131-1, *conclusio a contrario* ; – V. s[s] n°s 313.153 s.
3. CJF, art. L. 131-4, 1°, renvoyant à CJF, art. L. 131-14, 1° ; – V. s[s] n°s 453.11 s.
4. CJF, art. L. 131-4, 1°, renvoyant à CJF, art. L. 131-14, 2° ; – V. s[s] n°s 451.11 s.
5. CJF, art. L. 131-3, renvoyant à CJF, art. L. 131-15 ; – V. s[s] n°s 424.11 s.
6. CJF, art. L. 131-4, 2°, renvoyant à CJF, art. L. 131-12 ; – V. s[s] n°s 441.11 s.
7. V. s[s] n° 311.11.
8. CJF, art. L. 131, dernier alinéa.
9. PAR EX. : C. comptes 23 juill. 2024, *Société anonyme d'économie mixte pour la gestion et pour l'animation du parc de loisirs de Saint-Cyr (SAEM SAGA)*, n° 904, S-2024-1128 ; *JCP Adm.* 2024. 2321, note S. Damarey.
10. CJF, art. L. 131-2, 2° à 15°.
11. Le plus souvent le CGCT.
12. CGCT, art. L. 2122-17 : « En cas d'absence, de suspension, de révocation ou de tout autre empêchement, le maire est provisoirement remplacé, dans la plénitude de ses fonctions, par un adjoint, dans l'ordre des nominations et, à défaut d'adjoint, par un conseiller municipal désigné par le conseil ou, à défaut, pris dans l'ordre du tableau ».

maire à un adjoint[1] ; délégation de signature donnée à un membre du conseil (bien que le texte vers lequel il est renvoyé vise les délégations aux fonctionnaires locaux)[2] ; désignation par le maire d'un conseiller municipal pour siéger dans une autre structure dans laquelle la commune est représentée en vertu d'un texte[3]. Cette dernière hypothèse rejoint d'ailleurs celle de la fonction qui constitue un accessoire obligé, traitée maintenant.

313.153 **Accessoire obligé.** Le 2e cas de figure, assez fréquent, peut donner lieu à des démonstrations parfois complexes pour déterminer si un élu ayant agi dans le cadre de fonctions accessoires bénéficie d'une immunité pour ces actes-là, ou si au contraire il est justiciable de la Cour. Selon les textes, c'est seulement si la fonction accessoire est exercée à titre obligatoire en lien avec la fonction élective principale que la non-justiciabilité peut jouer. Autrement dit, il faut que cet accessoire puisse être qualifié d'*obligé*.

D'une façon générale, la notion d'accessoire obligé de fonctions électives étant un facteur de non-justiciabilité pour les élus concernés, elle participe à une exception au principe général de justiciabilité[4], et doit dès lors être d'interprétation stricte, ce qui d'ailleurs est la pratique dans la jurisprudence la plus récente[5].

Or la loi limite la non-justiciabilité aux cas où des dispositions *législatives* ou *réglementaires* prévoient qu'une fonction est l'accessoire obligé d'une fonction élective[6]. Cela exclut par exemple des textes d'une autre valeur : ainsi, les statuts d'une association ne constituent pas un texte réglementaire qui pourrait prévoir qu'une fonction au sein de l'association constituerait un accessoire obligé d'une fonction élective. Le fait que des statuts soient joints à un arrêté préfectoral ne devrait pas pour autant leur conférer de valeur réglementaire[7].

Parfois, c'est le code général des collectivités territoriales lui-même qui vise des fonctions accessoires : c'est par exemple le cas des élus municipaux qui sont désignés par le maire pour siéger dans des organismes extérieurs dans lesquels la commune est représentée en vertu de textes[8] : cette hypothèse rejoint alors le premier cas de figure traité *supra*.

Les fonctions qu'occupe un élu dans une société d'économie mixte (SEM), dans une société publique locale (SPL) ou encore dans une association (loi 1901) ne sauraient *a priori* constituer des accessoires obligés de ses fonctions électives, parce qu'aucun texte législatif ou réglementaire ne le prévoit : cela les rend justiciables pour ces activités accessoires-là, mais pas pour les actes qu'ils ont pris avec leur casquette d'élu représentant de la collectivité locale[9].

Ainsi a pu le confirmer la CDBF récemment s'agissant d'une SEM dont le conseil d'administration était composé de représentants des collectivités actionnaires : « Toutefois aucune disposition réglementaire ou statutaire n'impose que le président soit choisi parmi les représentants de l'une des collectivités actionnaires. Ainsi, la fonction de président du conseil d'administration de la SEMCODA n'est pas l'accessoire obligé de leur fonction principale d'élu au conseil départemental... »[10]. Dans le même sens : le prési-

1. CGCT, art. L. 2122-18 : « Le maire est seul chargé de l'administration, mais il peut, sous sa surveillance et sa responsabilité, déléguer par arrêté une partie de ses fonctions à un ou plusieurs de ses adjoints et à des membres du conseil municipal. Le membre du conseil municipal ayant démissionné de la fonction de maire [...] ne peut recevoir de délégation jusqu'au terme de son mandat de conseiller municipal ou jusqu'à la cessation du mandat ou de la fonction l'ayant placé en situation d'incompatibilité. Les membres du conseil municipal exerçant un mandat de député, de sénateur ou de représentant au Parlement européen ne peuvent recevoir ou conserver de délégation [...]. Lorsque le maire a retiré les délégations qu'il avait données à un adjoint, le conseil municipal doit se prononcer sur le maintien de celui-ci dans ses fonctions. »
2. CGCT, art. L. 2122-19.
3. CGCT, art. L. 2122-25 : « Le maire procède à la désignation des membres du conseil municipal pour siéger au sein d'organismes extérieurs dans les cas et conditions prévus par les dispositions du présent code et des textes régissant ces organismes. La fixation par les dispositions précitées de la durée des fonctions assignées à ces membres ne fait pas obstacle à ce qu'il puisse être procédé à tout moment, et pour le reste de cette durée, à leur remplacement par une nouvelle désignation opérée dans les mêmes formes ».
4. V. ss no 312.14.
5. CDBF 5 juill. 2022, *Société publique locale de Mayotte (SPL 976)*, no 259-816 ; *Rec.* 141.
6. CJF, art. L. 131-2, dernier alinéa.
7. Rappr. : CE 31 juill. 2019, *Métropole de Metz*, no 416005, point 11 : « Les actes relatifs à l'institution des structures des organismes de coopération entre collectivités territoriales et à la répartition des compétences entre ces organismes et les collectivités qui en sont membres ne revêtent pas le caractère d'actes réglementaires. Il en résulte que les arrêtés du préfet de la Moselle [...] ne revêtent pas un tel caractère ».
8. CGCT, art. L. 2122-25 : « Le maire procède à la désignation des membres du conseil municipal pour siéger au sein d'organismes extérieurs dans les cas et conditions prévus par les dispositions du présent code et des textes régissant ces organismes. La fixation par les dispositions précitées de la durée des fonctions assignées à ces membres ne fait pas obstacle à ce qu'il puisse être procédé à tout moment, et pour le reste de cette durée, à leur remplacement par une nouvelle désignation opérée dans les mêmes formes ».
9. Pour un ex. dans lequel le juge a dû faire le tri entre actes relevant de la collectivité et ceux relevant de la structure accessoire, commis par une même personne : CDBF 22 févr. 2018, *Société d'investissements de la filière pêche de l'archipel (SIFPA) de Saint-Pierre-et-Miquelon*, no 218-749 ; *Rec.* 173 ; *AJDA* 2018. 1147.
10. CDBF 26 mars 2021, *Société d'économie mixte de construction du département de l'Ain (SEMCODA)*, no 249-837 ; *AJDA* 2021. 1331, note D. Guilbaud et N. Péhau ; *AJCT* 2021. 372, obs. G. Durand ; *Rec.* 171.

dent d'une SAEM pouvant être un élu de « n'importe laquelle des collectivités membres », cette fonction ne constituait pas l'accessoire obligé d'une fonction élective[1].

313.154 Approche critique de la jurisprudence de la Cour sur l'accessoire obligé. Cette solution est certes critiquée par une partie de la doctrine : ainsi, à l'occasion du jugement d'un élu local ayant agi dans les fonctions de président d'une SEM, dont la CDBF a estimé qu'elle ne constituait pas l'accessoire obligé de ses fonctions principales[2], une note de doctrine a considéré que « la CDBF aurait pu se déclarer incompétente », au lieu de faire prévaloir le lien entre SEM et collectivité publique sur la nature commerciale de cette société, donc en considérant, en quelque sorte, que l'activité de cette SEM ne constituerait que le prolongement des activités des collectivités locales[3] ; cette approche du juge financier semble pourtant logique du point de vue de l'ordre public financier.

Il est vrai que la relation entre les organes de gouvernance d'une SEM et ses collectivités actionnaires est prévue par des dispositions légales que l'on pourrait, dans une vision excessivement large, tenter de prendre comme fondement pour une qualification d'accessoire obligé de certaines fonctions. Ainsi, comme le souligne la même note critique précitée[4], évoquant un élu président d'une SEM, « ce mandat a un fondement législatif, l'article L. 1524-5 du code général des collectivités territoriales prescrivant la nomination d'élus locaux choisis par les collectivités territoriales en leur sein pour les représenter dans les organes délibérants » des SEM ; cet auteur en déduit que « les mandats sociaux devraient être reconnus comme l'accessoire obligé du mandat électoral, les élus étant les seuls habilités à représenter les collectivités actionnaires »[5].

On pourrait sans doute donner droit à cette argumentation lorsqu'il s'agit de simples représentants des collectivités locales dans les instances de surveillance, mais pas lorsque les élus exercent des responsabilités qui auraient pu aussi l'être par d'autres personnes, comme c'est le cas d'un président ou d'un vice-président, dont aucun texte législatif ou réglementaire ne dit qu'ils doivent être obligatoirement occupés par un élu, ou du moins pas par un élu prédéterminé parmi ceux siégeant au conseil. En effet, le président et d'autres responsables sont librement choisis parmi les élus représentant les actionnaires ; on ne peut donc pas dire, *a priori*, qu'une présidence soit l'accessoire obligé du mandat de tel élu plutôt que d'un autre. Le fait qu'une présidence de structure locale soit, du fait de la composition de son actionnariat, assurée en toute hypothèse par un élu ne suffit pas à en faire l'accessoire obligé, car aucun texte législatif ou réglementaire ne dit lequel des ces élus devra assurer la présidence. Mais il faut reconnaître que ce dernier cas de figure demeure discutable.

Certes, dans un arrêt *Opéra de Bordeaux* concernant une régie dotée de la personnalité juridique, la CDBF a pu juger que l'élu local assurant la présidence du conseil d'administration bénéficiait du régime d'exception[6], parce que le code général des collectivités territoriales prévoit que le président et le ou les vice-présidents doivent être membres du conseil municipal dont dépend la régie[7] et qu'il avait été désigné par le conseil municipal pour y représenter la commune. Toutefois, la portée de cet arrêt isolé, qui n'a d'ailleurs pas été publié au Recueil de jurisprudence des juridictions financières, doit être considérée comme réduite : en effet, le fonctionnement des instances d'une régie, même dotée de la personnalité juridique, est très différent de celui d'une SEM, la première étant davantage liée à une collectivité, représentée par des conseillers élus locaux d'un même conseil, et donc très proche en effet de leur fonction élective principale, là où une société mixte est forcément composée de plusieurs actionnaires : bref, une SEM est structurellement moins proche de fonctions électives principales que ne l'est une régie, dont les liens étroits avec la collectivité de rattachement peuvent expliquer le sens de cet arrêt. Cette solution ne semble donc pas transposable aux SEM.

Les auteurs de la chronique de jurisprudence financière commentant dans l'*AJDA cet* arrêt *Opéra de Bordeaux* ont d'ailleurs considéré que « la Cour a étendu aux conseillers municipaux désignés par le conseil municipal l'exception réservée par le code des juridictions financières aux conseillers municipaux désignés par le maire. En recourant ainsi à cette disposition du CGCT[8] [celle prévoyant la dési-

1. C. comptes 23 juill. 2024, *Société anonyme d'économie mixte pour la gestion et pour l'animation du parc de loisirs de Saint-Cyr (SAEM SAGA)*, n° 904, S-2024-1128 ; *JCP Adm.* 2024. 2321, note S. Damarey.
2. CDBF 25 nov. 2010, *Société immobilière d'économie mixte de la ville de Paris (SIEMP)*, n° 171-603 ; *AJDA* 2011. 489, note N. Groper et C. Michaut ; *JCP Adm.* 2011, n° 20-21, p. 20, note S. Brameret ; *GFP* 2011, n° 8-9, p. 567, note M. Lascombe et X. Vandendriessche.
3. S. Brameret, *JCP Adm.* 2011, n° 20-21, p. 20, note s^s CDBF 25 nov. 2010, *Société immobilière d'économie mixte de la ville de Paris (SIEMP)*, précité.
4. S. Brameret, *JCP Adm.* 2011, n° 20-21, p. 20, note s^s CDBF 25 nov. 2010, *Société immobilière d'économie mixte de la ville de Paris (SIEMP)*, préc.
5. S. Brameret, préc.
6. CDBF 13 oct. 2017, *Opéra national de Bordeaux*, n° 216-784 ; *AJDA* 2017. 2528, Chron. N. Péhau et N. Hauptmann. NP *Rec.*
7. CGCT, art. R. 2221-55.
8. CGCT, art. L. 2121-33 : « Le conseil municipal procède à la désignation de ses membres ou de délégués pour siéger au ▶

gnation par le conseil municipal d'un élu pour siéger dans un organisme extérieur], non visée par [le code des juridictions financières [1]], la Cour a pu retenir le caractère de non-justiciable, sans avoir à se prononcer sur la notion d'accessoire obligé »[2], donc en raisonnant sur la base de la première hypothèse décrite plus haut, et non pas sur celle de l'accessoire obligé. Toutefois, dans la mesure où le code des juridictions financières ne vise pas le cas de la désignation d'un élu par le conseil municipal, mais seulement celui où il est désigné par le maire, une telle extension de la non-justiciabilité – qui n'a d'ailleurs pas été confirmée depuis – ne peut qu'être appréhendée avec beaucoup de circonspection.

L'approche stricte du juge financier dans la reconnaissance de l'accessoire obligé des fonctions de dirigeant d'une SEM a été plus récemment confirmée par un arrêt concernant l'ordonnateur d'une collectivité territoriale qui exerçait en même temps les fonctions de président-directeur général d'une société d'économie mixte : « Considérant que l'article 15 des statuts de la SIFPA prévoit, conformément à l'article L. 1524-5 du code général des collectivités territoriales, que toute collectivité territoriale a droit à un ou plusieurs représentants au sein de son conseil d'administration et que ce ou ces représentants sont désignés par l'assemblée délibérante de la collectivité, parmi ses membres ; que l'article 19 des mêmes statuts précise que la présidence du conseil d'administration peut être soit une personne physique, soit une collectivité territoriale, agissant alors par l'intermédiaire d'un représentant qu'elle désigne ; qu'il ne résulte pas de ces dispositions que c'est en sa qualité de président du conseil territorial de Saint-Pierre-et-Miquelon que M. X... a exercé les fonctions de président-directeur général de la [SEM], ni que ces fonctions puissent être regardées comme l'accessoire obligé de sa fonction principale »[3]. On pourrait ajouter qu'en tout état de cause les statuts de la SEM n'étant ni un texte législatif, ni un texte réglementaire, cette solution restrictive aurait été similaire même si les statuts avaient prévu que la présidence de la société serait, dans tous les cas, assurée par un élu précisément désigné.

Finalement, il découle de cette approche stricte de la notion d'accessoire obligé par le juge financier, conforme aux textes en vigueur, que les exemples de justiciabilité d'élus locaux au titre de fonctions occupées dans des SEM sont particulièrement fréquents[4] : ainsi a été condamné un maire par ailleurs PDG d'une société d'économie mixte[5] ou un adjoint au maire dirigeant d'une SEM[6]. Il existe également des exemples de condamnation d'élus en tant que dirigeants de SPL[7] ou d'association, par exemple d'un conseiller général par ailleurs président délégué d'un comité départemental du tourisme établi sous forme d'association loi 1901[8].

C'est au cas par cas qu'il convient de vérifier si une fonction est susceptible de constituer l'accessoire obligé d'une fonction élective, en fonction des textes qui régissent la gouvernance de la structure en question.

Ainsi un maire a-t-il pu être condamné pour des agissements commis dans le cadre de ses fonctions de président d'un établissement public intercommunal[9]. Une lecture proche devrait prévaloir s'agissant des établissements publics de coopération culturelle (EPCC)[10], dont le conseil d'administration, s'il est composé majoritairement de représentants des collectivités territoriales, comprend également des personnalités qualifiées et des représentants du personnel, qui ensemble éliront le président, lequel ne sera pas forcément un élu, et encore moins un élu déterminé : cette fonction ne saurait dès lors être

▶ sein d'organismes extérieurs dans les cas et conditions prévus par les dispositions du présent code et des textes régissant ces organismes. La fixation par les dispositions précitées de la durée des fonctions assignées à ces membres ou délégués ne fait pas obstacle à ce qu'il puisse être procédé à tout moment, et pour le reste de cette durée, à leur remplacement par une nouvelle désignation opérée dans les mêmes formes ».

1. CJF, anc. art. L. 312-1 en vigueur au moment des faits ; aujourd'hui règle similaire figurant à l'art. L. 131-2-8° du même code.
2. Chron. N. Péhau et N. Hauptmann sur CDBF 13 oct. 2017, *Opéra national de Bordeaux*, n° 216-784 ; *AJDA* 2017. 2528. Il est précisé que cet arrêt, qui comporte de nombreuses autres faiblesses, n'a pas été sélectionné pour figurer au Recueil des juridictions financières.
3. CDBF 22 févr. 2018, *Société d'investissements de la filière pêche de l'archipel (SIFPA) de Saint-Pierre-et-Miquelon*, n° 218-749 ; *Rec.* 173 ; *AJDA* 2018. 1147.
4. PAR EX., outre les références citées plus haut : CDBF 13 juin 2003, *SEM Sarcelles Chaleur*, *Rev. Trésor* 2004. 57, note M. Lascombe et X. Vandendriessche ; *AJDA* 2003. 2316, note N. Groper ; *Lebon* 584 ; *Rec.* 121 ; *GAJF*, Dalloz 7e éd. 2019, n° 49 ; – CDBF 19 juill. 1974, *SEM d'aménagement et de gestion du marché d'intérêt national de Paris-La Villette [Semvi]*, *CCP*, n° 2, p. 103 ; *Lebon* 803 (extraits anonymisés).
5. CDBF 16 juin 1987, *SEM d'urbanisation, d'aménagement, d'équipement et de construction de la ville de Jeumont et de l'arrondissement d'Avesnes [Semvija]*, *CCP*, n° 3, p. 83 ; *Lebon* 512.
6. CDBF 23 févr. 1994, *SEM A.*, *Rev. Trésor* 1995. 680 ; *Lebon* 719 ; *Rec.* 131.
7. CDBF 5 juill. 2022, *Société publique locale de Mayotte (SPL 976)*, n° 259-816 ; *Rec.* 141.
8. CDBF 7 déc. 1994, *Comité départemental du tourisme de la Gironde*, *Rev. Trésor* 1995. 685 ; *Lebon* 728 ; *Rec.* 147.
9. CDBF 4 avr. 2001, *OPIHLM de la région de Creil*, *Rev. Trésor* 2001. 799, note M. Lascombe et X. Vandendriessche ; *Lebon* 765 ; – CDBF 23 mars 2004, *OPIHLM de la région de Creil*, 2e arrêt, *Rev. Trésor* 2005. 700, note M. Lascombe et X. Vandendriessche ; *Lebon* 529 ; *Rec.* 131.
10. CGCT, art. L. 1431-4.

regardée comme l'accessoire obligé d'une fonction élective principale [1].

Les textes applicables aux crédits municipaux sont particulièrement complexes lorsqu'il s'agit d'en tirer des conséquences pour admettre ou non le caractère d'accessoire obligé d'une fonction pour un élu [2]. En effet, le conseil d'orientation et de surveillance (COS) est régi par des dispositions très précises du code monétaire et financier, desquelles on peut déduire qu'une présidence de COS constitue l'accessoire obligé du mandat du maire de la commune-siège, puisque la loi prévoit qu'il est président de droit de la caisse de crédit municipal [3] ; en revanche, un vice-président, bien que choisi parmi les conseillers municipaux, ne semble pas pouvoir prétendre à l'immunité attachée à sa fonction principale, les textes étant muets à l'égard de ce type de fonction. Pour complexifier encore la chose, s'agissant des autres membres du COS issus du conseil municipal de la ville-siège, ils sont membres d'un conseil municipal au sens de l'article L. 131-2 précité, qui prévoit leur non-justiciabilité seulement lorsqu'ils agissent dans le cadre des dispositions des articles L. 2122-17 à L. 2122-20 et L. 2122-25 du code général des collectivités territoriales. En l'espèce, est susceptible de trouver application l'article L. 2122-25 de ce code [4], s'agissant de membres du conseil municipal siégeant dans une structure extérieure à la commune elle-même. À cet égard, s'agissant des caisses de crédit municipal, d'une part l'article L. 514-2 du COMOFI précité prévoit que les membres du COS issus des conseillers municipaux sont élus par le conseil municipal, et d'autre part l'article R. 514-25 du même code précise, dans son alinéa 2, que ces membres du COS issus des élus municipaux « *ne conservent leur mandat auprès de la caisse que pour autant qu'ils continuent à faire partie du conseil municipal* ». Ainsi, cette fonction de membre du COS au titre du conseil municipal pourrait être considérée comme visée par l'article L. 2122-25 précité du code général des collectivités territoriales, et, compte tenu des règles de nomination et des liens indissociables entre ces deux fonctions, comme l'accessoire obligé de leur fonction principale de membre du conseil municipal. Pour ces derniers, toutefois, la question de la justiciabilité demeure de toute façon assez théorique, puisqu'en tant que simples membres du COS, ils n'auront guère d'actes de gestion à décider individuellement pour la caisse, ce qui fait que même s'ils étaient justiciables, aucune faute de gestion ne pourrait leur être imputée. Car la question de la justiciabilité d'élus se pose essentiellement pour des fonctions dirigeantes et opérationnelles (président, voire PDG ; vice-président...), et non comme simple membre d'un conseil.

Sur les autres structures locales, bien que la jurisprudence fasse encore défaut, on peut considérer, en analysant précisément les textes, qu'un élu local président d'un office du tourisme créé sous la forme d'un établissement public [5] devrait également être justiciable, car aucune disposition ne prévoit que la présidence de l'EPIC doive échoir à une personne déterminée, et encore moins à un élu déterminé. Une solution identique devrait prévaloir lorsqu'un office du tourisme a été constitué sous la forme d'une SPL. Même solution, sans doute, pour les présidents de syndicats mixtes, qu'ils aient un conseil d'administration ouvert à des représentants non issus des collectivités locales [6], ou que leur conseil d'administration soit exclusivement composé d'élus représentants des collectivités locales [7], bien que pour cette dernière hypothèse la solution puisse être, au vu des arguments présentés plus haut, discutée. On pourrait en effet distinguer entre les conseils d'administration ouverts à l'extérieur en vertu de règles législatives ou réglementaires, dont la présidence ne serait pas l'accessoire obligé d'une fonction élective, et ceux restreints, toujours sur la base de dispositions légales ou réglementaires, aux seuls élus représentants des collectivités, dont la présidence constituerait l'accessoire obligé (et mettrait donc l'élu en dehors des poursuites par le juge financier).

313.155 Le cas de certains syndicats mixtes. Certains syndicats mixtes sont légalement des groupements de collectivités [8] : leurs présidents élus, ou

1. La CDBF a déjà rendu un arrêt sur la gestion d'un EPCC, mais la question de l'accessoire obligé ne s'y posait pas : CDBF 15 nov. 2021, *Commission du film d'Île-de-France*, n° 253-834 ; *Rec.* 187.
2. La question s'est posée dans le cadre de l'affaire de la Caisse de crédit municipal de Bordeaux : C. comptes 24 nov. 2023, *Caisse de crédit municipal de Bordeaux (CCMB)*, n° 868, S-2023-1382 ; *AJDA* 2023. 2381, Chron. N. Péhau et L. Vergallo ; *JCP Adm.* 2024, n° 1, 2005 Chron. S. Damarey ; *AJCT* 2024. 175, note C. Pierucci ; *Gaz. Pal.* 2024, n° 2, p. 70, note T. Dogan, même si l'élu n'avait finalement pas été renvoyé devant la Cour, mais pour des raisons indépendantes de la question de sa justiciabilité.
3. COMOFI, article L. 514-2, alinéa 4 : le COS « *est composé du maire de la commune siège de l'établissement, président de droit, et, en nombre égal, de membres élus en son sein par le conseil municipal de la commune siège de l'établissement et de membres nommés par le maire* [...] ».
4. CGCT, art. L. 2122-25 : « *Le maire procède à la désignation des membres du conseil municipal pour siéger au sein d'organismes extérieurs dans les cas et conditions prévus par les dispositions du présent code et des textes régissant ces organismes. La fixation par les dispositions précitées de la durée des fonctions assignées à ces membres ne fait pas obstacle à ce qu'il puisse être procédé à tout moment, et pour le reste de cette durée, à leur remplacement par une nouvelle désignation opérée dans les mêmes formes.* »
5. C. tourisme, art. L. 133-5 et R. 133-5.
6. CGCT, art. L. 5721-1 s.
7. CGCT, art. L. 5711-1 s.
8. CGCT, art. L. 5111-1, al. 2.

vice-présidents ayant reçu délégation, ne sont en principe pas justiciables de la Cour[1]. Mais cette règle ne vaut que pour ceux des syndicats mixtes qui sont composés exclusivement de communes, de départements, de régions et d'établissement de coopération intercommunale (EPCI) ; les autres syndicats mixtes, dans la composition desquels intervient une personne morale de droit public qui n'est pas elle-même une collectivité (une CCI par exemple), ne sont pas visés par cette non-justiciabilité de principe ; pour ces dernières, pour savoir si un dirigeant élu est justiciable de la Cour, il convient d'appliquer la règle de « l'accessoire obligé » ici détaillée.

313.156 Fonction élective nationale. Enfin, une fonction élective *nationale*, occupée par une personne par ailleurs élu local, ne peut pas être considérée comme un accessoire obligé de la fonction élective locale ; cela signifie qu'un élu local pourrait être appréhendé en tant que parlementaire pour l'infraction financière spécifique qui s'applique à ces derniers[2].

§ 3
Autres agissements rendant les élus locaux justiciables de la Cour des comptes

313.161 Agissements ayant entraîné la condamnation d'une collectivité locale au payement d'une astreinte en raison de l'inexécution d'une décision de justice. Les élus sont sans restriction justiciables de la Cour[3], y compris pour des actes accomplis dans l'exercice de leurs fonctions, lorsqu'ils ont commis l'infraction qui incrimine les agissements qui auront entraîné la condamnation d'une personne morale de droit public à une astreinte en raison de l'inexécution totale ou partielle ou de l'exécution tardive d'une décision de justice[4].

Si la CDBF n'avait rendu qu'un seul arrêt sur ce fondement, concernant précisément une cheffe d'exécutif local[5], le Procureur général près la Cour suit de nombreuses affaires d'astreintes, parmi lesquelles certaines mettent potentiellement en cause des élus, mais elles ne revêtent pas souvent un seuil de gravité qui justifierait d'aller au-delà de l'avertissement précontentieux[6].

L'un des premiers arrêts rendus par la Cour des comptes en 2023 sous l'empire du régime de responsabilité financière des gestionnaires publics, concernait un ancien élu local et notamment cette infraction, affaire héritée de la CDBF[7].

313.162 Manquement à l'obligation d'exécuter une décision de justice condamnant une collectivité locale au payement d'une somme d'argent. Les élus locaux sont sans restriction justiciables de la Cour[8], y compris pour des actes accomplis dans l'exercice de leurs fonctions, lorsqu'ils ont commis l'infraction sanctionnant l'inexécution d'une décision de justice (administrative ou judiciaire) condamnant une collectivité locale au payement d'une somme d'argent dont le montant est fixé par la décision de justice elle-même[9].

Un premier arrêt a été rendu, concernant un élu, et sur déféré d'un créancier lésé, en 2023[10].

313.163 Gestion de fait. Les élus locaux sont sans restriction justiciables de la Cour en cas de gestion de fait[11]. Un premier arrêt condamnant notamment un maire et une adjointe au maire a été rendu, sous l'empire des nouvelles règles, en 2024[12].

313.164 Octroi, par intérêt personnel direct ou indirect, d'un avantage injustifié à autrui ou à soi-même, à l'occasion de la réquisition du comptable public. Enfin, les élus locaux sont également justiciables de la Cour des comptes, à raison des actes accomplis dans l'exercice de leurs fonctions, lorsque deux conditions cumulatives sont réunies[13] : ils doivent avoir engagé leur responsabilité d'ordonnateur à l'occasion d'un ordre de réquisition du comptable public[14] ; et (cumulativement) ils doivent avoir commis l'infraction sanctionnant l'octroi, en méconnaissance de ses obligations et par intérêt personnel

1. CJF, art. L. 131-2, 9°.
2. V. s[s] n° 425.11.
3. CJF, art. L. 131-4, 1°. Cette disposition évoque « l'infraction définie à l'article L. 131-14 », alors même que cet article prévoit deux infractions différentes.
4. CJF, art. L. 131-14, 1° ; – Sur cette infraction, v. s[s] n°s 453.11 s.
5. CDBF 20 déc. 2001, *M. Janky c/ région Guadeloupe, BJCL* juill.-août 2002, p. 155, note C. Descheemaeker ; *Rev. Trésor* 2004. 41, note M. Lascombe et X. Vandendriessche ; *AJDA* 2003. 1223, note N. Groper ; *Lebon* 775 ; *Rec.* 125 ; A. Froment-Meurice, J.-Y. Bertucci, N. Hauptmann, C. Michaut, *GAJF*, Dalloz, 9e éd. 2019, n° 52, p. 605, p. 492.
6. Sur l'action précontentieuse, en général : v. s[s] n° 516.11.
7. C. comptes 31 mai 2023, *Commune d'Ajaccio*, n° 876, S-2023-0667 ; *Rec.* 26 ; *AJCT* 2023 juill.-août, p. 418, note T. Dogan ; *AJDA* 2023. 1832, note N. Péhau et L. Vergallo ; *JCP Adm.* 2023, n° 34, 2252, note S. Damarey.
8. CJF, art. L. 131-4, 1° ; – Cette disposition évoque « l'infraction définie à l'article L. 131-14 », alors même que cet article prévoit deux infractions différentes.
9. CJF, art. L. 131-14, 2° ; – Sur cette infraction, v. s[s] n°s 452.11 s.
10. C. comptes 31 mai 2023, *Commune d'Ajaccio*, n° 876, S-2023-0667 ; préc.
11. CJF, art. L. 131-3 ; – Sur cette infraction, voir CJF, art. L. 131-15 et v. s[s] n° 424.11.
12. C. comptes 10 oct. 2024, *Commune de Felleries*, n° 12, S-2024-1311 ; *JCP Adm.* 2025. 2012, note S. Damarey.
13. CJF, art. L. 131-4, 2°.
14. CJF, art. L. 131-7, al. 2, et art. L. 233-1.

direct ou indirect, d'un avantage injustifié à autrui ou à soi-même[1].

Ce cas de justiciabilité des élus s'était rarement présenté en jurisprudence avant la réforme de 2023 : dans un cas, la CDBF avait considéré que les conditions précitées n'étaient pas remplies, au motif que les manquements relevés n'avaient pas causé de préjudice à la personne publique (condition alors requise pour cette infraction, et désormais supprimée[2]), et a prononcé un non-lieu à l'égard de l'élu qui était renvoyé devant elle, pour incompétence[3] ; dans un autre arrêt, au contraire, cette compétence a été reconnue et un élu local a été condamné sur cette base[4]. La Cour des comptes a été saisie de plusieurs affaires sur ce fondement depuis l'entrée en vigueur, le 1er janvier 2023, du régime actuel, donnant lieu à trois arrêts en 2024[5].

SECTION 7
MEMBRES DU PARLEMENT

313.171 Parlementaires justiciables seulement en ce qui concerne leurs indemnités. La loi organique relative à l'indemnité des membres du Parlement[6] prévoit que « l'indemnité parlementaire est exclusive de toute rémunération publique, réserve faite de l'application des dispositions de l'article 12 de l'ordonnance du 24 octobre 1958 portant loi organique relative aux conditions d'éligibilité et aux incompatibilités parlementaires, qui doit se faire conformément aux règles du cumul des rémunérations publiques. Néanmoins, peuvent être cumulés avec l'indemnité parlementaire les pensions civiles et militaires de toute nature, les pensions allouées à titre de récompense nationale, les traitements afférents à la Légion d'honneur et à la médaille militaire. En outre, le parlementaire titulaire d'autres mandats électoraux ou qui siège au conseil d'administration d'un établissement public local, du centre national de la fonction publique territoriale, au conseil d'administration ou au conseil de surveillance d'une société d'économie mixte locale ne peut cumuler les rémunérations et indemnités afférentes à ces mandats ou fonctions avec son indemnité parlementaire de base que dans la limite d'une fois et demie le montant de cette dernière. Chaque assemblée veille, dans les conditions déterminées par son règlement, à la mise en œuvre de ces règles et à la sanction de leur violation, ainsi qu'aux modalités suivant lesquelles son président défère les faits correspondants au ministère public », à l'époque près la Cour de discipline budgétaire et financière, et désormais près la Cour des comptes.

Aucun cas d'application de cette justiciabilité des membres du Parlement n'est connu.[7]

1. CJF, art. L. 131-12 ; – Sur cette infraction, v. ss nos 441.11 s.
2. CJF, ancien art. L. 313-6, applicable jusqu'au 31 décembre 2022.
3. CDBF 30 juin 2006, *Sivom de la région d'Étaples-sur-Mer*, *BJCL* 2006, no 10, p. 710, note S. Bredin ; *AJDA* 2006. 2445, note N. Groper et C. Michaut ; *Rev. Trésor* 2006. 918, note M. Lascombe et X. Vandendriessche ; v. comm. D. Peyrical, *Dr. adm.* 2006, no 12, p. 14 ; *Lebon* 665 ; *Rec.* 98.
4. CDBF 30 sept. 2021, *Commune de Saint-Denis de La Réunion* ; no 251-826 ; *Rec.* 181 ; *RFFP* no 157, févr. 2022, p. 181, note F. Lemaire ; *AJCT* 2022, p. 108, note G. Durand ; *AJDA* 2021. 2507 Chron. N. Péhau et M. Choquet.
5. C. comptes 3 mai 2024, *Département de la Haute-Saône*, no 908, S-2024-0723 ; chron. Y. Simon et S. Heintz dans *RGP* 2024, no 03, p. 70 ; *AJDA* 2024. 1327, chron. N. Péhau et L. Vergallo. – C. comptes 14 nov. 2024, *Commune de Bantzenheim (Haut-Rhin)*, no 29, S-2024-1396. – C. comptes 16 déc. 2024, *Commune de Richwiller (Haut-Rhin)*, no 44, S-2024-1528.
6. Ord. no 58-1210, 13 déc. 1958 portant loi organique relative à l'indemnité des membres du Parlement, *JO* 14 déc., p. 11247, art. 4.
7. V. ss no 425.11

TITRE

32. Faits justiciables : la prescription

SECTION 0
ORIENTEUR

32.00 Sommaire du titre.

CHAPITRE

321. Principes généraux de la prescription en contentieux financier

SECTION 0

ORIENTEUR

321.00 Sommaire du chapitre.

SECTION UNIQUE

ÉLÉMENTS GÉNÉRAUX SUR LA PRESCRIPTION

321.11 Compétence *ratione temporis*. Les faits justiciables de la Cour sont ceux qui relèvent de sa compétence *ratione temporis*, c'est-à-dire ceux qui ne sont pas prescrits.

La question de la prescription est fondamentale, car elle décide de la compétence du juge financier sur des faits ou non, selon le moment auquel un fait est intervenu ; à ce titre, elle fait partie des points vérifiés en premier, et par l'autorité de déféré et par le Parquet dans son réquisitoire et sa décision de renvoi. Il en est de même dans les arrêts de la Cour : la prescription y figure en principe dès le début de chaque arrêt, pour fixer la compétence dans le temps de la Cour, ou du moins avant la présentation des faits constitutifs d'une infraction.

Est donc à éviter une rédaction d'arrêt qui se bornerait à mentionner les règles de prescription de façon pour le moins vague et à la fin de l'arrêt, au stade de l'examen de la responsabilité, comme la Cour a pu le faire dans certains arrêts anciens et isolés : « considérant que ces faits [...] ne sont que partiellement couverts par la prescription... »[1].

Il faut au contraire faire montre de la plus grande rigueur en la matière, et délimiter avec précision période prescrite et non prescrite. Notons que dans des arrêts anciens, la CDBF évoquait parfois la prescription à la fin, avec les considérations sur la responsabilité des personnes mises en cause, ce qui certes n'est pas complètement absurde dans la mesure où on pourrait considérer que le jeu de prescription est un peu comme une circonstance absolutoire ; il semble toutefois préférable de traiter de cette question au stade de la compétence, comme le fait la Cour désormais systématiquement, quitte à revenir sur cette question ensuite au stade soit de la qualification juridique des faits, soit de la responsabilité[2].

La prescription doit, par principe, concilier le droit du justiciable à l'oubli avec la nécessité de faire respecter l'ordre public financier. Mais comme un droit du justiciable est en cause, une application rigoureuse des règles de prescription – et donc d'oubli en faveur du justiciable – s'impose[3].

321.12 Effet de la prescription. Des faits prescrits ne peuvent plus être appréhendés au titre des infractions ; ils peuvent en revanche être utiles pour comprendre et apprécier les circonstances d'une affaire. Ainsi, le juge est parfois amené à décrire, dans l'arrêt, des faits couverts par la prescription, lorsqu'ils aident à la compréhension d'actes ultérieurs non prescrits, y compris en indiquant que ces éléments sont documentés dans le dossier de l'affaire ; on peut en déduire qu'il est loisible aux parties de verser au dossier des pièces concernant la période prescrite[4].

1. CDBF 22 nov. 1977, *min. de l'Équipement, service régional de l'équipement de Rouen ; CCP*, n° 2, p. 154.
2. PAR EX. : CDBF 28 oct. 2005, *min. de la Défense, Direction des constructions navales, contrat de vente de sous-marins Agosta 90 au Pakistan*, *Rec.* 127 ; *Lebon* 678 ; *Rev. Trésor* 2006. 902, note M. Lascombe et X. Vandendriessche.
3. Pour un exemple d'application stricte, voire restrictive, de la notion d'infraction continue, en faveur du justiciable : CDBF 10 avr. 2015, *Établissement public de coopération culturelle « L'Autre Canal »*, n° 198-719 ; *Rec.* 159.
4. CDBF 17 juin 2013, *Centre hospitalier intercommunal (CHI) de la Lauter à Wissembourg*, n° 189-683 ; NP *Rec.*

Le fait qu'un déféré comprenne des faits prescrits ne remet pas en cause en soi la validité de ce déféré ; en effet, ce qui compte devant le juge financier répressif, c'est que « n'ont été retenus par la Cour [...] dans la présente affaire que les faits [...] non prescrits... » [1].

Lorsque le juge constate au stade du jugement que les faits sont prescrits, il prononcera la relaxe des personnes renvoyées [2].

321.13 **Durée de la prescription.** La prescription générale pour les infractions financières est aujourd'hui de cinq ans [3] ; il en était de même pour la CDBF jusqu'à la réforme entrée en vigueur le 1er janvier 2023.

Initialement, la durée était de quatre ans, avant la réforme de 1971 [4]. Il a même existé jadis une règle particulière de prescription pour les irrégularités apparues dans l'exécution du budget général de l'État [5].

On notera également que le délai de prescription pénale délictuelle (six ans) [6] est désormais plus long que celui qui prévaut en droit public financier répressif (cinq ans), alors que pendant longtemps, c'était l'inverse [7]. Compte tenu des liens de complémentarité entre ces deux systèmes de répression, s'agissant de gestionnaires publics, la question de la cohérence entre ces deux durées de prescription se pose néanmoins [8].

Pour la seule infraction financière réprimant la gestion de fait [9], ce délai est porté à dix ans [10], ce qui correspond d'ailleurs à la prescription qui prévalait dans l'ancien régime de responsabilité des comptables de fait [11]. La prescription de dix ans ne joue que pour l'infraction réprimant la gestion de fait, mais pas pour d'autres infractions financières éventuellement commises dans le cadre de cette même gestion de fait : pour ces dernières, la prescription reste celle de droit commun, donc de cinq ans [12].

Dans d'autres pays, les durées de prescription peuvent varier, tout comme les points de départ et d'interruption de la prescription. Ainsi, au Burkina Faso par exemple, les fautes de gestion ne peuvent plus faire l'objet de poursuites six ans à partir de la date à laquelle les faits irréguliers ont été décelés [13], ce qui facilite les poursuites. Au Bénin ce délai est même porté à dix ans révolus à compter du jour où les faits ont été découverts [14]. Autrement dit, le choix d'une prescription quinquennale en France est tout à fait discutable ; il pourrait être envisagé de l'aligner sur les six ans de la prescription délictuelle.

321.14 **Durée de prescription : application de la loi dans le temps.** Les dispositions législatives « modifiant le délai de prescription sont applicables aux actions nées avant leur promulgation et non encore prescrites », la juridiction financière reprenant à son compte, en l'indiquant elle-même, une jurisprudence de la Cour de cassation en la matière [15]. S'agissant d'une loi pénale de forme, son application est immédiate, y compris aux faits antérieurs, sans méconnaître le principe de non-rétroactivité de la loi répressive [16].

Lors de l'entrée en vigueur de l'ordonnance de 2022 relative à la responsabilité financière des gestionnaires publics [17], cette question ne s'est pas posée, la réforme n'ayant pas modifié la durée de la prescription [18].

1. CDBF 17 juin 2011, *Institut géographique national (IGN)*, n° 176-655 ; *Rec.* 158 ; GFP 2013, n° 5, p. 73, note S. Damarey, M. Lascombe et X. Vandendriessche.
2. Ex., dont il faut toutefois regretter le caractère trop laconique : CDBF 29 avr. 2011, *Lycée Albert Schweitzer du Raincy et GRETA Tertiaire Sud 93*, n° 175-597 ; *Rec.* 156 ; *GFP* 2013, n° 5, p. 72, note S. Damarey, M. Lascombe et X. Vandendriessche.
3. CJF, art. L. 142-1-3, al. 1er : « La Cour des comptes ne peut être saisie par le ministère public après l'expiration d'un délai de cinq années révolues à compter du jour où a été commis le fait susceptible de constituer une infraction au sens de la section 2 du chapitre Ier du titre III du présent livre ».
4. V. ss nos 045.31 s.
5. L. n° 55-1069, 6 août 1955 ; – V. ss n° 045.14.
6. CPP, art. 8.
7. Réforme de la prescription pénale par la L. n° 2017-242, 27 févr. 2017.
8. Sur les relations entre juridictions financières et pénales, v. ss n° 231.21.
9. CJF, art. L. 131-15.
10. CJF, art. L. 142-1-3, al. 2 : « Ce délai est porté à dix années révolues à compter du jour où a été commis le fait susceptible de constituer l'infraction prévue à l'article L. 131-15 ».
11. V. ss n° 622.21.
12. C. comptes 10 oct. 2024, *Commune de Felleries*, n° 12, S-2024-1311 ; *JCP Adm.* 2025. 2012, note S. Damarey ; § 9.
13. N. Groper, Responsabilité des gestionnaires publics devant le juge financier, Dalloz, 1re éd. 2009, n° 892.
14. N. Groper, préc., n° 884.
15. CDBF 4 oct. 1984, *Université Louis Pasteur de Strasbourg, Laboratoire de physique corpusculaire et cosmique [LPCC], Assoc. pour le développement de la recherche en physique corpusculaire et cosmique [ADRPCC]* ; *CCP*, n° 2, p. 222.
16. V. ss n° 221.12.
17. V. ss n° 052.21.
18. C. comptes 11 mai 2023, *Société ALPEXPO*, n° 836, S-2023-0604 ; *Rec.* 17 ; *JCP Adm.* n° 25, 26 juin 2023, 2210, note S. Damarey ; *AJDA* 2023. 1511, note X. Vandendriessche. Voir § 14 de ce premier arrêt rendu sous l'empire des nouvelles règles.

CHAPITRE

322. Date de départ de la prescription et la question des infractions continues et des infractions complexes

SECTION 0
ORIENTEUR

322.00 **Sommaire du chapitre.**

SECTION UNIQUE
POINT DE DÉPART DE LA PRESCRIPTION

322.11 **Problématique générale.** La date de départ de la prescription est « le jour où aura été commis le fait susceptible de constituer une infraction »[1].

Cette règle s'applique aisément lorsqu'il s'agit d'actes isolés et à caractère instantané : constitue par exemple une infraction instantanée celle qui sanctionne la non-soumission préalable d'un acte d'engagement de dépenses au contrôleur budgétaire[2], comme l'a confirmé sans ambiguïté la jurisprudence[3].

Toutefois, il est fréquent en matière financière que l'on se retrouve face à un ensemble d'actes de gestion, parfois liés entre eux, parfois la conséquence d'un de l'autre, se situant en partie dans la période prescrite et en partie dans la période qui ne l'est pas.

Lorsque les irrégularités, commencées en période prescrite, se poursuivent en période non prescrite, il suffit souvent d'appréhender celles de la dernière période. Ainsi le cas d'omission de perception de recettes sur une période longue : ces infractions s'étant poursuivies en partie en période non concernée par la prescription, le juge pouvait donc les appréhender[4]. Dans le même sens, prise en compte de faits qui « se sont produits ou poursuivis » dans la phase non prescrite[5], ou encore appréhension d'une omission continue : « Cette absence de réaction [fautive] a produit des effets durant la période non couverte par la prescription »[6].

Autrement dit, en cas de pluralité d'actes séparables, même s'ils entretiennent des liens entre eux, le principe est qu'il convient de vérifier pour chacun des actes s'il est prescrit ou non, et donc s'il peut être appréhendé ou non pour établir une infraction, et si oui sur quelle base. Cela aboutit alors à pouvoir sanctionner certains faits, mais pas d'autres.

Ainsi, si les irrégularités entachant une lettre de mission couverte par la prescription ne peuvent pas être appréhendées, en revanche « la règle de prescription ne fait pas obstacle à ce que la Cour procède à l'examen des conditions d'exécution de cette lettre, pour la période d'exécution postérieure »[7].

Dans le même sens, le juge financier a pu juger que des « contrats ayant été signés [...] en période prescrite, il n'est plus possible de rechercher la responsabilité de leur signataire à raison de leur conclusion, alors même qu'ils comportent des clauses irrégulières. En revanche, l'application des règles de

1. CJF, art. L. 142-1-3, al. 1er.
2. CJF, art. L. 131-13, 2° ; – V. ss nos 421.11 s.
3. CDBF 22 mai 2015, *Entreprise minière et chimique (EMC)*, n° 199-731 ; *Rec.* 162 ; *AJDA* 2016. 1570, note N. Hauptmann et N. Péhau ; – CDBF 25 janv. 2019, *Radio France : visa du contrôleur général économique et financier en matière de rémunération*, n° 229-766 ; *Rec.* 195 ; *AJDA* 2019. 577, Chron. N. Hauptmann et N. Péhau.
4. CDB 28 févr. 1962, *Cies Soleil-Accidents et Aigle-Accidents ; CCP*, n° 2, p. 44 ; *Lebon* 839 (extraits).
5. CDBF 14 nov. 2001, *Mission de coopération et d'action culturelle de Castries [Sainte-Lucie]*, *Rev. Trésor* 2004. 38, note M. Lascombe et X. Vandendriessche ; *Lebon* 771 ; *Rec.* 117.
6. C. comptes 19 déc. 2024, *Institut des sciences et des industries du vivant et de l'environnement (AgroParisTech) et Direction nationale des ventes domaniales (DNID), vente du mobilier du château de Grignon*, n° 3, S-2024-1571.
7. CDBF 4 juin 2019, *Gestion des sociétés EDF, ERDF et RTE*, n° 234-732 ; *Rec.* 214 ; *AJDA* 2019. 2606, Chron. N. Hauptmann et N. Péhau.

prescription ne fait pas obstacle à ce que soit recherchée la responsabilité de l'ordonnateur pour tout acte de mise en recouvrement de redevances intervenu en période non prescrite, dès lors que sa régularité peut être directement appréciée, indépendamment des stipulations du contrat », au regard des règles applicables aux redevances que doivent verser les praticiens libéraux exerçant dans un hôpital public[1].

D'une façon générale, le fait que des pratiques irrégulières aient commencé en période lointaine prescrite n'empêche pas forcément le juge d'appréhender les irrégularités si elles se sont poursuivies en période non prescrite : c'est assez clairement le cas lorsque chaque acte, dans la succession de faits, est en lui-même entaché d'irrégularité, soit intrinsèquement par une irrégularité l'affectant lui-même, soit en conséquence d'une irrégularité de l'acte initial et qui continue à produire ses effets sur des actes subséquents. Dans le premier cas de figure, les différents actes sont détachables, y compris dans le fondement de leur irrégularité respective ; dans la deuxième hypothèse, le juge ne pourra qualifier les faits de la période non prescrite seulement au regard d'un acte irrégulier lui-même frappé de prescription, à travers la notion d'infraction continue.

C'est là qu'interviennent les notions d'acte initial, d'acte subséquent ou d'exécution, d'infraction continue et d'infraction complexe présentées ci-après, souvent délicates à manier et à appliquer aux cas d'espèce.

Or s'agissant de pratiques s'étalant dans le temps, il conviendrait donc de distinguer strictement les différents cas de figure, ce qui n'est pas toujours suffisamment le cas en jurisprudence.

Sont délicates en particulier les questions de savoir si, d'une part, l'irrégularité affectant un acte prescrit peut affecter la régularité d'actes subséquents ou non, et dans l'affirmative, si le juge peut fonder une condamnation sur l'irrégularité des seuls actes subséquents (infraction continue) ; et d'autre part, si le juge peut, en présence d'un ensemble d'actes indissociables, « remonter » dans le temps et donc appréhender y compris les faits initiaux : c'est l'infraction complexe.

322.12 Ensemble de faits susceptibles d'être traités comme infractions continues ou infractions complexes. Sans entrer dans des distinctions subtiles dont la portée serait trop réduite, la jurisprudence du juge financier répressif montre de nombreux cas qu'on pourrait qualifier d'infractions continues ou d'infractions complexes.

On appellera ici infraction continue celle qui, contrairement à l'infraction instantanée, se matérialise par des actes – ou omissions – qui durent pendant une certaine période, dont la durée d'exécution est plus ou moins longue ou dont les effets persistent dans le temps.

Une infraction financière continue particulièrement nette est celle qui sanctionne l'inexécution d'une décision de justice ayant condamné au payement d'une somme d'argent dont le montant a été fixé par la décision de justice elle-même : « l'absence de mandatement de ladite somme mise à la charge de la personne publique par la décision juridictionnelle est susceptible de constituer une infraction continue. La date à prendre en compte pour l'examen de la prescription prévue par les articles, anciennement L. 314-2, désormais L. 142-1-3 du CJF est donc, non le fait générateur de l'irrégularité, mais le moment où celle-ci prend fin »[2].

L'infraction réprimant la non-production des comptes[3] peut également être qualifiée d'infraction continue, tant qu'un compte n'est pas produit.

On appellera ici infraction complexe celle qui est constituée d'un ensemble d'actes jugés indissociables et qui eux aussi s'étalent dans le temps.

La Cour elle-même semble assimiler les deux notions sous le vocable commun d'infraction continue, qui apparaît parfois dans les arrêts ; dans ces deux cas particuliers, la date de départ de la prescription est alors le moment où l'irrégularité a pris fin. Ceci est particulièrement évident en cas d'omission continue ; pour ce qui est des actes positifs constitutifs d'infraction continue, le recours à cette notion est parfois moins évident – et moins souvent nécessaire qu'on ne le pense[4].

La justification de cette règle est que dans ces deux cas la volonté de commettre l'irrégularité se réitère y compris en période non couverte par la prescription, ce qui se matérialise le plus souvent soit par des omissions continues, soit par des actes positifs subséquents : il en est ainsi du cas classique dans la jurisprudence des payements irréguliers intervenus en période non prescrite sur la base d'une décision elle-même irrégulière mais frappée de prescription.

1. CDBF 20 janv. 2021, *Centre hospitalier de Chauny*, n° 246-824 ; *Rec.* 157.

2. C. comptes 31 mai 2023, *Commune d'Ajaccio*, n° 876, S-2023-0667 ; *Rec.* 26 ; *AJCT* 2023 juill.-août, p. 418, note T. Dogan ; *AJDA* 2023. 1832, note N. Péhau et L. Vergallo ; *JCP Adm.* 2023, n° 34, 2252, note S. Damarey. Voir § 22 de cet arrêt. – C. comptes 10 juill. 2023, *Centre hospitalier Sainte-Marie à Marie-Galante (Guadeloupe)*, n° 882, S-2023-0858 ; *Rec.* 30 ; *AJDA* 2023. 1832, note N. Péhau et L. Vergallo ; *AJCT* 2023, p. 632, note L. Zaoui ; *Cah. hosp.* sept. 2023, n° 182, note O. Yahia.
3. CJF, art. L. 131-13, 1°.
4. V. ss n° 322.13.

Ainsi, « considérant que pendant une période comprise entre 2003 et le mois de janvier 2010 des paiements irréguliers sont intervenus, chaque mois, sur la base d'une décision elle-même irrégulière ; qu'à raison de leur caractère répétitif ces faits, qui procèdent d'une même méconnaissance de la réglementation en vigueur, sont constitutifs d'une infraction continue ; que par conséquent le point de départ du délai de la prescription peut être fixé au moment où l'irrégularité a pris fin »[1].

En réalité, dans ce cas de figure, il semble possible d'appréhender les faits non prescrits sans même avoir recours à la notion d'infraction continue, car il suffit d'appréhender l'acte subséquent qui lui-même, pris isolément, constitue bien une irrégularité en lui-même, peu importe finalement son origine ; ce qui fait qu'il semble que les « vrais » cas d'infraction continue sont relativement peu nombreux, et que le recours à cette notion est – à notre avis – quelque peu extensif[2] ; dans certains cas, il suffit en effet de prendre les actes subséquents isolément pour établir une irrégularité. Mais cela ne change rien au résultat *in fine*, car l'essentiel est de pouvoir appréhender certaines opérations.

Il en va de même en matière de commande publique lorsque « la signature du marché [...] est intervenue pendant la période prescrite ; qu'en revanche, les faits postérieurs [...] relatifs à l'exécution du marché [...] ne sont pas couverts par la prescription »[3]. En effet, rien n'empêche d'appréhender des actes subséquents (ou d'exécution) non prescrits, s'ils portent en eux-mêmes des infractions : ainsi, en matière de commande publique, la Cour ne recherche pas, en règle générale, « les irrégularités entachant la procédure de passation » lorsqu'ils sont frappés de prescription ; toutefois, « la règle de prescription ne fait pas obstacle à ce que la Cour procède à l'examen des conditions d'exécution de ces marchés, pour la période d'exécution postérieure »[4].

Dans le même sens, dans une affaire jugée par la CDBF, un avenant à un contrat avait été signé en période prescrite ; « toutefois cette décision a poursuivi ses effets sur la période non prescrite et a eu pour conséquence la réalisation pendant cette période d'opérations dont la régularité est mise en cause ; que cet ensemble d'opérations [subséquentes] peut ainsi être examiné par la Cour ». En revanche, l'acte irrégulier initial a été considéré comme prescrit[5].

Mais la possibilité d'appréhender les actes subséquents suppose qu'ils soient eux-mêmes entachés d'irrégularité, ce qui n'est pas toujours le cas : en effet, un simple vice de procédure affectant un marché initial n'affectera pas pour autant, du moins pas forcément, la régularité des actes d'exécution : ainsi, l'absence de visa du contrôleur budgétaire sur un contrat n'entachera pas d'irrégularité les actes de payement effectués sur la base de ce contrat, et l'infraction sanctionnant le non-respect des compétences du contrôle budgétaire est instantanée[6].

322.13 Infraction continue ou appréhension seulement des actes subséquents en période non prescrite : exemples tirés de la jurisprudence. En jurisprudence, les applications des différentes notions, en particulier de l'infraction continue, sont nombreuses, même si le juge ne détaille pas toujours – et il faut le regretter, vu l'importance du sujet de la compétence dans le temps pour le justiciable – le raisonnement exact qui le conduit à appréhender certains actes. Notons d'une façon générale que si l'origine des faits est couverte par la prescription, mais pas leur poursuite, alors le juge cherchera à appréhender les actes irréguliers de la période non prescrite[7].

– Exemple d'une infraction continue particulièrement nette : un contrat de mise à disposition de personnel avait été conclu en période couverte par la prescription, mais dont les dispositions « ont pu continuer à produire leurs effets, tant qu'ils n'ont pas été dénoncés ou rompus », puisque des rémunérations mensuelles étaient versées sur la base de ce contrat qui continuait à être appliqué ; « le délai de prescription court à partir du dernier acte constitutif de l'habitude ou de la fin de l'infraction continue », donc en l'espèce le jour où le contrat de mise à disposition a pris fin[8] ;

– Arrêt précisant la différence entre infraction instantanée et infraction continue : l'absence de soumission à l'avis du CGEFI en période prescrite ne peut pas être appréhendée par la Cour, car il s'agit d'une « infraction à caractère instantané », et un tel

1. CDBF 8 déc. 2014, *Maison de retraite publique de Vertheuil*, n° 196-718 ; *Rec.* 175 ; *AJDA* 2015. 1536, Chron. J.-E. Picard et S. Gaillard.
2. Dans le même sens : J.-E. Picard et S. Gaillard, Chron. s[s] CDBF 8 déc. 2014 m*aison de retraite publique de Vertheuil ; AJDA* 2015. 1536.
3. CDBF 22 oct. 2012, *Port autonome de Marseille*, n° 185-692 ; *Rec.* 196 ; *AJDA* 2012. 2441, note C. Michaut et P. Sitbon ; *GFP* 2013, n° 5, p. 90, note S. Damarey, M. Lascombe et X. Vandendriessche.
4. CDBF 3 mai 2018, *Office national des anciens combattants et victimes de guerre (ONAC-VG)*, n° 220-783 ; *Rec.* 183 ; mentionné dans *JCP Adm.* 2018, n° 22, actu. 489.
5. CDBF 12 oct. 2018, *École nationale de formation agronomique (ENFA)*, n° 223-786 ; *Rec.* 188.
6. V. s[s] n°s 421.11 s.
7. CDBF 14 oct. 1998, *Service central de protection c/ les rayonnements ionisants [SCPRI], Rev. Trésor* 1999. 210 ; *Lebon* 662 (anonymisé).
8. CDBF 10 déc. 2010, *Chambre régionale d'agriculture de Midi-Pyrénées (CRAMP)*, n° 173-680 ; *Rec.* 123 ; *GFP* 2011, n° 8-9, p. 576, note M. Lascombe et X. Vandendriessche.

vice de procédure ne saurait pas par lui-même vicier les mesures d'exécution en période non prescrite (les payements subséquents)[1] ; l'infraction ne saurait donc être considérée comme continue ;

– En matière de commande publique, « les circonstances que la définition des besoins, préalable à la passation du marché, aurait été imprécise et que le montant indiqué dans la lettre notifiant l'acte d'engagement ne correspondait pas à la forme du marché, ne sont pas de nature à entacher d'irrégularité les actes d'exécution du marché passés en période non prescrite » ; l'irrégularité initiale n'a donc pas pu être appréhendée au titre de la notion d'infraction continue, ni même « contaminer » les actes subséquents pris isolément[2]. Dans le même sens, même arrêt : « le délégué aux systèmes d'information [...], lequel n'avait pas reçu délégation en ce sens, ni à cette hauteur, a commandé » des prestations ; mais « l'irrégularité affectant ainsi la signature, en période prescrite, de ce bon de commande n'est pas de nature à entacher d'irrégularité les actes d'exécution du marché passés en période non prescrite » ;

– Infraction continue en matière de rémunérations : « que cette infraction, qui a revêtu un caractère continu, s'est poursuivie jusqu'à ce qu'il soit mis fin aux fonctions » de la personne renvoyée devant la Cour ; qu'en conséquence, la prescription couvre les faits antérieurs à la durée légale, comptée à partir de la date interruptive de prescription, mais ne couvre pas les faits qui se sont poursuivis après, même s'ils avaient déjà commencé pendant la période prescrite, en l'occurrence le payement de rémunérations indues »[3] ;

– Irrégularité en recettes : « s'agissant d'une omission [absence d'encaissement de chèques] qui s'est prolongée dans le temps, l'infraction s'est continuée aussi longtemps qu'a duré l'omission ; que celle-ci a pris fin lors de la présentation à l'encaissement des chèques » ; le calcul de la prescription doit donc prendre en compte cette dernière date[4] ;

– Une personne continuait à ordonnancer des dépenses alors qu'elle n'y était plus habilitée[5] depuis un certain temps : infraction continue[6] ;

– La décision créant des indemnités irrégulières était couverte par la prescription, mais les versements avaient continué pendant la période non prescrite ; la Cour appelle cela une « irrégularité continue »[7] ;

– Une décision d'attribution d'avantages en nature très ancienne (en l'espèce, la date exacte de la décision initiale n'était même pas clairement connue) qui avait continué à produire ses effets pendant la période non prescrite[8] ;

– Diverses pratiques irrégulières (notamment octroi de crédits sans autorisation préalable du conseil d'administration ; irrégularités comptables ayant gravement affecté la sincérité des comptes) certes anciennes, mais qui s'étaient poursuivies pendant la période non couverte par la prescription[9] ;

– Une décision attributive de subvention avait été prise à une période frappée de prescription, mais les actes de payement qui en formaient l'application ont continué pendant la période non couverte par la prescription et ont pu être appréhendés par le juge[10]. *Idem* pour des rémunérations irrégulières décidées pendant la période frappée de prescription, mais exécutées (actes de payement) en période non couverte par la prescription : ces versements sont susceptibles d'engager la responsabilité du gestionnaire, « quand bien même la décision de principe aurait été prise antérieurement »[11] ;

– Les actes nés pendant la période couverte par la prescription peuvent être appréhendés par le juge dans la mesure où ils « ont pu continuer à produire leurs effets », tant qu'ils n'ont pas été abrogés ou remplacés[12] ;

1. CDBF 22 mai 2015, *Entreprise minière et chimique (EMC)*, n° 199-731 ; *Rec.* 162 ; *AJDA* 2016. 1570, note N. Hauptmann et N. Péhau ; – Dans le même sens : CDBF 25 janv. 2019, *Radio France : visa du contrôleur général économique et financier en matière de rémunération*, n° 229-766 ; *Rec.* 195 ; *AJDA* 2019. 577, Chron. N. Hauptmann et N. Péhau.
2. CDBF 15 déc. 2017, *Office national de l'eau et des milieux aquatiques* (ONEMA), n° 217-730-II ; *Rec.* 247 ; *AJDA* 2018. 2493, Chron. N. Hauptmann et N. Péhau ; V. Mazzocchi, « Principe *non bis in idem*, que faut-il entendre par *bis* ? », *DA* 2018, n° 3, Chron. 1.
3. CDBF 15 janv. 1974, *Caisse de mutualité sociale agricole de la Somme, Lebon* 802 (extraits anonymisés) ; *CCP*, n° 2, p. 99.
4. CDBF 16 mars 1988, *Caisse de retraite et de prévoyance de la boucherie, boucherie-charcuterie et boucherie hippophagique française [Carbof]* ; *CCP*, n° 3, p. 131 ; *Lebon* 543.
5. CJF, art. L. 131-13, 3° désormais ; – Sur cette infraction, v. s^s n° 422.11.
6. CDBF 14 oct. 1998, *Service central de protection c/ les rayonnements ionisants [SCPRI], Rev. Trésor* 1999. 210 ; *Lebon* 662 (anonymisé).
7. CDBF 4 avr. 2001, *OPIHLM de la région de Creil, Rev. Trésor* 2001. 799, note M. Lascombe et X. Vandendriessche ; *Lebon* 765.
8. CDBF 8 juill. 1976, *Hôpital psychiatrique de Saint-Alban-sur-Limagnole [Lozère], Lebon* 709 (extraits) ; *CCP*, n° 2, p. 117.
9. CDBF 29 juin 1978, *S^té de crédit immobilier « Les prévoyants de l'avenir de la Charente-Maritime » et SA d'HLM « Le foyer de la Charente-Maritime »* ; *CCP*, n° 2, p. 157 ; *Lebon* 663.
10. CDBF 16 déc. 2003, *Institut national polytechnique de Grenoble [INPG] et Université Joseph Fourier Grenoble I [UJF], Rev. Trésor* 2005. 696, note M. Lascombe et X. Vandendriessche ; *AJDA* 2004. 1233, note N. Groper ; *Lebon* 599 ; *Rec.* 153.
11. CDBF 23 mars 2004, *OPIHLM de la région de Creil*, 2e arrêt, *Rev. Trésor* 2005. 700, note M. Lascombe et X. Vandendriessche ; *Lebon* 529 ; *Rec.* 131.
12. CDBF 20 déc. 2007, *secr. d'Ét. aux Petites et moyennes entreprises, au Commerce et à l'Artisanat, Direction de l'artisanat, gestion des crédits du Fonds social européen [FSE], AJDA* 2008. 450, note N. Groper et C. Michaut ; Rev. Marché commun 2008, p. 203, note Chaltiel.

– Les irrégularités d'un accord de transaction lui-même couvert par la prescription « ont continûment affecté l'organisme et [...] il appartient dès lors à la Cour de procéder à leur examen »[1] ;

– Pour une application très rigoureuse de la prescription, et limitative de la notion d'infraction continue : « la décision [...] créant la régie d'avances de l'EPCC autorisait la prise en charge des « salaires nets », sans autre restriction, permettant ainsi à la régie de payer, de manière irrégulière, l'ensemble des dépenses de personnel de l'établissement ; que, toutefois, cette décision a été prise en période prescrite et qu'en conséquence la responsabilité de ses auteurs ne saurait être recherchée ; considérant, en deuxième lieu, qu'il ne résulte pas de l'instruction que la régie d'avances de l'EPCC ait été utilisée, en période non prescrite, pour payer des rémunérations de personnels » irrégulières[2].

322.14 Infraction complexe : exemples jurisprudentiels. La Cour est allée jusqu'à juger qu'une série d'infractions qui, « bien que distinctes », avaient « un objet unique – se soustraire aux règles d'exécution des dépenses et des recettes publiques jugées par lui trop contraignantes – lesdites irrégularités revêtant dès lors le caractère d'une infraction continue », ce qui est une interprétation relativement extensive - en vérité, même si les termes ne sont pas utilisés, cette configuration ressemble à une infraction complexe[3].

Dans une autre affaire, les irrégularités portaient sur des cumuls de rémunérations faisant l'objet de forfaits globaux annuels qui ne peuvent être appréciés qu'en fin d'année ; la Cour a considéré que, bien que les faits antérieurs au 29 octobre 1987 soient couverts par la prescription, les rémunérations reçues fin 1987 au titre de toute l'année 1987 pouvaient être appréciées par le juge[4]. On peut considérer qu'il s'agit là d'une forme d'infraction complexe.

Une infraction complexe particulièrement claire s'est présentée dans l'arrêt *Ministre de la Défense, Direction des constructions navales, contrat de vente de sous-marins Agosta 90 au Pakistan* : « considérant que les opérations de préparation du contrat de vente des sous-marins au Pakistan signé le 21 septembre 1994 constituent un ensemble indissociable de ce dernier et peuvent donc être examinées par la Cour de discipline budgétaire et financière sans que soit méconnue la règle de prescription prévue par l'article L. 314-2 du Code des juridictions financières, même si elles sont antérieures au 23 juillet 1994 », date de début de la prescription[5]. Dans cette affaire, les actes préparatoires à ce contrat étaient précisément le « lieu » d'une grande partie des insuffisances sanctionnées.

Dans une affaire d'intéressements irrégulièrement accordés à des salariés, la CDBF avait fait preuve d'une approche très restrictive de la possibilité d'appréhender un ensemble de faits qui avait commencé en période prescrite[6]. Toutefois, cet arrêt, critiquable au regard de la jurisprudence passée de la juridiction financière répressive, a été annulé en cassation[7], certes sur un autre point, mais le Conseil d'État semble avoir laissé sous-entendre dans un *obiter dictum* que s'il avait été saisi de la question de la prescription en cassation, ce qui n'était pas le cas en l'espèce, il aurait pu désavouer la solution restrictive de la CDBF[8].

En effet, ce qu'il convient d'appréhender dans une infraction complexe, ce sont des faits constituant une seule et même faute qui dure dans le temps – une faute grave de gestion, le plus souvent – faute couvrant un ensemble de faits irréguliers inséparables.

1. CDBF 6 mai 2009, *Assoc. Union interprofession enseignement [UNIPE-PE] et Union interprofession insertion professionnelle [UNIPE-IP], Rec.* 75 ; *AJDA* 2009. 2456, note N. Groper et C. Michaut ; *GFP* 2011, n° 7, p. 500, note M. Lascombe et X. Vandendriessche.
2. CDBF 10 avr. 2015, *Établissement public de coopération culturelle « L'Autre Canal »*, n° 198-719 ; *Rec.* 159.
3. CDBF 4 oct. 1984, *Université Louis Pasteur de Strasbourg, Laboratoire de physique corpusculaire et cosmique [LPCC], Assoc. pour le développement de la recherche en physique corpusculaire et cosmique [ADRPCC] ; CCP*, n° 2, p. 222.
4. CDBF 26 juin 1996, *Établissement public F., Rev. Trésor* 1998. 730 ; *Lebon* 651 ; *Rec.* 176.
5. CDBF 28 oct. 2005, *min. de la Défense, Direction des constructions navales, contrat de vente de sous-marins Agosta 90 au Pakistan ; Rec.* 127 ; *Lebon* 678 ; *Rev. Trésor* 2006. 902, note M. Lascombe et X. Vandendriessche.
6. CDBF 9 mars 2021, *CDC Entreprises – Plan d'attributions gratuites d'actions*, n° 248-767 ; *Rec.* 165.
7. CE 21 avr. 2023, n°s 452310, 452412, 452420, *CDC Entreprises – Plan d'attributions gratuites d'actions, Rec.* 57.
8. CE 21 avr. 2023, n°s 452310, 452412, 452420, *CDC Entreprises – Plan d'attributions gratuites d'actions* : « 8. Toutefois, en retenant, après avoir jugé, par une partie de son arrêt qui est devenue définitive en l'absence de pourvoi du procureur général près la Cour des comptes sur ce point, que tous les actes et décisions afférents à l'adoption et à la mise en œuvre initiale du plan d'attributions gratuites d'actions, y compris les décisions d'attributions gratuites d'actions aux salariés intervenues en 2007, 2008 et 2009, étaient couverts par la prescription… ».

CHAPITRE

323. Interruption de la prescription

SECTION 0

ORIENTEUR

323.00 **Sommaire du chapitre.**

SECTION UNIQUE

DATE INTERROMPANT LA PRESCRIPTION

323.11 **Règle générale d'interruption de la prescription financière.** La date interruptive de la prescription devant la juridiction financière est en principe celle de la saisine de la Cour ; elle se trouve cependant avancée en cas de déféré (ce qui est d'ailleurs dans la pratique l'hypothèse la plus fréquente) ; dans ce dernier cas, c'est la date d'arrivée au ministère public du déféré qui interrompt la prescription[1].

La loi énumère en outre les autres actes qui, une fois une affaire en cours d'instruction, peuvent interrompre la prescription : il s'agit du réquisitoire supplétif, l'ordonnance de mise en cause, l'ordonnance de règlement et la décision de renvoi[2].

S'agissant de règles de procédure, les actes interruptifs de la prescription, comme sa durée[3], sont en principe d'application immédiate sur des faits antérieurs. Lors de l'entrée en vigueur, le 1er janvier 2023, de la réforme du régime de responsabilité financière les dispositions sont demeurées inchangées : les « nouvelles dispositions ne modifient ni la durée de la prescription, ni les modalités de son interruption »[4]. Par ailleurs, l'ordonnance ayant explicitement prévu que les actes de procédure devant la CDBF avant l'entrée en vigueur de la réforme gardaient leurs effets devant la Cour des comptes, des actes interruptifs intervenus avant le 1er janvier 2023 ont bien interrompu la prescription[5].

323.12 **Arrivée d'un déféré au ministère public.** Lorsqu'il existe un déféré, la date interruptive de la prescription est celle de la réception au ministère public du déféré, et non la date du déféré lui-même, ni celle de la saisine ultérieure de la Cour par le Procureur général.

Cet « avancement » de la date interruptive par rapport à la saisine proprement dite était à l'origine une règle purement jurisprudentielle, validée constamment, bien qu'incidemment, par le juge de cassation[6] ; il figure désormais expressément dans la loi.

Cet effet accordé au déféré sur la prescription semble discutable dans la mesure où ce n'est pas le déféré qui saisit la Cour, mais le réquisitoire du Procureur général ; or la loi parle bien, au début de l'article en question, de « saisine de la Cour »[7].

1. CJF, art. L. 142-1-3, al. 3 : « L'enregistrement du déféré au ministère public, le réquisitoire introductif ou supplétif, l'ordonnance de mise en cause, l'ordonnance de règlement et la décision de renvoi interrompent la prescription ».
2. CJF, art. L. 142-1-3, al. 3.
3. V. s^s n° 321.13.
4. C. comptes 11 mai 2023, *Société ALPEXPO*, n° 836, S-2023-0604 ; *JCP Adm.* n° 25, 26 juin 2023, 2210, note S. Damarey ; *AJDA* 2023. 1511, note X. Vandendriessche. Voir § 14 de cet arrêt.
5. C. comptes 24 nov. 2023, *Caisse de crédit municipal de Bordeaux (CCMB)*, n° 868, S-2023-1382 ; *AJDA* 2023. 2381, Chron. N. Péhau et L. Vergallo ; *JCP Adm.* 2024, n° 1, 2005 Chron. S. Damarey ; *AJCT* 2024, p. 175, note C. Pierucci ; *Gaz. Pal.* 2024, n° 2, p. 70, note T. Dogan. Voir §§ 13 s.
6. CDBF 27 nov. 1973, *Institut géographique national ; CCP*, n° 2, p. 94 ; *Lebon* 800 ; – CDBF 9 déc. 1986, *DDE de Corse ; CCP*, n° 2, p. 94 ; *Lebon* 800 ; – Confirmé par : CE 26 mai 1999, *Reynard, ancien chef de service des immeubles et des affaires générales du ministère des Affaires étrangères*, req. n° 195767 ; *Rec.* 120 ; confirmé de nouveau par : CE 17 et 19 juill. 2013, *M. Lévy*, n° 351985, *CDBF Institut géographique national ; Rec.* 241.
7. CJF, art. L. 142-1-3 : « La Cour des comptes ne peut être saisie par le ministère public après l'expiration d'un délai de ▶

Avantageuse pour l'autorité ayant décidé du déféré et pour la Cour, elle comporte un inconvénient : les déférés ne sont pas toujours très précis sur les faits à poursuivre, et sur le cadre temporel ; il se peut que le réquisitoire introductif (la saisine donc) diffère, s'agissant des faits et du temps, du déféré, ou qu'au cours de l'instruction on s'éloigne du déféré et qu'un réquisitoire supplétif soit pris. Pour les faits non mentionnés dans le déféré (ou dans le réquisitoire introductif), c'est alors ce réquisitoire supplétif qui constituera la date interruptive de prescription[1].

En vertu de la solution traditionnellement retenue par la CDBF et le Conseil d'État, l'interruption de la prescription est l'un des rares effets de droit que produit le déféré[2]. Le déféré, parce qu'il a un impact sur le jeu de la prescription, revêt donc un effet conservatoire : il protégera les poursuites éventuelles en ce qu'il empêchera, à partir de la date de réception du déféré au Parquet, la prescription de continuer à déployer ses effets. Parfois, cet effet attaché au déféré pourra même pousser une autorité habilitée à provoquer ce que l'on pourrait appeler un « déféré conservatoire » : un déféré peu détaillé est décidé et transmis en toute hâte au Procureur général, afin d'interrompre la prescription de faits de près de cinq ans d'ancienneté, sans que l'autorité déférante ait pu approfondir ses soupçons d'irrégularités commises.

Toutefois, la pratique montre que de telles affaires, si elles ne sont pas au stade du déféré suffisamment « creusées » sur le plan factuel, auront moins de chances d'aboutir. Même si la loi ne dit rien sur le contenu d'un déféré – qui donc peut se borner à des constatations relativement générales – et qu'une instruction complète est faite par la chambre du contentieux, et non par l'autorité déférante (qui a donc le droit de déférer des affaires encore peu instruites, voire de se tromper), cette pratique devrait généralement être cantonnée à des cas exceptionnels. Néanmoins, avec l'augmentation du nombre d'autorités habilitées à déférer depuis la réforme de 2022, ce type de cas de figure se présentera plus souvent que du temps de la CDBF.

Quoi qu'il en soit, un déféré peu explicite risque de compliquer l'application des règles de prescription, d'où le soin pris par le Procureur général dans ses réquisitoires[3], puis du juge dans ses arrêts, pour motiver autant que possible pour quels faits la prescription a pu être interrompue à quel moment et par quel acte.

À noter enfin que des actes préalables à un déféré, et qui pourraient être interruptifs devant un autre ordre de juridiction, ne le sont pas pour autant devant la Cour des comptes, puisqu'aucun texte ne le prévoit, à ce stade[4] : c'est le cas en particulier du déféré provenant d'un procureur de la République judiciaire, dont les actes au titre d'une procédure pénale ne jouent pas devant la juridiction financière. Pour ce déféré issu de l'ordre judiciaire, seul l'enregistrement au Parquet général près la Cour comptes aura un effet interruptif dans la procédure financière, même si le procureur judiciaire avait lui-même pris connaissance des faits par une transmission d'une juridiction financière faisant suite à un contrôle, et que le procureur judiciaire n'a alors que redirigé l'affaire vers le contentieux financier[5].

323.13 Saisine par le Procureur général à son initiative propre. S'agissant de l'exercice du pouvoir de saisine propre du Procureur général, c'est la date de cette saisine qui doit être retenue pour l'application de la prescription, peu importe la transmission antérieure de pièces ou d'informations par une autorité qui n'est pas habilitée à déférer une affaire à la Cour ; par exemple la transmission d'informations par un commissaire du gouvernement[6] d'une CRC au Procureur général n'est pas un déféré, et ce n'est donc pas cette date-là qui interrompt la prescription, mais la date de prise du réquisitoire introductif[7].

323.14 Saisines ou déférés successifs ; réquisitoires portant sur des faits d'origine diverse. Lorsqu'une affaire provient de plusieurs déférés successifs, il convient d'appliquer aux différents faits les

▶ cinq années révolues à compter du jour où a été commis le fait susceptible de constituer une infraction au sens de la section 2 du chapitre Ier du titre III du présent livre. Ce délai est porté à dix années révolues à compter du jour où a été commis le fait susceptible de constituer l'infraction prévue à l'article L. 131-15. L'enregistrement du déféré au ministère public, le réquisitoire introductif ou supplétif, l'ordonnance de mise en cause, l'ordonnance de règlement et la décision de renvoi interrompent la prescription. ».

1. L'effet interruptif du réquisitoire supplétif figure dans la loi (CJF, art. L. 142-1-3, alinéa 3) ; pour une application, *cf.* CDBF 15 déc. 2006, *CH d'Ambert*, *AJFP* 2007. 98 ; *Rev. Trésor* 2007. 720, note M. Lascombe et X. Vandendriessche ; *AJDA* 2007. 1355, note N. Groper et C. Michaut ; *Cah. hosp.* oct. 2007, p. 24 ; *Lebon* 675 ; *Rec.* 116.
2. V. s[s] n°s 511.31 s.
3. Ex. : Réquisitoire du Procureur général n° 909 du 27 janvier 2023, *Lycée général et technologique A de A*, NP ; affaire ultérieurement classée (décision de classement du Procureur général du 9 janvier 2024 ; NP).
4. V. s[s] n°s 231.24 et 046.34.
5. Déféré affaire RFGP n° 86, NP.
6. Ancienne appellation des procureurs financiers près les chambres régionales ou territoriales des comptes.
7. CDBF 30 juin 2006, *Sivom de la région d'Étaples-sur-Mer ; BJCL* 2006, n° 10, p. 710, note S. Bredin ; *AJDA* 2006. 2445, note N. Groper et C. Michaut ; *Rev. Trésor* 2006. 918, note M. Lascombe et X. Vandendriessche ; v. comm. D. Peyrical, *Dr. adm.* 2006, n° 12, p. 14 ; *Lebon* 665 ; *Rec.* 98.

dates correspondant à l'enregistrement de celui des déférés qui a mentionné les faits en question [1].

Une règle similaire s'applique en cas de saisines successives à l'initiative propre du Procureur général, ou lorsqu'une même affaire a donné lieu à des réquisitoires complémentaires [2].

En revanche, lorsque les deux déférés parallèles ou successifs portaient sur les *mêmes* faits, alors le juge appliquera la date la plus avantageuse pour le défendeur [3].

Sinon, pour les faits distincts, chaque fait se voit appliqué la date établie par l'arrivée au parquet du déféré qui portait sur ce fait précis ; plusieurs dates peuvent donc s'appliquer à une même affaire, en fonction des faits [4]. Ainsi, en cas de réquisitoire sur déféré puis de réquisitoire supplétif d'initiative, les dates d'interruption de la prescription varient selon les faits [5].

323.15 Impossibilité d'appréhender des actes non visés par un déféré ou un réquisitoire – existence d'autres actes interruptifs. À noter que lorsque des faits ne figuraient ni dans le déféré, ni dans le ou les réquisitoires successifs, la prescription continue à courir pendant l'instruction, et faute d'avoir été interrompue, ces faits risquent de ne plus pouvoir être appréhendés par le juge. Certes la loi prévoit également d'autres actes interruptifs de la prescription : ordonnance de mise en cause, ordonnance de règlement et décision de renvoi [6]. Mais ces actes peuvent parfois intervenir trop tard, et la prescription peut être intervenue entre-temps, empêchant la prise en compte de ces faits par le juge : cela s'est produit dans une importante affaire jugée par la CDBF [7].

La loi prévoit plusieurs actes interruptifs ; mais c'est l'acte qui intervient chronologiquement en premier qui est retenu : ainsi, le juge de cassation a rejeté un moyen tiré de ce que la CDBF aurait dû retenir la décision de renvoi comme première date d'interruption de la prescription, et non l'arrivée du déféré au ministère public [8].

Dans une affaire, une personne renvoyée devant la Cour avait considéré que l'une des charges qui était retenue contre elle serait prescrite, car « le réquisitoire introductif du 16 mai 2019 susvisé ne conclu[rai]t pas explicitement à ce que sa responsabilité puisse être recherchée et que les faits [seraient] donc prescrits car uniquement visés par le réquisitoire supplétif du 20 mai 2022 ». La Cour a rejeté ce motif en précisant que « s'il est exact que le réquisitoire introductif du 16 mai 2019 ne mentionne pas explicitement [l'intéressée] comme responsable présumée des faits visés, le ministère public n'est pas tenu de citer nommément les personnes susceptibles d'être mises en cause. Il peut, dans ses réquisitions, faire état des responsabilités encourues par des personnes dénommées, ou « toutes autres personnes qui auraient participé aux irrégularités constatées », ce qu'il a fait, en l'espèce, dans son réquisitoire introductif du 16 mai 2019. Par ailleurs, ce réquisitoire vise bien les faits [concernés], [...], ces faits ayant fait l'objet du déféré susvisé de la chambre régionale des comptes » [9].

Ce qui importe essentiellement, pour savoir si la prescription a été interrompue par les actes légalement prévus, c'est de vérifier que les faits susceptibles de fonder une condamnation sont bien couverts par ces différents actes (déféré, réquisitoire introductif, réquisitoire supplétif...).

Après l'intervention d'un acte interruptif, le délai de cinq ans recommence à courir ; si aucun nouvel acte interruptif n'intervient au cours de cette période, la prescription est acquise. Ce cas s'est déjà produit du temps de la CDBF [10].

1. CDBF 16 déc. 2003, *Institut national polytechnique de Grenoble [INPG] et Université Joseph Fourier Grenoble I [UJF] ; Rev. Trésor* 2005. 696, note M. Lascombe et X. Vandendriessche ; *AJDA* 2004. 1233, note N. Groper ; *Lebon* 599 ; *Rec.* 153.
2. CDBF 15 déc. 2006, *CH d'Ambert ; AJFP* 2007. 98 ; *Rev. Trésor* 2007. 720, note M. Lascombe et X. Vandendriessche ; *AJDA* 2007. 1355, note N. Groper et C. Michaut ; *Cah. hosp.* oct. 2007, p. 24 ; *Lebon* 675 ; *Rec.* 116.
3. CDBF 4 avr. 2011, *Lycée professionnel Vauvenargues et GRETA du pays d'Aix ; Rec.* 155 ; *GFP* 2013, n° 5, p. 69, note S. Damarey, M. Lascombe et X. Vandendriessche.
4. CDBF 4 avr. 2011, *Lycée professionnel Vauvenargues et GRETA du pays d'Aix ; Rec.* 155 ; *GFP* 2013, n° 5, p. 69, note S. Damarey, M. Lascombe et X. Vandendriessche.
5. C. comptes 23 déc. 2024, *Société anonyme d'économie mixte (SAEM) Marseille Habitat et Société civile immobilière (SCI) Protis Développement*, n° 24, S-2024-1604. Lire § 6.
6. CJF, art. L. 142-1-3, al. 3.
7. CDBF 24 févr. 2006, *Sté Altus Finance*, 2e arrêt, *AJDA* 2006. 1249, note N. Groper et C. Michaut ; *JCP* 2006. II. 10152, note J.-P. Gastinel ; *Rev. Trésor* 2006. 910, note M. Lascombe et X. Vandendriessche ; *RFDA* 2006. 624, note M. Lascombe et X. Vandendriessche ; *Lebon* 650 ; *Rec.* 74.
8. CE 17 et 19 juill. 2013, *M. Lévy* [affaire CDBF *Institut géographique national*] ; n° 351985 ; *Rec.* 241.
9. C. comptes 11 mai 2023, *Société ALPEXPO*, n° 836, S-2023-0604 ; *Rec.* 17 ; *JCP* Adm. n° 25, 26 juin 2023, 2210, note S. Damarey ; *AJDA* 2023. 1511, note X. Vandendriessche. Voir les §§ 15 et 16 de cet arrêt.
10. T. Savy, « La Cour de discipline budgétaire et financière, histoire d'un paradoxe », *in* C. Hirsch [dir.], Le temps des responsabilités financières, La Documentation française 2023, p. 108, ici encadré p. 122. Il s'agissait de l'affaire CDBF *Consortium de réalisation (CDR) et Établissement public de financement et de restructuration (EPFR).*

LIVRE

4. LES FAUTES SANCTIONNABLES : LES INFRACTIONS DE DROIT PUBLIC FINANCIER DANS LE NOUVEAU RÉGIME UNIFIÉ

SECTION 0
ORIENTEUR

4.00 **Sommaire du livre.**

4.01 Textes applicables.

- **CJF,** art. L. 131-9 à L. 131-15 (infractions)
- **CJF,** art. L. 131-16 s. (sanctions)

4.03 Bibliographie indicative.

Thèses. F. Gaullier-Camus, *La responsabilité financière des gestionnaires publics*, LGDJ, coll. Thèses, vol. 69, 2020 – C. Pierucci, *Une responsabilité à raison de la gestion publique, la responsabilité devant la Cour de discipline budgétaire et financière*, thèse, Université Robert Schuman – Strasbourg III, 2003 – S. Thébault, *L'ordonnateur en droit public financier*, LGDJ, coll. Bibliothèque de finances publiques et fiscalité, t. 47, 2007.

Articles. C. Biscaïno, « Du pragmatisme de la CDBF en matière de faute de gestion », *AJDA* 2007. 697. – P. Bon, « Un progrès de l'État de droit : la loi du 16 juillet 1980 relative aux astreintes en matière administrative et à l'exécution des jugements par la puissance publique », *RD publ.* 1981. 5. – C.-A. Colliard, « Les irrégularités budgétaires et leurs sanctions », *D.* 1949. 65. – S. Damarey, « Nouveau régime de responsabilité financière des gestionnaires publics : focus sur la faute grave ayant entraîné un préjudice financier significatif », *AJCT* 2023, 339. – S. Damarey, « Responsabilité financière des gestionnaires publics : à la recherche de la significativité du préjudice financier », note sous C. comptes 5 juill. 2024, *Régie métropolitaine PARCUB, devenue METPARK*, n° 869, S-2024-1038 ; *JCP Adm.* 2024. 2264. – S. Damarey, « Responsabilité financière des gestionnaires publics : entre questions de compétences et obligation de production des comptes », note sous C. comptes 25 juin 2024, *Régie Gazélec de Péronne (Somme)*, n° 871, S-2024-0943 ; *JCP Adm.* 2024. 2228. – S. Damarey, « Responsabilité financière des gestionnaires publics : entre questions de compétences et respect des règles de la commande publique », note sous C. comptes 21 juin 2024, *France Médias Monde (FMM)*, n° 860, S-2024-0793 ; *JCP Adm.* 2024. 2207. – S. Damarey, « Responsabilité financière des gestionnaires publics : la sanction des irrégularités dans la gestion d'une délégation de service public », note sous C. comptes 23 juill. 2024, *Société anonyme d'économie mixte pour la gestion et pour l'animation du parc de loisirs de Saint-Cyr (SAEM SAGA)*, n° 904, S-2024-1128 ; *JCP Adm.* 2024. 2321.– S. Damarey, « Responsabilité financière des gestionnaires publics : première condamnation pour gestion de fait », note sous C. comptes 10 oct. 2024, *Commune de Felleries*, n° 12, S-2024-1311 ; *JCP Adm.* 2025. 2012. – M. Degoffe, « L'extension de la faute de gestion », *AJDA* 1996. 206. – C. Descheemaeker, « La CDBF face aux fautes de gestion », *Rev. Trésor* 1994. 319. – N. Péhau et L. Vergallo, « Des infractions financières pour que force reste à la loi ? », *AJDA* 2023. 1832. – N. Péhau et L. Vergallo, « Le juge financier peut retenir l'importance de l'enjeu financier pour qualifier la gravité de la faute », *AJDA* 2023. 2381. – N. Péhau et L. Vergallo, « Faute grave et préjudice significatif : peur sur la ville », *AJDA* 2024. 2258. – N. Péhau et L. Vergallo, « Infractions formelles : retour vers le futur », *AJDA* 2024. 1859. – P. Saunier, « La faute de gestion dans la jurisprudence de la CDBF », *RFDA* 1992. 105.

Contributions. J.-L. Albert, « Faute grave et préjudice financier significatif », *in* S. Damarey et N. Groper, *Responsabilité financière des gestionnaires publics*, Dalloz, 2024, p. 111. – A. Camus, « Les infractions budgétaires et comptables », *in* S. Damarey et N. Groper, *Responsabilité financière des gestionnaires publics*, Dalloz, 2024, p. 147. – N. Groper, « Le juge financier et la bonne exécution des décisions de justice par les organismes publics », *in* S. Damarey et N. Groper, *Responsabilité financière des gestionnaires publics*, Dalloz, 2024, p. 133. – S. Kott, « L'obligation de production des comptes de l'article L. 131-13 du CJF », *in* S. Damarey et N. Groper, *Responsabilité financière des gestionnaires publics*, Dalloz, 2024, p. 159. – É. Moisan, « Entre désillusions et réalité juridique : l'article L. 131-12 du Code des juridictions financières », *in* S. Damarey et N. Groper, *Responsabilité financière des gestionnaires publics*, Dalloz, 2024, p. 125. – C. Pierucci, « La faute de gestion dans le cadre de la responsabilité financière des gestionnaires publics », *in* C. Husson-Rochcongar et S. Kott (dir.), *La responsabilité financière des gestionnaires publics*, Actes du colloque du 8 novembre 2023 co-organisé par le Parquet général près la Cour des comptes et la Direction de la recherche de l'Institut national du service public, La Documentation française, 2024, p. 65. – É. Quinart, « Le régime de la gestion de fait », *in* S. Damarey et N. Groper, *Responsabilité financière des gestionnaires publics*, Dalloz, 2024, p. 171. – T. Savy, « Les infractions, entre continuité et changement », *in* C. Husson-Rochcongar et S. Kott (dir.), *La responsabilité financière des gestionnaires publics*, Actes du colloque du 8 novembre 2023 co-organisé par le Parquet général près la Cour des comptes et la Direction de la recherche de l'Institut national du service public, La Documentation française, 2024, p. 57.

TITRE

41. Règles communes concernant les infractions et l'établissement de celles-ci

SECTION 0
ORIENTEUR

41.00 **Sommaire du titre.**

CHAPITRE

411. « Faute de gestion », faute commise dans la gestion publique

SECTION 0

ORIENTEUR

411.00 **Sommaire du chapitre.**

SECTION UNIQUE

FAUTES COMMISES DANS LA GESTION

411.11 **Faute en droit public financier : méconnaissance de règles ou d'obligations professionnelles en matière de gestion.** Dans le système répressif de droit public financier, pour sanctionner, il faut établir une faute ; or la loi « ne permet pas une appréciation arbitraire de la faute. Celle-ci n'est retenue qui si elle est constituée par une infraction... » [1], qui se matérialise par des violations de règles ou d'obligations.

Il va de soi qu'il s'agit ici seulement de fautes commises à l'occasion de la gestion de la structure ou de l'organisme en question, et non en dehors des fonctions de gestion ; il s'agit d'une forme de faute commise dans le cadre de la gestion publique que l'État, sous forme de poursuites devant la Cour des comptes, cherche à sanctionner.

Cette sanction d'une faute commise dans le contexte du service public n'empêche bien entendu pas, si un tiers se trouve lésé par une faute de service, que celui-ci puisse obtenir réparation civile, conformément aux règles générales de la responsabilité administrative, ou, s'il y a faute personnelle, d'obtenir réparation civile de la part de l'agent public fautif, par exemple en se constituant partie civile dans un procès pénal.

À préciser d'emblée que l'abandon de la notion de faute lourde, que le Gouvernement souhaitait initialement inscrire dans la loi de 1948, a ouvert la voie à une appréciation large de la notion de faute sanctionnable par le juge financier, le texte finalement voté permettant « d'atteindre des négligences, des erreurs ».

Par ailleurs, comme l'a souligné Georges Vedel, dès avant que la Cour de discipline budgétaire rende son premier arrêt, « compte tenu de la multiplicité des règles dont la violation peut être envisagée, la responsabilité ainsi instituée est très large et on ne peut dire qu'elle soit définie de façon très précise » [2]. En vérité, les infractions financières sont suffisamment précises – et donc conformes au principe de légalité des délits et des peines [3] – dans la mesure où elles renvoient à des règles de gestion connues. Et la jurisprudence a précisé, au fil des décennies, quels étaient les contours de la faute de gestion sanctionnée dans le cadre du régime général de responsabilité des gestionnaires publics. D'où l'intérêt d'une exploitation exhaustive de la jurisprudence forgée par la CDBF au cours de ses soixante-dix ans d'existence, qui fait apparaître un système cohérent et équilibré permettant d'appréhender les fautes de gestion d'une certaine gravité, qui se matérialisent par la méconnaissance de règles ou d'obligations, à un niveau administratif, c'est-à-dire *infra*-pénal. Tout porte à croire que la Cour des comptes, qui a remplacé la CDBF au 1er janvier 2023, s'inscrira en continuité avec cet héritage.

411.12 **« Faute de gestion » ?** Le terme « faute de gestion », qui figure dans le titre de la loi de 1948 qui a créé le système de répression de droit public

1. G. Vedel, « La responsabilité des administrateurs devant la Cour de discipline budgétaire », *Rev. sc. législ. fin.* 1949, p. 124.
2. G. Vedel, « La responsabilité des administrateurs devant la Cour de discipline budgétaire », *Rev. sc. législ. fin.* 1949, p. 124.
3. V. s^s n° 222.11.

financier, outre qu'il ne comporte pas de conséquences juridiques directes, ne figurait pas dans le projet initial élaboré par le ministère des Finances de l'époque ; il a été ajouté par les parlementaires[1]. Il ne revient pas, ensuite, dans le corps du texte, où la loi prévoit des infractions basées sur la méconnaissance de règles.

D'où une discussion interminable entre ceux qui pensent que le juge financier répressif ne sanctionne pas les fautes de gestion - ou du moins dénoncent une certaine confusion autour de cette notion[2] - et ceux qui prétendent le contraire[3], dont les auteurs du présent ouvrage.

L'ambiguïté fondamentale entourant la notion de « faute de gestion » provient du fait que le terme « gestion » n'a jamais été défini dans les textes ou par la jurisprudence. Pour répondre à la question de savoir si le juge financier sanctionne ou peut sanctionner « les » fautes de gestion, il convient donc de clarifier le vocabulaire.

Si l'on entend par sanction de la faute de gestion le jugement de l'opportunité de la gestion, il est clair que la Cour des comptes ne dispose pas de cette compétence, et heureusement[4]. Pour reprendre l'illustration du président Vacquier[5], on ne saurait envisager de condamner le PDG de la Régie Renault pour avoir lancé trois modèles de voitures qui ont échoué. Il n'y a pas là *a priori* de faute sanctionnable : l'erreur de gestion, le gaspillage *etc.* échappent au juge financier répressif (mais cela peut faire l'objet de mentions dans des rapports administratifs, dans le *Rapport public de la Cour des comptes...*).

En réalité, contrairement au droit pénal, qui le plus souvent formule des infractions directement applicables, le droit public financier répressif s'appuie sur un dispositif d'infractions qui ellesmêmes se réfèrent aux règles qui régissent les finances publiques, au sens large.

Or cette dernière catégorie, d'une part, vise, globalement, à assurer la bonne gestion des fonds et biens publics (« une bonne gestion est d'abord une gestion régulière ») - si tel n'est pas le cas, il faut sérieusement songer à modifier les textes ! - et d'autre part ne règle pas en détail tous les cas de figure qui peuvent se présenter dans la gestion publique. Ce système sous-tend donc un certain nombre de principes généraux de gestion qui sont d'ailleurs souvent explicitement inscrits dans les textes ; le juge applique ces principes. En ce sens, il est juge des fautes de gestion, à condition que ces agissements ou négligences se traduisent par des irrégularités d'une certaine gravité.

Autrement dit, le débat peut être dépassé si l'on considère que la CDBF jusqu'à récemment et désormais la Cour des comptes n'est pas juge de la gestion au sens opportunité de gestion, mais juge de la faute dans la gestion, c'est-à-dire lorsqu'apparaît une faute sanctionnable sous la forme d'une irrégularité au regard d'un texte ou d'un principe de gestion.

La CDBF elle-même a utilisé, avant même la codification de la loi de 1948 dans le Code des juridictions financières, le terme de faute de gestion dont la sanction serait l'objectif de la Cour[6] : l'engagement de procédures disciplinaires, qui au demeurant n'ont pas été menées à leur terme, « ne saurait priver la Cour de discipline budgétaire et financière du pouvoir de sanctionner les fautes de gestion commises par cet agent »[7].

Enfin, la plupart des pays étrangers qui connaissent un régime de responsabilité des gestionnaires publics appellent celui-ci précisément « faute de gestion ».

La notion de faute de gestion a depuis clairement été reprise par le juge de cassation[8].

411.13 Argumentation en faveur de la notion de faute de gestion. Quels sont les malentendus entourant traditionnellement la répression de droit public financier en général et la question de la sanction de la faute de gestion en particulier ?

Il y a ceux qui pensent que la faute de gestion n'existe pas (au sens d'infraction sanctionnable), et qui s'en félicitent, s'opposant à ce que la Cour inves-

1. M. Vacquier, « La Cour des comptes et la Cour de discipline budgétaire et financière », *in* Collectif, *La Cour des comptes d'hier à demain*, Actes du colloque (Strasbourg, 1977), LGDJ, 1979, p. 103.
2. « Une certaine confusion entoure donc la véritable place de la faute de gestion dans l'actuel régime de responsabilité des gestionnaires, qui ne se borne pas à l'hypothèse de l'infraction prévue par l'article L. 313-7-1 » : C. Pierrucci, « Pour une réforme efficace de la responsabilité des gestionnaires en droit public financier », *RFDA* 2008. 170.
3. PAR EX. : S. Thébault, *L'ordonnateur en droit public financier*, coll. « Bibliothèque de finances publiques et fiscalité », t. 47, LGDJ, 2007.
4. V. s^s n° 224.11.
5. M. Vacquier, « La Cour des comptes et la Cour de discipline budgétaire et financière », préc., p. 103.
6. Parfois, la CDBF a pu dire l'inverse, par exemple dans un rapport annuel ; v. à cet égard : C. Pierucci, « Pour une réforme efficace de la responsabilité des gestionnaires en droit public financier », *RFDA* 2008. 170.
7. CDBF 20 avr. 1988, *Caisse interprofessionnelle de retraite des commerçants détaillants de la région parisienne [CIRCD]*, CCP, n° 3, p. 138 ; *Lebon* 546 – Plus récemment, le terme apparaît dans CDBF 13 juill. 2011, *Rectorat de Paris – Inspecteurs de l'académie de Paris (IAP)*, n° 177-684 ; *Rec.* 158 ; *GFP* 2013, n° 5, p. 74, note S. Damarey, M. Lascombe et X. Vandendriessche.
8. CE 16 janv. 2008, *M. Hénin*, req. n° 292806 ; *AJDA* 2008. 118 ; *Rev. Trésor* 2008. 380 ; *Rev. Trésor* 2008. 409, note N. Groper ; *AJDA* 2008. 1000, note M. Collet ; note A.-G. Delion et M. Durupty, *RFAP* 2008. 431 ; *RJEP* août-sept. 2008, p. 12, note M. Lascombe et X. Vandendriessche ; *JCP Adm.* 2008, n° 29, p. 20, note J. Gaté.

tisse ce champ, au nom de la liberté du gestionnaire ; il y a ceux qui, partant du même postulat de l'inexistence d'une telle infraction, toutefois s'en attristent et donc appellent de leurs vœux la création d'une disposition juridique nouvelle comblant précisément cette carence ; ceux qui pensent qu'une telle infraction existe déjà [1], pour la Cour, mais seulement de façon résiduelle, grâce à l'amendement « Crédit Lyonnais » [2], mais regrettant qu'elle ne joue jamais ; ceux qui, prenant acte d'une jurisprudence ancienne et constante de la CDBF qui s'appuie plus ou moins explicitement sur la notion de faute de gestion, regrettent son champ trop étriqué pour « assainir » réellement la gestion publique ; et il y a enfin ceux qui, partant de cette même jurisprudence, la critiquent comme trop floue, comme n'offrant pas assez de sécurité juridique pour les justiciables... Bref il y a ceux qui estiment que les infractions actuelles sont trop larges, d'autres qu'elles ne le sont pas assez.

La plupart des critiques émises se fondent en vérité sur une mauvaise compréhension de l'existant ou sur des divergences dans la définition des notions. Une clarification s'impose donc.

Premièrement, il est patent que la notion de faute de gestion est présente dans les infractions financières de droit public, et partant dans l'application de celles-ci par la jurisprudence ; elle se situe même au cœur du rôle dévolu à cette juridiction spécialisée qu'était pendant longtemps la CDBF, désormais remplacée par la Cour des comptes en premier ressort.

Quoi qu'on en dise, le juge financier couvre bel et bien le champ de la faute commise dans la gestion publique ; ceci procède de la volonté affichée du législateur de 1948 ayant créé la répression de droit public financier, car la loi du 25 septembre 1948 [3] créant la Cour de discipline budgétaire s'intitulait loi « tendant à sanctionner les fautes de gestion commises à l'égard de l'État ».

Bien entendu, il convient immédiatement d'expliquer et de nuancer ce propos.

Premièrement, au-delà du titre de la loi, aucune disposition ne reprend certes exactement ces termes. Mais cela ne signifie pas que dans les faits, même sans en faire apparaître la terminologie, la Cour ne sanctionne pas les fautes de gestion. Au contraire, l'examen de la jurisprudence montre la présence quasi permanente de la faute de gestion soit en filigrane, soit explicitement, comme on verra plus loin. Comme le souligne Christophe Pierucci dans sa thèse, « si la source principale de responsabilité est, dans ce domaine, une infraction d'irrégularité, celle-ci fait l'objet d'une application qui permet d'atteindre les comportements de mauvaise gestion proches de ceux qui engagent la responsabilité de dirigeants sociaux devant le juge commercial. De surcroît, les conditions d'imputation des infractions aboutissent à exposer à la répression financière certains comportements fautifs similaires, que peuvent commettre leurs auteurs indirects ou médiats ». Autrement dit, ce régime de responsabilité se montre capable de « prendre en considération la dimension "économique" de la bonne gestion » [4].

Deuxièmement, il ne faut pas confondre sanction de la faute de gestion, d'une part, avec appréciation de la gestion en général, au sens économique et financier, d'autre part. Le juge financier a clairement indiqué que la simple erreur de gestion ne relevait pas de sa compétence contentieuse – et ce fort heureusement, sinon nous serions dans un système de gouvernement des juges que personne ne souhaite. Ceci se traduit par exemple par le fait que la survenance d'un préjudice, fût-il lourd de quelques milliards d'euros comme ce fut le cas dans l'affaire France Télécom [5], ne saurait en soi donner lieu à sanction – sauf précisément à prouver des fautes et un lien de causalité entre la faute et le préjudice. Et ceci se traduit également par le fait que le juge refuse de porter des appréciations générales *ex post* sur une gestion dans son ensemble ; celui-ci n'est saisi que d'actes et opérations déterminés qui doivent être établis et constituer des fautes sanctionnables. La différence entre l'erreur de gestion qui ne peut être appréhendée par le juge et l'agissement sanctionnable tient à l'existence, dans le deuxième cas, d'une faute.

Se pose alors la question : qu'est-ce qu'une faute (de gestion) sanctionnable dans le système répressif de droit public financier ? Pour y répondre, il convient de se référer aux textes et accessoirement à la jurisprudence qui fait usage de ces textes. Autrement dit, les fautes de gestion sont sanctionnables lorsqu'elles sont constitutives d'infractions prévues par les textes régissant la répression de droit public financier.

1. CJF, art. L. 131-10. Avant l'entrée en vigueur de la réforme le 1er janv. 2023, la même infraction figurait à l'ancien art. L. 313-7-1 du même code.
2. V. ss no 045.71.
3. L. no 48-1484, 25 sept. 1948 tendant à sanctionner les fautes de gestion commises à l'égard de l'État et de diverses collectivités et portant création d'une Cour de discipline budgétaire et financière, *JO* 26 sept.
4. C. Pierucci, *Une responsabilité à raison de la gestion publique, la responsabilité devant la Cour de discipline budgétaire et financière*, thèse, 2003, p. 403.
5. CDBF 25 juill. 2008, *France Télécom ; Rec.* 82 ; *AJDA* 2008. 2435, note N. Groper et C. Michaut ; *Gestion & finances publiques* 2011, p. 388, note M. Lascombe et X. Vandendriessche ; A. Froment-Meurice, J.-Y. Bertucci, N. Hauptmann et C. Michaut, *GAJF*, Dalloz, 7e éd. 2019, no 51, p. 595 ; M. Degoffe, « La Cour de discipline budgétaire et financière réprime les infractions aux règles d'exécution des dépenses commises par le président de France Télécom », *Rev. soc.* 2008, p. 858.

Laissons la parole au juge suprême en matière administrative qui, par deux arrêts *Haberer* et *Hénin*, rendus concernant, à l'époque, la CDBF, a résumé les choses de façon limpide[1] : « la Cour de discipline budgétaire et financière est compétente [...] pour sanctionner le fait, pour tout représentant, administrateur ou agent d'un organisme soumis à son contrôle, d'enfreindre les règles relatives à l'exécution des recettes et dépenses de cet organisme ou à la gestion des biens lui appartenant ou de procurer [...] un avantage injustifié [...] ; que par suite, et avant même l'intervention de la loi du 28 novembre 1995 [c'est « l'amendement Crédit Lyonnais »], elle pouvait légalement infliger une sanction pour toute faute de gestion entrant dans les prévisions de ces articles ».

Or les deux infractions auxquelles il est fait référence ici sont celles qui incriminent le non-respect des règles de gestion[2] et l'octroi d'un avantage injustifié en méconnaissance de ses obligations[3]. La loi renvoie donc à un ensemble de règles et d'obligations en vigueur dans ce champ particulier qui est celui de la gestion publique. Lorsque ces règles et obligations sont méconnues, il y a faute ; or ces règles et obligations se fondent principalement sur des textes de toute nature (loi, règlement, circulaire, contrats...) ou, plus rarement, sur des principes, prudentiels, de « bonne gestion », de « saine gestion » - mais même dans ce cas, les principes ainsi appliqués sont le plus souvent rattachables à des règles écrites, plus rarement il s'agira de règles non écrites.

Le Conseil d'État a validé à plusieurs reprises les arrêts de l'ancienne CDBF rendus sur cette base.

L'arrêt *Haberer* précité en exprime clairement les fondements. À la question de savoir si le principe de légalité des délits et des peines, applicable à la juridiction répressive[4], s'oppose à ce que la CDBF « sanctionnât la méconnaissance de règles qui ne seraient pas précisément définies par les textes », le juge de cassation a répondu que « lorsqu'il est appliqué à des sanctions qui n'ont pas le caractère de sanctions pénales, le principe de légalité des délits et des peines ne fait pas obstacle à ce que les infractions soient définies par référence aux obligations auxquelles est soumise une personne en raison de l'activité qu'elle exerce, de la profession à laquelle elle appartient ou de l'institution dont elle relève ; que dès lors, en jugeant qu'au nombre des règles [visées aujourd'hui à l'article L. 131-9 du CJF...] figurent, d'une part, les usages prudentiels applicables aux établissements financiers et bancaires, qui comportent notamment le devoir de s'informer sur la situation réelle de l'emprunteur et le devoir de prudence dans l'instruction et le suivi des dossiers, ainsi que la nécessité de soumettre préalablement à une instance collégiale la décision d'octroi de crédits d'un montant élevé, et, d'autre part, le principe selon lequel il revient aux représentants d'une société de veiller à la sauvegarde des intérêts matériels de l'organisme dont ils assurent la gestion, par la mise en œuvre de procédures d'évaluation et de contrôle, la Cour n'a pas entaché son arrêt d'erreur de droit ».

On ne saurait être plus clair : il convient de mesurer la responsabilité financière des gestionnaires publics à l'aune des règles et obligations qui s'imposent à eux.

Ce sont bien les fautes commises dans le cadre de cette gestion qui sont la cible du juge financier répressif ; le régime de responsabilité des gestionnaires en droit public financier n'est pas une responsabilité sans faute ; une simple erreur causant une irrégularité formelle ne suffira pas pour fonder une condamnation. Encore faut-il qu'elles revêtent une certaine gravité, qu'elles révèlent une certaine faute professionnelle que le juge est souverain d'apprécier à l'aune des obligations plus ou moins spécifiques que la société met à la charge de nos gestionnaires publics.

On devrait même dire que l'existence même du contentieux financier de droit public est intimement liée à la notion de faute de gestion : ni responsabilité « automatique » sanctionnant aveuglément n'importe quel non-respect de règles, fussent-elles minimes, ni contentieux qui aurait la prétention de juger les gestionnaires en l'absence de faute caractérisée, la CDBF hier et la Cour des comptes aujourd'hui est bien le juge de la faute commise dans la gestion, et cette faute s'apprécie sur la base de règles professionnelles écrites ou non écrites. Une telle définition du cœur des infractions de la Cour n'est pas floue, elle est existentielle : sans cela, le contentieux financier ne pourrait tout simplement pas remplir son rôle.

Au-delà de cette question générale - de principe - il convient désormais de présenter la jurisprudence audacieuse que la CDBF a établie à partir de la notion de faute de gestion en lien avec le non-respect de règles et d'obligations, jurisprudence que la chambre du contentieux de la Cour des comptes et la Cour d'appel financière poursuivent désormais.

1. CE 16 janv. 2008, *M. Hénin*, req. n° 292806 ; *AJDA* 2008. 118 ; *Rev. Trésor* 2008. 380 ; *Rev. Trésor* 2008. 409, note Groper ; *AJDA* 2008. 1000, note M. Collet ; note A.-G. Delion et M. Durupty, *RFAP* 2008. 431 ; *RJEP* août-sept. 2008, p. 12, note M. Lascombe et X. Vandendriessche ; *JCP Adm.* 2008, n° 29, p. 20, note J. Gaté.
2. CJF, anc. art. L. 313-4, avant la réforme de 2022 ; désormais art. L. 131-9 du même code.
3. CJF, anc. art. L. 313-6, avant la réforme de 2022 ; désormais art. L. 131-12 du même code.
4. V. s[s] n° 222.11.

CHAPITRE

412. Établissement des faits et leur qualification juridique

SECTION 0

ORIENTEUR

412.00 Sommaire du chapitre.

SECTION UNIQUE

QUALIFICATION DES FAITS AU REGARD DES INFRACTIONS FINANCIÈRES

412.11 Éléments généraux. Infliger une sanction suppose que des faits soient établis et qu'ils soient qualifiables au titre des infractions financières.

Ainsi, une décision de renvoi[1] doit être « suffisamment précise quant aux faits en cause, à la nature juridique et à la teneur des règles enfreintes »[2]. C'est l'accusation qui borde le champ des faits (« *in rem* ») dont est saisi le juge : dans un arrêt, le juge a pu préciser qu'un acte était irrégulier (*obiter dictum*), mais ne pouvait pas en tirer de conséquences, ces faits n'ayant pas été visés par la décision de renvoi du Procureur général[3].

Précisions d'emblée que des faits peuvent recevoir plusieurs qualifications juridiques, à la fois au regard des règles de gestion applicables et au regard des infractions financières, comme l'a jugé le Conseil constitutionnel : « Considérant que le principe de nécessité des peines n'interdit pas au législateur de prévoir que certains faits puissent donner lieu à différentes qualifications »[4].

Et inversement, plusieurs faits peuvent être regroupés pour n'en faire qu'une seule et même faute de gestion, pour illustrer une faute plus générale.

Pour qualifier juridiquement les faits, le juge financier a toutes les compétences du juge administratif interprétant les règles de droit administratif : « la CDBF apparaît comme un juge administratif à part entière »[5] lorsqu'il qualifie juridiquement des faits au regard de règles qu'il faut bien interpréter pour pouvoir les appliquer.

Cela, bien entendu, sous le contrôle du juge administratif suprême qu'est le Conseil d'État : ce dernier a ainsi pu annuler un arrêt de la CDBF qui avait « inexactement qualifié les faits qui lui étaient soumis » : des contrats de marketing avait été considérés comme détachables d'autorisations de desserte d'aéroports par des compagnies d'aviation, interprétation que le juge de cassation a considérée comme erronée[6].

412.12 Établir les faits. Il faut que les faits reprochés soient établis. Si tel n'est pas le cas, le grief tombe.

Lorsqu'un fait n'est pas établi avec certitude (la preuve en incombe à l'accusation, puis à la Cour),

1. Sur la décision de renvoi dans la procédure financière, v. s^s^ n°s 532.21 s.
2. CDBF 13 oct. 2015, *Société d'aménagement du Val-de-Marne et de développement des villes et du département du Val-de-Marne (SADEV 94)*, n° 202-725 ; *Rec.* 167 ; *AJDA* 2016. 652, note S. Gaillard et S. Goubault.
3. CDBF 4 juin 2019, *Gestion des sociétés EDF, ERDF et RTE*, n° 234-732 ; *Rec.* 214 ; *AJDA* 2019. 2606, chron. N. Hauptmann et N. Péhau.
4. Cons. const. 24 oct. 2014, *Stéphane R. et autres*, n° 2014-423 QPC ; *Rec.* 181 ; *Constitutions* 2014. 492, note O. Le Bot ; P. Mouzet, « La "responsabilité financière" existe-t-elle ? », *AJDA* 2014. 2497 ; *RFDA* 2014. 1218, chron. A. Roblot-Troizier et G. Tusseau ; A. Froment-Meurice, J.-Y. Bertucci, N. Hauptmann et C. Michaut, *GAJF*, 7e éd. 2019, n° 20, p. 228.
5. *Dr. adm.* 2017, n° 5, p. 36, chron. 4 de L. Bahougne, A. Camus et V. Mazzocchi s^s^ CDBF 30 déc. 2016, *Caisse interprofessionnelle de prévoyance et d'assurance vieillesse (CIPAV), 2e arrêt*, n° 212-735-II.
6. CE 7 oct. 2020, *M. Butel* [affaire CDBF *CCI de La Rochelle*], req. n° 433986 ; *Rec.* 209 ; *AJDA* 2020. 1936 ; *LexisActualités* 15 oct. 2020, résumé Erstein.

ce grief est le plus souvent écarté dès le stade de l'instruction ; le Parquet abandonnera alors ce grief, voire classera toute l'affaire. Mais il peut arriver que ces faits arrivent jusqu'à la Cour, qui écarte alors ces griefs comme non établis[1]. En application des principes généraux du droit répressif, le doute profite à l'accusé (*in dubio pro reo*) ; il s'agit d'une application du principe de la présomption d'innocence[2].

Ainsi, dans une affaire concernant une entreprise publique, un contrat n'avait pas été enregistré en comptabilité ni par le service contrats de la société : en principe une infraction aurait pu être constituée, mais la Cour a en l'espèce considéré qu'il subsistait un doute sur la réalité de la signature de ce contrat au nom de la société[3].

Dans une autre affaire, la Cour a fait jouer le principe du *in dubio pro reo*[4] concernant un grief portant sur des fausses certifications de service fait.

De l'autre côté, les faits allégués par la défense pour atténuer ou écarter la responsabilité des personnes mises en cause doivent être établis par celle-ci : ainsi, une personne prétendait qu'elle ne pouvait pas mettre un terme à des irrégularités, mais la Cour a balayé l'argument en indiquant qu'elle « n'a produit aucun document de nature à prouver qu'elle a cherché à y mettre fin ou même à [...] réformer » la pratique irrégulière[5].

412.13 Établir l'applicabilité des règles dont la violation est alléguée. La juridiction financière répressive sanctionnant les fautes de gestion se matérialisant par la méconnaissance de règles de gestion[6], il faut établir celles-ci, et établir que les règles dont la violation est invoquée par l'accusation sont bien applicables aux gestionnaires mis en cause ; en cas de doute, la Cour écartera le grief concerné[7].

L'applicabilité d'un texte aux faits de l'espèce doit donc être établie avec certitude : « en vertu des dispositions [...] du statut du personnel des compagnies consulaires applicable aux chambres de commerce et d'industrie [...], seuls les agents [...] ayant la qualité d'agent de droit public qui occupent un emploi permanent sont régis par les dispositions de ce statut relatives aux rémunérations ; qu'en revanche, lesdites dispositions ne sont pas applicables aux agents occupant un emploi non permanent »[8] : dès lors, on ne peut appliquer cette règle sur des faits concernant cette dernière catégorie.

Symétriquement, lorsque la défense invoque un texte prévoyant une exception à la règle invoquée par l'accusation, il appartient à l'ordonnateur mis en cause d'apporter la preuve qu'une situation entre dans les exceptions prévues, en l'occurrence par le code des marchés publics à la règle générale de mise en concurrence[9].

412.14 Qualification juridique des faits au regard d'une infraction. Les faits doivent enfin être qualifiés juridiquement au regard de l'une (ou plusieurs) des infractions financières. Tous les éléments constitutifs de l'infraction dont la violation est alléguée par l'accusation doivent être remplis.

L'appréciation des faits et leur qualification vont ensemble, ne sont pas dissociables[10].

Dans une affaire concernant des indemnités que l'accusation estimait irrégulières, la Cour a ainsi considéré que l'irrégularité n'était pas établie et qu'elle n'était pas imputable[11] à la personne mise en cause[12].

Lorsque les textes ne prévoient pas, pour une structure donnée, qu'un acte doive être présenté préalablement au contrôleur financier, alors l'abstention n'est pas une faute et l'infraction correspondante[13] ne peut pas être constituée[14].

1. PAR EX. : CDBF 21 févr. 2008, *Agence nationale de valorisation de la recherche [Anvar]*, *AJDA* 2008. 1193, note N. Groper et C. Michaut ; *Rev. Trésor* 2008. 519, note N. Groper ; *GFP* 2011, p. 387, note M. Lascombe et X. Vandendriessche : point 1 des griefs à écarter.
2. V. s[s] n°s 221.21 s.
3. CDBF 22 nov. 1989, *SA La Signalisation [LS]*, CCP, n° 3, p. 184 ; *Lebon* 423.
4. CDBF 13 oct. 1993, *Carrefour international de la communication [Cicom]*, *Rev. Trésor* 1995. 677 ; *Rec.* 146.
5. CDBF 18 déc. 2012, *École nationale d'équitation* ; *AJDA* 2013. 1628, chron. C. Michaut et P. Sitbon ; *GFP* 2013, n° 5, p. 94, note S. Damarey, M. Lascombe et X. Vandendriessche ; (non publié au *Rec.*).
6. V. s[s] n°s 411.11 s.
7. PAR EX. : CDBF 3 juill. 2009, *École régionale des déficients visuels [ERDV] de Loos*, *Rec.* 77 ; *GFP* 2011, n° 7, p. 504, note M. Lascombe et X. Vandendriessche. – CDBF 15 déc. 2017, *Office national de l'eau et des milieux aquatiques* (ONEMA), n° 217-730-II ; *Rec.* 247 ; *AJDA* 2018. 2493, chron. N. Hauptmann et N. Péhau ; v. également V. Mazzocchi, « Principe *non bis in idem*, que faut-il entendre par *bis* ? Droit administratif et droit public financier », *Dr. adm.* 2018, n° 3, chron. 1. – Sur la question de l'applicabilité des règles de gestion dans le cadre de l'infraction réprimant les violations de règles, v. s[s] n°s 432.21 s.
8. CDBF 27 nov. 2009, *Chambre de commerce et d'industrie (CCI) de Paris (CCIP)*, n° 169-570 ; *AJDA* 2010. 488, note N. Groper et C. Michaut ; *GFP* 2011, n° 7, p. 510, note M. Lascombe et X. Vandendriessche.
9. CDBF 11 déc. 2009, *Centre hospitalier universitaire de Reims* ; *AJDA* 2010. 484, note N. Groper et C. Michaut ; *GFP* 2011, n° 7, p. 512, note M. Lascombe et X. Vandendriessche.
10. J. Boucher et É. Crépey, « Le Conseil d'État juge de cassation et la qualification juridique des faits », *in Mélanges en l'honneur de Daniel Labetoulle – Juger l'administration, administrer la justice*. Dalloz, 2007, p. 97.
11. Sur l'imputation des responsabilités, v. s[s] n°s 461.05 s.
12. CDBF 26 juin 1996, *Établissement public F.*, *Rev. Trésor* 1998. 730 ; *Lebon* 651 ; *Rec.* 176.
13. CJF, art. L. 131-13, 2°.
14. CDBF 13 juill. 2011, *Rectorat de Paris – Inspecteurs de l'académie de Paris (IAP)* ; *Rec.* 158 ; *GFP* 2013, n° 5, p. 74, note S. Damarey, M. Lascombe et X. Vandendriessche.

Dans un arrêt focalisé sur la commande publique, la CDBF a jugé que, « dans la mesure où l'instruction n'a pas permis de réunir les éléments constitutifs d'une infraction aux règles [...] s'agissant du recours au mécanisme du marché complémentaire pour le marché « d'OPC » de la tour centrale et pour le marché relatif à la maîtrise d'œuvre des travaux de réhabilitation du secteur « Ouest Centre », la responsabilité de MM. X, Y et Z ne peut être recherchée au titre de ces griefs »[1].

Dans un autre arrêt[2], la Cour a écarté un premier grief qui avait été avancé par le Procureur général, selon lequel des cessions de logements auraient été, en violation des règles applicables, conclues par une société d'HLM à un prix inférieur à l'évaluation faite par le service des domaines. Selon l'arrêt, les « évaluations du service des domaines liées aux opérations en cause en l'espèce, qui de surcroît revêtaient des formes différentes et étaient parfois assorties de marges de négociation variables, pouvaient [...] prêter à des interprétations divergentes » : il n'était donc pas établi que les prix de cession des logements en cause aient été inférieurs à « l'évaluation faite par le service des domaines » au sens de l'article L. 443-12 du Code de la construction et de l'habitation. C'est un cas d'école montrant qu'une infraction doit être établie : or en l'espèce, les faits n'étaient pas avec certitude qualifiables juridiquement au regard de la règle qui était censée avoir été violée.

La charge de la preuve de l'infraction pèse sur l'accusation : « le caractère injustifié de l'avantage octroyé au directeur général n'a, dans les circonstances de l'espèce, pas été suffisamment établi par l'accusation pour que les éléments constitutifs de l'infraction[3] [...] puissent être considérés comme réunis »[4].

Le Procureur général est d'ailleurs amené à classer *ab initio* des déférés portant sur des faits difficilement qualifiables au titre des infractions.

Ainsi, dans une affaire concernant la gestion d'une université a-t-il considéré que « pour partie, ces faits étaient davantage révélateurs d'une mauvaise maîtrise des dépenses que d'infractions susceptibles d'être sanctionnées par la CDBF... »[5].

Dans le même sens, a été classée après instruction une affaire portant sur le payement d'une survaleur lors de l'acquisition d'une filiale par une société publique de participation : « l'instruction propre à la CDBF n'a pas confirmé cette survalorisation du prix d'achat » ; et « d'autres infractions n'ayant pas davantage été confirmées par l'instruction, le Procureur général a classé l'affaire »[6].

A fait dans une autre affaire partie des arguments retenus par le Procureur général en faveur d'un classement la circonstance que « la qualification juridique des indemnités contestables et la quantification des dépassements allégués n'étaient pas aisées ; elles faisaient d'ailleurs l'objet d'un contentieux administratif en cours »[7].

Comme on le verra maintenant en détail, la charge de la preuve appartient d'une façon générale à celui qui invoque un argument au procès ; mais s'agissant d'un régime répressif, c'est l'accusation qui doit fournir les preuves de la culpabilité de la personne dont elle souhaite la condamnation ; le doute profite à l'accusé.

1. CDBF 22 janv. 2015, *Établissement public du campus de Jussieu ; Rec.* 155 ; *AJDA* 2016. 2487, chron. N. Péhau et N. Hauptmann.
2. CDBF 20 déc. 2007, *Sté SCIC Habitat Île-de-France, AJDA* 2008. 12.
3. CJF, anc. art. L. 313-6 au moment des faits ; désormais cette infraction est prévue à l'art. L. 131-12 du même code.
4. CDBF 3 mai 2021, *Association « OPCALIA » ; Rec.* 175.
5. Rapport annuel de la CDBF, févr. 2007, p. 46.
6. Rapport annuel de la CDBF, févr. 2007, p. 48.
7. Rapport annuel de la CDBF, févr. 2008, p. 31.

CHAPITRE

413. Charge de la preuve

SECTION 0
ORIENTEUR

413.00 **Sommaire du chapitre.**

SECTION UNIQUE
ADMINISTRATION DE LA PREUVE

413.11 **Rôles de l'accusation et de la défense dans l'établissement de la preuve.** S'agissant d'une procédure contradictoire menée dans un procès répressif, la charge de la preuve incombe à celui qui invoque un fait ou un argument juridique, et donc principalement à l'accusation ; et le doute profite à l'accusé (*in dubio pro reo*). Ces règles sont la traduction concrète du principe de présomption d'innocence[1].

Pour un bel exemple illustrant que la charge de la preuve pèse d'abord sur l'accusation : « le caractère injustifié de l'avantage octroyé au directeur général n'a, dans les circonstances de l'espèce, pas été suffisamment établi par l'accusation pour que les éléments constitutifs de l'infraction prévue à l'article L. 313-6 du code des juridictions financières [alors applicable[2]] puissent être considérés comme réunis »[3].

D'une façon générale, une fois l'accusation faite, doit établir les faits celui qui les soulève devant la Cour, donc soit le Parquet (dans le réquisitoire, puis surtout dans la décision de renvoi appuyée du dossier), soit la défense.

Cela joue à tous les niveaux, qu'il s'agisse de l'imputation des responsabilités (ordre écrit, force majeure...) ou des circonstances (aggravantes, atténuantes, absolutoires). Dans une affaire, par exemple, une personne était consciente des irrégularités qu'elle commettait, mais elle prétendait qu'elle ne pouvait pas y mettre un terme ; la CDBF a balayé l'argument en indiquant qu'elle « n'a produit aucun document de nature à prouver qu'elle a cherché à y mettre fin ou même à le réformer »[4].

En présence d'un détournement de fonds, qui implique un enrichissement personnel, facteur de circonstances aggravantes, le défendeur avait soutenu devant la CDBF avoir remboursé les sommes en question ; mais à défaut pour le défendeur d'en apporter la preuve, la Cour a écarté cet argument et a retenu des circonstances aggravantes[5].

S'agissant des circonstances atténuantes, la charge de la preuve appartient à celui qui les invoque, c'est-à-dire principalement à la défense[6] ; si ces circonstances ne sont pas établies, le juge les rejettera[7]. Cette solution a été validée par la Cour des comptes dans le cadre du régime issu de la réforme entrée en

1. V. s[s] n°s 222.21 s.
2. Aujourd'hui CJF, art. L. 131-12, qui remplace depuis le 1er janv. 2023 l'ancien art. L. 313-6.
3. CDBF 3 mai 2021, *Association « OPCALIA »*, n° 250-845 ; *Rec.* 175.

4. CDBF 18 déc. 2012, *École nationale d'équitation*, n° 187-699, NP ; *AJDA* 2013. 1628, chron. C. Michaut et P. Sitbon ; *GFP* 2013, n° 5, p. 94, note S. Damarey, M. Lascombe et X. Vandendriessche.
5. CDBF 13 juin 2003, *SEM Sarcelles Chaleur*, *Rev. Trésor* 2004. 57, note M. Lascombe et X. Vandendriessche ; *AJDA* 2003. 2316, note N. Groper ; *Lebon* 584 ; *Rec.* 121 ; A. Froment-Meurice, J.-Y. Bertucci, N. Hauptmann et C. Michaut, *GAJF*, 7e éd. 2019, n° 49, p. 572.
6. CDBF 15 déc. 2006, *CH d'Ambert*, *AJFP* 2007. 98 ; *Rev. Trésor* 2007. 720, note M. Lascombe et X. Vandendriessche ; *AJDA* 2007. 1355, note N. Groper et C. Michaut ; *Cah. hosp.* oct. 2007, p. 24 ; *Lebon* 675 ; *Rec.* 116.
7. PAR EX. : CDBF 17 févr. 1988, *Direction des services vétérinaires des Alpes de Haute-Provence, Assoc. Groupement de défense sanitaire [GDS] et Assoc. Groupement vétérinaire pratique [GVP]*, CCP, n° 3, p. 122 ; *Lebon* 538 ; – Sur les circonstances atténuantes, v. s[s] n° 463.111.

vigueur le 1er janvier 2023 : l'absence de préjudice, comme circonstance atténuante dans la commission d'infractions budgétaires et comptables, ne peut être accordée que si l'affirmation est établie ; à défaut « d'élément probant », cette circonstance ne saurait être retenue par le juge[1]. Il en est de même pour l'invocation de circonstances absolutoires.

Il en va de même pour la preuve des règles violées : si l'accusation doit, par principe, prouver l'infraction – donc la règle violée – la défense, si elle invoque une règle d'exception susceptible d'écarter en l'espèce la règle générale dont le Parquet considère qu'elle a été violée, doit l'établir[2].

En matière de service fait, la charge de la preuve appartient à celui qui doit réglementairement attester le service fait, et non à l'accusation de prouver que le service fait n'existe pas ; autrement dit, comme le service fait doit être prouvé, l'absence d'éléments l'attestant présume qu'il n'existe pas, sauf à ce que les services compétents inversent cette présomption. C'est la même logique qu'en matière pénale, pour le délit d'abus de biens sociaux, où « ce n'est pas à l'accusation d'établir que des paiements ne correspondent pas à des travaux effectués. C'est à la personne en charge des finances de la société de fournir les justificatifs »[3].

Dans le même sens, s'agissant de recettes non recouvrées : le défaut de constatation et d'émission d'ordre de recouvrer en temps utile compromet manifestement le recouvrement de créances, et faute de preuve contraire celles-ci doivent être considérées comme perdues, donc ayant causé un préjudice[4].

413.12 Instruction contentieuse et établissement de la preuve. Les rapporteurs, comme ultérieurement la Cour à laquelle une affaire est renvoyée, doivent tenir compte de tous les éléments à charge et à décharge. Dans ce cadre, les constatations faites par d'autres ne constituent qu'un élément à charge, mais nullement une preuve. Ainsi, les rapports administratifs de la Cour des comptes ou d'une inspection générale ne constituent pas en eux-mêmes des preuves de ce qui y figure... Sinon tout déféré de la Cour des comptes ou d'un ministre basé sur un rapport donnerait automatiquement lieu à condamnation – et dans ce cas, l'instruction devant la chambre du contentieux serait strictement inutile. Au contraire, l'instruction contentieuse doit être complète et, si l'on peut dire, « entièrement neuve ».

La question de l'établissement de la preuve se pose avant tout au cours de l'instruction : « dans la mesure où l'instruction n'a pas permis de réunir les éléments constitutifs d'une infraction [...] s'agissant du recours au mécanisme du marché complémentaire [...], la responsabilité de MM. X, Y et Z ne peut être recherchée au titre de ces griefs »[5].

Mais en cas de doute ou d'élément que l'instruction laisse ouvert, une question peut aussi être tranchée en séance, notamment par le biais de l'audition des intéressés, ou de témoins.

413.13 ***In dubio pro reo.*** S'agissant d'une juridiction répressive, il incombe à l'accusation de prouver une infraction (les faits et leur qualification) et la responsabilité d'une personne mise en cause ; en cas de doute, celui-ci profite à l'accusé (*in dubio pro reo*). Ainsi, lorsqu'il n'est pas établi qu'un agent, en commandant des matériels, se soit volontairement affranchi de l'autorité du conseil d'administration, l'infraction ne semble pas certaine et la responsabilité de la personne mise en cause ne saurait être recherchée[6].

Dans le même sens, dans une affaire, la CDBF a relevé que l'autorité compétente « semble avoir donné son accord, bien qu'il ne reste aucune trace de ses délibérations, aucun procès-verbal de la réunion ayant été dressé », au transfert de la créance de la filiale à la maison-mère (il était reproché à un ordonnateur d'avoir ordonné le payement de subventions à une société qui n'était pas juridiquement le créancier, mais la maison-mère du créancier...). L'ordonnateur avait finalement été relaxé. Il appartient en effet au juge de prouver l'infraction et non au défendeur de prouver l'absence d'infraction (le doute profite à l'accusé ; c'est l'inverse au stade de la responsabilité : il incombe au défendeur de prouver par exemple des circonstances absolutoires comme la force majeure)[7].

413.14 Preuves écrites et dépositions orales. La CDBF, aujourd'hui remplacée par la chambre du contentieux de la Cour des comptes en premier ressort et par la Cour d'appel financière en appel, étant une juridiction administrative, la preuve s'établit le plus souvent par des documents administra-

1. C. comptes 2 juill. 2024, *Office du tourisme de Strasbourg et de sa région (OTSR)*, n° 5, S-2024-1006 ; *AJDA* 2024. 1859, chron. N. Péhau et L. Vergallo.
2. CDBF 11 déc. 2009, *Centre hospitalier universitaire de Reims* ; *AJDA* 2010. 484, note N. Groper et C. Michaut ; *GFP* 2011, n° 7, p. 512, note M. Lascombe et X. Vandendriessche.
3. B. Bouloc, « Abus de biens sociaux : rémunération excessive et détermination du préjudice », note sous Crim. 7 déc. 2016, n° 15-86.731, *Rev. Sociétés* 2017, p. 167.
4. C. comptes 5 juill. 2024, *Régie métropolitaine PARCUB, devenue METPARK*, n° 869, S-2024-1038 ; *JCP Adm.* 2024. 2264, note S. Damarey. Voir § 106 ; également § 129.
5. CDBF 22 janv. 2015, *Établissement public du campus de Jussieu*, n° 197-713 ; *Rec.* 155 ; *AJDA* 2016. 2487, chron. N. Péhau et N. Hauptmann.
6. CDBF 15 janv. 1974, *Caisse de mutualité sociale agricole de la Somme*, *Lebon* 802 (extraits anonymisés) ; CCP, n° 2, p. 99.
7. CDBF 14 déc. 1984, *Direction départementale de l'agriculture du Finistère*, CCP, n° 2, p. 239.

tifs ; néanmoins, le juge peut accorder foi à des éléments qui ne sont pas étayés par des écrits, notamment lorsqu'il est établi qu'il n'existe pas de trace écrite d'une décision administrative ; par exemple parce qu'une commission ne dressait pas procès-verbal de ses délibérations [1]. Il est de bonne justice de ne pas mettre une telle absence de pièce, qui traduit sans doute une défaillance d'un tiers, à la charge d'une personne qui n'y peut rien. L'audience de jugement sera souvent le lieu pour dissiper les ultimes doutes sur de tels points (audition des intéressés et de témoins sous serment).

En revanche, lorsque le défendeur invoque, pour se dédouaner, une décision qui devait se matérialiser par un document, mais qu'il ne peut le fournir, le juge peut ne pas prendre en compte l'assertion orale du défendeur - celle-ci était de surcroît contredit en l'espèce par le témoignage (en séance) de la personne qui était censée être à l'origine de cette décision, qui allait à l'opposé de ce que prétendait le défendeur [2]. Autrement dit, même si la charge de la preuve pèse d'une façon générale sur l'accusation, le défendeur a tout intérêt à appuyer ses arguments en défense autant que possible par des pièces ou des témoignages.

Le juge accorde sauf exception foi aux déclarations des personnes auditionnées par le rapporteur et des témoins cités à comparaître à l'audience ; ainsi un arrêt mentionne-t-il à plusieurs reprises explicitement que les témoignages recueillis sous serment à l'audience ont permis de confirmer ou infirmer des points importants [3].

Il en va autrement lorsque plusieurs témoignages ou déclarations se contredisent ; dans ce cas, le juge, en cas de doute sur la véracité d'une déclaration, l'écartera [4].

1. CDBF 14 déc. 1984, *Direction départementale de l'agriculture du Finistère*, CCP, n° 2, p. 239.
2. CDBF 15 janv. 1974, *Caisse de mutualité sociale agricole de la Somme*, *Lebon* 802 (extraits anonymisés) ; CCP, n° 2, p. 99.
3. CDBF 4 déc. 2015, *Fondation nationale des sciences politiques et Institut d'études politiques de Paris (FNSP-IEP de Paris) ; Rec.* p. 171 ; *AJDA* 2016. 198, note S. Gaillard et S. Goubault.
4. CDBF 15 janv. 1974, préc.

CHAPITRE

414. Intentionnalité

SECTION 0

ORIENTEUR

414.00 **Sommaire du chapitre.**

SECTION UNIQUE

INFRACTIONS FINANCIÈRES ET INTENTIONNALITÉ

414.11 **Intention et faute.** S'agissant, dans le système répressif de droit public financier, de sanctionner des fautes personnelles, l'élément moral d'une infraction (c'est-à-dire le lien entre l'acte et l'auteur), autrement dit l'élément intentionnel, existe bien, à la différence de l'ancien régime de responsabilité personnelle et pécuniaire des comptables publics, fondé sur le jugement objectif des éléments matériels du compte, et donc sur une faute présumée[1].

Si l'intentionnalité existe en contentieux financière répressif, elle se limite, dans la plupart des infractions, à la conscience de commettre un acte constitutif de cette infraction. Comme les infractions financières sont basées, toutes, sur des violations de règles et d'obligations, l'intentionnalité se matérialise essentiellement par la conscience d'avoir accompli un acte de gestion dans un cadre juridique applicable.

Sous l'empire du régime sanctionné par la CDBF, celle-ci avait ainsi eu l'occasion de préciser que l'infraction incriminant l'octroi d'un avantage injustifié[2] « n'exige pas que l'agent mis en cause ait eu l'intention de procurer un avantage injustifié entraînant un préjudice pour l'organisme dont il relève mais seulement que les décisions prises par cet agent, en méconnaissance de ses obligations, aient abouti à un tel résultat »[3].

Si ce raisonnement peut être transposé à la plupart des infractions financières[4], qui sont essentiellement formelles et n'exigent pas, contrairement à la plupart des délits et crimes du droit pénal, de dol général (intention de commettre une infraction) voire spécial, de mobile particulier, il ne sera toutefois plus tout à fait identique lorsqu'il s'agit de l'infraction visée en l'espèce, puisque celle-ci s'est vu ajouter, dans le cadre de la réforme de 2022, l'exigence que l'avantage doit avoir été procuré *par* intérêt personnel direct ou indirect[5].

Jusque-là, donc avant la réforme de 2022, seule l'une des infractions financières, l'omission de déclarations fiscales[6], mentionnait parmi ses éléments constitutifs l'adverbe « sciemment » (on devait savoir qu'une déclaration fiscale pour un cas déterminé était obligatoire), mais dont la jurisprudence montre que sa portée pratique était très réduite, voire nulle, car le gestionnaire était censé savoir qu'une déclaration fiscale est obligatoire. Notons que cet adverbe « sciemment » figure également dans les infractions – inappliquées – de la loi de 1922[7], ellesmêmes héritières, de ce point de vue, d'une proposi-

1. V. s^s n° 611.11.
2. CJF, art. L. 131-12. Avant la réforme de 2022, anc. art. L. 313-6 du même code. L'arrêt ici cité vise encore la loi de 1948, avant sa codification.
3. CDBF 30 sept. 1987, *EHESS et Assoc. Marc Bloch*, CCP, n° 3, p. 94 ; *Lebon* 515.
4. Une ancienne infraction, supprimée au 31 déc. 2022, prévoyait un élément d'intentionnalité spécifique (« pour dissimuler ») ; *cf.* CJF, anc. art. L. 313-2 – Sur cette ancienne infraction, v. s^s n° 426.11.
5. CJF, art. L. 131-12 ; sur cette infraction et son évolution, v. s^s n° 441.11.
6. CJF, anc. art. L. 313-5 abrogé le 31 déc. 2022 ; sur cette ancienne infraction, v. s^s n° 426.21.
7. L. 10 août 1922 relative à l'organisation du contrôle des dépenses engages – V. s^s n°s 034.21 et 043.21 et 312.37.

tion de loi de 1894 qui envisageait déjà des infractions financières autonomes par rapport aux infractions pénales [1].

Il est probable qu'une interprétation similaire soit réservée au mot « *par* », cité plus haut dans l'infraction sanctionnant l'avantage injustifié, car lorsqu'un intérêt personnel est établi, par faisceau d'indices, le juge considérera que tout un chacun est censé connaître ses propres intérêts et, précisément, éviter les conflits d'intérêts que cela engendre : il s'agit d'une obligation [2].

L'élément moral des infractions de droit public financier se rapproche à certains égards de la faute d'imprudence qui existe en droit civil et pénal [3]. La CDBF a d'ailleurs explicitement jugé que le manquement au devoir de vigilance et de respect des règles de bonne gestion n'était pas assorti d'un élément intentionnel particulier [4].

L'ignorance de la loi n'est pas une excuse que la Cour pourrait retenir au stade de l'appréciation de la responsabilité [5] et, peut-on ajouter, ce n'est pas davantage un argument qui pourrait écarter l'élément intentionnel des infractions financières. Le juge considère en effet qu'un gestionnaire, compte tenu de sa formation et de ses fonctions, doit connaître les règles qui s'appliquent à sa gestion. Ainsi, dans un arrêt concernant l'utilisation irrégulière de fonds communautaires européens (Fonds social européen) par un directeur d'administration centrale, la CDBF a jugé que « compte tenu de ses fonctions et des montants financiers en jeu, il ne pouvait pas se désintéresser de ces opérations ; qu'à ce titre, il lui appartenait de prendre connaissance des règles et conditions d'emploi des crédits du FSE et, à tout le moins, d'organiser sa direction de manière à être informé en temps utile du non-respect de ces règles et conditions » [6].

414.12 Intention et préjudice. Lorsque l'existence d'un préjudice constitue un élément constitutif de l'infraction financière [7], aucune intentionnalité particulière s'agissant de la survenance de ce préjudice n'est exigée ; autrement dit, le fait pour un gestionnaire de ne pas avoir spécifiquement voulu créer un préjudice ne fait pas disparaître l'infraction [8].

414.13 Erreur involontaire. Une simple erreur involontaire de gestion, qui ne peut être qualifiée de faute de gestion dans le sens de défaut de surveillance ou de défaut d'organisation, et même si elle a pu entraîner une irrégularité (en l'occurrence un payement irrégulier), ne sera pas sanctionnée [9].

On pourrait également imaginer l'hypothèse dans laquelle un gestionnaire public aurait été abusé sur la matérialité de ce qu'il a signé : dans ce cas, il apparaîtrait difficile de lui imputer une faute personnelle. Il pourrait en aller de même d'une personne qui certes est intervenue activement dans un processus de gestion, mais à laquelle aucune faute ne saurait être imputée parce que ses obligations professionnelles étaient réduites (voire nulles dans le domaine en question) et/ou que son positionnement était très subordonné. Il en sera d'ailleurs tenu compte au plus tard au niveau de l'imputabilité [10], soit des circonstances absolutoires [11].

Dans une affaire, la CDBF a considéré qu'en l'espèce l'irrégularité d'une stipulation contractuelle « peut être considérée comme une erreur sans conséquence réduisant la portée de l'infraction [celle prévue aujourd'hui à l'article L. 131-9] » [12]. Ce cas de figure se rapproche, dans les faits, de la règle du *de minimis non curat praetor* pour les fautes vénielles [13].

Plus discutable est l'arrêt de la CDBF, d'ailleurs non publié au Recueil des juridictions financières, qui a retenu, au stade de l'imputation, le fait, pour un dirigeant, d'avoir été induit en erreur par un service spécialisé pour l'exonérer de sa responsabilité [14] ; or cela revient à accorder à la bonne foi l'effet

1. S. Flizot, « La création de la CDBF : enjeux et débats », *in* Collectif, *L'invention de la gestion des finances publiques : du contrôle de la dépense à la gestion des services publics*, Comité pour l'histoire économique et financière de la France, 2013, p. 366.
2. Sur cette infraction, prévue à l'art. L. 131-12 CJF, en particulier l'intérêt personnel direct ou indirect.
3. Cela vaut surtout pour les fautes de négligence comme le défaut de surveillance et le défaut d'organisation ; v. s[s] n° 432.231.
4. CDBF 9 déc. 2011, *Groupe hospitalier Sud Réunion ; Rec.* p. 164 ; *AJDA* 2012. 1279, note C. Michaut et P. Sitbon ; *GFP* 2013, n° 5, p. 78, note S. Damarey, M. Lascombe et X. Vandendriessche.
5. CDBF 22 nov. 1989, *SA La Signalisation [LS]*, CCP, n° 3, p. 184 ; *Lebon* 423.
6. CDBF 20 déc. 2007, *secr. d'Ét. aux Petites et moyennes entreprises, au Commerce et à l'Artisanat, Direction de l'artisanat, gestion des crédits du Fonds social européen [FSE]*, *AJDA* 2008. 450, note N. Groper et C. Michaut ; *Rev. Marché commun* 2008, p. 203, note F. Chaltiel.
7. C'est le cas aujourd'hui des infractions prévues aux articles L. 131-9 et L. 131-10 du CJF, et autrefois de l'infraction prévue, jusqu'en 2022, à l'ancien article L. 131-6 du même code.
8. CDBF 30 sept. 2021, *Commune de Saint-Denis de La Réunion* ; n° 251-826 ; *Rec.* p. 181 ; *RFFP* n° 157, févr. 2022, p. 181, note F. Lemaire ; *AJCT* 2022, p. 108, note G. Durand ; *AJDA* 2021. 2507 chron. N. Péhau et M. Choquet.
9. CDBF 15 déc. 2006, *CH d'Ambert*, *AJFP* 2007. 98 ; *Rev. Trésor* 2007. 720, note M. Lascombe et X. Vandendriessche ; *AJDA* 2007. 1355, note N. Groper et C. Michaut ; *Cah. hosp.* oct. 2007, p. 24 ; *Lebon* 675 ; *Rec.*, p. 116.
10. Sur l'imputabilité, v. s[s] n° 461.05.
11. Sur les circonstances absolutoires, v. s[s] n° 463.201.
12. CDBF 30 nov. 1988, *Office national de la navigation [ONN] et GIE Bateliers artisans service commercial [BASC]*, CCP, n° 3, p. 143 ; *Lebon* 549.
13. V. s[s] n° 223.31.
14. CDBF 26 juin 2017, *Cité du cinéma*.

d'effacer la faute même lorsque l'on est dirigeant – et donc soumis à des exigences professionnelles particulières – alors que ce type de raisonnement devrait dans un tel cas plutôt relever des circonstances [1].

Signalons un cas dans lequel l'argument selon lequel une simple erreur aurait été commise, invoquée maladroitement par l'accusé qui avait émis (le 31 décembre !) des ordres de recettes qui n'étaient pas juridiquement fondées, pour pouvoir baisser le déficit de fonctionnement de l'établissement qu'il dirigeait, a été récusée par la Cour, qui a estimé que l'intéressé avait agi sciemment [2].

L'ensemble de ce qui précède montre que l'intention, en matière de faute de gestion, existe, bien que réduite à la volonté minimale « de faire ce que l'on a fait ».

1. Sur les circonstances, v. s[s] n° 463.11.

2. CDBF, 2e sect., 19 déc. 2008, *Crous de Corse [Corte]*, *Rec.* 91 ; *AJDA* 2009. 476, note N. Groper et C. Michaut ; *GFP* 2011, p. 397, note M. Lascombe et X. Vandendriessche.

CHAPITRE

415. Typologie des fautes et de leur degré de gravité

SECTION 0

ORIENTEUR

415.00 **Sommaire du chapitre.**

SECTION UNIQUE

AGISSEMENT POSITIF, ABSTENTION ET GRAVITÉ DE LA FAUTE

415.11 **Agissement et abstention.** Les fautes sanctionnables en contentieux financier étant fondées sur la méconnaissance de règles encadrant la gestion publique, et ces règles consistant en des obligations de faire ou des interdits, les fautes peuvent symétriquement prendre la forme d'agissements positifs avec transgression de règles, ou au contraire d'abstentions en méconnaissance d'obligations d'agir. Selon les infractions, le premier ou le second type de faute prévaudra. Ainsi, l'engagement de dépenses sans y être habilité[1] est un comportement actif, là où l'inexécution d'une décision de justice ayant condamné une collectivité au payement d'une somme d'argent[2] est constitué par une abstention fautive.

Les deux types de faute sont souvent combinés : ainsi l'infraction sanctionnant le non-respect des compétences du contrôleur budgétaire sur l'engagement des dépenses[3] est constituée par une action (engagement d'une dépense) avec en même temps une abstention (avoir omis de soumettre l'engagement préalablement à l'avis ou au visa du contrôle budgétaire).

1. CJF, art. L. 131-13, 3°.
2. CJF, art. L. 131-14, 2°.
3. CJF, art. L. 131-13, 2°.

415.12 **Fautes de négligence.** Les fautes de négligence[4] constituent une variété particulière de fautes d'abstention, attachées à l'origine à deux infractions particulières[5] et qui ont donné lieu à une jurisprudence particulièrement fournie. Elles peuvent être regroupées en plusieurs sous-catégories dont les plus connues sont le défaut d'organisation, le défaut de surveillance et le défaut de contrôle[6]. Elles constituent la contrepartie d'obligations professionnelles particulières mises à la charge des gestionnaires : devoir d'organisation, devoir de surveillance et devoir de contrôle, auxquels on peut ajouter le devoir de diligence et le devoir de vigilance.

415.13 **Gravité de la faute.** Bien que le régime de responsabilité financière ait été conçu sur la base de la faute simple[7], et non d'une faute grave[8] ou lourde, dans la pratique, seules les fautes d'une certaine gravité donnent lieu à poursuites, et *a fortiori* à condamnation. Contrairement à l'ancien régime propre aux comptables publics, la répression de droit public financier n'est pas objective, ou quasi-automatique. La gravité est même consubstantielle au régime de responsabilité financière des gestionnaires publics, et va de pair avec les notions d'opportunité des poursuites du Procureur général[9] et *De minimis non curat praetor* qui s'appliquent au contentieux financier.

415.14 **Faute grave et faute lourde.** Il a été montré ailleurs[10] que les créateurs du régime de respon-

4. Sur les fautes de négligence, v. en détail, s[s] n°s 432.231 s.
5. CJF, art. L. 131-9 et L. 131-12.
6. Sur ces catégories, et les autres fautes de négligence, v. en détail, s[s] n° 432.231.
7. Sur l'historique, v. s[s] n° 044.25.
8. La faute grave n'est exigée formellement que dans certaines infractions (CJF, art. L. 131-9 et L. 131-10), v. s[s] n° 432.281.
9. V. s[s] n°s 223.11 et 223.51.
10. Sur la « particulière gravité » de la répression de droit public financier, v. s[s] n° 223.11.

sabilité financière, en 1948, avaient choisi délibérément de ne pas limiter les infractions aux seules fautes lourdes.

Par principe, la faute sanctionnée dans le cadre de la répression financière est donc une faute simple.

Toutefois, la réforme entrée en vigueur le 1er janvier 2023 a introduit la notion de faute grave dans les éléments constitutifs de l'infraction réprimant la violation de règles [1], innovation dont la portée est cependant, comme il sera montré plus loin, limitée [2], dans la mesure où la juridiction financière répressive, déjà, ne poursuit que les faits d'une certaine gravité (excluant les fautes vénielles) [3].

La notion de gravité apparaît enfin expressément dans l'un des cas englobés dans l'infraction sanctionnant la faute grave de gestion dans les entreprises publiques et le secteur public local (« carences graves ») [4].

1. CJF, art. L. 131-9.
2. Sur la gravité de la faute dans l'infraction prévue à CJF, art. L. 131-9, v. ss no 432.281.
3. Sur ce point, v. ss no 223.31.
4. CJF, art. L. 131-10 ; sur cette infraction, v. ss no 433.11.

CHAPITRE

416. Principe de l'absence d'effet des régularisations *ex post*

SECTION 0

ORIENTEUR

416.00 **Sommaire du chapitre.**

SECTION UNIQUE

INFRACTION ET RÉGULARISATION

416.11 **Régularisation *ex post* ne fait pas disparaître une infraction.** Si en contentieux financier répressif, la correction d'une irrégularité source d'infraction ne fait pas disparaître cette dernière.

Les exemples en jurisprudence sont à cet égard nombreux :

– S'agissant de l'infraction sanctionnant l'engagement de dépenses sans habilitation [1] : la ratification *ex post* par le conseil d'administration ne fait pas disparaître l'infraction, si l'engagement eût requis une délégation préalablement donnée par ce même conseil [2]. Dans le même sens, dans une association, ni l'information des organes compétents, ni même la régularisation *ex post* d'un défaut de pouvoir d'engager une association, ne font disparaître l'infraction [3].

– En matière de marchés, la passation ultérieure d'une procédure qui eût été obligatoire en amont constitue une régularisation qui ne fait pas disparaître l'infraction [4].

– Dans le même sens, l'ouverture rétroactive de crédits budgétaires ne fait pas disparaître l'irrégularité constituée par le fait de dépenser sans crédit [5], car il faut se placer au moment de l'acte constitutif de l'irrégularité.

– Une autorisation ultérieurement donnée par le ministre n'a pas d'effet rétroactif et ne fait donc pas disparaître l'infraction [6]. Il en est d'ailleurs de même d'un ordre écrit postérieur aux faits [7].

– « La délibération ultérieure du conseil [...] ne peut tenir lieu de l'approbation qu'en l'espèce cette assemblée aurait dû donner avant une acquisition... » [8].

– Le fait qu'une irrégularité ouvre un droit à la collectivité lésée (par exemple le droit de récupérer une dépense indue *via* un procès civil) ne fait bien évidemment pas disparaître l'infraction, sinon il n'y aurait quasiment jamais d'infraction ! Ainsi, dans un cas de paiement sans service fait, la Cour a jugé qu'une l'infraction était constituée, même si l'absence d'exécution avait créé un avoir au profit de l'association [9] ;

– La formalisation d'une relation contractuelle (contrat de travail) déjà en cours ne donne pas aux

1. CJF, art. L. 131-13, 3°.
2. CDBF 20 avr. 1988, *Caisse interprofessionnelle de retraite des commerçants détaillants de la région parisienne [CIRCD]*, CCP, n° 3, p. 138 ; *Lebon* 546. Cet arrêt développait la même solution pour l'infraction constituée par des dépenses engagées et payées en l'absence de crédits ouverts, aujourd'hui disparue.
3. C. comptes 8 janv. 2025, *Fondation Assistance aux animaux*, n° 874, S-2024-1612. Ici §§ 32 et 48.
4. CDBF 19 déc. 2008, *Crous de Corse [Corte]*, *Rec.* 91 ; *AJDA* 2009. 476, note N. Groper et C. Michaut ; *GFP* 2011, p. 397, note M. Lascombe et X. Vandendriessche.
5. CDB 22 févr. 1961, *Lycée de jeunes filles de Grenoble*, CCP, n° 2, p. 34 ; *Lebon* 898. Cet exemple concernait l'infraction, aujourd'hui disparue, de l'engagement de dépenses au-delà des crédits ouverts, mais la solution est transposable aux autres infractions.
6. CDBF 11 juin 1971, *Mutuelle générale française accidents*, *Lebon* 397 ; CCP, n° 2, p. 69.
7. Sur l'ordre écrit, v. s[s] n° 462.51.
8. CDBF 17 déc. 1990, *Caisse de retraite du personnel navigant professionnel de l'aéronautique civile [CRPNPAC]*, CCP, n° 3, p. 222 ; *Lebon* 531.
9. CDBF 7 déc. 1994, *Comité départemental du tourisme de la Gironde*, *Rev. Trésor* 1995. 685 ; *Lebon* 728 ; *Rec.*, p. 147.

payements effectués avant la conclusion du contrat rétrospectivement un caractère régulier [1].

– La consultation *ex post* du contrôleur économique et financier, alors qu'elle aurait dû être préalable, ne fait pas disparaître l'infraction [2] sanctionnant le non-respect des compétences du contrôle budgétaire en matière d'engagement des dépenses [3] ;

– Un ordre écrit [4] postérieur, sorte de régularisation *ex post*, ne saurait davantage être retenu : ainsi un mandat de régularisation signé par un maire qui n'avait pas été dûment informé de l'irrégularité [5] ;

– « La circonstance que ces opérations [payement irrégulier d'avances sur indemnités] aient été régularisées *a posteriori* ne saurait leur enlever leur caractère irrégulier, ni exonérer M. X de sa responsabilité » [6] ;

– La régularisation postérieure d'une abstention fautive, en l'occurrence par le rendu d'un avis tardif du service des Domaines qui aurait dû être sollicité plus tôt, ne fait pas disparaître l'infraction [7].

Une question particulière se pose pour l'élément constitutif du préjudice, exigé désormais pour les infractions prévues aux articles L. 131-9 et L. 131-10 du CJF : la disparition ultérieure du préjudice par régularisation fait-elle pour autant disparaître l'infraction ? La réponse devrait être négative, comme il sera discuté en détail plus loin [8].

En revanche, la régularisation (ou non) peut et doit être prise en considération pour apprécier la gravité d'une faute au stade de l'opportunité des poursuites par le Procureur général [9] ou, si l'affaire va jusqu'au jugement, au stade de l'examen des circonstances atténuantes [10] ou absolutoires [11] en faveur de la personne renvoyée devant la Cour.

Cela vaut pour l'effort de régularisation, qui sera considéré comme un élément favorable au justiciable (circonstance atténuante [12]), parfois même absolutoire [13], tout comme pour la difficulté de pouvoir régulariser, circonstance atténuante pour celui qui n'a pas régularisé [14].

À noter enfin que la régularisation d'une infraction ne justifie pas forcément une dispense de peine [15].

416.12 Changement de réglementation ultérieur. Les réformes intervenues ultérieurement dans le secteur (changement de réglementation) sont sans effet sur l'irrégularité, qui doit s'apprécier au moment des faits [16].

Mais là aussi, il s'agit d'un élément qui peut être pris en compte dans le cadre de l'opportunité des poursuites ou au stade de l'octroi de circonstances atténuantes.

416.13 Irrecevabilité de l'argument de l'équivalence des résultats. L'argument selon lequel le respect de la règle aurait abouti au même résultat que celui obtenu à raison d'une irrégularité est bien entendu irrecevable sur le plan strictement juridique, et en tout cas ne répare pas l'irrégularité commise : « la circonstance que des indemnités de rupture auraient été versées si la procédure statutaire avait été respectée n'est pas de nature à rendre réguliers les paiements intervenus sur un fondement irrégulier » [17].

1. CDBF 3 juill. 2009, *École régionale des déficients visuels [ERDV] de Loos*, *Rec.* p. 77 ; *GFP* 2011, n° 7, p. 504, note M. Lascombe et X. Vandendriessche.
2. CJF, art. L. 131-13, 2°.
3. CDBF 22 mai 2015, *Entreprise minière et chimique (EMC) ; Rec.* p. 162 ; *AJDA* 2016. 1570, note N. Hauptmann et N. Péhau.
4. Sur l'ordre écrit, v. s^s n° 462.51.
5. CDBF 10 déc. 2010, *Commune de Bandol ; Rec.* p. 132 ; *Contrats publics* 2011, n° 109, note L. Renouard ; *GFP* 2011, n° 8-9, p. 571, note M. Lascombe et X. Vandendriessche.
6. CDBF 4 avr. 2011, *Lycée professionnel Vauvenargues et GRETA du pays d'Aix ; Rec.* p. 155 ; *GFP* 2013, n° 5, p. 69, note S. Damarey, M. Lascombe et X. Vandendriessche.
7. CDBF 26 mars 2021, *Société d'économie mixte de construction du département de l'Ain (SEMCODA) ; AJDA* 2021. 1331, note D. Guilbaud et N. Péhau ; *AJCT* 2021. 372, obs. G. Durand ; *Rec.* p. 171.
8. V. s^s n°s 445.11 s. pour le préjudice dans l'ancien article L. 313-6 du CJF ; v. s^s n° 432.281 pour le préjudice dans le nouvel art. L. 131-9.
9. V. s^s n°s 223.11 et 223.51.
10. Sur les circonstances atténuantes, v. s^s n° 463.111.
11. Sur les circonstances absolutoires, v. s^s n° 463.201.
12. Ex. : CDBF 16 nov. 2016, *Centre hospitalier de Givors ; Rec.* p. 187 ; *AJDA* 2017. 932, chron. N. Péhau et N. Hauptmann – CDBF 7 nov. 2022, *Fédération française d'athlétisme (FFA) ; AJDA* 2023. 560, chron. M. Choquet et N. Péhau.
13. Exemple : CDBF 16 juin 2015, *Grand port maritime de Nantes-Saint Nazaire ; Rec.* p. 165 ; *AJDA* 2015. 2069, note O. Villemagne et P. Grimaud ; *AJDA* 2016. 2487, chron. N. Péhau et N. Hauptmann.
14. CDBF 11 déc. 2009, *Centre hospitalier universitaire de Reims ; AJDA* 2010. 484, note N. Groper et C. Michaut ; *GFP* 2011, n° 7, p. 512, note M. Lascombe et X. Vandendriessche.
15. C. comptes 3 mai 2024, *France Médias Monde (FMM)*, n° 860, S-2024-0793 ; *JCP Adm.* 2024. 2207, note S. Damarey ; *AJDA* 2024. 1859, chron. N. Péhau et L. Vergallo.
16. CDBF 28 juin 1995, *Direction générale et directions d'Île-de-France de la Poste*, *Rev. Trésor* 1996. 734 ; *Lebon* 600 ; *Rec.*, p. 131 – Dans un arrêt plus récent, la CDBF avait esquivé la question de l'application rétroactive d'une réglementation : « sans qu'il soit nécessaire de statuer sur le moyen, allégué par la défense, de l'application aux faits du principe de rétroactivité de la loi pénale moins sévère, compte tenu de la modification susmentionnée de l'article L. 443-12 du code de la construction et de l'habitation, le grief susvisé doit donc être écarté ». À noter toutefois que cette décision n'a pas été publiée au *Rec.* (CDBF 20 déc. 2007, *S^té SCIC Habitat Île-de-France*, *AJDA* 2008. 12).
17. CDBF 23 juill. 2009, *CCI de Nice-Côte d'Azur*, *Rec.* p. 79 ; *AJDA* 2010. 488, note N. Groper et Michaut ; *GFP* 2011, n° 7, p. 506, note M. Lascombe et X. Vandendriessche.

Dans le même sens, peu importe que l'abstention fautive (en l'espèce, la consultation préalable du service des Domaines) n'ait pas eu de conséquences ou que l'avis tardif ait abouti au même résultat[1].

Un tel argument peut éventuellement être présenté au stade des circonstances atténuantes, car il est susceptible d'atténuer la gravité de la faute commise.

1. CDBF 26 mars 2021, *Société d'économie mixte de construction du département de l'Ain (SEMCODA)* ; *AJDA* 2021. 1331, note D. Guilbaud et N. Péhau ; *AJCT* 2021. 372, obs. G. Durand ; *Rec.* p. 171.

CHAPITRE

417. Acte dépourvu de conséquences : la tentative

SECTION 0

ORIENTEUR

417.00 **Sommaire du chapitre.**

SECTION UNIQUE

TENTATIVE

417.11 **Promesse non réalisée.** Une infraction s'apprécie par rapport à un acte précis, peu importe - en tout cas théoriquement, au stade de la qualification juridique des faits - ses conséquences.

Ainsi, une promesse d'achat avait été faite par un ordonnateur sous condition suspensive, au nom de l'État, sans disposer des crédits nécessaires, donc en commettant une irrégularité budgétaire. La constatation que la condition suspensive ne se soit jamais réalisée et que donc la promesse n'ait jamais été honorée « n'est pas de nature à retirer à la promesse [...] sa qualification et son existence juridique » ; l'infraction étant constituée, l'engagement pris par l'ordonnateur en l'absence de crédits budgétaires ouverts est donc sanctionné par la Cour[1].

417.12 **Prise en compte de la non-réalisation des conséquences.** Cela dit, les autorités de déféré, le Parquet et la Cour elle-même prennent *de facto* en compte les conséquences (et donc leur absence), notamment financières, des actes irréguliers, au stade de l'opportunité de formuler un déféré, de l'opportunité des poursuites appréciée par le ministère public[2], et enfin, lorsque le juge est saisi, au stade de l'appréciation de la responsabilité et de circonstances atténuantes de responsabilité[3]. Mais en toute rigueur juridique, ces considérations ne devraient pas intervenir au stade de la qualification juridique des faits.

417.13 **Principe d'exclusion de la tentative en contentieux financier.** En règle générale, les infractions financières n'incriminent pas spécifiquement la tentative de commettre une irrégularité.

Cette solution s'explique par la nature même des infractions financières, de moindre gravité que les infractions pénales, et dans l'ensemble plutôt formelles, se traduisant par une faute de gestion. Contrairement aux infractions pénales, celles sanctionnées par le juge financier ne sont pas fondées sur une intention malhonnête en vue de la protection de la probité des agents publics, mais visent à protéger l'ordre public financier qui se traduit par des règles. La tentative, pour ces infractions plutôt formelles, n'est donc pas spécifiquement incriminée[4].

On voit mal d'ailleurs pour quelle raison la tentative serait spécifiquement incriminée en matière financière. Sanctionner la seule intention de commettre une faute, de violer une règle, sans que cela donne lieu, finalement, à un acte irrégulier ou une infraction paraît peu concevable, et sera d'ailleurs impossible à établir sans précisément cet acte irrégulier. Dans les irrégularités financières, de deux choses l'une : soit un gestionnaire prend une décision irrégulière, ou il ne prend pas cette décision ; s'il la prend, il commet une faute sanctionnable, peu importe si cette décision sera bloquée ensuite dans sa réalisation, par exemple par un comptable public. En effet,

1. CDBF 22 mai 1979, *Préfecture de Provence-Alpes-Côte d'Azur, Préfecture des Bouches-du-Rhône, opération immobilière projetée au lieu-dit « Mas des aulnes »*, *Lebon* 585 ; CCP, n° 2, p. 171.
2. V. s[s] n° 223.11.
3. V. s[s] n° 463.11.
4. POUR l'infraction aujourd'hui prévue à l'art. L. 131-13-2° du CJF (ancien article L. 313-1 du CJF, au moment des faits) : CDBF 22 mars 1966, *Ambassade de France au Royaume-Uni, Maison Française d'Oxford*, CCP, n° 2, p. 58 ; *Lebon* 837.

en vertu de la jurisprudence constante de la CDBF, un ordonnateur pourra être condamné sur la base d'un ordonnancement irrégulier, « même si en définitive les paiements n'ont pas été effectués grâce à la vigilance et la prudence de l'agent comptable »[1], ou peu importe que les conséquences ne se réalisent point[2]. Et pour les fautes de négligence la question de la tentative ne se pose pas non plus.

Cette conception est conforme à la solution prévalant plus généralement en répression extra-pénale, qui se caractérise par une certaine souplesse, où l'on fixe le début de l'irrégularité généralement très tôt, sans distinguer expressément le cas de la tentative de celui de la commission de l'infraction proprement dite[3].

417.14 Abrogation de la tentative d'octroi d'un avantage injustifié à autrui. Une seule infraction de droit public financier incriminait expressément la tentative comme une infraction à part entière, c'était celle de l'octroi d'un avantage injustifié à autrui entraînant un préjudice[4], jusqu'à la suppression de cet élément par la réforme de 2022.

L'exclusion de la tentative parmi les faits sanctionnables étant favorable au justiciable, elle est d'application immédiate au 1er janvier 2023, y compris sur les faits antérieurs.

L'ancienne mention explicite de la tentative dans cette infraction s'expliquait sans doute par le degré de gravité supérieur qui lui était attaché du temps de la CDBF[5] ; mais elle n'a guère trouvé application en jurisprudence, même dans les cas où cela eût pu être le cas[6], et a donc finalement été abrogée dans l'indifférence.

Pourtant, un nouvel élément constitutif a été ajouté à cette infraction dans le cadre de cette réforme : l'intérêt personnel direct ou indirect. Or cet élément, qui comporte une dimension morale importante, se prête d'autant mieux à l'incrimination de la tentative ; il est tout à fait paradoxal d'abroger précisément à ce moment-là la tentative[7].

417.15 Tentative et préjudice. Lorsqu'une infraction exige, parmi ses éléments constitutifs, la survenance d'un préjudice[8], on pourrait se demander si la réparation ultérieure de ce préjudice[9], ou une perspective d'annulation future de ce préjudice, serait susceptible de « dégrader » l'infraction en simple tentative non sanctionnable. La réponse est négative, comme pour d'autres types de régularisations *ex post*[10].

Doit donc être critiqué un arrêt de la CDBF qui, dans l'ancien régime de responsabilité, avait pu écarter une infraction sous prétexte que le préjudice avait été réparé grâce à une action contentieuse gagnée par l'établissement public initialement lésé[11].

1. CDBF 13 oct. 1993, *Carrefour international de la communication [Cicom]*, *Rev. Trésor* 1995. 677 ; *Rec.*, p. 146.
2. Pour une promesse jamais honorée, v. s[s] n° 417.11.
3. C. Pierucci, *Une responsabilité à raison de la gestion publique, la responsabilité devant la Cour de discipline budgétaire et financière*, thèse, 2003, p. 201.
4. CJF, ancien art. L. 313-6, abrogé le 31 déc. 2022.
5. Le plafond de sanction était doublé par rapport aux autres infractions financières, avant la réforme de 2022.
6. Ex. critiquable, la Cour se fondant sur une erreur de raisonnement en ne retenant pas la tentative : CDBF 11 oct. 2013, *Maison de retraite intercommunale de Champcevrais ; Rec.* p. 213 ; *AJDA* 2013. 2547, chron. C. Michaut et P. Sitbon.
7. Sur la suppression de la tentative dans cette infraction, v. en détail, s[s] n° 441.22.
8. C'est le cas, désormais, des deux infractions prévues respectivement à l'art. L. 131-9 et L. 131-10 du CJF.
9. Sur le préjudice, v. s[s] n°s 432.291 s.
10. V. *supra*, s[s] n° 416.11.
11. Arrêt d'ailleurs critiquable à plusieurs égards : CDBF 11 oct. 2013, *Maison de retraite intercommunale de Champcevrais ; Rec.* p. 213 ; *AJDA* 2013. 2547, chron. C. Michaut et P. Sitbon.

CHAPITRE

418. Lien de causalité entre les éléments constitutifs

SECTION 0
ORIENTEUR

418.00 **Sommaire du chapitre.**

SECTION UNIQUE
CAUSALITÉ EN CONTENTIEUX FINANCIER

418.11 **Lien de causalité entre faute et irrégularité.** Une violation de règle – et toutes les infractions financières comportent une violation de règles – doit être imputable à une faute commise par un gestionnaire[1], sinon ce gestionnaire ne saurait être sanctionné.

418.12 **Lien de causalité entre faute et préjudice.** Dans les infractions qui requièrent dans leurs éléments constitutifs la survenance d'un préjudice, ce qui est exceptionnel[2], il convient d'établir le lien de causalité entre un comportement fautif – un agissement ou une négligence ou omission – et le préjudice ; or ceci n'est pas aisé, surtout lorsqu'il existe un ensemble de circonstances extérieures qui peuvent avoir contribué à la survenance de pertes financières[3]. Il est renvoyé aux développements sur ce point pour chaque infraction[4].

1. Sur l'imputation, v. s^s^ n° 461.05.

2. CJF, art. L. 131-9 et L. 131-10.
3. CDBF 25 juill. 2008, *France Télécom ; Rec.* p. 82 ; *AJDA* 2008. 2435, note N. Groper et C. Michaut ; *Gestion & finances publiques* 2011, p. 388, note M. Lascombe et X. Vandendriessche ; A. Froment-Meurice, J.-Y. Bertucci, N. Hauptmann et C. Michaut, *GAJF*, Dalloz, 7e éd. 2019, n° 51, p. 595 ; M. Degoffe, « La Cour de discipline budgétaire et financière réprime les infractions aux règles d'exécution des dépenses commises par le président de France Télécom », *Revue des sociétés* 2008, p. 858.
4. Pour l'infraction réprimant les violations de règles qui, par faute grave, ont créé un préjudice financier significatif, ainsi que la faute grave de gestion, v. s^s^ n° 432.296 ; pour l'infraction réprimant l'avantage injustifié avec préjudice tel qu'elle était en vigueur jusqu'au 31 déc. 2022, v. s^s^ n° 445.11.

CHAPITRE

419. Typologie et classification des infractions de droit public financier

SECTION 0
ORIENTEUR

419.00 **Sommaire du chapitre.**

SECTION UNIQUE
INFRACTIONS FINANCIÈRES PAR CATÉGORIES

419.11 **Aperçu général des infractions de droit public financier et leurs caractéristiques.** Sans la bouleverser radicalement, la réforme du contentieux financier entrée en vigueur le 1er janvier 2023 a modifié de façon importante l'économie des infractions financières, et ce dans deux directions.

D'une part, en ajoutant à l'infraction générale réprimant les violations de règles (aujourd'hui CJF, art. L. 131-9) des éléments constitutifs supplémentaires (faute grave et préjudice financier significatif), le champ de celle-ci se trouve fortement contraint, limitée aux fautes graves de gestion aux conséquences importantes, alors qu'elle était jusque-là, sans nécessité de préjudice, présente dans quasiment tous les arrêts rendus par la CDBF. Cela implique que les infractions spéciales budgétaires et comptables, qui se trouvaient traditionnellement dans l'ombre de l'infraction générale, ont désormais une place qui leur est propre et prennent de ce fait une importance nouvelle.

D'autre part, l'infraction réprimant l'avantage injustifié (aujourd'hui CJF, art. L. 131-12), qui était sous le régime de la CDBF souvent un simple degré supplémentaire de gravité par rapport à l'infraction générale, à cause du préjudice et de sa dimension protégeant la morale administrative, ainsi que de son plafond de sanction plus élevé, prend également, depuis la réforme, une indépendance plus grande : la vocation morale est renforcée avec l'introduction de la notion d'intérêt personnel direct ou indirect, alors que l'exigence, la concernant, du préjudice disparaît.

Le partage de gravité entre les infractions, si l'on en juge d'après les plafonds de sanctions, est également modifié : d'un côté les infractions budgétaires et comptables, jugées les moins graves hormis la gestion de fait ; de l'autre côté les autres infractions. L'avantage injustifié n'a plus le statut d'infraction la plus grave, comme c'était le cas sous la CDBF.

Parmi les caractéristiques communes, il faut souligner que les infractions financières sont toutes formelles à la base, c'est-à-dire fondées sur la violation de règles formelles, y compris l'octroi à autrui d'un avantage injustifié[1] et la faute grave de gestion avec préjudice[2], mais même ces dernières sont appréciées au regard de règles ou d'obligations méconnues.

Si l'on peut distinguer entre « infractions à la législation financière » et « infractions à la morale administrative »[3], la jurisprudence tend toutefois à rapprocher toutes les infractions vers un point commun, permettant de qualifier l'ensemble de fautes de gestion, avec différentes facettes ou spécialisations selon les infractions.

L'examen de la jurisprudence depuis la création de la répression financière fait en effet apparaître un lien systématique entre violation de règles formelles et un minimum de jugement sur les fautes commises dans la gestion en question, d'où le recours à la terminologie « fautes de gestion » pour désigner l'ensemble des infractions de droit public financier[4]. Et il semble qu'il ne saurait en être autrement. Il serait en effet artificiel et même vain de vouloir séparer complètement, voire opposer la notion de

1. CJF, art. L. 131-12, v. ss nos 441.11 s.
2. V. ss no 432.201.
3. PAR EX. : J.-C. Maitrot, « Jouvence pour une inconnue ? La réforme de la Cour de discipline budgétaire et financière », *AJDA* 1971. 513.
4. À cet égard, v. ss nos 033.33 et 411.12 et 431.11 s.

gestion et la sanction de la méconnaissance de règles écrites formelles.

D'une part, les règles de protection des finances publiques, sauf lorsqu'elles sont inadaptées[1], doivent participer à garantir une bonne gestion ; autrement dit, s'agissant d'argent public, une bonne gestion est d'abord une gestion régulière.

D'autre part, le juge, lorsqu'il est saisi de la violation de règles formelles, doit en permanence s'interroger sur le lien de cette violation de règles formelles avec la notion de gestion. Le plus souvent, en effet, la méconnaissance de règles révèle une faute de gestion ; et c'est parce que cette faute de gestion semble particulièrement grave que le juge sanctionnera avec d'autant plus de sévérité. En sens inverse, le juge aura tendance à être plus indulgent (circonstances atténuantes, voire absolutoires) avec des gestionnaires qui ont certes violé des règles formelles, mais qui, en termes de gestion et d'intérêt de la structure, n'ont pas porté tort à cette dernière. Le juge financier ne sanctionne pas aveuglément toute violation d'une règle formelle ; cela n'aurait d'ailleurs aucun sens, puisqu'une telle répression automatique ne ferait qu'effrayer les gestionnaires, et risquerait donc de provoquer un comportement de prudence excessive, précisément sous-optimal en termes de... gestion.

La jurisprudence financière répressive démontre au contraire que le juge tient bien entendu compte des infractions aux règles formelles, mais également (en plus) de l'ensemble des contraintes de gestion qu'a pu rencontrer un gestionnaire, et des mesures qu'il a prises dans ce contexte dans l'intérêt de la structure ou contre elle, ou de l'abstention coupable dont il a fait montre. Comme l'a exprimé un membre de l'ancienne CDBF : « la CDBF a un peu la tentation (et ça ne me semble pas illégitime) de chercher à peser la gravité de ces infractions formelles en tenant compte également de la bonne ou mauvaise gestion de la personne et il peut arriver que, malgré certaines imperfections formelles, le comportement de l'ordonnateur soit économe de l'argent public, ce qui peut sembler paradoxal, mais ce qui peut arriver dans un souci d'aller vite et de réaliser certaines économies. [...] Ce n'est pas une mauvaise chose de peser l'aspect formel de l'infraction d'un côté et la qualité de la gestion des deniers publics de l'autre »[2].

En ce sens, le juge financier répressif est bien juge de la gestion, certes toujours en lien avec la régularité, des interdits ou des obligations. Ce sont bien les (seuls) « mauvais gestionnaires » ayant violé des règles écrites ou (parfois) non écrites qui sont sanctionnés. Cela ne veut pas dire pour autant que des violations de règles commises dans l'intérêt de la structure resteront impunies : c'est bien l'ordre public financier en général que doit protéger la responsabilité financière des gestionnaires publics, et pas seulement l'intérêt d'une seule structure. Et des violations de règles, même sans conséquences catastrophiques, peuvent être considérées comme suffisamment graves pour mériter des sanctions du fait de leur caractère exceptionnel. Mais l'appréciation du contexte de la gestion, et la gestion elle-même en tant que comportement humain actif ou passif, sera *de facto* toujours prise en compte : au stade du classement, parce que le Procureur général estime par exemple que les infractions commises sont vénielles ou purement formelles ; au stade du jugement, dans l'appréciation des circonstances aggravantes ou atténuantes, voire absolutoires.

D'une certaine façon, et en durcissant volontairement le trait, toute la jurisprudence financière répressive depuis sa création peut être caractérisée par la recherche d'un équilibre entre respect des règles formelles et qualité de la gestion ; sous cette lumière, le terme un peu archaïsant de « discipline budgétaire et financière » apparaît alors sous un jour beaucoup plus actuel, et pourrait être traduit, en simplifiant un peu, en « bonne gestion » ou encore « bonne gouvernance ». Et à cet égard, la Cour de discipline budgétaire et financière hier et la Cour des comptes aujourd'hui est donc bien le juge des gestionnaires publics, ce que reflète le corps des infractions de droit public financier et le jeu des interactions entre elles.

419.12 Aperçu et classification des infractions financières. Le *corpus* des infractions de droit public financier est conçu pour appréhender les fautes de gestion se traduisant par la méconnaissance de règles et d'obligations[3].

Les infractions de droit public financier sanctionnées par la Cour des comptes peuvent être regroupées, dans l'état actuel de la législation, en quatre catégories ; elles seront présentées en détail dans le présent ouvrage, dans l'ordre suivant :

- les infractions spéciales, budgétaires et comptables ;
- les infractions réprimant les fautes graves de gestion, dont l'infraction générale réprimant le non-respect des règles en matière de finances publiques avec préjudice financier significatif, comprenant les fautes de négligence, et l'infraction réprimant la faute grave de gestion dans les entreprises publiques et le secteur public local ;
- l'octroi d'un avantage injustifié, en méconnaissance de ses obligations, par intérêt personnel ;
- les infractions concernant l'inexécution des décisions de justice et le mandatement d'office.

1. V. s[s] n° 463.151.
2. P. Martin, « La responsabilité des ordonnateurs vue par un membre de la Cour de discipline budgétaire et financière », *RFFP* 2005. 117.
3. V. s[s] n° 411.11.

419.13 Tableau – Aperçu des infractions de droit public financier.

<table>
<tr><th>Catégorie d'infractions</th><th>Infractions spéciales budgétaires et comptables</th><th>Fautes graves de gestion avec préjudice financier significatif</th><th>Avantage injustifié procuré par intérêt personnel</th><th>Inexécution de décisions de justice et mandatement d'office</th></tr>
<tr><td rowspan="5">Infractions et sous-catégories</td><td>Infraction protégeant le contrôle budgétaire (L. 131-13, 2°)</td><td>Infraction réprimant la violation de règles avec préjudice financier significatif (L. 131-9) :
1. violation de règles d'exécution des recettes
2. violation de règles d'exécution des dépenses
3. violation de règles de gestion des biens
4. faute grave de gestion jurisprudentielle
5. fautes de négligence (défaut de contrôle, défaut de surveillance, défaut de vigilance, défaut d'organisation, défaut de diligence)
6. approbation donnée par des tutelles aux irrégularités</td><td rowspan="5">Infraction unique (L. 131-12)</td><td>Infraction réprimant l'inexécution de condamnations pécuniaires (L. 131-14, 2°)</td></tr>
<tr><td>Infraction réprimant l'engagement sans être habilité (L. 131-13, 3°)</td><td rowspan="4">Infraction réprimant la faute grave de gestion avec préjudice financier significatif dans les entreprises publiques et le secteur public local (L. 131-10)</td><td>Infraction réprimant la condamnation à des astreintes à raison de l'inexécution d'une décision de justice (L. 131-14, 1°)</td></tr>
<tr><td>Infraction réprimant la non-production du compte (L. 131-13, 1°)</td><td rowspan="3">Infraction réprimant l'obstacle fait au mandatement d'office (L. 131-11)</td></tr>
<tr><td>Infraction réprimant la gestion de fait (L. 131-15)</td></tr>
<tr><td>Infraction propre au régime indemnitaire des membres du Parlement (loi organique relative à l'indemnité des membres du Parlement)</td></tr>
</table>

TITRE

42. Infractions budgétaires et comptables

SECTION 0 ORIENTEUR

42.00 Sommaire du titre.

42.01 Textes applicables.

• **CJF,** art. L. 131-13, 1°, L. 131-13, 2°, L. 131-13, 3°, L. 131-15

• **Décr. n° 2012-1246,** 7 nov. 2012 relatif à la gestion budgétaire et comptable publique

42.03 Bibliographie indicative.

Articles. S. Damarey, « Responsabilité financière des gestionnaires publics : entre questions de compétences et obligation de production des comptes », *JCP Adm.* 2024. 2228 – N. Péhau et L. Vergallo, « Infractions formelles : retour vers le futur », *AJDA* 2024. 1859.

Contributions. A. Camus, « Les infractions budgétaires et comptables », *in* S. Damarey et N. Groper, *Responsabilité financière des gestionnaires publics*, Dalloz, 2024, p. 147 –

S. Kott, « L'obligation de production des comptes de l'article L. 131-13 du CJF », *in* S. Damarey et N. Groper, *Responsabilité financière des gestionnaires publics*, Dalloz, 2024, p. 159 – É. Quinart, « Le régime de la gestion de fait », *in* S. Damarey et N. Groper, *Responsabilité financière des gestionnaires publics*, Dalloz, 2024, p. 171 – T. Savy, « Les infractions, entre continuité et changement », *in* C. Husson-Rochcongar et S. Kott (dir.), *La responsabilité financière des gestionnaires publics*, Actes du colloque du 8 novembre 2023 co-organisé par le Parquet général près la Cour des comptes et la Direction de la recherche de l'Institut national du service public, La Documentation française, 2024, p. 57.

42.05 Finalités et caractéristiques communes des infractions budgétaires et comptables, et articulation avec les autres infractions. Parmi les différentes infractions financières[1], les infractions budgétaires et comptables occupent une place centrale.

On peut regrouper sous cette catégorie les infractions suivantes :

• L'engagement de dépenses sans respecter les règles applicables en matière de contrôle budgétaire (CJF, art. L. 131-13, 2°)[2].

• L'engagement de dépenses sans y être habilité (CJF, art. L. 131-13, 3°)[3].

• Le défaut de production des comptes (CJF, art. L. 131-13, 1°)[4].

• La gestion de fait (CJF, art. L. 131-15)[5].

• L'infraction propre au régime indemnitaire des membres du Parlement[6].

Ces infractions ont pour point commun de réprimer des atteintes à certaines règles précises du droit de la comptabilité publique[7] et de droit budgétaire[8], en matière budgétaire et comptable.

On peut y ajouter d'anciennes infractions supprimées[9].

Historiquement, au moment de la création de la Cour de discipline budgétaire, le lien avec la légalité budgétaire et avec la loi du 10 août 1922[10] qui avait créé l'actuel contrôle budgétaire était omniprésent : d'ailleurs, l'avant-projet de la loi qui allait devenir celle du 25 septembre 1948[11] avait été intitulé provisoirement « loi tendant à réprimer les infractions aux règles budgétaires et portant création d'une cour spéciale pour juger les auteurs de ces infractions »[12].

Le terme « budgétaire » dans le nom de la CDBF en témoigne également, tout comme le fait que jusqu'en 2022, les infractions budgétaires étaient les premières dans l'ordre du code des juridictions financières[13].

Ces infractions ont pour objectif commun de maintenir la discipline budgétaire et comptable ; elles visent avant tout l'État et les structures publiques pourvues d'un comptable public, donc soumises aux exigences de la comptabilité publique ; pourtant, certaines d'entre elles peuvent concerner également d'autres organismes, soit directement et entièrement (infractions réprimant l'engagement de dépenses sans habilitation ou la non-production des comptes par exemple), soit partiellement (infraction protégeant le contrôle budgétaire ou les contrôles assimilés), soit indirectement (gestion de fait par une association transparente par exemple).

Le droit actuel a renforcé la cohérence de ce groupe d'infractions en soumettant celles-ci à un plafond d'amende spécifique (et plus bas que le plafond général)[14], sauf gestion de fait.

Enfin, ces infractions ont pour point commun d'être, à l'origine, des cas particuliers de l'infraction générale réprimant toutes les formes de violations de règles, y compris budgétaires et comptables[15] ; à cet égard, on peut les appeler infractions spéciales, par opposition à l'infraction générale qui les englobait, jusqu'à une date récente, et qui souvent conduisait à leur effacement relatif.

La réforme entrée en vigueur le 1er janvier 2023 a modifié ce paysage de façon significative.

En effet, d'une part, si l'infraction générale continue à pouvoir se saisir de toute violation de règles, y compris donc des règles budgétaires et comptables couvertes par les infractions spéciales, elle ne le peut plus que dans des cas très limités, lorsque ces violations de règles ont, par faute grave, conduit à générer un préjudice financier significatif.

Cette limitation du champ de l'infraction générale conduit mécaniquement à renforcer la place des infractions spéciales, qui ne sont pas soumises à

1. Voir tableau ci-dessus, s^s n° 419.13.
2. V. s^s n°s 421.11 s.
3. V. s^s n°s 422.11 s.
4. V. s^s n°s 423.11 s.
5. V. s^s n°s 424.11 s.
6. V. s^s n° 425.11.
7. Sur cette notion, v. s^s n° 031.41.
8. Sur cette notion, v. s^s n° 031.31.
9. V. s^s n°s 426.11 s.
10. L. 10 août 1922 relative à l'organisation du contrôle des dépenses engagées ; sur cette loi, v. s^s n°s 034.21 et 043.21 et 312.37.
11. L. n° 48-1484, 25 sept. 1948 tendant à sanctionner les fautes de gestion commises à l'égard de l'État et de diverses collectivités et portant création d'une Cour de discipline budgétaire et financière. Sur cette loi, d'une façon générale, v. s^s n°s 044.11 s.
12. S. Flizot, « La création de la CDBF : enjeux et débats », *in* Collectif, *L'invention de la gestion des finances publiques : du contrôle de la dépense à la gestion des services publics*, Comité pour l'histoire économique et financière de la France, 2013, p. 368.
13. CJF, anc. art. L. 313-1 s.
14. Sur les plafonds d'amende, v. s^s n°s 472.12 et 472.13 et 472.14.
15. CJF, ancien art. L. 313-4, en vigueur jusqu'au 31 déc. 2022.

l'exigence du préjudice financier significatif : pour les infractions spéciales, la violation des règles respectivement budgétaires ou comptables ciblées qu'elles protègent demeure sanctionnable même en l'absence de tout préjudice.

D'autre part, certaines infractions spéciales aujourd'hui prévues par le code des juridictions financières étaient jusque-là intégrées dans l'infraction générale : c'est le cas de la gestion de fait comme de l'infraction sanctionnant la non-production des comptes, toutes deux figurant désormais dans les dispositions spécifiques.

Cette réforme a eu pour conséquence immédiate de renforcer la place des infractions spéciales budgétaires et financières dans le contentieux financier[1], ce dont témoignent les premières décisions prises par la nouvelle chambre du contentieux de la Cour des comptes.

1. T. Savy, « Les infractions, entre continuité et changement », *in* C. Husson-Rochcongar et S. Kott (dir.), La responsabilité financière des gestionnaires publics, La Documentation française 2024, p. 57.

CHAPITRE

421. Engagement de dépenses sans respecter les règles applicables en matière de contrôle budgétaire

SECTION 0
ORIENTEUR

421.00 **Sommaire du chapitre.**

421.01 **Texte applicable.**

• **CJF,** art. L. 131-13, 2°

421.02 **Jurisprudence de référence.**

• **C. comptes 21 juin 2024,** *France Médias Monde (FMM),* n° 860, S-2024-0793 ; *JCP Adm.* 2024. 2207, note S. Damarey ; *AJDA* 2024. 1859, chron. N. Péhau et L. Vergallo

421.03 **Bibliographie indicative.**

Article. N. Péhau et L. Vergallo, « Infractions formelles : retour vers le futur », *AJDA* 2024. 1859.

Contribution. A. Camus, « Les infractions budgétaires et comptables », *in* S. Damarey et N. Groper, *Responsabilité financière des gestionnaires publics*, Dalloz, 2024, p. 147.

SECTION 1
ÉLÉMENTS GÉNÉRAUX SUR L'INFRACTION PROTÉGEANT LE CONTRÔLE BUDGÉTAIRE

421.11 **Éléments et champ de l'infraction.** Le 2° de l'art. L. 131-13 du code des juridictions financières permet de sanctionner tout justiciable de la Cour lorsqu'il engage une dépense, sans respecter les règles applicables en matière de contrôle budgétaire portant sur l'engagement des dépenses.

Le plafond de l'amende est réduit à un mois, comme pour la plupart des infractions budgétaires et comptables[1].

Le contrôle budgétaire, exercé par l'État, qui est ainsi protégé par cette infraction, n'intervient pas dans tous les organismes contrôlés par les juridictions financières, mais seulement dans un champ spécifiquement défini par les textes[2]. De ce fait, tous les justiciables de la Cour ne sont pas forcément concernés par cette infraction dont le champ est précisément délimité. En effet, certains organismes contrôlés par les juridictions financières, et dont les gestionnaires sont justiciables de la Cour des comptes, peuvent ne pas être concernés par le contrôle budgétaire portant sur l'engagement des dépenses, et donc, par ricochet, ne sauraient tomber sous le coup de cette infraction : c'est le cas des associations faisant appel à la générosité publique par exemple. Autrement dit, la présente infraction ne trouve pas application à l'égard de tous les gestionnaires justiciables de la Cour : sont concernés seulement ceux œuvrent dans des structures soumises à une forme de contrôle de la part du ministère du Budget – et plus précisément de la direction du budget de ce ministère – sur l'engagement des dépenses.

1. CJF, art. L. 131-16, al. 2.
2. V. ci-après, s^{s} n° 421.31.

Le contrôle budgétaire visé par la présente infraction ne doit pas être confondu avec le contrôle des actes budgétaires des collectivités territoriales[1] dans lequel les chambres régionales des comptes jouent un rôle important, mais non-juridictionnel, et sur lequel l'infraction financière ici présentée ne porte pas.

421.12 Finalité et évolution de l'infraction protégeant le contrôle budgétaire. L'infraction sanctionnant l'engagement de dépenses sans respecter les règles applicables en matière de contrôle budgétaire portant sur l'engagement des dépenses[2] s'inscrit dans la continuité directe d'une infraction sanctionnée jusque-là par la Cour de discipline budgétaire et financière[3], que le régime de responsabilité actuel a repris de façon quasi identique.

Si la notion de « contrôle financier » a été remplacée par celle de « contrôle budgétaire », la différence n'a toutefois qu'une portée réduite sur la définition de l'infraction elle-même ; en revanche, ce glissement sémantique traduit le fait que le champ du contrôle exercé par la tutelle financière a fortement évolué depuis vingt ans, dans le sens d'un rétrécissement progressif qui a un effet important sur l'application pratique de cette infraction.

Initialement divisée en deux incriminations distinctes[4], l'infraction sanctionnée protège le contrôle financier devenu contrôle budgétaire, à l'origine d'ailleurs appelé « contrôle des dépenses engagées »[5] et qui était une création de la loi du 10 août 1922[6].

Son objet est d'assurer la discipline budgétaire en contribuant à maîtriser la chaîne de la dépense publique. La loi de 1922 relative au contrôle des dépenses engagées, comme d'ailleurs celle de 1948 créant la répression de droit public financier[7], s'inscrivaient dans le contexte historique particulier de l'Entre-deux-guerres pour l'une, et de l'immédiat après-2e Guerre mondiale pour l'autre, contexte dans lequel il fallait impérativement limiter les dépenses budgétaires. La protection du contrôle financier en matière de dépenses, assurée par l'infraction créée en 1948, constituait dès lors le « couronnement », si l'on peut dire, d'une tendance d'enserrement croissant de la dépense publique par le ministère chargé du budget sur les « ministères dépensiers ». À cet égard, il n'est sans doute pas un hasard que cette infraction[8] ait été la première dans l'ordre établi par le législateur de 1948, position confirmée lors de la codification de cette loi dans le code des juridictions financières, et qui perdura jusqu'en 2022. En effet, « il est manifeste à la lecture des travaux préparatoires que la loi de 1948 est conçue comme le complément de la loi du 10 août 1922 dont elle vient combler les lacunes tout en donnant une sanction effective à la responsabilité des ordonnateurs »[9].

Le contrôle financier, rebaptisé contrôle budgétaire, connaissant aujourd'hui une réforme fondamentale, du moins pour ce qui est du contrôle interne à l'État, le domaine d'intervention de ce dernier dans la dépense risque de se rétrécir, voire de disparaître totalement dans certains secteurs ; cela pourrait augurer à terme, comme l'annonçait dès 2005 le président Olivier Fouquet, d'une possible disparition de cette infraction spéciale[10].

Notons enfin que le Conseil constitutionnel a considéré que l'infraction, telle que rédigée, renvoyant aux règles régissant le contrôle financier puis budgétaire, était conforme au principe constitutionnel de légalité des délits et des peines[11].

421.13 Fondements et limites de l'allègement progressif du contrôle financier, devenu contrôle budgétaire. Le contrôle budgétaire a suivi, dans la période récente, une évolution similaire à l'allègement d'autres contrôles *a priori*, en contrepartie d'un renforcement de l'autonomie des gestionnaires et du développement de mécanismes de limitation des risques, en particulier du contrôle interne budgétaire. Les démarches de maîtrise des risques alternatives au contrôle traditionnel se développent par ailleurs, notamment par la diffusion de référentiels et la contractualisation au sein de l'État, ou entre ce dernier et les structures publiques sous tutelle.

La disparition du « contrôle financier », remplacé par un contrôle budgétaire lui-même évolutif, a constitué l'une des principales promesses d'allègement des contrôles et de responsabilisation des gestionnaires

1. Sur le contrôle des actes budgétaires, v. ss nos 113.11 s.
2. Prévue aujourd'hui à l'art. L. 131-13, 2° du CJF.
3. CJF, anc. art. L. 313-1, en vigueur jusqu'au 31 déc. 2022.
4. La loi de 1948 distinguait en effet deux infractions en matière de contrôle financier (L. n° 48-1484, 25 sept. 1948, art. 1er et 3).
5. Sur le contrôle des dépenses engagées, v. la thèse de référence de S. Kott, *Le contrôle des dépenses engagées, évolutions d'une fonction*, CHEFF, 2004.
6. Sur cette loi et le contexte historique de sa création, v. ss nos 034.21 et 043.21 et 312.37.
7. Sur l'histoire de la responsabilité financière des gestionnaires publics et plus précisément la création de la Cour de discipline budgétaire en 1948, v. ss nos 044.11 s.
8. CJF, ancien art. L. 313-1 en vigueur jusqu'au 31 déc. 2022.
9. S. Flizot, « La création de la CDBF : enjeux et débats », *in* Collectif, *L'invention de la gestion des finances publiques : du contrôle de la dépense à la gestion des services publics*, Comité pour l'histoire économique et financière de la France, 2013, p. 360.
10. O. Fouquet, « La Cour de discipline budgétaire et financière et l'évolution de la gestion publique », *RFFP* 2005, p. 237.
11. Cons. const. 24 oct. 2014, *Stéphane R. et autres*, n° 2014-423 QPC ; *Rec.* 181 ; *Constitutions* 2014, p. 492, note O. Le Bot ; P. Mouzet, « La "responsabilité financière" existe-t-elle ? », *AJDA* 2014. 2497 ; *RFDA* 2014. 1218, chron. A. Roblot-Troizier et G. Tusseau ; A. Froment-Meurice, J.-Y. Bertucci, N. Hauptmann et C. Michaut, *GAJF*, 7e éd. 2019, n° 20, p. 228.

de la loi organique relative aux lois de finances, la LOLF[1].

La réforme vise un double objectif de « responsabilisation » des gestionnaires : par l'allègement des contrôles d'une part, et un meilleur « partage » de l'objectif de soutenabilité budgétaire, qui relèverait désormais explicitement des ordonnateurs eux-mêmes et non plus de la responsabilité du contrôle externe, d'autre part.

Cette évolution s'est d'abord traduite par une réduction du rôle des comptables publics et de leur régime de responsabilité personnelle et pécuniaire (RPP)[2] attaché, qui jouaient traditionnellement un rôle important pour protéger le droit budgétaire[3] en général et pour crédibiliser le contrôle financier en particulier, devenu contrôle budgétaire. Avec l'évolution du contrôle budgétaire, l'obligation de contrôle du comptable sur l'existence du visa du contrôleur financier en dépenses[4] s'est mécaniquement réduite à partir des années 2000, avant d'être complètement supprimée[5].

Demeurait, jusqu'en 2022, susceptible d'engager la RPP en dépenses le contrôle par le comptable, en matière budgétaire, de la disponibilité des crédits et le contrôle de l'exacte imputation budgétaire[6], mais la portée pratique de ce dernier se réduisait progressivement avec, pour l'État, une spécialisation des crédits au niveau du programme et par titre, avant de disparaître avec la suppression du régime de responsabilité propre aux comptables (RPP). En lien avec cette obligation des comptables, il existait également une infraction financière sanctionnée par la CDBF couvrant le cas de dépassements de crédits, infraction toutefois supprimée[7].

Désormais, il reste, outre l'infraction générale réprimant la violation de règles en matière de dépenses (à condition qu'un préjudice financier significatif soit démontré)[8], l'infraction sanctionnant, dans le nouveau régime de responsabilité, la méconnaissance des compétences du contrôle budgétaire, qui vise essentiellement les ordonnateurs[9].

On peut se demander cependant si les conséquences de l'évolution du contrôle budgétaire sur les infractions financières ont été entièrement tirées. En effet, le passage progressif d'un contrôle externe *a priori* et internalisé vers un système de maîtrise interne des risques (en l'occurrence par le biais du contrôle interne budgétaire devenu contrôle interne financier[10]) devrait conduire à prévoir, parmi les infractions financières, la possibilité d'appréhender les manquements en matière de contrôle interne. On ne peut donc que regretter que la réforme du régime de responsabilité des gestionnaires publics en 2022/2023 n'ait pas été l'occasion d'intégrer explicitement les manquements des gestionnaires publics à leurs obligations en matière de contrôle interne. Pire, en rétrécissant le champ de l'infraction générale réprimant le non-respect des règles[11], la réforme a largement réduit la capacité du juge financier à appréhender les défaillances dans la maîtrise des risques[12].

Si la « surveillance » des budgets des collectivités publiques constitue, quoi qu'il en soit, un impératif de maîtrise budgétaire, nécessité économique et juridique au regard des règles européennes, elle peut prendre des formes variées, plus ou moins contraignantes, en fonction des besoins ; mais les infractions financières doivent pouvoir s'adapter aux formes changeantes de ce contrôle, faute de quoi c'est toute la crédibilité de ce système qui risque d'être compromise. La plasticité de l'ancienne infraction générale permettait une telle adaptation, désormais fortement réduite.

SECTION 2
NOTION D'ENGAGEMENT D'UNE DÉPENSE

421.21 **Engagement.** Un engagement « est l'acte juridique par lequel une personne morale [...] crée ou constate à son encontre une obligation de laquelle il résultera une dépense. L'engagement respecte l'objet et les limites de l'autorisation budgétaire »[13]. À préci-

1. L. org. n° 2001-692, 1er août 2001 relative aux lois de finances. *JO* 2 août.
2. Sur la RPP, v. ss nos 611.11 s.
3. Sur cette notion, v. ss n° 031.31.
4. Décr. n° 2012-1246, 7 nov. 2012 relatif à la gestion budgétaire et comptable publique (GBCP), ancien 3° de l'art. 20 (abrogé en 2018) : contrôle, par le comptable public, dans le cadre de la validité de la dette, de l'intervention des contrôles préalables, et notamment du visa du contrôle budgétaire.
5. Décr. n° 2018-803, 24 sept. 2018 modifiant le décret GBCP sur ce point à compter du 1er oct. 2018.
6. Décr. n° 2012-1246, 7 nov. 2012, préc., art. 19-2° c et b. Cette obligation demeure en vigueur, et si elle n'est plus susceptible d'engager la responsabilité personnelle et pécuniaire (RPP) du comptable public, ce dernier peut toujours être appréhendé dans le cadre d'une infraction financière de droit commun, notamment celle prévue au CJF, art. L. 131-9.
7. Sur cette infraction financière et sa suppression, en 2022 : v. ss n° 426.11.
8. CJF, art. L. 131-9 – Sur cette infraction, v. ss nos 431.11 et 432.11 s.
9. Sur cette question, discutée, v. ss n° 421.41.
10. Sur le déploiement de ce contrôle au sein de l'État, v. plus loin, ss n° 421.32.
11. CJF, art. L. 131-9, anc. art. L. 313-4 (jusqu'au 31 déc. 2022).
12. Sauf si les autres éléments constitutifs de l'infraction générale sont établis, comme le préjudice financier significatif ; v. ss nos 431.12 et 432.291 s.
13. Décr. n° 2012-1246, 7 nov. 2012 relatif à la gestion budgétaire et comptable publique (GBCP), art. 30.

ser d'emblée que si cette notion vient de la comptabilité publique, elle ne se limite pas à ce champ, puisque des personnes morales qui ne sont pas soumises au décret relatif à la gestion budgétaire et comptable publique, qui peuvent être concernées par la présente infraction, connaissent également une forme d'engagement des dépenses.

La tentative d'engagement d'une dépense n'est pas visée par cette infraction et ne saurait donc être sanctionnée[1].

En revanche, l'infraction est constituée lorsqu'une promesse d'achat a bien été consentie, même si la dépense n'a finalement jamais été réalisée, qu'il n'y a donc pas eu payement de la dépense, pour des raisons indépendantes du contrôle budgétaire[2].

La jurisprudence inclut dans l'engagement tout acte, même sans formalité, qui engage juridiquement une structure : il peut par exemple s'agir d'un engagement oral[3]. Un engagement fait par une personne non autorisée (ce qui constitue par ailleurs une autre infraction financière[4]), mais qui a un effet juridique, peut également être retenu dans le cadre de l'infraction protégeant les attributions du contrôle budgétaire.

421.22 **Dépense.** L'infraction financière, telle que rédigée par les textes successifs, ne concerne que le champ de la dépense : peut être sanctionné le gestionnaire public qui engage une dépense, sans respecter les règles applicables en matière de contrôle budgétaire portant sur l'engagement des dépenses.

Cela semble *a priori* exclure d'autres cas de figure, en matière de recettes ou de gestion des biens. On peut néanmoins se demander si une décision de gestion entraînant indirectement ou implicitement une dépense ne pourrait pas être appréhendée, comme par exemple lorsqu'une cession d'un immeuble qu'elle occupait gratuitement contraint l'administration à acheter ou louer des bureaux, ou encore le renoncement à une recette pourtant due.

La juridiction financière répressive retient une vision pragmatique et large de la notion de dépense : elle a ainsi appliqué cette infraction au cas d'une compensation entre recettes et dépenses[5], qui finalement avait aussi constitué une dépense.

1. CDBF 22 mars 1966, *Ambassade de France au Royaume-Uni, Maison Française d'Oxford, CCP*, n° 2, p. 58 ; *Lebon* 837.
2. CDBF 22 mai 1979, *Préfecture de Provence-Alpes-Côte d'Azur, Préfecture des Bouches-du-Rhône, opération immobilière projetée au lieu-dit "Mas des aulnes"*, *Lebon* 585 ; *CCP*, n° 2, p. 171.
3. CDBF 29 nov. 1999, *min. de l'Intérieur et de l'Aménagement du territoire, Grand débat national sur l'aménagement du territoire en 1993 et 1994*, *Rev. Trésor* 2000. 32, note M. Lascombe et X. Vandendriessche ; *Rec.* 105 (extraits anonymisés).
4. CJF, art. L. 131-13, 3° – Sur cette infraction, v. s^s^ n°s 422.11 s.

En revanche, toute atteinte aux prérogatives du contrôleur budgétaire n'est pas synonyme d'infraction financière : seules celles portant sur l'engagement des dépenses peuvent tomber sous le coup de cette infraction, à l'exclusion des autres visas ou avis des contrôleurs budgétaires. Toutefois, lorsque d'autres compétences du contrôle budgétaire ont été méconnues, par exemple en matière d'adoption des budgets d'un établissement, ces irrégularités peuvent, le cas échéant, être poursuivies sur la base d'autres infractions prévues par le code des juridictions financières, si les éléments constitutifs de ces autres infractions sont par ailleurs réunis.

SECTION 3

DÉFINITION DU CONTRÔLE BUDGÉTAIRE PORTANT SUR L'ENGAGEMENT DES DÉPENSES

421.31 **Limitation du champ, mais définition matérielle du contrôle budgétaire.** L'infraction ici présentée ayant pour objet de protéger les attributions du contrôle budgétaire qu'exerce l'État sur lui-même et sur un certain nombre de structures dans le cadre d'une forme de tutelle financière, elle ne saurait jouer que dans le champ de ce contrôle budgétaire ; or celui-ci ne se présume pas, il doit être expressément prévu par les textes financiers régissant une structure.

Cette limitation joue dans deux directions.

Premièrement, un texte doit prévoir la soumission de l'organisme dont la gestion est en cause à une forme de contrôle budgétaire ; or l'existence d'une tutelle financière exercée par l'État – d'ailleurs désormais concentrée aux mains du seul ministre du Budget, sauf si la loi passe outre[6] – ne signifie pas pour autant la présence d'un contrôle budgétaire.

Deuxièmement, lorsqu'un tel contrôle budgétaire existe, ses attributions sont clairement définies par les textes applicables à chaque structure, et seul le non-respect de ces attributions peut générer l'infraction : autrement dit, si un acte n'est pas explicitement visé par les textes comme devant être obligatoirement soumis au visa du contrôleur, alors sa non-soumission ne peut pas être constitutive de l'infraction[7].

En revanche, la notion de contrôle budgétaire est entendue par le juge financier de façon matérielle :

5. CDB 17 févr. 1959, *Direction centrale du matériel du secr. d'État aux Forces armées*, CCP, n° 2, p. 23 ; *Lebon* 894.
6. Décr. n° 2012-1246, 7 nov. 2012 relatif à la gestion budgétaire et comptable publique (GBCP), art. 174.
7. CDBF 13 juill. 2011, *Rectorat de Paris – Inspecteurs de l'académie de Paris (IAP)*, n° 177-684 ; *Rec.* 158 ; *GFP* 2013, n° 5, p. 74, note S. Damarey, M. Lascombe et X. Vandendriessche.

quelle que soit la dénomination formelle de ce contrôle, il entre dans le champ de l'infraction. C'est le cas en particulier du contrôle budgétaire exercé par le contrôle économique et financier, qui entre dans le champ de l'infraction [1], là où la CDBF [2], sous l'empire des anciens textes, sanctionnait les mêmes faits de préférence sous le timbre de l'infraction générale réprimant le non-respect des règles [3] – le résultat étant cependant, à l'époque, le même.

Toute attribution budgétaire d'un organe de contrôle ne signifie pas pour autant qu'on puisse la considérer comme un contrôle budgétaire au sens de l'infraction, cette dernière visant seulement celui exercé par le ministère des Finances ou le ministère du Budget, qui détient le monopole de la tutelle financière en vertu du décret GBCP [4], mais pas le contrôle exercé par exemple par un organe de surveillance, même si celui-ci dispose statutairement de compétences de contrôle et de compétences budgétaires : ainsi, la Cour n'a pas retenu l'absence d'avis obligatoire d'un conseil d'administration sur un acte parmi les faits générateurs de cette infraction [5].

421.32 Contrôle budgétaire au sein de l'État. S'agissant de l'État, le contrôle budgétaire sur les dépenses est, d'une façon générale, régi par le décret relatif à la gestion budgétaire et comptable publique, dit « GBCP » [6] ; il est exercé, au niveau central, par les contrôleurs budgétaires et comptables ministériels (CBCM). Ces derniers sont placés auprès des ministères dits « dépensiers », tout en étant rattachés aux ministères financiers ; il s'agit donc d'une forme de contrôle interne à l'État, mais, du point de vue des ministères, il apparaît comme un contrôle externe internalisé, à l'instar du contrôle opéré par les comptables publics. Ce contrôle sur les actes budgétaires remonte à la loi du 10 août 1922 qui a notamment instauré le contrôle des dépenses engagées, mais il a fortement évolué dans le temps [7].

Le contrôle budgétaire sur les ministères a été réorganisé fortement dès 2005 dans la logique portée par la loi organique relative aux lois de finances (LOLF) [8] d'allègement des contrôles *a priori* : il se concentre désormais sur la soutenabilité budgétaire (prévention des risques, analyse de la dépense en cours de gestion) et sur la qualité de la comptabilité budgétaire, et plus guère sur la régularité des actes de gestion.

Si les CBCM assurent directement le contrôle budgétaire sur les services centraux [9], y compris sur les autorités administratives indépendantes (AAI) [10] et les services à compétence nationale (SCN) [11], il incombe aux directions régionales des finances publiques (DRFiP) pour les services déconcentrés de l'État [12]. La fonction de CBCM avait été créé dès 2005, donc bien avant le nouveau GBCP, comme conséquence pratique de la LOLF, qui pourtant n'avait pas explicitement traité de ce sujet.

Le décret GBCP définit le contenu du contrôle budgétaire qu'exerce l'État sur ses propres services : le contrôle porte sur l'exécution des lois de finances et a pour objet d'apprécier (1) le caractère soutenable de la programmation et de la gestion en cours, au regard des autorisations budgétaires, et (2) la qualité de la comptabilité budgétaire [13].

Les visas et avis qui doivent être recueillis auprès du contrôleur budgétaire sont détaillés par le même décret [14], mais *in fine* c'est un arrêté spécifique [15] à chaque ministère qui définit l'étendue du champ respectivement du visa et de l'avis du contrôleur budgétaire [16].

Le pouvoir bloquant *a priori* principal reste le visa sur le document de répartition initiale des crédits et emplois, qui conditionne la mise en place effective des crédits [17] ; mais ne s'agissant pas d'un engagement d'une dépense, l'absence de soumission à ce visa ne saurait en principe être constitutive de l'infraction financière ici présentée.

Le visa est devenu rare : il demeure sur certains documents programmatiques budgétaires comme les budgets opérationnels de programme (BOP) et le

1. C. comptes 3 mai 2024, *France Médias Monde (FMM)*, nº 860, S-2024-0793 ; *JCP Adm.* 2024. 2207, note S. Damarey ; *AJDA* 2024. 1859, chron. N. Péhau et L. Vergallo.
2. PAR EX. : CDBF 28 juill. 2020, *France Télévisions (rémunérations)*, nº 241-797 ; *Rec.* 185 ; *AJDA* 2020. 2557, chron. N. Péhau et D. Guilbaud.
3. Sur l'articulation entre l'infraction spéciale « contrôle budgétaire » et l'infraction générale « non-respect des règles », v. s[s] nº 421.72.
4. GBCP, art. 174 ; sauf exception prévue par un autre texte législatif ou réglementaire.
5. C. comptes 3 mai 2024, *France Médias Monde (FMM)*, nº 860, S-2024-0793, préc. Ici §§ 95-98.
6. Décr. nº 2012-1246, 7 nov. 2012 relatif à la gestion budgétaire et comptable publique (GBCP), art. 87 à 106.
7. Sur l'histoire du contrôle des dépenses engagées, devenu contrôle financier puis contrôle budgétaire, v. s[s] nº 421.12.
8. L. org. nº 2001-692, 1er août 2001 relative aux lois de finances. *JO* du 2 août.
9. GBCP, art. 79 ; – Décr. nº 2005-1429, 18 nov. 2005 relatif aux missions, à l'organisation et aux emplois de direction des services de contrôle budgétaire et comptable ministériel.
10. GBCP, art. 88-I.
11. GBCP, art. 88-III.
12. GBCP, art. 88-II.
13. GBCP, art. 87.
14. GBCP, art. 91 et 92 (pour les visas) ; GBCP, art. 93 s. (pour les avis).
15. Chaque ministère dispose d'un arrêté particulier. Par ex. Arr. 21 nov. 2013 relatif au cadre de la gestion budgétaire et au contrôle budgétaire du ministère de l'Europe et des affaires étrangères pris en application de l'article 105 du Décr. nº 2012-1246, 7 nov. 2012 relatif à la gestion budgétaire et comptable publique.
16. GBCP, art. 105.
17. GBCP, art. 91-I.

document prévisionnel de gestion sur les emplois et les crédits de personnel (DPGECP), ainsi que, de façon sélective au-dessus d'un seuil, sur certains actes d'engagement juridique (vérification de la bonne imputation budgétaire, de la disponibilité des crédits et de la conformité à la programmation), mais tout dépend des règles applicables à chaque ministère, voire à chaque domaine d'activité.

Des textes ponctuels peuvent ainsi prévoir des visas dans des domaines spécifiques, et même prévoir des interdictions faites aux contrôleurs de viser certaines dépenses ; par exemple le code général de la propriété des personnes publiques prévoit-il : « lorsqu'il n'est pas justifié de l'avis de la commission [interministérielle chargée d'émettre un avis sur les biens de l'État à l'étranger] ou, le cas échéant, de la décision de passer outre [...], il est fait défense [...] aux membres du corps de contrôle général économique et financier de viser toutes pièces d'engagement de dépenses, toutes ordonnances de paiement ou de délégation et tous mandats relatifs à un projet d'acquisition ou d'échange »[1].

Sur les dépenses de personnel, le CBCM garde souvent une compétence de contrôle de régularité.

Le silence du contrôleur budgétaire vaut acceptation (visa ou avis)[2] ; mais l'ordonnateur ne peut passer outre le refus de visa que sous certaines conditions limitées.

Le contrôle interne budgétaire (CIB)[3], qui monte en puissance en contrepartie de l'allègement du contrôle budgétaire, fait l'objet d'une évaluation annuelle par le CBCM[4], qui garde une possibilité de contrôle sur « les circuits et les procédures des dépenses des ordonnateurs »[5], permettant le cas échéant de demander à l'ordonnateur d'effectuer des corrections. Surtout, un lien est fait entre la qualité du CIB et l'étendue du champ des visas[6]. En effet, la modification du décret GBCP en 2018 a introduit la possibilité de moduler le contrôle budgétaire en fonction de la maturité du contrôle interne budgétaire[7]. Cette innovation ouvre donc la voie à un possible allègement voire à une suppression du contrôle budgétaire exercé par le CBCM, en fonction du degré de maturité du contrôle interne budgétaire.

En corollaire, les contrôleurs budgétaires disposent d'une compétence explicite d'évaluation du contrôle interne relevant directement des ordonnateurs, dont le résultat est pris en compte dans l'allègement ou le renforcement de leurs propres contrôles.

La suppression du contrôle budgétaire externe internalisé, effective présentement dans un seul ministère (armées)[8], ne signifie toutefois pas la disparition des contrôles budgétaires : ces derniers se trouvent seulement internalisés au sein des services du ministère – y compris en transférant certains personnels du CBCM vers la DAF ; il devient un contrôle interne. Reste à savoir si cette activité de contrôle (CIB, voire internalisation complète), devenue interne à la sphère de l'ordonnateur, peut entraîner l'application de l'infraction financière. Comme le juge financier retient une vision matérielle du contrôle budgétaire[9], il importe peu de savoir quel est l'acteur qui détient le pouvoir de contrôle, du moins en principe ; et les règles applicables au contrôle budgétaire varient de toutes les façons selon les ministères, ce qui signifie qu'une violation des règles régissant le contrôle budgétaire, y compris le CIB et même un contrôle intégralement internalisé, pourrait théoriquement être appréhendée – mais tout dépend de ce qui reste, en pratique, de ce contrôle en matière d'engagement des dépenses : il doit revêtir une certaine consistance pour qu'il puisse être méconnu, et donc donner lieu à sanction.

Enfin, rappelons que la loi du 10 août 1922 relative à l'organisation du contrôle des dépenses engagées[10], qui a longtemps structuré le contrôle financier, reste théoriquement en vigueur, proclamant une responsabilité personnelle et civile des ordonnateurs de l'État non seulement en cas de dépassement des crédits, mais aussi en cas de dépense effectuée contre un refus de visa, ou contre un visa avec observations ; mais comme indiqué précédemment, cette responsabilité demeure purement déclaratoire, faute de procédure associée et de juridiction compétente pour l'engager.

Il existe en jurisprudence de nombreux exemples de condamnation de fonctionnaires de l'État pour non-respect des attributions du contrôle budgétaire, qu'il s'agisse de l'administration centrale[11] ou de

1. GGPPP, art. D. 1221-3, al. 3.
2. GBCP, art. 103.
3. Sur le CIB, v. GBCP, art. 170.
4. GBCP, art. 106 et 171.
5. GBCP, art. 102.
6. GBCP, art. 105.
7. Décr. n° 2012-1246, 7 nov. 2012 relatif à la gestion budgétaire et comptable publique (GBCP), article 106 modifié par le Décr. n° 2018-803, 24 sept. 2018 : « En fonction des résultats des contrôles prévus à la présente section, notamment ceux portant sur la qualité de la programmation budgétaire, et de l'évaluation prévue à l'article 171, l'obligation de soumettre au visa ou à l'avis prévue au deuxième alinéa de l'article 105 peut être partiellement ou totalement suspendue, pour une durée déterminée, par arrêté du ministre chargé du budget. La décision de suspension peut être reconduite dans les mêmes conditions ».
8. À ce sujet le rapport de la Cour publié le 24 avril 2024 : *Le contrôle budgétaire au ministère des Armées : premier bilan de l'expérimentation* [en ligne].
9. Sur ce point, v. s^{s} n° 421.31.
10. Sur cette loi, v. s^{s} n° 312.37 ; et sur l'histoire, v. s^{s} n°s 034.21 et 043.21.
11. CDB 17 févr. 1959, *Direction centrale du matériel du secr. d'État aux Forces armées*, CCP, n° 2, p. 23 ; *Lebon* 894 – CDBF 4 déc. 1979, *secr. d'Ét. à la Jeunesse et aux Sports, Direction de l'éducation physique et des sports*, CCP, n° 2, ▶

services déconcentrés de l'État[1], même si les arrêts récents en la matière sont rares[2]. Ce reflux s'explique largement par, d'une part, le fait que l'État gère de moins en moins directement des activités, mais préfère passer par des opérateurs ; d'autre part, l'allègement du contrôle budgétaire, donc le rétrécissement du nombre d'actes devant être visés ou sur lesquels un avis doit être donné, limitent nécessairement le champ de l'infraction elle-même[3].

421.33 Contrôle budgétaire sur les établissements publics nationaux dotés d'un comptable public. Le contrôle budgétaire sur les établissements publics nationaux (EPN) disposant d'un comptable public est lui aussi régi par le décret GBCP précité[4], comme pour l'État ; il dispose d'un périmètre et de règles qui lui sont propres.

Le champ de ce contrôle budgétaire est donc celui des établissements publics nationaux dotés d'un comptable public (ce qui n'est pas le cas de tous les EPN[5]), les organismes auxquels s'applique le titre III du décret GBCP[6]. Ce dernier comporte un ensemble de règles s'appliquant à certains organismes limitativement énumérés[7] : il s'agit avant tout des personnes morales de droit public visées au 4° de l'article 1er de ce décret, et dont la liste est fixée par arrêté[8], mais aussi de certaines autres personnes morales[9], y compris de droit privé dont les statuts prévoient la soumission au décret GBCP après avis conforme du ministre chargé du budget[10]. Sont en revanche exclus du champ du titre III de décret GBCP - qui régit le contrôle budgétaire traité ici - les établissements publics locaux et de santé[11].

Outre les règles générales du décret GBCP, un arrêté particulier précise, pour chaque organisme ou catégorie d'organismes, les modalités précises du contrôle budgétaire ; ce contrôle est exercé soit par les contrôleurs budgétaires et comptables ministériels (CBCM), soit par des membres du Contrôle général économique et financier (CGEFi), soit encore par les directeurs régionaux des finances publiques DRFiP[12]. L'autorité de contrôle est désignée par le ministre mais le contrôle budgétaire exercé demeure le même quelle que soit la personne responsable.

Les contrôleurs budgétaires des EPN ne relèvent donc pas de la hiérarchie de la structure auprès de laquelle ils sont placés ; ce contrôle budgétaire demeure, comme au sein de l'État, externe, et il l'est ici d'autant plus qu'il est exercé par des fonctionnaires de l'État qui se trouvent dans la hiérarchie du ministère du Budget, sur des personnes morales distinctes.

Le décret GBCP ouvre essentiellement des possibilités de champ de visa, mais seulement si l'arrêté spécifique à l'EPN le prévoit. Par leurs avis et visas, les contrôleurs budgétaires exercent leur contrôle sur la soutenabilité budgétaire de la programmation, l'exécution du budget et la qualité de la comptabilité budgétaire.

Ces dernières années, les contrôles *a priori* sur les actes ont beaucoup diminué, comme s'agissant du

► p. 175 – CDBF 30 avr. 1985, *min. de l'Agriculture, service des haras et de l'équitation*, CCP, n° 3, p. 10 – CDBF 26 mai 1987, *min. de l'Industrie, conventions signées avec le Bureau de recherches géologiques et minières [BRGM] ; CCP*, n° 3, p. 75 ; *Lebon* 508 – CDBF 26 juin 1992, *min. des PTT, Rev. Trésor* 1993. 777 ; *Lebon* 632 ; *Rec.* 137 – CDBF 15 déc. 1993, *min. de la Défense, service d'information et de relations publiques des armées [Sirpa] ; Rev. Trésor* 1995. 679 ; *Lebon* 536 ; *Rec.* 151 – CDBF 27 nov. 1996, *min. A., marchés de prestations informatiques ; Rev. Trésor* 1998. 731, note R. Ludwig, p. 727 ; *Lebon* 653 ; *Rec.* 179 – CDBF 14 et 16 janv. 1998, *min. des Affaires étrangères, service des immeubles et affaires générales [Siag], Rev. Trésor* 1999. 200 ; *Rec.* 129 (extraits) – CDBF 29 nov. 1999, *min. de l'Intérieur et de l'Aménagement du territoire, Grand débat national sur l'aménagement du territoire en 1993 et 1994, Rev. Trésor* 2000. 32, note M. Lascombe et X. Vandendriessche ; *Rec.* 105 (extraits anonymisés) – CDBF 19 juin 2002, *Délégation à l'espace aérien [DEA], Rev. Trésor* 2004. 43, note M. Lascombe et X. Vandendriessche ; *Rec.* 99 ; *Lebon* 553.

1. CDBF 22 mai 1979, *Préfecture de Provence-Alpes-Côte d'Azur, Préfecture des Bouches-du-Rhône, opération immobilière projetée au lieu-dit "Mas des aulnes", Lebon* 585 ; *CCP*, n° 2, p. 171 – CDBF 22 mars 1966, *Ambassade de France au Royaume-Uni, Maison Française d'Oxford*, CCP, n° 2, p. 58 ; *Lebon* 837.
2. CDBF 5 déc. 2008, *min. de la Défense, Direction des constructions navales, contrat de vente de sous-marins Agosta 90 au Pakistan*, 2e arrêt ; *Rec.* 88 ; *AJDA* 2010. 1261, note N. Groper et C. Michaut ; *Gestion & finances publiques* 2011, p. 396, note M. Lascombe et X. Vandendriessche – CDBF 13 juill. 2011, *Rectorat de Paris – Inspecteurs de l'académie de Paris (IAP) ; Rec.* 158 ; *GFP* 2013, n° 5, p. 74, note S. Damarey, M. Lascombe et X. Vandendriessche.
3. Sur l'évolution du contrôle budgétaire et son allègement progressif, v. ss n° 421.13.
4. Décr. n° 2012-1246, 7 nov. 2012 relatif à la gestion budgétaire et comptable publique (GBCP), art. 220 s.
5. Pour le contrôle budgétaire dans les autres établissements publics, ne disposant pas d'un comptable public, et qui relève en principe du contrôle économique et financier, v. ss n° 421.34.
6. Personnes morales mentionnées à l'article 1er, al. 4 du GBCP, sauf dérogations prévues aux articles 5 et 6 du GBCP.
7. GBCP, art. 3, qui renvoie aux entités énumérées aux 4° à 6° de l'article 1er.
8. Arr. 1er juill. 2013 fixant la liste des personnes morales de droit public relevant des administrations publiques mentionnées au 4° de l'article 1er du décret n° 2012-1246 du 7 nov. 2012 relatif à la gestion budgétaire et comptable publique.
9. GBCP, art. 3, qui renvoie aux 5° et 6° de l'article 1er du même décret.
10. GBCP, 5° de l'art. 1er.
11. GBCP, art. 4, qui renvoie aux 2° et 3° de l'article 1er du même décret.
12. GBCP, art. 228.

contrôle budgétaire au sein de l'État, au profit d'un contrôle plus global sur la soutenabilité budgétaire.

Le contrôle interne budgétaire (CIB) se développe de façon symétrique, comme au sein de l'État ; les contrôleurs budgétaires n'en sont pas des acteurs directs, mais ils peuvent y être associés. Le lien entre les deux formes de contrôle est d'ailleurs fait par le décret GBCP, qui précise que « le dispositif de contrôle interne budgétaire fait l'objet d'une évaluation par l'autorité chargée du contrôle de l'organisme au regard notamment des résultats de l'audit interne. En fonction des résultats des contrôles prévus au présent chapitre et de cette évaluation, l'obligation de soumettre au visa ou à l'avis prévue à l'article 220 [relatif au contrôle budgétaire] peut être partiellement ou totalement suspendue pour une durée déterminée »[1]. Comme pour l'État, on peut penser que le non-respect des règles en matière de CIB pourrait entrer dans la définition matérielle du contrôle budgétaire, donc tomber dans le champ de l'infraction ici présentée.

En cas de refus de visa, le comptable public de l'EPN est informé, qui « ne peut procéder au paiement des dépenses concernées »[2]. Si le comptable paye quand même, il commet une irrégularité qui engageait jusqu'en 2018[3] sa responsabilité personnelle et pécuniaire (RPP)[4], qui elle-même a disparu fin 2022[5] ; cette irrégularité peut aujourd'hui être appréhendée à travers les infractions financières, en particulier l'infraction réprimant les violations de règles d'exécution des dépenses[6], à condition toutefois que les autres éléments constitutifs de l'infraction soient vérifiés. L'ordonnateur, de son côté, s'il veut forcer le payement, doit procéder à la réquisition du comptable public, tout en engageant sa propre responsabilité[7].

421.34 Contrôle économique et financier de l'État et son articulation avec le contrôle budgétaire au sens du décret GBCP. Le contrôle budgétaire, au sens matériel, exercé sur les organismes publics du champ commercial et concurrentiel est appelé non pas « contrôle budgétaire », mais « contrôle économique et financier ». Ce dernier est régi non pas par le décret GBCP[8], mais par des textes propres, en particulier le décret du 26 mai 1955 relatif au contrôle économique et financier de l'État[9]. Ce contrôle économique et financier est pris en charge par un service relevant du ministère de l'Économie et des finances, le Contrôle général économique et financier (CGEFi).

Sont, en vertu du décret du 26 mai 1955, assujettis au contrôle économique et financier de l'État les organismes énumérés suivants[10] :

1° Les établissements publics de l'État ayant pour objet principal une activité commerciale, industrielle ou agricole.

2° Les sociétés ou groupements d'intérêt économique dans lesquels l'État détient plus de 50 % du capital.

3° Les groupements et organismes professionnels ou interprofessionnels autorisés à percevoir des taxes, redevances ou cotisations de caractère obligatoire.

Par ailleurs peuvent être soumis au même contrôle par décret contresigné par les ministres chargés de l'économie et du budget :

1° Les organismes ou entreprises de toute nature exerçant une activité d'ordre économique et bénéficiant du concours financier de l'État sous une forme quelconque, notamment sous forme de participation en capital, de subvention, de prêt, d'avance ou de garantie.

2° Les groupements d'intérêt économiques constitués sans capital et auxquels participe l'État, lorsque le contrat de groupement fait supporter à l'État plus de la moitié des dépenses de fonctionnement ou des charges du passif ou qu'il lui attribue la majorité des voix à l'assemblée des membres du groupement.

Peuvent également être soumis au même contrôle par décret contresigné des mêmes ministres et du ministre intéressé :

1° Les organismes centraux ou nationaux des divers régimes d'assistance, de sécurité sociale, de prestations familiales ou de mutualité agricole.

2° Les organismes ou entreprises de toute nature exerçant une activité d'ordre économique et ayant fait appel sous forme d'apport en capital, de prêt, d'avance ou de garantie au concours des entreprises visées au 1° et 2° de l'article 1 du décret.

3° Les entreprises et organismes dans lesquels l'État ou l'un de ses établissements publics détient,

1. GBCP, art. 215.
2. GBCP, art. 226, al. 4.
3. Sur la réforme de 2018 du GBCP, en particulier son article 20, v. s^s n° 421.13.
4. Sur la RPP, v. s^s n°s 611.11 s.
5. Sur la réforme de 2022, entrée en vigueur le 1er janv. 2023, v. s^s n° 052.21.
6. CJF, art. L. 131-9 ; sur cette infraction, v. s^s n°s 431.11 s. et 432.11 s.
7. La Cour des comptes a refusé de transmettre une QPC mettant en cause la constitutionnalité, au regard de l'art. 16 DDHC et de l'article 72 de la Constitution, du refus de payer du comptable public et du transfert de responsabilité du comptable vers l'ordonnateur élu (C. comptes 16 déc. 2024, *Commune de Richwiller (Haut-Rhin)*, n° 44, S-2024-1528). Confirmé par CAF 13 févr. 2025, *Commune de Richwiller – Question prioritaire de constitutionnalité*, n° 2024-03.
8. Décr. n° 2012-1246, 7 nov. 2012 relatif à la gestion budgétaire et comptable publique (GBCP).
9. Décr. n° 55-733, 26 mai 1955 modifié relatif au contrôle économique et financier de l'État.
10. Décr. n° 55-733, 26 mai 1955, préc., art. 1er, 2 et 3.

séparément ou conjointement, directement ou indirectement, plus de la moitié du capital ou des voix dans les organes délibérants.

4° Les entreprises et organismes dont la majorité des ressources provient, directement ou indirectement, séparément ou conjointement, du concours financier de l'État ou de l'un de ses établissements publics.

Le champ du contrôle économique et financier est donc concentré sur les établissements publics industriels et commerciaux (EPIC), entreprises publiques et organismes prélevant des cotisations professionnelles.

Le partage entre contrôle budgétaire au sens strict, régi par le décret GBCP, et le contrôle économique et financier est néanmoins complexe. Dans les organismes soumis au titre III du décret GBCP (ceux dotés d'un comptable public), le contrôle budgétaire prime en principe sur le contrôle économique et financier, ce décret organisant une exclusion réciproque entre les deux formes de contrôle[1].

Rappelons cependant que le contrôle budgétaire peut en revanche être exercé par des membres du Contrôle général économique et financier (CGEFi), ce qui est le cas d'environ 70 organismes sur les 1 300 soumis au contrôle budgétaire au sens du décret GBCP. Car, comme vu précédemment[2], le contrôle budgétaire sur les opérateurs avec comptable public peut être réalisé par les CBCM, les DRFIP ou des membres du CGEFi[3] ; mais dans ce cas, il s'agit bien d'un contrôle budgétaire régi par le décret GBCP, même si le CGEFi en est chargé.

Il existe toutefois une dizaine d'exceptions dans le partage entre contrôle budgétaire au sens du décret GBCP et contrôle économique et financier au sens du décret de 1955 : outre les groupements d'intérêt public (GIP), qui relèvent d'ailleurs d'un texte spécifique[4], une dizaine d'organismes dotés d'un comptable public sont en effet soumis au contrôle économique et financier et non au contrôle budgétaire, le plus souvent pour des raisons historiques ; à l'inverse plusieurs établissements qui devraient en toute logique relever du CGEFi ont néanmoins été intégrés dans le décret GBCP et ainsi soumis au contrôle budgétaire régi par ce dernier texte[5].

En outre, certaines structures relevant de l'Agence des participations de l'État (APE) peuvent être dispensées de contrôle économique et financier ; mais alors elles restent soumises à celui de l'Inspection générale des finances (IGF)[6], contrôle *a posteriori* qui toutefois ne constitue pas un contrôle budgétaire au sens de la présente infraction financière.

Si le contrôle économique et financier n'est donc pas, à la différence du contrôle budgétaire, directement régi par le décret GBCP, mais par des textes propres (v. ci-dessus), il existe quand même un périmètre de contrôles défini par le décret GBCP qui s'applique aussi aux établissements hors titre III de ce décret, c'est-à-dire aux opérateurs sans comptable public[7] ; ces contrôles, s'agissant donc d'établissement non soumis au titre III, incombent alors au contrôleur économique et financier. Ainsi, le comptable centralisateur des comptes de l'État peut proposer des audits spécifiques budgétaires et comptables[8] (donc en lien avec le contrôle interne budgétaire et comptable) chez les opérateurs, mis en œuvre par les auditeurs internes lorsqu'il y en a, mais aussi par les contrôleurs économiques et financiers. Toutefois, ce type de contrôle *a posteriori* ne semble pas entrer matériellement dans le champ du contrôle budgétaire en matière d'engagement des dépenses, seul générateur de l'infraction financière ici présentée.

Le contrôle économique et financier est défini par le décret de 1955[9] comme un contrôle externe portant sur l'activité économique et la gestion financière des entreprises et organismes qui en relèvent. Il a pour objet d'analyser les risques et d'évaluer les performances de ces entreprises et organismes en veillant aux intérêts patrimoniaux de l'État.

La formulation du décret de 1955 permet de moduler l'intensité des contrôles en fonction du niveau de risques et des enjeux des organismes, ce qui implique l'existence de textes spécifiques. Ainsi, la CDBF a-t-elle pu sanctionner l'omission de soumettre à l'avis préalable du contrôleur économique et financier, sur la base de ce décret, parce que les textes spécifiques applicables à l'EPIC en question le prévoyaient ; un arrêté prévoyait même l'extension du contrôle aux filiales de droit privé de l'EPIC[10].

421.35 Contrôle d'État et autres contrôles sectoriels susceptibles d'entrer dans l'infraction financière protégeant le contrôle budgétaire. Outre le contrôle économique et financier régi par le décret

1. GBCP, art. 229.
2. V. s^s^ n° 421.33.
3. GBCP, art. 228.
4. Décr. n° 2012-91, 26 janv. 2012 – Sur le contrôle économique et financier portant sur les GIP, v. s^s^ n° 421.35.
5. Cas notamment du Laboratoire national de métrologie et d'essais (LNE), qui pourtant est financé à hauteur de 75 % par des ressources propres.
6. Décr. n° 55-733, 6 mai 1955 relatif au contrôle économique et financier de l'État, art. 4.
7. GBCP, art. 229, al. 4, qui mentionne limitativement les cas prévus aux articles 177, 178, 182, 185, 216, 217 et 195-4° du GBCP.
8. GBCP, art. 217.
9. Décr. n° 55-733 précité, art. 5.
10. CDBF 22 mai 2015, *Entreprise minière et chimique (EMC)* ; *Rec.* 162 ; *AJDA* 2016. 1570, note N. Hauptmann et N. Péhau.

de 1955 précité, il convient de mentionner plusieurs autres types de contrôles économiques et financiers – qui sont matériellement des contrôles budgétaires au sens de l'infraction financière ici présentée – exercés par le CGEFi sur les organismes publics.

Il en va ainsi du contrôle économique et financier auquel sont soumis les groupements d'intérêt public (GIP) [1], ainsi que des contrôles économiques et financiers de l'État sur la SNCF et la RATP en vertu de textes spécifiques.

Le CGEFi assure par ailleurs le rôle de commissaire du Gouvernement dans les établissements de crédit ou sociétés de financement lorsque l'État leur a confié des prérogatives de puissance publique ou une mission d'intérêt public [2] : parmi ses attributions, certaines semblent pouvoir être appréhendées dans le cadre de l'infraction financière, puisque le contrôleur peut s'opposer à certaines décisions engageant l'organisme [3].

Enfin, la loi a également confié au CGEFi le rôle de censeur d'État sur les éco-organismes agréés [4], qui dispose d'un pouvoir bloquant sur certains engagements (placements financiers) [5].

Le contrôle de l'État sur les entreprises publiques, régi par le décret du 9 août 1953 [6], renvoie quant à lui aux modalités d'intervention de l'État actionnaire, par le biais notamment de la présence d'administrateurs au conseil d'administration ou la fixation de la rémunération des dirigeants. Son périmètre est d'ailleurs défini par référence aux articles L. 133-1 et L. 133-2 du code des juridictions financières, qui définissent la compétence de contrôle de la Cour des comptes sur les EPIC et les sociétés contrôlées par l'État. Le contrôle d'État peut en outre être étendu aux filiales de ces sociétés [7].

Le décret de 1953 précise également les actes pour lesquels une autorisation préalable de l'État est requise [8] ; certains participants à l'engagement des dépenses, ils semblent pouvoir être inclus dans le champ de cette infraction financière [9], voire celle réprimant l'engagement sans y être habilité [10].

Cela vaut en particulier pour l'affectation des bénéfices des organismes n'ayant pas la forme de sociétés commerciales régies par le code de commerce [11] ; en outre doivent être approuvés par le contrôle d'État « les cessions, prises ou extensions de participation financière réalisées par les établissements publics contrôlés » [12].

Notons également que le ministre chargé de l'économie – ou son représentant qui assure le contrôle d'État – doivent, en vertu de l'article 3 du décret de 1953 modifié, prendre [13], ou approuver lorsqu'il s'agit d'une société commerciale, les décisions suivantes, qui peuvent constituer des engagements de dépenses :

« 1° Le montant des jetons de présence ou indemnités alloués aux membres des conseils d'administration ou des conseils de surveillance ou de gérance ou des organes délibérants en tenant lieu ;

2° Les éléments de rémunération d'activité des présidents du conseil d'administration, des directeurs généraux, des directeurs généraux délégués, des présidents-directeurs généraux, des présidents et membres de directoire, des présidents du conseil de surveillance, des présidents, des gérants et, d'une manière générale, des personnes qui, quel que soit leur titre, exercent des fonctions équivalentes ; il existe même un cas d'application en jurisprudence, même si l'ancienne CDBF y avait appliqué l'infraction générale [14] ;

3° Les avantages de toute nature liés à l'activité ainsi que les éléments de rémunération, indemnités ou avantages dus ou susceptibles d'être dus aux personnes mentionnées au 2° ci-dessus en raison de leur cessation d'activité ou de leur changement de fonctions ou postérieurement à ceux-ci » [15].

D'autres éléments de rémunération doivent également être communiqués au contrôle d'État [16] préalablement aux décisions financières mentionnées à l'instant.

Le décret prévoit aussi d'autres avis ou autorisations préalables du contrôle d'État en matière de

1. Décr. n° 2012-91, 26 janv. 2012.
2. C. mon. fin., art. L. 615-1 et D. 615-1 à 615-8.
3. C. mon. fin., art. D. 615-6 : « Le commissaire du Gouvernement peut s'opposer à toute délibération ou décision engageant l'organisme dans la mise en œuvre des prérogatives de puissance publique ou de la mission d'intérêt public qui lui ont été confiées, et demander une seconde délibération. Il dispose à cet effet d'un délai de quinze jours. Sa demande doit être motivée. Il en rend compte au ministre chargé de l'économie. Si, après une seconde délibération, le désaccord subsiste, le commissaire du Gouvernement peut opposer un refus motivé à cette décision ».
4. L. n° 2009-967, 3 août 2009 relative à la mise en œuvre du « Grenelle de l'environnement ». *JO* 5 août.
5. L. n° 2009-967, 3 août 2009, préc., art. 46.
6. Décr. n° 53-707, 9 août 1953 relatif au contrôle de l'État sur les entreprises publiques nationales et certains organismes ayant un objet d'ordre économique ou social ; modifié dernièrement en 2014.
7. Décr. n° 53-707 9 août 1953, préc., art. 7.
8. Décr. n° 53-707 9 août 1953, préc., art. 1er et 2.
9. CJF, art. L. 131-13, 2°.
10. CJF, art. L. 131, 3° ; v. ss nos 422.11 s.
11. Décr. n° 53-707, 9 août 1953 préc., art. 1er, 2°.
12. Décr. n° 53-707, 9 août 1953 préc., art. 2.
13. La décision étant une question de compétence, elle peut entraîner la commission d'une autre infraction financière, réprimant l'engagement de dépenses sans en avoir le pouvoir, prévue à l'art. L. 131-13, 3°, du CJF ; v. ss n° 422.43.
14. CDBF 4 juin 2019, *Gestion des sociétés EDF, ERDF et RTE*, n° 234-732 ; *Rec.* 214 ; *AJDA* 2019. 2606, chron. N. Hauptmann et N. Péhau.
15. Décr. n° 53-707, 9 août 1953, préc., art. 3, I.
16. Décr. n° 53-707, 9 août 1953, préc., art. 3, II.

rémunérations, y compris pour les organismes de Sécurité sociale[1].

À noter que lorsque le rôle du contrôle d'État consiste à être informé, à donner son avis ou à viser une décision, nous pouvons être dans le champ de l'infraction ici discutée, qui protège le contrôle budgétaire au sens matériel[2] ; lorsque le contrôle d'État, malgré son intitulé, revient à prendre lui-même une décision, la violation de cette dernière attribution relèvera plutôt d'une autre infraction financière, celle réprimant l'engagement de dépenses sans en avoir le pouvoir[3].

Enfin, le décret GBCP, qui articule, on l'a vu[4], le contrôle budgétaire dans les établissements publics régis par ce décret GBCP et le contrôle économique et financier des organismes régis par le décret de 1955 (le premier ayant en principe priorité sur le deuxième), clarifie également les champs respectifs du contrôle budgétaire et du contrôle de l'État sur les entreprises publiques (décret du 9 août 1953), qui sont également incompatibles[5].

SECTION 4
PERSONNES SUSCEPTIBLES DE COMMETTRE L'INFRACTION

421.41 Gestionnaires sanctionnables au titre de l'infraction protégeant le contrôle budgétaire. L'infraction protégeant le contrôle budgétaire ne restreint pas explicitement le champ des personnes responsables ; elle vise « tout justiciable [...] lorsqu'il [...] 2° Engage une dépense, sans respecter les règles applicables en matière de contrôle budgétaire portant sur l'engagement des dépenses »[6].

Matériellement, cette formulation vise la personne qui, directement, procède à l'engagement juridique, donc l'ordonnateur des dépenses dans son champ de compétence[7], par exemple en signant un contrat. Mais cela vise aussi les personnes qui, sans être ordonnateurs en titre, engagent malgré tout une dépense, notamment lorsqu'elles sont ordonnateur de fait[8], voire qu'elles décident de dépenses dans le cadre d'une gestion de fait[9].

La Cour des comptes, dans une affaire récente, a jugé qu'au vu de la « nécessité [...] de donner l'interprétation la plus stricte de l'infraction, seul le signataire de l'acte litigieux peut être retenu comme susceptible d'avoir commis l'infraction » ; que donc « l'infraction vise les seules personnes qui ont engagé une dépense »[10].

Cette lecture très littérale de l'infraction exclut les autres personnes qui, sans signer elles-mêmes, n'auraient que *participé* à l'acte d'engagement (par exemple en le préparant). Cette solution, très prudente, pose question dans les organisations complexes, où le signataire d'un acte n'est souvent qu'en bout de chaîne.

Surtout, l'approche restrictive retenue à ce stade par la Cour des comptes devra pourtant être combinée avec la règle, prévue par la loi, selon laquelle « le justiciable qui agit conformément aux instructions préalables de son supérieur hiérarchique et d'une personne habilitée n'est passible d'aucune sanction. La responsabilité du supérieur hiérarchique ou de la personne habilitée se substitue, dans ce cas, à la sienne »[11] : dans ce cas, la responsabilité du supérieur ayant donné instruction d'engager une dépense en violation des attributions du contrôle budgétaire, même s'il n'est pas lui-même signataire du contrat, devrait pouvoir être appréhendée au titre de cette même infraction, faute de quoi une néfaste impunité prévaudrait.

Au-delà se pose la question de la possibilité d'inclure, d'une façon générale, les supérieurs hiérarchiques dans cette infraction au titre des obligations générales d'organisation et de contrôle qui leur incombent[12].

Avant la réforme entrée en vigueur en 2023[13], la question ne se posait guère, ce type de faute de gestion étant systématiquement traité dans le cadre de l'infraction générale réprimant les irrégularités en matière de dépenses et de gestion des biens, qui couvrait tout type d'irrégularité[14]. Le fait que les éléments constitutifs de cette dernière infraction aient été restreints aux seuls cas de survenance d'un préjudice financier significatif doit conduire à poser la question du devenir de cette notion dans une économie générale de répression financière où les infractions dites spéciales ont gagné en autonomie par rapport à l'ancienne infraction générale[15].

1. Décr. n° 53-707, 9 août 1953, préc., art. 6.
2. CJF, art. L. 131-13, 2°.
3. CJF, art. L. 131-13, 3° – Sur cette infraction, v. s^s n°s 422.11 s.
4. V. s^s n°s 421.33 et 421.34.
5. GBCP, art. 229.
6. CJF, art. L. 131-13, 2°.
7. Sur la notion d'ordonnateur, v. s^s n°s 032.21 et 422.22.
8. Sur cette notion, v. s^s n° 422.31.
9. Sur cette infraction, v. s^s n°s 424.11 s.
10. C. comptes 3 mai 2024, *France Médias Monde (FMM)*, n° 860, S-2024-0793 ; *JCP Adm.* 2024. 2207, note S. Damarey ; *AJDA* 2024. 1859, chron. N. Péhau et L. Vergallo. Voir, §§ 15 et 77.
11. CJF, art. L. 131-5, al. 1er.
12. Sur ces notions, v. s^s n° 432.241.
13. V. s^s n° 052.21.
14. Sur la relation entre l'infraction réprimant le non-respect des règles de gestion et celle, présentée ici, protégeant spécifiquement le contrôle budgétaire, v. s^s n° 421.72.
15. Sur ce changement, profond, qu'implique cette réforme, v. s^s n°s 42.05 et 431.12.

Il faut ainsi regretter que la Cour semble vouloir fermer toute possibilité de sanctionner, au titre de l'infraction protégeant le contrôle financier, une personne qui, bien qu'ordonnateur principal et bien qu'ayant à sa charge une obligation générale d'organisation et de surveillance portant également sur le respect des prérogatives du contrôle budgétaire par l'ensemble des agents sous sa responsabilité, n'a pas signé personnellement d'acte d'engagement, du fait des délégations données [1]. Non seulement cette position aboutit à sanctionner davantage les subordonnés que les supérieurs, ce qui peut être ressenti comme injuste et déséquilibrer la répression financière ; surtout, elle ne semble pas pouvoir être déduite nécessairement des textes, ni même de la jurisprudence.

En effet, le Conseil d'État a jugé que « lorsqu'un manquement au devoir de contrôle et de surveillance inhérent à ses fonctions a permis que soient commises des atteintes aux règles fixées par ces articles » (ceux des anciens articles L. 313-1 et L. 313-4 du code des juridictions financières [2]), le juge financier peut sanctionner les personnes auxquelles ce devoir de contrôle ou de surveillance incombe [3] : cette formulation ne semble ni cantonner ces fautes de négligence dans le seul champ de l'infraction générale, ni exclure qu'elles puissent concerner des infractions spéciales, même prises isolément, donc y compris celle protégeant les compétences du contrôle budgétaire.

De ce fait, si bien entendu les personnes visées à titre principal, dans cette infraction, sont celles qui ont décidé ou signé un engagement (ordonnateurs délégués, le plus souvent), il faut espérer que le juge, dans des cas manifestes et répétitifs, puisse faire jouer également le défaut d'organisation ou le défaut de surveillance pour cette infraction.

SECTION 5
TYPOLOGIE DES IRRÉGULARITÉS SANCTIONNABLES SUR LA BASE DE L'INFRACTION PROTÉGEANT LE CONTRÔLE BUDGÉTAIRE

421.51 Méconnaissance des attributions des contrôleurs budgétaires : éléments généraux. Les compétences du contrôleur budgétaire sont entendues par la juridiction financière au sens strict : si un acte n'est pas explicitement visé par les textes comme devant être obligatoirement soumis au visa ou à un avis ou même pour information, alors sa non-soumission au contrôleur ne saurait être constitutive de l'infraction [4].

Pour établir la présente infraction, il doit donc être démontré que des « règles applicables en matière de contrôle budgétaire portant sur l'engagement des dépenses » ont été méconnues. Or ces règles varient, d'abord, selon les catégories d'organismes, puis présentent des spécificités pour chaque organisme public ; et, au sein de l'État, chaque ministère dispose de règles qui lui sont propres en la matière [5], fruit d'accords spécifiques entre celui-ci et le ministère du Budget, accords qui détaillent l'étendue des pouvoirs du contrôle budgétaire en fonction des spécificités budgétaires de chaque département ministériel.

Ni la loi, ni le décret GBCP [6] ne prévoient de règle générale commune à toutes les entités concernées sur le contrôle budgétaire, à la différence du contrôle exercé par les comptables publics. Les contrôles budgétaires sont donc assez diversifiés, et ils évoluent différemment dans le temps.

Le décret GBCP définit en revanche, pour l'État (titre II) et pour les opérateurs nationaux (titre III), deux objectifs du contrôle budgétaire : la qualité de la comptabilité budgétaire et la soutenabilité de la programmation et de son exécution au regard de l'autorisation budgétaire. Ces objectifs sont communs au contrôle budgétaire externe et au contrôle interne budgétaire [7]. Mais ces objectifs communs n'empêchent qu'il faille, pour chaque entité, vérifier les attributions précises du contrôle, qui peut prendre trois formes : visa préalable sur certains actes de dépenses ; avis préalable ; information du contrôleur.

À noter que l'obligation de soumettre à l'avis ou au visa du contrôleur est une infraction instantanée [8], ce qui est important pour déterminer la prescription [9] : ainsi, l'absence de soumission à l'avis du

1. C. comptes 3 mai 2024, *France Médias Monde (FMM)*, n° 860, S-2024-0793, préc.
2. Désormais, respectivement, CJF, art. L. 131-13, 2°, et CJF, art. L. 131-9.
3. CE 17 et 19 juill. 2013, *M. Lévy* [affaire CDBF *Institut géographique national*], req. n° 351985 ; *Rec.* 241.
4. CDBF 13 juill. 2011, *Rectorat de Paris – Inspecteurs de l'académie de Paris (IAP)* ; *Rec.* 158 ; *GFP* 2013, n° 5, p. 74, note S. Damarey, M. Lascombe et X. Vandendriessche.
5. V. plus haut, s[s] n° 421.32.
6. Décr. n° 2012-1246, 7 nov. 2012 relatif à la gestion budgétaire et comptable publique (GBCP).
7. Dans le Décr. dit GBCP, le contrôle budgétaire externe est défini à l'article 87 pour l'État à l'article 221 pour les opérateurs nationaux (après le contrôle interne), le contrôle interne budgétaire est défini pour l'État à l'article 170 et pour les opérateurs nationaux à l'article 215.
8. CDBF 25 janv. 2019, *Radio France : visa du contrôleur général économique et financier en matière de rémunération* ; *Rec.* 195 ; *AJDA* 2019. 577, chron. N. Hauptmann et N. Péhau – CDBF 22 mai 2015, *Entreprise minière et chimique (EMC)* ; *Rec.* 162 ; *AJDA* 2016. 1570, note N. Hauptmann et N. Péhau.
9. Sur la prescription et les infractions instantanées, v. s[s] n° 322.11.

CGEFI en période prescrite ne peut pas appréhendée par la Cour[1].

La méconnaissance des attributions du contrôle budgétaire ne vicie pas en soi les actes subséquents, ni d'une façon générale (pas de nullité des payements effectués sur la base de l'acte non soumis au contrôle budgétaire), ni s'agissant de cette même infraction[2]... sauf si l'acte subséquent aurait dû, à son tour, être soumis au contrôleur.

Enfin, la règle générale selon laquelle une régularisation ne fait pas disparaître l'infraction financière[3] s'applique également à l'infraction protégeant le contrôle budgétaire[4] : ainsi, le fait que le CGEFi donne *ex post* un avis favorable qui aurait dû être donné *ex ante* ne fait pas disparaître l'infraction[5], d'autant qu'on ne pouvait pas savoir, avant de demander l'avis, que celui-ci serait favorable.

421.52 Visa préalable du contrôleur budgétaire. La faute sanctionnable peut prendre différentes formes : absence totale de soumission au visa du contrôleur d'un acte d'engagement qui l'aurait dû ; soumission tardive d'un engagement ; soumission incomplète de l'engagement, ou soumission d'un document tronqué ; soumission d'un acte d'engagement au contrôleur, mais ensuite exécution de l'engagement avant même d'attendre le visa ; fractionnement des actes pour échapper au contrôle budgétaire prévu au-delà d'un certain seuil...

Une même affaire a pu réunir différents cas de figure : ainsi, des commandes avaient été passées sans attendre la prise de position du contrôleur financier ; dans d'autres cas, les commandes avaient été passées avant même de transmettre le dossier au contrôleur financier ; enfin, d'autres commandes avaient été faites sans que le contrôleur financier ait été saisi préalablement, et ce n'est qu'à la suite du refus de payement du comptable public que le contrôleur financier avait été saisi : l'infraction était alors constituée, puisque la soumission de l'acte au contrôleur financier était tardive, contrairement à ce qu'impose la réglementation[6].

La jurisprudence de la CDBF est riche d'exemples de condamnation d'ordonnateurs n'ayant pas soumis des engagements de dépenses au visa préalable du contrôleur, alors que les textes applicables à l'organisme l'exigeaient[7].

– Alors qu'un projet de convention de partenariat devait être préalablement soumis au visa du contrôleur financier, il ne lui avait été soumis que postérieurement à la réalisation de la prestation ; le contrôleur a donc refusé son visa, le directeur général a refusé de signer la convention et le comptable a refusé de payer sur la base de bons de commande émis à la place de la convention. Dans un autre cas, la convention n'avait été présentée au contrôleur financier qu'un an après signature de la convention, et plus de six mois après la réalisation des prestations ; le contrôleur a visé « précisant qu'il entendait ainsi éviter à l'établissement d'assumer un fort risque contentieux », mais l'infraction était constituée[8].

– Marchés conclus sans intervention du contrôleur financier, nécessaire à l'époque ; des compensations avaient été faites entre recettes et dépenses, et les dépenses réelles n'avaient, de ce fait, pas fait l'objet d'une procédure de visa du contrôleur financier[9].

– Lorsque le visa du contrôleur financier n'est donné qu'après l'engagement des opérations, l'infraction est néanmoins constituée. Autrement dit, le fait que le contrôleur financier vise *a posteriori* ne fait pas disparaître l'infraction[10].

1. CDBF 22 mai 2015, *Entreprise minière et chimique (EMC)* ; préc.
2. CDBF 22 mai 2015, *Entreprise minière et chimique (EMC)* ; préc.
3. V. s[s] n° 416.11.
4. CDBF 7 févr. 1989, *Institut national de la consommation [INC], CCP*, n° 3, p. 154 ; *Lebon* 411.
5. CDBF 22 mai 2015, *Entreprise minière et chimique (EMC)* ; préc.
6. CDBF 28 avr. 1987, *Assoc. pour la formation professionnelle des adultes [Afpa]*, CCP, n° 3, p. 65 ; *Lebon* 503.
7. Outre les arrêts cités par ailleurs dans le présent chapitre : – CDBF 26 mai 1987, *min. de l'Industrie, conventions signées avec le Bureau de recherches géologiques et minières [BRGM] ; CCP*, n° 3, p. 75 ; *Lebon* 508. – CDBF 15 déc. 1993, *min. de la Défense, service d'information et de relations publiques des armées [Sirpa] ; Rev. Trésor* 1995. 679 ; *Lebon* 536 ; *Rec.* 151. – CDBF 27 nov. 1996, *min. A., marchés de prestations informatiques ; Rev. Trésor* 1998. 731, note Ludwig, p. 727 ; *Lebon* 653 ; *Rec.* 179. – CDBF 18 juin 1997, *Musée Rodin, Rev. Trésor* 1999. 189 ; *Rec.* 203 ; A. Froment-Meurice, J.-Y. Bertucci, N. Hauptmann, C. Michaut, *GAJF*, 7e éd., Dalloz 2019, n° 48, p. 562. – CDBF 28 oct. 2005, *min. de la Défense, Direction des constructions navales, contrat de vente de sous-marins Agosta 90 au Pakistan ; Rec.* 127 ; *Lebon* 678 ; *Rev. Trésor* 2006. 902, note M. Lascombe et X. Vandendriessche. – CDBF 5 déc. 2008, *min. de la Défense, Direction des constructions navales, contrat de vente de sous-marins Agosta 90 au Pakistan*, 2e arrêt ; *Rec.* 88 ; *AJDA* 2010. 1261, note N. Groper et C. Michaut ; *GFP* 2011, p. 396, note M. Lascombe et X. Vandendriessche. – CDBF 26 juin 2017, *École nationale supérieure Louis Lumière (ENSLL) ; Rec.* 243.
8. CDBF 17 juin 2011, *Institut géographique national (IGN) ; Rec.* 158 ; *GFP* 2013, n° 5, p. 73, note S. Damarey, M. Lascombe et X. Vandendriessche. Confirmé sur ce point par le juge de cassation (non-admission du pourvoi) : CE 15 mars 2013, *Mme Ferrari (2e arrêt)*, [affaire CDBF *Institut géographique national rectification d'erreur matérielle*], n° 356589.
9. CDB 17 févr. 1959, *Direction centrale du matériel du secr. d'Ét. aux Forces armées*, CCP, n° 2, p. 23 ; *Lebon* 894.
10. CDBF 7 févr. 1989, *Institut national de la consommation [INC], CCP*, n° 3, p. 154 ; *Lebon* 411.

– Un marché avait été soumis tardivement au visa du contrôleur financier (après commencement des travaux) ; or le visa doit être préalable : l'infraction est constituée [1].

– Un dossier fictif d'appel d'offres (!) avait été soumis au visa du contrôleur financier, « destiné à donner au contrôleur financier l'impression qu'une mise en concurrence avait eu lieu », ce qui était faux : « la présentation faite au contrôleur financier était délibérément erronée et fallacieuse » [2].

– Du personnel avait été embauché et rémunéré par le titulaire d'un marché pour le compte de l'administration, en infraction aux règles d'emploi et de rémunération des agents publics, qui prévoyaient notamment l'intervention du contrôleur financier [3].

– Montage irrégulier avec fausses facturations, ayant entraîné des détournements à profit personnel : l'infraction du non-respect des règles du contrôle financier était notamment constituée [4].

– Commandes orales sans que le contrôleur ait été saisi du dossier (logique, puisque les commandes étaient orales [5] précisément) [6].

– Absence de visa du contrôleur financier pour le recrutement de personnel administratif d'un établissement public d'une part, et absence de visa sur des commandes et des marchés publics d'autre part [7].

– Les textes applicables à l'établissement rendaient obligatoires la soumission au contrôle financier des bons de commande émis dans le cadre d'un marché ; or aucun des 14 bons de commande n'avait été soumis préalablement au contrôleur ; et le fait que le marché initial ait été visé ne fait pas disparaître l'obligation de lui soumettre les bons de commande : l'infraction était donc constituée [8].

– Plusieurs actes portant engagement (convention de bail et avenant) dépassaient le seuil prévu par l'arrêté déterminant le champ du contrôle budgétaire n'avaient pas été soumis au visa, en méconnaissance des compétences de ce dernier [9].

– Lorsque les prestations issues d'une convention sont intervenues antérieurement à la signature de celle-ci, l'infraction est de ce seul fait matérialisée puisque sans acte formel d'engagement, le contrôleur budgétaire n'a par définition pas pu être saisi, et encore moins donner son avis ou son visa. Ainsi n'a pas été admis un recours en cassation contre un arrêt de révision rendu par la CDBF fondé sur le motif que la Cour aurait commis une erreur de droit, « en jugeant que l'erreur ainsi rectifiée [la date de la signature, précisément] n'avait pas eu d'influence sur la responsabilité de la requérante engagée sur le fondement de l'article L. 313-1 du code des juridictions financières, alors que la seule circonstance que les prestations prévues par cette convention auraient été réalisées antérieurement à leur soumission au visa du contrôleur financier n'était pas constitutive d'une méconnaissance des règles applicables en matière de contrôle financier portant sur l'engagement des dépenses... » [10].

421.53 **Avis préalable du contrôleur budgétaire.** Comme en matière de visa (bloquant), le simple avis (non bloquant) du contrôle budgétaire portant sur l'engagement d'une dépense constitue une règle impérative dont la méconnaissance est constitutive de la présente infraction.

Il en est ainsi par exemple de l'absence d'avis préalable du contrôleur budgétaire et comptable ministériel en cas de dépenses de l'État [11].

La jurisprudence en matière d'avis préalable est riche avant tout dans le champ du contrôle économique et financier. Même si sous l'ancienne législation, jusqu'en 2022, cette irrégularité était souvent, malgré quelques hésitations, appréhendée par la Cour de discipline budgétaire et financière sur la base de l'infraction générale sanctionnant le non-respect des règles d'exécution des dépenses [12], et moins sur la base de l'infraction spécifique au contrôle financier, la jurisprudence rendue en la matière est susceptible d'inspirer celle à venir sur la base de l'actuelle infraction [13].

1. CDBF 26 juin 1992, *min. des PTT*, *Rev. Trésor* 1993. 777 ; *Lebon* 632 ; *Rec.* 137.
2. CDBF 26 juin 1992, *min. des PTT*, préc.
3. CDBF 14 et 16 janv. 1998, *min. des Affaires étrangères, service des immeubles et affaires générales [Siag]*, *Rev. Trésor* 1999. 200 ; *Rec.* 129 (extraits).
4. CDBF 19 juin 2002, *Délégation à l'espace aérien [DEA]*, *Rev. Trésor* 2004. 43, note M. Lascombe et X. Vandendriessche ; *Rec.* 99 ; *Lebon* 553.
5. Si un engagement peut être oral, sa présentation au contrôle budgétaire ne peut pas l'être.
6. CDBF 29 nov. 1999, *min. de l'Intérieur et de l'Aménagement du territoire, Grand débat national sur l'aménagement du territoire en 1993 et 1994*, *Rev. Trésor* 2000. 32, note M. Lascombe et X. Vandendriessche ; *Rec.* 105 (extraits anonymisés).
7. CDBF 2e section 19 déc. 2008, *Crous de Corse [Corte]*, *Rec.* 91 ; *AJDA* 2009. 476, note N. Groper et C. Michaut ; *GFP* 2011, p. 397, note M. Lascombe et X. Vandendriessche.
8. CDBF 22 avr. 2016, *Agence nationale des titres sécurisés (ANTS)* ; *Rec.* 179 ; *AJDA* 2016. 2487, chron. N. Péhau et N. Hauptmann.
9. CDBF 26 juin 2017, *Cité du cinéma*, non publié.
10. CE 15 mars 2013, *Mme Ferrari (2e arrêt)* ; no 356589, non publié [affaire CDBF *Institut géographique national, rectification d'erreur matérielle*].
11. CDBF 9 oct. 2020, *Fonds de solidarité* ; *Rec.* 187 ; *AJDA* 2021. 616, chon. D. Guilbaud et N. Péhau.
12. CJF, ancien art. L. 313-4, en vigueur jusqu'au 31 déc. 2022.
13. CDBF 25 janv. 2019, *Radio France : visa du contrôleur général économique et financier en matière de rémunération* ; *Rec.* 195 ; *AJDA* 2019. 577, chron. N. Hauptmann et N. Péhau – CDBF 22 mai 2015, *Entreprise minière et chimique (EMC)* ; *Rec.* 162 ; *AJDA* 2016. 1570, note N. Hauptmann et N. Péhau.

Un arrêt récent rendu par la Cour des comptes sur cette infraction porte précisément sur des cas d'avis préalable[1].

421.54 Information du contrôleur budgétaire. D'une part, l'information du contrôleur budgétaire doit être complète, afin qu'il puisse donner son visa ou rendre son avis en toute connaissance de cause : ainsi sera sanctionné le non-respect de la règle prévoyant la communication au contrôleur financier des pièces justificatives nécessaires à l'exercice de son contrôle[2].

D'autre part, constitue une infraction aussi le fait de n'avoir pas suivi l'avis du contrôleur, ce qui était un droit pour l'entreprise publique en question, mais sans en informer le contrôleur, alors que cette information était obligatoire en vertu des textes applicables à l'entreprise publique ; elle déterminait la possibilité, pour le contrôleur, de demander un arbitrage au ministre du Budget[3].

Enfin, dans une affaire, la Cour a considéré que l'infraction n'était pas constituée, le contrôle financier ayant bien été informé des actes en cause[4].

SECTION 6
POLITIQUE DES POURSUITES S'AGISSANT DE L'INFRACTION PROTÉGEANT LE CONTRÔLE BUDGÉTAIRE

421.61 Gravité et poursuites. L'infraction réprimant la méconnaissance des prérogatives du contrôle budgétaire joue rarement seul, faute de gravité suffisante ; souvent, cette infraction jouera à côté d'autres faits constitutifs d'autres irrégularités[5].

Mais la CDBF a pu, dans une affaire, prononcer une condamnation sur la base de la seule infraction aujourd'hui prévue à l'article L. 131-13, 2°, du CJF, pour des faits concernant la commande publique[6]. Lorsque le non-respect des règles du contrôle budgétaire est établi, mais que les faits n'apparaissent pas, au ministère public, suffisamment graves pour motiver des poursuites, celui-ci peut adresser à l'organisme concerné un rappel à la loi, sous forme d'une communication du Procureur général (CPG)[7].

SECTION 7
ARTICULATION DE L'INFRACTION PROTÉGEANT LE CONTRÔLE BUDGÉTAIRE AVEC D'AUTRES INFRACTIONS FINANCIÈRES

421.71 Éléments généraux. La méconnaissance des prérogatives du contrôleur budgétaire peut s'accompagner d'autres infractions financières commises en parallèle sur les mêmes opérations : ainsi, dans le cas de commandes effectuées par une personne ne disposant pas du pouvoir d'engager les dépenses de l'État, ce qui est constitutif d'une autre infraction budgétaire[8], le contrôleur financier n'avait en outre pas été saisi du dossier[9].

Dans ce cas, deux infractions ont été cumulativement commises, car si elles concernent une même opération de gestion, et même en l'occurrence un même acte d'engagement, il s'agit de deux faits générateurs qui ne se confondent pas, aboutissant à la commission de deux infractions distinctes. Même si ensuite le juge prononcera une sanction commune[10], plafonnée, cette accumulation d'infractions jouera au titre de la gravité générale, et partant sur le montant de l'amende.

421.72 Règles régissant le contrôle budgétaire, règles d'exécution des dépenses. Sous l'empire de la CDBF, donc jusqu'en 2022, et comme cela se rencontrait souvent dans les infractions budgétaires spéciales[11], le juge pouvait appliquer directement l'infraction générale sanctionnant le non-respect des règles d'exécution des dépenses[12], et ne pas forcément se poser la question de l'infraction spéciale par ailleurs clairement donnée.

En effet, les règles définissant le contrôle budgétaire constituent bien soit des règles d'exécution des

1. C. comptes 3 mai 2024, *France Médias Monde (FMM)*, n° 860, S-2024-0793 ; *JCP Adm.* 2024. 2207, note S. Damarey ; *AJDA* 2024. 1859, chron. N. Péhau et L. Vergallo.
2. CDBF 13 févr. 1985, *Direction départementale de l'agriculture de l'Oise*, CCP, n° 3, p. 1.
3. Raisonnement transposable à l'infraction actuelle, bien que l'arrêt ait été rendu sur le fondement d'une autre infraction : CDBF 28 juill. 2020, *France Télévisions (rémunérations)* ; *Rec.* 185 ; *AJDA* 2020. 2557, chron. N. Péhau et D. Guilbaud.
4. CDBF 31 mars 1999, *Assoc. pour le développement des images de la culture [Arcanal] et Centre national de la cinématographie [CNC]*, *Rev. Trésor* 1999. 258 ; *Lebon* 563.
5. Ex. : C. comptes 3 mai 2024, *France Médias Monde (FMM)*, n° 860, S-2024-0793 ; *JCP Adm.* 2024. 2207, note S. Damarey ; *AJDA* 2024. 1859, chron. N. Péhau et L. Vergallo.
6. CDBF 18 déc. 1991, *Établissement public chargé de l'aménagement de la ville nouvelle du Vaudreuil*, *Rev. Trésor* 1993. 35 ; *Lebon* 646 ; *Rec.* 146.
7. Ex. : CPG n° 2022-09 sur l'ENSP.
8. CJF, art. L. 131-13,3° – Sur cette infraction, v. s[s] n°s 422.11 s.
9. CDBF 29 nov. 1999, *min. de l'Intérieur et de l'Aménagement du territoire, Grand débat national sur l'aménagement du territoire en 1993 et 1994*, *Rev. Trésor* 2000. 32, note Lascombe et Vandendriessche ; *Rec.* 105 (extraits anonymisés).
10. Sur les sanctions, v. s[s] n° 471.31.
11. Sur cette notion, v. s[s] n°s 419.11 et 42.05.
12. CJF, ancien article L. 313-4, abrogé le 31 déc. 2022. Désormais CJF, art. L. 131-9, mais avec des éléments constitutifs supplémentaires – Sur cette infraction, voir d'une façon générale, s[s] n°s 431.11 et 432.11 s.

dépenses au sens de cette infraction (visa ou avis sur des actes de dépenses), soit des règles de gestion des biens (attributions par exemple en matière d'élaboration des documents budgétaires).

Cette pratique jurisprudentielle permettait d'ailleurs d'appréhender aussi le supérieur hiérarchique pour défaut de surveillance en matière de contrôle budgétaire, sur la base de l'ancienne rédaction de l'infraction générale, ce qui est devenu plus difficile dans la nouvelle, puisque son champ a été nettement réduit, sauf à établir l'existence d'un préjudice financier significatif[1].

D'une façon générale, dans l'économie nouvelle des infractions financières, le champ de l'infraction générale se trouve désormais contraint, ce qui donnera davantage d'autonomie aux infractions spéciales[2], dont celle protégeant le contrôle budgétaire, dont les cas d'application pourraient de ce fait se multiplier.

421.73 **Contrôle budgétaire et gestion de fait.** En présence d'une gestion de fait[3], le rôle du contrôleur budgétaire pourra également se trouver ignoré : c'est en quelque sorte inhérent au montage occulte, lorsqu'il intervient sur les deniers d'un organisme public à la fois doté d'un comptable public (sinon, il n'y aurait pas gestion de fait) et soumis au contrôle budgétaire au sens du décret GBCP[4]. C'est le cas de l'État, mais également des établissements publics nationaux relevant du titre III du décret GBCP ; mais cela exclut les collectivités locales, leurs établissements publics ainsi que les établissements publics de santé, même si tous ces organismes disposent d'un poste comptable et que leurs deniers peuvent donner lieu à gestion occulte, car ils ne sont pas soumis au contrôle budgétaire au sens de l'infraction financière. Les attributions du contrôle économique et financier ou du contrôle d'État ne devraient pas être concernées, compte tenu du fait que leur champ porte sur des organismes en-dehors du décret GBCP, dont les deniers ne sont pas publics au sens étroit car ne relevant pas de la caisse d'un comptable public, et ne peuvent donc pas donner lieu à gestion de fait.

Il reste que le champ partagé est significatif : car « de telles pratiques [constitutives de gestion de fait] ont pour objet et pour effet de soustraire ces dépenses à la réglementation applicable aux dépenses publiques et plus spécialement au double contrôle du contrôleur financier et des comptables publics »[5], le premier contrôle étant protégé par la présente infraction[6], le second par la gestion de fait[7].

Dans une affaire, des subventions fallacieuses, certes visées par le contrôleur financier, avaient en réalité été dépensées pour une autre finalité, au profit de l'administration versante (gestion de fait) ; or ces dépenses finales n'avaient, elles, pas été visées par le contrôleur financier[8].

Dans une autre affaire[9], la Cour a sanctionné au titre de l'infraction générale des agissements irréguliers constitutifs d'une gestion de fait, sans toutefois viser en outre l'infraction du non-respect des règles du contrôle financier, alors même qu'elle en relève elle-même les éléments constitutifs dans son arrêt (« sans d'ailleurs en avoir soumis le projet au contrôleur financier... »).

On peut déduire de ces exemples que toute gestion de fait en dépenses est *ipso facto* constitutive de l'infraction protégeant le contrôle budgétaire (à condition bien sûr que l'intervention du contrôleur budgétaire soit obligatoire en vertu des textes).

1. Sur ce sujet sensible, voir les éléments de débat déjà indiqués, s[s] n° 432.232.
2. T. Savy, « Les infractions, entre continuité et changement », *in* C. Husson-Rochcongar et S. Kott (dir.), La responsabilité financière des gestionnaires publics, La Documentation française 2024, p. 57.
3. CJF, art. L. 131-15.
4. Sur la délimitation de ce champ commun, v. s[s] n°s 421.32 (État) et 421.33 (établissements publics dotés d'un poste comptable public).
5. CDBF 4 déc. 1979, *secr. d'État à la Jeunesse et aux Sports, Direction de l'éducation physique et des sports*, CCP, n° 2, p. 175.
6. CJF, art. L. 131-13, 2°.
7. CJF, art. L. 131-15.
8. CDBF 30 avr. 1985, *min. de l'Agriculture, service des haras et de l'équitation*, CCP, n° 3, p. 10 – Il a pu arriver, dans le cadre de l'ancienne procédure de gestion de fait relevant du juge des comptes, qu'un contrôleur financier soit provisoirement déclaré comptables de fait, v. C. comptes 31 janv. et 21 févr. 2001, *Gestion de fait du ministère des Affaires sociales (direction de l'action sociale) – Exercices 1984 à 2000 – Fonds « Pauvreté » et fonds d'« Action sociale EDF-GDF » de la Fondation de France*, n° 28511.
9. CDBF 17 mai 1977, *Inra, Centre de recherches zootechniques et vétérinaires [CRZV] de Theix [Puy-de-Dôme]*, *Lebon* 679 (extraits) ; CCP, n° 2, p. 135.

CHAPITRE

422. Engagement de dépenses sans y être habilité

SECTION 0
ORIENTEUR

422.00 **Sommaire du chapitre.**

422.01 **Texte applicable.**

• **CJF,** art. L. 131-13, 2°

422.03 **Bibliographie indicative.**

Article. N. Péhau et L. Vergallo, « Infractions formelles : retour vers le futur », *AJDA* 2024. 1859.

Contribution. A. Camus, « Les infractions budgétaires et comptables », *in* S. Damarey et N. Groper, *Responsabilité financière des gestionnaires publics*, Dalloz, 2024, p. 147.

SECTION 1
ÉLÉMENTS GÉNÉRAUX, HISTOIRE ET OBJECTIFS DE L'INFRACTION

422.11 **Définition et objectifs de l'infraction.** En application du 3° de l'art. L. 131-13 du code des juridictions financières, « Tout justiciable au sens de l'article L. 131-1 est passible de l'amende prévue au deuxième alinéa de l'article L. 131-16 lorsqu'il : [...] 3° Engage une dépense, sans en avoir le pouvoir ou sans avoir reçu délégation à cet effet ».

Cette infraction budgétaire protège la « règle en vertu de laquelle les dépenses d'un organisme ne peuvent être engagées que par les personnes juridiquement habilitées à le faire selon les règles applicables à l'organisme concerné »[1], comme le résume fort bien le premier arrêt rendu par la Cour des comptes sous l'empire du nouveau régime de responsabilité financière des gestionnaires publics.

Or les pouvoirs d'un dirigeant, agent ou fonctionnaire d'engager une personne morale, quelle qu'elle soit, doivent être prévus par des textes, ou résulter de délégations données en conformité avec les procédures applicables : les compétences des uns et des autres, en matière d'engagement, ne se présument pas, il faut les fonder sur des textes[2].

L'objectif de cette infraction budgétaire spéciale est donc de protéger les règles qui encadrent l'engagement de dépenses, et ce pour la totalité du champ des justiciables de la Cour, donc quelle que soit la nature de l'organisme dont la gestion est en cause. À la différence de l'infraction budgétaire protégeant le contrôle budgétaire, dont le champ est limité par le champ du contrôle budgétaire lui-même, celle ici présentée embrasse toute la gestion publique relevant du contrôle des juridictions financières, y compris les associations faisant appel à la générosité publique par exemple.

Mais l'infraction est déterminée dans son champ d'application pratique par les règles qui s'imposent à chaque organisme, règles – d'ailleurs souvent internes – qui varient fortement selon les entités et qui peuvent varier dans le temps.

Et à l'intérieur de la gestion de chaque organisme, les règles entourant les pouvoirs d'engagement varient

1. C. comptes 11 mai 2023, *Société ALPEXPO*, n° 836, S-2023-0604 ; *Rec.* 17 ; *JCP Adm.* n° 25, 26 juin 2023, 2210, note S. Damarey ; *AJDA* 2023. 1511, note X. Vandendriessche.
2. CDBF 17 juin 2013, *Centre hospitalier intercommunal (CHI) de La Lauter à Wissembourg* ; n° 189-683.

selon les actes d'engagement en question (les pouvoirs peuvent varier selon les dépenses, leur nature ou leur montant), ce qui rend nécessaire une analyse fine et au cas par cas, engagement par engagement, des statuts ou d'autres textes internes [1].

Pour l'État et les personnes morales de droit public soumises aux règles de la comptabilité publique [2], cela renvoie à la notion d'ordonnateur des dépenses [3] ; à cet égard, l'infraction budgétaire actuelle constitue le prolongement de l'ordonnance du 14 septembre 1822 [4] qui a posé la règle selon laquelle une dépense ne peut être payée que si elle a été préalablement ordonnancée par un ministre, ou par un ordonnateur secondaire dûment habilité [5]. Dans le secteur en-dehors de la comptabilité publique, qui ne connaît pas le terme d'ordonnateur au sens du décret GBCP, on utilisera la formule « personne juridiquement habilitée » [6].

Toujours dans le champ de la comptabilité publique, les comptables publics contribuent également au respect de cette règle : les comptables publics sont en effet tenus, en matière de dépense, de contrôler « la qualité de l'ordonnateur » [7].

422.12 Histoire de l'infraction réprimant l'engagement sans y être habilité. Historiquement, il convient de noter que l'infraction aujourd'hui est plus large que celle issue initialement de la loi de 1948. En effet, depuis la loi du 13 juillet 1971 [8], l'infraction vise à la fois l'engagement sans en avoir le pouvoir et le cas d'absence de délégation, alors que le texte d'origine concernait seulement le deuxième cas (l'absence de délégation).

La réforme de 2022, en limitant le champ de l'ancienne infraction générale sanctionnant toutes les violations de règles en matière de dépenses [9], a renforcé le rôle, au sein du régime de responsabilité de droit public financier, de cette infraction spéciale protégeant la compétence d'engagement des dépenses. Celle-ci est d'autant plus importante qu'elle s'applique à l'ensemble des organismes contrôlés par les juridictions financières, et partant tous les gestionnaires de ces organismes, quel qu'en soit le statut.

À noter que le projet de loi élaboré dans le cadre du projet de réforme porté, en 2008/2010, par Philippe Séguin [10], envisageait d'élargir [11] très nettement l'infraction budgétaire, y incluant les décisions qui, sans constituer d'engagement d'une dépense, provoquent des charges de comptabilité générale [12]. Il doit être regretté que cette amélioration de la protection de l'ordre public financier ait été perdu de vue lors de la réforme de 2022.

SECTION 2
ÉLÉMENTS CONSTITUTIFS DE L'INFRACTION

422.21 Notion d'engagement au sens de l'infraction : un champ large. Il doit être précisé d'emblée que « l'engagement » n'est pas restreint par la Cour au seul champ de la comptabilité publique (où l'engagement d'une dépense doit se faire par un ordonnateur régulièrement nommé), mais s'applique y compris aux organismes qui ne relèvent pas de la comptabilité publique, comme par exemple un organisme de sécurité sociale [13] ou une entreprise publique [14]. Ceci a d'ailleurs été confirmé dès le premier arrêt rendu par la Cour des comptes en 2023 sous l'empire des nouvelles règles [15].

Par ailleurs, la jurisprudence a précisé que tombe sous le coup de l'infraction un engagement même s'il n'a finalement pas été exécuté, c'est-à-dire qu'il

1. Pour un ex. récent, où ces règles ont été détaillées acte d'engagement par acte d'engagement, parfois non sans difficulté : C. comptes 5 juill. 2024, *Régie métropolitaine PARCUB, devenue METPARK*, n° 869, S-2024-1038 ; *JCP Adm.* 2024. 2264, note S. Damarey. Ici § 28.
2. Décr. n° 2012-1246, 7 nov. 2012 relatif à la gestion budgétaire et comptable publique, dit GBCP.
3. Définition de la notion d'ordonnateur, v. s^s n°s 032.21 et 422.22.
4. Sur cette ordonnance de Louis XVIII fondatrice du droit public financier, v. M. Bottin, « Villèle et le contrôle des dépenses publiques. L'ordonnance du 14 sept. 1822 », *in* Collectif, *La comptabilité publique. Continuité et modernité*, Actes du colloque (Bercy, 25-26 nov. 1993), Comité pour l'histoire économique et financière de la France – Imprimerie nationale, 1995, p. 7.
5. C. de Selle de Beauchamp, *De la responsabilité des ordonnateurs des finances de l'État*, thèse, Librairie de la société du recueil générale des lois et des arrêts, 1900, p. 10.
6. C. comptes 11 mai 2023, *Société ALPEXPO*, n° 836, S-2023-0604 ; *Rec.* 17 ; *JCP Adm.* n° 25, 26 juin 2023, 2210, note S. Damarey ; *AJDA* 2023. 1511, note X. Vandendriessche.
7. Décr. n° 2012-1246, 7 nov. 2012 relatif à la gestion budgétaire et comptable publique, dit GBCP, art. 19, 2°a.
8. Sur cette loi, v. s^s n° 044.31.
9. CJF, ancien art. L. 313-4, en vigueur jusqu'au 31 déc. 2022.
10. Sur ce projet de L. n° 2001 présenté par le Gouvernement 2009 à l'Assemblée nationale, mais jamais voté, v. s^s n°s 046.31 s.
11. V. l'exposé des motifs du projet de L. n° 2001 : « […] la mention des charges de comptabilité générale est ajoutée après celle des dépenses de type budgétaire […] ».
12. Projet de L. n° 2001, art. 4 : « Toute personne qui aura engagé des dépenses ou provoqué des charges sans en avoir le pouvoir ou sans avoir reçu délégation de signature à cet effet sera passible de l'amende prévue à […] ».
13. CDBF 4 déc. 2002, *Caisse centrale de la mutualité agricole [CCMSA] et SCI Mutualité Astorg*, *Rev. Trésor* 2004. 48, note M. Lascombe et X. Vandendriessche ; *Rec.* 112.
14. CDBF 22 nov. 1989, *SA La Signalisation [LS]*, CCP, n° 3, p. 184 ; *Lebon* 423.
15. C. comptes 11 mai 2023, *Société ALPEXPO*, n° 836, S-2023-0604 ; *Rec.* 17 ; *JCP Adm.* n° 25, 26 juin 2023, 2210, note S. Damarey ; *AJDA* 2023. 1511, note X. Vandendriessche.

n'y a pas eu payement[1], par exemple parce que le comptable public aurait bloqué la dépense dans le cadre des contrôles qui lui incombent. L'acte d'engager en tant que tel suffit pour constituer l'infraction.

Toutefois, l'acte d'engagement doit, en lui-même, être parfait au sens des règles qui s'imposent à l'organisme concerné ; s'il ne l'est pas, l'infraction doit être écartée. Il en est ainsi lors de la prise d'une option par téléphone par un agent dépourvu de compétence pour engager l'organisme : cette option ne constituant pas, sur le plan formel, en l'absence de confirmation écrite, un engagement au sens des textes applicables à l'organisme en cause, l'infraction aujourd'hui prévue à l'article L. 131-13, 3° du CJF ne saurait être retenue[2].

Le pouvoir d'engager doit porter précisément sur l'engagement, non sur un autre pouvoir éventuel : ainsi, la Cour a-t-elle considéré qu'une procuration bancaire ne valait pas pouvoir d'engager une dépense[3].

L'engagement est un acte instantané ; l'infraction est donc une infraction instantanée, ce qui a un impact en matière de prescription[4].

La régularisation postérieure de l'engagement sans habilitation ne fait pas disparaître l'infraction, conformément à la règle générale en la matière[5]. Ainsi, la ratification *ex post* par l'organe habilité, par exemple le conseil d'administration, ne saurait faire disparaître cette irrégularité[6]. Une régularisation de l'irrégularité que constitue l'engagement de dépenses sans être habilité ne justifie pas non plus forcément une dispense de peine[7].

Rappelons enfin qu'il avait été envisagé un temps d'élargir le champ de cette infraction au-delà des seuls engagements de dépenses, réforme utile mais qui n'a jamais vu le jour[8].

422.22 Notion d'engagement dans le champ de la comptabilité publique : l'ordonnateur. Dans le champ de la comptabilité publique, régi par le décret du 7 novembre 2012 relatif à la gestion budgétaire et comptable publique, dit GBCP[9], qui recouvre l'État, les collectivités locales et les établissements publics dotés d'un poste comptable, l'engagement relève des seuls ordonnateurs[10], dont les attributions exclusives sont précisées : les ordonnateurs – il s'agit d'une qualité[11], et non d'une fonction ou d'un emploi[12] – prescrivent l'exécution des dépenses[13], engagent, liquident et ordonnancent les dépenses[14].

Les ordonnateurs bénéficient de l'exclusivité dans leur champ de compétence[15] ; ils « ont seuls qualité pour engager les dépenses de l'État »[16], une règle similaire existant également pour les autres personnes morales de droit public soumis au décret GBCP[17] ; c'est d'ailleurs à cause de ce monopole d'engagement des dépenses par les ordonnateurs qu'il existe une infraction financière pour en protéger spécifiquement les attributions.

La limitation de l'infraction à l'engagement exclut donc en principe de poursuivre sur ce fondement les comptables publics ou les contrôleurs budgétaires, qui, s'ils participent de la chaîne de la dépense, n'engagent pas au sens strict du terme.

« Le ministre chargé du budget exerce un contrôle sur la gestion des ordonnateurs de l'État et des organismes relevant du titre III [du décret GBCP] par l'intermédiaire de l'inspection générale des finances [IGF] et des autres services d'audit et de contrôle ou agents habilités à cet effet » ; à noter que l'IGF est autorité de déféré[18] et peut donc, lorsque des irrégularités sont relevées, saisir le Procureur général près la Cour des comptes.

Les ordonnateurs, qui peuvent déléguer leur signature et se faire suppléer[19], doivent être nommés selon des procédures particulières et formalisées, et accrédités auprès des comptables publics[20].

1. Cela ressort clairement d'un arrêt (CDBF 22 mai 1979, *Préfecture de Provence-Alpes-Côte d'Azur, Préfecture des Bouches-du-Rhône, opération immobilière projetée au lieudit « Mas des aulnes »*, *Lebon* 585 ; CCP, n° 2, p. 171), même si la rédaction vise curieusement une autre infraction.
2. CDBF 28 avr. 1987, *Assoc. pour la formation professionnelle des adultes [Afpa]*, CCP, n° 3, p. 65 ; *Lebon* 503.
3. C. comptes 11 mai 2023, *Société ALPEXPO*, n° 836, S-2023-0604, préc.
4. Sur la prescription, v. s^s n° 322.11.
5. V. s^s n° 416.11.
6. C. comptes 8 janv. 2025, *Fondation Assistance aux animaux*, n° 874, S-2024-1612. Ici §§ 32 et 48. – CDBF 20 avr. 1988, *Caisse interprofessionnelle de retraite des commerçants détaillants de la région parisienne [CIRCD]*, CCP, n° 3, p. 138 ; *Lebon* 546.
7. C. comptes 3 mai 2024, *France Médias Monde (FMM)*, n° 860, S-2024-0793 ; *JCP Adm.* 2024. 2207, note S. Damarey ; *AJDA* 2024. 1859, chron. N. Péhau et L. Vergallo.
8. Sur l'histoire de cette infraction, v. s^s n° 422.12.
9. Décr. n° 2012-1246 7 nov. 2012 relatif à la gestion budgétaire et comptable publique, dit GBCP.
10. Sur la notion d'ordonnateur, et l'histoire de cette qualité, v. s^s n°s 032.21 s.
11. GBCP, art. 10, al. 2 : « La qualité d'ordonnateur… ».
12. S. Thébault, *L'ordonnateur en droit public financier*, coll. « Bibliothèque de finances publiques et fiscalité », t. 47, LGDJ, 2007, not. p. 2-14.
13. GBCP, art. 10, al. 1er.
14. GBCP, art. 11, al. 1er.
15. Décr. n° 2012-1246, 7 nov. 2012 relatif à la gestion budgétaire et comptable publique (GBCP), art. 8 : « Les opérations relatives à l'exécution du budget relèvent exclusivement des ordonnateurs et des comptables publics ».
16. GBCP, art. 125.
17. GBCP, art. 194, al. 1er.
18. V. s^s n° 512.17.
19. GBCP, art. 10, al. 4.
20. GBCP, art. 10, al. 5.

Le décret GBCP distingue entre ordonnateurs principaux et ordonnateurs secondaires [1].

Au sein de l'État, les ordonnateurs principaux sont les ministres [2].

Les ordonnateurs secondaires de l'État doivent donc disposer d'une délégation de pouvoirs d'un ministre, faute de quoi ils ne sont pas ordonnateurs et ils peuvent être appréhendés dans le cadre de l'infraction financière.

Seules exceptions : les préfets et les ambassadeurs, qui représentent les ministres respectivement sur le territoire et à l'étranger, sont statutairement ordonnateurs secondaires, sans acte de délégation spécifique [3] ; il en va de même – sauf exception législative – des présidents d'autorités administratives indépendantes (AAI), ainsi que des responsables des services à compétence nationale (SCN) [4].

« Des arrêtés conjoints du ministre chargé du budget et des ministres intéressés désignent les autres agents publics auxquels la qualité d'ordonnateur secondaire est conférée » [5].

Les autres agents de l'État ne sont ordonnateurs que s'ils ont reçu délégation de signature d'un ordonnateur secondaire ou, plus rarement, directement d'un ordonnateur principal.

Cela vaut également pour les fonctionnaires pour lesquels les textes rendent pourtant obligatoire de détenir également la qualité d'ordonnateur, comme les responsables de la fonction financière ministérielle, les responsables de programme, les responsables de budget opérationnel de programme (BOP) et les responsables d'unité opérationnelle (UO) [6] : ils doivent néanmoins bénéficier d'une délégation.

Pour les collectivités territoriales, le code général des collectivités territoriales renvoie largement au titre Ier du décret GBCP, comportant les principes fondamentaux régissant les ordonnateurs et les comptables [7].

Dans les établissements publics dotés d'un poste comptable public, l'ordonnateur principal et, le cas échéant, l'ordonnateur secondaire, est désigné par les textes constitutifs de l'organisme [8].

Pour les autres organismes, s'il n'existe pas d'ordonnateurs au sens strict du décret GBCP précité, les règles d'engagement désignent néanmoins certaines personnes – ou certains organes, comme un conseil d'administration – qui seuls ont le pouvoir de dépenser, et qui peuvent déléguer leur pouvoir ou leur signature.

422.23 Notion de dépense. L'infraction exige qu'une dépense ait été engagée, au sens budgétaire, ce qui exclut par exemple des charges futures inscrites dans la comptabilité (une réforme de cette infraction avait envisagé de remédier à cette lacune, mais sans entrer dans le droit positif [9]).

Les cas les plus fréquents de dépenses rencontrés dans le cadre de cette infraction concernent, comme pour l'ensemble des fautes de gestion, l'achat de biens et services d'une part (et donc la commande publique dans le champ des organismes concernés par cette notion [10]), les éléments de rémunération [11] d'autre part.

La jurisprudence a précisé que les dépenses fiscales constituent des dépenses au sens des infractions financières (affaire où un directeur de cabinet de ministre n'était pas habilité pour accorder un agrément fiscal, faute d'avoir reçu délégation pour ce faire) [12].

Une garantie d'emprunt est considérée comme un engagement d'une dépense au sens de l'infraction [13]. À noter que la création d'une infraction financière autonome portant sur la contraction d'emprunts sans autorisation avait été imaginée dans le cadre des travaux d'une commission parlementaire chargée, en 1832, d'élaborer une loi sur la responsabilité financière des gestionnaires publics [14] ; une autre infraction devait couvrir la garantie d'emprunt ou à une créance étrangère engageant le Trésor sans autorisation.

Le rachat de l'activité d'une autre personne morale constitue un engagement de dépenses : ainsi la reprise d'une structure en liquidation judiciaire [15]. D'une façon générale, toute prise de participation dans une personne morale constitue un engagement de dépense.

1. GBCP, art. 10 : « [...] Les ordonnateurs sont principaux ou secondaires [...] ».
2. GBCP, art. 74.
3. GBCP, art. 75, al. 2 et 3.
4. GBCP, art. 75, al. 4 et 5.
5. GBCP, art. 75, al. 6.
6. GBCP, art. 73.
7. PAR EX., pour les communes : CGCT, art. R. 2342-1.
8. GBCP, art. 186.
9. Sur ce point, v. s[s] n° 422.12.
10. Ex. : CDBF 22 janv. 2015, *Établissement public du campus de Jussieu ; Rec.* 155 ; *AJDA* 2016. 2487, chron. Péhau et Hauptmann – Pour d'autres exemples, v. typologie, s[s] n°s 432.121 s.
11. Exemple : CDBF 13 janv. 2006, *Centre régional de lutte c/ le cancer Oscar Lambret de Lille, Rev. Trésor* 2006. 906, note M. Lascombe et X. Vandendriessche ; *Lebon* 645 – Pour d'autres exemples, v. typologie, s[s] n°s 432.91 s.
12. CDBF 21 juill. 2016, *Agrément dérogatoire donné à une opération de défiscalisation de la loi du 23 juill. 2003 dite « loi Girardin » ; Rec.* 185.
13. CDBF 4 déc. 2002, *Caisse centrale de la mutualité agricole [CCMSA] et SCI Mutualité Astorg, Rev. Trésor* 2004. 48, note M. Lascombe et X. Vandendriessche ; *Rec.* 112.
14. S. Flizot, « La création de la CDBF : enjeux et débats », *in* Collectif, *L'invention de la gestion des finances publiques : du contrôle de la dépense à la gestion des services publics*, Comité pour l'histoire économique et financière de la France, 2013, p. 366.
15. CDBF 4 déc. 2002, *Caisse centrale de la mutualité agricole [CCMSA] et SCI Mutualité Astorg*, préc.

Le rachat de créances est également est considéré comme un engagement de dépense au sens de l'infraction : cas de quatre opérations de rachat de créances détenues par des établissements bancaires sur des sociétés, rachetées par une SCI filiale d'une caisse de Sécurité sociale [1].

En revanche, « la vente de biens est, par principe, une opération de recette. Elle peut toutefois entraîner une charge pour l'organisme lorsque le prix de cession est inférieur à la valeur comptable du bien. Une moins-value est alors, en effet, constatée », même si tel n'était pas le cas en l'espèce [2].

422.24 Notions de « pouvoir » et de « délégation », et distinction entre vice de compétence et simple vice de procédure. L'infraction financière vise le cas d'engagement d'une dépense par une personne n'en ayant pas le pouvoir, soit directement d'après les textes (par exemple en vertu des statuts d'un organisme, ou encore en vertu du décret GBCP pour l'État [3]), soit du fait d'une délégation - donc interne à la structure - dont elle aurait dû être le titulaire.

La loi ne distingue pas, pour cette infraction, entre délégation de pouvoirs et délégation de signature : il faut l'une ou l'autre pour pouvoir engager régulièrement un organisme.

Lorsqu'une procédure d'engagement de dépenses connaît des irrégularités, l'infraction n'est pas pour autant automatiquement constituée : l'irrégularité doit porter sur le pouvoir d'engager, donc sur la compétence juridique, faute de quoi la présente infraction ne saurait en principe s'appliquer. De simples irrégularités de procédure - par exemple l'omission d'une simple consultation d'un organe ou d'une tutelle - et qui ne concernent pas le pouvoir ou l'habilitation à engager ne sauraient être appréhendées sur la base de cette infraction.

Or la limite entre les deux cas de figure n'est pas toujours aisée, comme peut l'illustrer la jurisprudence financière [4].

Dans le régime de responsabilité en vigueur jusqu'en 2022, la CDBF contournait souvent la difficulté en associant systématiquement cette infraction budgétaire spéciale à l'ancienne infraction générale [5], susceptible de couvrir toutes les irrégularités en matière de dépense, de compétence comme de procédure, voire en appliquant directement la seule infraction générale sanctionnant la méconnaissance de toutes les règles en matière de dépenses [6].

Dans le régime actuel, issu de la réforme entrée en vigueur en 2023, une telle confusion ne sera plus guère possible, puisque le champ de l'infraction générale sanctionnant les violations de règles d'exécution des dépenses a été rétréci aux seuls cas de faute grave ayant causé un préjudice financier significatif [7]. Dans l'avenir, le juge devra donc avec davantage de rigueur préciser les contours de l'infraction sanctionnant l'engagement sans y être habilité.

Lorsque des textes internes prévoient une délégation au président pour les actes de la gestion courante, le juge sera amené à apprécier, acte par acte, s'il entre dans cette catégorie ou non. Or cette délégation ne peut être interprétée ni de façon trop large, « qui aboutirait à donner tout pouvoir à la présidente », ni de façon trop restrictive, « qui viderait complètement la notion de "gestion courante" de toute substance » [8].

Ainsi, dans une association faisant appel à la générosité publique, la Cour a-t-elle jugé que les acquisitions immobilières affectant le patrimoine et constituant un caractère stratégique, ne sont pas des actes de gestion courante, et lorsqu'elles ne sont pas autorisées spécifiquement, par les instances compétentes, l'infraction est constituée [9]. En revanche, l'entretien des immeubles relève, selon la Cour dans la même affaire, de la gestion courante.

S'agissant de marchés « portant sur le cœur même de l'objet social de la fondation, [et dont] les montants en jeu sortaient du cadre de la gestion courante et présentaient un caractère stratégique », la Cour a également pu appliquer l'infraction réprimant l'engagement sans y être habilité [10].

1. CDBF 4 déc. 2002, *Caisse centrale de la mutualité agricole [CCMSA] et SCI Mutualité Astorg*, préc.
2. C. comptes 23 déc. 2024, *Société anonyme d'économie mixte (SAEM) Marseille Habitat et Société civile immobilière (SCI) Protis Développement*, n° 24, S-2024-1604. Lire § 34.
3. GBCP, art. 74 et 75.
4. CDBF 24 oct. 1989, *Assoc. pour l'emploi des cadres, ingénieurs et techniciens de l'agriculture [Apecita], CCP*, n° 3, p. 180 ; *Lebon* 421.
5. CJF, ancien art. L. 313-4, en vigueur jusqu'au 31 déc. 2022.
6. Groper, préc., n°s 144.23 et 144.24 – Pour un exemple particulièrement critiquable : l'absence d'habilitation de celui qui avait engagé la dépense était expressément invoquée, et pourtant l'arrêt s'est borné à constater l'infraction générale (au moment des faits art. L. 313-4 CJF), sans même citer l'infraction spécifique sanctionnant l'engagement de dépenses sans habilitation (CDBF 11 oct. 2013, *Maison de retraite intercommunale de Champcevrais ; Rec.* 213 ; *AJDA* 2013. 2547, chron. C. Michaut et P. Sitbon) – Dans un autre cas la CDBF s'est également fondée sur l'infraction générale, alors que l'infraction « engagement sans y être habilité » aurait pu trouver application : « que [la personne renvoyée] n'avait ainsi pas de pouvoir d'engager cette dépense », qui relevait du conseil de surveillance (CDBF 4 juin 2019, *Gestion des sociétés EDF, ERDF et RTE ; Rec.* 214 ; *AJDA* 2019. 2606, chron. N. Hauptmann et N. Péhau).
7. CJF, nouvel art. L. 131-9.
8. C. comptes 8 janv. 2025, *Fondation Assistance aux animaux*, n° 874, S-2024-1612. Lire § 21.
9. C. comptes 8 janv. 2025, *Fondation Assistance aux animaux*, préc. ; ici §§ 22 à 24.
10. C. comptes 8 janv. 2025, *Fondation Assistance aux animaux*, préc. Ici § 45.

422.25 Degré d'intentionnalité. Comme dans les autres infractions financières, sauf exception, il n'est pas exigé d'intentionnalité qualifiée[1] : le seul fait d'engager une dépense suffit.

Le fait d'avoir cru de bonne foi être habilité à signer un engagement ne devrait pas, en principe, faire disparaître l'infraction, qui n'exige pas d'intention malhonnête ; en revanche, il pourra en être tenu compte au stade de l'imputation[2] ou des circonstances.

422.26 Personnes responsables. S'agissant d'un engagement, « le signataire a la pleine et entière responsabilité de la commission éventuelle de l'infraction »[3] ; cela signifie que le signataire ne peut se dédouaner sur les agents qui auraient commis des erreurs matérielles dans la préparation de la décision (en l'espèce un accord-cadre) : il aurait dû vérifier l'acte qu'on lui présentait et qu'il a signé.

Le bénéficiaire d'un engagement irrégulier ne peut pas être appréhendé dans le cadre de cette infraction, cette infraction ne visant que celui qui engage la dépense du côté de l'organisme en cause[4].

Ne peuvent pas non plus être appréhendés sur le fondement de cette infraction ceux qui ne font qu'exécuter un engagement irrégulier, comme le comptable qui paye par exemple.

Se pose en revanche la question de savoir si l'infraction ne peut concerner que la personne ayant directement engagé la dépense, ou s'il est également possible d'appréhender un gestionnaire qui aurait contribué de façon déterminante à la commission de l'infraction. La jurisprudence a partiellement répondu à cette question, qui peut recouvrir des cas de figure assez variés qui n'ont pas encore tous été traités.

Le cas le plus simple est celui de l'instruction préalable du supérieur hiérarchique : responsabilité du supérieur se substitue alors à celle du subordonné ayant signé le contrat litigieux[5], conformément à l'article L. 131-5 du CJF.

S'agissant de la répartition des responsabilités en cas de subdélégations, la CDBF a clairement sanctionné un supérieur qui avait donné délégation à un adjoint pour signer un acte pour lequel lui-même n'avait pas compétence, et ce sur la base de l'infraction spéciale[6]. La sous-délégation était donc viciée par le fait même que le délégant n'avait pas pouvoir pour accorder de délégation sur les actes en question. Même si le supérieur ayant consenti la délégation irrégulière, car excédant les pouvoirs que lui-même détenait, n'a pas signé lui-même les actes d'engagement, il peut donc être sanctionné ; on peut même dire, il doit être sanctionné ; quant au subordonné ayant signé sur la base d'une délégation viciée, il devrait être exclu du champ de la sanction.

Cette solution jurisprudentielle, dont on doit espérer qu'elle soit confirmée par la Cour des comptes, est cohérente avec la règle législative selon laquelle « le justiciable qui agit conformément aux instructions préalables de son supérieur hiérarchique et d'une personne habilitée n'est passible d'aucune sanction. La responsabilité du supérieur hiérarchique ou de la personne habilitée se substitue, dans ce cas, à la sienne »[7].

Du coup, la question de savoir si la responsabilité d'un supérieur hiérarchique, au-delà du fait d'avoir donné une délégation sur un champ pour lequel il n'est pas, lui-même compétent, peut être engagée en outre au titre de son devoir d'organisation et de surveillance (par exemple mise en place d'un circuit de délégations et de dispositifs permettant de limiter le risque d'engagements sans habilitation) est moins importante que pour d'autres infractions spéciales[8]. Car si la CDBF a pu, dans le passé, appréhender ce type de cas de figure sur la base des deux infractions[9], combinant infraction budgétaire spéciale et infraction générale sanctionnant la violation de règles de gestion était conçue de façon très large[10], et que cette combinaison est rendue aujourd'hui très difficile du fait de l'évolution de l'infraction générale[11], cela n'empêche pas la Cour des comptes de sanctionner le supérieur sur la base de la seule infraction budgétaire spéciale, du moins dans le cas d'une délégation irrégulière à un subordonné qui peut être constitutive, on l'a vu, de cette infraction, même si l'engagement est finalement réalisé (signé) par ce subordonné.

En revanche, un président de conseil d'administration, s'il peut avoir un devoir de surveillance sur un directeur général sanctionnable au titre de l'infraction générale[12], y compris en matière de dépasse-

1. Sur l'intention, en général, v. s[s] n° 414.11.
2. CDBF 26 juin 2017, *Cité du cinéma ;* n° 213-742.
3. C. comptes 5 juill. 2024, *Régie métropolitaine PARCUB, devenue METPARK*, n° 869, S-2024-1038 ; *JCP Adm.* 2024. 2264, note S. Damarey. Voir § 25.
4. C. comptes 23 déc. 2024, *Société anonyme d'économie mixte (SAEM) Marseille Habitat et Société civile immobilière (SCI) Protis Développement*, n° 24, S-2024-1604.
5. C. comptes 23 déc. 2024, *Société anonyme d'économie mixte (SAEM) Marseille Habitat et Société civile immobilière (SCI) Protis Développement*, n° 24, S-2024-1604. – C. comptes 8 janv. 2025, *Fondation Assistance aux animaux*, n° 874, S-2024-1612.
6. CDBF 4 déc. 2002, *Caisse centrale de la mutualité agricole [CCMSA] et SCI Mutualité Astorg, Rev. Trésor* 2004. 48, note M. Lascombe et X. Vandendriessche ; *Rec.* 112.
7. CJF, art. L. 131-5, al. 1er.
8. Voir par exemple ce débat s'agissant de l'infraction protégeant le contrôle budgétaire ; v. s[s] n°s 421.41.
9. Une question similaire se pose pour d'autres infractions spéciales, par exemple celle protégeant le contrôle budgétaire, v. s[s] n° 421.72.
10. CJF, ancien art. L. 313-4, abrogé le 31 déc. 2022.
11. CJF, art. L. 131-9.
12. CJF, art. L. 131-9 ; jusqu'au 31 déc. 2022, infraction prévue à l'ancien article L. 313-4, désormais abrogé.

ment des compétences de ce directeur, il ne peut pas être appréhendé sur la base de l'infraction spéciale réprimant l'engagement sans y être habilité, puisqu'il n'a lui-même pas de pouvoir qu'il pourrait déléguer (ce pouvoir appartenant à l'organe délibérant) [1].

Une solution similaire peut être déduite indirectement d'un arrêt plus récent qui sanctionne un agent de fait pour avoir engagé des dépenses dans une société sans y avoir été habilité, sans toutefois inquiéter les présidents successifs de cette société [2], qui « ont laissé faire ».

Autre cas de figure, proche, s'agissant d'ordonnateurs habilités qui, dans un établissement public, « ont toléré et laissé se perpétuer les pratiques irrégulières » commises par des subordonnés, ce qui avait entraîné la signature fréquente de bons de commande par des personnes non habilitées, le juge a pu se fonder sur l'infraction générale (dans son ancienne rédaction) et le devoir de surveillance que cette dernière recouvre [3].

Dans le même sens, « le défaut de contrôle hiérarchique ayant conduit à la signature de bons de commande par une personne dépourvue de délégation en ce sens, constitue [...] une infraction réprimée par l'[ancien] article L. 313-4... » [4].

Or avec le rétrécissement du champ de l'infraction générale depuis la réforme de 2022, cette jurisprudence est difficile à appliquer dans la plupart des cas de simple omission de surveillance et de contrôle, faute de préjudice financier significatif, ce qui risque d'aboutir à ne sanctionner que les subordonnés agissant directement, solution injuste [5] (hormis les situations citées ci-dessus de délégation irrégulière donnée par des supérieurs, ou d'instruction préalable de signer donnée, auxquels cas la responsabilité des supérieurs peut être fondée sur l'infraction spéciale). Il faudra donc observer la future jurisprudence sur ce point.

À noter enfin que l'infraction sanctionnant l'engagement de dépenses sans y être habilité ne fait pas partie du champ pour lequel les élus locaux sont justiciables : la Cour a pu ainsi sous-entendre dans une affaire dans laquelle un élu avait réquisitionné le comptable public [6] que les éléments constitutifs de cette infraction étaient réunis (une délibération du conseil départemental eût été nécessaire en vertu du code général des collectivités territoriales pour cet acte d'engagement), sans pouvoir toutefois se fonder sur cette infraction [7].

SECTION 3
CAS D'APPLICATION DE L'INFRACTION ET ARTICULATION AVEC LES AUTRES INFRACTIONS FINANCIÈRES (1) : ORDONNATEUR OU AGENT DE FAIT

422.31 Ordonnateur de fait : usurpation de la qualité d'ordonnateur. Le cas typique couvert par l'infraction est celui de la personne qui joue à l'ordonnateur sans l'être, au sens strictement juridique, dans le champ du décret GBCP [8] : elle agit alors comme ordonnateur de fait.

Dans un tel cas, les faits sont également susceptibles d'être qualifiés pénalement au titre de l'usurpation de fonctions publiques [9] : si être ordonnateur constitue une qualité, et non précisément une fonction [10], les éléments constitutifs de l'infraction pénale peuvent néanmoins être réunis à cette occasion.

La CDBF a considéré que lorsque la personne mise en cause a déjà été condamnée pénalement sur la base de l'infraction réprimant l'usurpation de fonctions publiques, le principe du *non bis in idem* s'applique en ce qui concerne l'infraction aujourd'hui prévue au 3° de l'art. L. 131-13 CJF [11] (mais pas aux autres infractions financières).

1. CDBF 4 déc. 2002, *Caisse centrale de la mutualité agricole [CCMSA] et SCI Mutualité Astorg*, préc.
2. C. comptes 11 mai 2023, *Société ALPEXPO*, n° 836, S-2023-0604 ; *Rec.* 17 ; *JCP Adm.* n° 25, 26 juin 2023, 2210, note S. Damarey ; *AJDA* 2023. 1511, note X. Vandendriessche.
3. CDBF 5 juin 1989, *Hôpital d'Orange*, CCP, n° 3, p. 172 ; *Lebon* 417.
4. CDBF 22 oct. 2012, *Port autonome de Marseille ; Rec.* 196 ; *AJDA* 2012. 2441, note C. Michaut et P. Sitbon ; *GFP* 2013, n° 5, p. 90, note S. Damarey, M. Lascombe et X. Vandendriessche.
5. Pour une argumentation similaire s'agissant de l'infraction protégeant le contrôle budgétaire, v. s[s] n° 421.41.
6. Sur la justiciabilité des élus locaux en cas de réquisition du comptable public, mais pour la seule infraction réprimant l'avantage injustifié (CJF, art. L. 131-12), v. s[s] n° 313.164.
7. C. comptes 3 mai 2024, *Département de la Haute-Saône*, n° 908, S-2024-0723 ; chron. Y. Simon et S. Heintz dans *RGP* 2024, n° 03, p. 70 ; *AJDA* 2024. 1327, chron. N. Péhau et L. Verganllo.
8. Décr. n° 2012-1246, 7 nov. 2012 relatif à la gestion budgétaire et comptable publique (GBCP).
9. Code pénal, art. 433-12 : « Est puni de trois ans d'emprisonnement et de 45 000 euros d'amende le fait, par toute personne agissant sans titre, de s'immiscer dans l'exercice d'une fonction publique en accomplissant l'un des actes réservés au titulaire de cette fonction ».
10. Sur ce point, v. s[s] n°s 032.21 et 422.22.
11. CDBF 23 nov. 2022, *Établissement de communication et de production audiovisuelle de la défense (ECPAD)* ; n° 263-796 ; *Rec.* 153 : « M. X est poursuivi au titre des articles L. 313-1 et L. 313-3 du code des juridictions financières [applicables au moment des faits] pour avoir signé le contrat litigieux en méconnaissance des règles rappelées au point 30. Il résulte des points 3, 4 et 5 ci-dessus, qu'au cas d'espèce, compte tenu de la nature des sanctions pénales déjà prononcées et des intérêts sociaux en jeu, la Cour ne pourrait pas sanctionner M. X au titre de l'article L. 313-3 précité sans méconnaître le principe *non bis in idem*. En revanche, il y a lieu d'engager sa responsabilité sur le fondement » d'une autre infraction prévue par le même code.

Parfois, la CDBF a pu indiquer clairement qu'un agent s'était « immiscé irrégulièrement dans les fonctions d'ordonnateur » (ordonnateur de fait) sans toutefois appliquer la présente infraction [1]. Cette pratique, fréquente du temps de la CDBF, à vouloir faire prévaloir l'infraction générale sur l'infraction budgétaire spéciale, était toutefois être critiquée sur le plan du droit ; surtout, la réforme de 2022, en modifiant le champ de l'infraction générale et en créant un plafond spécifique de l'amende pour les infractions budgétaires et comptables, appelle pour l'avenir un partage plus clair entre les différentes infractions, avec une priorité à donner à l'infraction budgétaire spéciale qu'est l'engagement sans habilitation [2].

422.32 **Agent de fait.** Il s'agit de l'un des cas les plus flagrants, mais pas le plus fréquent : une personne étrangère à l'organisme s'attribue de fait le pouvoir d'engager ce dernier. C'est, pour les structures privées ou publiques hors champ du décret GBCP, le pendant de l'ordonnateur de fait.

Ainsi a pu être sanctionnée une personne qui était liée à l'organisme en cause par un simple contrat de prestation de service (à travers une autre société, de placement de personnel de direction), sans en être un salarié ; or un « simple contrat de prestations de service [...] ne conférait pas à l'intervenante la capacité juridique d'engager juridiquement et financièrement la société » [3].

422.33 **Gestionnaire de fait.** Une situation de gestion de fait, qui se traduit par l'existence de comptables de fait, peut également donner lieu à engagement de dépense sans y être habilité : c'est d'ailleurs souvent le cas lorsque, de façon occulte, des dépenses sont effectuées en réalité pour le compte d'un organisme public dans lequel il existe des règles d'engagement méconnues par la même occasion : car dans ce cas, non seulement le payement sera effectué par une personne habilitée (comptable de fait), mais l'engagement qui le précède également (ordonnateur de fait). Toutefois, l'intérêt pratique de poursuivre sur la base de l'infraction réprimant l'engagement sans y être habilité semble limité, puisque l'infraction sanctionnant la gestion de fait [4], dont le plafond de l'amende est plus élevé, pourra couvrir l'ensemble.

422.34 **Comptable public ordonnateur de fait.** Dans ce cas extrême, on aboutit au scénario exactement symétrique à la gestion de fait, puisque c'est le comptable qui empiète sur le champ réservé de l'ordonnateur, et non l'inverse.

Ainsi, le principe de séparation entre ordonnateur et comptable [5] implique qu'un « gestionnaire qui est également agent comptable de l'établissement ne peut recevoir de délégation de signature pour les actes relevant de l'ordonnateur » [6].

Dans une affaire jugée par la CDBF, l'agent comptable avait « procédé aux payements correspondants sans que les mandats aient été signés de l'ordonnateur » ; il s'était même « substitué à l'ordonnateur pour les signer » [7]. Le même un agent comptable avait non seulement engagé des dépenses, en l'occurrence le remboursement de frais de mission, sans décision de l'ordonnateur, mais seul validé les états de frais – qui de surcroît ne respectaient pas les exigences requises par la réglementation applicable à la structure en question (utilisation du véhicule personnel pour une mission professionnelle, sans autorisation préalable de l'ordonnateur). Toujours le même comptable public s'était octroyé à lui-même des avances sur une indemnité qui, au moment du payement, n'avait pas encore été arrêtée par le conseil d'administration, et ce de surcroît sans autorisation écrite de l'ordonnateur de payer cette avance, autorisation pourtant requise par la réglementation applicable à l'établissement.

422.35 **Dépassement de la limite d'âge par l'ordonnateur.** Peut également être sanctionné un gestionnaire public qui continuait à ordonnancer des dépenses alors qu'il n'y était plus habilité, ayant dépassé la limite d'âge [8].

422.36 **Ordonnateur « mal nommé ».** Un ordonnateur dont la nomination comporte des vices peut être concerné par l'infraction, si le vice est suffisamment fort pour affecter sa compétence d'engager des dépenses.

La juridiction financière, selon les cas, peut néanmoins considérer un « ordonnateur mal nommé » comme habilité à prendre des engagements en matière de dépenses.

1. CDBF 22 avr. 1975, *Lycée technique d'État d'Albi*, *Lebon* 805 (extraits) ; CCP, n° 2, p. 112.
2. V. s[s] n°s 422.12 et 422.26.
3. C. comptes 11 mai 2023, *Société ALPEXPO*, n° 836, S-2023-0604 ; *Rec.* 17 ; *JCP Adm.* n° 25, 26 juin 2023, 2210, note S. Damarey ; *AJDA* 2023. 1511, note X. Vandendriessche ; ici § 25.
4. CJF, art. L. 131-15.
5. Décr. n° 2012-1246, 7 nov. 2012 relatif à la gestion budgétaire et comptable publique, art. 9 – C. Michaut, *Pavane pour un principe d'avenir. Actualité du principe de séparation entre l'ordonnateur et le comptable public, AJDA* 2019. 1382 – D. Catteau, *Le principe de séparation des ordonnateurs et des comptables structure-t-il toujours le système de comptabilité publique française ?* Dans Kott [dir.], *Droit et comptabilité. La spécificité des comptes publics* (2017), p. 79.
6. CDBF 4 avr. 2011, *Lycée professionnel Vauvenargues et GRETA du pays d'Aix ; Rec.* 155 ; *GFP* 2013, n° 5, p. 69, note S. Damarey, M. Lascombe et X. Vandendriessche.
7. CDBF 4 avr. 2011, *Lycée professionnel Vauvenargues et GRETA du pays d'Aix* ; préc.
8. CDBF 14 oct. 1998, *Service central de protection c/ les rayonnements ionisants [SCPRI]*, *Rev. Trésor* 1999. 210.

Ainsi, la CDBF a-t-elle pu écarter l'infraction dans le cas suivant, concernant un directeur général d'établissement public par intérim dont la nomination n'avait pas été publiée. Le Parquet avait plaidé l'incompétence de l'intérimaire pour signer des actes d'engagement, mais Cour n'a pas suivi : « la nomination de M. X en qualité de directeur général [...] par intérim a eu pour objet et pour effet de lui conférer à titre provisoire tous les pouvoirs attachés aux fonctions de directeur général ; qu'il pouvait ainsi, en vue d'assurer la continuité du service public, prendre tous actes ou décisions relevant de ces fonctions ; qu'alors même que son arrêté de nomination n'était pas publié, il a pu en l'espèce valablement signer l'avenant n° 1 qui était nécessaire au redémarrage rapide des travaux prévus par le marché « M7 » ; que par conséquent il ne peut lui être fait grief d'avoir commis l'infraction »[1] aujourd'hui prévue au 3° de l'article L. 131-13 du code des juridictions financières.

Dans une autre affaire, pourtant proche, de délégations non publiées, la juridiction financière a pourtant retenu l'infraction : « s'agissant de la secrétaire générale, qu'elle a engagé des dépenses sans avoir valablement reçu délégation et qu'elle ne pouvait, eu égard à ses fonctions, ignorer la nécessité de publier les délégations de signature »[2].

Mais lorsqu'une délégation est interdite, elle ne peut pas être considérée comme valide : ainsi, un comptable public ne saurait obtenir de l'ordonnateur délégation pour signer des engagements qui relèvent du seul ordonnateur, puisque les deux fonctions sont incompatibles, d'après les textes généraux en la matière[3].

Peut être rattaché à ce cas de figure celui d'une subdélégation invalide, donc jamais entrée en vigueur[4].

422.37 Agent de droit mais dépourvu de toute délégation pour engager des dépenses. Un autre cas de figure est celui d'un agent de droit, donc par exemple un titulaire de la fonction publique ou un salarié d'une société, mais qui est entièrement dépourvu de délégation lui permettant d'engager des dépenses.

L'engagement de dépenses par des personnes subordonnées qui n'avaient point reçu délégation pour ce faire se rencontre assez fréquemment dans la jurisprudence[5].

C'est le cas au sein de l'État, qui dispose d'une hiérarchie d'ordonnateurs principaux, secondaires et délégués particulièrement étoffée.

Dans plusieurs cas, l'engagement par personne incompétente a pu concerner les membres de cabinets ministériels. Il doit être rappelé que la qualité de membre d'un cabinet de ministre ne donne, en soi, aucune compétence pour engager les dépenses de l'État, sauf délégation du ministre :

– Un directeur de cabinet de ministre n'avait pas compétence pour passer des commandes de prestations intellectuelles à des consultants (études)[6].

– Un directeur de cabinet de ministre n'était pas habilité pour accorder un agrément fiscal, faute d'avoir reçu délégation pour ce faire[7].

– Commandes orales passées par un chargé de mission placé auprès d'un ministre, alors qu'il ne disposait pas du pouvoir d'engager l'État, n'ayant point reçu délégation à cet effet[8].

Mais le cas de fonctionnaires de l'État agissant sans aucune délégation se rencontre également en jurisprudence :

– Signature de marchés publics de l'État sans y être habilité, en l'espèce sans avoir reçu délégation pour cela[9].

– Engagements pris par un officier de l'armée non habilité par les arrêtés de délégation[10].

– Cas d'agent agissant sans aucune délégation dans des établissements publics ou entreprises publiques.

1. CDBF 22 janv. 2015, *Établissement public du campus de Jussieu ; Rec.* 155 ; *AJDA* 2016. 2487, chron. N. Péhau et N. Hauptmann.
2. CDBF 15 déc. 2017, *Office national de l'eau et des milieux aquatiques* (ONEMA) ; *Rec.* 247 ; *AJDA* 2018. 2493, chron. N. Hauptmann et N. Péhau ; v. également V. Mazzocchi, Principe *non bis in idem*, que faut-il entendre par *bis* ? Droit administratif et droit public financier, *Dr. adm.* 2018, n° 3, chron. 1.
3. CDBF 4 avr. 2011, *Lycée professionnel Vauvenargues et GRETA du pays d'Aix ; Rec.* 155 ; *GFP* 2013, n° 5, p. 69, note S. Damarey, M. Lascombe et X. Vandendriessche.
4. C. comptes 8 janv. 2025, *Fondation Assistance aux animaux*, n° 874, S-2024-1612. En l'espèce, la délégation de la présidente d'une association au directeur n'était pas entrée en vigueur faute d'avoir été approuvée par le conseil d'administration. Le directeur, ayant été lui-même été jadis président de la fondation, ne pouvait ignorer ces dispositions (lire § 39).
5. CDBF 18 juin 1985, *Bureau de recherches géologiques et minières [BRGM], service géologique d'Alsace et de Lorraine*, CCP, n° 3, p. 15.
6. CDBF 21 mars 2013, *Secrétariat d'État chargé des sports ; Rec.* 205.
7. CDBF 21 juill. 2016, *Agrément dérogatoire donné à une opération de défiscalisation de la loi du 23 juill. 2003 dite « loi Girardin » ; Rec.* 185.
8. CDBF 29 nov. 1999, *min. de l'Intérieur et de l'Aménagement du territoire, Grand débat national sur l'aménagement du territoire en 1993 et 1994, Rev. Trésor* 2000. 32, note M. Lascombe et X. Vandendriessche ; *Rec.* 105 (extraits anonymisés).
9. CDBF 27 nov. 1996, *min. A., marchés de prestations informatiques, Rev. Trésor* 1998. 731, note R. Ludwig, p. 727 ; *Lebon* 653 ; *Rec.* 179.
10. CDBF 15 déc. 1993, *min. de la Défense, service d'information et de relations publiques des armées [Sirpa], Rev. Trésor* 1995. 679 ; *Lebon* 536 ; *Rec.* 151.

– Contrats de locations d'immeubles signés, dans une société, par une personne qui n'avait pas reçu délégation pour ce faire[1].

– Signature d'engagements sans délégation dans un organisme de Sécurité sociale[2].

– Des dépenses avaient été engagées, dans un établissement public de recherche, par des chercheurs, sans délégation de signature ; en outre, ces engagements n'avaient pas été portés à la connaissance des supérieurs hiérarchiques et n'avaient pas été intégrés dans la comptabilité de l'établissement, provoquant ainsi d'importants dépassements de crédits, ce qui à l'époque a pu être appréhendé de surcroît sur la base d'autres infractions financières[3].

– Dans un établissement public, un chef de service avait signé des avenants sans avoir reçu délégation de l'ordonnateur principal, le directeur général[4].

422.38 Engagement de dépenses dans une filiale. Le fait qu'une filiale ne serait « qu'un simple prolongement » de la maison-mère n'autorise pas des agents de cette dernière d'engager pour le compte de la filiale, qui était bien une personne morale distincte avec un fonctionnement réel[5].

SECTION 4
CAS D'APPLICATION ET ARTICULATION AVEC LES AUTRES INFRACTIONS FINANCIÈRES (2) : ENGAGEMENT PAR UNE PERSONNE HABILITÉE MAIS EXCÉDANT SES POUVOIRS

422.41 Engagement en dépassement d'une délégation accordée par un ordonnateur ou par une personne habilitée. Le fait que des personnes, certes par principe habilitées en matière d'engagement des dépenses d'un organisme, mais outrepassant les limites de leur habilitation, se rencontre assez fréquemment, ce dont témoigne une riche jurisprudence de la juridiction financière répressive :

– Autorisations ou ordres de passer ou d'approuver des marchés de l'État, donnés par des personnes excédant leurs compétences[6].

– Dépassement du seuil d'une délégation donnée par un directeur général d'un établissement public à un subordonné : « qu'eu égard à son montant, le marché "d'OPC " signé par M. X n'était pas au nombre des contrats que l'intéressé était habilité à signer sur le fondement des délégations de signature données par le directeur général »[7].

– Une personne ayant reçu délégation, mais ayant signé des contrats en-dehors de celle-ci (la délégation était plafonnée sur le plan financier et subordonnée à l'empêchement du directeur général adjoint et du secrétaire général) commet l'infraction[8].

– Le fait que les gestionnaires d'une association « pouvaient considérer que les procurations dont ils bénéficiaient avaient été validées par les services juridiques de l'association et ne différaient pas de celles qui avaient été consenties à leurs prédécesseurs » ne fait pas disparaître l'infraction. S'ils pouvaient « raisonnablement penser qu'ils agissaient dans le cadre de procurations régulières et que le président et le vice-président de l'association étaient habilités à leur subdéléguer leurs pouvoirs », il pourra être tenu compte de cette bonne foi au titre des circonstances atténuantes[9].

– À noter enfin que si un subordonné ayant reçu délégation engage des dépenses alors que la délégation reçue est déjà en elle-même viciée parce que le délégant n'avait pas compétence pour déléguer, alors la responsabilité de délégant peut être recherchée[10].

422.42 Dépassement d'une délégation donnée par un organe de gouvernance. Il s'agit d'un cas fréquent, en particulier dans les établissements publics et les sociétés commerciales, mais aussi les associations[11] : un organe de gouvernance, comme l'assemblée générale, le conseil d'administration ou le conseil de surveillance, a donné délégation au directeur général, mais ce dernier dépasse les limites de cette délégation.

Le juge prend soin de se référer aux règles précises qui répartissent les compétences entre les différents acteurs dans un organisme : pour les hôpitaux par exemple, c'est par exemple le code de la santé publique, ainsi que des textes statutaires, voire internes.

1. CDBF 22 nov. 1989, *SA La Signalisation [LS]*, CCP, n° 3, p. 184 ; *Lebon* 423.
2. CDBF 6 nov. 1992, *CPAM de Seine-et-Marne*, *Rev. Trésor* 1993. 782 ; *Lebon* 644 ; *Rec.* 154.
3. CDBF 20 nov. 1995, *Unité de recherche* n° *318 du CNRS et unité de recherche* n° *7 de l'Inserm ; Rev. Trésor* 1996. 737 ; *Lebon* 606.
4. CDBF 22 oct. 2012, *Port autonome de Marseille ; Rec.* 196 ; *AJDA* 2012. 2441, note C. Michaut et P. Sitbon ; GFP 2013, n° 5, p. 90, note S. Damarey, M. Lascombe et X. Vandendriessche.
5. C. comptes 2 juill. 2024, *Office du tourisme de Strasbourg et de sa région (OTSR)*, n° 5, S-2024-1006 ; *AJDA* 2024. 1859, chron. N. Péhau et L. Vergallo. Voir § 37.
6. CDB 17 févr. 1959, *Direction centrale du matériel du secr. d'Ét. aux Forces armées*, CCP, n° 2, p. 23 ; *Lebon* 894.
7. CDBF 22 janv. 2015, *Établissement public du campus de Jussieu ; Rec.* 155 ; *AJDA* 2016. 2487, chron. N. Péhau et N. Hauptmann.
8. CDBF 17 juin 2011, *Institut géographique national (IGN)*, *Rec.* 158 ; *GFP* 2013, n° 5, p. 73, note S. Damarey, M. Lascombe et X. Vandendriessche.
9. CDBF 3 mai 2021, *Association « OPCALIA » ; Rec.* 175.
10. CDBF 4 déc. 2002, *Caisse centrale de la mutualité agricole [CCMSA] et SCI Mutualité Astorg*, *Rev. Trésor* 2004. 48, note M. Lascombe et X. Vandendriessche ; *Rec.* 112.
11. C. comptes 8 janv. 2025, *Fondation Assistance aux animaux* n° 874, S-2024-1612.

En tout cas, les compétences des uns et des autres ne se présument pas, il faut les fonder sur des textes [1] : le juge doit interpréter le champ des pouvoirs et des délégations au cas par cas [2].

Cas de figure traités en jurisprudence :

– Une convention réglementée conclue par une société ne constitue pas un acte de gestion courante et requiert l'autorisation préalable du conseil d'administration ; à défaut, l'ordonnateur dépasse ses compétences [3].

– Signature d'un compromis de vente d'un immeuble par un ordonnateur qui a ainsi excédé ses pouvoirs, qui appartenaient au conseil d'administration en vertu des statuts de l'établissement public en cause [4].

– Le fait, pour un dirigeant d'une association, d'avoir effectué des dépenses alors qu'il n'y était pas habilité par l'organe collégial compétent [5]. Dans cette espèce, les dépenses en question revêtaient un caractère privé, ce qui était de surcroît constitutif d'autres infractions financières (dépenses contraires à l'objet social de l'association, donc non-respect d'une règle relative à l'exécution des dépenses de cette structure au sens de l'infraction générale) [6] et même pénales, la personne en question ayant également fait l'objet d'une condamnation par le juge judiciaire.

– L'engagement des dépenses au-delà d'un certain seuil relevait de la compétence exclusive du conseil d'administration ; le non-respect de cette règle par une personne a entraîné sa condamnation au titre de cette infraction, et la ratification *ex post* par le conseil d'administration ne saurait faire disparaître cette irrégularité [7], conformément à la règle générale en la matière [8].

– Actes dépassant le champ des actes de la gestion courante relevant d'une présidente d'association (opérations immobilières et marchés) [9]. Dans le même sens, s'agissant d'actes relevant d'un directeur général : les offres de reprise d'une association en liquidation judiciaire, « compte tenu de l'importance financière de ces propositions, [...] ne pouvaient être regardées comme des actes de gestion courante pour lesquels M. X bénéficiait d'une délégation de pouvoirs » du conseil d'administration d'une caisse de Sécurité sociale. Or l'autorisation de l'organe délibérant n'avait été sollicitée qu'avec retard – les offres de reprise ayant déjà été faites – et « sur la base de documents lacunaires et succincts » [10].

– Engagement basé notamment sur la base d'un faux procès-verbal d'une séance de l'assemblée générale de l'organisme qui n'avait jamais eu lieu [11].

– Compléments de rémunération versés irrégulièrement à un fonctionnaire mis à disposition d'une association : outre l'absence d'autorisation du conseil compétent, les infractions réprimant le non-respect des règles en matière de dépenses et l'octroi d'avantages injustifiés ont été appliquées par le juge [12].

– Un chef de projet avait été recruté en méconnaissance des règles applicables, qui exigeaient une délibération spécifique du conseil d'administration ; dès lors, le directeur, qui avait procédé à ce recrutement et à l'engagement des dépenses correspondantes, a été sanctionné au titre de l'engagement de dépenses sans habilitation [13].

– Des vacations au titre des consultations avancées de cancérologie avaient été versées dans des conditions irrégulières dans un centre de lutte contre le cancer, n'ayant été ni approuvées par le conseil d'administration, contrairement aux règles du code de la santé publique, ni mentionnées dans les contrats de travail des bénéficiaires ; ces agissements, imputables au directeur, ont été sanctionnés à la fois sur la base de l'infraction budgétaire [14] (engagement sans l'autorisation du conseil d'administration) et de l'infraction générale sanctionnant la méconnaissance des règles d'exécution des dépenses (méconnaissance des dispositions contractuelles des bénéficiaires) [15].

1. CDBF 17 juin 2013, *Centre hospitalier intercommunal (CHI) de La Lauter à Wissembourg* ; n° 189-683.
2. Exemple d'habilitations larges données à un dirigeant : CDBF 15 nov. 2021, *Commission du film d'Île-de-France* ; n° 253-834 ; *Rec.* 187.
3. C. comptes 23 déc. 2024, *Société anonyme d'économie mixte (SAEM) Marseille Habitat et Société civile immobilière (SCI) Protis Développement*, n° 24, S-2024-1604. V. § 47.
4. CDBF 2 mai 1983, *Université d'Aix-Marseille III, Institut d'administration des entreprises [IAE]*, CCP, n° 2, p. 21.
5. CDBF 17 févr. 1988, *Direction des services vétérinaires des Alpes de Haute-Provence, Assoc. Groupement de défense sanitaire [GDS] et Assoc. Groupement vétérinaire pratique [GVP]*, CCP, n° 3, p. 122 ; *Lebon* 538.
6. CJF, ancien article L. 313-4 en vigueur jusqu'au 31 déc. 2022. Depuis 2023, article L. 131-9 CJF, à condition que les autres éléments constitutifs de cette infraction soient par ailleurs établis.
7. CDBF 20 avr. 1988, *Caisse interprofessionnelle de retraite des commerçants détaillants de la région parisienne [CIRCD]*, CCP, n° 3, p. 138 ; *Lebon* 546.
8. V. s^s n° 416.11.
9. C. comptes 8 janv. 2025, *Fondation Assistance aux animaux*, n° 874, S-2024-1612. Lire §§ 21 à 24 et § 45.
10. CDBF 4 déc. 2002, *Caisse centrale de la mutualité agricole [CCMSA] et SCI Mutualité Astorg*, *Rev. Trésor* 2004. 48, note M. Lascombe et X. Vandendriessche ; *Rec.* 112.
11. CDBF 4 déc. 2002, *Caisse centrale de la mutualité agricole [CCMSA] et SCI Mutualité Astorg*, préc.
12. CDBF 7 nov. 2003, *Assoc. L'Étape*, *Rev. Trésor* 2005. 692, note M. Lascombe et X. Vandendriessche ; *AJDA* 2004. 1236, note N. Groper ; *Lebon* 592 ; *Rec.* 137.
13. CDBF 13 janv. 2006, *Centre régional de lutte c/ le cancer Oscar Lambret de Lille*, *Rev. Trésor* 2006. 906, note M. Lascombe et X. Vandendriessche ; *Lebon* 645. L'arrêt mentionnait aussi l'ancien art. L. 313-4 du CJF (non-respect des règles de dépenses applicables au centre).
14. CJF, ancien art. L. 313-3, abrogé le 31 déc. 2022 ; désormais CJF, art. L. 131-13, 3°.
15. CDBF 13 janv. 2006, *Centre régional de lutte c/ le cancer Oscar Lambret de Lille*, préc.

– Par ailleurs, dans la même affaire[1], des primes exceptionnelles avaient été accordées par le directeur à plusieurs agents, en méconnaissance des règles applicables au centre en vertu desquelles une délibération du conseil d'administration eût été nécessaire ; de ce fait, la responsabilité du directeur concerné a été retenue par la Cour, au titre de l'engagement de dépenses sans en avoir eu le pouvoir[2], du non-respect des règles en matière de dépenses[3] et de l'octroi d'avantages injustifiés à autrui au préjudice du centre[4].

– S'agissant de la prise en charge par un centre de lutte contre le cancer de cotisations de retraite facultatives au bénéfice de son directeur, la Cour a jugé qu'il s'agissait de « compléments de rémunération » ou de libéralités qui auraient dû, à ce titre, faire l'objet d'une délibération du conseil d'administration, en vertu des textes applicables au centre. Les infractions prévues aux anciens articles L. 313-3 et 313-4 du CJF[5] étaient dès lors constituées[6].

– « Le fait, pour un ordonnateur, d'avoir signé de sa seule initiative [...] deux conventions qui auraient exigé une délibération du conseil d'administration est constitutif de l'infraction » ; le fait que des administrateurs auraient été au courant de ces conventions est indifférent à partir du moment où « il est constant qu'elles n'ont pas été soumises à la délibération du conseil d'administration »[7].

– Un président du conseil d'administration avait excédé l'habilitation donnée par le conseil, en signant une transaction, qui plus est désavantageuse[8] ; la Cour a précisé « que l'information délivrée [postérieurement] au conseil d'administration ne saurait tenir lieu d'habilitation ».

– Marché signé sans avoir recueilli l'approbation du conseil d'administration, obligatoire au-dessus du seuil applicable à l'établissement[9].

– Un organisme « a versé, sur décisions de son président, des aides afin de soutenir des activités menées par des établissements scolaires et l'organisation de pardons de la batellerie », qui « n'entraient ni dans le champ des compétences propres du président du conseil d'administration ni dans celui des attributions qui lui avaient été déléguées » par ce conseil[10].

– Absence d'autorisation préalable du conseil d'administration d'un fonds[11].

– Conventions signées sans délibération du conseil d'administration, alors que les montants concernés étaient supérieurs au seuil fixé par les textes internes[12].

– « Le fait d'avoir signé un formulaire de rupture conventionnelle du contrat de travail engageant les fonds de l'association au-delà des sommes dues en cas de licenciement du directeur général, en l'absence de délégation de pouvoirs donnée par le conseil d'administration et sans avoir été expressément autorisé par cette instance à signer ce formulaire [...] » ; et dans le même sens, « le fait d'avoir signé des protocoles transactionnels engageant les fonds de l'association au-delà des sommes dues en cas de licenciement en méconnaissance des dispositions statutaires de l'association, et sans y avoir été spécifiquement autorisé par le conseil d'administration [...] »[13].

– Versement d'indemnités de départ à la retraite décidées par un dirigeant, alors que la convention collective applicable ne le permettait pas, et sans que cette indemnité puisse être assimilée à un usage d'entreprise[14].

– Dépassement d'une délégation qui était plafonnée en montant, en scindant irrégulièrement des commandes pour artificiellement être en dessous de ce seuil[15].

– Octroi de compléments de rémunération à soi-même sans en avoir le pouvoir[16].

Le juge a pu écarter l'infraction, s'agissant d'une affaire de compléments de rémunération, en présence d'habilitations assez larges données par le conseil d'administration au dirigeant : « en raison du champ d'application très large de ces deux délégations de compétence consenties par le conseil d'administration au directeur, et dès lors que l'octroi de ces primes s'inscrivait dans le cadre des relations con-

1. CDBF 13 janv. 2006, *Centre régional de lutte c/ le cancer Oscar Lambret de Lille*, préc.
2. CJF, ancien art. L. 313-3, abrogé le 31 déc. 2022 ; désormais CJF, art. L. 131-13, 3°.
3. CJF, art. L. 313-4 abrogé le 31 déc. 2022 ; désormais CJF, art. L. 131-9.
4. CJF, art. L. 313-6 abrogé le 31 déc. 2022 ; désormais CJF, art. L. 131-12.
5. Devenus respectivement CJF, art. L. 131-13, 3°, et L. 131-9.
6. CDBF 13 janv. 2006, *Centre régional de lutte c/ le cancer Oscar Lambret de Lille*, préc.
7. CDBF 17 juin 2013, *Centre hospitalier intercommunal (CHI) de La Lauter à Wissembourg* ; n° 189-683.
8. CDBF 15 juill. 2013, *Office des Postes et télécommunications de la Polynésie française ; Rec.* 209 ; *AJDA* 2013. 2544, chron. C. Michaut et P. Sitbon.
9. CDBF 22 avr. 2016, *Agence nationale des titres sécurisés (ANTS) ; Rec.* 179 ; *AJDA* 2016. 2487, chron. N. Péhau et N. Hauptmann.
10. CDBF 20 mai 2020, *Chambre nationale de la batellerie artisanale ; Rec.* 181 ; *AJDA* 2020. 1906.
11. CDBF 9 oct. 2020, *Fonds de solidarité ; Rec.* 187 ; *AJDA* 2021. 616, chon. D. Guilbaud et N. Péhau.
12. CDBF 10 déc. 2020, *Office national d'indemnisation des accidents médicaux, des infections iatrogènes et des infections nosocomiales (ONIAM) ; Rec.* 195.
13. CDBF 3 mai 2021, *Association « OPCALIA » ; Rec.* 175.
14. C. comptes 5 juill. 2024, *Régie métropolitaine PARCUB, devenue METPARK*, n° 869, S-2024-1038 ; *JCP Adm.* 2024. 2264, note S. Damarey. Voir §§ 52-67.
15. C. comptes 3 mai 2024, *France Médias Monde (FMM)*, n° 860, S-2024-0793 ; *JCP Adm.* 2024. 2207, note S. Damarey ; *AJDA* 2024. 1859, chron. N. Péhau et L. Vergallo.
16. CDBF 15 nov. 2021, *Commission du film d'Île-de-France* ; n° 253-834 ; *Rec.* 187.

tractuelles entre les agents et l'établissement, le directeur était en droit d'accorder ces indemnités aux agents, leurs montants n'excédant pas les limites du plafond prévu par les délibérations précitées »[1].

« La circonstance que la conclusion du contrat [que le DG avait signé sans autorisation du CA] aurait été dûment portée à la connaissance des membres du conseil d'administration de la régie [...], à la supposer établie, ne saurait remplacer l'autorisation dudit conseil »[2] ; dans le même sens, une simple information du CA ne vaut pas habilitation[3].

La Cour retient l'infraction également lorsqu'un contrat initial a été signé sans habilitation, mais que l'avenant, lui, avait été signé avec habilitation[4] ; autrement dit, le fait qu'un avenant à un contrat ait été signé par une personne habilitée ne fait pas disparaître l'infraction concernant le contrat initial. Même si l'on considérait qu'un avenant venait à remplacer complètement le contrat initial, une régularisation, fût-elle établie, ne fait pas disparaître l'infraction[5].

Comme vu dans certains exemples qui précèdent, il n'est pas rare qu'un tel dépassement des délégations reçues s'accompagne d'autres infractions financières.

Par exemple, l'octroi d'avantage injustifié à soi-même peut être constitutif de l'infraction : ainsi des compléments de rémunération avaient été versés « sur la base d'une simple attestation signée par le directeur lui-même, à son propre bénéfice. 15. Le fait de s'être octroyé des compléments de rémunération alors que les contrats de travail successifs ne le prévoyaient pas et qu'aucune décision du conseil d'administration de l'établissement n'avait été prise en ce sens, est constitutif des infractions prévues aux [anciens] articles L. 313-3 et L. 313-4 du code des juridictions financières »[6] ; désormais, ce type de comportement pourrait également être sanctionné sur la base de l'infraction réprimant l'avantage injustifié procuré à soi-même[7].

Parfois, l'ancienne CDBF a pu ne pas retenir l'infraction spéciale, au bénéfice de l'infraction générale, sans que l'on sache précisément pourquoi : une décision de désistement d'un recours contentieux avait été prise par une autorité incompétente (par le bureau, qui n'avait pas reçu délégation à cet effet) ; mais *in fine* l'exécution de cette décision relevait du président sur accord du bureau, donc l'absence de pouvoir était indirecte, ce qui peut expliquer que les poursuites n'ont pas été fondées sur l'ancien article L. 313-3 du code des juridictions financières[8].

Dans le même sens, le juge a pu appliquer seulement l'infraction générale, alors que les considérants faisaient clairement état des éléments constitutifs de l'infraction spéciale : « que [la personne renvoyée] n'avait ainsi pas de pouvoir d'engager cette dépense », qui relevait du conseil de surveillance ; « le fait d'avoir engagé des dépenses [...] sans disposer de la compétence ni des autorisations nécessaires est constitutif d'une infraction aux règles des dépenses » au sens de l'infraction générale[9].

422.43 Absence d'autorisation d'une autorité étatique participant à la décision. Dans certains secteurs, sans doute aujourd'hui limités, des engagements de dépenses peuvent avoir besoin d'une autorisation préalable d'un représentant de l'État.

Ainsi l'infraction a-t-elle pu être appliquée, dans le cas très particulier des AFUA, où le Préfet garde un pouvoir de tutelle « à l'ancienne », à l'engagement sans autorisation préfectorale expresse, le juge considérant donc qu'il s'agissait d'une question de compétence[10].

Dans d'autres cas, les limites entre pouvoir d'intervention dans une procédure et question de compétence sont ténues. Ainsi une rémunération de dirigeants d'entreprises publiques doit être préalablement approuvée par le ministre chargé de l'économie ou des ministres intéressés, en application du décret du 9 août 1953[11], ce qui peut être considéré prioritairement comme une règle de « visa »[12], mais également de compétence ; il est vrai que sous le régime sanctionné par la CDBF, le juge ne s'encombrait guère de ces subtilités, tous ces cas de figure tombant aisément sous le coup de l'infraction générale dans son ancienne dimension[13].

1. CDBF 15 nov. 2021, *Commission du film d'Île-de-France* ; n° 253-834 ; *Rec.* 187.
2. C. comptes 25 juin 2024, *Régie Gazélec de Péronne (Somme)*, n° 871, S-2024-0943 ; *JCP Adm.* 2024. 2228, note S. Damarey ; *AJDA* 2024. 1859, chron. N. Péhau et L. Vergallo. Voir § 18.
3. C. comptes 25 juin 2024, *Régie Gazélec de Péronne (Somme)*, préc. ; §§ 23 et 31.
4. C. comptes 25 juin 2024, *Régie Gazélec de Péronne (Somme)*, préc.
5. L'impuissance, pour une régularisation, de faire disparaître une infraction financière constitue d'ailleurs une règle générale : v. s[s] n° 416.11.
6. CDBF 15 nov. 2021, *Commission du film d'Île-de-France* ; n° 253-834 ; *Rec.* 187.
7. Sur cette infraction (CJF, art. L. 131-12), v. s[s] n°s 441.11 s.
8. CDBF 22 mars 2019, *Chambre départementale d'agriculture de la Corrèze*, n° 232-792 ; *Rec.* 210 ; *AJDA* 2019. 1213, chron. N. Hauptmann et N. Péhau.
9. CDBF 4 juin 2019, *Gestion des sociétés EDF, ERDF et RTE*, n° 234-732 ; *Rec.* 214 ; *AJDA* 2019. 2606, chron. N. Hauptmann et N. Péhau.
10. CDBF 28 sept. 2002, *Assoc. foncière urbaine autorisée [AFUA] de Sérignan*, *Rev. Trésor* 2004. 46, note M. Lascombe et X. Vandendriessche ; *Rec.* 106 (lire le commentaire).
11. Décr. n° 53-707, 9 août 1953 relatif au contrôle de l'État sur les entreprises publiques nationales et certains organismes ayant un objet d'ordre économique ou social ; modifié dernièrement en 2014.
12. Infraction prévue par CJF, art. L. 131-13, 2° ; v. s[s] n°s 421.11 s.
13. CDBF 4 juin 2019, *Gestion des sociétés EDF, ERDF et RTE*, n° 234-732 ; *Rec.* 214 ; *AJDA* 2019. 2606, chron. N. Hauptmann et N. Péhau.

CHAPITRE

423. Défaut de production des comptes

SECTION 0
ORIENTEUR

423.00 **Sommaire du chapitre.**

423.01 **Textes applicables.**

• **CJF,** art. L. 131-13, 1° ; R. 131-2

423.02 **Jurisprudence de référence.**

• **C. comptes 25 juin 2024,** *Régie Gazélec de Péronne (Somme)*, n° 871, S-2024-0943 ; *JCP Adm.* 2024. 2228, note S. Damarey ; *AJDA* 2024. 1859, chron. N. Péhau et L. Vergallo

423.03 **Bibliographie indicative.**

Article. S. Damarey, « Responsabilité financière des gestionnaires publics : entre questions de compétences et obligation de production des comptes », note sous C. comptes 25 juin 2024, *Régie Gazélec de Péronne (Somme)*, n° 871, S-2024-0943 ; *JCP Adm.* 2024. 2228. – N. Péhau et L. Vergallo, « Infractions formelles : retour vers le futur », *AJDA* 2024. 1859.

SECTION 1
ÉLÉMENTS GÉNÉRAUX SUR L'INFRACTION RÉPRIMANT LA NON-PRODUCTION DES COMPTES

423.11 **Cadre juridique de l'infraction réprimant la non-production des comptes.** L'article L. 131-13, 1°, du code des juridictions financières prévoit : « Tout justiciable au sens de l'article L. 131-1 est passible de l'amende prévue au deuxième alinéa de l'article L. 131-16 lorsqu'il : 1° Ne produit pas les comptes dans les conditions fixées par décret en Conseil d'État. Le présent 1° s'applique au commis d'office chargé, en lieu et place d'un comptable, de présenter un compte ».

Il s'agit de la seule infraction financière à disposer directement d'un texte d'application réglementaire.

En effet, l'article R. 131-2 du code des juridictions financières prévoit : « Les comptes des comptables publics ainsi que les pièces requises sont produits annuellement dans les conditions fixées par le décret n° 2012-1246 du 7 novembre 2012 relatif à la gestion budgétaire et comptable publique.

Les comptes des personnes morales soumises au contrôle de la Cour des comptes et des chambres régionales et territoriales des comptes autres que ceux mentionnés au premier alinéa du présent article sont produits dans les conditions fixées par les textes applicables à ces personnes morales.

Ils sont conformes aux principes d'exhaustivité, d'intangibilité et d'intégrité.

Ces comptes, ainsi que les pièces justificatives afférentes, sont rendus accessibles aux juridictions financières dans des conditions leur permettant d'exercer leurs missions, y compris en dehors de la notification de contrôles. »

Un autre texte d'application organise l'accessibilité des comptes aux contrôleurs des juridictions financières, donc pour le volet non-juridictionnel qui intéresse moins directement l'infraction présentée ici [1].

1. CJF, art. R. 131-2-1 : « Les personnes soumises au contrôle de la Cour des comptes et des chambres régionales et territoriales des comptes organisent la conservation des comptes et des pièces justificatives afférentes jusqu'au 31 déc. de la cinquième année suivant la date d'exécution de l'opération qu'elles justifient. Les comptes et pièces justificatives mentionnés au premier alinéa sont accessibles sur une plateforme ▶

423.12 Historique de l'infraction et potentiel de réforme. Seule infraction financière visant explicitement les irrégularités en matière de comptabilité, l'infraction réprimant la non-production des comptes constitue, en tant que telle, une innovation de la réforme entrée en vigueur le 1er janvier 2023 [1], même si les faits ainsi visés étaient déjà sanctionnables par la Cour de discipline budgétaire et financière (CDBF) dans le régime de responsabilité issu de la loi de 1948 [2].

Si, jusqu'à cette réforme, les (seuls) comptables publics disposaient d'un régime de responsabilité qui leur était spécifique [3], ce dernier visait les fonctions de recouvrement des recettes, de payement des dépenses et de contrôle de certains actes financier des ordonnateurs, mais pas les fonctions de tenue des comptes, pourtant essentielles dans les métiers comptables, sauf si une irrégularité comptable avait provoqué un déficit dans la caisse publique [4]. Seul le retard dans la production formelle des comptes du comptable public pouvait faire l'objet d'une responsabilité spécifique mise en œuvre devant le juge des comptes [5], dont l'objet était d'ailleurs moins de sanctionner que d'obtenir la production du compte [6].

Cette difficulté à sanctionner les irrégularités comptables dans le cadre du régime de responsabilité personnelle et pécuniaire (RPP) des comptables publics a souvent été perçue comme une lacune [7], toutefois depuis longtemps comblée par la jurisprudence de la CDBF [8], qui arrivait à engager la responsabilité à la fois des comptables publics comme des ordonnateurs en matière de tenue des comptes, responsabilité souvent partagée [9], ainsi que de tout gestionnaire dans le champ même au-delà de la stricte sphère de la comptabilité publique.

On peut avancer sans se tromper que le constat d'une responsabilité partagée entre différents acteurs de la gestion publique en matière de comptabilité, et l'importance croissante de la fiabilité des comptes publics sans sanction clairement affirmée, a été un moteur important de la réforme intervenue en 2022.

En effet, le sujet du traitement des irrégularités comptables avait fait l'objet de débats [10] depuis les années 2000. La création d'une infraction spécifique sanctionnant la présentation de comptes insincères en vue de dissimuler la situation réelle d'un organisme a ainsi été préconisée en 2006 par le groupe de travail pénal/CDBF [11], tout comme celle d'une infraction couvrant le manquement grave aux obligations en matière de tenue de la comptabilité [12]. Le projet de réforme porté par Philippe Séguin prévoyait de mentionner explicitement, dans l'infraction générale réprimant le non-respect des règles, les violations « de façon grave ou répétée, [d]es règles de comptabilisation des produits et des charges » [13]. Notons toutefois que l'absence de mention expresse de la comptabilité n'a jamais empêché la CDBF de sanctionner des irrégularités en la matière, les règles de la comptabilité faisant partie des règles de gestion – recettes, dépenses, gestion des biens – couvertes par les infractions financières : à cet égard, les ajouts proposés revêtaient, alors, essentiellement une dimension pédagogique.

► d'archivage électronique, sur une application informatique ou, à défaut, sur support papier. Lorsque les comptes et pièces justificatives accessibles sur support papier sont transmis à la Cour des comptes ou aux chambres régionales et territoriales des comptes pour l'exercice de leurs missions, la responsabilité de leur conservation incombe à ces derniers. La communication des pièces justificatives détenues par la Cour des comptes ou une chambre régionale et territoriale des comptes peut être demandée au secrétariat de la juridiction par les comptables, le représentant légal de la collectivité ou de l'établissement public ou les juridictions de l'ordre administratif ou judiciaire. Cette communication est effectuée soit sur place, soit par envoi dématérialisé, soit, à défaut, par envoi sur support papier ».

1. Sur cette réforme, v. ss no 052.21.
2. C. comptes 25 juin 2024, *Régie Gazélec de Péronne (Somme)*, no 871, S-2024-0943 ; *JCP Adm.* 2024. 2228, note S. Damarey ; *AJDA* 2024. 1859, chron. N. Péhau et L. Vergallo – Sur ce point précis, v. ss no 423.14.
3. Sur le régime de responsabilité personnelle et pécuniaire des comptables publics (RPP), v. ss no 611.11.
4. C. comptes 23 févr. 1999, *Commune d'Aiguilles, Rec.* 15 ; ou encore C. comptes 25 oct. 2001, *Foyer de l'enfance – Maison des enfants de Meaux, Rec.* 83, commenté dans les Grands arrêts de la jurisprudence financière (*GAJF*), 7e éd. 2019, no 22.
5. CJF, ancien art. L. 131-6, abrogé le 31 déc. 2022, s'agissant des amendes pour retard prononcées par la Cour des comptes ; CJF, ancien art. L. 231-10 pour celles prononcées par les chambres régionales des comptes, également abrogé le 31 déc. 2022.
6. Sur cette procédure particulière, abrogée au 31 déc. 2022, v. la 1re édition du présent ouvrage, titre 22, p. 453 et suivantes – Sur la distinction entre l'ancienne procédure (amendes pour retard) et l'infraction CDBF et désormais RFGP : C. comptes 6 févr. 2025, *Chambre d'agriculture de Loir-et-Cher*, 1er arrêt, no 14, S-2025-0088
7. PAR EX. : Grands arrêts de la jurisprudence financière (*GAJF*), 7e éd. 2019, no 22.
8. Sur la jurisprudence de la CDBF en matière de tenue de la comptabilité, v. ss no 423.14.
9. Sur ce point, v. ss nos 423.21 et 423.22 et 423.23.
10. PAR EX. : C. Pierucci, « Pour une réforme efficace de la responsabilité des gestionnaires en droit public financier », *RFDA* 2008. 165.
11. Rapport du groupe de travail commun au Ministère de la Justice, à la Cour de cassation et à la CDBF (composée elle-même de la Cour des comptes et du Conseil d'État), « *Relations entre la Cour de discipline budgétaire et financière et les juridictions pénales* » (2006), ici p. 57 – Sur ce rapport, v. ss no 046.34.
12. Rapport pénal/CDBF, préc., p. 57 – Une telle infraction avait également été ajoutée par amendement parlementaire (M. Bouvard), en 2010, au projet de loi Séguin.
13. Sur cette tentative de réforme, inaboutie, v. ss nos 046.31 s. et 046.35 s.

Les rédacteurs de l'ordonnance du 23 mars 2022 n'ont pas directement repris l'idée d'un élargissement de l'infraction financière générale, dont le champ a d'ailleurs été réduit [1], mais ont préféré créer une nouvelle infraction spéciale, au plafond de sanction réduit. Les raisons de ce choix n'ont pas été explicitées officiellement, mais la place particulière donnée dans cette infraction au comptable public laisse à penser qu'il s'agissait avant tout de compenser la suppression de leur traditionnelle obligation de production des comptes au juge des comptes, qui a disparu avec la RPP et les amendes pour retard dans la production des comptes précités.

Paradoxalement, tout en y consacrant une infraction spéciale – jusque-là couverte par l'infraction générale – la réforme précitée a rétréci le champ des irrégularités comptables sanctionnables, car si une irrégularité comptable n'est pas assimilable à un cas de non-production de compte [2], elle peut être appréhendée sur la base de l'infraction générale seulement si la faute est grave et que si elle a causé un préjudice financier significatif, ce qui ne sera que très rarement le cas [3]. Ce constat redonne une actualité nouvelle aux propositions précitées du groupe pénal/CDBF comme du projet de réforme Séguin.

423.13 Comptes publics : vers un renforcement des exigences. Dans le secteur public, l'information financière a longtemps constitué une finalité plutôt secondaire par rapport au contrôle de régularité comptable : « La comptabilité publique n'est pas d'abord une comptabilité. C'est avant tout un système juridique dont l'objet est de canaliser les flux financiers publics [...]. Ses liens, récents, avec les notions de comptabilité générale, analytique ou patrimoniale n'ont rien d'évident » [4]. La capacité d'appréhender les comptables publics dans le cadre du régime de responsabilité personnelle et pécuniaire (RPP) qui leur était propre était d'ailleurs, on l'a vu, quasi nulle. Comme l'avait souligné un rapport rendu dans le cadre de la préparation de la réforme de 2022, « la RPP ne garantit pas la qualité comptable » [5] ; celle-ci n'a pas été historiquement conçue dans cette optique de qualité comptable (au sens de la comptabilité générale inspirée du secteur privé), mais dans une optique de contrôle de la caisse.

La qualité des comptes publics gagne pourtant en importance depuis la loi organique relative aux lois de finances (LOLF) de 2001 [6] et l'une de ses innovations, la certification des comptes de l'État. Cette priorité donnée à l'information comptable se trouve même désormais constitutionnellement ancrée : en effet, l'al. 2 de l'art. 47-2 de la Constitution, issu de la réforme constitutionnelle de 2008 [7], prévoit que « les comptes des administrations publiques sont réguliers et sincères. Ils donnent une image fidèle du résultat de leur gestion, de leur patrimoine et de leur situation financière ».

Ce principe rejaillit donc désormais sur l'ensemble de la sphère publique, notamment à travers l'élargissement progressif de la certification des comptes, effective pour l'État [8] depuis le milieu des années 2000. Si la certification des comptes par des commissaires aux comptes existait déjà pour certaines personnes morales de droit public avant cette date (entreprises publiques, même sous forme d'établissements publics), son champ s'est depuis nettement élargi (aux universités et centres hospitaliers par exemple) ; la certification des comptes des collectivités locales est également envisagée, et d'ores et déjà expérimentée [9].

S'agissant de la qualité des comptes de l'État, l'article 31 de la LOLF prévoit même, au regard des principes désormais mis en avant de qualité de l'information comptable, que « les comptables publics chargés de la tenue et de l'établissement des comptes de l'État veillent au respect des principes et règles mentionnés aux articles 27 à 30 [10]. Ils s'assurent notamment de la sincérité des enregistrements comptables et du respect des procédures ». Les articles vers lesquels il est renvoyé prévoient notamment que « les comptes de l'État doivent être réguliers, sincères et donner une image fidèle de son patrimoine et de sa situation financière » [11], et que « les règles applicables à la comptabilité générale de l'État ne se distinguent de celles applicables aux entreprises qu'en raison des spécificités de son action » [12].

Si aucune responsabilité particulière, pour les comptables publics de l'État, n'a été attachée à ces dispositions au moment de l'édiction de la LOLF, du moins pas en lien avec la RPP, il s'agit bien là de règles de gestion au sens des infractions financières, relevant de la CDBF à l'époque, et désormais de la Cour des comptes.

1. Sur l'évolution de l'infraction aujourd'hui prévue au CJF, art. L. 131-9, v. s^{s} n°s 431.11 et 431.12.
2. Au sens de l'infraction CJF, art. L. 131-13, 1°.
3. Sur l'articulation entre les infractions financières (et au-delà, les infractions pénales), v. plus loin, s^{s} n° 423.15.
4. Ph. Masquelier, Usages et finalités comptables et non comptables de la comptabilité publique selon Gilbert Devaux (1949-1956) *in* S. Kott [éd.], *Droit et comptabilité. La spécificité des comptes publics* (2017), p. 167.
5. Rapport de J. Bassères et M. Pacaud, *Responsabilisation des gestionnaires publics*, rapport remis au ministre de l'Action et des comptes publics, 2020, p. 8.
6. Loi organique n° 2001-692, 1er août 2001 relative aux lois de finances (LOLF).
7. L. const. n° 2008-724, 23 juill. 2008.
8. LOLF, art. 58.
9. L. n° 2015-991, 7 août 2015 portant nouvelle organisation territoriale de la République, art. 110.
10. LOLF, art. 27 à 30, relèvent du chapitre V consacré aux comptes de l'État.
11. LOLF, art. 27, al. 3.
12. LOLF, art. 30, al. 2.

Surtout, l'ensemble de ces évolutions illustre l'importance croissante que revêt la qualité comptable dans le cadre de la transparence des finances et de la gestion publiques. L'existence d'un compte retraçant fidèlement les opérations financières constitue même le préalable à tout contrôle, qu'il s'agisse du contrôle démocratique exercé par les assemblées élues et plus largement le citoyen ou des contrôles menés par les autorités de contrôle ; et partant, l'existence d'un compte contrôlable constitue le préalable à toute forme de mise en jeu responsabilité des gestionnaires publics.

Tout cela justifie que la répression financière joue tout son rôle en matière de production des comptes et d'assurance de la fiabilité de ceux-ci.

423.14 Continuité avec la jurisprudence de la CDBF en matière de tenue des comptes. Le juge financier a clairement affirmé la continuité, s'agissant de l'infraction réprimant la non-production des comptes [1], entre le champ répressif de la CDBF et celui de la Cour des comptes dans le nouveau régime de responsabilité financière des gestionnaires publics : « les mêmes faits étaient appréhendés » dans les deux régimes successifs [2], et l'infraction nouvelle n'est qu'un cas spécial de méconnaissance de règles en matière de gestion des biens, réprimé par l'infraction financière générale [3].

423.15 Articulation avec les infractions financières et pénales. Comme vu à l'instant, la Cour a considéré [4] que l'infraction spéciale de non-production des comptes en vigueur depuis le 1er janvier 2023 était, jusque-là, englobée dans l'ancienne infraction générale réprimant les violations de règles d'exécution des recettes, dépenses et de gestion des biens (ancien article L. 313-4 du CJF [5]). Cela signifie aussi que les faits sanctionnables au titre de l'infraction spéciale le sont encore, potentiellement, dans l'infraction générale, à condition toutefois que les autres éléments constitutifs de cette infraction soient également présents (faute grave et préjudice financier significatif).

Entendue au sens large, la notion de « règle » [6] inclut donc également les règles en matière de tenue de la comptabilité, même si ces dernières n'y sont pas explicitement mentionnées. Mais elles peuvent être rattachées soit à des règles d'exécution de recettes et de dépenses, soit aux règles de gestion des biens au sens de l'infraction générale [7], soit à plusieurs cas d'ouverture à la fois.

Ainsi, dans un arrêt *Musée Rodin*, la CDBF a rattaché les irrégularités dans la tenue de la comptabilité matière au volet « gestion des biens » : « les déficiences dans la tenue de la comptabilité spéciale des matières, le défaut de surveillance de la part des responsables et le défaut d'organisation des services concernés constituent des infractions aux règles de gestion des biens » [8].

Parfois, les irrégularités comptables ont pu être rattachées par le juge à des règles de dépenses ou à des règles de recettes, tout dépendant en réalité de la nature de l'irrégularité constatée. Ainsi, dans une affaire, les balances des comptes d'une caisse de crédit municipal n'étaient plus tenues depuis plusieurs années du fait de désordres dans les écritures ; la CDBF a considéré que les règles en matière de recettes avaient été violées, car ces irrégularités comptables étaient liées à l'encaissement des recettes par un agent de l'ordonnateur, et non du comptable, comme cela aurait dû se faire [9].

La CDBF a également pu fonder des condamnations expressément sur des « infractions aux règles concernant la tenue de la comptabilité » [10], sans que cet arrêt ne précise quelle branche de l'infraction générale était précisément concernée en l'espèce. Il est vrai que d'autres irrégularités étaient relevées parallèlement (notamment payements sans mandatement : violation d'une règle d'exécution des dépenses).

Sous l'empire des anciennes infractions sanctionnées par la CDBF, toute irrégularité comptable était donc sanctionnable au titre de l'infraction générale, puisqu'elle était constitutive d'une violation de règle. Or ceci n'est plus possible dans le régime en vigueur depuis la réforme de 2022 : désormais, une irrégularité comptable, pour être sanctionnable, doit entrer soit dans la nouvelle infraction spéciale sanctionnant la non-production des comptes, soit dans l'infraction générale dont les éléments constitutifs ont toutefois été durcis, exigeant une faute grave et un préjudice financier significatif.

1. CJF, art. L. 131-13, 1°.
2. C. comptes 25 juin 2024, *Régie Gazélec de Péronne (Somme)*, n° 871, S-2024-0943 ; *JCP Adm.* 2024. 2228, note S. Damarey ; *AJDA* 2024. 1859, chron. N. Péhau et L. Vergallo. Voir § 43.
3. CJF, ancien art. L. 313-4, en vigueur jusqu'au 31 déc. 2022 ; désormais CJF, art. L. 131-9, avec des éléments constitutifs de l'infraction en partie différents.
4. C. comptes 25 juin 2024, *Régie Gazélec de Péronne (Somme)*, préc. ; ici § 44.
5. CJF, art. L. 313-4, abrogé le 31 déc. 2022.
6. Sur la notion de règle et son importance dans la répression financière, v. ss n° 411.11.
7. CJF, art. L. 131-9.
8. CDBF 18 juin 1997, *Musée Rodin*, *Rev. Trésor* 1999. 189 ; *Lebon* 607 ; *Rec.* 203 ; A. Froment-Meurice, J.-Y. Bertucci, N. Hauptmann, C. Michaut, *GAJF*, 7e éd., Dalloz 2019, n° 48, p. 562.
9. CDBF 4 avr. 1973, *Caisse de crédit municipal de Lyon*, *Lebon* 855 ; CCP, n° 2, p. 78.
10. CDBF 22 avr. 1975, *Lycée technique d'État d'Albi*, *Lebon* 805 (extraits) ; CCP, n° 2, p. 112.

Autrement dit, une irrégularité dans la tenue des comptes qui n'est pas assimilable à un cas de non-production [1], ou qui n'a pas entraîné par faute grave de préjudice financier significatif [2], échappera, du moins en tant que telle, à toute sanction.

De ce fait, n'est par exemple désormais plus sanctionnable la simple imputation irrégulière dans les comptes de certaines dépenses [3], ou le caractère incomplet des pièces justificatives fournies à l'appui des écritures comptables, bien que constitutif d'une violation du Plan comptable général et de dispositions issues du droit européen [4].

Des irrégularités en matière de dépenses ou de recettes peuvent aussi avoir un impact sur la sincérité des comptes, sans pour autant être appréhendables (ou appréhendés) spécifiquement par le juge : ainsi, dans une affaire, la CDBF a pu relever que le fait d'émettre un ordre de recette ne correspondant pas à un droit juridiquement fondé est constitutif d'une violation de règle en matière de recette et que, en gonflant le poste des produits à recevoir, cette irrégularité a aussi un impact sur l'équilibre et donc la sincérité des comptes de l'établissement : la Cour s'est appuyée dans cette affaire sur l'infraction générale, commise par violation de règles en matière de recettes ; la question de la sincérité comptable n'était pas absente, mais elle n'était pas, en tant que telle, le fondement de l'infraction retenue en l'espèce [5].

Des irrégularités en matière de tenue des comptes peuvent également entretenir des relations avec d'autres infractions financières, comme la gestion de fait. En effet, en cas de gestion de fait, la personne responsable « est en outre comptable de l'emploi des fonds ou valeurs qu'il détient ou manie irrégulièrement et, à ce titre, passible des sanctions prévues à la section 3 en cas de commission d'une infraction mentionnée aux articles L. 131-9 à L. 131-14 » [6]. Cela recouvre donc également la non-production d'un compte, en particulier celui de la gestion de fait elle-même. La Cour des comptes, dans le cadre du régime entré en vigueur le 1er janvier 2023, n'a cependant rendu à ce jour qu'un seul arrêt sur ce point, dont il est malaisé de tirer des conclusions définitives [7].

Enfin, notons que le droit pénal connaît également des infractions comptables : ainsi pour les entreprises dans le code de commerce [8], entreprises qui peuvent, le cas échéant, relever du champ de contrôle des juridictions financières, et donc leurs dirigeants de la juridiction financière répressive [9]. Des irrégularités dans la tenue des comptes peuvent en outre s'accompagner d'autres infractions pénales : ainsi, la CDBF a-t-elle pu sanctionner « des falsifications comptables et des manipulations financières », d'ailleurs qualifiées de faux en écriture et de présentation de faux bilans par le juge pénal, qui avaient conduit à dissimuler la situation réelle de sociétés : « les actifs avaient été surévalués [...] par une insuffisance des dotations aux provisions et à l'amortissement des immobilisations, ainsi que par l'imputation en recettes de pertes ou de créances fictives » [10].

SECTION 2
PERSONNES RESPONSABLES DE L'INFRACTION RÉPRIMANT LA NON-PRODUCTION DES COMPTES

423.21 Éléments généraux. L'infraction sanctionnant la non-production des comptes ne désigne pas en elle-même de champ particulier quant aux gestionnaires publics, au sens du régime de responsabilité de droit public financier, qui sont responsables de sa commission : est donc potentiellement sanctionnable toute personne justiciable de la Cour à laquelle un texte général ou interne confère des obligations en matière de production des comptes. En règle générale, il s'agit d'une pluralité de personnes, y compris dans le champ strict de la comptabilité publique, donc des organismes dotés d'un comptable public [11].

La juridiction financière répressive est allée jusqu'à inclure l'obligation d'une bonne tenue de la comptabilité dans le devoir de surveillance [12] mis à la charge des dirigeants d'organismes, même sans texte : « En tant que présidents successifs [d'une fédération sportive], et même si les statuts ou le règlement

1. Au sens de l'infraction prévue au CJF, art. L. 131-13, 1°.
2. Au sens de l'infraction prévue au CJF, art. L. 131-9.
3. Sanctionnable sous l'empire de l'ancien art. L. 313-4 du CJF : v. CDBF 25 sept. 2006, *Institut national de la propriété industrielle [Inpi]*, *Rev. Trésor* 2007. 681, fiche N. Groper ; *AJDA* 2006. 2449, note N. Groper et C. Michaut ; *Rev. Trésor* 2007. 716, note M. Lascombe et X. Vandendriessche ; *Lebon* 668 ; *Rec.* 105.
4. Sanctionnable sous l'empire des anciennes dispositions, avant 2023 : v. CDBF 23 févr. 1994, *SEM A.*, *Rev. Trésor* 1995. 680 ; *Lebon* 719 ; *Rec.* 131.
5. CDBF 19 déc. 2008, *Crous de Corse [Corte]*, *Rec.* 91 ; *AJDA* 2009. 476, note N. Groper et C. Michaut ; *GFP* 2011, p. 397, note M. Lascombe et X. Vandendriessche.
6. CJF, art. L. 131-15, al. 2.
7. C. comptes 10 oct. 2024, *Commune de Felleries*, n° 12, S-2024-1311 ; *JCP Adm.* 2025. 2012, note S. Damarey.
8. PAR EX. : C. com., art. L. 242-6 pour les dirigeants des sociétés anonymes.
9. Sur la justiciabilité des dirigeants d'entreprises ou d'autres personnes morales de droit privé, v. s^s n° 313.81.
10. CDBF 29 juin 1978, *Sté de crédit immobilier « Les prévoyants de l'avenir de la Charente-Maritime » et SA d'HLM « Le foyer de la Charente-Maritime »*, CCP, n° 2, p. 157 ; *Lebon* 663.
11. Sur le rôle particulier des comptables publics et des ordonnateurs en matière de production des comptes publics, v. ci-après, s^s n° 423.22.
12. Sur le devoir de surveillance des supérieurs hiérarchiques, v. s^s n° 432.241.

intérieur ne leur donnent aucune responsabilité directe dans la tenue ou l'établissement des comptes, ils tiennent de leur qualité d'ordonnateur une obligation générale de surveillance et de contrôle sur les conditions dans lesquelles fonctionnent les services comptables et sont établis les comptes de la fédération »[1]. Toutefois, la réforme entrée en vigueur le 1er janvier 2023, rend désormais moins aisée d'appréhender des dirigeants sur la base de ce devoir de surveillance : s'il s'agit de faire jouer l'infraction générale[2] en matière comptable, le défaut de surveillance doit avoir provoqué un préjudice financier significatif, ce qui est concevable, mais rare ; et s'il s'agit de faire application de l'infraction spéciale[3], un lien direct doit pouvoir être établi entre un dirigeant, auquel un devoir de surveillance incombe même sans texte, et la production d'un compte elle-même : il appartiendra à la jurisprudence future d'en tracer les limites.

Le cas du devoir de contrôle[4] d'une autorité extérieure à l'organisme dont les comptes sont en cause est encore plus délicat. La CDBF avait certes été amenée à se prononcer, par exemple, sur le rôle dévolu à une autorité publique au regard de la tenue des comptes dans les associations subventionnées : « l'autorité qui accorde la subvention doit porter attention à la bonne tenue, par le bénéficiaire, de documents comptables sincères et complets »[5], ce qui constitue une règle de dépenses de la structure qui a octroyé les subventions, dont la violation peut être appréhendée dans le cadre de l'infraction générale[6]. Cette jurisprudence demeure, dans son principe, d'actualité, mais le rétrécissement du champ de cette infraction générale la rend nettement plus difficile à appliquer, puisqu'il faudra que le défaut de contrôle de cette autorité soit grave et qu'il ait causé un préjudice financier significatif. Et un tel défaut de contrôle, par une autorité extérieure à l'organisme dont les comptes sont en cause, ne saurait être traité dans le cadre de l'infraction spéciale qui ne vise que la non-production, donc les personnes en charge de cette production des comptes, et non ceux qui doivent en être les destinataires.

En matière comptable, les irrégularités dans les comptes annuels sont imputées à celui qui était en fonctions à la date à laquelle ils ont été arrêtés[7] (concl. *a contrario* : la Cour mettra sans donc hors de cause des dirigeants en fonction pendant l'exercice, mais qui avaient quitté leurs fonctions avant).

L'intervention d'un commissaire aux comptes (CAC) dans la non-production de comptes ne rend pas pour autant celui-ci justiciable de la Cour[8] : de ce fait, un CAC ayant certifié des comptes, dont le juge financier estime qu'ils ne sont pas régulièrement produits, ne pourra pas être sanctionné dans le cadre du régime de responsabilité financière des gestionnaires publics. Notons également, sans surprise, qu'une certification des comptes par un CAC ne fait pas disparaître l'infraction comptable éventuelle[9], ni ne dédouane les gestionnaires publics : « Le fait que le commissaire aux comptes a certifié sans réserve les comptes [...] et qu'il a validé les différentes écritures irrégulières ne saurait constituer une circonstance exonératoire de la responsabilité des dirigeants de la FFA qui sont, conformément à leurs obligations légales, responsables des comptes. En revanche, ce fait constitue une circonstance atténuante de responsabilité »[10].

423.22 **Cas particulier de la comptabilité publique : rôles respectifs du comptable public et de l'ordonnateur dans la production des comptes publics.** Dans le champ de la comptabilité publique, donc celui des organismes dotés d'un poste comptable public, la réalité de la responsabilité des comptes est partagée entre ordonnateur et comptable.

Les responsabilités de chacun sont assez précisément délimitées par les textes, en particulier le décret du 7 novembre 2012 relatif à la gestion budgétaire et comptable publique (GBCP)[11], dans sa partie générale et ses parties spécifiques à l'État et aux établissements publics[12], ainsi que par d'autres textes spécifiques applicables à divers types d'organismes publics.

1. CDBF 7 nov. 2022, *Fédération française d'athlétisme (FFA)*, n° 262-847 ; *Rec.* 148 ; *AJDA* 2023. 560, chron. M. Choquet et N. Péhau.
2. Désormais CJF, art. L. 131-9.
3. CJF, art. L. 131-13, 1°.
4. Sur la notion de devoir de contrôle, v. s[s] n° 432.242.
5. CDBF 4 déc. 1979, *secr. d'Ét. à la Jeunesse et aux Sports, Direction de l'éducation physique et des sports*, CCP, n° 2, p. 175.
6. CJF, ancien art. L. 313-4, abrogé le 31 déc. 2022 ; désormais, avec des conditions plus restrictives, CJF, art. L. 131-9.
7. CDBF 23 juill. 2012, *Grand port maritime du Havre*, n° 184-691 ; *GFP* 2013, n° 5, p. 89, note S. Damarey, M. Lascombe et X. Vandendriessche.
8. Sur la justiciabilité, d'une façon générale, v. s[s] n°s 311.11 s.
9. CDBF 16 juin 1987, *SEM d'urbanisation, d'aménagement, d'équipement et de construction de la ville de Jeumont et de l'arrondissement d'Avesnes [Semvija]*, préc.
10. CDBF 7 nov. 2022, *Fédération française d'athlétisme (FFA)*, n° 262-847 ; *Rec.* 148 ; *AJDA* 2023. 560, chron. M. Choquet et N. Péhau.
11. Décr. n° 2012-1246, 7 nov. 2012 relatif à la gestion budgétaire et comptable publique (GBCP).
12. En particulier GBCP, art. 191 : « Sans préjudice des compétences de l'ordonnateur, l'agent comptable s'assure, par ses contrôles sur les biens, droits et obligations qui doivent être enregistrés dans les comptes de l'organisme, du respect des principes et des règles de comptabilité générale, ainsi que de la qualité du contrôle interne comptable relatifs aux opérations qui lui sont assignées. Lorsque à l'occasion des contrôles mentionnés ci-dessus l'agent comptable constate une irrégularité, il en informe l'ordonnateur et modifie les écritures irrégulières en comptabilité générale ».

Le comptable public tient, de par sa fonction, un rôle particulier dans la tenue des comptes des personnes morales de droit public dotées d'un poste comptable : « Les comptables publics sont des agents de droit public ayant, dans les conditions définies par le présent décret, la charge exclusive de manier les fonds et de tenir les comptes des personnes morales »[1] auxquels ils sont affectés. « Dans le poste comptable qu'il dirige, le comptable public est seul chargé : 1° De la tenue de la comptabilité générale ; 2° Sous réserve des compétences de l'ordonnateur, de la tenue de la comptabilité budgétaire ; 3° De la comptabilisation des valeurs inactives ; [...] 11° De la conservation des pièces justificatives des opérations transmises par les ordonnateurs et des documents de comptabilité »[2].

De leur côté, toujours selon la partie générale de ce décret GBCP, les ordonnateurs « constatent les droits et les obligations, liquident les recettes et émettent les ordres de recouvrer. [...] Ils transmettent au comptable public compétent les ordres de recouvrer et de payer assortis des pièces justificatives requises, ainsi que les certifications qu'ils délivrent. Ils établissent les documents nécessaires à la tenue, par les comptables publics, des comptabilités dont la charge incombe à ces derniers »[3].

Mais le positionnement des uns et des autres peut varier selon les structures en cause, en fonction des textes applicables.

Et ce positionnement peut évoluer, ce qui est le cas pour l'État en mode centre de gestion financière (CGF)[4] : la remontée vers l'amont de la sphère relevant des comptables ministériels a aussi un impact sur les écritures comptables que le comptable maîtrise désormais mieux dès l'intégration dans le système d'information, l'existence d'un système d'information intégré comme Chorus ayant d'une façon générale un effet structurant, unificateur, en matière de tenue de la comptabilité.

Le rôle du comptable public varie en outre selon le type de comptabilité, puisque dans le secteur public, il existe souvent plusieurs comptes différents. Pour les collectivités locales, il existe deux comptes, l'un produit par le comptable (compte dit de gestion, qui devait jusqu'à récemment être produit au juge des comptes[5]), l'autre par l'ordonnateur (compte dit administratif), même s'il est régulièrement envisagé de les intégrer dans un seul et même compte financier unique (CFU)[6], qui existe depuis plusieurs années déjà dans les hôpitaux publics et les offices publics d'habitat, tous deux établissements publics.

C'est l'ordonnateur qui présente les comptes de l'organisme (personne morale) à l'assemblée délibérante, même dans les structures pourvues d'un comptable public ; ce compte peut ne pas coïncider avec le compte de gestion que le comptable doit produire, avant 2023 au juge des comptes pour y être jugé (avec les pièces justificatives)[7] : c'est le cas de l'État, où chaque comptable principal produit ses comptes et justifications, alors que c'est un compte général qui est présenté au Parlement (et fait l'objet de l'acte de certification par la Cour des comptes) ; c'est moins vrai pour les établissements publics où les comptes sont confectionnés, voire présentés ensemble.

Cette situation complexe – partage des obligations, diversité des comptabilités et de leurs objectifs respectifs... – explique qu'il a toujours été malaisé d'y attacher une responsabilité spécifique au comptable public pris isolément : c'est pour cette raison que seule la CDBF et son régime général de responsabilité financière couvrait les irrégularités en matière de tenue des comptes et en matière de qualité générale de ces derniers, ce dont a hérité désormais la Cour des comptes dans le cadre du régime de responsabilité financière des gestionnaires publics.

La CDBF sanctionnait depuis longtemps déjà, en matière de tenue des comptes, ensemble l'ordonnateur et le comptable[8]. Dans un arrêt particulièrement explicite ont été condamné conjointement un ordonnateur, un ordonnateur délégué et le comptable public d'un EPIC pour différentes irrégularités comptables graves, et pour méconnaissance des principes généraux portant sur la régularité, la sincérité et l'image fidèle

1. GBCP, art. 13.
2. GBCP, art. 18.
3. GBCP, art. 11.
4. Décr. n° 2018-803, 24 sept. 2018 modifiant le décret n° 2012-1246 du 7 novembre 2012 relatif à la gestion budgétaire et comptable publique et autorisant diverses expérimentations, art. 37 : « I. – À titre expérimental et pour une durée maximale de quatre ans, les services mentionnés aux articles 41 et 76 du décret du 7 novembre 2012 susvisé peuvent mutualiser l'exécution de tout ou partie des opérations mentionnées au troisième alinéa de l'article 76 précité, dans les conditions précisées par une convention de délégation de gestion établie conformément aux dispositions du décret du 14 octobre 2004 susvisé et aux dispositions définies par un arrêté conjoint du ministre chargé du budget et du ministre concerné. Cet arrêté désigne les services pour lesquels cette mutualisation est expérimentée ».
5. Sur la production des comptes par les comptables au juge des comptes, avant 2023, v. s^{s} n° 611.16.
6. Sur le CFU : L. Héritier, « *Le compte financier unique et les juridictions financières* », *RFFP* 2018, n° 144, p. 49 – P. Van Herzele, « *La certification des comptes publics locaux : vers un compte financier unique (CFU) pour quel objectif ?* » *RFFP* 2019, n° 145, p. 75 – Heckmann, « *Le compte financier unique : quel apport pour la gestion financière locale ?* » *RFFP* 2018, n° 144, p. 69.
7. Le jugement des comptes des comptables a disparu au 31 déc. 2022 ; néanmoins, les comptes des comptables doivent toujours être « produits ».
8. PAR EX. : CDBF 18 juin 1997, *Musée Rodin, Rev. Trésor* 1999. 189 ; *Lebon* 607 ; *Rec.* 203 ; A. Froment-Meurice, J.-Y. Bertucci, N. Hauptmann, C. Michaut, *GAJF*, 7e éd., Dalloz 2019, n° 48, p. 562.

des comptes[1]. La CDBF a dans cette affaire considéré que « l'ensemble des irrégularités précitées, et en particulier le solde anormalement créditeur du compte 27 « avances remboursables » constitué par une série d'opérations d'erreurs d'imputation, et la surévaluation précitée à hauteur de 141 millions d'euros du compte clients par suite d'erreurs de transmission informatique et d'imputation entre comptes clients ont eu pour effet de fausser gravement les comptes et le bilan de [l'établissement public] ; que la collaboration entre l'ordonnateur et le comptable est restée insuffisante alors que la mise en œuvre simultanée de la réforme comptable et de celle des systèmes d'information nécessitait une collaboration accrue ».

Dans une autre affaire, dans laquelle ordonnateur et comptable se rejetaient réciproquement la responsabilité de la tenue défectueuse des comptes, la CDBF a pu également engager la responsabilité des deux acteurs : « Considérant que [l'ordonnateur] a affirmé ne pas être conscient du caractère non-réglementaire de cette procédure ; qu'il a tenté également de minimiser sa responsabilité et de mettre en cause celle [du comptable public], en indiquant que ce dernier avait toujours passé les écritures comptables en cause ; Considérant que [l'ordonnateur] ne peut toutefois invoquer son ignorance dans la mesure où l'instruction a montré que le département de la Gironde a souligné à plusieurs reprises, dans les rapports d'analyse des comptes administratifs des deux foyers occupationnels pour adultes handicapés, le caractère irrégulier de cette pratique ; que les irrégularités précitées ont été commises par [l'ordonnateur] en toute connaissance de cause ; que ce dernier est donc responsable [...] ; Considérant que [le comptable public] avait une très bonne compréhension du fonctionnement théorique du compte 1518 au cours de la période considérée ; que cette maîtrise du référentiel comptable ne l'a cependant pas conduit à émettre de réserve lorsqu'il a constaté son utilisation comme compte « réservoir », sans lien avec les risques effectivement encourus ; qu'en refusant d'apprécier l'existence du risque, il a méconnu les responsabilités en matière de bonne tenue de la comptabilité de la maison de retraite qui lui incombaient [...] ; qu'il a ainsi engagé sa responsabilité »[2].

Enfin, l'infraction sanctionnant la non-production des comptes précise que s'agissant des comptes produits par un comptable public, elle s'applique aussi au commis d'office chargé, en lieu et place du comptable, de présenter un compte[3].

423.23 Relation avec la responsabilité personnelle et pécuniaire (RPP) des comptables publics. Le fait, pour un comptable public, d'avoir été déchargé par le juge des comptes dans le cadre de l'ancien régime de responsabilité personnelle et pécuniaire (RPP) « est sans effet » sur l'imputabilité des infractions financières sanctionnées par CDBF, et désormais par la Cour des comptes dans le cadre de la responsabilité financière des gestionnaires publics[4].

En effet, les deux régimes n'ont pas la même finalité : la possibilité de sanctionner les irrégularités comptables, même en l'absence d'impact sur la caisse, distinguait justement la CDBF des juridictions des comptes, et la responsabilité personnelle et pécuniaire (RPP) des comptables publics en matière de tenue des comptes était, de toutes les façons, enserrée dans des limites étroites[5].

SECTION 3
ÉLÉMENTS CONSTITUTIFS DE L'INFRACTION (1) : LA NOTION DE COMPTE

423.31 Notion de comptes et champ des comptes concernés par l'infraction. Les comptes visés par l'infraction réprimant la non-production de comptes[6] sont très variés, puisque la notion recoupe l'ensemble des éléments de comptabilité des organismes dont les gestionnaires sont justiciables de la Cour des comptes.

Cela concerne donc les comptes publics au sens strict – de l'État (ou même d'un service de l'État[7]) et des personnes morales de droit public dotées d'un comptable public – tout comme les comptes des autres personnes morales, qu'elles soient de droit public ou de droit privé, dont les gestionnaires sont soumis au présent régime de responsabilité financière des gestionnaires publics. Il peut donc s'agir des comptes d'une association subventionnée[8] ou

1. CDBF 21 févr. 2008, *Agence nationale de valorisation de la recherche [Anvar]*, *AJDA* 2008. 1193 ; *Rev. Trésor* 2008. 519 ; *GFP* 2011, p. 387, note M. Lascombe et X. Vandendriessche.
2. CDBF 8 déc. 2014, *Maison de retraite publique de Vertheuil*, n° 196-718 ; *Rec.* 175 ; *AJDA* 2015. 1536, chron. J.-E. Picard et S. Gaillard.
3. CJF, art. L. 131-13, 1°.
4. C. comptes 25 juin 2024, *Régie Gazélec de Péronne (Somme)*, n° 871, S-2024-0943 ; *JCP Adm.* 2024. 2228, note S. Damarey ; *AJDA* 2024. 1859, chron. N. Péhau et L. Vergallo – D'une façon générale, la RPP n'est pas exclusive du régime général de responsabilité financière, et réciproquement (CDBF 10 avr. 2015, *Établissement public de coopération culturelle « L'Autre Canal »*, n° 198-719 ; Rec. 159).
5. Sur ce sujet, v. s[s] n° 614.11.
6. CJF, art. L. 131-13, 1°.
7. PAR EX. : CDBF 23 avr. 2003, *Tribunal de grande instance de Marseille*, *Rev. Trésor* 2004. 54, note M. Lascombe et X. Vandendriessche ; *Lebon* 579 ; *Rec.* 111.
8. CDBF 7 nov. 2003, *Assoc. L'Étape*, *Rev. Trésor* 2005. 692, note M. Lascombe et X. Vandendriessche ; *AJDA* 2004. 1236, note N. Groper ; *Lebon* 592 ; *Rec.* 137.

encore d'une société[1]. Dans le secteur public, il s'agit du compte de gestion du comptable public comme du compte administratif relevant de l'ordonnateur.

Sont concernés par la notion de compte, au sens de cette infraction, également divers documents qui font partie de la comptabilité :

- comptabilité matières : graves anomalies dans l'enregistrement des stocks[2] ; falsifications de comptes de stocks[3] : des fournitures avaient été fictivement sorties des stocks, et la sincérité des comptes s'en est trouvée altérée ; absence totale de comptabilité des stocks (ou comptabilité matières) dont la tenue est obligatoire selon les textes applicables aux centres hospitaliers publics, à la charge du comptable public[4] ;

- défaut de production, dans les comptes, d'annexes réglementairement obligatoires[5] ;

- absence du tableau des emplois qui doit être annexé aux documents budgétaires[6] ;

- le « plan comptable général précise que les instruments financiers dérivés, dont font partie les instruments de couverture [...], doivent faire l'objet d'une information dans les annexes aux comptes, s'agissant notamment de la "juste valeur des instruments, si cette valeur peut être déterminée par référence à une valeur de marché ou par application de modèles et techniques d'évaluation généralement admis" »[7] ;

- comptabilité d'engagement (ou comptabilité des dépenses engagées), qui doit être annexée aux comptes administratifs[8] ;

- compte d'une gestion de fait, ou d'une structure transparente ayant été le vecteur d'une gestion de fait[9].

423.32 Cas particulier du compte du comptable public. L'obligation faite au comptable public de produire un compte constitue un élément essentiel de la redevabilité en matière d'utilisation de l'argent public.

S'agissant des comptables publics, d'une façon générale, les textes se référant à cette fonction de tenue de la comptabilité par le comptable public ont toujours été nombreux[10]. Le décret du 7 novembre 2012 précité, dit GBCP, auquel renvoie le code des juridictions financières[11], est très affirmatif s'agissant des obligations d'action et de contrôle des comptables en matière de comptabilité : dès la définition du comptable public, la charge « de tenir les comptes des personnes morales » disposant d'un comptable figure, avec la fonction de caisse, parmi les compétences exclusives du comptable[12].

Toutefois, ces dispositions relatives aux compétences exclusives du comptable ne visent que le compte de gestion du comptable public, qui seul était, jusqu'en 2022, produit au juge des comptes ; désormais, le décret GBCP prévoit seulement que « Les comptables publics principaux procèdent à la production des comptes à la clôture de chaque exercice. Ces comptes sont établis et arrêtés par le comptable public en fonctions à la date à laquelle ils sont produits. Les modalités de production des comptes sont définies par arrêté du ministre chargé du budget selon des règles et dans des délais propres à chaque catégorie de personne morale » concernée[13].

D'autres comptes, ou éléments de la comptabilité, relèvent en tout ou partie de l'ordonnateur et de ses services, avec une responsabilité partagée entre ordonnateur et comptable[14].

Le décret GBCP énumère en effet les différentes comptabilités que comporte la comptabilité publique[15] : une comptabilité générale[16] ; « sous des for-

1. CDBF 16 juin 1987, *SEM d'urbanisation, d'aménagement, d'équipement et de construction de la ville de Jeumont et de l'arrondissement d'Avesnes [Semvija]*, CCP, n° 3, p. 83 ; *Lebon* 512.
2. CDBF 5 juin 1989, *Hôpital d'Orange*, CCP, n° 3, p. 172 ; *Lebon* 417.
3. CDBF 22 mai 1990, *CHS de Saint-Venant*, CCP, n° 3, p. 204 ; *Lebon* 521.
4. CDBF 20 mars 2012, *Centre hospitalier de Marigot à Saint-Martin (Guadeloupe)*, n° 181-587 ; *AJDA* 2012. 1279, note C. Michaut et P. Sitbon ; *GFP* 2013, n° 5, p. 81, note S. Damarey, M. Lascombe et X. Vandendriessche.
5. C. comptes 25 juin 2024, *Régie Gazélec de Péronne (Somme)*, n° 871, S-2024-0943 ; *JCP Adm.* 2024. 2228, note S. Damarey ; *AJDA* 2024. 1859, chron. N. Péhau et L. Vergallo.
6. CDBF 20 mars 2012, *Centre hospitalier de Marigot à Saint-Martin (Guadeloupe)*, n° 181-587 ; *AJDA* 2012. 1279, note C. Michaut et P. Sitbon ; *GFP* 2013, n° 5, p. 81, note S. Damarey, M. Lascombe et X. Vandendriessche.
7. CDBF 23 juill. 2012, *Grand port maritime du Havre*, n° 184-691 ; *GFP* 2013, n° 5, p. 89, note S. Damarey, M. Lascombe et X. Vandendriessche.
8. CDBF 20 mars 2012, *Centre hospitalier de Marigot à Saint-Martin (Guadeloupe)*, n° 181-587, préc.
9. Bien que la Cour en l'espèce à décidé de ne pas sanctionner la non-production du compte de la gestion de fait, pourtant avérée : C. comptes 10 oct. 2024, *Commune de Felleries*, n° 12, S-2024-1311 ; v. note critique de S. Damarey *in JCP Adm.* 2025. 2012.
10. Jusqu'en 2022, le 1er alinéa du I de l'art. 60 de la loi de finances pour 1963 affirmait ainsi explicitement que les comptables publics étaient personnellement et pécuniairement responsables « de la conservation des pièces justificatives des opérations et documents de comptabilité ainsi que de la tenue de la comptabilité du poste comptable qu'ils dirigent ».
11. CJF, art. R. 131-2.
12. GBCP, art. 13.
13. GBCP, art. 21.
14. Sur ce point, voir ci-dessus, v. ss n° 423.22.
15. GBCP, art. 55.
16. GBCP, art. 56 : « La comptabilité générale retrace l'ensemble des mouvements affectant le patrimoine, la situation financière et le résultat. Elle est fondée sur le principe de la constatation des droits et obligations. Elle est tenue par exercice s'étendant sur une année civile. Elle inclut, le cas échéant, l'établissement de comptes consolidés ou combinés. Les règles de comptabilité générale applicables aux ▶

mes adaptées à chaque catégorie de personnes morales [...], une comptabilité budgétaire »[1] ; une comptabilité analytique[2] (en fonction des personnes morales concernées) ; une comptabilité des valeurs inactives[3]. À ces règles et définitions générales s'ajoutent des dispositions particulières pour l'État et les autres personnes morales du champ de la comptabilité publique.

La tenue de la comptabilité est une obligation d'action du comptable, et elle ne s'arrête pas au seul compte de gestion : parmi les différentes charges incombant aux comptables en action, le décret GBCP mentionne en tout premier lieu la comptabilité : le comptable est « seul chargé » de la tenue de la comptabilité générale[4], donc du compte de gestion, mais il est également chargé, « sous réserve des compétences de l'ordonnateur, de la tenue de la comptabilité budgétaire »[5], de la tenue de la comptabilité des valeurs inactives[6] ainsi que « de la conservation des pièces justificatives des opérations transmises par les ordonnateurs et des documents de comptabilité »[7].

En revanche, les obligations de contrôle incombant au comptable public ne portent qu'accessoirement sur des aspects de tenue des comptes : parmi les fonctions de contrôle, le mot « comptabilité » n'apparaît pas, et l'obligation de contrôler « l'exacte imputation des dépenses » ne vise que l'imputation budgétaire[8].

▶ personnes morales mentionnées à l'article 1er ne se distinguent de celles applicables aux entreprises qu'en raison des spécificités de l'action de ces personnes morales. Ces règles sont fixées selon des normes établies dans les conditions prévues à l'article 136 de la loi du 28 déc. 2001 visée ci-dessus » – GBCP, art. 57, sur la qualité de la comptabilité générale.

1. GBCP, art. 58 : « La comptabilité budgétaire retrace l'ouverture et la consommation des autorisations d'engager et de payer, ainsi que l'enregistrement des recettes autorisées. Elle permet de rendre compte de l'utilisation des crédits et, le cas échéant, des emplois mis à la disposition des ordonnateurs, conformément à la spécialisation de ces crédits et de ces emplois. Elle est organisée, selon les règles propres à chaque personne morale mentionnée à l'article 1er, de façon à permettre la comparaison entre l'autorisation donnée et son exécution ».
2. GBCP, art. 59 : « La comptabilité analytique est fondée sur la comptabilité générale. Elle a pour objet, sous les réserves et dans les conditions propres à chaque catégorie de personnes morales mentionnées à l'article 1er, de mesurer les coûts d'une structure, d'une fonction, d'un projet, d'un bien produit ou d'une prestation réalisée et, le cas échéant, des produits afférents en vue d'éclairer les décisions d'organisation et de gestion ».
3. GBCP, art. 60 : « Le comptable public assure la comptabilisation des valeurs inactives ayant pour objet la description des existants et des mouvements concernant les formules, titres, tickets, timbres et vignettes destinés à l'émission et à la vente, ainsi que les valeurs confiées et les objets remis en dépôt par des tiers ».
4. GBCP, art. 18-1°.
5. GBCP, art. 18-2°.
6. GBCP, art. 18-3°.
7. GBCP, art. 18-11°.

Au vu de ces obligations, nombreuses et importantes, les cas de condamnations de comptables publics au titre de la tenue des comptes ne sont pas rares[9].

SECTION 4
ÉLÉMENTS CONSTITUTIFS (2) : LA NOTION DE PRODUCTION D'UN COMPTE

423.41 Notion de non-production : éléments généraux. La notion de production de comptes, au sens de l'infraction financière spéciale qui y est consacrée[10], est à comprendre au sens large, incluant non seulement le fait de présenter un compte (« produire » à une autorité compétente), mais également la conception même du compte (« produire », au sens de « fabriquer ») ainsi que son contenu.

L'infraction réprimant la non-production de comptes renvoie aux textes régissant les comptes de chaque organisme[11]. Il existe en effet pour chaque catégorie d'organisme des règles régissant l'établissement des comptes en général, puis, souvent, des règles internes qui les complètent.

Pour les comptables publics, auxquels, on l'a vu, le code des juridictions financières donne une place particulière héritée sans doute du passé, il mentionne explicitement le décret n° 2012-1246 du 7 novembre 2012 relatif à la gestion budgétaire et comptable publique comme étant celui fixant la production des comptes[12], ce qui toutefois n'exclut pas l'existence d'autres textes spécifiques aux comptes de certains organismes publics, comme par exemple les chambres d'agriculture[13] ou les EHPAD[14].

On peut distinguer la production au sens formel (retard dans la production aux autorités habilitées ; documents comptables incomplets...) et la production au sens matériel (comptes fiables et sincères).

423.42 Production au sens formel. Ce volet recouvre le cas d'absence de présentation des comptes aux autorités compétentes, en violation des textes applicables à l'organisme : ainsi le défaut de production au conseil d'administration d'une régie qui devait délibérer réglementairement sur les comptes[15].

8. GBCP, art. 19 et 20.
9. PAR EX. : CDBF 20 mars 2012, *Centre hospitalier de Marigot à Saint-Martin (Guadeloupe)*, n° 181-587 ; *AJDA* 2012. 1279, note C. Michaut et P. Sitbon ; *GFP* 2013, n° 5, p. 81, note S. Damarey, M. Lascombe et X. Vandendriessche.
10. CJF, art. L. 131-13, 1°.
11. CJF, art. R. 131-2, al. 2.
12. CJF, art. R. 131-2, al. 1er.
13. C. rural, art. D. 511-80, D. 511-82, D. 511-92, etc.
14. CASF, R. 314-49, et autres.
15. C. comptes 25 juin 2024, *Régie Gazélec de Péronne (Somme)*, n° 871, S-2024-0943 ; *JCP Adm.* 2024. 2228, note S. Damarey ; *AJDA* 2024. 1859, chron. N. Péhau et L. Vergallo.

Le retard de production des comptes tombe également dans la non-production formelle : ainsi le cas de « comptes administratifs [...] [qui], en méconnaissance des dispositions [applicables à l'organisme], n'ont jamais été adoptés avant le 30 avril de l'année qui suit celle de l'exercice et transmis dans les délais réglementaires aux autorités de tarification »[1].

Le code des juridictions financières vise explicitement la nécessité qu'un compte soit exhaustif, ce qui implique notamment qu'il soit complet au sens formel du terme : tous les éléments prévus par les textes doivent être produits[2]. Est donc constitutif de l'infraction le défaut de production, dans les comptes, d'annexes réglementairement obligatoires[3].

L'absence de recours à un commissaire aux comptes pour certifier les comptes rend ceux-ci incomplets[4].

La jurisprudence offre de nombreux exemples de comptabilités incomplètement produites :

– « les documents communiqués étaient, en outre, incomplets »[5] ;

– absence de comptabilité d'engagement (ou comptabilité des dépenses engagées) pendant 4 ans, alors que les textes obligent l'ordonnateur de tenir une telle comptabilité, qui doit être annexée aux comptes administratifs[6] ;

– absence de tableau des emplois, dont l'existence est pourtant prévue par les textes, qui devait être annexé aux documents budgétaires[7] ;

– absence de comptabilité des stocks (ou comptabilité-matières) dont la tenue est obligatoire selon les textes applicables aux centres hospitaliers publics, à la charge du comptable public[8].

On peut aussi ranger, dans cette sous-catégorie des comptabilités incomplètes, les comptabilités ne retraçant pas la totalité des opérations d'une personne morale, en omettant d'intégrer les comptes de structures dépendantes et dépourvues de la personnalité juridique : la jurisprudence a ainsi considéré que l'existence de comptabilités partielles de structures dépourvues de la personnalité juridique et que gérait une association ne dispensait pas de la nécessité de disposer d'un compte général (formellement ; et en outre, des insuffisances et incertitudes affectaient les écritures existantes) ; en outre, non-respect de dispositions statutaires prévoyant des comptabilités distinctes pour certaines activités par le biais d'un compte charges communes « fourre-tout », fournissant ainsi aux organes délibérants une information incomplète en matière budgétaire et en matière comptable[9].

Des comptes qui, bien que comprenant toutes les informations, mais ne correspondent pas formellement aux exigences réglementaires de présentation tombent également sous le coup de l'infraction : « Considérant que les documents budgétaires [...] n'ont pas été tenus conformément aux dispositions [applicables...] ; que les comptes administratifs [...] n'étaient également pas établis conformément au cadre normalisé prévu par [les textes applicables] dans leur présentation et leur contenu [...] ». La raison de cette sévérité est claire : si les formes comptables ne sont pas respectées, les autorités de contrôle auront du mal à exercer leur mission, faute de lisibilité de la comptabilité : « Considérant qu'en conséquence de ces irrégularités, le conseil d'administration [...] n'était pas en mesure d'exercer son rôle de contrôle des décisions, les documents budgétaires ne donnant qu'une vision morcelée de la situation financière de la maison de retraite, faute de budget d'ensemble ; qu'en l'absence de compte administratif établi conformément aux dispositions [applicables], les membres du conseil d'administration n'étaient pas davantage en mesure de vérifier la conformité de chaque cahier explicatif au compte de gestion produit par le comptable public »[10].

423.43 Production au sens matériel. Comme déjà indiqué plus haut[11], la production des comptes ne vise pas seulement le respect des formalités (délais de présentation ; forme des documents présentés), mais également la qualité du contenu des comptes.

Or la qualité comptable est affirmée par de nombreux textes, de niveaux différents, et constitue un principe général des finances publiques même sans texte.

La Constitution, dans son art. 47-2, al. 2, affirme clairement que « les comptes des administrations publiques sont réguliers et sincères. Ils donnent une image fidèle du résultat de leur gestion, de leur patrimoine et de leur situation financière ». Cette

1. CDBF 8 déc. 2014, *Maison de retraite publique de Vertheuil*, n° 196-718 ; *Rec.* 175 ; *AJDA* 2015. 1536, chron. J.-E. Picard et S. Gaillard.
2. CJF, art. R. 131-2, al. 3.
3. C. comptes 25 juin 2024, *Régie Gazélec de Péronne (Somme)*, n° 871, S-2024-0943, préc.
4. Procureur général près la Cour des comptes 30 sept. 2024, décision de classement après instruction de l'affaire RFGP n° 42, *SEMOP de B.* ; et communication du Procureur général n° 2024-35 du 30 sept. 2024.
5. CDBF 8 déc. 2014, *Maison de retraite publique de Vertheuil*, n° 196-718, préc.
6. CDBF 20 mars 2012, *Centre hospitalier de Marigot à Saint-Martin (Guadeloupe)*, n° 181-587 ; *AJDA* 2012. 1279, note C. Michaut et P. Sitbon ; *GFP* 2013, n° 5, p. 81, note S. Damarey, M. Lascombe et X. Vandendriessche.
7. CDBF 20 mars 2012, préc.
8. CDBF 20 mars 2012, préc.
9. CDBF 25 mars 1987, *Assoc. X et Y*, préc.
10. CDBF 8 déc. 2014, *Maison de retraite publique de Vertheuil*, n° 196-718 ; *Rec.* 175 ; *AJDA* 2015. 1536, chron. J.-E. Picard et S. Gaillard.
11. V. s[s] n° 423.11.

règle découle également, nécessairement, de l'article 15 de la Déclaration des droits de l'homme et du citoyen de 1789.

Pour les comptes de l'État, la loi organique relative aux lois de finances prévoit également que « les comptes de l'État doivent être réguliers, sincères et donner une image fidèle de son patrimoine et de sa situation financière »[1].

Le décret GBCP précise également les exigences de qualité que doit revêtir la comptabilité générale dans les structures dotées d'un comptable public qui doit établir un compte de gestion : « La qualité des comptes [...] est assurée par le respect des principes comptables, tels que définis par les règles arrêtées par le ministre chargé du budget [...]. Elle doit répondre aux exigences énoncées aux 1° et 2° de l'article 53 au regard notamment des objectifs suivants : 1° Les comptes doivent être conformes aux règles et procédures en vigueur ; 2° Ils doivent être établis selon des méthodes permanentes, dans le but d'assurer leur comparabilité entre exercices comptables ; 3° Ils doivent appréhender l'ensemble des événements de gestion, en fonction du degré de connaissance de leur réalité et de leur importance relative, dans le respect du principe de prudence ; 4° Ils doivent s'attacher à assurer la cohérence des informations comptables fournies au cours des exercices successifs en veillant à opérer le bon rattachement des opérations à l'exercice auquel elles se rapportent ; 5° Ils doivent être exhaustifs et reposer sur une évaluation séparée et une comptabilisation distincte des éléments d'actif et de passif ainsi que des postes de charges et de produits, sans possibilité de compensation ; 6° Ils doivent s'appuyer sur des écritures comptables fiables, intelligibles et pertinentes visant à refléter une image fidèle du patrimoine et de la situation financière »[2].

D'autres organismes, de droit privé, dont les gestionnaires sont justiciables de la Cour peuvent relever d'autres dispositions similaires : ainsi s'agissant d'une association bénéficiant de concours annuels publics au-delà d'un seuil fixé par la loi, l'art. L. 123-14 du code de commerce s'applique à elle, qui prévoit que les comptes annuels doivent « être réguliers, sincères et donner une image fidèle du patrimoine, de la situation financière et du résultat »[3].

Enfin, il résulte de la jurisprudence financière que même en l'absence de texte spécifique, les principes de sincérité et de fiabilité constituent un principe général des finances publiques qui s'applique à tous les comptes, quels qu'ils soient, et à toute personne morale de droit public[4] ou de droit privé[5], et même en-dehors de la catégorie des administrations publiques, seules visées par le texte constitutionnel.

Or un compte tenu et présenté qui ne correspond pas à ces exigences de qualité est considéré comme non produit au sens de l'infraction financière prévue aujourd'hui à l'article L. 131-13, 1°, du code des juridictions financières[6], et peut relever de l'infraction générale réprimant les violations de règles en matière de gestion des biens[7] : en effet, les comptes doivent pouvoir « être qualifiés de réguliers, sincères, et donnant une image fidèle de son patrimoine »[8] ; « Considérant que le fait qu'un établissement public soit soumis aux règles de la comptabilité publique implique, tout comme pour les établissements soumis au Code de commerce, que ses comptes annuels doivent être réguliers, sincères et donner une image fidèle du patrimoine, de la situation financière et du résultat de l'établissement »[9].

Les exemples en jurisprudence de comptes ne répondant pas aux exigences de qualité sont particulièrement nombreux :

– l'absence systématique de reprise du résultat de l'année antérieure dans les comptes de l'année suivante ne permet pas de « regarder ces comptes comme régulièrement produits »[10] ;

– artifices comptables : « les écritures ainsi irrégulièrement passées pour transférer une partie de l'excédent d'exploitation sur la section d'investissement ont eu pour conséquence d'altérer la sincérité de cette dernière »[11] ;

1. LOLF, art. 27, al. 3 – Sur les comptes publics et leur qualité, v. aussi plus haut, v. s^s n° 423.13.
2. GBCP, art. 57.
3. CDBF 7 nov. 2022, *Fédération française d'athlétisme (FFA)*, n° 262-847 ; *Rec.* 148 ; *AJDA* 2023. 560, chron. M. Choquet et N. Péhau.
4. CDBF 21 févr. 2008, *Agence nationale de valorisation de la recherche [Anvar]*, *AJDA* 2008. 1193, note N. Groper et C. Michaut ; *Rev. Trésor* 2008. 519, note N. Groper ; *GFP* 2011, p. 387, note M. Lascombe et X. Vandendriessche.
5. CDBF 16 juin 1987, *SEM d'urbanisation, d'aménagement, d'équipement et de construction de la ville de Jeumont et de l'arrondissement d'Avesnes [Semvija]*, CCP, n° 3, p. 83 ; *Lebon* 512.
6. C. comptes 25 juin 2024, *Régie Gazélec de Péronne (Somme)*, n° 871, S-2024-0943 ; *JCP Adm.* 2024. 2228, note S. Damarey ; *AJDA* 2024. 1859, chron. N. Péhau et L. Vergallo.
7. CJF, ancien art. L. 313-4, abrogé le 31 déc. 2022 ; désormais, avec restriction, CJF, art. L. 131-9 ; sur ce sujet, v. s^s n°s 423.15, 431.12, 432.141 et 432.146.
8. CDBF 23 juill. 2012, *Grand port maritime du Havre*, n° 184-691 ; *GFP* 2013, n° 5, p. 89, note S. Damarey, M. Lascombe et X. Vandendriessche.
9. CDBF 21 févr. 2008, *Agence nationale de valorisation de la recherche [Anvar]*, *AJDA* 2008. 1193, note N. Groper et C. Michaut ; *Rev. Trésor* 2008. 519, note N. Groper ; *GFP* 2011, p. 387, note M. Lascombe et X. Vandendriessche.
10. C. comptes 25 juin 2024, *Régie Gazélec de Péronne (Somme)*, n° 871, S-2024-0943 ; *JCP Adm.* 2024. 2228, note S. Damarey ; *AJDA* 2024. 1859, chron. N. Péhau et L. Vergallo.
11. CDBF 22 mai 1990, *CHS de Saint-Venant*, CCP, n° 3, p. 204 ; *Lebon* 521.

– manipulations comptables pour contourner le principe d'annualité budgétaire : « pour réduire artificiellement l'excédent l'exploitation de l'exercice [...] et se constituer en quelque sorte une réserve pour l'exercice suivant, les services [...] ont violé le principe de l'annualité budgétaire qui s'applique à l'établissement public »[1] ;

– absence d'exhaustivité, dans un service déconcentré de l'État, de la comptabilité des engagements pourtant obligatoire : « [...] le chef du secrétariat-greffe d'une juridiction tient la comptabilité administrative des opérations de recettes et de dépenses relatives au fonctionnement de la juridiction [...] ; Considérant cependant que la comptabilité des engagements du tribunal de grande instance [...] ne retrace pas les commandes et que seuls les mandats donnent lieu à une imputation sur l'engagement comptable des crédits ; qu'il s'ensuit que la comptabilité du tribunal ne permet pas de connaître le montant des crédits réellement disponibles pour l'engagement de la juridiction, mais seulement le montant des crédits qui restent disponibles pour le mandatement ; Considérant que cette pratique, qui ne prend pas en compte les commandes dans la comptabilité des engagements, est contraire à l'obligation de tenir une comptabilité des dépenses engagées [...] »[2] ;

– tenue de la comptabilité d'une association : imputations comptables non conformes aux règles prévues dans les statuts de l'association, qui renvoyait au Plan comptable général (PCG). Tout un pan de l'activité était retracé exclusivement dans des comptes de tiers de la classe 4, masquant ainsi le bénéfice résultant de ces activités ; « une telle présentation nuit à la sincérité des comptes et constitue de ce fait une violation des règles du plan comptable général applicable à l'association ; que ces pratiques ont eu également pour effet de soustraire au contrôle du conseil d'administration et de l'assemblée générale un ensemble d'opérations d'un volume comparable à celui du compte de résultats qui leur était officiellement communiqué ; [...] qu'ainsi le conseil d'administration et l'assemblée générale étaient privés de tout pouvoir de contrôle sur le fonctionnement de ce compte, anomalie d'autant plus grave que les dépenses qui y ont été imputées sont en partie irrégulières »[3] ;

– de multiples et graves irrégularités avaient affecté les comptes d'une association subventionnée, ayant eu pour effet de « dissimuler la situation véritable de l'association et les conditions dans lesquelles était réalisé l'équilibre financier de ses différents services et permis de présenter les résultats de [l'association] à la tutelle de façon favorable à l'ajustement de la dotation globale de financement »[4] ;

– non fiabilité de la comptabilité matière : « en tenant et certifiant une comptabilité de stocks qu'elle savait établie à partir de données non fiables et en tout état de cause non régulièrement contrôlées », un gestionnaire public a vu sa responsabilité engagée[5] ; dans le même sens, « les déficiences de la comptabilité matière empêchaient de mesurer avec précision les disparitions d'objets destinés à la vente ; que les mesures visant à réduire les écarts constatés ont été limitées et tardives »[6] ; ou encore un cas de « différentes anomalies ayant pour origine la falsification des comptes de stocks »[7] : des fournitures ont été fictivement sorties des stocks, et la sincérité des comptes s'en est trouvée altérée ;

– dans le même sens : « Considérant que l'instruction a établi que la comptabilisation des actifs de la [société] était erronée et qu'elle s'appuyait sur des inventaires inexacts ; que les matériels et bâtiments n'étaient en outre pas assurés, ce qui constitue une faute de gestion dans la préservation des actifs portés au bilan »[8] ;

– « l'inscription à l'actif de valeurs fictives », ce qui avait « altéré la sincérité des états comptables et faussé l'appréciation qu'ils permettaient de porter sur la situation » d'une SEM. Sans invoquer de règle écrite précise, la Cour a considéré que « la présentation de ces états [ces états comptables insincères] constitue une infraction »[9] ;

– défaut d'organisation ayant entraîné des désordres comptables : « le niveau grave de désordre et de déficience dans la gestion comptable provient d'un défaut d'organisation des services [...] en matière de tenue des comptes et de l'insuffisance des diligences mises en œuvre pour mener à bien la réforme comptable et la réforme des systèmes d'information ; que les dirigeants doivent mettre en œuvre l'organisation et les diligences requises pour que leurs services

1. CDBF 22 mai 1990, *CHS de Saint-Venant*, préc.
2. CDBF 23 avr. 2003, *Tribunal de grande instance de Marseille*, *Rev. Trésor* 2004. 54, note M. Lascombe et X. Vandendriessche ; *Lebon* 579 ; *Rec.* 111.
3. CDBF 25 mars 1987, *Assoc. X et Y*, CCP, n° 3, p. 55.
4. CDBF 7 nov. 2003, *Assoc. L'Étape*, *Rev. Trésor* 2005. 692, note M. Lascombe et X. Vandendriessche ; *AJDA* 2004. 1236, note N. Groper ; *Lebon* 592 ; *Rec.* 137.
5. CDBF 5 juin 1989, *Hôpital d'Orange*, CCP, n° 3, p. 172 ; *Lebon* 417.
6. CDBF 18 juin 1997, *Musée Rodin, Rev. Trésor* 1999. 189 ; *Rec.* 203 ; A. Froment-Meurice, J.-Y. Bertucci, N. Hauptmann, C. Michaut, *GAJF*, 7e éd., Dalloz 2019, n° 48, p. 562.
7. CDBF 22 mai 1990, *CHS de Saint-Venant*, CCP, n° 3, p. 204 ; *Lebon* 521.
8. CDBF 22 févr. 2018, *Société d'investissements de la filière pêche de l'archipel (SIFPA) de Saint-Pierre-et-Miquelon*, n° 218-749 ; *Rec.* 173 ; *AJDA* 2018. 1147.
9. CDBF 16 juin 1987, *SEM d'urbanisation, d'aménagement, d'équipement et de construction de la ville de Jeumont et de l'arrondissement d'Avesnes [Semvija]*, CCP, n° 3, p. 83 ; *Lebon* 512.

respectent les règles applicables en matière de tenue des comptes et que les comptes présentent les qualités précitées de régularité, de sincérité et d'image fidèle ; qu'en conséquence le défaut d'organisation ayant entraîné les graves désordres comptables constatés [...] doit être réprimé sur la base de l'infraction prévue à l'article L. 313-4 du Code des juridictions financières »[1]. La capacité du juge financier d'appréhender des fautes de négligence dans le cadre de l'infraction spéciale a été discutée plus haut[2] ;

– le fait que le commissaire aux comptes ait certifié les comptes d'une entreprise – en l'occurrence avec réserve – n'empêchera pas la juridiction financière de considérer que les comptes sont globalement insincères[3]. Si le juge financier n'est en principe pas habilitée à sanctionner un commissaire aux comptes qui aurait laissé se produire des irrégularités comptables graves (sauf cas exceptionnel), elle pourra retenir, du fait des défaillances du commissaire aux comptes, des circonstances atténuantes en faveur des dirigeants[4] ;

– provisions fictives ayant altéré la sincérité des comptes : « Considérant que la comptabilisation fictive de provisions pour risques et charges a eu pour effet de porter atteinte à la sincérité des comptes [...] ; que cette pratique a également privé les financeurs [...] de la possibilité de procéder à une éventuelle réfaction des excédents budgétaires, et de suivre les investissements réalisés et leur financement »[5]. Même arrêt : « Considérant que les irrégularités précitées procèdent d'une dissimulation organisée par [l'ordonnateur] afin d'empêcher le contrôle de la situation financière de la maison de retraite publique [...] par les autorités de tarification comme le montrent, sur plusieurs exercices, les délibérations du conseil d'administration de l'établissement et les mandats de paiement figurant au dossier » ;

– autre exemple d'insincérité des comptes du fait de provisions, ainsi que de l'inscription irrégulière de créances dans les comptes : « L'inscription de créances non justifiées et l'insuffisance ou l'absence de provisions qui l'accompagne constituent un manquement aux règles [...]. Ces irrégularités ont eu pour effet de majorer artificiellement l'actif et le résultat de la fédération sur les exercices considérés. Le fait de porter atteinte, par des écritures comptables erronées ou omises, à la sincérité des comptes, constitue [...] une infraction aux règles relatives à l'exécution des dépenses et des recettes ». Dans le même sens, une « reprise de provision [dans des conditions irrégulières] a eu pour effet de majorer le résultat et de minorer le passif dans les comptes [...] ». Enfin, « 26. L'absence de tout provisionnement du redressement notifié par l'Urssaf [...] a eu pour effet de majorer le résultat et de minorer le passif dans les comptes [...], ainsi que d'altérer d'autant la sincérité de ces comptes »[6].

Mais toutes les provisions critiquables ne sont pas pour autant constitutives d'une infraction, comme le montre l'exemple suivant : « 21. En revanche, le fait de n'avoir provisionné que pour moitié dans les comptes 2017 le montant dû à l'Urssaf, après la décision de la cour d'appel, n'apparaît pas constituer, en l'espèce, un manquement aux règles comptables dès lors que, compte tenu du pourvoi en cassation encore possible contre la décision de la cour d'appel et des incertitudes demeurant quant à l'issue de la procédure, la fédération disposait d'une certaine latitude pour apprécier le montant de la provision à inscrire en comptabilité »[7].

1. CDBF 21 févr. 2008, *Agence nationale de valorisation de la recherche [Anvar]*, *AJDA* 2008. 1193, note N. Groper et C. Michaut ; *Rev. Trésor* 2008. 519, note N. Groper ; *GFP* 2011, p. 387, note M. Lascombe et X. Vandendriessche.
2. V. s[s] n° 423.21.
3. CDBF 16 juin 1987, *SEM d'urbanisation, d'aménagement, d'équipement et de construction de la ville de Jeumont et de l'arrondissement d'Avesnes [Semvija]*, préc.
4. CDBF 7 nov. 2022, *Fédération française d'athlétisme (FFA)*, n° 262-847 ; *Rec.* 148 ; *AJDA* 2023. 560, chron. M. Choquet et N. Péhau.
5. CDBF 8 déc. 2014, *Maison de retraite publique de Vertheuil*, n° 196-718 ; *Rec.* 175 ; *AJDA* 2015. 1536, chron. J.-E. Picard et S. Gaillard.
6. CDBF 7 nov. 2022, *Fédération française d'athlétisme (FFA)*, n° 262-847 ; *Rec.* 148 ; *AJDA* 2023. 560, chron. M. Choquet et N. Péhau.
7. CDBF 7 nov. 2022, *Fédération française d'athlétisme (FFA)*, n° 262-847, préc.

CHAPITRE

424. Gestion de fait

SECTION 0
ORIENTEUR

424.00 **Sommaire du chapitre.**

424.01 **Texte applicable.**

• **CJF,** art. L. 131-15

424.02 **Jurisprudence de référence.**

• **C. comptes 10 oct. 2024,** *Commune de Felleries*, n° 12, S-2024-1311

424.03 **Bibliographie indicative.**

Articles. S. Damarey, « Le devenir du principe de séparation des ordonnateurs et des comptables », *GFP* 2019, n° 5, p. 76 – S. Damarey, « Responsabilité financière des gestionnaires publics : première condamnation pour gestion de fait », note sous C. comptes 10 oct. 2024, *Commune de Felleries*, n° 12, S-2024-1311 ; *JCP Adm.* 2025. 2012. – C. Michaut, « Pavane pour un principe d'avenir. Actualité du principe de séparation entre l'ordonnateur et le comptable public », *AJDA* 2019. 1382 – É. Quinart, « Que reste-t-il de la gestion de fait ? », *RFFP* 2021, n° 153, p. 193.

Contribution. É. Quinart, « Le régime de la gestion de fait », *in* S. Damarey et N. Groper, *Responsabilité financière des gestionnaires publics*, Dalloz, 2024, p. 171.

SECTION 1
ÉLÉMENTS GÉNÉRAUX ET HISTOIRE DE LA GESTION EN TANT QU'INFRACTION FINANCIÈRE

424.11 **Définition de la gestion de fait.** La gestion de fait, ou gestion occulte, peut être définie avec le président Descheemaeker de la façon suivante : « la gestion de fait est l'irrégularité qui consiste pour une personne physique ou morale à s'immiscer dans le maniement des deniers publics sans avoir qualité pour le faire. Le principe de séparation des ordonnateurs et des comptables, fondamental dans le droit de la comptabilité publique, réserve aux comptables publics l'encaissement des recettes, le paiement des dépenses et la conservation des fonds et valeurs [...]. L'agent ayant ou non la qualité d'ordonnateur qui effectue des opérations réservées aux comptables publics se comporte en comptable de fait »[1].

424.12 **Finalité de la gestion de fait (1) : protection de la compétence exclusive du comptable public.** La compétence exclusive du comptable public pour recouvrer les recettes et payer les dépenses constitue, s'agissant des collectivités territoriales et de leurs établissements publics, un principe général des finances publiques[2] auquel seule la loi peut déroger[3].

Ce principe de compétence exclusive ne couvre donc pas l'ensemble des attributions du comptable, mais protège un noyau dur autour de l'ouverture de la caisse en dépenses et, côté recettes, autour de la fonction de recouvrement.

L'article 13 du décret du 7 novembre 2012 relatif à la gestion budgétaire et comptable publique, dit GBCP[4], définit quant à lui les comptables publics

1. C. Descheemaeker, *J.-Cl. Adm.*, « Gestion de fait », 2009, mis à jour 2013, n° 1.
2. Conseil d'État, avis n° 373-788, 13 févr. 2007 : « ... le principe de l'exclusivité de compétence du comptable public pour procéder au recouvrement des recettes et au paiement des dépenses publiques doit être regardé comme un principe général des finances publiques applicable à l'ensemble des collectivités territoriales et de leurs établissements publics ».
3. CE sect. 6 nov. 2009, *Société Prest'action*, req. n° 297877 ; *Lebon p.* 445 ; *AJDA* 2009. 2401, note M. Lascombe et X. Vandendriescche ; *BJCP* 2010. 28, concl. Boulouis.
4. Décr. n° 2012-1246, 7 nov. 2012 relatif à la gestion budgétaire et comptable publique, dit GBCP.

comme « des agents de droit public ayant, dans les conditions définies par le présent décret, la charge exclusive de manier les fonds [...] des personnes morales » pour lesquels les textes applicables exigent la présence d'un comptable public, c'est-à-dire les organismes soumis aux règles de la comptabilité publique.

La gestion de fait a pour première finalité de protéger ce champ de compétence exclusif du comptable public sur la caisse publique contre toute forme d'immixtion.

424.13 Finalité de la gestion de fait (2) : caractère structurant du principe de séparation entre ordonnateur et comptable. L'office et la responsabilité du comptable public, dans sa spécificité et son champ de compétences exclusif, sont fondés sur la séparation stricte entre ordonnateur et comptable [1].

En droit français, la séparation des fonctions peut être datée de Saint Louis [2], lorsque le roi confie pour la première fois le recouvrement des recettes, à Paris, à une autre personne (le receveur) qu'au gestionnaire (le bailli ou le sénéchal), système ultérieurement généralisé à l'ensemble du domaine public [3] par Philippe IV le Bel [4]. Repris par l'article 17 de l'ordonnance du 14 septembre 1822 [5], puis les différents textes successifs régissant la comptabilité publique, que le décret du 7 novembre 2012, dit GBCP [6], rappelle encore aujourd'hui dans son article 9 : « Les fonctions d'ordonnateur et de comptable public sont incompatibles ».

Cet article fait suite à l'art. 8 du même décret qui prévoit que « les opérations relatives à l'exécution du budget relèvent exclusivement des ordonnateurs et des comptables publics » : la séparation constitue donc le corollaire de l'exclusivité des compétences décrite plus haut.

La suite du décret GBCP précise le partage entre ces deux fonctions dans la chaîne de la dépense comme de la recette publique.

Quoique structurant l'ensemble du système des finances publiques en France, et impliquant notamment l'existence d'un champ réservé au comptable public, le principe de séparation entre ordonnateur et comptable n'a pas valeur constitutionnelle [7], n'étant rattachable ni à un principe fondamental reconnu par les lois de la République [8] ni à la DDHC ; si sa valeur réglementaire est incontestable, il semble en réalité revêtir un caractère législatif : en effet, bien que le Conseil d'État ait jugé que ce principe ne constituait pas un principe général du droit [9], la plupart des conséquences attachées à la séparation (refus de payement du comptable ; réquisition du comptable par l'ordonnateur ; gestion de fait...) sont bien organisées par la loi [10] et il n'y a pu être dérogé, s'agissant du secteur public local, que par une loi.

Le principe de séparation est conçu de façon tellement stricte qu'il s'étend aux conjoints [11] et que son non-respect est susceptible d'être doublement sanctionné, par la juridiction financière répressive (au titre de l'infraction prévue à l'article L. 131-15 du CJF) et même par le juge pénal (au titre du délit d'usurpation de fonctions publiques, art. 433-12 C. pén.).

Cela ne signifie pourtant pas que ce principe ne puisse connaître des dérogations, ce qui a toujours été le cas (par exemple les régies de recettes et d'avances), ou être aménagé (c'est le cas dans les établissements publics nationaux, dans les établissements publics locaux d'enseignement ou dans les caisses locales de la Sécurité sociale).

Le principe de séparation précité, et corrélativement le monopole de certaines fonctions réservées au comptable, est conçu d'abord comme un élément de sécurité de la chaîne financière.

1. Sur ce principe, v. s[s] n° 022.33 – C. Michaut, « Pavane pour un principe d'avenir. Actualité du principe de séparation entre l'ordonnateur et le comptable public », *AJDA* 2019. 1382 – S. Damarey, *Le devenir du principe de séparation des ordonnateurs et des comptables, GFP* 2019, n° 5, p. 76.
2. Louis IX (1214-1270), roi de France (1226-1270).
3. C. de Selle de Beauchamp, *De la responsabilité des ordonnateurs des finances de l'État*, thèse, Librairie de la société du recueil générale des lois et des arrêts, 1900, p. 5 s.
4. Philippe IV (1268-1314), roi de France (1285-1314) et de Navarre (1284-1305).
5. Ord. du Roi, 14 sept. 1822 concernant la Comptabilité et la Justification des Dépenses publiques, art. 17.
6. Décr. n° 2012-1246, 7 nov. 2012 relatif à la gestion budgétaire et comptable publique, dit GBCP.
7. Selon la Cour des comptes elle-même : C. comptes 28 oct. 2010, *Lycée Georges Clemenceau à Sartène ; Rec.* 93. Dans le même sens : Cour des comptes, Rapport sur les services de la Présidence de la République pour l'exercice 2016, p. 3. Le Conseil constitutionnel, de son côté, ne s'est pas prononcé explicitement sur la question.
8. Historiquement, ce principe a été d'abord affirmé essentiellement dans des textes de la Restauration (Ord. 14 sept. 1822) et du Second Empire.
9. CE 22 févr. 2008, *Syndicat national des services du Trésor Force ouvrière*, req. n° 295281 ; *AJDA* 2008. 438.
10. Si c'est bien par la loi que récemment un aménagement à ce principe dans le secteur public local a été institué (art. 243 de la loi de finances n° 2018-1317, 28 déc. 2018 prévoyant la possibilité de créer des agences comptables au sein des collectivités locales et leurs établissements publics ainsi que dans les EP de santé ; *JO* 30 déc. 2018, texte n° 1), c'est peut-être pour d'autres raisons, tenant à l'autonomie des collectivités locales. L'expérimentation ainsi créée n'a d'ailleurs pas prospéré (v. plus loin).
11. GBCP, art. 9, al. 2 : « Les conjoints des ordonnateurs, ou les partenaires avec lesquels ils sont liés par un pacte civil de solidarité, ne peuvent être comptables des personnes morales auprès desquelles ces ordonnateurs exercent leurs fonctions ».

La séparation des fonctions constitue en effet selon la Cour des comptes « une garantie prudentielle fondamentale »[1] ; il s'agit d'un principe de bonne gestion financière qui se retrouve y compris dans la gestion commerciale. Il existe même des standards internationaux de séparation des fonctions (« *Segregation of duties* ») liés à l'irruption de l'informatique dans la gestion financière et posés par l'ISACA[2], qui consacrent *de facto*, et de façon universelle, le principe de séparer clairement les « officiers » habilités à manier les fonds de ceux qui sont chargés d'effectuer les autres phases de la dépense ou de la recette (engagement, constatation du service fait, etc.) et de mettre en place une frontière informatique hermétique entre ces deux catégories.

Toutefois, si dans le secteur privé cette séparation peut être purement interne et fonctionnelle, le système français de comptabilité publique va nettement au-delà pour devenir une séparation statutaire, et même organique : bien qu'affecté auprès d'une structure, le comptable public demeure en quelque sorte un élément externe, dans la mesure où les deux acteurs ne relèvent pas de la même hiérarchie[3], ni même, le plus souvent, de la même personne morale ; il est donc un élément externe internalisé dans la structure d'accueil.

Dans le système français, cette stricte séparation a conduit à faire du comptable l'un des garants de l'ordre public financier, en confiant au comptable à la fois un monopole sur certaines actions (payement, encaissement...) et des fonctions de contrôle sur l'ordonnateur, ces dernières impliquant un pouvoir de blocage (suspension de payement[4]) qui ne peut pas être dans tous les cas « forcé » par l'ordonnateur (la réquisition du comptable ne joue en effet pas pour tous les motifs de suspension).

Surtout, l'infraction réprimant la gestion de fait constitue une pièce maîtresse dans la garantie du respect de ce principe de séparation.

1. C. comptes, Rapport sur les services de la Présidence de la République pour l'exercice 2016, p. 3.
2. Association professionnelle internationale dont l'objectif est d'améliorer la gouvernance des systèmes d'information, notamment par l'amélioration des méthodes d'audit informatique, et dont la section française est l'Association française de l'audit et du conseil informatiques AFAI.
3. Hormis dans les établissements publics, où l'agent comptable est intégré dans l'établissement dirigé par l'ordonnateur ; mais cela n'empêche pas que l'agent comptable soit indépendant dans les fonctions dont il a la charge exclusive. Un système similaire existe pour les comptables des organismes de Sécurité sociale.
4. GBCP, art. 38 (règle générale) ; GBCP, art. 136 pour l'État ; GBCP, art. 195 pour les établissements publics dotés d'un comptable public ; textes particuliers pour les collectivités territoriales, les établissements publics de santé et autres structures particulières.

424.14 Origine historique de la gestion de fait. L'origine de la gestion de fait, en tant que construction juridique traitant des atteintes au principe de séparation entre ordonnateurs et comptables publics, est à rechercher du côté du régime de responsabilité personnelle et pécuniaire des comptables publics ; réinventée par la jurisprudence au XIXe siècle, la procédure de gestion de fait, ou instance en comptabilité de fait, visait à soumettre au régime de jugement des comptes des comptables non seulement les comptables en titre, mais également ceux qui, de fait, s'étaient comportés comme des comptables publics, en s'ingérant dans une activité relevant du monopole du comptable public[5].

Le champ de compétence du comptable public – avec ses obligations de contrôle – se trouve ainsi protégé par le fait de l'étendre aux comptables de fait : selon Maurice Hauriou, « si la police de la comptabilité ne s'appliquait qu'aux comptables en titre l'emploi des deniers publics échapperait en grande partie à cette police, car ils seraient fréquemment maniés en dehors des comptables »[6].

Cette procédure était donc essentiellement calquée sur le jugement des comptes des comptables, procédure non répressive préexistante, supposant la production d'un compte de la gestion de fait et le jugement de celui-ci, avec des débets éventuels mis à la charge des comptables de fait. Ce volet visant au rétablissement des formes budgétaires et comptables a continué à exister jusqu'à sa suppression, fin 2022, mais était nettement en déclin[7].

424.15 Création d'une amende pour gestion de fait. L'amende pour gestion de fait, en tant que volet répressif sanctionnant la situation constitutive d'une gestion de fait, s'est développée ultérieurement, d'une part en contrepoint de l'absence de vocation répressive de la procédure de jugement des comptabilités patente et de fait, et d'autre part en référence aux limites de la répression pénale en la matière, qui joue fort peu en pratique[8].

Or l'absence de sanction n'a pas été sans présenter, à la longue, de sérieux inconvénients, ce dont les pouvoirs publics ont pris conscience. La découverte, en 1935, d'une importante gestion de fait[9] leur a fourni l'occasion de créer une amende punissant

5. Sur l'histoire : A. Froment-Meurice, J.-Y. Bertucci, N. Hauptmann, C. Michaut, *Les grands arrêts de la jurisprudence financière*, 7e éd. 2019, no 35, commentaire sous l'arrêt C. comptes 23 août 1834, *Commune de Roubaix*.
6. M. Hauriou, Précis de droit administratif et de droit public, 4e éd., 1900, p. 744.
7. V. les chiffres donnés par É. Quinart, « Que reste-t-il de la gestion de fait ? », *RFFP* 2021, no 153, p. 193.
8. Sur l'articulation entre gestion de fait, infraction financière, et le délit pénal d'usurpation de fonctions publiques, v. plus loin, ss no 424.24.
9. C. comptes 26 févr. 1936, *Hospices civils de Lyon, Rec.* 43.

spécialement les comptables de fait, mise en œuvre, à l'époque, par le juge des comptes : rappelons qu'en effet, avant 1948 et la création de la Cour de discipline budgétaire, il n'existait pas, en France, de juridiction financière habilitée à juger des actes de gestion en-dehors du jugement des comptes des comptables publics ; il était en particulier interdit de juger les ordonnateurs [1].

La justification de cette amende est que toute gestion de fait constitue en elle-même une irrégularité qui trouble l'ordre public financier, et qu'elle peut donc appeler une *répression*.

Or, comme vu plus haut, la répression n'était pas l'objectif principal de la procédure de gestion de fait, qui visait traditionnellement à rétablir les formes budgétaires et comptables et à récupérer des fonds qui se trouvent irrégulièrement en dehors de la caisse publique.

Le volet répressif, la possibilité pour le juge des comptes de prononcer une amende, s'est donc historiquement ajouté à une procédure de gestion de fait qui à l'origine ne disposait pas d'aspect proprement répressif. L'inclusion de l'amende pour gestion de fait dans le droit positif s'est faite par étapes à partir de 1935.

424.16 Histoire de la gestion de fait en tant qu'infraction financière réprimée par la CDBF. Il doit être souligné que l'amende pour gestion de fait confiée avant la Seconde Guerre Mondiale à la Cour des comptes a servi ensuite de modèle, en général, pour les amendes instaurées dans le cadre du régime de responsabilité financière créé par la loi du 25 septembre 1948 [2].

Pourtant, les agissements constitutifs de gestion de fait n'entrent expressément dans le champ d'application des infractions financières sanctionnées par la CDBF que depuis la loi du 31 juillet 1963 [3].

En effet, dans la version initiale de la loi de 1948 créant la Cour de discipline budgétaire, en vigueur entre 1948 et 1963, la Cour des comptes était seule compétente pour juger les gestions de fait, y compris pour prononcer des amendes [4], même si théoriquement, même sans règle spécifique, tout acte constitutif d'une gestion de fait est également qualifiable d'infraction générale aux règles d'exécution des recettes et/ou des dépenses au sens de l'infraction générale réprimant les violations de règles, car il s'agit bien – au minimum – d'une violation de la règle de séparation entre ordonnateur et le comptable [5].

Ce dessaisissement légal, à l'origine, de la Cour de discipline budgétaire a été jugé insuffisamment protecteur de l'ordre public financier : l'exposé des motifs de la loi de 1963 rappelle que les gestions occultes « constituent essentiellement des pratiques irrégulières » (« essentiellement » à entendre au sens « irrégulières dans leur essence ») et qu'il faut donc « donner à la Cour des comptes la possibilité de déférer à la Cour de discipline budgétaire les comptables de fait quand leurs agissements ont donné lieu à des infractions [financières sanctionnées à l'époque par la CDBF]. L'obligation de compter devant la Cour des comptes subsisterait, la Cour de discipline budgétaire étant appelée à punir les infractions aux règles d'exécution des recettes et des dépenses » [6].

La loi de 1963 a donc introduit expressément la gestion de fait dans les infractions financières, sous forme d'alinéa particulier de l'article prévoyant l'infraction générale [7].

On peut sans doute regretter que le législateur ne soit jamais allé, avant la réforme d'ampleur introduite par l'ordonnance du 23 mars 2022, au bout de cette logique de partage entre le jugement du compte de la gestion de fait (juridictions des comptes) et la répression (CDBF), en donnant l'exclusivité de la répression à la CDBF.

En attendant, jusqu'au 31 décembre 2022 ont coexisté deux types de répression de la gestion de fait : d'une part aux mains du juge des comptes (s'ajoutant au jugement du compte de la gestion de fait) [8] et d'autre part de la CDBF [9]. Les deux répressions étaient identiques quant à leurs éléments constitutifs, mais différaient sur beaucoup de points (champ des justiciables en partie différent ; prescription plus longue devant le juge des comptes que devant la CDBF...).

Il est vrai que la réforme entrée en vigueur le 1er janvier 2023 a résolu cette dualité en supprimant l'ancienne procédure de gestion de fait en même temps que la CDBF, en supprimant le volet « jugement du compte » et en « fusionnant », si l'on peut dire, les aspects répressifs : désormais, il n'existe plus qu'une procédure unique dans le cadre du régime de responsabilité financière des gestionnaires publics.

L'infraction actuelle [10] est le fruit de cette double filiation.

1. Sur l'interdiction faite à la Cour des comptes de juger les ordonnateurs, avant 2023, v. s^s n° 043.14.
2. L. n° 48-1484, 25 sept. 1948 tendant à sanctionner les fautes de gestion commises à l'égard de l'État et de diverses collectivités et portant création d'une Cour de discipline budgétaire et financière – Sur le rôle joué par le précédent de l'amende pour gestion de fait dans la création du régime répressif de droit public financier, v. s^s n° 044.22.
3. V. s^s n° 045.23.
4. L. n° 48-1484, 25 sept. 1948, art. 5, al. 2.
5. GBCP, art. 9 ; v. s^s n°s 022.33 et 424.13.
6. Doc. parl., AN, annexe n° 449, 1963, p. 722.
7. CJF, anc. art. L. 313-4, al. 2, en vigueur jusqu'au 31 déc. 2022.
8. CJF, anc. art. L. 131-11 pour la Cour des comptes, et L. 231-11 pour les chambres régionales des comptes, abrogés le 31 déc. 2022.
9. CJF, anc. art. L. 313-4, al. 2, en vigueur jusqu'au 31 déc. 2022.
10. CJF, art. L. 131-15.

SECTION 2

CADRE LÉGAL ET ÉLÉMENTS CONSTITUTIFS DE L'INFRACTION

424.21 Cadre légal de l'infraction : aperçu. L'article L. 131-15 du CJF, en vigueur depuis le 1er janvier 2023, prévoit : « Toute personne qui, sans avoir la qualité de comptable public ou sans agir sous contrôle et pour le compte d'un comptable public, s'ingère dans le recouvrement de recettes affectées ou destinées à un organisme public doté d'un poste comptable ou dépendant d'un tel poste est, dans le cas où elle n'a pas fait l'objet pour les mêmes opérations des poursuites au titre du délit prévu et réprimé par l'article 433-12 du code pénal, passible des sanctions prévues à la section 3 au titre de sa gestion de fait. Le comptable de fait est en outre comptable de l'emploi des fonds ou valeurs qu'il détient ou manie irrégulièrement et, à ce titre, passible des sanctions prévues à la section 3 en cas de commission d'une infraction mentionnée aux articles L. 131-9 à L. 131-14. Il en est de même pour toute personne qui reçoit ou manie directement ou indirectement des fonds ou valeurs extraits irrégulièrement de la caisse d'un organisme public et pour toute personne qui, sans avoir la qualité de comptable public, procède à des opérations portant sur des fonds ou valeurs n'appartenant pas aux organismes publics, mais que les comptables publics sont exclusivement chargés d'exécuter en vertu de la réglementation en vigueur ».

Plusieurs spécificités sont légalement attachées à cette infraction, en matière de prescription[1] comme de sanction[2].

424.22 Prescription spécifique à la gestion de fait. Si en vertu de la règle générale en matière de prescription[3], « La Cour des comptes ne peut être saisie par le ministère public après l'expiration d'un délai de cinq années révolues à compter du jour où a été commis le fait susceptible de constituer une infraction [...] »[4], une seule exception est prévue pour la gestion de fait : « Ce délai est porté à dix années révolues à compter du jour où a été commis le fait susceptible de constituer l'infraction prévue à l'article L. 131-15 ».

Cette possibilité étendue d'appréhender les actes constitutifs de gestion de fait illustre la place particulière de cette infraction, et son importance dans la protection de l'ordre public financier.

Avant la réforme entrée en vigueur le 1er janvier 2023, alors que la prescription était de cinq ans devant la CDBF, y compris pour la gestion de fait, elle était déjà de dix ans devant le juge des comptes pour la déclaration de gestion de fait[5] : c'est donc cette règle de dix ans, favorable aux poursuites, qui a été retenue dans le régime de responsabilité actuel qui a, de ce point de vue, fusionné les régimes préexistants en retenant les dispositions les plus sévères[6].

Il appartiendra à la jurisprudence de préciser si ce délai de prescription, désormais plus long s'agissant de l'amende, s'applique également aux faits antérieurs à l'entrée en vigueur de la loi nouvelle.

La prescription de dix ans ne vaut que pour l'infraction réprimant la gestion de fait elle-même, et non les autres infractions qui ont pu être commises à cette occasion[7].

424.23 Champ des organismes et des personnes physiques concernées. L'infraction réprimant la gestion de fait, en ce qu'elle protège le champ de compétence exclusif du comptable public sur la caisse publique, suppose l'existence d'un comptable public. Le champ de l'infraction est donc directement lié à des notions comme celle de deniers publics[8] et celle de comptabilité publique.

Le champ de la comptabilité publique peut être défini comme « l'ensemble des prescriptions qui gouvernent l'exécution des recettes et des dépenses réalisées par les comptables publics »[9]. Dans cette acception stricte, le champ de la comptabilité publique correspond aux comptes des comptables publics.

Ce n'est ainsi pas le statut et/ou la vocation d'un organisme qui emporte l'application de ces règles, mais l'existence ou non d'un comptable public : « ainsi, le statut du comptable gouverne-t-il l'emprise des règles de la comptabilité publique. Le même regard peut mesurer l'ampleur et la fragilité de cette

1. Sur la prescription spécifique à la gestion de fait, v. ss nos 424.22 et 321.13.
2. Sur les règles de cumul en matière de gestion de fait, v. ss no 472.22 ; sur le plafond d'amende spécifique, v. ss no 472.14 ; sur les modalités de fixation du *quantum* de l'amende pour gestion de fait, v. ss no 472.32.
3. Sur la prescription en contentieux financier, en général, v. ss nos 321.11 s.
4. CJF, art. L. 142-1-3, al. 1er.
5. CJF, ancien art. L. 131-2 pour la Cour des comptes, ancien art. L. 231-3 pour les chambres régionales des comptes, tous textes abrogés le 31 déc. 2022. À noter que cette prescription de dix ans est elle-même issue d'une modification législative intervenue en 2001 ; auparavant, elle était de 30 ans.
6. La prescription de dix ans s'appliquait à la déclaration de gestion de fait, non au jugement du compte (cinq ans depuis une modification législative de 2008) ni à l'amende pour gestion de fait (dans le silence des textes, cinq ans selon la doctrine autorisée : C. Descheemaeker, « Gestion de fait », *J.-Cl. Adm.*, 2009, mis à jour 2013, nos 50 à 53).
7. C. comptes 10 oct. 2024, *Commune de Felleries*, no 12, S-2024-1311 ; *JCP Adm.* 2025. 2012, note S. Damarey ; ici § 9.
8. Sur la notion de deniers publics, v. ss no 031.46.
9. Guerrier, « La quatrième partie du décret du 29 décembre 1962 a disparu », *Rev. Trésor* 1987. 712.

emprise. Il suffit pour l'accroître ou pour l'amputer de modifier la situation d'un seul agent ou groupe d'agents »[1].

Le champ des comptables ne doit pas être confondu avec celui des comptes publics, qui correspond à une acception plus large, celle des comptes des organismes publics. Selon Bernard Adans[2], « il existe un consensus très large, y compris au niveau international, pour admettre que le périmètre des comptes publics correspond à celui des comptes des administrations publiques (APU) telles qu'elles sont définies par la comptabilité nationale », qu'elles aient un comptable public ou non. Or ici, dans le cadre de l'infraction réprimant la gestion de fait, qui est focalisée sur la caisse et moins sur le compte, c'est l'existence d'un comptable public qui détermine le champ applicable.

Il faut donc que la caisse d'un organisme pourvu d'un comptable public soit concernée pour que l'infraction puisse jouer, organisme en tant que « victime », en quelque sorte ; cela exclut les caisses et les fonds de personnes morales, même de droit public, qui n'ont pas de comptable public, qui ne sont pas visés par l'infraction réprimant la gestion de fait.

En revanche, d'autres personnes morales, même de droit privé, peuvent être indirectement concernées par une gestion de fait si elles servent de support à l'extraction irrégulière de deniers publics ou à l'encaissement de deniers qui sont destinés à une caisse publique. C'est le cas en particulier des associations transparentes. C'est d'ailleurs pour cette raison que ces personnes morales pouvaient, dans le cadre de l'ancienne procédure de gestion de fait menée devant le juge des comptes, être déclarées comptables de fait, ce qui n'est plus possible dans le cadre du régime actuel, qui de ce point de vue s'inscrit dans la continuité de la CDBF, devant laquelle les personnes morales ne sont pas justiciables.

Les justiciables, dans le régime de responsabilité actuel, ne peuvent donc qu'être des personnes physiques[3] : cela vaut pour toutes les infractions financières, y compris celle réprimant la gestion de fait.

Cette dernière dispose pourtant du champ des justiciables le plus large de toutes les infractions financières, incluant évidemment les agents de fait (le comptable de fait étant une catégorie particulière d'agent de fait[4]), mais également les ministres et les élus locaux, qui sont en principe et à des degrés divers exclus de la répression financière[5].

424.24 Articulation avec le délit pénal d'usurpation de fonctions publiques. L'ingérence dans les opérations comptables est constitutive du délit pénal d'immixtion sans titre dans les fonctions publiques, tout au moins lorsqu'elle est le fait de personnes entièrement dépourvues d'investiture officielle : l'article 433-12 du code pénal rend cette infraction passible de trois ans d'emprisonnement et de 45 000 euros d'amende.

Mais de telles peines apparaissent bien sévères pour les comptables de fait, de beaucoup les plus nombreux, qui ne se sont pas approprié à des fins personnelles les deniers indûment maniés et qui ont tenu une exacte comptabilité de leurs opérations. En outre, dès lors qu'un doute s'élève sur le point de savoir si un prévenu s'est réellement ingéré dans les fonctions de comptable public, le juge pénal doit surseoir à statuer sur la poursuite jusqu'à ce que la juridiction financière se soit prononcée[6]. Dans ces conditions, il est extrêmement rare qu'un comptable de fait fasse l'objet de poursuites pénales sur la base de l'article 433-12 du Code pénal.

La primauté du juge pénal en cas de poursuites fondées sur l'article 433-12 code pénal est prévue par la loi : le juge financier est légalement privé du droit de réprimer l'ingérence dans les opérations comptables dans le cas où les auteurs de cette ingérence ont fait l'objet de poursuites sur la base de l'infraction pénale[7]. Une règle similaire existait déjà dans la législation en vigueur avant la réforme qui a fait naître le régime de responsabilité actuel.

La loi dit « poursuites », et non pas « condamnation » : il en résulte que la juridiction financière est désarmée, même si les poursuites pénales ont tourné court pour des raisons purement procédurales, « ce qui ne paraît pas satisfaisant », selon certains auteurs[8]. Mais il est tout à fait exceptionnel que la juridiction financière ait eu à constater son incapacité à infliger l'amende en raison de l'engagement de poursuites sur la base de ce délit pénal[9]. Lorsque des poursuites

1. S. Flizot, « L'ordre public financier », *RDP* nov. 2017, n° 6, p. 1677.
2. B. Adans, « Quel avenir pour le comptable public », Cahier de l'Académie des sciences et techniques comptables et financières n° 32, nov. 2016.
3. Sur les justiciables, v. s^s n°s 311.11 s. ; sur les personnes morales, v. s^s n° 312.21.
4. Sur les agents de fait, v. s^s n° 311.31.
5. Sur la justiciabilité exceptionnelle des élus, v. s^s n°s 313.141 s. et 313.163 ; des ministres, v. s^s n° 312.32.
6. Cass, ch. crim., 16 mars 1888, *Henriot, D.* 1888. I. 393.
7. CJF, art. L. 131-15 : « [...] dans le cas où elle n'a pas fait l'objet pour les mêmes opérations des poursuites au titre du délit prévu et réprimé par l'article 433-12 du code pénal [...] ».
8. R. Chapus, « La Cour des comptes et le juge judiciaire », *in L'administration et son juge*, Puf, p. 239.
9. Arrêts rendus dans le cadre de l'ancienne procédure de gestion de fait, avec jugement du compte et amende : C. comptes 24 oct. 1952, *C^ne du Pin, Rec.* 4 (comptable de fait effectivement condamné par le juge pénal) ; – C. comptes 7 mars 1979, *C^ne de Dollot, Rev. adm.* n° 193, note F.-J. Fabre (comptable de fait bénéficiaire au pénal d'une ordonnance de non-lieu).

pénales au titre du délit d'usurpation de fonctions publiques sont engagées, les textes consacrent donc la primauté du juge pénal, et corrélativement il en découle que si de doubles poursuites sont engagées, il est interdit de cumuler les sanctions. C'est d'ailleurs le seul cas d'application du principe du *non bis in idem* prévu directement par la loi, les autres étant d'origine jurisprudentielle [1].

Toutefois, cet « effacement » du juge financier devant le juge pénal ne concerne que le délit de l'article 433-12 du code pénal, et non les autres délits pénaux qui peuvent avoir été commis à l'occasion des faits constitutifs de gestion de fait.

Lorsque les comptables de fait ont été poursuivis sur la base d'autres articles du code pénal que l'article 433-12, leur condamnation par les tribunaux répressifs ne prive pas le juge des comptes du droit de les condamner à l'amende pour gestion de fait. Ceci découle de la loi elle-même qui reste silencieuse à cet égard, ce qui, compte tenu de la différence de nature entre répression pénale et répression de droit public financier, permet en principe des procédures parallèles [2].

Il en est ainsi en cas de condamnation pénale pour abus de confiance et escroquerie [3], pour escroquerie et concussion [4], ou encore pour conservation illégale d'intérêt [5].

424.25 Gestion de fait en recettes : ingérence dans l'encaissement de recettes publiques. Une gestion de fait peut être constituée par des agissements en recettes ou en dépenses [6], parfois les deux.

S'agissant de la gestion de fait en recettes, l'article L. 131-15, dans son alinéa 1er, prévoit que « toute personne qui, sans avoir la qualité de comptable public ou sans agir sous contrôle et pour le compte d'un comptable public, s'ingère dans le recouvrement de recettes affectées ou destinées à un organisme public doté d'un poste comptable ou dépendant d'un tel poste est [...] passible des sanctions prévues à la section 3 au titre de sa gestion de fait ».

Tout d'abord, comme pour toute gestion de fait, l'un des éléments constitutifs de l'infraction est l'absence d'habilitation [7] du gestionnaire de fait (« sans avoir la qualité de comptable public ou sans agir sous contrôle et pour le compte d'un comptable public »), ce qui peut recouvrir des situations assez différentes et parfois difficiles à interpréter.

Précisons ensuite qu'au sens strict de la comptabilité publique [8], les recettes publiques sont seulement celles destinées à une caisse publique tenue par un comptable public. C'est sur cette définition stricte qu'est fondée la procédure de gestion de fait en recettes.

Les recettes publiques matériellement définies comme « les produits des impositions de toute nature, les produits résultant de conventions ou décisions de justice et les autres produits autorisés pour chaque catégorie de personne morale mentionnée à l'article 1er par les lois et règlements en vigueur » [9].

La Cour devra prendre en considération la définition étroite de la notion de recette publique telle qu'imposée par le Conseil d'État dans son arrêt *Prest'action* [10] : ne sont plus considérées comme publiques les recettes tirées d'une activité économique propre de l'exploitant privé d'un bien public, alors que jusque-là la jurisprudence financière considérait que revenait dans une caisse publique toute recette provenant de l'exploitation de biens publics ou d'un service public [11]. Dans une approche encore plus restrictive, le juge de cassation a regardé comme privées les recettes tirées par une association de l'exploitation (ici la sous-location) de locaux appartenant à une collectivité locale, alors même qu'aucun contrat ne l'habilitait à donner ces biens en location [12]. En revanche sont publiques les recettes tirées de l'exploitation, par une personne morale de droit public, d'une exposition que cette dernière avait

1. Sur le principe du *non bis in idem*, en général, v. ss nos 212.11 s.
2. CJF, art. L. 142-1-12, al. 1er, en vigueur depuis le 1er janv. 2023. Auparavant, des dispositions similaires existaient pour la CDBF ; sur le *non bis in idem*, v. ss nos 212.11 s. ; sur le cumul des sanctions et leurs limites, v. ss nos 212.31 s.
3. CE 2 mars 1973, *Massé*, req. no 81505 ; *Lebon* 184, concl. G. Braibant ; *AJDA* 1974. 97, note J. Magnet. Arrêt rendu sous l'empire de l'ancienne procédure de gestion de fait (jugement du compte et amende), mais dont la solution est, sur ce point, transposable à l'actuel régime de responsabilité financière des gestionnaires publics.
4. C. comptes 29 avr. 1959, *Cne de Huningue, Rec.* 16. Arrêt rendu sous l'empire de l'ancienne procédure de gestion de fait (jugement du compte et amende), mais dont la solution est, sur ce point, transposable à l'actuel régime de responsabilité financière des gestionnaires publics.
5. C. comptes 25 mars 2004, *Cne de Levallois-Perret, Rec.* 15 ; *Rev. Trésor* 2005. 179, concl. Proc. gén., note M. Lascombe et X. Vandendriessche. Arrêt rendu sous l'empire de l'ancienne procédure de gestion de fait (jugement du compte et amende), mais dont la solution est, sur ce point, transposable à l'actuel régime de responsabilité financière des gestionnaires publics.
6. Sur la gestion de fait en dépenses, v. ss no 424.26.
7. C. Descheemaeker, *J.-Cl. Adm.*, « Gestion de fait », 2009, mis à jour 2013, nos 98 s.
8. Sur cette notion, v. ss no 031.44.
9. GBCP, art. 23 – Sur les recettes en comptabilité publique, v. aussi GBCP, art. 23 à 28-1, partie générale, et les articles 50 et 51 GBCP pour les pièces justificatives.
10. CE sect. 6 nov. 2009, *Société Prest'action*, req. no 297877 ; *Lebon p.* 445 ; *AJDA* 2009. 2401, note M. Lascombe et X. Vandendriescche ; *BJCP* 2010. 28, concl. N. Boulouis.
11. Position critique : E. Quinart, « Que reste-t-il de la gestion de fait ? », *RFFP* 2021, no 153, p. 193.
12. CE 26 juin 2019, *Association « La ruche du 4 »*, req. no 417386 ; *AJDA* 2019. 1365 ; *JCP Adm.* no 2, 13 janv. 2020, note M. Kernéis-Cardinet.

créée : lorsqu'une société privée encaisse ces fonds, sans activité propre autre que la facturation, alors ces recettes demeurent publiques et une gestion de fait peut être constituée [1].

S'agissant des éléments constitutifs d'une gestion de fait en recettes, la Cour pourra s'appuyer à la fois sur la jurisprudence du juge des comptes en la matière, rendue dans le cadre de l'ancienne procédure de gestion de fait [2] : elle reste – sur ce point précis de savoir si une gestion de fait est constituée par ingérence dans l'encaissement de recettes publiques – très largement pertinente.

La jurisprudence de la CDBF en matière de gestion de fait en recettes est également abondante, et pourra continuer à inspirer la Cour des comptes :

– Encaissement par une association de recettes destinées à la caisse d'un comptable d'université, et prise en charge avec ces fonds de dépenses incombant à l'université [3] ; dans le même sens : association non subventionnée qui s'était immiscée dans le recouvrement de recettes destinées à une caisse publique [4].

– Association transparente qui a emprunté de l'argent à une banque : selon la CDBF, il s'agit d'un emprunt d'argent déguisé au nom de l'État [5].

– Encaissement de recettes tirées de coupes de bois d'un hospice en dehors de la caisse du comptable public, sans que le terme « gestion de fait » ne soit toutefois prononcé [6].

– Encaissement, par une association, de recettes destinées à une caisse publique, en l'occurrence de subventions et recettes d'exploitation d'un service public [7].

Dans son premier arrêt rendu dans le cadre du régime de responsabilité financière des gestionnaires publics entré en vigueur le 1er janvier 2023, la Cour des comptes a sanctionné notamment l'encaissement, par une association sans titre, de recettes publiques tirées de la boutique du musée municipal, et l'encaissement, par une autre association sans titre, de « recettes tirées de manifestations dont l'initiative et l'organisation revenaient à la collectivité, et dont les produits devaient en conséquence être regardées comme destinés à la caisse du comptable public [...] » [8].

Cette affaire *Commune de Felleries* mettait en présence plusieurs cas de figure distincts [9] :

• « personnes qui ont encaissé des sommes destinées à une régie de recettes, sans avoir la qualité de régisseur », par le biais d'une association, « en l'absence de tout titre légal ou conventionnel » (§ 22) ;

• dans le même sens, « l'association [...] a été chargée par la commune, en l'absence de tout titre légal, de la perception de recettes tirées de manifestations dont l'initiative et l'organisation revenaient à la collectivité, et dont les produits devaient en conséquence être regardés comme destinés à la caisse du comptable public, ces agissements étant constitutifs d'une gestion de fait » (§ 34) ;

• dans un autre cas, il existait une convention entre la commune et l'association, mais la Cour a néanmoins retenu l'existence d'une gestion de fait, cette convention n'étant pas regardée comme habilitant l'association à encaisser les recettes en question : « Quoiqu'elle soit intitulée "délégation de service public", ladite convention, qui n'emporte pas transfert du risque d'exploitation au cocontractant, ne saurait être regardée comme un contrat de concession au sens de l'article L. 1121-1 du code de la commande publique. Dans la mesure où le fonctionnement du musée repose sur un agent communal mis à la disposition de l'association à temps complet, les recettes tirées des droits d'entrée et de la vente d'objets ne peuvent pas davantage être considérées comme tirées de l'activité propre de l'association. Si elle devait au contraire s'analyser comme un mandat donné par la commune pour encaisser des recettes publiques, cette convention n'a pas donné lieu à un avis conforme du comptable public tel que prévu par l'article L. 1611-7-1 du code général des collectivités territoriales. Elle ne peut donc être considérée ni comme ayant confié à l'association une délégation de service public, qui aurait permis de regarder les recettes du service comme de nature privée, ni comme un mandat valant titre légal pour l'encaissement de deniers publics » (§ 24 de cet arrêt).

1. C. comptes 26 mai 2011, *Musée national du sport ; AJDA* 2011. 2462, chron. C. Michaut et P. Sitbon. Arrêt rendu sous l'empire de l'ancienne procédure de gestion de fait (jugement du compte et amende), mais dont la solution est, sur ce point, transposable à l'actuel régime de responsabilité financière des gestionnaires publics.
2. C. Descheemaeker, « Gestion de fait », *J.-Cl. Adm.*, 2009, mis à jour 2013, nos 59 s.
3. CDBF 2 mai 1983, *Université d'Aix-Marseille III, Institut d'administration des entreprises [IAE]*, CCP, no 2, p. 217.
4. CDBF 17 mai 1977, *Inra, Centre de recherches zootechniques et vétérinaires [CRZV] de Theix [Puy-de-Dôme], Lebon 679 (extraits)* ; CCP, no 2, p. 135.
5. CDBF 15 déc. 1993, *min. de la Défense, service d'information et de relations publiques des armées [Sirpa], Rev. Trésor* 1995. 679 ; *Lebon* 536 ; *Rec.* 151.
6. CDBF 14 déc. 1984, *Hospice de Sos-en-Albret [Lot-et-Garonne]*, CCP, no 2, p. 236 : encaissement de recettes tirées de coupes de bois d'un hospice en dehors de la caisse du comptable public.
7. CDBF 30 sept. 1987, *EHESS et Assoc. Marc Bloch*, CCP, no 3, p. 94 ; *Lebon* 515.
8. C. comptes 10 oct. 2024, *Commune de Felleries*, no 12, S-2024-1311 ; *JCP Adm.* 2025. 2012, note S. Damarey.
9. C. comptes 10 oct. 2024, *Commune de Felleries*, no 12, S-2024-1311, préc. ; les citations qui suivent sont extradites de cet arrêt.

424.26 Gestion de fait en dépenses : extraction irrégulière de deniers publics. Outre la gestion de fait en recettes (ingérence dans l'encaissement d'une recette publique), il existe des gestions de fait en dépenses, constituées par l'extraction irrégulière de deniers publics.

Ainsi l'article L. 131-15, al. 3, rend-il sanctionnable au titre de l'infraction réprimant la gestion de fait « toute personne qui reçoit ou manie directement ou indirectement des fonds ou valeurs extraits irrégulièrement de la caisse d'un organisme public et pour toute personne qui, sans avoir la qualité de comptable public, procède à des opérations portant sur des fonds ou valeurs n'appartenant pas aux organismes publics, mais que les comptables publics sont exclusivement chargés d'exécuter en vertu de la réglementation en vigueur ».

Cette extraction irrégulière de fonds de la caisse publique, qui est à distinguer de la dépense irrégulière[1] et de la dépense illégale[2], se réalise souvent par le biais d'un mandat fictif[3], d'une subvention fallacieuse[4] ou à travers une structure transparente, par exemple une association[5] : la Cour pourra à cet égard s'inspirer largement de la jurisprudence du juge des comptes qui, bien que rendue dans le cadre de l'ancienne procédure de gestion de fait (jugement du compte et amende), demeure pertinente pour établir les éléments permettant de caractériser l'extraction irrégulière de fonds[6].

Il existe également une jurisprudence de la CDBF en matière de gestion de fait en dépenses, dont témoignent les exemples suivants :

- Payement de dépenses d'administration centrale par le biais d'une régie mise en place sur la base de dispositions irrégulières au regard de la « réglementation générale relative à la justification des dépenses de l'État », avec par surcroît non-respect de ces dispositions irrégulières[7].

- Extraction irrégulière de fonds d'une caisse publique pour les reverser dans une autre caisse publique[8].

- Sans que l'arrêt utilise le terme de gestion de fait – ce qui n'est d'ailleurs pas nécessaire – la description des agissements correspond bien à une extraction irrégulière de fonds de la caisse publique. En effet, un directeur départemental des services vétérinaires avait « fait mandater sur les crédits départementaux, au moyen de certifications inexactes attestant faussement le service fait, des sommes destinées à constituer auprès de deux fournisseurs [...] des avoirs dont il assurait la gestion », sachant que ces fonds étaient en partie utilisés pour prendre en charge des dépenses étrangères à l'activité assurée par ses services[9].

- Mandat fictif, sans que ce terme ne soit cependant utilisé[10]. Toutefois relaxe en l'espèce ;

- Gestions de fait très nombreuses : « véritable système d'administration et de caisses parallèles », qui a permis des infractions à la règle de spécialité des chapitres budgétaires et une méconnaissance caractère limitatif des dotations du service ; par ailleurs, montage irrégulier de la gestion de fait, au moyen de subventions fallacieuses : « les fonds versés [...] n'avaient dès lors pas le caractère de subventions ; que leur ordonnancement à ce titre présentait un caractère fictif »[11].

- Majoration de prix payés à une entreprise de travaux ; en contrepartie celle-ci prenait en charge des dépenses d'un service déconcentré de l'État[12].

- Subventions fallacieuses, gestion de fait, clairement désignées : mise en place par un directeur d'administration centrale d'un ministère de « réserves de crédit alimentées par des subventions non affectées » versées à des associations, « les fonds ainsi réservés [étant] à sa disposition exclusive » et ayant servi à « régler des dépenses qui n'entraient pas dans la vocation normale de ces associations » mais concernaient des dépenses de personnel (primes et indemnités irrégulières) et de matériel incombant à l'État d'une part, et des remboursements de frais de mission et de représentation de fonctionnaires de l'État non justifiés ou au-delà des plafonds réglementaires d'autre part. Mise à disposition d'un avion au directeur d'administration centrale par une fédération sportive sur fonds provenant de ces subventions fallacieuses. Belle définition d'une forme de gestion de fait : « l'ordonnateur

1. V. s^s^ n° 613.14.
2. C. comptes 10 mai 1990, *Commune d'Hyères, Rec.* 116, *Rev. Trésor* 1990. 711. Arrêt rendu dans le cadre de l'ancienne procédure de gestion de fait, mais dont la solution est transposable ici.
3. *GAJF*, 7e éd., n° 38.
4. *GAJF*, 7e éd., n° 39.
5. *GAJF*, 7e éd., n° 40.
6. V. d'une façon détaillée sur les gestions de fait en dépenses : C. Descheemaeker, « Gestion de fait », *J.-Cl. Adm.*, 2009, mis à jour 2013, nos 76 s.
7. CDBF 5 nov. 1997, *min. des Affaires étrangères, [frais de réception], Rev. Trésor* 1999. 194 ; *Lebon* 615 ; *AJDA* 1998. 505, note S. Cendre-Malinas.
8. CDBF 16 déc. 2003, *Institut national polytechnique de Grenoble [INPG] et Université Joseph Fourier Grenoble I [UJF], Rev. Trésor* 2005. 696, note M. Lascombe et X. Vandendriessche ; *AJDA* 2004. 1233, note N. Groper ; *Lebon* 599 ; *Rec.* 153.
9. CDBF 25 janv. 1977, *Direction départementale des services vétérinaires de la Lozère*, CCP, n° 2, p. 126 ; *Lebon* 657 (extraits).
10. CDBF 14 déc. 1984, *Direction départementale de l'agriculture du Finistère*, CCP, n° 2, p. 239.
11. CDBF 30 avr. 1985, *min. de l'Agriculture, service des haras et de l'équitation*, CCP, n° 3, p. 10.
12. CDBF 9 déc. 1986, *DDE de Corse*, CCP, n° 3, p. 49 ; *Lebon* 331.

transforme l'organisme subventionné en un simple caissier »[1].

– « Caisse noire » alimentée grâce à de fausses factures : « violation du principe de séparation des ordonnateurs et des comptables »[2].

424.27 Cumul avec les autres infractions financières. La gestion de fait, qu'elle soit constituée par l'ingérence irrégulière dans l'encaissement de recettes publiques[3] ou par l'extraction irrégulière de deniers publics[4], donne fréquemment lieu à d'autres infractions, notamment parce que l'opacité dans la gestion de fait est plus grande : le recours à des montages constitutifs de gestion de fait est même parfois motivé par la volonté de « cacher » les dépenses effectuées avec ces fonds, de les soustraire au contrôle de régularité assuré par le comptable public, mais aussi par le contrôleur budgétaire et d'autres autorités investies d'un pouvoir de contrôle.

La loi elle-même prévoit, de ce fait, qu'une fois la gestion de fait en tant que telle établie, « le comptable de fait est en outre comptable de l'emploi des fonds ou valeurs qu'il détient ou manie irrégulièrement et, à ce titre, passible des sanctions prévues à la section 3 en cas de commission d'une infraction mentionnée aux articles L. 131-9 à L. 131-14 »[5].

Même s'il n'existe plus d'injonction de produire un compte, toute affaire de gestion de fait suppose donc, dans l'instruction contentieuse, d'examiner les opérations menées dans le cadre de cette gestion occulte, afin de vérifier si d'autres infractions financières n'ont pas été commises à cette occasion. La jurisprudence devra préciser les conditions dans lesquelles une personne qui, par construction, n'a pas la qualité de comptable public[6] devra rendre compte de ses opérations.

Le code des juridictions financières va même jusqu'à prévoir explicitement que ces infractions supplémentaires donnent lieu à une nouvelle amende supplémentaire[7], ce qui signifie que dans ce type de cas de figure, il n'y a pas confusion des peines, mais ajout d'une amende à une autre[8].

Exemples, dans la jurisprudence de la CDBF, d'affaires dans lesquelles, outre la gestion de fait en elle-même, d'autres infractions financières avaient été retenues dans le cadre de ladite gestion de fait :

– Irrégularités à la fois en matière de recettes et de dépenses en raison d'une gestion de fait[9], et l'utilisation des fonds de la gestion de fait était de surcroît constitutive d'irrégularités supplémentaires.

– Gestion de fait qui avait permis de conférer des rémunérations et autres avantages injustifiés à des agents qui n'y avaient pas droit[10].

– Outre la gestion de fait par constitution de caisses noires, l'entreprise établissant les fausses factures percevait une commission de 10 %, ce qui était constitutif de l'infraction réprimant l'avantage injustifié[11].

– « De telles pratiques [constitutives de gestion de fait] ont pour objet et pour effet de soustraire ces dépenses à la réglementation applicable aux dépenses publiques et plus spécialement au double contrôle du contrôleur financier et des comptables publics », le premier contrôle étant protégé par l'infraction aujourd'hui prévue à l'article L. 131-13, 2°, du CJF, la seconde par l'infraction réprimant la gestion de fait[12]. Dans le régime actuel, un tel cas de figure pourrait fréquemment donner lieu à un cumul de sanctions.

– Même si une personne n'est pas directement responsable d'une gestion de fait, elle peut être appréhendée à un autre titre : ainsi la CDBF a-t-elle sanctionné un ordonnateur pour « défaut de contrôle » sur l'association qui encaissait irrégulièrement les fonds publics, et non pas sur le fondement de la gestion occulte pourtant expressément mentionnée[13] ; ce défaut de contrôle avait « rendu possible les détournements opérés par [un agent] pendant plusieurs années »[14].

424.28 Non-production du compte d'une gestion de fait. Dans l'ancienne procédure de gestion de fait devant le juge des comptes, le jugement du compte

1. CDBF 4 déc. 1979, *secr. d'Ét. à la Jeunesse et aux Sports, Direction de l'éducation physique et des sports*, CCP, n° 2, p. 175.
2. CDBF 23 déc. 2002, *Mission de coopération et d'action culturelle [MCAC] de N'Djaména [Tchad]*, *Rev. Trésor* 2004. 51, note M. Lascombe et X. Vandendriessche ; *Rec.* 120 (lire le commentaire) ; *Lebon* 563.
3. V. s[s] n° 424.25.
4. V. s[s] n° 424.26.
5. CJF, art. L. 131-15, al. 2.
6. Sauf le cas exceptionnel dans lequel le comptable patent a pris part aux irrégularités.
7. CJF, art. L. 131-18, al. 3 : « Cette amende [celle pour gestion de fait] peut se cumuler avec celles sanctionnant les autres infractions prévues à la section 2 du présent chapitre ».
8. Sur le cumul des amendes en cas de gestion de fait, v. s[s] n° 472.22.
9. CDBF 4 oct. 1984, *Université Louis Pasteur de Strasbourg, Laboratoire de physique corpusculaire et cosmique [LPCC], Assoc. pour le développement de la recherche en physique corpusculaire et cosmique [ADRPCC]*, CCP, n° 2, p. 222.
10. CDBF 30 avr. 1985, *min. de l'Agriculture, service des haras et de l'équitation*, CCP, n° 3, p. 10.
11. CDBF 23 déc. 2002, *Mission de coopération et d'action culturelle [MCAC] de N'Djaména [Tchad]*, *Rev. Trésor* 2004. 51, note M. Lascombe et X. Vandendriessche ; *Rec.* 120 (lire le commentaire) ; *Lebon* 563.
12. CDBF 4 déc. 1979, *secr. d'Ét. à la Jeunesse et aux Sports, Direction de l'éducation physique et des sports*, CCP, n° 2, p. 175.
13. CDBF 17 mai 1977, *Inra, Centre de recherches zootechniques et vétérinaires [CRZV] de Theix [Puy-de-Dôme]*, *Lebon* 679 (extraits) ; CCP, n° 2, p. 135.
14. Sur cette notion de défaut de contrôle, v. s[s] n° 432.242.

de la gestion de fait constituait l'objectif principal, ce qui présupposait d'exiger du comptable de fait d'en produire un, tout comme le font obligatoirement les comptables patents ; l'amende pour gestion de fait n'était qu'une faculté qui s'y ajoutait. En revanche, dans l'infraction sanctionnée par la CDBF, le sujet du compte n'apparaissait pas spécifiquement, du moins pas dans les textes.

Dans le régime actuel, issu de la réforme entrée en vigueur le 1er janvier 2023, qui s'inscrit dans cette double filiation, la loi n'impose plus de production d'un compte, mais elle fait une place à l'idée de justification des opérations menées dans le cadre de la gestion de fait : « le comptable de fait est en outre comptable de l'emploi des fonds ou valeurs qu'il détient ou manie irrégulièrement [...] »[1]. « Être comptable » signifie rendre un compte, celui de la comptabilité de fait.

Autrement dit, si, nous l'avons vu, l'infraction réprimant la gestion de fait ouvre un lien direct avec les autres infractions financières[2], l'infraction sanctionnant la non-production des comptes permet précisément de sanctionner, en plus de la gestion de fait elle-même, par une amende distincte mais dans la même affaire[3], également la non-production du compte de cette gestion occulte.

C'est d'ailleurs seulement au vu de ce compte que l'instruction contentieuse pourra examiner si à l'occasion de ces actes de la gestion d'autres infractions financières ont pu être commises.

424.29 Spécificités de la gestion de fait en matière d'imputation et de sanction. On peut penser que le juge financier répressif reprendra l'approche large du juge des comptes pour déterminer la qualité de comptable de fait, autrement dit pour, dans le cadre des règles actuelles, imputer la responsabilité de la commission de l'infraction.

On peut avec Christian Descheemaeker opérer la distinction suivante : « dans la gestion de fait par encaissement irrégulier d'une recette destinée ou affectée à un organisme public doté d'un comptable public, le comptable de fait est celui qui a perçu les fonds, organisé la procédure ou les deux à la fois ; il est fréquent qu'une seule personne soit impliquée. La gestion de fait par extraction irrégulière de deniers publics suppose, elle, une connivence entre un agent d'un organisme public et le bénéficiaire des paiements qui accepte de lui restituer ou de tenir à sa disposition tout ou partie des fonds reçus ; la procédure mettra donc en cause en règle générale au moins deux personnes, une au sein de l'organisme public, qui permet l'extraction des fonds, et une à l'extérieur, qui les reçoit »[4].

Souvent, donc, l'infraction sanctionnant la gestion de fait concernera plusieurs personnes, d'autant que ce type de montage peut durer assez longtemps et que la jurisprudence traditionnelle du juge des comptes mettait en cause non seulement celui qui avait directement manié les fonds (« comptable de fait de brève main »), mais aussi celui qui avait organisé ou décidé ce montage (« comptable de fait de longue main »). *A priori*, rien ne s'oppose dans les textes actuels à ce que cette distinction soit maintenue, en particulier que les « comptables de fait de longue main » puissent être appréhendés par le juge financier.

Le premier arrêt rendu par la Cour postérieurement à la réforme de 2023 confirme ainsi les notions, classiques, de « brève main » et de « longue main »[5].

Est ainsi comptable de fait de brève main une adjointe au maire, par moments régisseuse, qui « s'est immiscée dans le maniement des recettes du musée en les remettant périodiquement à la trésorière de l'association » (§ 27) ; dans le même sens, même arrêt : la trésorière d'une association ayant manié directement les fond (§ 38) et le « président de l'association lors de sa création et, jusqu'en février 2023, conseiller municipal, [qui] s'est prêté en toute connaissance de cause aux irrégularités ».

Est en revanche comptable de fait de longue main, selon le même arrêt, le maire qui « couvert de son autorité les irrégularités qui se sont étendues, à partir de mars 2022, à la totalité des recettes du musée, alors même qu'il avait la possibilité d'y mettre un terme, en particulier en veillant au fonctionnement régulier des régies qu'il avait instituées et au bon accomplissement de leur mission par les régisseurs qu'il avait nommés » (§ 26) ; plus explicite encore dans un autre cas de la même affaire : le maire, « S'il n'a pas manié personnellement les deniers en cause, il doit être regardé comme gestionnaire de fait de longue main » (§ 35), le maire ayant « couvert de son autorité les irrégularités, en demandant à l'association de prendre en charge des dépenses et des recettes

1. CJF, art. L. 131-15, al. 2.
2. V. ss no 424.27.
3. Dans le seul arrêt rendu sous l'empire des règles en vigueur postérieurement au 1er janvier 2023, la Cour semble toutefois avoir retenu une approche en deux temps, refusant de condamner pour non-production des comptes de la gestion de fait dans le même arrêt que la gestion de fait elle-même : voir l'appréciation critique de S. Damarey, « Responsabilité financière des gestionnaires publics : première condamnation pour gestion de fait », note sous C. comptes 10 oct. 2024, *Commune de Felleries*, no 12, S-2024-1311 ; *JCP Adm.* 2025. 2012.
4. C. Descheemaeker, « Gestion de fait », *J.-Cl. Adm.*, 2009, mis à jour 2013, no 126.
5. C. comptes 10 oct. 2024, *Commune de Felleries*, no 12, S-2024-1311 ; *JCP Adm.* 2025. 2012, note S. Damarey ; lire §§ 26, 27, 35, 38 cités ci-après.

publiques et en lui permettant de conserver des recettes qui étaient destinées à la caisse publique ».

Le rôle d'un comptable de fait peut varier au fil du temps, passant de la longue main à la brève main, pour à la fin retrouver un rôle de longue main : ainsi le cas d'une adjointe au maire, par moments régisseuse, « a veillé à la mise en place du dispositif irrégulier impliquant l'association et défini par le maire » (§ 27) : longue main ; plus tard la même personne sera comptable de fait de brève main : « s'est immiscée dans le maniement des recettes du musée en les remettant périodiquement à la trésorière de l'association » ; à la fin de nouveau de longue main : « Son rôle s'est poursuivi malgré la création de la régie « diverses recettes », en juin 2021, en accord avec le maire. Mme X, qui disposait d'une délégation pour les affaires relevant du musée, a pris part aux irrégularités alors qu'elle avait autorité pour y mettre fin » [1].

Il sera rappelé ici que d'autres personnes, qui ne sont pas directement ou indirectement impliquées et qui donc ne seraient pas comptables de fait, même de longue main, mais qui auraient, par négligence coupable, « laissé faire », peuvent également être appréhendées sur la base du défaut de surveillance ou de contrôle sanctionné, si les autres conditions sont remplies, par l'infraction générale [2].

S'agissant enfin des sanctions, l'ancienne règle en matière de procédure de gestion de fait (compte et amende) précisait que l'amende pour gestion de fait « est calculée suivant l'importance et la durée de la détention ou du maniement des deniers. Son montant ne pourra dépasser le total des sommes indûment détenues ou maniées ». Le montant maximal de l'amende pour gestion de fait pouvait donc être théoriquement très élevé, car calqué par la loi sur le montant des sommes maniées ou détenues irrégulièrement, qui peut être fort important, et d'ailleurs s'ajouter à des débets importants, tout particulièrement en cas de mauvaise foi des auteurs des irrégularités [3] ; dans la pratique toutefois, les amendes étaient souvent faibles, voire symboliques, notamment pour tenir compte des capacités contributives du comptable de fait [4]. S'agissant de la CDBF, le plafond de l'amende, en cas de gestion de fait comme pour la plupart des autres infractions, était d'un an de traitement ou salaire.

Depuis l'entrée en vigueur de la réforme de la responsabilité financière, la sanction de l'infraction réprimant la gestion de fait peut atteindre 6 mois de rémunération (contre un mois, pour les autres infractions budgétaires et comptables) [5].

1. Citations extraites du même arrêt C. comptes 10 oct. 2024, *Commune de Felleries*, n° 12, S-2024-1311, préc.

2. Pour un ex. de condamnation d'un ordonnateur pour défaut de contrôle sur des subventions ensuite détournées : CDBF 17 mai 1977, *Inra, Centre de recherches zootechniques et vétérinaires [CRZV] de Theix [Puy-de-Dôme]*, *Lebon* 679 (extraits) ; CCP, n° 2, p. 135.
3. Une amende de 5 millions de francs a été confirmée en appel (C. comptes 4 mai 1995, *Assoc. Nice Communication*, *Rev. Trésor* 1995. 539, concl. Proc. gén.) ; condamnation à une amende de 300 000 francs confirmée en appel (C. comptes 26 févr. et 25 mars 2004, *C^ne^ de Levallois-Perret*, *Rev. Trésor* 2005. 179, concl. Proc. Gén., note M. Lascombe et X. Vandendriessche) ; condamnation à une série d'amendes, d'un montant total de 11,5 millions de francs Pacifique (environ 96 000 euros), concernant le président du territoire, confirmées en appel (C. comptes 22 sept. 2016, *Collectivité de la Polynésie française*, *Rec.* 117, 120 et 122).
4. 100 euros : C. comptes 23 juin 2005, *C^ne^ de Lamagistère*, *AJDA* 2005. 2391, note N. Groper et E. Giannesini ; *Rev. Trésor* 2006. 362, note M. Lascombe et X. Vandendriessche ; *Rec.* 64.
5. Sur les sanctions en matière de gestion de fait, v. en détail, s^s^ n°s 472.14 (plafond), 472.22 (cumul) et 472.32 (fixation du *quantum*).

CHAPITRE

425. Infraction propre au régime indemnitaire des membres du Parlement

SECTION 0

ORIENTEUR

425.00 **Sommaire du chapitre.**

SECTION UNIQUE

INFRACTION PORTANT SUR LE CUMUL DE L'INDEMNITÉ PARLEMENTAIRE AVEC D'AUTRES RÉMUNÉRATIONS PUBLIQUES

425.11 **Éléments constitutifs de l'infraction.** La loi organique relative à l'indemnité des membres du Parlement[1] prévoit, dans son article 4 : « L'indemnité parlementaire est exclusive de toute rémunération publique, réserve faite de l'application des dispositions de l'article 12 de l'ordonnance du 24 octobre 1958 portant loi organique relative aux conditions d'éligibilité et aux incompatibilités parlementaires, qui doit se faire conformément aux règles du cumul des rémunérations publiques.

Néanmoins, peuvent être cumulés avec l'indemnité parlementaire les pensions civiles et militaires de toute nature, les pensions allouées à titre de récompense nationale, les traitements afférents à la Légion d'honneur et à la médaille militaire.

En outre, le parlementaire titulaire d'autres mandats électoraux ou qui siège au conseil d'administration d'un établissement public local, du centre national de la fonction publique territoriale, au conseil d'administration ou au conseil de surveillance d'une société d'économie mixte locale ne peut cumuler les rémunérations et indemnités afférentes à ces mandats ou fonctions avec son indemnité parlementaire de base que dans la limite d'une fois et demie le montant de cette dernière.

Chaque assemblée veille, dans les conditions déterminées par son règlement, à la mise en œuvre de ces règles et à la sanction de leur violation, ainsi qu'aux modalités suivant lesquelles son président défère les faits correspondants au ministère public près la Cour des comptes. »

Cette infraction, tombée dans l'oubli, demeure théoriquement applicable[2].

1. Ord. n° 58-1210, 13 déc. 1958 portant loi organique relative à l'indemnité des membres du Parlement.

2. À condition que les modalités soient précisées par des textes d'application.

CHAPITRE

426. Anciennes infractions supprimées

SECTION 0

ORIENTEUR

426.00 Sommaire du chapitre.

SECTION 1

SUPPRESSION DE L'INFRACTION SANCTIONNANT L'IMPUTATION IRRÉGULIÈRE POUR DISSIMULER UN DÉPASSEMENT DE CRÉDIT

426.11 Histoire et raisons de la suppression de l'infraction sanctionnant l'imputation irrégulière pour dissimuler un dépassement de crédit. Jusqu'à sa suppression au 31 décembre 2022, était sanctionnable toute personne qui avait imputé ou fait imputer irrégulièrement une dépense pour dissimuler un dépassement de crédit[1]. Il s'agissait, comme pour les infractions aujourd'hui prévues aux 2° et 3° de l'article L. 131-13 du CJF, d'une infraction budgétaire spéciale.

Cette infraction, jugée centrale au moment de la création de la CDBF[2] pour assurer la discipline budgétaire et l'équilibre des comptes publics, pouvait être, dans sa philosophie, rattachée aux réflexions du XIXe siècle sur cette notion[3], ainsi qu'à la loi de 1922[4].

Rappelons que le comptable public, avant de payer une dépense, doit également effectuer un certain nombre de contrôles prévus par les textes[5] ; il doit notamment s'assurer de la disponibilité des crédits[6] et de l'exacte imputation des dépenses au regard des règles de spécialité des crédits[7]. L'infraction qui existait devant la CDBF constituait en quelque sorte son corollaire.

Si la réforme introduite par l'ordonnance du 23 mars 2022[8] n'a pas précisé pour quelle raison cette infraction a été supprimée, on peut supputer d'une part que s'agissant d'une infraction spéciale requérant la présence de deux conditions cumulatives, elle n'avait pas très souvent joué dans le passé ; et d'autre part, compte tenu de la fongibilité croissante des enveloppes budgétaires dans le cadre de la modernisation budgétaire en cours, surtout du fait

1. CJF, anc. art. L. 313-2, abrogé le 31 déc. 2022.

2. Exposé des motifs de la loi de 1948, p. 2, en évoquant les dépassements de crédits : « de telles pratiques portent atteinte aux principes mêmes du régime parlementaire : en effet, lorsqu'une créance est née contre l'État, même dans des conditions irrégulières au point de vue administratif, le Parlement est juridiquement tenu de voter les crédits nécessaires pour désintéresser le créancier ».

3. S. Flizot, « La création de la CDBF : enjeux et débats », *in* Collectif, *L'invention de la gestion des finances publiques : du contrôle de la dépense à la gestion des services publics*, Comité pour l'histoire économique et financière de la France, 2013, p. 366.

4. L. 10 août 1922 relative à l'organisation du contrôle des dépenses engagées, qui a longtemps structuré le contrôle financier (loi modifiée notamment par Décr. n° 2005-54 et par la L. n° 2011-525) – V. s[s] n° 043.21.

5. Décr. n° 2012-1246, 7 nov. 2012 relatif à la gestion budgétaire et comptable publique (GBCP), art. 19 et 20.

6. GBCP, art. 19 : « Le comptable public est tenu d'exercer le contrôle : [...] 2° S'agissant des ordres de payer : [...] c) De la disponibilité des crédits ».

7. GBCP, art. 19, 2° b) : Le contrôle porte sur « l'exacte imputation des dépenses au regard des règles relatives à la spécialité des crédits ».

8. V. s[s] n° 052.21.

de la LOLF s'agissant de l'État, il avait été anticipé depuis plusieurs années que l'intérêt de cette infraction baisserait dans l'avenir[1].

Cela dit, son intérêt ne semble pas avoir disparu, car la fongibilité laisse tout de même subsister des limitations, même si ce n'est plus au niveau du chapitre budgétaire, mais à un niveau beaucoup plus large (du programme budgétaire par exemple) ; un dépassement de crédits sera d'autant plus choquant du fait de la globalisation des enveloppes budgétaires. Ainsi, s'agissant de l'État, on peut concevoir que des imputations irrégulières dissimulent un dépassement de crédits sur un programme.

Par ailleurs, il semble incohérent, d'un côté, de supprimer l'infraction financière sanctionnant le dépassement de crédits, tout en maintenant, de l'autre côté, en droit positif des obligations en la matière, en particulier dans la loi de 1922[2]. L'article 9 de cette loi, toujours en vigueur, « interdit aux ministres et secrétaires d'État et à tous autres fonctionnaires publics, de prendre sciemment et en violation des formalités prescrites par les articles 5 et 6 de la présente loi, des mesures ayant pour objet d'engager des dépenses dépassant les crédits ouverts ou qui ne résulteraient pas de l'application des lois »[3] ; mais aucun mécanisme n'est prévu pour sanctionner la violation de cette interdiction, de ce fait purement incantatoire.

Pourtant, une partie des interdits formulés par la loi de 1922 demeurent précieux (c'est le cas avant tout du dépassement de crédits)[4], du moins en affichage, en tant qu'éléments dissuasifs pour les gestionnaires qui disposent de pouvoirs budgétaires, d'autant plus que les garde-fous (visas préalables du contrôle budgétaire) ont sensiblement baissé, ce qui devrait aller de pair avec une responsabilisation plus forte des gestionnaires, y compris sur le plan juridictionnel. D'ailleurs, si le législateur a décidé de ne pas abroger ces « infractions » de la loi de 1922, c'est peut-être parce qu'il considère qu'elles ont encore un sens, au moins dans leur principe. Il conviendrait en conséquence, sauf à les abroger, de leur donner une portée pratique en l'intégrant dans le régime de responsabilité financière des gestionnaires publics, ce que l'ordonnance de 2022 a omis de faire.

426.12 Éléments constitutifs de l'ancienne infraction. L'ancienne infraction sanctionnant l'imputation irrégulière pour dissimuler un dépassement de crédit se composait de deux éléments constitutifs qui devaient être cumulativement vérifiés :

1. l'imputation irrégulière d'une dépense ; cette imputation doit être comprise au sens d'imputation budgétaire (et non comptable) ;

2. l'imputation irrégulière doit avoir eu pour effet de dissimuler un dépassement de crédit. Cela implique d'ailleurs qu'il existe un système de crédits limitatifs.

Cela signifiait premièrement qu'un dépassement de crédits limitatifs sans imputation irrégulière ne relevait pas de cette infraction ; mais tout dépassement de crédit limitatif tombait dans le champ de l'ancienne infraction générale[5].

Cela signifiait deuxièmement qu'une imputation budgétaire irrégulière qui ne dissimulait pas de dépassement de crédit ne relevait pas davantage de cette infraction spéciale, mais ce cas était là aussi couvert par l'ancienne infraction générale[6]. Dans le même sens, tombait sous le coup de cette infraction générale la mauvaise imputation comptable[7].

D'ailleurs, le facteur aggravant que constituait le dépassement de crédit, du moins dans la conception des créateurs de la CDBF, s'illustrait par plusieurs éléments : dès le texte d'origine (1948), cette infraction disposait ainsi d'une peine plancher, contrairement aux autres infractions (la généralisation des

1. C. Pierucci, « Pour une réforme efficace de la responsabilité des gestionnaires en droit public financier », *RFDA* 2008. 174 : « étant donné le recul de la spécialité des crédits, elle perd beaucoup de son utilité ».
2. L. 10 août 1922 relative à l'organisation du contrôle des dépenses engagées, qui a longtemps structuré le contrôle financier (loi modifiée notamment par Décr. n° 2005-54 et par la L. n° 2011-525). V. s[s] n°s 043.21, 044.22 et 312.37.
3. L. 10 août 1922, art. 9, al. 1er. Les deux alinéas suivants précisent : « Les ministres et secrétaires d'État et tous autres fonctionnaires publics seront civilement responsables des décisions prises sciemment à l'encontre des dispositions ci-dessus. Néanmoins si, en cours d'exercice, le Gouvernement juge indispensable et urgent, pour des nécessités extérieures ou pour des nécessités de défense nationale ou de sécurité intérieure, d'engager des dépenses au-delà et en dehors des crédits ouverts, il le pourra par délibération spéciale du conseil des ministres, mais sous réserve de présenter immédiatement une demande d'ouverture de crédit devant les chambres appelées à régulariser l'initiative du Gouvernement ou à refuser l'autorisation ».
4. C'est moins le cas des autres interdits, en lien avec le non-respect du visa du contrôle budgétaire, ce dernier étant de plus en plus limité dans son étendue (et pourrait même disparaître complètement), et déjà protégé par l'infraction CDBF du L. 313-1 CJF.
5. CJF, anc. art. L. 313-4. Par ex. : non-respect d'une règle en matière de dépenses : CDB 24 juin 1958, *S[té] d'exploitation et des forges et ateliers de Lyon [Sefal]*, *Lebon* 893 ; CCP, n° 2, p. 19 ; – CDBF 4 avr. 2001, *OPIHLM de la région de Creil*, *Rev. Trésor* 2001. 799, note M. Lascombe et X. Vandendriessche ; *Lebon* 765.
6. CDBF 25 sept. 2006, *Institut national de la propriété industrielle [Inpi]* ; *Rev. Trésor* 2007. 681, fiche N. Groper ; *AJDA* 2006. 2449, note N. Groper et C. Michaut ; *Rev. Trésor* 2007. 716, note M. Lascombe et X. Vandendriessche *Lebon* 668.
7. PAR EX. : CDBF 14 nov. 2001, *Mission de coopération et d'action culturelle de Castries [Sainte-Lucie]*, *Rev. Trésor* 2004. 38, note M. Lascombe et X. Vandendriessche *Lebon* 771 ; *Rec.* 117.

peines planchers dans le système CDBF est intervenue ultérieurement) ; il était prévu un dispositif de sanctions disciplinaires à mettre en œuvre lorsque la CDBF n'était pas saisie de faits ou que les faits n'étaient pas qualifiables juridiquement comme infractions sanctionnées par cette Cour, dispositif réservé à deux cas jugés particulièrement graves, la survenance d'un préjudice d'une part, et le dépassement de crédit d'autre part[1].

Si la jurisprudence fondée sur cette infraction n'a jamais été très fournie[2], du fait sans doute de la multiplicité des éléments constitutifs, rendant toujours délicate à caractériser l'infraction, on retiendra quand même trois cas intéressants[3] :

• Des dépenses en dépassement de crédits étaient portées à un compte d'attente, puis ultérieurement imputées au budget de l'année suivante, par le moyen de régularisations comportant de fausses indications ; ce système, qui concernait des montants financiers importants (10 millions FRF fin 1977), avait pour objet et effet d'enfreindre la règle d'annualité budgétaire[4].

• Imputation irrégulière sur des crédits de fonctionnement de dépenses d'investissement, les crédits de la section investissement ayant été épuisés[5].

• Agissements constitutifs de gestions de fait avec imputations irrégulières, entraînant des dépenses (d'un service d'État) au-delà des dotations, en méconnaissance du caractère limitatif de ses dotations[6].

SECTION 2
SUPPRESSION DE L'INFRACTION SANCTIONNANT L'OMISSION DE DÉCLARATIONS FISCALES

426.21 Histoire de l'infraction sanctionnant l'omission de déclarations fiscales. La réforme opérée par l'ordonnance du 23 mars 2022[7] a, sans aucune explication, supprimé l'infraction qui sanctionnait, sous le régime de la Cour de discipline budgétaire et financière, l'omission de déclarations fiscales[8].

Pourtant, jusque-là, praticiens et doctrine s'étaient plutôt accordés dans la conviction qu'il fallait non seulement maintenir cette infraction, mais même l'élargir.

Infraction spéciale, par rapport à l'infraction générale en matière de recettes qui était celle de l'ancien article L. 313-4 du CJF, il ne s'agissait pas d'une infraction budgétaire au sens étroit, c'est-à-dire protégeant les règles du droit budgétaire ; son objectif était de protéger des règles financières en matière de recettes publiques, et plus précisément le droit fiscal.

Cette infraction n'existait d'ailleurs pas dans la loi initiale de 1948 ; elle a été instituée par la loi du 31 juillet 1963, qui a inséré un article 5 *bis* dans la loi de 1948. Auparavant, une loi du 7 février 1953[9], dans son article 31, avait créé un dispositif, au demeurant jamais appliqué, selon lequel la conclusion par les administrations publiques de conventions prévoyant l'exonération d'impôts, droits et taxes, sans agrément du ministre des Finances et ratification du Parlement, pouvait éventuellement tomber sous le coup des infractions sanctionnées par la Cour de discipline budgétaire[10]. Il ne s'agissait pas d'une nouvelle infraction, mais d'un renvoi aux « infractions budgétaires » existantes.

Ce n'est que par la loi du 31 juillet 1963[11] qu'a été créée une infraction nouvelle, maintenue quasiment inchangée depuis lors, jusqu'à sa suppression en 2022. L'exposé des motifs était fort laconique : « le présent article a pour objet d'étendre la compétence de la cour afin de pouvoir déférer à cette Haute juridiction les agents responsables des services publics et des organismes de sécurité sociale qui ne se conforment pas aux obligations qui leur incombent en matière de déclarations à fournir aux administrations fiscales »[12].

La commission des finances pour sa part avait demandé, dès le départ des discussions à l'Assemblée, le retrait de cette disposition : « La commission a marqué quelque inquiétude », explique le rapporteur général Louis Vallon en séance, « au sujet de ce texte, car elle voit mal l'intérêt qu'il y a à détacher une faute personnelle du fonctionnaire, en la sanctionnant par une amende spéciale, du délit de fraude fiscale prévu et puni déjà par les textes existants »[13].

1. CJF, anc. art. L. 314-19 abrogé le 22 déc. 2022. La disposition qui a remplacé cette règle, initialement issue d'une réforme de 1946 (v. s^{s} n° 043.22), ne reprend plus ces deux critères : *cf.* CJF, art. L. 142-1-12, al. 2.
2. Dernier arrêt ayant appliqué cette infraction : CDBF 21 juin 2012, *Action sociale des armées ; GFP* 2013, n° 5, p. 87, note S. Damarey, M. Lascombe et X. Vandendriessche.
3. Pour une présentation exhaustive de la jurisprudence de la CDBF concernant l'infraction de l'ancien art. L. 313-2 CJF, v. Groper, préc., n° 144.18.
4. CDBF 3 déc. 1985, *Monnaies et médailles, CCP*, n° 3, p. 31.
5. CDBF 28 sept. 1994, *CH d'Albi, Rev. Trésor* 1995. 683 ; *Lebon* 725 ; *Rec.* 142.
6. CDBF 30 avr. 1985, *min. de l'Agriculture, service des haras et de l'équitation, CCP*, n° 3, p. 10.
7. V. s^{s} n° 052.21.
8. CJF, anc. art. L. 313-5, en vigueur jusqu'au 31 déc. 2022.
9. L. n° 53-79, 7 févr. 1953 de finances pour l'exercice 1953, *JO* 8 févr.
10. V. s^{s} n°s 045.13.
11. L. n° 63-778, 31 juill. 1963 de finances rectificative pour 1963, *JO* 2 août – V. s^{s} n° 045.21.
12. Doc. parl. AN, annexe n° 449, 1963, p. 722.
13. Ass. nat., 2e séance 19 juill. 1963, p. 4318.

Finalement, la réponse détaillée du ministre des Finances de l'époque, Valéry Giscard d'Estaing, a convaincu les parlementaires, et le texte a pu être adopté. Citons les propos du ministre, futur Président de la République : « Il ne s'agit pas de la responsabilité fiscale des personnes en question en tant que contribuables individuels, mais de la responsabilité qu'elles peuvent encourir du fait de la non-déclaration systématique et volontaire dans l'exercice de leurs attributions de certains éléments qui doivent être, au contraire, déclarés »[1]. Et le ministre de donner des exemples concrets : le ministère de la Justice ne déclarant pas les indemnités versées aux experts, l'Office national de l'immigration ne déclarant pas l'indemnité de fonction de son président de conseil d'administration. Or, selon Valéry Giscard d'Estaing, « la responsabilité qu'encourent ces organismes en ne procédant pas à ces déclarations est identique à celle découlant d'une mauvaise gestion des deniers publics, puisque cela revient, en fait, à soustraire à l'imposition des sommes dont ces établissements ont connaissance, puisque ce sont eux qui les versent », d'où la légitimité d'une intervention de la CDBF, tribunal financier et non pas fiscal.

426.22 Réformes envisagées avant la suppression de cette infraction. L'élargissement de cette infraction a été souvent proposé en doctrine, et même envisagé par les juridictions financières elles-mêmes.

D'une part, selon le président Gastinel[2], l'absence de payement des impôts et taxes[3] par une collectivité publique mériterait d'être sanctionnée tout autant que l'omission de déclaration. Cette idée a d'ailleurs fait partie du projet de réforme avorté de la CDBF en 1996[4].

D'autre part, l'infraction aurait pu inclure également les déclarations sociales, ce qui n'était pas le cas explicitement en vertu du texte en vigueur jusqu'en 2022, en dépit d'un arrêt isolé de la CDBF qui pourrait laisser penser le contraire[5].

Ces réformes n'étaient pas urgentes, du temps de la CDBF, dans la mesure où les deux cas de figure ici mentionnés tombaient déjà sous le coup de l'infraction générale de l'ancien article L. 313-4 du CJF en vigueur jusqu'en 2022, et que l'infraction sanctionnant l'omission de déclarations fiscales était peu appliquée, parfois au détriment de l'infraction générale.

426.23 Éléments constitutifs de l'ancienne infraction sanctionnant l'omission de déclarations fiscales : aperçu. En application de l'ancien article L. 313-5 du CJF, étaient, avant le 31 décembre 2022, « également passibles de la sanction prévue à l'article L. 313-4 toutes personnes [...] qui, dans l'exercice de leurs fonctions, ont omis sciemment de souscrire les déclarations qu'elles sont tenues de fournir aux administrations fiscales en vertu des dispositions du Code général des impôts et de ses annexes ou fourni sciemment des déclarations inexactes ou incomplètes ».

L'infraction exigeait donc la présence simultanée de plusieurs éléments :

– l'auteur de l'infraction devait avoir agi dans le cadre de ses fonctions ;

– avoir (1) omis de souscrire des déclarations fiscales prévues par les règles fiscales en vigueur, ou (2) fourni des déclarations inexactes, ou encore (3) fourni des déclarations incomplètes ;

– l'avoir fait « sciemment ».

Cette dernière exigence pouvait paraître étonnante dans la mesure où les autres infractions de droit public ne précisent en principe pas si les agissements doivent avoir été commis « sciemment », sauf dans certains cas isolés[6]. Cela renvoie à la question de l'intentionnalité dans les infractions de droit public financier[7].

D'ailleurs, la portée pratique de cet élément constitutif de l'infraction semble, à l'analyse de la jurisprudence de la CDBF, faible. En effet, les arrêts ne s'y attardaient guère, voire ignoraient complètement cet élément. Et il n'existait aucun exemple en jurisprudence de faits qui n'auraient pas pu être qualifiés au titre de cette infraction au motif qu'il ne serait pas établi qu'une personne n'aurait pas agi « sciemment ».

Ainsi, le premier arrêt appliquant cette infraction développe longuement les faits et l'imputation des responsabilités, mais se borne, s'agissant de l'élément intentionnel, à signaler que le directeur en cause « ne pouvait ignorer » qu'il eût fallu déclarer les avantages en nature qu'il avait fait attribuer à ses personnels[8].

426.24 Personnes susceptibles de commettre l'infraction. L'infraction visait les gestionnaires publics ayant agi dans le cadre de leurs fonctions, et non les simples particuliers qui n'auraient pas déclaré aux administrations fiscales ce qu'ils auraient dû déclarer.

1. Ass. nat., 2e séance 19 juill. 1963, p. 4356.
2. J.-P. Gastinel, « Cour de discipline budgétaire et financière », *J.-Cl. Adm.*, 1996, n° 80.
3. Il pouvait même être envisagé d'y inclure le non-payement de cotisations sociales.
4. V. s^{s} n° 046.22.
5. CDBF 15 mai 1996, *S^{té} B., Rev. Trésor* 1998. 728 (l'arrêt y est appelé « S^{té} nationale S... ») ; *Lebon* 648 ; *Rec.* 171.
6. Rappr. de la notion de « pour dissimuler », figurant dans l'ancienne infraction prévue au CJF, ancien art. L. 313-2, abrogé au 31 déc. 2022.
7. V. sur l'intention, s^{s} n° 414.11.
8. CDBF 8 juill. 1976, *Hôpital psychiatrique de Saint-Alban-sur-Limagnole [Lozère], Lebon* 709 (extraits) ; CCP, n° 2, p. 117.

Les déclarations concernaient en particulier des rémunérations versées par un organisme public (personne morale de droit public ou personne morale de droit privé mais soumise au contrôle de la Cour des comptes ou des CRTC) à une personne physique (qui pouvait être, notamment mais pas systématiquement, celle qui disposait du pouvoir décisionnel). Par exemple a été condamné un directeur d'hôpital qui avait fait bénéficier ses personnels de repas gratuits qui auraient dû, en application des lois fiscales, être inclus dans les déclarations annuelles que doivent produire les employeurs. Or « la responsabilité de l'omission dont il s'agit incombe principalement [au directeur d'hôpital] puisqu'il était chargé comme ordonnateur de certifier la déclaration fiscale et qu'il ne pouvait ignorer le caractère obligatoire de cette déclaration »[1].

En revanche, la responsabilité d'une personne ayant perçu des primes irrégulières et non déclarées à l'administration fiscale ne pouvait pas être engagée si celle-ci n'était ni ordonnateur, ni répartiteur de la prime en question et qu'il n'entrait pas dans ses attributions de la déclarer à l'agent comptable (en vue de la déclaration à l'administration fiscale)[2].

Le fait qu'une personne, qui était à l'origine du caractère inexact et incomplet d'une information à transmettre aux services fiscaux, n'ait pas été, elle-même, en rapport direct avec les services fiscaux (par exemple en raison d'un circuit complexe de payement et de déclaration existant dans un organisme), n'empêchait pas que les conditions d'application de l'ancien article L. 313-5 du CJF pouvaient être réunies, avec condamnation de la personne en question[3].

426.25 Typologie des omissions de déclarations fiscales. Il fallait qu'une déclaration fiscale obligatoire ait été omise. La jurisprudence montre qu'il s'agissait toujours de rémunérations ou d'avantages octroyés à des personnels[4].

Il pouvait s'agir d'avantages (à déclarer fiscalement) en argent ou en nature[5].

Le plus souvent, a été sanctionnée l'omission de déclarations fiscales, plus rarement les deux autres cas de figure évoqués par la loi (déclarations inexactes ou incomplètes).

S'agissant le plus souvent de rémunérations et avantages octroyés à autrui et non déclarés, il n'est guère surprenant que cette infraction ait joué fréquemment en parallèle avec l'infraction générale de l'ancien article L. 313-4 du CJF[6], car les avantages et rémunérations non déclarés sont souvent, par ailleurs, irréguliers, et/ou avec l'infraction sanctionnant l'octroi d'un avantage injustifié[7], puisque ces avantages ou rémunérations peuvent être injustifiés et avoir procuré un préjudice à la collectivité publique en question d'une part, et/ou l'absence de déclaration fiscale d'un avantage a pu procurer un avantage injustifié au bénéficiaire qui n'a payé d'impôts sur ces sommes perçues, créant ainsi un préjudice pour le Trésor.

Ainsi, dans une affaire, des indemnités de licenciement juridiquement contestables avaient été versées, et non déclarées : la Cour a appliqué à ces faits les trois infractions susvisées, prévues par les anciens articles L. 313-4, L. 313-5 et L. 313-6 du CJF[8] en vigueur jusqu'au 31 décembre 2022.

Enfin, notons que pour cette infraction comme pour les autres[9], la circonstance qu'une omission de déclaration à l'administration fiscale (en l'espèce, omission de déclaration d'une prime, ayant pour effet la non-application du plafonnement de déductions forfaitaires au titre de frais professionnels prévu par le code général des impôts) ait fait l'objet de régularisations ultérieures était sans effet sur l'existence de l'infraction[10].

Dans le même sens : « que la circonstance que les régularisations nécessaires soient ultérieurement intervenues est sans effet sur l'existence de ladite infraction »[11].

Il en était de même pour l'intervention éventuelle d'un redressement fiscal ultérieur : il ne faisait pas disparaître l'infraction[12].

Enfin, le fait de respecter, pour des mêmes avantages, ses obligations en matière de déclarations sociales n'empêchait pas d'être condamné pour omission de déclarations fiscales[13].

1. CDBF 8 juill. 1976, *Hôpital psychiatrique de Saint-Alban-sur-Limagnole [Lozère]*, préc.
2. CDBF 28 juin 1995, *Direction générale et directions d'Ile-de-France de la Poste*, *Rev. Trésor* 1996. 734 ; *Lebon* 600 ; *Rec.* 131.
3. CDBF 28 juin 1995, préc.
4. Groper, préc., 2009, n° 144.40.
5. CDBF 8 juill. 1976, *Hôpital psychiatrique de Saint-Alban-sur-Limagnole [Lozère]*, *Lebon* 709 (extraits) ; CCP, n° 2, p. 117.
6. Désormais, depuis le 1er janv. 2023, CJF, art. L. 131-9, mais avec des éléments constitutifs plus restrictifs.
7. Jusqu'au 31 déc. 2022, CJF, art. L. 313-6 ; désormais, CJF, art. L. 131-12, mais avec des éléments constitutifs en partie différents.
8. CDBF 6 mai 1993, *Établissement public central Charbonnages de France [CdF]*, *Rev. Trésor* 1994. 758 ; *Lebon* 530.
9. Pour la règle générale, v. ss n° 416.11.
10. CDBF 28 juin 1995, *Direction générale et directions d'Île-de-France de la Poste*, *Rev. Trésor* 1996. 734 ; *Lebon* 600 ; *Rec.* 131.
11. CDBF 4 oct. 1984, *Université Louis Pasteur de Strasbourg, Laboratoire de physique corpusculaire et cosmique [LPCC], Assoc. pour le développement de la recherche en physique corpusculaire et cosmique [ADRPCC]*, CCP, n° 2, p. 222.
12. CDBF 25 mars 1987, *Assoc. X et Y*, CCP, n° 3, p. 55.
13. CDBF 5 nov. 1997, *min. des Affaires étrangères [frais de réception]*, *Rev. Trésor* 1999. 194 ; v. aussi résumé *in Rapport de la Cour de discipline budgétaire et financière* au Président de la République 1997-1998, annexé au *Rapport public annuel de la Cour des comptes* 1998.

SECTION 3

IRRÉGULARITÉS DANS LA NOMINATION DE CERTAINS FONCTIONNAIRES

426.31 **Infraction de non-publication au Journal officiel de certaines nominations de fonctionnaires.** L'article 34, alinéa 2, de la loi de finances n° 50-135 du 31 janvier 1950 avait prévu de sanctionner les irrégularités commises dans la nomination de certains fonctionnaires [1], mais cette infraction, discutée dès le départ et non codifiée au sein du code des juridictions financières, n'a jamais été appliquée en pratique.

Cette disposition est désormais abrogée [2].

1. Sur l'instauration de cette infraction, v. s^{s} n° 045.11.
2. Ordonnance n° 2021-1574, 24 nov. 2021 portant partie législative du code général de la fonction publique, art. 3-III, 20°. *JO* du 5 déc.

TITRE

43. Non-respect des règles de protection des finances publiques ayant entraîné un préjudice financier significatif et la faute grave de gestion

SECTION 0

ÉLÉMENTS GÉNÉRAUX

43.00 Sommaire du titre.

43.01 Textes applicables.

• **CJF,** art. L. 131-9 et L. 131-10

43.02 Jurisprudence de référence.

• **CDBF 19 juill. 1974,** *SEM d'aménagement et de gestion du marché d'intérêt national de Paris-La Villette [Semvi]*, CCP, n° 2, p. 103

• **CDBF 24 févr. 2006,** *Sté Altus Finance*, 2e arrêt, *Lebon* 650

• **CE 16 janv. 2008,** *M. Hénin*, req. n° 292806

• **CDBF 25 juill. 2008,** *France Télécom ; Rec.* 82

• **CDBF 5 déc. 2008,** *min. de la Défense, Direction des constructions navales, contrat de vente de sous-marins Agosta 90 au Pakistan*, 2e arrêt, *Rec.* 88

• **CDBF 10 décembre 2020,** *Office national d'indemnisation des accidents médicaux, des infections iatrogènes et des infections nosocomiales (ONIAM)*, n° 245-801 ; *Rec.* 195

• **C. comptes 24 nov. 2023,** *Caisse de crédit municipal de Bordeaux (CCMB)*, n° 868, S-2023-1382 ; *Rec.* 38

43.03 Bibliographie indicative.

Articles. C. Biscaïno, « Du pragmatisme de la CDBF en matière de faute de gestion », *AJDA* 2007. 697. – S. Damarey, « Nouveau régime de responsabilité financière des gestionnaires publics : focus sur la faute grave ayant entraîné un préjudice financier significatif », *AJCT* 2023. 339. – S. Damarey, « Responsabilité financière des gestionnaires publics : à la recherche de la significativité du préjudice financier », note sous C. comptes 5 juill. 2024, *Régie métropolitaine PARCUB, devenue METPARK*, n° 869, S-2024-1038 ; *JCP Adm.* 2024. 2264. – S. Damarey, « Responsabilité financière des gestionnaires publics : entre questions de compétences et respect des règles de la commande publique », note sous C. comptes 21 juin 2024, *France Médias Monde (FMM)*, n° 860, S-2024-0793 ; *JCP Adm.* 2024. 2207. – S. Damarey, « Responsabilité financière des gestionnaires publics : la sanction des irrégularités dans la gestion d'une délégation de service public », note sous C. comptes 23 juill. 2024, *Société anonyme d'économie mixte pour la gestion et pour l'animation du parc de loisirs de Saint-Cyr (SAEM SAGA)*, n° 904, S-2024-1128 ; *JCP Adm.* 2024. 2321. – S. Damarey, « Responsabilité financière des gestionnaires publics : condamnation d'une secrétaire de mairie pour négligence », note sous C. comptes 7 oct. 2024, *Commune de Saine-Eulalie-en-Born (Landes)*, n° 40, S-2024-1305 ; *JCP Adm.* 2024. 2339. – M. Degoffe, « L'extension de la faute de gestion », *AJDA* 1996. 206. – C. Descheemaeker, « La CDBF face aux fautes de gestion », *Rev. Trésor* 1994. 319. – R. Hertzog, « Définir les obligations de l'administrateur moderne pour rénover la responsabilité des ordonnateurs », *RFFP* n° 92, 2005. 138. – N. Péhau et L. Vergallo, « Le juge financier peut retenir l'importance de l'enjeu financier pour qualifier la gravité de la faute », *AJDA* 2023. 2381. – N. Péhau et L. Vergallo, « Faute grave et préjudice significatif : peur sur la ville », *AJDA* 2024. 2258. – P. Saunier, « La faute de gestion dans la jurisprudence de la CDBF », *RFDA* 1992. 105.

Contributions. J.-L. Albert, « Faute grave et préjudice financier significatif », *in* S. Damarey et N. Groper, *Responsabilité financière des gestionnaires publics*, Dalloz, 2024, p. 111. – C. Pierucci, « La faute de gestion dans le cadre de la responsabilité financière des gestionnaires publics », *in* C. Husson-Rochcongar et S. Kott (dir.), *La responsabilité financière des gestionnaires publics*, Actes du colloque du 8 novembre 2023 co-organisé par le Parquet général près la Cour des comptes et la Direction de la recherche de l'Institut national du service public, La Documentation française, 2024, p. 65. – T. Savy, « Les infractions, entre continuité et changement », *in* C. Husson-Rochcongar et S. Kott (dir.), *La responsabilité financière des gestionnaires publics*, Actes du colloque du 8 novembre 2023 co-organisé par le Parquet général près la Cour des comptes et la Direction de la recherche de l'Institut national du service public, La Documentation française, 2024, p. 57.

CHAPITRE

431. Fondements et histoire de l'infraction générale réprimant les violations de règles et de la faute grave de gestion

SECTION 0
ORIENTEUR

431.00 **Sommaire du chapitre.**

SECTION 1
PLACE ET ÉVOLUTION DE L'INFRACTION GÉNÉRALE RÉPRIMANT LES FAUTES GRAVES PAR VIOLATIONS DE RÈGLES DE GESTION

431.11 **Aperçu : les infractions réprimant la faute grave de gestion.** On peut regrouper deux infractions financières dans la catégorie de celles réprimant les fautes graves de gestion : d'une part l'infraction générale réprimant les violations de règles, qui est au fondement de la faute grave de gestion dégagée par la jurisprudence de la CDBF et qui, du fait du recentrage très sévère qu'elle a subi dans le cadre de la réforme entrée en vigueur le 1er janvier 2023, se trouve désormais cantonnée à ce dernier champ, donc assimilée à la faute grave de gestion ; d'autre part, la faute grave de gestion spécifiquement inscrite dans la loi pour une catégorie particulière d'organismes, les entreprises publiques.

La première, l'infraction générale réprimant les violations de règles, désormais assimilable à la faute grave de gestion, est prévue à l'article L. 131-9 du code des juridictions financières, qui prévoit : « Tout justiciable au sens de l'article L. 131-1 qui, par une infraction aux règles relatives à l'exécution des recettes et des dépenses ou à la gestion des biens de l'État, des collectivités, établissements et organismes mentionnés au même article L. 131-1, commet une faute grave ayant causé un préjudice financier significatif, est passible des sanctions prévues à la section 3. Les autorités de tutelle de ces collectivités, établissements ou organismes, lorsqu'elles ont approuvé les faits mentionnés au premier alinéa, sont passibles des mêmes sanctions. Le caractère significatif du préjudice financier est apprécié en tenant compte de son montant au regard du budget de l'entité ou du service relevant de la responsabilité du justiciable ».

La seconde, l'infraction réprimant la faute de gestion dans les entreprises publiques, est prévue à l'article L. 131-10 du même code, qui prévoit : « Toute personne mentionnée à l'article L. 131-1 occupant un emploi de direction au sein de l'un des organismes mentionnés aux articles L. 133-1 et L. 133-2 qui, dans l'exercice de ses fonctions, cause à cet organisme un préjudice financier significatif au sens de l'article L. 131-9, par des agissements manifestement incompatibles avec les intérêts de celui-ci, par des carences graves dans les contrôles qui lui incombaient ou par des omissions ou négligences répétées dans son rôle de direction est passible des sanctions prévues à la section 3. Le précédent alinéa est également applicable aux personnes occupant un emploi de direction au sein des organismes ou filiales, quel que soit leur statut juridique, dans lesquels les collectivités territoriales, les établissements publics locaux ou les autres organismes relevant de la compétence d'une chambre régionale des comptes, détiennent, séparément ou ensemble, plus de la moitié du capital ou des voix dans les organes délibérants, ou sur lesquels ils exercent un pouvoir prépondérant de décision ou de gestion ».

431.12 **Évolution de l'infraction générale réprimant les violations de règles : restriction du champ de l'infraction aux seules fautes graves ayant entraîné un préjudice financier significatif.** La réforme entrée en vigueur le 1er janvier 2023[1] a fortement limité le

1. Sur cette réforme importante, v. ss no 052.21.

champ de l'infraction générale réprimant les violations de règles, qui, depuis la création du régime de responsabilité de droit public financier en 1948, se trouvait à la base de celui-ci : presque toutes les affaires contentieuses visaient cette infraction générale, les autres infractions, spéciales [1], n'étant que des cas particuliers concernant la violation de certaines règles spécifiques, là où l'infraction générale pouvait réprimer toute violation de toute règle, y compris des règles des infractions spéciales [2].

Comme l'avait dit justement Loïc Philip dès 1964, l'infraction générale déterminait à elle seule toute l'étendue de la compétence du régime de responsabilité des gestionnaires publics et partant de la CDBF, « car [elle] englobe pratiquement toutes les autres irrégularités » [3].

D'ailleurs, le projet – avorté – de réforme de la CDBF de 1996 [4] proposait de « regrouper toutes les infractions [...] en un seul article » et « de ne pas maintenir la notion "d'exécution" des recettes et des dépenses évoquée à l'article L. 313-4, mais d'étendre ces infractions à toute règle, "quelle qu'elle soit", relative aux recettes, aux dépenses et à la gestion des biens ».

Il est évident que l'infraction générale, qui vise toute infraction aux règles relatives à l'exécution des recettes, des dépenses et de gestion des biens des organismes dont les agents et responsables entrent dans le champ des justiciables de la juridiction financière répressive, constitue de ce fait le cœur du régime de responsabilité des gestionnaires publics – et traduit bien la nature profonde de ce dernier, qui se fonde sur la volonté de sanctionner une faute commise au regard d'une règle ou d'une obligation, dans ce domaine vaste et divers qu'est la gestion publique.

L'ajout, début 2023, aux éléments constitutifs de l'infraction générale, de la nécessité d'établir une faute grave entraînant un préjudice financier significatif limite très fortement le champ de l'infraction générale, au profit des autres infractions, dont la commission est souvent plus aisée à prouver.

L'infraction avait, dans l'état dans lequel elle a fonctionné pendant plus de 70 ans, fait l'objet de critiques à cause de son champ très large.

Certains ont ainsi suggéré que le législateur était allé trop loin, en créant cette infraction, et qu'il conviendrait de l'encadrer davantage [5] ; d'autres ont pu critiquer le déséquilibre entre l'infraction générale et les autres infractions, qui serait tel qu'il nuirait à la lisibilité du régime général de responsabilité, et donc à son efficacité dans la prévention des irrégularités [6].

Ces critiques n'ont pourtant jamais clairement indiqué quelle serait l'alternative à une telle infraction générale, que l'on retrouve d'ailleurs dans de très nombreux pays ; c'est la nature même du système répressif que de « coller » aux règles de la gestion (à toutes les règles de la gestion publique), et modifier cette situation reviendrait à remettre en cause son existence même.

La solution retenue par la réforme entrée en vigueur en 2023, en limitant fortement le champ de l'infraction non pas s'agissant des violations de règles visées, mais par les conséquences (préjudice financier significatif), a pourtant abouti à une limitation extrême, alors même que la CDBF avait montré, en plus d'un demi-siècle de jurisprudence, qu'elle savait manier avec le doigté requis cette infraction, en lui donnant uns structure et un contenu précis, et en ne sanctionnant que les irrégularités présentant une certaine gravité [7].

La limitation de cette infraction générale qui renvoie en fait au *corpus* global des règles applicables à la gestion publique affecte la nature même du régime de responsabilité qui est étudié ici, et sa raison d'être : du fait de la réforme, des pans entiers d'irrégularités commises dans la gestion publique demeureront désormais sans sanction de droit public financier, impliquant d'ailleurs, parfois, un transfert *de facto* vers la répression pénale. Finalement, seul le champ de la faute grave de gestion avec préjudice, que la jurisprudence avait ouvert dès les années 1950, reste sanctionnable.

On ne peut donc qu'appeler de ses vœux de prochaines réformes permettant d'assouplir quelque peu le carcan dans lequel se trouve actuellement cantonnée l'infraction générale réprimant les violations de règles de la gestion publique.

Une telle refonte semble d'autant plus indispensable que la rédaction même de l'article L. 131-9 du code des juridictions financières, sans doute menée sans en anticiper les conséquences concrètes, pose de nombreuses questions pratiques.

431.13 Compatibilité de l'infraction générale réprimant la violation de règles avec le principe de légalité des délits et des peines. Il a été parfois invoqué par la défense que l'infraction générale réprimant les violations de règles [8], de par sa rédaction

1. Sur les infractions budgétaires et comptables, v. s^s n° 42.05.
2. Sur l'articulation infraction générale/infractions spéciales en contentieux financier, v. s^s n°s 419.11 s. et 42.05.
3. L. Philip, « La Cour de discipline budgétaire et financière », *Rev. sc. fin.* oct.-déc. 1964, vol. 56, p. 756.
4. V. s^s n° 046.22.
5. F.-J. Fabre, « Jurisprudence financière. La Cour de discipline budgétaire et financière », II, *Rev. adm.* 1970, n° 137, p. 532-533.
6. C. Pierucci, « Pour une réforme efficace de la responsabilité des gestionnaires en droit public financier », *RFDA* 2008. 173.
7. V. s^s n°s 223.11 s. et 432.281.
8. CJF, anc. art. L. 313-4 ; remplacé désormais par CJF, art. L. 131-9.

considérée comme insuffisamment précise, serait en soi contraire au principe de légalité des délits et des peines, fondé sur les articles 8 DDHC et 7 CEDH[1].

Le Conseil constitutionnel, amené à s'exprimer sur la question en 2014, a considéré que les infractions financières en général, et celles réprimant les fautes graves de gestion en particulier[2], respectaient, en tant que telles, le principe constitutionnel de légalité des délits et des peines : « 29. Considérant, en premier lieu, que l'exigence d'une définition des manquements réprimés se trouve satisfaite, en matière disciplinaire, dès lors que les textes applicables font référence aux obligations auxquelles les intéressés sont soumis en raison de l'activité qu'ils exercent, de la profession à laquelle ils appartiennent ou de l'institution dont ils relèvent ; 30. [...] ; que les dispositions de l'article L. 313-4 font expressément référence à la méconnaissance des règles relatives à l'exécution des recettes, des dépenses ou à la gestion des biens de l'État ou des collectivités, établissements et organismes [...] ; 31. Considérant que, par suite, les dispositions des articles [...] L. 313-4 [...] et L. 313-7-1 ne méconnaissent pas l'exigence d'une définition claire et précise des infractions réprimées »[3].

Le juge de cassation, avant même la décision du Conseil constitutionnel, n'avait pas admis un recours qui se fondait sur l'argument selon lequel l'application, par la CDBF, de cette infraction méconnaîtrait le principe de légalité des délits[4].

Plus explicitement, le Conseil d'État avait jugé dès 2013 que « lorsqu'il est appliqué à des sanctions qui n'ont pas le caractère de sanctions pénales, le principe de légalité des délits et des peines ne fait pas obstacle à ce que les infractions soient définies par référence aux obligations auxquelles est soumise une personne en raison de l'activité qu'elle exerce, de la profession à laquelle elle appartient ou de l'institution dont elle relève »[5].

Au-delà de l'infraction elle-même, se pose la question de la clarté des règles sous-jacentes, celles dont la violation est possiblement constitutive d'une infraction.

À cet égard, le juge du fond « s'attachera à vérifier, lors de l'examen au fond des manquements relevés par la décision de renvoi, que les règles en cause dans chaque cas sont suffisamment claires pour que la sanction de leur méconnaissance soit prévisible »[6]. Dans le même sens, la CDBF a pu considérer que « les manquements relevés par la décision de renvoi renvoient à des obligations énoncées de manière suffisamment claire pour que la sanction encourue du fait de leur méconnaissance soit prévisible »[7], donc compatible avec le principe de légalité des délits et des peines. Il convient de vérifier la clarté de chaque règle sur laquelle le juge cherche à se fonder : « l'obligation de compte rendu au conseil d'administration est contraire [aux] statuts qui, contrairement à ce qui est soutenu par la défense, est suffisamment clair sur ce point »[8].

Cette approche a été validée par le Conseil d'État : « la définition donnée par les dispositions [...] du code des marchés publics du champ d'application de ce code était suffisamment claire et précise pour permettre aux intéressés de déterminer les règles qui en découlaient ; que, par suite, M. Corbin n'est pas fondé à soutenir que la Cour de discipline budgétaire et financière aurait méconnu la portée du principe de légalité des délits et des peines en estimant que les dispositions en cause du code des marchés publics lui étaient applicables, et en le sanctionnant pour avoir contrevenu aux règles applicables en matière de commande publique »[9].

Cela implique que le juge motive de façon très précise quelles règles et obligations sont méconnues dans le cadre de cette infraction, sinon un arrêt risque la censure[10].

431.14 Infraction « formelle » et faute de gestion. L'ancien article L. 313-4 du CJF réprimait une faute personnelle mesurée à l'aune d'une règle qui a été méconnue, interdiction ou obligation ; en ce sens on pouvait dire qu'il s'agissait d'une infraction

1. Sur le principe de légalité des délits et des peines, qui s'applique au contentieux financier, s[s] n° 222.11.
2. CJF, anc. art. L. 313-4, devenu au 1er janv. l'art. L. 131-9 (violations de règles), et CJF, ancien art. L. 131-7-1, devenu au 1er janv. 2023 l'art. L. 131-10 (faute grave de gestion dans les entreprises publiques).
3. Cons. const. 24 oct. 2014, *Stéphane R. et autres*, n° 2014-423 QPC ; *Rec.* p. 181 ; *Constitutions* 2014, p. 492, note O. Le Bot ; P. Mouzet, « La "responsabilité financière" existe-t-elle ? », *AJDA* 2014. 2497 ; *RFDA* 2014. 1218, chron. A. Roblot-Troizier et G. Tusseau ; A. Froment-Meurice, J.-Y. Bertucci, N. Hauptmann et C. Michaut, *GAJF*, 7e éd. 2019, n° 20, p. 228.
4. CE 13 juin 2013, *M. Loumes*, [affaire CDBF *Port autonome de Marseille*], req. n° 364732, non publié.
5. CE 17 et 19 juill. 2013, *M. Lévy* [affaire CDBF *Institut géographique national*], req. n° 351985 ; *Rec.* p. 241.
6. CDBF 4 déc. 2015, *Fondation nationale des sciences politiques et Institut d'études politiques de Paris (FNSP-IEP de Paris)* ; *Rec.* p. 171 ; *AJDA* 2016. 198, note S. Gaillard et S. Goubault. V. aussi le § 38 de cet arrêt : « considérant qu'il résulte des règles claires précisées que… ».
7. CDBF 26 juin 2017, *Cité du cinéma*, n° 213-742, NP.
8. CDBF 20 juill. 2017, *Institut Curie*, n° 215-765 ; *Rec.* p. 244 ; Froment-Meurice, Bertucci, N. Hauptmann et C. Michaut, *GAJF*, 7e éd. 2019, n° 50, p. 585.
9. CE 30 déc. 2013, *M. Corbin* [affaire CDBF *Conseil économique et social*], req. n° 358826 ; *Lebon T.* 688 ; *Rec.* 249 ; *Contrats et marchés publics* 2014, n° 2, commentaire Pietri.
10. PAR EX. : CE 21 avr. 2023, *MM. Lagarde, Romanet de Beaune et Gallot* [affaire CDBF *CDC Entreprises – Plan d'attributions gratuites d'actions*], req. n°s 452310, 452412, 452420 ; *Rec.* 57.

« formelle », tout comme les infractions spéciales. Elle l'était en effet, dans la mesure où théoriquement toute violation d'une règle pouvait être appréhendée par cette infraction ; dans la pratique, tel n'a jamais été le cas, puisque premièrement, comme nous l'avons vu, d'une façon générale seules les fautes d'une certaine gravité sont poursuivies [1] ; deuxièmement, la jurisprudence ne se fondait pas seulement sur des règles formelles, écrites, mais aussi sur des principes de gestion, comme on le verra ci-après [2] ; enfin, troisièmement, la CDBF avait la plénitude d'apprécier les circonstances propres à chaque faute commise, ce qu'elle faisait d'ailleurs dans chaque affaire avec un grand soin : appliquer ces infractions dites « formelles » ne signifie donc pas un jugement objectif de chaque irrégularité, quelle qu'elle soit, même mineure. Si on pouvait la qualifier de « formelle », c'est donc sous cette triple réserve qui fait d'ailleurs que l'on peut parler de « fautes de gestion » [3].

L'évolution qu'a connue l'infraction dans le cadre de la réforme entrée en vigueur en 2023, limitant son champ aux cas où des violations de règles sont constitutives d'une faute grave et ont créé un préjudice financier significatif, va d'ailleurs dans le sens d'une assimilation complète de la violation de règles de gestion à la faute grave de gestion.

SECTION 2

FAUTE GRAVE DE GESTION DANS LES ENTREPRISES PUBLIQUES ET ORGANISMES LOCAUX

431.21 Faute grave de gestion dans les entreprises publiques, un cas particulier de l'infraction générale réprimant les fautes graves de gestion. À la suite des graves dysfonctionnements qu'ont connus certaines entreprises publiques au début des années 1990, le législateur a institué notamment une nouvelle infraction financière [4], aujourd'hui codifiée à l'article L. 131-10 du CJF [5].

En réalité, cette infraction n'a guère trouvé application en pratique, parce que la jurisprudence a toujours inclus les mêmes faits dans la faute grave de gestion dégagée de l'infraction générale réprimant le non-respect des règles (de gestion) [6].

La première – et à ce jour seule – application au fond de cette disposition [7] dans l'arrêt *France Télécom* [8] illustre ce propos : en l'espèce la CDBF a écarté cette nouvelle infraction au bénéfice des infractions « classiques » [9] qui fondent sa jurisprudence sur la violation de principes de gestion (faute grave de gestion) depuis des décennies.

La Cour, dans l'arrêt *France Télécom*, a explicité sa démarche. Elle a tout d'abord rappelé que l'infraction générale, qui incrimine notamment les violations de règles en matière de dépenses ou de gestion des biens, permettait à la Cour de « sanctionner des personnes justiciables de sa compétence dès lors que leurs agissements ont méconnu les règles applicables à la gestion des organismes concernés, quelle qu'en soit la nature ; qu'à cet égard peuvent être visées les règles du Code de commerce aussi bien que les dispositions d'organisation interne ou les principes traditionnels et constants qui constituent les fondements d'une saine gestion industrielle et commerciale, ou encore les règles relatives aux obligations de surveillance, de contrôle et de bonne organisation d'un organisme ». C'est sa jurisprudence classique [10].

La CDBF a par ailleurs précisé que « la recherche de la responsabilité de la personne renvoyée devant la Cour sur le terrain de l'infraction [...] figurant à l'article L. 313-7-1 [11] du Code des juridictions financières, n'empêche pas l'application de l'infraction prévue à l'article L. 313-4 [12] du même Code » (ou d'autres articles), à condition qu'il s'agisse de faits distincts ou qu'il s'agisse des mêmes faits, s'ils ne sont pas déjà constitutifs de l'autre infraction.

Cela signifie que l'infraction « entreprises publiques » n'est pas une restriction des autres

1. V. s[s] n°s 223.11 s.
2. Violation de principes de gestion, ou faute grave de gestion, v. s[s] n° 432.201 ; fautes de négligence, v. s[s] n° 432.231.
3. V. s[s] n°s 411.11 s.
4. L. n° 95-1251, 28 nov. 1995, relative à l'action de l'État dans les plans de redressement du Crédit Lyonnais et du Comptoir des entrepreneurs, art. 21.
5. Auparavant, CJF, art. L. 313-7-1, remplacé le 1er janv. 2023 par CJF, art. L. 131-10.
6. PAR EX. : CDBF 24 févr. 2006, *S[té] Altus Finance*, 2e arrêt, *AJDA* 2006. 1249, note N. Groper et C. Michaut ; *JCP* n° 38, II, 10152, note J.-P. Gastinel ; *Rev. Trésor* 2006. 910, note M. Lascombe et X. Vandendriessche ; *RFDA* 2006. 624, note M. Lascombe et X. Vandendriessche ; *Lebon* 650. Notons que l'infraction nouvelle avait été instituée précisément suite aux dérives du Crédit Lyonnais, dont Aluts Finances était une filiale.
7. L'infraction avait été jusque-là rapidement mentionné dans un arrêt et rapidement écarté : CDBF 21 févr. 2008, *Agence nationale de valorisation de la recherche [Anvar]*, *AJDA* 2008. 1193, note N. Groper et C. Michaut ; *Rev. Trésor* 2008. 519, note N. Groper ; *GFP* 2011, p. 387, note M. Lascombe et X. Vandendriessche.
8. CDBF 25 juill. 2008, *France Télécom*, *AJDA* 2008. 2435, note N. Groper et C. Michaut ; *GFP* 2011, p. 388, note M. Lascombe et X. Vandendriessche ; A. Froment-Meurice, J.-Y. Bertucci, N. Hauptmann et C. Michaut, *GAJF*, Dalloz, 7e éd. 2019, n° 51, p. 595 ; M. Degoffe, « La Cour de discipline budgétaire et financière réprime les infractions aux règles d'exécution des dépenses commises par le président de France Télécom », *Revue des sociétés* 2008, p. 858.
9. CJF, actuels art. L. 131-9 et L. 131-12.
10. V. s[s] n°s 432.231 s.
11. Désormais, depuis le 1er janv. 2023, CJF, art. L. 131-10.
12. Désormais, depuis le 1er janv. 2023, CJF, art. L. 131-9.

infractions, en particulier de l'infraction générale, mais un cas particulier de celle-ci, une infraction spéciale (l'expression figure dans l'arrêt) qui, si elle ne joue pas, laisse la place aux autres. Autrement dit, la faute de gestion dans les entreprises publiques, créée spécialement par le législateur en 1995, croyant sans doute innover, se retrouve reléguée à la place d'un cas particulier du régime répressif général (infractions classiques et jurisprudence), dont on a vu plus haut qu'il visait bien la « faute de gestion », et qui couvre aussi les omissions ou autre agissements incompatibles avec les intérêts d'un organisme.

Cet arrêt donne ainsi rétrospectivement raison à ceux qui, en 1995, estimaient que « l'amendement Crédit Lyonnais » n'apportait rien et était donc inutile[1], ou qui jugeaient cette infraction « essentiellement symbolique », n'ayant « pas véritablement vocation à s'appliquer »[2]. Sans parler des incohérences qu'a créées cet amendement, découlant sans doute d'une certaine précipitation dans sa rédaction[3], et qui n'ont disparu qu'en 2023.

Mais cette solution ne signifie pas que l'infraction particulière aux entreprises publiques ne pourra pas trouver application dans l'avenir. L'arrêt *France Télécom* l'a simplement replacée dans le contexte d'ensemble des infractions financières, et en particulier de sa jurisprudence générale sur la violation de principes de gestion[4], et ceci ne peut être que salué.

L'élargissement, par la réforme entrée en vigueur le 1er janvier 2023, du champ de cette infraction aux entreprises publiques locales permettra sans doute d'appliquer cette infraction qui, finalement, n'a jamais connu d'application sous l'empire de la CDBF, entre 1995 et 2022.

Cette extension est cohérente avec l'évolution constatée depuis la fin du XXe siècle : « la politique quasi-continue de privatisations depuis plus d'une trentaine d'années contribue à donner à l'actionnariat public ce goût d'instrument suranné alors même que la diminution de l'ampleur du secteur public national contraste avec l'évolution du secteur public local dont l'essor a accompagné la décentralisation et qui se maintient à un niveau important »[5].

1. M. Degoffe, « L'extension de la faute de gestion, commentaire de l'article 21 de la loi no 95-1251 du 28 novembre 1995 relative à l'action de l'État dans les plans de redressement du Crédit Lyonnais et du Comptoir des entrepreneurs », *AJDA* 1996. 206.
2. C. Pierucci, « Pour une réforme efficace de la responsabilité des gestionnaires en droit public financier », *RFDA* 2008. 165.
3. La sanction prévue au CJF, l'ancien art. L. 313-7-1 abrogé le 31 déc. 2022, était à l'époque moins importante que pour l'avantage injustifié, alors que l'infraction est censée être particulièrement grave ; « oubli » d'étendre les règles de cumul à cette infraction.
4. Faute grave de gestion, v. ss nos 432.201 s.
5. S. Bernard, « Les mutations de l'actionnariat public », *RFDA* 2019. 489.

CHAPITRE

432. Infraction générale réprimant les violations de règles de recettes, de dépenses et de gestion des biens, limitée aux cas de faute grave ayant entraîné un préjudice financier significatif

SECTION 0 ORIENTEUR

432.00 **Sommaire du chapitre.**

SECTION 1
MÉCONNAISSANCE DE RÈGLES OU D'OBLIGATIONS : ÉLÉMENTS GÉNÉRAUX

§ 1
Notions de règles et d'obligations

432.11 Méconnaissance d'une règle ou obligation au fondement des infractions financières. Sanctionner le non-respect d'une règle suppose qu'il existe une règle et que celle-ci s'applique bien à la gestion en cause, aux justiciables qui ont vocation à être condamnés.

Compte tenu de la nature du droit public financier répressif et la vocation des fautes de gestion, il faut toujours établir la méconnaissance d'une règle ou obligation, quelle que soit d'ailleurs l'infraction financière.

432.12 Règle : norme créant des obligations. Si la jurisprudence entend la notion de règle au sens large, comme on verra dans les développements qui suivent, il doit s'agir d'une règle, donc d'une norme suffisamment affirmative pour créer des obligations.

S'il ne s'agit pas d'une règle à portée juridique, même minimale, l'infraction ne saurait s'appliquer : ainsi, dans une affaire, la CDBF a-t-elle considéré que les orientations prises par une commission interne, en matière de prêts consentis par un établissement public, ne revêtaient, en l'espèce, « pas le caractère de règles de nature à encadrer le pouvoir de décision du conseil d'administration », ce qui excluait l'infraction réprimant le non-respect des règles, mais également l'infraction sanctionnant l'avantage injustifié [1].

432.13 Règle de gestion. D'emblée il faut préciser que les règles dont le non-respect est sanctionné par l'infraction financière générale ici étudiée ne sont pas limitées au seul champ de la comptabilité publique [2] : ainsi, au moyen soulevé par un défendeur selon lequel la CDBF n'était pas compétente pour juger les dirigeants d'une banque, parce que, selon lui, la notion de règle de recettes et de dépenses au sens de l'infraction générale, ne viserait pas les opérations de prêts en cause dans cette affaire, la Cour a répondu : « s'agissant toutefois d'organismes de droit privé soumis au contrôle de la Cour des comptes, la notion de recette et de dépense doit être entendue en dehors de toute référence aux règles de la comptabilité publique, en fonction des activités propres de l'organisme ; que les activités d'un organisme bancaire rentrent dans le champ d'application » de l'infraction générale [3]. La CDBF a, à de multiples reprises, confirmé cette jurisprudence [4].

L'infraction prévue à l'article L. 131-9 du code des juridictions financières mentionne explicitement les règles d'exécution des recettes [5], des dépenses [6] et de gestion des biens [7] ; la jurisprudence retient également des cas mixtes [8] et des principes généraux de gestion [9], qu'il s'agisse d'agissement directs ou de négligences [10].

Mais il faut qu'il s'agisse d'une règle de gestion.

Cette notion est entendue au sens large, incluant des règles qui ne paraissent pas immédiatement rattachables aux recettes, dépenses et de gestion des biens. Ainsi, la CDBF a pu retenir, pour établir l'infraction générale, la violation de formalités prévues par la réglementation comme l'obtention d'un permis de construire et l'avis de l'administration chargée des monuments historiques [11]. La Cour a regroupé ces infractions sous le titre « Sur les irrégularités dans l'exécution des dépenses », alors qu'il s'agissait plutôt de règles de gestion des biens (en l'espèce, il s'agissait de la rénovation d'un château appartenant à une université). Il est vrai que ces violations de règles avaient été à l'origine de charges supplémentaires importantes et qu'elles étaient accompagnées d'autres violations de règles (commande publique).

En revanche, cette vision large de la notion de règle ne signifie pas que toute règle méconnue entre dans le cadre des règles au sens du droit public financier répressif ; il faut quand même un lien avec la gestion. Par exemple, l'invocation de la loi de 1994 relative à l'emploi de la langue française ne semble pas, après quelques hésitations jurisprudentielles [12], entrer dans

1. CDBF 4 sept. 2018, *Agence de l'eau Seine-Normandie (AESN)*, n° 222-771 ; *Rec.* p. 186.
2. Sur la notion de comptabilité publique, v. s[s] n° 031.41.
3. CDBF 11 déc. 1980, *Caisse centrale de crédit coopératif [CCCC]*, CCP, n° 2, p. 180.
4. CDBF 24 févr. 2006, *S[té] Altus Finance*, 2e arrêt, *AJDA* 2006. 1249, note N. Groper et C. Michaut ; *JCP* 2006, n° 38, II, 10152, note J.-P. Gastinel ; *Rev. Trésor* 2006. 910, note M. Lascombe et X. Vandendriessche ; *RFDA* 2006. 624, note M. Lascombe et X. Vandendriessche ; *Lebon* 650 ; *Rec.* 74.
5. Sur les violations de règles en matière de recettes : v. s[s] n°s 432.71 s.
6. Sur les violations de règles en matière de dépenses : v. s[s] n°s 432.81 s.
7. Sur les règles en matière de gestion des biens, v. s[s] n° 432.191.
8. Pour les cas mixtes, règles appartenant à différentes catégories : v. s[s] n° 432.181.
9. Sur la faute grave de gestion jurisprudentielle, v. s[s] n° 432.201.
10. Sur les fautes de négligence, violations de règles, v. s[s] n° 432.231.
11. CDBF 17 nov. 1987, *Université Paris IV Paris-Sorbonne*, CCP, n° 3, p. 105 ; *Lebon*, tables p. 656.
12. CDBF 22 nov. 1989, *SA La Signalisation [LS]*, CCP, n° 3, p. 184 ; *Lebon* 423 – CDBF 4 juill. 2019, *Chambre de commerce et d'industrie de La Rochelle*, n° 235-779 ; *Rec.* 219 (arrêt cassé par CE 7 oct. 2020, *M. Butel*, bien que ce soit sur un autre motif). Olivier Fuchs, dans ses conclusions précitées sur cette dernière décision avait expressément considéré que la CDBF, en retenant la loi sur la langue française parmi les règles au sens de l'infraction générale, avait commis une erreur de droit (il a également exclu que l'obligation de rédiger les contrats en langue française puisse faire partie d'un principe plus vaste, la « *garantie de la bonne exécution des dépenses publiques* »).

le champ des règles relatives aux recettes et dépenses[1].

Enfin, en toute rigueur, le juge devrait précisément viser les règles méconnues, et les rattacher aux cas d'ouverture de l'infraction (recettes, dépenses, gestion des biens), mais cela n'est pas toujours explicitement le cas. Dans une affaire, ainsi, a été sanctionné le payement d'un sous-traitant sans contrat ni facture qui aurait retracé les travaux effectués, sans que l'arrêt précise quelle règle a été méconnue[2] : il s'agit sans doute d'une sorte de faute grave de gestion fondée sur un principe : il n'y avait pas de contrat ni de facture, alors que l'on doit habituellement s'y attendre dans une saine gestion commerciale ; mais l'arrêt n'en souffle mot, alors que dans un autre grief du même arrêt, la Cour détaille la faute de gestion résultant d'un acte positif.

§ 2
Applicabilité d'une règle de gestion à un organisme et à un gestionnaire public

432.21 Règles applicables à un organisme. L'infraction étant fondée sur le non-respect de règles de gestion, il convient d'établir dans chaque affaire qu'une règle applicable à l'organisme en cause a été méconnue.

Or s'il existe quelques règles générales, qui s'appliquent à tous les organismes, la plupart des règles sont spécifiques à certaines catégories, voire propres à chaque structure.

Le juge financier doit donc établir que le texte dont la méconnaissance est reprochée au gestionnaire est bien applicable à l'organisme en cause, ce qui ne va pas de soi (par exemple l'applicabilité de l'ancien code des marchés publics au Conseil économique et social[3], ou la soumission d'une société commerciale aux règles de la commande publique[4]).

La méconnaissance d'une règle qui n'est pas applicable à la structure (en l'occurrence l'ancien code des marchés publics) ne peut être constitutive de l'infraction[5].

L'expérience montre que la recherche du droit applicable à une situation donnée n'est pas toujours simple ; il peut même arriver que le juge financier doive longuement analyser la situation des textes applicables à un établissement[6].

En particulier se pose souvent la question de la compétence pour un gestionnaire de prendre une règle générale ou un acte individuel d'une certaine portée, et de savoir si des règles supérieures le lui interdisent.

Ainsi le juge rencontre-t-il fréquemment la question de la base juridique d'éléments de rémunération versés à des agents du secteur public. Au sein d'un établissement public administratif, « des vacations ont été versées à quatre formateurs extérieurs [...] sur le fondement de la délibération 2009-12 du conseil d'administration du 24 juin 2009, applicable au 1er juillet 2009 ; Considérant que cette délibération prévoyait des vacations pour travaux scientifiques et techniques (relecture, rédaction) par référence à l'article 10 du décret du 12 juin 1956 portant fixation du système général de rétribution des agents de l'État ou des personnels non fonctionnaires assurant à titre d'occupation accessoire soit une tâche d'enseignement, soit le fonctionnement de jurys d'examens ou de concours ; qu'il n'apparaît pas qu'en l'espèce, des dispositions législatives et réglementaires faisaient obstacle à ce que, dans l'exercice des compétences qu'il tient des statuts de l'établissement, le conseil d'administration fixe les conditions de la rémunération des intervenants extérieurs apportant des contributions scientifiques ; qu'il pouvait à cet effet utiliser, à titre de référence, le barème du décret du 12 juin 1956, même si les prestations en cause n'entraient pas dans le champ de ce décret ; Considérant, dès lors, que la décision de rémunérer par des vacations quatre formateurs extérieurs n'a pas enfreint de règles relatives à l'exécution des dépenses de l'établissement au sens de l'[ancien] article L. 313-4 du code des juridictions financières... »[7].

1. CDBF 11 févr. 2021, *Chambre de commerce et d'industrie de La Rochelle*, 2e arrêt, n° 247-779-II ; *Rec.* 162.
2. CDBF 22 nov. 1989, *SA La Signalisation [LS]*, CCP, n° 3, p. 184 ; *Lebon* 423.
3. CE 30 déc. 2013, *M. Corbin* [affaire CDBF *Conseil économique et social*] ; n° 358826 ; *Lebon* tables, p. 688 ; *Rec.* 249 ; *Contrats et marchés publics* 2014, n° 2, commentaire Pietri.
4. CDBF 17 juin 2014, *Société de valorisation foncière et immobilière (SOVAFIM)*, n° 193-696 ; *Rec.* 169 ; *AJDA* 2014. 1603, note C. Michaut et J.-E. Picard ; *RLC* 2014, n° 41, p. 32, note S. Brameret.
5. CDBF 18 déc. 1991, *Établissement public chargé de l'aménagement de la ville nouvelle du Vaudreuil*, *Rev. Trésor* 1993. 35 ; *Lebon* 646 ; *Rec.* 146. Arrêt rendu sous l'empire de l'ancien article L. 313-4 du code des juridictions financières : s'il reste d'actualité pour illustrer la notion de violation de règles, des faits similaires ne pourraient donner lieu à sanction au titre de l'actuel art. L. 131-9 du même code qu'en présence d'une faute grave ayant entraîné un préjudice financier significatif.
6. PAR EX. : CDBF 25 sept. 2006, *Institut national de la propriété industrielle [Inpi]*, *Rev. Trésor* 2007. 681, fiche N. Groper ; *AJDA* 2006. 2449, note N. Groper et C. Michaut ; *Rev. Trésor* 2007. 716, note M. Lascombe et X. Vandendriessche ; *Lebon* 668 ; *Rec.* 105.
7. CDBF 15 déc. 2017, *Office national de l'eau et des milieux aquatiques* (ONEMA), n° 217-730-II ; *Rec.* 247 ; *AJDA* 2018. 2493, chron. N. Hauptmann et N. Péhau ; v. également V. Mazzocchi, « Principe *non bis in idem*, que faut-il entendre par *bis* ? Droit administratif et droit public financier », *Dr. adm.* 2018, n° 3, chron. 1.

Le Conseil d'État a même été amené à casser un arrêt de la CDBF au motif que cette dernière avait mal déterminé les textes applicables aux fonctionnaires détachés dans un établissement public. La CDBF avait jugé que « le recrutement de [...] fonctionnaires détachés par contrat n'a pas pour effet de leur rendre applicables les dispositions du décret [fixant le statut des personnels contractuels de l'établissement en question], même si les stipulations de leur contrat de détachement reprennent tout ou partie des dispositions du décret », mais ce raisonnement a été désavoué par le Conseil d'État : « il ne résulte d'aucune disposition ni d'aucun principe que ces dispositions ne seraient pas applicables aux fonctionnaires bénéficiant d'un détachement sur contrat auprès de » l'établissement public concerné[1]. Pour savoir quelles règles sont à appliquer aux rémunérations des agents d'un établissement, fussent-ils fonctionnaires détachés, tout dépend donc des textes applicables à l'établissement public en question.

432.22 Règle applicable au moment des faits. Il s'agit de vérifier quelles sont les règles applicables à la structure en question au moment des faits.

Ainsi, une règle jadis applicable, mais abrogée au moment des faits, ne saurait être invoquée.

Inversement, une règle qui n'a commencé à s'appliquer qu'après les faits ne saurait être invoquée sans méconnaître gravement les principes du droit répressif. Ainsi, dans une affaire, une disposition légale nouvelle prévoyait la création d'un comité des investissements ; le texte interne d'application n'a été édicté que plus tard, ce qui a conduit la Cour à écarter le grief tiré de ce que le dirigeant n'avait pas, avant l'intervention du texte interne, demandé l'avis de ce comité qui n'était pas encore opérationnel : faute de règle applicable violée, la CDBF a jugé que l'infraction n'était pas constituée[2].

Toutefois, une telle solution ne peut jouer que si le texte d'application est indispensable pour créer une obligation précise ; or dans certains cas, la règle générale supérieure peut s'appliquer même en l'absence de texte d'application. En outre, il existe des délais acceptables de mise en conformité avec les exigences légales : il n'est pas certain que le juge accepte des manœuvres dilatoires pour échapper à l'application d'une règle.

432.23 Règles appliquées *de facto* volontairement. La jurisprudence semble en revanche hésitante s'agissant de règles dont l'application à un organisme n'est pas de droit, mais le fruit d'une pratique. Dans un arrêt, la Cour a considéré qu'il ne pouvait être reproché à un gestionnaire de ne pas appliquer une règle qui ne s'imposait pas à l'organisme en cause (l'ancien code des marchés publics), même si cette règle était parfois appliquée dans cette structure dans la pratique[3].

Dans une autre affaire, la Cour a cependant appliqué l'ancien code des marchés publics à un établissement qui lui n'était pas soumis, au motif que l'EPIC s'y soumettait volontairement, ce texte devenant alors une « règle » interne au sens de l'infraction[4]. Cette solution, qui a également été appliquée dans d'autres affaires[5], semble pertinente, à condition qu'une règle interne précise cette application volontaire d'un certain corps de règles.

À préciser qu'un usage professionnel peut être une « règle », cas d'ailleurs appliqué régulièrement par la Cour, comme il sera détaillé plus loin[6].

§ 3
Exigence de clarté d'une règle

432.31 Doute sur l'applicabilité d'une règle ; exigence de clarté d'une règle. Lorsqu'il apparaît qu'il existe un doute sur l'applicabilité d'une règle aux actes poursuivis, la Cour écartera le grief concerné : « la base réglementaire de l'interdiction mentionnée [...] demeure incertaine et ne permet pas de fonder le grief en sa deuxième branche »[7]. Ceci est conforme au principe général de droit répressif selon lequel le doute doit profiter à l'accusé.

Mais la charge de la preuve pour la non-application d'une règle générale ou pour l'application d'une

1. CE 30 déc. 2021, *Procureur général près la Cour des comptes* [affaire INPI], n° 439665 ; *Rec.* 212 ; *BJCL* n° 1/2022, concl. S. Hoynck, note S. Damarey.
2. CDBF 26 juin 2017, *Cité du cinéma*, n° 213-742 ; non publié au *Rec.*
3. CDBF 18 déc. 1991, *Établissement public chargé de l'aménagement de la ville nouvelle du Vaudreuil*, *Rev. Trésor* 1993. 35 ; *Lebon* 646 ; *Rec.* 146.
4. CDBF 13 oct. 1993, *Carrefour international de la communication [Cicom]*, *Rev. Trésor* 1995. 677 ; *Rec.* 146. Arrêt rendu sous l'empire de l'ancien article L. 313-4 du code des juridictions financières : s'il reste d'actualité pour illustrer la notion de violation de règles, des faits similaires ne pourraient donner lieu à sanction au titre de l'actuel art. L. 131-9 du même code qu'en présence d'une faute grave ayant entraîné un préjudice financier significatif.
5. CDBF 17 juin 2014, *Société de valorisation foncière et immobilière (SOVAFIM)*, n° 193-696 ; *Rec.* 169 ; *AJDA* 2014. 1603, note C. Michaut et J.-E. Picard ; *RLC* 2014, n° 41, p. 32, note S. Brameret. Arrêt rendu sous l'empire de l'ancien article L. 313-4 du code des juridictions financières : s'il reste d'actualité pour illustrer la notion de violation de règles, des faits similaires ne pourraient donner lieu à sanction au titre de l'actuel art. L. 131-9 du même code qu'en présence d'une faute grave ayant entraîné un préjudice financier significatif.
6. V. s[s] n° 432.64.
7. CDBF 3 juill. 2009, *École régionale des déficients visuels [ERDV] de Loos*, *Rec.* 77 ; *GFP* 2011, n° 7, p. 504, note M. Lascombe et X. Vandendriessche.

exception à cette règle relève de la défense : ainsi, il appartient à l'ordonnateur d'apporter la preuve qu'une situation entre dans les exceptions prévues par les textes à la règle générale de mise en concurrence [1].

Plusieurs séries de textes peuvent se cumuler, d'ordres différents (en l'espèce, dans une affaire de marché public, le code de la construction, l'ancien code des marchés publics, une convention publique d'aménagement, des règles internes de procédure de passation de marchés d'une SEM comme une note sur les procédures comptables et un guide des achats) : dans ce cas, le juge analysera avec soin l'applicabilité de chaque texte à la structure intéressée [2].

Une règle doit être suffisamment claire, faute de quoi le principe de légalité des délits et des peines [3] peut s'opposer à en sanctionner la prétendue méconnaissance. Ainsi, le juge précise-t-il dans une affaire que « l'obligation de compte rendu au conseil d'administration est contraire [aux] statuts qui, contrairement à ce qui est soutenu par la défense, est suffisamment clair sur ce point » [4].

Si, en présence d'une règle dont l'applicabilité ou l'interprétation est douteuse, le juge en tient traditionnellement compte au stade des circonstances, il peut également aller jusqu'à écarter la « règle » en elle-même ; dans ce cas, faute de règle méconnue, les éléments constitutifs de l'infraction ne peuvent pas être constitués : « Considérant en l'espèce qu'eu égard, d'une part, à la possibilité d'interpréter les dispositions précitées du décret du 21 décembre 2001 comme permettant, du fait de la disparition des services dénommés « brigades mobiles d'intervention » consécutive à la création de l'ONEMA, l'attribution des indemnités aux agents effectuant, en raison de leurs fonctions, des déplacements fréquents, d'autre part à la validation écrite de cette interprétation par l'autorité de tutelle, quoique tardive, les éléments constitutifs des infractions [réprimant respectivement la violation de règles et l'avantage injustifié] ne sont pas réunis » [5].

§ 4
Hiérarchie des normes

432.41 **Hiérarchie entre les règles applicables.** Le niveau d'une règle dans la hiérarchie des normes n'a pas, dans le contexte de la répression des violations de règles, d'importance en soi ; il faut seulement être certain qu'une règle soit applicable au moment des faits au gestionnaire en question, ce qui implique notamment de vérifier qu'elle n'est pas contredite par une norme supérieure, auquel cas le juge écartera la règle au bénéfice de la règle supérieure.

Pour recevoir application dans le cadre de l'infraction réprimant des violations de règles, un texte doit être conforme aux textes supérieurs : ainsi de règles internes d'attribution de subventions qui ne méconnaissaient pas ni le droit européen, ni le droit français [6].

Lorsque plusieurs règles contradictoires sont invoquées, il convient d'assurer l'application de la plus élevée, en écartant celle se situant en dessous, en vertu du principe de hiérarchie des normes. En cas de conflit de normes, c'est donc celle qui est la plus élevée dans la hiérarchie des normes qui doit être appliquée par le gestionnaire public justiciable du juge financier. Ainsi, un conseil d'administration ne peut pas écarter l'application d'un texte de valeur réglementaire qui s'applique à l'organisme en cause et qui prévaut donc sur ses délibérations [7].

1. CDBF 11 déc. 2009, *Centre hospitalier universitaire de Reims*, n° 170-652 ; *AJDA* 2010. 484, note N. Groper et C. Michaut ; *GFP* 2011, n° 7, p. 512, note M. Lascombe et X. Vandendriessche. Arrêt rendu sous l'empire de l'ancien article L. 313-4 du code des juridictions financières : s'il reste d'actualité pour illustrer la notion de violation de règles, des faits similaires ne pourraient donner lieu à sanction au titre de l'actuel art. L. 131-9 du même code qu'en présence d'une faute grave ayant entraîné un préjudice financier significatif.
2. CDBF 25 nov. 2010, *Société immobilière d'économie mixte de la ville de Paris (SIEMP)*, n° 171-603 ; *AJDA* 2011. 489, note N. Groper et C. Michaut ; *JCP adm.* 2011, n° 20-21, p. 20, note S. Brameret ; *GFP* 2011, n° 8-9, p. 567, note M. Lascombe et X. Vandendriessche.
3. Sur ce principe, appliqué à l'infraction réprimant la violation de règles, v. s^s^ n° 222.11.
4. CDBF 20 juill. 2017, *Institut Curie*, n° 215-765 ; *Rec.* ; A. Froment-Meurice, J.-Y. Bertucci, N. Hauptmann et C. Michaut, *GAJF*, 7e éd. 2019, n° 50, p. 585. Arrêt rendu sous l'empire de l'ancien article L. 313-4 du code des juridictions financières : s'il reste d'actualité pour illustrer la notion de violation de règles, des faits similaires ne pourraient donner lieu à sanction au titre de l'actuel art. L. 131-9 du même code qu'en présence d'une faute grave ayant entraîné un préjudice financier significatif.
5. CDBF 15 déc. 2017, *Office national de l'eau et des milieux aquatiques* (ONEMA), n° 217-730-II ; *Rec.* ; *AJDA* 2018. 2493, chron. N. Hauptmann et N. Péhau ; v. également V. Mazzocchi, « Principe *non bis in idem*, que faut-il entendre par *bis* ? Droit administratif et droit public financier », *Dr. adm.* 2018, n° 3, chron. 1.
6. CDBF 4 sept. 2018, *Agence de l'eau Seine-Normandie (AESN)*, n° 222-771 ; *Rec.* 186. Arrêt rendu sous l'empire de l'ancien article L. 313-4 du code des juridictions financières : s'il reste d'actualité pour illustrer la notion de violation de règles, des faits similaires ne pourraient donner lieu à sanction au titre de l'actuel art. L. 131-9 du même code qu'en présence d'une faute grave ayant entraîné un préjudice financier significatif.
7. CDBF 11 juin 1971, *Mutuelle générale française accidents*, *Lebon* 397 ; CCP, n° 2, p. 69. Arrêt rendu sous l'empire de l'ancien article L. 313-4 du code des juridictions financières : s'il reste d'actualité pour illustrer la notion de violation de règles, des faits similaires ne pourraient donner lieu à sanction au titre de l'actuel art. L. 131-9 du même code qu'en présence d'une faute grave ayant entraîné un préjudice financier significatif.

Cette règle de la hiérarchie des normes a, appliquée au droit public répressif, deux implications pratiques.

Premièrement, cela peut amener le juge financier à appliquer lui-même le principe de hiérarchie des normes et à constater l'application de telle ou telle norme, le cas échéant en écartant certaines qui sont en contradiction avec des textes plus élevés, comme le ferait le juge administratif général. Si le juge financier n'avait pas cette compétence - qui est en fait proche de celle du juge de la légalité, sans la capacité d'annulation d'un texte bien entendu - il ne pourrait pas exercer ses compétences, car pour savoir si un acte est irrégulier, encore faut-il savoir par rapport à quel texte. Le juge pénal a d'ailleurs une compétence similaire.

Ainsi, dans une affaire, des indemnités prévues par un règlement intérieur avaient été versées ; ce règlement était, sur ce point, en contradiction avec la convention collective ayant reçu l'agrément du ministre des Affaires sociales, seul applicable légalement conformément à l'ordonnance relative au fonctionnement de la sécurité sociale, le règlement intérieur de surcroît n'ayant pas reçu l'autorisation des autorités de tutelle alors que cela était obligatoire en vertu des textes. On se rapproche ici d'une forme de contrôle de légalité externe (absence d'autorisation de la tutelle - classique) et même interne exercé par le juge financier[1].

Deuxièmement, il arrive souvent que l'irrégularité sanctionnée naisse justement de la prise, par un gestionnaire public, d'un acte juridique qui est contraire à un texte supérieur. Ainsi, dans une affaire, une condamnation a été fondée sur le fait qu'un contrat de travail prévoyait des avantages pour des salariés en contradiction avec le statut du personnel, auquel tout contrat individuel doit se conformer[2].

En sens inverse, si aucun texte supérieur n'interdit d'inscrire un certain nombre d'avantages dans un contrat de travail, il ne peut pas y avoir méconnaissance d'une règle, puisque le contrat est lui-même la règle qui régit cette situation, à condition bien entendu que cette règle ait elle-même été prise « selon les règles » (de compétence et de procédure d'adoption en particulier)[3].

Dans un arrêt concernant un groupe de sociétés, la CDBF a jugé qu'une charte de groupe entre filiales, dont la violation était établie, ne saurait prévaloir sur le principe de séparation juridique entre des sociétés (qui sont des personnes morales distinctes). L'absence de présentation devant le conseil d'administration de la société mère du contrat d'une filiale (règle selon la charte de groupe) ne constituerait donc pas, selon la Cour, une violation de règle au sens de l'infraction générale[4]. Une telle solution semble discutable, la Cour étant habituellement plus « libérale » quant aux contraintes qui s'opposent à l'appréciation générale de la responsabilité dans un groupe[5].

§ 5
Irrégularité d'une règle et cas contestables

432.51 Application d'une règle elle-même irrégulière. Doit-on ou peut-on reprocher à un gestionnaire d'appliquer une règle elle-même irrégulière ?

Dans un cas de payement de frais de réception sur une régie d'avances, dans un ministère, sans pièces justificatives autres que des certificats administratifs, une lettre du directeur de cabinet du ministre des Finances datant de 1947 tolérait ce système dérogatoire, mais dans certaines limites ; la CDBF a considéré que bien que ce système était irrégulier *ab initio*, il s'imposait néanmoins aux agents du ministère dépensier, et elle n'a retenu parmi les faits que ceux qui étaient eux-mêmes contraires à ce dispositif dérogatoire, quoique celui-ci fût lui-même irrégulier[6].

1. CDBF 16 mars 1988, *Caisse de retraite et de prévoyance de la boucherie, boucherie-charcuterie et boucherie hippophagique française [Carbof]*, CCP, n° 3, p. 131 ; *Lebon* 543. Arrêt rendu sous l'empire de l'ancien article L. 313-4 du code des juridictions financières : s'il reste d'actualité pour illustrer la notion de violation de règles, des faits similaires ne pourraient donner lieu à sanction au titre de l'actuel art. L. 131-9 du même code qu'en présence d'une faute grave ayant entraîné un préjudice financier significatif.
2. CDBF 23 juill. 2009, *CCI de Nice-Côte d'Azur*, *Rec.* 79 ; *AJDA* 2010. 488, note N. Groper et C. Michaut ; *GFP* 2011, n° 7, p. 506, note M. Lascombe et X. Vandendriessche. Arrêt rendu sous l'empire de l'ancien article L. 313-4 du code des juridictions financières : s'il reste d'actualité pour illustrer la notion de violation de règles, des faits similaires ne pourraient donner lieu à sanction au titre de l'actuel art. L. 131-9 du même code qu'en présence d'une faute grave ayant entraîné un préjudice financier significatif.
3. CDBF 23 juill. 2009, *CCI de Nice-Côte d'Azur*, préc. Arrêt rendu sous l'empire de l'ancien article L. 313-4 du code des juridictions financières : s'il reste d'actualité pour illustrer la notion de violation de règles, des faits similaires ne pourraient donner lieu à sanction au titre de l'actuel art. L. 131-9 du même code qu'en présence d'une faute grave ayant entraîné un préjudice financier significatif.
4. CDBF 6 mai 1993, *Sté chimique des charbonnages [CdF Chimie SA] et Charbonnages de France Chimie éthylène et plastique [CdF Chimie E.P.]*, *Rev. Trésor* 1994. 761 ; *Lebon* 529 ; *Rec.* 141.
5. Sur la notion de groupe, v. en détail, ss n° 313.103.
6. CDBF 5 nov. 1997, *min. des Affaires étrangères [frais de réception]*, *Rev. Trésor* 1999. 194 ; *Lebon* 615 ; *AJDA* 1997. 505, note S. Cendre-Malinas. Arrêt rendu sous l'empire de l'ancien article L. 313-4 du code des juridictions financières : s'il reste d'actualité pour illustrer la notion de violation de règles, des faits similaires ne pourraient donner lieu à sanction au titre de l'actuel art. L. 131-9 du même code qu'en présence d'une faute grave ayant entraîné un préjudice financier significatif.

La solution adoptée dans cette affaire se fonde sur la nécessité de protéger l'effectivité des normes juridiques qui, tant qu'elles ne sont pas annulées ou abrogées, demeurent en principe dans le paysage normatif et doivent être appliquées par les agents, sauf si leur illégalité est manifeste.

Il faudra observer si la Cour confirme la position favorable au justiciable retenue par la CDBF dans cette espèce. Au sein de l'État, le cas d'instructions ou circulaires accordant des primes ou indemnités irrégulières n'est en effet pas si rare, et dans le cadre de la responsabilité personnelle et pécuniaire des comptables publics, le juge des comptes, certes avec une autre « casquette », était plus sévère avec les comptables publics qui avaient ouvert la caisse sur une telle base[1].

À noter enfin que dans l'hypothèse de textes généraux irréguliers, la responsabilité des signataires de ceux-ci est susceptible d'être recherchée, mais non celle de subordonnés exécutants[2].

432.52 Absence de règle et cas discutables. En l'absence de règle, l'infraction réprimant la violation de règle ne peut pas jouer, même si un acte de gestion peut être critiquable ou choquant.

Ainsi, la CDBF a écarté des griefs pour lesquels les faits étaient établis, car aucune violation d'une règle n'était prouvée : des baux sur cinq ans avaient été signés, alors que les besoins de l'entreprise publique étaient bien plus courts ; la CDBF a jugé que l'infraction générale réprimant les violations de règles n'était pas établie[3]. Sans le préciser expressément, cette solution découle du fait qu'un bail inadapté ne méconnaît aucune règle, et qu'il s'agit là d'une simple mauvaise gestion qui, en l'espèce, ne revêtait sans doute pas une gravité suffisante pour constituer une faute grave de gestion, ni un avantage injustifié sanctionnable au titre de cette dernière infraction.

§ 6
Acception large de la notion de règle de gestion

432.61 Implications de l'acception large de la notion de « règle ». Dès le premier arrêt qu'elle a rendu, la juridiction financière répressive a retenu une acception large de la notion de règle au sens de l'infraction aujourd'hui prévue à l'article L. 131-9 du CJF : ainsi, s'agissant des responsables d'une maison d'arrêt, le juge leur appliquera non seulement les textes réglementaires sur l'administration et la comptabilité de ces structures, mais également les instructions ministérielles[4].

Or c'est notamment parce que prévaut cette acception large de la notion de règle violée que des tempéraments ont dû être apportés d'abord en jurisprudence (gravité)[5], puis dans l'encadrement de l'infraction elle-même (faute grave et préjudice financier significatif).

La référence, dans les textes, aux règles « d'exécution » n'a guère de portée pratique. En effet, les règles d'exécution des dépenses ne concernent pas seulement celles relatives à l'engagement, la liquidation ou l'ordonnancement de la dépense, « mais également les dispositions législatives ou réglementaires édictant des prescriptions qui ne sont pas détachables d'une procédure d'exécution de dépenses publiques », notamment dans le cadre de l'exécution d'un marché[6].

Cela veut dire que toutes les règles en matière de recettes, de dépenses et de gestion des biens sont concernées, peu importe la signification du mot « exécution » indiqué par la loi. Le projet de réforme de 1996 prévoyait d'ailleurs d'enlever le terme « d'exé-

1. PAR EX. : C. comptes 20 juill. 2021, Direction départementale des finances publiques (DDFiP) des Yvelines – Exercices 2014 à 2017 (jugement des comptes des comptables publics) ; n° S-2021-1642 ; *Rec.* 109 ; cas de primes versées sur la base de notes de service de la DGFiP, sans base juridique adéquate : « qu'en l'espèce l'indemnité différentielle a été payée à deux catégories précises de cadres de la DGFiP, au titre d'une garantie de rémunération, liquidée par différence entre une rémunération passée et une rémunération actuelle, sur le fondement de deux notes de service prises en application des décisions ministérielles du 18 juin 2009 et du 26 mars 2012, sans viser aucun texte législatif ou réglementaire autorisant le versement d'une telle allocation indemnitaire... » (§ 67) ; ou encore « [...] que les notes de service [...], qui précisent les modalités de mise en œuvre des nouvelles conditions de rémunérations, ne pouvaient tenir lieu de texte réglementaire... » (§ 117). Arrêt rendu dans le cadre du régime de responsabilité des comptables publics, dont la solution n'est que très partiellement transposable au régime de responsabilité financière des gestionnaires publics.
2. CJF, art. L. 131-5 : « Le justiciable qui agit conformément aux instructions préalables de son supérieur hiérarchique et d'une personne habilitée n'est passible d'aucune sanction. La responsabilité du supérieur hiérarchique ou de la personne habilitée se substitue, dans ce cas, à la sienne. Ces dispositions ne sont pas applicables dans le cas où l'instruction donnée est manifestement illégale et de nature à compromettre gravement un intérêt public » – CJF, art. L. 131-6 (ordre écrit ou délibération préalable).
3. CDBF 22 nov. 1989, *SA La Signalisation [LS]*, CCP, n° 3, p. 184 ; *Lebon* 423.
4. CDB 28 juin 1954, *Maison centrale de Melun*, CCP, n° 2, p. 1. Arrêt rendu sous l'empire de l'ancien article L. 313-4 du code des juridictions financières : s'il reste d'actualité pour illustrer la notion de violation de règles, des faits similaires ne pourraient donner lieu à sanction au titre de l'actuel art. L. 131-9 du même code qu'en présence d'une faute grave ayant entraîné un préjudice financier significatif.
5. Notion de gravité, en général, appliquée au contentieux financier, v. s[s] n° 223.11.
6. CE 7 juill. 1978, Massip, *Lebon* 301 ; *GAJF*, 4e éd., n° 54, p. 488.

cution »[1], idée que la réforme de 2022/2023 toutefois n'a pas repris. À l'occasion d'un recours en cassation contre un arrêt de la CDBF[2], un rapporteur public a récemment rediscuté la solution « Massip », pour conclure qu'il fallait la confirmer : « Nous croyons que les fondements à l'origine de cette jurisprudence sont toujours valables. [...] Or, ainsi que l'expliquait le président Rougevin-Baville dans ses conclusions sur la décision Massip, en adoptant la loi du 25 septembre 1948 tendant à sanctionner les fautes de gestion commises à l'égard de l'État et plus particulièrement son article 5 [devenu par la suite l'actuel art. L. 131-9 CJF], le législateur ne visait pas simplement la procédure d'exécution des dépenses *strictu sensu* mais avait entendu sanctionner le manquement à toute règle s'insérant dans cette procédure »[3].

L'étendue de la notion de « règle » (de gestion) applicable par le juge financier dépend de (et est limité seulement par) son champ de compétence. « Infraction intelligente », celle prévue à l'art. L. 131-9 du code des juridictions financières adapte le champ des « règles » dont la méconnaissance est sanctionnée à l'organisme en cause ; car les règles de gestion bien entendu varient selon les secteurs d'activité (administration régalienne ; structure ayant une activité commerciale) et les statuts juridiques (une collectivité territoriale n'est pas soumise aux mêmes règles qu'une société anonyme contrôlée par l'État par exemple).

En lien avec ce qui précède, la compétence *ratione materiae* de la Cour ne saurait être limitée par une excessive étroitesse des règles dont elle sanctionne la violation, sinon son champ de compétence serait largement fictif. Ainsi, lorsque la loi prévoit que des dirigeants d'entreprises publiques sont justiciables, on ne saurait invoquer devant cette dernière un argument tiré de ce que seules les règles de la comptabilité publique seraient visées par ses infractions[4].

Il est donc évident que le champ des règles se calque sur le champ de compétence de la Cour.

Les règles dont la méconnaissance est sanctionnée peuvent donc être de valeur législative, réglementaire, ou même constitutionnelle ou internationale[5]. Mais il peut s'agir également de règles internes à une structure, de règles contractuelles ou encore d'usages professionnels[6] ou de principes généraux applicables à la bonne gestion[7].

Outre les lois et règlements, les exemples qui suivent permettent de mesurer la diversité de normes susceptibles d'être qualifiées de règles au sens de l'infraction générale ici présentée.

– Les statuts d'une entreprise publique, et notamment les dispositions qui fixent les compétences du conseil d'administration, constituent des règles au sens de cette infraction[8]. Il en va de même pour les statuts d'une SEM[9] ou d'une association[10].

– Les règles internes à un organisme : règlement intérieur d'une caisse d'assurance-maladie[11] ; règles que l'administration s'était fixé à elle-même, en interne (note sur le versement de subventions)[12] ;

1. V. plus haut, s^s n° 046.22.
2. CE 7 oct. 2020, *M. Butel* [affaire CDBF *CCI de La Rochelle*] ; n° 433986 ; *Rec.* 209 ; *AJDA* 2020. 1936 ; *LexisActualités* 15 oct. 2020, résumé Erstein ; conclusions du rapporteur public Olivier Fuchs.
3. Olivier Fuchs, sur la solution « Massip » : (concl. sur CE 7 oct. 2020, *M. Butel* [affaire CDBF *CCI de La Rochelle*], non publiées). Le Conseil toutefois n'a pas explicitement répondu au moyen qui posait la question de l'actualité ou non de la jurisprudence Massip.
4. PAR EX. : CDBF 24 févr. 2006, *Sté Altus Finance*, 2e arrêt, *AJDA* 2006. 1249, note N. Groper et C. Michaut ; *JCP* 2006, n° 38, II, 10152, note J.-P. Gastinel ; *Rev. Trésor* 2006. 910, note M. Lascombe et X. Vandendriessche ; *RFDA* 2006. 624, note M. Lascombe et X. Vandendriessche ; *Lebon* 650 ; *Rec.* 74.
5. V. ss n° 432.63.
6. V. ss n° 432.64.
7. V. ss n° 432.201.
8. CDB 22 mai 1957, *Sté nationale de constructions aéronautiques du Nord [SNCAN]*, *Lebon* 890 ; CCP, n° 2, p. 13. Arrêt rendu sous l'empire de l'ancienne réglementation : s'il reste d'actualité pour illustrer la notion de violation de règles, des faits similaires ne pourraient donner lieu à sanction au titre de l'actuel art. L. 131-9 du code des juridictions financières qu'en présence d'une faute grave ayant entraîné un préjudice financier significatif.
9. CDBF 16 juin 1987, *SEM d'urbanisation, d'aménagement, d'équipement et de construction de la ville de Jeumont et de l'arrondissement d'Avesnes [Semvija]*, CCP, n° 3, p. 83 ; *Lebon* 512. Arrêt rendu sous l'empire de l'ancienne réglementation : s'il reste d'actualité pour illustrer la notion de violation de règles, des faits similaires ne pourraient donner lieu à sanction au titre de l'actuel art. L. 131-9 du code des juridictions financières qu'en présence d'une faute grave ayant entraîné un préjudice financier significatif.
10. CDBF 25 mars 1987, *Assoc. X et Y*, CCP, n° 3, p. 55. Arrêt rendu sous l'empire de l'ancienne réglementation : s'il reste d'actualité pour illustrer la notion de violation de règles, des faits similaires ne pourraient donner lieu à sanction au titre de l'actuel art. L. 131-9 du code des juridictions financières qu'en présence d'une faute grave ayant entraîné un préjudice financier significatif.
11. CDBF 30 oct. 1985, *Caisse nationale de l'assurance-maladie des travailleurs salariés [CNAMTS], Service du contrôle médical régional de Nancy*, CCP, n° 3, p. 20. Arrêt rendu sous l'empire de l'ancienne réglementation : s'il reste d'actualité pour illustrer la notion de violation de règles, des faits similaires ne pourraient donner lieu à sanction au titre de l'actuel art. L. 131-9 du code des juridictions financières qu'en présence d'une faute grave ayant entraîné un préjudice financier significatif.
12. CDBF 11 mai 1990, *Fonds d'aide et de coopération [FAC]*, CCP, n° 3, p. 198 ; *Lebon* 518. Arrêt rendu sous l'empire de l'ancienne réglementation : s'il reste d'actualité pour illustrer la notion de violation de règles, des faits similaires ne pourraient donner lieu à sanction au titre de l'actuel art. L. 131-9 du code des juridictions financières qu'en présence d'une faute grave ayant entraîné un préjudice financier significatif.

décision du président du conseil d'administration d'une caisse de sécurité sociale sur les loyers d'immeubles appartenant à ladite caisse, règle donc purement interne [1] ; directive interne à une société [2] ; règlement interne relatif à la comptabilité [3] ; règles internes à une entreprise publique [4] ; directive interne à la banque concernant la délégation pour l'engagement d'une banque publique [5] ; exemple de notes internes à un établissement public, considérées comme des « règles d'exécution des recettes » [6].

– Les contrats et conventions : contrat conclu entre l'État et un établissement public [7] ; convention conclue entre une association gérant le régime de sécurité sociale et l'Acoss [8] ; dépenses non conformes à l'objet d'une convention (dépenses détournées de leur objet) [9] ; contrat de crédit-bail [10] ; contrats conclus entre une filiale d'entreprise publique et une société chargée de redresser des entreprises, portant notamment sur l'octroi de prêts par la filiale d'une entreprise publique [11] (il est intéressant de souligner que la Cour a en l'espèce considéré, pour établir que l'infraction était constituée, que cette violation des termes du contrat était contraire aux intérêts matériels de l'entreprise publique, à laquelle ses dirigeants doivent veiller ; le non-respect d'une règle contractuelle est alors associé à la faute grave de gestion fondée sur des principes [12], sans doute pour en souligner la gravité) ; convention d'attribution de subvention [13] ; convention de délégation de service public [14].

– Les conventions collectives sont des règles au sens de l'infraction [15].

– Les règles pénales. Le manquement au devoir de probité (au sens pénal du terme) constitue-t-il en soi une violation des règles de protection des finances publiques ? On pourrait le penser, à la lecture de certaines décisions : « l'utilisation de fonds publics à des fins privées opérée au moyen de ce montage contrevient aux règles relatives à l'exécution des

1. CDBF 17 déc. 1990, *Caisse de retraite du personnel navigant professionnel de l'aéronautique civile [CRPNPAC]*, CCP, n° 3, p. 222 ; *Lebon* 531. Arrêt rendu sous l'empire de l'ancienne réglementation : s'il reste d'actualité pour illustrer la notion de violation de règles, des faits similaires ne pourraient donner lieu à sanction au titre de l'actuel art. L. 131-9 du code des juridictions financières qu'en présence d'une faute grave ayant entraîné un préjudice financier significatif.
2. CDBF 2 juill. 1997, *Cie générale maritime [CGM] et CGM España*, *Rev. Trésor* 1999. 191 ; *Lebon* 612 ; *Rec.* 206. Arrêt rendu sous l'empire de l'ancien article L. 313-4 du code des juridictions financières : s'il reste d'actualité pour illustrer la notion de violation de règles, des faits similaires ne pourraient donner lieu à sanction au titre de l'actuel art. L. 131-9 du même code qu'en présence d'une faute grave ayant entraîné un préjudice financier significatif.
3. CDBF 1er oct. 1997, *Institut de France [indemnités de sujétion]*, *Rev. Trésor* 1999. 193 ; *Lebon* 614. Arrêt rendu sous l'empire de l'ancien article L. 313-4 du code des juridictions financières : s'il reste d'actualité pour illustrer la notion de violation de règles, des faits similaires ne pourraient donner lieu à sanction au titre de l'actuel art. L. 131-9 du même code qu'en présence d'une faute grave ayant entraîné un préjudice financier significatif.
4. CDBF 20 mai 1998, *Sté de banque occidentale [SDBO]*, *Rev. Trésor* 1999. 206 ; *Lebon* 656 ; *Rec.* 132.
5. CDBF 19 avr. 2000, *Banque du Crédit chimique*, *Rev. Trésor* 2001. 796, note M. Lascombe et X. Vandendriessche ; *Lebon* 741 ; *Rec.* 105.
6. CDBF 10 déc. 2020, *Office national d'indemnisation des accidents médicaux, des infections iatrogènes et des infections nosocomiales (ONIAM)*, n° 245-801 ; *Rec.* 195.
7. CDBF 24 nov. 1986, *CH Sainte-Anne à Paris [dépenses de personnel]*, CCP, n° 3, p. 42. Arrêt rendu sous l'empire de l'ancienne réglementation : s'il reste d'actualité pour illustrer la notion de violation de règles, des faits similaires ne pourraient donner lieu à sanction au titre de l'actuel art. L. 131-9 du code des juridictions financières qu'en présence d'une faute grave ayant entraîné un préjudice financier significatif.
8. CDBF 28 nov. 1990, *Assoc. pour la gestion de la Sécurité sociale des artistes auteurs [Agessa]*, CCP, n° 3, p. 217 ; *Lebon* 528. Arrêt rendu sous l'empire de l'ancienne réglementation : s'il reste d'actualité pour illustrer la notion de violation de règles, des faits similaires ne pourraient donner lieu à sanction au titre de l'actuel art. L. 131-9 du code des juridictions financières qu'en présence d'une faute grave ayant entraîné un préjudice financier significatif.
9. CDBF 23 déc. 2002, *Mission de coopération et d'action culturelle [MCAC] de N'Djaména [Tchad]*, *Rev. Trésor* 2004. 51, note M. Lascombe et X. Vandendriessche ; *Rec.* 120 (lire le commentaire) ; *Lebon* 563. Arrêt rendu sous l'empire de l'ancien article L. 313-4 du code des juridictions financières : s'il reste d'actualité pour illustrer la notion de violation de règles, des faits similaires ne pourraient donner lieu à sanction au titre de l'actuel art. L. 131-9 du même code qu'en présence d'une faute grave ayant entraîné un préjudice financier significatif.
10. CDBF 15 juin 2004, *CH de Saint Brieuc*. Arrêt rendu sous l'empire de l'ancien article L. 313-4 du code des juridictions financières : s'il reste d'actualité pour illustrer la notion de violation de règles, des faits similaires ne pourraient donner lieu à sanction au titre de l'actuel art. L. 131-9 du même code qu'en présence d'une faute grave ayant entraîné un préjudice financier significatif.
11. CDBF 24 févr. 2006, *Sté Altus Finance*, 2e arrêt, *AJDA* 2006. 1249, note N. Groper et C. Michaut ; *JCP* 2006, n° 38, II, 10152, note J.-P. Gastinel ; *Rev. Trésor* 2006. 910, note M. Lascombe et X. Vandendriessche ; *RFDA* 2006. 624, note M. Lascombe et X. Vandendriessche ; *Lebon* 650 ; *Rec.* 74.
12. Sur cette jurisprudence, v. ss n° 432.201.
13. CDBF 22 mars 2019, *Chambre d'agriculture de la Gironde*, n° 231-770 ; *Rec.* 206. Arrêt rendu sous l'empire de l'ancien article L. 313-4 du code des juridictions financières : s'il reste d'actualité pour illustrer la notion de violation de règles, des faits similaires ne pourraient donner lieu à sanction au titre de l'actuel art. L. 131-9 du même code qu'en présence d'une faute grave ayant entraîné un préjudice financier significatif.
14. C. comptes 23 juill. 2024, *Société anonyme d'économie mixte pour la gestion et pour l'animation du parc de loisirs de Saint-Cyr (SAEM SAGA)*, n° 904, S-2024-1128 ; *JCP adm.* 2024, 2321, note S. Damarey.
15. C. comptes 5 juill. 2024, *Régie métropolitaine PARCUB, devenue METPARK*, n° 869, S-2024-1038 ; *JCP Adm.* 2024. 2264, note S. Damarey.

dépenses de l'État », même si aucune règle précise n'est visée en l'espèce par le juge [1].

– Les principes de gestion [2] : par exemple, la règle du service fait s'applique à tous les organismes, même si aucun texte particulier ne le précise (le paiement sans service fait constitue dans tous les cas une violation d'une règle de dépense au sens de l'infraction, même en-dehors du champ strict de la comptabilité publique [3]).

432.62 Obligation et règle : fautes de négligence (défaut de contrôle, défaut de surveillance, défaut d'organisation). Ne pas s'opposer à des irrégularités commises par d'autres, alors qu'on aurait dû le faire en tant qu'autorité de contrôle ou de tutelle, constitue non seulement une infraction [4], mais également la violation d'une règle : ainsi, une intendante-comptable d'un lycée « n'a usé à aucun moment des pouvoirs dont elle disposait pour tenter de suspendre l'exécution d'opérations [...] dont elle ne pouvait méconnaître l'irrégularité ; qu'ainsi la dame Bellier a personnellement commis une série d'infractions aux règles d'exécution des dépenses... » [5].

Il en va de même pour la sanction du défaut de surveillance et du défaut d'organisation [6] ; il s'agit là de violations d'obligations professionnelles qui incombent aux gestionnaires, plutôt que de violations de règles écrites ; mais la Cour considère que le non-respect de telles obligations est assimilable à des violations de règles, une obligation étant finalement une forme de règle.

C'est également cette acception extensive de la notion de « règle » qui a permis à la Cour de construire sa jurisprudence sur la violation des principes de bonne gestion [7]. Ainsi la Cour considère-t-elle que les règles d'exécution des recettes comportent notamment l'obligation, pour un PDG, « de veiller en tout état de cause à la sauvegarde des intérêts matériels de l'organisme dont il assurait la gestion » [8].

D'une façon générale, la Cour a, dès l'un de ses premiers arrêts, considéré que les règles de gestion « découlent non seulement des textes applicables [aux organismes industriels et commerciaux], mais aussi des principes traditionnels et constants qui sont la base même d'une saine gestion industrielle et commerciale » [9].

432.63 Droit international et européen. La notion de « règle » intègre également les règles du droit international, s'il est directement applicable aux gestionnaires publics français.

Ainsi, la Cour, saisie de faits concernant la gestion de crédits du Fonds social européen (FSE) par la direction de l'artisanat, a sanctionné la méconnaissance, par cette direction d'administration centrale, de règles budgétaires nationales (non-respect de l'intention de la partie versante, article 19 de l'ordonnance organique relative aux lois de finances de 1959 applicable au moment des faits) et – pour la première fois dans sa jurisprudence – le non-respect de règles communautaires européennes (critères d'attribution des aides ; obligations de suivi, d'évaluation et de contrôle des actions financées). En effet, la CDBF a considéré que « l'effet direct en droit interne des règlements du Conseil des Communautés européennes a pour conséquence, lorsque ces normes intéressent l'exécution des dépenses communautaires ainsi que le contrôle de leur emploi, de les inclure au nombre des règles d'exécution des recettes et des dépenses » [10].

1. CDBF 19 juin 2002, *Délégation à l'espace aérien [DEA]*, *Rev. Trésor* 2004. 43, note Lascombe et Vandendriessche ; *Rec.* 99 ; *Lebon* 553 ; – Sur cette question, v. s[s] n° 432.162.
2. Sur la faute grave de gestion et la violation de principes de gestion, v. s[s] n°s 432.201 et 432.211 s.
3. CDBF 7 déc. 1994, *Comité départemental du tourisme de la Gironde*, *Rev. Trésor* 1995. 685 ; *Lebon* 728 ; *Rec.* 147. Arrêt rendu sous l'empire de l'ancienne réglementation : s'il reste d'actualité pour illustrer la notion de violation de règles, des faits similaires ne pourraient donner lieu à sanction au titre de l'actuel art. L. 131-9 du code des juridictions financières qu'en présence d'une faute grave ayant entraîné un préjudice financier significatif.
4. D'ailleurs expressément prévue par l'article L. 131-9 du CJF ; sur l'approbation des tutelles, v. s[s] n°s 313.42 et 432.301 ; v. également, s'agissant du défaut de contrôle d'une tutelle, s[s] n° 432.242.
5. CDB 22 févr. 1961, *Lycée de jeunes filles de Grenoble*, CCP, n° 2, p. 34 ; *Lebon* 898. Arrêt rendu sous l'empire de l'ancienne réglementation : s'il reste d'actualité pour illustrer la notion de violation de règles, des faits similaires ne pourraient donner lieu à sanction au titre de l'actuel art. L. 131-9 du code des juridictions financières qu'en présence d'une faute grave ayant entraîné un préjudice financier significatif.
6. Sur les fautes de négligence, v. s[s] n° 432.231.
7. Ou faute grave de gestion ; v. s[s] n° 432.201.
8. CDB 22 mai 1957, *S[té] nationale de constructions aéronautiques du Nord [SNCAN]*, *Lebon* 890 ; CCP, n° 2, p. 13. Arrêt rendu sous l'empire de l'ancienne réglementation : s'il reste d'actualité pour illustrer la notion de violation de règles, des faits similaires ne pourraient donner lieu à sanction au titre de l'actuel art. L. 131-9 du code des juridictions financières qu'en présence d'une faute grave ayant entraîné un préjudice financier significatif.
9. CDB 22 mai 1957, *S[té] nationale de constructions aéronautiques du Nord [SNCAN]*, préc.
10. CDBF 20 déc. 2007, *secr. d'Ét. aux Petites et moyennes entreprises, au Commerce et à l'Artisanat, Direction de l'artisanat, gestion des crédits du Fonds social européen [FSE]*, *AJDA* 2008. 450, note N. Groper et C. Michaut ; *Rev. Marché commun* 2008, p. 203, note F. Chaltiel. Arrêt rendu sous l'empire de l'ancien article L. 313-4 du code des juridictions financières : s'il reste d'actualité pour illustrer la notion de violation de règles, des faits similaires ne pourraient donner lieu à sanction au titre de l'actuel art. L. 131-9 du même code qu'en présence d'une faute grave ayant entraîné un préjudice financier significatif.

Dans une autre affaire, une SEM a été qualifiée de pouvoir adjudicateur au sens des règles européennes de la commande publique (ce qui pourtant n'allait pas de soi, selon certains commentaires) [1].

432.64 **Usages.** Si l'application en pratique d'une règle expressément non applicable à un organisme n'est pas considérée comme pouvant servir de fondement à une sanction [2], sauf si l'organisme le décide expressément, au point d'en faire une règle interne, il n'en va pas de même des usages professionnels, qui peuvent être considérés comme règles sources d'obligations ou d'interdictions applicables aux gestionnaires.

Il convient de distinguer un simple usage d'un usage prudentiel créateur d'obligations pour le gestionnaire qui évolue dans un certain secteur professionnel déterminé.

Ainsi, dans un arrêt, il semble que la Cour ait accepté de considérer qu'un simple usage pouvait être d'une certaine façon une base juridique mettant ainsi les personnes concernées à l'abri d'une condamnation [3]. Mais tel que l'arrêt est formulé, il semble plutôt qu'il s'agissait en l'espèce d'une tolérance dont il a été tenu compte au niveau de la responsabilité (sorte de circonstance absolutoire [4]), et non au stade de l'infraction (de la régularité) : « l'occupation gratuite de l'immeuble [... par le directeur général de l'établissement public en question] n'était pas régulière en l'absence d'une concession de logement, mais qu'elle se conformait à un usage, certes regrettable, mais traditionnel » au sein de l'établissement public concerné.

En revanche, la CDBF s'est fondée à plusieurs reprises expressément sur un usage professionnel, et ce pas seulement dans le cadre de sa jurisprudence sur la violation des principes de gestion (faute grave de gestion).

Ainsi en est-il de la règle du service fait ; la Cour a en effet considéré s'agissant d'une association (au sein de laquelle cette règle n'existait pas sous forme écrite) que la méconnaissance de ce principe était « d'ailleurs contraire à l'usage de la profession » [en l'occurrence un journal] [5].

L'on retrouve surtout la référence aux usages professionnels dans le cadre de la jurisprudence sur la faute grave de gestion, s'agissant notamment des usages prudentiels prévalant dans le secteur financier et bancaire. Ainsi, l'absence d'examen collégial préalable à des opérations engageant financièrement de façon importante une filiale d'entreprise publique (octroi de prêts) méconnaît les usages prudentiels en vigueur dans la profession financière et bancaire [6].

Cette jurisprudence a été confirmée par la Cour des comptes dans le cadre du nouveau régime entré en vigueur le 1er janvier 2023 : un usage d'entreprise a été accepté comme une règle, dans son principe, même si en l'espèce il n'a pas été reconnu [7].

432.65 **Indifférence de l'effet d'une irrégularité sur la violation d'une règle au sens de l'infraction.** La méconnaissance d'une règle, au sens de l'infraction financière générale réprimant les violations de règles, est indépendante de l'effet juridique – ou non – de l'irrégularité sur l'acte de gestion en cause.

Par exemple, la méconnaissance d'une règle de procédure (en l'espèce l'obligation d'une évaluation *ex ante* par le service des domaines, lors d'un achat) est une règle au sens de l'infraction et peut donc constituer une infraction (à condition que les autres éléments constitutifs de l'infraction soient par ailleurs constitués), même si la méconnaissance de cette règle de procédure n'est pas cause de nullité de l'acte subséquent devant le juge de l'excès de pouvoir ou du juge du contrat (c'est un autre sujet juridique) [8].

1. CDBF 25 nov. 2010, *Société immobilière d'économie mixte de la ville de Paris (SIEMP)*, n° 171-603 ; *AJDA* 2011. 489, note N. Groper et C. Michaut ; *JCP adm.* 2011, n° 20-21, p. 20, note S. Brameret ; *GFP* 2011, n° 8-9, p. 567, note M. Lascombe et X. Vandendriessche.
2. V. s[s] n° 432.21.
3. CDBF 20 déc. 1982, *Port autonome de Nantes-Saint-Nazaire*, CCP, n° 2, p. 211. Arrêt rendu sous l'empire de l'ancienne réglementation : s'il reste d'actualité pour illustrer la notion de violation de règles, des faits similaires ne pourraient donner lieu à sanction au titre de l'actuel art. L. 131-9 du code des juridictions financières qu'en présence d'une faute grave ayant entraîné un préjudice financier significatif.
4. Sur les circonstances absolutoires, v. s[s] n° 463.201.
5. CDBF 7 déc. 1994, *Comité départemental du tourisme de la Gironde*, *Rev. Trésor* 1995. 685 ; *Lebon* 728 ; *Rec.* 147. Arrêt rendu sous l'empire de l'ancien article L. 313-4 du code des juridictions financières : s'il reste d'actualité pour illustrer la notion de violation de règles, des faits similaires ne pourraient donner lieu à sanction au titre de l'actuel art. L. 131-9 du même code qu'en présence d'une faute grave ayant entraîné un préjudice financier significatif.
6. CDBF 24 févr. 2006, *Sté Altus Finance*, 2e arrêt, *AJDA* 2006. 1249, note N. Groper et C. Michaut ; *JCP* 2006, n° 38, II, 10152, note J.-P. Gastinel ; *Rev. Trésor* 2006. 910, note M. Lascombe et X. Vandendriessche ; *RFDA* 2006. 624, note M. Lascombe et X. Vandendriessche ; *Lebon* 650 ; *Rec.* 74.
7. C. comptes 5 juill. 2024, *Régie métropolitaine PARCUB, devenue METPARK*, n° 869, S-2024-1038 ; *JCP Adm.* 2024. 2264, note S. Damarey. Ici §§ 52-67 de l'arrêt.
8. CDBF 26 mars 2021, *Société d'économie mixte de construction du département de l'Ain (SEMCODA)*, n° 249-837 ; *AJDA* 2021. 1331, note D. Guilbaud et N. Péhau ; *AJCT* 2021. 372, obs. G. Durand ; *Rec.* 171. Arrêt rendu sous l'empire de l'ancien article L. 313-4 du code des juridictions financières : s'il reste d'actualité pour illustrer la notion de violation de règles, des faits similaires ne pourraient donner lieu à sanction au titre de l'actuel art. L. 131-9 du même code qu'en présence d'une faute grave ayant entraîné un préjudice financier significatif.

Dans le même sens, en matière de commande publique : « le fait d'avoir commencé l'exécution de ces marchés avant leur notification, en violation [...] du code des marchés publics [...], constitue une infraction aux règles relatives à l'exécution des dépenses [...], nonobstant le fait que cette irrégularité serait sans conséquence sur la licéité de ces contrats et sans effet à l'égard des personnes non parties aux contrats » ; une irrégularité formelle, même si elle n'affecte pas la légalité d'un marché, suffit pour caractériser l'infraction financière [1].

SECTION 2
VIOLATION DE RÈGLES D'EXÉCUTION DES RECETTES

432.71 **Éléments généraux concernant les règles d'exécution des recettes.** Parmi les règles dont le non-respect est réprimé par l'article L. 131-9 du CJF figurent celles qui touchent à l'exécution des recettes, aux recettes en général. À cet égard, il existe une riche jurisprudence présentée ci-après.

Parfois, le non-respect d'une règle en matière de recettes peut être également constitutif d'une violation d'une règle de dépenses ou de gestion des biens, ou s'inscrire dans des opérations complexes où l'on retrouve plusieurs cas de figure [2] ; certains cas graves peuvent en outre aboutir à octroyer à autrui un avantage injustifié, au sens de l'infraction qualifiée prévue à l'article L. 131-12 du CJF [3].

La notion de règle en matière de recettes est, comme cela vaut pour la notion de règle en général, entendue au sens large, et recouvre donc des prescriptions ou interdictions fort variées, propres à chaque catégorie de collectivité ou d'organisme. La nature des recettes peut également être très variée : créances, impositions de toute nature, redevances... Notons enfin que la jurisprudence inclut dans le champ des règles ou obligations dont la méconnaissance est sanctionnée les principes de gestion [4], qui peuvent concerner les recettes au même titre que les dépenses ou la gestion des biens – ou les trois à la fois.

La typologie des cas de figure qui est proposée ici ne découle pas des textes, mais est le fruit d'une exploitation méthodique de la jurisprudence (un autre classement serait bien sûr possible, et certains cas de figure peuvent entrer dans plusieurs catégories à la fois) :

– non-respect des règles relatives à la prise en charge de recettes et de leur comptabilisation ;
– non-recouvrement total ou partiel de créances ;
– avantages indûment offerts ;
– détournement de recettes ;
– emprunts irrégulièrement souscrits ;
– non-respect de règles de compétence ou de procédure en lien avec des recettes ;
– autres cas.

432.72 **Non-respect des règles relatives à la prise en charge de recettes et de leur comptabilisation.** Les irrégularités commises dans le domaine de la prise en charge de recettes se retrouvent avant tout au cœur du champ de la comptabilité publique, c'est-à-dire là où il existe un comptable public chargé de certaines tâches, dont il a le monopole. Mais au-delà, les irrégularités peuvent concerner l'ensemble des structures de la sphère publique, notamment s'agissant de la mauvaise comptabilisation de recettes.

Il est à noter qu'avec la réforme entrée en vigueur le 1er janvier 2023, le champ de l'infraction générale sanctionnant la violation de règles ayant été fortement réduit, aux seuls cas de faute grave entraînant un préjudice financier significatif, une partie des irrégularités en matière de prise en charge de recettes, jusque-là sanctionnées sur la base de l'infraction générale, ne pourra plus être appréhendé ; toutefois, en matière de recettes, l'existence d'un préjudice financier est relativement fréquent. En outre, certains faits peuvent entrer dans le cadre d'autres infractions. C'est le cas en particulier des irrégularités comptables en lien avec les recettes, qui peuvent, le cas échéant, tomber sous le coup de l'infraction spéciale réprimant la non-production des comptes [5].

Exemples tirés de la jurisprudence :

– Affaire jugée sous l'empire des nouvelles règles en vigueur depuis le 1er janvier 2023 : un régisseur de recettes doit relancer lorsque le payement au comptant n'a pas été fait immédiatement, et, si le payement n'est pas réalisé, il doit saisir l'ordonnateur en vue de l'émission d'un titre [6].

Le comptable public ne peut refuser la prise en charge d'un titre de recettes émis par l'ordonnateur, si le montant est supérieur au seuil de poursuites fixé [7].

1. CDBF 11 févr. 2021, *Chambre de commerce et d'industrie de La Rochelle*, 2e arrêt, no 247-779-II ; *Rec.* 162. Arrêt rendu sous l'empire de l'ancien article L. 313-4 du code des juridictions financières : s'il reste d'actualité pour illustrer la notion de violation de règles, des faits similaires ne pourraient donner lieu à sanction au titre de l'actuel art. L. 131-9 du même code qu'en présence d'une faute grave ayant entraîné un préjudice financier significatif.
2. « Cas mixtes » : v. ss no 432.181.
3. Sur cette infraction et la typologie des cas d'avantage injustifié, v. ss no 442.51.
4. V. ss no 432.201.
5. Sur cette infraction de non-production des comptes, v. ss no 423.11.
6. C. comptes 5 juill. 2024, *Régie métropolitaine PARCUB, devenue METPARK*, no 869, S-2024-1038 ; *JCP Adm.* 2024. 2264, note S. Damarey. Ici § 78.
7. C. comptes 5 juill. 2024, *Régie métropolitaine PARCUB, devenue METPARK*, préc. ; ici § 89-90.

– « Absence d'émission des ordres de recettes ou de recouvrer »[1].

– Absence de mise en recouvrement de majorations de retard dues à une caisse de sécurité sociale[2]. Pour une affaire proche, même si en l'espèce le grief a été écarté, au motif que « l'instruction n'a pas déterminé dans quelle mesure ces retards étaient imputables au cocontractant de l'administration »[3].

– Infractions à la réglementation relative à la prise en charge des titres de perception et de la comptabilité des encaissements[4].

– Le service de prêts aux fonctionnaires d'une caisse de crédit municipal assurait directement le recouvrement des recettes, et non le comptable public qui en avait le monopole ; les balances des comptes n'étaient plus tenues depuis plusieurs années du fait de désordres dans les écritures ; ces irrégularités étaient à l'origine de « pertes financières non négligeables » pour la caisse de crédit municipal[5].

– Régie de recettes ayant encaissé des produits non autorisés par l'acte constitutif ; dépassement du montant de l'encaisse prévu par l'acte constitutif[6]. Cette affaire pourrait également être appréhendée dans le cadre de l'infraction sanctionnant la gestion de fait[7].

– Encaissement de recettes d'une régie par des personnes non habilitées[8] (pourrait également être qualifié de gestion de fait).

– Vente de mobilier d'un château en méconnaissance des règles domaniales en matière de recettes ; insuffisance des pièces justificatives des recettes (rare)[9].

– Chèques : cas intéressant d'un agent comptable poursuivi à cause de chèques non-inscrits en comptabilité et non remis à l'encaissement (ou tardivement), générant un préjudice certain pour la structure[10]. La règle méconnue est une règle générale qui dispose que les comptables sont seuls chargés de l'encaissement des recettes. L'ordonnateur est également condamné pour les mêmes faits pour ne pas avoir provoqué la mise en jeu de la responsabilité personnelle et pécuniaire du comptable, applicable à l'époque, par le conseil d'administration. Une autre affaire, toujours concernant des irrégularités en matière de chèques : la procédure de traitement des chèques reçus par un établissement public était irrégulière, l'ordonnateur tenant le comptable à l'écart des actions de recouvrement et d'enregistrement des chèques, empêchant « le comptable public d'exercer la plénitude de ses pouvoirs »[11].

– Recouvrement de redevances, par un comptable public, sans base juridique et sans titre de recette émis par l'ordonnateur et de liquidation[12], assimilable à une concussion[13]. Pour une affaire proche : « Le fait d'avoir liquidé des recettes sans que le recouvrement ne soit fondé sur un acte réglemen-

1. CDBF 10 déc. 2020, *Office national d'indemnisation des accidents médicaux, des infections iatrogènes et des infections nosocomiales (ONIAM)*, n° 245-801 ; *Rec.* 195 – Le comptable public a des obligations importantes dans le recouvrement des recettes publiques ; en revanche, s'agissant de la mise en recouvrement, ses obligations sont limitées : « Le comptable public est tenu d'exercer le contrôle :
   1° S'agissant des ordres de recouvrer :
   a) De la régularité de l'autorisation de percevoir la recette ;
   b) Dans la limite des éléments dont il dispose, de la mise en recouvrement des créances et de la régularité des réductions et des annulations des ordres de recouvrer » (v. GBCP, art. 19).
2. CDBF 16 mars 1988, *Caisse de retraite et de prévoyance de la boucherie, boucherie-charcuterie et boucherie hippophagique française [Carbof]*, CCP, n° 3, p. 131 ; *Lebon* 543.
3. CDBF 16 nov. 2012, *Agence nationale pour l'emploi (ANPE)*, n° 186-639 ; *Rec.* 198 ; *AJDA* 2013. 1621, chron. C. Michaut et P. Sitbon ; *GFP* 2013, n° 5, p. 93, note S. Damarey, M. Lascombe et X. Vandendriessche.
4. CDB 28 juin 1954, *Maison centrale de Melun*, CCP, n° 2, p. 1. Arrêt rendu sous l'empire de l'ancienne réglementation : s'il reste d'actualité pour illustrer la notion de violation de règles, des faits similaires ne pourraient donner lieu à sanction au titre de l'actuel art. L. 131-9 du code des juridictions financières qu'en présence d'une faute grave ayant entraîné un préjudice financier significatif.
5. CDBF 4 avr. 1973, *Caisse de crédit municipal de Lyon*, *Lebon* 855 (extraits) ; CCP, n° 2, p. 78.
6. CDBF 10 avr. 2015, *Établissement public de coopération culturelle « L'Autre Canal »*, n° 198-719 ; *Rec.* 159.
7. Sur cette infraction, v. s[s] n° 424.11.
8. CDBF 10 avr. 2015, *Établissement public de coopération culturelle « L'Autre Canal »*, préc. Arrêt rendu sous l'empire de l'ancien article L. 313-4 du code des juridictions financières : s'il reste d'actualité pour illustrer la notion de violation de règles, des faits similaires ne pourraient donner lieu à sanction au titre de l'actuel art. L. 131-9 du même code qu'en présence d'une faute grave ayant entraîné un préjudice financier significatif.
9. CDBF 17 nov. 1987, *Université Paris IV Paris-Sorbonne*, CCP, n° 3, p. 105 ; *Lebon*, tables p. 656. Arrêt rendu sous l'empire de l'ancienne réglementation : s'il reste d'actualité pour illustrer la notion de violation de règles, des faits similaires ne pourraient donner lieu à sanction au titre de l'actuel art. L. 131-9 du code des juridictions financières qu'en présence d'une faute grave ayant entraîné un préjudice financier significatif.
10. CDBF 16 mars 1988, *Caisse de retraite et de prévoyance de la boucherie, boucherie-charcuterie et boucherie hippophagique française [Carbof]*, CCP, n° 3, p. 131 ; *Lebon* 543.
11. CDBF 10 déc. 2020, *Office national d'indemnisation des accidents médicaux, des infections iatrogènes et des infections nosocomiales (ONIAM)*, préc.
12. CDBF 14 oct. 1998, *Service central de protection c/ les rayonnements ionisants [SCPRI]*, *Rev. Trésor* 1999. 210 ; *Lebon* 662 (anonymisé). Arrêt rendu sous l'empire de l'ancien article L. 313-4 du code des juridictions financières : s'il reste d'actualité pour illustrer la notion de violation de règles, des faits similaires ne pourraient donner lieu à sanction au titre de l'actuel art. L. 131-9 du même code qu'en présence d'une faute grave ayant entraîné un préjudice financier significatif.
13. C. pén., art. 433-10.

taire ou conventionnel et celui de ne pas avoir émis de titre de perception pour recouvrer ces recettes »[1].

– Émission tardive de titres de recettes[2].

– Mise en recouvrement de redevances à des taux minorés : « Les actes de mise en recouvrement des redevances litigieuses ne respectent pas, du fait de l'application de taux minorés, les dispositions réglementaires en vigueur à la date à laquelle ils ont été mis en œuvre. De telles irrégularités constituent dès lors une infraction aux règles d'exécution des recettes [...]. De plus, ces agissements fautifs sont constitutifs d'un avantage injustifié [...] octroyé aux praticiens concernés et entraînant un préjudice financier [...] à hauteur de la minoration indue des sommes versées à titre de redevances »[3].

432.73 Non-recouvrement total ou partiel de créances. La règle de gestion violée, en cas de non-recouvrement d'une créance malgré l'émission d'un titre, ou malgré une disposition contractuelle ayant ouvert un droit en faveur de la structure concernée, est souvent le contrat lui-même, ou un principe de gestion, car ne pas recouvrer une créance due est contraire aux intérêts matériels de l'organisme[4].

Le non-recouvrement étant par définition générateur d'un préjudice, il pourra également prospérer, en cas de significativité du préjudice, sous l'empire de la définition actuelle de l'infraction.

À noter, pour le calcul de la prescription, que le recouvrement des recettes constitue un devoir continu, dont la méconnaissance est susceptible d'être une infraction continue : les « faits antérieurs [...] qui produisent des effets postérieurement [...] sont susceptibles de constituer une infraction continue » ; cela vaut en particulier pour des créances nées antérieurement mais pour lesquelles le devoir de recouvrement se poursuit en période non prescrite, et pour lesquelles l'irrécouvrabilité (à cause de l'intervention de la prescription quadriennale[5]) intervient en période non prescrite[6].

Exemples tirés de la jurisprudence :

– Calcul de la part d'une commission revenant à une entreprise publique contraire au contrat et ayant « frustré » celle-ci de recettes à hauteur de plus de 44 millions d'anciens francs[7].

– Le recouvrement des intérêts de retard n'était pas assuré de façon systématique[8].

– Le directeur d'une caisse de protection sociale « a la charge de préserver ses intérêts financiers », ce qui implique qu'il est tenu de procéder au recouvrement de sommes lorsque les statuts le prévoient, en l'occurrence de majorations sur les cotisations du président du conseil d'administration[9].

– Abandon de procédures juridictionnelles pour recouvrer des créances sans transaction : violation de règles en matière de recettes (bien que l'arrêt vise des règles en matière de dépenses)[10].

– « En ne constatant pas les droits de [l'établissement public] pour les créances [...], l'ordonnateur a manqué à ses obligations » prévues dans les textes applicables à cet établissement, ce qui constitue une infraction aux règles d'exécution des recettes ; le retard dans le recouvrement des recettes a pu définitivement le compromettre, en raison de la prescription susceptible d'atteindre ces recettes[11].

On peut rattacher à ce cas de figure l'exemple suivant, même s'il s'agit d'un « cas mixte » et fondé relative à la jurisprudence sur la violation des prin-

1. CDBF 6 mai 2022, *21e conférence des parties à la convention-cadre des Nations unies sur les changements climatiques de 2015 à Paris (COP 21)*, n° 257-835 ; *Rec.* 134. Arrêt rendu sous l'empire de l'ancien article L. 313-4 du code des juridictions financières : s'il reste d'actualité pour illustrer la notion de violation de règles, des faits similaires ne pourraient donner lieu à sanction au titre de l'actuel art. L. 131-9 du même code qu'en présence d'une faute grave ayant entraîné un préjudice financier significatif.
2. CDBF 20 mars 2012, *Centre hospitalier de Marigot à Saint-Martin (Guadeloupe)*, n° 181-587 ; *AJDA* 2012. 1279, note C. Michaut et P. Sitbon ; *GFP* 2013, n° 5, p. 81, note S. Damarey, M. Lascombe et X. Vandendriessche. Arrêt rendu sous l'empire de l'ancien article L. 313-4 du code des juridictions financières : s'il reste d'actualité pour illustrer la notion de violation de règles, des faits similaires ne pourraient donner lieu à sanction au titre de l'actuel art. L. 131-9 du même code qu'en présence d'une faute grave ayant entraîné un préjudice financier significatif.
3. CDBF 20 janv. 2021, *Centre hospitalier de Chauny*, n° 246-824 ; *Rec.* 157.
4. V. ss n° 432.212.
5. L. n° 68-1250, 31 déc. 1968 relative à la prescription des créances sur l'État, les départements, les communes et les établissements publics, art. 1er : « Sont prescrites, au profit de l'État, des départements et des communes, sans préjudice des déchéances particulières édictées par la loi, et sous réserve des dispositions de la présente loi, toutes créances qui n'ont pas été payées dans un délai de quatre ans à partir du premier jour de l'année suivant celle au cours de laquelle les droits ont été acquis. Sont prescrites, dans le même délai et sous la même réserve, les créances sur les établissements publics dotés d'un comptable public ».
6. C. comptes 23 juill. 2024, *Société anonyme d'économie mixte pour la gestion et pour l'animation du parc de loisirs de Saint-Cyr (SAEM SAGA)*, n° 904, S-2024-1128 ; *JCP adm.* 2024, 2321, note S. Damarey. Lire le § 10 de l'arrêt.
7. CDB 28 févr. 1962, *Cies Soleil-Accidents et Aigle-Accidents*, CCP, n° 2, p. 44 ; *Lebon* 839 (extraits).
8. CDBF 10 déc. 2020, *Office national d'indemnisation des accidents médicaux, des infections iatrogènes et des infections nosocomiales (ONIAM)*, n° 245-801 ; *Rec.* 195.
9. CDBF 30 déc. 2016, *Caisse interprofessionnelle de prévoyance et d'assurance vieillesse (CIPAV)*, 2e arrêt, n° 212-735-II ; *Rec.* 189 ; *AJDA* 2017. 1940, chron. N. Péhau et N. Hauptmann.
10. CDBF 22 mars 2019, *Chambre départementale d'agriculture de la Corrèze*, n° 232-792 ; *Rec.* 210 ; *AJDA* 2019. 1213, chron. N. Hauptmann et N. Péhau.
11. CDBF 10 déc. 2020, *Office national d'indemnisation des accidents médicaux, des infections iatrogènes et des infections nosocomiales (ONIAM)*, n° 245-801 ; *Rec.* 195.

cipes de gestion : une filiale d'une banque publique avait octroyé des prêts (et versé les fonds) sans que l'apport en compte courant de 50 millions FRF, condition contractuellement convenue avec le bénéficiaire des prêts, soit intervenu. La CDBF a jugé que le non-respect par les opérateurs de cette disposition contractuelle était contraire aux intérêts matériels de la structure publique et de ses filiales, auxquels leurs dirigeants doivent veiller, ce principe constituant une règle d'exécution des recettes, des dépenses et de gestion des biens dont la violation est sanctionnée par l'infraction générale[1].

432.74 Non-facturation d'avantages indus. Des avantages, y compris en nature, offerts indûment à titre gratuit ou à prix réduit, doivent en principe être récupérés.

Ce cas de figure pourrait également tomber sous le volet « violation d'une règle de dépenses », mais la jurisprudence a tendance à y voir plutôt un non-respect de règles d'exécution des recettes, puisqu'un avantage indu ouvre une créance correspondante en faveur de la collectivité concernée ; ce qui est alors sanctionné, c'est moins la dépense indue, qui d'ailleurs peut avoir été effectuée en période prescrite (et il s'agit alors d'une infraction instantanée), que le fait de ne pas l'avoir récupérée (ce qui est une obligation continue dans le temps, donc une infraction continue). Il ne faudrait cependant pas en déduire, ce qui pourrait être la conséquence extrême d'un tel raisonnement, qu'il n'y a jamais non-respect de règles en matière de dépenses lorsque l'organisme public peut demander le remboursement d'une dépense indue.

À ce titre, cette catégorie est également proche de la précédente (non-recouvrement d'une créance).

Toutefois, s'agissant d'éléments de rémunération, de primes et d'indemnités, qu'ils soient simplement irréguliers ou même indus, la Cour les rattache plus volontiers au volet « dépenses » de l'infraction, sans doute parce qu'un élément de rémunération indu est difficile à récupérer, humainement et même juridiquement. Finalement, le rattachement aux différentes catégories importe moins que la preuve qu'une règle, quelle qu'elle soit, a été méconnue, et qu'elle puisse être appréhendée par le juge, notamment au regard des règles de prescription affectant la créance, comme de la prescription encadrant le contentieux financier.

La non-facturation d'avantages est, bien entendu, également sanctionnable, si les autres éléments constitutifs sont donnés, sur la base de l'infraction réprimant l'avantage injustifié[2].

La jurisprudence sur ce cas de figure est particulièrement fournie :

– Un agent d'un établissement public avait fait fournir gratuitement des prestations à une société qu'il dirigeait, en dehors de toute convention, et ce alors même qu'une instruction de la direction lui faisait obligation d'émettre des factures ; l'agent n'ayant eu aucune qualité pour décider que les prestations seraient fournies gracieusement par l'établissement, leur gratuité constituait une irrégularité au regard des règles relative aux recettes et à la gestion des biens. Ces agissements étaient d'autant plus répréhensibles que l'intéressé était dirigeant de la société qui bénéficiait de ces prestations gratuites[3].

– Octroi au personnel d'un établissement public de repas gratuits : la CDBF a retenu l'infraction générale, volet « règles en matière de recettes » (sans doute parce qu'on aurait dû demander le payement ; mais on aurait pu également considérer que les règles d'exécution des dépenses étaient méconnues)[4]. Pour un cas proche : défaut de mise en recouvrement des recettes qu'un hôpital aurait dû percevoir en servant des repas indument gratuits[5]. Dans le même sens : prise en charge indue de repas (mais montants financiers très faibles, motivant un classement, mais également un Rappel à la loi du Procureur général)[6].

– Mise à disposition gratuite d'un immeuble au profit d'un ex-directeur général de l'établissement propriétaire, sans acte ni application d'une redevance[7].

1. CDBF 24 févr. 2006, *S^té Altus Finance*, 2e arrêt, *AJDA* 2006. 1249, note N. Groper et C. Michaut ; *JCP* 2006, n° 38, II, 10152, note J.-P. Gastinel ; *Rev. Trésor* 2006. 910, note M. Lascombe et X. Vandendriessche ; *RFDA* 2006. 624, note M. Lascombe et X. Vandendriessche ; *Lebon* 650 ; *Rec.* 74.

2. Sur cette infraction, v. s^s n° 441.11.
3. CDBF 27 nov. 1973, *Institut géographique national [IGN], service des activités aériennes, Lebon* 800 (extraits anonymisés) ; CCP, n° 2, p. 94. Affaire jugée sous l'empire de l'ancienne réglementation ; ces faits seraient aujourd'hui possiblement sanctionnables sur la base de l'infraction réprimant l'avantage injustifié octroyé par intérêt personnel, ce dernier critère étant indéniablement présent en l'espèce (art. L. 131-12).
4. CDBF 8 juill. 1976, *Hôpital psychiatrique de Saint-Alban-sur-Limagnole [Lozère], Lebon* 709 (extraits) ; CCP, n° 2, p. 117. Arrêt rendu sous l'empire de l'ancienne réglementation : s'il reste d'actualité pour illustrer la notion de violation de règles, des faits similaires ne pourraient donner lieu à sanction au titre de l'actuel art. L. 131-9 du code des juridictions financières qu'en présence d'une faute grave ayant entraîné un préjudice financier significatif.
5. CDBF 5 juin 1989, *Hôpital d'Orange*, CCP, n° 3, p. 172 ; *Lebon* 417. Arrêt rendu sous l'empire de l'ancienne réglementation : s'il reste d'actualité pour illustrer la notion de violation de règles, des faits similaires ne pourraient donner lieu à sanction au titre de l'actuel art. L. 131-9 du code des juridictions financières qu'en présence d'une faute grave ayant entraîné un préjudice financier significatif.
6. C. comptes 9 déc. 2023, *Caisse mutuelle complémentaire et d'action sociales de X*, Rappel à la loi, *Rec.*, p. 85.
7. CDBF 20 déc. 1982, *Port autonome de Nantes-Saint-Nazaire*, CCP, n° 2, p. 211. Arrêt rendu sous l'empire de l'ancienne réglementation : s'il reste d'actualité pour illustrer la notion de violation de règles, des faits similaires ne pourraient donner lieu à sanction au titre de l'actuel art. L. 131-9 du code des juridictions financières qu'en présence d'une faute grave ayant entraîné un préjudice financier significatif.

– Travaux effectués sur des bâtiments par un hôpital, alors que ces frais ne lui incombaient pas ; prise en charge d'autres dépenses incombant en principe à la commune, et non à l'hôpital [1]. Là aussi, la Cour a considéré qu'il s'agissait d'une méconnaissance de règles en matière de recettes, sans doute parce que l'hôpital aurait dû se faire rembourser (et donc percevoir une recette), alors qu'on aurait certainement pu évoquer le non-respect de règles de dépenses.

– Communications téléphoniques passées dans un but personnel par l'économe de l'hôpital : avantage injustifié constitutif de l'infraction générale en recettes, car le directeur de l'hôpital aurait dû demander le payement [2].

– Absence de suivi et de refacturation dans le cadre d'une convention de recherche conclue par un enseignant-chercheur avec une société dans laquelle il avait des intérêts : faute de gestion, notamment en recettes ; affaire qui, dans le nouveau régime, serait probablement sanctionnable sur la base de l'infraction réprimant l'avantage injustifié octroyé par intérêt personnel [3].

432.75 Détournement de recettes. Le cas de détournement de recettes à titre privé ou au bénéfice d'un tiers constitue une application particulière des deux cas de figure précédents, le non-recouvrement d'une créance [4] et l'absence de récupération d'un avantage indu [5].

Lorsque le bénéfice va à un tiers, ce détournement pourra également être qualifié sous l'infraction prévue à l'article L. 131-12 du CJF qui réprime l'octroi d'un avantage injustifié, voire d'une infraction pénale lorsque le détournement se fait à son bénéfice personnel. Une gestion de fait [6] est également possible.

Exemples tirés de la jurisprudence :

– Perception à son titre personnel de recettes destinées à une entreprise publique [7].

– La CDBF a sanctionné sur la base de la violation de règles de recettes un agent qui avait « mis à profit les facilités que lui offrait la gestion occulte pour détourner une partie des recettes » destinées à l'association qui encaissait irrégulièrement les recettes, qui elles-mêmes auraient dû revenir à la caisse publique [8].

– Ristournes consenties par une entreprise d'aviation sur les billets d'avion, qui étaient versées directement sur des comptes personnels des dirigeants, au lieu de l'être à la société qui payait les billets d'avion [9].

432.76 Emprunt irrégulier. Une mention particulière doit être faite sur le recours à l'emprunt, qui doit répondre à des règles précises d'autorisation.

Ainsi a donné lieu à sanction, du temps de la CDBF, le fait, pour un ambassadeur, de faire un emprunt au nom de l'État français sans autorisation préalable des instances compétentes, ce qui était contraire à l'ordonnance organique de 1959 relative aux lois de finances en vigueur alors [10].

Autres exemples :

– Cas d'une association transparente qui a emprunté de l'argent à une banque : selon la Cour, il s'agit *de facto* d'un emprunt déguisé d'argent au nom de l'État [11].

1. CDBF 2 déc. 1987, *CHS de Prémontré [Aisne]*, CCP, n° 3, p. 113 ; *Lebon*, tables p. 656. Arrêt rendu sous l'empire de l'ancienne réglementation : s'il reste d'actualité pour illustrer la notion de violation de règles, des faits similaires ne pourraient donner lieu à sanction au titre de l'actuel art. L. 131-9 du code des juridictions financières qu'en présence d'une faute grave ayant entraîné un préjudice financier significatif.
2. CDBF 5 juin 1989, *Hôpital d'Orange*, CCP, n° 3, p. 172 ; *Lebon* 417. Arrêt rendu sous l'empire de l'ancienne réglementation : s'il reste d'actualité pour illustrer la notion de violation de règles, des faits similaires ne pourraient donner lieu à sanction au titre de l'actuel art. L. 131-9 du code des juridictions financières qu'en présence d'une faute grave ayant entraîné un préjudice financier significatif.
3. CDBF 12 oct. 2018, *École nationale de formation agronomique (ENFA)*, n° 223-786 ; *Rec.* 188.
4. V. ss n° 432.73.
5. V. ss n° 432.74.
6. CJF, art. L. 131-15.
7. CDB 18 févr. 1957, *Sté nationale des entreprises de presse [Snep], cinéma des Champs-Élysées*, *Lebon* 888 ; CCP, n° 2, p. 7. Affaire jugée sous l'empire de l'ancienne réglementation ; ces faits seraient aujourd'hui possiblement sanctionnables sur la base de l'infraction réprimant l'avantage injustifié octroyé par intérêt personnel, ce dernier critère étant indéniablement présent en l'espèce (CJF, art. L. 131-12).
8. CDBF 17 mai 1977, *Inra, Centre de recherches zootechniques et vétérinaires [CRZV] de Theix [Puy-de-Dôme]*, *Lebon* 679 (extraits) ; CCP, n° 2, p. 135. Affaire jugée sous l'empire de l'ancienne réglementation ; ces faits seraient aujourd'hui possiblement sanctionnables sur la base de l'infraction sanctionnant la gestion de fait (CJF, art. L. 131-15) et l'avantage procuré à soi-même (CJF, art. L. 131-12).
9. CDBF 22 nov. 1989, *SA La Signalisation [LS]*, CCP, n° 3, p. 184 ; *Lebon* 423. Affaire jugée sous l'empire de l'ancienne réglementation ; ces faits seraient aujourd'hui possiblement sanctionnables sur la base de l'infraction prévue à l'art. L. 131-12 du CJF.
10. CDBF 12 avr. 1995, *Ambassade de France auprès des Émirats Arabes Unis*, 2e arrêt, *Rev. Trésor* 1996. 731 ; *Lebon* 595 ; *Rec.* 121. Arrêt rendu sous l'empire de l'ancien article L. 313-4 du code des juridictions financières : s'il reste d'actualité pour illustrer la notion de violation de règles, des faits similaires ne pourraient donner lieu à sanction au titre de l'actuel art. L. 131-9 du même code qu'en présence d'une faute grave ayant entraîné un préjudice financier significatif.
11. CDBF 15 déc. 1993, *min. de la Défense, service d'information et de relations publiques des armées [Sirpa]*, *Rev. Trésor* 1995. 679 ; *Lebon* 536 ; *Rec.* 151. Arrêt rendu sous l'empire de l'ancien article L. 313-4 du code des juridictions financières : s'il reste d'actualité pour illustrer la notion de violation de règles, des faits similaires ne pourraient donner lieu à sanction au titre de l'actuel art. L. 131-9 du même code qu'en présence d'une faute grave ayant entraîné un préjudice financier significatif. En outre, cette affaire pourrait relever de l'infraction sanctionnant la gestion de fait (CJF, art. L. 131-15).

- Cas d'une université qui a contracté une « avance » (ou un prêt sans intérêt ?) auprès d'une association sans avoir recueilli les autorisations que demandait la réglementation (du conseil d'administration et de la tutelle)[1].

- Une délibération d'un conseil d'administration approuvant un emprunt avait été annulée par le tribunal administratif, car la composition de cette instance était irrégulière ; de ce fait, la délibération autorisant le recours à un emprunt elle aussi était irrégulière[2].

432.77 Violation de règles de compétence et de procédure en matière de recettes. S'agissant d'une problématique transversale concernant avant tout le volet dépenses de l'activité de gestion, elle sera traitée plus loin dans le cadre du non-respect des règles en matière de dépenses[3].

432.78 Autres cas de violation de règles et d'obligations en matière de recettes. Diversité de la jurisprudence :

- Parmi les règles d'exécution des recettes figure aussi l'obligation, pour un PDG, « de veiller en tout état de cause à la sauvegarde des intérêts matériels de l'organisme dont il assurait la gestion »[4]. Cette notion de sauvegarde des intérêts matériels et patrimoniaux joue évidemment aussi comme règle de dépenses ou de gestion des biens[5].

- Lors de l'exécution d'un contrat de travaux sur un bateau par un chantier naval étatique, une partie des titres de recettes n'a pas pu être recouvrée, notamment en raison de manquements imputables au directeur du chantier naval public : « il ne saurait être admis qu'un marché de 0,50 MF, dont l'exécution devait durer sept semaines, puisse conduire à la réalisation pendant sept mois, sans qu'aucune précaution particulière ne soit prise », et notamment sans qu'un avenant au contrat initial ne soit négocié, « de travaux supplémentaires pour un montant dix fois plus élevé » ; la CDBF a considéré que « cette situation résulte de l'organisation défectueuse du service », alors que le directeur aurait dû « déterminer la structure de sa direction et les moyens et procédures applicables aux opérations de diversification de manière à permettre le contrôle précis du déroulement de celles-ci et leur correcte exécution sur les plans administratif, comptable et financier... ». Or les retards de facturation ont mis en péril le recouvrement des créances, engendrant un préjudice important pour le compte spécial du Trésor (CST) concerné[6].

- Non-respect des règles budgétaires relatives aux fonds de concours[7], constitués en l'occurrence de crédits européens qui devaient être utilisés dans des conditions fixées par une série de règlements communautaires[8].

- Le fait d'émettre un ordre de recette ne correspondant pas à un droit juridiquement fondé (en connaissance de cause) est constitutif d'une violation de règle en matière de recette ; la CDBF a surtout retenu cet agissement parce qu'il avait, en gonflant le poste des produits à recevoir, un impact sur l'équilibre et donc la sincérité des comptes de l'établissement[9].

SECTION 3
VIOLATIONS DE RÈGLES D'EXÉCUTION DES DÉPENSES

§ 1
Éléments généraux

432.81 Éléments généraux sur les violations de règles d'exécution des dépenses. Ce cas d'ouverture de l'infraction désormais prévue à l'article L. 131-9

1. CDBF 17 nov. 1987, *Université Paris IV Paris-Sorbonne*, CCP, n° 3, p. 105 ; *Lebon*, tables p. 656. Arrêt rendu sous l'empire de l'ancienne réglementation : s'il reste d'actualité pour illustrer la notion de violation de règles, des faits similaires ne pourraient donner lieu à sanction au titre de l'actuel art. L. 131-9 du code des juridictions financières qu'en présence d'une faute grave ayant entraîné un préjudice financier significatif.
2. CDBF 12 oct. 2018, *École nationale de formation agronomique (ENFA)*, n° 223-786 ; *Rec.* 188. Arrêt rendu sous l'empire de l'ancien article L. 313-4 du code des juridictions financières : s'il reste d'actualité pour illustrer la notion de violation de règles, des faits similaires ne pourraient donner lieu à sanction au titre de l'actuel art. L. 131-9 du même code qu'en présence d'une faute grave ayant entraîné un préjudice financier significatif.
3. V. s[s] n° 432.151.
4. CDB 22 mai 1957, *S[té] nationale de constructions aéronautiques du Nord [SNCAN]*, *Lebon* 890 ; CCP, n° 2, p. 13.
5. V. s[s] n° 432.212.
6. CDBF 22 mars 1977, *min. de la Défense, direction des constructions et armes navales de Toulon*, *Lebon* 677 (extraits) ; CCP, n° 2, p. 130.
7. Violation de l'intention de la partie versante, article 19 de l'ordonnance organique relative aux lois de finances de 1959 applicable au moment des faits.
8. CDBF 20 déc. 2007, *secr. d'Ét. aux Petites et moyennes entreprises, au Commerce et à l'Artisanat, Direction de l'artisanat, gestion des crédits du Fonds social européen [FSE]*, *AJDA* 2008. 450, note N. Groper et C. Michaut ; *Rev. Marché commun* 2008, p. 203, note F. Chaltiel.
9. CDBF 19 déc. 2008, *Crous de Corse [Corte]*, *Rec.* 91 ; *AJDA* 2009. 476, note N. Groper et C. Michaut ; *GFP* 2011, p. 397, note M. Lascombe et X. Vandendriessche. Arrêt rendu sous l'empire de l'ancien article L. 313-4 du code des juridictions financières : s'il reste d'actualité pour illustrer la notion de violation de règles, des faits similaires ne pourraient donner lieu à sanction au titre de l'actuel art. L. 131-9 du même code qu'en présence d'une faute grave ayant entraîné un préjudice financier significatif. Ce cas de figure pourrait, sous l'empire des nouvelles règles, être sanctionnés sur la base de l'infraction réprimant la non-production de comptes (CJF, art. L. 131-13, 1°).

du CJF est de loin le plus fréquent dans la pratique, ce qui s'explique aisément par le fait que c'est bien à l'occasion de la dépense publique que la plupart des irrégularités sont commises.

Le juge retient une approche large de la notion de dépense : les dépenses fiscales par exemple sont des dépenses au sens de cette infraction [1].

Toutefois, si la jurisprudence de la CDBF a sanctionné de très nombreux cas d'irrégularités en matière de dépenses, la réforme entrée en vigueur le 1er janvier 2023, en restreignant l'infraction aux seuls cas de faute grave ayant causé un préjudice financier significatif, ferme désormais la possibilité au juge financier d'appréhender bon nombre d'irrégularités en dépenses, sauf précisément préjudice financier significatif ou cas d'avantage injustifié avec intérêt [2], ou sauf à entrer dans des infractions spéciales en matière de dépense (méconnaissance des attribution du contrôleur budgétaire en dépenses [3] ; engagement de dépenses sans être habilité [4] ; gestion de fait en dépenses [5]), ou encore inexécution de décisions de justice [6], ou sauf à entrer dans des infractions de droit pénal (délit de favoritisme). Cette réforme conduit donc – et c'est regrettable – à faire échapper à toute sanction de nombreuses irrégularités, certaines pourtant graves, lorsqu'aucun préjudice financier significatif ne peut être établi.

À noter également d'emblée que, contrairement à l'obligation de recouvrer des recettes, qui est continue sur une période étendue, la dépense est un acte ponctuel, donc une infraction instantanée [7], ce qui n'est pas neutre en matière de prescription, sauf à appréhender un ensemble d'opérations, se traduisant notamment par des dépenses, au sein d'une infraction complexe, d'une même faute de gestion globale.

Néanmoins, il existe, en particulier en matière de rémunérations, des dépenses récurrentes fondées sur une décision qui, elle, peut avoir été prise en période prescrite. Ainsi le cas d'un contrat de mise à disposition de personnel conclu en période couverte par la prescription, mais dont les dispositions « ont pu continuer à produire leurs effets, tant qu'ils n'ont pas été dénoncés ou rompus », puisque des rémunérations mensuelles étaient versées sur la base de ce contrat qui continuait à être appliqué ; dans ce cas, « le délai de prescription court à partir du dernier acte constitutif de l'habitude ou de la fin de l'infraction continue » [8], donc en l'espèce le jour où le contrat de mise à disposition a pris fin.

Mais, selon la jurisprudence, toute irrégularité de l'acte initial n'affecte pas pour autant les actes pris en son application : « si l'absence de consultation préalable du conseil d'administration [...], dans la seule mesure où une telle consultation serait requise par les textes, ou de saisine du contrôle général économique et financier, constituent des vices de procédure entachant la régularité des décisions initiales, ils ne vicient pas, par eux-mêmes, les décisions et mesures d'application ultérieures. Les manquements liés aux vices de procédure s'étant produits pendant la période prescrite, il n'est plus possible [...] de rechercher la responsabilité de leur auteur de ce chef ». Car si la Cour avait, dans cet exemple, rappelé le principe de l'infraction continue, selon lequel « lorsque la décision prescrite est une décision de principe ou une décision-cadre ayant donné lieu ultérieurement à des décisions individuelles d'application ou à des versements pécuniaires intervenus pendant une période non prescrite », elle l'avait aussitôt assorti d'une réserve, qui est de « déterminer si la nature des irrégularités entachant la décision prescrite est susceptible d'affecter la régularité des décisions et versements intervenus pendant la période non prescrite », ce qui en l'espèce ce n'était pas, selon la CDBF, le cas, s'agissant de « simples » irrégularités de procédure [9].

432.82 Typologie des irrégularités en matière de dépenses. Dans cet ensemble très hétérogène d'irrégularités commises en dépenses, plusieurs sous-catégories peuvent être ci-après distinguées ; cette typologie proposée ne ressort pas des textes, et elle connaît ses limites car une même action peut tomber sous le coup de plusieurs catégories ; l'objectif est simplement, au regard du foisonnement des cas de figure qui peuvent se présenter, de permettre aux praticiens de retrouver plus facilement la jurisprudence existante pour un cas déterminé.

1. CDBF 21 juill. 2016, *Agrément dérogatoire donné à une opération de défiscalisation de la loi du 23 juill. 2003 dite « loi Girardin »*, n° 210-722 ; *Rec.* 185. Arrêt rendu sous l'empire de l'ancien article L. 313-4 du code des juridictions financières : s'il reste d'actualité pour illustrer la notion de violation de règles, des faits similaires ne pourraient donner lieu à sanction au titre de l'actuel art. L. 131-9 du même code qu'en présence d'une faute grave ayant entraîné un préjudice financier significatif.
2. CJF, art. L. 131-12 ; pour les avantages injustifiés en dépenses, v. ss n° 442.71.
3. CJF, art. L. 131-13, 2° ; v. ss n° 421.11.
4. CJF, art. L. 131-13, 3° ; v. ss n° 422.11.
5. CJF, art. L. 131-15 ; v. ss n° 424.11.
6. CJF, art. L. 131-14 (trois infractions distinctes) ; v. ss n° 451.12.
7. Dans ce sens, récemment : C.comptes 23 déc. 2024, *Société anonyme d'économie mixte (SAEM) Marseille Habitat et Société civile immobilière (SCI) Protis Développement*, n° 24, S-2024-1604 ; lire § 30.
8. CDBF 10 déc. 2010, *Chambre régionale d'agriculture de Midi-Pyrénées (CRAMP)*, n° 173-680 ; *Rec.* 123 ; *GFP* 2011, n° 8-9, p. 576, note M. Lascombe et X. Vandendriessche.
9. CDBF 23 janv. 2020, *Institut national de la propriété industrielle (INPI)*, n° 39-802 ; mentionné dans *GFP* 2020, p. 163, chron. S. Damarey et X. Vandendriessche.

Il a été fait le choix de regrouper la jurisprudence plutôt autour de thèmes communs (par exemple rémunérations irrégulières) que de règles juridiques qui auraient été méconnues (par ex., violation de la règle du service fait).

Aperçu :

– dépenses de rémunération, primes et indemnités ;

– diverses dépenses constitutives d'avantages indus, y compris en nature ;

– dépenses en matière d'achat ;

– dépenses en violation de règles budgétaires et comptables ;

– dépenses en violation de règles de compétence et de procédure ;

– détournement de l'objet d'une dépense et détournement de fonds ;

– dépenses hors objet social ;

– autres violations de règles en matière de dépenses.

§ 2
Dépenses de rémunération

432.91 Dépenses de rémunération, primes et indemnités : éléments généraux. Le cas des rémunérations irrégulières, primes ou indemnités sans base juridique est fréquent dans la vie des structures publiques ; de ce fait, on le retrouve souvent en jurisprudence. Cette sous-catégorie peut se recouper avec la question de la procédure de dépense (par exemple absence de l'accord du conseil d'administration d'un établissement pour verser une prime), et la question de la compétence [1].

À préciser qu'un élément de rémunération irrégulier peut ne pas être indu ; c'est seulement s'il est indu qu'il pourra générer un préjudice et donc, à condition que ce préjudice soit significatif, être constitutif de l'infraction réprimant le non-respect des règles dans le présent régime [2] ; et c'est également seulement s'il est indu qu'il pourra être assimilé à un avantage injustifié et, le cas échéant, être sanctionné au titre de l'infraction dédiée [3].

Tout dépend donc de la nature de l'irrégularité affectant l'élément de rémunération en question, qu'il convient d'apprécier au cas par cas.

On peut considérer, sur la base d'une jurisprudence relativement établie, qu'est indu (et qu'a causé un préjudice) un élément de rémunération qui ne correspond pas à la contrepartie d'un surcroît de travail ou d'une sujétion particulière [4].

1. L'autorité qui a décidé d'une prime est-elle compétente pour ce faire – et on verra plus loin que la réponse n'est pas toujours évidente à trouver ; v. s^s n° 432.95.
2. CJF, art. L. 131-9.
3. Octroi à autrui d'un avantage injustifié ; v. s^s n°s 441.11 s.

En revanche, une prime irrégulière octroyée à soi-même, qui a pu dans le passé être sanctionnée sur la base de l'infraction générale [5], et qui ne pourra plus l'être si un préjudice financier significatif n'a pas été causé de ce fait, pourra aujourd'hui être appréhendée sur la base de l'infraction prévue à l'art. L. 131-12 du CJF.

Les exemples de non-respect de règles en matière de dépenses de rémunérations offerts par la jurisprudence sont nombreux (même si bon nombre d'arrêts CDBF cités ci-après ne pourraient plus prospérer dans le nouveau régime, faute de préjudice significatif).

432.92 Absence totale de base juridique ou éléments de rémunération créés en contradiction avec les règles applicables. À rappeler d'emblée qu'il convient d'établir avec soin la réglementation applicable en matière de rémunérations, qui varie fortement entre les organismes en cause, et qui varie même au sein d'un organisme : ainsi, « en vertu des dispositions [...] du statut du personnel des compagnies consulaires applicable aux chambres de commerce et d'industrie établi sur le fondement des dispositions législatives précitées [en l'occurrence, la loi n° 52-1311 du 10 décembre 1952], seuls les agents des chambres de commerce et d'industrie ayant la qualité d'agent de droit public qui occupent un emploi permanent sont régis par les dispositions de ce statut relatives aux rémunérations ; qu'en revanche, lesdites dispositions ne sont pas applicables aux agents occupant un emploi non permanent » [6]. On ne peut pas faire grief à un gestionnaire d'avoir méconnu des textes qui n'étaient pas applicables à tel ou agent.

Exemples d'arrêts retenant des violations de règles de dépenses sur la base d'éléments de rémunération versés sans texte, ou en contradiction avec des règles applicables :

– Sous l'empire de l'infraction prévue à l'article L. 131-9 du CJF, donc incluant l'exigence d'un préjudice financier significatif : versement de primes de performance indues à des directeurs d'une SEM [7].

4. CDBF 20 juin 2022 *Institut national du sport, de l'expertise et de la performance (INSEP)*, n° 258-849 ; *Rec.* 136 ; *AJDA* 2022. 2527, chron. N. Péhau et M. Choquet – CDBF 27 nov. 2009, *Chambre de commerce et d'industrie (CCI) de Paris (CCIP)*, n° 169-570 ; *AJDA* 2010. 488, note N. Groper et C. Michaut ; *GFP* 2011, n° 7, p. 510, note M. Lascombe et X. Vandendriessche.
5. CDBF 20 mars 1996, *Établissement public E.*, *Rev. Trésor* 1998. 728 (l'arrêt y est appelé « Institut national A... ») ; *Lebon* 647 ; *Rec.* 169 (extraits).
6. CDBF 27 nov. 2009, *Chambre de commerce et d'industrie (CCI) de Paris (CCIP)*, n° 169-570 ; *AJDA* 2010. 488, note N. Groper et C. Michaut ; *GFP* 2011, n° 7, p. 510, note M. Lascombe et X. Vandendriessche.
7. C. comptes 23 juill. 2024, *Société anonyme d'économie mixte pour la gestion et pour l'animation du parc de loisirs de Saint-Cyr (SAEM SAGA)*, n° 904, S-2024-1128 ; *JCP adm.* 2024, 2321, note S. Damarey.

– Payement de salaires en l'absence de tout contrat de travail écrit[1]. Toutefois, pour être considérée comme indue, une rémunération doit ne pas correspondre à une contrepartie effective en termes de travail fourni.

– Primes versées sans aucune base légale dans une structure publique pour laquelle un texte à portée générale serait requis[2]. Une telle prime sans aucune base peut être qualifiée d'indue, entraînant donc un préjudice, sauf si elle rémunère un surcroît de travail ou de responsabilité.

– Versement d'indemnités fondées sur un règlement intérieur qui était sur ce point en contradiction avec la convention collective ayant reçu l'agrément du ministre des Affaires sociales, seule applicable légalement conformément à l'ordonnance relative au fonctionnement de la sécurité sociale, le règlement intérieur de surcroît n'ayant pas reçu l'autorisation des autorités de tutelle alors que cela était obligatoire en vertu des textes[3].

– Versement d'indemnités de sujétion en violation du règlement (interne) sur la comptabilité des fondations et l'administration financière de l'Institut de France[4].

1. CDBF 3 juill. 2009, *École régionale des déficients visuels [ERDV] de Loos*, *Rec.* 77 ; *GFP* 2011, n° 7, p. 504, note M. Lascombe et X. Vandendriessche. Arrêt rendu sous l'empire de l'ancien article L. 313-4 du code des juridictions financières : s'il reste d'actualité pour illustrer la notion de violation de règles, des faits similaires ne pourraient donner lieu à sanction au titre de l'actuel art. L. 131-9 du même code qu'en présence d'une faute grave ayant entraîné un préjudice financier significatif.
2. Arrêts rendus sous l'empire de l'ancienne réglementation : s'ils restent d'actualité pour illustrer la notion de violation de règles, des faits similaires ne pourraient donner lieu à sanction au titre de l'actuel art. L. 131-9 du code des juridictions financières qu'en présence d'une faute grave ayant entraîné un préjudice financier significatif : CDBF 24 nov. 1986, *CH Sainte-Anne à Paris [dépenses de personnel]*, CCP, n° 3, p. 42 – CDBF 3 déc. 1985, *Monnaies et médailles*, CCP, n° 3, p. 31.
3. CDBF 16 mars 1988, *Caisse de retraite et de prévoyance de la boucherie, boucherie-charcuterie et boucherie hippophagique française [Carbof]*, CCP, n° 3, p. 131 ; *Lebon* 543. Arrêt rendu sous l'empire de l'ancienne réglementation : s'il reste d'actualité pour illustrer la notion de violation de règles, des faits similaires ne pourraient donner lieu à sanction au titre de l'actuel art. L. 131-9 du code des juridictions financières qu'en présence d'une faute grave ayant entraîné un préjudice financier significatif.
4. CDBF 1er oct. 1997, *Institut de France [indemnités de sujétion]*, *Rev. Trésor* 1999. 193 ; *Lebon* 614. Arrêt rendu sous l'empire de l'ancien article L. 313-4 du code des juridictions financières : s'il reste d'actualité pour illustrer la notion de violation de règles, des faits similaires ne pourraient donner lieu à sanction au titre de l'actuel art. L. 131-9 du même code qu'en présence d'une faute grave ayant entraîné un préjudice financier significatif.

– Embauche de deux personnes et payement de leurs rémunérations sur la base d'un fondement juridique contestable et pour des contreparties floues ; de surcroît, des indemnités de licenciement leur avaient été accordées dans des conditions contestables sur le plan juridique ; une partie a été versée directement, une autre partie a été versée à une entreprise d'import-export[5].

432.93 Dépassement de taux prévus par les textes. L'irrégularité peut provenir d'une mauvaise application de textes, en particulier le non-respect de taux prévus, ou de la méconnaissance d'éléments de liquidation (ancienneté...) aboutissant à une violation de règles.

Des primes ou indemnités dépassant les taux prévus peuvent créer un préjudice : « Considérant que de simples certificats administratifs ne pouvaient pas fixer les taux des indemnités de sujétion et primes de technicité à des niveaux différents de ceux prévus par [les textes applicables], et selon des modalités contraires aux dispositions citées ci-dessus du décret du même jour ; Considérant ainsi que ces primes et indemnités ont été versées en méconnaissance des règles d'exécution des dépenses, ont procuré un avantage injustifié aux agents et ont créé un préjudice financier... »[6]. Une autre question qui doit être résolue, dans le nouveau régime, est celle de savoir si ce préjudice est significatif.

Les exemples en jurisprudence sont nombreux, étant précisé que toutes les affaires citées ci-après ne pourraient sans doute pas être sanctionnées dans le cadre de l'infraction actuelle.

– Agent ayant bénéficié d'un indice de traitement supérieur à la limite fixée pour l'attribution de cette même indemnité[7]. Cette dépense n'est en principe pas due.

5. CDBF 6 mai 1993, *Établissement public central Charbonnages de France [CdF]*, *Rev. Trésor* 1994. 758 ; *Lebon* 530. Arrêt rendu sous l'empire de l'ancienne réglementation : s'il reste d'actualité pour illustrer la notion de violation de règles, des faits similaires ne pourraient donner lieu à sanction au titre de l'actuel art. L. 131-9 du code des juridictions financières qu'en présence d'une faute grave ayant entraîné un préjudice financier significatif.
6. CDBF 15 déc. 2017, *Office national de l'eau et des milieux aquatiques* (ONEMA), n° 217-730-II ; *Rec.* 247 ; *AJDA* 2018. 2493, chron. N. Hauptmann et N. Péhau ; v. également V. Mazzocchi, « Principe *non bis in idem*, que faut-il entendre par *bis* ? Droit administratif et droit public financier », *Dr. adm.* 2018, n° 3, chron. 1.
7. CDBF 6 févr. 1968, *École régionale d'agriculture d'Ondes [Haute-Garonne]*, CCP, n° 2, p. 65 ; *Lebon* 809 (extraits). Arrêt rendu sous l'empire de l'ancienne réglementation : s'il reste d'actualité pour illustrer la notion de violation de règles, des faits similaires ne pourraient donner lieu à sanction au titre de l'actuel art. L. 131-9 du code des juridictions financières qu'en présence d'une faute grave ayant entraîné un préjudice financier significatif.

– Rémunérations versées à un directeur général d'établissement public dans des conditions contraires aux textes applicables[1].

– Indemnités fictivement majorées[2] : une partie au moins est indue.

– Indemnités contraires à la réglementation (excédant les taux autorisés), en partie sur réquisition du comptable public, dans d'autres cas le comptable public ayant payé et mis en débet par la chambre régionale des comptes compétente[3].

– Violations de règles concernant la liquidation et l'ordonnancement de vacations, avec payement en l'absence de service fait[4] ; dans un tel cas, la dépense doit être considérée comme indue.

– Dans un hôpital, versement de primes pour gardes et astreintes dans des conditions irrégulières[5]. Mais il ne peut y avoir préjudice qu'en l'absence de contrepartie en termes de travail : ainsi l'exemple de compléments de rémunération versés sous forme d'indemnités irrégulières et de primes exceptionnelles irrégulières qui ne correspondait pas à la contrepartie d'un surcroît de travail ou d'une sujétion particulière[6].

– Dans une affaire portant sur neuf séries d'indemnités versées dans des conditions irrégulières, le juge a reconnu l'existence d'un préjudice au motif que le service fait n'était pas vérifié et que certaines indemnités versées ne correspondaient pas à un surcroît de travail ou d'assujettissement[7].

– « Considérant que de simples certificats administratifs ne pouvaient pas fixer les taux des indemnités de sujétion et primes de technicité à des niveaux différents de ceux prévus par [un arrêté], et selon des modalités contraires aux dispositions citées ci-dessus du décret du même jour ; Considérant ainsi que ces primes et indemnités ont été versées en méconnaissance des règles d'exécution des dépenses [...] et ont créé un préjudice financier... ». Une autre question est de savoir si sous l'empire des nouveaux éléments constitutifs de l'infraction, ce préjudice serait qualifié de significatif[8].

– Un centre hospitalier avait modifié les contrats initiaux de quatre praticiens hospitaliers par des avenants qui ont eu pour effet de leur accorder une indemnité différentielle permettant de les rémunérer comme s'ils avaient été classés à un échelon supérieur à celui auquel ils avaient droit[9].

432.94 Primes ou indemnités existantes, mais versées à des personnes qui n'y avaient pas droit, parce qu'inéligibles. C'est l'hypothèse où des éléments de rémunération prévus par les textes sont versés à des personnes qui n'entrent pas dans le cadre des bénéficiaires autorisés : de tels versements sont indus, et *a priori* ils ne sauraient être justifiés par les sujétions particulières qui auraient réellement été subies par les bénéficiaires.

Ainsi, une indemnité destinée aux seuls agents travaillant dans les services accueillant des malades agités et difficiles avait été versée à des agents n'ayant

1. CDBF 11 oct. 1982, *Office national d'études et de recherches aérospatiales [Onera]*, CCP, nº 2, p. 206. Arrêt rendu sous l'empire de l'ancienne réglementation : s'il reste d'actualité pour illustrer la notion de violation de règles, des faits similaires ne pourraient donner lieu à sanction au titre de l'actuel art. L. 131-9 du code des juridictions financières qu'en présence d'une faute grave ayant entraîné un préjudice financier significatif.
2. CDBF 21 févr. 1990, *Service interacadémique des examens et concours des académies de Créteil, Paris et Versailles [Siec]*, CCP, nº 3, p. 194 ; *Lebon* 517. Arrêt rendu sous l'empire de l'ancienne réglementation : s'il reste d'actualité pour illustrer la notion de violation de règles, des faits similaires ne pourraient donner lieu à sanction au titre de l'actuel art. L. 131-9 du code des juridictions financières qu'en présence d'une faute grave ayant entraîné un préjudice financier significatif.
3. CDBF 1er juill. 1991, *CH de Lorient*, CCP, nº 3, p. 229 ; *Lebon* 635 ; *Rec.* 128. Arrêt rendu sous l'empire de l'ancienne réglementation : s'il reste d'actualité pour illustrer la notion de violation de règles, des faits similaires ne pourraient donner lieu à sanction au titre de l'actuel art. L. 131-9 du code des juridictions financières qu'en présence d'une faute grave ayant entraîné un préjudice financier significatif.
4. CDBF 10 mai 1989, *Cned, centre de Vanves*, CCP, nº 3, p. 165 ; *Lebon* 413. Arrêt rendu sous l'empire de l'ancienne réglementation : s'il reste d'actualité pour illustrer la notion de violation de règles, des faits similaires ne pourraient donner lieu à sanction au titre de l'actuel art. L. 131-9 du code des juridictions financières qu'en présence d'une faute grave ayant entraîné un préjudice financier significatif.
5. CDBF 15 déc. 2006, *CH d'Ambert*, *AJFP* 2007. 98 ; *Rev. Trésor* 2007. 720, note M. Lascombe et X. Vandendriessche ; *AJDA* 2007. 1355, note N. Groper et C. Michaut ; *Cah. hosp.* oct. 2007, p. 24 ; *Lebon* 675 ; *Rec.* 116. Arrêt rendu sous l'empire de l'ancien article L. 313-4 du code des juridictions financières : s'il reste d'actualité pour illustrer la notion de violation de règles, des faits similaires ne pourraient donner lieu à sanction au titre de l'actuel art. L. 131-9 du même code qu'en présence d'une faute grave ayant entraîné un préjudice financier significatif.
6. CDBF 27 nov. 2009, *Chambre de commerce et d'industrie (CCI) de Paris (CCIP)*, nº 169-570 ; *AJDA* 2010. 488, note N. Groper et C. Michaut ; *GFP* 2011, nº 7, p. 510, note M. Lascombe et X. Vandendriessche.
7. CDBF 17 juin 2013, *Centre hospitalier intercommunal (CHI) de la Lauter à Wissembourg*, nº 189-683 ; non publié au *Rec.*
8. CDBF 15 déc. 2017, *Office national de l'eau et des milieux aquatiques* (ONEMA), nº 217-730-II ; *Rec.* 247 ; *AJDA* 2018. 2493, chron. N. Hauptmann et N. Péhau ; v. également V. Mazzocchi, « Principe *non bis in idem*, que faut-il entendre par *bis* ? Droit administratif et droit public financier », *Dr. adm.* 2018, nº 3, chron. 1.
9. CDBF 20 janv. 2021, *Centre hospitalier de Chauny*, nº 246-824 ; *Rec.* 157. Arrêt rendu sous l'empire de l'ancien article L. 313-4 du code des juridictions financières : s'il reste d'actualité pour illustrer la notion de violation de règles, des faits similaires ne pourraient donner lieu à sanction au titre de l'actuel art. L. 131-9 du même code qu'en présence d'une faute grave ayant entraîné un préjudice financier significatif.

aucun contact avec ces malades, qui donc n'y avaient pas droit[1] ; ou les conditions d'octroi d'une indemnité prévues par un décret n'étaient pas remplies[2] ; le payement de rémunérations à une personne qui n'avait pas le droit d'en percevoir, sous couverture d'une autre bénéficiaire[3] ; des gardes et astreintes fictives avaient été indûment rémunérées[4] ; des primes avaient été versées à des personnes non éligibles[5] ; exemple du versement d'une prime de début de carrière à un agent contractuel qui ne s'appliquait, réglementairement, pas à cette catégorie d'agents[6].

432.95 **Prime ou indemnité créée par une personne incompétente ou dans le cadre d'une procédure présentant des irrégularités.** Les vices de procédure affectant une dépense de rémunération ne la rendent pas pour autant indue ; il en va de même pour le respect des règles de compétence, qui est essentiellement une question interne aux organismes, n'affectant pas la nécessité de payer un travail réellement effectué. Pour entrer dans le cadre de l'infraction réprimant les violations de règles désormais applicable[7], il conviendra au cas par cas de rechercher si la dépense est indue et si le préjudice qu'elle a causé est significatif, ce qui, *a priori*, sera rarement le cas.

Il n'est pas inutile de rappeler qu'une autorité, même administrative, dispose d'une certaine latitude dans la gestion des ressources humaines, et partant dans la rémunération du travail, à condition de rester dans le cadre général applicable à la structure en cause : « l'autorité administrative compétente peut, dans la limite des dispositions législatives et réglementaires applicables, fixer les conditions de la rémunération des agents contractuels qu'elle emploie ; [...] ; qu'il n'a pas été établi, ni même soutenu, qu'en l'espèce des dispositions législatives ou réglementaires auraient fait obstacle à ce que la collectivité décide de l'attribution des rémunérations complémentaires en cause aux agents concernés » ; dans un tel cas, une infraction ne peut pas avoir été commise[8].

Malgré ces réserves, il peut être utile de rappeler la jurisprudence de la CDBF, pour illustrer la diversité des violations de règles de compétence ou de procédure en matière d'éléments de rémunération.

– La rémunération des dirigeants d'entreprises publiques doit être approuvée par le ministre chargé de l'économie ou des ministres intéressés dans le cadre du décret 9 août 1953[9], texte qui a pu être appliqué par la CDBF[10].

– Le directeur d'une caisse de mutualité agricole avait fixé unilatéralement sa propre rémunération, alors que l'autorité compétente pour ce faire était le conseil d'administration de la caisse ; pour se défendre, il avait prétendu qu'il existait une décision du président du conseil d'administration, ce que ce dernier niait formellement (il avait été cité comme témoin par le ministère public) ; de toutes les façons, une décision du président n'aurait pas suffi, puisque

1. CDBF 24 nov. 1986, *CH Sainte-Anne à Paris [dépenses de personnel]*, préc. Arrêt rendu sous l'empire de l'ancienne réglementation : s'il reste d'actualité pour illustrer la notion de violation de règles, des faits similaires ne pourraient donner lieu à sanction au titre de l'actuel art. L. 131-9 du code des juridictions financières qu'en présence d'une faute grave ayant entraîné un préjudice financier significatif.
2. CDBF 6 févr. 1968, *École régionale d'agriculture d'Ondes [Haute-Garonne]*, CCP, n° 2, p. 65 ; *Lebon* 809 (extraits). Arrêt rendu sous l'empire de l'ancienne réglementation : s'il reste d'actualité pour illustrer la notion de violation de règles, des faits similaires ne pourraient donner lieu à sanction au titre de l'actuel art. L. 131-9 du code des juridictions financières qu'en présence d'une faute grave ayant entraîné un préjudice financier significatif.
3. CDBF 18 juin 1993, *Institut universitaire de I.*, *Rev. Trésor* 1994. 762 ; *Lebon* 535 ; *Rec.* 14. Arrêt rendu sous l'empire de l'ancienne réglementation : s'il reste d'actualité pour illustrer la notion de violation de règles, des faits similaires ne pourraient donner lieu à sanction au titre de l'actuel art. L. 131-9 du code des juridictions financières qu'en présence d'une faute grave ayant entraîné un préjudice financier significatif.
4. CDBF 16 avr. 2009, *CH de Fougères [Ille-et-Vilaine]*, *Rec.* 71 ; *AJDA* 2009. 1194, note N. Groper et C. Michaut ; *GFP* 2011, n° 7, p. 497, note M. Lascombe et X. Vandendriessche. Arrêt rendu sous l'empire de l'ancien article L. 313-4 du code des juridictions financières : s'il reste d'actualité pour illustrer la notion de violation de règles, des faits similaires ne pourraient donner lieu à sanction au titre de l'actuel art. L. 131-9 du même code qu'en présence d'une faute grave ayant entraîné un préjudice financier significatif.
5. CDBF 3 déc. 1985, *Monnaies et médailles*, CCP, n° 3, p. 31. Arrêt rendu sous l'empire de l'ancienne réglementation : s'il reste d'actualité pour illustrer la notion de violation de règles, des faits similaires ne pourraient donner lieu à sanction au titre de l'actuel art. L. 131-9 du code des juridictions financières qu'en présence d'une faute grave ayant entraîné un préjudice financier significatif.
6. CDBF 16 nov. 2016, *Centre hospitalier de Givors*, n° 211-739 ; *Rec.* 187 ; *AJDA* 2017. 932, chron. N. Péhau et N. Hauptmann. Arrêt rendu sous l'empire de l'ancien article L. 313-4 du code des juridictions financières : s'il reste d'actualité pour illustrer la notion de violation de règles, des faits similaires ne pourraient donner lieu à sanction au titre de l'actuel art. L. 131-9 du même code qu'en présence d'une faute grave ayant entraîné un préjudice financier significatif.
7. CJF, art. L. 131-9.
8. CDBF 27 sept. 2019, *Ville de Paris*, n° 236-825 ; non publié au *Rec.* – Dans le même sens : CDBF 23 janv. 2020, *Institut national de la propriété industrielle (INPI)*, n° 39-802 ; mentionné dans GFP 2020, p. 163, chron. S. Damarey et X. Vandendriessche.
9. Décr. n° 53-707, 9 août 1953 relatif au contrôle de l'État sur les entreprises publiques nationales et certains organismes ayant un objet d'ordre économique ou social ; modifié dernièrement en 2014.
10. CDBF 4 juin 2019, *Gestion des sociétés EDF, ERDF et RTE*, n° 234-732 ; *Rec.* 214 ; *AJDA* 2019. 2606, chron. N. Hauptmann et N. Péhau.

les textes applicables à l'établissement exigeaient une délibération du conseil d'administration[1] ;

– Primes accordées aux dirigeants sans l'approbation du conseil d'administration qui eût été requise[2] ; création d'une indemnité par un directeur général, alors que cette compétence ne lui avait pas été déléguée par le conseil d'administration, qui restait donc compétent[3].

– Une rémunération journalière forfaitaire avait été mise en place pour les praticiens hospitaliers par le conseil d'administration de l'hôpital, ce qui était doublement irrégulier puisque d'une part le conseil d'administration n'avait pas compétence juridique pour ce faire, et d'autre part parce que la réglementation applicable aux hôpitaux prévoyait – obligatoirement – un autre système de rémunération, proportionnelle à la durée de travail des médecins[4].

– Un chef de projet avait été recruté dans un centre de lutte contre le cancer, en méconnaissance des règles applicables, qui exigeaient une délibération spécifique du conseil d'administration ; dès lors, le directeur, qui avait procédé à ce recrutement et à l'engagement des dépenses correspondantes, a été sanctionné au titre des infractions de l'infraction réprimant l'engagement de dépenses sans habilitation[5] et de l'infraction générale sanctionnant les violations de règles en matière de dépenses[6].

– Par ailleurs, des primes exceptionnelles avaient été accordées par un directeur à plusieurs agents, en méconnaissance des règles applicables au centre en vertu desquelles une délibération du conseil d'administration eût été nécessaire[7] ; de ce fait, la responsabilité du directeur concerné a été retenue par la Cour, au titre de l'engagement de dépenses sans en avoir eu le pouvoir, du non-respect des règles en matière de dépenses et de l'octroi d'avantages injustifiés à autrui.

– Des vacations au titre des consultations avancées de cancérologie avaient été versées dans des conditions irrégulières dans un centre de lutte contre le cancer, n'ayant été ni approuvées par le conseil d'administration, contrairement aux règles du code de la santé publique, ni mentionnées dans les contrats de travail des bénéficiaires[8].

– Des nominations au poste de pharmacien gérant et de pharmacien gérant adjoint d'un centre de lutte contre le cancer avaient été effectuées en méconnaissance des règles applicables au centre, qui exigeaient notamment l'avis conforme du conseil d'administration. En outre, il n'était pas établi que les personnes ainsi nommées disposaient des titres et de l'ancienneté requis, et des faux contrats avaient été produits au préfet compétent par le centre à l'appui de la demande de nomination[9].

432.96 Cumul d'emplois irrégulier/cumul de rémunérations. Le cumul de rémunérations, notamment à cause d'un cumul de fonctions, est suscep-

1. CDBF 15 janv. 1974, *Caisse de mutualité sociale agricole de la Somme*, *Lebon* 802 (extraits anonymisés) ; CCP, n° 2, p. 99. Arrêt rendu sous l'empire de l'ancienne réglementation : s'il reste d'actualité pour illustrer la notion de violation de règles, des faits similaires ne pourraient donner lieu à sanction au titre de l'actuel art. L. 131-9 du code des juridictions financières qu'en présence d'une faute grave ayant entraîné un préjudice financier significatif.
2. CDBF 17 déc. 1990, *Caisse de retraite du personnel navigant professionnel de l'aéronautique civile [CRPNPAC]*, CCP, n° 3, p. 222 ; *Lebon* 531. Arrêt rendu sous l'empire de l'ancienne réglementation : s'il reste d'actualité pour illustrer la notion de violation de règles, des faits similaires ne pourraient donner lieu à sanction au titre de l'actuel art. L. 131-9 du code des juridictions financières qu'en présence d'une faute grave ayant entraîné un préjudice financier significatif.
3. CDBF 14 juin 1982, *Comité national de la pomme de terre [CNPT]*, CCP, n° 2, p. 200. Arrêt rendu sous l'empire de l'ancienne réglementation : s'il reste d'actualité pour illustrer la notion de violation de règles, des faits similaires ne pourraient donner lieu à sanction au titre de l'actuel art. L. 131-9 du code des juridictions financières qu'en présence d'une faute grave ayant entraîné un préjudice financier significatif.
4. CDBF 16 avr. 2009, *CH de Fougères [Ille-et-Vilaine]*, *Rec.* 71 ; *AJDA* 2009. 1194, note N. Groper et C. Michaut ; *GFP* 2011, n° 7, p. 497, note M. Lascombe et X. Vandendriessche. Arrêt rendu sous l'empire de l'ancien article L. 313-4 du code des juridictions financières : s'il reste d'actualité pour illustrer la notion de violation de règles, des faits similaires ne pourraient donner lieu à sanction au titre de l'actuel art. L. 131-9 du même code qu'en présence d'une faute grave ayant entraîné un préjudice financier significatif.
5. CJF, art. L. 131-13, 3°.
6. CDBF 13 janv. 2006, *Centre régional de lutte c/ le cancer Oscar Lambret de Lille*, *Rev. Trésor* 2006. 906, note M. Lascombe et X. Vandendriessche ; *Lebon* 645 ; *Rec.* 65. Arrêt rendu sous l'empire de l'ancien article L. 313-4 du code des juridictions financières : s'il reste d'actualité pour illustrer la notion de violation de règles, des faits similaires ne pourraient donner lieu à sanction au titre de l'actuel art. L. 131-9 du même code qu'en présence d'une faute grave ayant entraîné un préjudice financier significatif.
7. CDBF 13 janv. 2006, *Centre régional de lutte c/ le cancer Oscar Lambret de Lille*, préc. Arrêt rendu sous l'empire de l'ancien article L. 313-4 du code des juridictions financières : s'il reste d'actualité pour illustrer la notion de violation de règles, des faits similaires ne pourraient donner lieu à sanction au titre de l'actuel art. L. 131-9 du même code qu'en présence d'une faute grave ayant entraîné un préjudice financier significatif.
8. CDBF 13 janv. 2006, *Centre régional de lutte c/ le cancer Oscar Lambret de Lille*, préc.
9. CDBF 13 janv. 2006, *Centre régional de lutte c/ le cancer Oscar Lambret de Lille*, préc. Arrêt rendu sous l'empire de l'ancien article L. 313-4 du code des juridictions financières : s'il reste d'actualité pour illustrer la notion de violation de règles, des faits similaires ne pourraient donner lieu à sanction au titre de l'actuel art. L. 131-9 du même code qu'en présence d'une faute grave ayant entraîné un préjudice financier significatif.

tible d'être contraire aux règles[1] et de générer un préjudice.

Exemples en jurisprudence :

- Infraction aux règles concernant le cumul de rémunérations publiques[2].

- Double rémunération : cumul irrégulier de rémunérations (honoraires qui faisaient double emploi avec le salaire déjà perçu, la mission supplémentaire invoquée comme activité libérale n'ayant en fait pu être effectuée que dans le cadre de l'activité salariée), sorte de double indemnisation d'un seul et même travail[3].

- Compléments de rémunération versés irrégulièrement à un fonctionnaire mis à la disposition d'une association[4].

- Double payement d'indemnités (payement sans déduction des avances déjà versées) ; indemnités pour heures jamais effectuées ; bénéficiaires : le directeur et l'agent comptable[5].

- Attribution d'une double rémunération à un médecin par un hôpital[6] ; l'infraction était constituée mais n'a pas été, dans le cas d'espèce, jugée imputable au directeur d'hôpital renvoyé devant la CDBF.

432.97 Heures supplémentaires irrégulières, voire indues. Le cas des heures supplémentaires illustre parfaitement le partage entre éléments de rémunération simplement irréguliers (p. ex. dépassement du nombre d'heures autorisées) et indus (heures supplémentaires non effectuées), seule cette dernière catégorie pouvant engendrer un préjudice.

Ainsi trouve-t-on dans la jurisprudence le cas d'indemnités pour heures supplémentaires versées dans des conditions irrégulières[7], ou de diverses irrégularités dans l'octroi d'indemnités forfaitaires pour travaux supplémentaires[8] ; « le fait d'avoir payé des heures supplémentaires en méconnaissance des dispositions du décret [applicable à l'organisme] constitue une infraction aux règles relatives à l'exécution des dépenses », en l'espèce avec préjudice[9].

432.98 Frais de mission irréguliers, voire indus.

- Frais de missions fictives pour « rémunérer » des heures supplémentaires au-delà du plafond autorisé[10] ; toutefois, ces heures semblent avoir

1. PAR EX. code général de la fonction publique, art. L. 121-3 : « L'agent public consacre l'intégralité de son activité professionnelle aux tâches qui lui sont confiées » – V. surtout, code général de la fonction publique, art. L. 123-1 : « L'agent public ne peut exercer, à titre professionnel, une activité privée lucrative de quelque nature que ce soit sous réserve des dispositions des articles L. 123-2 à L. 123-8. Il est interdit à l'agent public : […] 5° De cumuler un emploi permanent à temps complet avec un ou plusieurs autres emplois permanents à temps complet ».
2. CDBF 10 mai 1989, *Cned, centre de Vanves*, CCP, n° 3, p. 165 ; *Lebon* 413. Arrêt rendu sous l'empire de l'ancienne réglementation : s'il reste d'actualité pour illustrer la notion de violation de règles, des faits similaires ne pourraient donner lieu à sanction au titre de l'actuel art. L. 131-9 du code des juridictions financières qu'en présence d'une faute grave ayant entraîné un préjudice financier significatif.
3. CDBF 13 juin 2003, *SEM Sarcelles Chaleur*, *Rev. Trésor* 2004. 57, note M. Lascombe et X. Vandendriessche ; *AJDA* 2003. 2316, note N. Groper ; *Lebon* 584 ; *Rec.* 121 ; A. Froment-Meurice, J.-Y. Bertucci, N. Hauptmann et C. Michaut, *GAJF*, 7ᵉ éd. 2019, n° 49, p. 572. Arrêt rendu sous l'empire de l'ancien article L. 313-4 du code des juridictions financières : s'il reste d'actualité pour illustrer la notion de violation de règles, des faits similaires ne pourraient donner lieu à sanction au titre de l'actuel art. L. 131-9 du même code qu'en présence d'une faute grave ayant entraîné un préjudice financier significatif.
4. CDBF 7 nov. 2003, *Assoc. L'Étape*, *Rev. Trésor* 2005. 692, note M. Lascombe et X. Vandendriessche ; *AJDA* 2004. 1236, note N. Groper ; *Lebon* 592 ; *Rec.* 137. Arrêt rendu sous l'empire de l'ancien article L. 313-4 du code des juridictions financières : s'il reste d'actualité pour illustrer la notion de violation de règles, des faits similaires ne pourraient donner lieu à sanction au titre de l'actuel art. L. 131-9 du même code qu'en présence d'une faute grave ayant entraîné un préjudice financier significatif.
5. CDBF 8 déc. 1992, *Lycée professionnel de Saint-Jean de la Ruelle et groupement d'établissements pour la formation continue [Greta] d'Orléans-Ouest*, *Rev. Trésor* 1993. 786 ; *Lebon* 651 ; *Rec.* 165. Arrêt rendu sous l'empire de l'ancienne réglementation : s'il reste d'actualité pour illustrer la notion de violation de règles, des faits similaires ne pourraient donner lieu à sanction au titre de l'actuel art. L. 131-9 du code des juridictions financières qu'en présence d'une faute grave ayant entraîné un préjudice financier significatif.
6. CDBF 15 déc. 2006, *CH d'Ambert*, *AJFP* 2007. 98 ; *Rev. Trésor* 2007. 720, note M. Lascombe et X. Vandendriessche ; *AJDA* 2007. 1355, note N. Groper et C. Michaut ; *Cah. hosp.* oct. 2007, p. 24 ; *Lebon* 675 ; *Rec.* 116.
7. CDBF 11 déc. 1981, *Institut universitaire de technologie d'Orsay*, CCP, n° 2, p. 192. Arrêt rendu sous l'empire de l'ancienne réglementation : s'il reste d'actualité pour illustrer la notion de violation de règles, des faits similaires ne pourraient donner lieu à sanction au titre de l'actuel art. L. 131-9 du code des juridictions financières qu'en présence d'une faute grave ayant entraîné un préjudice financier significatif.
8. CDBF 24 nov. 1986, *CH Sainte-Anne à Paris [dépenses de personnel]*, CCP, n° 3, p. 42. Arrêt rendu sous l'empire de l'ancienne réglementation : s'il reste d'actualité pour illustrer la notion de violation de règles, des faits similaires ne pourraient donner lieu à sanction au titre de l'actuel art. L. 131-9 du code des juridictions financières qu'en présence d'une faute grave ayant entraîné un préjudice financier significatif.
9. CDBF 20 juin 2022 *Institut national du sport, de l'expertise et de la performance (INSEP)*, n° 258-849 ; *Rec.* p. 136 ; *AJDA* 2022. 2527, chron. N. Péhau et M. Choquet.
10. CDBF 19 juin 2002, *Délégation à l'espace aérien [DEA]*, *Rev. Trésor* 2004. 43, note M. Lascombe et X. Vandendriessche ; *Rec.* 99 ; *Lebon* 553. Arrêt rendu sous l'empire de l'ancien article L. 313-4 du code des juridictions financières : s'il reste d'actualité pour illustrer la notion de violation de règles, des faits similaires ne pourraient donner lieu à sanction au titre de l'actuel art. L. 131-9 du même code qu'en présence d'une faute grave ayant entraîné un préjudice financier significatif.

été effectuées réellement, et leur payement était donc dû.

- Payement irrégulier d'indemnités et de frais de mission à un chargé de mission[1], sans doute constitutif d'un indu.

- Frais d'hôtel remboursés sous forme d'heures supplémentaires fictives[2].

432.99 **Indemnités de licenciement.** La rupture de relations de travail peut donner lieu à de différents types d'irrégularités, dont certaines sont susceptibles de générer un préjudice.

- Indemnité irrégulière de licenciement versée à un directeur général adjoint, puis directeur général, de CCI, sur la base d'un contrat de travail qui, s'agissant du calcul des indemnités, était contraire au statut du personnel des CCI, lui-même prévu par la loi ; le versement intervenu sur la base du contrat, en tant qu'il excédait le montant auquel un DG de CCI avait droit en vertu du statut, était donc irrégulier, mais la CDBF a estimé dans ce cas d'espèce que « l'existence d'un préjudice ne saurait être établie que lorsque le montant de l'indemnité versée au titre de la convention irrégulièrement conclue est supérieur au montant de l'indemnité de licenciement qui aurait été due si la procédure statutaire avait été menée à son terme... »[3].

- Allocations de fin de carrière versées à des personnes qui n'y avaient pas droit (allocations versées à des fonctionnaires détachés dans un établissement ; or ces allocations étaient prévues par les conventions collectives de cet établissement, mais d'une part les fonctionnaires n'entraient pas les catégories de bénéficiaires prévus par la convention collective elle-même ; en outre, les textes applicables au détachement l'interdisaient aussi ; enfin, les contrats de travail l'interdisaient également[4]).

- Indemnité de licenciement, qualifiée de transactionnelle, accordée à un directeur général de CCI avant la fin de sa période probatoire, alors que, d'une part, les CCI n'avaient, au moment des faits, pas le droit de transiger, et surtout, d'autre part, que le contrat de travail excluait explicitement le versement d'indemnités de licenciement pendant la période probatoire[5].

- Versement d'une indemnité transactionnelle de licenciement d'une part, et remboursement de pénalités fiscales supportées par un directeur de la structure d'autre part, le tout dans des conditions irrégulières au regard des compétences du conseil d'administration[6].

- Payement d'une indemnité de licenciement irrégulière à un directeur général adjoint d'une chambre de commerce et d'industrie : un contrat de travail – qui prévoyait l'indemnité – doit se conformer au cadre réglementaire en vigueur dans l'établissement public en cause, qui interdisait cette indemnité[7].

1. CDBF 25 sept. 2006, *Institut national de la propriété industrielle [Inpi]*, *Rev. Trésor* 2007. 681, fiche N. Groper ; *AJDA* 2006. 2449, note N. Groper et C. Michaut ; *Rev. Trésor* 2007. 716, note M. Lascombe et X. Vandendriessche ; *Lebon* 668. Arrêt rendu sous l'empire de l'ancien article L. 313-4 du code des juridictions financières : s'il reste d'actualité pour illustrer la notion de violation de règles, des faits similaires ne pourraient donner lieu à sanction au titre de l'actuel art. L. 131-9 du même code qu'en présence d'une faute grave ayant entraîné un préjudice financier significatif.
2. CDBF 3 déc. 1985, *Monnaies et médailles*, CCP, n° 3, p. 31. Arrêt rendu sous l'empire de l'ancienne réglementation : s'il reste d'actualité pour illustrer la notion de violation de règles, des faits similaires ne pourraient donner lieu à sanction au titre de l'actuel art. L. 131-9 du code des juridictions financières qu'en présence d'une faute grave ayant entraîné un préjudice financier significatif.
3. CDBF 23 juill. 2009, *CCI Nice-Côte d'Azur*, n° 168-622 ; *Rec.* 79 ; *AJDA* 2010. 488, note N. Groper et C. Michaut ; *GFP* 2011, n° 7, p. 506, note M. Lascombe et X. Vandendriessche. Arrêt rendu sous l'empire de l'ancien article L. 313-4 du code des juridictions financières : s'il reste d'actualité pour illustrer la notion de violation de règles, des faits similaires ne pourraient donner lieu à sanction au titre de l'actuel art. L. 131-9 du même code qu'en présence d'une faute grave ayant entraîné un préjudice financier significatif.
4. CDBF 11 oct. 1982, *Office national d'études et de recherches aérospatiales [Onera]*, préc. Arrêt rendu sous l'empire de l'ancienne réglementation : s'il reste d'actualité pour illustrer la notion de violation de règles, des faits similaires ne pourraient donner lieu à sanction au titre de l'actuel art. L. 131-9 du code des juridictions financières qu'en présence d'une faute grave ayant entraîné un préjudice financier significatif.
5. CDBF 21 juill. 2008, *CCI de Caen*, *Rec.* 79 ; *AJDA* 2010. 488, note N. Groper et C. Michaut ; *GFP* 2011, p. 393, note M. Lascombe et X. Vandendriessche ; *Lebon* p. 529. Arrêt rendu sous l'empire de l'ancien article L. 313-4 du code des juridictions financières : s'il reste d'actualité pour illustrer la notion de violation de règles, des faits similaires ne pourraient donner lieu à sanction au titre de l'actuel art. L. 131-9 du même code qu'en présence d'une faute grave ayant entraîné un préjudice financier significatif.
6. CDBF 6 mai 2009, *Assoc. Union interprofession enseignement [UNIPE-PE] et Union interprofession insertion professionnelle [UNIPE-IP]*, *Rec.* 75 ; *AJDA* 2009. 2456, note N. Groper et C. Michaut ; *GFP* 2011, n° 7, p. 500, note M. Lascombe et X. Vandendriessche. Arrêt rendu sous l'empire de l'ancien article L. 313-4 du code des juridictions financières : s'il reste d'actualité pour illustrer la notion de violation de règles, des faits similaires ne pourraient donner lieu à sanction au titre de l'actuel art. L. 131-9 du même code qu'en présence d'une faute grave ayant entraîné un préjudice financier significatif.
7. CDBF 23 juill. 2009, *CCI de Nice-Côte d'Azur*, préc. ; *GFP* 2011, n° 7, p. 506, note M. Lascombe et X. Vandendriessche. Arrêt rendu sous l'empire de l'ancien article L. 313-4 du code des juridictions financières : s'il reste d'actualité pour illustrer la notion de violation de règles, des faits similaires ne pourraient donner lieu à sanction au titre de l'actuel art. L. 131-9 du même code qu'en présence d'une faute grave ayant entraîné un préjudice financier significatif.

– Indemnités de rupture irrégulières, étant précisé « que la circonstance que des indemnités de rupture auraient été versées si la procédure statutaire avait été respectée n'est pas de nature à rendre réguliers les paiements intervenus sur un fondement irrégulier »[1].

– Prise en charge irrégulière par un centre de lutte contre le cancer d'indemnités de départ versées au directeur, et de cotisations de retraite facultatives au bénéfice de ce même directeur[2].

– Indemnité de licenciement versée à un directeur général de CCI licencié : l'indemnité était régulière dans son principe, mais son montant excédait ce qui était dû en vertu des textes[3].

432.100 Irrégularités dans la nomination et la mise à disposition de personnel.

– Nominations à des emplois dans la fonction publique sans base légale, c'est-à-dire à un poste qui n'existe pas sur le plan réglementaire et qui ne fait pas l'objet d'un emploi budgétaire ; même si un véhicule budgétaire existait, cela « ne donne[rait] pas, en tout état de cause, un fondement juridique à ces emplois » [dans la fonction publique] ; la CDBF a appliqué l'infraction réprimant le non-respect de règles en matière de dépenses[4].

– Création d'emplois en dépassement de crédits[5].

– Mise à disposition d'un fonctionnaire : le non-respect des règles encadrant la mise à disposition de fonctionnaires ou de personnels contractuels de la fonction publique à des services ou organismes publics peut être constitutif de l'infraction générale réprimant la violation de règles en dépenses[6].

– Embauche de personnel de cabinet *via* une fédération sportive qui était subventionnée (subvention fictive)[7].

– La Cour, constatant que le « contrat de travail [entre le CH et l'épouse du directeur du CH] est irrégulier en ce qu'il est dépourvu de toute définition des missions réelles confiées à l'agent recruté », et constatant que la mise à disposition de celle-ci, par le CH, à un GIP « a été faite de manière irrégulière en raison de l'absence de convention signée entre le GIP [...] et le CHU » : 313-4[8].

§ 3
Avantages indus

432.111 Diverses dépenses constitutives d'avantages indus, y compris en nature. Lorsqu'il s'agit d'avantages en nature, la Cour peut avoir tendance à « raccrocher » ces faits au volet « non-respect des règles en matière de recettes »[9] au sein de cette

1. CDBF 23 juill. 2009, *CCI de Nice-Côte d'Azur*, préc. Arrêt rendu sous l'empire de l'ancien article L. 313-4 du code des juridictions financières : s'il reste d'actualité pour illustrer la notion de violation de règles, des faits similaires ne pourraient donner lieu à sanction au titre de l'actuel art. L. 131-9 du même code qu'en présence d'une faute grave ayant entraîné un préjudice financier significatif.
2. CDBF 13 janv. 2006, *Centre régional de lutte c/ le cancer Oscar Lambret de Lille*, préc. Arrêt rendu sous l'empire de l'ancien article L. 313-4 du code des juridictions financières : s'il reste d'actualité pour illustrer la notion de violation de règles, des faits similaires ne pourraient donner lieu à sanction au titre de l'actuel art. L. 131-9 du même code qu'en présence d'une faute grave ayant entraîné un préjudice financier significatif.
3. CDBF 21 juill. 2008, *CCI de Caen*, préc. Arrêt rendu sous l'empire de l'ancien article L. 313-4 du code des juridictions financières : s'il reste d'actualité pour illustrer la notion de violation de règles, des faits similaires ne pourraient donner lieu à sanction au titre de l'actuel art. L. 131-9 du même code qu'en présence d'une faute grave ayant entraîné un préjudice financier significatif.
4. CDBF 13 juill. 2011, *Rectorat de Paris – Inspecteurs de l'académie de Paris (IAP)*, n° 177-684 ; *Rec.* 158 ; *GFP* 2013, n° 5, p. 74, note S. Damarey, M. Lascombe et X. Vandendriessche. Arrêt rendu sous l'empire de l'ancien article L. 313-4 du code des juridictions financières : s'il reste d'actualité pour illustrer la notion de violation de règles, des faits similaires ne pourraient donner lieu à sanction au titre de l'actuel art. L. 131-9 du même code qu'en présence d'une faute grave ayant entraîné un préjudice financier significatif.
5. CDBF 9 déc. 2011, *Groupe hospitalier Sud Réunion*, n° 180-656 ; *Rec.* 164 ; *AJDA* 2012. 1279, note C. Michaut et P. Sitbon ; *GFP* 2013, n° 5, p. 78, note S. Damarey, M. Lascombe et X. Vandendriessche. Arrêt rendu sous l'empire de l'ancien article L. 313-4 du code des juridictions financières : s'il reste d'actualité pour illustrer la notion de violation de règles, des faits similaires ne pourraient donner lieu à sanction au titre de l'actuel art. L. 131-9 du même code qu'en présence d'une faute grave ayant entraîné un préjudice financier significatif.
6. CDBF 13 juill. 2011, *Rectorat de Paris – Inspecteurs de l'académie de Paris (IAP)*, préc. Arrêt rendu sous l'empire de l'ancien article L. 313-4 du code des juridictions financières : s'il reste d'actualité pour illustrer la notion de violation de règles, des faits similaires ne pourraient donner lieu à sanction au titre de l'actuel art. L. 131-9 du même code qu'en présence d'une faute grave ayant entraîné un préjudice financier significatif.
7. CDBF 21 mars 2013, *Secrétariat d'État chargé des sports*, n° 188-712 ; *Rec.* 205. Arrêt rendu sous l'empire de l'ancien article L. 313-4 du code des juridictions financières : s'il reste d'actualité pour illustrer la notion de violation de règles, des faits similaires ne pourraient donner lieu à sanction au titre de l'actuel art. L. 131-9 du même code qu'en présence d'une faute grave ayant entraîné un préjudice financier significatif.
8. CDBF 6 oct. 2014, *Centre hospitalier universitaire (CHU) de Caen*, n° 195-686/704 ; *Rec.* 171. Arrêt rendu sous l'empire de l'ancien article L. 313-4 du code des juridictions financières : s'il reste d'actualité pour illustrer la notion de violation de règles, des faits similaires ne pourraient donner lieu à sanction au titre de l'actuel art. L. 131-9 du même code qu'en présence d'une faute grave ayant entraîné un préjudice financier significatif.
9. Sur les violations de règles d'exécution des recettes, v. s^s n° 432.71.

même infraction, si elle estime que la structure aurait dû facturer cet avantage [1].

En principe, un avantage indu génère un préjudice dont il faut vérifier le caractère significatif, si les faits doivent pouvoir être appréhendés au titre de l'infraction générale réprimant la violation de règles en dépenses dans ses exigences actuelles [2] ; or ce sera sans doute rarement le cas.

Dès lors, il convient de préciser que ce type de fait est désormais susceptible d'être appréhendé à travers l'infraction réprimant l'avantage injustifié octroyé à soi-même ou à autrui, par intérêt personnel.

Exemples en jurisprudence :

– Divers avantages en nature et en argent reçus à travers différentes filiales, y compris étrangères, d'un groupe [3].

– Aide au reclassement irrégulièrement prise en charge par le budget d'une CCI en faveur d'un directeur général licencié qui n'y avait pas droit [4].

– Avantages en nature : le fait que les statuts d'un établissement public ne prévoient pas l'existence d'avantages en nature n'interdit pas à l'établissement d'en décider, à condition de passer par un acte juridique adéquat : les avantages en nature étaient prévus dans le contrat de travail du bénéficiaire, qui constituait en l'espèce une base juridique régulière et suffisante, puisqu'il n'existait aucun texte supérieur, dans la hiérarchie des normes, qui l'interdisait, la CDBF a écarté l'existence d'une infraction [5].

– Avantages en nature et diverses indemnités attribués sans base juridique dans une université [6], attribués en partie sur réquisition du comptable public.

– Avantage en nature : prise en charge par la filiale d'une caisse de sécurité sociale de loyers pour un appartement de la caisse occupé par l'un des dirigeants de cette dernière, en violation d'une décision de son président qui prévoyait le payement du loyer par le locataire [7].

– Prise en charge par un établissement public de frais d'électricité de logements personnels (donc pas de logements de fonction) ; en outre payement d'indemnités de chauffage à un agent alors que l'établissement disposait de logements de fonction, ceci étant contraire à la réglementation [8].

– Indemnités kilométriques versées au vu d'états de frais falsifiés (ne correspondant pas à des déplacements réels) : elles étaient indues [9].

– « Il n'appartenait pas à M. X de relever les taux journaliers réglementaires de frais de mission qu'il jugeait trop bas, ou d'abonder la rémunération de ses collaborateurs en alléguant des motifs d'équité ou d'efficacité, ni enfin de compléter, par une voie détournée, des dotations budgétaires qu'il estimait insuffisantes », et cela dans le cadre d'une caisse occulte [10].

1. Sur la non-facturation d'avantages en recettes, v. s[s] n° 432.74.
2. CJF, art. L. 131-9, dans sa version en vigueur depuis le 1er janv. 2023.
3. CDBF 27 mars 1985, *S[té] française d'équipements pour la navigation aérienne [Sfena]*, CCP, n° 3, p. 7. Arrêt rendu sous l'empire de l'ancienne réglementation : s'il reste d'actualité pour illustrer la notion de violation de règles, des faits similaires ne pourraient donner lieu à sanction au titre de l'actuel art. L. 131-9 du code des juridictions financières qu'en présence d'une faute grave ayant entraîné un préjudice financier significatif.
4. CDBF 21 juill. 2008, *CCI de Caen*, *Rec.* 79 ; *AJDA* 2010. 488, note N. Groper et C. Michaut ; *GFP* 2011, p. 393, note M. Lascombe et X. Vandendriessche ; *Lebon* p. 529. Arrêt rendu sous l'empire de l'ancien article L. 313-4 du code des juridictions financières : s'il reste d'actualité pour illustrer la notion de violation de règles, des faits similaires ne pourraient donner lieu à sanction au titre de l'actuel art. L. 131-9 du même code qu'en présence d'une faute grave ayant entraîné un préjudice financier significatif.
5. CDBF 23 juill. 2009, *CCI de Nice-Côte d'Azur*, *Rec.* 79 ; *AJDA* 2010. 488, note N. Groper et C. Michaut ; *GFP* 2011, n° 7, p. 506, note M. Lascombe et X. Vandendriessche. Arrêt rendu sous l'empire de l'ancien article L. 313-4 du code des juridictions financières : s'il reste d'actualité pour illustrer la notion de violation de règles, des faits similaires ne pourraient donner lieu à sanction au titre de l'actuel art. L. 131-9 du même code qu'en présence d'une faute grave ayant entraîné un préjudice financier significatif.
6. CDBF 1er et 2 juill. 1987, *Université Paris XII Val de Marne*, CCP, n° 3, p. 89 ; *Lebon*, tables p. 655. Arrêt rendu sous l'empire de l'ancienne réglementation : s'il reste d'actualité pour illustrer la notion de violation de règles, des faits similaires ne pourraient donner lieu à sanction au titre de l'actuel art. L. 131-9 du code des juridictions financières qu'en présence d'une faute grave ayant entraîné un préjudice financier significatif.
7. CDBF 17 déc. 1990, *Caisse de retraite du personnel navigant professionnel de l'aéronautique civile [CRPNPAC]*, préc. Arrêt rendu sous l'empire de l'ancienne réglementation : s'il reste d'actualité pour illustrer la notion de violation de règles, des faits similaires ne pourraient donner lieu à sanction au titre de l'actuel art. L. 131-9 du code des juridictions financières qu'en présence d'une faute grave ayant entraîné un préjudice financier significatif.
8. CDBF 2 déc. 1987, *CHS de Prémontré [Aisne]*, CCP, n° 3, p. 113 ; *Lebon*, tables p. 656. Arrêt rendu sous l'empire de l'ancienne réglementation : s'il reste d'actualité pour illustrer la notion de violation de règles, des faits similaires ne pourraient donner lieu à sanction au titre de l'actuel art. L. 131-9 du code des juridictions financières qu'en présence d'une faute grave ayant entraîné un préjudice financier significatif.
9. CDBF 17 févr. 1988, *Direction des services vétérinaires des Alpes de Haute-Provence, Assoc. Groupement de défense sanitaire [GDS] et Assoc. Groupement vétérinaire pratique [GVP]*, CCP, n° 3, p. 122 ; *Lebon* 538. Arrêt rendu sous l'empire de l'ancienne réglementation : s'il reste d'actualité pour illustrer la notion de violation de règles, des faits similaires ne pourraient donner lieu à sanction au titre de l'actuel art. L. 131-9 du code des juridictions financières qu'en présence d'une faute grave ayant entraîné un préjudice financier significatif.
10. CDBF 4 déc. 1979, *secr. d'Ét. à la Jeunesse et aux Sports, Direction de l'éducation physique et des sports*, CCP, n° 2, p. 175.

Des violations de règles en dépenses peuvent donc s'ajouter à l'infraction réprimant une gestion de fait[1].

– Cas particulier de prise en charge indue de frais professionnels facturés par des tiers, de prestataires extérieurs ; dans ce cas, il s'agit plus généralement d'un payement indu en l'absence de service fait[2].

– Un comptable s'était octroyé à lui-même des avances sur une indemnité qui, au moment du payement, n'avait pas encore été décidée[3].

– Logement de fonction attribué à une personne qui n'y avait pas droit (transposable nouveau régime)[4].

– Prise en charge de dépenses d'intérêt privé : préjudice (100 000 euros), à travers des ordres de mission, des certificats administratifs ou de pièces justificatives dissimulant leur véritable objet[5].

– Avantage en nature : « la chambre départementale d'agriculture du Finistère a signé avec la Société anonyme sportive professionnelle (SASP) dénommée H…, plusieurs contrats ayant pour objet l'achat de billets d'entrée et des prestations associées pour des matchs de football ; que le montant cumulé versé en exécution de ces contrats s'élève à 44 187 € pour la période ; qu'il ressort de l'instruction que les places étaient remises aux seuls membres du bureau de la chambre départementale d'agriculture, à charge pour eux de les redistribuer aux membres élus de la chambre départementale ; Considérant qu'en l'absence d'un cadre défini pour l'utilisation de ces billets et de tout élément de nature à établir le caractère professionnel des contacts qui auraient pu être établis lors de ces rencontres sportives, ces prestations doivent être considérées comme ayant bénéficié aux membres du bureau à titre personnel, alors que l'octroi de tels avantages n'est prévu par aucun texte applicable à ces derniers ; Considérant que le paiement de prestations par la chambre départementale d'agriculture à la SASP H… en méconnaissance des règles rappelées ci-dessus constitue une infraction aux règles d'exécution des dépenses au sens de l'article L. 313-4 du code des juridictions financières » alors applicable[6].

– Octroi aux dirigeants d'une association d'indemnités et de divers avantages (logement gratuit…), alors que les statuts prévoyaient le bénévolat[7].

§ 4
Achat public

432.121 Violations de règles de dépenses dans le cadre de la commande publique. Dans le cadre de la répression financière prise en charge par la CDBF jusqu'en 2022, les violations de règles d'exécution des dépenses en matière de commande publique étaient fréquemment sanctionnées[8] ; mais dans la mesure où, désormais, l'infraction générale prévue à l'article L. 131-9 du CJF requiert, en plus de la violation de règles, la survenance d'un préjudice financier significatif, hypothèse rare, ce champ de répression se trouve fortement restreint, limité aux seuls cas de faute grave de gestion[9].

Cette évolution aboutit à ce que de nombreuses violations de règles dans l'achat public demeurent sans sanction financière possible, sauf à entrer dans le cadre d'une infraction budgétaire spéciale[10] ou d'établir, du fait d'une irrégularité dans la commande publique, l'octroi d'un avantage injustifié par intérêt personnel[11].

Elle conduit également à étendre *de facto* le champ de la répression pénale en matière de commande publique[12], répression plus sévère mais dont les éléments constitutifs sont paradoxalement plus faciles à établir[13].

Pourtant, les principes de liberté d'accès à la commande publique, d'égalité de traitement des candidats et de transparence des procédures ont reçu un ancrage constitutionnel[14], puisqu'ils découlent des articles 6 et 14 de la DDHC de 1789 ; surtout, le Conseil constitutionnel a repris à son compte le principe selon lequel l'efficacité de la commande publique et la bonne utilisation des deniers publics sont assurées par la définition préalable des besoins,

1. CJF, art. L. 131-15.
2. CDBF 13 juin 2003, *SEM Sarcelles Chaleur*, *Rev. Trésor* 2004. 57, note M. Lascombe et X. Vandendriessche ; *AJDA* 2003. 2316, note N. Groper ; *Lebon* 584 ; *Rec.* 121 ; A. Froment-Meurice, J.-Y. Bertucci, N. Hauptmann et C. Michaut, *GAJF*, 7e éd. 2019, no 49, p. 572.
3. CDBF 4 avr. 2011, *Lycée professionnel Vauvenargues et GRETA du pays d'Aix*, no 174-647/667 ; *Rec.* 155 ; *GFP* 2013, no 5, p. 69, note S. Damarey, M. Lascombe et X. Vandendriessche.
4. CDBF 20 juin 2022 *Institut national du sport, de l'expertise et de la performance (INSEP)*, no 258-849 ; *Rec.* 136 ; *AJDA* 2022. 2527, chron. N. Péhau et M. Choquet.
5. CDBF 15 juill. 2013, *Office des Postes et télécommunications de la Polynésie française*, no 190-661 ; *Rec.* 209 ; *AJDA* 2013. 2544, chron. C. Michaut et P. Sitbon.
6. CDBF 14 nov. 2019, *Chambre départementale d'agriculture du Finistère*, no 237-772 ; *Rec.* 221.
7. CDBF 25 mars 1987, *Assoc. X et Y*, CCP, no 3, p. 55.
8. Sur la base de CJF, ancien art. L. 313-4, en vigueur jusqu'au 31 déc. 2022.
9. V. ss no 431.12.
10. Sur les infractions budgétaires et comptables, v. ss no 42.05.
11. Désormais CJF, art. L. 131-12 ; – v. ss nos 441.11 (infraction en général) et 442.91 (sur l'avantage injustifié en matière de commande publique).
12. Délit de favoritisme en particulier : C. pén., art. 432-14 – Sur le principe du *non bis in idem* en matière de commande publique, v. ss nos 212.33 et 212.34.
13. Sur la question, récurrente, du partage entre pénal et financier en matière de commande publique, v. ss no 212.34.
14. Cons. const. 26 juin 2003, Loi habilitant le Gouvernement à simplifier le droit, no 2003-473 DC.

le respect des obligations de publicité et de mise en concurrence ainsi que par le choix de l'offre économiquement la plus avantageuse.

Autrement dit, outre l'objectif de « moralisation » que visent les règles principales en matière de commande publique, celles-ci ont aussi une vocation économique ; leur violation devrait donc, en soi, être jugée comme ayant causé un préjudice financier. Mais non seulement la juridiction financière ne suit pas ce raisonnement pour un préjudice même simple[1], mais surtout, le caractère significatif d'un tel préjudice, fût-il admis dans son principe, est très difficile à établir.

Restent des hypothèses résiduelles susceptibles d'être appréhendées en tant que telles, comme par exemple l'absence de service fait avec préjudice significatif, l'absence d'application de pénalités de retard avec préjudice significatif[2], ou encore la condamnation d'un organisme public à des dommages et intérêts d'un montant significatif du fait de la violation de règles en matière de commande publique.

Surtout, diverses violations de règles en matière de commande publique peuvent, en s'accumulant, illustrer une faute grave de gestion – comme celle du défaut d'organisation de la fonction achat[3] – qui, si elle a causé un préjudice financier significatif, peut être sanctionnée dans le cadre de la jurisprudence dégagée à partir de l'infraction générale[4].

De ce fait, il demeure intéressant de présenter en détail la jurisprudence de la CDBF en matière de commande publique, qui, même si elle n'est pas toujours transposable dans le nouveau régime sur le plan de la capacité de sanctionner une irrégularité, est susceptible de l'inspirer.

Une autre question, importante et récurrente en jurisprudence, est celle de la question de savoir quelles règles sont applicables aux achats d'un organisme[5]. Car les règles du code de la commande publique ne s'appliquent pas à tous les organismes dont les gestionnaires sont justiciables de la Cour : cette dernière doit donc, au cas par cas, vérifier les règles applicables. Un arrêt détaille ainsi de façon précise le raisonnement aboutissant à considérer une société comme pouvoir adjudicateur, et donc à la soumettre aux règles de la commande publique ; or « la méconnaissance des règles de publicité et de mise en concurrence qui s'imposent, en application de l'ordonnance du 6 juin 2005 susvisée, à une société anonyme présentant le caractère d'un pouvoir adjudicateur constitue une violation des règles relatives à l'exécution des dépenses »[6].

432.122 Prescription et commande publique. Un marché étant susceptible de se dérouler sur une temporalité longue, la question de l'application des règles de prescription se pose régulièrement lorsqu'une partie du marché relève de la période prescrite, une autre partie non.

Dans ce cas, il convient tout d'abord de distinguer les différents actes qui peuvent survenir dans le cadre d'un marché : « la signature du marché [...] est intervenue pendant la période prescrite ; qu'en revanche, les faits postérieurs [...] relatifs à l'exécution du marché [...] ne sont pas couverts par la prescription »[7] : ces derniers peuvent donc naturellement être appréhendés par le juge. Dans le même sens : en matière de commande publique, le juge s'il ne recherche pas « les irrégularités entachant la procédure de passation [...], la règle de prescription ne fait pas obstacle à ce que la Cour procède à l'examen des conditions d'exécution de ces marchés, pour la période d'exécution postérieure » à la date partageant entre période prescrite et celle qui ne l'est pas[8]. Si ces actes d'exécution présentent en eux-mêmes des irrégularités, celles-ci peuvent être appréhendées.

Et une irrégularité dans la conception d'un marché, en période prescrite, n'entache pas forcément les actes subséquents d'irrégularité : « les circonstances que la définition des besoins, préalable à la passation du marché, aurait été imprécise et que le montant indiqué dans la lettre notifiant l'acte d'engagement ne correspondait pas à la forme du marché, ne sont pas de nature à entacher d'irrégularité les actes d'exécution du marché passés en période non

1. Encore récemment : C. comptes 3 mai 2024, *France Médias Monde (FMM)*, n° 860, S-2024-0793 ; *JCP Adm.* 2024. 2207, note S. Damarey ; *AJDA* 2024. 1859, chron. N. Péhau et L. Vergallo – Dans le même sens, bien que sur une autre infraction : C. comptes 3 mai 2024, *Chambre régionale d'agriculture de Bretagne (CRAB) et Association pour la traçabilité et le développement d'outils pour l'identification et de logiciels d'élevage (e-toile)*, n°s 856 et 870, S-2024-0696 ; *AJDA* 2024. 1327, chron. N. Péhau et L. Vergallo.
2. Hypothèse rangée le plus souvent dans le volet « recettes » de l'infraction réprimant les violations de règles, v. s[s] n° 432.73.
3. Ex. : CDBF 16 nov. 2012, *Agence nationale pour l'emploi (ANPE)*, n° 186-639 ; *Rec.* 198 ; *AJDA* 2013. 1621, chron. C. Michaut et P. Sitbon ; *GFP* 2013, n° 5, p. 93, note S. Damarey, M. Lascombe et X. Vandendriessche.
4. Faute grave de gestion jurisprudentielle : v. s[s] n° 432.201.
5. Sur cette question des règles applicables, en général, v. s[s] n°s 432.11 et 432.21 s.
6. CDBF 17 juin 2014, *Société de valorisation foncière et immobilière (SOVAFIM)*, n° 193-696 ; *Rec.* 169 ; *AJDA* 2014. 1603, note C. Michaut et J.-E. Picard ; *RLC* 2014, n° 41, p. 32, note S. Brameret.
7. CDBF 22 oct. 2012, *Port autonome de Marseille*, n° 185-692 ; *Rec.* 196 ; *AJDA* 2012. 2441, note C. Michaut et P. Sitbon ; *GFP* 2013, n° 5, p. 90, note S. Damarey, M. Lascombe et X. Vandendriessche.
8. CDBF 3 mai 2018, *Office national des anciens combattants et victimes de guerre (ONAC-VG)*, n° 220-783 ; *Rec.* 183 ; mentionné dans *JCP Adm.* 2018, n° 22, actualités 489.

prescrite »[1]. Dans le même sens : « Considérant que l'irrégularité affectant ainsi la signature, en période prescrite, de ce bon de commande n'est pas de nature à entacher d'irrégularité les actes d'exécution du marché passés en période non prescrite », car un vice d'incompétence de l'acte initial ne vicie pas forcément les actes d'exécution[2].

Toutefois, la Cour pourrait retenir, prudemment, la notion d'infraction continue ou d'infraction complexe en matière de commande publique.

La jurisprudence, à cet égard, n'est pas limpide : ainsi, dans le cas d'un avenant qui avait été signé en période prescrite, la Cour a pu considérer que « toutefois cette décision a poursuivi ses effets sur la période non prescrite et a eu pour conséquence la réalisation pendant cette période d'opérations dont la régularité est mise en cause ; que cet ensemble d'opérations peut ainsi être examiné par la Cour » ; on peut comprendre que cet ensemble inclut non seulement les actes d'exécution en période non prescrite, mais aussi l'avenant qui lui est antérieur ; pourtant, plus loin le même arrêt dit clairement que « les irrégularités entachant sa signature [celle de l'avenant] sont, à les supposer établies, couvertes par la prescription »[3].

Même si le juge refuse d'aller sur le terrain d'une infraction complexe, il peut toujours retenir des vices initiaux concernant une opération d'ensemble (sous-évaluation des besoins), même en période prescrite, au titre des circonstances, notamment en faveur des successeurs[4].

432.123 Répression financière en matière de commande publique et délit pénal de favoritisme. À noter enfin que la répression financière en matière de violation de règles régissant la commande publique et le délit pénal de favoritisme[5] interviennent dans des domaines très proches, ce qui conduit à l'application du principe du *non bis in idem*[6] : les personnes condamnées au pénal pour délit de favoritisme sur les mêmes faits « ne peuvent faire l'objet d'une nouvelle sanction [par la juridiction financière répressive] à ce titre »[7].

432.124 Absence de service fait dans le cadre d'un marché public. L'absence de service fait, dans le cadre d'un marché, est constitutive d'un préjudice, ce qui rend un tel cas de figure éligible à l'infraction réprimant les violations de règles dans ses éléments constitutifs actuels, à condition toutefois que ce préjudice soit significatif.

La difficulté principale est d'établir une absence de service fait, ce qui n'est pas toujours évident, notamment en cas de prestations intellectuelles.

Exemples tirés de la jurisprudence :

– Prise en charge d'un consultant sans contrepartie réelle en termes de travail : « l'instruction a établi que le prestataire, qui a perçu [...] une rémunération totale de 18,48 millions de francs CFP (soit près de 155 000 euros) en exécution de [la] convention, s'est borné à produire des rapports reprenant, pour l'essentiel, des données qui lui avaient été fournies par les services de l'établissement public, sans retraitement ni réelle analyse de sa part » : préjudice[8].

– Délivrance d'attestations de décompte de droits constatés au bénéfice d'une société fournisseur de l'Ugap qui ne correspondaient pas à la réalité ; la société ayant remis les marchés passés avec l'Ugap en nantissement à une banque, puis ayant fait faillite, la banque s'est retournée contre l'État qui a dû indemniser cette dernière, ce qui a entraîné un préjudice pour le Trésor[9].

– Un directeur de centre hospitalier avait certifié le service fait de prestations qui n'avaient pas été exécutées[10].

– Des certifications fallacieuses avaient été apposées sur les pièces de dépense : l'ordonnateur a été condamné sur la base de l'infraction générale, « même si en définitive les paiements n'ont pas été effectués grâce à la vigilance et la prudence de l'agent comptable »[11]. Une telle hypothèse ne serait plus sanctionnable dans le cadre de l'infraction actuelle, faute de préjudice.

– Le fait d'avoir payé des factures alors que l'instruction n'a pas permis d'établir le service fait : préjudice[12].

1. CDBF 15 déc. 2017, *Office national de l'eau et des milieux aquatiques* (ONEMA), n° 217-730-II ; *Rec.* 247 ; *AJDA* 2018. 2493, chron. N. Hauptmann et N. Péhau ; v. également V. Mazzocchi, « Principe *non bis in idem*, que faut-il entendre par *bis* ? Droit administratif et droit public financier », *Dr. adm.* 2018, n° 3, chron. 1.
2. CDBF 15 déc. 2017, *Office national de l'eau et des milieux aquatiques* (ONEMA), n° 217-730-II ; préc.
3. CDBF 12 oct. 2018, *École nationale de formation agronomique (ENFA)*, n° 223-786 ; *Rec.* p. 188.
4. CDBF 25 janv. 2019, *Radio France : le chantier de réhabilitation*, n° 227-760 ; *Rec.* p. 191.
5. C. pén., art. 432-14.
6. Sur ce principe, en général, v. s[s] n°s 212.11 s.
7. CDBF 30 déc. 2016, *Caisse interprofessionnelle de prévoyance et d'assurance vieillesse (CIPAV)*, 2e arrêt, n° 212-735-II ; *Rec.* p. 189 ; *AJDA* 2017. 1940, chron. N. Péhau et N. Hauptmann.
8. CDBF 15 juill. 2013, *Office des Postes et télécommunications de la Polynésie française*, n° 190-661 ; *Rec.* 209 ; *AJDA* 2013. 2544, chron. C. Michaut et P. Sitbon.
9. CDBF 8 nov. 1973, *Ugap*, *Lebon* 797 (extraits) ; CCP, n° 2, p. 88.
10. CDBF 17 juin 2005, *CHS Paul Guiraud de Villejuif*, 2e arrêt, préc.
11. CDBF 13 oct. 1993, *Carrefour international de la communication [Cicom]*, *Rev. Trésor* 1995. 677 ; *Rec.* 146.
12. CDBF 5 juill. 2022, *Société publique locale de Mayotte (SPL 976)*, n° 259-816 ; *Rec.* 141 ; *AJDA* 2022. 1952, chron. M. Choquet et N. Péhau ; *AJCT* 2023, p. 55.

L'absence de service fait en matière de commande publique peut également être qualifiée au titre de l'infraction réprimant l'avantage injustifié, si les autres éléments constitutifs de cette infraction sont réunis [1].

En revanche, des irrégularités affectant la certification du service fait n'impliquent pas forcément un préjudice : « la mention du service fait portée à la facture [...] n'est pas signée ; que le paiement est ainsi vicié par l'absence de certification valide du service fait ; que cette irrégularité constitue une infraction aux règles mentionnées à l'article L. 313-4 du code des juridictions financières » alors applicable [2].

432.125 Absence de marché et prestations hors marché. L'absence de marché formalisé n'entraîne pas pour autant forcément un préjudice, et encore moins un préjudice significatif, car les payements intervenus peuvent correspondre à une prestation réelle normalement rémunérée.

Il en va ainsi d'une décision, par simple ordre de service, de poursuivre un marché alors que les aspects techniques et financiers avaient entièrement changé et que les crédits supplémentaires n'étaient pas disponibles : par cet acte, l'intéressé engageait l'État de façon irréversible, en dehors de tout marché régulièrement approuvé et en dehors des crédits nécessaires [3]. Dans le même sens, travaux commandés sans marché [4] ; ou encore l'absence de contrats écrits (commandes effectuées par simples lettres) [5].

Pour un exemple dans lequel la juridiction a néanmoins retenu l'existence d'un préjudice : malgré son mauvais classement dans deux appels d'offres qui avaient été annulés, une société de nettoyage avait effectué des prestations hors marché et avait été payée sur la base de simples bons de commande : « le port, qui a ainsi été amené à payer à la société [...] des prestations à des conditions moins avantageuses que celles proposées par des candidats mieux classés qu'elle et dont l'un aurait dû être retenu à sa place, en a inévitablement subi un préjudice ». Mais il s'agit d'un cas particulier, car on savait en l'espèce, à cause des appels d'offres qui avaient été réalisés mais annulés, avec précision que l'entreprise coûtait plus cher que d'autres [6].

432.126 Absence de mise en concurrence, ou recours à une procédure inadaptée. L'absence de mise en concurrence, alors que les textes applicables y obligent, constitue une violation particulièrement grave des règles de la commande publique. Néanmoins, dans le cadre de l'infraction actuelle, cette irrégularité de principe n'est sanctionnable que si on peut établir que cette absence de mise en concurrence a généré un préjudice significatif, ce qui n'est pas simple, puisqu'il faut prouver un surcoût significatif dû au choix du prestataire. Or ceci n'est possible que si les prestations fournies sont comparables avec d'autres offres.

La voie est donc étroite pour l'application de l'infraction réprimant les violations de règles, sauf à entrer dans la faute grave de gestion, mais ce qui requerrait toujours l'existence d'un préjudice financier significatif dont nous avons vu qu'il était très difficile à établir en matière de commande publique [7] ; en revanche, le fait d'obtenir un marché hors mise en concurrence représentant dans tous les cas un avantage injustifié pour l'entreprise titulaire du marché, l'infraction prévue à l'article L. 131-12 du code des juridictions financières peut, le cas échéant, trouver application [8], ainsi que certaines infractions budgétaires en matière d'engagement de dépenses [9].

Malgré les réserves qui précèdent, l'examen de la jurisprudence de la CDBF rendue sur le non-respect du principe de mise en concurrence demeure intéressant :

– Multitude d'irrégularités dans la passation de marchés informatiques d'un ministère ; condamna-

1. Sur l'avantage injustifié en matière de commande publique, v. s[s] n° 442.91.
2. CDBF 15 déc. 2017, *Office national de l'eau et des milieux aquatiques* (ONEMA), n° 217-730-II ; *Rec.* 247 ; *AJDA* 2018. 2493, chron. N. Hauptmann et N. Péhau ; v. également V. Mazzocchi, « Principe *non bis in idem*, que faut-il entendre par *bis* ? Droit administratif et droit public financier », *Dr. adm.* 2018, n° 3, chron. 1.
3. CDBF 14 mai 1973, *Service de la navigation de Strasbourg*, CCP, n° 2, p. 82 ; *Lebon* 856 (extraits) ; Froment-Meurice, Bertucci, Hauptmann et Michaut, *GAJF*, Dalloz, 7e éd. 2019, n° 47, p. 549. Arrêt rendu sous l'empire de l'ancienne réglementation : s'il reste d'actualité pour illustrer la notion de violation de règles, des faits similaires ne pourraient donner lieu à sanction au titre de l'actuel art. L. 131-9 du code des juridictions financières qu'en présence d'une faute grave ayant entraîné un préjudice financier significatif.
4. CDBF 16 oct. 1981, *DDE de la Gironde*, CCP, n° 2, p. 188. Arrêt rendu sous l'empire de l'ancienne réglementation : s'il reste d'actualité pour illustrer la notion de violation de règles, des faits similaires ne pourraient donner lieu à sanction au titre de l'actuel art. L. 131-9 du code des juridictions financières qu'en présence d'une faute grave ayant entraîné un préjudice financier significatif.
5. CDBF 15 déc. 1993, *min. de la Défense, service d'information et de relations publiques des armées [Sirpa]*, *Rev. Trésor* 1995. 679 ; *Lebon* 536 ; *Rec.* 151. Arrêt rendu sous l'empire de l'ancienne réglementation : s'il reste d'actualité pour illustrer la notion de violation de règles, des faits similaires ne pourraient donner lieu à sanction au titre de l'actuel art. L. 131-9 du code des juridictions financières qu'en présence d'une faute grave ayant entraîné un préjudice financier significatif.
6. CDBF 16 juin 2015, *Grand port maritime de Nantes-Saint Nazaire*, n° 200-728 ; *Rec.* 165 ; *AJDA* 2015. 2069, note O. Villemagne et P. Grimaud ; *AJDA* 2016. 2487, chron. N. Péhau et N. Hauptmann.
7. V. s[s] n° 431.12.
8. Sur l'avantage injustifié en matière de commande publique, v. s[s] n° 442.91.
9. CJF, art. L. 131-13, 2° et L. 131-13, 3°.

tion non seulement des responsables de la passation du marché, mais également du contrôleur financier[1].

– Marchés conclus sans aucune mise en concurrence[2] ; absence de mise en concurrence initiale et conclusion de marchés de régularisation ; « le plus grand désordre régnait », qui en outre avait facilité des détournements au sens pénal du terme[3] ; absence de passation d'un marché alors que le seuil était dépassé[4] ; marché de gardiennage et de sécurité sans publicité, mise en concurrence ni contrat écrit, alors que les lois applicables à la structure exigeaient un contrat écrit précédé d'un appel d'offres[5] ; – marché passé sans appel à concurrence (procédure d'urgence invoquée) ; marché passé sans appel à concurrence (nécessités techniques particulières invoquées)[6].

– Recours à la procédure de marché négocié en contradiction avec les règles applicables, qui obligeaient à une mise en concurrence : il appartient à l'ordonnateur d'apporter la preuve qu'une situation entre dans les exceptions prévues par le code des marchés publics à la règle générale de mise en concurrence[7] ; dans le même sens, méconnaissance de règles en matière de marchés négociés[8] ; autre affaire dans laquelle le directeur d'un centre hospitalier avait conclu un marché de maîtrise d'œuvre sous la forme négociée, alors que les conditions exigées par les textes n'étaient pas réunies[9].

– Fractionnement de marchés pour rester en deçà du seuil de mise en concurrence[10] ; fractionnement de marchés par le biais d'entreprises prête-noms, ce que la structure publique ne pouvait ignorer[11] ; fractionnements : même si le code des marchés

1. CDBF 27 nov. 1996, *min. A., marchés de prestations informatiques*, *Rev. Trésor* 1998. 731, note R. Ludwig, p. 727 ; *Lebon* 653 ; *Rec.* 179. Arrêt rendu sous l'empire de l'ancienne réglementation : s'il reste d'actualité pour illustrer la notion de violation de règles, des faits similaires ne pourraient donner lieu à sanction au titre de l'actuel art. L. 131-9 du code des juridictions financières qu'en présence d'une faute grave ayant entraîné un préjudice financier significatif.
2. CDBF 17 nov. 1987, *Université Paris IV Paris-Sorbonne*, CCP, n° 3, p. 105 ; *Lebon*, tables p. 656. Arrêt rendu sous l'empire de l'ancienne réglementation : s'il reste d'actualité pour illustrer la notion de violation de règles, des faits similaires ne pourraient donner lieu à sanction au titre de l'actuel art. L. 131-9 du code des juridictions financières qu'en présence d'une faute grave ayant entraîné un préjudice financier significatif.
3. CDBF 5 juin 1989, *Hôpital d'Orange*, CCP, n° 3, p. 172 ; *Lebon* 417. Arrêt rendu sous l'empire de l'ancienne réglementation : s'il reste d'actualité pour illustrer la notion de violation de règles, des faits similaires ne pourraient donner lieu à sanction au titre de l'actuel art. L. 131-9 du code des juridictions financières qu'en présence d'une faute grave ayant entraîné un préjudice financier significatif.
4. CDBF 28 sept. 1994, *CH d'Albi*, *Rev. Trésor* 1995. 683 ; *Lebon* 725 ; *Rec.* 142. Arrêt rendu sous l'empire de l'ancienne réglementation : s'il reste d'actualité pour illustrer la notion de violation de règles, des faits similaires ne pourraient donner lieu à sanction au titre de l'actuel art. L. 131-9 du code des juridictions financières qu'en présence d'une faute grave ayant entraîné un préjudice financier significatif.
5. CDBF 25 nov. 2010, *Société immobilière d'économie mixte de la ville de Paris (SIEMP)*, n° 171-603 ; *AJDA* 2011. 489, note N. Groper et C. Michaut ; *JCP adm.* 2011, n° 20-21, p. 20, note S. Brameret ; *GFP* 2011, n° 8-9, p. 567, note M. Lascombe et X. Vandendriessche. Arrêt rendu sous l'empire de l'ancien article L. 313-4 du code des juridictions financières : s'il reste d'actualité pour illustrer la notion de violation de règles, des faits similaires ne pourraient donner lieu à sanction au titre de l'actuel art. L. 131-9 du même code qu'en présence d'une faute grave ayant entraîné un préjudice financier significatif.
6. CDBF 14 et 16 janv. 1998, *min. des Affaires étrangères, service des immeubles et affaires générales [Siag]*, *Rev. Trésor* 1999. 200 ; *Lebon* 647 ; *Rec.* 129 (extraits). Arrêt rendu sous l'empire de l'ancienne réglementation : s'il reste d'actualité pour illustrer la notion de violation de règles, des faits similaires ne pourraient donner lieu à sanction au titre de l'actuel art. L. 131-9 du code des juridictions financières qu'en présence d'une faute grave ayant entraîné un préjudice financier significatif.
7. CDBF 11 déc. 2009, *Centre hospitalier universitaire de Reims*, n° 170-652 ; *AJDA* 2010. 484, note N. Groper et C. Michaut ; *GFP* 2011, n° 7, p. 512, note M. Lascombe et X. Vandendriessche. Arrêt rendu sous l'empire de l'ancien article L. 313-4 du code des juridictions financières : s'il reste d'actualité pour illustrer la notion de violation de règles, des faits similaires ne pourraient donner lieu à sanction au titre de l'actuel art. L. 131-9 du même code qu'en présence d'une faute grave ayant entraîné un préjudice financier significatif.
8. CDBF 17 nov. 1987, *Université Paris IV Paris-Sorbonne*, CCP, n° 3, p. 105 ; *Lebon*, tables p. 656 – CDBF 7 févr. 1989, *Institut national de la consommation [INC]*, CCP, n° 3, p. 154 ; *Lebon* 411. Arrêts rendus sous l'empire de l'ancienne réglementation : s'ils restent d'actualité pour illustrer la notion de violation de règles, des faits similaires ne pourraient donner lieu à sanction au titre de l'actuel art. L. 131-9 du code des juridictions financières qu'en présence d'une faute grave ayant entraîné un préjudice financier significatif.
9. CDBF 17 juin 2005, *CHS Paul Guiraud de Villejuif*, 2e arrêt, *Rev. Trésor* 2005. 708, note M. Lascombe et X. Vandendriessche ; *Lebon* 674 ; *Rec.* 117. Arrêt rendu sous l'empire de l'ancien article L. 313-4 du code des juridictions financières : s'il reste d'actualité pour illustrer la notion de violation de règles, des faits similaires ne pourraient donner lieu à sanction au titre de l'actuel art. L. 131-9 du même code qu'en présence d'une faute grave ayant entraîné un préjudice financier significatif.
10. CDBF 11 et 12 déc. 1991, *CHS du Rouvray*, *Rev. Trésor* 1993. 31 ; *Lebon* 640 ; *Rec.* 136 – CDBF 29 nov. 1999, *min. de l'Intérieur et de l'Aménagement du territoire, Grand débat national sur l'aménagement du territoire en 1993 et 1994*, *Rev. Trésor* 2000. 32, note M. Lascombe et X. Vandendriessche ; *Rec.* 105 (extraits anonymisés) ; *Lebon* 567. Arrêts rendus sous l'empire de l'ancienne réglementation : s'ils restent d'actualité pour illustrer la notion de violation de règles, des faits similaires ne pourraient donner lieu à sanction au titre de l'actuel art. L. 131-9 du code des juridictions financières qu'en présence d'une faute grave ayant entraîné un préjudice financier significatif.
11. CDBF 22 mai 1990, *CHS de Saint-Venant*, CCP, n° 3, p. 204 ; *Lebon* 521.

publics en vigueur au moment des faits n'était pas applicable, l'EPIC s'y soumettait volontairement et explicitement (et cela devient alors une règle applicable à l'établissement) [1].

– Dans une affaire, la CDBF a relevé l'existence d'appels d'offres dans lesquels la procédure était à ce point défaillante qu'elle a estimé que cette procédure avait perdu « certains caractères substantiels de l'appel d'offres », et que ces appels d'offres devaient en fait être regardés comme ayant été conclus de gré à gré [2].

– Appels d'offres effectués, mais présentant des irrégularités : non-respect des modalités d'un appel d'offres (dépouillement n'ayant pas été fait par une commission ; pas de procès-verbal de dépouillement...) [3] ; contacts avec le titulaire du marché et début d'exécution des prestations avant la conclusion du marché [4] ; absence de publicité [5]. Plus grave encore : appels d'offres délibérément truqués [6].

– Absence de procédure adaptée au sens du code des marchés publics alors applicable, alors même que les différentes opérations menées hors marché constituaient une procédure unique et que le seuil prévu par les textes était franchi [7] ;

– Commencement de travaux avant conclusion de marchés [8] ; la régularisation tardive (passation ultérieure d'un marché public) ne fait pas disparaître l'infraction [9]. Dans un autre cas, la pratique abusive des marchés de régularisation a été sanctionnée [10].

– « La passation et l'exécution d'un marché qui ne comporte aucune durée constitue une infraction au code des marchés et aux règles d'exécution des dépenses » [11].

1. CDBF 13 oct. 1993, *Carrefour international de la communication [Cicom]*, *Rev. Trésor* 1995. 677 ; *Rec.* 146. Arrêt rendu sous l'empire de l'ancienne réglementation : s'il reste d'actualité pour illustrer la notion de violation de règles, des faits similaires ne pourraient donner lieu à sanction au titre de l'actuel art. L. 131-9 du code des juridictions financières qu'en présence d'une faute grave ayant entraîné un préjudice financier significatif.
2. CDBF 28 avr. 1987, *Assoc. pour la formation professionnelle des adultes [Afpa]*, CCP, n° 3, p. 65 ; *Lebon* 503. Arrêt rendu sous l'empire de l'ancienne réglementation : s'il reste d'actualité pour illustrer la notion de violation de règles, des faits similaires ne pourraient donner lieu à sanction au titre de l'actuel art. L. 131-9 du code des juridictions financières qu'en présence d'une faute grave ayant entraîné un préjudice financier significatif.
3. CDBF 17 nov. 1987, *Université Paris IV Paris-Sorbonne*, CCP, n° 3, p. 105 ; *Lebon*, tables p. 656. Arrêt rendu sous l'empire de l'ancienne réglementation : s'il reste d'actualité pour illustrer la notion de violation de règles, des faits similaires ne pourraient donner lieu à sanction au titre de l'actuel art. L. 131-9 du code des juridictions financières qu'en présence d'une faute grave ayant entraîné un préjudice financier significatif.
4. CDBF 8 avr. 1998, *Fonds d'action sociale pour les travailleurs immigrés et leurs familles [FAS]*, *Rev. Trésor* 1999. 203 ; *Lebon* 651. Arrêt rendu sous l'empire de l'ancienne réglementation : s'il reste d'actualité pour illustrer la notion de violation de règles, des faits similaires ne pourraient donner lieu à sanction au titre de l'actuel art. L. 131-9 du code des juridictions financières qu'en présence d'une faute grave ayant entraîné un préjudice financier significatif.
5. CDBF 22 oct. 2012, *Port autonome de Marseille*, n° 185-692 ; *Rec.* 196 ; *AJDA* 2012. 2441, note C. Michaut et P. Sitbon ; *GFP* 2013, n° 5, p. 90, note S. Damarey, M. Lascombe et X. Vandendriessche. Arrêt rendu sous l'empire de l'ancien article L. 313-4 du code des juridictions financières : s'il reste d'actualité pour illustrer la notion de violation de règles, des faits similaires ne pourraient donner lieu à sanction au titre de l'actuel art. L. 131-9 du même code qu'en présence d'une faute grave ayant entraîné un préjudice financier significatif.
6. CDBF 6 nov. 1992, *CPAM de Seine-et-Marne*, *Rev. Trésor* 1993. 782 ; *Lebon* 644 ; *Rec.* 154. Arrêt rendu sous l'empire de l'ancien article L. 313-4 du code des juridictions financières : s'il reste d'actualité pour illustrer la notion de violation de règles, des faits similaires ne pourraient donner lieu à sanction au titre de l'actuel art. L. 131-9 du même code qu'en présence d'une faute grave ayant entraîné un préjudice financier significatif. Ce type d'affaire pourrait être traité aujourd'hui plutôt dans le cadre de l'infraction prévue à l'art. L. 131-12 du CJF.
7. CDBF 19 déc. 2008, *Crous de Corse [Corte]*, *Rec.* 91 ; *AJDA* 2009. 476, note N. Groper et C. Michaut ; *GFP* 2011, p. 397, note M. Lascombe et X. Vandendriessche. Arrêt rendu sous l'empire de l'ancien article L. 313-4 du code des juridictions financières : s'il reste d'actualité pour illustrer la notion de violation de règles, des faits similaires ne pourraient donner lieu à sanction au titre de l'actuel art. L. 131-9 du même code qu'en présence d'une faute grave ayant entraîné un préjudice financier significatif.
8. CDBF 13 févr. 1985, *Direction départementale de l'agriculture de l'Oise*, CCP, n° 3, p. 1 – CDBF 14 et 16 janv. 1998, *min. des Affaires étrangères, service des immeubles et affaires générales [Siag]*, *Rev. Trésor* 1999. 200 ; *Lebon* 647 ; *Rec.* 129 (extraits). Arrêts rendus sous l'empire de l'ancienne réglementation : s'ils restent d'actualité pour illustrer la notion de violation de règles, des faits similaires ne pourraient donner lieu à sanction au titre de l'actuel art. L. 131-9 du code des juridictions financières qu'en présence d'une faute grave ayant entraîné un préjudice financier significatif.
9. CDBF 19 déc. 2008, *Crous de Corse [Corte]*, préc. Arrêt rendu sous l'empire de l'ancien article L. 313-4 du code des juridictions financières : s'il reste d'actualité pour illustrer la notion de violation de règles, des faits similaires ne pourraient donner lieu à sanction au titre de l'actuel art. L. 131-9 du même code qu'en présence d'une faute grave ayant entraîné un préjudice financier significatif.
10. CDBF 6 nov. 1992, *CPAM de Seine-et-Marne*, préc. Arrêt rendu sous l'empire de l'ancienne réglementation : s'il reste d'actualité pour illustrer la notion de violation de règles, des faits similaires ne pourraient donner lieu à sanction au titre de l'actuel art. L. 131-9 du code des juridictions financières qu'en présence d'une faute grave ayant entraîné un préjudice financier significatif.
11. CDBF 22 oct. 2012, *Port autonome de Marseille*, n° 185-692 ; *Rec.* 196 ; *AJDA* 2012. 2441, note C. Michaut et P. Sitbon ; *GFP* 2013, n° 5, p. 90, note S. Damarey, M. Lascombe et X. Vandendriessche. Arrêt rendu sous l'empire de l'ancien article L. 313-4 du code des juridictions financières : s'il reste d'actualité pour illustrer la notion de violation de règles, des faits similaires ne pourraient donner lieu à sanction au titre de l'actuel art. L. 131-9 du même code qu'en présence d'une faute grave ayant entraîné un préjudice financier significatif.

– Requalification d'une subvention en marché[1], ce qui rend nécessaire l'application des règles de la commande publique pour la passation[2].

Parfois, il est remarqué par la Cour elle-même qu'il existe des règles d'exception à la mise en concurrence en cas d'urgence qui n'ont pas été utilisées[3].

432.127 Irrégularités dans la notification et l'exécution de marchés. Des violations de règles peuvent se rencontrer également dans la notification du marché, puis dans son exécution. Si la jurisprudence de la CDBF en la matière est abondante, ce type de faits ne saurait être appréhendé sous l'empire des dispositions actuelles seulement si l'irrégularité a causé, par faute grave, un préjudice financier significatif (infraction prévue à l'article L. 131-9 CJF), ou est qualifiable au titre d'une autre infraction financière[4]. Néanmoins, il n'est pas inintéressant de mentionner des exemples tirés de la jurisprudence de la CDBF :

– Dépassements des coûts conduisant à l'épuisement des crédits ; s'en suivent des interruptions de payement qui portent préjudice à l'État (qui doit verser des intérêts moratoires au cocontractant)[5].

– Exécution du marché avant sa signature[6].

– Des avenants auraient dû être signés avant certaines prestations supplémentaires[7] ; irrégularités dans le recours à des prestations complémentaires[8].

– Irrégularités concernant la notification de marchés[9] ; exécution de prestations avant notification du marché[10] ; « le fait d'avoir commencé l'exécution de ces marchés avant leur notification, en violation [...] du code des marchés publics [...], constitue une infraction aux règles relatives à l'exécution des dépenses [...], nonobstant le fait que cette irrégularité serait sans conséquence sur la licéité de ces contrats et sans effet à l'égard des personnes non parties aux contrats »[11] ; exécution d'un marché avant notification, mais relaxe du fait de l'urgence et des spécificités des prestations[12] ; dans le même sens, exécution d'un marché avant sa notification[13], mais les intéressés

1. PAR EX. : CE 23 mai 2011, Commune de Six-Fours-les-Plages ; *AJDA* 2011. 1515, note J.-D. Dreyfus.
2. CDBF 22 mars 2019, *Chambre d'agriculture de la Gironde*, n° 231-770 ; *Rec.* 206.
3. CDBF 26 juin 1992, *min. des PTT*, *Rev. Trésor* 1993. 777 ; *Lebon* 632 ; *Rec.* 137. Arrêt rendu sous l'empire de l'ancienne réglementation : s'il reste d'actualité pour illustrer la notion de violation de règles, des faits similaires ne pourraient donner lieu à sanction au titre de l'actuel art. L. 131-9 du code des juridictions financières qu'en présence d'une faute grave ayant entraîné un préjudice financier significatif.
4. CJF, art. L. 131-12 (avantage injustifié : v. s^s^ n° 442.91) ; art. L. 131-13, 2° (non-respect du contrôle budgétaire, v. s^s^ n° 421.11) ; art. L. 131-13, 3° (engagement de dépenses sans y être habilité, v. s^s^ n° 422.11).
5. CDBF 21 juin 1977, *DDE des Bouches-du-Rhône, travaux de construction de l'autoroute Marseille-Fos*, CCP, n° 2, p. 145.
6. CDBF 7 févr. 1989, *Institut national de la consommation [INC]*, CCP, n° 3, p. 154 ; *Lebon* 411 – CDBF 29 nov. 1999, *min. de l'Intérieur et de l'Aménagement du territoire, Grand débat national sur l'aménagement du territoire en 1993 et 1994*, *Rev. Trésor* 2000. 32, note M. Lascombe et X. Vandendriessche ; *Rec.* 105 (extraits anonymisés) ; *Lebon* 567. Arrêts rendus sous l'empire de l'ancienne réglementation : s'ils restent d'actualité pour illustrer la notion de violation de règles, des faits similaires ne pourraient donner lieu à sanction au titre de l'actuel art. L. 131-9 du code des juridictions financières qu'en présence d'une faute grave ayant entraîné un préjudice financier significatif.
7. CDBF 21 juin 1977, *DDE des Bouches-du-Rhône, travaux de construction de l'autoroute Marseille-Fos*, préc. Sur ce point, arrêt rendu sous l'empire de l'ancienne réglementation : s'il reste d'actualité pour illustrer la notion de violation de règles, des faits similaires ne pourraient donner lieu à sanction au titre de l'actuel art. L. 131-9 du code des juridictions financières qu'en présence d'une faute grave ayant entraîné un préjudice financier significatif.
8. CDBF 29 nov. 1999, *min. de l'Intérieur et de l'Aménagement du territoire, Grand débat national sur l'aménagement du territoire en 1993 et 1994*, *Rev. Trésor* 2000. 32, note M. Lascombe et X. Vandendriessche ; *Rec.* 105 (extraits anonymisés) ; *Lebon* 567. Arrêt rendu sous l'empire de l'ancien article L. 313-4 du code des juridictions financières : s'il reste d'actualité pour illustrer la notion de violation de règles, des faits similaires ne pourraient donner lieu à sanction au titre de l'actuel art. L. 131-9 du même code qu'en présence d'une faute grave ayant entraîné un préjudice financier significatif.
9. CDBF 22 oct. 2012, *Port autonome de Marseille*, n° 185-692 ; *Rec.* 196 ; *AJDA* 2012. 2441, note C. Michaut et P. Sitbon ; *GFP* 2013, n° 5, p. 90, note S. Damarey, M. Lascombe et X. Vandendriessche. Arrêt rendu sous l'empire de l'ancien article L. 313-4 du code des juridictions financières : s'il reste d'actualité pour illustrer la notion de violation de règles, des faits similaires ne pourraient donner lieu à sanction au titre de l'actuel art. L. 131-9 du même code qu'en présence d'une faute grave ayant entraîné un préjudice financier significatif.
10. Arrêts rendus sous l'empire de l'ancienne réglementation : s'ils restent d'actualité pour illustrer la notion de violation de règles, des faits similaires ne pourraient donner lieu à sanction au titre de l'actuel art. L. 131-9 du code des juridictions financières qu'en présence de fautes graves ayant entraîné un préjudice financier significatif. CDBF 15 déc. 1993, *min. de la Défense, service d'information et de relations publiques des armées [Sirpa]*, *Rev. Trésor* 1995. 679 ; *Lebon* 536 ; *Rec.* 151 – CDBF 28 sept. 2002, Assoc. foncière urbaine autorisée [AFUA] de Sérignan, *Rev. Trésor* 2004. 46, note M. Lascombe et X. Vandendriessche ; *Rec.* 106 (lire le commentaire) ; *Lebon* 556.
11. CDBF 11 févr. 2021, *Chambre de commerce et d'industrie de La Rochelle*, 2e arrêt, n° 247-779-II ; *Rec.* 162.
12. CDBF 18 mai 1994, *Caisse nationale d'assurance-maladie des travailleurs salariés [CNAMTS]*, *Rev. Trésor* 1995. 682 ; *Lebon* 722 ; *Rec.* 137. Arrêt rendu sous l'empire de l'ancienne réglementation : s'il reste d'actualité pour illustrer la notion de violation de règles, des faits similaires ne pourraient donner lieu à sanction au titre de l'actuel art. L. 131-9 du code des juridictions financières qu'en présence d'une faute grave ayant entraîné un préjudice financier significatif.
13. CDBF 27 nov. 1991, *min. de la Défense, Délégation générale pour l'armement [DGA], Service technique des engins tactiques (STET)*, *Rev. Trésor* 1993. 30 ; *Lebon* 638 ; *Rec.* 134. Arrêt rendu sous l'empire de l'ancienne réglementation : s'il reste d'actualité pour illustrer la notion de violation de règles, des faits similaires ne pourraient donner lieu ▶

ont été en l'espèce relaxés par la Cour. De toutes les façons, un tel cas ne saurait être sanctionné par la Cour dans le cadre de l'infraction actuelle, faute de préjudice financier significatif causé par une simple absence de notification, ou une notification tardive.

– Non-respect des clauses du marché[1] ; écart injustifié entre le prix catalogue et le prix facturé[2].

432.128 Irrégularités dans la procédure de prise de décision. Ce type d'irrégularité n'entraîne *a priori* pas de préjudice, sauf à illustrer une faute grave de gestion globale en matière d'achat public.

Il en va ainsi du non-respect des règles relatives à l'approbation des marchés publics[3] ou de la passation de marchés de l'État sans intervention du contrôleur financier ni de la commission des marchés, pourtant prévue par les textes[4] ; sauf préjudice financier significatif, rare, ce cas de figure devra être traité, désormais, prioritairement au titre de l'infraction protégeant le contrôle budgétaire[5]. Exemple similaire : diverses irrégularités commises lors de la passation de marchés de fournitures : non-respect des règles en matière de visa du contrôleur financier, ayant parfois entraîné un refus de payement de la part du comptable, et absence de transmission à la commission consultative des marchés compétente[6].

432.129 Exemples de cumuls d'irrégularités. Dans plusieurs arrêts de la juridiction financière répressive, on rencontre des situations de cumul d'irrégularités à tous les stades ou presque d'un marché, voire d'une accumulation d'irrégularités dans la commande publique.

Ainsi l'exemple de diverses méconnaissances de règles sur la commande publique : fractionnement pour échapper au seuil ; acomptes octroyés au-delà de ce qui était possible juridiquement ; certificat attestant faussement le service fait ; non-respect d'un règlement intérieur de la caisse de sécurité sociale en cause en matière de dépenses d'équipement[7].

Ainsi encore diverses irrégularités dans les clauses et l'exécution de marchés d'ingénierie : absence de mise en concurrence, payement de tâches non prises en charge par le cocontractant, avenants signés après commencement d'exécution[8].

Parfois, tous les types d'irrégularités se rencontrent dans une même affaire : mise en concurrence inexistante ou fictive ; fractionnement artificiel de la commande ; absence de transmission à la commission des marchés compétente ; le fait de ne pas exiger la production, par le cocontractant, de la déclaration prévue par le code des marchés publics attestant que l'entreprise ne se trouve pas en état de liquidation judiciaire ; absence de notification avant le début des prestations[9].

▶ à sanction au titre de l'actuel art. L. 131-9 du code des juridictions financières qu'en présence d'une faute grave ayant entraîné un préjudice financier significatif.

1. CDBF 28 sept. 2002, *Assoc. foncière urbaine autorisée [AFUA] de Sérignan*, *Rev. Trésor* 2004. 46, note M. Lascombe et X. Vandendriessche ; *Rec.* 106 (lire le commentaire) ; *Lebon* 556. Arrêt rendu sous l'empire de l'ancien article L. 313-4 du code des juridictions financières : s'il reste d'actualité pour illustrer la notion de violation de règles, des faits similaires ne pourraient donner lieu à sanction au titre de l'actuel art. L. 131-9 du même code qu'en présence d'une faute grave ayant entraîné un préjudice financier significatif.
2. CDBF 22 mai 1990, *CHS de Saint-Venant*, CCP, n° 3, p. 204 ; *Lebon* 521. Arrêt rendu sous l'empire de l'ancien article L. 313-4 du code des juridictions financières : s'il reste d'actualité pour illustrer la notion de violation de règles, des faits similaires ne pourraient donner lieu à sanction au titre de l'actuel art. L. 131-9 du même code qu'en présence d'une faute grave ayant entraîné un préjudice financier significatif.
3. CDB 22 févr. 1961, *Lycée de jeunes filles de Grenoble*, CCP, n° 2, p. 34 ; *Lebon* 898. Arrêt rendu sous l'empire de l'ancienne réglementation : s'il reste d'actualité pour illustrer la notion de violation de règles, des faits similaires ne pourraient donner lieu à sanction au titre de l'actuel art. L. 131-9 du code des juridictions financières qu'en présence d'une faute grave ayant entraîné un préjudice financier significatif.
4. CDB 17 févr. 1959, *Direction centrale du matériel du secr. d'Ét. aux Forces armées*, CCP, n° 2, p. 23 ; *Lebon* 894. Arrêt rendu sous l'empire de l'ancienne réglementation : s'il reste d'actualité pour illustrer la notion de violation de règles, des faits similaires ne pourraient donner lieu à sanction au titre de l'actuel art. L. 131-9 du code des juridictions financières qu'en présence d'une faute grave ayant entraîné un préjudice financier significatif.
5. CJF, art. L. 131-13, 2° ; sur cette infraction, v. s[s] n° 421.11.
6. CDBF 28 avr. 1987, *Assoc. pour la formation professionnelle des adultes [Afpa]*, CCP, n° 3, p. 65 ; *Lebon* 503. Arrêt rendu sous l'empire de l'ancienne réglementation : s'il reste d'actualité pour illustrer la notion de violation de règles, des faits similaires ne pourraient donner lieu à sanction au titre de l'actuel art. L. 131-9 du code des juridictions financières qu'en présence d'une faute grave ayant entraîné un préjudice financier significatif.
7. CDBF 30 oct. 1985, *Caisse nationale de l'assurance-maladie des travailleurs salariés [CNAMTS], Service du contrôle médical régional de Nancy*, CCP, n° 3, p. 20. Arrêt rendu sous l'empire de l'ancienne réglementation : s'il reste d'actualité pour illustrer la notion de violation de règles, des faits similaires ne pourraient donner lieu à sanction au titre de l'actuel art. L. 131-9 du code des juridictions financières qu'en présence d'une faute grave ayant entraîné un préjudice financier significatif.
8. CDBF 24 nov. 1986, *CH Sainte-Anne à Paris [marchés d'ingénierie]*, CCP, n° 3, p. 35. Arrêt rendu sous l'empire de l'ancienne réglementation : s'il reste d'actualité pour illustrer la notion de violation de règles, des faits similaires ne pourraient donner lieu à sanction au titre de l'actuel art. L. 131-9 du code des juridictions financières qu'en présence d'une faute grave ayant entraîné un préjudice financier significatif.
9. CDBF 26 juin 1992, *min. des PTT*, *Rev. Trésor* 1993. 777 ; *Lebon* 632 ; *Rec.* 137. Arrêt rendu sous l'empire de l'ancienne réglementation : s'il reste d'actualité pour illustrer la notion de violation de règles, des faits similaires ne pourraient donner lieu à sanction au titre de l'actuel art. L. 131-9 du code des juridictions financières qu'en présence d'une faute grave ayant entraîné un préjudice financier significatif.

Exemple proche : la commission des marchés n'a pas pu jouer le rôle prévu par le code des marchés publics alors applicable ; le choix des titulaires a été « affecté par des falsifications et truquages organisés par les dirigeants » (!), notamment « correction » des prix affichés, faussant la comparaison des offres ; certains appels d'offres étaient truqués, car des propositions de complaisance étaient faites par des sociétés proches de l'organisme, « qui ne constituaient pas de réels compétiteurs » ; violation de dispositions contractuelles, par exemple facturations non conformes aux clauses du marché, ou même facturations qui ne correspondaient pas à des prestations réellement effectuées ; non-respect des seuils du fait de fractionnements ; pratique abusive des marchés de régularisation [1].

Autres exemples :

- Nombreuses violations de différentes règles applicables : absence appel d'offres ; absence de marché ; pièces antidatées pour imputation budgétaire sur exercice *n-1* ; attestation de service fait sans vérification de la bonne exécution [2].

- Multiples infractions au code des marchés publics alors applicable [3] : découpage artificiel des prestations et absence de mise en concurrence (l'opportunité artistique n'étant pas un motif pour justifier un appel d'offres restreint) avec rupture d'égalité entre les concurrents ; le fractionnement de marchés a en outre eu pour effet de les soustraire à l'avis de la commission concernée ; signature après le début des prestations ; absence de mise en concurrence pour des prestations supplémentaires ; prestations complémentaires fournies sans bon de commande.

432.130 Cas particulier des irrégularités survenues dans le cadre de marchés où la structure publique n'est pas acheteuse, mais vendeuse. Dans ce cas, il s'agira plutôt d'irrégularités commises en matière de recettes, puisque des créances publiques peuvent être mises en péril. Ainsi lors de l'exécution du contrat de travaux du bateau « Galaxy Queen » par un chantier naval de l'État [4].

§ 5
Irrégularités budgétaires et comptables commises à l'occasion d'opérations de dépenses

432.141 Dépenses en violation de règles budgétaires et comptables. La fonction achat, qui présente des risques financiers évidents, est protégée par des règles budgétaires et comptables particulières. Cela est vrai pour le champ de la comptabilité publique, soumis au décret relatif à la gestion budgétaire et comptable publique dit GBCP [5], mais également, dans une moindre mesure, pour les autres organismes.

Dans le champ de la comptabilité publique, « les opérations relatives à l'exécution du budget relèvent exclusivement des ordonnateurs et des comptables publics » [6] ; des responsabilités particulières incombent donc à ces deux catégories de justiciables.

Certaines irrégularités budgétaires ou comptables peuvent ne pas avoir de conséquences financières significatives : dans ce cas, l'infraction aujourd'hui prévue à l'article L. 131-9 du CJF sera difficile à établir ; en revanche, certaines infractions spéciales, budgétaires et comptables [7], peuvent jouer.

D'autres irrégularités budgétaires au contraire peuvent causer un préjudice financier significatif, et à ce titre relever de l'infraction ici détaillée. Car nombre de ces règles visent précisément à éviter qu'un organisme ne subisse de préjudice financier. Il en va ainsi de certains contrôles que le comptable public doit réaliser en dépenses, avant de procéder au payement.

1. CDBF 6 nov. 1992, *CPAM de Seine-et-Marne*, *Rev. Trésor* 1993. 782 ; *Lebon* 644 ; *Rec.* 154. Arrêt rendu sous l'empire de l'ancienne réglementation : s'il reste d'actualité pour illustrer la notion de violation de règles, des faits similaires ne pourraient donner lieu à sanction au titre de l'actuel art. L. 131-9 du code des juridictions financières qu'en présence d'une faute grave ayant entraîné un préjudice financier significatif.
2. CDBF 18 juin 1997, *Musée Rodin*, *Rev. Trésor* 1999. 189 ; *Lebon* 607 ; *Rec.* 203 ; A. Froment-Meurice, J.-Y. Bertucci, N. Hauptmann et C. Michaut, *GAJF*, 7ᵉ éd. 2019, nº 48, p. 562. Arrêt rendu sous l'empire de l'ancien article L. 313-4 du code des juridictions financières : s'il reste d'actualité pour illustrer la notion de violation de règles, des faits similaires ne pourraient donner lieu à sanction au titre de l'actuel art. L. 131-9 du même code qu'en présence d'une faute grave ayant entraîné un préjudice financier significatif.
3. CDBF 29 nov. 1999, *min. de l'Intérieur et de l'Aménagement du territoire, Grand débat national sur l'aménagement du territoire en 1993 et 1994*, *Rev. Trésor* 2000. 32, note M. Lascombe et X. Vandendriessche ; *Rec.* 105 (extraits anonymisés) ; *Lebon* 567. Arrêt rendu sous l'empire de l'ancien article L. 313-4 du code des juridictions financières : s'il reste d'actualité pour illustrer la notion de violation de règles, des faits similaires ne pourraient donner lieu à sanction au titre de l'actuel art. L. 131-9 du même code qu'en présence d'une faute grave ayant entraîné un préjudice financier significatif.
4. CDBF 22 mars 1977, *min. de la Défense, direction des constructions et armes navales de Toulon*, *Lebon* 677 (extraits) ; CCP, nº 2, p. 130. Arrêt rendu sous l'empire de l'ancienne réglementation : s'il reste d'actualité pour illustrer la notion de violation de règles, des faits similaires ne pourraient donner lieu à sanction au titre de l'actuel art. L. 131-9 du code des juridictions financières qu'en présence d'une faute grave ayant entraîné un préjudice financier significatif.
5. Décr. nº 2012-1246, 7 nov. 2012 relatif à la gestion budgétaire et comptable publique.
6. GBCP, art. 8.
7. Sur les infractions spéciales budgétaires et comptables, v. sˢ nº 42.05.

Suivent des exemples tirés de la jurisprudence, étant précisé que certaines affaires jugées par la CDBF sous l'empire des anciens textes ne pourront sans doute plus être appréhendées aujourd'hui au titre de l'infraction générale, sauf préjudice financier significatif.

432.142 Irrégularités budgétaires en dépenses relevant de l'ordonnateur. Les ordonnateurs d'organismes soumis au décret relatif à la gestion budgétaire et comptable publique dit GBCP[1] doivent veiller à la régularité des dépenses qu'ils décident, ordonnancent, mandatent[2], faute de quoi leur responsabilité est susceptible d'être engagée dans le cadre du contentieux financier[3].

Ces règles protègent souvent non seulement la régularité, mais aussi les intérêts financiers des personnes publiques : leur méconnaissance est donc susceptible, dans certains cas du moins, de contribuer à causer un préjudice qui, s'il est significatif, peut être sanctionné sur la base de l'actuel article L. 131-9 du CJF. D'une façon générale, la Cour des comptes considère que l'ordonnateur a un devoir de vigilance au moment du mandatement de dépenses[4].

Les exemples en jurisprudence sont nombreux :

– Responsabilité des ordonnateurs en dépenses : la méconnaissance des règles en matière de mandatement par l'ordonnateur peut être sanctionnée sur la base de l'actuelle infraction générale prévue à l'article L. 131-9 du CJF (en l'espèce, avec préjudice financier significatif)[5].

– S'agissant des pièces justificatives à l'appui des dépenses, les ordonnateurs doivent transmettre « au comptable public compétent les ordres [...] de payer assortis des pièces justificatives requises, ainsi que les certifications qu'ils délivrent »[6] : ils engagent leur responsabilité sur ces pièces justificatives et certificats administratifs[7]. Est irrégulier le fait d'établir un mandat de paiement sur la base de pièces justificatives de dépenses insuffisantes au regard des exigences réglementaires (en l'espèce d'une convention de subvention)[8], tout comme est irrégulier le mandatement sans aucune pièce justificative de dépenses[9] ; cas extrême de destruction systématique des pièces justificatives, rendant tout contrôle *ex post* impossible[10].

– Même en-dehors du champ de la comptabilité publique, il peut (et doit) exister des règles en matière de justification des dépenses : ainsi ont pu être sanctionnés, dans une SEM, des payements effectués sans justificatifs[11] ; ou encore l'absence de pièces justificatives prévues par un contrat : le fait d'avoir réglé ces factures sans exiger les pièces justificatives explicitement prévues par la convention constitue une infraction aux règles d'exécution des dépenses[12].

1. Décr. n° 2012-1246, 7 nov. 2012 relatif à la gestion budgétaire et comptable publique. Sur les ordonnateurs, en général, v. GBCP, art. 10 s.
2. GBCP, art. 10, al. 1er : « Les ordonnateurs prescrivent l'exécution [...] des dépenses » – GBCP, art. 11, al. 1er : « Les ordonnateurs constatent les droits et les obligations, liquident les recettes et émettent les ordres de recouvrer. Ils engagent, liquident et ordonnancent les dépenses ».
3. GBCP, art. 12 : « À raison de l'exercice de leurs attributions et en particulier des certifications qu'ils délivrent, les ordonnateurs encourent une responsabilité dans les conditions fixées par la loi », en l'occurrence le code des juridictions financières.
4. C. comptes 3 mai 2024, *Département de l'Eure*, n° 907, S-2024-0715 ; chron. Y. Simon et S. Heintz dans *RGP* 2024, n° 03, p. 70 ; *JCP Adm.* 2024. 2278. Ici § 75.
5. C. comptes 3 mai 2024, *Département de l'Eure*, préc. Ici § 75. Ici § 49.
6. GBCP, art. 11, al. 3.
7. C. comptes 3 mai 2024, *Département de l'Eure*, préc. Ici §§ 50 et 51.
8. CDBF 10 déc. 2010, *Chambre régionale d'agriculture de Midi-Pyrénées (CRAMP)*, n° 173-680 ; *Rec.* 123 ; *GFP* 2011, n° 8-9, p. 576, note M. Lascombe et X. Vandendriessche. Arrêt rendu sous l'empire de l'ancien article L. 313-4 du code des juridictions financières : s'il reste d'actualité pour illustrer la notion de violation de règles, des faits similaires ne pourraient donner lieu à sanction au titre de l'actuel art. L. 131-9 du même code qu'en présence d'une faute grave ayant entraîné un préjudice financier significatif.
9. CDBF 2 déc. 2019, *Direction régionale des entreprises, de la concurrence, de la consommation, du travail et de l'emploi (Direccte) d'Alsace*, n° 238-794 ; *Rec.* 225 ; *AJDA* 2020. 617, chron. N. Hauptmann et N. Péhau ; mentionné dans *GFP* 2020, p. 163, chron. S. Damarey et X. Vandendriessche. Arrêt rendu sous l'empire de l'ancien article L. 313-4 du code des juridictions financières : s'il reste d'actualité pour illustrer la notion de violation de règles, des faits similaires ne pourraient donner lieu à sanction au titre de l'actuel art. L. 131-9 du même code qu'en présence d'une faute grave ayant entraîné un préjudice financier significatif.
10. CDBF 5 nov. 1997, *min. des Affaires étrangères [frais de réception]*, *Rev. Trésor* 1999. 194 ; *Lebon* 615 ; *AJDA* 1997. 505, note S. Cendre-Malinas. Arrêt rendu sous l'empire de l'ancien article L. 313-4 du code des juridictions financières : s'il reste d'actualité pour illustrer la notion de violation de règles, des faits similaires ne pourraient donner lieu à sanction au titre de l'actuel art. L. 131-9 du même code qu'en présence d'une faute grave ayant entraîné un préjudice financier significatif.
11. CDBF 23 févr. 1994, *SEM A.*, *Rev. Trésor* 1995. 680 ; *Lebon* 719 ; *Rec.* 131. Arrêt rendu sous l'empire de l'ancienne réglementation : s'il reste d'actualité pour illustrer la notion de violation de règles, des faits similaires ne pourraient donner lieu à sanction au titre de l'actuel art. L. 131-9 du code des juridictions financières qu'en présence d'une faute grave ayant entraîné un préjudice financier significatif.
12. CDBF 4 juin 2019, *Gestion des sociétés EDF, ERDF et RTE*, n° 234-732 ; *Rec.* 214 ; *AJDA* 2019. 2606, chron. N. Hauptmann et N. Péhau. Arrêt rendu sous l'empire de l'ancien article L. 313-4 du code des juridictions financières : s'il reste d'actualité pour illustrer la notion de violation de règles, des faits similaires ne pourraient donner lieu à sanction au titre de l'actuel art. L. 131-9 du même code qu'en présence d'une faute grave ayant entraîné un préjudice financier significatif.

– Face à des incohérences dans les pièces de mandatement (substitution de créanciers, avec banque à l'étranger), l'ordonnateur a un devoir de vigilance ; ce devoir n'est pas moins fort que celui du comptable public[1] ; exemple d'une omission de procéder au rapprochement des identités entre celui qui livre et celui qui facture, qui a permis des circuits commerciaux fictifs et des facturations de complaisance ayant lésé le fisc[2]. Ces contrôles doivent éviter le double payement : ainsi, dans le cadre de la mise en place d'un système de cogénération financé par crédit-bail, des conventions contradictoires entre elles avaient été signées par le directeur d'un centre hospitalier spécialisé (CHS), entraînant, sur son ordre, le versement, par le crédit-bailleur, du prix des travaux non aux entreprises de travaux, mais au maître d'œuvre, alors que les marchés de travaux conclus par ailleurs prévoyaient le payement direct des entreprises de travaux par le crédit-bailleur, sans intervention du maître d'œuvre dans le circuit financier. Cette situation créait pour le CHS le risque d'un double payement, risque qui s'est par la suite réalisé[3].

– De nombreux arrêts portent sur l'absence de vérification du service fait[4], sur la certification inexacte de service fait (par exemple afin d'engager en fin d'année des crédits non utilisés, en vue de contourner la règle d'annualité budgétaire[5]) ou de fausses certifications de service fait[6]. Est également irrégulière une certification du service fait antérieure à la réalisation de la prestation (or « la certification de service fait pour une prestation qui n'est pas réalisée constitue une infraction réprimée par l'article L. 313-4 du code des juridictions financières » au moment des faits[7]) ; « la certification du service fait, intervenue avant l'établissement du procès-verbal de recette de plusieurs commandes, a été irrégulière »[8] ; autre cas : « la mention du service fait portée à la facture établie en mars 2008 n'est pas signée ; que le paiement est ainsi vicié par l'absence de certification valide du service fait ; que cette irrégularité constitue une infraction aux règles mentionnées à l'article L. 313-4 du code des juridictions financières » applicable à l'époque[9]. Rappelons enfin que le règlement sans service fait constitue dans tous les cas la violation d'une règle de dépense au sens de l'infraction, même en-dehors du champ strict de la comptabilité publique, par exemple dans les associations[10].

1. C. comptes 3 mai 2024, *Département de l'Eure*, n° 907, S-2024-0715, préc. Ici § 75.
2. CDBF 22 mai 1990, *CHS de Saint-Venant*, CCP, n° 3, p. 204 ; *Lebon* 521. Arrêt rendu sous l'empire de l'ancienne réglementation : s'il reste d'actualité pour illustrer la notion de violation de règles, des faits similaires ne pourraient donner lieu à sanction au titre de l'actuel art. L. 131-9 du code des juridictions financières qu'en présence d'une faute grave ayant entraîné un préjudice financier significatif.
3. CDBF 17 juin 2005, *CHS Paul Guiraud de Villejuif*, 2e arrêt, *Rev. Trésor* 2005. 708, note M. Lascombe et X. Vandendriessche ; *Lebon* 674 ; *Rec.* 117. Arrêt rendu sous l'empire de l'ancien article L. 313-4 du code des juridictions financières : s'il reste d'actualité pour illustrer la notion de violation de règles, des faits similaires ne pourraient donner lieu à sanction au titre de l'actuel art. L. 131-9 du même code qu'en présence d'une faute grave ayant entraîné un préjudice financier significatif.
4. CDBF 26 juin 1992, *min. des PTT*, *Rev. Trésor* 1993. 777 ; *Lebon* 632 ; *Rec.* 137. Arrêt rendu sous l'empire de l'ancienne réglementation : s'il reste d'actualité pour illustrer la notion de violation de règles, des faits similaires ne pourraient donner lieu à sanction au titre de l'actuel art. L. 131-9 du code des juridictions financières qu'en présence d'une faute grave ayant entraîné un préjudice financier significatif.
5. CDBF 14 nov. 2001, *Mission de coopération et d'action culturelle de Castries [Sainte-Lucie]*, *Rev. Trésor* 2004. 38, note M. Lascombe et X. Vandendriessche ; *Lebon* 771 ; *Rec.* 117. Arrêt rendu sous l'empire de l'ancien article L. 313-4 du code des juridictions financières : s'il reste d'actualité pour illustrer la notion de violation de règles, des faits similaires ne pourraient donner lieu à sanction au titre de l'actuel art. L. 131-9 du même code qu'en présence d'une faute grave ayant entraîné un préjudice financier significatif.
6. CDBF 2 déc. 2019, *Direction régionale des entreprises, de la concurrence, de la consommation, du travail et de l'emploi (Direccte) d'Alsace*, n° 238-794, préc. Arrêt rendu sous l'empire de l'ancien article L. 313-4 du code des juridictions financières : s'il reste d'actualité pour illustrer la notion de violation de règles, des faits similaires ne pourraient donner lieu à sanction au titre de l'actuel art. L. 131-9 du même code qu'en présence d'une faute grave ayant entraîné un préjudice financier significatif.
7. CDBF 17 juin 2011, *Institut géographique national (IGN)*, n° 176-655 ; *Rec.* 158 ; *GFP* 2013, n° 5, p. 73, note S. Damarey, M. Lascombe et X. Vandendriessche. Arrêt rendu sous l'empire de l'ancien article L. 313-4 du code des juridictions financières : s'il reste d'actualité pour illustrer la notion de violation de règles, des faits similaires ne pourraient donner lieu à sanction au titre de l'actuel art. L. 131-9 du même code qu'en présence d'une faute grave ayant entraîné un préjudice financier significatif.
8. CDBF 15 déc. 2017, *Office national de l'eau et des milieux aquatiques* (ONEMA), n° 217-730-II ; *Rec.* 247 ; *AJDA* 2018. 2493, chron. N. Hauptmann et N. Péhau ; v. également V. Mazzocchi, « Principe *non bis in idem*, que faut-il entendre par *bis* ? Droit administratif et droit public financier », *Dr. adm.* 2018, n° 3, chron. 1. Arrêt rendu sous l'empire de l'ancien article L. 313-4 du code des juridictions financières : s'il reste d'actualité pour illustrer la notion de violation de règles, des faits similaires ne pourraient donner lieu à sanction au titre de l'actuel art. L. 131-9 du même code qu'en présence d'une faute grave ayant entraîné un préjudice financier significatif.
9. CDBF 15 déc. 2017, *Office national de l'eau et des milieux aquatiques* (ONEMA), préc. Arrêt rendu sous l'empire de l'ancien article L. 313-4 du code des juridictions financières : s'il reste d'actualité pour illustrer la notion de violation de règles, des faits similaires ne pourraient donner lieu à sanction au titre de l'actuel art. L. 131-9 du même code qu'en présence d'une faute grave ayant entraîné un préjudice financier significatif.
10. CDBF 7 déc. 1994, *Comité départemental du tourisme de la Gironde*, *Rev. Trésor* 1995. 685 ; *Lebon* 728 ; *Rec.* 147. Arrêt rendu sous l'empire de l'ancienne réglementation : s'il reste d'actualité pour illustrer la notion de violation de règles, des faits similaires ne pourraient donner lieu à sanction au titre de l'actuel art. L. 131-9 du code des juridictions financières qu'en présence d'une faute grave ayant entraîné un préjudice financier significatif.

– Cas intéressant de réquisition irrégulière du comptable par l'ordonnateur : la réquisition n'est pas autorisée dans certains cas prévus par les textes, dont le cas d'insuffisance de crédits. Ce cas de figure est d'ailleurs considéré comme particulièrement grave par la juridiction financière répressive [1].

– Faire échec à la mission du comptable public : des avances étaient faites par des agents publics pour prendre en charge des dépenses de la structure publique, puis étaient remboursées par l'État : un tel procédé fait échec au contrôle préalable du comptable [2]. Cet arrêt témoigne du rôle joué par la CDBF dans la protection des missions du comptable public [3].

– Les règles de délégation au sein de l'État sont strictes : exemple de subdélégation interdite dans une ambassade [4] ; en revanche, la Cour a relaxé le subdélégataire, car celui-ci n'avait pas à juger de la validité de la délégation dont il a bénéficié. Dans le même sens, mise en cause, sur la base de l'infraction générale réprimant les violations de règles, de ceux qui ont délégué sans publier la délégation [5].

– D'une façon générale, les dépenses des organismes publics doivent être conformes aux lois et règlements : or une dépense mandatée en violation du principe de spécialité et n'exigeant l'exécution d'aucune mission pour le compte d'un organisme public ou « pour la réalisation de ses missions d'intérêt général » [6] est irrégulière et peut engager la responsabilité de l'ordonnateur.

432.143 Irrégularités budgétaires en dépenses commises par un comptable public. Le comptable public a, de par ses fonctions, une responsabilité particulière pour assurer la régularité de la dépense, et au-delà, pour protéger les finances publiques. Le principe de séparation entre ordonnateur et comptable [7], le monopole du comptable sur la caisse publique [8] et les fonctions de contrôle du comptable sur l'ordonnateur en dépenses [9] visent précisément à contenir ce risque d'irrégularité des dépenses, voire de dépenses indues.

En cas de méconnaissance de ces obligations, les comptables engagent leur responsabilité devant le juge financier répressif [10]. La CDBF considère même que le comptable a un devoir d'alerte de l'ordonnateur : « 26. Le fait pour le comptable public de ne pas avoir alerté l'ordonnateur est constitutif de

1. CDBF 20 avr. 1988, *Caisse interprofessionnelle de retraite des commerçants détaillants de la région parisienne [CIRCD]*, CCP, n° 3, p. 138 ; *Lebon* 546. Arrêt rendu sous l'empire de l'ancienne réglementation : s'il reste d'actualité pour illustrer la notion de violation de règles, des faits similaires ne pourraient donner lieu à sanction au titre de l'actuel art. L. 131-9 du code des juridictions financières qu'en présence d'une faute grave ayant entraîné un préjudice financier significatif.
2. CDBF 14 nov. 2001, *Mission de coopération et d'action culturelle de Castries [Sainte-Lucie]*, préc. Arrêt rendu sous l'empire de l'ancien article L. 313-4 du code des juridictions financières : s'il reste d'actualité pour illustrer la notion de violation de règles, des faits similaires ne pourraient donner lieu à sanction au titre de l'actuel art. L. 131-9 du même code qu'en présence d'une faute grave ayant entraîné un préjudice financier significatif.
3. Et des autorités de contrôle en général ; v. s[s] n° 232.31.
4. CDBF 14 nov. 2001, *Mission de coopération et d'action culturelle de Castries [Sainte-Lucie]*, préc. Arrêt rendu sous l'empire de l'ancien article L. 313-4 du code des juridictions financières : s'il reste d'actualité pour illustrer la notion de violation de règles, des faits similaires ne pourraient donner lieu à sanction au titre de l'actuel art. L. 131-9 du même code qu'en présence d'une faute grave ayant entraîné un préjudice financier significatif.
5. CDBF 15 déc. 2017, *Office national de l'eau et des milieux aquatiques* (ONEMA), n° 217-730-II ; *Rec.* 247 ; *AJDA* 2018. 2493, chron. N. Hauptmann et N. Péhau ; v. également V. Mazzocchi, « Principe *non bis in idem*, que faut-il entendre par *bis* ? Droit administratif et droit public financier », *Dr. adm.* 2018, n° 3, chron. 1. Arrêt rendu sous l'empire de l'ancien article L. 313-4 du code des juridictions financières : s'il reste d'actualité pour illustrer la notion de violation de règles, des faits similaires ne pourraient donner lieu à sanction au titre de l'actuel art. L. 131-9 du même code qu'en présence d'une faute grave ayant entraîné un préjudice financier significatif.
6. CDBF 10 déc. 2010, *Chambre régionale d'agriculture de Midi-Pyrénées (CRAMP)*, n° 173-680 ; *Rec.* 123 ; *GFP* 2011, n° 8-9, p. 576, note M. Lascombe et X. Vandendriessche. Arrêt rendu sous l'empire de l'ancien article L. 313-4 du code des juridictions financières : s'il reste d'actualité pour illustrer la notion de violation de règles, des faits similaires ne pourraient donner lieu à sanction au titre de l'actuel art. L. 131-9 du même code qu'en présence d'une faute grave ayant entraîné un préjudice financier significatif.
7. GBCP, art. 9 – Sur le principe de séparation, v. s[s] n° 022.33.
8. GBCP, art. 13, al. 1er : « Les comptables publics sont des agents de droit public ayant, dans les conditions définies par le présent décret, la charge exclusive de manier les fonds [...] » – GBCP, art. 18 : « Dans le poste comptable qu'il dirige, le comptable public est seul chargé : [...] ; 7° Du paiement des dépenses, soit sur ordre émanant des ordonnateurs, soit au vu des titres présentés par les créanciers, soit de leur propre initiative ; [...] 9° De la garde et de la conservation des fonds et valeurs appartenant ou confiés aux personnes morales mentionnées à l'article 1er ; 10° Du maniement des fonds et des mouvements de comptes de disponibilités ».
9. GBCP, art. 19 : « Le comptable public est tenu d'exercer le contrôle : [...] 2° S'agissant des ordres de payer : a) De la qualité de l'ordonnateur ; b) De l'exacte imputation des dépenses au regard des règles relatives à la spécialité des crédits ; c) De la disponibilité des crédits ; d) De la validité de la dette dans les conditions prévues à l'article 20 ; e) Du caractère libératoire du paiement » – GBCP, art. 20 : « Le contrôle des comptables publics sur la validité de la dette porte sur : 1° La certification du service fait ; 2° L'exactitude de la liquidation ; 3° La production des pièces justificatives ; 4° L'application des règles de prescription et de déchéance ».
10. GBCP, art. 17 : « À raison de l'exercice de leurs attributions, les comptables publics encourent une responsabilité dans les conditions fixées par la loi », en l'occurrence le code des juridictions financières.

l'infraction prévue à l'article L. 313-4 du code des juridictions financières »[1].

Exemples dans lesquels la responsabilité d'un comptable a été engagée au titre de l'infraction réprimant les violations de règles en matière de dépenses :

– Obligation du comptable de contrôler le caractère libératoire du payement, dont la méconnaissance a en l'espèce contribué à créer un préjudice financier significatif[2].

– Pièces justificatives de dépenses : le comptable doit en contrôler la cohérence, et bloquer le payement en cas d'incohérence (en l'espèce, cette méconnaissance de l'obligation a contribué à créer un préjudice financier significatif)[3] ; *idem* en cas d'insuffisance des pièces justificatives des dépenses imposées par la réglementation[4].

– Non-respect des obligations de contrôle du comptable en matière d'affacturage[5].

– Payement malgré l'absence de visa de l'ordonnateur[6] : abus de la part du comptable.

– Dépenses sans ordonnancement préalable : dans la comptabilité publique, les dépenses avant ordonnancement sont autorisées par exception, à condition de respecter les règles qui entourent ce mode de payement (en l'espèce le recours massif aux dépenses avant ordonnancement maintenues sur des comptes d'imputation provisoire avait entraîné des dépassements de crédits)[7].

– Le principe de séparation entre ordonnateur et comptable doit être respecté par toutes les parties, y compris par le comptable : un agent comptable d'un lycée avait non seulement engagé des dépenses, en l'occurrence le remboursement de frais de mission, sans décision de l'ordonnateur (infraction spéciale réprimant l'engagement sans être habilité[8] – ordonnateur de fait), mais seul validé les états de frais – qui de surcroît ne respectaient pas les exigences requises par la réglementation applicable à la structure en question (utilisation du véhicule personnel pour une mission professionnelle, sans autorisation préalable de l'ordonnateur)[9].

– Cas où un comptable s'était octroyé à lui-même des avances sur une indemnité qui, au moment du payement, n'avait pas encore été arrêtée par le conseil d'administration[10].

– Suivi des dépenses engagées : lorsque la réglementation d'un établissement public prévoit la présentation, à intervalles réguliers, de la situation des dépenses engagées par le comptable à l'ordonnateur, le fait de ne pas remplir cette obligation constitue pour le comptable une irrégularité[11].

1. CDBF 10 janv. 2022, *Établissements d'hébergement pour personnes âgées dépendantes (EHPAD) Saint-Luc de Castelnau-Montratier et Sainte-Marie de Montcuq*, n° 255-827 ; *Rec.* 129 ; *AJDA* 2022. 629, chron. N. Péhau et M. Choquet. Arrêt rendu sous l'empire de l'ancien article L. 313-4 du code des juridictions financières : s'il reste d'actualité pour illustrer la notion de violation de règles, des faits similaires ne pourraient donner lieu à sanction au titre de l'actuel art. L. 131-9 du même code qu'en présence d'une faute grave ayant entraîné un préjudice financier significatif.
2. C. comptes 3 mai 2024, *Département de l'Eure*, n° 907, S-2024-0715 ; chron. Y. Simon et S. Heintz dans *RGP* 2024, n° 03, p. 70 ; *JCP Adm.* 2024. 2278 – Confirmé par CAF 6 févr. 2025, Département de l'Eure, n° 2025-01.
3. C. comptes 3 mai 2024, *Département de l'Eure*, préc. Ici § 66 et suiv.
4. CDBF 10 déc. 2010, *Commune de Bandol*, n° 172-680 ; *Rec.* 132 ; *Contrats publics* 2011, n° 109, note L. Renouard ; *GFP* 2011, n° 8-9, p. 571, note M. Lascombe et X. Vandendriessche. Arrêt rendu sous l'empire de l'ancien article L. 313-4 du code des juridictions financières : s'il reste d'actualité pour illustrer la notion de violation de règles, des faits similaires ne pourraient donner lieu à sanction au titre de l'actuel art. L. 131-9 du même code qu'en présence d'une faute grave ayant entraîné un préjudice financier significatif.
5. C. comptes 3 mai 2024, *Département de l'Eure*, préc. Ici § 46.
6. CDBF 3 déc. 1997, *Institut de France [appartement de la rue Monsieur-le-Prince]*, *Rev. Trésor* 1999. 199 ; *Lebon* 621. Arrêt rendu sous l'empire de l'ancienne réglementation : s'il reste d'actualité pour illustrer la notion de violation de règles, des faits similaires ne pourraient donner lieu à sanction au titre de l'actuel art. L. 131-9 du code des juridictions financières qu'en présence d'une faute grave ayant entraîné un préjudice financier significatif.
7. CDBF 4 avr. 2011, *Lycée professionnel Vauvenargues et GRETA du pays d'Aix*, n° 174-647/667 ; *Rec.* 155 ; *GFP* 2013, n° 5, p. 69, note S. Damarey, M. Lascombe et X. Vandendriessche. Arrêt rendu sous l'empire de l'ancien article L. 313-4 du code des juridictions financières : s'il reste d'actualité pour illustrer la notion de violation de règles, des faits similaires ne pourraient donner lieu à sanction au titre de l'actuel art. L. 131-9 du même code qu'en présence d'une faute grave ayant entraîné un préjudice financier significatif.
8. CJF, art. L. 131-13, 3° ; sur cette infraction, v. s[s] n° 422.11.
9. CDBF 4 avr. 2011, *Lycée professionnel Vauvenargues et GRETA du pays d'Aix*, n° 174-647/667 ; *Rec.* 155 ; *GFP* 2013, n° 5, p. 69, note S. Damarey, M. Lascombe et X. Vandendriessche. Arrêt rendu sous l'empire de l'ancien article L. 313-4 du code des juridictions financières : s'il reste d'actualité pour illustrer la notion de violation de règles, des faits similaires ne pourraient donner lieu à sanction au titre de l'actuel art. L. 131-9 du même code qu'en présence d'une faute grave ayant entraîné un préjudice financier significatif.
10. CDBF 4 avr. 2011, *Lycée professionnel Vauvenargues et GRETA du pays d'Aix*, préc. Arrêt rendu sous l'empire de l'ancien article L. 313-4 du code des juridictions financières : s'il reste d'actualité pour illustrer la notion de violation de règles, des faits similaires ne pourraient donner lieu à sanction au titre de l'actuel art. L. 131-9 du même code qu'en présence d'une faute grave ayant entraîné un préjudice financier significatif.
11. CDBF 4 avr. 2011, *Lycée professionnel Vauvenargues et GRETA du pays d'Aix*, préc. Arrêt rendu sous l'empire de l'ancien article L. 313-4 du code des juridictions financières : s'il reste d'actualité pour illustrer la notion de violation de règles, des faits similaires ne pourraient donner lieu à sanction au titre de l'actuel art. L. 131-9 du même code qu'en présence d'une faute grave ayant entraîné un préjudice financier significatif.

432.144 Irrégularités en dépenses commises par un contrôleur budgétaire. Le fait pour un contrôleur financier d'accorder son visa à une proposition de dépense manifestement irrégulière (l'ordonnateur n'ayant nullement cherché à dissimuler son irrégularité) était constitutif de l'infraction visée par l'article L. 313-4 du CJF avant la réforme entrée en vigueur le 1er janvier 2023 [1], et le sera sur la base de l'infraction actuelle [2] si cette irrégularité en dépenses a entraîné un préjudice financier significatif.

432.145 Caractère limitatif et spécialité des crédits budgétaires ; respect de l'autorisation budgétaire. Constitue une irrégularité en dépenses toute violation du principe de spécialité des crédits budgétaires et toute méconnaissance de l'autorisation budgétaire, en particulier le payement en dépassement de crédits ouverts ; éviter un tel cas a même largement contribué à la création de la répression financière et de la Cour de discipline budgétaire [3] et donnait lieu, jusqu'en 2022, à une infraction budgétaire particulière aujourd'hui abrogée [4], qui n'empêchait pas le juge d'appliquer également l'infraction générale.

La CDBF a même jugé que le principe de limitation des engagements en fonction des crédits budgétaires constitue un « principe fondamental » [5].

Toutefois, ce type d'irrégularité n'entraîne que rarement un préjudice financier significatif, et sera donc difficilement qualifiable dans le cadre de l'infraction générale actuelle.

Il semble malgré tout intéressant de présenter la jurisprudence de la CDBF en la matière :

– Engagement juridique en l'absence de crédits budgétaires : décision, par simple ordre de service, de poursuivre un marché alors que les aspects techniques et financiers avaient entièrement changé et que les crédits supplémentaires n'étaient pas disponibles : par cet acte, l'intéressé engageait l'État de façon irréversible, en dehors de tout marché régulièrement approuvé et en dehors des crédits nécessaires [6] ; engagement de dépenses en l'absence de crédits ouverts [7] ; dépenses effectuées en l'absence de crédits ouverts ; en outre, le fait d'avoir fait voter un rectificatif au budget ultérieurement ne fait pas disparaître l'infraction [8].

– Les engagements de l'État sont possibles seulement dans le cadre des autorisations budgétaires [9].

– Violation du caractère limitatif des crédits : engagements de dépenses au-delà des crédits ouverts, aboutissant à des impayés importants pour l'État [10] ; dépassement de crédits limitatifs (chapitre du budget de l'État) [11]. Ce sujet revêt, avec l'extension de la fongibilité des crédits, aujourd'hui une actualité moindre, sans toutefois disparaître complètement. Violation de la règle relative à l'engage-

1. CDBF 27 nov. 1996, *min. A., marchés de prestations informatiques*, *Rev. Trésor* 1998. 731, note R. Ludwig, p. 727 ; *Lebon* 653 ; *Rec.* 179. Arrêt rendu sous l'empire de l'ancienne réglementation : s'il reste d'actualité pour illustrer la notion de violation de règles, des faits similaires ne pourraient donner lieu à sanction au titre de l'actuel art. L. 131-9 du code des juridictions financières qu'en présence d'une faute grave ayant entraîné un préjudice financier significatif.
2. CJF, art. L. 131-9.
3. Sur l'histoire de la répression financière, v. ss no 044.11.
4. Sur cette ancienne infraction réprimant l'engagement en dépassement de crédits, v. ss no 426.11.
5. CDBF 5 juin 1989, *Hôpital d'Orange*, CCP, no 3, p. 172 ; *Lebon* 417.
6. CDBF 14 mai 1973, *Service de la navigation de Strasbourg*, CCP, no 2, p. 82 ; *Lebon* 856 (extraits) ; A. Froment-Meurice, J.-Y. Bertucci, N. Hauptmann et C. Michaut, *GAJF*, Dalloz, 7e éd. 2019, no 47, p. 549. Arrêt rendu sous l'empire de l'ancienne réglementation : s'il reste d'actualité pour illustrer la notion de violation de règles, des faits similaires ne pourraient donner lieu à sanction au titre de l'actuel art. L. 131-9 du code des juridictions financières qu'en présence d'une faute grave ayant entraîné un préjudice financier significatif.
7. CDBF 2 mai 1983, *Université d'Aix-Marseille III, Institut d'administration des entreprises [IAE]*, CCP, no 2, p. 217. Arrêt rendu sous l'empire de l'ancienne réglementation : s'il reste d'actualité pour illustrer la notion de violation de règles, des faits similaires ne pourraient donner lieu à sanction au titre de l'actuel art. L. 131-9 du code des juridictions financières qu'en présence d'une faute grave ayant entraîné un préjudice financier significatif.
8. CDBF 20 avr. 1988, *Caisse interprofessionnelle de retraite des commerçants détaillants de la région parisienne [CIRCD]*, CCP, no 3, p. 138 ; *Lebon* 546. Arrêt rendu sous l'empire de l'ancienne réglementation : s'il reste d'actualité pour illustrer la notion de violation de règles, des faits similaires ne pourraient donner lieu à sanction au titre de l'actuel art. L. 131-9 du code des juridictions financières qu'en présence d'une faute grave ayant entraîné un préjudice financier significatif.
9. CDBF 15 déc. 1993, *min. de la Défense, service d'information et de relations publiques des armées [Sirpa]*, *Rev. Trésor* 1995. 679 ; *Lebon* 536 ; *Rec.* 151. Arrêt rendu sous l'empire de l'ancienne réglementation : s'il reste d'actualité pour illustrer la notion de violation de règles, des faits similaires ne pourraient donner lieu à sanction au titre de l'actuel art. L. 131-9 du code des juridictions financières qu'en présence d'une faute grave ayant entraîné un préjudice financier significatif.
10. Caractère limitatif des crédits de l'État, sauf exception : CDBF 23 avr. 2003, *TGI de Marseille*, *Rev. Trésor* 2004. 54, note M. Lascombe et X. Vandendriessche ; *Lebon* 579 ; *Rec.* 111. Arrêt rendu sous l'empire de l'ancien article L. 313-4 du code des juridictions financières : s'il reste d'actualité pour illustrer la notion de violation de règles, des faits similaires ne pourraient donner lieu à sanction au titre de l'actuel art. L. 131-9 du même code qu'en présence d'une faute grave ayant entraîné un préjudice financier significatif.
11. CDB 24 juin 1958, *Sté d'exploitation et des forges et ateliers de Lyon [Sefal]*, *Lebon* 893 ; CCP, no 2, p. 19. Arrêt rendu sous l'empire de l'ancienne réglementation : s'il reste d'actualité pour illustrer la notion de violation de règles, des faits similaires ne pourraient donner lieu à sanction au titre de l'actuel art. L. 131-9 du code des juridictions financières qu'en présence d'une faute grave ayant entraîné un préjudice financier significatif.

ment des fonds d'un établissement public dans la limite des crédits disponibles [1] ; engagements irréguliers au-delà des crédits disponibles ayant conduit à une accumulation croissante de dépenses engagées mais non mandatées [2] ; payements en dépassement de crédit dans un office HLM [3] ; recours à un établissement public en vue de contourner une insuffisance de crédits ouverts dans le budget de l'État [4].

– Création d'emplois en dépassement de crédits limitatifs [5] ; des irrégularités dans la passation de marchés s'étaient accompagnées de l'embauche et de la rémunération d'agents publics par le titulaire d'un marché, pour ensuite les mettre à la disposition de l'administration, ce qui revenait à financer sur le titre V (investissement) des dépenses de titre III (violation des règles budgétaires) [6] ; prise en charge de frais de personnel d'un établissement public par une association, financée par la subvention versée par cet établissement : un tel dispositif « méconnaît la spécialité des crédits et procède d'une imputation erronée des dépenses de l'établissement » [7] ; rémunération de personnel permanent à travers une régie, alors que les chapitres budgétaires concernés l'excluaient [8].

– Violation du principe de spécialité des crédits : crédits utilisés contrairement à l'objet de la délégation de crédits [9] ; des crédits d'équipements avaient été utilisés, à la faveur de subventions versées à un établissement sous tutelle, pour couvrir les frais de fonctionnement, ce qui est contraire au principe de spécialité des crédits budgétaires alors applicable [10] ; non-respect de la règle de spécialité des chapitres budgétaires et méconnaissance du caractère limitatif des dotations d'un service de l'État, notamment par le biais d'un montage assimilable à une gestion de fait [11].

1. CDBF 7 févr. 1989, *Institut national de la consommation [INC]*, CCP, n° 3, p. 154 ; *Lebon* 411. Arrêt rendu sous l'empire de l'ancienne réglementation : s'il reste d'actualité pour illustrer la notion de violation de règles, des faits similaires ne pourraient donner lieu à sanction au titre de l'actuel art. L. 131-9 du code des juridictions financières qu'en présence d'une faute grave ayant entraîné un préjudice financier significatif.
2. CDBF 1er et 2 juill. 1987, *Université Paris XII Val de Marne*, CCP, n° 3, p. 89 ; *Lebon*, tables p. 655. Arrêt rendu sous l'empire de l'ancienne réglementation : s'il reste d'actualité pour illustrer la notion de violation de règles, des faits similaires ne pourraient donner lieu à sanction au titre de l'actuel art. L. 131-9 du code des juridictions financières qu'en présence d'une faute grave ayant entraîné un préjudice financier significatif.
3. CDBF 4 avr. 2001, *OPIHLM de la région de Creil*, *Rev. Trésor* 2001. 799, note M. Lascombe et X. Vandendriessche ; *Lebon* 765. Arrêt rendu sous l'empire de l'ancien article L. 313-4 du code des juridictions financières : s'il reste d'actualité pour illustrer la notion de violation de règles, des faits similaires ne pourraient donner lieu à sanction au titre de l'actuel art. L. 131-9 du même code qu'en présence d'une faute grave ayant entraîné un préjudice financier significatif.
4. CDBF 21 juin 2012, *Action sociale des armées*, n° 183-697 ; *GFP* 2013, n° 5, p. 87, note S. Damarey, M. Lascombe et X. Vandendriessche. Arrêt rendu sous l'empire de l'ancien article L. 313-4 du code des juridictions financières : s'il reste d'actualité pour illustrer la notion de violation de règles, des faits similaires ne pourraient donner lieu à sanction au titre de l'actuel art. L. 131-9 du même code qu'en présence d'une faute grave ayant entraîné un préjudice financier significatif.
5. CDBF 9 déc. 2011, *Groupe hospitalier Sud Réunion*, n° 180-656 ; *Rec.* ; *AJDA* 2012. 1279, note C. Michaut et P. Sitbon ; *GFP* 2013, n° 5, p. 78, note S. Damarey, M. Lascombe et X. Vandendriessche. Arrêt rendu sous l'empire de l'ancien article L. 313-4 du code des juridictions financières : s'il reste d'actualité pour illustrer la notion de violation de règles, des faits similaires ne pourraient donner lieu à sanction au titre de l'actuel art. L. 131-9 du même code qu'en présence d'une faute grave ayant entraîné un préjudice financier significatif.
6. CDBF 14 et 16 janv. 1998, *min. des Affaires étrangères, service des immeubles et affaires générales [Siag]*, *Rev. Trésor* 1999. 200 ; *Lebon* 647 ; *Rec.* 129 (extraits). Arrêt rendu sous l'empire de l'ancien article L. 313-4 du code des juridictions financières : s'il reste d'actualité pour illustrer la notion de violation de règles, des faits similaires ne pourraient donner lieu à sanction au titre de l'actuel art. L. 131-9 du même code qu'en présence d'une faute grave ayant entraîné un préjudice financier significatif.
7. CDBF 31 mars 1999, *Assoc. pour le développement des images de la culture [Arcanal] et Centre national de la cinématographie [CNC]*, *Rev. Trésor* 1999. 258 ; *Lebon* 563. Arrêt rendu sous l'empire de l'ancien article L. 313-4 du code des juridictions financières : s'il reste d'actualité pour illustrer la notion de violation de règles, des faits similaires ne pourraient donner lieu à sanction au titre de l'actuel art. L. 131-9 du même code qu'en présence d'une faute grave ayant entraîné un préjudice financier significatif.
8. CDBF 5 nov. 1997, *min. des Affaires étrangères [frais de réception]*, *Rev. Trésor* 1999. 194 ; *Lebon* 615 ; *AJDA* 1997. 505, note S. Cendre-Malinas. Arrêt rendu sous l'empire de l'ancien article L. 313-4 du code des juridictions financières : s'il reste d'actualité pour illustrer la notion de violation de règles, des faits similaires ne pourraient donner lieu à sanction au titre de l'actuel art. L. 131-9 du même code qu'en présence d'une faute grave ayant entraîné un préjudice financier significatif.
9. CDBF 23 déc. 2002, *Mission de coopération et d'action culturelle [MCAC] de N'Djaména [Tchad]*, *Rev. Trésor* 2004. 51, note M. Lascombe et X. Vandendriessche ; *Rec.* 120 (lire le commentaire) ; *Lebon* 563. Arrêt rendu sous l'empire de l'ancien article L. 313-4 du code des juridictions financières : s'il reste d'actualité pour illustrer la notion de violation de règles, des faits similaires ne pourraient donner lieu à sanction au titre de l'actuel art. L. 131-9 du même code qu'en présence d'une faute grave ayant entraîné un préjudice financier significatif.
10. CDBF 26 mai 1987, *min. de l'Industrie, conventions signées avec le Bureau de recherches géologiques et minières [BRGM]*, CCP, n° 3, p. 75 ; *Lebon* 508. Arrêt rendu sous l'empire de l'ancienne réglementation : s'il reste d'actualité pour illustrer la notion de violation de règles, des faits similaires ne pourraient donner lieu à sanction au titre de l'actuel art. L. 131-9 du code des juridictions financières qu'en présence d'une faute grave ayant entraîné un préjudice financier significatif.
11. CDBF 30 avr. 1985, *min. de l'Agriculture, service des haras et de l'équitation*, CCP, n° 3, p. 10. Arrêt rendu sous l'empire de l'ancienne réglementation : s'il reste d'actualité ▶

– Violation du principe d'annualité budgétaire (mais l'infraction sera difficile à établir dans nouveau régime, faute de préjudice causé par cette irrégularité) [1] ; report irrégulier de dépenses d'un exercice sur l'autre (factures impayées laissées en attente pour éviter leur rejet pour cause d'insuffisance de crédits), ce qui est contraire notamment au principe d'annualité budgétaire et aux règles de la commande publique, entraînant en outre une tenue défectueuse de la comptabilité des factures ainsi qu'une mise à jour tardive de l'inventaire comptable [2].

– Imputations budgétaires irrégulières de dépenses, à plusieurs reprises [3] ; irrégularités affectant l'imputation budgétaire des dépenses : réimputations successives sur crédits ouverts à d'autres fins (violation d'une décision interne et des règles générales sur l'imputation des crédits de l'État) [4] ; imputation sur l'exercice *n-1* de dépenses engagées seulement en *n* (comptabilisation en charges à payer de dépenses qui n'étaient pas engagées) [5].

– Non-respect de la règle d'équilibre budgétaire applicable à l'établissement (comptablement, l'équilibre était atteint, mais il masquait des arriérés de dettes exigibles) [6].

– La CDBF a jugé que constituait une infraction aux règles d'exécution des dépenses de l'établissement le fait d'avoir ordonné le payement d'une prime exceptionnelle aux agents de celui-ci en l'absence de la décision budgétaire requise. En effet, cette prime avait été liquidée et payée en dépit de l'opposition formelle de la direction du budget du ministère des Finances à la décision budgétaire modificative qui prévoyait les crédits correspondants, qui n'était donc jamais devenue exécutoire. L'ordonnateur avait laissé le comptable public dans l'ignorance de l'opposition de la tutelle financière, ce qui avait rendu possible le payement de cette prime en dépit de l'irrégularité budgétaire [7].

– Principe de sincérité des données budgétaires : dans une affaire concernant un service de l'État, la CDBF a jugé que l'absence de données précises sur les divers éléments de l'équilibre financier de l'ensemble d'une opération complexe menée par un service de l'État dans le cadre d'un compte de commerce (vente de sous-marins à un État étranger), et l'absence d'information sur l'existence d'un risque de déséquilibre financier important du contrat, constituaient des violations des règles de prévision des autorisations des dépenses relatives aux comptes de commerce [8] ; « qu'en toute hypothèse, les données communiquées aux autorités budgétaires, qui déterminaient le mon-

▶ pour illustrer la notion de violation de règles, des faits similaires ne pourraient donner lieu à sanction au titre de l'actuel art. L. 131-9 du code des juridictions financières qu'en présence d'une faute grave ayant entraîné un préjudice financier significatif.

1. CDBF 21 juin 2012, *Action sociale des armées*, n° 183-697 ; *GFP* 2013, n° 5, p. 87, note S. Damarey, M. Lascombe et X. Vandendriessche. Arrêt rendu sous l'empire de l'ancien article L. 313-4 du code des juridictions financières : s'il reste d'actualité pour illustrer la notion de violation de règles, des faits similaires ne pourraient donner lieu à sanction au titre de l'actuel art. L. 131-9 du même code qu'en présence d'une faute grave ayant entraîné un préjudice financier significatif.
2. CDBF 23 avr. 2003, *TGI de Marseille*, préc. Arrêt rendu sous l'empire de l'ancien article L. 313-4 du code des juridictions financières : s'il reste d'actualité pour illustrer la notion de violation de règles, des faits similaires ne pourraient donner lieu à sanction au titre de l'actuel art. L. 131-9 du même code qu'en présence d'une faute grave ayant entraîné un préjudice financier significatif.
3. CDBF 14 nov. 2001, *Mission de coopération et d'action culturelle de Castries [Sainte-Lucie]*, préc. Arrêt rendu sous l'empire de l'ancien article L. 313-4 du code des juridictions financières : s'il reste d'actualité pour illustrer la notion de violation de règles, des faits similaires ne pourraient donner lieu à sanction au titre de l'actuel art. L. 131-9 du même code qu'en présence d'une faute grave ayant entraîné un préjudice financier significatif.
4. CDBF 11 mai 1990, *Fonds d'aide et de coopération [FAC]*, CCP, n° 3, p. 198 ; *Lebon* 518. Arrêt rendu sous l'empire de l'ancienne réglementation : s'il reste d'actualité pour illustrer la notion de violation de règles, des faits similaires ne pourraient donner lieu à sanction au titre de l'actuel art. L. 131-9 du code des juridictions financières qu'en présence d'une faute grave ayant entraîné un préjudice financier significatif.
5. CDBF 11 et 12 déc. 1991, *CHS du Rouvray*, *Rev. Trésor* 1993. 31 ; *Lebon* 640 ; *Rec.* 136. Arrêt rendu sous l'empire de l'ancienne réglementation : s'il reste d'actualité pour illustrer la notion de violation de règles, des faits similaires ne pourraient donner lieu à sanction au titre de l'actuel art. L. 131-9 du code des juridictions financières qu'en présence d'une faute grave ayant entraîné un préjudice financier significatif.
6. CDBF 1er et 2 juill. 1987, *Université Paris XII Val de Marne*, préc. Arrêt rendu sous l'empire de l'ancienne réglementation : s'il reste d'actualité pour illustrer la notion de violation de règles, des faits similaires ne pourraient donner lieu à sanction au titre de l'actuel art. L. 131-9 du code des juridictions financières qu'en présence d'une faute grave ayant entraîné un préjudice financier significatif.
7. CDBF 25 sept. 2006, *Institut national de la propriété industrielle [Inpi]*, *Rev. Trésor* 2007. 681, fiche N. Groper ; *AJDA* 2006. 2449, note N. Groper et C. Michaut ; *Rev. Trésor* 2007. 716, note M. Lascombe et X. Vandendriessche ; *Lebon* 668 ; *Rec.* 105. Arrêt rendu sous l'empire de l'ancien article L. 313-4 du code des juridictions financières : s'il reste d'actualité pour illustrer la notion de violation de règles, des faits similaires ne pourraient donner lieu à sanction au titre de l'actuel art. L. 131-9 du même code qu'en présence d'une faute grave ayant entraîné un préjudice financier significatif.
8. CDBF 28 oct. 2005, *min. de la Défense, Direction des constructions navales, contrat de vente de sous-marins Agosta 90 au Pakistan*, *Rec.* 127 ; *Lebon* 678 ; *Rev. Trésor* 2006. 902, note M. Lascombe et X. Vandendriessche ; – confirmé par CDBF 5 déc. 2008, min. de la Défense, Direction des constructions navales, contrat de vente de sous-marins Agosta 90 au Pakistan, 2e arrêt, *Rec.* 88 ; *AJDA* 2010. 1261, note N. Groper et C. Michaut ; *GFP* 2011, p. 396, note M. Lascombe et X. Vandendriessche. Arrêts rendus sous l'empire de l'ancien article L. 313-4 du code des juridictions financières : s'ils restent d'actualité pour illustrer la notion de violation de règles, des faits similaires ne pourraient donner lieu à sanction au titre de l'actuel art. L. 131-9 du même code qu'en présence d'une faute grave ayant entraîné un préjudice financier significatif.

tant des autorisations de dépense ainsi que celui du découvert autorisé du compte de commerce, devaient être complètes et sincères ». À noter que le principe de sincérité budgétaire figure désormais, pour l'État, expressément à l'article 32 de la loi organique relative aux lois de finances [1] (et à l'art. 27 pour les comptes de l'État) [2]. Un autre arrêt a également eu recours à ce principe de sincérité budgétaire [3].

– Irrégularités au regard du droit budgétaire qui avaient permis de constituer une « masse de manœuvre » financière, qui elle-même avait en outre permis de prendre en charge des dépenses de personnel qui « présentaient elles-mêmes un caractère irrégulier qui aurait fait obstacle à l'octroi de dotations budgétaires » (primes sans base juridique, primes versées à des personnes non éligibles, frais d'hôtel remboursés sous forme d'heures supplémentaires fictives) [4].

432.146 **Inventaire et règles de comptabilité.** Ces règles relèvent, désormais, avant tout de l'infraction spéciale réprimant la non-production de comptes, et sont traitées dans ce cadre [5] ; néanmoins, rappelons que « le fait de porter atteinte, par des écritures comptables erronées ou omises, à la sincérité des comptes, constitue une infraction aux règles relatives à l'exécution des dépenses et des recettes, au sens de l'article L. 313-4 du code des juridictions financières » [6], et désormais de l'infraction prévue à l'article L. 131-9 du même code, à condition qu'il en résulte un préjudice financier significatif : l'application de cette dernière infraction permet au juge de prononcer une sanction plus élevée.

L'obligation de tenir un inventaire, affirmée par de nombreux textes, constitue en toute hypothèse une règle en matière de gestion des biens : cette obligation de tenir des inventaires vaut même pour des biens dont un établissement public n'est pas le propriétaire, mais simple affectataire ; ainsi, dans une affaire, « l'absence de tenue par AgroParisTech d'un inventaire précis et complet des biens mobiliers affectés est constitutif d'une faute, nonobstant la défaillance de son prestataire [entreprise chargée d'élaborer un inventaire avant un déménagement]. Cette faute a concouru, ne fut-ce qu'indirectement, à ce que l'établissement méconnaisse l'appartenance, la situation juridique et la valeur réelle des biens vendus » [7], ce qui avait généré un préjudice financier significatif.

432.147 **Régies de dépenses (régies d'avances).**

– Payement de frais de réception sur une régie d'avances, sans pièces justificatives autres que des certificats administratifs ; une lettre du directeur de cabinet du ministère de l'Économie et des Finances permettait ce système dérogatoire, mais dans certaines limites elles-mêmes méconnues [8].

– Création irrégulière d'une « régie de dépenses » [9].

– La durée, le montant plafond et l'objet des régies d'avances (donc la nature des dépenses pouvant régulièrement être payées sur régie) sont encadrés par des textes réglementaires ainsi que par les décisions créant chaque régie ; leur méconnaissance constitue une infraction réprimée par l'ancien art. L. 313-4 CJF [10] jusqu'en 2022, et désormais par l'article L. 131-9 du même code, à condition que ces irrégularités aient contribué à créer un préjudice financier significatif.

1. Loi organique n° 2001-692, 1er août 2001 relative aux lois de finances (LOLF).
2. J.-P. Vachia, « L'émergence du principe de sincérité dans le droit public financier », *RFFP* 2005, n° 91.
3. CDBF 20 mars 2012, *Centre hospitalier de Marigot à Saint-Martin (Guadeloupe)*, n° 181-587 ; *AJDA* 2012. 1279, note C. Michaut et P. Sitbon ; *GFP* 2013, n° 5, p. 81, note S. Damarey, M. Lascombe et X. Vandendriessche. Arrêt rendu sous l'empire de l'ancien article L. 313-4 du code des juridictions financières : s'il reste d'actualité pour illustrer la notion de violation de règles, des faits similaires ne pourraient donner lieu à sanction au titre de l'actuel art. L. 131-9 du même code qu'en présence d'une faute grave ayant entraîné un préjudice financier significatif.
4. CDBF 3 déc. 1985, *Monnaies et médailles*, CCP, n° 3, p. 31.
5. V. s^s n° 423.11.
6. CDBF 7 nov. 2022, *Fédération française d'athlétisme (FFA)*, n° 262-847 ; *Rec.* 148 ; *AJDA* 2023. 560, chron. M. Choquet et N. Péhau. Arrêt rendu sous l'empire de l'ancien article L. 313-4 du code des juridictions financières : s'il reste d'actualité pour illustrer la notion de violation de règles, des faits similaires ne pourraient donner lieu à sanction au titre de l'actuel art. L. 131-9 du même code qu'en présence d'une faute grave ayant entraîné un préjudice financier significatif.
7. C. comptes 19 déc. 2024, *Institut des sciences et des industries du vivant et de l'environnement (AgroParisTech) et Direction nationale des ventes domaniales (DNID), vente du mobilier du château de Grignon*, n° 3, S-2024-1571. Ici § 32.
8. CDBF 5 nov. 1997, *min. des Affaires étrangères [frais de réception]*, *Rev. Trésor* 1999. 194 ; *Lebon* 615 ; *AJDA* 1997. 505, note S. Cendre-Malinas. Arrêt rendu sous l'empire de l'ancien article L. 313-4 du code des juridictions financières : s'il reste d'actualité pour illustrer la notion de violation de règles, des faits similaires ne pourraient donner lieu à sanction au titre de l'actuel art. L. 131-9 du même code qu'en présence d'une faute grave ayant entraîné un préjudice financier significatif.
9. CDBF 19 juin 2002, *Délégation à l'espace aérien [DEA]*, *Rev. Trésor* 2004. 43, note M. Lascombe et X. Vandendriessche ; *Rec.* 99 ; *Lebon* 553. Arrêt rendu sous l'empire de l'ancien article L. 313-4 du code des juridictions financières : s'il reste d'actualité pour illustrer la notion de violation de règles, des faits similaires ne pourraient donner lieu à sanction au titre de l'actuel art. L. 131-9 du même code qu'en présence d'une faute grave ayant entraîné un préjudice financier significatif.
10. CDBF 10 déc. 2010, *Commune de Bandol*, n° 172-680 ; *Rec.* 132 ; Contrats publics 2011, n° 109, note L. Renouard ; GFP 2011, n° 8-9, p. 571, note M. Lascombe et X. Vandendriessche. Arrêt rendu sous l'empire de l'ancien article L. 313-4 du code des juridictions financières : s'il reste d'actualité pour illustrer la notion de violation de règles, des faits similaires ne pourraient donner lieu à sanction au titre de l'actuel art. L. 131-9 du même code qu'en présence d'une faute grave ayant entraîné un préjudice financier significatif.

432.148 **Gestion de fait en dépenses.** Les faits constitutifs d'une gestion de fait relevaient explicitement des violations de règles de recettes et de dépenses réprimées par l'ancien article L. 313-4 du code des juridictions financières : exemple de la création d'une « caisse noire » alimentée grâce à des fausses factures [1].

La gestion de fait relève désormais d'une infraction complètement distincte traitée ailleurs [2].

Néanmoins, il faut retenir que d'une part la violation du principe de séparation entre ordonnateur et comptable [3] entre bien – toujours et encore – dans le champ des violations de règles traitées ici, et qu'outre la qualification de gestion de fait, les fonds gérés peuvent être utilisés de façon irrégulière, ce qui peut ajouter la commission d'autres infractions, notamment celle prévue aujourd'hui à l'article L. 131-9 du CJF.

Ainsi, l'utilisation irrégulière de fonds qui font l'objet d'une gestion occulte sera sanctionnée au titre de l'infraction générale, en sus de la gestion occulte elle-même [4]. Dans d'autres cas, la CDBF s'est limitée à sanctionner l'encaissement irrégulier des recettes par une association dépourvue de titre légal, en mentionnant les dépenses effectuées avec ces fonds, mais sans faire de ce deuxième volet une infraction à part [5].

§ 6
Irrégularités de procédure ou de compétence en dépenses

432.151 **Dépenses en violation de règles de compétence et de procédure.** Certains points de procédure ont déjà été traités plus haut, parmi les irrégularités en matière budgétaire ou comptable : ici sera traité le cas particulier de l'autorité incompétente et de la violation de règles de procédure d'adoption d'une décision de gestion.

Ce cas, très fréquent, recouvre en réalité deux aspects proches mais distincts, bien que souvent liés, celui de la procédure (intervention d'un conseil d'administration par exemple) et celui de la compétence de l'auteur d'un acte. Ce dernier aspect relèvera davantage de l'infraction spéciale prévue à l'article L. 131-13, 3°, du CJF [6], bien que la CDBF ait eu tendance à appliquer également l'infraction générale de l'ancien article L. 313-4 du même code. Cette dernière solution désormais, n'est plus possible, sauf survenance, du fait de ces irrégularités de compétence, d'un préjudice financier significatif, ce qui ne pourra guère être le cas que dans le cadre d'une faute grave de gestion plus large.

Il en va *a fortiori* de même pour les simples irrégularités de procédure, qui ne seront que fort rarement la cause d'un préjudice financier, sauf exception [7].

Les exemples dans la jurisprudence de la CDBF sont particulièrement nombreux s'agissant du non-respect des prérogatives d'un conseil d'administration (avis, information ou autorisation) :

– Signature d'un protocole transactionnel sans autorisation du conseil d'administration [8] ; conclusion d'un accord de transaction sans avis préalable du conseil d'administration, contrairement aux règles statutaires de la structure concernée [9].

– Autorisation requise du conseil d'administration pour certaines décisions de gestion dans une société commerciale [10] ; un président du conseil d'administration aurait dû « saisir sans délai le CA » sur une activité nouvelle n'entrant pas dans les attributions légales de l'organisme, et qui avait un impact significatif sur le budget, sujet relevant de la

1. CDBF 23 déc. 2002, *Mission de coopération et d'action culturelle [MCAC] de N'Djaména [Tchad]*, *Rev. Trésor* 2004. 51, note M. Lascombe et X. Vandendriessche ; *Rec.* 120 (lire le commentaire) ; *Lebon* 563.
2. CJF, art. L. 131-15 ; v. s[s] n° 424.11.
3. GBCP, art. 9.
4. CDBF 4 déc. 1979, *secr. d'Ét. à la Jeunesse et aux Sports, Direction de l'éducation physique et des sports*, CCP, n° 2, p. 175. Arrêt rendu sous l'empire de l'ancienne réglementation : s'il reste d'actualité pour illustrer la notion de violation de règles, des faits similaires ne pourraient donner lieu à sanction au titre de l'actuel art. L. 131-9 du code des juridictions financières qu'en présence d'une faute grave ayant entraîné un préjudice financier significatif.
5. CDBF 2 mai 1983, *Université d'Aix-Marseille III, Institut d'administration des entreprises [IAE]*, CCP, n° 2, p. 217.
6. Engagement d'une dépense par une personne non habilitée, v. s[s] n° 422.11.
7. Dans le cadre d'une faute grave de gestion fondée sur des violations de principes généraux, avec préjudice financier significatif, v. s[s] n° 432.201.
8. Arrêts rendus sous l'empire de l'ancienne réglementation : s'ils restent d'actualité pour illustrer la notion de violation de règles, des faits similaires ne pourraient donner lieu à sanction au titre de l'actuel art. L. 131-9 du code des juridictions financières qu'en présence d'une faute grave ayant entraîné un préjudice financier significatif : CDBF 13 oct. 2015, *Société d'aménagement du Val-de-Marne et de développement des villes et du département du Val-de-Marne (SADEV 94)*, n° 202-725 ; *Rec.* 167 ; *AJDA* 2016. 652, note S. Gaillard et J. Goubault – CDBF 19 févr. 1992, *Assoc. Franterm [recherche et applications de terminologie française]*, *Rev. Trésor* 1993. 775 ; *Lebon* 630 ; *Rec.* 133.
9. CDBF 6 mai 2009, *Assoc. Union interprofession enseignement [UNIPE-PE] et Union interprofession insertion professionnelle [UNIPE-IP]*, *Rec.* 75 ; *AJDA* 2009. 2456, note N. Groper et C. Michaut ; Gestion & finances publiques 2011, n° 7, p. 500, note M. Lascombe et X. Vandendriessche – CDBF 3 mai 2021, *Association « OPCALIA »*, n° 250-845 ; *Rec.* 175.
10. CDBF 9 sept. 1998, *S[té] des hôtels Méridien [SHM] et S[té] Méridien Gestion [SMG]*, *Rev. Trésor* 1999. 207 ; *Lebon* 658 ; *Rec.* 136. Arrêt rendu sous l'empire de l'ancien article L. 313-4 du code des juridictions financières : s'il reste d'actualité pour illustrer la notion de violation de règles, des faits similaires ne pourraient donner lieu à sanction au titre de l'actuel art. L. 131-9 du même code qu'en présence d'une faute grave ayant entraîné un préjudice financier significatif.

compétence du conseil : « un conseil d'administration doit épuiser sa compétence », résument à juste titre les auteurs de la chronique parue dans l'*AJDA*[1].

– Absence de consultation du conseil d'administration[2] ; il s'agit d'une question de procédure, et non de compétence.

– Engagement au nom d'une caisse de sécurité sociale (notamment reprise d'une association en liquidation judiciaire et octroi d'une garantie d'emprunt) sans avoir compétence pour ce faire (décision relevant de la compétence exclusive du conseil d'administration – or celui-ci n'a été informé de la décision que tardivement et de façon lacunaire)[3].

– Rémunérations irrégulières : primes accordées aux dirigeants sans l'approbation du conseil d'administration qui eût été requise[4] ; le directeur d'une caisse de mutualité agricole avait fixé unilatéralement sa propre rémunération, alors que l'autorité compétente pour ce faire était le conseil d'administration de la caisse : pour se défendre, il avait prétendu qu'il existait une décision du président du conseil d'administration, ce que ce dernier niait formellement (il avait été cité comme témoin par le ministère public)[5] ; dans le même sens, le fait pour un directeur général de décider de la création d'indemnités alors que cette compétence appartenait au conseil d'administration qui ne l'avait pas déléguée au directeur général[6] ; rémunérations et avantages en nature qui n'ont pas été décidés par le conseil d'administration d'une entreprise publique, alors qu'ils auraient dû l'être[7].

– Absence d'autorisation du conseil d'administration pour l'achat d'un immeuble[8] ; opérations immobilières menées sans autorisation du conseil d'administration, en violation des règles statutaires de l'association en cause ; ces faits avaient de plus entraîné des dépassements de crédits, qui n'avaient pas davantage été soumis au conseil d'administration[9].

– Non-respect des statuts d'une SEM qui exigeaient que le conseil d'administration délibérât sur un certain nombre de conventions et sur une concession[10] ; dans le même sens, irrégularités dans le

1. CDBF 4 déc. 2015, *Fondation nationale des sciences politiques et Institut d'études politiques de Paris (FNSP-IEP de Paris)* ; *Rec.* 171 ; *AJDA* 2016. 198, note S. Gaillard et J. Goubault. Arrêt rendu sous l'empire de l'ancien article L. 313-4 du code des juridictions financières : s'il reste d'actualité pour illustrer la notion de violation de règles, des faits similaires ne pourraient donner lieu à sanction au titre de l'actuel art. L. 131-9 du même code qu'en présence d'une faute grave ayant entraîné un préjudice financier significatif.
2. CDBF 21 oct. 1987, *Institut technique de la vigne et du vin [ITV]*, CCP, n° 3, p. 100 ; *Lebon*, tables p. 656. Arrêt rendu sous l'empire de l'ancienne réglementation : s'il reste d'actualité pour illustrer la notion de violation de règles, des faits similaires ne pourraient donner lieu à sanction au titre de l'actuel art. L. 131-9 du code des juridictions financières qu'en présence d'une faute grave ayant entraîné un préjudice financier significatif.
3. CDBF 4 déc. 2002, *Caisse centrale de la mutualité agricole [CCMSA] et SCI Mutualité Astorg*, *Rev. Trésor* 2004. 48, note M. Lascombe et X. Vandendriessche ; *Rec.* 112 ; *Lebon* 559. Arrêt rendu sous l'empire de l'ancien article L. 313-4 du code des juridictions financières : s'il reste d'actualité pour illustrer la notion de violation de règles, des faits similaires ne pourraient donner lieu à sanction au titre de l'actuel art. L. 131-9 du même code qu'en présence d'une faute grave ayant entraîné un préjudice financier significatif.
4. CDBF 17 déc. 1990, *Caisse de retraite du personnel navigant professionnel de l'aéronautique civile [CRPNPAC]*, CCP, n° 3, p. 222 ; *Lebon* 531. Arrêt rendu sous l'empire de l'ancienne réglementation : s'il reste d'actualité pour illustrer la notion de violation de règles, des faits similaires ne pourraient donner lieu à sanction au titre de l'actuel art. L. 131-9 du code des juridictions financières qu'en présence d'une faute grave ayant entraîné un préjudice financier significatif.
5. CDBF 15 janv. 1974, *Caisse de mutualité sociale agricole de la Somme*, *Lebon* 802 (extraits anonymisés) ; CCP, n° 2, p. 99. Arrêt rendu sous l'empire de l'ancienne réglementation : s'il reste d'actualité pour illustrer la notion de violation de règles, des faits similaires ne pourraient donner lieu à sanction au titre de l'actuel art. L. 131-9 du code des juridictions financières qu'en présence d'une faute grave ayant entraîné un préjudice financier significatif.
6. CDBF 14 juin 1982, *Comité national de la pomme de terre [CNPT]*, CCP, n° 2, p. 200. Arrêt rendu sous l'empire de l'ancienne réglementation : s'il reste d'actualité pour illustrer la notion de violation de règles, des faits similaires ne pourraient donner lieu à sanction au titre de l'actuel art. L. 131-9 du code des juridictions financières qu'en présence d'une faute grave ayant entraîné un préjudice financier significatif.
7. CDBF 27 mars 1985, *Sté française d'équipements pour la navigation aérienne [Sfena]*, CCP, n° 3, p. 7. Arrêt rendu sous l'empire de l'ancienne réglementation : s'il reste d'actualité pour illustrer la notion de violation de règles, des faits similaires ne pourraient donner lieu à sanction au titre de l'actuel art. L. 131-9 du code des juridictions financières qu'en présence d'une faute grave ayant entraîné un préjudice financier significatif.
8. CDBF 2 mai 1983, *Université d'Aix-Marseille III, Institut d'administration des entreprises [IAE]*, CCP, n° 2, p. 217. Arrêt rendu sous l'empire de l'ancienne réglementation : s'il reste d'actualité pour illustrer la notion de violation de règles, des faits similaires ne pourraient donner lieu à sanction au titre de l'actuel art. L. 131-9 du code des juridictions financières qu'en présence d'une faute grave ayant entraîné un préjudice financier significatif.
9. CDBF 24 oct. 1989, *Assoc. pour l'emploi des cadres, ingénieurs et techniciens de l'agriculture [Apecita]*, préc. Arrêt rendu sous l'empire de l'ancienne réglementation : s'il reste d'actualité pour illustrer la notion de violation de règles, des faits similaires ne pourraient donner lieu à sanction au titre de l'actuel art. L. 131-9 du code des juridictions financières qu'en présence d'une faute grave ayant entraîné un préjudice financier significatif.
10. CDBF 16 juin 1987, *SEM d'urbanisation, d'aménagement, d'équipement et de construction de la ville de Jeumont et de l'arrondissement d'Avesnes [Semvija]*, CCP, n° 3, p. 83 ; *Lebon* 512. Arrêt rendu sous l'empire de l'ancienne réglementation : s'il reste d'actualité pour illustrer la notion de violation de règles, des faits similaires ne pourraient donner lieu à sanction au titre de l'actuel art. L. 131-9 du code des juridictions financières qu'en présence d'une faute grave ayant entraîné un préjudice financier significatif.

payement d'honoraires commises à l'occasion d'une convention conclue par une SEM qui aurait dû être soumise à l'approbation préalable du conseil d'administration[1].

– Prise de participation dans une société sans autorisation préalable du conseil d'administration[2].

– Achat de logiciels informatiques par une caisse de sécurité sociale auprès de son propre contrôleur de gestion : la convention (et un avenant) était très avantageuse pour le vendeur et avait été conclue en l'absence d'approbation préalable du conseil d'administration (l'arrêt insiste : « la délibération ultérieure du conseil [...] ne peut tenir lieu de l'approbation qu'en l'espèce cette assemblée aurait dû donner avant une acquisition... »), qui n'avait même pas été informé[3].

Ce cas n'est pas à confondre avec le non-respect des prérogatives d'un président de conseil d'administration : ainsi d'un directeur général qui avait pris des décisions à la place du président du conseil d'administration[4].

Autres organes ou autorités dont les compétences n'auraient pas été respectées :

– Prérogatives d'un conseil de surveillance de société : le juge vérifie qu'un accord de refacturation entre sociétés d'un même groupe respecte les règles qui s'imposent à l'organisme, notamment en matière de répartition des compétences entre conseil de surveillance et direction générale ; en outre : « que [la personne renvoyée] n'avait ainsi pas de pouvoir d'engager cette dépense », qui relevait du conseil de surveillance ; « le fait d'avoir engagé des dépenses [...] sans disposer de la compétence ni des autorisations nécessaires est constitutif d'une infraction aux règles des dépenses »[5].

– Non-respect des prérogatives d'une assemblée générale : engagement sur la base d'un faux procès-verbal d'une séance de l'assemblée générale de l'organisme qui n'avait jamais eu lieu[6] ; une convention devait être communiquée au commissaire aux comptes en vue de la présentation d'un rapport spécial à l'assemblée générale, ce qui n'avait pas été fait[7].

– Non-respect des prérogatives de plusieurs organes à la fois : engagement d'une procédure d'obtention d'un prêt auprès d'une banque sans l'autorisation du conseil d'administration, de l'assemblée générale ni de l'autorité administrative compétente, ce qui constituait une violation des statuts de l'organisme en question[8].

1. CDBF 13 juin 2003, *SEM Sarcelles Chaleur*, *Rev. Trésor* 2004. 57, note M. Lascombe et X. Vandendriessche ; *AJDA* 2003. 2316, note N. Groper ; *Lebon* 584 ; *Rec.* 121 ; A. Froment-Meurice, J.-Y. Bertucci, N. Hauptmann et C. Michaut, *GAJF*, 7e éd. 2019, n° 49, p. 572. Arrêt rendu sous l'empire de l'ancien article L. 313-4 du code des juridictions financières : s'il reste d'actualité pour illustrer la notion de violation de règles, des faits similaires ne pourraient donner lieu à sanction au titre de l'actuel art. L. 131-9 du même code qu'en présence d'une faute grave ayant entraîné un préjudice financier significatif.
2. CDBF 25 juill. 2008, *France Télécom ; Rec.* p. 82 ; *AJDA* 2008. 2435, note N. Groper et C. Michaut ; *GFP* 2011, p. 388, note M. Lascombe et X. Vandendriessche ; A. Froment-Meurice, J.-Y. Bertucci, N. Hauptmann et C. Michaut, *GAJF*, Dalloz, 7e éd. 2019, n° 51, p. 595 ; M. Degoffe, « La Cour de discipline budgétaire et financière réprime les infractions aux règles d'exécution des dépenses commises par le président de France Télécom », *Revue des sociétés* 2008, p. 858. Arrêt rendu sous l'empire de l'ancien article L. 313-4 du code des juridictions financières : s'il reste d'actualité pour illustrer la notion de violation de règles, des faits similaires ne pourraient donner lieu à sanction au titre de l'actuel art. L. 131-9 du même code qu'en présence d'une faute grave ayant entraîné un préjudice financier significatif.
3. CDBF 17 déc. 1990, *Caisse de retraite du personnel navigant professionnel de l'aéronautique civile [CRPNPAC]*, CCP, n° 3, p. 222 ; *Lebon* 531. Arrêt rendu sous l'empire de l'ancienne réglementation : s'il reste d'actualité pour illustrer la notion de violation de règles, des faits similaires ne pourraient donner lieu à sanction au titre de l'actuel art. L. 131-9 du code des juridictions financières qu'en présence d'une faute grave ayant entraîné un préjudice financier significatif.
4. CDBF 14 juin 1982, *Comité national de la pomme de terre [CNPT]*, préc. Arrêt rendu sous l'empire de l'ancienne réglementation : s'il reste d'actualité pour illustrer la notion de violation de règles, des faits similaires ne pourraient donner lieu à sanction au titre de l'actuel art. L. 131-9 du code des juridictions financières qu'en présence d'une faute grave ayant entraîné un préjudice financier significatif.
5. CDBF 4 juin 2019, *Gestion des sociétés EDF, ERDF et RTE*, n° 234-732 ; *Rec.* 214 ; *AJDA* 2019. 2606, chron. N. Hauptmann et N. Péhau. Arrêt rendu sous l'empire de l'ancien article L. 313-4 du code des juridictions financières : s'il reste d'actualité pour illustrer la notion de violation de règles, des faits similaires ne pourraient donner lieu à sanction au titre de l'actuel art. L. 131-9 du même code qu'en présence d'une faute grave ayant entraîné un préjudice financier significatif.
6. CDBF 4 déc. 2002, *Caisse centrale de la mutualité agricole [CCMSA] et SCI Mutualité Astorg*, préc. Arrêt rendu sous l'empire de l'ancien article L. 313-4 du code des juridictions financières : s'il reste d'actualité pour illustrer la notion de violation de règles, des faits similaires ne pourraient donner lieu à sanction au titre de l'actuel art. L. 131-9 du même code qu'en présence d'une faute grave ayant entraîné un préjudice financier significatif.
7. CDBF 13 juin 2003, *SEM Sarcelles Chaleur*, préc. Arrêt rendu sous l'empire de l'ancien article L. 313-4 du code des juridictions financières : s'il reste d'actualité pour illustrer la notion de violation de règles, des faits similaires ne pourraient donner lieu à sanction au titre de l'actuel art. L. 131-9 du même code qu'en présence d'une faute grave ayant entraîné un préjudice financier significatif.
8. CDBF 24 oct. 1989, *Assoc. pour l'emploi des cadres, ingénieurs et techniciens de l'agriculture [Apecita]*, CCP, n° 3, p. 180 ; *Lebon* 421. Arrêt rendu sous l'empire de l'ancienne réglementation : s'il reste d'actualité pour illustrer la notion de violation de règles, des faits similaires ne pourraient donner lieu à sanction au titre de l'actuel art. L. 131-9 du code des juridictions financières qu'en présence d'une faute grave ayant entraîné un préjudice financier significatif.

- Non-respect des prérogatives ministérielles : absence d'autorisation ministérielle préalable, pourtant requise en vertu d'un arrêté, pour certaines opérations menées par les sociétés d'assurances nationalisées [1]. La CDBF précise dans cet arrêt que le conseil d'administration « n'avait aucune compétence pour écarter, par ses délibérations, l'application de dispositions réglementaires » (question de respect de la hiérarchie des normes). En outre, autre point important, la Cour précise que l'intervention ultérieure de cette autorisation ministérielle n'est pas rétroactive (et n'efface donc en rien l'infraction commise).

- Non-respect des prérogatives du préfet : un directeur avait donné l'ordre au crédit-bailleur de verser un acompte au maître d'œuvre, alors que la convention de crédit-bail conclue par le centre hospitalier n'avait pas encore reçu l'aval du contrôle de légalité [2] ; contrôle de légalité : un acte (en l'espèce, une transaction) aurait dû y être soumis, ce qui est une règle au sens de l'infraction générale [3] ; décision d'attribuer des avantages en nature à des agents d'un établissement public sans saisine de la commission de surveillance ni en sollicitant l'approbation du préfet [4].

- Non-respect des prérogatives d'autres tutelles : délibération d'un conseil d'administration ayant accordé à une catégorie de personnels d'un hôpital une indemnité forfaitaire qui n'avait toutefois pas reçu l'approbation de la tutelle [5].

- Omission de solliciter l'avis préalable du service des domaines [6] ; l'avis du service des domaines avait été donné sur un projet qui n'était pas identique avec l'accord final : méconnaissance des règles applicables [7].

L'incompétence pure et simple d'un gestionnaire pour engager des dépenses peut aussi provenir du non-respect des règles de délégation [8] ; pour l'ordonnateur de fait, il sera renvoyé essentiellement à l'infraction dédiée [9].

§ 7
Irrégularités en lien avec l'objet de la dépense

432.161 Détournement de l'objet ou de l'affectation d'une dépense. Une pratique irrégulière répandue est le détournement de l'objet en particulier de subventions, pour prendre en charge des dépenses autres que celles en vue desquelles ces ressources avaient été perçues par la structure bénéficiaire. Dans ce cas, l'infraction actuelle réprimant les violations de règles pourra jouer si cette pratique irrégulière a

1. CDBF 11 juin 1971, *Mutuelle générale française accidents*, *Lebon* 397 ; CCP, n° 2, p. 69. Arrêt rendu sous l'empire de l'ancienne réglementation : s'il reste d'actualité pour illustrer la notion de violation de règles, des faits similaires ne pourraient donner lieu à sanction au titre de l'actuel art. L. 131-9 du code des juridictions financières qu'en présence d'une faute grave ayant entraîné un préjudice financier significatif.
2. CDBF 17 juin 2005, *CHS Paul Guiraud de Villejuif*, 2e arrêt, *Rev. Trésor* 2005. 708, note M. Lascombe et X. Vandendriessche ; *Lebon* 674 ; *Rec.* 117. Arrêt rendu sous l'empire de l'ancien article L. 313-4 du code des juridictions financières : s'il reste d'actualité pour illustrer la notion de violation de règles, des faits similaires ne pourraient donner lieu à sanction au titre de l'actuel art. L. 131-9 du même code qu'en présence d'une faute grave ayant entraîné un préjudice financier significatif.
3. CDBF 11 oct. 2013, *Maison de retraite intercommunale de Champcevrais*, n° 191-701 ; *Rec.* 213 ; *AJDA* 2013. 2547, chron. C. Michaut et P. Sitbon. Arrêt rendu sous l'empire de l'ancien article L. 313-4 du code des juridictions financières : s'il reste d'actualité pour illustrer la notion de violation de règles, des faits similaires ne pourraient donner lieu à sanction au titre de l'actuel art. L. 131-9 du même code qu'en présence d'une faute grave ayant entraîné un préjudice financier significatif.
4. CDBF 8 juill. 1976, *Hôpital psychiatrique de Saint-Alban-sur-Limagnole [Lozère]*, *Lebon* 709 (extraits) ; CCP, n° 2, p. 117. Arrêt rendu sous l'empire de l'ancienne réglementation : s'il reste d'actualité pour illustrer la notion de violation de règles, des faits similaires ne pourraient donner lieu à sanction au titre de l'actuel art. L. 131-9 du code des juridictions financières qu'en présence d'une faute grave ayant entraîné un préjudice financier significatif.
5. CDBF 24 nov. 1986, *CH Sainte-Anne à Paris [dépenses de personnel]*, CCP, n° 3, p. 42. Arrêt rendu sous l'empire de l'ancienne réglementation : s'il reste d'actualité pour illustrer la notion de violation de règles, des faits similaires ne pourraient donner lieu à sanction au titre de l'actuel art. L. 131-9 du code des juridictions financières qu'en présence d'une faute grave ayant entraîné un préjudice financier significatif.
6. CDBF 2 mai 1983, *Université d'Aix-Marseille III, Institut d'administration des entreprises [IAE]*, CCP, n° 2, p. 217. Arrêt rendu sous l'empire de l'ancienne réglementation : s'il reste d'actualité pour illustrer la notion de violation de règles, des faits similaires ne pourraient donner lieu à sanction au titre de l'actuel art. L. 131-9 du code des juridictions financières qu'en présence d'une faute grave ayant entraîné un préjudice financier significatif.
7. CDBF 26 juin 2017, *Cité du cinéma*, n° 213-742 ; non publié au *Rec.* Arrêt rendu sous l'empire de l'ancien article L. 313-4 du code des juridictions financières : s'il reste d'actualité pour illustrer la notion de violation de règles, des faits similaires ne pourraient donner lieu à sanction au titre de l'actuel art. L. 131-9 du même code qu'en présence d'une faute grave ayant entraîné un préjudice financier significatif.
8. CDBF 17 juin 2011, *Institut géographique national (IGN)*, n° 176-655 ; *Rec.* 158 ; *GFP* 2013, n° 5, p. 73, note S. Damarey, M. Lascombe et X. Vandendriessche. Arrêt rendu sous l'empire de l'ancien article L. 313-4 du code des juridictions financières : s'il reste d'actualité pour illustrer la notion de violation de règles, des faits similaires ne pourraient donner lieu à sanction au titre de l'actuel art. L. 131-9 du même code qu'en présence d'une faute grave ayant entraîné un préjudice financier significatif.
9. CJF, art. L. 131-13, 3° ; v. ss n° 422.11.

entraîné un préjudice financier significatif, ce qui est possible notamment lorsque le détournement se fait à des fins privées ; dans ce dernier cas, l'infraction financière réprimant l'avantage injustifié pourra également, le cas échéant, jouer, comme le délit pénal de détournement de fonds publics ou encore l'abus de confiance.

Un cas proche est celui des dépenses faites en-dehors de l'objet statutaire d'un organisme, traité plus loin.

Exemples en jurisprudence :

- Détournements de crédits publics de leur affectation, et détournement de travail de fonctionnaires, pour construire une villa dépourvue de lien avec le fonctionnement du service public [1].

- Violation de la règle selon laquelle une subvention doit garder son affectation par le biais d'agissements ressemblant à une gestion de fait, mais entre caisses publiques - en outre, le reliquat avait été, en violation de la destination de la subvention, transféré vers un autre établissement, « alors que le reliquat inutilisé avait vocation à réintégrer la caisse de l'État » [2] ; subventions détournées de leur objet conventionnel [3] ; détournement de subventions : embauche de personnel de cabinet par l'intermédiaire d'une fédération sportive qui était subventionnée [4].

- Fausses certifications de service fait ayant conduit au payement sans service fait et à soutenir financièrement une association para-administrative en difficulté ; certes une régularisation a eu lieu à la suite de l'intervention de l'Inspection générale des affaires sociales, mais ce système avait néanmoins permis de verser une avance de trésorerie à l'association [5].

- Affectation irrégulière de fonds publics, en méconnaissance de règles budgétaires nationales et de règles de dépenses européennes [6].

- Des pratiques irrégulières dans une régie (« cette procédure a été détournée de son objet ») avaient permis notamment la prise en charge « d'extras » d'agents du ministère concerné, le détail de l'utilisation demeurant inconnu ; souvent les dépenses avaient un caractère forfaitaire, sans correspondre aux coûts exacts [7].

- Le fait d'avoir fait supporter indirectement par le budget d'un département des dépenses qui incombaient à un agent, le tout en ayant recours à de fausses certifications de service fait [8].

- Payement de frais de déplacements (essence) qui n'étaient pas nécessités par les besoins du service, sachant que le remboursement de frais de déplace-

1. CDB 30 juin 1954, *Direction des travaux du génie de Marseille*, *Lebon* 887 ; CCP, n° 2, p. 4. Arrêt rendu sous l'empire de l'ancienne réglementation : s'il reste d'actualité pour illustrer la notion de violation de règles, des faits similaires ne pourraient donner lieu à sanction au titre de l'actuel art. L. 131-9 du code des juridictions financières qu'en présence d'une faute grave ayant entraîné un préjudice financier significatif.
2. CDBF 16 déc. 2003, *Institut national polytechnique de Grenoble [INPG] et Université Joseph Fourier Grenoble I [UJF]*, *Rev. Trésor* 2005. 696, note M. Lascombe et X. Vandendriessche ; *AJDA* 2004. 1233, note N. Groper ; *Lebon* 599 ; *Rec.* 153. Arrêt rendu sous l'empire de l'ancien article L. 313-4 du code des juridictions financières : s'il reste d'actualité pour illustrer la notion de violation de règles, des faits similaires ne pourraient donner lieu à sanction au titre de l'actuel art. L. 131-9 du même code qu'en présence d'une faute grave ayant entraîné un préjudice financier significatif.
3. CDBF 7 nov. 2003, *Assoc. L'Étape*, préc. Arrêt rendu sous l'empire de l'ancien article L. 313-4 du code des juridictions financières : s'il reste d'actualité pour illustrer la notion de violation de règles, des faits similaires ne pourraient donner lieu à sanction au titre de l'actuel art. L. 131-9 du même code qu'en présence d'une faute grave ayant entraîné un préjudice financier significatif.
4. CDBF 21 mars 2013, *Secrétariat d'État chargé des sports*, n° 188-712 ; *Rec.* p. 205. Arrêt rendu sous l'empire de l'ancien article L. 313-4 du code des juridictions financières : s'il reste d'actualité pour illustrer la notion de violation de règles, des faits similaires ne pourraient donner lieu à sanction au titre de l'actuel art. L. 131-9 du même code qu'en présence d'une faute grave ayant entraîné un préjudice financier significatif.
5. CDBF 11 et 12 déc. 1991, *CHS du Rouvray*, *Rev. Trésor* 1993. 31 ; *Lebon* 640 ; *Rec.* 136. Arrêt rendu sous l'empire de l'ancienne réglementation : s'il reste d'actualité pour illustrer la notion de violation de règles, des faits similaires ne pourraient donner lieu à sanction au titre de l'actuel art. L. 131-9 du code des juridictions financières qu'en présence d'une faute grave ayant entraîné un préjudice financier significatif.
6. CDBF 20 déc. 2007, *secr. d'Ét. aux Petites et moyennes entreprises, au Commerce et à l'Artisanat, Direction de l'artisanat, gestion des crédits du Fonds social européen [FSE]*, *AJDA* 2008. 450, note N. Groper et C. Michaut ; *Rev. Marché commun* 2008, p. 203, note F. Chaltiel ; *Rev. Trésor* 2008. 375, note M. Lascombe et X. Vandendriessche. Arrêt rendu sous l'empire de l'ancien article L. 313-4 du code des juridictions financières : s'il reste d'actualité pour illustrer la notion de violation de règles, des faits similaires ne pourraient donner lieu à sanction au titre de l'actuel art. L. 131-9 du même code qu'en présence d'une faute grave ayant entraîné un préjudice financier significatif.
7. CDBF 5 nov. 1997, *min. des Affaires étrangères [frais de réception]*, *Rev. Trésor* 1999. 194 ; *Lebon* 615 ; *AJDA* 1997. 505, note S. Cendre-Malinas. Arrêt rendu sous l'empire de l'ancien article L. 313-4 du code des juridictions financières : s'il reste d'actualité pour illustrer la notion de violation de règles, des faits similaires ne pourraient donner lieu à sanction au titre de l'actuel art. L. 131-9 du même code qu'en présence d'une faute grave ayant entraîné un préjudice financier significatif.
8. CDBF 25 janv. 1977, *Direction départementale des services vétérinaires de la Lozère*, CCP, n° 2, p. 126 ; *Lebon* 657 (extraits). Arrêt rendu sous l'empire de l'ancienne réglementation : s'il reste d'actualité pour illustrer la notion de violation de règles, des faits similaires ne pourraient donner lieu à sanction au titre de l'actuel art. L. 131-9 du code des juridictions financières qu'en présence d'une faute grave ayant entraîné un préjudice financier significatif.

ment entre le domicile et le travail ne pouvait être, en vertu de textes applicables au moment des faits, pris en charge par l'État [1].

– Frais de mission versés sur la base « d'états de frais certifiés exacts [qui] étaient mensongers » [2] ; versement de frais de mission à des personnes étrangères à l'établissement, « en méconnaissance des règles de fonctionnement de l'établissement et hors du cadre d'une convention régulièrement conclue », ce qui est jugé par la Cour « d'une particulière gravité » [3].

– Non-respect de clauses contractuelles liant l'État à un établissement public par le directeur de ce dernier : détournement de fonds versés par l'État à un hôpital dans le cadre d'une convention de recherche, le directeur de l'hôpital ayant « redistribué une partie des allocations forfaitaires ainsi reçues soit à son profit [...], soit à celui de divers agents administratifs de l'hôpital », et ce « discrétionnairement » sur décision de ce directeur [4] ; détournement de fonds publics de leur affectation conventionnelle (conservation d'un reliquat ainsi que l'emploi de ces sommes en dehors de leur affectation contractuelle) [5] ; dépenses non conformes à l'objet d'une convention (dépenses détournées de leur objet) [6] ; mise à disposition gratuite de personnel, contrairement aux termes d'une convention [7].

– Commandes fictives de vaccins, financièrement prises en charge par l'État et un département afin de lutter contre certaines maladies animales, qui ont permis de commander en réalité d'autres produits pharmaceutiques, sans fondement juridique, que les vétérinaires revendaient ensuite à leur clientèle privée [8].

– Détournements à des fins personnelles, ensuite partiellement récupérés : « considérant qu'en prélevant à des fins personnelles des fonds appartenant à [l'organisme en cause], il a enfreint les règles d'exécution des dépenses » [9] au sens de l'infraction aujourd'hui prévue à l'article L. 131-9 du CJF ; montage irrégulier avec fausses facturations, ayant entraîné des détournements à profit personnel [10] ; établisse-

1. CDBF 22 nov. 1977, *min. de l'Équipement, service régional de l'équipement de Rouen*, CCP, n° 2, p. 154. Arrêt rendu sous l'empire de l'ancienne réglementation : s'il reste d'actualité pour illustrer la notion de violation de règles, des faits similaires ne pourraient donner lieu à sanction au titre de l'actuel art. L. 131-9 du code des juridictions financières qu'en présence d'une faute grave ayant entraîné un préjudice financier significatif.
2. CDBF 18 juin 1985, *Bureau de recherches géologiques et minières [BRGM], service géologique d'Alsace et de Lorraine*, CCP, n° 3, p. 15. Arrêt rendu sous l'empire de l'ancienne réglementation : s'il reste d'actualité pour illustrer la notion de violation de règles, des faits similaires ne pourraient donner lieu à sanction au titre de l'actuel art. L. 131-9 du code des juridictions financières qu'en présence d'une faute grave ayant entraîné un préjudice financier significatif.
3. CDBF 18 juin 1985, *Bureau de recherches géologiques et minières [BRGM], service géologique d'Alsace et de Lorraine*, préc. Arrêt rendu sous l'empire de l'ancienne réglementation : s'il reste d'actualité pour illustrer la notion de violation de règles, des faits similaires ne pourraient donner lieu à sanction au titre de l'actuel art. L. 131-9 du code des juridictions financières qu'en présence d'une faute grave ayant entraîné un préjudice financier significatif.
4. CDBF 24 nov. 1986, *CH Sainte-Anne à Paris [dépenses de personnel]*, CCP, n° 3, p. 42. Arrêt rendu sous l'empire de l'ancienne réglementation : s'il reste d'actualité pour illustrer la notion de violation de règles, des faits similaires ne pourraient donner lieu à sanction au titre de l'actuel art. L. 131-9 du code des juridictions financières qu'en présence d'une faute grave ayant entraîné un préjudice financier significatif.
5. CDBF 30 nov. 1988, *Office national de la navigation [ONN] et GIE Bateliers artisans service commercial [BASC]*, CCP, n° 3, p. 143 ; *Lebon* 549. Arrêt rendu sous l'empire de l'ancienne réglementation : s'il reste d'actualité pour illustrer la notion de violation de règles, des faits similaires ne pourraient donner lieu à sanction au titre de l'actuel art. L. 131-9 du code des juridictions financières qu'en présence d'une faute grave ayant entraîné un préjudice financier significatif.
6. CDBF 23 déc. 2002, *Mission de coopération et d'action culturelle [MCAC] de N'Djaména [Tchad]*, *Rev. Trésor* 2004. 51, note M. Lascombe et X. Vandendriessche ; *Rec.* 120 (lire le commentaire) ; *Lebon* 563. Arrêt rendu sous l'empire de l'ancien article L. 313-4 du code des juridictions financières : s'il reste d'actualité pour illustrer la notion de violation de règles, des faits similaires ne pourraient donner lieu à sanction au titre de l'actuel art. L. 131-9 du même code qu'en présence d'une faute grave ayant entraîné un préjudice financier significatif.
7. CDBF 29 avr. 1998, *Lycée Gaston Berger de Lille et École supérieure de commerce de Lille [ESC]*, *Rev. Trésor* 1999. 204 ; *Lebon* 654 (anonymisé). Arrêt rendu sous l'empire de l'ancien article L. 313-4 du code des juridictions financières : s'il reste d'actualité pour illustrer la notion de violation de règles, des faits similaires ne pourraient donner lieu à sanction au titre de l'actuel art. L. 131-9 du même code qu'en présence d'une faute grave ayant entraîné un préjudice financier significatif.
8. CDBF 17 févr. 1988, *Direction des services vétérinaires des Alpes de Haute-Provence, Assoc. Groupement de défense sanitaire [GDS] et Assoc. Groupement vétérinaire pratique [GVP]*, CCP, n° 3, p. 122 ; *Lebon* 538. Arrêt rendu sous l'empire de l'ancienne réglementation : s'il reste d'actualité pour illustrer la notion de violation de règles, des faits similaires ne pourraient donner lieu à sanction au titre de l'actuel art. L. 131-9 du code des juridictions financières qu'en présence d'une faute grave ayant entraîné un préjudice financier significatif.
9. CDBF 19 févr. 1992, *Assoc. Franterm [recherche et applications de terminologie française]*, *Rev. Trésor* 1993. 775 ; *Lebon* 630 ; *Rec.* 133. Arrêt rendu sous l'empire de l'ancienne réglementation : s'il reste d'actualité pour illustrer la notion de violation de règles, des faits similaires ne pourraient donner lieu à sanction au titre de l'actuel art. L. 131-9 du code des juridictions financières qu'en présence d'une faute grave ayant entraîné un préjudice financier significatif.
10. CDBF 19 juin 2002, *Délégation à l'espace aérien [DEA]*, *Rev. Trésor* 2004. 43, note M. Lascombe et X. Vandendriessche ; *Rec.* 99 ; *Lebon* 553. Arrêt rendu sous l'empire de l'ancien article L. 313-4 du code des juridictions financières : s'il reste d'actualité pour illustrer la notion de violation de règles, des faits similaires ne pourraient donner lieu à sanction au titre de l'actuel art. L. 131-9 du même code qu'en présence d'une faute grave ayant entraîné un préjudice financier significatif.

ment de bons de transport fictifs permettant de commander, puis d'annuler des billets et de créer des avoirs permettant de payer des voyages privés : « l'utilisation de fonds publics à des fins privées opérée au moyen de ce montage contrevient aux règles relatives à l'exécution des dépenses de l'État »[1] ; détournement de fonds par un système de fausses factures, facilité par la mauvaise tenue de la comptabilité et un contrôle comptable et financier défaillant[2].

432.162 Violation d'une interdiction pénale. Dans certains cas, il semble que la juridiction financière considère que la violation d'une interdiction pénalement sanctionnée constitue *ipso facto* une violation de règles, sans qu'il soit nécessaire d'avancer une règle de gestion spécifique[3].

Ainsi, dans une affaire de détournements de fonds à des fins personnelles, ensuite partiellement récupérés, la CDBF a appliqué l'infraction du fait d'un comportement frauduleux, sans invoquer de violation de règle spécifique (il semble donc que la règle violée, c'est implicitement la règle pénale) : « considérant qu'en prélevant à des fins personnelles des fonds appartenant à [l'organisme en cause], il a enfreint les règles d'exécution des dépenses »[4].

Dans le même sens, dans une affaire où un président de caisse d'assurance-maladie avait contrevenu à l'interdiction de prendre ou conserver intérêt dans une entreprise ayant traité avec la caisse, la CDBF n'a pas précisé en quoi l'infraction financière était précisément constituée ; c'est implicitement la prise illégale d'intérêt au sens pénal qui semble suffire pour appliquer l'infraction de droit public financier[5].

Dans le même sens, « l'utilisation de fonds publics à des fins privées opérée au moyen de ce montage contrevient aux règles relatives à l'exécution des dépenses de l'État », sans que l'arrêt vise une règle particulière[6].

On se rapproche dans ces cas de figure également de la rubrique consacrée au détournement de l'objet de la dépense[7].

§ 8
Dépenses hors objet de l'organisme

432.171 Dépenses hors objet social ou hors mission statutaire. Les organismes ont des missions déterminées par leurs textes constitutifs ; les établissements publics sont soumis à un principe de spécialité, et les sociétés et associations ont un objet social déterminé. Des dépenses qui n'entrent pas dans ces missions sont contraires à ces textes, ce qui est constitutif d'une violation de règles d'exécution des dépenses. Cette catégorie peut se recouper avec la précédente – consacrée aux détournements de l'objet d'une dépense – en particulier en cas de détournement de fonds à des fins privées.

Exemples de dépassement de l'objet social ou de la spécialité d'un organisme public :

– Violation de règles, au sens de l'infraction prévue à l'article L. 131-9 du CJF, « en procédant à la cession de places de parking, activité excédant l'objet social de la société civile immobilière [...], sans avoir, au préalable, obtenu l'autorisation de l'assemblée des associés »[8].

– Violation du principe de spécialité avec préjudice : « La CNBA est soumise au principe de spécia-

1. CDBF 19 juin 2002, *Délégation à l'espace aérien [DEA]*, préc. Arrêt rendu sous l'empire de l'ancien article L. 313-4 du code des juridictions financières : s'il reste d'actualité pour illustrer la notion de violation de règles, des faits similaires ne pourraient donner lieu à sanction au titre de l'actuel art. L. 131-9 du même code qu'en présence d'une faute grave ayant entraîné un préjudice financier significatif.
2. CDBF 13 juin 2003, *SEM Sarcelles Chaleur*, *Rev. Trésor* 2004. 57, note M. Lascombe et X. Vandendriessche ; *AJDA* 2003. 2316, note N. Groper ; *Lebon* 584 ; *Rec.* 121 ; *GAJF*, A. Froment-Meurice, J.-Y. Bertucci, N. Hauptmann et C. Michaut, *GAJF*, 7e éd. 2019, no 49, p. 572. Arrêt rendu sous l'empire de l'ancien article L. 313-4 du code des juridictions financières : s'il reste d'actualité pour illustrer la notion de violation de règles, des faits similaires ne pourraient donner lieu à sanction au titre de l'actuel art. L. 131-9 du même code qu'en présence d'une faute grave ayant entraîné un préjudice financier significatif.
3. V. ss nos 432.13 et 432.61.
4. CDBF 19 févr. 1992, *Assoc. Franterm [recherche et applications de terminologie française]*, *Rev. Trésor* 1993. 775 ; *Lebon* 630 ; *Rec.* 133. Arrêt rendu sous l'empire de l'ancienne réglementation : s'il reste d'actualité pour illustrer la notion de violation de règles, des faits similaires ne pourraient donner lieu à sanction au titre de l'actuel art. L. 131-9 du code des juridictions financières qu'en présence d'une faute grave ayant entraîné un préjudice financier significatif.
5. CDBF 6 nov. 1992, *CPAM de Seine-et-Marne*, *Rev. Trésor* 1993. 782 ; *Lebon* 644 ; *Rec.* 154. Arrêt rendu sous l'empire de l'ancienne réglementation : s'il reste d'actualité pour illustrer la notion de violation de règles, des faits similaires ne pourraient donner lieu à sanction au titre de l'actuel art. L. 131-9 du code des juridictions financières qu'en présence d'une faute grave ayant entraîné un préjudice financier significatif.
6. CDBF 19 juin 2002, *Délégation à l'espace aérien [DEA]*, *Rev. Trésor* 2004. 43, note Lascombe et Vandendriessche ; *Rec.* 99 ; *Lebon* 553. Arrêt rendu sous l'empire de l'ancien article L. 313-4 du code des juridictions financières : s'il reste d'actualité pour illustrer la notion de violation de règles, des faits similaires ne pourraient donner lieu à sanction au titre de l'actuel art. L. 131-9 du même code qu'en présence d'une faute grave ayant entraîné un préjudice financier significatif.
7. V. ci-dessus, ss no 432.161.
8. C. comptes 23 déc. 2024, *Société anonyme d'économie mixte (SAEM) Marseille Habitat et Société civile immobilière (SCI) Protis Développement*, no 24, S-2024-1604. Ici § 23.

lité qui s'applique aux établissements publics et leur interdit d'exercer des activités étrangères à leur mission statutaire, sauf si ces activités en constituent le complément normal et si elles sont directement utiles à l'exercice de celle-ci » ; dès lors, « les subventions versées à hauteur de 31 497,14 € à des établissements scolaires accueillant des enfants de bateliers étaient exclusivement destinées à financer diverses activités périscolaires, sans rapport avec la batellerie, et offertes à l'ensemble des élèves d'une même classe. Ces subventions, d'un montant modique par enfant, ne bénéficiaient pas spécifiquement aux familles des bateliers et ne peuvent donc pas être regardées comme une forme d'aide apportée par la CNBA en complément de sa mission »[1].

– Dépense (en l'occurrence une rémunération) mandatée en violation du principe de spécialité et n'exigeant l'exécution d'aucune mission pour le compte de l'établissement ou « pour la réalisation de ses missions d'intérêt général »[2].

– Dépenses étrangères aux missions légales et réglementaires : financements incombant en réalité aux syndicats[3] ; il existe une jurisprudence abondante sur le financement des syndicats agricoles, contraire au principe de spécialité des chambres d'agriculture[4]. Dans un cas, des subventions avaient été versées en cascade : la chambre d'agriculture versait à une association, qui reversait à une organisation syndicale ; pour apprécier le respect du principe de spécialité, le juge « suit » la subvention jusqu'au destinataire final[5].

– Régisseur d'avances ayant payé des dépenses non éligibles, compte tenu du cadre réglementaire de la régie, de son objet[6] ; création irrégulière d'une « régie » entraînant des dépenses dont certaines ne sont pas rattachables au fonctionnement du service public concerné[7].

– Dépassement de l'objet statutaire d'un établissement : est constitutif d'une infraction aux règles le fait de mener des opérations – se traduisant par des dépenses – qui « excédaient manifestement l'objet assigné » à l'organisme en cause, en l'occurrence le fait, pour le Centre national de la pomme de terre (CNPT) d'engager des opérations dans le cadre de la « fabrication d'un produit composé de pommes de terre déshydratées enrichies de protéines et présentées sous forme compressée, le Prodesprot »[8].

– Un agent de fait avait « fait supporter au budget [d'une] association des dépenses qui ne relevaient pas de son objet statutaire »[9].

– Violation de l'objet social d'une personne morale : prise en charge de dépenses étrangères à l'organisme,

1. CDBF 20 mai 2020, *Chambre nationale de la batellerie artisanale (CNBA)*, n° 240-809 ; *Rec.* 181 ; *AJDA* 2020. 1906. Arrêt rendu sous l'empire de l'ancien article L. 313-4 du code des juridictions financières : s'il reste d'actualité pour illustrer la notion de violation de règles, des faits similaires ne pourraient donner lieu à sanction au titre de l'actuel art. L. 131-9 du même code qu'en présence d'une faute grave ayant entraîné un préjudice financier significatif.
2. CDBF 10 déc. 2010, *Chambre régionale d'agriculture de Midi-Pyrénées (CRAMP)*, n° 173-680 ; *Rec.* 123 ; *GFP* 2011, n° 8-9, p. 576, note M. Lascombe et X. Vandendriessche. Arrêt rendu sous l'empire de l'ancien article L. 313-4 du code des juridictions financières : s'il reste d'actualité pour illustrer la notion de violation de règles, des faits similaires ne pourraient donner lieu à sanction au titre de l'actuel art. L. 131-9 du même code qu'en présence d'une faute grave ayant entraîné un préjudice financier significatif.
3. CDBF 29 nov. 2018, *Ordre national des chirurgiens-dentistes (ONCD)*, n° 224-800 ; *Rec.* 190. Arrêt rendu sous l'empire de l'ancien article L. 313-4 du code des juridictions financières : s'il reste d'actualité pour illustrer la notion de violation de règles, des faits similaires ne pourraient donner lieu à sanction au titre de l'actuel art. L. 131-9 du même code qu'en présence d'une faute grave ayant entraîné un préjudice financier significatif.
4. Par exemple CDBF 10 déc. 2010, *Chambre régionale d'agriculture de Midi-Pyrénées (CRAMP)*, préc. Arrêt rendu sous l'empire de l'ancien article L. 313-4 du code des juridictions financières : s'il reste d'actualité pour illustrer la notion de violation de règles, des faits similaires ne pourraient donner lieu à sanction au titre de l'actuel art. L. 131-9 du même code qu'en présence d'une faute grave ayant entraîné un préjudice financier significatif.
5. CDBF 13 déc. 2018, *Chambre d'agriculture du Puy-de-Dôme*, n° 226-791 ; non publié au *Rec.* Arrêt rendu sous l'empire de l'ancien article L. 313-4 du code des juridictions financières : s'il reste d'actualité pour illustrer la notion de violation de règles, des faits similaires ne pourraient donner lieu à sanction au titre de l'actuel art. L. 131-9 du même code qu'en présence d'une faute grave ayant entraîné un préjudice financier significatif.
6. CDBF 10 avr. 2015, *Établissement public de coopération culturelle « L'Autre Canal »*, n° 198-719 ; *Rec.* 159. Arrêt rendu sous l'empire de l'ancien article L. 313-4 du code des juridictions financières : s'il reste d'actualité pour illustrer la notion de violation de règles, des faits similaires ne pourraient donner lieu à sanction au titre de l'actuel art. L. 131-9 du même code qu'en présence d'une faute grave ayant entraîné un préjudice financier significatif.
7. CDBF 19 juin 2002, *Délégation à l'espace aérien [DEA]*, préc. Arrêt rendu sous l'empire de l'ancien article L. 313-4 du code des juridictions financières : s'il reste d'actualité pour illustrer la notion de violation de règles, des faits similaires ne pourraient donner lieu à sanction au titre de l'actuel art. L. 131-9 du même code qu'en présence d'une faute grave ayant entraîné un préjudice financier significatif.
8. CDBF 14 juin 1982, *Comité national de la pomme de terre [CNPT]*, CCP, n° 2, p. 200. Arrêt rendu sous l'empire de l'ancienne réglementation : s'il reste d'actualité pour illustrer la notion de violation de règles, des faits similaires ne pourraient donner lieu à sanction au titre de l'actuel art. L. 131-9 du code des juridictions financières qu'en présence d'une faute grave ayant entraîné un préjudice financier significatif.
9. CDBF 25 janv. 1977, *Direction départementale des services vétérinaires de la Lozère*, préc. Arrêt rendu sous l'empire de l'ancienne réglementation : s'il reste d'actualité pour illustrer la notion de violation de règles, des faits similaires ne pourraient donner lieu à sanction au titre de l'actuel art. L. 131-9 du code des juridictions financières qu'en présence d'une faute grave ayant entraîné un préjudice financier significatif.

en l'occurrence de frais de déplacement de personnes étrangères à une association [1].

– Diverses violations des règles statutaires d'une SEM, et notamment non-respect de l'objet statutaire de cette dernière, et violation aussi de dispositions d'une concession à laquelle renvoyait ce texte statutaire [2].

– Situation que l'on pourrait qualifier de détournement de fonds publics au sens pénal : dépenses non conformes à l'objet social [3].

§ 9 Autres irrégularités en matière de dépenses et cas mixtes

432.181 Diverses autres violations de règles d'exécution de dépenses. Autres irrégularités en matière de dépenses rencontrées dans la jurisprudence :

– Moyens de payement : dépassement des plafonds légaux de payements en espèces [4] ; non-respect des règles entourant le recours à la carte achat/carte affaires dans le secteur public [5] ; octroi de cartes de crédit à des personnes qui n'y étaient pas habilitées, en application des statuts de l'association sub ventionnée en cause [6].

– Compensation interdite : la cession occulte d biens d'un établissement militaire en contrepartie d prestations fournies par les bénéficiaires, dans l cadre de marchés de travaux, revient à effectuer de compensations entre des prestations de travau d'entrepreneurs et des matériaux remis à ceux-ci, c qui a accru, de façon occulte, le montant des crédit dont disposait un établissement militaire, en contra vention avec les règles de dépenses et d'aliénation de biens mobiliers de l'État [7].

– Irrégularités dans l'octroi, le versement et l contrôle de subventions : des prêts avaient ét convertis ensuite partiellement en subventions au delà des seuils autorisés (avec préjudice), et un subvention avait été accordée pour un ouvrage déj réalisé, en violation des règles applicables (préju dice) [8] ; un reliquat avait été, en violation de l destination de la subvention, transféré vers un autr établissement, « alors que le reliquat inutilisé avai vocation à réintégrer la caisse de l'État » [9].

1. CDBF 7 nov. 2003, *Assoc. L'Étape*, *Rev. Trésor* 2005. 692, note M. Lascombe et X. Vandendriessche ; *AJDA* 2004. 1236, note N. Groper ; *Lebon* 592 ; *Rec.* 137. Arrêt rendu sous l'empire de l'ancien article L. 313-4 du code des juridictions financières : s'il reste d'actualité pour illustrer la notion de violation de règles, des faits similaires ne pourraient donner lieu à sanction au titre de l'actuel art. L. 131-9 du même code qu'en présence d'une faute grave ayant entraîné un préjudice financier significatif.
2. CDBF 16 juin 1987, *SEM d'urbanisation, d'aménagement, d'équipement et de construction de la ville de Jeumont et de l'arrondissement d'Avesnes [Semvija]*, CCP, n° 3, p. 83 ; *Lebon* 512. Arrêt rendu sous l'empire de l'ancienne réglementation : s'il reste d'actualité pour illustrer la notion de violation de règles, des faits similaires ne pourraient donner lieu à sanction au titre de l'actuel art. L. 131-9 du code des juridictions financières qu'en présence d'une faute grave ayant entraîné un préjudice financier significatif.
3. CDBF 17 févr. 1988, *Direction des services vétérinaires des Alpes de Haute-Provence, Assoc. Groupement de défense sanitaire [GDS] et Assoc. Groupement vétérinaire pratique [GVP]*, préc. Arrêt rendu sous l'empire de l'ancienne réglementation : s'il reste d'actualité pour illustrer la notion de violation de règles, des faits similaires ne pourraient donner lieu à sanction au titre de l'actuel art. L. 131-9 du code des juridictions financières qu'en présence d'une faute grave ayant entraîné un préjudice financier significatif.
4. CDBF 5 nov. 1997, *min. des Affaires étrangères [frais de réception]*, *Rev. Trésor* 1999. 194 ; *Lebon* 615 ; *AJDA* 1997. 505, note S. Cendre-Malinas. Arrêt rendu sous l'empire de l'ancien article L. 313-4 du code des juridictions financières : s'il reste d'actualité pour illustrer la notion de violation de règles, des faits similaires ne pourraient donner lieu à sanction au titre de l'actuel art. L. 131-9 du même code qu'en présence d'une faute grave ayant entraîné un préjudice financier significatif.
5. CDBF 15 nov. 2021, *Commission du film d'Île-de-France* n° 253-834 ; *Rec.* 187. Arrêt rendu sous l'empire de l'ancie article L. 313-4 du code des juridictions financières : s'il rest d'actualité pour illustrer la notion de violation de règles, de faits similaires ne pourraient donner lieu à sanction au titre d l'actuel art. L. 131-9 du même code qu'en présence d'un faute grave ayant entraîné un préjudice financier significatif.
6. CDBF 25 mars 1987, *Assoc. X et Y*, CCP, n° 3, p. 55. Arrê rendu sous l'empire de l'ancien article L. 313-4 du code de juridictions financières : s'il reste d'actualité pour illustrer l notion de violation de règles, des faits similaires ne pour raient donner lieu à sanction au titre de l'actuel art L. 131-9 du même code qu'en présence d'une faute grav ayant entraîné un préjudice financier significatif.
7. CDB 17 févr. 1959, *Direction centrale du matériel du secr d'Ét. aux Forces armées*, CCP, n° 2, p. 23 ; *Lebon* 894 Arrêt rendu sous l'empire de l'ancienne réglementation s'il reste d'actualité pour illustrer la notion de violation d règles, des faits similaires ne pourraient donner lieu à sanc tion au titre de l'actuel art. L. 131-9 du code des juridiction financières qu'en présence d'une faute grave ayan entraîné un préjudice financier significatif.
8. CDBF 4 sept. 2018, *Agence de l'eau Seine-Normandie (AESN)*, n° 222-771 ; *Rec.* 186. Arrêt rendu sous l'empire de l'ancien article L. 313-4 du code des juridictions financiè res : s'il reste d'actualité pour illustrer la notion de violatio de règles, des faits similaires ne pourraient donner lieu sanction au titre de l'actuel art. L. 131-9 du même cod qu'en présence d'une faute grave ayant entraîné un préju dice financier significatif.
9. CDBF 16 déc. 2003, *Institut national polytechnique de Gre noble [INPG] et Université Joseph Fourier Grenoble I [UJF]*, *Rev. Trésor* 2005. 696, note M. Lascombe et X. Vanden driessche ; *AJDA* 2004. 1233, note N. Groper ; *Lebon* 599 *Rec.* 153. Arrêt rendu sous l'empire de l'ancien article L. 313-4 du code des juridictions financières : s'il rest d'actualité pour illustrer la notion de violation de règles, de faits similaires ne pourraient donner lieu à sanction au titre d l'actuel art. L. 131-9 du même code qu'en présence d'un faute grave ayant entraîné un préjudice financier significatif.

- Prêts : non-respect de stipulations contractuelles liant une filiale d'entreprise publique et des opérateurs économiques qui suspendaient le versement de prêts à certaines conditions (le versement d'un apport de la part du cocontractant) : les prêts ont toutefois été décaissés sans que ces conditions aient été réunies [1].

- Versement d'une indemnité par l'État à une société sur la base de considérations d'équité, alors qu'une indemnité avait déjà été versée sur la base d'un arrêt du Conseil d'État à cette même société à raison du préjudice que celle-ci avait subi : ce versement allait donc à l'encontre de la chose jugée [2], il était indu.

- Des crédits d'État destinés à des opérations de désinfection d'animaux avaient été attribués en méconnaissance de la réglementation, et de telle façon « qu'il était impossible, faute de justifications suffisantes, de s'assurer de la réalité des droits des bénéficiaires et de l'exactitude des liquidations » [3].

- Veiller à la tenue de la comptabilité dans les associations subventionnées est une règle de dépenses de la structure qui a octroyé les subventions : « l'autorité qui accorde la subvention doit porter attention à la bonne tenue, par le bénéficiaire, de documents comptables sincères et complets » [4] ; dans le même sens, constitue une irrégularité le non-respect des stipulations contractuelles qui prévoyaient que la partie versante demande des comptes-rendus de l'utilisation de la subvention versée [5].

- Irrégularités au regard de règles protégeant le domaine public (mais la CDBF a retenu l'ancien article L. 313-4 du CJF en dépenses) : des baux avaient été conclus sans avoir recueilli l'avis de la commission compétente et sans avoir été soumis au service des domaines, en violation des règles du code du domaine de l'État alors applicable. Cela a eu pour effet de fixer des loyers nettement supérieurs à ceux déterminés par le service des domaines, le surcoût ayant été pris en charge par une association à travers un montage (une association louait un immeuble et le sous-louait ensuite à un établissement public, prenant en charge le surcoût) qui était par ailleurs constitutif de gestion de fait [6].

- Le non-respect des mesures de publicité imposées par le code de la construction et de l'habitation lors de la cession d'immeubles HLM est constitutif de l'infraction générale ; par ailleurs, le fait de consentir, lors de la vente d'immeubles, des rabais uniquement liés à la qualité de salarié du groupe des acquéreurs, ne se fondait sur aucune règle, ni sur aucune décision du conseil d'administration de la société, et tombe sous le non-respect d'une règle en matière de dépenses [7]. Pourtant, la CDBF aurait pu se fonder sur le non-respect des règles de gestion des biens, à laquelle sont plus naturellement rattachées les obligations en matière de cession de biens.

- Payement, en réquisitionnant le comptable public, de loyers en l'absence de convention ou de bail, ou

1. CDBF 24 févr. 2006, *S[té] Altus Finance*, 2e arrêt, *AJDA* 2006. 1249, note N. Groper et C. Michaut ; *JCP* 2006, n° 38, II, 10152, note J.-P. Gastinel ; *Rev. Trésor* 2006. 910, note M. Lascombe et X. Vandendriessche ; *RFDA* 2006. 624, note M. Lascombe et X. Vandendriessche ; *Lebon* 650 ; *Rec.* 74. Arrêt rendu sous l'empire de l'ancien article L. 313-4 du code des juridictions financières : s'il reste d'actualité pour illustrer la notion de violation de règles, des faits similaires ne pourraient donner lieu à sanction au titre de l'actuel art. L. 131-9 du même code qu'en présence d'une faute grave ayant entraîné un préjudice financier significatif.
2. CDB 24 juin 1958, *S[té] d'exploitation et des forges et ateliers de Lyon [Sefal]*, *Lebon* 893 ; CCP, n° 2, p. 19. Arrêt rendu sous l'empire de l'ancienne réglementation : s'il reste d'actualité pour illustrer la notion de violation de règles, des faits similaires ne pourraient donner lieu à sanction au titre de l'actuel art. L. 131-9 du code des juridictions financières qu'en présence d'une faute grave ayant entraîné un préjudice financier significatif.
3. CDBF 25 janv. 1977, *Direction départementale des services vétérinaires de la Lozère*, CCP, n° 2, p. 126 ; *Lebon* 657 (extraits). Arrêt rendu sous l'empire de l'ancienne réglementation : s'il reste d'actualité pour illustrer la notion de violation de règles, des faits similaires ne pourraient donner lieu à sanction au titre de l'actuel art. L. 131-9 du code des juridictions financières qu'en présence d'une faute grave ayant entraîné un préjudice financier significatif.
4. CDBF 4 déc. 1979, *secr. d'Ét. à la Jeunesse et aux Sports, Direction de l'éducation physique et des sports*, CCP, n° 2, p. 175 ; – La responsabilité des gestionnaires de l'association subventionnée est également susceptible d'être engagée, notamment en matière de tenue des comptes, v. spécifiquement, s[s] n°s 423.11 s. Arrêt rendu sous l'empire de l'ancienne réglementation : s'il reste d'actualité pour illustrer la notion de violation de règles, des faits similaires ne pourraient donner lieu à sanction au titre de l'actuel art. L. 131-9 du code des juridictions financières qu'en présence d'une faute grave ayant entraîné un préjudice financier significatif.
5. CDBF 22 mars 2019, *Chambre d'agriculture de la Gironde*, n° 231-770 ; *Rec.* 206. Arrêt rendu sous l'empire de l'ancien article L. 313-4 du code des juridictions financières : s'il reste d'actualité pour illustrer la notion de violation de règles, des faits similaires ne pourraient donner lieu à sanction au titre de l'actuel art. L. 131-9 du même code qu'en présence d'une faute grave ayant entraîné un préjudice financier significatif.
6. CDBF 30 sept. 1987, *EHESS et Assoc. Marc Bloch*, CCP, n° 3, p. 94 ; *Lebon* 515. Arrêt rendu sous l'empire de l'ancienne réglementation : s'il reste d'actualité pour illustrer la notion de violation de règles, des faits similaires ne pourraient donner lieu à sanction au titre de l'actuel art. L. 131-9 du code des juridictions financières qu'en présence d'une faute grave ayant entraîné un préjudice financier significatif.
7. CDBF 20 déc. 2007, *S[té] SCIC Habitat Île-de-France*, *AJDA* 2008. 12. Arrêt rendu sous l'empire de l'ancien article L. 313-4 du code des juridictions financières : s'il reste d'actualité pour illustrer la notion de violation de règles, des faits similaires ne pourraient donner lieu à sanction au titre de l'actuel art. L. 131-9 du même code qu'en présence d'une faute grave ayant entraîné un préjudice financier significatif.

sur la base d'une convention signée par une personne incompétente[1].

- Payement d'un acompte, dans le cadre d'un crédit-bail, en contradiction avec des clauses contractuelles, sur la base d'une certification de service fait non justifiée, entraînant un préjudice important du fait de la banqueroute du bénéficiaire[2].

- Rappelons enfin que le paiement sans service fait constitue dans tous les cas une violation d'une règle de dépense au sens de l'infraction, même en-dehors du champ strict de la comptabilité publique (« d'ailleurs contraire à l'usage de la profession », en l'occurrence un journal), même si l'absence d'exécution a créé un avoir au profit de l'association[3].

432.182 Cas mixtes : pluralité des qualifications de violation de règles. Il est fréquent qu'une opération de gestion viole plusieurs règles rattachables à plusieurs branches de l'article L. 131-9 du CJF. Dans ce cas, soit l'arrêt en fournit le détail, soit il donne une qualification globale.

Ainsi, il n'est pas rare qu'un agissement viole à la fois des règles en matière de recettes et de dépenses.

C'est le cas souvent en gestion de fait[4], ou plus largement en cas de non-respect de la règle de séparation de l'ordonnateur et du comptable, ou en présence d'empiétements sur les compétences de l'un sur l'autre : la juridiction semble alors indifféremment invoquer un non-respect de règles de recettes et de dépenses, ou l'un ou l'autre.

La jurisprudence dégagée par la CDBF relative à la violation de principes de gestion (faute grave de gestion) se fonde souvent sur plusieurs volets à la fois (recettes, dépenses, gestion des biens), ce qui est logique s'agissant de principes généraux[5].

Exemples de cas mixtes en jurisprudence :

- Le non-respect de la règle qui donne au comptable public le monopole de la garde des fonds et biens d'un crédit municipal et des valeurs remises en gage constitue une violation de règles de dépenses et de recettes[6]. En revanche, le recouvrement direct des recettes par un agent administratif, et non le comptable public qui devrait en avoir le monopole, est considéré comme une infraction distincte et une violation des seules règles en matière de recettes.

- L'encaissement, par une régie, et en dehors de son objet statutaire, de recettes alors qu'elles revêtaient le caractère de fonds publics et qu'elles étaient destinées au budget de l'État, aurait dû faire l'objet d'une procédure de fonds de concours[7] ; la CDBF a retenu des violations de règles de recettes et de dépenses, car la régie effectuait, avec ces recettes irrégulièrement encaissées, des dépenses incombant à l'État.

- Majoration de prix payés à une entreprise de travaux et en contrepartie celle-ci prenait en charge des dépenses d'un service déconcentré de l'État. Les « majorations irrégulières de factures d'un entrepreneur » (irrégularité en dépenses) avaient permis à la direction de bénéficier d'une « majoration occulte des dotations budgétaires dont disposait la direction » (irrégularité en recettes), permettant à celle-ci « d'effectuer des achats hors crédit »[8]. Il s'agissait d'ailleurs d'un mécanisme lié à un mandat fictif au sens de la gestion de fait.

1. CDBF 19 déc. 2008, *Crous de Corse [Corte]*, *Rec.* 91 ; *AJDA* 2009. 476, note N. Groper et C. Michaut ; *GFP* 2011, p. 397, note M. Lascombe et X. Vandendriessche. Arrêt rendu sous l'empire de l'ancien article L. 313-4 du code des juridictions financières : s'il reste d'actualité pour illustrer la notion de violation de règles, des faits similaires ne pourraient donner lieu à sanction au titre de l'actuel art. L. 131-9 du même code qu'en présence d'une faute grave ayant entraîné un préjudice financier significatif.
2. CDBF 15 juin 2004, *CH de Saint Brieuc*, *Rev. Trésor* 2005. 705, note M. Lascombe et X. Vandendriessche ; *Lebon* 537. Arrêt rendu sous l'empire de l'ancien article L. 313-4 du code des juridictions financières : s'il reste d'actualité pour illustrer la notion de violation de règles, des faits similaires ne pourraient donner lieu à sanction au titre de l'actuel art. L. 131-9 du même code qu'en présence d'une faute grave ayant entraîné un préjudice financier significatif.
3. CDBF 7 déc. 1994, *Comité départemental du tourisme de la Gironde*, *Rev. Trésor* 1995. 685 ; *Lebon* 728 ; *Rec.* 147. Arrêt rendu sous l'empire de l'ancienne réglementation : s'il reste d'actualité pour illustrer la notion de violation de règles, des faits similaires ne pourraient donner lieu à sanction au titre de l'actuel art. L. 131-9 du code des juridictions financières qu'en présence d'une faute grave ayant entraîné un préjudice financier significatif.
4. CJF, art. L. 131-15 ; v. s^{s} n° 424.11.
5. Sur cette jurisprudence particulière, v. ci-après, s^{s} n° 432.201.
6. CDBF 4 avr. 1973, *Caisse de crédit municipal de Lyon*, *Lebon* 855 (extraits) ; CCP, n° 2, p. 78. Arrêt rendu sous l'empire de l'ancienne réglementation : s'il reste d'actualité pour illustrer la notion de violation de règles, des faits similaires ne pourraient donner lieu à sanction au titre de l'actuel art. L. 131-9 du code des juridictions financières qu'en présence d'une faute grave ayant entraîné un préjudice financier significatif. Ce type d'affaire, constitutif d'une gestion de fait, devrait aujourd'hui être appréhendé avant tout sur la base de l'infraction dédiée : CJF, art. L. 131-15.
7. CDBF 20 mars 1979, *DDE de la Savoie*, CCP, n° 2, p. 167 ; *Lebon* 583 (extraits). Arrêt rendu sous l'empire de l'ancienne réglementation : s'il reste d'actualité pour illustrer la notion de violation de règles, des faits similaires ne pourraient donner lieu à sanction au titre de l'actuel art. L. 131-9 du code des juridictions financières qu'en présence d'une faute grave ayant entraîné un préjudice financier significatif. Ce type d'affaire, constitutif d'une gestion de fait, devrait aujourd'hui être appréhendé avant tout sur la base de l'infraction dédiée : CJF, art. L. 131-15.
8. CDBF 9 déc. 1986, *DDE de Corse*, CCP, n° 3, p. 49 ; *Lebon* 331. Arrêt rendu sous l'empire de l'ancienne réglementation : s'il reste d'actualité pour illustrer la notion de violation de règles, des faits similaires ne pourraient donner lieu à sanction au titre de l'actuel art. L. 131-9 du code des juridictions financières qu'en présence d'une faute grave ayant entraîné un préjudice financier significatif.

– Violation de règles de recettes et de gestion des biens : un agent d'un établissement public avait fait fournir gratuitement des prestations par cet établissement à une société qu'il dirigeait, en dehors de toute convention de caractère permanent et général, et ce alors même qu'une instruction de la direction lui faisait obligation d'émettre des factures ; n'ayant eu aucune qualité pour décider que les prestations seraient fournies gracieusement, leur gratuité constituait donc une irrégularité au regard des règles relatives aux recettes et à la gestion des biens. Ces agissements étaient d'autant plus répréhensibles que l'intéressé était dirigeant de la société qui bénéficiait de ces prestations gratuites [1].

– La nature réglementée des activités d'un organisme doit exclure tout caractère spéculatif de celles-ci ; violation de la réglementation sur les HLM et d'une façon générale « infractions à la législation relative aux organismes à statuts particuliers placés sous sa responsabilité » : violations de règles en recettes et en dépenses [2].

– Violation d'un principe de gestion que la CDBF rattache à la fois aux règles en matière de recettes, de dépenses et de gestion des biens : une filiale d'une banque publique avait octroyé des prêts (et versé les fonds) sans que l'apport en compte courant de 50 millions FRF, condition contractuellement convenue avec le bénéficiaire des prêts, soit intervenu. La CDBF a jugé que le non-respect par les opérateurs de cette stipulation contractuelle était contraire aux intérêts matériels de la structure publique et de ses filiales, auxquels leurs dirigeants devaient veiller, ce principe constituant une règle d'exécution des recettes, des dépenses et de gestion des biens [3]. Cette faute grave de gestion jurisprudentielle sera traitée spécifiquement plus loin [4].

SECTION 4

VIOLATIONS DE RÈGLES D'EXÉCUTION DE GESTION DES BIENS

432.191 Gestion des biens : présentation. Le troisième cas d'ouverture prévu à l'article L. 131-9 du CJF est le non-respect de règles en matière de gestion des biens.

À noter d'emblée qu'il n'est pas rare que la méconnaissance d'une règle en matière de gestion de biens entraîne ou suppose d'autres violations de règles, en matière de recettes ou de dépenses, voire des deux à la fois [5] ; dans ce cas, la Cour ne spécifie pas toujours lequel des cas d'ouverture est retenu, ou se borne à signaler par exemple qu'une règle en matière de dépenses a été méconnue.

La référence par le juge à des règles purement « gestion des biens », sans faire état en particulier de règles de dépenses, est finalement relativement rare, ce qui n'est guère étonnant, dans la mesure où toute gestion des biens se traduit tôt ou tard par une opération de recette ou de dépense, par une créance ou une dette. D'ailleurs, dans le cadre de l'infraction issue de la réforme entrée en vigueur le 1er janvier 2023, il faut désormais établir un préjudice financier significatif, ce qui passe nécessairement par des pertes, des recettes non recouvrées ou des dépenses dépourvues de contreparties.

432.192 Cessions. Les exemples sont nombreux en jurisprudence financière de cession de biens, mobiliers ou immobiliers, de façon irrégulière :

– Violation de « règles relatives à la gestion de biens d'intérêt historique et culturel de l'État » : interdiction de vendre des biens inaliénables faisant partie du domaine public ; méconnaissance du « principe essentiel d'inaliénabilité, protecteur des biens appartenant au domaine public, et la règle procédurale, imposant une décision de déclassement préalable » [6].

– Le fait de priver le Mobilier national d'exercer ses missions légales et réglementaires d'ameublement des administrations et de remeublements historiques : « Les meubles en question n'ont pas été

1. CDBF 27 nov. 1973, *Institut géographique national [IGN], service des activités aériennes*, *Lebon* 800 (extraits anonymisés) ; CCP, n° 2, p. 94. Arrêt rendu sous l'empire de l'ancienne réglementation : s'il reste d'actualité pour illustrer la notion de violation de règles, des faits similaires ne pourraient donner lieu à sanction au titre de l'actuel art. L. 131-9 du code des juridictions financières qu'en présence d'une faute grave ayant entraîné un préjudice financier significatif. Affaire qui aujourd'hui, en présence d'un intérêt personnel, pourrait être appréhendée sur la base de l'infraction réprimant l'avantage injustifié (CJF, art. L. 131-12).
2. CDBF 29 juin 1978, *Sté de crédit immobilier « Les prévoyants de l'avenir de la Charente-Maritime » et SA d'HLM « Le foyer de la Charente-Maritime »*, CCP, n° 2, p. 157 ; *Lebon* 663 (extraits). Arrêt rendu sous l'empire de l'ancienne réglementation : s'il reste d'actualité pour illustrer la notion de violation de règles, des faits similaires ne pourraient donner lieu à sanction au titre de l'actuel art. L. 131-9 du code des juridictions financières qu'en présence d'une faute grave ayant entraîné un préjudice financier significatif.
3. CDBF 24 févr. 2006, *Sté Altus Finance*, 2e arrêt, *AJDA* 2006. 1249, note N. Groper et C. Michaut ; *JCP* 2006, n° 38, II, 10152, note J.-P. Gastinel ; *Rev. Trésor* 2006. 910, note M. Lascombe et X. Vandendriessche ; *RFDA* 2006. 624, note M. Lascombe et X. Vandendriessche ; *Lebon* 650 ; *Rec.* 74.
4. Sur les principes de gestion et la faute grave de gestion jurisprudentielle, v. ss n° 432.201.
5. Cas mixtes, v. ss n° 432.182.
6. C. comptes 19 déc. 2024, *Institut des sciences et des industries du vivant et de l'environnement (AgroParisTech) et Direction nationale des ventes domaniales (DNID), vente du mobilier du château de Grignon*, n° 3, S-2024-1571. Ici § 26.

signalés au président du Mobilier national, le privant de la possibilité d'exercer ses prérogatives et de proposer de protéger le mobilier en question en l'inscrivant dans ses inventaires » ; en outre, « l'obligation de soumettre au visa préalable du président du Mobilier national les propositions de remise de meubles à l'administration des domaines s'impose pour l'ensemble des meubles et objets mobiliers appartenant à des administrations de l'État, quelle que soit leur affectation » ; la méconnaissance de cette obligation de respecter les « règles relatives à la protection des biens de l'État par le Mobilier national », constitue une violation des règles de gestion des biens de l'État[1].

– Vente à un tiers de biens qui n'étaient pas cessibles, car ils devaient être restitués à leur propriétaire qui avait été spolié par les forces allemandes d'occupation[2].

– Aliénation de biens mobiliers de l'État en contrepartie de prestations de travaux[3].

– Aliénation d'un immeuble sans l'autorisation préalable du conseil d'administration ; l'infraction générale a été retenue par la CDBF dans son volet « gestion des biens »[4] ; mais parfois, les irrégularités en matière de gestion des biens sont rattachées par le juge, sans raisons apparentes, au volet « violation des règles en matière de dépenses »[5].

– « Infraction caractérisée aux règles de gestion du domaine de l'État »[6].

– Cession occulte de biens d'un établissement militaire en contrepartie de prestations fournies par les bénéficiaires en contravention avec les règles d'aliénation des biens mobiliers de l'État[7].

– Aliénation d'un bien immobilier sans l'autorisation du conseil d'administration, qui était pourtant requise : la CDBF a retenu l'ancien article L. 313-4 du CJF dans sa branche « gestion des biens »[8]. Dans le même sens : violation de règles de compétence et de procédure en matière de vente de biens publics[9].

432.193 **Irrégularités en matière de trésorerie.** Ces cas de figure, faute, le plus souvent, de créer un préjudice financier significatif, exigence désormais attachée à l'infraction générale réprimant la violation de règles, pourraient éventuellement être appréhendés par l'infraction réprimant l'avantage injustifié, si l'avantage de trésorerie a été accordé par intérêt personnel[10].

Jurisprudence de la CDBF sur la base du volet « gestion des biens » de l'infraction générale, dans ses anciens éléments constitutifs :

– Contrairement aux clauses contractuelles liant l'État et une association subventionnée, cette dernière n'avait pas placé les sommes non utilisées

1. C. comptes 19 déc. 2024, *Institut des sciences et des industries du vivant et de l'environnement (AgroParisTech) et Direction nationale des ventes domaniales (DNID), vente du mobilier du château de Grignon*, n° 3, S-2024-1571. Ici § 34 et §§ 36-37.
2. CDB 18 févr. 1957, *Sté nationale de vente des surplus [SNVS]*, *Lebon* 888 ; CCP, n° 2, p. 9. Arrêt rendu sous l'empire de l'ancienne réglementation : s'il reste d'actualité pour illustrer la notion de violation de règles, des faits similaires ne pourraient donner lieu à sanction au titre de l'actuel art. L. 131-9 du code des juridictions financières qu'en présence d'une faute grave ayant entraîné un préjudice financier significatif.
3. CDB 17 févr. 1959, *Direction centrale du matériel du secr. d'Ét. aux Forces armées*, CCP, n° 2, p. 23 ; *Lebon* 894. Arrêt rendu sous l'empire de l'ancienne réglementation : s'il reste d'actualité pour illustrer la notion de violation de règles, des faits similaires ne pourraient donner lieu à sanction au titre de l'actuel art. L. 131-9 du code des juridictions financières qu'en présence d'une faute grave ayant entraîné un préjudice financier significatif.
4. CDBF 20 déc. 1982, *Port autonome de Nantes-Saint-Nazaire*, CCP, n° 2, p. 211. Arrêt rendu sous l'empire de l'ancienne réglementation : s'il reste d'actualité pour illustrer la notion de violation de règles, des faits similaires ne pourraient donner lieu à sanction au titre de l'actuel art. L. 131-9 du code des juridictions financières qu'en présence d'une faute grave ayant entraîné un préjudice financier significatif.
5. CDBF 20 déc. 2007, *Sté SCIC Habitat Île-de-France*, *AJDA* 2008. 12. Arrêt rendu sous l'empire de l'ancien article L. 313-4 du code des juridictions financières : s'il reste d'actualité pour illustrer la notion de violation de règles, des faits similaires ne pourraient donner lieu à sanction au titre de l'actuel art. L. 131-9 du même code qu'en présence d'une faute grave ayant entraîné un préjudice financier significatif.
6. CDBF 18 juin 1977, *DDE du Var, conditions d'occupation et de cession de portions du domaine public maritime à Bormes-les-Mimosas*, CCP, n° 2, p. 139. Arrêt rendu sous l'empire de l'ancienne réglementation : s'il reste d'actualité pour illustrer la notion de violation de règles, des faits similaires ne pourraient donner lieu à sanction au titre de l'actuel art. L. 131-9 du code des juridictions financières qu'en présence d'une faute grave ayant entraîné un préjudice financier significatif.
7. CDB 17 févr. 1959, *Direction centrale du matériel du secr. d'Ét. aux Forces armées*, CCP, n° 2, p. 23 ; *Lebon* 894. Arrêt rendu sous l'empire de l'ancienne réglementation : s'il reste d'actualité pour illustrer la notion de violation de règles, des faits similaires ne pourraient donner lieu à sanction au titre de l'actuel art. L. 131-9 du code des juridictions financières qu'en présence d'une faute grave ayant entraîné un préjudice financier significatif.
8. CDBF 20 déc. 1982, *Port autonome de Nantes-Saint-Nazaire*, préc. Arrêt rendu sous l'empire de l'ancienne réglementation : s'il reste d'actualité pour illustrer la notion de violation de règles, des faits similaires ne pourraient donner lieu à sanction au titre de l'actuel art. L. 131-9 du code des juridictions financières qu'en présence d'une faute grave ayant entraîné un préjudice financier significatif.
9. C. comptes 19 déc. 2024, *Institut des sciences et des industries du vivant et de l'environnement (AgroParisTech) et Direction nationale des ventes domaniales (DNID), vente du mobilier du château de Grignon*, n° 3, S-2024-1571. Lire §§ 41-45 et 48.
10. CJF, art. L. 131-12.

d'une subvention versée par l'État sur un compte du Trésor public, mais sur un compte bancaire[1].

– Irrégularités dans la gestion des fonds recouvrés par un organisme de Sécurité sociale : le fonctionnement des comptes bancaires violait la convention conclue entre l'association gérant le régime de Sécurité sociale et l'Acoss. La banque gardait la trésorerie plus longtemps que prévu par cette convention[2].

432.194 Libéralités prohibées. Si un tel cas de figure n'entraîne pas de préjudice financier significatif, il peut le cas échéant relever de l'infraction réprimant l'avantage injustifié[3].

– Don d'un tableau propriété d'un établissement public à l'un de ses anciens directeurs, sans accord du conseil d'administration qui était nécessaire : aliénation irrégulière d'une partie du patrimoine public[4].

– Le fait de fournir, irrégulièrement, des prestations gratuites à un tiers constitue une infraction aux règles de recettes (le fait de ne pas avoir émis de facture, et donc de n'avoir pas recouvré une créance qui existait pourtant), mais également une violation des règles de gestion des biens[5].

432.195 Détérioration de biens publics. Les agissements d'un intendant, qui avait accumulé des denrées devenant impropres à la consommation, aboutissant ainsi à une perte importante pour l'établissement, « constituent des infractions aux règles concernant la tenue de la comptabilité, l'exécution des dépenses et la conservation des biens des lycées techniques d'État »[6].

432.196 Gestion du patrimoine, notamment immobilier. Exemple de l'absence de signature du bailleur sur le bail d'un appartement appartenant à l'Institut et loué à un des agents de l'Institut, qui aurait justement dû, en tant que conseiller technique, relever cette absence ; la Cour n'a certes pas explicitement fait référence à la branche « gestion des biens » de l'infraction, mais c'est bien de cela qu'il s'agit dans le cas de la gestion d'un parc immobilier[7].

La fixation du prix de vente d'objets doit faire l'objet d'une expertise : « alors qu'ils en avaient la faculté, en s'abstenant de recourir à une expertise pour certains des meubles mis en vente, les agents de la DNID n'ont pas mis tout en œuvre pour les valoriser au plus juste » : non-respect d'une règle procédurale. Mais la Cour n'a pas sanctionné la fixation du prix de la mise aux enchères elle-même ; elle n'a donc pas fait jouer l'article L. 3211-18 du code général de la propriété des personnes publiques, selon lequel « Les opérations d'aliénation du domaine mobilier de l'État ne peuvent être réalisées ni à titre gratuit, ni à un prix inférieur à la valeur vénale »[8].

SECTION 5 FAUTE GRAVE DE GESTION JURISPRUDENTIELLE

§ 1 Origine et actualité de la faute grave de gestion jurisprudentielle

432.201 Cadre et limites de la faute grave de gestion jurisprudentielle. Il a été montré plus haut qu'en dépit des débats entourant la notion, la juridiction financière répressive sanctionne bien, dans une jurisprudence équilibrée, les « fautes de gestion »[9].

1. CDBF 7 nov. 2003, *Assoc. L'Étape*, *Rev. Trésor* 2005. 692, note M. Lascombe et X. Vandendriessche ; *AJDA* 2004. 1236, note N. Groper ; *Lebon* 592 ; *Rec.* 137. Arrêt rendu sous l'empire de l'ancien article L. 313-4 du code des juridictions financières : s'il reste d'actualité pour illustrer la notion de violation de règles, des faits similaires ne pourraient donner lieu à sanction au titre de l'actuel art. L. 131-9 du même code qu'en présence d'une faute grave ayant entraîné un préjudice financier significatif.
2. CDBF 28 nov. 1990, *Assoc. pour la gestion de la Sécurité sociale des artistes auteurs [Agessa]*, CCP, n° 3, p. 217 ; *Lebon* 528. Arrêt rendu sous l'empire de l'ancienne réglementation : s'il reste d'actualité pour illustrer la notion de violation de règles, des faits similaires ne pourraient donner lieu à sanction au titre de l'actuel art. L. 131-9 du code des juridictions financières qu'en présence d'une faute grave ayant entraîné un préjudice financier significatif.
3. CJF, art. L. 131-12.
4. CDBF 20 déc. 1982, *Port autonome de Nantes-Saint-Nazaire*, CCP, n° 2, p. 211. Arrêt rendu sous l'empire de l'ancienne réglementation : s'il reste d'actualité pour illustrer la notion de violation de règles, des faits similaires ne pourraient donner lieu à sanction au titre de l'actuel art. L. 131-9 du code des juridictions financières qu'en présence d'une faute grave ayant entraîné un préjudice financier significatif.
5. CDBF 27 nov. 1973, *Institut géographique national [IGN]*, service des activités aériennes, *Lebon* 800 (extraits anonymisés) ; CCP, n° 2, p. 94. Arrêt rendu sous l'empire de l'ancienne réglementation : s'il reste d'actualité pour illustrer la notion de violation de règles, des faits similaires ne pourraient donner lieu à sanction au titre de l'actuel art. L. 131-9 du code des juridictions financières qu'en présence d'une faute grave ayant entraîné un préjudice financier significatif.
6. CDBF 22 avr. 1975, *Lycée technique d'État d'Albi*, *Lebon* 805 (extraits) ; CCP, n° 2, p. 112. Arrêt rendu sous l'empire de l'ancienne réglementation : s'il reste d'actualité pour illustrer la notion de violation de règles, des faits similaires ne pourraient donner lieu à sanction au titre de l'actuel art. L. 131-9 du code des juridictions financières qu'en présence d'une faute grave ayant entraîné un préjudice financier significatif.
7. CDBF 3 déc. 1997, *Institut de France [appartement de la rue d'Aumale]*, *Rev. Trésor* 1999. 198 ; *Lebon* 623. Arrêt rendu sous l'empire de l'ancienne réglementation : s'il reste d'actualité pour illustrer la notion de violation de règles, des faits similaires ne pourraient donner lieu à sanction au titre de l'actuel art. L. 131-9 du code des juridictions financières qu'en présence d'une faute grave ayant entraîné un préjudice financier significatif.
8. C. comptes 19 déc. 2024, *Institut des sciences et des industries du vivant et de l'environnement (AgroParisTech) et Direction nationale des ventes domaniales (DNID), vente du mobilier du château de Grignon*, n° 3, S-2024-1571.
9. V. argumentation générale, s[s] n°s 411.11 s.

La pertinence du recours à cette notion s'illustre tout particulièrement dans le cadre des fautes de négligence[1] et à travers une évolution jurisprudentielle qui vise à réprimer la méconnaissance de principes de bonne gestion, sanctionnée dans le cadre de la notion de faute grave de gestion présentée ici.

Cette dernière n'est qu'une application particulière de la faute de gestion[2] en général, dont on rappellera qu'elle figurait dans la loi du 25 septembre 1948[3] créant la répression financière, qui s'intitulait loi « tendant à sanctionner les fautes de gestion commises à l'égard de l'État » ; d'où parfois la préférence pour la formule « violation de principes de gestion ».

La notion de faute grave de gestion dégagée par la jurisprudence de la CDBF depuis sept décennies, validée à plusieurs reprises par le Conseil d'État[4], ne constitue donc pas une nouvelle infraction supplémentaire, sinon elle aurait été regardée comme contraire au principe de légalité des délits et des peines[5] ; comme on le verra, elle se fonde explicitement et précisément sur les infractions financières existantes, en particulier celle réprimant les violations de règles d'exécution des recettes, des dépenses et de gestion des biens - en ce sens qu'une faute de gestion (grave ou non) est forcément rattachable à une violation de règles de gestion – et également, dans une moindre mesure, sur l'avantage injustifié accordé en méconnaissance de ses obligations (de gestion).

Dans la mesure où depuis la réforme entrée en vigueur le 1er janvier 2023 l'infraction générale sanctionnant les violations de règles se limite aux cas de faute grave ayant créé un préjudice financier significatif (art. L. 131-9 du CJF), on constate une forte convergence, désormais, entre cette infraction générale et la construction jurisprudentielle fondée à l'origine sur elle : si cette jurisprudence de la faute grave de gestion était jusque-là un cas particulier, exceptionnel car réservé aux cas les plus graves, de cette infraction générale, la limitation du champ de cette dernière fait que, finalement, ce sont désormais seulement les cas de faute grave de gestion qui pourront être appréhendés dans le cadre de l'infraction.

Pour forcer le trait, c'est un peu comme si l'ordonnance de 2022, qui a décidé cette réforme, n'avait voulu ne garder de cette infraction précisément que sa construction jurisprudentielle visant les fautes graves de gestion avec conséquences financières graves. Du fait de cette évolution, l'examen de la jurisprudence sur la notion de faute grave de gestion est tout particulièrement d'actualité.

On peut considérer que cette évolution de la loi est le résultat du « succès » de la notion de faute grave de gestion et un signe de crédibilité de la jurisprudence de la CDBF fondée sur elle, une autre illustration de ce « succès » étant la création, dans les années 1990, d'une infraction nouvelle « durcissant » en réalité cette construction jurisprudentielle : c'est l'infraction réprimant la faute grave de gestion dans les entreprises publiques, dont la réforme de 2022 a élargi le champ au secteur public local[6].

Ces évolutions ne sont guère surprenantes, dans la mesure où la faute grave de gestion, aux conséquences financières graves, touche au cœur même de la répression financière et à sa raison d'être.

Il convient de rappeler que la jurisprudence de la CDBF sur la méconnaissance de principes de bonne gestion (jurisprudence donc également appelée « faute grave de gestion ») trouve son ancrage dans le fait que sont sanctionnables les comportements de gestion à partir du moment où ils font apparaître une faute d'une certaine gravité, qui sera constituée par le non-respect d'une règle (au sens de l'article L. 131-9 du CJF) ou d'une obligation (au sens de l'article L. 131-12 du CJF).

Or on sait que la notion de « règle » doit être entendue au sens large[7], ce qui toutefois, rappelons-le, ne signifie pas pour autant que le juge s'érige en juge de l'opportunité des décisions de gestion[8]. Dans l'un des arrêts fondateurs de la jurisprudence sur la faute grave de gestion, l'arrêt « SEM d'aménagement et de gestion du marché d'intérêt national de Paris-La Villette », la CDBF indique clairement qu'elle n'est « pas juge de l'opportunité des décisions de gestion », et qu'elle doit seulement déterminer et apprécier les infractions qui auraient été commises dans les affaires portées devant elle[9]. Si la Cour n'est pas juge de l'opportunité des décisions de gestion, elle peut en revanche sanctionner les fautes de gestion, à condition que ces fautes comportent des violations de textes ou la méconnaissance de principes fondamentaux.

1. V. ss no 432.231.
2. Sur cette notion, en général, v. ss no 033.33.
3. L. no 48-1484, 25 sept. 1948 tendant à sanctionner les fautes de gestion commises à l'égard de l'État et de diverses collectivités et portant création d'une Cour de discipline budgétaire et financière, *JO* 26 sept.
4. CE 16 janv. 2008, M. *Hénin*, req. no 292806 ; *AJDA* 2008. 118 ; *Rev. Trésor* 2008. 380 ; *Rev. Trésor* 2008. 409, note N. Groper ; *AJDA* 2008. 1000, note M. Collet ; note A.-G. Delion et M. Durupty, *RFAP* 2008. 431 ; *RJEP* août-sept. 2008, p. 12, note M. Lascombe et X. Vandendriessche ; *JCP Adm.* 2008, no 29, p. 20, note J. Gaté.
5. Sur ce principe et son application à l'infraction générale réprimant la violation des règles de gestion, v. ss no 222.11.
6. CJF, art. L. 131-10 ; sur cette infraction, v. ss no 433.11.
7. V. ss no 432.61.
8. Sur l'interdiction de juger les décisions de gestion, v. ss no 224.11.
9. CDBF 19 juill. 1974, *SEM d'aménagement et de gestion du marché d'intérêt national de Paris-La Villette [Semvi]*, CCP, no 2, p. 103 ; *Lebon* 803 (extraits anonymisés).

C'est sur cette notion large de règle que la CDBF a développé sa jurisprudence sur la faute grave de gestion, le plus souvent en combinaison avec l'infraction sanctionnant l'avantage injustifié, qui avant la réforme de 2022 était d'une gravité supérieure, notamment à cause du préjudice qui était exigé parmi les éléments constitutifs de cette infraction : cette combinaison historique s'explique non seulement par la complémentarité naturelle entre ces deux infractions[1] qui constituent le cœur du système répressif de droit public financier, mais sans doute surtout par le fait que le juge hésitait à se fonder sur des principes non écrits pour des affaires qui ne présenteraient point un certain degré de gravité – or ce supplément de gravité était précisément constitué, au-delà du simple non-respect d'un principe de bonne gestion, par l'octroi à autrui d'un avantage injustifié, donc un préjudice, au sens de l'ancien article L. 313-6 du CJF.

Désormais, depuis la réforme entrée en vigueur le 1er janvier 2023, cette combinaison est moins d'actualité : d'une part, l'infraction générale, nous l'avons vu, est elle-même limitée aux cas de faute grave avec conséquence financière grave (préjudice significatif) ; d'autre part, l'infraction visant l'avantage injustifié a évolué vers un champ différent, l'ordonnance introduisant la notion d'intérêt personnel et supprimant l'exigence d'un préjudice.

On peut distinguer, au sein de la notion de faute grave de gestion impliquant la violation de principes de bonne gestion, deux approches : la première approche revient à fonder (ou à déduire) une faute grave de gestion sur une accumulation de violations de règles formelles qui, ensemble, illustrent, en quelque sorte, la violation d'un principe de bonne gestion (voire de plusieurs principes de gestion) ; la seconde approche s'appuie directement sur la violation grave d'un principe de gestion par un acte jugé contraire à celui-ci.

La faute grave de gestion peut avoir été commise directement, activement ; elle peut également consister dans des omissions et négligences.

Quelle que soit l'approche, la faute grave de gestion doit être précisément motivée, faute de quoi un arrêt risque la censure, ce qui s'est produit dans une affaire remarquée concernant une filiale de la Caisse des dépôts et consignations[2]. En effet, une sanction ne saurait se fonder sur des règles ou obligations qui ne seraient pas clairement déterminées, et encore moins sur des fautes floues, qui ne seraient pas caractérisées avec précision. Il est vrai que dans quelques rares cas, des arrêts semblaient insuffisamment motivés pour établir une faute grave de gestion : il en va ainsi d'un arrêt ancien de la CDBF qui faisait simplement état de l'usage de « procédés qui méconnaissent gravement les règles de gestion propres à ces organismes », sans préciser lesquelles[3].

Faire appel à un principe de gestion ne signifie pas, en effet, s'abstraire des règles applicables, mais requiert au contraire d'affirmer l'existence de règles et obligations qui sont, en quelque sorte, « supérieures ».

Cette exigence renvoie à la question du lien entre règles formelles et principes généraux. Ce lien se trouve, dans la grande majorité des cas, explicitement affirmé : c'est le cas de la faute grave de gestion d'ensemble déduite d'une multiplicité de violations de règles formelles, qui viennent illustrer la faute grave, l'étayer ; c'est le cas encore des fautes de négligence qui s'appuient sur des infractions formelles commises par d'autres, surtout des subordonnés ; c'est le cas également de bon nombre de principes généraux qui sont, eux-mêmes, inscrits dans des textes supérieurs (par exemple le principe de sincérité des comptes des administrations publiques[4]) ou qui transparaissent dans des règles formelles éparses (principe du payement sur service fait[5]).

Reste un reliquat assez limité de cas dans lesquels le juge applique des principes généraux qui ne sont – ou ne semblent – fondés sur aucun texte écrit et sans être accompagnés d'irrégularités formelles. Mais ces cas demeurent fort rares ; ils risquent, s'ils ne sont pas bien motivés, d'être incompatibles avec le principe de légalité des délits et des peines ; surtout, de tels cas isolés sont désormais contraints, pour pouvoir être sanctionnés, par la nécessité d'étayer la gravité de la faute et, surtout, d'être la cause d'un préjudice financier significatif.

Quoi qu'il en soit, à partir des années 1950, la CDBF a dégagé une jurisprudence riche permettant de sanctionner le non-respect de principes généraux de bonne gestion, que désormais la Cour des comptes reprend à son compte.

Et si cette jurisprudence est née dans le champ de la gestion des entreprises publiques, elle concerne bien l'ensemble des organismes dont les gestionnaires sont justiciables de la juridiction financière.

1. V. ss no 441.31.
2. CE 21 avr. 2023, *MM. Lagarde, Romanet de Beaune et Gallot* [affaire CDBF 9 mars 2021, *CDC Entreprises – Plan d'attributions gratuites d'actions*, no 248-767], nos 452310, 452412, 452420 ; *Rec.* 57.
3. CDBF 29 juin 1978, *Sté de crédit immobilier « Les prévoyants de l'avenir de la Charente-Maritime » et SA d'HLM « Le foyer de la Charente-Maritime »*, CCP, no 2, p. 157 ; *Lebon* 663 (extraits).
4. Sur ce principe constitutionnel, v. ss no 423.13.
5. Sur le service fait, principe applicable même sans texte spécifique, v. ss no 432.218 ; v. également ss no 432.124 (commande publique).

Enfin, précisons que le manquement au devoir de respect des règles de bonne gestion n'est pas assorti d'un élément intentionnel spécifique[1].

§ 2 Principes de gestion dégagés par la jurisprudence financière

432.211 Principe de saine gestion industrielle et commerciale dans les entreprises publiques. La jurisprudence, à partir d'une conception large, nous l'avons vu, de la notion de « règle » au sens de l'infraction aujourd'hui prévue à l'article L. 131-9 du CJF, a très tôt (dès les années 1950) intégré des cas de fautes graves de gestion qui ne sont pas toujours directement liés à la violation d'une règle écrite.

Ainsi, les règles de gestion des entreprises publiques « découlent non seulement des textes applicables [aux organismes industriels et commerciaux], mais aussi des principes traditionnels et constants qui sont la base même d'une saine gestion industrielle et commerciale »[2]. Cette jurisprudence ne s'applique toutefois qu'aux sociétés industrielles et commerciales.

Ainsi, l'infraction qui incrimine notamment les violations de règles en matière de dépenses ou de gestion des biens permet à la juridiction financière répressive de « sanctionner des personnes justiciables de sa compétence dès lors que leurs agissements ont méconnu les règles applicables à la gestion des organismes concernés, quelle qu'en soit la nature » et « qu'à cet égard peuvent être visés les règles du Code de commerce aussi bien que les dispositions d'organisation interne ou les principes traditionnels et constants qui constituent les fondements d'une saine gestion industrielle et commerciale, ou encore les règles relatives aux obligations de surveillance, de contrôle et de bonne organisation d'un organisme ». En l'espèce, la Cour a condamné les responsables de l'entreprise publique pour plusieurs irrégularités, dont le fait que le suivi de la participation dans une entreprise avait été jugé défaillant, « alors que le suivi d'une telle participation, compte tenu des engagements pris et des risques encourus, fait partie des principes traditionnels et constants qui sont la base d'une saine gestion industrielle et commerciale »[3].

On peut lier à ce principe la nécessité d'apprécier correctement la situation financière d'une entreprise : dans l'arrêt *SEM d'aménagement et de gestion du marché d'intérêt national de Paris-La Villette*, la Cour a ainsi expressément sanctionné l'insuffisant respect de « principes de bonne gestion » (qu'on peut, ici, rapprocher de la notion de « saine gestion »), après avoir relevé qu'un dirigeant avait « ignoré certains des aspects fondamentaux de la situation financière de la société et [n'avait] pu assurer assez complètement la direction générale de celle-ci », les attributions de dirigeant de société étant fixées par la loi (aujourd'hui dans le code de commerce)[4].

Dans le même sens, mais en évoquant également la notion d'intérêt patrimonial traitée plus loin : mauvaise estimation initiale des besoins (acquisition d'installations de recherche surdimensionnées) : « ces faits constituent des manquements multiples et réitérés aux principes de bonne gestion et de préservation des intérêts patrimoniaux »[5] de l'établissement.

432.212 Intérêts matériels, financiers et patrimoniaux. Dès l'arrêt du 22 mai 1957, *Société nationale de constructions aéronautiques du Nord [SNCAN]*[6], la CDB a interprété de façon extensive la notion de « règle » au sens de l'infraction aujourd'hui codifiée à l'article L. 131-9 du CJF, en y incluant celles qui fixent l'organisation interne et la répartition statutaire des pouvoirs entre le PDG et le conseil d'administration : ces règles sont des « règles relatives à l'exécution des recettes et des dépenses » ; par ailleurs et surtout, les règles d'exécution des recettes comportent notamment l'obligation, pour un PDG, « de veiller en tout état de cause à la sauvegarde des intérêts matériels de l'organisme dont il assurait la gestion ».

La notion d'intérêts matériels a été explicitement validée par le Conseil d'État : est sanctionnable sur la base de l'infraction financière générale « le principe selon lequel il revient aux représentants d'une société de veiller à la sauvegarde des intérêts matériels de l'organisme dont ils assurent la gestion [...] »[7].

1. CDBF 9 déc. 2011, *Groupe hospitalier Sud Réunion*, n° 180-656 ; *Rec.* 164 ; *AJDA* 2012. 1279, note C. Michaut et P. Sitbon ; *GFP* 2013, n° 5, p. 78, note S. Damarey, M. Lascombe et X. Vandendriessche.
2. CDB 22 mai 1957, *S^té^ nationale de constructions aéronautiques du Nord [SNCAN]*, préc.
3. CDBF 25 juill. 2008, *France Télécom ; Rec.* p. 82 ; *AJDA* 2008. 2435, note N. Groper et C. Michaut ; *GFP* 2011, p. 388, note M. Lascombe et X. Vandendriessche ; A. Froment-Meurice, J.-Y. Bertucci, N. Hauptmann et C. Michaut, *GAJF*, Dalloz, 7e éd. 2019, n° 51, p. 595 ; M. Degoffe, « La Cour de discipline budgétaire et financière réprime les infractions aux règles d'exécution des dépenses commises par le président de France Télécom », *Revue des sociétés* 2008, p. 858.
4. CDBF 19 juill. 1974, *SEM d'aménagement et de gestion du marché d'intérêt national de Paris-La Villette [Semvi]*, CCP, n° 2, p. 103 ; *Lebon* 803 (extraits anonymisés).
5. CDBF 12 oct. 2018, *École nationale de formation agronomique (ENFA)*, n° 223-786 ; *Rec.* 188.
6. CDB 22 mai 1957, *Société nationale de constructions aéronautiques du Nord [SNCAN] ; Lebon* 890 ; CCP, n° 2, p. 13.
7. CE 16 janv. 2008, *M. Hénin*, req. n° 292806 ; *AJDA* 2008. 118 ; *Rev. Trésor* 2008. 380 ; *Rev. Trésor* 2008. 409, note N. Groper ; *AJDA* 2008. 1000, note M. Collet ; note A.-G. Delion et M. Durupty, *RFAP* 2008. 431 ; *RJEP* août-sept. 2008, p. 12, note M. Lascombe et X. Vandendriessche ; *JCP Adm.* 2008, n° 29, p. 20, note J. Gaté.

Cette obligation de veiller aux intérêts matériels (et financiers, et patrimoniaux), qui en réalité englobe plus ou moins tous les autres types de violations de principes de bonne gestion, joue également sans texte.

Ainsi, dans une affaire où, à l'occasion de la conclusion de contrats qui comportaient des clauses extrêmement défavorables, les règles internes de passation de marchés avaient été formellement respectées, la Cour a néanmoins jugé que « les dispositions précitées des contrats étaient contraires aux intérêts de [la société en question] ; qu'il appartient aux représentants d'une société de veiller à la sauvegarde des intérêts matériels de l'organisme dont ils assurent la gestion, ce principe constituant une règle d'exécution des recettes et des dépenses de la société... », la Cour précisant plus loin que ces anomalies étaient « gravement contraires aux intérêts de la société »[1]. On notera que ces notions ne sont pas sans se rapprocher du critère de l'intérêt de la société existant en matière d'abus de biens sociaux[2].

Cette jurisprudence a été reprise par la Cour des comptes dans le cadre de l'actuel régime de responsabilité issu de la réforme de 2022 : ainsi un arrêt de 2024 a-t-il confirmé l'obligation, pour un dirigeant d'une SEM, de veiller aux intérêts patrimoniaux de la société[3].

La CDBF avait fait application à plusieurs reprises de cette faute grave de gestion fondée sur la nécessité de veiller aux intérêts de la structure dont on a la charge.

– Le non-respect de dispositions contractuelles est contraire aux intérêts matériels de l'entreprise publique, auxquels leurs dirigeants doivent veiller : est ici intéressant le lien entre non-respect d'une règle écrite (en l'occurrence contractuelle) et des principes plus larges[4].

– Présence de nombreux désordres budgétaires : « 11. Ces faits ont porté atteinte aux principes généraux de bonne gestion et d'organisation permettant d'assurer la préservation des intérêts patrimoniaux des deux établissements dont l'ordonnateur avait la charge. Ils constituent, dès lors, une faute de gestion constitutive de l'infraction prévue à l'article L. 313-4 du code des juridictions financières »[5] à l'époque, à l'article L. 131-9 du même code aujourd'hui. On voit dans cet exemple que le juge combine parfois plusieurs notions, en l'occurrence le défaut d'organisation (traité spécifiquement plus loin[6]) et la préservation des intérêts de la structure, qui vont en effet le plus souvent ensemble, la notion d'intérêt étant la plus englobante.

– Exemple de « graves insuffisances dans l'organisation » d'une société publique locale (SPL) ; « dysfonctionnements importants dans l'exercice de sa mission et dans le contrôle exercé sur elle, ont ainsi porté gravement atteinte aux principes généraux de bonne gestion et d'organisation permettant de s'assurer de la préservation des intérêts patrimoniaux de la SPL », étant précisé que la notion d'intérêt peut aussi concerner les actionnaires, en l'espèce des collectivités locales qui ont entièrement financé les activités de cette SPL[7].

– Le directeur d'une caisse de protection sociale « a la charge de préserver ses intérêts financiers », ce qui implique qu'il est tenu de procéder au recouvrement de sommes lorsque les statuts le prévoient, en l'occurrence de majorations sur les cotisations du président du conseil d'administration[8].

– Les violations de « l'obligation de transparence », prévue par les textes, envers les tutelles et structures de contrôle, « n'ont pas permis aux contrôles prévus par les textes en vigueur de s'exercer normalement et de préserver ainsi les intérêts patrimoniaux » d'un établissement public[9]. Dans le même sens de la protection de la transparence, bien que la notion d'intérêt n'y soit pas mentionnée (seulement la bonne gouvernance) : les « retards dans l'information des organes de gouvernance de France Télécom » constatés dans le suivi de la participation dans une filiale et dans une autre opération, « constituent des violations caractérisées de règles internes de bonne gouvernance que l'entreprise publique s'était données »[10].

1. CDBF 22 nov. 1989, *SA La Signalisation [LS]*, CCP, n° 3, p. 184 ; *Lebon* 423.
2. PAR EX. : C. com., art. L. 241-3-4°.
3. C. comptes 23 juill. 2024, *Société anonyme d'économie mixte pour la gestion et pour l'animation du parc de loisirs de Saint-Cyr (SAEM SAGA)*, n° 904, S-2024-1128 ; *JCP adm.* 2024, 2321, note S. Damarey.
4. CDBF 24 févr. 2006, *Sté Altus Finance*, 2e arrêt, *AJDA* 2006. 1249, note N. Groper et C. Michaut ; *JCP* 2006, n° 38, II, 10152, note J.-P. Gastinel ; *Rev. Trésor* 2006. 910, note M. Lascombe et X. Vandendriessche ; *RFDA* 2006. 624, note M. Lascombe et X. Vandendriessche ; *Lebon* 650 ; *Rec.* 74.
5. CDBF 10 janv. 2022, *Établissements d'hébergement pour personnes âgées dépendantes (EHPAD) Saint-Luc de Castelnau-Montratier et Sainte-Marie de Montcuq*, n° 255-827 ; *Rec.* 129 ; *AJDA* 2022. 629, chron. N. Péhau et M. Choquet.
6. Défaut d'organisation, v. ss nos 432.215 et 432.261 s.
7. CDBF 5 juill. 2022, *Société publique locale de Mayotte (SPL 976)*, n° 259-816 ; *Rec.* 141 ; *AJDA* 2022. 1952, chron. M. Choquet et N. Péhau ; *AJCT* 2023, p. 55.
8. CDBF 30 déc. 2016, *Caisse interprofessionnelle de prévoyance et d'assurance vieillesse (CIPAV)*, 2e arrêt, n° 212-735-II ; *Rec.* 189 ; *AJDA* 2017. 1940, chron. N. Péhau et N. Hauptmann.
9. CDBF 9 oct. 2020, *Fonds de solidarité*, n° 243-828 ; *Rec.* 187 ; *AJDA* 2021. 616, chron. D. Guilbaud et N. Péhau.
10. CDBF 25 juill. 2008, *France Télécom ; Rec.* 82 ; *AJDA* 2008. 2435, note N. Groper et C. Michaut ; *GFP* 2011, p. 388, note M. Lascombe et X. Vandendriessche ; A. Froment-Meurice, J.-Y. Bertucci, N. Hauptmann et C. Michaut, *GAJF*, Dalloz, 7e éd. 2019, n° 51, p. 595 ; M. Degoffe, « La Cour de discipline budgétaire et financière réprime les infractions aux règles d'exécution des dépenses commises par le président de France Télécom », *Revue des sociétés* 2008, p. 858.

Mais tout acte contraire aux intérêts de la structure dont on a la charge ne saurait être sanctionnable : encore faut-il que la faute soit grave et que ses conséquences financières soient significatives.

Est ainsi fortement critiquable un arrêt de la CDBF relatif à l'achat d'un autobus hors d'usage, dans lequel la Cour avait, pour fonder l'existence de l'infraction alors prévue à l'article L. 313-4 du CJF, mis en avant non pas une règle précise, ni une faute grave, mais s'était bornée à indiquer que « l'acquisition d'un bien inutilisable portait atteinte aux intérêts du Crous de Corse »[1]. Or en ayant recours à la notion d'intérêt de l'organisme en cause sans invoquer de fondement textuel ni de gravité particulière, la CDBF est allée trop loin ; car si cette novation jurisprudentielle se trouvait confirmée, elle aurait pour conséquence d'ouvrir le champ des sanctions aux actes, potentiellement nombreux, qui, sans violer des textes clairs, sont considérés comme simplement contraires aux intérêts d'une structure publique. En effet, à la lecture de l'arrêt, on peut penser que toute forme de gaspillage, en l'occurrence le fait d'acheter un bien inutilisable, est constitutif d'une infraction formelle et sanctionnable à ce titre. Il convient de préciser qu'une telle affaire, sauf si elle générait un préjudice financier significatif, ne serait plus sanctionnable au regard des éléments constitutifs actuels de l'infraction générale (en revanche, une telle affaire pourrait tomber, le cas échéant, sous le coup de l'infraction réprimant l'avantage injustifié).

Il est arrivé aussi que le juge écarte une faute grave de gestion soulevée par le parquet général : dans un cas, l'État avait négocié un contrat de location dans lequel il s'engageait à prendre en charge les gros travaux, relevant normalement du propriétaire, ce qui semblait *a priori* défavorable aux intérêts matériels de la personne publique. Mais la CDBF a écarté la faute grave de gestion : « considérant, d'une part, que le fait de mettre à la charge d'un locataire les travaux de grosses réparations visées à l'article 606 du code civil n'était pas contraire à la loi [...] alors même qu'il se serait agi d'une pratique inhabituelle [...] ; considérant, d'autre part, que l'équilibre d'un contrat doit être analysé au regard de l'ensemble de ses clauses ; qu'en avalisant la clause relative à la prise en charge des grosses réparations par le bailleur, [l'agent mis en cause] s'est inscrit dans un processus de négociation et n'a commis [...], eu égard au caractère équilibré du contrat final, de faute de gestion... »[2].

À noter que cette notion d'intérêt apparaît aussi dans l'infraction réprimant l'avantage injustifié[3] – sans surprise, tant on a démontré plus haut que la convergence de cette infraction avec l'infraction générale réprimant les violations de règles de gestion avait été à l'origine de la jurisprudence sur la faute grave de gestion :

– Un président de conseil d'administration doit « veiller à la préservation des intérêts de cet organisme public » ; cette notion a été dans ce cas utilisée non pas pour le sanctionner au titre de l'infraction générale, mais de l'avantage injustifié : c'est à l'aune de cette obligation que le juge a apprécié la faute, la méconnaissance par lui de ses obligations au sens de cette infraction[4].

– Méconnaissance des obligations : la préservation des intérêts financiers de l'organisme dont on a la charge fait partie des obligations[5].

Enfin, la notion d'intérêt (de la structure) peut jouer aussi en tant que circonstance : le juge y a ainsi eu recours non pas pour la faute de gestion, mais au contraire pour dédouaner un gestionnaire : « qu'il a manifesté au total, dans des circonstances très difficiles, le souci de concilier le respect des impératifs de santé publique, l'adhésion à la recherche d'une solution régionale pour le traitement des DASRI et la préservation des intérêts de l'hôpital dont il avait la charge »[6].

432.213 Prudence élémentaire dans le secteur financier. Dans un arrêt du 19 avril 2000, qui concerne le secteur bancaire et financier, la CDBF a sanctionné la violation de « règles de bonne conduite de la profession bancaire », la méconnaissance du « devoir de s'informer sur la situation réelle de l'emprunteur » et du « devoir de prudence dans l'instruction et le suivi des dossiers »[7].

Dans une affaire liée aux difficultés qu'a connues le Crédit Lyonnais à la fin du XXe siècle, la Cour a rendu un arrêt qui s'inscrit très exactement dans la lignée de cette jurisprudence, concernant également le secteur bancaire et financier[8] :

– L'absence d'examen collégial préalable à des opérations engageant financièrement de façon impor-

1. CDBF 19 déc. 2008, *Crous de Corse [Corte]*, *Rec.* 91 ; *AJDA* 2009. 476, note N. Groper et C. Michaut ; *GFP* 2011, p. 397, note M. Lascombe et X. Vandendriessche.
2. CDBF 26 juin 2017, *Cité du cinéma*, n° 213-742 ; non publié au *Rec.*
3. CJF, art. L. 131-12.
4. CDBF 15 juill. 2013, *Office des Postes et télécommunications de la Polynésie française*, n° 190-661 ; *Rec.* 209 ; *AJDA* 2013. 2544, chron. C. Michaut et P. Sitbon.
5. CDBF 16 nov. 2015, *Association pour la gestion du régime d'assurance des créances des salariés (AGS) et Délégation UNEDIC-AGD (DUA)*, n° 203-720 ; non publié au *Rec.*
6. CDBF 13 févr. 2019, *Centre hospitalier d'Ajaccio*, n° 230-805 ; *Rec.* 203 ; *AJDA* 2020. 1284 chron. D. Guilbaud et N. Péhau.
7. CDBF 19 avr. 2000, *Banque du Crédit chimique*, *Rev. Trésor* 2001. 796, note M. Lascombe et X. Vandendriessche ; *Lebon* 741 ; *Rec.* 105.
8. CDBF 24 févr. 2006, *Sté Altus Finance*, 2e arrêt, *AJDA* 2006. 1249, note N. Groper et C. Michaut ; *JCP* 2006, n° 38, II, 10152, note J.-P. Gastinel ; *Rev. Trésor* 2006. 910, note M. Lascombe et X. Vandendriessche ; *RFDA* 2006. 624, note M. Lascombe et X. Vandendriessche ; *Lebon* 650 ; *Rec.* 74.

tante une filiale d'entreprise publique (octroi de prêts) méconnaît les règles prudentielles en vigueur en matière financière et bancaire.

– Acquisition d'actions à un prix manifestement surévalué du fait de défaillances dans l'organisation et le suivi des affaires, dans la défense des droits et dans la gestion des biens d'un groupe public, les dirigeants n'ayant donc pas préservé les intérêts des entreprises dont ils avaient la charge.

Cette jurisprudence a été clairement validée par le Conseil d'État dans deux arrêts du 16 janvier 2008, *M. Haberer* et *M. Hénin* [1] : « lorsqu'il est appliqué à des sanctions qui n'ont pas le caractère de sanctions pénales, le principe de légalité des délits et des peines ne fait pas obstacle à ce que les infractions soient définies par référence aux obligations auxquelles est soumise une personne en raison de l'activité qu'elle exerce, de la profession à laquelle elle appartient ou de l'institution dont elle relève » ; le juge de cassation a donc indiqué que peuvent faire partie des règles dont la méconnaissance est sanctionnée au titre des infractions alors prévues aux articles L. 313-4 et L. 313-6 du CJF [2] les « usages prudentiels applicables dans les établissements financiers et bancaires » et « le principe selon lequel il revient aux représentants d'une société de veiller à la sauvegarde des intérêts matériels de l'organisme dont ils assurent la gestion, par la mise en œuvre de procédures d'évaluation et de contrôle ».

432.214 Prudence élémentaire dans la gestion des affaires (hors secteur bancaire). La faute grave de gestion sous forme de méconnaissance des principes de prudence élémentaire, née dans le secteur financier, a été étendue à d'autres domaines.

Ainsi, dans une affaire du 28 septembre 2002, *Association foncière urbaine autorisée [AFUA] de Sérignan* [3], la CDBF a considéré une décision de gestion (reprise de travaux à un coût élevé alors que leur financement n'était pas assuré) comme étant « contraire aux règles de prudence élémentaire qui s'imposent à une association syndicale de copropriétaires ; que cette méconnaissance des règles de gestion constitue une infraction sanctionnée [alors] par l'article L. 313-4 précité », alors qu'aucune règle écrite au sens strict n'avait été violée.

Dans une autre affaire, la CDBF a considéré que la signature d'un contrat par lequel un organisme de protection sociale renonçait, sans contrepartie, à toutes actions ou instances éventuelles lors d'un rachat de créance, « renonçant par là même à un instrument essentiel pour faciliter le recouvrement de la créance », constituait un « manquement aux règles élémentaires de prudence dans la gestion des affaires réprimé [alors] par l'article L. 313-4 du Code des juridictions financières » [4]. Le Conseil d'État a sans ambiguïté confirmé cet arrêt [5], y compris en ce qu'il concerne la sanction de la méconnaissance des « règles de prudence dans la gestion des affaires de la SCI Mutualité Astorg ».

– Méconnaissance de règles de prudence dans la gestion des affaires de l'organisme, lors du rachat d'une créance bancaire : « manquement aux règles élémentaires de prudence dans la gestion des affaires réprimé [alors] par l'article L. 313-4 du Code des juridictions financières » ; et en plus ces décisions avaient octroyé un avantage injustifié à autrui [6]. Rappelons que l'arrêt de la CDBF a été explicitement validé, sur ce point également, par le juge de cassation [7].

432.215 Devoir d'organisation et autres fautes de négligence. Les notions de défaut de surveillance, défaut de contrôle et défaut d'organisation, toutes ensemble étant des fautes de négligence, font partie de l'évolution jurisprudentielle consacrant la faute grave de gestion fondée sur des principes de gestion [8].

Bien que traitées plus loin en détail [9], car elles interviennent aussi, du moins à l'origine, en relation avec des fautes simples sans conséquences financières, il convient de les mentionner ici lorsque ces fautes de négligence constituent des fautes graves de gestion et qu'elles sont invoquées en lien direct avec celles-ci.

Le devoir d'organisation, avant tout, et le devoir de surveillance du supérieur hiérarchique sont directement liés à l'idée qu'il faille veiller aux intérêts matériels, financiers et patrimoniaux [10] de l'orga-

1. CE 16 janv. 2008, *M. Hénin*, req. n° 292806 ; *AJDA* 2008. 118 ; *Rev. Trésor* 2008. 381 ; *Rev. Trésor* 2008. 409, note N. Groper ; *AJDA* 2008. 1000, note M. Collet ; note A.-G. Delion et M. Durupty, *RFAP* 2008. 431 ; *RJEP* août-sept. 2008, p. 12, note M. Lascombe et X. Vandendriessche ; *JCP Adm.* 2008, n° 29, p. 20, note J. Gaté.
2. Désormais, CJF, art. L. 131-9 et L. 131-12.
3. CDBF 28 sept. 2002, *Association foncière urbaine autorisée [AFUA] de Sérignan ; Rev. Trésor* 2004. 46, note M. Lascombe et X. Vandendriessche ; *Rec.* 106 (lire le commentaire) ; *Lebon* 556.
4. CDBF 4 déc. 2002, *Caisse centrale de la mutualité agricole [CCMSA] et SCI Mutualité Astorg*, *Rev. Trésor* 2004. 48, note M. Lascombe et X. Vandendriessche ; *Rec.* 112 ; *Lebon* 559.
5. CE 15 nov. 2006, M. Gallet, req. n° 253904 ; *Lebon* 466 ; *AJDA* 2007. 697, note C. Biscaïno ; *Rev. Trésor* 2007. 722, note M. Lascombe et X. Vandendriessche ; *LPA* 2007, n° 131, p. 11, note S. Petit ; *Rec.* 130.
6. CDBF 4 déc. 2002, *Caisse centrale de la mutualité agricole [CCMSA] et SCI Mutualité Astorg*, préc.
7. CE 15 nov. 2006, M. Gallet, préc.
8. PAR EX. : CDBF 17 mai 1977, *Inra, Centre de recherches zootechniques et vétérinaires [CRZV] de Theix [Puy-de-Dôme]*, *Lebon* 679 (extraits) ; CCP, n° 2, p. 135.
9. V. ss n° 432.231.
10. Sur cette notion, voir plus haut, ss n° 432.212.

nisme en cause : un défaut d'organisation d'une activité de gestion, ou un défaut de surveillance du chef sur la gestion pratiquée dans l'organisme dont il a la charge, sont par définition contraires aux intérêts de l'organisme, ce qui peut générer un préjudice financier rendant ces défauts sanctionnables au titre de la jurisprudence traditionnelle en matière de faute grave de gestion, et aujourd'hui de l'infraction prévue à l'article L. 131-9 du CJF.

Souvent, ces omissions, abstentions *et* autres négligences sont elles-mêmes contraires à des obligations inscrites dans des règles. Mais la juridiction financière a également jugé que le devoir de surveillance et le devoir de bonne organisation des services qu'on dirige[1] étaient des obligations inhérentes aux fonctions de dirigeant ou de chef de service, même si aucun texte ne le dit expressément[2]. Ces insuffisances ou négligences, nées d'une passivité blâmable dans l'exercice des fonctions de direction, auront entraîné ou rendu possibles des irrégularités commises par d'autres personnes, ou pire, ces dirigeants négligents auront connu et toléré ces irrégularités. Ces comportements individuels peuvent donc se rapprocher de fautes graves de gestion sanctionnées sans méconnaissance d'une règle écrite ; mais ils demeurent liés à des irrégularités formelles commises grâce à ces négligences de gestion, par exemple par leurs subordonnés, et relèvent donc davantage de l'appréciation de la responsabilité individuelle de personnes qui n'ont pas directement ou activement participé à des infractions formelles cependant établies par ailleurs[3].

La Cour des comptes a confirmé, dans le cadre juridique actuel issu de la réforme entrée en vigueur le 1er janvier 2023, la faute grave de gestion fondée notamment sur le défaut d'organisation, en l'espèce de la fonction « recettes » (« carences tenant notamment à l'organisation » ; les gestionnaires « n'ont pas mis en place en temps utile les mesures propres à corriger les dysfonctionnements rencontrés... »)[4].

Autres exemples en jurisprudence :

– L'absence de contrôle interne et de suivi budgétaire et des effectifs constitue un « défaut général de surveillance » et une « méconnaissance des obligations de bonne gestion auxquels est astreint tout responsable d'un organisme soumis au contrôle des juridictions financières »[5].

– Dans une affaire d'exécution d'un contrat conclu par un chantier naval de l'État, une partie des titres de recettes correspondant aux travaux effectués sur le « Galaxy Queen » n'ont pas pu être recouvrés par la partie publique, notamment en raison de manquements imputables au directeur du chantier naval public : « il ne saurait être admis qu'un marché de 0,50 MF, dont l'exécution devait durer sept semaines, puisse conduire à la réalisation pendant sept mois, sans qu'aucune précaution particulière ne soit prise », et notamment sans qu'un avenant au contrat initial soit négocié, « de travaux supplémentaires pour un montant dix fois plus élevé » ; la CDBF a considéré que « cette situation résulte de l'organisation défectueuse du service », alors que le directeur aurait dû « déterminer la structure de sa direction et les moyens et procédures applicables aux opérations de diversification de manière à permettre le contrôle précis du déroulement de celles-ci et leur correcte exécution sur les plans administratif, comptable et financier... ». Or les retards de facturation ont mis en péril le recouvrement des créances, engendrant un préjudice important pour le compte spécial du Trésor (CST) concerné[6].

– Le directeur d'un établissement public « devait s'assurer du bon fonctionnement de la chaîne d'exécution des recettes » ; or en l'espèce, « la désorganisation des services de la direction juridique a conduit à un traitement négligent et tardif, puis au non recouvrement des frais d'expertise. Ces manquements multiples et réitérés aux principes de bonne gestion et de préservation des intérêts patrimoniaux » de l'établissement public sont sanctionnables sur la base de l'infraction générale[7].

– Organisation déficiente des services chargés de suivre un marché informatique ; gestion éclatée sans suivi centralisé ; « les choix d'organisation arrêtés ont été préjudiciables à la surveillance et au suivi convenables des coûts du projet [...] au regard de son ampleur et de sa complexité » ; le directeur de

1. Obligations inhérentes aux fonctions de direction, v. ss no 432.241.
2. PAR EX. les fonctions de président d'université imposent attention et vigilance : CDBF 17 nov. 1987, *Université Paris IV Paris-Sorbonne*, CCP, no 3, p. 105.
3. Sur le défaut de surveillance, v. ss nos 432.243 s. ; et sur le défaut d'organisation v. ss nos 432.261 s.
4. C. comptes 5 juill. 2024, *Régie métropolitaine PARCUB, devenue METPARK*, no 869, S-2024-1038 ; *JCP Adm.* 2024. 2264, note S. Damarey. Lire §§ 102 et 104.
5. CDBF 9 déc. 2011, *Groupe hospitalier Sud Réunion*, no 180-656 ; *Rec.* p. 164 ; *AJDA* 2012. 1279, note C. Michaut et P. Sitbon ; GFP 2013, no 5, p. 78, note S. Damarey, M. Lascombe et X. Vandendriessche.
6. CDBF 22 mars 1977, *min. de la Défense, direction des constructions et armes navales de Toulon*, *Lebon* 677 (extraits) ; CCP, no 2, p. 130 ; – Sur le défaut d'organisation, v. aussi CDBF 8 nov. 1973, *Ugap*, *Lebon* 797 (extraits) ; CCP, no 2, p. 88 : « étant chef de service, il lui incombait en effet de déterminer l'organisation interne de celui-ci, de répartir les tâches entre les agents placés sous ses ordres et de définir les règles applicables aux diverses activités ; que les infractions commises n'ont été rendues possibles qu'en raison de cette organisation défectueuse ; que par suite [le chef de service condamné en l'espèce] est responsable des infractions commises par ses subordonnés agissant en son nom ».
7. CDBF 10 déc. 2020, *Office national d'indemnisation des accidents médicaux, des infections iatrogènes et des infections nosocomiales (ONIAM)*, no 245-801 ; *Rec.* 195.

projet ne maîtrisait pas, de par son champ de mission, toutes les composantes du projet ; le comité de direction avait décidé de créer un poste de responsable budgétaire et financier, mais qui n'a jamais été créé ; « absence de pilotage par les coûts » ; le comité directeur n'a pas joué son rôle de pilotage central qui lui était dévolu (il n'a presque jamais été réuni) ; le préjudice est établi même s'il « n'a pas été possible de déterminer l'ensemble des coûts liés au projet »[1].

– « En ne prenant pas les mesures permettant de s'assurer de la motivation des décisions [en matière de recettes] et du respect d'un certain formalisme interne, le directeur et le directeur juridique de l'Office ont méconnu les principes de bonne gestion et d'organisation permettant de s'assurer de la préservation des intérêts patrimoniaux de l'organisme dont ils avaient la charge » ; absence de « procédure interne d'enregistrement de ces créances dans les comptes »[2].

432.216 Principes généraux de la compétition équitable. Dans un cas, la CDBF a constaté, s'agissant de la vente d'un immeuble d'une SA, que « la procédure de vente n'a respecté aucun des principes généraux qui auraient permis une compétition équitable entre les différents concurrents et le recueil des offres les plus avantageuses pour l'établissement » ; aucun texte n'avait en l'espèce été violé, mais le non-respect du principe susvisé a conduit la Cour à retenir l'infraction de l'article L. 313-4 du CJF alors applicable[3]. À préciser que dans le régime actuel, une telle faute grave de gestion ne pourrait être sanctionnée qu'en présence d'un préjudice financier significatif exigé par l'article L. 131-9 du CJF.

On peut rapprocher ce principe de la compétition équitable en matière de vente du principe de mise en concurrence en matière d'achat, principe prévu par les textes constitutionnels, mais pour une partie seulement des organismes[4].

432.217 Devoir de diligence. La CDBF a pu retenir, parmi les principes de bonne gestion, le devoir de diligence, et ainsi sanctionner le « manque de diligence, contraire aux principes fondamentaux de la gestion des dépenses publiques, [qui avait] entraîné les irrégularités »[5].

Cette notion, développée dans le cadre des fautes de négligence[6], peut être rapprochée d'autres fautes de ce type, en particulier du défaut d'organisation présenté plus haut.

Parmi le défaut de diligence, on peut mentionner le manque au devoir d'un subordonné d'alerter son supérieur : ainsi le cas d'un membre du cabinet qui devait alerter son ministre : « le fait, pour le directeur de cabinet d'un ministre, de ne pas alerter celui-ci sur les risques juridiques de ces nominations, et les difficultés de gestion qu'elles entraîneraient nécessairement, constitue une faute de gestion relevant de l'article L. 313-4 du code des juridictions financières »[7] alors applicable.

Dans un cas proche mais moins explicite, la CDBF a également invoqué l'obligation d'assumer pleinement les fonctions de directeur général[8], ce qui, en un sens, implique des diligences à accomplir.

Enfin, la Cour des comptes, dans un arrêt récent rendu sous l'empire des nouvelles règles issues de la réforme entrée en vigueur le 1er janvier 2023, a mis en cause des gestionnaires qui « n'ont pas mis en place en temps utile les mesures propres à corriger les dysfonctionnements rencontrés... »[9], ce qui revient à une forme de défaut de diligence, même si le terme n'y a pas été explicitement mentionné.

432.218 Autres fautes de gestion sans texte. Parfois, le juge peut recourir à la notion de principe de bonne gestion sans détailler le cas, parmi la typologie présentée ici, qu'il vise. Ainsi : des « créations de postes permanents en sureffectifs, sans analyse préalable approfondie des besoins, constituent des manquements aux règles de bonne gestion et sont constitutifs de l'infraction aux règles d'exécution des dépenses visées à l'article L. 313-4 du code des juridictions financières » alors applicable[10].

1. CDBF 16 nov. 2012, *Agence nationale pour l'emploi (ANPE)*, n° 186-639 ; *Rec.* 198 ; *AJDA* 2013. 1621, chron. C. Michaut et P. Sitbon ; *GFP* 2013, n° 5, p. 93, note S. Damarey, M. Lascombe et X. Vandendriessche.
2. CDBF 10 déc. 2020, *Office national d'indemnisation des accidents médicaux, des infections iatrogènes et des infections nosocomiales (ONIAM)*, préc.
3. CDBF 6 mai 1993, *Établissement public central Charbonnages de France [CdF]*, *Rev. Trésor* 1994. 758 ; *Lebon* 530.
4. Sur les violations de règles dans la commande publique, v. ss nos 432.121 s.
5. CDBF 28 oct. 2005, *min. de la Défense, Direction des constructions navales, contrat de vente de sous-marins Agosta 90 au Pakistan*, *Rec.* 127 ; *Lebon* 678 ; *Rev. Trésor* 2006. 902, note M. Lascombe et X. Vandendriessche ; – dans le même sens : CDBF 5 déc. 2008, min. de la Défense, Direction des constructions navales, contrat de vente de sous-marins Agosta 90 au Pakistan, 2e arrêt, *Rec.* 88 ; *AJDA* 2010. 1261, note N. Groper et C. Michaut ; *GFP* 2011, p. 396, note M. Lascombe et X. Vandendriessche.
6. Sur le défaut de diligence, faute de négligence, v. ss n° 432.271.
7. CDBF 13 juill. 2011, *Rectorat de Paris – Inspecteurs de l'académie de Paris (IAP)*, n° 177-684 ; *Rec.* 158 ; *GFP* 2013, n° 5, p. 74, note S. Damarey, M. Lascombe et X. Vandendriessche.
8. CDBF 22 nov. 1989, *SA La Signalisation [LS]*, CCP, n° 3, p. 184 ; *Lebon* 423.
9. C. comptes 5 juill. 2024, *Régie métropolitaine PARCUB, devenue METPARK*, n° 869, S-2024-1038 ; *JCP Adm.* 2024. 2264, note S. Damarey. Ici §§ 102 et 104.
10. CDBF 9 déc. 2011, *Groupe hospitalier Sud Réunion*, n° 180-656 ; *Rec.* 164 ; *AJDA* 2012. 1279, note C. Michaut et P. Sitbon ; *GFP* 2013, n° 5, p. 78, note S. Damarey, M. Lascombe et X. Vandendriessche.

Dans certains cas, peu nombreux, la CDBF a pu recourir à des principes de gestion sans texte même pour des fautes simples (« faute de gestion ») et en l'absence de conséquences financières significatives : ainsi, la conclusion d'une convention de recherche par une structure publique avec une société dans laquelle le gestionnaire public avait des intérêts, a été simplement qualifiée de « faute de gestion »[1].

Il en va de même du service fait, règle générale applicable à tous les organismes même sans texte[2], ce qui revient à en faire un principe général de bonne gestion, mais qui ne pourra être sanctionné, dans le cadre des textes actuels, que s'il implique une faute grave et un préjudice financier significatif.

Enfin, la CDBF a jugé que « le fait, pour le directeur de cabinet d'un ministre, de ne pas alerter celui-ci sur les risques juridiques de ces nominations, et les difficultés de gestion qu'elles entraîneraient nécessairement, constitue une faute de gestion relevant de l'article L. 313-4 du code des juridictions financières » alors applicable[3], faute de gestion donc « simple ».

§ 3
Faute grave de gestion jurisprudentielle et infraction issue de « l'amendement Crédit Lyonnais »

432.221 Articulation entre la jurisprudence classique sur la faute grave de gestion (violation de principes de gestion) et l'infraction concernant la faute grave de gestion dans les entreprises publiques. La création d'une infraction spécifique réprimant la faute grave de gestion dans les entreprises publiques en 1995, élargie en 2022/2023[4], ne réduit en rien le champ de la faute grave de gestion jurisprudentielle, fondée sur l'infraction générale[5], dont le champ est d'ailleurs nettement plus large ; cette solution logique a été confirmée en jurisprudence : dans un arrêt remarqué concernant France Télécom, la CDBF a écarté l'infraction spéciale de la faute grave de gestion dans les entreprises publiques, dont c'était le premier cas d'application depuis sa création en 1995, au bénéfice de sa jurisprudence classique fondée sur les anciens articles L. 313-4 et L. 313-6 du CJF[6].

SECTION 6
FAUTES DE NÉGLIGENCE

§ 1
Fondements et diversité des fautes de négligence

432.231 Typologie des négligences sanctionnées. La jurisprudence semble distinguer, au sein des fautes de négligence, essentiellement cinq cas de figure :

- le défaut de contrôle d'une tutelle ou d'une autorité chargée de contrôles[7] ;
- le défaut de surveillance d'un supérieur hiérarchique[8] ;
- le défaut de vigilance de tout agent ;
- le défaut d'organisation, par le gestionnaire, des services dont il a la charge[9] ;
- le défaut de diligence, l'inaction coupable face à une urgence d'agir.

Il doit être précisé que ces cas de figure sont relativement proches les uns des autres, qu'ils peuvent donc se recouper, et que de surcroît la terminologie n'est pas toujours stabilisée ; de fait, certains arrêts mentionnent deux ou trois types de fautes de

1. CDBF 12 oct. 2018, *École nationale de formation agronomique (ENFA)*, n° 223-786 ; *Rec.* 188. Arrêt rendu sous l'empire de l'ancien article L. 313-4 du code des juridictions financières : s'il reste d'actualité pour illustrer la notion de violation de règles, des faits similaires ne pourraient donner lieu à sanction au titre de l'actuel art. L. 131-9 du même code qu'en présence d'une faute grave ayant entraîné un préjudice financier significatif. Cette affaire relèverait sans doute désormais plutôt de l'infraction réprimlant l'avantage injustifié avec intérêt personnel (CJF, art. L. 131-12).
2. CDBF 7 déc. 1994, *Comité départemental du tourisme de la Gironde*, *Rev. Trésor* 1995. 685 ; *Lebon* 728 ; *Rec.* 147. Arrêt rendu sous l'empire de l'ancienne réglementation : s'il reste d'actualité pour illustrer la notion de violation de règles, des faits similaires ne pourraient donner lieu à sanction au titre de l'actuel art. L. 131-9 du code des juridictions financières qu'en présence d'une faute grave ayant entraîné un préjudice financier significatif.
3. CDBF 13 juill. 2011, *Rectorat de Paris – Inspecteurs de l'académie de Paris (IAP)*, n° 177-684 ; *Rec.* 158 ; *GFP* 2013, n° 5, p. 74, note S. Damarey, M. Lascombe et X. Vandendriessche. Arrêt rendu sous l'empire de l'ancien article L. 313-4 du code des juridictions financières : s'il reste d'actualité pour illustrer la notion de violation de règles, des faits similaires ne pourraient donner lieu à sanction au titre de l'actuel art. L. 131-9 du même code qu'en présence d'une faute grave ayant entraîné un préjudice financier significatif.
4. CHF, art. L. 131-10. Avant le 31 déc. 2022, CJF, art. L. 313-7-1.
5. CJF, art. L. 131-9. Avant le 31 déc. 2022, CJF, ancien art. L. 313-4.
6. CDBF 25 juill. 2008, *France Télécom ; Rec.* 82 ; *AJDA* 2008. 2435, note N. Groper et C. Michaut ; *Gestion & finances publiques* 2011, p. 388, note M. Lascombe et X. Vandendriessche ; A. Froment-Meurice, J.-Y. Bertucci, N. Hauptmann et C. Michaut, *GAJF*, Dalloz, 7e éd. 2019, n° 51, p. 595 ; M. Degoffe, « La Cour de discipline budgétaire et financière réprime les infractions aux règles d'exécution des dépenses commises par le président de France Télécom », *Revue des sociétés* 2008, p. 858.
7. V. ss n° 432.242.
8. V. ss n° 432.243.
9. V. ss n° 432.261.

négligence en même temps, sans forcément les distinguer.

Il est néanmoins proposé ici une typologie destinée à mieux cerner les différents cas de fautes de négligence qui peuvent se présenter.

432.232 Fondements de la jurisprudence sur les fautes de négligence. Le régime de responsabilité des gestionnaires en droit public financier inclut un certain nombre de fautes de négligence.

Certaines infractions visent directement et expressément les fautes de négligence ; c'est le cas de la faute de gestion dans les entreprises publiques [1] qui vise notamment les omissions ou négligences répétées dans des fonctions de direction ; c'est le cas encore de l'infraction sanctionnant le défaut d'exécution d'une condamnation pécuniaire [2]. Ces aspects sont traités dans les parties consacrées directement à ces deux infractions.

Mais les fautes de négligence concernent en réalité toutes les infractions de droit public financier.

En effet, le juge financier répressif peut sanctionner la négligence d'un gestionnaire sur la base en particulier des articles L. 131-9 (non-respect des règles en matière de finances publiques) et L. 131-12 du CJF (octroi à autrui d'un avantage injustifié) lorsque celui-ci a, par sa négligence (dans ses obligations de contrôle, de surveillance, d'organisation), permis que des infractions soient commises au sein d'une structure.

Autrement dit, la faute de négligence sera sanctionnée si elle a permis la commission ou la persistance d'infractions financières : « par son abstention, M. X a fait preuve d'une négligence caractérisée qui a rendu possibles les irrégularités précitées […] ; qu'à ce titre, il a enfreint les principes fondamentaux associés aux règles de prévision, d'exécution et de gestion de la dépense publique résultant notamment de l'ordonnance organique de 1959 précitée… » [3].

Il existe, comme on le verra ci-après, une jurisprudence riche et constante du juge financier répressif en matière de fautes de négligence. Elle se fonde sur la nature même des infractions de droit public financier, qui sont construites autour d'une référence à des règles de gestion [4] ou des « obligations » [5] ; les fautes de négligence relevées par le juge s'inscrivent dans le prolongement de ces « règles » au sens de l'article L. 131-9 ou des « obligations » au sens de l'article L. 131-12 du CJF, car sanctionner le défaut d'organisation ou le défaut de surveillance, c'est sanctionner la méconnaissance d'obligations incombant expressément aux gestionnaires, voire le non-respect de principes de gestion s'imposant à eux ; en ce sens, les fautes de négligence sont proches de la jurisprudence sur la violation de principes de gestion (faute grave de gestion) [6], elle-même fondée sur des irrégularités formelles ou des obligations de gestion [7]. Cette définition illustre la cohérence globale du système de répression des fautes de gestion en droit public financier (et les fautes de négligence sont d'authentiques fautes de gestion), qui se fonde toujours sur la méconnaissance de règles ou d'obligations.

Si les obligations de gestion ressortent souvent de textes écrits, la jurisprudence a admis l'existence du devoir d'organisation, de surveillance et de contrôle même sans texte, ce devoir étant indissociablement lié à certaines fonctions : « En tant que présidents successifs de la FFA, et même si les statuts ou le règlement intérieur ne leur donnent aucune responsabilité directe dans la tenue ou l'établissement des comptes, ils tiennent de leur qualité d'ordonnateur une obligation générale de surveillance et de contrôle sur les conditions dans lesquelles fonctionnent les services comptables et sont établis les comptes de la fédération » [8].

Cette construction jurisprudentielle a été constamment validée par le Conseil d'État : « lorsqu'un manquement au devoir de contrôle et de surveillance inhérent à ses fonctions a permis que soient commises des atteintes aux règles […] », le juge financier peut sanctionner les personnes auxquelles ce devoir de contrôle ou de surveillance incombe [9].

L'intervention de la réforme entrée en vigueur le 1er janvier 2023 pose, s'agissant des fautes de négligence, deux séries de questions.

D'une part, les fautes de négligence étant des fautes de gestion, rattachées pour l'essentiel à l'infraction aux règles, le rétrécissement du champ de cette infraction affecte aussi les fautes de négligence : désormais, seules les fautes graves sont susceptibles d'être sanctionnées sur la base de cette infraction, si elles sont la cause d'un préjudice financier significatif [10]. En outre, lorsque la faute de négligence est établie au titre des obligations méconnues dans le

1. CJF, art. L. 131-10 ; v. ss no 433.11.
2. CJF, art. L. 131-14, 2°. V. ss no 452.11.
3. CDBF 5 déc. 2008, *min. de la Défense, Direction des constructions navales, contrat de vente de sous-marins Agosta 90 au Pakistan*, 2e arrêt, *Rec.* 88 ; *AJDA* 2010. 1261, note N. Groper et C. Michaut ; *GFP* 2011, p. 396, note M. Lascombe et X. Vandendriessche.
4. CJF, art. L. 313-4.
5. CJF, art. L. 313-6.
6. V. ss no 432.201.
7. V. ss no 432.241.
8. CDBF 7 nov. 2022, *Fédération française d'athlétisme (FFA)*, no 262-847 ; *Rec.* 148 ; *AJDA* 2023. 560, chron. M. Choquet et N. Péhau.
9. CE 17 et 19 juill. 2013, *M. Lévy* [affaire CDBF *Institut géographique national*], no 351985 ; *Rec.* 241.
10. Désormais CJF, art. L. 131-9.

cadre de l'octroi d'un avantage injustifié, elle ne pourra être sanctionnée sur la base de cette infraction-là[1] qu'en présence d'un intérêt personnel.

D'autre part se pose la question de l'application des fautes de négligence à des supérieurs hiérarchiques en présence d'infractions spéciales[2] commises par des subordonnés. Dans ces cas, la CDBF avait, jusque-là appliqué l'infraction spéciale pour celui qui avait directement commis l'infraction spéciale, et l'infraction générale de l'ancien article L. 313-4 du CJF pour les supérieurs négligents : la faute de négligence est donc conçue comme une faute distincte (bien sûr) et surtout comme une infraction distincte. Mais la limitation, désormais, de l'infraction générale aux seules fautes graves ayant causé un préjudice financier significatif met *de facto* un terme à cette possibilité d'appréhender les directeurs et autres chefs de service, puisqu'une infraction spéciale ne cause qu'exceptionnellement un préjudice, avec comme résultat de ne pouvoir sanctionner plus que les commettants directs, souvent des agents subalternes, alors que les chefs demeurent impunis.

Une solution à cette impasse – et injustice – serait de rattacher les fautes de négligence directement aux infractions spéciales en question : les textes ne l'interdisent pas, et une décision du Conseil d'État semble en ouvrir la possibilité[3] : « lorsqu'un manquement au devoir de contrôle et de surveillance inhérent à ses fonctions a permis que soient commises des atteintes aux règles fixées par ces articles » (ceux des anciens articles L. 313-1 et L. 313-4 du code des juridictions financières[4]), le juge financier peut sanctionner les personnes auxquelles ce devoir de contrôle ou de surveillance incombe[5] : cette formulation ne semble ni cantonner ces fautes de négligence dans le seul champ de l'infraction générale, ni exclure qu'elles puissent concerner directement des infractions spéciales.

§ 2
Distinction et cas d'application du défaut de surveillance et du défaut de contrôle

432.241 Obligations inhérentes aux fonctions de direction et devoir de surveillance du supérieur hiérarchique. Les fautes de négligence se greffant souvent sur des irrégularités formelles activement commises dans une structure, elles concernent alors les supérieurs hiérarchiques qui « ont laissé faire » ou qui n'ont pas pris les mesures permettant d'éviter ces irrégularités (procédure, contrôle interne) ou encore qui n'y ont pas mis fin.

Dans ces cas – fréquents en matière de fautes de négligence jurisprudentielles – la faute concerne donc les dirigeants d'une structure, les directeurs ou présidents ou chefs de service ; comme elle repose sur le constat d'irrégularités formelles apparues par ailleurs commises par des agents subordonnés, les fautes de négligence apparaissent alors, dans les arrêts, souvent au stade de l'imputation des responsabilités, et non dans la qualification juridique des faits ; pourtant, même traitées comme sujet d'imputation, il s'agit bien d'authentiques fautes de gestion. Car les fautes de négligence sont des violations de règles et d'obligations, écrites ou non : elles sont inhérentes aux fonctions de direction.

La Cour elle-même a donné une définition claire de cette responsabilité du supérieur hiérarchique : « de la part d'un supérieur hiérarchique, le fait de s'abstenir d'un contrôle dont il ne peut ignorer l'opportunité constitue une méconnaissance de ses obligations ; qu'elle expose l'intéressé, quand cette abstention a pour conséquence la persistance d'irrégularités financières, aux sanctions prévues par l'article 5 de la loi du 25 septembre 1948 modifiée [CJF, art. L. 131-9] et, dans la mesure où lesdites irrégularités ont abouti à procurer à des tiers des avantages injustifiés, par l'article 6 de la même loi [CJF, art. L. 313-12] »[6].

Un supérieur hiérarchique, de par ses fonctions, doit respecter le « devoir général d'organisation, de contrôle et de surveillance qui s'impose à tout chef d'établissement »[7].

Le Conseil d'État a constamment validé cette jurisprudence[8] : « il appartenait [au directeur d'un établissement public], tant en sa qualité de directeur de l'organisme que comme fonctionnaire responsable des marchés passé par celui-ci, de prendre les mesures propres à assurer le bon fonctionnement du service placé sous son autorité et de veiller à l'exercice régulier des attributions déléguées par lui à ses collaborateurs » qui avaient directement commis les infractions en question. Cet arrêt précise également qu'en l'espèce « la répétition des irrégularités » participe à fonder cette responsabilité du supérieur hiérarchique, ce qui sous-entend qu'une irrégularité isolée

1. Désormais CJF, art. L. 131-12.
2. CJF, art. L. 131-13, 1° à 3°, et L. 131-14, 1° et 2°.
3. CE 17 et 19 juill. 2013, *M. Lévy* [affaire CDBF *Institut géographique national*], préc.
4. Désormais, respectivement, CJF, art. L. 131-13, 2°, infraction spéciale ; et CJF, art. L. 131-9, infraction générale.
5. CE 17 et 19 juill. 2013, *M. Lévy* [affaire CDBF *Institut géographique national*], préc.
6. CDBF 11 déc. 1981, *Institut universitaire de technologie d'Orsay*, CCP, n° 2, p. 192.
7. CDBF 23 nov. 2022, *Établissement de communication et de production audiovisuelle de la défense (ECPAD)*, n° 263-796 ; *Rec.* 153.
8. CE 7 juill. 1978, *Massip*, *Lebon* 301.

commise par un subordonné ne saurait engager la responsabilité du supérieur, car un tel incident ponctuel ne révèle pas de défaut d'organisation ou de défaut de surveillance, et donc pas de faute.

Encore plus clairement, le Conseil d'État, dans un arrêt du 22 juin 1987, hélas non publié au *Lebon*, a estimé que la CDBF avait « pu légalement estimer que la répétition et l'accroissement du nombre d'irrégularités observées étaient de nature à engager la responsabilité du requérant, à qui il appartenait, en sa qualité de directeur de l'administration des Monnaies et des Médailles, de prendre les mesures propres à assurer le bon fonctionnement du service placé sous son autorité », et surtout que la Cour avait pu, du fait de ce comportement du supérieur hiérarchique, lui infliger « une sanction dont l'application n'est pas subordonnée à l'existence de fautes plus directes ou plus caractérisées que celles qui lui sont reprochées » [1].

Ces obligations intrinsèquement liées aux fonctions de direction ne disparaissent pas totalement en cas de délégation : ainsi, un PDG d'entreprise publique a une « responsabilité générale de direction de la société impliquant un devoir général d'organisation, de contrôle et de surveillance dont les délégations de pouvoirs accordées à ses adjoints ne pouvaient l'exonérer » [2].

Le fait d'accorder, dans un contexte d'importantes réorganisations, une large autonomie à son subordonné, le secrétaire général d'un service déconcentré de l'État et ordonnateur secondaire subdélégué « n'est pas de nature à exonérer totalement [le directeur d'un service déconcentré de l'État] de l'obligation de surveillance et de contrôle qui lui incombait et des responsabilités qui s'y attachent » [3].

Cette solution a été rappelée par la Cour des comptes sous l'empire des textes actuels : si la délégation de pouvoir dégage la responsabilité d'un PDG « pour les matières déléguées et lui interdit de s'immiscer dans les matières déléguées » (ce dernier point étant d'ailleurs contestable, car une délégation peut être révoquée), elle ne fait pas disparaître les « pouvoirs d'organisation et de contrôle du fonctionnement de la société » [4]. Autrement dit, une délégation transfère la responsabilité sur les actes de gestion, mais ne fait pas disparaître les devoirs généraux de gestion qui sont inséparablement inhérents à ces fonctions.

Mais cela n'empêche pas d'appréhender les fautes de négligence de subordonnés ayant reçu délégation : exemple d'un directeur général délégué qui disposait d'une délégation de pouvoirs du président de l'entreprise et avait donc « un devoir général d'organisation, de surveillance et de contrôle des services placés sous son autorité » [5]. Le Conseil d'État a confirmé que le juge du fond pouvait inclure parmi les règles au sens de l'infraction générale « le principe selon lequel il appartient à l'autorité qui accorde une délégation de signature de veiller à l'exercice régulier des attributions déléguées par lui à ses collaborateurs » (c'est le devoir de surveillance) [6].

L'imputation d'un devoir de surveillance ne signifie toutefois pas forcément l'existence d'une faute, qui doit être spécifiquement caractérisée : ainsi, dans un cas, « la méconnaissance des seuils de passation des marchés ne saurait, compte tenu de leurs fonctions [de président de conseil d'administration, à la différence des directeurs généraux] et en l'absence d'éléments caractérisant une connaissance précise et avérée de la situation, constituer un manquement au devoir de surveillance qui incombe au (à la) responsable du conseil d'administration » [7].

Notons enfin que pour un agent subordonné, le défaut de surveillance du supérieur hiérarchique peut constituer une circonstance atténuante [8].

432.242 Défaut de contrôle : fondement et champ d'application. La sanction du défaut de contrôle est le pendant de l'existence d'une obligation de contrôle incombant à certaines personnes, elle-même fruit d'une règle, dont la méconnaissance sera donc sanctionnable sur la base des infractions aux règles [9], mais aussi de l'infraction réprimant l'avantage injustifié, dans la mesure où le contrôle constitue une obligation au sens de cette infraction.

On distinguera ici le contrôle (extérieur à une structure où des irrégularités sont commises) de la surveillance (à l'intérieur d'un même organisme ou d'un groupe d'entreprises), le contrôle étant la charge d'autorités de tutelle (ou de personnes placées en dehors de la chaîne hiérarchique d'une structure, comme les contrôleurs financiers ou les comptables

1. CE 22 juin 1987, *Dehaye*, n° 77001.
2. CDBF 25 janv. 2019, *Radio France : le chantier de réhabilitation*, n° 227-760 ; *Rec.* 191.
3. CDBF 2 déc. 2019, *Direction régionale des entreprises, de la concurrence, de la consommation, du travail et de l'emploi (Direccte) d'Alsace*, n° 238-794 ; *Rec.* 225 ; *AJDA* 2020. 617, chron. N. Hauptmann et N. Péhau ; mentionné dans *GFP* 2020, p. 163, chron. S. Damarey et X. Vandendriessche.
4. C. comptes 3 mai 2024, *France Médias Monde (FMM)*, n° 860, S-2024-0793 ; *JCP A* 2024. 2207, note S. Damarey ; *AJDA* 2024. 1859, chron. N. Péhau et L. Vergallo. Ici § 196.
5. CDBF 28 juill. 2020, *France Télévisions (achats hors programme)*, n° 242-798 ; *Rec.* 183.
6. CE 17 et 19 juill. 2013, *M. Lévy* [affaire CDBF *Institut géographique national*] ; n° 351985 ; *Rec.* 241.
7. CDBF 19 nov. 2020, *Agence pour l'enseignement français à l'étranger (AEFE)*, n° 244-818 ; *Rec.* 190.
8. CDBF 17 juin 2011, *Institut géographique national (IGN)*, n° 176-655 ; *Rec.* 158 ; *GFP* 2013, n° 5, p. 73, note S. Damarey, M. Lascombe et X. Vandendriessche.
9. CJF, art. L. 131-9.

publics par exemple), la surveillance étant attachée aux attributions (et donc aux obligations) du supérieur hiérarchique.

Le défaut de contrôle, en tant que faute de négligence, constitue le pendant de l'approbation par la tutelle d'une décision irrégulière, expressément prévu par la loi et traité séparément plus loin [1].

La jurisprudence applique le défaut de contrôle plus largement tant en ce qui concerne les infractions sous-jacentes (cela peut potentiellement concerner toute forme d'infraction de droit public financier) que s'agissant des personnes visées (pas seulement les tutelles, mais aussi les contrôleurs financiers, les comptables publics, les ordonnateurs vis-à-vis d'organismes subventionnés...).

Contrairement au défaut de surveillance du supérieur hiérarchique [2], les cas de sanction de défaut de contrôle par des autorités de tutelle ou des autorités qui devraient contrôler une autre structure sont rares.

On peut s'interroger sur la magnanimité du juge financier à l'égard des autorités de contrôle ou de tutelle, rarement mises en cause. Sans doute ces dernières sont-elles plus éloignées de l'irrégularité financière que le supérieur hiérarchique fréquemment appréhendé au titre du défaut de surveillance (qui n'est qu'une forme particulière du défaut de contrôle, mais interne à une structure). Et les cas de sanction pour approbation d'une décision irrégulière, au sens de l'article L. 131-9 du CJF [3], ne sont guère plus fréquentes. Pourtant, la défaillance des tutelles constitue très souvent un argument présenté par la défense au titre des circonstances atténuantes de responsabilité en faveur de la personne ayant directement commis une irrégularité, et le juge accueille volontiers de tels éléments [4]. Mais ce faisant, il arrive que les tutelles se trouvent explicitement mises en cause dans des arrêts, sans pour autant être renvoyées devant la juridiction et encore moins condamnées.

Ainsi, dans un cas, le défaut de surveillance de l'autorité de tutelle est tellement explicitement mis en avant dans un arrêt que la personne ayant directement commis l'infraction financière a été relaxée sur cette base, et l'on se demande pourquoi la responsabilité des autorités de tutelle n'a pas été recherchée, tant leur responsabilité est clairement affirmée par l'arrêt [5].

On peut parfois se demander pourquoi les tutelles n'ont pas été mises en cause par le Parquet, tant les considérants de certains arrêts sont sévères à leur égard. Ainsi, dans un arrêt sanctionnant un « véritable système d'administration et de caisses parallèles » [6], la CDBF a signalé que les irrégularités n'avaient pu « se développer et se prolonger qu'à la faveur du défaut de vigilance et de diligence... » des tutelles et du contrôle financier, la juridiction précisant d'ailleurs qu'un « examen attentif des documents qui lui étaient soumis aurait pu lui permettre de déceler et de dénoncer rapidement lesdites pratiques et de provoquer leur abandon », constat retenu comme circonstance atténuante pour le chef de service qui avait organisé ce système.

Dans le même sens, on peut citer un arrêt du 21 février 2008 [7].

Autre exemple en ce sens : dans une affaire, l'administration de tutelle était parfaitement au courant des pratiques irrégulières, et elle « ne s'est pas suffisamment préoccupée de fournir à l'École des hautes études en sciences sociales les locaux qui lui étaient nécessaires », situation qui avait entraîné de la part des dirigeants de l'établissement le recours à des pratiques irrégulières. Le ministère de tutelle a d'ailleurs, dans son avis, reconnu avoir manqué de vigilance en la matière [8].

Dans une affaire d'indemnités irrégulières dans un hôpital, le DDASS, ayant accepté la délibération du conseil d'administration de l'hôpital qui fixait les indemnités irrégulières, a également engagé sa responsabilité [9]. Mais il a bénéficié d'une relaxe car son approbation n'avait qu'une portée formelle, sans impact sur la décision elle-même.

Sans doute la prudence du juge financier en matière de défaut de contrôle s'explique-t-elle par la volonté de ne pas étendre excessivement le champ répressif du droit public financier dont la vocation est avant tout de venir en complément, en appui aux contrôles existant par ailleurs, et moins en sanction des défaillances de ces derniers [10].

Il existe néanmoins quelques exemples en jurisprudence de condamnations fondées sur un défaut de contrôle, sur la base de règles écrites ou de la faute de négligence jurisprudentielle.

L'on peut à cet égard relever une affaire dans laquelle a été sanctionné le « défaut de contrôle » d'un ordonnateur sur une association para-administrative qui encaissait irrégulièrement les fonds publics

1. V. s[s] n° 432.301.
2. V. s[s] n° 432.243.
3. V. s[s] n° 432.301.
4. Sur la prise en compte de la défaillance des tutelles au titre des circonstances, s[s] n° 463.121.
5. CDBF 11 déc. 1980, *Caisse centrale de crédit coopératif [CCCC]*, CCP, n° 2, p. 180.
6. CDBF 30 avr. 1985, *min. de l'Agriculture, service des haras et de l'équitation*, CCP, n° 3, p. 10.
7. CDBF 21 févr. 2008, *Agence nationale de valorisation de la recherche [Anvar]*, *AJDA* 2008. 1193, note N. Groper et C. Michaut ; *Rev. Trésor* 2008. 519, note N. Groper ; *GFP* 2011, p. 387, note M. Lascombe et X. Vandendriessche.
8. CDBF 30 sept. 1987, *EHESS et Assoc. Marc Bloch*, CCP, n° 3, p. 94 ; *Lebon* 515.
9. CDBF 1er juill. 1991, *CH de Lorient*, CCP, n° 3, p. 229 ; *Lebon* 635 ; *Rec.* 128.
10. Sur les relations avec les autorités de contrôle, v. s[s] n° 232.11.

(situation de gestion de fait), défaut de contrôle qui avait « rendu possibles les détournements opérés par [un agent] pendant plusieurs années »[1].

Dans le même sens, a été sanctionnée l'absence de mise en place d'un suivi et d'un dispositif d'évaluation des projets réalisés sur subventions : en l'espèce le défaut de contrôle du préfet et d'une société publique sur un prestataire privé ayant reçu des subventions, « des défaillances graves ont ainsi affecté l'ensemble de la chaîne de la dépense »[2].

Le défaut de contrôle du comptable public sur les dépenses est une faute de négligence sanctionnable[3] qui se fonde directement sur des textes écrits, en l'occurrence avant tout le décret dit GBCP[4] : il n'est alors pas besoin de recourir à la faute de négligence jurisprudentielle. Il en va de même d'un défaut de contrôle du comptable public sur une régie d'avances, alors que les textes réglementaires et une instruction codificatrice du ministère en charge du budget lui font obligation d'intégrer les opérations de la régie dans sa comptabilité et de vérifier régulièrement les régies qui relèvent de sa responsabilité[5].

Citons aussi un exemple concernant un contrôleur financier[6].

Dans une affaire ancienne[7], un sous-préfet a été condamné, mais pour avoir agi directement (il avait encouragé les irrégularités commises par d'autres, ce qui était constitutif d'une infraction), et non pas pour avoir approuvé un acte irrégulier (au sens de la dernière phrase de l'alinéa 1er de l'article L. 313-4 du CJF préc.), et encore moins pour défaut dans l'obligation de contrôle qui lui incombe[8].

432.243 Défaut de surveillance : fondement et champ. La sanction du défaut de surveillance constitue le corollaire d'une obligation générale de surveillance du supérieur hiérarchique[9] sur la gestion de ses services et de ses subordonnés ; lorsque des irrégularités sont commises dans ses services, le supérieur peut être sanctionné pour n'avoir pas correctement surveillé ces derniers ; or cette obligation, prévue ou non explicitement par un texte, est inhérente aux fonctions de direction. La hiérarchie suppose intrinsèquement le devoir de contrôle hiérarchique du supérieur sur le subordonné : c'est précisément le devoir de surveillance.

On notera que la notion de devoir de surveillance est apparue très tôt dans les réflexions autour du régime de responsabilité des gestionnaires publics : ainsi, dans les travaux de la commission parlementaire chargée en 1832 d'élaborer un projet de loi sur ce sujet[10], la faute grave dans la surveillance et l'exécution des lois et règlements relatifs aux comptables et à la conservation de la fortune et du domaine public devait constituer une infraction autonome. Si une telle infraction n'a jamais vu le jour, la jurisprudence a largement comblé cette lacune.

Ainsi, la CDBF a-t-elle, dans un considérant de principe concernant un dirigeant d'association subventionnée, indiqué que « la présidence d'une association, même assurée à titre bénévole, comporte en elle-même un devoir de surveillance, notamment en matière budgétaire et financière »[11]. Et ce devoir de surveillance est inhérent aux fonctions dirigeantes, même sans texte : « En tant que présidents successifs de la FFA, et même si les statuts ou le règlement intérieur ne leur donnent aucune responsabilité directe dans la tenue ou l'établissement des comptes, ils tiennent de leur qualité d'ordonnateur une obligation générale de surveillance et de contrôle sur les conditions dans lesquelles fonctionnent les services comptables et sont établis les comptes de la fédération »[12].

Le fait d'exercer une certaine fonction implique donc des responsabilités et des obligations, parfois issues de normes écrites même générales, sur lesquelles la Cour peut s'appuyer. Ainsi les obligations incombant au PDG d'une banque (y compris publique) découlent notamment du code de commerce qui oblige le président à veiller aux conditions de sauvegarde des intérêts de la société : cette règle peut

1. CDBF 17 mai 1977, Inra, *Centre de recherches zootechniques et vétérinaires [CRZV] de Theix [Puy-de-Dôme]*, *Lebon* 679 (extraits) ; CCP, n° 2, p. 135.
2. CDBF 22 févr. 2018, *Société d'investissements de la filière pêche de l'archipel (SIFPA) de Saint-Pierre-et-Miquelon*, n° 218-749 ; *Rec.* 173 ; *AJDA* 2018. 1147.
3. PAR EX. : C. comptes 3 mai 2024, *Département de l'Eure*, n° 907, S-2024-0715 ; chron. Y. Simon et S. Heintz dans *RGP* 2024, n° 03, p. 70 ; *JCP Adm.* 2024. 2278. – CDBF 17 nov. 1987, *Université Paris IV Paris-Sorbonne*, CCP, n° 3, p. 105 ; *Lebon*, tables p. 656.
4. Décr. n° 2012-1246, 7 nov. 2012 relatif à la gestion budgétaire et comptable publique, dit GBCP.
5. CDBF 10 déc. 2010, *Commune de Bandol*, n° 172-680 ; *Rec.* 132 ; *Contrats publics* 2011, n° 109, note L. Renouard ; *GFP* 2011, n° 8-9, p. 571, note M. Lascombe et X. Vandendriessche.
6. CDBF 27 nov. 1996, *min. A., marchés de prestations informatiques*, *Rev. Trésor* 1998. 731, note R. Ludwig, p. 727 ; *Lebon* 653 ; *Rec.* 179 ; – Sur la justiciabilité des contrôleurs financiers, v. s[s] n° 313.43.
7. CDBF 13 févr. 1985, *Direction départementale de l'agriculture de l'Oise*, CCP, n° 3, p. 1.
8. Sur la justiciabilité des autorités de tutelle, v. s[s] n° 313.41.
9. Sur le point, déjà plus haut, v. s[s] n° 432.241.
10. S. Flizot, « La création de la CDBF : enjeux et débats », *in* Collectif, *L'invention de la gestion des finances publiques : du contrôle de la dépense à la gestion des services publics*, Comité pour l'histoire économique et financière de la France, 2013, p. 366.
11. CDBF 7 nov. 2003, *Assoc. L'Étape*, *Rev. Trésor* 2005. 692, note M. Lascombe et X. Vandendriessche ; *AJDA* 2004. 1236, note N. Groper ; *Lebon* 592 ; *Rec.* 137.
12. CDBF 7 nov. 2022, *Fédération française d'athlétisme (FFA)*, n° 262-847 ; *Rec.* 148 ; *AJDA* 2023. 560, chron. M. Choquet et N. Péhau.

fonder la jurisprudence de la CDBF en matière de défaut de surveillance[1].

Le défaut de surveillance est à distinguer du défaut de contrôle, terme que nous réservons ici aux personnes extérieures à l'organisme en cause (tutelles, comptables publics et contrôleurs financiers), même si la jurisprudence elle-même utilise parfois le mot « contrôle » dans le cadre de la sanction du défaut de surveillance ; dans certains cas, les arrêts reprennent d'ailleurs les deux expressions ensemble. On pourrait dire que la surveillance est une forme interne de contrôle, ou encore de contrôle interne qui, sous sa forme structurée, relève des obligations d'organisation incombant aux supérieurs hiérarchiques, point qui sera traité plus loin[2].

En revanche, le défaut de vigilance, traité spécifiquement ailleurs[3], semble être, dans la plupart des cas, une simple variante du défaut de surveillance, avec lequel il se trouve fréquemment combiné.

À noter aussi que les notions de surveillance et d'organisation sont proches dans la mesure où elles concernent toutes deux les supérieurs hiérarchiques. Le lien entre défaut de surveillance et défaut d'organisation[4] apparaît avant tout dans la question de la mise en place de contrôles internes insuffisants : lorsqu'il délègue ses pouvoirs, le supérieur doit en effet mettre en place un système qui lui permet d'assurer un contrôle interne adéquat. Ainsi la CDBF a-t-elle pu relever dans une affaire qu'une ample délégation de pouvoir accordée par un président à son directeur général n'avait pas été « assortie de la mise en place d'un contrôle adéquat, comprenant notamment la double signature pour les paiements par chèque au-delà d'un seuil donné »[5].

432.244 Défaut de surveillance : applications pratiques. La jurisprudence en matière de défaut de surveillance du supérieur hiérarchique est particulièrement riche :

– Dès le premier arrêt de la Cour de discipline budgétaire apparaît la mise en cause d'un supérieur hiérarchique du fait de sa position (un directeur de maison d'arrêt) : « il n'a pas pris, à l'encontre des confectionnaires négligeant de s'acquitter de leurs dettes, les mesures prescrites par les instructions... » (ayant conduit à des problèmes dans la prise en charge de titres de recettes). En outre, « il n'a appliqué les dispositions réglementaires ni pour l'arrêté des écritures du greffier-comptable, ni pour la vérification de la caisse... ». On remarquera que la juridiction rattache ici la faute (et donc la responsabilité) du directeur à des règles écrites, en l'occurrence des instructions ministérielles prévoyant des contrôles à exercer par lui ainsi que des textes réglementaires[6].

– Un directeur général a « un devoir de contrôle sur la marche générale du bureau », autre terminologie pour désigner un défaut de surveillance, en particulier sur un subordonné indélicat ; « insuffisance grave et prolongée du contrôle » incombant à un directeur général et à un secrétaire général d'établissement public[7].

– « Malversations rendues possibles par les lacunes de la surveillance qu'exerçaient sur [le subordonné qui avait commis des délits pénaux] ses supérieurs hiérarchiques »[8]. Toutefois, dans cet arrêt, la CDBF a jugé qu'en l'espèce, compte tenu des circonstances, et notamment le fait que les supérieurs avaient été abusés par leur subordonné indélicat, « les défauts de surveillance qui sont à l'origine des malversations commises [par le subordonné] ne justifient pas, à eux seuls » l'application de l'infraction aujourd'hui prévue à l'article L. 131-9 du CJF.

– Défaut de surveillance d'un proviseur de lycée à l'égard d'un intendant qui avait commis des irrégularités massives (mais relaxe en l'espèce du fait d'une accumulation de circonstances atténuantes, notamment du fait de la dissimulation, par l'intendant, des irrégularités)[9].

– Cas d'un directeur qui avait hérité d'un système ancien, notamment s'agissant de primes irrégulières, difficile à remettre en cause (« coutume tacitement tolérée ») ; mais la pratique s'était considérablement accélérée sous sa direction ; certes il n'était pas intervenu personnellement dans les irrégularités, et il n'était même pas établi qu'il en ait eu connaissance, mais « la connaissance de ces budgets et la surveillance de leur exécution devaient être une préoccupation essentielle du directeur, dont les autres tâches, pour diverses qu'elles fussent, ne pouvaient être correctement assurées en dehors du respect des autorisa-

1. CDBF 19 avr. 2000, *Banque du Crédit chimique*, *Rev. Trésor* 2001. 796, note M. Lascombe et X. Vandendriessche ; *Lebon* 741 ; *Rec.* 105 – CDBF 24 févr. 2006, *Sté Altus Finance*, 2e arrêt, *AJDA* 2006. 1249, note N. Groper et C. Michaut ; *JCP* 2006, n° 38, II, 10152, note J.-P. Gastinel ; *Rev. Trésor* 2006. 910, note M. Lascombe et X. Vandendriessche ; *RFDA* 2006. 624, note M. Lascombe et X. Vandendriessche ; *Lebon* 650 ; *Rec.* 74.
2. Sur la proximité des notions de surveillance et d'organisation, v. ss n° 432.215.
3. V. ss n° 432.251.
4. Sur le défaut d'organisation, v. ss nos 432.261 s.
5. CDBF 13 juin 2003, *SEM Sarcelles Chaleur*, *Rev. Trésor* 2004. 57, note M. Lascombe et X. Vandendriessche ; *AJDA* 2003. 2316, note N. Groper ; *Lebon* 584 ; *Rec.* 121 ; *GAJF*, A. Froment-Meurice, J.-B. Bertucci, N. Hauptmann et C. Michaut, *GAJF*, 7e éd. 2019, n° 49, p. 572.
6. CDB 28 juin 1954, *Maison centrale de Melun*, CCP, n° 2, p. 1.
7. CDB 6 févr. 1962, *Bureau de recherches minières de l'Algérie [BRMA]*, CCP, n° 2, p. 39 ; *Lebon* 837.
8. CDBF 12 déc. 1967, *Mission universitaire et culturelle française en Tunisie*, CCP, n° 2, p. 61 ; *Lebon* 663.
9. CDBF 22 avr. 1975, *Lycée technique d'État d'Albi*, *Lebon* 805 (extraits) ; CCP, n° 2, p. 112.

tions budgétaires », et les irrégularités, massives, témoignent du fait qu'il s'était désintéressé de la sincérité des opérations budgétaires [1].

- Il incombe à un directeur « de veiller au respect par ses collaborateurs et subordonnés des règles d'exécution des dépenses et recettes », alors que des « irrégularités certaines et répétées » y avaient été commises [2].

- Un président d'association doit assumer des irrégularités commises « de manière générale à raison de la mission de surveillance qui incombe au titulaire de telles fonctions » [3] ; ce dernier en outre avait pris une part directe dans certaines opérations litigieuses, et profité de certains avantages injustifiés versés par l'association.

- Le PDG, en tant que « détenteur de tous les pouvoirs de gestion », aurait dû exercer une surveillance rigoureuse ; le fait que le sous-préfet n'ait pas exercé avec suffisamment de vigilance ses fonctions de commissaire du gouvernement au sein de la SEM n'exonère pas le PDG de sa responsabilité, et il en va de même du fait que le commissaire aux comptes de la SEM ait certifié les comptes (certes avec réserve) de cette dernière ; la Cour en retire seulement des circonstances atténuantes en sa faveur [4].

- Condamnation d'un président d'université qui avait certes donné une large délégation au secrétaire général, et qui a argué avoir ignoré le caractère irrégulier de ces opérations, mais qui était coupable d'un manque de vigilance que sa fonction lui imposait [5], la notion de vigilance pouvant être interprétée ici comme équivalente à celle de surveillance.

- Constitue un élément à la décharge d'un dirigeant d'un service de l'État l'autonomie excessive des subordonnés, prévue par les textes [6]. Autrement dit, le devoir de surveillance lui-même connaît des limites juridiques et pratiques.

- Le supérieur hiérarchique de la personne qui avait directement commis des irrégularités « ne pouvait [...] ignorer » leur existence ; or il n'avait pas donné les directives pour éviter les irrégularités [7].

- Toutefois, dans un cas concernant un directeur d'hôpital, la CDBF, bien qu'ayant constaté un défaut de surveillance et un manque de vigilance, n'a pas relevé de fautes : elle n'a pas relevé de défaillances dans l'exercice de ses responsabilités propres ; il s'appuyait sur ses chefs de service ; l'établissement était très lourd à diriger et les moyens humains (d'encadrement) étaient insuffisants. Enfin, il était sorti de fonctions tôt : relaxe [8].

- « Négligences fondamentales et le défaut de surveillance » retenus à la charge d'un dirigeant d'une caisse de sécurité sociale, même si celui-ci avait donné de larges délégations à ses subordonnés [9].

- Le fait de déléguer « ne dispensait pas M. X d'exercer sa mission générale de direction et de contrôle, notamment de la sauvegarde des intérêts patrimoniaux » [10] de la SEM concernée. Par ailleurs, l'absence d'intervention du commissaire aux comptes (CAC) ne change rien à la responsabilité des dirigeants ; pire, le fait de ne pas avoir donné suite aux observations du CAC constitue un manquement à l'obligation de surveillance du fonctionnement de la société (ce dernier cas ressemblant à une forme de devoir de diligence [11]).

- Ont été retenus à la charge d'un supérieur hiérarchique de caisse de Sécurité sociale des « manquements graves à son devoir de surveillance de la gestion de son subordonné » [12].

- Dans une affaire de vente de sous-marins à un État étranger ayant donné lieu à des irrégularités et causé un important préjudice pour l'État, la Cour a mis en jeu la responsabilité du directeur des constructions navales pour avoir manqué au devoir de surveillance que lui imposait sa position hiérarchique. Elle a également engagé la responsabilité du délégué général à l'armement : celui-ci, nécessairement informé de la négociation du contrat, n'avait toutefois exigé aucun bilan financier de l'opération, ce qui n'a pas permis que le débat interministériel, qu'il s'agisse du montant des autorisations de dépense du compte de commerce ou de la discussion des termes financiers de l'offre à faire au Pakistan, soit mené sur la base d'informations pertinentes et d'évaluations sincères. La Cour a jugé qu'en agissant ainsi, l'intéressé avait fait preuve d'une négligence caracté-

1. CDBF 3 déc. 1985, *Monnaies et médailles*, CCP, n° 3, p. 31.
2. CDBF 9 déc. 1986, *DDE de Corse*, CCP, n° 3, p. 49 ; *Lebon* 331.
3. CDBF 25 mars 1987, *Assoc. X et Y*, CCP, n° 3, p. 55.
4. CDBF 16 juin 1987, *SEM d'urbanisation, d'aménagement, d'équipement et de construction de la ville de Jeumont et de l'arrondissement d'Avesnes [Semvija]*, CCP, n° 3, p. 83 ; *Lebon* 512.
5. CDBF 17 nov. 1987, *Université Paris IV Paris-Sorbonne*, CCP, n° 3, p. 105 ; *Lebon*, tables p. 656.
6. CDBF 21 févr. 1990, *Service interacadémique des examens et concours des académies de Créteil, Paris et Versailles [Siec]*, CCP, n° 3, p. 194 ; *Lebon* 517.
7. CDBF 11 mai 1990, *Fonds d'aide et de coopération [FAC]*, CCP, n° 3, p. 198 ; *Lebon* 518.
8. CDBF 22 mai 1990, *CHS de Saint-Venant*, CCP, n° 3, p. 204 ; *Lebon* 521.
9. CDBF 6 nov. 1992, *CPAM de Seine-et-Marne*, *Rev. Trésor* 1993. 782 ; *Lebon* 644 ; *Rec.* 154.
10. CDBF 23 févr. 1994, *SEM A.*, *Rev. Trésor* 1995. 680 ; *Lebon* 719 ; *Rec.* 131.
11. Sur cette notion, v. s^s n° 432.217.
12. CDBF 4 déc. 2002, *Caisse centrale de la mutualité agricole [CCMSA] et SCI Mutualité Astorg*, *Rev. Trésor* 2004. 48, note M. Lascombe et X. Vandendriessche ; *Rec.* 112 ; *Lebon* 559.

risée qui avait rendu possibles les irrégularités précitées au moment de la conclusion du contrat de vente des sous-marins[1].

– Cas particulièrement éclairant : l'ancien président du conseil d'administration, puis président du conseil de surveillance d'un établissement financier, a été condamné sur la base des responsabilités générales de direction, contrôle, surveillance et vigilance lui incombant. La CDBF a constaté que la plupart des irrégularités relevées, commises par les mandataires sociaux et des cadres dirigeants, n'avaient pu l'être qu'en raison des graves insuffisances qui avaient caractérisé l'organisation et le fonctionnement de cette société. Elle a considéré que le mode de fonctionnement du groupe se caractérisait par un grave défaut de contrôle et de vigilance du président de la société à l'égard de celle-ci ainsi que de ses filiales, étant précisé que le devoir de surveillance et de contrôle qui incombe aux dirigeants d'un groupe ne saurait se limiter aux opérations de la maison mère, lorsque les opérations menées par des filiales revêtent une importance économique et financière caractérisée pour l'ensemble du groupe, et que ces filiales disposent en réalité d'une autonomie réduite, comme cela était le cas en l'espèce[2].

– Défaut de surveillance du supérieur hiérarchique sur ses subordonnés ayant reçu délégation : « il lui [un directeur général d'établissement public] appartenait de prendre toutes mesures utiles pour assurer que les engagements des dépenses effectuées par ses subordonnés, en vertu des délégations de signature qu'il leur consentait, respectaient les règles relatives au contrôle financier », et ce alors que le contrôleur financier lui avait rappelé les règles applicables. La CDBF a rappelé que le seul fait de déléguer sa signature ne saurait exonérer de sa responsabilité un gestionnaire public : la personne mise en cause, « en sa qualité de directeur général de l'établissement, ne peut, comme il l'a fait à l'audience, rejeter sa responsabilité en invoquant celle de ses subordonnés signataires des conventions » ayant donné lieu à la commission d'irrégularités sanctionnées par la CDBF ; « considérant que l'autorité qui accorde à un subordonné une délégation de signature n'est pas dessaisie de ses compétences ; que la délégation de signature qu'elle consent s'exerce sous son contrôle [le bon terme serait : sa surveillance] et sa responsabilité »[3].

– Défaut de surveillance, même si l'arrêt utilise le terme de « défaut de contrôle » : un chef de service avait signé des avenants sans avoir reçu délégation du directeur général : « le défaut de contrôle hiérarchique ayant conduit à la signature de bons de commande par une personne dépourvue de délégation en ce sens, constitue [...] une infraction réprimée par l'article L. 313-4 » du CJF, applicable au moment des faits[4].

– Un président de CCI, ordonnateur principal de l'établissement, avait « consenti de larges délégations de signature à ses collaborateurs, sans contrôler ultérieurement l'usage qui en était fait » ; il « était informé de la nature irrégulière des primes et indemnités en cause », notamment par un rapport de l'IGF et d'une note du directeur général de la CCI, dont il avait connaissance : défaut de surveillance. *Idem* pour un vice-trésorier de CCI, qui avait délégué le visa des mandatements de primes et indemnités irrégulières à un trésorier délégué, ce qui n'empêche pas que sa responsabilité a été engagée par la CDBF[5].

– Régies ; défaut de surveillance par l'ordonnateur et défaut de contrôle par le comptable public : « le défaut de contrôle et de surveillance des régies par le directeur général et par le directeur administratif et financier sont des manquements constitutifs de l'infraction prévue à l'article L. 313-4 du code des juridictions financières » en vigueur au moment des faits : cela vaut pour les régies personnalisées comme pour celles qui n'ont pas de personnalité juridique propre ; cela vaut pour un directeur général même s'il n'était pas ordonnateur, puisqu'il avait quand même autorité sur ces régies : « Considérant que le directeur général de la régie argue de ce que n'ayant pas la qualité d'ordonnateur et n'ayant pas reçu délégation de ce dernier, il n'avait pas compétence pour assurer le contrôle des régies sur le fondement des dispositions précitées de l'article R. 1617-17 du code général des collectivités territoriales ; 10. Considérant toutefois qu'en sa qualité de directeur général de l'ensemble des services de l'ONB, dont font partie les régies, ces dernières étaient placées sous son autorité ; qu'il lui revenait notamment de veiller à ce que l'ensemble des services placés sous sa direction respectent les lois et règlements en vigueur ; qu'il lui incombait aussi d'organiser ses services et

1. CDBF 28 oct. 2005, *min. de la Défense, Direction des constructions navales, contrat de vente de sous-marins Agosta 90 au Pakistan*, *Lebon* 678 ; *Rev. Trésor* 2006. 902, note M. Lascombe et X. Vandendriessche.
2. CDBF 24 févr. 2006, *Sté Altus Finance*, 2e arrêt, *AJDA* 2006. 1249, note N. Groper et C. Michaut ; *JCP* 2006, no 38, II, 10152, note J.-P. Gastinel ; *Rev. Trésor* 2006. 910, note M. Lascombe et X. Vandendriessche ; *RFDA* 2006. 624, note M. Lascombe et X. Vandendriessche ; *Lebon* 650 ; *Rec.* 74.
3. CDBF 17 juin 2011, *Institut géographique national (IGN)*, no 176-655 ; *Rec.* 158 ; *GFP* 2013, no 5, p. 73, note S. Damarey, M. Lascombe et X. Vandendriessche.
4. CDBF 22 oct. 2012, *Port autonome de Marseille*, no 185-692 ; *Rec.* 196 ; *AJDA* 2012. 2441, note C. Michaut et P. Sitbon ; *GFP* 2013, no 5, p. 90, note S. Damarey, M. Lascombe et X. Vandendriessche.
5. CDBF 27 nov. 2009, *Chambre de commerce et d'industrie (CCI) de Paris (CCIP)*, no 169-570 ; *AJDA* 2010. 488, note N. Groper et C. Michaut ; *GFP* 2011, no 7, p. 510, note M. Lascombe et X. Vandendriessche.

d'engager des actions à cette fin ainsi que de se tenir informé de leur mise en œuvre ; qu'il avait enfin une mission d'information et de conseil de l'ordonnateur »[1].

Une mention particulière doit être faite pour le contrôle interne, qui constitue un moyen permettant de prévenir le risque d'irrégularité ; son absence équivaut à un défaut de surveillance, alors que son existence peut le prévenir :

– L'absence de contrôle interne et de suivi budgétaire et des effectifs constitue un « défaut général de surveillance » et une « méconnaissance des obligations de bonne gestion auxquels est astreint tout responsable d'un organisme au contrôle des juridictions financières »[2].

– Le défaut de surveillance d'un directeur d'un service de l'État dans le contrôle des dépenses et les lacunes constatées dans les dispositifs de contrôle interne à ce service avaient permis à un subordonné de commettre ses détournements qui avaient été pénalement sanctionnés. La CDBF a retenu le manque de vigilance et le défaut de surveillance du supérieur hiérarchique, ainsi que le défaut d'organisation du service, imputables au directeur de l'époque[3].

– La notion de contrôle interne apparaît également dans un arrêt rendu par la Cour des comptes sous l'empire des nouvelles règles, s'agissant de dysfonctionnements graves dans une régie, ce qui revient, sans mentionner le terme, à considérer que le devoir de surveillance et de contrôle sur les régies de recettes n'a pas été assuré, causant un préjudice financier significatif[4]. Dans le même sens, également dans le cadre du « nouveau régime » : « 73. L'Autorité de contrôle prudentiel et de résolution a pu relever de sérieux manquements s'agissant du dispositif de contrôle interne, de la cartographie des risques et du contrôle de conformité, de la sélectivité et de la maîtrise du risque de crédit, du fait de la collecte déficiente des renseignements sur les emprunteurs. 74. Dès lors que ces manquements étaient de nature à affecter la qualité de la décision d'octroi de prêt et que les prêts en cause ont été accordés par les dirigeants effectifs, ceux-ci ont validé des dossiers incomplets. Il leur était, en effet, loisible de se faire produire des éléments complémentaires avant signature. 75. En ce sens, ils ont manqué, avant de prendre leurs décisions à leur obligation de contrôle de l'effectivité du processus conduisant à la décision et, notamment, des garanties qu'il donnait à la qualité des décisions de prêt »[5].

– Exemple dans lequel un défaut de surveillance n'a pas été retenu : les intéressés avaient mis en place un dispositif de contrôle interne qui a fonctionné, révélant rapidement les irrégularités commises par un subordonné et permettant aux supérieurs hiérarchiques d'y mettre fin, « lesdites irrégularités ont de ce fait été circonscrites dans le temps » ; le défaut de surveillance allégué n'étant pas constitué, les intéressés sont relaxés[6].

§ 3
Défaut de vigilance

432.251 **Négligence dans le devoir de vigilance.** Le défaut de vigilance, ou « manque de vigilance »[7], que l'on rencontre parfois, semble souvent difficile à distinguer du défaut de surveillance, à tel point que les arrêts dans certains cas mentionnent les deux notions ensemble[8].

Néanmoins, le défaut de vigilance se distingue dans la mesure où il ne joue pas seulement pour les supérieurs hiérarchiques : il peut – du moins théoriquement, car aucun exemple n'existe en jurisprudence à ce jour – être appliqué à tout agent pour son champ de responsabilité, quel que soit son positionnement.

Exemples de défauts de vigilance en jurisprudence :

– « Imprudences et négligences » commises par un PDG d'entreprise nationale « qui, en ces occasions, n'a pas rempli les devoirs de sa charge avec

1. CDBF 13 oct. 2017, *Opéra national de Bordeaux* ; n° 216-784 ; *AJDA* 2017. 2528, chron. N. Péhau et N. Hauptmann.
2. CDBF 9 déc. 2011, *Groupe hospitalier Sud Réunion*, n° 180-656 ; *Rec.* 164 ; *AJDA* 2012. 1279, note C. Michaut et P. Sitbon ; *GFP* 2013, n° 5, p. 78, note S. Damarey, M. Lascombe et X. Vandendriessche.
3. CDBF 11 juill. 2007, *min. de la Défense, Service interarmées de liquidation des transports [Silt]*, *AJDA* 2007. 2431, note N. Groper et C. Michaut ; *AJFP* 2008. 31.
4. C. comptes 5 juill. 2024, *Régie métropolitaine PARCUB, devenue METPARK*, n° 869, S-2024-1038 ; *JCP Adm.* 2024. 2264, note S. Damarey. Ici § 103.
5. C. comptes 24 nov. 2023, *Caisse de crédit municipal de Bordeaux (CCMB)*, n° 868, S-2023-1382 ; *Rec.* 38 ; *AJDA* 2023. 2381, chron. N. Péhau et L. Vergallo ; *JCP Adm.* 2024, n° 1, 2005 chron. S. Damarey ; *AJCT* 2024, p. 175, note C. Pierucci ; *Gaz. Pal.* 2024, n° 2, p. 70, note T. Dogan.
6. CDBF 25 nov. 2010, *Société immobilière d'économie mixte de la ville de Paris (SIEMP)*, n° 171-603 ; *AJDA* 2011. 489, note N. Groper et C. Michaut ; *JCP adm.* 2011, n° 20-21, p. 20, note S. Brameret ; *GFP* 2011, n° 8-9, p. 567, note M. Lascombe et X. Vandendriessche.
7. CDBF 17 nov. 1987, *Université Paris IV Paris-Sorbonne*, CCP, n° 3, p. 105 ; *Lebon*, tables p. 656.
8. CDBF 11 juill. 2007, *min. de la Défense, Service interarmées de liquidation des transports [Silt]*, *AJDA* 2007. 2431, note N. Groper et C. Michaut ; *AJFP* 2008. 31 – CDBF 24 févr. 2006, *Sté Altus Finance*, 2e arrêt, *AJDA* 2006. 1249, note N. Groper et C. Michaut ; *JCP* 2006, n° 38, II, 10152, note J.-P. Gastinel ; *Rev. Trésor* 2006. 910, note M. Lascombe et X. Vandendriessche ; *RFDA* 2006. 624, note M. Lascombe et X. Vandendriessche ; *Lebon* 650 ; *Rec.* 74.

toute la vigilance requise d'un administrateur diligent »[1].

- Condamnation de dirigeants pour des irrégularités commises dans la conclusion de marchés[2], alors même qu'ils n'avaient pas eu connaissance de ces irrégularités, car ils avaient fait preuve d'un manque de vigilance en ce qui concerne la mise en concurrence des entreprises, assimilable à une « méconnaissance des obligations inhérentes à leurs fonctions »[3].

- Défaut de surveillance d'un directeur d'un service de l'État dans le contrôle des dépenses, et les lacunes constatées dans les dispositifs de contrôle interne à ce service, avaient permis à un subordonné de commettre ses détournements qui avaient été pénalement sanctionnés. La Cour a jugé que le manque de vigilance et le défaut de surveillance du supérieur hiérarchique, ainsi que le défaut d'organisation du service, imputables au directeur de l'époque, tombent sous le coup de l'infraction qui sanctionne notamment le non-respect des règles en matière de dépenses[4].

§ 4
Défaut d'organisation

432.261 Fondements et champ du devoir d'organisation. Une parfaite définition de la responsabilité d'un chef de service au titre de l'organisation de ses services figure dans l'arrêt *Ugap*[5] de la CDBF : « étant chef de service, il lui incombait en effet de déterminer l'organisation interne de celui-ci, de répartir les tâches entre les agents placés sous ses ordres et de définir les règles applicables aux diverses activités ; que les infractions commises n'ont été rendues possibles qu'en raison de cette organisation défectueuse ; que par suite [le chef de service condamné en l'espèce] est responsable des infractions commises par ses subordonnés agissant en son nom », ces derniers étant d'ailleurs également sanctionnés en l'espèce.

Fait partie du devoir d'organisation le soin apporté dans le recrutement des subordonnés, pour veiller à leur niveau professionnel et leur honnêteté[6], pour ne pas avoir ensuite de problèmes de surveillance de ces derniers[7]. C'est notamment en cela que devoir d'organisation et devoir de surveillance sont liés[8].

Dans une autre affaire, la Cour a considéré que le directeur d'un hôpital aurait dû veiller à la bonne organisation de ses services et effectuer des contrôles réguliers de ses services[9].

432.262 Défaut d'organisation : application pratique.

- Dans une affaire remarquée, la CDBF a jugé, s'agissant du directeur d'administration centrale qui avait commis des irrégularités dans l'utilisation de fonds européens, qu'il « lui appartenait de prendre connaissance des règles et conditions d'utilisation des crédits [qu'il devait distribuer] et, à tout le moins, d'organiser sa direction de manière à être informé en temps utile du non-respect de ces règles et conditions »[10].

- Organisation déficiente des services chargés de suivre le marché informatique ; gestion éclatée sans suivi centralisé ; « les choix d'organisation arrêtés ont été préjudiciables à la surveillance et au suivi convenables des coûts du projet [...] au regard de son ampleur et de sa complexité » ; le directeur de projet ne maîtrisait pas, de par son champ de mission, toutes les composantes du projet ; le comité de direction avait décidé de créer un poste de responsable budgétaire et financier, qui n'a jamais été mis en place ; « absence de pilotage par les coûts » ; le comité directeur n'a pas joué son rôle de pilotage central qui lui était dévolu (n'a presque jamais été réuni) ; le préjudice était établi même s'il « n'a pas été possible de déterminer l'ensemble des coûts liés au projet »[11].

- L'absence de procédures équivaut à un défaut d'organisation (et/ou de surveillance) : « en ne prenant pas les mesures permettant de s'assurer de la motivation des décisions [en matière de recettes] et du respect d'un certain formalisme interne, le directeur et le directeur juridique de l'Office ont méconnu les principes de bonne gestion et d'organisation per-

1. CDBF 22 mai 1957, *Sté nationale de constructions aéronautiques du Nord [SNCAN]*, *Lebon* 890 ; CCP, n° 2, p. 13.
2. CJF, art. L. 313-4 et L. 313-6.
3. CDBF 28 avr. 1987, *Assoc. pour la formation professionnelle des adultes [Afpa]*, CCP, n° 3, p. 65 ; *Lebon* 503.
4. CDBF 11 juill. 2007, *min. de la Défense, Service interarmées de liquidation des transports [Silt]*, *AJDA* 2007. 2431, note N. Groper et C. Michaut ; *AJFP* 2008. 31 ; – Sur le défaut de surveillance, v. en détail, ss nos 432.243 s.
5. CDBF 8 nov. 1973, *Ugap*, *Lebon* 797 (extraits) ; CCP, n° 2, p. 88.
6. AUSSI : M. Degoffe, « La responsabilité pénale du ministre du Fait de son administration », *RD publ.* 1998. 440.
7. CDBF 6 févr. 1962, *Bureau de recherches minières de l'Algérie [BRMA]*, CCP, n° 2, p. 39 ; *Lebon* 837.
8. SUR LE DÉFAUT d'organisation dans la jurisprudence de la Cour de discipline budgétaire et financière, v. aussi : CDBF 22 mars 1977, *min. de la Défense, direction des constructions et armes navales de Toulon*, *Lebon* 677 (extraits) ; CCP, n° 2, p. 130.
9. CDBF 5 juin 1989, *Hôpital d'Orange*, CCP, n° 3, p. 172 ; *Lebon* 417.
10. CDBF 20 déc. 2007, *secr. d'Ét. aux Petites et moyennes entreprises, au Commerce et à l'Artisanat, Direction de l'artisanat, gestion des crédits du Fonds social européen [FSE]*, *AJDA* 2008. 450, note N. Groper et C. Michaut ; *Rev. Marché commun* 2008, p. 203, note F. Chaltiel.
11. CDBF 16 nov. 2012, *Agence nationale pour l'emploi (ANPE)*, n° 186-639 ; *Rec.* 198 ; *AJDA* 2013. 1621, chron. C. Michaut et P. Sitbon ; *GFP* 2013, n° 5, p. 93, note S. Damarey, M. Lascombe et X. Vandendriessche.

mettant de s'assurer de la préservation des intérêts patrimoniaux de l'organisme dont ils avaient la charge » ; absence de « procédure interne d'enregistrement de ces créances dans les comptes »[1].

– Exemple de devoir d'organisation, celui d'organiser la chaîne des recettes à recouvrer : le directeur d'un établissement public « devait s'assurer du bon fonctionnement de la chaîne d'exécution des recettes » ; « la désorganisation des services de la direction juridique a conduit à un traitement négligent et tardif, puis au non recouvrement des frais d'expertise. Ces manquements multiples et réitérés aux principes de bonne gestion et de préservation des intérêts patrimoniaux » de l'établissement public avaient causé un préjudice important[2].

– Désorganisation budgétaire « 11. Ces faits ont porté atteinte aux principes généraux de bonne gestion et d'organisation permettant d'assurer la préservation des intérêts patrimoniaux des deux établissements dont l'ordonnateur avait la charge »[3].

– « Graves insuffisances dans l'organisation » ; « dysfonctionnements importants dans l'exercice de sa mission et dans le contrôle exercé sur elle, ont ainsi porté gravement atteinte aux principes généraux de bonne gestion et d'organisation permettant de s'assurer de la préservation des intérêts patrimoniaux de la SPL »[4].

Lorsque des irrégularités commises par ses subordonnés ne découlent pas d'un tel défaut d'organisation interne, ni d'un défaut de surveillance, mais d'une simple erreur de gestion qui ne révèle pas quelque chose qu'on pourrait qualifier de « structurel », la juridiction financière ne sanctionnera pas le chef de service, en l'absence de faute commise par celui-ci[5].

De même, il se peut que le juge considère qu'un supérieur hiérarchique n'est pas responsable d'irrégularités commises, parce que par exemple les opérations en question faisaient partie d'un « vaste ensemble d'opérations industrielles, au sein duquel le contrat avec le Pakistan [qui ont donné lieu à des irrégularités] ne représentait qu'un élément modeste »[6]. *Idem* pour un supérieur qui a délégué sa signature et qui n'avait pas été informé de l'opération constitutive d'une irrégularité (*même arrêt*). C'est que les fautes n'étaient alors pas établies, ou qu'elles étaient insuffisamment graves.

Dans un autre cas, un supérieur hiérarchique s'est vu infliger seulement une amende de principe, car il bénéficiait de nombreuses circonstances atténuantes, notamment le fait que le contrôle qu'il aurait dû effectuer sur ses subordonnés était difficile au moment des faits sans prendre une tournure inquisitoriale, et que les tutelles n'avaient jamais donné de directive pour assurer l'application de la réglementation[7].

À noter enfin que les efforts importants pour organiser correctement ses services ou une activité peuvent être retenus comme circonstance atténuante, voire absolutoire : une personne renvoyée devant la CDBF s'était ainsi « attachée à réorganiser, dans une perspective à moyen terme, le système interne de gestion des achats ; que toutefois cette réorganisation ne pouvait produire ses effets immédiatement, compte tenu des priorités qu'avait à gérer [la personne renvoyée] et des moyens limités qui lui étaient attribués »[8].

§ 5
Défaut de diligence

432.271 Inaction coupable face au devoir de diligence. Le défaut de diligence couvre la faute née de l'inaction coupable, supposant comme évidente la nécessité d'agir pour mettre fin à des irrégularités ou pour prévenir un dérapage financier. Ce devoir de diligence peut être imputé à un supérieur hiérarchique comme à un subordonné, chacun pour ce qui concerne son champ de responsabilité :

– Constitue ainsi une forme de défaut de diligence l'inaction du supérieur hiérarchique après la découverte d'agissements frauduleux commis par un subordonné, qui pourra engager la responsabilité de ce supérieur, en dépit de sa bonne foi ; en l'espèce, la CDBF estimait que les conséquences que le supérieur avait tirées de ses découvertes (licenciement de l'agent indélicat) étaient insuffisantes (il aurait dû

1. CDBF 10 déc. 2020, *Office national d'indemnisation des accidents médicaux, des infections iatrogènes et des infections nosocomiales (ONIAM)*, n° 245-801 ; *Rec.* 195.
2. CDBF 10 déc. 2020, *Office national d'indemnisation des accidents médicaux, des infections iatrogènes et des infections nosocomiales (ONIAM)*, préc.
3. CDBF 10 janv. 2022, *Établissements d'hébergement pour personnes âgées dépendantes (EHPAD) Saint-Luc de Castelnau-Montratier et Sainte-Marie de Montcuq*, n° 255-827 ; *Rec.* 129 ; *AJDA* 2022. 629, chron. N. Péhau et M. Choquet.
4. CDBF 5 juill. 2022, *Société publique locale de Mayotte (SPL 976)*, n° 259-816 ; *Rec.* 141 ; *AJDA* 2022. 1952, chron. M. Choquet et N. Péhau ; *AJCT* 2023, p. 55.
5. PAR EX. : CDBF 15 déc. 2006, *CH d'Ambert*, *AJFP* 2007. 98 ; *Rev. Trésor* 2007. 720, note M. Lascombe et X. Vandendriessche ; *AJDA* 2007. 1355, note N. Groper et C. Michaut ; *Cah. hosp.* oct. 2007, p. 24 ; *Lebon* 675 ; *Rec.* 116.
6. CDBF 28 oct. 2005, *min. de la Défense, Direction des constructions navales, contrat de vente de sous-marins Agosta 90 au Pakistan*, *Lebon* 678 ; *Rev. Trésor* 2006. 902, note M. Lascombe et X. Vandendriessche.
7. CDBF 19 nov. 1984, *CH de Chambéry*, CCP, n° 2, p. 228.
8. CDBF 17 juin 2011, *Institut géographique national (IGN)*, n° 176-655 ; *Rec.* 158 ; *GFP* 2013, n° 5, p. 73, note S. Damarey, M. Lascombe et X. Vandendriessche.

également porter plainte au pénal et signaler les faits à la Trésorerie générale, notamment afin de récupérer l'argent détourné) [1].

– Un directeur n'avait pas été directement à l'initiative des irrégularités, mais il les avait tolérées après en avoir eu connaissance (alors qu'il avait les moyens d'y mettre un terme), les irrégularités ayant cessé seulement après qu'il eut quitté ses fonctions [2].

– « Le fait, pour le directeur de cabinet d'un ministre, de ne pas alerter celui-ci sur les risques juridiques de ces nominations, et les difficultés de gestion qu'elles entraîneraient nécessairement, constitue une faute de gestion relevant de l'article L. 313-4 du code des juridictions financières » alors applicable [3].

– La CDBF a pu se fonder sur un manque de diligence à l'occasion de la vente de sous-marins par la DCN à un pays étranger, ce service de l'État s'était trouvé confronté à de nombreuses difficultés au cours de l'exécution du contrat, auxquelles il n'a pu trouver des solutions que tardivement, situation témoignant de l'imprévision et de l'absence d'anticipation des risques. La Cour a jugé que ce manque de diligence, contraire aux principes fondamentaux de la gestion des dépenses publiques, avait entraîné des irrégularités sanctionnées par ailleurs par elle, ce manque de diligence qui était en soi et de surcroît constitutif de l'infraction aux règles d'exécution de la dépense publique prévue par l'article L. 313-4 du CJF [4].

SECTION 7
GRAVITÉ DE LA FAUTE

432.281 **Faute grave.** L'exigence d'une faute grave, pour établir l'infraction réprimant les violations de règles, prévue aujourd'hui à l'article L. 131-9 du code des juridictions financières, constitue formellement une innovation introduite par la réforme entrée en vigueur le 1er janvier 2023.

La portée réelle de cette innovation, sans être nulle, semble relativement limitée, et cela pour deux raisons essentielles.

D'une part, même si antérieurement l'infraction ne prévoyait pas *expressis verbis* la nécessité d'une faute grave, et que donc une faute simple suffisait théoriquement, la CDBF ne sanctionnait en réalité que des fautes d'une certaine gravité [5].

D'autre part, la gravité d'une faute ressort assez souvent des autres éléments constitutifs de l'infraction : soit la gravité provient des violations fautives de règles, soit elle se déduit de l'existence d'un préjudice financier significatif.

Ce dernier point a été clairement affirmé par la Cour des comptes sous l'empire des nouvelles règles : le juge peut tenir compte de l'importance du préjudice pour retenir la gravité de la faute commise ; « 113. Sur ce dernier point, l'exigence d'un cumul entre une faute grave et un préjudice financier significatif, posée par le législateur, pour constituer l'infraction prévue par l'article L. 131-9 du CJF exclut certes que l'infraction soit constituée en l'absence d'un préjudice financier significatif, même en cas de commission d'une faute grave. La rédaction de l'article n'interdit cependant pas au juge de retenir l'importance de l'enjeu financier pour qualifier la gravité de la faute » [6].

Et même le lien entre violations de règles d'une certaine ampleur et gravité de la faute a d'ores et déjà été affirmé par la Cour des comptes dans le cadre des nouvelles règles régissant l'infraction générale : la Cour admet ainsi aisément l'existence d'une faute grave dans le cas de violations répétées des règles de la commande publique [7]. Ainsi dans une affaire, des « négligées répétées », malgré des avertissements préalables : un organisme « a porté un intérêt trop tardif au patrimoine mobilier, et ce malgré plusieurs alertes relevant l'absence d'inventaire, attendant d'être tenu par l'échéance de vente du site pour diligenter une mission d'inventoriste, laquelle produira au demeurant des résultats non satisfaisants » [8] ; dans le même sens : « Le choix réitéré d'AgroParisTech de ne pas se saisir des propositions d'analyse de ses collections et meubles » [9] ; dans le même sens encore : « L'absence de réaction des agents d'AgroParisTech face à cette obligation, pourtant plusieurs fois mentionnée [dans des correspondances], est constitutive d'une faute grave » [10].

1. CDBF 12 déc. 1967, *Mission universitaire et culturelle française en Tunisie*, CCP, n° 2, p. 61 ; *Lebon* 663.
2. CDBF 9 déc. 1986, *DDE de Corse*, CCP, n° 2, p. 94 ; *Lebon* 800.
3. CDBF 13 juill. 2011, *Rectorat de Paris – Inspecteurs de l'académie de Paris (IAP)*, n° 177-684 ; *Rec.* 158 ; *GFP* 2013, n° 5, p. 74, note S. Damarey, M. Lascombe et X. Vandendriessche.
4. CDBF 28 oct. 2005, *min. de la Défense, Direction des constructions navales, contrat de vente de sous-marins Agosta 90 au Pakistan*, *Rec.* 127 ; *Lebon* 678 ; *Rev. Trésor* 2006. 902, note M. Lascombe et X. Vandendriessche.
5. Sur ce point, v. s^s n° 223.11.
6. C. comptes 24 nov. 2023, *Caisse de crédit municipal de Bordeaux (CCMB)*, n° 868, S-2023-1382 ; *Rec.* 38 ; *AJDA* 2023. 2381, chron. N. Péhau et L. Vergallo ; *JCP Adm.* 2024, n° 1, 2005 chron. S. Damarey ; *AJCT* 2024, p. 175, note C. Pierucci ; *Gaz. Pal.* 2024, n° 2, p. 70, note T. Dogan.
7. C. comptes 3 mai 2024, *France Médias Monde (FMM)*, n° 860, S-2024-0793 ; *JCP Adm.* 2024. 2207, note S. Damarey ; *AJDA* 2024. 1859, chron. N. Péhau et L. Vergallo.
8. C. comptes 19 déc. 2024, *Institut des sciences et des industries du vivant et de l'environnement (AgroParisTech) et Direction nationale des ventes domaniales (DNID), vente du mobilier du château de Grignon*, n° 3, S-2024-1571. Ici § 50.
9. Même arrêt : § 51.
10. Même arrêt : § 52.

L'importance intrinsèque des règles violées peut également être source de gravité de la faute : ainsi la méconnaissance des « règles essentielles en matière de gestion des biens d'intérêt historique et culturel de l'État » [1].

Dans le même sens a été considéré comme grave, au sens de l'art. L. 131-9 du CJF, « La méconnaissance des pouvoirs respectifs des gérants et de l'assemblée des actionnaires [qui] constitue en soi une faute grave, en ce qu'elle méconnaît les principes fondamentaux de la vie d'une société. Cette faute est d'autant plus grave, dans le cas présent, que, eu égard à la composition du capital, la consultation des associés était aisée » [2].

Certes, cette déduction n'a rien d'automatique : une violation de règle peut manquer de gravité, et un préjudice peut apparaître sans faute grave (ni même faute simple : voir le cas de la faute majeure), mais dans de très nombreux cas, l'existence de violations de règles d'une certaine ampleur et/ou le lien de causalité entre une faute et un préjudice suffiront pour qu'on en déduise une faute grave.

La CDBF a ainsi pu, sous l'empire des anciennes règles, considérer qu'une infraction aux règles dépourvue de faute grave pouvait justifier des circonstances absolutoires [3], donc une relaxe, ce qui revient à un résultat similaire par un raisonnement différent : « s'il est indéniable que des irrégularités et imprudences ont été commises lors de la signature du contrat, celles-ci ne constituent pas, compte tenu des circonstances particulières de l'affaire, des fautes d'une gravité suffisante pour motiver l'application des sanctions prévues » aujourd'hui à l'article L. 131-9 du CJF [4]. Dans cette affaire, la CDBF n'a pas précisé la nature de ces « circonstances particulières », ce qui est tout de même critiquable, se fondant uniquement sur l'insuffisante gravité de la faute. Mais il s'agissait de cas très rares.

La Cour a également considéré comme grave un comportement arbitraire dans la vente de biens par un organisme financé sur fonds publics [5], ou le discrédit de l'État : « En organisant la vente de mobiliers appartenant au domaine public de l'État, dont l'existence et la valeur ont été révélées par voie de presse, les agents de ce service ont participé à porter un discrédit sur l'action de l'administration. Leurs agissements sont ainsi constitutifs d'une faute grave à ce titre » [6].

En toute hypothèse, la gravité d'un agissement ou d'une négligence (abstention) sera appréciée *in concreto* : ainsi la Cour a-t-elle considéré, « s'agissant d'actes de gestion dont l'omission a privé la commune de ressources, eu égard à la simplicité de la tâche à exécuter et à la répétition [sur plusieurs années] de la négligence commise, l'absence de transmission de ces dossiers [à l'assurance, afin d'obtenir les remboursements auxquels une commune avait droit] constitue une faute grave » [7].

En revanche, l'élément constitutif nouveau qu'est le préjudice financier significatif suscite davantage de difficultés, comme on le verra maintenant.

SECTION 8
PRÉJUDICE FINANCIER SIGNIFICATIF

432.291 Préjudice financier significatif : éléments généraux. L'introduction du préjudice financier significatif en tant que nouvel élément constitutif de l'infraction réprimant la violation de règles constitue l'innovation la plus importante apportée par la réforme entrée en vigueur le 1er janvier 2023. Il s'agit d'un bouleversement tant conceptuel que pratique, réduisant de façon tangible le champ d'application de l'infraction, qui se trouve *de facto* réduite au champ jusque-là occupé par la faute grave de gestion jurisprudentielle [8].

Jusque-là, il n'était pas besoin d'établir un préjudice pour que cette infraction (et les infractions spécialisées de la même famille) puisse jouer : « la Cour n'était pas tenue d'évaluer avec précision l'incidence financière des irrégularités constatées sur la situation [de l'entreprise en question] laquelle était sans influence sur les éléments constitutifs de l'infraction » [9].

1. C. comptes 19 déc. 2024, *Institut des sciences et des industries du vivant et de l'environnement (AgroParisTech) et Direction nationale des ventes domaniales (DNID), vente du mobilier du château de Grignon*, n° 3, S-2024-1571. Ici § 49.
2. C. comptes 23 déc. 2024, *Société anonyme d'économie mixte (SAEM) Marseille Habitat et Société civile immobilière (SCI) Protis Développement*, n° 24, S-2024-1604. Ici § 24.
3. Sur les circonstances absolutoires, v. ss n° 463.201.
4. CDBF 22 mars 1977, *min. de la Défense, direction des constructions et armes navales de Toulon, Lebon* 677 (extraits) ; CCP, n° 2, p. 130.
5. « Le défaut d'autorisation valide [par l'organe de gouvernance habilité] s'est également accompagné d'une absence de formalisation des règles de fixation des prix de vente qui, compte tenu des différences constatées, donne une apparence d'arbitraire particulièrement choquante lorsqu'elle est, comme ici, le fait d'un organisme financé par des fonds publics » : C. comptes 23 déc. 2024, *Société anonyme d'économie mixte (SAEM) Marseille Habitat et Société civile immobilière (SCI) Protis Développement*, n° 24, S-2024-1604 ; ici § 25.
6. C. comptes 19 déc. 2024, *Institut des sciences et des industries du vivant et de l'environnement (AgroParisTech) et Direction nationale des ventes domaniales (DNID), vente du mobilier du château de Grignon*, n° 3, S-2024-1571. Ici § 53.
7. C. comptes 7 oct. 2024, *Commune de Saine-Eulalie-en-Born (Landes)*, n° 40, S-2024-1305.
8. Sur cette notion, v. ss n° 432.201.
9. CE 6 juin 1973, Sieur Crozes, req. n° 84653 ; *Lebon* 397.

Le préjudice toutefois n'était pas inconnu du contentieux financier avant la réforme : en effet, cette notion faisait partie des éléments constitutifs de l'infraction réprimant l'avantage injustifié dans son ancienne rédaction [1] et de l'infraction réprimant la faute grave de gestion dans les entreprises publiques [2], mais pas des infractions dites « formelles » dont faisait alors partie l'infraction générale – qui de ce fait a changé quelque peu de nature.

Toutefois, tout comme la question de savoir si une irrégularité doit avoir ou non profité au commettant [3], l'existence d'un préjudice d'une certaine ampleur a toutefois pu jouer pour l'opportunité des poursuites – puisque la gravité de l'affaire a toujours été un sujet [4] – et a fréquemment été pris en compte au stade des circonstances atténuantes ou aggravantes de responsabilité.

Surtout, dans la faute grave de gestion jurisprudentielle, les conséquences graves, en particulier financières, ont toujours joué ; de ce point de vue, une forme de continuité est assurée.

Reste que l'application de la notion de préjudice financier significatif pose de nombreuses questions pratiques que la jurisprudence devra progressivement résoudre ; elle peut à cet égard se fonder en partie sur la jurisprudence de la CDBF relative au préjudice causé par l'octroi d'un avantage injustifié [5].

432.292 **Preuve et intention du préjudice.** La charge de la preuve appartient, dans un régime répressif, d'une façon générale à l'accusation [6] ; cela vaut également pour cet élément constitutif de l'infraction qu'est désormais le préjudice financier significatif pour l'infraction réprimant la violation de règles.

Il faut donc établir le préjudice, qui ne se présume pas [7] ; il en résulte que lorsque « l'existence d'un tel préjudice n'est en l'espèce pas irréfutablement établie », l'infraction tombe [8].

Des éléments incertains d'un préjudice et/ou insuffisamment étayés ne sauraient être retenus : « les autres composantes du préjudice financier, exposées par la procureure générale, sont incertaines et insuffisamment établies à ce jour pour être retenues dans l'estimation du préjudice financier. Elles ne peuvent donc être prises en compte dans l'évaluation du préjudice financier *stricto sensu* » [9].

Néanmoins, dans le domaine spécifique et sensible des finances et de la gestion publiques, l'art. 15 de la DDHC fait obligation aux agents publics de rendre compte de leur administration ; ensuite et en lien avec ce principe, de multiples règles précises et des principes généraux confèrent aux gestionnaires publics des obligations de compte-rendu de l'action à mener. Lorsque l'accusation fait état d'un certain nombre de faits qualifiables juridiquement comme irrégularités et qu'on en déduit *a priori* une violation fautive d'obligations professionnelles, il peut être attendu que la défense apporte, de son côté, les preuves qui inverseraient cette déduction.

Ainsi en matière de service fait, point fondamental pour établir un préjudice – car l'absence de service fait équivaut en principe à l'existence d'un préjudice –, le fait d'avoir payé des factures alors que l'instruction n'a pas permis d'établir le service fait peut être considéré comme ayant causé un préjudice [10].

Une approche similaire prévaut en recettes, dont le recouvrement est une obligation de résultat : la Cour des comptes a ainsi jugé, dans le cadre des nouvelles règles entrées en vigueur le 1er janvier 2023, que le défaut de constatation et d'émission d'ordre de recouvrer en temps utile compromet manifeste-

1. Sur le préjudice dans CJF, ancien art. L. 313-6, en vigueur jusqu'au 31 déc. 2022, v. ss nos 445.11 s.
2. CJF, art. L. 131-10 (v. ss no 433.11), sur ce point inchangé par rapport à l'ancien art. L. 313-7-1 qui l'a précédé jusqu'au 31 déc. 2022.
3. CDBF 1er et 2 juill. 1987, *Université Paris XII Val de Marne*, CCP, no 3, p. 89 ; *Lebon*, tables p. 655 : « que la circonstance qu'il n'en a tiré aucun avantage personnel est sans influence sur la qualification des faits au regard des dispositions précitées ».
4. Sur la gravité, v. ss no 223.11.
5. V. ss no 445.11.
6. Sur ce principe général, v. ss nos 222.22 et 413.11 s.
7. CDBF 20 juin 2022, *Institut national du sport, de l'expertise et de la performance (INSEP)*, no 258-849 ; *Rec.* 136 ; *AJDA* 2022. 2527, chron. N. Péhau et M. Choquet. Arrêt rendu sous l'empire de l'infraction réprimant l'avantage injustifié avec préjudice (CJF, ancien art. L. 313-6 en vigueur jusqu'au 31 déc. 2022) ; mais la solution retenue concernant le préjudice peut inspirer la Cour des comptes pour l'application de la notion de préjudice financier significatif dans le cadre de l'actuelle infraction prévue à l'art. L. 131-9 du même code.
8. CDBF 3 mai 2018, *Office national des anciens combattants et victimes de guerre (ONAC-VG)*, no 220-783 ; *Rec.* 183 ; mentionné dans *JCP Adm.* 2018, no 22, actualités 489. Arrêt rendu sous l'empire de l'infraction réprimant l'avantage injustifié avec préjudice (CJF, ancien art. L. 313-6 en vigueur jusqu'au 31 déc. 2022) ; mais la solution retenue concernant le préjudice peut inspirer la Cour des comptes pour l'application de la notion de préjudice financier significatif dans le cadre de l'actuelle infraction prévue à l'art. L. 131-9 du même code.
9. C. comptes 19 déc. 2024, *Institut des sciences et des industries du vivant et de l'environnement (AgroParisTech) et Direction nationale des ventes domaniales (DNID), vente du mobilier du château de Grignon*, no 3, S-2024-1571. Ici § 61.
10. CDBF 5 juill. 2022, *Société publique locale de Mayotte (SPL 976)*, no 259-816 ; *Rec.* 141 ; *AJDA* 2022. 1952, chron. M. Choquet et N. Péhau ; *AJCT* 2023, p. 55. Arrêt rendu sous l'empire de l'infraction réprimant l'avantage injustifié avec préjudice (CJF, ancien art. L. 313-6 en vigueur jusqu'au 31 déc. 2022) ; mais la solution retenue concernant le préjudice peut inspirer la Cour des comptes pour l'application de la notion de préjudice financier significatif dans le cadre de l'actuelle infraction prévue à l'art. L. 131-9 du même code.

ment le recouvrement de créances, et faute de preuve contraire celles-ci doivent être considérées comme perdues, donc ayant causé un préjudice[1].

Dans le même sens : « 142. Si, au vu des éléments disponibles à la clôture de l'instruction, les pertes n'ont pas été définitivement constatées, les évaluations du préjudice reposent sur le caractère manifestement compromis d'une partie des créances en cause compte tenu des perspectives vraisemblables de recouvrement... » ; et « 146. Au surplus, si [...] le passage de provisions ne présume pas nécessairement d'une perte définitive, leur montant, validé par les commissaires aux comptes, obéit à des règles prudentielles et comptables établies et donne une indication utile sur le risque de perte »[2] : ceci est donc retenu comme élément de preuve.

À noter enfin que le préjudice ne requiert pas d'intention spécifique[3].

432.293 Notion de préjudice. S'agissant de la notion de préjudice en général, il sera pour l'essentiel renvoyé aux développements faits dans le cadre du préjudice (simple) exigé jusqu'à une période récente dans le cadre d'une autre infraction, celle sanctionnant l'avantage injustifié[4].

À noter que s'il faut établir un préjudice, il n'est pas besoin de le chiffrer avec précision (ce qui serait parfois impossible) : ainsi un préjudice a-t-il pu être établi même s'il « n'a pas été possible de déterminer l'ensemble des coûts liés au projet »[5]. Toutefois, ce préjudice doit être évalué dans un ordre de grandeur suffisant[6] pour ensuite pouvoir en déterminer le caractère significatif[7].

L'exigence, désormais, d'un préjudice causé par le non-respect fautif de règles, réduit notoirement le champ d'application de l'infraction générale prévue aujourd'hui à l'article L. 131-9 du CJF, en particulier dans le domaine des irrégularités commises dans la commande publique et dans celui, très répandu, des rémunérations, primes et indemnités irrégulières.

S'agissant de la commande publique, les premiers arrêts rendus par la Cour des comptes dans le cadre du régime issu de la réforme précitée semble fort restrictifs : « la seule méconnaissance des règles [de publicité et d'égal accès à la commande publique] ne suffit pas à démontrer l'existence d'une perte de chance sérieuse d'obtenir des offres mieux-disantes et donc d'établir celles d'un préjudice irréfutable »[8].

Surtout, le préjudice causé par des irrégularités en matière d'achat public doit être « établi de façon certaine »[9]. Or comment cela est-il pratiquement possible, par exemple en cas d'absence de mise en concurrence ? Déduire un préjudice de la comparaison de différents prix semble très difficile au regard des premiers arrêts rendus par la Cour des comptes, tant se focalise-t-elle sur des données de détail, qui ne rendent jamais rien comparable puisque chaque cas est toujours différent[10] ; en outre, la Cour considère que la méthode d'évaluation du préjudice par méthode d'extrapolation, qui consiste à déduire de constats portant sur un marché des conclusions sur d'autres marchés « est contestable et cela d'autant plus que les contrôles d'achats sur lesquels cette extrapolation repose sont peu sûrs et prêtent à confusion » : la Cour ne l'a pas retenue[11].

Néanmoins, il existe des hypothèses dans lesquelles des irrégularités dans la commande publique ont causé un préjudice. Le cas le plus évident est celui du

1. C. comptes 5 juill. 2024, *Régie métropolitaine PARCUB, devenue METPARK*, n° 869, S-2024-1038 ; *JCP Adm.* 2024. 2264, note S. Damarey. Ici §§ 106 et 129.
2. C. comptes 24 nov. 2023, *Caisse de crédit municipal de Bordeaux (CCMB)*, n° 868, S-2023-1382 ; *Rec.* 38 ; *AJDA* 2023. 2381, chron. N. Péhau et L. Vergallo ; *JCP Adm.* 2024, n° 1, 2005 chron. S. Damarey ; *AJCT* 2024, p. 175, note C. Pierucci ; *Gaz. Pal.* 2024, n° 2, p. 70, note T. Dogan.
3. CDBF 30 sept. 2021, *Commune de Saint-Denis de La Réunion*, n° 251-826 ; *Rec.* 181 ; *RFFP* n° 157, févr. 2022, p. 181, note F. Lemaire ; *AJCT* 2022, p. 108, note Durand ; *AJDA* 2021. 2507 chron. N. Péhau et M. Choquet. Arrêt rendu sous l'empire de l'infraction réprimant l'avantage injustifié avec préjudice (CJF, ancien art. L. 313-6 en vigueur jusqu'au 31 déc. 2022) ; mais la solution retenue concernant le préjudice peut inspirer la Cour des comptes pour l'application de la notion de préjudice financier significatif dans le cadre de l'actuelle infraction prévue à l'art. L. 131-9 du même code.
4. V. s^s n° 445.11.
5. CDBF 16 nov. 2012, *Agence nationale pour l'emploi (ANPE)*, n° 186-639 ; *Rec.* 198 ; *AJDA* 2013. 1621, chron. C. Michaut et P. Sitbon ; *GFP* 2013, n° 5, p. 93, note S. Damarey, M. Lascombe et X. Vandendriessche. Arrêt rendu sous l'empire de l'ancienne réglementation en vigueur jusqu'au 31 déc. 2022, mais transposable ici.
6. CAF 12 janv. 2024, *Société ALPEXPO*, n° 2024-01 ; *Rec.* p. 49 ; *AJDA* 2024. 895, chron. N. Péhau et L. Vergallo – Dans le même sens : « Sans qu'il soit nécessaire d'établir le montant exact du préjudice financier éventuel, l'ordre de grandeur de ce préjudice doit être évalué avec une précision suffisante pour pouvoir ensuite être apprécié au regard des éléments financiers de l'entité ou du service concerné » (C. comptes 19 déc. 2024, *Institut des sciences et des industries du vivant et de l'environnement (AgroParisTech) et Direction nationale des ventes domaniales (DNID), vente du mobilier du château de Grignon*, n° 3, S-2024-1571 ; v. § 57).
7. Sur le caractère significatif du préjudice, condition de l'infraction désormais prévue au CJF, art. L. 131-9, v. plus loin, s^s n° 432.295.
8. C. comptes 3 mai 2024, *Chambre régionale d'agriculture de Bretagne (CRAB) et Association pour la traçabilité et le développement d'outils pour l'identification et de logiciels d'élevage (e-toile)*, n°s 856 et 870, S-2024-0696 ; *AJDA* 2024. 1327, chron. N. Péhau et L. Vergallo. Ici § 68.
9. C. comptes 3 mai 2024, *France Médias Monde (FMM)*, n° 860, S-2024-0793 ; *JCP Adm.* 2024. 2207, note S. Damarey ; *AJDA* 2024. 1859, chron. N. Péhau et L. Vergallo. Ici § 182.
10. C. comptes 3 mai 2024, *France Médias Monde (FMM)*, préc., ici § 180.
11. C. comptes 3 mai 2024, *France Médias Monde (FMM)*, préc., ici § 181.

payement indu, faute de contrepartie (absence de service fait). Ainsi la prise en charge d'un consultant sans contrepartie réelle en termes de travail (préjudice) : « que l'instruction a établi que le prestataire, qui a perçu [...] 18,48 millions de francs CFP (soit près de 155 000 euros) en exécution de ladite convention, s'est borné à produire des rapports reprenant, pour l'essentiel, des données qui lui avaient été fournies par les services de l'établissement public, sans retraitement ni réelle analyse de sa part » ; le préjudice est donc avéré [1].

Il a également pu arriver que la CDBF considère qu'un marché passé irrégulièrement (en l'espèce, sans mise en concurrence) pouvait avoir engendré un préjudice : « la rémunération de l'architecte pour des éléments de mission non réalisés a [...] créé un préjudice à l'hôpital », bien que l'explication de ce préjudice ressorte de façon moins évidente de l'arrêt ; celui-ci indique notamment que « tous ces marchés avaient un autre objet que celui de l'opération », et que le prestataire a été, de ce fait, surrémunéré, obtenant une rémunération élevée « alors que les missions du maître d'œuvre étaient très sensiblement réduites » dans les faits [2].

Autre exemple : malgré son mauvais classement dans deux appels d'offres qui avaient été annulés, une société de nettoyage avait effectué des prestations hors marché et avait été payée sur la base de simples bons de commande ; la Cour a considéré que « le port, qui a ainsi été amené à payer à la société [...] des prestations à des conditions moins avantageuses que celles proposées par des candidats mieux classés qu'elle et dont l'un aurait dû être retenu à sa place, en a inévitablement subi un préjudice » [3].

En matière de rémunération, phénomène similaire : toute irrégularité ne cause pas pour autant de préjudice, en particulier lorsque le complément de rémunération irrégulier correspond à une contrepartie en termes de travail fourni [4].

En revanche, le préjudice peut être reconnu lorsque le service fait n'est pas vérifié et que certaines indemnités versées ne correspondaient pas à un surcroît de travail ou d'assujettissement [5]. Il en va de même d'une rémunération excessive qui ne correspond pas, selon la Cour, à une contrepartie suffisante : « le niveau de salaire de M. A était manifestement disproportionné tant au regard de la hiérarchie des rémunérations de Radio France que de son temps de travail effectif et des responsabilités » (question d'appréciation au cas par cas) [6].

La perte de chance peut être un préjudice, mais il faut l'établir : ainsi, dans une affaire jugée par la CDBF sous l'empire des anciens textes, l'abandon de procédures juridictionnelles pour récupérer des créances a été qualifié de violation de règles, mais « la perte de chance résultant de l'abandon desdites procédures n'étant pas suffisamment établie pour que le préjudice financier soit constitué » [7].

Dans un cas de ventes de biens immobiliers, que le parquet avait considéré à pertes, la Cour a toutefois refusé d'admettre comme établie l'existence d'un préjudice : en effet, elle a considérées les ventes non pas globalement, mais en tant qu'actes instantanés ; en outre, il n'était pas établi que vente avaient été réalisées en-dessous du prix de marché ; enfin, le juge a admis une liberté contractuelle dans la fixation des prix [8].

Toujours en matière de ventes de biens, le caractère inaliénable d'un bien n'entraîne pas en soi un préjudice en cas de vente illégale [9].

En cas de vente illégale d'un bien invendable, « la différence entre le montant des recettes découlant de la vente et leur valeur vénale réelle constitue un [...] élément du préjudice financier subi par les finan-

1. CDBF 15 juill. 2013, *Office des Postes et télécommunications de la Polynésie française*, n° 190-661 ; *Rec.* 209 ; *AJDA* 2013. 2544, chron. C. Michaut et P. Sitbon. Arrêt rendu sous l'empire de l'ancienne réglementation en vigueur jusqu'au 31 déc. 2022, mais transposable ici en ce qui concerne la notion de préjudice.
2. CDBF 6 oct. 2014, *Centre hospitalier universitaire (CHU) de Caen*, n° 195-686/704 ; *Rec.* 171. Arrêt rendu sous l'empire de l'ancienne réglementation en vigueur jusqu'au 31 déc. 2022, mais transposable ici en ce qui concerne la notion de préjudice.
3. CDBF 16 juin 2015, *Grand port maritime de Nantes-Saint Nazaire*, n° 200-728 ; *Rec.* 165 ; *AJDA* 2015. 2069, note O. Villemagne et P. Grimaud ; *AJDA* 2016. 2487, chron. N. Péhau et N. Hauptmann. Arrêt rendu sous l'empire de l'ancienne réglementation en vigueur jusqu'au 31 déc. 2022, mais transposable ici en ce qui concerne la notion de préjudice.
4. Sur cette question, largement débattue ailleurs, v. s^s^ n°s 432.91 et 442.35.
5. CDBF 17 juin 2013, *Centre hospitalier intercommunal (CHI) de la Lauter à Wissembourg*, n° 189-683 ; non publié au *Rec.* Arrêt rendu sous l'empire de l'ancienne réglementation en vigueur jusqu'au 31 déc. 2022, mais transposable ici en ce qui concerne la notion de préjudice.
6. CDBF 25 janv. 2019, *Radio France : visa du contrôleur général économique et financier en matière de rémunération*, n° 229-766 ; *Rec.* 195 ; *AJDA* 2019. 577, chron. N. Hauptmann et N. Péhau. Arrêt rendu sous l'empire de l'ancienne réglementation en vigueur jusqu'au 31 déc. 2022, mais transposable ici en ce qui concerne la notion de préjudice.
7. CDBF 22 mars 2019, *Chambre départementale d'agriculture de la Corrèze*, n° 232-792 ; *Rec.* 210 ; *AJDA* 2019. 1213, chron. N. Hauptmann et N. Péhau. Arrêt rendu sous l'empire de l'ancienne réglementation en vigueur jusqu'au 31 déc. 2022, mais transposable ici en ce qui concerne la notion de préjudice.
8. C. comptes 23 déc. 2024, *Société anonyme d'économie mixte (SAEM) Marseille Habitat et Société civile immobilière (SCI) Protis Développement*, n° 24, S-2024-1604. Voir §§ 30-31.
9. C. comptes 19 déc. 2024, *Institut des sciences et des industries du vivant et de l'environnement (AgroParisTech) et Direction nationale des ventes domaniales (DNID), vente du mobilier du château de Grignon*, n° 3, S-2024-1571. Ici § 58.

ces publiques » ; et « en deuxième lieu, il convient de prendre en compte les coûts des procédures engagées par l'État pour se faire restituer certains lots »[1].

Enfin, et c'est important, la Cour considère que si le préjudice doit être établi, il peut ne pas avoir encore été définitivement constaté.

Ainsi, s'agissant de prêts sur gages accordés en violation de règles : « 142. Si, au vu des éléments disponibles à la clôture de l'instruction, les pertes n'ont pas été définitivement constatées, les évaluations du préjudice reposent sur le caractère manifestement compromis d'une partie des créances en cause compte tenu des perspectives vraisemblables de recouvrement... »[2].

Un préjudice futur peut donc être sanctionné, s'il est certain. S'agissant du coût à engager pour récupérer des biens vendus à tort : « Ce préjudice, certes futur, est certain à la date du présent arrêt, et étayé par des pièces produites au cours de l'instruction »[3].

432.294 **Nature financière du préjudice.** Le préjudice doit être financier, dit l'article L. 131-9 du CJF ; cela exclut d'autres types de préjudice.

Le préjudice d'image subi par une collectivité par exemple ne constitue pas un préjudice financier et ne peut être pris en compte qu'au stade des circonstances[4].

La loi ne précise pas à qui ce préjudice financier doit avoir été infligé ; en particulier, on peut imaginer qu'un gestionnaire public, par sa faute grave, a causé un préjudice non pas à l'organisme dont il relève, mais à l'État ou à la Sécurité sociale par exemple[5].

432.295 **Significativité du préjudice financier.** L'article L. 131-9 impose un préjudice financier significatif, et précise dans son alinéa 3 que « le caractère significatif du préjudice financier est apprécié en tenant compte de son montant au regard du budget de l'entité ou du service relevant de la responsabilité du justiciable ».

Cette formule pose de nombreuses difficultés d'interprétation qui occuperont le juge dans les années à venir ; on ne peut, d'une façon générale, que regretter l'accumulation d'autant d'éléments qui sont critiquables moins en raison de leur caractère souvent flou – la jurisprudence est là pour les « durcir » – que parce que leur application littérale peut aboutir à ses solutions absurdes.

En effet, la référence au « budget de l'entité ou du service relevant de la responsabilité du justiciable » pose des difficultés importantes dans la mesure où premièrement les organismes dont les gestionnaires sont justiciables de la Cour sont très divers dans leur forme juridique et dans leur activité : certains n'ont pas de « budget » au sens strict du terme, ce qui oblige le juge à chercher, au cas par cas, l'étalon adéquat.

Deuxièmement, la formule « entité ou [...] service relevant de la responsabilité du justiciable » peut donner lieu à de multiples complications, parce que dans une même faute de gestion les gestionnaires mis en cause peuvent être multiples, relever de services différents, ce qui implique que leur « budget » de référence varie selon les personnes, même lorsque la faute de gestion globale est la même ; et plus les personnes occupent un rang élevé dans la hiérarchie, plus le « budget » de référence est important, et donc plus la significativité sera, *a priori*, réduite... Ce qui, si cette formule est prise à la lettre, désavantage les subordonnés par rapport aux supérieurs... Sans parler des tutelles, qui relèvent d'un budget complètement différent, qui n'a aucun lien avec celui dans lequel la faute grave de gestion a été commise. Pourtant, la loi prévoit explicitement la possibilité d'appréhender les tutelles qui ont approuvé les décisions de gestion en question : mais quel « budget » doit-il pris en compte pour apprécier la significativité du préjudice apparu non pas dans leur budget, mais dans celui sous tutelle ?

Néanmoins, la Cour, dans un arrêt, et contrairement à la position du ministère public, a examiné le caractère significatif non pas globalement pour l'ensemble des personnes renvoyées pour une même faute grave de gestion, mais individuellement au regard du budget de l'entité ou du service relevant de la responsabilité de chacun des personnes[6].

La formule « en tenant compte de... » ne semble pas non plus exclure que le juge puisse prendre en compte d'autres références pour mesurer la significativité : certes, le texte ne dit pas « notamment »,

1. C. comptes 23 déc. 2024, *Société anonyme d'économie mixte (SAEM) Marseille Habitat et Société civile immobilière (SCI) Protis Développement*, n° 24, S-2024-1604. Voir §§ 30-31.- C. comptes 19 déc. 2024, *Institut des sciences et des industries du vivant et de l'environnement (AgroParisTech) et Direction nationale des ventes domaniales (DNID), vente du mobilier du château de Grignon*, n° 3, S-2024-1571 ; lire §§ 58 et 60.
2. C. comptes 24 nov. 2023, *Caisse de crédit municipal de Bordeaux (CCMB)*, n° 868, S-2023-1382 ; *Rec.* 38 ; *AJDA* 2023. 2381, chron. N. Péhau et L. Vergallo ; *JCP Adm.* 2024, n° 1, 2005 chron. S. Damarey ; *AJCT* 2024, p. 175, note C. Pierucci ; *Gaz. Pal.* 2024, n° 2, p. 70, note T. Dogan.
3. C. comptes 19 déc. 2024, *Institut des sciences et des industries du vivant et de l'environnement (AgroParisTech) et Direction nationale des ventes domaniales (DNID), vente du mobilier du château de Grignon*, n° 3, S-2024-1571. Ici § 60.
4. CDBF 18 juin 1985, *Bureau de recherches géologiques et minières [BRGM], service géologique d'Alsace et de Lorraine*, CCP, n° 3, p. 15. Arrêt rendu sous l'empire de l'ancienne réglementation en vigueur jusqu'au 31 déc. 2022, mais transposable ici en ce qui concerne la notion de préjudice.
5. Sur ce point, voir plus loin, v. s[s] n° 432.298.
6. C. comptes 19 déc. 2024, *Institut des sciences et des industries du vivant et de l'environnement (AgroParisTech) et Direction nationale des ventes domaniales (DNID), vente du mobilier du château de Grignon*, n° 3, S-2024-1571. Ici §§ 63-66.

mais il ne dit pas non plus « seulement » ou « exclusivement ».

La jurisprudence sur le caractère significatif du préjudice « en tenant compte de son montant au regard du budget de l'entité ou du service relevant de la responsabilité du justiciable » est peu nombreuse à ce stade :

– En matière de recettes non recouvrées dans une régie, la Cour a pu choisir comme étalon les « produits de gestion »[1] ; dans un établissement financier, le produit net bancaire[2] ; dans une SEM, la Cour a apprécié la significativité d'un préjudice tant au regard des fonds propres que du chiffre d'affaires de la société[3].

– Dans une même affaire : crédits de paiement d'un site d'un établissement public, s'agissant du directeur de ce site ; crédits de fonctionnement d'un établissement, s'agissant d'une directrice générale adjointe de cet établissement ; chiffre d'affaires d'un commissariat aux ventes étatique[4].

– Dans un arrêt, enfin, le montant absolu (env. 791 000 euros) semble avoir suffi pour établir la significativité : sans précision particulière ; les seuils du contrôle hiérarchisé de la dépense (CHD) peuvent constituer un indice de la significativité[5].

432.296 Lien de causalité entre faute grave et préjudice. Un élément important, que l'on retrouve bien sûr dans les autres branches du droit, est celui du lien de causalité entre la faute grave commise, par violations de règles, et la survenance du préjudice financier significatif.

L'existence d'un préjudice financier lié à une transaction commerciale ne signifie pas forcément qu'une infraction dite « formelle » a été commise, si aucune règle n'a été méconnue et que donc aucune irrégularité formelle n'est établie[6]. En effet, un préjudice peut naître d'une erreur, d'un gaspillage dû à l'inexpérience, voire à l'incompétence, d'un accident, d'un cas de force majeure – et donc pas forcément d'une faute au regard d'une règle ou d'une obligation. Il faut un lien de causalité entre règles (fautivement) violées et la survenance du préjudice.

La Cour exige que le lien de causalité entre violation des règles (donc faute grave) et préjudice soit établi avec « une certitude suffisante », que la faute ait « induit un préjudice financier évaluable »[7].

Dans une affaire de fraude ayant causé un préjudice financier significatif à un département, la Cour a retenu le coût de la fraude elle-même, mais n'a pas retenu les frais de procédure ultérieurs, dont elle considère qu'ils résultent de choix postérieurs et qu'ils ne peuvent donc pas être imputés à l'ordonnateur mandataire ni au comptable payeur[8].

Dans une affaire de recettes non recouvrées d'une régie, la Cour n'a pas globalisé le préjudice, mais a distribué les créances entre deux agents responsables[9].

En cas de pluralité des facteurs ayant causé le préjudice, le juge doit retenir celui qui a principalement joué : ainsi, dans un arrêt concernant un bail commercial concédé par une société publique sans contrat à une société privée (donc entaché d'irrégularité), la CDBF a estimé que le fait que la société publique n'ait pas perçu de loyers, constitutif d'un préjudice, n'était pas « principalement imputable à l'absence de contrat », car plutôt dû aux problèmes financiers que connaissait le locataire[10].

Une autre question est celle du lien nécessaire entre faute et préjudice en cas de pluralité des actes et donc, éventuellement, de pluralité des fautes.

Ainsi, dans un cas de ventes irrégulières et donc fautives de biens immobiliers, la Cour a considéré que chaque vente était toutefois à apprécier de façon isolée, en tant qu'opérations instantanées, insusceptibles de générer un préjudice global : il fallait dès lors considérer chaque acte de vente comme, éventuellement, générateur d'un préjudice spécifique[11],

1. C. comptes 5 juill. 2024, *Régie métropolitaine PARCUB, devenue METPARK*, n° 869, S-2024-1038 ; *JCP Adm.* 2024. 2264, note S. Damarey.
2. C. comptes 24 nov. 2023, *Caisse de crédit municipal de Bordeaux (CCMB)*, n° 868, S-2023-1382 ; *Rec.* 38 ; *AJDA* 2023. 2381, chron. N. Péhau et L. Vergallo ; *JCP Adm.* 2024, n° 1, 2005 chron. S. Damarey ; *AJCT* 2024, p. 175, note C. Pierucci ; *Gaz. Pal.* 2024, n° 2, p. 70, note T. Dogan.
3. C. comptes 23 juill. 2024, *Société anonyme d'économie mixte pour la gestion et pour l'animation du parc de loisirs de Saint-Cyr (SAEM SAGA)*, n° 904, S-2024-1128 ; *JCP Adm.* 2024. 2321, note S. Damarey.
4. C. comptes 19 déc. 2024, *Institut des sciences et des industries du vivant et de l'environnement (AgroParisTech) et Direction nationale des ventes domaniales (DNID), vente du mobilier du château de Grignon*, n° 3, S-2024-1571. Ici §§ 63 à 66.
5. C. comptes 3 mai 2024, *Département de l'Eure*, n° 907, S-2024-0715 ; chron. Y. Simon et S. Heintz dans *RGP* 2024, n° 03, p. 70 ; *JCP Adm.* 2024. 2278.
6. CDBF 22 nov. 1989, *SA La Signalisation [LS]*, CCP, n° 3, p. 184 ; *Lebon* 423.
7. C. comptes 3 mai 2024, *France Médias Monde (FMM)*, n° 860, S-2024-0793 ; *JCP Adm.* 2024. 2207, note S. Damarey ; *AJDA* 2024. 1859, chron. N. Péhau et L. Vergallo. Ici §§ 177 et 178.
8. C. comptes 3 mai 2024, *Département de l'Eure*, n° 907, S-2024-0715, préc. Ici § 90.
9. C. comptes 5 juill. 2024, *Régie métropolitaine PARCUB, devenue METPARK*, n° 869, S-2024-1038 ; *JCP Adm.* 2024. 2264, note S. Damarey.
10. CDBF 22 févr. 2018, *Société d'investissements de la filière pêche de l'archipel (SIFPA) de Saint-Pierre-et-Miquelon*, n° 218-749 ; *Rec.* 173 ; *AJDA* 2018. 1147. Arrêt rendu sous l'empire de l'ancienne réglementation en vigueur jusqu'au 31 déc. 2022, mais transposable ici en ce qui concerne la notion de préjudice.
11. Le préjudice n'étant d'ailleurs pas établi dans le cas d'espèce : C. comptes 23 déc. 2024, *Société anonyme d'économie mixte (SAEM) Marseille Habitat et Société civile immobilière (SCI) Protis Développement*, n° 24, S-2024-1604 ; ici § 30.

ce qui rend en toute hypothèse la probabilité d'un préjudice significatif très faible. En revanche, dans un autre cas, concernant la vente de biens mobiliers, la Cour a pu retenir qu'une pluralité de fautes avait pu générer un préjudice global unique, significatif[1].

432.297 Moment de l'appréciation du préjudice ; question de la réparation ou de la disparition du préjudice. Une question qui n'est pas encore clairement résolue en jurisprudence est celle de savoir à quel moment l'existence d'un préjudice doit être appréciée, en tant qu'élément constitutif de l'infraction.

S'il n'est pas contestable que le juge prend en compte, pour les circonstances, tous les éléments en sa possession le jour où il statue, y compris par exemple la disparition des conséquences d'une faute grave, ou leur réparation, il n'en va pas de même pour l'élément constitutif de l'infraction ; le principe général selon lequel une régularisation ne fait pas disparaître l'infraction[2] devrait en principe également s'appliquer au préjudice en tant que son existence détermine une infraction.

Sur cette question, qui se posait de la même façon du temps de la CDBF pour l'ancienne infraction réprimant l'avantage injustifié avec préjudice, il est renvoyé aux développements faits dans ce cadre[3].

432.298 Victime ayant subi le préjudice financier. À la différence de l'infraction réprimant l'avantage injustifié, dans son ancienne version exigeant un préjudice[4], la rédaction de l'actuel article L. 131-9 du CJF ne précise pas clairement à quelle structure ou quelle caisse le préjudice significatif doit avoir été causé, ce qui constitue un autre exemple des difficultés que pose un texte dont la rédaction n'est pas satisfaisante.

Le texte évoque seulement, au stade de la significativité du préjudice, le « budget de l'entité ou du service relevant de la responsabilité du justiciable »[5], mais on ne peut pas en déduire avec certitude que cette formule s'applique aussi au préjudice lui-même, ou plutôt que l'étalon pour apprécier la significativité du budget doive absolument être identique avec le budget qui a subi le préjudice. On sait d'ailleurs que ces budgets ne sont, par définition, pas identiques lorsque la responsabilité d'une tutelle doit être envisagée, cas pourtant prévu par la loi.

Autrement dit, on pourrait envisager l'hypothèse dans laquelle une faute commise dans un organisme ne cause pas de préjudice à ce dernier, mais à un autre organisme public, au Trésor public ou encore à un budget protégé par l'ordre public financier, par exemple celui de la Sécurité sociale.

SECTION 9
CAS PARTICULIER DE L'APPROBATION DES TUTELLES

432.301 Approbation des tutelles. L'approbation donnée par la tutelle à des décisions constitutives d'irrégularités est constitutive d'une infraction expressément prévue par la loi : l'article L. 131-9 du CJF, dans son alinéa 2, prévoit que « les autorités de tutelle de ces collectivités, établissements ou organismes, lorsqu'elles ont approuvé les faits mentionnés au premier alinéa, sont passibles des mêmes sanctions » ; une règle similaire existait du temps de la CDBF[6].

Cela implique que cette approbation doit porter sur des violations de règles et qu'elle doit avoir causé un préjudice financier significatif, dont on a vu plus haut que le caractère significatif « est apprécié en tenant compte de son montant au regard du budget de l'entité ou du service relevant de la responsabilité du justiciable » (al. 3 du même article).

On voit immédiatement que la combinaison de ces différentes dispositions s'avère difficile : lorsqu'un préfet approuve une décision de gestion irrégulière prise dans un organisme sous tutelle, et qui a créé un préjudice financier significatif, le caractère significatif se mesure-t-il à l'aune du budget du « justiciable », comme le suggère le texte, donc le budget de la préfecture, ou à l'aune du budget de l'organisme concerné par la faute grave de gestion ?

Ce cas de figure est proche du défaut de contrôle traité plus haut[7], qui vise également les tutelles, mais s'en distingue par le comportement actif que suppose l'approbation positive, là où le défaut de contrôle couvre l'abstention passive.

La juridiction financière n'a guère eu recours à cette disposition. Dans un cas, concernant des indemnités irrégulières versées dans un hôpital, le DDASS, ayant accepté la délibération du conseil d'administration de l'hôpital qui fixait les indemnités irrégulières, avait selon la Cour engagé sa responsabilité sur cette base[8], mais la CDBF l'a relaxé en l'espèce,

1. C. comptes 19 déc. 2024, *Institut des sciences et des industries du vivant et de l'environnement (AgroParisTech) et Direction nationale des ventes domaniales (DNID), vente du mobilier du château de Grignon*, n° 3, S-2024-1571.
2. Sur cette règle de principe, v. s[s] n° 416.11.
3. Sur la question de la régularisation du préjudice, v. s[s] n° 445.24.
4. Sur le préjudice et sa victime dans cette infraction, dans sa version en vigueur avant le 31 déc. 2022, v. s[s] n° 445.23.
5. CJF, art. L. 131-9, al. 3.
6. CHJF, ancien art. L. 313-4, en vigueur jusqu'au 31 déc. 2022.
7. V. s[s] n° 432.242.
8. CDBF 1er juill. 1991, *CH de Lorient*, CCP, n° 3, p. 229 ; *Lebon* 635 ; *Rec.* 128. Arrêt rendu sur le fondement de l'ancienne réglementation ; désormais, pour être sanctionnables, ces faits doivent avoir causé un préjudice financier significatif.

au vu des circonstances. Le seul cas – peu explicite – est, semble-t-il, celui d'un recteur condamné sur ce fondement, pour avoir approuvé des marchés passés par un lycée, alors qu'il « ne pouvait ignorer qu'ils n'avaient été précédés d'aucune ouverture de crédit » et « en approuvant seul quatre marchés pour lesquels il n'était habilité à donner qu'un avis »[1].

Plus récemment, la CDBF a sanctionné « l'approbation par l'autorité de tutelle [ici un ministère] de ladite délibération du conseil d'administration, alors qu'elle ne pouvait ignorer que les membres élus présents lors de la séance [...] étaient ceux issus des élections [précédentes] et non ceux élus [lors de la dernière élection, ce qui] constitue une infraction aux règles d'exécution des dépenses »[2].

Dans certains cas, on se demande, à la lecture d'arrêts, pourquoi les tutelles n'ont pas été mises en cause[3].

1. CDBF 22 févr. 1961, *Lycée de jeunes filles de Grenoble*, CCP, n° 2, p. 34 ; *Lebon* 898. Arrêt rendu sur le fondement de l'ancienne réglementation ; désormais, pour être sanctionnables, ces faits doivent avoir causé un préjudice financier significatif.

2. CDBF 12 oct. 2018, *École nationale de formation agronomique (ENFA)*, n° 223-786 ; *Rec.* 188. Arrêt rendu sur le fondement de l'ancienne réglementation ; désormais, pour être sanctionnables, ces faits doivent avoir causé un préjudice financier significatif.

3. POUR TROIS EXEMPLES particulièrement évocateurs : CDBF 21 févr. 2008, *Agence nationale de valorisation de la recherche [Anvar]*, *AJDA* 2008. 1193, note N. Groper et C. Michaut ; *Rev. Trésor* 2008. 519, note N. Groper ; *GFP* 2011, p. 387, note M. Lascombe et X. Vandendriessche – CDBF 25 juill. 2008, *France Télécom ; Rec.* 82 ; *AJDA* 2008. 2435, note N. Groper et C. Michaut ; *GFP* 2011, p. 388, note M. Lascombe et X. Vandendriessche ; A. Froment-Meurice, J.-Y. Bertucci, N. Hauptmann et C. Michaut, *GAJF*, Dalloz, 7e éd. 2019, n° 51, p. 595 ; M. Degoffe, « La Cour de discipline budgétaire et financière réprime les infractions aux règles d'exécution des dépenses commises par le président de France Télécom », *Revue des sociétés* 2008, p. 858 – CDBF 16 avr. 2009, *CH de Fougères [Ille-et-Vilaine]*, *Rec.* 71 ; *AJDA* 2009. 1194, note N. Groper et C. Michaut ; *GFP* 2011, n° 7, p. 497, note M. Lascombe et X. Vandendriessche.

CHAPITRE

433. Faute grave de gestion ayant entraîné un préjudice significatif dans les entreprises publiques et dans le secteur public local

SECTION 0
ORIENTEUR

433.00 Sommaire du chapitre.

SECTION UNIQUE
FAUTES GRAVES DE GESTION DANS LES ENTREPRISES PUBLIQUES ET LES ORGANISMES LOCAUX

433.11 Infraction particulière pour les fautes graves de gestion commises dans les entreprises publiques nationales et le secteur public local. L'infraction prévue à l'article L. 131-10 du CJF[1], dont l'histoire et la place ont été développées plus haut[2], incrimine les faits suivants :

« Toute personne mentionnée à l'article L. 131-1 occupant un emploi de direction au sein de l'un des organismes mentionnés aux articles L. 133-1 et L. 133-2 qui, dans l'exercice de ses fonctions, cause à cet organisme un préjudice financier significatif au sens de l'article L. 131-9, par des agissements manifestement incompatibles avec les intérêts de celui-ci, par des carences graves dans les contrôles qui lui incombaient ou par des omissions ou négligences répétées dans son rôle de direction est passible des sanctions prévues à la section 3. Le précédent alinéa est également applicable aux personnes occupant un emploi de direction au sein des organismes ou filiales, quel que soit leur statut juridique, dans lesquels les collectivités territoriales, les établissements publics locaux ou les autres organismes relevant de la compétence d'une chambre régionale des comptes, détiennent, séparément ou ensemble, plus de la moitié du capital ou des voix dans les organes délibérants, ou sur lesquels ils exercent un pouvoir prépondérant de décision ou de gestion ».

Cette infraction, introduite en 1995 à la suite au scandale du Crédit Lyonnais pour les seules entreprises publiques nationales vers lesquelles le texte renvoie[3], n'est qu'un cas particulier de la faute grave de gestion jurisprudentielle[4], qui lui est antérieure et avec laquelle elle s'articule[5] ; les quelques arrêts rendus par la CDBF évoquant cette infraction[6] la délaissent au profit de la faute grave de gestion jurisprudentielle raccrochée à l'infraction générale réprimant les violations de règles[7].

Il faut dire que l'infraction est plus restreinte que l'infraction générale et son application jurisprudentielle : son champ des justiciables est plus limité, et ses cas d'ouverture le sont également.

La réforme entrée en vigueur le 1er janvier 2023 a élargi l'infraction au secteur public local, champ potentiellement très vaste, d'autant que la loi est très ouverte à cet égard : elle vise tout type de structure, quel que soit son statut juridique, contrôlé par des collectivités locales ou des organismes contrôlables par les chambres régionales des comptes.

1. En vigueur depuis le 1er janv. 2023 ; auparavant, CJF, ancien art. L. 313-7-1, en vigueur jusqu'au 31 déc. 2022.
2. V. s^s^ nº 431.21.
3. V. s^s^ nº 045.71 sur l'histoire.
4. Sur la faute grave de gestion jurisprudentielle, v. s^s^ nº 432.201.
5. V. s^s^ nº 432.221.
6. PAR EX. : CDBF 25 juill. 2008, *France Télécom*, *AJDA* 2008. 2435, note N. Groper et C. Michaut ; *GFP* 2011, p. 388, note M. Lascombe et X. Vandendriessche ; A. Froment-Meurice, J.-Y. Bertucci, N. Hauptmann et C. Michaut, *GAJF*, Dalloz, 7e éd. 2019, nº 51, p. 595 ; M. Degoffe, « La Cour de discipline budgétaire et financière réprime les infractions aux règles d'exécution des dépenses commises par le président de France Télécom », *Revue des sociétés* 2008, p. 858.
7. CJF, art. L. 131-9.

Cette réforme a aussi corrigé des incohérences qui existaient jusque-là, qui s'expliquaient sans doute par une certaine précipitation dans la rédaction de l'amendement parlementaire qui avait créé l'infraction [1].

Toutefois, la première application de ce texte sous l'égide des règles entrées en vigueur le 1er janvier 2023, concernant d'ailleurs une entreprise publique nationale, n'est guère encourageante [2], notamment à cause de l'approche peu globalisante de la faute de gestion d'une part, et de l'approche restrictive du préjudice financier significatif et du lien de causalité entre les fautes graves de gestion et celui-ci ; si le juge financier persiste dans cette approche, il n'est pas certain que cette infraction puisse jouer souvent.

1. La sanction prévue était moins importante que pour l'avantage injustifié, alors que l'infraction est censée être particulièrement grave ; « oubli » d'étendre les règles de cumul à cette infraction.
2. C. comptes 3 mai 2024, *France Médias Monde (FMM)*, n° 860, S-2024-0793 ; *JCP Adm.* 2024. 2207, note S. Damarey ; *AJDA* 2024. 1859, chron. N. Péhau et L. Vergallo.

TITRE

44. Octroi d'un avantage injustifié, par intérêt direct ou indirect

SECTION 0
ORIENTEUR

44.00 Sommaire du titre.

44.01 Texte applicable.

• **CJF,** art. L. 131-12

44.02 Jurisprudence de référence.

• **C. comptes 3 mai 2024,** *Département de la Haute-Saône, nº* 908, S-2024-0723

• **C. comptes 23 juill. 2024,** *Société anonyme d'économie mixte pour la gestion et pour l'animation du parc de loisirs de Saint-Cyr (SAEM SAGA), nº* 904, S-2024-1128

44.03 Bibliographie indicative.

Article. N. Péhau et L. Vergallo, « À la recherche de l'intérêt personnel », *AJDA* 2024. 1327.

Contribution. É. Moisan, « Entre désillusions et réalité juridique : l'article L. 131-12 du Code des juridictions financières », *in* S. Damarey et N. Groper, *Responsabilité financière des gestionnaires publics*, Dalloz, 2024, p. 125.

CHAPITRE

441. Présentation, histoire et positionnement de l'infraction

SECTION 0 ORIENTEUR

441.00 **Sommaire du chapitre.**

SECTION 1 PRÉSENTATION DE L'INFRACTION

441.11 **Aperçu de l'infraction et de ses éléments constitutifs.** Est sanctionnable, en application de l'infraction prévue à l'article L. 131-12 du code des juridictions financières[1], tout gestionnaire public qui, dans l'exercice de ses fonctions ou attributions, en méconnaissance de ses obligations et par intérêt personnel direct ou indirect, procure à une personne morale, à autrui, ou à lui-même, un avantage injustifié, pécuniaire ou en nature.

Cette infraction est souvent plus difficile à établir que les infractions formelles ; en effet, elle comporte plusieurs éléments constitutifs, parfois proches sans toujours se recouvrir.

Plusieurs séries de difficultés juridiques peuvent être distinguées ; elles seront analysées avec soin par la suite :

– la notion de « méconnaissance de ses obligations » est souvent vérifiée *ipso facto* par la présence de violations de règles formelles[2] ; mais elle peut également résulter de la méconnaissance de principes de gestion, comme les devoirs d'organisation, de surveillance ou de contrôle[3], ce qui rapproche cet élément de la notion de faute grave de gestion qui prévaut dans d'autres infractions[4] ;

– l'avantage injustifié est souvent constitué par un avantage irrégulier, au sens des règles formelles ; mais il existe des cas résiduels dans lesquels un avantage peut être considéré comme injustifié sans être pour autant être formellement irrégulier ; et, surtout, inversement, tout avantage irrégulier n'est pas pour autant injustifié (ce dernier cas est même fréquent dans la pratique, puisqu'il faut un indu)[5] ;

– l'intérêt personnel direct ou indirect constitue un élément nouveau, dans le cadre de la réforme entrée en vigueur le 1er janvier 2023, auquel la jurisprudence devra donner corps[6] ;

– le préjudice, qui demeure un élément constitutif de l'infraction pour les faits antérieurs au 31 décembre 2022[7], correspond en principe à l'avantage injustifié ; mais tout avantage injustifié n'est pas pour autant systématiquement constitutif d'un préjudice (par exemple, l'absence de mise en concurrence lors de l'attribution d'un marché est un avantage pour l'entreprise titulaire, mais n'a pas forcément créé un préjudice pour la collectivité) ; il s'agit même d'une hypothèse fréquente[8].

1. CJF, art. L. 131-12, en vigueur depuis le 1er janv. 2023. Jusque-là, cette infraction, avec des éléments constitutifs un peu différents, figurait à CJF, anc. art. L. 313-6, abrogé le 31 déc. 2022.

2. Sur la méconnaissance de règles formelles dans le cadre de cet élément constitutif de cette infraction, v. ss nos 442.32 et 442.51.

3. Sur la méconnaissance de principes de gestion dans le cadre de cet élément constitutif de cette infraction, v. ss no 443.31.

4. Sur les infractions réprimant la faute grave de gestion avec préjudice, v. ss nos 431.11 s.

5. Sur les irrégularités qui ne sont pas pour autant constitutives d'un avantage injustifié, v. ss no 442.33.

6. Sur l'intérêt personnel dans le cadre de la présente infraction, v. ss nos 444.11 s.

7. En application de CJF, anc. art. L. 313-6, en vigueur jusqu'au 31 déc. 2022.

8. Sur le préjudice dans le cadre de cette infraction, v. ss nos 445.11 s.

Pour bien distinguer ces éléments, on peut les différencier par personnes : l'avantage est conçu à partir du bénéficiaire ; la méconnaissance des obligations et l'intérêt personnel du point de vue du gestionnaire qui a octroyé l'avantage et qui doit être sanctionné ; le préjudice, enfin, adopte le point de vue de l'organisme dont les fonds sont en cause.

À noter que le Conseil constitutionnel a jugé, en 2014, que cette infraction, telle que formulée, était conforme au principe constitutionnel de légalité des délits et des peines [1].

441.12 Élargissement du champ aux élus en cas de réquisition du comptable public. L'infraction réprimant l'octroi d'un avantage injustifié a la particularité d'inclure les élus locaux parmi ses justiciables en cas de réquisition du comptable public [2]. Ainsi a pu être condamné un élu local qui avait octroyé un avantage injustifié à son ex-directrice de cabinet, sur réquisition du comptable public [3], ou un maire ayant décidé de verser des éléments de rémunérations indus à sa directrice des services, sur réquisition de la comptable publique [4], ou encore un maire ayant versé des primes indues à ses agents [5].

La première application « positive » de cette exception au principe de non-justiciabilité des élus [6], en cas de réquisition du comptable et d'octroi d'un avantage injustifié, est relativement récent [7] ; une autre affaire de ce type, plus ancienne, n'avait pas abouti [8], ce qui ne peut toutefois pas complètement expliquer que le juge financier ait laissé aussi longtemps en jachère cette disposition.

SECTION 2
HISTOIRE ET ÉVOLUTION DE L'INFRACTION

441.21 Histoire de l'infraction sous la Cour de discipline budgétaire et financière. L'histoire de l'infraction sanctionnant l'octroi d'un avantage injustifié est celui d'une extension progressive.

À l'origine, l'infraction, qui d'ailleurs ne figurait pas dans le projet gouvernemental, mais qui a été ajoutée dans la future de loi de 1948 par la commission des finances du Conseil de la République, visait avant tout le domaine de la commande publique ; formulée de façon excessivement restrictive [9], elle était de ce fait quasiment inapplicable.

Il fallait en effet tomber dans l'un des trois cas d'ouverture limitativement énumérés par la loi (même si le troisième cas d'ouverture était relativement large : « 3. généralement de faire toute diligence pour faire prévaloir les intérêts dont il a la charge... »). Ensuite, l'avantage devait être évalué par un expert et atteindre au moins le double du bénéfice normal, ce qui se heurtait à des difficultés difficilement surmontables. Enfin, l'infraction ne concernait que les relations contractuelles, à l'exclusion des autres cas d'octroi d'avantages injustifiés.

C'est pour pallier ces inconvénients que la réforme importante intervenue par la loi du 13 juillet 1971 a modifié en profondeur l'infraction [10] en en assouplissant ses éléments constitutifs.

441.22 Limitations apportées par la réforme entrée en vigueur le 1er janvier 2023 : exigence d'un intérêt personnel et suppression de la tentative d'octroi d'un avantage injustifié. La réforme entrée en vigueur le 1er janvier 2023 a modifié l'infraction réprimant l'avantage injustifié dans plusieurs directions opposées : d'un côté, l'infraction a été élargie dans son champ, en incriminant également l'avan-

1. Cons. const. 24 oct. 2014, *Stéphane R. et autres*, n° 2014-423 QPC ; *Rec.* 181 ; *Constitutions* 2014, p. 492, note O. Le Bot ; P. Mouzet, « La "responsabilité financière" existe-t-elle ? », *AJDA* 2014. 2497 ; *RFDA* 2014. 1218, chron. A. Roblot-Troizier et G. Tusseau ; A. Froment-Meurice, J.-Y. Bertucci, N. Hauptmann et C. Michaut, *GAJF*, 7e éd. 2019, n° 20, p. 228.
2. CJF, art. L. 131-12, qui renvoie à CJF, art. L. 131-4, qui prévoit : « Les personnes mentionnées aux 2° à 15° de l'article L. 131-2 sont justiciables de la Cour des comptes, à raison des actes accomplis dans l'exercice de leurs fonctions : [...] 2° Lorsqu'elles ont engagé leur responsabilité propre à l'occasion d'un ordre de réquisition, conformément à l'article L. 233-1, à l'article LO 253-19, à l'article LO 264-5 ou à l'article LO 274-5, et enfreint les dispositions de l'article L. 131-12 ».
3. C. comptes 3 mai 2024, *Département de la Haute-Saône*, n° 908, S-2024-0723 ; chron. Y. Simon et S. Heintz dans *RGP* 2024, n° 03, p. 70 ; *AJDA* 2024. 1327, chron. N. Péhau et L. Vergallo.
4. C. comptes 14 nov. 2024, *Commune de Bantzenheim (Haut-Rhin)*, n° 29, S-2024-1396.
5. C. comptes 16 déc. 2024, *Commune de Richwiller (Haut-Rhin)*, n° 44, S-2024-1528.
6. Sur les cas de justiciabilité des élus, en général, v. ss nos 313.141 s.
7. CDBF 30 sept. 2021, *Commune de Saint-Denis de La Réunion*, n° 251-826 ; *Rec.* 181 ; *RFFP* n° 157, févr. 2022, p. 181, note F. Lemaire ; *AJCT* 2022, p. 108, note G. Durand ; *AJDA* 2021. 2507 chron. N. Péhau et M. Choquet.
8. CDBF 30 juin 2006, *Sivom de la région d'Étaples-sur-Mer* ; *BJCL* 2006, n° 10, p. 710, note S. Bredin ; *AJDA* 2006. 2445, note N. Groper et C. Michaut ; *Rev. Trésor* 2006. 918, note M. Lascombe et X. Vandendriessche ; v. comm. D. Peyrical, *Dr. adm.* 2006, n° 12, p. 14 ; *Lebon* 665 ; *Rec.* 98.
9. L'article 6 initial de la loi de 1948 visait le justiciable de la Cour qui, « dans l'exercice de ses fonctions, aura procuré ou tenté de procurer à ceux avec lesquels il contracte un bénéfice au moins double, à dire d'experts, du bénéfice normal, en omettant soit 1. d'assurer une publicité suffisante aux opérations qu'il effectue ; 2. d'organiser la concurrence des cocontractants, dans la mesure où elle est compatible avec la nature et l'importance des mêmes opérations ; 3. généralement de faire toute diligence pour faire prévaloir les intérêts dont il a la charge... ».
10. V. ss n° 441.21.

tage à soi-même qui ne l'était pas jusque-là [1], et en ôtant, pour les faits nouveaux, l'exigence de la survenance d'un préjudice [2] ; de l'autre côté, et surtout, l'infraction a été rétrécie dans son champ d'application, car elle exige désormais la présence d'un intérêt personnel direct ou indirect [3] – innovation principale –, et que la tentative n'est plus expressément réprimable.

Ces éléments constitutifs étant plus difficiles à réunir pour qualifier l'infraction, et donc plus favorables pour le justiciable, ils sont d'application immédiate, y compris aux faits antérieurs [4].

S'agissant plus particulièrement de la tentative que, jusqu'à son abrogation, l'infraction incriminait spécifiquement [5], il convient de noter que c'était la seule infraction de droit public financier à prévoir expressément ce cas de figure [6], sans doute en raison du degré de gravité supérieur que comporte cette infraction par rapport aux infractions formelles.

La tentative suppose, en droit pénal ici transposable, qu'une circonstance extérieure à l'intéressé l'ait empêché d'aller au terme de ses actes, ou qu'elle ait manqué son effet pour des raisons indépendantes de la volonté de leur auteur. Si le gestionnaire se désiste volontairement avant la consommation de l'infraction, il n'y a pas de sanction, car il n'y a alors pas de faute sanctionnable [7].

En réalité, la portée de l'incrimination spécifique de la tentative était très faible. Ainsi, une régularisation *ex post* par le commettant ne fait pas non plus disparaître l'irrégularité dans les autres infractions prévues par le code des juridictions financières [8], dans lesquelles pourtant la tentative n'est pas spécialement incriminée.

Restaient premièrement l'hypothèse dans laquelle le gestionnaire prend un acte qui aurait pour effet d'octroyer un avantage injustifié à autrui, avant même que l'effet se réalise (par exemple une autorité compétente ne valide point l'acte), faute d'avantage reçu par un bénéficiaire, et deuxièmement le cas de figure dans lequel des sommes indûment payées avaient été reversées par le bénéficiaire [9], indépendamment de la volonté du gestionnaire faudrait-il ajouter : ainsi le versement, sur demande indépendante de la volonté du gestionnaire, d'un prix complémentaire pour un contrat à l'origine sous-évalué, permettait donc au juge de sanctionner l'avantage injustifié octroyé à autrui au titre de la tentative : le fait qu'un complément de prix ait finalement été payé pour compenser l'avantage initialement procuré pouvait être sanctionné au titre de la tentative [10].

Demeurée peu abondante en matière de tentative [11], la jurisprudence n'a pas su tirer parti du potentiel qu'offrait l'incrimination de la tentative : doit ainsi être critiqué un arrêt de la CDBF qui avait écarté l'infraction au motif que grâce à une action contentieuse, le préjudice, et sans doute l'avantage, avaient finalement disparu, ce qui constituait une erreur de raisonnement, car la tentative était alors sanctionnable [12].

Quoi qu'il en soit, la suppression de la tentative dans le texte de la loi est fort critiquable : en effet, l'octroi d'un avantage injustifié constitue moralement l'infraction financière la plus grave, et cette gravité a encore gagné en acuité depuis la réforme, du fait du critère supplémentaire de l'intérêt personnel pris dans cet octroi d'un avantage, ce qui justifierait aujourd'hui davantage encore que par le passé l'incrimination de la tentative : car la tentative de faire passer l'intérêt personnel devant l'intérêt général est en soi choquant – elle jette un doute sur la probité d'un gestionnaire public.

En outre, la suppression de la possibilité de sanctionner la tentative rétrécit encore davantage le champ de l'infraction financière par rapport aux infractions pénales qui, elles, peuvent toujours appréhender la tentative, ce qui est paradoxal pour une infraction qui non seulement a inspiré le délit de favoritisme, mais qui est censée jouer un rôle dans la limitation du risque pénal. Cela aboutit à l'effet pervers suivant : la tentative, pourtant moins grave, relève du régime répressif plus sévère (pénal) et l'octroi réussi d'un avantage peut relever du régime répressif moins sévère (le présent régime répressif de droit public financier).

441.23 Élargissement du champ de l'infraction par la réforme entrée en vigueur le 1er janvier 2023 : incrimination de l'avantage à soi-même et suppression de l'exigence de préjudice. Autres apports notables de la réforme entrée en vigueur le 1er janvier

1. Sur l'avantage procuré à soi-même, v. ss nº 442.42.
2. Sur le préjudice, qui demeure applicable pour les faits antérieurs au 31 déc. 2022, v. ss nº 445.11.
3. Sur l'intérêt personnel, v. ss nº 444.11.
4. CAF 12 janv. 2024, *Société ALPEXPO*, nº 2024-01 ; *Rec.* 2023, 49 ; *AJDA* 2024. 895, chron. N. Péhau et L. Vergallo.
5. CJF, anc. art. L. 313-6, abrogé le 31 décembre 2022.
6. Sur la tentative en général, v. ss nos 417.11 s.
7. C. Pierucci, Une responsabilité à raison de la gestion publique, la responsabilité devant la Cour de discipline budgétaire et financière, thèse, 2003, p. 205.
8. Règle générale sur l'absence d'effet d'une régularisation ex post, v. ss nº 416.11.
9. J.-P. Gastinel, « Cour de discipline budgétaire et financière », *J.-Cl. Adm.* 1996, nº 84.
10. CDB 22 mai 1957, *Sté nationale de constructions aéronautiques du Nord [SNCAN]*, *Lebon* 890 ; CCP, nº 2, p. 13.
11. Ex. où toutefois un grief tiré de ce qu'une tentative aurait été commise n'a pas été retenu : CDBF 11 et 12 déc. 1991, *CHS du Rouvray*, *Rev. Trésor* 1993. 31 ; *Lebon* 640 ; *Rec.* 136.
12. CDBF 11 oct. 2013, *Maison de retraite intercommunale de Champcevrais*, nº 191-701 ; *Rec.* 213 ; *AJDA* 2013. 2547, chron. C. Michaut et P. Sitbon.

2023, la suppression de l'exigence d'un préjudice (simple), qui prévalait jusque-là, ainsi que la mention expresse de l'incrimination de l'avantage à soi-même.

S'agissant de cette dernière, la limitation de l'infraction, à l'origine, à l'avantage procuré à autrui, bien que parfois critiquée et incluse dans des projets de réforme (1996[1] ; 2009[2]), s'expliquait par la volonté de ne pas faire glisser les infractions financières vers la répression des manquements au devoir de probité, qui relèvent du juge pénal. Par ailleurs, ce type de cas était traité par l'infraction générale réprimant le non-respect de règles, avec une gravité supplémentaire du fait de l'enrichissement personnel obtenu[3].

Ces innovations rendant l'infraction, pour ces éléments-là, moins favorable au justiciable, la juridiction financière répressive a considéré qu'elles ne pouvaient pas s'appliquer aux faits antérieurs à l'entrée en vigueur de la réforme[4], solution en elle-même peu surprenante au regard des principes applicables à tout contentieux répressif[5], mais discutable en ce qui concerne les faits constitutifs d'avantage à soi-même, qui étaient auparavant déjà sanctionnables, sur la base certes d'une autre infraction[6].

441.24 **Banalisation du plafond de l'amende dans le cadre de la réforme entrée en vigueur le 1er janvier 2023.** Si jusqu'à la réforme entrée en vigueur le 1er janvier 2023, le plafond de l'amende de l'infraction réprimant l'avantage injustifié était doublé par rapport aux autres infractions financières[7], tel n'est désormais plus le cas : l'infraction, malgré son degré de gravité supérieur – du fait de la présence d'un intérêt personnel – a désormais le même plafond que la faute grave de gestion et que les infractions en matière d'inexécution de décisions de justice[8]. La raison pour ce changement demeure, faute d'avoir été explicitée, inconnue.

En revanche, il subsiste un écart avec le plafond des infractions budgétaires et comptables, qui s'explique par la gravité accrue de l'avantage injustifié par rapport à des infractions plus formelles.

SECTION 3
ARTICULATION AVEC D'AUTRES INFRACTIONS ET AVEC LE PÉNAL

441.31 **Articulation de l'infraction réprimant l'octroi d'un avantage injustifié avec les autres infractions financières.** Par rapport aux infractions budgétaires et comptables[9], plutôt formelles, l'infraction réprimant le fait de procurer, à autrui ou à soi-même, un avantage injustifié, en méconnaissance de ses obligations, est d'une nature particulière.

En effet, si, comme nous l'avons vu, le plafond de l'amende a été abaissé dans le cadre de la réforme entrée en vigueur le 1er janvier 2023, il demeure plus élevé que pour les infractions budgétaires plus formelles : ceci découle de la différence des objectifs poursuivis par la loi.

Selon Christophe Pierucci, l'octroi d'un avantage injustifié « ne vise pas seulement à protéger les finances et, plus largement, le patrimoine des organismes relevant de la compétence de la Cour. Il s'agit aussi de protéger la « morale administrative », c'est-à-dire [...] de faire en sorte que l'action administrative et, plus largement, celle du secteur public *latu sensu* se développe dans le respect de certains principes essentiels pour le fonctionnement de l'économie »[10].

Octroyer un avantage injustifié est en effet une question d'un ordre différent que le simple non-respect de règles formelles qui encadrent les finances publiques, et ce à plusieurs titres.

L'infraction est d'une nature davantage « économique », cet aspect se traduisant dans le texte par les notions d'avantage injustifié et, dans l'ancienne infraction, de préjudice. La nécessité d'un préjudice était d'ailleurs, à l'origine, une spécificité de cette infraction, soulignant sa particulière gravité, la plupart des autres infractions de droit public financier ne requérant pas, au départ, la survenance d'un préjudice. Il est vrai que la réforme précitée a réduit

1. PAR EX. le projet de 1996 ; v. s[s] no 046.22.
2. Sur le projet de loi porté par Philippe Séguin, v. s[s] nos 046.35 s.
3. Jurisprudence constante : CDBF 17 déc. 1976, *Caisse interprofessionnelle, commerciale et industrielle d'allocations vieillesse [Ciciav] de Béthune*, CCP, no 2, p. 121 – CDBF 27 mars 1985, *Sté française d'équipements pour la navigation aérienne [Sfena]*, CCP, no 3, p. 7 – CDBF 18 déc. 2012, *École nationale d'équitation*, no 187-699 ; *AJDA* 2013. 1628, chron. C. Michaut et P. Sitbon ; *GFP* 2013, no 5, p. 94, note S. Damarey, M. Lascombe et X. Vandendriessche – CDBF 15 nov. 2021, *Commission du film d'Île-de-France*, no 253-834 ; *Rec.* 187.
4. C. comptes 11 mai 2023, *Société ALPEXPO*, no 836, S-2023-0604 ; *Rec.* 17 ; *JCP Adm.* no 25, 26 juin 2023, 2210, note S. Damarey ; *AJDA* 2023. 1511, note X. Vandendriessche – Confirmé par CAF 12 janv. 2024, *Société ALPEXPO*, no 2024-01 ; *Rec.* 49 ; *AJDA* 2024. 895, chron. N. Péhau et L. Vergallo – Dans le même sens : C. comptes 20 oct. 2023, *Régie régionale des transports des Landes (RRTL)*, no 865, S-2023-1184 ; *Rec.* 34.
5. V. s[s] no 221.11.
6. CJF, anc. art. L. 313-4 – Sur cette discussion, v. É. Quinart, « L'application dans le temps de la réforme du régime de responsabilité financière des gestionnaires publics », *RFDA* 2024. 789.
7. CJF, anc. art. L. 313-6, abrogé le 31 déc. 2022.
8. CJF, art. L. 131-16.
9. CJF, art. L. 131-13, 1° à L. 131-13, 3°.
10. C. Pierucci, *Une responsabilité à raison de la gestion publique, la responsabilité devant la Cour de discipline budgétaire et financière*, thèse, Université Robert Schuman-Strasbourg III, 2003, p. 129.

quelque peu cette singularité, en prévoyant l'exigence de préjudice (de surcroît d'un préjudice financier significatif) pour les fautes graves de gestion [1], tout en supprimant - sans que l'on sache trop pourquoi - ce critère pour l'infraction réprimant l'avantage injustifié (qui présent d'ailleurs souvent quand même un préjudice, comme on le verra plus loin, même si ce critère n'est donc plus exigé, hormis pour les faits antérieurs au 31 décembre 2022).

Si les infractions aux règles de protection des finances publiques concernent essentiellement la relation entre le gestionnaire et la réglementation qui s'impose à lui, l'octroi d'un avantage injustifié met en relation le gestionnaire (qui décide, en méconnaissance de ses obligations), son organisme et un bénéficiaire, souvent un tiers (même si désormais l'avantage à soi-même est également susceptible d'être sanctionné sur la base de cette infraction).

Mais en dépit de ces différences conceptuelles et pratiques entre les infractions aux règles et l'infraction réprimant l'octroi d'un avantage injustifié, ces incriminations s'articulent logiquement et l'examen de la jurisprudence de la CDBF depuis les origines montre une certaine convergence entre toutes les infractions.

Premièrement, l'articulation logique entre les infractions, dans l'esprit des concepteurs de la répression financière, est évidente : d'un côté les violations de règles (sans préjudice ni faute caractérisée) constituent les infractions de base, si l'on peut dire, et de l'autre côté les infractions plus graves, requérant un préjudice ou un intérêt personnel, et une faute d'une gravité peut-être plus élevée, étant précisé que les mêmes faits peuvent être qualifiés au titre de plusieurs infractions qui s'enchaînent. Les infractions sont donc complémentaires et graduées, même si la réforme entrée en vigueur le 1er janvier 2023, en modifiant certaines des infractions, a un peu redistribué les cartes, pas forcément en clarifiant les lignes de partage.

Deuxièmement, la jurisprudence de la CDBF fait montre d'une tendance vers une certaine convergence entre les infractions formelles et l'octroi d'un avantage injustifié à autrui entraînant un préjudice :

- les infractions formelles, bien que ne le requérant pas parmi leurs éléments constitutifs, sont mises en œuvre dans la pratique seulement dans des cas revêtant une certaine gravité [2] ; or cette gravité peut être constituée notamment lorsqu'il existe un préjudice, critère appartenant jusqu'à récemment à l'infraction réprimant l'avantage injustifié ;

- le fait que l'avantage injustifié doive avoir été accordé en « méconnaissance de ses obligations » implique le plus souvent (mais pas toujours) la violation d'une règle formelle, irrégularité qui sera précisément constitutive de la méconnaissance d'une obligation ; et même lorsque les obligations au sens de cette infraction ne sont pas des règles formelles, mais des obligations professionnelles, il s'agit souvent des mêmes que celles dont l'ignorance est également constitutive de la faute grave de gestion en vertu de l'œuvre jurisprudentielle de la CDBF (devoir de surveillance, devoir de vigilance, devoir d'organisation ; violation de principes de gestion).

On voit donc que les irrégularités formelles peuvent être doublées de facteurs de gravité, dont le préjudice ou l'intérêt personnel (mais également d'autres facteurs de gravité), et en sens inverse les avantages injustifiés reposent *de facto* souvent sur des comportements constitutifs aussi d'irrégularités formelles.

Troisièmement et surtout, les avancées jurisprudentielles de la juridiction financière répressive ont été le plus souvent, en matière d'infractions, basées sur un rapprochement des infractions, en particulier de l'ancienne infraction générale sanctionnant le non-respect des règles de gestion [3] avec l'infraction réprimant l'avantage injustifié.

Il en va ainsi de la responsabilité du supérieur hiérarchique [4], qui se base plus ou moins expressément sur la notion de « méconnaissance de ses obligations » par le supérieur (ou l'autorité de contrôle), cette notion figurant expressément dans l'infraction réprimant l'avantage injustifié, mais rétroagissant par cette jurisprudence sur l'infraction générale. Il en est de même de la jurisprudence sur la violation des principes de gestion [5], qui se fonde également souvent sur des « obligations », prudentielles notamment, et qui mêle les deux infractions [6].

La relation entre ces deux infractions est au cœur de la nature même de la répression de droit public financier. On peut même dire, en durcissant un peu le trait, que le système répressif mis en œuvre par la CDBF s'est historiquement construit sur un équilibre alliant les deux catégories d'infractions, les formelles et les « économiques », autour des notions de règles et d'obligations. La jurisprudence sur la violation de principes de gestion en constitue pour ainsi dire le point d'orgue : ces cas de figure étaient d'ailleurs le plus souvent sanctionnés par la CDBF sur la base des deux infractions utilisées concomitamment. Si la limitation du champ de l'ancienne infraction géné-

1. CJF, art. L. 131-9 et L. 131-10.
2. V. ss nos 223.11 s.

3. CJF, anc. art. L. 313-4.
4. Défaut de surveillance, défaut d'organisation ; pour les fautes de négligence, v. ss no 432.231.
5. Appelée aussi faute grave de gestion jurisprudentielle ; v. ss nos 432.201 s.
6. PAR EX. : CDBF 11 déc. 1981, *Institut universitaire de technologie d'Orsay*, CCP, no 2, p. 192.

rale désormais aux seuls faits ayant généré un préjudice financier significatif a modifié la donne, cela ne remet pas en cause les grands équilibres sur lesquels a été bâti le régime de responsabilité financière.

Mais il reste que, théoriquement du moins, l'infraction de l'avantage injustifié a toujours pu jouer seule, soit parce que le juge choisissait de ne pas sanctionner au titre de l'infraction la moins grave[1], soit parce que le juge considérait qu'aucune infraction formelle n'était constituée ; les condamnations, du temps de la CDBF, sur la seule base de l'avantage injustifié étaient rares[2].

Dans le régime de responsabilité issu de la réforme entrée en vigueur le 1er janvier 2023, la dissociation entre infractions aux règles et l'octroi d'un avantage est plus grande, les premières étant plus restreintes dans leur champ d'application. Cette situation, qui limite beaucoup la capacité à appréhender les infractions formelles en matière de rémunération ou de commande publique lorsqu'il n'existe pas de préjudice financier significatif ou d'infraction budgétaire, accroît certainement le rôle de l'infraction réprimant l'avantage injustifié. En effet, certains cas de violations de règles pourront être sanctionnés sur cette base même sans préjudice, à condition toutefois qu'un intérêt personnel puisse être établi.

441.32 Articulation de l'infraction réprimant l'octroi d'un avantage injustifié avec les infractions pénales, et en particulier avec le délit de favoritisme. L'articulation entre l'infraction d'octroi d'un avantage injustifié[3] et le champ des infractions pénales concerne historiquement avant tout le délit de favoritisme[4].

La proximité, dans leurs éléments constitutifs respectifs, saute en effet aux yeux. Certains ont d'ailleurs pu, lors de la création de cette infraction de droit public financier, estimer qu'elle comblait une lacune du droit pénal[5], et inversement il n'est pas inutile de signaler que le délit pénal est apparu dans la législation un tiers de siècle après l'infraction financière. Surtout, la création du délit pénal doit beaucoup à l'infraction financière, qui a servi de modèle lors de la rédaction du délit pénal[6] ; on peut même dire que le délit pénal a été rendu nécessaire pour combler un vide laissé par une CDBF insuffisamment saisie et qui, surtout, ne pouvait guère appréhender les élus locaux.

Mais proximité ne signifie pas identité entre ces deux infractions, et ce n'est pas seulement le champ des justiciables respectifs qui ne coïncide pas (cas des élus locaux en particulier ; mais aussi impossibilité pour le juge financier d'appréhender, le plus souvent, le bénéficiaire du favoritisme), mais également le champ des actes (côté pénal uniquement la commande publique, alors que le financier vise tout type d'avantage).

Se pose néanmoins, outre le problème du *non bis in idem*[7], la question récurrente d'une meilleure articulation entre ces deux infractions, et plus largement des deux régimes de responsabilité[8].

L'évolution récente de l'infraction financière, avec l'ajout du critère de l'intérêt personnel[9], a en outre rapproché l'infraction financière réprimant l'avantage injustifié procuré à soi-même ou à un proche du délit pénal de prise illégale d'intérêts[10]. Plutôt que de viser une clarification des champs respectifs du pénal et du financier, la réforme entrée en vigueur le 1er janvier 2023 a donc accentué la confusion, rendant une meilleure articulation encore plus importante que jamais.

1. Dans certains cas, il semble qu'il s'agisse d'un oubli…
2. Pour un exemple : CDBF 17 déc. 1976, *Caisse interprofessionnelle, commerciale et industrielle d'allocations vieillesse [Ciciav] de Béthune*, CCP, n° 2, p. 121.
3. CJF, ancien art. L. 313-6, jusqu'au 31 déc. 2022 ; désormais CJF, art. L. 131-12.
4. C. pén., art. 432-14 : « atteinte à la liberté d'accès et à l'égalité des candidats dans les marchés publics et des délégations de service public ».
5. Le député Charles Barangé au moment des débats parlementaires autour de la loi de 1948 ; rapporté par S. Thébault, L'ordonnateur en droit public financier, thèse, LGDJ, 2007, p. 323.
6. Ce point a été confirmé aux auteurs par l'un des conseillers du ministre des Finances de l'époque.
7. Sur le *non bis in idem* entre financier pénal, v. ss nos 212.11 s. et 212.31 s.
8. Sur les recommandations du groupe de travail pénal/CDBF formulées en 2006, v. ss n° 046.34.
9. V. ss n° 441.22 sur la réforme ; v. ss n° 444.11 pour l'intérêt personnel.
10. Code pénal, art. 432-12 à 432-13.

CHAPITRE

442. Octroi d'un avantage injustifié

SECTION 0
ORIENTEUR

442.00 **Sommaire du chapitre.**

442.05 **Aperçu.** Il faut établir qu'un avantage injustifié a été accordé. La CDBF ne s'attardait pas toujours sur cet élément constitutif, moins difficile à établir que l'existence d'un préjudice (élément d'ailleurs désormais supprimé) ; toutefois, la réforme entrée en vigueur le 1er janvier 2023, en restreignant le pouvoir du juge financier de sanctionner de pures irrégularités formelles, sur lesquelles le juge ensuite fondait le caractère injustifié de l'avantage, rend plus que jamais nécessaire de bien définir cette notion, l'élément « injustifié » devant être précisé avec soin.

SECTION 1
PROCURER : INTENTIONNALITÉ ET IMPUTATION

442.11 **Question de l'intentionnalité de l'octroi d'un avantage.** Selon la jurisprudence de l'ancienne CDBF, cette infraction « n'exige pas que l'agent mis en cause ait eu l'intention de procurer un avantage injustifié entraînant un préjudice pour l'organisme dont il relève mais seulement que les décisions prises par cet agent, en méconnaissance de ses obligations, aient abouti à un tel résultat »[1]. Cela rejoint la règle générale en matière d'intentionnalité en matière financière.

La dimension fautive de l'infraction ressort en effet davantage de la notion de méconnaissance d'obligations professionnelles que de celle de l'avantage.

Toutefois, cette solution doit aujourd'hui être complétée par la nécessité d'établir, outre l'avantage injustifié et une méconnaissance d'obligations, un intérêt personnel de la part de celui qui procure cet avantage, intérêt qui, d'une certaine façon, laisse supposer un degré d'intentionnalité plus fort que par le passé.

Néanmoins, s'agissant du critère de l'avantage et de son caractère injustifié, qui reflète d'abord un résultat factuel, et moins un comportement fautif, qui lui est plutôt inclus dans la notion d'obligation méconnue, aucune intentionnalité qualifiée n'est requise.

1. CDBF 30 sept. 1987, *EHESS et Assoc. Marc Bloch*, CCP, nº 3, p. 94 ; *Lebon* 515.

SECTION 2
AVANTAGES

442.21 Conception large de l'avantage. Contrairement à la notion de préjudice, qui adopte le point de vue de l'organisme lésé, celle d'avantage, qui est vue à partir du bénéficiaire, est conçue de façon large.

L'avantage se présente sous forme pécuniaire ou en nature, aux termes de l'article L. 131-12 du CJF lui-même.

Pour des exemples d'avantages en nature : excédent de papier laissé à la disposition du titulaire d'un marché qui comportait des irrégularités massives et qui de surcroît avait permis au titulaire de bénéficier de marges exorbitantes [1] ; mise à disposition d'une voiture de fonction [2] ; invitation à des matchs de football [3].

L'avantage peut également consister par exemple pour une entreprise à obtenir un marché sans la mise en concurrence préalable pourtant requise par les textes [4].

442.22 Avantage établi, sans qu'il soit toutefois nécessaire de le chiffrer en détail. Si l'existence d'un avantage injustifié n'est pas prouvée, l'infraction ne peut être retenue (même s'il y a par ailleurs un préjudice).

Exemple : dans une affaire, les modalités de fonctionnement de comptes bancaires violaient une convention en vigueur entre un organisme de protection sociale et l'Agence centrale des organismes de sécurité sociale (Acoss), ce qui impliquait qu'une banque gardait la trésorerie plus longtemps que prévu par la convention précitée. La Cour n'a pas retenu l'avantage injustifié : la banque tirait sans doute profit du système, mais il n'était pas établi que la banque percevait davantage que ce que « tout banquier est en droit d'attendre de ses relations commerciales avec un client » ; l'avantage n'était donc pas établi [5].

442.23 Avantage et préjudice. L'avantage est apprécié du point de vue de celui qui reçoit, alors que le préjudice, autre notion économique faisant partie des éléments constitutifs de cette infraction jusqu'à son abrogation récente [6], est apprécié du point de vue de celui qui perd ; proches, ces notions doivent cependant être distinguées.

Il doit donc être regretté que la CDBF ne prît pas toujours soin de distinguer les différentes notions d'avantage injustifié et de préjudice [7].

La jurisprudence montre en effet que, en particulier dans le domaine de la commande publique, un avantage peut avoir été octroyé à une personne sans que le préjudice pour la caisse publique ou le Trésor soit pour autant avéré [8]. En outre, le préjudice doit être financier, alors que l'avantage est entendu plus largement : il peut être en nature.

Plus rarement, dans l'autre sens, la jurisprudence a pu écarter l'existence d'un avantage malgré la présence d'un préjudice. Ainsi, « si les irrégularités relevées ont bien causé un préjudice [...], il n'a pas été établi qu'elles se soient traduites par l'octroi d'un avantage injustifié » [9]. Mais cette solution s'explique peut-être par la particularité des créances en cause, issues d'une subrogation de droits de victimes d'accidents médicaux.

Dans une autre affaire, plus flagrante, des chèques n'avaient pas été inscrits en comptabilité ni remis à l'encaissement (ou tardivement) ; cette abstinence du comptable avait créé un « préjudice certain », mais la CDBF n'a pas retenu d'avantage injustifié, car personne n'avait rien gagné à la défaillance du comptable [10].

SECTION 3
CARACTÈRE INJUSTIFIÉ

442.31 Caractère injustifié de l'avantage : éléments généraux. La notion de caractère injustifié d'un avantage mérite d'être précisée, même si la juridiction financière elle-même, dans ses arrêts, ne s'y attarde pas toujours. Pourtant, s'il apparaît qu'un avantage n'est pas injustifié (qu'il est donc, au contraire, justifié), l'infraction ici visée ne saurait trouver application.

1. CDBF 26 juin 1992, *min. des PTT*, *Rev. Trésor* 1993. 777 ; *Lebon* 632 ; *Rec.* 137.
2. MÊME si dans cette affaire, l'infraction a finalement été écartée : CDBF 23 juill. 2009, *CCI Nice-Côte d'Azur*, *Rec.* 79 ; *AJDA* 2010. 488, note N. Groper et C. Michaut ; *GFP* 2011, nº 7, p. 506, note M. Lascombe et X. Vandendriessche.
3. CDBF 14 nov. 2019, *Chambre départementale d'agriculture du Finistère*, nº 237-772 ; *Rec.* 221.
4. V. s[s] nº 442.51 la typologie des avantages injustifiés.
5. CDBF 28 nov. 1990, *Assoc. pour la gestion de la Sécurité sociale des artistes auteurs [Agessa]*, CCP, nº 3, p. 217 ; *Lebon* 528.
6. Sur le préjudice et la suppression de cet élément constitutif pour les faits postérieurs au 1er janv. 2023, v. s[s] nº 445.11.
7. PAR EX. : CDBF 13 févr. 2019, *Centre hospitalier d'Ajaccio*, nº 230-805 ; *Rec.* 203 ; lire surtout la chronique D. Guilbaud et N. Péhau, « Injonctions paradoxales sur l'Île de Beauté », *AJDA* 2020. 1284.
8. V. s[s] nº 442.91.
9. CDBF 10 déc. 2020, *Office national d'indemnisation des accidents médicaux, des infections iatrogènes et des infections nosocomiales (ONIAM)*, nº 245-801 ; *Rec.* 195.
10. CDBF 16 mars 1988, *Caisse de retraite et de prévoyance de la boucherie, boucherie-charcuterie et boucherie hippophagique française [Carbof]*, CCP, nº 3, p. 131 ; *Lebon* 543.

Or contrairement à ce que l'on pourrait penser, la notion d'avantage injustifié n'est pas si aisée à cerner ; en particulier, elle ne doit pas être confondue avec la notion d'avantage irrégulier.

En effet, comme l'a dit la juridiction financière dans un considérant de principe, « la constatation d'une infraction aux règles relatives à l'exécution des dépenses[1] [...] ne suffit pas, en tant que telle, à caractériser l'infraction de l'avantage injustifié »[2]. Autrement dit, il n'existe pas de relation d'automaticité entre caractère irrégulier et caractère injustifié d'un avantage, malgré la proximité indéniable qu'entretiennent ces deux notions, et malgré le fait que, souvent, les deux puissent coïncider.

Toute irrégularité formelle ne saurait donc rendre pour autant injustifiée une dépense ou une recette ; en revanche, les irrégularités constatées peuvent alimenter un autre élément constitutif de l'infraction, qu'est la méconnaissance d'obligations[3].

Pour être injustifié, l'avantage doit être indu, c'est-à-dire être dépourvu de contrepartie effective ou de contrepartie adéquate[4] : par exemple, dans un arrêt, le juge a considéré que les « versements indus qui ne correspondaient pas à la contrepartie d'un surcroît de travail ou d'une sujétion particulière, sont constitutifs d'un avantage injustifié »[5].

Le cas le plus flagrant d'absence de contrepartie est celui du payement en l'absence de service fait[6].

Dans d'autres cas, l'existence d'une contrepartie peut ne pas, pour autant, rendre une dépense due, lorsque la réglementation s'y oppose : ainsi l'hypothèse dans laquelle des heures supplémentaires sont versées pour un objet qui n'entre pas dans les critères de la réglementation[7].

C'est donc au cas par cas qu'il faut apprécier si une dépense ayant donné lieu à avantage est due ou non.

Notons aussi que la charge de la preuve du caractère injustifié pèse sur l'accusation : ainsi le juge a-t-il pu écarter l'infraction au motif que « le caractère injustifié de l'avantage octroyé au directeur général n'a, dans les circonstances de l'espèce, pas été suffisamment établi par l'accusation pour que les éléments constitutifs de l'infraction [...] puissent être considérés comme réunis »[8].

442.32 Proximité entre injustifié et irrégulier, concomitance ou assimilation hâtive. La notion d'avantage injustifié ne se confond pas avec l'irrégularité de l'avantage, même si la jurisprudence de la Cour montre que les deux apparaissent *de facto* souvent concomitamment.

Dans la plupart des cas, les deux notions « irrégulier » et « injustifié » sont présentes en même temps sans toutefois se confondre complètement.

Cette proximité s'explique d'ailleurs par la construction même de notre système répressif de droit public financier, sa cohérence d'ensemble, en tant que dispositif visant à sanctionner les fautes de gestion fondées sur la méconnaissance de règles ou d'obligations, dans une optique de discipline budgétaire et financière ; la notion d'injustifié se rattache dès lors à la complémentarité des infractions formelles aux règles (irrégularités) et de l'infraction sanctionnant l'octroi d'un avantage injustifié.

Toutefois, la réforme entrée en vigueur le 1er janvier 2023 a encore accentué, si on peut dire, la portée de cette distinction, puisqu'il est devenu plus difficile d'appréhender les simples irrégularités par l'ancienne infraction générale[9], désormais cantonnée dans le champ très limité des préjudices financiers significatifs[10] ; en revanche, une irrégularité pourra toujours être appréhendée si elle a généré un avantage injustifié.

On peut affirmer sans trop se tromper que la plupart des avantages injustifiés sont aussi irréguliers, même si parfois le juge ne le précise pas ou que la règle méconnue n'apparaît pas directement[11].

Inversement, en principe, un avantage légal est dû et ne peut donc pas être injustifié : « Considérant en l'espèce qu'eu égard, d'une part, à la possibilité d'interpréter les dispositions [d'un décret] comme permettant, du fait de la disparition des services dénommés « brigades mobiles d'intervention » consécutive à la création de [l'établissement public en question], l'attribution des indemnités aux agents effectuant, en raison de leurs fonctions, des déplacements fréquents, d'autre part à la validation écrite de cette interprétation par l'autorité de tutelle,

1. Au sens de CJF, anc. art. L. 313-4 en vigueur au moment des faits ; désormais CJF, art. L. 131-9 avec des critères par ailleurs plus restrictifs (préjudice financier significatif).
2. CDBF 13 févr. 2019, *Centre hospitalier d'Ajaccio*, n° 230-805 ; *Rec.* 203 ; *AJDA* 2020. 1284 chron. D. Guilbaud et N. Péhau.
3. Sur ce critère, v. s^s n° 443.11.
4. PAR EX. : C. Pierucci, Une responsabilité à raison de la gestion publique, la responsabilité devant la Cour de discipline budgétaire et financière, thèse non publiée, 2003, p. 133.
5. CDBF 20 juin 2022 *Institut national du sport, de l'expertise et de la performance (INSEP)*, n° 258-849 ; *Rec.* 136 ; *AJDA* 2022. 2527, chron. N. Péhau et M. Choquet. Ici § 18 de l'arrêt.
6. CDBF 13 juill. 2011, *Rectorat de Paris – Inspecteurs de l'académie de Paris (IAP)*, n° 177-684 ; *Rec.* 158 ; *GFP* 2013, n° 5, p. 74, note S. Damarey, M. Lascombe et X. Vandendriessche.
7. CDBF 11 déc. 1981, *Institut universitaire de technologie d'Orsay*, CCP, n° 2, p. 192.
8. CDBF 3 mai 2021, *Association « OPCALIA »*, n° 250-845 ; *Rec.* 175.
9. CJF, anc. art. L. 313-4.
10. CJF, art. L. 131-9.
11. V. s^s n° 442.34.

quoique tardive, les éléments constitutifs des infractions[1] [...] ne sont pas réunis »[2].

En réalité, c'est au cas par cas qu'il faut établir qu'un avantage irrégulier est également indu, car il existe de nombreuses formes différentes d'irrégularités qui toutes ne rendent pas une dépense indue.

Or dans certains arrêts, concernant tous des questions de rémunérations versées irrégulièrement, la Cour semble affirmer que l'irrégularité conférerait *ipso facto* aux avantages un caractère injustifié.

Ainsi ont pu être retenues comme injustifiées des irrégularités, selon les termes d'un arrêt, « en ce qu'elles ont procuré à leurs bénéficiaires des avantages irréguliers »[3].

A également pu être retenu un « avantage non justifié au regard de la réglementation applicable »[4], ce qui revient à assimiler caractère injustifié et irrégularité ; *idem* pour une « rémunération excédant celle à laquelle elle aurait pu régulièrement prétendre »[5]. Dans le même sens : « Considérant que de simples certificats administratifs ne pouvaient pas fixer les taux des indemnités de sujétion et primes de technicité à des niveaux différents de ceux prévus par l'arrêté [...], et selon des modalités contraires aux dispositions [...] du décret du même jour ; Considérant ainsi que ces primes et indemnités ont été versées en méconnaissance des règles d'exécution des dépenses, ont procuré un avantage injustifié aux agents et ont créé un préjudice financier... »[6].

Il en va de même, dans un autre arrêt, d'avantages en nature et diverses indemnités octroyés sans base juridique[7].

1. En l'occurrence l'infraction générale réprimant le non-respect des règles (CJF, ancien art. L. 313-4 en vigueur des faits), et l'infraction réprimant l'avantage injustifié.
2. CDBF 15 déc. 2017, *Office national de l'eau et des milieux aquatiques* (ONEMA), n° 217-730-II ; *Rec.* 247 ; *AJDA* 2018. 2493, chron. N. Hauptmann et N. Péhau ; v. également V. Mazzocchi, « Principe *non bis in idem*, que faut-il entendre par *bis* ? » Droit administratif et droit public financier, *Dr. adm.* 2018, n° 3, chron. 1.
3. CDBF 11 oct. 1982, *Office national d'études et de recherches aérospatiales [Onera]*, CCP, n° 2, p. 206.
4. CDBF 4 oct. 1984, *Université Louis Pasteur de Strasbourg, Laboratoire de physique corpusculaire et cosmique [LPCC], Assoc. pour le développement de la recherche en physique corpusculaire et cosmique [ADRPCC]*, CCP, n° 2, p. 222.
5. CDBF 16 nov. 2016, *Centre hospitalier de Givors*, n° 211-739 ; *Rec.* 187 ; *AJDA* 2017. 932, chron. N. Péhau et N. Hauptmann.
6. CDBF 15 déc. 2017, *Office national de l'eau et des milieux aquatiques* (ONEMA), n° 217-730-II ; *Rec.* 247 ; *AJDA* 2018. 2493, chron. N. Hauptmann et N. Péhau ; v. également V. Mazzocchi, « Principe *non bis in idem*, que faut-il entendre par *bis* ? Droit administratif et droit public financier », *Dr. adm.* 2018, n° 3, chron. 1.
7. CDBF 1er et 2 juill. 1987, *Université Paris XII Val de Marne*, CCP, n° 3, p. 89 ; *Lebon T.* 655.

Ce type de décisions assimilant – un peu rapidement – irrégularité et caractère injustifié, à juste titre critiquées par la doctrine[8], est cependant minoritaire et ne semble d'ailleurs concerner que le domaine particulier des rémunérations, sur lequel nous reviendrons en détail plus loin[9]. Mais même dans ce domaine précis, elles sont sans ambiguïté contredites par d'autres arrêts, où l'infraction a été retenue seulement si l'avantage, irrégulier ou non, est indu, ne correspondait pas à une contrepartie effective : ainsi dans un cas où des compléments irréguliers de rémunération avaient été versés, la Cour a néanmoins écarté l'avantage injustifié au motif qu'il n'était pas exclu que ces compléments de rémunération correspondent à des prestations de travail complémentaires[10].

442.33 **Irrégulier n'est pas pour autant toujours injustifié.** En dépit de quelques arrêts contraires présentés plus haut, la règle générale est qu'un avantage irrégulier n'est pas pour autant injustifié, et inversement, un avantage peut être injustifié sans être forcément irrégulier, du moins formellement, comme il sera développé plus loin.

L'octroi d'un avantage peut être entaché d'irrégularités sans que pour autant l'avantage soit indu, injustifié. C'est avant tout l'hypothèse d'irrégularités formelles commises dans la procédure qui a mené à la dépense, sans pour autant en affecter la régularité pour le tiers qui l'a reçue.

La partie versante peut en effet commettre une irrégularité à l'occasion de cet octroi (par ex. : procédure d'adoption de l'acte de la dépense comportant des irrégularités, absence de visa du contrôleur budgétaire, irrégularité budgétaire commise à l'occasion d'une dépense...), sans que l'avantage qui en résulte soit pour autant injustifié pour le bénéficiaire (ni par ailleurs au détriment de la partie versante).

Selon le président Gastinel, l'infraction n'est pas constituée lorsqu'une commission versée à un intermédiaire, bien qu'irrégulière, a été utile à l'organisme versant[11] ; sous-entendu : il existe une contrepartie réelle pour cette commission, même si elle est irrégulière. Les exemples en jurisprudence sont relativement nombreux, surtout en ce qui concerne les rémunérations, primes et indemnités[12], qui seront détaillées plus loin, mais pas seulement.

8. C. Pierucci, Une responsabilité à raison de la gestion publique, la responsabilité devant la Cour de discipline budgétaire et financière, thèse non publiée, 2003, p. 134.
9. V. ss n° 442.35.
10. CDBF 4 avr. 2001, *OPIHLM de la région de Creil*, *Rev. Trésor* 2001. 799, note M. Lascombe et X. Vandendriessche ; *Lebon* 765.
11. J.-P. Gastinel, « Cour de discipline budgétaire et financière », *J.-Cl. Adm.* 1996.
12. V. ss nos 442.51 s.

Ainsi, dans une affaire, une prime avait été versée irrégulièrement, mais la CDBF n'a pas retenu l'octroi d'un avantage injustifié parce que l'irrégularité n'était pas intrinsèque à cette prime, mais concernait sa budgétisation ; l'irrégularité était donc, en quelque sorte, procédurale et « détachable » de la dépense elle-même (le versement de la prime), et donc l'avantage n'était pas injustifié. En l'espèce, la Cour d'abord a jugé régulière, au moment des faits, la décision du directeur général de créer cette prime ; ensuite, elle a rappelé qu'une infraction budgétaire, qui était constituée en l'espèce (erreur dans la budgétisation), n'entraînait pas pour autant automatiquement l'octroi d'un avantage injustifié [1].

Dans le même sens d'une irrégularité détachable de l'avantage, la Cour a jugé, sans détailler son raisonnement, qu'une indemnité transactionnelle versée irrégulièrement (le conseil d'administration n'avait pas donné d'avis préalable requis pourtant par les statuts de l'association en question) ne présentait pas pour autant les caractéristiques d'un avantage injustifié : en effet, l'irrégularité était en l'espèce formelle, liée à la procédure de prise de décision, et ne portait pas sur le fond de l'indemnité elle-même. Pourtant, la Cour a fondé dans cette partie de l'affaire (indemnité transactionnelle) la non-application de cette infraction sur le fait que l'instruction n'aurait pas permis d'établir que les indemnités irrégulièrement versées auraient entraîné un préjudice pour l'organisme, sans se poser la question du caractère justifié ou non du versement de celle-ci, question qu'elle eût en toute rigueur dû se poser [2].

Si l'irrégularité porte sur le principe même d'une dépense, alors il y a de fortes chances qu'elle soit indue ; en revanche une dépense due dans son principe peut devenir indue si son montant excède ce qui serait dû.

Mais même cette dernière hypothèse peut être délicate : le dépassement du cadre d'une réglementation ou d'un contrat présente donc une irrégularité, mais le caractère indu du supplément peut se trouver écarté s'il existe quand même une contrepartie effective [3].

Dans ce sens : « Considérant que les rémunérations versées [...] ont donné lieu à un service fait ; qu'il n'est pas établi que ces rémunérations aient été manifestement excessives au regard de la fonction exercée [...] ; que, par conséquent, les éléments constitutifs de l'infraction [...] ne sont pas réunis » [4].

Dans une affaire de location d'un bâtiment dans des conditions irrégulières, qui avait engendré un surcoût – par rapport aux estimations des services des domaines – la Cour a considéré, compte tenu des particularités du bâtiment – monument historique – qu'il « ne [résultait] pas suffisamment des pièces du dossier que les loyers consentis aient constitué, pour le bailleur, un avantage injustifié » [5]. Cet exemple montre par ailleurs que la Cour, si elle peut se fonder sur des données externes pour apprécier si un avantage est injustifié, elle peut aussi procéder elle-même à cette appréciation (en l'espèce, elle était différente de l'avis des domaines).

442.34 Injustifié sans être irrégulier ? En sens inverse, un avantage peut-il être injustifié sans être irrégulier ?

En toute hypothèse, le cas dans lequel le juge retient l'existence d'un avantage injustifié sans mentionner de violations de règles est rare : il se cantonne aux cas où un prix est jugé excessif, assimilé donc à une perte excessive pour l'organisme [6].

Dans ces cas, même si les arrêts ne le disent pas toujours, c'est en réalité la faute de gestion sous-jacente qui constitue l'irrégularité, la violation de l'obligation de préserver les intérêts financiers de l'organisme, par exemple.

Ainsi, dans un arrêt par ailleurs critiquable [7], l'acquisition d'un autobus hors d'usage par un établissement public a été considérée comme constitutive de l'infraction réprimant l'avantage injustifié [8] ; la Cour a également considéré que l'infraction sanctionnant les violations de règles était constituée, sans aucune violation de règles formelles, mais sur la base de l'intérêt financier de l'établissement, qui aurait été méconnu.

Un autre exemple concerne la vente d'un immeuble à un prix nettement en dessous de sa valeur réelle [9].

Dans ces hypothèses, l'avantage excessif consenti implique donc la violation d'une obligation de gestion, qui est celle de préserver les intérêts financiers

1. CDBF 25 sept. 2006, *Institut national de la propriété industrielle [Inpi]*, *Rev. Trésor* 2007. 681, fiche N. Groper ; *AJDA* 2006. 2449, note N. Groper et C. Michaut ; *Rev. Trésor* 2007. 716, note M. Lascombe et X. Vandendriessche ; *Lebon* 668 ; *Rec.* 105.
2. CDBF 6 mai 2009, *Assoc. Union interprofession enseignement [UNIPE-PE] et Union interprofession insertion professionnelle [UNIPE-IP]*, n° 166-586/624 ; *Rec.* 75 ; *AJDA* 2009. 2456, note N. Groper et C. Michaut ; *GFP* 2011, n° 7, p. 500, note M. Lascombe et X. Vandendriessche.
3. Sur ce point, v. les développements complets, s[s] n° 442.71.
4. CDBF 13 oct. 2017, *Opéra national de Bordeaux* ; n° 216-784 ; *AJDA* 2017. 2528, chron. N. Péhau et N. Hauptmann.
5. CDBF 30 sept. 1987, *EHESS et Assoc. Marc Bloch*, CCP, n° 3, p. 94 ; *Lebon* 515.
6. Sur ce point, v. la typologie, v. s[s] n° 442.121.
7. V. comm., *AJDA* 2009. 480.
8. CDBF 19 déc. 2008, *Crous de Corse [Corte]*, *Rec.* 91 ; *AJDA* 2009. 476, note N. Groper et C. Michaut ; *GFP* 2011, p. 397, note M. Lascombe et X. Vandendriessche.
9. CDB 22 mai 1957, *S[té] nationale de constructions aéronautiques du Nord [SNCAN]*, *Lebon* 890 ; CCP, n° 2, p. 13.

et patrimoniaux d'un organisme, et qui tire le raisonnement vers un autre élément constitutif de l'infraction, celui de la méconnaissance d'obligations [1], lui aussi lié à la « règle » et sa violation, donc à l'irrégularité.

442.35 Injustifié/irrégulier : le cas particulier des rémunérations et compléments de rémunération. Rappelons que pour être injustifié, l'avantage doit être indu, c'est-à-dire être dépourvu de contrepartie effective ou de contrepartie adéquate.

Or cette absence ou insuffisance de contrepartie est parfois délicate à apprécier, avant tout en matière de rémunérations irrégulières.

La jurisprudence étant nuancée, il semble que la question doive être résolue au cas par cas.

Or on constate que parfois le juge ne s'attarde guère sur la question, se bornant à indiquer qu'une rémunération irrégulière a « en outre » conduit à l'octroi à autrui d'un avantage injustifié, sans préciser en quoi il n'y a pas eu de contrepartie effective ou adéquate pour ce surcroît de rémunération [2].

Exemples dans lesquels, sans aucune motivation particulière, l'infraction a été retenue pour des rémunérations ou avantages irréguliers, sans précision justifiant de façon distincte le caractère injustifié de la rémunération irrégulière :

– Motivation laconique, sans explication claire : des primes exceptionnelles avaient été accordées par le directeur d'un centre de lutte contre le cancer à plusieurs agents, en méconnaissance des règles applicables au centre en vertu desquelles une délibération du conseil d'administration eût été nécessaire ; de ce fait, la responsabilité du directeur concerné a été retenue par la Cour, au titre de l'engagement de dépenses sans en avoir eu le pouvoir [3], du non-respect des règles en matière de dépenses [4] et de l'octroi d'avantages injustifiés à autrui au préjudice du centre [5]. On peut sans doute en déduire que ces primes ont été en l'espèce considérées comme indues, car instaurées par une autorité incompétente.

– Sans explication : des indemnités et des frais de mission avaient été versés par l'établissement à un chargé de mission en méconnaissance des textes régissant les déplacements ; ces irrégularités étaient constitutives de l'infraction générale [6], et ces versements, considérés comme indus, avaient octroyé un avantage injustifié [7]. Il semblait pourtant dans cette affaire exister une contrepartie effective à ces frais de déplacement, mais doute la CDBF a-t-elle considéré cette contrepartie comme incertaine et difficilement chiffrable.

– Laconiquement, la Cour a pu indiquer dans une affaire « qu'est injustifié, [...], l'octroi d'indemnités à des salariés à l'issue d'une procédure irrégulière de rupture de leur contrat de travail » [8]. Dans ce cas, l'indemnité irrégulière est sans doute considérée comme indue parce que le salarié n'a pas droit à la somme versée, ni en vertu des textes ni de son contrat, ce qui semble suffire au juge pour en écarter le caractère justifié.

– Certains cas sont même, faute d'explication, plus que discutables : ainsi, des frais de mission fictives pour « rémunérer » des heures supplémentaires au-delà du plafond autorisé constituent des avantages injustifiés [9], alors même que des heures supplémentaires semblent bien avoir été effectuées réellement ; mais sans doute la nature frauduleuse du montage ne permet-elle pas de rapprocher les sommes versées du travail réellement effectué, ce qui fait qu'au moins une partie de ces sommes doit être considérée comme injustifiée – sans parler de l'adage *fraus omnia corrumpit*, qui devrait structurellement disqualifier de tels montages, donnant *ipso facto* un caractère injustifié à de tels versements.

À l'inverse, la Cour peut être amenée à écarter l'infraction réprimant l'avantage injustifié sans explications [10], alors même que l'irrégularité est patente :

– La Cour, tout en constatant que le « contrat de travail [entre le CH et l'épouse du directeur du CH] est irrégulier en ce qu'il est dépourvu de toute définition des missions réelles confiées à l'agent recruté », et tout en constatant que la mise à disposition de celle-ci, par le CH, à un GIP « a été faite de manière irrégulière en raison de l'absence de convention signée entre le GIP [...] et le CHU », a écarté explicitement l'avantage injustifié, au motif que « la prise en charge par l'établissement public hospitalier de la rémunération de cet agent ne constituent pas par elles-mêmes des irrégularités et, par suite, ne peuvent être

1. V. s[s] n° 443.11.
2. PAR EX. : CDBF 3 déc. 1985, *Monnaies et médailles*, CCP, n° 3, p. 31.
3. CJF, aujourd'hui art. L. 131-13, 3°.
4. CJF, anc. art. L. 313-4 en vigueur au moment des faits et jusqu'au 31 déc. 2022.
5. CDBF 13 janv. 2006, *Centre régional de lutte c/ le cancer Oscar Lambret de Lille*, *Rev. Trésor* 2006. 906, note M. Lascombe et X. Vandendriessche ; *Lebon* 645 ; *Rec.* 65.
6. CJF, anc. art. L. 313-4 en vigueur au moment des faits et jusqu'au 31 déc. 2022.
7. CDBF 25 sept. 2006, *Institut national de la propriété industrielle [Inpi]*, *Rev. Trésor* 2007. 681, fiche N. Groper ; *AJDA* 2006. 2449, note N. Groper et C. Michaut ; *Rev. Trésor* 2007. 716, note M. Lascombe et X. Vandendriessche ; *Lebon* 668 ; *Rec.* 105.
8. CDBF 23 juill. 2009, *CCI de Nice-Côte d'Azur*, *Rec.* 79 ; *AJDA* 2010. 488, note N. Groper et C. Michaut ; GFP 2011, n° 7, p. 506, note M. Lascombe et X. Vandendriessche.
9. CDBF 19 juin 2002, *Délégation à l'espace aérien [DEA]*, *Rev. Trésor* 2004. 43, note M. Lascombe et X. Vandendriessche ; *Rec.* 99 ; *Lebon* 553.
10. PAR EX. : CDBF 13 févr. 2019, *Centre hospitalier d'Ajaccio*, n° 230-805 ; *Rec.* 203 ; *AJDA* 2020. 1284 chron. D. Guilbaud et N. Péhau.

regardées comme un avantage injustifié accordé à autrui au préjudice du CHU »[1]. Cette solution paraît discutable ; les auteurs considèrent que cette approche trop restrictive de la notion « d'injustifié » est éloignée de la jurisprudence dominante, et que dans le nouveau régime, ces faits seraient qualifiables au titre de l'infraction réprimant l'avantage injustifié par intérêt personnel.

- Curieusement et sans motivation, « l'absence d'émission des ordres de recettes ou de recouvrer », constitutive d'une infraction aux règles, n'aurait pas, selon la Cour, procuré un avantage injustifié à autrui[2].

D'autres arrêts sont heureusement plus rigoureux et explicites. Une décision, particulièrement précise, illustre bien les distinctions qui doivent être opérées entre les différents cas de figure qui peuvent se présenter en matière de rémunérations[3] :

- Versement de frais de déplacement de façon forfaitaire, contrairement à la réglementation. La Cour a expressément écarté l'infraction « avantage injustifié », au motif qu'« il ne ressort pas du dossier que ces versements ont été dépourvus de tout lien avec les sujétions pesant sur les bénéficiaires, notamment en matière de transport ; qu'il n'est dès lors pas acquis que cette infraction ait procuré un avantage injustifié à certains de ses agents au détriment de l'office ».

- S'agissant du versement de primes de technicité à des personnes qui n'y étaient pas, en vertu de la réglementation, éligibles (car n'étant pas ingénieurs), l'infraction était également constituée. *Idem* pour des primes informatiques versées à des personnes qui n'y étaient pas éligibles, car « elles n'exerçaient pas à titre principal des fonctions informatiques ».

- Concernant des « primes d'objectifs » ainsi qu'une prime de responsabilité versée au directeur de l'établissement public, la Cour a retenu l'infraction générale sanctionnant les violations de règles, car elles avaient été versées sans délibération du conseil d'administration, mais elle n'a pas appliqué l'infraction de l'avantage injustifié, considérant sans doute que cette irrégularité était purement formelle et n'affectait pas le caractère dû de la prime.

Dans un autre arrêt, dans le même sens, des gardes et astreintes fictives avaient été rémunérées, ce qui tombait, au moment des faits, sous le coup de l'infraction générale ; mais la Cour a écarté l'avantage injustifié : « en effet, l'indemnisation des gardes et astreintes s'inscrivait, fût-ce de façon irrégulière, dans le cadre d'une rémunération globalement négociée avec les praticiens concernés, versée en contrepartie de prestations effectuées au service du centre hospitalier et conformes aux missions et aux besoins de l'établissement »[4].

Le juge a pris soin dans cette affaire de bien préciser les raisons qui l'ont conduit à écarter l'avantage injustifié, ce qui était en effet nécessaire, car en principe on aurait pu penser que des gardes fictives – ce qui sous-entend qu'il y a eu fraude – constituent *ipso facto* des rémunérations indues et donc injustifiées. En effet, lorsqu'il y a fraude sur la prestation de travail fournie, il ne peut en principe qu'y avoir rémunération indue. Selon la CDBF, tel n'aurait pas été le cas en l'espèce (l'arrêt souligne le caractère particulier de l'affaire en cause), car certes les gardes étaient, selon la Cour, fictives, mais la rémunération supplémentaire versée s'inscrivait dans un tout, dans un salaire global qui lui correspondait bien à une contrepartie effective. Les fausses gardes étaient en réalité la partie d'une sorte de forfait de rémunération dont la Cour a considéré qu'elle était certes irrégulière, mais correspondait bien à une prestation réelle, nécessaire à l'hôpital et justement payée. Cette solution, certes d'espèce, n'en demeure pas moins critiquable.

442.36 Caractère injustifié par absence de contrepartie à l'égard d'un tiers. Le caractère injustifié est parfois entendu dans un sens plus large que la seule absence de contrepartie par rapport à la partie versante, notamment en cas de relation triangulaire : un organisme public a versé une rémunération irrégulière[5], son bénéficiaire a obtenu un avantage qui est injustifié non pas par absence de contrepartie à l'égard de l'organisme versant, mais d'un tiers. Ainsi est constitutif d'un avantage injustifié le fait pour le bénéficiaire de ne pas payer d'impôts sur des ressources non déclarées[6]. Cet exemple est d'ailleurs intéressant à plus d'un titre : des rémunérations irrégulières avaient été octroyées par une structure publique ; mais l'infraction a été fondée non pas sur la perception de ces rémunérations irrégulières (sans doute parce qu'elles correspondaient à une contrepartie réelle), mais sur la base de leur non-déclaration fiscale, le bénéficiaire ayant échappé à l'impôt sur le revenu (avantage injustifié et préjudice pour le Trésor public). L'absence de contrepartie peut donc s'apprécier également vis-à-vis d'un tiers, à condition qu'il s'agisse du Trésor ou d'une autre caisse publique.

1. CDBF 6 oct. 2014, *Centre hospitalier universitaire (CHU) de Caen*, n° 195-686/704 ; *Rec.* 171.
2. CDBF 10 déc. 2020, *Office national d'indemnisation des accidents médicaux, des infections iatrogènes et des infections nosocomiales (ONIAM)*, n° 245-801 ; *Rec.* 195.
3. CDBF 4 avr. 2001, *OPIHLM de la région de Creil*, *Rev. Trésor* 2001. 799, note M. Lascombe et X. Vandendriessche ; *Lebon* 765.
4. CDBF 16 avr. 2009, *CH de Fougères [Ille-et-Vilaine]*, *Rec.* 71 ; *AJDA* 2009. 1194, note N. Groper et C. Michaut ; *GFP* 2011, n° 7, p. 497, note M. Lascombe et X. Vandendriessche.
5. CJF, art. L. 313-4.
6. CDBF 17 févr. 1988, *Direction des services vétérinaires des Alpes de Haute-Provence, Assoc. Groupement de défense sanitaire [GDS] et Assoc. Groupement vétérinaire pratique [GVP]*, CCP, n° 3, p. 122 ; *Lebon* 538.

SECTION 4
À AUTRUI OU À LUI-MÊME

442.41 Élargissement de l'infraction. À l'origine, l'avantage injustifié devait, selon la loi, avoir été octroyé « à autrui »[1], ce qui excluait l'avantage accordé par une personne à elle-même[2].

La réforme issue de l'ordonnance du 23 mars 2022 a élargi l'infraction aux avantages perçus soi-même, mais seulement pour les faits postérieurs au 1er janvier 2023[3].

Toutefois, cette évolution ne rend pas caduque la nécessité de distinguer entre bénéficiaires de l'avantage accordé, car elle joue pour un autre élément constitutif de l'infraction, qu'est l'intérêt personnel[4]. Ce dernier est automatiquement vérifié si la personne s'est elle-même procuré l'avantage, directement. En revanche, inversement, tout intérêt personnel direct n'est pas forcément dû à un avantage procuré à soi-même directement, puisque cet avantage peut passer par un tiers[5], par exemple une société[6].

Si la loi[7] vise même trois cas de bénéficiaires, une personne morale, autrui, ou soi-même, il n'y en a qu'en réalité que deux, puisqu'une personne morale est forcément « autrui » à l'égard du gestionnaire public responsable de l'octroi d'un avantage injustifié.

442.42 Avantage procuré à soi-même. L'infraction permet donc désormais de sanctionner le gestionnaire public qui, dans l'exercice de ses fonctions ou attributions, en méconnaissance de ses obligations et par intérêt personnel direct ou indirect, se procure à lui-même un avantage injustifié.

L'extension de cette infraction ne joue que pour les faits postérieurs à l'entrée en vigueur de la réforme ; pour les autres faits, la jurisprudence constante appliquait à ce type de faits une autre infraction, celle réprimant le non-respect des règles[8].

Il doit être précisé que la notion d'avantage injustifié procuré à soi-même a toujours été entendue au sens strict ; ainsi, si cet avantage est conféré à une société qui est une personne juridique distincte de la personne qui a octroyé l'avantage injustifié, il s'agit d'un avantage à autrui, même si cette personne avait pris l'initiative de créer cette société bénéficiaire[9] ou la possède.

C'est dans une logique proche, sans doute, que la Cour a considéré, sans un arrêt récent dont il conviendra de mesurer s'il est d'espèce ou s'il sera confirmé par la suite, qu'un agent ayant bénéficié d'un avantage injustifié, et qui avait préparé à la fois l'engagement de la dépense et la réquisition du comptable public qui refusait de payer, ne s'était pas procuré d'avantage à lui-même, mais était coauteur de l'octroi d'un avantage à autrui décidé par l'ordonnateur[10].

« Soi-même » signifie donc : identité de la personne physique ayant octroyé et reçu directement l'avantage. Si cette personne le reçoit indirectement, par exemple par le biais d'intérêts qu'elle a dans une société bénéficiaire, nous sommes en présence d'un avantage accordé d'abord à autrui.

Dans le même sens d'une conception restrictive de l'avantage injustifié procuré à soi-même (donc de conception extensive de l'avantage injustifié procuré à autrui), la Cour a pu condamner sur le fondement de cette infraction le payement par les dirigeants d'une caisse de sécurité sociale à une entreprise de sommes constitutives d'un avantage injustifié, alors même que cette entreprise avait ensuite reversé une partie de ces sommes aux personnes versantes qui, autrement dit, avaient perçu des commissions, ou « pots-de-vin »[11]. Ce raisonnement a pu être critiqué en doctrine[12], mais il paraît juridiquement exact, puisqu'il s'agit en quelque sorte d'un avantage procuré à soi-même indirect, avec la complicité d'un tiers (l'entreprise qui a versé la commission), ce qui suppose d'abord un avantage à autrui, même si « autrui », ensuite, ne le garde pas pour lui-même. Surtout, une analyse détaillée de l'affaire montre que dans ce cas d'espèce, la répartition de l'avantagé était mixte : l'avantage perçu par les entreprises était supérieur aux sommes reversées aux dirigeants de la

1. CJF, anc. art. L. 313-6, abrogé le 31 déc. 2022.
2. CDBF 6 nov. 1992, *CPAM de Seine-et-Marne*, *Rev. Trésor* 1993. 782 ; *Lebon* 644 ; *Rec.* 154.
3. Sur l'histoire de l'infraction, v. ss no 441.22.
4. Sur cet élément constitutif, v. ss no 444.11.
5. PAR EX. : CDBF 6 nov. 1992, *CPAM de Seine-et-Marne*, *Rev. Trésor* 1993. 782 ; *Lebon* 644 ; *Rec.* 154.
6. PAR EX. : C. comptes 23 juill. 2024, *Société anonyme d'économie mixte pour la gestion et pour l'animation du parc de loisirs de Saint-Cyr (SAEM SAGA)*, no 904, S-2024-1128 ; *JCP Adm.* 2024. 2321, note S. Damarey.
7. CJF, art. L. 131-12.
8. Jurisprudence constante : CDBF 17 déc. 1976, *Caisse interprofessionnelle, commerciale et industrielle d'allocations vieillesse [Ciciav] de Béthune*, CCP, no 2, p. 121 – CDBF 27 mars 1985, *Sté française d'équipements pour la navigation aérienne [Sfena]*, CCP, no 3, p. 7 – CDBF 18 déc. 2012, *École nationale d'équitation*, no 187-699 ; *AJDA* 2013. 1628, chron. C. Michaut et P. Sitbon ; *GFP* 2013, no 5, p. 94, note S. Damarey, M. Lascombe et X. Vandendriessche – CDBF 15 nov. 2021, *Commission du film d'Île-de-France*, no 253-834 ; *Rec.* 187.
9. CDBF 17 déc. 1976, *Caisse interprofessionnelle, commerciale et industrielle d'allocations vieillesse [Ciciav] de Béthune*, CCP, no 2, p. 121.
10. C. comptes 14 nov. 2024, *Commune de Bantzenheim (Haut-Rhin)*, no 29, S-2024-1396.
11. CDBF 6 nov. 1992, *CPAM de Seine-et-Marne*, *Rev. Trésor* 1993. 782 ; *Lebon* 644 ; *Rec.* 154.
12. C. Pierucci, Une responsabilité à raison de la gestion publique, la responsabilité devant la Cour de discipline budgétaire et financière, thèse non publiée, 2003, p. 132.

caisse, ce qui implique que la condition « à autrui » était vérifiée indépendamment des rétro-commissions.

L'élargissement de l'infraction sanctionnant l'avantage injustifié ouvre de nouvelles possibilités au juge financier : si jusque-là, en cas de détournement de fonds à des fins personnelles, le juge sanctionnait la faute ayant permis l'avantage à autrui (désordres ayant permis des détournements de fonds, au sens du droit pénal[1] ; détournement de fonds par le recours à un système de fausses factures, facilité par la mauvaise tenue de la comptabilité et un contrôle comptable et financier défaillant[2]), désormais le juge pourra sanctionner directement le bénéficiaire de l'avantage... à condition toutefois que ce dernier soit justiciable de la Cour.

L'incrimination explicite de l'avantage perçu à son profit personnel rapproche cette infraction financière du champ du pénal, notamment du détournement de fonds publics, voire d'autres délits en matière d'atteinte au devoir de probité, ce qui pose avec une acuité nouvelle la question du *non bis in idem*[3]. Ainsi la CDBF avait-elle déjà, avant même cet élargissement, explicitement écarté cette infraction pour deux dirigeants de la caisse pour la partie des faits qui avait parallèlement été sanctionnée pénalement du fait précisément que les versements avaient été faits à leur profit[4].

442.43 Avantage accordé à autrui. L'élément « à autrui » signifie qu'une autre personne que la personne ou les personnes qui ont commis l'infraction a perçu cet avantage.

Celui qui reçoit l'avantage peut être une personne morale ou une personne physique.

Le bénéficiaire sera souvent une personne physique, par exemple un proche : c'est l'exemple de frais indûment attribués à l'époux d'une personne agent de fait, complètement étranger à la société dont les fonds étaient concernés[5].

1. CDBF 5 juin 1989, *Hôpital d'Orange*, *CCP*, n° 3, p. 172 ; *Lebon* 417.
2. CDBF 13 juin 2003, *SEM Sarcelles Chaleur*, *Rev. Trésor* 2004. 57, note M. Lascombe et X. Vandendriessche ; *Rec.* 121 ; *AJDA* 2003. 2316, note N. Groper.
3. Sur ce sujet, v. s[s] n° 212.11.
4. Autrement dit, l'infraction n'est pas constituée pour ces deux dirigeants pour les sommes qui leur ont finalement été reversées (avantage à soi-même, établi d'ailleurs en l'espèce par le juge pénal), mais elle l'est d'une part pour un autre dirigeant, et d'autre part pour les avantages reçus par les entreprises et non reversés aux dirigeants (CDBF 6 nov. 1992, *CPAM de Seine-et-Marne*, *Rev. Trésor* 1993. 782 ; *Lebon* 644 ; *Rec.* 154).
5. C. comptes 11 mai 2023, *Société ALPEXPO*, n° 836, S-2023-0604 ; *Rec.* 17 ; *JCP A* n° 25, 26 juin 2023, 2210, note S. Damarey ; *AJDA* 2023. 1511, note X. Vandendriessche.

Mais il ne s'agit pas forcément d'une personne extérieure à l'organisme dont les deniers sont en cause : au contraire, en matière de rémunérations indues, les bénéficiaires sont souvent les propres agents de l'organisme versant, ce qui n'empêche pas qu'il s'agisse « d'autrui », du point de vue de la personne physique responsable de l'octroi, donc du gestionnaire dont la responsabilité est recherchée.

En matière d'achat public, le bénéficiaire est en revanche souvent une personne morale (une entreprise), même si derrière toute personne morale se « cachent » des individus qui peuvent être, en quelque sorte, les bénéficiaires finals.

Constitue un avantage « à autrui » celui accordé par une société, sur décision de son dirigeant, à une association dirigée par cette même personne[6], car il s'agit de personnes physiques et morales distinctes. Si un avantage bénéficie à une société qui constitue une personne juridique distincte de la personne qui a octroyé l'avantage injustifié, l'avantage à autrui peut jouer, même si cette personne avait elle-même pris l'initiative de créer cette société bénéficiaire[7].

Le texte de l'infraction n'impose d'ailleurs pas de déterminer avec exactitude l'identité du ou des bénéficiaires. Ainsi, les contribuables d'une commune peuvent constituer « autrui » au sens de ce texte : s'agissant d'un hôpital, « le financement sans contrepartie par cet établissement de prestations qui auraient dû être réglées par la commune constitue un transfert de charges au profit des contribuables de la collectivité au détriment du budget de l'hôpital, lui-même financé sur d'autres ressources [que celles de la commune], et donc un avantage injustifié pour ces contribuables »[8].

SECTION 5
TYPOLOGIE DES AVANTAGES INJUSTIFIÉS

§ 1
Typologie : éléments généraux

442.51 Typologie proche de celle des infractions formelles : aperçu. On retrouve logiquement pour l'infraction réprimant l'avantage injustifié, dont la relation avec la violation de règles a été détaillée plus haut[9] et pour laquelle la méconnaissance d'obliga-

6. CDBF 29 juin 1978, *S[té] de crédit immobilier « Les prévoyants de l'avenir de la Charente-Maritime » et SA d'HLM « Le foyer de la Charente-Maritime »*, CCP, n° 2, p. 157 ; *Lebon* 663.
7. CDBF 17 déc. 1976, *Caisse interprofessionnelle, commerciale et industrielle d'allocations vieillesse [Ciciav] de Béthune*, CCP, n° 2, p. 121.
8. CDBF 2 déc. 1987, *CHS de Prémontré [Aisne]*, CCP, n° 3, p. 113 ; *Lebon*, tables p. 656.
9. V. s[s] n° 441.31.

tions constitue également un élément constitutif présenté plus loin[1], à peu près les mêmes cas de figure que ceux sanctionnés au titre des infractions formelles et de la faute grave de gestion, sauf quelques rares hypothèses qui peuvent être considérées comme plus ou moins spécifiques à l'avantage injustifié.

Le cas le plus évident d'un avantage injustifié – et en même temps le plus récemment sanctionnable, à cause de l'élargissement récent de l'infraction ici considérée aux avantages à soi-même – est celui d'un détournement des fonds à des fins personnelles, qu'il s'agisse d'un détournement de recettes[2] ou de dépenses[3], qui tombent désormais dans cette infraction.

La typologie suivante d'avantages injustifiés peut être tentée :

- avantages injustifiés en matière de recettes ;
- avantages injustifiés en dépenses (1) : primes, indemnités et autres éléments de rémunérations indus ;
- avantages injustifiés en dépenses (2) : avantages en nature ;
- avantages injustifiés en dépenses (3) : avantages injustifiés octroyés en matière de commande publique ;
- avantages injustifiés en dépenses (4) : subventions ;
- avantages injustifiés en dépenses (5) : prise en charge de dépenses étrangères à l'organisme ou utilisation de crédits contrairement à leur affectation ;
- pertes financières excessives : achats ou ventes à perte (dilapidation des patrimoines publics) ;
- avantages tirés de fraude fiscale ou sociale ;
- détournements à des fins privées.

§ 2
Recettes

442.61 Avantages injustifiés octroyés en matière de recettes. La perte de recettes qui étaient dues à une structure est susceptible de procurer un avantage injustifié soit à une autre personne morale, soit à un individu.

Le caractère dû d'une recette peut résulter de clauses contractuelles, qui ne sont pas respectées.

Constitue ainsi un avantage injustifié la moindre rémunération perçue dans le cadre d'une délégation de service public, alors que la convention prévoyait une rémunération plus importante[4]. Dans cette affaire, jugée selon les nouvelles règles issues de la réforme entrée en vigueur le 1er janvier 2023, il existait également un intérêt personnel lié au fait que certains agents avaient bénéficié d'une rémunération indue à la faveur de cette irrégularité.

Dans le même sens, l'absence de mise en recouvrement de majorations de retard dues à une caisse de sécurité sociale[5] a pu procurer un avantage injustifié à autrui. Ou encore : « Si le pouvoir adjudicateur a la possibilité dans certaines circonstances de ne pas appliquer des pénalités de retard pourtant exigibles en application du marché, en l'espèce l'envoi d'une mise en demeure au prestataire confirme la volonté de l'établissement de percevoir lesdites pénalités. Dans ces conditions, le fait de ne pas avoir liquidé et ordonnancé des pénalités de retard en méconnaissance des dispositions [applicables] est également constitutif d'un avantage injustifié[6] ».

En n'exigeant pas le versement d'un apport pourtant prévu contractuellement, un avantage injustifié à hauteur de 50 millions FRF avait été procuré à des opérateurs, au préjudice d'une société[7].

Tombe également dans cette catégorie l'abandon de créances au profit d'assureurs[8].

Le fait de renoncer à des redevances qui étaient dues en application de la réglementation peut également constituer un avantage injustifié : ainsi des redevances qu'un hôpital devait appliquer à des praticiens libéraux qui exerçaient dans les locaux de l'hôpi-

1. V. s[s] n° 443.11.
2. CDBF 24 nov. 1986, *CH Sainte-Anne à Paris [dépenses de personnel]*, CCP, n° 3, p. 42.
3. CDBF 5 juin 1989, *Hôpital d'Orange*, *CCP*, n° 3, p. 172 ; *Lebon* 417 – CDBF 13 juin 2003, *SEM Sarcelles Chaleur*, *Rev. Trésor* 2004. 57, note M. Lascombe et X. Vandendriessche ; *Rec.* 121 ; *AJDA* 2003. 2316, note N. Groper.
4. C. comptes 23 juill. 2024, *Société anonyme d'économie mixte pour la gestion et pour l'animation du parc de loisirs de Saint-Cyr (SAEM SAGA)*, n° 904, S-2024-1128 ; *JCP Adm.* 2024. 2321, note S. Damarey.
5. CDBF 16 mars 1988, *Caisse de retraite et de prévoyance de la boucherie, boucherie-charcuterie et boucherie hippophagique française [Carbof]*, CCP, n° 3, p. 131 ; *Lebon* 543. Affaire jugée sous l'empire des anciens textes, transposable à la notion d'avantage injustifié, mais pas forcément aux autres éléments constitutifs de l'infraction désormais prévue au CJF, art. L. 131-12.
6. CDBF 23 nov. 2022, *Établissement de communication et de production audiovisuelle de la défense (ECPAD)*, n° 263-796 ; *Rec.* 153.
7. CDBF 24 févr. 2006, *S[té] Altus Finance*, 2e arrêt, *AJDA* 2006. 1249, note N. Groper et C. Michaut ; *JCP* 2006, n° 38, II, 10152, note J.-P. Gastinel ; *Rev. Trésor* 2006. 910, note M. Lascombe et X. Vandendriessche ; *RFDA* 2006. 624, note M. Lascombe et X. Vandendriessche ; *Lebon* 650 ; *Rec.* 74. Affaire jugée sous l'empire des anciens textes, transposable à la notion d'avantage injustifié, mais pas forcément aux autres éléments constitutifs de l'infraction désormais prévue au CJF, art. L. 131-12.
8. CDBF 10 déc. 2020, *Office national d'indemnisation des accidents médicaux, des infections iatrogènes et des infections nosocomiales (ONIAM)*, n° 245-801 ; *Rec.* 195. Affaire jugée sous l'empire des anciens textes, transposable à la notion d'avantage injustifié, mais pas forcément aux autres éléments constitutifs de l'infraction désormais prévue au CJF, art. L. 131-12.

tal public ; « les actes de mise en recouvrement des redevances litigieuses ne respectent pas, du fait de l'application de taux minorés, les dispositions réglementaires en vigueur à la date à laquelle ils ont été mis en œuvre. [...] De plus, ces agissements fautifs sont constitutifs d'un avantage injustifié [...] octroyé aux praticiens concernés et entraînant un préjudice financier pour le centre hospitalier [...] à hauteur de la minoration indue des sommes versées à titre de redevances »[1]. Dans une affaire similaire, un hôpital percevait de la part des sages-femmes une redevance inférieure au taux réglementaire[2].

Un cas extrême est celui d'un détournement de fonds versés par l'État à un hôpital dans le cadre d'une convention de recherche, le directeur de l'hôpital ayant « redistribué une partie des allocations forfaitaires ainsi reçues soit à son profit [...], soit à celui de divers agents administratifs de l'hôpital », et ce « discrétionnairement » sur décision de ce directeur[3].

§ 3
Avantages injustifiés en dépenses

A.
Primes, indemnités et autres éléments de rémunérations indus

442.71 **Aperçu.** Le cas des rémunérations, primes, indemnités et remboursements de frais est très fréquent dans le cadre de l'infraction réprimant l'avantage injustifié. Mais il doit être rappelé qu'un avantage irrégulier n'est pas forcément indu[4], distinction que le juge n'opère pas toujours avec la rigueur requise. Parfois, il n'est ainsi pas explicité en quoi un avantage irrégulier est également indu[5]. Or les compléments de rémunération doivent être la « contrepartie d'un surcroît de travail ou d'une sujétion particulière », faute de quoi il s'agit d'avantages injustifiés avec préjudice[6].

Dans un cas de compléments de rémunération procurés à soi-même, qui serait éligible dans le régime issu de la réforme entrée en vigueur le 1er janvier 2023, la CDBF a été particulièrement sévère : le secrétaire général d'un établissement public local « s'est octroyé à lui-même des compléments de rémunération pour un montant significatif représentant plus de 66 000 € entre 2013 et 2016 ce qui constitue un manquement particulièrement grave aux devoirs qui incombent à quiconque participe à la gestion de deniers publics »[7].

Au sein de cette catégorie des compléments de rémunération, on peut distinguer :

1. les rémunérations entièrement ou partiellement indues ;
2. le cumul illégal de rémunérations ;
3. les primes et indemnités entièrement ou partiellement indues ;
4. le payement indu d'heures supplémentaires ;
5. les avances sur éléments de rémunération ;
6. le remboursement indu de faits de mission et de déplacement ;
7. indemnités de licenciement indues.

442.72 **Rémunération complètement ou partiellement indue.** En l'absence de service fait, un agent public perd droit au traitement ; le supérieur hiérarchique qui continue à demander le payement du traitement pour un agent auquel il n'a donné aucune tâche est susceptible d'engager sa responsabilité au titre de l'infraction réprimant l'avantage injustifié[8].

Il en va de même d'un cas où un contrat de travail prévoit une prise de fonctions antérieure à la date de début réel des activités rémunérées[9].

L'absence de service fait peut aussi n'être que partielle : exemple de l'embauche de deux personnes et payement de leurs rémunérations sur un fondement juridique contestable et pour des contreparties floues[10].

Tout élément de rémunération indu est constitutif d'un avantage injustifié ; or dans la fonction

1. CDBF 20 janv. 2021, *Centre hospitalier de Chauny*, n° 246-824 ; *Rec.* 157. Affaire jugée sous l'empire des anciens textes, transposable à la notion d'avantage injustifié, mais pas forcément aux autres éléments constitutifs de l'infraction désormais prévue au CJF, art. L. 131-12.
2. CDBF 16 nov. 2016, *Centre hospitalier de Givors*, n° 211-739 ; *Rec.* 187 ; *AJDA* 2017. 932, chron. N. Péhau et N. Hauptmann. Affaire jugée sous l'empire des anciens textes, transposable à la notion d'avantage injustifié, mais pas forcément aux autres éléments constitutifs de l'infraction désormais prévue au CJF, art. L. 131-12.
3. CDBF 24 nov. 1986, *CH Sainte-Anne à Paris [dépenses de personnel]*, CCP, n° 3, p. 42.
4. V. ss n° 442.31.
5. PAR EX. : « paiement de primes dépourvues de base légale, et donc nécessairement indues » (C. comptes 16 déc. 2024, *Commune de Richwiller (Haut-Rhin)*, n° 44, S-2024-1528).
6. CDBF 20 juin 2022 *Institut national du sport, de l'expertise et de la performance (INSEP)*, n° 258-849 ; *Rec.* 136 ; *AJDA* 2022. 2527, chron. N. Péhau et M. Choquet.
7. CDBF 15 nov. 2021, *Commission du film d'Île-de-France*, n° 253-834 ; *Rec.* 187.
8. CDBF 13 juill. 2011, *Rectorat de Paris – Inspecteurs de l'académie de Paris (IAP)*, n° 177-684 ; *Rec.* 158 ; *GFP* 2013, n° 5, p. 74, note S. Damarey, M. Lascombe et X. Vandendriessche.
9. CDBF 5 juill. 2022, *Société publique locale de Mayotte (SPL 976)*, n° 259-816 ; *Rec.* 141 ; *AJDA* 2022. 1952, chron. M. Choquet et N. Péhau ; *AJCT* 2023, p. 55.
10. CDBF 6 mai 1993, *Établissement public central Charbonnages de France [CdF]*, *Rev. Trésor* 1994. 758 ; *Lebon* 530.

publique l'absence de base légale d'une prime semble être assimilable à un indu[1].

Constitue également un avantage injustifié le fait d'embaucher des agents publics à des niveaux auxquels ils n'ont pas droit, leur conférant un surcroît de rémunération indu : « Le centre hospitalier [...] a procédé [...] au recrutement de quatre praticiens attachés associés. Les contrats initiaux des intéressés ont été modifiés par des avenants qui ont eu pour effet de leur accorder une indemnité différentielle permettant de les rémunérer comme s'ils avaient été classés à un échelon supérieur à celui auquel ils avaient droit »[2].

Dans le même sens : une rémunération qui ne correspondait pas, selon la Cour, à une contrepartie suffisante : « le niveau de salaire de M. A était manifestement disproportionné tant au regard de la hiérarchie des rémunérations de [l'entreprise publique] que de son temps de travail effectif et des responsabilités »[3].

Dans une autre affaire, la CDBF a considéré comme avantage injustifié le versement de rémunérations, à plusieurs reprises, décidées dans des conditions irrégulières (non-respect des statuts d'une association dans le processus de décision d'octroi de ces rémunérations), sans être déclarées[4] : l'avantage était considéré comme injustifié non pas à cause des irrégularités de procédure dans leur adoption, mais parce que ces sommes échappaient à l'impôt ; la rémunération n'était pas en elle-même indue, car elle correspondait à des prestations de travail réelles, mais parce que la non-déclaration permettait d'échapper à l'impôt[5].

Notons qu'en matière d'abus de bien sociaux, le juge pénal considère que l'excès dans la rémunération d'un dirigeant d'une société constitue un abus quand la rémunération dépasse les possibilités financières de cette société[6].

442.73 Cumul illégal de rémunérations. Est susceptible de procurer un avantage injustifié à un agent le fait de ne pas respecter les règles concernant le cumul de rémunérations publiques[7].

En effet, l'article L. 121-3 du code général de la fonction publique[8] dispose que « l'agent public consacre l'intégralité de son activité professionnelle aux tâches qui lui sont confiées ». À cet égard, l'article L. 123-1 du même code édicte un principe d'interdiction de l'exercice à titre professionnel d'activités privées lucratives de quelque nature que ce soit. Il interdit, en tout état de cause, aux agents publics, quel que soit leur statut, de cumuler leur emploi permanent à temps complet avec un ou plusieurs autres emplois permanents à temps complet. La violation des règles, sauf à entrer dans des cas de dérogation prévus par les textes, peut entraîner un avantage injustifié.

Ainsi le cas d'un agent d'une commune embauché de surcroît par une association proche de cette dernière, en contrat à durée indéterminée : il s'agissait d'un cumul d'emplois entraînant un cumul de rémunérations publique et privée[9].

Dans une affaire proche, des compléments de rémunération avaient été versés irrégulièrement à un fonctionnaire mis à la disposition d'une association[10].

Autre exemple de cumul irrégulier de rémunérations : prise en charge d'honoraires qui faisaient double emploi avec le salaire déjà perçu, la mission supplémentaire invoquée comme activité libérale n'ayant en fait pu être effectuée que dans le cadre de l'activité salariée ; assimilable à une forme de double payement[11].

On peut sans doute ranger dans la même sous-catégorie l'octroi à des agents publics de rémunérations et avantages divers à travers un montage irrégulier assimilable à une gestion de fait[12].

1. Dans ce sens, même si l'arrêt ne s'attarde pas sur le caractère injustifié de l'avantage (en l'espèce un « 13e mois ») : C. comptes 16 déc. 2024, *Commune de Richwiller (Haut-Rhin)*, n° 44, S-2024-1528.
2. CDBF 20 janv. 2021, *Centre hospitalier de Chauny*, n° 246-824 ; *Rec.* 157. Affaire jugée sous l'empire des anciens textes, transposable à la notion d'avantage injustifié, mais pas forcément aux autres éléments constitutifs de l'infraction désormais prévue au CJF, art. L. 131-12.
3. CDBF 25 janv. 2019, *Radio France : visa du contrôleur général économique et financier en matière de rémunération*, n° 229-766 ; *Rec.* 195 ; *AJDA* 2019. 577, chron. N. Hauptmann et N. Péhau.
4. CJF, anc. art. L. 313-5, abrogé le 31 déc. 2022 – Sur cette ancienne infraction réprimant l'absence de déclarations fiscales, v. ss n° 426.21.
5. Solution extensive, peut-être discutable ; v. CDBF 17 févr. 1988, *Direction des services vétérinaires des Alpes de Haute-Provence, Assoc. Groupement de défense sanitaire [GDS] et Assoc. Groupement vétérinaire pratique [GVP]*, préc.
6. B. Bouloc, « Abus de biens sociaux : rémunération excessive et détermination du préjudice », note sous Crim. 7 déc. 2016, n° 15-86.731, *Rev. Sociétés* 2017, p. 167.
7. CDBF 10 mai 1989, *Cned, centre de Vanves*, CCP, n° 3, p. 165 ; *Lebon* 413.
8. Issu de l'ordonnance n° 2021-1574 du 24 novembre 2021 portant partie législative du code général de la fonction publique.
9. C. comptes 22 déc. 2023, *Commune de X et Association C*, Rappel à la loi, n° 43, *Rec.* 87.
10. CDBF 7 nov. 2003, *Assoc. L'Étape*, *Rev. Trésor* 2005. 692, note M. Lascombe et X. Vandendriessche ; *AJDA* 2004. 1236, note N. Groper ; *Lebon* 592 ; *Rec.* 137.
11. CDBF 13 juin 2003, *SEM Sarcelles Chaleur*, *Rev. Trésor* 2004. 57, note M. Lascombe et X. Vandendriessche ; *AJDA* 2003. 2316, note N. Groper ; *Lebon* 584 ; *Rec.* 121 ; A. Froment-Meurice, J.-Y. Bertucci, N. Hauptmann et C. Michaut, *GAJF*, 7e éd. 2019, n° 49, p. 572.
12. CDBF 30 avr. 1985, *min. de l'Agriculture, service des haras et de l'équitation*, CCP, n° 3, p. 10.

442.74 Primes et indemnités complètement ou partiellement indues. Les cas dans lesquels des primes ou indemnités ont été considérées comme des avantages injustifiés par la juridiction financière répressive sont nombreux [1].

Ainsi a été jugé, sous l'empire des nouvelles règles issues de la réforme entrée en vigueur le 1er janvier 2023, constitutif d'un avantage injustifié le versement de primes de performance injustifiées, dont le montant était dû à un montage irrégulier au regard des règles contractuelles d'une délégation de service public, à un directeur technique opérationnel et à un directeur d'exploitation [2].

Est constitutif d'un avantage injustifié le versement d'une prime qui n'est pas due, par exemple parce qu'un agent n'entre pas dans la catégorie de ceux qui y ont droit : exemple d'une prime de début de carrière qui ne s'appliquait, réglementairement, pas aux agents contractuels [3].

Constituent également des avantages injustifiés les indemnités certes dues dans leur principe, mais qui avaient été fictivement majorées, dont une partie avait donc été payée en l'absence de service fait [4].

Dans le même sens confèrent un avantage injustifié des primes et indemnités irrégulières dont le versement « ne correspondait pas à la contrepartie d'un surcroît de travail ou d'une sujétion particulière ; qu'en l'absence de telles contreparties, ces indemnités constituent un avantage injustifié procuré à leurs bénéficiaires ayant entraîné [...] un préjudice » [5].

Dans une autre affaire, neuf séries d'indemnités avaient été versées dans des conditions irrégulières : le service fait n'était pas vérifié et certaines indemnités versées ne correspondaient pas à un surcroît de travail ou d'assujettissement [6].

À noter enfin le cas, assez fréquent en pratique, d'un « 13e mois », prime irrégulière versée indistinctement dans une collectivité locale à tous les agents [7], dont on doit considérer que les agents n'y ont pas droit et qu'elle ne correspond à aucun service fait supplémentaire [8].

442.75 Payement indu d'heures supplémentaires. Des heures supplémentaires simplement irrégulières, mais qui correspondent à un surcroît de travail réel, ne devraient en principe pas être considérées comme injustifiées ; et inversement, des « versements indus qui ne correspondaient pas à la contrepartie d'un surcroît de travail ou d'une sujétion particulière, sont constitutifs d'un avantage injustifié octroyé aux agents concernés » [9].

Il arrive également que des heures supplémentaires servent irrégulièrement à couvrir d'autres frais dont le remboursement n'est pas dû : ainsi des frais d'hôtel remboursés sous forme d'heures supplémentaires fictives [10].

Inversement, d'autres éléments de rémunération peuvent servir irrégulièrement à « couvrir » des heures supplémentaires : c'est le cas, dans une affaire, de frais de mission fictifs pour « rémunérer » des heures supplémentaires au-delà du plafond autorisé [11].

1. Par exemple (affaires jugées sous l'empire des anciens textes, transposables à la notion d'avantage injustifié, mais pas forcément aux autres éléments constitutifs de l'infraction désormais prévue au CJF, art. L. 131-12) : CDBF 26 janv. 1988, *min. de l'Industrie, École supérieure de métrologie [ESM]*, CCP, n° 3, p. 118 ; *Lebon* 537 – CDBF 24 nov. 1986, *CH Sainte-Anne à Paris [dépenses de personnel]*, CCP, n° 3, p. 42.
2. C. comptes 23 juill. 2024, *Société anonyme d'économie mixte pour la gestion et pour l'animation du parc de loisirs de Saint-Cyr (SAEM SAGA)*, n° 904, S-2024-1128 ; *JCP Adm.* 2024. 2321, note S. Damarey.
3. CDBF 16 nov. 2016, *Centre hospitalier de Givors*, n° 211-739 ; *Rec.* 187 ; *AJDA* 2017. 932, chron. N. Péhau et N. Hauptmann. Affaire jugée sous l'empire des anciens textes, transposable à la notion d'avantage injustifié, mais pas forcément aux autres éléments constitutifs de l'infraction désormais prévue au CJF, art. L. 131-12.
4. CDBF 21 févr. 1990, *Service interacadémique des examens et concours des académies de Créteil, Paris et Versailles [Siec]*, CCP, n° 3, p. 194 ; *Lebon* 517. – Dans le même sens, cas d'un agent parti à la retraite en cours de mois mais qui avait néanmoins perçu des primes calculées pour la totalité du mois ; d'autres primes n'avaient pas été proratisées selon le temps de travail de l'agent bénéficiaire : C. comptes 14 nov. 2024, *Commune de Bantzenheim (Haut-Rhin)*, n° 29, S-2024-1396 (ici § 19).
5. CDBF 27 nov. 2009, *Chambre de commerce et d'industrie (CCI) de Paris (CCIP)*, n° 169-570 ; *AJDA* 2010. 488, note N. Groper et C. Michaut ; *GFP* 2011, n° 7, p. 510, note M. Lascombe et X. Vandendriessche.
6. CDBF 17 juin 2013, *Centre hospitalier intercommunal (CHI) de la Lauter à Wissembourg*, n° 189-683 ; non publié au *Rec.* Affaire jugée sous l'empire des anciens textes, transposable à la notion d'avantage injustifié, mais pas forcément aux autres éléments constitutifs de l'infraction désormais prévue au CJF, art. L. 131-12.
7. CDBF 30 sept. 2021, *Commune de Saint-Denis de La Réunion*, n° 251-826 ; *Rec.* 181 ; *RFFP* n° 157, févr. 2022, p. 181, note F. Lemaire ; *AJCT* 2022, p. 108, note G. Durand ; *AJDA* 2021. 2507 chron. N. Péhau et M. Choquet.
8. Dans le même sens : C. comptes 16 déc. 2024, *Commune de Richwiller (Haut-Rhin)*, n° 44, S-2024-1528.
9. CDBF 20 juin 2022 *Institut national du sport, de l'expertise et de la performance (INSEP)*, n° 258-849 ; *Rec.* 136 ; *AJDA* 2022. 2527, chron. N. Péhau et M. Choquet. Affaire jugée sous l'empire des anciens textes, transposable à la notion d'avantage injustifié, mais pas forcément aux autres éléments constitutifs de l'infraction désormais prévue au CJF, art. L. 131-12.
10. CDBF 3 déc. 1985, *Monnaies et médailles*, CCP, n° 3, p. 31. Affaire jugée sous l'empire des anciens textes, transposable à la notion d'avantage injustifié, mais pas forcément aux autres éléments constitutifs de l'infraction désormais prévue au CJF, art. L. 131-12.
11. Arrêt par ailleurs critiquable : CDBF 19 juin 2002, *Délégation à l'espace aérien [DEA]*, *Rev. Trésor* 2004. 43, note M. Lascombe et X. Vandendriessche ; *Rec.* 99 ; *Lebon* 553. Affaire jugée sous l'empire des anciens textes, transposable à la notion d'avantage injustifié, mais pas forcément aux autres éléments constitutifs de l'infraction désormais prévue au CJF, art. L. 131-12.

442.76 Avances sur éléments de rémunérations. Une avance indûment reçue pourrait constituer un avantage injustifié. Ainsi, dans une affaire jugée par la CDBF, un comptable public s'était octroyé à lui-même des avances sur une indemnité qui, au moment du payement, n'avait pas encore été arrêtée par le conseil d'administration, et ce de surcroît sans autorisation écrite de l'ordonnateur, autorisation pourtant requise par la réglementation applicable à l'établissement. Même si, dans cette affaire, d'autres infractions financières ont été appliquées, l'avantage injustifié aurait pu être envisagé[1].

442.77 Frais de mission et de déplacement et autres remboursements de frais. La prise en charge de frais de déplacement et de frais de mission indus correspond à l'octroi d'un avantage injustifié[2]. C'est en particulier le cas lorsque des indemnités kilométriques ont été versées au vu d'états de frais falsifiés, ne correspondant pas à des déplacements réels : il s'agit de compléments de rémunération indus[3].

Des frais de mission sont également indus lorsque les frais sont déjà pris en charge par ailleurs ; dans une affaire l'un des directeurs en avait lui-même profité[4].

D'autres remboursements de frais à des agents ou salariés peuvent également être concernés : une structure avait ainsi remboursé dans des conditions irrégulières à son directeur des pénalités fiscales que ce dernier avait dû payer[5] ; la Cour a considéré que certes « le principe d'une prise en charge [...] d'une fraction des pénalités [...] pouvait trouver une justification » mais que le remboursement excédant le montant des pénalités, cet excédent constituait un avantage indu[6].

Des frais de mission tronqués peuvent aussi servir à prendre en charge diverses dépenses d'intérêt privé : ainsi dans une affaire, en signant des ordres de mission, des certificats administratifs ou de pièces justificatives dissimulant leur véritable objet[7], conduisant à un préjudice élevé (100 000 €).

442.78 Indemnités de licenciement indues. Il n'est pas rare, comme le montre la jurisprudence, que des avantages injustifiés soient octroyés à l'occasion de sorties de fonction, de licenciements.

Ainsi, dans une affaire sanctionnant un élu local ayant réquisitionné le comptable public, jugée sous l'empire des nouvelles règles entrées en vigueur le 1er janvier 2023, une transaction irrégulière avait octroyé un avantage injustifié : non-respect des critères permettant le recours à une transaction (absence de concessions réciproques) et non-respect des règles de procédure (une délibération du conseil départemental eût été nécessaire en vertu du code général des collectivités territoriales) – à noter que ce dernier fait est constitutif également de l'infraction d'engagement de dépenses sans y être habilité, mais pour celle-ci les élus ne sont pas justiciables[8].

La CDBF avait également eu l'occasion de prononcer sur des faits proches :

– Indemnité de licenciement, qualifiée de transactionnelle, accordée à un directeur général de CCI avant la fin de sa période probatoire, alors que, d'une part, les CCI n'avaient, au moment des faits, pas le droit de transiger, et surtout, d'autre part, alors que le contrat de travail excluait explicitement le versement d'indemnités de licenciement pendant la période probatoire ; l'indemnité était donc irrégulière et même indue[9].

– Indemnité de licenciement versée à un directeur général de CCI licencié : l'indemnité était régulière dans son principe, mais son montant excédait ce qui était dû en vertu des textes et ce trop-perçu constituait un avantage injustifié[10].

– Des indemnités de licenciement ont été accordées dans des conditions contestables sur le plan

1. CDBF 4 avr. 2011, *Lycée professionnel Vauvenargues et GRETA du pays d'Aix*, n° 174-647/667 ; *Rec.* 155 ; *GFP* 2013, n° 5, p. 69, note S. Damarey, M. Lascombe et X. Vandendriessche.
2. CDBF 20 mai 2020, *Chambre nationale de la batellerie artisanale (CNBA)*, n° 240-809 ; *Rec.* 181 ; *AJDA* 2020. 1906. Affaire jugée sous l'empire des anciens textes, transposable à la notion d'avantage injustifié, mais pas forcément aux autres éléments constitutifs de l'infraction désormais prévue au CJF, art. L. 131-12.
3. CDBF 17 févr. 1988, *Direction des services vétérinaires des Alpes de Haute-Provence, Assoc. Groupement de défense sanitaire [GDS] et Assoc. Groupement vétérinaire pratique [GVP]*, CCP, n° 3, p. 122 ; *Lebon* 538. Affaire jugée sous l'empire des anciens textes, transposable à la notion d'avantage injustifié, mais pas forcément aux autres éléments constitutifs de l'infraction désormais prévue au CJF, art. L. 131-12.
4. CDBF 18 déc. 2012, *École nationale d'équitation*, n° 187-699 ; *AJDA* 2013. 1628, chron. C. Michaut et P. Sitbon ; *GFP* 2013, n° 5, p. 94, note S. Damarey, M. Lascombe et X. Vandendriessche.
5. CJF, art. L. 313-4.
6. CDBF 6 mai 2009, *Assoc. Union interprofession enseignement [UNIPE-PE] et Union interprofession insertion professionnelle [UNIPE-IP]*, n° 166-586/624 ; *Rec.* 75 ; *AJDA* 2009. 2456, note N. Groper et C. Michaut ; *GFP* 2011, n° 7, p. 500, note M. Lascombe et X. Vandendriessche. Affaire jugée sous l'empire des anciens textes, transposable à la notion d'avantage injustifié, mais pas forcément aux autres éléments constitutifs de l'infraction désormais prévue au CJF, art. L. 131-12.
7. CDBF 15 juill. 2013, *Office des Postes et télécommunications de la Polynésie française*, n° 190-661 ; *Rec.* 209 ; *AJDA* 2013. 2544, chron. C. Michaut et P. Sitbon.
8. C. comptes 3 mai 2024, *Département de la Haute-Saône*, n° 908, S-2024-0723 ; chron. Y. Simon et S. Heintz dans *RGP* 2024, n° 03, p. 70 ; *AJDA* 2024. 1327, chron. N. Péhau et L. Vergallo.
9. CDBF 21 juill. 2008, *CCI de Caen*, *Rec.* 79 ; *AJDA* 2010. 488, note N. Groper et C. Michaut ; *GFP* 2011, p. 393, note M. Lascombe et X. Vandendriessche ; *Lebon* p. 529.
10. CDBF 21 juill. 2008, *CCI de Caen*, préc.

juridique ; une partie a été versée directement, une autre partie a été versée à une entreprise d'import-export[1].

B.
Avantages en nature

442.81 Fréquence des cadeaux et autres avantages indus. Les avantages injustifiés reçus sous forme d'avantages en nature ne sont pas rares.

Ainsi en est-il de cadeaux indus :

- est sanctionnable en tant qu'avantage injustifié la prise en charge d'une activité sportive de l'époux d'un agent de fait[2] ;

- « ces prestations [billets d'entrée pour des matchs de football, achetés par un établissement public] doivent être considérées comme ayant bénéficié aux membres du bureau à titre personnel, alors que l'octroi de tels avantages n'est prévu par aucun texte applicable à ces derniers »[3].

Le cas d'avantages accordés de façon injustifiée en matière de logement se rencontre fréquemment en jurisprudence : ainsi l'attribution d'un logement de fonction auquel un agent n'avait pas droit[4] ; l'occupation indûment à titre gratuit d'un logement appartenant à une personne publique par son ex-directeur[5] ; la prise en charge par un établissement public de frais d'électricité de logements personnels (donc pas de logements de fonction) ; en outre le payement d'indemnités de chauffage à un agent alors que l'établissement disposait de logements de fonction, ceci étant contraire à la réglementation et donc indu[6].

Dans un cas de mise à disposition de locaux à titre gratuit, le juge a pu retenir un avantage injustifié, même si la motivation donnée par l'arrêt est peu claire (méconnaissance du principe d'égalité)[7].

Dans une affaire, qui remplirait également l'exigence d'un intérêt personnel désormais obligatoire pour l'infraction prévue à l'article L. 131-12 du code des juridictions financières, le président d'une caisse de sécurité sociale avait installé une société qu'il dirigeait lui-même dans les locaux de la caisse ; cette société avait bénéficié de nombreux avantages en nature de la part de la caisse, sans contrepartie : prise en charge des frais de téléphone, de chauffage, de nettoyage, d'électricité et d'entretien, recours par la société au personnel de la caisse... Ces pratiques étaient constitutives de l'octroi d'un avantage injustifié à cette société, au préjudice de la caisse de sécurité sociale[8].

Autres exemples d'avantages en nature injustifiés sanctionnés en jurisprudence :

- Octroi de repas gratuits (indûment) à du personnel d'un établissement public[9] ; prise en charge indue de repas d'un dirigeant[10].

- Communications téléphoniques passées à but personnel par l'économe de l'hôpital[11].

- Voiture de fonction accordée indûment à un prestataire contractuel[12].

- Aide au reclassement irrégulièrement prise en charge par le budget d'une CCI en faveur d'un directeur général licencié qui n'y avait pas droit ; cet avantage était donc indu[13].

- L'excédent de papier laissé à la disposition du titulaire du marché constitue un avantage injustifié en nature[14].

1. CDBF 6 mai 1993, *Établissement public central Charbonnages de France [CdF]*, *Rev. Trésor* 1994. 758 ; *Lebon* 530.
2. C. comptes 11 mai 2023, *Société ALPEXPO*, n° 836, S-2023-0604 ; *Rec.* 17 ; *JCP Adm.* n° 25, 26 juin 2023, 2210, note S. Damarey ; *AJDA* 2023. 1511, note X. Vandendriessche.
3. CDBF 14 nov. 2019, *Chambre départementale d'agriculture du Finistère*, n° 237-772 ; *Rec.* 221. Affaire jugée sous l'empire des anciens textes, transposable à la notion d'avantage injustifié, mais pas forcément aux autres éléments constitutifs de l'infraction désormais prévue au CJF, art. L. 131-12.
4. CDBF 20 juin 2022 *Institut national du sport, de l'expertise et de la performance (INSEP)*, n° 258-849 ; *Rec.* 136 ; *AJDA* 2022. 2527, chron. N. Péhau et M. Choquet.
5. CDBF 20 déc. 1982, *Port autonome de Nantes-Saint-Nazaire*, CCP, n° 2, p. 211.
6. CDBF 2 déc. 1987, *CHS de Prémontré [Aisne]*, CCP, n° 3, p. 113 ; *Lebon*, tables p. 656.
7. CDBF 10 déc. 2010, *Chambre régionale d'agriculture de Midi-Pyrénées (CRAMP)*, n° 173-680 ; *Rec.* 123 ; *GFP* 2011, n° 8-9, p. 576, note M. Lascombe et X. Vandendriessche. Affaire jugée sous l'empire des anciens textes, transposable à la notion d'avantage injustifié, mais pas forcément aux autres éléments constitutifs de l'infraction désormais prévue au CJF, art. L. 131-12.
8. CDBF 17 déc. 1976, *Caisse interprofessionnelle, commerciale et industrielle d'allocations vieillesse [Ciciav] de Béthune*, CCP, n° 2, p. 121.
9. CDBF 8 juill. 1976, *Hôpital psychiatrique de Saint-Alban-sur-Limagnole [Lozère]*, *Lebon* 709 (extraits) ; CCP, n° 2, p. 117 – CDBF 5 juin 1989, *Hôpital d'Orange*, CCP, n° 3, p. 172 ; *Lebon* 417. Affaires jugées sous l'empire des anciens textes, transposables à la notion d'avantage injustifié, mais pas forcément aux autres éléments constitutifs de l'infraction désormais prévue au CJF, art. L. 131-12.
10. C. comptes 9 déc. 2023, *Caisse mutuelle complémentaire et d'actions sociales de X*, Rappel à la loi, *Rec.* 85.
11. CDBF 5 juin 1989, *Hôpital d'Orange*, préc.
12. CDBF 15 juill. 2013, *Office des Postes et télécommunications de la Polynésie française*, n° 190-661 ; *Rec.* 209 ; *AJDA* 2013. 2544, chron. C. Michaut et P. Sitbon. Affaire jugée sous l'empire des anciens textes, transposable à la notion d'avantage injustifié, mais pas forcément aux autres éléments constitutifs de l'infraction désormais prévue au CJF, art. L. 131-12.
13. CDBF 21 juill. 2008, *CCI de Caen*, *Rec.* 79 ; *AJDA* 2010. 488, note N. Groper et C. Michaut ; *GFP* 2011, p. 393, note M. Lascombe et X. Vandendriessche ; *Lebon* p. 529. Affaire jugée sous l'empire des anciens textes, transposable à la notion d'avantage injustifié, mais pas forcément aux autres éléments constitutifs de l'infraction désormais prévue au CJF, art. L. 131-12.
14. CDBF 26 juin 1992, *min. des PTT*, *Rev. Trésor* 1993. 777 ; *Lebon* 632 ; *Rec.* 137.

C. Avantages injustifiés octroyés en matière de commande publique

442.91 Irrégularités dans la commande publique ayant entraîné un avantage injustifié. La possibilité de sanctionner, au titre de l'infraction réprimant l'avantage injustifié, par intérêt personnel [1], les irrégularités dans le domaine de la commande publique a gagné en importance depuis que la réforme entrée en vigueur le 1er janvier 2023 a restreint le champ de l'infraction générale sanctionnant le non-respect des règles, qui jusque-là couvrait l'essentiel des violations de règles commises dans l'achat public, mais qui désormais ne peut plus appréhender que les cas ayant généré un préjudice financier significatif : or cette dernière hypothèse est fort rare et limite donc considérablement la capacité du juge de sanctionner les méconnaissances des règles de la commande publique.

En revanche, l'absence de mise en concurrence, en matière d'achat, constitue le plus souvent en soi un avantage injustifié accordé à la société ayant remporté le marché. Même en l'absence de préjudice – pour les faits postérieurs à 2022 – ce cas de figure peut donc être sanctionné sur la base de l'infraction réprimant l'avantage injustifié, à condition qu'un intérêt personnel puisse être établi.

Ainsi, la Cour a-t-elle jugé, sous l'empire des nouvelles règles, que « l'attribution d'un marché public par un pouvoir adjudicateur, à une entité juridique distincte, et en méconnaissance des règles de publicité et d'égal accès à la commande publique, suffit à établir tant l'existence de l'avantage ainsi octroyé, que son caractère injustifié » [2].

À noter que, pour cette catégorie de faits, lorsqu'ils sont antérieurs à 2023, se pose avec une particulière acuité la question de la preuve du préjudice [3] et de son articulation avec la notion d'avantage injustifié ; mais le critère du préjudice n'est plus nécessaire pour les faits postérieurs au 1er janvier 2023.

Malgré ces changements de périmètres des infractions, la jurisprudence antérieure de la CDBF en matière de commande publique garde une partie de son intérêt ; les arrêts présentés ci-après seront donc analysés uniquement dans l'optique d'établir le caractère injustifié d'un avantage, indépendamment des autres éléments constitutifs de l'infraction qui, dans le régime actuel, peuvent ne pas être présents.

Jurisprudence de la CDBF dans laquelle l'avantage injustifié a été reconnu (ainsi que la présence d'un préjudice) :

– Le fait d'avoir, par le biais de certifications inexactes attestant faussement le service fait, mandaté des crédits départementaux au bénéfice d'entreprises qui n'avaient pas encore fourni les prestations en question [4].

– Avenant à un contrat prévoyant une rémunération supplémentaire d'un prestataire alors qu'aucun déséquilibre n'était apparu dans l'exécution de la convention initiale, ni aucune prestation nouvelle à effectuer, qui auraient pu justifier une telle rémunération complémentaire [5].

– Payement de prestations, prévues par un marché, que le cocontractant n'avait pas réalisées [6]. Dans le même sens, payement en l'absence partielle de prestation [7].

– Irrégularités dans la conclusion de marchés : des surcoûts très importants ont été relevés, dus au choix d'un fournisseur unique et imputables aussi à l'existence de nombreuses commissions accordées aux intermédiaires ; l'accroissement des prix avait entraîné un préjudice, et l'avantage injustifié était procuré par l'absence de contrepartie supplémentaire [8].

– Payement de prestations qui n'ont pas été entièrement rendues : cela s'analyse comme des libéralités qui n'entrent pas dans l'objet statutaire de l'entreprise publique [9].

– Versement par un institut de sommes à une société prestataire et dont des dirigeants de l'institut étaient associés fondateurs ; ces sommes tenaient compte des honoraires que versait ensuite la société aux dirigeants de l'institut, qui étaient par ailleurs rémunérés par ce dernier pour leurs fonctions, en méconnaissance des règles de l'institut et « alors qu'il n'avait pas été décidé par ledit Conseil [d'administration de l'institut] que les tâches ainsi rémunérées [via la société] ne relevaient pas du travail pour lequel l'Institut technique rétribuait M. X » [10].

1. CJF, art. L. 131-12.
2. C. comptes 3 mai 2024, *Chambre régionale d'agriculture de Bretagne (CRAB) et Association pour la traçabilité et le développement d'outils pour l'identification et de logiciels d'élevage (e-toile)*, nos 856 et 870, S-2024-0696 ; *AJDA* 2024. 1327, chron. N. Péhau et L. Vergallo.
3. V. ss no 445.11.
4. CDBF 25 janv. 1977, *Direction départementale des services vétérinaires de la Lozère*, CCP, no 2, p. 126 ; *Lebon* 657 (extraits).
5. CDBF 22 et 29 nov. 1985, *Sté des autoroutes Rhône Alpes [Area]*, CCP, no 3, p. 25.
6. CDBF 24 nov. 1986, *CH Sainte-Anne à Paris [marchés d'ingénierie]*, CCP, no 3, p. 35.
7. CDBF 17 nov. 1987, *Université Paris IV Paris-Sorbonne*, CCP, no 3, p. 105 ; *Lebon*, tables p. 656.
8. CDBF 28 avr. 1987, *Assoc. pour la formation professionnelle des adultes [Afpa]*, CCP, no 3, p. 65 ; *Lebon* 503.
9. CDBF 16 juin 1987, *SEM d'urbanisation, d'aménagement, d'équipement et de construction de la ville de Jeumont et de l'arrondissement d'Avesnes [Semvija]*, CCP, no 3, p. 83 ; *Lebon* 512.
10. CDBF 21 oct. 1987, *Institut technique de la vigne et du vin [ITV]*, CCP, no 3, p. 100 ; *Lebon*, tables p. 656.

– Commandes fictives de vaccins, financièrement prises en charge par l'État et un département afin de lutter contre certaines maladies animales, qui ont permis de commander en réalité d'autres produits pharmaceutiques, sans fondement juridique, que les vétérinaires revendaient ensuite à leur clientèle privée [1].

– S'agissant de prestations de travail fournies par des personnes extérieures au service, violations de règles concernant la liquidation et l'ordonnancement de vacations, avec payement en l'absence de service fait [2].

– Irrégularités dans la passation de marchés (absence de mise en concurrence initiale/marché de régularisation ; engagements effectués sur bons de commande par des personnes non habilitées) : « le plus grand désordre régnait » ; en outre cela a facilité des détournements (au sens pénal du terme) [3].

– Marges excessives : des fractionnements de commandes et un circuit de facturations successives avaient provoqué des avantages injustifiés, car la marge brute pour l'un des fournisseurs représentait 78 % de plus de ce qui était facturé par le véritable fournisseur [4]. Dans le même sens, dans une autre affaire, des violations massives des règles de la commande publique avaient entraîné des marges prises par des intermédiaires, ce qui a créé un préjudice pour l'organisme public [5].

– Fausses certifications de service fait ayant conduit au payement sans service fait et à soutenir financièrement une association para-administrative en difficulté ; certes une régularisation est intervenue plus tard (suite à une intervention d'une inspection générale), mais cela constituait tout de même une avance de trésorerie pour l'association [6].

– Paiements indus, correspondant à des prestations non exécutées, avaient été réalisés [7].

– Fausses factures et pots de vin, qui avaient été établis dans la procédure pénale menée parallèlement, prouvaient que les avantages étaient indus, et que donc un préjudice avait été subi par la structure publique [8].

– Payements sans justificatifs, qui jetaient un doute sérieux sur le service fait : la CDBF a pu considérer que l'avantage était injustifié [9].

– Dans le cas d'une caisse noire alimentée grâce à de fausses factures (gestion de fait), des avantages injustifiés avaient en outre été accordés : l'entreprise établissant les fausses factures percevait une commission de 10 % (dépense considérée comme indue par le juge) [10].

– Payement d'un acompte, dans le cadre d'un crédit-bail, en contradiction avec des clauses contractuelles, sur la base d'une certification de service fait non justifiée, entraînant un préjudice important du fait de la banqueroute du bénéficiaire [11].

– Dans le cadre de la mise en place d'un système de cogénération financé par crédit-bail, des conventions contradictoires entre elles avaient été signées par le directeur d'un centre hospitalier spécialisé, entraînant, sur ordre du directeur, le versement, par le crédit-bailleur, du prix des travaux non aux entreprises de travaux, mais au maître d'œuvre, alors que les marchés de travaux conclus par ailleurs prévoyaient le payement direct des entreprises de travaux par le crédit-bailleur, sans intervention du maître d'œuvre dans le circuit financier. Cette situation créait pour le CHS le risque d'un double payement, risque qui s'est par la suite réalisé. Par ailleurs, le directeur avait donné l'ordre au crédit-bailleur de verser un acompte au maître d'œuvre, alors que la convention de crédit-bail conclue par le CHS n'avait pas encore reçu l'aval du contrôle de légalité. Enfin, le directeur avait certifié le service fait pour des prestations qui n'avaient pas été exécutées. Le maître d'œuvre, bénéficiaire de ces versements opérés par le crédit-bailleur, ayant ensuite été mis en liquidation judiciaire sans avoir reversé aux entreprises de travaux les montants qui leur étaient dus, ces dernières se sont retournées contre le CHS, les factures non payées étant estimées à plus de 8,3 millions FRF (plus de 1,2 million d'euros) à la charge de l'organisme public [12].

– Attribution d'un marché contre un « dessous de table » [13].

1. CDBF 17 févr. 1988, *Direction des services vétérinaires des Alpes de Haute-Provence, Assoc. Groupement de défense sanitaire [GDS] et Assoc. Groupement vétérinaire pratique [GVP]*, CCP, n° 3, p. 122 ; *Lebon* 538.
2. CDBF 10 mai 1989, *Cned, centre de Vanves*, CCP, n° 3, p. 165 ; *Lebon* 413.
3. CDBF 5 juin 1989, *Hôpital d'Orange*, CCP, n° 3, p. 172 ; *Lebon* 417.
4. CDBF 22 mai 1990, *CHS de Saint-Venant*, CCP, n° 3, p. 204 ; *Lebon* 521.
5. CDBF 6 nov. 1992, *CPAM de Seine-et-Marne*, *Rev. Trésor* 1993. 782 ; *Lebon* 644 ; *Rec.* 154.
6. CDBF 11 et 12 déc. 1991, *CHS du Rouvray*, *Rev. Trésor* 1993. 31 ; *Lebon* 640 ; *Rec.* 136.
7. CDBF 26 juin 1992, *min. des PTT*, *Rev. Trésor* 1993. 777 ; *Lebon* 632 ; *Rec.* 137.
8. CDBF 6 nov. 1992, *CPAM de Seine-et-Marne*, *Rev. Trésor* 1993. 782 ; *Lebon* 644 ; *Rec.* 154.
9. CDBF 23 févr. 1994, *SEM A.*, *Rev. Trésor* 1995. 680 ; *Lebon* 719 ; *Rec.* 131.
10. CDBF 23 déc. 2002, *Mission de coopération et d'action culturelle [MCAC] de N'Djaména [Tchad]*, *Rev. Trésor* 2004. 51, note M. Lascombe et X. Vandendriessche ; *Rec.* 120 (lire le commentaire) ; *Lebon* 563.
11. CDBF 15 juin 2004, *CH de Saint Brieuc*, *Rev. Trésor* 2005. 705, note M. Lascombe et X. Vandendriessche ; *Lebon* 537.
12. CDBF 17 juin 2005, *CHS Paul Guiraud de Villejuif*, 2e arrêt, *Rev. Trésor* 2005. 708, note M. Lascombe et X. Vandendriessche ; *Lebon* 674 ; *Rec.* 117.
13. CDBF 15 juill. 2013, *Office des Postes et télécommunications de la Polynésie française*, n° 190-661 ; *Rec.* 209 ; *AJDA* 2013. 2544, chron. C. Michaut et P. Sitbon.

– Malgré son mauvais classement dans deux appels d'offres qui avaient été annulés, une société de nettoyage avait effectué des prestations hors marché et avait été payée sur la base de simples bons de commande ; la Cour a retenu l'avantage injustifié, car « le port, qui a ainsi été amené à payer à la société [...] des prestations à des conditions moins avantageuses que celles proposées par des candidats mieux classés qu'elle et dont l'un aurait dû être retenu à sa place, en a inévitablement subi un préjudice »[1].

– Absence partielle de service fait : « le contrôle du service fait comportait de sérieuses lacunes » ; en outre, les bons de commande émis en régularisation ne correspondent pas toujours exactement au montant facturé[2] ; dans le même sens, a été considéré comme injustifié le fait d'avoir payé des factures alors que l'instruction n'a pas permis d'établir le service fait[3].

– Prise en charge d'un consultant sans contrepartie réelle en termes de travail : « que l'instruction a établi que le prestataire, qui a perçu [...] une rémunération totale de 18,48 millions de francs CFP (soit près de 155 000 euros) en exécution de ladite convention, s'est borné à produire des rapports reprenant, pour l'essentiel, des données qui lui avaient été fournies par les services de l'établissement public, sans retraitement ni réelle analyse de sa part »[4].

– Dans le cadre contractuel, peut également être injustifié de renoncer à des recettes, comme à des pénalités par exemple[5].

– Versement par un institut de sommes à une société prestataire et dont des dirigeants de l'institut étaient associés fondateurs ; ces sommes tenaient compte des honoraires que versait ensuite la société aux dirigeants de l'institut, qui étaient par ailleurs rémunérés par ce dernier pour leurs fonctions, en méconnaissance des règles de l'institut et « alors qu'il n'avait pas été décidé par ledit Conseil [le Conseil d'administration de l'institut] que les tâches ainsi rémunérées [via la société] ne relevaient pas du travail pour lequel l'Institut technique rétribuait M. X »[6] ;

– Marché passé irrégulièrement (en l'espèce, sans mise en concurrence) ayant procuré un avantage injustifié en l'absence partielle de service fait : « la rémunération de l'architecte pour des éléments de mission non réalisés » a constitué un avantage injustifié à autrui ; « tous ces marchés avaient un autre objet que celui de l'opération », et le prestataire a été, de ce fait, surrémunéré, obtenant une rémunération élevée « alors que les missions du maître d'œuvre étaient très sensiblement réduites » dans les faits[7] ;

– Prise en charge indue de frais professionnels d'un cocontractant[8].

D. Subventions

442.101 Avantages injustifiés en matière de subventions. Des avantages injustifiés sont susceptibles d'être accordés dans le cadre de subventions versées par des personnes publiques. Toutefois, les exemples demeurent rares dans la jurisprudence, ce qui peut s'expliquer notamment par le faible contrôle exercé sur les structures bénéficiaires, à la fois par les autorités versantes et par les autorités de contrôle ; et lorsque des arrêts interviennent sur des cas de subventions, les motivations ne permettent pas toujours de saisir précisément où se situe le caractère injustifié.

Exemples en jurisprudence, sous l'empire des règles en vigueur jusqu'au 31 décembre 2022 :

– Prêts convertis ensuite partiellement en subventions au-delà des seuils prévus[9], même si l'arrêt n'est pas très explicite.

– Détournement de subventions, avec fausses factures : la CDBF est allée jusqu'à sanctionner le défaut de contrôle du préfet et d'une société publique sur un prestataire privé ayant reçu des subventions, « des défaillances graves ont ainsi affecté l'ensemble de la chaîne de la dépense »[10].

1. CDBF 16 juin 2015, *Grand port maritime de Nantes-Saint Nazaire*, n° 200-728 ; *Rec.* 165 ; *AJDA* 2015. 2069, note O. Villemagne et P. Grimaud ; *AJDA* 2016. 2487, chron. N. Péhau et N. Hauptmann.
2. CDBF 16 juin 2015, *Grand port maritime de Nantes-Saint Nazaire*, n° 200-728 ; *Rec.* 165 ; *AJDA* 2015. 2069, note O. Villemagne et P. Grimaud ; *AJDA* 2016. 2487, chron. N. Péhau et N. Hauptmann.
3. CDBF 5 juill. 2022, *Société publique locale de Mayotte (SPL 976)*, n° 259-816 ; *Rec.* 141 ; *AJDA* 2022. 1952, chron. M. Choquet et N. Péhau ; *AJCT* 2023, p. 55.
4. CDBF 15 juill. 2013, *Office des Postes et télécommunications de la Polynésie française*, n° 190-661 ; *Rec.* 209 ; *AJDA* 2013. 2544, chron. C. Michaut et P. Sitbon.
5. CDBF 23 nov. 2022, *Établissement de communication et de production audiovisuelle de la défense (ECPAD)*, n° 263-796 ; *Rec.* 153.
6. CDBF 21 oct. 1987, *Institut technique de la vigne et du vin [ITV]*, CCP, n° 3, p. 100 ; *Lebon*, tables p. 656.
7. CDBF 6 oct. 2014, *Centre hospitalier universitaire (CHU) de Caen*, n° 195-686/704 ; *Rec.* 171.
8. CDBF 13 juin 2003, *SEM Sarcelles Chaleur*, *Rev. Trésor* 2004. 57, note M. Lascombe et X. Vandendriessche ; *Rec.* 121 ; *AJDA* 2003. 2316, note N. Groper.
9. CDBF 4 sept. 2018, *Agence de l'eau Seine-Normandie (AESN)*, n° 222-771 ; *Rec.* 186. Affaire jugée sous l'empire des anciens textes, transposable à la notion d'avantage injustifié, mais pas forcément aux autres éléments constitutifs de l'infraction désormais prévue au CJF, art. L. 131-12.
10. CDBF 22 févr. 2018, *Société d'investissements de la filière pêche de l'archipel (SIFPA) de Saint-Pierre-et-Miquelon*, n° 218-749 ; *Rec.* 173 ; *AJDA* 2018. 1147. Affaire jugée sous l'empire des anciens textes, transposable à la notion d'avantage injustifié, mais pas forcément aux autres éléments constitutifs de l'infraction désormais prévue au CJF, art. L. 131-12.

– Subvention accordée pour un ouvrage déjà réalisé, en violation des règles applicables, sorte de « double payement »[1].

– Mise à disposition gratuite de personnel, contrairement aux termes d'une convention[2].

– Subventions versées en-dehors des missions d'un établissement, en violation du principe de spécialité[3] : « La [structure] est soumise au principe de spécialité qui s'applique aux établissements publics et leur interdit d'exercer des activités étrangères à leur mission statutaire, sauf si ces activités en constituent le complément normal et si elles sont directement utiles à l'exercice de celle-ci » ; dès lors, « les subventions versées [...] à des établissements scolaires accueillant des enfants de bateliers étaient exclusivement destinées à financer diverses activités périscolaires, sans rapport avec la batellerie, et offertes à l'ensemble des élèves d'une même classe. Ces subventions, d'un montant modique par enfant, ne bénéficiaient pas spécifiquement aux familles des bateliers et ne peuvent donc pas être regardées comme une forme d'aide apportée [...] en complément de sa mission »[4] ; la Cour a considéré que l'avantage était injustifié.

E.

Prise en charge de dépenses étrangères à l'organisme ou utilisation de crédits contrairement à leur affectation

442.111 Avantages injustifiés du fait de dépassements de l'objet social ou d'un détournement de l'affectation. La jurisprudence financière considère que des dépenses consacrées à des activités qui ne figurent pas dans l'objet social d'une société ou d'une association ou qui sont en-dehors des missions, limitativement énumérées, de personnes morales de droit public soumises au principe de spécialité, sont susceptibles d'être qualifiées d'indues. Ainsi la CDBF a-t-elle pu qualifier d'injustifiée la prise en charge de dépenses étrangères à l'objet d'une association[5].

Le principe de spécialité a été défini par la CDBF comme suit : « un établissement public ne peut se livrer à des activités excédant le cadre des missions qui lui ont été assignées par les textes qui l'ont institué »[6].

Parfois, cette catégorie se recoupe avec d'autres : ainsi le fait d'avoir fait prendre en charge, par le biais d'un dispositif assimilable à une gestion de fait par extraction irrégulière de fonds de la caisse d'un département, des dépenses incombant en réalité à un agent[7], est-il rattachable aux avantages en nature octroyés à des agents[8] : en poussant ce raisonnement à l'extrême, toute dépense injustifiée à caractère personnel est étrangère à l'intérêt de la structure.

La jurisprudence a eu l'occasion de faire application de la notion de principe de spécialité à l'occasion de subventions versées irrégulièrement par des établissements publics à des syndicats :

– Mise à disposition d'agents ou de salariés contraire au principe de spécialité des établissements publics : « une chambre d'agriculture ne peut intervenir directement au profit d'organismes tiers [en l'espèce des organisations syndicales d'agriculteurs] que dans le cadre des dispositions [...] du code rural » ; le fait pour une chambre d'agriculture de mettre à la disposition d'une organisation syndicale d'exploitants agricoles des personnels de la chambre d'agriculture, sans contrepartie en termes d'activité d'intérêt général, est assimilable à un soutien financier contraire aux textes, et donc un avantage indu[9].

– Subvention dont l'objet n'entrait pas dans les missions d'une chambre d'agriculture (finançant un syndicat d'exploitants agricoles pour des activités syndicales), donc contraire au principe de spécialité des établissements publics[10] ; dans le même sens (principe de spécialité qui limite leur liberté contractuelle) : « le législateur n'a pas prévu la participation des chambres d'agriculture au financement public de ces organisations syndicales » (exemple adaptable au nouveau régime)[11] ; la même solution

1. CDBF 4 sept. 2018, *Agence de l'eau Seine-Normandie (AESN)*, n° 222-771 ; *Rec.* 186. Affaire jugée sous l'empire des anciens textes, transposable à la notion d'avantage injustifié, mais pas forcément aux autres éléments constitutifs de l'infraction désormais prévue au CJF, art. L. 131-12.
2. CDBF 29 avr. 1998, *Lycée Gaston Berger de Lille et École supérieure de commerce de Lille [ESC]*, *Rev. Trésor* 1999. 204 ; *Lebon* 654 (anonymisé).
3. Sur le dépassement de l'objet social ou du principe de spécialité, v. ci-après, v. s[s] n° 442.111.
4. CDBF 20 mai 2020, *Chambre nationale de la batellerie artisanale (CNBA)*, n° 240-809 ; *Rec.* 181 ; *AJDA* 2020. 1906. Affaire jugée sous l'empire des anciens textes, transposable à la notion d'avantage injustifié, mais pas forcément aux autres éléments constitutifs de l'infraction désormais prévue au CJF, art. L. 131-12.
5. CDBF 7 nov. 2003, *Assoc. L'Étape*, *Rev. Trésor* 2005. 692, note M. Lascombe et X. Vandendriessche ; *AJDA* 2004. 1236, note N. Groper ; *Lebon* 592 ; *Rec.* 137.
6. CDBF 10 déc. 2010, *Chambre régionale d'agriculture de Midi-Pyrénées (CRAMP)*, n° 173-680 ; *Rec.* 123 ; *GFP* 2011, n° 8-9, p. 576, note M. Lascombe et X. Vandendriessche.
7. CDBF 25 janv. 1977, *Direction départementale des services vétérinaires de la Lozère*, CCP, n° 2, p. 126 ; *Lebon* 657 (extraits).
8. V. s[s] n° 442.81.
9. CDBF 10 déc. 2010, *Chambre régionale d'agriculture de Midi-Pyrénées (CRAMP)*, n° 173-680 ; *Rec.* 123 ; *GFP* 2011, n° 8-9, p. 576, note M. Lascombe et X. Vandendriessche.
10. CDBF 10 déc. 2010, *Chambre régionale d'agriculture de Midi-Pyrénées (CRAMP)*, préc.
11. CDBF 22 mars 2019, *Chambre d'agriculture de la Gironde*, n° 231-770 ; *Rec.* 206.

a été appliquée dans plusieurs arrêts concernant le fonctionnement des syndicats agricoles[1].

– Cas de subventions en cascade : une chambre d'agriculture versait une subvention à une association, qui la reversait à une organisation syndicale ; pour apprécier principe de spécialité, le juge « suit » donc la subvention jusqu'au destinataire final[2].

– Dans une affaire de financements apportés par une organisation professionnelle incombant en réalité aux syndicats, ces dépenses ont été reconnues par la CDBF comme étrangères aux missions légales et réglementaires : elle a sanctionné sur la base de l'infraction générale dans sa rédaction ancienne ; curieusement, l'hypothèse de l'avantage injustifié n'a pas été évoquée[3].

Autres exemples portant sur le dépassement du principe de spécialité :

– Prise en charge, par une filiale, de dépenses incombant à une maison-mère : or ces dépenses sont étrangères à l'objet social de la filiale ; règle générale selon laquelle « la rémunération du président du conseil de surveillance [d'une société] ne peut être qu'à la charge de cette société » : avantage injustifié[4].

– Des agents d'un établissement avaient effectué des travaux dans des bâtiments dont l'établissement était certes propriétaire, mais les travaux étaient à la charge des locataires ; par ailleurs, des travaux avaient été effectués dans des bâtiments dont l'établissement n'était pas propriétaire ; prise en charge de travaux relevant en principe de la commune, et non de l'hôpital (enlèvement ordures ménagères par des malades encadrées par des agents de l'hôpital et remboursement seulement partiel par la commune...) : « le financement sans contrepartie par cet établissement de prestations qui auraient dû être réglées par la commune constitue un transfert de charges au profit des contribuables de la collectivité au détriment du budget de l'hôpital, lui-même financé sur d'autres ressources [que ceux de la commune], et donc un avantage injustifié pour ces contribuables »[5].

On pourrait enfin rattacher à cette catégorie les cas de violation du principe de spécialité des crédits entraînant une forme de détournement de l'objet régulier d'une dépense : ainsi la violation du principe de spécialité des crédits de l'État et l'utilisation de crédits contrairement à l'objet de la délégation de crédits[6] peuvent-elles conduire à l'attribution d'avantages injustifiés.

§ 4
Pertes financières excessives

442.121 Achats ou ventes à perte (dilapidation des patrimoines publics). Selon les termes utilisés par Léon Bertrand, les « actes de dilapidation des patrimoines publics » sont visés par cette infraction, sous-entendu même sans infraction formelle[7]. Mais cela ne signifie pas que le gaspillage pur ou la simple mauvaise gestion soient incriminés : il faut établir que le gestionnaire a agi en méconnaissance de ses obligations et que l'avantage octroyé ait été injustifié.

Comment saisir la notion de dilapidation ? Le juge financier, qui se refuse à empiéter sur des choix de gestion, à sanctionner en opportunité une décision de gestion, n'utilise d'ailleurs pas le terme de dilapidation, ni celui de gaspillage, préférant la notion d'avantage ou de gain excessif.

Quoiqu'il en soit, la jurisprudence doit forcément être en la matière très prudente, et l'analyse de celle-ci montre qu'elle est d'une grande subtilité.

Ainsi, dans un arrêt remarqué, parce qu'il concernait Sciences-Po Paris, la CDBF a jugé qu'une rémunération importante n'était pas en soi ni forcément irrégulière, ni un avantage injustifié : « il ne résulte pas du dossier soumis à la Cour que les éléments constitutifs de l'infraction [...] sont réunis »[8].

Pourtant, dans d'autres arrêts, la Cour a pu admettre qu'une rémunération excessive pouvait être constitutive d'un avantage injustifié : « conditions manifestement excessives des rémunérations accordées... »[9]. Il en va de même d'une transaction irrégulière et déséquilibrée[10] ; dans le même sens, « une transaction

1. CDBF 22 mars 2019, *Chambre départementale d'agriculture de la Corrèze*, n° 232-792 ; *Rec.* 210 ; *AJDA* 2019. 1213, chron. N. Hauptmann et N. Péhau – CDBF 13 déc. 2018, *Chambre départementale d'agriculture du Tarn-et-Garonne*, n° 225-790 ; *Rec.* 193.
2. CDBF 13 déc. 2018, *Chambre d'agriculture du Puy-de-Dôme*, n° 226-791 ; non publié au *Rec.*
3. CDBF 29 nov. 2018, *Ordre national des chirurgiens-dentistes (ONCD)*, n° 224-800 ; *Rec.* 190.
4. CDBF 4 juin 2019, *Gestion des sociétés EDF, ERDF et RTE*, n° 234-732 ; *Rec.* 214 ; *AJDA* 2019. 2606, chron. N. Hauptmann et N. Péhau.
5. CDBF 2 déc. 1987, *CHS de Prémontré [Aisne]*, CCP, n° 3, p. 113 ; *Lebon*, tables p. 656.
6. CDBF 23 déc. 2002, *Mission de coopération et d'action culturelle [MCAC] de N'Djaména [Tchad]*, *Rev. Trésor* 2004. 51, note M. Lascombe et X. Vandendriessche ; *Rec.* 120 (lire le commentaire) ; *Lebon* 563. Affaire jugée sous l'empire des anciens textes, transposable à la notion d'avantage injustifié, mais pas forcément aux autres éléments constitutifs de l'infraction désormais prévue au CJF, art. L. 131-12.
7. L. Bertrand, « La Cour de discipline budgétaire », Rev. banque et bourse n° 48, déc. 1948, p. 340.
8. CDBF 4 déc. 2015, *Fondation nationale des sciences politiques et Institut d'études politiques de Paris (FNSP-IEP de Paris)* ; *Rec.* 171 ; *AJDA* 2016. 198, note S. Gaillard et J. Goubault.
9. CDBF 20 juill. 2017, *Institut Curie*, n° 215-765 ; *Rec.* 244 ; A. Froment-Meurice, J.-Y. Bertucci, N. Hauptmann et C. Michaut, *GAJF*, 7e éd. 2019, n° 50, p. 585.
10. C. comptes 3 mai 2024, *Département de la Haute-Saône*, n° 908, S-2024-0723 ; chron. Y. Simon et S. Heintz dans *RGP* 2024, n° 03, p. 70 ; *AJDA* 2024. 1327, chron. N. Péhau et L. Vergallo.

n'était pas illicite » mais elle a, du fait de son montant excessif, octroyé un avantage injustifié et un préjudice ; la Cour ne donne pas de chiffres, et se borne à considérer « qu'en acceptant, sans y être tenu, le versement transactionnel à M. X d'une indemnité d'un tel montant, [le président] a méconnu les obligations de sa fonction », entraînant un avantage injustifié pour le co-transigeant et un préjudice pour l'association ; la préservation des intérêts financiers de l'organisme dont on a la charge fait partie des obligations[1]. *Idem* pour une rémunération excessive qui ne correspond pas, selon la Cour, à une contrepartie suffisante : « le niveau de salaire de M. A était manifestement disproportionné tant au regard de la hiérarchie des rémunérations de Radio France que de son temps de travail effectif et des responsabilités »[2].

Dans d'autres affaires, il peut s'agir de gains excessifs de cocontractants :

- La conclusion de contrats déséquilibrés au profit d'autrui est constitutive d'un avantage injustifié[3].

- Vente d'un immeuble à un prix nettement en dessous de sa valeur réelle[4].

- Mise à disposition gratuite de personnel, contrairement aux termes d'une convention[5]. Sorte de « vente à perte extrême », c'est-à-dire de gratuité indue.

- Achat d'un objet sans valeur ni utilité, donc trop cher, et ce à une entreprise dans laquelle un proche parent avait des intérêts[6].

§ 5
Avantages au détriment de la fiscalité ou des finances sociales

442.131 Avantages injustifiés tirés de la fiscalité ou des finances sociales. Versement de rémunérations, à plusieurs reprises, sans être déclarées[7] : la rémunération n'était pas en elle-même indue, car elle correspondait à des prestations de travail réelles, mais parce que la non-déclaration permettait d'échapper à l'impôt[8].

Lorsque, dans le cadre d'une convention conclue entre un hôpital et des sages-femmes libérales, celles-ci doivent être directement rémunérées par les patientes, mais que l'hôpital facture quand même ces prestations à l'assurance-maladie, l'hôpital reçoit un avantage injustifié, en violation de la convention, et au détriment de l'assurance-maladie, qui rembourse deux fois la même prestation[9].

§ 6
Avantages injustifiés et détournement de fonds

442.141 Détournement de fonds à des fins personnelles. Si, jusqu'à la réforme entrée en vigueur le 1er janvier 2023, l'infraction ici présentée ne visait pas directement les auteurs de détournements de fonds, mais les gestionnaires qui avaient, de par une faute sanctionnable, contribué à attribuer à autrui cet avantage[10], il est désormais possible de sanctionner directement les bénéficiaires de détournements, à condition qu'ils soient justiciables de la Cour des comptes.

Cette innovation ouvre des perspectives nouvelles dont le juge financier devra se saisir, en bonne articulation avec le juge pénal[11].

1. CDBF 16 nov. 2015, *Association pour la gestion du régime d'assurance des créances des salariés (AGS) et Délégation UNEDIC-AGD (DUA)*, n° 203-720 ; non publié au *Rec.*
2. CDBF 25 janv. 2019, *Radio France : visa du contrôleur général économique et financier en matière de rémunération*, n° 229-766 ; *Rec.* 195 ; *AJDA* 2019. 577, chron. N. Hauptmann et N. Péhau.
3. CDBF 24 févr. 2006, *Sté Altus Finance*, 2e arrêt, *AJDA* 2006. 1249, note N. Groper et C. Michaut ; *JCP* 2006, n° 38, II, 10152, note J.-P. Gastinel ; *Rev. Trésor* 2006. 910, note M. Lascombe et X. Vandendriessche ; *RFDA* 2006. 624, note M. Lascombe et X. Vandendriessche ; *Lebon* 650 ; *Rec.* 74.
4. CDB 22 mai 1957, *Sté nationale de constructions aéronautiques du Nord [SNCAN]*, *Lebon* 890 ; CCP, n° 2, p. 13.
5. CDBF 29 avr. 1998, *Lycée Gaston Berger de Lille et École supérieure de commerce de Lille [ESC]*, *Rev. Trésor* 1999. 204 ; *Lebon* 654 (anonymisé).
6. CDBF 19 déc. 2008, *Crous de Corse [Corte]*, *Rec.* 91 ; *AJDA* 2009. 476, note N. Groper et C. Michaut ; *GFP* 2011, p. 397, note M. Lascombe et X. Vandendriessche.
7. CJF, anc. art. L. 313-5, abrogé le 31 déc. 2022 – Sur cette ancienne infraction réprimant l'absence de déclarations fiscales, v. ss n° 426.21.
8. CDBF 17 févr. 1988, *Direction des services vétérinaires des Alpes de Haute-Provence, Assoc. Groupement de défense sanitaire [GDS] et Assoc. Groupement vétérinaire pratique [GVP]*, préc.
9. CDBF 16 nov. 2016, *Centre hospitalier de Givors*, n° 211-739 ; *Rec.* 187 ; *AJDA* 2017. 932, chron. N. Péhau et N. Hauptmann. Affaire jugée sous l'empire des anciens textes, transposable à la notion d'avantage injustifié, mais pas forcément aux autres éléments constitutifs de l'infraction désormais prévue au CJF, art. L. 131-12.
10. PAR EX. : CDBF 5 juin 1989, *Hôpital d'Orange*, *CCP*, n° 3, p. 172 ; *Lebon* 417 – CDBF 13 juin 2003, *SEM Sarcelles Chaleur*, *Rev. Trésor* 2004. 57, note M. Lascombe et X. Vandendriessche ; *Rec.* 121 ; *AJDA* 2003. 2316, note N. Groper.
11. Sur les relations avec le juge pénal, v. ss nos 231.11 en général, et 441.32 pour la présente infraction.

CHAPITRE

443. Méconnaissance d'obligations

SECTION 0
ORIENTEUR

443.00 **Sommaire du chapitre.**

SECTION 1
ÉLÉMENTS GÉNÉRAUX SUR LA MÉCONNAISSANCE D'OBLIGATIONS

443.11 **Aperçu : obligation et faute.** L'infraction réprimant l'avantage injustifié comporte parmi ses éléments constitutifs également l'exigence d'établir que la personne qui a procuré cet avantage ait méconnu les obligations professionnelles qui lui incombent.

Comme l'indique le Président Charrier[1], l'élément « méconnaissance de ses obligations » figurant dans la loi a pour objet de cantonner l'infraction d'octroi d'un avantage injustifié à autrui aux cas de faute, évitant ainsi d'incriminer la simple erreur de gestion coûteuse, ayant causé un préjudice à un organisme public[2].

Cette exigence légale qui implique de caractériser une faute est cependant peu contraignante, d'autant plus que le mot « sciemment », qui figurait à un moment dans le projet de loi de 1971 sur la CDBF[3], n'a finalement pas été inscrit dans le droit positif.

En effet, parmi les obligations professionnelles au sens de la présente infraction, outre celles prévues dans des règles précises, figure aussi l'obligation de respecter les règles formelles entourant une activité, ainsi que les règles de bonne gestion incombant à tout gestionnaire.

D'une façon générale, le juge financier est plutôt sévère s'agissant des obligations professionnelles mises à la charge des gestionnaires, ce qui rejoint la position de la Cour de cassation en matière de délit de prise illégale d'intérêts[4], pour lequel l'exigence d'intentionnalité est limitée : cette dernière a par exemple estimé que l'élément moral du délit pouvait simplement résulter du manquement à l'obligation qu'imposait à des élus leur mandat électif de vérifier la régularité des engagements qu'ils prenaient pour eux-mêmes ou pour la commune[5].

443.12 **Notion large d'obligation méconnue.** Alors que pour le délit de favoritisme[6], l'octroi d'un avantage injustifié doit résulter une violation des dispositions législatives ou réglementaires ayant pour effet de garantir la liberté d'accès et l'égalité des candidats dans les marchés publics et les délégations de service public – ce qui est un champ relativement étroit –, l'infraction financière réprimant l'octroi d'un avantage injustifié requiert un élément plus souple, une faute constituée par une « méconnaissance des obligations » par l'intéressé.

1. J. Charrier, « Cour de discipline budgétaire et financière », Rép. cont. adm., n° 90.
2. L'obligation se rapproche de la notion de règle au sens des infractions formelles, qui joue le même rôle ; – Sur la faute [de gestion], v. s[s] n°s 431.14 et 432.11 s.
3. Sur l'histoire, et sur le projet de loi de 1971, v. s[s] n° 045.31.
4. C. pén., art. 432-12.
5. Crim. 25 juin 1996, n° 95-80592.
6. C. pén., art. 432-14.

Or la méconnaissance d'une obligation au sens de ce texte peut consister en une méconnaissance d'une règle de la commande publique au sens précité ; mais cela peut être aussi la méconnaissance de toute autre règle juridique, comme les règles qui fixent précisément les obligations d'un gestionnaire, même non écrites.

Et au-delà, l'obligation méconnue peut également découler d'autres sources que les seules règles législatives et réglementaires : le caractère fautif de l'agissement relève alors d'une catégorie particulièrement riche et génératrice de jurisprudence par ailleurs ; c'est la méconnaissance d'une obligation professionnelle.

Autrement dit, la « méconnaissance de ses obligations » peut résider dans une violation d'une règle formelle (de la commande publique ou non), et ce sera d'ailleurs souvent le cas ; mais ce lien n'est pas obligatoire, car l'élément « méconnaissance de ses obligations » peut être constitué de manquements qui ne tombent pas forcément dans le champ des infractions formelles aux règles.

SECTION 2
MÉCONNAISSANCE DE RÈGLES FIXANT DES OBLIGATIONS

443.21 **Non-respect de règles formelles.** La juridiction financière a considéré que l'élément tiré de la « méconnaissance de ses obligations » était constitué « dès lors que les règles relatives à l'exécution des dépenses de cet organisme n'avaient pas été respectées »[1]. Or l'on sait la vision large retenue de cette notion de règle en droit financier répressif[2]. Cette solution reflète l'idée selon laquelle un gestionnaire doit respecter les règles, quelles qu'elles soient, régissant l'organisme ou le travail précis dont il a la charge ou encore l'activité en question : respecter le droit constitue l'obligation professionnelle de chacun.

Cela signifie que lorsqu'une violation de règles a été commise au sens de l'article L. 131-9 du CJF, l'élément « méconnaissance de ses obligations » au sens de l'infraction réprimant l'avantage injustifié est *ipso facto* constitué.

Pour un exemple dans le cadre du nouveau régime entré en vigueur le 1er janvier 2023 : méconnaissance des droits contractuels (dans une délégation de service public)[3].

La CDBF dispose d'une jurisprudence riche et continue confirmant ce lien. Ainsi, elle a considéré qu'en demandant le payement de prestations fournies « en dehors de tout contrat et de façon irrégulière au regard des règles de la commande publique », l'ordonnateur élu local avait agi en méconnaissance de ses obligations, au sens de l'infraction ici commentée[4]. Dans le même sens : il y a méconnaissance d'une obligation au sens de l'article parce que le payement d'une indemnité de licenciement était « intervenu sur le fondement d'une stipulation contractuelle contraire au statut du personnel administratif »[5].

Mais l'inverse n'est pas vrai, du moins théoriquement : toute « méconnaissance de ses obligations » ne sera pas forcément fondée sur une irrégularité formelle (ou écrite), au sens de l'article L. 131-9 du CJF ; d'ailleurs, il arrivait, certes rarement, que la Cour ne sanctionne que l'octroi d'un avantage injustifié à autrui[6], sans faire jouer parallèlement l'infraction prévue à l'ancien article L. 313-4 du CJF, qui pouvait donc ne pas être constituée ; et la réforme récente a accentué ce phénomène.

La CDBF, dans un arrêt important[7], était ainsi invitée à répondre à un moyen soulevé par la défense selon lequel cette infraction, en raison de la formule « en méconnaissance de ses obligations », exigerait que l'infraction générale de l'ancien article L. 313-4 du CJF serait préalablement prouvée : en l'absence d'infraction générale, l'infraction réprimant l'avantage injustifié ne pourrait, selon la défense, pas être constituée. La Cour a répondu qu'en l'espèce le fait d'octroyer à une personne un avantage injustifié en l'absence de contrepartie effective constituait une méconnaissance de la règle du service fait, « et constitue par là un manquement qui peut tomber sous le coup des dispositions de la loi du 25 septembre 1948 modifiée ». Sans donner de réponse de principe dans cet arrêt, la Cour a écarté l'argument de la défense en considérant que l'élément constitutif « en méconnaissance de ses obligations » était donné *ipso facto*, car l'avantage octroyé en l'espèce n'avait pas de contrepartie, ce qui est contraire à la règle du service fait ; il y a donc méconnaissance d'une règle, même

1. CDBF 28 avr. 1987, *Assoc. pour la formation professionnelle des adultes [Afpa]*, CCP, n° 3, p. 65 ; *Lebon* 503.
2. V. ss nos 411.11 s., 431.12 s. et 432.11 s.
3. C. comptes 23 juill. 2024, *Société anonyme d'économie mixte pour la gestion et pour l'animation du parc de loisirs de Saint-Cyr (SAEM SAGA)*, n° 904, S-2024-1128 ; *JCP Adm.* 2024. 2321, note S. Damarey.
4. CDBF 30 juin 2006, *Sivom de la région d'Étaples-sur-Mer*, *BJCL* 2006, n° 10, p. 710, note S. Bredin ; *AJDA* 2006. 2445, note N. Groper et C. Michaut ; *Rev. Trésor* 2006. 918, note M. Lascombe et X. Vandendriessche ; v. comm. D. Peyrical, *Dr. adm.* 2006, n° 12, p. 14 ; *Lebon* 665 ; *Rec.* 98.
5. CDBF 23 juill. 2009, *CCI de Nice-Côte d'Azur*, *Rec.* 79 ; *AJDA* 2010. 488, note N. Groper et Michaut ; *GFP* 2011, n° 7, p. 506, note M. Lascombe et X. Vandendriessche.
6. CJF, art. L. 313-6.
7. CDBF 22 et 29 nov. 1985, *Sté des autoroutes Rhône-Alpes [Area]*, CCP, n° 3, p. 25.

si elle n'est pas écrite et que le juge ne retient pas spécifiquement d'infraction formelle.

Dans la pratique, les deux notions de « violation de règles » et de « méconnaissance de ses obligations » sont en réalité très proches ; c'est ensemble qu'elles fondent le système répressif de droit public financier.

SECTION 3
MÉCONNAISSANCE DE PRINCIPES DE GESTION : DEVOIR D'ORGANISATION, DE SURVEILLANCE ET DE CONTRÔLE

443.31 Conception large de la notion de méconnaissance d'obligations : méconnaissance de principes de gestion. L'élément « méconnaissance de ses obligations » est conçu de façon relativement large ; il peut découler non seulement de violations de textes écrits, mais également d'autres types de manquements, en particulier le défaut de surveillance (ou de contrôle), le défaut d'organisation[1] ou de violations de principes généraux de gestion non écrits[2].

Ainsi la Cour a-t-elle pu considérer[3] que, « de la part d'un supérieur hiérarchique, le fait de s'abstenir d'un contrôle dont il ne peut ignorer l'opportunité constitue une méconnaissance de ses obligations » au sens de l'infraction aujourd'hui codifiée à l'article L. 131-12 du CJF. Par ailleurs, la Cour a retenu dans cet arrêt, pour les mêmes faits et sur la base du même raisonnement, l'infraction générale de l'ancien article L. 313-4 du CJF (lorsque le défaut de surveillance « a pour conséquence la persistance d'irrégularités financières »), ce qui montre la proximité de ces deux infractions dans la jurisprudence.

Souvent, la Cour ne détaille d'ailleurs pas les obligations professionnelles mises à la charge d'un dirigeant, qui découlent des fonctions exercées ; elle se borne alors à indiquer qu'une personne a agi « en méconnaissance des obligations qui lui incombaient comme président du conseil d'administration... »[4].

Dans le même sens, la Cour a pu estimer dans une affaire que le manque de vigilance de dirigeants, ayant permis des irrégularités dans la passation de marchés et ayant abouti à des surcoûts non justifiés et générateurs de préjudices, constituait des agissements en « méconnaissance des obligations inhérentes à leurs fonctions » au sens de l'infraction commentée ici, et sanctionnés sur cette base, alors même que les personnes en cause n'avaient pas connaissance des irrégularités[5]. Il en va de même du défaut de contrôle du préfet et d'une société publique sur un prestataire privé ayant reçu des subventions, « des défaillances graves ont ainsi affecté l'ensemble de la chaîne de la dépense »[6], aboutissant à des détournements.

La préservation des intérêts financiers de l'organisme dont on a la charge fait partie des obligations professionnelles d'un gestionnaire[7] ; or le fait d'octroyer un indu peut mettre à mal les intérêts de l'organisme ainsi lésé.

Plus original : un contrat contraire aux bonnes mœurs (art. 6 du code civil), parce que constitutif d'une infraction pénale reconnue par le juge pénal, constitue aussi la méconnaissance d'une obligation, au sens de l'infraction financière[8].

Comme cela a été démontré plus haut, la jurisprudence donne aux infractions formelles une consistance tellement étendue, englobant notamment le défaut de surveillance ou la violation de principes de gestion, qu'il peut être considéré *in fine* que tous les cas de « méconnaissance de ses obligations » au sens de l'article L. 131-12 constituent aussi, du moins potentiellement, des irrégularités sanctionnables sur la base de l'infraction générale de l'ancien article L. 313-4 du CJF (désormais art. L. 131-9, plus restreint). Autrement dit, la jurisprudence de la CDBF a progressivement rapproché ces deux infractions. En raison de l'élément se référant à l'obligation des gestionnaires et de son lien logique avec le concept – large – de non-respect de règles de recettes, de dépenses et de gestion des biens, les deux infractions revêtent une articulation logique, la seconde étant le plus souvent un cas de gravité supplémentaire par rapport à la simple violation d'une règle (formelle ou principe de gestion), qui sera toutefois toujours donnée également dans la plupart des cas, en tant que révélateur d'une faute de gestion plus large.

Cette articulation entre les différents éléments précités n'est donc pas fortuite, et elle n'est pas remise en cause dans son principe par les innovations intervenues dans le cadre de la réforme entrée en vigueur le 1er janvier 2023, malgré les changements profonds qu'elle implique en pratique ; elle

1. Fautes de négligence, v. ss nos 432.231 s. ; sur le défaut d'organisation de façon spécifique, ss no 432.261.
2. V. jurisprudence à cet égard, ss nos 432.201 s.
3. CDBF 11 déc. 1981, *Institut universitaire de technologie d'Orsay*, CCP, no 2, p. 192.
4. CDBF 17 déc. 1976, *Caisse interprofessionnelle, commerciale et industrielle d'allocations vieillesse [Ciciav] de Béthune*, CCP, no 2, p. 121.
5. CDBF 28 avr. 1987, *Assoc. pour la formation professionnelle des adultes [Afpa]*, CCP, no 3, p. 65 ; *Lebon* 503.
6. CDBF 22 févr. 2018, *Société d'investissements de la filière pêche de l'archipel (SIFPA) de Saint-Pierre-et-Miquelon*, no 218-749 ; *Rec.* 173 ; *AJDA* 2018. 1147.
7. CDBF 16 nov. 2015, *Association pour la gestion du régime d'assurance des créances des salariés (AGS) et Délégation UNEDIC-AGD (DUA)*, no 203-720 ; non publié au *Rec.*
8. CDBF 23 nov. 2022, *Établissement de communication et de production audiovisuelle de la défense (ECPAD)*, no 263-796 ; *Rec.* 153.

est, et demeure, au contraire au cœur de la répression financière[1].

SECTION 4
DISTINCTION ET RECOUPEMENTS ENTRE MÉCONNAISSANCE D'OBLIGATIONS ET LE CARACTÈRE INJUSTIFIÉ D'UN AVANTAGE

443.41 Obligation méconnue et caractère injustifié de l'avantage. À première vue, les deux notions, présentes dans l'infraction ici présentée, d'avantage injustifié et d'obligations méconnues se distinguent par le fait que la seconde recouvre tout type de violation de règles, alors que la première, on l'a vu[2], se fonde sur une dimension supplémentaire : l'indu, l'absence de contrepartie effective. Elles se distinguent surtout par le fait que l'avantage sera perçu à partir du bénéficiaire de celui-ci, là où la méconnaissance d'obligations vise les personnes auxquelles on imputera la faute de son octroi.

Néanmoins, la jurisprudence montre la grande proximité des deux notions, qui se recoupent en partie.

La Cour a, dans un arrêt précité[3], pour répondre à un moyen soulevé par la défense qui contestait l'élément « méconnaissance de ses obligations », considéré que le fait d'octroyer à une personne un avantage injustifié en l'absence de contrepartie effective constituait une méconnaissance de la règle du service fait, « et constitue par là un manquement qui peut tomber sous le coup des dispositions de la loi du 25 septembre 1948 modifiée ».

Ce raisonnement, logique puisque l'absence de service fait viole une règle fondamentale de la comptabilité publique, illustre la proximité conceptuelle, d'ailleurs inéluctable, entre les deux notions ; or cette proximité est elle-même le prolongement de deux autres questions, premièrement celle portant sur le lien entre méconnaissance de ses obligations et violation d'une règle[4], et deuxièmement celle concernant le lien entre le caractère injustifié d'un avantage et son caractère irrégulier, c'est-à-dire impliquant la violation d'une règle[5].

On pourrait donc dire que l'ensemble de ces questions tournent autour de la relation entre la violation de règles d'une part et des notions périphériques (avantage injustifié) d'autre part, renvoyant *in fine* à la question de l'articulation entre les infractions aux règles et l'octroi d'un avantage injustifié à autrui, et donc à la définition de la nature même de la juridiction financière répressive, qui, pour constituer « le » juge de la gestion publique, se construit sur un équilibre entre infractions formelles (règles méconnues) et d'autres éléments qu'on peut résumer sous la notion de gravité (faute, préjudice, intérêt...).

443.42 Obligation méconnue : l'élément fautif dans l'infraction. Tout avantage octroyé à autrui n'est pas sanctionnable, s'il n'y a pas de faute constituée par la méconnaissance d'une règle ou d'une obligation.

Si les deux notions incorporent, à un titre ou un autre, une violation de règles, elles ne se placent pas au même niveau : la méconnaissance d'une obligation est une question de responsabilité individuelle, de faute personnelle à établir, alors que l'avantage injustifié en constitue le résultat, vu du bénéficiaire de l'avantage ; on pourrait ajouter que la troisième notion, le préjudice (désormais supprimé pour l'avenir), couvre une autre dimension encore, qui est celle de l'organisme ayant subi le dommage, du fait de la présence des deux autres notions.

Il convient donc de bien distinguer les notions à partir des points de vue : s'agissant spécifiquement de la relation établie entre les notions d'avantage injustifié et d'obligation méconnue, l'arrêt *Société des autoroutes Rhône-Alpes (Area)*[6] précité semble laisser entendre qu'un responsable a méconnu ses obligations parce qu'il a octroyé un avantage injustifié à autrui : on pourrait y voir le risque d'un raisonnement tautologique, que l'élément touchant à la méconnaissance d'une obligation serait donné du fait même que l'avantage octroyé est injustifié. Poussé jusqu'au bout, un tel raisonnement « en boucle » serait dangereux dans la mesure où il viderait la notion de méconnaissance d'une obligation, prévue expressément par la loi, de son contenu propre.

Or une telle assimilation des deux notions est inexacte car elle vise des situations différentes, et la juridiction financière elle-même ne l'a en vérité jamais adoptée.

En effet, comme on l'a vu plus haut, la notion de méconnaissance d'une obligation ou d'une règle a été instituée pour cantonner l'infraction dans un champ requérant un comportement fautif, pour éviter d'incriminer l'erreur simple commise dans la gestion. L'avantage injustifié accordé à un tiers peut donc ne pas tomber dans le champ de cette infraction, lorsqu'il n'y a pas de comportement fautif constitué par la méconnaissance d'une obligation : par exemple le cas de l'octroi d'un avantage injusti-

1. V. s[s] n°s 411.11 s., 431.11.
2. Sur l'avantage injustifié, v. s[s] n° 442.11.
3. CDBF 22 et 29 nov. 1985, *S[té] des autoroutes Rhône-Alpes [Area]*, CCP, n° 3, p. 25.
4. V. s[s] n°s 443.21 s.
5. V. s[s] n°s 442.32 s.
6. CCP, n° 3, p. 25.

fié par simple erreur dans un choix économique, ou le gaspillage par incompétence managériale.

On pourrait d'ailleurs déployer le même raisonnement tautologique avec un autre élément constitutif de cette infraction : le préjudice (en raisonnant de la manière suivante : « comme le comportement de X a entraîné un préjudice, il a méconnu ses obligations... »). Là aussi, on peut répondre que les deux notions ne coïncident pas systématiquement, puisqu'un préjudice peut apparaître sans que pour autant une faute imputable puisse être relevée (au sens de la violation d'une obligation) : c'est le cas du gaspillage qui n'est pas, en droit français, sanctionnable en tant que tel.

Tout octroi d'un avantage injustifié n'implique donc pas *ipso facto* une méconnaissance de ses obligations, même si les deux vont bien entendu souvent ensemble.

443.43 **Cas de coïncidence des notions.** Les deux notions coïncident en fait seulement lorsque c'est la même règle qui donne à l'avantage son caractère « injustifié » et qui fonde l'obligation qui a été méconnue ; or toute violation d'une règle est une méconnaissance d'une obligation ; mais inversement, un avantage peut être injustifié sans qu'une règle ait été violée.

La coïncidence des règles violées était précisément le cas dans l'affaire précitée *Société des autoroutes Rhône-Alpes (Area)* [1] : la dépense effectuée en l'absence de service fait entraîne premièrement un avantage injustifié (puisqu'il n'y a pas de contrepartie effective), et deuxièmement, le fait pour un dirigeant de décider de payer sans contrepartie constitue une irrégularité (au sens de la méconnaissance d'une règle des dépenses) et donc une méconnaissance de ses obligations (puisque, comme dit plus haut, un gestionnaire qui viole une règle méconnaît par-là ses obligations).

Il faut avouer, au terme de ces raisonnements, que les distinctions sont parfois subtiles ; elles doivent néanmoins être établies avec soin dans chaque affaire. En cas de présence d'avantages injustifiés, pour pouvoir sanctionner des gestionnaires, la méconnaissance fautive d'obligations, par chacune des personnes mises en cause, doit donc être établie individuellement.

1. CCP, n° 3, p. 25.

CHAPITRE

444. Intérêt personnel direct ou indirect

SECTION 0
ORIENTEUR

444.00 **Sommaire du chapitre.**

SECTION 1
INTÉRÊT PERSONNEL

444.11 **Notion connue du droit public financier, mais nouvelle en tant qu'élément constitutif d'une infraction.** La principale innovation de la réforme entrée en vigueur en 2023 est l'ajout, parmi les éléments constitutifs, l'intérêt personnel, qui renforce la gravité de l'infraction et souligne sa dimension protégeant la « moralité administrative ».

Même si avant la réforme entrée en vigueur le 1er janvier 2023, la notion d'intérêt ne figurait pas parmi les éléments constitutifs des infractions financières, elle apparaissait néanmoins en jurisprudence, ce qui n'est guère étonnant puisque l'ordre public financier rejoint la notion d'intérêt général, auquel l'intérêt personnel - donc privé - peut s'opposer.

Comme pour le délit pénal de prise illégale d'intérêts, « le désintéressement absolu imposé à l'agent public a pour finalité de faire obstacle à la moindre suspicion de partialité »[1].

La loi précise seulement que l'intérêt de la personne procurant un avantage injustifié doit être personnel ; pour le reste, il incombe à la jurisprudence de mieux cerner la notion d'intérêt.

La jurisprudence du juge pénal en matière de prise illégale d'intérêts peut à cet égard servir de source d'inspiration, malgré les différences entre les infractions et, partant, des différences entre les deux régimes de responsabilité : ainsi, la notion d'intérêt peut recouvrir des réalités variées, des intérêts financiers et patrimoniaux comme des intérêts extra-patrimoniaux[2]. Si l'intérêt patrimonial est aisé à caractériser, il n'en va pas de même de l'intérêt moral.

À ce stade de la jurisprudence financière, encore peu fournie, on peut retenir que tombent dans la notion d'intérêt, au titre de l'infraction, des relations professionnelles anciennes : ainsi entre un élu et sa directrice de cabinet (relations professionnelles qui ont duré 15 ans et qui perduraient[3]), ou entre un élu et sa directrice générale des services[4].

La Cour a jugé également que la décision d'un maire de réquisitionner à deux reprises le comptable public, malgré les avertissements, « pour le même motif doit être regardée comme fondée sur un intérêt moral personnel que le maire a fait prévaloir sur l'intérêt général », pour éviter les tensions avec les agents[5].

Dans une autre affaire a été retenue, en tant qu'intérêt, l'existence d'une « même communauté professionnelle [...] unie autour d'intérêts et d'objectifs communs, et administrée par les mêmes acteurs »[6].

1. M. Segonds, « Prise illégale d'intérêts », *Rép. dr. et proc. Pénal*, Dalloz, 2019, actu. 2020, § 58.
2. M. Segonds, « Prise illégale d'intérêts », *Rép. dr. et proc. Pénal*, Dalloz 2019, actu. 2020, § 60 s.
3. C. comptes 3 mai 2024, *Département de la Haute-Saône*, nº 908, S-2024-0723 ; chron. Y. Simon et S. Heintz dans *RGP* 2024, nº 03, p. 70 ; *AJDA* 2024. 1327, chron. N. Péhau et L. Vergallo.
4. C. comptes 14 nov. 2024, *Commune de Bantzenheim (Haut-Rhin)*, nº 29, S-2024-1396.
5. C. comptes 16 déc. 2024, *Commune de Richwiller (Haut-Rhin)*, nº 44, S-2024-1528.
6. C. comptes 3 mai 2024, *Chambre régionale d'agriculture de Bretagne (CRAB) et Association pour la traçabilité et le développement d'outils pour l'identification et de logiciels d'élevage (e-toile)*, nºs 856 et 870, S-2024-0696 ; *AJDA* 2024. 1327, chron. N. Péhau et L. Vergallo. Ici § 66.

L'intérêt politique ne semble pas exclu par principe (même si en l'espèce non démontré)[1].

La Cour a également jugé que la protection de l'image de l'octroyant, ainsi que celle de la personne bénéficiaire de l'avantage, constitue un intérêt personnel moral ; plus étonnant, la Cour a même inclus l'image du département que préside l'octroyant, ce qui semble constituer davantage un intérêt général qu'un l'intérêt personnel, même si l'octroyant préside et représente cette collectivité[2].

La Cour est allée jusqu'à considérer que la circonstance, pour un maire, en faisant « une totale confiance » à sa collaboratrice qui avait bénéficié d'avantages injustifiés, « de se désengager de fait d'une grande part de ses prérogatives au profit de sa collaboratrice », pouvait représenter un intérêt personnel moral et indirect, « au mépris de l'intérêt général »[3].

À noter que la probité, même si elle n'est pas contestée, ne suffit pas pour écarter un intérêt personnel indirect[4].

SECTION 2
INTÉRÊT DIRECT OU INDIRECT

444.21 Notions d'intérêt direct et d'intérêt indirect. L'intérêt direct est aisé à caractériser : ainsi, pour un directeur général, qui a octroyé les avantages, le fait d'avoir bénéficié de primes de performance plus élevées grâce à un montage irrégulier[5] ; ou pour une directrice générale des services d'une collectivité locale, le fait d'avoir été la seule bénéficiaire des avantages injustifiés que lui avait accordé le maire, à sa demande et avec sa contribution active[6].

L'intérêt personnel indirect peut prendre des formes variées :

– Avantages injustifiés procurés au conjoint[7].

– Pour un président de conseil d'administration, le fait d'avoir été membre du conseil d'administration de la société bénéficiaire d'un avantage injustifié : il « a privilégié les intérêts [de la société] dont il était administrateur au détriment de ceux de la [société] dont il était le président, poursuivant ainsi un intérêt personnel indirect contradictoire avec les intérêts de la société dont il avait la responsabilité »[8].

– Octroi d'une rémunération, dont le montant était injustifié, par un président de conseil d'administration au directeur général, son principal collaborateur[9]. Dans le même sens, on peut citer un arrêt de la CDBF qui présente des caractéristiques similaires[10], sans bien sûr insister sur l'intérêt, cette dernière notion n'étant alors pas indispensable pour caractériser l'infraction.

– Le fait, pour le directeur général d'une SEM, de favoriser son principal collaborateur en lui versant une rémunération en partie indue[11].

– Des relations professionnelles anciennes peuvent caractériser un intérêt personnel indirect[12].

1. C. comptes 3 mai 2024, *Département de la Haute-Saône*, préc.
2. C. comptes 3 mai 2024, *Département de la Haute-Saône*, préc.
3. C. comptes 14 nov. 2024, *Commune de Bantzenheim (Haut-Rhin)*, n° 29, S-2024-1396. Ici § 21.
4. C. comptes 23 juill. 2024, *Société anonyme d'économie mixte pour la gestion et pour l'animation du parc de loisirs de Saint-Cyr (SAEM SAGA)*, n° 904, S-2024-1128 ; *JCP Adm.* 2024. 2321, note S. Damarey ; ici § 43.
5. C. comptes 23 juill. 2024, *Société anonyme d'économie mixte pour la gestion et pour l'animation du parc de loisirs de Saint-Cyr (SAEM SAGA)*, n° 904, S-2024-1128 ; *JCP Adm.* 2024. 2321, note S. Damarey.
6. C. comptes 14 nov. 2024, *Commune de Bantzenheim (Haut-Rhin)*, n° 29, S-2024-1396 ; lire §§ 28-29.
7. C. comptes 11 mai 2023, *Société ALPEXPO*, n° 836, S-2023-0604 ; *Rec.* 17 ; *JCP A* n° 25, 26 juin 2023, 2210, note S. Damarey ; *AJDA* 2023. 1511, note X. Vandendriessche.
8. C. comptes 23 juill. 2024, *Société anonyme d'économie mixte pour la gestion et pour l'animation du parc de loisirs de Saint-Cyr (SAEM SAGA)*, préc. ; ici § 35.
9. C. comptes 23 juill. 2024, *Société anonyme d'économie mixte pour la gestion et pour l'animation du parc de loisirs de Saint-Cyr (SAEM SAGA)*, préc. ; ici § 44.
10. CDBF 30 déc. 2016, *Caisse interprofessionnelle de prévoyance et d'assurance vieillesse (CIPAV)*, 2e arrêt, n° 212-735-II ; *Rec.* 189 ; *AJDA* 2017. 1940, chron. N. Péhau et N. Hauptmann.
11. C. comptes 23 juill. 2024, *Société anonyme d'économie mixte pour la gestion et pour l'animation du parc de loisirs de Saint-Cyr (SAEM SAGA)*, préc. ; ici § 44.
12. C. comptes 3 mai 2024, *Département de la Haute-Saône*, n° 908, S-2024-0723 ; chron. Y. Simon et S. Heintz dans *RGP* 2024, n° 03, p. 70 ; *AJDA* 2024. 1327, chron. N. Péhau et L. Vergallo – C. comptes 14 nov. 2024, *Commune de Bantzenheim (Haut-Rhin)*, n° 29, S-2024-1396.

CHAPITRE

445. Préjudice simple exigé pour les faits antérieurs à 2023

SECTION 0
ORIENTEUR

445.00 Sommaire du chapitre.

SECTION 1
APPLICATION DU CRITÈRE DU PRÉJUDICE DANS LE TEMPS

445.11 Suppression de l'exigence d'un préjudice simple pour les faits postérieurs au 1er janvier 2023, mais maintien pour les faits antérieurs. Supprimé dans le cadre de la réforme entrée en vigueur le 1er janvier 2023, le préjudice demeure un élément constitutif pour les faits antérieurs à cette date, car il s'agit d'un élément qui restreint le champ d'application de l'infraction, donc plus favorable au justiciable. C'est du moins la position de la Cour des comptes[1].

Pour cette raison, le présent ouvrage consacrera une place encore significative à cette notion.

Notons par ailleurs que la jurisprudence financière répressive sur le préjudice est susceptible de servir encore, pour l'avenir, pour l'infraction prévue à l'article L. 131-9 qui désormais se voit affublée de ce critère.

1. Sur ce sujet, historique et critiques, s^s^ n° 441.23.

SECTION 2
CARACTÉRISTIQUES DU PRÉJUDICE DANS L'ANCIEN ARTICLE L. 313-6 DU CODE DES JURIDICTIONS FINANCIÈRES

445.21 Préjudice et avantage. Bien que proche, la notion de préjudice doit être distinguée de celle d'avantage (injustifié)[2]. L'avantage est apprécié vu du bénéficiaire (personne physique ou morale), alors que le préjudice indique la position de l'organisme dont les fonds sont concernés (toujours une personne morale).

Lorsque dans une affaire préjudice et avantage sont constitués, les deux seront *a priori* identiques, en tant que faces opposées de la conséquence d'une même opération.

Mais tout avantage ne s'assimile pas à un préjudice. L'avantage est en effet conçu de façon plus large que le préjudice, comme on verra plus loin[3], ce dernier étant entendu au sens strictement financier.

De l'autre côté, un préjudice peut survenir sans qu'un avantage injustifié ait été accordé à autrui : dans un arrêt, la CDBF a considéré que « si les irrégularités relevées ont bien causé un préjudice à [l'établissement public], il n'a pas été établi qu'elles se soient traduites par l'octroi d'un avantage injustifié »[4].

Est moins évident l'exemple de chèques non-inscrits en comptabilité et non remis à l'encaissement (ou tardivement) : « préjudice certain », mais l'avantage injustifié octroyé à autrui n'a pas été évoqué par la Cour[5] : il semble que la Cour ait considéré que

2. V. s^s^ n° 442.23.
3. V. s^s^ n° 445.25.
4. CDBF 10 déc. 2020, *Office national d'indemnisation des accidents médicaux, des infections iatrogènes et des infections nosocomiales (ONIAM)*, n° 245-801 ; *Rec.* 195.
5. CDBF 16 mars 1988, *Caisse de retraite et de prévoyance de la boucherie, boucherie-charcuterie et boucherie hippophagique française [Carbof]*, CCP, n° 3, p. 131 ; *Lebon* 543.

personne n'ait rien gagné, de façon injustifiée, à l'abstinence du comptable[1].

Pour un exemple dans lequel un arrêt ne permet pas avec suffisamment de précision de distinguer les différentes notions d'avantage injustifié et de préjudice[2].

En matière de rémunérations versées dans la fonction publique en l'absence de base juridique, la Cour semble assimiler avantage et préjudice, sans entrer dans la question de l'éventuelle contrepartie effective : « L'octroi de cet avantage injustifié a nécessairement entraîné un préjudice financier pour la commune [...], du fait du paiement de primes dépourvues de base légale, et donc nécessairement indues »[3].

445.22 Limitation au seul préjudice financier. La notion de préjudice est interprétée par la juridiction de façon restrictive. Il s'agit exclusivement, même si la loi ne le dit pas, du préjudice financier ; l'avantage octroyé peut prendre une forme financière ou en nature, mais le préjudice doit être financier. Dans les faits, accorder un avantage en nature, cela revient souvent à perdre de l'argent (le préjudice financier sera donc donné), mais tel n'est pas forcément le cas comme on le verra plus loin[4]. Par exemple, attribuer un marché sans mise en concurrence préalable est générateur d'un avantage pour l'entreprise titulaire ; mais la collectivité n'aura pas forcément subi un préjudice certain de ce fait.

Lorsque la juridiction fait état d'autres types de préjudice, ce ne sera pas dans le cadre des éléments constitutifs de l'infraction, mais dans le cadre de l'appréciation de la gravité de la responsabilité personnelle. Ainsi, l'atteinte à l'image d'un organisme public portera préjudice à ce dernier, et la Cour retiendra cet élément (« agissements gravement irréguliers et préjudiciables à l'évidence tant au bon fonctionnement qu'au renom d'un organisme public ») pour l'appréciation de la responsabilité des intéressés, mais pas en tant qu'élément constitutif de l'infraction réprimant l'avantage injustifié[5].

445.23 Personnes ayant subi un préjudice. S'agissant des personnes morales lésées, la loi indique que le préjudice doit avoir été causé au Trésor (de l'État) ou à la collectivité ou l'organisme concerné. Cela implique la possibilité de situations triangulaires (par exemple un organisme verse un complément de rémunération, perçu par un tiers, mais le préjudice est à la charge du Trésor, et non de l'organisme, du fait de l'omission de déclarations fiscales). Ainsi, dans une affaire, le versement de primes irrégulières dans une direction régionale de la Poste avait causé un préjudice au Trésor (et non à la Poste), car les textes prévoyaient que les sommes non distribuées de la masse de primes seraient reversées dans le budget annexe des PTT[6].

Par ailleurs, le fait que le préjudice subi par un organisme public bénéficie à un autre organisme public ne fait pas disparaître cet élément constitutif de l'infraction : la juridiction financière ne retient pas la compensation éventuelle entre différentes caisses publiques. Il suffit qu'un préjudice soit apparu pour l'État ou dans l'un des organismes du secteur public, peu importe que le bénéficiaire soit un autre organisme du secteur public.

Ainsi, dans une affaire, la CDBF a sanctionné « le financement sans contrepartie par cet établissement de prestations qui auraient dû être réglées par la commune constitue un transfert de charges au profit des contribuables de la collectivité au détriment du budget de l'hôpital, lui-même financé sur d'autres ressources [que ceux de la commune], et donc un avantage injustifié pour ces contribuables » : il s'agit du cas rare de préjudice concernant indirectement le contribuable national *via* la subvention de l'État versée à une commune, mais cela représente un avantage pour le contribuable local ![7].

Il convient de préciser que le préjudice n'est pas seulement celui qui peut avoir été causé au Trésor public, mais également (souvent d'ailleurs) celui causé à l'organisme en cause ; il en résulte qu'on ne peut pas invoquer, lorsqu'une entreprise privée soumise au contrôle de la Cour des comptes est en cause, et dont les dirigeants sont donc justiciables, que la juridiction financière répressive ne serait pas compétente *ratione materiae* pour juger des faits qui ont causé un préjudice pour l'entreprise privée ; en effet, l'infraction ne vise pas seulement les préjudices « publics » au sens strict, mais tous ceux subis par des organismes relevant du champ de compétence de la Cour[8] : cela résulte du texte même de l'infraction, et d'une façon générale, « pour les organismes de droit privé soumis au contrôle de la Cour

1. Le débiteur, pourtant, avait obtenu l'avantage immédiat de ne pas voir son compte débité.
2. CDBF 13 févr. 2019, *Centre hospitalier d'Ajaccio*, n° 230-805 ; *Rec.* 203 ; lire surtout la chronique D. Guilbaud et N. Péhau, « Injonctions paradoxales sur l'Île de Beauté », *AJDA* 2020. 1284.
3. C. comptes 16 déc. 2024, *Commune de Richwiller (Haut-Rhin)*, n° 44, S-2024-1528.
4. V. s[s] n° 445.25.
5. CDBF 18 juin 1985, *Bureau de recherches géologiques et minières [BRGM], service géologique d'Alsace et de Lorraine*, CCP, n° 3, p. 15.
6. CDBF 28 juin 1995, *Direction générale et directions d'Île-de-France de la Poste, Rev. Trésor* 1996. 734 ; *Lebon* 600 ; *Rec.* 131.
7. CDBF 2 déc. 1987, *CHS de Prémontré [Aisne]*, CCP, n° 3, p. 113 ; *Lebon*, tables p. 656.
8. CDBF 22 et 29 nov. 1985, *S[té] des autoroutes Rhône-Alpes [Area]*, CCP, n° 3, p. 25.

des comptes, la notion de préjudice doit être entendue comme une atteinte, non à l'ordre public financier, mais à leur intérêt financier propre ».

445.24 Caractère certain du préjudice, même s'il n'est pas besoin de le chiffrer ; question de la régularisation. La Cour n'est pas obligée de chiffrer l'avantage ni le préjudice financier[1] : ainsi la CDBF a-t-elle considéré dans une affaire que le préjudice était établi même s'il « n'a pas été possible de déterminer l'ensemble des coûts liés au projet »[2].

Mais le préjudice doit être certain[3]. Ainsi, « la perte de chance résultant de l'abandon desdites procédures [qui auraient permis de recouvrer des créances] n'étant pas suffisamment établie pour que le préjudice financier soit constitué »[4].

Il peut arriver que le juge doive déployer de longs développements pour établir s'il y a eu préjudice ou non. Ainsi, dans une affaire, il fallait comparer une indemnité de licenciement perçue à l'issue d'une procédure de licenciement irrégulière avec ce qui eût été dû au terme d'une procédure régulière[5].

Le préjudice est aisé à démontrer s'il a déjà été établi par le juge pénal[6] ; le juge financier peut alors s'y référer, même s'il n'est sans doute pas tenu par les constatations ou qualifications des autres juridictions[7].

Exemple d'application particulièrement stricte, par l'ancienne CDBF, du besoin d'établir le préjudice : « l'existence d'un tel préjudice n'est en l'espèce pas irréfutablement établie »[8].

Dans une affaire, du fait de l'utilisation irrégulière de crédits européens (non-respect des critères d'attribution des aides ; méconnaissance des obligations de suivi, d'évaluation et de contrôle des actions financées), l'État français a « dû renoncer aux concours financiers européens qu'il avait précédemment reçus et utilisés »[9], dont les montants étaient importants en l'espèce, et il en résultait un préjudice[10].

Une question délicate est celle de la « régularisation » d'un préjudice ; autrement dit, le cas dans lequel un préjudice apparaît, mais se trouve réparé, par le justiciable ou par un tiers, entre la commission des faits et le jugement. Dans ce cas, l'infraction ne peut-elle plus être sanctionnée du fait de la disparition du préjudice, donc du fait de la disparition d'un élément constitutif ? Autrement dit, à quel moment le juge doit-il apprécier le préjudice : au moment des faits ou au jour du jugement ?

D'une part, il convient de rappeler la règle générale en matière de répression financière, selon laquelle une régularisation ne fait pas disparaître l'infraction[11] : celle-ci devrait également trouver application au critère du préjudice, faute de quoi un simple reversement suffirait pour échapper à toute sanction.

D'autre part, le juge devra bien évidemment prendre en considération au jour du jugement de la disparition d'un préjudice, mais non pas en tant qu'élément constitutif de l'infraction, du moins pas dans tous les cas[12], mais comme élément de circonstance.

Le Conseil d'État est allé dans ce sens en jugeant que « pour la mise en œuvre de ces dispositions, la circonstance que la responsabilité du comptable de la collectivité ou de l'organisme en cause ait été mise en jeu à raison des mêmes dépenses que celles reprochées à l'ordonnateur et qu'il ait été constitué débiteur de cette collectivité ou de cet organisme par le juge des comptes n'est pas de nature à effacer l'existence d'un préjudice pour le Trésor, la collectivité ou l'organisme intéressé »[13], étant précisé qu'ici il ne s'agissait pas d'une compensation par le justiciable.

445.25 Avantage et préjudice : tout avantage n'est pas forcément générateur d'un préjudice. Comme déjà indiqué plus haut[14], un avantage injustifié ne crée pas forcément un préjudice.

Ce constat se vérifie surtout dans le domaine de la commande publique.

1. CE 28 mars 1980, *Deleau*, req. n° 06937 ; *Lebon* 175.
2. CDBF 16 nov. 2012, *Agence nationale pour l'emploi (ANPE)*, n° 186-639 ; *Rec.* 198 ; *AJDA* 2013. 1621, chron. C. Michaut et P. Sitbon ; *GFP* 2013, n° 5, p. 93, note S. Damarey, M. Lascombe et X. Vandendriessche.
3. CDBF 28 avr. 1987, *Assoc. pour la formation professionnelle des adultes [Afpa]*, CCP, n° 3, p. 65 ; *Lebon* 503.
4. CDBF 22 mars 2019, *Chambre départementale d'agriculture de la Corrèze*, n° 232-792 ; *Rec.* 210 ; *AJDA* 2019. 1213, chron. N. Hauptmann et N. Péhau.
5. CDBF 23 juill. 2009, *CCI de Nice-Côte d'Azur*, *Rec.* 79 ; *AJDA* 2010. 488, note N. Groper et C. Michaut ; *GFP* 2011, n° 7, p. 506, note M. Lascombe et X. Vandendriessche.
6. CDBF 6 nov. 1992, *CPAM de Seine-et-Marne*, *Rev. Trésor* 1993. 782 ; *Lebon* 644 ; *Rec.* 154.
7. V. s[s] n°s 231.11 s.
8. CDBF 3 mai 2018, *Office national des anciens combattants et victimes de guerre (ONAC-VG)*, n° 220-783 ; *Rec.* 183 ; mentionné dans *JCP Adm.* 2018, n° 22, actualités 489.
9. CDBF 20 déc. 2007, *secr. d'Ét. aux Petites et moyennes entreprises, au Commerce et à l'Artisanat, Direction de l'artisanat, gestion des crédits du Fonds social européen [FSE]*, *AJDA* 2008. 450, note N. Groper et C. Michaut ; *Rev. Marché commun* 2008, p. 203, note F. Chaltiel.
10. 22,19 millions d'euros.
11. V. s[s] n° 416.11.
12. PAR EX., dans l'infraction prévue au CJF, art. L. 131-9, on pourrait imaginer que la réparation rapide d'un préjudice par celui dont la faute avait créé ce préjudice peut amoindrir cette faute, donc conduire à écarter l'infraction du fait de l'absence de faute grave.
13. CE 30 déc. 2021, *Procureur général près la Cour des comptes* [affaire CDBF 23 janv. 2020, *Institut national de la propriété industrielle (INPI)*, n° 39-802], req. n° 439665 ; *Rec.* 212 ; *BJCL* n° 1/2022, concl. S. Hoynck, note S. Damarey.
14. V. s[s] n° 442.23.

En effet, la méconnaissance des règles de mise en concurrence peut conférer un avantage compétitif à une entreprise, sans que pour autant la personne publique ait subi un préjudice : aurait-elle payé moins cher si la mise en concurrence avait été parfaite ? En cas de doute, la Cour ne retient pas le préjudice.

Cette solution a été confirmée par la Cour récemment, postérieurement à l'entrée en vigueur des nouvelles règles le 1er janvier 2023, bien que, s'agissant du préjudice dans l'infraction réprimant l'avantage, elle appliquait aussi partiellement les anciennes règles : « la seule méconnaissance des règles [de publicité et d'égal accès à la commande publique] ne suffit pas à démontrer l'existence d'une perte de chance sérieuse d'obtenir des offres mieux-disantes et donc d'établir celles d'un préjudice irréfutable » ; le lien de causalité entre violation des règles de publicité et d'égal accès à la commande publique et la dérive des coûts n'étant pas établie, le juge a écarté l'existence d'un préjudice, même simple (solution pourtant très discutable, car cela conduit à considérer que ces règles n'ont pas aussi une vocation économique) [1].

La CDBF avait rendu de nombreux arrêts dans le même sens [2].

Ainsi, dans une affaire concernant des prestations fournies en l'absence de marché, la Cour a constaté l'absence de preuve d'un préjudice au détriment de la collectivité publique du fait de ces irrégularités : « la circonstance que les prestations n'aient pas eu un fondement juridique régulier pendant la période comprise entre la résiliation du marché initial et la mise en œuvre du nouvel appel d'offres ne suffit pas, à elle seule, à établir l'existence d'un préjudice » [3]. Dans le même sens : « les circonstances que les prix de vente n'aient pas eu un fondement juridique régulier, que les règles de publicité précitées aient été méconnues, et qu'ainsi les acquéreurs aient bénéficié d'un avantage injustifié, ne suffisent pas, à elles seules, à établir l'existence d'un préjudice pour la société » [4], et en l'espèce il n'était pas prouvé que les revenus de la société eussent été plus importants si la réglementation avait été respectée.

En revanche, il existe des hypothèses dans lesquels un préjudice peut être établi en matière de commande publique, en particulier en cas d'absence de service fait, ou de payements, dans le cadre d'un marché, de sommes indues.

Le préjudice est aisément prouvé par exemple lorsqu'une prestation payée dans le cadre d'un marché n'a pas été réalisée [5] : d'absence totale de service fait, d'absence de contrepartie.

Dans un autre cas, la Cour a admis l'existence d'un préjudice du fait d'irrégularités commises dans des procédures de marchés parce que les irrégularités avaient conduit à un accroissement des prix sans contrepartie supplémentaire, du fait de l'existence de marges et de commissions qui n'avaient pas de contrepartie en termes de prestations techniques [6]. Dans le même sens, s'agissant d'irrégularités massives qui avaient entraîné des marges exorbitantes au bénéfice des cocontractants de l'administration [7].

Mais cette absence de service fait ou de contreparties réelles doit être établie ; en cas de doute, le juge écarte le préjudice, qui donc ne se présume pas : « ni l'instruction ni les débats n'ont permis d'établir avec certitude que les avantages ainsi accordés aux entreprises l'aient été sans contreparties effectives, quoique celles-ci fussent malaisément mesurables » : aucun préjudice n'était donc prouvé en l'espèce [8].

Dans une autre affaire, un écart injustifié entre prix du catalogue et prix facturé était apparu, ce qui constituait la méconnaissance d'une clause du marché, mais l'infraction réprimant l'octroi d'un avantage injustifié n'était pas pour autant prouvée [9]. D'autres faits de la même affaire tombaient toutefois sous cette infraction, car dans ces cas-là, des surfac-

1. C. comptes 3 mai 2024, *Chambre régionale d'agriculture de Bretagne (CRAB) et Association pour la traçabilité et le développement d'outils pour l'identification et de logiciels d'élevage (e-toile)*, nos 856 et 870, S-2024-0696 ; *AJDA* 2024. 1327, chron. N. Péhau et L. Vergallo. Ici § 68.
2. PAR EX. : CDBF 3 mai 2018, *Office national des anciens combattants et victimes de guerre (ONAC-VG)*, n° 220-783 ; *Rec.* 183 ; mentionné dans *JCP Adm.* 2018, n° 22, actualités 489 – CDBF 6 avr. 2018, *Agence nationale pour la rénovation urbaine (ANRU)*, n° 219-793 ; *Rec.* 179 – CDBF 11 oct. 2013, *Maison de retraite intercommunale de Champcevrais*, n° 191-701 ; *Rec.* 213 ; *AJDA* 2013. 2547, chron. C. Michaut et P. Sitbon – CDBF 20 juill. 2017, *Institut Curie*, n° 215-765 ; *Rec.* 244 ; A. Froment-Meurice, J.-Y. Bertucci, N. Hauptmann et C. Michaut, *GAJF*, 7e éd. 2019, n° 50, p. 585 – CDBF 29 nov. 1999, *min. de l'Intérieur et de l'Aménagement du territoire, Grand débat national sur l'aménagement du territoire en 1993 et 1994*, *Rev. Trésor* 2000. 32, note M. Lascombe et X. Vandendriessche ; *Rec.* 105 (extraits anonymisés) ; *Lebon* 567 – CDBF 14 et 16 janv. 1998, *min. des Affaires étrangères, service des immeubles et affaires générales [Siag]*, *Rev. Trésor* 1999. 200 ; *Lebon* 647 ; *Rec.* 129 (extraits).
3. CDBF 30 juin 2006, *Sivom de la région d'Étaples-sur-Mer*, *BJCL* 2006, n° 10, p. 710, note S. Bredin ; *AJDA* 2006. 2445, note N. Groper et C. Michaut ; *Rev. Trésor* 2006. 918, note M. Lascombe et X. Vandendriessche ; v. comm. Peyrical, *Dr. adm.* 2006, n° 12, p. 14 ; *Lebon* 665 ; *Rec.* 98.
4. CDBF 20 déc. 2007, *Sté SCIC Habitat Île-de-France*, *AJDA* 2008. 12.
5. CDBF 24 nov. 1986, *CH Sainte-Anne à Paris [marchés d'ingénierie]*, CCP, n° 3, p. 35.
6. CDBF 28 avr. 1987, *Assoc. pour la formation professionnelle des adultes [Afpa]*, CCP, n° 3, p. 65 ; *Lebon* 503.
7. CDBF 26 juin 1992, *min. des PTT*, *Rev. Trésor* 1993. 777 ; *Lebon* 632 ; *Rec.* 137.
8. CDBF 22 et 29 nov. 1985, *Sté des autoroutes Rhône-Alpes [Area]*, CCP, n° 3, p. 25.
9. CDBF 22 mai 1990, *CHS de Saint-Venant*, CCP, n° 3, p. 204 ; *Lebon* 521.

turations injustifiées étaient prouvées, générant un préjudice. C'est donc une analyse fine, au cas par cas, qui permet de retenir le critère du préjudice.

Notons enfin que lorsqu'un préjudice est exigé [1], mais que l'instruction n'a pas pu l'établir, le Procureur général peut, en raison de la difficulté d'établir la compétence même de la Cour sur un élu en cas de réquisition, classer l'affaire [2].

1. Notamment lorsqu'il s'agit d'un élu local exceptionnellement responsable dans le cadre de cette infraction ; rappr. CDBF 30 juin 2006, *Sivom de la région d'Étaples-sur-Mer*, préc.
2. Rapport annuel de la CDBF, févr. 2008, p. 33.

TITRE

45. Inexécution des décisions de justice et la nouvelle infraction concernant le mandatement d'office

SECTION 0
ORIENTEUR

45.00 Sommaire du titre.

45.01 Textes applicables.

• **CJF,** art. L. 131-14, 1° ; L. 131-14, 2°

• **L. n° 80-539,** 16 juill. 1980 relative aux astreintes prononcées en matière administrative et à l'exécution des jugements par les personnes morales de droit public, art. 1er et 1-1

• **CJF** art. L. 131-11

45.02 Jurisprudence de référence.

• **C. comptes 31 mai 2023,** *Commune d'Ajaccio*, n° 876, S-2023-0667

• **CDBF 20 déc. 2001,** *Région Guadeloupe ; BJCL* juill.-août 2002, p. 155

45.03 Bibliographie indicative.

Articles. P. Bon, « Un progrès de l'État de droit : la loi du 16 juillet 1980 relative aux astreintes en matière administrative et à l'exécution des jugements par la puissance publique », *RD publ.* 1981. 5. – C. Descheemaeker, « Les procédures d'exécution des décisions de justice : la menace de déféré en CDBF », *Courrier juridique des finances*, mai-juin 1992, nos 24 et 25. – C. Descheemaeker, « Un élu peut-il être condamné par la CDBF pour ne pas avoir exécuté une décision de justice ? », *BJCL* 2002. 155. – M. Distel, « Les personnes publiques et l'exécution des décisions de justice », *Mon. TP* sept. 1980, p. 71. – N. Péhau et L. Vergallo, « Des infractions financières pour que force reste à la loi ? », *AJDA* 2023. 1832.

Contributions. N. Groper, intervention au colloque « 60 ans d'exécution des décisions du juge administratif », *in* Collectif, *Conseil d'État, 60 ans d'exécution des décisions du juge administratif*, Actes du colloque du Comité d'histoire du Conseil d'État (24 oct. 2023), La Documentation française, 2024, p. 125. – N. Groper, « Le juge financier et la bonne exécution des décisions de justice par les organismes publics », *in* S. Damarey et N. Groper, *Responsabilité financière des gestionnaires publics*, Dalloz, 2024, p. 133.

CHAPITRE

451. Fondements et histoire des infractions sanctionnant l'inexécution de décisions de justice et l'échec fait au mandatement d'office

SECTION 0
ORIENTEUR

451.00 Sommaire du chapitre.

SECTION 1
FONDEMENT ET TYPOLOGIE DES INFRACTIONS FINANCIÈRES RÉPRIMANT CERTAINS CAS D'INEXÉCUTION DE DÉCISIONS DE JUSTICE

451.11 Fondements conceptuels de l'intervention du juge financier dans certains cas d'inexécution de décisions de justice. L'obligation d'exécuter les décisions de justice définitives constitue le corollaire de l'autorité de la chose jugée qui leur est attachée[1], la solution donnée par un juge à un litige ayant force de vérité légale, sorte « d'impératif constitutionnel » qui comporte une obligation absolue et immédiate d'exécuter le jugement[2]. Comme le rappelle une circulaire du Premier ministre, « le respect des décisions de justice est une exigence essentielle dans un État de droit »[3].

La Cour européenne des droits de l'Homme considère que l'exécution effective des décisions de justice est indissociable du droit à un tribunal consacré par la Convention européenne de sauvegarde des droits de l'homme (art. 6, § 1)[4] ; par ailleurs, le non-payement par une collectivité publique d'une somme en dépit de l'existence d'une décision juridictionnelle définitive en ce sens viole l'article 1er du Protocole n° 1 (respect des biens) de cette convention[5].

Or, s'agissant des personnes morales de droit public, les voies d'exécution classiques prévues en droit civil ne s'appliquent pas, cette exception étant justifiée par la nature particulière de ces dernières, et par le caractère exorbitant du droit commun des missions qui leur sont dévolues. Concrètement, aucune mesure d'exécution forcée ne saurait être menée à l'encontre d'un débiteur public, dont les biens sont insaisissables[6]. Et le pouvoir reconnu au juge civil de prononcer des astreintes, bien que prin-

1. CE 5 nov. 2003, *Association « Convention vie et nature pour une écologie radicale »*, n° 259339, *Lebon* p. 444, concl. F. Lamy ; *AJDA* 2003. 2253, chron. F. Donnat et D. Casas.
2. J. Gourdou et A. Garcia, « Exécution des décisions de la juridiction administrative », *Rép. cont. adm.*, janv. 2009, §§ 2 et 3.
3. Premier ministre, circ. 20 mai 2008 relative à l'exécution des condamnations pécuniaires prononcées contre l'État. NOR : PRMX0812416C.
4. CEDH 19 mars 1997, *Hornsby c/ Grèce*, n° 18357/91 ; *AJDA* 1997. 977, chron. J.-F. Flauss.
5. CEDH 26 sept. 2006, *Sté de gestion du port de Campoloro et Sté fermière de Campoloro c/ France*, n° 57516/00 ; l'État français y est condamné pour violation des deux règles susvisées, au titre de l'inexécution d'une décision de justice par une commune corse.
6. T. confl. 9 déc. 1899, *Association syndicale du canal de Gignac*, *Lebon* p. 731 ; *Sirey* 1900, 3, p. 49, note M. Hauriou – C. civ. 1re, 21 déc. 1987, *Bureau de recherches géologiques et minières [BRGM] c/ Sté Lloyd Continental* ; *Bull. civ.* I, n° 348 ; *RFDA* 1988. 771, concl. L. Charbonnier, note B. Pacteau ; *RTD civ.* 1989. 145, obs. Perrot.

cipe général du droit[1], ne peut qu'exceptionnellement s'appliquer aux administrations publiques[2], compte tenu de la séparation des pouvoirs et de l'interdiction faite aux juridictions judiciaires de connaître de l'action de l'administration[3], qui se traduit en France par la dualité des ordres de juridiction.

Le législateur, sans renverser ce principe de l'interdiction des voies d'exécution de droit commun, a progressivement, à partir de la loi du 16 juillet 1980[4], mis en place des dispositifs destinés à assurer une meilleure exécution des décisions de justice par les personnes publiques, dispositifs dans lesquels la juridiction financière et son Parquet général jouent un rôle de pression autant que de sanction.

En effet, derrière l'inexécution par une collectivité publique, en tant que personne morale, d'une décision de justice, se trouvent bien des personnes physiques dont les comportements individuels ont provoqué cette inertie et dont on peut estimer qu'elles méritent que leur responsabilité soit mise en cause. Mais à cet égard, si la jurisprudence administrative reconnaît la possibilité d'engager la responsabilité de la personne publique du fait du préjudice subi du fait d'une inexécution[5], elle avait toujours refusé de mettre en jeu la responsabilité personnelle des agents de l'administration lorsque ces dernières s'opposent à l'exécution d'une décision de justice, même en présence d'une faute personnelle manifeste[6].

D'autre part, le législateur de 1980 n'a pas souhaité créer un délit pénal d'inexécution de décision de justice. Écartant les voies civile et pénale, la loi, en complément à la mise en place d'astreintes prononcées par le juge administratif et du système de mandatement d'office, a créé deux nouvelles infractions financières, l'une sanctionnant l'inexécution d'une décision de justice ayant entraîné une condamnation à l'astreinte, l'autre réprimant les manquements à l'obligation d'exécuter un jugement condamnant au payement d'une somme d'argent.

En procédant ainsi, le législateur a fait preuve de cohérence : en refusant à la fois la « banalisation » des personnes morales de droit public (puisque le principe de l'interdiction des voies d'exécution de droit commun est maintenu, tout en créant les astreintes prononcées directement par les juridictions administratives elles-mêmes[7]) et la pénalisation de l'inexécution par les agents publics des décisions de justice, le choix de la CDBF en tant que juridiction administrative spécialisée en matière de finances publiques s'imposait.

Notons enfin que le code de justice administrative énonce désormais au nombre des principes fondamentaux du procès administratif celui suivant lequel « les jugements sont exécutoires »[8], ce qui induit nécessairement que leur exécution doit être assurée.

L'exécution des décisions de justice constitue une préoccupation croissante, comme en témoigne, côté juridictions administratives, un colloque organisé par le Conseil d'État en 2023, qui cherchait à répondre à la question suivante : « Que vaut une décision de justice si elle n'est pas exécutée ? S'il fut un temps où les questions d'exécution des décisions du juge administratif apparaissaient secondaires, les évolutions législatives et réglementaires comme la demande des requérants ont progressivement imposé l'idée selon laquelle le litige ne s'achève pas avec la notification de la décision juridictionnelle. L'effectivité de celle-ci implique que l'administration procède à son exécution dans un délai raisonnable, sans que des considérations d'opportunité puissent être invoquées »[9].

451.12 Pluralité des infractions financières en matière d'inexécution de décisions de justice et de mandatement d'office. Le code des juridictions financières prévoit trois infractions dans le champ de l'inexécution de décisions de justice et du mandatement d'office, qui se distinguent non seulement dans leurs éléments constitutifs, mais également dans le champ des organismes couverts, dans le champ des justiciables ainsi que dans les modes de saisine du Parquet général.

Bien que ces infractions se combinent souvent au sein d'une même affaire, elles doivent être strictement distinguées.

1. CE, ass., 10 mai 1974, *Barre et Honnet*, req. n°s 85132 et 85149 ; *Lebon* 276.
2. Néanmoins, pour des cas de condamnation de l'État et d'autres personnes morales de droit public à des astreintes par des juridictions judiciaires, v. s^s^ n° 453.22.
3. L. 16 et 24 août 1790.
4. L. n° 80-539, 16 juill. 1980 modifiée relative aux astreintes prononcées en matière administrative et à l'exécution des jugements par les personnes morales de droit public et relative à la section du rapport et des études du Conseil d'État.
5. O. Le Bot, « La responsabilité fautive de l'administration pour non-exécution d'une décision de justice », *AJDA* 2022. 2402 – L. Benezech, « L'inexécution d'une décision juridictionnelle, entre vouloir et pouvoir », *AJDA* 2022. 2407.
6. Cette position a fait l'objet de nombreuses critiques ; P. Bon, « Un progrès de l'État de droit : la loi du 16 juill. 1980 modifiée relative aux astreintes prononcées en matière administrative et à l'exécution des jugements par la puissance publique », *RD publ.* 1981. 5.
7. M. Distel, « Les personnes publiques et l'exécution des décisions de justice », *Mon. TP* 1980, p. 71. L'auteur y démontre que la création des astreintes « constituait l'extrême limite de ce que permettait la subsistance de la règle traditionnelle ».
8. CJA, art. L. 11.
9. N. Groper, intervention au colloque « 60 ans d'exécution des décisions du juge administratif », *in* Collectif, *Conseil d'État, 60 ans d'exécution des décisions du juge administratif*, Actes du colloque du Comité d'histoire du Conseil d'État (24 oct. 2023), La Documentation française, 2024, p. 125.

Premièrement, la Cour des comptes peut sanctionner l'inexécution de sanctions pécuniaires[1], plus précisément le non-respect, par l'ordonnateur ou par le comptable public, voire par l'autorité chargée du mandatement d'office, des règles de mandatement et de payement en cas de condamnation d'une personne publique au payement d'une somme d'argent dont le montant a été fixé par le jugement lui-même, ou en cas de référé-provision.

Deuxièmement, la Cour peut sanctionner les agissements d'un gestionnaire public qui ont entraîné la condamnation d'une personne morale de droit public ou d'un organisme de droit privé chargé de la gestion d'un service public à une astreinte en raison de l'inexécution totale ou partielle ou de l'exécution tardive d'une décision de justice[2].

Une troisième infraction, nouvelle, peut être ajoutée à ce groupe : la Cour peut sanctionner les gestionnaires publics dont les agissements les agissements ont pour effet de faire échec à une procédure de mandatement d'office[3].

Bien que les deux premières infractions aient été créées ensemble, qu'elles visent toutes deux des cas d'inexécution de décisions de justice au sens strict et qu'elles incluent toutes deux les élus locaux, elles ne doivent pas être confondues ni dans le champ des organismes concernés, ni dans la façon dont elles sont « actionnées ». L'une vise directement une inexécution qui dure (infraction continue), l'autre une condamnation à une astreinte (infraction instantanée) du fait d'une inexécution : l'impact sur le calcul de la prescription saute aux yeux.

C'est d'ailleurs à cause de ces différences majeures que ces deux infractions apparaissaient, jusqu'à une période récente, dans des numéros d'articles assez éloignés l'un de l'autre dans le code des juridictions financières[4] ; la réforme entrée en vigueur le 1er janvier 2023 a rassemblé ces deux infractions dans un seul nouvel article[5], ce qui peut créer une fâcheuse confusion. Quant à la troisième infraction, elle est récente et assez différente tant par le champ des justiciables et ses éléments constitutifs, bien que s'apparentant à la première puisqu'il s'agit d'un cas d'inexécution d'une obligation de payement d'une somme d'argent.

1. CJF, art. L. 131-14, 2°. Jusqu'au 31 déc. 2022, cette infraction était prévue, dans les mêmes termes, à l'ancien art. L. 313-12 du même code. Sur cette infraction en détail, v. ss n° 452.11.
2. CJF, art. L. 131-14, 1°. Jusqu'au 31 déc. 2022, cette infraction était prévue, dans les mêmes termes, à l'ancien art. L. 313-7 du même code. Sur cette infraction en détail, v. ss n° 453.21.
3. CJF, art. L. 131-11.
4. La première (CJF, anc. art. L. 313-7) était raccrochée parmi les autres infractions financières (CJF, anc. art. L. 313-1 à L. 313-7-1), tandis que la seconde se trouvait nettement plus loin dans le code, séparée des autres infractions par les articles sur l'ordre écrit (CJF, anc. art. L. 313-12).
5. CJF, art. L. 131-14.

SECTION 2
HISTOIRE ET ÉVOLUTION DES INFRACTIONS FINANCIÈRES RÉPRIMANT CERTAINS CAS D'INEXÉCUTION DE DÉCISIONS DE JUSTICE

451.21 Élargissement progressif du champ des infractions financières en matière d'inexécution de décisions de justice et de mandatement d'office. L'histoire des infractions financières en matière d'inexécution de décisions de justice est celle d'une progressive extension, à partir de la loi de 1980 précitée : inclusion des gestionnaires d'organismes de droit privé chargés d'une mission de service public dans l'infraction sanctionnant la condamnation à une astreinte en 1987[6] ; inclusion des élus locaux dans le champ des justiciables des deux infractions en 1993[7] ; création d'une infraction nouvelle consacrée aux agissements faisant obstacle au mandatement d'office en 2022[8].

Notons enfin que le champ matériel des infractions financières portant sur l'inexécution de décisions de justice et le mandatement d'office dépend de fait très largement de l'évolution des textes régissant les pouvoirs des juridictions (injonctions, astreintes) et l'exécution de leurs décisions, comme cela a été montré ailleurs[9].

451.22 Réformes envisagées ou envisageables. Le projet de loi de 1990 portant réforme de la CDBF[10], jamais adopté, prévoyait d'inclure le Vice-président du Conseil d'État dans la liste des autorités habilitées à déférer[11], pour les infractions en matière d'inexécution de décisions de justice.

Le projet de réforme de 1996 allait encore plus loin[12], en proposant que tous les chefs de juridictions administratives puissent dans ce domaine saisir le Parquet près la CDBF.

Ces propositions d'avancées n'ayant jamais abouti, elles demeurent d'actualité.

On pourrait également, pour l'infraction sanctionnant les astreintes, élargir l'obligation faite aux juridictions administratives d'informer le Parquet général près la Cour des comptes des condamna-

6. V. ss n° 045.51.
7. V. ss n° 045.62.
8. V. ss n° 052.21.
9. V. ss n° 451.11.
10. V. ss n° 046.21.
11. Sur les autorités de déféré et l'extension de la liste, v. ss n° 512.11.
12. V. ss n° 046.22.

tions des personnes publiques et des personnes morales de droit privé chargées d'une mission de service public aux astreintes[1] aux juridictions judiciaires - civiles et pénales - lorsque ces catégories d'organismes, et notamment l'État, sont concernées.

S'y ajoute la nécessité d'envisager une réforme de la nouvelle infraction sanctionnant les agissements faisant obstacle au mandatement d'office[2] : celle-ci ne concerne pas, aujourd'hui, les élus locaux, ce qu'il convient de corriger rapidement, au moins pour trois raisons : premièrement, la limitation actuelle du champ des justiciables conduit à exclure *de facto* d'appliquer l'infraction nouvelle aux collectivités locales, pourtant principalement concernées par les mandatements d'office ; deuxièmement, cette exclusion des élus du champ de cette infraction n'est pas cohérente avec le fait que les élus sont justiciables des deux autres infractions financières ici présentées ; enfin, troisièmement, la réforme entrée en vigueur en 2023 a élargi la liste des autorités de déféré aux préfets, autorités chargées du mandatement d'office, notamment pour pouvoir actionner la Cour des comptes en cas d'agissements faisant échec à leurs décisions : or l'exclusion des élus de cette infraction ôte aux préfets une bonne partie de leur pouvoir de déféré réel. Pour l'ensemble de ces raisons, une réforme rapide de cette infraction est impérative, faute de quoi son champ d'application pratique sera des plus limités.

1. V. s[s] n° 453.32.
2. CJF, art. L. 131-11.

CHAPITRE

452. Inexécution d'une décision de justice condamnant au payement d'une somme d'argent dont le montant est fixé par la décision elle-même

SECTION 0 ORIENTEUR

452.00 Sommaire du chapitre.

SECTION 1 DÉFINITION ET CHAMP DE L'INFRACTION

452.11 Définition et champ de l'infraction sanctionnant l'inexécution d'une décision de justice condamnant au payement d'une somme d'argent dont le montant est fixé par la décision elle-même : aperçu. Le code des juridictions financières permet à la Cour des comptes de sanctionner le non-respect, par un gestionnaire public – et avant tout par l'ordonnateur ou par le comptable public, voire par l'autorité chargée du mandatement d'office –, des règles de mandatement et de payement en cas de condamnation d'une personne publique au payement d'une somme d'argent dont le montant a été fixé par le jugement lui-même, ou en cas de référé-provision, règles prévues par la loi du 16 juillet 1980[1] à laquelle renvoie directement l'infraction financière[2].

Bien que ce soit superfétatoire, la partie du code de justice administrative consacrée à l'exécution des décisions de justice précise que l'infraction financière sanctionnant l'inexécution de décisions de justice est applicable aux décisions rendues par la justice administrative passées en force de chose jugée[3], et reprend même dans un article distinct exactement les termes de la loi de 1980[4].

La justification de cette infraction financière réside dans le fait que l'inexécution d'une décision juridictionnelle prononçant une condamnation pécuniaire « met à mal la confiance de nos concitoyens dans le respect de l'État de droit »[5] et qu'elle risque d'avoir un coût pour les finances publiques, en générant des dépenses supplémentaires (condamnation à des astreintes ou intérêts moratoires) : à ce titre, la mauvaise exécution des décisions de justice à incidence financière a été identifiée comme un facteur de risque pour l'État qui doit être maîtrisé dans le cadre du contrôle interne financier[6].

Au sein de la présente infraction[7], sept cas de figure, proches, doivent être distingués :

1. Lorsqu'une décision juridictionnelle passée en force de chose jugée a condamné l'État au paiement d'une somme d'argent dont le montant est fixé par

1. L. n° 80-539, 16 juill. 1980 relative aux astreintes prononcées en matière administrative et à l'exécution des jugements par les personnes morales de droit public ; *JO* 17 juill.
2. CJF, art. L. 131-14, 2°.
3. CJA, art. L. 911-10 : « Lorsqu'une décision passée en force de chose jugée a prononcé la condamnation d'une personne publique au paiement d'une somme d'argent dont elle a fixé le montant, le 2° de l'article L. 131-14 du code des juridictions financières est applicable ».
4. CJA, art. L. 911-9.
5. Premier ministre, circ. 20 mai 2008 relative à l'exécution des condamnations pécuniaires prononcées contre l'État, NOR : PRMX0812416C.
6. Direction du Budget et Direction générale des Finances publiques, Lettre du 1er mars 2023 portant orientations du contrôle interne financier (CIF) pour 2023 ; v. annexe 5.
7. CJF, art. L. 131-14, 2°.

la décision elle-même, cette somme doit être ordonnancée dans un délai de deux mois à compter de la notification de la décision de justice [1] ; si tel n'est pas le cas, l'ordonnateur responsable peut être sanctionné sur la base de l'infraction financière ici présentée [2]. Ce cas de figure est fréquent en pratique, la plupart des saisines du Parquet général près la Cour des comptes portant sur un défaut d'ordonnancement.

2. Lorsqu'une décision juridictionnelle passée en force de chose jugée a condamné l'État au paiement d'une somme d'argent dont le montant est fixé par la décision elle-même, et que cette somme doit être prise sur des crédits limitatifs et qu'elle n'a pas pu être ordonnancée dans un délai de deux mois, contrairement à l'obligation citée plus haut, faute de crédits disponibles, ces crédits doivent être abondés et le délai d'ordonnancement est porté à quatre mois [3] ; à défaut d'ordonnancement dans les quatre mois, l'ordonnateur responsable peut être sanctionné.

3. Lorsqu'une décision juridictionnelle passée en force de chose jugée a condamné l'État au paiement d'une somme d'argent dont le montant est fixé par la décision elle-même, et lorsque l'ordonnancement n'a pas été fait dans les délais de deux ou quatre mois mentionnés ci-dessus, le comptable assignataire de la dépense doit, à la demande du créancier et sur présentation de la décision de justice, procéder au paiement [4] ; s'il ne le fait pas, il est susceptible d'être sanctionné.

4. Lorsqu'une décision juridictionnelle passée en force de chose jugée a condamné une collectivité locale ou un établissement public au paiement d'une somme d'argent dont le montant est fixé par la décision elle-même, cette somme doit être mandatée ou ordonnancée dans un délai de deux mois à compter de la notification de la décision de justice [5] ; si l'ordonnateur local ou l'ordonnateur de l'établissement public ne le fait pas, il est susceptible d'être sanctionné. Ce cas de figure est fréquent en pratique.

5. Lorsqu'une décision juridictionnelle passée en force de chose jugée a condamné une collectivité locale ou un établissement public au paiement d'une somme d'argent dont le montant est fixé par la décision elle-même, et que cette somme n'a pas été mandatée ou ordonnancée dans le délai de deux mois précité, à compter de la notification de la décision de justice, alors le représentant de l'État dans le département ou l'autorité de tutelle doit procéder au mandatement d'office [6] ; si l'autorité habilitée à mandater d'office ne le fait pas, elle est susceptible d'être sanctionnée. Les refus de mandatement d'office existent, mais les cas dans lesquels le Parquet général près la Cour des comptes est saisi d'un tel refus sont rares.

6. Lorsqu'une décision juridictionnelle passée en force de chose jugée a condamné une collectivité locale ou un établissement public au paiement d'une somme d'argent dont le montant est fixé par la décision elle-même, et que cette somme n'a pas été mandatée ou ordonnancée dans le délai de deux mois précité, pour cause d'insuffisance de crédits, le représentant de l'État dans le département ou l'autorité de tutelle adresse à la collectivité ou à l'établissement une mise en demeure de créer les ressources nécessaires ; si l'organe délibérant de la collectivité ou de l'établissement n'a pas dégagé ou créé ces ressources, le représentant de l'État dans le département ou l'autorité de tutelle y pourvoit et procède, s'il y a lieu, au mandatement d'office [7] ; si l'autorité habilitée à mandater d'office ne le fait pas, elle est susceptible d'être sanctionnée.

7. Lorsque l'État, une collectivité locale ou un établissement public fait l'objet d'une décision du juge des référés accordant une provision, les obligations précitées aux points 1 à 6 ci-dessus s'appliquent de la même façon qu'en cas de condamnation au payement d'une somme d'argent [8] ; et en cas de manquement, les personnes intéressées sont susceptibles d'être sanctionnées par la Cour des comptes sur la base de l'infraction financière ici commentée [9].

À noter qu'un décret précise les obligations résultant pour les gestionnaires publics des condamnations pécuniaires dont ont fait l'objet les collectivités publiques [10]. Il prévoit notamment que le créancier est informé de l'ordonnancement ou du mandatement, ainsi que de la désignation du comptable assignataire compétent. Toutefois, le seul non-respect de ces dispositions réglementaires ne saurait être constitutif de l'infraction financière ici présentée.

Enfin, d'autres règles prolongent les obligations prévues par le législateur de 1980, comme l'application d'intérêts légaux majorés au-delà des délais précités [11].

1. L. n° 80-539,16 juill. 1980, art. 1er, I, 1er al. – Également : CJA, art. L. 911-9.
2. CJF, art. L. 131-14, 2°.
3. L. n° 80-539, 16 juill. 1980, art. 1er, I, 2e al. – Également : CJA, art. L. 911-9.
4. L. n° 80-539, 16 juill. 1980, art. 1er, I, 3e al. – Également : CJA, art. L. 911-9.
5. L. n° 80-539, 16 juill. 1980, art. 1er, II, 1er al, 1re phrase – Également : CJA, art. L. 911-9.
6. L. n° 80-539, 16 juill. 1980, art. 1er, II, 1er al, 2e phrase – Également : CJA, art. L. 911-9.
7. L. n° 80-539, 16 juill. 1980, art. 1er, II, al. 2 – Également : CJA, art. L. 911-9.
8. L. n° 80-539, 16 juill. 1980, art. 1-1, créé par la L. n° 2000-321, 12 avr. 2000.
9. CJF, art. L. 131-14, 2°.
10. Décr. n° 2008-479, 20 mai 2008 relatif à l'exécution des condamnations pécuniaires prononcées à l'encontre des collectivités publiques, *JO* 23 mai.
11. C. mon. fin., art. L. 313-3.

SECTION 2
ÉLÉMENTS CONSTITUTIFS DE L'INFRACTION

452.21 Champ des organismes concernés par l'infraction. L'infraction réprimant l'inexécution de décisions de justice condamnant au payement d'une somme d'argent ne couvre qu'un champ strictement délimité : tout organisme relevant du champ de contrôle des juridictions financières n'est pas concerné, et partant, cette infraction ne concerne pas l'ensemble des gestionnaires publics justiciables de la Cour des comptes.

En effet, l'obligation de payer dans les deux mois, directement sur la base d'une décision de justice, ne concerne que l'État, les collectivités territoriales ainsi que les établissements publics ; il en découle que seuls les gestionnaires publics de ces trois catégories de personnes morales de droit public sont susceptibles d'être sanctionnés au titre de l'infraction en question.

À noter que la loi ne distingue pas entre différentes catégories d'établissements publics : qu'ils soient administratifs ou industriels et commerciaux ou de catégories particulières, qu'ils soient nationaux ou locaux, ils relèvent tous du champ de cette infraction.

Les autres personnes morales, même de droit public, ne relèvent pas de ce champ, et les cas d'inexécution de décisions de justice condamnant celles-ci ne peuvent donc pas être appréhendés [1].

Le champ de cette infraction financière est donc moins large, en ce qui concerne les organismes condamnés, que celle qui couvre les astreintes [2].

452.22 Inexécution d'une décision de justice condamnant au payement d'une somme d'argent dont le montant a été fixé par la décision de justice elle-même. L'infraction exige que l'inexécution porte sur des sommes d'argent auxquelles l'État, une collectivité territoriale ou un établissement ont été condamnés dans une décision de justice, et que le montant exact de cette somme d'argent ait été fixé directement par la décision de justice en question.

Les autres cas d'inexécution de décision de justice ne sont donc pas concernés par l'infraction.

En particulier, les sommes d'argent dont le montant n'est pas explicitement fixé dans la décision de justice n'entrent pas dans la présente infraction financière, même si les paramètres de calcul sont connus parce que légalement prévus, et que donc ce montant est calculable : la nature répressive du régime de responsabilité financière des gestionnaires publics requiert en effet une interprétation stricte des éléments constitutifs de l'infraction [3].

1. Sur l'irrecevabilité de déférés portant sur des organismes même de droit public, mais qui ne sont ni des collectivités, ni des établissements publics, v. s[s] n° 452.31.
2. V. s[s] n°s 451.12 et 453.22.

La loi ne distingue pas les différentes catégories de « sommes d'argent » que peut viser une condamnation pécuniaire ; ainsi, il peut s'agir de dommages-intérêts, d'intérêts de retard, d'astreintes financières, de provisions, de frais irrépétibles...

Lorsque la somme d'argent est constituée d'astreintes financières, une autre infraction financière peut avoir été parallèlement commise [4], et les deux infractions peuvent alors s'entrechevêtrer, ce qui est d'ailleurs fréquent en pratique [5].

Le juge financier ne peut pas, dans le cadre de l'infraction sanctionnant les condamnations pécuniaires dont le montant est fixé par la décision de justice, appréhender les intérêts légaux que produit cette somme d'argent, puisque leur montant, bien que calculable en fonction de paramètres légaux [6], n'est pas chiffré dans son montant exact dans la décision inexécutée. Néanmoins, le juge financier peut le cas échéant appréhender le non-payement de ces intérêts légaux lorsque cette inexécution entraîne une condamnation à l'astreinte financière. Dans une affaire jugée par la Cour des comptes, le juge administratif avait ainsi été amené à prononcer deux condamnations à des astreintes pour obtenir le payement d'intérêts légaux dus au titre de deux précédentes liquidations d'astreintes qui n'avaient pas été payées, dans une même affaire d'inexécution [7].

L'infraction ne se limite pas aux décisions à portée financière de la justice administrative : elle couvre les décisions de l'ensemble des juridictions, en particulier celles des juridictions judiciaires prononçant des condamnations pécuniaires.

Certes, le contentieux concernant l'État, des collectivités territoriales et des établissements publics administratifs relève essentiellement des juridictions administratives : en pratique, c'est donc de l'inexécution de jugements de tribunaux administratifs, cours administratives d'appel et du Conseil d'État que le Parquet général près la Cour des comptes sera saisi. Le code de justice administrative mentionne d'ailleurs explicitement l'infraction financière [8].

3. C. comptes 31 mai 2023, *Commune d'Ajaccio*, n° 876, S-2023-0667, préc. ; § 83.
4. CJF, art. L. 131-14, 1° – V. s[s] n° 453.21.
5. Ex. : C. comptes 10 juill. 2023, *Centre hospitalier Sainte-Marie à Marie-Galante (Guadeloupe)*, n° 882, S-2023-0858 ; *Rec.* 30 ; *AJDA* 2023. 1832, note N. Péhau et L. Vergallo ; *AJCT* 2023, p. 632, note L. Zaoui ; *Cah. hosp.* sept. 2023, n° 182, note O. Yahia. – C. comptes 31 mai 2023, *Commune d'Ajaccio*, n° 876, S-2023-0667 ; *Rec.* p. 26 ; *AJCT* 2023 juill.-août, p. 418, note T. Dogan ; *AJDA* 2023. 1832, note N. Péhau et L. Vergallo ; *JCP Adm.* 2023, n° 34, 2252, note S. Damarey.
6. C. civ., art. 1231-7 ; – C. mon. fin., art. L. 313-3.
7. C. comptes 31 mai 2023, *Commune d'Ajaccio*, n° 876, S-2023-0667, préc. ; §§ 53 et 87.
8. CJA, art. L. 911-10, qui renvoie au CJF, art. L. 131-14, 2°.

Néanmoins, ces collectivités publiques peuvent relever dans certains cas des tribunaux judiciaires.

Ainsi, le défaut d'ordonnancement de dommages-intérêts auxquels a été condamnée une commune par un tribunal judiciaire dans une procédure pénale expose les gestionnaires de la commune à des poursuites devant la Cour des comptes [1] et la victime qui doit être ainsi indemnisée devient, par ce jugement pénal, créancière d'une collectivité publique. À ce titre, la victime a le droit d'obtenir la somme d'argent dans les délais légaux, et à défaut, elle est, en tant que créancière, habilitée à formuler un déféré au Procureur général près la Cour des comptes [2].

Dans une autre affaire, un centre hospitalier, établissement public, n'avait pas exécuté un jugement d'un tribunal judiciaire portant sur un litige contractuel avec un prestataire privé gérant le parking de l'hôpital [3].

Notons également que l'infraction financière, nous l'avons vu [4], concerne également les condamnations financières d'établissements publics industriels et commerciaux dont l'activité peut, en vertu du partage entre les juridictions administratives et judiciaires, relever de la compétence de ces dernières. Les exemples de déférés en la matière existent, même s'ils sont peu nombreux et que jusqu'à présent aucune affaire de ce type n'a fait l'objet d'arrêts de la juridiction financière.

Ainsi le Parquet général près la Cour des comptes a-t-il pu être saisi valablement par le créancier d'une entreprise publique de l'État, établissement public national industriel et commercial qui avait été condamné par un tribunal de commerce au payement d'une somme d'argent [5], dont le montant était d'ailleurs important [6].

Bien qu'aucun cas n'ait été à ce stade recensé, l'inexécution peut également concerner le jugement d'une juridiction internationale agissant sur le fondement de traités auxquels la France est partie : on peut penser aux arrêts de la Cour de justice de l'Union européenne, qui peut condamner les États-membres au payement de sommes d'argent (sous réserve de l'application de la loi de 1980 [7] au payement de telles condamnations), ainsi qu'à la Cour européenne des droits de l'homme, d'ailleurs explicitement mentionnée dans une circulaire du Premier ministre relative à l'exécution des condamnations pécuniaires prononcées contre l'État [8].

452.23 Obligations des ordonnateurs de l'État en cas de condamnation de ce dernier au payement d'une somme d'argent. Entre les sept cas de figure [9] que couvre l'infraction financière ici présentée [10], ceux visant le défaut d'ordonnancement par l'État, dans les délais prévus, d'une dépense dont le montant a été fixé par la décision de justice sont parmi les plus fréquents.

En effet, les ordonnateurs de l'État doivent, lorsqu'une décision juridictionnelle passée en force de chose jugée a condamné l'État au paiement d'une somme d'argent dont le montant est fixé par la décision elle-même, ordonnancer cette somme dans un délai de deux mois à compter de la notification de la décision de justice [11].

Lorsque cette somme doit être prise sur des crédits limitatifs et qu'elle n'a pas pu être ordonnancée dans un délai de deux mois, contrairement à l'obligation citée plus haut, faute de crédits disponibles, ces crédits doivent être abondés et le délai d'ordonnancement est porté à quatre mois [12]. À noter que la loi de 1980, comme le code de justice administrative qui en reprend les termes [13], précise qu'en cas de nécessité d'abonder des crédits limitatifs, « les ressources nécessaires pour les compléter sont dégagées dans les conditions prévues par l'ordonnance n° 59-2 du 2 janvier 1959 portant loi organique relative aux lois de finances », cette dernière n'est toutefois plus en vigueur depuis 2005.

Quoi qu'il en soit, en cas de non-respect de cette obligation d'ordonnancer la dépense dans le délai de deux mois (ou de quatre mois), l'ordonnateur de l'État responsable peut être sanctionné.

Notons que tout retard de payement d'une condamnation pécuniaire génère des intérêts légaux majorés en application du code monétaire et financier [14], et a donc un surcoût pour les finances publiques.

1. Ex. : Procureur général près la Cour des comptes, réquisitoire du 9 déc. 2023 *Commune de P.*, affaire RFGP n° 58 (non publié).
2. CJF, art. L. 141-1-1, 12°.
3. Procureur général près la Cour des comptes, décision de classement du 12 juill. 2022, *Centre hospitalier X*, affaire CDBF n° 877, NP.
4. V. s^s n°s 451.11 et 452.11.
5. Procureur général près la Cour des comptes, décision de classement du 2 févr. 2023, *Société Y*, affaire CDBF n° 897 (non publiée).
6. Plus de 500 000 euros.
7. L. n° 80-539, 16 juill. 1980.
8. Premier ministre, circ. 20 mai 2008 relative à l'exécution des condamnations pécuniaires prononcées contre l'État, NOR : PRMX0812416C.
9. V. plus haut ; s^s n° 452.11.
10. CJF, art. L. 131-14, 2°.
11. L. n° 80-539, 16 juill. 1980, art. 1er, I, 1er al. – ÉGAL^T : CJA, art. L. 911-9.
12. L. n° 80-539, 16 juill. 1980, art. 1er, I, 2e al. – ÉGAL^T : CJA, art. L. 911-9.
13. CJA, art. L. 911-9.
14. C. mon. fin., art. L. 313-3 : « En cas de condamnation pécuniaire par décision de justice, le taux de l'intérêt légal est majoré de cinq points à l'expiration d'un délai de deux mois à compter du jour où la décision de justice est devenue exécutoire, fût-ce par provision. Cet effet est attaché de plein droit au jugement d'adjudication sur saisie immobilière, quatre mois après son prononcé. Toutefois, le juge de l'exécution peut, à la demande du débiteur ou du créancier, et en considération de la situation du débiteur, exonérer celui-ci de cette majoration ou en réduire le montant ».

Même s'il n'existe pas encore d'exemple de condamnation d'ordonnateurs de l'État au titre de cette infraction dans la jurisprudence de la juridiction financière répressive, les déférés d'affaires d'inexécution de décisions de justice par l'État sont relativement fréquents : ainsi, sur les 22 déférés de créanciers reçus par le Parquet général en 2023 et portant sur cette infraction, 16 concernaient des services de l'État, souvent des services déconcentrés, en particulier des préfectures, et plus rarement des administrations centrales.

En administration centrale, il peut se révéler délicat de détecter des responsabilités individuelles dans l'inexécution de condamnations pécuniaires. Il peut même, dans certains cas, être difficile de savoir de quel ordonnateur et de quel comptable assignataire relève l'exécution du payement. Les jugements se bornent en effet à condamner « l'État », sans même préciser le ministère concerné, ce qui peut être source de complication en cas de politiques publiques relevant de plusieurs ressorts, voire lorsqu'elles sont franchement interministérielles.

Mais ces questions d'organisation interne à l'État ne doivent pas conduire à ne pas exécuter une condamnation pécuniaire. Une circulaire du Premier ministre a d'ailleurs précisé que « doivent être proscrites les démarches dilatoires consistant à tenter de reporter sur d'autres départements ministériels la charge de la condamnation pécuniaire » et qu'en cas « de difficulté sérieuse pour déterminer quel département ministériel doit assurer la charge d'une condamnation pécuniaire, le secrétariat général du Gouvernement devra être saisi dans les meilleurs délais »[1].

Notons enfin que les condamnations pécuniaires de l'État, de par leur sensibilité et leurs conséquences financières, retiennent régulièrement l'attention des autorités, ce qui s'est traduit pas de nombreuses circulaires émanant soit du Premier ministre, soit de ministères sectoriels[2].

452.24 Obligations du comptable assignataire des dépenses de l'État. Lorsqu'une décision juridictionnelle passée en force de chose jugée a condamné l'État au paiement d'une somme d'argent dont le montant est fixé par la décision elle-même, et lorsque l'ordonnancement n'a pas été fait dans les délais de deux ou quatre mois mentionnés ci-dessus, le comptable assignataire de la dépense de l'État doit, à la demande du créancier et sur présentation de la décision de justice, procéder au paiement[3] ; s'il ne le fait pas, il est susceptible d'être sanctionné.

On se trouve là dans l'une des rares situations dans lesquelles le comptable doit procéder au payement d'une dépense de l'État même en l'absence de mandat signé par l'ordonnateur ; il s'agit donc d'une dérogation à la procédure de droit commun de la dépense publique dans la sphère de la comptabilité publique, dans laquelle en principe les ordonnateurs sont seuls à prescrire les dépenses[4], et les comptables publics seuls chargés de procéder au payement[5], au vu de la demande de l'ordonnateur et des pièces fournies par ce dernier[6]. Cette exception, portant sur le payement direct du comptable public au vu d'une décision de justice (« procédure de secours »[7]), même sans mandat formel de l'ordonnateur, est d'ailleurs explicitement prévue par le décret relatif à la gestion budgétaire et comptable publique[8].

La procédure de payement direct s'imposant aux comptables de l'État est précisée dans une instruction ministérielle dédiée[9].

Les cas de mise en cause d'un comptable public dans le cadre de cette infraction existent, sans toutefois être nombreuses ; il n'existe pas à ce stade d'exemple de condamnation d'un comptable sur cette base.

À noter enfin que l'inaction du comptable public n'est constitutive de la présente infraction finan-

1. Premier ministre, circ. 20 mai 2008 relative à l'exécution des condamnations pécuniaires prononcées contre l'État. NOR : PRMX0812416C.
2. Pour une liste de ces circulaires, v. : J. Gourdou et A. Garcia, « Exécution des décisions de la juridiction administrative », *Rép. cont. adm.*, janv. 2009, § 7, « Les pouvoirs publics et l'attention portée à l'exécution des décisions de la justice administrative ».
3. L. n° 80-539, 16 juill. 1980, art. 1er, I, 3e al. – Également : CJA, art. L. 911-9.
4. Décr. n° 2012-1246, 7 nov. 2012 relatif à la gestion budgétaire et comptable publique (GBCP), art. 10, al. 1er : « Les ordonnateurs prescrivent l'exécution des recettes et des dépenses » – Même décret, art. 11 : « Les ordonnateurs constatent les droits et les obligations, liquident les recettes et émettent les ordres de recouvrer. Ils engagent, liquident et ordonnancent les dépenses. Le cas échéant, ils assurent la programmation, la répartition et la mise à disposition des crédits [...] ».
5. Décr. n° 2012-1246, 7 nov. 2012, art. 18, 4° : « Dans le poste comptable qu'il dirige, le comptable public est seul chargé : [...] 4° De la prise en charge des ordres de recouvrer et de payer qui lui sont remis par les ordonnateurs ; [...] ».
6. Décr. n° 2012-1246, 7 nov. 2012, art. 11, al. 3 : « Ils [les ordonnateurs] transmettent au comptable public compétent les ordres de recouvrer et de payer assortis des pièces justificatives requises, ainsi que les certifications qu'ils délivrent ».
7. Direction du Budget et Direction générale des Finances publiques, Lettre du 1er mars 2023 portant orientations du contrôle interne financier (CIF) pour 2023 ; v. annexe 5.
8. Décr. n° 2012-1246, 7 nov. 2012, art. 18, 7° : « Dans le poste comptable qu'il dirige, le comptable public est seul chargé : [...] 7° Du paiement des dépenses, soit sur ordre émanant des ordonnateurs, soit au vu des titres présentés par les créanciers [...] ».
9. Instr. n° 09-008-B du 16 avril 2009 du bureau 2FCE-2A, rappelée dans l'annexe 5 de la lettre conjointe de la Direction du Budget et de la Direction générale des Finances publiques du 1er mars 2023 portant orientations du contrôle interne financier (CIF) pour 2023.

cière que lorsqu'il s'agit de créanciers de l'État ; pour les autres personnes morales de droit public, même si elles sont dotées d'un poste comptable public, cette infraction ne joue pas.

452.25 Obligations des ordonnateurs des collectivités territoriales et des établissements publics. Lorsqu'une décision juridictionnelle passée en force de chose jugée a condamné une collectivité locale ou un établissement public au paiement d'une somme d'argent dont le montant est fixé par la décision elle-même, cette somme doit être mandatée ou ordonnancée dans un délai de deux mois à compter de la notification de la décision de justice[1] ; si l'ordonnateur local ou l'ordonnateur de l'établissement public ne le fait pas, il est susceptible d'être sanctionné sur la base de l'infraction financière réprimant l'inexécution de condamnations pécuniaires[2].

Il doit être souligné que les élus locaux sont justiciables de la Cour des comptes pour cette infraction précise[3] et que des élus ont déjà fait l'objet de condamnations sur ce fondement[4]. Les déférés de créanciers visant des collectivités locales ne sont d'ailleurs pas rares.

Les déférés concernant l'inexécution de condamnations pécuniaires par des établissements publics sont moins fréquents que s'agissant de l'État ; mais ils existent et ils sont d'une grande diversité, pouvant porter sur des montants financiers importants. Des gestionnaires d'un établissement public hospitalier ont d'ailleurs déjà fait l'objet de condamnations par la Cour des comptes au titre de cette infraction[5].

La loi précise que si cette somme n'a pas été mandatée ou ordonnancée dans le délai de deux mois précité, pour cause d'insuffisance de crédits, le représentant de l'État dans le département ou l'autorité de tutelle adresse à la collectivité ou à l'établissement une mise en demeure de créer les ressources nécessaires[6] ; ensuite, la somme représentant la condamnation pécuniaire soit être mandatée.

Rappelons que tout retard de payement d'une condamnation pécuniaire génère, au-delà des deux mois, des intérêts légaux majorés en application du code monétaire et financier[7], et a donc un surcoût pour les finances publiques.

452.26 Obligations des autorités chargées du mandatement d'office. Lorsqu'une décision juridictionnelle passée en force de chose jugée a condamné une collectivité locale ou un établissement public au paiement d'une somme d'argent dont le montant est fixé par la décision elle-même, et que cette somme n'a pas été mandatée ou ordonnancée dans le délai de deux mois précité, à compter de la notification de la décision de justice, alors le représentant de l'État dans le département ou l'autorité de tutelle doit procéder au mandatement d'office[8] ; si l'autorité habilitée à mandater d'office ne le fait pas, elle est susceptible d'être sanctionnée au titre de l'infraction financière qui réprime l'inexécution de condamnations pécuniaires[9].

Lorsque cette somme n'a pas été mandatée ou ordonnancée dans le délai de deux mois précité, pour cause d'insuffisance de crédits, le représentant de l'État dans le département ou l'autorité de tutelle adresse à la collectivité ou à l'établissement une mise en demeure de créer les ressources nécessaires, comme décrit plus haut. Mais si l'organe délibérant de la collectivité ou de l'établissement n'a pas dégagé ou créé ces ressources, le représentant de l'État dans le département ou l'autorité de tutelle y pourvoit[10] et procède, s'il y a lieu, au mandatement d'office[11] ; si l'autorité habilitée à mandater d'office ne le fait pas, elle est susceptible d'être sanctionnée par la Cour des comptes.

Dans ces cas de figure, c'est donc la responsabilité d'une autorité chargée du mandatement d'office qui est susceptible d'être recherchée, pour ne pas l'avoir mis en œuvre, ce qui est toutefois rare dans la pratique. Ces faits sanctionnables au titre de l'infraction financière réprimant l'inexécution de condam-

1. L. n° 80-539, 16 juill. 1980, art. 1er, II, 1er al., 1re phrase – Également : CJA, art. L. 911-9.
2. CJF, art. L. 131-14, 2°.
3. CJF, art. L. 131-4, 1°.
4. C. comptes 31 mai 2023, *Commune d'Ajaccio*, n° 876, S-2023-0667 ; *Rec.* p. 26 ; *AJCT* 2023 juill.-août, p. 418, note T. Dogan ; *AJDA* 2023. 1832, note N. Péhau et L. Vergallo ; *JCP Adm.* 2023, n° 34, 2252, note S. Damarey – CDBF 20 déc. 2001, *Région Guadeloupe, BJCL* juill.-août 2002, p. 155, note C. Descheemaeker ; *Rev. Trésor* 2004. 41, note M. Lascombe et X. Vandendriessche ; *AJDA* 2003. 1223, note N. Groper ; *Lebon* 775 ; *Rec.*, p. 125 ; A. Froment-Meurice, J.-Y. Bertucci, N. Hauptmann, C. Michaut, *GAJF*, Dalloz, 9e éd. 2019, n° 52, p. 605, p. 492.
5. C. comptes 10 juill. 2023, *Centre hospitalier Sainte-Marie à Marie-Galante (Guadeloupe)*, n° 882, S-2023-0858 ; *Rec.* 30 ; *AJDA* 2023. 1832, note N. Péhau et L. Vergallo ; *AJCT* 2023, p. 632, note L. Zaoui ; *Cah. hosp.* sept. 2023, n° 182, note O. Yahia.
6. L. n° 80-539, 16 juill. 1980, art. 1er, II, al. 2 – Également : CJA, art. L. 911-9.
7. C. mon. fin., art. L. 313-1 : « En cas de condamnation pécuniaire par décision de justice, le taux de l'intérêt légal est majoré de cinq points à l'expiration d'un délai de deux mois à compter du jour où la décision de justice est devenue exécutoire, fût-ce par provision. Cet effet est attaché de plein droit au jugement d'adjudication sur saisie immobilière, quatre mois après son prononcé. Toutefois, le juge de l'exécution peut, à la demande du débiteur ou du créancier, et en considération de la situation du débiteur, exonérer celui-ci de cette majoration ou en réduire le montant ».
8. L. n° 80-539, 16 juill. 1980, art. 1er, II, 1er al., 2e phrase – Également : CJA, art. L. 911-9.
9. CJF, art. L. 131-14, 2°.
10. V. sur le contrôle des actes budgétaires, v. ss n° 113.11.
11. L. n° 80-539, 16 juill. 1980, art. 1er, II, al. 2 – Également : CJA, art. L. 911-9.

nations pécuniaires visent donc les tutelles des organismes mauvais payeurs, alors que les agissements destinés à faire obstacle au mandatement d'office, qui relèvent d'une autre infraction financière[1], visent avant tout les responsables des collectivités et établissements publics défaillants.

Notons enfin que le mandatement d'office, dont les modalités varient selon les catégories d'organismes, se rencontre avant tout dans la sphère locale, où il entre dans les compétences du préfet de département. Le mandatement d'office est plus rare dans les établissements publics[2].

452.27 Cas particulier de l'inexécution d'un référé-provision. Lorsque l'État, une collectivité locale ou un établissement public fait l'objet d'une décision du juge des référés accordant une provision[3], s'appliquent aux gestionnaires publics les mêmes obligations qu'en cas de condamnation au payement d'une somme d'argent ; et en cas de manquement, les personnes intéressées sont susceptibles d'être sanctionnées par la Cour des comptes sur la base de l'infraction financière réprimant l'inexécution de condamnations pécuniaires[4].

Des cas de déférés de créanciers portant sur l'inexécution de référés-provision se rencontrent en pratique ; ils sont traités strictement de la même façon que les condamnations au payement d'une somme d'argent.

SECTION 3
RÔLE DU CRÉANCIER ET APPLICATION DE L'INFRACTION PAR LE JUGE FINANCIER

452.31 Déféré de créancier. L'infraction financière réprimant l'inexécution de condamnations pécuniaires de collectivités publiques a la particularité de pouvoir être actionnée par n'importe quel citoyen, à condition qu'il soit créancier[5]. Il s'agit là d'une exception au principe selon lequel le contentieux financier, conçu à l'origine comme interne à l'administration, ne naît que sur la base de déférés d'autorités constituées dont la liste est limitativement fixée par la loi, sans que le contribuable ou le citoyen puisse saisir le ministère public, ni se porter partie civile[6].

Le Parquet, puis le cas échéant le juge si l'affaire prospère, vérifient qu'il s'agit bien d'un créancier de l'État, d'une collectivité locale ou d'un établissement public ; si la créance concerne une autre structure, même de la « sphère publique », le déféré est irrecevable. Sont ainsi exclus du champ de l'infraction les groupements d'intérêt public (GIP), les groupements de coopération sanitaire (GCS) et les groupements de coopération sociale et médico-sociale (GCSMS), même si elles sont (les GIP) ou peuvent être (GCS et GCSMS) des personnes morales de droit public. Est également irrecevable par exemple la « plainte », formulée auprès du Parquet général près la Cour des comptes, d'un créancier d'une caisse locale de sécurité sociale qui a le statut de personne morale de droit privé, ou encore d'une entreprise publique qui aurait le statut de personne morale de droit privé.

Les déférés de créanciers de collectivités publiques représentent une part importante des déférés reçus par le Procureur général près la Cour des comptes (22 sur un total de 68 en 2023).

Le déféré d'un créancier, donc d'une victime de l'inaction de l'administration, ressemble un peu à une « plainte » ; toutefois, contrairement au contentieux pénal, il n'existe pas en contentieux financier de partie civile. L'autorité de déféré, fût-elle victime, n'est donc pas partie au procès. Néanmoins, et bien que cela ne soit pas obligatoire, dans la pratique, l'instruction contentieuse veillera à auditionner le créancier comme témoin, et l'accusation pourra citer la victime, et/ou éventuellement son avocat, comme témoin à l'audience de jugement[7].

452.32 Déféré provenant d'une autre autorité de déféré. Bien que l'infraction réprimant l'inexécution des condamnations pécuniaires soit signalée au Parquet général avant tout par les créanciers, qui disposent pour celle-ci d'un droit de déféré exceptionnel, aucune règle n'interdit aux autres autorités habilitées de formuler un déféré portant sur cette infraction.

Ce cas s'est déjà produit en pratique, qu'il s'agisse d'un déféré incident[8] d'une chambre régionale des comptes s'ajoutant à un contentieux en cours qui remontait initialement à un déféré de créancier[9], ou d'un déféré « initial » d'une chambre territoriale des comptes, sans déféré du créancier[10].

1. CJF, art. L. 131-11 – Sur cette infraction, v. s^s n° 454.11.
2. Sur le cadre juridique du mandatement d'office, v. s^s n° 454.21.
3. L. n° 80-539, 16 juill. 1980, art. 1-1, créé par la L. n° 2000-321, 12 avr. 2000, art. 17.
4. CJF, art. L. 131-14, 2°.
5. CJF, art. L. 141-1-1, 12°.
6. Sur le déféré, en général, v. s^s n°s 511.21 s.
7. V. les visas de l'arrêt C. comptes 31 mai 2023, *Commune d'Ajaccio*, n° 876, S-2023-0667 ; *Rec.* 26 ; *AJCT* 2023 juill.-août, p. 418, note T. Dogan ; *AJDA* 2023. 1832, note N. Péhau et L. Vergallo ; *JCP Adm.* 2023, n° 34, 2252, note S. Damarey.
8. Sur cette notion, v. s^s n° 512.52.
9. V. les visas de l'arrêt C. comptes 31 mai 2023, *Commune d'Ajaccio*, n° 876, S-2023-0667, préc.
10. Ex. : Procureur général près la Cour des comptes, réquisitoire du 9 déc. 2023 *Commune de P.*, affaire RFGP n° 58, NP – Procureur général près la Cour des comptes, réquisitoire du 9 déc. 2023 *Commune de P.*, affaire RFGP n° 109, *Syndicat mixte M. à M.* (non publié).

452.33 Traitement précontentieux par le Parquet général : une activité soutenue mais méconnue. Les déférés de créancier donnent, au Parquet général près la Cour des comptes, presque systématiquement lieu à des actions précontentieuses destinées à faire exécuter la décision de justice, donc à permettre au créancier de la personne publique d'être enfin payé. Dans de nombreux cas, c'est bien là l'objectif du créancier : obtenir avec l'appui du Parquet le payement, par la collectivité publique récalcitrante, de la somme d'argent fixée par la décision de justice, et accessoirement au-delà, des intérêts légaux même s'ils ne font pas, juridiquement, partie de la saisine[1]. Dans de nombreux cas, cette pression ou menace exercée par le Parquet porte ses fruits : la personne publique procède au payement. Lorsque les faits sont isolés ou que les montants en jeu ne sont pas très importants, que donc l'inexécution manque de gravité, le Parquet classera alors l'affaire.

Comme cette activité précontentieuse au service des créanciers ne donne pas lieu à des arrêts publics, le rôle joué par le ministère public en la matière demeure à tort méconnu, sa discrétion n'étant pourtant à cet égard pas synonyme d'inefficacité, bien au contraire. Notons à cet égard que le *Rapport annuel de la CDBF* comportait depuis les années 2005 une rubrique consacrée aux classements, dont celles portant sur les affaires dites « de la loi de 1980 », permettant de mieux faire connaître l'activité ainsi déployée ; le rapport d'activité du Parquet général près la Cour des comptes en fait désormais de même.

Les éléments constitutifs de l'infraction réprimant l'inexécution d'une condamnation pécuniaire sont assez faciles à établir : le seul payement en-dehors des délais caractérise l'infraction. Mais il ne saurait s'agir d'un contentieux « automatique » : seuls les cas les plus graves font l'objet de poursuites contentieuses, notamment lorsque cette infraction se double d'autres infractions, comme celle réprimant l'astreinte ; les autres cas – nombreux et portant souvent sur des montants financiers très faibles – font, comme indiqué ci-dessus, l'objet d'une gestion précontentieuse permettant au créancier d'être payé. Cela explique la rareté des réquisitoires pris sur la base de cette infraction, et le nombre d'arrêts limité : dans les 40 ans qui ont suivi la loi de 1980, un seul arrêt avait été rendu par la CDBF sur cette base[2], ce qui n'était guère satisfaisant, et peu dissuasif.

Face à l'augmentation des cas d'inexécution de condamnations pécuniaires par les collectivités publiques, ainsi que du développement des astreintes financières[3], le Conseil d'État et la Cour des comptes ont adopté en 2022 un plan d'action qui a donné lieu à la prise de plusieurs réquisitoires, aboutissant à deux arrêts en 2023.

Rappelons que la possibilité d'infliger des sanctions financières aux gestionnaires publics responsables d'inexécution de décisions de justice complète utilement les autres dispositifs destinés à faire exécuter les décisions de justice. Il s'agit d'un instrument à la fois redoutablement efficace et, dans le passé, sous-utilisé : ce n'est que récemment qu'a été mise en place une véritable politique des poursuites du Parquet général près la Cour des comptes en la matière, qui se traduit par une meilleure visibilité de ces infractions.

Même si cet outil répressif au service de la crédibilité des juridictions administratives ne sera jamais d'un contentieux de masse, la bonne visibilité de cette action du juge financier et de son parquet au service du juge administratif général, voire des juridictions judiciaires, peut avoir un effet dissuasif à l'encontre de ceux qui seraient tentés de ne pas exécuter des décisions de justice, renforçant par là la crédibilité de toutes les juridictions.

452.34 Application de l'infraction en jurisprudence. Tant que dure l'inexécution d'une décision de justice condamnant au payement d'une somme d'argent, l'absence de mandatement de ladite somme mise à la charge de la personne publique par la décision de justice est susceptible de constituer une infraction continue ; de ce fait, la date à prendre en compte pour l'examen de la prescription est non le fait générateur, mais le moment où l'inexécution a pris fin[4].

Les responsables de cette infraction sont avant tout les ordonnateurs, et s'agissant de l'État, éventuellement les comptables publics assignataires.

Dans une affaire, la Cour a expressément exclu la responsabilité d'un agent qui, bien que chargé du suivi des dossiers contentieux, ne disposait pas de la délégation pour mandater les dépenses[5], le défaut de

1. Sur les intérêts légaux, v. s^s n° 452.22.
2. CDBF 20 déc. 2001, *Région Guadeloupe*, *BJCL* juill.-août 2002, p. 155, note C. Descheemaeker ; *Rev. Trésor* 2004. 41, note M. Lascombe et X. Vandendriessche ; *AJDA* 2003. 1223, note N. Groper ; *Lebon* 775 ; *Rec.*, 125 ; A. Froment-Meurice, J.-Y. Bertucci, N. Hauptmann, C. Michaut, *GAJF*, Dalloz, 9e éd. 2019, n° 52, p. 605, p. 492.
3. V. s^s n°s 451.11 et 453.31.
4. C. comptes 31 mai 2023, *Commune d'Ajaccio*, n° 876, S-2023-0667, préc., § 22.
5. C. comptes 10 juill. 2023, *Centre hospitalier Sainte-Marie à Marie-Galante (Guadeloupe)*, n° 882, S-2023-0858 ; *Rec.* 30 ; *AJDA* 2023. 1832, note N. Péhau et L. Vergallo ; *AJCT* 2023, p. 632, note L. Zaoui ; *Cah. hosp.* sept. 2023, n° 182, note O. Yahia. Ici § 57 : « 57. Mme A était chargée du suivi du contentieux mais non de l'exécution du mandatement, comme en atteste la délégation de signature dont elle bénéficiait à compter du 27 janv. 2021 « pour signer tous les documents relatifs à la qualité, à l'exception des documents financiers ». Il en résulte que, si l'infraction prévue ▶

mandatement dans les délais étant le principal élément constitutif de l'infraction. Une telle approche restrictive est toutefois problématique dans les administrations complexes, notamment de l'État, où plusieurs services peuvent intervenir dans le traitement d'une condamnation pécuniaire, et donc être responsables des retards pris : dans un tel cas, limiter le champ de l'infraction au seul ordonnateur en titre, qui n'est qu'en bout de chaîne et qui hérite d'un retard déjà causé par d'autres, risque de rendre cette infraction *de facto* inapplicable. À noter enfin qu'une telle restriction, si elle était confirmée par la jurisprudence, ne joue pas pour l'infraction en matière d'astreinte, qui, elle, couvre tout gestionnaire dont les agissements ont pu contribuer à l'inexécution de la décision de justice ayant provoqué l'astreinte.

Le juge financier se bornera à constater les éléments constitutifs de l'infraction sanctionnant l'inexécution d'une décision de justice, sans se prononcer, même au titre des circonstances, sur le litige sous-jacent, qui avait donné lieu à l'inexécution [1].

Des difficultés financières ne sauraient être avancées pour excuser l'inexécution d'une condamnation pécuniaire, du moins pas dans tous les cas. La Cour a ainsi été amenée à rejeter un tel argument en jugeant dans cette espèce qu'il « ne saurait constituer une cause d'exemption de l'obligation d'exécution de décisions de justice ayant force de chose jugée, surtout pendant une période aussi longue ; en outre, il peut être constaté que les sommes dues [...] ont finalement été mandatées sur l'exercice 2022, bien que l'établissement ait dégagé cette année-là un résultat net déficitaire » [2].

▶ au 1° de l'article L. 131-14 du CJF est susceptible de lui être imputée, en revanche, celle prévue au 2° du même article, relative au défaut de mandatement ou d'ordonnancement des sommes dues par l'établissement en raison des condamnations au paiement d'astreintes, ne peut pas lui être imputée ».

1. C. comptes 10 juill. 2023, *Centre hospitalier Sainte-Marie à Marie-Galante (Guadeloupe)*, n° 882, S-2023-0858, préc. ; § 59.
2. C. comptes 10 juill. 2023, *Centre hospitalier Sainte-Marie à Marie-Galante (Guadeloupe)*, n° 882, S-2023-0858, préc. ; § 60.

CHAPITRE

453. Condamnation à une astreinte à raison de l'inexécution d'une décision de justice

SECTION 0 ORIENTEUR

453.00 **Sommaire du chapitre.**

SECTION 1 DÉFINITION ET CHAMP DE L'INFRACTION

453.11 **Infraction réprimant les agissements ayant entraîné une condamnation à une astreinte.** Sont constitutifs d'une infraction financière les agissements d'un gestionnaire public qui ont entraîné la condamnation d'une personne morale de droit public ou d'un organisme de droit privé chargé de la gestion d'un service public à une astreinte en raison de l'inexécution totale ou partielle ou de l'exécution tardive d'une décision de justice[1].

SECTION 2 ÉLÉMENTS CONSTITUTIFS DE L'INFRACTION

453.21 **Champ des personnes morales concernées par les astreintes.** L'infraction financière vise limitativement les personnes morales de droit public et les organismes de droit privé chargés de la gestion d'un service public.

1. CJF, art. L. 131-14, 1°.

Cela signifie que des gestionnaires d'un organisme qui n'entre pas dans ces catégories et qui serait condamné à des astreintes ne peuvent pas être sanctionnés par le juge financier, même si l'organisme en question relève de la compétence de contrôle des juridictions financières et que ses gestionnaires sont justiciables de la Cour des comptes pour d'autres infractions financières. C'est le cas par exemple des associations subventionnées[2] qui peuvent être condamnées à des astreintes en matière civile ou pénale, mais qui échappent à l'infraction financière, cette dernière ne concernant que les personnes publiques ou les personnes privées en charge d'une mission de service public.

453.22 **Astreinte.** L'astreinte peut être définie « comme une pression financière destinée à obtenir du condamné qu'il exécute une obligation de faire »[3], y compris de payement par exemple, ou une obligation de ne pas faire. Selon le Conseil d'État, « l'astreinte a pour objet de sanctionner un comportement fautif, tel que l'absence d'exécution d'un jugement exécutoire »[4].

Dans le champ qui nous intéresse, celui de la gestion publique et de l'infraction financière consacrée à l'astreinte[5], cette pression financière exercée à travers une astreinte pèse sur des personnes morales, sur l'État, sur des collectivités locales ou sur d'autres personnes morales de droit public ou de droit privé, mais non sur des individus.

À cet égard, l'action du juge financier est complémentaire à celle du juge de l'astreinte, puisque la Cour des comptes cherchera à sanctionner non pas

2. V. s[s] n°s 313.81 s.
3. T. Fossier, « Les astreintes prononcées par les juridictions pénales : occasions manquées », *JCP G* 1998. I. 126.
4. CE 27 juin 2007, *Syndicat intercommunal des communes alimentées par les canaux de la Siagne et du Loup*, req. n° 295453 ; *AJDA* 2007. 1330.
5. CJF, art. L. 131-14, 1°.

la personne morale, mais le gestionnaire public dont la faute individuelle a conduit à la condamnation de la personne morale, dans la gestion de laquelle il intervient, à une astreinte.

Il existe différentes astreintes susceptibles d'être prononcées par le juge administratif, prévues soit directement par le code de justice administrative, soit dans des textes spécifiques.

Le code des juridictions financières quant à lui ne distingue pas ces différentes astreintes : aussi faut-il admettre que tout type d'astreinte peut être constitutif de l'infraction financière.

Surtout, l'infraction prévue par le code des juridictions financières n'est pas limitée dans son champ aux seules astreintes prononcées par le juge administratif. Bien avant le juge administratif, qui ne dispose du pouvoir de prononcer des astreintes que depuis la seconde moitié du XXe siècle[1], le juge civil pratique les astreintes très largement[2] et ce depuis la Restauration[3], et les personnes morales de droit public, alors qu'elles ne relèvent pas principalement du juge judiciaire, peuvent être concernées.

Ainsi, le juge judiciaire peut condamner l'État auteur d'une voie de fait[4], ou condamner l'État sous astreinte au versement de dommages et intérêts alloués au profit d'une victime du fonctionnement défectueux des services d'état civil[5], ou encore condamner l'État agissant en tant que bailleur privé[6]. Les textes préparatoires de la loi du 16 juillet 1980 qui a créé l'infraction financière ici présentée[7] montrent d'ailleurs sans ambiguïté que le champ répressif du juge financier ne devait pas se limiter aux astreintes prononcées par le juge administratif : « une personne morale de droit public peut, en effet, faire l'objet d'astreintes prononcées par les juridictions civiles, compétentes non seulement en matière de voie de fait, mais encore dans des domaines aussi importants que les accidents d'automobiles ou le contentieux des impôts indirects, et, d'une manière générale, lorsque l'action de l'administration se place dans le domaine du droit privé »[8].

Outre le juge civil, le juge pénal est également susceptible de prononcer des astreintes entrant dans le champ de l'infraction financière. Car les juridictions pénales peuvent non seulement appliquer les mêmes astreintes que les juridictions civiles, couvrant le volet civil d'une procédure pénale, mais elles disposent en outre de nombreuses astreintes spécifiquement pénales destinées à obtenir l'exécution de dispositions qui répondent à l'action publique[9], donc aux fins d'obtenir l'exécution de règles répressives non seulement en faveur des parties civiles mais aussi de la légalité[10], notamment en droit de l'urbanisme et en droit pénal de l'environnement (déchets, protection des eaux douces, protection des forêts, lutte contre le bruit...).

Enfin, même s'il n'existe encore aucun exemple dans la pratique, les textes ne semblent pas exclure du champ de l'infraction financière les astreintes prononcées par des juridictions internationales, en particulier celles prononcées par la Cour de justice de l'Union européenne contre l'État français sur demande de la Commission européenne dans le cadre des procédures de manquement.

453.23 Condamnation à une astreinte. Le code des juridictions financières ne distingue pas les différents types d'astreintes : aussi l'infraction peut-elle concerner les astreintes provisoires comme les astreintes définitives. « Les premières se distinguent essentiellement des secondes par le fait que, au stade de leur liquidation, le juge sera fondé à tenir compte du comportement du débiteur et des difficultés qu'il a rencontrées pour exécuter la décision de justice à laquelle il a été condamné »[11]. Si le juge administratif comme le juge civil peuvent en principe moduler les astreintes, qui sont donc dites provisoires, sauf si le juge précise son caractère définitif[12], certains contentieux sectoriels peuvent prévoir des astreintes non modulables, donc en tout état de cause définitives : c'est le cas par exemple des astreintes dans le cadre du droit au logement opposable (DALO)[13].

L'infraction financière ne distingue pas davantage les astreintes seulement prononcées des astreintes liquidées : la simple condamnation à l'astreinte est un fait générateur suffisant pour l'infraction financière, comme l'a jugé clairement la Cour des comptes[14]. Le

1. Sur le développement des astreintes en contentieux administratif, v. s^s^ n° 453.31.
2. C. pr. civ., art. L. 131-1 s.
3. F. Guerchoun, « Astreinte », *Rép. proc. civ.*, nov. 2021, § 7.
4. En l'espèce une expropriation irrégulière : Civ. 1re, 9 juin 1970, *D.* 1971. 202, note A. Homont.
5. T. confl. 19 mars 2007, *Mme Fatima A*, C3497, *Lebon*.
6. Civ. 3e, 4 mai 2006, n° 04-10.051, *JCP* 2006. II. 10119, note O. Deshayes.
7. L. n° 80-539, 6 juill. 1980 relative aux astreintes prononcées en matière administrative et à l'exécution des jugements par les personnes morales de droit public ; *JO* du 17 juill.
8. Sénat, Rapport n° 299 fait au nom de la Commission des lois constitutionnelles, de législation, du suffrage universel, du règlement et d'administration générale sur le projet de loi relatif aux astreintes prononcées en matière administratives, par M. Edgar Tailhades, sénateur, 1977, p. 7.
9. T. Fossier, « Les astreintes pronocées par les juridictions pénales : occasions manquées », *JCP G* 1998. I. 126.
10. D. Cholet, « Juridiction compétente pour liquider une astreinte en matière d'urbanisme », *AJ pénal* 2015. 322.
11. F. Guerchoun, « Astreinte », préc., § 15.
12. Pour le contentieux administratif : CJA, art. L. 911-6 s.
13. CCH, art. L. 441-2-3-1.
14. Voir les §§ 43 et 44 de l'arrêt C. comptes 31 mai 2023, *Commune d'Ajaccio*, n° 876, S-2023-0667 ; *Rec.* 26 ; *AJCT* 2023 juill.-août, p. 418, note T. Dogan ; *AJDA* 2023. 1832, note N. Péhau et L. Vergallo ; *JCP Adm.* 2023, n° 34, 2252, note S. Damarey.

fait que le code de justice administrative[1] ne prévoie les transmissions du juge administratif au Parquet général près la Cour des comptes seulement pour les jugements liquidant une astreinte « ne remet pas en cause la définition légale plus large de l'infraction. Ces modalités de transmission ont pour but de laisser l'office du juge de l'exécution produire ses effets, mais ne conditionnent pas l'intervention du ministère public près la Cour des comptes ni n'excluent les astreintes non liquidées du périmètre de l'infraction »[2].

Enfin, dans la continuité logique de ce qui précède, la condamnation à une astreinte suffit pour caractériser l'infraction, peu importe les modalités de la liquidation de l'astreinte, qui peut être juridictionnelle (c'est le droit commun) ou administrative (exception par exemple en matière d'urbanisme[3]), automatique (c'est le cas des astreintes particulières au DALO précitées) ou non.

En revanche, cette astreinte doit avoir été prononcée en raison de l'inexécution totale ou partielle ou de l'exécution tardive d'une décision de justice, comme détaillé ci-après.

453.24 Inexécution totale ou partielle ou de l'exécution tardive d'une décision de justice. L'infraction financière exige un lien de causalité entre la condamnation à une astreinte et l'inexécution totale ou partielle ou l'exécution tardive d'une décision de justice.

Cela exclut du champ de cette infraction les astreintes prononcées pour d'autres motifs, comme les astreintes administratives prononcées par le maire en matière d'urbanisme[4]. L'astreinte doit donc être la suite d'une décision juridictionnelle inexécutée.

Cette rédaction de l'infraction exclut du périmètre sanctionnable le prononcé d'une injonction sous astreinte concomitante au prononcé de la décision juridictionnelle, car dans un tel cas, aucune inexécution d'une décision de justice n'est, par définition, encore intervenue. Dans un arrêt, la Cour des comptes a ainsi retranché d'une condamnation de telles injonctions sous astreinte prononcées par le juge administratif, alors qu'aucune décision de justice ne les avait précédées ; dès lors qu'aucune inexécution de décision de justice n'avait causé les astreintes, celles-ci ne pouvaient pas caractériser l'infraction financière[5].

En revanche, la loi précise que l'inexécution sous-jacente peut n'avoir été que partielle, et que même en cas d'exécution seulement tardive, l'infraction peut être caractérisée : cette rédaction large de l'infraction ne figurait d'ailleurs pas dans le projet qui allait devenir la loi du 16 juillet 1980 ayant créé les astreintes en contentieux administratif et l'infraction financière associée[6], mais est d'origine parlementaire[7].

SECTION 3

APPLICATION DE L'INFRACTION PAR LE JUGE FINANCIER DE L'INFRACTION FINANCIÈRE SANCTIONNANT LES CONDAMNATIONS AUX ASTREINTES ET POLITIQUE DE POURSUITES DU PROCUREUR GÉNÉRAL PRÈS LA COUR DES COMPTES

453.31 Développement des astreintes en matière administrative. Si le juge administratif n'avait, au départ, recours aux astreintes qu'avec parcimonie, voire réticence (il a fallu cinq ans pour que le Conseil d'État prononce la première astreinte après l'entrée en vigueur de la loi de 1980)[8], cet outil s'est nettement développé avec l'apparition des injonctions à la fin du XXe siècle[9], dont le champ s'est continûment étendu depuis[10], dans le code de justice administrative[11] comme en-dehors[12]. Car en matière administrative, les deux outils vont en réalité ensemble.

Il peut paraître surprenant que chronologiquement la loi sur les astreintes ait précédé celle sur les injonctions, alors que, « en bonne logique juridique, l'astreinte suppose qu'il y ait eu, au préalable, une injonction, explicite ou implicite, dont elle sanctionne la méconnaissance »[13].

Les astreintes se sont fortement développées par exemple en matière de droit au logement opposable (DALO), et le législateur est même allé jusqu'à prévoir une forme de liquidation automatique des astreintes[14].

1. Sur ces transmissions, v. s^s n° 453.32.
2. C. comptes 31 mai 2023, *Commune d'Ajaccio*, n° 876, S-2023-0667, préc. ; § 44.
3. C. urb., art. L. 480-8 : liquidation et recouvrement de l'astreinte par l'État pour le compte d'une commune.
4. C. urb., art. L. 481-1, III – Ne pas confondre avec les astreintes judiciaires en matière d'urbanisme, *cf.* code de l'urbanisme, art. L. 480-4-1 et art. L. 480-7.
5. C. comptes 31 mai 2023, *Commune d'Ajaccio*, n° 876, S-2023-0667, préc. ; § 45.
6. L. n° 80-539, 16 juill. 1980 relative aux astreintes prononcées en matière administrative et à l'exécution des jugements par les personnes morales de droit public, préc.
7. Sénat, Rapport n° 299, préc., p. 7.
8. D. Labetoulle, « De l'astreinte à l'injonction : retour sur une évolution », *RFDA* 2015. 456.
9. En particulier depuis la loi fondatrice du 8 févr. 1995.
10. O. Le Bot, « Le juge administratif et l'injonction : une montée en puissance », *in* F. Lombard et J. B. d'Onorio (dir.), *Grandeur et servitudes du bien commun. Mélanges en l'honneur de Jean-Claude Ricci*, Dalloz, 2023, p. 303.
11. CJA, livre IX.
12. Ex. : recours pour le droit au logement (DALO) prévu par le C. constr., art. L. 441-2-3-1, II, al. 4.
13. D. Labetoulle, « De l'astreinte à l'injonction : retour sur une évolution », *RFDA* 2015. 456.
14. O. Le Bot, « Le référé-liberté au secours du recours DALO ? », *AJDA* 2017. 1784.

Ce développement important des astreintes a un impact sur les finances publiques, ce qui intéresse l'office du juge financier : car c'est bien parce que certains cas d'inexécution de décisions de justice entraînent des astreintes financières à la charge de collectivités publiques ou de structures chargées d'une mission de service public qu'il est légitime que le juge financier intervienne.

Notons que cette charge financière, une fois l'astreinte liquidée, perdure, alors même que la décision de justice ayant prononcé l'astreinte est plus tard annulée : la jurisprudence administrative en effet considère que « l'astreinte ne perd pas sa base légale du seul fait qu'il est mis fin ultérieurement [...] à la mesure que [le juge] avait préalablement ordonnée »[1] ; l'annulation par une cour administrative d'appel, avec effet rétroactif, d'un jugement prononçant une astreinte n'a pas pour effet de priver de base légale le jugement liquidant cette affaire en raison de l'inexécution de ce jugement[2]. Autrement dit, la protection des jugements et des droits des parties, fondée comme indiqué plus haut dans des textes internationaux, est considérée comme plus importante que le principe d'effet rétroactif des annulations.

453.32 Saisine du Procureur général de faits constitutifs de l'infraction financière sanctionnant les condamnations aux astreintes et obligations d'information par le juge administratif. Contrairement à l'infraction sanctionnant l'inexécution de condamnations pécuniaires[3], il n'existe pas, pour l'infraction concernant les astreintes[4], de règle particulière en matière de déféré[5] : sont habilitées à déférer ce type de faits au Procureur général près la Cour des comptes les autorités bénéficiant habituellement d'un pouvoir de déféré général[6]. Or ces dernières ne s'intéressant que fort peu aux astreintes, aucun exemple de déféré portant sur cette infraction n'a été enregistré à ce jour.

Comment le Parquet général, faute de déféré portant sur cette infraction, se trouve-t-il néanmoins informé des cas d'astreintes ?

Deux sources principales sont à mentionner.

D'une part, un déféré de créancier portant sur l'inexécution d'une condamnation pécuniaire peut précisément porter sur le non-payement d'une astreinte. Dans ce cas, non seulement l'infraction financière sanctionnant l'inexécution d'une condamnation pécuniaire joue, mais également celle sanctionnant l'agissement ayant conduit à la condamnation à une astreinte. Même si le déféré de créancier ne porte juridiquement que sur l'une des deux infractions, le Parquet pourra, dans son réquisitoire, également viser l'autre infraction, puisque si une astreinte n'a pas été payée, cela implique nécessairement qu'une condamnation à l'astreinte ait eu lieu. Cela explique que dans beaucoup d'affaires d'inexécution de décisions de justice, les deux infractions jouent en même temps.

D'autre part, la Cour des comptes est en principe systématiquement informée des jugements des juridictions administratives liquidant des astreintes : il s'agit d'une obligation faite, par le code de justice administrative, au Conseil d'État[7], aux cours administratives d'appel, tribunaux administratifs[8] et autres juridictions administratives spécialisées[9] de transmettre copie de ces jugements au Parquet général près la Cour des comptes.

Ces copies de jugements peuvent donner lieu, lorsque le Parquet général s'aperçoit que le nombre de condamnations à des astreintes est important et/ou que les astreintes atteignent des montants financiers conséquents pour les finances publiques, à des actions précontentieuses (courriers de mise en garde adressés aux organismes concernés, souvent très efficaces pour mettre fin à l'inexécution sous-jacente à l'astreinte), voire à des réquisitoires d'initiative du Procureur. Ces informations peuvent également abonder des procédures contentieuses déjà ouvertes sur le fondement d'autres infractions financières.

Il est à préciser que l'envoi des copies des jugements d'astreinte n'étant pas assimilable à un déféré au sens du code des juridictions financières[10], cette communication – une copie pour information – n'entraîne pas l'effet interruptif de la prescription habituellement attaché aux déférés formulés par les autorités habilitées[11].

Enfin, il peut être regretté que ce système d'information du Parquet général près la Cour des comptes ne joue que pour les astreintes prononcées par les juridictions administratives ; celles des juridictions

1. CE 27 juin 2007, *Syndicat intercommunal des communes alimentées par les canaux de la Siagne et du Loup*, req. n° 295453 ; *AJDA* 2007. 1330.
2. CAA Douai, 29 sept. 2011, *Commune de Wahagnies*, n° 10DA01531 ; *AJDA* 2011. 2115, note X. Larue.
3. CJF, art. L. 131-14, 2° ; v. ss n° 452.11.
4. CJF, art. L. 131-14, 1°.
5. Sur le pouvoir de déféré exceptionnel des créanciers, v. ss n° 452.31.
6. Sur le pouvoir de déféré, en général, v. ss n° 511.21.
7. CJA, art. R. 931-8.
8. CJA, art. R. 921-7, al. 2, pour les tribunaux administratifs et cours administratives d'appel : « Lorsqu'il est procédé à la liquidation de l'astreinte, copie du jugement ou de l'arrêt prononçant l'astreinte et de la décision qui la liquide est adressée au ministère public près la Cour des comptes ».
9. CGCT, art. R. 2333-120-74, al. 2, pour la Commission du contentieux du stationnement payant (CCSP), par exemple.
10. C. comptes 31 mai 2023, *Commune d'Ajaccio*, n° 876, S-2023-0667, préc. ; §§ 14 et 15.
11. Sur l'effet interruptif de la prescription attaché au déféré, v. ss n° 511.32.

civiles et pénales échappent à la connaissance systématique du juge financier.

453.33 Application en jurisprudence de l'infraction financière sanctionnant les condamnations aux astreintes. Même si l'inexécution sous-jacente peut durer dans le temps, l'infraction sanctionnant la condamnation à une astreinte est une infraction instantanée, car elle se matérialise par ladite condamnation à un moment précis : la prescription sera calculée en fonction [1].

La jurisprudence a pu retenir pour la condamnation d'un ordonnateur un jugement liquidant des astreintes postérieures à sa sortie de fonctions, considérant que ce jugement « sanctionne néanmoins des agissements continus, intervenus sous sa gestion et ayant entraîné l'exécution tardive de la décision de justice » [2].

1. C. comptes 10 juill. 2023, *Centre hospitalier Sainte-Marie à Marie-Galante (Guadeloupe)*, nº 882, S-2023-0858 ; *Rec.* 30 ; *AJDA* 2023. 1832, note N. Péhau et L. Vergallo ; *AJCT* 2023, p. 632, note L. Zaoui ; *Cah. hosp.* sept. 2023, nº 182, note O. Yahia. – C. comptes 31 mai 2023, *Commune d'Ajaccio*, nº 876, S-2023-0667, préc. ; § 16.
2. C. comptes 31 mai 2023, *Commune d'Ajaccio*, nº 876, S-2023-0667, préc. ; § 42.

CHAPITRE

454. Échec au mandatement d'office

SECTION 0
ORIENTEUR

454.00 **Sommaire du chapitre.**

SECTION 1
HISTOIRE ET PLACE DE L'INFRACTION AU SEIN DU CONTENTIEUX FINANCIER

454.11 **Éléments généraux.** Formellement une innovation de la réforme portée par l'ordonnance du 23 mars 2022 [1], entrée en vigueur le 1er janvier 2023, l'infraction réprimant spécifiquement les agissements qui ont pour effet de faire échec à une procédure de mandatement d'office [2] vise des faits qui étaient auparavant couverts par l'ancienne infraction générale sanctionnant le non-respect des règles d'exécution des dépenses [3], dont font partie celles régissant le mandatement en général, et le mandatement d'office en particulier.

Pour rappel, le mandatement est, dans le champ de la comptabilité publique [4], l'ordre de payer donné au comptable par l'ordonnateur d'une collectivité publique ou, à défaut, par le représentant de l'État : dans ce dernier cas, il s'agit d'un mandatement d'office.

Le mandatement d'office a donc pour objet de protéger les créanciers des personnes morales de droit public contre l'inertie de ces dernières, et partant, l'infraction détaillée ici doit crédibiliser l'autorité du mandatement d'office (préfet ou tutelle). Dans cette optique, la finalité de l'infraction qui doit protéger ce mandatement d'office est proche de la logique des infractions réprimant l'inexécution des décisions de justice [5] dont elle constitue, en quelque sorte, le prolongement.

Rappelons que le mandatement d'office est également directement visé par l'une des deux infractions sanctionnant l'inexécution des décisions de justice, celle réprimant l'inexécution de condamnations pécuniaires [6], qui renvoie à la loi du 16 juillet 1980 [7] obligeant les ordonnateurs de l'État, des collectivités locales et des établissements publics à payer dans un délai de deux mois et, à défaut, les autorités compétentes à mandater d'office. C'est précisément lorsque ce mandatement d'office est rendu inopérant par des agissements qu'intervient la présente infraction.

L'infraction réprimant les agissements constitutifs d'obstacles au mandatement d'office vise donc, du moins essentiellement, les gestionnaires publics de l'organisme dont la dépense est mandatée d'office, alors que celle réprimant l'inexécution de condamnations pécuniaires vise plutôt, dans son volet mandatement d'office, l'inertie de l'autorité chargée dudit mandatement d'office, donc les préfets et les tutelles.

Pourtant, à la différence des deux infractions visant directement l'inexécution de décisions de justice, le champ des justiciables de l'infraction sanctionnant

1. Ord. n° 2022-408, 23 mars 2022 relative au régime de responsabilité financière des gestionnaires publics, *JO* 24 mars ; sur cette réforme d'ampleur, v. ss n° 052.21.
2. CJF, art. L. 131-11, en vigueur depuis le 1er janv. 2023.
3. CJF, anc. art. L. 313-4, en vigueur jusqu'au 31 déc. 2022.
4. Sur cette notion, v. ss nos 031.41 s.
5. CJF, art. L. 131-14 ; v. ss n° 451.12.
6. CHF, art. L. 131-14, 2° ; sur cette infraction, v. ss n° 452.11.
7. L. n° 80-539, 16 juill. 1980 relative aux astreintes prononcées en matière administrative et à l'exécution des jugements par les personnes morales de droit public.

les agissements faisant obstacle au mandatement d'office est plus restreint : en particulier, les élus en sont exclus, ce qui doit être considéré comme un oubli fâcheux rendant cette infraction quasi inapplicable[1].

Il n'existe de ce fait aucun exemple de sanction, par le juge financier répressif, d'agissements faisant obstacle au mandatement d'office, que ce soit sous l'empire des textes actuels ou anciens.

Dans une affaire d'inexécution de décisions de justice, cumulant astreintes et non-payement de condamnations pécuniaires, le juge financier a certes pu, constatant l'absence de payement, par une commune, d'intérêts légaux pourtant inclus dans un mandatement d'office préfectoral, faire référence explicitement à l'infraction sanctionnant l'échec au mandatement d'office qui n'était toutefois pas poursuivie en l'espèce (en droit parce que le maire n'est pas justiciable pour cette infraction, en opportunité parce que le montant en question était assez limité) ; le juge en a seulement tiré des circonstances aggravantes de responsabilité[2].

SECTION 2
ÉLÉMENTS CONSTITUTIFS DE L'INFRACTION RÉPRIMANT LES AGISSEMENTS CONSTITUTIFS D'OBSTACLES AU MANDATEMENT D'OFFICE

454.21 Éléments constitutifs de l'infraction : mandatement d'office. L'infraction financière réprimant les agissements constitutifs d'obstacles au mandatement d'office[3] ne peut, par définition, s'appliquer dans le champ des organismes soumis à un tel régime de mandatement d'office.

Celui-ci est prévu par différents textes et se traduit par différentes modalités.

Ainsi le mandatement d'office en matière de payement de condamnations pécuniaires est prévu par la loi du 16 juillet 1980 relative aux astreintes prononcées en matière administrative et à l'exécution des jugements par les personnes morales de droit public. Ce cas de mandatement qui fait suite à une décision de justice qui oblige au payement d'une somme d'argent est assez large dans son champ, puisqu'il vise les collectivités locales et les établissements publics, y compris les établissements publics nationaux[4] ; ce cas est en outre couvert par une infraction financière particulière, relative à l'exécution de condamnations pécuniaires[5].

D'autres mandatements d'office peuvent intervenir même sans décision de justice préalable ; mais ils ne semblent concerner que les collectivités locales et le secteur public local, et non pas l'État ni les établissements publics nationaux.

Pour les collectivités locales, il existe deux cas de mandatement d'office[6], concernant toutes les dépenses obligatoires, même sans jugement.

Rappelons que la notion de « dépense obligatoire » est strictement encadrée par la jurisprudence du Conseil d'État qui a précisé qu'une « dépense ne peut être regardée comme obligatoire et faire l'objet d'un mandatement d'office que si elle correspond à une dette échue, certaine, liquide, non sérieusement contestée dans son principe et son montant et décou-

1. Sur les pistes de réforme des infractions inexécution des décisions de justice et mandatement d'office, v. s^s n° 451.22.
2. C. comptes 31 mai 2023, *Commune d'Ajaccio*, n° 876, S-2023-0667 ; *Rec.* 26 ; *AJCT* 2023 juill.-août, p. 418, note T. Dogan ; *AJDA* 2023. 1832, note N. Péhau et L. Vergallo ; *JCP Adm.* 2023, n° 34, 2252, note S. Damarey ; § 88.
3. CJF, art. L. 131-11.
4. L. n° 80-539, 16 juill. 1980 relative aux astreintes prononcées en matière administrative et à l'exécution des jugements par les personnes morales de droit public, II de l'art. 1er : « II. – Lorsqu'une décision juridictionnelle passée en force de chose jugée a condamné une collectivité locale ou un établissement public au paiement d'une somme d'argent dont le montant est fixé par la décision elle-même, cette somme doit être mandatée ou ordonnancée dans un délai de deux mois à compter de la notification de la décision de justice. À défaut de mandatement ou d'ordonnancement dans ce délai, le représentant de l'État dans le département ou l'autorité de tutelle procède au mandatement d'office ».
5. CJF, art. L. 131-14, 2° ; sur cette infraction en général v. s^s n° 452.11, et sur le mandatement d'office dans les collectivités locales et les établissements publics, v. s^s n° 452.26.
6. CGCT, art. L. 1612-16, al. 1er : « À défaut de mandatement d'une dépense obligatoire par le maire, le président du conseil départemental ou le président du conseil régional suivant le cas, dans le mois suivant la mise en demeure qui lui en a été faite par le représentant de l'État dans le département, celui-ci y procède d'office ». CGCT, art. L. 1612-18 : « Lorsque les sommes dues au titre des intérêts moratoires et de l'indemnité forfaitaire pour frais de recouvrement mentionnés aux articles L. 2192-8 et L. 3133-8 du code de la commande publique ne sont pas mandatées dans les trente jours suivant la date de paiement du principal, le représentant de l'État dans le département adresse à l'ordonnateur, dans un délai de quinze jours après signalement par le créancier, le comptable public ou tout autre tiers, une mise en demeure de mandatement. À défaut d'exécution dans un délai d'un mois à compter de cette mise en demeure, le représentant de l'État procède d'office, dans un délai de dix jours, au mandatement de la dépense. Toutefois, si dans le délai d'un mois dont il dispose, l'ordonnateur notifie un refus d'exécution motivé par une insuffisance de crédits disponibles, ou si, dans ce même délai, le représentant de l'État constate cette insuffisance, celui-ci, dans un délai de quinze jours à compter de cette notification ou de cette constatation, saisit la chambre régionale des comptes dans les conditions fixées à l'article L. 1612-15. Le représentant de l'État procède ensuite au mandatement d'office dans les quinze jours suivant la réception de la délibération inscrivant les crédits ou sa décision réglant le budget rectifié ».

lant d'une loi, d'un contrat ou de toute autre source d'obligations »[1].

De nombreux textes spécifiques prévoient des dispositifs de mandatement d'office dans le secteur public local, renvoyant souvent au code général des collectivités territoriales.

Il en va ainsi pour les établissements publics locaux[2], pour les groupements d'intérêt public locaux dotés d'un comptable public[3], pour le Centre national de la fonction public territoriale (CNFPT)[4], pour les établissements publics locaux d'enseignement (EPLE)[5], pour lesquels le mandatement d'office est prévu par le code de l'éducation[6].

Les établissements publics de santé (EPS)[7] peuvent subir un mandatement d'office de la part du directeur de l'Agence régionale de santé (ARS) : le code de la santé publique prévoit le mandatement d'office d'une dépense ou émission d'office d'un titre exécutoire pour une recette régulièrement inscrite à l'état des prévisions de recettes et de dépenses initial, en cas de carence de l'ordonnateur et après mise en demeure restée sans suite au terme des délais impartis[8].

En revanche, les offices publics d'habitat (OPH)[9] ne connaissent pas de mandatement d'office, que le code de la construction et de l'habitat ne prévoit pas.

On voit donc que le mandatement d'office concerne essentiellement le secteur public local, et notamment les collectivités territoriales elles-mêmes.

Dans les collectivités locales dont les finances sont dégradées, notamment outre-mer, le mandatement d'office peut représenter des montants financiers significatifs : ainsi, selon un rapport de la Cour des comptes, « l'encours des mandatements d'office de dépenses obligatoires prononcés par les préfets témoigne [...] des difficultés financières rencontrées par certaines collectivités : en Guyane, les mandatements d'office ont largement progressé depuis 2013 pour atteindre un montant de 15,80 M € en 2016. En Guadeloupe, l'ensemble des mandatements d'office s'élevait à 21,70 M € fin 2016. En Martinique, ils représentaient 8 M € en 2015 [...] »[10].

454.22 Éléments constitutifs de l'infraction : agissements ayant pour effet de faire échec au mandatement d'office. L'infraction financière réprime les agissements qui ont pour effet de faire échec à une procédure de mandatement d'office[11]. Faute de jurisprudence sur cette notion, on ne peut à ce stade qu'émettre des conjectures afin de la cerner.

Les personnes visées semblent être avant tout les gestionnaires – et principalement les ordonnateurs – des organismes soumis au mandatement d'office réalisé par le préfet ou l'autorité de tutelle. Lorsqu'une telle décision intervient, les gestionnaires peuvent en effet être tentés d'y faire obstacle, par exemple en organisant une indisponibilité temporaire des crédits, empêchant le payement sur la base de ce mandatement. Sanctionner les manœuvres dilatoires d'un ordonnateur pour contourner un mandatement d'office semble avoir été l'objectif du Gouvernement qui, par ordonnance, a créé cette infraction particulière.

L'infraction pourrait-elle couvrir également l'inaction de l'autorité habilitée à mandater d'office, comme le refus du préfet ou du directeur général de l'agence régionale de santé de mandater d'office, malgré une demande d'un créancier en ce sens ?

Rappelons que lorsque le mandatement d'office porte sur une condamnation pécuniaire, il est obligatoire et l'inaction de la tutelle ou du préfet peut engager la responsabilité de ces derniers au titre d'une autre infraction financière, dédiée spécifiquement à ce cas de figure[12]. Pour les autres cas de dépenses obligatoires, même si tel n'était sans doute pas l'objectif premier de ceux qui ont créé l'infraction réprimant l'obstacle fait au mandatement d'office, on ne peut pas exclure qu'elle puisse concerner également les tutelles.

1. CE 18 sept. 1998, req. n° 171087, *Chambre de commerce et d'industrie de Dunkerque* ; – CE 5 juill. 2018, req. n° 406671, *Ministre de l'Intérieur c/ Département des Bouches-du-Rhône*.
2. Explicitement : CJF, art. L. 232-1 ; ainsi que renvoi du CGCT, l'art. L. 1612-20, au L. 1612-16 et L. 1612-18 du même code.
3. Explicitement cités au CJF, art. L. 232-1, renvoyant à l'art. L. 211-1 du même CJF qui délimite la compétence de contrôle des chambres régionales des comptes.
4. CJF, art. L. 232-7 renvoyant à CGCT, art. L. 1612-16 et art. L. 1612-18.
5. CJF, art. L. 232-4.
6. C. éduc., art. L. 421-13 II, qui renvoie au CGCT, article L. 1612-16 (mais pas à l'art. L. 1612-18 CGCT).
7. CJF, art. L. 232-5.
8. CSP, art. L. 6145-3, art. R. 6145-42 et D. 6145-42-1 en général ; CSP, art. L. 6145-5 pour les intérêts moratoires en particulier.
9. CJF, art. L. 232-6.
10. Cour des comptes, rapport sur les finances publiques locales pour 2017.
11. CJF, art. L. 131-11, en vigueur depuis le 1er janv. 2023.
12. CJF, art. L. 131-14, 2° ; v. ss n° 453.21.

TITRE

46. Appréciation de la responsabilité individuelle face aux circonstances

SECTION 0
ORIENTEUR

46.00 **Sommaire du titre.**

46.03 **Bibliographie indicative.**

Contributions. N. Groper, « Management et responsabilité », *in* C. Husson-Rochcongar et S. Kott (dir.), *La responsabilité financière des gestionnaires publics*, Actes du colloque du 8 novembre 2023 co-organisé par le Parquet général près la Cour des comptes et la Direction de la recherche de l'Institut national du service public, La Documentation française, 2024, p. 93. – C. Pierucci, « L'imputation des infractions financières », *in* S. Damarey et N. Groper, *Responsabilité financière des gestionnaires publics*, Dalloz, 2024, p. 103.

46.05 **Éléments généraux sur l'imputation des responsabilités et la prise en compte des circonstances.** Le juge doit établir qu'une infraction déterminée est bien imputable à une personne précise ; sinon, ou en cas de doute, celle-ci doit être relaxée.

Ainsi, la Cour a-t-elle relaxé un ingénieur des Ponts et chaussées, dont il est précisé dans l'arrêt que c'était la première affectation, parce que l'instruction n'avait pas établi « qu'il ait été l'initiateur ou l'exécutant des irrégularités commises » et « dont les modalités n'ont été portées à sa connaissance que lorsqu'elle [l'irrégularité] eut pris fin »[1]. Il n'était tout simplement pas prouvé que l'irrégularité était imputable, directement ou indirectement, à cette personne.

En amont du jugement, le Procureur général peut d'ailleurs être conduit à classer une affaire notamment « compte tenu des difficultés juridiques prévisibles dans l'imputation des responsabilités »[2].

Ensuite, pour établir la responsabilité individuelle, le juge financier doit tenir compte de l'ensemble des circonstances d'une affaire.

À cet égard, rappelons que l'une des innovations de la loi de 1948 créant le système répressif de droit public financier était de rompre avec la tradition de jugement objectif, formaliste, des comptes des comptables mis en œuvre par le juge des comptes, en obligeant la Cour de discipline budgétaire, devenue ensuite la CDBF, puis désormais la Cour des comptes, à établir non seulement le non-respect d'une

1. CDBF 9 déc. 1986, *DDE de Corse*, CCP, n° 3, p. 49 ; *Lebon* 331.
2. Rapport annuel de la CDBF, févr. 2007, p. 47.

règle (une irrégularité formelle), mais également la responsabilité individuelle de l'agent public ou du groupe d'agents concerné, et d'apprécier au regard de l'ensemble des circonstances, à l'instar du procès pénal.

Ce qui a pu être, dans le passé, considéré comme un handicap de la CDBF par rapport à un jugement des comptes parfois vu comme plus simple, habile et donc efficace (« on ne passe pas impunément du domaine des comptables à celui des ordonnateurs »[1]), apparaît aujourd'hui au contraire comme non seulement une évidence (il faut juger l'individu en fonction de l'ensemble des éléments d'appréciation de sa responsabilité, et pas aveuglément en constatant une irrégularité quelle qu'elle soit et peu importe le contexte), mais comme une obligation attachée à la bonne justice, notamment au regard des exigences du procès équitable.

Parfois, le partage entre imputation proprement dite d'un fait et appréciations des circonstances n'est pas très net en jurisprudence, ce qui est critiquable même si cela ne remet pas en question la sanction – ou relaxe – décidée par le juge. Ainsi, dans un arrêt, la CDBF a rangé dans l'imputation des circonstances (atténuantes ou absolutoires) : « Mme Y a attribué, le 5 février 2007, puis signé, le 7 février, le marché « M7 » [...] ; Y, qui venait d'être nommée directrice [...] par décret du 3 janvier 2007, pouvait difficilement détecter les irrégularités du marché à la lecture de l'annexe 3 à l'acte d'engagement, sur la base des documents dont elle disposait et qui comprenaient notamment l'avis favorable rendu à l'unanimité par la commission d'appel d'offres, et en l'absence d'alerte de ses services ; que dans ces conditions, la responsabilité de Mme Y dans la méconnaissance des règles relatives à l'exécution des dépenses de l'établissement public ne peut être retenue à ce motif »[2]. En toute rigueur, le juge aurait dû, plus clairement, imputer la responsabilité de la signature des actes clairement à l'intéressée, qui a commis une irrégularité, quitte à retenir ensuite des circonstances atténuantes, voire absolutoires de responsabilité[3].

Jusqu'où le juge doit-il ou peut-il aller dans la prise en compte de circonstances ? À l'occasion d'un recours en cassation formulé par le Procureur général, avait été invoqué, au titre de l'erreur de droit, le fait que la CDBF aurait, pour dispenser un gestionnaire public de sanction, tenu compte de ses qualités professionnelles et de ses états de service. Le rapporteur public[4], dans ses conclusions, avait envisagé une distinction entre circonstances propres à l'infraction, dont le juge peut – et doit – tenir compte, et circonstances liées à la personne, parmi lesquelles certaines (états de service, qualités démontrées par le gestionnaire dans ses fonctions) seraient, selon le Rapporteur public, recevables, au regard de l'office du juge financier répressif, comme « circonstances atténuantes de second ordre », mais d'autres peut-être trop éloignées « des préoccupations budgétaires et financières » pour pouvoir fonder la décision du juge du fond (qualités humaines en lien avec la profession, comme le sens du service public ou son « savoir-faire » en général) ; mais le Conseil ne s'est pas prononcé sur ce point[5]. Le rapporteur public lui-même avait conclu *in fine* qu'il « ne nous paraît pas qu'il faille censurer la prise en compte de tels éléments, dès lors qu'ils n'interviennent qu'à titre très accessoire, de troisième ordre en quelque sorte ». Mais on peut en déduire sans doute que de tels éléments à eux seuls ne pourraient peut-être pas fonder une décision de dispense de sanction.

Aperçu :

– Pour donner lieu à sanction, il faut qu'une irrégularité puisse être imputée individuellement à une ou plusieurs personne(s)[6].

– Ensuite, la mise en jeu de la responsabilité n'est possible qu'en l'absence de causes exonératoires de responsabilité ou d'excuses légales[7].

– Enfin le juge prendra en considération l'ensemble des éléments propres à chaque affaire, pour en tirer des circonstances atténuantes voire absolutoires, ou au contraire aggravantes de responsabilité[8].

1. PAR EX. : P. Lalumière, « Cour des comptes et Cour de discipline budgétaire et financière », *in* Collectif, *La Cour des comptes, d'hier à demain*, actes du colloque de Strasbourg, LGDJ, 1979, p. 90.
2. CDBF 22 janv. 2015, *Établissement public du campus de Jussieu*, n° 197-713 ; *Rec.* 155 ; *AJDA* 2016. 2487, chron. N. Péhau et N. Hauptmann.
3. Pour un exemple similaire de confusion des notions : CDBF 13 oct. 2017, *Opéra national de Bordeaux* ; n° 216-784 ; *AJDA* 2017. 2528, chron. N. Péhau et N. Hauptmann.
4. Xavier de Lesquen, rapporteur public sur CE 17 oct. 2016, *Parquet général près la Cour des comptes* [affaire CDBF *Assistance publique – Hôpitaux de Marseille*], req. n° 393519.
5. CE 17 oct. 2016, *Parquet général près la Cour des comptes* [affaire CDBF *Assistance publique – Hôpitaux de Marseille*], req. n° 393519 ; *AJDA* 2016. 1956, note D. Poupeau ; *GFP* 2017, n° 2, p. 148, chron. S. Damarey, M. Lascombe et X. Vandendriessche.
6. V. s^s^ n° 461.11.
7. V. s^s^ n° 462.05.
8. V. s^s^ n° 463.11.

CHAPITRE

461. Imputabilité

SECTION 0 ORIENTEUR

461.00 **Sommaire du chapitre.**

461.05 **Imputation des décisions financières.** Selon Robert Hertzog, « le décideur financier a une aura particulière. On l'imagine tout-puissant, alors qu'il n'est qu'un des acteurs d'un circuit de décision où il a un poids plus important que d'autres. [...] L'exécution fait également intervenir de nombreuses personnes sur des étapes successives enchaînant des décisions parfois très contraintes par le droit, parfois plus discrétionnaires [...], éventuellement accompagnées de procédures complémentaires (marchés publics). Le pouvoir financier est donc essentiellement partagé. On n'est pas sûr de pouvoir désigner le véritable auteur des mesures, ni donc le responsable qui rendra des comptes. Voilà le paradoxe suprême des finances publiques : alors que l'organisation des processus de décision vise à en assurer la qualité, elle produit ses propres dysfonctionnements »[1].

Malgré tout, le processus de la dépense, dans le secteur public et au-delà, répond à des règles et procédures dont le respect fait précisément partie de l'ordre public financier que le juge financier a pour mission de protéger ; s'il convient de trouver une imputation individuelle des responsabilités au regard des rôles joués par chacun, même en cas de pluralité des acteurs, le juge tiendra compte de l'ensemble des circonstances pour apprécier la gravité de la faute individuelle et la sanction adaptée. La mise en place de procédures limitant les risques et le respect de celles-ci constitue donc une façon de maîtriser les risques financiers publics, sans forcément diluer les responsabilités individuelles.

SECTION 1 IMPUTATION INDIVIDUELLE D'UN FAIT

461.11 **Lien entre un fait et une personne.** Pour fonder une condamnation, il ne suffit pas d'établir un fait constitutif d'une infraction ; encore faut-il que celui-ci soit imputable à une personne déterminée ; il peut en effet ne pas être prouvé qu'une personne a contribué à la commission de l'irrégularité détectée. Il convient donc d'établir une causalité entre l'infraction et la personne mise en cause.

Une personne renvoyée devant la juridiction doit être relaxée si « sa responsabilité personnelle, n'étant pas juridiquement établie, ne peut être engagée... »[2].

Ainsi, on ne peut pas tenir pour responsable une personne « de faits qui, pour l'essentiel, sont postérieurs à sa gestion »[3].

Dans le même sens, a été écarté un grief concernant des faits qui « ne peuvent, à titre principal, être imputés aux personnes renvoyées devant la

1. R. Hertzog, « Propos sur la décision financière : légitimer et optimiser le pouvoir financier ! », *in* C. Delon Desmoulin et G. Desmoulin (dir.), *La décision financière publique*, LGDJ 2013, p. 203-204.
2. CDBF 22 et 29 nov. 1985, *Sté des autoroutes Rhône-Alpes [Area]*, CCP, nº 3, p. 25.
3. CDBF 21 juin 1977, *DDE des Bouches-du-Rhône, travaux de construction de l'autoroute Marseille-Fos*, CCP, nº 2, p. 145.

Cour, compte tenu des dates respectives auxquelles ces personnes ont cessé d'exercer leurs fonctions »[1].

Ou encore : « Considérant que M. X a signé, en qualité de directeur par intérim [...], le rapport de présentation communiqué aux membres de la commission d'appel d'offres préalablement à l'attribution du marché public de travaux « M7 » mais qu'il n'exerçait plus son intérim lors de l'attribution du marché [...] ; que dès lors il ne peut être tenu responsable de son attribution ; que sa responsabilité n'est pas recherchée à raison des actes préparatoires à cette attribution »[2].

Dans le même sens, citons la relaxe d'un directeur qui avait hérité d'une situation irrégulière créée par son prédécesseur (irrégularités dans la passation de marchés), et qui avait mis un terme aux relations avec l'entreprise en question[3] ; son prédécesseur en revanche a été condamné.

En matière comptable, les irrégularités dans les comptes annuels sont imputées à celui qui était en fonction à la date à laquelle ils ont été arrêtés[4]. Il ne faudrait en revanche pas en conclure *a contrario* que sont nécessairement hors de cause des dirigeants qui avaient quitté leurs fonctions avant l'arrêt d'un compte : ces derniers doivent également pouvoir être appréhendés s'ils ont contribué aux irrégularités comptables en cours d'exercice, donc avant la clôture.

Lorsqu'une irrégularité (en l'occurrence l'inexécution d'une décision de justice) n'est pas imputable aux personnes renvoyées devant la Cour (les dirigeants d'un établissement public), mais à l'administration centrale de l'État, elle relaxera les intéressés[5].

Lorsqu'une irrégularité, certes constituée, résulte d'une « erreur involontaire », la responsabilité de la personne concernée ne sera pas engagée faute de pouvoir lui être imputée[6].

L'imputabilité est aisée à démontrer lorsqu'il s'agit d'agissements directs[7], plus délicate en cas d'infractions de négligence mises à la charge de supérieurs hiérarchiques ou d'autorités de contrôle[8]. En réalité, l'imputation dépend des attributions professionnelles et de l'action ou de l'abstention de chacun[9]. Enfin, la recherche des responsabilités individuelles dans les structures complexes n'est pas toujours évidente[10].

L'imputation, donc le lien de causalité entre un fait et une personne, doit être motivée. Mais le Conseil d'État a été amené à ne pas admettre un recours qui se fondait sur le fait que la CDBF n'ait pas précisé dans son arrêt « que les conditions de préparation et de passation ainsi que les conditions d'exécution, jusqu'à la date du 5 décembre 2005, du marché [...] étaient antérieures à sa prise de fonction comme directeur général », ce qui n'empêche pas la responsabilité ni donc la condamnation de ce dernier (recours en cassation non admis, le moyen tiré de la prétendue insuffisante motivation de l'arrêt étant considéré comme non sérieux[11]).

461.12 Agissement direct ; « part directe ». Le cas qui suscite le moins de difficulté est celui où il est prouvé matériellement qu'une personne a directement commis les infractions, par exemple signer des actes irréguliers, liquider des dépenses irrégulières[12] ou qui en a été à l'origine, l'instigateur, le donneur d'ordre. C'est alors l'agissement direct d'une personne qui constitue l'irrégularité.

Exemple : « 16. Ces manquements sont imputables [au] directeur de l'établissement, ordonnateur des recettes et des dépenses qui a signé les « "attestations" annuelles ayant justifié le versement des rémunérations litigieuses à son bénéfice »[13].

Le cas le plus simple est donc celui d'une personne qui commet directement et personnellement une infraction. Ainsi d'une directrice d'école qui passe des commandes alors qu'aucun crédit n'est disponible, ce qui constitue une infraction aux règles en matière de dépenses alors en vigueur[14]. Le juge

1. CDBF 21 févr. 2008, *Agence nationale de valorisation de la recherche [Anvar]*, *AJDA* 2008. 1193, note N. Groper et C. Michaut ; *Rev. Trésor* 2008. 519, note N. Groper ; *GFP* 2011, p. 387, note M. Lascombe et X. Vandendriessche : v. le point 3 des griefs à écarter.
2. CDBF 22 janv. 2015, *Établissement public du campus de Jussieu*, n° 197-713 ; *Rec.* p. 155 ; *AJDA* 2016. 2487, chron. N. Péhau et N. Hauptmann.
3. CDBF 8 avr. 1998, *Fonds d'action sociale pour les travailleurs immigrés et leurs familles [FAS]*, *Rev. Trésor* 1999. 203 ; *Lebon* 651.
4. CDBF 23 juill. 2012, *Grand port maritime du Havre*, n° 184-691 ; *GFP* 2013, n° 5, p. 89, note S. Damarey, M. Lascombe et X. Vandendriessche.
5. CDBF 11 févr. 1998, *Hoirie O. c/ Établissement public d'aménagement des rives de l'étang de Berre [Epareb]*, *Rev. Trésor* 1999. 202 (l'arrêt s'y trouve partiellement anonymisé) ; *Lebon* 650 (anonymisé) ; *Rec.* 131 (extraits) (l'arrêt y est entièrement anonymisé).
6. CDBF 15 déc. 2006, *CH d'Ambert*, *AJFP* 2007. 98 ; *Rev. Trésor* 2007. 720, note M. Lascombe et X. Vandendriessche ; *AJDA* 2007. 1355, note N. Groper et C. Michaut ; *Cah. hosp.* oct. 2007, p. 24 ; *Lebon* 675 ; *Rec.* 116 ; – Sur l'erreur involontaire, v. s^s n° 414.13.
7. V. s^s n° 461.12.
8. Agissements indirects, v. s^s n° 461.13.
9. V. s^s n° 461.24.
10. V. s^s n° 461.22.
11. CE 23 mai 2013, *M. J* [2e arrêt sur l'affaire CDBF Port autonome de Marseille], req. n° 364733, non publié.
12. CDBF 3 déc. 1985, *Monnaies et médailles*, CCP, n° 3, p. 31.
13. CDBF 15 nov. 2021, *Commission du film d'Île-de-France*, n° 253-834 ; *Rec.* 187.
14. CDB 22 févr. 1961, *Lycée de jeunes filles de Grenoble*, CCP, n° 2, p. 34 ; *Lebon* 898.

appelle cela parfois « la part directe » prise par une personne dans la commission d'irrégularités, ce qui d'ailleurs est souvent un facteur de gravité[1].

Ce cas d'agissement direct est très clairement illustré par un arrêt[2] dans lequel la CDBF a lourdement sanctionné le directeur adjoint d'un hôpital chargé services économiques (ensuite devenu lui-même directeur de l'hôpital), au motif qu'il disposait de pouvoirs étendus en vertu de l'instruction comptable M21, et de délégations du directeur. Il avait effectivement exercé ces tâches. Non seulement il ne pouvait ignorer les infractions, mais il en a été à l'origine. En revanche, la Cour a relaxé le directeur, bien que convaincu d'un défaut de surveillance, mais cette responsabilité « indirecte » était largement contrebalancée par de nombreuses circonstances devenues absolutoires.

Est centralement responsable d'irrégularités constatées le « concepteur et principal bénéficiaire d'un montage irrégulier »[3].

L'agissement direct s'établit le plus souvent, dans la sphère publique, par des actes dont une personne est l'auteur ou le coauteur, ou se matérialise par la signature de documents. Ainsi a été condamnée une personne qui, bien que le contestant, pouvait « difficilement ignorer l'existence d'une comptabilité occulte » ; elle avait d'ailleurs elle-même signé l'attestation du service fait sur trois factures qui constituaient l'irrégularité[4].

Faute d'être l'instigateur d'une irrégularité ou de l'avoir commise comme exécutant, la Cour relaxera la personne renvoyée devant elle. Ainsi un ingénieur des Ponts et chaussées, dont il est précisé que c'était la première affectation, parce que l'instruction n'avait pas établi « qu'il ait été l'initiateur ou l'exécutant des irrégularités commises » et « dont les modalités n'ont été portées à sa connaissance que lorsqu'elle [l'irrégularité] eut pris fin »[5].

L'agissement direct sera souvent plus lourdement condamné que l'action indirecte (ou l'omission de contrôle, de surveillance).

Est ainsi lourdement sanctionnée une personne qui est à la fois l'auteur principal (et d'ailleurs aussi le bénéficiaire principal) des irrégularités[6]. Dans le même sens, le PDG du groupe, éloigné des irrégularités, s'est vu infliger une amende moindre que la personne ayant directement commis les irrégularités[7]. Ou encore : est un facteur indéniable de gravité le fait d'avoir pris une « part directe » dans la commission d'irrégularités, sorte de responsabilité directe qui pourra par exemple « aggraver » une responsabilité générale qu'une personne a par ailleurs en tant que chef de service (mission de surveillance)[8].

461.13 **Agissements indirects ou omissions.** Le juge financier ne se limite pas à la sanction de ceux qui ont une part directe dans des irrégularités. Certains seront sanctionnés du fait d'obligations attachées à leurs fonctions[9] (défaut de surveillance du supérieur hiérarchique, défaut d'organisation du chef de service), même s'il n'est pas démontré qu'une personne a participé activement à la commission des irrégularités, et même s'il est établi qu'elle n'a pas pris une part active dans ces irrégularités[10].

Il existe ainsi une jurisprudence fournie qui sanctionne les personnes qui, bien que n'ayant matériellement pas été les auteurs d'actes irréguliers, ont fait preuve de négligences dans leurs fonctions qui se manifestent par un défaut de contrôle, de surveillance ou encore un défaut d'organisation[11].

Ce que l'on reproche alors, ce n'est pas l'action, mais précisément l'inaction ou l'absence d'action. Ainsi, un directeur avait hérité d'un système ancien, notamment de primes irrégulières, difficile à remettre en cause (« coutume tacitement tolérée ») ; mais la pratique s'était considérablement accélérée sous sa direction ; certes il n'était pas intervenu personnellement dans les irrégularités, et il n'était même pas établi qu'il en ait eu connaissance, mais « la connaissance de ces budgets et la surveillance de leur exécution devaient être une préoccupation essentielle du directeur, dont les autres tâches, pour diverses qu'elles fussent, ne pouvaient être correctement assurées en dehors du respect des autorisations budgétaires », et les irrégularités, massives, témoignaient du fait qu'il s'était désintéressé de la sincérité des opérations budgétaires[12].

1. CDBF 25 mars 1987, *Assoc. X et Y*, CCP, n° 3, p. 55.
2. CDBF 22 mai 1990, *CHS de Saint-Venant*, CCP, n° 3, p. 204 ; *Lebon* 521.
3. CDBF 16 déc. 2003, *Institut national polytechnique de Grenoble [INPG] et Université Joseph Fourier Grenoble I [UJF]*, *Rev. Trésor* 2005. 696, note M. Lascombe et X. Vandendriessche ; *AJDA* 2004. 1233, note N. Groper ; *Lebon* 599 ; *Rec.* 153.
4. CDBF 23 déc. 2002, *Mission de coopération et d'action culturelle [MCAC] de N'Djaména [Tchad]*, *Rev. Trésor* 2004. 51, note M. Lascombe et X. Vandendriessche ; *Rec.* 120 (lire le commentaire) ; *Lebon* 563.
5. CDBF 9 déc. 1986, *DDE de Corse*, CCP, n° 3, p. 49 ; *Lebon* 331.
6. CDBF 17 déc. 1990, *Caisse de retraite du personnel navigant professionnel de l'aéronautique civile [CRPNPAC]*, CCP, n° 3, p. 222 ; *Lebon* 531.
7. CDBF 24 févr. 2006, *Sté Altus Finance*, 2e arrêt, *AJDA* 2006. 1249, note N. Groper et C. Michaut ; *JCP* 2006, n° 38, II, 10152, note J.-P. Gastinel ; *Rev. Trésor* 2006. 910, note M. Lascombe et X. Vandendriessche ; *RFDA* 2006. 624, note M. Lascombe et X. Vandendriessche ; *Lebon* 650 ; *Rec.* 74.
8. CDBF 25 mars 1987, *Assoc. X et Y*, CCP, n° 3, p. 55.
9. Sur ce point, v. plus loin, ss n° 461.24.
10. CDBF 25 mars 1987, *Assoc. X et Y*, CCP, n° 3, p. 55.
11. Sur les fautes de négligence, v. ss n° 432.231.
12. CDBF 3 déc. 1985, *Monnaies et médailles*, CCP, n° 3, p. 31.

L'imputabilité d'irrégularités à un supérieur hiérarchique peut aller très loin. Ainsi, le Conseil d'État a-t-il validé la jurisprudence de la CDBF sur la notion de groupe dans l'affaire du Crédit Lyonnais, en considérant que « le devoir de contrôle et de surveillance qui incombe au dirigeant d'un groupe bancaire ne peut se limiter aux opérations de la maison mère, lorsque les opérations menées par les filiales revêtent une importance économique et financière caractérisée pour l'ensemble du groupe et que ces filiales disposent d'une autonomie réduite »[1].

En revanche, dans une affaire concernant un directeur d'hôpital, la Cour a certes constaté un défaut de surveillance et un manque de vigilance ; mais elle n'a pas relevé de défaillances dans l'exercice de ses responsabilités propres ; il s'appuyait sur ses chefs de service ; l'établissement était très lourd à diriger et les moyens humains (d'encadrement) étaient insuffisants. Enfin, il était sorti de fonctions tôt : relaxe[2].

SECTION 2
PLURALITÉ DE RESPONSABLES

461.21 Multiplicité des intervenants ; absence de complicité. Souvent, dans ces structures complexes que sont les organisations administratives modernes ou les acteurs économiques (sociétés d'État...), au-delà de l'acteur direct d'une irrégularité, d'autres personnes interviennent de près ou de loin dans des faits constitutifs d'une infraction : supérieur hiérarchique, subordonnés, autorités de contrôle interne ou externe...

Le juge appréciera de façon très détaillée la responsabilité de chacun individuellement ; il convient à cet égard de signaler, d'une part, l'absence de la notion de complicité dans le système répressif financier, et d'autre part l'interprétation large de la notion de « règle » au sens des infractions formelles réprimées par le droit public financier[3], qui inclut notamment l'obligation d'exercer les obligations de contrôle qui incombent à certaines catégories de personnes (tutelle, comptable public, contrôleur financier...) ou de remplir son devoir d'organisation ou de surveillance lorsqu'il s'agit d'un supérieur hiérarchique[4].

Lorsque plusieurs personnes sont responsables, l'arrêt désignera la personne qui est responsable à titre principal : « Considérant que [... le] directeur général, était dans l'obligation, pour l'exercice de ses fonctions de directeur général du CHU, d'être au fait des règles de la commande publique ; qu'il a été signataire de nombreuses pièces des marchés de maîtrise d'œuvre des opérations de réhabilitation des logements de fonction ; qu'il a eu la connaissance complète des procédures suivies en l'espèce ; qu'il a souhaité suivre personnellement les opérations concernant les réaménagements des logements de fonction ; qu'il porte en conséquence la principale responsabilité en cette matière »[5]. Dans le même sens, a été lourdement condamnée une personne qualifiée de « premier responsable des irrégularités en cause », ayant été « l'initiateur et le principal auteur »[6].

Parfois, la pluralité des responsables (donc des causes d'une infraction) peut conduire à ne pas sanctionner une personne renvoyée, dont on estime qu'on ne peut pas lui imputer à elle seule la responsabilité : accusé d'irrégularités dans la prise en charge de recettes, un comptable public n'a pas vu sa responsabilité engagée par la CDBF, car « les pièces du dossier ne suffisent pas à établir à l'endroit de M. X seul une infraction... » (on soulignera le mot « seul »)[7].

461.22 Difficulté d'individualiser les responsabilités dans les gestions complexes ; risque de dilution des responsabilités dans les organisations complexes. Dans les organisations complexes, il peut s'avérer délicat d'individualiser les responsabilités ; certains y voient même l'une des causes de la discrétion relative de ce régime du temps de la CDBF[8].

En effet, la chaîne de la recette et de la dépense est souvent longue, faisant intervenir nombre de personnes, voire de services composés d'ensembles de personnes ; cela vaut pour l'administration au sens classique du terme tout comme les structures relevant de modes de gestion de droit privé (sociétés anonymes contrôlées par l'État ; associations subventionnées...). Cette recherche de la responsabilité individuelle est encore plus délicate lorsqu'interviennent des conseils d'administration, des conseils municipaux et autres organes de décision collective.

1. CE 16 janv. 2008, *M. Hénin*, req. n° 292806 ; *AJDA* 2008. 118 ; *Rev. Trésor* 2008. 380 ; *Rev. Trésor* 2008. 409, note N. Groper ; *AJDA* 2008. 1000, note M. Collet ; note A.-G. Delion et M. Durupty, *RFAP* 2008. 431 ; *RJEP* août-sept. 2008, p. 12, note M. Lascombe et X. Vandendriessche ; *JCP Adm.* 2008, n° 29, p. 20, note J. Gaté ; – Sur la notion de groupe dans les entreprises publiques, v. s[s] n° 313.103.
2. CDBF 22 mai 1990, *CHS de Saint-Venant*, CCP, n° 3, p. 204 ; *Lebon* 521.
3. Sur ce point, v. s[s] n°s 411.11 s. et 432.11 s.
4. Sur les fautes de négligence, v. s[s] n° 432.231.
5. CDBF 6 oct. 2014, *Centre hospitalier universitaire (CHU) de Caen*, n° 195-686/704 ; *Rec* 171.
6. CDBF 18 juin 1985, *Bureau de recherches géologiques et minières [BRGM], service géologique d'Alsace et de Lorraine*, CCP, n° 3, p. 15.
7. CDBF 4 avr. 2011, *Lycée professionnel Vauvenargues et GRETA du pays d'Aix*, n° 174-647/667 ; *Rec* 155 ; *GFP* 2013, n° 5, p. 69, note S. Damarey, M. Lascombe et X. Vandendriessche.
8. J.-C. Maitrot, « Jouvence pour une inconnue ? La réforme de la Cour de discipline budgétaire et financière », *AJDA* 1971. 508.

Exemple de responsabilité complexe : « La défense soutient que les contrats auraient été en réalité conclus par la région Haute-Normandie et le syndicat mixte de l'aéroport et que M. X, qui les a signés en sa qualité de président de la CCI du Pays d'Auge, ne serait pas intervenu dans le processus de décision. Toutefois, déléguée par l'État au syndicat mixte précité, la gestion de l'aéroport a été sous-déléguée à la CCI du Pays d'Auge par une convention de gestion. La relation entre le syndicat mixte et la CCI avait donc un caractère contractuel et le président de l'une ou l'autre région n'exerçait aucune autorité hiérarchique sur le président de la CCI, représentant légal de l'établissement, ordonnateur et responsable de sa gestion. Les faits sont donc bien imputables à M. X qui a signé, en sa qualité de président de la CCI du Pays d'Auge, les conventions de services aéroportuaires et de services marketing »[1].

Si un gestionnaire public ignore tout de l'irrégularité commise par un autre, il ne peut pas lui en être fait grief : « si ce marché ne prévoyait aucune sous-traitance [ce qui constituait une irrégularité], l'instruction n'a pas permis d'établir que les personnes renvoyées devant la Cour avait eu connaissance de cette sous-traitance avant le terme du marché ; que le grief manque également en fait »[2].

En outre, dans les structures complexes, il existe un risque de vouloir modérer la responsabilité individuelle du fait de la multiplicité des intervenants dans la décision de gestion.

Ainsi, dans une affaire à laquelle elle a apporté une conclusion discutable, la Cour a retenu des circonstances atténuantes pour un ordonnateur délégué au motif que, notamment, ses supérieurs n'avaient jamais cherché à le détourner des pratiques irrégulières, et en même temps, elle a accordé des circonstances atténuantes au supérieur hiérarchique au motif qu'il pouvait faire confiance à son subordonné, dont la compétence était reconnue[3]. À ce rythme d'octroi de circonstances atténuantes à toutes les parties prenantes, plus personne n'est responsable, reproche qui est justement adressé souvent à l'administration.

La « dilution des responsabilités réelles » peut même conduire le Procureur général à décider – avec d'autres éléments – à classer une affaire après instruction[4].

Dans le même sens (argument qui s'ajoutait à d'autres facteurs de classement) : « les responsabilités des administrations centrales étaient diffuses »[5].

Dans une affaire ancienne concernant des marchés passés par un service de l'État, « le Procureur général a jugé plus approprié de classer ce dossier » pour plusieurs motifs dont l'un renvoie aux problèmes structurels rencontrés par un service, et donc indirectement la difficulté de localiser la responsabilité des irrégularités commises : « l'instruction a surtout fini par montrer que les défaillances provenaient d'un défaut d'organisation du système, l'administration n'ayant pas disposé de tous les moyens nécessaires pour sécuriser la commande publique dans un contexte très mouvant »[6]. Il est inutile d'insister sur le danger inhérent à ce type de raisonnement, qui revient, s'il est poussé trop loin, à prendre acte d'un système d'irresponsabilité organisée.

461.23 Principe d'une ventilation des responsabilités selon certains critères. La responsabilité individuelle des personnes impliquées dans des irrégularités varie naturellement selon la position hiérarchique et les fonctions occupées par chacun (et les obligations particulières qui peuvent y être associées), ainsi que selon la part plus ou moins active ou directe, dans la conception ou l'exécution, prise réellement par chacun.

Un arrêt illustre bien ce propos. Cinq mêmes membres des bureaux de deux associations liées entre elles avaient commis des irrégularités ; la Cour a jugé qu'« en leur qualité de membres du bureau des associations », les cinq personnes renvoyées devant elle « ont engagé leur responsabilité dans l'ensemble de ces infractions ; que, toutefois, les fonctions différentes qui leur étaient confiées et leur participation inégale aux opérations en cause sont de nature à nuancer ces responsabilités »[7].

461.24 Attributions professionnelles et rôle réellement joué par chacun. Les responsabilités de chacun s'apprécient en première ligne en fonction du poste occupé par chacun, donc de son niveau de responsabilité et des obligations qui y sont attachées.

Ceci est cohérent avec les dispositions du code général de la fonction publique qui prévoit que « l'agent public, quel que soit son rang dans la hiérarchie, est responsable de l'exécution des tâches qui lui sont confiées. Il n'est dégagé d'aucune des responsabilités qui lui incombent par la responsabilité propre de ses subordonnés »[8].

1. CDBF 14 mars 2022, *Chambre de commerce et d'industrie (CCI) Seine Estuaire*, n° 256-853 ; non publié au *Rec.*
2. CDBF 15 déc. 2017, *Office national de l'eau et des milieux aquatiques* (ONEMA), n° 217-730-II ; *Rec.* 247 ; *AJDA* 2018. 2493, chron. N. Hauptmann et N. Péhau ; v. également V. Mazzocchi, « Principe *non bis in idem*, que faut-il entendre par *bis* ? Droit administratif et droit public financier », *Dr. adm.* 2018, n° 3, chron. 1.
3. CDBF 11 mai 1990, *Fonds d'aide et de coopération [FAC]*, CCP, n° 3, p. 198 ; *Lebon* 518.
4. Rapport annuel de la CDBF, févr. 2007, p. 47.
5. Rapport annuel de la CDBF, févr. 2008, p. 31.
6. Rapport annuel de la CDBF, févr. 2008, p. 32.
7. CDBF 25 mars 1987, *Assoc. X et Y*, CCP, n° 3, p. 55.
8. CGFP, art. 121-9.

Ainsi, la Cour a pu retenir l'inaction du directeur financier comme contraire a ses missions attachées à son poste[1]. Et inversement, on ne peut pas reprocher à un agent de n'avoir pas saisi le service des domaines pour une location, alors qu'il « n'était, en tout état de cause, pas compétent pour saisir le service des domaines »[2]. Dans le même sens, des irrégularités dans la gestion des enseignants ne pouvaient pas être imputées au directeur des ressources humaines (DRH), son service ne prenant pas part à la gestion des services des enseignants, ce dont témoignent les délégations de pouvoir données au DRH qui ne comprenaient pas les contrôles ni la vérification du service fait qui en l'espèce faisaient défaut (d'où relaxe)[3].

D'une façon générale, comme elle l'a souligné récemment, « la Cour ne limite pas la sanction aux agents ayant pris une part directe dans les irrégularités et recherche également la responsabilité de tout justiciable du fait des obligations attachées à ses fonctions, même s'il n'est pas démontré que celui-ci a activement participé à la commission des irrégularités »[4].

Intéressant également : n'a pas été admis un recours en cassation pour insuffisance de motivation et erreur de droit au regard des dispositions de l'ancien article L. 313-4 du CJF[5], introduit à l'encontre d'un arrêt de la CDBF qui « se borne à dresser la liste des irrégularités relatives aux différents marchés passés [...] pour juger qu'elles lui sont imputables en tant que secrétaire général de la COP 21 ». Bien que l'arrêt ne soit guère explicite, on peut conclure du refus d'admettre un tel pourvoi qu'un lien étroit entre une fonction officielle et les responsabilités attachées peut suffire pour fonder l'imputation des responsabilités, sans qu'il soit nécessaire, pour le juge du fond, de rechercher davantage en détail les raisons d'une responsabilité professionnelle de type administrative[6].

Dans le même sens de l'imputation de responsabilités ès-fonctions : dans un arrêt particulièrement explicite, la CDBF a considéré que la responsabilité d'un directeur d'administration centrale, gestionnaire de crédits communautaires européens qui avaient été utilisés dans des conditions irrégulières à la fois au regard du droit budgétaire national et du droit communautaire, était engagée, car « il appartient à un directeur d'administration centrale de s'assurer tout particulièrement du respect des règles d'utilisation des crédits mis à la disposition de son administration, quand bien même il serait sollicité par des membres du cabinet du ministre dont il relève pour s'en écarter ». Et elle a jugé que « compte tenu de ses fonctions et des montants financiers en jeu, il ne pouvait pas se désintéresser de ces opérations ; qu'à ce titre, il lui appartenait de prendre connaissance des règles et conditions d'emploi des crédits du FSE et, à tout le moins, d'organiser sa direction de manière à être informé en temps utile du non-respect de ces règles et conditions »[7].

L'essentiel, c'est donc la position occupée par une personne dans une structure organisée ; cela signifie notamment qu'invoquer l'absence de formation ne saurait affranchir de sa responsabilité une personne occupant un poste qui suppose précisément une certaine compétence[8]. De tels éléments peuvent en revanche être pris en compte au stade des circonstances atténuantes.

Les exemples de la prise en compte, dans l'établissement des responsabilités, des fonctions professionnelles exercées par une personne sont nombreux dans la jurisprudence :

– Un administrateur délégué aux affaires financières avait la charge d'effectuer un contrôle effectif sur les aspects budgétaires, financiers et comptables, alors qu'il s'en est désintéressé (défaut de surveillance) ; or il était indemnisé pour exercer ces fonctions et disposait de l'expérience et de la compétence professionnelles requise, ce qui constitue par ailleurs des circonstances aggravantes[9].

– Un PDG de banque (y compris publique) est soumis à des obligations particulières qui obligent le président à veiller aux conditions de sauvegarde des intérêts de la société[10].

1. CDBF 22 nov. 1989, *SA La Signalisation [LS]*, CCP, n° 3, p. 184 ; *Lebon* 423.
2. CDBF 26 juin 2017, *Cité du cinéma*, n° 213-742 ; non publié au *Rec.*
3. CDBF 4 déc. 2015, *Fondation nationale des sciences politiques et Institut d'études politiques de Paris (FNSP-IEP de Paris) ; Rec* 171 ; *AJDA* 2016. 198, note S. Gaillard et J. Goubault.
4. C. comptes 31 mai 2023, *Commune d'Ajaccio*, n° 876, S-2023-0667 ; *Rec.* 26 ; *AJCT* 2023 juill.-août, p. 418, note T. Dogan ; *AJDA* 2023. 1832, note N. Péhau et L. Vergallo ; *JCP Adm.* 2023, n° 34, 2252, note S. Damarey. Ici § 48.
5. Désormais CJF, art. L. 131-9.
6. CE 3 févr. 2023, *M. Guignard* [affaire CDBF 6 mai 2022, *21e conférence des parties à la convention-cadre des Nations unies sur les changements climatiques de 2015 à Paris (COP 21)*], n° 465590.
7. CDBF 20 déc. 2007, *secr. d'Ét. aux Petites et moyennes entreprises, au Commerce et à l'Artisanat, Direction de l'artisanat, gestion des crédits du Fonds social européen [FSE]*, *AJDA* 2008. 450, note N. Groper et C. Michaut ; *Rev. Marché commun* 2008, p. 203, note F. Chaltiel.
8. CDBF 7 nov. 2003, *Assoc. L'Étape*, *Rev. Trésor* 2005. 692, note M. Lascombe et X. Vandendriessche ; *AJDA* 2004. 1236, note N. Groper ; *Lebon* 592 ; *Rec.* 137.
9. CDBF 13 juin 2003, *SEM Sarcelles Chaleur*, *Rev. Trésor* 2004. 57, note M. Lascombe et X. Vandendriessche ; *AJDA* 2003. 2316, note N. Groper ; *Lebon* 584 ; *Rec* 121 ; A. Froment-Meurice, J.-Y. Bertucci, N. Hauptmann et C. Michaut, *GAJF*, 7e éd. 2019, n° 49, p. 572.
10. CDBF 19 avr. 2000, *Banque du Crédit chimique*, *Rev. Trésor* 2001. 796, note M. Lascombe et X. Vandendriessche ; *Lebon* 741 ; *Rec.* 105 ; – Sur le défaut de surveillance, v. ss n° 432.243.

– Les responsabilités professionnelles d'une personne se mesurent à l'aune d'un acte (souvent un ensemble) ou d'une abstention : ainsi, en s'abstenant de toute initiative permettant d'anticiper les difficultés dans l'exécution d'un contrat complexe portant sur des montants financiers importants, un chef de service, responsable principal de l'exécution de ce contrat, a fait, selon la CDBF, preuve de négligence et a méconnu les responsabilités qui lui incombaient dans l'exécution dudit contrat, engageant ainsi sa responsabilité [1].

Déléguer à une autre personne ne met pas à l'abri de l'imputation d'une faute de gestion : un PDG a une « responsabilité générale de direction de la société impliquant un devoir général d'organisation, de contrôle et de surveillance dont les délégations de pouvoirs accordées à ses adjoints ne pouvaient l'exonérer » [2].

Cela dit, la personne ayant reçu délégation engage également sa responsabilité : exemple d'un directeur général délégué qui disposait d'une délégation de pouvoirs du président de l'entreprise et avait donc « un devoir général d'organisation, de surveillance et de contrôle des services placés sous son autorité » [3].

Le juge vérifiera avec soin les fonctions occupées par chacun, et même les compétences personnelles :

– Par exemple, au stade de l'imputation des responsabilités, le juge distinguera s'il s'agit d'un président de conseil d'administration, qui n'est pas directeur général, ou d'un PDG qui cumule ces attributions [4].

– « La méconnaissance des seuils de passation des marchés ne saurait, compte tenu de leurs fonctions [de président de conseil d'administration, à la différence des directeurs généraux] et en l'absence d'éléments caractérisant une connaissance précise et avérée de la situation, constituer un manquement au devoir de surveillance qui incombe au (à la) responsable du conseil d'administration » [5].

– Dans une affaire, la CDBF a relaxé le président d'une association subventionnée sur des faits dont l'intéressé ne connaissait pas les aspects financiers ; sa bonne foi ne pouvait être mise en doute ; d'une façon générale, la Cour a pris en compte le dévouement et le désintéressement de ce président bénévole d'association [6]. Mais l'on sait que cette mansuétude à l'égard des présidents d'associations n'est pas générale, ces derniers étant justiciables de la CDBF [7] et leur responsabilité étant sanctionnée lorsque leur rôle est considéré comme déterminant dans la commission d'irrégularités.

D'une façon générale, plus quelqu'un se trouve dans une place élevée dans la hiérarchie administrative ou d'entreprise, plus les exigences à son égard en termes de gestion seront élevées, notamment en raison de la formation dont a bénéficié l'intéressé ou des attentes qu'on doit avoir à l'endroit d'une personne occupant une telle fonction de responsabilité. Ainsi, un directeur de caisse de sécurité sociale aurait dû, selon la Cour, déceler le caractère irrégulier d'une action du fait des « connaissances juridiques qui sont exigées d'un directeur de caisse [de sécurité sociale] » ; notamment la réquisition irrégulière du comptable constitue selon la CDBF une irrégularité manifeste « qu'un directeur de caisse ne saurait ignorer » [8].

461.25 Rôle réellement joué par une personne. Outre la position hiérarchique et les fonctions de droit ou de fait occupées, la Cour prend toutefois également en considération le rôle réellement joué par une personne, peu importe sa position.

Ainsi, dans une affaire [9], deux des personnes renvoyées devant la CDBF avaient invoqué n'avoir été que de simples caissiers exécutant des décisions irrégulières prises par ailleurs. La Cour a rejeté cette argumentation, car ces deux personnes avaient joué un rôle réel dans la commission des irrégularités, notamment en permettant le fonctionnement du montage irrégulier, en établissant des pièces qui ont rendu possible des irrégularités...

Dans une autre affaire, la CDBF a certes constaté un défaut de surveillance et un manque de vigilance de la part d'un directeur d'hôpital ; mais elle n'a pas relevé de défaillances dans l'exercice de ses responsabilités propres ; il s'appuyait sur ses chefs de service ; l'établissement était très lourd à diriger et les moyens humains (d'encadrement) étaient insuffisants. Enfin, il était sorti de fonctions tôt : relaxe [10].

461.26 Supérieur hiérarchique abusé par son subordonné. Dans une affaire, un supérieur hiérar-

1. CDBF 28 oct. 2005, *min. de la Défense, Direction des constructions navales, contrat de vente de sous-marins Agosta 90 au Pakistan*, *Rec.* 127 ; *Lebon* 678 ; *Rev. Trésor* 2006. 902, note M. Lascombe et X. Vandendriessche.
2. CDBF 25 janv. 2019, *Radio France : le chantier de réhabilitation*, n° 227-760 ; *Rec.* 191.
3. CDBF 28 juill. 2020, *France Télévisions (achats hors programme)*, n° 242-798 ; *Rec.* 183.
4. CDBF 17 juin 2014, *Société de valorisation foncière et immobilière (SOVAFIM)*, n° 193-696 ; *Rec.* 169 ; *AJDA* 2014. 1603, note C. Michaut et J.-E. Picard ; *RLC* 2014, n° 41, p. 32, note S. Brameret.
5. CDBF 19 nov. 2020, *Agence pour l'enseignement français à l'étranger (AEFE)*, n° 244-818 ; *Rec.* 190.
6. CDBF 7 nov. 2003, *Assoc. L'Étape*, *Rev. Trésor* 2005. 692, note M. Lascombe et X. Vandendriessche ; *AJDA* 2004. 1236, note N. Groper ; *Lebon* 592 ; *Rec.* 137.
7. V. s[s] n°s 312.62 et 313.85.
8. CDBF 20 avr. 1988, *Caisse interprofessionnelle de retraite des commerçants détaillants de la région parisienne [CIRCD]*, CCP, n° 3, p. 138 ; *Lebon* 546.
9. CDBF 16 déc. 2003, *Institut national polytechnique de Grenoble [INPG] et Université Joseph Fourier Grenoble I [UJF]*, *Rev. Trésor* 2005. 696, note M. Lascombe et X. Vandendriessche ; *AJDA* 2004. 1233, note N. Groper ; *Lebon* 599 ; *Rec.* 153.
10. CDBF 22 mai 1990, *CHS de Saint-Venant*, CCP, n° 3, p. 204 ; *Lebon* 521.

chique avait été abusé par un subordonné indélicat[1] ; la Cour a estimé que du fait des agissements du subordonné, qui avait caché ses détournements, on ne pouvait condamner les supérieurs hiérarchiques sur la base du seul défaut de surveillance. De la même façon, bien que les supérieurs aient, du fait des agissements du subordonné, signé des pièces fausses (l'infraction de l'article L. 313-4 du CJF alors applicable étant donc constituée), les circonstances et leur bonne foi s'opposent à leur condamnation. En revanche, en dépit de cette bonne foi, la Cour condamne l'un des supérieurs pour inaction à la suite de la découverte par celui-ci des délits commis par son subordonné (il l'avait seulement licencié, omettant de signaler les faits aux autorités compétentes en vue de la récupération des fonds détournés).

Le fait pour un supérieur hiérarchique d'avoir diligenté des enquêtes qui ont précisément permis de mettre à jour les irrégularités sanctionnées par la Cour peut dégager sa responsabilité[2].

SECTION 3
IMPUTATION DES RESPONSABILITÉS AUX SUBORDONNÉS

461.31 Responsabilité du subordonné. La juridiction financière recherchera en principe toujours la responsabilité à l'échelon hiérarchique le plus élevé, ce qui est dans la logique de sa nature administrative (les structures publiques se caractérisent par le principe hiérarchique justement) et « exemplaire ».

En présence d'un ordre du supérieur, le subordonné sera le plus souvent mis hors de cause (surtout depuis que cette règle figure dans la loi[3]), ou du moins voyait, du temps de la CDBF, sa responsabilité très largement atténuée.

Mais cela ne signifie point que le subordonné ne pourrait voir sa responsabilité engagée, au contraire, particulièrement lorsqu'il agit directement sans ordre de son supérieur.

Ainsi, dans un arrêt rendu dans le cadre du nouveau régime de responsabilité entrée en vigueur le 1er janv. 2023, la Cour a condamné une attachée d'administration, dans la mesure où elle était chargée des dossiers litigieux, en l'occurrence le suivi des dossiers contentieux qui n'étaient pas exécutés (infraction astreinte) ; cet agent avait un devoir d'alerte en raison des responsabilités inhérentes à ses fonctions ; en revanche, l'infraction relative au non-payement de la condamnation pécuniaire ne lui a pas été imputée, puisqu'elle ne disposait pas de délégation lui permettant de mandater la dépense[4].

Le fait que le supérieur hiérarchique ait été au courant des irrégularités (en matière de passation de marchés, en l'occurrence) ne met pas le subordonné à l'abri d'une sanction, même si les contrats ont été signés *in fine* par le supérieur[5]. D'ailleurs, dans ce cas de figure, la signature des actes contractuels au terme d'une procédure de passation de marché empreinte d'irrégularités multiples et graves, ne constitue pas un ordre écrit préalable, puisque précisément les irrégularités avaient été commises en amont de cette signature, dans la mise en concurrence, et ce en méconnaissance des pratiques internes habituelles à la structure en cause.

Et en l'absence d'un ordre écrit préalable, la connaissance qu'a un ministre d'un dispositif irrégulier ne met pas forcément le subordonné à l'abri des poursuites, même si en l'espèce la Cour en a déduit des circonstances atténuantes pour le fonctionnaire subordonné[6].

Toujours dans le même sens, la condamnation d'un chef de service pour défaut d'organisation n'empêche pas forcément une condamnation des subordonnés ayant commis des irrégularités, « leur responsabilité propre se [trouvant] engagée du fait même de leurs attributions »[7].

461.32 Simples exécutants ou subalternes. La Cour a considéré qu'un simple exécutant, qui se trouvait dans une « situation administrative subordonnée » qui « ne le mettait pas en mesure d'apprécier pleinement le caractère des instructions qui lui étaient données », devait être relaxé[8].

Est mis hors de cause le subordonné dont « il n'est pas établi que [le] rôle dans l'engagement et l'exécution des opérations irrégulières décrites ci-dessus ait été autre que subalterne »[9].

1. CDBF 12 déc. 1967, *Mission universitaire et culturelle française en Tunisie*, CCP, nº 2, p. 61 ; *Lebon* 663.
2. CDBF 19 juin 2002, *Délégation à l'espace aérien [DEA]*, *Rev. Trésor* 2004. 43, note M. Lascombe et X. Vandendriessche ; *Rec.* 99 ; *Lebon* 553.
3. CJF, art. L. 131-5, en vigueur depuis le 1er janv. 2023 ; sur ce sujet de l'instruction du supérieur, v. ss nº 462.31.
4. C. comptes 10 juill. 2023, *Centre hospitalier Sainte-Marie à Marie-Galante (Guadeloupe)*, nº 882, S-2023-0858 ; *Rec.* 30 ; *AJDA* 2023. 1832, note N. Péhau et L. Vergallo ; *AJCT* 2023, p. 632, note L. Zaoui ; *Cah. hosp.* sept. 2023, nº 182, note O. Yahia. Ici § 57.
5. CDBF 28 avr. 1987, *Assoc. pour la formation professionnelle des adultes [Afpa]*, CCP, nº 3, p. 65 ; *Lebon* 503.
6. CDBF 26 mai 1987, *min. de l'Industrie, conventions signées avec le Bureau de recherches géologiques et minières [BRGM]*, CCP, nº 3, p. 75 ; *Lebon* 508.
7. CDBF 8 nov. 1973, *Ugap*, *Lebon* 797 (extraits) ; CCP, nº 2, p. 88.
8. CDBF 4 oct. 1984, *Université Louis Pasteur de Strasbourg, Laboratoire de physique corpusculaire et cosmique [LPCC], Assoc. pour le développement de la recherche en physique corpusculaire et cosmique [ADRPCC]*, CCP, nº 2, p. 222.
9. CDBF 26 mai 1987, *min. de l'Industrie, conventions signées avec le Bureau de recherches géologiques et minières [BRGM]*, CCP, nº 3, p. 75 ; *Lebon* 508.

Dans le même sens a été relaxé un agent « placé dans une position hiérarchique subalterne », bien qu'ayant lui-même manié les fonds irrégulièrement [1].

La Cour a reconnu une circonstance exonératoire au subordonné qui, au vu de sa position hiérarchique, a pu estimer qu'il n'était pas en mesure de s'opposer à un dispositif irrégulier mis en place par ses supérieurs [2].

Dans le même sens a été relaxé un ancien responsable des ventes au sein du service d'assistance à l'exploitation d'une société HLM dans laquelle des irrégularités avaient été commises dans la vente d'immeubles [3].

Cette solution vaut non seulement pour des liens de subordination au sein d'un même organisme, mais également entre différentes structures. Ainsi, a été relaxé le sous-directeur d'un office agricole qui ne pouvait pas se soustraire aux « directives impératives, au demeurant inspirées de considérations d'intérêt général », du directeur départemental de l'agriculture et des services préfectoraux, et cela alors même que le « caractère juridique exact du lien de subordination » entre les offices agricoles et les services de l'État était douteux [4].

En revanche, pour un exemple peut-être sévère où la CDBF a sanctionné, certes d'une amende faible (500 FRF de l'époque), un « subordonné » dont toutefois le « rôle n'était pas purement subalterne », et qui de surcroît ne pouvait pas exhiber un ordre écrit préalable [5].

Le fait de se trouver dans une position subalterne ne joue toutefois pas toujours en faveur de cet agent, par exemple lorsque « la position subalterne qu'il allègue avait sa contrepartie, au moins partielle, dans son statut de comptable public » [6].

461.33 Modération de la responsabilité du subordonné en fonction du rôle joué par le supérieur hiérarchique. Dans une autre affaire, la CDBF n'a pas relaxé une personne pourtant expressément qualifiée de simple exécutant : il « a agi comme simple exécutant dans ce montage qui le dépassait », et la Cour a accordé seulement des circonstances atténuantes [7].

Dans le même sens, dans une affaire dans laquelle un directeur général avait perçu des rémunérations irrégulières, le secrétaire général, qui avait versé ces rémunérations, a bénéficié de circonstances atténuantes [8] : « il y a lieu de tenir compte de la situation délicate dans laquelle se serait trouvé ce subordonné s'il avait pris l'initiative de réduire la rémunération de son directeur général » (même solution pour le directeur des finances).

La CDBF a retenu la circonstance, au bénéfice d'un ordonnateur délégué de l'État, qu'il s'agissait en l'espèce de « pratiques anciennes du ministère dont, à aucun moment, ses supérieurs hiérarchiques n'ont tenté de le détourner » [9].

Cas extrême dans lequel un supérieur hiérarchique tentait de mettre les irrégularités sur le compte de ses seuls subordonnés [10] : la CDBF ne l'a pas suivi en estimant que ses subordonnés ne faisaient qu'appliquer des directives du directeur de l'hôpital ; et dans d'autres cas d'irrégularités constatés dans cette affaire, la Cour a jugé que le directeur ne pouvait pas les ignorer (*même arrêt*).

461.34 Dissimulation de l'acte irrégulier par le subordonné ; absence d'information de la hiérarchie. Lorsque le subordonné a commis des irrégularités voire des délits pénaux, en cachant ses agissements au supérieur hiérarchique de bonne foi (dissimulation), il sera bien entendu responsable en première ligne ; la responsabilité du supérieur pourra éventuellement être recherchée en deuxième ligne, au titre du défaut de surveillance ou de l'inaction [11] ; toutefois, dans une autre affaire, le subordonné n'avait pas été renvoyé devant la CDBF, sans doute parce qu'il avait déjà été lourdement condamné au pénal [12].

Le fait de ne pas avoir averti sa hiérarchie (ou mal) s'oppose à ce que le silence ou l'inaction de cette dernière puisse être retenu comme circonstance atténuante [13].

À noter qu'un directeur de cabinet qui abuse son supérieur peut entraîner la reconnaissance, par le juge, de circonstances absolutoires en faveur de ce

1. CDBF 5 nov. 1997, *min. des Affaires étrangères [frais de réception]*, *Rev. Trésor* 1999. 194 ; *Lebon* 615 ; *AJDA* 1997. 505, note S. Cendre-Malinas.
2. CDBF 16 déc. 2003, *Institut national polytechnique de Grenoble [INPG] et Université Joseph Fourier Grenoble I [UJF]*, *Rev. Trésor* 2005. 696, note M. Lascombe et X. Vandendriessche ; *AJDA* 2004. 1233, note N. Groper ; *Lebon* 599 ; *Rec.* 153.
3. CDBF 20 déc. 2007, *Sté SCIC Habitat Île-de-France*, *AJDA* 2008. 12.
4. CDB 21 mars 1962, *Section algérienne de l'Office national interprofessionnel des céréales [Saonic]*, CCP, n° 2, p. 47 ; *Lebon* 840.
5. CDBF 18 juin 1985, *Bureau de recherches géologiques et minières [BRGM], service géologique d'Alsace et de Lorraine*, CCP, n° 3, p. 15.
6. CDBF 3 déc. 1985, *Monnaies et médailles*, CCP, n° 3, p. 31.
7. CDBF 11 et 12 déc. 1991, *CHS du Rouvray*, *Rev. Trésor* 1993. 31 ; *Lebon* 640 ; *Rec.* 136.
8. CDBF 11 oct. 1982, *Office national d'études et de recherches aérospatiales [Onera]*, CCP, n° 2, p. 206.
9. CDBF 11 mai 1990, *Fonds d'aide et de coopération [FAC]*, CCP, n° 3, p. 198 ; *Lebon* 518.
10. CDBF 11 et 12 déc. 1991, *CHS du Rouvray*, préc.
11. CDBF 12 déc. 1967, *Mission universitaire et culturelle française en Tunisie*, CCP, n° 2, p. 61 ; *Lebon* 663.
12. Aussi : CDBF 22 avr. 1975, *Lycée technique d'État d'Albi*, *Lebon* 805 (extraits) ; CCP, n° 2, p. 112.
13. CDBF 20 avr. 1988, *Caisse interprofessionnelle de retraite des commerçants détaillants de la région parisienne [CIRCD]*, CCP, n° 3, p. 138 ; *Lebon* 546.

dernier, bien que convaincu d'insuffisances dans sa mission de surveillance[1].

SECTION 4
AUTRES PROBLÈMES POSÉS PAR L'IMPUTABILITÉ

461.41 Responsabilité des organes collectifs ? Délicate est la question de la responsabilité d'un organe collectif comme par exemple un conseil d'administration ou un conseil municipal.

Cette question revêt deux facettes, l'une plus aisée à appréhender, lorsqu'il s'agit de déterminer si le comportement d'un conseil peut constituer une circonstance atténuante en faveur d'un décideur ayant commis des irrégularités : la réponse est affirmative. Une délibération préalable peut même constituer une cause d'exonération[2].

Moins aisée est celle de la responsabilité directe d'un conseil dans la commission d'infractions. De toutes les façons, s'agissant du régime de responsabilité ici étudié, la responsabilité ne saurait être qu'individuelle. Or « le vote d'une assemblée est toujours le résultat de marchandages et compromis, de sorte qu'il n'est le choix réel de personne en particulier. La responsabilité, difficile à imputer, est donc rarement recherchée ici »[3].

Dans une affaire, la Cour n'a pas répondu à un argument avancé en défense par un directeur d'hôpital, qui tendait « à rejeter, au moins partiellement, cette responsabilité [des irrégularités commises dans la commande publique] sur le conseil d'administration de l'hôpital »[4].

Il n'existe pas de jurisprudence sur la question de savoir si les membres d'un organe collégial pourraient être individuellement appréhendés en raison d'un acte collectif qui serait irrégulier et constitutif d'une infraction[5] ; on comprend la réticence du juge à s'engager dans une telle voie délicate.

461.42 Défaillances des tutelles et autorités de contrôle, source de circonstances atténuantes ou absolutoires. Lorsque la responsabilité directe des autorités de contrôle n'est pas recherchée[6], leurs comportements défaillants peuvent néanmoins constituer des circonstances atténuantes, voire absolutoires[7], au bénéfice des personnes responsables d'irrégularités. La Cour, dans ses considérants, est souvent très sévère avec ces autorités, parfois à un point tel qu'on se demande si elle ne regrette pas que ces autorités n'aient pas été renvoyées devant elle.

461.43 Rôle joué par un commissaire aux comptes. L'absence d'intervention du commissaire aux comptes (CAC) ne change rien à la responsabilité des dirigeants ; pire, le fait de ne pas avoir donné suite aux observations du CAC est considéré comme un manquement à l'obligation de surveillance du fonctionnement de la société[8].

Constitue en revanche une circonstance atténuante en faveur des dirigeants d'une SEM le fait que « les garanties que le conseil d'administration [...] était en droit d'attendre de l'intervention de professionnels rémunérés, experts comptables et commissaires aux comptes, n'ont pas fonctionné correctement »[9].

461.44 Santé en général et santé mentale en particulier, sources éventuelles d'irresponsabilité totale. L'irresponsabilité d'une personne pourrait être reconnue du fait de problèmes psychologiques : dans ce cas, on peut exclure une faute, et donc la responsabilité d'une personne.

Dans une affaire, un intendant de lycée ayant commis des irrégularités massives avait ainsi plaidé l'irresponsabilité : « les conséquences psychiques d'un état de santé compromis qui lui aurait laissé la conscience mais ôté la maîtrise de son comportement » ; le juge a pourtant estimé que « son comportement, constitutif de dissimulations organisées, exclut l'irresponsabilité de l'intéressé » ; en revanche, la CDBF a retenu des circonstances atténuantes du fait de son état de santé[10].

Dans une autre affaire, la CDBF a également considéré que son état de santé n'empêchait pas le président de la caisse d'exercer ses fonctions et donc d'être tenu pour responsable[11].

1. CDBF 19 juin 2002, *Délégation à l'espace aérien [DEA]*, *Rev. Trésor* 2004. 43, note M. Lascombe et X. Vandendriessche ; *Rec.* 99 ; *Lebon* 553.
2. CJF, art. L. 131-6, 2°. Sur ce point, v. s[s] n° 462.61.
3. R. Hertzog, « Propos sur la décision financière : légitimer et optimiser le pouvoir financier ! », préc., p. 202.
4. CDBF 24 nov. 1986, *CH Sainte-Anne à Paris [marchés d'ingénierie]*, CCP, n° 3, p. 35.
5. L'arrêt CDBF 25 mars 1987, *Assoc. X et Y*, concernant des membres de bureaux d'associations, n'est guère un exemple probant, dans la mesure où au sein d'un bureau les responsabilités sont réparties ; en l'espèce, la Cour a précisé qu'en dépit de l'appartenance à une formation collégiale, la responsabilité propre à chacun devait être recherchée (CCP, n° 3, p. 55).
6. V. s[s] n° 432.301.
7. V. s[s] n° 463.121.
8. CDBF 23 févr. 1994, *SEM A.*, *Rev. Trésor* 1995. 680 ; *Lebon* 719 ; *Rec.*, p. 131.
9. CDBF 13 juin 2003, *SEM Sarcelles Chaleur*, *Rev. Trésor* 2004. 57, note M. Lascombe et X. Vandendriessche ; *AJDA* 2003. 2316, note N. Groper ; *Lebon* 584 ; *Rec.* 121 ; A. Froment-Meurice, J.-Y. Bertucci, N. Hauptmann et C. Michaut, *GAJF*, 7e éd. 2019, n° 49, p. 572 ; – Sur les relations du régime de responsabilité de droit public financier avec les organes de contrôle, v. s[s] n°s 232.31.
10. CDBF 22 avr. 1975, *Lycée technique d'État d'Albi*, *Lebon* 805 (extraits) ; CCP, n° 2, p. 112.
11. CDBF 17 déc. 1976, *Caisse interprofessionnelle, commerciale et industrielle d'allocations vieillesse [Ciciav] de Béthune*, CCP, n° 2, p. 121.

CHAPITRE

462. Causes exonératoires et excuses légales

SECTION 0 ORIENTEUR

462.00 **Sommaire du chapitre.**

462.05 **Causes exonératoires de responsabilité et excuses légales : éléments généraux.** Si la CDBF a toujours reconnu l'existence de causes exonératoires, dont celle, légalement prévue depuis longtemps, de l'ordre écrit préalable, la réforme entrée en vigueur le 1er janvier 2023 a inscrit dans le marbre plusieurs cas de figure supplémentaires qui permettent aux gestionnaires publics d'échapper à toute sanction, cas qu'il convient d'étudier maintenant.

On peut distinguer, au sein des causes exonératoires, d'une part les cas d'absence de responsabilité (faute de causalité, une irrégularité n'est pas considérée comme imputable, en quelque sorte, à un gestionnaire public : c'est le cas de la force majeure), et d'autre part des cas qui n'affectent pas l'imputabilité, mais qui, du fait de circonstances particulières, induisent légalement une absence de sanction, soit d'une façon générale (circonstances exceptionnelles qui justifient une action), soit pour certains actes ciblés (instruction préalable ou ordre écrit de prendre tel ou tel acte de gestion), soit pour certaines personnes (comptable public réquisitionné).

À cela s'ajoute l'existence d'excuses légales qui peuvent exister dans certains domaines ponctuels, prévues par des textes spécifiques.

Enfin, un peu différentes sont les circonstances absolutoires qui, en jurisprudence, ne mettent pas en cause ni l'infraction ni son imputation, et qui ne se fondent pas non plus sur un cas d'excuse prévu par les textes, mais qui sont liées à l'accumulation de circonstances qui conduisent le juge à renoncer à sanctionner certaines personnes ; ce point, qui ne relève pas au sens strict des causes exonératoires légalement prévues, sera traité plus loin[1].

SECTION 1 FORCE MAJEURE

462.11 **Force majeure.** Même s'il n'existe aucun exemple en jurisprudence, la force majeure a toujours pu être prise en considération par la CDBF, qui est juge de l'ensemble des circonstances d'une affaire – à la différence du juge des comptes dans le cadre de la responsabilité personnelle et pécuniaire des comptables publics, qui n'y était autorisé que depuis une réforme tardive de 2006[2] et, d'ailleurs trop peu appliquée[3], sauf quelques mois avant la suppression, le 31 décembre 2022, de ce régime particulier[4].

1. V. s[s] n° 463.201.
2. L. fin. du 23 févr. 1963, art. 60-V, modifié par L. n° 2006-1771 du 30 déc. 2006 de finances rectificative pour 2006 (*JO* 31 déc., texte n° 2), en vigueur jusqu'au 31 déc. 2022.
3. N. Groper et C. Michaut, « Le juge financier à l'épreuve de la force majeure », *AJDA* 2009. 476.
4. PAR EX. : C. comptes 12 janv. 2021, *Direction départementale des finances publiques (DDFiP) de la Nièvre*, S-2021-0116, Lextenso, chronique des juridictions financières janv.-juin 2021, note S. Damarey. – Surtout : C. comptes 25 nov. 2021 *DDFiP du Val-de-Marne*, S2021-2229, et C. comptes 23 mars 2022, *DDFiP des Vosges*, S-2022-0339, tous deux commentés dans *AJDA* 2022. 1319, chron. M. Choquet et N. Péhau. Arrêts rendus sous l'empire de la responsabilité personnelle et pécuniaire (RPP) des comptables publics, mais, s'agissant de la force majeure, ils peuvent inspirer le contentieux financier répressif.

La réforme entrée en vigueur le 1er janvier 2023 a explicitement inscrit dans le code des juridictions financières cette cause exonératoire (CJF, art. 131-8), sans toutefois la définir.

Le juge financier répressif sera donc amené, lorsque la force majeure se trouve invoquée, à s'inspirer de la jurisprudence administrative et civile rendue sur ce principe général du droit, comme il l'a toujours fait, notamment en matière de responsabilité personnelle et pécuniaire des comptables publics : la force majeure se fonde en principe sur les trois critères classiques que sont l'extériorité, l'imprévisibilité et l'irrésistibilité [1].

La force majeure est en réalité un élément de la causalité, donc de l'imputabilité, donc de la responsabilité individuelle ; c'est d'ailleurs en ce sens qu'est rédigée la disposition du code des juridictions financières (« ne sont pas responsables devant la Cour des comptes » [2]).

Il n'existe pas, à ce stade, de jurisprudence financière répressive appliquant la force majeure.

SECTION 2
CIRCONSTANCES EXCEPTIONNELLES

462.21 Circonstances exceptionnelles. Les circonstances exceptionnelles, classiques en droit public, constitutionnel comme administratif, sont désormais explicitement consacrées en contentieux financier par le CJF, art. L. 131-8. Mais même sans texte, la Cour des comptes aurait été amenée à appliquer cette théorie qui s'impose à toutes les juridictions administratives.

Pour reprendre les développements de Jean-François Lachaume, « l'administration doit savoir adapter son action et ses actes aux circonstances et ce, afin que, quelles que soient ces circonstances, l'intérêt général soit préservé et que soit assurée la continuité des services publics » [3] ; sur cette base, le Conseil d'État a dégagé sa jurisprudence sur les circonstances exceptionnelles (CE 28 juin 1918, Heyriès [4]). Celle-ci vise essentiellement des hypothèses comme la guerre ou les catastrophes naturelles.

Il n'existe à ce stade aucun exemple d'application de cette théorie en jurisprudence financière répressive.

SECTION 3
INSTRUCTION DU SUPÉRIEUR HIÉRARCHIQUE

462.31 Instruction du supérieur dédouanant le subordonné. En vertu du CJF, art. L. 131-5, introduit par la réforme du contentieux financier répressif entré en vigueur le 1er janvier 2023, « le justiciable qui agit conformément aux instructions préalables de son supérieur hiérarchique et d'une personne habilitée n'est passible d'aucune sanction. La responsabilité du supérieur hiérarchique ou de la personne habilitée se substitue, dans ce cas, à la sienne ».

Cette règle du transfert de la responsabilité en cas d'instruction préalable vaut aussi pour les infractions pour lesquelles les auteurs sanctionnables sont en principe limités : ainsi l'infraction réprimant l'engagement de dépenses sans y être habilité ne joue-t-elle en principe que pour celui qui a signé l'acte d'engagement ; mais en cas d'instruction préalable, la responsabilité du supérieur peut être engagée, même si ce dernier n'a pas lui-même signé l'acte d'engagement [5].

Le même article L. 131-5 du CJF précise toutefois que « ces dispositions ne sont pas applicables dans le cas où l'instruction donnée est manifestement illégale et de nature à compromettre gravement un intérêt public ».

Cette nouvelle cause exonératoire de sanction inscrite dans le code des juridictions financières ne constitue pourtant pas une grande innovation, dans la mesure où la jurisprudence de la CDBF, en appliquant les règles générales d'imputation des responsabilités respectives des supérieurs hiérarchiques et des subordonnés [6], aboutissait déjà à une solution similaire, en accordant des circonstances absolutoires de responsabilité.

Ainsi a été relaxé par la CDBF un agent qui « était placé au sein du cabinet de la secrétaire d'État sous les ordres directs [du directeur adjoint de cabinet], dont il a appliqué les instructions ; que ce lien étroit

1. C. comptes 23 janv. 2009, *Trésorier-payeur-général pour l'étranger, AJDA* 2009. 476, chron. N. Groper et C. Michaut ; *GFP* 2010, n° 1, note M. Lascombe et X. Vandendriessche. Arrêt rendu sous l'empire de la responsabilité personnelle et pécuniaire (RPP) des comptables publics, mais, s'agissant de la force majeure, il peut inspirer le contentieux financier répressif.
2. CJF, art. L. 131-8.
3. J.-F. Lachaume, « Violation de la règle de droit – traitement juridictionnel de la violation de la règle de droit », Rép. cont. adm. 2013, actualisé 2015, § 453 s.
4. CE 28 juin 1918, *Heyriès ; Lebon* 651 ; S. 1922. 3. 49, note M. Hauriou ; *GAJA*, n° 31 ; GDJDA, p. 414.
5. C. comptes 23 déc. 2024, *Société anonyme d'économie mixte (SAEM) Marseille Habitat et Société civile immobilière (SCI) Protis Développement*, n° 24, S-2024-1604. – C. comptes 8 janv. 2025, *Fondation Assistance aux animaux*, n° 874, S-2024-1612.
6. V. d'une façon générale sur l'imputation des responsabilités des supérieurs et des subordonnés, ss nos 461.24 s. et 461.31 s.

de subordination constitue au cas d'espèce une circonstance absolutoire »[1].

La CDBF est même allée plus loin en dédouanant un subordonné qui, « ayant interrogé le président-directeur général d'EDF sur ce point [l'irrégularité pour laquelle il avait été renvoyée], s'est vu indiquer que ce mode d'exercice des prestations convenait ; que ces faits sont de nature à constituer des circonstances exonératoires de responsabilité... »[2].

À souligner que la loi n'exige pas de formalisme attaché à l'instruction préalable, qui peut donc être orale : mais s'agissant d'une exception au principe de responsabilité des gestionnaires publics, elle est d'interprétation stricte, et si une instruction est invoquée par la défense, il incombe à cette dernière d'en établir la preuve, et non à l'accusation. Comme pour l'ordre écrit, cette circonstance est d'interprétation stricte : pour être exonératoire, l'instruction doit être préalable et émaner de « son » supérieur hiérarchique, ou, s'il s'agit d'un tiers, d'une autorité habilitée.

Cette dernière notion d'autorité habilitée devra être précisée en jurisprudence, mais on peut penser qu'il peut s'agir d'un ministère de tutelle par exemple.

Une simple pression politique ou « volonté politique » ne constitue pas forcément une instruction préalable au sens de la loi (et encore moins un ordre écrit ministériel).

Ainsi, la mise en avant d'une « volonté politique » ne saurait constituer une excuse pour des fautes de gestion commises (en l'espèce, l'absence de sincérité budgétaire) : « Considérant que dans leur mémoire en défense susvisé, les personnes renvoyées devant la Cour ont fait valoir que le contrat était le résultat d'une volonté politique exempte de toute considération de rentabilité ou de déficit ; Considérant que le montant d'une offre à l'exportation peut certes reposer sur une telle volonté politique et donc sur des critères extérieurs au bilan financier d'ensemble d'un contrat, mais que celui-ci doit être connu des ministres pour permettre une prise de décision éclairée... »[3].

Mais le fait « que les personnes renvoyées ont dû [...] travailler dans un contexte de forte pression politique » peut être retenu comme circonstance atténuante[4].

Dans une autre affaire, pourtant, la CDBF a pu considérer que des pressions exercées par le cabinet du ministre non seulement ne constituaient pas des circonstances atténuantes de responsabilité, mais qu'au contraire le fonctionnaire intéressé, compte tenu de sa position élevée dans la hiérarchie, aurait dû résister à ces pressions[5] : « considérant qu'il appartient à un directeur d'administration centrale de s'assurer tout particulièrement du respect des règles d'utilisation des crédits mis à la disposition de son administration, quand bien même il serait sollicité par des membres du cabinet du ministre dont il relève pour s'en écarter ».

Dans le même sens, la CDBF a considéré qu'un PDG aurait pu, juridiquement et en dépit de pressions des pouvoirs publics, refuser de signer des contrats constitutifs d'infractions[6].

À préciser que l'ordre écrit préalable[7], traité spécifiquement par la loi, n'est en réalité qu'un cas particulier de l'hypothèse de l'instruction préalable, réservé aux instructions données par des ministres ou élus, personnes le plus souvent non-justiciables, dont la responsabilité ne peut donc pas (ou pas souvent) se substituer à celle du subordonné : dans ce dernier cas, aucune personne ne peut être sanctionnée.

Le cas de la réquisition du comptable public par l'ordonnateur, traité ci-après, constitue également un cas particulier de l'instruction préalable, sauf qu'il ne s'agit pas, dans ce cas, d'une instruction émanant d'un supérieur hiérarchique, mais d'une hypothèse particulière dans le contexte de séparation entre ordonnateur et comptable.

L'exclusion explicite, par la loi, des cas d'instructions manifestement illégales est à saluer. Le principe hiérarchique et le devoir d'obéissance, qui soustendent le système administratif, doivent s'appliquer, mais non sans limites ; tout fonctionnaire a non seulement le droit, mais le devoir de refuser un ordre manifestement illégal[8].

1. CDBF 21 mars 2013, *Secrétariat d'État chargé des sports*, n° 188-712 ; *Rec.* 205.
2. CDBF 4 juin 2019, *Gestion des sociétés EDF, ERDF et RTE*, n° 234-732 ; *Rec.* 214 ; *AJDA* 2019. 2606, chron. N. Hauptmann et N. Péhau.
3. CDBF 5 déc. 2008, *Ministère de la Défense, Direction des constructions navales, Contrat de vente de sous-marins Agosta 90 au Pakistan*, 2e arrêt ; *Rec.* 88 ; *AJDA* 2010. 1261, note N. Groper et C. Michaut ; *GFP* 2011, p. 396, note M. Lascombe et X. Vandendriessche.
4. CDBF 6 mai 2022, *21e conférence des parties à la convention-cadre des Nations unies sur les changements climatiques de 2015 à Paris (COP 21)*, n° 257-835 ; *Rec.* 131.
5. CDBF 20 déc. 2007, *secr. d'Ét. aux Petites et moyennes entreprises, au Commerce et à l'Artisanat, Direction de l'artisanat, gestion des crédits du Fonds social européen [FSE]*, *AJDA* 2008. 450, note N. Groper et C. Michaut ; *Rev. Marché commun* 2008, p. 203, note F. Chaltiel ; *Rev. Trésor* 2008. 375, note M. Lascombe et X. Vandendriessche.
6. CDBF 22 nov. 1989, *SA La Signalisation [LS]*, CCP, n° 3, p. 184 ; *Lebon* 423.
7. V. plus loin, ss n° 462.51.
8. CGFP, art. L. 121-10 : « L'agent public doit se conformer aux instructions de son supérieur hiérarchique, sauf dans le cas où l'ordre donné est manifestement illégal et de nature à compromettre gravement un intérêt public ».

SECTION 4
CAS PARTICULIER DU COMPTABLE PUBLIC

462.41 Obligations et protections du comptable public en cas d'irrégularité. Les comptables publics [1] sont des agents de droit public ayant, dans les conditions définies par le décret du 7 novembre 2012 relatif à la gestion budgétaire et comptable publique (dit GBCP) [2], la charge exclusive de manier les fonds et de tenir les comptes de certaines personnes morales de droit public [3], dont ceux de l'État et des collectivités locales. Ils doivent, à ce titre, également exercer un certain nombre de contrôles sur les ordonnateurs [4], dont les fonctions sont strictement séparées et incompatibles [5].

Le comptable public, sorte d'autorité de contrôle externe (rattaché au ministère du Budget) internalisée dans l'organisme public, bénéficie, en contrepartie des obligations qui lui incombent pour préserver la régularité financière, de protections particulières.

À cet égard, il faut distinguer le cas de signalement, par le comptable, d'une irrégularité à l'ordonnateur, de la suspension de payement, seule cette dernière dégageant le plus souvent la responsabilité du comptable [6], même si l'ordonnateur le réquisitionne, l'obligeant en quelque sorte à contribuer à l'opération irrégulière. Enfin, la loi a également prévu que l'État prend en charge les déficits résultant exclusivement des fautes ou des erreurs des comptables publics de l'État [7] : bien qu'éloignée du contentieux financier proprement dit, ce cas sera également traité ci-après.

462.42 Signalement d'une irrégularité par le comptable et impact sur sa responsabilité. En vertu de l'article L. 131-7, al. 1er du CJF, disposition nouvelle insérée dans le cadre de la réforme du contentieux financier entré en vigueur le 1er janvier 2023 : « Dans les conditions prévues par décret, le comptable peut signaler à l'ordonnateur toute opération qui serait de nature à relever des infractions prévues à l'article L. 131-9 ».

La disposition réglementaire d'application figure à l'art. 38, al. 2, du décret GBCP [8] : « L'ordonnateur auquel sont signalés des faits ne motivant pas la suspension de paiement mais susceptibles de constituer une infraction au sens de l'article L. 131-9 du code des juridictions financières informe le comptable public à l'origine de ce signalement des suites qu'il donne à ce dernier dans des conditions fixées par arrêté du ministre chargé du budget ».

Les textes ne tirent donc pas de conséquence explicite de ce signalement sur la responsabilité du comptable public.

Néanmoins, la CDBF a considéré qu'elle pouvait reconnaître des circonstances atténuantes à un agent ayant formulé des alertes : « Considérant que [le comptable public], même s'il a agi sur un mode mineur, a formulé des alertes à l'ordonnateur s'agissant de la nécessité de se conformer aux dispositions du Code de l'action sociale et des familles en matière de présentation budgétaire ; que, par ailleurs, en l'absence de collaboration des services de l'ordonnateur, il lui était difficile de disposer d'une vision claire de la situation patrimoniale de la maison de retraite ; que ces faits sont de nature à constituer des circonstances atténuantes » [9]. Il n'est pas exclu que le juge en tire des circonstances absolutoires.

Toutefois, si le signalement du comptable sur une irrégularité apparue en dépenses ne porte pas ses fruits, il doit en principe suspendre le payement, ce qui dégagera complètement sa responsabilité.

En revanche, si la loi évoque le signalement d'une irrégularité comme simple possibilité, la jurisprudence considère qu'il incombe au comptable public un véritable devoir d'alerte qu'il doit exercer, faute de quoi sa responsabilité pourrait être engagée (si les autres éléments constitutifs sont présents par ailleurs) : « S'il ne revenait pas au comptable public de payer de sa propre initiative les charges sociales, il lui appartenait, au titre de la vérification de la bonne tenue de la comptabilité [...], de constater une absence de reversement des cotisations salariales et de paiement des charges sociales patronales, afférentes aux rémunérations des personnels, ou un mandatement manifestement insuffisant, de le signaler à l'ordonnateur et le cas échéant à sa hiérarchie. 25. Eu égard à la nature des dépenses, à leur montant et, en l'espèce, au caractère répété de ces manquements, le comptable, qui aurait dû détecter cette anomalie, avait le devoir professionnel d'alerter l'ordonnateur, comme le rappelle au demeurant l'instruction de la direction générale des finances publiques n° 10-020-M0 du 6 août 2010. Tel n'a pas été le cas, le comptable n'ayant en outre alerté sa hiérarchie que tardive-

1. Sur la catégorie des comptables publics, en général, v. s[s] nos 032.31 s. ; et sur leur justiciabilité v. s[s] nos 313.31 s.
2. Décr. n° 2012-1246, 7 nov. 2012 relatif à la gestion budgétaire et comptable publique, dit GBCP.
3. GBCP, art. 13.
4. GBCP, art. 19 et 20.
5. GBCP, art. 9.
6. V. s[s] n° 462.43.
7. Ord. n° 2022-408, 23 mars 2022 relative au régime de responsabilité financière des gestionnaires publics, art. 32.
8. Décr. n° 2012-1246, 7 nov. 2012 relatif à la gestion budgétaire et comptable publique, dit GBCP, modifié sur ce point par Décr. n° 2022-1605, 22 déc. 2022, applicable à compter du 1er janv. 2023.
9. CDBF 8 déc. 2014, *Maison de retraite publique de Vertheuil*, n° 196-718 ; *Rec.* 175 ; *AJDA* 2015. 1536, chron. J.-E. Picard et S. Gaillard.

ment [...]. 26. Le fait pour le comptable public de ne pas avoir alerté l'ordonnateur est constitutif de l'infraction prévue à l'article L. 313-4 du code des juridictions financières »[1] en vigueur au moment des faits.

Sans que l'on sache pourquoi, le code des juridictions financières et le décret GBCP ne visent que les irrégularités susceptibles de constituer l'infraction prévue à l'article L. 131-9 du CJF : certes, cela recouvre à peu près tous les cas de figure de violations de règles, y compris celles fondant les autres infractions financières, mais la référence à cette seule infraction, qui requiert que la violation de règles ait causé un préjudice financier significatif, réduit singulièrement le champ d'application de ce signalement légalement prévu.

Toutefois, comme montré plus haut, la jurisprudence, indépendamment de l'art. L. 131-7 du CJF renvoyant au seul art. L. 131-9 du CJF, a toujours pris en considération la présence ou l'absence d'avertissements de la part du comptable public (et d'ailleurs d'autres autorités) dans la mesure de la part de responsabilité à donner à chacun des acteurs. Donc on ne peut que conseiller aux comptables publics, en cas de découverte d'actes potentiellement irréguliers, d'en avertir l'ordonnateur.

Deux instructions ont permis de préciser ce qui est attendu de la part des comptables[2] dans leur dialogue avec les ordonnateurs ; il est prévu notamment que la Direction générale des finances publiques et, le cas échéant, la direction du Budget et les ministères de tutelle soient avertis de ces signalements, afin que ces derniers puissent, le cas échéant, avoir recours à leur pouvoir de déféré.

462.43 **Suspension de payement par le comptable public et réquisition par l'ordonnateur.** En vertu de l'art. L. 131-7, al. 2 et al. 3, du CJF : « Si, dans le cadre des contrôles qu'il est tenu d'effectuer, le comptable constate des irrégularités, il suspend le paiement et en informe l'ordonnateur. Ce dernier a alors la faculté d'opérer une régularisation ou de requérir par écrit le comptable public de payer. Les comptables ne sont pas responsables des opérations qu'ils ont effectuées sur réquisition régulière des ordonnateurs ».

Le décret GBCP réitère et précise cette même règle : « En application du deuxième alinéa de l'article L. 131-7 du code des juridictions financières, et sans préjudice des dispositions prévues par le code général des collectivités territoriales et par le code de la santé publique, lorsqu'à l'occasion de l'exercice des contrôles prévus au 2° de l'article 19 [du décret GBCP[3]] le comptable public a constaté des irrégularités ou des inexactitudes dans les certifications de l'ordonnateur, il suspend le paiement et en informe l'ordonnateur. Ce dernier a alors la faculté d'opérer une régularisation ou de requérir par écrit le comptable public de payer »[4].

La suspension de payement existait déjà sous le régime de responsabilité personnelle et pécuniaire des comptables public (RPP), dont elle constituait l'un des piliers, tout comme la réquisition de payement[5], qui constitue une forme d'instruction, d'ordre écrit, donné par l'ordonnateur pour passer outre la suspension.

Logiquement, dans ce cas, l'ordonnateur en prend toute la responsabilité[6], et protège au contraire le comptable public. La gravité particulière de

1. CDBF 10 janv. 2022, *Établissements d'hébergement pour personnes âgées dépendantes (EHPAD) Saint-Luc de Castelnau-Montratier et Sainte-Marie de Montcuq*, n° 255-827 ; *Rec.* 129 ; *AJDA* 2022. 629, chron. N. Péhau et M. Choquet.
2. Instruction du Directeur général des finances publiques du 15 janv. 2024 (objet : « Mise en œuvre du dispositif de signalement pour les comptables du secteur public local et hospitalier prévu à l'article L. 131-7 du code des juridictions financières »), et instruction conjointe du Directeur général des finances publiques et de la Directrice du Budget du 26 févr. 2024 (objet : « Mise en œuvre du dispositif de signalement prévu à l'article L. 131-7 du code des juridictions financières pour les opérations de l'État et des organismes publics nationaux » ; DF-2REC-23-3732).
3. GBCP, art. 19 : « Le comptable public est tenu d'exercer le contrôle : [...] 2° S'agissant des ordres de payer : a) De la qualité de l'ordonnateur ; b) De l'exacte imputation des dépenses au regard des règles relatives à la spécialité des crédits ; c) De la disponibilité des crédits ; d) De la validité de la dette dans les conditions prévues à l'article 20 ; e) Du caractère libératoire du paiement ; [...] ». – GBCP, art. 20 précise : « Le contrôle des comptables publics sur la validité de la dette porte sur : 1° La certification du service fait ; 2° L'exactitude de la liquidation ; 3° La production des pièces justificatives ; 4° L'application des règles de prescription et de déchéance ».
4. GBCP, art. 38.
5. Sur la réquisition de payement sous la RPP : comm. GAJF, 7e éd., Dalloz, 2019, n° 26, ss C. comptes, 17 oct. 1916, Masselot, comptable du Dpt de Constantine.
6. Ex. de réquisition du comptable par un ordonnateur en contentieux financier répressif : CDBF 18 déc. 2012, *École nationale d'équitation*, n° 187-699 ; *AJDA* 2013. 1628, chron. C. Michaut et P. Sitbon ; *GFP* 2013, n° 5, p. 94, note S. Damarey, M. Lascombe et X. Vandendriessche ; (non publié au *Rec.*). – CDBF 6 avr. 2018, *Agence nationale pour la rénovation urbaine (ANRU)*, n° 219-793 ; *Rec.* 179. – CDBF 3 juill. 2009, *École régionale des déficients visuels [ERDV] de Loos*, *Rec.* p. 77 ; GFP 2011, n° 7, p. 504, note M. Lascombe et X. Vandendriessche. – CDBF 19 déc. 2008, *Crous de Corse [Corte]*, *Rec.* 91 ; *AJDA* 2009. 476, note N. Groper et C. Michaut ; *GFP* 2011, p. 397, note M. Lascombe et X. Vandendriessche. – CDBF 1er juill. 1991, *CH de Lorient*, CCP, n° 3, p. 229 ; *Lebon* 635 ; *Rec.*, p. 128. – CDBF 20 avr. 1988, *Caisse interprofessionnelle de retraite des commerçants détaillants de la région parisienne [CIRCD]*, CCP, n° 3, p. 138 ; *Lebon* 546. – CDBF 1er et 2 juill. 1987, *Université Paris XII Val de Marne*, CCP, n° 3, p. 89 ; *Lebon*, tables p. 655. – Pour les exemples de réquisition par un élu local, v. plus loin.

la décision de réquisition se traduit par le fait que, dans certains cas, la réquisition rend même exceptionnellement justiciables les élus locaux[1], cas de figure qui donne lieu à une jurisprudence intéressante[2] destinée à se développer.

Encore plus grave, de la part de l'ordonnateur, est la réquisition irrégulière du comptable : car la réquisition du comptable par l'ordonnateur n'est autorisée que dans certains cas prévus par les textes[3] ; cette double irrégularité (l'acte sous-jacent de dépense, et la réquisition elle-même) est d'ailleurs considérée comme particulièrement grave par le juge[4].

En revanche, lorsque le comptable ne remplit pas son office, et notamment ne suspend pas un payement qui contrevient aux règles précitées ou défère à un ordre de réquisition irrégulier, sa responsabilité est susceptible d'être engagée. Or la jurisprudence montre que la mise en cause de comptables publics, dans le contentieux financier répressif, n'est pas si rare[5].

462.44 Cas particulier du déficit causé par un comptable et de sa prise en charge par l'État. Bien que les comptables publics ne soient, comme les autres justiciables de la Cour des comptes dans le régime de responsabilité actuel, passibles que d'une amende plafonnée et non plus d'un débet, à la différence du régime de responsabilité personnelle et pécuniaire (RPP) auquel ils étaient soumis jusqu'au 31 décembre 2022, la loi prévoit une protection supplémentaire des comptables publics en cas de déficit causé par eux.

En effet, l'ordonnance du 23 mars 2022 qui fonde en bonne partie le régime de responsabilité actuel a prévu que « l'État prend en charge les déficits résultant exclusivement des fautes ou des erreurs des comptables publics de l'État »[6]. Il s'agit ainsi de couvrir, sur le budget de l'État dont relève le comptable, d'éventuelles actions civiles en dommages et intérêts par une personne morale de droit public contre le comptable public en cas de faute de ce dernier.

Cela signifie premièrement que les autres déficits, causés par les fautes des ordonnateurs (de l'État ou d'autres personnes morales de droit public) ou par des comptables publics qui ne relèvent pas de l'État, ou encore par des gestionnaires publics qui ne sont ni ordonnateurs ni comptables (par exemple les dirigeants d'entreprises publiques ou d'associations subventionnées), ne sont pas pris en charge sur le budget de l'État.

Cela signifie deuxièmement et surtout que seuls les déficits sont pris en charge, lorsque les conditions sont réunies, mais non les amendes auxquelles les comptables publics peuvent être condamnés.

Un très long texte d'application précise la liste des comptables publics concernés[7] et les déficits éligibles[8] ; il est explicitement prévu le lien avec le régime de responsabilité financière des gestionnaires publics : « l'État prend partiellement en charge ces déficits en fonction du *quantum* de la responsabilité du comptable public qui résulte de la décision définitive de la Cour des comptes, de la Cour d'appel financière ou du Conseil d'État »[9].

Le décret GBCP précise enfin que « le montant pris en charge par l'État ne peut être supérieur à celui préalablement demandé par l'ordonnateur de l'organisme public, y compris quand la demande de prise en charge est facultative »[10], et que, « dans le cas où des recouvrements ou encaissements interviennent au profit de l'organisme public au titre d'opération constitutive d'un déficit que l'État a pris en charge en tout ou partie, les sommes correspondantes sont restituées par l'organisme public à l'État dans la limite des sommes qu'il a prises en charge »[11].

1. Sur la justiciabilité des élus en cas d'avantage injustifié octroyé sur réquisition du comptable, v. s[s] n°s 313.164 et 441.12.
2. C. comptes 14 nov. 2024, *Commune de Bantzenheim (Haut-Rhin)*, n° 29, S-2024-1396. – C. comptes 3 mai 2024, *Département de la Haute-Saône*, n° 908, S-2024-0723 ; chron. Y. Simon et S. Heintz dans *RGP* 2024, n° 03, p. 70 ; *AJDA* 2024. 1327, chron. N. Péhau et L. Vergallo. – CDBF 30 sept. 2021, *Commune de Saint-Denis de La Réunion*, n° 251-826 ; *Rec.* 181 ; *RFFP* n° 157, févr. 2022, p. 181, note F. Lemaire ; *AJCT* 2022, p. 108, note G. Durand ; *AJDA* 2021. 2507 chron. N. Péhau et M. Choquet.
3. GBCP, art. 136, pour l'État : « Lorsque l'ordonnateur a requis le comptable de payer en application de l'article 38, celui-ci défère à la réquisition et en informe le ministre chargé du budget. Ce dernier transmet l'ordre de réquisition au juge des comptes. Toutefois, le comptable ne peut déférer à l'ordre de réquisition lorsque la suspension de paiement est motivée par : 1° L'indisponibilité des crédits ; 2° L'absence de certification du service fait ; 3° Le caractère non libératoire du règlement ; 4° Le refus de visa du contrôleur budgétaire, dès lors qu'il n'a pas fait l'objet d'une autorisation du ministre chargé du budget de passer outre. Dans ces cas, le comptable public informe le ministre chargé du budget ». – Pour les établissements publics, v. GBCP, art. 195. – Pour les autres comptables publics, la réquisition peut être prévue par d'autres textes : par exemple pour les comptables des collectivités territoriales, *cf.* CGCT, art. L. 1617-3.
4. CDBF 20 avr. 1988, *Caisse interprofessionnelle de retraite des commerçants détaillants de la région parisienne [CIRCD]*, CCP, n° 3, p. 138 ; *Lebon* 546.
5. Sur la justiciabilité des comptables publics, v. s[s] n°s 313.31 s.
6. Ord. n° 2022-408, 23 mars 2022 relative au régime de responsabilité financière des gestionnaires publics, art. 32.
7. GBCP, art. 173-1.
8. GBCP, art. 173-2.
9. GBCP, art. 173-2, *in fine*.
10. GBCP, art. 173-3, al. 6.
11. GBCP, art. 173-4.

SECTION 5
ORDRE ÉCRIT PRÉALABLE D'UN MINISTRE OU D'UN ÉLU LOCAL

462.51 Cadre juridique et raison d'être de l'ordre écrit préalable d'un ministre ou d'un élu local. En application de l'art. L. 131-6, 1°, du CJF, n'est pas passible de sanction un justiciable lorsqu'il peut exciper « d'un ordre écrit préalable émanant d'une autorité mentionnée aux 1° à 15° de l'article L. 131-2, dès lors que cette autorité a été dûment informée sur l'affaire », étant précisé que les articles vers lesquels il est renvoyé visent les ministres et les élus locaux.

On a vu plus haut que l'instruction préalable du supérieur hiérarchique exonérait une personne ayant commis une irrégularité, et transférait la responsabilité sur celui-là[1]. Ce dernier peut toutefois n'être que partiellement (élus locaux) ou très exceptionnellement justiciable (ministres), auquel cas le transfert de responsabilité ne joue point : c'est précisément cette hypothèse que vise l'ordre écrit préalable.

On peut se demander en quoi l'ordre écrit préalable se distingue de l'instruction préalable, qui elle aussi peut être écrite.

Il s'agit, avec l'ordre écrit, d'un cas particulier à la fois plus restreint que celui visé par l'instruction (l'ordre écrit ne vise que certains supérieurs hiérarchiques précis : les ministres et élus, souvent non justiciables, parfois quand même), et plus large, car l'exonération de responsabilité en cas d'ordre écrit d'un ministre ou élu va plus loin que pour la simple instruction : il couvre aussi des actes irréguliers dans lesquels le gestionnaire exécutant aurait dû refuser de déférer à l'instruction préalable, l'art. L. 131-5 du CJF régissant cette dernière précisant, comme dit plus haut, que « ces dispositions ne sont pas applicables dans le cas où l'instruction donnée est manifestement illégale et de nature à compromettre gravement un intérêt public ». En revanche, le cas de l'ordre écrit ne mentionne pas cette restriction : l'exécutant peut donc bénéficier de cette cause exonératoire même si l'ordre écrit du ministre ou de l'élu est manifestement illégal – du moins théoriquement, car il reste à voir comment la jurisprudence conciliera ce silence dans le code des juridictions financières avec la règle générale applicable à tous les agents publics selon laquelle « l'agent public doit se conformer aux instructions de son supérieur hiérarchique, sauf dans le cas où l'ordre donné est manifestement illégal et de nature à compromettre gravement un intérêt public »[2]. Il semble certain qu'en cas d'ordre manifestement illégal, un fonctionnaire devrait refuser de l'exécuter. Reste qu'un ordre peut couvrir une irrégularité éventuelle, une opération dont la régularité est douteuse, donc l'irrégularité « non manifeste ». Par ailleurs, la jurisprudence de la CDBF était plutôt exigeante s'agissant du devoir des fonctionnaires de résister à des pressions[3].

L'institution de l'ordre écrit ministériel ou émanant d'un élu aboutit souvent à ce que le juge ne puisse pas sanctionner du tout une infraction commise, sauf rare cas dans lequel l'auteur de cet ordre est, par exception, justiciable de la Cour ; cette institution fait dès lors l'objet de critiques récurrentes en même temps que la justiciabilité limitée de ces deux catégories d'ordonnateurs[4].

À noter que l'ordre écrit existait déjà dans la loi avant la réforme entrée en vigueur le 1er janvier 2023 ; à l'époque de la CDBF, deux dispositions différentes[5] couvraient l'un l'ordre écrit du ministre, l'autre celui de l'élu local. Historiquement, il faut préciser également que les conditions de l'ordre écrit ont évolué ; la loi de codification de 1995 créant le CJF a ainsi allégé la possibilité de bénéficier d'un ordre écrit préalable, en supprimant deux conditions difficiles à réunir[6].

462.52 Interprétation stricte de l'ordre écrit. L'ordre, pour être éligible en tant que cause d'exonération, doit être écrit et préalable à l'acte en question ; en outre, le ministre ou l'élu doit être dûment informé sur l'affaire, donc donner l'ordre en toute connaissance de cause ; enfin, cet ordre doit émaner d'un ministre ou élu compétents pour donner cet ordre, et non d'une autre personne, fût-elle mandatée par le ministre ou par l'élu.

S'agissant d'une exception au principe de responsabilité des gestionnaires publics, elle est d'interprétation stricte en jurisprudence ; il existe de nombreux exemples allant dans ce sens.

– Une attestation d'un ministre donnant instruction à son directeur de cabinet de préparer une décision finalement irrégulière ne constitue pas un ordre écrit préalable dans la mesure où il n'est pas établi que le ministre était informé – alors – qu'il existait un doute sérieux quant à la légalité de cet

1. CJF, art. L. 131-5.
2. CGFP, art. L. 121-10.
3. CDBF 20 déc. 2007, *secr. d'Ét. aux Petites et moyennes entreprises, au Commerce et à l'Artisanat, Direction de l'artisanat, gestion des crédits du Fonds social européen [FSE]*, *AJDA* 2008. 450, note N. Groper et C. Michaut ; *Rev. Marché commun* 2008, p. 203, note F. Chaltiel ; *Rev. Trésor* 2008. 375, note M. Lascombe et X. Vandendriessche.
4. Sur les critiques concernant la limitation de la justiciabilité des ministres et élus, v. ss nos 312.11 s. ; en particulier ss nos 312.36, 312.37 et 312.53.
5. CJF, anciens articles L. 313-9 et L. 313-10, en vigueur jusqu'au 31 déc. 2022.
6. Sur l'historique, v. ss no 045.82.

acte ; en revanche, des circonstances absolutoires sont possibles[1].

– Une lettre, postérieure au fait, d'un ministre au Bénéfice de son directeur de cabinet renvoyé devant la Cour, et dans laquelle le ministre fait état d'intentions données oralement ne constitue pas un ordre écrit préalable[2]. Toutefois, cette donnée sera prise en considération au moment de l'appréciation de la responsabilité.

– Une observation figurant dans une lettre sur les pratiques irrégulières ne saurait pas forcément être considérée comme un ordre écrit préalable[3].

– Sans surprise, un ordre écrit partiel ne saurait dédouaner pour d'autres faits qui ne sont pas couverts par celui-ci[4].

– La signature, par un supérieur hiérarchique, d'actes contractuels au terme d'une procédure de passation de marché empreinte d'irrégularités multiples et graves commises par des subordonnés, ne constitue pas un ordre écrit préalable, puisque précisément les irrégularités avaient été commises en amont de cette signature, dans la mise en concurrence, et ce en méconnaissance des pratiques internes habituelles à la structure en cause[5].

– Refus du juge de faire application d'un ordre écrit qui ne couvrait pas l'irrégularité commise, mais un autre type d'irrégularité[6].

– La décision d'un maire d'engager une dépense à payer sur une régie d'avances ne constitue pas en elle-même un ordre écrit suffisant ; *idem* pour le mandat de régularisation signé par le maire, qui n'était pas « dûment informé »[7].

L'ordre écrit préalable est donc d'interprétation stricte, et il incombe à la défense de l'invoquer et de l'établir : « La défense se prévaut de ces dispositions en faisant valoir que les faits incriminés [...] étaient connus du ministre et avaient fait l'objet de décisions d'autorisations soit expresses, soit résultant des échanges entre les parties. Elle produit, à l'appui de ce moyen, quatre documents signés ou annotés par le ministre des Affaires étrangères et du développement international. 78. La circonstance qu'en diverses occasions et notamment dans les quatre documents produits, le ministre a exprimé sa volonté ferme que soit respectée l'enveloppe budgétaire du programme ainsi que les délais prescrits ne peut cependant être analysée comme un ordre écrit »[8].

S'il fait prévaloir une interprétation restrictive de la notion d'ordre écrit, pour éviter la multiplication des cas d'irresponsabilité, le juge n'est pas aveugle : il prendra néanmoins en considération les volontés qui ont pu se manifester pour juger de la responsabilité d'un subordonné.

Ainsi, la connaissance qu'a un ministre d'un dispositif irrégulier ne constitue pas (forcément) un ordre écrit préalable, mais pourra être retenu comme circonstance atténuante[9].

Dans le même sens, la CDBF a accepté comme circonstances atténuantes le fait « que les personnes renvoyées ont dû, en outre, travailler dans un contexte de forte pression politique. Il ressort en particulier de l'instruction que le ministre des Affaires étrangères est personnellement intervenu à plusieurs reprises dans les choix opérés en matière d'organisation de la conférence »[10].

Dans un arrêt, la CDBF a même considéré, en l'absence d'un ordre écrit, que la volonté ministérielle, si elle est notoire, peut constituer une circonstance absolutoire[11], mais cette solution ancienne est à ce stade demeurée isolée.

462.53 **Ordre écrit par assimilation.** Exceptionnellement et dans un cas très particulier concernant la compétence pour engager des dépenses de l'État, la CDBF a pu être moins sévère dans l'interprétation des exigences légales attachées à l'ordre écrit ; ainsi s'agissant d'une délégation de signature donnée à un fonctionnaire qui n'y était pas éligible d'après les

1. CDBF 13 juill. 2011, *Rectorat de Paris – Inspecteurs de l'académie de Paris (IAP)*, n° 177-684 ; *Rec.* 158 ; *GFP* 2013, n° 5, p. 74, note S. Damarey, M. Lascombe et X. Vandendriessche.
2. CDB 24 juin 1958, *Sté d'exploitation et des forges et ateliers de Lyon [Sefal]*, *Lebon* 893 ; CCP, n° 2, p. 19.
3. CDBF 8 juill. 1976, *Hôpital psychiatrique de Saint-Alban-sur-Limagnole [Lozère]*, *Lebon* 709 (extraits) ; CCP, n° 2, p. 117.
4. CDBF 4 déc. 1979, *secr. d'Ét. à la Jeunesse et aux Sports, Direction de l'éducation physique et des sports*, CCP, n° 2, p. 175.
5. CDBF 28 avr. 1987, *Assoc. pour la formation professionnelle des adultes [Afpa]*, CCP, n° 3, p. 65 ; *Lebon* 503.
6. CDBF 26 juin 1992, *min. des PTT*, *Rev. Trésor* 1993. 777 ; *Lebon* 632 ; *Rec.* 137.
7. CDBF 10 déc. 2010, *Commune de Bandol*, n° 172-680 ; *Rec.* 132 ; *Contrats publics* 2011, n° 109, note L. Renouard ; *GFP* 2011, n° 8-9, p. 571, note M. Lascombe et X. Vandendriessche.
8. CDBF 6 mai 2022, *21e conférence des parties à la convention-cadre des Nations unies sur les changements climatiques de 2015 à Paris (COP 21)*, n° 257-835 ; *Rec.* 134. – Un recours en cassation contre cet arrêt n'a pas été admis : CE 3 févr. 2023, *M. Guignard*, [affaire CDBF 6 mai 2022, *21e conférence des parties à la convention-cadre des Nations unies sur les changements climatiques de 2015 à Paris (COP 21)*], n° 465590. Même si l'arrêt de non-admission n'est pas très explicite, il renforce la pratique jurisprudentielle tendant à interpréter strictement l'excuse tirée de l'existence d'un ordre écrit.
9. CDBF 26 mai 1987, *min. de l'Industrie, conventions signées avec le Bureau de recherches géologiques et minières [BRGM]*, CCP, n° 3, p. 75 ; *Lebon* 508.
10. CDBF 6 mai 2022, *21e conférence des parties à la convention-cadre des Nations unies sur les changements climatiques de 2015 à Paris (COP 21)*, préc.
11. CDBF 5 juill. 1977, DDE des Alpes-Maritimes, conditions d'occupation et de cession de portions du domaine public maritime à Mandelieu-La-Napoule, CCP, n° 2, p. 150.

textes. La Cour a considéré qu'une décision signée conjointement par deux ministres et donnant habilitation à ce fonctionnaire de payer certaines dépenses, bien que ne constituant pas un ordre écrit, l'était par assimilation, en conséquence de quoi l'intéressé n'a pas été condamné pour engagement de dépenses sans y être habilité[1].

SECTION 6
DÉLIBÉRATION PRÉALABLE DE L'ORGANE COMPÉTENT DANS LES COLLECTIVITÉS TERRITORIALES

462.61 Délibération préalable d'un organe délibérant d'une collectivité territoriale ou d'un groupement de collectivités territoriales. Le CJF, art. L. 131-6, 2°, prévoit qu'un justiciable n'est passible d'aucune sanction s'il peut exciper « d'une délibération préalable d'un organe délibérant d'une collectivité territoriale ou d'un groupement de collectivités territoriales mentionné à l'article L. 5111-1 du code général des collectivités territoriales, dès lors que cet organe délibérant a été dûment informé sur l'affaire et que cette délibération présente un lien direct avec celle-ci ».

Il existe, à ce stade, peu de jurisprudence sur ce cas d'exonération supplémentaire, qui constitue une innovation issue de la réforme entrée en vigueur le 1er janvier 2023.

Comme pour les autres causes exonératoires de sanction, celle-ci doit être d'interprétation stricte : la délibération doit émaner d'un organe juridiquement compétent ; elle doit être préalable et présenter un lien direct avec l'affaire.

Ne sont donc pas recevables des délibérations imprécises, qui ne portent pas explicitement sur l'acte en cause[2] ; et une délibération ne saurait être invoquée que par des gestionnaires de la même collectivité.

A ainsi été écarté l'art. L. 131-6 du CJF dans un cas où, « Outre le fait que les délibérations invoquées [n'étaient] pas déterminées, elles ne sauraient, en tout état de cause, dès lors qu'elles émanent de la commune de Marseille, exonérer de leurs responsabilités les gérants de la société civile immobilière [...], personne morale distincte de cette commune »[3].

SECTION 7
EXCUSES LÉGALES SECTORIELLES

462.71 Excuse légale en matière de transaction conclues par l'État. Des textes ponctuels, en-dehors du code des juridictions financières, intervenant dans la gestion publique peuvent conduire à limiter *de facto* le champ du régime de responsabilité de droit public financier, par exemple en créant des excuses légales pour certains actes ou procédures.

Ainsi, une loi a-t-elle institué en 2018 un dispositif d'excuse légale pour les signataires de transactions conclues par l'État, en cas d'avis préalable d'un comité ministériel des transactions[4].

Cette excuse légale, prévue par le code des relations entre le public et l'administration[5], s'applique au régime de responsabilité financière des gestionnaires publics, ce dernier connaissant d'ailleurs une jurisprudence significative en matière de transactions irrégulières, mais non à la responsabilité pénale.

Si l'excuse légale en elle-même n'est pas critiquable dans son principe – rappelons à cet égard que le groupe de travail pénal/CDBF[6] avait envisagé un tel dispositif en matière de marchés publics – il ne faudrait pas qu'une interprétation trop extensive de ces excuses finisse par vider une partie du régime de responsabilité de son contenu. En tant qu'exception au principe de responsabilité générale des gestionnaires publics sur tous leurs actes, une excuse légale doit être strictement encadrée par les textes (dont l'impact doit être anticipé avec précision) et par la jurisprudence.

Ainsi, s'agissant de l'excuse légale en matière de transactions précitée, elle vise, pour l'intervention du comité ministériel préalable, explicitement des transactions au-dessus d'un certain seuil financier ; toutefois, il semble que les gestionnaires aient tendance à vouloir solliciter l'avis du comité même pour des transactions aux montants inférieurs, afin de dégager leur responsabilité, la loi ne semblant pas exclure une telle interprétation large.

1. CDBF 11 mai 1990, *Fonds d'aide et de coopération [FAC]*, CCP, n° 3, p. 198 ; *Lebon* 518.
2. C. comptes 16 déc. 2024, *Commune de Richwiller (Haut-Rhin)*, n° 44, S-2024-1528 : en l'espèce, aucune délibération du conseil municipal n'avait évoqué les réquisitions du comptable public permettant de verser un « 13e mois », constitutifs de l'infraction et de la responsabilité du maire condamné.
3. C. comptes 23 déc. 2024, *Société anonyme d'économie mixte (SAEM) Marseille Habitat et Société civile immobilière (SCI) Protis Développement*, n° 24, S-2024-1604. Ici § 28.
4. L. 10 août 2018 pour un État au service d'une société de confiance (ESSOC) et Décr. n° 2018-1029 du 23 nov. 2018 relatif aux comités ministériels de transaction.
5. CRPA, art. L. 423-2, issu de l'article 24 de la loi du 10 août 2018 : « Art. L. 423-2.- Lorsqu'une administration de l'État souhaite transiger, le principe du recours à la transaction et le montant de celle-ci peuvent être préalablement soumis à l'avis d'un comité dont la composition est précisée par décret en Conseil d'État. L'avis du comité est obligatoire lorsque le montant en cause dépasse un seuil précisé par le même décret. À l'exception de sa responsabilité pénale, la responsabilité personnelle du signataire de la transaction ne peut être mise en cause à raison du principe du recours à la transaction et de ses montants, lorsque celle-ci a suivi l'avis du comité ».
6. V. ss n° 046.34.

CHAPITRE

463. Circonstances aggravantes, atténuantes, absolutoires

SECTION 0
ORIENTEUR

463.00 Sommaire du chapitre.

SECTION 1
ÉLÉMENTS GÉNÉRAUX SUR LA PRISE EN COMPTE DES CIRCONSTANCES DANS LESQUELLES UNE FAUTE SANCTIONNABLE A ÉTÉ COMMISE

463.11 Prise en considération de tous les éléments propres à éclairer la responsabilité d'une personne. Comme dans toute juridiction répressive, le juge pourra tenir compte de tout élément lié à la personne même (mérite personnel, qualification professionnelle...) et à ce qui l'entoure au moment où une infraction a été commise.

Le code des juridictions financières précise désormais – et c'est une innovation issue de la réforme entrée en vigueur le 1er janvier 2023 – que « les amendes sont proportionnées à la gravité des faits reprochés, à l'éventuelle réitération de pratiques prohibées et le cas échéant à l'importance du préjudice causé à l'organisme. Elles sont déterminées individuellement pour chaque personne sanctionnée »[1]. À vrai dire, cette disposition semble peu utile, étant donné que ces dispositions ne font que paraphraser l'office du juge répressif en général, et étant donné les 70 ans de pratique jurisprudentielle qui témoignent de l'effectivité de ces règles.

Le juge n'est pas tenu par un cadre temporel, lorsqu'il s'agit des circonstances : il prendra en compte tous les éléments dont il dispose au jour de l'audience, même postérieurement aux faits[2]. Et surtout, l'appréciation des circonstances peut (et doit) « inclure des faits survenus en période prescrite mais ayant produit un effet continu en période non prescrite »[3] : c'est même souvent le cas lorsqu'un gestionnaire hérite d'une situation difficile[4].

Ainsi qu'il a été proposé plus haut[5], on pourrait distinguer trois types de circonstances : 1. les circonstances dans lesquelles l'infraction est intervenue, pour lesquelles l'appréciation du juge du fond est souveraine ; 2. les circonstances illustrant les qualités de gestionnaire démontrées par l'intéressé, qui seraient susceptibles d'être appréhendées comme circonstances atténuantes de second ordre ; 3. Les circonstances sur la personnalité (sens du service public...) qui ne pourraient être qu'invoquées de surcroît (et donc pas à titre principal), de 3e ordre.

L'appréciation des circonstances par le juge dans chaque affaire conduit à atténuer la responsabilité d'une personne, voire à absoudre – ou au contraire à l'aggraver. Souvent il existe des circonstances dans les deux sens ; des circonstances de gravité (voire aggravantes) et à décharge (circonstances atténuantes) sont alors mises en balance : « sans doute les dissimulations auxquelles M. B. s'était livré, et les explications lénifiantes qu'il fournit dans un rapport [...] contribuèrent à masquer les graves errements qui caractérisaient sa gestion mais qu'à l'inverse ces errements n'auraient sans doute pas pris le développement qu'ils ont connu si les autorités de tutelle s'étaient montrées plus vigilantes »[6].

1. CJF, art. L. 131-16, al. 3.
2. CE 17 oct. 2016, *Parquet général près la Cour des comptes* [affaire CDBF Assistance publique – Hôpitaux de Marseille], req. n° 393519 ; *AJDA* 2016. 1956, note D. Poupeau ; *GFP* 2017, n° 2, p. 148, chron. S. Damarey, M. Lascombe et X. Vandendriessche.
3. C. comptes 10 juill. 2023, *Centre hospitalier Sainte-Marie à Marie-Galante (Guadeloupe)*, n° 882, S-2023-0858 ; *Rec.* 30 ; *AJDA* 2023. 1832, note N. Péhau et L. Vergallo ; *AJCT* 2023, p. 632, note L. Zaoui ; *Cah. hosp.* sept. 2023, n° 182, note O. Yahia.
4. Qui est un cas de circonstances atténuantes fréquemment accordées ; v. ss nos 463.171 s.
5. V. éléments généraux sur l'appréciation des responsabilités, ss n° 46.05.
6. CDBF 29 juin 1978, *Sté de crédit immobilier « Les prévoyants de l'avenir de la Charente-Maritime » et SA d'HLM « Le foyer de la Charente-Maritime »*, CCP, n° 2, p. 157 ; *Lebon* 663.

Lorsqu'il procède à l'appréciation des circonstances, le juge recherche toujours un équilibre entre différents éléments qui peuvent jouer dans le même sens, ou en sens inverse : dans ce dernier cas, ils peuvent se neutraliser. Un élément atténuateur peut se trouver contrebalancé par un élément aggravant.

Ainsi, dans un arrêt, la CDBF a, s'agissant de l'appréciation de la responsabilité d'un président d'université qui avait accordé des avantages en nature et des primes irréguliers, écarté un élément traditionnellement atténuateur (existence d'une pratique ancienne) au motif que l'agent comptable avait attiré spécialement l'attention de l'ordonnateur sur ces irrégularités, en refusant le payement, suscitant sa réquisition par le président[7].

Une fois l'infraction établie, ce sont ces considérations qui vont décider la Cour à relaxer ou au contraire à condamner une personne, et dans ce dernier cas à fixer une amende élevée ou faible, de publier ou non l'arrêt de condamnation au *Journal Officiel*.

À cet égard, un arrêt propose une formulation intéressante : une infraction était établie, et le responsable identifié, mais la CDBF a précisé que « sa responsabilité est donc apparemment engagée ; qu'il y a lieu toutefois de replacer cette responsabilité apparente dans l'ensemble des circonstances de fait et de droit » et, après avoir énuméré des nombreuses circonstances, conclut à la relaxe de la personne renvoyée devant la Cour, parce qu'elle ne saurait être tenue « pour personnellement responsable » de l'infraction constatée[8].

Un même élément atténuateur ou aggravant, même général et qui n'est donc pas lié directement à une personne, n'est pas forcément retenu de la même façon pour l'ensemble des protagonistes d'une même affaire : tout dépend en effet des qualités professionnelles attendues de chacun. Ainsi, dans une affaire, « passivité et négligence des autorités de tutelle », circonstance atténuante classique, a pu être retenue pour l'ordonnateur, mais pas pour le comptable public, dont la gestion ne relève pas d'une tutelle et qui « a le devoir, sans que soit nécessaire l'intervention d'une quelconque autorité, d'accomplir son office »[9].

463.12 Confusion entre éléments de circonstance et éléments constitutifs d'infractions. Certaines rédactions adoptées par des arrêts anciens laissent apparaître une confusion entre ce qui relève de l'infraction (c'est-à-dire la qualification juridique

7. CDBF 1er et 2 juill. 1987, *Université Paris XII Val de Marne*, CCP, n° 3, p. 89 ; *Lebon*, tables p. 655.
8. CDBF 18 juin 1977, *DDE du Var, conditions d'occupation et de cession de portions du domaine public maritime à Bormes-les-Mimosas*, CCP, n° 2, p. 139.
9. CDBF 20 mars 2012, *Centre hospitalier de Marigot à Saint-Martin (Guadeloupe)*, n° 181-587 ; *AJDA* 2012. 1279, note C. Michaut et P. Sitbon ; *GFP* 2013, n° 5, p. 81, note S. Damarey, M. Lascombe et X. Vandendriessche.

des faits au regard des éléments constitutifs d'une infraction) et ce qui relève des éléments touchant à la responsabilité individuelle et des circonstances atténuantes ou absolutoires susceptibles d'être retenues.

Ainsi, on peut lire dans un arrêt de la CDBF [1] que « diverses circonstances [...] n'ont sans doute pas pour effet de faire disparaître les infractions graves et prolongées relevées », mais « qu'elles n'en doivent pas moins être largement retenues », sous-entendu : si les circonstances atténuantes avaient été plus importantes, alors elles auraient pu faire disparaître les infractions. Une telle formulation pourrait laisser accroire qu'en présence de nombreuses « circonstances », l'infraction elle-même pourrait ne pas être constituée, alors qu'il s'agit seulement d'un élément de la responsabilité, et non de l'infraction elle-même.

Dans un autre arrêt, la CDBF a pu indiquer, de façon très contestable, que « la faible importance des avantages en nature dont [la personne renvoyée devant la CDBF] a indûment bénéficié » justifierait de ne pas retenir à son encontre l'infraction réprimant les violations de règles, alors même que l'arrêt dit clairement que l'infraction était, dans ses éléments constitutifs de l'époque, constituée (avantages « indûment » perçus !) [2]. En toute rigueur, cet examen aurait dû intervenir au moment de l'appréciation des circonstances et de l'infliction ou non d'une sanction, et non au stade de l'infraction.

En réalité, l'existence de circonstances absolutoires ne fait pas disparaître l'infraction, mais justifie simplement la non-infliction d'une sanction [3].

La même confusion entre infraction et responsabilité a fondé une relaxe dans l'affaire *Caisse centrale de crédit coopératif*, dans laquelle la CDBF a estimé que du fait de circonstances absolutoires de responsabilité aucune infraction pouvait être retenue contre le dirigeant d'un organisme dont ce même arrêt relève pourtant des imprudences et des défauts de vigilance graves susceptibles de constituer des fautes graves de gestion [4].

Confusion encore dans l'affaire *Direction départementale de l'agriculture du Finistère* [5] : un certain nombre d'éléments énumérés par le juge l'ont conduit à considérer que les erreurs commises n'étaient pas suffisamment graves [6] pour être constitutives d'une infraction en vigueur à l'époque [7] ; l'arrêt certes reste flou, en considérant que la faute n'était pas suffisamment grave « pour tomber sous le coup des sanctions » du CJF, mais il ressort de l'ensemble de l'arrêt que c'est bien l'infraction elle-même que le juge considère comme n'étant pas constituée (ce n'est donc pas une question examinée au stade de la responsabilité, mais parmi les éléments constitutifs d'infraction). En réalité, dans de tels cas, il faut considérer que l'infraction est constituée, et tenir compte des autres éléments au stade de la responsabilité [8].

463.13 Prise en compte du comportement de tiers non parties à l'instance au titre des circonstances. Il est possible que l'appréciation des circonstances donne lieu à la mention, voire à qualification de comportements de tiers qui ne sont pas partie au procès.

Ceci peut être inévitable pour trancher une question de fait, et se faire par le biais de questionnaires ou de témoignages. Mais la mise en cause juridiquement qualifiables de tiers doit autant que possible être évité dans la mesure où le tiers pourrait invoquer avoir été lésé de ce fait, sans être partie au procès, sans avoir pu s'exprimer [9].

À noter que le comportement d'une personne décédée ne peut plus aboutir à rechercher la responsabilité de celle-ci, mais il peut en être tenu compte dans l'appréciation de la responsabilité des autres personnes déférées devant la Cour, et notamment être retenu comme circonstance atténuante [10].

SECTION 2
CIRCONSTANCES DE GRAVITÉ ET CIRCONSTANCES AGGRAVANTES

§ 1
Éléments généraux

463.21 Distinction entre éléments de gravité de la faute et circonstances aggravantes. Si désormais le code des juridictions financières prévoit expressément que « les amendes sont proportionnées à la gravité des faits reprochés » [11], la notion de gravité

1. CDB 17 févr. 1959, *Direction centrale du matériel du secr. d'Ét. aux Forces armées*, CCP, n° 2, p. 23 ; *Lebon* 894.
2. CDBF 17 déc. 1976, *Caisse interprofessionnelle, commerciale et industrielle d'allocations vieillesse [Ciciav] de Béthune*, CCP, n° 2, p. 121.
3. CDBF 6 févr. 1968, *École régionale d'agriculture d'Ondes [Haute-Garonne]*, CCP, n° 2, p. 65 ; *Lebon* 809 (extraits).
4. CDBF 11 déc. 1980, *Caisse centrale de crédit coopératif [CCCC]*, CCP, n° 2, p. 180.
5. CDBF 14 déc. 1984, *Direction départementale de l'agriculture du Finistère*, CCP, n° 2, p. 239.
6. Sur la question de la gravité d'une faute, v. s^s n° 223.11.
7. Il pourrait en aller autrement aujourd'hui pour l'infraction prévue au CJF, art. L. 131-9.
8. PAR EX. pour une irrégularité constituée, mais trouvant leur origine dans une erreur involontaire : CDBF 15 déc. 2006, *CH d'Ambert*, *AJFP* 2007. 98 ; *Rev. Trésor* 2007. 720, note M. Lascombe et X. Vandendriessche ; *AJDA* 2007. 1355, note N. Groper et C. Michaut ; *Cah. hosp.* oct. 2007, p. 24 ; *Lebon* 675 ; *Rec.* 116.
9. Sur le recours en tierce opposition, v. s^s n° 563.21.
10. CDBF 20 déc. 1982, *Port autonome de Nantes-Saint-Nazaire*, CCP, n° 2, p. 211.
11. CJF, art. L. 131-16, al. 3.

est, nous l'avons vu[1], intrinsèquement liée au contentieux financier depuis l'origine : elle justifie *in fine* les poursuites engagées dans le cadre du régime de responsabilité financière des gestionnaires publics, qui ne s'intéresse pas aux fautes dépourvues de gravité, vénielles donc. Elle a également joué un rôle important dans l'émergence de la faute grave de gestion jurisprudentielle, qui se trouve plus que jamais au cœur de la répression financière[2].

L'affirmation, dans le cadre de la réforme entrée en vigueur le 1er janvier 2023, de l'exigence explicite d'une faute grave parmi les éléments constitutifs de l'infraction désormais prévue à l'article L. 131-9 du CJF, modifie quelque peu la donne dans le sens où la gravité de la faute doit être clairement affirmée et étayée pour cette infraction[3] (ainsi que pour l'infraction relative à la faute grave de gestion dans les entreprises publiques et dans le secteur public local, dont c'est un prolongement[4]).

Néanmoins, la notion de gravité a été présente, plus ou moins explicitement, depuis la création du régime de responsabilité financière, ce dont témoignent de nombreux exemples tirés de la jurisprudence de la CDBF.

Ces éléments de gravité, divers, ont toujours pu apparaître dans le cadre de l'examen de la faute proprement dite (et ce sera désormais obligatoire pour motiver la faute grave de l'infraction prévue à l'article L. 131-9 du CJF), ou au stade final de l'appréciation du degré de responsabilité pour étayer le choix du montant de la sanction à infliger : dans ce dernier cas, des facteurs considérés comme particulièrement graves deviennent des circonstances aggravantes, mises en exergue par le juge et qualifiées explicitement comme telles pour fonder des condamnations lourdes.

Mais quelle que soit leur place (pour étayer la gravité de la faute comme élément constitutif d'une infraction, ou comme circonstance), les facteurs de gravité sont les mêmes.

§ 2
Manquements au devoir de probité, enrichissement personnel et autres indélicatesses

463.31 **Probité.** Cas extrême de l'indélicatesse, la présence de faits pouvant être qualifiés pénalement (peu importe si cela a été le cas ou non) est constitutive de circonstances aggravantes de responsabilité : en effet, l'atteinte au devoir de probité est un « manquement particulièrement grave aux devoirs qui incombent à quiconque participe à la gestion d'un bien ou d'un service public »[5].

Même si cela ne ressort pas toujours expressément des motifs d'un arrêt, les comportements qui peuvent s'assimiler à des manquements au devoir de probité justifient, de par leur gravité particulière, des amendes d'un certain niveau[6].

463.32 **Enrichissement personnel ou de proches.** Il s'agit d'un cas particulier d'atteinte à la probité, même si les condamnations pénales parallèles sont rares.

Ainsi est grave le fait d'avoir profité soi-même d'avantages irréguliers[7], même de façon temporaire[8], soit directement, soit par sa famille immédiate[9], soit par ses proches collaborateurs[10]. Plus l'avantage retiré est important, plus les faits seront jugés graves : exemple d'un avantage financier personnel très important tiré des irrégularités à la commission desquelles la personne renvoyée a participé[11].

La jurisprudence offre de nombreux exemples, dont certains semblent intéressants de par leurs particularités ou de par la rédaction de l'arrêt :

– Le fait d'être « personnellement et pécuniairement intéressé » par un acte irrégulier constitue une

1. V. ss no 223.11.
2. Sur la faute grave de gestion jurisprudentielle, v. ss no 432.201.
3. Sur la gravité dans le cadre de l'article L. 131-9 du CJF, v. ss no 432.281.
4. CJF, art. L. 131-10 ; sur cette infraction, qui comporte des facteurs de gravité plus ou moins explicitement affirmés, v. ss nos 431.21 et 433.11 s.

5. CDB 18 févr. 1957, *Sté nationale des entreprises de presse [Snep], cinéma des Champs-Élysées*, *Lebon* 888 ; CCP, no 2, p. 7.
6. CDBF 21 oct. 1987, *Institut technique de la vigne et du vin [ITV]*, CCP, no 3, p. 100 ; *Lebon*, tables p. 656.
7. C. comptes 23 juill. 2024, *Société anonyme d'économie mixte pour la gestion et pour l'animation du parc de loisirs de Saint-Cyr (SAEM SAGA)*, no 904, S-2024-1128 ; *JCP Adm.* 2024. 2321, note S. Damarey. – CDBF 25 mars 1987, *Assoc. X et Y*, CCP, no 3, p. 55. – CDBF 28 juin 1995, *Direction générale et directions d'Île-de-France de la Poste*, *Rev. Trésor* 1996. 734 ; *Lebon* 600 ; *Rec.* 131. – CDBF 4 avr. 2011, *Lycée professionnel Vauvenargues et GRETA du pays d'Aix*, no 174-647/667 ; *Rec.* 155 ; *GFP* 2013, no 5, p. 69, note S. Damarey, M. Lascombe et X. Vandendriessche. – CDBF 15 juill. 2013, *Office des Postes et télécommunications de la Polynésie française*, no 190-661 ; *Rec.* 209 ; *AJDA* 2013. 2544, chron. C. Michaut et P. Sitbon.
8. CDBF 18 déc. 2012, *École nationale d'équitation*, no 187-699 ; *AJDA* 2013. 1628, chron. C. Michaut et P. Sitbon ; *GFP* 2013, no 5, p. 94, note S. Damarey, M. Lascombe et X. Vandendriessche ; (non publié au *Rec.*).
9. CDB 21 mars 1962, *Section algérienne de l'Office national interprofessionnel des céréales [Saonic]*, CCP, no 2, p. 47 ; *Lebon* 840.
10. CDBF 18 juin 1985, *Bureau de recherches géologiques et minières [BRGM], service géologique d'Alsace et de Lorraine*, CCP, no 3, p. 15.
11. CDBF 10 mai 1989, *Cned, centre de Vanves*, CCP, no 3, p. 165 ; *Lebon* 413.

circonstance aggravante de responsabilité[1]. Encore plus grave, l'immixtion « de façon irrégulière dans la gestion des services de la commune après [la] cessation d'activité » de l'intéressée, afin « notamment d'augmenter, irrégulièrement, le montant de sa rémunération »[2].

– « Les multiples infractions relevées à l'encontre de M. X doivent être appréciées d'autant plus sévèrement que, si elles traduisent d'abord une méconnaissance prolongée et systématique des règles juridiques applicables au fonctionnement de l'organisme dont l'intéressé était le directeur général, elles ont également comporté des pratiques, sans lien nécessaire avec ce fonctionnement, motivées par la seule satisfaction des intérêts pécuniaires personnels de M. X »[3].

– Rédaction particulièrement claire : le fait, pour le secrétaire général d'un établissement public, de s'être « octroyé à lui-même des compléments de rémunération pour un montant significatif représentant plus de 66 000 € entre 2013 et 2016 [...] constitue un manquement particulièrement grave aux devoirs qui incombent à quiconque participe à la gestion de deniers publics »[4].

– Le fait de cacher l'enrichissement personnel aggrave encore le cas du commettant : ainsi, dans une affaire, le bénéficiaire de versements irréguliers certifiait lui-même le service fait, ce qui empêchait ses supérieurs de détecter ces irrégularités (élément de gravité, même si ce n'est pas très explicite dans l'arrêt)[5].

– Subterfuge dans l'interprétation d'une convention à son profit personnel : s'agissant du détournement d'une allocation versée par l'État à un hôpital dans le cadre d'une convention de recherche, et destinée à couvrir les frais administratifs, la CDBF a considéré, avec des mots sévères, que « la confusion alléguée, dans l'interprétation donnée à la clause des contrats de recherche sur l'allocation accordée au "titulaire" du contrat, entre établissement public et certains membres de sa direction perd toute crédibilité dès lors que [le directeur de l'hôpital] s'est placé lui-même au nombre des bénéficiaires de cette prétendue confusion »[6].

– Le caractère douteux de l'avantage perçu, même si l'indu n'est pas démontré, suffit pour que le juge retienne des circonstances aggravantes : ainsi le cas de divers avantages perçus par un dirigeant d'entreprise publique, « et leur persistance pendant toute la durée du mandat de l'intéressé, alors qu'au surplus le bien-fondé des avantages en cause est et demeure loin d'être établi »[7].

– Lorsque l'intéressé prétend avoir remboursé les sommes constitutives d'un enrichissement personnel, sans toutefois en apporter la preuve, le juge sera conduit à écarter cet argument[8].

463.33 Conflit d'intérêts. Même s'il ne donne pas lieu à enrichissement personnel démontré, un conflit d'intérêts est en soi grave :

– Ainsi le cas d'un président de la chambre d'agriculture qui avait été auparavant président du syndicat avec lequel elle était en conflit, et dans le cadre duquel des irrégularités avaient été commises[9].

– Pour un agent comptable, « se plaçant [...] dans une position où il mêlait ses intérêts personnels ou professionnels propres et ceux de l'Agessa », à tel point que « son indépendance à l'égard du banquier de l'Agessa se trouvait inévitablement affectée » ; la CDBF a considéré qu'il avait « manqué à la délicatesse et à la prudence que l'on peut exiger d'un agent maniant des fonds d'un organisme de sécurité sociale »[10].

– Le fait pour un professeur de ne pas avoir informé sa hiérarchie qu'il détenait des intérêts dans une société avec laquelle il contractualisait[11].

– L'acquisition d'un autobus hors d'usage auprès d'une entreprise liée à la famille de l'ordonnateur sanctionné constitue une circonstance aggravante[12].

À noter que depuis le 1er janvier 2023, la notion d'intérêt fait partie des éléments constitutifs de l'infraction réprimant l'avantage injustifié, ce qui permet d'intégrer les conflits d'intérêts dans certains cas directement dans une infraction, là où la CDBF ne pouvait traiter ce point qu'indirectement, sous forme de violation de règle ou de méconnaissance d'une obligation avec facteur aggravant.

1. C. comptes 23 déc. 2024, *Société anonyme d'économie mixte (SAEM) Marseille Habitat et Société civile immobilière (SCI) Protis Développement*, n° 24, S-2024-1604. Ici § 51.
2. C. comptes 14 nov. 2024, *Commune de Bantzenheim (Haut-Rhin)*, n° 29, S-2024-1396 ; ici § 35.
3. CDBF 14 juin 1982, *Comité national de la pomme de terre [CNPT]*, CCP, n° 2, p. 200.
4. CDBF 15 nov. 2021, *Commission du film d'Île-de-France*, n° 253-834 ; *Rec.* 187.
5. CDBF 22 nov. 1977, *min. de l'Équipement, service régional de l'équipement de Rouen*, CCP, n° 2, p. 154.
6. CDBF 24 nov. 1986, *CH Sainte-Anne à Paris [dépenses de personnel]*, CCP, n° 3, p. 42.
7. CDBF 27 mars 1985, *Sté française d'équipements pour la navigation aérienne [Sfena]*, CCP, n° 3, p. 7.
8. CDBF 13 juin 2003, *SEM Sarcelles Chaleur*, *Rev. Trésor* 2004. 57, note M. Lascombe et X. Vandendriessche ; *AJDA* 2003. 2316, note N. Groper ; *Lebon* 584 ; *Rec.* 121 ; A. Froment-Meurice, J.-Y. Bertucci, N. Hauptmann et C. Michaut, *GAJF*, 7e éd. 2019, n° 49, p. 572.
9. CDBF 22 mars 2019, *Chambre départementale d'agriculture de la Corrèze*, n° 232-792 ; *Rec.* 210 ; *AJDA* 2019. 1213, chron. N. Hauptmann et N. Péhau.
10. CDBF 28 nov. 1990, *Assoc. pour la gestion de la Sécurité sociale des artistes auteurs [Agessa]*, CCP, n° 3, p. 217 ; *Lebon* 528.
11. CDBF 12 oct. 2018, *École nationale de formation agronomique (ENFA)*, n° 223-786 ; *Rec.* 188.
12. CDBF 19 déc. 2008, *Crous de Corse [Corte]*, *Rec.* 91 ; *AJDA* 2009. 476, note N. Groper et C. Michaut ; *GFP* 2011, p. 397, note M. Lascombe et X. Vandendriessche.

463.34 Autres indélicatesses : abus d'autorité, manœuvres dilatoires, mensonge, établissement de fausses pièces. Des comportements indélicats, voire franchement choquants, renforcent la gravité d'une faute de gestion.

Exemples en jurisprudence :

– Le fait pour un officier d'avoir usé de son autorité pour obtenir de ses subordonnés certaines facilités ayant permis des détournements de fonds publics constitue un facteur de gravité de la faute [1].

– Un directeur général avait trompé la vigilance du président du conseil d'administration et abusé de la confiance de celui-ci, en faisant croire qu'une décision avait été voulue par le précédent président du conseil, qui venait de décéder (mensonge) ; la CDBF a infligé une amende élevée (présence en outre d'autres facteurs aggravants) [2].

– Versement de frais de mission à des personnes étrangères à l'établissement, « en méconnaissance des règles de fonctionnement de l'établissement et hors du cadre d'une convention régulièrement conclue », sur le fondement d'états de frais faux, ce qui a été jugé par la CDBF « d'une particulière gravité » [3].

– Circonstances aggravantes multiples tirées d'indélicatesses variées : dissimulation et même destruction de documents compromettants qui constituaient des preuves des agissements de l'intéressé dès l'annonce de l'ouverture d'une enquête administrative ; profits personnels importants retirés des irrégularités ; montage d'un système de fausses factures [4], le tout ayant motivé l'infliction d'une amende sévère (200 000 FRF de 1988).

463.35 Impact d'indélicatesses sur l'acceptation de circonstances atténuantes. Dans un considérant de principe, la CDBF est allée jusqu'à considérer que celui qui s'était enrichi personnellement « ne saurait bénéficier d'aucune circonstance atténuante, qu'il ne sollicite d'ailleurs pas » [5]. C'est certainement aller trop loin, car le juge pénal, juge naturel de ce type d'affaires, reconnaît bien parfois des circonstances atténuantes, le cas échéant, à une personne malhonnête. Tout dépend donc du cas d'espèce.

L'enrichissement personnel, la faute de probité ou le conflit d'intérêts ne s'opposent pas systématiquement à la reconnaissance de circonstances atténuantes : ainsi, lorsqu'une personne n'a pas pris de part active dans les irrégularités, ou lorsque sa participation active n'est pas démontrée, le fait d'avoir bénéficié d'une partie des avantages irréguliers ne s'oppose pas à ce que des circonstances atténuantes lui fussent reconnues [6].

Dans une autre affaire, pourtant, la CDBF a considéré que le fait d'avoir soi-même bénéficié de certaines des irrégularités commises était un élément de gravité de nature, en l'espèce, à réduire à néant des circonstances potentiellement atténuantes existant par ailleurs [7].

§ 3
Gravité des conséquences d'une infraction

463.41 Gravité des conséquences, notamment financières, des irrégularités commises, et risque de conséquences graves. Les conséquences financières d'une infraction sont, d'une façon générale, un facteur de gravité [8], le préjudice figurant explicitement dans le code des juridictions financières comme un facteur justifiant une sanction d'un montant élevée [9] ; cette gravité est d'autant plus forte que les conséquences financières sont importantes [10].

Même sans préjudice, est grave, d'après la jurisprudence, également une infraction dans un contexte d'enjeux financiers importants [11] ou portant, tout simplement, sur des montants importants [12], même sans forcément de perte.

1. CDB 30 juin 1954, *Direction des travaux du génie de Marseille*, *Lebon* 887 ; CCP, n° 2, p. 4.
2. CDBF 14 juin 1982, *Comité national de la pomme de terre [CNPT]*, CCP, n° 2, p. 200.
3. CDBF 18 juin 1985, *Bureau de recherches géologiques et minières [BRGM], service géologique d'Alsace et de Lorraine*, CCP, n° 3, p. 15.
4. CDBF 17 févr. 1988, *Direction des services vétérinaires des Alpes de Haute-Provence, Assoc. Groupement de défense sanitaire [GDS] et Assoc. Groupement vétérinaire pratique [GVP]*, CCP, n° 3, p. 122 ; *Lebon* 538.
5. CDBF 19 juin 2002, *Délégation à l'espace aérien [DEA]*, *Rev. Trésor* 2004. 43, note M. Lascombe et X. Vandendriessche ; *Rec.* 99 ; *Lebon* 553.
6. CDBF 25 mars 1987, *Assoc. X et Y*, CCP, n° 3, p. 55.
7. CDBF 2 déc. 1987, *CHS de Prémontré [Aisne]*, CCP, n° 3, p. 113 ; *Lebon*, tables p. 656.
8. C. comptes 23 juill. 2024, *Société anonyme d'économie mixte pour la gestion et pour l'animation du parc de loisirs de Saint-Cyr (SAEM SAGA)*, n° 904, S-2024-1128 ; *JCP Adm.* 2024. 2321, note S. Damarey.
9. CJF, art. L. 131-16, al. 3.
10. Pertes importantes causées à l'État : CDBF 28 oct. 2005, *min. de la Défense, Direction des constructions navales, contrat de vente de sous-marins Agosta 90 au Pakistan*, *Lebon* 678 ; *Rev. Trésor* 2006. 902, note M. Lascombe et X. Vandendriessche. – Détournements importants : CDBF 13 juin 2003, *SEM Sarcelles Chaleur*, *Rev. Trésor* 2004. 57, note M. Lascombe et X. Vandendriessche ; *AJDA* 2003. 2316, note N. Groper ; *Lebon* 584 ; *Rec.* 121 ; A. Froment-Meurice, J.-Y. Bertucci, N. Hauptmann et C. Michaut, *GAJF*, 7e éd. 2019, n° 49, p. 572.
11. C. comptes 5 juill. 2024, *Régie métropolitaine PARCUB, devenue METPARK*, n° 869, S-2024-1038 ; *JCP Adm.* 2024. 2264, note S. Damarey.
12. CDBF 10 déc. 2010, *Commune de Bandol*, n° 172-680 ; *Rec.* 132 ; *Contrats publics* 2011, n° 109, note L. Renouard ; *GFP* 2011, n° 8-9, p. 571, note M. Lascombe et X. Vandendriessche.

Les exemples sont nombreux en jurisprudence :

- Infliction, par la CDBF, d'une amende lourde, « considérant que l'infraction en cause ne saurait être ramenée à la simple méconnaissance, sans autre conséquence, d'une règle formelle », les irrégularités en question n'ayant « pas été sans incidence sur la situation financière, commerciale et administrative de la Mutuelle » [1].

- Les graves irrégularités commises dans une SEM avaient conduit à l'échec de l'opération qui avait été confiée à cette société, provoquant sa mise en liquidation judiciaire, et causant de lourdes pertes pour la collectivité locale qui avait contracté ou garanti les emprunts destinés au financement de l'aménagement. Ce constat a motivé l'infliction par la Cour d'une lourde sanction au PDG de cette société [2].

- Le préjudice, même s'il n'est que rarement un élément constitutif des infractions financières, est quasi systématiquement un facteur de gravité qui peut contrebalancer d'éventuelles circonstances atténuantes [3].

- Le fait d'avoir exposé du fait d'irrégularités une entité publique au risque de la survenance d'un préjudice pourrait être un facteur de gravité [4].

- Le contexte de difficultés financières que connaît une structure peut aggraver des irrégularités commises : ainsi, bien que la formulation soit peu claire : non-respect de règles formelles dans une situation de difficultés financières d'une entreprise publique [5].

- « La nature particulière des organismes placés sous la responsabilité de M. B. lui interdisait d'autant plus de se livrer à des opérations de promotion immobilière qu'en cas de difficulté la puissance publique serait contrainte de leur venir en aide », risque qui s'est ensuite réalisé : la garantie implicite de l'État a entraîné un relâchement de la gestion, alors que cela eût dû créer des obligations particulières ; l'État (27,8 millions FRF 1970), le département de la Charente-Maritime et un fonds public de financement des opérations HLM ont dû supporter les conséquences financières de la gestion [6].

Enfin, est constitutif d'une circonstance aggravante le fait de n'avoir entamé aucune démarche pour rembourser des sommes indûment perçues [7].

§ 4
Importance intrinsèque de la règle méconnue et intentionnalité dans la violation de règles

463.51 Gravité intrinsèque des irrégularités : importance des règles violées et intention délibérée de violer les règles. Constitue un élément de gravité, par rapport aux « simples » irrégularités commises par négligence, le non-respect de « l'esprit », ou du sens, ou, pour utiliser des termes plus juridiques que la CDBF elle-même a d'ailleurs utilisés dans un arrêt, de « l'objectif essentiel » d'une réglementation [8], en l'occurrence la mise en concurrence dans la commande publique. Il existe donc bien une hiérarchie des règles violées, la violation d'un principe étant plus grave que la violation d'une règle de détail.

Si la réquisition du comptable public constitue dans tous les cas un élément de gravité, car l'ordonnateur est alors averti de l'irrégularité qu'il va commettre [9], la réquisition irrégulière du comptable public par l'ordonnateur (cas où la réquisition est expressément interdite par les textes) est une faute encore plus grave [10].

À préciser que la Cour considère que « dès lors que [l'organisme en cause] était financé majoritairement sur fonds publics, le respect des règles gouvernant l'ordre public financier et tout particulièrement celles relatives à l'engagement des dépenses, indispensables au contrôle du respect des autorisations budgétaires, s'imposait au directeur... » [11].

En outre, est considéré comme grave : faire preuve d'une « volonté manifeste d'agir en dehors des procédures réglementaires » [12] ; dans le même sens : le fait qu'une pluralité d'infractions « bien que dis-

1. CDBF 11 juin 1971, *Mutuelle générale française accidents*, *Lebon* 397 ; CCP, n° 2, p. 69.
2. CDBF 16 juin 1987, *SEM d'urbanisation, d'aménagement, d'équipement et de construction de la ville de Jeumont et de l'arrondissement d'Avesnes [Semvija]*, CCP, n° 3, p. 83 ; *Lebon* 512.
3. CDBF 5 juin 1989, *Hôpital d'Orange*, CCP, n° 3, p. 172 ; *Lebon* 417.
4. Réquisitions orales du Procureur général lors de l'affaire : CDBF 21 févr. 2008, *Agence nationale de valorisation de la recherche [Anvar]*, *AJDA* 2008. 1193, note N. Groper et C. Michaut ; *Rev. Trésor* 2008. 519, note N. Groper ; *GFP* 2011, p. 387, note M. Lascombe et X. Vandendriessche.
5. Arrêt par ailleurs critiquable : C. comptes 3 mai 2024, *France Médias Monde (FMM)*, n° 860, S-2024-0793 ; *JCP Adm.* 2024. 2207, note S. Damarey ; *AJDA* 2024. 1859, chron. N. Péhau et L. Vergallo. Ici § 81.
6. CDBF 29 juin 1978, *Sté de crédit immobilier « Les prévoyants de l'avenir de la Charente-Maritime » et SA d'HLM « Le foyer de la Charente-Maritime »*, CCP, n° 2, p. 157 ; *Lebon* 663.
7. C. comptes 14 nov. 2024, *Commune de Bantzenheim (Haut-Rhin)*, n° 29, S-2024-1396.
8. CDBF 24 nov. 1986, *CH Sainte-Anne à Paris [marchés d'ingénierie]*, CCP, n° 3, p. 35.
9. Sur ce facteur de gravité, v. ss n° 463.61.
10. CDBF 20 avr. 1988, *Caisse interprofessionnelle de retraite des commerçants détaillants de la région parisienne [CIRCD]*, CCP, n° 3, p. 138 ; *Lebon* 546.
11. C. comptes 2 juill. 2024, *Office du tourisme de Strasbourg et de sa région (OTSR)*, n° 5, S-2024-1006 ; *AJDA* 2024. 1859, chron. N. Péhau et L. Vergallo.
12. CDBF 20 avr. 1988, *Caisse interprofessionnelle de retraite des commerçants détaillants de la région parisienne [CIRCD]*, CCP, n° 3, p. 138 ; *Lebon* 546.

tinctes » aient eu le même objectif, celui de se soustraire aux règles de la comptabilité publique, est retenu comme un facteur de gravité [1].

§ 5

Répétition ou persistance dans les irrégularités malgré l'existence d'avertissements

463.61 Répétition des irrégularités ou persistance en dépit d'avertissements. Sont facteurs de gravité en général et également de circonstances aggravantes la durée des irrégularités [2], leur multiplication [3] et répétition [4]. Le code des juridictions financières prévoit d'ailleurs expressément, parmi les cas de gravité justifiant des sanctions importantes, « l'éventuelle réitération de pratiques prohibées » [5].

Il en va de même de la persistance dans l'irrégularité malgré des avertissements : « Il sera reconnu comme circonstances aggravantes globales [...] le fait que les intéressés ont été conscients de la plupart des irrégularités commises ou qu'ils ont vu leur attention appelée sur ces risques » [6].

Parmi les nombreux exemples :

– Récidive dans la réquisition du comptable public par un maire : un « élu expérimenté » qui « a fait preuve d'une légèreté particulière en procédant [...] à une nouvelle [donc deuxième] réquisition de la comptable publique, plutôt que de tenter de régulariser la situation » ; l'intéressé, « alors qu'il était parfaitement informé des motifs de la suspension des paiements litigieux, [le maire] ne pouvait dans ces conditions ignorer le caractère exceptionnel de la réquisition » [7].

– Gestionnaires d'une association qui exerçaient leurs fonctions depuis longtemps : ils ne pouvaient donc pas ignorer les règles internes applicables, dont la méconnaissance était constitutive des infractions commises [8].

– Un maire, ayant « commis des irrégularités répétées sur une durée longue, dans des conditions qui ont porté une atteinte grave à l'ordre public financier », notamment parce qu'une gestion de fait s'était accompagnée par la violation d'autres règles budgétaires [9].

– Répétition des irrégularités en matière de commande publique et le caractère délibéré de l'absence de mise en concurrence [10].

– « Les multiples infractions relevées à l'encontre de M. X doivent être appréciées d'autant plus sévèrement [qu'elles] traduisent d'abord une méconnaissance prolongée et systématique des règles juridiques applicables au fonctionnement de l'organisme dont l'intéressé était le directeur général » [11].

– S'agissant certes d'habitudes héritées du passé, les irrégularités présentaient néanmoins une « gravité certaine en raison de leur répétition, voire de leur caractère systématique » [12].

– Constitue toujours un facteur de gravité le fait pour un ordonnateur d'avoir réquisitionné le comptable public qui refusait d'effectuer des dépenses irrégulières, car cela prouve qu'il connaissait l'irrégularité, et qu'il a persisté en dépit d'un avertisse-

1. CDBF 4 oct. 1984, *Université Louis Pasteur de Strasbourg, Laboratoire de physique corpusculaire et cosmique [LPCC], Assoc. pour le développement de la recherche en physique corpusculaire et cosmique [ADRPCC]*, CCP, n° 2, p. 222. L'arrêt en tire une conséquence pas très claire sur la prescription : « lesdites irrégularités revêtant dès lors le caractère d'une infraction continue ; que ces irrégularités doivent être sanctionnées comme telles », sans que l'on sache ce que cela signifie exactement.
2. C. comptes 23 juill. 2024, *Société anonyme d'économie mixte pour la gestion et pour l'animation du parc de loisirs de Saint-Cyr (SAEM SAGA)*, n° 904, S-2024-1128 ; *JCP Adm.* 2024. 2321, note S. Damarey. – C. comptes 31 mai 2023, *Commune d'Ajaccio*, n° 876, S-2023-0667 ; *Rec.* 26 ; *AJCT* 2023 juill.-août, p. 418, note T. Dogan ; *AJDA* 2023. 1832, note N. Péhau et L. Vergallo ; *JCP Adm.* 2023, n° 34, 2252, note S. Damarey. Ici § 50 : inexécution d'une décision de justice ayant duré 15 ans.
3. CDBF 17 juin 2013, *Centre hospitalier intercommunal (CHI) de la Lauter à Wissembourg*, n° 189-683 ; non publié au *Rec.*
4. CDBF 16 oct. 1981, *DDE de la Gironde*, CCP, n° 2, p. 188. – CDBF 6 oct. 2014, *Centre hospitalier universitaire (CHU) de Caen*, n° 195-686/704 ; *Rec.* 171. – CDBF 14 juin 2016, *Établissement d'hébergement pour personnes âgées dépendantes (EHPAD) de Durtal*, n° 208-737 ; *Rec.* 182 ; *AJDA* 2016. 2487, chron. N. Péhau et N. Hauptmann : « en sens inverse doivent être relevées la répétition des manquements caractérisés aux règles de la commande publique ». – CDBF 28 oct. 2005, *min. de la Défense, Direction des constructions navales, contrat de vente de sous-marins Agosta 90 au Pakistan*, *Lebon* 678 ; *Rev. Trésor* 2006. 902, note M. Lascombe et X. Vandendriessche. – CDBF 10 déc. 2010, *Commune de Bandol*, n° 172-680 ; *Rec.* 132 ; *Contrats publics* 2011, n° 109, note L. Renouard ; *GFP* 2011, n° 8-9, p. 571, note M. Lascombe et X. Vandendriessche : le fait d'avoir « manqué de façon répétée aux obligations assignées aux régisseurs d'avances ».
5. CJF, art. L. 131-16, al. 3.
6. CDBF 6 mai 2022, *21e conférence des parties à la convention-cadre des Nations unies sur les changements climatiques de 2015 à Paris (COP 21)*, n° 257-835 ; *Rec.* 134.
7. C. comptes 16 déc. 2024, *Commune de Richwiller (Haut-Rhin)*, n° 44, S-2024-1528.
8. C. comptes 8 janv. 2025, *Fondation Assistance aux animaux*, n° 874, S-2024-1612. Ici § 56.
9. C. comptes 10 oct. 2024, *Commune de Felleries*, n° 12, S-2024-1311 ; *JCP Adm.* 2025. 2012, note S. Damarey ; ici § 39.
10. CDBF 26 juin 1992, *min. des PTT*, *Rev. Trésor* 1993. 777 ; *Lebon* 632 ; *Rec.* 137.
11. CDBF 14 juin 1982, *Comité national de la pomme de terre [CNPT]*, CCP, n° 2, p. 200.
12. CDBF 13 févr. 1985, Direction départementale de l'agriculture de l'Oise, CCP, n° 3, p. 1.

ment clair[1] ; mais même sans réquisition, le fait pour un ordonnateur d'avoir été averti par le comptable de l'irrégularité constitue un facteur de gravité[2] ; ou encore la régularisation tardive d'une situation irrégulière pourtant connue et à laquelle le comptable public s'était opposé[3].

– Avertissement de la Cour des comptes (en l'occurrence une communication du Procureur général près la Cour des comptes) resté sans suite[4] ; absence de suite donnée à un avertissement du Procureur général dans le domaine de l'inexécution de décisions de justice[5] ; inaction du comptable alors que la Cour des comptes avait attiré son attention sur le problème à travers une injonction pour l'avenir[6] ; « les responsables de [l'établissement public] ne pouvaient ignorer les alertes répétées qui ont été émises tant par la Cour des comptes [...] que par l'agent comptable »[7] ; ou encore : « les directrices successives [d'un établissement public] ne pouvaient ignorer les observations définitives que la Cour des comptes avait formulées à l'issue de son contrôle [antéprécédent], dans lesquelles la juridiction avait expressément invité l'établissement, compte tenu des défaillances constatées, à progresser significativement, notamment en matière de commande publique. À l'issue de son dernier contrôle [donc le contrôle suivant, précédant celui qui ensuite a donné lieu à déféré et donc au présent arrêt] [...], la Cour des comptes a, de plus, constaté que ses recommandations précédemment émises n'avaient pas été suivies d'effet et que [l'établissement public] n'était toujours pas en mesure d'assurer la régularité de ses procédures d'achat public »[8]. La Cour a même retenu comme aggravante la circonstance que lors d'un contrôle précédent, celle-ci avait « relevé de nombreux dysfonctionnements dans la gestion interne [...], même si ses observations n'avaient pas porté spécifiquement sur l'engagement des dépenses et la chaîne de délégations » (l'infraction concernée en l'espèce était celle prévue par l'art. L. 131-13, 3°, du CJF)[9].

– Le président de la chambre départementale concernée siégeait dans la chambre régionale qui avait fait l'objet déjà d'un arrêt CDBF portant sur des faits similaires ; il était donc averti de l'irrégularité qu'il commettait en tant qu'ordonnateur de sa chambre[10].

– Pour un comptable public, son inaction sur longue période, « malgré l'ancienneté de ses fonctions auprès de l'établissement et les injonctions de la chambre régionale des comptes »[11].

– Les préconisations d'une inspection générale de mettre en place un dispositif de suivi des coûts n'avaient pas été suivies d'effet[12].

– Avertissements reçus par les subordonnés sur les problèmes que rencontrait le projet informatique[13] ; les « absences de prise en considération de signalements et d'alertes sont de nature à constituer des circonstances aggravantes »[14].

– Le gestionnaire public ayant commis les irrégularités n'avait pas tenu compte de l'opposition, en séance du conseil délibérant dont il était membre ès qualité, d'un conseiller d'État qui avait signalé que cette décision était contraire au droit[15].

– « Le préfet [...] avait rappelé à plusieurs reprises, à l'occasion de l'approbation des budgets de la chambre départementale, les règles concernant les subventions aux organisations syndicales agricoles »[16].

– Efforts de régularisation insuffisants, et « par ailleurs, même lorsque des notes internes ont été rédigées pour formaliser certaines procédures, elles n'ont pas été appliquées »[17].

1. CDBF 1er et 2 juill. 1987, *Université Paris XII Val de Marne*, CCP, n° 3, p. 89 ; *Lebon*, tables p. 655 ; – dans le même sens : réquisition du comptable public, CDBF 3 juill. 2009, *École régionale des déficients visuels [ERDV] de Loos*, *Rec.* 77 ; *GFP* 2011, n° 7, p. 504, note M. Lascombe et X. Vandendriessche.
2. CDBF 10 mai 1989, *Cned, centre de Vanves*, CCP, n° 3, p. 165 ; *Lebon* 413.
3. CDBF 3 juill. 2009, *École régionale des déficients visuels [ERDV] de Loos*, préc.
4. CDBF 20 mars 1996, *Établissement public E.*, *Rev. Trésor* 1998. 728 (l'arrêt y est appelé « Institut national A... ») ; *Lebon* 647 ; *Rec.* 169 (extraits).
5. C. comptes 31 mai 2023, *Commune d'Ajaccio*, préc. Ici § 51.
6. CDBF 18 juin 1997, *Musée Rodin*, *Rev. Trésor* 1999. 189 ; *Lebon* 607 ; *Rec.* 203 ; A. Froment-Meurice, J.-Y. Bertucci, N. Hauptmann et C. Michaut, *GAJF*, 7e éd. 2019, n° 48, p. 562.
7. CDBF 10 déc. 2020, *Office national d'indemnisation des accidents médicaux, des infections iatrogènes et des infections nosocomiales (ONIAM)*, n° 245-801 ; *Rec.* 195.
8. CDBF 19 nov. 2020, *Agence pour l'enseignement français à l'étranger (AEFE)*, n° 244-818 ; *Rec.* 190.
9. C. comptes 8 janv. 2025, *Fondation Assistance aux animaux*, n° 874, S-2024-1612. Ici § 57.
10. CDBF 13 déc. 2018, *Chambre départementale d'agriculture du Tarn-et-Garonne*, n° 225-790 ; *Rec.* 193.
11. CDBF 20 mars 2012, *Centre hospitalier de Marigot à Saint-Martin (Guadeloupe)*, n° 181-587 ; *AJDA* 2012. 1279, note C. Michaut et P. Sitbon ; *GFP* 2013, n° 5, p. 81, note S. Damarey, M. Lascombe et X. Vandendriessche.
12. CDBF 16 nov. 2012, *Agence nationale pour l'emploi (ANPE)*, n° 186-639 ; *Rec.* 198 ; *AJDA* 2013. 1621, chron. C. Michaut et P. Sitbon ; *GFP* 2013, n° 5, p. 93, note S. Damarey, M. Lascombe et X. Vandendriessche.
13. CDBF 16 nov. 2012, *Agence nationale pour l'emploi (ANPE)*, préc.
14. CDBF 8 déc. 2014, *Maison de retraite publique de Vertheuil*, n° 196-718 ; *Rec.* 175 ; *AJDA* 2015. 1536, chron. J.-E. Picard et S. Gaillard.
15. CDBF 29 nov. 2018, *Ordre national des chirurgiens-dentistes (ONCD)*, n° 224-800 ; *Rec.* 190.
16. CDBF 13 déc. 2018, *Chambre départementale d'agriculture du Tarn-et-Garonne*, n° 225-790 ; *Rec.* 193.
17. CDBF 10 déc. 2020, *Office national d'indemnisation des accidents médicaux, des infections iatrogènes et des infections nosocomiales (ONIAM)*, n° 245-801 ; *Rec.* 195.

– Des difficultés rencontrées précédemment avec des marchés auraient dû inciter les dirigeants à une particulière vigilance vis-à-vis de leurs subordonnés ayant commis les irrégularités (gravité)[1] ; sorte « d'avertissement » ayant été ignoré.

– Semble constituer un facteur de gravité le non-remboursement, pour des raisons inexpliquées, des sommes perçues indûment par les intéressés, alors qu'un blâme (sanction disciplinaire) avait été prononcé[2] ; on pourrait assimiler ce comportement à une persistance dans l'irrégularité.

§ 6 Image de l'institution affectée par les irrégularités

463.71 Image et respectabilité d'une institution ou de l'État lui-même. Exemples :

– Sont graves des pratiques irrégulières qui « ont été de nature à peser fâcheusement sur l'opinion [...] sur les modalités et la rectitude de l'action de l'État »[3].

– Avoir porté atteinte au bon fonctionnement et au renom d'un établissement public aboutit à écarter d'éventuelles circonstances invoquées par la défense[4].

– Revêt une « gravité certaine » le fait d'avoir recours, dans un montage irrégulier destiné à augmenter les crédits disponibles pour une DDE par majoration irrégulière de facture d'entrepreneurs, « à la complicité d'un fournisseur habituel du service », pratique dont il résultait « dans l'esprit des cocontractants de l'administration, des doutes sérieux sur la rectitude et la loyauté des représentants de celle-ci »[5]. C'est donc l'image de respectabilité de l'administration qui est ici considérée comme un bien à protéger.

– Une direction de la concurrence (Direccte) doit faire appliquer le droit de la concurrence : ne pas soi-même mettre en concurrence contrevient au « devoir particulier d'exemplarité en matière de gestion de la commande publique »[6], et cela porte atteinte à la crédibilité même de l'administration.

On peut également rattacher à cette catégorie le fait de ne pas avoir tenu compte de l'importance d'une mission confiée à une structure (qui avait été créée pour cette mission) ; donc sans que l'arrêt ne le dise explicitement, c'était mauvais pour l'image de l'établissement : « la mission de recouvrement des créances, indissociable de l'indemnisation des victimes quand l'ONIAM est substitué à l'assureur, devait être une priorité de la direction de l'établissement »[7].

§ 7 Gravité tirée des obligations et qualifications professionnelles d'un gestionnaire

463.81 Obligations professionnelles et niveau de qualification. À rapprocher : prise en compte des fonctions professionnelles exercées dans l'appréciation de la responsabilité personnelle au stade de l'imputabilité[8] ; v. aussi les devoirs de surveillance et d'organisation liés à certaines fonctions professionnelles[9].

Exemples en jurisprudence où des circonstances de gravité ou aggravantes ont été fondées sur des exigences particulières découlant d'obligations professionnelles, de l'expérience professionnelle ou du niveau de formation du gestionnaire :

– Constitue une circonstance aggravante le fait pour un maire d'avoir fait une confiance excessive en sa directrice générale des services, alors même qu'il était le seul à pouvoir exercer un contrôle sur elle, et en particulier sur les rémunérations de cette dernière[10].

– Cas d'une « élue expérimentée et première adjointe au maire depuis [de longues années], [qui] apparaît comme l'instigatrice [...] du dispositif qui a conduit à la gestion de fait [...] mais également à la conservation, par cette association, des sommes qu'elle aurait dû reverser à la commune »[11].

1. CDBF 28 avr. 1987, *Assoc. pour la formation professionnelle des adultes [Afpa]*, CCP, n° 3, p. 65 ; *Lebon* 503.
2. CDBF 26 avr. 1982, *Institut universitaire de technologie de Belfort*, CCP, n° 2, p. 196.
3. CDBF 4 déc. 1979, *secr. d'Ét. à la Jeunesse et aux Sports, Direction de l'éducation physique et des sports*, CCP, n° 2, p. 175.
4. CDBF 18 juin 1985, *Bureau de recherches géologiques et minières [BRGM], service géologique d'Alsace et de Lorraine*, CCP, n° 3, p. 15.
5. CDBF 9 déc. 1986, *DDE de Corse*, CCP, n° 3, p. 49 ; *Lebon* 331.
6. CDBF 2 déc. 2019, *Direction régionale des entreprises, de la concurrence, de la consommation, du travail et de l'emploi (Direccte) d'Alsace*, n° 238-794 ; *Rec.* 225 ; *AJDA* 2020. 617, chron. N. Hauptmann et N. Péhau ; mentionné dans *GFP* 2020, p. 163, chron. S. Damarey et X. Vandendriessche.
7. CDBF 10 déc. 2020, *Office national d'indemnisation des accidents médicaux, des infections iatrogènes et des infections nosocomiales (ONIAM)*, n° 245-801 ; *Rec.* 195.
8. V. s^s n°s 461.24 s.
9. Sur les obligations professionnelles dans le cadre de la faute grave de gestion, v. s^s n°s 432.241 s.
10. C. comptes 14 nov. 2024, *Commune de Bantzenheim (Haut-Rhin)*, n° 29, S-2024-1396. Ici § 33.
11. C. comptes 10 oct. 2024, *Commune de Felleries*, n° 12, S-2024-1311 ; *JCP Adm.* 2025. 2012, note S. Damarey ; ici § 41.

– « Qu'au surplus, leur qualité d'administrateurs du ministère des Finances [...] aurait dû les inciter à ne pas recourir à des pratiques contraires aux principes budgétaires et comptables que l'administration des finances a pour mission de faire respecter »[1]. Affaire proche : condamnation d'un membre d'un corps d'inspection « qui ne pouvait ou ne devait se désintéresser des modalités de fixation de sa propre rémunération »[2].

– Pour un comptable public, « le fait d'avoir omis de remettre des chèques à l'encaissement constitue une faute particulièrement grave »[3] ; dans le même sens, pour un agent comptable, le fait de se placer « dans une position où il mêlait ses intérêts personnels ou professionnels propres et ceux de l'Agessa » ; « son indépendance à l'égard du banquier de l'Agessa se trouvait inévitablement affectée »[4] ; ou encore : le défaut de surveillance du comptable public sur un régisseur d'avances « a des conséquences particulièrement graves dès lors que le régisseur ne bénéficie pas des mêmes garanties d'indépendance » que le comptable public[5]. Dans le même sens : un comptable n'ayant pas effectué les contrôles réglementaires sur des régies, son inaction ayant contribué aux irrégularités dans les régies[6].

– Condamnation d'un membre d'un corps d'inspection (au titre d'agissements commis en tant que dirigeant d'une entreprise publique), « qui ne pouvait ou ne devait se désintéresser des modalités de fixation de sa propre rémunération »[7]. Le fait d'appartenir à un tel corps semble être considéré par le juge comme un facteur de gravité dans le cadre de l'appréciation de la responsabilité.

– Un administrateur délégué aux affaires financières avait la responsabilité d'effectuer un contrôle effectif sur les aspects budgétaires, financiers et comptables, alors qu'il s'en est désintéressé (défaut de surveillance) ; il était indemnisé pour cela et disposait de l'expérience et de la compétence professionnelles requises, ce qui constitue des circonstances aggravantes[8].

– « M. X, de par son expérience professionnelle et les fonctions qu'il avait exercées, avait une très bonne connaissance du milieu dans lequel il évoluait en sa qualité de directeur général de l'EPCJ et de ses interlocuteurs ; qu'il a signé les marchés incriminés en connaissance du droit qui leur était applicable et des chantiers qui étaient concernés ; que ces faits sont de nature à constituer des circonstances aggravantes »[9]. Dans le même sens : « compte tenu de ses fonctions antérieures en tant que directeur des systèmes d'information et de la communication du ministère de l'Intérieur, il était informé des risques que présentait le projet [informatique] et connaissait parfaitement le contexte dans lequel il allait intervenir en tant que directeur » de l'établissement auquel la maîtrise d'œuvre était confiée[10]. Ou encore : Pour un directeur général, qui avait également été directeur technique opérationnel, constitue une circonstance de gravité le fait d'avoir eu une bonne connaissance des règles de la DSP qui avaient été violées[11].

– « Si [le président d'une chambre d'agriculture] fait valoir qu'il n'avait qu'un pouvoir exécutif soumis aux instances délibératives, il lui appartenait, en qualité d'ordonnateur, de s'assurer que les dépenses étaient bien conformes aux textes en vigueur »[12].

– Le cœur de mission d'une structure doit être une priorité professionnelle pour les responsables : « la mission de recouvrement des créances, indissociable de l'indemnisation des victimes quand l'ONIAM est substitué à l'assureur, devait être une priorité de la direction de l'établissement »[13]. Dans le même sens : manquements qui portaient sur un élément substantiel de la délégation de service public (facteur de gravité au sens de l'article L. 131-9 du CJF)[14].

1. CDBF 3 déc. 1985, *Monnaies et médailles*, CCP, n° 3, p. 31.
2. CDBF 15 mai 1996, *Sté B.*, *Rev. Trésor* 1998. 728 (l'arrêt y est appelé « Sté nationale S... ») ; *Lebon* 648 ; *Rec.* 171.
3. CDBF 16 mars 1988, *Caisse de retraite et de prévoyance de la boucherie, boucherie-charcuterie et boucherie hippophagique française [Carbof]*, CCP, n° 3, p. 131 ; *Lebon* 543.
4. CDBF 28 nov. 1990, *Assoc. pour la gestion de la Sécurité sociale des artistes auteurs [Agessa]*, CCP, n° 3, p. 217 ; *Lebon* 528.
5. CDBF 10 déc. 2010, *Commune de Bandol*, n° 172-680 ; *Rec.* 132 ; *Contrats publics* 2011, n° 109, note L. Renouard ; *GFP* 2011, n° 8-9, p. 571, note M. Lascombe et X. Vandendriessche.
6. CDBF 10 avr. 2015, *Établissement public de coopération culturelle « L'Autre Canal »*, n° 198-719 ; *Rec.* 159.
7. CDBF 15 mai 1996, *Sté B.*, préc.
8. CDBF 13 juin 2003, *SEM Sarcelles Chaleur*, *Rev. Trésor* 2004. 57, note M. Lascombe et X. Vandendriessche ; *AJDA* 2003. 2316, note N. Groper ; *Lebon* 584 ; *Rec.* 121 ; A. Froment-Meurice, J.-Y. Bertucci, N. Hauptmann et C. Michaut, *GAJF*, 7e éd. 2019, n° 49, p. 572.
9. CDBF 22 janv. 2015, *Établissement public du campus de Jussieu*, n° 197-713 ; *Rec.* 155 ; *AJDA* 2016. 2487, chron. N. Péhau et N. Hauptmann.
10. CDBF 22 avr. 2016, *Agence nationale des titres sécurisés (ANTS)*, n° 207-745 ; *Rec.* 179 ; *AJDA* 2016. 2487, chron. N. Péhau et N. Hauptmann.
11. C. comptes 23 juill. 2024, *Société anonyme d'économie mixte pour la gestion et pour l'animation du parc de loisirs de Saint-Cyr (SAEM SAGA)*, n° 904, S-2024-1128 ; *JCP Adm.* 2024. 2321, note S. Damarey.
12. CDBF 13 déc. 2018, *Chambre d'agriculture du Puy-de-Dôme*, n° 226-791 ; non publié au *Rec.*
13. CDBF 10 déc. 2020, *Office national d'indemnisation des accidents médicaux, des infections iatrogènes et des infections nosocomiales (ONIAM)*, n° 245-801 ; *Rec.* 195.
14. C. comptes 23 juill. 2024, *Société anonyme d'économie mixte pour la gestion et pour l'animation du parc de loisirs de Saint-Cyr (SAEM SAGA)*, préc.

– Recruter des gens incompétents : « 173. En procédant aux recrutements des deux principaux postes, après le sien [...], hors les procédures habituelles, M. X s'est privé et a privé la Caisse de la chance de disposer des compétences nécessaires à son activité essentielle, qui, selon lui, faisaient défaut. Cette circonstance aggrave la responsabilité de M. X »[1].

– L'expérience d'élu local de très longue date implique qu'il ne « pouvait dès lors pas méconnaître la portée et les conséquences de la réquisition d'un comptable public »[2]. Dans le même sens, le fait d'avoir été averti d'une irrégularité (à cause de la suspension du payement par le comptable, qui a dû être réquisitionné), portant sur une réglementation claire qu'un élu local, compte tenu de sa longue expérience, ne pouvait méconnaître[3].

– Constitue une circonstance aggravante le fait de s'être abstenu d'essayer de mettre un terme à l'irrégularité, alors qu'on en avait les moyens[4].

§ 8
Gravité tirée de la carence d'information, par un gestionnaire, du supérieur hiérarchique ou des organes de gouvernance

463.91 Absence d'avertissement du supérieur hiérarchique ou de l'organe délibérant. Exemples :

– Absence d'information du cabinet voire du ministre : grave[5].

– Constitue une circonstance aggravante pour un ordonnateur le fait de ne pas avoir informé le conseil d'administration[6].

1. C. comptes 24 nov. 2023, *Caisse de crédit municipal de Bordeaux (CCMB)*, n° 868, S-2023-1382 ; *Rec.* 38 ; *AJDA* 2023. 2381, chron. N. Péhau et L. Vergallo ; *JCP Adm.* 2024, n° 1, 2005 chron. S. Damarey ; *AJCT* 2024, p. 175, note C. Pierucci ; *Gaz. Pal.* 2024, n° 2, p. 70, note T. Dogan.
2. C. comptes 3 mai 2024, *Département de la Haute-Saône*, n° 908, S-2024-0723 ; chron. Y. Simon et S. Heintz dans *RGP* 2024, n° 03, p. 70 ; *AJDA* 2024. 1327, chron. N. Péhau et L. Vergallo. Ici § 53.
3. C. comptes 14 nov. 2024, *Commune de Bantzenheim (Haut-Rhin)*, n° 29, S-2024-1396 ; ici § 34.
4. CDBF 22 oct. 2012, *Port autonome de Marseille*, n° 185-692 ; *Rec.* 196 ; *AJDA* 2012. 2441, note C. Michaut et P. Sitbon ; *GFP* 2013, n° 5, p. 90, note S. Damarey, M. Lascombe et X. Vandendriessche.
5. CDBF 28 juin 1995, *Direction générale et directions d'Île-de-France de la Poste*, *Rev. Trésor* 1996. 734 ; *Lebon* 600 ; *Rec.* 131.
6. CDBF 18 juin 1997, *Musée Rodin*, *Rev. Trésor* 1999. 189 ; *Lebon* 607 ; *Rec.* 203 ; A. Froment-Meurice, J.-Y. Bertucci, N. Hauptmann et C. Michaut, *GAJF*, 7e éd. 2019, n° 48, p. 562.

– Le fait pour un agent d'avoir baissé le loyer d'un immeuble appartenant à la structure publique (concernant un appartement qu'il occupait lui-même) sans en avoir averti son supérieur hiérarchique ; et ce prix était notoirement inférieur au prix du marché[7].

§ 9
Diversité et critique des autres cas de gravité et de circonstances aggravantes retenues par la jurisprudence financière

463.101 Autres cas de gravité et de circonstances aggravantes. Jurisprudence :

– Circonstance aggravante contestable : l'absence d'urgence[8]. Il ne saurait s'agir que d'un cas d'espèce ; la Cour avait parallèlement reconnu, dans le même arrêt, des circonstances atténuantes du fait de l'urgence (crise sociale), mais cela ne signifie pas que lorsque l'urgence n'existe pas il faut transformer cette absence en circonstance aggravante : il eût alors suffi de ne pas reconnaître la circonstance atténuante !

– Éléments de gravité qui contrebalancent des circonstances potentiellement atténuantes et qui aboutissent à des amendes peu atténuées : absence d'urgence, et le secrétaire général et l'agent comptable de l'université n'avaient pas alerté en temps utile ni le président, ni le conseil d'administration ; ils avaient certes eu, en commettant diverses irrégularités, comme objectif le bien de l'université, ils n'ont pas bénéficié personnellement des irrégularités et étaient de bonne foi, mais ils avaient fait preuve d'imprudence[9].

– La CDBF a estimé que la non-déclaration de rémunérations à l'administration fiscale constituait simplement une circonstance aggravante de responsabilité concernant l'infraction générale, alors que la Cour aurait sans doute pu condamner la personne concernée sur la base de l'infraction de l'article L. 313-5 du CJF[10].

– « Considérant que [le président du conseil d'administration d'une fondation] s'est opposé à plusieurs reprises à la création d'un comité des rémunérations [qui aurait pu éviter de verser des rémunérations excessives au directeur général qui avait été embauché] et qu'il n'a pas fait la démonstration

7. CDBF 3 déc. 1997, *Institut de France [appartement de la rue d'Aumale]*, *Rev. Trésor* 1999. 198 ; *Lebon* 623.
8. CDBF 28 avr. 1987, *Assoc. pour la formation professionnelle des adultes [Afpa]*, CCP, n° 3, p. 65 ; *Lebon* 503.
9. CDBF 17 nov. 1987, *Université Paris IV Paris-Sorbonne*, CCP, n° 3, p. 105 ; *Lebon*, tables p. 656.
10. CDBF 9 sept. 1998, *Sté des hôtels Méridien [SHM] et Sté Méridien Gestion [SMG]*, *Rev. Trésor* 1999. 207 ; *Lebon* 658 ; *Rec.* 136.

d'efforts particuliers en faveur de la transparence d'une institution financée en partie par des fonds provenant des appels à la générosité publique ; que ces faits sont de nature à constituer des circonstances aggravantes de responsabilité »[1].

– Préfets qui, compte tenu de l'importance d'un projet industriel sur le territoire, auraient dû faire preuve d'une « vigilance accrue sur ce dossier sensible »[2].

SECTION 3
CIRCONSTANCES ATTÉNUANTES

§ 1
Éléments généraux

463.111 **Éléments généraux sur les circonstances atténuantes fréquemment alléguées et accordées.** De très nombreux arrêts reconnaissent des circonstances atténuantes de responsabilité, qui apparaissent d'ailleurs dès le premier arrêt rendu par la Cour de discipline budgétaire[3].

Ceci n'est pas dû à une trop grande indulgence des juges, mais trouve son explication dans la particularité du contentieux financier, qui ne cherche pas principalement à sanctionner les cas de malhonnêteté – qui relèvent plus naturellement de la justice pénale – mais à protéger l'ordre public financier dans des structures complexes du secteur public. Or dans ces dernières, l'individu est rarement seul : il existe le plus souvent des circuits de décision impliquant un enchevêtrement des responsabilités, ainsi que des mécanismes de contrôle (comptable public, contrôleur financier, tutelles...) dont l'inattention voire les négligences, même si elles ne sont pas toujours mises en cause explicitement, auront contribué à la commission des infractions. En outre, la réglementation est complexe et les contraintes de la gestion parfois fortes.

Si le code des juridictions financières, qui prévoit désormais explicitement que « les amendes sont proportionnées à la gravité des faits reprochés »[4], donne des exemples de gravité mais pas d'absence de gravité, et encore moins de circonstances atténuantes, ces dernières en constituent par définition le corollaire, d'autant que les amendes « sont déterminées individuellement pour chaque personne sanctionnée »[5].

Certaines circonstances atténuantes sont tellement fortes qu'elles motiveront une simple sanction de principe, l'amende minimale, parce que par exemple une fonction recèle des obligations intrinsèques (« de principe ») que des circonstances ne peuvent pas totalement abolir : « considérant toutefois que ces circonstances [atténuantes] ne sauraient conduire à dégager entièrement la responsabilité de l'intéressé, qui est dans son principe la contrepartie de la part faite aux représentants de la profession dans un organisme les intéressant au premier chef ; qu'il convient donc de prononcer à l'encontre [du président du conseil d'administration] une condamnation dont le montant souligne le caractère de principe »[6]. On notera l'utilisation à deux reprises du mot « principe » par la CDBF pour justifier l'infliction, malgré tout, d'une sanction.

Dans d'autres cas, le juge ira jusqu'à la dispense de peine[7], ce qui revient à conférer une valeur absolutoire à ce cumul de facteurs atténuateurs[8].

À noter qu'il arrive que le juge, en cas de cumul de sanctions, tienne compte de sanctions déjà intervenues au titre des circonstances atténuantes : si cela semble admissible s'agissant de sanctions non juridictionnelles (exemple de sanction managériale[9] ou de sanction disciplinaire[10] prononcée sur les mêmes faits, acceptée comme circonstance par le juge financier pour réduire la sanction), cela ne devrait pas l'être pour des sanctions prononcées par des juridictions : on entre là dans un autre sujet, qui est celui du *non bis in idem*[11] et du plafonnement des sanctions par la jurisprudence constitutionnelle, donc une question de proportionnalité de la sanction[12].

Conformément à la règle générale, la charge de la preuve des circonstances atténuantes incombe à celui qui les invoque, donc le plus souvent à la défense ; s'ils ne sont pas établis, le juge ne peut pas en tenir compte[13].

1. CDBF 20 juill. 2017, *Institut Curie*, n° 215-765 ; *Rec.* 244 ; A. Froment-Meurice, J.-Y. Bertucci, N. Hauptmann et C. Michaut, *GAJF*, 7e éd. 2019, n° 50, p. 585.
2. CDBF 22 févr. 2018, *Société d'investissements de la filière pêche de l'archipel (SIFPA) de Saint-Pierre-et-Miquelon*, n° 218-749 ; *Rec.* 173 ; *AJDA* 2018. 1147.
3. CDB 28 juin 1954, *Maison centrale de Melun*, CCP, n° 2, p. 1.
4. CJF, art. L. 131-16, al. 3.
5. CJF, art. L. 131-16, al. 3.
6. CDBF 14 juin 1982, *Comité national de la pomme de terre [CNPT]*, CCP, n° 2, p. 200.
7. Sur la dispense de peine et les circonstances absolutoires, v. ss n° 463.202.
8. Sur les circonstances absolutoires, v. ci-après, ss nos 463.201 s.
9. « Cette situation a eu des conséquences sur le déroulement de sa carrière » : CDBF 5 juin 1989, *Hôpital d'Orange*, CCP, n° 3, p. 172 ; *Lebon* 417.
10. CDBF 9 oct. 2020, *Fonds de solidarité*, n° 243-828 ; *Rec.* 187 ; *AJDA* 2021. 616, chron. D. Guilbaud et N. Péhau.
11. Sur ce sujet, v. ss n° 212.11.
12. V. ss n° 212.41.
13. CDBF 17 févr. 1988, *Direction des services vétérinaires des Alpes de Haute-Provence, Assoc. Groupement de défense sanitaire [GDS] et Assoc. Groupement vétérinaire pratique [GVP]*, CCP, n° 3, p. 122 ; *Lebon* 538.

Que le juge n'ait pas tenu compte des circonstances atténuantes invoquées par le défendeur peut être contesté en cassation (erreur de droit et dénaturation des faits)[1].

Il est rare que le juge se fonde sur un seul élément à décharge (ou à charge) ; dans la plupart des arrêts, une multiplicité d'arguments est énoncée, retenus ou non ; la tentative de typologie ci-dessous, en citant un arrêt à l'appui d'une catégorie d'éléments, ne signifie pas que le juge, dans cette affaire, n'a pas retenu également d'autres facteurs à décharge ou atténuants de responsabilité.

En outre, il apparaît logiquement dans la typologie qui suit une symétrie inversée avec celle concernant les facteurs de gravité et les circonstances aggravantes.

Enfin, la prise en compte de certains éléments à décharge paraît critiquable, au regard de la nature du contentieux financier et de l'objectif du régime de responsabilité de droit public financier ; ces cas seront amplement discutés ci-après.

§ 2 Défaillance d'autorités chargées de contrôles externes

463.121 Défaillance des tutelles et des autorités chargées de contrôles externes. La défaillance des contrôles externes constitue une circonstance très fréquemment invoquée et accordée, au point de se demander s'il ne faudrait pas plus souvent engager directement la responsabilité de ces autorités : rappelons qu'une tutelle qui approuve des décisions de gestion irrégulières peut, sous certaines conditions, engager sa responsabilité[2].

Mais toute circonstance de ce type n'est pas pour autant accordée : elle doit être établie par la défense, d'une part, et elle peut être contrebalancée par des éléments inverses. Ainsi la Cour a-t-elle pu juger que « la défaillance des autorités de contrôle externe n'est pas établie. [...] En tout état de cause, elle ne pourrait être invoquée en atténuation de responsabilité, eu égard à la responsabilité propre des dirigeants effectifs déjà évoquée »[3].

Néanmoins, la jurisprudence est particulièrement abondante en matière de défaillance de tutelles ou autres autorités qui disposaient d'une fonction de contrôle externe sur la structure dans laquelle les fautes de gestion sont apparues.

463.122 Tutelle de l'État. L'inertie des tutelles étatiques[4], parfois sur longue période[5], est un motif fréquemment avancé ; elle peut concerner un acte de gestion particulier[6] ou une série d'actes[7], voire prendre une dimension plus structurelle ; le comportement des tutelles peut en outre revêtir des gradations différentes, du simple silence indifférent dû à l'absence de contrôle à l'approbation tacite, voire ouverte, d'une irrégularité connue, en passant par des promesses non tenues ou des alertes ignorées.

En fonction de la gravité de la défaillance de la tutelle, des circonstances atténuantes seront accordées par le juge.

– Décisions irrégulières prises dans un centre hospitalier en toute transparence vis-à-vis du conseil d'administration et des tutelles[8].

– Inertie proche d'une approbation coupable et sanctionnable : la tutelle ne s'était pas opposée à la conclusion de contrats irréguliers par un centre hospitalier, alors même que le directeur avait lui-même signalé les clauses irrégulières à la tutelle (!)[9].

– « Considérant que les budgets de la chambre départementale d'agriculture sont soumis à l'approbation de la tutelle qui doit vérifier que la destination des crédits est conforme aux règles de droit même si les documents soumis au vote en session sont globaux et en l'absence de toute délibération spécifique sur les subventions accordées ; qu'en les

1. Recours en cassation non admis en l'espèce : CE 23 mai 2013, *M. Janin*, n° 364733 (affaire CDBF *Port autonome de Marseille*). La contestation portait sur le fait que la CDBF n'aurait pas tenu compte « de *la circonstance qu'il* [le gestionnaire condamné] *n'avait pas été en mesure de déceler immédiatement les insuffisances de l'organisation mise en place avant son arrivée* ».
2. V. s[s] n° 432.301.
3. C. comptes 24 nov. 2023, *Caisse de crédit municipal de Bordeaux (CCMB)*, n° 868, S-2023-1382 ; *Rec.* 38 ; *AJDA* 2023. 2381, chron. N. Péhau et L. Vergallo ; *JCP Adm.* 2024, n° 1, 2005 chron. S. Damarey ; *AJCT* 2024, p. 175, note C. Pierucci ; *Gaz. Pal.* 2024, n° 2, p. 70, note T. Dogan. Ici § 163.
4. CDBF 18 déc. 2012, *École nationale d'équitation*, n° 187-699 ; *AJDA* 2013. 1628, chron. C. Michaut et P. Sitbon ; *GFP* 2013, n° 5, p. 94, note S. Damarey, M. Lascombe et X. Vandendriessche ; non publié au *Rec.* – CDBF 3 juill. 2009, *École régionale des déficients visuels [ERDV] de Loos*, *Rec.* p. 77 ; GFP 2011, n° 7, p. 504, note M. Lascombe et X. Vandendriessche. – CDBF 20 déc. 1982, *Port autonome de Nantes-Saint-Nazaire*, CCP, n° 2, p. 211.
5. CDBF 20 juin 2022 *Institut national du sport, de l'expertise et de la performance (INSEP)*, n° 258-849 ; *Rec.* 136 ; *AJDA* 2022. 2527, chron. N. Péhau et M. Choquet. – CDBF 27 nov. 2009, *Chambre de commerce et d'industrie (CCI) de Paris (CCIP)*, n° 169-570 ; *AJDA* 2010. 488, note N. Groper et C. Michaut ; *GFP* 2011, n° 7, p. 510, note M. Lascombe et X. Vandendriessche.
6. PAR EX. : CDBF 4 avr. 1973, *Caisse de crédit municipal de Lyon*, *Lebon* 855 (extraits) ; CCP, n° 2, p. 78.
7. PAR EX. : CDBF 7 févr. 1989, *Institut national de la consommation [INC]*, CCP, n° 3, p. 154 ; *Lebon* 411.
8. CDBF 16 nov. 2016, *Centre hospitalier de Givors*, n° 211-739 ; *Rec.* 187 ; *AJDA* 2017. 932, chron. N. Péhau et N. Hauptmann.
9. CDBF 20 janv. 2021, *Centre hospitalier de Chauny*, n° 246-824 ; *Rec.* 157.

circonstances de l'espèce, le préfet assistant à la plupart des sessions de la chambre départementale d'agriculture au cours desquelles son budget était adopté, le fait qu'il n'ait jamais relevé de difficultés à propos de ces subventions constitue, dans une certaine mesure, une circonstance atténuante »[1].

– La validation *ex post* d'une décision irrégulière par le conseil d'administration, et « son approbation implicite par les autorités de tutelle qui n'ont pas fait opposition à la délibération susmentionnée »[2].

– La « passivité et négligence des autorités de tutelle » peut constituer une circonstance atténuante pour l'ordonnateur, mais pas forcément pour le comptable public qui « a le devoir, sans que soit nécessaire l'intervention d'une quelconque autorité, d'accomplir son office »[3]. Cette sévérité particulière à l'égard des comptables est justifiée par le fait qu'il s'agit de professionnels qui doivent, justement, contribuer au contrôle de régularité.

– Ni la tutelle, ni le conseil d'administration ne se sont préoccupés des difficultés que rencontrait le directeur d'un établissement[4] ; dans le même sens, « silence des tutelles face aux difficultés rencontrées par l'établissement »[5].

– « Sans doute les dissimulations auxquelles M. B. s'était livré, et les explications lénifiantes qu'il fournit dans un rapport [...] contribuèrent à masquer les graves errements qui caractérisaient sa gestion mais qu'à l'inverse ces errements n'auraient sans doute pas pris le développement qu'ils ont connu si les autorités de tutelle s'étaient montrées plus vigilantes »[6].

– Attitude des tutelles comparée à l'inexpérience du gestionnaire : « encouragements répétés pouvant être assimilés à des assurances verbales par une personne peu rompue aux pratiques administratives »[7].

– Les tutelles n'avaient jamais donné de directives pour assurer l'application d'une réglementation[8].

– Défaillance des autorités de tutelle, qui avaient pourtant effectué des contrôles, mais n'avaient rien vu d'anormal[9].

– Pratiques (procédure irrégulière de fixation de la rémunération, qui aurait dû être approuvée par le conseil d'administration) qui, « pour irrégulières et regrettables qu'elles soient », étaient de pratique habituelle dans les entreprises publiques, « et qu'elles ont à l'évidence [...] l'aval implicite des services du ministère des Finances et des ministères de tutelle technique ; que sans doute [la personne renvoyée] y a trouvé quelque commodité [en bénéficiant de ces rémunérations...], et n'a pas pris en conséquence les mesures nécessaires pour rétablir en l'espèce le conseil d'administration dans l'exercice de sa compétence légale ; mais qu'il serait inéquitable d'imputer à lui seul la responsabilité de l'infraction commise et de le condamner à l'amende à ce seul titre ». La sanction finalement prononcée se fonde donc sur le cumul de cette irrégularité avec d'autres, sinon l'intéressé eût été relaxé[10].

– Les tutelles n'avaient pas exigé de disposer d'un suivi des coûts et se sont abstenues d'intervenir lorsque des changements ont été apportés à la politique de l'emploi ; facteurs externes s'imposant à l'organisme (réforme de la politique de l'emploi avec ses conséquences)[11].

– « Défaut de vigilance et de diligence » des autorités de tutelle ; de ce fait l'intéressé « a pu méconnaître la gravité des pratiques, apparemment admises par les autorités et administrations ayant qualité pour connaître de la gestion de son service »[12].

– Constituent des circonstances atténuantes en faveur d'un président d'université qui avait commis des infractions budgétaires (budget déséquilibré, accumulation de dépenses engagées mais non honorées) l'existence de promesses non tenues par la tutelle de construire de nouveaux bâtiments pour l'université[13] ; en revanche, le fait que le président de l'université ait précisé au conseil d'administration et à la tutelle que les budgets qu'il présentait n'étaient pas en équilibre, ce qui constituait une violation des règles budgétaires applicables à l'établissement, ne le dégage pas de sa responsabilité (même arrêt).

1. CDBF 14 nov. 2019, *Chambre départementale d'agriculture du Finistère*, n° 237-772 ; *Rec.* 221.
2. CDBF 4 sept. 2018, *Agence de l'eau Seine-Normandie (AESN)*, n° 222-771 ; *Rec.* 186.
3. CDBF 20 mars 2012, *Centre hospitalier de Marigot à Saint-Martin (Guadeloupe)*, n° 181-587 ; *AJDA* 2012. 1279, note C. Michaut et P. Sitbon ; *GFP* 2013, n° 5, p. 81, note S. Damarey, M. Lascombe et X. Vandendriessche.
4. CDB 20 avr. 1962, *École vétérinaire de Lyon*, CCP, n° 2, p. 51 ; *Lebon* 842.
5. CDBF 10 déc. 2020, *Office national d'indemnisation des accidents médicaux, des infections iatrogènes et des infections nosocomiales (ONIAM)*, n° 245-801 ; *Rec.* 195.
6. CDBF 29 juin 1978, *Sté de crédit immobilier « Les prévoyants de l'avenir de la Charente-Maritime » et SA d'HLM « Le foyer de la Charente-Maritime »*, CCP, n° 2, p. 157 ; *Lebon* 663.
7. CDBF 2 mai 1983, *Université d'Aix-Marseille III, Institut d'administration des entreprises [IAE]*, CCP, n° 2, p. 217.
8. CDBF 19 nov. 1984, *CH de Chambéry*, CCP, n° 2, p. 228.
9. CDBF 29 nov. 1984, *Caisse mutuelle régionale [CMR] de Bretagne*, CCP, n° 2, p. 232.
10. CDBF 27 mars 1985, *Sté française d'équipements pour la navigation aérienne [Sfena]*, CCP, n° 3, p. 7.
11. CDBF 16 nov. 2012, *Agence nationale pour l'emploi (ANPE)*, n° 186-639 ; *Rec.* 198 ; *AJDA* 2013. 1621, chron. C. Michaut et P. Sitbon ; *GFP* 2013, n° 5, p. 93, note S. Damarey, M. Lascombe et X. Vandendriessche.
12. CDBF 30 avr. 1985, *min. de l'Agriculture, service des haras et de l'équitation*, CCP, n° 3, p. 10.
13. CDBF 1er et 2 juill. 1987, *Université Paris XII Val de Marne*, CCP, n° 3, p. 89 ; *Lebon*, tables p. 655.

– L'administration de tutelle était parfaitement au courant des pratiques irrégulières, et elle « ne s'est pas suffisamment préoccupée de fournir à l'EHESS les locaux qui lui étaient nécessaires », situation qui avait entraîné de la part des dirigeants de l'établissement le recours à des pratiques irrégulières. Le ministère de tutelle a d'ailleurs, dans son avis, reconnu avoir manqué de vigilance en la matière [1].

– Faiblesse de la maîtrise d'ouvrage du projet informatique, assurée par une mission du ministère de tutelle, alors que l'établissement n'en avait que la maîtrise d'œuvre [2].

– L'accord d'une administration sur des pratiques irrégulières, qu'elle a peut-être même suscitées, atténue la responsabilité d'une gestionnaire [3].

En revanche, dans un cas où les tutelles avaient certes avalisé pour des raisons d'opportunité le projet qui avait donné lieu aux irrégularités, mais où elles avaient formulé des réserves et critiques explicites et sévères sur la mise en œuvre, la CDBF a refusé d'accorder des circonstances atténuantes [4].

463.123 Contrôle de légalité. La défaillance, notamment, du contrôle de légalité, peut constituer une circonstance atténuante [5] ; comme le fait, à l'issue d'une réunion avec l'autorité chargée du contrôle de légalité, de retenir que cette dernière ne s'opposerait pas au choix du mode de passation de marché choisi (en l'occurrence, un mode irrégulier), déduction corroborée par des témoignages à ladite réunion [6].

463.124 Contrôle budgétaire et contrôle économique et financier. Dans le champ soumis au contrôle budgétaire de l'État (anciennement contrôle financier) [7], ou du contrôle économique et financier [8], les défaillances de ces autorités de contrôle externe (relevant de la Direction du Budget) peuvent constituer une circonstance atténuante pour un gestionnaire d'organisme soumis à ce type de contrôle :

– Le fait que les pièces de dépenses, qui étaient irrégulières, avaient été visées par le contrôle financier constitue une circonstance atténuante en faveur d'un comptable public [9]. L'arrêt dit pudiquement que ce visa « ne pouvait être tenu par lui comme dépourvu de toute signification » ! Dans le même sens : « défaut de vigilance et de diligence » des autorités de contrôle financier (qui avait visé des subventions fallacieuses versées dans un vaste montage de gestions de fait) ; de ce fait l'intéressé « a pu méconnaître la gravité des pratiques, apparemment admises par les autorités et administrations ayant qualité pour connaître de la gestion de son service » [10].

– Contrôle financier n'ayant jamais relevé les irrégularités [11]. Dans une affaire proche, ni la commission interne des marchés, ni le contrôle économique et financier ne s'étaient opposés à la signature des contrats irréguliers [12].

– Des circonstances atténuantes ont été retenues en faveur du directeur d'un établissement public qui avait fait verser des indemnités irrégulières à un chargé de mission, notamment parce qu'il avait sollicité l'avis du contrôleur financier sur le montage retenu sans que ce dernier n'y réponde [13].

463.125 Contrôle du comptable public. Le comptable public, de par son existence même, constitue un élément-clé de la régularité budgétaire et financière dans le champ de la comptabilité publique au sens strict. Relevant le plus souvent de « Bercy », ou plus rarement d'autres ministères comme ceux ayant en charge l'éducation nationale ou l'agriculture, il est immergé dans les « ministères dépensiers » ou les collectivités territoriales ou établissements publics qui en sont pourvus. Il s'agit donc d'une forme de contrôle externe à la gestion considérée, mais internalisée dans la structure en cause. Des dysfonctionnement affectant le fonctionnement d'un poste comptable peuvent dès lors constituer une circonstance atténuante en faveur du gestionnaire commettant une irrégularité, dans la mesure où le comptable a

1. CDBF 30 sept. 1987, *EHESS et Assoc. Marc Bloch*, CCP, n° 3, p. 94 ; *Lebon* 515.
2. CDBF 22 avr. 2016, *Agence nationale des titres sécurisés (ANTS)*, n° 207-745 ; *Rec.* 179 ; *AJDA* 2016. 2487, chron. N. Péhau et N. Hauptmann.
3. CDBF 7 nov. 2003, *Assoc. L'Étape*, *Rev. Trésor* 2005. 692, note M. Lascombe et X. Vandendriessche ; AJDA 2004. 1236, note N. Groper ; *Lebon* 592 ; *Rec.*, p. 137.
4. CDBF 24 nov. 1986, *CH Sainte-Anne à Paris [marchés d'ingénierie]*, CCP, n° 3, p. 35.
5. CDBF 17 juin 2005, *CHS Paul Guiraud de Villejuif*, 2e arrêt, *Rev. Trésor* 2005. 708, note M. Lascombe et X. Vandendriessche ; *Lebon* 674.
6. CDBF 11 déc. 2009, *Centre hospitalier universitaire de Reims*, n° 170-652 ; *AJDA* 2010. 484, note N. Groper et C. Michaut ; *GFP* 2011, n° 7, p. 512, note M. Lascombe et X. Vandendriessche.
7. Sur le contrôle budgétaire, anciennement contrôle financier de l'État, et son infraction dédiée, v. ss n° 421.11.
8. Sur le champ du contrôle économique et financier, v. ss n° 421.34.
9. CDBF 3 déc. 1985, *Monnaies et médailles*, CCP, n° 3, p. 31.
10. CDBF 30 avr. 1985, *min. de l'Agriculture, service des haras et de l'équitation*, CCP, n° 3, p. 10.
11. CDBF 23 avr. 2003, *TGI de Marseille*, *Rev. Trésor* 2004. 54, note M. Lascombe et X. Vandendriessche ; *Lebon* 579 ; *Rec.*, p. 111.
12. CDBF 25 janv. 2019, *Radio France : le chantier de réhabilitation*, n° 227-760 ; *Rec.* 191.
13. CDBF 25 sept. 2006, *Institut national de la propriété industrielle [Inpi]*, *Rev. Trésor* 2007. 681, fiche N. Groper ; AJDA 2006. 2449, note N. Groper et C. Michaut ; *Rev. Trésor* 2007. 716, note M. Lascombe et X. Vandendriessche ; *Lebon* 668 ; *Rec.*, p. 105.

réglementairement un rôle de contrôle sur la gestion de l'ordonnateur, ainsi que sur les régies :

– « Désorganisation du contrôle comptable local », et « défaut de rigueur dans l'organisation générale du contrôle dans les directives adressées par la caisse nationale à ce service »[1].

– Circonstances atténuantes : le comptable avait payé la même prime les années précédentes, jusqu'à l'année n où il s'était fait réquisitionner ; le fait que le fondement juridique de la prime était inadéquat n'avait d'ailleurs été constaté par le juge administratif que postérieurement à la réquisition[2].

– Absence de remarque sur un dispositif irrégulier en vigueur dans un ministère par les vérificateurs de la Paierie générale du Trésor[3] (désormais CBCM ou DRFiP).

– Le silence de l'agent comptable public sur le versement de compléments de rémunération irréguliers décidés par l'ordonnateur constitue une circonstance atténuante en faveur de ce dernier[4] ; mais d'autres arrêts sont plus nuancés : ainsi, dans une affaire, la CDBF a jugé que les défaillances du comptable public n'étaient pas une excuse : « eu égard au principe de séparation des ordonnateurs et des comptables qui impartit des obligations distinctes aux uns et aux autres, [l'ordonnateur] ne peut se prévaloir des agissements du comptable de l'établissement hospitalier pour atténuer ou exonérer sa propre responsabilité dans la commission des irrégularités en cause »[5].

– Circonstances atténuantes accordées à l'ordonnateur car le régisseur, l'agent comptable et l'administration centrale étaient au courant des irrégularités[6].

– Cas où l'agent comptable n'a jamais exprimé de réserves sur ces pratiques réitérées sur plusieurs années[7].

– Une directrice d'établissement public « a pu éprouver un sentiment d'isolement dans l'exercice de ses fonctions, caractérisé en particulier par l'absence de conseils et d'alertes donnés par les comptables publics successifs dans la passation de commandes publiques [et] elle a fait valider l'ensemble de ses décisions par le conseil d'administration de l'établissement »[8].

Le comptable lui-même peut être mis en cause au titre d'irrégularités qui lui sont imputables ; dans ce cadre, celui-ci peut également se prévaloir de circonstances atténuantes liées au comportement de l'ordonnateur : « Considérant que [le comptable public], même s'il a agi sur un mode mineur, a formulé des alertes à l'ordonnateur s'agissant de la nécessité de se conformer aux dispositions du CASF[9] en matière de présentation budgétaire ; que, par ailleurs, en l'absence de collaboration des services de l'ordonnateur, il lui était difficile de disposer d'une vision claire de la situation patrimoniale de la maison de retraite ; que ces faits sont de nature à constituer des circonstances atténuantes »[10].

463.126 Contrôle d'État. Comme ceux du contrôle budgétaire ou du contrôle économique et financier, les défaillances du contrôle d'État[11] peuvent constituer des circonstances atténuantes en faveur des gestionnaires d'organismes qui y sont soumis :

– « Une certaine ambiguïté dans le comportement du contrôle d'État », élément constitutif de circonstances atténuantes pour les responsables de l'irrégularité commise en l'espèce (payement de rémunérations dans des conditions contraires aux textes applicables)[12].

– Manque de vigilance notamment de la part du contrôleur d'État[13].

– Attitude passive du contrôle d'État qui était au courant de l'irrégularité, en l'occurrence des éléments irréguliers de rémunération[14].

1. CDBF 30 oct. 1985, *Caisse nationale de l'assurance-maladie des travailleurs salariés [CNAMTS], Service du contrôle médical régional de Nancy*, CCP, n° 3, p. 20.
2. CDBF 30 sept. 2021, *Commune de Saint-Denis de La Réunion*, n° 251-826 ; *Rec.* 181 ; *RFFP* n° 157, févr. 2022, p. 181, note F. Lemaire ; *AJCT* 2022, p. 108, note G. Durand ; *AJDA* 2021. 2507 chron. N. Péhau et M. Choquet.
3. CDBF 5 nov. 1997, *min. des Affaires étrangères [frais de réception], Rev. Trésor* 1999. 194 ; *Lebon* 615 ; AJDA 1997. 505, note S. Cendre-Malinas.
4. CDBF 4 avr. 2001, *OPIHLM de la région de Creil, Rev. Trésor* 2001. 799, note M. Lascombe et X. Vandendriessche ; *Lebon* 765.
5. CDBF 17 juin 2013, *Centre hospitalier intercommunal (CHI) de la Lauter à Wissembourg*, n° 189-683 ; non publié au *Rec.*
6. CDBF 14 nov. 2001, *Mission de coopération et d'action culturelle de Castries [Sainte-Lucie], Rev. Trésor* 2004. 38, note M. Lascombe et X. Vandendriessche ; *Lebon* 771 ; *Rec.*, p. 117.
7. CDBF 20 juin 2022 *Institut national du sport, de l'expertise et de la performance (INSEP)*, n° 258-849 ; *Rec.* 136 ; *AJDA* 2022. 2527, chron. N. Péhau et M. Choquet.
8. CDBF 14 juin 2016, *Établissement d'hébergement pour personnes âgées dépendantes (EHPAD) de Durtal*, n° 208-737 ; *Rec.* 182 ; *AJDA* 2016. 2487, chron. N. Péhau et N. Hauptmann.
9. Code de l'action sociale et des familles.
10. CDBF 8 déc. 2014, *Maison de retraite publique de Vertheuil*, n° 196-718 ; *Rec.* 175 ; *AJDA* 2015. 1536, chron. J.-E. Picard et S. Gaillard.
11. Sur le champ du contrôle d'État, v. s[s] n° 421.35.
12. CDBF 11 oct. 1982, *Office national d'études et de recherches aérospatiales [Onera]*, CCP, n° 2, p. 206.
13. CDBF 24 oct. 1989, *Assoc. pour l'emploi des cadres, ingénieurs et techniciens de l'agriculture [Apecita]*, CCP, n° 3, p. 180 ; *Lebon* 421.
14. CDBF 15 mai 1996, *S[té] B., Rev. Trésor* 1998. 728 (l'arrêt y est appelé « S[té] nationale S… ») ; *Lebon* 648 ; *Rec.*, p. 171.

Certaines défaillances dans les contrôles par l'État sur des organismes relèvent de la même logique :

– « [...] le dossier ne porte trace d'aucune observation faite par le commissaire du gouvernement placé auprès de la CNBA sur les décisions litigieuses, alors même qu'il participait à la préparation des délibérations et qu'il assistait au conseil d'administration »[1].

– Constituent des circonstances atténuantes pour un PDG le fait que le sous-préfet n'avait pas exercé avec suffisamment de vigilance ses fonctions de commissaire du gouvernement dans une SEM dans laquelle des irrégularités graves, notamment comptables, avaient été commises[2].

463.127 Inspections et autres autorités de contrôle hors tutelle. D'autres services de l'État peuvent n'avoir pas joué leur rôle, ce qui est susceptible d'être constitutif de circonstances atténuantes. Ainsi l'absence de mise en garde des inspections et services de contrôle[3] (outre des tutelles).

§ 3 Défaillances d'autorités intervenant dans le processus de décision

463.131 Notaire. « Les actes d'acquisition de biens immobiliers [constitutifs de l'irrégularité] avaient été préparés par un notaire et revus par les services de la SEMCODA »[4].

463.132 Commissaire aux comptes. Les défaillances des commissaires aux comptes (CAC) dans leur mission de contrôle peuvent atténuer la responsabilité de gestionnaires d'organismes soumis à l'obligation de certification par un CAC :

– « Le fait que le commissaire aux comptes a certifié sans réserve les comptes annuels [...] et qu'il a validé les différentes écritures irrégulières ne saurait constituer une circonstance exonératoire de la responsabilité des dirigeants de la [fédération sportive] qui sont, conformément à leurs obligations légales, responsables des comptes. En revanche, ce fait constitue une circonstance atténuante de responsabilité »[5].

– Constitue une circonstance atténuante pour un PDG le fait que le commissaire aux comptes de la SEM avait certifié – certes avec réserve – les comptes de la société, alors que les états financiers de celle-ci étaient, selon la CDBF, altérés dans leur sincérité, faussant par-là l'appréciation que l'on pouvait avoir de la situation réelle de l'entreprise[6].

§ 4 Défaillance d'autorités chargées de contrôles internes

463.141 Contrôle externe en lien avec un organe de contrôle interne : conseil d'administration. Certains contrôles internes, notamment d'organes de gouvernance propres à un organisme, peuvent aussi renvoyer à des contrôles externes, dans la mesure où ces derniers peuvent y siéger :

– Non seulement le conseil d'administration n'a pas joué son rôle, mais la CDBF a relevé « l'absence d'attention soutenue » de la part des collectivités publiques qui siégeaient audit conseil d'administration[7].

– Des pratiques irrégulières « n'avaient pas été critiquées par les organismes chargés de leur contrôle ni rectifiées par les ministères chargés de leur tutelle », alors que les tutelles siègent au conseil d'administration de l'organisme en cause[8].

– Le représentant de la direction du budget (État) avait voté la décision budgétaire modificative incluant les crédits afférents au versement de la prime exceptionnelle irrégulière lors de sa présentation au conseil d'administration avant de s'opposer formellement à l'octroi de ladite prime[9].

463.142 Défaillance des contrôles internes et hiérarchiques. L'absence de surveillance par le supérieur hiérarchique[10] peut être retenue en faveur du

1. CDBF 20 mai 2020, *Chambre nationale de la batellerie artisanale (CNBA)*, n° 240-809 ; *Rec.* 181 ; *AJDA* 2020. 1906.
2. CDBF 16 juin 1987, *SEM d'urbanisation, d'aménagement, d'équipement et de construction de la ville de Jeumont et de l'arrondissement d'Avesnes [Semvija]*, CCP, n° 3, p. 83 ; *Lebon* 512.
3. CDBF 16 mars 1988, *Caisse de retraite et de prévoyance de la boucherie, boucherie-charcuterie et boucherie hippophagique française [Carbof]*, CCP, n° 3, p. 131 ; *Lebon* 543.
4. CDBF 26 mars 2021, *Société d'économie mixte de construction du département de l'Ain (SEMCODA)*, n° 249-837 ; *AJDA* 2021. 1331, note D. Guilbaud et N. Péhau ; *AJCT* 2021. 372, obs. G. Durand ; *Rec.* 171.
5. CDBF 7 nov. 2022, *Fédération française d'athlétisme (FFA)*, n° 262-847 ; *Rec.* 148 ; *AJDA* 2023. 560, chron. M. Choquet et N. Péhau.
6. CDBF 16 juin 1987, *SEM d'urbanisation, d'aménagement, d'équipement et de construction de la ville de Jeumont et de l'arrondissement d'Avesnes [Semvija]*, CCP, n° 3, p. 83 ; *Lebon* 512.
7. C. comptes 2 juill. 2024, *Office du tourisme de Strasbourg et de sa région (OTSR)*, n° 5, S-2024-1006 ; *AJDA* 2024. 1859, chron. N. Péhau et L. Vergallo. Ici §§ 63 et 64.
8. CDBF 17 déc. 1990, *Caisse de retraite du personnel navigant professionnel de l'aéronautique civile [CRPNPAC]*, CCP, n° 3, p. 222 ; *Lebon* 531.
9. CDBF 25 sept. 2006, *Institut national de la propriété industrielle [Inpi]*, préc.
10. Puisqu'il incombe au supérieur un devoir de surveillance et d'organisation de ses services ; – V. s[s] n°s 432.241, 461.24 et 461.33 s.

subordonné ayant commis des irrégularités [1] ; symétriquement, peut être pris en compte également le fait que les services spécialisés d'une structure, ou les structures de contrôle interne [2], n'aient pas alerté le gestionnaire, même supérieur hiérarchique, qu'il commettait des irrégularités.

Ainsi, sous l'empire des nouvelles règles en vigueur depuis le 1er janvier 2023, la Cour des comptes a admis comme circonstance atténuante la défaillance du comité interne de surveillance [3] (en revanche, d'autres défaillances n'ont pas été retenues par le juge : « 162. De même, les défaillances éventuelles des contrôles internes ne peuvent être utilement invoquées en atténuation de responsabilité. En effet, aux termes du code monétaire et financier, il appartient aux dirigeants effectifs d'évaluer et de contrôler périodiquement l'efficacité des dispositifs et des procédures mis en place pour se conformer au présent arrêté et prendre les mesures appropriées pour remédier aux éventuelles défaillances »).

Pour des défaillances du contrôle hiérarchique ou interne au sein de l'État, y compris à l'égard de services déconcentrés :

– Au sein de l'État, l'accord préalable et écrit du préfet à un montage irrégulier n'était en l'espèce pas un ordre écrit au sens de la loi [4], mais constituait, selon la Cour, une circonstance « fortement » atténuante [5].

– « Aucune autorité administrative n'est intervenue au cours des années pour attirer l'attention du directeur des sports sur la dégradation de la situation et sur la gravité des irrégularités qu'il commettait » [6] ;

– Attitude ambiguë de l'administration centrale vis-à-vis d'un service déconcentré [7].

– Un proviseur de lycée, bien qu'ayant fait preuve d'un défaut de surveillance, s'est vu reconnaître de nombreuses circonstances à décharge, notamment parce qu'il était intervenu à de multiples reprises auprès de l'inspection d'académie et de l'administration centrale pour alerter sur le manque d'effectifs, et n'avait reçu de leur part que des « conseils de patience et des assurances apaisantes » (!) [8].

– Les directives orales du ministre adressées à un préfet seront prises en compte par la Cour au titre de l'appréciation des circonstances [9].

– La connaissance que les ministres successifs avaient d'un dispositif irrégulier constitue une circonstance atténuante en faveur des agents du ministère ayant commis les irrégularités [10].

– Cas particulièrement éloquent : la personne en cause, directeur départemental de l'agriculture, avait tenté, au début de l'opération, de la « réaliser en toute régularité », mais les demandes qu'elle avait formulées pour faire préfinancer cette opération étaient restées sans suite, et elle avait ensuite subi des pressions, notamment de la part du sous-préfet, pour néanmoins la mettre en œuvre, pressions auxquelles elle n'avait pu résister [11].

– « La persistance des irrégularités en cause a été facilitée par l'insuffisance des contrôles » : condamnation de la personne ayant directement commis des irrégularités, et condamnation également (mais à une amende moindre) de la personne qui a insuffisamment exercé, au sein de l'État, les contrôles prévus par les textes (en l'occurrence une circulaire) [12].

– désorganisation du poste comptable : pour un mandataire, le non-respect des principes du contrôle interne dans le poste constitue une circonstance atténuante pour lui [13].

Au sein de l'État encore : a fondé la relaxe d'un chef de service de l'État, avec d'autres éléments atténuateurs de responsabilité, le fait que « l'administration centrale n'a pas assuré à M. M. les conditions qui lui auraient permis de faire face à ses responsabilités » : retard dans le versement des crédits d'où l'apparition de problèmes de rapprochement des données ; moyens matériels, notamment informatiques, insuffisants ; pression de l'administration centrale sur l'intéressé pour agir rapidement ;

1. Jurisprudence riche ; PAR EX. : CDBF 17 juin 2011, *Institut géographique national (IGN)*, n° 176-655 ; *Rec.* 158 ; *GFP* 2013, n° 5, p. 73, note S. Damarey, M. Lascombe et X. Vandendriessche.
2. CDBF 10 mai 1989, *Cned, centre de Vanves*, CCP, n° 3, p. 165 ; *Lebon* 413.
3. C. comptes 24 nov. 2023, *Caisse de crédit municipal de Bordeaux (CCMB)*, n° 868, S-2023-1382 ; *Rec.* 38 ; *AJDA* 2023. 2381, chron. N. Péhau et L. Vergallo ; *JCP Adm.* 2024, n° 1, 2005 chron. S. Damarey ; *AJCT* 2024, p. 175, note C. Pierucci ; *Gaz. Pal.* 2024, n° 2, p. 70, note T. Dogan.
4. V. ss n° 462.51.
5. CDBF 20 mars 1979, *DDE de la Savoie*, CCP, n° 2, p. 167 ; *Lebon* 583 (extraits).
6. CDBF 4 déc. 1979, *secr. d'Ét. à la Jeunesse et aux Sports, Direction de l'éducation physique et des sports*, CCP, n° 2, p. 175.
7. CDB 22 févr. 1961, *Lycée de jeunes filles de Grenoble*, CCP, n° 2, p. 34 ; *Lebon* 898.
8. CDBF 22 avr. 1975, *Lycée technique d'État d'Albi*, *Lebon* 805 (extraits) ; CCP, n° 2, p. 112.
9. CDBF 22 mai 1979, *Préfecture de Provence-Alpes-Côte d'Azur, Préfecture des Bouches-du-Rhône, opération immobilière projetée au lieu-dit "Mas des aulnes"*, *Lebon* 585 ; CCP, n° 2, p. 171.
10. CDBF 5 nov. 1997, *min. des Affaires étrangères [frais de réception]*, *Rev. Trésor* 1999. 194 ; *Lebon* 615 ; *AJDA* 1997. 505, note S. Cendre-Malinas.
11. CDBF 13 févr. 1985, *Direction départementale de l'agriculture de l'Oise*, CCP, n° 3, p. 1.
12. CDBF 16 oct. 1981, *DDE de la Gironde*, CCP, n° 2, p. 188.
13. C. comptes 3 mai 2024, *Département de l'Eure*, n° 907, S-2024-0715 ; chron. Y. Simon et S. Heintz dans *RGP* 2024, n° 03, p. 70 ; *JCP Adm.* 2024. 2278.

l'intéressé en outre avait signalé les problèmes rencontrés à son administration centrale [1].

Dans d'autres structures, de droit public comme de droit privé :

- Les organes de gouvernance (en l'espèce le conseil d'administration d'une association faisant appel à la générosité publique) n'ont pas joué leur rôle [2].

- L'intéressé ayant organisé un système de financement par des subventions fallacieuses versées à des associations (gestion de fait) n'avait pas reçu d'ordre écrit préalable de la part de ses supérieurs hiérarchiques, mais il les avait informés, y compris de « l'intervention d'organismes de statut privé » [3].

- L'absence d'opposition de la direction générale à des pratiques instaurées par un subordonné « a pu dans une certaine mesure permettre [à l'intéressé] de penser qu'elles étaient admises par elle » [4].

- Passivité du conseil d'administration, qui était au courant des agissements irréguliers en matière de marchés publics [5].

- Le directeur d'une caisse d'assurance-maladie avait été désavoué dans sa tentative de remettre de l'ordre dans l'organisme ; il voulait licencier le comptable qui détournait des fonds, mais le président de la caisse s'y était opposé pour des motifs humanitaires [6].

- Dans une affaire, la Cour a certes relevé du laxisme dans la gestion d'un atelier, mais les fautes n'avaient été rendues possibles que par le défaut de surveillance des dirigeants sur l'intéressé ; et « cette situation a eu des conséquences sur le déroulement de sa carrière » [7].

- Certes le conseil d'administration n'avait pas approuvé formellement les opérations immobilières au cours desquelles des irrégularités avaient été commises, mais il est constant, selon la CDBF, que plusieurs membres du conseil d'administration ont visité les locaux et avaient donc connaissance de l'opération en question [8]. D'une façon générale, manque de vigilance notamment du conseil d'administration.

- Pour un régisseur, n'avoir pas bénéficié de l'encadrement et du contrôle par l'ordonnateur et le comptable qui auraient permis d'éviter les irrégularités [9].

- En tant que subordonné agissant par délégation, une personne renvoyée avait rendu compte de ses actions sans que ses supérieurs hiérarchiques ou les services spécialisée de l'établissement ne relèvent d'irrégularités [10].

- Circonstances atténuantes fondées à la fois sur l'existence, à l'époque des faits, d'insuffisances structurelles dans l'organisation de la fonction transport, et sur les insuffisances constatées à d'autres niveaux hiérarchiques que celui du directeur [11].

Symétriquement, un supérieur hiérarchique peut prétendre à des circonstances atténuantes lorsque ses subordonnés sont défaillants, voire indélicats :

- Les subordonnés d'un PDG lui avaient fourni des informations inexactes [12].

- Autonomie excessive des subordonnés, en vertu des textes applicables [13].

- Pour un ordonnateur, le fait de ne pas avoir reçu toute l'assistance nécessaire de ses services [14].

Ont été refusées en revanche des circonstances atténuantes dans les cas suivants : des directeurs invoquaient comme circonstances atténuantes les négligences du directeur général, supérieur hiérarchique ; la CDBF a considéré au contraire que ces directeurs « devaient, au titre de leurs fonctions, assumer un contrôle effectif sur la passation et l'exécution des marchés publics », et a refusé d'admettre les circonstances alléguées ; de même « les défauts de contrôle interne notamment imputables à la direction générale ne sont pas de nature à atténuer leur responsabilité [celle d'agents auxquels on avait confié des attributions sectorielles], pas plus que certains arguments relatifs à la continuité du service, inopérants au cas d'espèce » ; dans un autre cas, d'un chef de service logistique et moyens généraux, les mêmes

1. CDBF 21 févr. 1990, *Service interacadémique des examens et concours des académies de Créteil, Paris et Versailles [Siec]*, CCP, n° 3, p. 194 ; *Lebon* 517.
2. C. comptes 8 janv. 2025, *Fondation Assistance aux animaux*, n° 874, S-2024-1612.
3. CDBF 30 avr. 1985, *min. de l'Agriculture, service des haras et de l'équitation*, CCP, n° 3, p. 10.
4. CDB 28 févr. 1962, *Cies Soleil-Accidents et Aigle-Accidents*, CCP, n° 2, p. 44 ; *Lebon* 839 (extraits).
5. CDBF 28 sept. 1994, *CH d'Albi*, *Rev. Trésor* 1995. 683 ; *Lebon* 725 ; *Rec.*, p. 142.
6. CDBF 29 nov. 1984, *Caisse mutuelle régionale [CMR] de Bretagne*, CCP, n° 2, p. 232.
7. CDBF 5 juin 1989, *Hôpital d'Orange*, CCP, n° 3, p. 172 ; *Lebon* 417.
8. CDBF 24 oct. 1989, *Assoc. pour l'emploi des cadres, ingénieurs et techniciens de l'agriculture [Apecita]*, CCP, n° 3, p. 180 ; *Lebon* 421.
9. CDBF 10 avr. 2015, *Établissement public de coopération culturelle « L'Autre Canal »*, n° 198-719 ; *Rec.* 159.
10. CDBF 22 avr. 2016, *Agence nationale des titres sécurisés (ANTS)*, n° 207-745 ; *Rec.* 179 ; *AJDA* 2016. 2487, chron. N. Péhau et N. Hauptmann.
11. CDBF 11 juill. 2007, *min. de la Défense, Service interarmées de liquidation des transports [Silt]*, *AJDA* 2007. 2431, note N. Groper et C. Michaut ; *AJFP* 2008. 31.
12. CDBF 22 nov. 1989, *SA La Signalisation [LS]*, CCP, n° 3, p. 184 ; *Lebon* 423.
13. CDBF 21 févr. 1990, *Service interacadémique des examens et concours des académies de Créteil, Paris et Versailles [Siec]*, CCP, n° 3, p. 194 ; *Lebon* 517.
14. CDBF 18 juin 1997, *Musée Rodin*, *Rev. Trésor* 1999. 189 ; *Lebon* 607 ; *Rec.*, p. 203 ; A. Froment-Meurice, J.-Y. Bertucci, N. Hauptmann et C. Michaut, *GAJF*, 7e éd. 2019, n° 48, p. 562.

circonstances alléguées ont également été refusées par la Cour, car « du fait de sa grande expérience au sein des services de l'établissement public, et de sa maîtrise des questions administratives et financières, il ne peut prétendre avoir ignoré le caractère irrégulier de ses actes en matière de commande publique, pas plus qu'il ne peut exciper des négligences de la direction générale pour atténuer sa responsabilité, particulièrement établie en l'espèce » : il avait notamment été agent comptable [1].

§ 5
Circonstances atténuantes tirées du cadre juridique et de son évolution

463.151 Complexité ou inadaptation du cadre juridique ; droit nouveau. Si nul n'est censé ignorer le droit applicable, surtout dans un domaine que l'on a professionnellement à charge, le juge peut être amené à discuter la question de la complexité d'une réglementation, et de son caractère éventuellement inadapté au moment des faits (et d'ailleurs modifiée par la suite). Il peut alors exister un lien avec la question de la nécessité du service, qui peut entrer en confrontation avec un cadre réglementaire inadapté, y compris en termes de circonstances absolutoires [2].

Argumentations retenues ou rejetées :

- La nouveauté d'une réglementation : la catégorie juridique de l'établissement en question était nouvelle (droit récent) [3].

- La complexité des textes régissant les marchés d'ingénierie pouvait, selon la défense, porter à interprétations divergentes [4] ; toutefois, la Cour, de façon relativement sévère, a rejeté cet argument dans le cas d'espèce, en insistant sur le fait que l'intéressé n'avait pas seulement commis des irrégularités mineures par négligence, mais « il a par son comportement méconnu, au bénéfice [d'un architecte unique] et au détriment [de l'organisme public], la lettre et l'esprit de la réglementation sur l'ingénierie ». Cela signifie que constitue un élément de gravité le non-respect de « l'esprit » ou de « l'objectif essentiel » de la réglementation, en l'occurrence « de permettre aux collectivités publiques de choisir en connaissance de cause, avant tout commencement de réalisation, un contractant qui, au terme d'une procédure de mise en concurrence, s'engage sur un coût d'objectif et perçoit une rémunération variant selon l'importance et la difficulté des travaux et le respect effectif du coût d'objectif ».

- Des circonstances atténuantes ont été reconnues « dans une certaine mesure » du fait de la complexité de la réglementation en matière de personnels hospitaliers (« situation réglementaire confuse ») et de l'existence de pratiques similaires dans d'autres établissements, ainsi que de la modestie de certaines rémunérations irrégulières en question ; mais ceci était contrebalancé par le fait que le directeur d'hôpital condamné par la CDBF avait lui-même bénéficié de certaines primes [5].

- Le caractère imprécis de la réglementation a pu être retenu comme circonstance atténuante [6], comme les incertitudes juridiques entourant les missions de l'établissement [7].

- « Les infractions relevées trouvent en partie leur origine dans une relative inadaptation du statut [d'EPA de l'organisme en cause] à certaines activités de nature commerciale telles que la publication d'une revue » [8]. C'est donc l'inadaptation de la réglementation statutaire qui en elle-même est ici prise en compte.

- Réglementation insuffisante : certaines dispositions statutaires n'avaient pas été appliquées, notamment le règlement intérieur prévu par les statuts n'avait jamais été élaboré [9].

- Complexité excessive de la réglementation applicable [10]. En outre, la Cour a noté l'autonomie excessive des subordonnés, en vertu des textes applicables (donc également un problème lié à la réglementation) (*même arrêt*).

- Doute sur l'applicabilité d'une réglementation : l'un des consultants de la société avait alerté sur le fait que le droit de la commande publique lui paraissait applicable, ce que le PDG a dans un premier temps ignoré, notamment parce que l'État, actionnaire unique, avait tardé à faire connaître sa position sur la question et parce qu'un autre conseil juridique estimait que la société n'était pas soumise à ces règles ; néanmoins, le PDG a finalement appli-

1. CDBF 22 oct. 2012, *Port autonome de Marseille*, n° 185-692 ; *Rec.* 196 ; *AJDA* 2012. 2441, note C. Michaut et P. Sitbon ; *GFP* 2013, n° 5, p. 90, note S. Damarey, M. Lascombe et X. Vandendriessche.
2. V. s^{s} n°s 463.211 s.
3. CDBF 10 avr. 2015, *Établissement public de coopération culturelle « L'Autre Canal »*, n° 198-719 ; *Rec.* 159.
4. CDBF 24 nov. 1986, *CH Sainte-Anne à Paris [marchés d'ingénierie]*, CCP, n° 3, p. 35.
5. CDBF 24 nov. 1986, *CH Sainte-Anne à Paris [dépenses de personnel]*, CCP, n° 3, p. 42.
6. CDBF 2 déc. 1987, *CHS de Prémontré [Aisne]*, CCP, n° 3, p. 113 ; *Lebon*, tables p. 656.
7. CDBF 13 oct. 1993, *Carrefour international de la communication [Cicom]*, *Rev. Trésor* 1995. 677 ; *Rec.*, p. 146.
8. CDBF 7 févr. 1989, *Institut national de la consommation [INC]*, CCP, n° 3, p. 154 ; *Lebon* 411.
9. CDBF 24 oct. 1989, *Assoc. pour l'emploi des cadres, ingénieurs et techniciens de l'agriculture [Apecita]*, CCP, n° 3, p. 180 ; *Lebon* 421.
10. CDBF 21 févr. 1990, *Service interacadémique des examens et concours des académies de Créteil, Paris et Versailles [Siec]*, CCP, n° 3, p. 194 ; *Lebon* 517.

qué volontairement l'ordonnance[1]. Autre exemple, proche : une expertise juridique avait conclu à la possibilité d'utiliser un procédé que la CDBF a ensuite jugé irrégulier[2].

– Réglementation inadaptée, d'ailleurs modifiée par la suite, concernant les montants autorisés de prise en charge de frais de spectacles sur régies d'avances dans les collectivités locales[3].

– Usages : des pratiques anciennes pouvaient, « sans la justifier », éclairer certaines irrégularités[4] ; les auteurs de la chronique *AJDA* ont raison de s'interroger : admettre l'existence d'usages « peut paraître paradoxal tant les usages de gouvernance dépendent de la pratique du président de l'instance délibérante ». Dans le même sens, pourtant : « le versement [irrégulier] de subventions à des établissements scolaires accueillant des enfants de bateliers était une pratique ancienne que le président de la chambre n'a fait que poursuivre »[5].

– Difficultés d'application de textes concernant les personnels[6].

– La réglementation qui fixait les obligations des directeurs de caisse d'assurance-maladie, et qui avait été violée en l'espèce, n'avait à l'époque pas été précisée par des circulaires, ce qui a été retenu comme circonstance atténuante[7].

– Les incertitudes entourant les missions d'un EPIC constituent des circonstances atténuantes[8].

– La CDBF est allée jusqu'à admettre qu'un dirigeant d'entreprise publique ait pu se méprendre sur l'étendue de ses pouvoirs et responsabilités[9] (raisonnement peu convaincant).

– Cas limite : la pratique irrégulière se rencontrait dans de nombreuses entreprises publiques[10]. Sans que la Cour le dise expressément, cela sous-entend que, si tout le monde fait ainsi, c'est peut-être parce que la réglementation n'est pas adaptée. En sens inverse, la Cour a jugé dans une autre affaire que l'existence de dispositifs irréguliers similaires dans d'autres ministères ne pouvait être retenue comme élément à décharge[11].

– Étonnant : la CDBF a pu aller jusqu'à considérer « que ces primes [irrégulières] présentaient un intérêt pour la gestion des ressources humaines... » et que leur régularisation eût été longue[12].

§ 6
Circonstances tirées de l'intérêt du service

463.161 Intérêt du service, souci de faire des économies, absence de conséquences dommageables. Cette catégorie trouve application très logiquement, puisque nous sommes dans le champ de la gestion publique, et que le juge sanctionne les fautes de gestion d'une certaine gravité, et non pas aveuglément des irrégularités formelles[13] ; l'intérêt du service doit être pris en considération.

Cela recouvre aussi l'absence de gravité, et surtout l'absence de conséquences dommageables d'une infraction. À noter que l'on retrouve la même catégorie pour les circonstances absolutoires ; à noter également que si le préjudice figure parmi les éléments de gravité d'une sanction prévus explicitement par le code des juridictions financières[14], l'absence de préjudice peut réduire la gravité (il existe cependant d'autres facteurs) ; mais ce raisonnement ne signifie pas, comme on verra plus loin, qu'il faille en déduire automatiquement des circonstances atténuantes dans tous les cas[15].

Conformément à la règle générale, en matière de charge de la preuve : l'absence de préjudice, comme circonstance atténuante dans la commission d'infractions budgétaires et comptables, ne peut être accordé

1. CDBF 17 juin 2014, *Société de valorisation foncière et immobilière (SOVAFIM)*, n° 193-696 ; *Rec.* 169 ; *AJDA* 2014. 1603, note C. Michaut et J.-E. Picard ; *RLC* 2014, n° 41, p. 32, note S. Brameret.
2. CDBF 16 nov. 2015, *Association pour la gestion du régime d'assurance des créances des salariés (AGS) et Délégation UNEDIC-AGD (DUA)*, n° 203-720 ; non publié au *Rec.*
3. CDBF 10 déc. 2010, *Commune de Bandol*, n° 172-680 ; *Rec.* 132 ; *Contrats publics* 2011, n° 109, note L. Renouard ; *GFP* 2011, n° 8-9, p. 571, note M. Lascombe et X. Vandendriessche.
4. CDBF 4 déc. 2015, *Fondation nationale des sciences politiques et Institut d'études politiques de Paris (FNSP-IEP de Paris)* ; *Rec.* 171 ; *AJDA* 2016. 198, note S. Gaillard et S. Goubault.
5. CDBF 20 mai 2020, *Chambre nationale de la batellerie artisanale (CNBA)*, n° 240-809 ; *Rec.* 181 ; *AJDA* 2020. 1906.
6. CDBF 23 juill. 2009, *CCI de Nice-Côte d'Azur*, *Rec.* p. 79 ; AJDA 2010. 488, note N. Groper et C. Michaut ; GFP 2011, n° 7, p. 506, note M. Lascombe et X. Vandendriessche.
7. CDBF 29 nov. 1984, *Caisse mutuelle régionale [CMR] de Bretagne*, CCP, n° 2, p. 232.
8. CDBF 13 oct. 1993, *Carrefour international de la communication [Cicom]*, préc.
9. CDBF 22 nov. 1989, *SA La Signalisation [LS]*, CCP, n° 3, p. 184 ; *Lebon* 423.
10. CDBF 27 mars 1985, *S^{té} française d'équipements pour la navigation aérienne [Sfena]*, CCP, n° 3, p. 7.
11. CDBF 16 déc. 2003, *Institut national polytechnique de Grenoble [INPG] et Université Joseph Fourier Grenoble I [UJF]*, *Rev. Trésor* 2005. 696, note M. Lascombe et X. Vandendriessche ; AJDA 2004. 1233, note N. Groper ; *Lebon* 599 ; *Rec.*, p. 153.
12. CDBF 27 nov. 2009, *Chambre de commerce et d'industrie (CCI) de Paris (CCIP)*, n° 169-570 ; *AJDA* 2010. 488, note N. Groper et C. Michaut ; *GFP* 2011, n° 7, p. 510, note M. Lascombe et X. Vandendriessche.
13. V. not. s^{s} n°s 223.11.
14. CJF, art. L. 131-16, al. 3.
15. La réparation d'un dommage peut également conduire le juge à une dispense de peine, en application du code des juridictions financières, v. s^{s} n°s 463.202 et 471.24.

que si c'est établi ; en l'absence « d'élément probant », cette circonstance ne saurait être retenue par le juge[1].

– Même dans une infraction dans laquelle aucun préjudice n'est exigé (en l'espèce, engagement de dépenses sans être habilité), la Cour des comptes a pu retenir la faiblesse du préjudice subi comme une circonstance atténuante, ce qui montre d'ailleurs que le facteur gravité est bien omniprésent dans la répression financière[2].

– Gravité réduite de l'irrégularité, car s'effaçant avec le temps : « le dispositif de l'indemnité différentielle mis en place avait un effet nécessairement limité dans le temps, dans la mesure où les montants alloués, d'un montant total modeste, avaient vocation à diminuer progressivement jusqu'à extinction au fur et à mesure de l'avancement normal d'échelon des praticiens bénéficiaires »[3].

– « Au surplus, le montant estimé par les services d'évaluation domaniale plusieurs mois après la signature des actes s'est avéré proche de celui retenu pour les acquisitions. » La Cour avait, auparavant, précisé que cette circonstance ne faisait pas disparaître l'infraction commise par le seul fait de ne pas avoir respecté les règles de procédure, peu importe que cette abstention n'ait pas eu de conséquences ou que la régularisation postérieure, par le rendu d'un avis tardif, ait abouti au même résultat[4] : la CDBF a prononcé trois relaxes et une dispense de peine.

– « Projet ayant pu aboutir dans des conditions satisfaisantes et sans débordement budgétaire »[5]. Proche : « Il convient enfin de tenir compte de ce que cette conférence internationale, considérée comme une réussite diplomatique, s'est déroulée dans des conditions financières maîtrisées »[6].

– « L'utilité que le service a retirée des marchés » à l'occasion de la conclusion desquels des infractions avaient été commises[7].

– Un directeur dont la décision, constitutive d'infractions, « a été entièrement dictée par la prise en considération des exigences de son service, qu'il a pu, dans les circonstances de l'époque, tenir pour impérieuses »[8].

– Constitue « dans une certaine mesure une excuse » l'évolution de l'activité de l'établissement et le souci de son directeur de faire des économies[9].

– Le juge ne retient pas forcément les mêmes circonstances comme atténuantes selon les infractions, à juste titre : « le fait que les différents protocoles transactionnels signés par la direction [...] aient pu permettre à l'entreprise de réaliser des économies ne saurait constituer des circonstances atténuantes de responsabilité [...]. Il est rappelé que les règles relatives au contrôle économique et financier de l'État sur les entreprises publiques s'imposent et, en tout état de cause, ne sont pas incompatibles avec la poursuite d'un objectif d'économie pour l'entreprise »[10].

– Pour une personne renvoyée, le « caractère limité des sommes en jeu concernant les infractions qu'[elle] a commises » a pu être retenu comme circonstance à décharge[11]. Dans le même sens : les montants concernés par les irrégularités sont faibles au regard du montant total du chantier de réhabilitation[12].

– « Les plafonds individuels prévus par les textes n'ont pas été dépassés ; Considérant que les conséquences budgétaires du versement de ces indemnités et primes ont été maîtrisées »[13].

– « Les irrégularités n'ont causé aucun préjudice »[14]. Ce type d'argument, que l'on retrouve symétriquement dans l'appréciation des circonstances de gravité, semble à l'inverse critiquable s'agissant d'infractions formelles, qui précisément n'exigent pas de préjudice dans leurs éléments constitutifs : si l'on poussait le raisonnement adopté par le juge en l'espèce jusqu'au bout, l'on serait conduit à accorder systématiquement des circonstances atténuantes lorsqu'une irrégularité formelle n'a pas de conséquences financières dom-

1. C. comptes 2 juill. 2024, *Office du tourisme de Strasbourg et de sa région (OTSR)*, n° 5, S-2024-1006 ; *AJDA* 2024. 1859, chron. N. Péhau et L. Vergallo.
2. C. comptes 5 juill. 2024, *Régie métropolitaine PARCUB, devenue METPARK*, n° 869, S-2024-1038 ; *JCP Adm.* 2024. 2264, note S. Damarey. Lire § 72.
3. CDBF 20 janv. 2021, *Centre hospitalier de Chauny*, n° 246-824 ; *Rec.* 157.
4. CDBF 26 mars 2021, *Société d'économie mixte de construction du département de l'Ain (SEMCODA)*, n° 249-837 ; *AJDA* 2021. 1331, note D. Guilbaud et N. Péhau ; *AJCT* 2021. 372, obs. G. Durand ; *Rec.* 171.
5. CDBF 26 juill. 2018, *Association Marseille Provence 2013 – Capitale européenne de la culture (MP2013)*, n° 221-776 ; *Rec.* 185.
6. CDBF 6 mai 2022, *21e conférence des parties à la convention-cadre des Nations unies sur les changements climatiques de 2015 à Paris (COP 21)*, n° 257-835 ; *Rec.* 134.
7. CDB 17 févr. 1959, *Direction centrale du matériel du secr. d'Ét. aux Forces armées*, CCP, n° 2, p. 23 ; *Lebon* 894.
8. CDB 17 févr. 1959, *Direction centrale du matériel du secr. d'Ét. aux Forces armées*, préc.
9. CDBF 4 avr. 1973, *Caisse de crédit municipal de Lyon*, *Lebon* 855 (extraits) ; CCP, n° 2, p. 78.
10. CDBF 28 juill. 2020, *France Télévisions (rémunérations)*, n° 241-797 ; *Rec.* 185 ; *AJDA* 2020. 2557, chron. N. Péhau et D. Guilbaud.
11. CDBF 22 avr. 2016, *Agence nationale des titres sécurisés (ANTS)*, n° 207-745 ; *Rec.* 179 ; *AJDA* 2016. 2487, chron. N. Péhau et N. Hauptmann.
12. CDBF 25 janv. 2019, *Radio France : le chantier de réhabilitation*, n° 227-760 ; *Rec.* 191.
13. CDBF 15 déc. 2017, *Office national de l'eau et des milieux aquatiques* (ONEMA), n° 217-730-II ; *Rec.* 247 ; *AJDA* 2018. 2493, chron. N. Hauptmann et N. Péhau ; v. également V. Mazzocchi, « Principe *non bis in idem*, que faut-il entendre par *bis* ? Droit administratif et droit public financier », *Dr. adm.* 2018, n° 3, chron. 1.
14. CDBF 20 mars 1979, *DDE de la Savoie*, CCP, n° 2, p. 167 ; *Lebon* 583 (extraits).

mageables, ce qui irait un peu loin. Mais en même temps, la question du préjudice, facteur de gravité, est au cœur de la jurisprudence financière sur l'équilibre entre le caractère formel des infractions et la recherche d'une faute de gestion d'une certaine gravité[1], et il n'est donc pas étonnant que l'on retrouve cet élément également au stade de l'appréciation des circonstances à décharge. Dans le même sens : le fait que des irrégularités n'aient pas entraîné l'octroi d'avantages indus a pu être considéré comme un facteur atténuateur de la gravité de la faute[2].

- Circonstances qui ne sont pas directement qualifiées d'atténuantes, mais qui contrebalancent des éléments aggravants et dont la CDBF a tenu compte « pour apprécier le degré de gravité de la sanction à infliger » : notamment le fait de ne pas avoir retiré d'avantage personnel d'agissements irréguliers, et d'avoir agi dans l'intérêt du service[3].

- Intérêt du service : le fait que des travaux d'entretien d'un bâtiment ont été financés par un hôpital, alors même que ces travaux ne lui incombaient pas (c'est le locataire du bâtiment qui aurait dû payer), constitue une circonstance atténuante parce que ces travaux contribuaient quand même à maintenir la valeur du patrimoine immobilier dont l'hôpital était propriétaire[4].

- La bonne volonté ne suffit pas : n'est pas acceptée comme circonstance atténuante la volonté de mener à bien une mission difficile, car cet élément était en l'espèce contrebalancé par un élément de gravité, en l'occurrence le fait d'avoir soi-même bénéficié de certaines des irrégularités commises[5].

- L'opportunité et l'urgence des travaux à l'occasion desquels des irrégularités avaient été commises étaient avérées[6].

- « L'objectif de l'ensemble contractuel irrégulier de favoriser le développement économique et touristique de la ville de Deauville et plus largement de toute la région, était largement porté notamment par le conseil régional, constitue une circonstance atténuante »[7].

- La CDBF est même allée jusqu'à prendre en compte l'exigence de discrétion prévalant dans un domaine d'activité spécifique pour justifier en partie l'absence d'appel d'offres dans le cadre d'un achat public[8].

- Des circonstances atténuantes ont été retenues en faveur du directeur d'un établissement public qui avait fait verser des indemnités irrégulières à un chargé de mission ; notamment, les irrégularités commises avaient été motivées « par le souci d'assurer à l'établissement les services [du chargé de mission] pour un coût qui était estimé très inférieur à celui qu'aurait représenté le recours à un prestataire extérieur »[9].

- « Certains des manquements à la réglementation relevés visaient à pallier la carence des moyens de fonctionnement dont disposait l'établissement au moment de son ouverture [...], alors qu'il s'est très rapidement engagé dans une programmation active de manifestations »[10].

- Un vice de procédure initial (l'absence d'avis du CGEFI) n'a pas remis en cause l'utilité des prestations[11].

- Intérêt des usagers : « qu'en accordant de nouvelles aides [de façon irrégulière] pour pallier le défaut du débiteur, l'agence a entendu éviter une augmentation du coût de l'eau pour les usagers »[12].

Toutefois, l'argument tiré d'une absence d'enrichissement personnel[13] est *a priori* à écarter, car ne pas commettre de délit pénal constitue dans tous les cas un impératif : « les arguments relatifs à la bonne gestion de l'établissement et à l'absence d'enrichissement personnel ne peuvent constituer des circonstances atténuantes » (mais inversement l'enrichissement personnel et une circonstance aggravante)[14].

§ 7
Contraintes externes et internes s'exerçant sur une gestion

463.171 **Conditions de gestion difficiles.** Les conditions difficiles dans lesquelles une gestion s'est

1. Toute irrégularité ne mérite pas des poursuites : v. s[s] n°s 223.11 s.
2. CDBF 20 avr. 1988, *Caisse interprofessionnelle de retraite des commerçants détaillants de la région parisienne [CIRCD]*, CCP, n° 3, p. 138 ; *Lebon* 546.
3. CDBF 16 oct. 1981, *DDE de la Gironde*, CCP, n° 2, p. 188.
4. CDBF 2 déc. 1987, *CHS de Prémontré [Aisne]*, CCP, n° 3, p. 113 ; *Lebon*, tables p. 656.
5. CDBF 2 déc. 1987, *CHS de Prémontré [Aisne]*, préc.
6. CDBF 20 avr. 1988, *Caisse interprofessionnelle de retraite des commerçants détaillants de la région parisienne [CIRCD]*, CCP, n° 3, p. 138 ; *Lebon* 546.
7. CDBF 14 mars 2022, *Chambre de commerce et d'industrie (CCI) Seine Estuaire*, n° 256-853 ; non publié au *Rec.*
8. CDBF 7 févr. 1989, *Institut national de la consommation [INC]*, préc.
9. CDBF 25 sept. 2006, *Institut national de la propriété industrielle [Inpi]*, *Rev. Trésor* 2007. 681, fiche N. Groper ; *AJDA* 2006. 2449, note N. Groper et C. Michaut ; *Rev. Trésor* 2007. 716, note M. Lascombe et X. Vandendriessche ; *Lebon* 668 ; *Rec.*, p. 105.
10. CDBF 10 avr. 2015, *Établissement public de coopération culturelle « L'Autre Canal »*, n° 198-719 ; *Rec.* 159.
11. CDBF 22 mai 2015, *Entreprise minière et chimique (EMC)*, n° 199-731 ; *Rec.* 162 ; *AJDA* 2016. 1570, note N. Hauptmann et N. Péhau.
12. CDBF 4 sept. 2018, *Agence de l'eau Seine-Normandie (AESN)*, n° 222-771 ; *Rec.* 186.
13. Sur ce sujet, spécifiquement, v. plus loin, s[s] n° 463.192.
14. CDBF 17 juin 2013, *Centre hospitalier intercommunal (CHI) de la Lauter à Wissembourg*, n° 189-683 ; non publié au *Rec.*

déroulée constituent un motif fréquent de circonstances atténuantes retenues au bénéfice de gestionnaires publics, illustrant la capacité du juge financier à appréhender *in concreto*, de façon juste et équilibrée, l'ensemble des éléments d'une gestion. Car toute gestion se déroule à un moment donné dans une structure donnée ; or le juge tient compte de « la situation particulière » [1] de toute structure.

Les contraintes de gestion peuvent être exogènes à la structure ou, plus souvent, internes (manque de moyens, problèmes sociaux, isolement géographique...), rendant difficile la prise en charge des missions confiées aux gestionnaires, de façon conjoncturelle (projet d'envergure ponctuel) ou plus structurelle : quoi qu'il en soit, le juge financier tient compte des « conditions difficiles dans lesquelles [le gestionnaire public] exerçait ses fonctions » [2]. Ainsi un maire d'une petite commune s'est-il vu accordé des circonstances atténuantes du fait de sa forte implication personnelle dans ses fonctions avec des effectifs réduits [3].

Ces difficultés peuvent être de tout ordre, comme l'illustre un arrêt qui avait retenu des circonstances particulières « sur le plan technique, économique et social » auxquelles un PDG a dû faire face au cours de sa gestion [4].

Le juge accepte d'accorder des circonstances atténuantes même en présence de fautes particulièrement graves : ainsi la CDBF a-t-elle pu retenir des conditions difficiles de fonctionnement de l'établissement, alors même que l'intéressé avait retiré des avantages personnels des irrégularités qu'il avait commises [5].

En revanche, dans d'autres cas, des circonstances peuvent être non seulement contrebalancées, mais même annihilées par des facteurs de gravité : ainsi le juge a-t-il pu refuser d'admettre une circonstance atténuante invoquée par la défense (en l'espèce le fait d'avoir été accaparé par de nombreuses tâches, empêchant de vérifier tous les actes de la gestion courante), à partir du moment où l'agent comptable avait attiré son attention sur l'irrégularité en question [6]. Il incombe à la défense d'établir qu'un élément non seulement existe réellement, mais qu'il revêt un caractère atténuateur.

1. CDBF 5 juin 1989, *Hôpital d'Orange*, CCP, n° 3, p. 172 ; *Lebon* 417.
2. CDBF 17 juin 2011, *Institut géographique national (IGN)*, n° 176-655 ; *Rec.* 158 ; *GFP* 2013, n° 5, p. 73, note S. Damarey, M. Lascombe et X. Vandendriessche.
3. C. comptes 14 nov. 2024, *Commune de Bantzenheim (Haut-Rhin)*, n° 29, S-2024-1396.
4. CDB 22 mai 1957, *Sté nationale de constructions aéronautiques du Nord [SNCAN]*, *Lebon* 890 ; CCP, n° 2, p. 13.
5. CDBF 5 juin 1989, *Hôpital d'Orange*, CCP, n° 3, p. 172 ; *Lebon* 417.
6. CDBF 20 déc. 1982, *Port autonome de Nantes-Saint-Nazaire*, CCP, n° 2, p. 211.

Le juge exige aussi que le justiciable, face aux difficultés rencontrées, agisse de façon adaptée : ainsi, concernant un comptable public, la CDBF a-t-elle reconnu qu'il avait certes rencontré des difficultés dans l'exercice de ses fonctions, mais elle a constaté qu'il n'en avait pas averti sa hiérarchie, ce qui empêchait, dans le cas d'espèce, de retenir des circonstances atténuantes au titre de ces difficultés [7].

Dans le même sens : « même si les conditions particulières dans lesquelles les opérations de réaménagement des logements de fonction ont été menées [...] peuvent constituer des circonstances atténuantes pour Mme X, celle-ci, de par la nature de ses fonctions, aurait dû à tout le moins alerter par écrit le directeur général du CHU sur les irrégularités que faisaient apparaître les documents contractuels soumis à sa signature » ; et « considérant que si d'une part, la courte période pendant laquelle M. Y a assuré l'intérim de la direction du patrimoine et des infrastructures et d'autre part, les conditions particulières dans lesquelles les opérations de réaménagement des logements de fonction ont été menées [...] peuvent constituer des circonstances atténuantes pour M. Y, il n'en demeure pas moins que celui-ci, compte tenu de la nature de ses fonctions, aurait dû alerter par écrit ses supérieurs hiérarchiques sur les irrégularités que faisait apparaître l'avenant soumis à sa signature » [8].

463.172 **Urgence, sécurité.** L'urgence avérée, dans une gestion, peut être considérée comme circonstance atténuante [9] ; même « une certaine urgence » semble suffire [10].

Exemples :

– L'urgence dans la nécessité de recruter du personnel spécialisé a pu conduire à violer les règles de la commande publique, en faisant appel à un cabinet

7. CDBF 18 juin 1997, *Musée Rodin*, *Rev. Trésor* 1999. 189 ; *Lebon* 607 ; *Rec.*, p. 203 ; A. Froment-Meurice, J.-Y. Bertucci, N. Hauptmann et C. Michaut, *GAJF*, 7e éd. 2019, n° 48, p. 562.
8. CDBF 6 oct. 2014, *Centre hospitalier universitaire (CHU) de Caen*, n° 195-686/704 ; *Rec.* p. 171.
9. Jurisprudence constante : CDB 22 févr. 1961, *Lycée de jeunes filles de Grenoble*, CCP, n° 2, p. 34 ; *Lebon* 898. – CDBF 22 mai 1979, *Préfecture de Provence-Alpes-Côte d'Azur, Préfecture des Bouches-du-Rhône, opération immobilière projetée au lieu-dit "Mas des aulnes"*, *Lebon* 585 ; CCP, n° 2, p. 171. – CDBF 26 juin 1992, *min. des PTT*, *Rev. Trésor* 1993. 777 ; *Lebon* 632 ; *Rec.*, p. 137. – CDBF 23 déc. 2002, *Mission de coopération et d'action culturelle [MCAC] de N'Djaména [Tchad]*, Rev. Trésor 2004. 51, note Lascombe et Vandendriessche ; *Rec.*, p. 120 (lire le commentaire) ; *Lebon* 563.
10. CDBF 22 mai 2015, *Entreprise minière et chimique (EMC)*, n° 199-731 ; *Rec.* p. 162 ; *AJDA* 2016. 1570, note N. Hauptmann et N. Péhau.

de recrutement avec lequel l'organisme public était déjà en relation [1].

– « Considérations urgentes de sécurité » des usagers d'un hôpital [2] ; urgence de mener des travaux de mise en conformité aux normes de sécurité après l'avis défavorable de la commission de sécurité [3].

– Urgence : prise en charge d'une nouvelle mission confiée par une collectivité locale à une SEM, « l'incertitude [...] sur la liste définitive et l'état de salubrité et d'occupation des immeubles transférés [...] ont créé une situation d'urgence à laquelle Mme X a dû faire face » [4].

– Urgence engendrée par une réforme décidée par le Gouvernement [5].

« Considérant que les premières années de son fonctionnement ont été marquées par l'urgence dans laquelle l'établissement a dû se mettre en place et agir sans disposer toujours de directives claires de son ministère de tutelle ; Considérant que ces faits sont de nature à constituer des circonstances atténuantes de responsabilité » [6].

463.173 Problèmes sociaux, grèves.

– Conflits sociaux (manifestations avec de graves incidents) qui ont pu détourner l'attention du directeur des problèmes de gestion [7].

– Grave conflit social, avec violences et menaces sur les dirigeants [8].

– Urgence et difficultés sociales graves dans la structure en question [9].

– Cas intéressant dans lequel la CDBF a accordé des circonstances atténuantes au motif que les indemnités irrégulières avaient empêché les conflits sociaux ; le ministère de tutelle avait compensé le surcoût et avait demandé à la CDBF de reconnaître à l'intéressé des circonstances atténuantes [10].

– Climat social tendu [11].

Parfois, le risque qu'une gestion régulière ait des conséquences sociales est sous-entendu : « le versement de divers accessoires et compléments de rémunération résulte de pratiques antérieures à la prise de fonction » [12], et une régularisation trop brusque pourrait entraîner des conflits sociaux.

463.174 Contexte de restructuration de l'organisme ou d'évolution de ses missions.

– « L'importance et la complexité du chantier de réhabilitation [...] qui a nécessité la passation de plus de 150 marchés et qui devaient être réalisé en site occupé » [13] ; vices initiaux concernant une opération complexe (sous-évaluation initiale, que le juge prendra en considération, même si ce point s'est déroulé en période prescrite) : circonstance atténuante pour les successeurs [14].

– Contexte de fusion qui « représentait un enjeu majeur pour l'entreprise en raison de son importance et de sa complexité » [15] ; dans le même sens : contexte de restructuration/réorganisation de la catégorie des établissements publics en question, conséquence d'une réforme législative [16].

– « [...] conséquences très importantes [...] de la réforme de la formation professionnelle décidée par la loi [...] qui remettait profondément en cause le modèle économique de l'association, en diminuant drastiquement ses ressources collectées. [L'associa-

1. CDBF 7 févr. 1989, *Institut national de la consommation [INC]*, CCP, n° 3, p. 154 ; *Lebon* 411.
2. CDBF 17 juin 2005, *CHS Paul Guiraud de Villejuif*, 2e arrêt, *Rev. Trésor* 2005. 708, note Lascombe et Vandendriessche ; *Lebon* 674.
3. CDBF 11 déc. 2009, *Centre hospitalier universitaire de Reims*, n° 170-652 ; *AJDA* 2010. 484, note N. Groper et C. Michaut ; Gestion & finances publiques 2011, n° 7, p. 512, note M. Lascombe et X. Vandendriessche.
4. CDBF 25 nov. 2010, *Société immobilière d'économie mixte de la ville de Paris (SIEMP)*, n° 171-603 ; *AJDA* 2011. 489, note N. Groper et C. Michaut ; *JCP* adm. et coll. terr. 2011, n° 20-21, p. 20, note S. Brameret ; GFP 2011, n° 8-9, p. 567, note M. Lascombe et X. Vandendriessche.
5. CDBF 19 nov. 2020, *Agence pour l'enseignement français à l'étranger (AEFE)*, n° 244-818 ; *Rec.* 190.
6. CDBF 15 déc. 2017, *Office national de l'eau et des milieux aquatiques* (ONEMA), n° 217-730-II ; *Rec.* 247 ; *AJDA* 2018. 2493, chron. N. Hauptmann et N. Péhau ; v. également V. Mazzocchi, « Principe *non bis in idem*, que faut-il entendre par *bis* ? Droit administratif et droit public financier », *Dr. adm.* 2018, n° 3, chron. 1.
7. CDBF 29 nov. 1984, *Caisse mutuelle régionale [CMR] de Bretagne*, CCP, n° 2, p. 232. – Dans le même sens : CDBF 22 oct. 2012, *Port autonome de Marseille*, n° 185-692 ; *Rec.* 196 ; *AJDA* 2012. 2441, note C. Michaut et P. Sitbon ; *GFP* 2013, n° 5, p. 90, note S. Damarey, M. Lascombe et X. Vandendriessche.
8. CDBF 16 juin 2015, *Grand port maritime de Nantes-Saint Nazaire*, n° 200-728 ; *Rec.* 165 ; *AJDA* 2015. 2069, note O. Villemagne et P. Grimaud ; *AJDA* 2016. 2487, chron. N. Péhau et N. Hauptmann.
9. CDBF 28 avr. 1987, *Assoc. pour la formation professionnelle des adultes [Afpa]*, CCP, n° 3, p. 65 ; *Lebon* 503.
10. CDBF 29 janv. 1997, *Centre d'études de systèmes d'information des administrations [Cesia]*, *Rev. Trésor* 1999. 187 ; *Lebon* 605 (anonymisé).
11. CDBF 15 déc. 2017, *Office national de l'eau et des milieux aquatiques* (ONEMA), n° 217-730-II ; *Rec.* 247 ; *AJDA* 2018. 2493, chron. N. Hauptmann et N. Péhau ; v. également V. Mazzocchi, « Principe *non bis in idem*, que faut-il entendre par *bis* ? Droit administratif et droit public financier », *Dr. adm.* 2018, n° 3, chron. 1.
12. CDBF 20 juin 2022 *Institut national du sport, de l'expertise et de la performance (INSEP)*, n° 258-849 ; *Rec.* 136 ; *AJDA* 2022. 2527, chron. N. Péhau et M. Choquet.
13. CDBF 25 janv. 2019, *Radio France : le chantier de réhabilitation*, n° 227-760 ; *Rec.* 191.
14. CDBF 25 janv. 2019, *Radio France : le chantier de réhabilitation*, préc.
15. CDBF 28 juill. 2020, *France Télévisions (achats hors programme)*, n° 242-798 ; *Rec.* p. 183.
16. CDBF 6 oct. 2022, *Chambre de commerce et d'industrie territoriale (CCIT) du Cantal*, n° 261-864 ; *Rec.* 147.

tion] a ainsi été contrainte d'élaborer un plan d'économie important comprenant un plan de sauvegarde de l'emploi qui prévoyait la suppression de 147 postes »[1].

– Évolution, imposée par l'État, des missions d'une structure : ainsi, pour un établissement public, un « élargissement de son périmètre d'intervention [imposé par l'État] conjugué à une insuffisance de moyens pour y faire face » peut justifier la reconnaissance de circonstances atténuantes[2].

– Une directrice d'établissement public « a eu à gérer le transfert dans des nouveaux locaux de l'école qu'elle dirigeait dans des conditions difficiles ; que l'équipe administrative et technique qui l'assistait était très restreinte ; qu'elle a demandé l'appui de l'autorité de tutelle pour disposer d'un soutien logistique et financier, lequel ne lui a pas été accordé »[3].

– Un président avait dû procéder à la dissolution de la structure administrative dans des délais restreints, impliquant de « gérer la situation délicate de plusieurs salariés » (c'est en lien avec ces derniers que les irrégularités avaient été commises)[4].

– Surcroît d'activité de l'établissement[5]. Dans le même sens, la surcharge de travail peut constituer une circonstance atténuante de responsabilité[6].

– Brève durée de vie d'un établissement public ayant empêché de mener à bien le redressement[7].

– « Considérant que l'ONEMA a été créé dans des conditions délicates, marquées notamment par une insuffisance des moyens disponibles, en particulier dans les services administratifs et financiers de l'établissement ; que sa création s'est accompagnée de difficultés administratives et d'un climat social tendu, liés en partie à la succession de l'ONEMA dans les droits, obligations et pratiques du Conseil supérieur de la pêche »[8].

463.175 Système d'information défectueux, crise sanitaire, fraude, escroquerie et autres causes exogènes.

– Fraude : escroquerie habilement organisée[9].

– Prise en compte d'une cause exogène, en l'occurrence le fait que la « cause principale du désordre » résidait dans les déficiences du système informatique faisant à la suite de la modification du régime des cotisations[10]. Dans le même sens : « ... font valoir, s'agissant des régies, qu'ils se sont reposés, ainsi que leurs services, sur la fiabilité présumée d'un logiciel comptable de la ville de Bordeaux qui leur était présenté comme apportant toutes les garanties et sécurités nécessaires, ce qui a pu les amener à négliger de procéder à des contrôles plus approfondis ; [...] ; que ces faits sont de nature à constituer des circonstances atténuantes de responsabilité »[11].

– Crise sanitaire COVID : prise de fonctions dans un contexte difficile[12].

Parfois, la prise en compte de certaines circonstances peuvent surprendre : a été considéré comme une circonstance atténuante le fait pour un établissement d'être « doté d'un budget d'environ un milliard d'euros [...] et dont les missions sont particulièrement sensibles à la conjoncture », donc à des facteurs exogènes[13].

463.176 Difficultés à assurer la continuité du service public, notamment en raison de circonstances locales. Est retenu comme circonstance atténuante le fait d'avoir assuré la continuité du service public dans des conditions difficiles : « il doit être retenu que l'intéressé a, au cours de la période

1. CDBF 3 mai 2021, *Association « OPCALIA »*, n° 250-845 ; *Rec.* 175.
2. CDBF 10 déc. 2020, *Office national d'indemnisation des accidents médicaux, des infections iatrogènes et des infections nosocomiales (ONIAM)*, n° 245-801 ; *Rec.* 195.
3. CDBF 26 juin 2017, *Cité du cinéma*, n° 213-742 ; non publié au *Rec.*
4. CDBF 16 nov. 2015, *Association pour la gestion du régime d'assurance des créances des salariés (AGS) et Délégation UNEDIC-AGD (DUA)*, n° 203-720 ; non publié au *Rec.*
5. CDBF 8 déc. 1992, *Lycée professionnel de Saint-Jean de la Ruelle et groupement d'établissements pour la formation continue [Greta] d'Orléans-Ouest*, *Rev. Trésor* 1993. 786 ; *Lebon* 651 ; *Rec.*, p. 165.
6. CDBF 13 oct. 1993, *Carrefour international de la communication [Cicom]*, *Rev. Trésor* 1995. 677 ; *Rec.*, p. 146. – CDBF 23 févr. 1994, *SEM A.*, Rev. Trésor 1995. 680 ; *Lebon* 719 ; *Rec.*, p. 131. – Plus récemment : charge de travail dans une petite commune touristique, C. comptes 7 oct. 2024, *Commune de Saine-Eulalie-en-Born (Landes)*, n° 40, S-2024-1305.
7. CDBF 13 oct. 1993, *Carrefour international de la communication [Cicom]*, préc.
8. CDBF 15 déc. 2017, *Office national de l'eau et des milieux aquatiques* (ONEMA), n° 217-730-II ; *Rec.* p. 247 ; *AJDA* 2018. 2493, chron. N. Hauptmann et N. Péhau ; v. également V. Mazzocchi, « Principe *non bis in idem*, que faut-il entendre par *bis* ? Droit administratif et droit public financier », *Dr. adm.* 2018, n° 3, chron. 1.
9. C. comptes 3 mai 2024, *Département de l'Eure*, n° 907, S-2024-0715 ; chron. Y. Simon et S. Heintz dans RGP 2024, n° 03, p. 70 ; *JCP Adm.* 2024. 2278.
10. CDBF 16 mars 1988, *Caisse de retraite et de prévoyance de la boucherie, boucherie-charcuterie et boucherie hippophagique française [Carbof]*, CCP, n° 3, p. 131 ; *Lebon* 543.
11. CDBF 13 oct. 2017, *Opéra national de Bordeaux* ; n° 216-784 ; *AJDA* 2017. 2528, chron. N. Péhau et N. Hauptmann.
12. C. comptes 10 juill. 2023, *Centre hospitalier Sainte-Marie à Marie-Galante (Guadeloupe)*, n° 882, S-2023-0858 ; *Rec.* 30 ; *AJDA* 2023. 1832, note N. Péhau et L. Vergallo ; *AJCT* 2023, p. 632, note L. Zaoui ; *Cah. hosp.* sept. 2023, n° 182, note O. Yahia.
13. CDBF 19 nov. 2020, *Agence pour l'enseignement français à l'étranger (AEFE)*, n° 244-818 ; *Rec.* 190.

concernée, assuré la continuité du service public hospitalier »[1] :

– Crainte de rupture de la continuité du service public[2] ; une régularisation d'une situation irrégulière aurait créé un « risque avéré, susceptible de remettre en cause la continuité du service public hospitalier », et (même argument, mais sous un autre angle) : la « faible attractivité de l'hôpital et des difficultés de recrutement de praticiens hospitaliers » pouvaient expliquer le recours à des rémunérations au-delà des plafonds autorisés, afin d'attirer des compétences et ainsi assurer le service public[3].

– La CDBF a accordé à un directeur d'hôpital ayant versé des primes pour gardes et astreintes dans des conditions irrégulières de larges circonstances atténuantes : le contexte difficile dans lequel se trouvait cet établissement en milieu rural au regard de la nécessité d'assurer la continuité du service public hospitalier d'une part, et les qualités professionnelles de l'intéressé d'autre part[4]. Elle a cependant refusé de considérer les circonstances liées aux considérations de service public comme revêtant en l'espèce le caractère d'une excuse absolutoire, car il n'était « pas totalement établi » que l'objectif de continuité et de bon fonctionnement du service public « n'aurait pas pu être atteint dans le respect des règles »[5].

– Circonstances locales particulières, comme l'isolement géographique[6] ; le contexte local dans un pays étranger peut être pris en compte comme difficulté objective : « M. X a été confronté à un désordre important dans le fonctionnement de la mission [de coopération et d'action culturelle], non dépourvu de lien avec le contexte local... »[7]. Dans le même sens : « considérant que le contexte particulier prévalant dans le pays considéré à l'époque des faits, s'il peut expliquer en partie l'origine des désordres constatés par la Cour, ne saurait justifier toutes les irrégularités en cause... »[8]. Ou encore : habitudes (mœurs) locales dans la conclusion de contrats (Koweït) que le PDG d'une entreprise publique ne connaissait pas[9].

– Nécessité d'assurer la continuité du service public dans un contexte difficile (zone de grande précarité sociale, où l'offre libérale est faible, et vétusté des locaux), alors qu'une restructuration avait été demandée par les tutelles, et que la personne renvoyée « n'a pas ménagé ses efforts dans l'exercice de ses fonctions particulièrement lourdes »[10].

– Circonstances atténuantes rejetées parce que non établies, en l'occurrence tirées de circonstances propres à une zone géographique qui auraient entraîné des difficultés particulières dans l'exercice de la mission d'une part, et de progrès réalisés dans l'activité menée (santé animale) d'autre part[11].

463.177 Problèmes de gouvernance interne.

– Un gestionnaire qui « a dû faire face à une situation de crise de la gouvernance » de la fondation[12].

– Problème de gouvernance interne : la structure n'avait plus, alors, de directeur[13].

– Circonstances atténuantes : « les intéressées [...] ont été amenés à gérer une situation exceptionnelle liée à la conjonction du départ [du directeur général d'une chambre de commerce et d'industrie] et de la tenue d'élections consulaires... »[14].

– Circonstances « très largement » atténuantes accordées du fait de l'instabilité institutionnelle d'un établissement public, qui ne laissait que peu de pouvoir aux dirigeants vis-à-vis des élus locaux[15].

1. CDBF 20 mars 2012, *Centre hospitalier de Marigot à Saint-Martin (Guadeloupe)*, n° 181-587 ; *AJDA* 2012. 1279, note C. Michaut et P. Sitbon ; *GFP* 2013, n° 5, p. 81, note S. Damarey, M. Lascombe et X. Vandendriessche.
2. CDBF 16 juin 2015, *Grand port maritime de Nantes-Saint Nazaire*, n° 200-728 ; *Rec.* 165 ; *AJDA* 2015. 2069, note O. Villemagne et P. Grimaud ; *AJDA* 2016. 2487, chron. N. Péhau et N. Hauptmann.
3. CDBF 20 janv. 2021, *Centre hospitalier de Chauny*, n° 246-824 ; *Rec.* 157.
4. CDBF 15 déc. 2006, *CH d'Ambert*, *AJFP* 2007. 98 ; *Rev. Trésor* 2007. 720, note M. Lascombe et X. Vandendriessche ; AJDA 2007. 1355, note N. Groper et C. Michaut ; Cah. hosp. oct. 2007, p. 24 ; *Lebon* 675 ; *Rec.*, p. 116.
5. À comparer avec CDBF 1er juill. 1991, *CH de Lorient*, CCP, n° 3, p. 229 ; *Lebon* 635 ; *Rec.* 128.
6. CDBF 2 déc. 1987, *CHS de Prémontré [Aisne]*, CCP, n° 3, p. 113 ; *Lebon*, tables p. 656. – CDBF 20 mars 2012, *Centre hospitalier de Marigot à Saint-Martin (Guadeloupe)*, n° 181-587 ; *AJDA* 2012. 1279, note C. Michaut et P. Sitbon ; *GFP* 2013, n° 5, p. 81, note S. Damarey, M. Lascombe et X. Vandendriessche.
7. CDBF 14 nov. 2001, *Mission de coopération et d'action culturelle de Castries [Sainte-Lucie]*, *Rev. Trésor* 2004. 38, note M. Lascombe et X. Vandendriessche ; *Lebon* 771 ; *Rec.* 117.
8. CDBF 23 déc. 2002, *Mission de coopération et d'action culturelle [MCAC] de N'Djaména [Tchad]*, préc.
9. CDBF 22 nov. 1989, *SA La Signalisation [LS]*, CCP, n° 3, p. 184 ; *Lebon* 423.
10. CDBF 16 nov. 2016, *Centre hospitalier de Givors*, n° 211-739 ; *Rec.* 187 ; *AJDA* 2017. 932, chron. N. Péhau et N. Hauptmann.
11. CDBF 17 févr. 1988, *Direction des services vétérinaires des Alpes de Haute-Provence, Assoc. Groupement de défense sanitaire [GDS] et Assoc. Groupement vétérinaire pratique [GVP]*, CCP, n° 3, p. 122 ; *Lebon* 538.
12. CDBF 20 juill. 2017, *Institut Curie*, n° 215-765 ; *Rec.* 244 ; A. Froment-Meurice, J.-Y. Bertucci, N. Hauptmann et C. Michaut, *GAJF*, 7e éd. 2019, n° 50, p. 585.
13. CDBF 26 mars 2021, *Société d'économie mixte de construction du département de l'Ain (SEMCODA)*, n° 249-837 ; *AJDA* 2021. 1331, note D. Guilbaud et N. Péhau ; *AJCT* 2021. 372, obs. G. Durand ; *Rec.* 171.
14. CDBF 23 juill. 2009, *CCI Nice-Côte d'Azur*, n° 168-622 ; *Rec.* 79 ; *AJDA* 2010. 488, note N. Groper et C. Michaut ; *GFP* 2011, n° 7, p. 506, note M. Lascombe et X. Vandendriessche.
15. CDBF 22 janv. 1992, *Centre de formation des personnels communaux [CFPC]*, *Rev. Trésor* 1993. 35 ; *Lebon* 627 ; *Rec.* 127.

– Pour un comptable public, le fait que l'ordonnateur n'ait « pas exercé la vigilance qui lui incombait en matière de suivi administratif, budgétaire et financier des établissements concernés » constitue une circonstance atténuante [1].

Proche, car renvoyant sans doute à des problèmes de gouvernance structurels : « l'irrégularité des pratiques [...] était ancienne et revêtait un caractère systémique » [2].

463.178 Insuffisance ou inadaptation des moyens humains ou financiers pour mener à bien les missions.

– Insuffisance des moyens disponibles, en particulier dans les services administratifs et financiers de l'établissement [3].

– L'insuffisance des crédits de fonctionnement et de déplacement d'une DDE a pu « amener les gestionnaires de la direction départementale à commettre des irrégularités pour assurer le fonctionnement de leurs services », ce qui constitue des circonstances atténuantes [4] ; insuffisance de crédits et état médiocre des équipements sur place : circonstances atténuantes [5].

– En dépit des démarches effectuées, un chef de service de l'État n'avait pas obtenu les moyens humains dont il avait besoin pour développer son activité, « cependant jugée souhaitable par les pouvoirs publics » [6] ; insuffisance d'effectifs [7].

– Arrêt qui tient compte, pour un directeur d'hôpital adjoint chargé des questions économiques, de l'ampleur des tâches au regard de la faiblesse des moyens dont il disposait [8].

– Situation exceptionnelle née de la conjonction de départs de personnels d'encadrement et d'un événement important à préparer, en l'occurrence la tenue d'élections consulaires [9].

– La présence d'agents inexpérimentés dans un service peut être constitutive de circonstances atténuantes pour un comptable public [10]. Dans le même sens : pour un comptable public, le manque de moyens de l'agence comptable constitue une circonstance atténuante [11].

– Accroissement des attributions d'un directeur, sans augmentation corrélative du personnel [12].

– Grave pénurie de locaux qui risquait de « compromettre sérieusement le fonctionnement » du service public, expliquant en partie la précipitation dans l'achat d'un immeuble, constitutif d'irrégularités [13].

463.179 Projet d'envergure et de complexité exceptionnelle. Événement exceptionnel par son ampleur : « la COP 21 était un évènement à bien des égards exceptionnel, dont l'organisation faisait peser sur les acteurs en charge de sa préparation une obligation de résultats très lourde alors même que l'organisation générale mise en place retenue par le ministère était complexe et n'apparaît pas avoir pleinement répondu aux exigences d'une administration efficace » [14].

Dans le même sens, la CDBF a-t-elle admis qu'un « projet [...] était caractérisé par son ampleur, sa complexité et ses difficultés de réalisation opérationnelle » [15].

Peut constituer une circonstance atténuante la complexité d'une activité : « pour ce qui concerne les voyages pédagogiques [...] il convient de prendre en compte les difficultés afférentes à ce genre d'acti-

1. CDBF 4 avr. 2011, *Lycée professionnel Vauvenargues et GRETA du pays d'Aix*, nº 174-647/667 ; *Rec.* 155 ; *GFP* 2013, nº 5, p. 69, note S. Damarey, M. Lascombe et X. Vandendriessche.
2. CDBF 25 janv. 2019, *Radio France : les achats de biens et de services*, nº 228-762 ; *Rec.* 198 ; commenté par J. Dietenhoeffer, *Sanction des manquements systémiques au droit de la commande publique par la Cour de discipline budgétaire et financière, in* Contrats et marchés publics 2019, nº 7, étude 9. Ici § 63.
3. CDBF 10 mai 1989, *Cned, centre de Vanves*, CCP, nº 3, p. 165 ; *Lebon* 413. – CDBF 15 déc. 2017, *Office national de l'eau et des milieux aquatiques* (ONEMA), nº 217-730-II ; *Rec.* 247 ; *AJDA* 2018. 2493, chron. N. Hauptmann et N. Péhau ; v. également V. Mazzocchi, « Principe *non bis in idem*, que faut-il entendre par *bis* ? Droit administratif et droit public financier », *Dr. adm.* 2018, nº 3, chron. 1.
4. CDBF 9 déc. 1986, *DDE de Corse*, CCP, nº 3, p. 49 ; *Lebon* 331.
5. CDBF 23 déc. 2002, *Mission de coopération et d'action culturelle [MCAC] de N'Djaména [Tchad]*, préc.
6. CDBF 30 avr. 1985, *min. de l'Agriculture, service des haras et de l'équitation*, CCP, nº 3, p. 10.
7. CDBF 14 et 16 janv. 1998, *min. des Affaires étrangères, service des immeubles et affaires générales [Siag]*, *Rev. Trésor* 1999. 200 ; *Lebon* 647 ; *Rec.* 129 (extraits).
8. CDBF 22 mai 1990, *CHS de Saint-Venant*, CCP, nº 3, p. 204 ; *Lebon* 521.
9. CDBF 23 juill. 2009, *CCI de Nice-Côte d'Azur*, *Rec.* 79 ; AJDA 2010. 488, note N. Groper et C. Michaut ; Gestion & finances publiques 2011, nº 7, p. 506, note M. Lascombe et X. Vandendriessche.
10. CDBF 4 avr. 2011, *Lycée professionnel Vauvenargues et GRETA du pays d'Aix*, nº 174-647/667 ; *Rec.* 155 ; *GFP* 2013, nº 5, p. 69, note S. Damarey, M. Lascombe et X. Vandendriessche.
11. CDBF 3 déc. 1985, *Monnaies et médailles*, CCP, nº 3, p. 31.
12. CDB 20 avr. 1962, *École vétérinaire de Lyon*, CCP, nº 2, p. 51 ; *Lebon* 842 : « insuffisance notoire, numérique et qualitative, du personnel ».
13. CDBF 2 mai 1983, *Université d'Aix-Marseille III, Institut d'administration des entreprises [IAE]*, CCP, nº 2, p. 217.
14. CDBF 6 mai 2022, *21e conférence des parties à la convention-cadre des Nations unies sur les changements climatiques de 2015 à Paris (COP 21)*, nº 257-835 ; *Rec.* 134.
15. CDBF 26 juill. 2018, *Association Marseille Provence 2013 – Capitale européenne de la culture (MP2013)*, nº 221-776 ; *Rec.* 185.

vité »[1] ; dans le même sens (projet complexe) : « le contexte général de l'opération de désamiantage et de réhabilitation du site de Jussieu, ses carences en matière de gouvernance, les retards pris dans le déroulement des travaux, les situations d'urgence qu'ils engendraient et les risques de contentieux notamment pénal étaient des facteurs qui contraignaient fortement les décisions susceptibles d'être prises par la direction générale de l'EPCJ ; que ces faits sont de nature à constituer des circonstances atténuantes »[2].

§ 8
Pressions politiques

463.181 Pressions morales et politiques, contexte de dissensions politiques.

– Pression politique : « Il résulte de l'instruction que les personnes renvoyées ont dû, en outre, travailler dans un contexte de forte pression politique. Il ressort en particulier de l'instruction que le ministre des Affaires étrangères est personnellement intervenu à plusieurs reprises dans les choix opérés en matière d'organisation de la conférence »[3].

– Dans une autre affaire, la CDBF, sans utiliser le terme « circonstance atténuante », a indiqué que « l'attention particulière portée à l'ouverture d'une liaison aérienne Paris-Cayenne par le Président de la République, comme la survenance d'une conjoncture économique et financière difficile et l'accord donné par le ministre au Projet [...] ont pu constituer un contexte spécifique à la prise de décision » (amendes faibles, donc on peut ranger ces éléments parmi les circonstances atténuantes)[4].

– Prise en compte du contexte politique : « considérant également que le consensus politique sur le maintien de l'effort financier consacré à l'artisanat, dans un contexte de baisse des crédits de l'État consacrés à l'artisanat, peut contribuer à expliquer l'utilisation de fonds du FSE pour d'autres objets que ceux fixés par la réglementation communautaire » : cet argument est donné par la Cour dans l'appréciation de la responsabilité d'un directeur d'administration centrale, et elle en a tenu compte dans la fixation de l'amende, même si le terme « circonstances atténuantes » n'est pas expressément utilisé[5]. Cette position prise par la Cour a été contestée par la doctrine[6] comme étant contraire à la jurisprudence de la Cour de justice de Luxembourg, « la primauté [du droit communautaire] ne pouvant souffrir d'exceptions liées à des difficultés nationales, sauf cas grave d'ordre public ». C'est toutefois oublier que la tâche de la juridiction financière n'est pas de juger le respect ou non du droit communautaire par l'État français (il existe d'autres juridictions pour cela), mais d'apprécier la responsabilité d'un individu dans la gestion de fonds publics en France ; or pour cette activité, le juge financier répressif doit, comme le juge pénal, prendre en compte toutes les circonstances, y compris des agissements eux-mêmes irréguliers. Ainsi, si – ce qui n'était pas le cas en l'espèce – l'intéressé avait agi sur ordre écrit du ministre, il aurait été dispensé de sanction, même si l'ordre lui-même aurait été contraire aux engagements internationaux de la France.

– Bonne foi de l'intéressé du fait de l'insistance du ministre de régler un problème selon un certain nombre de considérations (alors qu'il n'y avait pas d'ordre écrit préalable), et existence de circonstances qui « pouvaient l'inciter à penser qu'il y avait une certaine urgence »[7].

– Considérations de politique sociale, en l'occurrence de risque de sous-emploi dans un chantier naval[8].

– Dissensions politiques, en l'occurrence entre un ministre et un secrétaire d'État d'une part, et entre ce dernier et l'administration centrale d'autre part[9].

Mais les pressions extérieures ne sont pas toujours acceptées : « considérant que les pressions morales invoquées par [le gestionnaire jugé] ne peuvent, en l'espèce, atténuer la responsabilité de ce dernier auquel il appartenait de ne pas y céder ou de quitter ses fonctions », référence faite aux pressions

1. CDBF 4 avr. 2011, *Lycée professionnel Vauvenargues et GRETA du pays d'Aix*, n° 174-647/667 ; *Rec.* 155 ; *GFP* 2013, n° 5, p. 69, note S. Damarey, M. Lascombe et X. Vandendriessche.
2. CDBF 22 janv. 2015, *Établissement public du campus de Jussieu*, n° 197-713 ; *Rec.* 155 ; *AJDA* 2016. 2487, chron. N. Péhau et N. Hauptmann.
3. CDBF 6 mai 2022, *21e conférence des parties à la convention-cadre des Nations unies sur les changements climatiques de 2015 à Paris (COP 21)*, n° 257-835 ; *Rec.* 134.
4. CDBF 21 juill. 2016, *Agrément dérogatoire donné à une opération de défiscalisation de la loi du 23 juill. 2003 dite « loi Girardin »*, n° 210-722 ; *Rec.* 185.
5. CDBF 20 déc. 2007, *secr. d'Ét. aux Petites et moyennes entreprises, au Commerce et à l'Artisanat, Direction de l'artisanat, gestion des crédits du Fonds social européen [FSE]*, AJDA 2008. 450, note N. Groper et C. Michaut ; Rev. Marché commun 2008, p. 203, note F. Chaltiel ; *Rev. Trésor* 2008. 375, note M. Lascombe et X. Vandendriessche.
6. Rev. Marché commun 2008, p. 203, note F. Chaltiel.
7. CDB 24 juin 1958, *Sté d'exploitation et des forges et ateliers de Lyon [Sefal]*, *Lebon* 893 ; CCP, n° 2, p. 19.
8. CDBF 5 déc. 2008, *min. de la Défense, Direction des constructions navales, contrat de vente de sous-marins Agosta 90 au Pakistan*, 2e arrêt, *Rec.* 88 ; AJDA 2010. 1261, note N. Groper et C. Michaut ; GFP 2011, p. 396, note M. Lascombe et X. Vandendriessche.
9. CDBF 21 mars 2013, *Secrétariat d'État chargé des sports*, n° 188-712 ; *Rec.* 205.

de la part du vice-président, qui était également ministre de tutelle de l'office (!)[1].

Dans le même sens, cas où la Cour a considéré qu'un dirigeant aurait pu, juridiquement et en dépit de pressions des pouvoirs publics, refuser de signer[2].

§ 9
Circonstances tenant à la personne du gestionnaire et à son comportement

463.191 Inexpérience, problèmes personnels, bonne foi. L'inexpérience d'un agent pour assurer les fonctions qui lui incombaient peut être considérée comme circonstance atténuante[3] ; cas d'un gestionnaire qui « n'était pas préparé, par ses activités antérieures, à diriger la gestion administrative et financière d'un grand service public dans lequel il n'a d'ailleurs trouvé ni structures, ni traditions de nature à faciliter sa tâche »[4].

Pour un exemple particulièrement clair : le jeune âge et l'inexpérience professionnelle d'un directeur renvoyé devant la Cour ont été retenus à sa décharge ; il « n'était âgé que de vingt-six ans à l'époque des faits » et « était dépourvu de toute formation et de toutes expériences administratives »[5].

Dans le même sens, la Cour a tenu compte de l'attitude des tutelles comparées à l'inexpérience du gestionnaire : « encouragements répétés pouvant être assimilés à des assurances verbales par une personne peu rompue aux pratiques administratives »[6].

La Cour a pu également tenir compte de l'ignorance d'habitudes locales (Koweït), et de l'inexpérience du PDG d'une entreprise publique dans la conclusion de contrats avec des pays étrangers, comme circonstances atténuantes[7].

Dans le cas d'un adjoint technique d'un hôpital, des circonstances atténuantes lui ont été reconnues au motif qu'il devait assurer le bon fonctionnement d'un service technique « pour lequel il ne réunissait pas toutes les qualifications requises »[8].

Circonstances similaires (inexpérience) :

– Absence de formation : le régisseur d'avances ayant commis des irrégularités n'avait jamais « bénéficié d'aucune formation au titre de ses responsabilités de régisseur »[9].

– Un agent « n'était pas un spécialiste de l'achat public »[10].

– Fonctions nouvelles pour un directeur[11].

Mais la défense doit prouver ce qui est avancé : un ancien membre du parlement ne peut alléguer qu'il n'aurait aucune compétence juridique, dans la mesure où il a contribué à légiférer pendant 11 ans[12].

Le juge peut également prendre en considération des problèmes personnels d'un agent : par exemple l'état de santé d'un gestionnaire pour apprécier le degré de sa responsabilité effective[13].

Enfin, le juge prend en compte la bonne foi[14] d'un agent, en particulier le fait d'avoir été induit en erreur, voire trompé, par un tiers (un subordonné par exemple). Ainsi le juge a-t-il tenu compte du fait qu'une personne n'avait pas été « à même de connaître la portée réelle des marchés approuvés sous son ordre » et qui avaient donné lieu à des infractions[15]. Cet élément atténuateur de responsabilité est souvent lié à l'honorabilité[16] et à la

1. CDBF 15 juill. 2013, *Office des Postes et télécommunications de la Polynésie française*, n° 190-661 ; *Rec.* 209 ; *AJDA* 2013. 2544, chron. C. Michaut et P. Sitbon.
2. CDBF 22 nov. 1989, *SA La Signalisation [LS]*, CCP, n° 3, p. 184 ; *Lebon* 423.
3. CDB 28 juin 1954, *Maison centrale de Melun*, CCP, n° 2, p. 1. – Dans le même sens, inexpérience dans la gestion publique, v. C. comptes 10 oct. 2024, *Commune de Felleries*, n° 12, S-2024-1311 ; *JCP Adm.* 2025. 2012, note S. Damarey ; ici § 42.
4. CDBF 4 déc. 1979, *secr. d'Ét. à la Jeunesse et aux Sports, Direction de l'éducation physique et des sports*, CCP, n° 2, p. 175.
5. CDBF 26 avr. 1982, *Institut universitaire de technologie de Belfort*, CCP, n° 2, p. 196.
6. CDBF 2 mai 1983, *Université d'Aix-Marseille III, Institut d'administration des entreprises [IAE]*, CCP, n° 2, p. 217.
7. CDBF 22 nov. 1989, *SA La Signalisation [LS]*, CCP, n° 3, p. 184 ; *Lebon* 423.
8. CDBF 22 mai 1990, *CHS de Saint-Venant*, CCP, n° 3, p. 204 ; *Lebon* 521.
9. CDBF 10 déc. 2010, *Commune de Bandol*, n° 172-680 ; *Rec.* 132 ; *Contrats publics* 2011, n° 109, note L. Renouard ; *GFP* 2011, n° 8-9, p. 571, note M. Lascombe et X. Vandendriessche.
10. CDBF 25 janv. 2019, *Radio France : les achats de biens et de services*, n° 228-762 ; *Rec.* p. 198 ; commenté par J. Dietenhoeffer, *Sanction des manquements systémiques au droit de la commande publique par la Cour de discipline budgétaire et financière, in* Contrats et marchés publics 2019, n° 7, étude 9.
11. C. comptes 10 juill. 2023, *Centre hospitalier Sainte-Marie à Marie-Galante (Guadeloupe)*, n° 882, S-2023-0858 ; *Rec.* 30 ; *AJDA* 2023. 1832, note N. Péhau et L. Vergallo ; *AJCT* 2023, p. 632, note L. Zaoui ; *Cah. hosp.* sept. 2023, n° 182, note O. Yahia.
12. C. comptes 3 mai 2024, *Département de la Haute-Saône*, n° 908, S-2024-0723 ; chron. Y. Simon et S. Heintz dans *RGP* 2024, n° 03, p. 70 ; *AJDA* 2024. 1327, chron. N. Péhau et L. Vergallo.
13. CDBF 22 avr. 1975, *Lycée technique d'État d'Albi*, *Lebon* 805 (extraits) ; CCP, n° 2, p. 112 ; – ou encore CDBF 8 déc. 1992, *Lycée professionnel de Saint-Jean de la Ruelle et groupement d'établissements pour la formation continue [Greta] d'Orléans-Ouest*, *Rev. Trésor* 1993. 786 ; *Lebon* 651 ; *Rec.* 165.
14. CDBF 23 févr. 1994, *SEM A.*, *Rev. Trésor* 1995. 680 ; *Lebon* 719 ; *Rec.* 131.
15. CDB 17 févr. 1959, *Direction centrale du matériel du secr. d'Ét. aux Forces armées*, CCP, n° 2, p. 23 ; *Lebon* 894.
16. V. s[s] n° 463.192.

régularisation d'une situation irrégulière[1]. A également été reconnu comme circonstance atténuante la bonne foi d'un maire, qui pouvait penser qu'un « 13e mois » versé sans base légale constituait un avantage collectivement acquis, et il « a pu être conforté dans son sentiment par l'absence de position constante des comptables publics sur ce point »[2]. Enfin, dans une affaire de gestion de fait, la bonne foi de certains comptables de fait a pu être – avec d'autres éléments atténuateurs de responsabilité – retenue à décharge ; en particulier la main-vidange spontanée est considérée comme une circonstance atténuante : « Ils se sont vidé les mains en versant auprès du comptable le reliquat de leur gestion »[3].

– Le fait d'avoir sollicité un avis juridique, même s'il n'a pas évité la commission d'une irrégularité, peut constituer une circonstance atténuante[4] ; sans le dire explicitement, cela souligne la bonne foi du gestionnaire. Dans le même sens, la CDBF a admis que les gestionnaires « pouvaient considérer que les procurations dont ils bénéficiaient avaient été validées par les services juridiques de l'association et ne différaient pas de celles qui avaient été consenties à leurs prédécesseurs. Ils pouvaient donc raisonnablement penser qu'ils agissaient dans le cadre de procurations régulières et que le président et le vice-président de l'association étaient habilités à leur subdéléguer leurs pouvoirs »[5].

– Ignorance de l'irrégularité commise et la confiance accordée par un ordonnateur à l'agent qui avait profité de cette irrégularité formelle pour opérer des détournements de fond « sont de nature à atténuer sa responsabilité sans toutefois l'écarter »[6].

– Les subordonnés d'un PDG lui avaient fourni des informations inexactes[7].

En revanche, l'ignorance de la loi est un argument généralement récusé[8], car tout gestionnaire doit, de par ses fonctions, connaître les règles qui s'appliquent à lui. Dans le même sens : l'ignorance par l'intéressé de la réglementation n'est pas une circonstance que le juge prend en compte à la décharge de celui-ci[9].

463.192 Mérites professionnels de l'agent, honorabilité et honnêteté, absence d'intérêt personnel tiré des irrégularités. Le bénévolat constitue souvent une circonstance atténuante[10] ; rappelons qu'il peut même exclure la justiciabilité de certains agents, mais pas des présidents d'associations de bienfaisance qui restent, en toute hypothèse, justiciables de la juridiction financière[11].

Le juge tiendra en outre compte des mérites professionnels d'une personne, d'une façon générale : « états de services civiques et militaires » de l'intéressé[12] ; mérite personnel d'un dirigeant, qui assure un grand rayonnement à la recherche et à la culture françaises[13] ; services rendus par la personne[14] ; bonnes notes obtenues par un agent[15] ; personne dont les compétences en tant que chercheur sont reconnues[16].

Les efforts et mérites déployés pour la bonne gestion de la structure en question comptent également : ainsi pour un directeur d'hôpital adjoint chargé des questions économiques, les « efforts déployés au service de l'hôpital »[17] ; personne ayant « conduit avec dynamisme la gestion de la Caisse » et ayant fait bénéficier celle-ci de ses compétences[18] ; un directeur d'hôpital renvoyé devant la Cour avait mené avec succès la modernisation du CHS[19] ; la part prise par la personne renvoyée au développement de l'entre-

1. V. ss no 463.194.
2. C. comptes 16 déc. 2024, *Commune de Richwiller (Haut-Rhin)*, no 44, S-2024-1528.
3. C. comptes 10 oct. 2024, *Commune de Felleries*, no 12, S-2024-1311 ; *JCP Adm.* 2025. 2012, note S. Damarey ; ici § 42.
4. C. comptes 5 juill. 2024, *Régie métropolitaine PARCUB, devenue METPARK*, no 869, S-2024-1038 ; *JCP Adm.* 2024. 2264, note S. Damarey.
5. CDBF 3 mai 2021, *Association « OPCALIA »*, no 250-845 ; *Rec.* 175.
6. CDBF 17 mai 1977, *Inra, Centre de recherches zootechniques et vétérinaires [CRZV] de Theix [Puy-de-Dôme]*, *Lebon* 679 (extraits) ; CCP, no 2, p. 135.
7. CDBF 22 nov. 1989, *SA La Signalisation [LS]*, CCP, no 3, p. 184 ; *Lebon* 423.
8. CDBF 22 nov. 1989, *SA La Signalisation [LS]*, préc.
9. CDBF 6 nov. 1992, *CPAM de Seine-et-Marne*, *Rev. Trésor* 1993. 782 ; *Lebon* 644 ; *Rec.* 154.
10. C. comptes 8 janv. 2025, *Fondation Assistance aux animaux*, no 874, S-2024-1612. – CDBF 20 juill. 2017, *Institut Curie*, no 215-765 ; *Rec.* 244 ; A. Froment-Meurice, J.-Y. Bertucci, N. Hauptmann et C. Michaut, *GAJF*, 7e éd. 2019, no 50, p. 585. – CDBF 3 mai 2021, *Association « OPCALIA »*, no 250-845 ; *Rec.* 175. – CDBF 23 févr. 1994, *SEM A.*, *Rev. Trésor* 1995. 680 ; *Lebon* 719 ; *Rec.* 131.
11. Sur la justiciabilité des bénévoles, dans certains cas limités, v. ss nos 312.62 et 313.85.
12. CDBF 4 déc. 1979, *secr. d'Ét. à la Jeunesse et aux Sports, Direction de l'éducation physique et des sports*, CCP, no 2, p. 175. – Dans le même sens : CDBF 23 avr. 2003, *TGI de Marseille*, *Rev. Trésor* 2004. 54, note M. Lascombe et X. Vandendriessche ; *Lebon* 579 ; *Rec.* 111.
13. CDBF 30 sept. 1987, *EHESS et Assoc. Marc Bloch*, CCP, no 3, p. 94 ; *Lebon* 515.
14. CDBF 28 avr. 1987, *Assoc. pour la formation professionnelle des adultes [Afpa]*, CCP, no 3, p. 65 ; *Lebon* 503.
15. CDB 28 juin 1954, *Maison centrale de Melun*, CCP, no 2, p. 1.
16. CDB 20 avr. 1962, *École vétérinaire de Lyon*, CCP, no 2, p. 51 ; *Lebon* 842.
17. CDBF 22 mai 1990, *CHS de Saint-Venant*, CCP, no 3, p. 204 ; *Lebon* 521.
18. CDBF 17 déc. 1990, *Caisse de retraite du personnel navigant professionnel de l'aéronautique civile [CRPNPAC]*, CCP, no 3, p. 222 ; *Lebon* 531.
19. CDBF 11 et 12 déc. 1991, *CHS du Rouvray*, *Rev. Trésor* 1993. 31 ; *Lebon* 640 ; *Rec.* 136.

prise publique concernée « a été réelle et importante »[1] ; l'intéressé « a mis au service de la SEM [...] une réelle compétence professionnelle qui a permis un bon fonctionnement de l'usine d'incinération et une baisse du prix du chauffage urbain »[2].

Cette position a été validée par le juge de cassation : « la Cour a notamment pu tenir compte [...] des qualités de gestionnaire démontrées par l'intéressé, y compris postérieurement à l'irrégularité commise... », sans commettre d'erreur de droit ni dénaturer les pièces du dossier[3].

Un peu floue paraît en revanche la référence au dynamisme et à l'efficacité de l'intéressé[4], ou au dévouement et à l'efficacité dans l'exercice des fonctions de directeur[5].

Il peut également être tenu compte de l'honorabilité de la personne en cause[6], souvent en lien avec le fait que le gestionnaire n'a pas personnellement tiré profit des irrégularités commises.

Toutefois, sur ce dernier point, la jurisprudence ne semble pas stabilisée. En effet, si l'enrichissement personnel constitue souvent une circonstance aggravante[7], l'inverse n'est pas toujours vrai, et pour cause : la plupart des infractions financières sont plutôt formelles, n'exigeant pas de préjudice, ni d'intérêt ; donc tirer systématiquement une circonstance atténuante du fait de l'absence d'enrichissement personnel semble aller à l'encontre de la logique qui sous-tend le contentieux financier.

Ainsi la CDBF a-t-elle pu considérer dans une affaire que « l'absence d'enrichissement personnel n'est pas de nature à atténuer [la] responsabilité » de la personne renvoyée devant la Cour[8].

1. CDBF 27 mars 1985, *Sté française d'équipements pour la navigation aérienne [Sfena]*, CCP, n° 3, p. 7.
2. CDBF 13 juin 2003, *SEM Sarcelles Chaleur*, *Rev. Trésor* 2004. 57, note M. Lascombe et X. Vandendriessche ; AJDA 2003. 2316, note N. Groper ; *Lebon* 584 ; *Rec.* 121 ; A. Froment-Meurice, J.-Y. Bertucci, N. Hauptmann et C. Michaut, *GAJF*, 7e éd. 2019, n° 49, p. 572.
3. CE 17 oct. 2016, Parquet général près la Cour des comptes [affaire CDBF Assistance publique – Hôpitaux de Marseille], req. n° 393519 ; *AJDA* 2016. 1956, note D. Poupeau ; *GFP* 2017, n° 2, p. 148, chron. S. Damarey, M. Lascombe et X. Vandendriessche.
4. CDBF 4 déc. 1979, *secr. d'Ét. à la Jeunesse et aux Sports, Direction de l'éducation physique et des sports*, CCP, n° 2, p. 175.
5. CDBF 24 oct. 1989, *Assoc. pour l'emploi des cadres, ingénieurs et techniciens de l'agriculture [Apecita]*, préc.
6. CDB 20 avr. 1962, *École vétérinaire de Lyon*, CCP, n° 2, p. 51 ; *Lebon* 842. – CDBF 20 nov. 1995, *Unité de recherche n° 318 du CNRS et unité de recherche n° 7 de l'Inserm*, *Rev. Trésor* 1996. 737 ; *Lebon* 606.
7. V. ss n° 463.32.
8. CDBF 20 mars 2012, *Centre hospitalier de Marigot à Saint-Martin (Guadeloupe)*, n° 181-587 ; *AJDA* 2012. 1279, note C. Michaut et P. Sitbon ; *GFP* 2013, n° 5, p. 81, note S. Damarey, M. Lascombe et X. Vandendriessche.

Néanmoins, il existe de nombreux autres arrêts qui retiennent quand même l'absence d'enrichissement personnel comme circonstance atténuante (il est vrai rarement seule) :

– Le fait de ne pas avoir retiré d'avantage personnel d'agissements irréguliers peut être pris en compte pour apprécier le degré de responsabilité[9]. Dans le même sens : le fait de ne pas tirer bénéfice des irrégularités est parfois reconnu comme circonstance atténuante[10].

– Absence d'intention malhonnête[11] et d'octroi d'avantages injustifiés à soi-même[12].

– Qualités reconnues d'un directeur d'hôpital et absence de problème de probité[13].

– « Considérant, cependant, que l'honorabilité du [professeur X] n'est pas en cause ; qu'il n'a pris aucun intérêt personnel aux errements constatés »[14].

Là aussi, comme pour la question du préjudice, si l'on va jusqu'au bout du raisonnement, toute affaire ou presque jugée par la CDBF devrait automatiquement bénéficier de circonstances atténuantes, puisque par nature la CDBF sanctionne des fautes *infra*-pénales, et non les affaires de malhonnêteté ! Reprendre l'argument d'absence d'infraction pénale, si cela semble compréhensible dans l'appréciation de la gravité d'un comportement, comme circonstance atténuante a donc quelque chose de tautologique, la CDBF ayant précisément pour vocation de sanctionner de telles fautes. Dans le même sens pourtant : un directeur n'avait pas commis de malversations et son honnêteté ne saurait être mise en cause[15]. Dans un considérant de principe, lié à la question de la probité, la Cour a même jugé que celui qui s'est enrichi personnellement « ne saurait bénéficier d'aucune circonstance atténuante, qu'il ne sollicite d'ailleurs pas »[16], ce qui est une position sans doute excessive, car même le juge pénal reconnaît des circonstances atténuantes (arrêt CDBF qui semble isolé).

9. CDBF 16 oct. 1981, *DDE de la Gironde*, CCP, n° 2, p. 188.
10. CDBF 6 nov. 1992, *CPAM de Seine-et-Marne*, *Rev. Trésor* 1993. 782 ; *Lebon* 644 ; *Rec.* 154. – CDBF 10 mai 1989, *Cned, centre de Vanves*, CCP, n° 3, p. 165 ; *Lebon* 413.
11. CDBF 16 mars 1988, *Caisse de retraite et de prévoyance de la boucherie, boucherie-charcuterie et boucherie hippophagique française [Carbof]*, CCP, n° 3, p. 131 ; *Lebon* 543.
12. CDBF 9 déc. 1986, *DDE de Corse*, CCP, n° 3, p. 49 ; *Lebon* 331.
13. CDBF 28 sept. 1994, *CH d'Albi*, *Rev. Trésor* 1995. 683 ; *Lebon* 725 ; *Rec.* 142.
14. CDBF 20 nov. 1995, *Unité de recherche n° 318 du CNRS et unité de recherche n° 7 de l'Inserm*, *Rev. Trésor* 1996. 737 ; *Lebon* 606.
15. CDBF 24 oct. 1989, *Assoc. pour l'emploi des cadres, ingénieurs et techniciens de l'agriculture [Apecita]*, CCP, n° 3, p. 180 ; *Lebon* 421.
16. CDBF 19 juin 2002, *Délégation à l'espace aérien [DEA]*, *Rev. Trésor* 2004. 43, note M. Lascombe et X. Vandendriessche ; *Rec.* 99 ; *Lebon* 553.

Souvent, les circonstances atténuantes sont le fruit d'un ensemble d'éléments qui se cumulent. Exemples :

– Une personne n'ayant pas retiré de bénéfice personnel des agissements, n'ayant pas eu recours systématiquement aux pratiques irrégulières et ayant été confrontée aux difficultés d'application de textes concernant les personnels [1].

– Pour un directeur général d'une société HLM, constituent des circonstances atténuantes sa forte implication dans le redressement financier de l'organisme d'HLM, le souci de servir au mieux les intérêts de ce dernier et le fait qu'il n'ait bénéficié d'aucun avantage personnel [2].

463.193 Durée réduite des fonctions occupées ; intérimaires ; rôle mineur ou effacé. La Cour prendra en compte le fait qu'une personne aura exercé ses fonctions seulement pour une période très brève « au cours de laquelle [la personne concernée] a dû faire face à un service chargé » [3]. Dans le même sens, la Cour a jugé « équitable » de tenir compte qu'un directeur par intérim n'a fait que poursuivre des intentions du directeur en titre [4].

D'une façon générale, sur l'intérim, en tant que facteur atténuateur de responsabilité, la jurisprudence est constante [5].

Il en va de même pour le fait d'avoir pris ses fonctions tardivement au regard des faits irréguliers (qui en l'espèce étaient pratiqués depuis longtemps déjà, et l'intéressé ayant pris ses fonctions pendant le COVID, avec donc une présence seulement en visio, il ne pouvait guère en mesurer l'importance) [6].

De nombreux exemples en jurisprudence prennent en compte le rôle réduit, voire effacé joué personnellement par un gestionnaire, le fait de ne pas avoir été l'instigateur des irrégularités [7] et/ou d'avoir hérité de pratiques irrégulières anciennes [8] :

– Absences fréquentes pour maladie atténuent la responsabilité dans un cas, le fait d'avoir pris ses fonctions récemment dans l'autre [9].

– Le fait que la participation active d'une personne aux irrégularités commises n'ait pas été démontrée, ou qu'une personne n'ait pas pris une part active dans ces irrégularités, atténue leur responsabilité [10]. Toutefois, en l'espèce, la CDBF n'en a pas pour autant reconnu des circonstances absolutoires, car ces deux personnes, membres du bureau de deux associations, étaient comptables d'une responsabilité attachée à leurs fonctions ; ils avaient en outre bénéficié d'une partie des avantages injustement octroyés, facteur classique de gravité.

– Les pratiques irrégulières (gestion de fait) avaient été mises en place par le prédécesseur du gestionnaire renvoyé devant la CDBF ; cette dernière a reconnu qu'il était difficile au successeur de remédier rapidement à cette situation anormale [11].

– Existence de pratiques laxistes avant l'entrée en fonction du directeur d'hôpital poursuivi, qui ne pouvaient pas être facilement redressées ; mais en l'espèce les irrégularités avaient porté préjudice à l'établissement, ce qui constituait un facteur de gravité contrebalançant ces circonstances atténuantes [12].

– Le fait pour un supérieur hiérarchique, coupable de défaut de surveillance, d'avoir été absorbé par la réforme en cours du ministère peut constituer un facteur atténuateur de responsabilité ; en outre, la compétence du subordonné qui avait directement commis les irrégularités était reconnue, ce qui incitait à lui faire confiance [13]. Solution proche : cir-

1. CDBF 23 juill. 2009, *CCI de Nice-Côte d'Azur*, *Rec.* p. 79 ; AJDA 2010. 488, note N. Groper et C. Michaut ; GFP 2011, n° 7, p. 506, note M. Lascombe et X. Vandendriessche.
2. CDBF 20 déc. 2007, *Sté SCIC Habitat Île-de-France*, AJDA 2008. 12 ; *Rev. Trésor* 2008. 370, note M. Lascombe et X. Vandendriessche.
3. CDB 28 juin 1954, *Maison centrale de Melun*, CCP, n° 2, p. 1.
4. CDB 17 févr. 1959, *Direction centrale du matériel du secr. d'Ét. aux Forces armées*, CCP, n° 2, p. 23 ; *Lebon* 894.
5. C. comptes 3 mai 2024, *Département de l'Eure*, n° 907, S-2024-0715 ; chron. Y. Simon et S. Heintz dans *RGP* 2024, n° 03, p. 70 ; *JCP Adm.* 2024. 2278. – CDBF 16 juin 2015, *Grand port maritime de Nantes-Saint Nazaire*, n° 200-728 ; *Rec.* 165 ; *AJDA* 2015. 2069, note O. Villemagne et P. Grimaud ; *AJDA* 2016. 2487, chron. N. Péhau et N. Hauptmann. – CDBF 12 oct. 2018, *École nationale de formation agronomique (ENFA)*, n° 223-786 ; *Rec.* 188. – CDBF 25 janv. 2019, *Radio France : le chantier de réhabilitation*, n° 227-760 ; *Rec.* 191.
6. C. comptes 23 juill. 2024, *Société anonyme d'économie mixte pour la gestion et pour l'animation du parc de loisirs de Saint-Cyr (SAEM SAGA)*, n° 904, S-2024-1128 ; *JCP Adm.* 2024. 2321, note S. Damarey.
7. PAR EX. : CDBF 2 mai 1983, *Université d'Aix-Marseille III, Institut d'administration des entreprises [IAE]*, CCP, n° 2, p. 217.
8. PAR EX. : CDBF 17 déc. 1990, *Caisse de retraite du personnel navigant professionnel de l'aéronautique civile [CRPNPAC]*, CCP, n° 3, p. 222 ; *Lebon* 531. – CDBF 5 nov. 1997, *min. des Affaires étrangères [frais de réception]*, *Rev. Trésor* 1999. 194 ; *Lebon* 615 ; AJDA 1997. 505, note S. Cendre-Malinas. – CDBF 9 sept. 1998, *Sté des hôtels Méridien [SHM] et Sté Méridien Gestion [SMG]*, *Rev. Trésor* 1999. 207 ; *Lebon* 658 ; *Rec.*, p. 136. – CDBF 23 avr. 2003, *TGI de Marseille*, *Rev. Trésor* 2004. 54, note M. Lascombe et X. Vandendriessche ; *Lebon* 579 ; *Rec.*, p. 111.
9. C. comptes 19 déc. 2024, *Institut des sciences et des industries du vivant et de l'environnement (AgroParisTech) et Direction nationale des ventes domaniales (DNID), vente du mobilier du château de Grignon*, n° 3, S-2024-1571. Ici §§ 73 et 74.
10. CDBF 25 mars 1987, *Assoc. X et Y*, CCP, n° 3, p. 55.
11. CDBF 30 sept. 1987, *EHESS et Assoc. Marc Bloch*, CCP, n° 3, p. 94 ; *Lebon* 515.
12. CDBF 5 juin 1989, *Hôpital d'Orange*, CCP, n° 3, p. 172 ; *Lebon* 417.
13. CDBF 11 mai 1990, *Fonds d'aide et de coopération [FAC]*, CCP, n° 3, p. 198 ; *Lebon* 518.

constances atténuantes accordées à un directeur d'administration centrale du fait d'avoir été absorbé par d'autres tâches jugées prioritaires [1].

– Dans une affaire, le juge financier a, après avoir relevé que certaines pratiques irrégulières existaient avant la prise de fonctions du dirigeant en question, jugé « que ces éléments ne sont toutefois pas suffisants pour atténuer sensiblement la responsabilité de M. X » [2]. Dans le même sens, un gestionnaire qui s'était borné à appliquer les dispositions prises par son prédécesseur [3].

– Dans une autre affaire la Cour a pu relever que les contrats présentant des irrégularités avaient été négociés largement avant la prise de fonction du PDG renvoyé, ce qui pouvait être retenu comme circonstance atténuante ; mais d'autres facteurs, plutôt aggravants, empêchaient d'exonérer sa responsabilité [4].

– Le fait pour un supérieur hiérarchique de ne pas avoir siégé personnellement dans les conseils de surveillance des filiales dans lesquelles les irrégularités ont été commises : circonstance atténuante mais pas exonératoire ; *idem* pour les efforts déployés pour clarifier la situation juridique de ces structures [5]. Mais la Cour retient la responsabilité du supérieur dans les groupes d'entreprises, ce qui signifie que la responsabilité d'un gestionnaire de la maison-mère ne s'atténuera pas mécaniquement avec l'éloignement des filiales [6].

– Pratique ancienne répandue dans des services déconcentrés de l'État, connue de l'administration centrale : circonstances atténuantes [7].

– Si la préexistence d'un dispositif irrégulier constitue une circonstance atténuante, l'existence de dispositifs irréguliers similaires dans le ministère concerné ou ailleurs ne constitue pas un argument à décharge ; l'argument tiré de la généralisation d'une pratique irrégulière (qu'il faudrait déjà établir...) ne joue donc pas en principe, même si d'autres arrêts semblent à cet égard plus « tolérants » [8].

– Les pratiques irrégulières étaient très anciennes ; et absence d'aide, pourtant demandée par le gestionnaire, pour régulariser cette situation ; depuis, le mode de gestion du service avait été radicalement modifié [9].

– Une décision collective avait acté le principe même du recours à une action qui était en-dehors du champ de compétence de la structure [10], soit une question proche de celle de l'imputation des responsabilités à l'ordonnateur ou à l'organe délibérant [11] ; d'ailleurs, en l'espèce, le gestionnaire a bénéficié d'une dispense de peine.

En revanche, la CDBF a toujours refusé de considérer que le fait d'être subordonné constituait en soi une circonstance atténuante : refus, par exemple, de circonstances atténuantes du fait de l'ancienneté de l'intéressé, de sa parfaite connaissance de l'établissement, et de la délégation de gestion assez large qui lui était accordée [12].

463.194 Régularisation ou tentative de régularisation d'une situation irrégulière ; redressement d'une situation dégradée ; remboursement de sommes indues. La régularisation d'une situation irrégulière, souvent préexistante [13], si possible rapidement [14] (il s'agit d'un devoir de diligence [15]), ou du moins la tentative de prendre des mesures correc-

1. CDBF 20 déc. 2007, *secr. d'Ét. aux Petites et moyennes entreprises, au Commerce et à l'Artisanat, Direction de l'artisanat, gestion des crédits du Fonds social européen [FSE]*, AJDA 2008. 450, note N. Groper et C. Michaut ; Rev. Marché commun 2008, p. 203 ; *Rev. Trésor* 2008, note F. Chaltiel, p. 375, note M. Lascombe et X. Vandendriessche.
2. CDBF 6 nov. 1992, *CPAM de Seine-et-Marne*, *Rev. Trésor* 1993. 782 ; *Lebon* 644 ; *Rec.* 154.
3. CDBF 28 juin 1995, *Direction générale et directions d'Ile-de-France de la Poste*, *Rev. Trésor* 1996. 734 ; *Lebon* 600 ; *Rec.*, p. 131.
4. CDBF 22 nov. 1989, *SA La Signalisation [LS]*, CCP, n° 3, p. 184 ; *Lebon* 423.
5. CDBF 4 déc. 2002, *Caisse centrale de la mutualité agricole [CCMSA] et SCI Mutualité Astorg*, *Rev. Trésor* 2004. 48, note M. Lascombe et X. Vandendriessche ; *Rec.* 112 ; *Lebon* 559.
6. CDBF 24 févr. 2006, *Sté Altus Finance*, 2e arrêt, AJDA 2006. 1249, note N. Groper et Michaut ; JCP 2006, n° 38, II, 10152, note J.-P. Gastinel ; *Rev. Trésor* 2006. 910, note M. Lascombe et X. Vandendriessche ; RFDA 2006. 624, note M. Lascombe et X. Vandendriessche ; *Lebon* 650 ; *Rec.* 74.
7. CDBF 23 déc. 2002, *Mission de coopération et d'action culturelle [MCAC] de N'Djaména [Tchad]*, *Rev. Trésor* 2004. 51, note M. Lascombe et X. Vandendriessche ; *Rec.* 120 (lire le commentaire) ; *Lebon* 563.
8. CDBF 16 déc. 2003, *Institut national polytechnique de Grenoble [INPG] et Université Joseph Fourier Grenoble I [UJF]*, *Rev. Trésor* 2005. 696, note M. Lascombe et X. Vandendriessche ; AJDA 2004. 1233, note N. Groper ; *Lebon* 599 ; *Rec.* 153.
9. CDBF 3 juill. 2009, *École régionale des déficients visuels [ERDV] de Loos*, *Rec.* p. 77 ; GFP 2011, n° 7, p. 504, note M. Lascombe et X. Vandendriessche.
10. CDBF 29 nov. 2018, *Ordre national des chirurgiens-dentistes (ONCD)*, n° 224-800 ; *Rec.* 190.
11. Sur la question de l'imputation en cas de décision collective, v. ss n° 461.41.
12. CDBF 9 déc. 2011, *Groupe hospitalier Sud Réunion*, n° 180-656 ; *Rec.* 164 ; *AJDA* 2012. 1279, note C. Michaut et P. Sitbon ; *GFP* 2013, n° 5, p. 78, note S. Damarey, M. Lascombe et X. Vandendriessche.
13. CDBF 7 nov. 2022, *Fédération française d'athlétisme (FFA)*, n° 262-847 ; *Rec.* p. 148 ; *AJDA* 2023. 560, chron. M. Choquet et N. Péhau.
14. PAR EX. : CDBF 6 oct. 2022, *Chambre de commerce et d'industrie territoriale (CCIT) du Cantal*, n° 261-864 ; *Rec.* p. 147. – CDBF 16 nov. 2016, *Centre hospitalier de Givors*, n° 211-739 ; *Rec.* 187 ; *AJDA* 2017. 932, chron. N. Péhau et N. Hauptmann.
15. V. ss n° 432.271, sur le défaut de diligence, qui constitue une faute grave de gestion.

tives[1], témoigne de la bonne foi d'une personne, illustre sa volonté de se conformer aux règles ; ce type d'élément sera alors souvent retenu à décharge.

Comme on le sait, une régularisation ne fait pas, en principe, disparaître une irrégularité[2], mais le juge en tiendra habituellement compte au stade de l'examen des circonstances.

– « Considérant que le président de la chambre départementale d'agriculture [...] a pris les mesures nécessaires pour mettre un terme aux irrégularités dès qu'il en a eu connaissance par les travaux de contrôle de la Cour des comptes ; que ces faits sont de nature à constituer des circonstances atténuantes de responsabilité »[3] ; cas d'un gestionnaire qui a mis un terme au financement de voyages d'agrément dès qu'il a pris connaissance des observations de la Cour des comptes[4] ; autre exemple : « le fait que Mme X ait mis fin au dispositif irrégulier dès qu'elle a pris connaissance du rapport d'observations provisoires de la chambre régionale des comptes Normandie constitue une circonstance atténuante de responsabilité pour l'intéressée »[5].

– La restitution d'un bien (en l'occurrence un tableau) qui avait été donné de façon irrégulière comme cadeau de retraite à un directeur général est un facteur d'atténuation de la responsabilité[6].

– Effort de redressement[7] ; « le travail de redressement accompli par [la personne renvoyée] et les difficultés qu'elle a rencontrées dans l'exercice de ses fonctions viennent atténuer sa responsabilité »[8] ; sous la gestion de la personne concernée, « le processus de réforme interne des achats publics a réellement débuté et s'est accéléré »[9].

– La CDBF a pu retenir à décharge le fait pour une personne d'avoir reversé sur injonction la totalité des sommes indûment perçues[10]. Dans le même sens, certains avantages indus avaient été reversés par les intéressés à la suite de des injonctions formulées par la Cour des comptes à l'encontre du comptable public dans le cadre du jugement des comptes[11]. Une telle position paraît fort critiquable, puisque ce reversement ne s'est pas opéré spontanément, mais sur injonction extérieure, ce qui ne traduit pas la bonne volonté de l'intéressé. D'ailleurs, dans d'autres arrêts, la Cour a considéré que ne constitue pas une circonstance atténuante le fait de rembourser, après intervention de la Cour des comptes, une partie des sommes irrégulièrement payées[12]. C'est cette position qui semble la plus convaincante. Dans le même sens : la Cour n'a pas retenu le fait qu'une partie des rémunérations perçues en infraction avec les règles sur le cumul avait certes été reversée, mais seulement à la suite d'une intervention non juridictionnelle de la Cour des comptes (communication du Procureur général)[13].

– En quittant ses fonctions, X avait réduit les pratiques irrégulières qui préexistaient à sa prise de fonctions[14].

– Le fait d'avoir pris l'initiative de recourir à un audit extérieur pour faire cesser les irrégularités constatées constitue, pour un dirigeant, une circonstance atténuante[15].

– Un directeur général avait mené une opération immobilière « avec le souci de mettre [l'établissement public] en conformité avec les normes d'hygiène et de sécurité applicables aux locaux professionnels »[16].

– Le fait d'avoir amélioré la situation, d'avoir diligenté une enquête interne, d'avoir dénoncé des faits au procureur de la République[17]. Dans le même sens : avoir porté plainte au pénal rapidement après avoir appris les pratiques irrégulières[18].

1. Avoir « cherché à y mettre bon ordre » : C. comptes 23 juill. 2024, *Société anonyme d'économie mixte pour la gestion et pour l'animation du parc de loisirs de Saint-Cyr (SAEM SAGA)*, n° 904, S-2024-1128 ; *JCP Adm.* 2024. 2321, note S. Damarey.
2. V. s^s^ n° 416.11.
3. CDBF 14 nov. 2019, *Chambre départementale d'agriculture du Finistère*, n° 237-772 ; *Rec.* 221.
4. CDBF 20 mai 2020, *Chambre nationale de la batellerie artisanale (CNBA)*, n° 240-809 ; *Rec.* 181 ; *AJDA* 2020. 1906.
5. CDBF 14 mars 2022, *Chambre de commerce et d'industrie (CCI) Seine Estuaire*, n° 256-853 ; non publié au *Rec.*
6. CDBF 20 déc. 1982, *Port autonome de Nantes-Saint-Nazaire*, CCP, n° 2, p. 211.
7. CDBF 12 oct. 2018, *École nationale de formation agronomique (ENFA)*, n° 223-786 ; *Rec.* 188.
8. C. comptes 23 déc. 2024, *Société anonyme d'économie mixte (SAEM) Marseille Habitat et Société civile immobilière (SCI) Protis Développement*, n° 24, S-2024-1604. Ici § 51.
9. CDBF 25 janv. 2019, *Radio France : les achats de biens et de services*, n° 228-762 ; *Rec.* p. 198 ; commenté par J. Dietenhoeffer, *Sanction des manquements systémiques au droit de la commande publique par la Cour de discipline budgétaire et financière, in Contrats et marchés publics* 2019, n° 7, étude 9.
10. CDB 28 févr. 1962, *Cies Soleil-Accidents et Aigle-Accidents*, CCP, n° 2, p. 44 ; *Lebon* 839 (extraits).
11. CDBF 2 déc. 1987, *CHS de Prémontré [Aisne]*, CCP, n° 3, p. 113 ; *Lebon*, tables p. 656.
12. CDBF 22 nov. 1977, *min. de l'Équipement, service régional de l'équipement de Rouen*, CCP, n° 2, p. 154.
13. CDBF 10 mai 1989, *Cned, centre de Vanves*, CCP, n° 3, p. 165 ; *Lebon* 413.
14. CDBF 23 avr. 2003, *TGI de Marseille*, *Rev. Trésor* 2004. 54, note M. Lascombe et X. Vandendriessche ; *Lebon* 579 ; *Rec.* 111.
15. CDBF 7 nov. 2003, *Assoc. L'Étape*, *Rev. Trésor* 2005. 692, note M. Lascombe et X. Vandendriessche ; AJDA 2004. 1236, note N. Groper ; *Lebon* 592 ; *Rec.* 137.
16. CDBF 9 oct. 2020, *Fonds de solidarité*, n° 243-828 ; *Rec.* 187 ; *AJDA* 2021. 616, chron. D. Guilbaud et N. Péhau.
17. CDBF 22 oct. 2012, *Port autonome de Marseille*, n° 185-692 ; *Rec.* 196 ; *AJDA* 2012. 2441, note C. Michaut et P. Sitbon ; *GFP* 2013, n° 5, p. 90, note S. Damarey, M. Lascombe et X. Vandendriessche.
18. CDBF 22 févr. 2018, *Société d'investissements de la filière pêche de l'archipel (SIFPA) de Saint-Pierre-et-Miquelon*, n° 218-749 ; *Rec.* 173 ; *AJDA* 2018. 1147.

– Un directeur général avait, dès sa prise de fonctions, préparé « avec les autorités de tutelle une réforme globale des régimes statutaire et indemnitaire de l'INPI, finalement intervenue postérieurement aux faits »[1], mettant un terme aux irrégularités en matière de rémunération.

– Avoir « mis en œuvre avec succès des mesures destinées à améliorer la situation de l'établissement [hospitalier], par la constitution d'un groupement de coopération sanitaire et la mise en place d'une direction commune » avec un autre centre hospitalier[2].

Avoir hérité de pratiques irrégulières et y avoir mis un terme au plus vite peut même justifier l'absence de toute sanction, faute d'imputabilité : relaxe d'un directeur qui avait hérité d'une situation irrégulière créée par son prédécesseur (irrégularités dans la passation de marchés), et qui avait mis un terme aux relations avec l'entreprise en question[3] ; son prédécesseur a en revanche été condamné.

La tentative de régulariser une situation peut également être retenue en faveur d'un gestionnaire, même si elle n'est pas couronnée de succès : ainsi, le directeur d'une caisse d'assurance-maladie avait été désavoué dans sa tentative de remettre de l'ordre dans l'organisme (il voulait licencier le comptable qui détournait des fonds, mais le président de la caisse s'y était opposé pour des motifs humanitaires)[4] ; ou encore le cas d'une gestionnaire qui avait « entrepris des démarches auprès des autorités de tutelle pour que soit réglée la question des versements des indemnités de sujétion et des primes de technicité »[5]. Dans le même sens, a été retenu comme circonstance atténuante le fait d'avoir formulé des alertes concernant les irrégularités[6].

A également été retenu comme atténuante, dans le cadre d'une gestion de fait, la circonstance, pour une comptable de fait, d'avoir « toutefois contribué utilement à la manifestation de la vérité et, dans un contexte local difficile, à la cessation des irrégularités dès qu'elle en a pris conscience »[7] ; pour d'autres comptables de fait, dans la même affaire, a été retenu comme atténuateur de responsabilité le fait, sans pouvoir être simplement « regardés comme les instruments passifs de la gestion de fait », que les intéressés aient cherché à mettre fin à la gestion de fait dès qu'ils ont eu connaissance de son caractère irrégulier[8].

Soulignons toutefois que tout effort n'est pas recevable : « En droit, il ne saurait être remédié à une irrégularité par une autre irrégularité » ; le fait d'avoir mis un terme à une pratique irrégulière n'est donc pas une circonstance atténuante à partir du moment où la mesure qui la remplace est également irrégulière[9] ; « ne saurait être regardée comme une mesure novatrice, prise dans l'intérêt des malades et de la bonne gestion de l'établissement, une décision irrégulière qui n'a été accompagnée ni de l'effort d'organisation, ni de surveillance attentive qu'aurait appelés l'expérimentation d'une méthode nouvelle ».

Le juge peut aussi, à la lumière de la situation de l'espèce, estimer que, par exemple, un remboursement de sommes indûment perçues ne doit pas être retenu comme circonstance atténuante : ainsi, s'agissant d'un gestionnaire ayant bénéficié d'avantages personnels, la CDBF a-t-elle pu lui refuser des circonstances atténuantes en dépit des remboursements effectués, jugeant que l'intéressé en portait l'entière responsabilité[10].

SECTION 4
CIRCONSTANCES ABSOLUTOIRES (EXONÉRATOIRES)

§ 1
Place des circonstances absolutoires dans le procès financier

463.201 Éléments généraux sur les circonstances absolutoires ou exonératoires. Le juge financier répressif disposant de la plénitude d'apprécier les circonstances de l'affaire, il n'y a pas de lien automatique entre constatation d'une infraction et prononcé

1. CDBF 25 sept. 2006, *Institut national de la propriété industrielle [Inpi], Rev. Trésor* 2007. 681, fiche N. Groper ; AJDA 2006. 2449, note N. Groper et C. Michaut ; *Rev. Trésor* 2007. 716, note Lascombe et Vandendriessche ; *Lebon* 668 ; *Rec.* 105.
2. CDBF 20 janv. 2021, *Centre hospitalier de Chauny*, n° 246-824 ; *Rec.* 157.
3. CDBF 8 avr. 1998, *Fonds d'action sociale pour les travailleurs immigrés et leurs familles [FAS], Rev. Trésor* 1999. 203 ; *Lebon* 651.
4. CDBF 29 nov. 1984, *Caisse mutuelle régionale [CMR] de Bretagne*, CCP, n° 2, p. 232.
5. CDBF 15 déc. 2017, *Office national de l'eau et des milieux aquatiques* (ONEMA), n° 217-730-II ; *Rec.* 247 ; *AJDA* 2018. 2493, chron. N. Hauptmann et N. Péhau ; v. également V. Mazzocchi, « Principe *non bis in idem*, que faut-il entendre par *bis* ? Droit administratif et droit public financier », *Dr. adm.* 2018, n° 3, chron. 1.
6. C. comptes 19 déc. 2024, *Institut des sciences et des industries du vivant et de l'environnement (AgroParisTech) et Direction nationale des ventes domaniales (DNID), vente du mobilier du château de Grignon*, n° 3, S-2024-1571. Ici § 72.
7. C. comptes 10 oct. 2024, *Commune de Felleries*, n° 12, S-2024-1311 ; *JCP Adm.* 2025. 2012, note S. Damarey ; lire § 40.
8. C. comptes 10 oct. 2024, *Commune de Felleries*, n° 12, S-2024-1311, préc. ; ici § 42.
9. CDBF 8 juill. 1976, *Hôpital psychiatrique de Saint-Alban-sur-Limagnole [Lozère]* ; *Lebon* 709 (extraits) ; CCP, n° 2, p. 117.
10. CDBF 7 nov. 2003, *Assoc. L'Étape*, préc.

d'une sanction[1] : car comme l'a jugé le Conseil d'État, « lorsqu'elle constate la commission d'une infraction imputable à la personne mise en cause, la Cour détermine, dans un second temps, la peine qu'il y a lieu de prononcer à son encontre » ; le juge peut tout à fait considérer qu'une infraction a été commise, mais ne pas prononcer de sanction, « compte tenu notamment des circonstances dans lesquelles l'infraction a été commise et des qualités de gestionnaire de la personne mise en cause, de ne pas lui infliger d'amende »[2].

L'existence de certaines circonstances extrêmes – ou de leur cumul – peut donc amener la juridiction financière à renoncer à prononcer une sanction à l'encontre d'une personne renvoyée devant elle ; l'intéressé sera alors soit relaxé, soit seulement dispensé de sanction.

Ces circonstances absolutoires – ou exonératoires – admises par la jurisprudence financière répressive, et validées par le Conseil d'État, doivent d'une part s'articuler avec l'hypothèse, désormais prévue par la loi, de la dispense de peine[3], qui aboutit au même résultat d'une absence de sanction, et d'autre part avec les notions proches que sont les circonstances atténuantes jurisprudentielles[4] et les causes exonératoires légales[5]. La réforme entrée en vigueur le 1er janvier 2023 a, de ce point de vue, réduit le champ potentiel des circonstances absolutoires jurisprudentielles, puisque d'une part certaines causes sont, comme dit à l'instant, désormais légalement prévues, et d'autre part certaines infractions[6] ont directement intégré la nécessité d'une faute grave dans leurs éléments constitutifs[7] : en cas de faute insuffisamment grave, l'infraction ne sera même pas constituée.

À noter d'emblée que, conformément à la règle générale en matière de circonstances, la charge de la preuve des circonstances absolutoires incombe à celui qui a commis l'irrégularité, et non au juge.

En effet, en cas de doute, il ne pourra pas retenir comme absolutoires des circonstances invoquées (mais la Cour pourra éventuellement y voir des circonstances atténuantes) lorsqu'il n'est « pas totalement établi que l'objectif de continuité et de bon fonctionnement du service public hospitalier [...] n'aurait pas pu être atteint dans le respect des règles », ces éléments ne peuvent pas être retenus comme circonstances absolutoires[8]. Dans un arrêt[9], la CDBF avait certes jugé le contraire, et retenu des circonstances absolutoires, mais il s'agit d'un arrêt isolé, contredit de surcroît pas la jurisprudence la plus récente[10].

Ainsi, face à une personne renvoyée qui se plaignait que « l'instruction aurait pu être étendue à d'autres pièces et que d'autres mises en cause étaient envisageables, en particulier celles de personnes chargées de la tutelle de l'Agence et celle du contrôleur financier, ce qui aurait permis d'exonérer sa propre responsabilité », la Cour des comptes a écarté l'argument par un raisonnement certes d'espèce, et certes peu explicite : « il ne résulte pas des circonstances qu'il aurait été porté atteinte au respect des droits de la défense ; qu'au demeurant, [l'intéressé] a pu présenter devant la Cour, par écrit puis lors de l'audience, des observations en défense très circonstanciées »[11] ; mais autrement dit, la Cour estime avoir eu tous les éléments pour statuer, et si la défense voulait être entendue, elle devait fournir les éléments de preuve.

L'on peut, à partir de l'examen de la jurisprudence, distinguer plusieurs séries d'hypothèses exonératoires de responsabilité :

– les circonstances absolutoires au sens strict : exigence de la continuité du service public[12] ;

– l'ordre ou l'instruction écrit ou oral du supérieur hiérarchique dégageant la responsabilité du subordonné[13] ;

– le cumul de diverses circonstances atténuantes de responsabilité, venant, en l'absence de gravité de la faute, en « atténuation totale de responsabilité ». C'est ce dernier cas qui est le plus répandu en jurisprudence[14].

463.202 Dispense de peine prévue par la loi et dispense de sanction jurisprudentielle. Le code des juridictions financières prévoit désormais – innova-

1. Certains ont pu en douter, notamment parce que les infractions financières en vigueur avant 2023 prévoyaient un plancher d'amendes ; sur ce point, v. les développements sur les sanctions, ss nos 471.24 et 472.34 ; v. aussi ss nos 044.22 et 211.11.
2. CE 17 oct. 2016, *Parquet général près la Cour des comptes* [affaire CDBF *Assistance publique – Hôpitaux de Marseille*], req. no 393519 ; *AJDA* 2016. 1956, note D. Poupeau ; *GFP* 2017, no 2, p. 148, chron. S. Damarey, M. Lascombe et X. Vandendriessche.
3. Sur ce point, v. ss no 463.202.
4. Sur l'articulation entre les deux notions, v. ci-après, ss no 463.205.
5. Sur l'articulation entre causes exonératoires et circonstances exonératoires, v. ss no 463.206.
6. CJF, art. L. 131-9 et L. 131-10.
7. Sur l'élément de gravité dans la faute de gestion, v. ss no 432.281.
8. CDBF 15 déc. 2006, *CH d'Ambert*, *AJFP* 2007. 98 ; *Rev. Trésor* 2007. 720, note M. Lascombe et X. Vandendriessche ; *AJDA* 2007. 1355, note N. Groper et C. Michaut ; *Cah. hosp.* oct. 2007, p. 24 ; *Lebon* 675 ; *Rec.* 116.
9. CDBF 1er juill. 1991, *CH de Lorient*, CCP, no 3, p. 229 ; *Lebon* 635 ; *Rec.* 128.
10. CDBF 15 déc. 2006, *CH d'Ambert*, préc.
11. CDBF 22 avr. 2016, *Agence nationale des titres sécurisés (ANTS)*, no 207-745 ; *Rec.* 179 ; *AJDA* 2016. 2487, chron. N. Péhau et N. Hauptmann.
12. V. plus loin, ss no 463.211.
13. V. ss no 463.212.
14. V. ss no 463.213.

tion de la réforme entrée en vigueur le 1er janvier 2023 – un cas légal de dispense de peine : « La juridiction peut accorder une dispense de peine, lorsqu'il apparaît que le dommage causé est réparé et que le trouble causé par l'infraction a cessé »[1].

Cette dispense de peine[2] est facultative ; par ailleurs, on peut s'étonner des références au « dommage » et au « trouble », deux notions qui n'apparaissent nulle part ailleurs dans les textes relatifs au contentieux financier. En outre, de nombreuses infractions financières n'exigent aucun préjudice : la notion de dommage à réparer ne s'y applique donc pas, puisqu'il n'y en a jamais eu. Cela ne doit pas empêcher le juge de sanctionner ces infractions « formelles ». Enfin, toute irrégularité trouble, en principe, l'ordre public financier, ce qui fait qu'on voit mal comment estimer qu'un trouble a cessé, surtout lorsqu'il s'agit d'infractions instantanées. On verra avec le temps comment la Cour fait application de cette disposition, sachant qu'une dispense de peine n'est pas toujours clairement motivée dans les arrêts, même les plus récents[3].

Quoi qu'il en soit, il s'agit là encore une disposition ajoutée dans le code, alors même que la jurisprudence, depuis des décennies, a recours à divers raisonnements qui, malgré la présence établie d'infractions et de fautes, aboutissent à ne pas sanctionner un gestionnaire.

Si c'est surtout la notion de circonstance absolutoire, ou exonératoire, qui est familière de la CDBF, et désormais de la Cour des comptes, le juge financier répressif a pu lui-même recourir à la notion de dispense de sanction[4].

Ainsi, dans un arrêt, la Cour a pu prononcer une relaxe et deux dispenses de peine : ces dernières semblent en l'espèce s'expliquer par l'existence de circonstances atténuantes cumulées, mais que le juge n'a pas voulu qualifier de circonstances absolutoires, qui auraient traditionnellement plutôt conduit à une relaxe[5]. Dans certains cas, il semble que le juge aurait dû, sur la base des circonstances, plutôt prononcer une dispense de peine qu'une relaxe[6].

La portée de la distinction entre relaxe et dispense de peine est assez symbolique en contentieux financier, les conséquences étant les mêmes. Sans doute une dispense de peine affirme-t-elle davantage la responsabilité d'une personne dans la commission d'une infraction, là où la relaxe peut provenir de différentes causes, soit de l'absence d'infraction, soit de causes exonératoires légalement prévues, soit encore de circonstances absolutoires dont certaines tendent à se rapprocher des questions d'imputation ou de causes exonératoires.

463.203 Prise en compte de circonstances absolutoires au stade de l'opportunité des poursuites et du jugement. Lorsque des circonstances absolutoires ou des causes exonératoires comme la faute majeure sont établies sans ambiguïté dès le départ, une autorité de déféré peut être bien inspirée de renoncer à déférer cette affaire, qui risque d'être immédiatement classée.

Mais le plus souvent, ce type de circonstances ressort d'un ensemble d'éléments qui n'apparaissent qu'en cours d'instruction, voire à l'audience, conduisant alors à une relaxe. Car dans la pratique, les autorités de contrôle (inspections, Cour des comptes...), qui rencontrent des faits présumés constitutifs d'infractions, ne peuvent pas encore apprécier les circonstances de l'espèce, que seule l'instruction contradictoire peut révéler, y compris et souvent en audience publique de jugement ; c'est d'ailleurs précisément la fonction des juges que d'apprécier les circonstances au regard des infractions que l'instruction aura établie, et il semble dommage qu'un classement prématuré intervienne sur ces fondements – sauf cas de force majeure très clairement établi, ce qui est rare – et alors même que l'opportunité des poursuites permet le classement pour tout motif.

Néanmoins, il est arrivé que le Procureur général, dans le cadre de son pouvoir de classement découlant du principe d'opportunité des poursuites, aille, après instruction complète de l'affaire par un rapporteur, jusqu'à anticiper un cumul de circonstances atténuantes justifiant un classement en dépit de la preuve d'irrégularités imputables (mais absence d'avantage et de préjudice ; qualités professionnelles reconnues des intéressés ; opérations menées dans l'intérêt du service)[7].

Il est arrivé également qu'en séance de jugement, « le procureur général près la Cour des comptes,

1. CJF, art. L. 131-19, al. 2.
2. Sur la dispense de peine, v. ss no 471.24.
3. Ex. de dispense de peine qui n'a pas été autrement motivée que par des circonstances atténuantes : C. comptes 23 juill. 2024, *Société anonyme d'économie mixte pour la gestion et pour l'animation du parc de loisirs de Saint-Cyr (SAEM SAGA)*, no 904, S-2024-1128 ; *JCP Adm.* 2024. 2321, note S. Damarey. – Exemple d'un président d'association par ailleurs élu local et comptable de fait, auquel la Cour a reconnu une dispense de peine sans motivation autre que celle déductible des circonstances atténuantes : C. comptes 10 oct. 2024, *Commune de Felleries*, no 12, S-2024-1311 ; *JCP Adm.* 2025. 2012, note S. Damarey.
4. PAR EX. : CDBF 16 nov. 2016, *Centre hospitalier de Givors*, no 211-739 ; *Rec.* 187 ; *AJDA* 2017. 932, chron. N. Péhau et N. Hauptmann. Dispense de sanction, et non relaxe.
5. CDBF 26 juill. 2018, *Association Marseille Provence 2013 – Capitale européenne de la culture (MP2013)*, no 221-776 ; *Rec.* 185.
6. Sur la question spécifique de la distinction entre relaxe et dispense de peine, v. ss no 471.24.
7. Rapport annuel de la CDBF, févr. 2009, p. 33 (affaire de marchés informatiques conclus par un organisme public).

ministère public près la Cour de discipline budgétaire et financière, a lui-même estimé, dans ses conclusions orales prononcées lors de l'audience publique, qu'il pourrait être en l'espèce justifié, compte tenu des infractions en cause et des circonstances, de ne pas lui infliger de sanction »[1].

463.204 Infraction et circonstance absolutoire. Il doit être rappelé que, contrairement à certaines confusions critiquables, l'existence de circonstances absolutoires ne fait pas disparaître l'infraction, ni même la faute consistant en la commission de l'infraction ; ces circonstances jouent seulement sur l'appréciation du degré de responsabilité de celui qui l'a commise, et la question de savoir s'il faut lui appliquer une sanction ou non. Cette distinction ressort très clairement d'un arrêt de la CDBF[2].

Mais dans la pratique, ces notions sont, dans certains de leurs aspects, proches, et les arrêts eux-mêmes ne les distinguent pas toujours bien[3].

Ainsi la question du subordonné dont la responsabilité est susceptible d'être mise hors de cause : en effet, la position hiérarchique subalterne peut justifier de dégager une personne de toute responsabilité, lorsqu'il est établi que la personne renvoyée n'avait pas les moyens de s'opposer à la commission des infractions[4], ou qu'elle n'était qu'un simple exécutant (exemple de subordonnés qui « au cas d'espèce [...] ne disposaient d'aucune marge de manœuvre en matière d'engagement et de contrôle des dépenses dans le domaine » concerné[5]) ; mais ce cas semble davantage relever de l'imputation des responsabilités[6] que des circonstances (le résultat étant toutefois le même : relaxe).

1. CDBF 15 déc. 2017, *Office national de l'eau et des milieux aquatiques* (ONEMA), n° 217-730-II ; *Rec.* p. 247 ; *AJDA* 2018. 2493, chron. N. Hauptmann et N. Péhau ; v. également V. Mazzocchi, « Principe *non bis in idem*, que faut-il entendre par *bis* ? Droit administratif et droit public financier », *Dr. adm.* 2018, n° 3, chron. 1.
2. CDBF 6 févr. 1968, *École régionale d'agriculture d'Ondes [Haute-Garonne]*, CCP, n° 2, p. 65 ; *Lebon* 809 (extraits) : « dans ces circonstances, l'infraction commise par X, si elle est constante, ne présente pas un caractère de gravité justifiant l'application d'une sanction... » ; – Sur cette question de la distinction entre infraction et appréciation des responsabilités, v. s[s] n° 463.12.
3. Arrêt critiquable par ailleurs, non publié au *Rec.*, à juste titre : CDBF 13 oct. 2017, *Opéra national de Bordeaux* ; n° 216-784 ; *AJDA* 2017. 2528, chron. N. Péhau et N. Hauptmann.
4. CDBF 16 déc. 2003, *Institut national polytechnique de Grenoble [INPG] et Université Joseph Fourier Grenoble I [UJF]*, *Rev. Trésor* 2005. 696, note M. Lascombe et X. Vandendriessche ; *AJDA* 2004. 1233, note N. Groper ; *Lebon* 599 ; *Rec.* 153.
5. CDBF 16 juin 2015, *Grand port maritime de Nantes-Saint Nazaire*, n° 200-728 ; *Rec.* 165 ; *AJDA* 2015. 2069, note O. Villemagne et P. Grimaud ; *AJDA* 2016. 2487, chron. N. Péhau et N. Hauptmann.
6. Cette question renvoie à l'imputabilité ; v. s[s] n° 461.32.

463.205 Circonstances atténuantes et absolutoires. Ces deux notions sont, dans leur typologie de cas concrets, assez proches, parfois même identiques ; souvent ce n'est qu'une question de degré qui fera qu'une même circonstance soit retenue comme absolutoire, ou seulement comme facteur atténuateur.

D'ailleurs, lorsque les circonstances absolutoires évoquées par la défense ne sont pas retenues, elles seront néanmoins souvent considérées comme circonstances atténuantes. Ainsi, « les motifs de fait invoqués par M. X pour excuser sa décision irrégulière ne peuvent être entièrement écartés et doivent être pour partie retenus à sa décharge »[7].

Les mêmes circonstances peuvent être atténuantes pour une personne, et absolutoires pour une autre[8], sans doute parce que le degré de gravité des agissements de la seconde personne était déjà peu élevé, ce qui fait qu'en tenant compte de ces circonstances, en principe atténuantes, il ne reste, aux yeux du juge, plus rien à sanctionner.

463.206 Causes exonératoires légalement prévues et circonstances exonératoires jurisprudentielles. Ces deux notions sont très proches, parfois identiques ; la seule différence est que les causes exonératoires sont explicitement prévues par les textes[9] (il s'agit traditionnellement de l'ordre écrit[10] et de la réquisition du comptable[11]), alors que les circonstances absolutoires - aussi appelées exonératoires - sont des constructions jurisprudentielles, donc plus librement à établir.

Le nombre des causes exonératoires légales ayant augmenté récemment (force majeure[12], circonstances exceptionnelles[13], délibération préalable d'un organe délibérant de collectivité locale[14], etc.), le domaine d'application des circonstances absolutoires jurisprudentielles diminue mécaniquement, les excuses légales étant, lorsqu'elles sont établies, prioritaires.

Mais le champ de la circonstance absolutoire jurisprudentielle réapparaît lorsque les éléments constitutifs d'une excuse légale ne sont pas vérifiés, alors que la situation s'en rapproche. Ainsi, il peut arriver que le juge financier considère qu'en l'absence d'ordre

7. CDBF 22 mai 1979, *Préfecture de Provence-Alpes-Côte d'Azur, Préfecture des Bouches-du-Rhône, opération immobilière projetée au lieu-dit "Mas des aulnes"*, *Lebon* 585 ; CCP, n° 2, p. 171.
8. CDBF 16 mars 1988, *Caisse de retraite et de prévoyance de la boucherie, boucherie-charcuterie et boucherie hippophagique française [Carbof]*, CCP, n° 3, p. 131 ; *Lebon* 543.
9. Sur les causes exonératoires en général, v. s[s] n° 462.05.
10. V. s[s] n° 462.51.
11. V. s[s] n°s 462.41 s.
12. V. s[s] n° 462.11.
13. V. s[s] n° 462.21.
14. V. s[s] n° 462.61.

écrit l'ordre donné est néanmoins prouvé et doit être retenu comme circonstance absolutoire de responsabilité en faveur de celui qui n'a fait qu'obéir[1].

§ 2 Motifs absolutoires de responsabilité en jurisprudence

463.211 Bon fonctionnement et continuité du service public, motifs de circonstances absolutoires. L'objectif de bon fonctionnement et de continuité du service public, circonstance habituellement atténuante[2], peut, dans certains cas rares, conduire la Cour à accepter des circonstances absolutoires, en lien avec d'autres critères (notamment la gravité et l'ampleur des irrégularités commises).

Si la mise en avant de considérations liées au bon fonctionnement du service public, à sa continuité et même sa qualité, est fréquente dans la jurisprudence, les conséquences qu'elle en tire - circonstances seulement atténuantes de responsabilité, ou circonstances absolutoires - varient en fonction de chaque situation d'espèce, du poids relatif que revêtent dans la balance de la justice d'un côté les irrégularités commises et de l'autre côté les facteurs explicatifs ou justificatifs aptes à relativiser ou même dédouaner le comportement fautif du gestionnaire public concerné.

En règle générale, le juge admet que les efforts pour assurer le bon fonctionnement du service public constituent des circonstances atténuantes de responsabilité justifiant l'application d'une sanction modérée. Il existe néanmoins quelques arrêts dans lesquels la juridiction a accordé un caractère exonératoire de responsabilité à de tels éléments de fait, isolément ou dans le cadre d'un cumul de circonstances[3].

- Nombreuses circonstances qui deviennent absolutoires, et notamment le fait que sans les agissements constitutifs d'irrégularités, le bon fonctionnement du service public eût été gravement perturbé[4].

- Le juge peut admettre des circonstances absolutoires lorsque les irrégularités commises ont été ponctuelles, et s'expliquent par des difficultés pour faire fonctionner le service public dont il semble qu'elles n'ont pas pu être réglées autrement que par ces irrégularités ; par ailleurs, l'ordonnateur en question avait informé le conseil d'administration de l'établissement, et sa tutelle, des difficultés[5]. Pourtant, dans un cas très proche, la CDBF a retenu seulement des circonstances atténuantes, les irrégularités ayant revêtu dans cette deuxième espèce un caractère généralisé (et non ponctuel), et l'ordonnateur n'ayant pas signalé les difficultés qu'il rencontrait à ses tutelles ou à son conseil d'administration ; surtout, il n'était « pas totalement établi que l'objectif de continuité et de bon fonctionnement du service public hospitalier [...] n'aurait pas pu être atteint dans le respect des règles... »[6].

- Il arrive que le juge aille très loin dans la reconnaissance de circonstances absolutoires, en dépit de la gravité d'une partie des irrégularités commises (l'ordonnateur avait certifié des gardes et astreintes fictives en toute connaissance de cause, ce que la CDBF a qualifié à plusieurs reprises de « gravement irrégulier »). La Cour a en effet considéré que les graves irrégularités, qui avaient d'ailleurs été portées à la connaissance de la tutelle, avaient été commises « en l'absence de toute autre solution réglementaire pour maintenir l'accès aux soins de la population », obligation qui s'imposait au centre hospitalier dans certaines spécialités en application du schéma régional d'organisation des soins (Sros). Ont donc été relaxés le directeur de l'hôpital ainsi que la tutelle[7].

- Urgence : dans un cas, la CDBF a relevé que la passation de certains marchés avait fait apparaître des « anomalies » (on se demande du coup si l'infraction était véritablement constituée, car une anomalie n'est pas forcément une irrégularité, et encore moins une infraction), mais la responsabilité des intéressés n'a pas été engagée par la Cour au titre de ces « anomalies » en raison de circonstances d'urgence[8]. Dans le même sens, une relaxe justifiée (dans une affaire d'irrégularités commises par un service de l'État dans la commande publique) par l'urgence[9].

- Des considérations liées à la continuité du service public ont également joué, avec d'autres considérations, dans une affaire concernant l'État : « le maintien de ces engins en conditions d'emploi revê-

1. V. s[s] n° 463.212.
2. Sur la continuité du service public comme circonstance atténuante, v. s[s] n° 463.176.
3. Sur les cas d'exonération de sanction sur la base d'un cumul de circonstances, v. plus loin, s[s] n° 463.213.
4. CDBF 21 juin 1977, *DDE des Bouches-du-Rhône, travaux de construction de l'autoroute Marseille-Fos*, CCP, n° 2, p. 145.
5. CDBF 1er juill. 1991, *CH de Lorient*, CCP, n° 3, p. 229 ; *Lebon* 635 ; *Rec.* 128.
6. CDBF 15 déc. 2006, *CH d'Ambert*, *AJFP* 2007. 98 ; *Rev. Trésor* 2007. 720, note M. Lascombe et X. Vandendriessche ; *AJDA* 2007. 1355, note N. Groper et C. Michaut ; *Cah. hosp.* oct. 2007, p. 24 ; *Lebon* 675 ; *Rec.* 116.
7. CDBF 16 avr. 2009, *CH de Fougères [Ille-et-Vilaine]*, *Rec.* p. 71 ; *AJDA* 2009. 1194, note N. Groper et C. Michaut ; *GFP* 2011, n° 7, p. 497, note M. Lascombe et X. Vandendriessche.
8. CDBF 5 juin 1989, *Hôpital d'Orange*, CCP, n° 3, p. 172 ; *Lebon* 417.
9. CDBF 14 et 16 janv. 1998, *min. des Affaires étrangères, service des immeubles et affaires générales [Siag]*, *Rev. Trésor* 1999. 200 ; *Lebon* 647 ; *Rec.* 129 (extraits).

tait une importance stratégique ; que l'interruption de leur entretien aurait pu avoir de graves conséquences sur la conduite de ces opérations et la sécurité des personnes »[1]. Il s'agit d'un exemple important concernant les marchés de défense de l'État. La CDBF avait également mis en avant d'autres circonstances pour expliquer la décision de relaxe (fournisseur unique sur le marché pour le bien acheté...).

– Urgence et autres circonstances absolutoires : « M. X a signé le marché complémentaire relatif à une mission « d'OPC » le 1er août 2007 alors que les directeurs de l'EPCJ étaient absents ; que M. X était confronté à une situation d'urgence, le caractère stratégique de ce marché ayant été signalé par les services techniques de l'établissement ; qu'il n'a signé ce marché qu'après avoir obtenu le visa du contrôleur financier ; que ces faits sont de nature à constituer des circonstances absolutoires »[2].

463.212 Ordre non écrit ou volonté manifeste d'un supérieur hiérarchique en tant que circonstances absolutoires. Un ordre écrit préalable ou une instruction d'un supérieur hiérarchique sont des excuses légalement prévues[3].

Mais même en l'absence d'un tel ordre écrit préalable, qui est apprécié strictement par le juge, ce dernier peut admettre comme circonstances atténuantes[4], et même absolutoires, des manifestations de volonté qui, sans se matérialiser aussi clairement que par une instruction ou par un ordre écrit, sont néanmoins manifestes (accord donné même oralement).

– Ainsi, la CDBF a pu juger[5] « qu'il est constant et il était à l'époque notoire » que l'accord donné par un directeur qui avait contribué à la commission d'une irrégularité « traduisait bien la volonté personnelle du ministre ; qu'il résulte des débats devant la Cour que [les deux personnes renvoyées] n'ignoraient pas, et ne pouvaient d'ailleurs pas ignorer cette volonté, non plus que les formes parfois comminatoires par lesquelles elle se manifestait » (« elle », c'est la volonté ministérielle), ces circonstances conduisant à leur relaxe. Une telle jurisprudence se rapproche dans ses résultats de l'excuse de l'ordre écrit.

– Dans une autre affaire, la CDBF a relaxé des prévenus au motif qu'ils disposaient de l'accord des collaborateurs directs du ministre de la Culture et du ministre du Budget pour le montage irrégulier[6].

– Exonération de responsabilité en faveur d'une personne au motif que les actes irréguliers auraient été demandés par le cabinet du ministre[7]. Dans le cadre des textes actuels, ce cas pourrait relever de l'excuse tirée de l'instruction du supérieur hiérarchique[8]. Dans un sens proche mais un peu différent, un subordonné simple exécutant d'instructions dont il ne pouvait mesurer la régularité[9] sera relaxé[10].

– Dans une affaire d'accord oral (ni vraiment instruction, ni ordre), la CDBF a pu exonérer la personne renvoyée, celle-ci, « ayant interrogé le président-directeur général d'EDF sur ce point [l'irrégularité pour laquelle il avait été renvoyé], s'est vu indiquer que ce mode d'exercice des prestations convenait ; que ces faits sont de nature à constituer des circonstances exonératoires de responsabilité... »[11].

463.213 Cumul de nombreuses circonstances atténuantes susceptible d'entraîner la Cour à renoncer à toute sanction ; « atténuation totale de responsabilité ». La plupart des cas de relaxe sont fondés sur l'accumulation de circonstances à décharge ou de circonstances atténuantes. Il est dès lors logique qu'on y retrouve à peu de choses près la même typologie présentée plus haut des circonstances atténuantes[12].

Il s'agit ici non pas de cas assimilés à une cause exonératoire légalement prévue (comme la force majeure par exemple), mais d'un cumul de circonstances dont le juge estime, dans un cas particulier, qu'elles justifient une relaxe. La CDBF a pu utiliser dans ce contexte l'expression « atténuation totale de responsabilité »[13], ce qui montre la filiation avec les

1. CDBF 27 nov. 1991, *min. de la Défense, Délégation générale pour l'armement [DGA], Service technique des engins tactiques (STET), Rev. Trésor* 1993. 30 ; *Lebon* 638 ; *Rec.* 134.
2. CDBF 22 janv. 2015, *Établissement public du campus de Jussieu*, n° 197-713 ; *Rec.* 155 ; *AJDA* 2016. 2487, chron. N. Péhau et N. Hauptmann.
3. Ordre écrit, v. ss n° 462.51 ; instruction, v. ss n° 462.31.
4. CDBF 20 mars 1979, *DDE de la Savoie*, CCP, n° 2, p. 167 ; *Lebon* 583 (extraits).
5. CDBF 5 juill. 1977, *DDE des Alpes-Maritimes, conditions d'occupation et de cession de portions du domaine public maritime à Mandelieu-La Napoule*, CCP, n° 2, p. 150.
6. CDBF 31 mars 1999, *Assoc. pour le développement des images de la culture [Arcanal] et Centre national de la cinématographie [CNC], Rev. Trésor* 1999. 258 ; *Lebon* 563.
7. CDBF 29 nov. 1999, *min. de l'Intérieur et de l'Aménagement du territoire, Grand débat national sur l'aménagement du territoire en 1993 et 1994, Rev. Trésor* 2000. 32, note M. Lascombe et X. Vandendriessche ; *Rec.* 105 (extraits anonymisés) ; *Lebon* 567.
8. CJF, art. L. 131-5, al. 1er ; sur l'instruction du supérieur hiérarchique, cause exonératoire, v. ss n° 462.31.
9. Sur l'imputabilité, v. ss n° 461.32.
10. CDBF 4 oct. 1984, *Université Louis Pasteur de Strasbourg, Laboratoire de physique corpusculaire et cosmique [LPCC], Assoc. pour le développement de la recherche en physique corpusculaire et cosmique [ADRPCC]*, CCP, n° 2, p. 222.
11. CDBF 4 juin 2019, *Gestion des sociétés EDF, ERDF et RTE*, n° 234-732 ; *Rec.* 214 ; *AJDA* 2019. 2606, chron. N. Hauptmann et N. Péhau.
12. V. ss n° 463.111.
13. CDBF 5 nov. 1997, *min. des Affaires étrangères [frais de réception], Rev. Trésor* 1999. 194 ; *Lebon* 615 ; *AJDA* 1997. 505, note S. Cendre-Malinas.

circonstances atténuantes avec lesquels il n'y a qu'une différence de gradation, et la différence avec la force majeure qui relève d'une autre logique.

À noter que l'accumulation de telles circonstances réduit donc la gravité d'une infraction, d'une faute commise : or la gravité de la faute est devenue un élément constitutif de certaines infractions financières [1] ; le défaut de faute grave [2] est donc susceptible désormais d'être traité, dans certains cas, dans le cadre non plus des circonstances, mais des éléments constitutifs d'une infraction (v. plus loin, dans les exemples).

Les exemples de circonstances absolutoires fondées sur une accumulation de circonstances sont nombreux :

– Nombreuses circonstances qui deviennent absolutoires : « défaut de coordination entre les services » et « lenteur des procédures d'instruction des dossiers » en administration centrale, qui ont mis l'ordonnateur secondaire dans une situation difficile, le conduisant à commettre des irrégularités ; en outre, sans ces irrégularités, le bon fonctionnement du service public aurait été gravement perturbé et le coût pour les finances publiques eût été sans doute élevé [3].

– Autre exemple de circonstances multiples et complexes qui font qu'une personne ne peut pas être tenue pour « personnellement responsable d'une infraction » [4].

– Cumul de nombreuses circonstances, notamment des obligations légales de santé publique (enlèvement de déchets hospitaliers), plus importantes en l'espèce que les règles de la commande publique (continuité du service public, obligation légale entrant en conflit avec les règles encadrant les finances publiques), avec injonctions de la tutelle (ARS) de regrouper certains marchés au niveau régional ; donc « qu'il a manifesté au total, dans des circonstances très difficiles, le souci de concilier le respect des impératifs de santé publique, l'adhésion à la recherche d'une solution régionale pour le traitement des DASRI et la préservation des intérêts de l'hôpital dont il avait la charge » [5].

– Un proviseur de lycée, bien qu'ayant fait preuve d'un défaut de surveillance, a pu être relaxé à la suite d'une accumulation de circonstances nombreuses : il avait renouvelé les mises en garde à l'encontre de l'intendant qui avait commis des irrégularités massives ; il était intervenu à de multiples reprises auprès de l'inspection d'académie et de l'administration centrale pour alerter sur le manque d'effectifs, et n'avait reçu de leur part que des « conseils de patience et des assurances apaisantes » ; surtout, la cour a estimé que « la vigilance [du proviseur] eût été suffisante n'était l'esprit de dissimulation qu'il n'a soupçonné chez l'intendant » ; et en général la CDBF a retenu les « circonstances particulièrement difficiles dans lesquelles cette direction a été exercée » [6].

– Dans un autre cas [7], discutable à plusieurs titres, la CDBF a relaxé un dirigeant d'un organisme bancaire public au motif de deux circonstances cumulatives : d'une part l'existence d'une « conjoncture particulièrement défavorable » qui « a contribué à aggraver les conséquences des erreurs commises, erreurs que des considérations d'ordre social ne sauraient certes justifier, mais peuvent dans une certaine mesure expliquer » ; par ailleurs et surtout, la Cour a retenu l'inaction des autorités de tutelle, alors même qu'elles étaient averties des difficultés de l'organisme, notamment à travers un rapport alarmant de l'Inspection générale des finances (IGF), et qu'elles savaient que le cadre réglementaire de l'organisme était devenu inapplicable et aurait dû évoluer : « qu'en particulier les fonctionnaires de la direction du trésor [du ministère des Finances] à qui étaient communiqués pour approbation l'ensemble des dossiers de demandes de prêts présentés à la caisse, ne sauraient arguer du caractère très général de leur examen et de l'insuffisance des informations qui leur étaient communiquées pour estimer que les conditions dans lesquelles [la caisse] a continué [...] à accorder son crédit [...] n'engagent aucunement leur responsabilité » [8].

– Dans une affaire où la Cour avait pourtant retenu l'existence d'un préjudice [9], la Cour a relaxé le dirigeant sur la base d'un cumul de circonstances atténuantes : complexité de la réglementation applicable ; autonomie excessive des subordonnés, prévue par les textes ; « l'administration centrale n'a pas assuré à M. M. les conditions qui lui auraient permis de faire face à ses responsabilités » : retard dans le versement des crédits, d'où des problèmes de rapprochement des données ; moyens matériels,

1. CJF, art. L. 131-9 et L. 131-10.
2. Sur la faute grave dans l'infraction prévue au CJF, art. L. 131-9, v. s^s^ n° 432.281.
3. CDBF 21 juin 1977, *DDE des Bouches-du-Rhône, travaux de construction de l'autoroute Marseille-Fos*, CCP, n° 2, p. 145.
4. CDBF 18 juin 1977, *DDE du Var, conditions d'occupation et de cession de portions du domaine public maritime à Bormes-les-Mimosas*, CCP, n° 2, p. 139.
5. CDBF 13 févr. 2019, *Centre hospitalier d'Ajaccio*, n° 230-805 ; *Rec.* 203 ; *AJDA* 2020. 1284 chron. D. Guilbaud et N. Péhau.
6. CDBF 22 avr. 1975, *Lycée technique d'État d'Albi*, *Lebon* 805 (extraits) ; CCP, n° 2, p. 112.
7. CDBF 11 déc. 1980, *Caisse centrale de crédit coopératif [CCCC]*, CCP, n° 2, p. 180.
8. Sur la confusion entre irrégularité et responsabilité, v. s^s^ n° 463.12.
9. CDBF 21 févr. 1990, *Service interacadémique des examens et concours des académies de Créteil, Paris et Versailles [Siec]*, CCP, n° 3, p. 194 ; *Lebon* 517.

notamment informatiques, insuffisants ; pression de l'administration centrale sur l'intéressé pour agir rapidement ; l'intéressé en outre avait signalé les problèmes à l'administration centrale.

– La CDBF a prononcé une relaxe dans une autre affaire, concernant des marchés de défense de l'État qui comportaient des irrégularités, aux motifs suivants[1] : le titulaire du marché était partiellement responsable du retard ; existence de circonstances particulières (le cocontractant était le seul fournisseur possible) ; le retard constaté avait engendré des économies pour l'État (12 millions FRF de 1990), bien que cette somme fût modique vu l'ampleur du marché ; continuité du service public : « le maintien de ces engins en conditions d'emploi revêtait une importance stratégique ; que l'interruption de leur entretien aurait pu avoir de graves conséquences sur la conduite de ces opérations et la sécurité des personnes ».

– La CDBF a fait preuve d'une particulière mansuétude fondée sur une liste cumulative d'éléments dont certains étaient pourtant contestables[2] : l'intéressé n'avait « guère d'expérience des procédures juridiques et budgétaires » ; la personne a agi comme ses prédécesseurs, sans percevoir l'irrégularité d'une telle pratique (en l'occurrence une gestion de fait tout de même !) ; elle a contribué à récupérer les fonds, a prévenu ses supérieurs hiérarchiques et a provoqué les mesures pour mettre fin à la situation.

– Dans une affaire emblématique[3], un directeur général a été relaxé du fait de nombreuses circonstances plaidant en sa faveur : le contexte social ; surtout, le contexte de gestion était « extrêmement difficile à assumer » pour le directeur général, car la production de charbon était alors en plein déclin et il devait présider à la réorganisation complète de l'entreprise publique ; il devait faire face à des négociations difficiles avec les syndicats ; la tutelle a toujours soutenu le directeur général mis en cause ; la Cour a certes relevé une « absence très grave de rigueur dans le recueil des offres [vente d'un immeuble] », mais l'intéressé avait privilégié l'offre qui offrait les meilleures garanties pour payer rapidement ; le prix obtenu pour la vente d'un immeuble aurait été supérieur aux ventes réalisées à la même époque dans le même secteur de Paris.

– L'urgence et les spécificités des prestations ont été retenues comme circonstances absolutoires dans une affaire d'irrégularités commises dans la passation de marchés publics[4].

– Cas de cumul des circonstances[5] reconnues après cassation (contrairement au premier arrêt rendu qui les avait écartées, arrêt qui avait été cassé pour des irrégularités de procédure) : le montage financier irrégulier était avantageux pour l'État ; urgence ; l'administration centrale n'a réagi qu'avec lenteur ; le cabinet du ministre avait encouragé l'ambassadeur qui avait commis les irrégularités : ce dernier a été relaxé. Dans une autre affaire renvoyée après cassation, la CDBF a également relaxé l'intéressé en raison d'un cumul de circonstances : les fausses certifications de service fait, qui constituaient une partie des irrégularités, n'étaient pas le fait de la personne renvoyée devant la Cour ; les conditions difficiles d'exercice des missions ont été démontrées ; il existait des incertitudes sur les missions de l'organisme, dont la durée de vie a été brève et des désaccords entre dirigeants de l'établissement[6]. Il est intéressant de noter que dans ces deux affaires, l'arrêt après cassation se solde par une relaxe, alors que la cassation concernait des problèmes de procédure ; les circonstances atténuantes du premier arrêt deviennent absolutoires, sans doute parce que la CDBF, à la suite de la cassation, est plus « réceptive » à ces arguments.

– A conduit à la relaxe la conjonction des circonstances suivantes : régularisation du dispositif irrégulier, efforts de remise en ordre entrepris dès le contrôle de la Cour des comptes qui ensuite avait donné lieu à la saisine de la CDBF : « atténuation totale de responsabilité », expression particulièrement éloquente[7].

– Un cumul de circonstances a également conduit la CDBF à relaxer un directeur d'hôpital dans une affaire contractuelle particulièrement complexe[8] : la Cour a jugé que la faute du cocontractant avait entraîné le payement irrégulier de la part de l'hôpital qui était au cœur de l'affaire ; sans cette faute, le préjudice ne serait jamais apparu, ce à quoi s'ajoutait l'existence d'une faillite frauduleuse de la société bénéficiaire du versement de l'acompte ; le directeur

1. CDBF 27 nov. 1991, *min. de la Défense, Délégation générale pour l'armement [DGA], Service technique des engins tactiques [STET], Rev. Trésor* 1993. 30 ; *Lebon* 638 ; *Rec.* 134.
2. CDBF 19 févr. 1992, *Assoc. Franterm [recherche et applications de terminologie française], Rev. Trésor* 1993. 775 ; *Lebon* 630 ; *Rec.* 133.
3. CDBF 6 mai 1993, *Établissement public central Charbonnages de France [CdF], Rev. Trésor* 1994. 758 ; *Lebon* 530.
4. CDBF 18 mai 1994, *Caisse nationale d'assurance-maladie des travailleurs salariés [CNAMTS], Rev. Trésor* 1995. 682 ; *Lebon* 722 ; *Rec.* 137.
5. CDBF 12 avr. 1995, *Ambassade de France auprès des Émirats Arabes Unis*, 2e arrêt, *Rev. Trésor* 1996. 731 ; *Lebon* 595 ; *Rec.* 121.
6. CDBF 16 juin 1999, *Carrefour international de la communication [Cicom]*, 2e arrêt, *Rev. Trésor* 2000. 28, note M. Lascombe et X. Vandendriessche ; *Lebon* 565.
7. CDBF 5 nov. 1997, *min. des Affaires étrangères [frais de réception], Rev. Trésor* 1999. 194 ; *Lebon* 615 ; *AJDA* 1997. 505, note S. Cendre-Malinas.
8. CDBF 15 juin 2004, *CH de Saint Brieuc, Rev. Trésor* 2005. 705, note M. Lascombe et X. Vandendriessche ; *Lebon* 537.

avait en outre pris des mesures pour redresser la situation ; l'encadrement juridique du crédit-bail à l'époque était complexe ; le bilan *a posteriori* des travaux est positif, même si un préjudice est survenu ; de surcroît, le directeur avait bénéficié d'une relaxe au pénal, la procédure pénale ayant toutefois retenu la responsabilité des dirigeants de l'entreprise qui avait fait faillite ; enfin, la Cour a tenu compte de ses états de service.

– Un nouveau directeur avait mis fin à une partie des primes irrégulières « dans des délais relativement rapides par rapport à sa prise de fonctions et bien que cette remise en ordre ait donné lieu à des contestations violentes, dont certaines dirigées directement contre sa personne »[1].

– Dispositif nouveau dont les besoins avaient été difficiles à anticiper et présence d'événements extérieurs qui s'imposaient eux (la multiplication des opérations extérieures (« opex ») a entraîné une demande croissante qui ne pouvait pas être anticipée)[2].

– Un gestionnaire qui « a effectivement recherché des solutions de financements régulières » et l'établissement ne s'était pas opposé à la manipulation ; en outre, absence de préjudice[3].

– Absence de gravité des fautes commises : « s'il est indéniable que des irrégularités et imprudences ont été commises lors de la signature du contrat [par lequel l'État s'engageait à effectuer des travaux sur le navire « Galaxy Queen »], celles-ci ne constituent pas, compte tenu des circonstances particulières de l'affaire, des fautes d'une gravité suffisante pour motiver l'application des sanctions prévues » aujourd'hui à l'article L. 131-9 du CJF[4]. Dans cette affaire, la CDBF n'a pas précisé la nature de ces « circonstances particulières », ce qui est critiquable, se fondant uniquement sur l'insuffisante gravité de la faute ; sous l'empire des textes issus de la réforme entrée en vigueur le 1er janvier 2023, ce cas de figure serait traité au stade des éléments constitutifs de l'infraction, puisque la présence d'une faute grave[5] (ainsi que d'un préjudice significatif) est désormais une exigence pour qu'une violation de règles de dépenses puisse être réprimée. Pour une affaire proche, fondée sur l'absence de gravité : « qu'eu égard aux circonstances particulières de l'affaire, il n'y a pas lieu de mettre en cause la responsabilité de... » ; montants jugés peu élevés ; la réglementation était nouvelle et il y avait un doute sur son applicabilité[6].

– Également absence de faute grave : présence d'un ensemble de circonstances nombreuses qui font qu'une infraction, bien qu'établie, « ne présente pas un caractère de gravité justifiant l'application d'une sanction »[7] : insuffisance de l'organisation et des moyens en personnel d'un établissement ; les indemnités irrégulièrement versées correspondaient tout de même à un travail supplémentaire effectué par l'agent qui en bénéficiait – sous-entendu : il n'y a pas de préjudice – ; les directives verbales de l'administration centrale pouvant laisser penser de bonne foi à l'ordonnateur qu'il était autorisé à verser ces indemnités ; absence d'opposition du comptable et de la tutelle au versement de ces indemnités irrégulières ; d'une façon générale, les irrégularités reprochées à l'ordonnateur « résultent pour une part des négligences et des hésitations de l'administration centrale de l'agriculture, qui ne s'était pas suffisamment attachée, pendant la période considérée, à résoudre par des voies régulières les problèmes de gestion des établissements d'enseignement agricoles dotés de l'autonomie financière ».

– Absence de gravité/affaire vénielle : le caractère isolé des agissements – une seule irrégularité – avec de surcroît trois séries de circonstances atténuantes qui, cumulées, ont conduit la CDBF à dégager la responsabilité d'un gestionnaire[8]. Une autre affaire semble se rattacher à cette configuration : selon la CDBF, certains marchés irréguliers auraient pu, au regard des textes en vigueur au moment des faits, être passés par avenant[9], ce qui revient à dire que la faute n'était pas suffisamment grave.

Exemples de refus d'exonération :

– « Les insuffisances alléguées des organes de contrôle interne ou externe seront examinées au titre des circonstances atténuantes mais elles ne peuvent exonérer [les intéressés] de leur responsabilité »[10] ; affaire jugée par la Cour des comptes sous l'empire des règles actuelles.

1. CDBF 17 juill. 2015, *Assistance publique – Hôpitaux de Marseille (AP-HM)*, n° 201-721 ; non publié au *Rec.*
2. CDBF 21 juin 2012, *Action sociale des armées*, n° 183-697 ; *GFP* 2013, n° 5, p. 87, note S. Damarey, M. Lascombe et X. Vandendriessche.
3. CDBF 21 juin 2012, *Action sociale des armées*, préc.
4. CDBF 22 mars 1977, *min. de la Défense, direction des constructions et armes navales de Toulon,*, *Lebon* 677 (extraits) ; CCP, n° 2, p. 130.
5. Sur la faute grave dans l'infraction prévue au CJF, art. L. 131-9, v. ss n° 432.281.
6. CDBF 18 juill. 2014, *Comité interprofessionnel du logement Aliance 1 % Logement*, n° 194-685 ; non publié au *Rec.*
7. CDBF 6 févr. 1968, *École régionale d'agriculture d'Ondes [Haute-Garonne]*, CCP, n° 2, p. 65 ; *Lebon* 809 (extraits).
8. CDBF 23 juill. 2009, *CCI de Nice-Côte d'Azur*, *Rec.* 79 ; *AJDA* 2010. 488, note N. Groper et C. Michaut ; *GFP* 2011, n° 7, p. 506, note M. Lascombe et X. Vandendriessche.
9. CDBF 25 janv. 2019, *Radio France : le chantier de réhabilitation*, n° 227-760 ; *Rec.* 191.
10. C. comptes 24 nov. 2023, *Caisse de crédit municipal de Bordeaux (CCMB)*, n° 868, S-2023-1382 ; *Rec.* 38 ; *AJDA* 2023. 2381, chron. N. Péhau et L. Vergallo ; *JCP Adm.* 2024, n° 1, 2005 chron. S. Damarey ; *AJCT* 2024, p. 175, note C. Pierucci ; *Gaz. Pal.* 2024, n° 2, p. 70, note T. Dogan.

– Régularisation d'une irrégularité : « la circonstance que ces opérations [payement irrégulier d'avances sur indemnités] aient été régularisées *a posteriori* ne saurait leur enlever leur caractère irrégulier, ni exonérer M. X de sa responsabilité » devant la CDBF[1].

– Les défaillances du comptable public ne constituent pas une excuse suffisante (alors que d'autres arrêts l'admettent) : « eu égard au principe de séparation des ordonnateurs et des comptables qui impartit des obligations distinctes aux uns et aux autres, [l'ordonnateur] ne peut se prévaloir des agissements du comptable de l'établissement hospitalier pour atténuer ou exonérer sa propre responsabilité dans la commission des irrégularités en cause »[2].

– « Le fait que le commissaire aux comptes a certifié sans réserve les comptes annuels de 2014 à 2017 et qu'il a validé les différentes écritures irrégulières ne saurait constituer une circonstance exonératoire de la responsabilité des dirigeants de la FFA qui sont, conformément à leurs obligations légales, responsables des comptes. En revanche, ce fait constitue une circonstance atténuante de responsabilité »[3].

463.214 Cas rares de circonstances atténuantes considérées isolément comme absolutoires. Il existe quelques cas de relaxe, souvent critiquables, fondés sur un seul motif (alors que ce cas de figure devrait plutôt relever des circonstances atténuantes) :

– Système irrégulier préexistant et complexité (alternance de personnes pouvant bénéficier de la prime et de personnes qui ne pouvaient pas y avoir droit[4]).

– Le fait d'avoir déployé des efforts pour redresser une situation « très obérée du poste comptable », et d'avoir mis en œuvre des efforts dès l'entrée en fonctions pour résoudre les problèmes d'effectifs dans l'agence comptable sont constitutifs de circonstances absolutoires[5].

– Relaxe en raison de la carence des tutelles et du silence du comptable[6].

– A été relaxé un agent qui « était placé au sein du cabinet de la secrétaire d'État sous les ordres directs [du directeur adjoint de cabinet], dont il a appliqué les instructions ; que ce lien étroit de subordination constituerait, selon la CDBF au cas d'espèce une circonstance absolutoire »[7] (alors que c'est plutôt une question à traiter directement au stade de la faute de gestion, donc de l'imputation[8]).

– Une relaxe fondée sur le fait, pour un subordonné, d'avoir « régulièrement alerté sa hiérarchie des irrégularités constatées »[9].

– Exemple peu convaincant de circonstance « exonératoire » : avoir mis fin à une pratique irrégulière ancienne et avoir déclaré intégralement sa rémunération à l'administration fiscale[10]. Ce type de cas relèverait aujourd'hui davantage de la dispense de peine. Dans le même sens : un dirigeant, arrivé nouvellement, avait suspendu les payements irréguliers « très rapidement après avoir été informé de la situation » et avait régularisé la situation, puis passé un nouvel appel d'offres[11].

– La durée très courte de l'exercice des fonctions au sein de l'établissement, alors que les irrégularités constatées avaient cours depuis plusieurs années déjà, peut justifier une relaxe[12] ; dans le même sens, un régisseur n'avait effectué qu'un intérim de quelques semaines[13]. Ce type de cas relève plutôt de l'imputation des fautes de gestion que des circonstances[14].

– A pu être relaxée par la CDBF une personne qui s'était « attachée à réorganiser, dans une perspective à moyen terme, le système interne de gestion des achats ; que toutefois cette réorganisation ne pouvait produire ses effets immédiatement, compte tenu des priorités qu'avait à gérer [la personne renvoyée] et des moyens limités qui lui étaient attribués »[15].

1. CDBF 4 avr. 2011, *Lycée professionnel Vauvenargues et GRETA du pays d'Aix*, n° 174-647/667 ; *Rec.* 155 ; *GFP* 2013, n° 5, p. 69, note S. Damarey, M. Lascombe et X. Vandendriessche.
2. CDBF 17 juin 2013, *Centre hospitalier intercommunal (CHI) de la Lauter à Wissembourg*, n° 189-683 ; non publié au *Rec.*
3. CDBF 7 nov. 2022, *Fédération française d'athlétisme (FFA)*, n° 262-847 ; *Rec.* 148 ; *AJDA* 2023. 560, chron. M. Choquet et N. Péhau.
4. CDBF 28 juin 1995, *Direction générale et directions d'Île-de-France de la Poste* ; *Rev. Trésor* 1996. 734 ; *Lebon* 600 ; *Rec.* 131.
5. CDBF 18 juin 1997, *Musée Rodin* ; *Rev. Trésor* 1999. 189 ; *Lebon* 607 ; *Rec.* 203 ; A. Froment-Meurice, J.-Y. Bertucci, N. Hauptmann et C. Michaut, *GAJF*, 7e éd. 2019, n° 48, p. 562.
6. CDBF 14 oct. 1998, *Service central de protection contre les rayonnements ionisants (SCPRI)* ; *Rev. Trésor* 1999. 210 ; *Lebon* 662 [anonymisé].
7. CDBF 21 mars 2013, *Secrétariat d'État chargé des sports*, n° 188-712 ; *Rec.* 205.
8. Sur le lien de subordination et l'imputabilité, v. ss nos 461.31 s.
9. CDBF 20 mars 2012, *Centre hospitalier de Marigot à Saint-Martin (Guadeloupe)*, n° 181-587 ; *AJDA* 2012. 1279, note C. Michaut et P. Sitbon ; *GFP* 2013, n° 5, p. 81, note S. Damarey, M. Lascombe et X. Vandendriessche.
10. CDBF 9 sept. 1998, *Sté des hôtels Méridien [SHM] et Sté Méridien Gestion [SMG]*, *Rev. Trésor* 1999. 207 ; *Lebon* 658 ; *Rec.* 136.
11. CDBF 16 juin 2015, *Grand port maritime de Nantes-Saint Nazaire*, n° 200-728 ; *Rec.* 165 ; *AJDA* 2015. 2069, note O. Villemagne et P. Grimaud ; *AJDA* 2016. 2487, chron. N. Péhau et N. Hauptmann.
12. CDBF 17 juin 2011, *Institut géographique national (IGN)*, n° 176-655 ; *Rec.* 158 ; *GFP* 2013, n° 5, p. 73, note S. Damarey, M. Lascombe et X. Vandendriessche.
13. CDBF 10 avr. 2015, *Établissement public de coopération culturelle « L'Autre Canal »*, n° 198-719 ; *Rec.* 159.
14. Sur l'imputation d'irrégularités en fonction des fonctions réellement exercées, v. ss n° 461.25.
15. CDBF 17 juin 2011, *Institut géographique national (IGN)*, préc.

– Enfin, dans un cas atypique, il semble que la CDBF ait accepté de considérer qu'un usage pouvait constituer une sorte de tolérance dont il a été tenu compte[1], sujet qui pourtant relève plutôt des éléments constitutifs de l'infraction[2] que des circonstances. En sens inverse, et non sans une certaine contradiction, le même arrêt a refusé, au stade de l'examen de la responsabilité (et non de l'infraction), à la pratique du cadeau de départ offert aux dirigeants partant à la retraite un quelconque caractère d'usage atténuant la responsabilité de quiconque, et *a fortiori* lui récusant tout effet absolutoire. La rédaction retenue par la Cour est particulièrement sévère, considérant cet « usage dépourvu de tout fondement juridique et au surplus injustifiable ».

1. CDBF 20 déc. 1982, *Port autonome de Nantes-Saint-Nazaire*, CCP, n° 2, p. 211 : « l'occupation gratuite de l'immeuble [par le directeur général de l'établissement public en question] n'était pas régulière en l'absence d'une concession de logement, mais qu'elle se conformait à un usage, certes regrettable, mais traditionnel » au sein de l'établissement public concerné.
2. Sur l'usage en tant que « règle », v. s^{s} n° 432.64.

TITRE

47. Sanctions

SECTION 0

ORIENTEUR

47.00 **Sommaire du titre.**

47.03 **Bibliographie indicative.**

Contribution. C. Lion, « Les sanctions de la RFGP », *in* S. Damarey et N. Groper, *Responsabilité financière des gestionnaires publics*, Dalloz, 2024, p. 183.

47.05 **Types de sanction.** Le droit public financier connaît deux types de sanctions : les amendes et la publication au Journal officiel.

Il n'existe ni possibilité de condamnation à réparer un préjudice (débet), ni interdictions professionnelles.

Pourtant, s'agissant de ces dernières, la loi d'habilitation du 30 décembre 2021[1], qui avait donné compétence au Gouvernement de réformer par ordonnance la responsabilité financière, l'avait expressément envisagée : « 4° [...] de définir une peine complémentaire d'interdiction d'exercer les fonctions de comptable ou d'avoir la qualité d'ordonnateur pour une durée déterminée ».

Pourtant, aucune suite n'a finalement été donnée dans l'ordonnance du 23 mars 2022[2] prise sur la base de cette loi d'habilitation.

1. L. n° 2021-1900, 30 déc. 2021 de finances pour 2022, art. 168. – V. s^s n° 052.11.
2. V. s^s n° 052.21.

CHAPITRE

471. Règles communes aux sanctions de droit public financier

SECTION 0
ORIENTEUR

471.00 **Sommaire du chapitre.**

SECTION 1
HISTOIRE ET NATURE DE LA SANCTION DE DROIT PUBLIC FINANCIER

471.11 **Éléments historiques.** Plusieurs précisions, s'agissant de l'histoire des sanctions de droit public financier, peuvent être apportées.

Il convient de rappeler d'abord que le choix d'un modèle répressif pur (amende), à l'exclusion de tout volet réparateur, remonte à la loi de 1948 créant la Cour de discipline budgétaire[1], après de longues hésitations[2] : en effet, jusque-là, l'idée d'une réparation financière, à la charge des gestionnaires, prévalait, sur le modèle du débet en matière de jugement des comptes des comptables tel qu'établi depuis longtemps ; l'idée, impraticable, de vouloir soumettre les ordonnateurs à un régime similaire à celui des comptables publics constituait d'ailleurs le principal obstacle à l'émergence d'une responsabilité financière couvrant tous les gestionnaires publics.

Le choix de l'amende est donc l'un des points de rupture ayant permis la création du régime de responsabilité financière actuel[3].

À noter également que, historiquement, l'amende créée en 1948 était fondée sur le modèle de l'amende pour gestion de fait qui existait déjà ; d'ailleurs, cette filiation se trouvait explicitement affirmée dans le code des juridictions financières jusqu'à une époque récente : d'après les textes en vigueur jusqu'au 31 décembre 2022[4], l'amende prononcée par la CDBF présentait les mêmes caractéristiques que les amendes pour gestion de fait prononcées par le juge des comptes[5].

Enfin, même s'il subsiste dans le droit positif le principe d'une responsabilité personnelle et pécuniaire des ordonnateurs publics, avec l'idée de rembourser certaines sommes irrégulièrement dépensées, cette disposition, inapplicable, demeure inappliquée[6].

La réforme entrée en vigueur le 1er janvier 2023 n'a pas remis en cause ni les fondements ni la nature des sanctions de droit public financier ; en revanche, elle a apporté des modifications profondes à la fois en ce qui concerne les amendes et la publication au Journal officiel. Surtout, en multipliant les dispositions dans la partie législative du code des juridictions financières, elle crée des interrogations nouvelles.

1. L. n° 48-1484, 25 sept. 1948 tendant à sanctionner les fautes de gestion commises à l'égard de l'État et de diverses collectivités et portant création d'une Cour de discipline budgétaire. V. ss nos 044.11 s.
2. Sur les origines du régime de responsabilité financière des gestionnaires publics, et le choix d'un régime purement répressif, v. ss nos 044.22 et 044.41.
3. Sur la loi de 1948 et les ruptures qu'elle a entraînées, v. ss nos 044.11 s.
4. CJF, anc. art. L. 313-14, en vigueur jusqu'au 31 déc. 2022. Cette disposition ne figure plus dans les textes actuels.
5. Pour une discussion : L. Philip, « La Cour de discipline budgétaire et financière », *Rev. sc. fin.* oct.-déc. 1964, vol. 56, p. 783.
6. L. 10 août 1922 relatives à l'organisation du contrôle des dépenses engagées (d'ailleurs partiellement encore en vigueur aujourd'hui). – Sur ce texte, v. ss nos 043.21, 044.22, 312.37 et 426.11.

471.12 Nature des sanctions de droit public financier : spécificité du régime de responsabilité, de la juridiction financière et de la sanction. Le régime de responsabilité de droit public financier a une nature *sui generis*[1] ; l'amende infligée par la CDBF, puis désormais par la Cour des comptes revêt également une nature *sui generis* : elle n'est ni de nature pénale[2] (bien que répressive), ni de nature disciplinaire.

Comme indiqué plus haut, les amendes se trouvaient, jusqu'à peu, assimilées par la loi[3] aux amendes pour gestion de fait, elles-mêmes d'une nature *sui generis*. Car « les amendes pour gestion de fait sont [...] le type même, si l'on peut dire, des sanctions destinées à réprimer [selon] une procédure inspirée de la procédure pénale, mais sans que toutes les règles essentielles des peines leur soient applicables, des faits qui ne constituent pas nécessairement des manquements à des devoirs professionnels »[4] : il s'agit donc bien d'amendes de type particulier.

On peut ranger les sanctions de droit public financier dans la catégorie, il est vrai « fourre-tout », des sanctions non pénales ; on peut les classer également parmi les sanctions administratives[5], ces dernières pouvant relever d'autorités administratives (indépendantes ou non) ou de juridictions, comme c'est le cas des sanctions prononcées par la Cour des comptes.

Le régime de responsabilité financière étant purement répressif, il ne comporte pas de volet patrimonial ou réparateur : les amendes de droit public financier « ne visent nullement à réparer un préjudice causé à l'État ou aux personnes publiques [...] ; une des caractéristiques essentielles de la sanction pénale est sa personnalité : elle réprime les manquements commis par un individu. Ses ayants droit n'ont, le cas échéant, pas à en répondre, à la différence des condamnations à caractère patrimonial »[6].

471.13 Exclusion de la nature disciplinaire des sanctions de droit public financier. Malgré les hésitations d'une partie de la doctrine, et surtout malgré une décision controversée du Conseil constitutionnel qui a, concernant le contentieux financier, eu recours à la notion de « disciplinaire »[7], on doit pouvoir affirmer avec force que les sanctions de droit public financier ne sont pas – et n'ont jamais été – des sanctions disciplinaires, du moins au sens qu'on attache habituellement à cette notion[8].

Il convient ici de citer longuement le commissaire du gouvernement A. Bernard : « on peut très bien concevoir une répression disciplinaire exercée sur une procédure de type pénal par une juridiction, que celle-ci soit judiciaire ou administrative, qu'elle soit ou non composée de membres de la profession ou de l'institution intéressée. L'existence d'une prescription de même que la nature pécuniaire de la peine prévue ne constituent pas davantage un obstacle à cette thèse. D'un autre côté l'objet de la répression instituée par la loi de 1948 a souvent un caractère disciplinaire. C'est le cas, en particulier, lorsque les fautes de gestion visées par elle constituent de la part de fonctionnaires ou agents publics des manquements à des devoirs professionnels. Toutefois ce n'est pas toujours le cas. Il est difficile d'affirmer que toutes les irrégularités dans l'exécution des dépenses publiques que la loi de 1948 permet de sanctionner constituent nécessairement des fautes professionnelles de nature à justifier normalement l'application d'une sanction disciplinaire. En outre le champ d'application des amendes prévues dépasse singulièrement les limites d'une profession ou d'une institution. En sont passibles non seulement les agents de la Fonction publique au sens large, mais également tout agent des organismes subventionnés soumis au contrôle de la Cour des comptes. [...] C'est assez dire qu'il s'agit donc moins d'assurer la discipline à l'intérieur d'une institution hiérarchisée ou d'une profession que de faire respecter un certain nombre de règles d'ordre budgétaire à quiconque se trouve amené à participer à l'exécution de dépenses publiques »[9], autrement dit de protéger l'ordre public financier en général.

Ce qui est « disciplinaire » dans le contentieux financier, ce n'est ni la nature de la sanction, ni celle de la juridiction ; leur objet est de « discipliner » les finances et la gestion publiques[10].

1. V. s[s] n°s 211.11 s.
2. CE 29 janv. 2025, *Société UGGC Avocats et Mme C.*, n° 497840, *Lebon* tables. Lire § 11.
3. CJF, ancien art. L. 314-14, en vigueur jusqu'au 31 déc. 2022.
4. Concl. A. Bernard s[s] CE, ass., 30 juin 1961, Procureur général près la Cour des comptes c/ Mazer, *RD publ.* 1961. 857.
5. J. Bousquet, « Sanctions administratives et amendes infligées par les juridictions administratives », *in* P. Bourdon et L. Janicot (dir.), *Les sanctions administratives*, LEJEP, 2003, p. 41.
6. Commissaire du gouvernement Guillaume sous l'arrêt du Conseil d'État du 21 juill. 1989, *Aubert, Rev. Trésor* 1990. 213, note R. Ludwig.
7. Cons. const. 24 oct. 2014, *Stéphane R. et autres*, n° 2014-423 QPC ; *Rec.* 181 ; *Constitutions* 2014, p. 492, note O. Le Bot ; P. Mouzet, « La "responsabilité financière" existe-t-elle ? », *AJDA* 2014. 2497 ; *RFDA* 2014. 1218, chron. A. Roblot-Troizier et G. Tusseau ; A. Froment-Meurice, J.-Y. Bertucci, N. Hauptmann et C. Michaut, *GAJF*, 7e éd. 2019, n° 20, p. 228.
8. V. en détail sur cette question : N. Groper, « "Disciplinaire", la Cour de discipline budgétaire et financière ? », *in* Collectif, *Écrits de droit public, financier et constitutionnel. Mélanges en l'honneur de Michel Lascombe*, Dalloz, 2020, p. 201 – V. aussi s[s] n°s 211.21 et 211.22.
9. Concl. A. Bernard s[s] CE, ass., 30 juin 1961, Procureur général près la Cour des comptes c/ Mazer, *RD publ.* 1961. 855.
10. N. Groper, « "Disciplinaire", la Cour de discipline budgétaire et financière ? », préc., p. 201.

Soulignons enfin que la loi elle-même prévoit des passerelles entre procédure financière et procédures disciplinaires : « les poursuites devant la Cour des comptes ne font pas obstacle à l'exercice de l'action pénale et de l'action disciplinaire »[1] ; ensuite, « si l'instruction permet ou a permis de relever à la charge d'une personne mentionnée à l'article L. 131-1 des faits qui paraissent de nature à justifier une sanction disciplinaire, le président de la chambre du contentieux signale ces faits à l'autorité ayant le pouvoir disciplinaire sur la personne mise en cause. Par une communication motivée adressée au président de la chambre du contentieux dans un délai de six mois, cette autorité fait connaître les suites données à ce signalement »[2]. Et enfin, « si la chambre du contentieux estime, en statuant sur les poursuites, qu'une sanction disciplinaire peut être encourue, elle communique le dossier à l'autorité compétente. Par une communication motivée adressée à la chambre du contentieux dans un délai de six mois, cette autorité fait connaître les mesures prises afin de prévenir la commission de nouvelles infractions par la personne mise en cause »[3].

Ces dispositions légales illustrent bien que les sanctions financières et les sanctions disciplinaires sont strictement distinctes.

471.14 **Cumul avec des sanctions pénales, disciplinaires ou autres.** Selon la loi, « les poursuites devant la Cour des comptes ne font pas obstacle à l'exercice de l'action pénale et de l'action disciplinaire »[4] : une règle similaire existait également du temps de la CDBF[5].

Ceci implique que, pour les mêmes faits, des sanctions pénales ou disciplinaires ou autres peuvent s'ajouter aux sanctions financières, ce qui n'est pas, en soi, contraire au principe constitutionnel de proportionnalité des peines[6].

Néanmoins, on le verra en détail plus loin[7], le juge financier, en infligeant une sanction, doit respecter certaines limites, dans le cumul, imposées par la jurisprudence constitutionnelle fondée sur l'article 8 de la DDHC[8]. D'une façon générale, le juge tiendra compte, à un titre ou un autre, de sanctions déjà intervenues.

SECTION 2

OBSTACLES AU PRONONCÉ D'UNE SANCTION (NON-LIEU, RELAXE ET DISPENSE DE SANCTION)

471.21 **Décès de la personne renvoyée devant la Cour.** En application du principe de personnalité des peines applicable aux sanctions de droit public financier[9], le décès d'une personne éteint l'action publique ; si une personne renvoyée décède avant l'audience de jugement, la Cour prononcera un non-lieu à statuer.

471.22 **Causes légales exonératoires de responsabilité.** L'existence d'une cause exonératoire prévue par la loi (comme notamment la force majeure ou l'ordre écrit préalable) fait légalement échapper un gestionnaire renvoyé devant la Cour à toute sanction[10].

471.23 **Circonstances absolutoires conduisant à une relaxe.** La jurisprudence admet que certaines circonstances concernant un gestionnaire ou entourant la gestion irrégulière – le plus souvent le cumul de telles circonstances – puissent revêtir une qualité absolutoire, ou exonératoire[11], et donc conduire à une relaxe.

471.24 **Dispense de sanction.** Le code des juridictions financières – et il s'agit d'une innovation issue de la réforme entrée en vigueur le 1er janvier 2023 – prévoit que « la juridiction peut accorder une dispense de peine, lorsqu'il apparaît que le dommage causé est réparé et que le trouble causé par l'infraction a cessé »[12].

Cette dispense de sanction (ou dispense de peine), qui constitue en toute hypothèse une faculté pour le juge et n'a donc rien d'automatique, se différencie de la relaxe[13] par une simple nuance : cette dernière efface toute responsabilité (« absolutoire », « exonératoire »), alors que la dispense de sanction semble un peu plus faible : la responsabilité demeure, mais

1. CJF, art. L. 142-1-12, al. 1er.
2. CJF, art. L. 142-1-12, al. 2.
3. CJF, art. L. 142-1-12, al. 5.
4. CJF, art. L. 142-1-12, al. 1er.
5. CJF, anc. art. L. 314-18, en vigueur jusqu'au 31 déc. 2022.
6. Cons. const. 24 oct. 2014, *Stéphane R. et autres*, nº 2014-423 QPC ; *Rec.* p. 181 ; *Constitutions* 2014, p. 492, note O. Le Bot ; P. Mouzet, « La "responsabilité financière" existe-t-elle ? », *AJDA* 2014. 2497 ; *RFDA* 2014. 1218, chron. A. Roblot-Troizier et G. Tusseau ; A. Froment-Meurice, J.-Y. Bertucci, N. Hauptmann et C. Michaut, *GAJF*, 7e éd. 2019, nº 20, p. 228, § 36.
7. V. ss nº 471.31.
8. Jurisprudence affinée, s'agissant du *non bis* avec le pénal : Cons. const. 1er juill. 2016, *M. Stéphane R et autre*, nº 2016-550 QPC ; *Rec.* 203 (extraits) ; *Constitutions* 2016, p. 456, note F. Waserman ; *Constitutions* 2016, p. 468, note O. Le Bot ; *GFP* 2016, nº 6, p. 151, chron. S. Damarey, M. Lascombe et X. Vandendriessche.
9. V. ss nº 222.31.
10. V. ss nos 462.05 s.
11. Sur les circonstances absolutoires, v. ss nº 463.201.
12. CJF, L. 131-19, al. 2.
13. CE 24 juill. 2019, *M. Couzinou et autres* [affaire CDBF *Ordre national des chirurgiens-dentistes (ONCD)*], req. nº 427446 ; *Rec.* 241. Le Conseil a pris le soin de préciser que l'une des deux personnes à l'origine du pourvoi avait été, par arrêt de la CDBF, « dispensé [...] de sanction pécuniaire sans pour autant [avoir été] relax[é] des fins de poursuite » ; le pourvoi n'a pas été, en l'espèce, admis, pour absence de moyen sérieux.

c'est seulement la sanction logiquement attachée à une faute reconnue qui disparaît. Quoi qu'il en soit, la conséquence est la même : absence de sanction.

La juridiction financière s'était reconnue la possibilité de prononcer une dispense de sanction bien avant cette disposition légale, et pour des motifs plus larges que ceux énumérés par la loi :

- Absence de sanction, conformément d'ailleurs aux réquisitions du PG en audience (mais pas relaxe) [1].

- « [...] le procureur général près la Cour des comptes, ministère public près la Cour de discipline budgétaire et financière, a lui-même estimé, dans ses conclusions orales prononcées lors de l'audience publique, qu'il pourrait être en l'espèce justifié, compte tenu des infractions en cause et des circonstances, de ne pas lui infliger de sanction » [2].

- Dans un arrêt, la CDBF a pu prononcer une relaxe et deux dispenses de peine ; ces dernières semblent s'expliquer par l'existence de circonstances atténuantes cumulées, mais que le juge n'a pas voulu qualifier de circonstances absolutoires, qui auraient conduit à la relaxe [3].

- Avant la réforme de 2022, les infractions sanctionnées par la CDBF prévoyaient, s'agissant des amendes à prononcer, des planchers. Néanmoins, le Conseil d'État avait jugé que ces dispositions ne faisaient « pas obstacle à ce que cette juridiction décide, compte tenu notamment des circonstances dans lesquelles l'infraction a été commise et des qualités de gestionnaire de la personne mise en cause, de ne pas lui infliger d'amende » [4] ; cela découle du principe de personnalisation des peines (art. 8 DDHC) qui a pour corollaire l'exclusion des peines automatiques et obligatoires [5].

- Lorsque le juge considère qu'une infraction a bien été commise, il peut, au vu des circonstances, décider de ne pas infliger de sanction. Dans ce cas, il ne s'agit pas d'une relaxe, mais une simple dispense de peine : aucune sanction n'est prononcée, mais ce qui ne fait disparaître ni l'infraction, qui a bien été commise, ni la responsabilité d'un individu, auquel la commission de l'infraction peut être imputée. En ce sens, un arrêt de la CDBF [6] a pu utiliser une formulation erronée, relevée par le rapporteur public du Conseil d'État : « En l'espèce, les circonstances prises en compte par la CDBF n'ont pas fait disparaître l'infraction, mais conduisent à ne pas prononcer de sanction. Il serait donc plus exact d'écrire qu'aucune sanction n'est prononcée à l'encontre des personnes poursuivies. Mais vous pourrez aisément redresser cet aspect de l'arrêt » [7].

SECTION 3
PRISE EN COMPTE DE SANCTIONS DÉJÀ PRONONCÉES

471.31 Cumul des sanctions et fixation du montant de l'amende. Si les sanctions pénales, disciplinaires et de droit public financier peuvent se cumuler [8], sauf cas exceptionnels prohibés [9], le juge devra tenir compte, dans la fixation de l'amende, de sanctions déjà intervenues dans d'autres procédures.

La jurisprudence constitutionnelle estime en effet que « le principe de nécessité des délits et des peines ne fait pas obstacle à ce que les mêmes faits commis par une même personne puissent faire l'objet de poursuites différentes aux fins de sanctions de nature différente en application de corps de règles distincts », sous réserve toutefois que les cumuls éventuels de sanctions « doivent respecter le principe de nécessité des délits et des peines, ce qui implique qu'une même personne ne puisse faire l'objet de poursuites différentes conduisant à des sanctions de même nature pour les mêmes faits, en application de corps de règles protégeant les mêmes intérêts sociaux ». Surtout, le principe de proportionnalité des peines (ici des amendes) implique que « le montant global des sanctions éventuellement prononcées ne dépasse pas le montant le plus élevé de l'une des sanctions encourues » [10].

Mais la jurisprudence financière n'avait pas attendu l'intervention du Conseil constitutionnel pour tenir

1. CDBF 16 nov. 2016, *Centre hospitalier de Givors*, n° 211-739 ; *Rec.* 187 ; *AJDA* 2017. 932, chron. N. Péhau et N. Hauptmann.
2. CDBF 15 déc. 2017, *Office national de l'eau et des milieux aquatiques* (ONEMA), n° 217-730-II ; *Rec.* 247 ; *AJDA* 2018. 2493, chron. N. Hauptmann et N. Péhau ; v. également V. Mazzocchi, « Principe *non bis in idem*, que faut-il entendre par *bis* ? Droit administratif et droit public financier », *Dr. adm.* 2018, n° 3, chron. 1.
3. CDBF 26 juill. 2018, *Association Marseille Provence 2013 – Capitale européenne de la culture (MP2013)*, n° 221-776 ; *Rec.* 185.
4. CE 17 oct. 2016, *Parquet général près la Cour des comptes* [affaire CDBF *Assistance publique – Hôpitaux de Marseille*], req. n° 393519 ; *AJDA* 2016. 1956, note D. Poupeau ; GFP 2017, n° 2, p. 148, chon. S. Damarey, M. Lascombe et X. Vandendriessche.
5. Cons. const. 15 mars 1999, n° 99-410 DC.
6. CDBF 17 juill. 2015, *Assistance publique – Hôpitaux de Marseille (AP HM)*, n° 201 721 ; non publié au Rec.
7. Concl. Xavier de Lesquen sous CE 17 oct. 2016, *Parquet général près la Cour des comptes* [affaire CDBF *Assistance publique – Hôpitaux de Marseille*], req. n° 393519 ; *AJDA* 2016. 1956, note D. Poupeau ; *GFP* 2017, n° 2, p. 148, chon. S. Damarey, M. Lascombe et X. Vandendriessche.
8. Sur le *non bis in idem* en général, v. ci-dessus, s[s] n°s 212.11 et 212.21 s. – CJF, art. L. 142-1-12.
9. V. ci-après, s[s] n° 471.32.
10. Cons. const. 1er juill. 2016, *M. Stéphane R et autre*, n° 2016-550 QPC ; *Rec.* 203 (extraits) ; *Constitutions* 2016, p. 456, note F. Waserman ; Constitutions 2016, p. 468, note O. Le Bot ; *GFP* 2016, n° 6, p. 151, chron. S. Damarey, M. Lascombe et X. Vandendriessche.

compte, dans la fixation du *quantum* d'une amende, de sanctions déjà intervenues :

– La CDBF a pris en compte dans la fixation de l'amende le fait qu'un agent avait déjà été sanctionné disciplinairement (par un licenciement) pour les mêmes faits et qu'il avait remboursé une partie des fonds détournés [1].

– Dans le même sens, prise en compte, dans le calcul de l'amende, des sanctions déjà prononcées par le juge pénal, ainsi qu'une action civile en réparation parallèle (car plainte avec constitution de partie civile) [2].

– La CDBF a indiqué, au stade de la fixation du montant de l'amende : « compte tenu des sanctions pécuniaires déjà infligées par le juge pénal » [3].

Cette règle du plafonnement des sanctions ne peut jouer qu'en cas de sanctions du même type (amendes par exemple) ; en revanche, le plafonnement ne peut pas s'appliquer à des sanctions de nature différente : ainsi, les sanctions disciplinaires (p. ex. exclusion temporaire de fonctions) et les amendes infligées dans le cadre du contentieux financier « n'étant en l'espèce pas de même nature » [4], la règle du plafonnement ne saurait s'appliquer (mais l'existence d'une autre sanction pourra être prise en considération pour fixer le montant de l'amende).

Surtout, l'ACPR visait la personne morale et non les personnes physiques : « Si, parmi les griefs énumérés dans la décision de l'Autorité de contrôle prudentiel et de résolution du 3 juin 2021 qui porte condamnation de la CCMB à une amende de 120 000 €, certains correspondent à ceux formulés par le procureur général près la Cour des comptes [...], rien n'indique, dans cette décision, ni dans aucune autre pièce du dossier, que la responsabilité [des gestionnaires renvoyés] aurait, dans le cadre des possibilités de sanction des personnes physiques, été envisagée puis écartée par cette Autorité ; qu'ainsi M. X ne saurait se prévaloir d'une décision de l'Autorité de contrôle prudentiel et de résolution sur les faits en cause devant la Cour » [5].

471.32 Interdiction de cumul des procédures et donc des sanctions. Dans certains cas, la jurisprudence constitutionnelle est allée jusqu'à interdire le cumul de procédures pénales et financières, ce qui entraîne l'interdiction du cumul de sanctions si des poursuites parallèles ont néanmoins eu lieu : « le cumul de l'application de dispositions instituant des sanctions, lorsque celles-ci sont infligées à l'issue de poursuites différentes en application de corps de règles distincts, peut méconnaître le principe de nécessité des délits et des peines si différentes conditions sont réunies. Les sanctions doivent réprimer les mêmes faits et ne pas être d'une nature différente et les intérêts sociaux protégés doivent être les mêmes » [6].

Les sanctions disciplinaires sont *a priori* de nature différente, ce qui exclut l'interdiction de cumul ou, autrement dit, rend possible le cumul : ainsi la CDBF a-t-elle considéré, en référence à la jurisprudence constitutionnelle selon laquelle « les cumuls éventuels des poursuites et des sanctions doivent, en tout état de cause, respecter le principe de nécessité des délits et des peines, qui implique qu'une même personne ne puisse faire l'objet de poursuites différentes conduisant à des sanctions de même nature pour les mêmes faits, en application de corps de règles protégeant les mêmes intérêts sociaux », que « les sanctions prononcées ou encourues n'étant en l'espèce pas de même nature, au sens de la jurisprudence précitée du Conseil constitutionnel, il n'y a pas méconnaissance du principe *non bis in idem* qui résulterait de ce qu'une sanction disciplinaire a déjà été infligée » à l'intéressé [7]. En revanche, cela n'empêche pas de retenir des circonstances atténuantes du fait de l'intervention de sanctions disciplinaires.

La Cour a eu l'occasion de préciser qu'un cumul était possible par principe avec une sanction prononcée par une autorité administrative indépendante telle que l'Autorité de contrôle prudentiel et de résolution (ACPR) : « L'Autorité de contrôle prudentiel et de résolution n'est pas un tribunal statuant en matière pénale. Une sanction de cette Autorité ne saurait exclure l'intervention de la Cour » [8]. Cela est d'autant plus vrai que l'APCR, dans l'affaire en

1. CDBF 17 mai 1977, *Inra, Centre de recherches zootechniques et vétérinaires [CRZV] de Theix [Puy-de-Dôme]*, *Lebon* 679 (extraits) ; CCP, n° 2, p. 135.
2. CDBF 29 juin 1978, *Sté de crédit immobilier « Les Prévoyants de l'avenir de la Charente Maritime » et SA d'HLM « Le Foyer de la Charente Maritime »*, CCP, n° 2, p. 157 ; *Lebon* 663.
3. CDBF 15 juill. 2013, *Office des Postes et télécommunications de la Polynésie française*, n° 190-661 ; *Rec.* 209 ; *AJDA* 2013. 2544, chron. C. Michaut et P. Sitbon.
4. CDBF 2 déc. 2019, *Direction régionale des entreprises, de la concurrence, de la consommation, du travail et de l'emploi (Direccte) d'Alsace*, n° 238-794 ; *Rec.* 225 ; *AJDA* 2020. 617, chron. N. Hauptmann et N. Péhau ; mentionné dans *GFP* 2020, p. 163, chron. S. Damarey et X. Vandendriessche.
5. C. comptes 24 nov. 2023, *Caisse de crédit municipal de Bordeaux (CCMB)*, n° 868, S-2023-1382 ; *Rec.* 38 ; *AJDA* 2023. 2381, chron. N. Péhau et L. Vergallo ; *JCP Adm.* 2024, n° 1, 2005 chron. S. Damarey ; *AJCT* 2024, p. 175, note C. Pierucci ; *Gaz. Pal.* 2024, n° 2, p. 70, note T. Dogan. Ici § 24.
6. Cons. const. 1er juill. 2016, *M. Stéphane R et autre*, n° 2016-550 QPC ; *Rec.* 203 (extraits) ; Constitutions 2016, p. 456, note F. Waserman ; *Constitutions* 2016, p. 468, note O. Le Bot ; *GFP* 2016, n° 6, p. 151, chron. S. Damarey, M. Lascombe et X. Vandendriessche.
7. CDBF 9 oct. 2020, *Fonds de solidarité*, n° 243-828 ; *Rec.* 187 ; *AJDA* 2021. 616, chron. D. Guilbaud et N. Péhau.
8. C. comptes 24 nov. 2023, *Caisse de crédit municipal de Bordeaux (CCMB)*, n° 868, S-2023-1382 ; *Rec.* 38 ; *AJDA* 2023. 2381, chron. N. Péhau et L. Vergallo ; *JCP Adm.* 2024, n° 1, 2005 chron. S. Damarey ; *AJCT* 2024, p. 175, note C. Pierucci ; *Gaz. Pal.* 2024, n° 2, p. 70, note T. Dogan. Ici § 23.

question, avait infligé des sanctions pécuniaires à l'établissement, personne morale, et non aux gestionnaires personnes physiques qui seuls sont justiciables du régime de responsabilité de droit public financier.

L'interdiction de cumul concerne essentiellement des condamnations pénales déjà intervenues sur les mêmes faits, mais seulement en ce qui concerne certaines infractions financières ; la juridiction financière a eu l'occasion d'appliquer cette restriction imposée par la jurisprudence constitutionnelle dans plusieurs cas [1] :

– En matière de marchés publics, le délit de favoritisme et l'infraction financière réprimant les violations de règles [2] protègent les mêmes intérêts sociaux, des personnes condamnées au pénal pour délit de favoritisme sur les mêmes faits « ne peuvent faire l'objet d'une nouvelle sanction [par la CDBF] à ce titre » [3].

– Interdiction de cumul de l'infraction financière réprimant l'avantage injustifié avec intérêt personnel [4] avec le délit pénal de la prise illégale d'intérêt [5].

– Cas d'interdiction de cumul de l'infraction financière d'engagement de dépenses sans être habilité [6] et du délit pénal d'usurpation de fonctions publiques [7].

1. Pour un tableau général des interdictions dans le cadre du principe du *non bis in idem*, v. s^{s} n° 212.35.
2. CJF, art. L. 131-9.
3. CDBF 30 déc. 2016, *Caisse interprofessionnelle de prévoyance et d'assurance vieillesse (CIPAV)*, 2e arrêt, n° 212-735-II ; *Rec.* 189 ; *AJDA* 2017. 1940, chron. N. Péhau et N. Hauptmann.
4. CJF, art. L. 131-12.
5. CDBF 23 nov. 2022, *Établissement de communication et de production audiovisuelle de la défense (ECPAD)*, n° 263-796 ; *Rec.* 153.
6. CJF, art. L. 131-13, 3°.
7. CDBF 23 nov. 2022, *Établissement de communication et de production audiovisuelle de la défense (ECPAD)*, préc.

CHAPITRE

472. Amendes

SECTION 0
ORIENTEUR

472.00 Sommaire du chapitre.

SECTION 1
PLAFONDS DES AMENDES

472.11 Cadre légal des différents plafonds et notion de rémunération. Le juge financier, en prononçant une sanction sous forme d'amende, doit respecter les plafonds prévus par la loi pour les différentes infractions ; le Conseil d'État cassera un arrêt dans lequel la Cour a commis une erreur dans le calcul du plafond légal[1].

Le code des juridictions financières distingue aujourd'hui trois amendes différentes : premièrement, la plupart des infractions connaissent un plafond légal de six mois de rémunération annuelle ; deuxièmement, par exception, les infractions budgétaires et comptables prévues aux 1° à 3° de l'article L. 131-13 ont un plafond d'amende limité à un mois de rémunération annuelle ; troisièmement, l'infraction réprimant la gestion de fait connaît un plafond de sanction de six mois, mais se différencie des autres par les règles de cumul et le moment auquel ce montant doit être apprécié.

La notion de rémunération recouvre, peut-on déduire « en creux » des textes, le traitement ou le salaire ; à cet égard, la jurisprudence avait, du temps de la CDBF, précisé que le plafond à retenir était celui du traitement (ou salaire) annuel brut hors primes : en effet, le juge de cassation a considéré que la rémunération de référence doit être calculée « déduction faite d'indemnités versées selon une périodicité aléatoire et présentant un caractère exceptionnel »[2].

Cette exclusion des primes semble pouvoir encore jouer dans le régime actuel.

472.12 Plafond de droit commun : six mois de rémunération. En application de l'article L. 131-16, al. 1er du CJF, « la juridiction peut prononcer à l'encontre du justiciable dont elle a retenu la responsabilité dans la commission des infractions prévues aux articles L. 131-9 à L. 131-14 une amende d'un montant maximal égal à six mois de rémunération annuelle de la personne faisant l'objet de la sanction à la date de l'infraction ».

Il s'agit de la règle générale, même si elle concerne des infractions assez différentes dans leur objet et dans leur gravité. Notons par exemple que l'infraction réprimant l'avantage injustifié était traditionnellement conçue comme d'une gravité supérieure aux autres infractions, ce qui impliquait un plafond d'amende doublé[3], différenciation balayée par la réforme entrée en vigueur le 1er janvier 2023, alors même que l'exigence d'un intérêt personnel a encore aggravé ladite infraction.

À souligner également que ce plafond est réduit de moitié par rapport au plafond principal d'amende en vigueur avant cette réforme (un an de rémunération).

1. CE 10 nov. 2000, *Despessailles*, req. n° 201755, *Lebon* 510 ; *Rec.* 133 ; *Rev. Trésor* 2001. 126, note M. Lascombe et X. Vandendriessche.

2. CE 10 nov. 2000, *Despessailles*, préc. : en l'espèce le « montant brut fiscal cumulé » figurant sur la feuille de paye de décembre de l'intéressé.

3. CJF, anc. art. L. 313-6, en vigueur jusqu'au 31 déc. 2022.

472.13 **Plafond réduit pour certaines infractions budgétaires et comptables : un mois de rémunération.** Les infractions budgétaires et comptables prévues aux 1° à 3° de l'article L. 131-13 du CJF ont, par exception à la règle principale, un plafond très bas : « Toutefois, la commission de l'une des infractions prévues à l'article L. 131-13 ne peut conduire à prononcer une amende d'un montant supérieur à un mois de rémunération annuelle de la personne faisant l'objet de la sanction à la date de l'infraction » (art. L. 131-16, al. 2, du CJF).

472.14 **Plafond particulier pour la gestion de fait.** En application de l'article L. 131-18, al. 1er, du CJF : « La juridiction peut prononcer à l'encontre du justiciable dont elle a retenu la responsabilité dans la commission de l'infraction prévue à l'article L. 131-15 une amende d'un montant maximal égal à six mois de sa rémunération annuelle à la date de la déclaration de la gestion de fait au comptable dans les fonctions duquel il s'est immiscé ».

Le plafond pour sanctionner spécifiquement l'infraction réprimant la gestion de fait n'est donc pas celui des autres infractions budgétaires et comptables ; il est en revanche identique au plafond général (six mois de rémunération annuelle).

Toutefois, l'amende pour gestion de fait, dans le régime actuel, se distingue de celles des autres infractions financières dans leurs règles de cumul[1] et pour ce qui concerne la date à laquelle il faut établir ce plafond[2].

472.15 **Plafond pour les personnes ne percevant ni traitement ni salaire.** Si le code des juridictions financières plafonne les amendes par rapport à la rémunération perçue, il prévoit également le cas des justiciables qui ne sont pas rémunérés (art. L. 131-17 du CJF) : « Lorsque les personnes mentionnées aux articles L. 131-1 à L. 131-4 ne perçoivent pas une rémunération ayant le caractère d'un traitement ou d'un salaire, le montant de l'amende ne peut excéder la moitié de la rémunération annuelle correspondant à l'échelon le plus élevé afférent à l'emploi de directeur d'administration centrale » de l'État.

Une règle similaire existait du temps de la CDBF, et y a trouvé application[3].

1. V. plus loin, s^s n° 472.22.
2. V. plus loin, s^s n° 472.16.
3. POUR UN EX. d'application à un PDG d'entreprise publique au titre de ses fonctions, non rémunérées, dans différentes filiales et sous-filiales ; 59 000 euros d'amende : CDBF 24 févr. 2006, *S^té Altus Finance*, 2e arrêt, *AJDA* 2006. 1249, note N. Groper et C. Michaut ; *JCP* 2006, n° 38, II, 10152, note J.-P. Gastinel ; *Rev. Trésor* 2006. 910, note M. Lascombe et X. Vandendriessche ; *RFDA* 2006. 624, note M. Lascombe et X. Vandendriessche ; *Lebon* 650 ; *Rec.*, p. 74.

Il peut ne pas être aisé de retrouver *a posteriori* ce qu'un directeur d'administration centrale gagnait au moment des faits ; en outre, la réforme de l'encadrement supérieur de l'État rend plus ou moins caduque cette référence.

472.16 **Date à retenir pour le calcul du plafond.** Le moment à retenir pour calculer le plafond est, selon les textes précités, « la date de l'infraction » ; mais *quid* si les infractions se prolongent sur plusieurs années et que les salaires annuels divergent d'une année sur l'autre ?

Cette question ne s'est jamais posée devant le juge de cassation ; tout dépassement de plafond se traduisant par une cassation, il convient sans doute, par prudence, de choisir parmi les salaires annuels le maximum le moins élevé.

Pour la gestion de fait[4], les règles nouvelles ont repris la philosophie de l'ancienne procédure de gestion de fait, en se référant « à la date de la déclaration de la gestion de fait au comptable dans les fonctions duquel il s'est immiscé »[5]. Mais cette règle n'est pas praticable à la lettre, parce qu'il n'existe plus de déclaration de gestion de fait proprement dite ; on peut donc envisager, en attendant que la jurisprudence ou le législateur précisent ce point, que cette date puisse être celle à laquelle le comptable public dont les deniers sont en cause a appris l'existence de cette gestion de fait.

SECTION 2

RÈGLES DE CONFUSION OU DE CUMUL DES AMENDES

472.21 **Règle générale : confusion des peines.** Le juge financier répressif ne prononce qu'une seule amende, même si plusieurs infractions ont été commises, plafonnée à raison de l'infraction la plus grave.

Cette règle pratiquée déjà par la CDBF demeure en vigueur désormais pour le contentieux financier pris en charge par la Cour des comptes : « En cas de cumul d'infractions, le montant de l'amende prononcée ne peut excéder le montant de celle encourue au titre de l'infraction passible de la sanction la plus élevée » (CJF, art. L. 131-19, al. 1er).

472.22 **Règle de cumul particulière en matière de gestion de fait.** En vertu de l'article L. 131-18, al. 3, du CJF, l'amende pour gestion de fait « peut se cumuler avec celles sanctionnant les autres infractions prévues à la section 2 du présent chapitre ».

4. CJF, art. L. 131-15.
5. CJF, art. L. 131-18, al. 1er.

Cette solution particulière, uniquement pour la gestion de fait[1], est cohérente avec la règle selon laquelle « le comptable de fait est en outre comptable de l'emploi des fonds ou valeurs qu'il détient ou manie irrégulièrement et, à ce titre, passible des sanctions prévues à la section 3 en cas de commission d'une infraction mentionnée aux articles L. 131-9 à L. 131-14 »[2] du CJF.

L'infraction elle-même prévoit donc déjà qu'en cas de situation de gestion de fait, il est possible de cumuler les infractions ; il est donc logique qu'au stade des sanctions, celles-ci puissent également être cumulées, et non confondues en une seule.

Il en résulte que le juge peut, en cas de gestion de fait, prononcer deux amendes qui pourront toutes deux atteindre le plafond.

SECTION 3
FIXATION DU *QUANTUM* DE L'AMENDE

472.31 Proportionnalité de l'amende à certains critères. En vertu de l'article L. 131-16, al. 3, du CJF, « les amendes sont proportionnées à la gravité des faits reprochés, à l'éventuelle réitération de pratiques prohibées et le cas échéant à l'importance du préjudice causé à l'organisme. Elles sont déterminées individuellement pour chaque personne sanctionnée ».

Cette règle, nouvelle car issue de la réforme entrée en vigueur le 1er janvier 2023, ne fait que refléter les principes de proportionnalité et de personnalité des peines[3], et elle a toujours été appliquée par le juge même sans texte.

Ainsi, pour fixer un *quantum* d'amende, le juge tient compte de la faute commise individuellement par chacun, de sa gravité et des circonstances aggravantes[4], comme des circonstances atténuantes[5], qui sont nettement plus variées que les seuls cas prévus par la loi mentionnés ci-dessus.

Comme jugé dans le précédent régime par la CDBF, la Cour pourra prendre en compte tout élément lié à la personne du justiciable, comme la situation économique dans laquelle se trouve un justiciable au moment du jugement : chômage en fin de droits[6].

La Cour décide donc souverainement, dans le cadre des plafonds prévus par la loi, du montant de l'amende à infliger, en fonction de la gravité de chaque affaire, et en modulant, au sein d'une affaire, selon les responsabilités respectives des différentes personnes condamnées.

Cela signifie notamment que le juge de cassation s'interdit « de contrôler si le montant de l'amende est en rapport avec la gravité de la sanction » ; il eût mieux valu dire : « avec la gravité de l'infraction »[7]. En revanche, comme déjà indiqué, le Conseil d'État cassera un arrêt dans lequel la Cour a commis une erreur dans le calcul du plafond légal[8].

472.32 Règle particulière pour l'amende pour gestion de fait. La loi prévoit une règle particulière encadrant la fixation de l'amende pour gestion de fait : « La juridiction, pour fixer le montant de l'amende, tient compte de l'importance et de la durée de la détention ou du maniement des deniers, des circonstances dans lesquelles l'immixtion dans les fonctions de comptable public s'est produite, ainsi que du comportement et de la situation matérielle du comptable de fait »[9].

472.33 Exemples d'amendes importantes.

- 200 000 FRF[10] : les irrégularités étaient nombreuses, présentaient souvent des colorations pénales (des condamnations pénales avaient d'ailleurs également été prononcées), et portaient sur des montants financiers importants ;
- 100 000 FRF[11] ;
- 1 million FRF[12], notamment en raison d'un bénéfice personnel très important retiré des irrégularités ;
- 100 000 euros et 59 000 euros[13].
- 20 000 euros[14].

Les nouveaux plafonds, nettement abaissés par rapport à celles que pouvait infliger la CDBF, amoindrissent les possibilités pour le juge financier de prononcer des amendes élevées.

1. CJF, art. L. 131-15.
2. CJF, art. L. 131-15, al. 2.
3. Sur ces principes, v. ss no 222.13.
4. Sur les circonstances aggravantes, v. ss nos 463.21 s.
5. Sur les circonstances atténuantes, v. ss nos 463.111 s.
6. C. comptes 5 juill. 2024, *Régie métropolitaine PARCUB, devenue METPARK*, no 869, S-2024-1038 ; *JCP Adm.* 2024. 2264, note S. Damarey. Ici § 139.
7. CE 28 mars 1980, *Deleau*, req. no 06937 ; *Lebon* 175.
8. CE 10 nov. 2000, Despessailles, req. no 201755 ; *Lebon* 510 ; *Rec.*, 133 ; *Rev. Trésor* 2001. 126, note M. Lascombe et X. Vandendriessche.
9. CJF, art. L. 131-18, al. 2.
10. CDBF 17 févr. 1988, *Direction des services vétérinaires des Alpes de Haute-Provence, Assoc. Groupement de défense sanitaire [GDS] et Assoc. Groupement vétérinaire pratique [GVP]*, CCP, no 3, p. 122 ; *Lebon* 538.
11. CDBF 28 juin 1995, *Direction générale et directions d'Île-de-France de la Poste*, *Rev. Trésor* 1996. 734 ; *Lebon* 600 ; *Rec.* 131.
12. CDBF 20 mai 1998, *Sté de banque occidentale [SDBO]*, *Rev. Trésor* 1999. 206 ; *Lebon* 656 ; *Rec.* 132.
13. CDBF 24 févr. 2006, *Sté Altus Finance*, 2e arrêt, *AJDA* 2006. 1249, note N. Groper et C. Michaut ; *JCP* 2006, no 38, II, 10152, note J.-P. Gastinel ; *Rev. Trésor* 2006. 910, note M. Lascombe et X. Vandendriessche ; *RFDA* 2006. 624, note M. Lascombe et X. Vandendriessche ; *Lebon* 650 ; *Rec.* 74.
14. CDBF 15 juill. 2013, *Office des Postes et télécommunications de la Polynésie française*, no 190-661 ; *Rec.* 209 ; *AJDA* 2013. 2544, chron. C. Michaut et P. Sitbon.

472.34 **Amendes de principe ou symboliques.** Sous l'empire des textes initiaux, il pouvait exister des sanctions symboliques, du moins pour certaines infractions financières :

- sanction de principe (1 000 anciens francs, soit 10 nouveaux francs, soit environ 1,50 euro), en raison des très nombreuses circonstances atténuantes, l'infraction commise méritant néanmoins, « en raison de l'importance des principes en cause », une sanction[1] ;
- amende d'un franc[2] ;
- 500 FRF pour un supérieur hiérarchique qui n'avait pas exercé les contrôles propres à empêcher des irrégularités, mais qui pouvait se prévaloir de très larges circonstances atténuantes[3].

Plus tard, les textes régissant la CDBF ont généralisé les planchers légaux pour toutes les infractions financières, au demeurant très peu élevés (150 euros pour la plupart des infractions).

Ces planchers ont été supprimés dans le cadre de la réforme entrée en vigueur le 1er janvier 2023, ce qui est à saluer et ce qui permet à nouveau au juge de prononcer des amendes symboliques.

Dans le régime de responsabilité actuel, la fixation d'une amende d'un montant faible a pu être justifié par le « caractère isolé » de l'infraction commise[4].

SECTION 4
RECOUVREMENT DE L'AMENDE

472.41 **Recouvrement de l'amende.** « Les amendes prévues à la présente section sont attribuées au budget de l'État » (CJF, art. L. 131-20), ce qui implique que le recouvrement doit être assuré par le comptable assignataire compétent.

Si une personne condamnée décède, la décision elle-même ne s'en trouve pas fragilisée, ayant acquis autorité de la chose jugée. En revanche, si l'amende n'a pas encore été recouvrée avant le décès, elle ne pourra plus l'être, puisqu'elle ne peut être prise en charge que personnellement par la personne condamnée[5].

1. CDB 24 juin 1958, *Sté d'exploitation et des forges et ateliers de Lyon [Sefal]*, *Lebon* 893 ; CCP, n° 2, p. 19.
2. CDBF 8 nov. 1973, *Ugap*, *Lebon* 797 (extraits) ; CCP, n° 2, p. 88.
3. CDBF 19 nov. 1984, *CH de Chambéry*, CCP, n° 2, p. 228.
4. C. comptes 23 déc. 2024, *Société anonyme d'économie mixte (SAEM) Marseille Habitat et Société civile immobilière (SCI) Protis Développement*, n° 24, S-2024-1604. Ici § 52.
5. V. note R. Ludwig ss CE 21 juill. 1989, Aubert, req. n° 99258 ; *Rev. Trésor* 1990. 213, concl. E. Guillaume.

CHAPITRE

473. Publication au *Journal officiel*

SECTION 0 ORIENTEUR

473.00 **Sommaire du chapitre.**

SECTION 1 ÉLÉMENTS HISTORIQUES

473.11 **Origine de la publication au *JO*.** L'histoire des règles de la publication des arrêts de la juridiction financière répressive au Journal officiel, sanction complémentaire (du moins conçue comme telle à l'origine), est celle d'une grande instabilité, moins dans son principe que dans ses modalités.

À l'origine, la loi de 1948 créant le régime de responsabilité de droit public financier ne prévoyait pas la publication au *Journal officiel* de ses arrêts.

La loi du 26 novembre 1956[1] a prévu que toute sanction prononcée par la Cour de discipline budgétaire serait mentionnée au *JO*, sous la forme d'une simple mention de la peine. L'exposé des motifs de cette loi prouve que cette réforme provient d'une demande formulée par la Cour elle-même, qui, dans son *Rapport public* de février 1955, « signalait notamment qu'une certaine publicité donnée aux décisions de cette Haute juridiction contribuerait à éviter le retour des irrégularités sanctionnées en donnant une valeur d'exemple aux condamnations prononcées »[2].

À la suite de la loi de 1956, la Cour publiait donc des résumés très brefs de ses arrêts, anonymisés[3]. Ceci a été jugé insuffisant, alors que la composition solennelle de la Cour montre qu'elle a été conçue comme jugeant des affaires revêtant le plus souvent une certaine exemplarité, qui doivent donc être connues des gestionnaires (et même de l'opinion publique). D'ailleurs, le *Rapport public de la Cour de discipline budgétaire* de mars 1963 a indiqué que la Cour souhaitait renforcer la publicité de ses arrêts « en en faisant une analyse moins concise que précédemment dans ses insertions réglementaires au *Journal officiel* »[4].

473.12 **Introduction puis abandon de l'obligation de publication dans tous les cas des arrêts de condamnation.** La loi du 31 juillet 1963[5], en imposant la publication systématique et intégrale de tous les arrêts de condamnation de la CDBF, allait très loin et a suscité bien des critiques. F.-J. Fabre, créateur des Grands arrêts de la jurisprudence financière, estimait en effet que « la publicité des arrêts doit être assurée, mais il n'est pas bon de paraître clouer au pilori tout administrateur condamné à l'amende, alors que celle-ci n'a pas nécessairement sanctionné un manquement à la probité »[6]. Dans le même sens, le professeur Ludwig craignait que cette publication automatique, sanction tout de même grave pour les intéressés, ne conduise le Parquet à multiplier les classements pour éviter la publication de faits qui, bien qu'irréguliers et méritant une amende, ne lui paraîtraient pas d'une gravité ou exemplarité telle qu'une publication serait justifiée[7].

1. V. s[s] n° 045.16.
2. Doc. parl. AN, annexe n° 2763, p. 2420.
3. PAR EX. : CDB 18 févr. 1957, *S[té] nationale de vente des surplus [SNVS]*, *Lebon* 888.
4. C'est à la même époque que remonte d'ailleurs la publication systématique (sauf entre 1979 et 1985) de ses arrêts au Recueil *Lebon*.
5. V. s[s] n°s 045.21 s.
6. F.-J. Fabre, « Jurisprudence financière. La Cour de discipline budgétaire et financière. Il Ne faudrait-il pas amender ou abroger la loi du 25 septembre 1948 ? », *Rev. adm.* 1970, n° 137, p. 532.
7. R. Ludwig, CCP, n° 2, p. 9.

Face aux critiques s'élevant contre la stigmatisation systématique des gestionnaires condamnés par la CDBF, jugée à juste titre excessive, le législateur est ensuite revenu en arrière, non sans débats vigoureux au Sénat[1]. Les tenants de la position « absolue » (publication obligatoire dans tous les cas) invoquaient notamment le fait que la juridiction ne siégeant pas en audience publique, il serait nécessaire de tous les publier, à l'instar des juridictions se trouvant dans le même cas (Conseil constitutionnel par ex.). Les audiences de la juridiction financière répressive étant désormais publiques, cette critique est devenue sans objet.

Quoi qu'il en soit, la loi du 13 juillet 1971[2] a rendu la publication des arrêts de condamnation au *JO* facultative. D'ailleurs, même si la publication au *JO* était fréquente, il arrivait régulièrement que la CDBF décide de ne pas publier un arrêt de condamnation[3].

L'ordonnance du 13 octobre 2016[4] a apporté un changement important en permettant à la CDBF de publier tous les arrêts (même sans condamnation) : « la Cour peut décider de la publication de l'arrêt selon les modalités qu'elle fixe »[5]. Ce système a prévalu jusqu'à la disparition de la CDBF en 2022.

La réforme entrée en vigueur le 1er janvier 2023 a, sans raison claire, banalisé la publication au *JO*, désormais traitée comme un cas particulier de la publicité des arrêts ; la rédaction de la disposition concernée[6] suscite d'ailleurs des interrogations, discutées ci-après.

SECTION 2
DROIT APPLICABLE

473.21 Cadre juridique nouveau : banalisation de la publication au *JO*. L'art. L. 142-1-11, alinéa 2, 2e phrase, du CJF indique : « Ils [les arrêts] peuvent faire l'objet d'une publication au Journal officiel ».

Cette règle intervient après l'affirmation selon laquelle « Les arrêts sont publics. Ils mentionnent le nom des juges qui les ont rendus. Ils sont mis à la disposition du public à titre gratuit sous forme électronique »[7].

La disposition concernant le *JO* se trouve donc « noyée » dans d'autres dispositions portant sur la publicité des arrêts de la Cour et leur mise à disposition pour le lecteur intéressé ; elle est en effet immédiatement suivie par une disposition prévoyant que « les nom et prénoms des personnes physiques mentionnées dans l'arrêt, lorsqu'elles sont parties ou tiers, sont occultés préalablement à la mise à la disposition du public. Lorsque sa divulgation est de nature à porter atteinte à la sécurité ou au respect de la vie privée de ces personnes ou de leur entourage, est également occulté tout élément permettant d'identifier les parties, les tiers, les magistrats et les membres du greffe »[8].

Il n'est pas certain que cette dernière règle s'applique aussi à la publication au *JO*, mais on peut en douter ; car faute de pouvoir être nominative, la publication au *JO* n'aurait plus guère de sens en tant que sanction accessoire, et deviendrait une simple modalité de publicité.

Il sera rappelé au passage, comme l'avait fait jadis le Professeur Ludwig, que l'absence de publication au *JO* n'a jamais empêché la publication de tout arrêt de la CDBF « dans tout support médiatique qui s'y intéresserait ». Cela vaut aussi, mais cette fois-ci obligatoirement de façon anonymisée, sur les pages du site internet des juridictions financières (www.ccomptes.fr).

On notera enfin que la disposition actuelle relative à la publication au *JO* figure, au sein du code des juridictions financières, dans la partie relative à la procédure[9], alors que jusqu'à la fin 2022, elle était placée, dans le titre consacré à la CDBF, dans la partie sur les infractions et les sanctions[10]. On pourrait en déduire que les rédacteurs de l'ordonnance du 23 mars 2022 qui a instauré ce changement ont délibérément voulu ôter à la publication au *JO* son caractère de sanction accessoire, en la rabaissant au statut de simple modalité de publication, parmi d'autres.

Certains arrêts rendus par la nouvelle chambre du contentieux de la Cour des comptes semblent aller dans le sens d'une telle banalisation, en précisant dans le dispositif de l'arrêt non seulement la publication au *JO*, mais également d'autres formes de publication, comme la publication anonyme sur le site internet de la Cour[11].

Cette question, qui reste à trancher en jurisprudence, n'est pas neutre dans la mesure où le statut

1. V. les débats, séance Sénat, 27 mai 1971, p. 562 s. – L. n° 71-564, 13 juill. 1971 ; v. ss nos 045.31.
2. V. ss n° 045.31.
3. PAR EX., pour des raisons peu claires : CDBF 26 juin 2017, *Cité du cinéma*, n° 213-742 ; également non publié au *Rec.*
4. Ord. n° 2016-1360, 13 oct. 2016 modifiant la partie législative du code des juridictions financières ; v. ss n° 045.96.
5. CJF, anc. art. L. 313-15, en vigueur entre 2016 et 2022 ; abrogé au 31 déc. 2022.
6. CJF, art. L. 142-1-11.
7. CJF, art. L. 142-1-11, al. 1er et al. 2, 1re phrase.
8. CJF, art. L. 142-1-11, al. 3.
9. CJF, titre IV du livre Ier ; actuel art. L. 142-1-11.
10. CJF, anc. chapitre III du titre Ier du livre III ; art. L. 313-15.
11. PAR EX. : C. comptes 23 juill. 2024, *Société anonyme d'économie mixte pour la gestion et pour l'animation du parc de loisirs de Saint-Cyr (SAEM SAGA)*, n° 904, S-2024-1128 ; *JCP Adm.* 2024. 2321, note S. Damarey.

de peine accessoire implique pour le juge des obligations complémentaires, comme la nécessité de motiver la décision [1], et des risques de contestation supplémentaires de l'arrêt.

473.22 Faculté de publication ; nature de l'arrêt à publier ; mentions à publier. La publication au *JO* n'est qu'une simple faculté ; c'était déjà le cas du temps de la CDBF, depuis 1971.

Dans la pratique, la grande majorité des arrêts de condamnation fait l'objet d'une publication au *JO* ; les exemples d'arrêts non publiés portent essentiellement sur des relaxes [2] ou des condamnations à des amendes très faibles [3], ou encore concernent des cas de condamnations, même lourdes [4], dont le juge ne souhaite pas que le public puisse connaître le nom, par exemple pour ne pas stigmatiser, à travers une publication au *JO*, une personne par ailleurs méritante [5].

La loi ne précise plus la nature des arrêts à publier. Jusqu'en 2016, seuls les arrêts de condamnation pouvaient être publiés au *JO* [6] ; désormais, le juge est libre de publier tout type d'arrêt, même de relaxe [7].

La publication peut concerner l'intégralité de l'arrêt, ou seulement une partie, un extrait [8] : libre au juge d'en décider. Dans le même sens, les arrêts, en principe publiés de façon nominative [9], peuvent le cas échéant être publiés de façon anonymisée, y compris au *JO* [10].

473.23 Mention et motivation de la publication au *JO*. La publication au *JO* n'étant pas automatique, elle doit être mentionnée dans le dispositif de l'arrêt.

En principe, c'est en cas de publication qu'il convient d'apporter une mention expresse, pas forcément lorsqu'une telle publication est écartée ; néanmoins, on peut rencontrer dans la jurisprudence de la CDBF quelques exemples d'arrêts non publiés au *JO* et dans lesquels cela est néanmoins précisé. Cette précision – écartant une publication – s'explique sans doute par le fait qu'une publication avait été requise par l'accusation et que le juge s'est senti obligé d'y répondre. Il s'agit essentiellement d'arrêts de relaxe [11], mais aussi d'un cas d'irrecevabilité d'un recours en révision contre un arrêt de la CDBF [12], d'une requête en tierce opposition déclarée irrecevable [13] ou encore d'un arrêt rendu sur renvoi après cassation par le Conseil d'État, qui n'avait été saisi que par une partie des personnes condamnées par un premier arrêt de la CDBF [14].

La Cour n'est pas obligée de motiver sa décision de ne pas publier l'arrêt au *JO*, puisqu'il s'agit d'une faculté. Une absence de publication même mentionnée explicitement n'a donc pas besoin d'explication, ce qui est le droit le plus strict du juge, étant donné que cette sanction complémentaire n'est qu'une simple faculté [15].

En revanche, elle doit motiver sa décision de publication (puisqu'il s'agit d'une sanction au même titre que l'amende), faute de quoi elle risque la cassation pour défaut de motivation [16].

Le plus souvent, la CDBF jadis, et la Cour des comptes et la CAF aujourd'hui se bornent à conclure, à la fin de l'arrêt, qu'il y a lieu de publier l'arrêt : la motivation existe – elle est même souvent longue s'agissant d'arrêts qui sont rendus en premier ressort – mais elle sera commune à l'amende et à la publication au *JO*. Plusieurs arrêts de la nouvelle chambre du contentieux de la Cour des comptes et le premier arrêt rendu par la CAF [17] s'inscrivent

1. Sur la motivation, v. plus loin s^{s} n° 473.23.
2. PAR EX. : CDBF 22 et 29 nov. 1985, *S^{té} des autoroutes Rhône-Alpes [Area]*, CCP, n° 3, p. 25.
3. CDBF 26 janv. 1988, *min. de l'Industrie, École supérieure de métrologie [ESM]*, CCP, n° 3, p. 118 ; *Lebon* 537.
4. CDBF 25 mars 1987, *Assoc. X et Y*, CCP, n° 3, p. 55 (anonymisé) ; non publié au *JO*.
5. CDBF 30 sept. 1987, *EHESS et Assoc. Marc Bloch*, CCP, n° 3, p. 94 ; *Lebon* 515.
6. V. plus haut, s^{s} n°s 473.11 et 473.12.
7. Pour un exemple d'arrêt de relaxe néanmoins publié au *JO* : CDBF 27 sept. 2019, *Ville de Paris*, n° 236-825 ; non publié au *Rec.*
8. PAR EX. : CDBF 27 nov. 1973, *Institut géographique national [IGN], service des activités aériennes*, *Lebon* 800 (extraits anonymisés) ; CCP, n° 2, p. 94.
9. Étant précisé que sous forme électronique, les publications au *JO* ne sont actives que pour un temps limité, ne permettant pas de recherche sur moteur de recherche.
10. PAR EX. : CDBF 23 févr. 1994, *SEM A. ; Rev. Trésor* 1995. 680 ; *Lebon* 719 ; *Rec.* 131.
11. PAR EX. : CDBF 15 juin 2004, *CH de Saint Brieuc*, *Rev. Trésor* 2005. 705, note M. Lascombe et X. Vandendriessche ; *Lebon* 537.
12. CDBF 23 mars 2004, *M. X [recours en révision]*, *Rev. Trésor* 2005. 699, note M. Lascombe et X. Vandendriessche ; *AJDA* 2004. 1240, note N. Groper ; *Lebon* 535 ; *Rec.* 136.
13. CDBF 17 juin 2005, *Requête en tierce opposition de la S^{té} FIP-Auxifip*, *Rec.* 125 ; *Rev. Trésor* 2005. 707, note M. Lascombe et X. Vandendriessche ; *AJDA* 2005. 2397, note N. Groper et E. Giannesini ; *Lebon* 673.
14. CDBF 23 mars 2004, *OPIHLM de la région de Creil*, 2e arrêt, *Rev. Trésor* 2005. 700, note M. Lascombe et X. Vandendriessche ; *Lebon* 529 ; *Rec.* 131.
15. CDBF 21 févr. 2008, *Agence nationale de valorisation de la recherche [Anvar]*, *AJDA* 2008. 1193, note N. Groper et C. Michaut ; *Rev. Trésor* 2008. 519, note N. Groper ; *GFP* 2011, p. 387, note M. Lascombe et X. Vandendriessche.
16. CE 16 janv. 2008, M. Hénin, req. n° 292806 : rejet de la demande d'annulation en l'espèce ; *AJDA* 2008. 118 ; *Rev. Trésor* 2008. 380 ; *Rev. Trésor* 2008. 409, note N. Groper ; *AJDA* 2008. 1000, note M. Collet ; note A.-G. Delion et M. Durupty, *RFAP* 2008. 431 ; *RJEP* août-sept. 2008, p. 12, note M. Lascombe et X. Vandendriessche ; *JCP Adm.* 2008, n° 29, p. 20, note J. Gaté.
17. CAF 12 janv. 2024, *Société ALPEXPO*, n° 2024-01 ; *Rec.* 49 ; *AJDA* 2024. 895, chron. N. Péhau et L. Vergallo.

précisément dans la continuité de la CDBF en ce qui concerne la motivation de la publication.

Pourtant, d'autres arrêts de la chambre du contentieux de la Cour des comptes décidant la publication au *JO* ne donnent plus aucune motivation [1], fût-elle succincte. Cela tranche de la pratique de la CDBF et, surtout, semble critiquable si l'on considère que cette publication constitue une sanction accessoire, pour laquelle un défaut de motivation est susceptible d'emporter la censure de l'arrêt.

473.24 Moment de la publication au *JO*. Jusqu'en 2022, les arrêts de la CDBF ne pouvant pas faire l'objet d'un appel, et le recours en cassation n'ayant pas d'effet suspensif, le moment de la publication au *JO* d'un arrêt était indifférent.

Il n'en va plus de même désormais, depuis que l'article L. 311-6 du CJF, en vigueur depuis le 1er janvier 2023, prévoit que « le délai de recours et l'exercice de l'appel dans ce même délai suspendent l'exécution des arrêts de la chambre du contentieux » [2]. Or si l'on considère, avec les auteurs et dans la continuité de la CDBF, que la publication au *JO*, du moins celle nominative et de condamnation, constitue une peine accessoire, ce qui peut faire débat au vu de la rédaction des textes actuels [3], alors la publication ne saurait intervenir avant l'épuisement du délai d'appel et, en cas d'appel interjeté, avant le jugement de celui-ci. Si au contraire on considère – ce que les auteurs ne proposent pas – que la publication n'est pas une sanction, alors un arrêt de premier ressort peut être publié, y compris au *JO*, à tout moment, même avant l'expiration du délai d'appel.

473.25 Rôle du ministère public et rôle de la défense. La décision de publication intervient sans réquisitoire particulier du Procureur général, la Cour décidant seule, que le Parquet ait demandé la publication ou non. Lors de la réforme de 1971, le Gouvernement avait voulu inscrire dans les textes que la décision de publier se faisait « sur réquisition du ministère public », ce qui a été toutefois rejeté par le Parlement. Le sénateur Étienne Dailly s'y était vigoureusement opposé [4].

Cela étant, la pratique montre que le Procureur général demandera le plus souvent, en complément à une condamnation à une amende, la publication de l'arrêt au *JO*, ce qui fait que toutes les publications au *JO* sont – ou presque – le fruit de réquisitions du parquet en ce sens.

La défense, de son côté, craint souvent la publication nominative au *JO*, puisqu'il s'agit d'une sanction réelle ; elle plaide donc habituellement pour que le juge ne la décide pas.

Rarement, au contraire, un justiciable demandera la publication d'un arrêt (qui lui est favorable). Dans ce cas, le juge du fond étant libre d'en décider ou non, la personne concernée n'est pas fondée à se plaindre d'un refus de publication : ainsi le Conseil d'État n'a-t-il pas admis un recours en cassation fondé sur une prétendue erreur de droit commise par la CDBF, en n'ordonnant pas la publication de l'arrêt de rectification matérielle attaqué au *JO* [5].

473.26 Publication d'arrêts de la Cour d'appel financière et du Conseil d'État statuant au fond sur une affaire. Notons que le Conseil d'État peut être amené, sur la base du CJF, de décider de publier au *JO* un arrêt de condamnation qu'il serait amené à prononcer du fait d'une annulation d'un arrêt de la CDBF à la suite de laquelle il réglerait l'affaire au fond au lieu de la renvoyer à la CDBF [6]. Mais ce cas de figure devrait rester exceptionnel.

En revanche, les décisions de publications au *JO* des arrêts de la Cour d'appel financière nouvellement créée devraient être plus nombreuses, cette possibilité concernant explicitement la CAF : dès son premier arrêt, la CAF a ainsi décidé la publication au *JO* [7].

1. PAR EX. : C. comptes 24 nov. 2023, *Caisse de crédit municipal de Bordeaux (CCMB)*, n° 868, S-2023-1382 ; *Rec.* 38 ; *AJDA* 2023. 2381, chron. N. Péhau et L. Vergallo ; *JCP Adm.* 2024, n° 1, 2005 chron. S. Damarey ; *AJCT* 2024, p. 175, note C. Pierucci ; *Gaz. Pal.* 2024, n° 2, p. 70, note T. Dogan. – C. comptes 23 juill. 2024, *Société anonyme d'économie mixte pour la gestion et pour l'animation du parc de loisirs de Saint-Cyr (SAEM SAGA)*, n° 904, S-2024-1128 ; *JCP Adm.* 2024. 2321, note S. Damarey.
2. Sur l'effet suspensif de l'appel, v. ss n° 561.23.
3. Sur ce débat, v. ss n° 473.21.
4. Séance Sénat 27 mai 1971, p. 562.
5. CE 15 mars 2013, *Mme Ferrari* (*2e arrêt*), [affaire CDBF *Institut géographique national rectification d'erreur matérielle*], req. n° 356589.
6. CE 10 nov. 2000, *Despessailles*, req. n° 201755, *Lebon* 510 ; *Rec.* 133 ; *Rev. Trésor* 2001. 126, note M. Lascombe et X. Vandendriessche.
7. CAF 12 janv. 2024, *Société ALPEXPO*, n° 2024-01 ; *Rec.* 49 ; *AJDA* 2024. 895, chron. N. Péhau et L. Vergallo.

LIVRE

5. LA PROCÉDURE DU RÉGIME UNIFIÉ : DE LA SAISINE À L'ARRÊT, ET LES VOIES DE RECOURS

SECTION 0 ORIENTEUR

5.00 Sommaire du livre.

Divisions. Du déféré à l'arrêt, en passant par la saisine, l'instruction et le jugement, la procédure contentieuse devant la Cour des comptes est présentée en respectant approximativement l'ordre chronologique du déroulement d'une affaire.

5.03 Bibliographie indicative.

Articles. B. Delaunay, « L'impartialité du juge financier », *RFDA* 2008. 381. – C. Descheemaeker, « Le Conseil d'État et la Cour de discipline budgétaire et financière », *RFFP* 2000, n° 70, p. 71. – V. Mazzocchi, « Principe *non bis in idem*, que faut-il entendre par *bis* ? Droit administratif et droit public financier », *Dr. adm.* 2018, n° 3, chron. 1. – P. Mouzet, « La "responsabilité financière" existe-t-elle ? », *AJDA* 2014. 2497.

Contributions. L. Bahougne, « Les voies de recours », *in* S. Damarey et N. Groper, *Responsabilité financière des gestionnaires publics*, Dalloz, 2024, p. 227. – J.-Y. Bertucci, « Les garanties accordées aux justiciables de la chambre du contentieux », *in* C. Husson-Rochcongar et S. Kott (dir.), La responsabilité financière des gestionnaires publics, La Documentation française 2024, p. 173. – F. Gaullier-Camus, « Le rôle de l'avocat : de la saisine à l'ouverture de la phase d'audiencement », *in* C. Husson-Rochcongar et S. Kott (dir.), La responsabilité financière des gestionnaires publics, La Documentation française 2024, p. 205. – J.-Y. Bertucci, « L'instruction contentieuse », *in* S. Damarey et N. Groper, *Responsabilité financière des gestionnaires publics*, Dalloz, 2024, p. 209. – A. Bossière, « L'orientation des dossiers et le rôle du ministère public », *in* C. Husson-Rochcongar et S. Kott (dir.), *La responsabilité financière des gestionnaires publics*, Actes du colloque du 8 novembre 2023 co-organisé par le Parquet général près la Cour des comptes et la Direction de la recherche de l'Institut national du service public, La Documentation française, 2024, p. 149. – A. Bossière, « Les autorités de déféré », *in* S. Damarey et N. Groper, *Responsabilité financière des gestionnaires publics*, Dalloz, 2024, p. 201. – N. Groper, « "Disciplinaire", la Cour de discipline budgétaire et financière ? », *in* Collectif, *Écrits de droit public, financier et constitutionnel. Mélanges en l'honneur de Michel Lascombe*, Dalloz, 2020, p. 201. – É. Landot, « L'intervention de l'avocat », *in* S. Damarey et N. Groper, *Responsabilité financière des gestionnaires publics*, Dalloz, 2024, p. 233. – A. Meynaud-Zéroual, « De la juridictionnalisation de la procédure à la modélisation du procès », *in* C. Husson-Rochcongar et S. Kott (dir.), La responsabilité financière des gestionnaires publics, La Documentation française 2024, p. 183. – F. Molinié, « Les droits de justiciables : le rôle de l'avocat auprès des gestionnaires publics dans le cadre de l'audience puis l'exercice des voies de recours », *in* C. Husson-Rochcongar et S. Kott (dir.), La responsabilité financière des gestionnaires publics, La Documentation française 2024, p. 219. – R. Sève, « Assurer la défense des gestionnaires publics », *in* C. Husson-Rochcongar et S. Kott (dir.), *La responsabilité financière des gestionnaires publics*, Actes du colloque du 8 novembre 2023 co-organisé par le Parquet général près la Cour des comptes et la Direction de la recherche de l'Institut national du service public, La Documentation française, 2024, p. 193.

TITRE

50. Questions générales concernant la procédure contentieuse financière

SECTION 0

ORIENTEUR

50.00 Sommaire du titre.

CHAPITRE

501. Nature de la procédure contentieuse financière

SECTION 0
ORIENTEUR

501.00 **Sommaire du chapitre.**

SECTION 1
CARACTÈRE JURIDICTIONNEL DE LA PROCÉDURE

501.11 **Nature juridictionnelle de la procédure.** « La procédure suivie devant la Cour [des comptes, jusqu'en 2022 la Cour de discipline budgétaire et financière] se caractérise par le fait qu'elle est absolument juridictionnelle »[1]. S'agissant d'un régime de répression mis en œuvre par une juridiction et se traduisant par des sanctions, les principes et règles de procédure doivent être scrupuleusement respectés.

Même si l'on peut considérer, avec la doctrine, que les sanctions de droit public financier font partie de l'ensemble désigné par la notion de « sanctions administratives »[2], et malgré une décision du Conseil constitutionnel semblant restreindre la partie strictement juridictionnelle de la procédure financière[3], on doit considérer que le caractère juridictionnel de cette procédure aboutissant à des sanctions comporte des conséquences en termes de garanties pour le justiciable, comme cela est le cas pour la procédure pénale. De ce fait, les principes généraux du contentieux répressif s'appliquent au contentieux financier[4]. Et d'une façon générale, la CDBF a clairement affirmé que s'appliquent à elle les « principes généraux du droit qui s'imposent à toute juridiction »[5].

En même temps, la procédure présente de nombreuses spécificités, dues à la nature particulière du régime de responsabilité de droit public financier et de la juridiction qui est chargée de le mettre en œuvre[6] : juridiction administrative mais répressive, la procédure suivie devant elle emprunte à la procédure administrative comme à la procédure pénale[7].

Surtout, la nature juridictionnelle de la procédure menée par le juge financier se trouve contestée, du moins s'agissant de certaines phases de cette procédure.

SECTION 2
PARTAGE ENTRE PARTIE JURIDICTIONNELLE ET PARTIE NON-JURIDICTIONNELLE DE LA PROCÉDURE FINANCIÈRE

501.21 **Partage fait par le Conseil constitutionnel entre phase administrative et phase juridictionnelle du contentieux financier.** Une décision du Conseil constitutionnel a jeté, en 2014, le trouble

1. G. Vedel, « La responsabilité des administrateurs devant la Cour de discipline budgétaire », *Rev. sc. législ. fin.* 1949, p. 131.
2. J. Bousquet, « Sanctions administratives et amendes infligées par les juridictions administratives », *in* P. Bourdon et L. Janicot (dir.), *Les sanctions administratives*, LEJEP, 2003, p. 41.
3. V. s[s] n° 501.21.
4. Sur les principes généraux du contentieux répressif s'appliquant à la Cour des comptes, v. s[s] n°s 211.31 et 502.11 s.
5. CDBF 24 nov. 1986, *CH Sainte-Anne à Paris [marchés d'ingénierie]*, CCP, n° 3, p. 35.
6. V. s[s] n° 21.05.
7. Sur la nature *sui generis* du droit public financier répressif, v. s[s] n°s 211.11 s.

dans le petit monde des connaisseurs du contentieux financier[1].

Dans cette décision, le Conseil constitutionnel a en effet qualifié le contentieux de la Cour de « disciplinaire », la juridiction financière répressive elle-même de « juridiction disciplinaire spéciale » et l'instruction menée devant celle-ci de simple enquête administrative, donc non juridictionnelle.

Cette décision a été largement critiquée, y compris par l'un des auteurs du présent ouvrage[2] ; si la question du qualificatif de « disciplinaire » donné au contentieux financier par cette décision du juge constitutionnel a été contestée ailleurs[3], il convient ici de discuter la qualification donnée à l'instruction par ce même juge, le Conseil constitutionnel lui ayant dénié tout caractère contentieux, la déclassant en « phase d'enquête administrative préalable à la décision du procureur général de classer l'affaire par décision motivée ou de la renvoyer devant la Cour » (considérant 18).

Le Conseil constitutionnel a donc choisi de qualifier l'ensemble de la procédure d'instruction de simple phase d'enquête administrative, donc dénuée de caractère juridictionnel, et ce jusqu'à la décision de renvoi, prise par le procureur, d'une affaire devant la Cour (ou de classement final), décision de renvoi qui constituerait l'acte de saisine de la Cour et entamant la procédure juridictionnelle proprement dite.

501.22 Discussion sur la ligne de partage entre phase administrative et juridictionnelle et ses conséquences. Cette position est très contestable, à la fois du point de vue des principes et surtout du point de vue de la pratique réelle de la procédure financière.

Car celle-ci commence bien par un acte juridictionnel. Si le refus du procureur de donner suite à une dénonciation d'un citoyen constitue un acte administratif susceptible de recours devant le juge administratif[4], le choix de classer *ab initio* ou de prendre un réquisitoire au vu d'un déféré légalement formulé relève de l'opportunité des poursuites et constitue un acte juridictionnel dont le juge administratif n'a pas à connaître[5].

D'ailleurs, lorsqu'il s'agissait de calculer le délai raisonnable de jugement appliqué à la procédure devant la CDBF, c'est bien ce réquisitoire initial qui constituait le point de départ de la période retenue[6], et non la décision de renvoi[7], étant précisé que la durée de la seule instruction menée devant la Cour, même si ensuite l'affaire était classée sans jamais aller au jugement, a pu être qualifiée de dépassement de délai raisonnable de jugement et entraîner réparation[8].

En qualifiant la phase d'instruction d'enquête administrative, le Conseil constitutionnel fragilise en même temps l'ensemble des actes pris par le procureur en amont de la décision de renvoi : si l'on va jusqu'au bout du raisonnement déployé par le Conseil, le procureur lui-même devient une simple autorité administrative et son « réquisitoire » un simple acte administratif (dont il faudrait alors songer à changer l'appellation).

Une instruction ouverte par un procureur sous forme de réquisitoire, menée par un magistrat avec l'appui d'un greffe selon des méthodes largement judiciaires (« mise en cause » ressemblant à la mise en examen ; dossier de l'affaire avec pièces numérotées et accessibles à tout moment aux parties ; auditions en présence du greffier et des avocats...) – voilà qui en vérité ne ressemble guère à une enquête administrative. Et le rapporteur chargé d'une instruction devant la Cour des comptes et jadis devant la CDBF, qui a un statut de magistrat, n'est pas comparable à un officier de police judiciaire en enquête préliminaire ; au plus tard à partir de la « mise en cause »[9] d'un justiciable dans le cadre de l'instruction, on se trouve bien dans une phase juridictionnelle, avec son corollaire de garanties offertes aux personnes mises en cause, garanties certes adaptées au caractère *infra*-pénal qui est celui de la répression financière de droit public.

À noter d'ailleurs que les récentes réformes du code des juridictions financières sont allées plutôt dans le sens d'un renforcement de la nature juridictionnelle de la phase d'instruction.

Si phase d'enquête administrative il y a, en matière de contentieux financier, c'est bien en amont du

1. Cons. const. 24 oct. 2014, *Stéphane R. et autres*, n° 2014-423 QPC ; *Rec.* p. 181 ; *BJCL* n° 12/14, note S. Damarey ; *Constitutions* 2014, p. 492, note O. Le Bot ; P. Mouzet, « La "responsabilité financière" existe-t-elle ? », *AJDA* 2014. 2497 ; *RFDA* 2014. 1218, chron. A. Roblot-Troizier et G. Tusseau.
2. N. Groper, « "Disciplinaire", la Cour de discipline budgétaire et financière ? », *in* Collectif, *Écrits de droit public, financier et constitutionnel. Mélanges en l'honneur de Michel Lascombe*, Dalloz, 2020, p. 201.
3. V. s^s^ n° 211.22.
4. CE 16 mai 1980, *Melki*, req. n° 07016 ; *Lebon* 230, *RD publ.* 1981. 228, concl. M.-D. Hagelsteen.
5. V. s^s^ n° 515.11.
6. Sur cette question, v. s^s^ n° 521.12. Le Conseil d'État et la Cour des comptes retiennent la mise en cause comme point de départ du délai [PAR EX. : C. Comptes 3 mai 2024, *Chambre régionale d'agriculture de Bretagne (CRAB) et Association pour la traçabilité et le développement d'outils pour l'identification et de logiciels d'élevage (e-toile)*, n°s 856 et 870, S-2024-0696 ; *AJDA* 2024. 1327, chron. N. Péhau et L. Vergallo].
7. CEDH 9 mars 1998 et 26 sept. 2000, *Guisset c. France*, req. n° 33933/96 ; *AJDA* 1998. 988, note J.-F. Flauss.
8. CE 22 janv. 2007, *Forzy*, req. n° 286292 ; *AJDA* 2007. 697, note C. Biscaïno, *AJDA* 2007. 1036, concl. R. Keller, *Rev. Trésor* 2007. 725, note M. Lascombe et X. Vandendriessche, *D.* 2007. 1123, note S. Petit.
9. Sur la mise en cause, v. s^s^ n° 524.12.

déféré, donc avant l'instruction menée par la Cour : soit une inspection générale, soit un contrôle du juge des comptes - enquête cette fois clairement administrative - découvrent des faits qui donnent lieu à un déféré, c'est-à-dire une transmission au ministère public autrefois près la CDBF, désormais près la Cour des comptes. Cette phase, réellement administrative celle-là, qui précède un déféré, ne se voit logiquement pas appliquer les garanties juridictionnelles entourant l'instruction contentieuse, et la Cour a toujours refusé, à juste titre, de tenir compte d'irrégularités alléguées qui auraient entaché cette phase administrative préalable menée par d'autres institutions en amont de la Cour[1].

En réalité, plutôt que « d'innover », de qualifier l'instruction contentieuse d'« enquête administrative » (qui serait alors une sorte de deuxième phase administrative, puisqu'une première instruction non-juridictionnelle, menée par une inspection ministérielle ou par une chambre administrative de la Cour des comptes ou encore par une CRTC, a déjà précédé le plus souvent le déféré), il eût suffi au Conseil constitutionnel de prolonger sa jurisprudence amorcée en 2005 et de qualifier la juridiction financière répressive de ce qu'elle est réellement : une juridiction administrative spécialisée, unique en son genre, répressive mais non pénale[2], mettant en œuvre des sanctions qui ne sont ni pénales ni disciplinaires, dont l'objet est la protection de l'ordre public financier, et qui mène une instruction de nature juridictionnelle comportant - de façon adaptée - les garanties nécessaires.

D'ailleurs, le Conseil d'État, en rejetant à la fois une demande de question prioritaire de constitutionnalité (QPC) et un pourvoi en cassation contre un arrêt de la CDBF, et tout en reprenant à son compte l'expression « d'enquête administrative qui est préalable à la saisine » de la CDBF, a pu toutefois préciser que les parties, « au demeurant, ont accès au dossier de l'affaire et peuvent présenter des observations écrites au cours de cette phase d'instruction ». Autrement dit, les droits de la défense ont été respectés, ce qui est finalement le plus important, quelles que soient les qualificatifs donnés à l'instruction elle-même. Il aurait pu ajouter que les parties sont entendues en cours d'instruction par le magistrat instructeur, qu'elles peuvent se faire accompagner par un conseil et verser toutes pièces au dossier tout au long de l'instruction.

La CDBF elle-même a dû fait sienne la référence au caractère « administratif » de son instruction pour écarter des moyens de procédure - qui auparavant avaient souvent déjà été écartés sans pour autant mettre en avant le caractère prétendument administratif de « l'enquête »[3].

En réalité, la phase d'instruction, quel que soit le terme que l'on utilise pour la qualifier, est certainement *infra*-pénale et sûrement répressive, et surtout, elle respecte les règles protectrices de la défense qui doivent s'appliquer à ce type de contentieux particulier : ni le détour par la qualification de « juridiction disciplinaire », ni par celle « d'administrative » de son instruction, ne devraient donc être nécessaires pour appréhender la conformité de la procédure à l'égard des grands principes du procès équitable[4].

En considérant que la procédure est bien de nature juridictionnelle à compter du réquisitoire introductif, et non seulement à partir de la décision de renvoi, cela oblige la juridiction - car la Cour des comptes est bien une juridiction - à mettre en œuvre toutes les précautions et garanties qui s'attachent à une telle procédure.

1. CDBF 15 déc. 2017, *Office national des eaux et des milieux aquatiques (ONEMA)*, 2e arrêt, n° 217-730-II ; *Rec.* p. 247 ; *AJDA* 2018. 2493, chron. N. Hauptmann et N. Péhau ; v. également V. Mazzocchi, *Dr. adm.* 2018, n° 3, chron. 1.
2. Sur les sanctions non pénales, par ailleurs nombreuses et diverses : M. Degoffe, « Droit de la sanction non pénale », Économica, 2000.
3. CDBF 4 déc. 2015, *Fondation nationale des sciences politiques et Institut d'études politiques de Paris (FNSP-IEP de Paris) ; Rec.* p. 171 ; *AJDA* 2016. 198, note S. Gaillard et J. Goubault.
4. V. en détail, N. Groper, « "Disciplinaire", la Cour de discipline budgétaire et financière ? », *in* Collectif, *Écrits de droit public, financier et constitutionnel. Mélanges en l'honneur de Michel Lascombe*, Dalloz, 2020, p. 201.

CHAPITRE

502. Acteurs de la procédure contentieuse financière

SECTION 0
ORIENTEUR

502.00 **Sommaire du chapitre.**

SECTION 1
DIVERSITÉ DES ACTEURS DE LA PROCÉDURE CONTENTIEUSE FINANCIÈRE

502.11 **Accusation, défense et juges.** La procédure financière étant de nature répressive, elle est amorcée par l'accusation (le Procureur général près la Cour des comptes et près la Cour d'appel financière[1]), qui détient l'initiative des poursuites et intervient dès lors en amont et en aval de l'instruction ainsi qu'en séance de jugement puis dans les voies de recours.

Les magistrats du siège se partagent en deux catégories : ceux qui instruisent et ceux qui jugent, les deux fonctions étant incompatibles[2].

Enfin et surtout, le justiciable est un acteur déterminant de la procédure qu'il subit, en tant que personne d'abord mise en cause, puis le cas échéant jugée : à ce titre, le justiciable bénéficie de nombreux droits. Présumé innocent[3], il peut jouer un rôle actif - défensif comme offensif - dans l'instruction[4], puis après la décision de renvoi jusqu'en séance de jugement[5] ; enfin, il peut exercer des recours[6].

Accusation et les personnes mises en cause, puis le cas échéant renvoyées devant la juridiction, sont parties à l'instance.

Il n'existe en contentieux financier ni victime ni partie civile.

502.12 **Autorités de déféré.** La plupart des affaires contentieuses financières se fondent sur un déféré[7], sorte de « plainte » formulée par une autorité habilitée[8], administrative, parlementaire ou juridictionnelle.

Pour autant, l'autorité de déféré n'est pas, à proprement parler, partie au procès : l'acte de déféré n'est qu'une forme de « dénonciation » adressée au Procureur général, seul doté du pouvoir de poursuivre et de saisir la juridiction ; et l'autorité de déféré, si elle est informée de certains actes de procédure[9], n'intervient plus activement dans la phase contentieuse.

SECTION 2
DÉFENSE ET DROIT AU PROCÈS ÉQUITABLE

502.21 **Applicabilité des principes généraux protégeant les droits de la défense.** La juridiction financière répressive respecte les principes généraux applicables au contentieux répressif[10], en particulier des

1. Sur le parquet et son organisation, v. s^s n°s 122.11 s.
2. V. s^s n°s 121.13 et 123.11 et 522.11 s.
3. Sur la présomption d'innocence ; v. s^s n°s 222.21 s.
4. V. s^s n° 521.22.
5. V. s^s n°s 533.11 s., 542.12 et 544.28 s.
6. V. s^s n°s 561.11 s.
7. Sur le déféré, v. s^s n° 511.21.
8. Sur la liste limitative des autorités de déféré, v. s^s n° 512.11.
9. Ainsi l'autorité de déféré est-elle informée de la prise d'un réquisitoire ou d'un classement par le Procureur général (CJF, art. R. 142-1-1) ; v. s^s n° 514.35. Il en va de même de l'arrêt rendu, v. s^s n° 545.31.
10. Sur les principes applicables au contentieux financier, v. plus largement, v. s^s n°s 211.31 s.

droits de la défense et le caractère contradictoire de la procédure[1], notamment sur la base de la Convention européenne de sauvegarde des droits de l'Homme et des libertés fondamentales (CEDH)[2] et des règles constitutionnelles nationales.

Le principe d'impartialité[3], ancien[4], est un principe général du droit qui s'impose au juge financier comme à tout juge administratif[5]. Il se trouve clairement explicité par l'art. 6, § 1 CEDH et le Conseil constitutionnel, qui le fonde sur l'article 16 DDHC, en a fait application au contentieux financier[6].

Dès le premier arrêt dans lequel une question sur le caractère contradictoire de sa procédure avait été soulevée par la défense[7], la CDBF avait apporté des précisions qui sont toujours d'actualité. Elle a considéré qu'en l'espèce le caractère contradictoire de la procédure avait bien été respecté, l'intéressé « ayant eu communication des griefs retenus contre lui et ayant été mis à même d'y répondre » et que donc les droits de la défense n'avaient pas été violés ; la Cour rappelait longuement les différents stades de l'instruction, qui avait été menée en conformité avec les exigences légales (mise en cause ; audition par le rapporteur ; possibilité de se faire assister par un conseil ; le procès-verbal d'audition et les mémoires en défense produits figurent au dossier de l'affaire).

Lorsque ce point est contesté, la Cour des comptes va « déterminer si la procédure dans son ensemble s'est déroulée dans des conditions garantissant qu'il ne soit pas porté atteinte aux droits de la défense »[8].

Il n'y a donc pas réellement de spécificité du contentieux financier en matière de respect des droits de la défense : l'instruction et l'audience doivent se dérouler conformément aux textes, qui eux-mêmes sont l'expression de principes généraux. Une seule de ces règles, aujourd'hui abrogée, s'est révélée contraire aux principes, notamment de la Convention européenne de sauvegarde des droits de l'Homme et des libertés fondamentales (règle de la non-publicité des audiences[9]).

Il s'agit également d'un principe général du droit interne : « les droits de la défense résultant non seulement de la loi, mais aussi des principes généraux du droit qui s'imposent à toute juridiction »[10].

502.22 Effectivité des droits de la défense. Les droits de la défense doivent être effectifs. Ainsi, lorsqu'une personne mise en cause ne peut pas assurer sa défense, par exemple parce qu'elle se trouve placée sous contrôle judiciaire lui interdisant de rencontrer certaines personnes concernées par la même affaire, la CDBF a pu considérer qu'elle devait surseoir à statuer ; constatant que le juge d'instruction chargé de l'instruction pénale avait autorisé très récemment la personne en question à rencontrer les personnes précitées, le sursis n'a pas été prononcé ; mais la Cour a renvoyé l'affaire pour complément d'instruction, notamment pour permettre aux mis en cause de rencontrer les personnes précitées, et donc d'exercer leurs droits de la défense[11].

Dans le même sens, les personnes mises en cause doivent avoir été mises en situation d'avoir accès aux pièces du dossier d'instruction au moment prévu par la loi[12], c'est-à-dire, aujourd'hui, à tout moment de la procédure.

Les irrégularités éventuellement commises en amont de la procédure contentieuse n'affectent en principe pas celle-ci. Ainsi, la CDBF ne s'est pas

1. V. d'une façon générale sur les droits des justiciables en contentieux financier : J.-Y. Bertucci, « Les garanties accordées aux justiciables de la chambre du contentieux », *in* C. Husson-Rochcongar et S. Kott (dir.), La responsabilité financière des gestionnaires publics, La Documentation française 2024, p. 173.
2. Les exigences liées à un procès équitable prévues notamment par l'article 6, § 1 de la Convention EDH s'appliquent à la Cour. La CDBF avait longtemps considéré que la Convention EDH ne lui était pas applicable, par ex. : CDBF 24 nov. 1986, *CH Sainte-Anne à Paris (marchés d'ingénierie)* ; CCP, n° 3, p. 35 – CDBF 24 nov. 1986, *CH Sainte-Anne à Paris (dépenses de personnel)* ; CCP, n° 3, p. 42 – CDBF 28 sept. 1994, *CH d'Albi, Rev. Trésor* 1995. 683 ; *Lebon* 725 ; *Rec.*, p. 142.
3. Sur le principe d'impartialité, v. s^{s} n°s 222.41 et 522.21 s. – V. également B. Delaunay, « L'impartialité du juge financier », *RFDA* 2008. 381 – V. Haïm, *Impartialité, Répertoire de contenieux administratif*, Dalloz 2019, n°s 55 s.
4. CE 20 juin 1913, *Théry*, req. n° 41854 *Lebon* p. 736.
5. CE 20 avr. 2005, *Karsenty, Fondation D'Aguesseau et autres*, req. n° 261706 ; *Lebon* p. 151 ; *Rec.* p. 143 ; *AJDA* 2005. 1732, note M. Lascombe et X. Vandendriessche (arrêt d'ailleurs rendu sur pourvoi en cassation contre un arrêt de la Cour des comptes rendu en matière de gestion de fait, selon l'ancienne procédure).
6. Cons. const. 24 oct. 2014, *Stéphane R. et autres*, n° 2014-423 QPC ; *Rec.* p. 181 ; *Constitutions* 2014, p. 492, note O. Le Bot ; P. Mouzet, « La "responsabilité financière" existe-t-elle ? », *AJDA* 2014. 2497 ; *RFDA* 2014. 1218, chron. A. Roblot-Troizier et G. Tusseau ; A. Froment-Meurice, J.-Y. Bertucci, N. Hauptmann et C. Michaut, *GAJF*, 7e éd. 2019, n° 20, p. 228 – Sur le principe d'impartialité appliqué au contentieux financier, v. s^{s} n° 222.41 – Sur le parquet, v. s^{s} n°s 122.21 s, et sur l'impartialité des membres du parquet, v. s^{s} n° 122.23.
7. CDBF 27 nov. 1973, *Institut géographique national [IGN], service des activités aériennes, Lebon* 800 (extraits anonymisés) ; CCP, n° 2, p. 94.
8. C. comptes 3 mai 2024, *Chambre régionale d'agriculture de Bretagne (CRAB) et Association pour la traçabilité et le développement d'outils pour l'identification et de logiciels d'élevage (e-toile)*, n°s 856 et 870, S-2024-0696 ; *AJDA* 2024. 1327, chron. N. Péhau et L. Vergallo. Ici § 30.
9. V. s^{s} n°s 543.11 s.
10. CDBF 22 et 29 nov. 1985, *S^{té} des autoroutes Rhône-Alpes [Area]*, CCP, n° 3, p. 25 ; – CDBF 25 mars 1987, *Assoc. X et Y*, CCP, n° 3, p. 55.
11. CDBF 29 sept. 1999, *S^{té} Altus Finance, Rev. Trésor* 2000. 30, note M. Lascombe et X. Vandendriessche.
12. CDBF 11 et 12 déc. 1991, *CHS du Rouvray, Rec.*, p. 136, *Lebon* 640 ; *Rev. Trésor* 1992. 31.

estimée compétente pour vérifier si les droits de la défense avaient été respectés par la Cour des comptes en amont de la décision de celle-ci de déférer les faits en question[1]. D'éventuelles inexactitudes dans des observations de la Cour des comptes concernant la même affaire sont, en outre, sans incidence sur la procédure devant la CDBF, celle-ci étant une juridiction distincte de la Cour des comptes[2], position a été confirmée à de multiples reprises[3]. Dans le même sens, la CDBF ne prendra pas en considération une circonstance, « à la supposer établie », touchant au non-respect éventuel des droits de la défense au moment de l'établissement d'un rapport conjoint de deux inspections générales figurant au dossier d'instruction de la Cour[4]. D'une façon générale, des « irrégularités alléguées de la procédure suivie devant la Cour des comptes [en amont du déféré], qui est distincte de la présente instance, sont sans effet sur la régularité de la procédure devant la Cour de discipline budgétaire et financière »[5], solution transposable à la chambre du contentieux de la Cour des comptes.

À partir du moment où la Cour a été informée, tant par les pièces du dossier que par les mémoires en défense déposés, des circonstances de l'espèce portée devant elle, et qu'elle a été en mesure de les prendre en considération pour apprécier la responsabilité des personnes mises en cause, le droit des parties à une contradiction équitable a été respecté[6] ; il ne peut donc pas être soutenu que la procédure aurait dû s'étendre à des personnes et faits que l'une des personnes mises en cause avait demandé de voir incluses dans le champ de l'instruction, alors que le réquisitoire introductif ne les concernait point.

502.23 Droit au silence (droit de se taire). Notons que depuis une décision du Conseil constitutionnel de 2023, la procédure financière doit, dans sa partie contentieuse, donc à compter de la mise en cause, respecter le droit au silence de l'accusé : en effet, aux termes de l'article 9 de la Déclaration des droits de l'homme et du citoyen de 1789 : « Tout homme étant présumé innocent jusqu'à ce qu'il ait été déclaré coupable, s'il est jugé indispensable de l'arrêter, toute rigueur qui ne serait pas nécessaire pour s'assurer de sa personne doit être sévèrement réprimée par la loi ». Il en résulte le principe selon lequel nul n'est tenu de s'accuser, dont découle le droit de se taire. « Ces exigences s'appliquent non seulement aux peines prononcées par les juridictions répressives mais aussi à toute sanction ayant le caractère d'une punition. Elles impliquent que le professionnel faisant l'objet de poursuites disciplinaires ne puisse être entendu sur les manquements qui lui sont reprochés sans qu'il soit préalablement informé du droit qu'il a de se taire »[7].

La Cour des comptes a explicitement reconnu l'applicabilité de cette règle à son contentieux[8], au moins à la phase contentieuse orale[9], même si elle soit se concilier avec le droit de communication[10], qui oblige les contrôlés, comme les justiciables, de communiquer informations et documents.

Il peut d'ailleurs paraître discutable qu'un contentieux fondé sur l'article 15 de la DDHC, donc sur la nécessité de rendre compte, puisse en même temps de voir appliqué le droit au silence : car comment rendre compte de sa gestion tout en restant silencieux ?

SECTION 3
BONNE ADMINISTRATION ET MESURES D'ADMINISTRATION DE LA JUSTICE

502.31 Intérêt d'une bonne administration de la justice. La notion de « bonne administration de la

1. CDBF 5 nov. 1997, *min. des Affaires étrangères [frais de réception], Rev. Trésor* 1999. 194 ; – CDBF 14 et 16 janv. 1998, *min. des Affaires étrangères, service des immeubles et affaires générales [Siag], Rev. Trésor* 1999. 200 ; – CDBF 19 avr. 2000, *Banque du Crédit chimique, Rev. Trésor* 2001. 796, note M. Lascombe et X. Vandendriessche ; *Rec.*, p. 105.
2. CDBF 4 avr. 2001, *OPIHLM de la région de Creil, Rev. Trésor* 2001. 799, note M. Lascombe et X. Vandendriessche.
3. CDBF 20 déc. 2007, *secr. d'Ét. aux Petites et moyennes entreprises, au Commerce et à l'Artisanat, Direction de l'artisanat, gestion des crédits du Fonds social européen [FSE], AJDA* 2008. 450, note N. Groper et C. Michaut ; *Rev. Marché commun* 2008, p. 203, note F. Chaltiel.
4. CDBF 2 déc. 1987, *CHS de Prémontré [Aisne]*, CCP, n° 3, p. 113 ; *Lebon*, tables p. 656.
5. CDBF 23 avr. 2012, *Conseil économique et social*, n° 182-682 ; *Rec.* p. 193 ; *GFP* 2013, n° 5, p. 83, note S. Damarey, M. Lascombe et X. Vandendriessche.
6. CDBF 14 et 16 janv. 1998, *min. des Affaires étrangères, service des immeubles et affaires générales [Siag]*, préc.
7. Cons. const. 8 déc. 2023, *M. Renaud N.*, n° 2023-1074 QPC : considérant 9.
8. C. comptes 3 mai 2024, *Chambre régionale d'agriculture de Bretagne (CRAB) et Association pour la traçabilité et le développement d'outils pour l'identification et de logiciels d'élevage (e-toile)*, n°s 856 et 870, S-2024-0696 ; *AJDA* 2024. 1327, chron. N. Péhau et L. Vergallo. Ici §§ 25 et 31.
9. C. comptes 16 déc. 2024, *Commune de Richwiller (Haut-Rhin)*, n° 44, S-2024-1528 : ici § 4. Confirmé par CAF 13 février 2025, *Commune de Richwiller – Question prioritaire de constitutionnalité*, n° 2024-03, même si le juge d'appel ne semble pas exclure que des questions écrites puissent être couvertes par l'obligation de notifier le droit au silence, lorsqu'elles sont susceptibles de conduire à une auto-incrimination: telle est d'ailleurs la position du ministère public.
10. CJF, art. L. 141-5. – La Cour des comptes a refusé de transmettre une QPC qui se fondait sur la prétendue inconstitutionnalité de cet article, au regard du droit au silence (C. comptes 16 déc. 2024, *Commune de Richwiller*, préc. ; confirmé par CAF 13 févr. 2025, préc.).

justice »[1] constitue une exigence constitutionnelle[2], devenue objectif à valeur constitutionnelle[3], fondé par le juge constitutionnel sur les articles 12, 15 et 16 de la DDHC.

Elle couvre notamment l'impartialité et l'indépendance des juges, la transparence et l'équilibre ainsi que la célérité de la justice : « une justice bien administrée est une justice à la fois accessible, sereine et efficace »[4].

Même si les objectifs à valeur constitutionnelle ne peuvent pas être directement invoqués par le justiciable, ils s'imposent au pouvoir législatif et au pouvoir réglementaire. De ce fait, cette notion est de plus en plus présente dans les textes, en particulier en contentieux administratif (p. ex. art. L. 311-1 CJA), mais également en contentieux judiciaire.

La Cour des comptes a explicitement reconnu l'applicabilité de cette notion au contentieux financier[5] ; elle joue en outre un rôle important dans la procédure devant le juge de cassation[6].

502.32 Pouvoirs des présidents de formation de jugement. Le président de la chambre du contentieux dispose d'un pouvoir général d'organisation de la chambre qu'il préside, qu'il s'agisse de la phase d'instruction comme du jugement.

Les mesures d'administration de la justice dont le président est ès qualité investi sont, en tant que telles, insusceptibles de recours[7]. Si le judiciaire connaît la mesure d'administration judiciaire dans les textes[8], son équivalent en contentieux administratif ne dispose que d'un fondement jurisprudentiel. Le code de la justice administrative n'y fait que des références indirectes, tout comme le code des juridictions financières. Ce dernier précise davantage les pouvoirs du président de la formation de jugement à l'audience[9], que celles du président dans l'instruction. Pourtant, ce dernier doit être en capacité de prendre non seulement les actes de procédure prévus par le code, mais aussi de faire face aux autres situations de la vie de la juridiction en général, et de l'instance contentieuse en particulier. Ces décisions sont des mesures d'administration de la justice, dépourvues *a priori* de l'autorité de la chose jugée[10] ; ne faisant pas grief, elles ne sont pas susceptibles de recours.

Ainsi n'est par exemple pas admis le recours contre la décision d'un président de formation de jugement d'admettre un stagiaire au délibéré[11]. Il en va de même de la décision de juger en plénière ou en section.

Les actes de procédure interne et autres mesures d'administration de la justice sont inattaquables, en ce qu'ils ne font pas grief ; en revanche, si ces mesures devaient faire grief, elles seraient d'une autre nature et pourraient être contestées. En outre, ces décisions doivent en tout état de cause être raisonnables et ne pas porter atteinte aux principes fondamentaux de la procédure, en particulier aux droits de la défense et autres garanties prévues par le droit national et international[12].

SECTION 4
ACTES DE LA PROCÉDURE CONTENTIEUSE

502.41 Notification des actes de procédure. « Les actes et pièces de la procédure de jugement des gestionnaires publics sont notifiés par voie électronique ou, à défaut, par lettre recommandée avec demande d'avis de réception, remise en main propre contre récépissé ou acte d'huissier ou par tout autre moyen permettant de s'assurer de leur date de réception »[13].

1. H. Apchain, « Retour sur la notion de bonne administration de la justice », *AJDA* 2012. 587 ; O. Gabarda, « L'intérêt d'une bonne administration de la justice », *RD Publ.* 2006, n° 1, p. 153.
2. Cons. const. 28 juill. 1989, n° 89-261 DC.
3. Cons. const. 3 déc. 2009, Loi organique relative à l'art. 61-1 de la Constitution, n° 2009-595 DC.
4. J. Robert, « La bonne administration de la justice », *AJDA* 1995. 117.
5. C. comptes 3 mai 2024, *Chambre régionale d'agriculture de Bretagne (CRAB) et Association pour la traçabilité et le développement d'outils pour l'identification et de logiciels d'élevage (e-toile)*, n°s 856 et 870, S-2024-0696 ; *AJDA* 2024. 1327, chron. N. Péhau et L. Vergallo. Ici § 29 ; en l'espèce, la Cour s'est fondée sur cette notion pour écarter l'application rétroactive du droit au silence.
6. Sur le recours par le Conseil d'État à cette notion pour réguler le contentieux administratif, y compris financier, v. s^s^ n° 571.95.
7. C. Groulier, « Remarques sur la notion de mesure d'administration de la justice », *RD publ.* 2011. 404.
8. C. pr. civ., notamment les articles 107, 368, 383 ; v. surtout art. 537 : « Les mesures d'administration judiciaire ne sont sujettes à aucun recours ».
9. Voir avant CJF, art. R. 142-3-9 : « Le président de la formation de jugement a la police de l'audience et la direction des débats ».
10. C. Brenner, « Autorité de la chose jugée. Les décisions dépourvues d'autorité de la chose jugée », *Procédures* 2007, n° 8-9, étude 13.
11. C. Groulier, « Remarques sur la notion de mesure d'administration de la justice », préc., p. 404.
12. En particulier l'art. 6, § 1 CEDH.
13. CJF, art. R. 141-7, al. 2.

TITRE

51. Déféré, saisine et réquisitoire introductif

SECTION 0

ORIENTEUR

51.00 Sommaire du titre.

51.01 Textes applicables.

• **CJF,** art. L. 142-1-1 à L. 142-1-3 ; R. 142-1-1 à R. 142-2-12

CHAPITRE

511. Naissance d'une affaire contentieuse : déféré, saisine et réquisitoire introductif

SECTION 0
ORIENTEUR

511.00 **Sommaire du chapitre.**

SECTION 1
DÉFÉRÉ N'EST PAS SAISINE DE LA COUR

511.11 **Diversité des modes de saisine de la Cour des comptes en matière contentieuse.** « Très logiquement, la loi ouvre la possibilité de saisir la Cour [de discipline budgétaire et financière jusqu'en 2022, Cour des comptes aujourd'hui] aux représentants des trois ordres d'autorités qui participent au contrôle de l'exécution du budget »[1], c'est-à-dire le Parlement (autorité budgétaire suprême), le Gouvernement et l'institution supérieure de contrôle externe qu'est en France la Cour des comptes elle-même.

La Cour, dans ses attributions contentieuses, est donc saisie, en vertu de l'article L. 142-1-1 du CJF, à l'initiative de certaines autorités, dont la liste est toutefois limitativement arrêtée par la loi (membres du Gouvernement, présidents des assemblées, Cour des comptes et chambres régionales des comptes...), mais la loi précise que le déféré se fait « au ministère public près la Cour des comptes » ; par ailleurs, le Procureur général « peut également saisir la Cour de sa propre initiative »[2].

Il existe donc deux modalités : soit une saisine « en deux temps », faisant intervenir d'abord un déféré de l'une des autorités énumérées par ce texte, puis un réquisitoire du Procureur général (puisque la loi exige que la saisine se fasse par l'organe du ministère public) ; soit une saisine directe par le Procureur général, même en l'absence de déféré préalable.

511.12 **Monopole de saisine du Procureur général.** Le monopole de la saisine de la Cour des comptes – entendu au sens : la Cour statuant au contentieux – appartient au Procureur général qui l'exerce sur la base d'un déféré ou sur initiative propre.

On doit distinguer entre d'une part l'initiative d'une saisine, qui peut provenir soit des autorités de déféré, soit du Procureur général lui-même sur la base de toute information qui peut lui être apportée (notamment par des autorités qui n'ont pas le droit de déférer une affaire, car ne figurant pas dans la liste susvisée, ou par un simple signalement), et d'autre part la saisine proprement dite, qui relève dans tous les cas du seul Procureur général et qui se matérialise par le réquisitoire introductif.

Autrement dit, un déféré seul ne suffit jamais pour saisir la Cour, puisqu'un déféré peut ne jamais donner lieu à un réquisitoire ; il peut être classé *ab initio*, avant même la saisine proprement dite de la Cour des comptes. Ce dispositif constitue le corollaire de l'opportunité des poursuites conférée au ministère public dans ce contentieux de nature répressive qu'est celui de la CDBF. C'est au Procureur général qu'appartient la maîtrise de toute saisine.

Opportunité des poursuites : le Procureur général est une partie à l'instance – la partie accusatrice – et ce tout au long de la procédure, du réquisitoire jusqu'au jugement, et au-delà dans les voies de recours : ainsi, la CDBF n'a pas donné droit à un moyen

1. G. Vedel, « La responsabilité des administrateurs devant la Cour de discipline budgétaire », *Rev. sc. législ. fin.* 1949, p. 130.

2. CJF, art. L. 142-1-1, dernier al.

soulevé par la défense selon lequel le ministère public ne se serait « pas affranchi de la partialité attachée à sa fonction d'organe de poursuite », ce qui contreviendrait au principe d'équilibre des droits des parties (art. 14 du Pacte international relatif aux droits civils et politiques ; art. 47 de la Charte des droits fondamentaux de l'Union européenne) ; la CDBF a jugé « que l'exercice, par le ministère public, [...] des fonctions de poursuite, distinctes des fonctions d'instruction du rapporteur et des fonctions de jugement exercées par la Cour, ne méconnaît nullement le droit à un procès équitable et loyal »[1].

L'existence de ce pouvoir d'auto-saisine permet également de relativiser le rôle du déféré et d'éventuels vices affectant ce dernier : « Eu égard aux pouvoirs d'auto-saisine que le procureur général près la Cour des comptes tient de l'article L. 142-1-1 du code des juridictions financières, il est indifférent à la régularité de la procédure devant la chambre du contentieux de la Cour des comptes que d'éventuelles irrégularités aient pu affecter la procédure précédant sa saisine »[2].

511.13 Déféré et naissance d'une affaire contentieuse. Un déféré est adressé au Procureur général près la Cour des comptes ; s'il est recevable[3], il reçoit un numéro d'affaire : ainsi naît une affaire contentieuse.

La numérotation est continue, pratique héritée de la CDBF ; ce numéro d'affaire apparaît sur l'ensemble des actes de la procédure contentieuse, jusqu'à l'arrêt.

511.14 Jonction ou disjonction (scission) d'affaires contentieuses. D'une façon générale, une jonction ou disjonction (ou scission) d'affaires peut intervenir à différents moments de la procédure, du déféré jusqu'à la séance de jugement.

Si la procédure civile[4] comme la procédure pénale[5] prévoient expressément la possibilité de jonction de requêtes ou d'affaires et en précisent les modalités, cette pratique est largement prétorienne en contentieux administratif[6], ce qui ne l'empêche pas d'être à la fois ancienne[7] et quantitativement importante.

La jonction n'est pas à confondre avec la requête collective, notion de contentieux administratif qui pourrait être transposée, non sans réserve, en matière financière sur les cas de déféré conjoint ou de pluralité de déférés émanant de plusieurs autorités différentes mais portant sur une même affaire[8].

« Hostile à toute définition *a priori*, la jonction semble être une de ces notions qui est davantage utilisée que définie »[9]. Si certains textes régissant les compétences des juridictions administratives générales prévoient des cas de connexité et donc de jonction, on doit constater qu'« aucun texte ne régit la jonction des requêtes en droit administratif »[10] et qu'il en est de même, actuellement, s'agissant du contentieux financier. Pourtant, la notion existait jadis dans les textes régissant la procédure CDBF[11], et il faut regretter que cette disposition n'ait pas été reprise dans la procédure du régime actuel de responsabilité financière.

Quoi qu'il en soit, « les jonctions purement prétoriennes constituent une émanation de l'effectivité du pouvoir juridictionnel »[12] et servent la bonne administration de la justice[13] ; en effet, il s'agit d'une mesure purement technique permettant de mieux gérer le contentieux, sans effet sur le jugement des affaires au fond : « la jonction n'influe pas sur le sort réservé aux requêtes tel qu'il aurait été en l'absence de jonction »[14].

1. CDBF 17 juin 2011, *Institut géographique national (IGN)*, n° 176-655 ; *Rec.* p. 158 ; *GFP* 2013, n° 5, p. 73, note S. Damarey, M. Lascombe et X. Vandendriessche.
2. C. comptes 23 déc. 2024, *Société anonyme d'économie mixte (SAEM) Marseille Habitat et Société civile immobilière (SCI) Protis Développement*, n° 24, S-2024-1604. Ici § 8.
3. Recevabilité du déféré, v. s^s n° 513.31.
4. C. pr. civ., art. 107 : « S'il s'élève sur la connexité des difficultés entre diverses formations d'une même juridiction, elles sont réglées sans formalité par le président. Sa décision est une mesure d'administration judiciaire ». V. aussi C. pr. civ., art. 367 : « Le juge peut, à la demande des parties ou d'office, ordonner la jonction de plusieurs instances pendantes devant lui s'il existe entre les litiges un lien tel qu'il soit de l'intérêt d'une bonne justice de les faire instruire ou juger ensemble. Il peut également ordonner la disjonction d'une instance en plusieurs » ; ainsi que Code de proc. civ., art. 368 : « Les décisions de jonction ou disjonction d'instances sont des mesures d'administration judiciaire ».
5. PAR EX. : CPP, art. 387.
6. G. Lebrun, « La jonction de requêtes en droit administratif », *RD publ.* 2018. 85.
7. CE 8 juill. 1818, *Sieurs Martel, Gaston et autres c/ le trésor*, Jurispr. CE, t. IV, p. 378. Cette affaire concernait d'ailleurs la responsabilité personnelle et pécuniaire de comptables publics.
8. Sur ce type de déférés, v. s^s n°s 512.51 s.
9. G. Lebrun, « La jonction de requêtes en droit administratif », préc., p. 85.
10. G. Lebrun, « La jonction de requêtes en droit administratif », préc., p. 85.
11. CJF, anc. art. L. 314-14 : « Lorsque plusieurs personnes sont impliquées dans la même affaire, leur cas peut être instruit et jugé simultanément et faire l'objet d'un seul et même arrêt » ; disposition abrogée le 31 déc. 2022.
12. G. Lebrun, « La jonction de requêtes en droit administratif », préc., p. 85.
13. G. Jaehnert, « La jonction : le point sur une technique contentieuse », *AJDA* 2003. 2363 – G. Lebrun, « La jonction de requêtes en droit administratif », préc. – Sur la notion de bonne administration de la justice : O. Gabarda, « L'intérêt d'une bonne administration de la justice », *RD publ.* 2006. 153.
14. G. Jaehnert, « La jonction : le point sur une technique contentieuse », *AJDA* 2003. 2363. Ici transposable du contentieux administratif général au contentieux financier.

La jonction doit être justifiée par l'existence d'un lien réel, même partiel, entre plusieurs affaires. En contentieux administratif général, « il n'est pas exigé que l'intégralité des requêtes se recoupe, une partie seulement peut présenter un point commun avec l'autre requête »[1] ; cette solution de souplesse peut être transposée au contentieux financier. Sont susceptibles d'être jointes des affaires portant sur un même organisme et/ou une même gestion, voire sur des organismes liés, par exemple au sein d'un groupe de sociétés publiques ; il n'est toutefois pas nécessaire que les agents éventuellement sanctionnables soient identiques. Dans l'autre sens, lorsque des faits concernant un même organisme paraissent nettement distincts, il est envisageable de scinder un dossier, né d'un contrôle de régularité unique, en plusieurs affaires contentieuses[2].

Le Conseil d'État a clairement validé la possibilité, pour la juridiction financière répressive, de joindre des affaires sans commettre d'irrégularité[3] ; cette solution s'inscrit en cohérence avec la position du juge administratif suprême, qui est très restrictif pour admettre la contestation d'une décision de jonction devant le juge d'appel ou devant le juge de cassation[4].

Le contentieux financier étant de nature répressive, cette faculté de jonction ou de disjonction appartient à la fois aux autorités de déféré en amont d'un déféré (par exemple en décidant d'un déféré conjoint, ou au contraire de formuler plusieurs déférés distincts)[5], au Procureur général au moment où il prend des actes comme les réquisitoires ou les décisions de renvoi, au rapporteur ou encore à la Cour elle-même, sur demande de la défense ou d'office, jusqu'en séance. Cette solution est également celle qui prévaut en procédure pénale.

En contentieux administratif général, le rapporteur public peut prononcer des conclusions communes à plusieurs espèces, même en l'absence de jonction formelle par la juridiction[6] ; cet exemple illustre la souplesse dont bénéficient les acteurs chargés du traitement d'affaires contentieuses, souplesse transposable au contentieux financier.

Les parties peuvent, en cours d'instance, demander la jonction ou la disjonction (ou scission) d'affaires, mais ni le juge, ni le Parquet ne sont obligés d'y donner droit[7].

Le refus de jonction peut être motivé en contentieux administratif[8] ; mais il ne semble pas que la motivation ayant fondé la décision de joindre ou non soit obligatoire, à quelque stade que ce soit, puisqu'il s'agit d'une simple mesure d'organisation de la justice[9], sans impact sur les droits de la défense ni sur l'issue de l'affaire sur le fond. Ne faisant pas grief, la décision de joindre ou de disjoindre est insusceptible de recours[10]. La limite est bien entendu le respect des droits de la défense.

Les exemples de jonction effectuée par le Procureur général, donnant lieu à une seule instruction et un seul arrêt, ne sont pas rares[11]. Le cas de scissions est plus rare, mais il existe un cas où trois procédures différentes avaient été ouvertes devant la CDBF à la suite d'un seul déféré de la Cour des comptes, donnant lieu à trois arrêts distincts (condamnation de la même personne à trois reprises)[12].

SECTION 2
NOTION DE DÉFÉRÉ EN CONTENTIEUX FINANCIER ET CONTENU DU DÉFÉRÉ

511.21 Définition du déféré. La notion de « déféré » mérite d'être précisée, en particulier au regard de la notion de « saisine », avec laquelle elle est parfois, à tort, confondue. La clarification des notions est d'autant plus utile que les textes sont à cet égard peu explicites, alors que la distinction

1. G. Lebrun, « La jonction de requêtes en droit administratif », préc., p. 85.
2. Ex. d'un dossier ayant donné lieu à trois jugements : CDBF 25 janv. 2019, *Radio France : le chantier de réhabilitation*, n° 227-760 ; *Rec.* p. 191 ; CDBF 25 janv. 2019, *Radio France : les achats de biens et de services*, n° 228-762 ; *Rec.* p. 198 ; commenté par J. Dietenhoeffer, « Sanction des manquements systémiques au droit de la commande publique par la Cour de discipline budgétaire et financière », Contrats et marchés publics 2019, n° 7, étude 9 ; CDBF 25 janv. 2019, *Radio France : visa du contrôleur général économique et financier en matière de rémunération*, n° 229-766 ; *Rec.* p. 195 ; *AJDA* 2019. 577, chron. N. Hauptmann et N. Péhau.
3. CE 17 et 19 juill. 2013, *M. Lévy*, req. n° 351985 [affaire CDBF *Institut géographique national*] ; *Rec.* p. 241.
4. G. Lebrun, « La jonction de requêtes en droit administratif », préc., p. 85.
5. V. s[s] n° 512.51.
6. G. Jaehnert, « La jonction : le point sur une technique contentieuse », préc., p. 2363.
7. G. Jaehnert, « La jonction : le point sur une technique contentieuse », préc., p. 2363.
8. G. Jaehnert, « La jonction : le point sur une technique contentieuse », préc., p. 2363.
9. C. Groulier, « Remarques sur la notion de mesure d'administration de la justice », *RD Publ.* 2011, p. 405.
10. C. Brenner, « Autorité de la chose jugée. Les décisions dépourvues d'autorité de chose jugée », *Procédures* 2007, n° 8-9, étude 13.
11. CDBF 4 déc. 2002, *Caisse centrale de la mutualité agricole [CCMSA] et SCI Mutualité Astorg, Rev. Trésor* 2004. 48, note M. Lascombe et X. Vandendriessche ; *Rec.*, p. 112.
12. CDBF 1er oct. 1997, *Institut de France [indemnités de sujétion], Rev. Trésor* 1999. 193 ; – CDBF 3 déc. 1997, *Institut de France (appartement de la rue d'Aumale), Rev. Trésor* 1999. 198 – CDBF 3 déc. 1997, *Institut de France* [appartement de la rue Monsieur-le-Prince], Rev. Trésor 1999. 199.

entre déféré et saisine revêt des conséquences juridiques non négligeables.

Le déféré peut être défini comme l'acte par lequel une autorité qui y est légalement habilitée transmet des informations au ministère public près la Cour des comptes afin que celui-ci saisisse, s'il en décide ainsi dans le cadre de l'opportunité des poursuites qui lui appartient, la Cour. Cela ressemble un peu à une plainte formulée par une autorité administrative, parlementaire ou juridictionnelle.

511.22 Éléments historiques sur le déféré. Jusqu'en 2022, l'ancien article L. 314-1 du CJF, concernant la saisine de la CDBF, ne mentionnait pas le mot de « déféré », qui apparaissait toutefois à un autre endroit du code des juridictions financières, dans un article général du début du livre III[1], article général évoquant la création de la CDBF et la possibilité de déférer devant elle un certain nombre de personnes.

L'utilisation du terme « déféré » dans le contexte de la saisine provient à l'origine de la pratique, reprise par la jurisprudence de la CDBF[2] ; puis, la réforme de 2022 a consacré définitivement le terme dans l'article L. 142-1-1 du code des juridictions financières[3].

On constate de hésitations historiques, en doctrine et en jurisprudence sur la notion de « déféré ». En effet, parfois on a pu, à tort, confondre dans le passé « déféré » et « saisine » en jurisprudence et en doctrine : ainsi le Conseil d'État[4] a-t-il pu évoquer une saisine de la CDBF par la Cour des comptes, et a-t-il pu considérer, à la suite de certains arrêts anciens de la CDBF elle-même[5], que l'arrivée d'un déféré au ministère public constituait une saisine de la juridiction.

Pourtant, comme l'avait indiqué à juste titre un commissaire du gouvernement du Conseil d'État il y a plus d'un demi-siècle : les autorités habilitées à déférer une affaire « ne saisissent pas à proprement parler la Cour de discipline budgétaire mais le ministère public... »[6]. « Déféré » et « saisine » ont donc toujours été des notions bien distinctes, ce qui explique d'ailleurs l'utilisation de deux mots différents.

La jurisprudence plus récente de la CDBF ne confondait déjà plus les deux notions de déféré au parquet et de saisine de la juridiction[7]. La saisine de la Cour ressort du réquisitoire pris par le Procureur général, le déféré pour sa part, lorsqu'il existe, s'il est visé par l'arrêt, n'étant pas considéré comme saisine de la Cour, mais comme une saisine du Procureur général.

La réforme de 2022, en distinguant nettement entre déféré au Procureur général[8] d'une part, et saisine de la Cour par ce même Procureur[9] d'autre part, a de ce point de vue définitivement clarifié le sujet.

511.23 Déférer une personne ? Sous l'empire de la CDBF a longtemps prévalu un certain flottement sur le contenu du déféré : défère-t-on, en contentieux financier, des faits ou des personnes ? Si le mot « déféré » n'apparaissait, à l'origine, pas dans l'article régissant la saisine de la CDBF[10], il figurait en revanche dans l'article inaugural qui prévoyait que des personnes pouvaient être déférées devant la CDBF[11]. Et dès le premier arrêt rendu par la Cour[12], les visas utilisaient cette formule (« vu la lettre du ministre... déférant le sieur..., pour infractions aux règles d'exécution des recettes de l'État... »). Ce type de formulation, que l'on retrouve dans les visas de nombreux arrêts anciens[13], disparaît toutefois complètement dans les arrêts les plus récents.

Parfois, un même arrêt pouvait d'ailleurs utiliser à la fois l'expression « déférer des irrégularités » et « déférer une personne »[14], en l'occurrence dans les visas, puis dans les motifs.

Mais la formule « déférer une personne » ne correspondait pas sous l'empire de la CDBF – et c'est toujours le cas aujourd'hui – à la pratique des déférés ; on défère en réalité des *faits ;* le déféré, tout comme le réquisitoire introductif d'ailleurs, ne vise pas toujours des personnes précisément identifiées ou dénommées, puisqu'on se trouve à un stade antérieur à l'instruction et qu'on ne sait pas encore forcément à qui des irrégularités présumées sont susceptibles d'être imputées. Une instruction peut d'ailleurs être ouverte contre une personne non dénommée[15]. Le juge de cassation a également précisé que le fait qu'une

1. CJF, anc. art. L. 311-1.
2. PAR EX. : CDBF 27 mars 1985, *S^té française d'équipements pour la navigation aérienne (Sfena) ; CCP*, n° 3, p. 7.
3. CJF, art. L. 142-1-1, 1re phrase : « Ont qualité pour déférer au ministère public près la Cour des comptes des faits susceptibles de constituer des infractions au sens de la section 2 du chapitre 1er du titre III du présent livre… ».
4. CE 26 mai 1999, *Reynard*, n° 195767 ; *Rec.*, p. 120.
5. PAR EX. : CDBF 10 mai 1989, *Cned, centre de Vanves, CCP*, n° 3, p. 165 ; *Lebon* 413.
6. Concl. A. Bernard s^s CE, ass., 30 juin 1961, *Proc. gén. près la Cour des comptes c/ Mazer*, n° 48190 ; *Lebon* 451 ; *RD publ.* 1961. 845.
7. Au plus tard depuis : CDBF 13 janv. 2006, *Centre régional de lutte contre le cancer Oscar Lambret de Lille ; Rev. Trésor* 2006. 906, note M. Lascombe et X. Vandendriessche ; *Lebon* 645 ; *Rec.*, p. 65.
8. CJF, art. L. 142-1-1.
9. CJF, art. L. 142-3.
10. CJF, anc. art. L. 314-1, en vigueur jusqu'au 31 déc. 2022.
11. CJF, anc. art. L. 311-1, en vigueur jusqu'au 31 déc. 2022.
12. CDB 28 juin 1954, *Maison centrale de Melun, CCP*, n° 2, p. 1.
13. PAR EX. : CDBF 8 juill. 1976, *Hôpital psychiatrique de Saint-Alban-sur-Limagnole [Lozère], Lebon* 709 (extraits) ; *CCP*, n° 2, p. 117.
14. PAR EX. : CDBF 27 mars 1985, *S^té française d'équipements pour la navigation aérienne [Sfena], CCP*, n° 3, p. 7.
15. V. s^s n° 514.32.

personne ne figurait pas nommément dans le déféré ni dans le réquisitoire n'empêchait pas sa condamnation ultérieure[1], si elle avait été ensuite mise en cause et que la procédure avait respecté les exigences légales.

L'expression « déférer une personne » semble donc devoir être évitée, même si un déféré peut comporter, déjà, des noms de personnes susceptibles d'avoir commis des infractions.

D'ailleurs, le champ *ratione personae* des déférés peut être légalement limité, ce qui implique de voir dès le déféré quelle personne peut faire l'objet d'une saisine du Procureur général : ainsi, les membres du Gouvernement (autres que le Premier ministre et autres que le ministre des Finances) n'ont compétence pour déférer que les fonctionnaires et agents placés sous leur autorité[2]. Il en va de même des préfets par exemple, dont le champ de déféré est limité à certains gestionnaires publics seulement[3].

511.24 **Déférer des faits.** Le déféré est une saisine *in rem*. C'est donc des « faits », ou des « affaires » qui sont déférées au Procureur général, et non des gestionnaires.

Certes, un déféré peut déjà désigner des personnes dont la responsabilité est susceptible d'être engagée, mais ceci n'est nullement nécessaire, et le Procureur général n'est pas tenu de reprendre une liste de personnes indiquée dans le déféré[4].

Là aussi, la réforme de 2022 a mis un terme aux hésitations sémantiques, en clarifiant les termes : ce sont des faits qui peuvent être déférés, et non des personnes[5].

511.25 **Nature juridique du déféré.** Le déféré n'est pas un acte juridictionnel : il intervient en amont de la phase contentieuse et émane de toutes sortes d'autorités, souvent administratives ; il peut d'ailleurs ne jamais aboutir à un contentieux financier[6].

Le déféré émanant d'une autorité qui a le statut de juridiction n'est pas davantage un acte juridictionnel, puisque cette juridiction agit alors dans le cadre de ses compétences de contrôle de régularité : « Considérant que si la décision par laquelle la Cour des comptes ou une chambre régionale ou territoriale des comptes saisit [le ministère public près la CDBF, et désormais près la Cour des comptes] est prise par une formation délibérante, cette décision ne présente toutefois pas de caractère juridictionnel et n'est pas soumise aux règles de fond, de forme et de procédure qui s'appliquent aux arrêts et jugements de la Cour des comptes et des chambres régionales et territoriales des comptes »[7].

D'éventuelles contestations concernant la forme ou le fond des déférés sont donc à traiter directement dans le cadre du contentieux financier. Le contrôle qu'exerce le juge est alors très limité[8] : l'essentiel est que le déféré soit recevable et que les pièces du déféré, lorsqu'elles sont utilisées dans le cadre d'une instruction contentieuse, se trouvent bien au dossier[9]. Et d'ailleurs, si le déféré n'est pas recevable, le Procureur général peut néanmoins prendre un réquisitoire d'initiative[10].

Le déféré d'un procureur de la République judiciaire[11] n'est pas davantage un acte juridictionnel de la procédure devant les juridictions financières ; vu du côté judiciaire, il semble s'agit d'une simple mesure d'administration de la justice.

SECTION 3
CONSÉQUENCES JURIDIQUES DU DÉFÉRÉ

511.31 **Deux conséquences juridiques attachées au déféré.** Un déféré n'est pas une saisine de la Cour, mais une saisine du ministère public. En effet, le « déféré » n'est pas à proprement parler *l'acte de saisine* de la juridiction ; il est, dans la réalité, en tant que transmission ou renvoi d'informations au ministère public par une autorité habilitée, *un acte de la saisine*, un acte faisant partie de la saisine mais ne l'épuisant point, une sorte de saisine partielle, une saisine du Ministère public avant la saisine éventuelle de la Cour par ce dernier.

Un déféré recevable entraînera l'attribution d'un numéro d'affaire par le Parquet général.

La conception restrictive du déféré, présentée à l'instant, ne signifie pas que l'acte de déférer soit dépourvu de portée juridique. Au contraire, deux effets juridiques sont attachés au déféré :

– c'est le déféré, et plus précisément la date de son arrivée au ministère public, qui interrompt la prescription qui s'applique aux infractions[12] ;

– le déféré oblige le Ministère public à traiter l'affaire ainsi déférée : il doit soit prendre un réqui-

1. CE 22 juin 1987, *Dehaye*, req. n° 77001.
2. V. s^{s} n°s 512.21 et 512.24.
3. V. s^{s} n°s 512.11 et 512.24.
4. Voir *supra*, v. s^{s} n° 511.24.
5. CJF, art. L. 142-1-1, 1re phrase : « Ont qualité pour déférer au ministère public près la Cour des comptes des faits susceptibles de constituer des infractions… »
6. Classement après déféré, v. s^{s} n° 515.11.
7. CDBF 8 déc. 2014, *Maison de retraite publique de Vertheuil*, n° 196-718 ; *Rec.* p. 175 ; *AJDA* 2015. 1536, chron. J.-E. Picard et S. Gaillard.
8. V. s^{s} n°s 513.31 s.
9. CDBF 8 déc. 2014, *Maison de retraite publique de Vertheuil*, n° 196-718, préc.
10. V. s^{s} n°s 514.21 s.
11. V. s^{s} n° 512.16.
12. CJF, art. L. 142-1-3, al. 3.

sitoire introductif d'instance dans le délai prévu par les textes, soit prendre une décision de classement ; c'est cet effet de droit attaché au déféré qui le distingue d'un signalement, d'une simple dénonciation effectuée par un tiers non habilité par la loi à déférer, par exemple un contribuable ou un citoyen, à laquelle le ministère public peut donner suite ou non, sachant qu'il n'est même pas obligé de répondre à de telles « dénonciations ».

511.32 **Effet conservatoire du déféré en matière de prescription.** L'enregistrement du déféré au Parquet général interrompt la prescription, en application de l'article L. 142-3, al. 3 du CJF, qui reprend une ancienne règle prétorienne[1], alors qu'en cas de saisine de la Cour sur initiative propre du Procureur général, la date à retenir est celle du réquisitoire.

Le déféré, parce qu'il a un impact sur le jeu de la prescription, revêt donc un caractère conservatoire : il protégera les poursuites éventuelles en ce qu'il empêchera, à partir de la date de réception du déféré au Parquet, la prescription de continuer à déployer ses effets.

Ainsi, dans une affaire *Sivom de la région d'Étaples-sur-Mer*, la CDBF avait été saisie directement par réquisitoire introductif du Procureur général ; celui-ci n'avait donc pas été précédé par un déféré[2]. Mais il ressort des visas que des informations, non dénommées « déféré », lui avaient été transmises par le commissaire du gouvernement d'une chambre régionale des comptes[3]. Cette autorité ne figurant pas parmi celles auxquelles la loi confère le droit de déférer une affaire, sa transmission n'a pas pu interrompre la prescription de courir : la Cour a rappelé que la date d'interruption de la prescription est, en cas de saisine directe par le Procureur général, celle de la date du réquisitoire ; en revanche, si la chambre régionale des comptes avait fait un déféré en bonne et due forme, *via* son parquet, l'arrivée de celui-ci eût interrompu la prescription. Or la différence n'est pas neutre : en l'espèce, près d'un an s'était écoulé entre le signalement des faits et le réquisitoire du Procureur général, ce qui rendait impossible d'appréhender une partie des faits, qui étaient alors prescrits.

Parfois, à la lecture d'arrêts de la CDBF[4], l'on ne savait pas toujours s'il y avait eu un déféré, ou seulement une transmission d'informations au Procureur général, à charge pour lui de saisir lui-même la Cour. Pourtant, ce point doit impérativement être précisé avec exactitude, puisque le calcul de la date interrompant la prescription en dépend.

La réforme de 2022, en inscrivant clairement le terme de déféré dans la loi et en énumérant les actes interruptifs de la prescription, parmi lesquels l'enregistrement du déféré au Parquet général, a mis un terme aux flottements parfois constatés dans le passé.

A préciser également que l'effet interruptif de la prescription attaché à « l'enregistrement du déféré au ministère public »[5] ne joue que s'il s'agit bien du ministère public près la Cour des comptes : ainsi, la prescription ne saurait être interrompue lorsqu'un déféré décidé par une chambre régionale ou territoriale des comptes est transmise au procureur financier près cette chambre ; ce n'est qu'à la date où ce dernier transmet le déféré au Procureur général près la Cour des comptes – qui est une autre juridiction – que l'effet interruptif se produit.

Lorsqu'il y a deux déférés parallèles sur une même affaire, la date la plus avantageuse pour le défendeur s'appliquera lorsque les deux déférés portaient sur les mêmes faits ; sinon, pour les faits distincts, chaque fait se voit appliqué la date établie par l'arrivée au parquet du déféré qui portait sur ce fait précis ; plusieurs dates peuvent donc s'appliquer à une même affaire, en fonction des faits[6].

Lorsqu'une affaire comporte d'une part des faits issus d'un déféré, et d'autre part d'autres faits issus, eux, d'un réquisitoire d'initiative, alors la date d'interruption de la prescription est celle se référant à chaque ensemble de faits[7].

Dans une affaire, les personnes renvoyées devant la Cour soutenaient que le déféré avait comporté des faits prescrits ; même si tel était le cas (ce que l'arrêt d'ailleurs sous-entend), ce qui compte devant le juge financier, c'est que « n'ont été retenus par la Cour de discipline budgétaire et financière dans la présente affaire que les faits [...] non prescrits... ». Autrement dit, le fait qu'un déféré comporte des faits partiellement prescrits n'en réduit pas la valeur juridique : simplement, le ministère public, puis le

1. PAR EX. : CDBF 27 nov. 1973, *Institut géographique national, CCP*, n° 2, p. 94 ; *Lebon* 800 ; – confirmé par CE 26 mai 1999, *Reynard, ancien chef de service des immeubles et des affaires générales du ministère des Affaires étrangères*, req. n° 195767 ; *Rec.*, p. 120.
2. CDBF 30 juin 2006, *Sivom de la région d'Étaples-sur-Mer, BJCL* 2006, n° 10, p. 710, note S. Bredin ; *AJDA* 2006. 2445, note N. Groper et C. Michaut ; *Rev. Trésor* 2006. 918, note M. Lascombe et X. Vandendriessche ; v. comm. D. Peyrical, *Dr. adm.* 2006, n° 12, p. 14 ; *Lebon* 665.
3. Ces commissaires du Gouvernement sont désormais dénommés procureurs financiers, v. s^s n° 122.21.
4. PAR EX. : CDBF 16 déc. 2003, *Institut national polytechnique de Grenoble [INPG] et Université Joseph Fourier Grenoble I [UJF], Rec.*, p. 153 ; *AJDA* 2004. 1233, note N. Groper.
5. CJF, art. L. 142-1-3, al. 3.
6. CDBF 4 avr. 2011, *Lycée professionnel Vauvenargues et GRETA du pays d'Aix*, n° 174-647/667 ; *Rec.* p. 155 ; *GFP* 2013, n° 5, p. 69, note S. Damarey, M. Lascombe et X. Vandendriessche.
7. CDBF 6 mai 2022, *21e conférence des parties à la convention-cadre des Nations unies sur les changements climatiques de 2015 à Paris (COP 21)*, n° 257-835 ; *Rec.* p. 134.

juge ne pourront retenir de ce déféré que les faits qui ne sont pas prescrits[1].

La loi prévoit plusieurs actes interruptifs de la prescription, mais le juge peut choisir la première : ainsi, le juge de cassation a rejeté un moyen tiré de ce que la CDBF aurait dû retenir la décision de renvoi comme première date d'interruption de la prescription, et non l'arrivée du déféré au ministère public[2].

511.33 Déféré conservatoire. L'effet interruptif de la prescription attaché à l'enregistrement du déféré au Parquet général près la Cour peut conduire des autorités habilitées à hâter la décision de déférer, afin d'éviter que des faits ne soient couverts par la prescription et ne puissent donc plus être appréhendés par le juge répressif.

Toutefois, pour être recevable, un tel déféré dit conservatoire doit comporter les éléments minimaux exigés d'une telle saisine du parquet ; un « déféré » trop flou risque de ne pas être accepté. Pour pouvoir interrompre valablement la prescription et saisir le Procureur général, un déféré conservatoire doit au moins cerner une période de gestion et, à l'intérieur de celle-ci, des (ensembles de) faits (« saisine *in rem* »)[3]. Citer des gestionnaires précis, bien que cela ne soit pas nécessaire (déféré, et même réquisitoire contre X sont possibles[4]), constitue un élément permettant de préciser les fautes ainsi déférées.

Ainsi, dans un réquisitoire introductif d'instance, le Procureur général a-t-il pris soin de préciser, au titre de l'interruption de la prescription, que, « décidé par une autorité habilitée et transmis au ministère public près la Cour [...], ce déféré, « *adressé à titre conservatoire* », a dûment interrompu la prescription au sens des règles précitées, dans la mesure où il mentionne une période de gestion délimitée (l'exercice 2017), des infractions précises et même des gestionnaires publics précisément identifiés et nommés »[5].

511.34 Saisine du Procureur général. Le déféré crée l'obligation juridique, pour le Procureur général, de prendre une décision : soit la décision de saisir la chambre du contentieux de la Cour par réquisitoire, soit la décision de classer d'emblée l'affaire et donc de ne pas saisir la Cour[6].

Là réside l'apport essentiel du déféré par rapport à d'autres transmissions d'informations qui peuvent être adressées au Procureur général par toute personne (signalements de citoyens ou émanant d'une association de contribuables...) ou par une autorité publique non habilitée à déférer.

511.35 Déféré et instruction contentieuse. Le déféré ne lie pas l'instruction devant la CDBF. C'est le réquisitoire, fruit de l'opportunité des poursuites qui appartient au Parquet, qui encadre *in rem* et *in personam* l'instruction, et non le déféré, qui n'est qu'un acte préparatoire au réquisitoire. Le réquisitoire peut ne pas reprendre à son compte toutes les informations ni, le cas échéant, les qualifications juridiques contenues dans le déféré ; et inversement, il peut aller nettement au-delà.

Doit donc être critiqué un arrêt, ancien il est vrai, qui pouvait laisser accroire que la Cour devait justifier l'extension éventuelle du champ qu'elle prenait en compte par rapport aux faits visés par le déféré[7].

511.36 Place de l'autorité de déféré dans la suite de la procédure. Le contentieux financier donne une place réduite à l'autorité de déféré dans la suite de la procédure contentieuse. En effet, celle-ci n'est pas une « partie » : elle n'intervient ni dans l'instruction, ni après l'ordonnance de règlement, ni à l'audience. En revanche, les textes prévoient à différents stades l'information de l'autorité de déféré (notification du réquisitoire, du classement ou encore de l'arrêt rendu en fin de procédure).

1. CDBF 17 juin 2011, *Institut géographique national (IGN)*, n° 176-655 ; *Rec.* p. 158 ; *GFP* 2013, n° 5, p. 73, note S. Damarey, M. Lascombe et X. Vandendriessche.
2. CE 17 et 19 juill. 2013, *M. Lévy* [affaire CDBF *Institut géographique national*] ; n° 351985 ; *Rec.* p. 241.
3. V. s^s n° 513.11.
4. V. s^s n° 514.32.
5. Réquisitoire n° 909, 27 janv. 2023, *Lycée général et technologique A de A*, non publié. Affaire classée après instruction.
6. CJF, art. L. 142-1-2.
7. CDBF 27 mars 1985, *S^té française d'équipements pour la navigation aérienne (Sfena)*, *CCP*, n° 3, p. 7 : une décision de la Cour des comptes avait déféré une personne, selon l'expression utilisée dans l'arrêt, pour l'ensemble des rémunérations et avantages dont elle a bénéficié. La CDBF a cru nécessaire de préciser « qu'au nombre des faits qu'il appartient à ce titre [*i.e.* au titre de ce déféré] à la Cour de qualifier après s'être prononcée sur la matérialité figurent nécessairement les conditions et les procédures de fixation et d'attribution desdites rémunérations ». Ce type de raisonnement, certes isolé, doit être critiqué comme contraire à la distinction entre déféré et saisine.

CHAPITRE

512. Autorités habilitées à déférer

SECTION 0 ORIENTEUR

512.00 **Sommaire du chapitre.**

SECTION 1 ÉTENDUE DU DROIT DE DÉFÉRÉ

512.11 **Liste des autorités habilitées à déférer.** La saisine de la Cour, *via* le ministère public, est réservée aux personnes dont la liste est limitativement fixée par le code des juridictions financières [1].

Depuis la création de la CDBF, cette liste a été élargie à plusieurs reprises (1971, 1980, 1995 et 2022) [2] et il pourrait être envisagé de l'élargir encore.

Ont seuls qualité pour saisir le ministère public, donc pour formuler un déféré [3] :

– les présidents des assemblées parlementaires (Assemblée nationale et Sénat) [4] ;

– le Premier ministre [5] ;

– le ministre chargé du budget [6] ; avant la création d'un ministère autonome, ce pouvoir était attribué au ministre des Finances ;

– les autres membres du Gouvernement, mais seulement pour les faits relevés à la charge des fonctionnaires et agents placés sous leur autorité ainsi que des agents exerçant dans des organismes placés sous leur tutelle [7] ;

– la Cour des comptes et les chambres régionales et territoriales des comptes [8]. Les chambres régionales des comptes sont autorités de déféré depuis la loi du 24 juillet 1995 [9], et les chambres territoriales des comptes d'Outre-mer, qui avaient jusque-là été « oubliées », le sont depuis 2007 seulement [10] ; les modalités d'adoption des déférés des juridictions financières seront analysées de façon spécifique [11] ;

– les procureurs de la République de l'ordre judiciaire [12], depuis une modification du code des juridictions financières intervenue en 2016 [13], suite tardive donnée aux recommandations du groupe de travail pénal/CDBF [14] ; ce pouvoir de déféré sera présenté plus loin en détail [15] ;

– le représentant de l'État dans le département, mais seulement pour les faits ne relevant pas des

1. PAR EX. : CDBF 14 et 16 janv. 1998, *min. des Affaires étrangères, service des immeubles et affaires générales [Siag], Rev. Trésor* 1999. 200.
2. Sur l'historique des réformes, v. s^s n°s 045.11 s.
3. CJF, art. L. 142-1-1.
4. CJF, art. L. 142-1-1, 1° et 2°.
5. CJF, art. L. 142-1-1, 3°.
6. CJF, art. L. 142-1-1, 4°.
7. CJF, art. L. 142-1-1, 5°.
8. CJF, art. L. 142-1-1, 6° et 7°. Pour les CRC, v. également CJF, art. L. 211-1, al. 1er : « La chambre régionale des comptes a qualité pour déférer au ministère public près la Cour des comptes les faits susceptibles de constituer les infractions mentionnées à la section 2 du chapitre Ier du titre III du livre Ier ».
9. L. n° 95-851, 24 juill. 1995 relative à la partie législative du livre III du code des juridictions financières, *JO* 26 juill.
10. L. n° 2007-224, 21 févr. 2007.
11. V. s^s n°s 512.61 s.
12. CJF, art. L. 142-1-1, 8°.
13. Ord. n° 2016-1360, 13 oct. 2016 modifiant la partie législative du code des juridictions financières.
14. V. s^s n° 046.34.
15. V. s^s n° 512.16.

ordonnateurs de l'État[1] ; ce droit de déféré, envisagé déjà par le groupe de travail pénal/CDBF en 2006 précité, est une innovation de la réforme entrée en vigueur le 1er janvier 2023[2] ;

– le directeur régional, départemental ou local des finances publiques, mais seulement (comme pour les préfets) pour les faits ne relevant pas des ordonnateurs de l'État[3] ; il s'agit là aussi d'une innovation de la réforme entrée en vigueur le 1er janvier 2023[4] qui se limite donc aux autorités déconcentrées de la direction générale des finances publiques, à l'exclusion du directeur général lui-même, ce qui peut surprendre, s'agissant d'une administration particulièrement hiérarchisée ;

– les élus locaux[5], depuis la réforme entrée en vigueur le 1er janvier 2023[6] ;

– les créanciers des personnes publiques, et ce depuis 1980[7], mais uniquement pour l'infraction prévue à l'article L. 131-14, 2° du CJF[8]. Même si cela ne vise pas tous les créanciers, ni tous les cas, ce champ de personnes habilitées à déférer n'en demeure pas moins fort large ;

– les chefs de service de l'inspection générale de l'administration, l'inspection générale des affaires sociales, l'inspection générale des finances et des inspections ministérielles[9] ; sur cette innovation issue de la réforme de l'ordonnance de 2022[10], voir en détail plus loin[11] ;

– les commissaires aux comptes, mais seulement ceux chargés des organismes soumis au contrôle de la Cour des comptes et des chambres régionales et territoriales des comptes[12] ; cela renvoie donc au champ de compétence de contrôle organique des juridictions financières[13]. L'inclusion de certains commissaires aux comptes parmi les autorités habilitées à déférer existe depuis le 1er janvier 2023 ;

– l'Agence française anticorruption (AFA)[14]. Si l'AFA[15] a pour objet de mener des contrôles sur les dispositifs anti-corruption, non la détection de faits irréguliers eux-mêmes, de tels faits peuvent néanmoins être découverts à l'occasion de l'exercice, par l'agence, de ses compétences, et alors transmis au Parquet judiciaire, ce qui est prévu par les textes dès l'origine. La possibilité offerte depuis fin 2023 à l'AFA de déférer des faits au Procureur général près la Cour des comptes (pour la partie concernant les acteurs publics) constitue donc une innovation récente à saluer ;

– le Procureur général près la Cour des comptes, de par sa propre initiative, depuis la loi du 13 juillet 1971[16] ; il s'agit alors d'un réquisitoire d'initiative sans déféré formel le précédant[17].

512.12 Liste limitative des autorités de déféré et irrecevabilité des déférés émanant d'autorités non habilitées. La liste des autorités de déféré est législative et limitative ; elle est d'interprétation stricte, ce qui exclut par conséquent qu'une autre autorité, eût-elle reçu délégation par l'une des autorités habilitées, saisisse valablement le Procureur général près la Cour des comptes.

Ainsi, un déféré formulé par un directeur de cabinet d'un membre du Gouvernement, même s'il a reçu délégation du ministre, ne saurait aboutir[18].

Un déféré introduit par une autorité non habilitée est simplement irrecevable. Lorsqu'un tel « déféré » parvient au Procureur général, celui-ci constatera cette irrecevabilité par courrier adressé à l'autorité en question : ainsi fait à la suite d'un « déféré » signé par un chef de bureau d'un ministère[19]. Mais rien n'empêche le Procureur général de prendre un réquisitoire à son initiative propre sur la base des éléments ainsi transmis[20].

Un déféré irrecevable sera, sur le fond, traité comme un signalement, comme une simple dénonciation, qui ne saisit pas le Procureur, mais il pourra donc être transformé en réquisitoire d'initiative : ainsi, dans une affaire jugée par la CDBF, bien que le réquisitoire et la lettre de mise en cause mentionnaient l'existence d'un déféré, la décision de renvoi et l'arrêt ont considéré que la procédure avait débuté par un réquisitoire d'initiative (ce qui implicitement signifie que le déféré, qui avait bien été formulé et reçu par le ministère public, n'était pas valide)[21].

1. CJF, art. L. 142-1-1, 9°.
2. V. ss no 052.21.
3. CJF, art. L. 142-1-1, 10°.
4. V. ss no 052.21.
5. CJF, art. L. 142-1-1, 11° : « Les personnes mentionnées aux 2° à 15° de l'article L. 131-2 [du même code] ».
6. V. ss no 052.21.
7. Depuis la L. no 80-539, 16 juill. 1980 ; v. ss no 452.31.
8. CJF, art. L. 142-1-1, 12°.
9. CJF, art. L. 142-1-1, 13°.
10. V. ss no 052.21.
11. V. ss no 512.17.
12. CJF, art. L. 142-1-1, 14°.
13. V. ss nos 111.11 s. et 313.51 s.
14. CJF, art. L. 142-1-1, 15°, issu de la L. no 2023-1059, 20 nov. 2023 d'orientation et de programmation du ministère de la Justice 2023-2027, art. 54.
15. Créée et régie par la L. no 2016-1692, 9 déc. 2016 relative à la transparence, à la lutte contre la corruption et à la modernisation de la vie économique.
16. L. no 71-564, 13 juill. 1971 ; v. ss nos 045.31 s.
17. V. ss nos 514.21 s.
18. CDB 21 avr. 1959, *Direction technique et industrielle de l'aéronautique du secr. d'Ét. aux Forces Armées [air], CCP*, no 2, p. 28 ; *Lebon* 897 ; – confirmé par CE 30 juin 1961, *Procureur général près la Cour des comptes c/ Mazer*, no 48190 ; *Lebon* 451 ; *RD publ.* 1961. 845, concl. A. Bernard.
19. Ex. cité dans le *Rapport annuel de la CDBF* pour 2006.
20. Ex. : affaire CDBF 906, *Association U.* (OPCO), classée (2023).
21. CDBF 15 juill. 2013, *Office des Postes et télécommunications de la Polynésie française*, no 190-661 ; *Rec.* p. 209 ; *AJDA* 2013. 2544, chron. C. Michaut et P. Sitbon.

512.13 Requalification d'un signalement en déféré. Il peut arriver qu'une autorité de déféré transmette au Procureur général près la Cour des comptes un courrier comportant des informations, sans que ce courrier soit expressément qualifié, par la personne ou l'autorité qui en est l'auteur, de déféré au sens de la présente procédure. Lorsque les conditions en sont réunies, il appartient alors au parquet de requalifier ce courrier en déféré, donc en saisine du Procureur général au sens du code des juridictions financières. Ce sera le cas lorsque ce courrier émane d'une autorité de déféré légalement habilitée et qu'il comporte la dénonciation d'irrégularités potentiellement qualifiables d'infractions financières.

Il en va de même d'un signalement reçu par la Cour sur la plateforme de signalement qui, après analyse, se révèle émaner d'une autorité de déféré et porter sur des infractions financières. Ce cas de figure se rencontre avant tout pour les créanciers victimes d'inexécution de décisions de justice ayant condamné une personne publique au payement d'une somme d'argent, qui ne connaissent pas toujours parfaitement leurs droits, ni les procédures.

512.14 Pouvoir de déféré d'une nouvelle autorité : application de la compétence de déféré dans le temps. Une nouvelle autorité de déféré peut exercer son pouvoir de déféré dès l'entrée en vigueur de cette nouvelle compétence : mais peut-elle concerner des faits antérieurs à cette nouvelle compétence ? Cette question a reçu une nouvelle acuité avec l'élargissement du nombre d'autorités de déféré par l'ordonnance n° 2022-408, entrée en vigueur le 1er janvier 2023.

S'agissant d'une pure règle de procédure, cette disposition est d'application immédiate, y compris sur des faits antérieurs à l'entrée en vigueur d'une compétence nouvelle.

Malgré un arrêt de la CDBF pouvant sembler ambigu sur ce point[1], concernant l'extension du pouvoir de déféré aux chambres territoriales des comptes en Outre-mer[2], cette solution a été retenue par le Procureur général et par la Cour après la réforme précitée, par exemple s'agissant d'un déféré provenant d'un directeur régional des finances publiques, nouvelle autorité de déféré[3].

D'ailleurs, permettre à des autorités de déférer y compris des faits antérieurs à leur compétence de déféré ne porte pas préjudice aux justiciables : ce qui compte, c'est que les comportements fautifs et les personnes aient été, au moment des faits, soumis aux infractions financières[4], que donc le principe de légalité des délits et des peines soit respecté[5]. La question de savoir quelle autorité publique est compétente, d'une part pour exercer un contrôle de régularité sur telle ou telle partie du secteur public, et d'autre part pour déférer, est purement interne à l'administration et sans incidence sur la qualification d'irrégularités en tant qu'infractions ou sur la justiciabilité des gestionnaires publics, dès lors que les actes concernent un organisme relevant de la compétence d'une juridiction financière.

Ainsi, des variations qui peuvent exister dans le temps dans le périmètre de contrôle, par exemple entre Cour des comptes et chambres régionales et territoriales des comptes, qui peuvent recevoir délégation pour contrôler des organismes relevant en principe de la Cour, ou entre différentes inspections ministérielles, dont le champ de compétence peut varier selon le découpage des portefeuilles ministériels, est sans incidence sur leur pouvoir de contrôle ni sur leur compétence de déféré.

Autrement dit, une autorité habilitée peut déférer des faits entrant dans son champ de contrôle, mais également au-delà, sauf si la loi limite leur pouvoir de déféré, ce qui est le cas par exemple des préfets, qui n'ont pas le droit de déférer des irrégularités commises par les ordonnateurs de l'État[6].

512.15 Cas particulier des présidents des assemblées parlementaires. Les présidents des assemblées, pouvoirs de déféré depuis la création du régime de responsabilité financière, n'ont pas apporté d'affaire à la Cour depuis 70 ans. Ainsi, le Président de l'Assemblée nationale avait déféré cinq affaires au moment de la création de la Cour de discipline budgétaire, toutes classées *ab initio* pour des raisons juridiques pertinentes mais avec un effet décourageant.

Si ce pouvoir de déféré des présidents des assemblées date de la loi de 1948, donc d'une époque où la France vivait sous le régime parlementaire de la IVe République, on ne peut pas pour autant considérer qu'il n'existerait pas de place pour ce déféré dans le parlementarisme rationalisé de la Ve République.

On ne reprendra pas non plus ici à notre compte la critique tranchée de Francis Fabre[7] dans les années

1. CDBF 15 juill. 2013, *Office des Postes et télécommunications de la Polynésie française*, n° 190-661 ; *Rec.* p. 209 ; *AJDA* 2013. 2544, chron. C. Michaut et P. Sitbon.
2. V. ss n° 045.94.
3. C. comptes 10 oct. 2024, *Commune de Felleries*, n° 12, S-2024-1311 ; *JCP Adm.* 2025, 2012, note S. Damarey.
4. Sur l'application de la loi dans le temps sur le champ des justiciables, v. ss nos 313.52 et 313.74.
5. V. ss nos 222.11 s.
6. V. ss n° 512.24.
7. F.-J. Fabre, « La Cour de discipline budgétaire et financière », *Rev. adm.* 1970, p. 434 : « "Quant au Parlement, il est clair que par défaut d'organisation et défaut d'esprit critique, il n'est pas en mesure de faire œuvre de contrôle approfondi et donc de déceler des fautes tombant sous le coup de la loi du 25 septembre 1948", c'est-à-dire désormais du Code des juridictions financières ».

1970 sur cette absence d'appropriation, par les assemblées, de leur pouvoir de déféré, tant les fonctions de contrôle du Parlement ont été renforcées depuis une vingtaine d'années : la matière pour des déférés issus des assemblées parlementaires existe.

En effet, le contrôle fait partie des missions constitutionnellement garanties aux assemblées parlementaires [1], bien que strictement encadré, dans le régime présidentiel de la Ve République, par le Conseil constitutionnel [2]. La réforme constitutionnelle de 2008 a clairement mis en avant le pouvoir de contrôle du Parlement, qui certes préexistait, mais de façon mois affirmée sous l'empire de la Constitution de 1958. Néanmoins, pour reprendre les termes de H. Jozefowicz, le contrôle parlementaire constitue une « notion fondatrice » du droit constitutionnel, et le Parlement ne doit pas être identifié de façon « réductrice et trompeuse au pouvoir législatif » [3].

Le champ du contrôle parlementaire est toutefois limité constitutionnellement à la seule action du Gouvernement (de l'État), contrairement à la fonction d'évaluation, qui est plus large et qui peut porter sur toutes les politiques publiques.

Les fonctions de contrôle se sont progressivement affirmées, par exemple à travers la création du Comité d'évaluation et de contrôle [4] ; elles sont mises en œuvre par les commissions, qui disposent de pouvoirs étendus : une commission spéciale ou permanente peut convoquer toute personne dont elle estime l'audition nécessaire, sous peine de sanction pénale [5] ; « les rapporteurs des commissions d'enquête exercent leur mission sur pièces et sur place. Tous les renseignements de nature à faciliter cette mission doivent leur être fournis. Ils sont habilités à se faire communiquer tous documents de service, à l'exception de ceux revêtant un caractère secret et concernant la défense nationale, les affaires étrangères, la sécurité intérieure ou extérieure de l'État, et sous réserve du respect du principe de la séparation de l'autorité judiciaire et des autres pouvoirs. Toute personne dont une commission d'enquête a jugé l'audition utile est tenue de déférer à la convocation qui lui est délivrée... » [6].

L'une des raisons pour lesquelles le Parlement n'utilise pas son pouvoir de déféré réside peut-être dans le fait que les textes ne prévoient aucun lien procédural entre les différentes commissions qui exercent les contrôles et le pouvoir de déféré qui appartient aux seuls présidents de l'Assemblée nationale et du Sénat.

512.16 Procureurs de la République judiciaires. La complémentarité entre poursuites pénales et poursuites devant la Cour des comptes et la nécessité de réguler les relations entre les deux ordres de juridictions [7] implique la possibilité, pour les parquets respectifs, de renvoyer des faits, dont a connaissance un ordre de juridiction, à l'autre.

Si le parquet général près la Cour des comptes, comme les parquets près les chambres régionales et territoriales des comptes et, jusqu'en 2022, près la CDBF, ont toujours pu transmettre des faits à l'autorité judiciaire, d'initiative ou sur décision de la juridiction financière concernée, ce n'est qu'en 2016 que la loi a octroyé aux parquets judiciaires la capacité de déférer au Procureur général près la Cour des comptes [8]. Il s'agissait de l'une des recommandations du groupe de travail pénal/CDBF formulées dix ans plus tôt [9].

La capacité de déféré demeure peu utilisée par les procureurs judiciaires, même si elle se trouve explicitée par une circulaire du Garde des Sceaux actualisée en juin 2023 [10] qui y consacre une annexe dédiée. L'un des obstacles à l'utilisation effective du pouvoir de déféré des procureurs judiciaires est la prescription ; idéalement, les textes devraient prévoir que les actes interruptifs valables devant l'un des ordres de juridiction puissent déployer leur effet également devant l'autre. On ne peut qu'appeler de ses vœux une telle évolution législative, évoquée régulièrement depuis près de vingt ans.

Le pouvoir de déféré est une compétence exclusive des procureurs de la République, qui ne saurait être déléguée. Les procureurs généraux près les cours d'appel et près la Cour de cassation sont exclus du pouvoir de déféré ; il est vrai que lorsque ceux-ci ont connaissance de faits déférables, ces derniers seront le plus souvent prescrits au regard des règles du code des juridictions financières.

La décision du procureur judiciaire de déférer est insusceptible de recours.

La loi ne prévoit pas de pouvoir de déféré pour les magistrats judiciaires du siège. À noter également que le Garde des Sceaux, comme les autres membres du Gouvernement, dispose du pouvoir de déféré

1. Constitution, art. 24, al. 1er, 2e phrase.
2. Cons. const. 25 juin 2009, no 2009-583 DC.
3. H. Jozefowicz, « La réforme des règlements des assemblées parlementaires : entre impératifs constitutionnels, amélioration du débat et ouverture au pluralisme », *RFDC*, 2010, no 82, p. 329. Ici p. 361.
4. Règlement Assemblée nationale, art. 146-2.
5. Ord. no 58-1100, 17 nov. 1958 relative au fonctionnement des assemblées parlementaires, art. 5 *bis*.
6. Ord. no 58-1100, 17 nov. 1958 relative au fonctionnement des assemblées parlementaires, art. 6.
7. Sur les relations entre juridictions pénales et financières, v. ss no 231.21.
8. CJF, art. L. 142-1-1-8°.
9. Sur les recommandations du groupe de travail pénal/CDBF, v. ss no 046.34.
10. Garde des Sceaux, Circulaire sur les relations entre l'autorité judiciaire et les juridictions financières (no CRIM2023–7/G3–29/06/2023).

ministériel concernant les gestionnaires publics relevant de son portefeuille.

512.17 Cas particulier des chefs de missions d'inspection ministérielles. Plusieurs précisions importantes sur le pouvoir de déféré nouvellement attribué aux chefs de missions d'inspection interministérielles et ministérielles doivent être apportées [1].

D'une part, ce pouvoir de déféré n'appartient pas à un simple membre d'une inspection, ni n'est le fruit d'une décision collégiale de l'inspection, à la différence de ce qui prévaut pour les juridictions financières [2] ; il appartient au chef de l'inspection seul.

Le chef de mission d'inspection détient ce pouvoir de déféré directement de la loi ; il ne s'agit pas d'une délégation que le ministre lui aurait accordée. Notons que le ministre dont dépend l'inspection est lui-même également autorité de déféré : donc si un chef de mission d'inspection préfère faire « valider » un déféré par l'autorité politique, il peut également proposer au ministre de le signer directement (ce dernier ne pouvant pas déléguer ce pouvoir à un membre de son cabinet ni à un fonctionnaire) [3].

Le code des juridictions financières vise uniquement les missions d'inspection interministérielle : la loi cite l'inspection générale de l'administration, l'inspection générale des affaires sociales, l'inspection générale des finances et les inspections ministérielles. Cela exclut clairement d'autres types d'inspections : le chef d'une mission d'inspection interne à un établissement public, par exemple, ou interne à une collectivité locale ou à un service déconcentré de l'État ne dispose donc pas du pouvoir de déférer.

Une structure est à considérer comme une inspection ministérielle, dont le chef est donc autorité de déféré, quel que soit nom donné à cette structure, à condition que les textes l'incluent bien parmi les inspections ministérielles. C'est sans conteste le cas du Contrôle général des armées ; c'est également le cas du Contrôle général économique et financier, qu'un décret intègre clairement dans la liste des inspections ministérielles [4].

L'inclusion des chefs de mission d'inspection parmi les autorités de déféré, dans le cadre de la réforme décidée en 2022, pouvait se discuter, dans la mesure où les inspections ne sont pas indépendantes du ministre qui, lui-même, est également autorité de déféré. Par ailleurs, certaines inspections n'exercent pas ou peu de contrôles en matière budgétaire, financière et comptable : chaque inspection est régie par des textes particuliers dans lesquels la place des contrôles de régularité est fort variable.

Néanmoins, la réforme a montré son intérêt, puisque plusieurs déférés de chefs d'inspection sont parvenus au parquet général dès la première année suivant l'entrée en vigueur de cette réforme ; il est vrai que certaines inspections ont une activité importante en matière de contrôle de régularité, en vertu de leurs attributions : il en va ainsi par exemple du Contrôle général des armées [5]. D'autres textes régissant des inspections sont à cet égard plus évasifs, sans pour autant exclure des compétences de contrôle portant sur la régularité financière [6].

L'attribution du pouvoir de déféré aux chefs de mission d'inspection permet de valoriser la contribution des corps d'inspection en matière de régularité, parfois peu connu, la plupart des rapports des inspections étant secrets [7] ; il permet également, de par la possibilité de donner des suites contentieuses aux contrôles, de crédibiliser leur rôle aux yeux des contrôlés.

Il serait souhaitable que ce pouvoir de déféré accordé depuis peu aux chefs de mission d'inspection puisse être également mentionné dans les différents décrets régissant ces inspections, et que la place des contrôles de régularité de ces dernières s'y trouvent renforcés. En effet, il subsiste dans certains textes des dispositions semblant limiter le pouvoir de décision du chef d'inspection face au ministre dont il dépend [8].

512.18 Cas particulier des élus locaux. L'attribution aux élus locaux de la compétence pour déférer des infractions financières présumées constitue l'une des surprises de la réforme entrée en vigueur en

1. CJF, art. L. 142-1-1-13°.
2. V. s^s n° 512.61.
3. V. s^s n° 512.12.
4. Décr. n° 2022-335, 9 mars 2022 relatif aux services d'inspection générale ou de contrôle et aux emplois d'inspection générale au sein de ces services, art. Ier, art. IV et art. VI.
5. C. défense, art. D. 3123-1 : « [...] en vérifiant, dans tous les organismes soumis à son autorité ou à sa tutelle, l'observation des lois, règlements et instructions ministérielles [...] » ; v. aussi art. D. 3123-9, D. 3123-11 et D. 3132-12.
6. PAR EX., s'agissant de l'Inspection générale des affaires culturelles, v. Décr. n° 2003-729, 1er août 2003 modifié, portant organisation de l'inspection générale des affaires culturelles : Art. 1er, al. 1 et 2 : « Placée sous l'autorité directe du ministre chargé de la culture, l'inspection générale des affaires culturelles assure des missions d'inspection, de contrôle ou d'évaluation. Elle peut également exercer des missions de conseil [...]. Ces missions s'exercent à l'égard des services centraux et déconcentrés, des services à compétence nationale, des établissements publics nationaux et, dans le cadre des lois et règlements, des organismes relevant du ministre chargé de la culture ou bénéficiant d'un concours direct ou indirect des services de ce ministère ».
7. M. Collet, *Finances publiques*, LGDJ, 6e éd., 2021-2022, p. 64-65 (n° 73 et n° 74).
8. PAR EX., pour l'Inspection générale des affaires culturelles, Décr. n° 2003-729, 1er août 2003 précité, art. 11, al. 2 : « Les suites à donner aux travaux de l'inspection générale des affaires culturelles sont déterminées par le ministre chargé de la culture ».

2023. Cet élargissement n'avait jusque-là jamais été envisagé, et encore moins revendiqué par les intéressés eux-mêmes.

Faute d'explication officielle, on ne peut que spéculer sur les motivations qui ont conduit les rédacteurs de l'ordonnance de 2022 à inclure les élus dans la liste des autorités de déféré, augmentant de ce fait cette dernière de plusieurs dizaines de milliers de personnes. C'est peut-être sur le modèle de la compétence de déféré des ministres, autorités politiques qui surplombent des administrations, que celle des élus – du moins de ceux qui sont chef d'exécutif local – a été conçue ; un certain parallèle avec la question de la justiciabilité limitée des ministres et des élus, en tant qu'autorités politiques, est probable[1].

La disposition du code des juridictions financières concernant les autorités de déféré[2] ne nomme pas directement les élus locaux, préférant une formule technique : « 11° Les personnes mentionnées aux 2° à 15° de l'article L. 131-2 ».

Le recours à un tel renvoi a l'inconvénient d'une faible lisibilité pour le lecteur de la loi, mais a l'avantage d'être juridiquement précis... À condition toutefois que la disposition vers laquelle il est ainsi renvoyé soit elle-même parfaitement claire. Or l'article vers lequel renvoie la disposition précitée est l'un des plus longs du code, ce qui n'en facilite pas l'application générale... D'autant qu'il renvoie, à son tour, vers d'autres dispositions figurant dans d'autres codes.

Les 2° à 15° de l'article L. 131-2 du code des juridictions financières[3], qui prévoient la non-justiciabilité des élus locaux dans certains cas[4] et vers lesquels renvoie la règle fixant le pouvoir de déféré, distinguent en effet 14 catégories d'élus locaux différents.

En outre, au sein de chaque catégorie, l'article vers lequel il est renvoyé distingue des cas de figure différents selon le rôle joué par chacun des élus. Par exemple, les conseillers municipaux sont cités en lien avec certaines fonctions seulement qu'ils sont susceptibles d'occuper, notamment lorsqu'ils agissent sur délégation du maire, ce qui pourrait exclure le conseiller municipal « simple », celui qui ne détiendrait aucune attribution exécutive partielle ou temporaire.

Toutefois, cette limitation associée à certains élus en fonction des attributions qu'ils exercent joue-t-elle également sur le pouvoir de déféré ? Au vu de la rédaction de la disposition régissant les autorités de déféré, donc de l'article L. 142-1-1, 11° du même code (« les personnes mentionnées... »), il est possible d'en douter. Car les limitations figurant dans l'article vers lequel il est renvoyé concernent la question des limitations apportées à la justiciabilité des élus locaux, et non explicitement à leur qualité d'autorité de déféré. Or il n'est pas nécessaire d'être justiciable pour être autorité de déféré (bien au contraire, comme le montre l'exemple des ministres !).

1. V. s[s] n°s 312.11 s.
2. CJF, art. L. 142-1-1.
3. CJF, art. L. 131-2, 2° à 15° : « 2° Les présidents de conseil régional et, quand ils agissent dans le cadre des dispositions des articles L. 4132-3 à L. 4132-10, L. 4132-13, L. 4132-15, L. 4132-21, L. 4132-22, L. 4132-25, L. 4133-1, L. 4133-2, L. 4133-4 à L. 4133-8, L. 4231-1 à L. 4231-5 du code général des collectivités territoriales, les vice-présidents et autres membres du conseil régional ; 3° Le président du conseil exécutif de Corse et, quand ils agissent dans le cadre des dispositions du dernier alinéa de l'article L. 4424-4 du code général des collectivités territoriales, les conseillers exécutifs ; 4° Le président de l'assemblée de Guyane et, quand ils agissent par délégation de celui-ci, les vice-présidents et autres membres de l'assemblée de Guyane ; 5° Le président du conseil exécutif de Martinique et, quand ils agissent dans le cadre des articles L. 7224-12 et L. 7224-21 du code général des collectivités territoriales, les conseillers exécutifs ; 6° Le président de toute autre collectivité à statut particulier régie par le premier alinéa de l'article 72 de la Constitution et, quand ils agissent par délégation du président, les vice-présidents et autres membres de l'organe délibérant de la collectivité ; 7° Les présidents de conseil départemental et, quand ils agissent dans le cadre des dispositions des articles L. 3221-3 et L. 3221-7 du code général des collectivités territoriales, les vice-présidents et autres membres du conseil départemental ; 8° Les maires et, quand ils agissent dans le cadre des dispositions des articles L. 2122-17 à L. 2122-20 et L. 2122-25 du code général des collectivités territoriales, les adjoints et autres membres du conseil municipal ; 9° Les présidents élus de groupements de collectivités territoriales et, quand ils agissent par délégation du président, les vice-présidents et autres membres de l'organe délibérant du groupement ; 10° Le président du congrès de la Nouvelle-Calédonie et, quand ils agissent dans le cadre des dispositions de l'article 70 de la loi organique n° 99-209 du 19 mars 1999 relative à la Nouvelle-Calédonie, les vice-présidents du congrès ; le président du gouvernement de la Nouvelle-Calédonie et, quand il agit dans le cadre des dispositions de l'article 134 de la même loi organique, le vice-président ; le président de l'assemblée de province et, quand ils agissent dans le cadre des dispositions de l'article 173 de la même loi organique, les vice-présidents ; 11° Le président de la Polynésie française et, quand ils agissent dans le cadre des dispositions de l'article 64 de la loi organique n° 2004-192 du 27 févr. 2004 portant statut d'autonomie de la Polynésie française, le vice-président et les ministres ; le président de l'assemblée de la Polynésie française et, quand ils agissent dans le cadre des dispositions de l'article 129 de la même loi organique, les vice-présidents ; 12° Le président du conseil départemental de Mayotte et, quand ils agissent dans le cadre des dispositions des articles L. 3221-3 et L. 3221-7 du code général des collectivités territoriales, les vice-présidents et autres membres du conseil départemental ; 13° Le président du conseil territorial de Saint-Barthélemy et, quand ils agissent dans le cadre des dispositions de l'article LO 6252-3 du même code, les vice-présidents et autres membres du conseil exécutif ; 14° Le président du conseil territorial de Saint-Martin et, quand ils agissent dans le cadre des dispositions de l'article LO 6352-3 du même code, les vice-présidents et autres membres du conseil exécutif ; 15° Le président du conseil territorial de Saint-Pierre-et-Miquelon et, quand ils agissent dans le cadre des dispositions de l'article LO 6462-8 du même code, les vice-présidents et autres membres du conseil territorial ».
4. V. s[s] n° 312.51.

Sans les limitations de l'article L. 131-2, le champ des autorités de déféré serait très large, incluant en particulier tous les conseillers régionaux, départementaux et municipaux, sans réserve. Seule la jurisprudence pourra donner une réponse définitive à cette question.

Notons enfin que le pouvoir de déféré des élus n'est pas limité dans son champ, dans sa portée : alors que les préfets et les directeurs des finances publiques ont un pouvoir de déféré ciblant le secteur public local, à l'exclusion de la gestion des ordonnateurs de l'État, celui des élus locaux couvre l'ensemble des gestionnaires publics, y compris ceux de l'État.

L'ensemble de ce qui précède laisse à penser que cette innovation créée par l'ordonnance de 2022 n'a pas été suffisamment bien anticipée dans ses conséquences.

Ce pouvoir de déféré des élus est personnel ; il ne s'exerce pas au nom de la collectivité en tant que personne morale, ce qui exclut aussi l'application de ce droit de déféré au contribuable agissant en lieu et place de sa collectivité[1].

SECTION 2
DROIT DE DÉFÉRÉ GÉNÉRAL ET DROIT DE DÉFÉRÉ RESTREINT

512.21 Limitations du droit de déféré pour certaines autorités. La loi distingue *ratione personae* ou *ratione materiae* deux types de pouvoirs de déféré[2], l'un général, l'autre limité quant aux justiciables ou quant aux infractions susceptibles d'être concernés.

Par ailleurs, au sein de certaines catégories d'autorités de déféré, la loi peut encore restreindre le droit de déféré à certaines personnes seulement.

512.22 Droit de déféré général. Le droit de saisine général, qui est d'ailleurs l'apanage de la plupart des autorités de déféré, permet à l'autorité qui en est investie de saisir le Procureur général de tous faits susceptibles d'être qualifiées d'infractions financières, et concernant toutes personnes justiciables de la Cour.

Les présidents des assemblées parlementaires, les juridictions financières, le Premier ministre et le ministre chargé du budget disposent d'un droit de déféré général, illimité, au sein du champ de compétence du régime de responsabilité financière (*ratione personae* et *ratione materiae*) bien entendu.

Le Premier ministre, en tant que Chef du Gouvernement et responsable « politique » des finances publiques, dispose d'un pouvoir général de déféré, qu'il n'utilise au demeurant jamais.

Il est à noter que le ministre du Budget dispose, contrairement aux autres membres du Gouvernement, d'un droit de déféré général, à l'instar du Premier ministre.

Un tel pouvoir général se justifie par l'objet du contentieux financier, qui se focalise sur le respect des règles en matière de finances publiques dans une optique de discipline budgétaire et plus largement de protection des fonds publics, exigence démocratique. À cet égard, Valéry Giscard d'Estaing, alors ministre de l'Économie et des Finances et à ce titre chargé du budget, a pu déclarer à l'Assemblée nationale que ce pouvoir de déféré lui paraissait « constituer un devoir particulier pour le ministre de l'Économie et des Finances »[3], ce dernier étant, du fait de son positionnement et de ses missions particulières, « amené à connaître plus directement des éventuelles fautes de gestion »[4].

Au sein des ministères économiques et financiers, c'est avant tout la Direction du Budget (DB) qui est intéressée par la responsabilité financière des gestionnaires publics (RFGP), comme l'indique explicitement l'intitulé de la première juridiction qui en était chargée, la Cour de discipline budgétaire (CDB), puis Cour de discipline budgétaire et financière, et ce dont témoigne également l'infraction protégeant spécifiquement le contrôle budgétaire qui relève de la DB[5]. La RFGP constitue en effet un outil de discipline des dépenses[6], si la DB veut bien s'en saisir.

Il a même existé au ministère des Finances, un temps, un comité chargé des poursuites devant la CDBF, créé par M. Giscard d'Estaing en 1971, globalement peu actif puisque les déférés provenant du ministre des Finances – désormais ministre du Budget – n'ont jamais été très nombreux. Selon certains, l'explication en serait la suivante : « Ce comité manifeste une certaine réticence à déférer des affaires à la Cour, de peur d'envenimer les rapports déjà difficiles entre les ministères dépensiers et la Direction du Budget. Les administrateurs civils de cette direction répugnent à engager des poursuites susceptibles de provoquer d'éventuelles sanctions à leurs collègues des autres ministères. Il existe une "complicité" au sein des administrations et entre administrations

1. V. s[s] n° 512.31. – Sur cette procédure : U. Ngampio-Obélé-Bélé, « Retour sur une procédure exceptionnelle et méconnue des administrés : l'autorisation reconnue au contribuable de plaider en lieu et place de sa collectivité territoriale », *RD Publ.* 2010, p. 1327.
2. CJF, art. L. 142-1-1.
3. Il n'existait à l'époque pas de ministre du Budget spécifique.
4. Ass. nat., séance 22 avr. 1971, p. 1322.
5. CJF, art. L. 131-13, 2°. V. s[s] n° 421.11.
6. Sur cette notion, v. s[s] n° 032.32.

qui, en définitive, bloque la mise en jeu de la responsabilité des agents »[1].

C'est pour cette même raison de l'exigence démocratique d'encadrement des finances publiques et de protection des fonds publics que les présidents des assemblées parlementaires disposent également d'un droit de saisine général, dont au demeurant il faut regretter qu'ils ne l'utilisent jamais (pas un seul déféré depuis plus de soixante ans).

Disposent également d'un droit de déféré illimité les procureurs de la République de l'ordre judiciaire, ce qui est cohérent avec le champ du droit pénal qui ne connaît guère de limitations, ni *ratione personae*, ni *ratione materiae*.

Plus surprenant est le cas des élus locaux, auxquels l'ordonnance de 2022[2] a conféré un droit de déféré général[3], y compris sur des faits concernant la gestion financière de l'État ou d'établissements publics nationaux.

512.23 **Droit de déféré qui ne bénéficie pas à la totalité des personnes ou autorités d'une même catégorie.** Le pouvoir de déféré est souvent l'apanage d'une catégorie professionnelle ou institutionnelle ; mais dans certains cas, la loi a réduit le droit de déféré qu'à une partie seulement de cette catégorie.

Ainsi, la réforme entrée en vigueur le 1er janvier 2023 a inclus les commissaires aux comptes (CAC) dans la liste des autorités de déféré[4] ; mais à la différence d'autres catégories d'autorités de déféré, seuls certains CAC disposent de cette attribution, en l'occurrence ceux chargés des organismes soumis au contrôle de la Cour des comptes et des chambres régionales et territoriales des comptes[5], autrement dit les seuls CAC des entreprises publiques nationales ou locales, ou encore de certains organismes de droit privé contrôlés par les juridictions financières.

Dans le même sens, tous les chefs d'inspections ne sont pas autorité de déféré : la loi limite cette attribution à ceux dirigeant une inspection ministérielle.

Parmi les préfets, la loi n'octroie le pouvoir de déféré qu'aux préfets de département, excluant donc le Préfet de police de Paris, les préfets délégués ou encore les sous-préfets.

Citons enfin le cas des créanciers, dont le droit de déféré est limité à une seule infraction correspondant à un cas de figure particulier[6] ; les autres créanciers des personnes publiques n'ont pas ce pouvoir.

512.24 **Droit de déféré limité *ratione personae*.** Les membres du Gouvernement, autres que le ministre du Budget, ont un droit de déféré limité aux faits relevés à la charge des fonctionnaires et agents placés sous leur autorité ainsi que des agents exerçant dans des organismes placés sous leur tutelle[7].

Potentiellement source de difficultés d'interprétation, cette règle n'a cependant suscité, jusque-là, aucun cas de doute quant à la compétence d'un ministre pour déférer des faits. Théoriquement, le déféré d'un ministre concernant des faits commis par des personnes ne relevant pas de son champ d'autorité devrait être déclaré irrecevable par le Procureur général. Le déféré n'aura alors pas de conséquences juridiques, notamment il n'interrompra pas la prescription ; mais le Procureur général pourra alors, sur la base de ces faits, prendre un réquisitoire de sa propre initiative[8].

En cas de doute sur sa compétence, le ministre concerné pourra, pour éviter un risque d'irrégularité de son déféré, faire cosigner celui-ci par une autorité investie d'un droit de déféré général (Premier ministre, ministre du Budget). D'ailleurs, dans la pratique, il existe des exemples de déférés signés conjointement[9] par un « ministre dépensier » et le ministre du Budget.

Le droit de déféré des membres du Gouvernement concerne donc les seuls faits commis par les fonctionnaires et agents placés sous leur autorité, mais y compris dans les établissements sous tutelle. Cette dernière catégorie est mentionnée explicitement dans la loi depuis la réforme de 2022 ; bien qu'auparavant la jurisprudence ait dégagé une solution similaire dans le silence des textes[10], la clarification dans le code des juridictions financières est la bienvenue.

Les préfets de département et les directeurs régionaux, départementaux ou locaux des finances publiques disposent d'un pouvoir de déféré excluant la gestion des ordonnateurs de l'État : ils peuvent donc uniquement déférer des faits mettant en cause la gestion d'autres personnes morales de droit public (collectivités locales, d'établissements publics nationaux ou locaux), ainsi que de personnes morales de droit privé de la sphère publique (entreprises publiques, associations faisant appel à la générosité publique...).

1. P. Lalumière, « Cour des comptes et Cour de discipline budgétaire et financière », *in* Collectif, *La Cour des comptes, d'hier à demain, Actes du colloque de Strasbourg*, LGDJ, 1979, p. 84.
2. V. ss no 052.21.
3. V. ss no 512.18.
4. V. ss no 512.11.
5. CJF, art. L. 142-1-1,14°.
6. V. ss no 452.31.
7. CJF, art. L. 142-1-1,5°.
8. V. ss no 514.21.
9. Sur les déférés conjoints, v. ss no 512.51.
10. Ex. : CDB 28 juin 1954, *Maison centrale de Melun, CCP*, no 2, p. 1 – CDBF 19 nov. 1984, *CH de Chambéry, CCP*, no 2, p. 228.

512.25 **Droit de saisine limité *ratione materiae*.** Il existe un cas dans lequel la loi[1] limite le champ du déféré à des faits constitutifs d'une infraction particulière : les créanciers peuvent déférer seulement les faits visés à l'article L. 131-14, 2°, c'est-à-dire l'une des infractions en matière d'inexécution des décisions de justice, celle réprimant le non-respect des dispositions légales concernant l'exécution de décisions de justice condamnant au payement d'une somme d'argent[2].

Cela signifie que cette catégorie de personnes habilitées à formuler un déféré, les créanciers de personnes publiques, ne peut pas déférer d'autres faits visant une autre infraction, sous peine d'irrecevabilité de ce déféré. Cette limitation n'empêche toutefois pas le Procureur général, dans un réquisitoire pris sur déféré d'un créancier, d'y ajouter de sa propre initiative d'autres infractions[3], en particulier celle concernant les astreintes[4].

SECTION 3

CRITIQUE DE LA LIMITATION DU CHAMP DES AUTORITÉS DE DÉFÉRÉ

512.31 **Exclusion du citoyen et des associations de contribuables.** Les citoyens ou associations de défense d'intérêts communs ne figurent pas parmi les autorités énumérées par le code des juridictions financières et ne peuvent donc participer à une saisine du ministère public près la Cour[5], sauf pour une infraction très précise, celle protégeant les créanciers des personnes publiques[6].

La procédure qui permet au contribuable de plaider en lieu et place de sa collectivité territoriale[7] ne s'applique pas non plus au contentieux financier, faute d'être prévue par les textes ; et une collectivité même lésée n'est de toutes les façons pas partie au procès financier, et si les élus sont autorité de déféré, il est exclu qu'ils puissent déléguer ce pouvoir[8].

L'exclusion, *a priori*, du contribuable ou du citoyen du contentieux financier, et ce dès la loi de 1948, s'explique par le fait que l'ordre public financier est d'abord conçu comme une affaire interne à l'administration – et plus largement à la sphère publique – même s'il défend *in fine* aussi les intérêts du contribuable et du citoyen. Cette exclusion des particuliers du contentieux financier est à rapprocher au particularisme plus général que revêt la légalité budgétaire[9] et financière[10].

Une solution pour mieux associer ces structures à la répression financière pourrait consister à donner au Défenseur des droits un droit de déféré, qu'il exercerait sur dénonciation de citoyens[11]. D'ailleurs, la plateforme de signalement des juridictions financières[12], si elle n'implique pas de déféré, permet aux citoyens et contribuables de dénoncer des irrégularités éventuelles au procureur général, qui peut sur cette base prendre un réquisitoire d'initiative.

L'action de groupe, désormais prévue par le code de justice administrative[13], ne concerne pas le contentieux financier.

Enfin, une personne déjà mise en cause devant la Cour ne peut pas davantage saisir celle-ci, en cours d'instruction, afin par exemple de demander d'étendre la procédure contentieuse à d'autres personnes ou faits[14] ; cela reviendrait à conférer à un simple gestionnaire public une forme de pouvoir de déféré.

512.32 **Faut-il étendre la liste des autorités habilitées à déférer ?** D'une façon générale, si un régime de responsabilité de droit public financier doit se fonder sur des contrôles de régularité efficaces, impératif de sécurité de la gestion publique et préalable indispensable pour mettre en jeu une responsabilité en cas de manquement, il serait pertinent que toute autorité administrative, indépendante ou non, dotée d'un tel pouvoir de contrôle de régularité, puisse également disposer du pouvoir de déféré.

1. CJF, art. L. 142-1-1-12°.
2. Sur cette infraction, v. s^s^ n° 452.31.
3. Ex. : C. comptes 31 mai 2023, *Commune d'Ajaccio*, n° 876, S-2023-0667 ; *Rec.* p. 26 ; *AJCT* 2023 juill.-août, p. 418, note T. Dogan ; *AJDA* 2023. 1832, note N. Péhau et L. Vergallo ; *JCP Adm.* 2023, n° 34, 2252, note S. Damarey – C. comptes 10 juill. 2023, *Centre hospitalier Sainte-Marie à Marie-Galante (Guadeloupe)*, n° 882, S-2023-0858 ; *Rec.* p. 30 ; *AJDA* 2023. 1832, note N. Péhau et L. Vergallo ; *AJCT* 2023, p. 632, note L. Zaoui ; *Cah. hosp.* sept. 2023, n° 182, note O. Yahia.
4. CJF, art. L. 131-14, 1° ; v. s^s^ n° 453.21.
5. CE 9 déc. 1991, *Moulin, Assoc. pour la défense des intérêts de Saint-Cyprien [Adisc]*, req. n° 99861.
6. L'une des deux infractions en matière d'inexécution de décisions de justice ; v. s^s^ n° 452.31.
7. CGCT, art. 2132-5 pour les communes ; art. 3133-1 pour les départements ; art. 4143-1 pour les régions. Cette procédure remonte à la loi du 18 juill. 1837, dans la continuité de l'édit royal du 12 avril 1683 – U. Ngampio-Obélé-Bélé, « Retour sur une procédure exceptionnelle et méconnue des administrés : l'autorisation reconnue au contribuable de plaider en lieu et place de sa collectivité territoriale », *RD Publ.* 2010, p. 1327.
8. V. s^s^ n° 512.18.
9. V. s^s^ n° 031.32.
10. P. Amselek, « Sur le particularisme de la légalité budgétaire », *Rev. Adm.*, 1970, p. 653.
11. V. s^s^ n° 512.32.
12. V. s^s^ n° 514.22.
13. CJA, art. L. 77-10-1.
14. CDBF 14 et 16 janv. 1998, *min. des Affaires étrangères, service des immeubles et affaires générales [Siag]*, *Rev. Trésor* 1999. 200.

Ainsi pourrait-il être envisagé de conférer le droit de déféré aux autorités suivantes.

– Le projet de loi de 1990 portant réforme de la CDBF[1], jamais adopté, prévoyait d'inclure le Vice-président du Conseil d'État dans la liste des autorités habilitées à déférer, pour les infractions en matière d'inexécution des décisions de justice. Le projet de réforme de 1996 allait encore plus loin[2], en proposant que tous les chefs de juridictions administratives puissent dans ce domaine saisir le Parquet général. Une telle extension aurait du sens, en particulier pour les affaires d'astreintes[3], pour lesquelles les textes actuels ne prévoient qu'une simple information du Procureur général près la Cour des comptes[4], diversement suivie.

– En complément au pouvoir de déféré accordé aux préfets de département depuis le 1er janvier 2023, on pourrait y ajouter les directeurs des agences régionales de santé (ARS), qui assurent notamment un rôle de contrôle de légalité et budgétaire sur les établissements de santé et médico-sociaux ;

– L'Agence nationale de contrôle du logement social (ANCOLS)[5], mise en place en 2015, est un établissement public issu de la fusion de l'Agence nationale pour la participation des employeurs à l'effort de construction (ANPEEC) et de la Mission interministérielle d'inspection du logement social (Miilos). Bien que sous double tutelle ministérielle (logement et finances), l'ANCOLS dispose d'une plus grande autonomie qu'une inspection ministérielle, ce qui pourrait justifier de lui conférer un droit de déféré propre, distinct de celui dont disposent déjà les ministres. Pourtant, les textes relatifs à l'ANCOLS[6] à ce stade ne le prévoient pas.

– La Commission de certification des comptes des organismes payeurs des dépenses financées par les fonds européens agricoles (CCCOP)[7], organisme national d'audit des subventions européennes dans le domaine agricole[8], délivre un certificat par lequel elle déclare les comptes de l'organisme payeur fidèles, complets et exacts, après avoir mis en œuvre des normes d'audit internationalement reconnues. Cette mission initiale a été élargie en 2015 à l'expression d'une opinion sur la légalité et la régularité des dépenses dont le remboursement est demandé à la Commission par l'État membre[9].

– L'Agence nationale d'audit pour les fonds européens (AnAFe), qui a remplacé en novembre 2023 l'ancienne Commission interministérielle de coordination des contrôles (CICC)[10]. L'AnAFe est notamment « chargée de réaliser des audits des systèmes, des audits des opérations et des audits des comptes afin de fournir à la Commission, en toute indépendance, une assurance quant au bon fonctionnement des systèmes de gestion et de contrôle et quant à la légalité et à la régularité des dépenses figurant dans les comptes transmis à la Commission »[11]. Les textes actuels prévoient seulement une transmission d'informations par l'Agence au siège de la Cour des comptes[12], mais pas au Parquet en vue de suites contentieuses.

– La Défenseure des droits (DDD), même si son rôle en matière de gestion financière publique est limité, peut signaler en particulier des cas d'inexécution de décision de justice administrative ou encore des soupçons d'avantages injustifiés accordées dans le cadre de marchés publics, faits susceptibles de tomber dans le champ des infractions financières. Pourtant, à ce jour, la loi sur le Défenseur des droits, qui dispose d'un pouvoir de vérification[13], y compris sur place, prévoit seulement une saisine de la Cour des comptes dans ses fonctions de contrôle, et non de sanction : « Le Défenseur des droits peut demander au vice-président du Conseil d'État ou au premier président de la Cour des comptes[14] de faire procéder à toutes études »[15]. Si les textes règlent les relations du DDD avec les juridictions judiciaires[16] et les juridictions administratives, et s'il est prévu qu'il peut proposer une sanction disciplinaire[17], aucune référence n'est, aujourd'hui, faite au contentieux financier. Accorder au DDD un pouvoir de

1. V. ss no 046.21.
2. V. ss no 046.22.
3. Infraction de l'article L. 131-14, 1° CJF. V. ss no 453.21.
4. V. ss no 453.32.
5. Créée par l'article 102 de la loi du 24 mars 2014 pour l'accès au logement et un urbanisme rénové (ALUR).
6. C. const. hab., art. L. 342-1 et suiv. – Décr. no 2014-1596, 23 déc. 2014 fixant les règles d'organisation, de fonctionnement et les modalités des contrôles de l'Agence nationale de contrôle du logement social.
7. Décr. no 2007-805, 11 mai 2007 instituant une commission de certification des comptes des organismes payeurs des dépenses financées par les fonds européens agricoles.
8. Autrefois lié à la Cour des comptes.
9. Sénat, Rapport d'information no 31 (2018-2019) de MM. Alain Houpert et Yannick Botrel, fait au nom de la commission des finances, déposé le 10 oct. 2018 (suite d'ailleurs à un rapport de la Cour des comptes sur le contrôle des aides européennes).
10. Décr. no 2023-1067, 20 nov. 2023 relatif à l'autorité nationale d'audit pour les fonds européens, modifiant le décret no 2008-548 du 11 juin 2008 qui avait créé la CICC, sur la base de l'article 60 de la loi de finances no 2002-1576 du 30 décembre 2002 de finances rectificative pour 2002.
11. Décr. no 2008-548, 11 juin 2008, art. 1er-2°.
12. Décr. no 2008-548, 11 juin 2008, art. 7, al. 3 : « Les documents destinés à la Cour des comptes européenne sont transmis, par l'intermédiaire du secrétaire général des affaires européennes, au premier président de la Cour des comptes qui les communique à la Cour européenne ».
13. LO no 2011-333, 29 mars 2011, art. 22.
14. Sur la 1re demande adressée en ce sens à la Cour des comptes, et l'avis rendu par la Cour, v. *Rec.* 2014, p. 70.
15. LO no 2011-333, 29 mars 2011, art. 19.
16. LO no 2011-333, 29 mars 2011, art. 23 et l'art. 33.
17. LO no 2011-333, 29 mars 2011, art. 29.

déféré permettrait pourtant d'élargir les possibilités offertes aux citoyens et contribuables de saisir, certes indirectement, la juridiction financière[1].

– La Haute autorité pour la transparence de la vie publique (HATVP) a certes un champ de compétence qui ne semble guère coïncider avec les infractions financières actuelles ; lui conférer un pouvoir de déféré n'aurait donc de sens que si les infractions financières étaient élargies à des champs nouveaux, par exemple pour sanctionner le non-respect de certaines obligations déclaratives, dans le champ *infra*-pénal. Une telle solution permettrait de ne pas trop multiplier les instances administratives pourvues d'un pouvoir de sanction.

– Enfin, même si la régularité de la gestion publique n'est pas au cœur de leurs missions, le Conseil économique, social et environnemental (CESE) ainsi que ses homologues régionaux (CESER) disposent de pouvoirs de contrôle qui pourraient justifier de leur ouvrir un pouvoir de déféré.

SECTION 4
DÉFÉRÉ, UNE FACULTÉ

512.41 **Faculté de déférer.** Aucune autorité habilitée n'est tenue de formuler un déféré, même si les conditions en sont réunies. L'opportunité des poursuites, en matière financière, appartient non seulement au Procureur général, mais également en amont aux autorités qui peuvent saisir celui-ci : en contentieux financier, il n'existe qu'un principe d'opportunité des poursuites, jamais d'obligation de poursuites.

Il a existé des tentatives intéressantes d'obliger certaines autorités à saisir le Parquet près la CDBF dans certains cas, mais ces règles n'ont jamais été appliquées et sont aujourd'hui abrogées[2].

Face à la découverte d'irrégularités, l'autorité de déféré est libre de décider d'un déféré ou de privilégier d'autres suites : ainsi, un ministre peut préférer de déclencher une procédure disciplinaire, la Cour des comptes peut préférer rendre publics les faits en question... Dans d'autres cas peut se poser la question du choix entre différentes procédures juridictionnelles devant des tribunaux différents.

512.42 **Refus de déférer et déclaration d'irrecevabilité d'un déféré.** Lorsqu'une autorité refuse de déférer des faits qui sont susceptibles de tomber sous le coup de sanctions de droit public financier, mais que le Procureur général en a eu connaissance, il peut toujours passer outre le refus de déféré et saisir la Cour de sa propre initiative[3].

Le courrier par lequel le Procureur général déclare irrecevable un déféré est un acte administratif et donc attaquable par voie de recours pour excès de pouvoir[4], le Conseil d'État précisant toutefois par la même décision que l'intéressé – qui se présentait comme victime des irrégularités qu'il dénonçait – ne justifiait « pas d'un intérêt de nature à lui donner qualité pour déférer au juge administratif la lettre sus-analysée » et que sa requête était donc irrecevable (alors que le commissaire du Gouvernement avait proposé la recevabilité).

En réalité, cet arrêt, sans être très explicite sur les raisons de l'absence d'intérêt à agir, semble vouloir fermer la porte ou presque à tout flux de recours contre des refus de saisine de la Cour sur le fondement de dénonciations de citoyens, ce qui est en cohérence avec l'interprétation strictement limitative donnée par la CDBF et le Conseil d'État à la liste des autorités habilitées à déférer une affaire à la Cour[5].

On peut déduire de ce qui précède qu'une solution similaire devrait logiquement s'appliquer aux déférés ministériels et aux déférés émanant d'autres autorités administratives (préfets, directeurs des finances publiques...), qui sont des actes administratifs, tout comme le sont les refus de déférer.

En revanche, cette solution ne devrait pas s'appliquer aux déférés de la Cour des comptes ni aux déférés des CRTC, qui sont des décisions prises collégialement insusceptibles de recours pour excès de pouvoir[6], comme sont inattaquables la plupart des autres actes de ces juridictions des comptes pris dans le cadre de leurs fonctions de contrôle[7].

Le déféré ou le refus de déféré d'un procureur judiciaire ne devrait pas davantage être susceptible de recours.

Rappelons enfin que les faits qu'une autorité n'a pas voulu déférer peuvent néanmoins fonder un réquisitoire d'initiative du Procureur général, si ce dernier en prend connaissance. Il en va de même sur la base d'une demande provenant d'une personne non habilitée à déférer une affaire, donc d'un déféré irrecevable[8] ; mais il ne s'agit là que d'une simple faculté, fondée sur le principe d'opportunité des poursuites.

1. V. s[s] n° 512.31.
2. Décr. n° 55-1487, 14 nov. 1955 ; v. s[s] n° 045.15.
3. V. s[s] n° 514.21.
4. CE, sect., 16 mai 1980, *Melki*, req. n° *07016, Lebon* 230 ; *RD publ.* 1981. 228, concl. M.-D. Hagelsteen.
5. CE, ass., 30 juin 1961, *Procureur général près la Cour des comptes c/ Mazer*, n° 48190 ; *Lebon* 451 ; *RD publ.* 1961. 845, concl. A. Bernard.
6. V. s[s] n° 512.63.
7. Sur la contestation des observations non-juridictionnelles des juridictions financières, v. s[s] n° 111.151.
8. V. s[s] n° 513.21.

SECTION 5
TYPES DE DÉFÉRÉS

512.51 Déféré conjoint ou collectif. Les autorités de déféré étant libres de déférer ou non, et libres quant à l'étendue des faits déférés, les déférés conjoints, signés par plusieurs autorités habilitées, sont admis ; ils se rencontrent parfois [1], notamment à la suite de contrôles menés conjointement par plusieurs administrations. Dans un tel cas, on ne comptera en principe qu'un seul déféré, qui ne donnera lieu qu'à une seule affaire.

L'extension significative du nombre d'autorités de déféré depuis 2023 est susceptible d'accroître la pratique des déférés conjoints, voire de donner lieu à des déférés collectifs ; la ressemblance avec les requêtes collectives en contentieux administratif général [2] est cependant limitée, car les autorités de déféré ne sont pas, à proprement parler, des parties à l'instance.

Un déféré conjoint ne peut pas davantage être assimilé à une action de groupe, qui existe en contentieux administratif général depuis 2016 mais qui ne concerne pas la répression de droit public financier [3].

512.52 Déférés successifs et incidents, déférés complémentaires, jonction de déférés. Des déférés successifs concernant une même gestion d'un organisme peuvent intervenir [4], émanant soit de la même autorité de déféré (« déférés successifs »), soit d'autorités distinctes (« déféré incident »).

De tels déférés successifs ou incidents doivent être le fruit, à chaque fois, de décisions explicites prises par des autorités compétentes.

Le déféré complémentaire est un cas particulier de déférés successifs : il émane d'une même autorité et s'inscrit en complément au déféré initial, qu'il ne fait que compléter, alors que d'autres déférés successifs d'une même autorité peuvent porter sur des faits distincts.

Un déféré complémentaire doit être distingué des simples compléments transmis après un déféré par l'autorité l'ayant décidé. Les simples compléments, souvent sous forme de pièces, ne sont pas à considérer comme un déféré nouveau lorsqu'ils ne sont pas le fruit d'une décision de déféré distincte. Les pièces supplémentaires transmises ultérieurement au parquet n'interrompent donc pas la prescription, ce qui n'empêche pas le parquet de les verser au dossier, si nécessaire à l'appui d'un réquisitoire supplétif, ce dernier étant interruptif de la prescription [5].

Lorsque les juridictions financières décident d'un déféré, il s'agit d'une décision collégiale [6] : un déféré complémentaire doit donc être décidé par un délibéré nouveau, même si les faits s'inscrivent dans la continuité d'un déféré antérieur, faute de quoi des pièces et éléments transmis ne sont pas assimilables à un nouveau déféré, mais seulement à une simple transmission.

Les déférés successifs, complémentaires ou incidents étant des déférés distincts, ils sont enregistrés en principe comme tels séparément, avec des numéros d'affaire distincts appliqués par le parquet ; ensuite l'affaire nouvelle est jointe au stade du réquisitoire ou du réquisitoire supplétif, ou encore au stade de l'instruction (avec en principe une double numérotation de l'affaire) [7], voire encore plus tard dans la procédure [8].

Il a pu arriver que le parquet général ajoute simplement un nouveau déféré à une affaire existante, sans numérotation supplémentaire, lorsqu'il s'agit d'un déféré complémentaire, directement lié à une affaire en cours, ou encore en cas de déféré incident concernant les mêmes faits [9] ; cette pratique semble critiquable, et ce déféré supplémentaire sera, en toute hypothèse, mentionné dans les visas, et aura, s'il mentionne des faits nouveaux, un impact sur l'interruption de la prescription [10].

Les exemples de déférés complémentaires ou incidents ne sont pas rares. Ainsi, dans un cas, la Cour des comptes avait déféré certains faits à la CDBF ; puis, alors que l'instruction avait déjà commencé, un ministre avait à son tour saisi la CDBF dans la même affaire, d'ailleurs à la suite d'un référé de la Cour des comptes adressé au ministre, provoquant un réquisitoire supplétif du Procureur général [11].

1. PAR EX., déféré conjoint du ministre de la Défense et du ministre des Finances : CDBF 28 oct. 2005, *min. de la Défense, Direction des constructions navales, contrat de vente de sous-marins Agosta 90 au Pakistan*, *Rec.*, p. 127 ; *Lebon* 678 ; *Rev. Trésor* 2006. 902, note M. Lascombe et X. Vandendriessche.
2. A. Heurté, « Les requêtes collectives », *AJDA* 1961. 527.
3. CJA, art. L. 77-10-1 s.
4. PAR EX. : CDB 28 juin 1954, *Maison centrale de Melun, CCP*, n° 2, p. 1 – CDBF 4 juin 2019, *Gestion des sociétés EDF, ERDF et RTE*, n° 234-732 ; *Rec.* p. 214 ; *AJDA* 2019. 2606, chron. N. Hauptmann et N. Péhau – CDBF 15 nov. 2021, *Commission du film d'Île-de-France*, n° 253-834 ; *Rec.* p. 187.
5. CJF, art. L. 142-1-3.
6. V. s^s n° 512.62.
7. Ex. : CDBF 6 mai 2009, *Assoc. Union interprofession enseignement [UNIPE-PE] et Union interprofession insertion professionnelle [UNIPE-IP]*, n° 166-586/624 ; *Rec.* p. 75 ; *AJDA* 2009. 2456, note N. Groper et C. Michaut ; *GFP* 2011, n° 7, p. 500, note M. Lascombe et X. Vandendriessche.
8. Sur la jonction ou la disjonction (ou scission) d'affaires, v. s^s n°s 511.14 et 514.33.
9. Ex. récent : C. comptes 31 mai 2023, *Commune d'Ajaccio*, n° 876, S-2023-0667 ; *Rec.* p. 26 ; *AJCT* 2023 juill.-août, p. 418, note T. Dogan ; *AJDA* 2023. 1832, note N. Péhau et L. Vergallo ; *JCP Adm.* 2023, n° 34, 2252, note S. Damarey.
10. V. s^s n° 511.32.
11. CDBF 22 janv. 1992, *Centre de formation des personnels communaux [CFPC]*, v. les visas ; *Rev. Trésor* 1993. 35 ; *Rec.*, p. 127.

Il est même arrivé que deux juridictions financières différentes défèrent parallèlement des faits donnant lieu à une affaire unique[1].

Dans une autre affaire[2], une chambre de la Cour des comptes avait déféré des faits qui avaient donné lieu à un réquisitoire ; ensuite, la chambre avait déféré de nouveaux faits concernant les mêmes structures et personnes, déféré considéré comme une affaire nouvelle et numérotée comme telle ; le Procureur général a ensuite saisi la juridiction des deux affaires par un seul réquisitoire nouveau ; le numéro de l'arrêt en témoigne (n° 166-586/624). Il appartient en effet au Procureur général de décider s'il convient dans un tel cas de joindre les deux affaires ; en principe, ce sera le cas, les modalités dépendant toutefois du moment auquel le deuxième déféré intervient[3]. S'il intervient avant ou pendant l'instruction, le même rapporteur sera chargé du supplément d'enquête ; il devra être désigné dans les mêmes formes que pour la première affaire. Il déposera deux rapports distincts mais liés, ou un seul en distinguant toutefois les faits relevant des deux déférés (et donc des deux réquisitoires). L'arrêt rendu portera alors, comme indiqué ci-dessus, un double numéro[4].

À noter que les dates des différents déférés ont un impact sur la prescription, respectivement s'agissant des différents faits qu'ils visent.

SECTION 6

DÉFÉRÉ DES JURIDICTIONS DES COMPTES, FRUIT D'UNE DÉCISION COLLÉGIALE

512.61 Déféré « interne » des juridictions financières : absence de préjugement structurel. Dans une demande de QPC, non accueillie sur ce point par le Conseil d'État, la défense soutenait que l'article prévoyant la liste des autorités habilitées à déférer méconnaîtrait le principe d'impartialité, au motif que constitueraient des préjugements structurels premièrement le fait le Procureur général pouvait saisir d'initiative la juridiction, et deuxièmement le fait que la Cour des comptes elle-même pouvait déférer, à l'époque à la CDBF[5].

L'absence de préjugement structurel de la Cour des comptes, dans le principe même de son pouvoir de déféré, n'était pas contestable du temps de la CDBF, qui était une juridiction distincte ; mais il devrait en aller de même depuis que le contentieux financier répressif est confié à la Cour elle-même, dans la mesure où, au sein de celle-ci, les activités de contrôle, qui seules peuvent aboutir à un déféré, ne sont pas exercées par la chambre du contentieux qui, elle seule, connaît des suites juridictionnelles d'un déféré ; pouvoir de contrôle et de déférer d'une part, et contentieux d'autre part sont des activités séparées[6].

Une autre question est celle de la partialité éventuelle des rapporteurs et des membres de la chambre du contentieux de la Cour des comptes et de la Cour d'appel financière, qui peuvent être individuellement récusés[7]. Et une autre question est également celle d'un éventuel préjugement, par la Cour dans ses activités non juridictionnelles, et son impact sur les suites contentieuses[8].

512.62 Décision de déférer, décision collégiale dans les juridictions des comptes. À la Cour des comptes et dans les chambres régionales et territoriales des comptes (CRTC), le déféré résulte d'une décision collégiale d'une formation de délibéré. Ceci découle de dispositions législatives[9].

Le déféré peut émaner d'une chambre de la Cour des comptes, qui est la formation ordinaire de délibération et de décision de la Cour des comptes en vertu du code des juridictions financières. Il n'était donc pas nécessaire, du temps de la CDBF, que le déféré ait été décidé par la Cour des comptes statuant toutes chambres réunies[10], formation qui au demeurant n'existe plus ; il n'est pas davantage nécessaire que le déféré soit décidé en chambre du conseil[11]. Le déféré

1. CDBF 4 avr. 2011, *Lycée professionnel Vauvenargues et GRETA du pays d'Aix*, n° 174-647/667 ; *Rec.* p. 155 ; *GFP* 2013, n° 5, p. 69, note S. Damarey, M. Lascombe et X. Vandendriessche.
2. CDBF 6 mai 2009, *Assoc. Union interprofession enseignement [UNIPE-PE] et Union interprofession insertion professionnelle [UNIPE-IP], Rec.* p. 75 ; *AJDA* 2009. 2456, note N. Groper et C. Michaut ; *Gestion & finances publiques* 2011, n° 7, p. 500, note M. Lascombe et X. Vandendriessche.
3. Sur la jonction en général, v. s^s n° 511.14.
4. PAR EX. : n° 143-441/497, CDBF 16 déc. 2003, *Institut national polytechnique de Grenoble (INPG) et université Joseph Fourier Grenoble I (UJF) ; Rev. Trésor* 2005. 696, note M. Lascombe et X. Vandendriessche ; *AJDA* 2004. 1233, note N. Groper ; *Lebon* 599 ; *Rec.*, p. 153.
5. CE 15 avr. 2016, *M. Stéphane Richard et autre*, req. n° 2016-396696 QPC ; *Rec.* p. 218 ; *GFP* 2016, n° 6, p. 151, chron. S. Damarey, M. Lascombe et X. Vandendriessche.
6. Sur la question de la partialité structurelle, v. s^s n° 522.23.
7. V. s^s n°s 522.25 (magistrats instructeurs) et 541.24 (membres de la formation de jugement en première instance). – Pour les membres du parquet, v. s^s n° 122.23 ; ils ne participent pas à la fonction de jugement, et leur partialité ne saurait en principe être invoquée. Néanmoins, des cas d'incompatibilités peuvent concerner les membres du parquet.
8. Sur le cas de figure dit « Labor Métal », v. s^s n°s 611.22 et 622.41.
9. Pour la Cour des comptes, y compris dans ses décisions administratives ou préjuridictionnelles, *cf.* CJF, art. L. 141-1.
10. CDBF 24 nov. 1986, *CH Sainte-Anne à Paris [marchés d'ingénierie], CCP*, n° 3, p. 35 ; – CDBF 24 nov. 1986, *CH Sainte-Anne à Paris [dépenses de personnel], CCP*, n° 3, p. 42.
11. CJF, art. R. 112-36 s.

peut également provenir d'une formation interchambres (FIC), d'une formation interjuridiction (FIJ) ou de toute autre formation dûment prévue par les textes et régulièrement instituée.

Pour être recevable, il faut pouvoir établir qu'un déféré a bien été décidé par une personne ou collégialité compétente.

S'agissant de la décision collégiale émanant de la Cour des comptes, la CDBF a pu juger que si le déféré doit être signé par une personne compétente, il n'est pas nécessaire qu'il mentionne les noms de ceux qui ont pris part à la décision collégiale : « considérant que [les personnes renvoyées] soutiennent, en deuxième lieu, que le déféré de la septième chambre de la Cour des comptes, qui ne comporte pas de mention permettant l'identification des membres de la chambre, méconnaît de ce fait l'article 4 de la loi du 12 avril 2000 relative aux droits des citoyens dans leurs relations avec les administrations, ce qui entache, par suite, d'irrégularité la présente procédure ; que, toutefois, et en tout état de cause, l'article 4 de la loi du 12 avril 2000 n'implique pas la présence d'autres mentions, s'agissant des autorités collégiales, que celle de la signature de leur président, accompagnée du prénom, du nom et de la qualité de celui-ci, mentions que comporte en l'espèce le déféré de la septième chambre ; que, par suite, le moyen ne peut être qu'écarté »[1].

Il ne faudrait pourtant pas déduire de cet arrêt que le président d'une formation de délibéré d'une juridiction financière pourrait décider d'un déféré de sa propre initiative. Au contraire, même si la signature du président engage la juridiction, la décision collégiale elle-même doit pouvoir être, en cas de doute, prouvée sur la base du rapport apostillé et de la liste que tient le greffe de la formation de délibéré – information qui peut avoir de l'intérêt pour vérifier l'existence d'un préjugement éventuel ou d'un cas de récusation individuelle.

512.63 Le déféré est une décision non juridictionnelle du juge des comptes. Le déféré émanant des CTRC ou des chambres de la Cour n'est pas un arrêt. Il s'agit d'une décision qui n'a pas à revêtir la forme juridictionnelle, ni à mentionner les noms des magistrats ayant participé à la délibération décidant du déféré[2] : « Considérant que si la décision par laquelle la Cour des comptes ou une chambre régionale ou territoriale des comptes saisit la Cour de discipline budgétaire et financière est prise par une formation délibérante, cette décision ne présente toutefois pas de caractère juridictionnel et n'est pas soumise aux règles de fond, de forme et de procédure qui s'appliquent aux arrêts et jugements de la Cour des comptes et des chambres régionales et territoriales des comptes »[3].

Cependant, le greffe de la chambre concernée tient un registre des personnes ayant participé à ladite délibération décidant d'un déféré.

La question de la nature du déféré avait également, dans un cas, été portée devant le Conseil d'État, qui n'y a pas répondu directement[4] ; mais le commissaire du gouvernement Scanvic avait conclu dans le sens de la jurisprudence précitée de la CDBF. Selon lui, la décision de déféré (en l'occurrence de la Cour des comptes, mais cela vaut aussi pour les autres déférés issus de juridictions) n'a pas un caractère juridictionnel pour trois raisons :

– l'exercice d'une compétence juridictionnelle doit découler de dispositions législatives explicites ; or aucun texte de loi ne confère au déféré une nature juridictionnelle ; cela vaut aussi pour la Cour des comptes et les CRC dont la compétence juridictionnelle se limite au jugement des comptes des comptables et à la gestion de fait ;

– la loi de 1948 elle-même (ni aujourd'hui la partie du CJF concernant le déféré) ne contient aucune règle sur la forme du déféré qui pourrait laisser penser qu'il revêtirait un caractère juridictionnel ;

– le refus du Procureur général de prendre une décision de saisir la CDBF de sa propre initiative est un acte administratif[5], à la différence de la décision de classement ou du réquisitoire, qui sont des actes indétachables de la procédure juridictionnelle.

Le plus souvent, le déféré de la Cour des comptes prend la forme d'une lettre du président d'une des chambres chargées des contrôles, adressée au Procureur général. Il s'agit d'une suite des contrôles effectués, au même titre qu'un relevé d'observations définitives, un référé, une transmission au juge judiciaire ou une insertion dans un rapport public de la Cour. Il va de soi que la chambre du contentieux est privée du droit de déféré.

512.64 Rôle du Premier président de la Cour des comptes. Il n'appartient pas au Premier président de la Cour des comptes de signer un déféré : d'une part,

1. CDBF 15 déc. 2017, *Office national de l'eau et des milieux aquatiques* (ONEMA), n° 217-730-II ; *Rec.* p. 247 ; *AJDA* 2018. 2493, chron. N. Hauptmann et N. Péhau ; v. également V. Mazzocchi, « Principe *non bis in idem*, que faut-il entendre par *bis* ? Droit administratif et droit public financier », *Dr. adm.* 2018, n° 3, chron. 1.
2. CDBF 24 nov. 1986, *CH Sainte-Anne à Paris [marchés d'ingénierie]*, *CCP*, n° 3, p. 35 ; – CDBF 24 nov. 1986, *CH Sainte-Anne à Paris [dépenses de personnel]*, *CCP*, n° 3, p. 42.
3. CDBF 8 déc. 2014, *Maison de retraite publique de Vertheuil*, n° 196-718 ; *Rec.* p. 175 ; *AJDA* 2015. 1536, chron. J.-E. Picard et S. Gaillard.
4. CE 29 déc. 1993, *Guisset*, req. n° 129153 ; *Rev. Trésor* 1994. 189, concl. F. Scanvic, obs. R. Ludwig.
5. CE 16 mai 1980, *Melki*, req. n° 07016, *Lebon* 230 ; *RD publ.* 1981. 228, concl. M.-D. Hagelsteen.

il ne préside pas de formations de délibéré de la Cour des comptes, sauf exception : le Premier président préside la chambre du conseil, et celle-ci pourrait théoriquement décider d'un déféré, ce qui toutefois ne s'est jamais vu dans la pratique ; d'autre part, le Premier président étant de par sa fonction également président de la Cour d'appel financière, il serait obligé de se déporter pour juger d'une affaire qu'il aurait lui-même contribué à déférer.

Pourtant, il existe des exemples – certes anciens – de déférés signés par le Premier président, acte appelé même dans un cas « saisine »[1]. Dans un autre cas, également ancien, l'arrêt de la CDBF ne vise que la lettre du Premier président transmettant au Procureur général la décision par laquelle la Cour des comptes a « saisi » la Cour de discipline budgétaire et financière[2]. Cette pratique, ancienne, semble aujourd'hui irrémédiablement dépassée.

512.65 **Rôle particulier des parquets près les chambres régionales et territoriales des comptes.** Les procureurs financiers près les chambres régionales et territoriales des comptes (CRTC) jouent un rôle très important dans la gésine et la transmission des déférés décidés par ces juridictions.

Jusqu'au 31 décembre 2022, dans les CRTC, il incombait aux procureurs financiers de transmettre le déféré au Parquet près la CDBF[3], car il s'agissait d'une communication entre deux juridictions à l'évidence distinctes. Bien que le rôle des procureurs financiers ait été nettement élargi dans le cadre de la réforme du contentieux financier, en leur donnant également une fonction nationale[4], une règle similaire subsiste néanmoins dans le code des juridictions financières tel qu'en vigueur depuis le 1er janvier 2023[5]. L'acte de transmission, le plus souvent un simple bordereau, parfois un courrier plus charpenté, est versé au dossier de l'affaire contentieuse.

Il s'agit d'une simple transmission, sans pouvoir de décision propre : le déféré doit être obligatoirement transmis dans son intégralité au parquet général.

Car l'autorité de déféré, c'est légalement la seule chambre régionale ou territoriale, statuant collégialement, et non le parquet placé auprès de celle-ci.

La séparation stricte entre siège, qui est autorité de déféré, et parquet financier local qui ne fait que transmettre à un autre parquet, le Parquet général près la Cour des comptes, doit être scrupuleusement respectée. Ainsi, le déféré doit être signé par un représentant du siège, et non par le procureur financier, qui ne signera que la transmission ; et la note explicative, qui accompagne le plus souvent le déféré, doit émaner du siège.

Rien n'empêche certes le procureur financier près la CRC d'accompagner le déféré d'une note descriptive ou explicative, mais si tel est le cas, celle-ci devra ensuite être versée au dossier de l'affaire contentieuse[6]. Une telle note peut être intéressante lorsque le déféré lui-même est très succinct ; mais cette pratique doit rester exceptionnelle, car le déféré du siège devrait être, en principe, suffisamment consistant en lui-même.

Notons que les procureurs financiers doivent obligatoirement conclure sur des rapports de gestion qui proposent un déféré ou qui comportent des faits qui pourraient faire l'objet d'un déféré[7] ; ils jouent donc un rôle très important dans la gésine du déféré, et leur avis sera même très souvent déterminant. Ces conclusions en amont du déféré sont couvertes par le secret de la procédure de la juridiction ayant délibéré le déféré : ces conclusions ne doivent en aucun cas être jointes au déféré.

Si des éléments d'information confidentielles doivent être échangés entre parquet local et parquet général, par exemple pour faire état d'une transmission pénale parallèle sur la même affaire ou en lien avec celle-ci, alors cela peut se faire en-dehors du déféré lui-même ; une telle « note de parquet à parquet », qui peut être un simple courriel, n'a pas vocation à être versée au dossier contentieux, à la différence de la note accompagnant la transmission du déféré mentionnée plus haut.

La réforme entrée en vigueur le 1er janvier 2023 a encore nettement renforcé le rôle des parquetiers

1. CDB 20 avr. 1962, *École vétérinaire de Lyon, CCP*, nº 2, p. 51 ; *Lebon* 842 : « Vu la lettre du... par laquelle M. le Premier président de la Cour des comptes a saisi la Cour de discipline budgétaire et financière... ».
2. CDBF 12 déc. 1967, *Mission universitaire et culturelle française en Tunisie, CCP*, nº 2, p. 61 ; *Lebon* 663.
3. CJF, anc. art. R. 241-25, 2e al. ; aujourd'hui abrogé.
4. CJF, art. L. 112-2, dernier alinéa : « Les procureurs financiers, représentant le ministère public près les chambres régionales et territoriales des comptes, assistent le procureur général dans l'exercice de ses fonctions juridictionnelles ».
5. CJF, art. R. 241-3 : « Le procureur financier transmet au procureur général près la Cour des comptes les décisions de déféré prises en application de l'article L. 142-1-1 prises par la chambre régionale des comptes ».
6. CDBF 8 déc. 2014, *Maison de retraite publique de Vertheuil*, nº 196-718 ; *Rec.* p. 175 ; *AJDA* 2015. 1536, chron. J.-E. Picard et S. Gaillard.
7. CJF, art. R. 212-16, al. 1er et 2 : « Le ministère public [près la CRC] présente des conclusions écrites sur les rapports qui lui sont communiqués, avant leur examen par la formation compétente. Lui sont obligatoirement communiqués, avec pièces à l'appui, les rapports à fin d'avis concernant les demandes d'inscription d'office d'une dépense obligatoire en application de l'article L. 1612-15 du code général des collectivités territoriales, ainsi que les rapports sur des faits susceptibles de justifier une saisine de la chambre du contentieux de la Cour des comptes ou une transmission au procureur de la République [...] ».

financiers locaux : en effet, au-delà de leur rôle près la CRTC, de conseil, de conclusion sur une proposition de déféré puis de transmission de celui-ci, ils ont également une « deuxième casquette », nationale cette fois, en assistant le Procureur général dans ses activités contentieuses. Concrètement, ce sont les procureurs financiers concernés qui, sauf exception, suivront les affaires contentieuses, côté Parquet général près la Cour des comptes et près la Cour d'appel financière, provenant de déférés de CRTC.

SECTION 7
PRATIQUE INÉGALE DES DÉFÉRÉS – DIVERSITÉ DES PRATIQUES

512.71 Un contentieux financier tributaire des déférés. Le contentieux financier est tributaire des affaires qu'on veut bien lui transmettre, en particulier via les déférés adressés au Procureur général près la Cour des comptes : comme le soulignait dès les années 1960 Loïc Philip dans une étude consacrée à la juridiction financière répressive, « il apparaît dès lors évident que le fonctionnement du système dépend entièrement de l'usage que font les différentes autorités du pouvoir [de déféré] qui leur est reconnu »[1].

512.72 La majorité des déférés est le fait des juridictions financières elles-mêmes. Dans la pratique, et mis à part le cas de la saisine de la Cour par les créanciers pour l'infraction prévue à l'article L. 131-14, 2° du CJF[2], la très grande majorité des saisines provient de la Cour des comptes ou des chambres régionales et territoriales des comptes, soit par saisine directe, soit en attirant l'attention du ministère public sur des faits qui entraînent la saisine de la Cour par initiative propre du Procureur général.

Si, du temps de la CDBF, ces déférés issus des juridictions des comptes – et surtout de la Cour des comptes – n'étaient pas assez nombreux, en raison des « réticences de nombreux magistrats de la Cour des comptes à mettre en œuvre un système de responsabilité dont le bien-fondé est contesté par maints administrateurs ou juristes », pouvait-on lire sous la plume d'un magistrat financier dans les années soixante-dix[3], ces réticences ne devraient plus exister dans le « nouveau régime » mis en place au 1er janvier 2023. À cet égard, la première année de fonctionnement de celui-ci semble indiquer une évolution favorable, avec 21 déférés formulés par les juridictions financières.

512.73 Faiblesse numérique des déférés ministériels et des assemblées parlementaires. Les déférés ministériels ne sont pas rares, mais nettement minoritaires par rapport à ceux de la Cour des comptes et des CRTC, principales pourvoyeuses d'affaires contentieuses financières ; ils proviennent généralement du ministre des Finances, de celui des Affaires sociales ou encore du ministre des Armées.

La faiblesse du nombre des déférés ministériels s'explique sans doute avant tout par des raisons sociologiques. Comme l'indiquait le Professeur Lalumière : « Vous comprendrez pourquoi un ministre ne va pas pratiquement déférer quelqu'un devant la Cour de discipline budgétaire et financière. Pourquoi ? Parce que ce serait révéler d'abord que ça marche mal chez lui ; pour un ministre ça marche toujours bien sous sa direction »[4]. Ou pire, le ministre, lui-même irresponsable devant le juge financier répressif, aura couvert ou été à l'origine d'une irrégularité commise par ses subordonnés.

C'est pour cette raison que lorsque déféré ministériel il y a, cela concernera dans la pratique plutôt des gestionnaires d'établissements sous tutelle, moins « proches » du ministre, que directement des agents de l'État relevant du ministre en question.

Il doit être regretté que le Premier ministre et les présidents des assemblées parlementaires n'usent point de leur pouvoir de déféré, alors même que les pouvoirs de contrôle du Parlement se sont plutôt accrus depuis une vingtaine d'années, sujet déjà traité plus haut[5].

S'agissant des autorités de déféré nouvellement inscrites dans la loi, le recul manque à ce stade pour en apprécier la pratique.

Le constat de la faiblesse globale des déférés extérieurs aux juridictions financières témoigne avant tout d'un manque de connaissance, dans certaines structures habilitées à déférer, sur cette possibilité de donner des suites contentieuses à la découverte d'irrégularités : formation et information devraient à cet égard être développées – espérons que le présent ouvrage y contribuera.

1. L. Philip, « La Cour de discipline budgétaire et financière », *Rev. sc. fin.* oct.-déc. 1964, vol. 56, p. 764 – Sur la tentative de rendre obligatoire le déféré dans certains cas, v. ss n° 512.41.
2. V. ss n° 452.11.
3. F.-J. Fabre, « Jurisprudence financière. La Cour de discipline budgétaire et financière », *Rev. adm.* juill.-août 1970, n° 136, p. 429.
4. P. Lalumière, « Cour des comptes et Cour de discipline budgétaire et financière », *in* Collectif, *La Cour des comptes, d'hier à demain, actes du colloque de Strasbourg*, LGDJ, 1979, p. 94.
5. V. ss n° 512.15.

CHAPITRE

513. Forme du déféré et vices affectant celui-ci

SECTION 0 ORIENTEUR

513.00 Sommaire du chapitre.

SECTION 1 FORME DU DÉFÉRÉ ET DU DOSSIER À L'APPUI

513.11 Courrier adressé au Procureur général. La loi est muette quant à la forme que doit prendre un déféré. Dans la pratique, cet acte consiste en une lettre signée de l'autorité légalement habilitée - et seulement par elle. Pour le cas des juridictions des comptes, la décision est collégiale et l'acte de déféré est signé par le président de la formation collégiale qui a pris la décision[1].

Le déféré porte sur des faits (*in rem*), sur des infractions financières possiblement commises dans une gestion. Il n'est pas nécessaire que le déféré précise le nom des personnes qui seraient susceptibles d'avoir commis les irrégularités présumées[2] : cette solution constitue un *a fortiori* par rapport à la règle permettant d'ouvrir une instruction contentieuse contre X[3].

De ce fait, un déféré peut interrompre la prescription sur des faits précis même si le nom de la personne responsable n'est pas encore mentionné à ce stade, ni même au stade du réquisitoire introductif pris sur la base de ce déféré[4].

Le code des juridictions financières n'impose aucune contrainte de forme au déféré.

Matériellement, un déféré est un simple courrier signé par l'autorité compétente, adressé au Procureur général près la Cour des comptes. C'est cette lettre qui, le jour de son arrivée au Parquet général, interrompt la prescription. Elle doit être accompagnée par une présentation des faits susceptibles d'être sanctionnés, et appuyée autant que possible par des pièces.

513.12 Dossier à l'appui du déféré. La loi ne dit rien des pièces qui doivent accompagner le déféré. Dans la pratique, on ne peut que recommander à l'autorité qui formule le déféré de joindre à sa lettre un dossier comprenant, autant que possible, les pièces étayant ses propos ; cela facilitera la tâche du rapporteur chargé de l'instruction contentieuse.

Si les pièces jointes au déféré sont insuffisantes, le rapporteur pourra demander à l'autorité de déféré de produire les pièces manquantes (*via* le Parquet, lorsque l'autorité de déféré est une juridiction). En tout état de cause, l'autorité de déféré doit veiller à ne pas détruire les pièces sur lesquelles elle a fondé son déféré, faute de quoi l'instruction contentieuse risque d'être compromise, en l'absence de pièces probantes.

SECTION 2 CONFIDENTIALITÉ DU DÉFÉRÉ

513.21 Contenu du déféré et confidentialité. Le déféré constitue la première pièce du dossier conten-

1. V. s[s] n° 512.62.
2. CE 22 juin 1987, *Dehaye*, req. n° 77001.
3. CJF, art. R. 142-1-1-1°, 2e phrase : « Le réquisitoire peut être pris contre personne dénommée ou non dénommée ».
4. C. comptes 11 mai 2023, *Société ALPEXPO*, n° 836, S-2023-0604 ; *Rec.* p. 17 ; *JCP Adm.* n° 25, 26 juin 2023, 2210, note S. Damarey ; *AJDA* 2023. 1511, note X. Vandendriessche. Voir §§ 15 et 16 de cet arrêt.

tieux ; celui-ci sera donc consultable par les parties et par leurs avocats en cours de procédure.

Le déféré ne doit donc contenir que ce qui est strictement nécessaire pour le volet contentieux. En aucun cas l'autorité de déféré ne devra-t-elle mentionner des faits, des pièces et encore moins des personnes qui ne sont pas concernées par le déféré au sens strict. Sont à proscrire également tout jugement de valeur inapproprié, ainsi que toute information interne aux autorités de contrôle et toute référence à des notes ou documents internes aux autorités de déféré.

À noter que pour les déférés des juridictions financières, il ne faut pas verser en appui des éléments couverts par le secret du délibéré, comme le rapport d'observations provisoires[1].

513.22 **Déféré : notification.** La décision de déférer n'a pas à être notifiée à l'intéressé par l'autorité de déféré. Les textes en effet ne le prévoient pas, pas plus que d'informer de la prise d'un réquisitoire ; et la jurisprudence a précisé que dès lors que les personnes mises en cause en sont avisées dans le cadre de la procédure contentieuse qui suit, conformément aux textes - il s'agit précisément de la mise en cause[2] - l'art. 6 de la convention européenne de sauvegarde des droits de l'homme n'est pas méconnu[3].

Dans l'autre sens, en fonction des autorités, les textes n'interdisent pas forcément d'informer certaines personnes de leur décision de déféré. Si dans les juridictions des comptes, le déféré est une décision collégiale couverte par le secret du délibéré, il n'en va pas de même d'autres autorités de déféré, comme les créanciers par exemple.

D'une façon générale, il est toutefois conseillé de ne pas ébruiter un déféré : selon les affaires, il peut exister un risque de destruction de preuves avant même que ne commence l'instruction contentieuse. Par ailleurs, la décision de déféré est un acte grave, dont la publicité peut nuire à l'intéressé, même si les « accusations » se révèlent finalement infondées ; or s'agissant à ce stade le plus souvent de simples présomptions, le risque d'erreur dans un déféré n'est pas à négliger ; l'affaire pourra d'ailleurs être classée d'emblée sans que ni l'intéressé, ni l'opinion publique n'en soient avertis[4].

En revanche, le mode de saisine de la Cour doit bien être précisé dans les différents actes de la procédure. Ainsi, dans une affaire jugée par la CDBF, le défendeur invoquait le fait que « les personnes renvoyées n'auraient pas été convenablement informées du mode de saisine de la Cour et que, dès lors, la procédure serait entachée de nullité ». La Cour a considéré que ce moyen manquait, dans cette affaire, en fait : « la Cour de discipline budgétaire et financière a en fait été directement saisie par le réquisitoire du Procureur général conformément aux dispositions [...] du CJF », s'agissant d'un réquisitoire d'initiative sans déféré préalable ; on peut en déduire que dans d'autres circonstances, le défaut d'information des personnes sur le mode de saisine pourrait être facteur de nullité de la procédure[5]. D'ailleurs, dans la pratique, les arrêts prennent systématiquement soin de préciser le mode de saisine de la Cour.

SECTION 3
PROBLÈMES JURIDIQUES AFFECTANT UN DÉFÉRÉ OU UNE PROCÉDURE AYANT ABOUTI À UN DÉFÉRÉ

513.31 **Déféré irrecevable.** Un déféré peut être irrecevable, lorsqu'il provient d'une autorité incompétente[6] ou lorsqu'une autorité dépasse les limites qui sont assignées à son pouvoir de déféré[7].

S'agissant, pour les juridictions financières, d'une décision collégiale, un déféré pourrait être entaché d'une irrégularité tirée de la composition de la formation ayant statué (*quorum* non atteint, par ex.). Un tel cas ne s'est jamais produit et il est difficile de savoir quelle conséquence le Procureur général ou la Cour en tireraient.

Lorsqu'il existe un problème de préjugement, un membre de la chambre du contentieux de la Cour des comptes ou un membre de la Cour d'appel financière ayant par exemple participé à un déféré, ce n'est pas le déféré qui est irrégulier, mais la formation de jugement dans laquelle cette personne siège au contentieux, alors qu'elle aurait dû se déporter[8].

Si le déféré est considéré comme non valide, la conséquence juridique principale réside dans le fait que cet acte n'a pas entraîné l'interruption de la prescription, ni n'a obligé le parquet de le traiter.

S'agissant d'irrégularités affectant la forme d'un déféré[9], point qui peut être soulevé par la défense, la CDBF a rappelé que le déféré de la Cour des comptes n'est pas un acte juridictionnel ; il ne doit donc pas

1. CJF, art. L. 141-2 et L. 141-3.
2. V. s[s] n° 524.12.
3. CDBF 17 juin 2011, *Institut géographique national (IGN)*, n° 176-655 ; *Rec.* p. 158 ; *GFP* 2013, n° 5, p. 73, note S. Damarey, M. Lascombe et X. Vandendriessche.
4. V. s[s] n° 515.11.
5. CDBF 15 juill. 2013, *Office des Postes et télécommunications de la Polynésie française*, n° 190-661 ; *Rec.* p. 209 ; *AJDA* 2013. 2544, chron. C. Michaut et P. Sitbon.
6. V. s[s] n° 512.12.
7. Sur le pouvoir de déféré limité : v. s[s] n°s 512.21 s.
8. Sur récusation et déport, v. s[s] n°s 522.21 s.
9. PAR EX. : CDBF 12 avr. 1995, *Ambassade de France auprès des Émirats Arabes Unis (2e arrêt)*, *Rev. Trésor* 1996. 731 ; *Lebon* 595 ; *Rec.*, p. 121.

en avoir la forme, ni avoir été délibéré comme l'aurait été un arrêt de la Cour des comptes [1].

Par ailleurs, à partir du moment où aucune règle ne l'impose, un déféré ne doit pas mentionner la liste des personnes ayant participé au délibéré décidant du déféré.

Le procès-verbal de la séance au cours de laquelle la Cour des comptes a décidé du déféré n'a pas davantage à être produit [2].

Il n'existe pas d'exemple en jurisprudence de déféré ayant été adopté dans des conditions irrégulières qui permettrait d'en connaître les conséquences. En fait, la Cour, et avant elle, le ministère public qui la saisit, semblent se limiter à un contrôle minimal, ne tirant des conséquences que des insuffisances manifestes affectant un déféré. En revanche, la CDBF a laissé entendre que d'éventuelles irrégularités entachant un délibéré d'une juridiction financière décidant d'un déféré pourraient avoir un impact sur la saisine contentieuse. C'est aussi l'avis de certains observateurs [3].

Il sera rappelé qu'en présence d'un déféré irrégulier, le Procureur général peut néanmoins saisir la Cour, non pas sur la base de ce déféré, mais sur le fondement de son pouvoir de saisine propre [4].

Ainsi peut-il arriver qu'un déféré irrecevable soit requalifié en réquisitoire d'initiative : dans une affaire CDBF, bien que le réquisitoire et la lettre de mise en cause mentionnaient l'existence d'un déféré, la décision de renvoi et l'arrêt ont considéré que la procédure avait débuté par un réquisitoire d'initiative, ce qui implicitement signifie que le déféré, qui avait bien été formulé et reçu par le ministère public, n'était pas considéré comme valide [5].

Si un tel vice initial devait apparaître seulement au stade du jugement, il est probable que la Cour déciderait néanmoins de statuer, étant valablement saisie par le Parquet par le réquisitoire introductif, qui sera alors considéré comme ayant été pris sur initiative propre, sans déféré préalable ; le déféré en effet n'est pas une saisine de la juridiction, mais seulement du parquet [6].

513.32 Erreurs matérielles, d'appréciation ou de jugement dans un déféré. Un déféré n'est qu'un acte de « dénonciation », une plainte formulée par une autorité habilitée, qui la renvoie à une autre institution, en l'occurrence le Procureur général près la Cour des comptes. Et lors de la rédaction d'un déféré, les faits ne sont pas toujours établis ; c'est pour cette raison que la chambre du contentieux de la Cour des comptes fera une instruction entièrement nouvelle. Dès lors, des erreurs de toute nature (existence matérielle des faits, qualification juridique, personnes citées ; approximations...) affectant les faits décrits dans un déféré sont par nature fréquentes ; elles n'emportent aucune conséquence juridique sur la procédure contentieuse, puisque cette dernière mettra en œuvre une instruction complète, qui contredira, le cas échéant, les conclusions du déféré, l'instruction s'effectuant sur la base d'un réquisitoire ayant saisi la Cour, qui lui-même n'aura pas forcément repris telles quelles les conclusions du déféré.

513.33 Irrégularités affectant la procédure préalable au déféré. La jurisprudence financière constante indique qu'elle ne tient pas compte d'éventuelles irrégularités ou erreurs, fussent-elles établies, dans la procédure menée devant la Cour des comptes ou les CRTC et dans leurs rapports administratifs ; ces irrégularités n'ont aucun impact sur l'instruction contentieuse, entièrement nouvelle [7].

Ainsi, la CDBF a jugé qu'elle n'était pas compétente pour apprécier si les droits de la défense ont été respectés par la Cour des comptes en amont d'un déféré [8], ou si « les procédures qui s'imposent aux juridictions administratives ont été respectées » [9]. Cette solution est de jurisprudence constante [10] et a

1. CDBF 24 nov. 1986, *CH Sainte-Anne à Paris [marchés d'ingénierie]*, *CCP*, n° 3, p. 35.
2. CDBF 12 avr. 1995, *Ambassade de France auprès des Émirats Arabes Unis* (2e arrêt), *Rev. Trésor* 1996. 731 ; *Lebon* 595 ; *Rec.*, p. 121.
3. V. note R. Ludwig ss CE 29 déc. 1993, *Guisset*, req. n° 129153 ; *Rev. Trésor* 1994. 189, concl. F. Scanvic.
4. Dans ce sens : « Eu égard aux pouvoirs d'auto-saisine que le procureur général près la Cour des comptes tient de l'article L. 142-1-1 du code des juridictions financières, il est indifférent à la régularité de la procédure devant la chambre du contentieux de la Cour des comptes que d'éventuelles irrégularités aient pu affecter la procédure précédant sa saisine » [C. comptes 23 déc. 2024, *Société anonyme d'économie mixte (SAEM) Marseille Habitat et Société civile immobilière (SCI) Protis Développement*, n° 24, S-2024-1604. Ici § 8].
5. CDBF 15 juill. 2013, *Office des Postes et télécommunications de la Polynésie française*, n° 190-661 ; *Rec.* p. 209 ; *AJDA* 2013. 2544, chron. C. Michaut et P. Sitbon.
6. V. ss n° 511.11.
7. CDBF 24 févr. 2006, *Sté Altus Finance*, 2e arrêt, *AJDA* 2006. 1249, note N. Groper et C. Michaut ; *JCP* 2006, n° 38, II, 10152, note J.-P. Gastinel ; *Rev. Trésor* 2006. 910, note M. Lascombe et X. Vandendriessche ; *RFDA* 2006. 624, note M. Lascombe et X. Vandendriessche ; *Lebon* 650. Cet arrêt a été validé en cassation.
8. CDBF 5 nov. 1997, *min. des Affaires étrangères [frais de réception]*, *Rev. Trésor* 1999. 194 ; – CDBF 14 et 16 janv. 1998, *min. des Affaires étrangères, service des immeubles et affaires générales [Siag]*, *Rev. Trésor* 1999. 200.
9. CDBF 24 nov. 1986, *CH Sainte-Anne à Paris [marchés d'ingénierie]*, *CCP*, n° 3, p. 35 ; – CDBF 24 nov. 1986, *CH Sainte-Anne à Paris [dépenses de personnel]*, *CCP*, n° 3, p. 42.
10. PAR EX. : CDBF 25 juill. 2008, *France Télécom*, *AJDA* 2008. 2435, note N. Groper et C. Michaut ; Gestion & finances publiques 2011, p. 388, note M. Lascombe et X. Vandendriessche ; M. Degoffe, « La Cour de discipline budgétaire et financière réprime les infractions aux règles d'exécution des dépenses commises par le président de France Télécom », *Revue des sociétés* 2008, p. 858.

été rappelée sous l'empire des règles entrées en vigueur le 1er janvier 2023[1].

Les actes émanant d'autorités de déféré mais qui sont distinctes et détachables du déféré n'ont en principe pas d'impact ni sur le déféré, ni sur la procédure contentieuse qui suit.

Ainsi, « les appréciations portées par la Cour des comptes dans l'exercice de ses missions de contrôle administratif [en l'occurrence, dans un relevé d'observations provisoires] sont sans incidence sur les qualifications retenues lors de la procédure de la Cour de discipline budgétaire et financière »[2]. Toutefois, s'agissant spécifiquement de la Cour des comptes, le contentieux est, depuis la suppression de la CDBF[3], pris en charge par la même juridiction ; cette proximité implique une séparation stricte entre fonctions de contrôle aboutissant à un déféré d'une part, et fonction contentieuse d'autre part. Il ne faut pas que la Cour, dans ses fonctions administratives, préjuge explicitement sur des infractions qu'elle doit juger dans le cadre de ses attributions contentieuses[4].

1. C. comptes 23 déc. 2024, *Société anonyme d'économie mixte (SAEM) Marseille Habitat et Société civile immobilière (SCI) Protis Développement*, n° 24, S-2024-1604. Lire § 8, même si, après avoir rappelée le principe, la Cour est ensuite entrée dans un raisonnement pour examiner les droits de la défense dans le cadre du contrôle administratif ayant mené au déféré.
2. CDBF 17 juin 2011, *Institut géographique national (IGN)*, n° 176-655 ; *Rec.* p. 158 ; *GFP* 2013, n° 5, p. 73, note S. Damarey, M. Lascombe et X. Vandendriessche.
3. V. ss nos 052.21 et 151.11.
4. Sur cette question, v. ss n° 522.23.

CHAPITRE

514. Saisine de la Cour

SECTION 0
ORIENTEUR

514.00 **Sommaire du chapitre.**

SECTION 1
ÉLÉMENTS GÉNÉRAUX RELATIFS À LA SAISINE DE LA COUR DES COMPTES EN MATIÈRE RÉPRESSIVE

514.11 **Définition de la saisine et du réquisitoire introductif.** La saisine de la Cour est l'acte du Procureur général par lequel il décide, sur la base des pouvoirs qui lui sont conférés, qu'il y a lieu d'ouvrir une instruction contentieuse.

La saisine de la Cour se matérialise à travers la prise d'un réquisitoire introductif[1] d'instance. Ce dernier peut être pris sur la base d'un déféré, ou directement par le Procureur général de sa propre initiative[2]. La formule conclusive de tout réquisitoire saisit officiellement la Cour. Par exemple, en cas de réquisitoire pris sur déféré, la formule sera la suivante : « SAISISSONS la Cour des faits précités, en application des articles L. 142-1-2 et R. 142-1-1-1° du code des juridictions financières, et PRIONS Monsieur le président de la chambre du contentieux de la Cour des comptes de désigner un rapporteur chargé de les instruire, en application de l'article L. 142-1-4 du même code... ».

Un réquisitoire introductif fait donc naître une affaire contentieuse en saisissant la Cour, alors qu'un réquisitoire supplétif[3] intervient en cours d'instance et ne fait qu'élargir la saisine initiale. Pourtant, ces deux types de réquisitoires ont peu ou prou les mêmes effets.

Depuis un arrêt de la Cour rendu en 2024, chaque déféré, même lorsqu'il concerne le même dossier, doit donner lieu à un réquisitoire introductif spécifique[4], quitte à joindre ensuite les affaires. Autrement dit, il n'est plus possible d'ajouter un déféré à une affaire contentieuse déjà en cours par simple réquisitoire supplétif : il faut prendre un réquisitoire introductif pour chaque déféré, même en cas de déférés successifs sur une même affaire.

514.12 **Monopole de saisine du Procureur général.** Il est rappelé qu'en application des principes généraux du procès répressif, le ministère public détient le monopole de la saisine de la Cour, sur la base de l'opportunité des poursuites qui lui appartient. Le déféré n'est pas une saisine de la Cour, mais seulement une saisine du Procureur général[5], préalable et nullement indispensable à la prise d'un réquisitoire introductif, qui lui seul constitue l'acte de saisine de la Cour.

Aucune personne ou autorité ne peut obliger le Procureur général à exercer son pouvoir de saisine, et encore moins à saisir directement la Cour. En particulier, une personne mise en cause devant la

1. Ce terme figure dans la loi : CJF, art. L. 142-1-3, al. 3.
2. V. s^s n° 514.21.

3. Sur le réquisitoire supplétif, v. s^s n° 514.35.
4. C. comptes 3 mai 2024, *Chambre régionale d'agriculture de Bretagne (CRAB) et Association pour la traçabilité et le développement d'outils pour l'identification et de logiciels d'élevage (e-toile)*, n°s 856 et 870, S-2024-0696 ; *AJDA* 2024. 1327, chron. N. Péhau et L. Vergallo.
5. V. s^s n° 511.11.

Cour ne peut pas contraindre le Procureur à étendre la procédure à d'autres personnes ou faits[1].

Il existe des cas particuliers de saisine de la Cour, autrement que par décision du Procureur général, par exemple sur renvoi après cassation ou sur recours en tierce opposition[2].

514.13 « Saisine à double détente » ou « saisine d'initiative ». Dans la plupart des cas, le Procureur général saisit la Cour, *via* un réquisitoire introductif, sur la base d'un déféré reçu par une autorité habilitée. Il s'agit alors d'une sorte de « saisine à double détente » : d'abord l'autorité de déféré saisit le Procureur, qui ensuite saisit, s'il le juge opportun, la Cour[3].

En cas de déféré, le Procureur dispose réglementairement d'un délai de deux mois pour décider soit d'un réquisitoire, soit d'un classement de l'affaire[4] : il s'agit d'une innovation de la réforme entrée en vigueur le 1er janvier 2023.

Le pouvoir de saisine directe du Procureur général[5], sans déféré préalable, a été créé par la loi du 13 juillet 1971[6]. Il permet une saisine de la Cour sur la base d'informations dont le Parquet aurait eu connaissance, l'origine de ces informations important peu (dénonciation par des fonctionnaires, signalements de contribuables ; informations révélées par la presse...)[7].

SECTION 2
LE RÉQUISITOIRE D'INITIATIVE

514.21 Saisine directe sur la base de toute information. Le Procureur général peut user de son pouvoir de saisine à sa propre initiative sur la base de toute information dont il peut disposer.

La réalité de l'exercice de ce pouvoir dépend donc, d'une part, de la réglementation, qui rend le Procureur général destinataire d'un certain nombre d'actes ou de jugements ; mais elle dépendra, d'autre part et surtout, de la volonté du Procureur général, gardien de l'ordre public financier, d'organiser son parquet de telle sorte qu'il puisse exploiter correctement les informations qu'il reçoit, et qu'il puisse lui-même en trouver d'autres.

Le réquisitoire d'initiative est le plus souvent dépourvu de déféré préalable ; mais il peut aussi intervenir pour « corriger » un déféré qui serait entaché d'irrégularités ; par ailleurs, un réquisitoire peut comporter à la fois des éléments tirés d'un déféré, et aussi d'éléments que le Procureur aura ajoutés d'initiative.

514.22 Diversité des sources d'information : signalements, réquisitions des comptables par les ordonnateurs et autres signaux faibles. Une source d'information privilégiée d'irrégularités commises dans le champ de la comptabilité publique est la réquisition du comptable public par l'ordonnateur ; or le parquet général est censé recevoir copie de toutes les réquisitions des comptables publics[8]. Plusieurs réquisitoires d'initiative ont ainsi pu être pris sur cette base en 2023.

Le Procureur général est également censé recevoir copie des jugements des juridictions administratives prononçant des astreintes[9], ce qui lui permet soit de prendre un réquisitoire d'initiative, soit de nourrir une affaire déférée par un créancier.

Le Procureur général a en outre connaissance de tous les travaux de contrôle des juridictions financières ; lorsque ces dernières ne décident pas d'un déféré, rien n'empêche le Procureur général de prendre néanmoins un réquisitoire d'initiative sur la base de faits apparus à l'occasion d'un contrôle.

Dans le cadre de leurs travaux de contrôle, les rapporteurs de la Cour des comptes peuvent demander accès aux rapports d'inspection ; ceux-ci transitent obligatoirement par le parquet général[10], qui peut tout à fait en tirer des informations utiles au contentieux.

1. CDBF 14 et 16 janv. 1998, *min. des Affaires étrangères, service des immeubles et affaires générales [Siag], Rev. Trésor* 1999. 200.
2. V. ss no 514.41.
3. CJF, art. L. 142-1-2 : « Le ministère public près la Cour des comptes apprécie les suites à donner aux déférés mentionnés à l'article L. 142-1-1 ».
4. CJF, art. R. 142-1-1 : « Saisi en application de l'article L. 142-1-1, le ministère public décide, dans un délai de deux mois : 1° Soit d'engager les poursuites. Le réquisitoire peut être pris contre personne dénommée ou non dénommée ; 2° Soit de classer l'affaire. Le ministère public peut, s'il y a lieu, rappeler à l'auteur des faits les obligations résultant de la loi. Le ministère public informe l'autorité de déféré de sa décision ».
5. CJF, art. L. 142-1-1, dernier alinéa.
6. V. ss no 045.32.
7. V. ss no 514.21.
8. CJF, art. L. 233-1 : « Les chambres régionales des comptes sont destinataires des ordres de réquisition notifiées aux comptables publics. Elles les transmettent à la Cour des comptes » – Décr. no 2012-1246, 7 nov. 2012 relatif à la gestion budgétaire et comptable publique (GBCP), art. 195 : « Lorsque l'ordonnateur a requis l'agent comptable de payer en application de l'article 38, celui-ci défère à la réquisition et en informe le ministre chargé du budget. Ce dernier transmet l'ordre de réquisition à la Cour des comptes ».
9. CJA, art. R. 921-7, al. 2 (pour les tribunaux administratifs et cours administratives d'appel) – CJA, art. R. 931-8 (pour le Conseil d'État).
10. CJF, art. R. 141-6 : « La Cour des comptes se fait communiquer, par l'intermédiaire du procureur général, les rapports des institutions et corps de contrôle ».

Enfin, le Procureur général gère la plateforme de signalement[1] mise en place par la Cour des comptes en 2022 : tout citoyen peut y dénoncer des infractions financières potentielles. D'autres signalements peuvent parvenir par voie postale, directement ou par l'intermédiaire des chambres de la Cour ou les chambres régionales et territoriales des comptes. Dans la pratique toutefois, les informations ainsi données sont rarement suffisantes pour mettre en évidence des infractions permettant la prise immédiate d'un réquisitoire d'initiative[2] ; le plus souvent, les dénonciations sérieuses feront d'abord l'objet d'un contrôle de régularité avant de donner lieu, le cas échéant, à un réquisitoire. Parfois, lorsqu'un signalement concerne une affaire contentieuse en cours, il peut motiver un réquisitoire supplétif d'initiative, ce qui n'est pas rare depuis la mise en place de la plateforme de signalement.

514.23 **Analyse juridique de la saisine directe par le Procureur général.** Le pouvoir de saisine du Procureur général à son initiative propre se matérialise par un acte de saisine qui, lorsqu'il est positif, c'est-à-dire qu'il entraîne la saisine de la Cour, est un acte non détachable de la procédure juridictionnelle : il s'agit du réquisitoire dont le juge administratif ne peut connaître par voie d'excès de pouvoir[3]. En revanche, le refus de saisine ou l'abstention d'agir revêtent une nature administrative : ils sont théoriquement susceptibles de recours pour excès de pouvoir[4] (même si dans la pratique un tel recours n'aura guère de chances d'aboutir, voir plus loin[5]), à la différence de la décision de classement suite à un déféré qui est, comme le réquisitoire, une décision indétachable d'une procédure juridictionnelle.

Cet acte de mise en œuvre de son droit d'initiative propre ne doit pas être confondu avec les différents actes du Procureur général qui interviennent dans la procédure postérieurement (en particulier le réquisitoire introductif, les décisions de classement, la décision de renvoi...) : ces derniers s'incorporent à la procédure juridictionnelle et ne sont donc pas des actes administratifs susceptibles de recours devant le juge administratif[6].

Ce raisonnement implique donc que la décision du Procureur général d'user, ou non, de sa faculté de saisir de son propre chef la Cour est distincte de la saisine de la Cour ; c'est comme si le Procureur formulait lui aussi un déféré préalablement à la saisine proprement dite. Il peut en effet arriver parfois qu'après avoir décidé d'user de sa compétence de saisir la juridiction financière répressive d'initiative, le Procureur général renonce finalement à signer le réquisitoire. Certes, dans la pratique, il n'existe matériellement qu'un seul acte de saisine ; c'est le réquisitoire qui constitue à la fois la manifestation de la volonté du Procureur général de « déférer » et sa décision de saisir la chambre du contentieux de la Cour des comptes ; autrement dit, le « déféré » du Procureur existe en théorie, mais il ne donne pas lieu à un acte écrit.

514.24 **La saisine directe est une faculté.** Le Procureur général est libre de saisir ou non la juridiction à son initiative, tout comme il est libre de classer un déféré.

Son refus de donner suite à une lettre de dénonciation que lui a adressée un fonctionnaire est certes une décision administrative théoriquement susceptible de recours pour excès de pouvoir (à la différence de la décision de classement[7]), mais un tel recours sera le plus souvent rejeté, un dénonciateur, fût-il directement concerné par les faits qui font l'objet de la dénonciation, n'étant pas réputé avoir intérêt à agir.

Dans une affaire[8] concernant la CDBF, le Conseil d'État a ainsi estimé, contrairement aux conclusions du commissaire du gouvernement, que le dénonciateur, bien que directement concerné financièrement par les irrégularités signalées dont il était tour à tour victime puis bénéficiaire, « ne justifie pas d'un intérêt de nature à lui donner qualité pour déférer au juge administratif la lettre susvisée ; qu'ainsi sa requête est entachée d'une irrecevabilité manifeste »[9], sans que cet insuffisant intérêt à agir ait été précisé en l'espèce. Dans ces conditions, on voit mal dans quels cas de figure un intérêt à agir pourrait être admis.

Cette approche restrictive, bien qu'en harmonie avec la jurisprudence stricte en matière de saisine[10], est susceptible d'être critiquée. Certes, il ne serait pas souhaitable que tout contribuable disposât d'un intérêt à agir général, automatiquement attaché à

1. www.ccomptes.fr
2. Pour un exemple, toutefois : C. comptes 3 mai 2024, *Département de l'Eure*, n° 907, S-2024-0715 ; chron. Y. Simon et S. Heintz dans *RGP* 2024, n° 03, p. 70 ; *JCP Adm.* 2024. 2278.
3. À CE SUJET : CE 1er déc. 1976, *Assoc. des concubins et concubines de France, Lebon* 520.
4. CE 16 mai 1980, *Sieur Melki*, req. n° 07016 ; *RD publ.* 1981. 226, concl. M.-D. Hagelsteen ; *Lebon* 230.
5. V. ss n° 514.24.
6. À CE SUJET : CE 13 janv. 1971, *Assoc. de défense des contribuables du Touquet*, n° 78599 ; *Lebon* 33.
7. V. ss n° 515.11.
8. Dans cette espèce, le refus du Procureur général de prendre un réquisitoire était motivé par le fait que les personnes mises en cause par le dénonciateur n'étaient pas justiciables de la CDBF.
9. CE 16 mai 1980, *Sieur Melki*, req. n° 07016 ; *RD publ.* 1981. 226, concl. M.-D. Hagelsteen ; *Lebon* 230.
10. CE 39 juin 1961, *Procureur général près la Cour des comptes c/ Mazer*, n° 48190 ; *Lebon* 451 ; *RD publ.* 1961. 845, concl. A. Bernard.

son « statut » de contribuable. Toutefois, l'élargissement, par le législateur, du pouvoir de saisine au Procureur général en 1971 avait bien pour objectif d'élargir les possibilités de saisine *indirecte*, par le biais d'informations en provenance de tiers. On pourrait penser que l'impossibilité *de facto* de contester l'absence ou le refus de saisine par le Procureur serait susceptible de désinciter les citoyens de dénoncer. Le succès de la plateforme de signalement, créée en 2022, semble cependant contredire cette crainte.

Dans la pratique de la CDBF, les saisines directes du Procureur ont été très rares, ce qui témoignait d'une réticence sans doute « culturelle » à donner une place trop importante à une répression qui ne serait pas le fruit d'une décision prise par des autorités « sérieuses », comme les membres du Gouvernement et le juge des comptes. Depuis la réforme entrée en vigueur le 1er janvier 2023, les réquisitoires d'initiative sont nettement plus fréquents [1].

514.25 Parquets près les chambres régionales et territoriales des comptes. Il est rappelé que les ministères publics près des chambres régionales ou territoriales des comptes (CRTC), en tant que tels, ne disposent pas du droit de déférer des affaires au procureur général de leur propre initiative. Mais ils ont toujours pu communiquer des faits au Procureur général, qui ensuite peut prendre un réquisitoire [2] ; cette faculté est d'autant plus d'actualité que les procureurs financiers près des CRTC disposent, depuis le 1er janvier 2023, également d'une « casquette » nationale en matière contentieuse [3]. Il est donc désormais fréquent qu'ils soient à l'origine de réquisitoires d'initiative signés par le Procureur général [4].

514.26 Réquisitoire et interruption de la prescription. Lorsqu'un réquisitoire, introductif ou supplétif, est entièrement d'initiative, la prescription est interrompue par ledit réquisitoire [5], puisqu'il n'existe pas de déféré préalable qui aurait pu entraîner cet effet.

Pour être interruptif de la prescription, un réquisitoire doit viser les faits en cause, mais n'a pas besoin de citer, déjà, nommément les personnes dont la responsabilité pourrait être engagée : « le ministère public n'est pas tenu de citer nommément les personnes susceptibles d'être mises en cause. Il peut [...] faire état des responsabilités encourues par des personnes dénommées, ou "toutes autres personnes qui auraient participé aux irrégularités constatées", ce qu'il a fait en l'espèce » [6].

Lorsqu'un réquisitoire, initial comme supplétif, comprend en partie des faits issus d'un déféré, et d'autres faits résultant de l'initiative propre au parquet, alors la date d'interruption variera selon les faits en question.

1. En 2023, le Procureur général a pris 9 réquisitoires d'initiative.
2. CDBF 28 sept. 2002, *Assoc. foncière urbaine autorisée [AFUA] de Sérignan, RD publ.* 1981. 226, concl. M.-D. Hagelsteen ; *Rev. Trésor* 2004. 46, note M. Lascombe et X. Vandendriessche ; *Rec.*, p. 106 (lire le commentaire).
3. CJF, art. L. 112-2, alinéa 5 : « Les procureurs financiers, représentant le ministère public près les chambres régionales et territoriales des comptes, assistent le procureur général dans l'exercice de ses fonctions juridictionnelles ».
4. Ex. : C. comptes 7 oct. 2024, *Commune de Saine-Eulalie-en-Born (Landes)*, n° 40, S-2024-1305.
5. CJF, art. L. 142-1-3, dernier al. : « L'enregistrement du déféré au ministère public, le réquisitoire introductif ou supplétif, l'ordonnance de mise en cause, l'ordonnance de règlement et la décision de renvoi interrompent la prescription ».

SECTION 3
LES RÉQUISITOIRES BORNENT L'INSTRUCTION

514.31 Étendue de l'instruction. Le périmètre de l'instruction est déterminé par le réquisitoire introductif, ou par les réquisitoires supplétifs s'il y en a. Il n'est déterminé par le déféré que dans la mesure où le réquisitoire reprend à son compte – ou non – tout ou partie de celui-ci.

L'instruction contentieuse est ouverte sur les faits mentionnés dans le réquisitoire introductif [7], et seulement sur ces faits-là.

Lorsqu'en cours d'instruction, des faits nouveaux apparaissent, le Procureur général peut élargir ou réduire le périmètre de l'instruction, à travers un ou plusieurs réquisitoires supplétifs [8]. Souvent, c'est le rapporteur lui-même qui demandera un élargissement de l'instruction : par exemple, dans une affaire CDBF, les visas citent une « note du rapporteur » ayant précédé le réquisitoire complémentaire, indiquant donc que c'est ce dernier qui est à l'origine du réquisitoire [9]. Le droit positif prévoit expressément le cas où le rapporteur rencontre des faits au-delà du réquisitoire : « Lorsque le magistrat chargé de l'instruction a connaissance de faits qui ne sont pas mentionnés au réquisitoire introductif, il en informe sans délai le ministère public » [10].

6. C. comptes 11 mai 2023, *Société ALPEXPO*, n° 836, S-2023-0604 ; *Rec.* p. 17 ; *JCP Adm.* n° 25, 26 juin 2023, 2210, note S. Damarey ; *AJDA* 2023. 1511, note X. Vandendriessche. Ici § 16.
7. CJF, art. R. 142-2-2 : « L'instruction est ouverte sur les faits mentionnés dans le réquisitoire introductif [...] ».
8. V. s^s n° 514.35.
9. CDBF 13 juill. 2011, *Rectorat de Paris – Inspecteurs de l'académie de Paris (IAP)*, n° 177-684 ; *Rec.* p. 158 ; *GFP* 2013, n° 5, p. 74, note S. Damarey, M. Lascombe et X. Vandendriessche.
10. CJF, art. L. 142-1-4, al. 4.

Le Procureur général est maître de l'opportunité des poursuites : le champ des charges peut varier en cours d'instruction, il peut varier entre réquisitoire et décision de renvoi ; c'est d'ailleurs le but de l'instruction – sinon, l'instruction menée à charge et à décharge ne servirait à rien ; en particulier, le Procureur peut abandonner des charges entre le réquisitoire introductif et la décision de renvoi[1].

514.32 **Forme et contenu du réquisitoire ; pièces à l'appui.** Le code des juridictions financières est muet sur la forme du réquisitoire introductif. Dans la pratique, celui-ci est un acte officiel signé par le Procureur général mentionnant les faits et qualifications juridiques qui doivent faire l'objet d'une instruction ; la formule finale, expression de la décision du Procureur d'entamer des poursuites, mentionne d'ailleurs la demande, adressée au président de la chambre du contentieux, de désigner un rapporteur[2].

Le réquisitoire mentionne le numéro de l'affaire : la numérotation est continue. Il mentionne également le nom officiel donné à l'affaire, qui est celui de l'organisme ou du service de l'État dont la gestion est concernée.

Le réquisitoire vise les textes applicables au cas d'espèce ; ensuite, il établit la compétence de la Cour, les règles de prescription et traite éventuellement les questions de procédure, avant de développer les charges de l'accusation. Au stade du réquisitoire, ces charges se fondent sur une description des faits et leur possible qualification juridique ; s'agissant d'ouvrir une instruction, la formulation doit demeurer prudente, l'objectif de l'instruction qui suivra étant précisément d'établir à la fois les faits et leur qualification juridique : l'utilisation du conditionnel ou de formules comme « ... susceptible de constituer une infraction... » est donc de mise.

Le parquet, en rédigeant un réquisitoire, doit avoir à l'esprit que cet acte a deux fonctions essentielles : d'une part, demander et encadrer une instruction contentieuse, ce qui implique que le rapporteur doit pouvoir comprendre ce qui lui est demandé ; d'autre part, le réquisitoire doit être rédigé de telle sorte que les gestionnaires éventuellement concernés puissent saisir ce qui leur est reproché : en effet, le réquisitoire leur sera communiqué en cas de mise en cause[3], et il doit être suffisamment clair pour qu'ils puissent préparer leur défense.

Dès lors, un réquisitoire doit être à la fois clair et précis : clair quant à la période de gestion visée, clair sur le champ des faits qui doivent faire l'objet de l'instruction – les faits doivent être clairement bordés, mais pas pour autant comporter tous les détails – et précis quant aux infractions recherchées.

En revanche, le réquisitoire n'a pas besoin, encore, de citer précisément les personnes dont la responsabilité pourra *in fine* être mise en cause ; d'ailleurs, les textes prévoient expressément qu'un réquisitoire peut être pris contre personne non dénommée[4], et le juge de cassation a confirmé qu'une personne qui n'avait pas été mentionnée nommément dans le réquisitoire introductif pouvait être condamnée par la Cour, si bien entendu la procédure contradictoire (de la mise en cause jusqu'à l'audience) prévue par les textes a été respectée[5]. Tel sera par exemple le cas, souvent, lorsqu'un réquisitoire n'est pas fondé sur un déféré. En outre, citer de nombreux noms de personnes au stade du réquisitoire n'est pas conseillé parce que cela risque de trop préjuger de l'instruction. Lorsqu'un nom de personne est cité dans un réquisitoire, le rapporteur aura du mal à ne pas la mettre officiellement en cause, alors que la mise en cause est bien, depuis la réforme entrée en vigueur en 2023, une décision du seul rapporteur, et non du parquet, contrairement à ce qui était le cas du temps de la CDBF[6].

Clair et précis, un réquisitoire ne doit pas pour autant être long. La tendance historique est néanmoins à l'allongement : si dans les années 1990 un réquisitoire CDBF était concentré sur quelques pages dactylographiées, les réquisitoires actuels dépassent systématiquement douze pages, et peuvent même dépasser la vingtaine de pages.

Un réquisitoire, comme indiqué plus haut, doit contenir tout ce qui est nécessaire pour cadrer l'instruction : la période de gestion, les faits et les infractions présumées.

Mais si les éléments juridiques doivent être largement développés (car c'est là qu'est logée la plus-

1. CDBF 17 juin 2011, *Institut géographique national (IGN)*, n° 176-655 ; *Rec.* p. 158 ; *GFP* 2013, n° 5, p. 73, note S. Damarey, M. Lascombe et X. Vandendriessche.
2. Formule finale des réquisitoires : « PAR CES MOTIFS, SAISISSONS la Cour des faits précités, sur la base des articles L. 142-1-2 et R. 142-1-1-1° du code des juridictions financières, et PRIONS Monsieur le président de la chambre du contentieux de la Cour des comptes de désigner un rapporteur chargé de les instruire, en application des articles L. 142-1-4 et R. 142-2-1 du même code ».
3. V. s[s] n° 524.12.
4. CJF, art. R. 142-1-1 : « Saisi en application de l'article L. 142-1-1, le ministère public décide, dans un délai de deux mois : 1° Soit d'engager les poursuites. Le réquisitoire peut être pris contre personne dénommée ou non dénommée ; [...] ».
5. CE 22 juin 1987, *Dehaye*, req. n° 77001.
6. CJF, anc. art. L. 314-5, al. 3 : « Les personnes à l'égard desquelles ont été, en cours d'instruction, relevés des faits de nature à donner lieu à renvoi devant la Cour en sont avisées, à la diligence du ministère public, par lettre recommandée avec demande d'avis de réception, précisant qu'elles sont autorisées à se faire assister, dans la suite de la procédure, par un conseil de leur choix » ; texte abrogé le 31 déc. 2022.

value essentielle du parquet par rapport à un déféré), il n'en va pas forcément de même pour les faits, dont les détails relèvent plutôt de l'instruction et de la phase qui suit la clôture de cette dernière. Les chiffres détaillés d'un marché public par exemple ne sont pas, à ce stade, indispensables. Par ailleurs, un réquisitoire peut aussi renvoyer à des pièces et des éléments figurant dans le déféré ou dans des pièces jointes, sans forcément les reprendre tous dans leur moindre détail, puisqu'ils figurent dans le dossier.

Comme déjà souligné, la question de la responsabilité individuelle sera détaillée avant tout dans l'instruction puis, surtout, dans la décision de renvoi ; quant aux circonstances atténuantes, il appartient à la défense, davantage qu'à l'accusation, d'en fournir les éléments détaillés en cours d'instruction, voire après cette dernière.

Rien n'empêcherait donc, théoriquement, le parquet de retrouver la concision des réquisitoires d'il y a une trentaine d'années ; néanmoins, la tendance à l'allongement des réquisitoires comporte également des avantages, surtout pour la défense, mieux informée des charges proposées à son encontre.

Les textes ne précisent pas non plus la nature des pièces à l'appui ni la composition du dossier. Mais pour que l'accusation soit bien étayée, et pour qu'elle puisse convaincre le magistrat instructeur, tout réquisitoire doit comporter un maximum de pièces établissant les charges qu'il formule. Certes, le réquisitoire peut également renvoyer à l'instruction pour obtenir telle ou telle pièce, lorsqu'il n'en dispose pas encore ; et certes encore, le Procureur peut verser des pièces nouvelles au dossier d'une affaire contentieuse à tout moment de la procédure[1]. Rien n'empêche d'ailleurs au parquet de tenter d'obtenir des pièces complémentaires par rapport au déféré, sur la base de ses prérogatives propres[2] ; les moyens d'enquête du parquet étant toutefois extrêmement réduits, cette hypothèse est plutôt rare, le choix du législateur ayant été de concentrer les moyens d'enquête au siège.

Le dossier à l'appui du réquisitoire sera entièrement versé au dossier de l'affaire ; le parquet n'y placera donc pas de pièces inutiles au contentieux. Certes, un déféré et ses pièces seront le plus souvent intégralement mis à l'appui du réquisitoire ; mais le Parquet peut également décider de retrancher certaines pièces du déféré, en particulier lorsqu'elles sont étrangères aux charges finalement retenues dans le réquisitoire ; dans ce cas, les pièces ôtées correspondent alors à un classement partiel, explicite ou implicite, ce qui relève parfaitement du pouvoir discrétionnaire du Procureur général.

On ne peut pas faire grief au Procureur général de ne pas avoir versé au dossier des pièces qu'il ne détenait pas ou qui n'auraient pas été communicables : la CDBF a ainsi rejeté le moyen tiré de ce que le Procureur général aurait refusé de joindre au dossier de l'instruction CDBF les comptes rendus de séance de chambre de la Cour des comptes dans le cadre du contrôle de la gestion de l'établissement public en cause, car « le code des juridictions financières ne prévoit pas la rédaction de comptes rendus des séances de chambre, lesquels seraient de toute façon couverts par le secret du délibéré et de ce fait non communicables »[3].

514.33 Jonction ou disjonction (scission) d'affaires au stade du réquisitoire. Plusieurs déférés peuvent donner lieu chacun à un réquisitoire, puis être joints au sein d'une même instruction[4]. Du temps de la CDBF, le Procureur général pouvait également décider de joindre plusieurs déférés dans une même affaire, donnant lieu dès le départ à un réquisitoire unique. Ce cas de figure, d'ailleurs relativement fréquent, surtout en cas de déférés successifs[5], ne pourra plus se présenter depuis qu'en 2024 la Cour a imposé, dans un arrêt[6], que chaque déféré pris isolément doit donner lieu à un réquisitoire introductif, que donc un supplétif ne suffit pas pour saisir valablement la Cour sur la base d'un nouveau déféré.

Inversement, le Procureur général est libre de scinder – ou disjoindre – un déféré en deux réquisitoires distincts, voire davantage[7].

514.34 Traitement et notification du réquisitoire. Une fois signé par le procureur général, le réquisitoire est reçu par la chambre du contentieux ;

1. CJF, art. L. 142-1-4, 3e al. : « À tout moment de l'instruction, le ministère public peut requérir tous actes et produire tout document ou pièce lui paraissant utiles à la manifestation de la vérité » – Art. R. 142-2-13, dernier alinéa : « Le ministère public peut, au vu d'éléments nouveaux ou de pièces versées au dossier postérieurement à la décision de renvoi, saisir la chambre du contentieux d'un réquisitoire supplétif jusqu'au jour de l'audience publique ».
2. CJF, art. R. 112-12 : « Le procureur général communique avec les administrations. Il assure les échanges d'informations entre la Cour des comptes et les juridictions ainsi que les autorités chargées d'un pouvoir de sanction ».
3. CDBF 17 juin 2011, *Institut géographique national (IGN)*, n° 176-655 ; *Rec.* p. 158 ; *GFP* 2013, n° 5, p. 73, note S. Damarey, M. Lascombe et X. Vandendriessche.
4. CDBF 6 mai 2009, *Assoc. Union interprofession enseignement [UNIPE-PE] et Union interprofession insertion professionnelle [UNIPE-IP]*, n° 166-586/624 ; *Rec.* p. 75 ; *AJDA* 2009. 2456, note N. Groper et C. Michaut ; *GFP* 2011, n° 7, p. 500, note M. Lascombe et X. Vandendriessche.
5. V. ss n° 512.52.
6. C. comptes 3 mai 2024, *Chambre régionale d'agriculture de Bretagne (CRAB) et Association pour la traçabilité et le développement d'outils pour l'identification et de logiciels d'élevage (e-toile)*, nos 856 et 870, S-2024-0696 ; *AJDA* 2024. 1327, chron. N. Péhau et L. Vergallo.
7. Sur les éléments généraux concernant la jonction et la disjonction (ou scission) d'affaires, v. ss n° 511.14.

le greffe le verse au dossier de l'affaire, dont il constitue la première pièce.

Le réquisitoire n'est notifié ni à l'organisme concerné, ni aux gestionnaires publics éventuellement concernés et qui auraient déjà été identifiés à ce stade ; ces derniers n'en recevront copie qu'au moment de la mise en cause officielle par le rapporteur, donc une fois l'instruction contentieuse commencée [1].

En revanche, l'autorité de déféré doit être informée de la suite que le Procureur général réserve au déféré ; un réquisitoire, au même titre d'ailleurs qu'un classement initial, doit donc être porté à la connaissance de cette autorité par le parquet [2].

514.35 **Réquisitoire supplétif.** Le procureur général est également habilité à modifier le réquisitoire introductif en cours d'instance, à travers un réquisitoire supplétif.

Si, du temps de la CDBF, le juge financier hésitait, pour désigner ce type d'acte, entre deux terminologies proches, réquisitoire complémentaire et réquisitoire supplétif, la réforme entrée en vigueur en 2023 a tranché le débat, en retenant la notion de réquisitoire supplétif [3].

Un réquisitoire intervient lorsque le procureur souhaite élargir le champ des faits soumis à instruction [4].

Ce besoin d'élargir l'instruction peut avoir plusieurs sources : il peut résulter d'une demande du rapporteur, qui doit signaler au parquet lorsqu'il a connaissance de faits qui ne figurent pas dans le réquisitoire introductif [5] ; il peut être la conséquence de toute information nouvelle apprise par le Procureur général, par exemple à travers un signalement : dans ce cas il s'agit d'un réquisitoire supplétif d'initiative.

Ainsi, dans une affaire déclenchée sur la base d'éléments transmis par la Cour des comptes et concernant un organisme public, un réquisitoire complémentaire a été pris par le Procureur général à la suite d'informations nouvelles transmises par la Cour des comptes et concernant un second organisme public, la Cour des comptes ayant appris que la gestion irrégulière menée dans l'un avait engendré un reliquat qui avait été transféré au second [6].

Un supplétif peut être pris à tout moment de la procédure, jusqu'à l'audience publique [7]. Dans tous les cas, il s'agit d'une faculté : le Procureur n'est jamais tenu de prendre un réquisitoire supplétif, quelle que soit l'origine de la demande.

Du temps de la CDBF, un supplétif pouvait traiter des déférés successifs ; tel ne semble plus pouvoir être le cas depuis un arrêt de la Cour [8] qui oblige désormais le parquet de prendre un réquisitoire introductif pour chaque déféré, même lorsqu'il s'ajoute à une affaire existante, avec laquelle il pourra être joint.

Le réquisitoire supplétif peut permettre de joindre deux affaires jusque-là traitées distinctement, alors qu'elles mettent en jeu les mêmes personnes et les mêmes institutions [9].

Un réquisitoire supplétif, comme l'introductif, interrompt la prescription [10].

Il n'est pas rare que, dans une même affaire contentieuse, interviennent plusieurs réquisitoires supplétifs.

La circonstance que les conclusions du ministère public aient été modifiées entre le réquisitoire et la décision de renvoi n'a pas pour effet d'entacher d'irrégularité la procédure [11], à condition bien entendu que la personne mise en cause puisse être mise en position de se défendre contre le réquisitoire modifié.

Le réquisitoire supplétif, comme le réquisitoire introductif, est adressé au président de la chambre du contentieux. Il doit être versé au dossier de l'affaire.

Lorsqu'il intervient *après* la mise en cause de personnes par le rapporteur [12] dans le cadre de l'instruction en cours, suffit-il que le greffe indique aux parties qu'une pièce complémentaire a été versée au dossier par le parquet, ou faut-il une nouvelle ordonnance de mise en cause transmettant à la personne concernée copie du réquisitoire supplétif ? Les textes sont muets à ce sujet. Il semble que l'on puisse

1. V. s^s n° 524.12.
2. CJF, art. R. 142-1-1, dernier alinéa : « Le ministère public informe l'autorité de déféré de sa décision ».
3. CJF, art. L. 142-1-3, al. 3 ; art. R. 142-2-2 ; art. R. 142-2-13.
4. PAR EX. : CDBF 17 févr. 1988, *Direction des services vétérinaires des Alpes de Haute-Provence, Assoc. Groupement de défense sanitaire [GDS] et Assoc. Groupement vétérinaire pratique [GVP], CCP*, n° 3, p. 122 ; *Lebon* 538.
5. CJF, art. L. 142-1-4, al. 4 : « Lorsque le magistrat chargé de l'instruction a connaissance de faits qui ne sont pas mentionnés au réquisitoire introductif, il en informe sans délai le ministère public ».
6. CDBF 16 déc. 2003, *Institut national polytechnique de Grenoble [INPG] et Université Joseph Fourier Grenoble I [UJF], Rec.*, p. 153 ; *AJDA* 2004. 1233, note N. Groper.
7. CJF, art. R. 142-2-13, dernier al. : « Le ministère public peut, au vu d'éléments nouveaux ou de pièces versées au dossier postérieurement à la décision de renvoi, saisir la chambre du contentieux d'un réquisitoire supplétif jusqu'au jour de l'audience publique ».
8. C. comptes 3 mai 2024, *Chambre régionale d'agriculture de Bretagne (CRAB) et Association pour la traçabilité et le développement d'outils pour l'identification et de logiciels d'élevage (e-toile)*, n°s 856 et 870, S-2024-0696 ; *AJDA* 2024. 1327, chron. N. Péhau et L. Vergallo.
9. CDBF 4 déc. 2002, *Caisse centrale de la mutualité agricole [CCMSA] et SCI Mutualité Astorg, Rev. Trésor* 2004. 48, note M. Lascombe et X. Vandendriessche ; *Rec.*, p. 112.
10. CJF, art. L. 142-1-3, al. 3.
11. CE 17 et 19 juill. 2013, *M. Lévy* [affaire CDBF *Institut géographique national*], req. n° 351985 ; *Rec.* p. 241.
12. V. s^s n° 524.12.

distinguer les cas de figure suivants : lorsque les faits nouveaux concernent des personnes qui n'avaient pas encore été mises en cause, il convient évidemment d'opérer les mises en cause complémentaires nécessaires ; lorsque sont concernées des personnes déjà mises en cause, il s'agit d'un simple élargissement du champ de l'instruction, mais bien que les intéressés aient accès au dossier et soient en mesure, une fois informés du versement de cette nouvelle pièce, d'exercer leurs droits de la défense, il semble plus prudent de leur notifier l'acte supplétif *via* une nouvelle ordonnance de mise en cause. En effet, l'ordonnance de mise en cause crée le lien entre les faits soulevés par le ministère public, lesquels circonscrivent le champ de l'instruction, et les personnes susceptibles d'en être déclarées responsables et appelées à en répondre, et si ce champ évolue, il semble préférable, dans l'intérêt des justiciables, qu'une ordonnance de mise en cause complémentaire soit effectuée.

Tout comme le réquisitoire introductif, tout réquisitoire supplétif doit être adressé pour information à l'autorité de déféré[1].

SECTION 4
CAS PARTICULIERS DE SAISINE DE LA COUR

514.41 Autres cas de saisine de la Cour. Dans certains cas, la Cour - plus précisément la formation de jugement de premier ressort - peut se trouver saisie directement par des requêtes ou renvois particuliers ; toutefois, comme le contentieux financier est une matière répressive, même dans ces cas, il y aura forcément eu, en amont, un ou plusieurs réquisitoires, engageant les poursuites.

Les cas particuliers de saisine ne sont donc que des suites de réquisitoires.

Ainsi, en cas de renvoi d'une affaire par le Conseil d'État après cassation, la CDBF était saisie par l'arrêt du Conseil d'État lui-même, qui était alors visé par le second arrêt de la Cour, rendu après renvoi[2] ; mais ce type de saisine par renvoi n'est que la suite de poursuites engagées à l'origine par le Parquet.

Autre cas particuliers de saisine : renvoi par le Conseil d'État sans cassation, après renvoi de la CDBF au Conseil d'État pour incapacité de statuer[3] ; renvoi après non-transmission d'une QPC[4] ; recours en révision, auquel cas la Cour est saisie par le recours lui-même[5] ; la tierce opposition[6].

Dans tous les cas, ces recours ou renvois avaient été précédés par un réquisitoire, puisque le Parquet a le monopole des poursuites en matière répressive.

À noter en ce sens que la juridiction financière répressive ne peut que refuser d'élargir une saisine sur demande d'une personne mise en cause ; c'est au Procureur général qu'appartient le monopole de la saisine[7].

1. CJF, art. R. 142-1-1, dernier alinéa.

2. PAR EX. : CDBF 23 mars 2004, *OPIHLM de la région de Creil*, 2e arrêt, *Rev. Trésor* 2005. 700, note M. Lascombe et X. Vandendriessche ; *Lebon* 529 ; *Rec.*, p. 131.
3. CDBF 17 juin 2005, *CHS Paul Guiraud de Villejuif*, 2e arrêt, *Rev. Trésor* 2005. 708, note M. Lascombe et X. Vandendriessche ; *Lebon* 674 ; *Rec.*, p. 117.
4. CE 23 févr. 2023, *M. Chopin*, req. no 469199 ; concl. N. Agnoux. Suite à la transmission d'une QPC par CDBF 24 nov. 2022, *Régie régionale des transports des Landes (RRTL)*, no 264-865 ; *Rec.* p. 159. Arrêt rendu après renvoi du juge de cassation : C. comptes 20 oct. 2023, *Régie régionale des transports des Landes (RRTL)*, no 865, S-2023-1184 ; *Rec.* p. 34 – Sur la QPC, v. ss no 55.11.
5. CDBF 23 mars 2004, M. *X [recours en révision], AJDA* 2004. 1240, note N. Groper ; – Sur ce recours extraordinaire, v. ss no 562.11.
6. CDBF 17 juin 2005, *Requête en tierce opposition de la Sté FIP-Auxifip, Rec.*, p. 125 ; *Rev. Trésor* 2005. 707, note M. Lascombe et X. Vandendriessche ; *AJDA* 2005. 2397, note N. Groper et E. Giannesini ; *Lebon* 673 ; – V. ss no 563.21.
7. CDBF 14 et 16 janv. 1998, *min. des Affaires étrangères, service des immeubles et affaires générales [Siag], Rev. Trésor* 1999. 200 ; *Lebon* 647 ; *Rec.*, p. 129 (extraits).

CHAPITRE

515. Classement et rappel à la loi après déféré

SECTION 0 ORIENTEUR

515.00 Sommaire du chapitre.

SECTION UNIQUE EXERCICE DE L'OPPORTUNITÉ DES POURSUITES APRÈS UN DÉFÉRÉ

515.11 Faculté de classer un déféré : « classement initial », « classement *ab initio* », « classement après déféré ». Si le Procureur général estime qu'il n'y a pas lieu de procéder à l'instruction de l'affaire déférée, il peut procéder au classement de celle-ci *ab initio*[1].

Il s'agit d'une faculté propre au Procureur, dans le cadre de l'opportunité des poursuites dont il est maître.

Comme pour le réquisitoire, la décision doit intervenir au plus tard deux mois après enregistrement du déféré[2] ; ce délai constitue une innovation de la réforme entrée en vigueur le 1er janvier 2023.

La loi ne prévoit pas d'obligation de motivation des classements à ce stade ; rien n'interdit toutefois au Procureur général de motiver malgré tout sa décision, ce qui se fait parfois et ce qui a l'avantage d'éviter l'incompréhension que ce type de décision suscite parfois auprès des autorités de déféré[3]. La possibilité, ouverte par la réforme précitée, d'accompagner un classement d'un rappel à la loi[4], répond en partie à cette question.

Dans la pratique, les classements opérés à ce stade de la procédure s'expliquent par l'insuffisance des éléments déférés pour tomber sous le coup des infractions sanctionnées par la Cour, ou encore par la prescription des faits, par l'impossibilité de qualifier juridiquement les faits au regard des infractions, ou encore par l'insuffisante gravité des faits. Le *Rapport annuel de la CDBF*, depuis le milieu des années 2000, comportait une partie consacrée aux décisions de classement, permettant de mieux cerner la « jurisprudence négative » qui est celle du Procureur général en matière d'opportunité des poursuites.

En volume, la plus grande partie des classements concerne des affaires relatives à l'inexécution des décisions de justice[5], dans lesquelles la perspective d'une possible saisine de la juridiction financière constitue avant tout un outil de pression, de menace, exercé pour obtenir le payement d'une somme d'argent. Une fois ce payement obtenu, le Parquet classera le plus souvent l'affaire, puisque le but aura été atteint.

À la différence du courrier déclarant l'irrecevabilité d'un « déféré », les décisions de classement du Procureur général sont des actes indétachables des fonctions juridictionnelles et échappent donc au contentieux de l'excès de pouvoir : « rappelons pour raisonner par analogie qu'en matière pénale, le minis-

1. CJF, art. L. 142-1-2 : « Le ministère public près la Cour des comptes apprécie les suites à donner aux déférés mentionnés à l'article L. 142-1-1 » – Art. R. 142-1-1 : « Saisi en application de l'article L. 142-1-1, le ministère public décide, dans un délai de deux mois : 1° Soit d'engager les poursuites. Le réquisitoire peut être pris contre personne dénommée ou non dénommée ; 2° Soit de classer l'affaire. Le ministère public peut, s'il y a lieu, rappeler à l'auteur des faits les obligations résultant de la loi. Le ministère public informe l'autorité de déféré de sa décision ».
2. CJF, art. R. 142-1-1-2°.
3. Pour un exemple de classement motivé après déféré, parce que les éléments constitutifs de l'infraction n'étaient pas constitués : Procureur général, classement du 21 déc. 2023, *Université de M.*, affaire RFGP n° 53.
4. V. s[s] n° 515.12.
5. V. s[s] n° 452.33.

tère public est toujours libre d'apprécier l'opportunité d'engager des poursuites en cas d'infraction, et que la décision qu'il prend alors, quel que soit son sens, n'est en aucun cas susceptible d'être appréciée par une juridiction de l'ordre administratif »[1].

Si un déféré fait naître un dossier numéroté, c'est le réquisitoire qui crée véritablement une affaire contentieuse ; de ce fait, le dossier de l'affaire certes existe, mais il n'est pas ouvert aux parties... puisqu'il n'y en a pas. Aucune personne n'est à ce stade encore mise en cause[2], et l'autorité de déféré elle-même, si elle est obligatoirement informée d'un classement, n'est pas pour autant une partie et n'a pas davantage accès au dossier. Cela vaut également pour l'avocat d'un créancier ayant déféré une inexécution de décision de justice.

515.12 Faculté d'accompagner le classement d'un rappel à la loi. Les textes permettent, depuis 2023, au Procureur général, en cas de classement *ab initio*, de décider d'accompagner la décision de classement non motivée d'un rappel à la loi : « le ministère public peut, s'il y a lieu, rappeler à l'auteur des faits les obligations résultant de la loi »[3].

Jusque-là, le Procureur général aurait pu, parallèlement à un classement, adresser une communication administrative à l'autorité concernée (communication du Procureur général, CPG[4]), mais il ne faisait guère usage d'une telle possibilité, finalement assez proche du rappel à la loi, en cas de déféré ; en revanche, l'utilisation de la CPG a toujours existé en l'absence de déféré, soit à la demande d'une chambre de la Cour ou d'une CRTC à la suite d'un contrôle de régularité, soit d'initiative.

Le rappel à la loi se distingue de la simple CPG par son formalisme particulier, assez proche dans sa présentation de celle d'un réquisitoire.

Dans de rares cas, le parquet peut préférer une CPG à un rappel à la loi : la CPG peut ainsi garder le silence sur l'existence d'un déféré classé, ce qui peut protéger l'autorité de contrôle à l'égard de l'administration[5].

1. CE 13 janv. 1971, *Assoc. de défense des contribuables du Touquet*, req. n° 78599 ; *Lebon* 33, concl. M.-D. Hagelsteen, préc., p. 228.
2. V. s[s] n° 524.12. – CJF, art. R. 142-2-3 et art. R. 142-2-5 désignent les personnes pouvant accéder au dossier d'une affaire contentieuses.
3. CJF, art. 142-1-1-2°.
4. V. s[s] n°s 516.11 s.
5. Ex. : C. comptes 27 févr. 2023, *Système d'information de X*, Communication du procureur général n° 23-08, *Rec.* 71.

CHAPITRE

516. Actes précontentieux du Parquet général et procédures alternatives au contentieux financier

SECTION 0
ORIENTEUR

516.00 Sommaire du chapitre.

SECTION 1
ARTICULATION ENTRE COMPÉTENCES ADMINISTRATIVES ET CONTENTIEUSES DU PROCUREUR GÉNÉRAL PRÈS LA COUR DES COMPTES

516.11 Singularité du Parquet général près la Cour des comptes : compétences contentieuses et administratives. Seul parquet placé auprès d'une juridiction administrative, le Procureur général près la Cour des comptes et près la Cour d'appel financière se distingue également des parquets judiciaires en ce qu'il exerce, à l'image de la juridiction financière elle-même, à la fois des missions juridictionnelles et non-juridictionnelles, ou « administratives ».

Ces compétences se complètent et s'articulent : en effet, dans sa mission de garant de l'ordre public financier, le Procureur général est susceptible de choisir entre différentes suites, alternativement ou successivement.

En vertu du code des juridictions financières, le procureur général, qui exerce le ministère public près la Cour des comptes, la Cour d'appel financière et les formations communes aux juridictions financières, veille à l'application de la loi, sur l'ensemble du champ de compétences des juridictions financières, y compris administratives. S'agissant des compétences contentieuses des juridictions financières, il met en mouvement et exerce l'action publique[1].

En matière contentieuse, le Procureur général s'exprime par les actes suivants[2] : réquisitoires et réquisitoires successifs ; décisions de classement ; décisions de renvoi ; autres actes exprimant le rôle de partie accusatrice qui lui est dévolu en vertu des textes (versement de pièces au dossier ; demande de complément d'instruction ; demande de citation de témoins...). Cette matière contentieuse, nationale, relève du seul pouvoir de décision du Procureur général près la Cour des comptes ; les procureurs financiers en région ne disposent point de ce pouvoir contentieux au regard des chambres près desquelles ils sont placés, puisque celles-ci n'ont plus de compétence juridictionnelle ; en revanche, ils participent à la fonction contentieuse nationale en assistant le Procureur général dans cette tâche nationale[3], pour laquelle ils agissent, si l'on peut dire, avec une autre « casquette », nationale et non régionale.

En matière non contentieuse, le Procureur général près la Cour des comptes exerce le ministère public par voie de conclusions ou d'avis[4] rendus sur

1. CJF, art. L. 112-2 : « Le procureur général exerce le ministère public près la Cour des comptes, la Cour d'appel financière et les formations communes aux juridictions mentionnées à l'article L. 141-13. Il veille à l'application de la loi. Il met en mouvement et exerce l'action publique. Il veille au bon exercice du ministère public près les chambres régionales et territoriales des comptes et à la cohérence de l'action publique sur le territoire. Il oriente et coordonne l'action des procureurs financiers. À cette fin, il leur adresse des instructions [...] ».
2. CJF, art. L. 142-1-1 s.
3. CJF, art. L. 112-2, dernier al. : « Les procureurs financiers, représentant le ministère public près les chambres régionales et territoriales des comptes, assistent le procureur général dans l'exercice de ses fonctions juridictionnelles ».
4. CJF, art. R. 112-9 et R. 112-10.

les travaux non juridictionnels de la Cour[1]. Les procureurs financiers près les chambres régionales et territoriales des comptes exercent des fonctions non juridictionnelles similaires près les chambres régionales et territoriales[2].

Lorsqu'il existe un lien entre les travaux de contrôle, donc l'activité non juridictionnelle, et les suites contentieuses, le rôle du parquet se trouve logiquement renforcé : lui sont ainsi obligatoirement communiqués, avec pièces à l'appui, les rapports sur des faits susceptibles de justifier une saisine de la chambre du contentieux *via* un déféré, ou justifier une transmission au procureur de la République judiciaire[3].

Les actes du Procureur général en matière non contentieuse sont donc d'abord internes, essentiellement des conclusions sur les rapports ; mais ils peuvent également être externes : en effet, le Procureur général peut communiquer avec les administrations[4]. Les procureurs financiers en région disposent d'un pouvoir similaire, bien que davantage encadré[5].

En outre, le Procureur général assure obligatoirement les échanges d'informations entre la Cour des comptes et les juridictions ainsi que les autorités chargées d'un pouvoir de sanction[6], comme l'AFA[7] ou la HATVP, ainsi qu'avec les inspections[8].

La disposition selon laquelle le Procureur général près la Cour des comptes peut communiquer avec les administrations lui ouvre de larges possibilités d'échanger avec les structures contrôlées par les juridictions financières ; elle couvre dans la pratique une grande diversité de « communications », soit à la demande du siège, soit sur initiative propre. Celles-ci peuvent être en lien directement ou indirectement avec l'activité contentieuse, soit en s'y substituant, soit en la préparant[9].

516.12 Moyens d'enquête limités du Parquet. Le contentieux financier est conçu de telle sorte que l'instruction est menée en partie en amont d'un déféré, par une autorité de contrôle, puis par la chambre du contentieux, sur la base d'un réquisitoire. Le Parquet général ne dispose guère de moyens d'enquête proprement dits ; néanmoins, la prise d'un réquisitoire introductif d'instance, lorsqu'il se fonde sur un déféré peu documenté ou sur un simple signalement, peut requérir un minimum de recherches soit en « source ouverte », soit par le biais de questions posées à l'administration[10], afin de mieux cerner les faits et leur qualification, faute de quoi le Procureur général ne peut pas raisonnablement décider de l'opportunité de poursuivre au contentieux.

Autrement dit, le parquet peut, dans la limite de ses moyens, jouer un rôle actif dans la phase précontentieuse.

SECTION 2
ACTES PRÉCONTENTIEUX DU PROCUREUR GÉNÉRAL

516.21 Actes précontentieux faisant suite à un déféré. Un déféré formulé par une autorité habilitée saisit le Procureur général, qui doit décider, dans un délai de deux mois, de prendre un réquisitoire ou de décider le classement.

Cette décision, pour qu'elle puisse être éclairée, peut requérir de simples recherches en base ouverte (presse ; contrôles antérieurs...) ou des actes précontentieux, de nature administrative.

Il en va ainsi quasi systématiquement en cas de déféré d'un créancier[11], pour vérifier, auprès de l'administration dont le non-payement est dénoncé par le créancier, les raisons de cette inexécution. Une lettre est alors adressée par le parquet à l'administration débitrice ; lorsque celle-ci exécute le payement, le Procureur général décidera souvent d'un classement du déféré, sauf cas de gravité particulière (récidive ou caractère massif de l'inexécution)[12].

Il peut également arriver que des déférés d'autres autorités conduisent à des actes précontentieux ; c'est toutefois plus rare, car lorsque le déféré provient d'une autorité de contrôle, il devrait en principe être suffisamment documenté pour permettre une prise de décision.

En toute hypothèse, le délai de deux mois, imposé par les textes au procureur général pour décider des suites d'un déféré[13], rend les marges de manœuvre précontentieuses *de facto* assez limitées.

516.22 Actes précontentieux sur initiative propre. Le Procureur général étant habilité à prendre un réquisitoire sur initiative propre, donc sans y être

1. Sur ce sujet, v. s[s] n°s 111.11 s.
2. CJF, art. R. 212-14 s.
3. CJF, art. R. 112-10 – Une règle similaire existe dans les chambres régionales et territoriales des comptes au profit des procureurs financiers : CJF, art. R. 212-16.
4. CJF, art. R. 112-12.
5. CJF, art. R. 212-18, al. 1er : « Dans le cadre des attributions du ministère public, le procureur financier peut correspondre avec toutes autorités, administrations et juridictions dans le ressort de la chambre régionale des comptes ».
6. CJF, art. R. 112-12.
7. Par ailleurs autorité de déféré, v. s[s] n° 512.11.
8. CJF, art. R. 141-6. Les inspections ministérielles sont en outre autorités de déféré, v. s[s] n° 512.17.
9. V. s[s] n°s 516.21 et 516.22.
10. Sur la base de la possibilité, ouverte au parquet, de communiquer avec les administrations (CJF, art. R. 112-12).
11. V. s[s] n° 452.31.
12. V. s[s] n° 452.33.
13. CJF, art. R. 142-1-1.

invité par un déféré, il doit, pour exercer cette compétence, disposer d'informations pertinentes, qu'elle qu'en soit la provenance (signalement d'un citoyen ; presse...). Dans ce cas, les indices initiaux sont souvent insuffisants pour prendre la décision d'enclencher immédiatement une procédure contentieuse. Dans ce cas, le parquet général est susceptible de mettre en œuvre des recherches, y compris par voie de communication non juridictionnelles avec les administrations, comme le lui permet le code des juridictions financières [1].

SECTION 3
ALTERNATIVES AU CONTENTIEUX FINANCIER

516.31 **Communication du Procureur général (CPG).** Lorsque le Procureur général dispose d'informations sur des violations de règles dans des structures soumises au contrôle des juridictions financières, il peut communiquer ces éléments à la structure concernée. Ces informations portant sur des irrégularités peuvent provenir de travaux de contrôle des juridictions financières par exemple, d'éléments dont a connaissance le parquet en application des textes (jugements prononçant des astreintes ; réquisitions des comptables publics par des ordonnateurs) ou encore de signalements.

La communication « régularité » ainsi transmise par le Procureur général aux administrations, sur la base de sa compétence générale de communication non juridictionnelle [2], est intitulée « communication du Procureur général » (CPG). Elle appelle une réponse de l'administration dans un délai déterminé par le parquet. La CPG est non publique – à la différence de la plupart des communications émanant du siège des juridictions financières.

La CPG peut être le fruit d'une décision collégiale d'une chambre de la Cour, ou être prise d'initiative. Différents types de CPG sont distingués, mais il s'agit là d'une typologie purement interne.

Du point de vue de son contenu, une CPG « régularité » aura quelques similitudes avec le rappel à la loi susceptible d'accompagner un classement, présenté plus haut [3] ; dans des cas rares, la CPG peut même remplacer un rappel à la loi, ce qui permet de ne pas informer l'administration concernée qu'un déféré a été classé [4].

La CPG constituera le plus souvent une alternative au contentieux, y compris en cas de déféré classé parallèlement, mais elle peut également préparer un contentieux futur, en fonction de réponses fournies par l'administration.

Sur la forme, la CPG se distinguera d'autres communications du parquet, moins formelles, par exemple des lettres de relance envoyées à la suite de déférés de créanciers [5], ou de simples courriels de demandes d'information.

516.32 **Transmission au parquet judiciaire.** Le parquet général près la Cour des comptes, tout comme les procureurs financiers en région, constituent le point de passage obligé des transmissions pénales décidées par les juridictions financières [6]. Dans ce cas, le Procureur général est obligé de transmettre ce signalement décidé par le siège à l'autorité judiciaire, sans pouvoir propre de décision.

Toutefois, le Procureur général peut également saisir le parquet judiciaire de sa propre initiative, en application des règles générales du code de procédure pénale [7]. Cela peut se produire en particulier au vu du signalement, par des citoyens, de faits relevant d'infractions pénales et que les juridictions financières ne peuvent pas traiter. En outre, cette compétence lui permet, le cas échéant, dans le cadre de l'opportunité des poursuites en contentieux financier, de rediriger vers le pénal un déféré classé, parce qu'il n'est pas susceptible de prospérer en droit public financier, alors qu'une infraction pénale est susceptible d'être constituée [8]. L'hypothèse inverse est d'ailleurs également possible, à travers le pouvoir de déféré des procureurs judiciaires [9].

516.33 **Transmission à d'autres autorités dotées d'un pouvoir de sanction.** Saisi en ce sens par le siège ou sur initiative propre, notamment sur la base d'un signalement formulé par un citoyen, le Procureur général peut, plutôt que d'engager une procédure contentieuse, renvoyer des faits à une autorité dotée de pouvoirs de sanction non juridictionnels, comme l'AFA ou encore la HATVP. Ce type de transmission se fait à travers une communication du Procureur général (CPG).

516.34 **Transmission à des autorités de contrôle.** Sur la base de signalements reçus des citoyens, le Procureur général peut, à défaut d'engager immédiatement un contentieux, notamment parce que les faits ne sont pas suffisamment documentés ou ne sont pas qualifiables au titre des infractions financières, renvoyer ces informations à des autorités de contrôle, qu'elles soient internes à l'administration

1. CJF, art. R. 112-12.
2. CJF, art. R. 112-12.
3. V. s^s n° 515.12.
4. C. comptes 27 févr. 2023, *Système d'information de X*, Communication du procureur général n° 23-08, *Rec.* 71.
5. V. s^s n° 452.33.
6. NOT. : CJF, art. L. 111-1, dernier al.
7. C. pr. pén, art. 40.
8. V. s^s n°s 223.43 et 231.24.
9. V. s^s n° 512.16.

comme les inspections ministérielles par exemple, ou externes, comme la Cour des comptes dans ses fonctions non juridictionnelles et les chambres régionales et territoriales des comptes.

Une telle transmission est purement pour information ou suggestion : le Procureur général ne peut pas obliger ces autorités à programmer un contrôle.

Si un contrôle de régularité est effectué sur cette base, il est susceptible de donner lieu ultérieurement, en fonction des éléments révélés dans ce contrôle, à une suite contentieuse. En ce sens, la transmission d'éléments aux autorités de contrôle peut être qualifiée d'acte (potentiellement) précontentieux.

TITRE

52. Instruction contentieuse

SECTION 0 ORIENTEUR

52.00 Sommaire du titre.

52.01 Textes applicables.

• **CJF,** art. L. 141-2 et L. 141-4 ; L. 141-5 à L. 141-10 ; L. 142-1-3 et L. 142-1-4 ; R. 141-7, al. 2 ; R. 142-2-1 à R. 142-2-15

CHAPITRE

521. Éléments généraux portant sur l'instruction contentieuse et principes généraux régissant celle-ci

SECTION 0 ORIENTEUR

521.00 **Sommaire du chapitre.**

SECTION 1 NATURE ET DURÉE DE L'INSTRUCTION CONTENTIEUSE

521.11 **Nature administrative de l'instruction contentieuse.** C'est un réquisitoire introductif qui met en mouvement l'instruction contentieuse : « l'instruction est ouverte devant la Cour de discipline budgétaire et financière [et désormais devant la Cour des comptes] par le réquisitoire du Procureur général qui transmet le dossier au président de la Cour »[1].

Bien que prenant des formes contentieuses, l'instruction constitue une « enquête administrative »[2]. Cela ressort d'une décision du Conseil constitutionnel très discutée[3], suivie depuis par le Conseil d'État et par la juridiction financière répressive elle-même.

521.12 **Durée raisonnable de l'instruction.** Les textes exigent désormais, depuis la réforme entrée en vigueur le 1er janvier 2023, explicitement que « la durée de l'instruction ne peut excéder un délai raisonnable au regard de la gravité des faits reprochés à la personne mise en cause, de la complexité des investigations nécessaires à la manifestation de la vérité et de l'exercice des droits de la défense »[4].

La règle générale qui impose aux juridictions de respecter des délais raisonnables s'appliquait pourtant déjà au contentieux financier avant cette réforme ; et elle vise la procédure prise dans son ensemble, et non la seule instruction.

En effet, comme toutes les juridictions, la Cour des comptes – et avant elle, la Cour de discipline budgétaire et financière – est soumise au principe selon lequel chacun a le droit d'être jugé (ou mis hors de cause avant même le jugement) dans un délai raisonnable. La Commission européenne des droits de l'Homme et la Cour européenne des droits de l'Homme avaient eu l'occasion, s'agissant d'une procédure menée devant la CDBF, de sanctionner la durée excessive d'une procédure imputable d'ailleurs en partie au juge de cassation[5].

En cas de dépassement du délai raisonnable, l'État pourra être condamné à réparer le préjudice subi de ce fait.

Ceci s'est déjà produit dans une affaire *Forzy* instruite devant la CDBF, finalement classée[6] ; en l'espèce, le recours en indemnisation du préjudice subi par la personne mise en cause dans une procédure devant la CDBF du fait du dépassement du délai raisonnable a abouti à la condamnation de l'État à verser 4 000 euros de dommages-intérêts. Le

1. CDBF 17 juin 2014, *Société de valorisation foncière et immobilière (SOVAFIM)*, n° 193-696 ; *Rec.* p. 169 ; *AJDA* 2014. 1603, note C. Michaut et J.-E. Picard ; *RLC* 2014, n° 41, p. 32, note S. Brameret.
2. CE 24 juill. 2019, *M. Couzinou et autres* [affaire CDBF *Ordre national des chirurgiens-dentistes (ONCD)*], req. n° 427446 ; *Rec.* p. 241.
3. Sur cette question, v. ss nos 501.11 et 501.21 s.
4. CJF, art. R. 142-2-11.
5. CEDH 9 mars 1998 et 26 sept. 2000, *Guisset c/ France* ; req. n° 33933/96 ; *AJDA* 1998. 988, note J.-F. Flauss.
6. CE 22 janv. 2007, *Forzy*, req. n° 286292 ; *AJDA* 2007. 697, note C. Biscaïno ; *D.* 2007. 1123, note S. Petit ; *AJDA* 2007. 1036, concl. R. Keller ; *Rev. Trésor* 2007. 725, note M. Lascombe et X. Vandendriessche.

Conseil d'État a estimé qu'en l'absence de difficulté particulière tenant à l'affaire ou de comportement dilatoire du requérant, la durée de quatre ans et demi observée avant de statuer était excessive, et que le requérant était fondé à se plaindre de cette durée excessive alors même que la procédure n'avait pas été close par un arrêt, mais par une décision de classement prise par le Procureur général.

Le Conseil d'État a, dans l'affaire *Forzy* précitée, considéré que le point de départ du délai de jugement à prendre en considération pour juger de la durée d'une procédure devant la CDBF était la notification à l'intéressé de sa mise en cause[1], et non l'enregistrement du déféré de l'affaire ou le réquisitoire initial du Procureur général[2].

Le dépassement du délai raisonnable de jugement par la juridiction financière, s'il peut ouvrir droit à des dommages-intérêts, « est sans effet sur la régularité de la procédure suivie » ; il en découle « que ce moyen est donc inopérant »[3]. La Cour ne peut donc pas refuser de juger une affaire sous prétexte que les délais raisonnables sont excédés ; et son arrêt ne saurait pas être annulé sur cette base. Cette solution rejoint celle qui prévaut dans l'ensemble des juridictions administratives[4].

Si le dépassement du délai raisonnable n'est pas un motif d'irrégularité de la procédure, le Procureur général peut toutefois en tenir compte dans le cadre de l'opportunité des poursuites, comme motif pour ne pas poursuivre la procédure.

Une durée de procédure, fût-elle excessive, ne prescrit pas pour autant l'action devant la Cour[5]. S'il n'y a pas péremption d'instance, en revanche, lorsque la prescription intervient en cours de procédure, faute d'acte interruptif, le ministère public sera amené à classer l'affaire.

1. Confirmé par C. comptes 3 mai 2024, *Chambre régionale d'agriculture de Bretagne (CRAB) et Association pour la traçabilité et le développement d'outils pour l'identification et de logiciels d'élevage (e-toile)*, n°s 856 et 870, S-2024-0696 ; *AJDA* 2024. 1327, chron. N. Péhau et L. Vergallo. Ici § 40 – Sur la mise en cause, v. s^{s} n° 524.12.
2. La CEDH avait pourtant, dans l'affaire Guisset précitée, retenu le réquisitoire (CEDH 9 mars 1998 et 26 sept. 2000, *Guisset c. France* ; préc.).
3. CDBF 17 juin 2005, *CHS Paul Guiraud de Villejuif*, 2e arrêt, *Rev. Trésor* 2005. 708, note M. Lascombe et X. Vandendriessche ; *Lebon* 674 ; *Rec.*, p. 117 – Confirmé par C. comptes 3 mai 2024, *Chambre régionale d'agriculture de Bretagne (CRAB) et Association pour la traçabilité et le développement d'outils pour l'identification et de logiciels d'élevage (e-toile)*, n°s 856 et 870, S-2024-0696 ; préc. ; § 39.
4. CE 28 juin 2002, *min. de la Justice c/ Magiera*, *Rec.*, p. 141.
5. CDBF 12 avr. 1995, *Ambassade de France auprès des Émirats Arabes Unis*, 2e arrêt, *Rev. Trésor* 1996. 731 ; *Lebon* 595 ; *Rec.*, p. 121.

SECTION 2
PRINCIPES GÉNÉRAUX APPLICABLES À L'INSTRUCTION

521.21 Devoirs et pouvoirs du rapporteur. Le rapporteur, désormais appelé magistrat chargé de l'instruction, constitue la pierre angulaire et l'acteur principal de la procédure d'instruction. S'agissant d'une procédure répressive, mise en branle par le ministère public, l'instruction incombe à un rapporteur, sorte de juge d'instruction qui, bien qu'agissant dans le cadre du réquisitoire et en tenant informé le ministère public, est indépendant dans l'instruction qu'il mène, en demeurant à l'intérieur des règles qui s'imposent à lui. Il est inutile de souligner que le travail du rapporteur, qui aboutira à un rapport d'instruction, désormais intitulé ordonnance de règlement, après une enquête minutieuse menée à charge et à décharge, constitue une étape décisive dans la procédure ; de ce fait, une lourde responsabilité pèse sur lui. Il dispose en particulier des pouvoirs que lui ouvre le droit de communication[6].

En vertu de la loi, le magistrat rapporteur mène l'instruction à charge et à décharge de façon indépendante[7] ; ainsi, dans une affaire, la défense considérait que le rapporteur n'avait instruit qu'à charge et qu'il n'aurait pas suffisamment approfondi l'instruction ; la Cour a rejeté l'argument, qui n'était étayé par aucun fait précis ; cela signifie que dans d'autres espèces, si des éléments permettaient de l'établir, les insuffisances graves affectant une instruction pourraient très bien vicier une procédure[8].

Dans une autre affaire, la Cour a considéré que « la lecture de l'ordonnance de règlement montre assez que l'instruction a été menée à charge et à décharge et les éléments de fait qui y sont rapportés éclairent assez les circonstances pour permettre au juge de les apprécier »[9].

Le rapporteur doit être impartial et respecter les droits de la défense[10].

521.22 Équilibre du droit des parties. L'équilibre des parties doit être préservée, ce qui implique au minimum le respect des droits de la défense ; mais

6. CJF, art. L. 141-5. – V. s^{s} n°s 111.125 et 222.22.
7. CJF, art. L. 142-1-4, al. 2.
8. CDBF 4 déc. 2015, *Fondation nationale des sciences politiques et Institut d'études politiques de Paris (FNSP-IEP de Paris)* ; *Rec.* p. 171 ; *AJDA* 2016. 198, note S. Gaillard et J. Goubault.
9. C. comptes 23 déc. 2024, *Société anonyme d'économie mixte (SAEM) Marseille Habitat et Société civile immobilière (SCI) Protis Développement*, n° 24, S-2024-1604. Ici § 10.
10. Sur les droits de la défense et respect du procès équitable, v. d'une façon générale, s^{s} n°s 222.51 et 502.21 s.

cela de façon compatible avec la nature répressive du contentieux.

Ainsi, la CDBF n'a pas donné droit à un moyen soulevé par la défense selon lequel le ministère public ne se serait « pas affranchi de la partialité attachée à sa fonction d'organe de poursuite », ce qui contreviendrait au principe d'équilibre des droits des parties prévu à l'article 14 du Pacte international relatif aux droits civils et politiques et l'art. 47 de la Charte des droits fondamentaux de l'Union européenne : elle a jugé « que l'exercice, par le ministère public [...], des fonctions de poursuite, distinctes des fonctions d'instruction du rapporteur et des fonctions de jugement exercées par la Cour, ne méconnaît nullement le droit à un procès équitable et loyal »[1].

Dans le même sens, la Cour, dans une affaire d'appel sur une gestion de fait régie par l'ancienne procédure, a écarté l'argument tiré de la partialité de la Procureure générale du fait de ses anciennes fonctions à la tête de la juridiction qui avait rendu le jugement attaqué en appel, comme « en tout état de cause inopérant », au motif que « le ministère public ne participe pas à la fonction de juger »[2].

N'est pas contraire aux droits de la défense, plus précisément au droit d'être informé des accusations portées à son encontre et au droit de préparer sa défense prévus à l'art. 6 CEDH[3], la procédure CDBF en ce qu'entre le déféré et la mise en cause, une personne – qui d'ailleurs peut ne pas encore avoir été identifiée, puisqu'une instruction peut être ouverte contre personne inconnue – n'est pas informée de l'ouverture d'une instruction[4], à partir du moment où cette personne a pu, ensuite et largement avant la fin de l'instruction et *a fortiori* longtemps avant le jugement, prendre connaissance des accusations et préparer sa défense[5].

Le respect du contradictoire implique en particulier l'égal accès des parties aux pièces du dossier[6] ; semble ainsi transposable au contentieux financier la jurisprudence du Conseil d'État qui écarte du dossier contentieux une pièce produite par l'une des parties mais qui n'aurait pas été communiquée aux autres, et cela quelle qu'en soit la raison (en l'occurrence la classification du document au titre du secret de la défense nationale)[7].

1. CDBF 17 juin 2011, *Institut géographique national (IGN)*, n° 176-655 ; *Rec.* p. 158 ; *GFP* 2013, n° 5, p. 73, note S. Damarey, M. Lascombe et X. Vandendriessche.
2. C. comptes 15 oct. 2020, *Gestion de fait des deniers de l'office du tourisme de l'Alpe-d'Huez (Isère)*, n° S-2020-1568 ; *Rec.* p. 124 ; voir §§ 7-8. La Cour, outre ce raisonnement, a souligné que les actes du parquet en appel n'avaient pas été signées par la Procureure générale, mais par la première avocate générale, ce qui excluait également une partialité individuelle éventuelle.
3. Ici sont visées les dispositions suivantes, concernant les droits d'être informé et de se défendre : « [...] *3. Tout accusé a droit notamment à : a) être informé, dans le plus court délai, dans une langue qu'il comprend et d'une manière détaillée, de la nature et de la cause de l'accusation portée contre lui ; b) disposer du temps et des facilités nécessaires à la préparation de sa défense ; c) se défendre lui-même ou avoir l'assistance d'un défenseur de son choix et, s'il n'a pas les moyens de rémunérer un défenseur, pouvoir être assisté gratuitement par un avocat d'office, lorsque les intérêts de la justice l'exigent ; d) interroger ou faire interroger les témoins à charge et obtenir la convocation et l'interrogation des témoins à décharge dans les mêmes conditions que les témoins à charge ;* [...] ».
4. CE 17 et 19 juill. 2013, *M. Lévy* [affaire CDBF *Institut géographique national*], n° 351985 ; *Rec.* p. 241.
5. Et ce, précise l'arrêt, « quel que soit le délai qui s'est écoulé entre le déféré de la Cour des comptes et son information par le ministère public ».
6. V. s[s] n° 523.12.
7. CE 23 déc. 2016, *Section française de l'observatoire international des prisons*, req. n° 405791, *AJDA* 2017. 8, note brève D. Poupeau.

CHAPITRE

522. Désignation du rapporteur

SECTION 0

ORIENTEUR

522.00 **Sommaire du chapitre.**

SECTION 1

PERSONNES CHARGÉES DE L'INSTRUCTION

522.11 **Désignation d'un ou plusieurs rapporteurs et de vérificateurs.** Le président de la chambre du contentieux désigne, en fonction du réquisitoire, donc de l'ampleur de l'affaire à instruire, un ou plusieurs rapporteurs, que le code des juridictions financières désigné désormais un peu pompeusement « magistrats chargés de l'instruction »[1].

Il doit donc s'agir de magistrats affectés à la chambre du contentieux de la Cour des comptes[2].

L'acte de désignation est versé au dossier de l'affaire.

Rien n'interdit au président de la chambre de déléguer ce pouvoir de désignation à l'un de ses présidents de section.

Le président de la chambre du contentieux peut également désigner des magistrats de la Cour des comptes et des chambres régionales et territoriales des comptes, des auditeurs, des conseillers maîtres ou des conseillers référendaires en service extraordinaire qui ne sont pas membres de la chambre du contentieux pour prêter leur concours au magistrat chargé de l'instruction. Ce dernier peut également être assisté par des conseillers experts ou par des vérificateurs affectés à la chambre du contentieux, désignés dans les mêmes conditions[3].

En cas de demande de complément d'instruction[4], le président peut confier l'instruction complémentaire au même rapporteur, ou à un autre : « le président de la Cour a la liberté du choix du rapporteur »[5]. Le principe de séparation des fonctions d'instruction et de jugement « n'interdit en rien qu'un même magistrat soit chargé des phases d'instructions successives ou relatives à des faits connexes », suite à une demande de complément d'instruction[6].

Le rapporteur étant un magistrat indépendant, il ne saurait en principe être déchargé d'une affaire contre sa volonté ; en revanche, un magistrat peut, sur sa demande, être déchargé, notamment lorsqu'il quitte la chambre du contentieux, voire la juridiction, pour exercer d'autres fonctions. L'arrêt en fera alors état dans les visas[7].

Lorsqu'un rapporteur est atteint par la limité d'âge et qu'il ne peut plus poursuivre l'instruction qui

1. CJF, art. L. 142-1-4, al. 1er – Précisé par CJF, art. R. 142-2-1 : « Au vu du réquisitoire, le président de la chambre du contentieux désigne un ou plusieurs magistrats chargés de l'instruction. En cas de désignation de plusieurs magistrats, ceux-ci signent conjointement les actes de la procédure ».
2. V. ss nos 121.13 et 123.11 s. – Voir CJF, art. R. 112-24, consacré à la composition de la chambre du contentieux.
3. CJF, art. R. 142-2-8.
4. V. ss no 531.11.
5. CDBF 29 nov. 2018, *Ordre national des chirurgiens-dentistes (ONCD)*, no 224-800 ; *Rec.* p. 190.
6. C. comptes 3 mai 2024, *Chambre régionale d'agriculture de Bretagne (CRAB) et Association pour la traçabilité et le développement d'outils pour l'identification et de logiciels d'élevage (e-toile)*, nos 856 et 870, S-2024-0696 ; *AJDA* 2024. 1327, chron. N. Péhau et L. Vergallo. Ici § 34 de l'arrêt.
7. Ex. concernant l'auteur du présent ouvrage, lorsqu'il était rapporteur : CDBF 9 mars 2021, *CDC Entreprises – Plan d'attributions gratuites d'actions*, no 248-767 ; *Rec.* p. 165.

n'est pas terminée[1], un nouveau rapporteur devra être nommé rapidement.

Le magistrat chargé de l'instruction qui suppose en sa personne une cause de récusation ou estime en conscience devoir s'abstenir se déporte et il doit en faire part sans délai au président de la chambre du contentieux. Ce dernier désigne un autre magistrat chargé de le remplacer[2].

SECTION 2
INCOMPATIBILITÉS DES PERSONNES CHARGÉES DE L'INSTRUCTION

522.21 Incompatibilités : éléments généraux. Des cas d'incompatibilité – donc de risque de partialité, contraires au principe d'impartialité[3] – peuvent se présenter, qui interdisent de confier une affaire déterminée à un rapporteur (« magistrat chargé de l'instruction », selon la terminologie officielle), par exemple parce que cette personne présente des liens avec l'affaire en question ou avec l'une des personnes susceptibles d'être renvoyées devant la Cour, ou encore parce que le rapporteur pressenti a été, en tant que membre de la Cour des comptes ou d'une CRTC, soit chargé du contrôle des comptes et de la gestion d'un organisme qui a entraîné le déféré de l'affaire en question, soit qui a pris part à la décision de déférer.

Il convient de distinguer l'incompatibilité individuelle de la question d'une éventuelle incompatibilité structurelle ; en outre, s'agissant des conséquences à en tirer, on peut distinguer entre déport et récusation.

522.22 Incompatibilité individuelle. Les cas d'incompatibilité individuelle sont les plus simples à déterminer.

Le code des juridictions financières prévoit, depuis la réforme entrée en vigueur le 1er janvier 2023, certains cas d'incompatibilités : ne peuvent instruire les personnes qui, dans l'affaire soumise à la Cour des comptes, ont soit fait un acte de poursuite ou d'instruction, soit participé au délibéré de la Cour des comptes ou de la chambre régionale ou territoriale des comptes à l'origine du déféré[4].

Mais même sans texte, il convient d'appliquer les principes généraux : ne peut être désigné rapporteur d'une affaire un magistrat qui connaît personnellement ou professionnellement l'une des personnes mises en cause (quel qu'en soit le motif : parent, ami, supérieur hiérarchique, ancien subordonné, ancienne autorité de tutelle...), ou une personne ayant déjà, dans une autre fonction occupée, porté un jugement sur l'une des personnes mises en cause et les faits concernés[5].

Notons que la CDBF, face à la contestation de l'impartialité des membres qui avaient participé à l'adoption d'un rapport public de la Cour des comptes sur l'organisme dont la gestion faisait l'objet de l'affaire contentieuse, a rejeté le moyen en l'espèce, car ledit rapport public « ne fait en aucune manière allusion aux présomptions d'infractions déférées à la Cour de discipline budgétaire et financière »[6]. Mais on peut en déduire que dans une telle configuration, la question de l'impartialité personnelle peut se poser.

522.23 Impartialité structurelle. Plus délicate est la question de savoir s'il est, d'une façon générale, possible de désigner comme rapporteur un magistrat de la Cour qui est par ailleurs et en même temps – car certains sont pluriappartenants – ou qui a été dans le passé membre de la chambre de la Cour des comptes ou d'une chambre régionale ou territoriale qui a déféré l'affaire, même sans que cette personne ait contribué au déféré ; on pourrait en effet tenir compte de la situation hiérarchique permanente dans laquelle il se trouve en tant que membre d'une chambre, autorité de déféré. À cet égard, différents cas de figure doivent être distingués.

Si le cas d'un conseiller maître ou un président de chambre maintenu ayant participé au délibéré décidant du déféré et le cas du rapporteur (auditeur, conseiller référendaire...) qui avait mené le contrôle aboutissant au déféré sont désormais clairement prévus par la loi[7], en revanche, *quid* d'un conseiller maître de la chambre de la Cour à l'origine du déféré, mais qui n'a pas participé au délibéré qui a décidé de ce déféré, soit parce qu'il n'est pas membre de la section qui a délibéré, ou parce qu'il n'était pas encore affecté à cette chambre le jour où ce délibéré a eu lieu, ou *quid* d'un référendaire ou auditeur de cette chambre n'ayant pas participé à l'instruction de la Cour des comptes ayant abouti au déféré ?

Surtout, la même question se pose pour les magistrats des chambres régionales et territoriales des comp-

1. CDBF 18 juin 1985, *Bureau de recherches géologiques et minières [BRGM], service géologique d'Alsace et de Lorraine, CCP*, n° 3, p. 15.
2. CJF, art. R. 142-2-10, al. 1er – Sur la récusation sur demande de la défense, v. ss n° 522.25.
3. Sur l'impartialité, en tant que principe général applicable au contentieux financier, v. ss n° 222.41.
4. CJF, art. L. 142-1-12, al. 1er.
5. Pour une limitation de la mise en cause de l'impartialité d'un magistrat administratif, CE 7 oct. 2016, *Société Lyonnaise des Eaux*, req. n° 392351 ; *AJDA* 2017. 22, veille de jurisprudence.
6. CDBF 23 avr. 2012, *Conseil économique et social*, n° 182-682 ; *Rec.* p. 193 ; GFP 2013, n° 5, p. 83, note S. Damarey, M. Lascombe et X. Vandendriessche.
7. CJF, art. L. 142-1-12, al. 1er ; v. plus haut.

tes affectés à la chambre du contentieux, au sujet desquels la loi demeure complètement muette.

Une première approche pour répondre à cette question pourrait être structurelle : un magistrat qui est hiérarchiquement subordonné au président de la chambre ayant décidé du déféré, et celui-ci ayant un intérêt à ce qu'elle aboutisse, cette situation de « subordination » pourrait affecter l'apparence d'impartialité du rapporteur – et on sait l'importance qu'attache la CEDH à l'apparence d'impartialité.

La seule décision du Conseil d'État sur la partialité structurelle de la CDBF [1] ne concernait certes pas les rapporteurs, mais ses membres ; elle peut toutefois fournir des indications pour trouver une solution à la question posée. En effet, le Conseil d'État a considéré, dans cet arrêt, « qu'aucune règle ni aucun principe ne s'opposent à ce que, pour sanctionner les manquements des ordonnateurs aux règles de la comptabilité publique, soit institué un organe à compétence juridictionnelle qui comprenne des membres de la Cour des comptes, alors même que celle-ci est chargée de juger les comptes des comptables publics, et peut, en cas de gestion de fait, connaître de manquements commis par les ordonnateurs », et que la partialité devait être appréciée individuellement, pour chaque membre de la CDBF [2]. La CDBF a repris cette solution : « aucune règle ni aucun principe ne s'opposent à ce que [...] soit institué un organe à compétence juridictionnelle qui comprenne des membres de la Cour des comptes » [3].

Autrement dit, le fait que des membres de la Cour des comptes soient également membres de la CDBF ne posait pas de problème juridique structurel, mais éventuellement une difficulté individuelle. On pourrait raisonner de la même façon pour les rapporteurs. La Cour des comptes et la CDBF étaient en effet deux juridictions distinctes. La CDBF elle-même a indiqué dans un arrêt qu'elle était « une juridiction distincte de la Cour des comptes ; que par conséquent, elle ne saurait être engagée par le *Rapport public de la Cour des comptes* ; que le moyen tiré de ce que la Cour de discipline budgétaire et financière ne serait pas, par nature, une juridiction impartiale ne peut, par suite, qu'être écarté » [4].

Le raisonnement fondé sur l'existence de juridictions différentes peut être transposée aux magistrats des chambres régionales et territoriales, au regard de la chambre du contentieux de la Cour des comptes, et de la même façon mettant en relation la Cour d'appel financière et la Cour des comptes.

Toutefois, cette solution fondée sur la pluralité des juridictions ne saurait s'appliquer en ce qui concerne les membres de la chambre du contentieux issus de la Cour des comptes, au sein de laquelle le contentieux financier est désormais regroupé.

Et les exemples qui précèdent s'inscrivent dans le cadre de la question du préjugement liée à une publication dans le *Rapport public de la Cour des comptes* antérieurement à une procédure juridictionnelle, et ne concernent donc pas la question du rapport entre déféré et instruction contentieuse, ni la question du lien hiérarchique permanent entre un rapporteur contentieux et autorité de déféré, qui semble un peu différente.

Il faut même se poser la question si le cumul de ces deux fonctions est apte à garantir au justiciable une apparence d'impartialité totale du rapporteur contentieux, qui doit instruire à charge et à décharge. Or le lien hiérarchique qu'il entretient parallèlement avec le président de la chambre auteur du déféré pourrait, même si ce rapporteur est indépendant, lui faire privilégier une instruction à charge, pour donner raison au déféré, sachant qu'une partie significative de son traitement consiste en des primes liées à son activité menée dans la chambre déférante, et qu'une pression pourrait donc être exercée sur lui. Plusieurs arguments tendent cependant à écarter un tel raisonnement, comme l'on verra maintenant.

Le risque d'impartialité structurelle devrait toutefois pouvoir être écarté. En effet, les rapporteurs de la chambre du contentieux de la Cour des comptes sont des magistrats indépendants et inamovibles, et ils le sont dans leurs fonctions dans une chambre qui contrôle comme dans la chambre qui juge ; ni le président de la chambre du contentieux ni le président de la chambre ayant déféré ne peuvent donner des instructions aux rapporteurs, même s'il existe un système de primes ; les liens entre un rapporteur issu de la chambre ayant déféré une affaire (mais au

1. CE 4 juill. 2003, *Dubreuil*, req. n° 234353 ; *Rev. Trésor* 2004. 151, note M. Lascombe et X. Vandendriessche ; *AJDA* 2003. 1596, chron. F. Donnat et Casas ; *RFDA* 2003. 713, concl. M. Guyomar.
2. Même arrêt : la composition de la CDBF « ne doit pas conduire à ce qu'un membre de la Cour de discipline budgétaire et financière ait à juger d'accusations relatives à des faits qu'il a déjà eu à apprécier dans le cadre d'autres fonctions ; qu'il en va en particulier ainsi lorsqu'un membre de la Cour de discipline budgétaire et financière a antérieurement siégé lors d'une procédure de gestion de fait mettant en cause la même personne ou a pris part à l'adoption du Rapport public de la Cour des comptes, dont un des objets est de mettre en évidence les comportements répréhensibles dans le domaine des finances publiques, si les faits soumis à l'appréciation de la Cour de discipline budgétaire et financière ont été présentés dans ce rapport comme établis et irréguliers ».
3. CDBF 23 avr. 2012, *Conseil économique et social*, n° 182-682 ; *Rec.* p. 193 ; *GFP* 2013, n° 5, p. 83, note S. Damarey, M. Lascombe et X. Vandendriessche.
4. CDBF 17 juin 2005, *CHS Paul Guiraud de Villejuif*, 2e arrêt, *Rev. Trésor* 2005. 708, note M. Lascombe et X. Vandendriessche ; *Lebon* 674 ; *Rec.*, p. 117.

déféré de laquelle il n'a pas participé à un titre ou un autre) et le président de celle-ci sont juridiquement et réellement très ténus et ne paraissent pas jeter un doute sur l'impartialité de ce rapporteur.

En outre, la décision de déférer[1] n'est pas une décision de saisine au sens strict, qui appartient seule au ministère public, mais un acte externe à la chambre du contentieux qui ne préjuge pas des suites que d'abord le parquet, puis la chambre du contentieux y réservera ; d'éventuelles irrégularités concernant la procédure de contrôle menée par la Cour des comptes sont d'ailleurs sans impact sur la procédure contentieuse, qui est entièrement nouvelle et distincte. Même si, à la différence de l'ancienne CDBF, la chambre du contentieux est désormais une chambre spécialisée interne à la Cour des comptes, il existe un système de renvoi interne prévu par la loi : déféré par une chambre, puis jugement par une autre, ce qui devrait écarter le risque d'incompatibilité structurelle.

Si l'on écarte la thèse d'une incompatibilité structurelle, reste la question initiale de la partialité individuelle : un magistrat qui a participé à l'instruction de la Cour des comptes ayant abouti au déféré, ou qui a participé au délibéré décidant du déféré, ne doit pas pouvoir être nommé rapporteur de la même affaire au contentieux[2] : c'est ce que disent désormais clairement les textes. S'il n'a pas eu à connaître de cette affaire au titre de ses fonctions à la Cour des comptes, un magistrat qui fait partie en outre de la chambre qui a décidé du déféré ou en a fait partie précédemment devrait par prudence être écarté de l'affaire au stade contentieux, qu'il soit rapporteur ou membre de la formation de jugement. Il en va de même pour les rapporteurs au contentieux, qui sont par ailleurs membres de la CRTC ayant décidé du déféré, même s'ils n'ont pas personnellement connu de l'affaire, et même s'il s'agit, les concernant, de deux juridictions distinctes.

522.24 Incompatibilité en cas d'instructions successives. Notons qu'enfin, en cas de complément d'instruction, principe de séparation des fonctions d'instruction et de jugement « n'interdit en rien qu'un même magistrat soit chargé des phases d'instructions successives ou relatives à des faits connexes »[3].

522.25 Récusation d'un rapporteur : procédure. Un rapporteur en situation d'incompatibilité – donc de possible partialité – et qui ne renonce pas par lui-même peut être récusé : il peut faire l'objet d'une demande de récusation émanant d'une partie.

Selon Bernard Pacteau, « le terme de récusation est lui-même évocateur de ce rejet de ceux qui sont sans doute des juges mais dont une partie au procès ne veut pas qu'ils soient ses juges, tant leur situation les disqualifierait, réclamant donc qu'ils soient, en tout cas pour cette affaire (leur affaire), interdits de juridiction »[4].

La récusation d'un magistrat participant à l'instruction est prononcée, à la demande d'une partie, s'il existe une raison sérieuse de mettre en doute son impartialité[5].

Le code des juridictions financières précise de façon très détaillée la procédure de demande de récusation d'un magistrat instructeur par les parties[6] : la partie qui veut récuser un magistrat transmet sa demande au président de la chambre du contentieux dans un délai d'un mois suivant, selon le cas, la notification de l'ordonnance de mise en cause ou la survenance de l'événement qui motive la demande. À peine d'irrecevabilité, cette demande est formée par acte remis au greffe de la chambre du contentieux et indique avec précision les motifs de la récusation. Elle est accompagnée des pièces propres à la justifier. Il est délivré récépissé de la demande.

Ensuite, le greffe communique au magistrat chargé de l'instruction copie de la demande de récusation dont il est l'objet. Dès qu'il a communication de la demande, ce dernier s'abstient de poursuivre l'instruction jusqu'à ce qu'il ait été statué sur sa récusation. En cas d'urgence, un autre membre de la juridiction est désigné pour procéder aux opérations nécessaires.

Les actes accomplis par le magistrat récusé avant qu'il ait eu connaissance de la demande de récusation ne peuvent être remis en cause.

Le président de la chambre du contentieux se prononce sur la demande de récusation par une décision non motivée qui ne peut être contestée devant la Cour d'appel financière qu'avec l'arrêt rendu ultérieurement.

SECTION 3
JONCTION D'AFFAIRES AU STADE DE L'INSTRUCTION

522.31 Jonction d'instructions. La jonction de plusieurs affaires – et corrélativement la disjonction (ou scission) – est possible à tout moment[7], y compris

1. V. s^s n° 511.11.
2. Pour le déport de membres, v. s^s n° 541.24 ; – pour les incompatibilités concernant le ministère public, v. s^s n° 122.23.
3. C. comptes 3 mai 2024, *Chambre régionale d'agriculture de Bretagne (CRAB) et Association pour la traçabilité et le développement d'outils pour l'identification et de logiciels d'élevage (e-toile)*, n°s 856 et 870, S-2024-0696 ; *AJDA* 2024. 1327, chron. N. Péhau et L. Vergallo. Ici § 34.
4. B. Pacteau, La récusation des juges administratifs ; *RD Publ.* 2012, p. 543.
5. CJF, art. L. 142-1-12, dernier al.
6. CJF, art. R. 142-2-10, al. 2 s.
7. V. s^s n° 511.14.

au stade de l'instruction : « estimant que les faits qui lui avaient été déférés, qui portaient sur plusieurs actes de gestion au cours des années 2002 et 2007 et étaient, de ce fait, susceptibles de mettre en cause plusieurs dirigeants de l'IGN de niveaux hiérarchiques différents au cours de cette période, pouvaient donner lieu à une instruction puis à un jugement communs, la Cour de discipline budgétaire et financière n'a pas statué irrégulièrement » [1].

522.32 Jonction à la demande de la défense. La défense peut-elle demander la jonction d'affaires, en cours d'instruction ou dans la phase ultérieure ? Les textes ne l'interdisent pas. Un tel cas de figure s'est d'ailleurs présenté dans une procédure CDBF, certes dans un cadre très spécifique (une demande de rectification d'erreur matérielle) [2]. Quoi qu'il en soit, ni le parquet ni le président de la chambre ne sont obligés de donner droit à une telle demande de jonction, solution transposable à la disjonction. En effet, le juge est libre de joindre ou de disjoindre des affaires ou des requêtes ; de ce fait, un recours contre un arrêt, fondé sur une prétendue « promesse » en séance de joindre deux requêtes (en l'occurrence une demande de révision et une demande en rectification d'erreur matérielle), n'a pas été admis [3].

522.33 Impact d'une jonction ou d'une scission sur le rapporteur. Un magistrat instructeur peut sans doute demander une jonction ou une scission ; mais la décision appartient, au stade de l'instruction, au président de la chambre du contentieux.

De l'autre côté, l'indépendance du magistrat rapporteur interdit que lui soit enlevée, sans son accord, une partie de l'affaire qui lui avait déjà été attribuée. Autrement dit, si le président peut décider d'une jonction d'affaires à tout moment, élargissant alors le champ d'instruction d'un rapporteur, il semble délicat qu'il puisse décider d'en scinder une, sauf à le faire avant la désignation du rapporteur, ou sauf à attribuer les deux affaires au même rapporteur antérieurement nommé pour l'affaire ensuite scindée.

1. CE 17 et 19 juill. 2013, *M. Lévy*, req. n° 351985 [affaire CDBF *Institut géographique national*] ; *Rec.* p. 241.
2. CDBF 8 déc. 2011, *Institut géographique national [rectification d'erreur matérielle]*, n° 178-655-I ; *Rec.* p. 161 ; *GFP* 2013, n° 5, p. 77, note S. Damarey, M. Lascombe et X. Vandendriessche.
3. CE 15 mars 2013, *Mme F (1er arrêt), [affaire CDBF Institut géographique national, révision]*, req. n° 356588, NP.

CHAPITRE

523. Dossier de l'affaire contentieuse

SECTION 0
ORIENTEUR

523.00 **Sommaire du chapitre.**

SECTION 1
TENUE ET ACCÈS AU DOSSIER CONTENTIEUX

523.11 **Dossier contentieux et proto-dossier ; tenue du dossier.** Le dossier de l'affaire contentieuse est tenu par le greffe de la chambre du contentieux.

Si le dossier, géré par le greffe, est mentionné par les textes dans le cadre de l'instruction, il ne faut pas en déduire qu'il n'existe pas avant, ni après. En réalité, une forme de dossier naît avec le déféré[1], mais en interne au parquet, et lorsque le Procureur saisit la Cour à travers un réquisitoire, ce dernier est accompagné de pièces qu'on peut qualifier de proto-dossier, qui forme le noyau du dossier ensuite établi par le greffe : « [...] l'instruction est ouverte devant la Cour de discipline budgétaire et financière par le réquisitoire du Procureur général qui transmet le dossier au président de la Cour »[2].

En cas de classement après déféré, ce proto-dossier restera au parquet, sans être transmis au greffe puisque la chambre n'aura pas été saisie ; il n'est d'ailleurs pas communicable, ni à l'autorité dont le déféré aura été classé, ni à la collectivité concernée, ni même à des personnes dont les noms auraient pu avoir été mentionnés dans ce proto-dossier.

523.12 **Accès au dossier contentieux.** Les parties, dont le ministère public, ont accès au dossier à tout moment[3] ; bien avant que les textes ne le prévoient expressément, la jurisprudence avait depuis longtemps déjà dégagé cette règle[4]. Le juge, en cas de contestation, peut être amené à retracer en détail la procédure d'instruction, notamment l'accès au dossier[5]. La noti-

1. CDBF 25 mars 1987, *Assoc. X et Y, CCP*, n° 3, p. 55.
2. CDBF 17 juin 2014, *Société de valorisation foncière et immobilière (SOVAFIM)*, n° 193-696 ; *Rec.* p. 169 ; *AJDA* 2014. 1603, note C. Michaut et J.-E. Picard ; *RLC* 2014, n° 41, p. 32, note S. Brameret.
3. CJF, art. R. 142-2-5 et R. 142-2-6.
4. CDBF 17 déc. 1976, *Caisse interprofessionnelle, commerciale et industrielle d'allocations vieillesse [Ciciav] de Béthune, CCP*, n° 2, p. 121.
5. CDBF 8 déc. 2014, *Maison de retraite publique de Vertheuil*, n° 196-718 ; *Rec.* p. 175 ; *AJDA* 2015. 1536, chron. J.-E. Picard et S. Gaillard : « que M. D a été convoqué à une audition par le rapporteur le 29 mai 2013, la convocation mentionnant expressément la possibilité de prendre connaissance du dossier ; [...] ; que pour rédiger ses réponses, M. n'a demandé la communication d'aucune pièce du dossier ; que M. D a été auditionné le 2 juill. 2013 et qu'au cours de l'audition, il lui a été rappelé qu'il avait accès à l'intégralité des pièces du dossier à tout moment de la procédure, ce rappel figurant dans le procès-verbal d'audition, signé par M. D après relecture par ses soins ; qu'à la suite de l'audition, M. D n'a demandé communication d'aucune pièce ; que M. D a été convoqué à l'audience le 30 sept. 2014, la convocation mentionnant à nouveau expressément la possibilité de prendre connaissance du dossier ; que M. D a pris contact avec le greffe de la Cour de discipline budgétaire et financière le 7 oct. 2014 et demandé la transmission du rapport d'instruction et de l'avis du ministre des Finances et des comptes publics, qui lui ont été transmis le jour même par voie électronique ainsi qu'un bordereau actualisé des pièces du dossier ; que Maîtres C et R s'étant constitués pour M. D le 10 nov. 2014, un fichier de l'intégralité des pièces du dossier ainsi qu'un bordereau des pièces leur a été adressé par voie électronique le jour même [...] ».

fication de la mise en cause mentionne également la possibilité d'accéder au dossier[1].

En revanche, le dossier contentieux est confidentiel à l'égard des tiers, qui ne peuvent pas en demander communication : c'est le secret de l'instruction qui joue pour l'ensemble des travaux de la Cour, juridictionnels comme non juridictionnels[2].

Il est loisible aux parties de verser au dossier des pièces concernant la période prescrite, pour éclairer l'instruction : cela ressort d'un arrêt rendu par la Cour de discipline budgétaire[3] dont la solution demeure d'actualité. On peut en déduire qu'il ne peut être refusé aux parties de verser des pièces concernant la période prescrite.

SECTION 2
CONTENU DU DOSSIER CONTENTIEUX

523.21 Composition du dossier contentieux. S'agissant de la composition du dossier contentieux, la loi est peu loquace ; la Cour a estimé que le dossier devait comporter le déféré, d'une part (s'il existe), et le réquisitoire introductif, d'autre part ; « qu'il comprend, outre les diverses pièces résultant du suivi de cette procédure, les documents qui y sont versés par le Rapporteur au soutien de son rapport d'instruction ; que la loi ne comporte pas d'autres obligations concernant la composition dudit dossier »[4].

Le dossier est composé, initialement, par le réquisitoire et les pièces versées à l'appui du déféré ; ensuite, les actes et pièces de la procédure sont cotés par le greffe au fur et à mesure de leur rédaction ou de leur réception par le magistrat chargé de l'instruction[5].

Ce dossier se trouvera donc enrichi au cours de l'instruction de l'ensemble des pièces qui doivent y être versées, c'est-à-dire toutes celles qui ont un rapport direct avec l'instruction (procès-verbaux des auditions, réponses aux demandes de témoignages écrits...), ou des pièces que le Parquet, le rapporteur ou la personne mise en cause souhaitent verser au dossier. Il peut s'agir de documents variés : lettres, factures, jugements d'autres juridictions, mémoires en défense, témoignages, rapports d'inspection, notes manuscrites...

Il ne peut pas être refusé à une personne mise en cause de verser une pièce au dossier[6] ; et le ministère public peut, à tout moment de l'instruction, requérir tous actes et produire tout document ou pièce lui paraissant utiles à la manifestation de la vérité[7].

En revanche, les lettres envoyées à des autorités extérieures à l'instruction (en l'occurrence, au Président de la République et au secrétaire général de la Cour des comptes) n'ont pas à figurer au dossier d'instruction[8], sauf si cela était demandé par l'intéressé ou le Parquet, ou encore s'il en était ainsi décidé par le rapporteur.

Le dossier d'instruction n'a pas davantage à comporter les réquisitoires ou décisions de renvoi prises dans le cadre d'une instruction pénale parallèle, même si certaines pièces ont été transmises par le Parquet judiciaire au ministère public près la juridiction financière[9], sauf bien entendu si ces documents ont été utilisés dans l'instruction contentieuse menée devant la Cour des comptes.

Par ailleurs, le fait d'inclure dans le dossier d'instruction devant la juridiction financière répressive une partie seulement des pièces d'un dossier pénal, et non la totalité, ne méconnaît pas le droit à une contradiction équitable, étant donné que les personnes concernées ont été auditionnées par le rapporteur, qu'elles ont pu consulter le dossier, produire des pièces ou mémoires à leur décharge et qu'elles auraient pu citer des témoins à l'audience[10].

Le Procureur général a pu, sans commettre de vice de procédure, écrire à la personne mise en cause que certaines pièces de la Cour des comptes n'étaient pas communicables : « sans incidence sur ce point étant le fait qu'il [le Procureur] a indiqué la liste des pièces qui, selon lui, n'étaient pas communicables par la Cour des comptes »[11].

523.22 Demande de suppression des documents du dossier. Une personne peut demander à un tribunal de prononcer la suppression des écrits injurieux,

1. CJF, art. R. 142-2-3, al. 2 – Avant d'être inscrite dans le code, cette solution avait déjà été dégagée par la jurisprudence, v. CDBF 17 juin 2011, *Institut géographique national (IGN)*, n° 176-655 ; *Rec.* p. 158 ; GFP 2013, n° 5, p. 73, note S. Damarey, M. Lascombe et X. Vandendriessche.
2. CJF, art. L. 141-3 : « Les mesures d'instruction, rapports et diverses communications de la Cour des comptes ne sont pas communicables sur le fondement des dispositions du livre III du code des relations entre le public et l'administration ».
3. CDBF 17 juin 2013, *Centre hospitalier intercommunal (CHI) de la Lauter à Wissembourg*, n° 189-683 ; non publié au *Rec.*
4. CDBF 25 mars 1987, *Assoc. X et Y*, CCP, n° 3, p. 55.
5. CJF, art. R. 142-2-7.
6. CJF, art. R. 142 2 5 : « Les personnes mises en cause peuvent, à tout moment de l'instruction, accéder au dossier de l'affaire et produire des documents et observations écrites. À ce titre, le greffe les informe sans délai du dépôt de toute nouvelle pièce ».
7. CJF, art. L. 142-1-4, al. 3.
8. CDBF 24 nov. 1986, *CH Sainte-Anne à Paris [marchés d'ingénierie]*, CCP, n° 3, p. 35 ; – CDBF 24 nov. 1986, *CH Sainte-Anne à Paris [dépenses de personnel]*, CCP, n° 3, p. 42.
9. CDBF 4 avr. 2001, *OPIHLM de la région de Creil*, *Rev. Trésor* 2001. 799, note M. Lascombe et X. Vandendriessche.
10. CDBF 4 avr. 2001, *OPIHLM de la région de Creil*, préc.
11. CE 17 et 19 juill. 2013, *M. Lévy* [affaire CDBF *Institut géographique national*], req. n° 351985 ; *Rec.* p. 241.

outrageants ou diffamatoires[1] ; une telle demande a ainsi pu être formulée en cassation par une personne condamnée en CDBF, s'agissant de l'avis ministériel[2] qui avait été rendu et qui figurait au dossier, mais elle a été rejetée en l'espèce par le Conseil d'État[3].

Plus largement, un justiciable peut demander à supprimer des documents ou des éléments figurant au dossier. Il s'agit d'un cas rare, qui provient de la volonté de protéger les justiciables, lesquels peuvent ne pas souhaiter que certaines informations soient accessibles dans le cadre d'un dossier (l'ensemble des personnes mises en cause dans une affaire ont accès au dossier, y compris les avocats) ; toutefois, la Cour a jugé que seuls des « pièces présent[ant] à l'égard de l'intéressé un caractère injurieux ou diffamatoire » auraient pu faire l'objet d'une demande de « distraction du dossier »[4] ; cette restriction s'explique par le fait que tout dossier doit être complet, et étayer l'ensemble de l'instruction.

1. C. pr. civ., art. 1036, et L. 29 juill. 1881 sur la liberté de la presse, art. 41.
2. Sur l'avis ministériel, supprimé en 2016, v. s^{s} n° 53.06.
3. CE 1er oct. 1976, *Bouche*, n° 95.323 ; *Lebon* 385.
4. CDBF 17 déc. 1976, *Caisse interprofessionnelle, commerciale et industrielle d'allocations vieillesse [Ciciav] de Béthune*, CCP, n° 2, p. 121.

CHAPITRE

524. Déroulement de l'instruction : mise en cause, auditions, questionnaires

SECTION 0

Orienteur

524.00 **Sommaire du chapitre.**

SECTION 1

Cadre de l'instruction et mise en cause de personnes dont la responsabilité est susceptible d'être engagée

524.11 **Cadre et début de l'instruction.** La partie législative du code des juridictions financières est assez laconique sur le déroulement de l'instruction contentieuse : elle précise seulement que le rapporteur « mène l'instruction à charge et à décharge de façon indépendante », et que « à tout moment de l'instruction, le ministère public peut requérir tous actes et produire tout document ou pièce lui paraissant utiles à la manifestation de la vérité »[1].

L'instruction contentieuse est cadrée par le réquisitoire[2], qui comporte des faits bien délimités[3] : il s'agit d'une saisine *in rem*. C'est aussi sur les faits que joue l'effet interruptif de la prescription du réquisitoire (et éventuellement du déféré qui l'a précédé)[4].

« Lorsque le magistrat chargé de l'instruction a connaissance de faits qui ne sont pas mentionnés au réquisitoire introductif, il en informe sans délai le ministère public »[5], ce dernier pouvant alors prendre un réquisitoire supplétif[6].

Le réquisitoire peut également d'ores et déjà mentionner des personnes susceptibles de voir leur responsabilité engagée, mais cela n'est pas systématique ; d'ailleurs, un réquisitoire peut être ouvert contre X[7]. S'agissant des personnes, les réquisitoires ne sont pas, habituellement, « fermés » ; le plus souvent, une disposition du réquisitoire ouvre au contraire la possibilité, pour le rapporteur, de déterminer assez librement les personnes responsables des faits dont il est saisi[8].

Dans la pratique, le rapporteur auquel est confiée une affaire commencera par prendre connaissance du dossier à l'appui du réquisitoire ; ensuite, si besoin, il établira des questionnaires aux administrations concernées ou aux tutelles. Surtout, il devra mettre en cause les personnes dont la responsabilité est susceptible d'être engagée.

524.12 **Mise en cause.** La mise en cause constitue l'équivalent de la mise en examen dans la procédure pénale ; l'ancienne procédure, devant la CDBF, précisait que devaient être mises en cause les personnes « à l'égard desquelles auront été relevés des faits de nature à donner lieu à renvoi devant la Cour »[9]. Même si les nouveaux textes ne le mentionnent plus expressément, c'est bien de cela qu'il s'agit : doit être formellement mise en cause une personne dont la responsabilité est susceptible d'être engagée, qui est susceptible d'être sanctionnée à l'issue de la procédure. Cela signifie également que l'acte de mise en

1. CJF, art. L. 142-1-4.
2. V. s[s] n° 514.31.
3. CJF, art. R. 142-2-2.
4. V. s[s] n°s 511.32 et 514.26.
5. CJF, art. L. 142-1-4.
6. V. s[s] n° 514.35.
7. V. s[s] n° 514.32.
8. C. comptes 11 mai 2023, *Société ALPEXPO*, n° 836, S-2023-0604 ; *Rec.* p. 17 ; *JCP Adm.* n° 25, 26 juin 2023, 2210, note S. Damarey ; *AJDA* 2023. 1511, note X. Vandendriessche. V. §§ 15 et 16 de cet arrêt.
9. CJF, ancien art. L. 314-4, al. 3, abrogé le 31 déc. 2022.

cause doit préciser que la personne intéressée pourra, le cas échéant, voir sa responsabilité engagée devant la juridiction financière[1], ou du moins qu'une infraction financière lui est reprochée.

La mise en cause ne signifie nullement que la ou les personnes concernées seront *in fine* réellement renvoyées devant la Cour, et encore moins condamnées ; cet acte est à ce stade destiné à informer les personnes visées, qui souvent ignorent qu'une instruction a été ouverte relative à des agissements les concernant devant la juridiction financière, car le déféré demeure en principe confidentiel[2] ; elle permet ainsi aux personnes concernées de préparer leur défense.

Dans l'ancienne procédure devant la CDBF, cet acte de mise en cause relevait du parquet, le plus souvent sur demande du rapporteur ; désormais, depuis le 1er janvier 2023, il relève directement du rapporteur.

La mise en cause transmet le réquisitoire introductif et, le cas échéant, les réquisitoires supplétifs[3], ce qui permet aux intéressés de savoir quels sont les faits qui leur sont reprochés et d'exercer leurs droits de la défense[4]. À ce titre, la mise en cause ouvre donc la phase contradictoire de la procédure.

La mise en cause ouvrant la contradiction, elle ne doit pas intervenir trop tard au cours de l'instruction, sinon les personnes concernées ne sont pas au courant de l'affaire et ne peuvent donc pas se défendre. Toutefois, la mise en cause ne doit pas non plus être trop hâtive : elle doit s'appuyer sur des éléments concrets permettant de soupçonner la responsabilité de la personne, éléments dont l'instruction doit donc disposer. Or ceci dépend de chaque affaire, du degré de précision des déférés et des réquisitoires, puis de la rapidité avec laquelle une instruction peut avancer.

L'ordonnance de mise en cause, signée par le ou les rapporteurs, n'est pas susceptible de recours. Elle est notifiée à la ou aux personnes mises en cause et accompagnée du réquisitoire introductif. Elle est également notifiée au ministère public[5].

Dès que les personnes sont averties de leur mise en cause, elles peuvent accéder au dossier de l'affaire et produire des documents et observations écrites, et ce à tout moment de l'instruction qui suit. L'ordonnance de mise en cause doit préciser ce droit. Elle devrait également préciser que la personne mise en cause a le droit de se taire[6].

Les personnes mises en cause ont le droit d'être entendues par le magistrat chargé de l'instruction et elles peuvent être assistées par un avocat[7], ce que doit également préciser l'ordonnance de règlement.

Tout au long de l'instruction, des personnes peuvent être mises en cause successivement par le rapporteur[8], à condition de rester dans le cadre du réquisitoire introductif ou de susciter un réquisitoire supplétif. Lorsqu'un réquisitoire supplétif a conduit à élargir le champ des personnes qui avaient été mises en cause dans un premier temps, cela donne lieu à des mises en cause successives[9].

Une même personne peut être mise en cause successivement à plusieurs reprises, notamment lorsqu'un réquisitoire supplétif élargit le champ des faits en question.

Il peut arriver qu'une personne dans un premier temps auditionnée comme témoin soit ensuite mise en cause[10], sans qu'un réquisitoire supplétif soit forcément nécessaire, si – et c'est souvent le cas – le réquisitoire introductif est suffisamment large pour couvrir cette extension du champ des personnes mises en cause.

Il n'est pas nécessaire qu'une personne mise en cause ait été, préalablement, visée par le déféré ni le réquisitoire introductif, qui peuvent être relativement généraux.

Une erreur matérielle dans l'acte de mise en cause n'entraîne pas la nullité de la procédure : ce qui compte, c'est le contenu du réquisitoire joint. Il en va ainsi d'une erreur de plume quant à la période des faits[11].

1. CDBF 19 avr. 2000, *Banque du Crédit chimique, Rev. Trésor* 2001. 796, note M. Lascombe et X. Vandendriessche ; *Rec.*, p. 105.
2. V. ss no 513.21.
3. CDBF 22 janv. 1992, *Centre de formation des personnels communaux [CFPC]*, v. les visas ; *Rev. Trésor* 1993. 35 ; *Rec.*, p. 127.
4. CDBF 22 et 29 nov. 1985, *Sté des autoroutes Rhône-Alpes [Area], CCP*, no 3, p. 25 ; – CDBF 11 et 12 déc. 1991, *CHS du Rouvray, Rec.*, p. 136, *Lebon* 640 ; *Rev. Trésor* 1993. 31.
5. CJF, art. R. 142-2-3.
6. Sur le droit au silence, innovation constitutionnelle datant de 2023, v. ss no 502.23.
7. CJF, art. R. 142-2-5 – Sur le rôle de l'avocat en contentieux financier, v. F. Gaullier-Camus, « Le rôle de l'avocat : de la saisine à l'ouverture de la phase d'audiencement », *in* C. Husson-Rochcongar et S. Kott (dir.), La responsabilité financière des gestionnaires publics, La Documentation française 2024, p. 205 – F. Molinié, « Les droits des justiciables : le rôle de l'avocat auprès des gestionnaires publics dans le cadre de l'audience puis l'exercice des voies de recours », *in* C. Husson-Rochcongar et S. Kott (dir.), La responsabilité financière des gestionnaires publics, préc., p. 219.
8. CDBF 23 déc. 2002, *Mission de coopération et d'action culturelle [MCAC] de N'Djaména [Tchad], Rev. Trésor* 2004. 51, note M. Lascombe et X. Vandendriessche.
9. CDBF 13 juill. 2011, *Rectorat de Paris – Inspecteurs de l'académie de Paris (IAP)*, no 177-684 ; *Rec.* p. 158 ; *GFP* 2013, no 5, p. 74, note S. Damarey, M. Lascombe et X. Vandendriessche.
10. CDBF 19 juill. 1974, *SEM d'aménagement et de gestion du marché d'intérêt national de Paris-La Villette [Semvi]*, CCP, no 2, p. 103 (v. les visas).
11. CDBF 17 juin 2014, *Société de valorisation foncière et immobilière (SOVAFIM)*, no 193-696 ; *Rec.* p. 169 ; *AJDA* 2014. 1603, note C. Michaut et J.-E. Picard ; *RLC* 2014, no 41, ▶

Si une personne mise en cause décède en cours d'instruction[1], le Procureur général décidera un non-lieu, qui intervient au stade de la décision de renvoi ou de classement[2].

SECTION 2
DÉROULÉ DE L'INSTRUCTION

524.21 Pouvoirs du rapporteur et règles générales de procédure. Le rapporteur dispose de pouvoirs étendus pour mener ses travaux d'instruction, pouvoirs précisés et encadrés par le code des juridictions financières. S'appliquent à lui à la fois des règles générales communes à tous les rapporteurs de la Cour des comptes[3] – qu'ils soient chargés de contrôles ou d'instructions contentieuses – et/ou des règles spécifiques à la matière contentieuse[4].

Parmi les règles générales de procédure s'appliquant également aux rapporteurs chargés d'affaires contentieuses, il convient de mentionner le secret des investigations[5] ; la non-communicabilité, aux tiers, des mesures d'instruction[6] ; le respect du secret professionnel qui s'impose aux magistrats[7].

Les actes du rapporteur (ordonnance de mise en cause ; ordonnance de règlement) sont insusceptibles de recours.

Lorsque plusieurs magistrats ont été nommés pour instruire une même affaire, ceux-ci signent conjointement les actes de la procédure[8].

524.22 Investigations. « Les rapporteurs procèdent aux investigations qu'ils jugent utiles sur pièces et sur place »[9].

Cette règle générale, applicable à toutes les activités de la Cour des comptes, en particulier au contrôle des comptes et de la gestion, est toutefois mise en œuvre de façon différenciée en matière contentieuse : en effet, la possibilité d'enquêter sur place, donc *in situ* dans les organismes dont la gestion est en cause, doit être conciliée avec les autres règles, particulièrement strictes en matière répressive, en particulier la nécessité de la présence d'un greffier pour donner valeur probatoire aux propos recueillis.

Le rapporteur peut envoyer des questionnaires aux administrations ou structures qui sont concernées directement par les faits instruits (dont la gestion est en cause) ou indirectement (tutelles...).

Le rapporteur peut fixer un délai de réponse à un questionnaire : il s'agit d'une mesure d'administration de la justice insusceptible de recours[10]. Il va de soi toutefois que ce délai doit être raisonnable pour permettre l'exercice des droits de la défense, sinon, toute la procédure risquera d'être fragilisée.

Le rapporteur fondera très largement son instruction sur des éléments probatoires écrits ; il procédera également à l'audition des personnes mises en cause. Le terme « audition » sera privilégié par rapport à « interrogatoire », même si l'on pouvait, dans le passé, rencontrer ce terme s'agissant de la CDBF[11].

Le magistrat chargé de l'instruction peut entendre ou questionner oralement ou par écrit, y compris par un moyen de communication audiovisuelle, à leur demande ou de sa propre initiative, tous témoins et toutes personnes mises en cause ou susceptibles de l'être[12].

Lorsque les personnes mises en cause ont été entendues par le rapporteur sur l'ensemble des faits qui leur sont reprochés, leurs droits de la défense ont été respectés par l'instruction[13].

L'audition d'une personne, après mise en cause, doit avoir préalablement fait l'objet d'une convocation[14], adressée par le greffe, par lettre recommandée, avec accusé de réception. Ce courrier devrait mentionner le droit, pour la personne mise en cause, de se taire[15].

► p. 32, note S. Brameret. Extraits : « le réquisitoire du 18 janv. 2011 porte sur des faits intervenus au cours des exercices 2006 à 2009 ; que si la lettre du 20 oct. 2011 informant M. D de l'ouverture de l'instruction devant la Cour de discipline budgétaire et financière ne mentionne, par erreur, que les exercices 2006 à 2008, il n'est pas contesté que le réquisitoire était joint à cette lettre ; qu'en outre M. D a été invité à présenter ses observations en défense sur l'ensemble des faits en cause, y compris ceux de l'année 2009 ; qu'il n'a pas pu se méprendre sur la période en cause, ainsi qu'en attestent ses réponses au questionnaire du rapporteur et les mémoires qu'il a produits ; qu'il n'y a donc pas lieu d'écarter du débat les pièces et les faits postérieurs au 31 déc. 2008 ».

1. PAR EX. : CDBF 22 janv. 1992, *Centre de formation des personnels communaux [CFPC]*, *Rev. Trésor* 1993. 35 ; *Lebon* 627 ; *Rec.*, p. 127.
2. V. s^s n° 523.11.
3. Règles générales : CJF, art. L. 141-1 à L. 141-12 (seuls certains articles concernent également l'instruction contentieuse, v. plus loin) ; et art. R. 141-1 à R. 141-9 (seuls certains articles concernent également l'instruction contentieuse, v. plus loin ; en outre, l'art. R. 141-7, bien que dans la partie générale, comporte une disposition spécifique au contentieux).
4. Règles spécifiques : CJF, art. L. 142-1-1 s. ; CJF, art. R. 141-7, al. 2 ; CJF, art. R. 142-1-1 s.
5. CJF, art. L. 141-2.
6. CJF, art. L. 141-3.
7. CJF, art. L. 141-4.
8. CJF, art. R. 142-2-1.
9. CJF, art. R. 141-2.
10. C. Groulier, « Remarques sur la notion de mesure d'administration de la justice », *RD Publ.* 2011, p. 404.
11. CDBF 25 mars 1987, *Assoc. X et Y*, CCP, n° 3, p. 55.
12. CJF, art. R. 142-2-4.
13. CDBF 4 déc. 2002, *Caisse centrale de la mutualité sociale agricole [CCMSA]*, *Rec.*, p. 112.
14. CDBF 12 avr. 1995, *Ambassade de France auprès des Émirats Arabes Unis*, 2e arrêt, *Rev. Trésor* 1996. 731 ; *Lebon* 595 ; *Rec.*, p. 121.
15. Sur le droit au silence, v. s^s n° 502.23.

Cette convocation en vue de l'audition peut (simple faculté) déjà être jointe à l'envoi de la mise en cause [1], ou être adressée séparément, ultérieurement ; le rapporteur est entièrement libre du choix du moment de l'audition.

Souvent, la convocation à l'audition sera accompagnée d'un questionnaire préparant l'audition [2], afin de permettre un bon déroulement de la contradiction, et dont il sera précisé qu'il n'est pas exhaustif ; mais le questionnaire préparant l'audition n'est pas obligatoire.

Comme indiqué plus haut pour les délais de réponses aux questionnaires, il est impératif de laisser aux personnes convoquées aux auditions un délai suffisant pour préparer leur défense. Des délais complémentaires peuvent être accordés par simple décision du rapporteur.

L'audition doit donner lieu à l'établissement d'un procès-verbal dressé contradictoirement, en présence du greffier de la Cour [3] ; le procès-verbal d'audition est signé par la personne mise en cause ou par le témoin après relecture par ses soins [4].

Il n'est pas nécessaire de préciser pendant l'audition que la personne mise en cause risque de voir engagée sa responsabilité, puisque cela lui a déjà été précisé par la lettre de mise en cause [5]. Mais rien n'interdit, au contraire, au rapporteur de préciser autant que possible, lors de l'audition d'une personne mise en cause, la procédure à suivre et ses conséquences. Il est également de bonne pratique d'indiquer dans la convocation que la défense a accès au dossier, voire de le rappeler oralement au cours de l'audition [6]. Lorsque la personne mise en cause risque de s'auto-incriminer, le magistrat chargé de l'instruction doit lui indiquer qu'il peut garder le silence [7].

La personne mise en cause peut demander au rapporteur d'auditionner des témoins ou de recueillir des témoignages : si elle ne le demande pas, elle ne peut ultérieurement en faire grief. Ainsi, dans une affaire récente, la Cour a jugé que la défense ne pouvait pas critiquer le fait que « les présidents successifs du comité des risques n'ont pas été interrogés » pendant l'instruction ; en effet, la défense aurait pu demander des auditions ou témoignages [8].

Le rapporteur n'est pas tenu d'organiser une confrontation entre les différentes personnes mises en cause, dont les intérêts peuvent diverger, et/ou les témoins [9] ; mais cela n'est pas non plus exclu par les textes et pourrait donc être décidé par le rapporteur en fonction des circonstances.

Le rapporteur peut convoquer des témoins, afin de les auditionner pendant la phase d'instruction [10]. Le plus souvent, les témoignages sont recueillis par la voie de réponses écrites à des questionnaires écrits. Des délais complémentaires peuvent à tout moment être accordés par simple décision du rapporteur.

Il peut arriver qu'une personne qui n'avait pas été visée par le réquisitoire introductif soit d'abord auditionnée comme témoin, puis dans un deuxième temps, à la suite d'informations recueillies en cours d'instruction, mise en cause (et même, ultérieurement, condamnée) [11].

524.23 Accès aux documents et délit d'obstacle. Le rapporteur dispose d'un droit d'accès aux documents, données et traitements, de quelque nature que ce soit, sans qu'un secret protégé par la loi puisse lui être opposé [12].

La loi incrimine pénalement le fait de faire obstacle à ce droit d'accès du rapporteur : c'est le délit d'obstacle. Mais seul le Procureur général près la Cour des comptes peut saisir le parquet pénal en vue de déclencher l'action publique.

Le droit d'accès joue également à l'égard des autorités administratives indépendantes et des autorités de contrôle et de régulation, sans qu'un secret protégé par la loi puisse leur être opposé [13]. Il en va de même

1. CDBF 12 avr. 1995, *Ambassade de France auprès des Émirats Arabes Unis*, 2e arrêt, *Rev. Trésor* 1996. 731 ; *Lebon* 595 ; *Rec.*, p. 121.
2. PAR EX. : CDBF 24 nov. 1986, *CH Sainte-Anne à Paris [marchés d'ingénierie]*, CCP, n° 3, p. 35 – CDBF 8 déc. 2014, *Maison de retraite publique de Vertheuil*, n° 196-718 ; *Rec.* p. 175 ; *AJDA* 2015. 1536, chron. J.-E. Picard et S. Gaillard.
3. CDBF 12 avr. 1995, *Ambassade de France auprès des Émirats Arabes Unis*, 2e arrêt, *Rev. Trésor* 1996. 731 ; *Lebon* 595 ; *Rec.*, p. 121.
4. CDBF 8 déc. 2014, *Maison de retraite publique de Vertheuil*, n° 196-718 ; *Rec.* p. 175 ; *AJDA* 2015. 1536, chron. J.-E. Picard et S. Gaillard.
5. CDBF 19 avr. 2000, *Banque du Crédit chimique, Rev. Trésor* 2001. 796, note M. Lascombe et X. Vandendriessche ; *Rec.*, p. 105.
6. CDBF 8 déc. 2014, *Maison de retraite publique de Vertheuil*, n° 196-718 ; *Rec.* p. 175 ; *AJDA* 2015. 1536, chron. J.-E. Picard et S. Gaillard.
7. V. ss n° 502.23.
8. C. comptes 24 nov. 2023, *Caisse de crédit municipal de Bordeaux (CCMB)*, n° 868, S-2023-1382 ; *Rec.* p. 38 ; *AJDA* 2023. 2381, chron. N. Péhau et L. Vergallo ; *JCP Adm.* 2024, n° 1, 2005 chron. S. Damarey ; *AJCT* 2024, p. 175, note C. Pierucci ; *Gaz. Pal.* 2024, n° 2, p. 70, note T. Dogan.
9. CDBF 17 déc. 1976, *Caisse interprofessionnelle, commerciale et industrielle d'allocations vieillesse de Béthune*, CCP, n° 2, p. 121.
10. PAR EX. : visas de CDBF 19 juill. 1974, *SEM d'aménagement et de gestion du marché d'intérêt national de Paris-La Villette [Semvi]*, CCP, n° 2, p. 103 ; *Lebon* 803 (extraits anonymisés).
11. CDBF 19 juill. 1974, *SEM d'aménagement et de gestion du marché d'intérêt national de Paris-La Villette [Semvi]*, CCP, n° 2, p. 103 (v. les visas) ; *Lebon* 803 (extraits anonymisés).
12. CJF, art. L. 141-5.
13. CJF, art. L. 141-7.

à l'égard des services fiscaux[1], des commissaires aux comptes[2], et surtout des juridictions pénales.

S'agissant des relations avec les juridictions pénales, le procureur de la République peut transmettre au procureur général près la Cour des comptes, d'office ou à la demande de ce dernier (et ce dernier sur demande d'un rapporteur), la copie de toute pièce d'une procédure judiciaire relative à des faits de nature à constituer des irrégularités dans les comptes ou dans la gestion de l'État, des établissements publics ou des organismes relevant de la compétence de la Cour des comptes[3]. Localement, les procureurs judiciaires peuvent également adresser aux procureurs financiers près les chambres régionales et territoriales des comptes des informations sur des irrégularités présumées dans la gestion publique locale.

Inversement, si l'instruction fait apparaître des faits susceptibles de constituer des délits ou des crimes, le procureur général transmet le dossier au procureur de la République dans les conditions prévues à l'article 40 du code de procédure pénale et avise de cette transmission le ministre ou l'autorité dont relève la personne mise en cause ; et le ministère public peut transmettre au procureur de la République, de sa propre initiative ou à la demande de ce dernier, la copie de toute pièce d'un dossier de procédure contentieuse financière qui intéresse une enquête pénale[4].

L'accès aux rapports des inspections se fait obligatoirement par le biais du parquet général[5].

524.24 Étendue de l'instruction. L'instruction est bordée par le réquisitoire introductif et, le cas échéant, les réquisitoires supplétifs.

Le rapporteur ne peut pas instruire au-delà, ou du moins, s'il rencontre des faits nouveaux non couverts par le réquisitoire, il doit en informer le parquet[6] et demander un réquisitoire supplétif, que le Procureur général peut prendre ou non[7].

En principe, les parties ne peuvent se plaindre de l'étendue d'une instruction, qu'elles contribuent d'ailleurs à forger. Ainsi, à tout moment de l'instruction, le ministère public peut requérir tous actes et produire tout document ou pièce lui paraissant utiles à la manifestation de la vérité[8] et il peut, même de sa propre initiative, prendre un réquisitoire supplétif élargissant le champ de l'instruction ; et la défense peut à tout moment communiquer des pièces[9] ou demander à être auditionnée[10].

Ainsi, la CDBF a pu écarter l'argument avancé par une personne renvoyée qui se plaignait que « l'instruction aurait pu être étendue à d'autres pièces et que d'autres mises en cause étaient envisageables, en particulier celles de personnes chargées de la tutelle de l'Agence et celle du contrôleur financier, ce qui aurait permis d'exonérer sa propre responsabilité », en estimant que ce qui importait, c'était le respect des droits de la défense et le fait que la Cour disposait de tous les éléments pour statuer[11].

Dans le même sens a été rejeté par la Cour l'argument avancé par la défense selon lequel les productions de l'organisme concerné en cours d'instruction, établies par les successeurs des gestionnaires renvoyés devant la Cour, « n'ont pas suffisamment compris d'éléments à sa décharge qui, selon lui, existaient à la Caisse. Il fait aussi valoir que, notamment, manquent des rapports du contrôle interne qui auraient démontré qu'aucune alerte sur les irrégularités qui lui sont reprochées n'étaient [sic] remontées [sic] jusqu'à lui qui lui aurait permis de réorienter son action [...] ». La Cour a rejeté ces critiques, car la défense aurait pu demander de verser des pièces ou témoignages, ce qu'elle n'a pas fait en l'espèce[12].

524.25 Recours à l'expertise. L'instruction contentieuse peut faire appel à un expert dans des conditions spécifiques que le code des juridictions financières détaille, depuis la réforme entrée en vigueur le 1er janvier 2023, par le menu[13].

La possibilité de recourir à un expert existait déjà du temps de la CDBF, mais n'a guère trouvé application dans la période récente. Dans un passé lointain, l'expertise était même, pour l'une des infractions financières, un élément obligatoire[14].

Il est possible que l'exigence nouvelle d'un préjudice financier significatif dans deux des infractions financières conduise, dans les années à venir, à un recours plus fréquent à l'expertise, par exemple pour établir l'existence d'un préjudice du fait de la violation de règles de la commande publique.

1. CJF, art. L. 141-9.
2. CJF, art. L. 141-10.
3. CJF, art. L. 141-8.
4. CJF, art. L. 142-1-12, al. 3 et 4.
5. CJF, art. R. 141-6.
6. CJF, art. L. 142-1-5, al. 4.
7. Sur le réquisitoire supplétif, v. ss no 514.35.
8. CJF, art. L. 142-1-4, al. 3.
9. CJF, art. R. 142-2-5, al. 1er.
10. CJF, art. R. 142-2-5, al. 2.
11. CDBF 22 avr. 2016, *Agence nationale des titres sécurisés (ANTS)*, no 207-745 ; *Rec.* p. 179 ; *AJDA* 2016. 2487, chron. N. Péhau et N. Hauptmann.
12. C. comptes 24 nov. 2023, *Caisse de crédit municipal de Bordeaux (CCMB)*, no 868, S-2023-1382 ; *Rec.* p. 38 ; *AJDA* 2023. 2381, chron. N. Péhau et L. Vergallo ; *JCP Adm.* 2024, no 1, 2005 chron. S. Damarey ; *AJCT* 2024, p. 175, note C. Pierucci ; *Gaz. Pal.* 2024, no 2, p. 70, note T. Dogan.
13. CJF, art. R. 142-2-9.
14. V. ss no 441.21.

Dans la procédure actuelle, le président de la chambre du contentieux peut, soit d'office, soit sur proposition du magistrat chargé de l'instruction, soit à la demande de la personne mise en cause, soit encore à la demande du ministère public, ordonner qu'il soit procédé, avant dire droit, à une expertise.

Il désigne toute personne de son choix, par ordonnance versée au dossier.

Il fixe l'objet de sa mission et le délai dans lequel elle est tenue de déposer son rapport au greffe. L'ordonnance du président sur l'expertise est insusceptible de recours.

Le greffe de la chambre du contentieux notifie dans les dix jours à l'expert la décision qui le commet. Il annexe à celle-ci la formule du serment que l'expert prête par écrit et qu'il dépose au greffe dans les trois jours pour être joint au dossier de l'affaire. Par le serment, l'expert s'engage à accomplir sa mission avec conscience, objectivité, impartialité et diligence. Il a droit à des honoraires et au remboursement de frais, arrêtés par le président de la chambre.

Si un expert n'accepte pas la mission qui lui a été confiée, un autre est désigné à sa place.

Les personnes qui ont eu à connaître de l'affaire à un titre quelconque sont tenues, avant d'accepter d'être désignées comme expert, d'en informer le président de la chambre du contentieux, qui apprécie s'il y a incompatibilité. L'expert est récusé par les parties dans les mêmes conditions que la récusation du rapporteur[1].

Le rapport de l'expert est déposé au greffe de la chambre du contentieux et versé au dossier.

L'expert peut être convoqué à l'audience comme témoin[2].

1. V. s^{s} n° 522.25.
2. V. s^{s} n° 542.13.

CHAPITRE

525. Clôture de l'instruction : l'ordonnance de règlement

SECTION 0 ORIENTEUR

525.00 **Sommaire du chapitre.**

SECTION UNIQUE CLÔTURE DE L'INSTRUCTION

525.11 **Ordonnance de règlement.** Le magistrat chargé de l'instruction prend une ordonnance de règlement dans laquelle il présente les résultats de ses investigations, en mentionnant les éléments à charge et à décharge[1], ainsi que ses propositions de suites.

Cette ordonnance de règlement, signée par le magistrat, est insusceptible de recours en tant que telle ; elle ne pourrait être contestée que dans le cadre de l'audience de jugement, de l'arrêt à rendre.

L'ordonnance de règlement clôt l'instruction.

Elle est déposée au greffe, versée au dossier et notifiée par le greffe au ministère public ainsi qu'aux personnes mises en cause[2].

Même si la terminologie a changé dans le cadre de la réforme du contentieux financier entré en vigueur le 1er janvier 2023, l'ordonnance de règlement ressemble fortement au rapport du rapporteur de l'instruction CDBF.

Les conclusions de l'ordonnance de règlement ne lient pas le parquet[3].

1. Même si le cas ne s'est pas encore présenté, la Cour pourrait mettre en doute la qualité d'une ordonnance de règlement et donc de l'instruction, et éventuellement en tirer des conséquences sur la validité de la procédure : C. comptes 23 déc. 2024, *Société anonyme d'économie mixte (SAEM) Marseille Habitat et Société civile immobilière (SCI) Protis Développement*, n° 24, S-2024-1604. Lire § 10 : « la lecture de l'ordonnance de règlement montre assez que l'instruction a été menée à charge et à décharge et les éléments de fait qui y sont rapportés éclairent assez les circonstances pour permettre au juge de les apprécier ».
2. CJF, art. R. 142-2-12.
3. V. ss n° 532.21.

TITRE

53. Procédure qui suit l'instruction

SECTION 0
ORIENTEUR

53.00 Sommaire du titre.

53.05 Éléments généraux sur la procédure comprise entre la fin de l'instruction et le jugement. Une fois l'instruction terminée, après dépôt de l'ordonnance de règlement, le Procureur général doit décider, dans un délai de trois mois, des suites à donner à cette instruction [1].

Ce delai de trois mois s'applique à la décision du Procureur général elle-même, et non à la notification de celle-ci [2].

Ces suites relèvent de son appréciation propre ; il s'agit donc, comme lorsqu'il décide des suites à donner à un déféré, d'une traduction de son pouvoir de décision sur la base de l'opportunité des poursuites.

Le Procureur général est libre de ne pas suivre les conclusions d'une ordonnance de règlement : il « ne saurait être fait grief au ministère public de n'avoir pas suivi les conclusions de l'ordonnance de règlement. L'article L. 142-1-5 du code des juridictions financières lui donne, en effet, toute latitude pour "apprécie[r] les suites à donner à la clôture de l'instruction" » [3].

Trois types de suites sont prévues après intervention de l'ordonnance de règlement : la demande de complément d'instruction, la décision de renvoi et la décision de classement, étant précisé que ces actes du procureur général peuvent se rencontrer en même temps pour un même dossier (classement partiel et en même temps renvoi partiel ; classement partiel et demande de complément d'instruction...).

53.06 Suppression de l'avis des ministres ou de l'autorité dont dépend l'agent mis en cause. Jusqu'en 2016, le contentieux financier répressif prévoyait, après la fin de l'instruction et si le Parquet décidait de poursuivre la procédure, un avis du ministre ou de l'autorité dont dépendait le fonctionnaire ou l'agent mis en cause, du ministre chargé des finances ainsi que, le cas échéant, du ministre de tutelle compétent. Ceux-ci devaient donner leur avis dans un délai fixé par le président de la Cour et qui ne pouvait être inférieur à un mois ; toutefois, si les ministres n'avaient pas émis un avis à l'expiration de ce délai, la procédure pouvait être poursuivie, et, en vertu de la jurisprudence constante de la Cour, cette absence d'avis – très fréquente en pratique – n'empêchait pas la juridiction de statuer. Une loi de

1. CJF, art. L. 142-1-5.
2. C. comptes 19 déc. 2024, *Institut des sciences et des industries du vivant et de l'environnement (AgroParisTech) et Direction nationale des ventes domaniales (DNID), vente du mobilier du château de Grignon*, n° 3, S-2024-1571.
3. C. comptes 23 déc. 2024, *Société anonyme d'économie mixte (SAEM) Marseille Habitat et Société civile immobilière (SCI) Protis Développement*, n° 24, S-2024-1604. Ici § 10.

1955 prévoyait même la possibilité pour le ministre de présenter ses observations oralement en séance de jugement, règle abandonnée depuis longtemps.

L'avis ministériel permettait au ministère de tutelle de se prononcer sur les faits de l'espèce et le cas échéant sur la personne mise en cause (ses états de service par exemple) ; il permettait également de faire état, le cas échéant, de la responsabilité propre de l'administration de tutelle dans l'affaire, suggérant alors à la Cour de retenir des circonstances atténuantes en faveur de la personne condamnée, du fait des carences de la tutelle reconnues par cette dernière dans l'avis rendu[1]. Dans une autre affaire, concernant des indemnités irrégulières, le versement de celles-ci avait empêché les conflits sociaux ; le ministère de tutelle avait compensé le surcoût et avait demandé explicitement à la CDBF de reconnaître à l'intéressé des circonstances atténuantes, qui lui ont été accordées[2].

Régulièrement critiquée comme étant un facteur de rallongement de la procédure, et compte tenu du faible taux de réaction des ministres, cette consultation pour avis a finalement été abrogée par ordonnance en 2016[3], une dizaine d'années après la suppression, pour des raisons similaires, de l'avis des commissions administratives paritaires.

Comme ce dernier, l'avis des ministres pouvait donner une coloration professionnelle, voire disciplinaire à la procédure répressive financière ; toutefois, il était erroné d'en déduire que le contentieux financier était – ou serait encore – de nature disciplinaire[4]. L'avis des ministres devait plutôt permettre d'articuler poursuites devant la justice financière et sanctions managériales, voire des procédures parallèles devant les instances disciplinaires. Il permettait aussi, dans le cas où le ministre était, par un déféré, à l'origine d'une affaire[5], d'intervenir de nouveau dans la procédure après la fin de l'instruction.

53.07 Suppression de l'avis des commissions administratives. Avant l'intervention du décret du 17 juin 2005 réformant la CDBF, qui a supprimé cet élément de procédure, la commission administrative paritaire (CAP) compétente, siégeant en formation disciplinaire, ou la formation en tenant lieu, s'il en existe une, devait être consultée pour avis[6].

L'absence d'avis rendu dans les délais, ce qui n'était pas si rare, n'empêchait toutefois pas la Cour de statuer[7]. Il en était de même lorsqu'une telle CAP n'existait pas[8].

L'existence de cet avis des CAP donnait au contentieux devant la CDBF une coloration disciplinaire parfois mal comprise ; en tout cas, il est erroné d'en déduire que le contentieux financier serait de nature disciplinaire[9].

Très critiqué, et jugé peu utile, cet avis des CAP a donc été supprimé en 2005.

1. CDBF 30 sept. 1987, *EHESS et Assoc. Marc Bloch*, CCP, n° 3, p. 94 ; *Lebon* 515.
2. CDBF 29 janv. 1997, *Centre d'études de systèmes d'information des administrations [Cesia], Rev. Trésor* 1999. 187 ; *Lebon* 605 (anonymisé).
3. Ord. n° 2016-1360, 13 oct. 2016 modifiant la partie législative du code des juridictions financières, *JO* du 14 octobre, art. 50.
4. V. s^s n°s 211.21 s., et 501.11.
5. Sur la place des autorités de déféré dans la procédure, v. s^s n° 502.12.
6. CJF, anc. art. L. 314-8, al. 1er, version en vigueur avant juin 2005.
7. PAR EX. : CDBF 26 juin 1992, *min. des PTT*, v. les visas ; *Rev. Trésor* 1993. 777 ; *Lebon* 632 ; *Rec.*, p. 137.
8. CDBF 30 sept. 1987, *EHESS et Assoc. Marc Bloch*, CCP, n° 3, p. 94 ; *Lebon* 515 ; v. également les visas.
9. V. s^s n° 211.22.

CHAPITRE

531. Complément d'instruction

SECTION 0
ORIENTEUR

531.00 Sommaire du chapitre.

SECTION UNIQUE
COMPLÉMENT D'INSTRUCTION SUR DEMANDE DU PARQUET

531.11 Demande de complément d'instruction. Le Procureur général peut, après examen de l'ordonnance de règlement, décider de demander un complément d'instruction[1]. Il s'agit d'une expression de son pouvoir de décider de l'opportunité des poursuites[2] ; ou plus précisément, cette décision lui permet d'exiger des travaux d'instruction complémentaires pour pouvoir décider ultérieurement, à l'issue de ceux-ci, s'il faut continuer à poursuivre ou non.

Une demande de complément d'instruction[3] est envisagée par le ministère public lorsque l'instruction semble insuffisamment aboutie, notamment en ne traitant pas tous les points de fait et de droit visés par le ou les réquisitoires, ou lorsque des faits nouveaux sont apparus. Dans cette dernière hypothèse, la demande de complément d'instruction sera accompagnée par un réquisitoire supplétif couvrant ces faits nouveaux.

531.12 Instruction complémentaire. Le président peut confier l'instruction complémentaire au même rapporteur, ou à un autre[4].

Le rapporteur chargé du rapport complémentaire n'est nullement lié par la motivation qui a conduit le ministère public à demander une instruction complémentaire[5]. Il n'est pas davantage lié par les conclusions de la première instruction ayant donné lieu à la première ordonnance de règlement.

N'a pas été transmise une QPC qui se fondait sur le fait que le monopole du ministère public pour demander un complément d'instruction méconnaîtrait l'équilibre des parties[6]. Les conclusions du rapporteur public sont à cet égard claires : « La possibilité pour le ministère public de demander un complément d'instruction vise à lui garantir de disposer des éléments suffisants pour être en mesure de préconiser, soit le renvoi à la Cour, soit le classement de l'affaire. Le cas d'espèce est d'ailleurs assez éclairant : le rapport initial présentait des insuffisances trop flagrantes pour permettre au Parquet de jouer son rôle. En revanche, il ne revient pas aux parties [c'est-à-dire les personnes mises en cause], qui ont la possibilité de présenter leurs observations au cours de l'instruction, de réclamer un complément d'instruction. Le contradictoire au cours de la phase juridictionnelle permettra ensuite aux parties de faire valoir leurs arguments à l'encontre des éléments recueillis au cours de l'instruction. Au stade où il intervient, le pouvoir donné au procureur général n'est pas de nature à portée atteinte à l'équilibre des droits des parties. Vous ne transmettrez pas la QPC ».

1. CJF, art. R. 142-2-13-2°.
2. CJF, art. L. 142-1-5.
3. Ex. : CDBF 22 mars 2019, *Chambre d'agriculture de la Gironde*, n° 231-770 ; *Rec.* p. 206.
4. CDBF 29 nov. 2018, *Ordre national des chirurgiens-dentistes (ONCD)*, n° 224-800 ; *Rec.* p. 190.
5. CDBF 29 nov. 2018, *Ordre national des chirurgiens-dentistes (ONCD)*, n° 224-800 ; *Rec.* p. 190 – Le recours en cassation contre cet arrêt, portant sur le complément d'instruction, n'a pas été admis par le Conseil d'État : CE 24 juill. 2019, *M. Couzinou et autres*, n° 427446 ; *Rec.* p. 241.
6. CE 24 juill. 2019, *M. Couzinou et autres* [affaire CDBF *Ordre national des chirurgiens-dentistes (ONCD)*], n° 427446 ; *Rec.* p. 241.

Le même motif repris dans le cadre du pourvoi en cassation a également été écarté (moyen non sérieux : recours non admis) : « La demande de complément d'instruction n'a pas en pratique porté atteinte aux droits de la défense, les intéressés ayant pu présenter utilement leurs arguments dans la phase juridictionnelle sans que rien ne soit "joué d'avance" »[1].

1. Sur la qualification « d'administrative » de la phase d'instruction, v. s[s] n°s 501.11 et 501.21 s.

CHAPITRE

532. Décision de renvoi, de classement et de non-lieu

SECTION 0 ORIENTEUR

532.00 **Sommaire du chapitre.**

SECTION 1 CLASSEMENT

532.11 **Classement, classement partiel et non-lieu.** Lorsque l'instruction est close, par dépôt de l'ordonnance de règlement, le Procureur général doit, dans un délai de trois mois[1], apprécier les suites à donner à l'ordonnance de règlement, sous la forme d'une décision de renvoi, d'un classement ou encore d'une demande de complément d'instruction[2].

Ces trois suites peuvent aussi se cumuler dans une même affaire : en effet, il est fréquent qu'à l'issue d'une même instruction, certaines personnes soient immédiatement mises hors de cause, alors que d'autres sont renvoyées, ou encore qu'en parallèle d'une demande de complément d'instruction, certaines personnes mises en cause bénéficient sans attendre d'un classement partiel.

Le classement porte non sur des faits, mais sur des personnes qui avaient été mises en cause officiellement durant la phase d'instruction. La variation du champ des faits constitutifs d'infractions concerne la décision de renvoi, et non le classement qui porte sur la variation des personnes poursuivies : lorsqu'une personne mise en cause est renvoyée, fût-ce pour une partie des faits, elle ne pourra faire l'objet d'un classement partiel.

Le classement partiel concernant certaines des personnes mises en cause se fait en principe par une décision spécifique, qui est dans ce cas clairement mentionnée dans les visas de l'arrêt[3].

Parfois, un classement partiel, sans donner lieu à un acte séparé, a pu être exprimé à l'intérieur d'une seule et même décision de renvoi couvrant l'ensemble. Si les textes ne l'interdisent pas, un tel procédé semble moins rigoureux, et surtout moins lisible pour le justiciable. Une personne mise hors de cause doit en être informée rapidement et de façon claire, ce qui doit conduire à privilégier la prise d'un acte séparé, donc une décision de classement partiel.

Un classement seulement partiel implique que parallèlement une décision de renvoi partielle – ou une demande de complément d'instruction – soit prise, souvent au même moment ; mais ces deux actes peuvent également être pris successivement : il arrive qu'un classement partiel soit pris avant la décision de renvoi partiel, priorité devant être donnée à la mise hors de cause de gestionnaires.

1. Ce délai porte sur la décision elle-même, donc la signature de la décision de renvoi, et non sa notification par le grette, qui peut être postérieure : v. C. comptes 19 déc. 2024, *Institut des sciences et des industries du vivant et de l'environnement (AgroParisTech) et Direction nationale des ventes domaniales (DNID), vente du mobilier du château de Grignon*, nº 3, S-2024-1571.
2. CJF, art. L. 142-1-5 – CJF, art. R. 142-2-13.
3. CDB 18 févr. 1957, *S[té] nationale chargée de la liquidation du matériel dit « Surplus » acquis par l'État [SNVS], CCP*, nº 2, p. 9 ; *Lebon* 888. Extraits : « Vu la décision, en date du 15 nov. 1956, par laquelle le Procureur général de la République a prononcé le classement de l'affaire en ce qui concerne les sieurs D…, E…, F…, G… et H…, renvoyé les sieurs X…, Y…, Z…, A…, B… et C… devant la Cour de discipline budgétaire ; Vu les accusés de réception des lettres recommandées adressées le 28 nov. 1956 aux sieurs A…, C…, B…, Z…, Y… et X… les avisant qu'ils pouvaient, dans un délai de quinze jours, prendre connaissance du dossier de l'affaire, soit par eux-mêmes, soit par un mandataire, soit par un avocat au Conseil d'État et à la Cour de cassation ; […] ».

La décision de classement est notifiée par le greffe aux personnes concernées ainsi qu'à l'autorité de déféré [1].

Si le décès d'une personne mise en cause intervient en cours d'instruction [2] ou du moins avant l'audience de jugement, le Procureur général prononcera un non-lieu [3].

SECTION 2
DÉCISION DE RENVOI

532.21 Décision de renvoi : éléments généraux. La décision de renvoi constitue l'acte motivé par lequel le Procureur général décide de renvoyer une ou plusieurs personnes devant la formation de jugement de la Cour des comptes, pour qu'elles soient sanctionnées par celle-ci.

Cette décision est prise au vu des résultats de l'instruction, formalisés dans l'ordonnance de règlement. Le Parquet n'est pas lié par les conclusions du rapporteur : il peut suivre ce dernier ou au contraire développer une analyse, en fait ou en droit, différente [4].

Le Procureur peut, au vu des résultats de l'instruction, abandonner des faits ou des charges entre le réquisitoire introductif et la décision de renvoi ; c'est même très fréquent et cela ne saurait être en soi contesté dans le cadre d'une procédure [5].

Le Procureur général, à tous les stades de la procédure, est la partie accusatrice : « cette procédure [financière répressive], [...] n'implique pas que la décision de renvoi prise par le ministère public doive intégrer les éléments à décharge produits par la défense avant l'audience... » [6].

Comme l'instruction elle-même est bordée par le ou les réquisitoires du Procureur général, le renvoi porte sur tout ou partie de ce champ d'investigation. Toutefois, selon la jurisprudence, la décision de renvoi peut modifier la qualification juridique des faits par rapport au réquisitoire : ainsi, dans un arrêt, face à l'argument de la défense selon lequel les « griefs retenus dans la décision de renvoi [ne seraient] pas énoncés au réquisitoire [et que] la Cour n'en serait pas saisie », la Cour a répondu que « si le réquisitoire ouvre l'instruction [...], la procureure générale est en droit, au vu des éléments de l'instruction portant sur les faits déférés, de modifier, dans sa décision de renvoi devant la Cour, la qualification des irrégularités initialement retenues dans son réquisitoire. Les griefs ont été communiqués à M. M. qui a été mis à même de présenter ses observations, ce qu'il a d'ailleurs fait. Dans ces conditions, la Cour étant régulièrement saisie de ces griefs, il y a lieu d'écarter ce moyen » [7].

À noter que le fait que Parquet et rapporteur aient disposé, en amont de la décision de renvoi, de davantage de temps que la défense après la décision de renvoi, n'affecte ni la régularité de la procédure, ni l'impartialité de celle-ci [8].

532.22 Renvoi partiel. Le renvoi, comme, symétriquement, le classement, peut n'être que partiel : une personne mise en cause par le rapport du rapporteur peut ainsi être « sortie » de la procédure, alors que d'autres seront renvoyées devant la Cour [9].

Souvent, dans un tel cas de renvoi limité à une partie des personnes mises en cause, les visas de l'arrêt mentionneront la ou les décisions de classement, y compris les noms des personnes non renvoyées, à côté de ceux des personnes renvoyées [10].

1. CJF, art. R. 142-2-13.
2. PAR EX. : CDBF 22 janv. 1992, *Centre de formation des personnels communaux [CFPC], Rev. Trésor* 1993. 35 ; *Lebon* 627 ; *Rec.*, p. 127.
3. Cela s'est produit par exemple à l'occasion de l'affaire ayant donné lieu ensuite à l'arrêt C. comptes 2 juill. 2024, *Office du tourisme de Strasbourg et de sa région (OTSR)*, n° 5, S-2024-1006 ; *AJDA* 2024. 1859, chron. N. Péhau et L. Vergallo (même si l'arrêt n'évoque pas directement la décision de non-lieu).
4. C. comptes 23 déc. 2024, *Société anonyme d'économie mixte (SAEM) Marseille Habitat et Société civile immobilière (SCI) Protis Développement*, n° 24, S-2024-1604. Ici § 10 : il « ne saurait être fait grief au ministère public de n'avoir pas suivi les conclusions de l'ordonnance de règlement. L'article L. 142-1-5 du code des juridictions financières lui donne, en effet, toute latitude pour "apprécie[r] les suites à donner à la clôture de l'instruction" ».
5. CDBF 17 juin 2011, *Institut géographique national (IGN)*, n° 176-655 ; *Rec.* p. 158 ; *GFP* 2013, n° 5, p. 73, note S. Damarey, M. Lascombe et X. Vandendriessche.
6. CDBF 17 juin 2014, *Société de valorisation foncière et immobilière (SOVAFIM)*, n° 193-696 ; *Rec.* p. 169 ; *AJDA* 2014. 1603, note C. Michaut et J.-E. Picard ; *RLC* 2014, n° 41, p. 32, note S. Brameret.
7. CDBF 10 janv. 2022, *Établissements d'hébergement pour personnes âgées dépendantes (EHPAD) Saint-Luc de Castelnau-Montratier et Sainte-Marie de Montcuq*, n° 255-827 ; *Rec.* p. 129 ; *AJDA* 2022. 629, chron. N. Péhau et M. Choquet. – Confirmé par C. comptes 21 juin 2024, *France Médias Monde (FMM)*, n° 860, S-2024-0793 ; *JCP Adm.* 2024. 2207, note S. Damarey ; *AJDA* 2024. 1859, chron. N. Péhau et L. Vergallo.
8. CDBF 4 déc. 2015, *Fondation nationale des sciences politiques et Institut d'études politiques de Paris (FNSP-IEP de Paris) ; Rec.* p. 171 ; *AJDA* 2016. 198, note S. Gaillard et J. Goubault.
9. PAR EX. : CDB 18 févr. 1957, *Sté nationale chargée de la liquidation du matériel dit « Surplus » acquis par l'État [SNVS]*, CCP, n° 2, p. 9 ; *Lebon* 888 ; – CDBF 19 juin 2002, *Délégation à l'espace aérien [DEA], Rev. Trésor* 2004. 43, note M. Lascombe et X. Vandendriessche ; *Rec.*, p. 99 ; – CDBF 23 avr. 2003, *TGI de Marseille, Rev. Trésor* 2004. 54, note M. Lascombe et X. Vandendriessche ; *Rec.*, p. 111.
10. « vu les conclusions du Procureur général..., renvoyant devant la Cour de discipline budgétaire et financière X, Y et Z, et prononçant un non-lieu en ce qui concerne A » : CDBF 5 juin 1989, *Hôpital d'Orange*, CCP, n° 3, p. 172 ; *Lebon* 417 ; – même rédaction [non-lieu partiel] : CDBF 22 nov. 1989, *SA La Signalisation [LS]*, CCP, n° 3, p. 184 ; *Lebon* 423.

Pour un cas où une seule personne sur treize mises en cause a été renvoyée devant la Cour[1].

532.23 **Décision de renvoi : forme et notification.** Dans une même affaire, le Procureur peut prendre deux ou plusieurs décisions de renvoi en lieu et place d'une seule[2]. La décision de renvoi peut en effet – et ce sera le cas le plus commun – concerner l'ensemble des personnes impliquées dans une même affaire ; mais rien n'empêche le Procureur de rendre plusieurs décisions de renvoi distinctes, selon les personnes.

La décision de renvoi est notifiée, par courrier du greffe, aux personnes concernées et à l'autorité de déféré[3] ; la jurisprudence a précisé que « ... aucun texte ni principe n'imposait que les dispositions [concernées...] du code des juridictions financières fussent formellement reproduites sur cette lettre »[4].

532.24 **Décision de renvoi modificative.** Le Procureur général peut être amené, avant la séance de jugement, à prendre une décision de renvoi modificative, notamment lorsqu'une affaire revient devant la Cour sur renvoi du juge de cassation ou après non-admission d'une QPC[5].

Une décision de renvoi complémentaire peut être rendue par le Procureur général, par exemple pour inclure des personnes renvoyées devant la Cour une personne qui avait été mise en cause, mais qui n'avait initialement pas été renvoyée devant la Cour ni fait l'objet d'un classement[6] ; dans ce cas, il convient de reprendre la procédure au stade de la décision de renvoi.

En outre, le code des juridictions financières prévoit, depuis le 1er janvier 2023, que le ministère public peut, au vu d'éléments nouveaux ou de pièces versées au dossier postérieurement à la décision de renvoi, saisir la chambre du contentieux d'un réquisitoire supplétif jusqu'au jour de l'audience publique[7] ; une telle hypothèse suppose alors nécessairement un complément d'instruction, puis, sur la base de la nouvelle ordonnance de règlement qui s'en suivra, une nouvelle décision de renvoi (modificative).

532.25 **Décision de renvoi : vices.** Une simple erreur matérielle dans la décision de renvoi, qui n'altère pas le sens de la décision de renvoi et qui n'a pas été reprise par le Procureur général à l'audience, est sans incidence sur la régularité de la procédure[8].

La CDBF a jugé dans une affaire que la présence d'inexactitudes, fussent-elles établies, dans la décision de renvoi était sans incidence sur la validité de la procédure[9].

A été rejetée l'argumentation de la défense selon laquelle « la décision de renvoi du Procureur général aurait dû comporter des éléments à décharge et qu'en leur absence, son droit à un procès équitable et le principe de l'égalité des armes ont été violés » : la Cour a en effet considéré que « l'instruction a été menée par un rapporteur devant lequel l'intéressé a pu faire valoir ses arguments en défense ; qu'après la décision du Procureur général de renvoyer l'affaire devant la Cour, l'intéressé a eu accès au dossier et a été mis en mesure de présenter ses observations en défense ; qu'au cours de l'audience publique, après le résumé du rapport et de la décision de renvoi, l'intéressé a été appelé à présenter ses observations ; qu'il a eu la parole en dernier ; que cette procédure, qui n'implique pas que la décision de renvoi prise par le ministère public doive intégrer les éléments à décharge produits par la défense avant l'audience... »[10].

532.26 **Modification de la décision de renvoi oralement en cours d'audience.** Le juge de cassation a clairement indiqué, à juste titre, que la décision de renvoi liait la Cour[11].

Mais le Procureur général peut-il modifier oralement, dans un sens plus restrictif, la décision de renvoi, par exemple écarter des poursuites une partie des personnes renvoyées devant la Cour, ou ne plus poursuivre certains faits ou griefs ? La jurisprudence financière répond par l'affirmative ; dans ce cas, il n'y aura plus lieu pour la Cour de statuer sur ces personnes exclues du renvoi[12], ou du moins plus sur les faits et griefs en question[13], parce qu'elle n'en est plus saisie.

1. CDBF 28 sept. 2002, *Assoc. foncière urbaine autorisée [AFUA] de Sérignan, Rev. Trésor* 2004. 46, note M. Lascombe et X. Vandendriessche ; *Rec.*, p. 106.
2. CDBF 23 déc. 2002, *Mission de coopération et d'action culturelle [MCAC] de N'Djaména [Tchad]*, v. les visas ; *Rev. Trésor* 2004. 51, note M. Lascombe et X. Vandendriessche.
3. CJF, art. R. 142-2-13.
4. CE 17 et 19 juill. 2013, *M. Lévy* [affaire CDBF *Institut géographique national*], req. n° 351985 ; *Rec.* p. 241.
5. Ex. d'une décision de renvoi modificative après non-admission d'une QPC : C. comptes 20 oct. 2023, *Régie régionale des transports des Landes (RRTL)*, n° 865, S-2023-1184 ; *Rec.* p. 34.
6. CDBF 28 juin 1995, *Direction générale et directions d'Île-de-France de la Poste, Rev. Trésor* 1996. 734 ; *Lebon* 600 ; *Rec.*, p. 131.
7. CJF, art. R. 142-2-13, dernier al.
8. CDBF 22 mai 2015, *Entreprise minière et chimique (EMC)*, n° 199-731 ; *Rec.* p. 162 ; *AJDA* 2016. 1570, note N. Hauptmann et N. Péhau.
9. CDBF 4 avr. 2001, *OPIHLM de la région de Creil, Rev. Trésor* 2001. 799, note M. Lascombe et X. Vandendriessche.
10. CDBF 17 juin 2014, *Société de valorisation foncière et immobilière (SOVAFIM)*, n° 193-696 ; *Rec.* p. 169 ; *AJDA* 2014. 1603, note C. Michaut et J.-E. Picard ; *RLC* 2014, n° 41, p. 32, note S. Brameret.
11. CE 9 déc. 1977, *De Grailly*, req. n° 00100 ; *Lebon* 493.
12. CDBF 3 déc. 1997, *Institut de France [appartement de la rue Monsieur-le-Prince], Rev. Trésor* 1999. 199.
13. CDBF 11 déc. 2009, *Centre hospitalier universitaire de Reims*, n° 170-652 ; *AJDA* 2010. 484, note N. Groper et C. Michaut ; *GFP* 2011, n° 7, p. 512, note M. Lascombe et X. Vandendriessche – CDBF 26 juill. 2018, *Association Marseille Provence 2013 – Capitale européenne de la culture (MP2013)*, n° 221-776 ; *Rec.* p. 185 – CDBF 20 juin 2022 ▶

Cette solution, quoique constante, est contestable ; d'une part le juge de cassation ne s'est jamais prononcé sur la question spécifique de l'impact des observations orales du Procureur sur le champ de jugement de la Cour. Et il semble plutôt qu'une fois l'audience commencée, la Cour doive être souveraine pour statuer, dans les limites de la décision de renvoi initiale ; si le Procureur général souhaite que les poursuites soient abandonnées à l'égard de l'une des personnes ou d'une partie des faits, il peut le signaler à la Cour, qui seule décidera [1]. D'ailleurs, s'agissant du montant des sanctions, la Cour peut aller au-delà des réquisitions du parquet [2].

Cette position restrictive – qui considère que la Cour est liée par un abandon de charges à l'audience – a été confirmée par la Cour des comptes, s'agissant même de certains faits au sein d'un même grief que le Procureur aurait abandonnés oralement en séance : « 120. Cependant, les réquisitions du procureur général à l'audience ne visent plus que 4 dossiers, soit 2 prêts immobiliers sur 27, 2 prêts SACEM sur 3 et plus aucun des 3 prêts sur gage de haute valeur ». Du coup, certains éléments communs à l'établissement de la faute n'ont pas été, au stade du préjudice, repris par la Cour : « 139. Le préjudice résultant des graves manquements [des dirigeants] à leurs devoirs et obligations peut au total être évalué *a minima* à 3 940 000 €. À défaut qu'ils puissent être répartis entre les prêts litigieux et donc affectés par quote-part aux quatre prêts ici en cause, il n'est pas possible d'y ajouter le montant de l'amende prononcée par l'Autorité de contrôle prudentiel et de résolution, soit 120 000 €, les frais d'avocats et d'huissiers, soit 97 559 €, [ni] les coûts de portage, soit 296 369 € » [3].

532.27 Effet de la décision de renvoi du Procureur général. La décision de renvoi lie le contentieux. La Cour ne peut débattre de questions qui n'y sont pas abordées [4], et inversement, la Cour doit traiter les faits et personnes renvoyées.

La décision de renvoi, qui sera présentée de façon résumée en audience par le Procureur général ou par son représentant [5], constitue le cadre du jugement de l'affaire. En effet, la Cour ne pourra pas, dans une condamnation, se fonder sur des faits qui ne seraient pas couverts par la décision de renvoi ; elle ne pourra pas davantage condamner des personnes qui n'auraient pas été renvoyées devant elle par le Procureur général : « en ce qui concerne MM. X et Y, les faits concernant les régimes indemnitaires n'ont pas donné lieu à renvoi devant la Cour et n'ont donc pas été examinés par elle » [6].

Un éventuel dépassement des limites de la saisine de la Cour par elle est susceptible d'être un motif d'annulation [7].

532.28 Délai pour prendre une décision de renvoi. Dans l'ancienne procédure devant la CDBF, la décision de renvoi du Procureur général devait, avant la suppression de cette règle par décret du 17 juin 2005, intervenir dans les quinze jours après transmission du dossier par le Président de la CDBF. Cette disposition était excessivement contraignante et d'ailleurs contournée dans la pratique. Le non-respect de ce délai, établi au niveau législatif, était invocable devant la Cour comme vice de procédure [8].

Selon la jurisprudence, « la circonstance que le délai dans lequel le ministère public a pris sa décision de renvoi devant la Cour ait été plus long que le délai donné [à la défense] pour produire son mémoire en défense ne constitue pas, en l'espèce, une rupture d'égalité des droits des parties énoncée à l'article 14 du Pacte international relatif aux droits civils et politiques » [9].

Depuis le 1er janvier 2023, la procédure prévoit à nouveau un délai s'imposant au parquet général, qui a trois mois à compter de la notification de l'ordonnance de règlement pour prendre une décision de renvoi (ou de classement, ou encore de demande de complément d'instruction) [10]. Toutefois, cette règle de délai est seulement de nature réglementaire ; il est difficile à ce stade d'anticiper quelle serait la conséquence d'un dépassement sur la validité de la procédure.

► *Institut national du sport, de l'expertise et de la performance (INSEP)*, n° 258-849 ; *Rec.* p. 136 ; *AJDA* 2022. 2527, chron. N. Péhau et M. Choquet.

1. Sur la question de la portée des conclusions (« observations orales ») du Procureur général en séance, v. en détail, s^s n° 544.27.
2. V. s^s n° 544.41.
3. C. comptes 24 nov. 2023, *Caisse de crédit municipal de Bordeaux (CCMB)*, n° 868, S-2023-1382 ; *Rec.* p. 38 ; *AJDA* 2023. 2381, chron. N. Péhau et L. Vergallo ; *JCP Adm.* 2024, n° 1, 2005 chron. S. Damarey ; *AJCT* 2024, p. 175, note C. Pierucci ; *Gaz. Pal.* 2024, n° 2, p. 70, note T. Dogan – Solution récemment confirmée : C. comptes 10 oct. 2024, *Commune de Felleries*, n° 12, S-2024-1311 ; *JCP Adm.* 2025. 2012, note S. Damarey.
4. CE 9 déc. 1977, *De Grailly*, req. n° 00100 ; *Lebon* 493.
5. V. s^s n° 544.23.
6. CDBF 22 janv. 1992, *Centre de formation des personnels communaux [CFPC]*, *Rev. Trésor* 1993. 35 ; *Rec.*, p. 127.
7. CE 17 oct. 1984, *Contensou*, req. n° 37467 ; *Lebon* 333 : en l'espèce, ce moyen a toutefois été rejeté au fond par le juge de cassation.
8. CDBF 29 avr. 1998, *Lycée Gaston Berger de Lille et École supérieure de commerce de Lille [ESC]*, *Rev. Trésor* 1999. 204.
9. CDBF 17 juin 2011, *Institut géographique national (IGN)*, n° 176-655 ; *Rec.* p. 158 ; *GFP* 2013, n° 5, p. 73, note S. Damarey, M. Lascombe et X. Vandendriessche.
10. CJF, art. R. 142-2-13.

CHAPITRE

533. Procédure comprise entre la décision de renvoi et la séance de jugement

SECTION 0

ORIENTEUR

533.00 **Sommaire du chapitre.**

SECTION UNIQUE

NOTIFICATION DE LA DÉCISION DE RENVOI ET CONTRADICTION APRÈS LA DÉCISION DE RENVOI

533.11 Mémoire en réponse à la décision de renvoi. Ayant reçu notification de la décision de renvoi, par le greffe, les personnes concernées peuvent, bien entendu, y répondre par écrit.

Un tel mémoire doit en principe être produit dans les deux mois suivant la notification de la décision de renvoi [1].

À partir du moment où l'intéressé a bénéficié du délai réglementaire pour produire un mémoire en défense, les droits de la défense ont été respectés [2].

Dans le même sens, la Cour a jugé que la notification d'une décision de renvoi, même un peu tardivement, n'entache pas la procédure, à partir du moment où la défense a bien disposé des délais réglementaires pour y répondre, donc pour exercer ses droits [3].

Dans la pratique, la Cour accepte le plus souvent les mémoires produits au-delà de ce délai : nombreux sont les exemples, en jurisprudence, où des mémoires en défense ou autres productions ont été enregistrées après écoulement du délai d'un mois [4].

Néanmoins, une demande de délai complémentaire peut également être refusée par le président, lorsqu'elle ne paraît pas justifiée ; ce refus peut être contesté dans le cadre du jugement lui-même [5].

Le mémoire en défense peut être présenté par l'intéressé lui-même ou par un avocat qu'il a désigné [6]. Dans la procédure CDBF, une personne renvoyée pouvait également demander que ce mémoire soit rédigé par un tiers choisi par lui [7] ; cette dernière possibilité se fondait toutefois sur une disposition permettant à toute personne mise en cause de se faire représenter par une personne de son choix, disposition qui a disparu dans le cadre de la réforme entrée en vigueur le 1er janvier 2023.

Au-delà, des observations ou des pièces nouvelles peuvent être produites par une partie entre la clôture de l'instruction et l'audience publique ; dans ce cas, elles sont communiquées par le greffe aux autres parties avant l'audience ou, à défaut, ces dernières sont averties de la possibilité de les consulter avant l'audience [8].

Il est difficile d'éviter que les parties apportent de nouvelles pièces jusqu'à la veille de la séance, et même en séance. Mais lorsque la nouvelle pièce arrive tellement tard qu'elle ne peut plus être diffusée

1. CJF, art. R. 142-2-13-1°.
2. CDBF 25 mars 1987, *Assoc. X et Y*, préc.
3. C. comptes 19 déc. 2024, *Institut des sciences et des industries du vivant et de l'environnement (AgroParisTech) et Direction nationale des ventes domaniales (DNID), vente du mobilier du château de Grignon*, n° 3, S-2024-1571.
4. PAR EX. : visas de CDBF 6 mai 1993, *Établissement public central Charbonnages de France [CdF], Rev. Trésor* 1994. 758 ; *Lebon* 530.
5. CDBF 8 déc. 2014, *Maison de retraite publique de Vertheuil*, n° 196-718 ; *Rec.* p. 175 ; *AJDA* 2015. 1536, chron. J.-E. Picard et S. Gaillard.
6. PAR EX. : CDBF 30 nov. 1988, *Office national de la navigation [ONN] et GIE Bateliers artisans service commercial [BASC], CCP*, n° 3, p. 143 ; *Lebon* 549.
7. PAR EX., un professeur d'université : CDBF 17 nov. 1987, *Université Paris IV Paris-Sorbonne*, v. les visas ; *CCP*, n° 3, p. 105.
8. CJF, art. R. 142-2-14.

aux parties avant le jour de la séance se pose la délicate question du respect des droits de chacun. Le Conseil d'État a annulé partiellement un arrêt de la CDBF au motif qu'une pièce jugée substantielle par le juge de cassation avait été présentée aux parties le jour de la séance seulement, et remise contre signature des parties avant le début de la séance, cette pièce n'étant arrivée que la veille au soir[1]. Dans ce cas d'espèce, la Cour aurait pu soit demander aux parties si elles souhaitaient un report de la séance pour prendre connaissance de cette pièce, soit refuser de la verser au dossier.

Pour un exemple de pièces produites à l'audience que la Cour a néanmoins acceptées[2].

Il peut même s'agir d'un film vidéo projeté au cours de l'audience[3].

533.12 Rôle du ministère public entre décision de renvoi et séance de jugement. Comme les autres parties, le ministère public peut verser au dossier, même postérieurement à la décision de renvoi, des pièces nouvelles[4].

Le ministère public peut également, au vu d'éléments nouveaux ou de pièces versées au dossier postérieurement à la décision de renvoi, saisir la chambre du contentieux d'un réquisitoire supplétif jusqu'au jour de l'audience publique[5] ; mais cela requerra, de fait, une instruction complémentaire et une décision de renvoi modificative.

Le Procureur général peut également décider d'un renvoi complémentaire[6], ce qui toutefois implique que les personnes concernées puissent être mises en situation de se défendre et de produire un mémoire écrit dans les délais qui leur sont ouverts.

Dans une affaire jugée par la CDBF, la défense a pu critiquer le fait que le Procureur général avait, lors de sa décision de renvoi complémentaire, inclus une correspondance du procureur de la République et certaines pièces de la procédure pénale (mais pas d'autres). La Cour, si elle ne semble pas exclure que ce type d'argument puisse prospérer, a considéré qu'en l'espèce l'argument manquait en fait ; que la communication du Procureur pénal n'apportait rien aux griefs formulés dans la décision de renvoi ; « qu'au surplus, M. A et son conseil ont pu, postérieurement à la décision de renvoi complémentaire et au versement corrélatif de pièces additionnelles au dossier, présenter par écrit ou oralement lors de l'audience toutes les observations que cette décision et ces pièces appelaient de leur part »[7].

1. CE 31 mars 2008, *M. Conze et M. Grossi*, n° 288620.
2. CDBF 13 oct. 1993, *Carrefour international de la communication [Cicom], Rev. Trésor* 1995. 677 ; *Rec.*, p. 146.
3. CDBF 15 déc. 1993, *min. de la Défense, service d'information et de relations publiques des armées [Sirpa], Rev. Trésor* 1995. 679 ; *Lebon* 536 ; *Rec.*, p. 151.
4. CJF, art. R. 142-2-14.
5. CJF, art. R. 142-2-13, dernier alinéa.
6. V. s[s] n° 532.24.
7. CDBF 22 févr. 2018, *Société d'investissements de la filière pêche de l'archipel (SIFPA) de Saint-Pierre-et-Miquelon*, n° 218-749 ; *Rec.* p. 173 ; *AJDA* 2018. 1147.

TITRE

54. Séance publique de jugement et arrêt

SECTION 0

ORIENTEUR

54.00 Sommaire du titre.

CHAPITRE

541. Rôle et détermination de la formation de jugement

SECTION 0 ORIENTEUR

541.00 Sommaire du chapitre.

SECTION 1 RÔLE DE L'AUDIENCE

541.11 Rôle de l'audience et demandes de report ; jonction d'affaires. Le président de la chambre du contentieux fixe le rôle des audiences de la formation plénière et des sections, après avis du ministère public[1].

Par ailleurs, toute partie peut demander au président de la formation de jugement le report d'une séance[2], ce qui sera généralement accepté[3]. L'accord est suspendu à deux conditions : la demande doit avoir été formulée en temps utile ; et elle doit être fondée sur des motifs exceptionnels tirés des exigences du débat contradictoire. Inversement, on peut déduire de la jurisprudence générale du Conseil d'État qu'un refus de report doit être fondé sur un motif légitime et qu'il ne doit pas conduire à ce que le mis en cause soit lésé dans l'exercice effectif de ses droits de la défense[4].

Le président peut décider de joindre deux affaires pour qu'elles soient jugées ensemble. En revanche, un recours contre un arrêt de la CDBF, fondé sur une « promesse orale » qui aurait été faite, en séance de jugement, de joindre deux requêtes (en l'occurrence une demande de révision et une demande en rectification d'erreur matérielle), n'a pas été admis[5].

SECTION 2 FORMATION DE JUGEMENT

541.21 Formation de jugement : section et plénière. Le code des juridictions financières est peu loquace s'agissant des formations de jugement de la chambre du contentieux ; il précise seulement que le président d'une section, ou la chambre statuant en section, peut renvoyer une affaire en formation plénière[6].

On peut déduire de cette disposition que la formation de jugement habituelle est la section.

On peut également déduire d'autres dispositions du code que c'est le président de la chambre du contentieux qui préside la plénière[7].

541.22 *Quorum* et impossibilité de statuer. La chambre du contentieux ne peut délibérer en formation plénière si le nombre de ses membres présents est inférieur à six. Une section ne peut délibérer si ce nombre est inférieur à trois. Dans le cas où ce nombre n'est pas atteint, l'effectif de la section peut être complété en faisant appel à un magistrat de la

1. CJF, art. R. 142-3-1, al. 1er.
2. CJF, art. R. 142-3-5.
3. Ex. (v. les visas) : CDBF 23 nov. 2022, *Établissement de communication et de production audiovisuelle de la défense (ECPAD)*, n° 263-796 ; *Rec.* p. 153.
4. Ex. où une date de séance avait été avancée par la juridiction, et le refus de report sanctionné par le Conseil d'État : CE 26 déc. 2012, *M. G* ; *AJDA* 2013. 831.
5. CE 15 mars 2013, *Mme F (1er arrêt)*, [affaire CDBF *Institut géographique national, révision*], req. n° 356588, NP.
6. CJF, art. R. 142-3-1, al. 2.
7. CJF, art. R. 112-23 : « Chaque chambre est présidée par un président de chambre » – CJF, art. R. 112-42, al. 1er : « En cas de vacance, d'absence ou d'empêchement de son président, la chambre siégeant en formation plénière est présidée par le président de section le plus anciennement nommé. En cas d'ancienneté égale de plusieurs présidents de section, la présidence est assurée par le plus âgé ».

chambre appartenant à une autre section, désigné par le président de la chambre[1].

L'absence d'un membre d'une section (ou de la Cour, en plénière) n'empêche pas la Cour de siéger valablement[2], si la règle de *quorum* est respectée.

Lorsque le *quorum* prévu par les textes ne peut être atteint parce que de nombreux membres sont obligés de se déporter, la CDBF constate qu'elle ne peut pas juger et renvoie l'affaire devant la juridiction supérieure[3].

541.23 Incompatibilités concernant les membres de la formation de jugement. La CDBF ne reconnaissait pas l'existence d'une incompatibilité structurelle entre la Cour des comptes et elle-même à travers ses membres qui étaient conseillers-maîtres à la Cour des comptes : « considérant d'une part que la Cour de discipline budgétaire et financière est une juridiction distincte de la Cour des comptes ; que, par conséquent, elle ne saurait être engagée par le *Rapport public de la Cour des comptes* ; que le moyen tiré de ce que la Cour de discipline budgétaire et financière ne serait pas, par nature, une juridiction impartiale ne peut, par suite, qu'être écarté »[4].

Désormais, la CDBF ayant été absorbée par la Cour des comptes, la question de l'impartialité des membres de la formation de jugement de la chambre du contentieux se pose quelque peu différemment. Néanmoins, l'incompatibilité structurelle semble devoir être écartée ; l'argumentation en ce sens a été longuement développée pour les rapporteurs, pour lesquels se pose une question similaire[5].

S'agissant de l'incompatibilité individuelle des membres de la formation de jugement, le code des juridictions financières fixe avec précision les règles applicables : ne peuvent instruire, être membres de la formation de jugement ou assister au délibéré les personnes qui, dans l'affaire soumise à la Cour des comptes, ont soit fait un acte de poursuite ou d'instruction, soit participé au délibéré de la Cour des comptes ou de la chambre régionale ou territoriale des comptes à l'origine du déféré[6].

La loi précise également que les fonctions d'instruction (rapporteur) et de jugement (membre de la formation de jugement) d'une affaire ayant donné lieu à l'engagement de poursuites sont incompatibles. Les magistrats participant à l'instruction et au jugement d'une même affaire ne peuvent appartenir à la même section de la chambre du contentieux[7].

Par ailleurs, la jurisprudence a précisé que la Cour devait vérifier si un ou plusieurs de ses membres devant siéger ont pu individuellement préjuger de l'affaire soumise à la Cour[8], par exemple en ayant participé à l'adoption d'un *Rapport public de la Cour des comptes* évoquant les faits déférés à la Cour et qualifiés juridiquement en tant qu'infraction[9] ; dans l'affirmative, ces membres ne peuvent siéger et ils doivent se déporter ; s'ils siègent néanmoins, leur récusation peut être demandée, faute de quoi l'arrêt rendu par la Cour risque la censure[10].

541.24 Règles de déport et de récusation des membres de la formation de jugement. Le membre de la formation de jugement qui suppose en sa personne une cause de récusation, ou estime en conscience devoir s'abstenir, en fait part sans délai au président de la formation de jugement. Ce dernier désigne un autre magistrat chargé de le remplacer[11].

Le déport, à l'initiative du membre concerné lui-même, n'est pas rare dans la pratique, compte tenu notamment du fait que de nombreuses affaires proviennent de la Cour des comptes, mais aussi de la proximité sociologique entre juges et justiciables au sein de l'ensemble constitué par le secteur public.

La récusation d'un membre de la formation de jugement est prononcée, à la demande d'une partie, s'il existe une raison sérieuse de mettre en doute son impartialité[12].

Le code des juridictions financières précise en détail la procédure à suivre dans un tel cas : la partie

1. CJF, art. R. 112-43.
2. Rappr. CE 30 janv. 1953, *Longeron, Lebon* 46 – CE 14 nov. 1957, *S^{té} Huchet frères, Lebon* 616 : une juridiction peut siéger valablement avec un nombre de membres variable, si « aucune disposition législative ne détermine le nombre de membres qui doivent être présents », et à condition de respecter le *quorum* si les textes en prévoient un (ce qui est le cas de la Cour des comptes).
3. CDBF 15 juin 2004, *CHS Paul Guiraud de Villejuif, Rev. Trésor* 2005. 704, note M. Lascombe et X. Vandendriessche ; *AJDA* 2004. 1602, note I. Maucour-Isabelle ; *Lebon* 535 ; *Rec.*, p. 138.
4. CDBF 17 juin 2005, *CHS Paul Guiraud de Villejuif*, 2e arrêt, *Rev. Trésor* 2005. 708, note M. Lascombe et X. Vandendriessche ; *Lebon* 674 ; *Rec.*, p. 117.
5. V. s^{s} n° 522.23 ; v. aussi s^{s} n° 222.41.
6. CJF, art. L. 142-1-10, al. 1er.
7. CJF, art. L. 142-1-10, al. 2.
8. CDBF 17 juin 2005, *CHS Paul Guiraud de Villejuif*, 2e arrêt, *Rev. Trésor* 2005. 708, note M. Lascombe et X. Vandendriessche ; *Lebon* 674 ; *Rec.*, p. 117.
9. OU TOUTE AUTRE SITUATION ; pour la décision de déférer : CDBF 12 avr. 1995, *Ambassade de France auprès des Émirats Arabes Unis*, 2e arrêt, *Rev. Trésor* 1996. 731 ; *Lebon* 595 ; *Rec.*, p. 121.
10. Rappr. CE 3 juill. 2003, *Dubreuil*, req. n° 234353 ; *Rev. Trésor* 2004. 151, note M. Lascombe et X. Vandendriessche ; *AJDA* 2003. 1596, chron. C. Donnat et D. Casas ; *RFDA* 2003. 713, concl. M. Guyomar ; *Rec.*, p. 171 ; *Lebon* 313, concl. M. Guyomar ; – CE 4 févr. 2005, *Procureur général près la Cour des comptes, ministère public près la Cour de discipline budgétaire et financière*, req. n° 269233 ; *AJDA* 2005. 1070, concl. M. Guyomar ; *Lebon* 31 ; *Rev. Trésor* 2006. 143, note M. Lascombe et X. Vandendriessche – Sur l'impartialité des rapporteurs, v. s^{s} n°s 522.21 s.
11. CJF, art. R. 142-3-6, al. 1er.
12. CJF, art. L. 142-1-10, al. 3.

qui veut récuser un membre de la formation de jugement le fait, à peine d'irrecevabilité, dès qu'elle a connaissance de la cause de la récusation. En aucun cas, la demande de récusation ne peut être formée après la fin de l'audience[1].

La récusation est demandée au président de la formation de jugement par la partie elle-même ou par son avocat. La demande de récusation est formée par acte remis au greffe de la chambre du contentieux ou par une déclaration qui est consignée par le greffe dans un procès-verbal. La demande indique, à peine d'irrecevabilité, avec précision, les motifs de la récusation et est accompagnée des pièces propres à la justifier. Il est délivré récépissé de la demande. Le greffe communique au membre de la formation de jugement copie de la demande de récusation dont il est l'objet[2].

Dès qu'il a communication de la demande, le membre récusé s'abstient jusqu'à ce qu'il ait été statué sur la récusation. Dans les huit jours de cette communication, il fait connaître par écrit soit son acquiescement à la récusation, soit les motifs pour lesquels il s'y oppose. Les actes accomplis par le membre récusé avant qu'il ait eu connaissance de la demande de récusation ne peuvent être remis en cause. Si le membre de la formation de jugement qui est récusé acquiesce à la demande de récusation, il est aussitôt remplacé[3].

Dans le cas contraire, la formation de jugement, par une décision non motivée, se prononce sur la demande. Les parties ne sont averties de la date de l'audience à laquelle cette demande sera examinée que si la partie récusante a demandé avant la fixation du rôle à présenter des observations orales. La formation de jugement statue sans la participation de celui de ses membres dont la récusation est demandée[4].

1. CJF, art. R. 142-3-6, al. 2 et 3.
2. CJF, art. R. 142-3-6, al. 4 à 8.
3. CJF, art. R. 142-3-6, al. 9 s.
4. CJF, art. R. 142-3-6, al. 13 s.

CHAPITRE

542. Convocation à l'audience des personnes renvoyées et des témoins

SECTION 0

ORIENTEUR

542.00 **Sommaire du chapitre.**

SECTION UNIQUE

AMONT DE L'AUDIENCE

542.11 **Avertissement de l'audience.** La convocation à l'audience est effectuée, depuis 2005, par lettre du greffier de la Cour, sous forme de lettre recommandée avec accusé de réception. Auparavant, les convocations étaient signées du Procureur général[1]. Le code des juridictions financières prévoit désormais en principe une convocation par voie électronique, la lettre postale recommandée avec accusé de réception devenant l'exception[2]. En cas de nécessité, une convocation peut se faire par voie d'huissier.

Cette convocation se fait conformément au rôle et à la date d'audience préalablement arrêtée[3]. Sa teneur n'est pas précisée par les textes, mais elle rappelle habituellement que le dossier de l'affaire est consultable intégralement au greffe[4], et elle peut contenir un délai pour demander la citation de témoins.

Les textes en vigueur depuis le 1er janvier 2023 n'évoquent pas la convocation des parties, mais seulement l'avertissement des personnes mises en cause et qui doivent donc comparaître : la personne renvoyée est avertie du jour où l'affaire sera appelée à l'audience, sept jours au moins avant l'audience. Toutefois, en cas d'urgence, ce délai peut être réduit à deux jours par une décision expresse du président de la chambre du contentieux qui est mentionnée sur l'avis d'audience[5]. On s'explique mal la raison pour laquelle des délais aussi courts ont été institués par le pouvoir réglementaire ; dans la pratique, la Cour veille à des délais d'avertissement nettement plus raisonnables.

Les modalités d'avertissement ou de notification de l'audience peuvent être contestées et discutées dans un arrêt[6].

La date de la séance est en outre affichée à l'entrée du Palais Cambon, siège de la Cour des comptes[7], sur rue, puisque la séance de jugement est publique.

Sur la demande de report de l'audience par l'une des parties, v. *supra*[8].

Une personne n'ayant pas été atteint par un avertissement peut-elle néanmoins être jugée régulièrement ? Les textes, concernant le jugement par contumace, sont muets, et il n'existe pas de précédent en jurisprudence financière répressive.

542.12 **Dispense de comparaître.** La personne renvoyée peut, par lettre adressée au président de la formation de jugement, demander à être dispensée de se présenter en personne à l'audience[9]. Dans ce cas, les visas de l'arrêt le mentionnent[10]. On ne peut

1. PAR EX. : visas de CDBF 7 févr. 1989, *Institut national de la consommation [INC]*, CCP, n° 3, p. 154 ; *Lebon* 411.
2. CJF, art. R. 141-7, al. 2.
3. Sur la fixation de la date de l'audience et le rôle, v. ss n° 541.11.
4. CDBF 8 déc. 2014, *Maison de retraite publique de Vertheuil*, n° 196-718 ; *Rec.* p. 175 ; *AJDA* 2015. 1536, chron. J.-E. Picard et S. Gaillard.
5. CJF, art. R. 142-3-7, al. 1er et 2.
6. CDBF 20 mars 2012, *Centre hospitalier de Marigot à Saint-Martin (Guadeloupe)*, n° 181-587 ; *AJDA* 2012. 1279, note C. Michaut et P. Sitbon ; *GFP* 2013, n° 5, p. 81, note S. Damarey, M. Lascombe et X. Vandendriessche.
7. CJF, art. R. 142-3-7, al. 3.
8. V. ss n° 541.11.
9. CJF, art. R. 142-3-2, al. 1er.
10. PAR EX. : CDBF 13 févr. 1985, *Direction départementale de l'agriculture de l'Oise, CCP*, n° 3, p. 1 ; – CDBF 30 oct. 1985, *Caisse nationale de l'assurance-maladie des travailleurs salariés [CNAMTS], Service du contrôle médical régional de Nancy, CCP*, n° 3, p. 20.

que regretter que le droit actuel ne précise plus que cette demande de dispense doit être « assortie de toutes justifications utiles », comme c'était le cas du temps de la CDBF[1].

Les raisons le plus souvent évoquées pour ne pas comparaître sont d'ordre médical[2]. Il a pu arriver qu'une personne renvoyée indique dans un télégramme parvenu la veille du jour de l'audience à la Cour qu'elle se trouve dans l'impossibilité matérielle de se rendre à l'audience[3].

L'autorisation donnée par le Président de ne pas comparaître personnellement à l'audience n'est pas si rare[4].

La personne ainsi dispensée de comparaître peut alors demander à y être représentée par son avocat[5] ; mais il s'agit d'une simple faculté, dont l'intéressé peut ne pas faire usage[6]. En cas de représentation par un avocat, les visas de l'arrêt le mentionneront[7].

Sous le régime CDBF, ce conseil pouvait être un avocat ou toute autre personne[8], mais le droit actuel semble être plus restrictif à cet égard.

Depuis le 1er janvier 2023, lorsque les personnes renvoyées ne peuvent se rendre à l'audience publique, le président de la formation de jugement peut les autoriser à y assister par un moyen de communication audiovisuelle permettant de s'assurer de leur identité et garantissant la qualité de la transmission ainsi que la confidentialité des échanges avec leurs avocats[9].

La personne renvoyée qui a été régulièrement convoquée, mais qui n'a pas comparu en personne à l'audience et qui n'a pas demandé à s'y faire représenter par son avocat peut régulièrement être jugée *in absentia* par la formation de jugement[10]. La juridiction a ainsi précisé dans une affaire qu'une personne valablement convoquée à l'audience, mais qui ne s'y était pas présentée sans excuse, avait néanmoins été jugée contradictoirement[11]. Les exemples de jugements rendus *in absentia* sans excuse sont relativement limités[12].

Sur la question du jugement de personnes qui n'ont pas été atteintes par la convocation, voir plus haut[13].

Dans une affaire, trois cas différents se cumulaient : autorisation donnée par le Président de ne pas comparaître personnellement dans un cas ; absence annoncée par lettre dans un deuxième cas ; absence simplement constatée à l'audience dans un troisième cas[14].

Enfin, la formation de jugement peut, sur réquisition du ministère public, infliger aux personnes renvoyées qui ne répondent pas aux convocations qui leur sont adressées une amende dont le montant ne peut excéder 10 000 euros[15].

542.13 Citation de témoins devant la Cour ; audition de témoins et d'experts. Les témoins sont entendus à l'audience à l'initiative du ministère public ou à la demande de la personne renvoyée. Ils sont entendus sous foi de serment, dans les conditions prévues par le code de procédure pénale. Lorsque la demande d'audition émane de la personne renvoyée, elle est subordonnée à l'accord du président de la formation de jugement, pris après avis du ministère public[16]. Les textes sont muets quant aux conditions d'acceptation d'une telle demande de permis de citer. La citation à comparaître prend la forme d'une lettre recommandée signée du président, avec accusé de réception, ou désormais emprunter la voie électronique.

1. CJF, ancien art. L. 314-10, al. 2 ; abrogé le 31 déc. 2022.
2. CDBF 23 avr. 2003, *TGI de Marseille*, v. les visas ; *Rev. Trésor* 2004. 54, note M. Lascombe et X. Vandendriessche ; *Rec.*, p. 111.
3. CDB 21 mars 1962, *Section algérienne de l'Office national interprofessionnel des céréales [Saonic]*, CCP, n° 2, p. 47 ; *Lebon* 840.
4. CDBF 13 févr. 1985, *Direction départementale de l'agriculture de l'Oise, CCP*, n° 3, p. 1 – CDBF 20 mars 2012, *Centre hospitalier de Marigot à Saint-Martin (Guadeloupe)*, n° 181-587 ; *AJDA* 2012. 1279, note C. Michaut et P. Sitbon ; *GFP* 2013, n° 5, p. 81, note S. Damarey, M. Lascombe et X. Vandendriessche – Plus récemment, C. comptes 24 nov. 2023, *Caisse de crédit municipal de Bordeaux (CCMB)*, n° 868, S-2023-1382 ; *Rec.* p. 38 ; *AJDA* 2023. 2381, chron. N. Péhau et L. Vergallo ; *JCP Adm.* 2024, n° 1, 2005 chron. S. Damarey ; *AJCT* 2024, p. 175, note C. Pierucci ; *Gaz. Pal.* 2024, n° 2, p. 70, note T. Dogan ; voir les visas.
5. CJF, art. R. 142-3-2, al. 1er.
6. CDBF 8 nov. 1973, *Ugap, Lebon* 797 (extraits) ; *CCP*, n° 2, p. 88 (v. les visas).
7. C. comptes 24 nov. 2023, *Caisse de crédit municipal de Bordeaux (CCMB)*, n° 868, S-2023-1382, préc.
8. PAR EX. le fils de la personne renvoyée devant la Cour : CDB 21 mars 1962, *section algérienne de l'Office national interprofessionnel des céréales [Saonic], CCP*, n° 2, p. 47 ; *Lebon* 840.
9. CJF, art. R. 142-3-4, al. 1er.
10. CJF, art. R. 142-3-2, al. 2.
11. CDBF 6 nov. 1992, *CPAM de Seine-et-Marne, Rev. Trésor* 1993. 782 ; *Lebon* 644 ; *Rec.*, p. 154 – DÉJÀ, dès le premier arrêt de la Cour : CDB 28 juin 1954, *Maison centrale de Melun*, CCP, n° 2, p. 1 – CDBF 19 déc. 2008, *Crous de Corse [Corte]*, *Rec.* p. 91 ; *AJDA* 2009. 476, note N. Groper et C. Michaut ; *GFP* 2011, p. 397, note M. Lascombe et X. Vandendriessche.
12. CDBF 6 nov. 1992, *CPAM de Seine-et-Marne* ; *Rev. Trésor* 1993. 782 ; *Lebon* 644 ; *Rec.*, p. 154 – CDBF 6 mai 1993, *Établissement public central Charbonnages de France [CdF]* ; *Rev. Trésor* 1994. 758 ; *Lebon* 530 – CDBF 6 mai 1993, *Sté chimique des charbonnages [CdF Chimie SA] et Charbonnages de France Chimie éthylène et plastique [CdF Chimie E.P.]* ; *Rev. Trésor* 1994. 761 ; *Lebon* 529 ; *Rec.*, p. 141.
13. V. ss n° 542.11.
14. CDBF 14 nov. 2001, *Mission de coopération et d'action culturelle de Castries [Sainte-Lucie], Rev. Trésor* 2004. 38, note M. Lascombe et X. Vandendriessche ; *Rec.*, p. 117.
15. CJF, art. R. 142-3-4, al. 2.
16. CJF, art. R. 142-3-3, al. 1er.

Les arrêts visent systématiquement l'audition des témoins[1]. Certains arrêts expriment clairement l'importance des témoignages recueillis pour l'établissement des responsabilités[2]. Ainsi, dans une affaire, la personne renvoyée devant la Cour prétendait que le président du conseil d'administration aurait pris une décision, ce que ce dernier a formellement démenti en séance, ce qui a servi de preuve à l'appui de la condamnation[3].

Lorsque plusieurs témoins sont entendus à l'audience, dont certains à la demande du Parquet, et d'autres à la demande de la défense[4], il convient de faire attendre les témoins à charge et à décharge dans des salles différentes jusqu'à ce qu'elles soient appelées à livrer leur témoignage.

Le président de la formation de jugement peut autoriser les témoins qui en ont fait la demande, assortie de toutes justifications utiles, à ne pas comparaître personnellement à l'audience[5]. Les visas de l'arrêt mentionneront les témoins ayant reçu l'autorisation du président de ne pas se présenter personnellement à l'audience[6].

Lorsque les témoins ne peuvent pas se rendre à l'audience publique, le président de la formation de jugement peut les autoriser à y assister par un moyen de communication audiovisuelle permettant de s'assurer de leur identité et garantissant la qualité de la transmission[7].

La formation de jugement peut, sur réquisition du ministère public, infliger aux témoins qui ne répondent pas aux convocations qui leur sont adressées une amende dont le montant ne peut excéder 10 000 euros[8] ; cette possibilité existe depuis une réforme législative de 1963.

Il est arrivé dans au moins un cas qu'une personne qui assistait à l'audience en tant que spectateur soit entendue comme témoin spontané en cours de séance, sans avoir été citée préalablement, à la demande de l'accusé et avec l'accord du président de la séance et du ministère public ; ce fait n'a pas été retracé, à tort, dans les visas de l'arrêt.

Lorsque l'initiative d'auditionner des témoins provient de la Cour elle-même, cette décision ne peut qu'être prise lors d'une séance de jugement, ce qui pourra impliquer la suspension de celle-ci (voire le report de la séance), la convocation du témoin, puis son audition dans le cadre d'une seconde audience, à moins que la personne concernée soit déjà dans la salle. Il n'existe aucun précédent en matière de citation d'un témoin à l'initiative de la Cour elle-même.

Dans une affaire, la Cour n'a pas retenu le moyen soulevé par la défense de la partialité du témoin de l'accusation : la défense « souligne que le rôle de témoin que joue le directeur actuel de [l'établissement dont la gestion est en cause] est contestable puisqu'il est partie civile dans le cadre de la procédure pénale » menée parallèlement[9].

Dans une affaire, le témoin qui avait été cité par la défense à l'audience a, à la suite de son témoignage, fait l'objet d'une décision de renvoi complémentaire[10], puis a été condamné au cours d'une deuxième audience[11]. En toute rigueur, un tel scénario requiert d'abord une instruction complémentaire, que la Cour peut décider, avec une mise en cause spécifique de cet ex-témoin avant renvoi complémentaire.

Un expert[12] peut également être entendu par la Cour ; ceci était même nécessaire sous l'empire des textes anciens pour établir l'infraction de l'octroi d'un avantage injustifié à autrui[13].

1. PAR EX. : visas de CDBF 7 févr. 1989, *Institut national de la consommation [INC], CCP*, n° 3, p. 154 ; *Lebon* 411 – visas de CDBF 27 nov. 1973, *Institut géographique national [IGN], service des activités aériennes, Lebon* 800 (extraits anonymisés) ; *CCP*, n° 2, p. 94 – CDBF 23 déc. 2002, *Mission de coopération et d'action culturelle [MCAC] de N'Djaména [Tchad]* ; V. *les visas* ; *Rev. Trésor* 2004. 51, note M. Lascombe et X. Vandendriessche.
2. CDBF 4 déc. 2015, *Fondation nationale des sciences politiques et Institut d'études politiques de Paris (FNSP-IEP de Paris) ; Rec.* p. 171 ; *AJDA* 2016. 198, note S. Gaillard et J. Goubault.
3. CDBF 15 janv. 1974, *Caisse de mutualité sociale agricole de la Somme, Lebon* 802 (extraits anonymisés) ; *CCP*, n° 2, p. 99.
4. CDBF 25 juill. 2008, *France Télécom ; Rec.* p. 82 ; *AJDA* 2008. 2435, note N. Groper et C. Michaut ; *GFP* 2011, p. 388, note M. Lascombe et X. Vandendriessche ; A. Froment-Meurice, J.-Y. Bertucci, N. Hauptmann et C. Michaut, *GAJF*, Dalloz, 7e éd. 2019, n° 51, p. 595 ; M. Degoffe, « La Cour de discipline budgétaire et financière réprime les infractions aux règles d'exécution des dépenses commises par le président de France Télécom », *Revue des sociétés* 2008, p. 858.
5. CJF, art. R. 142-3-3, al. 2.
6. CDBF 1er et 2 juill. 1987, *Université Paris XII Val de Marne*, CCP, n° 3, p. 89.
7. CJF, art. R. 142-3-4, al. 1er.
8. CJF, art. R. 142-3-4, al. 2.
9. C. comptes 24 nov. 2023, *Caisse de crédit municipal de Bordeaux (CCMB)*, n° 868, S-2023-1382 ; *Rec.* p. 38 ; *AJDA* 2023. 2381, chron. N. Péhau et L. Vergallo ; *JCP Adm.* 2024, n° 1, 2005 chron. S. Damarey ; *AJCT* 2024, p. 175, note C. Pierucci ; *Gaz. Pal.* 2024, n° 2, p. 70, note T. Dogan.
10. Sur le renvoi complémentaire, v. ss n° 532.24.
11. CDBF 28 juin 1995, *Direction générale et directions d'Île-de-France de la Poste ; Rev. Trésor* 1996. 734 ; *Lebon* 600 ; *Rec.*, p. 131.
12. Sur l'expertise, v. ss n° 524.25.
13. L'article 6 de la loi de 1948 requérait un avantage injustifié représentant au moins le double du bénéfice normal, « à dire d'experts » : CDBF 18 févr. 1957, *Sté nationale de vente des surplus [SNVS], Lebon* 888 ; *CCP*, n° 2, p. 9.

CHAPITRE

543. Audience publique

SECTION 0

ORIENTEUR

543.00 **Sommaire du chapitre.**

SECTION UNIQUE

PUBLICITÉ DE L'AUDIENCE

543.11 **Publicité de l'audience et ses exceptions.** L'audience de jugement est publique[1], sauf exception.

En effet, le code prévoit que le président de la formation de jugement peut, à titre exceptionnel, décider que l'audience aura lieu ou se poursuivra hors la présence du public, si la sauvegarde de l'ordre public ou le respect de l'intimité des personnes ou de secrets protégés par la loi l'exige.

543.12 **Audience publique : histoire.** Initialement, la loi de 1948 créant le contentieux financier répressif prévoyait que les audiences n'étaient pas publiques[2].

La CDBF, qui a longtemps estimé que l'article 6, § 1 de la Convention européenne de sauvegarde des droits de l'Homme et des libertés fondamentales n'était pas applicable à son contentieux, refusait d'écarter l'application de cette disposition législative[3], ce que confirmait expressément le Conseil d'État en cassation[4].

Toutefois, en 1998, la commission européenne des droits de l'homme a démenti la position prise par la CDBF[5], considérant que l'article 6, § 1 de la Convention était bien applicable à la CDBF et que donc l'absence d'audience publique de jugement était incompatible avec les exigences d'un procès équitable.

Le Conseil d'État n'a pas tardé à confirmer l'applicabilité de l'article 6, § 1 de la Convention européenne à la CDBF ainsi que la nécessité de la publicité de ses audiences[6].

Depuis lors, la CDBF statuait, *contra legem*, en audience publique[7].

Auparavant, depuis 1996, la CDBF avait en quelque sorte anticipé cette évolution, en ouvrant au justiciable la possibilité, s'il en faisait la demande, que sa cause soit entendue publiquement, les arrêts précisant dans les visas d'une part que la Cour avait siégé en audience non publique et d'autre part que la personne jugée avait déclaré ne pas vouloir utiliser la possibilité d'être jugée en audience publique[8] ou que cette possibilité lui avait été précisée au moment de la citation à comparaître[9]. Parfois, un attendu précisait qu'aucune personne n'avait demandé à ce que l'audience fût publique[10].

1. CJF, art. L. 142-1-6, al. 1er.
2. L. n° 48-1484, 25 sept. 1948, art. 23, codifié : CJF, art. L. 314-15.
3. CDBF 17 févr. 1988, *Direction des services vétérinaires des Alpes de Haute-Provence*, CCP, n° 3, p. 122 ; *Lebon* 538 ; – CDBF 12 avr. 1995, *Ambassade de France auprès des Émirats Arabes Unis*, 2e arrêt, *Rev. Trésor* 1996. 731 ; *Lebon* 595 ; *Rec.*, p. 121.
4. CE 30 oct. 1991, *Dussine, Gautier*, req. nos 95997 et 96054, non publié.
5. CEDH 9 mars 1998, *Guisset c/ France*, req. n° 33933/96 ; *AJDA* 1998. 988, note J.-F. Flauss.
6. CE 30 oct. 1998, *Lorenzi*, req. n° 159444 ; *RFFP* 1999, p. 189, note C. Pierucci ; *RD publ.* 1999. 633, note G. Eckert ; *Rev. Trésor* 1998. 724 ; *Lebon* 374 ; *Rec.*, p. 149.
7. CDBF 31 mars 1999, *Assoc. pour le développement des images de la culture [Arcanal] et Centre national de la cinématographie [CNC]*, *Rev. Trésor* 1999. 258.
8. CDBF 20 mars 1996, *Établissement public E.*, *Rev. Trésor* 1998. 728 (l'arrêt y est appelé « Institut national A... ») ; *Lebon* 647.
9. CDBF 15 mai 1996, *Sté B.*, *Rev. Trésor* 1998. 728 (l'arrêt y est appelé « *Sté nationale S...* ») ; *Lebon* 648.
10. CDBF 3 déc. 1997, *Institut de France [appartement de la rue Monsieur-le-Prince]*, *Rev. Trésor* 1999. 199 ; – CDBF 20 mai ▶

Lorsque, parmi une pluralité de personnes renvoyées devant la Cour, certaines souhaitaient être jugées publiquement et d'autres non, le principe de publicité l'emportait [1].

Depuis 1999, ce système intermédiaire a été abandonné en faveur de l'audience publique systématique [2].

Le décret du 17 juin 2005, en abrogeant l'article L. 314-15 du CJF déclassé, a enfin mis fin à cette anomalie de contradiction entre une loi en vigueur et une norme *supra*-législative.

La partie législative du code prévoit désormais expressément que l'audience est publique [3].

▶ 1998, *S^te de banque occidentale [SDBO], Rev. Trésor* 1999. 206 ; *Rec.*, p. 132 ; – CDBF 9 sept. 1998, *S^té des hôtels Méridien [SHM] et S^té Méridien Gestion [SMG], Rev. Trésor* 1999. 207 ; *Rec.*, p. 136 ; – CDBF 14 oct. 1998, *Service central de protection c/ les rayonnements ionisants [SCPRI], Rev. Trésor* 1999. 210.

1. CDBF 5 nov. 1997, *min. des Affaires étrangères [frais de réception], Rev. Trésor* 1999. 194.

2. CDBF 31 mars 1999, *Assoc. pour le développement des images de la culture [Arcanal]* et *Centre national de la cinématographie [CNC], Rev. Trésor* 1999. 258.

3. CJF, art. L. 142-1-6, al. 1er.

CHAPITRE

544. Préparation de l'audience, déroulement et incidents d'audience

SECTION 0

ORIENTEUR

544.00 **Sommaire du chapitre.**

SECTION 1

RÔLES DU PRÉSIDENT, DU RÉVISEUR ET DU GREFFE

544.11 **Réviseur.** Le président de la formation de jugement désigne parmi ses membres un réviseur chargé de préparer le projet d'arrêt[1].

Il s'agit d'une innovation de la réforme entrée en vigueur le 1er janvier 2023, cette pratique étant inconnue de la CDBF. La fonction de réviseur est inspirée de celle qui existait en matière de jugement des comptes des comptables devant la Cour des comptes jusqu'en 2022.

Le rôle du réviseur est particulièrement important. En effet, pour préparer le projet d'arrêt, le réviseur doit maîtriser tous les détails du dossier, et ce avant même la séance, ce qui lui donne *de facto* un certain ascendant sur ses collègues de la formation de jugement.

544.12 **Rôle du président ; police de l'audience.** En séance de jugement, le président de la formation dispose d'un rôle fondamental : il a la police de l'audience et assure la direction des débats[2]. Il attribue la parole et décide des suspensions de séance.

Expression de son pouvoir de police, le président de la formation de jugement peut faire expulser toute personne qui n'obtempère pas à ses injonctions, sans préjudice des poursuites pénales ou disciplinaires qui pourraient être exercées contre elle[3]. Il doit veiller à ce que les personnes qui assistent à l'audience observent une attitude digne et gardent le respect dû à la justice. Il leur est interdit de parler sans y avoir été invitées par le président, de donner des signes d'approbation ou de désapprobation, ou de causer quelque désordre que ce soit.

Le président peut décider à tout moment du huis clos[4].

544.13 **Rôle du greffe en audience.** Le procès-verbal de l'audience établi par le greffier retrace les principaux événements survenus au cours de l'audience, les événements prévus (le déroulement des différentes phases de l'audience) comme les imprévus (versement d'une pièce nouvelle au dossier par l'une ou l'autre des parties ; demande de suspension de la séance à la demande d'une partie...) ; le président peut par ailleurs demander à ce qu'un événement ou un propos soit explicitement mentionné au procès-verbal par le greffier.

Il constitue un acte authentique qui fait foi, faute d'avoir été contesté dans les conditions prévues par la loi. Un témoignage recueilli en audience et figurant sur le procès-verbal peut par exemple constituer la base d'une décision de renvoi complémentaire du Procureur général[5].

1. CJF, art. R. 142-3-8.

2. CJF, art. R. 142-3-9, al. 1er.
3. CJF, art. R. 142-3-10, al. 2.
4. Sur la séance non publique, v. ss no 543.11.
5. CDBF 28 juin 1995, *Direction générale et directions d'Île-de-France de la Poste, Rev. Trésor* 1996. 734 ; *Lebon* 600 ; *Rec.* p. 131.

SECTION 2
DÉROULEMENT DE LA SÉANCE DE JUGEMENT

544.21 Déroulement d'une séance de jugement : éléments généraux. La partie législative est peu loquace s'agissant du déroulement d'une séance de jugement : elle précise seulement que « le ministère public présente les réquisitions qu'il croit convenables au bien de la justice » et que « la personne renvoyée ou son représentant a la parole en dernier » [1].

La partie réglementaire du code des juridictions financières détaille le déroulement de la séance [2], précisé par la jurisprudence.

544.22 Ouverture et début de la séance. Le président ouvre la séance de jugement, en faisant d'abord appeler l'affaire par le greffier, qui assiste à la séance. Il constate la présence des personnes renvoyées, leur identité et leur adresse. Il en est de même des témoins.

Ensuite, les témoins doivent quitter la salle ; lorsqu'il y a dans une affaire des témoins cités par la défense et d'autres cités par l'accusation, il faut les faire patienter dans des salles distinctes [3].

Immédiatement après l'ouverture de la séance, des exceptions de procédure peuvent être soulevées, sur lesquelles la Cour peut être amenée à statuer immédiatement. Il en va ainsi d'une demande de récusation par exemple [4].

544.23 Résumé de la décision de renvoi et premières observations de la défense. En premier lieu, le président invite le ministère public à présenter la décision de renvoi. Le plus souvent, le Procureur général déléguera ce résumé à l'avocat général, au substitut général ou au procureur financier ayant suivi l'affaire. La jurisprudence a précisé que l'absence de mention, dans l'arrêt, de la lecture du résumé du rapport du rapporteur, n'entachait pas d'irrégularité la décision [5].

La personne renvoyée ou son avocat peut présenter de premières observations orales à l'appui de ses observations écrites.

544.24 Débats, auditions et demandes de suspension de séance. Ensuite, le président peut organiser les débats de plusieurs façons pour permettre aux membres de la formation de jugement et au ministère public de poser des questions aux personnes renvoyées et aux témoins, en demandant la parole au président. La personne renvoyée peut également, dans les mêmes conditions, poser des questions aux témoins et, le cas échéant, aux autres personnes renvoyées.

S'agissant des témoins, ils peuvent être auditionnés à ce stade, une fois entendue la défense en ses premières observations, avant même les questions posées aux accusés ; dans ce cas, le président, qui a déjà au début de la séance pris note de la présence des témoins, demande au greffier de faire entrer le témoin et de l'installer à la barre ; il constate maintenant successivement son identité et lui fait jurer de dire toute la vérité, rien que la vérité. Sauf demande contraire de la défense, approuvée par le président, les témoins de l'accusation sont toujours auditionnés avant ceux cités par la défense. Le président de la formation de jugement, les membres de la Cour (sur autorisation du président), le Procureur général et la défense peuvent poser des questions aux témoins. La parole doit toujours être donnée en dernier à la défense, y compris lorsqu'il s'agit de l'audition des témoins.

La Cour doit décider si les témoins, une fois auditionnés, doivent rester à la disposition de la Cour pour la suite de l'audience, ou s'ils peuvent se retirer. Cette décision peut être prise par le président soit directement après avoir auditionné un témoin, c'est-à-dire avant d'entendre les autres témoins, ou à la fin de la série d'audition, lorsqu'il y en a plusieurs. Avant de décider, il recueille l'avis des membres, de l'accusation et de la défense. Si le témoin doit rester, le greffier l'accompagne à une place dans le public qui lui est dévolue.

Les questions aux accusés se déroulent souvent après cette première audition des témoins. La défense s'organise librement : soit les personnes répondent, soit leurs avocats. Là aussi, le président attribue la parole : des questions peuvent être posées par le président lui-même, par les membres de la Cour, le Parquet et même par l'avocat à son propre client, ou encore par ou à d'autres personnes renvoyées, lorsqu'il y en a plusieurs. Le président organise les débats, en les structurant en fonction du nombre de personnes renvoyées et/ou en fonction des séries de faits distincts qui peuvent se présenter.

Il peut apparaître opportun d'entendre à ce stade de nouveau un ou plusieurs témoins déjà auditionnés plus tôt au cours de la séance ; dans ce cas, le président demande au greffier de faire venir ce témoin à la barre, il lui rappelle qu'il a déjà prêté serment et qu'il doit répondre à la ou aux questions qui lui sont posées. Ensuite le témoin peut être autorisé à se retirer définitivement, à moins que le président considère qu'il doit encore rester à la disposition de la

1. CJF, art. L. 142-1-7.
2. CJF, art. R. 142-3-9, al. 2 s.
3. PAR EX. : CDBF 25 juill. 2008, *France Télécom ; Rec.* p. 82 ; *AJDA* 2008. 2435, note N. Groper et C. Michaut ; *GFP* 2011, p. 388, note M. Lascombe et X. Vandendriessche ; A. Froment-Meurice, J.-Y. Bertucci, N. Hauptmann et C. Michaut, *GAJF*, Dalloz, 7e éd. 2019, no 51, p. 595 ; M. Degoffe, « La Cour de discipline budgétaire et financière réprime les infractions aux règles d'exécution des dépenses commises par le président de France Télécom », *Revue des sociétés* 2008, p. 858.
4. Sur la récusation d'un membre de la formation de jugement, v. ss no 541.23.
5. CE 6 juin 1973, *Sieur Crozes*, req. no 84653 ; *Lebon* 397.

Cour, selon les mêmes modalités que présentées précédemment.

À tout moment, le ministère public ou la personne renvoyée peuvent demander une suspension de l'audience ; il appartient au président de l'accorder ou non. Souvent, le président propose aux parties une suspension de séance à la fin des débats, donc juste avant les réquisitions finales du Procureur général, afin de permettre à celui-ci et à la défense d'ajuster leurs argumentations sur la base des débats en audience.

544.25 Note en délibéré. Le juge peut toujours, pour bien juger, ce qui constitue un motif de bonne administration de la justice [1], lorsqu'il est saisi postérieurement à la clôture de l'instruction d'une note en délibéré [2], présentée par l'accusation comme par la défense, de néanmoins en tenir compte [3] ; il peut aussi décider de rouvrir l'instruction pour soumettre au débat contradictoire les éléments contenus dans cette note [4]. Mais il ne s'agit que d'une faculté pour le juge : il convient en effet ne pas donner prise à des agissements dilatoires, ni à prolonger excessivement l'instruction, et donc le procès [5].

544.26 Demande de report en séance. En vertu des textes, le président de la formation de jugement peut, dans le cas où des motifs exceptionnels tirés des exigences du débat contradictoire l'imposent, faire droit à une demande de report d'audience, formulée en temps utile par une des parties [6]. La notion de « temps utile » ne semble pas, *a priori*, exclure qu'une telle demande puisse être formulée et acceptée en séance.

544.27 Réquisitions finales du Procureur général (« observations orales ») et portée des interventions du parquet à l'audience. Ensuite, le ministère public présente ses réquisitions finales. Ces observations orales concluent à des demandes de sanction précisément chiffrées. Le sens des conclusions orales du Procureur général en séance, au terme des débats en audience publique, « ne peut matériellement être communiqué aux parties préalablement à l'audience publique » ; cette pratique ne méconnaît donc pas l'exigence du procès équitable [7].

Dans ses conclusions orales à l'audience, et ce même dès le résumé de la décision de renvoi, le ministère public peut retirer des griefs de sa décision de renvoi [8], mais il ne peut pas en ajouter de nouveaux à la charge d'une personne renvoyée. Si les conclusions orales « reposaient sur de nouveaux chefs d'accusation », qui ne figuraient donc pas dans la décision de renvoi, alors l'arrêt qui les retiendrait risquerait l'annulation sur ce point [9].

Sur la question de savoir dans quelle mesure la Cour est liée, pour prendre sa décision, par les observations orales du Procureur, v. plus loin [10].

544.28 Parole en dernier de la défense. Enfin, la personne renvoyée ou son avocat présente sa défense. Elle a la parole en dernier, ce qui interdit au ministère public de reprendre la parole après ; ou alors, si un nouveau débat s'amorce, il faudra redonner encore une fois la parole à la défense, qui doit dans tous les cas avoir la parole en dernier.

SECTION 3
COMPLÉMENT D'INSTRUCTION DÉCIDÉ EN SÉANCE DE JUGEMENT

544.31 Demande de complément d'instruction (supplément d'information). La Cour peut, collégialement, décider d'un complément d'instruction, appelé

1. O. Gabarda, « L'intérêt d'une bonne administration de la justice », *RD Publ.* 2006, p. 153.
2. Pour la note en délibéré produite après l'audience publique, v. s[s] n° 544.25.
3. CE 27 févr. 2004, *Préfet des Pyrénées-Orientales c/ Abounkhila*, req. n° 252988 : « ... lorsque, postérieurement à cette clôture, le juge est saisi d'un mémoire émanant d'une partie qui n'en a pas exposé les éléments dans le cadre de la procédure orale, il lui appartient de faire application dans ce cas particulier des règles générales relatives à toutes les productions postérieures à la clôture de l'instruction ?qu'à ce titre, et conformément au principe selon lequel, devant les juridictions administratives, le juge dirige l'instruction, il lui appartient, dans tous les cas, de prendre connaissance de ce mémoire avant de rendre sa décision, ainsi, au demeurant, que de le viser sans l'analyser ?que s'il a toujours la faculté, dans l'intérêt d'une bonne justice, d'en tenir compte – après l'avoir visé et, cette fois, analysé – il n'est tenu de le faire, à peine d'irrégularité de sa décision, que si ce mémoire contient soit l'exposé d'une circonstance de fait dont la partie qui l'invoque n'était pas en mesure de faire état avant la clôture de l'instruction écrite et que le juge ne pourrait ignorer sans fonder sa décision sur des faits matériellement inexacts, soit d'une circonstance de droit nouvelle ou que le juge devrait relever d'office ?que dans tous les cas où il est amené à tenir compte de ce mémoire, il doit [...] le soumettre au débat contradictoire, soit en suspendant l'audience pour permettre à l'autre partie d'en prendre connaissance et de préparer ses observations, soit en renvoyant l'affaire à une audience ultérieure... ».
4. CE 12 juill. 2002, *M.* et *Mme Leniau*, req. n° 236125.
5. Sur cette question, en contentieux administratif général, v. J. Lessi et L. Dutheillet de Lamothe, « Il faut savoir terminer une instruction », chron. de jurisprudence du Conseil d'État, *AJDA* 2015. 211.
6. CJF, art. R. 142-3-5.
7. CDBF 23 avr. 2012, *Conseil économique et social*, n° 182-682 ; *Rec.* p. 193 ; *GFP* 2013, n° 5, p. 83, note S. Damarey, M. Lascombe et X. Vandendriessche.
8. Sur la question de la modification de la décision de renvoi en séance, v. aussi s[s] n° 532.26.
9. CE 17 et 19 juill. 2013, *M. Lévy* [affaire CDBF *Institut géographique national*], req. n° 351985 ; *Rec.* p. 241.
10. V. s[s] n° 544.41.

dans la loi « supplément d'information » ; dans ce cas, le président commet un des membres de la chambre du contentieux, qui dispose des pouvoirs dévolus aux rapporteurs[1].

Le supplément d'information est communiqué au ministère public et à la personne renvoyée dix jours avant l'audience[2].

La demande de complément d'instruction suppose de prononcer un sursis à statuer.

Une telle demande de sursis à statuer pour instruction complémentaire peut émaner en séance de jugement du Procureur général[3] tout comme de la défense[4].

SECTION 4
DÉLIBÉRÉ

544.41 **Délibéré.** Seuls prennent part au délibéré les magistrats ayant assisté à l'audience publique[5].

Le délibéré se déroule à huis clos, sans les personnes mises en cause et sans les représentants du ministère public[6].

La loi impose que le délibéré des juges est secret[7]. D'une façon générale, le secret des délibérations des juridictions est absolu, et, en tant que composante du principe constitutionnel de l'indépendance des juridictions[8], appliqué strictement[9].

La collégialité entend d'abord le réviseur[10], chargé de la préparation du projet d'arrêt[11]. Les décisions sont prises à la majorité des voix[12].

Du temps de la CDBF, en cas de partage, la voix du président était prépondérante ; les textes actuels n'ont pas repris cette disposition et curieusement ne confèrent pas de rôle déterminant au président lors du délibéré : s'il est nécessaire de procéder à un vote, le président recueille successivement l'opinion de chacun des magistrats dans l'ordre inverse de leur ancienneté. Il se prononce en dernier[13].

Le rapporteur ne participe pas au délibéré, puisque ses fonctions sont incompatibles avec celle de membre de la formation de jugement[14] ; il ne peut pas non plus assister au délibéré[15].

Dans la procédure initiale devant la CDBF, le rapporteur avait voix consultative au délibéré ; cette disposition, qui n'était déjà plus appliquée depuis plusieurs années par la Cour, car contraire aux règles de la Convention européenne de sauvegarde des droits de l'Homme et des libertés fondamentales, a été définitivement supprimée lors de la réforme de 2005.

La Cour n'est plus, à ce stade, liée par le Procureur général. Ainsi, elle peut par exemple aller au-delà du plafond de l'amende demandée par le Procureur général à l'audience, ou ne pas retenir des circonstances atténuantes que celui-ci préconisait. Le juge de cassation a clairement indiqué, à juste titre, que la décision de renvoi liait la Cour[16] ; mais il n'a jamais indiqué qu'il en serait de même des conclusions orales pendant l'audience, *a fortiori* après les débats. En principe, une fois l'audience commencée, c'est la Cour qui est maîtresse de l'affaire, et non plus le Parquet, qui est maître des poursuites, donc de l'instruction, jusqu'à la décision de renvoi, mais pas du jugement lui-même. La juridiction est maîtresse du jugement comme le Parquet est maître de l'opportunité des poursuites *avant* le jugement.

Pourtant, de jurisprudence constante, la Cour affirme que toute modification de la décision de renvoi, oralement en audience publique, la lie quant aux griefs et quant aux personnes, la Cour considérant qu'en cas d'abandon de poursuites, elle n'en serait plus saisie[17]. Cette position a encore été récemment confirmée par la Cour des comptes, s'agissant même de certains faits au sein d'un même grief que le Procureur aurait abandonnés oralement en séance[18]. En revanche, la Cour n'est pas liée par

1. CJF, art. L. 142-1-8.
2. CJF, art. R. 142-3-11.
3. Ex. (mais demande rejetée par la Cour) : CDBF 22 avr. 2016, *Agence nationale des titres sécurisés (ANTS)*, n° 207-745 ; *Rec.* p. 179 ; *AJDA* 2016. 2487, chron. N. Péhau et N. Hauptmann.
4. Ex. : CDBF 12 avr. 1995, *Ambassade de France auprès des Émirats Arabes Unis*, 2e arrêt, *Rev. Trésor* 1996. 731 ; *Lebon* 595 ; *Rec.*, p. 121.
5. CJF, art. R. 142-3-12, al. 3.
6. CJF, art. R. 142-3-12, al. 1er.
7. CJF, art. L. 142-1-9, al. 1er.
8. Cons. const. 4 déc. 2015, *M. Gilbert A.*, n° 2015-506 QPC : « 13. Considérant qu'aux termes de l'article 16 de la Déclaration des droits de l'homme et du citoyen de 1789 : « Toute société dans laquelle la garantie des droits n'est pas assurée, ni la séparation des pouvoirs déterminée, n'a point de Constitution » ; qu'est garanti par cette disposition le principe d'indépendance, qui est indissociable de l'exercice de fonctions juridictionnelles et dont découle le principe du secret du délibéré ; [...] ».
9. Pour le respect du secret du délibéré en matière pénale, v. Crim. 25 mai 2016, n° 15-84.099 ; *AJ pénal* 2016. 390, note J.-B. Thierry.
10. CJF, art. R. 142-3-12, al. 1er.
11. Sur le réviseur, v. ss n° 544.11.
12. CJF, art. L. 142-1-9, al. 2.
13. CJF, art. R. 142-3-12, al. 2.
14. CJF, art. L. 142-1-10.
15. CJF, art. R. 142-3-12, al. 1er.
16. CE 9 déc. 1977, *De Grailly*, req. n° 00100 ; *Lebon* 493.
17. Sur cette question de la modification de la décision de renvoi, v. ss nos 532.26 et 544.27.
18. C. comptes 24 nov. 2023, *Caisse de crédit municipal de Bordeaux (CCMB)*, n° 868, S-2023-1382 ; *Rec.* p. 38 ; *AJDA* 2023. 2381, chron. N. Péhau et L. Vergallo ; *JCP Adm.* 2024, n° 1, 2005 chron. S. Damarey ; *AJCT* 2024, p. 175, note C. Pierucci ; *Gaz. Pal.* 2024, n° 2, p. 70, note T. Dogan.

les autres propositions du Procureur, qui ne figurent pas dans la décision de renvoi : il en va ainsi du montant des amendes requises, que le juge peut dépasser.

Il a pu arriver que la juridiction financière accepte des notes en délibéré produites postérieurement à l'audience publique ; dans ce cas, cette note doit être versée au dossier et visée par l'arrêt[1].

1. CDBF 17 juin 2011, *Institut géographique national (IGN)*, n° 176-655 ; *Rec.* p. 158 ; *GFP* 2013, n° 5, p. 73, note S. Damarey, M. Lascombe et X. Vandendriessche. Voir les visas : « Vu la note en délibéré produite par M. X... le 22 mai 2011, jointe au dossier de la procédure... », l'audience publique ayant eu lieu le 20 mai 2011.

CHAPITRE

545. Arrêt et notification de l'arrêt

SECTION 0
ORIENTEUR

545.00 **Sommaire du chapitre.**

SECTION 1
RÉDACTION DES ARRÊTS

545.11 **Arrêt : motivation et mentions.** La chambre du contentieux statue par un arrêt motivé[1]. L'insuffisance de motivation peut conduire à la censure de cet arrêt. Si le juge apprécie souverainement les circonstances de droit et de fait de chaque affaire, ses arrêts de condamnation doivent être dûment motivés. La Cour doit notamment répondre aux arguments présentés en défense, sinon l'arrêt est susceptible de cassation pour motivation insuffisante.

Toutefois, le Conseil d'État a précisé dans un arrêt que « la Cour de discipline budgétaire et financière n'était pas tenue de répondre de façon détaillée à tous les arguments développés devant elle à l'appui des divers moyens de défense présentés [...] ; que la Cour, à cet égard, s'est valablement prononcée sur les faits imputés au Sieur Massip sans porter appréciation sur les critiques formulées au sujet du comportement d'un organisme bancaire privé ne relevant pas de la juridiction »[2].

En effet, une motivation pléthorique, au-delà du nécessaire, présente le risque que la Cour se prononce sur des éléments concernant des tiers qui ne sont pas parties à l'instance ou qui n'ont même pas été entendus comme témoins, ce qui peut engendrer ensuite des recours en tierce opposition[3].

L'arrêt précise que l'audience a été publique, sauf exception (huis clos décidé)[4] : dans ce dernier cas, il est mentionné que l'audience a eu lieu ou s'est poursuivie hors la présence du public[5].

Mention est également faite que la ou les personnes renvoyées ou leurs avocats ont été entendus et que le représentant du ministère public a présenté ses réquisitions. Les noms des magistrats de la formation de jugement qui ont participé à l'audience publique et au délibéré y sont mentionnés[6].

L'arrêt mentionne la date de l'audience et celle à laquelle il a été prononcé, les principaux actes de la procédure et les dispositions législatives et réglementaires dont il est fait application[7]. On peut déduire de la lecture d'un arrêt non publié du Conseil d'État[8] que le juge de cassation vérifie que figurent sur l'arrêt à la fois la mention de « la date de la séance à laquelle l'affaire a été appelée et la mention de la désignation régulière de son rapporteur ».

En effet, une erreur sur la date de l'arrêt peut conduire à la cassation[9], argument qui a déjà été

1. CJF, art. R. 142-2-13.
2. CE 7 juill. 1978, *Massip*, req. n° 94837 ; – dans le même sens, s'agissant d'arguments mis en avant par la personne mise en cause pour atténuer sa responsabilité : « la Cour s'est livrée à ce titre à une appréciation souveraine pour retenir celles des circonstances qui pouvaient atténuer la responsabilité du requérant », CE 26 mai 1999, *Reynard*, req. n° 195767 ; *Lebon* 301 ; *Rec.*, p. 120.
3. CDBF 17 juin 2005, *Requête en tierce opposition de la S^té^ FIP-Auxifip*, *Rev. Trésor* 2005. 707, note M. Lascombe et X. Vandendriessche ; *AJDA* 2005. 2397, note N. Groper et E. Giannesini ; *Lebon* 673.
4. Exception au principe de publicité de l'audience, v. s^s^ n° 543.11.
5. CJF, art. R. 142-2-13.
6. CJF, art. R. 142-2-13.
7. CJF, art. R. 142-2-13.
8. CE 30 oct. 1991, *Dussine, Gautier*, req. n°s 95997 et 96054.
9. CE 29 nov. 1961, *Paisnel*, req. n°s 42860 et 43403 ; *Lebon* 669.

soulevé en cassation contre un arrêt de la CDBF, sans que le Conseil d'État toutefois n'y réponde [1].

La minute de l'arrêt est signée par le président de séance et le greffier [2].

Les arrêts sont revêtus de la formule exécutoire [3].

La chambre du contentieux statue dans les mêmes formes en matière de révision d'arrêt [4].

SECTION 2
CATÉGORIES D'ARRÊTS

545.21 Catégories d'arrêts : aperçu. La grande majorité des arrêts de la Cour prononce des condamnations ou des relaxes, c'est-à-dire statue sur le fond.

Mais la Cour peut, en premier ressort, être amenée à rendre d'autres catégories d'arrêts : rejet, renvoi et non-lieu.

545.22 Arrêts de rejet. Il existe différents arrêts de rejet :

- rejet d'un recours en révision jugé irrecevable [5] ;
- rejet également d'un recours en tierce opposition [6] ;
- cas particulier de rejet par la Cour d'une « demande à fin de suspension d'exécution à raison de l'amnistie » [7] ;
- cas particulier d'un rejet des conclusions « présentées devant la Cour de discipline budgétaire par l'organe du ministère public » [8]. Cet arrêt, confirmé par le juge de cassation [9] se rapproche d'une forme de déclaration d'irrecevabilité. Il faut préciser qu'il a été rendu dans une hypothèse très particulière aujourd'hui dépassée par les textes.

545.23 Arrêts de renvoi. On peut distinguer différents types d'arrêts de renvoi :

- renvoi au rapporteur pour complément d'instruction. Un seul cas peut être cité [10]. Dans ce cas, le juge prononcera également un sursis à statuer.
- renvoi à une autre juridiction : renvoi à la juridiction supérieure lorsque la juridiction financière est dans l'impossibilité de statuer dans les formes requises par la loi [11] ;
- transmission d'une question prioritaire de constitutionnalité (QPC) [12].

545.24 Arrêts de non-lieu. Il existe également des arrêts prononçant un non-lieu :

- un non-lieu s'impose en cas de constatation de la non-justiciabilité de la personne renvoyée devant la Cour : dans une affaire, les conditions juridiques de la justiciabilité d'un élu local renvoyé devant la CDBF n'étant, pour les faits de l'espèce, pas réunies, la Cour a décidé, comme la personne renvoyée n'était pas justiciable de la Cour, qu'il n'y avait « pas lieu de statuer sur l'affaire renvoyée » [13] ;
- lorsqu'une personne renvoyée décède entre la décision de renvoi et la séance de jugement, ou que le décès d'une personne renvoyée devant la Cour n'est connu qu'au moment de la séance de jugement, ce fait conduira, en vertu du principe de personnalité des peines attaché au caractère répressif du contentieux financier, à un non-lieu. Il en va de même en cassation, lorsque l'auteur du pourvoi, qui avait été condamné par la CDBF, décède avant que le juge de cassation ne statue [14].

Dans certains cas anciens, la Cour a pu utiliser le vocable « non-lieu » pour désigner une relaxe : ainsi a-t-elle condamné dans une affaire trois personnes à des amendes ; une quatrième personne, dont l'arrêt dit que sa responsabilité n'est pas engagée parce qu'il n'est pas établi qu'elle aurait eu un rôle autre que subordonné (circonstance absolutoire), a bénéficié d'un « non-lieu à condamnation » qui en réalité n'était pas un non-lieu, mais une relaxe [15].

1. CE 29 déc. 1993, *Guisset*, req. n° 129153 ; *Rev. Trésor* 1994. 189, concl. F. Scanvic, obs. R. Ludwig.
2. CJF, art. R. 142-2-13.
3. CJF, art. R. 142-2-13.
4. CJF, art. R. 142-2-13.
5. CDBF 23 mars 2004, *M. X [recours en révision], Rev. Trésor* 2005. 699, note M. Lascombe et X. Vandendriessche ; *AJDA* 2004. 1240, note N. Groper.
6. CDBF 17 juin 2005, *Requête en tierce opposition de la Sté FIP-Auxifip, Rec.*, p. 125 ; *Rev. Trésor* 2005. 707, note M. Lascombe et X. Vandendriessche ; *AJDA* 2005. 2397, note N. Groper et E. Giannesini ; *Lebon* 673.
7. CDBF 24 févr. 2006, *CHS Paul Guiraud de Villejuif*, 3e arrêt, *AJDA* 2006. 1255, note N. Groper et C. Michaut ; *Rev. Trésor* 2006. 918, note M. Lascombe et X. Vandendriessche ; *Lebon* 664 ; *Rec.*, p. 95.
8. CDB 21 avr. 1959, *Direction technique et industrielle de l'aéronautique du secr. d'Ét. aux Forces Armées [air]*, CCP, n° 2, p. 28 ; *Lebon* 897.
9. CE, ass., 30 juin 1961, *Procureur général près la Cour des comptes c/ Mazer*, req. n° 48190 ; *Lebon* 451 ; *RD publ.* 1961. 845, concl. A. Bernard ; A. Froment-Meurice, J.-Y. Bertucci, N. Hauptmann et C. Michaut, *GAJF*, 7e éd. 2019, n° 19, p. 217.
10. CDBF 29 sept. 1999, *Sté Altus Finance, Rev. Trésor* 2000. 30, note M. Lascombe et X. Vandendriessche.
11. CDBF 15 juin 2004, *CHS Paul Guiraud de Villejuif, Rev. Trésor* 2005. 704, note M. Lascombe et X. Vandendriessche ; *AJDA* 2004. 1602, note L. Maucour-Isabelle.
12. V. ss n° 55.11.
13. CDBF 30 juin 2006, *Sivom de la région d'Étaples-sur-Mer, BJCL* 2006, n° 10, p. 710, note S. Bredin ; *AJDA* 2006. 2445, note N. Groper et C. Michaut ; *Rev. Trésor* 2006. 918, note M. Lascombe et X. Vandendriessche ; v. comm. Peyrical, *Dr. adm.* 2006, n° 12, p. 14 ; *Lebon* 665 ; *Rec.*, p. 98.
14. Arrêt de non-lieu rendu par le Conseil d'État : CE 21 juill. 1989, *Aubert*, req. n° 99258 ; *Rev. Trésor* 1990. 213, concl. E. Guillaume, obs. R. Ludwig.
15. CDBF 26 mai 1987, *min. de l'Industrie, conventions signées avec le Bureau de recherches géologiques et minières [BRGM]*, CCP, n° 3, p. 75 ; *Lebon* 508.

SECTION 3

PUBLICITÉ ET DIFFUSION DES ARRÊTS

545.31 Notification du jugement et accès du public. Les arrêts sont publics. Ils mentionnent le nom des juges qui les ont rendus [1].

L'arrêt de la chambre du contentieux est notifié aux parties. Il est communiqué à l'auteur du déféré [2].

N'étant plus lus en audience publique, ils sont mis à la disposition du public à titre gratuit sous forme électronique [3]. Ils peuvent faire l'objet d'une publication nominative au Journal officiel [4].

Toutefois, les noms et prénoms des personnes physiques mentionnées dans l'arrêt, lorsqu'elles sont parties ou tiers, sont occultés préalablement à la mise à la disposition du public. Lorsque sa divulgation est de nature à porter atteinte à la sécurité ou au respect de la vie privée de ces personnes ou de leur entourage, est également occulté tout élément permettant d'identifier les parties, les tiers, les magistrats et même les membres du greffe [5].

Les données d'identité des magistrats et des membres du greffe ne peuvent faire l'objet d'une réutilisation ayant pour objet ou pour effet d'évaluer, d'analyser, de comparer ou de prédire leurs pratiques professionnelles réelles ou supposées. La violation de cette interdiction est punie pénalement. Les règles du code des relations entre le public et l'administration sont également applicables à la réutilisation des informations publiques figurant dans ces arrêts [6].

1. CJF, art. L. 142-1-11.
2. CJF, art. R. 142-3-14.
3. CJF, art. L. 142-1-11.
4. Sur ce point, v. s[s] n°s 473.11 s.
5. CJF, art. L. 142-1-11.
6. CJF, art. L. 142-1-11.

CHAPITRE

546. Rectification d'erreurs ou omissions matérielles dans un arrêt sur initiative de la Cour

SECTION 0

ORIENTEUR

546.00 Sommaire du chapitre.

SECTION UNIQUE

RECTIFICATION D'UN ARRÊT SUR INITIATIVE DE LA JURIDICTION

546.11 Erreurs matérielles ou omissions dans un arrêt : rectification à l'initiative de la Cour. Lorsque le président de la formation de jugement constate qu'un arrêt est entaché d'une erreur ou d'une omission matérielle insusceptible d'avoir exercé une influence sur le jugement de l'affaire, il peut, par décision rendue dans le délai de deux mois à compter de la notification aux parties, y apporter les corrections que la raison commande. Cette décision intervient après avis du ministère public[1].

La notification de la décision fait courir de nouveau le délai d'appel contre l'arrêt ainsi corrigé[2].

Une partie peut également demander la rectification d'un arrêt lorsqu'elle estime que cette décision est entachée d'une erreur ou d'une omission matérielle insusceptible d'avoir exercé une influence sur le jugement de l'affaire : dans ce cas, il s'agit d'une voie de recours.

La rectification, ses effets et les recours possibles, sera présentée en détail plus loin[3].

1. CJF, art. R. 142-3-15, al. 1er.
2. Sur l'appel v. ss nos 561.11 s. et spécifiquement sur les délais d'appel v. ss no 561.22.
3. V. ss nos 563.11 s.

CHAPITRE

547. Question de la protection fonctionnelle et de la prise en charge des frais de procédure par l'État

SECTION 0
ORIENTEUR

547.00 **Sommaire du chapitre.**

SECTION UNIQUE
PROTECTION FONCTIONNELLE ET FRAIS DE PROCÉDURE

547.11 **Frais de procédure.** Le juge de premier ressort a eu l'occasion, dans un arrêt, de refuser, sans motivation, de mettre à la charge de l'État des frais de procédure engendrés par des poursuites devant le juge financier[1]. En effet, aucune disposition du code des juridictions financières prévoit la prise en charge de ce type de frais en premier ressort, ni d'ailleurs devant la CAF[2].

Il serait pour le moins paradoxal de mettre à la charge de l'État des frais occasionnés à l'occasion d'un procès que l'État fait précisément à l'encontre d'un agent public, qui n'est pas en contentieux financier, pécuniairement responsable des fautes de gestion qu'il peut commettre dans le cadre de ses activités de service public.

547.12 **Protection fonctionnelle.** La protection fonctionnelle des fonctionnaires, régulièrement objet de débats publics[3], à la fois quant à ses fondements, son application et au regard de son coût pour les finances publiques, est expressément prévue par le code général de la fonction publique[4].

S'agissant d'un principe général du droit consacré par le Conseil d'État depuis longtemps, il ne s'applique pas seulement aux fonctionnaires au sens strict, mais à tout agent public[5]. Dans certains cas, des textes spécifiques sont d'ailleurs venus inclure expressément certaines catégories de gestionnaires publics dans la protection fonctionnelle[6].

Le Conseil d'État définit la protection fonctionnelle comme suit : « Lorsqu'un agent public est mis en cause par un tiers à raison de ses fonctions, il incombe à la collectivité publique dont il dépend de le couvrir des condamnations civiles prononcées contre lui, dans la mesure où une faute personnelle détachable du service ne lui est pas imputable, de lui accorder sa protection dans le cas où il fait l'objet de poursuites pénales, sauf s'il a commis une faute personnelle, et, à moins qu'un motif d'intérêt général ne s'y oppose, de le protéger contre les menaces, violences, voies de fait, injures, diffamations ou outrages dont il est l'objet »[7].

La protection fonctionnelle permet de couvrir divers frais (procédure, avocats...) et absences du service[8].

Le contentieux financier étant une procédure répressive *sui generis*, administrative et non pénale,

1. CDBF 12 avr. 1995, *Ambassade de France auprès des Émirats Arabes Unis*, 2e arrêt, *Rev. Trésor* 1996. 731 ; *Lebon* 595 ; *Rec.*, p. 12.
2. Il en va différemment en cassation, *cf.* CJA, art. L. 761-1 ; sur la condamnation aux dépens en cassation, v. ss no 571.93.
3. Ex. « Élysée : la "zone grise" des frais de justice. La présidence de la République aide ses collaborateurs au titre de la "protection fonctionnelle" », *Le Monde* des 16 et 17 août 2020.
4. CGFP, art. L. 134-4 (sur les poursuites pénales) et art. L. 134-2 et L. 134-3 (responsabilité civile) ; dispositions issues de la L. no 83-634 du 13 juill. 1983 portant statut général de la fonction publique, art. 11, al. 4.
5. CE 26 avr. 1963, *Centre hospitalier de Besançon*, req. no 42783 ; *Lebon* p. 243, concl. Chardeau.
6. Ex. : extension aux praticiens hospitaliers par la L. no 2016-483 relative à la déontologie et aux droits et obligations des fonctionnaires.
7. CE 29 juin 2020, *Centre hospitalier Louis-Constant Fleming de Saint-Martin*, req. no 423996 ; *JCP Adm.* 2020. 2241.
8. Pour les agents de l'État, v. circulaire B8, no 2158 du 5 mai 2008 relative à la protection fonctionnelle des agents publics de l'État.

la règle de protection fonctionnelle accordée aux agents publics par la loi en cas de poursuites pénales [1] n'est pas directement applicable aux poursuites devant le juge financier [2].

Cette solution reprend et s'appuie sur les conclusions du commissaire du Gouvernement Yann Aguila rendues dans une affaire de gestion de fait jugée par la Cour des comptes : « ... compte tenu tant de la lettre que de la finalité [de la règle législative précitée], il nous paraît difficile d'étendre cette protection au cas d'une procédure devant la Cour des comptes. Autant la protection du "fonctionnaire victime" doit avoir un large champ d'application [...]. Mais la protection du "fonctionnaire coupable" revêt nous semble-t-il un caractère dérogatoire, et doit s'interpréter strictement. Elle n'est prévue qu'à propos des poursuites pénales. Et des poursuites devant la Cour des comptes n'ont pas le caractère de poursuites pénales, au sens de l'article 11 de la loi de 1983, pas davantage, par exemple, que des poursuites disciplinaires exercées contre un agent. Et peu importe à cet égard le fait que certaines procédures devant la Cour des comptes aient pu être qualifiées "d'accusation en matière pénale" au sens de l'article 6-1 de la Convention européenne de sauvegarde des droits de l'homme et des libertés fondamentales. Le champ d'application de [désormais art. L. 134-4 du code général de la fonction publique], compte tenu de l'objet particulier de la règle qu'il pose, n'a pas à être déterminé par celui de l'article 6-1 » [3]. Ce raisonnement a été confirmé par le Conseil d'État en janvier 2025 [4].

La CDBF, quant à elle, a jugé que le refus de la protection fonctionnelle à un agent était sans incidence sur la régularité de la procédure financière [5].

La nature répressive du contentieux financier, le fait qu'il relève d'accusations pénales au sens de l'article 6-1 de la CEDH, ne peut donc pas fonder le droit à une protection fonctionnelle des agents publics, faute de texte le prévoyant explicitement ou de jurisprudence du Conseil d'État qui étendrait cette règle au contentieux devant la Cour des comptes [6].

Le Conseil d'État a également, à l'appui d'un refus de transmission d'une question prioritaire de constitutionnalité (QPC) fondée sur une prétendue rupture d'égalité entre agents publics et salariés de droit privé, considéré que « contrairement à ce que soutiennent les requérantes, il ne ressort pas des pièces du dossier qu'en l'état de la jurisprudence du juge judiciaire, ce principe [régissant les relations contractuelles] imposerait aux employeurs de garantir les salariés de droit privé faisant l'objet de poursuites devant la Cour des comptes pour l'une des infractions énumérées aux articles L. 131-9 à L. 131-15 du code des juridictions financières » [7].

Pourtant, il semble que dans certains cas, la protection fonctionnelle ait pu être accordée dans le passé, dans le cadre de poursuites devant la CDBF. Rappelons qu'une protection fonctionnelle accordée irrégulièrement est susceptible d'être qualifiée d'avantage injustifié au sens de l'infraction financière prévue à l'article L. 131-12 du code des juridictions financières, et pénalement de détournement de fonds publics [8].

D'une façon générale, telle qu'est conçue philosophiquement la responsabilité financière des gestionnaires publics (procès « interne à l'administration » ; pas de possibilité de se porter partie civile et donc de nécessité de protéger un gestionnaire contre la contestation d'un tiers ; pas de place pour la collectivité lésée ; recherche de la faute de gestion, donc commise dans le cadre de ses fonctions ; objectif de protection de l'ordre public financier, notamment des intérêts financiers des collectivités publiques...), la protection fonctionnelle ne devrait en principe pas jouer en contentieux financier, du moins pas très souvent.

1. CGFP, art. L. 134-4 : « Lorsque l'agent public fait l'objet de poursuites pénales à raison de faits qui n'ont pas le caractère d'une faute personnelle détachable de l'exercice de ses fonctions, la collectivité publique doit lui accorder sa protection. L'agent public entendu en qualité de témoin assisté pour de tels faits bénéficie de cette protection. La collectivité publique est également tenue de protéger l'agent public qui, à raison de tels faits, est placé en garde à vue ou se voit proposer une mesure de composition pénale ».
2. CE 29 janv. 2025, *Société UGGC Avocats et Mme C.*, no 497840, *Lebon* tables. Lire §§ 11 et 12 – Même solution, auparavant, s'agissant d'un agent public renvoyé devant la CDBF : TA Paris, jugement du 10 nov. 2011, *Mme D-E X* ; no 0915974.
3. CE 22 janv. 2007, *Min. Aff. étrangères c/ M.*, req. no 285710, *Lebon T.* ; concl. Y. Aguila ; *JCP Adm.* no 8, 19 févr. 2007, p. 2046, note D. Jean-Pierre.
4. CE 29 janv. 2025, *Société UGGC Avocats et Mme C.*, no 497840, préc. ; concl. contraires N. Agnoux.
5. CDBF 17 juin 2011, *Institut géographique national (IGN)*, no 176-655 ; *Rec.* p. 158 ; *GFP* 2013, no 5, p. 73, note S. Damarey, M. Lascombe et X. Vandendriessche.
6. Pour les agents de l'État, v. la note circulaire de la Secrétaire générale du Gouvernement (SGG) no 360/24/SG du 2 avr. 2024, adressée aux secrétaires généraux et directeurs des affaires financières des ministères, relative au « nouveau régime de responsabilité des gestionnaires publics et la protection fonctionnelle ». Cette note a été validée par le Conseil d'État (CE 29 janv. 2025, *Société UGGC Avocats et Mme C.*, no 497840, préc.), qui a précisé que s'il n'y a pas lieu, pour une collectivité publique, d'octroyer une protection fonctionnelle à un agent poursuivi par la Cour des comptes, « il est toujours loisible à l'administration de lui apporter un soutien, notamment par un appui juridique, technique ou humain dans la préparation de sa défense... ».
7. CE 29 janv. 2025, *Société UGGC Avocats et Mme C.*, no 497840, préc. ; lire § 7.
8. Crim. 22 févr. 2012, no 11-81.476 ; *JCP Adm.* no 47, 26 nov. 2012, p. 2382, note B. Nuret (« Lorsque l'octroi illicite de la protection fonctionnelle vire au détournement de fonds publics »).

TITRE

55. Question prioritaire de constitutionnalité (QPC)

SECTION 0

ORIENTEUR

55.00 Sommaire du titre.

SECTION UNIQUE

QUESTION PRIORITAIRE DE CONSTITUTIONNALITÉ DEVANT LE JUGE FINANCIER

55.11 QPC : éléments généraux. S'applique aux juridictions financières l'article 61-1 de la Constitution, qui prévoit : « Lorsque, à l'occasion d'une instance en cours devant une juridiction, il est soutenu qu'une disposition législative porte atteinte aux droits et libertés que la Constitution garantit, le Conseil constitutionnel peut être saisi de cette question sur renvoi du Conseil d'État [...] qui se prononce dans un délai déterminé ».

S'agissant des juridictions financières - chambre du contentieux et Cour d'appel financière (CAF), tout comme jadis la CDBF - la question prioritaire de constitutionnalité (QPC) ne présente guère d'éléments particuliers par rapport aux autres juridictions.

55.12 QPC : procédure. Le code des juridictions financières comporte une double disposition relative à la QPC[1], qui d'une part renvoie aux règles définies par les articles 23-1 à 23-3 de l'ordonnance n° 58-1067 du 7 novembre 1958 portant loi organique sur le Conseil constitutionnel, et d'autre part prévoit des exigences minimales de procédure : « devant une juridiction financière, l'affaire est communiquée au ministère public dès que le moyen tiré de ce qu'une disposition législative porte atteinte aux droits et libertés garantis par la Constitution est soulevé, afin qu'il puisse faire connaître son avis ».

Devant les juridictions relevant du Conseil d'État, ce qui est le cas de la Cour des comptes et de la Cour d'appel financière (CAF), le moyen tiré de ce qu'une disposition législative porte atteinte aux droits et libertés garantis par la Constitution est, à peine d'irrecevabilité, présenté dans un écrit distinct et motivé. Il ne peut être relevé d'office[2].

Un tel moyen peut être soulevé en cours d'instruction, ou au stade du jugement de premier ressort ; il peut l'être aussi pour la première fois en cause d'appel, donc devant la CAF[3], et il peut même être soulevé pour la première fois en instance de cassation d'un arrêt de la juridiction financière devant le Conseil d'État[4]. Ainsi, le juge de cassation, saisi d'un pourvoi, peut également, dans le même arrêt qu'il rendra, statuer sur ce pourvoi et traiter d'une demande de QPC soulevée à cette occasion par l'une des parties[5].

La juridiction financière de premier ressort ou la juridiction d'appel statue sans délai par une décision

1. CJF, art. LO. 142-2.

2. Ord. n° 58-1067, 7 nov. 1958 portant loi organique sur le Conseil constitutionnel, art. 23-1, al. 1er.
3. Ord. n° 58-1067, 7 nov. 1958 portant loi organique sur le Conseil constitutionnel, art. 23-1, al. 1er.
4. Ord. n° 58-1067, 7 nov. 1958 portant loi organique sur le Conseil constitutionnel, art. 23-5, al. 1er.
5. CE 17 oct. 2016, *Parquet général près la Cour des comptes* [affaire CDBF *Assistance publique – Hôpitaux de Marseille*], req. n° 393519 ; *AJDA* 2016. 1956, note D. Poupeau ; GFP 2017, n° 2, p. 148, chon. S. Damarey, M. Lascombe et X. Vandendriessche.

motivée sur la transmission de la question prioritaire de constitutionnalité au Conseil d'État[1], si les conditions en sont réunies. Cette transmission est une sorte de renvoi à une autre juridiction[2].

Pour pouvoir statuer sur la QPC, la juridiction financière peut procéder à une instruction spécifique[3], qui donne lieu à un rapport à fin d'arrêt (ou désormais « ordonnance de règlement »). Ensuite, le Procureur général doit rendre un avis, parfois appelé « conclusions », afin de distinguer cet acte des réquisitoires et décisions de renvoi. L'ensemble doit être visé dans l'arrêt de transmission ou de refus de transmission : « Vu les conclusions en date du 6 mai 2014 du Procureur général près la Cour des comptes, ministère public près la Cour de discipline budgétaire et financière sur les rapports à fin d'arrêt sur les questions prioritaires de constitutionnalité soulevées [...] »[4].

Dans d'autres cas de QPC, le président de la chambre du contentieux peut considérer qu'il n'y a pas besoin d'une instruction spécifique pour trancher la question de sa transmission au Conseil d'État, et alors la QPC sera traitée directement avec l'affaire à juger[5].

En tout état de cause, la juridiction financière doit, lorsqu'elle est saisie de moyens contestant la conformité d'une disposition législative, d'une part, aux droits et libertés garantis par la Constitution et, d'autre part, aux engagements internationaux de la France, se prononcer par priorité sur la transmission de la question de constitutionnalité au Conseil d'État[6], donc avant de statuer sur le fond de l'affaire contentieuse.

La décision de transmettre la question est adressée au Conseil d'État dans les huit jours de son prononcé avec les mémoires ou les conclusions des parties. Elle n'est susceptible d'aucun recours. Le refus de transmettre la question ne peut être contesté qu'à l'occasion d'un recours contre la décision réglant tout ou partie du litige au fond[7].

Lorsque la question est transmise, la juridiction sursoit à statuer jusqu'à réception de la décision du Conseil d'État ou, s'il a été saisi, du Conseil constitutionnel. Le cours de l'instruction n'est pas suspendu[8].

Lorsque le sursis à statuer risquerait d'entraîner des conséquences irrémédiables ou manifestement excessives pour les droits d'une partie, la juridiction qui décide de transmettre la question peut statuer sur les points qui doivent être immédiatement tranchés[9] ; mais cette disposition ne semble guère pouvoir trouver application en contentieux financier.

55.13 Exigences justifiant une transmission de la QPC. Il est procédé à la transmission de la QPC au Conseil d'État si les conditions suivantes sont remplies[10] :

1° La disposition contestée est applicable au litige ou à la procédure, ou constitue le fondement des poursuites ; un article qui n'est pas applicable au litige en l'espèce ne peut donc pas faire l'objet d'une QPC[11] ;

2° Elle n'a pas déjà été déclarée conforme à la Constitution dans les motifs et le dispositif d'une décision du Conseil constitutionnel, sauf changement des circonstances ; or la CDBF a jugé que l'évolution de la jurisprudence du Conseil constitutionnel dans des domaines proches peut justifier d'admettre la transmission d'une question déjà posée sur un article[12], position confirmée par le Conseil constitutionnel lui-même[13] ;

3° La question n'est pas dépourvue de caractère sérieux.

55.14 QPC : procédure qui suit la transmission. Lorsque le Conseil d'État reçoit une QPC transmise par le juge financier, il doit, dans un délai de trois mois à compter de la réception de la transmission, se prononcer sur le renvoi de la question prioritaire de constitutionnalité au Conseil constitutionnel. Il est procédé à ce renvoi dès lors que la question est nouvelle ou présente un caractère sérieux[14].

1. Ord. n° 58-1067, 7 nov. 1958 portant loi organique sur le Conseil constitutionnel, art. 23-2, al. 1er.
2. Sur la typologie des arrêts, v. ss nos 545.21 et 545.23.
3. Ceci est la pratique de la CAF : V. PAR EX., certes en appel contre le refuse transmission d'une QPC invoquée en première instance : CAF 13 févr. 2025, *Commune de Richwiller – Question prioritaire de constitutionnalité*, n° 2024-03.
4. CDBF 22 mai 2014, *Consortium de réalisation (CDR) et Établissement public de financement et de restructuration (EPFR) – Questions prioritaires de constitutionnalité (QPC)*, 1re arrêt, n° 192-694/695 ; non publié au *Rec.*
5. Ex. C. comptes 6 févr. 2025, *Chambre d'agriculture du Loir-et-Cher*, 1er arrêt, n° 14, S-2025-0088 – Dans ce sens, déjà pour la CDBF, v. CDBF 24 nov. 2022, *Régie régionale des transports des Landes (RRTL)*, n° 264-865 ; *Rec.* p. 159 – Décision du Conseil d'État qui a suivi la transmission : CE 23 févr. 2023, *M. Chopin*, n° 469199 ; concl. N. Agnoux.
6. Ord. n° 58-1067, 7 nov. 1958 portant loi organique sur le Conseil constitutionnel, art. 23-2, avant-dernier alinéa.
7. Ord. n° 58-1067, 7 nov. 1958, art. 23-2, dernier alinéa.
8. Ord. n° 58-1067, 7 nov. 1958, art. 23-3, al. 1er.
9. Ord. n° 58-1067, 7 nov. 1958, art. 23-3, al. 4.
10. Ord. n° 58-1067, 7 nov. 1958, art. 23-2, al. 2.
11. CDBF 21 juin 2016, *Office national des eaux et des milieux aquatiques (ONEMA) – Question prioritaire de constitutionnalité (QPC)*, n° 209-730-I ; *Rec.* p. 184.
12. CDBF 21 juin 2016, *Office national des eaux et des milieux aquatiques (ONEMA) – Question prioritaire de constitutionnalité (QPC)*, n° 209-730-I ; *Rec.* p. 184.
13. Cons. const. 1er juill. 2016, *M. Stéphane R et autre*, n° 2016-550 QPC ; *Rec.* p. 203 (extraits) ; *Constitutions* 2016, p. 456, note F. Waserman ; *Constitutions* 2016, p. 468, note O. Le Bot ; *GFP* 2016, n° 6, p. 151, chron. S. Damarey, M. Lascombe et X. Vandendriessche.
14. Ord. n° 58-1067, 7 nov. 1958 portant loi organique sur le Conseil constitutionnel, art. 23-4.

Le non-respect du délai emporte transmission au Conseil constitutionnel[1].

Si le Conseil d'État décide de ne pas transmettre la QPC au Conseil constitutionnel, l'affaire est renvoyée à la juridiction financière[2], qui peut lever son sursis à statuer et donc statuer au fond après renvoi[3]. Le Conseil constitutionnel reçoit copie de la décision de non-transmission[4].

Lorsque le Conseil d'État décide la transmission de la QPC au Conseil constitutionnel, cette décision est communiquée à la juridiction qui a transmis la question prioritaire de constitutionnalité et notifiée aux parties dans les huit jours de son prononcé[5] ; la décision du Conseil d'État, motivée, est transmise au Conseil constitutionnel avec les mémoires ou les conclusions des parties[6].

Le Conseil constitutionnel, dès sa saisine, en avise immédiatement le Président de la République, le Premier ministre et les présidents de l'Assemblée nationale et du Sénat. Ceux-ci peuvent adresser au Conseil constitutionnel leurs observations sur la question prioritaire de constitutionnalité qui lui est soumise[7].

Lorsque le Conseil constitutionnel a été saisi de la question prioritaire de constitutionnalité, l'extinction, pour quelque cause que ce soit, de l'instance à l'occasion de laquelle la question a été posée est sans conséquence sur l'examen de la question[8].

Le Conseil constitutionnel statue dans un délai de trois mois à compter de sa saisine. Les parties sont mises à même de présenter contradictoirement leurs observations. L'audience est publique, sauf dans les cas exceptionnels définis par le règlement intérieur du Conseil constitutionnel[9].

La décision du Conseil constitutionnel est motivée. Elle est notifiée aux parties et communiquée au Conseil d'État, ainsi que, le cas échéant, à la juridiction devant laquelle la question prioritaire de constitutionnalité a été soulevée.

Le Conseil constitutionnel communique également sa décision au Président de la République, au Premier ministre et aux présidents de l'Assemblée nationale et du Sénat. La décision du Conseil constitutionnel est publiée au *Journal officiel*[10].

1. Ord. nº 58-1067, 7 nov. 1958 portant loi organique sur le Conseil constitutionnel, art. 23-7, al. 1er, 3e phrase.
2. Ex. : CE 23 févr. 2023, *M. Chopin*, nº 469199 ; concl. N. Agnoux.
3. Ex. : C. comptes 20 oct. 2023, *Régie régionale des transports des Landes (RRTL)*, nº 865, S-2023-1184 ; *Rec.* p. 34.
4. Ord. nº 58-1067, 7 nov. 1958, art. 23-7, al. 1er.
5. Ord. nº 58-1067, 7 nov. 1958, art. 23-7, al. 2.
6. Ord. nº 58-1067, 7 nov. 1958, art. 23-7, al. 1er.
7. Ord. nº 58-1067, 7 nov. 1958, art. 23-8.
8. Ord. nº 58-1067, 7 nov. 1958, art. 23-9.
9. Ord. nº 58-1067, 7 nov. 1958, art. 23-10.
10. Ord. nº 58-1067, 7 nov. 1958, art. 23-11.

TITRE

56. Voies de recours contre les arrêts de la chambre du contentieux de la Cour des comptes

SECTION 0
ORIENTEUR

56.00 Sommaire du titre.

CHAPITRE

561. Appel dans le régime unifié

SECTION 0
ORIENTEUR

561.00 **Sommaire du chapitre.**

SECTION 1
ÉLÉMENTS GÉNÉRAUX

561.11 **Éléments généraux.** L'instauration d'une possibilité de faire appel constitue certainement l'une des principales innovations introduites en contentieux financier répressif par la réforme entrée en vigueur le 1er janvier 2023. En effet, le contentieux pris en charge jusqu'en 2022 ne connaissait pas d'appel, et s'agissant du jugement des comptes des comptables et de la gestion de fait, avant 2022, ils ne connaissaient l'appel que pour les jugements des chambres régionales et territoriales des comptes, qui subsiste d'ailleurs en partie[1], mais pas pour les arrêts que la Cour des comptes rendait en premier et dernier ressort.

561.12 **Cadre légal de l'appel.** Le code des juridictions financières comporte, outre des règles concernant la Cour d'appel financière (CAF)[2], seulement deux dispositions législatives sur la procédure d'appel en matière de responsabilité financière des gestionnaires publics : premièrement, pour la procédure menée devant la CAF, il est renvoyé à celle de première instance devant la chambre du contentieux de la Cour des comptes[3], sauf l'instruction, qui prend la forme d'un supplément d'information confié à l'un des membres de la CAF[4] ; deuxièmement, l'appel a un effet suspensif pour l'arrêt attaqué[5].

L'essentiel des dispositions régissant la procédure d'appel figurent dans la partie réglementaire du code des juridictions financières[6].

561.13 **Actes de la procédure d'appel.** La procédure d'appel applique, en matière d'échanges d'actes, les mêmes règles que la première instance : tout est transmis par voie électronique, et à défaut par courrier recommandé avec accusé de réception[7].

Les copies de pièces sur support papier s'effectuent aux frais des demandeurs, selon des modalités et un barème fixés par arrêté du premier président de la Cour des comptes[8].

561.14 **Récusation et incompatibilités.** Les règles générales de récusation et de déport s'appliquent également aux membres de la Cour d'appel financière (CAF).

Une autre question est celle d'une éventuelle incompatibilité structurelle[9] de la CAF, qui semble pouvoir être aisément écartée. Certes, la Cour d'appel est humainement et financièrement liée au Conseil d'État et à la Cour des comptes ; si l'on voulait fonder des griefs de procédure sur ces liens prévus par la loi, ce serait l'existence même de la CAF qui serait remise en question. Ainsi, le Président de la CAF est également chef d'une institution (la Cour des comptes) qui est la principale autorité de déféré et juge de 1er ressort : même si ce n'est pas le Premier président

1. V. ss no 132.11.
2. Sur la juridiction d'appel, sa composition et son organisation, v. ss nos 131.11 s.
3. CJF, art. L. 311-5, al. 1er.
4. CJF, art. L. 311-5, al. 2.
5. CJF, art. L. 311-6.
6. CJF, art. R. 142-4-1 à R. 142-4-5 ; art. R. 321-1 à 322-3 ; art. R. 331-1 à R. 331-3 ; art. R. 341-1.
7. CJF, art. R. 141-7, vers lequel renvoie l'art. R. 321-1.
8. CJF, art. R. 141-9, vers lequel renvoie l'art. R. 321-1.
9. Sur les incompatibilités concernant la 1re instance, v. ss no 522.21.

seul qui peut décider d'un déféré, ni intervenir dans le jugement de 1er ressort, il exerce un pouvoir *de facto* sur ceux qui peuvent proposer ou décider d'un déféré et ceux qui jugent en 1er ressort. Mais on ne peut pas pour autant en déduire une incompatibilité structurelle. Il en est de même avec les membres ou rapporteurs de la CAF issus du Conseil d'État, cette dernière institution pouvant, si l'on retenait des raisonnements structurels, être également suspectée de partialité.

Il ne semble donc pas, sauf à remettre en cause la CAF (et il en était autrefois de même de la CDBF) en tant que telle, possible de prendre en compte, dans le cadre de l'examen d'incompatibilité de rapporteurs ou de membres, les liens structurels qui peuvent exister entre les trois juridictions : seule l'incompatibilité individuelle doit donc, au terme de ce raisonnement, être examinée, au cas par cas.

SECTION 2
PROCÉDURE D'APPEL

561.21 Formulation de l'appel et recevabilité. L'appel peut être formé par le ministère public ou par la personne renvoyée en première instance[1].

La requête d'appel est déposée ou adressée au greffe[2] de la Cour d'appel financière[3].

La requête contient, à peine de nullité, l'exposé des faits et moyens, ainsi que les conclusions du requérant. Elle est accompagnée des documents sur lesquels elle s'appuie et d'une copie de l'arrêt attaqué[4].

Lorsque la requête d'appel n'est pas accompagnée de la copie de l'arrêt de la chambre du contentieux, l'appelant est invité à régulariser sa requête[5].

La demande de régularisation mentionne que, à défaut de régularisation, l'appel pourra être rejeté comme irrecevable dès l'expiration du délai imparti qui, sauf urgence, ne peut être inférieur à quinze jours[6].

561.22 Délai pour interjeter appel. L'appel doit être formé dans le délai de deux mois à compter de la notification de l'arrêt rendu par la chambre du contentieux[7].

Pour les personnes domiciliées en Guadeloupe, en Guyane, à la Martinique, à La Réunion, à Saint-Barthélemy, à Saint-Martin, à Mayotte, à Saint-Pierre-et-Miquelon, en Polynésie française, dans les îles Wallis et Futuna et en Nouvelle-Calédonie, ce délai est augmenté d'un mois[8].

Pour les personnes domiciliées à l'étranger, le délai d'appel est augmenté de deux mois[9].

La date à prendre en compte pour apprécier si le délai d'appel a été respecté est celle de l'enregistrement de la requête au greffe de la Cour d'appel financière[10].

561.23 Effet suspensif de l'appel. En contentieux financier, l'appel comporte un effet suspensif pour l'arrêt attaqué[11], ce qui est exceptionnel en contentieux administratif, où le principe est plutôt l'absence d'effet suspensif[12].

561.24 Circularisation de l'appel et appel incident. Le greffe de la Cour d'appel financière transmet sans délai la requête d'appel et le ou les éventuels mémoires complémentaires aux autres personnes ayant la faculté d'interjeter appel[13].

Le ministère public ou la partie renvoyée en première instance sont en droit de former un appel incident dans les mémoires ou les observations qu'ils produisent[14].

Dans le délai d'un mois à compter de la transmission aux autres personnes pouvant interjeter appel, la partie qui a la qualité de défendeur peut prendre connaissance au greffe de la Cour d'appel financière de l'ensemble des pièces jointes à la requête d'appel et produire son mémoire en défense[15].

Copie de ce premier mémoire en défense est notifiée par le greffe à l'appelant qui peut, dans le délai d'un mois à compter de cette transmission, produire un mémoire en réplique, lui-même transmis au défendeur[16].

À compter de cette transmission, le défendeur peut produire, dans un délai de quinze jours, un second mémoire en défense qui est transmis à l'appelant. L'appelant peut produire un mémoire en duplique dans un délai de quinze jours à compter de cette transmission[17].

561.25 Instruction : supplément d'information. Lorsque la Cour d'appel financière (CAF) est saisie, son président désigne un ou plusieurs de ses membres titulaires ou suppléants conseillers d'État ou

1. CJF, art. R. 142-4-1.
2. CJF, art. R. 142-4-3, al. 1er.
3. Sur la Cour d'appel financière et son organisation, v. ss nº 131.11.
4. CJF, art. R. 142-4-3, al. 2.
5. CJF, art. R. 321-4, al. 1er.
6. CJF, art. R. 321-4, al. 2.
7. CJF, art. R. 142-4-4, al. 1er.
8. CJF, art. R. 142-4-4, al. 2.
9. CJF, art. R. 142-4-4, al. 3.
10. CJF, art. R. 142-4-5.
11. CJF, art. L. 311-6.
12. R. Vandermeeren, « Appel : effet de l'appel », *Rép. cont. adm.*, 2022, nº 3.
13. CJF, art. R. 321-2.
14. CJF, art. R. 142-4-2.
15. CJF, art. R. 321-3, al. 1er.
16. CJF, art. R. 321-3, al. 2.
17. CJF, art. R. 321-3, al. 3.

conseillers maîtres à la Cour des comptes pour procéder au supplément d'information[1] ; cela exclut donc les membres qualifiés.

Le magistrat chargé du supplément d'information sera en principe choisi parmi les magistrats de l'autre chambre que celle qui devra juger l'affaire.

Le magistrat chargé de l'instruction peut bénéficier du concours de membres du Conseil d'État, de magistrats de l'ordre judiciaire, de magistrats et d'autres personnels de contrôle de la Cour des comptes[2], de magistrats des tribunaux administratifs et des cours administratives d'appel et de magistrats des chambres régionales et territoriales des comptes ; ces derniers doivent avoir été nommés pour trois ans par arrêté du Premier ministre[3].

Le magistrat chargé de l'instruction peut entendre ou questionner oralement ou par écrit, y compris par un moyen de communication audiovisuelle, à leur demande ou de sa propre initiative, les personnes concernées par l'affaire, voire des témoins[4]. Les personnes mises en cause peuvent à tout moment accéder au dossier, être entendues et se faire assister par un avocat[5].

Les actes et pièces de la procédure sont cotés par le greffe de la CAF au fur et à mesure de leur rédaction ou de leur réception par le magistrat chargé de l'instruction[6].

Le président de la CAF peut, soit d'office, soit sur proposition du magistrat chargé de l'instruction, soit à la demande de la personne mise en cause, soit à la demande du ministère public, ordonner qu'il soit procédé, avant dire droit, à une expertise[7] ; la procédure de recours à l'expertise sera la même qu'en première instance[8].

À la fin du supplément d'information, le membre de la Cour d'appel financière chargé du supplément d'information prend une ordonnance de règlement dans laquelle il présente les résultats de son instruction[9].

L'ordonnance de règlement, qui clôt le supplément d'information[10], n'est pas susceptible de recours[11].

Elle est notifiée au ministère public ainsi qu'à la personne partie à l'appel[12].

Si des observations ou des pièces nouvelles sont produites par une partie entre la clôture de l'instruction et l'audience publique, elles sont communiquées aux autres parties avant l'audience ou, à défaut, ces dernières sont averties de la possibilité de les consulter avant l'audience[13].

Le code des juridictions financières prévoit une procédure de récusation du membre de la CAF chargé du supplément d'information[14]. Sur la composition de la CAF et la question de son éventuelle structurelle, à écarter, voir *supra*[15].

561.26 Audience publique de jugement de l'appel. La Cour d'appel financière (CAF) statue en formation plénière ou en chambre ; lorsqu'elle statue en chambre, celle-ci est présidée par un conseiller d'État ou un conseiller-maître à la Cour des comptes membre de la CAF[16].

Les affaires portées devant la Cour d'appel financière sont délibérées en principe en chambre[17], mais le président de la CAF ou le président de la chambre devant laquelle elle est portée peut renvoyer une affaire en formation plénière[18]. Le président de la CAF peut décider l'inscription directe d'une affaire en formation plénière[19].

Lorsqu'elle statue en formation plénière, la CAF est présidée par son président ; ce dernier peut également présider la Cour lorsqu'elle statue en chambre[20].

Sur le *quorum*, voir plus loin[21].

La partie réglementaire du code des juridictions financières prévoit des règles détaillées en cas d'absence, d'empêchement ou de vacance du président ou d'un membre de la CAF[22].

Le président de la CAF fixe le rôle des audiences, après avis du parquet[23]. L'avertissement des parties quant au jour de l'audience et l'affichage du rôle sont régis par les mêmes règles en premier ressort[24].

Les demandes de renvoi ou de dispense de comparaître des personnes mises en cause comme des témoins sont régies par les mêmes règles qu'en pre-

1. CJF, art. R. 321-5.
2. Personnels énumérés à l'art. L. 112-1 CJF, vers lequel revoie l'art. R. 311-12.
3. CJF, art. R. 311-12.
4. CJF, art. R. 142-2-4, applicable à la 1re instance, rendu applicable à l'appel par l'art. R. 321-1.
5. CJF, art. R. 142-2-5, applicable à la 1re instance, rendu applicable à l'appel par l'art. R. 321-1.
6. CJF, art. R. 142-2-7, concernant la 1re instance, rendu applicable à l'appel par l'art. R. 321-1.
7. CJF, art. R. 142-2-9, rendu applicable à l'appel par l'art. R. 321-1.
8. V. ss no 524.25.
9. CJF, art. R. 321-7, al. 1er.
10. CJF, art. R. 321-7, al. 2.
11. CJF, art. R. 321-7, al. 3.
12. CJF, art. R. 321-7, al. 4.
13. CJF, art. R. 142-2-14, rendu applicable à l'appel par l'art. R. 321-1.
14. CJF, art. R. 321-6.
15. V. ss nos 131.11 s.
16. CJF, art. L. 311-4, al. 1er et 2.
17. CJF, art. R. 311-7, al. 1er.
18. CJF, art. R. 311-7, al. 2.
19. CJF, art. R. 311-7, al. 3.
20. CJF, art. R. 311-4.
21. V. ss no 561.27.
22. CJF, art. R. 311-8 à R. 311-10.
23. CJF, art. R. 322-1, renvoyant à l'art. R. 142-3-1.
24. CJF, art. R. 322-1, renvoyant à l'article R. 142-3-7.

mier ressort[1]. Il en va de même des règles de récusation d'un membre de la formation de jugement[2].

Comme en première instance, un réviseur est nommé par le président[3].

Le président de la formation de jugement a la police de l'audience[4] – avec les mêmes implications qu'en premier ressort[5] – et la direction des débats[6].

Le déroulement de l'audience publique de jugement est fixé par la partie réglementaire du code des juridictions financières comme suit.

D'abord, le membre de la CAF chargé du supplément d'information présente le résultat de son instruction[7].

La personne partie à l'appel ou son représentant peut présenter des observations orales[8].

Les membres de la formation de jugement et le ministère public peuvent poser des questions à la personne partie à l'appel ou aux témoins, en demandant la parole au président. La personne partie à l'appel peut, dans les mêmes conditions, poser des questions aux témoins et, le cas échéant, aux autres personnes parties à l'appel[9].

Le ministère public présente ses conclusions[10].

La personne partie à l'appel ou son avocat présente ses observations. Elle a la parole en dernier[11].

À tout moment, le ministère public ou la personne partie à l'appel peuvent demander une suspension de l'audience[12].

561.27 Délibéré de la CAF. La Cour d'appel financière ne peut valablement délibérer en formation plénière ou en chambre que si, respectivement, six ou trois au moins des membres de la formation de jugement sont présents, dont au moins un membre du Conseil d'État et un magistrat de la Cour des comptes[13].

Après l'audience publique, la formation de jugement délibère hors la présence du membre de la Cour d'appel financière chargé du supplément d'information et du ministère public. Elle entend le réviseur[14].

S'il est nécessaire de procéder à un vote, le président recueille successivement l'opinion de chacun des membres de la formation de jugement, dans l'ordre inverse de leur ancienneté. Il se prononce en dernier. Les décisions sont prises à la majorité des voix[15].

Seuls prennent part au délibéré les membres de la formation de jugement ayant assisté à l'audience publique[16].

561.28 Arrêt d'appel : forme, contenu et notification. Les règles applicables aux arrêts de la CAF sont largement celles applicables aux arrêts de la chambre du contentieux de la Cour des comptes[17] : l'arrêt de la CAF doit être motivé ; il mentionne que l'audience a été publique, sauf exception ; dans ce dernier cas, il est mentionné que l'audience a eu lieu ou s'est poursuivie hors la présence du public. Mention est également faite dans l'arrêt que la ou les personnes renvoyées ou leurs avocats ont été entendus et que le représentant du ministère public a présenté ses réquisitions. Les noms des magistrats de la formation de jugement qui ont participé à l'audience publique et au délibéré y sont mentionnés.

L'arrêt de la CAF mentionne la date de l'audience et celle à laquelle il a été prononcé, les principaux actes de la procédure et les dispositions législatives et réglementaires dont il est fait application. La minute de l'arrêt est signée par le président de séance et le greffier ; il est revêtu de la formule exécutoire[18].

La CAF statue dans les mêmes formes en matière de révision d'arrêt[19].

L'arrêt de la CAF est notifié aux parties et communiqué à l'auteur du déféré[20].

561.29 Rectification pour erreur ou omission matérielle de l'arrêt d'appel sur initiative de la CAF. Lorsque le président de la formation de jugement constate qu'un arrêt est entaché d'une erreur ou d'une omission matérielle insusceptible d'avoir exercé une influence sur le jugement de l'affaire, il peut, par décision rendue dans le délai de deux mois à compter de la notification aux parties, y apporter les corrections que la raison commande. Cette décision intervient après avis du ministère public[21].

La notification de la décision révisée fait courir de nouveau le délai de recours en cassation contre l'arrêt d'appel ainsi corrigé[22].

1. CJF, art. R. 322-1, renvoyant aux articles R. 142-3-2 à R. 142 3 5.
2. CJF, art. R. 322-1, renvoyant à l'art. R. 142-3-6.
3. CJF, art. R. 322-1, renvoyant à l'art. R. 143-3-8.
4. CJF, art. R. 322-2, al. 1er.
5. CJF, art. R. 322-1, renvoyant à l'art. R. 142-3-10.
6. CJF, art. R. 322-2, al. 1er.
7. CJF, art. R. 322-2, al. 2.
8. CJF, art. R. 322-2, al. 3.
9. CJF, art. R. 322-2, al. 4.
10. CJF, art. R. 322-2, al. 5.
11. CJF, art. R. 322-2, al. 6.
12. CJF, art. R. 322-2, al. 7.
13. CJF, art. R. 311-11.
14. CJF, art. R. 322-3, al. 1er.
15. CJF, art. R. 322-3, al. 2.
16. CJF, art. R. 322-3, al. 3.
17. CJF, art. R. 322-2, renvoyant à l'art. R. 142-2-13.
18. CJF, art. R. 322-2, renvoyant à l'art. R. 142-3-13.
19. CJF, art. R. 322-2, renvoyant à l'art. R. 142-3-13.
20. CJF, art. R. 341-1.
21. CJF, art. R. 322-1, qui renvoie à l'art. R. 142-3-15, al. 1er.
22. CJF, art. R. 322-1, qui renvoie à l'art. R. 142-3-15, al. 2.

Pour les détails de la procédure de rectification, et la rectification à la demande des parties, v. plus loin[1].

SECTION 3
JUGEMENT DE L'APPEL

561.31 Office du juge d'appel ; effet dévolutif de l'appel ; moyens de la requête. Le juge d'appel a avant tout une fonction de contrôle, de critique et de correction de l'œuvre des premiers juges ; il n'exerce son office que dans la mesure où il est saisi de moyens, qui sont des constatations de fait ou de droit ; il ne se prononce pas sur tous les motifs de la première instance, mais seulement sur les moyens qui critiquent en appel le jugement de première instance[2].

En contentieux administratif, l'absence de moyens en appel peut rendre, dans un cas extrême, l'appel irrecevable[3] : le double degré de juridiction « ne doit pas être conçu comme une loterie qui offrirait une double chance avec le même bulletin »[4].

Néanmoins, les moyens de l'appel peuvent être explicites ou implicites ; ils peuvent porter sur la régularité[5], la forme du premier jugement, mais aussi sur le bien-fondé du jugement dont il est fait appel. Le contrôle de la forme porte notamment sur la motivation de l'arrêt des premiers juges, qui doit être suffisante et correcte (défaut ou erreur de motivation).

L'effet dévolutif de l'appel signifie que le juge d'appel est doublement limité, d'une part par la règle du double degré de juridiction (il n'est dévolu qu'autant qu'il a été jugé) et d'autre part par les moyens de l'appelant (il n'est dévolu qu'autant qu'il est appelé).

Ainsi, si l'appelant fait état de motivations insuffisantes dans l'arrêt de premier ressort, mais qu'il ne demande pas l'annulation, le juge d'appel ne traitera pas les questions soulevées, et surtout n'annulera pas sur ce motif[6].

L'irrégularité de l'arrêt de première instance peut entraîner l'annulation[7] ; en revanche, le contrôle opéré par le juge de l'appel sur le fond de l'affaire, l'erreur de droit ou de fait, conduira à la confirmation de l'arrêt attaqué[8] ou à son infirmation, ce qui impliquera de rejuger l'affaire au fond.

La CAF, créée en 2023, aura la tâche d'expliciter ces notions classiques de l'appel pour le contentieux financier répressif qui, depuis sa création en 1948, n'a jamais connu d'appel.

Une question prioritaire de constitutionnalité (QPC) peut être introduite pour la première fois au stade de l'appel[9].

561.32 Contrôle de la régularité de la procédure. Le juge d'appel, avant d'examiner le litige au fond, doit vérifier la régularité externe de la procédure suivie en première instance. En cas d'irrégularité, le premier jugement est susceptible d'être annulé, soit sur la base de la requête d'appel, soit d'office[10].

Les hypothèses d'irrégularités affectant le premier jugement et justifiant l'annulation de celui-ci devraient être proches des catégories dégagées en contentieux administratif général.

En cas d'annulation, le juge peut soit évoquer l'affaire, soit la renvoyer à la chambre du contentieux.

1. V. s[s] n° 573.12.
2. D. Giltard, « L'office du juge d'appel et le double degré de juridiction », *in Mélanges Labetoulle, Juger l'administration, administrer la justice*, Dalloz, 2007, p. 425.
3. CE 11 juin 1999, *Office public d'HLM de la ville de Caen*, req. n° 173972 ; *Lebon* p. 178 ; *RFDA* 2000. 331, conclusions C. Bergeal.
4. Conclusions C. Bergeal sous CE 11 juin 1999, *Office public d'HLM de la ville de Caen ; RFDA* 2000. 331.
5. V. s[s] n° 561.32.
6. CAF 12 janv. 2024, *Société ALPEXPO*, n° 2024-01 ; *Rec.* p. 49 ; *AJDA* 2024. 895, chron. N. Péhau et L. Vergallo.
7. V. s[s] n° 561.32.
8. Ex. CAF 6 févr. 2025, Département de l'Eure, n° 2025-01.
9. V. s[s] n°s 55.11 s.
10. R. Vandermeeren, « Appel : effet de l'appel », Rép. cont. adm., 2022, n°s 45 s.

CHAPITRE

562. Recours en révision des arrêts de la chambre du contentieux

SECTION 0
ORIENTEUR

562.00 **Sommaire du chapitre.**

SECTION UNIQUE
RÉVISION DES ARRÊTS DE PREMIER RESSORT

562.11 **Recours en révision : cadre juridique.** La personne renvoyée en première instance peut demander, après expiration du délai d'appel, la révision d'un arrêt lorsque se produit un fait nouveau ou que se révèle un élément inconnu de la formation de jugement au jour de l'arrêt, de nature à établir son absence de responsabilité[1].

On relèvera d'emblée la similitude des critères de la révision en contentieux financier avec ceux prévalant en matière pénale[2]. Toutefois, en procédure pénale il suffit de faire naître un doute sur la culpabilité de l'accusé, là où devant la Cour des comptes il faut établir l'absence de responsabilité.

Sous l'empire de la CDBF, les conditions pour la révision étaient proches de la règle actuelle, mais formulées différemment : ses arrêts pouvaient faire l'objet d'un recours en révision s'il survenait des faits nouveaux ou s'il était découvert des documents de nature à établir la non-responsabilité de l'intéressé[3].

Une certaine proximité de la révision en contentieux financier répressif apparaît également avec l'ancienne révision en matière de jugement des comptes des comptables[4], qui exigeait la production des justifications recouvrées depuis ledit arrêt. En revanche, la révision des arrêts de la CDBF – et désormais de la Cour des comptes en matière répressive – se distingue plus nettement de la révision en matière civile ou des arrêts du Conseil d'État.

562.12 **Révision : exigences de fond.** Une révision d'un arrêt est possible lorsque se produit un fait nouveau ou que se révèle un élément inconnu de la formation de jugement au jour de l'arrêt, de nature à établir son absence de responsabilité[5].

La formulation – sur ce point améliorée par rapport à celle qui prévalait pour la CDBF – dit clairement que dans les deux hypothèses – fait nouveau ou élément inconnu de la juridiction – leur nature doit établir la non-responsabilité d'une personne condamnée.

Les notions de fait nouveau et d'élément inconnu de la formation de jugement, de nature à établir la non-responsabilité de l'intéressé, doivent-elles être interprétées de façon stricte, voire restrictive ?

Par exemple, un fait pourtant connu du condamné lors de la première procédure pourrait-il fonder une révision si les premiers juges l'ignoraient ? La CDBF a tranché cette question en faveur d'une interprétation proche de celle retenue par la Cour des comptes en matière de jugement des comptes : en « considérant que ce document était connu de M. X à la date de l'arrêt de la Cour [...] et n'a donc pas été découvert par ce dernier depuis lors », la CDBF écarte la recevabilité de documents (ou de faits nouveaux)

1. CJF, art. R. 142-4-6, al. 1er.
2. C. pr. pén., art. 622 : « La révision d'une décision pénale définitive peut être demandée au bénéfice de toute personne reconnue coupable d'un crime ou d'un délit lorsque, après une condamnation, vient à se produire un fait nouveau ou à se révéler un élément inconnu de la juridiction au jour du procès de nature à établir l'innocence du condamné ou à faire naître un doute sur sa culpabilité ».
3. CJF, anc. art. L. 315-3, abrogé le 31 déc. 2022.
4. CJF, anc. art. R. 143-1, abrogé le 31 déc. 2022.
5. CJF, art. R. 142-4-6, al. 1er.

dont le requérant avait connaissance lors du premier jugement mais qu'il avait alors omis d'évoquer, peut-être parce qu'il en sous-estimait l'importance[1].

On peut penser que la CDBF a voulu, par cette approche restrictive, protéger autant que possible l'autorité de la chose jugée, à l'instar de la jurisprudence de la Cour des comptes dans l'ancien jugement des comptes des comptables publics : « toute décision de révision rendue au vu de pièces effectivement recouvrées depuis l'arrêt définitif, mais que [le justiciable] pouvait aisément obtenir à toute époque de l'instance, conférerait aux décisions du juge des comptes un caractère précaire incompatible avec le principe de l'autorité qui s'attache à la chose jugée »[2].

Un tel raisonnement reflète le souci de cantonner le recours en révision à des cas exceptionnels et d'éviter la confusion entre recours en révision et les recours ordinaires, appel et cassation. Toutefois, même si en effet le recours en révision doit demeurer une voie exceptionnelle et donc ses cas d'ouverture strictement limités, on pourrait se demander si, dans une matière certes non pénale mais néanmoins répressive, un doute sur la culpabilité des personnes mises en cause[3] ne devrait pas l'emporter, dans la balance de la justice, sur le souci de protéger l'autorité de la chose jugée.

Que signifie exactement « établir la non-responsabilité » ? Dans un arrêt[4], la CDBF, alors même qu'elle n'était pas obligée de se prononcer sur ce point supplémentaire, puisque l'irrecevabilité de la requête était déjà constatée, relève que le document produit à l'appui de la requête « n'apporte aucun élément permettant de remettre en cause l'appréciation qui a été faite par la Cour des responsabilités respectives des personnes incriminées ». Cette formulation pourrait suggérer une interprétation relativement souple de la loi : remettre en cause l'appréciation des premiers juges sur la responsabilité des personnes condamnées pourrait sembler un peu plus aisé pour le requérant que de prouver sa non-responsabilité totale, même si l'on est loin encore de la notion pénale de la naissance d'un doute sur la culpabilité[5]. Il peut être supposé également que cette souplesse ne concerne que l'examen de la recevabilité de la requête, et non son éventuel examen sur le fond, distinction qui permettrait au juge de garder quelques marges d'appréciation une fois la recevabilité constatée.

562.13 Partage recevabilité/fond. Si le code des juridictions financière mentionne explicitement, en matière de révision, la recevabilité du recours d'une part, et le fond de l'affaire d'autre part[6], on pourrait toutefois, au vu de la formulation des textes régissant les critères de la révision, se demander lesquels des éléments relèvent respectivement de la recevabilité et de l'appréciation au fond ; et partant, si l'on retenait une acception étendue de la recevabilité, on devrait se demander dans quels cas un recours déclaré recevable pourrait encore être rejeté sur le fond et sur quelle base.

La jurisprudence n'a pas permis de clarifier le partage, en matière de révision de décisions des juridictions financières, entre les règles de recevabilité et celles de fond, qui ne paraît pas toujours d'une parfaite limpidité.

S'il est clair que doit être déclarée irrecevable une requête en révision dont les moyens ne se rapportent ni à des faits nouveaux, ni à la découverte de documents de nature à établir la non-responsabilité de la requérante[7], d'autres cas de figure sont moins évidents quant au partage entre recevabilité et fond.

En témoigne un arrêt dans lequel la CDBF a prononcé, et cela peut surprendre, *in fine* le rejet du recours, alors qu'elle affirmait expressément s'être limitée en l'espèce à l'examen de la recevabilité[8]. Or, en principe, dans le cas de l'irrecevabilité d'un recours en révision (ou de tout autre recours), le juge financier se bornera à déclarer cette irrecevabilité, sans aller jusqu'à rejeter le recours[9]. En cas de recevabilité, le juge admettra, ou non (c'est-à-dire rejettera), la requête au fond[10].

En effet, un rejet requiert en principe un examen de la requête au fond. Peut-on déduire de l'espèce précitée[11] que la Cour considère les trois notions de

1. CDBF 23 mars 2004, *M. X [recours en révision]* ; *Rev. Trésor* 2005. 699, note M. Lascombe et X. Vandendriessche ; *AJDA* 2004. 1240, note N. Groper ; *Lebon* 535 ; *Rec.*, p. 136.
2. C. comptes 22 juin 1942, *Garnier, Rec.*, p. 33.
3. *Cf.* C. Proc. Pén., art. 622.
4. CDBF 23 mars 2004, *M. X [recours en révision]* ; *Rev. Trésor* 2005. 699, note M. Lascombe et X. Vandendriessche ; *AJDA* 2004. 1240, note N. Groper ; *Lebon* 535 ; *Rec.*, p. 136.
5. C. proc. pén., art. 622 précité.
6. CJF, art. R. 142-4-7, al. 3.
7. CDBF 8 déc. 2011, *Institut géographique national [recours en révision]*, n° 179-655-II ; *GFP* 2013, n° 5, p. 78, note S. Damarey, M. Lascombe et X. Vandendriessche.
8. CDBF 23 mars 2004, *M. X [recours en révision]* ; *Rev. Trésor* 2005. 699, note M. Lascombe et X. Vandendriessche ; *AJDA* 2004. 1240, note N. Groper ; *Lebon* 535 ; *Rec.*, p. 136.
9. PAR EX., bien que rendu sous l'empire de l'ancien jugement des comptes des comptables : CRC Nord-Pas-de-Calais 17 déc. 1998, *Office régional de la culture et de l'éducation permanente de Lille*, *Rec.*, p. 124.
10. PAR EX., bien que rendu sous l'empire de l'ancien jugement des comptes des comptables : C. comptes 16 sept. 2002, *Caisse nationale d'assurance-maladie des travailleurs salariés [CNAMTS]*, *Rec.* 2002, p. 78.
11. CDBF 23 mars 2004, *M. X [recours en révision]* ; *Rev. Trésor* 2005. 699, note M. Lascombe et X. Vandendriessche ; *AJDA* 2004. 1240, note N. Groper ; *Lebon* 535 ; *Rec.*, p. 136.

« fait nouveau », d'éléments inconnus de la juridiction et de l'établissement de la non-responsabilité comme étant en réalité des conditions de fond ? Mais quelles seraient dans ce cas les conditions de recevabilité ? Dans le silence des textes, il semble que ces dernières pourraient alors être limitées à la forme de la requête et la qualité du requérant, écartant par exemple la recevabilité d'un recours introduit par une personne autre qu'un condamné par l'arrêt en cause. Dans ce sens, la Cour des comptes a déclaré irrecevable la demande de révision d'un comptable qui n'était pas concerné par l'arrêt visé par le recours[1], la Cour précisant par ailleurs au passage qu'en raison de cette irrecevabilité, il n'y a pas besoin de statuer au fond, ce qui va plutôt dans le sens d'une conception restrictive des éléments de recevabilité, les éléments nouveaux relevant dès lors du fond. Dans l'arrêt CDBF ici discuté, à partir du moment où l'arrêt à la fois constate l'irrecevabilité de la requête et en prononce le rejet, il paraît impossible d'en déduire un partage entre recevabilité et examen au fond[2].

562.14 **Révision : forme et procédure.** La requête en révision ne peut émaner que des personnes renvoyées[3], autrement dit des personnes condamnées ou relaxées en première instance ; cela exclut en particulier que le Procureur général puisse formuler une demande de révision.

La requête en révision est adressée au président de la chambre du contentieux. Elle comporte l'exposé des faits et moyens invoqués par le requérant et est accompagnée d'une copie de l'arrêt attaqué et des justifications sur lesquelles elle se fonde[4].

Le juge n'exige pas le respect d'un délai pour déposer un recours en révision, en l'absence de règle écrite qui en aurait fixé un (pas de délai sans texte).

La demande de révision est notifiée aux parties[5], donc aussi aux autres personnes concernées par l'arrêt dont la révision est demandée ; la jurisprudence en témoigne[6]. La notification doit aussi concerner les personnes relaxées en première instance.

Le président de la chambre du contentieux désigne un magistrat chargé d'instruire la demande de révision[7]. Cette désignation doit être notifiée aux parties.

Les conclusions du magistrat chargé de l'instruction sont communiquées au ministère public, qui présente ses conclusions[8].

La chambre du contentieux statue sur la révision d'un arrêt après audience publique, par un arrêt unique, sur la recevabilité du recours et, s'il y a lieu, sur le fond de l'affaire[9].

Un arrêt de révision ou de refus de révision peut lui-même être attaqué[10].

1. Bien que rendu sous l'empire de l'ancien jugement des comptes des comptables : C. comptes 25 nov. 2002, *Université de Poitiers, Rec.* 2002, p. 87.
2. Pour un arrêt de la Cour des comptes allant dans le même sens, rendu toutefois sous l'empire de l'ancien jugement des comptes : C. comptes 13 nov. 2002, *Office national interprofessionnel des viandes, de l'élevage et de l'aviculture (Ofival)*, n° 34026.
3. CJF, art. R. 142-4-6, 1er alinéa, premiers mots.
4. CJF, art. R. 142-4-6, al. 2.
5. CJF, art. R. 142-4-7, al. 1er.
6. Voir par exemple les visas de CDBF 23 mars 2004, *M. X [recours en révision] ; Rev. Trésor* 2005. 699, note M. Lascombe et X. Vandendriessche ; *AJDA* 2004. 1240, note N. Groper ; *Lebon* 535 ; *Rec.*, p. 136.
7. CJF, art. R. 142-4-7, al. 1er.
8. CJF, art. R. 142-4-7, al. 2.
9. CJF, art. R. 142-4-7, al. 3.
10. Ex. : recours en cassation, quoique non admis en l'espèce : CE 15 mars 2013, *Mme Ferrari (1er arrêt)* [affaire CDBF *Institut géographique national révision*], req. n° 356588.

CHAPITRE

563. Autres types de recours contre les arrêts de la chambre du contentieux

SECTION 0
ORIENTEUR

563.00 **Sommaire du chapitre.**

SECTION 1
RECOURS EN RECTIFICATION D'ERREUR OU OMISSION MATÉRIELLE À LA DEMANDE D'UNE PARTIE

563.11 Recours en rectification d'erreur ou omission matérielle : procédure. Une partie peut demander la rectification d'un arrêt lorsqu'elle estime que cette décision est entachée d'une erreur ou d'une omission matérielle insusceptible d'avoir exercé une influence sur le jugement de l'affaire. Cette demande est, par elle-même, sans influence sur le cours du délai d'appel ouvert contre cet arrêt[1]. On peut en déduire, même si le code des juridictions financières ne le dit pas explicitement, que la demande de rectification elle-même doit être faite dans un délai de deux mois, comme c'est d'ailleurs le cas en contentieux administratif général[2].

Le président de la juridiction peut, par décision rendue dans le délai de deux mois à compter de la notification aux parties, apporter à l'arrêt les corrections que la raison commande. Cette décision intervient après avis du ministère public[3].

1. CJF, art. R. 142-3-15, al. 3.
2. CJA, art. R. 833-1.
3. CJF, art. R. 142-3-15, al. 1er, vers lequel renvoie l'alinéa 3.

La notification de la décision fait courir de nouveau le délai d'appel contre l'arrêt ainsi corrigé[4].

Ces dispositions constituent une innovation en contentieux financier répressif : du temps de la CDBF, les textes ne prévoyaient pas la possibilité d'une rectification des arrêts, ce qui n'empêchait toutefois pas la Cour d'en appliquer néanmoins le principe : « même en l'absence de texte, le recours en rectification d'erreurs matérielles susceptibles d'avoir exercé une influence sur le jugement de l'affaire peut être formé à l'encontre d'une décision juridictionnelle »[5].

Une demande de rectification n'est pas recevable lorsqu'elle ne porte pas réellement, sur le point invoqué, sur une erreur matérielle (erreur de plume sur une date, un chiffre, un nom...), mais qu'il s'agit d'une contestation qui relèverait d'autres voies de recours : ainsi, dans une affaire, la demanderesse avait considéré que ce qui avait été qualifié de convention par la CDBF n'était en fait qu'un « projet de convention signé uniquement par le cocontractant », et non un contrat. La CDBF a considéré qu'il ne s'agissait pas là d'une « erreur susceptible d'être contestée par la voie d'une requête en rectification d'erreur matérielle ». Il en est de même lorsque la CDBF « s'est livrée à une appréciation d'ordre juridique que [la personne condamnée, puis demanderesse d'une rectification d'erreur matérielle] n'est pas recevable à contester par la voie d'une requête en rectification d'erreur matérielle »[6].

4. CJF, art. R. 142-3-15, al. 2, vers lequel renvoie l'alinéa 3.
5. CDBF 8 déc. 2011, *Institut géographique national [rectification d'erreur matérielle]*, n° 178-655-I ; *Rec.* p. 161 ; *GFP* 2013, n° 5, p. 77, note S. Damarey, M. Lascombe et X. Vandendriessche.
6. CDBF 8 déc. 2011, *Institut géographique national [rectification d'erreur matérielle]*, n° 178-655-I ; *Rec.* p. 161 ; *GFP* 2013, n° 5, p. 77, note S. Damarey, M. Lascombe et X. Vandendriessche.

Pourtant, la notion d'erreur matérielle peut, en contentieux administratif général, inclure aussi des erreurs de procédure[1].

Sur la délimitation entre recours en rectification et autres recours, v. plus loin[2].

563.12 Effets de la rectification. Une rectification d'erreur matérielle, précisément parce qu'il ne s'agit que d'une erreur matérielle insusceptible d'avoir exercé une influence sur le jugement de l'affaire, et non d'un motif de révision[3], n'aura pas d'impact sur la solution juridique de l'arrêt ainsi attaqué, ni sur les condamnations que ce dernier a prononcées.

Ainsi n'a pas été admis un recours en cassation fondé sur le motif qu'« en s'abstenant, après avoir rectifié l'erreur matérielle concernant la mention d'une date de signature par l'intéressée de la convention [...] antérieurement à la transmission au contrôleur financier, d'en tirer les conséquences en indiquant qu'à la suite de cette rectification la responsabilité de l'intéressée n'était plus engagée à ce titre... » : il n'y a là ni insuffisance de motivation, ni - et encore moins - erreur de droit commise par le juge du fond[4].

Dans le même sens, « en jugeant, malgré les rectifications opérées, qu'il n'y avait pas lieu de modifier le dispositif condamnant Mme F. à 150 euros d'amende... », le juge n'a pas commis d'erreur de droit[5].

563.13 Distinction avec d'autres voies de recours. Une contestation juridique ne relève pas d'un recours en rectification matérielle, mais d'autres voies de recours.

Ainsi le juge de premier ressort ne commet-il pas d'erreur de droit, « en jugeant que la question de savoir si, à la date de la transmission au contrôleur financier, la convention datée du 5 mai 2006 [...] avait été signée par Mme F impliquait une appréciation d'ordre juridique ne relevant pas d'un recours en rectification matérielle... » : un recours en cassation fondé sur un tel motif n'est pas admis. Il en va de même de la question de savoir si un « document [...] était une simple attestation de service fait ou un "bon de commande" », dont le juge saisi de l'erreur matérielle avait considéré qu'elle « relevait d'une appréciation d'ordre juridique insusceptible d'être contestée par la voie d'un recours en rectification d'erreur matérielle... »[6].

Enfin, le juge n'est pas obligé de décider la publication au *JO* d'un arrêt de la CDBF se prononçant sur une demande en rectification d'erreur matérielle, même si l'arrêt initial ainsi rectifié avait, lui, été publié. La solution, en droit actuel, devrait être similaire, s'agissant non d'un arrêt de rectification, mais de la décision du président.

563.14 Recours contre un arrêt rectifié ou un refus de rectification. Si un arrêt rectifié d'une erreur matérielle comporte une nouvelle erreur matérielle, il doit pouvoir de nouveau faire l'objet d'une demande de rectification. En revanche, il ne peut pas, sur ce fondement-là, faire l'objet d'une contestation en cassation[7].

En revanche, la décision du président de la formation de jugement de rectifier un arrêt, ou son refus, ne devraient pas être attaquables indépendamment des arrêts en question.

SECTION 2
RECOURS EN TIERCE OPPOSITION

563.21 Définition de la tierce opposition. La tierce opposition est définie par l'article 582 du Code de procédure civile comme une voie de recours qui tend à faire rétracter ou réformer un jugement au profit d'un tiers, ce qui sous-entend qu'un tiers peut être lésé par un arrêt auquel il n'a pas été partie directement. Requise de la juridiction dont émane le jugement, elle peut aboutir à la remise en cause de décisions passées en force de chose jugée pour qu'il soit à nouveau statué en fait et en droit. Cette définition témoigne du caractère extraordinaire de cette voie de recours, dont la recevabilité est rare, et le succès au fond plus rare encore.

L'article R. 832-1 du Code de la justice administrative, quant à lui, définit la tierce opposition sous l'angle de son exercice et du point de vue du justiciable : « Toute personne peut former tierce opposition à une décision juridictionnelle qui préjudicie à ses droits, dès lors que ni elle ni ceux qu'elle représente n'ont été présents ou régulièrement appelés dans l'instance ayant abouti à cette décision ».

563.22 Applicabilité aux juridictions financières. Par une jurisprudence classique, le Conseil d'État a rangé la tierce opposition parmi les règles générales de procédure qui s'appliquent devant toute juridiction administrative dès lors qu'elle n'a pas été écartée

1. PAR EX. : CE 2 avr. 2010, *M. Faure*, req. n° 332015 ; *AJDA* 2010. 1435, note B. Maligner.
2. V. s^s^ n° 563.13.
3. V. s^s^ n°s 562.11 s.
4. CE 15 mars 2013, *Mme F (2e décision)* [affaire CDBF *Institut géographique national, rectification d'erreur matérielle*], req. n° 356589, NP.
5. Même décision.
6. Même décision.
7. Cela peut se déduire de CE 15 mars 2013, *Mme F (2e décision)* [affaire CDBF *Institut géographique national, rectification d'erreur matérielle*], req. n° 356589, NP.

par une disposition législative expresse ou qu'elle n'est pas inconciliable avec son organisation [1].

Bien que non prévu par le Code des juridictions financières, on pourrait donc considérer que le recours en tierce opposition est une voie de recours extraordinaire ouverte devant les juridictions financières en tant que juridictions administratives spécialisées, en application du principe général précité.

La CDBF, dans le seul arrêt rendu à ce jour sur un tel recours [2], l'a toutefois déclaré irrecevable.

En fermant cette voie de recours, la juridiction financière répressive s'est peut-être inspirée du principe classique et constant d'exclusion de la tierce opposition en matière pénale [3], dont le droit public financier répressif est certes conceptuellement proche, mais qui a cependant une nature autre que pénale. La CDBF, dans son arrêt de 2005 précité, s'est surtout fondée sur le fait que ses arrêts n'ont pas de force à l'égard des tiers, qui ne peuvent donc pas s'en trouver lésés, et en particulier pas vis-à-vis d'autres juges (le juge du contrat en l'occurrence) [4] : la décision déclare la requête irrecevable, en considérant notamment que « l'arrêt [...] qui relaxe M. B. des fins de la poursuite ne déploie ses effets qu'à l'égard de ce dernier, seul mis en cause par l'action publique dans l'instance conduite devant la Cour et seul visé par le dispositif de sa décision ; que la société F. [qui avait déposé le recours en tierce opposition] n'est, par suite, pas fondée à soutenir que l'arrêt de la Cour préjudicie à ses droits ; qu'au surplus, le juge administratif appelé à se prononcer, dans une instance distincte, sur l'exécution du contrat [...] n'est pas lié par l'appréciation des faits exposée dans les motifs de l'arrêt de la Cour de discipline budgétaire et financière » [5].

Quant à la Cour des comptes, dans ses différentes attributions avant la réforme de 2022 (jugement des comptes des comptables, gestion de fait, amendes pour retard), elle ne semble pas avoir été amenée à se prononcer sur un tel recours.

SECTION 3

AUTRES RECOURS ATYPIQUES

563.31 Demande à fin de suspension d'exécution. Dans une affaire jugée par la CDBF [6], l'ancien directeur d'un centre hospitalier spécialisé avait adressé au président de la Cour de discipline budgétaire et financière une « demande à fin de suspension d'exécution à raison de l'amnistie » concernant l'exécution de l'arrêt de la CDBF [7] par lequel cette juridiction l'avait condamné à une amende de 5 000 euros.

Le requérant se prévalant de l'article 16 de la loi n° 95-884 du 3 août 1995 portant amnistie, la Cour a rejeté cette demande au motif, en premier lieu, qu'en rendant son arrêt précité du 17 juin 2005, elle avait épuisé sa compétence et ne pouvait, en principe, se saisir à nouveau du même litige.

La CDBF a en second lieu constaté que la requête n'entrait dans aucun des cas dans lesquels le recours en révision [8] est ouvert.

Enfin, la Cour a jugé que les sanctions prononcées par la CDBF n'étaient pas explicitement mentionnées par la loi d'amnistie invoquée à l'appui de la requête et qu'elles ne constituaient pas davantage des sanctions professionnelles ou disciplinaires au sens des articles 14 à 16 de cette loi, et que la procédure prévue par l'article 16 de la loi d'amnistie, sur lequel se fondait la requête, n'était donc pas applicable à la Cour. Cette solution est classique à la fois dans la jurisprudence de la Cour et dans celle du juge de cassation [9]. La requête a dès lors été rejetée.

1. CE 3 nov. 1972, *Dame de Talleyrand-Périgord*, req. n° 77508-77816 ; *Lebon* 707.
2. CDBF 17 juin 2005, *Requête en tierce opposition de la Sté FIP-Auxifip ; Rec.*, p. 125 ; *Rev. Trésor* 2005. 707, note M. Lascombe et X. Vandendriessche ; *AJDA* 2005. 2397, note N. Groper et E. Giannesini ; *Lebon* 673.
3. Crim. 25 oct. 1928, *Cie d'assurance L'Union et Phénix espagnol ; Rec. Cass.*, p. 355.
4. Sur les relations entre le juge financier répressif et les autres juridictions, v. ss nos 231.11 s., 231.21 s. et 231.31 s.
5. Pour une analyse complète et critique de l'arrêt précité rendu par la CDBF sur un recours en tierce opposition, N. Groper et E. Giannesini, *AJDA* 2005. 2397.
6. CDBF 24 févr. 2006, *CHS Paul Guiraud de Villejuif*, 3e arrêt ; *AJDA* 2006. 1255, note N. Groper et C. Michaut ; *Rev. Trésor* 2006. 918, note M. Lascombe et X. Vandendriessche ; *Lebon* 664 ; *Rec.*, p. 95.
7. CDBF 17 juin 2005, *CHS Paul Guiraud de Villejuif*, 2e arrêt.
8. Sur la révision, v. ss nos 562.11 s.
9. Sur les lois d'amnistie et leur effet, v. ss nos 213.11 et 231.12.

TITRE

57. Voies de recours contre les arrêts de la Cour d'appel financière (CAF)

SECTION 0

ORIENTEUR

57.00 Sommaire du titre.

CHAPITRE

571. Recours en cassation

SECTION 0
ORIENTEUR

571.00 **Sommaire du chapitre.**

571.03 **Bibliographie indicative.**

Thèse. S. Damarey, *Le juge administratif, juge financier*, Dalloz, coll. « Nouvelle bibliothèque de thèses », 2001.

Encyclopédies. S. Damarey, « Cour de discipline budgétaire et financière », Rép. cont. adm., 2015, actualisé 2017, n°s 492 à 500 sur le Conseil d'État, juge de cassation – C. Descheemaeker, « Cour de discipline budgétaire et financière », *J.-Cl. Adm.*, fasc. 1270, n°s 221 et 222 portant sur la cassation (à jour au 31 décembre 2017).

Recueil de jurisprudence. A. Froment-Meurice, J.-Y. Bertucci, N. Hauptmann et Ch. Michaut, *Les grands arrêts de la jurisprudence financière*, 7e éd. 2019, n° 57.

Contribution. P. Delvolvé, « Le Conseil d'État, régulateur de l'ordre juridictionnel administratif », *in Mélanges Labetoulle, Juger l'administration, administrer la justice*, Dalloz, 2007, p. 259.

Article. C. Descheemaeker, « Le Conseil d'État et la Cour de discipline budgétaire et financière », *RFFP* 2000, n° 70, p. 71.

571.05 **Cadre légal.** Le code des juridictions financières prévoit, de façon assez lapidaire, que les arrêts de la Cour d'appel financière (CAF) sont susceptibles de recours [1] en cassation devant le Conseil d'État [2].

Cette disposition reprend des règles similaires existant avant la réforme de 2022 pour la CDBF [3], mais aussi pour la Cour des comptes dans ses anciennes attributions [4]. Cette compétence en cassation subsiste de façon transitoire et résiduelle pour certains territoires ultramarins dans lesquels les chambres territoriales des comptes continuent à juger les comptes des comptables et dont les jugements demeurent susceptibles d'appel devant la Cour des comptes, les arrêts d'appel de cette dernière demeurant dès lors susceptibles de recours en cassation selon les anciennes procédures.

En application de l'art. L. 111-1 du CJA, « le Conseil d'État est la juridiction administrative suprême. Il statue souverainement sur les recours en cassation dirigés contre les décisions rendues en dernier ressort par les diverses juridictions administratives... » ; par ailleurs, « les arrêts rendus par les cours administratives d'appel et, de manière générale, toutes les décisions rendues en dernier ressort par les juridictions administratives peuvent être déférés au Conseil d'État par la voie du recours en cassation » [5], ce qui couvre

1. Les termes « recours en cassation » ou « pourvoi en cassation », tous deux utilisés par le législateur, sont équivalents, même si la doctrine a généralement une préférence pour le premier (ainsi Chapus, *Droit du contentieux administratif*, 13e éd. (2008), § 1400).
2. CJF, art. R. 331-1.
3. CJF, anc. art. L. 315-2, reprenant l'article 28, alinéa 2 de la L. n° 48-1484 du 25 sept. 1948 portant création de la Cour de discipline budgétaire, et dont la formulation actuelle est proche.
4. CJF, anc. art. R. 142-20 pour ce qui concernait le jugement des comptes des comptables publics, et par assimilation pour les procédures de gestion de fait ; rédaction plus complète.
5. CJA, art. L. 821-1.

aussi les juridictions administratives spécialisées comme la Cour des comptes, et, avant la réforme de 2022, la CDBF.

Rappelons que le jugement rendu par le Conseil d'État, sur recours en cassation, s'appelle « décision »[1].

571.06 Objectif et nature de la fonction de cassation. L'objectif de la cassation est d'assurer une unité jurisprudentielle dans un champ déterminé ; ainsi, le Conseil d'État est chargé de maintenir l'unité du droit administratif, dont le droit public répressif fait partie, de « réguler »[2] la jurisprudence des juridictions administratives ayant statué en dernier ressort, dont fait partie la Cour des comptes (et, avant la réforme de 2022, la CDBF). Cet objectif d'unité suppose donc également le caractère unique de la juridiction de cassation.

L'atteinte de cet objectif passe par l'examen, par le juge de cassation, de la conformité des jugements de fond aux règles de droit ; il ne s'agit pas de rejuger entièrement une affaire au fond, mais seulement de vérifier que l'arrêt qui fait l'objet du recours en cassation est conforme au droit. Le juge de cassation examine donc la légalité du jugement attaqué, et seulement sa légalité[3] ; en ce sens, le contrôle (de légalité) exercé en cassation est conceptuellement proche du contrôle de légalité qui s'exerce sur les actes, même s'il s'en distingue par ailleurs.

Selon René Chapus, « en bref sa mission [celle du juge de cassation] est de juger, non les litiges, mais les jugements. C'est en cela que la juridiction de cassation ne constitue pas un "degré" supplémentaire de juridiction »[4]. La cassation n'est pas un troisième degré de juridiction.

1. Le terme « arrêt » est réservé aux jugements des cours administratives d'appel (CJA, art. L. 821-1, etc.), ainsi que par exemple aux jugements des juridictions administratives spécialisées comme la CDBF ou la Cour des comptes, tandis que ceux du Conseil d'État sont qualifiés de « décisions » (par ex. CJA, art. R. 741-5), alors même qu'elles émanent d'une juridiction suprême.
2. P. Delvolvé, « Le Conseil d'État, régulateur de l'ordre juridictionnel administratif », *in Mélanges Labetoulle, Juger l'administration, administrer la justice*, Dalloz, 2007, p. 259. Le Conseil lui-même a jugé qu'il détenait « des pouvoirs généraux de régulation de l'ordre juridictionnel administratif », PAR EX. : s'agissant de la Cour des comptes avant la réforme de 2022 : CE 17 oct. 2003, *Département de l'Essonne et M. Dugoin*, n° 237290 ; *Lebon* p. 409 ; *Rec.* p. 176 ; *AJDA* 2003. 2031, note F. Donnat et D. Casas ; et nombreuses autres publications – Pour la CDBF : CE 4 févr. 2005, *Procureur général près la Cour des comptes, ministère public près la Cour de discipline budgétaire et financière*, n° 269233 ; *AJDA* 2005. 1070, concl. M. Guyomar ; *Lebon* 31 ; *Rev. Trésor* 2006. 143, note M. Lascombe et X. Vandendriessche.
3. Même si par exception le juge de cassation peut être amené à « retenir » une affaire et la juger au fond, v. s^s n° 571.95.
4. R. Chapus, *Droit du contentieux administratif*, Montchrestien, 13e éd., 2008, § 1402.

SECTION 1

CONSEIL D'ÉTAT, JUGE DE CASSATION DES JURIDICTIONS FINANCIÈRES

571.11 Histoire et principe. Sous l'Ancien Régime, les chambres des comptes étaient souveraines[5].

En 1807, lors du rétablissement de la juridiction financière et de la création de la Cour des comptes, le Conseil d'État, lui-même successeur du Conseil du Roi et « recréé » en 1799, a obtenu la cassation des arrêts de la Cour des comptes[6]. La méfiance envers une institution d'Ancien Régime – et surtout la méfiance envers les juges en général, facteur souvent bloquant dont on ne voulait pas qu'il puisse entraver la souveraineté du peuple ni l'action de l'administration – s'est donc traduite par le rétablissement d'une juridiction aux compétences limitées[7].

Le Conseil d'État, en 1807, était, avec le ministre des Finances de l'époque, Gaudin, parmi les plus réservés à l'égard de la création de la Cour des comptes sous forme de juridiction (administrative de surcroît !). Deux éléments importants dans la loi de 1807 ont atténué le pouvoir futur de la nouvelle juridiction des comptes[8] :

- L'article 18 de la loi de 1807, interdisant à la Cour des comptes d'exercer sa juridiction sur les ordonnateurs[9] ; cette règle était une conséquence logique de l'interdiction plus générale faite au juge (judiciaire) de juger l'administration et les agents publics[10], ce qui eut par ailleurs pour conséquence d'entraîner la création progressive des juridictions administratives ; cette interdiction est désormais levée, avec la création du régime unifié de responsabilité financière par la réforme de 2022.
- Le Conseil d'État devint juge de cassation des arrêts de la Cour, ce qui constituait une nouveauté par rapport à l'Ancien Régime : si la chambre des comptes de l'Ancien Régime – juridiction de droit public la plus ancienne – était cour souveraine, la nouvelle Cour ne devait être qu'une juridiction administrative spécialisée soumise au Conseil d'État.

Le recours était alors, sous l'empire de la loi de 1807, ouvert au comptable public concerné par l'arrêt de la Cour ainsi qu'à l'empereur, sur proposition du ministre des Finances ou d'un autre ministre con-

5. Sur les juridictions financières sous l'Ancien Régime, v. s^s n°s 041.11 s.
6. L. 16 sept. 1807, art. 17 – V. s^s n° 041.31.
7. G. Andréani, « La Cour des comptes et la séparation des pouvoirs », *Commentaire* n° 33, 1986, p. 93.
8. A. Crépey (dir.), *La Cour des comptes*, CNRS, coll. Histoire de l'Administration française, 1984, p. 348-349 ; puis ultérieurement, sur le Conseil d'État et la « querelle des nomenclatures », v. même ouvrage, p. 461 s.
9. V. s^s n° 043.14.
10. V. s^s n° 043.13.

cerné. Les motifs de cassation ne pouvaient être que la « violation de la forme ou de la loi ». L'ordonnance royale du 1er septembre 1819 précisait qu'en cas d'annulation, l'affaire devait être renvoyée à la Cour des comptes, mais devant une autre chambre que celle ayant rendu l'arrêt initial.

D'ailleurs, le rôle de juge de cassation dévolu au Conseil d'État est historiquement fortement lié au contentieux financier, d'abord de la Cour des comptes, auquel s'est ajouté, à partir de la seconde moitié du XXe siècle, celui de la CDBF. Car si aujourd'hui la cassation représente plus de la moitié du contentieux du Conseil d'État, elle ne représentait qu'environ 1 % des affaires enregistrées en 1976 [1] : c'est dire l'importance qu'a longtemps occupé la jurisprudence financière au sein du contentieux de cassation administrative. Il n'est pas anodin que l'une des toutes premières décisions rendues en cassation par le Conseil d'État ait concerné un arrêt de la Cour des comptes [2].

Dans son grand arrêt *Botta* [3], le Conseil d'État a déduit de la loi de 1807 que « la Cour des comptes est placée sous l'autorité souveraine du Conseil d'État statuant au contentieux pour l'interprétation de la loi, et qu'elle est tenue de faire application de la décision du Conseil au jugement de l'affaire à l'examen de laquelle les questions de légalité ont été définitivement résolues par le Conseil » ; autrement dit, la Cour ne peut pas s'opposer à une décision du Conseil d'État, juge administratif suprême. Le Conseil d'État a donc forcément le dernier mot : seule cette interprétation de la loi de 1807 « peut assurer la solution définitive des affaires, en faisant obstacle à des conflits dont le législateur ne saurait être présumé avoir admis la possibilité... ».

Pourtant, le fait que le juge financier soit coiffé par le Conseil d'État - ce dernier devenant ainsi également une « juridiction financière » - n'allait pas, et ne va toujours pas, de soi.

Nous l'avons vu, sous l'Ancien Régime, qui couvre tout de même la plus longue partie de l'histoire de la France en général et de l'histoire de notre État en particulier, les juridictions financières n'étaient pas soumises à un juge de cassation « extérieur ».

Même après 1807, la cassation n'a pas toujours été attribuée au Conseil d'État : ainsi, sous la IIe République (1848-1852), c'est le Tribunal des conflits qui devait connaître des pourvois en cassation contre les arrêts de la Cour des comptes [4].

La « soumission » de la Cour des comptes, dans ses fonctions juridictionnelles, au Conseil d'État a toujours subi des critiques, à la fois dans son principe et surtout dans son application au jugement des comptes des comptables publics. Comme disait le Président Lelong avec élégance : « le juridictionnel [...au sens, alors, de jugement des comptes], placé sous la surveillance, lointaine et parfois dénuée de bienveillance, du Conseil d'État... » [5]. La Cour des comptes a pu considérer avoir été « bridée » dans le développement de sa jurisprudence à l'égard des comptables publics à cause des positions adoptées par le juge de cassation, comme en témoigne la fameuse « querelle des nomenclatures » opposant la Cour et son juge de cassation [6].

En revanche, si le Conseil d'État a souvent fait l'objet de critiques dans sa fonction de juge de cassation de la Cour des comptes dans ses anciennes fonctions juridictionnelles à l'égard des comptables publics, il n'en a pas été de même de son rôle de cassation des arrêts de la CDBF (dans laquelle des membres du Conseil d'État étaient de toutes les façons présents [7]). En effet, la jurisprudence du Conseil d'État à l'égard de la CDBF a non seulement aidé à clarifier certains points de procédure, elle a surtout permis le développement de la jurisprudence répressive financière autour de la faute grave de gestion - l'articulation entre règles formelles et appréciation des comportements de gestion dans le cadre des circonstances - jusqu'à consacrer la jurisprudence de la Cour sur les violations de règles de gestion [8] (faute grave de gestion jurisprudentielle) [9].

Néanmoins, le projet de réforme du régime de responsabilité des gestionnaires publics de 2009 [10], jamais adopté par le Parlement, prévoyait une juri-

1. J. Boucher et É. Crépey, « *Le Conseil d'État juge de cassation et la qualification juridique des faits* », *in Mélanges Labetoulle, Juger l'administration, administrer la justice*, Dalloz 2007, p. 97.
2. CE 22 févr. 1889, *Commune du Mont-Dore*, req. n° 65420 ; *Lebon* p. 242. En l'espèce se posait la question de savoir si la Cour des comptes avait correctement qualifié juridiquement les faits en qualifiant de deniers publics les produits de quêtes.
3. CE 8 juill. 1904, *Botta, receveur de la commune de Koléa*, req. n° 11574 ; *GAJF*, 7e éd., n° 57 ; *GAJA*, 19e éd., n° 13 ; *Lebon* p. 557, concl. Romieu ; *D.* 1906. III. 33 ; *S.* 1905. III. 81.
4. La Constitution de 1848, dans ses articles 89 et 90, avait créé un Tribunal des conflits, notamment chargé de juger les recours en cassation formulés contre les arrêts de la Cour des comptes ; mais ce système fut aboli par Louis-Napoléon Bonaparte, alors Président de la République (Décr. 25 janv. 1852). L'actuel Tribunal des conflits, créé sous la IIIe République, ne dispose plus de cette compétence de cassation, laquelle fut réattribuée au Conseil d'État qui l'a gardée jusqu'à nos jours.
5. P. Lelong, « La Cour des comptes en 2005 : tradition et modernité », *RFFP* 2005, n° 89, p. 263.
6. V. ss n° 043.14.
7. V. ss n° 151.12.
8. V. ss n° 432.201.
9. V. sur ce sujet C. Descheemaeker, « Le Conseil d'État et la Cour de discipline budgétaire et financière », *RFFP* 2000, n° 70, p. 71.
10. V. ss nos 046.31 et 046.35.

diction de cassation *ad hoc*, dénommée « Tribunal de cassation » et composé de façon tripartite de membres de la Cour des comptes, du Conseil d'État et de la Cour de cassation.

La réforme de 2022 a choisi de s'inscrire dans la filiation de l'organisation instaurée en 1807, donnant au Conseil d'État le rôle de juridiction administrative suprême, coiffant l'ensemble des juridictions administratives, y compris les spécialisées comme la Cour des comptes ou la CDBF.

Une telle organisation ne manque d'ailleurs pas d'arguments en sa faveur, en particulier la nécessité d'avoir un régulateur unique de l'ordre juridictionnel administratif.

SECTION 2
RECEVABILITÉ DU RECOURS EN CASSATION

571.21 Personnes habilitées à formuler un recours en cassation. Le recours en cassation peut être exercé par le ministère public ou par la personne partie à l'appel[1].

S'agissant de la CDBF, les pourvois formulés par le procureur général étaient rares[2].

La formule « partie à l'appel » semble devoir être interprétée de façon stricte ; elle exclut donc des tiers, même mentionnés dans l'arrêt[3], et elle exclut la personne morale dont dépendent les personnes physiques jugées[4].

Une personne relaxée par le juge du fond peut-elle néanmoins se pourvoir en cassation ? Car si l'on n'a pas été condamné, dispose-t-on encore d'un intérêt à se pourvoir en cassation ? En effet, l'intérêt d'un pourvoi s'apprécie au regard du dispositif de l'arrêt attaqué. Sous l'empire de la CDBF, cette question n'a pas reçu de réponse explicite, mais il pourrait être déduit d'une décision[5] qu'un pourvoi d'une personne qui n'aurait pas été condamnée pourrait être considéré comme irrecevable. En effet, dans cette affaire, le Conseil a pris le soin de préciser que l'un des deux justiciables à l'origine du pourvoi avait été, par arrêt de la CDBF, « dispensé [...] de sanction pécuniaire sans pour autant [avoir été] relax[é] des fins de poursuite » ; si le pourvoi n'a pas été, en l'espèce admis, ce n'est pas pour irrecevabilité, mais pour absence de moyen sérieux. Il pourrait en être déduit que si cette personne n'avait pas été dispensée de peine, mais relaxée, le recours aurait peut-être été déclaré irrecevable pour ce qui le concerne. Dans ses conclusions sur cette affaire, le rapporteur public a d'ailleurs soulevé la question, sans toutefois la traiter jusqu'au bout[6].

571.22 Décès du requérant : extinction de l'action publique. Le décès du requérant éteint définitivement l'action publique, en raison de la nature répressive du contentieux[7].

Cette règle joue également au stade de la cassation : le Conseil d'État rendra une décision de non-lieu en cas de décès du requérant entre son pourvoi contre un arrêt de la Cour le condamnant et le jour où le Conseil d'État statue[8].

Dans un autre cas de décès du requérant après dépôt du recours en cassation contre un arrêt de la CDBF, son avocat ayant du coup rendu des conclusions à fin de non-lieu, le Conseil d'État a requalifié ces conclusions en désistement pur et simple[9].

571.23 Délai de recours. Le recours en cassation n'est recevable que s'il intervient dans le délai habituel de deux mois à partir de la date de la publication de l'arrêt attaqué[10] : cette règle générale valait également pour la CDBF, en l'absence de précision dans les textes[11].

571.24 Forme du recours. Le recours en cassation administrative doit être motivé[12], comme toute requête ; et toute requête « contient l'exposé des

1. CJF, art. R. 331-1, al. 2.
2. Pour des ex. de pourvoi par le ministère public contre des arrêts (de relaxe) de la CDBF : CE 17 oct. 2016, *Parquet général près la Cour des comptes* [affaire CDBF *Assistance publique – Hôpitaux de Marseille*], req. n° 393519 ; *AJDA* 2016. 1956, note D. Poupeau ; *GFP* 2017, n° 2, p. 148, chon. S. Damarey, M. Lascombe et X. Vandendriessche ; requête toutefois rejetée ; ou encore CE 28 déc. 2017, *Parquet général près la Cour des comptes* [affaire CDBF *Cité du cinéma*], req. n° 412421, NP ; requête non admise.
3. Sur la tierce opposition, v. s[s] n° 563.21.
4. Cela exclut également l'autorité de déféré, qui n'est pas partie à l'instance.
5. CE 24 juill. 2019, *M. Couzinou et autres* [affaire CDBF *Ordre national des chirurgiens-dentistes (ONCD)*], req. n° 427446 ; *Rec.* p. 241.
6. Stéphane Hoynck : le pourvoi est formulé par deux anciens dirigeants « *contre l'arrêt de la CDBF du 29/11/2018 ayant condamné le premier à 1 800 euros d'amende et ayant dispensé le second de sanction pécuniaire sans pour autant le relaxer. On pourrait s'interroger sur l'intérêt à agir de ce dernier, mais vous n'aurez pas à trancher ce point si vous suivez* nos *conclusions* », basées sur l'absence de motif sérieux, et non sur l'irrecevabilité.
7. V. s[s] n° 222.32.
8. Dans ce sens, pour l'ancienne CDBF : CE 21 juill. 1989, *Aubert*, 99258 ; *Rev. Trésor* 1990. 213, concl. E. Guillaume, obs. R. Ludwig.
9. CE 29 mars 1999, *Longérinas*, req. n° 159445 ; *Lebon T.* 720.
10. Art. R. 821-1 CJA, al. 1er.
11. CE 15 avr. 1995, *Loing*, req. n° 148065 ; v. également désormais CJA, art. R. 821-1, al. 2.
12. À la différence des recours en cassation en matière judiciaire devant la Cour de cassation ; v. B. Odent, « Cassation civile et cassation administrative », *in Mélanges Labetoulle, Juger l'administration, administrer la justice*, Dalloz, 2007, p. 683.

faits et moyens, ainsi que l'énoncé des conclusions soumises au juge »[1].

Une requête qui ne comporterait pas ces éléments est irrecevable.

571.25 **Avocat obligatoire.** L'introduction d'un recours en cassation doit obligatoirement être effectué en recourant à un avocat au Conseil d'État et à la Cour de cassation[2]. Cette règle, qui concourt à la bonne administration de la justice par les garanties professionnelles de compétence qu'offre l'avocat[3], ne joue bien entendu pas pour le Procureur général lorsqu'il formule un recours.

SECTION 3 Procédure et effet du recours en cassation

571.31 **Désistement.** Une personne ayant formulé un recours en cassation peut, avant que le juge ne statue, se désister[4]. Dans ce cas, le président de chambre donne acte du désistement par simple ordonnance.

Ainsi, selon C. Descheemaeker, le premier pourvoi qui avait été formé contre un arrêt de la « toute jeune » Cour de discipline budgétaire[5] a fait l'objet d'un désistement[6].

571.32 **Question prioritaire de constitutionnalité (QPC) et cassation.** Le juge de cassation, saisi d'un pourvoi, peut également, dans la même décision qu'il rendra, statuer sur ce pourvoi en cassation et traiter d'une demande de QPC soulevée à cette occasion par l'une des parties.

En effet, selon le Conseil d'État, « aux termes du premier alinéa de l'article 23-5 de l'ordonnance du 7 novembre 1958 portant loi organique sur le Conseil constitutionnel : « Le moyen tiré de ce qu'une disposition législative porte atteinte aux droits et libertés garantis par la Constitution peut être soulevé, y compris pour la première fois en cassation, à l'occasion d'une instance devant le Conseil d'État [...] » ; qu'il résulte des dispositions de ce même article que le Conseil constitutionnel est saisi de la question prioritaire de constitutionnalité à la triple condition que la disposition contestée soit applicable au litige ou à la procédure, qu'elle n'ait pas déjà été déclarée conforme à la Constitution dans les motifs et le dispositif d'une décision du Conseil constitutionnel, sauf changement des circonstances, et que la question soit nouvelle ou présente un caractère sérieux »[7].

Exemple de décision du Conseil d'État qui traite à la fois un recours en cassation (non admis) et une QPC (refus de renvoi au Conseil constitutionnel), le manque de moyens sérieux affectant les deux volets, qui en partie se superposaient[8].

571.33 **Contradiction.** Les parties, c'est-à-dire les personnes physiques concernées par l'arrêt attaqué ainsi que le ministère public, sont averties du recours en cassation et peuvent s'exprimer. Le requérant peut répondre aux observations formulées par une autre partie par un mémoire en réplique[9].

571.34 **Recours incident.** Lorsqu'une personne condamnée a formé un recours en cassation, une autre peut former un recours incident ; il en va de même du ministère public près la CAF, partie à l'instance.

En application des règles générales de contentieux administratif, le pourvoi incident est recevable à condition de ne pas soulever de litige distinct du pourvoi principal[10].

§ 1 Effets du recours

571.41 **Absence d'effet suspensif du recours.** Le recours en cassation n'a, à la différence de l'appel interjeté contre un arrêt de la Cour des comptes dans le nouveau régime de responsabilité[11], pas d'effet suspensif.

571.42 **Sursis à exécution.** Un sursis à exécution peut être demandé à l'occasion d'un recours en cassation. Le sursis à exécution en cassation doit faire l'objet d'une requête distincte du pourvoi[12].

1. En vertu de la règle générale de l'art. R. 411-1 CJA.
2. CJA, art. R. 821-3.
3. O. Gabarda, « L'intérêt d'une bonne administration de la justice », *RD Publ.* 2006, p. 153.
4. CJA, art. R. 822-5.
5. CDB 22 mai 1957, *S^té nationale de constructions aéronautiques du Nord [SNCAN] ; Lebon* 890 ; *CCP* n° 2, p. 13.
6. C. Descheemaeker, « Cour de discipline budgétaire et financière », *J.-Cl. Adm.*, fasc. 1270, 2017, n° 221 – Pour un cas plus récent, toujours s'agissant de la CDBF : CE 26 mars 2019, *Mme B, Mme Z et M. B* [affaire CDBF *École nationale de formation agronomique (ENFA)*], ordonnance de désistement n° 426211.
7. CE 17 oct. 2016, *Parquet général près la Cour des comptes* [affaire CDBF *Assistance publique – Hôpitaux de Marseille*], req. n° 393519 ; *AJDA* 2016. 1956, note D. Poupeau ; *GFP* 2017, n° 2, p. 148, chon. S. Damarey, M. Lascombe et X. Vandendriessche.
8. CE 24 juill. 2019, *M. Couzinou et autres* [affaire CDBF *Ordre national des chirurgiens-dentistes (ONCD)*], req. n° 427446 ; *Rec.* p. 241.
9. Ex., pour le contentieux CDBF : CE 17 oct. 2016, *Parquet général près la Cour des comptes* [affaire CDBF *Assistance publique – Hôpitaux de Marseille*], préc.
10. J.-H. Stahl, « Recours en cassation », Rép. cont. adm., 2019, point 51.
11. V. s^s n° 561.23.
12. CJA, art. R. 821-5-1.

Accorder un sursis à exécution est une faculté pour le juge s'il considère que la décision de dernier ressort attaquée « risque d'entraîner des conséquences difficilement réparables et si les moyens invoqués paraissent, en l'état de l'instruction, sérieux et de nature à justifier, outre l'annulation de la décision juridictionnelle rendue en dernier ressort, l'infirmation de la solution retenue par le juge du fond »[1]. On remarquera, avec d'autres[2], que le Conseil d'État, pour décider de l'octroi ou non d'un sursis, doit aller loin dans son office de juge de cassation.

571.43 **Effet relatif du recours.** Le recours en cassation peut n'être le fait que de l'une des personnes, ou d'une partie seulement des personnes condamnées par la Cour. Dans ce cas, une cassation éventuelle ne jouera qu'à l'égard du ou des seuls requérants, sans remettre en cause les effets de l'arrêt attaqué sur les autres personnes condamnées et qui ne l'ont pas contesté[3].

§ 2
Admission du recours

571.51 **Admission du recours.** Tout pourvoi en cassation fait l'objet d'une procédure préalable d'admission[4] ; l'admission est refusée en cas d'irrecevabilité ou d'absence de moyen sérieux. La procédure est la même que pour toutes les décisions des juridictions administratives[5].

S'agissant des arrêts de la CDBF, les cas de refus d'admission de recours en cassation n'étaient pas rares ; les motivations ayant conduit le Conseil d'État à refuser l'admission ne sont guère développées[6] : le refus n'est pas explicité lorsque l'irrecevabilité ou l'absence de moyen sérieux sont évidents ; parfois, les décisions reprennent de façon détaillée les moyens invoqués, pour conclure soit à l'irrecevabilité, soit à l'absence de moyen sérieux.

Ainsi, dans une affaire[7], sans surprise, n'a pas été admis un recours motivé par le fait que la CDBF n'avait, elle-même, pas joint deux recours (l'un en révision, l'autre en rectification d'erreur matérielle), alors que le président de la formation de jugement l'aurait « promis » en audience : le juge de cassation n'a pas cru nécessaire d'expliciter si ce refus était fondé sur l'absence de moyen sérieux ou parce qu'il était irrecevable : en l'espèce, vraisemblablement les deux, même si l'on retiendra principalement l'absence de moyen sérieux. Le juge est toujours libre de joindre ou de disjoindre des requêtes ; quant aux « promesses » orales...

Le plus souvent, la décision de non-admission reprend l'ensemble des moyens soulevés par le requérant, en concluant à l'absence de moyen sérieux[8]. Dans certains cas, l'observateur extérieur aura du mal à saisir à la fois les motifs de la requête, tels que résumés dans la décision de non-admission, et les raisons de ce refus[9].

SECTION 4
MOTIFS DE CASSATION

§ 1
Éléments généraux sur les motifs contrôlés en cassation

571.61 **Renvoi aux règles générales en matière de cassation administrative.** Les motifs de cassation d'arrêts de la Cour des comptes, dans le nouveau régime de responsabilité (et des arrêts rendus pas la CDBF jusque-là), faute d'être spécifiquement énumérés par la loi, sont ceux qui prévalent par ailleurs pour les jugements des autres juridictions administratives, tels que résultant des textes et de la pratique.

En revanche, pour rappel, avant la réforme de 2022, les cas d'ouverture des recours contre les arrêts de la Cour des comptes, qu'ils aient été rendus en matière de jugement des comptes, de gestion de fait ou encore d'amendes pour retard, étaient limités par les textes au vice de forme, à la violation de la loi ainsi qu'à l'incompétence (ancien art. R. 142-20 CJF).

1. CJA, art. R. 821-5.
2. B. Odent, « Cassation civile et cassation administrative », *in Mélanges Labetoulle, Juger l'administration, administrer la justice*, Dalloz, 2007, p. 683 : « On conviendra que ce n'est pas là la conception traditionnelle du rôle d'un juge de cassation puisqu'il s'agit ici de porter une appréciation sur le fond du procès » (ici p. 689).
3. Ex. CE 30 avr. 2024, Mme Isabelle G., nº 470749 [affaire CDBF 23 novembre 2022, *Établissement de communication et de production audiovisuelle de la défense (ECPAD)*, nº 263-796] ; BJCL 2024, p. 275, concl. N. Agnoux et obs. B. Poujade ; *JCP Adm.* 2024, veille V. Beaujard.
4. CJA, art. L. 822-1 CJA.
5. CJA, art. R. 822-1 et suiv.
6. Ainsi, selon un avocat au Conseil d'État, « la procédure d'admission, question qui a animé les discussions entre le Conseil d'État et ses avocats, et qui reste assez largement incomprise par les justiciables... » (B. Odent, Cassation civile et cassation administrative, *in Mélanges Labetoulle, Juger l'administration, administrer la justice*, Dalloz, 2007, p. 683).
7. CE 15 mars 2013, *Mme F (1re décision)* [affaire CDBF *Institut géographique national, révision*], req. nº 356588, NP.
8. PAR EX. : CE 15 mars 2013, *Mme F (2e décision)* [affaire *CDBF Institut géographique national, rectification d'erreur matérielle*], req. nº 356589, NP.
9. Par exemple CE 28 déc. 2017, *Parquet général près la Cour des comptes* [affaire CDBF *Cité du cinéma*] ; nº 412421, non publié.

Le juge de cassation ne rediscute pas l'appréciation souveraine des juges du fond. Il ne constitue pas un degré supplémentaire de juridiction ; il ne rediscutera en principe pas l'appréciation souveraine des juges du fond[1] ; celle-ci ne peut être contestée par voie de cassation que si elle repose sur une erreur de fait ou de droit.

Dans la pratique, le partage entre ce qui relève de l'appréciation du fond et ce qui peut être censuré en cassation n'est pas toujours aisé à appréhender[2], et certains auteurs considèrent que, comparé à la Cour de cassation, « le Conseil d'État est plus proche d'un juge du fond, en ce qui concerne tant la procédure suivie que les modalités de contrôle »[3].

571.62 Distinction des catégories de moyens. L'on distingue traditionnellement[4] les aspects externes et internes du contrôle effectué par le juge de cassation[5] :

– l'appréciation des aspects externes couvre la régularité du jugement attaqué, c'est-à-dire la compétence, la procédure et la motivation[6] ;

– les aspects internes concernent le bien-fondé de la décision[7] ; selon Jacques-Henri Stahl, on peut « distinguer, pour l'examen du bien-fondé de la décision frappée de pourvoi en cassation, le contrôle de l'erreur de droit, celui de l'exactitude matérielle des faits, celui de la qualification juridique des faits et de la dénaturation »[8].

Différents motifs de cassation peuvent se recouper ou être combinés.

571.63 Irrecevabilité de principe des moyens nouveaux. D'une façon générale, quels que soient les moyens invoqués à l'appui d'un recours, sont irrecevables les moyens nouveaux, c'est-à-dire qui n'auraient pas déjà été soumis au premier juge ou au juge d'appel, sauf si c'est un moyen d'ordre public ou un moyen né directement du jugement contesté[9].

Pour un exemple concernant les juridictions financières : « considérant que le moyen, qui n'est pas d'ordre public [...] est nouveau en cassation ; qu'il n'est, par suite, pas recevable »[10].

§ 2
Régularité externe : contrôle de la régularité formelle

571.71 Les différents motifs de régularité externe. Au sein des motifs de régularité formelle, de régularité externe, on peut distinguer premièrement la violation des règles de compétence (vice d'incompétence) et deuxièmement la violation de règles de procédure ; l'obligation de motivation complète et précise du jugement attaqué peut constituer une troisième catégorie, particulièrement féconde.

571.72 Violation des règles de compétence ; incompétence. Le Conseil d'État a été amené régulièrement à se prononcer sur la compétence *ratione personae* de la CDBF[11] sans que toutefois aucune cassation n'ait été fondée sur ce cas d'ouverture. Comme le champ de compétence répressive de la Cour des comptes, dans le nouveau régime de responsabilité issu de la réforme de 2022, est calqué sur celui de sa compétence de contrôle (s'agissant des organismes), qui n'est elle-même pas toujours aisée à déterminer[12], et surtout du fait des limitations qu'apporte la loi à la justiciabilité de certains gestionnaires publics (s'agissant des personnes), la question de la compétence est susceptible d'être posée au stade de la cassation.

571.73 Violation des règles de procédure. Cet aspect couvre surtout le respect des règles procédurales comme le respect des droits de la défense ou l'impartialité[13], qui ont fondé de nombreux recours

1. Position générale du Conseil d'État, qui figure déjà dans de très anciennes décisions (CE 22 févr. 1889 *Commune du Mont-Dore*, n° req. 65420 ; *Lebon* p. 224) ; pour la Cour des comptes, dans ses attributions juridictionnelles avant la réforme de 2022, v. PAR EX. : CE 6 janv. 1995, *Nucci*, req. n° 145898 ; *Lebon* p. 6 ; *RA* n° 285 ; *JCP* 1996. II. 22592.
2. Ainsi, selon le rapporteur public Olivier Fuchs sur CE 7 oct. 2020, *M. Butel* (affaire CDBF *CCI de La Rochelle*), req. n° 433986 : « le sort que vous réserverez à ce moyen [en l'espèce le fait de savoir si plusieurs contrats font partie d'un même ensemble ou non] dépend en partie, nous semble-t-il, du degré de contrôle que vous exercerez et qui n'est à notre connaissance pas encore fixé par votre jurisprudence... »
3. B. Odent, « Cassation civile et cassation administrative », préc., p. 683.
4. Les formules et sous-distinctions peuvent varier selon les auteurs.
5. J.-H. Stahl, « Recours en cassation », préc., points 73 s.
6. V. s^s n°s 571.71 s.
7. V. s^s n°s 571.81 s.
8. J.-H. Stahl, « Recours en cassation », préc., point 99.
9. R. Chapus, *Droit du contentieux administratif*, Montchrestien, 13e éd., 2008, § 1422 s. Le juge de cassation peut même être amené à se saisir d'office d'un moyen d'ordre public, même si le requérant ne l'a pas invoqué.
10. CE 23 juill. 2010, *Association Noisy-Communication*, req. n° 318826 ; *Rec.* p. 143 ; cet arrêt concernait le jugement des comptes d'une gestion de fait sous l'empire de la réglementation en vigueur avant la réforme de 2022.
11. PAR EX. : CE 15 nov. 2006, *M. Gallet*, req. n° 253904 ; *AJDA* 2007. 697, note C. Biscaïno ; *Rev. Trésor* 2007. 722, note M. Lascombe et X. Vandendriessche ; *LPA* 2007, n° 131, p. 11, note S. Petit ; *Rec.*, p. 130.
12. Ce qui nécessite parfois, avant même l'ouverture d'un contrôle, un avis de compétence du parquet, v. s^s n° 111.14.
13. Sur l'impartialité, bien que sous les anciens régimes de responsabilité, v. B. Delaunay, L'impartialité du juge financier, *RFDA* 2008. 381.

contre les arrêts de la Cour des comptes et de la CDBF au tournant du siècle[1].

571.74 **Défaut de motivation**[2]. Une décision de condamnation doit être suffisamment motivée, sinon elle risque la cassation[3] ; lorsque la motivation est insuffisante en fait ou en droit, non seulement le justiciable aura du mal à comprendre les fondements sur lesquels justice lui a été rendue, mais le juge de cassation ne pourra pas exercer correctement son contrôle de régularité interne[4] sur l'arrêt ayant fait l'objet d'un pourvoi.

L'exigence de motivation des décisions des juridictions administratives, rappelée à l'art. 9 CJA, constitue d'ailleurs un principe général du droit[5]. L'insuffisance de motifs, vice de forme (question de légalité externe), constitue donc, en quelque sorte, une absence de base légale d'une décision, donc également un vice de fond (légalité interne).

Une décision doit notamment indiquer en quoi une infraction a été commise, c'est-à-dire pour l'infraction de l'article L. 131-9 du CJF, en quoi une « règle » au sens de cette infraction a été méconnue. Le prononcé d'une sanction doit également être motivé au regard des circonstances de l'espèce ; cela vaut pour le montant d'une amende comme pour la décision de publication au *JO*.

En revanche, le Conseil d'État a jugé que « la Cour de discipline budgétaire et financière n'était pas tenue de répondre de façon détaillée à tous les arguments développés devant elle à l'appui des divers moyens de défense [...] ; que la Cour s'est livrée à ce titre à une appréciation souveraine pour retenir celles des circonstances qui pouvaient atténuer la responsabilité du requérant... »[6]. Il n'y avait là ni dénaturation des faits[7], ni *a fortiori* défaut de motivation.

Le Professeur Ludwig a commencé ses observations sous une décision du Conseil d'État, cassant un arrêt de la CDBF pour défaut de motivation, avec les mots : « Pan sur le bec ! »[8].

En revanche, le juge du fond ayant donné droit à une demande en rectification d'erreur matérielle (en l'espèce la date d'un contrat) n'a pas à motiver en quoi cette rectification n'a pas à remettre en cause la condamnation prononcée dans l'arrêt initial[9].

Et « ... en ne précisant pas que les conditions de préparation et de passation ainsi que les conditions d'exécution, jusqu'à la date du 5 décembre 2005, du marché [...] étaient antérieures à sa prise de fonction comme directeur général du Port autonome de Marseille », le juge de cassation a considéré que la CDBF n'avait pas insuffisamment motivé sa décision (recours en cassation non admis[10]).

Le Conseil censure également la contradiction de motifs[11].

Le défaut de réponse à un moyen est le cas extrême du défaut de motivation ; pour un exemple (mais rejet) : « la Cour de discipline budgétaire et financière a, par un arrêt suffisamment motivé et qui n'est pas entaché de défaut de réponse à un moyen, pu infliger une amende à l'encontre de M. Corbin pour avoir méconnu les prescriptions du code des marchés publics et celles du code des juridictions financières »[12].

En revanche, un requérant ne peut pas faire grief à un jugement de fond de ne pas avoir répondu à un moyen qu'il n'avait pas soulevé : « considérant que M. Y, qui n'avait pas soulevé dans ses écritures produites au cours de l'instance ayant donné lieu à l'arrêt qu'il attaque le moyen [en question] [...], n'est pas fondé à soutenir que l'arrêt qu'il attaque a omis d'y répondre »[13].

§ 3
Régularité interne : contrôle du bien-fondé

571.81 **Erreur de droit.** Le contrôle de l'erreur de droit consiste à vérifier « que les juges, d'une part, aient exactement déterminé la règle de droit qui, compte tenu des faits de l'espèce, était applicable et, d'autre part, n'en aient pas méconnu le contenu et

1. PAR EX., s'agissant de la procédure suivie à l'époque devant la Cour des comptes : CE 23 févr. 2000, *Société Labor Métal*, req. n° 195715 ; *Rec.* p. 119, *Rev. Trésor* 2000. 682 – CE 6 avr. 2001, *Entreprise Razel frères et Le Leuch, comptables de fait de la commune de Loctudy*, req. n° 206764 ; *Rec.* p. 119.
2. Cas d'ouverture parfois catégorisé comme un aspect particulier du vice de procédure (v. point précédent, s[s] n° 571.73).
3. CE 30 oct. 1991, *Dussine, Gautier*, req. n°s 95997 et 96054, NP, s'agissant d'un recours contre un arrêt de la CDBF.
4. V. s[s] n° 571.81.
5. CE 23 déc. 1959, *Glicksman*, req. n° 49.367 ; *Lebon* p. 708.
6. CE 26 mai 1999, *Reynaud*, req. n° 195767 ; *Rec.* p. 120.
7. V. s[s] n° 571.82.
8. CE 29 déc. 1993, *Guisset*, req. n° 129153 ; *Rev. Trésor* 1994. 189, concl. F. Scanvic, obs. R. Ludwig.
9. En ce sens, recours en cassation non admis : CE 15 mars 2013, *Mme F (2e décision)* [affaire CDBF *Institut géographique national, rectification d'erreur matérielle*] ; n° 356589, non publié.
10. CE 23 mai 2013, *M. J* [2e décision sur l'affaire CDBF *Port autonome de Marseille*] ; req. n° 364733, NP.
11. Pour un exemple concernant la Cour des comptes dans ses anciennes fonctions de jugement des comptes : CE 17 févr. 1996, *Établissement public de financement et de restructuration (EPFR)*, req. n° 387030 ; *Rec.* p. 211.
12. CE 30 déc. 2013, *M. Corbin* [affaire CDBF *Conseil économique et social*], req. n° 358826 ; *Rec.* p. 249 ; *Contrats et marchés publics* 2014, n° 2, commentaire Pietri.
13. CE 23 juill. 2010, *Association Noisy-Communication*, req. n° 318826 ; *Rec.* p. 143 ; concernait le jugement des comptes d'une gestion de fait sous l'empire de la réglementation en vigueur avant la réforme de 2022. La règle s'appliquera également au contentieux nouveau.

la portée » (René Chapus[1]). Dans le contentieux de cassation des arrêts de la Cour des comptes avant la réforme de 2022, l'erreur de droit était couverte par la formule « violation de la loi »[2].

Dans le cas précis du droit financier répressif, le contrôle de l'erreur de droit peut porter sur l'applicabilité ou non d'une règle de gestion à un organisme (p. ex. applicabilité du code des marchés publics à une structure étatique[3] ; recours rejeté en l'espèce), ou sur la qualification, par le juge du fond, de la régularité ou non d'un acte par rapport à une règle[4] (le requérant reprochait à la CDBF d'avoir commis une erreur de droit en jugeant que certaines rémunérations qui avaient été versées dans cette affaire étaient irrégulières ; recours rejeté par le juge de cassation en l'espèce).

La qualification de faits en tant qu'infraction peut se trouver contestée, surtout lorsque l'infraction est relativement large. Dans une affaire[5], les conclusions du rapporteur public Stéphane Hoynck explicitent les motifs du recours et le raisonnement aboutissant au refus d'admission pour absence de motif sérieux : ce « moyen est tiré de l'erreur de droit à avoir jugé que le fait pour l'ordre national des chirurgiens-dentistes d'avoir financé la campagne de communication litigieuse était constitutif d'une infraction aux règles relatives à l'exécution des recettes et des dépenses [aujourd'hui l'infraction financière prévue à l'art. L. 131-9 du code des juridictions financières]. L'article L. 4121-2 du code de la santé publique prévoit que l'ordre national des chirurgiens-dentistes assure « la défense de l'honneur et de l'indépendance de la profession... de chirurgien-dentiste ». La CDBF avait jugé que « cette campagne de communication destinée à défendre la profession porte pour partie sur des questions relatives à la tarification des soins et à leur remboursement ; que ces messages comprennent des revendications précises qui touchent aux intérêts matériels des chirurgiens-dentistes ; qu'à ce titre, ils n'entrent pas dans les missions rappelées ci-dessus que la loi a confiées à l'Ordre ; qu'il en est *a fortiori* de même des actions de communication d'influence menées dans le cadre de ladite campagne ». Elle ajoute que de telles actions relevaient des syndicats professionnels [...] Comme le montre l'extrait de l'arrêt [...], c'est le financement d'une campagne pour des revendications précises de tarification qui était en cause, et qui relevait dès lors de l'action des syndicats professionnels, pas du conseil de l'ordre. Pas d'erreur de droit donc », a conclu le rapporteur public du Conseil d'État.

En ce qui concerne la gestion de fait, le juge du fond doit établir que des faits sont constitutifs d'une gestion de fait telle que définie par les textes ; logiquement, la qualification de faits – en tant qu'étant constitutifs d'une gestion de fait – donnée par le juge financier est dès lors susceptible de recours sur le fondement de l'erreur de droit. Ainsi, le Conseil a décidé par exemple, pour rejeter un moyen soulevé en cassation, que « la Cour des comptes n'a pas commis d'erreur de droit en jugeant que la détention matérielle des deniers correspondant aux rémunérations que M. A a perçues de la collectivité [...] ont pu caractériser le maniement de deniers publics constitutifs d'une gestion de fait »[6].

Le contrôle de l'erreur de droit peut également porter sur l'application des règles du code des juridictions financières lui-même : ainsi a été annulé en cassation un arrêt de la CDBF pour méconnaissance, par le juge du fond, du plafond légal des amendes qu'il pouvait infliger[7].

En revanche, il semble aux auteurs que l'appréciation des circonstances – atténuantes, absolutoires, aggravantes – relève du juge du fond et ne saurait *a priori* fonder un recours au titre d'une erreur de droit[8] ; il existe cependant des conclusions d'un rapporteur public qui vont dans le sens de la possibilité de contester, au titre de l'erreur de droit, la prise en compte par le juge du fond de circonstances qui seraient trop éloignées de l'infraction commise et trop éloignées de l'office du juge financier répressif[9].

1. Chapus, *Droit du contentieux administratif*, 13e éd., 2008, § 1429.
2. CJF, anc. art. R. 142-20 ; abrogé le 31 déc. 2022.
3. CE 30 déc. 2013, *M. Corbin* [affaire CDBF *Conseil économique et social*], req. n° 358826 ; *Rec.* p. 249 ; *Contrats et marchés publics* 2014, n° 2, commentaire Pietri.
4. PAR EX. : CE 17 oct. 1984, *Contensou*, req. n° 37467 ; *Lebon* 333.
5. PAR EX. : CE 24 juill. 2019, *M. Couzinou et autres* [affaire CDBF *Ordre national des chirurgiens-dentistes (ONCD)*], req. n° 427446 ; *Rec.* p. 241.
6. CE 25 juin 2012, *Collectivité d'outre-mer de Polynésie française*, req. n° 336652 ; *Rec.* p. 211. Décision rendue sous l'empire des régimes de responsabilité antérieurs à la réforme de 2022, mais dont la conclusion juridique peut être transposée au nouveau régime qui incrimine également la gestion de fait, v. ss n° 424.11.
7. CE 10 nov. 2000, *Despessailles*, req. n° 201755 ; *Lebon* 510 ; *Rec.*, p. 133 ; *Rev. Trésor* 2001. 126, note M. Lascombe et X. Vandendriessche.
8. Dans ce sens, déductible, bien qu'il s'agisse d'une décision de non-admission, de CE 22 févr. 2017, *M. A* [affaire CDBF *Agence nationale des titres sécurisés*] ; n° 400830. Non publié.
9. Xavier de Lesquen, rapporteur public sur CE 17 oct. 2016, *Parquet général près la Cour des comptes* [affaire CDBF *Assistance publique – Hôpitaux de Marseille*], req. n° 393519. Selon le rapporteur, certaines circonstances pourraient être trop éloignées « des préoccupations budgétaires et financières » de la CDBF pour pouvoir fonder, du moins à titre principal, la décision de dispense de sanction du juge du fond (qualités humaines en lien avec la profession, comme le sens du service public ou son « savoir-faire » en général), ce qui pourrait, dans des cas extrêmes, justifier une censure en cassation ; mais le Conseil n'a pas traité ce point dans sa décision.

Une rectification d'erreur matérielle effectuée par le juge du fond n'oblige pas *ipso facto* ce dernier à revenir sur une condamnation prononcée ; le juge ne commet pas, par ce seul fait de ne pas tirer de conséquence de cette erreur matérielle sur l'existence d'une infraction et donc sur une condamnation déjà prononcée, une erreur de droit[1]. Dans le même sens, ne saurait constituer une erreur de droit le fait pour la CDBF, dans un arrêt de rectification matérielle, de juger, « malgré les rectifications opérées, qu'il n'y avait pas lieu de modifier le dispositif condamnant » la requérante à une amende (refus d'admission du recours en cassation)[2].

571.82 Erreurs relatives aux faits de l'espèce et à leur qualification juridique ; dénaturation des faits. Le principe est celui de l'appréciation souveraine des faits par le juge du fond, sauf erreurs relatives aux faits ou dénaturation des faits ou des pièces.

Comme l'indique Jacques-Henri Stahl, « il est souvent dit que le juge de cassation est juge du droit et non juge du fait. Le Conseil d'État a cependant intégré, dans le contrôle de cassation qu'il exerce sur les juridictions administratives, des éléments qui concernent la situation de fait jugée par les juges du fond »[3] : il s'agit de l'erreur de fait, de l'erreur dans la qualification juridique des faits et de la dénaturation des faits ou pièces du dossier. Toutefois, rappelons que le juge de cassation s'interdit en principe de porter une appréciation sur les faits, qui relève du juge du fond ; il ne s'agit pas, en contrôlant des éléments de fait, de rejuger le fond, mais bien de « juger le jugement ».

Erreur de fait, erreur de l'exactitude matérielle des faits : ce moyen de cassation vise à contester la réalité même des faits jugés au fond ; il n'existe pas d'exemple s'agissant de la CDBF.

Erreur dans la qualification juridique des faits : il s'agit d'un moyen fréquemment soulevé en cassation en matière de répression financière, les infractions de droit public financier étant elles-mêmes basées sur le non-respect de la réglementation (par exemple celle régissant la commande publique, ou celle encadrant les rémunérations dans la fonction publique).

A ainsi été annulé un arrêt de la CDBF pour avoir « inexactement qualifié les faits qui lui étaient soumis », le juge du fond ayant considéré, à tort, qu'un ensemble de contrats étaient dissociables, alors que selon le juge de cassation ils « formaient [...] un même ensemble contractuel »[4].

1. En ce sens : CE 15 mars 2013, *Mme F (2e décision)* [affaire CDBF *Institut géographique national, rectification d'erreur matérielle*], req. n° 356589, NP.
2. Même décision.
3. J.-H. Stahl, « Recours en cassation », préc., point 112.
4. CE 7 oct. 2020, *M. Butel* [affaire CDBF *CCI de La Rochelle*], req. n° 433986 ; *Rec.* p. 209 ; *AJDA* 2020. 1936 ; LexisActualités 15 oct. 2020, résumé Erstein.

Les frontières entre erreur de droit, erreur de qualification juridique des faits et dénaturation des pièces sont parfois délicates à établir. Ainsi, s'agissant d'un moyen contestant la qualification « de la nature des contrats passés, et, plus exactement, de l'existence ou non d'un ensemble contractuel » entre deux contrats, « le sort que vous [le juge de cassation] réserverez à ce moyen dépend en partie, nous semble-t-il, du degré de contrôle que vous exercerez [...]. Vous pourriez être tentés de laisser cette appréciation au pouvoir souverain des juges du fond sous réserve de dénaturation des pièces du dossier, ainsi que vous le faites, par exemple, en ce qui concerne l'existence même d'une clause contractuelle, la divisibilité des clauses d'un contrat ou encore le fait de savoir si une personne peut être regardée comme partie au contrat. [...] Vous pourriez aussi considérer que cette question renvoie à celle, plus large, de savoir quel est le régime juridique applicable aux contrats publics et, alors vous tomberiez du côté d'un contrôle de l'erreur de qualification juridique des faits... »[5].

Parfois, « pour interpréter une notion juridique, le juge de cassation dégage des critères d'appréciation dont la mise en œuvre ne laisse qu'une faible marge de manœuvre aux juges du fond[6] » ; dans ce cas, c'est plutôt l'erreur de droit qui sera retenue, les marges d'appréciation du juge du fond étant limitées.

Le contrôle de la qualification juridique des faits a connu une certaine extension ces dernières années ; ainsi le Conseil d'État a-t-il pu juger, dans une affaire certes ne concernant pas les juridictions financières, que si le choix d'une sanction relève de l'appréciation du juge du fond, le juge de cassation peut vérifier si la sanction retenue n'est pas hors de proportion avec la faute commise[7], jurisprudence potentiellement applicable au contentieux financier répressif. Ce type de contrôle de la qualification juridique est proche de celui de la dénaturation des faits.

Le Conseil d'État peut être amené à censurer un arrêt pour dénaturation des faits du dossier[8] ;

5. Concl. du rapporteur public Olivier Fuchs sur CE 7 oct. 2020, *M. Butel* [affaire CDBF *CCI de La Rochelle*], préc.
6. J. Boucher et É. Crépey, « Le Conseil d'État juge de cassation et la qualification juridique des faits », *in Mélanges Labetoulle, Juger l'administration, administrer la justice*, Dalloz, 2007, p. 97.
7. CE 30 déc. 2014, *Bonnemaison*, n° 381245 ; *AJDA* 2015. 749, chron. J. Lessi et L. Dutheillet de Lamothe.
8. Et en cela il se rapproche nettement du juge du fond ; la Cour de cassation est nettement plus réservée sur cette notion ; v., dans un sens critique, B. Odent, « Cassation civile et cassation administrative », *in Mélanges Labetoulle, Juger l'administration, administrer la justice*, Dalloz, 2007, p. 683 : « Le Conseil d'État, quant à lui, n'hésite pas, par le biais du grief de dénaturation, à censurer la décision d'une juridiction qui a porté sur les faits une appréciation qui lui paraît tellement éloignée de celle qu'il aurait lui-même portée qu'il en déduit l'existence d'une dénaturation. C'est ▶

il existe de rares exemples concernant l'ancienne CDBF[1].

Toutefois, l'appréciation des faits et des pièces du dossier est très largement laissée au juge du fond. Ainsi le juge de cassation a-t-il rejeté un recours, en considérant que « la Cour ne s'est pas fondée sur des faits matériellement inexacts, ni n'a dénaturé les faits de l'espèce pour apprécier souverainement qu'il ressortait des pièces du dossier que M. R. [...] n'avait pas pris de sa propre initiative les mesures nécessaires pour redresser rapidement les pratiques qui lui étaient reprochées »[2].

Enfin, une (nouvelle) erreur matérielle qui se serait glissée dans un arrêt de rectification matérielle ne saurait être invoquée à l'appui d'un recours en cassation (refus d'admission)[3]. Dans de tels cas, le seul recours possible est celui d'une nouvelle rectification d'erreur matérielle[4].

571.83 Principe de l'impossibilité de contester l'appréciation des circonstances par le juge du fond. Lorsqu'un recours en cassation vise à remettre en cause l'appréciation des circonstances par le juge du fond, il aura de fortes chances de ne pas prospérer, sinon le juge de cassation outrepasserait son office. Il « appartient en effet au Conseil d'État juge de cassation de rechercher si les faits matériellement exacts retenus par le juge du fond étaient, compte tenu de l'appréciation souveraine à laquelle ils se sont livrés, de nature à motiver légalement leur décision »[5].

Ainsi, le fait pour la CDBF de ne pas tenir compte de circonstances que la défense invoquait comme atténuantes ne constitue ni une erreur de droit, ni une dénaturation des faits[6]. Dans le même sens, la CDBF, « en ne tenant pas compte de la circonstance que [la personne renvoyée] n'avait pas été en mesure de déceler immédiatement les insuffisances de l'organisation mise en place avant son arrivée », n'a commis ni erreur de droit ni n'a dénaturé les faits de l'espèce (refus d'admission d'un recours en cassation[7]).

Ou encore n'a pas été admis un recours qui invoquait que le juge du fond n'avait pas retenu de circonstances absolutoires, ce qui serait constitutif d'erreur de droit, d'erreur de qualification juridique et/ou de dénaturation[8].

Dans le même sens, le Conseil d'État a pu considérer que « la Cour de discipline budgétaire et financière n'était pas tenue de répondre de façon détaillée à tous les arguments développés devant elle à l'appui des divers moyens de défense [...] ; que la Cour s'est livrée à ce titre à une appréciation souveraine pour retenir celles des circonstances qui pouvaient atténuer la responsabilité du requérant, dont l'intégrité personnelle n'a nullement été mise en cause, en raison des irrégularités commises par lui »[9].

En revanche, selon certains, le juge de cassation pourrait, au titre de l'erreur de droit, censurer un arrêt du juge du fond qui se serait fondé à titre principal sur des circonstances éloignées de l'infraction elle-même et éloignée de l'office du juge financier répressif[10].

SECTION 5
ÉTENDUE ET EFFETS DE LA CASSATION

571.91 Les différents types de décisions rendues en cassation. Le juge de cassation peut, après avoir examiné l'affaire, soit rejeter la requête, soit prononcer une annulation ; cette dernière peut n'être que partielle.

Le rejet d'un recours est fondé sur le fait que les moyens soulevés sont inopérants ou doivent être écartés.

Toutefois, même en présence de moyens justifiant l'annulation, le juge de cassation peut rejeter le pourvoi sur la base d'une substitution de motifs[11].

► bien là une immixtion du juge de cassation dans l'appréciation des faits, pourtant traditionnellement laissée à la souveraineté des juges du fond » (ici p. 690).

1. Pour la CDBF, par ex. : CE 30 oct. 1991, *Dussine, Gautier*, req. n°s 95997 et 96054, non publié.
2. CE 26 mai 1999, *Reynard* ; req. n° 195767 ; *Rec.*, p. 120.
3. CE 15 mars 2013, *Mme F (2e décision)* [affaire CDBF *Institut géographique national, rectification d'erreur matérielle*], req. n° 356589, NP.
4. V. s^s n°s 546.11 et 573.12.
5. J. Boucher et É. Crépey, « Le Conseil d'État juge de cassation et la qualification juridique des faits », *in Mélanges Labetoulle, Juger l'administration, administrer la justice*, Dalloz, 2007, p. 97.
6. CE 13 juin 2013, *M. L* [affaire CDBF *Port autonome de Marseille*], req. n° 364732, NP.
7. CE 23 mai 2013, *M. J* [2e décision sur l'affaire CDBF *Port autonome de Marseille*] ; req. n° 364733, NP.
8. CE 22 févr. 2017, *M. A* [affaire CDBF *Agence nationale des titres sécurisés*], req. n° 400830. NP.
9. CE 26 mai 1999, *Reynard*, req. n° 195767 ; *Rec.* p. 120.
10. Xavier de Lesquen, rapporteur public sur CE 17 oct. 2016, *Parquet général près la Cour des comptes* [affaire CDBF *Assistance publique – Hôpitaux de Marseille*], req. n° 393519. Le Conseil, dans sa décision, ne s'est toutefois pas prononcé sur ce point, et le rapporteur lui-même avait précisé *in fine* qu'il « ne nous paraît pas qu'il faille censurer la prise en compte de tels éléments, dès lors qu'ils n'interviennent qu'à titre très accessoire, de troisième ordre en quelque sorte ». Mais on peut en déduire sans doute que de tels éléments à eux seuls, ou invoqués à titre principal, ne pourraient peut-être pas fonder une décision de dispense de sanction.
11. Pour un exemple concernant un arrêt de la Cour des comptes sous l'ancien régime de responsabilité des comptables publics : CE 8 juill. 2005, *Basserie et Caffart, comptables de la commune d'Arras*, req. n° 263254 ; *Rec.* p. 153 ; *AJDA* ►

En cas d'annulation de l'arrêt en cassation, le Conseil d'État peut soit renvoyer l'affaire (annulation avec renvoi [1]), soit statuer au fond (v. plus loin, évocation en cassation de l'affaire au fond, ou « rétention » [2]).

Exceptionnellement, on a pu rencontrer des cas « d'annulation sèche », c'est-à-dire d'annulation sans renvoi ni évocation de l'affaire au fond, parce qu'il ne reste rien à juger [3] ou parce qu'un renvoi est impossible pour des raisons de procédure [4].

Pour un cas particulier de renvoi par le Conseil d'État sans cassation, après renvoi préalable de la CDBF au Conseil d'État, la CDBF ayant été dans l'impossibilité de statuer [5].

S'agissant du contentieux de la CDBF, le Conseil n'a que rarement conclu à l'annulation. Alors que cette juridiction avait été créée en 1948 et qu'elle était opérationnelle depuis les années mil neuf cent cinquante, la première annulation n'est intervenue en 1993 [6].

571.92 **L'effet relatif sur les parties.** Le recours en cassation peut n'être le fait que de l'une des personnes, ou d'une partie seulement des personnes condamnées par la Cour. Dans ce cas, une cassation éventuelle ne jouera qu'à l'égard du ou des seuls requérants [7] : l'arrêt attaqué restera valable à l'égard des autres personnes qui n'ont pas exercé leur droit de recours en cassation [8], et le juge du fond ne réexaminera, sur renvoi après cassation, que le cas de ceux qui avaient contesté la décision [9].

571.93 **Remboursement des frais exposés.** Le Conseil d'État peut, en cassation, condamner « la partie tenue aux dépens ou, à défaut, la partie perdante, à payer à l'autre partie la somme qu'il détermine, au titre des frais exposés et non compris dans les dépens » [10].

Ainsi le juge de cassation a-t-il pu condamner l'État à verser 3 000 euros au titre de cette disposition à chacune des personnes qui avaient été relaxées par la CDBF par un arrêt contre lequel s'était pourvu le ministère public, pourvoi toutefois rejeté. Cette procédure, au stade de la cassation, ayant été « imposée » par le ministère public (donc le représentant de l'État) à des personnes relaxées, il peut paraître compréhensible de leur accorder le remboursement des frais supplémentaires qu'elles ont dû engager, à charge du budget de l'État [11]. On notera qu'en l'espèce, se plaçant du point de vue du coût de la justice, cette affaire aura coûté cher au contribuable : outre le coût du contrôle ayant donné lieu au déféré, de la procédure CDBF elle-même jusqu'en cassation, non seulement les personnes ayant commis des infractions caractérisées n'ont pas été condamnées à payer une amende, mais ont bénéficié d'argent public pour couvrir leurs frais au stade du recours en cassation.

On peut donc s'interroger, au regard de l'objectif même du contentieux financier, qui cherche à protéger l'ordre public financier, et notamment l'argent du contribuable, sur le sens à donner à la prise en charge, sur fonds de ce même contribuable, de frais de procédure en cassation, étant observé qu'ils n'existent pas en première instance devant le juge financier [12].

Pour un exemple de décision d'annulation (d'une condamnation à 1 500 euros d'amende...) avec octroi

► 2005. 2240 ; *Rev. Trésor* 2006. 147, chron. M. Lascombe et X. Vandendriessche ; A. Froment-Meurice, J.-Y. Bertucci, N. Hauptmann et Ch. Michaut, *Les grands arrêts de la jurisprudence financière*, 7e éd. 2019, n° 24. L'arrêt de la Cour des comptes, en exigeant du comptable un contrôle de légalité qui lui est interdit, était entaché d'erreur de droit ; mais le Conseil d'État a néanmoins rejeté la requête pour le « motif de pur droit » que le comptable doit vérifier l'exactitude des calculs de liquidation, ce motif, « exclusif de toute appréciation de fait » devant « être substitué au motif erroné de l'arrêt attaqué ».

1. V. ss n° 571.94.
2. V. ss n° 571.95.
3. CE 8 juill. 1904, *Botta, receveur de la commune de Koléa*, req. n° 11574 ; *Lebon* p. 557, concl. Romieu ; A. Froment-Meurice, J.-Y. Bertucci, N. Hauptmann et Ch. Michaut, *Les grands arrêts de la jurisprudence financière*, 7e éd. 2019, n° 57 ; Long, Weil, Braibant, Delvolvé et Genevois, *Les grands arrêts de la jurisprudence administrative*, 19e éd., n° 13.
4. CE 23 févr. 2000, *Société Labor Métal*, req. n° 195715 ; *Rec.* p. 119 ; *Rev. Trésor* 2000. 682, chron. M. Lascombe et X. Vandendriessche ; A. Froment-Meurice, J.-Y. Bertucci, N. Hauptmann et Ch. Michaut, *Les grands arrêts de la jurisprudence financière*, 7e éd. 2019, n° 10.
5. CE 4 févr. 2005, *Procureur général près la Cour des comptes, ministère public près la Cour de discipline budgétaire et financière*, req. n° 269233 ; *AJDA* 2005. 1070, concl. M. Guyomar ; *Lebon* 31 ; *Rev. Trésor* 2006. 143, note M. Lascombe et X. Vandendriessche. – Suivi de CDBF 17 juin 2005, *CHS Paul Guiraud de Villejuif*, 2e arrêt ; *Rev. Trésor* 2005. 708, note M. Lascombe et X. Vandendriessche ; *Lebon* 674 ; *Rec.*, p. 117.
6. CE 29 déc. 1993, *Guisset*, req. n° 129153 ; *Rev. Trésor* 1994. 189, concl. F. Scanvic, obs. R. Ludwig.
7. V. ss n° 571.43.
8. Pour la CDBF, par ex. : CE 31 mars 2008, *M. Conze et M. Grossi*, req. n° 288620 ; *AJDA* 2008. 726.
9. PAR EX. CDBF 5 déc. 2008, *Ministère de la Défense, Direction des constructions navales, Contrat de vente de sous-marins Agosta 90 au Pakistan*, 2e arrêt ; *Rec.* p. 88 ; *AJDA* 2010. 1261, note N. Groper et C. Michaut ; *GFP* 2011, p. 396, note M. Lascombe et X. Vandendriessche.
10. CJA, art. L. 761-1.
11. CE 17 oct. 2016, *Parquet général près la Cour des comptes* [affaire CDBF *Assistance publique – Hôpitaux de Marseille*], req. n° 393519 ; *AJDA* 2016. 1956, note D. Poupeau ; *GFP* 2017, n° 2, p. 148, chon. S. Damarey, M. Lascombe et X. Vandendriessche.
12. V. ss n° 547.11.

de 3 000 euros à cette même personne, au titre de l'art. L. 761-1 CJA[1].

571.94 Renvoi après cassation. Le renvoi après cassation devrait être le cas le plus fréquent, si l'on se réfère à la pratique observée s'agissant des arrêts de la CDBF et de ceux de la Cour des comptes sous l'empire des anciens régimes de responsabilité.

Après annulation d'un jugement d'une juridiction administrative en cassation, le Conseil d'État peut « renvoyer l'affaire devant la même juridiction statuant, sauf impossibilité tenant à la nature de la juridiction, dans une autre formation »[2]. Comme la Cour d'appel financière est une juridiction nationale unique, l'hypothèse d'un renvoi devant une autre juridiction est exclue ; en revanche, cette Cour devra statuer dans une autre formation de jugement[3] ; il en était de même de la CDBF[4].

Plus rares sont les exemples d'annulation sans renvoi d'arrêts des juridictions financières[5].

En cas de renvoi d'une affaire par le Conseil d'État après cassation d'un arrêt de la CDBF, la Cour est saisie par l'arrêt du Conseil d'État lui-même, qui devra alors être visé par le second arrêt de la CDBF, rendu après renvoi[6]. La juridiction vers laquelle l'affaire est renvoyée n'a donc pas besoin d'acte spécifique supplémentaire du Procureur pour être saisie ; ceci vaut également pour le nouveau régime de responsabilité.

Rejugeant l'affaire après cassation, le juge financier est tenu par la décision de cassation, à la fois sur le point de droit censuré[7] : rejugeant après cassation, le juge du fond ne peut pas ignorer la solution de droit arrêtée par le juge de cassation, sauf à méconnaître l'autorité de la chose jugée en cassation[8], et donc commettre un excès de pouvoir[9], ni s'agissant de la portée du moyen censuré en l'espèce.

Le juge de renvoi rejuge toutefois au fond (après audience publique) et peut procéder à de nouvelles constatations et appréciations des faits, et aboutir à des conclusions proches ou au contraire différentes de la première décision. Ainsi, la CDBF, après annulation de l'un de ses arrêts de condamnation, a pu, en jugeant sur renvoi, relaxer une personne qui avait été précédemment condamnée par cette même Cour[10].

Le juge du fond ne réexaminera, sur renvoi après cassation, que le cas de ceux qui avaient contesté la décision[11].

571.95 Évocation en cassation de l'affaire au fond (« rétention ») et ses difficultés pratiques. Le juge de cassation peut décider, après annulation, de régler l'affaire au fond si l'intérêt d'une bonne administration de la justice[12] le justifie[13].

D'une façon générale, le juge de cassation étant censé se limiter aux éléments de droit, sans connaître du fond des affaires, il devrait de préférence, après annulation, renvoyer l'affaire au juge du fond :

1. CE 7 oct. 2020, *M. Butel* [affaire CDBF *CCI de La Rochelle*], req. n° 433986 ; *Rec.* p. 209 ; *AJDA* 2020. 1936 ; LexisActualités 15 oct. 2020, résumé Erstein. – Dans le même sens, récemment v. CE 30 avr. 2024, *Mme Isabelle G.*, n° 470749 [affaire CDBF 23 nov. 2022, *Établissement de communication et de production audiovisuelle de la défense (ECPAD)*, n° 263-796] ; *BJCL* 2024. 275, concl. N. Agnoux et obs. B. Poujade ; *JCP Adm.* 2024, veille V. Beaujard.
2. CJA, art. L. 821-2.
3. La CAF est composée de deux chambres, v. s^s n° 131.22.
4. Depuis le Décr. n° 2005-677, 17 juin 2005 réformant la CDBF, cette juridiction disposait de deux sections de jugement, et un renvoi devrait être jugé par l'autre section. Avant la réforme de 2005, la CDBF statuait dans la même composition (ou presque, si des mouvements étaient intervenus au sein des membres), étant dans l'impossibilité matérielle de faire autrement.
5. V. s^s n° 571.95.
6. PAR EX. : CDBF 23 mars 2004, *OPIHLM de la région de Creil*, 2e arrêt ; *Rev. Trésor* 2005. 700, note M. Lascombe et X. Vandendriessche ; *Lebon* 529 ; *Rec.*, p. 131.
7. V. le grand arrêt : CE 8 juill. 1904, *Botta, receveur de la commune de Koléa*, n° 11574 ; *Lebon* p. 557, concl. Romieu ; A. Froment-Meurice, J.-Y. Bertucci, N. Hauptmann et Ch. Michaut, *Les grands arrêts de la jurisprudence financière*, 7e éd. 2019, n° 57 ; M. Long, P. Weil, G. Braibant, P. Delvolvé et B. Genevois, *Les grands arrêts de la jurisprudence administrative*, 19e éd., n° 13.
8. Assimilée à la violation de la loi, en cassation, et tombe donc dans la catégorie des erreurs de droit.
9. Solution jurisprudentielle. Au moment du rétablissement de la juridiction financière, en 1807, pourtant, « *le droit en vigueur à ce moment n'impliquait* [...] *nullement pour le juge de cassation le pouvoir d'imposer son interprétation de la loi*... » (v. concl. Romieu sous cet arrêt, *Lebon* p. 557 et suiv.), et pour la Cour de cassation, en matière judiciaire, un texte spécifique est intervenu prévoyant cette prééminence (loi du 1er avril 1837) ; auparavant, Ancien Régime et Révolution, se méfiant du « pouvoir des juges » et des « arrêts de règlement », préféraient en cas de désaccord persistant sur un point de droit, laisser trancher le pouvoir législatif ou réglementaire. Mais, toujours selon Romieu, « un texte formel est-il nécessaire, en principe, pour que la juridiction de dernier ressort soit tenue de se soumettre à l'autorité de la chose jugée en droit par le juge de cassation ? Nous ne le pensons pas. La règle, qui nous semble, *a priori*, dominer toute organisation ou toute hiérarchie judiciaire, c'est que "les procès doivent être jugés". Il faut que la lice judiciaire soit, à un moment donné, définitivement fermée et que le litige soit tranché en fait et en droit ». Il a été suivi par le Conseil d'État et cette solution s'applique toujours.
10. CDBF 12 avr. 1995, *Ambassade de France auprès des Émirats Arabes Unis*, 2e arrêt, *Rev. Trésor* 1996. 731 ; *Lebon* 595 ; *Rec.*, p. 121.
11. PAR EX. : CDBF 5 déc. 2008, *Ministère de la Défense, Direction des constructions navales, Contrat de vente de sous-marins Agosta 90 au Pakistan*, 2e arrêt ; *Rec.* p. 88 ; *AJDA* 2010. 1261, note N. Groper et C. Michaut ; *GFP* 2011, p. 396, note M. Lascombe et X. Vandendriessche.
12. Sur cette notion, v. l'étude très complète O. Gabarda, « L'intérêt d'une bonne administration de la justice », *RD Publ.* 2006, p. 153.
13. CJA, art. L. 821-2, al. 1er.

le fait de « retenir » l'affaire au stade de la cassation pour la juger au fond constitue donc *a priori* et conceptuellement l'exception[1], même si la pratique est fréquente s'agissant des recours contre les arrêts des Cours administratives d'appel, pour des raisons tenant à la rapidité des procédures.

Le contentieux des juridictions administratives spécialisées toutefois se prête moins à la rétention de l'affaire en cassation ; cette préférence pour le renvoi après cassation vaut *a fortiori* pour un contentieux répressif qui, bien qu'administratif, se distingue fortement du contentieux administratif général, comme on verra plus loin. À cela s'ajoute que le juge de cassation en principe ne statue qu'au regard des seules « pièces du dossier », et ne peut pas ordonner de nouvelles mesures d'instruction[2], ce que le juge du fond peut toujours faire.

Il existe un cas, pour la CDBF[3], dans lequel le Conseil d'État a annulé un arrêt de cette Cour et immédiatement réglé l'affaire au fond, en condamnant une personne à une amende[4] : c'est un cas exceptionnel.

Pour la Cour des comptes, sous l'ancien régime de jugement des comptes des comptables publics, les exemples de rétention au stade de la cassation étaient un peu plus fréquents, tout en demeurant là aussi globalement rares[5], s'agissant d'un recours contre un arrêt condamnant un comptable public en premier et dernier ressort[6].

La rétention en cassation pouvait surtout concerner un arrêt de la Cour des comptes en tant que juge d'appel en matière de gestion de fait sous l'ancien droit[7]. Dans ce cas, le juge de cassation, en censurant l'arrêt d'appel, se replacera dans la situation du juge d'appel. Cela peut le conduire à annuler d'abord l'arrêt d'appel, puis de juger au fond et d'annuler l'arrêt de premier ressort, comme ce fut le cas dans l'affaire de la gestion de fait de la commune de Vienne[8]. Le Conseil d'État est alors « juge financier » au sens strict du terme : selon Pierre Delvolvé, « c'est parce que le Conseil d'État est la juridiction administrative suprême qu'il a pu statuer comme juge financier. L'affaire Dugoin n'en révèle pas moins le degré d'extension du rôle du Conseil d'État en tant que régulateur de l'ordre juridictionnel administratif : il lui permet d'exercer des fonctions qui relèvent normalement d'autres juridictions »[9]. Dans cette affaire, le juge de cassation, ayant annulé l'arrêt d'appel et le jugement de premier ressort, avait précisé « qu'il appartiendra, le cas échéant, à la chambre régionale des comptes de Rhône-Alpes de déterminer s'il y a lieu d'ouvrir de nouvelles procédures de gestion de fait des deniers de la commune de Vienne » : le Conseil d'État en effet ne dispose pas des moyens de poursuite ni d'enquête pour déclencher une affaire répressive. On voit ici que, bien que jugeant au fond, l'office du juge de cassation ne saurait être complètement celui d'une juridiction répressive.

Les compétences répressives du Conseil d'État étant exceptionnelles, et son organisation n'étant pas conçue pour prendre en charge le règlement au fond de telles affaires (en particulier en raison de l'absence de ministère public, caractéristique majeure d'une juridiction répressive), l'hypothèse d'une évocation au stade de la cassation devrait rester exceptionnelle dans le contentieux financier issu de la réforme de 2022. Car si, en principe, « lorsque le règlement au fond porte sur des litiges ressortissant aux juridictions spécialisées, le Conseil d'État se transforme en un juge de même nature que celui ayant rendu l'arrêt cassé »[10], comment le Conseil peut-il arriver à cette « transformation » sans disposer de la même organisation que la juridiction administrative spécialisée ? D'ailleurs, dans l'affaire *Despessailles* précitée, le juge de cassation s'était borné à ajuster le montant de l'amende prononcée par la CDBF, pour le rendre conforme au plafond légal.

La réforme de 2022, en instituant un deuxième degré de juridiction au fond en matière de répres-

1. D. Dagboe, « La cassation administrative et la bonne administration de la justice », *Dr. adm.* janv. 2007, p. 17.
2. R. Chapus, *Droit du contentieux administratif*, Montchrestien, 13e éd., 2008, § 1420.
3. CE 10 nov. 2000, *Despessailles*, req. n° 201755 ; *Lebon* 510 ; *Rec.*, p. 133 ; *Rev. Trésor* 2001. 126, note M. Lascombe et X. Vandendriessche.
4. C. Descheemaeker qualifie cette décision du Conseil d'État d'« *inattendue* » (C. Descheemaeker, Cour de discipline budgétaire et financière, JurisClasseur Administratif, fascicule 1270, n° 222).
5. CE 19 mai 2017 *TPG de Mayotte*, req. n° 389741 ; *Rec.* p. 265 ; A. Froment-Meurice, J.-Y. Bertucci, N. Hauptmann et C. Michaut, *Les grands arrêts de la jurisprudence financière*, 7e éd. 2019, n° 5. Selon les auteurs des Grands arrêts de la jurisprudence financière, le Conseil d'État aurait décidé de juger cette affaire au fond, parce qu'elle posait « *une question de principe* ».
6. A. Froment-Meurice, J.-Y. Bertucci, N. Hauptmann et Ch. Michaut, *Les grands arrêts de la jurisprudence financière*, 7e éd. 2019, n° 57, note 33.
7. CE 17 oct. 2003, *Département de l'Essonne et M. Dugoin*, req. nos 237290, 237291 et 237292 ; *Lebon* p. 409 ; *Rec.* p. 176 ; *Revue du Trésor* 2004, p. 142, note M. Lascombe et X. Vandendriessche (et p. 143 concl. M. Guyomar) ; *AJDA* 2003. 2031, chron. F. Donnat et D. Casas ; Dalloz 2004. Jur. 1338, note S. Petit ; *AJDA* 2004. 371, note Coutant ; etc.
8. PAR EX., toujours concernant les gestions de fait dans l'ancien droit, CE 14 déc. 2005, *M. Mermaz et autres, comptables de fait de la commune de Vienne*, n° 260054 ; *Rec.* p. 164.
9. P. Delvolvé, « Le Conseil d'État, régulateur de l'ordre juridictionnel administratif », *in Mélanges Labetoulle, Juger l'administration, administrer la justice*, Dalloz, 2007, p. 259.
10. D. Dagboe, « La cassation administrative et la bonne administration de la justice », Dr. ; adm., janv. 2007, p. 17.

sion financière, la Cour d'appel financière (CAF), devrait conduire le juge de cassation à user avec encore davantage de précaution de son pouvoir de rétention fondé sur l'évocation d'une bonne administration de la justice [1].

Notons d'ailleurs que la notion de « bonne administration de la justice » [2] est difficile à saisir avec précision : « l'éminente plasticité de ce concept permet au Conseil d'État de décider librement de l'opportunité de juger au fond en cassation. Les tentatives de systématisation des cas de rétention des litiges en cassation se sont révélées peu probantes » [3]. Cette notion permet donc au juge de cassation une forme de régulation du contentieux administratif [4].

L'objectif à valeur constitutionnelle de la bonne administration de la justice [5] couvre, parmi d'autres aspects, également la célérité de la justice : « une justice bien administrée est une justice à la fois accessible, sereine et efficace » [6]. Or ne pas renvoyer au juge du fond après annulation peut accélérer les délais de procédure ; le Conseil d'État en a fait un usage massif à une certaine époque pour désengorger les juridictions du fond [7], mais les juridictions administratives spécialisées n'étaient guère concernées par ce phénomène [8].

Le jugement au fond d'une affaire au stade de la cassation devient en revanche une obligation lorsque l'affaire fait l'objet d'un second pourvoi en cassation [9].

571.96 Second pourvoi en cassation. Faute de règle particulière pour le contentieux financier issu de la réforme entrée en vigueur le 1er janvier 2023, s'applique la règle générale prévue par le code de la justice administrative selon laquelle sur second pourvoi, le juge de cassation doit statuer au fond [10].

571.97 Notification des décisions du juge de cassation. Les décisions émanant du juge de cassation, quelles qu'elles soient (décision de cassation, de rejet...), sont notifiées aux requérants.

Le Conseil d'État peut décider au cas par cas d'en adresser copie pour information à l'organisme dont le gestionnaire condamné relevait [11], ce qui illustre la continuité entre le contrôle d'un organisme, qui a donné lieu à déféré, et la sanction individuelle prononcée en tant que suite contentieuse. Dans le même sens, le Conseil peut également être amené à décider de transmettre copie pour information aux ministères de tutelle : ainsi le ministère de l'Intérieur pour une agence sur laquelle il exerçait la tutelle [12].

Dans d'autres cas, la décision a été adressée pour information non pas à la structure dont relevait l'agent, ni au ministère de tutelle, mais au ministère de l'Économie et des finances [13] ; sans doute le ministre des Finances peut-il être considéré comme l'un des « gardiens » de l'ordre public financier, et donc être intéressé potentiellement par toutes les affaires financières. Il semble en aller de même du chef du Gouvernement : le Premier ministre, pourtant pas partie à l'audience, a pu ainsi recevoir notification – et non copie – d'une décision [14].

En principe, les décisions du juge de cassation sont également notifiées au Procureur général, même si le recours n'émane point de lui [15]. Sans explication claire, il a pu arriver que le Procureur n'en reçoive que copie pour information [16], ce qui peut illustrer les hésitations du juge administratif quant au positionnement d'une autorité – le ministère public – inspirée du juge pénal et donc en principe inconnue du contentieux administratif.

571.98 Place en cassation du Procureur général près la Cour des comptes et près la Cour d'appel financière. Traditionnellement, dans la procédure

1. Sur la notion de bonne administration de la justice, et son application au contentieux financier, v. ss no 502.31.
2. H. Apchain, « Retour sur la notion de bonne administration de la justice », *AJDA* 2012. 587 ; O. Gabarda, « L'intérêt d'une bonne administration de la justice », RDP 2006, no 1, p. 153.
3. D. Dagboe, « La cassation administrative et la bonne administration de la justice », *Dr. adm.* Janv. 2007, p. 17.
4. La décision du Conseil d'État de statuer au fond (ou non) n'est pas susceptible de recours. Par ailleurs, une question prioritaire de constitutionnalité visant l'art. L. 821-2 CJA, fondée sur l'argument selon lequel les justiciables subiraient des traitements différents selon que le juge de cassation juge seulement le droit ou également le fond, a été rejetée (CE 23 nov. 2011, no 352628).
5. Cons. const. 3 déc. 2009, Loi organique relative à l'art. 61-1 de la Constitution, no 2009-595 DC.
6. J. Robert, « La bonne administration de la justice », *AJDA* 1995. 117.
7. « ...La bonne administration de la justice est une variable d'ajustement... » : D. Dagboe, « La cassation administrative et la bonne administration de la justice », *Droit adm.* Janv. 2007, p. 17.
8. D. Dagboe, « La cassation administrative et la bonne administration de la justice », *Droit adm.* Janv. 2007, p. 17.
9. CJA, art. L. 821-2.
10. CJA, l'al. 2 de l'art. L. 821-2.
11. Pour un ex. : CE 17 et 19 juill. 2013, *M. Lévy* [affaire CDBF *Institut géographique national*] ; no 351985 ; *Rec.* p. 241.
12. CE 22 févr. 2017, *M. A* [affaire CDBF *Agence nationale des titres sécurisés*], req. no 400830. Non publié.
13. Ex. : CE 30 déc. 2013, *M. Corbin* [affaire CDBF *Conseil économique et social*], req. no 358826 ; *Rec.* p. 249 ; *Contrats et marchés publics* 2014, no 2, commentaire Pietri.
14. CE 17 oct. 2016, *Parquet général près la Cour des comptes* [affaire CDBF *Assistance publique – Hôpitaux de Marseille*], req. no 393519 ; *AJDA* 2016. 1956, note D. Poupeau ; *GFP* 2017, no 2, p. 148, chon. S. Damarey, M. Lascombe et X. Vandendriessche.
15. Pour un ex. : CE 30 déc. 2013, *M. Corbin* [affaire CDBF *Conseil économique et social*] ; req. no 358826 ; *Rec.* p. 249 ; *Contrats et marchés publics* 2014, no 2, commentaire Pietri.
16. Ex. : CE 17 et 19 juill. 2013, *M. Lévy* [affaire CDBF *Institut géographique national*], req. no 351985 ; *Rec.* p. 241.

de jugement des comptes, le parquet « défendait » les arrêts du juge des comptes devant le Conseil d'État, même si le contenu de l'arrêt ne suivait pas la position du ministère public. Ceci pouvait s'expliquer par la nature particulière, objective et non répressive, de l'office de jugement des comptes des comptables.

De façon plus étonnante, cette pratique avait également cours dans le procès répressif qui était celui de la CDBF, alors même que dans ce contentieux-là, qui a largement inspiré l'actuel, le parquet était une partie, la partie accusatrice ; or cette dernière n'avait pas à « défendre » un arrêt attaqué qui, très souvent, ne suivait pas - du moins pas entièrement - la décision de renvoi ou les observations orales du Procureur général. D'ailleurs, s'agissant du contentieux financier répressif de la CDBF, le Procureur général a toujours pu lui-même formuler un recours en cassation.

Dans le contentieux financier en vigueur depuis le 1er janvier 2023, le Procureur général est une partie active ; il ne lui revient donc pas de « défendre » les arrêts de la CAF, mais de défendre son propre point de vue sur l'affaire portée devant le Conseil d'État.

Il reste qu'au stade du jugement du pourvoi en cassation, il n'existe pas, devant le Conseil d'État, de parquet qui pourrait représenter l'accusation dans ce procès répressif ; c'est sans doute pour cette raison que, jusqu'à présent, le Conseil a rarement voulu retenir de telles affaires, préférant les renvoyer au juge du fond.

CHAPITRE

572. Recours en révision des arrêts de la CAF

SECTION 0

ORIENTEUR

572.00 **Sommaire du chapitre.**

SECTION UNIQUE

RÉVISION DES ARRÊTS D'APPEL

572.11 **Révision d'un arrêt d'appel.** La personne partie à l'appel peut demander, après expiration du délai pour se pourvoir en cassation, la révision d'un arrêt lorsque se produit un fait nouveau ou que se révèle un élément inconnu de la formation de jugement au jour de l'arrêt de nature à établir son absence de responsabilité[1].

La requête en révision est adressée au président de la Cour d'appel financière. En cas de transmission sur support papier, elle est adressée par lettre recommandée avec demande d'avis de réception. Elle doit comporter l'exposé des faits et moyens invoqués par le requérant et être accompagnée d'une copie de l'arrêt attaqué et des justifications sur lesquelles elle se fonde[2].

Le président de la Cour d'appel financière désigne un membre chargé d'instruire la demande en révision. Cette désignation est notifiée aux parties à l'appel[3].

Les propositions du membre chargé de l'instruction sont communiquées au ministère public, qui présente ses conclusions[4].

La CAF statue sur la révision d'un arrêt d'appel après audience publique, par un arrêt unique sur la recevabilité du recours et, s'il y a lieu, sur le fond de l'affaire[5].

Ces règles de fond et de procédure étant très proches de celles applicables à la révision en première instance, il sera renvoyé aux développements la concernant[6].

1. CJF, art. R. 331-2, al. 1er.
2. CJF, art. R. 331-2, al. 2.
3. CJF, art. R. 331-3, al. 1er.
4. CJF, art. R. 331-3, al. 2.
5. CJF, art. R. 331-3, al. 3.
6. V. ss no 562.11.

CHAPITRE

573. Autres recours atypiques contre les arrêts de la CAF

SECTION 0

ORIENTEUR

573.00 Sommaire du chapitre.

SECTION UNIQUE

AUTRES RECOURS CONTRE LES ARRÊTS D'APPEL

573.11 Recours ouverts contre les arrêts d'appel. Les arrêts de la Cour d'appel financière peuvent, outre un recours en cassation[1], également faire l'objet d'autres types de recours.

Seuls le recours en rectification en erreur ou omission matérielle d'un arrêt d'appel[2] et le recours en révision d'un arrêt d'appel seront traités spécifiquement ci-après.

S'agissant de la tierce opposition et d'autres recours, il est renvoyé aux règles générales concernant ces recours atypiques[3].

573.12 Recours en rectification pour erreur ou omission matérielle de l'arrêt d'appel. Une partie[4] peut demander la rectification pour erreur ou omission matérielle de l'arrêt lorsqu'elle estime que cette décision est entachée d'une erreur ou d'une omission matérielle insusceptible d'avoir exercé une influence sur le jugement de l'affaire[5].

Cette demande est, par elle-même, sans influence sur le cours du délai de cassation ouvert contre cet arrêt.

Le président de la CAF peut, dans le délai de deux mois à compter de la notification aux parties, y apporter les corrections que la raison commande. Cette décision intervient après avis du ministère public[6].

La notification de la décision révisée fait courir de nouveau le délai de recours en cassation contre l'arrêt d'appel ainsi corrigé[7].

1. V. s[s] n° 571.05.
2. V. s[s] n° 573.12.
3. V. s[s] n° 563.21.
4. Sur la rectification sur initiative de la CAF elle-même, v. s[s] n° 561.29. – Sur la rectification, d'une façon générale, v. s[s] n° 563.11.
5. CJF, art. R. 322-1, qui renvoie à l'art. R. 142-3-15, al. 3.
6. CJF, art. R. 322-1, qui renvoie à l'art. R. 142-3-15, al. 3, qui renvoie à l'alinéa 1er de l'art. R. 142-3-15.
7. CJF, art. R. 322-1, qui renvoie à l'art. R. 142-3-15, al. 3, qui renvoie à l'alinéa 2 de l'art. R. 142-3-15.

LIVRE

6. LA RESPONSABILITÉ DES COMPTABLES PUBLICS ET DES COMPTABLES DE FAIT DEVANT LE JUGE DES COMPTES

SECTION 0

ORIENTEUR

6.00 **Sommaire du livre.**

TITRE

61. Responsabilité personnelle et pécuniaire des comptables publics

SECTION 0 ORIENTEUR

61.00 **Sommaire du titre.**

61.03 **Bibliographie indicative.**

Thèses. S. Damarey, Le juge administratif, juge financier, Dalloz, coll. « Nouvelle bibliothèque de thèses », 2001 – J. Dorly, *Le débet, étude de législation et de jurisprudence financière*, thèse, Caen, 1911 – A. Kurek, *Le juge financier, juge administratif*, thèse, Lille II, 2010 – J.-Cl. Maestre, *La responsabilité pécuniaire des agents publics en droit français*, LGDJ, coll. « Bibliothèque de droit public », vol. 50, 1962.

Encyclopédies. R. Frentz, « Contrôle des comptes et comptables publics », *J.-Cl. Adm.*, fasc. 1240 – L. Saïdj, « Responsabilité des comptables (en titre) et des régisseurs », *Encycl. coll. loc.*, 2014.

Monographies. AFCM, *Démocratie et finances publiques : la place du comptable public*, colloque du centenaire de l'AFCM, 12 juin 2008, Conseil économique et social – H.-M. Crucis, *Droit des contrôles financiers des collectivités territoriales*, AJDA-Le Moniteur, 1998 – J. Magnet, *Les comptables publics*, LGDJ, coll. « Systèmes/finances publiques », 1995 – Ministère de l'Économie et des finances, *La comptabilité publique. Continuité et modernité*, Actes du colloque de Bercy (25-26 nov. 1993), Comité pour l'histoire économique et financière de la France, 1995, p. 159 s. – G. Orsoni et A. Pichon (dir.), *Les chambres régionales et territoriales des comptes. XXe anniversaire*, LGDJ, 2004 (deuxième partie : Le contrôle juridictionnel des comptes).

Contribution. M. Lascombe, « Le juge des comptes, juge administratif ? », *Mélanges Jean Waline*, Dalloz, 2008, p. 639.

Articles. Ph. Augé, « Les remises gracieuses accordées par le ministre des Finances », *RFFP* n° 106, 2009, p. 231 – J. Bassères, « L'avenir du régime de responsabilité personnelle et pécuniaire des comptables publics : le point de vue du directeur général de la comptabilité publique », *Rev. Trésor* 2006.

174 – J.-F. Calmette, « Le juge des comptes, juge des comportements personnels », *RFFP* n° 88, 2004, p. 159 – A. Dioukhané, « La responsabilité des comptables publics devant le juge des comptes », *Rev. Trésor* 2007. 797 – F. Fabre, « Réflexions sur le régime particulier de responsabilité des comptables publics », *Rev. adm.* n°s 133 et 134, 1970, p. 32 et 181 – J.-L. Girardi, « Le régime de responsabilité personnelle et pécuniaire des comptables publics après "La" réforme », GFP nov. 2012, p. 35 – H. Gisserot, « Où va le juge des comptes ? », *Rev. adm.* n° 302, mars-avril 1998, p. 245 – J. Magnet, « Que juge le juge des comptes ? », *RFFP* n° 28, 1989, p. 115 – G. Montagnier, « Le juge financier, juge des comptes et des comptables », *RFFP* n° 41, 1993, p. 46 – P. Weil, « La règle de la double juridiction en matière de responsabilité des comptables publics », Rev. de sc. et légis. fi. 1954, p. 574.

CHAPITRE

611. Responsabilité personnelle et pécuniaire des comptables publics : traits généraux

SECTION 0
ORIENTEUR

611.00 **Sommaire du chapitre.**

SECTION 1
RESPONSABILITÉ OBJECTIVE

611.11 **Office du juge des comptes.** Agents publics, même lorsqu'ils n'ont pas la qualité de fonctionnaires[1], les comptables publics se voient reconnaître par la loi diverses prérogatives de puissance publique, en particulier en matière de payement des dépenses et de recouvrement des recettes des organismes publics. Ils disposent, à ce titre, d'un monopole rappelé par la jurisprudence[2] et sanctionné notamment par la théorie de la gestion de fait[3].

Cette situation exorbitante du droit commun explique que les comptables aient, de tout temps, été soumis à un régime spécifique à plusieurs égards : une responsabilité pécuniaire – aujourd'hui supprimée[4] sauf de façon résiduelle – étendue, à l'inverse des autres fonctionnaires, qui sont protégés *de facto* par la jurisprudence administrative en matière de responsabilité de la puissance publique[5] ; un juge spécialisé, chargé d'apurer leurs comptes (jusqu'en 2022, et aujourd'hui encore dans les chambres territoriales des comptes) ; le rôle du ministre des Finances, à la fois autorité hiérarchique et « juridictionnelle », pouvant mettre en jeu ou dégager leur responsabilité, parallèlement ou postérieurement au juge des comptes ; l'intervention du législateur (et même, jusqu'en 2001, d'une loi de finances) pour régir une matière relevant incontestablement des principes fondamentaux des obligations civiles[6] et des règles concernant les garanties fondamentales accordées aux fonctionnaires civils et militaires de l'État au sens de l'article 34 de la Constitution.

L'un des traits les plus originaux du régime de responsabilité personnelle et pécuniaire des comptables publics, et aussi l'un des traits les plus discutés par la doctrine majoritaire[7] comme par certains

1. Sur les comptables publics, en général, v. s[s] n° 032.31.
2. CE, sect. 6 nov. 2009, *Société Prest'action*, req. n° 297877 ; *Lebon*. 445 ; *AJDA* 2009. 2401, note M. Lascombe et X. Vandendriesccheе ; *BJCP* 2010. 28, concl. N. Boulouis.
3. V. s[s] n°s 424.11 s.
4. Sur la suppression du régime de responsabilité personnelle et pécuniaire au 31 déc. 2022, sauf dans un champ restreint, v. s[s] n°s 112.22 s.
5. CE 28 mars 1924, *Poursines ; Lebon* p. 357, *RDP* 1924. 601, note G. Jèze, S. 1926. III. 17, note M. Hauriou – v. s[s] n° 033.41.
6. CE 28 avr. 2004, *Association nationale des agences comptables*, req. n° 246941 ; *Lebon* p. 175 (s'agissant de la responsabilité personnelle et pécuniaire des agents comptables des organismes de sécurité sociale qui sont pourtant, à l'exception des comptables des caisses nationales, des salariés de droit privé).
7. En particulier, Ph. Augé, « Les remises gracieuses accordées par le ministre des Finances », *RFFP* n° 106/2009. 231 ; M. Bouvier, M.-C. Esclassan, J.-P. Lassale, *Finances publiques*, LGDJ ; H.-M. Crucis, *Droit des contrôles financiers des collectivités territoriales, AJDA*/Le Moniteur, 1998, p. 361 ; S. Damarey ; M. Lascombe, *La responsabilité comptable en devenir*, n° spécial « L'évolution des juridictions financières », *GFP* 2012. 68 ; G. Montagnier, « Le juge financier, juge des comptes et des comptables », *RFFP* n° 41/1993. 53. En sens inverse : R. Ludwig, *L'effectivité de la responsabilité des comptables publics et assimilés*, Actes des journées Cour des comptes – Université (Toulouse, 13-14 févr. 1978). 145 – L. Saïdj, « Responsabilité des comptables (en titre) et des régisseurs », Encycl. coll. terr., n°s 288 s.

magistrats de la Cour des comptes [1], réside dans le caractère « objectif » de l'office du juge des comptes et dans son corollaire, le pouvoir de remise gracieuse du ministre.

Conformément à un adage consacré explicitement par la loi [2], la juridiction financière « juge les comptes » mais elle ne juge pas les comptables, ce dernier rôle étant réservé à l'autorité ministérielle, dans le cadre d'une « double juridiction » [3]. Faisant suite au point de vue développé par Laferrière [4] et illustré par Romieu [5], un commissaire du gouvernement du début du XXe siècle pouvait écrire : « Il est aujourd'hui de principe incontesté que les comptables de deniers publics sont soumis à deux autorités distinctes qui se meuvent chacune dans une sphère séparée : d'un côté, la juridiction des comptes exercée par la Cour des comptes, qui ne connaît et ne juge que la ligne de compte proprement dite [...], d'autre part, le ministre des Finances, qui statue sur la responsabilité personnelle des comptables » [6].

Cette formule, qui comporte un certain degré d'abstraction, montre surtout ce que cet office n'est pas : la Cour des comptes autrefois, aujourd'hui les chambres territoriales des comptes qui jugent encore les comptes, ne peuvent fonder leurs décisions juridictionnelles sur une appréciation du comportement du comptable ; non seulement elles n'ont pas à prouver la faute de ce dernier avant de mettre en jeu sa responsabilité, mais elles doivent, sauf exception résultant de la loi [7], s'abstenir de faire état d'une éventuelle faute ou d'une absence de faute, pour statuer sur la seule ligne de compte. Non seulement cette responsabilité est sans faute mais, dans la pureté des principes, le comptable ne peut y échapper devant le juge des comptes en faisant valoir l'existence de circonstances exonératoires telle la force majeure, que peut en revanche apprécier cet autre « juge » qu'est le ministre des Finances. Cette situation exorbitante, unique en droit français, a pris fin, mais seulement s'agissant de la force majeure, en 2006 [8].

L'existence d'une circonstance de force majeure étant appréciée très restrictivement [9], le juge pouvait et devait, dans l'immense majorité des cas, faire abstraction du comportement du comptable. Sans doute la doctrine a-t-elle voulu voir dans l'évolution de la jurisprudence du Conseil d'État en matière de recettes, rejoignant tardivement la position classique de la Cour des comptes sur le caractère adéquat, complet et rapide des diligences du comptable en vue du recouvrement [10], une inflexion dans le sens d'une appréciation plus « subjective » de la responsabilité du comptable [11]. En réalité, cet espoir – ou ce reproche – était infondé : comme le montrent les conclusions du commissaire du gouvernement Seban sur cette décision, le Conseil d'État a continué de s'en tenir à une analyse *in abstracto* du caractère suffisant des diligences du comptable, et non du comportement de ce dernier au regard des moyens d'action dont il disposait effectivement.

En toute hypothèse, en dépenses, le juge devait se borner à se fonder sur les « éléments matériels du compte », selon la formule rituelle du juge de cassation, pour apprécier l'existence d'un manquement.

Toutefois, après 2011, la situation faite au juge des comptes a sensiblement évolué : si l'appréciation du manquement continuait de relever d'une appréciation en principe objective, sa sanction laissait une marge d'appréciation dans le cas où l'irrégularité n'avait pas causé de préjudice financier à la personne publique, le juge pouvant alors, au vu des circonstances de l'espèce, mettre à la charge du comptable une « somme », vite qualifiée par la doctrine d'amende [12], tout en se partageant sur sa nature, certains y voyant une amende civile, d'autres une amende à caractère pénal [13]. Ce point n'a pas été tranché par la jurisprudence, qui n'a pas non plus précisé explicitement ce qu'étaient et ce que n'étaient pas les circonstances de l'espèce, et en particulier si la notion de faute du comptable y avait une place, à

1. J. Magnet, *La Cour des comptes*, Berger-Levrault, 5e éd., p. 165 s.
2. CJF, art. L. 111-1 et L. 211-1 dans leur rédaction antérieure au 1er janv. 2023 ; art. LO 252-2, L. 252-3, L. 252-4, LO 262-2, L. 262-3, LO 272-2 et L. 272-3, toujours applicables, outre-mer, pour les chambres territoriales des comptes.
3. P. Weil, « La règle de la double juridiction en matière de responsabilité des comptables publics », *Rev. de sc. et légis. fi.* 1954. 574.
4. E. Laferrière, *Traité de la juridiction administrative et des recours contentieux*, Berger-Levrault, t. 1, Paris, 1887, p. 359.
5. V. s^s n° 613.55.
6. Concl. Saint-Paul sur CE 18 déc. 1903, *Dames Greliche, Jossaud et département de la Drôme ; Lebon* 798.
7. V. s^s n° 611.31 (responsabilité du fait des régisseurs), v. s^s n° 611.34 (non-dénonciation d'une gestion de fait) et v. s^s n° 615.13 (responsabilité pour indemnisation d'un tiers).
8. L. n° 2006-1771, 30 déc. 2006 de finances rectificative pour 2006, art. 146, *JO* 31 déc. 2006, texte 2 : « Lorsque le ministre dont relève le comptable public, le ministre chargé du budget ou le juge des comptes constate l'existence de circonstances constitutives de la force majeure, il ne met pas en jeu la responsabilité personnelle et pécuniaire du comptable public. »
9. V. s^s n° 611.12.
10. V. s^s n° 612.43.
11. CE, ass., 27 oct. 2000, *Mme Desvigne, agent comptable de la régie des remontées mécaniques de Chantemerle à Saint-Chaffrey*, req. n° 196046 ; *Lebon* 473 ; *RFDA* 2001. 746, concl. A. Seban ; *Rev. Trésor* 2001. 207, obs. J. Saison.
12. L. Saïdj, « Responsabilité des comptables (en titre) et des régisseurs », Encycl. coll. *loc.*, 2014, n° 547 ; M. Kernéis-Cardinet, « Le nouveau régime de responsabilité du comptable public, un régime qui ne veut pas révéler son nom », *RFDA* 2014. 393.
13. L. Saïdj, « Responsabilité des comptables (en titre) et des régisseurs », préc.

côté d'éléments « objectifs » comme les montants en jeu ou la situation personnelle du comptable (revenus, qualité de retraité, etc.)[1].

611.12 **Force majeure.** Dans le dispositif hérité de la loi du 16 septembre 1807, tel qu'interprété par la jurisprudence *Nicolle*[2], le juge des comptes était compétent pour tout ce qui concernait les éléments matériels du compte, tandis que le juge administratif de droit commun examinait les éléments extérieurs à la ligne de compte, en particulier les circonstances de force majeure, qui relevaient de l'appréciation de l'autorité ministérielle, laquelle pouvait accorder au comptable une décharge de responsabilité[3]. La loi de finances du 30 décembre 2006 a modifié cet état du droit en défendant au juge d'engager la responsabilité du comptable en cas de force majeure, ce qui revenait à lui reconnaître la possibilité d'apprécier l'existence de cette circonstance exonératoire.

Après l'entrée en vigueur de cette disposition et dans le silence de la loi, la jurisprudence a retenu de la force majeure une définition conforme à celle du droit civil comme du droit administratif, qui suppose la réunion des trois conditions d'irrésistibilité, d'imprévisibilité et d'extériorité. Toutefois, dans l'appréciation de ces critères, le juge financier s'est montré particulièrement restrictif. Ainsi, la force majeure n'a pas été retenue :

- pour les faits antérieurs à l'entrée en vigueur de la loi[4] ;
- dans un contexte de grève générale ayant entraîné la désorganisation du poste comptable[5] ;
- malgré l'explosion d'une usine entraînant la destruction partielle d'un lycée[6] ;
- en cas d'attentat sur le comptable, qui aurait, selon le juge, pu poursuivre ultérieurement le recouvrement de la recette[7] ;
- pour un incendie criminel à l'agence comptable[8] ;
- à raison du défaut de notification au comptable d'un jugement annulant une délibération constituant la pièce justificative d'une dépense[9].

Les chambres régionales des comptes ont, au moins à trois reprises, tenté d'adopter une définition moins étroite de la force majeure[10], qui n'a pas prospéré. En appel, la Cour des comptes a notamment précisé que les congés pour maladie ou pour longue maladie octroyés à un comptable n'interrompaient pas le fonctionnement du poste (qui est toujours dirigé, même en l'absence du titulaire habituel, dont les préposés engagent la responsabilité[11]) et ne revêtaient pas, en conséquence, un caractère irrésistible[12]. À cette occasion, la Cour a reconnu au juge la possibilité de se prononcer sur des circonstances constitutives de la force majeure au vu des éléments présentés par le comptable et même si ce dernier n'avait pas qualifié les faits sous cet angle. Cet arrêt a été confirmé par le Conseil d'État[13]. Il n'en demeure pas moins que pour le juge financier, comme pour le juge civil ou le juge administratif, l'existence d'un cas de force majeure ne constitue pas un moyen d'ordre public.

La première application « positive », par la Cour des comptes, de la loi de 2006 n'est intervenue qu'en 2015[14], dans un contexte pourtant assez peu différent de celui des affaires du port autonome de la Guadeloupe ou de l'explosion de l'usine AZF de Toulouse. Cette décision n'a toutefois pas annoncé une réelle inflexion de la jurisprudence, à la fois parce que le juge lui-même répugne à sortir de la dimension objective de sa mission, et aussi parce qu'en réalité, rarissimes sont les cas dans lesquels une circonstance extérieure empêcherait matériellement, en particulier en dépense, l'exercice par le comptable de ses contrôles.

Il n'est pas exclu que, dans le cadre nouveau du régime de responsabilité des gestionnaires publics, la juridiction financière adopte une approche moins restrictive de la notion de force majeure[15].

1. C. Michaut et P. Sitbon, « La réforme des conditions de mise en jeu de la responsabilité des comptables publics », *AJDA* 2013. 681.
2. V. s[s] n° 613.55.
3. V. s[s] n°s 042.22 et 611.11 – C. comptes 16 févr. 1950, *Ariès, ancien percepteur de la réunion d'Arreau, Rec.* 50.
4. C. comptes 23 janv. 2009, *Lycée Charles de Gaulle à Rosny-sous-Bois, GFP* 2010. 289, chron. M. Lascombe et X. Vandendriessche.
5. C. comptes 30 sept. 2016, *Port autonome de la Guadeloupe, Rec.* 129.
6. C. comptes 25 nov. 2010, *Lycée professionnel Joseph Gallieni à Toulouse, Rec.* 106 (événement non irrésistible pour les contrôles du comptable).
7. CRC Corse 26 sept. 2008, *Commune de Poggio-Mezzana, Rec.* 20.
8. C. comptes 26 févr. 2009, *Collège Clos-Mortier à Saint-Dizier, Rec.* 16, *GFP* 2010. 101.
9. C. comptes 13 nov. 2014, *Commune de Sada, Rec.* 138.
10. CRC Auvergne 1er juill. 2010, *Commune de Chantelle*, GFP 2010. 746 (payement au vu de pièces ultérieurement reconnues fausses par le tribunal correctionnel) ; CRC Alsace 2 juill. 2010, *Institut national des sciences appliquées de Strasbourg, GFP* 2011. 867 (maladie du comptable) ; CRC Basse-Normandie, Haute-Normandie 9 juill. 2015, *Commune de Rauville-la-Bigot*, n° 2015-0008 (congé de longue maladie du comptable).
11. V. s[s] n° 611.32.
12. C. comptes 22 juill. 2016, *Commune de Rauville-la-Bigot, Rec.* p. 100, *GAJF*, 7e éd., n° 17. Conformément aux conclusions du procureur général, qui lui proposaient de s'inspirer de la jurisprudence civile, la Cour ne s'est pas fondée sur le fait que la maladie ne constituerait pas une cause extérieure au comptable.
13. CE 21 févr. 2018, req. n° 404892.
14. C. comptes 21 mai 2015, *Centre culturel français de Kigali (Rwanda), Rec.* 66.
15. Sur la force majeure dans le cadre de la responsabilité financière des gestionnaires publics, v. s[s] n° 462.11.

611.13 Circonstances liées à la crise sanitaire. Dans une circonstance particulière, le législateur est intervenu pour « créer » un cas de force majeure. Aux termes de l'article 1er, alinéa 1er, de l'ordonnance du 25 mars 2020[1], « pour l'appréciation de la responsabilité personnelle et pécuniaire des comptables publics, les mesures de restriction de circulation et de confinement décidées par le Gouvernement à compter du 12 mars 2020 ainsi que l'état d'urgence sanitaire déclaré par l'article 4 de la loi du 23 mars 2020 susvisée sont constitutifs d'une circonstance de la force majeure telle que prévue au V de l'article 60 de la loi du 23 février 1963 susvisée »[2].

Il est tout à fait inhabituel qu'une disposition législative vienne ainsi « préciser » la notion, d'interprétation essentiellement jurisprudentielle, de force majeure. On voit également mal en quoi les restrictions de circulation et l'état d'urgence sanitaire feraient obstacle à la réalisation, par les comptables publics, de leurs tâches de contrôle des dépenses et de recouvrement des recettes, qui s'exercent à distance[3].

Cette disposition insolite n'a suscité qu'un contentieux très limité, d'une part parce que les juridictions financières et leur ministère public veillent habituellement à tenir compte des conditions d'exercice des fonctions des gestionnaires publics et s'abstiennent évidemment d'élever de nombreuses charges dans de telles circonstances, d'autre part parce qu'elle n'est entrée en vigueur que quelques mois avant la fin du régime de responsabilité propre aux comptables, les comptes de l'exercice 2020 n'ayant commencé à être examinés qu'en 2022[4]. Un arrêt de la septième chambre a néanmoins regardé comme relevant de la force majeure le faible nombre d'agents présents dans le poste comptable, les difficultés du travail à distance faute de matériel approprié[5], soit autant de moyens qui, en temps habituel, étaient écartés par le juge des comptes, dont la position constante est de rappeler qu'il appartient au comptable de s'organiser pour exercer les diligences qui lui incombent.

611.14 Circonstances exceptionnelles. La jurisprudence financière ne connaît pas, en principe, la théorie des circonstances exceptionnelles. La continuité de l'État dans ses fonctions financières et comptables fait au contraire prévaloir, en toutes circonstances, la nécessité que les agents chargés de manier des deniers publics exercent les contrôles que les textes leur confient. De même, lorsque des situations comme l'état de guerre, l'insurrection, les crises nationales ou les catastrophes naturelles conduisent des personnes non habilitées à effectuer des opérations réservées aux comptables publics, ces personnes, loin d'être exonérées de toute responsabilité, doivent rendre compte de leurs actes en application de la théorie de la gestion de fait[6], même si le contexte très particulier qui a présidé à leur intervention sera pris en compte au stade du prononcé de l'amende.

Sans que l'expression figure explicitement dans la décision, certaines solutions, au demeurant discutables, peuvent cependant se rattacher à la notion de circonstances exceptionnelles. Tel a été le cas dans l'affaire de la réunion comptable de Bourg-Madame, dans laquelle le comptable lui-même avait incendié les locaux de la trésorerie et les pièces justificatives qu'ils contenaient. La Cour des comptes avait considéré que la destruction des pièces rendait impossible l'apurement du compte et que « l'engagement d'une nouvelle procédure contradictoire n'aboutirait qu'au prononcé de réserves sur le compte qui ne pourraient jamais être levées »[7].

Saisi par le procureur général d'un pourvoi en cassation, le Conseil d'État a confirmé l'arrêt des chambres réunies par une référence à la théorie des circonstances exceptionnelles, en « considérant que le juge des comptes, dans l'exercice de son office, ne peut légalement fonder ses décisions que sur les éléments matériels des comptes soumis à son contrôle ; que la circonstance exceptionnelle tenant à la disparition complète de ces éléments fait obstacle au contrôle du juge des comptes et, le cas échéant, à l'engagement de la responsabilité du comptable prévue par l'article 60 de la loi du 23 février 1963 »[8]. Une telle solution, demeurée isolée, s'inscrit difficilement dans le cadre juridique de l'action en reddition de compte car, en l'espèce, rien n'empêchait le juge des comptes de remplir son office, comme le rappelait le parquet général : la loi de 1963[9] et le règlement général sur la comptabilité publique font obligation au comptable de veiller à la production des justifications ; c'est à lui qu'incombe la charge

1. Ord. n° 2020-326, 25 mars 2020 relative à la responsabilité personnelle et pécuniaire des comptables publics, *JO* 26 mars 2020, texte 57.
2. L. n° 63-156, 23 févr. 1963 de finances pour 1963, *JO* 24 févr. 1963. Abrogée au 31 déc. 2022, elle demeure en vigueur, de façon résiduelle, dans certaines collectivités d'outre-mer, celles relevant des chambres territoriales des comptes.
3. À quelques exceptions près, comme la production d'accusés de réception postaux pour la preuve des diligences en recettes.
4. Quant à ceux de l'exercice 2021, ils n'ont jamais été jugés.
5. C. comptes 7 déc. 2022, *Direction des impôts des non-résidents, Rec.* 102.
6. V. ss nos 62.01 s.
7. C. comptes, ch. réun., 15 juill. 2009, *Communes et établissements de la réunion de Bourg-Madame*, GFP 2010. 671.
8. CE 19 oct. 2012, req. n° 332131, *Lebon T.*
9. L. n° 63-156, 23 févr. 1963 de finances pour 1963, *JO* 24 févr. 1963. Abrogée au 31 déc. 2022, elle demeure en vigueur, de façon résiduelle, dans certaines collectivités d'outre-mer, celles relevant des chambres territoriales des comptes.

de la preuve de la régularité de la dépense ; en l'absence de ces pièces (et *a fortiori* parce qu'il les a détruites), le comptable devait être regardé comme ayant payé à tort l'ensemble des dépenses.

611.15 Réquisition de payement, circonstance exonératoire. Aux termes de l'article 38, al. 1er, du règlement général sur la comptabilité publique (décret « GBCP »[1]), « lorsqu'à l'occasion de l'exercice des contrôles prévus au 2° de l'article 19 le comptable public a constaté des irrégularités ou des inexactitudes dans les certifications de l'ordonnateur, il suspend le paiement et en informe l'ordonnateur. Ce dernier a alors la faculté d'opérer une régularisation ou de requérir par écrit le comptable public de payer. »

La suspension de payement constitue une obligation pour le comptable : s'il paye la dépense irrégulière, il engage sa responsabilité ; s'il suspend le payement, il la dégage, l'ordonnateur pouvant alors procéder à sa réquisition à laquelle il doit en principe déférer[2]. Ce dispositif très ancien, puisqu'il remonte à 1822 pour les ordonnateurs de l'État, aujourd'hui applicable à l'ensemble des organismes soumis aux règles de la comptabilité publique, a été qualifié par la doctrine de « soupape de sûreté »[3] en ce qu'il permet d'éviter le risque de blocage résultant du bon exercice de leurs contrôles par les comptables. Il est à noter qu'il n'existe pas de disposition équivalente en recettes, les comptables n'étant pas tenus de prendre en charge un titre qu'ils estimeraient irrégulier.

Ces derniers sont donc tenus de déférer à un ordre de réquisition sauf exception prévue par les textes. S'agissant des collectivités territoriales, l'article L. 1617-3, al. 1er, du CGCT dispose : « Lorsque le comptable de la commune, du département ou de la région notifie sa décision de suspendre le paiement d'une dépense, le maire, le président du conseil départemental ou le président du conseil régional peut lui adresser un ordre de réquisition. Il s'y conforme aussitôt, sauf en cas d'insuffisance de fonds disponibles, de dépense ordonnancée sur des crédits irrégulièrement ouverts ou insuffisants ou sur des crédits autres que ceux sur lesquels elle devrait être imputée, d'absence totale de justification du service fait et de défaut de caractère libératoire du règlement ainsi qu'en cas d'absence de caractère exécutoire des actes pris selon les cas par les autorités communales, les autorités départementales ou les autorités régionales. »

Les mêmes règles s'appliquent aux établissements publics des collectivités territoriales[4] et aux établissements publics locaux d'enseignement[5].

Pour les établissements publics de santé et les structures de coopération sanitaire dotées de la personnalité morale publique, les exceptions à l'obligation de déférer à une réquisition concernent l'insuffisance des fonds disponibles, la mauvaise imputation comptable de la dépense, l'absence de justification du service fait ou de caractère libératoire du règlement, ainsi que les dépenses mandatées sur des crédits irrégulièrement ouverts ou insuffisants lorsque ces crédits ont un caractère limitatif[6].

Les dispositions concernant l'État et les autres personnes morales de droit public, qui figurent aux articles 136 et 195 du décret GBCP, sont très proches des règles présentées ci-dessus, à quelques nuances près concernant le contrôle budgétaire et l'insuffisance des fonds disponibles.

Le comptable qui donne suite à l'ordre de réquisition alors que les textes le lui interdisaient engage sa responsabilité personnelle et pécuniaire[7]. La même solution s'impose si le comptable a donné suite à une réquisition régulière concernant le point ayant donné lieu à suspension alors que la dépense présentait d'autres irrégularités qu'il avait négligé d'opposer à l'ordonnateur[8]. Il en va enfin de même si le comptable, après avoir fait l'objet d'ordres de réquisition, reprend les payements irréguliers, sur instruction du directeur général de la comptabilité publique[9].

Le pouvoir ainsi reconnu aux ordonnateurs de surmonter l'opposition du comptable n'est pas sans risque puisque, selon la formule traditionnelle, ils engagent alors leur responsabilité propre, qui se substitue en quelque sorte à celle du comptable[10]. En termes plus précis, l'article L. 233-1, III, du code des juridictions financières indique que, « en cas de réquisition, les ordonnateurs sont justiciables de la Cour des comptes ».

De façon à ce qu'il en soit fait un usage raisonné, le législateur a décidé, en 1993, de rendre les élus locaux justiciables, par exception, de la Cour de discipline budgétaire et financière lorsqu'ils octroyaient à autrui, à l'occasion de l'exercice de leur pouvoir de réquisition, un avantage injustifié entraînant un préjudice au détriment de l'organisme public[11]. Cette dernière condition, tenant à l'existence d'un préjudice, ayant été entendue fort restrictivement dans

1. D. n° 2012-1246 7 nov. 2012 relatif à la gestion budgétaire et comptable publique, *JO* 10 nov. 2012, texte 6.
2. CJF, art. L. 131-7, al. 3.
3. R. Ludwig, « Essai sur la réquisition de paiement », *Rev. Sc. Légis. Fi.* 1967. 659.
4. CGCT, art. L. 1617-4.
5. CJF, art. L. 233-1, I.
6. CSP, art. L. 6145-8.
7. C. comptes 20 oct. 2005, *Commune de Pornichet, Rec.* 83, *Mémorial des percepteurs* 2005. 541 ; C. comptes 9 mars 2011, *Syndicat intercommunal pour la réalisation des travaux d'aménagement de la vallée de l'Armonçon, Rec.* 32.
8. C. comptes 17 oct. 1916, *Masselot, comptable du département de Constantine, Rec.* 29, *GAJF*, 7e éd., n° 26.
9. C. comptes 21 nov. 2012, *Centre national du cinéma et de l'image animée, Rec.* 173.
10. CJF, art. LO 253-19, LO 264-5, L. 264-7 et LO 274-5.
11. CJF, art. L. 312-2 et L. 313-6 en vigueur jusqu'au 31 déc. 2022.

l'unique affaire jugée par la CDBF sur ce fondement[1], qui portait sur un contrat de commande publique, cette disposition semblait ne devoir jamais trouver d'application jusqu'à un arrêt de 2021 concernant l'usage du pouvoir de réquisition pour le payement de primes irrégulières à des fonctionnaires territoriaux[2].

Sa mise en œuvre relève désormais du cadre nouveau fixé par l'article L. 131-9 du CJF, qui exige une faute grave ayant entraîné un préjudice financier significatif. Sur ce dernier point, la jurisprudence antérieure n'eut que peu d'occasions de se prononcer. Il est toutefois à noter que la Cour des comptes, sous l'empire des dispositions antérieures, avait considéré que le payement sur réquisition émanant d'une autorité incompétente entraînait par construction un préjudice financier[3].

Pour sa part, la CDBF avait, à diverses reprises, fait preuve d'une indulgence particulière en matière de réquisitions en regardant les arguments tirés de la continuité du service public ou de la nécessité comme des circonstances atténuantes, voire absolutoires[4]. Il apparaît notamment que le recours à la procédure de réquisition doit porter sur des montants relativement importants ou revêtir un caractère répétitif appelant sanction, un usage abusif de ce mécanisme d'exception pouvant être regardé comme d'une particulière gravité.

611.16 Prescription de l'action en reddition de compte. Les comptables ont traditionnellement l'obligation de déposer leurs comptes au greffe de la juridiction dont ils dépendent. Ces comptes, qu'ils soient « portables » ou désormais « quérables », c'est-à-dire accessibles au juge financier même s'ils ne lui sont plus produits, sont habituellement regroupés pour être jugés selon une périodicité qui est souvent de l'ordre de quatre ou cinq ans. Le juge des comptes a l'obligation de juger l'ensemble des comptes publics dans les limites de la prescription. Longtemps trentenaire conformément au droit commun, en l'absence de texte spécifique, la prescription a été réduite à dix ans en 2001[5], puis à six ans en 2004[6] et enfin à cinq ans par la loi du 28 octobre 2008[7], dans une rédaction modifiée en 2009[8], le délai courant à compter du 1er janvier qui suit la production du compte.

Comme pour tout régime de prescription, ce délai est susceptible d'interruption et de suspension. Si la loi ne mentionne que le « premier acte de mise en jeu de la responsabilité du comptable » (injonction dans les anciennes procédures, réquisitoire depuis la loi du 28 octobre 2008), la jurisprudence a considéré que les actes suivant cette première cause d'interruption (jugement, exercice d'une voie de recours, renvoi de l'affaire par le juge supérieur, etc.) interrompaient également la prescription.

La Cour de discipline budgétaire et financière avait une attitude beaucoup plus restrictive en la matière, notamment pour reconnaître un effet suspensif aux situations dans lesquelles le juge (ou le ministère public) était mis par le justiciable dans l'incapacité d'agir[9]. Il appartiendra à la Cour des comptes, dans la mise en œuvre du nouveau régime de responsabilité, de confirmer ou d'adapter sa pratique pour se rapprocher de celle du juge répressif, notamment en matière d'actes d'instruction et d'infractions cachées.

La nature de la prescription devant le juge des comptes a été peu discutée par la doctrine et a suscité peu de contentieux. Elle s'est pourtant profondément modifiée en 2004 : jusqu'alors, le juge des comptes se sentait tenu de statuer sur les comptes qui lui étaient produits mais ne prononçait des charges à l'encontre d'un comptable que dans la limite de la prescription, d'abord de trente ans puis de dix ans. À partir de l'entrée en vigueur de la loi du 30 décembre 2004, il a considéré qu'il lui était loisible de ne plus statuer du tout au-delà des limites de la prescription (désormais de six ans) en application du II de l'article 125 de la loi : « Dès lors qu'aucune charge provisoire ou définitive n'a été notifiée dans ce délai à son encontre, le comptable est déchargé de sa gestion au titre de l'exercice concerné. Dans le cas où le comptable est sorti de fonction au cours dudit exercice et si aucune charge définitive n'existe ou ne subsiste à son encontre dans le même délai pour l'ensemble de sa gestion, il est réputé quitte de cette gestion. »

Cette lecture du texte, correspondant aux attentes de la Cour des comptes[10], qui y voyait le moyen de

1. CDBF 30 juin 2006, *Sivom de la région d'Étaples-sur-Mer*, *BJCL* 2006, n° 10. 710, note S. Bredin ; *AJDA* 2006. 2445, note N. Groper et C. Michaut ; *Rev. Trésor* 2006. 918, note M. Lascombe et X. Vandendriessche ; v. comm. D. Peyrical, *Dr. adm.* 2006, n° 12. 14 ; *Lebon* 665 ; *Rec.* 98.
2. CDBF 30 sept. 2021, *Commune de Saint-Denis de La Réunion*, *Rec.* 181, *AJDA* 2021. 2507, chron. M. Choquet et N. Péhau.
3. C. comptes 28 nov. 2014, *Université de Limoges*, *Rec.* 147.
4. CBDF 1er juill. 1991, *Centre hospitalier de Lorient*, *Lebon* 635, CCP n° 3. 229 ; CDBF 25 sept. 2006, *Institut national de la propriété industrielle (INPI)*, *AJDA* 2006. 2449, chron. N. Groper et C. Michaut ; *Rev. Trésor* 2007. 716, chron. M. Lascombe et X. Vandendriessche.
5. L. n° 2001-1276, 28 déc. 2001 de finances rectificative pour 2001, *JO* 29 déc. 2001, art. 86.
6. L. n° 2004-1485, 30 déc. 2004 de finances rectificative pour 2004, *JO* 31 déc. 2004, art. 125.
7. L. n° 2008-1091, 28 oct. 2008 relative à la Cour des comptes et aux chambres régionales des comptes, *JO* 29 oct. 2008, art. 32.
8. L. n° 2009-1674, 30 déc. 2009, *JO* 31 déc. 2009, art. 109, II.
9. CDBF 23 mai 2011, *Lycée Albert Schweitzer du Raincy, GRETA Tertiaire Sud 93*, *AJDA* 2011. 1324, chron. N. Groper et C. Michaut.
10. N. Groper et C. Michaut, chron. sous C. comptes 20 sept. 2006, *École d'architecture de Nancy*, préc.

conforter sa liberté de programmation, n'était pas sans danger pour les comptables eux-mêmes puisqu'à défaut de décision juridictionnelle constatant la décharge du comptable par l'effet de la loi, leur responsabilité se trouvait *de facto* imprescriptible, à l'encontre des intentions du législateur[1]. En conséquence, dès lors que l'atteinte de la prescription confère des droits au comptable, elle peut être regardée également comme une prescription acquisitive, et pas seulement comme mettant un terme à l'action du juge[2].

Deux autres points ont suscité un abondant contentieux et quelques revirements : l'un, conjoncturel, lié à l'enchaînement de quatre lois en huit ans, qui a posé la question de l'effet immédiat ou rétroactif des nouveaux textes (la question étant largement liée au point précédent, consistant à savoir si la prescription constituait une règle de procédure ou de fond). Après avoir affirmé dans sa formation la plus solennelle le caractère non rétroactif de la disposition[3], la Cour des comptes en a fait par la suite une application rétroactive, même après la loi du 28 octobre 2008 (qui supprimait pourtant l'effet rétroactif du texte), avant que la question ne soit réglée définitivement par la loi du 30 décembre 2009[4]. Le second point portait sur l'étendue du pouvoir d'appréciation du juge : dans un premier temps, le Conseil d'État a considéré que la prescription du jugement des comptes n'était pas un moyen d'ordre public[5] ; dans un deuxième temps et sans davantage de motivation mais par référence implicite à la notion d'action publique qui sous-tend la réforme procédurale de la loi du 28 octobre 2008, il a au contraire indiqué que ce moyen devait être relevé d'office par le juge des comptes[6], ce qui marquait une spécificité des interventions de ce dernier et la connotation répressive qui s'y attachait (à l'époque, plus sur les conditions de sa saisine que s'agissant de l'objet de son contentieux), bien avant la mise en place d'un régime purement répressif par l'ordonnance du 23 mars 2022.

SECTION 2
SOUMISSION AUX GRANDS PRINCIPES DU DROIT PROCESSUEL

611.21 Spécificité des juridictions financières. La procédure devant le juge des comptes ne relève ni du code de justice administrative ni du code de procédure civile ou pénale. Elle obéit à des règles propres, pour partie codifiées, pour partie issues de textes législatifs et réglementaires, pour partie d'origine purement jurisprudentielle. Cette originalité tient au caractère d'ordre public de la mission des juridictions financières, à la nature technique de leur contentieux, au caractère « captif » de leurs justiciables, s'agissant des comptables publics, et au fait qu'elles ne peuvent être saisies par les parties (sauf exercice des voies de recours). Ces caractéristiques, qui n'ont pas totalement disparu avec la mise en œuvre du nouveau régime de responsabilité, ont longtemps suffi à justifier que la procédure financière soit purement inquisitoire et écrite, conduite tout entière par le juge depuis la saisine jusqu'au règlement de la situation du comptable par le prononcé de la décharge ou du débet. Faisant suite à des contestations élevées à propos du traitement de gestions de fait, ces traits caractéristiques ont été remis en cause par la jurisprudence puis par le législateur dans les années 2000.

611.22 Affirmation des principes généraux du droit. Au tournant du siècle, l'attitude du Conseil d'État, saisi de pourvois à l'encontre de décisions de la Cour des comptes, a été marquée par une certaine imprévisibilité : confirmation de jurisprudences parfois audacieuses sur le fond (arrêts *Kammerer*[7], *Morel*[8], *Basserie et Caffart*[9]) mais sévérité à géométrie variable sur les questions de procédure. De plus, certaines décisions qui avaient paru marquantes, fondées sur les principes généraux du droit, ont ensuite été appliquées dans des conditions si restrictives que les principes qu'elles affirmaient, en apparence révolutionnaires, se sont trouvés largement privés de substance.

L'exemple le plus marquant et le plus célèbre en la matière est fourni par la jurisprudence *Labor Métal* :

1. Si le juge considérait que le compte n'avait pas été valablement produit : C. comptes 30 mai 2013, *Commune de Fabrezan, Rec.* 79. Sur l'insécurité liée à cette application de la loi, v. C. Michaut, « Le juge des comptes à la recherche d'un nouvel ordre public financier », *Mélanges en l'honneur de Michel Lascombe*, Dalloz, 2020, p. 238-239.
2. EN CE SENS : N. Groper et C. Michaut, chron. sous C. comptes 20 sept. 2006, *École d'architecture de Nancy*, préc. Solution explicitement consacrée par la Cour des comptes dans l'arrêt d'appel du 27 mai 2010, *Commune de Garges-lès-Gonesse*, GFP 2011, p. 772, avec les conclusions du parquet général évoquant une « prescription dite extinctive – pour le juge – ou acquisitive – pour le comptable ».
3. C. comptes, ch. réun., 6 déc. 2006, *Commune de Propriano, AJDA* 2007. 1351, chron. N. Groper et C. Michaut (s'agissant de la loi du 28 déc. 2001).
4. Sur ce point : L. Saïdj, « Responsabilité des comptables (en titre) et des régisseurs », préc., § 221.
5. CE 23 juill. 2010, *Mme Richard-Dubarry et Herr, association Noisy-communication*, req. n° 318826 ; *Rec.* p. 143 (s'agissant pourtant du jugement du compte d'une gestion de fait). Solution justifiée par le principe général selon lequel la prescription est une question de fond qui ne peut être évoquée d'office par le juge si elle n'est pas invoquée par une partie (C. civ., art. 2247).
6. CE 30 déc. 2015, *Centre culturel français de Lagos au Nigéria*, req. n° 385176 ; *Dr. adm.* 2015, n° 8-9, comm. 54, note A. Stéphan.
7. V. ss n° 613.56.
8. V. ss n° 613.56.
9. V. ss n° 613.53.

dans un arrêt d'assemblée, le Conseil d'État a cassé sans renvoi un arrêt de la Cour au motif que « tant le principe d'impartialité que celui des droits de la défense font obstacle à ce qu'une décision juridictionnelle prononçant la gestion de fait soit régulièrement rendue par la Cour des comptes alors que [...] celle-ci a précédemment évoqué cette affaire dans un rapport public en relevant l'irrégularité des faits »[1]. Cette position rigoureuse pouvait sembler remettre en cause le dualisme des missions de la Cour, qui exerce simultanément ou successivement des attributions juridictionnelles et administratives et qui aurait pu se trouver devoir renoncer à l'une de ces deux voies. Elle avait néanmoins sa cohérence en ce qu'elle veillait à ce que le justiciable ne puisse avoir le sentiment, à la lecture du rapport public de la Cour des comptes, que celle-ci aurait déjà préjugé des suites juridictionnelles à donner à ses constatations. Cette cohérence n'a pas été maintenue puisque le domaine d'application de la jurisprudence *Labor Métal* a été confiné *de facto* à la seule déclaration de gestion de fait et non, par exemple, au jugement du compte d'une gestion de fait[2] ou d'un compte patent. La prudence ultérieure du Conseil d'État s'explique notamment par les conséquences radicales de sa décision de 2000 : dans le cadre de la jurisprudence *Labor Métal*, ne sont pas visés les seuls magistrats qui ont pris part à la publication litigieuse ; la juridiction qui a jugé est disqualifiée à jamais pour traiter de l'affaire, quelle qu'en soit la formation ou la composition. Par la suite, le juge de cassation a retenu une approche plus nuancée en estimant que l'impartialité des membres d'une formation délibérante qui avait décidé l'envoi d'un référé portant sur des faits ayant ultérieurement donné lieu à déclaration de gestion de fait ne pouvait être contestée, seule celle du signataire du référé – soit le premier président – pouvant être affectée par cette décision[3].

Dans son état actuel, la jurisprudence de la Cour des comptes reconnaît la possibilité d'annuler un jugement pour « disqualification » de la juridiction qui l'a rendu lorsque celle-ci a précédemment pris position, par un document public et dans une formation l'engageant tout entière, sur la qualification de faits ou leur imputation à des personnes, avant que les mêmes faits ne fondent des décisions juridictionnelles ultérieures[4]. Les cas d'admission de ce moyen d'ordre public sont rarissimes[5]. Si cette communication administrative irrégulière engage l'ensemble de la juridiction, parce qu'elle a été rendue par la chambre du conseil pour la Cour des comptes ou par la formation plénière de la chambre régionale ou territoriale, il y a lieu pour la juridiction supérieure de régler elle-même l'affaire après annulation. Dans le cas inverse et si les termes de la communication ont préjugé de la solution à rendre au fond, il est possible de renvoyer l'affaire devant la juridiction autrement composée.

611.23 Lente réception des exigences européennes du procès équitable. Le juge de cassation a très longtemps maintenu inchangée sa jurisprudence selon laquelle « si, aux termes de l'article 6-1 de la convention européenne de sauvegarde des droits de l'homme et des libertés fondamentales : « toute personne a droit à ce que sa cause soit entendue... publiquement... par un tribunal... qui décidera soit des contestations sur ses droits et obligations de caractère civil, soit sur le bien-fondé de toute accusation en matière pénale dirigée contre elle », la Cour des comptes, lorsqu'elle juge les comptes des comptables publics en vertu de l'article 1er de la loi du 22 juin 1967 modifiée par la loi du 10 juillet 1982, ne statue pas en matière pénale et ne tranche pas de contestation sur des droits et obligations de caractère civil ; que, dès lors, les dispositions précitées de l'article 6-1 de la convention européenne susvisée ne lui sont pas applicables »[6].

La jurisprudence *Ville d'Annecy* a été vivement contestée du fait de sa motivation pour le moins succincte. Il apparaissait difficilement contestable que les décisions prises par les juridictions financières revêtaient un enjeu patrimonial pour le comp-

1. CE Ass. 23 févr. 2000, *Société Labor Métal et autres*, req. n° 195715 ; *Rec.* 119. *AJDA* 2000. 404 et 464, chron. M. Guyomar et P. Collin. *Rev. Trésor* 2000. 682, chron. M. Lascombe et X. Vandendriessche. *GAJF*, 7e éd., n° 12.
2. CE 28 sept. 2001, *Nucci*, req. n° 217490 ; *Rec.* 142, à propos de l'affaire du Carrefour du développement, qui avait pourtant été également évoquée dans le rapport public dans des termes dont le requérant estimait, comme le commissaire du gouvernement Seban dans ses conclusions, qu'ils préjugeaient de leur irrégularité.
3. CE 20 avr. 2005, *Karsenty, fondation d'Aguesseau et autres, Lebon* 151 ; *AJDA* 2005. 1732, note M. Lascombe et X. Vandendriessche.
4. V. l'avis du conseil supérieur des chambres régionales des comptes en date des 28 juin et 12 oct. 2000 et les conclusions du parquet général, reproduites au *Rec.* 2000. 50 ; C. comptes 4 juill. 2013, *Communauté de communes de l'Île-Napoléon, Rec.* 99 (respect du principe d'impartialité dans un rapport d'observations définitives) ; C. comptes, ch. réun., 16 oct. 2017, *Établissement public de financement et de restructuration (EPFR), Rec.* 171 (mise en cause des ordonnateurs et non du comptable dans un référé et un rapport particulier) ; C. comptes 10 sept. 2020, *Commune de Châlons-en-Champagne, Rec.* 80, *AJDA* 2021. 1325, chron. D. Guilbaud et N. Péhau (absence de mention du régime de responsabilité des comptables et des irrégularités susceptibles d'engager la responsabilité du receveur).
5. C. comptes 26 oct. 2017, *Régie personnalisée de l'opéra national de Bordeaux, GFP* 2018. 154.
6. CE 19 juin 1991, *ville d'Annecy*, req. n° 104979 ; *Lebon* 151, concl. R. Abraham, *Rev. Trésor* 1991. 644, note R. Ludwig ; CE 3 avr. 1998, *Mme Barthélémy, Rec.* p. 143 ; CE 27 oct. 2000, *Mme Desvigne, Rec.* p. 128, *GAJF*, 7e éd., n° 30.

table (et aussi pour la collectivité). Ces questions, qui faisaient débat à l'intérieur même des juridictions financières [1], auraient pu rebondir à la suite d'un arrêt de la Cour des comptes de 1992 énonçant que « les principes qui sont à la base de la convention européenne de sauvegarde des droits de l'homme et des libertés fondamentales s'imposent au juge des comptes statuant sur le point de savoir si des personnes n'ayant pas la qualité de comptable public se sont constituées comptables de fait ; [...] ce juge doit se conformer à l'exigence d'impartialité et veiller au respect des droits de la défense avec d'autant plus de soin qu'il a le pouvoir de se saisir d'office et de diriger la procédure » [2]. Cette décision est cependant demeurée isolée compte tenu de la position restrictive adoptée en la matière par le Conseil d'État tant en matière de déclaration de gestion de fait [3] que de jugement du compte des gestions de fait [4].

L'ensemble des contentieux portés devant les juridictions financières échappaient donc à la convention européenne à l'exception des amendes prononcées par le juge : amende pour retard dans la production des comptes, amende pour retard dans les réponses aux injonctions, amende pour gestion de fait. Dans tous ces cas, il était admis que les décisions du juge des comptes avaient le caractère d'une sanction et relevaient de ce fait du volet pénal de l'article 6, I, de la convention européenne. Or il était traditionnellement considéré que les poursuites à l'encontre d'un comptable pour retard dans la production de ses comptes n'avaient pas de caractère personnel. Dès lors, une amende pour retard pouvait en principe être prononcée à l'encontre des héritiers d'un comptable décédé. L'article L. 131-10 du code des juridictions financières disposait en conséquence que les amendes pour retard étaient applicables aux héritiers du comptable. Le texte ne semblait pas en cohérence avec la jurisprudence qui considérait que le décès du comptable en instance d'appel éteignait l'instance, qu'il s'agisse du comptable retardataire [5] ou du gestionnaire de fait [6]. La loi du 28 octobre 2008 a mis un terme à cette situation en supprimant la disposition relative à l'application des amendes pour retard aux héritiers du comptable. Toutefois, il ressort des travaux parlementaires [7] que, comme c'est le cas en matière pénale, une amende devenue définitive continuera de faire partie de la dette successorale du comptable défunt, au même titre qu'un débet.

La position de la cour européenne à l'égard du juge des comptes français était en conséquence attendue. Dans sa décision du 2 octobre 1990 *Muyldermans c/ Belgique*, la commission européenne des droits de l'homme avait considéré que le prononcé d'un débet par la Cour des comptes de Belgique entrait dans le champ d'application de la convention européenne, au motif que cette juridiction « avait apprécié les manquements [de la requérante] dans l'exercice de ses fonctions », ce qui implique que le juge avait apprécié les fautes commises par le comptable. Cette circonstance distinguant radicalement la Cour française, qui ne portait aucune appréciation sur le comportement personnel du comptable [8], les juridictions financières nationales pouvaient sembler à l'abri de la convention, sauf en matière de prononcé d'amende.

Coup sur coup, la Cour européenne, qui ne s'était jamais prononcée sur ce point, a rendu deux décisions qui ont remis en cause toute la construction jurisprudentielle antérieure, en considérant d'abord que l'ensemble de la procédure de gestion de fait relevait de l'article 6, I, de la convention européenne dans son volet civil [9], puis que la même solution s'appliquait aussi à la mise en débet des comptables patents [10].

Si la décision *Dubarry* a eu des effets limités puisque la loi du 21 décembre 2001 avait déjà modifié profondément les règles procédurales de la gestion de fait en généralisant l'audience publique et en excluant le rapporteur du délibéré, la décision *Martinie*, beaucoup plus inattendue, a ouvert une période d'incertitude dans l'attente que la cour européenne se prononce, au fond, sur la compatibilité entre les règles du droit national et les exigences de la convention. Sur ce point, les opinions étaient très contrastées entre la critique radicale [11] et l'affirmation de la compatibilité partielle des pratiques des juridictions financières [12].

Dans sa décision de recevabilité, la cour européenne avait retenu quatre griefs : le défaut de communication au requérant du rapport du rapporteur

1. Dans un sens critique : N. Baverez, « La Cour des comptes : juridiction introuvable ? », *D.* 1992, chron. p. 173 ; en sens inverse : J. Magnet et E. Hemar, « Qui cherche trouve : actualité de la juridiction financière », *D.-S.* 1993. 42.
2. C. comptes 26 mai 1992, Médecin et autres comptables de fait de la commune de Nice, *Rec.* p. 49, *GAJF*, 4e éd., p. 110.
3. CE, sect. 6 janv. 1995, *Nucci*, req. nº 145898 ; *Lebon* 6.
4. CE 16 nov. 1998, *SARL Deltana et M. Perrin*, req. nº 172820 ; *Rec.* 150.
5. C. comptes 27 juin 1900, *Fabrique de l'église de Ploërmel*, *Rec.* 189.
6. C. comptes 27 janv. 2000, *Bez*, *Rec.* 14, conclusions contraires du procureur général H. Gisserot.
7. Rapport nº 772 de M. Ciotti au nom de la commission des lois de l'Assemblée nationale.
8. CE, ass., 20 nov. 1981, *Rispail*, req. nº 18402 ; *Lebon* 434, concl. Baquet ; *Rev. adm.* nº 208, note F. Fabre ; *RFFP* nº 3/1983. 257, obs. J. Magnet.
9. CEDH 7 oct. 2003, *Richard-Dubarry c/ France*, *Rec.* 189, *D.* 2004. 990, obs. C. Bîrsan, *RFDA* 2004. 378, note A. Potteau.
10. CEDH 13 janv. 2004, *Martinie c/ France*, *Rev. Trésor* 2004. 307.
11. Baverez, préc.
12. Concl. A. Seban sur *Association Carrefour du développement*, 5 janv. 1995, *Rec.* 147.

avant l'audience alors que ledit rapport a été communiqué au ministère public ; la participation du rapporteur au délibéré alors qu'il avait précédemment instruit l'affaire ; le défaut de convocation du requérant à l'audience ; le caractère non public de celle-ci.

L'arrêt rendu au fond a considéré que les règles en usage devant les juridictions financières violaient globalement l'article 6, § 1 de la Convention en raison, d'une part, de l'impossibilité pour le requérant de demander la tenue d'une audience publique au moins en appel, d'autre part, de l'atteinte à l'égalité des armes du fait de la place du procureur dans la procédure devant la Cour des comptes[1]. En revanche, la présence du rapporteur au délibéré était déclarée « légitime et justifiée », sauf cas particulier où il aurait pris « des mesures d'instruction de nature à forger un préjugé ». C'était cependant l'économie d'ensemble du procès devant la juridiction financière qui était regardée comme non conforme, et en particulier la place réservée au ministère public. Il était donc nécessaire de modifier la loi pour la mettre en conformité avec les exigences du procès équitable. Dans l'attente de l'adoption de ce texte, qui a duré trente mois[2], le premier président de la Cour des comptes a pris une instruction prévoyant, contre les dispositions du code des juridictions financières, l'organisation d'audiences publiques pour la mise en débet des comptables, l'exclusion du rapporteur du délibéré et le versement de son rapport comme des conclusions au dossier avant l'audience.

Le juge de cassation n'a pu que se conformer au nouvel état du droit imposé par la cour européenne, en affirmant que « lorsque le juge des comptes se prononce, à titre définitif [...] sur la responsabilité des comptables publics, il tranche, dès lors qu'est en cause la mise en débet du comptable, une contestation portant sur des droits et obligations de caractère civil au sens de la convention »[3].

SECTION 3
RESPONSABILITÉ DU FAIT PERSONNEL ET RESPONSABILITÉ DU FAIT D'AUTRUI

611.31 Principe de la responsabilité du comptable *ratione personae*. La matière est régie par la loi, et même par les lois de finances sous l'empire de l'ancienne loi organique[4], le texte essentiel étant l'article 60 de la loi du 23 février 1963[5], en vigueur jusqu'au 31 décembre 2022 et toujours applicable dans les collectivités relevant des chambres territoriales des comptes.

Ce texte aménage un régime de responsabilité du fait personnel et du fait d'autrui. Dans sa dernière version, le III de l'article 60, dans ses alinéas 2 à 4, prévoit :

« Cette responsabilité s'étend aux opérations des comptables publics placés sous leur autorité et à celles des régisseurs et dans la limite des contrôles qu'ils sont tenus d'exercer, aux opérations des comptables publics et des correspondants centralisées dans leur comptabilité ainsi qu'aux actes des comptables de fait, s'ils ont eu connaissance de ces actes et ne les ont pas signalés à leurs supérieurs hiérarchiques.

Elle ne peut être mise en jeu à raison de la gestion de leurs prédécesseurs que pour les opérations prises en charge sans réserve lors de la remise de service ou qui n'auraient pas été contestées par le comptable entrant, dans un délai fixé par l'un des décrets prévus au paragraphe XII ci-après.

Les sommes allouées en remise gracieuse aux régisseurs ou celles dont ceux-ci ont été déclarés responsables mais qui ne pourraient pas être recouvrées ne peuvent être mises à la charge du comptable assignataire par le juge des comptes ou le ministre, sauf si le débet est lié à une faute ou une négligence caractérisée commise par le comptable public à l'occasion de son contrôle sur pièces ou sur place. »

Ce régime de responsabilité du fait d'autrui est d'autant plus remarquable que, à l'exception des gestions de fait, la jurisprudence considère que le juge ne peut prononcer des partages de responsabilité, le débet ou l'amende devant être prononcé à l'encontre d'un seul comptable.

611.32 Responsabilité du fait des agents placés sous l'autorité du comptable. Même si l'article 60 de la loi de finances du 23 février 1963[6] n'en fait pas mention, il est de jurisprudence constante que les comptables répondent des actes des agents placés sous leur autorité, même s'ils n'ont pas la qualité de comptable public seule évoquée au III, al. 2 et peuvent être regardés comme les simples préposés[7] ou comme des fondés de pouvoir[8].

1. CEDH 12 avr. 2006, *Martinie c/ France, Rec.* 137, *Rev. Trésor* 2006. 350, note M. Lascombe et X. Vandendriessche, *GAJF*, 7e éd., no 8.
2. L. no 2008-1091, 28 oct. 2008 relative à la Cour des comptes et aux chambres régionales des comptes, *JO* 29 oct. 2008, no 1.
3. CE 30 mai 2007, *Javelot, ministère de l'Économie, des finances et de l'emploi*, req. no 274724 ; – CE 30 mai 2007, *Garnier*, req. no 270410, *Rec.* 115.
4. Ord. no 59-2, 2 janv. 1959 portant loi organique relative aux lois de finances, art. 1er ; *JO* 3 janv. 1959, p. 180.
5. L. no 63-156, 23 févr. 1963 de finances pour 1963, *JO* 24 févr. 1963, p. 1818.
6. L. no 63-156, 23 févr. 1963 de finances pour 1963, *JO* 24 févr. Abrogée au 31 déc. 2022, elle demeure en vigueur, de façon résiduelle, dans certaines collectivités d'outre-mer, celles relevant des chambres territoriales des comptes.
7. C. comptes 9 mars 1956, *Commune mixte d'Aïn-Touta, Rec.* 78.
8. C. comptes 19 déc. 1956, *Saumitou-Laprade, trésorier-payeur général du Pas-de-Calais, Rec.* 83.

Ainsi que l'expliquait le doyen Saïdj, cette interprétation se déduit de l'approche à la fois matérielle (« toutes les opérations du poste »[1]) et organique (la direction exclusive du poste) qui est celle de l'article 60, dont la logique lie la responsabilité à la qualité de chef de poste[2]. Dans un cas, la Cour des comptes a même considéré que le comptable devait répondre du fait d'une personne étrangère au service dès lors que les circonstances devaient conduire à la regarder comme un préposé du receveur communal[3].

Les applications sont relativement nombreuses concernant les comptables subordonnés, mentionnés par la loi et présents dans un certain nombre d'établissements publics nationaux ou locaux, telles les caisses de crédit municipal, ce qui s'explique par le fait que le comptable principal peut mettre en jeu leur responsabilité. Il peut s'agir de comptables secondaires placés sous l'autorité d'un comptable public[4], des mandataires de ces derniers[5], mais pas des comptables intérimaires, chargés de la direction du poste comptable en l'absence du titulaire et qui sont responsables personnellement de leurs actes dans les mêmes conditions que les titulaires[6].

Le champ de cette responsabilité a été précisé récemment par le juge de cassation, dans un sens restrictif : après avoir rappelé que la responsabilité du comptable principal ne pouvait être engagée au titre du manquement d'un comptable secondaire que dans la limite des contrôles qu'il était tenu d'exercer, le Conseil d'État a considéré qu'elle ne pouvait être mise en jeu que s'il existait un lien de subordination de celui-ci à l'égard de celui-là, ce lien étant présumé s'il s'agit d'un comptable du Trésor et, dans les autres cas, devant découler de l'organisation administrative de l'établissement public et se traduire par l'existence d'un lien d'autorité[7]. Cette décision met fin au principe consacré de longue date selon lequel seuls les comptables principaux sont justiciables du juge des comptes – il s'agit même d'un élément essentiel de la définition de la fonction[8] : dès lors que la responsabilité du comptable principal n'est plus engagée de plein droit par les irrégularités des comptables secondaires, il appartiendra au juge des comptes de mettre en jeu la responsabilité de ces derniers, selon les conclusions du rapporteur public sur l'affaire[9]. Le cadre procédural d'une telle instance, qui n'est pas prévue par le code des juridictions financières, n'est cependant pas précisé.

En toute hypothèse, et au-delà du champ désormais résiduel des collectivités continuant de relever de la loi de 1963, le nouveau régime de responsabilité des gestionnaires publics, qui repose sur une logique de répression des fautes personnelles, pourrait entraîner une réduction du domaine de la responsabilité des comptables du fait d'autrui et la mise en cause d'autres agents du poste lorsqu'ils ont exercé un pouvoir de décision. La Cour des comptes a ainsi condamné, pour la première fois, le fondé de pouvoir d'un comptable public pour avoir payé une dépense dépourvue de caractère libératoire[10].

611.33 **Responsabilité du fait des régisseurs.** Alors même qu'ils ne sont pas placés sous leur autorité, puisqu'ils dépendent de l'ordonnateur, les régisseurs d'avances ou de recettes sont réputés agir « pour le compte » des comptables publics[11]. Ils relèvent d'un régime de responsabilité spécifique, calqué sur celui des comptables puisqu'ils sont soumis aux mêmes « règles, obligations et responsabilité », selon les termes du X de l'article 60 de la loi de finances du 23 février 1963[12], qui est déclenché non par le juge des comptes[13] mais par l'autorité ministérielle, sous le contrôle du juge administratif de droit commun. Cependant, la régie constituant « une sorte de prolongement » de la caisse publique[14], toute somme venant à y manquer, par exemple à la suite d'une dépense irrégulière ou d'un détournement, se traduit nécessairement par un déficit dans la caisse du comptable, de nature à engager la responsabilité de celui-ci. Cette solution rigoureuse, retenue par la

1. L. 23 févr. 1963, art. 60, III, al. 1er.
2. L. Saïdj, « Responsabilité des comptables (en titre) et des régisseurs », préc., no 161.
3. C. comptes 30 oct. 1963, *Commune de Cagnes-sur-Mer, Rec.* 87 (à propos d'un employé du service municipal des eaux, accessoirement chargé de la garde et du transport des fonds provenant des versements des abonnés – l'arrêt ne précise pas si l'intéressé avait la qualité de régisseur).
4. C. comptes 16 déc. 1985, *Ramounet, trésorier-payeur général de la Corrèze, Rec.* 149.
5. C. comptes 22 mai 1980, *Roussel, trésorier-payeur général de l'Oise, Rec.* 71.
6. L'intérim pouvant se prolonger sur une durée fort longue (dix ans dans le cas jugé par C. comptes 14 nov. 2002, *Liard, agent comptable de la caisse de crédit municipal de Paris, Rec.* 85, *Rev. Trésor* 2003. 550).
7. CE 24 févr. 2017, *Établissement français du sang*, req. no 376384 ; *Rec.* 16.
8. J. Magnet, *Les comptables publics*, LGDJ, coll. Systèmes, 1995, p. 13.
9. *GAJF*, 7e éd., no 32.
10. C. comptes 3 mai 2024, *Département de l'Eure*, no 907, S-2024-0715, *RGP* 22 juill. 2024, chron. Y. Simon et S. Heintz ; *JCP Adm.* 2024. 2278 – Confirmé en appel : CAF 6 févr. 2025, Département de l'Eure, no 2025-01.
11. Décr. GBCP, art. 22 ; CGCT, art. R. 1617-4.
12. L. no 63-156, 23 févr. 1963 de finances pour 1963, *JO* 24 févr. Abrogée au 31 déc. 2022, elle demeure en vigueur, de façon résiduelle, dans certaines collectivités d'outre-mer, celles relevant des chambres territoriales des comptes.
13. Sauf dans le cadre d'une procédure de gestion de fait si le régisseur s'est « dépouillé de son titre légal », par exemple en commettant des détournements.
14. C. comptes 30 oct. 1952, *Lévêque, Rec.* 12.

jurisprudence au terme de longues hésitations[1], a été consacrée par la loi du 23 février 1963, au III de l'article 60, puis par le Conseil d'État dans sa décision *Rispail*[2].

Ce principe, réaffirmé y compris dans le cas où le régisseur avait bénéficié d'une remise gracieuse[3] mais contesté par la doctrine et certains magistrats de la Cour des comptes[4], a été fortement limité par le décret du 21 juillet 2004[5], repris et étendu par la loi de finances du 30 décembre 2006[6] : le comptable demeure responsable si la responsabilité du régisseur n'a pas été mise en jeu ; si elle l'a été et que le régisseur a obtenu remise gracieuse ou que les sommes mises à sa charge n'ont pu être recouvrées, le juge des comptes (comme le ministre) ne peut mettre en jeu la responsabilité du comptable qu'à la condition que le débet soit lié à une faute ou à une négligence caractérisée de ce dernier à l'occasion de son contrôle sur pièces ou sur place de la régie.

Cette disposition, qui a écorné le principe du caractère objectif de l'office du juge des comptes auquel le Conseil d'État se montrait particulièrement attaché, a donné lieu à une jurisprudence nuancée sur la notion de « faute » de nature à justifier le prononcé d'un débet à l'égard du comptable[7].

Dans le régime de responsabilité financière des gestionnaires publics, la Cour des comptes pourra appréhender directement les infractions commises par les régisseurs, qui étaient déjà justiciables de la Cour de discipline budgétaire et financière[8], sans préjudice de poursuites à l'encontre de comptables publics dont les agissements ou la négligence revêtiraient un degré de gravité caractérisé.

1. V. commentaire de l'arrêt *Opéra national de Bordeaux, GAJF*, 7e éd., no 33.
2. CE, ass., 20 nov. 1981, req. no 18402 ; *Lebon* 434, concl. Baquet ; *Rev. adm.* no 208, note F. Fabre ; *RFFP* no 3/1983. 257, obs. J. Magnet.
3. CE 28 févr. 1997, *Blémont*, req. no 104544 ; *Rec.* 213, *AJDA* 1997. 463, concl. F. Lamy.
4. Étude M. Lascombe et X. Vandendriessche sur l'arrêt *Blémont, Rev. Trésor* 1997. 736 ; J.-Ph. Vachia, *Comptables publics et régisseurs : quel partage de responsabilité ?* Gaz. Communes 7 oct. 2002. 66.
5. Décr. no 2004 737, 21 juill. 2004 modifiant le décret no 66 850 du 15 novembre 1966 relatif à la responsabilité personnelle et pécuniaire des régisseurs, *JO* 28 juill. 2004, texte 10.
6. L. no 2006-1771 de finances rectificative pour 2006, *JO* 31 déc. 2006, texte 2, art. 146, 3°.
7. PAR EX. : C. comptes 6 déc. 2004, *Mme Berthelot, agent comptable de l'université Joseph Fourier Grenoble I, AJDA* 2005. 1346, chron. N. Groper ; CRC Basse-Normandie, Haute-Normandie 13 sept. 2013, *Commune de Notre-Dame-de-Gravenchon, Rec.* 144 ; C. comptes 26 oct. 2017, *Régie personnalisée de l'opéra national de Bordeaux, Rec.* 108.
8. CDBF 10 déc. 2010, *Commune de Bandol, Rec.* 132 ; *AJDA* 2011. 489, chron. N. Groper et C. Michaut.

611.34 Responsabilité du comptable public du fait des comptables de fait. Bien avant que cette solution soit consacrée par la loi de 1963, la jurisprudence avait eu l'occasion de se prononcer sur l'incidence, à l'égard des comptes du comptable patent, d'opérations constitutives de gestion de fait, la question pouvant se poser tant en recettes[9] qu'en dépenses[10]. Dans les deux cas, la responsabilité du comptable repose sur l'idée d'une faute, soit (en recettes) qu'il ait été à même de connaître l'existence d'une créance et n'ait pas effectué les diligences nécessaires à sa mise en recouvrement, soit (en dépenses) qu'il ait rendu possible la gestion de fait en n'effectuant pas correctement ses contrôles. Par exception, le comptable pouvait également, en application de la jurisprudence *Nicolle*[11], devoir répondre du règlement de dépenses au vu de pièces reconnues fausses par l'autorité judiciaire, quoiqu'il ne puisse lui être reproché de négligence dans l'exercice de ses fonctions.

Dans l'affaire de la commune de Rivesaltes, la Cour a renoncé à mettre en jeu solidairement la responsabilité du comptable patent et celle des comptables de fait, comme le proposait le procureur général Bloch dans ses conclusions, en enjoignant au comptable en titre d'apporter la preuve du reversement des sommes en cause par les comptables de fait ou, à défaut, par lui-même. Il s'agissait donc d'une responsabilité subsidiaire.

La loi du 23 février 1963 a adopté une rédaction plus restrictive puisqu'elle a étendu la responsabilité des comptables publics « aux actes des comptables de fait, s'ils ont eu connaissance de ces actes et ne les ont pas signalés à leurs supérieurs hiérarchiques ». La Cour des comptes a néanmoins continué de faire application de la jurisprudence *Lasserre* à des cas dans lesquels le comptable pouvait être regardé comme n'ayant pas connaissance de la gestion de fait[12]. La situation visée par la loi de 1963, qui avait déjà été réglée en ce sens par le passé[13], peut se rencontrer plus aisément en matière d'encaissements irréguliers (dont le comptable patent a nécessairement connaissance lorsque les sommes en cause lui sont ensuite reversées[14]) qu'en matière d'extraction irrégulière de deniers publics. Dans ce dernier cas, si le comptable public avait connaissance du caractère

9. C. comptes 29 janv. 1901, *David, receveur de l'hospice de Boulogne-sur-Mer, Rec.* 225 (prononcé d'une réserve).
10. Arrêt de principe : C. comptes 18 janv. et 25 avr. 1932, *Lasserre, receveur municipal spécial de la commune de Rivesaltes, Rec.* 58.
11. V. ss no 613.55.
12. C. comptes 12 févr. 1998, *Mmes Soutrenon et Perrin, agents comptables du collège Le Saussay à Ballancourt, Rec.* 32.
13. C. comptes 2 févr. 1922, *Commune de Melun, Rec.* 55.
14. PAR EX. : C. comptes 16 juin 2016, *gestion de fait des deniers du collège William Henri Classen à Ailly-sur-Noye, Rec.* 272.

fictif du mandat mais avait procédé à son règlement, il devrait être déclaré comptable de fait à titre principal, en quelque sorte comme coauteur de la gestion de fait.

611.35 Responsabilité du fait des prédécesseurs. Aux termes du paragraphe III, alinéas 1 et 3, de l'article 60 de la loi du 23 février 1963 [1], « la responsabilité pécuniaire des comptables publics s'étend à toutes les opérations du poste comptable qu'ils dirigent depuis la date de leur installation jusqu'à la date de cessation des fonctions. [...] Elle ne peut être mise en jeu à raison de la gestion de leurs prédécesseurs que pour les opérations prises en charge sans réserve lors de la remise de service ou qui n'auraient pas été contestées par le comptable entrant, dans un délai fixé par l'un des décrets prévus au paragraphe XII ci-après ».

La loi pose donc deux principes, qui peuvent sembler contradictoires : les comptables sont responsables de leur gestion depuis leur installation (c'est-à-dire depuis la fin de la gestion de leurs prédécesseurs) jusqu'à la fin de leurs fonctions (c'est-à-dire jusqu'au début de la gestion de leurs successeurs) ; ils peuvent également être responsables de la gestion de leurs prédécesseurs (sans qu'il soit précisé si ces derniers le sont également, simultanément ou alternativement) dans certaines conditions. Ils peuvent donc être responsables du fait d'autrui à la fois *ratione personae* (du fait de leurs prédécesseurs) et *ratione temporis* (dans certaines limites temporelles).

La question, relativement complexe, ne se pose pas en matière de dépenses puisqu'un payement se réalise en un trait de temps et peut être précisément daté [2]. Dans la mesure où, grâce à la procédure de remise de service, il y a toujours un comptable et un seul comptable à la tête d'un poste, le comptable responsable d'une dépense sera toujours celui qui était en fonction à la date du payement effectif (et non, par exemple, celui qui était en poste à la date de l'ordonnancement ou à celle où la dépense a été visée).

La question se pose donc en matière de recettes (par exemple pour des restes à recouvrer) et en matière de tenue de la comptabilité (par exemple de solde anormal ou de défaut de justification de solde). Elle est plus particulièrement délicate lorsqu'une recette a été prise en charge par plusieurs comptables, au cours d'une même période au terme de laquelle le recouvrement apparaît manifestement compromis. La situation peut, en toute logique, être imputée à chacun de ces comptables, dont l'inaction a contribué à la perte de la recette. Plusieurs solutions peuvent alors être envisagées, et la jurisprudence de la Cour des comptes était partagée entre trois options : le système de la responsabilité unique (sera mis en cause le comptable sous la gestion duquel la créance est devenue irrécouvrable, conformément à la jurisprudence dominante), le débet *in solidum* mis à la charge de tous les comptables concernés [3], un partage de responsabilité à raison des négligences respectives de chacun des receveurs, solution conforme aux principes du droit civil et finalement retenue par les chambres réunies [4].

Ces diverses options ont été rejetées par le Conseil d'État, qui en a adopté une quatrième dans un arrêt d'assemblée *Vèque et autres comptables de la commune de Romainville* du 23 juin 1989 [5] : se fondant sur l'alinéa 3 du paragraphe III de l'article 60, le Conseil d'État a estimé que le comptable entrant assumait seul la responsabilité des opérations de recouvrement qu'il avait prises en charge sans avoir formulé de réserves.

Dans le cadre défini par le Conseil d'État, tel qu'éclairé par les conclusions du commissaire du gouvernement Frydman [6], en l'absence de réserve, la responsabilité est imputée au comptable entrant [7], tandis que la formulation de réserves motivées dégage sa responsabilité, alors transférée au comptable sortant [8] en vertu de ce seul critère [9].

Le caractère binaire, voire mécanique, de cette jurisprudence ne s'est cependant jamais totalement imposé à la Cour qui, si elle a renoncé à la théorie du partage de responsabilité, a continué à se fonder sur l'irrécouvrabilité sans toujours faire référence à l'existence ou à l'absence de réserves. Le juge des comptes s'est ainsi abstenu de mettre en jeu la responsabilité du comptable entrant, même en l'absence de réserve, soit parce que les désordres laissés par le comptable sortant ne lui permettaient pas d'en formuler [10], soit,

1. L. n° 63-156, 23 févr. 1963 de finances pour 1963, *JO* 24 févr. 1963. Abrogée au 31 déc. 2022, elle demeure en vigueur, de façon résiduelle, dans certaines collectivités d'outre-mer, celles relevant des chambres territoriales des comptes.
2. C. comptes 8 déc. 1994, *Centre hospitalier spécialisé Charcot de Caudan, Rev. Trésor* 1995. 365, chron. R. Ludwig.
3. F. Fabre, « *Débets in solidum* de plusieurs comptables successifs à raison du non-recouvrement des créances », *Rev. adm.* 1974. 33 ; F. Labie, « La responsabilité solidaire des comptables dans la jurisprudence de la Cour des comptes », *Rev. Trésor* 1980. 247.
4. C. comptes, ch. réun., 16 oct. 1979, *Amilhat et Lecchorn, Rec.* 83.
5. CE, ass., 23 juin 1989, req. n° 67442 ; *Lebon* 151 ; *AJDA* 1989. 437, chron. E. Honorat et E. Baptiste ; *Rev. adm.* n° 256/1990, note F. Fabre ; *RFFP* n° 30/1990. 163, étude J. Magnet.
6. *RFDA* 1990. 101.
7. C. comptes 27 janv. 2005, *Arnaud, agent comptable du lycée polyvalent Thomas-Jean Main à Niort et groupement d'établissements pour la formation continue (GRETA) des Deux-Sèvres, Rev. Trésor* 2005. 625, chron. M. Lascombe et X. Vandendriessche.
8. Ou du prédécesseur de ce dernier, si celui-ci avait formulé des réserves valides.
9. C. comptes 20 avr. 1995, *Lycée technique d'État (ENREA) de Clichy, Rec.* 13.
10. C. comptes 16 mai 2002, *Lycée professionnel industriel Château d'Épluches à Saint-Ouen-l'Aumône, Rec.* 56.

ce qui contredit encore plus directement la position du juge de cassation, parce que le fait générateur (irrécouvrabilité de la créance[1], défaut de justification d'un compte d'actif[2]) était antérieur à sa prise de fonctions, tandis que d'autres décisions se fondaient à la fois sur l'irrécouvrabilité et l'absence de réserves[3].

Sans qu'il faille nécessairement y voir l'effet d'un « dialogue de juges », le Conseil d'État finira, onze après la décision *Commune de Romainville*, par se rallier implicitement à la position de la Cour, en admettant que, pour apprécier la responsabilité du comptable en recettes, le juge puisse se fonder non sur l'existence de réserves mais sur l'accomplissement de diligences adéquates, complètes et rapides[4].

SECTION 4
SANCTION DES MANQUEMENTS

611.41 Responsabilité personnelle et pécuniaire des comptables publics : un cadre renouvelé en 2011. Si, sous l'Ancien droit, les chambres des comptes disposaient d'une plénitude de juridiction sur les comptes comme sur les comptables publics, la Cour des comptes, à partir de 1807 et durant près de deux siècles, a vu son office se réduire au jugement des comptes selon un arbre de décision particulièrement simplifié reposant sur une logique d'ordre public de nature binaire : si le comptable a commis l'un des manquements prévus par la loi, il engage sa responsabilité[5] et doit être constitué débiteur des sommes en cause (décision de débet) sans que le juge puisse apprécier aucune circonstance limitative ou exonératoire de responsabilité[6] ; dans le cas inverse et quand bien même le comptable aurait méconnu ses obligations, le juge ne peut que le décharger de sa gestion et, s'il est sorti de fonctions, l'en déclarer quitte (décision de *quitus*). La possibilité de constater la force majeure pour ne pas mettre en jeu la responsabilité du comptable ne lui a été reconnue qu'à partir de 2006[7].

Ce dispositif cohérent, mais sans doute fruste, correspondait parfaitement à l'objet du jugement des comptes, qui a été remis en cause par la doctrine et par des évolutions jurisprudentielles en matière tant de gestion de fait que de jugement des comptes des comptables patents, dans le sens d'un renforcement des droits des justiciables. De son côté, la direction générale de la comptabilité publique œuvrait pour obtenir une réduction du champ de la responsabilité des comptables publics : après avoir procédé à des modifications de la liste des pièces justificatives des dépenses puis à l'introduction dans la loi de circonstances exonératoires, elle a étudié avec la Cour des comptes divers projets destinés en particulier à mettre fin à ce qu'elle considérait comme des « débets sans préjudice ».

Sans doute cette dernière notion reposait-elle davantage sur un consensus diffus que sur une démonstration juridique parfaitement étayée. Elle était contredite par la cour européenne des droits de l'homme, qui avait cru pouvoir affirmer que « l'« obligation » dont il est question [devant le juge français des comptes] vise en effet avant toute chose à réparer le préjudice causé à la collectivité par la négligence du comptable public dans l'exercice des contrôles qu'il est tenu d'effectuer »[8]. Et il est vrai que le règlement d'une dépense qui n'aurait pas dû l'être en l'état, le non-encaissement d'une recette, l'existence d'un déficit ou d'un manquant, ainsi que l'indemnisation d'un tiers, semblent renvoyer à l'idée d'un dommage pour la personne publique, ce qui, *prima facie*, paraît contredire la possibilité de débets sans préjudice.

Cependant, la responsabilité personnelle et pécuniaire des comptables, si elle a une fonction « réparatrice », ne reposait en droit français ni sur l'existence d'un préjudice, ni sur une faute du comptable[9], mais seulement sur le constat que ce dernier se trouvait dans l'un des cas prévus par l'article 60 de la loi de finances du 23 février 1963.

Cette interprétation, irréprochable à la lecture des textes, n'en suscitait pas moins quelque perplexité parmi les observateurs les plus avisés, y compris au sein du parquet général de la Cour. Ainsi le procureur général Hélène Gisserot admettait-elle que « certaines catégories de dépenses irrégulières, notamment en cas

1. C. comptes 12 déc. 2011, *Trésorier-payeur général des créances spéciales du Trésor, Rec.* 124 ; GFP 2013. 75, chron. S. Damarey, M. Lascombe et X. Vandendriessche.
2. C. comptes 23 nov. 2006, *Chambre d'agriculture de Corse-du-Sud, Rec.* 43 ; *Rev. Trésor* 2008. 681, chron. M. Lascombe et X. Vandendriessche.
3. C. comptes 26 nov. 1991, *Centre hospitalier de Briançon, Rev. Trésor* 1992. 386 ; *RFFP* n° 39/1992. 172, chron. R. Ludwig.
4. CE, ass., 27 oct. 2000, *Mme Desvigne, agent comptable de la régie des remontées mécaniques de Chantemerle à Saint-Chaffrey*, req. n° 196046, préc.
5. Contrairement à une confusion fréquente faite par les commentateurs (et parfois par le juge lui-même), ce n'est pas le juge qui « engage » la responsabilité du comptable, c'est le manquement commis par ce dernier (en payant une dépense irrégulière, en n'effectuant pas des diligences suffisantes en vue du recouvrement d'une recette, etc.), tandis que le juge des comptes « met en jeu » cette responsabilité.
6. V. s^s^ n° 611.11.
7. V. s^s^ n° 611.12.
8. CEDH 13 janv. 2004, *Martinie c/ France, Rev. Trésor* 2004. 307 (§ 28).
9. C. comptes 28 avr. 1988, *Commune de Gy, Rec.* 157 : « Attendu que la responsabilité du comptable s'apprécie en fonction des obligations que lui imposent la législation et la réglementation et non selon le préjudice ou l'enrichissement sans cause qui pourrait résulter, pour la collectivité, des actes dudit comptable ou de décisions des juridictions financières ».

de dépassements de crédits, d'insuffisance de trésorerie ou de non-respect du code des marchés publics, comportent une contrepartie. Dans ce cas, la mise en débet du comptable serait source d'un enrichissement sans cause de l'organisme public concerné qui bénéficierait à la fois de la contrepartie des dépenses irrégulières et du reversement desdites dépenses »[1]. Certaines décisions des juges du fond pouvaient sembler s'inspirer de ces considérations, qui s'abstenaient de mettre en jeu la responsabilité de comptables alors même que la dépense avait été inexactement liquidée mais qu'il n'en résultait pas de préjudice apparent, en matière de marchés publics[2] ou de personnel[3].

Il existait donc un consensus entre la doctrine, le ministère des Finances et une grande partie des magistrats financiers pour envisager une réforme d'ampleur du régime de responsabilité des comptables publics, qui rencontrait cependant l'opposition résolue du Conseil d'État, lequel avait précédemment fait échouer une tentative visant à plafonner le montant des débets. La direction générale des finances publiques (qui avait succédé en 2008 à l'ancienne « comptabilité publique ») et la Cour des comptes ont en conséquence procédé par voie d'amendement à un projet de loi de finances, ce qui a permis d'éluder l'avis du Conseil d'État. Le nouveau régime de responsabilité personnelle et pécuniaire des comptables publics a été défini par l'article 90 de la loi du 28 décembre 2011[4].

611.42 **Réforme du régime de responsabilité personnelle et pécuniaire de 2011 : principaux apports.** L'économie de la réforme de 2011 tient dans la combinaison, dans l'article 60, de nouvelles dispositions du VI, alinéas 2 et 3, du VII et du IX, alinéas 1 et 2[5].

Art. 60, VI, al. 2 et 3 : « Lorsque le manquement du comptable aux obligations mentionnées au I n'a pas causé de préjudice financier à l'organisme public concerné, le juge des comptes peut l'obliger à s'acquitter d'une somme arrêtée, pour chaque exercice, en tenant compte des circonstances de l'espèce. Le montant maximal de cette somme est fixé par décret en Conseil d'État en fonction du niveau des garanties mentionnées au II. Lorsque le manquement du comptable aux obligations mentionnées au I a causé un préjudice financier à l'organisme public concerné ou que, par le fait du comptable public, l'organisme public a dû procéder à l'indemnisation d'un autre organisme public ou d'un tiers ou a dû rétribuer un commis d'office pour produire les comptes, le comptable a l'obligation de verser immédiatement de ses deniers personnels la somme correspondante ».

VII : « Le comptable public dont la responsabilité pécuniaire est mise en jeu par le ministre dont il relève ou le ministre chargé du budget et qui n'a pas versé la somme prévue au VI peut être constitué en débet par l'émission à son encontre d'un titre ayant force exécutoire ».

IX, al. 1 et 2 : « Les comptables publics dont la responsabilité personnelle et pécuniaire a été mise en jeu dans les cas mentionnés au deuxième alinéa du VI ne peuvent obtenir du ministre chargé du budget la remise gracieuse des sommes mises à leur charge. Les comptables publics dont la responsabilité personnelle et pécuniaire a été mise en jeu dans les cas mentionnés au troisième alinéa du même VI peuvent obtenir du ministre chargé du budget la remise gracieuse des sommes mises à leur charge. Hormis le cas de décès du comptable ou de respect par celui-ci, sous l'appréciation du juge des comptes, des règles de contrôle sélectif des dépenses, aucune remise gracieuse totale ne peut être accordée au comptable public dont la responsabilité personnelle et pécuniaire a été mise en jeu par le juge des comptes, le ministre chargé du budget étant dans l'obligation de laisser à la charge du comptable une somme au moins égale au double de la somme mentionnée au deuxième alinéa dudit VI ».

La nouveauté du régime porte moins sur le champ de la responsabilité des comptables, *a priori* inchangé, que sur la sanction de leurs irrégularités, avec une distinction sensible selon que le manquement a causé un préjudice financier à l'organisme public, ce qui justifie le prononcé d'un débet susceptible de faire l'objet d'une remise gracieuse, ou qu'il n'a pas causé de préjudice, auquel cas le juge peut mettre à la charge du comptable une somme dont ce dernier ne peut obtenir la remise.

Entrée en vigueur le 1er juillet 2012, cette réforme d'ampleur a suscité de nombreux commentaires, parfois sceptiques[6] ou insistant sur le nombre et la nouveauté des questions d'interprétation juridique

1. H. Gisserot, « Où va le juge des comptes ? », *Rev. adm.* n° 302/1998. 245.
2. CTC Saint-Pierre-et-Miquelon 27 déc. 2007, *Centre hospitalier François Dunan, Rev. Trésor* 2008. 674, chron. J.-L. Girardi, L. Renouard et P. Rocca.
3. CRC Haute-Normandie 29 avr. 2010, *Département de Seine-Maritime*, GFP 2011. 260, chron. J.-L. Girardi, L. Renouard et P. Rocca.
4. L. n° 2011-1978, 28 déc. 2011 de finances rectificative pour 2011, *JO* 29 déc., n° 2.
5. Il est rappelé que l'article 60 de la n° 63-156 du 23 févr. 1963 de finances pour 1963 a été abrogé au 31 déc. 2022, mais demeure applicable, de façon résiduelle, dans certaines collectivités territoriales d'outre mer, relevant des chambres territoriales des comptes.
6. S. Damarey, « L'acte (II) manqué de la réforme des juridictions financières », *AJDA* 2012. 317, présentant la loi comme un « renouveau avorté du schéma contentieux financier » ; S. Thébault, « Le pas de plus vers la responsabilité pour faute du comptable ou comment tout changer en préservant l'essentiel », *RFFP* n° 121/2013. 233, qui évoque une « réformette ».

suscitées par le texte [1], dont les plus délicates portent sur les notions de manquement, de préjudice financier et de circonstances de l'espèce.

611.43 Notion de manquement. La première innovation de la loi de 2011, au moins au plan terminologique, porte sur l'introduction de la notion de « manquement », qui ne figurait pas jusqu'alors dans l'article 60 de la loi du 23 février 1963 [2]. Dans son acception commune, ce terme revêt une connotation morale étrangère au droit de la comptabilité publique puisqu'il renvoie à la notion de faute, qui relève du registre de la juridiction répressive, civile ou administrative, mais non du contentieux financier sauf dans des cas strictement délimités [3]. Sa mention dans l'article 60 pouvait permettre d'envisager une autre logique pour la responsabilité des comptables, qui serait passée d'une approche « binaire » par le résultat (une dépense irrégulière a-t-elle été payée, une recette a-t-elle été recouvrée, etc. ?) à une approche « globale » par le comportement du comptable (ce dernier disposait-il des moyens et les a-t-il utilisés diligemment pour effectuer ses contrôles ?), ce qui aurait répondu aux critiques contre le caractère objectif du régime.

Si certaines décisions ont pu traduire des hésitations initiales, la Cour des comptes et le Conseil d'État, sur des plans différents, ont apporté des réponses dépourvues d'ambiguïté. Tout d'abord, il était significatif que le législateur se soit abstenu de parler de « faute », et le juge s'est bien gardé d'en faire mention. Ainsi que l'observait le rapporteur public X. de Lesquen dans ses conclusions sur la décision *Conservatoire de l'espace littoral*, « l'office du juge des comptes consiste toujours à rechercher les irrégularités des comptes. Le point d'entrée du contrôle juridictionnel demeure donc un contrôle objectif de la ligne de compte. » [4]

En réalité, sur le fond, les faits de nature à engager la responsabilité des comptables devant le juge des comptes demeuraient inchangés : la loi du 28 décembre 2011 n'a pas eu pour effet d'étendre ou de restreindre le champ de responsabilité des comptables, qui est fixé au I, alinéa 3, de l'article 60. Aux termes de cette disposition, la responsabilité personnelle et pécuniaire du comptable est engagée « dès lors qu'un déficit ou un manquant en monnaie ou en valeurs a été constaté, qu'une recette n'a pas été recouvrée, qu'une dépense a été irrégulièrement payée ou que, par le fait du comptable public, l'organisme public a dû procéder à l'indemnisation d'un autre organisme public ou d'un tiers ou a dû rétribuer un commis d'office pour produire les comptes ».

Ces motifs sont limitativement énumérés et les défaillances ou irrégularités imputables à un comptable ne sont pas susceptibles d'être appréhendées par le juge des comptes si elles ne répondent à aucune de ces quatre hypothèses [5]. La Cour des comptes a en conséquence infirmé un jugement qui avait mis en jeu la responsabilité du comptable à raison de l'absence de diligences en vue du recouvrement d'un titre atteint par la prescription et qui avait mis une somme irrémissible à sa charge, au motif que la créance avait été finalement recouvrée, nonobstant son inaction [6]. La loi de 2011 ne pouvait fonder une action de nature en réalité disciplinaire ; tout manquement du comptable à ses obligations ne constitue pas un manquement au sens de la loi de 2011, le manquement du comptable au sens commun du terme est sans incidence sur sa responsabilité personnelle et pécuniaire si celui-ci ne se trouve pas dans l'un des cas prévus par la loi, en l'espèce si la créance a été recouvrée.

La jurisprudence a apporté une autre précision, également favorable aux comptables : en principe, toute dépense irrégulièrement payée constitue un manquement puisque chacune des dépenses a engagé la responsabilité du comptable. La Cour des comptes a cependant considéré qu'une série d'irrégularités identiques répétées au cours d'un même exercice (par exemple, l'absence d'une pièce justificative ou l'erreur d'imputation pour des dépenses récurrentes) constituaient un manquement unique [7]. L'enjeu portait sur le plafond applicable à la somme irrémissible susceptible d'être mise à la charge du comptable en l'absence de préjudice, le plafond s'appréciant par manquement. Une telle précaution, qui se voulait protectrice, n'était pourtant pas indispensable dans la mesure où rien n'oblige le juge à appliquer le maximum et qu'il lui appartient de tenir compte des circonstances de l'espèce, même s'il entend prononcer une « somme » par manquement.

611.44 Responsabilité personnelle et pécuniaire des comptables publics : notion de préjudice financier. La notion de préjudice financier est devenue la clé de voûte du régime de responsabilité mis en place

1. J.-L. Girardi et L. Renouard, « Évolutions de la responsabilité personnelle et pécuniaire des comptables publics », *AJDA* 2012. 536 ; J.-L. Girardi, « Le régime de responsabilité personnelle et pécuniaire des comptables publics après "La" réforme », GFP nov. 2012. 35.
2. L'article 60 de la L. n° 63-156, 23 févr. 1963 de finances pour 1963, réformé en 2011, a été abrogé au 31 déc. 2022, mais demeure applicable dans certains territoires d'outre-mer, relevant des chambres territoriales des comptes.
3. V. s^s n°s 611.31, 611.34 et 615.13.
4. Concl. sur CE 21 mai 2014, *Conservatoire de l'espace littoral et des rivages lacustres*, req. n° 367254 ; *Lebon T ; Rec.* p. 190.
5. C. comptes 23 févr. 1999, *Commune d'Aiguilles, Rec.* 15.
6. C. comptes 20 juill. 2017, *Syndicat intercommunal scolaire et de transport (SIST) de Formiguères et Capcir, Rec.* 150.
7. C. comptes 24 juill. 2013, *Agence de la biomédecine, Rec.* 118.

en 2011 [1], dans la mesure où ce point détermine la sanction du manquement du comptable : débet en cas de préjudice ou somme irrémissible en cas de manquement sans préjudice (le juge pouvant aussi, dans ce dernier cas, prononcer un non-lieu). Elle a en conséquence retenu l'attention de la doctrine autant que les craintes ou les espoirs des justiciables, en forme de paradoxe puisque si la suppression des « débets sans préjudice » constituait le premier des objectifs et la première des justifications de la réforme, il demeurait possible, dans certaines conditions, d'obtenir remise gracieuse du débet alors que tel n'était pas le cas pour les « sommes ». De plus, le choix fait par les juridictions financières de traiter en une seule décision à la fois la question du manquement, celle du préjudice et celle des circonstances de l'espèce a pu désorienter les comptables qui, lors de la phase de contradiction, ont concentré leur argumentation sur l'absence de manquement et/ou de préjudice, sans anticiper nécessairement sur la présentation des circonstances ayant entouré l'irrégularité, ce qui a conduit souvent le juge à fixer la somme irrémissible à son plafond.

Cette notion apparaît comme un concept propre au droit de la comptabilité publique, les régimes de responsabilité civile ou administrative connaissant des notions proches mais pas tout à fait semblables [2], la moins éloignée étant sans doute le dommage matériel au sens des articles 1149 ancien et 1231-2 nouveau du code civil (perte subie ou gain manqué) [3], sous la réserve importante que ces textes relèvent des dispositions relatives à la responsabilité contractuelle. Le juge des comptes s'est donc trouvé à partir de 2012 en présence d'une « page blanche » comportant de nombreuses questions auxquelles la doctrine a naturellement tenté d'apporter des propositions de réponse [4].

Compte tenu de la place de cette notion dans l'instance, la jurisprudence s'est efforcée de la stabiliser en définissant un « mode d'emploi » qui n'a pas toujours rencontré le succès attendu. La première tentative émane des chambres régionales et territoriales des comptes, qui ont entendu définir le préjudice financier comme une « perte » (ou, selon d'autres jugements, un « dommage d'ordre pécuniaire ») liée à un décaissement ou au défaut de recouvrement d'une recette et se traduisant par un « appauvrissement patrimonial de la personne publique non recherché par cette dernière ». Cette définition faisait une place importante à l'intention de la collectivité. Elle a été écartée en appel par la Cour des comptes sur conclusions conformes du parquet général [5], qui faisait observer qu'une telle conception aurait réduit très sensiblement les possibilités de prononcer un débet en matière de dépense, puisque « l'autorisation » de la collectivité, voire son intention de s'appauvrir, était presque toujours présente, au moins sous la forme de l'émission d'un mandat de l'ordonnateur et, le plus souvent, de l'engagement de la dépense.

La Cour des comptes elle-même a eu l'occasion d'apporter de nombreuses précisions dans un arrêt rendu en premier et dernier ressort concernant une multitude d'irrégularités qui ont justifié la saisine des chambres réunies par le procureur général [6]. Cette importante décision était d'autant plus attendue qu'elle a permis de trancher des divergences d'interprétation entre les différentes chambres de la Cour sur des points aussi délicats que le défaut de signature du mandat par l'ordonnateur, le défaut de certification du service fait ou l'absence de pièce justificative.

Elle a éclairé l'ensemble des formations de la Cour ainsi que les CRTC, ainsi que bien des décisions du juge de cassation jusqu'à ce que ce dernier entreprenne à son tour de fixer un cadre systématique pour la définition du préjudice financier en matière de dépenses irrégulières, dans le cadre de deux décisions remarquées [7] relevant d'une démarche tout à fait inhabituelle puisque le Conseil d'État, se prononçant très au-delà des espèces qui lui étaient soumises, a rendu de véritables arrêts de règlement. Son interprétation marquait une réduction sensible du champ du préjudice par rapport à l'acception

1. Et qui, abrogé fin 2022, demeure applicable de façon résiduelle à certaines collectivités d'outre-mer relevant des chambres territoriales des comptes, v. s[s] n°s 112.22 s.
2. L. Saïdj, « Responsabilité des comptables (en titre) et des régisseurs », Encycl. coll. *loc.*, 2014, §§ 533-535.
3. En ce sens : L. Saïdj, préc., et J.-L. Girardi, « Le régime de responsabilité personnelle et pécuniaire des comptables publics après "La" réforme », *GFP* nov. 2012. 37.
4. L'étude prospective la plus complète étant proposée par J.-L. Girardi et L. Renouard, « Évolutions de la responsabilité personnelle et pécuniaire des comptables publics », *AJDA* 2012. 536. Sur l'évolution de la jurisprudence entre les arrêts *DRFiP Rhône-Alpes* et *DRFiP Bretagne-ONIAM* : S. Damarey, « Le préjudice financier, nouveau critère de la responsabilité du comptable public », *AJDA* 2017. 1435 ; « Le préjudice devant le juge des comptes », *Dr. adm.* n° 8-9, août 2018.
5. C. comptes 18 déc. 2014, *Communauté de communes des Vals de Gartempe et Creuse, Rec.* 161.
6. C. comptes, ch. réun., 26 mai 2016, *Direction régionale des finances publiques de Rhône-Alpes et du département du Rhône, Rec.* 71 ; *AJDA* 2017. 463, chron. N. Péhau et N. Hauptmann ; *BJCL* 2016. 589, note S. Damarey.
7. CE, sect., 6 déc. 2019, *Mme Bailloux, agent comptable de l'office national d'indemnisation des accidents médicaux, des affections iatrogènes et des infections nosocomiales (ONIAM)*, req. n° 418741 ; – CE, sect., 6 déc. 2019, *Mariel, directeur régional des finances publiques de Bretagne et du département d'Ille-et-Vilaine*, req. n° 425542 ; *Rec.* 20 ; *AJDA* 2020. 289, chron. C. Malverti et C. Beaufils ; *BJCL* n° 12/2019, concl. L. Dutheillet de Lamothe, note S. Damarey ; *JCP Adm.* 4 mai 2020, note M. Kernéis-Cardinet.

extensive retenue jusque-là par la Cour des comptes. Elle traduisait aussi, comme l'a très justement fait observer un commentateur, les réserves d'un juge de cassation « qui tend à relativiser les effets de la réforme de 2011 »[1] à l'écart de laquelle il avait été tenu[2]. Se voulant pédagogiques, ces décisions ont pour partie été démenties, notamment en matière de caractère libératoire du règlement[3], tant la grande variété des situations auxquelles se trouve confronté le juge des comptes appelle une nuance de solutions plus que l'énoncé de « théorèmes financiers » (S. Damarey) qui rencontrent rapidement leurs limites.

611.45 **Notion de circonstances de l'espèce.** En l'absence de préjudice financier, le manquement du comptable, dans le cadre de sa responsabilité personnelle et pécuniaire, expose ce dernier au versement d'une « somme » dont le ministre, à la différence du débet, ne peut lui accorder remise[4]. La loi se borne à indiquer que le juge tient compte, pour son prononcé, des circonstances de l'espèce, sans les définir[5], dans les limites d'un montant maximal fixé par décret en Conseil d'État. Ce plafond a été fixé à un millième et demi du montant du cautionnement prévu pour le poste comptable[6].

Si le débet est par principe forfaitaire et d'un montant égal[7] à la dépense irrégulière (ayant causé un préjudice) ou à la recette non recouvrée, la somme irrémissible est modulable et ne porte pas intérêt[8].

La première difficulté d'interprétation du texte, source d'inquiétude pour les comptables, a porté sur l'appréciation du plafond réglementaire. L'article 60, VI, al. 2, fait mention « d'une somme arrêtée, pour chaque exercice, en tenant compte des circonstances de l'espèce ». La direction générale des finances publiques en déduisait que ce plafond devait s'apprécier par exercice. La Cour des comptes a, au contraire, considéré que le plafond s'appliquait par exercice et par charge[9], solution confirmée par le Conseil d'État[10]. Les effets de cette décision ont été atténués par l'attitude du juge, qui par la suite a raisonné non par charge mais par manquement, et en réalité par nature de manquement[11], en procédant à des regroupements qui ont abouti à une diminution des sommes totales supportées par les comptables.

Dans l'appréciation des circonstances de l'espèce, le juge dispose d'une totale liberté. Il s'efforce de motiver ses décisions, et en particulier la modulation de la somme, voire un non-lieu, par des éléments véritablement extérieurs à l'irrégularité (comportement de l'ordonnateur, effectif du poste, incidence ou non sur les finances de l'organisme...), mais parfois aussi tenant au manquement lui-même (modestie ou non des sommes en jeu, caractère isolé de l'irrégularité, respect des règles du contrôle sélectif des dépenses...), en évitant toutefois soigneusement de faire état d'une faute du comptable, ce qui montre bien que, jusqu'en 2022[12], le juge des comptes avait bien du mal, y compris lorsque la loi ou le Conseil d'État ne lui en faisait pas interdiction, à se regarder lui-même comme un juge des comptables.

Certaines motivations retenues en faveur du comptable peuvent surprendre, voire sembler éloignées de la logique de la loi, en particulier la mention de la circonstance que le manquement n'a pas causé de préjudice. D'autres, plus originales, traduisent les états d'âme du juge : ainsi d'une décision de non-lieu fondée sur le fait que le comptable avait payé une indemnité de sujétion spéciale en l'absence de décision individuelle d'attribution prévue par la nomenclature des pièces justificatives des dépenses de l'établissement public alors que cette pièce était inutile puisqu'un décret en imposait le versement aux agents qui en avaient bénéficié[13]. En ce cas, c'était bien davantage l'inadaptation de la réglementation, en l'espèce la liste des pièces justificatives, que le comportement du comptable, qui venait justifier la décision du juge.

1. S. Damarey, note préc. au *BJCL* n° 12/2019.
2. V. s^s^ n° 611.41.
3. V. s^s^ n° 613.63.
4. V. s^s^ n°s 611.11 et 611.42.
5. À la différence de l'amende pour gestion de fait ou, désormais, de l'amende encourue par les gestionnaires publics dans le nouveau régime de responsabilité financière (CJF, art. L. 131-16 et L. 131-18).
6. Décr. n° 2012-1386, 10 déc. 2012 portant application du deuxième alinéa du VI de l'article 60 de la loi de finances de 1963 modifié, dans sa rédaction issue de l'article 90 de la L. n° 2011-1978 du 28 déc. 2011 de finances rectificative pour 2011, *JO* 12 déc. 2012, texte n° 34.
7. Sauf cas particulier où le dommage subi par la personne publique est d'un montant inférieur, par exemple en cas de trop-payé ou de cofinancement de la dépense par un tiers (C. comptes 18 déc. 2014, préc.).
8. C. comptes 29 janv. 2013, *Conservatoire de l'espace littoral et des rivages lacustres*, *AJDA* 2013. 681, chron. C. Michaut et P. Sitbon, *JCP Adm.* 2013, n° 2052, note S. Damarey.
9. *Idem* : « Considérant que le paragraphe VI, alinéa 2, de l'article 60 de la loi du 23 févr. 1963 vise « le manquement du comptable » et « pour chaque exercice (...) [un] montant maximal » ; qu'ainsi, il résulte du texte qu'en cas de pluralité de charges, le juge des comptes a la faculté d'arrêter plusieurs sommes non rémissibles sur un même exercice contrôlé et que leur montant cumulé n'est pas affecté par le niveau du plafonnement prévu par le législateur ».
10. CE 21 mai 2014, *Conservatoire de l'espace littoral et des rivages lacustres*, req. n° 367254 ; *Rec.* 190.
11. V. s^s^ n° 611.43.
12. Sur la réforme de 2022, entrée en vigueur le 1er janv. 2023, v. d'une façon générale, v. s^s^ n°s 051.11 s.
13. CRC Normandie 17 mars 2022, *Établissement d'hébergement pour personnes âgées dépendantes (EHPAD) « Les Quatre Vents » à Écouis*, n° 2022-04.

611.46 Respect des règles de contrôle sélectif des dépenses. Lorsque son manquement a causé un préjudice financier à l'organisme public, le comptable doit être constitué débiteur des sommes en cause[1], comme c'était le cas avant la loi de 2011[2]. Il peut néanmoins en recevoir remise gracieuse dans des conditions qui ont évolué au cours du temps. Fortement critiqué par la doctrine[3], le pouvoir ministériel de remise gracieuse apparaît pourtant indissociable du débet, qui est l'expression de l'office « objectif » du juge des comptes comme du caractère patrimonial (et non répressif) de la responsabilité personnelle et pécuniaire des comptables. Il s'exerce sous le contrôle du juge de l'excès de pouvoir, en pratique seulement sur les décisions de refus[4].

Le pouvoir discrétionnaire reconnu à l'autorité ministérielle n'était, à l'origine, que faiblement contrebalancé par les avis tout formels que rendait le Conseil d'État sur les remises gracieuses. Le décret du 5 mars 2008[5] a substitué la Cour des comptes au Conseil d'État pour les projets de remise les plus importants[6]. Les chambres réunies ont exercé cette fonction avec la plus grande attention et proposé des laissés à charge significatifs[7], suivis presque systématiquement par le ministre, jusqu'à ce que la loi de finances rectificative du 28 décembre 2011[8] ait pour conséquence de supprimer cette intervention. Le même texte a soumis l'exercice du pouvoir de remise du ministre à un autre encadrement, en limitant les possibilités de remise totale des débets à deux cas : le décès du comptable et le respect des règles de contrôle sélectif des dépenses, dans ce dernier cas « sous l'appréciation du juge des comptes ».

Le contrôle sélectif n'est pas une innovation de la loi de 2011. Il consiste dans deux dispositifs spécifiques, mis en place par la direction générale de la comptabilité publique au début des années 2000 : le contrôle hiérarchisé de la dépense (CHD) et le contrôle partenarial, devenu contrôle allégé en partenariat. Le contrôle hiérarchisé de la dépense module le champ, le moment et l'intensité du contrôle (exhaustif ou par échantillon, contemporain ou *a posteriori*, portant sur tout ou partie des vérifications). Il a été généralisé en 2004 pour les dépenses de l'État. Le contrôle partenarial permet au comptable, au terme d'une démarche d'audit conduite conjointement avec l'ordonnateur sur la fiabilité de la chaîne de la dépense, de renoncer aux contrôles *a priori* pour procéder à des contrôles *a posteriori* par sondage sur telle ou telle catégorie de dépenses qui apparaîtrait sécurisée.

Ces nouvelles méthodes de contrôle de la dépense ont été introduites sans texte[9] jusqu'au décret GBCP du 7 novembre 2012 (art. 42). Dans la logique de la loi de 2011, lorsque les comptables s'abstiennent de contrôler une dépense en application d'un plan de contrôle sélectif, leur responsabilité peut néanmoins être mise en jeu par le juge des comptes, qui les constituera en débet si la dépense irrégulière a causé un préjudice, mais ils peuvent alors bénéficier d'une remise gracieuse totale.

Rien n'était dit de la forme que devait revêtir cette « appréciation » du juge des comptes, qui aurait pu consister en un avis sur les projets de remise totale. En l'absence de texte d'application, les juridictions financières ont inséré leur « appréciation » dans la décision prononçant le débet, en quelque sorte à titre préventif, dans l'hypothèse où le comptable solliciterait le ministre (ce qui n'était pas toujours le cas) et où le ministre envisagerait de donner suite à sa demande (ce qui n'était pas non plus toujours le cas), mais en distinguant soigneusement ce point de l'office du juge des comptes sur le manquement et le préjudice financier.

Saisie d'un appel à l'encontre d'un jugement qui avait considéré que le comptable n'avait pas respecté les règles du contrôle hiérarchisé de la dépense, la Cour des comptes a accepté d'examiner ce moyen sur conclusions contraires du parquet général[10]. Selon le ministère public, « l'appréciation » à laquelle se livre le juge des comptes sur le respect par le comptable des règles du contrôle sélectif, ne revêt manifestement pas une nature juridictionnelle puisque, loin de dire le droit, le juge des comptes intervient, avant même qu'elle soit déclenchée, dans une procédure administrative susceptible de conduire à la remise, par le ministre, de tout ou partie du débet, dans le cadre

1. V. s^s n° 611.42.
2. Cette règle, prévue par l'art. 60 de la L. n° 63-156, 23 févr. 1963 de finances pour 1963 modifié en 2011, a été abrogée au 31 déc. 2022, mais demeure applicable dans certaines collectivités d'outre-mer, relevant des chambres territoriales des comptes.
3. V. s^s n° 611.11.
4. CE 5 juill. 2006, *Batteau*, n°, req. n° 270284 ; *Lebon T.*
5. Décr. n° 2008-528, 5 mars 2008 relatif à la constatation et à l'apurement des débets des comptables publics et assimilés, *JO* 7 mars, n° 45. Abrogé par le Décr. n° 2022-1605, 22 déc. 2022.
6. Montant supérieur à 10 000 euros pour les débets juridictionnels et 100 000 euros pour les débets administratifs.
7. PAR EX. : *Rec.* 2012. 66 s.
8. L. n° 2011-1978, 28 déc. 2011 de finances rectificative pour 2011, *JO* 12 déc. 2012, n° 34.
9. Sauf exception, dont le premier exemple résulte d'un Décr. du 8 avril 2002 relatif au régime financier et comptable des offices d'intervention dans les secteurs de l'agriculture et de la pêche, abrogé par le Décr. n° 2003-851 du 1er sept. 2003, qui a codifié ces dispositions dans le code rural. Sur les difficultés de mise en œuvre de ce texte au regard de l'article 60 de la loi de 1963 : C. comptes 15 sept. 2011, *Agence unique de paiement, AJDA* 2012. 1272, chron. C. Michaut et P. Sitbon.
10. C. comptes 15 oct. 2015, *Centre hospitalier Yves Le Foll à Saint-Brieuc, Rec.* p. 105.

d'une décision de nature administrative et qui relève du juge de l'excès de pouvoir. La notion même d'appréciation pouvait sembler étrangère au registre d'un pouvoir juridictionnel (qui « décide », « déclare », « enjoint », « annule », « rejette », mais n'apprécie pas). Le Conseil d'État a néanmoins confirmé l'analyse de la Cour des comptes en considérant que l'appréciation du juge des comptes était indissociable de l'exercice par le juge de son office, et même que la décision qu'il prenait dans ce cadre s'imposait au ministre [1]. Il va cependant de soi que cet avis n'est conforme que si le ministre envisage d'accorder une remise totale ; dans le cas inverse, il ne saurait être lié par la « décision » du juge des comptes.

L'appréciation portée par ce dernier porte sur l'existence d'un plan de contrôle répondant aux exigences réglementaires [2] et sur le respect par le comptable des obligations qu'il contenait, mais non, malgré quelques tentatives en ce sens [3], sur la pertinence du contenu du plan et son adaptation aux risques qu'il était censé prévenir. Ces différents points paraissent en revanche susceptibles d'être pris en considération par la Cour des comptes dans le nouveau régime de responsabilité, soit pour caractériser l'existence d'une faute grave de gestion, de la part du comptable mais aussi de sa hiérarchie (qui doit valider le plan de contrôle sélectif), et l'existence de circonstances atténuantes ou aggravantes.

1. CE 24 mai 2017, req. n° 395017 ; *GFP* 2017-6. 146, chron. S. Damarey, M. Lascombe et X. Vandedriessche.

2. Arr. 25 juill. 2013 portant application du premier alinéa de l'article 42 du Décr. n° 2012-1246 du 7 nov. 2012 relatif à la gestion budgétaire et comptable publique et encadrant le contrôle sélectif de la dépense, *JO* 6 août, NOR BUDE1320183A.
3. CRC Provence-Alpes-Côte d'Azur 19 déc. 2013, *Commune de Martigues*, n° 2013-0025. Jugement infirmé (pour d'autres motifs, tenant à l'absence de préjudice financier) par C. comptes 14 janv. 2016, *Commune de Martigues*, *Rec.* 11.

CHAPITRE

612. Responsabilité personnelle et pécuniaire des comptables publics en matière de recettes

SECTION 0
ORIENTEUR

612.00 Sommaire du chapitre.

SECTION 1
OBLIGATIONS DU COMPTABLE PUBLIC EN MATIÈRE DE RECETTES

612.11 Loi du 23 février 1963 et décret du 7 novembre 2012. Aux termes du I de l'article 60 de la loi du 23 février 1963[1], « les comptables publics sont personnellement et pécuniairement responsables du recouvrement des recettes » (al. 1er), cette responsabilité se trouvant engagée « dès lors qu'une recette n'a pas été recouvrée » (al. 3). Le périmètre de cette responsabilité est borné, selon l'alinéa 2 du même article, par les contrôles qu'ils sont tenus d'exercer dans les conditions prévues par le règlement général sur la comptabilité publique. L'article 60 demeure applicable dans les territoires d'outre-mer relevant des chambres territoriales des comptes et de la Cour des comptes.

Les règlements généraux sur la comptabilité publique successifs (1862, 1962, 2012) régissent la matière en termes quasiment inchangés ; bien que le régime de responsabilité personnelle et pécuniaire des comptables publics ait, sauf exception, disparu, les obligations des comptables publics en matière de recettes, détaillées ci-après, demeurent et sont susceptibles d'engager leur responsabilité dans le cadre du régime de responsabilité financière des gestionnaires publics[2].

Le texte actuellement en vigueur (le décret GBCP, applicable sur l'ensemble du territoire)[3] prévoit, dans son article 19, 1°, deux séries d'obligations pour le comptable, qui est tenu d'exercer, en matière de recettes (le texte parle des « ordres de recouvrer »), le contrôle :

« a) De la régularité de l'autorisation de percevoir la recette ;

b) Dans la limite des éléments dont il dispose, de la mise en recouvrement des créances et de la régularité des réductions et des annulations des ordres de recouvrer ».

Le décret apporte un certain nombre de précisions sur la répartition des tâches en matière de recettes : conformément au principe de séparation, « les ordonnateurs prescrivent l'exécution des recettes »[4], ils « liquident les recettes et émettent les ordres de recouvrer »[5], « ils transmettent au comptable public compétent les ordres de recouvrer [...] assortis des pièces justificatives requises »[6] ; les comptables sont chargés « du recouvrement des ordres de recouvrer et des créances constatées par un contrat, un titre de propriété ou tout autre titre exécutoire »[7], « le comp-

1. L. n° 63-156, 23 févr. 1963 de finances pour 1963, art. 60, *JO* 24 févr., p. 1818.

2. Sur les violations de règles en matière de recettes, dans le cadre de l'infraction financière prévue à l'article L. 131-9 du CJF, v. s[s] n°s 432.71 s.
3. Décr. n° 2012-1246, 7 nov. 2012 relatif à la gestion budgétaire et comptable publique, dit GBCP, *JO* 10 nov., n° 6.
4. Décr. GBCP, art. 10.
5. Décr. GBCP, art. 11, al. 1er.
6. Décr. GBCP, art. 11, al. 3.
7. Décr. GBCP, art. 18, 5°.

table public muni d'un titre exécutoire peut poursuivre l'exécution forcée de la créance correspondante auprès du redevable, dans les conditions propres à chaque mesure d'exécution »[1].

Les trois contrôles prévus par l'article 19 sont limitativement énumérés. Il ne saurait être fait grief au comptable d'avoir pris en charge et recouvré des titres émis pour des montants comportant des remises non conformes aux décisions du conseil d'administration, une telle irrégularité relevant de la liquidation de la recette[2] et engageant en revanche la responsabilité de l'ordonnateur, en particulier s'il en découle un préjudice pour la personne publique.

Il n'existe pas, en recettes, l'équivalent du pouvoir de réquisition des ordonnateurs en matière de dépenses[3] : l'ordonnateur ne peut contraindre un comptable à effectuer les diligences qui lui incombent en matière de recouvrement. Il n'existe pas non plus, à l'inverse des dépenses, de nomenclature nationale des pièces justificatives à produire à l'appui des recettes. Il convient de préciser que, dans cette matière, les justifications sont à produire au comptable alors que, en dépenses, elles sont à présenter au juge des comptes.

SECTION 2
AUTORISATION DE PERCEVOIR LA RECETTE

612.21 Perception autorisée par l'autorité compétente dans les formes requises. Le premier contrôle prévu par le décret GBCP en recettes[4] est celui de l'autorisation de percevoir la recette. La finalité de cette disposition est très particulière : alors que les obligations du comptable en matière de recettes sont, très largement, dominées par le souci d'assurer un recouvrement effectif des créances publiques, l'intervention du comptable, à ce stade, tend plutôt à assurer le respect du principe du consentement à l'impôt et les garanties dues aux débiteurs de la puissance publique (contribuable, cocontractant, redevable de toute nature)[5]. Pour cette même raison, il s'agit également d'une phase de l'exécution du budget marquée (comme en dépenses) par des considérations de régularité, alors que les phases suivantes sont dominées par les considérations d'efficacité.

Le rôle du comptable, à ce stade, consiste à s'assurer que la perception de la recette a été autorisée par l'autorité compétente dans les formes requises. Cette vérification est toute formelle : pour les personnes morales autres que l'État, l'autorisation de perception des impositions de toute nature figure annuellement dans la loi de finances[6]. Au-delà des impôts, il conviendra également que l'acte sur lequel se fonde la recette soit exécutoire, émane d'une autorité compétente qui sera, le plus souvent, l'organe délibérant ou l'ordonnateur, et que les droits de la personne publique soient correctement liquidés, en conformité avec les actes qui fondent la créance[7]. En revanche, le comptable n'a pas à s'assurer de l'inscription de crédits au budget, les prévisions en recettes ayant un caractère indicatif et un éventuel excédent des recettes réalisées par rapport aux prévisions n'étant pas de nature à engager sa responsabilité. De même, une éventuelle erreur d'imputation du titre de perception pourra donner lieu à des observations de gestion mais non au prononcé de débets. En revanche, si ces anomalies étaient de nature à fausser les comptes de l'organisme public et à lui causer un préjudice significatif, la question de la responsabilité tant de l'ordonnateur que du comptable pourrait être posée au regard des dispositions de l'article L. 131-9 du code des juridictions financières.

Dans la même logique, le comptable doit s'assurer de la régularité des annulations ou des réductions des titres de recettes[8].

612.22 Absence de contrôle de légalité. Comme en matière de dépenses, « il n'appartient pas au comptable d'apprécier le bien-fondé d'un titre de recette dont il est régulièrement saisi, mais d'en poursuivre le recouvrement, sauf opposition régulièrement présentée devant la juridiction compétente »[9]. N'est ici en cause que l'illégalité interne de la décision, qui ne saurait être reprochée au comptable. En revanche, dès lors qu'il a pris un titre en charge, un comptable devra répondre d'éventuelles erreurs quant à l'identité du débiteur ou au montant recouvré, sauf à pouvoir établir une erreur dans l'émission du titre et, par exemple, à pouvoir justifier de sa régulière annulation ou réduction[10].

Si la créance est dépourvue de fondement juridique, le comptable doit refuser de la prendre en charge. Toutefois, il n'engage pas sa responsabilité si, par la suite, il ne peut obtenir le recouvrement du titre[11].

1. Décr. GBCP, art. 28.
2. C. comptes 7 janv. 2019, *Établissement public de coopération culturelle Centre Pompidou-Metz, Rec.* p. 11.
3. V. s[s] n° 611.15.
4. Décr. GBCP, art. 19, 1°, a.
5. L. Saïdj, « Responsabilité des comptables (en titre) et des régisseurs », *Encycl. coll. loc.*, 2014, n°s 85 s.
6. LO n° 2001-692, 1er août 2001 relative aux lois de finances, art. 34, I, 1°, *JO* 2 août, n° 1.
7. C. comptes 21 sept. 1989, *Commune de Fontenay-le-Fleury, Rev. adm.* n° 257, oct. 1990. 438 ; *Rev. Trésor* 1990. 291, chron. R. Ludwig, concl. J. Raynaud.
8. V. s[s] n° 612.53.
9. C. comptes 24 janv. 1979, *Institut national des sports, Rec.* 7.
10. C. comptes 30 mai 2013, *Syndicat intercommunal à vocation multiple (SIVOM) de Froissy*, n° 274022.
11. C. comptes 13 mars 2007, *Université de Caen, Rec.* 26.

En sens inverse, en percevant une recette qui n'avait pas été régulièrement autorisée, le comptable n'engage pas sa responsabilité personnelle et pécuniaire (qui ne joue qu'à défaut de recouvrement d'une recette, en vertu de l'article 60), mais il peut alors engager sa responsabilité civile, voire pénale, de tels agissements pouvant relever du délit de concussion[1]. En effet, la loi de 1963 précise que, « hors le cas de mauvaise foi, les comptables publics ne sont pas personnellement et pécuniairement responsables des erreurs commises dans l'assiette et la liquidation des droits qu'ils recouvrent »[2].

SECTION 3
MISE EN RECOUVREMENT DES RECETTES

612.31 Principe d'irresponsabilité du comptable public dans la mise en recouvrement des recettes. La mise en recouvrement d'une recette consiste, dans le cadre de la comptabilité publique, dans la constatation d'une créance, par l'émission d'un titre et sa transmission au comptable afin que celui-ci procède à son encaissement. Il s'agit donc d'un processus correspondant, en pratique, aux phases de liquidation et d'ordonnancement de la recette[3].

Par définition, ces phases relèvent de la compétence de l'ordonnateur et le comptable n'a connaissance des droits de l'organisme public qu'après avoir été rendu destinataire d'un ordre de recouvrer. Il n'en est responsable qu'à compter du jour où il a pris en charge le titre de recettes. A ainsi été mis hors de cause le receveur d'un bureau de bienfaisance dont la responsabilité avait été recherchée par l'établissement public en raison du non-recouvrement d'un legs, et plus précisément pour avoir procédé à l'inscription hypothécaire tardive du privilège de séparation des patrimoines, alors qu'il n'était pas établi que le comptable ait été dûment informé de la libéralité à l'époque où cette formalité aurait dû être accomplie et qu'aucun crédit n'avait été inscrit au budget en prévision de cette recette[4].

Il en va de même de renseignements dont il aurait pu avoir connaissance à d'autres titres que celui de comptable public, notamment à l'époque où les services du Trésor avaient une activité bancaire : le receveur « ne pouvait, sans méconnaître son obligation de secret bancaire, utiliser les renseignements qu'il aurait pu avoir en qualité de gestionnaire des fonds particuliers déposés par la société Captain Group pour ses fonctions de comptable de la commune »[5].

1. C. pén., art. 432-10.
2. L. n° 63-156, 23 févr. 1963, art. 60, I, al. 5 [déjà dit plus haut dans le même chapitre].
3. Décr. GBCP, art. 24.
4. C. comptes 17 mai 1917, *Commune de Menucourt, Rec.* 48.

612.32 Diligences à la charge du comptable. Par exception, les comptables peuvent être réputés ne pouvoir ignorer l'existence d'une créance et il leur appartient alors d'intervenir auprès de l'ordonnateur[6] pour obtenir l'émission d'un titre de recette[7]. Tel est, par exemple, le cas des prêts accordés par une collectivité dans les conditions prévues par la loi. Dans la mesure où le versement du prêt fait l'objet d'un mandat émis par l'ordonnateur et d'un payement par le comptable public de la collectivité au vu de pièces justificatives dont le contrat de prêt, ce dernier a nécessairement connaissance de la créance de la collectivité et, si les remboursements n'interviennent pas conformément à l'échéancier contractuel, il doit agir auprès de l'ordonnateur en vue de l'émission d'un titre. Il en va de même, selon un raisonnement identique, pour les avances consenties par les personnes publiques[8].

La créance peut aussi résulter d'une décision de justice[9], d'un contrat transmis au comptable[10], d'une délibération[11] comme de soldes de comptes de TVA qu'il appartiendrait au comptable de transmettre à l'ordonnateur[12], voire d'un détournement commis par un salarié de l'agence comptable et imputé à un compte de déficits et débets[13].

Mais le comptable n'est obligé d'agir, selon les termes du RGCP, que « dans la limite des éléments dont il dispose ». Il appartient au juge de prouver cet

5. C. comptes 16 déc. 1994, *Commune d'Hennebont, Rev. Trésor* 1995. 367, chron. R. Ludwig, concl. H. Gisserot.
6. Pour un établissement public en liquidation, auprès du liquidateur : C. comptes 25 juill. 2013, *Syndicat mixte pour le développement de la zone industrielle et portuaire Eure-Calvados (ZIPEC), Rec.* 123.
7. C. comptes 25 juin 1936, *David-Chaussé, receveur spécial de la commune de Bordeaux, Rec.* 1937. 45 ; 1er oct. 1997, *Lycée Yves Thépot à Quimper, Rec.* 123 ; *Rev. Trésor* 1998. 165, chron. R. Ludwig.
8. C. comptes 16 déc. 1999, *Syndicat intercommunal des Monts du Lyonnais, Rev. Trésor* 2000. 705, chron. M. Lascombe et X. Vandendriessche ; même affaire, 26 oct. 2000, n° 63487.
9. C. comptes 25 juin 1936, *David-Chaussé*, préc. (omission des intérêts que la décision de justice avait mis à la charge de l'État, la réaction tardive du receveur municipal se heurtant à la déchéance quinquennale).
10. C. comptes 16 mai 1988, *Commune de Cernay, Rec.* 76 (défaut de liquidation des intérêts prévus par un contrat de vente) ; C. comptes 25 juill. 2013, *Syndicat mixte pour le développement de la zone industrielle et portuaire Eure-Calvados (ZIPEC), Rec.* 123 (créance de loyers d'un établissement public en liquidation, non signalée au liquidateur).
11. C. comptes 21 sept. 1989, *Commune de Fontenay-le-Fleury, Rev. adm.* n° 257, oct. 1990. 438 ; *Rev. Trésor* 1990. 291, chron. R. Ludwig, concl. J. Raynaud.
12. CRC Poitou-Charentes 26 juin 2003, *Commune de Melle, Rec.* 36.
13. C. comptes 26 juin 2003, *Union des groupements d'achats publics (UGAP), Rec.* 34 ; *Rev. Trésor* 2004. 211, chron. M. Lascombe et X. Vandendriessche.

élément de fait et le comptable peut alors dégager sa responsabilité dans trois hypothèses : en démontrant son ignorance, ou plus exactement le fait qu'il n'était pas en mesure de connaître l'existence de la créance [1], en apportant la preuve de l'émission du titre [2] ou en établissant le refus de l'ordonnateur [3]. S'y ajoute le cas dans lequel, en dépit de l'inaction du comptable en vue de la mise en recouvrement et malgré l'absence de titre, la créance a finalement été recouvrée avant la décision du juge [4], dans la mesure où, selon les termes de la loi, la responsabilité du comptable n'est engagée qu'à raison du non-recouvrement de la recette.

SECTION 4
RECOUVREMENT DES CRÉANCES

612.41 **Irrécouvrabilité de la créance.** Si, aux termes de la loi, la responsabilité des comptables publics se trouve engagée « dès lors qu'une recette n'a pas été recouvrée », le juge des comptes, avec l'appui du juge de cassation [5], n'a jamais fait une application mécanique de cette disposition et ne met en jeu cette responsabilité que si le recouvrement de la créance est compromis du fait de l'inaction du comptable [6]. La première condition tient donc au caractère manifestement compromis du recouvrement.

La Cour des comptes a affirmé, à cet égard, qu'il n'y avait pas lieu, pour constituer un comptable en débet, « d'attendre que la créance soit devenue irrécouvrable, ni *a fortiori* prescrite » [7]. En effet, au sens littéral, une créance n'est jamais totalement irrécouvrable puisqu'elle peut être acquittée par le débiteur même si elle est atteinte par la prescription et qu'elle peut même être réglée après la disparition du débiteur, par un ayant cause. De plus, avant la modification des règles du code civil intervenue en 2008, la prescription d'assiette pour les personnes publiques était de trente ans, en vertu de la jurisprudence administrative [8], auxquels s'ajoutaient, sauf texte spécifique, les trente ans de l'action en recouvrement du comptable. Si la prescription d'une créance amène à présumer que son recouvrement est manifestement compromis [9], attendre la prescription de la créance aurait empêché toute mise en jeu utile de la responsabilité du comptable.

Il appartient au juge de démontrer l'irrécouvrabilité de la créance. Pour procéder à cette appréciation, le juge doit se placer à la clôture de l'exercice considéré ou à la date de sortie de fonction du comptable. Si le recouvrement de la créance n'est pas manifestement compromis à cette date, le débet est prématuré [10]. Il en va de même si le fait que la créance ait été compromise « résulte de causes extérieures à l'action » du comptable [11]. Et bien évidemment, il n'y a pas lieu de rechercher la responsabilité du comptable, en tout état de cause, si la recette a finalement été recouvrée. Encore convient-il que cet encaissement ne puisse alors être regardé comme précaire. Tel est bien le cas, et la responsabilité du comptable est dégagée, du versement d'une dette atteinte par la prescription mais à laquelle le débiteur a expressément renoncé [12].

612.42 **Prescription de la créance.** S'il n'est pas nécessaire d'attendre l'atteinte de la prescription pour s'interroger sur la responsabilité d'un comptable public, une telle circonstance constitue néanmoins un indice fréquemment évoqué par le juge, et qui se suffit généralement à lui-même, pour caractériser le caractère compromis du recouvrement [13]. Il est alors fait application des règles propres à chaque catégorie de créance (fiscales, salariales, de transport, d'assurance maladie, garantie des constructeurs, etc.) et de l'intervention de causes d'interruption ou de suspension.

Deux régimes de prescription sont à distinguer : celui de la prescription d'assiette, qui correspond au délai laissé à l'ordonnateur pour constater la créance par l'émission d'un titre, et celui de la prescription de recouvrement, qui se rapporte au délai d'action du comptable après la prise en charge de l'ordre de recouvrer. Depuis la réforme des règles civiles opérée par la loi de 2008 [14], le délai de droit commun, pour

1. V. s^{s} n° 612.31.
2. Auquel cas il ne sera plus responsable au titre de la mise en recouvrement mais, éventuellement, du recouvrement.
3. C. comptes 11 juin 1970, *Hospice de Torigni-sur-Vire, Rec.* 78.
4. C. comptes 25 avr. 2017, *Direction départementale des finances publiques de la Savoie, Rec.* 86.
5. V. les conclusions du commissaire du gouvernement P. Frydman sur l'arrêt *Vèque, commune de Romainville, RFDA* 1990. 101.
6. C. comptes, ch. réun., 17 oct. 2001, *Centre hospitalier général de Niort, Rec.* 76.
7. C. comptes 24 juin 2004, *Commune de Tende, Rec.* 85 ; *AJDA* 2004. 2445, chron. N. Groper.
8. CE 30 mars 1990, req. n° 57018 ; *Leca, Lebon* 81. La jurisprudence judiciaire s'était prononcée dans un sens différent (Com. 3 mai 1973, *Receveur-percepteur de Calais, Bull. civ.*, n° 160. 139).
9. C. comptes 30 avr. et 12 juin 1969, *Centre hospitalier de Courbevoie, Rec.* 76.
10. C. comptes 9 nov. 1989, *Département de Paris, Rev. adm.* n° 262, 1991. 334.
11. C. comptes 26 févr. 2009, *Centre communal d'action sociale de Truyes, Rec.* 14 ; *GFP* 1-2010. 101 ; C. comptes 7 avr. 2005, *Maison de retraite Victor Nicolaï de Peille, Rec.* 29 ; *Rev. Trésor* 2006. 53, chron. M. Lascombe et X. Vandendriessche.
12. C. comptes 5 juill. 2006, *Communauté de communes du Pays de Plélan-le-Petit, Rec.* 15.
13. C. comptes 19 déc. 1991, *Centre communal d'action sociale de Paris, Rec.* 119.
14. L. n° 2008-561, 17 juin 2008, *JO* 18 juin 2008, n° 1.

la prescription d'assiette, est de cinq ans [1]. S'agissant de la prescription de recouvrement, elle varie en fonction des personnes publiques et est, par exemple, de quatre ans pour les comptables locaux [2].

Cette prescription peut également entrer en conflit avec le régime général de prescription quadriennale de la loi du 31 décembre 1968, lorsque le débiteur est une personne publique. La combinaison entre ces différents dispositifs, qui connaissent des délais, des règles de computation et des causes d'interruption différents, a donné lieu à une décision de principe de la Cour des comptes statuant en appel [3], qui a fait prévaloir la loi du 12 avril 1996 (art. L. 1617-5), regardée comme un texte spécial s'agissant du recouvrement, sur celle de 1968, qu'elle a qualifiée de texte général. Cette jurisprudence a alimenté un abondant contentieux, portant fréquemment sur la preuve des actes d'interruption par le comptable [4], mais aussi sur les causes de suspension de la prescription et sur les effets de l'annulation du titre par la collectivité créancière [5].

612.43 **Insuffisance des diligences.** Il ne suffit pas que la créance soit irrécouvrable. Encore convient-il que l'irrécouvrabilité soit imputable à l'inaction du comptable. Ceci conduit le juge à ne pas retenir la responsabilité du comptable lorsque le fait générateur de sa responsabilité se situe à une date antérieure à sa prise de fonction [6] ou même au cours d'un exercice relevant de sa propre gestion mais pour lequel il a été précédemment déchargé [7].

Le comptable est libre d'organiser son action en recouvrement : il peut en particulier confier les actes amiables ou contentieux à un mandataire [8], à un huissier [9] ou à une société privée spécialisée [10], mais le seul recours à ces tiers ne saurait valoir preuve de diligences suffisantes [11].

Il appartient au juge de caractériser l'insuffisance des diligences du comptable mais il ne peut le faire qu'au vu des pièces présentées par ce dernier qui, pour dégager sa responsabilité, doit justifier de diligences « adéquates, complètes et rapides », selon la formule traditionnelle de la Cour des comptes [12] reprise par le Conseil d'État dans l'arrêt *Desvigne* du 27 octobre 2000 [13]. En ce domaine, la charge de la preuve repose sur le comptable [14].

612.44 **Diligences adéquates.** En premier lieu, les diligences doivent être adéquates, c'est-à-dire qu'elles doivent raisonnablement permettre, au regard des circonstances de l'espèce (nature de la créance, situation du débiteur, conjoncture générale, etc.), de garantir les droits de la collectivité. Leur caractère inadéquat peut résulter de leur caractère erroné [15] ou manifestement insuffisant [16]. Ne peuvent être qualifiées d'adéquates des diligences annulées par une décision judiciaire passée en force de chose jugée [17].

Le cas des débiteurs domiciliés à l'étranger a suscité de nombreuses difficultés. Si la Cour n'admet pas qu'un comptable se désintéresse totalement du recouvrement de ces titres au seul motif de la complexité et du coût de telles procédures, voire de l'orga-

1. C. civ., art. 2224.
2. CGCT, art. L. 1617-5, 3°.
3. C. comptes 9 mars 2011, *Syndicat d'agglomération nouvelle de Sénart-ville-nouvelle, AJDA* 2011. 1315, chron. N. Groper et C. Michaut.
4. C. comptes 4 avr. 2013, *Commune d'Aulnay-sous-Bois, Rec.* 50 ; C. comptes 13 déc. 2018, *Établissement d'hébergement pour personnes âgées dépendantes (EHPAD) de Cusset, Rec.* 164.
5. C. comptes 28 févr. 2013, *Département des Pyrénées-Orientales, Rec.* 30, *AJDA* 2013. 2540, chron. C. Michaut et P. Sitbon.
6. C. comptes 25 mars 1989, *Wullus et Dubois, office public d'habitations à loyer modéré de Roubaix, Rec.* 130 (revirement par rapport à C. comptes 6 avr. 1967, *Commune de Ceffonds, Rec.* 107).
7. C. coptes 31 janv. 2002, *Office public d'habitations à loyer modéré du Mans, Rec.* 9.
8. Décr. GBCP, art. 16. – V. s^s n° 611.32.
9. C. comptes 9 juill. 2008, *Agence nationale pour l'emploi (ANPE), Rec.* 29 ; *GFP* 2009. 789 ; C. comptes 21 juill. 2022, *Université de Strasbourg, Rec.* 52.
10. C. comptes 3 oct. 1985, *Chambre d'agriculture de la Martinique, Rec.* 114.
11. Sur les conditions d'exercice des diligences par le comptable : L. Saïdj, « Responsabilité des comptables (en titre) et des régisseurs », préc., n°s 103 s. ; *GAJF*, 7e éd., comm. n° 30, § 19 s.
12. C. comptes 27 févr. et 19 mars 1964, *Dupis, commune d'Igny-le-Jard, Rec.* 91.
13. CE, ass., *Mme Desvigne, agent comptable de la régie des remontées mécaniques de Chantemerle à Saint-Chaffrey*, req. n° 196046 ; *Lebon* 473 ; *RFDA* 2001. 746, concl. A. Seban ; *Rev. Trésor* 2001. 207, chron. M. Lascombe et X. Vandendriessche ; *GAJF*, 7e éd., n° 30.
14. Très rares, et sans doute discutables, sont les décisions dans lesquelles le juge a cru pouvoir affirmer : « la modestie des sommes prescrites, comparées aux sommes prises en charge, crée en faveur du comptable une présomption de diligences satisfaisantes » (C. comptes 15 nov. 2006, *Receveurs des impôts des Bouches-du-Rhône*, n° 47033).
15. PAR EX., produire une créance auprès du mandataire au lieu du juge-commissaire (C. comptes 25 mai 2011, *Service des impôts des entreprises de Thouars, Rec.* 51) ; poursuites contre des conjoints du contribuable (C. comptes 28 juin 1979, *Receveur général des finances de Paris, Rec.* 80).
16. Ne pas s'être assuré de la solvabilité de l'adjudicataire d'une coupe de bois (C. comptes 13 juin 1962, *Commune de Bergères-les Vertus, Rec.* 77) ; déclaration d'une créance à titre chirographaire alors qu'elle était privilégiée (CRC Nord-Pas-de-Calais 29 mars 2005, *Commune d'Étaples, Rec.* 27 ; *Rev. Trésor* 2006, chron. P. Rocca et P. Sitbon ; C. comptes 31 juill. 2017, *Service des impôts des entreprises Roule Hoche Paris 8e arrondissement, Rec.* 164) ou admise à titre privilégié alors qu'elle faisait l'objet d'une hypothèque (C. comptes 14 déc. 2012, *Service des impôts des entreprises de Roubaix-Nord, Rec.* 171).
17. C. comptes 23 janv. 2007, *Recette principale des impôts de Nancy sud-ouest, Rec.* p. 10, *Rev. Trésor* 2008. 177, chron. M. Lascombe et X. Vandendriessche.

nisation des services de l'ordonnateur[1], elle se livre à une analyse *in concreto.*[2] Ainsi elle a prononcé un non-lieu à charge en l'absence de mise en œuvre du dispositif de reconnaissance des sanctions pécuniaires entre États de l'Union européenne, qui aurait dû être actionné par le ministère public sur saisine du directeur régional des douanes[3]. De même, elle a pu considérer que, dès lors que les diligences du comptable avaient été suffisantes en phase amiable, le coût élevé de mesures de recouvrement contentieux sur des débiteurs situés dans des États hors de l'Union européenne pouvait justifier qu'elles ne soient pas mises en œuvre[4]. La jurisprudence s'attache à une approche au cas par cas, qui tient compte de l'ensemble des circonstances de l'espèce, y compris l'attitude de l'organe délibérant qui peut fixer des seuils pour le déclenchement de poursuites contentieuses[5].

612.45 **Diligences complètes.** En deuxième lieu, les diligences doivent être complètes, c'est-à-dire, en principe, épuiser les modes de recouvrement dont dispose le comptable, par exemple en faisant application de la solidarité[6], en sollicitant les débiteurs d'aliments ou en exerçant l'action oblique[7]. Le comptable doit veiller à constituer toutes les garanties prévues au contrat, notamment le cautionnement[8]. S'agissant des débiteurs publics à l'encontre desquels il n'existe pas de voie d'exécution forcée, il est tenu de procéder au moins à des actes interruptifs de prescription conformément à la loi du 31 décembre 1968. À l'encontre des collectivités et établissements publics locaux, il existe également des procédures d'inscription d'office[9] et de mandatement d'office[10], et le comptable de la personne publique qui détiendrait une créance à leur encontre engagerait sa responsabilité en ne saisissant pas, selon les cas, la chambre régionale ou territoriale des comptes ou le représentant de l'État[11]. La responsabilité de l'agent comptable demeure entière même si l'organisme dont il tient les comptes avait chargé par convention un autre établissement public, lui-même doté d'un comptable public (le caissier général de la Caisse des dépôts et consignations), d'encaisser les sommes dues par les collectivités territoriales[12].

Ces principes peuvent être particulièrement rigoureux en matière de production des créances de la personne publique à une procédure collective[13]. Ils ne vont pas toutefois jusqu'à exiger des comptables l'accomplissement de diligences exhaustives, en particulier pour les créances d'un montant très modique, qui ne justifient pas nécessairement la mise en œuvre d'une procédure de recouvrement forcé[14]. Le caractère complet des diligences doit en effet se concilier avec leur caractère adéquat. Sans procéder à une analyse économique rapprochant le montant du titre du coût administratif de son recouvrement, le juge et surtout le ministère public, au stade du déclenchement des poursuites, ne manquent pas de prendre en compte le caractère significatif des sommes en jeu, qui sera l'un des éléments permettant de caractériser le préjudice[15].

Le nouveau cadre fixé par l'ordonnance du 23 mars 2022 et l'exigence d'un préjudice significatif pour l'incrimination de l'article L. 131-9 du code des juridictions financières[16] pourraient redonner une certaine actualité à la théorie des diligences inutiles, courant jurisprudentiel minoritaire mais qui, en termes plus ou moins explicites, avait inspiré diverses décisions tant sous l'empire des anciens textes pour permettre de ne pas mettre en jeu la responsabilité d'un comptable malgré l'insuffisance de ses diligences[17], qu'après la loi du 28 décembre 2011 pour

1. C. comptes 3 févr. 2003, *Réunion des musées nationaux, Rec.* 2002, p. 93, *Rev. Trésor* 2003. 694, chron. M. Lascombe et X. Vandendriessche.
2. C. comptes 12 mai 2010, *Budget annexe « Contrôle et exploitation aériens » (BACEA), AJDA* 2012. 478, chron. C. Michaut et P. Sitbon, *GFP* n° 10-2011, p. 766, chron. M. Lascombe et X. Vandendriessche.
3. C. comptes 6 juill. 2022, *Recette régionale des douanes de Besançon, Rec.* p. 46.
4. C. comptes 21 juill. 2022, *Université de Strasbourg* (charge n° 2), cité *BJCL* n° 1-2023, p. 4.
5. C. comptes 23 juin 2022, *Institut de radioprotection et de sûreté nucléaire, Rec.* p. 41 – V. s[s] n° 612.53.
6. C. comptes 21 sept. 1967, *Auvity, Rec.* 117.
7. C. civ., 1341-1 (ancien art. 1166) : C. comptes 21 févr. 1980, *Fornacciari, receveur divisionnaire à Melun, Rec.* 242.
8. C. comptes 17 juin 1912, *Frappier, trésorier-payeur général de Maine-et-Loire, Rec.* 28 (défaut de versement du cautionnement imposé à l'adjudicataire par le cahier des charges).
9. V. s[s] n° 113.41.
10. C. comptes 17 oct. 2018, *Université de Strasbourg* (charge n° 1), *Rec.* 133 – V. s[s] n° 113.55.
11. C. comptes 20 janv. 2011, *Trésorier-payeur général des Yvelines, Rec.* 5.
12. C. comptes 27 oct. 1993, *Caisse nationale d'allocations familiales, Rec.* 115.
13. C. comptes 6 févr. 1986, *Wattiez, Rec.* 47 (suspension des poursuites contre un débiteur ayant introduit un recours dépourvu d'effet suspensif) ; CRC Basse-Normandie, Haute-Normandie, 24 juill. 2013, *Région Basse-Normandie, Rec.* 120 (non-recouvrement d'une créance à échoir dont le titre avait été émis après l'expiration du délai de production à la procédure collective).
14. C. comptes 21 juin 1983, *Dupuich, agent comptable du lycée d'enseignement professionnel d'Étaples, Rec.* 99. Même solution du fait de « la situation familiale très particulière de la débitrice, constatée par une enquête de gendarmerie en mars 1973 » (même arrêt).
15. PAR EX. : C. comptes 24 nov. 2023, *Caisse de crédit municipal de Bordeaux (CCMB)*, n° 868, S-2023-1382 ; *Rec.* 38 ; *AJDA* 2023. 2381, chron. N. Péhau et L. Vergallo ; *JCP Adm.* 2024, n° 1, 2005 chron. S. Damarey ; *AJCT* 2024. 175, note C. Pierucci ; *Gaz. Pal.* 2024, n° 2. 70, note T. Dogan.
16. Sur cette infraction, qui couvre notamment les irrégularités commises en matière de recettes, v. s[s] n°s 432.291 s.
17. C. comptes 29 nov. 2001, *Syndicat intercommunal des eaux de Cattenom, Rev. Trésor* 2002. 708, chron. M. Lascombe et X. Vandendriessche.

admettre qu'un manquement n'a pas causé de préjudice financier à la personne publique [1].

612.46 Diligences rapides. Enfin, pour être admises à décharge, les diligences doivent être rapides. Il s'agit d'éviter non seulement la prescription [2], mais encore la disparition des garanties de la personne publique [3], l'insolvabilité du débiteur [4] ou son éloignement, qui compliquerait le bon accomplissement des diligences, voire, de fait, entraînerait l'irrécouvrabilité de la créance [5]. La production tardive de créances afférentes à une procédure collective a été fréquemment relevée à l'encontre de comptables [6], y compris lorsqu'ils ont pu justifier d'efforts en vue d'obtenir auprès du juge-commissaire la levée de la forclusion [7].

En revanche et par application des principes généraux [8], le caractère tardif de l'intervention du comptable ne saurait lui être reproché si la créance était en réalité irrécouvrable avant son entrée en fonctions. A ainsi été mis hors de cause le receveur d'un bureau de bienfaisance pour n'avoir pris aucune mesure conservatoire tendant à assurer le payement d'une rente qui, douze années avant sa nomination, avait été atteinte par la prescription trentenaire [9]. De même, n'engage pas sa responsabilité le comptable qui ne peut justifier que de diligences tardives mais qui ont néanmoins produit un effet utile [10].

1. CE 27 juill. 2015, *Service des impôts des entreprises de Saint-Brieuc Est*, req. n° 370430 ; *AJDA* 2015. 2142, chron. L. Dutheillet de Lamothe et G. Odinet. *JCP adm.* n° 42, 2300, note S. Damarey. *Dr. Adm.* n° 12-2015, comm. 76 F. Rakotondrahaso.
2. C. comptes 19 déc. 1991, *Centre communal d'action sociale de Paris, Rec.* 119.
3. C. comptes 22 mai 1980, *Roussel, trésorier-payeur général de l'Oise, Rec.* 71 (retard dans le renouvellement de l'hypothèque légale du Trésor).
4. C. comptes 22 déc. 2022, *Établissement public Cité de la céramique – Sèvres et Limoges, Rec.* 108.
5. C. comptes 9 févr. 1914, *Demortreux, ex-receveur municipal de la commune de Coulonges-en-Tardenois, Rec.* 40 ; C. comptes 18 mars 2010, *Lycée Modeste Leroy à Évreux, Rec.* 21.
6. C. comptes 28 juin 1979, *Receveur général des finances de Paris, Rec.* 80 ; C. comptes 25 janv. 2018, *Communauté de communes de Montmerle Trois Rivières, Rec.* 16.
7. C. comptes 27 janv. 2005, *Commune de Caudry, Rev. Trésor* 2005. 622, chron. M. Lascombe et X. Vandendriessche ; *Mém. percepteurs et receveurs* n° 3-2005. 93 ; C. comptes 13 févr. 2012, *Trésorier-payeur général des Deux-Sèvres, JCP Adm.* 2012, n° 2277, point 33, chron. B. Fleury.
8. V. s^s n° 612.43.
9. C. comptes 28 oct. 1890, *Rouault de Coligny, ancien receveur du bureau de bienfaisance de Miradoux, Rec.* 21.
10. C. comptes 1er févr. 2018, *Direction départementale des finances publiques de Meurthe-et-Moselle*, n° S-2018-0057 (créance admise au passif de la procédure collective alors que la demande de conversion avait été formulée hors délai).

612.47 Imputation du défaut de recouvrement. Les hésitations du juge des comptes quant à la détermination du comptable responsable du défaut de recouvrement d'une recette, lorsque la créance a été prise en charge successivement par plusieurs comptables, n'ont guère été résolues par la première intervention du juge de cassation dans l'affaire de la commune de Romainville [11]. Le revirement du Conseil d'État, onze ans plus tard, a opéré une convergence avec la pratique de la Cour des comptes, qui se fondait de longue date sur le caractère suffisant des diligences des comptables.

Le passage à un nouveau régime de responsabilité, fondé non plus sur l'idée de réparation mais sur celle de sanction, conduit néanmoins à se poser deux questions en partie liées.

La première, de nature technique, a trait au sort qu'il convient de faire à la notion de réserve, qui était au cœur de la position initialement dégagée par le Conseil d'État, dans sa décision *Vèque, commune de Romainville*.

Dans l'état actuel de la jurisprudence et malgré les références qui y sont faites [12], la notion de réserve a perdu à peu près tout intérêt pratique dans la mesure où le juge se fonde davantage sur le caractère recouvrable de la créance et sur les diligences accomplies ou susceptibles d'être accomplies par le comptable : il ne mettra pas en jeu la responsabilité du comptable qui n'aurait pas formulé de réserve sur la gestion de son prédécesseur si, lors de la prise en fonction du comptable entrant, le recouvrement de la recette était manifestement compromis [13], de même qu'il mettra en jeu cette responsabilité, malgré la formulation d'une réserve, s'il considère qu'il lui était encore possible d'agir utilement. La réserve ne joue, dans les faits, que le rôle d'un indice, ou parfois d'une alerte, mais n'occupe plus la place cardinale qui devait permettre, selon le Conseil d'État, de déterminer le comptable responsable. Il en va, du reste, de même en matière de tenue de la comptabilité [14].

La seconde question porte sur la pertinence de conserver une responsabilité unique en matière de recettes. En matière de dépenses, l'hésitation n'est pas permise, du côté du comptable [15], puisqu'un seul agent avait le pouvoir d'empêcher le décaissement irrégulier. En matière de recettes, le défaut de recouvrement s'étend, par définition, sur une période plus ou

11. V. s^s n° 612.41.
12. V. l'étude de M. Kernéis-Cardinet, « Conditions de la portée des réserves émises par le comptable entrant sur la gestion de son prédécesseur », *JCP adm.*, n° 42-2019, 2280.
13. C. comptes 22 mars 2018, *Commune de Morzine, Rec.* 60.
14. V. s^s n°s 614.11 s.
15. Ou de l'agent qui a pris la décision de payer : C. comptes 3 mai 2024, *Département de l'Eure*, n° 907, S-2024-0715 ; chron. Y. Simon et S. Heintz dans *RGP* 2024, n° 03. 70 ; *JCP Adm.* 2024. 2278.

moins longue susceptible d'avoir vu se succéder plusieurs comptables. Dans certaines affaires, le juge peut aisément mettre en évidence la passivité de certains comptables alors que d'autres auraient mis en œuvre des diligences utiles, auquel cas il serait à la fois équitable et conforme à la jurisprudence[1] de rechercher la responsabilité des seuls comptables demeurés inactifs. Mais parfois, les gestions et remises de service se succèdent sans aucune diligence et, objectivement, les comptables successifs ont tous contribué à la perte de la recette, celui qui avait pris initialement en charge le titre au moins autant que celui sous la gestion duquel il a été atteint par la prescription ou a été admis en non-valeur. Dans une optique répressive, la mise en cause de plusieurs comptables et/ou ordonnateurs successifs pourrait être envisagée, chacun engageant sa responsabilité pour les actes ou abstentions qui lui sont imputables.

SECTION 5
ANNULATION DE TITRE, ADMISSION EN NON-VALEUR ET REMISE DE DETTE

612.51 **Portée et régime juridique.** Une fois émis et pris en charge, le titre de recette, s'il n'est pas recouvré, est susceptible d'être affecté par divers événements faisant intervenir, selon les cas, le comptable, l'ordonnateur ou l'organe délibérant. Ces décisions produisent des effets très différents sur les possibilités de recouvrer la créance, voire sur son existence même.

L'admission en non-valeur constitue, selon la définition qu'en donnait le président Magnet, « une décision de l'administration en vertu de laquelle une créance publique, reconnue irrécouvrable, est rayée des écritures comptables »[2]. Cette décision fait suite à une demande présentée par le comptable public en raison de la situation du débiteur (insolvabilité, disparition, éloignement) ou du refus par l'ordonnateur d'autoriser l'exécution forcée[3]. Prise, le plus souvent, par l'assemblée délibérante[4], qui peut y donner suite totalement ou partiellement, elle n'est pas susceptible de recours puisqu'elle ne modifie pas l'ordonnancement juridique et n'a pas d'incidence sur la créance : l'admission en non-valeur n'a « ni pour objet ni pour effet d'exonérer le débiteur de sa dette, et ne saurait faire obstacle au recouvrement ultérieur de la créance si le débiteur s'avérait de nouveau solvable dans le délai de prescription »[5]. En d'autres termes, il s'agit d'une simple mesure d'ordre dont l'objet est de retirer des créances réputées irrécouvrables des écritures prises en charge par le comptable. L'admission en non-valeur contribue ainsi à la sincérité du bilan sans porter atteinte aux droits de la personne publique.

L'annulation du titre a essentiellement pour but de rectifier les erreurs d'assiette ou de liquidation. Le titre peut alors être réduit pour le ramener à son montant exact ou, après annulation, être réémis à l'encontre du véritable débiteur. L'annulation peut aussi faire suite à la constatation de l'inexistence de la créance, éventuellement par décision de justice[6]. Elle relève de la compétence de l'ordonnateur et fait disparaître la créance telle qu'elle avait été initialement ordonnancée et prise en charge. En conséquence, devant le juge, la charge de la preuve de l'erreur affectant le titre incombe au comptable[7].

La remise de dette est d'une nature différente. Elle a pour effet d'éteindre l'obligation, même si le code civil ne lui reconnaît que la portée d'une « présomption simple de libération »[8]. Le pouvoir de remettre une dette est reconnu à tout créancier ; dans les organismes relevant du droit de la comptabilité publique, il est exercé en principe par la personne publique, le plus souvent par l'organe délibérant puisqu'il s'agit d'une libéralité[9], à l'exception des services de l'État pour lesquels est habilité le comptable, sous réserve de seuils[10]. Un décret du 29 décembre 1992[11] conférait aux comptables de l'État un large pouvoir

1. Mais pas tout à fait à la loi si le comptable « actif » n'avait pas formulé de réserve.
2. J. Magnet, *in* G. Orsoni (dir.), *Dictionnaire encyclopédique des finances publiques*, 2ᵉ éd., Économica, 2017.
3. CGCT, art. R. 1617-24, al. 2.
4. Pour l'État, la compétence revient, selon les cas, au directeur départemental des finances publiques ou aux responsables des services à compétence nationale pour les créances fiscales. Pour les créances non fiscales, la décision relève de l'ordonnateur, voire du comptable public (Décr. GBCP, art. 124).
5. C. comptes 22 mai 1980, *Roussel, trésorier-payeur général de l'Oise*, préc. ; en contentieux administratif : TA Clermont-Ferrand, 15 avr. 2010, *Vinatie et Binet, JCP Adm.* 2010, nº 2263, concl. Ph. Chacot.
6. Instr. codificatrice nº 11-022-MO 16 déc. 2011 sur le recouvrement des produits locaux, NOR : BCR Z 11 00057 J.
7. C. comptes 8 sept. 2011, *Commune d'Argenteuil, Rec.* p. 98, *GFP* 7-2013, p. 69, chron. M. Lascombe et X. Vandendriessche.
8. C. civ., art. 1342-9.
9. Pour les établissements publics nationaux : Décr. GBCP, art. 193, « en cas de gêne du débiteur » et après avis de l'agent comptable.
10. Au-delà desquels intervient le ministre du Budget, parfois après avis du Conseil d'État (pour les services de l'État : Décr. GBCP, art. 120). C. comptes 12 mai 2010, *Budget annexe « Contrôle et exploitation aériens » (BACEA), AJDA* 2012. 478, chron. C. Michaut et P. Sitbon, *GFP* nº 10-2011. 766, chron. M. Lascombe et X. Vandendriessche.
11. Décr. nº 92-1369, 29 déc. 1992 modifiant le décret nº 62-1587 du 29 déc. 1962 portant règlement général sur la comptabilité publique et fixant les dispositions applicables au recouvrement des créances de l'État mentionnées à l'article 80 de ce décret, *JO* 30 déc. 1992, p. 17954.

de remise, dans la limite de 500 000 francs, avant d'être abrogé par le décret du 7 novembre 2012. Ces décisions sont susceptibles d'être contestées, sur recours gracieux, devant l'autorité hiérarchique et au contentieux, devant le juge de l'excès de pouvoir[1], qui n'exerce qu'un contrôle restreint.

Il peut enfin exister des situations intermédiaires dans lesquelles, sans modifier le titre initial, la collectivité créancière va accorder des facilités au débiteur, par exemple des délais supplémentaires pour s'acquitter de sa dette. Si cette décision ne se traduit pas par de nouvelles pièces contractuelles et par l'émission d'un nouveau titre, elle sera sans effet sur les diligences attendues du comptable, même si elle résulte d'une délibération exécutoire[2].

612.52 Effets sur la responsabilité personnelle et pécuniaire du comptable public. Les textes relatifs à la responsabilité des comptables publics n'évoquent que les annulations et réductions de titres : l'article 19, 1°, b, du décret du 7 novembre 2012 met à la charge du comptable le contrôle « de la régularité des réductions et des annulations des ordres de recouvrer ». La jurisprudence réserve le même traitement aux admissions en non-valeur, avec une double approche. Au plan comptable, annulations (ou réductions) de titres et admissions en non-valeur constituent des dépenses[3] donnant lieu à émission de mandats et sont susceptibles d'engager la responsabilité du comptable qui les a pris en charge, en théorie, pour n'importe quel manquement aux contrôles des articles 19 et 20 du décret de 2012, y compris la compétence de l'auteur de l'acte[4], en pratique pour absence ou insuffisance des pièces justificatives (certificat de l'ordonnateur précisant l'erreur, s'agissant d'une annulation[5], délibération pour une admission en non-valeur).

Mais ces décisions ne sont pas non plus sans incidence sur la qualité de la créance de la personne publique, soit que son droit disparaisse (annulation, remise) ou diminue (réduction), soit que le titre soit retranché des écritures du comptable, ce qui conduit ce dernier à ne plus exercer de diligence en vue de son recouvrement (admission en non-valeur). Dès lors, le juge des comptes, sans se prononcer sur la légalité de la mesure, qui échappe à son office, s'efforce de déterminer si elle n'a pas pour origine ou si elle ne dissimule pas l'insuffisance des diligences du comptable en s'interrogeant, comme en matière de recouvrement, sur l'existence de diligences adéquates, complètes et rapides[6]. Il mettra en jeu sa responsabilité personnelle et pécuniaire en cas d'insuffisance de ses diligences[7] ; en sens inverse, il libérera le comptable qui n'a pu obtenir l'admission en non-valeur qu'il avait sollicitée lorsque le défaut de recouvrement du titre ne lui était en réalité pas imputable[8]. En d'autres termes, l'annulation ou l'admission en non-valeur du titre n'est pas opposable au juge des comptes[9], de même que la remise gracieuse[10].

À la différence de l'annulation et de l'admission en non-valeur, la remise gracieuse n'a pas de traduction budgétaire immédiate mais entraîne une absence de recouvrement ou un recouvrement seulement partiel de la créance. Le juge des comptes s'assure néanmoins qu'elle a été accordée conformément aux textes, ce qui n'est pas le cas lorsque le débiteur est une personne publique, « la remise gracieuse se fondant sur un état de gêne, notion qui n'est pas pertinente dans le cas d'un syndicat intercommunal, les communes membres du syndicat pouvant être sollicitées pour abonder les ressources du syndicat »[11].

612.53 Annulation, admission en non-valeur, remise de dette et préjudice financier. Dans le dispositif issu de la loi de 2011, ces différentes mesures peuvent être regardées comme ayant causé un préjudice financier à la personne publique si elles ne reposent pas sur l'inexistence de la créance ou sur le fait que son recouvrement soit manifestement compromis pour des causes extérieures à l'inaction du comptable[12]. Il n'en va autrement, et le juge des comptes considère alors que le manquement du comptable n'a pas causé de préjudice, lorsque l'autorité

1. CE 5 juill. 2006, *Batteau*, req. n° 270284 ; *Lebon T ; AJDA* 2006. 1804.
2. C. comptes 28 févr. 2013, *Département des Pyrénées-Orientales, Rec.* 30 ; *AJDA* 2013. 2540, chron. C. Michaut et P. Sitbon.
3. C. comptes 29 juin 2021, *Foyer de vie départemental Gérard Vivien à Courville-sur-Eure, Rec.* 90 – v. s^s^ n° 613.11.
4. C. comptes 13 oct. 2005, *Trésorier-payeur général de la Loire, Rec.* 80 (le comptable s'étant irrégulièrement substitué à l'ordonnateur) ; C. comptes 28 avr. 2017, *Chambre départementale d'agriculture de la Haute-Marne, Rec.* 89 (absence de délibération). V. toutefois, sur la responsabilité du comptable en matière de contrôle de la qualité de l'auteur de l'acte au stade de l'engagement, s^s^ n° 613.22.
5. C. comptes 7 déc. 2018, *Commune de Valenciennes, Rec.* 157.
6. V. s^s^ n°s 612.43 s.
7. C. comptes 16 déc. 1985, *Ramounet, trésorier-payeur général de la Corrèze, Rec.* 149.
8. C. comptes 15 janv. 1879, *Mustière, commune de Quinéville, Leb.* p. 902, *Rec.* 2.
9. C. comptes 6 juin 1895, *Langle, hospice de Limoges, Rec.* 31 ; 22 mai 1980, *Roussel, trésorier-payeur général de l'Oise*, préc.
10. C. comptes 8 avr. 2011, *Agence comptable des services industriels de l'armement*, n° 60927.
11. C. comptes 12 mars 1997, *Agence de l'eau Loire-Bretagne*, n° 31315.
12. C. comptes 13 mars 2014, *Commune de Rivière-Pilote, Rec.* 44 ; *AJDA* 2014. 2524, chron. C. Michaut et J.-E. Picard ; C. comptes 10 avr. 2014, *Communauté de communes du Saint-Affricain, Rec.* 63 ; *AJDA* 2014. 2524.

compétente avait pris une décision explicite en ce sens antérieurement au manquement [1].

Plus précisément, « l'annulation irrégulière d'un titre de recettes doit en principe être regardée comme ayant causé un préjudice financier à l'organisme concerné ; que toutefois tel n'est pas le cas lorsque le comptable apporte des preuves suffisantes que la créance n'avait pas à être recouvrée, et établit ainsi que la dépense correspondant au mandat d'annulation n'était pas dépourvue de fondement juridique » [2].

Cause ainsi un préjudice l'annulation d'un titre lorsque le comptable n'est pas en mesure d'en préciser l'objet exact et faute pour lui de démontrer que la créance inscrite se serait trouvée éteinte, par exemple à la faveur d'un transfert de compétences s'agissant des relations entre un nouvel établissement public de coopération intercommunale et une commune [3].

Ne sera, en revanche, pas regardée comme préjudiciable la prise en charge d'un mandat d'annulation en l'absence de délibération du conseil d'administration approuvant une transaction, dès lors que la conclusion de la transaction avec le débiteur traduisait la volonté de l'ordonnateur de renoncer à une partie de la créance [4].

En matière d'admission en non-valeur, le juge recherche également si les droits de la collectivité ont été préservés. Tel n'est pas le cas lorsque cette décision intervient en l'absence de diligences suffisantes du comptable, y compris à l'égard de débiteurs étrangers [5] ou lorsque le recouvrement a été confié à un huissier de justice [6]. Si l'admission en non-valeur est irrégulière mais qu'il ne peut être fait reproche au comptable de son inaction, il doit être raisonné comme en dépenses et le manquement formel sera regardé comme n'ayant pas causé de préjudice [7].

Dès lors que le comptable n'a manqué à ses obligations ni par défaut de diligences, ni en prenant en charge l'admission en non-valeur, il n'y a pas de préjudice financier mais il n'y a pas davantage de manquement et le juge des comptes ne peut que rendre une décision de non-lieu à charge (en régime de responsabilité personnelle et pécuniaire) [8] ou de relaxe (dans le régime de responsabilité financière des gestionnaires publics). La même solution s'applique, alors même que le comptable a manqué à ses obligations, en cas de force majeure [9].

1. PAR EX., une délibération acceptant la remise gracieuse avant la prise en charge du mandat d'annulation ou de réduction : C. comptes 10 avr. 2014, *Commune de Saint-Affrique*, n° 69563.
2. C. comptes 7 juin 2022, *Communauté d'agglomération du pays de Dreux, Rec.* 39.
3. Même déc.
4. C. comptes 10 nov. 2022, *Institut national de la transfusion sanguine, Rec.* 78 (solution discutable, l'autorité compétente pour transiger étant en principe l'organe délibérant).
5. C. comptes 23 juin 2022, *Institut de radioprotection et de sûreté nucléaire, Rec.* 41 – V. s[s] n° 612.44.
6. C. comptes 29 avr. 2013, *Direction régionale des douanes de Paris, Rec.* 67.
7. C. comptes 29 juin 2021, *Foyer de vie départemental Gérard Vivien à Courville-sur-Eure, Rec.* 90.
8. C. comptes 6 juill. 2022, *Recette régionale des douanes de Besançon, Rec.* 46.
9. C. comptes 7 déc. 2022, *Direction des impôts des non-résidents, Rec.* p. 102 (créance non prescrite et non irrécouvrable admise en non-valeur au cours de la période que l'ordonnance du 25 mars 2020 définit comme constitutive d'une circonstance de force majeure).

CHAPITRE

613. Responsabilité personnelle et pécuniaire des comptables publics en matière de dépenses

SECTION 0 ORIENTEUR

613.00 **Sommaire du chapitre.**

SECTION 1 NOTIONS DE DÉPENSE ET DE PAYEMENT

613.11 **Dépense, décaissement et payement.** La responsabilité personnelle et personnelle des comptables publics, qui demeure applicable dans certaines collectivités d'outre-mer[1], est engagée dès lors qu'une dépense a été irrégulièrement payée, l'irrégularité de la dépense se déduisant du fait qu'elle n'aurait pas dû être prise en charge en application du règlement général sur la comptabilité publique, en particulier des articles 19 et 20 du décret GBCP[2]. La jurisprudence en a déduit que cette responsabilité ne pouvait être mise en jeu par le juge à raison des opérations d'ordre (prise en charge d'écritures de rattachement à un exercice[3], dotations aux amortissements et aux provisions, travaux en régie...), en se fondant sur le fait que la dépense, quoique irrégulière, n'avait pas entraîné de manquant ou de déficit pour la personne publique. Cette position de principe appelle quatre observations.

En premier lieu, s'agissant de la motivation, l'article 60 de la loi de finances du 23 février 1963[4] fait du manquant en deniers et de la dépense irrégulière deux chefs parmi d'autres d'engagement de la responsabilité des comptables, qu'il place sur le même plan que la recette non recouvrée, sans exiger que la dépense irrégulière entraîne, au surplus, un manquant. Ce faisant, le juge financier regarde ces conditions comme « cumulatives » et non alternatives, s'éloignant ainsi de la lettre de la loi[5].

En deuxième lieu, la loi du 28 décembre 2011, qui distingue la notion de manquement (qui engage la responsabilité du comptable) de celle de préjudice (qui entraîne, selon les cas, un débet ou, si le juge en décide ainsi, le prononcé d'une somme irrémissible), aurait pu conduire à réexaminer ces solutions, en considérant que les opérations de dépense irrégulières mais sans décaissement méritent sanction, même si, en l'absence de préjudice, elles ne peuvent conduire à la mise en débet du comptable (qui était la seule possibilité pour le juge au moment de l'arrêt *Maison des enfants de Meaux*). La Cour des comptes, dans le cadre de la responsabilité personnelle et pécuniaire des comptables, a cependant maintenu inchangée sa jurisprudence après 2012[6].

En troisième lieu, s'agissant du champ d'application de cette jurisprudence, celle-ci est apparue pour des situations dans lesquelles le patrimoine de la collecti-

1. V. s[s] n°s 112.22 s.
2. Décr. n° 2012-1246, 7 nov. 2012 relatif à la gestion budgétaire et comptable publique, dit GBCP, *JO* 10 nov., n° 6.
3. C. comptes 25 oct. 2001, *Maison des enfants de Meaux, Rev. Trésor* 2002. 540, chron. M. Lascombe et X. Vandendriessche ; *GAJF*, 7e éd., n° 22.
4. Abrogé au 31 déc. 2022, cet article demeure applicable à certaines collectivités d'outre-mer, relevant des chambres territoriales des comptes.
5. En ce sens, v. le comm. aux *GAJF*, n° 22, préc.
6. C. comptes 9 févr. 2017, *Office public de l'habitat (OPH) Dordogne Habitat, Rec.* 35 (à propos de l'inscription d'une retenue de garantie en compte de charge).

vité, la « ligne de compte », et notamment sa « caisse » (son compte au Trésor) n'était pas en cause[1]. Tel n'est pas le cas lorsque le mandat de paiement a une incidence sur les relations entre la collectivité et un tiers, par exemple en matière d'annulation de titres ou d'admission en non-valeur, qui constituent deux opérations de dépenses au plan comptable susceptibles d'engager la responsabilité personnelle et pécuniaire du comptable (et même d'entraîner sa mise en débet) alors même qu'elles n'ont pas donné lieu à décaissement[2], même si la jurisprudence a pu y voir un « payement au sens du code monétaire et financier »[3]. Et il y a également matière à hésitation au sein de la même personne publique, s'agissant des versements faits par le budget principal à un budget annexe à caractère industriel ou commercial[4], qui dispose d'un compte au Trésor distinct. Dans ce cas, il y a incontestablement « décaissement » et certaines décisions en déduisent que le versement du budget principal, s'il est irrégulier, engage la responsabilité du comptable[5], tandis que d'autres, faisant prévaloir le principe d'unité budgétaire, refusent d'y voir un payement et donc un manquement au sens de la loi[6]. Il appartiendra à la Cour des comptes de clarifier ce point, important en termes de fiabilité des comptes et de gestion patrimoniale, dans le cadre du nouveau régime de responsabilité.

En quatrième lieu, le juge des comptes retient de la notion de « payement » une acception étroite, en se fondant sur les dispositions de l'article 34 du règlement général sur la comptabilité publique, qui fait référence à « tout moyen ou instrument de paiement prévu par le code monétaire et financier ». Or, aux termes de l'article 33 du décret GBCP, le payement est l'acte par lequel la personne publique « se libère de sa dette », et il existe bien d'autres modes de libération que le recours à des instruments de payement, comme le rappelle le code civil, dont la définition du payement est pourtant très proche de celle du règlement général sur la comptabilité publique[7] : la libération du débiteur peut prendre d'autres formes que le versement d'une somme d'argent, par exemple la dation en payement[8] et plus encore la compensation[9], que le droit de la comptabilité publique reconnaît au demeurant comme un mode valable d'extinction des obligations des personnes publiques[10].

613.12 Cas particulier des annulations de titres et des admissions en non-valeur. Les annulations de titres et les admissions en non-valeur constituent, au plan comptable, des charges et, au plan budgétaire, des dépenses d'ordre qui ne se traduisent pas par une sortie de fonds, ces « dépenses » ayant pour particularité de constater l'absence (annulation) ou la dépréciation (non-valeur) d'une créance ayant précédemment donné lieu à l'émission d'un titre. Traditionnellement, le juge des comptes, en procédant à l'examen de ces opérations, les allouait ou au contraire mettait en jeu la responsabilité du comptable lorsqu'elles ne faisaient que traduire – ou étaient destinées à masquer – l'insuffisance des diligences de ce dernier en vue de la conservation des droits de la personne publique. Le comptable ne pouvait invoquer à décharge ces opérations, qui étaient en quelque sorte « transparentes » à l'égard du juge[11].

L'entrée en vigueur de la loi du 28 décembre 2011 a amené le juge des comptes à examiner également la question sous un autre angle, en distinguant le manquement, c'est-à-dire la régularité de l'annulation ou de l'admission en non-valeur, et l'existence d'un préjudice, c'est-à-dire l'incidence de cette éventuelle irrégularité sur les recettes de la personne publique. Les juridictions ont parfois mis ainsi en jeu la responsabilité personnelle et pécuniaire du comptable à raison de la seule irrégularité de la dépense, par exemple du fait de l'absence des pièces justificatives requises (une délibération pour une admission en non-valeur, la mention de l'erreur affectant le titre pour l'annulation)[12], quitte à ne

1. Il n'en va pas de même s'agissant de la tenue de la comptabilité (production de l'état de l'actif, justification des soldes) pour laquelle la question se pose en termes différents, v. s[s] n°s 614.11 s.
2. V. s[s] n°s 614.11 s.
3. C. comptes 29 juin 2021, *Foyer de vie départemental « Gérard Vivien » de Courville-sur-Eure, Rec.* 90.
4. Sur la question générale de la régularité comptable de la prise en charge par un budget principal du déficit d'un budget annexe : C. comptes 29 nov. 2001, *Commune d'Aubagne, Rev. Trésor* 2002. 712, concl. Proc. Gén. H. Gisserot, chron. M. Lascombe et X. Vandendriessche ; *BJCL* juin 2002. 115, obs. J.-Ph. Vachia (à propos d'un budget annexe de transports).
5. CRC Aquitaine, Limousin, Poitou-Charentes, 18 avr. 2016, *Commune de Niort, GFP* n° 3-2017. 145, chron. J.-L. Girardi, P. Rocca et S. Heintz (manquement sans préjudice financier puisque cette dernière notion s'apprécie au niveau de « l'organisme public », donc de la personne morale).
6. CRC Auvergne, Rhône-Alpes, 3 juin 2015, *Communauté de communes de Riom, Rec.* 86 ; CRC Auvergne-Rhône-Alpes 23 juin 2016, *Communauté de communes Val Guiers, GFP* n° 3-2017. 146, chron. J.-L. Girardi, P. Rocca et S. Heintz.
7. « Le paiement est l'exécution volontaire de la prestation due. [...] Il libère le débiteur à l'égard du créancier et éteint la dette » (C. civ., art. 1342, al. 1 et 3).
8. Qui suppose l'accord du créancier (C. civ., art. 1342-4).
9. C. civ., art. 1347.
10. Instruction codificatrice n° 11-022-MO 16 déc. 2011 relative au recouvrement des recettes des collectivités territoriales et des établissements publics locaux. V. CRC Centre, Val-de-Loire, 26 juill. 2016, *Commune d'Égletons, GFP* n° 3-2017. 147, chron. J.-L. Girardi, P. Rocca et S. Heintz.
11. C. comptes 6 juin 1895, *Langle, receveur de l'hospice de Limoges, Rec.* 31 ; 22 mai 1980, *Roussel, trésorier-payeur général de l'Oise, Rec.* 71.
12. CRC Auvergne, Rhône-Alpes, 23 juin 2016, *Communauté de communes Val Guiers, GFP* n° 3-2017, chron. J.-L. Girardi, P. Rocca et S. Heintz, p. 148.

pas prononcer de débet mais à mettre à la charge du comptable une somme irrémissible si ce manquement n'avait pas causé de préjudice financier. Une telle solution était encore plus de nature à remettre en cause le lien fait par d'autres décisions entre responsabilité en dépenses et décaissement.

613.13 Dépense et exercice. À l'inverse des recettes, la responsabilité personnelle et pécuniaire en dépenses peut être attribuée sans hésitation et selon une présomption irréfragable à un seul comptable, qui est l'auteur du payement. Or le payement intervient en un trait de temps, à une date précisément connue[1]. Une difficulté est cependant apparue concernant les opérations effectuées au cours de la période complémentaire, en particulier lorsqu'une mutation de comptables s'était produite au 1er janvier : au titre de quel exercice, et éventuellement à quel comptable, imputer la dépense irrégulière ? Deux principes entrent ici en contradiction : celui selon lequel la responsabilité des comptables s'apprécie, en matière de dépenses, à la date du payement, et le principe de séparation des exercices, élément de la sincérité des comptes.

Non sans hésitation[2], le juge des comptes a fait prévaloir la logique de « caisse », en estimant qu'une dépense payée au cours de la période complémentaire engageait la responsabilité personnelle et pécuniaire du comptable au titre de l'exercice au cours duquel le décaissement avait été réalisé, quand bien même le comptable avait obtenu décharge pour l'exercice auquel l'opération était rattachée[3].

613.14 Dépense irrégulière, manquement et infraction. Dans les contrôles qui lui incombent, le comptable ne peut se faire le juge ni de la légalité ni de l'opportunité de la dépense. Ses vérifications portent sur la régularité de la dépense en termes budgétaires et comptables et peuvent concerner les actes de l'ordonnateur ou de ses services au stade de l'engagement, de la liquidation ou de l'ordonnancement. Il lui appartient de signaler toute anomalie qu'il constaterait dans l'exercice de ses attributions, mais tout écart par rapport aux textes n'est pas de nature à engager sa responsabilité.

Le « manquement » au sens du VI de l'article 60 de la loi du 23 février 1963[4] concerne toute dépense « irrégulièrement payée », c'est-à-dire toute dépense qui n'aurait pas dû être payée si le comptable avait procédé à l'ensemble des contrôles prévus par le règlement général sur la comptabilité publique[5]. Tout manquement ainsi entendu est de nature à engager la responsabilité personnelle et pécuniaire du comptable des organismes continuant de relever de ce régime[6], dès le premier euro et de manière illimitée.

Dans le dispositif en vigueur jusqu'au 31 décembre 2022, ces manquements étaient également susceptibles d'entraîner le renvoi des comptables devant la Cour de discipline budgétaire et financière, en particulier sur le terrain de l'ancien article L. 313-4[7] du code des juridictions financières, dont la définition très large permettait d'embrasser notamment les dépenses irrégulières. Si, dans le cadre du régime de responsabilité financière des gestionnaires publics, les comptables demeurent justiciables de la Cour des comptes[8], leurs agissements irréguliers ne pourront être sanctionnés que s'ils revêtent le caractère d'une « faute grave » et s'ils ont entraîné un « préjudice financier significatif » aux dépens de la personne publique[9]. Les comptables publics peuvent également commettre d'autres infractions financières spéciales, en particulier celles des articles L. 131-12 du même code (octroi d'un avantage injustifié[10]), L. 131-13, 1° (non-production des comptes[11]), L. 131-13, 3° (engagement de dépenses sans pouvoir[12]), L. 131-14, 2° (inexécution d'une condamnation pécuniaire[13]) et L. 131-15 (gestion de fait[14]) ou encore, mais l'hypothèse paraît peu vraisemblable, un échec au mandatement d'office (L. 131-11)[15].

SECTION 2
QUALITÉ DE L'ORDONNATEUR

613.21 Qualité de l'ordonnateur et ordonnancement de la dépense. Le contrôle de la qualité de l'ordonnateur constitue, aux termes de l'article 19 du décret GBCP (comme précédemment de l'article 12 B du décret de 1962), le premier point que

1. V. ss no 611.35.
2. CRC Basse-Normandie, Haute-Normandie, 17 déc. 2015 (no 2015-20), et CRC Normandie 20 juill. 2017 (no 2017-11), *Commune de Gouville-sur-Mer*, non publiés.
3. C. comptes 11 janv. 2022, *Caisse des écoles de Cherbourg-en-Cotentin, Rec.* p. 11, cité *GFP* no 2-2022, p. 160, chron. X. Vandendriessche.
4. Cet article, abrogé au 31 déc. 2022, demeure applicable dans le champ des comptes jugés par les chambres territoriales des comptes.
5. Décr. GBCP, art. 19 et 20. V. cependant, pour les collectivités locales, v. ss no 613.71.
6. C'est-à-dire ceux relevant du ressort des chambres territoriales des comptes.
7. CJF, ancien art. L. 313-4, abrogé au 31 déc. 2022. L'infraction financière, avec des conditions en partie différentes, figure aujourd'hui à l'article L. 131-9 du même code.
8. N. Groper, « *Le comptable public dans le régime de responsabilité financière des gestionnaires publics – Propos d'un parquetier* », *GFP* no 1-2024. 55, v. ss nos 313.31 s.
9. CJF, art. L. 131-9 ; v. ss nos 431.11 s. et 432.11 s.
10. Sur cette infraction, v. ss nos 441.11 s.
11. Sur cette infraction, v. ss nos 423.11 s.
12. Sur cette infraction, v. ss nos 422.11 s.
13. Sur cette infraction, v. ss nos 452.11 s.
14. Sur cette infraction, v. ss nos 424.11 s.
15. Sur cette infraction, v. ss nos 454.11 s.

doit vérifier le comptable avant de payer une dépense. Il s'agit de l'application la plus évidente du principe de séparation des ordonnateurs et des comptables. Le comptable doit, avant de procéder à toute autre vérification, s'assurer du fait que la décision qui lui est adressée émane de l'autorité compétente.

Ceci étant, l'ordonnateur se voit reconnaître de multiples « qualités » par le règlement général sur la comptabilité publique. Non seulement il ordonnance la dépense, mais auparavant il a procédé, en personne ou par une autorité qu'il y a habilitée, à son engagement puis à sa liquidation [1].

Il n'y a aucun doute quant au fait que le comptable doit refuser de payer en l'absence d'ordre de payer [2], au vu d'une signature non identifiée [3] ou au vu d'un mandat émanant d'une autorité non habilitée [4]. Son manquement dans de tels cas était regardé par la Cour des comptes, dans le cadre de la responsabilité personnelle et pécuniaire, comme ayant causé un préjudice financier à l'organisme, sauf si figurait au dossier une pièce qui attesterait de la volonté non équivoque de l'ordonnateur compétent d'ordonnancer la dépense préalablement au payement [5] ou sauf le cas très particulier des dépenses résultant d'une décision de justice [6].

Le Conseil d'État a introduit une distinction dans le cadre de sa jurisprudence *DRFiP Bretagne-ONIAM*, en considérant, d'une part, que le règlement d'une dépense « en l'absence de tout ordre de payer » causait un préjudice mais, d'autre part, que le manquement du comptable à ses obligations de contrôle de la qualité de l'ordonnateur devait « être regardé comme n'ayant, en principe, pas causé de préjudice financier à l'organisme public » lorsque « la dépense repose sur les fondements juridiques dont il appartenait au comptable de vérifier l'existence » [7]. Or il peut exister de très solides raisons pour qu'un ordonnateur refuse de procéder au mandatement d'une dépense qu'il avait régulièrement engagée, par exemple parce qu'il n'est pas satisfait de la qualité de la prestation exécutée, et il est souhaitable que la jurisprudence à venir – dans le régime de responsabilité financière des gestionnaires publics – donne tout son effet utile à la formule « en principe », qui permet de réserver toute une série de situations intermédiaires entre le manquement purement formel (qui justifie qu'il soit regardé comme n'ayant pas causé de préjudice) et l'absence totale de service fait (qui implique un préjudice pour l'intégralité de la dépense).

Enfin, il pourrait également être envisagé de mettre en jeu la responsabilité de l'ordonnateur devant la Cour des comptes au titre de l'article L. 131-13, 3°, du code des juridictions financières, s'il apparaissait qu'il avait engagé la dépense sans y être habilité.

613.22 Qualité de l'ordonnateur et engagement de la dépense. La généralité des termes de l'article 19 a longtemps conduit la jurisprudence, au-delà de l'ordonnancement au sens strict, à mettre à la charge du comptable le contrôle de la liquidation par une autorité habilitée [8], mais aussi celui de la qualité de l'auteur de l'acte qui fonde la dépense [9]. De nombreuses décisions ont ainsi constitué débiteurs des comptables de l'État comme des collectivités locales pour avoir payé à des fonctionnaires des primes ou des indemnités ne reposant pas sur un texte législatif ou sur un décret publié [10]. Après la loi de 2011, le juge a regardé ces manquements comme ayant causé un préjudice financier à la collectivité [11]. De même, a été constitué en débet un payeur départemental qui avait réglé des honoraires de négociation pour le placement d'un emprunt contracté par la collectivité, faute pour l'ordonnateur d'avoir été habilité par l'assemblée délibérante à recourir à un intermédiaire [12], ou le comptable d'une commune qui avait procédé au remboursement de la taxe locale d'équipement en exécution d'un contrat de vente autorisé par le conseil municipal mais sans que la délibération ait habilité l'ordonnateur à s'engager à un tel remboursement [13].

1. Parfois, en coopération *de facto* avec le comptable (dans le cas des services facturiers mentionnés à l'article 41 du Décr. de 2012).
2. C. comptes 14 févr. 2014, *Institut national de recherche en informatique et en automatique (INRIA), Rec.* 32 (charge n° 2), *AJDA* 2014. 673, chron. C. Michaut et J.-E. Picard.
3. C. comptes 25 nov. 2010, *Commune d'Antrain, GFP* 2011. 784, chron. M. Lascombe et X. Vandendriessche.
4. C. comptes 16 mai 2002, *Lycée Las Cases à Lavaur, AJDA* 2003. 1215, chron. N. Groper.
5. C. comptes, ch. réun., 26 mai 2016, *Direction régionale des finances publiques de Rhône-Alpes et du département du Rhône, Rec.* 71 (charge n° 10).
6. C. comptes 16 oct. 2014, *Office français de protection des réfugiés et apatrides (OFPRA), Rec.* 127.
7. CE, sect., 6 déc. 2019 *Mariel, directeur régional des finances publiques de Bretagne et du département d'Ille-et-Vilaine*, req. n° 425542 ; *Rec.* 20 ; *AJDA* 2020. 289, chron. C. Malverti et C. Beaufils ; *BJCL* n° 12/2019, concl. L. Dutheillet de Lamothe, note S. Damarey ; *JCP Adm.* 4 mai 2020, note M. Kernéis-Cardinet.
8. C. comptes 5 juill. 2012, *Contrôleur budgétaire et comptable du ministère de l'Outre-mer, AJDA* 2013. 687, chron. C. Michaut et P. Sitbon. Ce contrôle est à distinguer de celui de l'exactitude des calculs de liquidation (v. s[s] n° 613.22).
9. L. Saïdj, « Responsabilité des comptables (en titre) et des régisseurs », préc. 4, n° 22.
10. CE 20 mars 1970, *Boissenin*, req. n° 74664 ; *Lebon* 210.
11. CE 27 mai 2015, *Ministre délégué chargé du budget, Maupas et Gatin*, req. n° 374708 ; *Lebon ; AJDA* 2015. 1069, note M.-C. de Montecler ; *GFP* 2015-11. 75.
12. C. comptes 16 déc. 1994, *Payeur départemental des Alpes-Maritimes, Rev. Trésor* 1995. 366, chron. R. Ludwig.
13. C. comptes 31 mai 2001, *Commune de Thonon-les-Bains, Rec.* 35 ; *RFDA* 2002. 628, chron. M. Lascombe et X. Vandendriessche.

Rompant avec une jurisprudence constante depuis près d'un demi-siècle[1], le Conseil d'État a affirmé en 2018 qu'il résultait des dispositions des articles 19 et 20 « qu'au titre du contrôle de la qualité de l'ordonnateur que les comptables sont tenus d'exercer s'agissant des ordres de payer, il leur incombe de s'assurer que le signataire de cet ordre a la qualité d'ordonnateur de la personne morale concernée ou a reçu de ce dernier une délégation lui donnant qualité pour agir en son nom. Ces dispositions ne sauraient, en revanche, être interprétées comme mettant, à ce titre, à la charge des comptables l'obligation de vérifier la compétence de l'autorité ayant pris la décision qui constitue le fondement juridique de la dépense, les comptables n'ayant, d'ailleurs, pas le pouvoir de se faire juges de la légalité de cette décision. »[2]

Ce revirement pouvait paraître se réduire à un problème de motivation et laisser intacte la possibilité, pour le juge des comptes, de saisir cette même irrégularité au titre de la production des pièces justificatives (d du 2° de l'article 19 et 3° de l'article 20 du décret de 2012 au lieu du a du 2° de l'article 19 pour la qualité de l'ordonnateur). Au demeurant, lors de l'examen du pourvoi contre l'arrêt *École nationale de formation agronomique*, le parquet général de la Cour des comptes avait demandé au juge de cassation de substituer au motif erroné le motif tiré du manquement du comptable à ses obligations de contrôle de la validité de la dette. Si le Conseil d'État n'avait pas donné suite à cette demande, c'était au motif qu'elle aurait impliqué « l'appréciation de circonstances de fait » et non parce qu'elle ne pouvait en toute hypothèse prospérer. Cette possibilité a toutefois été écartée de la façon la plus nette quelques mois après ce premier arrêt, le Conseil d'État affirmant qu'« il n'appartient pas au comptable, en principe, de vérifier la compétence des auteurs des actes administratifs fournis au titre des pièces justificatives de la dépense »[3].

C'est donc un champ très important de la responsabilité personnelle et pécuniaire des comptables qui a été écarté en deux temps par le Conseil d'État. Reste, dans l'état actuel de la jurisprudence sur la responsabilité personnelle et pécuniaire, le seul contrôle, au titre de la qualité de l'ordonnateur, de l'identité de l'auteur du mandatement et, parce que ce point ne lui a pas été soumis sous l'empire des dispositions de la loi de 1963, celle du responsable de la liquidation. Sans doute l'engagement de la dépense par une personne qui n'y est pas habilitée constitue-t-il une infraction financière dans le régime nouveau de responsabilité[4] mais son payement par le comptable constitue également une irrégularité grave au regard de l'ordre public financier et qui peut mériter également une sanction[5], compte tenu des risques de désordre comptable, mais aussi d'atteinte à la probité, qui s'y attachent.

1. Depuis l'arrêt de principe CE 20 mars 1970, *Boissenin*, req. n° 74664, préc.
2. CE 4 mai 2018, *Ministre de l'Action et des comptes publics*, req. n° 410880 ; *JCP Adm.* 2018. 2306, note O. Villemagne et P. Grimaud.
3. CE 28 déc. 2018, *SDIS Gironde*, req. n° 410113 ; *JCP Adm.* 8 avr. 2019, n° 2083, note M. Kernéis-Cardinet.

SECTION 3
EXACTE IMPUTATION DE LA DÉPENSE

613.31 Exacte imputation de la dépense : une irrégularité de nature budgétaire. Aux termes de l'article 19, 2°, b, du décret GBCP de 2012, le comptable est tenu de veiller à « l'exacte imputation de la dépense au regard des règles relatives à la spécialité des crédits ». Cette formulation est plus précise que celle du décret de 1962, qui mentionnait « la bonne imputation de la dépense » et consacre la jurisprudence qui s'était dégagée sous l'empire des anciens textes. Il s'agit d'un des contrôles les plus anciens mais aussi des plus importants puisque l'article L. 1617-3 du code général des collectivités territoriales en fait l'un des cas dans lesquels le comptable est tenu de refuser le payement même après exercice par l'ordonnateur de son pouvoir de réquisition[6]. Jusqu'en 2022, la loi faisait de l'imputation erronée de la dépense une infraction relevant de la Cour de discipline budgétaire et financière lorsqu'elle avait pour objet de dissimuler un dépassement de crédits[7].

Même s'il peut paraître désormais moins important qu'au XIXe siècle compte tenu de l'évolution vers la globalisation des crédits, ce principe contribue efficacement à l'ordre public financier et la jurisprudence demeure attachée à son respect. Elle a ainsi considéré que le comptable ne pouvait se prévaloir des termes d'une délibération exécutoire prévoyant l'imputation erronée de la dépense[8] et, dans son dernier état, qu'une mauvaise imputation ne pouvait donner lieu à régularisation[9]. Le Conseil

4. CJF, art. L. 131-13, 3° ; v. s[s] n° 422.11.
5. Au titre, en particulier, de l'infraction prévue au CJF, art. L. 131-9.
6. V. s[s] n° 611.15.
7. CJF, anc. art. L. 313-2, abrogé au 31 déc. 2022 – Sur cette ancienne infraction financière, et les critiques qu'appelle sa suppression, v. s[s] n° 426.11.
8. C. comptes 29 nov. 2001, *Commune d'Aubagne, Rev. Trésor* 2002. 712, concl. Proc. Gén. H. Gisserot, chron. M. Lascombe et X. Vandendriessche ; *BJCL* juin 2002. 115, obs. J.-Ph. Vachia (à propos de la prise en charge par le budget principal du déficit d'un budget annexe).
9. C. comptes 21 juill. 2011, *Département de la Dordogne, GFP* déc. 2012. 81, chron. S. Damarey, M. Lascombe et X. Vandendriessche ; *RFFP* n° 119-2012. 262, chron. A. Doyelle et N. Péhau – En sens inverse (possibilité de régularisation sur exercice clos) : C. comptes 25 juin 2009, *Région Champagne-Ardenne, Rec.* 43.

d'État affirme également de manière constante le lien à respecter entre la nature et l'objet de la dépense « telle qu'elle a été ordonnancée », la nomenclature des pièces justificatives et les justifications produites [1], et il a reconnu au juge des comptes la possibilité de mettre en jeu la responsabilité des comptables lorsque les dépenses litigieuses étaient « insusceptibles d'être rattachées au chapitre où elles avaient été imputées » [2].

613.32 Étendue du contrôle du comptable. Ainsi que le précise l'article 19 du décret GBCP de 2012, le contrôle du comptable doit s'effectuer par référence à la spécialité des crédits. Le contrôle de l'imputation de la dépense constitue en effet, avec le contrôle de la disponibilité des crédits, la déclinaison comptable du principe de spécialité des crédits.

C'est donc le budget, et plus précisément le niveau d'ouverture des crédits, qui va commander la démarche du comptable. S'agissant du budget de l'État, les crédits sont ouverts au niveau du programme [3], avec une enveloppe particulière pour les dépenses du titre 2 (personnel). Pour les autres personnes publiques, les règles diffèrent, avec une distinction à opérer entre les organismes dotés d'un budget au sens traditionnel du terme et ceux qui, tels les hôpitaux, sont dotés d'un état des prévisions de recettes et de dépenses (EPRD), à caractère largement évaluatif sauf quelques chapitres limitatifs, notamment en matière de dépenses de personnel. Pour les collectivités locales, l'imputation s'entend du rattachement de la dépense à la bonne section (fonctionnement ou investissement) [4] et au bon chapitre [5], mais pas, en principe, à l'intérieur du chapitre (entre articles ou paragraphes), sauf si le budget a été adopté à un niveau plus fin [6], ce qui peut être le cas notamment en matière de subventions ou d'opérations d'équipement.

Pour procéder à cette analyse, le comptable doit s'assurer que l'imputation correspond à la nature de la dépense, toujours au regard de la spécialisation des crédits. Ce contrôle peut être délicat et la jurisprudence considère, le plus souvent, que l'imputation est justifiée même lorsqu'elle peut sembler contestable, dès lors qu'il n'existe pas de contradiction manifeste entre l'imputation retenue, les mentions sur le mandat et la nature des pièces justificatives produites conformément à la nomenclature [7]. En cas de doute sur la nature de la dépense (par exemple sur le point de savoir si elle relève des fêtes et cérémonies ou des frais de représentation), le comptable doit suspendre le payement et interroger l'ordonnateur [8]. En l'absence de nomenclature des pièces justificatives applicable à l'organisme, les justifications qui lui sont produites doivent permettre au comptable d'effectuer les contrôles qui lui incombent [9].

Sur ce point, l'attitude de la Cour de discipline budgétaire et financière n'était pas la même que celle du juge des comptes. La CDBF n'étant pas soumise aux mêmes limitations de son office quant à « l'exactitude matérielle des comptes », elle a pu fonder son analyse sur la nature intrinsèque de la dépense et non sur les pièces justificatives présentées au comptable. Elle a pu ainsi considérer que des dépenses présentées comme des subventions relevaient en réalité de l'achat de prestations de conseil, et sanctionner une telle irrégularité [10], à l'opposé de l'arrêt *Université de Poitiers*, qui concernait le seul agent comptable.

613.33 Erreur d'imputation et préjudice financier. Dans la typologie qu'il a souhaité dégager en 2020 sur les conséquences qui s'attachaient aux diverses irrégularités en dépense, dans le cadre du régime de responsabilité personnelle et pécuniaire des comptables publics, le Conseil d'État a classé les erreurs d'imputation parmi les méconnaissances de « règles formelles », un tel manquement devant « être regardé comme n'ayant pas par lui-même, sauf cir-

1. CE 8 févr. 2012, *Deroy, comptable du centre communal d'action sociale de Polaincourt*, req. n° 340698 ; *Lebon* p. 34 ; *AJDA* 2012. 698, chron. X. Domino et A. Bretonneau ; *GAJF*, 7ᵉ éd., n° 23.
2. CE 30 juill. 2003, *Marty*, req. n° 232430 ; *Leb. T.* 723 ; *Rev. Trésor* n° 2-2004. 135, chron. M. Lascombe et X. Vandendriessche.
3. C. comptes 17 mars 2016, *Contrôleur budgétaire et comptable ministériel placé auprès du ministre de l'Intérieur, Rec.* 40 ; *GFP* n° 6-2016. 155.
4. La plupart du temps, les irrégularités consistent à imputer en investissement des charges de fonctionnement, par ex. C. comptes, *Commune d'Aubagne*, préc. ; *Région Champagne-Ardenne*, préc. ; *Département de la Dordogne*, préc.
5. PAR EX., sur la distinction entre frais de réception et frais de représentation : C. comptes 8 mai 1916, *Protectorat du Cambodge, Rec.* 21 ; entre subventions et achats : C. comptes 19 oct. 2006, *Université de Poitiers, Rec.* 46 ; *Rev. Trésor* 2007. 1120, chron. M. Lascombe et X. Vandendriessche (prestations informatiques) ; C. comptes 17 déc. 2020, *Conseil départemental de l'accès au droit du Nord, Rec.* 172 (honoraires d'avocats) ; sur la distinction entre primes et dépenses d'action sociale : C. comptes 13 janv. 2020, *Office français de l'immigration et de l'intégration, Rec.* 11 ; sur la distinction entre frais de déplacement et frais de représentation des ministres : C. comptes 17 mars 2016, *Contrôleur budgétaire et comptable ministériel (CBCM) placé auprès du ministre de l'Intérieur, Rec.* 40.
6. C. comptes 7 juill. 1904, *Compte départemental de Tarn-et-Garonne, Rec.* 28.
7. C. comptes 19 oct. 2006, *Université de Poitiers*, préc.
8. CE 4 mai 2015, *Bigot, commune de Mont-Saint-Martin*, req. n° 369696 ; *Rec.* 181 ; *AJCT* 2015. 597, obs. P. Grimaud ; *Dr. adm.* 2015, n° 8-9, comm. 54, A. Stéphan.
9. C. comptes 15 déc. 2020, *Institut national des sciences appliquées de Rennes, Rec.* 170.
10. CDBF 14 nov. 2019, *Chambre départementale d'agriculture de la Gironde, Rec.* 206.

constances particulières, causé de préjudice financier à l'organisme public concerné »[1].

Tel est, le plus souvent, le cas[2], au terme d'une motivation souvent sommaire mais parfois beaucoup plus précise[3]. Certaines décisions retiennent une acception restrictive du préjudice financier, semblant la réduire à une logique de caisse, à l'exclusion de considérations sur le financement de l'organisme public[4]. Les commentateurs de la loi de 2011 réservent néanmoins le cas particulier des collectivités territoriales, pour lesquelles l'imputation en fonctionnement de dépenses se rattachant à une opération d'équipement (qui relève donc de la section d'investissement) serait susceptible de les priver de la fraction correspondante du fonds de compensation pour la taxe sur la valeur ajoutée (FCTVA)[5]. Le lien n'est cependant pas automatique et l'imputation de subventions d'investissement en section de fonctionnement peut être regardée comme n'ayant pas causé de préjudice si les dépenses en cause n'étaient pas éligibles au FCTVA[6].

Au-delà de ce cas de figure, l'existence d'un préjudice financier ne constitue pas une hypothèse d'école, en particulier lorsque la dépense aurait dû être imputée sur un compte qui ne disposait pas lui-même de crédits suffisants[7]. Il en va de même lorsqu'au vu des pièces qui lui sont présentées, le comptable ne peut déterminer l'exacte imputation de la dépense ni, par voie de conséquence, les justifications à produire (application de la jurisprudence *Commune de Mont-Saint-Martin*)[8]. Il en va également de même d'une dépense imputée en achat alors qu'elle ne pouvait s'analyser que comme une subvention dont le payement, en l'absence de délibération, a entraîné un « appauvrissement » de la collectivité justifiant le prononcé d'un débet[9].

SECTION 4
DISPONIBILITÉ DES CRÉDITS

613.41 Renforcement des exigences. En application de l'article 19, 2°, c, du décret du 7 novembre 2012, le comptable est tenu de s'assurer de la disponibilité des crédits. Pas plus que le règlement général de 1962, celui de 2012 ne précise à quel moment se situe ce contrôle. Pendant longtemps, la Cour des comptes a accepté des mesures de régularisation jusqu'à la fin de l'exercice, et même au-delà, s'agissant de l'État, la loi de règlement pouvant ouvrir des crédits sur exercice clos en application des lois organiques successives relatives aux lois de finances[10]. Pour les collectivités territoriales, la loi permet d'ouvrir des crédits de fonctionnement pendant un délai de vingt et un jours suivant la fin de l'exercice, pour régler des dépenses engagées avant le 31 décembre, ainsi que les opérations d'ordre[11].

1. CE, sect., 6 déc. 2019, *Mme Bailloux, agent comptable de l'office national d'indemnisation des accidents médicaux, des affections iatrogènes et des infections nosocomiales (ONIAM)*, req. n° 418741 ; CE, sect., 6 déc. 2019, *Mariel, directeur régional des finances publiques de Bretagne et du département d'Ille-et-Vilaine*, req. n° 425542, préc. – V. s^s n° 611.44.
2. PAR EX., sur l'imputation au budget principal de dépenses relevant d'un budget annexe : C. comptes 18 sept. 2014, *Centre intercommunal d'action sociale du Marsan, Rec.* 116 ; sur l'imputation en section de fonctionnement du remboursement d'un emprunt, y compris pour la fraction relative au capital : C. comptes 22 janv. 2015, *Commune de Maubeuge, Rec.* 27.
3. C. comptes 22 juin 2017, *Agence nationale des titres sécurisés, Rec.* 125 ; *AJDA* 2017. 2521, chron. N. Péhau et N. Hauptmann (motivation de l'absence de préjudice par l'existence de crédits suffisants, l'engagement et l'ordonnancement réguliers des dépenses, la certification du service fait et l'intervention d'écritures de régularisation ayant permis de rétablir l'exactitude des comptes).
4. C. comptes 22 déc. 2022, *Université Paris-XIII*, cité *BJCL* n° 1-2023, p. 7 (charge n° 8 : l'imputation en compte de charges d'une dépense qui aurait dû être immobilisée a privé l'établissement public « du bénéfice d'amortissements, ce qui n'a pas eu d'incidence fiscale, son résultat n'étant pas imposable »).
5. CRC Champagne-Ardenne, Lorraine, 21 janv. 2014, *Commune de Metz, GFP* 9-10/2014. 134, chron. J.-L. Girardi et P. Rocca (le comptable échappant au débet du fait de la régularisation des écritures qui a permis à la commune de percevoir *in fine* la fraction de FCTVA dont, au moment du payement, elle avait été privée). Pour une application « positive » (prononcé d'un débet), *cf.* CRC Basse-Normandie, Haute-Normandie, 9 déc. 2014, *Commune d'Orbec*, n° 2014-0023, non publié.
6. CRC Aquitaine, Poitou-Charentes 1er oct. 2013, *Commune de Couhé, GFP* 910-2014. 149 ; C. comptes 27 juin 2014, *Syndicat mixte du pays de Saintonge Romane, Rec.* 87.
7. C. comptes 1er déc. 2016, *Institut français d'Israël, Rec.* 153.
8. C. comptes 17 mars 2016, *Contrôleur budgétaire et comptable ministériel placé auprès du ministre de l'Intérieur, Rec.* 40 ; *GFP* n° 6-2016. 155.
9. CRC Basse-Normandie, Haute-Normandie, 9 janv. 2014, *Commune de Saint-Pierre-lès-Elbeuf, Rec.* 13.
10. Ord. n° 59-2, 2 janv. 1959, *JO* 3 janv. 1959, p. 180, art. 35 : « Le projet annuel de loi de règlement constate le montant définitif des encaissements de recettes et des ordonnancements de dépenses se rapportant à une même année ; le cas échéant, il ratifie les ouvertures de crédits par décrets d'avances et approuve les dépassements de crédit résultant de circonstances de force majeure ». – LO n° 2001-692 1er août 2001, *JO* 2 août 2001, art. 37, IV : « Le cas échéant, la loi relative aux résultats de la gestion et portant approbation des comptes de l'année : [...] 2° Ouvre, pour chaque programme ou dotation concerné, les crédits nécessaires pour régulariser les dépassements constatés résultant de circonstances de force majeure dûment justifiées [...]. » Le Conseil constitutionnel est peu exigeant sur les motifs de « force majeure » mentionnés par les lois organiques, et se borne à se référer à des « ajustements de crédits par rapport aux prévisions des lois de finances » (Cons. const. 13 juill. 2006, n° 2006-DC, *Décision relative à la loi portant règlement définitif du budget de 2005, RFDC* 2007, n° 69. 79, *GAJF*, 7e éd., n° 3).
11. CGCT, art. L. 1612-11.

La jurisprudence, dans le domaine de la responsabilité personnelle et pécuniaire des comptables publics, a opéré un revirement à l'occasion d'une affaire portée en appel par le procureur général. À cette occasion, la Cour des comptes a affirmé deux principes de grande portée : le principe selon lequel la régularité d'un payement doit s'apprécier au jour de son exécution et le principe selon lequel en cas de dépassement de crédits, « la responsabilité du comptable s'est immédiatement trouvée engagée à due concurrence », le débet étant prononcé à hauteur des dépenses payées en dépassement et non à hauteur de la différence entre les décaissements et les crédits ouverts au terme de l'exercice [1].

Cette plus grande exigence ne s'explique pas, à la différence du contrôle de l'imputation de la dépense, par un souci d'exactitude des comptes mais par le respect du principe d'autorisation des dépenses, qui est au cœur du droit budgétaire [2] et qui constitue historiquement le premier des droits du Parlement. Le comptable ne peut, de concert avec l'ordonnateur, spéculer sur une décision à venir de l'autorité budgétaire, qui au demeurant ne lui est pas nécessairement acquise [3]. De plus, comme pour la qualité de l'ordonnateur, il s'agit d'un contrôle élémentaire, qui n'appelle le plus souvent aucune appréciation de la part du comptable et se prête depuis longtemps à l'automatisation de ce type de vérifications [4]. Il est toutefois à noter que cette irrégularité n'a jamais fait l'objet en soi d'une incrimination devant la Cour de discipline budgétaire, et qu'elle ne pouvait être appréhendée que si elle était le mobile d'une erreur d'imputation [5].

613.42 Portée du principe. Compte tenu de l'importance des principes dont il est le garant, le contrôle de la disponibilité des crédits fait l'objet d'un régime très exigeant : il constitue l'un des cas dans lesquels le comptable ne peut donner suite à un ordre de réquisition [6] ; il s'impose y compris dans le cas de dettes exigibles [7], et même en présence d'un mandatement d'office, la loi de 1980 exigeant la présence de crédits. Dans un cas particulier, la Cour des comptes avait cru pouvoir se fonder – dans le cadre de la responsabilité personnelle et pécuniaire des comptables – sur le principe de continuité du service public de transport d'urgence de malades, également placé très haut dans la hiérarchie des normes, pour justifier le règlement de dépenses par un agent comptable avant l'adoption du budget de l'organisme, en faisant application de la procédure des « douzièmes provisoires » prévue par la direction générale de la comptabilité publique dans un guide pourtant dépourvu de valeur normative [8]. Sur pourvoi du procureur général, le Conseil d'État a considéré que la Cour avait commis une erreur de droit « en refusant de prononcer un débet au motif que la suspension du paiement par le comptable aurait conduit à l'interruption du service, alors qu'aucune circonstance ne pouvait justifier un tel paiement en l'absence de disposition le permettant » [9].

Il en va autrement dans le cas spécifique des dépenses effectuées par les établissements d'enseignement sur « ressources affectées » [10], qui sont de nature évaluative et pour lesquelles une intervention de l'organe délibérant de l'établissement destinataire n'est pas nécessaire avant leur consommation par l'ordonnateur. Autre cas particulier, les dépenses sans mandatement préalable sont appréciées non à la date de prise en charge des mandats de régularisation mais au stade du décaissement [11].

Sous ces réserves, le comptable doit vérifier la présence de crédits régulièrement ouverts avant de procéder au payement de la dépense, ce qui, sans mettre à sa charge un contrôle de légalité, le conduit à s'assurer au moins du fait que l'ouverture des crédits [12] résulte d'une décision de l'assemblée délibérante et non de l'ordonnateur ou du bureau de la collectivité [13]. Il reste cependant à s'assurer de la compatibilité de cette dernière solution avec la juris-

1. C. comptes 4 févr. 1988, *Fuet, comptable du bureau d'aide sociale (BAS) de la commune de Matour, Rec.* 136 ; *Rev. adm.* n° 248 ; *GAJF*, 7e éd., n° 27.
2. « Il n'appartient pas au receveur municipal de modifier de son chef les allocations budgétaires fixées par le conseil municipal [...] ; en cas d'insuffisance du crédit prévu au budget, [le comptable était tenu] de se refuser au payement du complément de l'annuité, jusqu'à ce qu'il eût été pourvu à cette dépense par les autorités chargées du vote et du règlement du budget » (C. comptes 24 nov. 1892, *Suchet, receveur de La Petite-Verrière, Rec.* 22).
3. C. comptes 29 juin 1978, *Trésorier-payeur général des Yvelines, Rec.* 22.
4. J.-L. Girardi et P. Rocca, chron. *GFP* n° 9-10/2014, p. 155 : « grâce aux applications informatiques, un dépassement de crédits ne peut désormais survenir qu'en connaissance de cause ».
5. V. ss n° 613.31.
6. Décr. GBCP, art. 136 (comptables de l'État), art. 195 (établissements publics de l'État et autres personnes morales) ; CGCT, art. L. 1617-3 (collectivités territoriales).
7. C. comptes 29 juin 1995, *Commune de Saint-Julien, Rec.* 65 ; *Rev. Trésor* 1995. 691, chron. R. Ludwig.
8. C. comptes 26 janv. 2011, *Groupement d'intérêt public (GIP), Transport sanitaire par hélicoptère en Ile-de-France (TSH IF) à Créteil, Rec.* 9.
9. CE 20 mars 2013, *Maffi, agent comptable du groupement d'intérêt public (GIP) Transport sanitaire par hélicoptère en Ile-de-France (TSH IF) à Créteil*, req. n° 347558 ; *Rec.* 219.
10. C. comptes 26 févr. 2009, *Lycée Blaise Pascal à Saint-Dizier, Rec.* 23 ; *GFP* 1-2010. 97, chron. M. Lascombe et X. Vandendriessche.
11. CRC Centre-Val de Loire, n° 2016-0010, 26 juill. 2016, *Commune d'Égletons* (s'agissant du règlement d'intérêts d'emprunt), GFP n° 3-2017. 147, chron. J.-L. Girardi, P. Rocca et S. Heintz.
12. Au niveau décidé par l'assemblée délibérante (v. ss n° 613.32).
13. CRC Champagne-Ardenne 27 juin 1996, *Département de la Marne, Rec.* 68 ; *Mémorial des percepteurs* 11-1996. 227.

prudence *SDIS Gironde*[1] qui concernait la question distincte mais proche de la compétence de l'auteur des pièces justificatives.

613.43 Absence de crédits suffisants et préjudice financier. Si, dans le cadre de la responsabilité personnelle et pécuniaire des comptables publics, l'erreur d'imputation est toujours présumée ne pas avoir causé de préjudice[2], un sort différent est réservé à l'insuffisance de crédits, cette rubrique ne relevant pas, selon le Conseil d'État, des « règles formelles » comme le contrôle de l'imputation de la dépense ou des règles du contrôle financier (rebaptisé contrôle budgétaire). Dans ses deux décisions *DRFiP Bretagne et ONIAM*, le juge de cassation a énoncé que le manquement du comptable aux obligations lui incombant en matière de disponibilité des crédits devait être regardé « comme n'ayant, en principe, pas causé un préjudice financier à l'organisme public concerné lorsqu'il ressort des pièces du dossier, y compris d'éléments postérieurs aux manquements en cause, que la dépense repose sur les fondements juridiques dont il appartenait au comptable de vérifier l'existence au regard de la nomenclature, que l'ordonnateur a voulu l'exposer et, le cas échéant, que le service a été fait »[3].

Cette solution montre bien les hésitations de la Haute assemblée sur ce point[4], qui faisaient suite à celles de la Cour des comptes. Dans un premier temps, l'ancienne septième chambre s'était fondée sur l'existence d'une dette pour considérer que le règlement de dépenses de personnel en dépassement de crédits n'avait pas causé de préjudice « pour l'État qui devait assumer les opérations de la paye »[5]. Par la suite, la solution inverse a été affirmée, en faisant prévaloir le principe d'autorisation budgétaire. En effet, l'absence ou l'insuffisance de crédits montre que l'assemblée délibérante n'a pas voulu autoriser la dépense ; c'est, d'une certaine façon, plus grave que la seule absence de volonté de l'ordonnateur de procéder à son ordonnancement, dont la jurisprudence déduit l'existence d'un préjudice[6]. Dès lors, le payement en l'absence de crédits a été regardé comme entraînant un préjudice financier[7] avant que la Cour, sans attendre les précisions données par le juge de cassation, n'en revienne à sa première interprétation dès lors qu'une décision budgétaire modificative était intervenue après le payement[8], en appréciant l'existence du préjudice (en l'espèce, l'ouverture ou l'absence de crédits) à la date à laquelle le juge statue[9], ce qui constitue une sorte de retour à la vieille jurisprudence antérieure à l'arrêt *BAS de Matour* pour caractériser non le manquement mais le préjudice financier.

Reste le cas dans lequel aucune ouverture de crédit ne serait intervenue en « régularisation », qui pourrait justifier une solution plus ferme même en cas de service fait. S'il est vrai que la jurisprudence *Institut français de Bucarest* apparaît particulièrement sévère s'agissant des établissements de diffusion culturelle à l'étranger, soumis à la tutelle du ministère des Affaires étrangères[10] qui accuse souvent d'importants retards pour procéder, parfois après la fin de l'exercice, aux ouvertures de crédits qui lui sont demandées, tel n'est pas le cas pour la plupart des organismes publics, qui disposent d'une liberté d'organisation et aussi d'une globalisation des crédits qui devraient leur permettre d'éviter de tels dépassements.

SECTION 5
VALIDITÉ DE LA DETTE

613.51 Notion de validité de la dette. L'article 19 du décret de 2012 met à la charge du comptable, dans son 2°, d, le contrôle « de la validité de la dette », en précisant que ce contrôle s'exerce « dans

1. CE 28 déc. 2018, req. n° 410113 ; *JCP Adm.* 8 avr. 2019, n° 2083, note M. Kernéis-Cardinet.
2. V. s[s] n° 613.33.
3. CE, sect., 6 déc. 2019, *Mme Bailloux, agent comptable de l'office national d'indemnisation des accidents médicaux, des affections iatrogènes et des infections nosocomiales (ONIAM)*, req. n° 418741 ; CE, sect., 6 déc. 2019, *Mariel, directeur régional des finances publiques de Bretagne et du département d'Ille-et-Vilaine*, req. n° 425542, préc.
4. Dans ses conclusions sur ces deux décisions, le rapporteur public reconnaissait : « Nous avons hésité à vous proposer d'ajouter à cette liste [celle des manquements présumés avoir causé un préjudice] le cas de l'indisponibilité des crédits au chapitre budgétaire correspondant à la dépense. Il nous semble cependant plus difficile de tenir une position de principe, dès lors que l'article 7 de loi organique sur les lois de finances n° 2001-692 du 1er août 2001 a consacré une importante fongibilité des crédits entre les titres » (*BJCL* n° 12-2019, point 4.2).
5. C. comptes 28 avr. 2014, *Budget annexe contrôle et exploitation aériens, Rec.* 78. Même solution pour les chambres régionales des comptes : CRC Alsace 11 juill. 2013, *Syndicat intercommunal de l'opéra national du Rhin, GFP* n° 1-2 2014. 122, chron. J.-L. Girardi et P. Rocca ; CRC Midi-Pyrénées 14 nov. 2013, *Syndicat mixte d'eau et d'assainissement de l'Ariège (SMDEA)*, GFP n° 9-10 2014. 155, chron. J.-L. Girardi et P. Rocca, concl. C. Buzet.
6. V. s[s] n° 613.21.
7. C. comptes 16 juin 2016, *Institut français de Bucarest, Rec.* 82 ; *AJDA* 2016. 2481, chron. N. Péhau et N. Hauptmann, cité *GFP* n° 6-2016. 154, chron. S. Damarey, M. Lascombe et X. Vandendriessche.
8. C. comptes 22 févr. 2018, *Centre culturel et de coopération linguistique (CCCL) d'Amman, Rec.* 38, cité GFP n° 4-2018. 152.
9. C. comptes 19 avr. 2018, *Institut français du Rwanda*, n° S-2018-0934.
10. Décr. n° 76-832, 24 août 1976 relatif à l'organisation financière de certains établissements ou organismes de coopération et de diffusion culturelle dépendant du ministère des Affaires étrangères, *JO* 29 août, p. 5228.

les conditions prévues à l'article 20 ». L'article 20 dispose que ces vérifications portent sur :

« 1° La justification du service fait ;

2° L'exactitude de la liquidation ;

3° La production des pièces justificatives ;

4° L'application des règles de prescription et de déchéance. »

Ces dispositions font suite aux articles 12 et 13 du décret de 1962, rédigés dans des termes presque identiques, à quatre différences près : l'article 12 mentionnait, dans son B, « la validité de la créance » et non de la dette ; l'article 13 faisait état de « l'exactitude des calculs de liquidation » et non de l'exactitude de la liquidation ; il prévoyait la « production des justifications » et non des « pièces justificatives » ; l'ancien règlement général évoquait également le contrôle de « l'intervention préalable des contrôles réglementaires [et le] visa des membres des corps du contrôle général économique et financier », mention reprise en termes presque identiques en 2012 mais supprimée en 2018[1].

À cette dernière différence près, les notions de contrôle de validité de la dette et de validité de la créance sont équivalentes, de même que l'exacte liquidation correspond à l'exactitude des calculs de liquidation. Sous réserve de dispositions propres à chaque catégorie d'organismes, et en particulier les collectivités locales[2], la validité de la dette consiste dans les points 1° à 4° de l'article 20 et seulement dans ceux-ci. Contrairement à ce que les termes paraissent annoncer, il ne s'agit donc pas d'un contrôle de la légalité de la dépense, et encore moins de son opportunité, y compris pour l'État, la vérification du fait qu'une charge est « soutenable » incombant au service du contrôle budgétaire et non au comptable public[3]. Mais tout payement effectué en méconnaissance de l'un de ces quatre points est de nature à rendre la dépense irrégulière et à engager la responsabilité personnelle et pécuniaire du comptable, sans qu'il y ait lieu de procéder à une analyse « globale ». Il s'agit de manquements tantôt formels, tantôt substantiels, qui représentent une part très importante de l'activité du juge des comptes et une zone de risques à appréhender soigneusement de la part des gestionnaires publics.

613.52 **Justification du service fait.** En application du principe de séparation des ordonnateurs et des comptables, il n'appartient pas au comptable de s'assurer du service fait. Dans ses conclusions sur l'arrêt *Nicolle*[4], le commissaire du Gouvernement Romieu faisait observer : « si le comptable avait le droit de vérifier la réalité du service fait, l'administration serait sous sa dépendance, il pourrait arrêter la marche du service. » Il est cependant indispensable de contrôler le service fait avant de procéder au règlement d'une dépense, conformément à un principe de base du droit de la comptabilité publique[5]. De façon à concilier ces principes contradictoires, les règlements généraux sur la comptabilité publique successifs ont prévu que le comptable contrôlerait la « justification » du service fait par l'ordonnateur, c'est-à-dire, le plus souvent, l'accomplissement d'une formalité (la signature d'un acte ou l'apposition d'une mention) qui vaudrait certification, par celui-ci, du service fait.

Les modalités de cette justification ont été considérablement simplifiées, depuis la certification initiale sur chacune des pièces justificatives et sur l'ordre de payer jusqu'à la simple signature par l'ordonnateur, actuellement, du bordereau de mandats. Elle demeure cependant indispensable, y compris en environnement dématérialisé[6], la justification du service fait étant un élément de la liquidation de la dépense[7]. À défaut, le comptable doit suspendre le payement, quitte à être requis par l'ordonnateur, y compris s'il disposait des moyens, en pratique, de vérifier la bonne exécution des prestations[8]. Il doit se conformer à l'ordre de réquisition sauf, s'agissant des collectivités locales, en cas « d'absence totale de justification du service fait »[9].

Si l'ordonnateur établit des certifications sous sa responsabilité[10], il est cependant des cas où, en application de l'article 38 du décret de 2012, le comptable doit suspendre le payement en dépit de la présence de telles mentions, faute de quoi il engage sa responsabilité. Pour les raisons précédemment évoquées, et notamment parce qu'il est placé auprès de la collectivité et non au sein de ses services, une

1. Décr. n° 2018-803, 24 sept. 2018 modifiant le décret n° 2012-1246 du 7 nov. 2012 relatif à la gestion budgétaire et comptable publique et autorisant diverses expérimentations, *JO* 25 sept. 2018, texte n° 20.
2. V. s[s] n° 613.71.
3. V. s[s] n° 421.13.
4. CE, ass., 12 juill. 1907, req. n° 23933 ; *Lebon* 1907. 656.
5. Étant entendu que certaines dépenses échappent à la règle du service fait, *cf.* arrêté 6 juin 2016 fixant la liste des dépenses des organismes publics nationaux dont le paiement peut intervenir avant service fait, NOR : FCPE1615748A, *JO* 17 juin 2016.
6. C. comptes 5 juill. 2012, *Contrôleur budgétaire et comptable du ministère de l'Outre-mer, AJDA* 2013. 687, chron. C. Michaut et P. Sitbon.
7. Art. 31, 1°, du Décr. 7 nov. 2012, qui évoque à ce titre « la certification du service fait, par laquelle l'ordonnateur atteste la conformité à l'engagement de la livraison ou de la prestation ».
8. C. comptes 19 sept. 2012, *Trésorier-payeur général du Lot*, n° 64933, non publié (deuxième charge, concernant des travaux de réaménagement du pôle contrôle fiscal dont le comptable indique qu'il assurait lui-même le suivi en se rendant régulièrement sur place).
9. CGCT, art. L. 1617-3.
10. Décr. GBCP, art. 12, et CGCT, art. D. 1617-20.

telle situation sera rarissime dans la mesure où l'article 38 en limite le champ aux inexactitudes constatées par le comptable « dans l'exercice des contrôles prévus au 2° de l'article 19 ». Elle peut néanmoins se rencontrer dans des espèces pittoresques[1] ou, plus fréquemment, s'agissant des indemnités de fonction versées à des élus vice-présidents ou adjoints en l'absence de toute délégation (ou au vu d'une délégation retirée ou annulée), ce qui conduit à présumer de façon irréfragable qu'ils n'ont pas exercé leurs fonctions[2].

L'absence de certification du service fait est regardée par le Conseil d'État, dans le cadre de la responsabilité personnelle et pécuniaire du comptable public, « comme n'ayant, en principe, pas causé un préjudice financier à l'organisme public concerné lorsqu'il ressort des pièces du dossier, y compris d'éléments postérieurs aux manquements en cause, que la dépense repose sur les fondements juridiques dont il appartenait au comptable de vérifier l'existence au regard de la nomenclature, que l'ordonnateur a voulu l'exposer et, le cas échéant, que le service a été fait »[3].

613.53 **Exactitude de la liquidation.** La liquidation, selon les termes de l'article 31 du décret GBCP, consiste à vérifier la réalité de la dette (notamment en attestant le service fait) et à déterminer le montant de la dépense « au vu des titres ou décisions établissant les droits acquis par les créanciers », qui constituent des pièces justificatives de la dépense.

La correcte liquidation exige, en premier lieu, l'exact calcul du montant dû au regard de l'acte d'engagement de la dépense (contrat[4], acte unilatéral, loi ou décret pour certaines dépenses à caractère obligatoire...) et des pièces justifiant le service fait (temps de travail, quantités livrées au regard des prix unitaires, pourcentage d'exécution des prestations commandées...), toute erreur en la matière étant susceptible d'engager la responsabilité personnelle et pécuniaire du comptable[5].

La jurisprudence était cependant partagée sur ce point, certaines solutions considérant que l'erreur de calcul n'était de nature à engager la responsabilité du comptable qu'en cas de trop-payé, le débet supposant toujours, selon ce courant jurisprudentiel, un manquant[6]. Il est vrai que, dans le régime de responsabilité personnelle et pécuniaire, il pouvait sembler paradoxal que le comptable soit déclaré débiteur d'une dépense inférieure à ce qu'elle aurait dû être, mais tous les débets « sans préjudice » avaient en commun de contribuer à un enrichissement qui aurait pu être qualifié de sans cause pour la personne publique s'il n'avait pas été la conséquence directe de la loi.

La question a été résolue par le Conseil d'État qui, dans ses décisions *ONIAM et DRFiP Bretagne*, a traité cette question. Selon le juge de cassation, « lorsque le manquement du comptable porte sur l'exactitude de la liquidation et qu'il en résulte un trop-payé », il doit être regardé, sauf circonstance particulière, comme ayant causé un préjudice financier[7]. Une interprétation *a contrario* de cette phrase conduit à considérer qu'une erreur de liquidation sans trop-payé constitue un manquement qui n'entraînerait pas de préjudice, comme dans l'espèce *Commune d'Amnéville* (antérieure à la loi de 2011).

Si toute erreur de calcul en défaveur de la personne publique est donc préjudiciable à cette dernière, par exemple en cas de dépassement d'un tarif conventionnel[8], l'exacte liquidation va au-delà de la seule précision arithmétique : elle peut porter sur la cohérence entre pièces justificatives, une éventuelle incohérence empêchant le comptable de s'assurer de l'exactitude des calculs de liquidation. Les décisions traitent de ce genre de situation soit au titre de la liquidation, soit au titre de la production des justifications. Enfin, il est attendu du comptable qu'il s'oppose à la méconnaissance d'un taux fixé par voie réglementaire ou par la loi, par exemple un taux de TVA, « que ce taux ait ou non été prévu par le contrat sur le fondement duquel la dépense a été engagée »[9].

1. C. comptes 25 mars 1991, *Commune de Cuers, Rec.* 18, *Rev. Trésor* 1991. 562, chron. R. Ludwig ; C. comptes 25 mai 2000, *Syndicat intercommunal à vocation unique de la Côte Ouest, Rev. Trésor* 2001. 37, chron. M. Lascombe et X. Vandendriessche (rémunération d'un surveillant de baignade dans une piscine dont la construction n'était pas achevée, ce que ne pouvait ignorer le comptable, également chargé de régler les travaux).
2. C. comptes 16 déc. 1999, *Commune d'Escaudœuvres, Rec.* 95 ; *Rev. Trésor* 2001. 358, chron. M. Lascombe et X. Vandendriessche – C. comptes 13 mars 2014, *Commune de Rivière-Pilote*, *Rec.* 244 ; *AJDA* 2014. 2524, Chron. C. Michaut et J.-E. Picard.
3. CE, sect., 6 déc. 2019, *Mariel, directeur régional des finances publiques de Bretagne et du département d'Ille-et-Vilaine*, req. n° 425542, préc.
4. Sans que le comptable puisse substituer un indice « proche » de celui prévu au contrat, lequel avait disparu au moment du payement : C. comptes 4 avr. 2013, *Commune d'Aulnay-sous-Bois, Rec.* p. 50.
5. C. comptes 7 avr. 2011, *Commune d'Amnéville, GFP* 2012, p. 179, chron. S. Damarey, M. Lacombe et X. Vandendriessche (décision ambiguë, le montant du débet, « qui reposerait sur la seule insuffisance des payements », ne pouvant être fixé en l'espèce).
6. V. s[s] n° 613.11.
7. CE, sect., 6 déc. 2019, *Mariel, directeur régional des finances publiques de Bretagne et du département d'Ille-et-Vilaine*, req. n° 425542, préc.
8. C. comptes 9 janv. 2013, *École nationale des ponts et chaussées, Rec.* 11, *AJDA* 2013. 681, chron. C. Michaut et P. Sitbon.
9. CE 8 juill. 2005, *Basserie et Caffart, comptables de la commune d'Arras*, req. n° 263254 ; *Rec.* 153 ; *Rev. Trésor* 2006. 147, chron. M. Lascombe et X. Vandendriessche ; GAJF, 7e éd., n° 24 ; CRC Normandie 10 janv. 2019, *Syndicat mixte d'étude et de traitement des ordures ménagères (SETOM) de l'Eure, Rec.* 19.

Quand bien même le Conseil d'État prend soin d'exclure, dans cette dernière décision, tout contrôle de l'acte administratif au fondement de la dépense, il exige du comptable qu'il confronte une pièce justificative à une disposition d'ordre public, en l'espèce la loi fiscale, ce qui ressemble beaucoup à un contrôle de légalité qui ne dirait pas son nom.

613.54 Production des pièces justificatives. La production des pièces justificatives (décret de 2012) ou des justifications (décret de 1962), ce qui revient au même, constitue l'un points les plus délicats de la responsabilité personnelle et pécuniaire des comptables publics et de l'office du juge des comptes[1]. Elle est au cœur de tensions, depuis deux siècles, entre la Cour des comptes, d'un côté, le ministère des Finances et le Conseil d'État, de l'autre, parfois sous l'œil du législateur comme à l'époque de la « querelle des nomenclatures »[2]. Elle a donné lieu à des constructions jurisprudentielles particulièrement subtiles dans le cadre de la responsabilité personnelle et pécuniaire, et à des revirements de jurisprudence de la part du juge de cassation qui, à plusieurs reprises, sont venus bouleverser une matière passablement complexe.

Pour que le comptable puisse payer régulièrement une dépense, il ne suffit pas, en effet, qu'il en reçoive « l'ordre » de la part de l'ordonnateur, dont il ne saurait, sans manquer gravement à ses obligations, « présumer [...] la régularité de la dépense »[3]. L'accomplissement des différents contrôles qui lui incombent sur la disponibilité des crédits, l'imputation de la dépense et l'existence de la dette de la personne publique, suppose que lui soient présentées des pièces justificatives « qui constatent que leur effet est d'acquitter, en tout ou en partie, une dette de l'État régulièrement justifiée »[4]. Les pièces à lui présenter ne sauraient être laissées à la libre appréciation de l'ordonnateur, comme le prévoyait la loi de 1807[5], ce qui empêchait tout contrôle du juge, ou au contraire à la discrétion du juge, ce qui donnerait à ce dernier la possibilité de contrôler l'action du Gouvernement et de l'administration. Elles sont retracées dans des listes intitulées « nomenclatures » de pièces justificatives, applicables par catégorie de personnes publiques et issues, depuis 2012, d'un arrêté du ministre chargé du budget[6]. La liste applicable aux collectivités locales, aux associations syndicales de propriétaires et aux hôpitaux résulte d'un décret[7].

En l'absence de nomenclature applicable à l'organisme[8] ou lorsque la nomenclature est lacunaire ou imprécise[9], ce qui est souvent le cas pour les établissements publics nationaux à caractère industriel ou commercial, l'ordonnateur et le comptable doivent s'accorder sur les pièces à produire, en raisonnant par analogie avec une nomenclature ou une catégorie de dépenses proche, de façon à pouvoir vérifier la régularité de la dette et celle du payement. Hors ces cas particuliers, les comptables doivent disposer de toutes les pièces prévues par les listes réglementaires et seulement de celles-ci, sans que le juge puisse en retrancher ni y ajouter. Dans certaines espèces, le juge a pu néanmoins ne pas donner tout son effet à la nomenclature, soit que celle-ci lui ait paru redondante, par exemple parce que le principe de la dépense était fixé par la loi *lato sensu*, auquel cas l'absence de pièce justificative n'a pas pour effet de causer un préjudice à la personne publique[10], soit, de façon exceptionnelle, que la nomenclature soit erronée, auquel cas le payement en l'absence de la pièce qu'elle prévoit ne constitue pas un manquement[11].

Si les comptables, comme le juge, ne peuvent réclamer et vérifier que les pièces prévues par la nomenclature, ils doivent veiller également à la production et à la cohérence de tous les éléments et pièces prévus par les pièces justificatives qui leur ont été transmises (par exemple, étude ou bilan pour le

1. V. le commentaire n° 23 aux *GAJF*, 7e éd. ; L. Saïdj, *Responsabilité des comptables (en titre) et des régisseurs*, Encycl. Dalloz Collectivités locales, 2014, § 533 à 535 ; A. Kurek, Le juge financier, juge administratif, thèse, Lille II, 2010.
2. V. ss nos 042.12 et 042.22.
3. C. comptes 20 sept. 1973, *Casenave et Mazerolles, comptables du service départemental de protection contre l'incendie (SDPI) de Meurthe-et-Moselle, GAJF*, 4e éd., 1996, p. 137.
4. Ord. royale 14 sept. 1822, art. 10.
5. L. 16 sept. 1807 relative à l'organisation de la Cour des comptes, art. 18.
6. Décr. GBCP, art. 50, al. 1er.
7. Décr. GBCP, art. 50, al. 2 ; annexe I à l'article D. 1617-19 du CGCT.
8. C. comptes 18 juill. 2007, *Chambre régionale d'agriculture de Corse, Rec.* 31 ; CE, sect., 9 mars 2016, *Grand port maritime de Dunkerque, Rec.* 214, concl. S. Von Coester ; *JCP Adm.* n° 20-2016, 2129, note M. Kernéis-Cardinet. CE 28 avr. 2017, *Office national des forêts, Rec.* 262.
9. C. comptes, ch. réun., 16 oct. 2017, *Établissement public de financement et de restructuration, Rec.* 171 (dépense résultant d'une sentence arbitrale).
10. CRC Normandie 6 juill. 2017, *Centre hospitalier Mémorial France États-Unis de Saint-Lô, Rec.* 139 (indemnité de sujétion spéciale instituée par Décr. et attribuée de droit aux personnels titulaires mais non aux autres agents) ; CE 4 févr. 2021, *Ministre de l'Économie, des finances et de la relance*, n° 428888, *GFP* 2021-3 158, chron. X. Vandendriessche (indemnité pour rémunération de services attribuée de droit aux agents comptables des chambres d'agriculture en vertu d'un article réglementaire du code rural et de la pêche maritime).
11. C. comptes 18 oct. 2018, *Département de la Somme, Rec.* 138 (exigence dans la nomenclature d'une délibération pour les remises gracieuses concernant le versement indu du revenu de solidarité active, alors que la compétence en ce domaine relève du président du conseil général en vertu d'une disposition législative du code de l'action sociale et des familles).

versement d'une subvention, facture pour le règlement d'un marché). Le contrôle peut alors être assez poussé. Ainsi, dans le cadre d'un marché d'approvisionnement en carburant conclu par une ville pour ses véhicules, le comptable aurait dû refuser de payer les factures correspondant au carburant destiné à des véhicules appartenant à des élus ou à des agents communaux (dépense étrangère à l'objet du marché) dans la mesure où le numéro d'immatriculation des véhicules, mention non prévue par la nomenclature, était précisé sur les factures [1].

613.55 Validité des pièces justificatives. Dans son contrôle de la validité de la dette, le comptable ne saurait s'en tenir aux pièces qui lui sont produites par l'ordonnateur. Il lui appartient au contraire de procéder à des vérifications de plusieurs niveaux, qui impliquent une analyse approfondie de la dépense.

En premier lieu, le comptable doit disposer non pas d'une pièce mais de « la » pièce prévue par la nomenclature, qui peut elle-même se révéler plus ou moins précise lorsqu'elle évoque un contrat, une délibération, voire une « décision ». Il n'y a pas de doute, lorsque la liste des pièces justificatives évoque un acte contractuel (contrat, convention, protocole, etc.), qu'un acte unilatéral (arrêté, décision de l'ordonnateur...) ne saurait tenir lieu de justification suffisante ; de même pour une décision de l'ordonnateur à la place d'une délibération [2]. Pendant longtemps, la jurisprudence, en matière de responsabilité personnelle et pécuniaire des comptables publics, a considéré que ce point relevait de la régularité « extrinsèque » ou formelle des justifications produites, qui incluait la compétence de l'auteur de l'acte.

À cet égard, la portée du revirement opéré par le Conseil d'État dans sa décision *SDIS de la Gironde* [3] mériterait d'être précisée : si le juge de cassation a censuré le fait qu'il ait été exigé du comptable qu'il s'assure du fait que l'organe compétent pour prendre la délibération prévue par la nomenclature était le conseil d'administration de l'établissement public et non son bureau, on ne saurait en déduire que le comptable pourrait payer en l'absence de toute délibération.

« La » pièce doit, en deuxième lieu, répondre à un certain nombre d'exigences formelles : être écrite [4], rédigée en français [5], constituer un original [6], comporter toutes les mentions prévues par la nomenclature [7], émaner d'un organe de la collectivité [8], ce qui peut susciter des difficultés en cas de fusion d'organismes [9]. S'y ajoute, pour les collectivités territoriales, son caractère exécutoire. Sans doute le décret du 24 septembre 2018 a-t-il supprimé l'intervention des contrôles réglementaires de la liste des contrôles en matière de validité de la dette fixée par l'article 20 du décret GBCP [10], mais la loi continue de l'imposer aux comptables des communes, des départements et des régions, qui ne peuvent donner suite à un ordre de réquisition « en cas d'absence de caractère exécutoire des actes pris selon les cas par les autorités communales, les autorités départementales ou les autorités régionales » [11]. Cette disposition contraint le comptable à répondre à des questions délicates, par exemple sur la nature de droit privé ou de droit public de l'acte, qui détermine l'obligation de le transmettre au contrôle de légalité [12] et donc son caractère exécutoire.

1. CE 28 juill. 2004, *Ministre de l'Économie des finances et de l'industrie, Daviau (commune d'Angers)*, req. n° 244405 ; *Lebon T.* ; *BJCL* 9-2004. 643, concl. M. Guyomar, note J.-Ph. Vachia.
2. C. comptes 21 sept. 1989, *Centre de formation des personnels communaux, Rev. Trésor* 1990. 218, chron. R. Ludwig ; C. comptes 23 juill. 2008, *Agence française pour les investissements internationaux, Rec.* 41 ; *AJDA* 2008. 2439, chron. N. Groper et C. Michaut. Mais, dans certains cas, un certificat administratif de l'ordonnateur, qui n'est pas une pièce justificative, peut exposer les raisons pour lesquelles le contrat prévu par la nomenclature n'a pas été produit (CE 8 févr. 2012, *Deroy, comptable du centre communal d'action sociale de Polaincourt*, req. n° 340698, préc., v. s^s n° 613.56).
3. CE 28 déc. 2018, req. n° 410113 ; *JCP Adm.* 8 avr. 2019, n° 2083, note M. Kernéis-Cardinet – v. s^s n° 613.22.
4. CRC Bourgogne 27 mars 2003, *Centre communal d'action sociale (CCAS) de Dijon, Rec.* 16 (l'écrit pouvant être dématérialisé).
5. C. comptes 18 mai 2017, *Institut franco-japonais de Tokyo, Rec.* 96 (troisième charge). S'agissant d'organismes ayant leur siège à l'étranger, s'il est inévitable que des pièces justificatives établies par des fournisseurs étrangers soient rédigées en langue étrangère, encore convient-il qu'elles soient assorties d'une traduction permettant au comptable de procéder à la vérification de l'exactitude des calculs de liquidation.
6. Jurisprudence constante, qui n'est pas sans présenter de difficulté dans le cadre de la dématérialisation des échanges.
7. C. comptes 27 sept. 2001, *Syndicat mixte du parc régional du Vercors, Rev. Trésor* 2002. 563, chron. M. Lascombe et X. Vandendriessche.
8. CRC Normandie 7 avr. 2016, *Commune de Darnétal, Rec.* 59 ; *GFP* 2017. 150 (imputation sur le budget d'une commune d'une dépense justifiée par une pièce émanant du président du CCAS, quand bien même il s'agit de la même personne physique que le maire) ; C. comptes 11 janv. 2022, *Caisse des écoles de Cherbourg-en-Cotentin, Rec.* 11 (pièces émanant du conseil d'administration de l'ancienne caisse des écoles et non de celui de la caisse des écoles de la commune nouvelle).
9. C. comptes 11 janv. 2022, *Caisse des écoles de Cherbourg-en-Cotentin*, préc.
10. V. s^s n° 613.51.
11. CGCT, art. L. 1617-3.
12. CGCT, art. L. 2131-4. Sur le cas particulier des « marchés publics de droit privé » (avant l'entrée en vigueur de la loi MURCEF), v. C. comptes 28 sept. 2000, *Commune de Quimper, Rev. Trésor* 2001. 355, chron. M. Lascombe et X. Vandendriessche. Sur la même affaire : CE 12 févr. 2003, *Ministre de l'Économie, des finances et de l'industrie*, n° 234917, *Lebon T.*

De ces différentes exigences, il se déduit que la pièce, pour fonder valablement la dépense, doit demeurer dans l'ordonnancement juridique. Tel n'est pas le cas lorsqu'elle est parvenue à expiration [1] ou qu'elle a été annulée par l'autorité compétente, le plus souvent par le juge administratif mais parfois aussi par le juge judiciaire. Il ne s'agit pas, pour le comptable, de subordonner ses payements à l'appréciation de la légalité de l'acte mais de tirer toutes les conséquences de l'autorité de la chose jugée, qui a pour effet de réputer l'acte comme n'étant jamais entré en vigueur, et ceci même si la décision d'annulation n'a pas été notifiée au comptable public [2]. Il en va de même des règlements intervenus au vu de pièces déclarées fausses par le juge, en vertu de la jurisprudence *Nicolle* [3]. Deux hypothèses doivent, à cet égard, être distinguées : si l'annulation a été prononcée avant le payement, la responsabilité personnelle et pécuniaire du comptable est engagée (mais également celle de l'ordonnateur, sur la base du régime de responsabilité financière des gestionnaires publics) dans la mesure où il est réputé avoir connaissance de la décision, en tout cas il ne peut se prévaloir du caractère imprévisible et irrésistible de cette circonstance ; si l'annulation est prononcée après le payement, elle peut être regardée, depuis l'entrée en vigueur de la loi du 30 décembre 2006, comme un cas de force majeure [4], mais cette présomption peut être renversée [5].

En dernier lieu, et même si la pièce au fondement de la dépense n'est pas, en soi, affectée d'un vice, les fausses certifications apportées par l'ordonnateur à l'appui de l'ordre de payer engagent la responsabilité de ce dernier, au plan pénal et devant la Cour des comptes, mais aussi celle du comptable s'il était en mesure d'établir cette inexactitude [6].

613.56 Légalité des pièces justificatives. Si le comptable ne serait pas fondé à rejeter une dépense au motif qu'elle est illégale, la jurisprudence rendue en matière de responsabilité personnelle et pécuniaire lui reconnaît un rôle étendu, mais non illimité, en matière de contrôle de la conformité de la pièce justificative à la règle de droit, y compris sur des points qui excèdent la notion de régularité « extrinsèque » :

– pour s'assurer du caractère exécutoire de la pièce, ce qui l'amène à juger non de sa légalité mais de sa nature ou de sa qualification [7] ;

– pour s'assurer du fait qu'elle émane de l'autorité désignée par la nomenclature [8] ;

– pour interpréter ces actes conformément aux lois et règlements en vigueur [9], obligation qui ne vaut que si plusieurs lectures de la pièce justificative sont possibles mais non lorsque la volonté de l'organisme public de méconnaître les textes est manifeste, auquel cas l'acte illégal s'impose à lui [10] ;

– pour substituer, même lorsque l'acte erroné est explicite, les textes impératifs relatifs à la liquidation de la dépense, au moins en matière fiscale, aux taux retenus par la pièce justificative [11] ;

– pour s'assurer du fait qu'elle ne présente pas de contradiction avec une autre pièce justificative, voire avec une norme impérative à laquelle elle se réfère [12].

Dans son état actuel, la jurisprudence du Conseil d'État – rendue dans le cadre de la responsabilité personnelle et pécuniaire – a été fixée par deux décisions de section *Port autonome de Bordeaux* et *Centre communal d'action sociale de Polaincourt* [13] dans les termes suivants : « pour apprécier la validité des créances, les comptables doivent notamment exercer leur contrôle sur la production des justifications ; qu'à ce titre, il leur revient d'apprécier si les pièces fournies présentent un caractère suffisant pour justifier la dépense engagée ; que pour établir ce caractère suffisant, il leur appartient de vérifier, en premier lieu, si l'ensemble des pièces requises au titre de la nomenclature comptable applicable leur ont été fournies et, en deuxième lieu, si ces pièces sont, d'une part, complètes et précises, d'autre part, cohérentes au regard de la catégorie de la dépense définie dans la nomenclature applicable et de la nature et de l'objet de la dépense telle qu'elle

1. C. comptes 24 juill. 2008, *OPHLM de Montereau-Fault-Yonne*, *Rec.* 44 ; *AJDA* 2008. 2439, chron. N. Groper et C. Michaut.
2. CE 8 juill. 1998, *Cousturian (commune d'Hyères)*, req. n° 142444 ; *Lebon* ; *Rec.* 147 ; C. comptes 13 nov. 2014, *Commune de Sada*, *Rec.* 138 ; CRC Haute-Normandie 29 avr. 2010, *Département de Seine-Maritime*, GFP 2011. 260.
3. CE 12 juill. 1907, *Nicolle, trésorier-payeur général de la Corse*, req. n° 23933, préc.
4. V. s^s n° 611.12.
5. C. comptes, ch. réun., 16 oct. 2017, *Établissement public de financement et de restructuration (EPFR)*, *Rec.* 171 ; *AJDA* 2018. 677, chron. N. Hauptmann et N. Péhau.
6. C. comptes 24 mars 1994, *Commune de Miramas*, *Rec.* 33, *Rev. adm.* n° 283 (en cas de double payement, au surplus sur un même exercice, le comptable ne peut invoquer un certificat de l'ordonnateur énonçant que des factures avaient été adirées mais n'avaient donné lieu à aucun mandatement antérieur).
7. V. s^s n° 613.55.
8. Avec les limites évoquées au n° 613.55.
9. CE 8 déc. 2000, *Mme Kammerer*, req. n° 212718 ; *Lebon* 597 ; *Rev. Trésor* 2002. 218, chron. M. Lascombe et X. Vandendriessche ; C. comptes 1er févr. 2018, *Université de Nice*, *Rec.* 33.
10. CE 13 juill. 2006, *Commune de Dompierre-sur-Besbre*, req. n° 276135 ; *Lebon*, *Rec.* 126 ; C. comptes 18 sept. 2014, *Commune de Fécamp*, *Rec.* 114.
11. V. s^s n° 613.53.
12. CE 21 mars 2001, *Morel*, req. n° 195508 ; *Rec.* 134 ; *Rev. Trésor* 2001. 219, chron. M. Lascombe et X. Vandendriessche.
13. CE, sect., 8 févr. 2012, *Deroy, comptable du centre communal d'action sociale de Polaincourt*, req. n° 340698, préc.

a été ordonnancée ; que si ce contrôle peut conduire les comptables à porter une appréciation juridique sur les actes administratifs à l'origine de la créance et s'il leur appartient alors d'en donner une interprétation conforme à la réglementation en vigueur, ils n'ont pas le pouvoir de se faire juges de leur légalité ; qu'enfin, lorsque les pièces justificatives fournies sont insuffisantes pour établir la validité de la créance, il appartient aux comptables de suspendre le paiement jusqu'à ce que l'ordonnateur leur ait produit les justifications nécessaires ».

Il en résulte un pouvoir d'appréciation étendu des comptables publics, dont la vigilance doit permettre de vérifier « si ces pièces sont effectivement de nature à établir la réalité et le caractère exigible de la dépense »[1].

613.57 Insuffisance des pièces justificatives et préjudice financier. L'insuffisance des pièces justificatives constitue, au regard de la très grande variété des cas, un domaine particulièrement complexe d'appréciation du préjudice financier dans le cadre de la responsabilité personnelle et pécuniaire des comptables en dépenses.

La ligne de conduite du juge des comptes a été adoptée par la Cour des comptes dès le premier arrêt qu'elle a rendu en appel sur les dispositions de la loi de 2011, éclairé par les conclusions du procureur général Bénard[2]. Répudiant une interprétation *in abstracto* qui, pour des raisons évidentes et tenant à la lettre du I de l'article 60 de la loi de finances du 23 février 1963[3], conduirait à considérer que tout manquement du comptable cause un préjudice à la personne publique puisqu'a été payée une dépense qui n'aurait pas dû l'être, le juge s'est attaché à une approche au cas par cas lui permettant de déterminer « si le manquement a, dans les circonstances de l'espèce, porté atteinte au patrimoine de la personne publique, ce qui renverrait à la notion d'appauvrissement, soit par décaissement indu ou injustifié (en dépenses), soit par perte d'un droit patrimonial (diminution de l'actif ou, plus rarement, aggravation du passif) »[4].

Non sans hésitation des juges du fond et revirements du Conseil d'État, la jurisprudence s'est forgée *ex nihilo* en quelques années, dans le sens d'un élargissement de la notion de préjudice, qui ne pouvait se limiter aux cas dans lesquels le payement n'aurait pas eu de contrepartie[5], pour évoluer vers la recherche du fondement juridique de la dépense. Les réflexions en ce domaine ont été perturbées par la prise en compte, qui a connu des vicissitudes, de « l'intention » de la personne publique de commettre une irrégularité ou dans son acceptation, ce qui n'est pas exactement la même chose, du dommage qu'elle allait subir ou dont elle prenait conscience. Elles ont été obscurcies par l'inclusion, à l'initiative du Conseil d'État, de la « volonté de l'ordonnateur » qui ne saurait être un critère opérant puisque toute dépense budgétaire, ou presque, fait suite à un ordre de payer émanant de l'ordonnateur, ce qui ne permettrait de regarder comme éventuellement préjudiciable que les dépenses sans ordonnancement préalable et celles qui auraient été mandatées par une personne incompétente.

Mais avant de répondre à cette interrogation, il est revenu à la jurisprudence de déterminer la date à laquelle devait s'apprécier l'existence du préjudice financier. Deux solutions étaient envisageables : la date du payement et la date à laquelle le juge se prononce. La première avait pour elle la logique : la régularité de la dépense s'apprécie à la date du payement[6] et on ne saurait faire dépendre le sens de la décision des délais de jugement, puisqu'aussi bien toute dépense indue peut donner lieu à reversement, y compris après l'échéance de la prescription. Au demeurant, avant la réforme de 2008, le débet portait intérêts à compter du jour de la dépense irrégulière, ce qui montre bien que dans la logique réparatrice de l'article 60 précité, c'est cette dernière référence qui apparaît décisive, et la jurisprudence était initialement en ce sens[7]. Il s'en déduisait notamment qu'une pièce établie postérieurement au payement n'était pas de nature à effacer le préjudice, même si elle venait donner un fondement juridique avec effet rétroactif à la dépense[8]. Par la suite, la production d'une pièce rétroactive a pu être admise par le juge de cassation[9], ce qui n'allait pas de soi au regard du principe de non-rétroactivité des actes administratifs[10].

1. P. Collin, « Étendue et limites des pouvoirs de contrôle des comptables publics », *Rev. adm.* n° 322.
2. C. comptes 13 mars 2014, *Commune de Rivière-Pilote, Rec.* 44 ; *AJDA* 2014. 2524, chron. C. Michaut et J.-E. Picard.
3. L. n° 63-156, 23 févr. 1963 de finances pour 1963, art. 60. Disposition abrogée au 31 déc. 2022, mais encore applicable dans certaines collectivités d'outre-mer, relevant des chambres territoriales des comptes.
4. Concl. du procureur général, *Rec.* 44.
5. Le service fait étant une condition nécessaire mais non suffisante pour affirmer que le manquement n'a pas causé de préjudice : C. comptes 15 mai 2014, *Communauté de communes du Pays Bellêmois, Rec.* p. 80, concl. Procureur général Johanet.
6. C. comptes 4 févr. 1988, *Fuet, comptable du bureau d'aide sociale (BAS) de la commune de Matour, Rec.* 136 ; *Rev. adm.* n° 248 ; *GAJF*, 7e éd., n° 27.
7. C. comptes 11 juin 2015, *École nationale de la magistrature, AJDA* 2015. 1533, chron. J.-E. Picard et S. Gaillard.
8. C. comptes 18 sept. 2014, *Centre communal d'action sociale de Pamproux, Rec.* 109.
9. CE 4 févr. 2021, *Chambre régionale d'agriculture de Bourgogne*, req. n° 428888 ; *Rec.* 197.
10. CE 25 juin 1948, *Société du journal L'Aurore*, req. n° 94511 ; *GAJA*.

Plus généralement, la jurisprudence – rendue dans le cadre de la responsabilité personnelle et pécuniaire des comptables – s'applique à donner un effet utile aux pièces exigées par la nomenclature, en considérant par exemple que ne cause pas de préjudice une dépense non appuyée de toutes les justifications prévues par les textes lorsque le principe et le montant de la dépense sont fixés par la loi[1]. Toutefois, au-delà de ces orientations, les solutions sont marquées par une très grande variété traduisant une jurisprudence « nuancée »[2], voire « subtile »[3], mais non exempte d'incertitudes, voire de contradictions[4] que n'a pu totalement résoudre le Conseil d'État dans ses décisions *ONIAM et DRFiP Bretagne*[5] :

« Pour déterminer si le paiement irrégulier d'une dépense par un comptable public a causé un préjudice financier à l'organisme public concerné, il appartient au juge des comptes de vérifier, au vu des éléments qui lui sont soumis à la date à laquelle il statue, si la correcte exécution, par le comptable, des contrôles lui incombant aurait permis d'éviter que soit payée une dépense qui n'était pas effectivement due. [...] Le manquement du comptable aux autres obligations lui incombant, telles que le contrôle [...] de la production des pièces justificatives requises [...], doit être regardé comme n'ayant, en principe, pas causé un préjudice financier à l'organisme public concerné lorsqu'il ressort des pièces du dossier, y compris d'éléments postérieurs aux manquements en cause, que la dépense repose sur les fondements juridiques dont il appartenait au comptable de vérifier l'existence au regard de la nomenclature, que l'ordonnateur a voulu l'exposer et, le cas échéant, que le service a été fait. »

La plupart du temps, les deux dernières conditions sont remplies, l'ordonnateur étant réputé avoir voulu la dépense soit en l'ordonnançant, soit même seulement en l'ayant précédemment engagée[6], et le juge des comptes n'étant, sauf exception, guère en mesure de contester le service fait. Le débat se concentre donc sur la première condition, c'est-à-dire le fondement juridique, non pas en soi mais dans la seule mesure où il appartenait au comptable d'en vérifier l'existence au regard de la nomenclature. Dans l'infinie variété de situations qu'il rencontre, trois exemples, choisis parmi les plus fréquents, peuvent être donnés de l'analyse du juge, concernant les dépenses de personnel, les subventions et la commande publique.

En matière de dépenses de personnel, dès lors que l'on considère que l'argument tiré du service fait est inopérant, l'augmentation de la rémunération principale du directeur d'une régie en l'absence d'avenant régulièrement signé par les parties cause un préjudice à l'établissement public[7]. S'agissant des primes et indemnités, leur versement en l'absence de texte (loi, règlement, délibération) régulièrement publié entraîne en principe un préjudice[8].

Par la suite, la position du Conseil d'État a évolué en matière d'indemnités horaires pour travaux supplémentaires, en considérant que s'il appartenait au comptable d'exiger une délibération fixant la liste des emplois dont les missions impliquaient la réalisation d'heures supplémentaires, l'absence de cette mention ne causait pas de préjudice dès lors que la délibération arrêtait le principe du versement de l'indemnité et que celle-ci avait été servie à des agents dont les missions impliquaient la réalisation effective d'heures supplémentaires « et que le service avait été fait »[9].

Cette dernière précision n'est pas en principe dans le registre du juge des comptes, qui ne dispose pas de moyens d'investigation pour s'assurer de la réalité des prestations. Encore plus éloignée de son office traditionnel apparaît la référence à un « droit d'usage » pour fonder le règlement d'une indemnité sans texte[10], qui rapproche les juridictions financières des juges du contrat (ou de l'acte unilatéral) au stade du préjudice, alors qu'une telle démarche leur est normalement interdite au stade de la qualification du manquement. Certaines solutions montrent la diffi-

1. CRC Normandie 6 juill. 2017, *Centre hospitalier Mémorial France États-Unis de Saint-Lô*, préc. (indemnité de sujétion spéciale des agents hospitaliers titulaires) ; CE 4 févr. 2021, *Ministre de l'Économie, des finances et de la relance*, n° 428888 ; *GFP* 2021-3. 158, chron. X. Vandendriessche (indemnité pour rémunération de services des agents comptables des chambres d'agriculture) ; – CE 28 déc. 2022, *Établissement public médico-social départemental (EPMSD) Jean-Elien Jambon à Coutras*, *Rec.* 169 (indemnité de sujétion spéciale des agents des ESMS).
2. A. Froment-Meurice, J.-Y. Bertucci, N. Hauptmann, C. Michaut, *GAJF*, 7e éd., p. 249.
3. S. Damarey, X. Vandendriessche, *GFP* n° 2018-2. 146.
4. S. Damarey, « La réforme de la responsabilité du comptable public et ses conséquences jurisprudentielles », *GFP* n° 2016-2. 42 ; *Le préjudice financier, nouveau critère de la responsabilité du comptable public, AJDA* 2017. 1435 ; J.-L. Girardi, *Les incertitudes nées de l'application de la réforme du régime de responsabilité personnelle et pécuniaire des comptables publics, GFP* n° 2017-2. 89.
5. CE, sect., 6 déc. 2019, *Mariel, directeur régional des finances publiques de Bretagne et du département d'Ille-et-Vilaine*, req. n° 425542, préc.
6. V. ss nos 613.21 et 613.22.
7. C. comptes 16 avr. 2015, *Régie départementale des transports des Bouches-du-Rhône*, *Rec.* 48.
8. CE 27 mai 2015, *Maupas et Gatin, trésoriers-payeurs généraux des Bouches-du-Rhône*, req. n° 374708 ; *GFP* n° 11-2015. 75.
9. CE 3 août 2021, *Ministre de l'Économie, des finances et de la relance (commune de Commentry)*, req. n° 436208 ; *Rec.* 203.
10. C. comptes 8 avr. 2021, *Office national d'études et de recherches aérospatiales (ONERA)*, *Rec.* 52 ; *GFP* 2021-3. 158, chron. X. Vandendriessche.

culté de concilier ces préoccupations : ainsi la Cour des comptes a regardé comme ayant causé un préjudice le versement, à des agents de l'administration pénitentiaire, d'indemnités à des agents permanents syndicaux en application d'un protocole d'accord (qui aurait pu être regardé comme un fondement juridique suffisant) au motif que lesdites indemnités visaient à compenser la perte d'indemnités exclues par le Conseil d'État en sa qualité de juge administratif[1].

La même évolution a caractérisé l'attitude du juge en matière de marchés publics, mais pour des motifs différents. Initialement, conformément à sa jurisprudence traditionnelle en matière de pénalités de retard[2], la Cour s'en tenait aux éléments matériels des comptes et, à la différence du juge administratif[3], refusait de prendre en compte la volonté tacite des parties. Faisant prévaloir sa conception de la sécurité juridique en matière de contrats telle qu'elle s'est affirmée au début des années 2000, le Conseil d'État a retenu une grille d'analyse différente : « que le règlement de prestations réalisées postérieurement à l'arrivée à son terme d'un marché public constitue, en principe, un paiement irrégulier causant un préjudice financier à l'organisme public concerné ; qu'il peut, toutefois, en aller différemment si les prestations prévues par le marché ont continué à être effectivement fournies à l'organisme public en cause par le titulaire du marché et si les parties ont manifestement entendu poursuivre leurs relations contractuelles ; que la commune intention des parties de poursuivre leurs relations contractuelles peut résulter notamment de la conclusion ultérieure d'un avenant de régularisation, d'un nouveau contrat ou d'une convention de transaction conclus avec le titulaire du marché »[4].

Encore dans cette affaire le « fondement juridique » se trouvait-il matérialisé par divers actes de nature contractuelle comme un avenant, une transaction et un nouveau contrat. Par la suite, la Cour des comptes, toujours dans le cadre de la responsabilité personnelle et pécuniaire, a pu adopter la même solution, en l'absence de tout contrat, au vu de la validation *a posteriori*, par délibération, de l'objet, de la durée et du prix de la prestation[5], même si la jurisprudence semble encore partagée sur ce point[6]. Il demeure également que le règlement de prestations effectué en l'absence de contrat (au-dessus du seuil de passation d'un contrat écrit, en application de la jurisprudence *CCAS de Polaincourt*[7]) ou en dépassement du montant du marché est regardé, en principe, comme préjudiciable à la personne publique[8].

La jurisprudence n'est pas davantage fixée en matière de subventions. S'il existe peu de doute que le payement d'une subvention attribuée par une autorité incompétente[9] ou en l'absence d'une délibération explicite[10] cause un préjudice, l'absence de pièces justificatives telle la convention prévue par la loi du 12 avril 2000 au-delà du seuil de 23 000 euros donne lieu à des positions variées des juges du fond. Les chambres réunies ont pris, sur appel du procureur général, une position très nuancée, en regardant comme n'ayant pas causé de préjudice le règlement d'une subvention imposée par le code de l'éducation, ainsi que le règlement d'une autre subvention au motif que son montant était inférieur à 23 000 euros. Une lecture *a contrario* de cette décision conduirait à regarder comme préjudiciable l'absence de convention au-dessus de ce même seuil, mais l'arrêt n'est pas explicite. Les conclusions du rapporteur public Suzanne Von Coester sur l'arrêt *Grand port maritime de Dunkerque*[11] vont également dans le sens du préjudice dans un tel cas, mais le Conseil d'État n'a pas eu à se prononcer sur ce point[12].

613.58 Application des règles de prescription et de déchéance. Le 6° de l'article 20 du décret du 7 novembre 2012 dit GBCP prévoit le contrôle, par le comptable, de l'application des règles de prescription et de déchéance. S'agissant de dépenses (de la

1. C. comptes 19 juill. 2018, *Direction régionale des finances publiques du Nord-Pas-de-Calais et du département du Nord*, *Rec.* 115 (charge n° 6).
2. C. comptes 28 nov. 2013, *Commune d'Orgeval*, *Rec.* 190 ; *AJDA* 2014. 670, chron. C. Michaut et J.-E. Picard.
3. CE 17 mars 2010, *Commune d'Issy-les-Moulineaux*, req. n° 308676.
4. CE 22 févr. 2017, *Grand port maritime de Rouen*, req. n° 397924 ; *AJDA*. 438, note M.-C. de Montecler ; *Dr. Adm.* 2017, n° 5, comm. 23 A. Stéphan ; *JCP A* 2017, n° 2139, note P. Grimaud et O. Villemagne ; *GFP* n° 4-2017. 133, chron. S. Damarey, M. Lascombe et X. Vandendriessche ; *GFP* n° 5-2017, note Y. Ouedraogo.
5. C. comptes 8 nov. 2018, *Office des transports de la Corse*, *Rec.* 145.
6. En sens inverse (préjudice en l'absence d'accord préalable sur l'objet de la prestation et son prix) : C. comptes 18 oct. 2018, *Commune du Lauzet-Ubaye*, *Rec.* 136.
7. V. ss nos 613.55 et 613.56.
8. C. comptes 10 sept. 2015, *Commune de Venelles*, *Rec.* 92 ; *Dr. Adm.* 2016, n° 2, comm. 11 A. Stéphan.
9. C. comptes 27 juin 2015, *Syndicat mixte de Saintonge Romane*, préc.
10. C. comptes 22 janv. 2015, *Commune de la Couronne*, *Rec.* 15. Même solution dans le cas où a été méconnue la volonté du conseil municipal, qui avait subordonné le versement de la subvention (d'un montant modeste mais qui, jointe aux précédents versements, faisait franchir le seuil de 23 000 euros) à la conclusion d'une convention : CRC Nord-Pas-de-Calais-Picardie 7 juill. 2016, *Commune de Montdidier*, n° 2016-0027, non publié.
11. CE 9 mars 2016, req. n° 380105, conclusions.
12. CE 9 mars 2016, req. n° 380105 ; *Rec.* p. 214 ; *JCP Adm.* n° 20, 2016, note M. Kernéis-Cardinet.

collectivité), il ne peut s'agir que de la prescription en faveur de la personne publique débitrice dont il tient les comptes. Si la déchéance quinquennale issue de la loi du 29 janvier 1831 présentait des traits spécifiques qui l'assimilaient à un délai préfix (notamment l'absence de causes d'interruption et de suspension, hors les cas prévus par le texte), il n'existe plus de différence sensible entre les deux expressions depuis la loi du 31 décembre 1968, qui a institué une prescription quadriennale[1].

La prescription a pour effet d'éteindre l'action du créancier (conception processualiste) mais pas la créance elle-même : en droit commun, le payement d'une dette prescrite est valable[2] et ne peut donner lieu à répétition[3]. La transposition de ces principes au droit de la comptabilité publique aboutit au dispositif suivant : le comptable ne peut opposer la prescription au créancier pour refuser un payement[4] ; il doit, dans un tel cas, suspendre le payement ; l'ordonnateur, seul compétent pour opposer la prescription, peut y renoncer[5] et requérir le comptable de payer ; s'il le fait, le comptable est tenu de déférer à l'ordre de réquisition, même pour les collectivités locales, l'article L. 1617-3 n'en faisant pas un cas dans lequel le comptable devrait refuser de payer. Si le comptable a réglé une dette atteinte par la prescription sans respecter ces formalités, il engage sa responsabilité personnelle et pécuniaire et son manquement « doit être regardé comme ayant par lui-même causé un préjudice financier à l'organisme concerné »[6].

SECTION 6
CARACTÈRE LIBÉRATOIRE DU PAYEMENT

613.61 Erreur sur la personne du créancier. Les cas dans lesquels les payements peuvent être faits entre les mains d'une autre personne que le créancier ou son représentant qualifié sont déterminés par voie réglementaire[7].

Sont en conséquence regardés comme dépourvus de caractère libératoire les règlements effectués :

- sans s'assurer de l'identité de la partie prenante[8] ;
- faute d'avoir exigé une procuration[9] ;
- faute d'avoir vérifié la concordance entre les mentions figurant au mandat et celles figurant sur les factures[10] ;
- en cas de substitution de mentions (nom, coordonnées bancaires) destinée à permettre des détournements au profit de préposés de la personne publique[11], voire du poste comptable[12].

Alors que l'automatisation des contrôles devrait permettre de limiter considérablement ce type d'irrégularités, celles-ci tendent au contraire à se multiplier, dans le cadre de détournements ou d'escroqueries, pour des montants parfois considérables, qui justifiaient la sévérité du juge des comptes à l'égard des comptables publics, et désormais de la Cour des comptes à l'égard des gestionnaires au sein des services de la collectivité comme du poste comptable[13].

613.62 Erreur sur l'identité de *l'accipiens*. Pour être libératoire, un payement doit libérer l'organisme public de sa dette. Tel n'est pas le cas, en premier lieu, lorsque le versement est effectué entre les mains d'une autre personne que celle du créancier. Les exemples en ce sens sont très nombreux :

- erreur quant à l'identité du créancier[14] ;
- règlement au mépris d'un transport de créance[15] ;
- règlement en méconnaissance d'une cession de créance[16] ou d'un nantissement[17] dûment notifiés au comptable ;
- en sens inverse, versement à une banque d'une subvention destinée à une association et cédée à l'établissement de crédit mais sans que la cession de créance ait fait l'objet d'une acceptation par délibération du conseil municipal[18] ;

1. L. n° 68-1250, 31 déc. 1968 relative à la prescription des créances sur l'État, les départements, les communes et les établissements publics, *JO* 3 janv. 1969, p. 76.
2. Soc. 11 avr. 1991, *Bull. civ.* V, n° 192.
3. C. civ., art. 2249.
4. CE 25 oct. 1967, *Dame Bonnafous*, req. n° 71004 ; *Lebon* 393.
5. Pour les collectivités locales et les établissements publics, sur décision de relèvement prise par l'assemblée délibérante (art. 6 de la loi de 1968).
6. CRC Normandie 9 déc. 2021, *Communauté de communes Eure-Madrie-Seine*, n° 2021-20, non publié.
7. Décr. GBCP, art. 36.
8. C. comptes 29 juill. 1890, *Commune de Montauban, Rec.* 13 (versement de salaires entre les mains d'un tiers au vu de pièces insuffisantes et comportant des signatures de complaisance).
9. CRC Nord-Pas-de-Calais 15 févr. 2001, *Commune de Gravelines, Rec.* 9.
10. C. comptes 25 mai 1992, *Centre hospitalier d'Ajaccio, Rec.* 46.
11. C. comptes 22 mai 2008, *Syndicat intercommunal d'adduction en eau potable de Guerbigny, Rec.* 14 ; *AJDA* 2009. 476, chron. N. Groper et C. Michaut.
12. C. comptes 9 mars 1956, *Blisson, receveur municipal d'Aïn Toula, Rec.* 80.
13. C. comptes 3 mai 2024, *Département de l'Eure*, n° 907, S-2024-0715 ; chron. Y. Simon et S. Heintz dans *RGP* 2024, n° 03, p. 70 ; *JCP Adm.* 2024. 2278 – CAF 6 févr. 2025, Département de l'Eure, n° 2025-01.
14. C. comptes 28 janv. 2010, *Syndicat mixte de l'île Saint-Germain, Rec.* 8 ; *GFP* 2010. 866 (remboursement à un locataire de frais de stockage alors que l'acte de donation désignait le donateur).
15. C. comptes 10 janv. 1901, *Ville de Paris, Rec.* 218.
16. C. comptes 20 oct. 1999, *Parc national de Port-Cros, Rec.* 70.
17. C. comptes 30 avr. 1980, *Smaggia, receveur de la commune de Sucy-en-Brie, Rec.* 98.
18. C. comptes 22 juin 2012, *Commune de Riom, Rec.* 99.

– règlement en méconnaissance d'une subrogation dont le comptable avait été informé[1] ou d'une saisie-attribution qui lui avait été notifiée[2] ;

– règlement du prix de vente d'un bien auprès du vendeur et non entre les mains du notaire comme prévu au contrat[3].

613.63 Payement non libératoire et préjudice financier. La vérification du caractère libératoire du règlement constitue un des contrôles les plus simples à effectuer mais aussi l'un des plus importants puisqu'il s'agit d'un cas où, même après réquisition, le comptable doit refuser définitivement de payer, qu'il s'agisse des dépenses de l'État[4], des établissements publics nationaux[5] ou des collectivités territoriales et des établissements publics locaux[6]. Les manquements en ce domaine ont pu être qualifiés de « faute lourde »[7], expression tout à fait exceptionnelle en contentieux de la responsabilité personnelle et pécuniaire des comptables, et nombreuses sont les décisions qui, même avant 2011, évoquaient à ce propos l'existence d'un préjudice.

Dès lors que le payement ne libère pas l'organisme public de sa dette, il devrait être regardé comme lui causant nécessairement un préjudice. C'est la raison pour laquelle le Conseil d'État, dans ses décisions de principe *ONIAM* et *DRFiP Bretagne*, avait cru pouvoir placer ce manquement comme entraînant « par lui-même » un préjudice financier, comme le trop-payé, l'absence d'ordre de payer ou le payement d'une dette prescrite ou non échue, soit autant de situations qui relèvent de l'évidence selon l'analyse du rapporteur public dans ses conclusions sur ces affaires[8]. Peut-être le juge de cassation a-t-il eu conscience de la relative fragilité de ces évidences puisqu'il a pris soin d'assortir son affirmation de la réserve « par principe ». Cette prudence de rédaction est parfaitement justifiée au vu des nuances, voire des démentis, qu'a pu apporter la jurisprudence avant comme après 2019.

Avant même la loi de 2011, le juge des comptes ne mettait pas systématiquement en jeu la responsabilité personnelle et pécuniaire du comptable en cas de règlement non libératoire, et son attitude s'est précisée à la faveur du nouveau texte de l'article 60 de la loi de finances du 23 février 1963[9], qui l'a conduit à distinguer trois situations :

– il n'y a, tout d'abord, aucune difficulté pour considérer qu'un double payement cause toujours un préjudice à la personne publique. Dans le cas le plus fréquent, qui correspond à l'hypothèse où la même somme a été payée à la même personne, c'est le second payement qui est irrégulier et dommageable, et le comptable ne peut s'exonérer de sa responsabilité personnelle et pécuniaire en soutenant qu'il appartient à l'ordonnateur de s'assurer du fait qu'une dépense n'a pas été déjà payée[10] ; il en va autrement si le premier payement est erroné et que le second est adressé au véritable créancier, c'est alors le premier règlement qui engage la responsabilité du comptable[11] ; bien évidemment, si les deux payements sont erronés, ils seront considérés comme ayant tous deux causé un préjudice ;

– le règlement effectué au profit du véritable créancier mais sur un compte bancaire différent de celui prévu au contrat constitue un manquement sans préjudice[12] ;

– le comportement du bénéficiaire du règlement indu peut conduire le juge à conclure à l'absence de préjudice : ainsi du reversement par le bénéficiaire au profit du véritable créancier[13] ; de même, si le créancier lésé renonce à sa créance[14]. Dans ces cas, le règlement non libératoire ne sera regardé comme préjudiciable que s'il conduit à un second payement ou à un risque de second payement.

SECTION 7
AUTRES IRRÉGULARITÉS

613.71 Cas des collectivités locales. Si, en principe, la régularité d'une dépense se déduit de sa conformité aux dispositions du règlement général sur

1. C. comptes 20 févr. 1986, *SIVOM d'Audruicq*, *Rec.* 177.
2. C. comptes 27 nov. 2003, *Centre national du livre*, *Rec.* 100.
3. CRC Normandie 19 juill. 2022, *Communauté de communes du pays de Falaise*, n° 2022-13, non publié.
4. Décr. GBCP, art. 136.
5. Décr. GBCP, art. 195.
6. CGCT, art. L. 1617-3, al. 1er.
7. C. comptes 29 juill. 1890, *Commune de Montauban*, *Rec.* p. 13.
8. *BJCL* n° 12/2019, concl. L. Dutheillet de Lamothe.
9. L. n° 63-156, 23 févr. 1963 de finances pour 1963, art. 60 ; abrogé au 31 déc. 2022, cette disposition demeure en vigueur dans le champ des seules chambres territoriales des comptes.
10. C. comptes 24 mars 1994, *Commune de Miramas*, *Rec.* 33 ; *Rev. Trésor* 1994. 515, chron. R. Ludwig.
11. C. comptes 2 oct. 1996, *Commune d'Hallennes-lez-Haubourdin*, *Rec.* 114.
12. C. comptes 20 juill. 2017, *Commune de Propriano*, *GAJF*, 7e éd. n° 28 ; CRC Normandie 19 juill. 2022, *Communauté de communes du pays de Falaise*, préc.
13. C. comptes 31 mai 2017, *Centre scientifique et technique du bâtiment (CSTB)*, *Rec.* 118.
14. C. comptes 14 janv. 2016, *Commune de Vichy*, n° S 2016-0080 (subventions mandatées par l'ordonnateur au profit de deux associations, payées par le comptable au profit d'un établissement public dont elles étaient les débitrices mais qui ont ultérieurement renoncé au bénéfice de la subvention).

la comptabilité publique[1], la loi peut, par exception, mettre d'autres contrôles à la charge des comptables publics. Tel est le cas des comptables locaux, en vertu de l'article L. 1617-3 du code général des collectivités territoriales, relatif au pouvoir de réquisition des ordonnateurs locaux. Ce texte, après avoir rappelé le principe selon lequel le comptable donne suite aux ordres de réquisition qui lui sont adressés, énumère les cas dans lesquels il doit, au contraire, refuser de s'y conformer. Il énumère sept cas, dont certains sont communs avec le RGCP (dépense ordonnancée sur des crédits insuffisants[2], erreur d'imputation[3], défaut de caractère libératoire du règlement[4]) tandis qu'un autre (absence totale de justification du service fait[5]) porte sur un contrôle prévu par l'article 20 mais qui ne justifie pas, sauf pour les collectivités locales, un refus définitif de payement.

Enfin, dans trois cas, le refus que doit opposer le comptable concerne des irrégularités étrangères aux contrôles prévus par les articles 19 et 20 du décret. Il s'agit, en premier lieu, des crédits irrégulièrement ouverts ; le raisonnement étant le même que pour le contrôle de la disponibilité des crédits, il est renvoyé aux développements correspondants[6]. Il s'agit, en deuxième lieu, de l'absence de caractère exécutoire des actes pris par les collectivités locales ; ce point a été précédemment évoqué dans le cadre de la validité des pièces justificatives[7]. Il s'agit enfin de l'insuffisance des fonds disponibles. Un comptable qui paierait une dépense alors que le solde du compte au Trésor de la personne publique est insuffisant engage sa responsabilité personnelle et pécuniaire, quand bien même ce payement « à découvert » concernerait une dépense obligatoire[8] et aurait ultérieurement fait l'objet d'une régularisation[9].

1. V. s^s^ n° 613.14.
2. V. s^s^ n°s 613.41 s.
3. V. s^s^ n°s 613.31 s.
4. V. s^s^ n°s 613.61 s.
5. V. s^s^ n° 613.52.
6. V. s^s^ n°s 613.41 s.
7. V. s^s^ n° 613.55.
8. C. comptes 17 sept. 1987 et 4 févr. 1988, *Syndicat intercommunal des eaux de Maule-Bazemont-Herbeville*, *Rec.* 139 ; *Rev. adm.* n° 248/1989. 143, note F. Fabre (à propos d'annuités d'emprunt soumises à la procédure du débit d'office).
9. CRC Haute-Normandie 5 févr. 1992, *Commune de Fontaine-le-Dun*, *Rev. Trésor* 1992. 402, chron. R. Ludwig (règlement sur le compte d'une commune d'une dépense d'une association foncière de remembrement dont la trésorerie était insuffisante).

CHAPITRE

614. Responsabilité personnelle et pécuniaire des comptables publics en matière de tenue de la comptabilité

SECTION 0
ORIENTEUR

614.00 **Sommaire du chapitre.**

SECTION 1
TENUE DE LA COMPTABILITÉ

614.11 **Tenue de la comptabilité : une responsabilité personnelle et pécuniaire limitée.** Si, dans son premier alinéa, le I de l'article 60 de la loi du 23 février 1963[1] rend les comptables responsables « de la garde et de la conservation des fonds et valeurs », ainsi que de « la tenue de la comptabilité du poste qu'ils dirigent », le troisième alinéa du même paragraphe ne mentionne pas la tenue de la comptabilité comme fait générateur possible de la responsabilité des comptables :

« La responsabilité personnelle et pécuniaire prévue ci-dessus se trouve engagée dès lors qu'un déficit ou un manquant en monnaie ou en valeurs a été constaté, qu'une recette n'a pas été recouvrée, qu'une dépense a été irrégulièrement payée ou que, par le fait du comptable public, l'organisme public a dû procéder à l'indemnisation d'un autre organisme public ou d'un tiers ou a dû rétribuer un commis d'office pour produire les comptes ».

Le troisième alinéa ayant été interprété comme énumérant limitativement les cas de responsabilité personnelle et pécuniaire des comptables[2], les défaillances en matière de la tenue de la comptabilité ne pourront pas être appréhendées directement par le juge des comptes[3] ; elles ne pourront l'être que par recours à l'un des cas prévus dans cet alinéa, essentiellement le déficit ou le manquant, et plus exceptionnellement la rétribution d'un commis d'office[4].

614.12 **Déficit et manquant.** Les notions de déficit et de manquant ne sont pas définies par les textes. Le terme « manquant » figure dans nombre de décisions pour caractériser tantôt l'existence d'un préjudice, tantôt le fait générateur de la responsabilité du comptable (« pas de manquement sans manquant »), tantôt même, en dépenses, la notion de payement (« pas de manquant sans décaissement »). La doctrine semble établir une équivalence entre ces deux concepts, en particulier le président Magnet[5] et le doyen Saïdj[6].

Dans les instructions comptables, la notion de déficit, qui est susceptible de caractériser la responsabilité personnelle et pécuniaire des comptables[7], renvoie également au résultat de la gestion[8]. Ce

1. L. n° 63-156, 23 févr. 1963 de finances pour 1963, art. 60 (*JO* 24 févr. 1963, p. 1818). Article abrogé au 31 déc. 2022, mais demeurant en vigueur dans le ressort des chambres territoriales des comptes, ainsi qu'à Wallis et Futuna.
2. C. comptes 25 oct. 2001, *Sturm, agent comptable de la maison des enfants de Meaux, GAJF*, 7e éd., n° 22.
3. En revanche, elles peuvent l'être par la Cour des comptes dans le cadre du régime de responsabilité financière des gestionnaires publics, essentiellement à travers les infractions des articles L. 131-9 (v. ss nos 431.11 s. et 432.11 s.) et L. 131-13, 1° (v. ss nos 423.11 s).
4. En revanche, les infractions financières du régime de responsabilité des gestionnaires peuvent jouer, y compris pour les comptables : v. ss nos 313.31 s.
5. « Cette responsabilité est engagée dès qu'un déficit, c'est-à-dire un manquant en caisse, est constaté » (J. Magnet, *Les comptables publics*, LGDJ, coll. *Systèmes*, 1995).
6. « Le déficit de caisse (ou « manquant en deniers » ou « manquant en monnaie ») est historiquement, la première et principale cause de la mise en jeu de la responsabilité des comptables » [L. Saïdj, *Responsabilité des comptables (en titre) et des régisseurs*, Encycl. Dalloz Collectivités locales, 2014, n° 125].
7. Compte 429 « Déficits et débets des comptables et régisseurs ».
8. Comptes 652 et 755 « Déficit ou excédent des budgets annexes à caractère administratif ».

n'est évidemment pas dans ce dernier sens que l'expression est employée dans le régime de la responsabilité personnelle et pécuniaire : les comptables publics ne répondent pas, dans ce cadre, de l'excédent des dépenses sur les recettes, ni des charges sur les produits. En revanche, ils répondent de leur caisse et du fait que leurs payements sont toujours couverts par le solde de leur compte au Trésor [1] et que les décaissements ne doivent pas être supérieurs au montant de la dépense mandatée et prise en charge [2]. Pour engager la responsabilité personnelle et pécuniaire du comptable, le déficit doit trouver sa source non dans la gestion de la personne publique mais dans la comptabilité, ce qui renvoie à deux séries d'hypothèses : les événements affectant la caisse et ceux relatifs à la tenue de la comptabilité.

614.13 **Fonds et valeurs.** En premier lieu, la responsabilité personnelle et pécuniaire des comptables peut être engagée à raison de la disparition physique d'éléments confiés à la garde du comptable, pourvu qu'elle ne relève pas d'un cas de force majeure [3].

Ces événements peuvent affecter :

– soit la caisse, à la suite d'un vol [4], d'un détournement de fonds [5], d'une perte d'espèces ou de chèques, à laquelle doit être assimilé le retrait d'espèces non soldé [6] ou le défaut de présentation d'un « mandat-cash » en temps utile [7] ;

– soit des valeurs : valeurs de portefeuille [8] ou valeurs inactives [9].

En revanche, le déficit ou le manquant en matières n'engage la responsabilité personnelle et pécuniaire du comptable « que dans le cas où le comptable intéressé tient effectivement une comptabilité matière, [qui] permet seule, conformément à l'article 136 du décret du 29 décembre 1962, de déterminer avec exactitude la valeur du bien manquant et par voie de conséquence le montant de l'indemnité à exiger du comptable » [10], cette restriction étant d'autant plus justifiée que la disposition correspondante [11] a disparu dans le décret GBCP.

Le comptable, comme l'ordonnateur et les autres gestionnaires, est également susceptible de voir sa responsabilité recherchée devant la Cour des comptes, au titre de l'article L. 131-9 du code des juridictions financières, en cas de faute grave dans la tenue de la comptabilité, comme précédemment devant la Cour de discipline budgétaire et financière au titre de l'ancien article L. 313-4 du même code [12].

614.14 **Tenue de la comptabilité.** La conservation des pièces justificatives relève des attributions des comptables publics, de même que celle des « opérations et documents de comptabilité » mentionnés au I de l'article 60 de la loi de finances du 23 février 1963 [13]. Il ne s'agit pourtant pas d'un chef direct de mise en jeu de leur responsabilité personnelle et pécuniaire, malgré des tentatives en ce sens sous l'empire des anciens textes [14] et qui, comme pour la comptabilité matière, peuvent néanmoins prospérer devant la Cour des comptes dans le régime de responsabilité des gestionnaires publics, soit que les anomalies soient d'une gravité telle qu'elles constituent une infraction aux règles concernant l'exécution des recettes, des dépenses et la gestion des biens [15], soit qu'elles conduisent à considérer que le compte n'a pas été valablement produit [16].

Les défaillances relevées en matière de conservation des pièces peuvent engager la responsabilité personnelle et pécuniaire du comptable en cas de disparition d'une pièce justificative de dépense prévue par la nomenclature, ce qui constitue un manquement aux contrôles en matière de validité de la dette [17].

1. V. s[s] n° 613.71.
2. L'excédent des opérations de crédit de classe 5 par rapport au total des mandats correspondants pris en charge s'analyse non comme une dépense irrégulière mais comme un manquant en deniers (C. comptes 27 oct. 2010, *Groupement d'intérêt public Agence régionale de l'hospitalisation de Provence-Alpes-Côte d'Azur, GFP* 2011. 972, chron. M. Lascombe et X. Vandendriessche).
3. V. s[s] n° 611.12.
4. C. comptes 26 avr. 2001, *Office public d'habitations à loyer modéré de La Rochelle, Rec.* 24 ; *Rev. Trésor* 2002. 210, chron. M. Lascombe et X. Vandendriessche.
5. C. comptes 27 oct. 2010, *Groupement d'intérêt public Agence régionale de l'hospitalisation de Provence-Alpes-Côte d'Azur*, préc.
6. C. comptes 25 janv. 2010, *Groupement d'intérêt public Institut national du cancer (INCa), Rec.* 5 ; *GFP* 2010. 867, chron. M. Lascombe et X. Vandendriessche.
7. C. comptes 17 oct. 2018, *Université de Strasbourg, Rec.* 133.
8. C. comptes 13 nov. 1900, *Commune de Tournus, Rec.* 212.
9. C. comptes 13 avr. 1983, *Lycée d'enseignement technologique Pierre-de-Coubertin à Meaux, Rec.* 89 ; C. comptes 26 janv. 2006, *Commune de Lezay, AJDA* 2006. 1256, chron. N. Groper et C. Michaut.
10. CE 4 déc. 1995, *Maymard*, req. n° 138179 ; *Lebon* 423 ; *Rev. Trésor* 1996. 413. V. également Cour des comptes référé 2 avr. 1992 au ministre d'État, ministre de l'Économie, des finances et du budget, *Rec.* 200.
11. Décr. 29 déc. 1962, art. 12, C.
12. CDBF 18 juin 1997, *Musée Rodin, Rev. Trésor* 1999. 189 ; *Rec.* 203 ; *GAJF*, 7e éd., Dalloz 2019, n° 48, p. 562.
13. L. n° 63-156, 23 févr. 1963 de finances pour 1963, art. 60. Texte abrogé au 31 déc. 2022, mais encore applicable au champ des chambres territoriales des comptes et à Wallis et Futuna.
14. C. comptes 23 févr. 1999, *Essayan, comptable de la commune d'Aiguilles, Rec.* 15 (à propos de l'absence d'état de l'actif).
15. CJF, art. L. 131-9.
16. CJF, art. L. 131-13, 1° – La même solution peut s'appliquer à des organismes non soumis aux règles de la comptabilité publique : C. comptes 23 juill. 2024, *Société anonyme d'économie mixte pour la gestion et pour l'animation du parc de loisirs de Saint-Cyr (SAEM SAGA)*, n° 904, S-2024-1128 ; *JCP Adm.* 2024. 2321, note S. Damarey.
17. V. s[s] n°s 613.54 s.

La tenue de la comptabilité *stricto sensu* obéit aux mêmes principes et les irrégularités en ce domaine n'engagent la responsabilité personnelle et pécuniaire du comptable que si elles entraînent un déficit « dissimulé »[1], selon l'expression du président Pomme de Mirimonde[2]. Ce déficit doit être imputable à l'action du comptable, ce qui sera notamment le cas :

– de discordances entre la comptabilité générale de l'État et les comptabilités auxiliaires[3], sauf pour le comptable à justifier cet écart[4] ;

– de restes à payer d'un montant supérieur à celui du solde créditeur du compte (différence « en plus ») ou des restes à recouvrer d'un montant inférieur à celui du solde débiteur du compte (différence « en moins »), ces deux situations traduisant respectivement un décaissement à venir non encore comptabilisé et une perte de recette[5] ;

– du solde anormalement créditeur d'un compte de disponibilités qui résulte du règlement de dépenses, voire de simples décaissements sans ordonnancement, sans fonds disponibles[6] ;

– du défaut de justification du solde d'un compte de titres de participation[7] ou d'un compte de dépôts et cautionnements[8], qui entraîne l'impossibilité de récupérer ces éléments d'actif, étant entendu que, dans nombre de ces cas, le juge a considéré qu'un lien de causalité n'était pas établi entre le manquement du comptable et le préjudice financier subi par la personne publique, en particulier lorsque la perte des pièces était antérieure à son entrée en fonction.

En revanche, et parce qu'ils n'entraînent aucune perte pour les droits de la personne publique et ne traduisent aucune sortie de caisse irrégulière, ont été regardés comme n'engageant pas la responsabilité personnelle et pécuniaire du comptable :

– le solde débiteur anormal d'un compte d'attente de passif[9] ;

– des mouvements d'ordre effectués en dépassement de crédits[10] ;

– le défaut d'inscription d'un reste à réaliser[11] ;

– une différence « en plus » sur un état de restes à recouvrer[12] ;

– la valorisation, dans le bilan et l'état des participations, de participations pour un montant inférieur à celles effectivement détenues[13].

Cette dernière solution traduit bien la dimension « physique » et juridique, plus que financière, des manquements en matière de tenue de la comptabilité, qui est également illustrée par un jugement concernant la comptabilisation de titres de participation au bilan de l'organisme public : « si le comptable n'a pu justifier de l'écart de 2 953 606,40 euros apparaissant entre cette valeur et la somme de 5 091 126,40 euros inscrite au compte 266, en matière de conservation des valeurs mobilières, la responsabilité personnelle et pécuniaire du comptable public porte sur la justification de la possession et du nombre des titres »[14].

SECTION 2
PRODUCTION DES COMPTES

614.21 Obligation de production des comptes publics. Aux termes de l'article 21, al. 3, du décret GBCP, dans sa version antérieure au décret du 22 décembre 2022 et toujours en vigueur dans le ressort des chambres territoriales des comptes ainsi qu'à Wallis et Futuna, les comptes des comptables publics « sont produits au juge des comptes selon des règles et dans des délais déterminés pour chaque catégorie » de personnes morales de droit public[15],

1. Certaines décisions évoquant néanmoins explicitement la tenue de la comptabilité mais comme un élément du manquement : C. comptes 31 juill. 2017, *Direction départementale des finances publiques du Val-de-Marne, Rec.* 160 (« Attendu ainsi qu'au compte 411, à la clôture de l'exercice 2012, 799 562,83 € de créances restaient dépourvues de justifications ; que ces créances sont irrécouvrables, vu l'impossibilité de l'État de faire valoir ses droits à l'égard des tiers ; que cette situation résultant de la tenue défectueuse de la comptabilité est constitutive d'un manquant en monnaie ou en valeur »).
2. A. Pomme de Mirimonde, *La Cour des comptes, historique, organisation, apurement des comptes, contentieux, voies de recours, contrôle administratif*, Sirey, 1947.
3. C. comptes 5 févr. 2008, *Trésorier-payeur général de la Guyane, Rec.* 8, *RFFP* n° 113-2011. 289 (différences à hauteur de plus de 17 millions d'euros).
4. C. comptes 3 mars 2017, *Direction départementale des finances publiques du Morbihan, Rec.* 51.
5. C. comptes 13 juin 1991, *Réunion perceptorale des Matelles, Rec.* 55 ; *Rev. Trésor* 1991. 721, chron. R. Ludwig.
6. C. comptes 17 sept. 1987 et 4 févr. 1988, *Syndicat intercommunal des eaux de Maule-Bazemont-Herbeville, Rec.* 139 ; *Rev. adm.* n° 248/1989. 143, note F. Fabre.
7. CRC Pays de la Loire 1er mars 2018, *Syndicat intercommunal pour l'utilisation des eaux de la forêt de Mervent, Rec.* 48.
8. C. comptes 22 juill. 2022, *École nationale supérieure de chimie de Rennes, Rec.* 55.
9. C. comptes 26 mai 2005, *Établissement public local d'enseignement et de formation professionnelle agricoles (EPLEFPA) de Chartres, Rev. Trésor* 2006. 368, chron. M. Lascombe et X. Vandendriessche (compte « fournisseurs exercices antérieurs »).
10. C. comptes 28 juin 2007, *District de l'agglomération vichyssoise*, n° 48767.
11. C. comptes 21 déc. 2006, *Commune de Poligny, GFP* 2008. 172, chron. M. Lascombe et X. Vandendriessche.
12. C. comptes 27 janv. 2005, *Syndicat inter-hospitalier de la région Ile-de-France, Rev. Trésor* 2006. 44, chron. M. Lascombe et X. Vandendriessche.
13. C. comptes 12 juill. 2018, *Chambre départementale d'agriculture des Bouches-du-Rhône, Rec.* 106.
14. CRC Basse-Normandie, Haute-Normandie, 3 mars 2015, *Syndicat intercommunal pour la construction de logements dans l'Eure, Rec.* 37.
15. V. également CJF, art. R. 272-39.

étant précisé que la comptabilité est tenue par année civile. Des dispositions législatives prévoient également cette obligation [1] lorsque le compte est produit par un commis d'office [2].

Les délais sont différents selon les organismes dépendant des chambres territoriales des comptes, désormais seules compétentes pour prononcer des amendes en cas de retard dans la production des comptes. Pour les collectivités et les établissements publics locaux, il s'agit en principe du 31 décembre qui suit la clôture de l'exercice [3]. Il en va autrement en Nouvelle-Calédonie, les comptes devant être produits au plus tard le premier jour du seizième mois qui suit la clôture de l'exercice auquel ils se rapportent [4].

Pour qu'un compte soit valablement produit, il doit être « en état d'examen », c'est-à-dire susceptible d'être apuré par le juge des comptes, ce qui implique qu'il soit complet (budgets annexes), revêtu des visas et signatures réglementaires (comptable, ordonnateur, comptable supérieur) et accompagné de l'ensemble des pièces générales ou justificatives prévues par les instructions et nomenclatures comptables. Si les modalités de production ont fait l'objet d'adaptations prenant en compte la dématérialisation des pièces et des échanges [5], la date de production du compte demeure néanmoins importante car elle détermine le point de départ de la prescription de jugement [6], et seul le juge est compétent pour déterminer la date à laquelle le compte peut être regardé comme valablement produit [7]. Si les exigences du juge des comptes se sont assouplies au cours de la période récente, les décisions par lesquelles il a constaté que des comptes n'étaient pas en état d'examen ne sont pas exceptionnelles [8]. Dans le nouveau régime de responsabilité, la Cour des comptes a également été amenée à sanctionner, sur le fondement de l'article L. 131-13, 1°, du CJF, des situations dans lesquelles elle a considéré que le compte n'avait pas été valablement produit [9].

614.22 Sanction de l'obligation de production des comptes. La production régulière des comptes est la clé de voûte du droit de la comptabilité publique et du contrôle de la régularité comme de la qualité de la gestion publique, à laquelle ne peuvent se substituer complètement les contrôles sur place et l'évaluation des politiques publiques. Elle est à bien distinguer de la présentation de la comptabilité générale, en particulier pour l'État, qui répond à d'autres fins et en premier lieu à la certification des comptes.

Compte tenu des conséquences qui résulteraient d'une moindre diligence des comptables dans ce domaine, le législateur a pris le soin de déterminer un dispositif très complet de sanction des manquements à l'obligation de production des comptes, autour de trois mécanismes qui se complètent.

En premier lieu et d'une manière générale, le défaut de production des comptes constitue une infraction relevant du régime de responsabilité financière des gestionnaires publics [10], qui est sanctionnée par une amende dont le montant ne peut excéder un mois de rémunération [11].

En deuxième lieu, en cas de défaillance du comptable, un agent commis d'office peut être chargé de la production du compte en ses lieu et place [12]. Pour accomplir sa mission, le commis d'office dispose d'un délai de trois mois, susceptible d'être prorogé une fois [13]. Sa nomination intervient dans les mêmes conditions que celle du comptable défaillant [14], elle « peut être demandée notamment par le procureur général près la Cour des comptes » [15]. L'adverbe « notamment » permet d'envisager que l'initiative vienne également du procureur financier près la chambre territoriale des comptes, même s'il n'est plus mentionné dans le texte depuis 2022. Si la nomination d'un commis d'office peut être ressentie par le comptable titulaire comme une sanction d'ordre moral et professionnel, la véritable sanction vient du fait que la rétribution du commis d'office est prise en charge par l'organisme public [16] mais

1. CJF, art. L. 253-5, L. 262-35 et L. 272-36.
2. V. s^s n° 614.22.
3. Décr. n° 2003-187 5 mars 2003, art. 2, al. 1er, *JO* 7 mars 2003, n° 18.
4. Décr. n° 2003-187, art. 2, al. 2.
5. CJF, art. LO 253-1, L. 253-2, LO 262-31, L. 262-32, LO 272-32, L. 272-33, R. 262-39 et R. 272-39.
6. V. s^s n° 611.16.
7. C. comptes 30 mai 2013, *Commune de Fabrezan, Rec.* 79.
8. NOT. : C. comptes 20 oct. 1902, *Rohlfs de Sussex, trésorier de la fabrique de Saint-Ferdinand des Ternes à Paris, Rec.* 78 (absence des documents budgétaires) ; C. comptes 18 nov. 1921, *Quinot, comptable de la commune de Villeneuve-Saint-Georges, Rec.* 46 (absence de toute pièce justificative) ; C. comptes 18 déc. 1997, *Université de Rennes-I*, n° 33450 (nombreuses anomalies, dont l'absence de compte séparé pour les services à comptabilité distincte, l'absence de balance des comptes de valeurs inactives, la présentation irrégulière des états de développement des soldes de restes à recouvrer ou à payer, des discordances inexpliquées dans l'enchaînement des soldes ou la présentation d'un bilan en déséquilibre).
9. C. comptes 25 juin 2024, *Régie Gazélec de Péronne*, n° S-2024-0943 ; *JCP Adm.* 2024, 2228, note S. Damarey ; *AJDA* 2024, 1859, chron. N. Péhau et L. Vergallo.
10. CJF, art. L. 131-13, 1°. V. s^s n° 423.11.
11. CJF, art. L. 131-16, al. 2.
12. Décr. n° 2007-1276, 27 août 2007 relatif aux comptables commis d'office pour la production des comptes des comptables publics et assimilés, art. 1er, *JO* 29 août 2007, n° 45 – Le commis d'office est également prévu dans la disposition du code des juridictions financières relative à l'infraction de non-production des comptes, v. CJF, art. L. 131-13, 1°.
13. Décr. 27 août 2007, art. 2, al. 2 et 3.
14. Décr. 27 août 2007, art. 2, al. 1er.
15. Décr. 27 août 2007, art. 4.
16. Décr. 27 août 2007, art. 5, al. 1er.

que cette dépense engage la responsabilité personnelle et pécuniaire du comptable titulaire. Sans doute l'article 6 du décret du 27 août 2007, qui prévoyait les modalités de mise en jeu de cette disposition, a-t-il été abrogé en 2022, mais le principe de cette responsabilité est fixé par l'article 60, I, al. 3, de la loi du 23 février 1963, qui demeure applicable dans les collectivités d'outre-mer relevant des chambres territoriales des comptes.

En troisième lieu, et cette fois pour les seules collectivités d'outre-mer, les chambres territoriales des comptes peuvent prononcer des amendes pour retard dans la production des comptes [1]. Il ne s'agit pas d'une hypothèse d'école, certains comptables de ces territoires prenant, en particulier dans les Antilles, des libertés avec les obligations de reddition des comptes, et les chambres territoriales savent se montrer vigilantes dans les cas qui méritent sanction [2]. Bien que les deux sanctions relèvent de régimes de responsabilité distincts et aient une finalité différente, il semble que l'amende pour retard ne saurait se cumuler avec celle de l'article L. 131-13, 1°, du CJF : il appartiendra dès lors au ministère public de déterminer la voie qu'il privilégiera entre la loi générale et la loi spéciale, étant entendu que le plafond de l'amende n'est pas identique [3] et que, dans l'hypothèse où serait retenu le choix d'un réquisitoire par le procureur financier près la chambre territoriale, il y aurait quelque cohérence à ce que la chambre procède, après avoir sanctionné le retard, à l'apurement du compte finalement produit.

614.23 Amende pour retard dans la production du compte. Aux termes des articles L. 253-6, L. 253-8-1, L. 262-39 et L. 272-37 du code des juridictions financières, les chambres territoriales des comptes peuvent condamner les comptables publics et les commis d'office pour retard dans la production de leurs comptes. L'amende pour retard concerne aussi bien les collectivités relevant de la compétence juridictionnelle directe de la chambre que celles qui sont soumises, en Nouvelle-Calédonie, à l'apurement administratif [4]. L'initiative en la matière revient, comme pour toute action répressive, au ministère public près la chambre [5], qui est traditionnellement chargé de veiller à la production des comptes et qui agit, en Nouvelle-Calédonie, « sur la demande du directeur local des finances publiques » [6].

Ce pouvoir répressif, qui permet de respecter le caractère d'ordre public de la production et du jugement des comptes publics, remonte aux origines des juridictions financières et, pour s'en tenir à l'époque contemporaine, à la loi du 16 septembre 1807 pour la Cour des comptes (art. 12) et à la loi du 10 juillet 1982 pour les chambres régionales des comptes (art. 3, al. 2).

Le comptable passible de l'amende pour retard est celui « en fonctions à la date réglementaire de production du compte. » [7] Il peut donc s'agir d'une autre personne que celle dont la gestion est retracée, en cas de mutation après la fin de l'exercice.

« Toutefois, en cas de changement de comptable entre la fin de la période d'exécution du budget et la date à laquelle le compte doit être produit, la chambre territoriale des comptes peut infliger l'amende pour retard à l'un des prédécesseurs du comptable en fonctions à la date réglementée de production des comptes. » [8]. Cette disposition, introduite en 1996, a permis de régler la divergence de jurisprudence apparue entre la deuxième chambre, qui retenait la responsabilité du comptable en fonction à la fin de l'exercice, et la quatrième chambre, qui se référait à la date de la production. En conséquence, l'amende peut être infligée au comptable sorti de fonction s'il a entravé, par sa négligence ou sa mauvaise volonté, la production du compte par son successeur [9] ou par le commis d'office [10].

Très tôt, la Cour des comptes a affirmé que « les amendes édictées par la loi contre les comptables pour retard dans la production de leurs comptes sont de véritables peines » [11]. En conséquence, les amendes sanctionnent des retards déjà constatés, à l'inverse des astreintes [12], l'action s'éteint avec le décès du comptable retardataire [13], et leur prononcé constitue une simple faculté pour le juge, qui peut en moduler le montant, en vertu du principe de personnalité des peines. À cet effet, ce dernier se

1. CJF, art. L. 253-6 (Saint-Barthélemy, Saint-Martin et Saint-Pierre-et-Miquelon), L. 262-39 (Nouvelle-Calédonie), L. 272-37 (Polynésie française).
2. PAR EX., sur la période récente, CTC Saint-Barthélemy 13 avr. 2017, *Hôpital de Bruyn*, n° 2017-0001 (pour défaut ou retard dans la production des comptes de l'hôpital pendant cinq exercices consécutifs) ; CTC Saint-Barthélemy 9 févr. 2018, *Collectivité d'outre-mer de Saint-Barthélemy*, n° 2018-0003 (même situation).
3. V. ss nos 472.11 et 472.13.
4. CJF, art. L. 262-40.
5. CJF, art. R. 253-2 (qui renvoie à l'art. R. 231-16 ancien), R. 262-13 et R. 272-13.
6. CJF, art. L. 262-40, al. 1er.
7. CJF, art. L. 253-7, al. 1er et, pour les deux CTC d'Océanie, renvoi aux dispositions antérieurement applicables à la Cour des comptes.
8. CJF, art. L. 253-7, al. 2.
9. C. comptes 1er févr. 1984, *Cordier, ancien agent comptable de l'université Paris VIII-Vincennes, GAJF*, 7e éd., n° 45.
10. C. comptes 11 sept. 1992, *Bianchetta, lycée professionnel Fernand Léger à Argenteuil, Rec.* 76.
11. C. comptes 19 oct. et 9 nov. 1897, *Demay, trésorier de la fabrique de l'église de Saint-Amand-en-Puisaye, Rec.* 90.
12. C. comptes, *Demay*, préc. Les amendes se décomptent par mois entier (C. comptes 3 avr. 1900, *Ingrand, trésorier d'une fabrique à Narbonne, Rec.* 178).
13. C. comptes 27 juin 1900, *Bouczo, Rec.* 189. Depuis 2009, les héritiers du comptable n'encourent plus d'amende.

reconnaît un large pouvoir d'appréciation et prend en compte les circonstances tenant au comptable lui-même (expérience, charge de travail, état de santé), dès lors qu'elles ne lui sont pas imputables [1], à l'état du poste (personnel, outils, en particulier informatiques), à l'attitude de l'ordonnateur ou de la tutelle [2].

L'amende est attribuée non au Trésor mais à la collectivité ou à l'établissement public concerné [3], conformément à la tradition des juridictions financières mais à la différence de celles qui sont prononcées par la Cour des comptes dans le nouveau régime de responsabilité [4]. Les textes déterminent un double plafond : le taux maximal de l'amende est de 60 euros par compte et par mois de retard [5] ; le montant total des amendes susceptibles d'être prononcées à l'encontre d'un même comptable pour les différents comptes d'un même exercice ne peut excéder le montant mensuel du traitement brut afférent à l'indice nouveau majoré 500 de la fonction publique [6], soit environ 2 500 euros. Si le retard affecte la production des comptes de plusieurs exercices, l'amende encourue peut ainsi être d'un montant très supérieur à celle de l'article L. 131-13, 1°, du CJF [7].

La procédure est celle applicable aux activités juridictionnelles jusqu'à la réforme de 2022. Elle est beaucoup plus « légère » que celle en vigueur à la Cour des comptes dans le nouveau régime [8] : sur réquisitoire du ministère public, le président de la chambre territoriale désigne un magistrat chargé d'instruire à charge et à décharge. Son rapport, communiqué au ministère public [9], est délibéré, après une audience publique [10], en formation plénière ou en section. Le jugement de la chambre est susceptible d'appel devant la Cour des comptes [11], mais peut aussi faire l'objet d'une révision [12]. Les textes relatifs à la Nouvelle-Calédonie et à la Polynésie française prévoient que le jugement est communiqué au ministre du Budget ainsi qu'au directeur local des finances publiques. En effet, ce dernier est chargé du recouvrement, qui est opéré comme en matière de débets [13].

1. Le comptable n'est ainsi pas fondé à se prévaloir du fait qu'il avait été « juridiquement empêché » par une mesure de suspension de fonction, suivie d'une décision d'exclusion (C. comptes 27 mai 2010, *Lycée polyvalent Galilée à Gennevilliers*, n° 58003, non publié).
2. M. Lascombe et X. Vandendriessche, *Code administratif* annoté, Dalloz ; L. Saïdj, *Responsabilité des comptables (en titre) et des régisseurs*, Encycl. Dalloz Collectivités locales, 2014, n° 731.
3. CJF, art. L. 253-8-2.
4. CJF, art. L. 131-20 – V. s^s n° 472.41.
5. CJF, art. D. 131-38 ancien, toujours applicable par renvoi.
6. CJF, art. L. 253-8, R. 253-2, R. 262-52 et R. 272-40.
7. V. s^s n° 614.22.
8. V. s^s n°s 5.00 s.
9. CJF, art. L. 262-55 et L. 272-53.
10. CJF, art. L. 262-57.
11. CJF, art. L. 262-59.
12. CJF, art. L. 262-60.
13. CJF, art. D. 262-109 et D. 272-92.

CHAPITRE

615. Responsabilité personnelle et pécuniaire des comptables publics à raison de l'indemnisation d'un tiers

SECTION 0
ORIENTEUR

615.00 **Sommaire du chapitre.**

SECTION UNIQUE
INDEMNISATION D'UN TIERS

615.11 **Disposition au champ territorial récemment restreint.** La loi du 23 février 1963 a introduit en droit français un nouveau chef de mise en jeu de la responsabilité personnelle et pécuniaire des comptables publics, en prévoyant que celle-ci était susceptible d'être engagée lorsque, « par la faute du comptable public, l'organisme public a dû procéder à l'indemnisation d'un autre organisme public ou d'un tiers »[1].

Cette disposition a fait l'objet de trois modifications, l'une formelle, les deux autres de fond. La première modification tient dans le déplacement du texte, reclassé au paragraphe I, alinéa 3, par la loi du 30 décembre 2006[2]. Les deux autres, opérées par le même texte, tiennent, d'une part, au remplacement de l'expression « par la faute du comptable public » par la formule « par le fait du comptable public », et d'autre part, à l'extension de cette responsabilité au cas dans lequel l'organisme public « a dû rétribuer un commis d'office pour produire les comptes ». Son abrogation est intervenue, avec l'ensemble de l'article 60, avec l'entrée en vigueur de l'ordonnance du 23 mars 2022[3].

À la différence des dispositions relatives aux obligations des comptables en matière de dépenses, de recettes, d'opérations de trésorerie et de tenue de la comptabilité, qui trouvent leur siège dans le règlement général sur la comptabilité publique[4], l'indemnisation d'un tiers et la rétribution du commis d'office n'étaient prévues que par l'article 60. Sans doute, s'agissant du commis d'office, le juge avait-il cru pouvoir mettre en jeu la responsabilité du comptable en l'absence de texte spécifique[5], mais cette construction avait été censurée par la jurisprudence administrative, qui avait rappelé la compétence du législateur pour déterminer les obligations civiles des fonctionnaires de l'État, en application de l'article 34 de la Constitution[6].

Dès lors et jusqu'à l'adoption d'un texte de loi de portée plus générale, ces hypothèses de mise en jeu de la responsabilité du comptable ne peuvent plus être envisagées que dans les territoires où demeure applicable l'article 60 de la loi de 1963, à savoir les collectivités de Saint-Barthélemy, Saint-Martin, Saint-Pierre-et-Miquelon, la Nouvelle-Calédonie et la Polynésie française, qui relèvent de la compétence de chambres territoriales des comptes, ainsi qu'à Wallis et Futuna, qui relève de la Cour des comptes.

1. L. n° 63-156, 23 févr. 1963 de finances pour 1963, art. 60, IV, *JO* 24 févr. 1963, p. 1818.
2. L. n° 2006-1771, 31 déc. 2006 de finances rectificative pour 2006, art. 146, V, *JO* 31 déc. 2006.
3. Ord. n° 2022-408, 23 mars 2022, art. 26, *JO* 24 mars, n° 4.
4. Décr. n° 2012-1246, 7 nov. 2012 relatif à la gestion budgétaire et comptable publique, *JO* 10 nov., n° 6 (également appelé Décr. GBCP).
5. PAR EX. : CRC Lorraine 18 janv. 2001, *Lycée d'enseignement général et technique Ernest Bichat à Lunéville*, *Rec.* 3.
6. TA Poitiers, 9 avr. 2003, *Arnaud*, *Rev. Trésor* 2003. 674.

615.12 **Indemnisation d'un tiers.** Le texte de la loi distingue l'indemnisation « d'un autre organisme public » et celle d'un « tiers ». S'il y a différence de nature entre ces deux catégories *d'accipiens*, en pratique ces hypothèses ne présentent pas de spécificité quant à la mise en œuvre de la disposition, qui s'applique à l'indemnisation d'un tiers, qu'il soit public ou privé, comme elle s'applique depuis 2006 à la rétribution du commis d'office, ce qui suppose que ce dernier ait été nommé dans les formes.

L'indemnité peut porter sur des intérêts moratoires ou compensatoires. Elle ne résultera pas nécessairement d'une décision de justice mais doit reposer sur un fondement contraignant permettant une exécution forcée (loi ou règlement, contrat, avis budgétaire constatant le caractère obligatoire d'une dépense [1]), ce qui exclut un versement spontané [2]. La question demeure cependant posée pour les obligations naturelles [3] : le principe de l'obligation repose sur un devoir de conscience du débiteur, qui est libre de donner ou non suite à ses scrupules, mais dès lors qu'il s'est engagé, il ne peut plus revenir sur sa promesse (ou demander la restitution de ce qu'il aurait versé après avoir reconnu son obligation naturelle), sa dette devenant exécutoire [4]. On pourrait, dans un tel cas, soutenir que l'organisme public « a dû procéder » à l'indemnisation d'un tiers.

615.13 **Faute du comptable et fait du comptable.** Dans sa version d'origine, la loi de finances du 23 février 1963 exigeait une « faute du comptable ». Cette rédaction, empreinte d'une dimension morale, a suscité les fortes réserves de la doctrine, et en particulier du professeur Ludwig qui, au terme d'une analyse très documentée, estimait que le texte conduisait la Cour des comptes à empiéter sur les attributions du ministre, alors seul chargé d'apprécier le comportement du comptable et de lui accorder une décharge de responsabilité [5]. Elle a sans doute expliqué également les réticences de la Cour des comptes, et de son parquet général, dont l'attitude a été très restrictive dans la mise en œuvre de cette disposition, qui n'a joué que dans des cas rarissimes, même après 2006 et l'apparition de la notion, plus neutre et en théorie plus large, de « fait du comptable ».

Ce « fait », s'il n'exige plus nécessairement une « faute », suppose néanmoins un acte irrégulier, de la part du comptable, en dépenses (retard ou refus de payement, payement irrégulier [6]), en recettes (poursuives abusives), en tenue de la comptabilité (défaillance dans la production du compte). Tel n'est pas le cas de retards de règlement (ayant conduit au règlement de frais de mise en demeure) dont il n'était pas démontré qu'ils résultaient de l'inaction du comptable plutôt que d'un défaut de mandatement [7].

615.14 **Lien de causalité.** Pour que la responsabilité personnelle et pécuniaire du comptable soit engagée, il faut que la personne publique ait dû procéder à l'indemnisation d'un tiers « par le fait [à l'origine, « par la faute »] du comptable public ».

C'est souvent l'absence de lien de causalité clairement établi qui a conduit la Cour des comptes, pendant plus d'un demi-siècle, à considérer que les conditions fixées par la loi n'étaient jamais réunies, en particulier lorsque le préjudice pouvait avoir d'autres causes que le fait du comptable [8], par exemple le comportement de l'ordonnateur [9] ou de ses services, même lorsque le payement du comptable était irrégulier [10]. La jurisprudence semble même exiger un lien de causalité exclusif, ce qui tend à exonérer le comptable en cas de « responsabilité partagée, le comptable ayant seulement « concouru » à la négligence des services, sans qu'il soit possible d'évaluer la part prise par celui-ci dans son concours » [11].

La première application « positive » du texte, dans le cadre d'un jugement de mise en débet prononcé par une chambre régionale des comptes, est intervenue en 1988 [12] ; pour la Cour des comptes, il a fallu attendre 2017, soit cinquante-quatre ans après le vote de la loi [13]. Malgré le changement de texte intervenu en 2006, la jurisprudence demeure très peu fournie sur ce chef de responsabilité.

1. CRC Centre, Val de Loire, 31 mai 2016, *SIAEP des communes de Dampierre-sur-Graçay, Genouilly et Saint-Georges-sur-la-Prée, GFP* 2017. 155, chron. J.-L. Girardi, S. Heintz et P. Rocca.
2. En ce sens : *GAJF*, 7ᵉ éd., comm. nº 31, § 6.
3. Celles qui sont « volontairement acquittées » (C. civ., art. 1302).
4. Civ. 2ᵉ, 9 mai 1988, *Bull. civ.* 1988, II, nº 111, p. 59.
5. R. Ludwig, chron. sous C. comptes 20 janv. 1994, *Régie municipale pour la distribution d'électricité de Houilles, Rev. Trésor* 1995. 35.
6. CRC Pays de la Loire 9 sept. 2003, *Association foncière de remembrement de Luché-Pringé, Rev. Trésor* 2004. 305, chron. P. Rocca et P. Sitbon (payement non libératoire) ; C. comptes 20 févr. 1986, *Poulain, SIVOM d'Audruicq, Rec.* 177 (payement en méconnaissance d'une subrogation).
7. C. comptes 12 sept. 1984, *Robiliard, agent comptable du collège Paul Langevin à Rouvroy, Rec.* 121.
8. C. comptes 10 févr. 1972, *Levert, receveur de la commune de Beautor, Rev. adm.* nº 150. 609.
9. C. comptes 20 janv. 1994, *Régie municipale pour la distribution d'électricité de Houilles, Rev. Trésor* 1995. 35.
10. C. comptes 20 févr. 1986, *Poulain, SIVOM d'Audruicq, Rec.* 177 ; *Rev. adm.* nº 231. 259, note C. Thalamy ; *Rev. Trésor* 1987. 403, note critique R. Ludwig.
11. C. comptes 24 févr. 2000, *Petitpas, comptable du centre hospitalier de Dieppe, GAJF*, 7ᵉ éd., nº 31.
12. CRC Rhône-Alpes 24 nov. 1988, *Syndicat intercommunal à vocation multiple du Royans, Rev. Trésor* 1989. 769, chron. R. Ludwig (indemnité pour retard dans le payement d'annuités d'emprunt).
13. C. comptes 13 déc. 2017, *Chambre départementale d'agriculture du Puy-de-Dôme, Rec.* 220 (intérêts payés à la banque à la suite d'un payement sans provision).

615.15 Indemnisation d'un tiers et préjudice financier. Une difficulté inattendue est née de l'entrée en vigueur de la loi du 28 décembre 2011[1], qui subordonne le prononcé d'un débet, dans le cadre de la responsabilité personnelle et pécuniaire des comptables, à l'existence d'un préjudice financier[2]. En première analyse, l'hypothèse de l'indemnisation d'un tiers ou la rétribution du commis d'office devraient relever systématiquement de cette hypothèse[3].

Il n'est cependant pas possible de raisonner, en la matière, en se conformant à la grille définie par le Conseil d'État dans ses décisions *ONIAM* et *DRFiP Bretagne* de 2019[4], qui portent sur la responsabilité personnelle et pécuniaire du comptable en dépenses[5] : la dépense (l'indemnisation du tiers ou la rétribution du commis d'office) est par elle-même régulière et repose sur un fondement juridique (la loi, le contrat, la décision de justice, etc.), l'ordonnateur a voulu l'exposer (mais n'avait pas le choix) et la notion de service fait n'a guère de place, sauf cas particulier.

Les – rares – décisions intervenues en la matière depuis 2011 montrent les hésitations du juge, mais aussi la complexité de certaines situations. Ainsi, dans son jugement précité *SIAEP des communes de Dampierre-en-Graçay, Genouilly et Saint-Georges-sur-la-Prée*, la chambre des comptes de Centre – Val de Loire a consacré un développement à cette question avant de prononcer un débet, en soulignant, d'une part, que l'ordonnateur et le comptable convenaient du fait que l'établissement public avait subi un préjudice imputable au comptable et, d'autre part, que le syndicat demandait la réparation du préjudice qu'il avait subi. Dans une autre espèce concernant la majoration pour retard dans le règlement de cotisations, la Cour des comptes a prononcé un non-lieu à charge alors que la responsabilité de ce retard incombait, de son aveu même, au comptable, au motif que cette majoration avait fait l'objet ultérieurement d'une remise gracieuse et avait été restituée à l'organisme[6]. Ce faisant, la Cour a raisonné implicitement comme en matière de dépenses irrégulières, en faisant application de la théorie du rétablissement de la caisse, alors même que l'indemnisation d'un tiers ne constitue pas une dépense irrégulière et ne saurait causer, par elle-même, de manquant.

Une attitude trop restrictive dans la mise en œuvre de cette disposition originale (afin de protéger le comptable) pourrait avoir pour effet paradoxal de déplacer le contentieux vers le juge administratif de droit commun, le Conseil d'État ayant de longue date reconnu la possibilité pour une collectivité de réclamer à son comptable public réparation du dommage causé par ce dernier[7], possibilité confirmée plus récemment par le Conseil constitutionnel[8].

L'ordonnance du 23 mars 2022 a introduit, pour les organismes qui ne sont plus soumis à la loi de 1963 (soit la métropole et, outre-mer, les personnes publiques relevant du contrôle des chambres régionales des comptes), une nouvelle disposition aux termes de laquelle « l'État prend en charge les déficits résultant exclusivement des fautes ou des erreurs des comptables publics de l'État »[9]. L'article 32, 16°, du décret du 22 décembre 2022 pris pour l'application de cette disposition[10] donne une définition large de la notion de déficit (perte de valeur, erreur de caisse, manœuvres frauduleuses d'agents du service ou de tiers, agissements ayant entraîné une condamnation par la Cour des comptes) et prévoit que la demande de prise en charge émane de l'ordonnateur, dans des conditions précisées aux articles 173-1 et suivants du décret du 7 novembre 2012[11].

1. L. n° 2011-1978, 28 déc. 2011 de finances rectificative pour 2011, *JO* 29 déc. 2011, n° 2.
2. V., notamment, s^{s} n° 611.44.
3. J.-L. Girardi, S. Heintz et P. Rocca, chron. préc. sous CRC Centre, Val de Loire, 31 mai 2016, *SIAEP des communes de Dampierre-sur-Graçay, Genouilly et Saint-Georges-sur-la-Prée, GFP* 2017. 156 : « la mise en débet découle directement du texte dans la circonstance de l'indemnisation (comme ce serait le cas pour la rétribution d'un commis d'office), sans avoir à tenir un raisonnement quant à l'existence d'un « préjudice financier » découlant d'un manquement du comptable. »
4. CE, sect., 6 déc. 2019, *Mme Bailloux, agent comptable de l'office national d'indemnisation des accidents médicaux, des affections iatrogènes et des infections nosocomiales (ONIAM)*, req. n° 418741 ; CE, sect., 6 déc. 2019, *Mariel, directeur régional des finances publiques de Bretagne et du département d'Ille-et-Vilaine*, req. n° 425542 ; *Rec.* 20 ; *AJDA* 2020. 289, chron. C. Malverti et C. Beaufils. *BJCL* n° 12/2019, concl. L. Dutheillet de Lamothe, note S. Damarey ; *JCP Adm.* 4 mai 2020, note M. Kernéis-Cardinet.
5. V. s^{s} n°s 611.44 et 613.00 s.
6. C. comptes 16 oct. 2015, *Groupement d'intérêt public Bretagne environnement, Rec.* 114.
7. CE, sect., 28 nov. 1969, *SA Paul Ferré, Lebon* 544.
8. Cons. const. 5 juill. 2019, *Commune de Sainte-Rose et autres, Rec.* 231 ; *AJDA* 2019. 1425.
9. Ord. n° 2022-408, 23 mars 2022 relative au régime de responsabilité financière des gestionnaires publics, art. 32, *JO* 24 mars 2022 – Sur la prise en charge d'un déficit causé par un comptable dans l'actuel régime de responsabilité financière, v. s^{s} n°s 033.41 et 462.44.
10. Décr. n° 2022-1605 22 déc. 2022 portant application de l'ordonnance n° 2022-408 23 mars 2022 relative au régime de responsabilité financière des gestionnaires publics, *JO* 23 déc. 2022.
11. D. n° 2012-1246 7 nov. 2012 relatif à la gestion budgétaire et comptable publique, dit GBCP.

TITRE

62. Procédure traditionnelle d'apurement de la gestion de fait devant le juge des comptes

SECTION 0

ORIENTEUR

62.00 Sommaire du titre.

62.01 Texte applicable.

• **L. n° 63-256,** 23 février 1963 de finances pour 1963, art. 60, XI [abrogé]

62.02 Jurisprudence de référence.

• **C. comptes 23 août 1834,** *Ville de Roubaix, Mém. percept.* 1834. 318, *GAJF* 7e éd., n° 35

62.03 Bibliographie indicative.

Monographies. P. Marquès di Braga et C. Lyon, *Traité des obligations et de la responsabilité des comptables publics. De la comptabilité de fait*, Paris, P. Dupont, 1890-1892 – P. de Mirimonde, *La Cour des comptes*, Sirey, 1947 – J. Magnet, *Les gestions de fait*, LGDJ, 2e éd. 2001.

Encyclopédie. C. Descheemaeker, « Gestion de fait », *J.-Cl. Adm.*, fasc. 1265, 2017.

Recueil de jurisprudence. A. Froment-Meurice, J.-Y. Bertucci, N. Hauptmann et Ch. Michaut, *Les grands arrêts de la jurisprudence financière*, Dalloz, 7e éd. 2019, nos 35 à 44.

62.05 Suppression de la procédure traditionnelle de jugement de la gestion de fait par le juge des comptes ; survivance dans un champ restreint. La procédure traditionnelle de gestion de fait devant le juge des comptes a été supprimée le 31 décembre 2022 en même temps que le jugement des comptes publics[1].

Toutefois, cette ancienne procédure demeure applicable aujourd'hui dans un champ géographique très restreint (Nouvelle-Calédonie, Polynésie française, Saint-Barthélemy, Saint-Martin, Saint-Pierre-et-Miquelon, Wallis et Futuna).

1. Ord. n° 2022-408, 23 mars 2022 relative au régime de responsabilité financière des gestionnaires publics.

En outre, elle trouve application pour les affaires de gestion de fait nées avant l'entrée en vigueur de cette réforme[1].

Enfin, il doit être précisé, dans le nouveau régime de responsabilité, que la gestion de fait constitue également une infraction financière[2] qui, si elle se différencie de façon significative de la procédure traditionnelle, présente néanmoins les mêmes éléments constitutifs[3].

1. Ord. nº 2022-408, 23 mars 2022 relative au régime de responsabilité financière des gestionnaires publics, art. 29 : « [...] II. – Les dispositions relatives au régime de responsabilité des comptables publics patents et assimilés, des comptables de fait, des régisseurs, des trésoriers militaires et des comptables des organismes primaires de sécurité sociale demeurent applicables dans leur version antérieure à la présente ordonnance aux opérations ayant fait l'objet d'un premier acte de mise en jeu de leur responsabilité notifié avant le 1er janv. 2023, lorsque le manquement litigieux a causé un préjudice financier à l'organisme public concerné ». C. comptes 14 nov. 2024, *Gestion de fait des deniers de la commune de Saint-Ouen-sur-Seine*, nº S-2024-1392.
2. CJF, art. L. 131-15.
3. C. comptes 10 oct. 2024, *Commune de Felleries*, nº S-2024-1311 ; *JCP Adm.* 2025. 2012, note S. Damarey. Sur la gestion de fait en tant qu'infraction financière du régime de responsabilité financière des gestionnaires publics, v. ss nos 424.11 s.

CHAPITRE

621. Champ d'application de la procédure traditionnelle d'apurement de la gestion de fait devant le juge des comptes

SECTION 0 ORIENTEUR

621.00 Sommaire du chapitre.

SECTION UNIQUE CHAMP D'APPLICATION

621.11 Définition de la gestion de fait. Selon la définition très éclairante proposée par le président Descheemaeker[1] : « la gestion de fait est l'irrégularité qui consiste pour une personne physique ou morale à s'immiscer dans le maniement des deniers publics sans avoir qualité pour le faire. Le principe de séparation des ordonnateurs et des comptables, fondamental dans le droit de la comptabilité publique, réserve aux comptables publics l'encaissement des recettes, le paiement des dépenses et la conservation des fonds et valeurs. L'agent ayant ou non la qualité d'ordonnateur qui effectue des opérations réservées aux comptables publics se comporte en comptable de fait. La gestion de fait désigne ainsi la procédure par laquelle le juge des comptes tire les conséquences de cette situation... ».

En vertu de l'article 60, XI, de la loi de finances nº 63-156 du 23 février 1963 modifiée[2], « toute personne qui, sans avoir la qualité de comptable public ou sans agir sous contrôle et pour le compte d'un comptable public, s'ingère dans le recouvrement de recettes affectées ou destinées à un organisme public doté d'un poste comptable ou dépendant d'un tel poste doit, nonobstant les poursuites qui pourraient être engagées devant les juridictions répressives, rendre compte au juge financier de l'emploi des fonds ou valeurs qu'elle a irrégulièrement détenus ou maniés.

Il en est de même pour toute personne qui reçoit ou manie directement ou indirectement des fonds ou valeurs extraits irrégulièrement de la caisse d'un organisme public et pour toute personne qui, sans avoir la qualité de comptable public, procède à des opérations portant sur des fonds ou valeurs n'appartenant pas aux organismes publics, mais que les comptables publics sont exclusivement chargés d'exécuter en vertu de la réglementation en vigueur.

Les gestions de fait sont soumises aux mêmes juridictions et entraînent les mêmes obligations et responsabilités que les gestions régulières. Néanmoins, le juge des comptes peut, hors le cas de mauvaise foi ou d'infidélité du comptable de fait, suppléer par des considérations d'équité à l'insuffisance des justifications produites.

Les comptables de fait pourront, dans le cas où ils n'ont pas fait l'objet pour les mêmes opérations des poursuites au titre du délit prévu et réprimé par l'article 433-12 du Code pénal, être condamnés aux amendes prévues par la loi ».

621.12 Champ d'application *ratione materiae*. La gestion de fait ne joue que là où il y a un comptable public. Le champ de cette irrégularité est donc limité à celui de la comptabilité publique, seule sphère où il existe un comptable public qui dispose du monopole légal du maniement des deniers et valeurs. La gestion de fait ne peut concerner la sphère publique aux modes de gestion privée (la plupart des établissements publics industriels et commerciaux ; les entreprises publiques ayant une forme juridique relevant du Code de commerce ; les associations subventionnées...).

Pendant longtemps, la jurisprudence a considéré que la théorie de la gestion de fait trouvait à s'appli-

1. C. Descheemaeker, « Gestion de fait », *J.-Cl. Adm.* 2017, nº 1.
2. Texte abrogé au 31 déc. 2022, mais applicable encore dans un champ géographique restreint (sur ce point, v. s[s] nº 62.05).

quer quel que soit le cadre juridique régissant les actes qui avaient organisé le maniement irrégulier de deniers publics. Elle a introduit une restriction à cette construction en 2004, dans l'affaire des redevances dues à l'État dans le cadre des accords de pêche conclus respectivement avec la Corée du Sud et le Japon, qui avait donné lieu à deux déclarations provisoires de gestion de fait. Au terme de la contradiction, la Cour a confirmé que tous les éléments d'une gestion occulte étaient réunis mais que les décisions reconnaissant l'utilité publique des dépenses avaient "nécessairement validé, en s'y référant expressément, les accords de pêche franco-japonais [et franco-coréens], conclus au titre du ministère des Affaires étrangères ; [que] la régularisation législative de ces accords internationaux leur confère *a posteriori* une autorité supérieure à la loi du 23 février 1963 et au décret du 29 décembre 1962 susvisés et autorise explicitement de ce fait la procédure initialement retenue à charge" [1]. Il s'agit, semble-t-il, du seul cas ayant conduit le juge des comptes à renoncer à son office en se référant à la théorie de l'acte de gouvernement, théorie dont le champ d'application s'est au demeurant considérablement réduit.

621.13 Champ d'application *ratione personae.* Sans entrer dans le détail ici de la question des personnes à déclarer comptables de fait (ce qui peut être délicat), il doit être noté, d'une part, qu'il peut s'agir de personnes physiques comme de personnes morales [2], et que deuxièmement ces personnes sont ensemble solidaires de la totalité des opérations [3]. À noter que dans cette procédure à tous points de vue exceptionnelle, il n'existe pas de limitation dans le champ des justiciables ; des ministres peuvent ainsi être déclarés gestionnaires de fait et être poursuivis pour des actes commis dans le cadre de leurs fonctions [4], ce qui était impossible devant la CDBF.

La réforme entrée en vigueur le 1er janvier 2023 a repris, pour le régime de responsabilité des gestionnaires publics, ce champ de compétence large qui existait devant le juge des comptes, mais qui ne concerne plus que les personnes physiques [5].

621.14 Champ d'application *ratione loci.* Sous les rares réserves qui précèdent, la loi de finances du 23 février 1963 avait vocation à régir tout maniement extraréglementaire des deniers publics portant atteinte aux prérogatives des comptables publics en poste en métropole, outre-mer ou à l'étranger [6].

En vertu de l'ordonnance du 23 mars 2022, l'article 60 de la loi de 1963 et les dispositions d'application du CJF sont abrogés à compter du 1er janvier 2023. Au 1er janvier 2024, il ne régit plus que la Polynésie française (art. R. 272-71 à R. 272-73 du CJF). Un doute subsiste pour les autres collectivités d'outre-mer relevant des chambres territoriales des comptes, qui ont gardé une compétence de jugement des comptes des comptables [7] et pour lesquelles, dès lors, cette compétence pourrait inclure celle de l'apurement des comptabilités de fait ; toutefois, hormis le cas précité de la Polynésie, il ne semble plus exister de dispositions expresses pour juger une gestion de fait d'après l'ancienne procédure.

Si la procédure propre aux comptabilités de fait a donc pratiquement disparu, en dehors des quelques instances engagées sous l'empire des anciens textes et qui ne seraient pas soldées et en dehors du cas de la Polynésie française, la gestion de fait demeure une irrégularité susceptible d'être sanctionnée par la Cour des comptes et qui fait l'objet d'une incrimination spécifique à l'article L. 131-15 du CJF [8].

1. C. comptes 23 nov. 2004, *Droits de pêche dans la zone économique exclusive de la Polynésie française*, nos 40633 et 40637, *Rev. Trésor* août-sept. 2005. 444.
2. Aucun principe à valeur constitutionnelle ne s'oppose à ce qu'une personne morale puisse se voir infliger une amende (Cons. const. 30 juill. 1982, no 82-143 DC). En revanche, une personne morale ne pouvait être poursuivie devant la CDBF et il en va de même, désormais, devant la Cour des comptes pour l'infraction de l'article L. 131-15 du CJF.
3. *GAJF*, 5e éd., Dalloz, no 43.
4. PAR EX. : C. comptes 30 sept. 1992, *Nucci et autres comptables de fait de l'État (opérations de l'association Carrefour du développement), Rec.*, p. 101 ; *GAJF*, 7e éd., no 2.
5. Sur le champ des justiciables en matière de gestion de fait dans le régime de responsabilité financière des gestionnaires publics issu de la réforme de 2022, v. ss no 424.23.
6. PAR EX. : C. comptes 1er juill. 1938, *École française d'archéologie d'Athènes, Rec.* 33 ; C. comptes 2 mai 1984, *André, Rev. adm.* no 224 ; C. comptes 13 janv. 1988, *Institut français de Brême, Rec.* 7 ; *Rev. Trésor* 1990. 546. Encore convient-il que le service soit effectivement soumis aux règles de la comptabilité publique, ce qui n'était pas le cas d'un lycée français à l'étranger, relevant du ministère des Affaires étrangères mais de droit privé au regard de la loi locale, pour la période antérieure à l'acquisition de son autonomie financière et comptable puisqu'il ne pouvait alors être regardé comme un établissement public doté d'un poste comptable (C. comptes 27 mai 1981, *Lycée français Jean Mermoz à Buenos-Aires, Rec.* 164).
7. Sur le maintien du jugement des comptes dans ces collectivités, v. ss nos 112.22 s.
8. Sur l'infraction réprimant la gestion de fait dans le cadre du régime actuel de responsabilité financière, v. ss no 424.11.

CHAPITRE

622. Déclaration de gestion de fait dans la procédure traditionnelle devant le juge des comptes

SECTION 0 ORIENTEUR

622.00 Sommaire du chapitre.

SECTION 1 CARACTÈRES GÉNÉRAUX DE L'ACTION EN DÉCLARATION DE GESTION DE FAIT

622.11 Origine et objet de la déclaration de gestion de fait. Création prétorienne fondée sur la théorie de l'apparence et sur le caractère d'ordre public du jugement des comptes publics, la gestion de fait remonte à l'Ancien droit. Elle repose sur l'idée selon laquelle toute personne qui s'immisce dans les fonctions de comptable public sans y être habilitée doit compter devant la juridiction financière. Cette construction jurisprudentielle, qualifiée de « monument juridique » par le commissaire du gouvernement Romieu dans ses conclusions sur l'arrêt *Nicolle*[1], a été aménagée par divers textes de nature législative depuis la loi municipale du 18 juillet 1937, et en dernier lieu par la loi du 23 février 1963, dans son article 60, XI, abrogé partiellement par l'ordonnance du 22 mars 2022 mais qui demeure applicable aux instances engagées avant le 1er janvier 2023.

Avant de juger le compte des comptables de fait, le juge doit appeler à compter devant lui les personnes qui ont irrégulièrement manié des deniers publics, dans le cadre de la phase de déclaration de gestion de fait.

Pour les éléments constitutifs de la gestion de fait et la détermination des comptables de fait, il est renvoyé aux développements dans le cadre des infractions financières[2].

622.12 Nature de l'action en déclaration de gestion de fait. Caractère « civil ». La déclaration de gestion de fait a pour seul objet de déterminer l'identité des personnes qui ont manié sans titre des deniers publics et les opérations dont elles devront rendre compte devant le juge financier. Il appartient au juge de définir dès ce stade le périmètre temporel et matériel de la gestion de fait[3], sans préjuger de la régularité des opérations sous-jacentes.

Cette instance relève, selon la jurisprudence du Conseil d'État, du contentieux objectif. La déclaration de gestion de fait n'a pas le caractère d'une sanction et les personnes déclarées comptables de fait ne sont, en particulier, pas fondées à soutenir que les dispositions du troisième alinéa du XI de l'article 60 de la loi du 23 février 1963 seraient contraires à l'objectif de valeur constitutionnelle d'accessibilité et d'intelligibilité de la loi et au principe de nécessité et de proportionnalité des peines[4].

De même, la cour européenne des droits de l'homme a affirmé à plusieurs reprises que, lors de cette première phase comme au demeurant pour l'ensemble de la procédure de gestion de fait, le juge

1. CE, ass., 12 juill. 1907, req. n° 23933 ; *Lebon* 656, *GAJF*, 7e éd., n° 29.

2. V. ss nos 424.25 s.

3. C. comptes 13 juin 2007, *Office du tourisme de l'Alpe d'Huez*, *Rec.* 39, *AJDA* 2007. 2426, chron. N. Groper et C. Michaut ; 25 juin 2009, *Commune d'Ornans*, *Rec.* 45.

4. CE 18 juill. 2011, *Cupillard et Faure. Revue générale du droit on line*, req. n° 27823.

tranchait des contestations portant sur des obligations à caractère civil au sens de l'article 6, § 1 de la convention européenne de sauvegarde des droits de l'homme et des libertés fondamentales, sans se prononcer sur le point de savoir si la déclaration pouvait ou non relever également des accusations en matière pénale[1].

622.13 Sursis à statuer – question préjudicielle. Les procédures de gestion de fait se déroulent parfois concomitamment à d'autres instances dont l'issue est susceptible d'avoir une incidence sur les décisions à rendre par le juge des comptes, en particulier le juge civil (sur la nature publique ou privée des sommes en cause), le juge pénal (sur l'existence d'un faux) ou le juge administratif (sur la reconnaissance d'utilité publique des dépenses).

Pour maintenir le traitement de ces affaires dans un délai raisonnable et aussi pour préserver l'autonomie de son office, la jurisprudence admet désormais de manière constante que le sursis à statuer n'est pas de droit en présence d'une procédure pénale en cours[2].

De même, mais cette fois en application des principes de droit commun, il n'y a pas matière à question préjudicielle[3] au sein d'un même ordre de juridictions[4].

622.14 Sursis à exécution. Aux termes de l'article R. 131-41, II, du code des juridictions financières, dans sa version applicable jusqu'au 31 décembre 2022, « dans les autres cas que ceux visés au I[5], la Cour des comptes peut ordonner, à la requête motivée d'un appelant, le sursis à exécution de la décision attaquée ».

Il se déduit de ces dispositions qu'un jugement de déclaration de gestion de fait peut faire l'objet, à l'appui d'une requête en appel, d'une demande de sursis à exécution. Jusqu'en 2008, le texte de l'article R. 131-41 du code des juridictions financières ne prévoyait aucune condition quant aux conditions dans lesquelles le sursis à exécution pouvait être accordé. Le décret du 19 décembre 2008 semble se référer à un critère unique, relatif à l'existence d'un « préjudice grave et difficilement réparable ». La Cour ne serait en conséquence pas fondée à prendre en compte d'autres circonstances, par exemple l'existence d'un moyen sérieux.

La notion de préjudice est appréciée de façon restrictive par le juge d'appel. Un gestionnaire de fait ne peut notamment faire valoir l'insuffisance de ses ressources pour solliciter le sursis à exécution du jugement de déclaration dans la mesure où, par définition, cette décision ne le constitue pas débiteur (il s'agira d'une suite éventuelle du jugement du compte de la gestion de fait)[6]. Il en allait déjà de même sous l'empire des anciennes procédures, la jurisprudence considérant également que l'éventualité d'un débet, quelle que soit l'importance de celui-ci, ne pouvait fonder un sursis à exécution du jugement de déclaration définitive[7].

L'existence de mesures d'exécution n'est pas, à elle seule, de nature à justifier l'octroi du sursis à exécution. Dans l'affaire de la commune de Hénin-Beaumont, la Cour a refusé de regarder comme constitutive d'un préjudice grave et difficilement réparable la prise d'une hypothèque sur les biens du comptable de fait, ordonnée par le jugement attaqué, sans qu'il soit possible de savoir si cette solution s'explique par le fait que cette disposition avait déjà été exécutée, ce qui rendait le sursis sans objet, ou si, comme l'envisageait le parquet général dans ses conclusions, la prise d'une hypothèque relevait des mesures conservatoires à l'encontre desquelles, dans la jurisprudence civile, ne joue pas l'effet suspensif des sursis.

SECTION 2
PRESCRIPTION DE L'ACTION EN DÉCLARATION DE GESTION DE FAIT

622.21 Prescription de dix ans. En l'absence de texte, la prescription a longtemps été trentenaire, par référence aux dispositions de droit commun de l'article 2262 du code Napoléon.

Elle a été ramenée à dix ans par la loi du 21 décembre 2001[8], le délai étant interrompu par la saisine de la juridiction. Ces dispositions ont été considérées comme d'application rétroactive par la Cour des comptes, dans un arrêt du 13 février 2002, *Fonds pauvreté et fonds d'action sociale EDF-Gaz de France*[9].

Par la suite, le Conseil d'État a, à deux reprises, affirmé que le moyen tiré de la prescription n'était

1. CEDH 7 oct. 2003, *Mme Richard-Dubarry c/ France, Rec.* 189, *RFDA* 2004. 378.
2. C. comptes 27 févr. 2020, *Province Sud, Rec.* 25.
3. Sur la question préjudicielle, v. d'une façon générale s[s] n° 231.13.
4. Pour un exemple de décision du juge des comptes sur la légalité contestée d'un acte administratif : C. comptes 30 avr. 2009, *Département de l'Isère, Rec.* 32 ; *AJDA* 2009. 1188, chron. N. Groper et C. Michaut ; *GFP* 2010. 275.
5. Le paragraphe I concerne les appels dirigés contre des jugements prononçant un débet ou une amende.
6. C. comptes, ord., 1er févr. 2011, *Gestion de fait de la commune de Hénin-Beaumont, Rec.* 3 ; *AJDA* 2011. 1314, chron. N. Groper et C. Michaut ; *GFP* 12-2012. 67.
7. C. comptes 24 févr. 2005, *Carignon, gestionnaire de fait du département de l'Isère, Rec.* 16.
8. L. n° 2001-1248 relative aux chambres régionales des comptes et à la Cour des comptes, *JO* 26 déc. 2001.
9. *Rec.* 18, *GAJF*, 5e éd., n° 16.

pas d'ordre public[1], y compris lorsque le justiciable soutenait que les règles de prescription faisaient obstacle à ce qu'il soit déclaré gestionnaire de fait. Les raisons pour lesquelles cette solution novatrice a été retenue par le juge de cassation ne ressortent pas de l'arrêt. Elle pouvait cependant se prévaloir de l'article 2247 du code civil[2] et marquait un retour à la doctrine classique en matière de gestion de fait, fondée sur la théorie de l'obligation naturelle, même si les auteurs n'envisageaient cette dernière qu'au stade de la fixation de la ligne de compte[3].

Il n'est pas assuré que cette solution demeure d'actualité, si l'on se réfère au revirement opéré par le Conseil d'État en matière de prescription de jugement des comptes patents, qu'il regarde comme un moyen d'ordre public depuis un arrêt de 2015[4]. Si cette dernière décision n'est guère plus motivée que la précédente, elle présente en pratique peu d'inconvénients dans la mesure où le délai de prescription de dix ans permet d'appréhender le plus souvent l'ensemble des opérations litigieuses et les principaux responsables de ces irrégularités.

SECTION 3
ORIGINALITÉ DE LA PROCÉDURE DE DÉCLARATION DE GESTION DE FAIT

622.31 Caractère d'ordre public et non-lieu à déclaration pour défaut d'intérêt pratique. La jurisprudence s'est toujours reconnu la possibilité de ne pas déclarer une gestion de fait lorsque l'engagement d'une telle procédure, justifié en droit, pouvait être regardé comme dépourvu d'intérêt pratique. Cette attitude, toute prétorienne, a pu être critiquée par la doctrine[5], qui la jugeait par principe incompatible avec le caractère d'ordre public de l'instance et, dans certains cas, relever de considérations d'opportunité discutables.

À partir de la réforme de 2008, qui réservait le monopole des poursuites au ministère public, une telle approche se soutenait plus difficilement encore, et la Cour des comptes, sans renoncer totalement à s'abstenir de déclarer des gestions de fait alors même que les éléments constitutifs en étaient réunis, a subordonné ces décisions de non-lieu pour défaut d'intérêt pratique à la réunion de trois conditions cumulatives.

En premier lieu, il faut qu'une régularisation soit intervenue par la prise en charge, dans la comptabilité du comptable patent, de l'ensemble des opérations extraréglementaires. Il est ainsi procédé au rétablissement des formes comptables, qui constitue le premier objectif de la procédure. Il convient en outre que les irrégularités aient cessé et, enfin, qu'elles ne paraissent pas mériter une sanction[6].

622.32 Autonomie de la procédure de déclaration de gestion de fait. Dans ses conclusions sur l'arrêt de section *Massé* de 1973, le commissaire du gouvernement Braibant avait caractérisé la gestion de fait par sa « coloration pénale », qui reposerait sur l'idée de faute, voire de fraude, et peut donner lieu, depuis 1943, au prononcé d'amendes.

Si, comme il a été rappelé ci-dessus[7], la jurisprudence convergente du Conseil constitutionnel, de la cour européenne des droits de l'homme, du Conseil d'État et de la Cour des comptes s'est toujours refusé à regarder la gestion de fait comme une sanction[8], plusieurs décisions ont cependant présenté les trois phases (déclaration, fixation de la ligne de compte, amende) comme une procédure unique, et notamment la cour européenne pour en déduire, dans sa décision de recevabilité *Mme Richard-Dubarry* de 2003[9], qu'elles relevaient indivisiblement du champ de l'article 6, I, de la convention dans son volet civil.

Des justiciables ont entendu tirer parti de cette construction pour évoquer, à l'encontre des dispositions d'une des phases, les vices présentés comme affectant d'autres phases. Après avoir accueilli ce moyen en considérant, par exemple, que l'irrégularité de la composition de la formation de jugement ayant déclaré la gestion de fait entraînait la nullité

1. CE 23 juill. 2010, *Mme Richard-Dubarry et Herr.*, req. n° 318826 ; *Rec.* 143 ; CE, Sect., 21 mars 2011, *Mme Richard-Dubarry et Beausoleil*, req. n° 318825, *Rec.* 173.
2. « Les juges ne peuvent pas suppléer d'office le moyen résultant de la prescription ».
3. Selon Marquès Di Braga et Lyon, le juge ne peut, au stade de la déclaration de gestion de fait, que retenir les faits non couverts par la prescription. En revanche, lors de l'apurement du compte, « si donc des faits à la charge d'un rendant exceptionnel sont portés dans sa ligne de compte, bien que couverts par la prescription trentenaire, le juge devra en faire état contre son justiciable ; si celui-ci, soit dès le début de la procédure, soit entre la décision provisoire et la décision définitive sur la ligne de compte (voy. n° 330), n'excipe pas de la libération résultant pour lui de la prescription, il doit être réputé avoir entendu volontairement satisfaire à une obligation naturelle » (Traité de la comptabilité de fait, n° 408).
4. CE 30 déc. 2015, *Centre culturel français de Lagos*, req. n° 385176 ; *Rec.* 191 – *Dr. adm.* 2015, n° 8-9, somm. 54, note A. Stéphan; v. ss n° 611.16.
5. R. Ludwig, « Réflexions sur la mise en mouvement de la juridiction des comptes par son ministère public au regard des gestions de fait », *Rev. Trésor* 1986. 495.
6. C. comptes 25 juin 2009, *Commune d'Ornans, Rec.* 45 – C. comptes 16 déc. 2010, n° 59703, *Centre pour les études en France de Bogota*.
7. V. ss n° 622.12.
8. NOT. : CE 8 oct. 2012, *Fédération des œuvres sociales de l'air* (QPC), req. n° 360838 ; *Rec.* 213.
9. CEDH 7 oct. 2003, *Mme Richard-Dubarry c/ France, Rec.* 189 ; *RFDA* 2004. 378.

de cette décision, mais aussi des jugements sur la ligne de compte ou sur l'amende qui y ont fait suite[1], la jurisprudence en a tracé les limites : en premier lieu, l'éventuelle irrégularité de la procédure de déclaration de gestion de fait ne peut être utilement invoquée pour contester le jugement sur la ligne de compte dès lors que la déclaration est passée en force de chose jugée[2] ; en deuxième lieu, les vices susceptibles d'affecter les vérifications ayant précédé l'engagement de l'instance juridictionnelle ne sauraient utilement être invoqués pour contester la validité de celle-ci, qu'il s'agisse d'un examen de la gestion par la chambre régionale des comptes[3], d'une enquête judiciaire[4] ou d'opérations de vérification de la régie par le comptable patent[5] ; en troisième lieu, au stade de la déclaration de la gestion de fait, le juge doit caractériser les opérations constitutives de la gestion de fait, en fixer le périmètre « matériel et temporel », sans anticiper sur le montant précis des recettes ou des dépenses « que les gestionnaires de fait devront faire figurer au compte, précisions qui relèvent du jugement ultérieur du compte »[6].

622.33 Portée du réquisitoire. Conformément au principe du contradictoire, le périmètre de la déclaration de gestion de fait doit normalement s'inscrire dans celui de l'acte introductif d'instance (déclaration provisoire ou réquisitoire) : le juge ne peut appréhender que des personnes et des faits (en termes matériels et temporels) dont il a été saisi.

Il peut cependant survenir que des personnes physiques ou morales non visées explicitement dans un réquisitoire présentent spontanément, seules ou plus souvent conjointement, un compte des opérations irrégulières. Elles sont alors regardées comme s'étant acquittées d'une obligation naturelle et elles doivent être déclarées comptables de fait.

De plus, la jurisprudence s'efforce de concilier le monopole du ministère public en matière de poursuites avec les exigences d'ordre public qui s'attachent au jugement de l'ensemble des opérations irrégulières. Elle reconnaît, en particulier, que si le juge des comptes ne peut, ni en première instance ni en appel, se prononcer au-delà des termes du réquisitoire du ministère public, que ce soit de sa propre initiative ou pour répondre aux observations d'une partie, ces dispositions ne font pas obstacle à ce que la déclaration porte sur une période postérieure à la saisine par le ministère public, dès lors que les faits désignés dans le réquisitoire du ministère public ont perduré après cette date sans donner lieu à régularisation[7].

SECTION 4
SOUMISSION AUX PRINCIPES GÉNÉRAUX DU DROIT PROCESSUEL

622.41 Respect des principes généraux du droit et des règles du procès équitable. Dans un arrêt d'assemblée du 19 avril 2000[8], le Conseil d'État a cassé sans renvoi un arrêt de la Cour des comptes au motif que « tant le principe d'impartialité que celui des droits de la défense font obstacle à ce qu'une décision juridictionnelle prononçant la gestion de fait soit régulièrement rendue par la Cour des comptes alors que [...] celle-ci a précédemment évoqué cette affaire dans un rapport public en relevant l'irrégularité des faits ».

Le domaine d'application de la jurisprudence *Labor Métal* a été confiné en pratique à la seule déclaration de gestion de fait. À ce jour, le principe d'impartialité n'a pas été appliqué avec la même rigueur au jugement du compte d'une gestion de fait, comme le montre l'arrêt *Nucci*, rendu dans le cadre de l'affaire du Carrefour du développement[9]. Dans ses conclusions sur cette décision, le commissaire du gouvernement Seban proposait de faire la part des dépenses pour lesquelles la Cour aurait pris position dans son rapport public et sur lesquelles elle n'aurait pu, dans la logique de l'arrêt *Labor Métal*, statuer ultérieurement par voie juridictionnelle. Le Conseil d'État ne l'a pas suivi, en considérant que l'arrêt par lequel le juge fixe la ligne de compte « ne fait que statuer de manière

1. CE 16 juin 2008, *Vadepied et Abraham*, req. n° 289461 ; *AJDA* 2008. 2086.
2. C. comptes 5 juill. 2012, *Office de communication et d'information (OCID)*, concl. n° 200 du 15 mars 2012.
3. C. comptes 22 oct. 2004, *Collège sport et nature de La Chapelle-en-Vercors, Rec.* 115.
4. C. comptes 9 juin 2011, *Département de la Martinique, Rec.* 63 ; *GFP* n° 10-2012. 92.
5. C. comptes 18 mars et 25 mars 2010, *Commune de Mahina* (deux décisions), *Rec.* 27 ; *AJDA* 2010. 1254, chron. N. Groper et C. Michaut ; *GFP* 5-2011. 355. Une lecture *a contrario* du premier arrêt semble cependant réserver le cas où la phase administrative se serait déroulée concomitamment à l'instance juridictionnelle, les vices de la première paraissant alors susceptibles d'être opposés à la seconde. En revanche, la jurisprudence est constante pour affirmer que les erreurs affectant le réquisitoire, le rapport d'instruction ou, avant 2008, le jugement provisoire sont sans incidence sur la validité de la décision définitive (*Commune de Mahina* préc. ; v. aussi C. comptes 13 juin 2007, *Office du tourisme de l'Alpe d'Huez, Rec.* 39. *AJDA* 2007. 2426, chron. N. Groper et C. Michaut).
6. C. comptes 13 juin 2007, *Office du tourisme de l'Alpe d'Huez*, préc. – C. comptes 18 mars et 25 mars 2010, *Commune de Mahina*, préc.
7. CE 30 déc. 2021, *Voies navigables de France et chambre nationale de la batellerie artisanale*, req. n° 436340 ; *Lebon T.* ; *Rec.* 207.
8. CE, ass., 23 févr. 2000, *Société Labor Métal et autres*, req. n° 195715 ; *Rec.* 119 ; *Rev. Trésor* 2000. 682 ; *GAJF*, 7e éd., n° 10.
9. CE 28 sept. 2001, *Nucci*, req. n° 217490 ; *Rec.* 142.

objective sur les comptes et n'avait légalement à porter aucune appréciation juridique sur la qualification des faits à l'origine de la gestion de fait ».

De même, dans une décision d'assemblée du 6 avril 2001[1], le Conseil d'État énonce que « le principe d'impartialité applicable à toutes les juridictions administratives fait obstacle à ce que le rapporteur d'une chambre régionale des comptes participe au jugement de comptes dont il a eu à connaître à l'occasion d'une vérification de gestion ». Si la formule retenue en l'espèce semblait d'une grande portée, elle n'a concerné, là encore, que le seul contentieux de la déclaration de gestion de fait.

622.42 **Obligation de juger dans un délai raisonnable.** Les gestions de fait étant par principe occultes, les auteurs des irrégularités ne sauraient soutenir que la déclaration doit intervenir dans un délai raisonnable. La seule limite réside dans le respect du délai de prescription de dix ans à compter des faits[2].

En revanche, il appartient au juge des comptes, comme à tout juge de l'ordre administratif, de conduire la procédure à son terme dans des délais raisonnables. Le délai se décompte depuis le premier acte de saisine de la juridiction, c'est-à-dire le réquisitoire introductif d'instance du ministère public, jusqu'au terme de la procédure, en regardant les trois phases comme une procédure unique. Or chacune des trois phases peut donner lieu à l'exercice des voies de recours et à diverses contestations incidentes (par exemple sur la décision relative à l'utilité publique des dépenses), ce qui conduit presque mécaniquement au dépassement du délai raisonnable, si l'on prend en compte l'ensemble de l'instance, quelle que soit la célérité du juge financier[3].

1. CE, ass., 6 avr. 2001, *Société Razel Frères*, req. n° 206764 ; *Rec.* 119 ; *GAJF*, 7e éd., n° 11.

2. Délai inchangé dans l'infraction actuelle de l'article L. 131-15 du CJF ; v. s^{s} n° 424.22.

3. PAR EX. : CEDH 12 déc. 2006, *Siffre, Écoffet et Bernardini*, *Rec.* 142.

CHAPITRE

623. Jugement du compte de la gestion de fait

SECTION 0

ORIENTEUR

623.00 **Sommaire du chapitre.**

SECTION UNIQUE

MODALITÉS DE JUGEMENT DU COMPTE D'UNE GESTION DE FAIT

623.11 **Obligation de rendre compte.** Assujettis aux mêmes obligations que les comptables patents, les gestionnaires de fait sont tenus de présenter un compte dans le délai que leur a fixé le juge. Le compte de la gestion doit être unique, présenté en encaissements et décaissements et signé par tous les comptables de fait.

À défaut de produire leur compte, les gestionnaires de fait sont passibles d'une amende pour retard au même taux que les comptables patents[1]. En présence d'une pluralité de comptables, le taux maximum peut être appliqué à chacun d'entre eux.

En cas de défaillance des comptables de fait, il est également possible de nommer un commis d'office[2]. En pratique et dans des situations exceptionnelles, le compte de la gestion de fait a pu être établi par le juge lui-même, plus précisément par le rapporteur. Une telle solution, que l'on conçoit plus aisément dans la logique de l'autosaisine que dans celle issue de la loi du 28 octobre 2008, présentait l'avantage d'accélérer la procédure, de surmonter l'inertie, la mauvaise volonté ou l'incapacité des comptables de fait, et de respecter plus aisément l'obligation de juger dans un délai raisonnable[3].

623.12 **Fixation de la ligne de compte.** Demeurant, en Polynésie, soumis au principe du double arrêt, le jugement du compte consiste, à partir du compte produit, à déterminer, d'une part, les recettes de la gestion de fait, et d'autre part, les dépenses.

À l'inverse du jugement des comptes des comptables patents, pour lesquels le juge se borne à constater la ligne de compte, c'est lui qui la fixe pour les gestions de fait, au besoin en s'écartant du compte déposé, dans une logique de comptabilité en partie simple.

Il admet les recettes après s'être assuré qu'elles relèvent bien du périmètre de la déclaration. En cas d'omission d'une partie des recettes par les comptables de fait, il peut « forcer en recettes », c'est-à-dire en fixer le total à un montant supérieur à celui mentionné au compte.

De même, pour l'allocation des dépenses, le juge dispose d'un pouvoir étendu d'appréciation : il écarte d'emblée les dépenses étrangères à la gestion de fait, puis il rejette les dépenses sans pièces justificatives ou irrégulières. Si, en principe, il doit faire application des règles en vigueur pour les comptables patents, certains des contrôles incombant à ces derniers sont sans objet pour les gestions de fait (disponibilité des crédits, imputation de la dépense, par exemple). De plus, s'agissant de la production des justifications, la loi du 23 février 1963 reconnaît au juge la possibilité, en cas de bonne foi des gestionnaires de fait, de « suppléer par des considérations d'équité à l'insuffisance des justifications produites ». La jurisprudence fait une application libérale de ces principes[4].

1. V. s[s] n° 614.23.
2. V. s[s] n° 614.22.
3. V. s[s] n° 622.42.
4. PAR EX. : C. comptes 8 mars 2012, *Musée national du sport*, *Rec.* 51, décision dans laquelle la Cour alloue des libéralités accordées à des étudiants, et même la rémunération du mandataire, qui n'avait pas été déclaré gestionnaire de fait.

L'allocation des dépenses est néanmoins subordonnée à la reconnaissance, par l'autorité budgétaire, de leur utilité publique. Cette décision, qui échappe au juge des comptes, produit à l'égard de ce dernier des effets asymétriques : la reconnaissance de l'utilité publique d'une dépense ne l'empêche pas d'écarter cette dernière si elle est insuffisamment justifiée ; en revanche, il est lié par un refus de reconnaissance et il doit alors écarter l'ensemble des dépenses, sans examen[1]. Il peut en aller autrement, par exception, pour les dépenses qui ont été la condition même des recettes et en sont inséparables[2].

Cette construction purement jurisprudentielle, fondée sur le principe général selon lequel toute dépense publique doit avoir été autorisée par l'assemblée délibérante, a été critiquée par la doctrine la plus autorisée[3]. La loi l'a cependant consacrée s'agissant des collectivités locales, dans le cadre des anciennes procédures (article L. 1612-19-1 du code général des collectivités territoriales).

La décision relative à l'utilité publique des dépenses, qui constitue un acte administratif faisant grief, est elle-même susceptible d'un recours devant le juge administratif, en particulier lorsque l'assemblée délibérante refuse de reconnaître tout ou partie des dépenses. De tels incidents de procédure ont pu être de nature à retarder le règlement de la gestion de fait, ce qui explique que le juge des comptes ne se sente pas tenu, dans un tel cas, de sursoir à statuer dans l'attente du dénouement de cette instance parallèle[4].

623.13 **Règlement de la situation des comptables.** Sous l'empire des textes antérieurs à la réforme de 2011, le sort des comptables se déduisait automatiquement du rapprochement entre recettes admises et dépenses allouées : après procédure contradictoire, le juge des comptes fixait la ligne de compte en recettes et en dépenses, faisant apparaître un solde qui, en cas d'excédent, constituait le montant du débet. À l'inverse, si le total des dépenses allouées excédait celui des recettes admises, le comptable de fait était réputé avoir financé ce surplus sur ses fonds personnels et, en pratique, le montant des dépenses était alors ramené à celui des recettes[5]. En l'absence de débet et sauf à ce qu'une amende fût prononcée, le comptable de fait pouvait alors être déchargé et recevoir *quitus* de sa gestion. Il en allait de même si le montant des dépenses était égal à celui des recettes.

L'entrée en vigueur de la loi de finances rectificative du 28 décembre 2011 a suscité des interrogations dans la mesure où ce texte, s'il réformait profondément le régime de responsabilité personnelle et pécuniaire des comptables publics, ne comportait pas de disposition propre aux gestions de fait. Il est en conséquence revenu à la jurisprudence d'en déterminer l'éventuelle incidence sur ces procédures spécifiques.

La pratique du juge des comptes a été marquée par une certaine continuité par rapport aux usages traditionnels, en particulier avec la fixation de la ligne de compte par le juge et le maintien de la nécessité de la reconnaissance d'utilité publique des dépenses avant leur allocation éventuelle. Le point le plus délicat portait sur les « nouveaux concepts » issus de la loi de 2011, en particulier ceux de manquement, de préjudice et de circonstances de l'espèce. Si toute gestion de fait constitue une irrégularité au regard des règles de la comptabilité publique, elle ne constitue pas un « manquement » au sens du VI de l'article 60 de la loi du 23 février 1963 (qui, en l'absence de disposition spécifique, demeure nécessairement l'un des cinq chefs d'engagement de la responsabilité personnelle et pécuniaire du comptable définis au I de l'article 60). En pratique, le préjudice financier peut se confondre avec la non-allocation d'une dépense, qui doit conduire à considérer qu'elle a été irrégulièrement payée, et plus encore avec l'excédent des recettes sur les dépenses, qui équivaut à un manquant pour l'organisme public. Cette dernière interprétation, plus conforme à la logique de caisse de la gestion de fait[6], a été consacrée par la jurisprudence[7].

Une autre difficulté portait sur la détermination du « premier acte de mise en jeu de la responsabilité » des gestionnaires de fait, au sens du VIII de l'article 60 de la loi de 1963. La difficulté vient du fait que la loi du 28 octobre 2008, qui a réformé les procédures de jugement, n'a prévu qu'un réquisitoire introductif d'instance en vue de la déclaration de gestion de fait[8].

Dans un premier temps, la Cour des comptes s'est référée à la date de notification du réquisitoire initial[9]. Si cette solution pouvait s'autoriser de la décision que venaient de rendre les chambres réunies concer-

1. C. comptes 20 sept. 1940, *Vallat, Rec.* 40, *GAJF*, 7e éd., no 44.
2. Quelques décisions réservent également le cas des dépenses obligatoires, mais les arguments à l'appui d'une telle solution n'emportent guère la conviction.
3. C. Descheemaeker, « Gestion de fait », *J.-Cl. Adm.* no 1265.
4. C. comptes 7 janv. 2019, *Commune du Thuit-Signol, Rec.* 13.
5. PAR EX. : C. comptes 8 mars 2012, préc.
6. Il pourrait être contestable de prononcer un débet au seul motif qu'une dépense a été écartée alors même que le total des recettes admises serait égal au total des dépenses allouées.
7. CRC Normandie 8 févr. 2018, no 2018-02, *Commune du Thuit-Signol*, confirmé par C. comptes 7 janv. 2019, *Commune du Thuit-Signol*, préc.
8. V. ss no 623.14.
9. C. comptes 21 juill. 2014, *Gestion de fait de l'école nationale vétérinaire, agroalimentaire et de l'alimentation, Nantes-Atlantique (ONIRIS), Rec.* 98.

nant les comptables patents [1], une telle assimilation était, en l'espèce, discutable dans la mesure où les destinataires d'un réquisitoire ne sont pas encore justiciables du juge des comptes et qu'ils n'acquièrent cette qualité qu'après avoir été déclarés comptables de fait. Faire partir les intérêts du réquisitoire initial n'était pas conforme à leurs intérêts et apparaissait juridiquement fragile. En conséquence, un revirement a été opéré à l'occasion du jugement d'une gestion de fait locale, dont la solution a ensuite été confirmée par la Cour en appel : « Attendu qu'en vertu des dispositions de l'article 60, VIII, de la loi du 23 février 1963, les débets portent intérêt à compter du premier acte de la mise en jeu de la responsabilité personnelle et pécuniaire des comptables publics ; que ledit premier acte ne peut être antérieur à l'acquisition, par l'intéressé, de la qualité de comptable de fait ; que cette qualité résulte du jugement de déclaration de gestion de fait du 13 avril 2017, par lequel la mise en jeu de la responsabilité personnelle et pécuniaire de M. X a été recherchée ; qu'ainsi il y a lieu de fixer au 15 avril 2017, date de la notification du jugement au comptable, le point de départ des intérêts de débet » [2].

623.14 **Ligne de compte : contradiction allégée.** L'article R. 142-18 du code des juridictions financières précise : « Après que la Cour a déclaré une gestion de fait, elle en juge les comptes produits et statue sur l'application de l'amende prévue à l'article R. 131-1, au vu de nouvelles conclusions du ministère public, mais sans nouvelle réquisition du procureur général. » Une disposition équivalente est prévue pour les chambres régionales à l'article R. 242-18.

Cette règle déroge au principe selon lequel la procédure applicable au jugement des comptes des comptables de fait est celle applicable aux comptables patents, en vertu de l'article R. 142-17 du CJF, puisque le prononcé d'une charge sur un comptable patent fait nécessairement suite à un réquisitoire.

D'une certaine façon, elle porte aussi indirectement atteinte au monopole des poursuites reconnu au ministère public depuis la réforme de 2008. Sans doute, en pratique, le procureur général ou le procureur financier prend-il soin, dans son réquisitoire initial, d'inviter la juridiction à se prononcer sur la ligne de compte et, le cas échéant, sur l'amende, mais il s'agit d'une clause de style en forme de rappel du texte, et non d'un acte valant formulation de griefs.

Plus généralement, les conditions d'organisation de la contradiction lors de cette phase suscitent des interrogations. Le rapporteur est invité à s'emparer de tout élément susceptible d'être pris en compte pour le jugement du compte ou l'amende, sans le « filtre » que pouvaient constituer le réquisitoire ou, sous l'empire des anciennes procédures, le jugement provisoire. Les nouvelles conclusions du ministère public ne valent pas davantage délimitation des poursuites. C'est en réalité la formation de jugement qui liera le contentieux au moment même où elle aura rendu son jugement.

Ce parti, qui peut se discuter au plan des principes, a été retenu en 2008 pour éviter un allongement de la durée des procédures auquel aurait inévitablement contribué l'intervention d'un second réquisitoire.

1. C. comptes, ch. réun., 9 juill. 2014, *Communauté de communes du Piémont Oloronais*, *Rec.* 90, *GFP* 7-8-2015. 137-141.
2. CRC Normandie 8 févr. 2018, n° 2018-02, *Commune du Thuit-Signol*, confirmé par C. comptes 7 janv. 2019, *Commune du Thuit-Signol*, préc.

CHAPITRE

624. Amende pour gestion de fait

SECTION 0
ORIENTEUR

624.00 Sommaire du chapitre.

624.01 Texte applicable.

• **L. n° 63-156,** 23 févr. 1963, article 60, XI, dans sa version applicable jusqu'à l'entrée en vigueur de l'Ord. n° 2022-408, 23 mars 2022

624.02 Jurisprudence de référence.

• **C. comptes 28 mai 1997,** Association Toulon-Communication, Rec. 77, Rev. Trésor 1997. 600, GAJF, 7e éd. n° 46 ; C. comptes 17 déc. 2009, Association Office de communication et d'information départemental (OCID), Rec. 63, *AJDA* 2010. 490, GFP 2010. 862

624.03 Bibliographie indicative.

Monographie. J. Magnet, *Les gestions de fait*, LGDJ, 1998.

Encyclopédie. C. Descheemaeker, « Gestion de fait », *J.-Cl. Adm.*, fasc. 1265, 2017.

Recueil de jurisprudence. A. Froment-Meurice, J.-Y. Bertucci, N. Hauptmann et Ch. Michaut, *Les grands arrêts de la jurisprudence financière*, Dalloz, 7e éd. 2019, n° 46.

624.05 Terminologie et champ d'application de l'amende pour gestion de fait dans la procédure traditionnelle. On utilise indifféremment les notions d'amende pour gestion de fait[1], d'amende pour ingérence dans les opérations comptables ou encore – et c'est là peut-être le terme le plus précis – d'amende pour immixtion dans les fonctions de comptable public (c'est l'expression utilisée par le législateur à l'ancien article L. 131-11 du CJF[2]).

Si la procédure de gestion de fait continue à exister, dans un champ restreint, pour la déclaration et le jugement du compte, il ne semble pas en aller de même de l'amende, ce volet répressif de la procédure étant désormais complètement assuré dans le cadre de l'actuelle responsabilité financière des gestionnaires publics, qui dispose d'une infraction financière spécifique[3].

SECTION 1
HISTORIQUE DE L'AMENDE DANS LA PROCÉDURE TRADITIONNELLE DE GESTION DE FAIT DEVANT LE JUGE DES COMPTES

624.11 Historique : une amende apparue tardivement, s'ajoutant à une procédure ancienne et principalement non répressive. L'ingérence dans les opérations comptables est constitutive du délit pénal d'immixtion sans titre dans les fonctions publiques, tout au moins lorsqu'elle est le fait de personnes entièrement dépourvues d'investiture officielle : l'article 433-12 du Code pénal rend ces

1. Le juge des comptes utilise cette expression ; par ex. : C. comptes 28 mai 1997, *Assoc. Toulon-Communication, Rec.* 77 ; *Rev. Trésor* 1997. 600 ; *GAJF*, 7e éd., n° 46.
2. Disposition abrogée au 31 déc. 2022.
3. CJF, art. L. 131-15. Sur cette infraction financière, v. ss n° 424.11.

agissements passibles de trois ans d'emprisonnement et de 45 000 euros d'amende.

Mais de telles peines apparaissent bien sévères pour les comptables de fait, de beaucoup les plus nombreux, qui ne se sont pas approprié à des fins personnelles les deniers irrégulièrement maniés et qui ont tenu une exacte comptabilité de leurs opérations. En outre, dès lors qu'un doute s'élève sur le point de savoir si un prévenu s'est réellement ingéré dans les fonctions de comptable public, le juge pénal doit surseoir à statuer sur la poursuite jusqu'à ce que la juridiction financière se soit prononcée[1]. Dans ces conditions, il est extrêmement rare qu'un comptable de fait fasse l'objet de poursuites pénales sur le fondement de l'article 433-12 du Code pénal.

L'absence de sanction n'a pas été sans présenter, à la longue, de sérieux inconvénients dont les pouvoirs publics ont pris conscience. La découverte, en 1935, d'une importante gestion de fait[2] leur a fourni l'occasion de créer une amende punissant spécialement les comptables de fait et mise en œuvre par le juge des comptes. La justification de cette amende est que toute gestion de fait constitue en elle-même une irrégularité qui trouble l'ordre public financier, et qu'elle peut donc appeler une *répression*. Or la répression n'est pas l'objectif principal de la procédure de gestion de fait, qui vise traditionnellement à rétablir les formes budgétaires et comptables et à récupérer des fonds qui se trouvent irrégulièrement en dehors de la caisse publique. Le volet répressif, la possibilité pour le juge des comptes de prononcer une amende, s'est donc historiquement ajouté à une procédure de gestion de fait qui à l'origine ne disposait pas d'aspect proprement répressif. L'inclusion de l'amende pour gestion de fait dans le droit positif s'est faite par étapes à partir de 1935[3].

L'article 60, XI, dernier alinéa, de la loi du 23 février 1963[4] prévoit que « les comptables de fait pourront, dans le cas où ils n'ont pas fait l'objet des poursuites au titre du délit prévu et réprimé par l'article 433-12 du Code pénal, être condamnés aux amendes prévues par la loi ».

Jusqu'au 1er janvier 2023, l'amende pour immixtion dans les fonctions de comptable public pouvait être prononcée par la Cour des comptes dans les conditions fixées par l'article L. 131-11 du CJF : « Les comptables de fait peuvent, dans le cas où ils n'ont pas fait l'objet des poursuites prévues à l'article 433-12 du Code pénal, être condamnés à l'amende par la Cour des comptes en raison de leur immixtion dans les fonctions de comptable public. Cette amende est calculée suivant l'importance et la durée de la détention ou du maniement des deniers. Son montant ne pourra dépasser le total des sommes indûment détenues ou maniées ».

Pour les chambres régionales des comptes, l'article L. 231-11 du CJF renvoyait à la règle concernant la Cour des comptes ; la même possibilité leur est donc ouverte : « La chambre régionale des comptes peut condamner les comptables de fait à l'amende en raison de leur immixtion dans les fonctions de comptable public dans les conditions fixées à l'article L. 131-11 ».

SECTION 2
PROCÉDURE DE CONDAMNATION À L'AMENDE DANS LA PROCÉDURE TRADITIONNELLE DE GESTION DE FAIT DEVANT LE JUGE DES COMPTES

624.21 Place de l'amende au sein de la procédure traditionnelle de gestion de fait. Les personnes condamnées à l'amende pour immixtion dans les fonctions de comptable public le sont dans le cadre d'une procédure de gestion de fait[5]. Si l'on compare la procédure de gestion de fait à une « fusée à trois étages » (1. déclaration de gestion de fait ; 2. jugement du compte présenté par les gestionnaires de fait ; 3. amende), l'amende apparaît donc comme le troisième volet, facultatif, d'une procédure qui connaît plusieurs phases successives distinctes, mais qui s'emboîtent successivement et se conditionnent l'une l'autre.

Dans certains cas où il est apparu possible de dispenser le comptable de produire un compte de ses opérations, le montant et le détail de celles-ci étant bien connus, la Cour a pu simplifier la procédure en prononçant une condamnation provisoire à l'amende dès l'arrêt de déclaration provisoire de gestion de fait[6]. Mais, en règle générale, la condamnation à l'amende ne peut être prononcée qu'après que la déclaration de gestion de fait a été rendue définitive

1. Crim. 16 mars 1888, *Henriot, D.* 1888. I. 393.
2. C. comptes 26 févr. 1936, *Hospices civils de Lyon, Rec.* 43.
3. POUR le détail : *GAJF*, 5e éd., Dalloz, nos 47-3 et 4.
4. L. no 63-156, 23 févr. 1963 de finances pour 1963, *JO* 24 févr. Texte abrogé au 31 déc. 2022, il demeure applicable dans les collectivités d'outre-mer relevant du champ des chambres territoriales des comptes et à Wallis et Futuna.
5. Depuis la publication de la loi du 23 févr. 1963, la Cour des comptes a systématiquement considéré que les faits d'ingérence dans les opérations comptables susceptibles d'être sanctionnés par une amende devaient être établis et qualifiés par une décision qui ne pouvait être qu'une déclaration de gestion de fait. Des arrêts plus anciens proposant une solution différente (condamnation d'une personne à l'amende pour gestion de fait sans procédure de déclaration de gestion de fait préalable) se fondaient sur des textes antérieurs et ne sauraient inspirer la jurisprudence actuelle.
6. C. comptes 6 mars 1958, *Cne de Vilsberg, Rec.* 61 ; – C. comptes 15 mai 1977, *Hospice de Maringues, Rev. adm.* no 183, note F. Fabre.

et que la ligne de compte a été fixée : c'est à ce moment-là seulement que le juge dispose de tous les éléments d'appréciation nécessaires à la détermination du montant de l'amende.

624.22 Cadre procédural. Longtemps dominée par la règle du double arrêt, qui imposait aux juridictions des comptes de prononcer l'amende d'abord à titre provisoire, puis éventuellement à titre définitif après contradiction[1], la procédure de fixation de l'amende relève, depuis l'intervention de la loi du 28 octobre 2008[2] et du décret du 19 décembre 2008[3], d'un dispositif plus simple, mais non moins exigeant[4], qui ressemble à certains égards à celui en vigueur devant la CDBF puis désormais devant la Cour des comptes dans le cadre du nouveau régime.

De même que pour la fixation de la ligne de compte[5], cette phase n'exige pas la prise d'un réquisitoire distinct. L'article R. 142-18[6] du code des juridictions financières précise en effet : « Après que la Cour a déclaré une gestion de fait, elle en juge les comptes produits et statue sur l'application de l'amende prévue à l'article R. 131-1, au vu de nouvelles conclusions du ministère public, mais sans nouvelle réquisition du procureur général ». Une disposition équivalente est prévue pour les chambres régionales à l'article R. 242-18.

On ne saurait en déduire que la loi aurait consacré une capacité illimitée d'autosaisine du siège, qui n'existait pas avant 2008 et qui serait difficilement envisageable en matière répressive. La suppression, déjà évoquée plus haut, de la capacité pour le juge de se saisir lui-même de faits constitutifs d'une gestion de fait par la réforme intervenue en octobre 2008, doit logiquement s'appliquer aussi au volet répressif de cette instance ; si une condamnation à l'amende est donc envisagée, elle doit faire suite à un réquisitoire du Procureur général ; autrement dit, lorsqu'un réquisitoire demande l'ouverture d'une procédure de gestion de fait, mais reste silencieux sur la question de l'amende, il ne semble pas possible au juge d'en infliger une.

En sens inverse, le texte de l'article R. 142-18 ne saurait être compris comme conférant au ministère public un pouvoir d'empêchement : dès lors que le réquisitoire introductif (ou un réquisitoire distinct intervenant ultérieurement, ce que rien n'interdit) saisit le siège de la question de l'amende, le juge peut la prononcer, même si les conclusions sont en sens contraire – ou muettes sur ce point.

624.23 Recouvrement des amendes pour gestion de fait. Les amendes pour ingérence dans les opérations comptables étant assimilées aux débets des comptables publics pour leur recouvrement, elles grèvent la gestion des comptables de fait aussi longtemps que ceux-ci n'en ont pas acquitté le montant. Aussi la juridiction des comptes sursoit-elle à la décharge des comptables de fait qui n'ont pas payé l'amende mise à leur charge, quand bien même ils ont d'autre part versé dans la caisse publique le reliquat de leur gestion irrégulière[7], ou qui ont fait payer l'amende par un tiers, en l'occurrence une association, méconnaissant ainsi le caractère personnel de la sanction[8]. Le juge peut de la sorte veiller lui-même à l'exécution effective de la condamnation qu'il a prononcée.

624.24 Voies de recours. Les règles générales de procédure d'appel des jugements des CRTC (aujourd'hui des seules chambres territoriales concernées) devant la Cour des comptes valent également pour les jugements condamnant à l'amende. Si l'appel contre un jugement de déclaration de gestion de fait n'est pas suspensif, sauf si le juge d'appel accepte une demande de sursis à exécution[9], l'appel contre une condamnation à l'amende est toujours suspensif[10]. En revanche, les arrêts rendus par la Cour des comptes en matière d'amende jusqu'au 31 décembre 2022 ne peuvent être contestés par la voie de l'appel mais seulement faire l'objet d'un pourvoi en cassation.

SECTION 3
APPLICATION DE L'AMENDE POUR GESTION DE FAIT DANS LA PROCÉDURE TRADITIONNELLE DE GESTION DE FAIT DEVANT LE JUGE DES COMPTES

624.31 Amende pour gestion de fait et poursuites pénales. Le juge des comptes est légalement privé du droit de réprimer l'ingérence dans les opérations comptables dans le cas où les auteurs de cette ingérence ont fait l'objet de poursuites sur la base de

1. Et au terme d'une audience publique depuis 1995 pour les chambres régionales et depuis 1996 pour la Cour des comptes.
2. L. n° 2008-1091, 28 oct. 2008 relative à la Cour des comptes et aux chambres régionales des comptes, *JO* 29 oct.
3. Décr. n° 2008-1397, 19 déc. 2008 portant réforme des procédures juridictionnelles devant la Cour des comptes, les chambres régionales des comptes et la chambre territoriale des comptes de Nouvelle-Calédonie, *JO* 26 déc.
4. M. Lascombe et X. Vandendriessche, « Chronique de jurisprudence financière », *Rev. Trésor* 2008. 996.
5. V. s[s] n° 623.14.
6. Texte abrogé au 31 déc. 2022, mais applicable, le cas échéant, à des procédures de gestion de fait nées avant la réforme.
7. C. comptes 20 mai 1955, *C[ne] d'Hussein-Dey, Rec.* 11.
8. C. comptes 17 janv. 1985, *Centre de recherches zootechnique et vétérinaire de Theix, Rec.* 13.
9. Sur ce point : C. Descheemaeker, « Gestion de fait », *J.-Cl. Adm.* n°s 298 s.
10. CJF, art. R. 131-41, mod. en 2008.

l'article 433-12 du Code pénal (usurpation de fonctions publiques)[1]. La loi dit « poursuites », et non pas « condamnation » : il en résulte que la juridiction financière est désarmée, même si les poursuites pénales ont tourné court pour des raisons purement procédurales, « ce qui ne paraît pas satisfaisant », selon certains auteurs[2]. Mais il est tout à fait exceptionnel que le juge des comptes ait eu à constater son incapacité à infliger l'amende en raison de l'engagement de poursuites sur la base de ce délit pénal[3]. Lorsque des poursuites pénales au titre du délit d'usurpation de fonctions publiques sont engagées, les textes consacrent donc la primauté du juge pénal ; « la compétence exercée par le juge des comptes est une compétence-relais »[4].

Toutefois, cet « effacement » du juge des comptes devant le juge pénal est doublement limité : premièrement, il ne concerne que l'amende, et pas les autres phases de la procédure de gestion de fait ; deuxièmement, il ne concerne que le délit de l'article 433-12 du Code pénal, et non les autres délits pénaux qui peuvent avoir été commis à l'occasion des faits constitutifs de gestion de fait.

Lorsque les comptables de fait ont été poursuivis sur la base d'autres articles du Code pénal que l'article 433-12, leur condamnation par les tribunaux répressifs ne prive pas le juge des comptes du droit de les condamner à l'amende pour gestion de fait. Ceci découle de la loi elle-même qui reste silencieuse à cet égard, ce qui, compte tenu de la différence de nature entre répression pénale et répression de droit public financier, permet des procédures parallèles[5], comme c'était également le cas pour la CDBF[6].

Il en est ainsi en cas de condamnation pénale pour abus de confiance et escroquerie[7], pour escroquerie et concussion[8], ou encore pour conservation illégale d'intérêt[9].

Le juge des comptes pourra cependant tenir compte de condamnations pénales (non fondées sur l'article 433-12 Code pénal, bien entendu) pour fixer le montant du débet prononcé dans le cadre d'une procédure de gestion de fait[10], pour atténuer le montant de l'amende pour gestion de fait[11], voire pour prononcer un non-lieu à amende, en raison du reversement intégral des sommes en cause dans le cadre de la procédure pénale[12].

Enfin, l'amnistie de la condamnation pénale ne saurait empêcher la juridiction financière de prononcer l'amende pour ingérence dans les opérations comptables[13] ; il en va de même que pour les amendes prononcées dans le cadre de l'actuel régime de responsabilité financière des gestionnaires publics[14].

624.32 Relation avec le régime général de responsabilité des gestionnaires en droit public financier. Tout fait constitutif d'une gestion de fait est également qualifiable d'infraction aux règles d'exécution des recettes et/ou des dépenses au sens de l'infraction prévue à l'article L. 131-9 du CJF[15] car il s'agit bien – au minimum – d'une violation de la règle de séparation entre ordonnateur et le comptable[16]. Au demeurant, la gestion occulte était expressément visée par l'alinéa 2 de l'ancien article L. 313-4, infraction centrale du contentieux de la CDBF, et les exemples de gestions occultes sanctionnées par la CDBF sont nombreux[17]. Dans le régime actuel de responsabilité financière, il existe une incrimination propre à la gestion de fait (CJF, art. L. 131-15)[18].

624.33 Amende pour gestion de fait : une faculté pour le juge des comptes. Dans tous les cas où il est

1. XI de l'article 60 de la loi de finances du 23 févr. 1963, abrogé au 31 déc. 2022, sauf exception – Une règle similaire figure également aujourd'hui dans CJF, art. L. 131-15, pour l'infraction réprimant la gestion de fait. Sur les interdictions de cumul de cette infraction financière avec l'infraction pénale d'usurpation de fonctions publiques, v. s[s] n° 424.24.
2. R. Chapus, « La Cour des comptes et le juge judiciaire », *in L'administration et son juge*, PUF, p. 239.
3. C. comptes 24 oct. 1952, *C[ne] du Pin, Rec.* 4 (comptable de fait effectivement condamné par le juge pénal) ; – C. comptes 7 mars 1979, *C[ne] de Dollot, Rev. adm.* n° 193, note F. J. Fabre (comptable de fait bénéficiaire au pénal d'une ordonnance de non-lieu).
4. M. Mbouhou, « Les gestions de fait à coloration pénale », *AJDA* 2003. 1478.
5. POUR UN EX. : C. comptes 30 avr. 2009, *D[pt] de l'Isère*, 2 esp., *AJDA* 2009. 1188, note N. Groper et C. Michaut.
6. CJF, art. L. 314-18.
7. CE 2 mars 1973, *Massé*, req. n° 81505 ; *Lebon* 184, concl. G. Braibant ; *AJDA* 1974. 97, note J. Magnet.
8. C. comptes 29 avr. 1959, *C[ne] de Huningue, Rec.* 16.
9. C. comptes 25 mars 2004, *C[ne] de Levallois-Perret, Rec.* 15 ; *Rev. Trésor* 2005. 179, concl. Proc. gén., note M. Lascombe et X. Vandendriessche (imputation sur le débet du montant des dommages-intérêts alloués par la juridiction pénale à la collectivité).
10. C. comptes 14 oct. 2003, *C[ne] de Levallois-Perret, Rec.* 74 ; *AJDA* 2004. 1232, note N. Groper ; *Rev. Trésor* 2004. 386, note M. Lascombe et X. Vandendriessche.
11. C. comptes 12 oct. 2004, *Université française du Pacifique, Rec.* 114.
12. C. comptes 29 janv. 1981, *Sivom de Revigny-sur-Ornain, Rec.* 153.
13. C. comptes 30 avr. 2009, *D[pt] de l'Isère*, 2 esp., *AJDA* 2009. 1188, note N. Groper et C. Michaut.
14. Sur l'absence d'effet des lois d'amnistie pénales sur le contentieux financier, v. s[s] n° 213.11.
15. Comme à l'ancien article L. 313-4.
16. Décr. n° 62-1587, 29 déc. 1962, portant règlement général sur la comptabilité publique, art. 20.
17. PAR EX. : CDBF 16 déc. 2003, *Institut national polytechnique de Grenoble [INPG] et Université Joseph Fourier Grenoble I [UJF], Rec.* 153 ; *Lebon* 599 ; *Rev. Trésor* 2005. 696, note M. Lascombe et X. Vandendriessche ; *AJDA* 2004. 1233, note N. Groper.
18. Sur cette infraction, v. s[s] n° 424.11.

en droit d'infliger l'amende (ce qui suppose qu'il en soit saisi par un réquisitoire et que les comptables de fait n'aient pas fait l'objet de poursuites au titre de l'article 433-12 du code pénal), le juge des comptes apprécie souverainement s'il convient ou non d'en faire effectivement application. L'appréciation à laquelle il se livre (en premier ressort ou en appel) pour fixer dans la limite légale le montant de ladite amende n'est pas susceptible d'être discutée par la voie du recours en cassation [1].

Sous l'empire des textes anciens, la Cour des comptes n'avait guère sanctionné que les comptables de fait récalcitrants [2] ou ceux qui avaient irrégulièrement extrait des fonds de la caisse publique au moyen de mandats fictifs, ce procédé étant considéré comme une « grave irrégularité » [3].

Sous le régime de la loi de finances pour 1963, le juge des comptes s'est montré plus sévère. Il a ainsi pu considérer que « toute gestion de fait constitue, dans son principe, une irrégularité qu'il [lui] appartient de sanctionner, même si les circonstances de fait viennent alléger la responsabilité des gestionnaires », étant entendu que « cette sanction, qui porte sur des faits précis d'ordre comptable, ne constitue d'ailleurs aucunement une condamnation du comportement général et une négation des qualités professionnelles de ceux qui en sont frappés » [4]. En d'autres termes, « l'amende, destinée à sanctionner l'immixtion sans titre dans les fonctions de comptable public, s'applique dès lors que celle-ci est constatée, les données de fait - notamment, l'usage réservé aux fonds irrégulièrement maniés - constituant de simples circonstances aggravantes ou atténuantes qui ne sont prises en compte que pour la fixation du *quantum* de l'amende » [5]. Mais cette jurisprudence, qui va jusqu'à contester le caractère facultatif de l'amende, ne semble pas en harmonie avec les textes ; par ailleurs, l'examen de la jurisprudence récente montre que si la condamnation à l'amende est fréquente, elle est loin d'être systématique - il s'agit bien d'une faculté.

624.34 Application du principe de personnalité des peines. Le principe de personnalité des peines est applicable à l'amende pour gestion de fait, en raison de sa nature répressive [6] ; cela signifie premièrement que la règle de solidarité entre les comptables de fait, qui joue au stade du jugement du compte, est exclue au stade de l'amende pour gestion de fait, et deuxièmement que le décès du comptable de fait, contrairement au débet issu du jugement du compte, entraîne l'impossibilité de le condamner à l'amende.

624.35 Articulation avec la déclaration de gestion de fait et le jugement du compte de la comptabilité de fait. La faculté pour le juge de prononcer une amende pour immixtion dans les fonctions de comptable public demeure entière quel que soit le sort des deux stades précédents de la procédure de gestion de fait. Ainsi, cette faculté n'est pas supprimée par la reconnaissance d'utilité publique des dépenses de la gestion de fait [7] et elle n'est pas non plus imposée par l'absence de reconnaissance de l'utilité publique, qui peut reposer sur des motivations totalement étrangères à la méconnaissance des règles de la comptabilité publique.

Dans le même sens, l'absence de débet n'est en rien incompatible avec l'infliction d'une amende [8], dont le montant n'a en principe pas de lien avec le débet. Mais le juge peut tirer de l'absence de débet, jointe à d'autres facteurs, la justification d'un non-lieu à amende [9] ; tout dépend des circonstances d'espèce.

Enfin, la présentation au stade de l'amende d'arguments qui concernent en réalité la déclaration de gestion de fait (par exemple demande de non-lieu à amende pour cause de reversement intégral des sommes avant la déclaration de gestion de fait, donc invocation du défaut d'intérêt pratique de la déclaration) ne saurait davantage empêcher le juge de prononcer une amende : « le prononcé de l'amende n'a été que la suite logique et régulière d'une procédure à laquelle le juge des comptes n'avait aucune obligation de renoncer » [10].

624.36 Non-lieu à condamnation à l'amende pour gestion de fait. L'examen de la jurisprudence montre que toute gestion de fait ne donne pas forcément lieu à une amende. Les non-lieux ne sont pas rares [11], et les éléments absolutoires variés.

Ainsi, la Cour a pu indiquer, pour motiver un non-lieu à amende, le refus, non justifié sur le fond, de l'autorité budgétaire compétente de reconnaître

1. CE 16 juin 1999, *Trucy, Rec.* 123.
2. C. comptes 13 août 1940, *Cne de Ry, Rec.* 35.
3. C. comptes 30 juin 1938, *Cne de Bénouville, Rec.* 25.
4. C. comptes 22 juin 1972, *École départementale de neige de la Colmiane, Rev. adm.* n° 153, note F. Fabre.
5. C. comptes 4 janv. 1990, *Inra, Rec.* 3.
6. Sur la nature de l'amende, v. ss n° 624.41.
7. C. comptes 27 mars 2003, *Cne et centre d'action sociale de Digne-les-Bains, Assoc. Midi-Phénicie, Rec.* 12 ; *Rev. Trésor* 2004. 202, note M. Lascombe et X. Vandendriessche ; - CE 27 juill. 2005, *Balkany, Cne de Levallois-Perret, AJDA* 2005. 2016, concl. M. Guyomar ; *Rev. Trésor* 2006. 38, note M. Lascombe et X. Vandendriessche ; *Rec.* 158.
8. C. comptes 24 févr. 2000, *Cne d'Istres, Rec.* 27 ; *Rev. Trésor* 2001. 368, note M. Lascombe et X. Vandendriessche.
9. CRC Champagne-Ardenne, 26 avr. 2005, *SEM Distri-Énergie, Rec.* 36.
10. C. comptes 29 nov. 2001, *Assoc. de gestion des œuvres sociales du personnel de la région Picardie, Rev. Trésor* 2002. 702, concl. Proc. gén., note M. Lascombe et X. Vandendriessche.
11. PAR EX. : C. comptes 25 sept. 1996, *min. chargé de l'aménagement du territoire, Rec.* 103, concl. Proc. gén.

l'utilité publique d'une dépense, qui a entraîné un débet à la charge d'un comptable de fait[1], ou le caractère minime de la participation d'un gestionnaire de fait aux opérations[2], ou encore l'importance des sanctions déjà appliquées par le juge pénal[3].

Souvent, c'est le cumul de plusieurs éléments concordants qui justifiera le non-lieu[4].

624.37 Détermination du montant de l'amende. L'alinéa 2 de l'article L. 131-11 du CJF[5] précise que l'amende pour gestion de fait « est calculée suivant l'importance et la durée de la détention ou du maniement des deniers. Son montant ne pourra dépasser le total des sommes indûment détenues ou maniées ».

Dans les faits, pour fixer le montant d'une amende, le juge prend en compte, outre ces deux éléments prévus par la loi, l'ensemble des circonstances pouvant motiver une sanction plus ou moins grande : tout est fonction d'appréciation de la gravité des faits (juste appréciation des circonstances de l'espèce) et du degré d'implication personnelle des gestionnaires de fait dans les irrégularités.

Le juge est donc, selon le président Magnet, « maître de graduer l'amende en prenant en considération toutes les circonstances »[6] ; comme dans tout contentieux répressif, le juge apprécie *in concreto*.

En conséquence, le juge doit dans tous les cas motiver sa décision et, lorsqu'il y a plusieurs coauteurs de la gestion de fait, il doit indiquer clairement dans ses motivations pourquoi l'un d'entre eux doit être frappé d'une sanction plus lourde qu'un autre[7]. L'amende étant personnelle, le juge devra en effet distinguer les responsabilités individuelles de chacun en cas de pluralité de gestionnaires de fait. Autrement dit, la solidarité entre comptables de fait, qui caractérise la procédure de gestion de fait au stade de la déclaration et du jugement du compte, ne joue pas pour l'amende, pour le prononcé de laquelle le juge se rapprochera de la distinction entre auteurs principaux et complices qui existe en droit pénal et qui est inconnue des deux premiers étages de la « fusée ».

En appel, la levée ou la diminution de l'amende est possible, mais il faut que le comptable de fait invoque des moyens et conclusions en appui de sa requête[8], même si d'autres arrêts ont pu curieusement modifier en appel le montant d'amendes sans que, semble-t-il, des moyens particuliers aient été soulevés[9].

En revanche, l'appréciation à laquelle se livre le juge des comptes (en premier ressort ou en appel) « pour fixer, dans la limite légale, le montant de ladite amende n'est pas susceptible d'être discutée par la voie du recours en cassation »[10].

624.38 Critères présidant à la condamnation à l'amende pour gestion de fait. Le montant maximal de l'amende peut être théoriquement très élevé[11] (car il est calqué par la loi sur le montant des sommes maniées ou détenues irrégulièrement, qui peut être fort important), et d'ailleurs s'ajouter à des débets importants ; dans la pratique toutefois, les amendes sont souvent faibles, voire symboliques[12]. Contrairement aux sanctions prononcées par la CDBF

1. C. comptes 27 mai 1971, *C^ne^ de Leffrinckoucke [Nord], Rec.* 36. Reposant sur une contradiction, relevée par la Cour, entre le refus de reconnaître l'utilité publique de la dépense et l'inscription à l'inventaire communal du bien acquis en exécution du mandat fictif, une telle motivation apparaît discutable et cette solution est demeurée isolée.
2. C. comptes 6 nov. 2003, *École nationale de police de Paris, RFFP* 2004. 201, chron. A. Chabrol et N. Casas.
3. CRC Ile-de-France, 6 juin 2005, *D^pt^ de l'Essonne, AJDA* 2006. 971, note G. Miller ; *Rev. Trésor* 2005. 681, concl. contr. c. du g.
4. PAR EX. l'absence de volonté délibérée de violer les règles se joint au fait que le compte de la gestion de fait est équilibré et sans solde à la charge des comptables de fait – ce qui prouve que les fonds n'ont pas été détournés de leur objet d'utilité publique – ainsi qu'au fait que les intéressés ont produit les éléments du compte dans les meilleurs délais : CRC Champagne-Ardenne, 26 avr. 2005, *SEM Distri-Énergie, Rec.* 36.
5. Disposition abrogée au 31 déc. 2022, mais encore applicable pour ces affaires concernées par les dispositions transitoires de la réforme opérée par l'ordonnance du 23 mars 2022 précitée.
6. J. Magnet, *Les gestions de fait*, LGDJ, 1998, p. 164.
7. C. comptes 29 nov. 2001, *Assoc. de gestion des œuvres sociales du personnel de la région Picardie, Rev. Trésor* 2002. 702, concl. Proc. gén., note M. Lascombe et X. Vandendriessche.
8. C. comptes 29 juin 1995, *Assoc. du comité de coordination du centre culturel de Fenouillet, Rev. Trésor* 1996. 25 [irrecevabilité de la requête] ; – C. comptes 24 févr. 2000, *C^ne^ d'Istres, Rec.* 27 ; – C. comptes 25 mars 2004, *C^ne^ de Levallois-Perret, Rec.* 15 ; chron. A. Chabrol et N. Casas, *RFFP* 2005, p. 280 ; *Rev. Trésor* 2005. 179, concl. Proc. gén., note M. Lascombe et X. Vandendriessche.
9. C. comptes 29 juin 1995, *Arnulf, Perrin et Sarl Deltana, Rev. Trésor* 1995. 693, concl. Proc. gén.
10. CE 14 déc. 1977, *Sieur Jacquet*, req. n° 97314 ; *Rec.* 163-165 ; – dans le même sens : CE 16 juin 1999, *M. Trucy, ville de Toulon, Rec.* 123.
11. Une amende de 5 millions de francs a ainsi été prononcée à l'encontre d'un maire (C. comptes 4 mai 1995, *Assoc. Nice Communication, Rev. Trésor* 1995. 539, concl. Proc. gén.) ; une autre, de 300 000 francs (C. comptes 26 févr. et 25 mars 2004, *C^ne^ de Levallois-Perret, Rev. Trésor* 2005. 179, concl. Proc. Gén., note M. Lascombe et X. Vandendriessche) ; une de 600 000 francs à l'encontre d'un ministre (C. comptes 8 oct. 1996, *Association « Carrefour du développement », Rec.* 91) ; plus récemment, une série d'amendes d'un montant total de l'ordre de 100 000 euros ont été prononcées à l'encontre du président de la Polynésie française (C. comptes 22 sept. 2016, *Collectivité de la Polynésie française, Rec.* 117, 120 et 122).
12. 100 euros : C. comptes 23 juin 2005, *C^ne^ de Lamagistère, AJDA* 2005. 2391, note N. Groper et E. Giannesini ; *Rev. Trésor* 2006.

jusque-là et désormais la chambre du contentieux de la Cour des comptes dans le cadre du régime de responsabilité financière des gestionnaires publics, il n'existe pas de peine-plancher pour l'amende pour gestion de fait.

Parmi les circonstances dont la gravité motivera une amende élevée, on notera les suivantes :

– l'importance du degré d'implication dans les irrégularités [1], et le profit personnel qu'en a tiré un comptable de fait ; ainsi, l'enrichissement personnel est un facteur de gravité justifiant une amende maximale [2] ;

– la mauvaise tenue des comptes de la gestion de fait ; pire, la disparition et la falsification de documents comptables [3] ; « l'établissement et la certification de pièces fausses destinées à l'émission de mandats fictifs constituent une grave violation des règles de la comptabilité publique qui doit recevoir une sanction appropriée » [4] ;

– le comportement non coopératif du comptable de fait pendant la procédure [5] ; la poursuite des opérations constitutives de gestion de fait après la découverte de celle-ci [6] ;

– plus largement, le préjudice porté à un organisme du fait des irrégularités [7] ;

– la condamnation pénale sur un autre fondement que le délit d'usurpation de fonctions publiques non seulement n'empêchera pas le juge des comptes de prononcer une amende [8], mais pourra en outre constituer une preuve de la mauvaise foi de certains comptables de fait, et être prise en compte dans la fixation du montant de l'amende [9]. Toutefois, le juge des comptes prendra au contraire souvent en considération la gravité des condamnations pénales ou disciplinaires concernant les mêmes faits pour modérer l'amende [10] ;

– les éléments tenant à la personne des gestionnaires de fait. Une personne déclarée comptable de fait sera jugée plus sévèrement lorsqu'elle disposait de compétences professionnelles qui rendent à son égard les irrégularités particulièrement graves ; c'est le cas de fonctionnaires dans une position hiérarchique élevée, de comptables patents, mais aussi d'élus expérimentés, le juge estimant qu'ils ne pouvaient ignorer le caractère irrégulier de leurs agissements [11]. S'agissant de personnes privées, « l'immixtion d'une personne privée [en l'occurrence une société] dans les fonctions de comptable public constitue toujours [...] une irrégularité qui est grave dans son principe... » [12].

Parmi les circonstances atténuantes ou justifiant des montants réduits, on retiendra :

– l'ancienneté des opérations irrégulières, à l'origine desquelles les personnes en cause ne se trouvaient pas [13] ;

– le reversement intégral et précoce des sommes constitutives de la gestion de fait (avant même la déclaration définitive), qui a limité la durée de la détention des deniers, au sens de l'article L. 131-11 du CJF, et justifie donc une amende réduite [14] ;

– les difficultés particulières auxquelles était confrontée une gestionnaire de fait pour assurer ses missions [15] ;

– la bonne foi et le fait de ne pas avoir tiré de profit personnel de l'utilisation des deniers publics [16] ;

– le fait d'avoir produit avec diligence les éléments de comptabilité et d'avoir opéré les régularisations demandées par le juge [17] ;

1. Le rôle essentiel joué par une personne dans le déroulement d'une gestion de fait, dont la « responsabilité personnelle se trouve ainsi être directe, importante et certaine » : CRC Aquitaine, 10 mai 1998, *Assoc. pépinière d'entreprises de Cestas, Rec.* 67.
2. C. comptes 6 août 1940, *Hôpital départemental de La Roche-sur-Yon [Vendée], Rec.* 34.
3. C. comptes 12 oct. 2004, *Régie de recettes de l'UFR de médecine Laënnec*, Chron. A. Chabrol et N. Casas, *RFFP* 2005. 280.
4. C. comptes 20 juin 2001 et 12 déc. 2001, *Fonds d'action sociale [FAS], Rec.* 43.
5. C. comptes 30 juin 1967, *C^ne de Groslay, Rev. adm.* 1967, n° 120, p. 692, chron. F. Fabre ; – C. comptes 20 juin 2001 et 12 déc. 2001, *Fonds d'action sociale [FAS]*, préc.
6. C. comptes 13 août 1940, *C^ne de Ry [Seine-Inférieure], Rec.* 35 ; refus de rendre compte : C. comptes 19 et 26 mars 1981 et 7 juill. 1983 et 14 juin 1984, *Attaché commercial à Maputo, Rec.* 164.
7. C. comptes 8 juin 1967, *C^ne de Ringeldorf, Rev. adm.* n° 120, 1967. 691, chron. F. Fabre ; – C. comptes 20 juin 2001 et 12 déc. 2001, *Fonds d'action sociale [FAS]*, préc.
8. Question du *non bis in idem*, v. s^s n°s 212.11 s.
9. Concl. Proc. gén. s^s C. comptes 17 oct. 2002, *C^ne d'Huez, Rev. Trésor* 2003. 548, note M. Lascombe et X. Vandendriessche.
10. C. comptes 27 juin 1995, *Lycée d'enseignement professionnel Jean Macé à Lanester, Rev. Trésor* 1996. 29.
11. PAR EX. un directeur départemental des domaines : C. comptes 16 et 17 mars 1961 et 25 mai 1961, *Ferme domaniale de Bressonvilliers [Seine-et-Oise], Rec.* 37 ; – un directeur d'hôpital : CRC Haute-Normandie 8 janv. 1992, *CH général d'Elbeuf, Rec.* 3 ; – ou un maire, vice-président du conseil général : CRC Normandie 8 févr. 2018, *Commune du Thuit-Signol*, n° 2018-02.
12. C. comptes 14 mai 1963, *Synd. intercommunal d'alimentation d'eau potable de Galan, Tournous et Recurt [Hautes-Pyrénées], Rec.* 23.
13. C. comptes 17 mai 2002, *Institution de gestion sociale des armées [Igesa], Rec.* 63.
14. C. comptes 18 juin 2001, *Université Louis Pasteur de Strasbourg, Rec.* 41.
15. C. comptes 20 juin 2001 et 12 déc. 2001, *Fonds d'action sociale [FAS]*, préc. ; – carences des supérieurs hiérarchiques et des autorités de contrôle : C. comptes 12 mars 1988, *Institut français de Budapest, Rev. Trésor* 1999. 30.
16. C. comptes 28 mai 1997, *C^ne de Toulon, Rev. Trésor* 1997. 600. – C. comptes 24 févr. 2000, *C^ne d'Istres, Rec.* 27 ; *Rev. Trésor* 2001. 368, note M. Lascombe et X. Vandendriessche ; – absence de fait contraire à la probité, et absence de prise d'un intérêt personnel : C. comptes 29 mars 1999, *Inserm, Rec.* 30.
17. CRC Aquitaine 10 mai 1998, *Assoc. pépinière d'entreprises de Cestas, Rec.* 67.

- la place subordonnée d'une personne dans la hiérarchie ne constitue pas en soi une circonstance absolutoire[1], mais sera prise en considération pour réduire le montant de l'amende[2] ;
- la finalité sociale de la gestion de fait[3] ;
- les facultés contributives, très réduites, de l'intéressé[4].

SECTION 4
NATURE DE L'AMENDE POUR GESTION DE FAIT DANS LA PROCÉDURE TRADITIONNELLE DE GESTION DE FAIT DEVANT LE JUGE DES COMPTES

624.41 Caractère *sui generis* de l'amende pour gestion de fait dans le régime traditionnel et ses conséquences. L'amende pour ingérence dans les opérations comptables constitue une « sanction spécifique »[5].

C'est en raison de l'amende qu'il a été longtemps estimé que l'instance en comptabilité de fait revêtait une coloration à prédominance *répressive.* Mais l'assimilation de la responsabilité des comptables de fait à celle - personnelle et pécuniaire - des comptables patents a finalement conduit la Cour européenne des droits de l'Homme (CEDH) à considérer que la procédure de gestion de fait tranchait, prise dans son ensemble et donc y compris au stade de l'amende, des contestations portant sur des obligations à caractère *civil* au sens de l'article 6, § 1 de la Convention européenne de sauvegarde[6]. Pourtant, jusque-là, les juridictions compétentes avaient toujours insisté d'une part sur un traitement distinct des trois phases de la procédure, et d'autre part appliqué l'article 6, § 1 de la Convention précitée au seul prononcé de l'amende pour gestion de fait, sur la base du caractère « pénal », au sens de la Convention, de celle-ci[7]. Le Conseil d'État a depuis effectué un revirement dans le sens de la jurisprudence de la CEDH[8].

En vérité, la nature de la procédure de gestion de fait est spécifique et mixte, plutôt civile pour son objet principal, et répressive pour son objet accessoire, l'amende. Pourtant, la nature même de cette amende a fait l'objet d'importants débats.

Dans le passé, la Cour des comptes a parfois pu rapprocher cette amende d'une forme de réparation (dommages et intérêts), notamment pour compenser un dommage moral[9].

Il est vrai que la loi elle-même fixe le plafond de l'amende en fonction des sommes irrégulièrement maniées ou détenues, créant ainsi un lien entre le préjudice éventuel et le montant de l'amende. En outre, le produit de l'amende est versé à la collectivité publique dont les deniers sont en cause, à l'instar des débets, et non pas à l'État (sauf si les deniers en cause sont justement ceux de l'État), contrairement aux amendes prononcées par le juge pénal, qui sont toujours affectées au Trésor. L'apurement de l'amende est calqué sur l'apurement des débets ; le *quitus* ne pourra être obtenu par le comptable de fait qu'après règlement de l'amende et du débet éventuel. Cette convergence entre amende et débet paraît critiquable, en tant qu'elle induit une confusion entre des instruments juridictionnels nettement différents dans leur fondement et leur objet ; jusqu'en 2008, elle aboutissait par surcroît à ouvrir au comptable de fait la possibilité de demander au ministre des Finances remise gracieuse[10] de l'amende - comme il pouvait le faire pour le débet - ce qui ne paraissait guère justifiable sur le plan des principes.

Ce rapprochement avec la notion de réparation est aujourd'hui explicitement exclu par le juge des comptes, comme l'exprime clairement l'arrêt *Association Toulon Communication*[11] : « considérant que l'amende pour gestion de fait n'a pas pour but de réparer un préjudice moral causé à l'organisme public dont les deniers ont été irrégulièrement maniés... », ce raisonnement ayant été confirmé par le Conseil d'État[12].

Il paraît néanmoins naturel que celui-ci tienne compte, avec d'autres facteurs, de l'ampleur du préjudice pour fixer le montant de la sanction, tout comme le fait d'ailleurs la CDBF. Le préjudice est en effet un indice de la gravité d'une affaire ; mais cela ne

1. C. comptes 6 févr. 1969, *C^ne^ d'Hayange, Rev. adm.* 1969, p. 600, chron. Fabre.
2. C. comptes 16 et 17 mars 1961 et 25 mai 1961, *Ferme domaniale de Bressonvilliers [Seine-et-Oise], Rec.* 37.
3. C. comptes 22 mars 1978, *Synd. intercommunal des villages et centres de vacances des villes de Bagneux, Châtillon-sous-Bagneux et Malakoff, Rev. adm.* 1979. 285, chron. Fabre.
4. C. comptes 23 juin 2005, *Cne de Lamagistère, AJDA* 2005. 2391, note N. Groper et E. Giannesini ; *Rev. Trésor* 2006. 362, note M. Lascombe et X. Vandendriessche ; *Rec.* 64.
5. C. comptes 7 oct. 1982, *Centre de loisirs de la Cne de Beaune, Rec.* 220 ; *GAJF*, 4e éd., p. 411 s.
6. CEDH 7 oct. 2003, *Mme Richard-Dubarry c/ France, RFDA* 2004. 378, note Potteau ; *Rec.* 189. V. J.-Y. Bertucci, « Les juridictions financières et l'article 6-1 de la Convention européenne des droits de l'Homme », *RFFP* 2004. 99.
7. CE 16 nov. 1998, *Sté Deltana et Perrin*, req. nº 172820 ; *Rec.* 150 ; *Lebon* 415.
8. CE 30 déc. 2003, *Cne de Noisy-le-Grand, M. Beausoleil et Mme Richard, AJDA* 2004. 1301, note Rolin ; *RFDA* 2004. 365, concl. M. Guyomar, note Coutant ; *BJCL* 2004, nº 4. 265, concl. M. Guyomar et note J.-P. Vachia ; *Rec.* 182 ; *Lebon* 531.
9. C. comptes 24 oct. 1991, *Cne de Salon-de-Provence, Rev. Trésor* 1992. 322 ; *RFFP* 1992, p. 177, chron. J. Magnet et M. Saliou.
10. Dans les faits, de telles demandes étaient cependant rares, et encore plus rarement accordées.
11. *GAJF*, 7e éd. nº 46.
12. CE 16 juin 1999, *M. Trucy, Rec.*, p. 123 ; *Lebon T.* 710.

signifie pas pour autant que l'amende revête un caractère de réparation civile. Au contraire, l'amende pour gestion de fait est clairement dotée d'une finalité répressive, puisqu'elle vise à « réprimer l'immixtion faite dans les fonctions de comptable public »[1] ; elle se rapproche de ce fait d'une sanction pénale. Il s'agit, pour reprendre les termes du président Descheemaeker, d'une « sanction attirée vers la sphère pénale »[2]. En effet, plusieurs éléments confortent cette analyse : comme en droit pénal, le décès du comptable de fait éteint l'action concernant l'amende (il n'en est pas de même de l'instance en déclaration ou en reddition du compte de la gestion de fait) ; application de la loi rétroactive la plus douce ; relation entre gravité des faits et montant de l'amende.

Mais l'amende pour gestion de fait ne s'assimile pas pour autant entièrement à une amende pénale[3] ; « elle ne fait que ressembler à une telle sanction », selon R. Chapus[4] : non-inscription au casier judiciaire ; non-application des règles de prescription pénale à l'amende pour gestion de fait (puisqu'au lieu de prescription triennale en matière délictuelle s'y applique une prescription décennale puis quinquennale) ; non-application de l'amnistie pénale ; versement du produit de l'amende à la collectivité concernée. Par ailleurs, elle n'est pas concernée par des lois d'amnistie pénales[5].

Il s'agit donc d'une sanction répressive spécifique : « [...] en raison même de son caractère spécifique, cette amende n'entre pas dans le champ d'application de la loi [...] portant amnistie et ne relève pas de l'application du principe de non-cumul des peines [sauf cas du délit de l'article 433-12 Code pénal] »[6].

Du fait de sa nature répressive, l'amende pour gestion de fait est individuelle[7] et ne saurait donc être infligée au comptable décédé. Par ailleurs, les principes généraux du contentieux répressif lui sont applicables (non-rétroactivité des lois répressives plus sévères ; principe de légalité des délits et des peines...).

1. PAR EX. : C. comptes 29 nov. 2001, *Assoc. de gestion des œuvres sociales du personnel de la région Picardie*, n° *336143.*
2. C. Descheemaeker, « Gestion de fait », *J.-Cl. Adm.* 2003, n° 242.
3. Ni davantage à une sanction disciplinaire : CE 12 déc. 1969, *Darrac, Lebon* 578. Jacques Magnet estime qu'il s'agit d'une « peine disciplinaire spéciale, qui peut être cumulée avec la répression disciplinaire de droit commun » (*Les gestions de fait*, LGDJ, 1998, p. 165), en invoquant l'assimilation de cette amende à celles infligées par la Cour de discipline budgétaire et financière (CDBF). En réalité, cette assimilation se fait dans l'autre sens (CJF, art. L. 313-14), puisque ce sont les amendes CDBF qui sont assimilées aux amendes pour gestion de fait, qui préexistaient, et non l'inverse ; en outre, le terme « disciplinaire » dans le nom de la CDBF se réfère non pas au caractère disciplinaire du contentieux, mais au fait qu'il faut respecter la discipline financière (v. s^s n°s 151.13, 211.21 s. et 501.22). Enfin, l'infliction d'une telle amende n'est pas réservée à une catégorie professionnelle particulière, comme c'est le cas des sanctions disciplinaires. L'amende pour gestion de fait comme celles de la CDBF semblent donc plutôt se rapprocher des sanctions pénales que disciplinaires.
4. R. Chapus, « La Cour des comptes et le juge judiciaire », *in L'administration et son juge*, Puf, 1999.
5. PAR EX. : C. comptes 30 sept. 1992, *Nucci, Assoc. Carrefour du développement, Rec.* 101 ; *GAJF*, Dalloz, 7e éd., n° 2 – Sur les lois d'amnistie, v. aussi, s^s n° 213.11.
6. C. comptes 7 oct. 1982, *Centre de loisirs de la Cne de Beaune*, préc.
7. Principe de personnalité des peines, not. v. s^s n°s 222.31 s.

TITRE

63. Appel des jugements des chambres régionales et territoriales des comptes en matière de responsabilité personnelle et pécuniaire des comptables publics et d'apurement des gestions de fait

SECTION 0 ORIENTEUR

63.00 Sommaire du titre.

63.01 Textes applicables.

- **CJF,** art. L. 111-1 [Cour des comptes]
- **CJF,** art. R. 252-4 [Saint-Barthélemy, Saint-Martin, Saint-Pierre-et-Miquelon]
- **CJF,** art. R. 262-86 à R. 262-96 [Nouvelle-Calédonie]
- **CJF,** art. R. 272-74 à R. 272-83 [Polynésie française]

63.03 Bibliographie indicative.

Monographie. G. Duché, *La Cour des comptes juge d'appel*, Berger-Levrault, coll. L'administration nouvelle, 1994 – A. Froment-Meurice, J.-Y. Bertucci, N. Hauptmann, C. Michaut, *Les grands arrêts de la jurisprudence financière*, Dalloz, 7ᵉ éd., 2019, nᵒˢ 54 et 55.

Article. N. Groper et C. Michaut, « La qualité et l'intérêt pour agir en appel devant la Cour des comptes », *AJDA* 2005. 1336.

63.05 Appel devant la Cour des comptes des jugements des chambres territoriales des comptes : éléments généraux. Du fait de la réforme entrée en vigueur le 1ᵉʳ janvier 2023, le jugement des comptes des comptables publics patents et des comptables de fait est devenu une activité résiduelle.

Les jugements des chambres territoriales des comptes qui interviennent dans ce domaine continuent à pouvoir faire l'objet d'un appel devant la Cour des comptes (CJF, art. L. 111-1) [1], alors que l'appel des jugements rendus dans le cadre du régime de responsabilité financière des gestionnaires publics relève de la Cour d'appel financière [2].

1. Sur la Cour des comptes, juge d'appel des jugements des chambres territoriales des comptes, v. sˢ nᵒ 132.11.
2. Sur la Cour d'appel financière (CAF), v. sˢ nᵒ 131.11 ; sur la procédure d'appel devant la CAF, en matière de responsabilité financière des gestionnaires publics, v. sˢ nᵒ 561.11.

CHAPITRE

631. Recevabilité de l'appel des jugements des chambres régionales et territoriales des comptes

SECTION 0
ORIENTEUR

631.00 **Sommaire du chapitre.**

SECTION 1
CONDITIONS TENANT À LA DÉCISION ATTAQUÉE

631.11 **Jugements et ordonnances à caractère définitif.** Aux termes de l'article L. 111-1, alinéa 2, du code des juridictions financières, « la Cour des comptes connaît de l'appel des arrêts rendus par les chambres territoriales des comptes ». Une telle formulation peut surprendre dans la mesure où les chambres territoriales statuent, en matière juridictionnelle, non par des « arrêts » mais par voie de « jugements » ou « d'ordonnances » susceptibles d'appel[1]. Il convient cependant, sans nul doute possible, de traduire « arrêts » par « décisions juridictionnelles » susceptibles de recours.

Il s'en déduit que les autres décisions rendues par les CTC dans l'exercice de leurs attributions administratives ne sont pas susceptibles d'un appel, en particulier les avis rendus en matière budgétaire[2] et les observations arrêtées à la suite d'un examen de la gestion.

En application d'une jurisprudence constante, forgée sous l'empire des anciens textes mais qui demeure valable, le champ de l'appel est limité aux seules « dispositions définitives »[3]. Sont donc recevables les requêtes tendant à contester un jugement ou une ordonnance comportant une déclaration de compétence ou d'incompétence, un débet, une décharge ou un *quitus*, une déclaration de gestion de fait, une condamnation à l'amende, une révision, le rejet d'une demande en révision ou d'un recours en réformation d'une décision d'apurement administratif, ainsi que l'ensemble des décisions de non-lieu. En revanche, parce que ces décisions ne modifient pas l'ordonnancement juridique, sont irrecevables les recours à l'encontre de réserves, de sursis à statuer et, plus généralement, sur tous les jugements avant dire droit. Cette solution est justifiée par la nature même de ces dispositions, qui ont pour seul objet de nouer la contradiction et ne sont pas revêtues de l'autorité de la chose jugée. Elle pourrait paraître peu compatible avec le développement d'une jurisprudence du Conseil d'État, qui s'est parfois estimé lui-même fondé, et a également estimé le juge d'appel fondé à annuler, y compris d'office, des jugements et arrêts provisoires[4]. Il s'agit toutefois de solutions tout à fait exceptionnelles, au demeurant discu-

1. CJF, art. R. 262-87 [Nouvelle-Calédonie] et R. 272-74 [Polynésie française]. L'art. R. 254-2, applicable à Saint-Barthélemy, Saint-Martin et Saint-Pierre-et-Miquelon, ne mentionne que les « appels des jugements de la chambre territoriale formés devant la Cour des comptes ». Il ne fait guère de doute que les ordonnances rendues par cette chambre pourraient également faire l'objet des voies de recours ordinaires.

2. C. comptes 29 mars 1984, *Institut Notre-Dame de la Providence à Thionville, Rec.* 355.

3. PAR EX., en matière de gestion de fait : C. comptes 1er juill. 1986, *Commune de Breuillet, Rec.* 227.

4. CE, sect., 17 oct. 2003, *Dugoin*, req. n° 237290 ; *Leb.* p. 408 ; *Rev. Trésor* 2004. 143, concl. M. Guyomar, note M. Lascombe et X. Vandendriessche ; *AJDA* 2003. 2031, chron. F. Donnat et D. Casas ; *D.* 2004. Jur. 1338, note S. Petit ; *RFDA* 2004. 371, chron. A. Coutant – C. comptes 6 mai 2010, Commune de Noisy-le-Grand, Association Centre culturel Michel Simon, *Rec.* 39 ; *Gestion et finances publiques* 2011, p. 530.

tables, fondées sur une conception très extensive du principe d'impartialité[1] et liées à la participation du rapporteur au délibéré, qui ne se rencontre plus dans les décisions rendues par les juridictions financières.

SECTION 2
CONDITIONS TENANT AU REQUÉRANT

631.21 Qualité pour interjeter appel. Dans une instance qui n'est pas introduite par une requête, la liste des personnes ayant qualité pour interjeter appel est fixée par le code des juridictions financières : les articles R. 262-88 et R. 272-75 mentionnent les comptables, leurs ayants droit, les « représentants légaux des collectivités ou organismes publics intéressés » ou, à leur défaut, les contribuables dûment autorisés dans les conditions prévues aux articles L. 2132-5 à L. 2132-7 du code général des collectivités territoriales et dans les textes propres aux différentes collectivités d'outre-mer, ainsi que le ministère public près la chambre territoriale des comptes et le procureur général près la Cour des comptes.

Cette énumération, inchangée depuis l'origine[2], laisse de côté un certain nombre de personnes qui, bien que tierces à l'instance, pourraient avoir un intérêt à contester la décision des premiers juges (bénéficiaires de payements indus ou irréguliers vers lesquels le comptable se tourne pour obtenir le reversement des sommes en cause, débiteurs contestant le principe ou le montant du titre de recette, opposants politiques souhaitant mettre en cause l'ordonnateur à travers le comptable…), mais aussi diverses autorités auxquelles la Cour des comptes, avant 1935, avait reconnu, dans le silence des textes, la possibilité d'élever appel à l'encontre des décisions des conseils de préfecture, au premier rang desquels le ministre des Finances[3].

La mise en œuvre du texte appelle trois séries de précisions concernant les comptables, les personnes publiques et le ministère public.

631.22 Appel des comptables publics. S'agissant, en premier lieu, des comptables, le texte emploie le pluriel (« les comptables ») et la jurisprudence considère en conséquence que tous les comptables dont les comptes sont en jugement ont qualité pour agir[4], et non les seuls comptables à l'encontre desquels une charge définitive a été prononcée[5]. Toutefois, la recevabilité de leur requête demeure subordonnée à la vérification de leur intérêt à agir, qui suppose qu'une charge définitive (amende, somme irrémissible ou débet) ait été prononcée à leur encontre. L'appréciation de la Cour en la matière est restrictive : un comptable n'est, par exemple, pas recevable à interjeter appel des dispositions par lesquelles ses prédécesseurs ont été déchargés de leur gestion alors même qu'il considérait que, par leur inaction, ils avaient compromis le recouvrement de créances. Sa propre responsabilité n'ayant pas été mise en jeu[6], sa requête a été déclarée irrecevable[7].

Les exigences sont parfois moindres à l'égard des comptables de fait : le préjudice moral résultant d'une déclaration de gestion de fait constitue à l'égard de l'intéressé, même en l'absence de toute fixation d'un reliquat à sa charge, un intérêt suffisant pour justifier son pourvoi en appel devant la Cour[8] ; de même, alors qu'en principe l'intérêt pour agir s'apprécie au regard du dispositif et non des motifs de la décision attaquée, la Cour des comptes a, dans un cas d'espèce, reçu la requête d'un comptable de fait à l'encontre d'un jugement fixant la ligne de compte et ne prononçant pas de débet au motif que le montant des recettes admises conditionnant le plafond de l'amende encourue, une éventuelle décision du juge d'appel sur les recettes, dont le total n'était pourtant pas contesté, était susceptible de réduire le montant maximum de l'amende qui n'était pas encore prononcée[9].

631.23 Appel de la personne publique. La personne publique est directement intéressée à l'instance en reddition de compte puisque son patrimoine est susceptible d'être affecté par la décision du juge des comptes. Son recours en appel peut

1. V. chron. N. Groper et C. Michaut sous C. comptes, chambres réunies, 15 juill. 2009, *Association Les amis de Méru information*, n° 55531, *AJDA* 2009. 2452.
2. Elle figurait rigoureusement dans les mêmes termes à l'article 23 du Décr. n° 83-224, 22 mars 1983 relatif aux chambres régionales des comptes, *JO* 25 mars, p. 910.
3. C. comptes 4 déc. 1885, *Commune de Binges, Rec.* p. 13.
4. Ce qui paraît exclure les comptables « supérieurs » (directeurs départementaux des finances publiques), de même que le comptable en fonction lors du jugement si sa gestion a commencé après le dernier exercice contrôlé, et alors même que le contrôle des comptes lui est notifié dans tous les cas (CJF, art. R. 262-69 et R. 272-56).
5. C. comptes 23 juin 2005, *Collège Paul Éluard à Vigneux-sur-Seine, Rec.* 68, *AJDA* 2006. 1336, note N. Groper et C. Michaut.
6. Du moins à ce stade puisque, assez logiquement, elle était susceptible de l'être à l'occasion du contrôle sur les comptes suivants, qui relevaient de sa seule gestion.
7. C. comptes 23 juin 2005, *Collège Paul Éluard à Vigneux-sur-Seine*, préc.
8. C. comptes 11 janv. 1910, *Commune de Blangy-sur-Bresle, Rec.* 5 ; 11 mars et 29 avr. 1993, *Commune de Grenoble – Association Animation sociale grenobloise, Rec.* 540.
9. C. comptes 6 mai 2010, *Commune de Noisy-le-Grand, Association Centre culturel Michel Simon, Rec.* 39, *Gestion et finances publiques* 2011, p. 530. Rendue sur conclusions contraires du procureur général, cette décision apparaît discutable à plusieurs égards sur la recevabilité mais aussi sur l'annulation de la totalité des actes de procédure et sur la prescription.

toutefois susciter deux séries de difficultés. Tout d'abord, la Cour des comptes vérifie l'habilitation du signataire de la requête, qui peut résulter de la loi ou d'une délibération de l'assemblée ou de l'organe délibérant de l'organisme lorsque celle-ci est prévue par les textes. Il s'agira, le plus souvent, de l'ordonnateur de l'organisme et non d'un agent[1] ou du président du conseil d'administration, même s'il en est le représentant légal, dès lors qu'il n'a pas qualité pour agir en justice[2].

Ensuite, et en vertu d'un principe général, il appartient au juge d'appel de vérifier l'intérêt de la personne publique à élever appel du jugement. La jurisprudence a cependant introduit des nuances sur ce point en reconnaissant que l'intérêt en cause pouvait ne pas être strictement pécuniaire, ce qui a conduit la Cour à admettre l'introduction de requêtes à l'encontre de jugements de débet ou d'amende, qui pourtant bénéficient à la collectivité *prima facie*. Ont ainsi été déclarés recevables l'appel d'une commune contre un jugement présenté comme empiétant sur les attributions des représentants légaux de la collectivité au motif que la chambre régionale avait excédé sa compétence en statuant sur la régularité d'actes des autorités communales[3] et celui d'une région contestant la liste des pièces justificatives à joindre à l'appui de la dépense[4].

Si certaines décisions ultérieures ont marqué peu d'exigences en la matière, la Cour n'a pour autant jamais affirmé un intérêt de principe des collectivités à interjeter appel. Il est vrai que, dans ses conclusions sur une affaire *Ministre du Budget*[5], le commissaire du gouvernement Labetoulle avait pu affirmer que, devant la Cour des comptes, « il n'y a pas de place pour la notion traditionnelle d'intérêt pour agir, si ce n'est sans doute pour le comptable ». La position ainsi défendue reposait essentiellement sur deux considérations : d'une part, le fait que le juge était saisi par l'effet de la loi, mais ce principe peut difficilement se soutenir depuis que la loi du 30 décembre 2004[6] permet au juge de ne plus statuer en la forme juridictionnelle et surtout que la loi du 28 octobre 2008[7] confie l'ouverture de l'instance contentieuse au ministère public ; d'autre part, le fait que « le Trésor public et le ministre qui le représente ont intérêt à ce que les comptes des comptables soient exacts et, à ce titre doivent être admis, dans la limite des cas d'ouverture prévus par le texte, à poursuivre la révision d'une « erreur » entachant un arrêt de la Cour des comptes, même si cette erreur a été commise au bénéfice du Trésor ».

Un tel motif, parfaitement valable pour l'autorité ministérielle, ne saurait valoir pour un ordonnateur local, qui n'est pas le gardien de l'ordre public financier. Si l'appel avait dû avoir cette fonction, il aurait été ouvert aux préfets et aux comptables supérieurs, ce que le texte ne prévoit pas. Ces diverses considérations n'ont cependant pas emporté la conviction du juge de cassation qui, saisi d'un pourvoi du procureur général, a écarté tant la position du ministère public que celle de la Cour (qui continuait de rechercher la présence d'un intérêt à agir de la collectivité) en affirmant « qu'eu égard à l'objet de la procédure de jugement des comptes, une collectivité locale est recevable à agir en toute circonstance, y compris lorsque la décision du juge des comptes constitue le comptable public débiteur de sommes envers elle ; qu'ainsi, le parquet général près la Cour des comptes n'est pas fondé à soutenir que la Cour des comptes aurait entaché son arrêt d'erreur de droit en jugeant que la maire de la commune du Cannet était recevable à interjeter appel du jugement constituant sa comptable publique débitrice à son égard ; que sont sans incidence sur ce point les motifs du jugement rendu par la chambre régionale des comptes »[8].

« L'objet de la procédure de jugement », évoqué dans cette décision pour fonder une telle solution, n'est pas précisé, pas davantage que dans les conclusions du rapporteur public, qui se bornent à faire état de « la spécificité de la procédure de jugement des comptes » et de « l'obligation qui s'attache [pour la personne publique] à veiller à l'exactitude de ses propres comptes ». C'est, d'une certaine façon, assimiler la personne publique au ministère public et lui donner davantage de pouvoirs qu'au ministre des Finances, qui ne peut lui-même former appel des jugements rendus par les chambres des comptes. Il a aussi été observé que la décision du Conseil d'État aboutissait à un résultat paradoxal, l'ordonnateur pouvant en réalité contester plus facilement une décision de débet (qui profite à la personne publique qu'il représente) que la décharge du comptable (qui lui fait pourtant objectivement grief)[9].

Il sera également remarqué que la jurisprudence de la quatrième chambre de la Cour des comptes

1. PAR EX. : le secrétaire général d'une association syndicale autorisée : C. comptes 9 juin 1988, *Journet*, *Rec.* 163.
2. C. comptes 9 juin 2011, *Foyer de vie départemental Gérard Vivien à Courville-sur-Eure*, *Rec.* p. 62.
3. C. comptes 2 mai 1996, *Commune de Royat*, *Rec.* 56.
4. C. comptes 31 mai 2001, *Région Languedoc-Roussillon*, *Rec.* 38.
5. CE, sect., 5 nov. 1982, req. n° 36952, *Lebon*.
6. L. n° 2004-1485, 30 déc. 2004 de finances rectificative pour 2004, *JO* 31 déc., n° 2.
7. L. n° 2008-1091, 28 oct. 2008 relative à la Cour des comptes et aux chambres régionales des comptes, *JO* 29 oct., n° 1 – V. s^s n° 112.31.
8. CE 27 juill. 2016, *Commune du Cannet*, req. n° 387031 ; *Rec.* 224.
9. A. Froment-Meurice, J.-Y. Bertucci, N. Hauptmann, C. Michaut, *GAJF*, 7e éd., n° 55, § 16.

déclare irrecevables les requêtes présentées par la collectivité à l'encontre de jugements n'ayant pas formulé de charges lorsque l'ordonnateur avait, au moment de la sortie de fonctions du comptable, émis un certificat libératoire constatant que la personne publique n'avait pas de reprise à effectuer à son encontre et, plus généralement, de grief sur sa gestion[1]. Une telle attitude a pu être contestée, notamment par le parquet général : en effet, le certificat libératoire, s'il constitue une pièce de mutation importante pour les comptables, n'a jamais été conçu comme valant renonciation, à supposer qu'une telle décision puisse valablement être prise, à la faculté d'appel. Sa délivrance intervient dans le cadre d'une procédure purement administrative et non contentieuse, au surplus au moment du changement de comptable, alors que les motifs de mise en cause de la responsabilité de ce dernier, qui résulteront de la production ultérieure du compte de gestion, ont souvent pu ne pas apparaître.

631.24 **Appel incident.** Le ministère public et, lorsqu'elles justifient d'un intérêt, les autres personnes ayant la faculté d'appeler peuvent former un appel incident en réponse à l'appel principal[2]. L'appel incident ne peut porter que sur les faits qui font l'objet de l'appel principal, alors même qu'il n'est pas dirigé exclusivement contre l'appelant principal[3] ; mais, s'il tend aux mêmes fins que l'appel principal, il est requalifié comme tel et sa recevabilité est appréciée au regard du délai initial de contestation du jugement[4].

631.25 **Ministère d'avocat.** Aux termes de l'article L. 241-8 du code des juridictions financières, les parties peuvent se faire assister ou représenter par un avocat[5]. Il existe des dispositions équivalentes pour le jugement des gestionnaires publics[6] mais non pour l'appel des jugements des chambres territoriales. La pratique, qui s'est imposée dans le cadre du régime de responsabilité personnelle et pécuniaire, admet cependant que les avocats peuvent exercer leur ministère devant les juridictions financières sans justifier de leur mandat, y compris lorsqu'ils n'appartiennent pas à l'ordre des avocats au barreau de Paris, ce qui apparaît dérogatoire par rapport aux usages de la profession et aux règles de la postulation.

1. C. comptes 12 oct. 1995, *SIVOM Les Essarts-Le Perray ; Rev. Trésor* 1996. 178 ; – C. comptes 25 mars 2004, *Commune de Franconville-La Garenne ; Rev. Trésor* 2005. 174.
2. CJF, art. R. 262-89 et R. 272-76.
3. C. comptes 12 oct. 1995, *District urbain d'Épernay, Rec.* 96.
4. C. comptes 20 mars 1997, *Commune et CCAS de Digne-les-Bains, Rec.* 33.
5. Pour les chambres territoriales, CJF, art. L. 262-54 et L. 272-52.
6. CJF, art. R. 143-3-2 et R. 142-3-9.

SECTION 3
CONDITIONS TENANT À LA FORME DE LA REQUÊTE

631.31 **Délai d'appel.** Les textes fixent deux conditions formelles à la recevabilité de la requête. Tout d'abord, la requête en appel doit être introduite dans un délai de deux mois à compter de la notification de la décision[7]. Une des particularités de la procédure d'appel réside dans le fait que la requête doit être déposée auprès de la chambre territoriale qui a rendu la décision attaquée[8]. En second lieu, la Cour des comptes, longtemps libérale à cet égard, fait depuis 1999 application de la règle du délai franc[9]. Il n'en va autrement que lorsque le requérant est en mesure de démontrer que l'enregistrement tardif de la requête est imputable à un fonctionnement défectueux des services postaux : le comptable normalement diligent, qui a pris toutes précautions pour que sa requête parvienne en temps utile à la juridiction, ne saurait subir les conséquences de délais postaux anormaux[10]. Il est enfin admis que l'enregistrement tardif du recours au greffe de la chambre régionale n'en entraîne pas l'irrecevabilité lorsque le requérant s'est adressé à tort, mais dans les délais, à la Cour des comptes[11] ou même à un tribunal administratif[12].

631.32 **Forme de la requête.** La deuxième série de conditions tient à la forme de la requête. Celle-ci « doit contenir, à peine de nullité, l'exposé des faits et moyens, ainsi que les conclusions du requérant. Elle doit être accompagnée des documents sur lesquels elle s'appuie et d'une copie du jugement ou de l'ordonnance attaqué »[13]. La jurisprudence déduit de la différence de rédaction entre ces deux phrases que le seul défaut de production de la décision contestée ne justifie pas une décision d'irrecevabilité[14]. Il s'agit néanmoins d'une condition substantielle, le juge d'appel ne pouvant, dès lors qu'il examine la

7. CJF, art. R. 262-91 et R. 272-78. Pour les personnes domiciliées à l'étranger, le délai d'appel est augmenté de deux mois. Lorsque l'appel est formé par un contribuable, la durée de l'instance pour obtenir l'autorisation de plaider n'est pas comprise pour la computation du délai.
8. CJF, art. R. 262-90 et R. 272-77.
9. C. comptes 23 juin 1999, *Caisse de crédit municipal de Nice, Rec.* 57.
10. C. comptes 20 déc. 1989, *Centre hospitalier de Saint-Paul de La Réunion, Rec.* 171 ; – CE 5 juill. 2004, *Garnier*, req. nº 247063 ; *Rec.* 146.
11. C. comptes 7 avr. 1999, *Commune de Saint-Denis*, nº 345998.
12. C. comptes 23 sept. 1999, *Commune de Corte, CCAS et service d'eau et d'assainissement*, nº 345068.
13. CJF, art. R. 262-90 et R. 272-77, al. 2.
14. C. comptes 7 oct. 1993, *Commune de Cayenne ; Rev. Trésor* 1994. 112.

requête au fond, exercer son office sans examen du jugement ou de l'ordonnance. Au plan formel, la requête doit être déposée ou adressée par lettre recommandée au greffe de la chambre territoriale des comptes. Comme précédemment indiqué, la jurisprudence admet cependant qu'une requête soit enregistrée à la Cour des comptes. Elle accepte également d'examiner les requêtes adressées par télécopie dans le délai réglementaire de deux mois, sous réserve que le requérant veille à régulariser la requête en y apposant sa signature ou en produisant un exemplaire dûment signé. S'agissant du contenu de la requête, l'attitude de la Cour des comptes est particulièrement compréhensive, certaines décisions ayant initialement admis la recevabilité de requêtes dépourvues de conclusions, voire de moyens, dès lors que la Cour estimait pouvoir les déduire aisément des termes du mémoire [1]. Cette approche s'expliquait par la conception très extensive que le juge d'appel retenait de son office dans le cadre des anciennes procédures. Les décisions rendues sous l'empire de la loi du 28 octobre 2008 ont marqué le retour à une plus grande exigence [2].

1. C. comptes 10 juin 1999, *Collège François Villon à Fauville-en-Caux ; Rev. Trésor* 2000. 365.
2. C. comptes 10 avr. 2014, *Gestion de fait des deniers du département de l'Eure*, n° 69559 ; – C. comptes 27 juin 2014, *Commune de Pornichet*, n° 70268.

CHAPITRE

632. Instance d'appel

SECTION 0

ORIENTEUR

632.00 **Sommaire du chapitre.**

SECTION UNIQUE

APPEL DES JUGEMENTS DE CTC

632.11 **Instance devant la chambre territoriale des comptes.** Par exception aux principes généraux de procédure, la mise en état de l'appel ne se déroule pas devant le juge d'appel mais devant la juridiction qui a rendu la décision. Cette fonction était assurée jusqu'en 2008 par le ministère public, ce qui pouvait se concevoir dans la mesure où, le plus souvent, dans un régime d'autosaisine, ce dernier n'était pas partie à l'instance[1]. Elle a été confiée par le décret du 19 décembre 2008[2] au greffe de la chambre territoriale des comptes. Le code des juridictions financières prévoit[3] un dispositif de production et de circularisation des mémoires enserré dans des délais impératifs. Le greffe communique la requête en appel, dans les quinze jours suivant sa réception, aux personnes ayant la faculté d'appeler.

Les parties disposent d'un délai d'un mois pour présenter un mémoire en défense et prendre connaissance au greffe de l'ensemble des pièces jointes au recours. Copie de ce mémoire est notifiée au requérant et aux autres parties, qui peuvent produire un mémoire en réplique dans un nouveau délai d'un mois. Ce mémoire est transmis aux parties et peut faire l'objet d'un mémoire en duplique dans le délai de quinze jours. La procédure d'échange des mémoires s'arrête là, étant précisé que le ministère public peut présenter des observations sur les mémoires en défense et en réplique. Il est néanmoins possible de verser de nouvelles pièces[4], dont le requérant et les autres parties peuvent prendre connaissance et sur lesquelles, dans un délai de quinze jours, ils peuvent présenter des observations, mais il ne s'agit pas, dans ce cas, à proprement parler de nouveaux mémoires appelant une circularisation.

Les délais, qui résultent du texte du code des juridictions financières, ont un caractère préfix et ne peuvent être interrompus, suspendus ou allongés à la discrétion du juge. Se pose dès lors la question de la recevabilité de moyens présentés tardivement par le requérant. Sur ce point, le parquet général appelle à une lecture rigoureuse des textes : ceux-ci ne se prêtent pas, à l'inverse du code de justice administrative, à l'articulation entre requête initiale et mémoire ampliatif. Après une période de grande longanimité de la part du juge, les exigences de la contradiction et le souci de maîtriser les délais de la procédure l'ont conduit à encadrer plus strictement les conditions d'introduction des moyens, qui doivent être présentés lors de la mise en état d'examen du dossier, et plus précisément à l'intérieur du délai d'appel, sauf à rendre totalement inopérante cette phase et à devoir la reproduire, dans toute sa complexité, chaque fois qu'un moyen nouveau serait invoqué.

La jurisprudence a connu plusieurs évolutions : très libérale à l'origine, elle a ensuite admis les moyens présentés postérieurement à l'expiration du délai

1. Cette qualité ne lui a été reconnue en toutes circonstances par la jurisprudence qu'en 2008 (C. comptes 24 janv. 2008, *Centre hospitalier de Thiers, Rec.* 6 ; *AJDA* 2008. 2442 ; *GFP* 2009. 610).
2. Décr. n° 2008-1397, 19 déc. 2008 portant réforme des procédures juridictionnelles devant la Cour des comptes, les chambres régionales des comptes et la chambre territoriale des comptes de Nouvelle-Calédonie, *JO* 26 déc.
3. CJF, art. R. 262-93, R. 262-94, R. 272-80 et R. 272-81.
4. CJF, art. R. 262-95 et R. 272-82.

d'appel pour autant que ceux-ci se bornaient à développer l'un des moyens de la requête initiale[1]. L'intervention du décret du 27 septembre 2002[2], pris pour la mise en œuvre de la loi du 21 décembre 2001, a modifié les termes du débat puisque l'article R. 131-42 prévoyait la possibilité de verser au dossier, lors de l'instruction devant la Cour, « de nouvelles pièces ou des mémoires complétant ceux produits dans les délais prévus à l'article R. 243-9 », c'est-à-dire lors de la mise en état de l'appel. Cette modification du texte répondait aux préoccupations exprimées par le commissaire du gouvernement Lamy dans ses conclusions sur l'arrêt Mme *Michaux-Chevry* du 27 octobre 2000, qui se prononçaient, en l'absence de clôture de l'instruction, en faveur de la possibilité de produire des mémoires après la mise en état de l'appel. La Cour des comptes a déduit de la nouvelle rédaction du code la recevabilité de mémoires ampliatifs au sens du contentieux administratif[3]. La suppression de cette disposition, à la suite du décret du 19 décembre 2008[4], a conduit à un retour à la jurisprudence antérieure et à déclarer irrecevables les moyens et conclusions soulevés après l'expiration du délai d'appel[5]. Dès lors, il peut être admis que le contenu des mémoires et des pièces échangés lors de la mise en état de l'appel lie le contentieux.

632.12 **Instance d'appel devant la Cour des comptes.** Dès enregistrement de la requête, le greffe en adresse copie au procureur général près la Cour des comptes[6]. Au terme de la mise en état du dossier, celui-ci est adressé par le greffe au procureur général (ancien article R. 242-24) qui, traditionnellement, le transmettait à la Cour des comptes par un réquisitoire. L'intervention du parquet général se justifiait par le fait que, dans le dispositif mis en place en 1983, la mise en état de l'appel incombait aux commissaires du Gouvernement. Le décret du 3 juillet 2015[7] a tiré les conséquences du fait que la mise en état du dossier d'appel n'incombait plus depuis 2008 au ministère public, en supprimant les réquisitoires d'appel, le dossier étant désormais directement communiqué par le greffe de la chambre territoriale au greffe de la Cour. Quand bien même cette singularité ne présente pas des inconvénients à surestimer, il pourrait être envisagé que, comme devant les autres ordres de juridictions[8] et pour des raisons de principe, la requête soit déposée directement auprès du juge d'appel.

Le greffe de la Cour notifie le réquisitoire et le nom du magistrat désigné comme rapporteur au requérant et à l'ensemble des parties. L'instruction en appel, selon la terminologie du code des juridictions financières, consiste dans des compléments à la mise en état du dossier, le rapporteur pouvant demander toute pièce aux parties, à la juridiction qui a rendu la décision ou à un tiers.

Le rapporteur, simple préposé de la formation de jugement au délibéré de laquelle il ne participe pourtant plus, est tenu d'instruire dans la limite des moyens de l'appelant et des arguments présentés par les différentes parties lors de l'échange des mémoires. L'intervention du juge d'appel reste en effet circonscrite, en application de l'adage « *tantum devolutum quantum appellatum* »[9].

Cette limitation s'est parfois heurtée à la conception que la Cour des comptes retenait de son office de juge d'appel, découlant de la singularité de l'instance en reddition de compte. Selon une formule énergique mais qui ne doit pas être mal comprise, « la procédure à suivre par le juge des comptes étant d'ordre public, les vices qui l'affectent doivent être relevés, même d'office, en tout état de cause »[10]. Par sa généralité, cette expression a pu être traduite comme exigeant du juge d'appel qu'il s'empare d'office de tout moyen, quels que soient les termes de la requête – ce qui contribue à expliquer la faible exigence de la Cour des comptes quant à la forme et à la teneur des requêtes en appel – le rapporteur étant donc fondé à rechercher toute erreur dans la décision attaquée ou tout vice contenu dans celle-ci, même en l'absence d'argumentation en ce sens du requérant. Nombre de décisions d'annulation et même d'infirmation ne font ainsi aucune référence aux moyens de l'appelant puisqu'elles sont fondées sur des arguments formulés par le juge lui-même. La suppression de la faculté d'autosaisine et l'encadrement de l'instance d'appel autour des arguments échangés entre le comptable, la collectivité et le ministère public ont tendu à donner à la notion de moyen d'ordre public une moindre place[11]. Celle-ci, lorsqu'elle est appelée à jouer, devrait donner lieu à une contradiction systématique avec l'ensemble des parties.

1. C. comptes 27 janv. 2000, *Société Réflexions, médiations, ripostes*, n° 24834.
2. Décr. n° 2002-1201, 27 sept. 2002 portant modification du code des juridictions financières, *JO* 28 sept.
3. C. comptes 24 nov. 2005, *Carignon et Peneau, comptables de fait du département de l'Isère*, *Rec.* 86, *Rev. Trésor* 2006. 732.
4. Décr. n° 2008-1397, préc.
5. C. comptes, ch. réunies, 18 avr. 2011, *Lycée polyvalent Vauvenargues d'Aix-en-Provence*, n° 61209 ; non publié au *Rec.*
6. CJF, art. R. 262-93 et R. 272-80.
7. Décr. n° 2015-812, 3 juill. 2015 modifiant le code des juridictions financières, *JO* 5 juill.
8. Mais aussi devant la Cour d'appel financière à l'encontre des arrêts rendus par la Cour des comptes concernant le régime de responsabilité financière des gestionnaires publics : CJF, art. R. 142-4-3.
9. Si l'on met à part le cas très spécifique des gestionnaires de fait solidaires.
10. C. comptes 7 oct. 1993, *Commune d'Isola*, *Rec.* p. 101, *Rev. Trésor* 1994. 201.
11. C. Michaut, « Le juge des comptes à la recherche d'un nouvel ordre public financier », *in* Collectif, *Mélanges offerts à Michel Lascombe*, Dalloz, 2020, p. 233-250.

CHAPITRE

633. Effets de l'appel des jugements des chambres régionales et territoriales des comptes

SECTION 0
ORIENTEUR

633.00 **Sommaire du chapitre.**

SECTION 1
LIAISON DE L'INSTANCE

633.11 **Liaison de l'instance.** L'appel a pour premier effet d'obliger le juge de second degré à rendre une décision en la forme juridictionnelle. En ce sens, l'exercice de la voie de recours lie l'instance. Une hésitation était apparue concernant les suites à donner aux désistements. La pratique, inspirée de la procédure civile, tendait alors, lorsque la requête était manifestement irrecevable et qu'elle avait fait l'objet d'un désistement, à ce que le ministère public près la chambre régionale des comptes, avec l'accord du requérant, ne conduise pas à son terme la mise en état du dossier, la Cour étant dès lors dispensée de statuer sur l'appel. Une telle situation était de nature à créer une incertitude quant au sort de la décision contestée. La jurisprudence a dissipé toute équivoque à cet égard en énonçant « que la juridiction du juge des comptes étant d'ordre public, il ne peut dépendre de la seule volonté des parties, alors même qu'elles ont introduit l'instance, d'y mettre fin en s'en désistant ; que ce désistement ne peut produire effet que s'il est accepté par le juge »[1]. Cette décision marque un rapprochement entre le rôle du juge des comptes d'appel et celui du juge de l'excès de pouvoir, qui peuvent l'un et l'autre poursuivre l'instance, quelle que soit l'attitude des parties, lorsque le respect de règles d'ordre public le justifie.

1. C. comptes 20 janv. 1994, *Auxiette, comptable de fait de la commune de La Roche-sur-Yon, Rec.* 9, *Revue du Trésor* 1994, p. 193, chron. R. Ludwig.

SECTION 2
EFFET SUSPENSIF

633.21 **Absence initiale d'effet suspensif.** Lors de la création des chambres régionales des comptes, les règles relatives à l'exercice des voies de recours ordinaires ont été inspirées des principes régissant les juridictions administratives de droit commun. En conséquence, l'appel n'avait pas de caractère suspensif, sauf à ce que la Cour en ordonnât autrement, c'est-à-dire octroyât un sursis à l'exécution du jugement, d'office ou à la demande d'un appelant.

Dans le silence des textes, il est revenu à la jurisprudence de préciser les conditions d'octroi du sursis à exécution. La Cour des comptes s'est rapidement écartée des règles applicables en contentieux administratif, qui reposent notamment sur l'existence d'un moyen sérieux, pour se borner à vérifier si l'exécution du jugement attaqué comporterait pour le requérant des conséquences difficilement réparables. Cette appréciation a elle-même varié dans le temps : ainsi, s'agissant des comptables de fait, l'inéligibilité et la démission d'office, qui s'attachaient jusqu'en 2001 à cette qualité, justifiaient l'octroi systématique du sursis au profit des élus locaux ; la modification du code électoral à la suite de la loi du 21 décembre 2001[2] a rendu le juge d'appel plus exigeant quant à l'existence d'un préjudice, les élus n'étant plus exposés à être déclarés démissionnaires d'office.

Pour les comptables patents, la jurisprudence s'est longtemps limitée à comparer les montants respectifs

2. L. n° 2001-1248, 21 déc. 2001 relative aux chambres régionales des comptes et à la Cour des comptes *JO* 26 déc.

du débet et du cautionnement constitué par le comptable, le sursis n'étant accordé que lorsque le débet étant supérieur, le patrimoine du comptable était susceptible d'être immédiatement mobilisé. Ce critère unique, juridiquement discutable puisque la caution se trouve subrogée dans les droits du Trésor, a été abandonné par l'arrêt *Communauté urbaine de Lyon*[1] au profit d'une approche *in concreto* fondée sur l'importance du débet. Les décisions ultérieures ont conduit à vider cette condition de sa substance, et la Cour à accorder systématiquement le sursis à exécution, y compris pour des débets d'un montant très modeste.

633.22 Décret du 19 décembre 2008. Une telle situation n'était pas satisfaisante et le décret du 19 décembre 2008[2] a renversé le principe admis jusque-là : désormais, aux termes de l'article R. 131-41, « l'appel d'un jugement prononçant un débet ou une amende est suspensif ». Dans les autres cas, c'est-à-dire en théorie la décharge, le *quitus*, le non-lieu à charge, à amende ou à déclaration de gestion de fait, pour lesquels le sursis ne sera qu'exceptionnellement demandé, et donc en pratique la question devrait se limiter à la déclaration de gestion de fait, l'octroi du sursis est subordonné à l'existence d'un préjudice « grave et difficilement réparable », soit une formule conforme à la jurisprudence initiale. Il est statué sur ces demandes par voie d'ordonnance, rendue à juge unique. Celui-ci ne paraît donc pas fondé, pour accueillir la demande de sursis, à prendre en compte une autre circonstance, par exemple l'existence d'un moyen sérieux et de nature à justifier l'annulation ou l'infirmation du jugement entrepris. Il ne pourrait davantage s'emparer d'un moyen d'ordre public ; une telle possibilité résultait de l'ancienne version de l'article R. 131-41, qui permettait à la Cour d'ordonner d'office le sursis à exécution du jugement attaqué, mais cette possibilité a disparu sous l'empire des nouvelles dispositions. S'agissant de l'appréciation du préjudice, qui constitue désormais le critère unique d'appréciation de la demande, la seule invocation de l'importance des sommes dont le gestionnaire de fait doit répondre n'est pas de nature à justifier l'octroi du sursis[3].

SECTION 3
EFFET DÉVOLUTIF

633.31 Originalité de l'appel devant la Cour des comptes. L'appel vise à permettre à un juge, organiquement indépendant de celui dont la décision est attaquée, de rejuger l'affaire au fond, en fait et en droit. Les spécificités de l'instance en reddition de compte – absence de saisine du juge par les parties principales, place de « l'autosaisine » dans la juridiction gracieuse, technique de rédaction des jugements (l'absence de charge prononcée à la suite d'une irrégularité ne vaut pas décharge partielle, le juge demeurant libre de mettre en jeu la responsabilité du comptable tant qu'il ne lui a pas accordé décharge sur l'exercice) – expliquent certaines particularités de l'instance d'appel, qui se rapproche néanmoins à plusieurs égards des contentieux « ordinaires » (introduction de l'instance par une requête, liaison du contentieux par les parties).

633.32 Confirmation, infirmation, annulation, évocation. La pratique a conduit à distinguer deux situations. Si le jugement entrepris est régulier, la Cour des comptes se trouve saisie des seuls chefs de jugement au sens de l'article 562 du code de procédure civile. Le juge d'appel est alors conduit à infirmer ou à confirmer le jugement dans la limite des moyens de l'appelant conformément à l'adage *tantum devolutum, quantum appellatum*. Si la décision attaquée est irrégulière, par exemple parce qu'elle a été rendue par une formation incompétente ou au terme d'une procédure viciée, le juge d'appel en prononce l'annulation et se trouve placé devant le choix de renvoyer l'affaire devant les premiers juges ou de l'évoquer. Ce pouvoir d'évocation, inconnu en droit romain, introduit dans la procédure ecclésiastique à la fin du XIIe siècle puis dans l'Ancien droit français, constitue une exception au principe du double degré de juridiction. Alors même qu'il s'agit d'une simple faculté, que l'on aurait pu croire réservée aux cas dans lesquels le renvoi serait difficilement envisageable (suspicion légitime, « disqualification structurelle » par exemple) ou manifestement contraire aux impératifs d'une bonne administration de la justice, il est d'un usage devenu courant en contentieux financier. Une fois l'affaire évoquée, le juge dispose, sur les seuls faits en cause et à l'intérieur du périmètre de saisine des premiers juges (« *tantum devolutum quantum judicatum* »), d'une totale liberté d'appréciation, qui ne saurait être limitée par les moyens des parties. Il est donc essentiel, pour le juge d'appel, de s'interroger d'abord sur la régularité du jugement ou de l'ordonnance contesté avant de statuer au fond, puisque du premier point dépend l'étendue de son pouvoir.

Sous la réserve qui précède, le juge d'appel est tenu de rejuger l'affaire au fond soit pour l'avoir évoquée après annulation (il ne s'agit pas alors d'un véritable « rejugement » puisque la décision annulée disparaît de l'ordonnancement juridique), soit dans le cadre de l'effet dévolutif de l'appel après infirmation. Il ne peut, en particulier, renvoyer l'affaire

1. C. comptes 27 sept. 2001, *Communauté urbaine de Lyon*, *Rec*. 69.
2. Décr. n° 2008-1397, préc.
3. C. comptes 24 févr. 2005, *Carignon*, *Rec*. p. 16 ; ord. 10 janv. 2011, *Dalongeville, comptable de fait de la commune d'Hénin-Beaumont*, *Rec*. 3, *AJDA* 2011. 1314, chron. N. Groper et C. Michaut.

aux premiers juges après infirmation ; en effet, « il appartient à tout juge d'appel, saisi contre un jugement rendu au fond dans des conditions régulières par la juridiction compétente en premier ressort, d'assurer lui-même le règlement complet de l'affaire en tranchant toutes les questions de droit et de fait en litige, après avoir ordonné, le cas échéant, les mesures d'instruction qui lui paraissent nécessaires »[1]. Ainsi, après avoir infirmé un jugement de non-lieu ou de décharge, la Cour des comptes devra prononcer elle-même le débet, la charge ou éventuellement le non-lieu sur les faits dont avait été saisie la chambre territoriale des comptes et dont celle-ci avait fait une appréciation erronée. Cette obligation de juger au fond cède lorsque le juge d'appel est lui-même empêché de statuer en la forme juridictionnelle, dans le cadre de la jurisprudence *Labor Métal*[2] : dans un tel cas, il lui appartient, sans décliner sa compétence, « de transmettre l'affaire au Conseil d'État afin que celui-ci, dans le cadre de ses pouvoirs généraux de régulation de l'ordre juridictionnel administratif, donne à cette transmission les suites qui lui conviennent et, le cas échéant, se prononce lui-même sur les conclusions d'appel qui avaient été présentées à la Cour »[3].

633.33 Jugement *ultra petita*. L'effet dévolutif conduit donc la Cour des comptes à juger à nouveau l'affaire dans les limites de ce dont il est appelé et des moyens de l'appelant. Ce principe souffre pourtant un certain nombre d'aménagements. Tout d'abord, la jurisprudence retient une acception singulièrement large, même si elle s'est affinée depuis quelques années, de la notion de moyen d'ordre public. Son attitude en la matière était à rapprocher de la conception de l'office même de la juridiction financière : « la procédure à suivre par le juge des comptes étant d'ordre public, les vices qui l'affectent doivent être relevés, même d'office, en tout état de cause »[4]. Bien des arrêts d'appel se présentent ainsi sans référence aux moyens et aux conclusions du requérant, prononçant d'office, sans nécessairement le préciser, l'annulation ou l'infirmation du jugement pour des motifs de procédure ou de fond.

La marge d'appréciation que se reconnaît ainsi la Cour des comptes, avec l'accord de son juge de cassation, dans le traitement des dossiers d'appel entraîne diverses entorses au principe qui veut qu'un juge ne puisse statuer *ultra petita*. Dans un cas, la Cour s'est ainsi estimée fondée, saisie par l'effet dévolutif de l'appel, à se prononcer sur le bien-fondé d'un débet alors que l'appelant n'en contestait que le montant[5]. Cette décision discutable est cependant demeurée isolée. De plus, et de façon tout aussi inattendue, une jurisprudence du Conseil d'État a reconnu à la Cour la possibilité de prononcer d'office l'annulation d'une décision qui n'était pas contestée en appel, alors même que cette décision (provisoire) n'était pas susceptible d'appel, au motif qu'elle était affectée d'un vice justifiant par « contamination » l'annulation de la décision attaquée[6].

633.34 Limites des pouvoirs du juge d'appel. En revanche, la possibilité faite au juge d'appel de rejuger l'ensemble des questions de fait et de droit en litige ne lui permet pas d'aggraver la situation de l'appelant, sauf introduction d'un appel incident[7].

De même, certains éléments de la décision de première instance échappent parfois à l'appréciation du juge de second degré, qui se trouve alors dans une situation asymétrique. Il en va ainsi de la décharge et du *quitus* des comptables : si la Cour des comptes est susceptible, après avoir infirmé ou annulé un jugement de décharge, de prononcer un débet ou une amende, elle ne peut, en sens inverse, décharger elle-même le comptable justiciable d'une chambre territoriale, même lorsqu'aucune charge ne subsiste à son encontre. Elle n'est en effet pas saisie de l'ensemble du compte mais des seules irrégularités ayant fait l'objet d'une charge ou d'un non-lieu, elle peut ne pas avoir connaissance d'éléments faisant obstacle à la décharge et le ministère public près la chambre régionale ou territoriale a qualité pour prendre un réquisitoire à tout moment, dans les seules limites de la prescription. Les exceptions à cette répartition de compétences entre les juridictions financières sont rarissimes et relèvent de cas dans lesquels il n'y a « plus rien à juger », par exemple en gestion de fait (ancienne procédure) après apurement de l'amende[8] ou, de façon encore plus exceptionnelle[9], pour des comptables patents dont le compte ne peut plus être jugé[10]. Relève sans doute aussi de ces cas très particuliers la décharge accordée à des comptables locaux par la Cour des comptes au cours de

1. CE 27 juill. 2009, *Maugery*, req. n° 313555 ; *Rec.* 88 ; *GAJF*, 7e éd., n° 55.
2. CE, ass., 23 févr. 2000, *Labor Métal*, req. n° 195715 ; *Rec.* 119 ; *Rev. Trésor* 2000. 682, chron. M. Lascombe et X. Vandendriessche ; *GAJF*, 7e éd., n° 10 – v. ss n° 622.41.
3. CE, sect., 17 oct. 2003, *Dugoin*, préc.
4. C. comptes 7 oct. 1993, *Commune d'Isola*, préc.
5. C. comptes 10 déc. 1998, *Office municipal d'habitations à loyer modéré de Valence*, NP.
6. CE 16 juin 2008, *Vadepied et Abraham*, req. n° 289461 ; *AJDA* 2008. 2086.
7. CE 6 janv. 1995, *Gouazé*, req. n° 140674 ; *Rec.* 164.
8. C. comptes 16 janv. 2012, *Gestion de fait des deniers de la commune de Méru par l'association Les amis de Méru information (AMI)*. *AJDA* 2012. 482, chron. C. Michaut et P. Sitbon.
9. Et particulièrement surprenante, la « circonstance exceptionnelle » résultant, selon le Conseil d'État, de la disparition des pièces comptables imputable au comptable lui-même, qui avait procédé à leur destruction.
10. CE 19 oct. 2012, *Procureur général près la Cour des comptes*, req. n° 332131 ; *Lebon T.* – V. ss n° 611.14.

l'année 2023, après l'entrée en vigueur du nouveau régime de responsabilité[1].

SECTION 4
EFFETS À L'ÉGARD DES TIERS

633.41 Incidence de la solidarité entre comptables de fait. En principe, l'effet de la décision du juge d'appel est limité aux dispositions affectant l'appelant. La solidarité des comptables de fait n'est cependant pas sans conséquence à cet égard. La question s'est notamment posée d'étendre aux autres comptables de fait solidaires le bénéfice d'une décision profitant à l'un d'entre eux. Elle ne revêt pas la même portée en matière d'annulation et en matière d'infirmation. Un jugement annulé est censé n'avoir jamais existé mais l'effet relatif de la chose jugée (en appel) pourrait conduire à limiter la portée de l'annulation au requérant qui a invoqué le motif d'annulation. Tel n'est pas toujours le sens de la jurisprudence : l'annulation d'une déclaration de gestion de fait profite parfois aux parties qui n'étaient pas requérantes[2].

S'agissant des comptables de fait requérants mais qui n'auraient pas invoqué le moyen ayant justifié l'annulation, le bénéfice de celle-ci peut leur être étendu dès lors que ledit moyen a également vicié la décision prononcée à leur encontre. Mais, on le voit, une telle solution repose alors non sur l'idée de solidarité mais sur le caractère d'ordre public des moyens d'annulation. Dans le cas inverse, l'annulation n'est prononcée qu'à l'égard de la partie dont les droits avaient été méconnus[3].

La solution est nécessairement différente en matière d'infirmation : la solidarité des comptables de fait apparaît historiquement davantage comme un moyen d'exécution, destiné à assurer le recouvrement de la créance de la collectivité en cas de débet, que comme un mode d'exonération. Dans une affaire ancienne, la Cour des comptes avait pourtant considéré que l'appel présenté par un comptable de fait solidaire avait effet à l'égard des autres : « l'appel formé par un ou plusieurs coobligés solidaires, est réputé l'être par les autres »[4]. Si cette formule est demeurée isolée, le juge s'est reconnu, dans plusieurs décisions, de larges pouvoirs d'appréciation dès lors qu'il est saisi par l'une des parties. La Cour est également fondée, lorsqu'elle est saisie de l'existence d'une gestion de fait par l'un des co-auteurs des irrégularités, à statuer sur la qualité de comptable de fait des différentes personnes appréhendées par les premiers juges, que celles-ci soient ou non appelantes[5].

Ces solutions sont inspirées pour partie par des considérations de principe liées aux effets de la solidarité imparfaite, et pour partie à des considérations pratiques tenant au risque de contrariété de décisions : les premiers juges se trouveraient confrontés à de redoutables difficultés s'ils devaient, dans la deuxième phase, procéder à l'examen, en vue de leur allocation, de dépenses qui n'étaient en réalité pas constitutives de gestion de fait. Les décisions précédemment rappelées permettent en particulier à la Cour des comptes d'éviter de régler de juges avec la chambre régionale des comptes[6], voire avec elle-même[7].

1. PAR EX. : C. comptes 29 juin 2023, *Hôpital local public de Saint-James*, n° S-2023-0823.
2. CE 17 oct. 2003, *Dugoin*, préc.
3. C. comptes 29 nov. 2007, *Collectivité d'outre-mer de Polynésie française, Clark*, *Rec.* 76 ; *AJDA* 2008. 455, chron. N. Groper et C. Michaut.
4. C. comptes 13 avr. 1905, *Hospice du Dorat*, *Rec.* 17.
5. C. comptes 1er avr. et 6 mai 1993, *Médecin et société AREFIC*, *Rec.* 41 ; *Rev. Trésor* 1994. 439 ; – C. comptes 29 nov. 2007, *Collectivité d'outre-mer de Polynésie française, Mlle Tcheong et autres*, *Rec.* 75 ; *AJDA* 2008. 455, chron. N. Groper et C. Michaut, *Rev. Trésor* 2008. 968, chron. M. Lascombe et X. Vandendriessche.
6. Comme elle y est parfois conduite, dans des situations heureusement rares. Par exemple, C. comptes 8 sept. 2011, *Commune d'Argenteuil*, *Rec.* 98.
7. C. comptes 13 avr. 2006, *CNAMTS*, *Rev. Trésor* 2007. 161, chron. M. Lascombe et X. Vandendriessche.

Principales abréviations utilisées

	signifie
AAI	autorité administrative indépendante
ACPR	Autorité de contrôle prudentiel et de résolution
AFA	Agence française anticorruption
AFCM	Association française de cautionnement mutuel
AJCT	*Actualité juridique Collectivités territoriales*
AJDA	*Actualité juridique Droit administratif*
AJFP	*Actualité juridique Fonction publique*
al.	alinéa
AMF	Association des maires de France
ANCOLS	Agence nationale de contrôle du logement social
Arch. phil. droit	Archives de philosophie du droit
ARS	agence régionale de santé
art.	article
ASA	association syndicale autorisée
Ass. nat.	Assemblée nationale
BJCL	*Bulletin juridique des collectivités locales*
BJCP	*Bulletin juridique des contrats publics*
c. civ.	code civil
C. comptes	Cour des comptes
c. défense	code de la défense
c. éduc.	code de l'éducation
c. pén.	code pénal
c. proc. pén.	code de procédure pénale
c. tourisme	code du tourisme
CA	conseil d'administration
CAC	commissaire aux comptes
CAF	Cour d'appel financière
Cah. comptabilité publ.	*Cahiers de la comptabilité publique de l'université de Caen*
CAP	commission administrative paritaire
CASF	code de l'action sociale et des familles
Cass. ch. crim.	Cour de cassation, chambre criminelle
CBCM	contrôleur budgétaire et comptable ministériel
CCH	code de la construction et de l'habitation
CCI	chambre de commerce et d'industrie
CCP	Cahiers de la comptabilité publique de l'université de Caen
CDB	Cour de discipline budgétaire
CDBF	Cour de discipline budgétaire et financière
CDC	Caisse des dépôts et consignations
CE	Conseil d'État
CE, Ass.	Conseil d'État, assemblée du contentieux
CE, sect.	Conseil d'État, section du contentieux
CEDH	Cour européenne des droits de l'homme
CGCT	code général des collectivités territoriales
CGEFi	contrôle général économique et financier
CGFP	code général de la fonction publique
CH	centre hospitalier
CHEFF	Comité pour l'histoire économique et financière de la France
chron.	chronique
CHS	centre hospitalier spécialisé
circ.	circulaire

CITP	Comité interministériel de la transformation publique
CJA	code de justice administrative
CJF	code des juridictions financières
CJR	Cour de justice de la République
coll.	collection
comm.	commentaire
COMOFI	code monétaire et financier
concl.	conclusions
Conv. EDH	Convention européenne de sauvegarde des droits de l'homme et des libertés fondamentales
COS	conseil d'orientation et de surveillance
CPG	communication du Procureur général
CRC	chambre régionale des comptes
CRTC	chambres régionales et territoriales des comptes
CSP	code de la santé publique
CTC	chambre territoriale des comptes
D.	*Recueil Dalloz*
DALO	droit au logement opposable
DB	direction du budget
DDASS	directeur départemental des affaires sanitaires et sociales
DDE	direction départementale de l'équipement
DDHC	Déclaration des droits de l'homme et du citoyen de 1789
Décr.	décret
DGCL	direction générale des collectivités locales
DGCP	direction générale de la comptabilité publique
DGFiP	direction générale des finances publiques
DGI	direction générale des impôts
(dir.)	sous la direction de
Direccte	direction régionale des entreprises, de la concurrence, de la consommation, du travail et de l'emploi
Dr. Adm.	*Droit administratif*
DRH	directeur des ressources humaines
éd.	édition
EHPAD	établissement d'hébergement pour personnes âgées dépendantes
Encycl. Dalloz	*Encyclopédie Dalloz*
Encycl. Dalloz Coll. locales	*Encyclopédie Dalloz collectivités locales*
EPCI	Établissement public de coopération intercommunale
EPIC	établissement public industriel ou commercial
ex.	exemple
fasc.	fascicule
FCTVA	fonds de compensation pour la taxe sur la valeur ajoutée
FRF	francs français
GAJA	*Grands arrêts de la jurisprudence administrative*
GAJF	*Grands arrêts de la jurisprudence financière*
Gaz. Communes	*Gazette des communes*
Gaz. Pal.	*Gazette du Palais*
GBCP	décret relatif à la gestion budgétaire et comptable publique
GDCC	*Grandes décisions du Conseil constitutionnel*
GFP	*Gestion et finances publiques*
GIP	groupement d'intérêt public
HATVP	haute autorité pour la transparence de la vie publique
HLM	habitations à loyer modéré
IGPDE	Institut de la gestion publique et du développement économique
in	contribution à l'ouvrage
INSEE	Institut national de la statistique et des études économiques
J.-Cl. Adm.	*Juris-classeur Administratif*
J.-Cl. Coll. Terr.	*Juris-classeur collectivités territoriales*
JCP	*Juris-classeur périodique*, édition générale
JCP Adm.	*Jurisclasseur périodique*, édition Administration et collectivités territoriales
JO	*Journal officiel de la République française*
L.	loi
L. const.	loi constitutionnelle
L. org.	loi organique
Leb.	recueil des décisions du Conseil d'État statuant au contentieux, et du Tribunal des conflits
Lebon T	Tables du *recueil Lebon*
LOLF	loi organique relative aux lois de finances
LPA	*Les Petites affiches*
mod.	modifié
Mon. TP	*Le Moniteur des travaux publics et du bâtiment*

n$^{o(s)}$ numéro(s)
not. notamment
NP non publié

obs. observations
OPH office public de l'habitat
ord. ordonnance

p. page(s)
PDG président-directeur général
préc. précité
Prop. L. proposition de loi

QPC question prioritaire de constitutionnalité

RD publ. *Revue du droit public et de la science politique en France et à l'étranger*
Rec. Recueil de jurisprudence de la Cour des comptes (actuellement dénommé *Arrêts, avis et communications des juridictions financières)*
Rec. Cass. recueil des arrêts de la Cour de cassation
RGCP règlement général sur la comptabilité publique
req. requête
Rép. cont. adm. *Répertoire de contentieux administratif Dalloz*
Rev. adm. *Revue administrative*
Rev. banque et bourse *Revue Banque et bourse*
Rev. fr. sc. pol. *Revue française de science politique*
Rev. Marché commun *Revue du Marché commun et de l'Union européenne*
Rev. pol. parl. *Revue politique et parlementaire*
Rev. sc. fin. *Revue de science financière*
Rev. sc. législ. fin. *Revue de science et de législation financières*
Rev. Trésor *Revue du Trésor*
RFAP *Revue française d'administration publique*
RFDA *Revue française de droit administratif*
RFDC *Revue française de droit constitutionnel*
RFFP *Revue française de finances publiques*
RFGP responsabilité financière des gestionnaires publics
RGCP règlement général sur la comptabilité publique
RGP *Revue du gestionnaire public*
RJEP *Revue juridique de l'économie publique*
RLC *Revue Lamy de la concurrence*
RPP responsabilité personnelle et pécuniaire des comptables publics
RPROG responsable de programme
RSF *Revue de science financière*

s. suivants (et –)
SA société anonyme
SAEM société anonyme d'économie mixte locale
SEM société d'économie mixte
SPIC service public industriel ou commercial
SPL société publique locale
s^{s} sous
S^{té} société

t. tome
T. confl. Tribunal des conflits
TFUE traité sur le fonctionnement de l'Union européenne
TPI tribunal de première instance

URSSAF Union de recouvrement des cotisations de sécurité sociale et d'allocations familiales

v. voir
vol. volume

Index thématique alphabétique

F

P

PHOTOCOMPOSITION
SCM • Toulouse

PEFC/10-31-1895

721888 - (I) - OSB - A 80 g - Alfonso (LC)
Achevé d'imprimer en avril 2025 sur les presses de l'imprimerie CHIRAT
Dépôt légal : mai 2025 - N° 202504.0003

Imprimé en France